U0404405

THE STUDY OF CHINESE-TYPE MODERNIZATION
AND CHINESE CHARACTERISTICS
SOCIALIST CRIMINAL LAW

学术顾问　高铭暄　储槐植

中国式现代化与中国特色社会主义刑法学研究

中国刑法学研究会全国刑法学术年会文集（2023年度）

上卷

▼

主编　贾　宇

副主编　黎　宏　阴建峰

北京大学出版社
PEKING UNIVERSITY PRESS

图书在版编目(CIP)数据

中国式现代化与中国特色社会主义刑法学研究：中国刑法学研究会全国刑法学术年会文集. 2023年度：上下卷／贾宇主编；黎宏，阴建峰副主编. —北京：北京大学出版社，2024. 6. —ISBN 978-7-301-35171-0

Ⅰ. D924.04-53

中国国家版本馆CIP数据核字第20248HE232号

书　　名	中国式现代化与中国特色社会主义刑法学研究——中国刑法学研究会全国刑法学术年会文集（2023年度）（上下卷） ZHONGGUOSHI XIANDAIHUA YU ZHONGGUO TESE SHEHUI ZHUYI XINGFAXUE YANJIU——ZHONGGUO XINGFAXUE YANJIUHUI QUANGUO XINGFA XUESHU NIANHUI WENJI(2023 NIANDU)(SHANG XIA JUAN)
著作责任者	贾　宇　主编　黎　宏　阴建峰　副主编
责任编辑	王建君　焦春玲
标准书号	ISBN 978-7-301-35171-0
出版发行	北京大学出版社
地　　址	北京市海淀区成府路205号　100871
网　　址	http://www.pup.cn　http://www.yandayuanzhao.com
电子邮箱	编辑部 yandayuanzhao@pup.cn　总编室 zpup@pup.cn
新浪微博	@北京大学出版社　@北大出版社燕大元照法律图书
电　　话	邮购部 010-62752015　发行部 010-62750672　编辑部 010-62117788
印 刷 者	北京中科印刷有限公司
经 销 者	新华书店
	720毫米×1020毫米　16开本　93.25印张　1807千字 2024年6月第1版　2024年6月第1次印刷
定　　价	398.00元（上下卷）

编者简介

贾宇，上海市高级人民法院党组书记、院长，二级大法官；教授、博士生导师。中国刑法学研究会会长，“马工程”重点教材《刑法学》首席专家、主编。曾任西北政法大学党委副书记、校长；陕西省人民检察院党组副书记、副检察长；浙江省人民检察院党组书记、检察长，二级大检察官。西北政法学院法学学士（1983）、法学硕士（1986），武汉大学法学博士（1995）。

黎宏，清华大学法学院教授、博士生导师。清华大学法学院商业犯罪研究中心主任，中国刑法学研究会副会长，北京市法学会副会长。曾任清华大学法学院副院长、副书记、党委书记，挂职北京市西城区人民检察院副检察长、最高人民检察院司改办副主任。在中外刊物发表学术论文200余篇。武汉大学法学学士（1988）、法学博士（1996），日本同志社大学法学硕士（1995）、法学博士（1999）。

阴建峰，北京师范大学法学院教授、博士生导师。北京师范大学法学院副院长，北京师范大学刑事法律科学研究院中国刑法研究所所长；兼任北京师范大学刑事法律科学研究院反恐怖法治研究中心副主任，中国刑法学研究会常务理事暨常务副秘书长。曾挂职北京市石景山区人民检察院副检察长。中国人民大学法学学士（1995）、法学硕士（1999）、法学博士（2005）。

中国刑法学研究会全国刑法学术年会文集（2023年度）

编写说明

中国刑法学研究会2023年全国年会于2023年10月20日至21日在北京召开。本次年会由中国刑法学研究会主办，清华大学法学院承办，北京市京都律师事务所、北京市冠衡律师事务所协办。研究会副会长黎宏教授全面负责本次年会的筹备、组织、运作和协调工作，并与副会长梁根林教授、时延安教授、曲新久教授、于改之教授、王政勋教授、刘志伟教授、梅传强教授等共同主持本届年会。

在全面贯彻落实党的二十大精神的开局之年，以"中国式现代化与中国特色社会主义刑法学研究"为主题举办的本次年会，是全面建设社会主义现代化国家、实现全面依法治国进程中一场非常重要的学术会议。在新时代的道路上，面对世界之变、时代之变、历史之变，本次年会的主题与法治中国的建设同频共振、同向同行，为中国刑法学研究踏上新征程指明了方向。本次年会坚持以习近平新时代中国特色社会主义思想为指导，积极响应中共中央办公厅、国务院办公厅《关于加强新时代法学教育和法学理论研究的意见》中提出的紧紧围绕新时代全面依法治国实践，切实加强扎根中国文化、立足中国国情、解决中国问题的法学理论研究，总结提炼中国特色社会主义法治具有主体性、原创性、标识性的概念、观点和理论；积极响应把论文写在祖国大地上的号召，以"中国式现代化与中国特色社会主义刑法学研究"为主题，展示中国刑法学界加强了对中国特色社会主义法治理论的研究，并努力提升我国刑法学研究的能力和水平，加快构建中国特色刑法学的学科体系、学术体系和话语体系。本次年会的主题具体化为"中国特色刑法基础理论研究""刑法理论前沿问题研究""轻罪治理的刑事政策问题研究""单位犯罪与企业合规从宽处罚基础理论研究"这四个理论与实践方面的议题，分为四个单元进行专题研讨，内容不仅涉及中国特色刑法学体系建构等具有理论价值的宏大叙事，同时也涉及企业合规、轻罪治理等具有实践意义的前沿问题。

依照惯例，中国刑法学研究会在本次年会召开前进行了论文征集。本年会文集仍聘请研究会名誉会长高铭暄教授和顾问储槐植教授担任学术顾问，组成由研究会会长贾宇同志担任主任，由研究会全体常务理事担任委员的编委会。本年会文集由研究会会长贾宇同志担任主编并负责文集的编辑工作，由研究会副会长黎宏教授和研究会常务理事阴建峰教授担任副主编并协助主编开展具体工作，设立编辑部负责具体编辑工作，由清华大学法学院博士后融昊博士担任主任，成员包括清华大学法学院博士研究生丁文焯、袁方、杨轩宇，清华大学法学院硕士研究生贾小我、肖维怡，中国人民大学刑事法律科学研究中心博士研究生郑力凡、孙剑锋，北京师范大学刑事法律科学研究院博士研究生邹考。

截至 2023 年 8 月 31 日论文提交截止之日，共收到 202 篇论文。* 这些论文基本上围绕本次年会主题展开，全面而深入地研讨了年会主题涉及的所有理论和实践问题。但部分论文偏离了年会主题，部分论文不符合学术规范，经过认真编选研究，最终决定收录其中的 163 篇。本年会文集定名为《中国式现代化与中国特色社会主义刑法学研究——中国刑法学研究会全国刑法学术年会文集(2023 年度)(上下卷)》。上卷包括第一编和第二编：第一编"中国特色刑法基础理论研究"，收录论文 29 篇，主要对从中国的社会现实、法律规范等方面提出的刑法基础理论问题展开深入探讨；第二编"单位犯罪与企业合规从宽处罚基础理论研究"，收录论文 46 篇，主要围绕企业合规改革所引起的单位犯罪制度的反思、合规从宽处罚的实体法建构等具体问题进行了各个角度的研究。下卷包括第三编和第四编：第三编"轻罪治理的刑事政策问题研究"，收录论文 54 篇，主要关注轻罪立法所产生的从轻罪治理到治理轻罪等方面的问题；第四编"其他前沿理论问题"，收录论文 34 篇。以上论文从理论到实践多个维度深入浅出地对所涉及的问题进行了抽丝剥茧式的探讨，专家学者和司法实务工作者就诸多问题进行了交流，贡献了许多有深度、有见地的观点和方案，为填平理论与实践之间的鸿沟、推动刑法理论转化为司法实践中的有力工具提供了助力。总之，本年会文集对具体议题进行了全面、深入的研讨，不仅为年会的顺利召开提供了重要的研讨基础，而且也具有重要且现实的理论和实践价值，具有时代特征，有助于中国自主知识体系的进一步发展，有助于中国的刑法理论、刑事立法和刑事司法的进步与发展。

最后，衷心感谢北京大学出版社有关领导的鼎力支持和责任编辑的辛勤工作。正是他们的支持与付出，才得以保证本年会文集能精美且及时地问世。同时，本次年会的成功举办和本年会文集的顺利出版均得到了北京市京都律师事务所的大力支持，在此仅致以诚挚的谢意。

中国刑法学研究会

2023 年 12 月于北京

---

* 《刑法修正案(十二)》于 2023 年 12 月 29 日通过，在论文提交截止日之后，因而本书相关部分只涉及《刑法修正案(十二)(草案)》的内容。

目录

上　卷

下 卷

第三编 轻罪治理的刑事政策问题研究

第四编 其他前沿理论问题

第一编

中国特色刑法基础理论研究

关于我国国家安全刑法保护现代化的若干思考

王世洲[*]

习近平总书记在党的二十大报告中指出,“国家安全是民族复兴的根基,社会稳定是国家强盛的前提”,对新时期国家安全工作做了重要的战略部署。笔者希望通过系统性梳理国家安全概念和体系,对国家安全法治保护特别是刑法保护的现代化建设进行若干观察与思考,以期为我国国家安全刑法保护领域具体工作的开展提供参考。

一、国家安全的体系和重点

从用语上说,“国家安全”这个词是在第一次世界大战之后才出现的。但是,从含义上说,国家安全这个词所表示的“保障国家不受威胁”的意思,在遥远的古代就已经出现了。因此在今天,只有从含义上理解国家安全才有意义,才能正确把握这个概念的时代意义和社会政治意义。

国家安全概念所包含的内容是随着时代的发展而变化的。在封建君主统治的时代,国家安全的主要内容就是君主的安全。例如在英国,19 世纪之前颁布的所谓危害国家的犯罪都与君主的利益密切相关。① 在中国古代唐律中,“十恶重罪”以“谋反”“谋大逆”“谋叛”为首,侵害的内容包括君主个人所代表的“社稷”,皇家宗庙、陵墓和宫阙,以及“背国从伪”行为。② 在新的社会制度建立和稳固初期,国家安全的内容比较注重从物质层面关注政权稳固和国防问题。例如,美国在 20 世纪的大部分时间里都把国家安全看成一个军事力量和战备状态问题。③ 我国 1979 年《刑法》中以破坏各种公共设施、抢劫各种重要物质和枪支弹药、劫持飞机和各种车船、为敌人指示轰击目标为内容的反革命破坏罪,是以推翻无产阶级专政的政权和社会主义制度为目的、危害

---

* 北京大学法学院(荣休)教授,教育部银龄项目支援新疆石河子大学法学院教师。

① 参见王世洲等主编:《危害国家安全罪研究》,中国检察出版社 2012 年版,第 185—187 页。

② 参见(唐)长孙无忌等撰:《唐律疏议》,中华书局 1983 年版,第 6 页以下。

③ See Robert Longley, National Security Definition and Examples, accessed Aug. 7, 2023, https://thoughtco.com/national-security-definition-and-examples-5197450.

中华人民共和国的反革命罪的重要内容。

在社会制度和国家政权稳固之后,国家安全的内容呈现出日益扩大的趋势,例如,美国学者最近提出的比较有影响力的观点认为,美国的国家安全应当包括经济安全、政治安全、能源安全、国土安全、网络安全、人类安全和环境安全。与之类似,在2021年俄罗斯国家安全战略文件中,国家安全包括了从战略和军事事务到文化生活的所有内容,完整涵盖了社会的不同方面,不仅涉及经济和社会、生态和基础设施、贸易和外交、文化和教育,而且涉及国家"传统价值观"的意识形态安全。

值得注意的是,各国现代国家安全的内容已经不约而同地强调了信息的重要性。美国的做法比较直接和主动。根据以国家安全为目的制定的法律,例如,1947年颁布的《美国国家安全法》及其后的修正案,美国在国家安全领域设立和组建了一系列重要的机构。其中,中央情报局是美国最重要的情报机构,主要任务就是收集和分析美国决策者所需要的情报,特别是对立法至关重要的情报,从而可以为美国各种关键机构提供建议。根据《美国国家安全法》建立的其他国家安全组织包括美国国家安全委员会、参谋长联席会议及由原来的战争部和海军部合并而成的国防部。这些部门的主要任务都包括收集、协调国家安全信息,确保美国国家安全政策有效而不发生混乱。俄罗斯的做法比较间接和被动。例如,2021年俄罗斯国家安全战略文件中也强调了信息安全,不过,这似乎是为了反映俄罗斯乃至全世界在网络空间、互联网和社交网络领域的新形势。①

纵观国家安全内容的历史性变化,可以得出以下三点认识:

第一,对国家重要领导人的保护仍然是今天国家安全的重要内容。在任何国家,涉及国家领导人人身安全的所有事项,都是国家安全的当然内容。如今,这方面的内容已经开始表现出扩展为一个国家的全体人民或者各族人民的趋势。对此,美国学者指出,美国国家安全的重要内容是国家机构防止对手使用武力伤害美国人。② 关于俄罗斯的国家安全概念,也有观点主张,俄罗斯联邦的国家安全可以被理解为拥有俄罗斯联邦主权和唯一权力来源的多民族人民的安全。

第二,国家安全的内容在今天已经基本涵盖了所有与国家安危有关的物质性领域。在过去的年代,"国家安危"主要是与"战争"相联系的。如今,国家安全是多方面的,不仅包括军事方面的安全和防卫,而且包括广泛的非军事方面的安全。世界大国的国家安全概念中普遍包括免受恐怖主义侵害、犯罪最小化、经济安全、能源安全、环

① See An Analysis of 2021 Document of Russia's National Security Strategy Document, accessed Aug. 7, 2023, https://www.scfr.ir/en/defense-security/135127/an-analysis-of-2021-document-of-russias-national-security-strategy-document/.

② See Sam C. Sarkesian, John Allen Williams and Stephen J. Cimbala, US National Security: Policymakers, Processes & Politics, 4th ed., Lynne Rienner Publishers, Inc., 2008, pp. 171-190.

境安全、食品安全、网络安全等内容。可以肯定地说,几乎所有需要政府采取国家措施,包括政治、经济和军事力量,甚至外交手段来保卫的安全,针对毒品集团和跨国公司的行动,以及气候变化、政治排斥和核扩散,区域和国际合作,都有可能被包含在今天的国家安全的概念之内。

第三,现代国家安全的内容已经非常清晰地体现为以信息安全为核心的状态了。从世界各国的政策和法律状况看,美国和俄罗斯在重视信息安全方面存在不同的理由。第二次世界大战之后,美国的国家治理能力走在世界的前列,在国家安全方面长期考虑的是充当国际宪兵,压制对美威胁,贯彻霸权主义,也可以说,美国在国家安全方面长期展现攻击或者扩张状态,尤其是对外强力输出美国产品、美式观念和美式文化。俄罗斯由于在工业、经济、科技、能源等方面处于比较脆弱的状态,国家政权甚至领土主权在苏联解体之后又不断受到美国和北约的挤压、分化与侵蚀,在国家安全方面不得不长期处于防守或者克制态势。然而,现代各国在国家安全方面的斗争都是体系性的。目前,现代各国基本都建立了国家安全体系,对国家安全的侵害一般只针对体系中的弱点予以打击才有可能成功。这样,“知己知彼”这个古老的兵家原理,在国家应对内外敌对势力的攻击和威胁时,就具有了决定性意义。在网络化、信息化时代,各国无论是主动还是被动,都能够认识到信息安全对国家安全的关键意义。

从目前世界大国在国家安全方面采用的概念上看,现代国家安全的概念,不仅具有范围广泛的特点,而且具有突出信息安全的特点,尤其是突出经济信息安全的特点。

二、国家安全的政治概念和法律概念

今天,我们在为建设强大的社会主义国家而努力奋斗。在这一伟大的历史征程中,我国要维护和塑造的国家安全,是现代化的大国安全。在大国安全的语境下,如何理解国家安全的概念,是研究国家安全时必须特别关注的重要问题。

国家安全问题,首先是一个政治问题。因此,在现代政治的意义上,国家安全可以是一个先于法律存在的概念。一个国家中存在的统治力量,总是希望自己和自己统治下的人民处于不受外部威胁或内部动乱影响的和平、安全的生活环境之中,总是需要对威胁自身统治的侵害加以排除和压制。不过,在现代法治国家中,虽然应当制止侵害国家安全的行为,但是,由国家政权机关实施的压制行动都必须得到法律的授权。因此,国家安全的概念需要从政治和法律两个方面加以区分。

国家安全的政治概念,尤其是能够对国家政治生活起拘束力作用的有效概念,通常只能由在政治上有影响力的政党和领导人提出,而且不一定是以标准的学术概念的方式提出的。由于国家安全涉及的范围很广泛,并且处在不断扩张的过程之中,国家安全的政治概念就必然随着国际国内形势的变化而调整。为了保证国家的长治久安和国家法治的稳定性,从国家治理的意义上说,国家安全的政治概念发挥的是指导作用,国家安全的法律概念才是惩治危害国家安全不法行为的具体标准。

国家安全的法律概念是根据国家制定的法律形成的。虽然涉及国家安全的法律需要贯彻国家安全的政治要求和政治指导思想,但是该法律从形式到内容体现的必须是国家的意志。在今天全球失序紊乱的变革动荡的时代,法律对国家安全具有特别重要的意义。在建设国家安全体系方面,法律是治国理政的主要手段,为国家的发展提供法治化的有序进路。在压制破坏国家安全的行为方面,法律是现代规则和秩序的守护者,为国家的安全提供坚强的合理性保障。

无论是政治要求还是法律规定,国家安全面临的下列威胁,在今天都可以被认定为危害国家安全。

首先,对国家安全加以颠覆的根本性威胁。苏联一夜变天的历史教训和北约对南联盟、美国对伊拉克、欧洲列强对利比亚等国政权的肢解和颠覆,殷鉴不远,这些国家政权遭到颠覆的事例对我国最大的警示作用就是:“帝国主义亡我之心不死。”

其次,对国家安全利益的一般性威胁,已经成为危害国家安全的重要表现形式。对国家安全的危害,并不总是以发生政权颠覆的结果作为法律特别是刑法上构成不法行为的标准。现代大国在经济、科技和军事力量方面可能存在这样那样的不足,但完全颠覆一个国家的政权并不是一件容易的事情。现代的危害国家安全,只需要具有对国家安全利益的威胁就够了。毕竟,对国家安全利益的一般性威胁,在特定的条件或背景下,往往会成为颠覆国家政权这种根本性威胁的重要导火索或前提性条件。

最后,现代大国的国家安全利益,在传统上是指国家以物质形态或者静止形态体现出来的利益,主要包括政权、主权、领土完整,国家重要的大型工程、基础设施和与武装力量相关的利益,但是在现代,国家安全也越来越清楚地包括了国家的发展能力。今天,妨害国家提高人民福祉、促进经济社会可持续发展和保障国家维持安全状态的能力的行为,也已经在保障国家安全的范围内受到了重视。

在现代国家安全的观念中,危害国家安全还必须从保护和攻击两个方面进行观察。

在保护方面,现代国家的自身安全已经清楚地呈现出体系性全面防护的状态。现代大国地位的维护不仅需要现代化产业体系的支撑,而且需要在科技、文化、人才建设等方面的全面进步。尤其是我国,为了在21世纪中叶建成社会主义现代化强国,目前只有利用已经拥有的全世界最齐全的工业门类,通过建设以产业链、物联网、数字经济等各种先进技术和先进理念为代表的生产体系,才有可能在2035年实现达到中等发达国家水平的战略目标。在这个广阔而宽广的社会主义现代化建设战线上发生任何不能及时得到纠正或者弥补的重大损害,都有可能导致现代大国出现国家安全危机。

在攻击方面,危害国家安全主要表现出"重点突破"的状态。当攻击分别来自外部和内部时,这种状态可能有不同的表现。当攻击来自外部时,突破点经常是在长期研究和实践中发现并有意选定的。曾经在世界上屡屡奏效并颠覆了不少政权的"颜色革命",最早应当是美国 1893 年在推翻夏威夷王国中使用的①,之后又通过总结,形成利用选举、人权、物价等来加剧危机、制造混乱、扩大分裂和形成冷漠,最后在自己不出面的情况下实现颠覆特定政权的目的。② 最近几十年来,西方经常使用这种攻击方法,攻击并颠覆特定的国家政权。西方国家甚至已经开始对攻击国家安全的做法进行学术总结。例如,美国乔治敦大学法学院设立的"国家安全中心"项目,就以"国家安全360°"的视角,采用多学科方法进行研究,还为解决国家安全法律和政策中的紧迫问题组建了一个高级实验室。这种研究表面上是学术性和防御性的,进行的是学术探讨,防范的是外部攻击,但是,人们非常容易理解,这样的研究结果可以很容易地翻转成为了美国的利益而针对特定国家使用的利器。

历史证明,对现代大国国家安全的致命性攻击或者最后一击,只能来自内部。就像《红楼梦》第七十四回中说的那样:"可知这样大族人家,若从外头杀来,一时是杀不死的,这是古人曾说的'百足之虫,死而不僵',必须先从家里自杀自灭起来,才能一败涂地。"在现代社会中,内部颠覆力量在外部敌对势力的支持下给现代大国造成毁灭性打击,已经成为现代危害大国安全的经典模式。对内部颠覆力量的压制,或者从某种意义上说,全面加强我国社会主义现代化的建设,就是国家安全体系的基础性建设,就是从根本上强化国家安全的治本之策。

由此看来,现代大国在防范国家安全受到的侵害时,应当坚持贯彻保护国家安全不受威胁的政治指导方针,在法律特别是刑法上压制的不法侵害行为,不仅包括对国家重大利益的侵害,而且包括削弱保障国家安全能力的各种不法行为。

三、国家安全的层次和法治保护

现代的国家安全是一个范围广泛的概念。因此,现代化的国家安全保护,只能是一种依靠防护体系才能胜任的工作。在现代国家安全体系建设中分清层次,有利于统筹协调,发挥国家安全保护工作各个系统、各个方向、各个部门的作用。现代的国家治理和制度建设只有依靠法律保障,才有可能是持久、可靠的。只有在国家安全保护的

① See Patrick Armstrong, Colour Revolutions Fade Away, accessed Aug. 17, 2023, http://strategic-culture.org/news/2021/10/15/colour-revolutions-fade-away/.

② See Andrew Korybko, Color Revolutions: A New Method Of Warfare, accessed Aug. 7, 2023, https://www.islamtimes.org/en/article/414394/color-revolutions-a-new-method-of-warfare.

法律和制度体系性建设中,按照体系不同层次的要求,恰当地使用相应的法律手段,才能实现国家安全保护的目的。

从作用上说,可以把国家安全保护体系区分为两个层次:一是体系建设,二是作用发挥。所有属于建设国家安全保护体系的工作,都属于前一层次。所有针对危害国家安全活动而采取的防卫行动,都属于后一层次。国家安全保护体系建设的目的是发挥国家安全保护的作用,但是,在体系建设层次还没有直接面对危害活动。国家安全保护体系建设的质量,最终会在与危害国家安全的斗争中得到检验,也就是在体系建设完成后才能得到检验。相比之下,国家安全保护的作用发挥,经常是直接在压制危害活动的过程中就立即显示出胜负优劣了。

在国家安全保护体系中,这两个层次的法律规范应当配置不同的法律手段,才能恰当地发挥保护的作用。与体系建设层次相关的部分,采用"以鼓励为主,以行政处罚为辅"的法律手段是比较恰当的。"鼓励"作为一种法律手段,在我国法律中经常不是直接规定的。例如,《国家情报法》第 12 条规定:"国家情报工作机构可以按照国家有关规定,与有关个人和组织建立合作关系,委托开展相关工作。"在这一类工作中,对"有关个人和组织"采取什么样的鼓励手段,并不是很清楚。在国家安全的体系建设中,作为一种法律手段——鼓励,尤其是由国家提供的资金支持,是否应当公开宣布或者规定,当然还有很多讲究。但是,从近年来出现和揭露出来的信息看,如美国在电子管时代就开展的晶体管、集成电路甚至芯片的研究,最终在国家安全方面占到了巨大优势。这一做法值得认真研究,美国军方以订单形式向相关科技研究提供鼓励和帮助,对于美国科技界在技术上赢得领先地位,从而增强国家安全的实力,起到了非常关键的作用。

行政处罚是由政府部门适用的一大类法律手段的总称。从我国国家安全的整个体系上看,行政处罚不仅应当指政府部门对违反法规和规章的个人适用的处罚手段,而且应当包括党团组织对其成员的纪律处分。国家安全的体系建设工作事关重大,对违纪行为处以行政处罚,对于严肃法纪,防止严重不法事件的发生有着重大的意义。我国现代的国家安全体系建设与国家其他日常的经济、社会、资产、资源管理工作紧密联系在一起,在党中央对国家安全工作集中统一领导下,法律手段的运用主要是保障实现上级意图、顺畅各级联动,督促勤勉尽责,因此,在国家安全的体系建设部分,通常不必使用最严厉的法律手段,一般使用行政处罚这种法律手段就足以保证法律制度的可靠性。

在最极端的情况下,例如,敌对势力在国家安全的体系建设阶段就打入我方内部,可以在国家安全保护体系的作用发挥阶段予以处理。由于国家安全保护体系在作用发挥层次直接面对危害国家安全的不法行为,因此,世界各国都毫不客气地使用刑事处罚这种最严厉的法律手段加以保护。在美国联邦刑事法律中，没有致人死亡结果的发生但可以判处死刑的犯罪，目前还保留着间谍罪这个罪名。[①] 值得注意的是，在国家安全领域中使用刑事处罚，并不是要把所有危害国家安全的犯罪统统规定为"危害国家安全罪"。在刑事法律中，"危害国家安全罪"是一个有着特定概念的犯罪。不过，对没有规定为"危害国家安全罪"的罪行的惩处，也可以发挥保护国家安全的作用。"国家安全"的概念非常广泛，在现代刑事司法制度中，规定"叛国罪"及其相同犯罪种类的罪行，数量和种类越少，对国家安全越有利。那些规定在"危害国家安全罪"种类之外的罪行，一样可以受到国家法律的严惩，不把它们作为危害国家安全罪来惩处，一样可以发挥保护国家安全的作用，这对维护国家法治的安全甚至是更有利的。

事实上，国家安全的保护需要大量的配套工作。根据英国政府网站公布的数据，英国 2022 年的国家安全工作主要涉及"个人安全防范问题""保护政府资产的安全政策框架""国家网络安全战略"，以及"对华为网络安全的评估"等问题。[②] 现代一些社会治理方面的问题，在未来也可能对国家安全产生威胁。今天，社会经济的现代化高度发展，使得社会分工更加细致，个人和国家相互合作，创造着空前的生产效率和丰富的物质财富，但也使得个人和国家由于对他人、他国的依赖而变得更加脆弱。国家安全在无底线的攻击面前，在什么都可以武器化的疯狂面前，受到威胁的可能性空前增大。国家安全保护体系虽然有层次之分，但通过坚定不移贯彻总体国家安全观，把维护国家安全的方针政策贯穿我国各项工作的全方面、全过程，是能够形成良好的国家管理的。良好的国家管理能够提供良好的国家安全保护。把国家安全保护体系区分为"体系建设"和"作用发挥"两个层次，一方面可以在建设过程中显示钢铁长城的威严形象，威慑敌对势力，使其不敢轻举妄动；另一方面可以通过打击敌对势力的危害活动，筑牢国家安全各方面的防线。

四、若干建议

笔者希望，以下建议不是多余的。

第一，我国国家安全体系和能力的现代化建设应当以信息保护为核心。现代国家安全是大安全的概念，是指国家的政权、主权、统一和领土完整，人民福祉、经济社会可持续发展和国家其他重大利益，相对处于没有危险和不被内外威胁的状态，以及保障持续安全状态的能力。[③] 我国国家安全体系和能力建设必然是一项范围广泛的宏伟工

① 参见王世洲：《从比较刑法到功能刑法》，长安出版社 2003 年版，第 189 页。

② See GOV.UK, National Security and Intelligence, accessed Aug. 12, 2023, https://www.gov.uk/government/organisations/national-security.

③ 参见《奋斗 新的伟业：以新安全格局保障新发展格局》，载《焦点访谈》2022 年 10 月 30 日。

程。信息保护也是一个广泛的概念,应当包括与信息有关的所有方面。信息保护不是单纯要求不让外界知悉有关的信息,而是应当防止有关信息对国家安全造成威胁的状态。信息保护不应当在直接面对敌对势力的窃取时才考虑,而应当在国家信息体系的建立过程中就妥善安排。目前,在学术和教育机构中,我国电子邮件系统的安全性就简单得形同虚设。在欧美和以色列,来自中国的微信软件经常无法正常运行。国外对信息安全的重视值得我们认真学习。

第二,我国国家安全体系和能力的现代化建设应当以及时反应为重点。我国的社会主义性质决定了我们不主动在国外采取干涉活动,也就是说,我国的国家安全体系是以防御为基本性质的。我国在海外采取的干涉行动,例如驱赶海盗、派遣维和部队、设立军事基地、跨境执法活动,目前只是严格遵循国际法,"坚持当事国同意"①,根据我国法律进行的特例和个案。我国国家安全目前采取的体系性全面防护的态势是比较被动的。面对敌对势力的重点突破性攻击,我国采取及时反应的策略是比较恰当的。在范围广泛的国家安全保护体系中,很难做到各个部分都固若金汤,那样的体系不仅不经济,效果肯定也不好。我国现代的国家安全体系建设可以借鉴古代长城设立烽火台的原理,在体系性全面防护中设立各种信息感知和传递系统,这不仅有利于无威胁时的日常巡护,而且有利于有威胁时的及时处置。

第三,我国国家安全体系和能力的现代化建设应当以法治特别是刑事法治建设为抓手。法治建设包括法律和制度建设。国家安全体系和能力的现代化建设,属于全面法治中国建设的重要组成部分。国家安全的建设和保护工作,不能离开依法治国、依法执政、依法行政的法治要求。在体系建设方面依托法治建设,有助于组织、管理和协调各方面、各层次的力量;在作用发挥方面依靠法治建设,也能够发挥震慑敌对势力、鼓舞人民群众的作用。依靠法治,才能良好地组织国家安全法治体系,才能真正发挥法治固根本、稳预期、利长远的保障作用。历史经验证明,国家安全需要严密的组织和严格的规定:不严密组织就不能妥善发挥作用,不严格规定就可能被滥用而最终伤害国家和人民本身。国家安全以敌对势力的破坏和威胁为制裁对象,采取的保护措施有公开和秘密之分。公开措施需要依靠人民防线,秘密措施需要接受党和国家的必要监督。国家安全的法治建设,是保证国家安全保护力量永远忠于党和国家,永远服务于人民的重要治国手段。其中,对在国家安全保护体系"作用发挥"层次侵害国家安全的危害行为,各国都是毫不犹豫地动用刑事惩罚手段予以制裁和打击的。只不过,我国现代刑事司法实践中尽量使用国家安全的法律概念并对"叛国罪"等相关犯罪类型予以限制,通过危害国家安全罪以外的其他刑法规范打击危害国家安全犯罪活动是符合

① 我国海外维和行动的情况,参见《〈中国军队参加联合国维和行动 30 年〉白皮书》,载中国政府网,https://www.gov.cn/zhengce/2020-09/18/content_5544398.htm,2023 年 8 月 12 日访问。

我国国家法治安全建设的正确思路。

第四,我国国家安全体系和能力的现代化建设应当注意扩展自身的学术基础。这里说的学术,是指为了更好保护国家安全而体系性知悉和重构的知识体系。教育是传承学术的,科技是运用和创新学术的,人才是学术的主体或者载体。现代世界大国都非常重视扩展自身的学术基础,更宽广的学术基础能够使国家在知识体系的竞争中处于优先的地位。就现代国家安全面临的敌对势力来说,无论是《孙子兵法》中说的"不战而屈人之兵,善之善者也""上兵伐谋、其次伐交,其次伐兵,其下攻城",还是英国第35任首相亨利·约翰·坦普尔的名言——在国际关系中,没有永远的朋友,只有永远的利益,都能给现代国家安全的谋略提供无限的想象空间。在今天,国家安全的范围十分广泛,需要考虑的已经不仅仅是航母、导弹、隐身战机和空间站及芯片、石油、粮食和金融,而且还包括算法、文字、宗教和出土文物。学术领域的进步,不仅仅是自然科学的学术进步,也包括人文社会科学的学术进步,对国家安全具有长远深厚的战略支撑作用,已经日益清晰地为人们所认识。在任何时候,保护和促进学术领域的发展和进步,都是现代国家维护自身存在和发展的最基本的原则。

刑法学研究的主体性呼唤研究方法的多元与折衷*

刘仁文**

一、强化中国刑法学研究的主体性日趋成为共识

2017年，笔者的一篇谈中国刑法学者应有主体性意识的学术随笔①引起了意想不到的反响，当时《法制日报》理论部资深记者蒋安杰女士邀请笔者针对此文的社会反响写一篇回应文章，笔者婉谢之后，她亲自操刀写了一篇长达3000余字的编辑手记②，肯定了此文的问题意识。随后，《上海法治报》围绕此文提出的问题，组织了华东地区多位学者发表系列文章展开讨论③，编辑徐慧女士希望笔者也能写一篇，作为该组文章的结尾，笔者依旧婉谢了。这之后，针对此文的讨论仍然没有停止，以笔者所见，除前述《上海法治报》组织刊发的一组文章外，还先后看到了北京大学龚刃韧教授④、德国弗莱堡大学东亚法研究所所长卜元石教授⑤、清华大学周光权教授⑥、中国政法大学刘艳红教授⑦等人就此文提出的观点表达的或肯定(龚刃韧、卜元石等)或商榷甚至否定(周光权、刘艳红等)的意见。对于学术争鸣甚至批评，刑法学界多位学者发表了很有

---

* 本文以笔者发表于《现代法学》2023年第4期的论文《再论强化中国刑法学研究的主体性》第四部分为基础，结合前言和结语增删修改而成。

** 中国社会科学院法学研究所研究员，中国刑法学研究会副会长。

① 参见刘仁文：《再返弗莱堡》，载《法制日报》2017年12月27日，第9版。

② 参见蒋安杰：《那个说出“皇帝的新装”的刑法学者——刘仁文〈再返弗莱堡〉编辑手记》，载《法制日报》2018年1月3日，第9版。

③ 参见杨兴培：《“法益理论”在步“犯罪客体”后尘》，载《上海法治报》2018年1月10日，第B06版；刘宪权、谢非：《借鉴域外刑法理论须立足本土》，载《上海法治报》2018年1月17日，第B06版；王昭武：《刑法理论的拿来主义错了吗》，载《上海法治报》2018年1月24日，第B06版；涂龙科：《刑法理论少谈主义、多讲问题》，载《上海法治报》2018年1月31日，第B07版；王恩海：《向域外学习是成长的必经阶段》，载《上海法治报》2018年2月7日，第B06版。

④ 参见《龚刃韧：“拖后腿”的中国人文社科》，载爱思想，http://www.aisixiang.com/data/116799.html，2023年3月30日访问。

⑤ 参见卜元石：《中国法科学生留学德国四十年的回顾与展望——基于博士学位论文的考察》，载《法学研究》2019年第2期。

⑥ 参见周光权：《刑法学习定律》，北京大学出版社2019年版，第67—71页。

⑦ 参见刘艳红：《中国法学流派化志趣下刑法学的发展方向：教义学化》，载《政治与法律》2018年第7期。作者发表此文时为东南大学法学院教授。

见地的意见，如张明楷教授指出："被批评者的大度，有利于学术批评的展开。"①陈兴良教授也说："一种令人信服的批评与批判，恰恰是对我最大的褒奖。"②周光权教授更直言："那些批评你的人，可能是最在意你的人。"③

令人欣慰的是，尽管在某些具体问题上仍然有分歧，但关于中国刑法学研究应当增强主体性意识这一立场已经越来越趋向共识了，例如，周光权教授虽然批评了笔者的《再返弗莱堡》一文④，但他随后也提出中国刑法学应"尽可能摆脱对德、日理论体系的过度依赖"⑤。刘艳红教授针对拙文，之前的批评不仅鲜明而且带有一定的想象成分："刘仁文教授的观点……并不是真正倡导所谓的多元化研究，而只是想回归传统苏俄刑法，坚守刑法政法学派。"⑥但三年后，她对该文转为肯定态度："如果中国刑法教义学脱离本土司法实践的需要，则可能呈现有的学者所担心的空洞化、殖民化，乃至教义学的过度精致化等现象。"⑦

吴志攀先生在怀念导师芮沐先生的文章中，曾专门提及恩师教诲他"不要与别人争论，有时间自己做学问"⑧。笔者曾就此与吴先生有过认真的交流，虽然同意他和芮沐先生关于"时间是最好的评判者"这一判断，但有感于"新时代是一个充满包容性和成长性的时代，意味着前所未有的开放与接纳"⑨，本文在"强化中国刑法学研究主体性"这个论题下，可能还是难以避免地会在某些问题上与相关师友展开一些讨论甚至争论。不过，在刑法学界大力提倡学术争鸣、弘扬"君子和而不同"之风的良好氛围下，也许笔者的某种小心翼翼甚至担心可能反倒显得多余和多虑了。

---

① 张明楷：《学术之盛需要学派之争》，载《环球法律评论》2005 年第 1 期。

② 参见邓子滨：《中国实质刑法观批判》，法律出版社 2009 年版，"序言"第 3 页。不过，陈兴良教授的这篇序言里有一个前提就是批评与批判"要令人信服"，略显遗憾的是，前述针对拙文的批评还不能令笔者信服。

③ 周光权：《刑法学习定律》，北京大学出版社 2019 年版，第 53 页。

④ 参见周光权：《刑法学习定律》，北京大学出版社 2019 年版，第 67—71 页。周教授在该书中认为笔者对德国刑法教义学存在误解，有的分析"先天不足"，有的论据"无法成立"，但笔者经过反复思考，似乎仍不敢苟同，毕竟"每个批评主体从不同的角度可以就此得出截然不同的结论"（张明楷：《刑法的私塾》，北京大学出版社 2014 年版，第 3 页）。

⑤ 周光权：《论中国刑法教义学研究自主性的提升》，载《政治与法律》2019 年第 8 期。

⑥ 刘艳红：《中国法学流派化志趣下刑法学的发展方向：教义学化》，载《政治与法律》2018 年第 7 期。

⑦ 刘艳红：《网络犯罪的法教义学研究》，中国人民大学出版社 2021 年版，第 55 页。需要说明的是，虽然刘教授的引注是参见笔者的拙文，但这里概括的"空洞化、殖民化，乃至教义学的过度精致化等现象"并未准确反映拙文所要提倡的强化中国刑法学研究的主体性这一主题。

⑧ 吴志攀：《教书育人之道——芮先生对我的教诲》，载《北京大学学报（哲学社会科学版）》2008 年第 1 期。

⑨ 韩升：《改革开放与中国特色哲学社会科学的问题意识》，载《科学社会主义》2018 年第 5 期。

二、强化中国刑法学研究的主体性呼唤研究方法的多元与折衷

强化中国刑法学研究的主体性,应当以本国的刑法规定为逻辑起点,紧密结合本国的司法实践,充分发挥判例对中国刑法学研究水平的提升作用;在比较法研究中要以"知他而知己"为目的,在引进域外刑法知识时,既要注意动态把握域外刑法理论的流变,又要准确判断中国社会发展所处的阶段,同时还要防止断章取义,并把域外刑法知识自觉融入中国刑法学的话语体系;在方法论上,中国刑法学研究应兼收并蓄,重视研究方法的多元性和研究视野的开阔性,并由过于强调学派之争走向折衷和统一;此外,中国刑法学者还亟须补齐短板,着力挖掘和充分利用本国历史中的传统资源,在实现其现代转型方面做大量基础性且极具难度的工作。① 这里,重点谈谈中国刑法学研究方法应更重视多元和折衷这个问题。

秉承立体刑法学思维,笔者一直主张,刑法学的研究不应是平面的、静止的、一元的,而应是立体的、动态的、多元的。有学者声称,"教义学化是刑法学唯一的出路",并由此出发对笔者倡导的"立体刑法学"提出批评,认为没必要去思考这样一些"似是而非的问题"。② 对此,笔者当然持保留态度,且不说刑法教义学研究只是刑法研究的一个分支,即便其对"立体刑法学"的批评也是只言片语,这不禁让笔者想起我国台湾地区刑法学者甘添贵先生在一次学术研讨会上的发言:"任何学术上不附理由的批评都是不负责任的批评。"

如果声称"教义学化是刑法学唯一的出路",就不好解释卜元石教授观察到的如下现象:德国法学研究的方法一般只有一个,即法教义学的方法,也就是通过对法律规范的解释来研究法律;而美国法学研究的方法则变幻无穷,社会学方法、人类学方法、历史学方法、心理学方法、经济学方法等,"如果说得极端一点,美国的法学研究似乎可以运用法学外的任何方法,而法学自己的方法——法教义学的方法自 20 世纪 20 年代起一直处于一种逐渐衰落的状态"③。事实上,借用德国法社会学家赫尔曼·康托罗维奇的"没有社会学的教义学是空洞的,没有教义学的社会学是盲目的"这一表述,我们完全可以说:"没有社科刑法学的刑法教义学是空洞的,没有刑法教义学的社科刑法学是盲目的。"刑法教义学和社科刑法学就像一枚硬币的两面,在认识法律的时候,需要共同协作、互相补充。④ 正如张心向教授所指出的,作为法教义学的法律规范研究与作为法社会学(张教授在相同意义上使用法社会学和社科法学这两个概念——笔者注)的

---

① 详见刘仁文:《再论强化中国刑法学研究的主体性》,载《现代法学》2023 年第 4 期。

② 参见周光权:《刑法学习定律》,北京大学出版社 2019 年版,第 107 页。

③ 卜元石:《德国法学与当代中国》,北京大学出版社 2021 年版,第 3—4 页。

④ 参见〔德〕托马斯·莱塞尔:《法社会学基本问题》,王亚飞译,法律出版社 2014 年版,第 98、125 页。

法律经验研究从来就不是二元对立的，刑法教义学与刑法社会学无论是各自作为一种知识论体系，还是各自作为一种方法论体系，当它们分别穿越各自纯粹理论的藩篱，来到法律实践行动的场域，呈现的场景却是彼此的妥协与融合。① 近年来，面对许多引发舆情的疑难刑事案件，一些青睐于刑法教义学的学者都试图从德日三阶层理论优于传统的四要件理论这个视角来解读和寻找答案②，但总给人一种隔靴搔痒之感，而社科刑法学则在刑法教义学遭遇疑难案件困境时，提供了一些有价值的参考，为国法、天理、人情相统一作出了自己的贡献。所以，不管承认与否，任何一个国家的刑法学研究都需要“刑法教义学为体，社科刑法学为用”。③

鉴于我国当前部分学者将刑法教义学视为唯一的研究方法，笔者在这里要特别提醒，德日早已有学者对于过度强调刑法教义学提出了反思。④ 例如，雅科布斯就认为，德国学说争辩因果行为论或目的行为论何者为佳，以及争辩阶层构造理论，纯粹是由第二次世界大战之后，刑法学者逃避政治压力所致，因为作为战败国的知识分子，谈规范的目的或规范的本质等会有自我否定的压力，所以只好把精力放在这种技术问题上。⑤ 罗克辛也认为，如果只强调刑法之内的体系性思考，会带来以下问题：一是忽略具体案件中的正义性；二是减少解决问题的可能性；三是不能在刑事政策上确认为合法的体系性引导；四是会忽视和歪曲法律材料的不同结构。⑥ 同样，日本也有学者指出，日本受德国刑法学的绝对影响，陷入了强烈的唯体系论，这使得无论在第二次世界大战前还是在第二次世界大战后，都难以自下而上地对刑罚权的任意发动现象进行批判，并为这种批判提供合理根据。⑦ 笔者再次重申，说这些绝不是要否定刑法学研究中

---

① 参见张心向：《刑法教义学与刑法社会学的冲突与融合》，载《政治与法律》2022年第8期。

② 本文无意在这里讨论三阶层和四要件孰优孰劣，新近两本广受关注的刑法评注方面的著作以兼收并蓄的姿态将四要件和三阶层的话语体系同时并存于同一本书不同条款的评注中，令笔者产生一种四要件和三阶层或许并非想象中那么严重对立之联想。参见陈兴良、刘树德、王芳凯编：《注释刑法全书》，北京大学出版社2022年版；冯军、梁根林、黎宏主编：《中国刑法评注》（全三卷），北京大学出版社2023年版。

③ 这一提法受到苏永钦教授的启发。参见苏永钦：《法学为体，社科为用——大陆法系国家需要的社科法学》，载《中国法律评论》2021年第4期。

④ 吊诡的是，德国法以教义学闻名于世，但在德文中，法教义学却是一个带有一定贬义色彩的术语，因为教义学（Dogmatik）与教条主义（Dogmatismus）共用一个词根，很容易让人将其与教条主义或法条主义联系在一起。参见卜元石：《德国法学与当代中国》，北京大学出版社2021年版，第6页。

⑤ 参见许玉秀：《当代刑法思潮》，中国民主法制出版社2005年版，第53页。卜元石教授也指出：德国法学在第二次世界大战中扮演了不光彩的角色，直到今天，德国大学的法学教育也很少触及这一话题，相关的道德伦理问题一直困扰着德国法学界。参见卜元石：《德国法学与当代中国》，北京大学出版社2021年版，“前言”第6页。

⑥ 参见〔德〕克劳斯·罗克辛：《德国刑法学总论》（第1卷），王世洲译，法律出版社2005年版，第128页。

⑦ 转引自黎宏：《刑法总论问题思考》，中国人民大学出版社2007年版，第51—52页。有感于唯体系论的弊端，所以从平野龙一开始，日本刑法学会非常强调“从体系思考到问题思考”的问题意识，刑法学会的研究主题也从一直以来的对犯罪论体系的研究，转变为对“醉酒与刑事责任”“过失与交通事故犯罪”等具体的、现代社会为之困扰的问题进行分析，因而“发生了方向的转变”。参见〔日〕西原春夫：《我的刑法研究》，曹菲译，北京大学出版社2016年版，第90—91页。

的体系性思考,只是提醒方法论多元的必要性和重要性。稍稍延伸一下,其实,刑法学研究不光是教义研究,甚至也不光是社科研究,它还涉及人文研究。"敌人刑法"也好,"爱的刑法"也罢,价值判断是回避不了的,在时下刑法技术主义倾向愈来愈强烈的背景下,记住这一点,笔者觉得有特别的意义。事实上,强调对机械执法进行纠偏的法感情理论就认为,裁判者要么带着法感情对案件结果进行预判,然后去理性寻找法规范,用以检验自己的法感情是否正确,要么就是先通过三段论形式逻辑获得一个推理,然后看这个推理的结果能否通过法感情的检验,从而形成一个更为完善的包含内在因素和外在因素的法发现模式。① 笔者理解这里的法感情理论就是一种将情怀融入专业判断的法律人思维,这与耶林的主张不谋而合:"正义感是一切法律之心理渊源。"②

在讨论刑法学研究方法时,不能不提及当前学界热衷的学派之争。周详教授在最近一篇观察和呼吁学派之争的文章中,把笔者视为反对学派之争的一以贯之的"典型代表"③,其归纳未必准确(只要是认真严肃的讨论,我们应当允许"每个人心中都有一个哈姆雷特"),但笔者确实对一味强调学派之争心存警惕。应当看到,学派之争只是特定历史时期自然而然的产物,它一般发生在出现了新的社会情势这种特定的时间节点(如自由资本主义发展到垄断资本主义时期出现的新派与旧派的论战),学术研究更多时候应当是一种"极高明而道中庸"。从历史上看,学派之争本身不是目的,特别是作为经世济用之刑法制度与刑法学,最终都会走向折衷④,新派与旧派如此(当今哪个国家的刑法不是行为刑法与行为人刑法的融合? 例如,德国刑法学界就有"德国刑法是新旧学派不同观点调和的产物"的说法)⑤,形式解释与实质解释如此(在功能主义的牵引下,刑法解释完全可以融合形式解释与实质解释)⑥,行为无价值与结果无价

① 参见赵希:《德国司法裁判中的"法感情"理论——以米夏埃尔·比勒的法感情理论为核心》,载《比较法研究》2017 年第 3 期。

② 〔德〕鲁道夫·冯·耶林:《权利斗争论》,潘汉典译,商务印书馆 2019 年版,第 61 页。

③ 参见周详:《中国特色刑法知识体系构建中的"文化生态环境"问题——刑法学派生成与进化的视角》,载《新文科教育研究》2021 年第 3 期。

④ 请不要对折衷作庸俗化理解,折衷绝不是和稀泥的代名词;折衷也包含了论辩;此外,也不是说所有的刑法问题都可以折衷。

⑤ 尽管新派与旧派在某些问题上存在不同见解,但一旦上升到"派",就难免把复杂的人和事简单化,例如,徐久生教授就指出,许多人批评李斯特的行为人刑法,这"毋宁说我们误读了他的观点,因为李斯特一直坚持以客观行为为基础构建其刑法理论,只不过他更加强调行为所反映的行为人的主观意思"(参见〔德〕冯·李斯特:《论犯罪、刑罚与刑事政策》,徐久生译,北京大学出版社 2016 年版,"冯·李斯特生平及刑法思想"第 18 页)。

⑥ 笔者曾指出,论者在形式解释和实质解释的内涵与外延上互相交错、你中有我、我中有你(参见刘仁文:《二十年来我国刑法学研究之观察》,载《检察日报》2017 年 11 月 23 日,第 3 版);劳东燕教授也有类似观察结论:形式解释和实质解释的双方不仅在基本范畴的指涉与运用上较为混乱,还存在误读、曲解或虚构对方观点的现象,并且双方所宣称的立场往往与其实际做法不尽一致,此外,在论证逻辑上也有值得商榷之处(参见劳东燕:《功能主义的刑法解释》,中国人民大学出版社 2020 年版,第 177 页)。

值也是如此(世界上有哪个国家的刑法是完全的所谓"行为无价值"或"结果无价值"?还不都是二者的融合,只不过不同国家在不同阶段偏重"行为无价值"或"结果无价值"的规定所占比例不同而已)①,其他如主观主义与客观主义(现代刑法哪个国家不是主客观相统一?)②、报应刑与预防刑(哪个国家的刑罚现在不采并合主义?)③,等等,莫不如此。

我们过去都以为学派之争在德国和日本是天经地义的,但辩证法告诉我们,凡事都要一分为二地看。以所谓行为无价值与结果无价值之学派论争为例,事实上,第二次世界大战之后,"学派论争急速平息",德国和日本都因为相互折衷而提出二元论,只不过德国的主流是以行为无价值为主、以结果无价值为辅的二元论,而日本的主流则是以结果无价值为主、以行为无价值为辅的二元论。④ 再把眼光放远一点,由于德国历史上有过作为纳粹政权御用工具的基尔学派等教训,"目前在德国刑法学中构建一个学派往往会与限制学术自由联系起来,并因此而受到反对"⑤。对此,罗克辛教授的话也可呼应:"我从来没有形成一种以下意义上的'学派',即要求我指导的博士生或者教授资格获得者采取确定的学术观点。这违背了我对学术的理解,在我看来,所有的法学知识都是暂时的,必须反复接受质疑。但是,刑法是在法治国、自由主义和刑事政策影响之下被制定的,是我们每个人都分享的基本思想,因为这是从我们共同的研究中得出的结论。"⑥看到这里,对于西原春夫教授的如下讲述似乎就更好理解了:他的导师齐藤先生平时私下对他是很亲切的,但一到日本刑法学会的年会上,就把他甩开很远,从不将他引荐给其他先生,"我估计大概是因为,齐藤先生认为学会应该是自己去开拓的地方",受导师的影响,后来他也告诫日本年轻一代的刑法学者:"在学会的场合向别人介绍自己门下的学生,这种做法是不对的。"⑦ 2022 年 8 月 21 日,中国刑法学

① 行为无价值与结果无价值这种不符合中文表达习惯的翻译本身就是中国刑法学术话语体系缺乏主体性的一种表现,一个法学核心期刊的主编曾跟笔者抱怨:你们刑法学界怎么那么喜欢用一些佶屈聱牙的词汇,什么"行为无价值""结果无价值",能不能用我们中国人自己看得懂、听得明白的表述,哪怕"行为不法""结果不法"也好懂些。

② 在不少阶层论学者眼中,客观要件判断优先于主观要件判断似乎已成为一条不可撼动的原则,好像要是倒过来就会沦为刑法主观主义,但事情恐怕没有这么简单,例如,有学者就指出,即使在德国,对未遂犯的审查无论理论上还是实务中,都是从主观要件开始的。参见张志钢:《我国刑法语境中主、客观要件的审查顺位研究——基于方法论角度的考察》,载陈兴良:《刑事法评论:教义学的犯罪论》,北京大学出版社 2017 年版,第 465 页。

③ 旧派主张报应刑论,追求刑罚的公正;新派主张目的刑论,追求刑罚的有效;现代主张并合主义,追求刑罚的公正有效。参见石经海:《量刑的个别化原理》,法律出版社 2021 年版,第 157 页。

④ 参见余振华:《刑法违法性理论》(第 2 版),瑞兴图书股份有限公司 2010 年版,第 88 页。

⑤ 〔德〕埃里克·希尔根多夫:《德国刑法学:从传统到现代》,江溯、黄笑岩等译,北京大学出版社 2015 年版,第 57 页。

⑥ 〔德〕埃里克·希尔根多夫主编:《德语区刑法学的自画像》(下卷),何庆仁等译,社会科学文献出版社 2019 年版,第 463 页。

⑦ 〔日〕西原春夫:《我的刑法研究》,曹菲译,北京大学出版社 2016 年版,第 92—93 页。

研究会会长贾宇教授在首届全国“刑事治理现代化研究生论文竞赛”上的致辞中也提到了“希望年轻的学子们不要急于认什么宗、入什么派”,可能这句话引起不少人的共鸣,以致不少微信公众号如“教授加”在转发该致辞时直接以这句话为标题。① 2022年,为祝贺德高望重的储槐植教授九十华诞而出版的《储槐植文选》也收录了先生关于刑法学研究范式检讨的一篇重要作品,题目就是《提倡折衷——法学研究范式检讨》②,这不能不引起我们的深思。

最近,笔者读到《法学研究》编辑冯珏编审批评中国民法学界“多学术观点而少学术通说”的文章,感到这和我们刑法学界也很相似。她认为学术通说的价值在于,赞同通说的人承担的论证责任小,而反对通说的人承担的论证责任大。这样,如果立法或司法实践采纳学术通说,就可以减轻立法者与司法者的论证责任,立法者与司法者也就会更尊重学术通说,有利于法律理论与法律实务的良性互动。

而要形成学术通说,就需要集中学术研究的力量去构建学术通说体系。冯珏编审还以《法学研究》2017 年第 3 期发表的德国弗莱堡大学卜元石教授的《重复诉讼禁止及其在知识产权民事纠纷中的应用——基本概念解析、重塑与案例群形成》一文为例,认为卜教授研究的着眼点就不是单纯地批评既有研究的不足,而是朝着形成学术通说的方向努力。中国刑法学界过去是有通说而无学派,现在却似乎是有学派而无通说。虽然通说也不是一成不变的,甚至在特定的时间节点和阶段,旧的通说被打破,新的通说逐渐形成,但无论如何,我们不能为学派而学派,尽可能形成学术通说,是学术共同体的责任。这里,既涉及立场,也涉及方法,立场就包括前述所说的研究着眼点,方法则包括前述所说的折衷。

三、用主体性意识激活中国刑法学人的创造力和想象力

归根到底,中国刑法学研究的主体性应落实到每个个体身上,“千人之诺诺,不如一士之谔谔”。这方面,日本同样有过前车之鉴,据井田良教授回忆,日本在一段时期中对德国刑法学达到了“近乎病态般的偏爱”,甚至有的日本学者认为知道德国刑法教授的名字及其生平,就认为具有学术价值。③ 我国当前有没有这种现象呢?且听陈忠林教授的一家之言:“有人说,我们中国的刑法学界是个进出口公司,北京是批发站,其

① 中国刑法学研究会主办,上海政法学院、教育部刑法课程虚拟教研室协办的首届全国“刑事治理现代化研究生论文竞赛”贾宇会长的致辞,参见《中国刑法学研究会会长贾宇:希望年轻的学子们不要急于认什么宗、入什么派!》,载“教授加”微信公众号 2022 年 8 月 23 日。

② 参见储槐植:《储槐植文选》,北京大学出版社 2022 年版,第 847 页。

③ 参见〔日〕井田良:《走向自主与本土化:日本刑法与刑法学的现状》,陈璇译,载陈兴良:《刑事法评论:教义学的犯罪论》,北京大学出版社 2017 年版,第 373 页。

他的地方是零售商……根据我个人与外国大师们过招的经验……如果在接受外国刑法理论的过程中,我们只是盲目照搬,不去分析这些理论的前提、根据、基础有误或者错误,甚至以外国理论的批发公司为豪,这种观念,说轻一点是缺乏科学精神,说重一点,恐怕就是误国误民。"①虽然陈教授的个别措辞可以商榷,但他这种主体性意识是对的。②

其实,任何一个优秀的刑法学人都是一个主体性很强的人,这种主体性不光表现在对别人的观点不人云亦云,而且也表现在不断修正自己的观点上。以张明楷教授的《刑法学》为例,且不说前后六个版本在内容结构上有大的调整(从最初的四要件到后来的三阶层再到如今的两阶层),光看他前后几个版本的前言,也能深深体会到其可贵的主体性意识与自我否定精神。例如,他在第 5 版前言中就指出:"'相信只有一种真理而且自己掌握着这个真理,这是世界上一切罪恶的最深刻的根源。'我不会相信只有一种真理,更不会认为自己掌握了真理……只要阅读就有想法,只要思考就有变化。"③这又让笔者想起他在另一篇论文中所表达的主张:"学术观念的针锋相对并不影响学者间的深厚友谊。众所周知,李嘉图和马尔萨斯的学术见解存在明显分歧,他们几乎在每个问题上都有无休止的争论,但他们一道寻求真理,具有深厚的友谊,这种友谊又使得他们在学问上、人格上成为伟人。"④

刑法学研究充满了价值判断,它既涉及对人的理解和认识,也涉及对环境的理解和认识,因而不可能像自然科学那样在一个不受外界干扰的实验室里得出唯一的结论。更何况每个学者在不同的阶段,学术观点和立场又完全可能发生变化。这种人文社会科学的复杂性注定了其研究方法的多元性,达至正义的艰难性,也更加呼唤研究者的主体性意识和论辩精神。经过 40 多年的改革开放,中国刑法学界兼收并蓄,汇聚了大量人才,积累了宝贵资源,只要我们继续在保持国际视野和开阔胸怀的同时,致力于把论文写在中国的大地上,中国刑法学者就必将大大激发出自己的创造力和想象力,一方面在国内更好地推进良法善治,不断探求刑法正义的最优解,另一方面也在国际上发出中国刑法学应有的声音,展示出中国刑法学应有的形象和品质。

---

① 陈忠林:《刑法散得集(Ⅱ)》,重庆大学出版社 2012 年版,第 162 页。

② 2022 年 5 月 28 日晚,笔者线上聆听了陈忠林教授主讲的西南政法大学刑法学科组织的"刑法治理的现代化与本土化"系列讲座第一期,尽管刚开始觉得他的演讲时有"漏洞",但三个多小时系统地听下来,还是被他强烈的主体性、深深的人文情怀和庞大的刑法思想体系所感染和震撼,例如,他从自己的"三常"刑法观(常识、常理、常情)出发,认为我们的刑法学不管是三阶层还是四要件,都是从外国批发来的,都是他不同意的。

③ 张明楷:《刑法学》(第 5 版),法律出版社 2016 年版,"前言"第 2 页。

④ 张明楷:《学术之盛需要学派之争》,载《环球法律评论》2005 年第 1 期。

构建科学与适用的中国犯罪论体系的基本要求*

梁根林**

一、导言

犯罪论体系是以刑法规定为基础，根据一定原理与方法，将犯罪成立要素组织化的知识体系，是法律人理解与适用刑法的基本思维方法，更是规训司法者审查和认定犯罪的定罪思维模型。犯罪论体系虽然不具有实定刑法规定所具有的规范约束力，但在以法律论证、沟通理性与理由之治为法治基本要素的法治国家，构建科学与适用的犯罪论体系，不仅能够为值得国民信赖的刑法适用特别是司法裁判结论提供具有说服力的法理与逻辑支持，而且在相当程度上形塑着实定刑法规定的规范内涵，左右着刑法适用特别是司法裁判的结果。

出于对犯罪论体系逻辑自洽、体系一致与功能自足的追求，笔者认同阶层犯罪论体系特别是构成要件该当性、违法性和有责性的三阶层体系，并且认为阶层犯罪论体系作为刑法思维方法与定罪思维模型具有普适性，其基本构造契合中国刑法规定，更有利于控制法官的思维过程，合理分配证明责任，疏通入罪与出罪渠道，实现法益保护与人权保障机能的平衡。但是，笔者亦承认，阶层犯罪论体系虽然已经在中国刑法学中登堂入室，但并非无懈可击，其本身有待进一步发展完善。为了给司法者提供科学与适用的刑法思维方法和定罪思维模型，推进中国刑法学自主知识体系的形成，在推进阶层犯罪论体系中国化的过程中，应当进一步思考如何满足以下基本要求。

二、尊重实定法，超越实定法

犯罪论体系必须以实定法关于犯罪成立条件的规定为基础，将法定的犯罪成立要素予以组织化与体系化。如果实定法规定了严密完整和符合审查判断逻辑的具有刚

---

* 本文系笔者在《刑事一体化视野中的中国刑法体系建构》（原载梁根林主编：《刑事一体化：源流、传承与发展》，北京大学出版社 2022 年版，第 73—122 页）的基础上修改、缩减而成。

** 北京大学法学院教授，中国刑法学研究会副会长。

性约束力的犯罪成立条件和犯罪审查框架，犯罪论体系不应挣脱其约束而完全独立地另行构建，原则上，刑法教义学应当根据实定法的规定，建构比较直观地体现法定犯罪审查逻辑的犯罪论体系。但是，如果刑法实定法关于犯罪成立条件的规定相对比较简约、概括，犯罪论体系就具有相对更为自由与独立的理性建构空间。就此而论，实定法规定对犯罪论体系构建具有相对的制约性。

关于实定法规定对犯罪论体系构建的相对制约性，储槐植教授早已洞察。在他看来，德日三阶层犯罪论体系基本上是刑法学者对刑事司法的理性总结，并非刑法总则结构的直接反映，而英美双层次模式构造不仅是刑事司法活动的总结，而且是刑法总则结构的直接反映。① 犯罪论体系相对于实定法呈现的独立性程度的差异，源于德日刑法典与美国刑法法典化后犯罪成立条件规定的具体化、明确化和体系化的程度差异。较之德日刑法典关于犯罪成立条件简约、概括的规定，美国刑法法典化则在判例规则、学说见解的系统梳理与吸纳的基础上，呈现高度的具体化、明确化和体系化。实体法的明文规定与美国刑事诉讼对抗制的诉讼构造和正当法律程序的要求相结合，就基本形塑了美国双层次的犯罪构成模式。相对简约、概括的德国、日本刑法典的规定，对德日犯罪论体系构造的硬约束就要松弛许多，刑法教义学根据刑法典关于犯罪成立条件的一般规定，如何予以体系化、组织化构建的学术回旋空间相对就比较大。中国《刑法》总则关于犯罪成立条件的规定，类似德日刑法典，相对比较简约、概括，给刑法教义学对犯罪论体系构建预留了较大的理论回旋余地，因此，立足于我国刑法规定的犯罪成立条件，存在构建以构成要件该当性、违法性和有责性为核心的阶层犯罪论体系的理性架构空间。

但是，强调实定法规定对犯罪论体系构建的相对制约性，绝不意味着我国犯罪论体系只能直观地复述刑法的字面规定，而应以实定法规定的犯罪成立条件为基础，根据犯罪论体系作为规训和指引司法裁判过程的理论思维模型的功能定位，在刑法基本原则和刑法机能的指引下，对法定犯罪成立条件予以组织化、体系化。因此，犯罪论体系构建应当既忠实于实定法，又超越实定法。忠实于实定法，是指犯罪论体系对法定犯罪成立条件的定位与理解，不能违背实定法的明文规定。超越实定法，是指在不违反实定法的硬约束的前提下，应当根据更好地贯彻刑法基本原则、全面实现刑法机能的需要，结合学术知识的发展与司法经验的积累，予以组织化、体系化的理性构建。

因此，中国犯罪论体系构建在接纳域外知识论与方法论的同时，必须始终立足于中国本土法治实践，构建既具有刑法方法论上的普适性，又能够对中国实定刑法规定具有充分解释力的犯罪论体系。阶层犯罪论体系作为反映刑事追诉规律、指导定罪思维过程、避免司法偶然与专断、满足法益保护与人权保障双重机能、践行罪刑法定原则

---

① 参见储槐植：《美国刑法》（第2版），北京大学出版社1996年版，“第2版代前言”第2—5页。

要求的刑法方法论,既非特定国情或特定刑法的产物,也非只能宿命地适用于特定国情或特定刑法,而具有不拘泥于具体国别与特定刑法的普适性。但是,阶层犯罪论的具体构建、立场,则不免带有文化差异性、历史脉动性与语境制约性,在阶层犯罪论体系下展开具体刑法问题的结论更未必具有普适性。犯罪论体系指引和规训法官定罪思维过程,具有实践性,必须在保持概念、体系与功能的一致性与逻辑性的前提下,契合中国刑法规定并结合中国刑法规定进行本土化发展。

阶层犯罪论体系的本土化不能不考虑域外犯罪论体系与中国当下语境的适应性。在21世纪转型中的中国这样一个特殊语境中,如果仍然拘泥于100年前的德国刑法学古典主义立场构建阶层犯罪论体系,无视一百多年来德国、日本刑法理论对定罪要素及其相互关系理解的不断深化与超越,无视当代中国传统挑战与新型风险并存的双重威胁,所构建的阶层犯罪论体系逻辑上再自洽、体系上再完美、表述上再精致,充其量也只能是一个自我把玩、自我欣赏的益智游戏,无助于中国法治的提升与个案正义的实现。

阶层犯罪论体系的具体构建不能脱离本国刑法具体规定,更不能本末倒置,因为本国刑法规定与舶来的阶层犯罪论逻辑不合就否定本国刑法规定的效力。例如,中国《刑法》总则第13条规定了作为犯罪定义必要组成部分的"但书",分则构成要件中存在许多诸如"数额较大""后果严重""情节恶劣"等决定犯罪成立的罪量要素,这是中国刑法区别于德国、日本刑法的最大特色。中国学者构建中国的阶层犯罪论体系时,必须正视这一中国特色,正确认识其出入罪功能,适当安排其体系性位置,而不能借口"但书"与罪量不适合阶层犯罪论体系就轻言废止,或者简单地归入与不法和责任无关的客观处罚条件。因此,正确认识罪量要素的功能,适当安排其体系性位置,是阶层犯罪论体系本土化、中国化必须回答和解决的重大问题。

三、满足刑法基本原则的功能期待,依法入罪、合理出罪

刑法基本原则既是指导刑事立法与刑事司法全过程的指导原理,也是作为规训司法者认定犯罪过程的定罪思维模型的犯罪论体系构建的指导原理。

中国现行《刑法》第1条关于刑法目的、第2条关于刑法任务、第3条关于罪刑法定、第5条关于罪责刑相适应的原则性规定,以及第13条至第21条关于犯罪概念、故意犯罪、过失犯罪、不可抗力和意外事件、刑事责任年龄、精神病人与醉酒的人犯罪的刑事责任、又聋又哑的人或盲人犯罪的刑事责任、正当防卫与紧急避险的一般性规定,不仅表明中国刑法确立了罪刑法定原则、法益保护原则与责任主义原则,而且已经若隐若现地呈现了定罪必须满足构成要件该当性、违法性与有责性的阶层体系要求。

既然如此,中国犯罪论体系构建就可以并且应当以构成要件该当性、违法性和有责性为核心而自觉展开。

罪刑法定原则作为法治国的根本刑法原则,统领法益保护原则与责任主义原则。罪刑法定原则不仅要求犯罪论体系构建以构成要件该当性为基底,满足定罪量刑形式合法性的要求,而且要求定罪量刑满足实质合理性的要求,实现法外入罪禁止与法内出罪正当化解释机能的统一。根据罪刑法定原则的双重机能期待,构建犯罪论体系时应当将行为是否触犯刑罚法规、该当构成要件作为犯罪成立的第一阶层予以定位,并根据罪刑法定原则及其统领下的法益保护原则与责任主义原则的要求,在肯定行为形式上触犯刑罚法规、该当构成要件的基础上,把不具有实质违法性和有责性的行为排除在定罪范围之外,从而使对被告人的定罪量刑既具有形式合法性,又具有实质合理性。凡不具有形式合法性,或者虽然具有形式合法性但不具有实质合理性的,一律不得定罪量刑。

根据罪刑法定原则、法益保护原则与责任主义原则的上述功能期待,中国阶层犯罪论体系构建不能埋首并沉醉于刑法知识体系内部自我封闭的概念术语提炼或者形式逻辑演绎,而应当注意跟踪、关注当代罪刑法定原则的发展变化,构建起能够平衡保护法益、依法入罪与保障人权、合理出罪的机能的刑法知识体系。如此整序犯罪成立的条件而形成的指导司法者定罪的思维模型和知识体系,才有可能达致刑法知识体系成为科学所必需的体系一致、逻辑自洽与功能自足,使其拥有相对于其他刑法知识体系的比较优势。

四、厘清阶层体系发展脉络,恪守体系逻辑一致性

无论是四要件犯罪构成理论还是阶层犯罪论体系,都是继受苏俄或者德日的犯罪论体系,中国犯罪论体系构建具有继受性,对此毋庸讳言,继受性也不是中国刑法学的先天不足,继受性的背后潜藏着中国刑法学可能的后发优势。发挥好这一后发优势,中国刑法学可以避免重复域外刑法学曾经走过的老路与弯路,充分汲取一切可以为我所用的先进理论的研究成果,并通过自身创造性的学术努力,在短期内取得长足进展。但是,能否发挥中国刑法学的这一后发优势,首先取决于我们是否真正把握了纷繁复杂的域外刑法知识体系,能否从浩如烟海的域外刑法作品与学说中去伪存真、取其精华去其糟粕,能否像中国改革开放以来的工业现代化之路已经成功展示的那样,实现对域外知识与技术的引进、消化、吸收乃至改造与升级。

阶层犯罪论体系强调定罪要素的科学组合、结构功能、体系秩序,这是其优势所在。在一百多年的学术推进过程中,德国阶层犯罪论体系自贝林—李斯特的古典犯罪

论体系、迈耶—迈兹格的新古典犯罪论体系、韦尔策尔新古典暨目的论的犯罪论体系，到当下罗克辛—雅科布斯—弗里希机能主义的犯罪论体系，经历了历史性、结构性、体系性、功能性和方法论的巨大变迁。平心而论，中国刑法学虽然相对较早并比较系统地引介、学习了日本以刑法客观主义、结果无价值论的不法论为核心的三阶层犯罪论体系，但对更为复杂、精深、晦涩，更具哲学思辨性、文化差异性和历史脉动性的德国刑法理论的学习，其实才刚刚起步，对刑法主观主义色彩相对更浓的德国犯罪论体系内部诸要素及其相互关系、内部结构及其走向以及犯罪论体系构建的历史、文化、哲学与现实制约性的理解尚显肤浅，甚至在相当程度上还处在"瞎子摸象"的阶段，存在许多主观想象、任意猜测、妄加判断甚至刻意误读的现象。

因此，构建中国的阶层犯罪论体系，需要中国刑法学者对德国、日本的以刑法基本立场与阶层犯罪论体系为核心的全部刑法理论及其历史演进进程进行全面透彻的把握，否则就不可能在德日阶层犯罪论体系的基础上，构建逻辑自洽、体系一致的科学与适用的中国阶层犯罪论体系，中国刑法学者就难免沦落为德日刑法知识的"搬运工"，所谓刑法学术之争可能不过是德日刑法"学说代理人"之争。

五、符合刑事政策的目标设定，实现阶层体系的功能自足

阶层犯罪论体系作为刑法教义学的核心原路，在致力于自身的概念、术语、逻辑和体系构建的同时，应当积极开展与其他学科的对话，及时汲取其他学科的最新知识成果。其中，首当其冲甚至直接决定犯罪论体系构造的则是刑法教义学与刑事政策的融通。一般认为，如果说刑法学作为法律规范科学是以概念、术语、逻辑、体系为主线的体系性思考，那么，刑事政策则是以具体问题的妥当解决为目标的机能性思考。刑法教义学与刑事政策的关系，在相当程度上因而亦可浓缩为体系性思考与机能性思考的关系。

体系性思考是德国刑法教义学特别是犯罪论体系的基本范式。在康德关于体系即"各式各样的知识在一个思想下的统一"或"根据各种原则组织起来的知识整体"的定义影响下，近现代以来的德国刑法教义学始终致力于整序实定刑法规定的犯罪成立条件，将刑法规定和刑法学理发展成为统一的知识体系。体系性思考于刑法理论、教学与实务无疑具有比较优势，但是，正如罗克辛教授所指出的，体系性思考也存在忽略具体案件中的正义性、减少解决问题的可能性、不能在刑事政策上确认为合法的体系性引导、对抽象概念的使用会忽视和歪曲法律材料的不同结构等危险。① 因此，"面对

① 参见〔德〕克劳斯·罗克辛：《德国刑法学总论》（第1卷），王世洲译，法律出版社2005年版，第126—131页。

这种体系性思考最终也能产生的有缺陷的发展,人们就比较容易理解对一种学术方法的寻找工作。这种学术的办法更多地是从具体的问题出发,并且从中提供了解决这个问题的公正和符合目的的可能性"①。一般认为,问题性思考总是与机能性地根据刑法目的和刑事政策寻求具体问题的妥当解决方案相联系的,因而往往亦被称为机能性思考。

众所周知,英美刑法并不刻意区分不法与责任,甚至怀疑德国刑法教义学严格区分阻却违法事由、阻却罪责事由与阻却刑罚事由是否只是一场"没有成效的概念游戏"。② 比较而言,英美刑法更为重视从生活经验和具体问题出发,寻找解决问题的公正和符合目的的可能方案,问题性思考成为其刑法知识体系的最大特色,具体问题的妥当性解决总是被置于更为优先的地位。这种问题性思考优位、实用主义与刑事政策导向的机能性思维及其蕴含的偶然与专断的危险,当然也不能被强调逻辑与体系至上的德国刑法教义学所接受。但是,随着德国刑法教义学的高度体系化与极其精细化的发展,德国刑法学者也不得不直面"体系化的精工细作是否会导致在深奥的学理研究与实际收益之间产生脱节"的严重质疑③,不得不正视刑法的体系性思考与刑事政策的机能性思考可能产生的悖论,即"在教义学上是正确的东西,在刑事政策上却是错误的;或者在刑事政策上正确的东西,在教义学上却是错误的"④。罗克辛将这种源自李斯特的"刑法是刑事政策不可逾越的藩篱"命题的刑法体系与刑事政策的对立概括为"李斯特鸿沟"(Lisztsche Trennung)。为此,德国刑法学提出了不同的解决方案:其一为耶赛克的刑法体系退让方案⑤;其二为沙夫斯坦因的刑事政策选择性替代、补充控制方案⑥;其三为罗克辛的刑事政策导向的目的理性的刑法体系方案⑦;其四为雅科布斯的机能主义刑法体系方案。⑧

笔者认为,不受体系性思考约束的机能性思考是恣意的,没有机能性思考的体系性思考更是盲目的。上述各种体系方案中,罗克辛的刑法体系方案是否彻底地解决了

---

① 〔德〕克劳斯·罗克辛:《德国刑法学总论》(第1卷),王世洲译,法律出版社第2005年版,第131页。

② 参见〔德〕克劳斯·罗克辛:《刑事政策与刑法体系》(第2版),蔡桂生译,中国人民大学出版社2011年版,第64页。

③ 参见〔德〕克劳斯·罗克辛:《刑事政策与刑法体系》(第2版),蔡桂生译,中国人民大学出版社2011年版,第6页。

④ 〔德〕克劳斯·罗克辛:《刑事政策与刑法体系》(第2版),蔡桂生译,中国人民大学出版社2011年版,第14页。

⑤ 参见〔德〕克劳斯·罗克辛:《刑事政策与刑法体系》(第2版),蔡桂生译,中国人民大学出版社2011年版,第7页。

⑥ 参见〔德〕克劳斯·罗克辛:《刑事政策与刑法体系》(第2版),蔡桂生译,中国人民大学出版社2011年版,第7—8页。

⑦ 参见〔德〕克劳斯·罗克辛:《刑事政策与刑法体系》(第2版),蔡桂生译,中国人民大学出版社2011年版,第47页。

⑧ 参见冯军:《刑法教义学的立场和方法》,载《中外法学》2014年第1期。

刑事政策与刑法体系的融贯、体系性思考与机能性思考的统一,或可再议,但是其展示的方法论上的存在与规范二元区分思维、本体论上的刑事政策进入刑法体系并受刑法体系规制的机能主义构想,对于中国犯罪论体系构建,无疑具有超越时空与语境的理论参考价值。基于后发优势,中国犯罪论体系构建不必重复德国刑法学曾经走过的老路(物本逻辑的存在论范式的刑法体系思维)与弯路(忽视刑法体系思维的实际效益的封闭性逻辑演绎),而应在刑法体系建构过程中贯彻机能主义的体系思维,将刑事政策置于刑法体系之中作为内在参数来处理,推动法教义学符合目的地、理性地发展,同时也防止出现刑事政策任意跨越或突破法教义学规则的现象①,从而实现刑事政策与刑法体系的融贯、体系性思考与机能性思考的统一。事实上,无论是我国刑法理论研究,还是我国刑事司法与刑事立法,其实都对中国犯罪论体系构建的机能主义与刑事政策导向提出了理论呼吁。

六、因应犯罪变迁,动态调整体系方案

当代中国犯罪结构与犯罪样态正在发生革命性的变化。随着社会的文明进步与人的价值的全面觉醒,以侵犯人的法益为中心的传统自然犯的形态与内涵发生了微妙而深刻的改变,以妨害国家对社会事务的良善治理为核心内容的法定犯超越传统自然犯,成为主导性的犯罪形态;风险社会无处不在的风险以及对风险与日俱增的恐惧,推动立法越来越热衷于以危险犯特别是抽象危险犯构成要件作为刑法回应公众的安全诉求、规制法所不不容许的风险创设和实现的常态化刑法规制模式;随着法定犯与危险犯的增多,以及刑法介入社会治理的早期化与常态化,以人身犯、财产犯为主体的重罪发案数量及其在犯罪结构中所占比重不断下降,轻罪、微罪越来越成为犯罪结构的主体,并且在犯罪数量上呈现井喷式增长,进而推动犯罪总量的大幅上升。犯罪样态与犯罪结构的这些趋势性变迁不仅标志着我国法定犯时代已经到来②,而且推动我国进入了轻微罪时代。③

中国刑法理论在传统上以自然犯与重罪为主要研究对象而进行体系性建构。随着犯罪样态和犯罪结构的转型,特别是随着法定犯、轻罪、微罪时代的到来,一方面,中国刑法理论研究应当在既有的刑法理论体系与教义学法则框架内,结合新的犯罪样态进行与时俱进的认知、理解和整序;另一方面,鉴于法定犯、轻罪、微罪毕竟具有迥异于自然犯和重罪的不法内涵与罪责构造,中国刑法理论不能因循守旧、简单套用既有的

① 参见劳东燕:《刑事政策与刑法体系关系之考察》,载《比较法研究》2012 年第 2 期。

② 参见《储槐植:要正视法定犯时代的到来》,李运平整理,载《检察日报》2007 年 6 月 1 日,第 3 版。

③ 参见卢建平:《为什么说我国已经进入轻罪时代》,载《中国应用法学》2022 年第 3 期。

刑法理论体系和教义学法则,对新的犯罪现实进行封闭性的概念、逻辑的自我演绎,甚至进行削足适履、强词夺理式的所谓教义学解读,而是需要结合犯罪样态与犯罪结构的转型,根据法定犯、轻罪与微罪的不法内涵与罪责构造,重新认知、理解与整序法定犯、轻罪、微罪的成立条件,完善现有的犯罪论体系方案和教义学法则,甚至发展出一套全新的犯罪论体系方案或者至少建构全新的教义学法则。为回应这一时代需要,笔者认为,中国犯罪论体系构建需要特别重视以下几个主要方面:

(一)人格权、人性尊严的刑法需保护性上升与自然犯教义学体系的与时俱进

"人是目的,不是手段。"现代刑法对人格权和人性尊严的刑法需保护性给予了全面确认,不仅始终把保护包括生命、健康、自由与性自决权在内的传统人格权作为刑法的首要任务,而且不断扩大和加强对精神层面的人格权和人性尊严的保护。刑法对人的保护因而出现了三个值得关注的发展趋势:

其一,当代刑法较之过去更加重视对人的生命、健康和自由等人身法益的保护。人的生命、健康与自由是人的主体性存在的实在性基础,既是宪法和民法保护的基本人格权的基础,也是刑法上的个人法益乃至刻意还原为个人法益的集体法益的基础。各国刑法通常在传统上就十分重视对人的生命、健康和自由的保护,但在尊重人的主体性存在、标榜以人为本的现代文明社会,许多国家的刑法较之过往展现了对生命、健康和自由予以更为周延甚至更为严厉的刑法保护的发展趋势。而在中国,迄今为止,刑法既无作为侵犯身体健康犯罪的基本犯的暴行罪的规定,也无作为妨害身体自由犯罪的基本犯的强制罪的规定。对此,一方面需要从立法论的角度予以回应,另一方面则应当从犯罪论体系构建与刑法教义学的维度进行审视。

其二,当代刑法对人身法益的保护越来越精神化、抽象化,保护范围从生命、健康和自由等基本人格权不断扩展至包括姓名权、名称权、肖像权、名誉权、荣誉权、隐私权等人格权以及基于人身自由、人格尊严产生的其他人格权益。即使是对基本人格权的刑法保护,也在不断地改变其传统法益内涵而精神化、抽象化。如何因应当代刑法对人身法益的保护日益精神化、抽象化的趋势,既在犯罪论体系构建特别是刑法分则教义学原理中具体反映这一时代精神,又有效避免刑法法益过度精神化、抽象化潜藏的风险,考验中国学人的智慧。

其三,在以人的主体性存在、自我决定权为核心的人格尊严的刑法需保护性大大提升的同时,现代文明社会又不断限制人格权主体恣意地行使自我决定权,从而形成了自我决定权的刑法保护与刑法限制的悖论。例如,现代刑法基于对人的主体性的尊重,抽象地承认人对自己的生命和身体享有自我决定权,但是,一旦人具体行使自我决定权同意他人杀死、伤害或者买卖自己的时候,往往又不承认同意的效力,所谓被害人同意的行为不仅在判例中被以各种名目予以入罪,而且可能被立法设置为诸如自杀参与罪或同意杀人罪，学理上往往亦以所谓“生命这一法益的无可替代的重要性”与“有生命危险的重大伤害说”为其奠定刑法处罚的基础。① 如何理解并厘清其中的内在逻辑，建构符合现代文明社会对人格尊严的刑法需保护性要求的被害人同意教义学法则，实现对被害人自我决定权的充分保护与合理限制，成为以人身犯为核心的自然犯教义学体系建构特别是自然犯教义学体系与时俱进必须面对的时代新课题。

(二)风险刑法的刑法风险的刑法教义学控制体系建构

当今世界许多国家的刑法在更加重视保护主要是个人法益的人格法益的同时，对可以还原为个人法益的集体法益的保护普遍出现了刑事立法活性化与刑法干预早期化的趋势。中国刑法不仅展现了同样的立法趋向，不断地通过增设新罪名设置危险犯构成要件、调整与扩大现有罪名适用范围，严密刑事法网、严格刑事责任，而且呈现了刑事立法能动化的趋势，立法者刻意运用多种立法策略，降低犯罪证明要求，减少控方指控犯罪的难度，方便司法灵活高效地适用刑法。

面对刑事立法的活性化及积极预防性转向，中国刑法理论应当采取何种态度，是基本否定(消极刑法立法观)还是简单肯定(积极刑法立法观)，抑或在同情地理解的基础上建立有效的教义学控制机制，不仅考验中国刑法学术智慧，而且影响中国犯罪论体系构建。笔者主张，与其在基本否定或者简单肯定之间做选择题，不如把重心置于通过犯罪论体系构建与刑法教义学的努力，控制其可能存在的刑法风险。劳东燕教授已经展开的一系列研究提供了很好的示范。中国犯罪论体系构建应当在此延长线上进一步展开这一刑法内部控制机制与合宪控制机制，以真正实现对风险刑法的刑法风险的控制。

(三)法定犯的不法与罪责的刑法教义学规则重塑

当代刑法规定了越来越多的法定犯，这是刑法的功能转向风险控制与预防威慑的产物。伴随着刑法的这一功能转向，一方面，刑法对法定犯不法评价的重点转向规范违反与风险创设，前置刑法干预起点，增设危险犯构成要件；另一方面，刑法对法定犯的归责逻辑也发生了结构性的变化，较之刑法对自然犯更多地关注主观归责，刑法对法定犯的归责则更多地关注行为不法与结果不法，尽管仍然必须恪守责任主义原则，但故意和过失不再是刑法上的归责关注的重点，故意和过失的区分对刑法上的归责也不再具有特别意义。刑法理论要正视法定犯时代的到来，正视法定犯不同于自然犯的不法属性和归责逻辑的特殊性，重新建构适合法定犯不法属性和归责逻辑的教义学法则，而不能将基于自然犯的不法属性和归责逻辑建构的传统教义学法则简单套用于法定犯。应当承认，随着法定犯时代的到来，特别是随着刑法方法论由存在论到存

---

① 参见〔日〕山口厚：《刑法总论》(第2版)，付立庆译，中国人民大学出版社2011年版，第161—164页。

在与规范二元区分的功能论的转型,故意和过失不仅可能出现在同一犯罪之中,使某一罪名的罪过呈现复合罪过形式,而且故意与过失可能由存在论的互斥关系蜕变为规范性的位阶关系。刑法理论应当认真对待复合罪过形式与故意过失位阶关系说,在此基础上发展完善法定犯的归责理论体系。

(四)轻微犯罪刑罚扩张事由的刑法教义学控制

刑法分则以行为人单独实施其规定的构成要件行为并达到既遂状态为刑罚处罚基准。教唆、帮助正犯实施犯罪的,或者正犯的行为未达既遂状态的,则构成刑罚扩张事由。为限制刑罚处罚范围,域外刑法对于自然犯和重罪的共犯与未完成罪的可罚性一般均有特别明文规定和严格限制。法定犯相对于自然犯、轻微罪相对于重罪,已经属于刑罚处罚范围的扩张,是否有必要在此刑罚扩张的基础上再借由刑罚扩张事由扩张,应当秉持更为审慎的立场。因此,即便中国刑法一般性地规定了教唆犯、帮助犯、预备犯、未遂犯、中止犯的可罚性,但是其可罚性的范围不能与正犯、既遂犯等量齐观,而必须根据刑罚扩张事由的不同情况,结合刑事政策的目标设定与刑法基本立场,予以具体确定。

鉴于重罪、轻罪、微罪的界定标准在理论与实务上尚未达成共识,笔者无法在此就轻罪、微罪的刑罚扩张事由的刑法教义学控制形成具体立场。一个总的原则应当是,如果以 3 年有期徒刑为界区分重罪与轻罪,以 1 年有期徒刑为界区分轻罪与微罪,对轻罪的共犯与未完成罪,或不能完全否定其可罚性,但是应当采取比重罪更为审慎的立场。就微罪而言,更不能无视其与传统的自然犯和重罪甚至轻罪在不法与责任上的重大差异,将主要基于传统自然犯和重罪而建构的共犯教义学原理,简单套用到微罪的共犯的认定上。原则上,应当排除微罪的教唆、帮助行为的刑事可罚性,确立微罪无共犯的共犯教义学立场,除非教唆、帮助他人实施微罪(如醉驾)达到了对他人进行支配、操纵的程度,因而得以微罪的间接正犯(如果承认间接正犯)论处。对一般的教唆、帮助他人实施微罪的行为,例如在醉驾案件中,如果明知他人可能醉酒驾驶机动车而提供酒精饮料、劝诱他人喝酒、提供车辆驾驶的,或者在他人醉酒驾驶机动车时不予劝阻反而同乘的,原则上均不得以危险驾驶罪的共犯论处。确实需要处罚的,完全可以根据《道路交通安全法》予以行政处罚。否则,可能会导致危险驾驶罪的处罚范围借由共犯这一刑罚扩张事由而得以无限扩张,这既不具有妥当性,也不具有必要性。

在微罪的未完成罪作为刑罚扩张事由的维度上,基于与微罪共犯不可罚的相似考虑,原则上也应当否定微罪的预备犯、未遂犯与中止犯的可罚性,不得借口我国刑法一般性地确认了预备犯、未遂犯与中止犯的可罚性,而任意处罚微罪的预备犯、未遂犯和中止犯。

七、契合诉讼构造，平衡控辩职能

刑事诉讼是控方代表国家行使刑罚权、追究被告人刑事责任，辩方反驳指控、充分抗辩，法官在斟酌考量控辩双方诉求、主张和事实、法律根据的基础上居中独立裁判的过程。当今世界范围内的刑事诉讼构造，无论是大陆法系的职权主义诉讼模式，还是英美法系的对抗主义诉讼模式，都普遍呈现控辩平等对抗的发展趋势。

随着诉讼构造由职权主义向对抗主义的转型，一方面，犯罪论体系应当为控方指控犯罪、法官认定犯罪提供合法性依据与体系性支持，这种合法性依据主要和直接来源于刑法分则规定的构成要件，体系性支持就是犯罪论体系范畴内的构成要件论。根据“谁主张谁举证”的证明责任原则，控方承担被告人符合被指控的犯罪的构成要件的举证和证明责任。如果控方不能证明被告人的行为该当构成要件，法官就不得认定被告人有罪。另一方面，犯罪论体系在构造上亦应当为辩方反驳指控、充分抗辩提供合法性依据与体系性支持。否则，辩方的抗辩职能就无法展开。事实上，现代犯罪论体系尽管具体构造有所差异，但基本上都是按照刑事诉讼的这一功能性诉求展开的。中国犯罪论体系构建，无论是选择阶层犯罪论体系，还是借鉴双层次犯罪构成模式，抑或继续坚持四要件犯罪构成理论，都必须反映刑事诉讼的客观规律，预设控辩审三方理性对话与良性互动的空间，合理分配证明责任，控制法官的定罪思维过程，疏通入罪与出罪渠道，契合刑事司法逐渐过滤、不断收缩刑事追诉范围的动态过程与客观规律。

八、结语

笔者主张，构建中国犯罪论体系，应当以实定法规定为基础，满足刑法基本原则的功能期待，符合刑事政策的目标设定，向域外知识与本土实践开放，因应犯罪态势变迁提出的时代要求，契合刑事诉讼构造。这是构建一个逻辑自洽、体系与功能自足的犯罪论体系，为司法者提供科学与适用的定罪思维模型的基本要求。

当然，除了上述基本要求，构建犯罪论体系时，还应向行刑处遇开放，接受行刑效果的反馈，吸纳其他社会科学知识领域（诸如社会学、社会政策、社会经济、社会心理学、社会哲学）的最新研究成果。正如耶赛克教授指出的，刑事科学（Kriminalwissenschaften）部分是规范性科学，部分是经验性科学，既具有社会科学的特点，又具有自然科学的特征。刑事科学与其他学科的合作，是一个具有重要意义的科学政治要求。①“现在社会科学

① 参见〔德〕汉斯·海因里希·耶赛克、〔德〕托马斯·魏根特：《德国刑法教科书》，徐久生译，中国法制出版社2017年版，第58—59页。

向刑法及其发展前景主要提出了批评性的问题,这些问题涉及社会控制的诸多其他可能性,因违法而科处的刑罚的合法化问题,它根据在犯罪情景中能不为犯罪行为的不可证明性对罪责原则提出了异议,它要求将刑罚目的从报应转向一般预防和特殊预防,强调社会对犯罪应负有的共同责任。只要不追求对现行法律制度和社会制度进行彻底变革,且不追求导致进入乌托邦帝国的'废除刑法',而是就事论事(非意识形态)地进行讨论,对刑法教义学家和刑事政策学家而言,与社会科学的对话是必不可少的,而且也是大有裨益的。"①

因此,我们应当继续思考的是,如何秉承李斯特教授的整体刑法学思想与储槐植教授的刑事一体化方法论,不断地向其他学科和知识领域学习,汲取这些学科和知识领域的新知识与新方法,从而构建既具有普适性、科学性和适用性,又具有本土性、自主性和时代性的中国犯罪论体系。

① 〔德〕汉斯·海因里希·耶赛克、〔德〕托马斯·魏根特:《德国刑法教科书》,徐久生译,中国法制出版社 2017 年版,第 65 页。

刑法中犯罪的本质研究

张曙光[*]

刑法中犯罪的本质特征(或者所谓犯罪的实质)是判定行为是否属于犯罪的根本性判断。目前刑法界的主流立场坚持采用混合的犯罪概念,将犯罪实质层面的认识作为犯罪的本质或本质特征。然而,对于犯罪的实质认识或所谓本质特征的揭示,国内外都存在认识模糊、争议、质疑和分歧。这意味着当下刑法理论体系可能建立在"沙滩"之上。检讨和揭示现有理论对刑法中犯罪本质的认识,仍是推动刑法理论体系发展与完善的重要课题。

一、对"(严重的)社会危害性说"的批评

近代以来,主流刑法理论将社会危害性作为犯罪的本质特征,或者说刑法中犯罪的本质是社会危害性。所谓社会危害性,简单地说是指犯罪具有对一定公民、集体或国家利益侵害的特性。例如,康德指出:"犯罪的本质就在于犯罪人为了实现个人的自由而实施侵害他人自由的行为。"①刑事古典学派创始人贝卡里亚认为:"衡量犯罪的真正标尺,即犯罪对社会的危害。"刑事实证学派代表人物加罗法洛也认为:"犯罪一直是一种有害行为",同时指出,"是一种伤害某种被某个聚居体共同承认的道德情感的行为"。② 黑格尔则认为:"犯罪是对他人权利的一种侵犯的行为。"③尽管有不同的表述即对不同对象的侵害,但社会危害性是一种价值伦理上的否定,由社会危害性定义的犯罪概念,就是道德伦理上错误的、否定的行为。我国主流刑法理论虽然对社会危害性有不同的理解④,但在伦理评价上也认为它是一种有害的、不道德的行为,与前述

---

* 新疆大学法学院教授,中国刑法学研究会会员。

① 转引自《刑法学》编写组编:《刑法学》(上册·总论),高等教育出版社 2019 年版,第 84 页。

② 转引自《刑法学》编写组编:《刑法学》(上册·总论),高等教育出版社 2019 年版,第 84 页。

③ 转引自《刑法学》编写组编:《刑法学》(上册·总论),高等教育出版社 2019 年版,第 84 页。

④ 立足于马克思主义经典作家的犯罪观,我国主流刑法理论认为,在根本上统治关系侵犯性是犯罪的本质,它和社会危害性在内涵上显然是不一致的,但是,在社会主义社会,人民当家作主,人民的利益就是统治阶级的利益,统治关系侵犯性和社会危害性是统一的,因此,我国主流刑法理论也习惯性地将社会危害性作为我国刑法中犯罪的本质。

观点具有形式上的一致性。社会危害性成为犯罪的本质特征,为国家惩治犯罪提供了正当化理由。

但是,把社会危害性作为犯罪的本质(或本质特征),在理论上是无法自圆其说的。

第一,无法区分一般违法行为和犯罪(严重违法行为)。因为前者也是对社会具有危害的行为,一般违法行为和犯罪之间并无“质”的区别,而只是“量”的区别,犯罪只不过是一种严重的违法行为。所以,将社会危害性作为犯罪的本质特征在逻辑上是不周延的。为了解决这个问题,主流理论把“严重的社会危害性”视为犯罪的本质特征,这个做法似乎区分了犯罪和一般违法行为,即把犯罪看作严重的社会危害行为,一般违法行为是一般的社会危害行为,但是,正如二者在字面上所传递出来的含义那样,这里只描述了二者“量”的差别,而不是“质”的区分。所以,无论是把社会危害性还是严重的社会危害性看作犯罪的本质特征,都是不准确的。

第二,把社会危害性作为犯罪的本质来理解的话,犯罪在道德伦理上就是处于被否定的,或者说,犯罪首先是一种道德上“恶”的行为,即所谓“犯罪是出于不道德的动机而实施的不道德行为”。但是,从经验来看,尤其是从历史上的经验来看,很多刑法中的犯罪并不具有这种道德伦理上的“恶”,或者说,许多刑法中规定的法律实证意义上的犯罪并不是一种具有社会危害性的行为,甚至许多明显是对社会有益的行为,例如,布鲁诺、伽利略等宣传科学先进思想,被宗教裁判所以异端罪迫害;革命者为推翻旧的、腐朽政权而奋斗,被以颠覆国家政权罪论处等,他们的行为是对社会有益的行为。事实上,在人类进入国家门槛迄今的大多数时候,即在那些传统的、专制社会,大量对社会有益的行为和大量对社会很难说是有害还是有益的行为,被统治者规定为犯罪。以是否具有社会危害性作为行为犯罪与否的根本界定标准是不准确的。犯罪和法一样,本质上是统治阶级意志的反映,是统治阶级为维护自己的利益和统治而进行政治判断抉择的结果,根本上不是道德伦理的抉择。

第三,将社会危害性(或严重的社会危害性)作为刑法中犯罪的本质,相当程度上还与罪刑法定原则存在冲抵。只有现时的、刑法上规定的犯罪才是真正的犯罪,即法律实证意义上的犯罪,没有现时有效的刑法规定,任何行为即便具有极端严重的社会危害性,也未必是刑法中规定的犯罪。刑法中的犯罪不能以社会危害性(或严重的社会危害性)作为根本界定标准,一方面,具有社会危害性未必是刑法中的犯罪;另一方面,刑法中的犯罪未必具有社会危害性(这里指少数人统治的专制社会)。

事物的本质是事物内在的、必然的、固有的(或共同的)矛盾,是一事物区分他事物的根本实质。(严重的)社会危害性是对现实生活中的一类行为现象的伦理评价,不是刑法中犯罪的共有内涵,不能解释所有犯罪,它不能作为刑法中犯罪的本质。

二、对“法益侵害说”的批评

所谓法益,即法所保护的生活利益。它是目前西方刑法理论解释犯罪实质的核心概念,根据西方刑法理论(主要是大陆法系刑法理论),犯罪是行为人侵害法益的行为,也就是说,大陆法系刑法理论是把法益侵害性作为刑法中犯罪的本质,是借助法益这个概念来解释立法者为什么把某种行为规定为犯罪。法益成为西方刑法理论尤其是大陆法系刑法理论的基石。

大陆法系刑法理论之所以将法益侵害性作为犯罪的本质内涵,是为了弥补早先将社会危害性作为犯罪的本质诠释的不足,即历史经验证明,被作为犯罪的行为并非都是危害社会的行为,一些对社会没有危害甚至有益的行为,也可能被立法者规定为犯罪,如古代的男女私情被以通奸罪论处,一些信仰犯、政治犯的犯罪行为在现实中可能是对社会有益的行为,而一些仅违反秩序却不成立犯罪的行为可能具有社会危害性。为了在理论上给予刑法中的犯罪以实质意义上的解释,完成理论上的自洽,大陆法系刑法理论先后用“权利”“自由”“财(gut)”等来解释“犯罪的实质”,或者说“立法者为什么把某种行为”规定为犯罪,但都因为这种或那种不足而放弃了,最后,大陆法系刑法理论寻找到“利益”这个范畴,并把这个利益限定在法(具体说是宪法)所保护的范围内,即法益。

法益是法所保护的生活利益,根据利益主体和范围不同,通常又大体区分为“个人法益”“社会法益”和“国家法益”三种类型,而根据法益的这三种不同类型,大陆法系刑法理论又将犯罪区分为“侵犯公民个体法益的犯罪”“侵犯社会法益的犯罪”和“侵犯国家法益的犯罪”。在理论机能上,法益基本类似于我国刑法理论中的“犯罪客体”。法益概念和理论,尽管当代最著名的德日刑法学者认为它仍存在不确凿性、不能逻辑自洽,但仍是目前大陆法系刑法理论关于犯罪本质的主流解释,目前也为我国相当多的学者所接受和适用。

应当说,“利益”一词比“社会”“权利”“自由”“财”等具有现实感受性,确实,任何一种犯罪行为都似乎表现出对某种利益或者某个人或某些人利益的侵犯(或侵犯威胁)。一方面,它比“社会”“权利”“自由”“财”等词语更鲜明和准确,能够弥补后者的一些缺陷(比如内涵与范围更符合实际),解释更多的犯罪行为:某些犯罪行为不具有社会危害性,但却明显损害或威胁一定的利益(例如,《水浒传》中的林冲在三神庙枪挑陆谦、差拨、管营,其行为站在社会的立场上无疑是正义的、进步的,但是这是侵犯剥夺他人生命利益的行为)。另一方面,它又通过“法”限缩了利益的范围,使得理论上对犯罪实质的把握不致过于宽泛(相对于“社会”这一侵犯对象),也不致过于狭窄(相对于

“权利”“自由”等侵犯对象)。

然而,认为犯罪是对法益的侵犯也不能彻底或准确地揭示“犯罪的本质”,或者说将法益侵害性作为犯罪的本质也是值得商榷的。

一是法益侵害性仍不能解释所有犯罪行为,例如,聚众淫乱罪,该罪是指三人以上多次从事聚众淫乱活动的行为。该罪参加者都是自愿参与淫乱活动的,以满足彼此之间的性欲,而且通常发生在私密的场合,这种对性欲的满足是否侵犯了“利益”。类似的还有某些国家的渎圣罪、兽奸罪等罪名,所谓渎圣罪,就是亵渎上帝或圣物等的行为;兽奸罪是指男人或女人与动物性交的行为。对于前者而言,由于上帝或神都是虚幻的、不真实的,当然不存在上帝或神的利益,所谓“法益”是不存在的,但这并不影响行为人冒犯这些所谓神灵的行为构成犯罪;对于后者,兽奸行为固然伤风败俗,但动物并非法律的主体,自然不存在什么法律所保护的利益,也不具有法益侵害性。

二是法益侵害性不仅是刑法领域的命题,同时也是整个法秩序的命题。即与社会危害性相类似,具有法益侵害性的行为不一定就是刑法中的犯罪,在许多情况下,仅是一般违法行为,是否成立犯罪,还要看立法者是否将其规定在刑法之中,只有规定在刑法中的犯罪,才是真正意义上的犯罪。也就是说,真正的刑法中的犯罪不能以“法益侵害性”将自己和其他事物区分开来,法益侵害性就不能成为刑法中犯罪的本质特征。

由此可见,跟一般意义上的社会危害性一样,既不能说凡是犯罪行为都具有法益侵害性,也不能说凡是具有法益侵害性的行为都是犯罪,二者并非统一的关系,因此,法益侵害性也不是犯罪的本质。

三、对“统治关系侵害性说”的批评

相对于传统的“社会危害性说”、西方刑法理论的“法益侵害性说”,苏联、我国和其他社会主义国家(如前东欧社会主义国家)的刑法理论采取的是“统治关系侵害性说”。它是对马克思主义经典作家提出的一个重大的科学命题的理论诠释,即“犯罪——孤立的个人反对统治关系的斗争”①。而该命题应是迄今为止人类对犯罪现象最科学的把握。

(一)该命题是马克思主义经典作家在唯物史观视角下对犯罪社会现象的本质揭示

犯罪既是法的命题,更是社会现象。马克思主义经典作家是以历史唯物主义的视角来看待犯罪这一阶级社会所特有的犯罪现象的。这里的犯罪,是刑法中抽象的犯罪

---

① 《马克思恩格斯全集》(第3卷),人民出版社1960年版,第379页。

范畴与作为阶级社会特有的犯罪现象的综合,是马克思主义经典作家从历史唯物主义的立场、观点和方法出发对犯罪这一社会现象所作的本质揭示,因而对把握刑法中的犯罪本质具有指导性。

(二)该命题彻底摆脱了传统犯罪本质认识上的伦理色彩,弥补了"社会危害性说""法益侵害性说"的伦理判断缺陷

传统的"社会危害性说""法益侵害性说"都认为犯罪是一种危害社会的现象,伦理上的否定性是犯罪的内在规定性。但是,如前文所述,这是不能自圆其说的,无法解释犯罪这一法的现象。因此,将社会危害性或法益侵害性作为犯罪的本质特征是不正确的。马克思主义经典作家的"统治关系侵害性说"则超越了这一伦理命题,认为犯罪本质上与社会危害性并无必然联系,并不必然具有社会危害性,它本质上是一个政治学或社会学范畴,是行为人对统治关系的侵犯或威胁,也就是说,它是统治阶级意志的反映,是统治阶级将严重威胁自己利益和统治秩序的行为规定为犯罪,这里是一种政治判断、功利判断,而不是一种伦理判断。

根据这一判断,从社会危害性、法益侵害性的角度无法解释的前述那些类型的犯罪就可以得到很好的解释。例如,苏格拉底因为冒犯神灵、毒害青年等罪行被雅典城邦社会判处死刑,并非因为苏格拉底的行为对社会具有危害性——恰恰相反,他的思想和行动对雅典社会是有益的,也不是因为他的行为侵犯了什么法所保护的抽象利益,而是因为他的思想和行为侵犯了雅典社会执政集团的利益或者说侵犯了统治关系(包括法律规定、意识形态、道德伦理等)。林冲杀死陆谦、管营、差拨三个"贪官污吏"的行为(这三人实际是真正的犯罪人,为了杀害、栽赃林冲,三人不惜烧掉大军粮草营),无疑是对社会有益的正义之举,不仅不具有社会危害性,而且是对社会有益的行为,但是其行为侵犯了腐朽的国家统治秩序和统治关系,因此,站在国家和法的立场上也成立犯罪。同样,布鲁诺宣扬"日心说"、伽利略宣扬科学,之所以成立犯罪,遭受迫害,不是因为他们的行为具有社会危害性(相反,都是对人类的进步)或侵害什么法益,而是他们的思想和行动危及了当时统治阶层、宗教阶层的统治关系和利益;渎圣罪、兽奸罪等危害了统治阶级确立和认可的统治秩序和统治关系。可见,"统治关系侵害性"能够彻底、全面地解释犯罪现象的社会学实质,并摆脱了长期以来刑法理论上对犯罪不准确的伦理评价。

(三)该命题揭示了犯罪的辩证性,是真正的犯罪人的大宪章

在根本意义上,刑法中的犯罪及其犯罪现象不是单纯的"恶"或在伦理上具有否定的评价的范畴,即不能一概地说刑法中的犯罪都是对社会具有危害性的行为或者侵害某种法益的行为,它也可以是在伦理上、道义上正当的行为,这是马克思主义经典作家关于犯罪的社会实质认识的必然结论。

马克思主义经典作家是把对犯罪的理解放在行为人与统治阶级的矛盾对立中把握的,即在“孤立的个人反对统治关系的斗争”中进行理解,由此可以得出辩证的犯罪实质观。也就是说,在专制社会,当统治关系代表的是少数人的利益时,此时的犯罪就具有了某些合理性或正当性,甚至某些犯罪具有完全正当性,例如,武松替兄报仇,杀死西门庆、潘金莲;革命党人推翻清政府统治的行为,在法的立场上是犯罪,但又是正义之举;而在人民当家作主的社会主义社会,人民即绝大多数人是国家的主人,政治、经济、社会、文化等秩序是人民的利益保障和依赖,犯罪就是具有社会危害性的行为。而且,无论是“正义”的犯罪,还是“恶”的犯罪,都需要一分为二地进行把握,既有对社会有害的一面,也有对社会有益的一面,因为犯罪是行为人与统治阶级(或集团)互动的结果。

(四)该命题解释了犯罪的历史性

“孤立的个人反对统治关系的斗争”的命题表明,犯罪并非行为个体单方面的、无针对性的行动,而是行为人与统治秩序或体系互动影响的结果。不同性质的社会中犯罪的实质也存在不同。人类社会是一个历史演进的动态发展过程,进入阶级社会以后,先后经历了奴隶社会、封建社会、资本主义社会和社会主义社会,前面三个建立的是由少数人统治、有利于统治阶级、对大多数人进行压迫的统治关系或社会秩序,后者是无产阶级领导、团结最广大劳动人民所建立的统治关系或社会秩序,因此,在不同的阶级社会,统治关系或社会秩序的性质是不同的,犯罪的性质、内涵和范围也会因不同的统治关系、社会秩序而不同。这就有效地解释了在少数人专制的社会犯罪具有积极意义的一面,能够解释许多犯罪的正义性。当然,社会主义国家是广大人民群众对少数破坏社会主义的坏分子和国内外敌对分子实行专政的国家,对统治关系和社会秩序的侵犯就是对国家社会整体利益的侵犯,在社会主义国家,统治关系侵害性与社会危害性高度统一,对人民政权确定的统治关系的侵害就是具有社会危害性的行为。

可见,“统治关系侵害性说”彻底地、有力地揭示了犯罪现象的社会学实质,是关于犯罪的社会学理解的正确认识,它是对传统的“社会危害性说”和西方国家的“法益侵害性说”的扬弃和超越。

但是,“统治关系侵害性说”能否作为“刑法中的犯罪”的本质呢?也不能。因为“统治关系侵害性说”把握的是侵害统治关系的行为的社会现象,一是相当一部分仅仅被作为一般违法行为,二是它所涵盖的具有统治关系侵害性的行为(包含那些被立法规定为犯罪的行为)是对社会现象的本质把握,这种社会现象不同于刑法中规定的犯罪实体,在这一点上,“统治关系侵害性说”与“社会危害性说”“法益侵害性说”是一样的,不能成为刑法中规范意义上的犯罪的本质。简单地说,我们可以说犯罪是具有统治关系侵害性的,但不能说具有统治关系侵害性的是犯罪。

四、应受刑罚惩罚性才是刑法中犯罪的本质特征

(一)从犯罪的形式概念到犯罪的混合概念

刑法中的犯罪是立法者针对现实生活中严重侵害统治关系的行为,认为一般的法律制裁不足以实现正义、实现犯罪预防的刑罚目的,应当运用刑罚手段才能实现进而在刑法中规定的行为。它们是刑法中的规范实体,不同于社会生活中、法哲学视野下的犯罪现象。刑法中的犯罪是具有构成要件符合性、刑事违法性和应受刑罚惩罚性(或有责性)的规范要件的行为,即所谓犯罪的形式概念。但是,从认识论的角度,这种通过抽象的语言文字描述和规定的犯罪概念,不能说明立法者为什么把具有这些特征的行为确定为犯罪,或者说这种犯罪行为在现实生活中究竟是怎样的,即不能实现对刑法中犯罪的完整把握。对犯罪的社会实质理解对于全面理解和把握刑法中的犯罪,对于指导司法实务上对犯罪条文的理解和适用都具有意义。因此,就出现了“社会危害性说”“法益侵害性说”和“统治关系侵害性说”等所谓犯罪的实质概念的观点(只有“统治关系侵害性说”科学地揭示了犯罪的社会实质)。为了全面地把握犯罪概念,刑法理论将犯罪的形式特征(或概念)与犯罪的实质概念综合为犯罪的混合概念。

(二)犯罪的混合概念仍是刑法上的规范概念

犯罪的混合概念实际是在肯定犯罪的形式概念理解上加入了对刑法中犯罪的社会实质理解,其目的是对刑法中的犯罪有更准确、全面的理解,以指导立法和司法。如我国《刑法》第 13 条规定:“一切危害国家主权、领土完整和安全,分裂国家、颠覆人民民主专政的政权和推翻社会主义制度,破坏社会秩序和经济秩序,侵犯国有财产或者劳动群众集体所有的财产,侵犯公民私人所有的财产,侵犯公民的人身权利、民主权利和其他权利,以及其他危害社会的行为,依照法律应当受刑罚处罚的,都是犯罪,但是情节显著轻微危害不大的,不认为是犯罪。”该条包含了犯罪的社会学特征(或实质特征)和犯罪的规范学特征。根据罪刑法定原则和《刑法》第 13 条规定,只有刑法规定的应当受到刑罚处罚的行为才是犯罪。

犯罪的混合概念显然是为了完整地揭示犯罪和进行准确的司法实务判断才确立的,它建立在刑法规定的基础上,同时考察了犯罪的社会学实质,但它在根本上是刑法上的规范概念,这是因为现实生活中的犯罪概念、犯罪现象都是围绕刑法中的概念而形成的,没有刑法中的犯罪概念就没有现实生活中的犯罪现象。对于犯罪的混合概念,主流理论上分为三个基本要素:(严重的)社会危害性(即统治关系侵害性)、刑事违法性和应受刑罚惩罚性。这三个要素是不可缺少的,第一个是犯罪的社会学(或政治学)特征,后二者是犯罪的规范学特征。刑法中犯罪的本质显然应当从后二者中寻找。

(三)刑法中犯罪的本质特征是应受刑罚惩罚性

刑法中的犯罪在根本上是刑法界定的、规范意义上的犯罪,它与社会生活层面的犯罪现象是不同的,因此,对犯罪的社会学实质的理解("社会危害性""法益侵害性"和"统治关系侵害性"等)不应成为犯罪的本质特征。无论是"社会危害性""法益侵害性"还是"统治关系侵害性",都不足以从根本上表述和界定刑法中的犯罪,它们无非是刑法中的犯罪的社会学特征,或者说刑法中的犯罪在现实生活中表现的特征。刑法中犯罪的本质特征只能在规范层面寻找。

刑事违法性是指刑法中的犯罪一定是刑法规定的行为特征。任何行为,如果刑法没有规定,那么该行为就不是犯罪。刑事违法性只是指出犯罪必定是刑法中描述了的形式特征,它不能回答为什么要将某些行为规定在刑法中,它也不能解释即使某些行为在刑法中规定了,即具有刑事违法性,但最后不作为犯罪处理,因此,不能作为刑法中犯罪的本质特征。

事实上,刑法中犯罪的本质特征既不是统治关系侵害性,也不是刑事违法性(尽管二者都是犯罪的重要特征),而是应受刑罚惩罚性。正是因为某一行为对现实中的统治关系具有侵害性(无论该行为在伦理意义上是卑劣肮脏的,还是高尚进步的),才会被统治阶级或其代表立法者予以关注,在此基础上,只有该行为应当受到刑罚惩罚,才会被纳入刑法加以规定而具有刑事违法性,才是犯罪。在这里,很明显,起决定意义的是行为的应受刑罚惩罚性,这种判断是立法者完成的。换言之,刑法中的犯罪都是应受刑罚惩罚的行为,行为的应受刑罚惩罚性才是刑法中犯罪的本质特征,行为因而才会规定在刑法中(刑事违法性),而"统治关系侵害性"是它的社会学特征。

刑法现代化视野下重拾本土法律文化资源

曾粤兴*

一、刑法现代化的向度

刑法现代化，是中国式现代化的题中之义。“中国式现代化，是中国共产党领导的社会主义现代化，既有各国现代化的共同特征，更有基于自己国情的中国特色。”①

中国刑法的现代化，既应与世界主流国家刑法现代化的步伐保持基本的一致，更应传承自己本土的传统文化资源。“弘扬社会主义法治精神，传承中华优秀传统法律文化，引导全体人民做社会主义法治的忠实崇尚者、自觉遵守者、坚定捍卫者。”②刑法现代化的本质和基本内涵主要就是刑法结构现代化。刑法现代化是刑法去重刑化的过程。③ 在这个过程中，应当培育“宽容”“平衡”这两种现代伦理品格。④ 真正的刑法现代化应当是国家和社会逐步摆脱社会治理对刑法的依赖。我国刑法现代化之路，需要思考如何在法治框架内妥善处理危害社会行为及其制裁体系问题，需要战略性思考和解决如何有效避免现代社会治理对刑法的过度依赖。刑法的功能不仅在于打击犯罪，也在于约束国家刑罚权的恣意行使，刑事法治的根本任务之一就是要建立“自治型刑法”。⑤

从上述学者的论述看，可以把刑法现代化归结为形式现代化与内容现代化两大方面。从逻辑上说，形式现代化主要体现为刑法结构的现代化、规范事项与规范手段的现代化、某些术语乃至立法技术的现代化；内容现代化包括刑法功能的现代化，刑法伦理、刑法思想、刑事政策的现代化。

刑法伦理，是指刑法蕴含的规范官民关系、民众关系的伦理道德规则。社会主义核心价值观所倡导的公平正义（合称公正）、自由、平等、诚信、友善等，都属于社会伦

---

* 北京理工大学法学院教授，中国刑法学研究会常务理事。

① 习近平：《高举中国特色社会主义伟大旗帜 为全面建设社会主义现代化国家而团结奋斗——在中国共产党第二十次全国代表大会上的报告》。

② 习近平：《高举中国特色社会主义伟大旗帜 为全面建设社会主义现代化国家而团结奋斗——在中国共产党第二十次全国代表大会上的报告》。

③ 参见储槐植：《刑法现代化本质是刑法结构现代化》，载《检察日报》2018年4月2日，第3版。

④ 参见田宏杰：《宽容与平衡：中国刑法现代化的伦理思考》，载《政法论坛》2006年第2期。

⑤ 参见何荣功：《以整体主义视野推进刑法现代化》，载《检察日报》2022年5月19日，第3版。

理，而民主、文明、和谐乃至法治，都属于政治伦理范畴。政治伦理决定刑法思想与刑事政策的选择，社会伦理调节司法追求天理、国法与人情的一致，追求法律效果、社会效果与政治效果的统一。它们都是判断中国传统法律文化中哪些资源值得取舍的价值根据。

刑法功能，是指刑法在社会治理中所能发挥的功效。我国学者通常认为，刑法具有打击犯罪和保障人民群众安全和利益的功能。但也有学者认为，刑法具有抗制犯罪和保护社会重要的生活利益的基本功能，在此之下，可分为六大功能：保护法益、制压与预防犯罪、保障人权、矫治行为人、赔偿犯罪被害人、给行为人赎罪的机会。其"抗制犯罪"的说法与"打击犯罪"的表述一致，只有雅和俗的区别；其关于"保护社会重要的生活利益"的表述，因内涵不明而能够概括国家安全（含国防安全）与利益、社会管理秩序与社会利益、人民群众安全与利益。不过，对"给行为人赎罪的机会"的说法，该学者自己也认为对于习惯犯而言无此功能，实际上，那只是部分刑罚而非刑法整体的功能。同理，"矫治行为人"也只是部分刑罚的功能。对于犯罪极其严重当处死刑者而言，刑罚消灭了行为人肉体，自然不可能再发挥"矫治"或者"赎罪"功能。我国学者对刑法机能的通常认识，可以说是对前述学者阐述的高度概括。

传统法律文化中究竟有哪些资源值得传承，除了伦理价值根据，还有功能价值。家长主义创制的刑法功能，失之于过度维护秩序；自由主义创制的刑法功能，失之于过度保障自由。如果说前者容易走向专制极端，那么后者容易偏入自由极端。只有在两者之间中庸地达成平衡，才能实现刑法的善治。

回顾历史，发生在公元前 536 年的郑人铸刑鼎之争已经蕴含了中国智慧的先贤们关于刑法功能的认识：子产主张公布成文刑法的目的和意义，在于使百姓能预测自己行为的法律后果，以免终日生活在惶恐不安中丧失主动性，这显然说的是刑法的规范与引导功能；叔向反对铸刑鼎的理由是"刑不可知，则威不可测"，这明显是强调刑法的惩罚与威慑功能。其实，子产与叔向的争论都不否定刑法"惩罚犯罪"的功能，只不过叔向的主张更强调刑法的威胁功能，同时蕴含了罪刑擅断的欲求。

以上内容无非得出一个结论：刑法现代化是一个相对的命题，与刑法文明化向度一致。反过来可以说，刑法的不断文明化就是刑法不断现代化的过程。无论过去还是现在，立足当下，面向未来，追求理性的、文明的价值观念，是刑法应有的向度，都不同程度地体现了刑法"现代化"的进程。流刑，有利于罪犯到新的地方开启新的生活，但中国文化中浓烈的道德观念又会使罪犯身陷被歧视的环境；罚锾、赎刑，体现了刑罚的经济性，暗合当代人所提倡的司法中的经济效益；汉代废除肉刑，是对刑法文明化的追求；唐朝自首制度的完备，体现了刑法的宽容与教化；死刑执行方式"绞刑"从"腰斩"中分化出来，表明执政者对佛教文化轮回观的吸纳。

为了更清晰地说明这个过程，需要对传统法律文化的重要载体即刑法及其观念、政策进行简要勾勒。

二、中国古代刑法的历史回顾

在中国，最早记述西周"官法"的《周礼》一书，是中国奴隶制社会最系统的成文法，内容涵盖当时的田制、兵制、学制、刑法、祀典等重要制度，"法"是整个"礼"的组成部分。"礼"既是根本大法，又是国家机关的组织法和行政法，刑事、民事、经济等方面的立法以及司法的基本原则。① 之后，战国的《法经》被认为是中国封建社会最早的成文法，但原文已不可详考。

刘邦、项羽的军队推翻了秦王朝统治，刘邦率大军进驻秦王朝首都咸阳城时，与民约法三章："杀人者死，伤人及盗抵罪。"这表明在建立汉代王朝之前的过渡时期，只有杀人罪、伤害罪和抢劫罪三个刑法规范。汉王朝建立之后，以《法经》六章为基础，增加了户律（规范户籍、赋税、婚姻）、兴律（规范徭役征发、城防守备）和厩律（规范畜牧、驿传），形成《九章律》，立法简约，礼法并用，德主刑辅，无为而治，换来文景之治。汉武帝执政后，儒法合流，儒家学说成为外形，法家之术成为实质，法律制度鼎盛一时。

魏国以汉律为基础进行加工、完善，史学家称其基本沿用汉律。晋代删减《魏律》，条文仅为汉律的十分之一，简明扼要，为南朝沿用。

唐代奉德礼为政教之本，刑罚为政教之用，唐太宗要求立法宽简、统一、明确，执法审慎。唐代的法律形式包括律（刑律）、令（行政法规）、格（皇帝敕令）、式（国家机关办事规则和公文程式）。《唐律》实际由律文和注疏两部分组成，在《永徽律疏》基础上完成②，共 30 卷，12 篇，第一篇相当于刑法总则，其余 11 篇相当于刑法分则。

由于唐代立法理念先进，立法技术高超，其总则、分则分立的刑法立法模式，至今仍有重要参考价值的自首制度，总概罪名、分类罪名、具体罪名的概括方式，与当今刑法区分章罪名、节罪名和具体罪名的方式如出一辙，各种罪状的表述方式以及"罪状+法定刑"的立法模式领先德国刑法逾千年③，故不仅对五代及宋代立法产生了深远影响，也对东亚、东南亚国家的立法产生了深远影响。《宋刑统》几乎是《唐律》的翻版。④

1279 年，文化落后、崇尚武力、尚处于奴隶制社会的蒙古族推翻宋王朝，建立元政权，吸取了部落制度容易做大做强而影响政令统一的教训，采取中央集权统治，立法理念上强化征服者的特权和被征服者的义务，其刑法乏善可陈而司法混乱、黑暗；立法技

① 参见叶孝信主编：《中国法制史》，北京大学出版社 1989 年版，第 24 页。

② 参见岳纯之点校：《唐律疏议》，上海古籍出版社 2013 年版，"前言"第 2 页。

③ 参见钱大群：《唐律研究》，法律出版社 2000 年版，第 17—18 页。

④ 参见岳纯之点校：《唐律疏议》，上海古籍出版社 2013 年版，"前言"第 8 页。

术上,由于执政者文化程度低,只好将在草原上实行的习惯法制定成简单的成文法,分散于《诏制》《断例》及《另类》名下(皆已佚失)。①

1368年,明朝建立。朱元璋在立法上确立了"刑乱国用重典"的指导思想和"法贵简当,使人易晓"的理念,以及从严治吏、从严治民的原则,仿效《唐律》制定了《大明律》,仍分30卷,但简化为7篇,共460条,在此之外,以判例形式编制《大诰》4编,共236个条文,治吏的条文占比80%以上,判例以整治贪官污吏和豪强作恶居多。② 司法上,采用唐宋以来的以例断案的传统,汇编出以律为正文、以条例为附注的《大明律附例》,结果导致以例代律、以例破律的混乱局面。

明朝历经270余年,其社会治理的经验教训常为今人乐道。其一,创立了会审制度,客观上起到了慎刑恤罚作用,一直影响到清代的司法;其二,制定了《大明会典》,为行政管理设定了法律依据;其三,监察制度有进一步的发展,形成了纵向13道,受皇帝节制的监察制度,不仅有权纠察内外百司之官,还有权参加刑事审判活动;其四,特务机构行使司法权,大兴举报制度,法外司法,且不受监察,可谓社会治理的一大教训。

从入主北京起算,清代存续268年。在清军入关前,满洲尚处于奴隶制社会,只有习惯法。基于习惯法传统,认为律一成不变,而例则具有灵活性,从而轻律重例。到光绪年间,例已经增至近2000条,其后于1902年开始引入西方法律制度,未及实施即告王朝覆灭。③

以上回顾,旨在说明:汉代以降,多数王朝"礼"律并重,出礼则入刑。刑法调整社会生活的方方面面。个别王朝行政立法取得成就,但违反行政性立法的后果仍然是刑罚惩罚,因此,刑法承担了社会治理的主要功能。在制度层面上,中央集权的政治体制决定了法律的统一实施;儒法合流是刑法制度的精髓,以儒家学说的脉脉温情掩盖了刑罚制度的残酷,但儒家德治与法家"法治"并重的治国方略为依法治国铺垫了良好的文化基础;律、例并存,成文刑法与判例共生,以律为主,以例补充,是中华传统刑法制度的创举,并非舶来文化,但是,重例轻律的历史教训值得汲取。

三、中国刑法现代化可以汲取的本土文化资源

习近平总书记指出:"全面建设社会主义现代化国家,必须坚持中国特色社会主义文化发展道路,增强文化自信,围绕举旗帜、聚民心、育新人、兴文化、展形象建设社会主义文化强国,发展面向现代化、面向世界、面向未来的,民族的科学的大众的社会主

① 参见钱大群:《唐律研究》,法律出版社2000年版,第4—8页。

② 参见叶孝信主编:《中国法制史》,北京大学出版社1989年版,第226页。

③ 参见高绍先:《中国刑法史精要》,法律出版社2001年版,第78页。

义文化,激发全民族文化创新创造活力,增强实现中华民族伟大复兴的精神力量。"①

适应社会治理的需要,编织"严而不厉"的刑事法网,顺应全球刑法发展的潮流,踏上"刑法轻缓化"之途,实质都是走向文明化。现代法治文化的灵魂,不外乎自由与秩序并重的正义价值、人道与宽容相统一的政治伦理。这里的"自由",实际上是人的基本权利的代名词。保障自由,体现了刑法的保障机能;维护秩序,体现了刑法的保护机能。"法合人情则兴,法逆人情则竭。"宽容不是放纵,而是制裁但给人出路,中庸而不走极端,实质上讲的是平衡。是为参照坐标。

(一)德主刑辅、出礼入刑的治国理念

德主刑辅观包含"慎刑""恤刑"的思想。慎刑,是指刑罚的运用要谨慎;恤刑,是指刑罚执行要有矜恤之心。尽管在法治实践中,世人很难感受到王朝政权的"慎刑"与"恤刑",但至少在宣传上,儒家学说始终强调"慎刑""恤刑"思想。

"宽猛相济"与我国"宽严相济"刑事政策固然存在内涵上的不同,但后者显然是从前者发展而来;德主刑辅、出礼入刑思想可以为我们辩证思考刑法与伦理道德的关系提供有益的参考,其中蕴含的"慎刑""恤刑"不能不说与刑法谦抑思想存在一致的面向。刑罚并非万能的药方,中国刑法的现代化之路应当减少对刑法的依赖②,追求自由刑法的发展面向。③

(二)矜老恤幼的理念与制度

矜老恤幼是儒家正统学说,也是中华伦理之精华,因为它与全球各民族的价值观念具有共性。《宋刑统》继承了《唐律》的绝大部分内容,以"十恶""老幼疾及妇人犯罪""殴前夫之子及受业师""祖父母父母为人殴击子孙却殴击"等刑法制度体现了"矜老恤幼"的理念。

我国《刑法》规定:已满12周岁不满14周岁的人,犯故意杀人、故意伤害罪,致人死亡或者以特别残忍手段致人重伤造成严重残疾、情节恶劣,经最高人民检察院核准追诉的,应当负刑事责任。④ 不满18周岁的人和审判的时候怀孕的妇女,不适用死刑。审判的时候已满75周岁的人,不适用死刑,但以特别残忍手段致人死亡的除外。75周岁以上的人故意犯罪的,可以从轻或者减轻处罚;过失犯罪的,应当从轻或者减轻处罚。精神病人在不能辨认犯罪的时候或者不能控制自己行为的时候造成危害结果的,不负刑事责任,反之,应负刑事责任,但可以从轻或者减轻处罚。又聋又哑的人或

① 习近平:《高举中国特色社会主义伟大旗帜 为全面建设社会主义现代化国家而团结奋斗——在中国共产党第二十次全国代表大会上的报告》。

② 参见何荣功:《以整体主义视野推进刑法现代化》,载《检察日报》2022年5月19日,第3版。

③ 参见刘艳红:《中国刑法的发展方向:安全刑法抑或自由刑法》,载《政法论坛》2023年第2期。

④ 反向解释,即该年龄段的人对其他犯罪不负刑事责任。

者盲人犯罪,应当负刑事责任,但可以从轻或者减轻处罚。这些规定固然彰显人道之文明,但难免过于粗疏。可否考虑以下制度设计:

第一,80 周岁以上的人犯罪的,不适用无期徒刑以上刑罚;其中,过失犯罪的,免予刑事处罚或者适用缓刑;故意犯罪的,应当从轻或者减轻处罚。

第二,未成年人犯罪,不适用无期徒刑,犯故意杀人、故意伤害罪,致人死亡或者以特别残忍手段故意致人重伤造成严重残疾、情节恶劣的除外。

如此设计,既可细化现行《刑法》规定,又可避免与现行《刑法》规定发生冲突。

我国台湾地区"刑法"曾有卑亲属杀害尊亲属从重处罚的规定,可惜已在 21 世纪初被删除,理由是有违刑法面前人人平等之精神。笔者认为,人格平等并不能否定血缘之尊卑,上下尊卑、长幼有序,是自然之人伦,长辈应当爱护、抚养晚辈,晚辈应当尊重、赡养长辈,两者相犯,皆违人伦,皆当从重处罚,除非被害人有重大过错。不要轻言此类规定"具有封建色彩",《奥地利联邦刑法典》第 19 条也有类似规定。

(三)亲亲相隐的理念与制度

亲亲相隐,在实体法上,是指容忍犯罪行为人的亲属实施事后包庇、窝藏、转移赃物的行为,从周朝开始即成为传统法律制度,当然,各个朝代有不同的限制,如《唐律》禁止亲属相隐"十恶"大罪;在程序法上,是指容忍拒绝指证亲属犯罪的行为。当代德国、意大利、法国、加拿大、西班牙等国规定了该制度。[①] 我国《刑事诉讼法》仅规定被告人亲属有权拒绝出庭作证,并不允许亲属拒绝作证,更不允许实体法上的亲亲相隐,甚至基于法律上的认识错误,"包庇""窝藏"了并不构成犯罪的亲属的行为,也会被认为侵害了司法秩序而应受到惩处,这无疑会重创社会亲情和伦理道德,瓦解人与人之间最基本的信任关系。范忠信先生考证,这其实是东西方都存在的一种"法律—文化"现象,对当今社会治理仍有重要的功能与意义[②],也有人试图用期待可能性原理作为亲亲相隐的注脚[③]。笔者主张适当借鉴该制度,可以将危害国家安全犯罪、恐怖活动犯罪作为除外情形,并免除亲属对其余犯罪的作证义务。相信这样做不会削弱刑法的保护机能。

(四)八议制度的取舍

八议,源自周朝之八辟,其对象,包括亲(泛指皇亲国戚)、故(皇室之故旧)、贤(有大德行)、能(有大才业)、功(有大功勋)、贵(三品以上达官贵人)、勤(有大勤劳)、宾(指前朝王室二代以后传人[④])。[⑤] 奏请八议,显然属于"政府"干预司法,并且充满人治

---

① 参见曾粤兴:《刑罚伦理》,北京大学出版社 2015 年版,第 213 页。

② 参见范忠信:《中西法律传统中的"亲亲相隐"》,载《中国社会科学》1997 年第 3 期。

③ 参见吴洁:《浅析亲亲相隐与期待可能性》,载《中国检察官》2015 年第 13 期。

④ 如《水浒传》中的柴进。

⑤ 参见岳纯之点校:《唐律疏议》,上海古籍出版社 2013 年版,第 16—18 页。

色彩，但并非一无是处。笔者曾经建议，对其中的“议贤、议能、议功、议勤”加以现代改造，作为量刑从轻情节予以明确规定，有利于引导公民平时积极建功立业。[①] 理性之人，皆有权衡利弊之心；现代生活，难免失足犯罪之虞。倘若设立该制度，当可为对社会有用之人留条后路，昭示刑法保护“贤能功勤”之机能。

（五）存留养亲的传承

存留养亲制度始于北魏，是指对被判处死、流等刑罚的人，因其父母或祖父母年老，更无成年子孙或无期亲[②]可以照料生活，有条件地不执行原判刑罚，准其奉养尊亲属，待其尊亲属终老一年或子孙成年后再执行或者改判。

而今独生子女已成一代，同时，中国已经进入老龄化时代，养老育幼俨然成为社会问题。政府虽然鼓励生育，然而养育成本之高，迫使青壮年不敢婚育，人丁减少已成大势。婚育者，普遍养育乏力。此等社会现实产生呼唤存留养亲制度之刚需，否则，如果青壮入狱或命丧黄泉，其耄耋之尊亲属或未成年子女之民生问题，势必依赖政府解决。审慎继承该制度，既可缓解社会矛盾，又使刑法蕴含人道温情，强化刑法的保障机能。

（六）以成文法（制定法）为主，以判例法为补充的立法模式

长期以来，人们误以为判例制度、判例法是英美法系独创，其实，从汉代开始，判例（法）已经制度化并且一直延续到清末。除此之外，《唐律疏议》及《宋刑统》转引《唐律》疏文中，都有许多精简后的案例及其解答，一问一答，形成了立法解释。近年来，法典化的立法模式成为一些部门法学研究者关注的热点，但很多学者都忽略了判例（法）模式。判例及其内含的裁判规则（即判例法），能以生动形象、具体直观的样式说明什么是个案的公平正义，能为刑法的统一实施提供活生生的样本，能与时俱进地解决现代生活出现的难题。这种文化资源真正应当传承下去。

---

① 参见曾粤兴：《刑罚伦理》，北京大学出版社 2015 年版，第 256—257 页。

② 相当于三代以内亲属及正妻。

中华刑律中的数罪定义及判断

熊谋林[*]　林慧鸣[**]

一、引言：为何罪数论依然比较混乱？

有关罪数与竞合问题的讨论长期是理论热点，然而现行刑法中并没有明确使用"罪数"或"竞合"二词。理论界虽长期以德日刑法理论为话语体系讨论罪数和数罪问题，但鲜有人围绕中国刑法对一罪和数罪的判定问题进行系统性梳理，中国刑法总则与分则中的不同规范长期未得到应有的重视。

首先，从刑法总则看待数罪的定义，会发现总则只有"数罪"规定，而无"罪数"或是"竞合"规定。现有的来自日本的罪数理论或是来自德国的竞合理论是舶来之物，而没有扎根于我国现行的刑法。在总则当中，只有《刑法》第69条、第70条、第71条是有关数罪的规定，且并没有对"数罪"的定义，如何判断一人所犯的是一罪还是数罪作出明确的规定。显然，总则对数罪的规定是基于刑罚论的立场而并不是基于犯罪论的立场作出的。此处规定处于总则第四章"刑罚的具体运用"中，显然是针对刑罚作出的规定，而并没有判定犯罪罪数的功能。

其次，从刑法分则看待数罪的定义，分则同样没有明确揭示数罪之定义与罪数判断依据。刑法分则依然基于刑罚论立场强调一人所犯一罪或数罪的处罚原则，但缺乏系统化、统一的一罪或数罪处罚原则。由于总则的数罪并罚规定相当清楚，因而分则在一罪与数罪处罚上本应当坚持的"从重处罚型""转化型""择一重处型"只能在有特殊规定的情况下才能适用。换句话说，在分则无明文规定的情况下，应当坚持以一罪一罚、数罪并罚作为处罚的原则。但大量理论宏著和司法解释时常得出相反结论，随处可见在刑法没有规定的情况下力倡"从重处罚"或"择一重处"的优先原则。

最后，刑法理论界忽视中外刑法的差异，强行将外国刑法的罪数（竞合）规定和理论用于解读中国刑法，并进而影响司法解释和司法文件的制定。由于刑事立法并没有对数罪的定义进行明确，就只能依靠纷繁复杂的各种学理解释来进行界定，进而造成了理论混乱、一罪和数罪判断问题不统一的局面。在罪数判断标准问题上，学界主要

---

* 西南财经大学法学院刑事法学研究所所长、教授。

** 西南财经大学法学院刑事法学研究所硕士研究生。

存在构成要件说、行为说、法益说(或称“结果说”)以及犯意说。然而,这些学说各有其积极意义和弊端,学界难以达成共识。在罪数体系问题上,学界大体上存在两种分类方法:第一种是“实质一罪、法定一罪和处断一罪”的分类方法;第二种是借鉴日本的罪数理论所提出的“单纯的一罪、包括的一罪和科刑的一罪”的分类方法。然而,这些理论目前呈现出与我国刑法条文的明文规定并不相契合的态势,司法实践迷失在各种借鉴外国的理论中,面对复杂案件无法决然地作出判断,只能依靠司法解释进行案件定性。

诚然,借鉴外国刑法的先进理论有助于推动我国刑法规范与理论的完善,但这同时也带来了我国刑法学界关于罪数理论的混乱及理论与现行立法冲突的问题。要对此加以解决,实应追根溯源,深入研究中华刑律,从而精确把握数罪定义,从中华优秀传统法律文化中汲取智慧。

中华刑律对于一人所犯一罪还是数罪问题的研究,在西周前就可见端倪,《尚书·周书·吕刑》记载“上刑适轻,下服;下刑适重,上服”“其刑上备,有并两刑”①。言下之意,一个人同时犯数罪而轻重不同,此时只按重罪之刑处罚而吸收轻罪。至唐朝时,立法已经相当完善,对于数罪俱发的概念及量刑原则都进行了具体规范。《唐律疏议·名例律》有载:“诸二罪以上俱发,以重者论,等者须从一断,若一罪先发,已经论决,余罪后发,其轻若等勿论。重者更论之,通计前罪,以充后数。即以赃致罪,频犯者并累科,若罪法不等者,即以重赃并满轻赃,各倍论。其一事分为二罪,罪法若等则累论,罪法不等则以重法并满轻法。累并不加重者,止从重。其应除免、倍、没、备偿、罪止者,各尽本法。”②在如今坚持洋为中用的学术理念已然不足称奇的学术大背景下,坚持古为今用,运用好中华传统智慧,使理论与中国刑事立法和司法实践接轨,是值得努力的方向。这需要厘清中华刑律中数罪的定义,从而更好地说明和解释一罪与数罪问题。

二、中华刑律数罪定义溯源

在中华古籍当中,存在大量关于数罪的描述,较为常见的表述包括“数罪”“俱发”。笔者于2023年8月14日访问中国基本古籍库进行了“全文检索”筛选,通过统计关键词在古籍全文的数量,形成“全文关键词”栏。同时,剔除其中无关及重复的词语后(例如“数罪”在文中实际表示意思为“数”“罪”两字连在了一起,“俱发”并非数罪意义上的俱发而是动词等),再统计关键词数量,得到“数罪意义上相关关键词”栏。从检索和

---

① 李民、王健撰:《尚书译注》,上海古籍出版社2004年版,第405页。

② (唐)长孙无忌等撰:《唐律疏议》,中华书局1983年版,第123页。

统计结果来看,检索到的"数罪"共 411 个,其中具有数罪意义的共 408 个;检索到的"俱发"共 4108 个,其中具有数罪意义的共 202 个,并且"数罪俱发"共 12 个,"二罪俱发"共 174 个。

从上述统计的检索结果当中可以得出以下结论:首先,在中华古籍当中,"数罪"的使用频率远高于"俱发"。由此也可以印证"俱发"绝非中华刑律中"数罪"的替代词,二者定义不可混用。其次,"俱发"往往是与"二罪"搭配使用,以"二罪俱发"整体出现。在学界既有成果中以"数罪俱发"的用语来描述唐代的俱发、传统刑法的数罪或者数罪处罚原则并不准确,实际上"数罪俱发"的使用数量极少,且集中出现在《大清光绪新法令》(2 次)、《清续文献通考》(2 次)、《日本国志》(8 次)这类清末文献当中。最后,"罪数"于法典文本当中只在《大清现行新刑律》中出现了 2 次,在诸如《唐律疏议》等晚清以前的法典文本当中从未出现过。通过对这些古籍的研究,也得以对"数罪"的定义有更为清晰的认识。

第一,中华刑律中数罪的定义本身就蕴含仁政、恤刑的思想,其目的在于教化。《尚书大传》有载:"子张曰:尧舜之王,一人不刑而天下治,何则?教诚而爱深也以上。又见《路史·后纪》十一陶唐纪,子张作子贡,曰下有传云二字;今一夫而被此五刑。子龙子曰:未可谓能为书。(注)二人俱罪甫侯之说刑也。被此五刑,喻犯数罪也。孔子曰:不然也,五刑有此教。(注)教然耳。犯数罪,犹以上一罪刑之。"①意思是尧舜治天下,不用刑罚而国治理得很好,这是为什么呢?因为他们诚心诚意地教导人民,深深地爱护人民。又见《史记·后纪》陶唐传中,子张对子贡说:"相传之下,一人却遭受五种刑罚。"子龙子说:"还不能说他真正懂得古书。"遭受五种刑罚,比喻犯了多项罪行。孔子说:"不对,五刑本身有教化作用。"可见数罪在处罚的意义上更加强调对犯罪者的感化,而非报应,能帮助统治者更好地治理天下的绝非刑罚给犯罪者带来的痛苦,而是其教化作用,这也是数罪存在的意义。

第二,中华刑律中数罪的定义外延上包括俱发,俱发规定是数罪规定中一项重要的原则性规定,数罪定义在外延上还包括刑律中其他的特殊规定。《读例存疑》指出了这样的问题:"唐律有'杀一家三人'罪名,而无'一家二人'之文。有犯者,自应仍照二罪俱发以重论,相等者从一科断之。律办理明律,亦无'杀一家二命'之文。例内所添各条,殊有难通之处。定例时,以为既有'杀一家三人'之律,则'一家二命'亦可连类而及。而不知其殊,与律意不符也。"②意思是唐律设有"杀一家三人"之罪,然对"杀一家二人"者并无明文规定。如果有犯罪者杀了一家二人,仍然应当按照二罪并罚的原则,以重罪处断议断。罪刑轻重相等的,择一罪名处断即可。律典并无"杀一家二

① (汉)郑玄注:《尚书大传》,商务印书馆 1937 年版,卷四第 67 页。

② 胡星桥、邓又天主编:《读例存疑点注》,中国人民公安大学出版社 1994 年版,第 571 页。

命”的特殊规定,例内所设置的诸多条文,确实有难以衔接之处。立法时认为既然有“杀一家三人”之律,则“杀一家二命”也可类推出来,而没有考虑到其中的差别,与律旨不合。显然俱发在数罪的运用中作为重要的原则进行补充,在法条有特别规定的情况下自然按照特殊规定对数罪进行处理,而在没有明文规定的情况下则可能依据俱发的规定予以处断。那么中华刑律中数罪的定义外延自然要大于俱发,否则法条中关于数罪处罚的特殊罪名规定将无从解释。

第三,中华刑律是数罪论而非罪数论。在词汇的使用方面,“数罪”的使用频率高于“罪数”,且“数罪”大量出现在法典文本当中,而“罪数”从未在晚清以前的法典文本当中出现过,即使是晚清之后的法典如《大清现行新刑律》,其中运用“数罪俱发”的次数也很频繁。可以确证的基本的事实是,罪数或者说罪数论的使用称谓是日本现代刑法理论传到中国的舶来之物,在中华刑事立法规定与传统法律文化中并无根基,中华刑律只有数罪论,而无罪数论。

中华古籍并没有明确对数罪加以解释的记载,但从散落的文字中同样可以使我们从侧面对数罪定义的思想底蕴、外延有更深刻的理解,至少可以免于陷入数罪立足于报应论、中华刑律俱发即是数罪、中华刑律与日本近现代刑法理论一致使用罪数论称谓的误区。

我国历史上最早在西周时期出现“数罪”的相关规定,古籍《尚书·周书·吕刑》所载的“其刑上备,有并两刑”,蕴含了恤刑慎罚的思想,体现合并两种罪行择一重罚的吸收处罚原则。“上刑适轻,下服;下刑适重,上服。轻重诸罚有权。刑罚世轻世重,惟齐非齐,有伦有要。”与前述相同,当二罪俱发时,轻罪被重罪所包含,则以重罪处罚。秦律也大量体现了这种吸收原则,例如“其叚(假)以亡,得及自出,当为盗不当?自出,以亡论,其得,坐臧(赃)为盗;盗罪轻于亡,以亡论”①,就是指一人同时触犯盗窃罪和逃亡罪,逃亡罪的刑罚更重,吸收较轻的盗窃罪,但是在这里是以刑罚轻罪为基准来进行“罪”的吸收(而不是“罚”的吸收)。但这也并非秦时数罪规定的全貌,有如以下律文:“人盗直廿,未断,有(又)有它盗,直百,乃后觉,当并臧(赃)以论,且行真罪、有(又)以诬人论?当赀二甲一盾。”②此处便要求将盗窃之赃值合并计算。汉律规定,“一人有数口罪殴,以其重罪罪之”③,在这里将“数罪”作为名词解释,指两个及以上的罪行,也同样强调处罚方面的吸收原则。唐朝将“诸二罪以上俱发”原则规定在《名例律》第 45 条“二罪从重”中,此后“俱发”便成了“数罪”的重要含义之一,唐朝对数罪的规定已经相当完善。在之后的朝代中,宋朝的《宋刑统》几乎是唐律之翻版,而元、明、清时期,“诸

① 睡虎地秦墓竹简整理小组编:《睡虎地秦墓竹简》,文物出版社 1978 年版,第 207 页。

② 邹涛:《数罪并罚的历史探讨》,载《法学》1986 年第 6 期。

③ 张家山二四七号墓竹简整理小组编:《张家山汉墓竹简〔二四七号墓〕》(释文修订本),文物出版社 2006 年版,第 99 页。

二罪以上俱发”规定中的含义并无实质性变化。

晚近时期,1910 年 11 月 25 日清政府颁布《大清新刑律》,始向西方国家求法学律,中华刑律自古以吸收原则为重,在保留古代刑法概念的基础上,同时引入了现代刑法意义的限制加重原则和并科原则,数罪并罚制度也以“俱发罪”命名,由此也可看出“数罪”与唐始命名的“诸二罪以上俱发”在含义上的密切关联。之后北洋政府时期的《暂行新刑律》没有作出变动。1928 年,北洋政府颁行的刑法典将“俱发罪”的称谓改为“并合论罪”,舍弃了中华刑律的传统术语,但处罚原则不变。1935 年,国民政府颁行的刑法又将其改名为“数罪并罚”,基本演变为现行刑法关于一罪与数罪问题处理的模式。

三、中华刑律中的数罪定义

中华刑律中的数罪源远流长而富有生命力,体现了中华刑律的基本价值,具有现实合理性。数罪的存在具有诸多目的,例如报应犯罪、预防犯罪、司法经济、公正、人格吸收等①,而其最终目的应当是追求罪责刑相适应,实现量刑的合理化。在中华礼法内核的驱动下,数罪在刑事程序层面、犯罪论与刑罚论上各有其价值与目的的体现,而数罪在刑事程序层面的目的实现为犯罪论、刑罚论上的目的实现奠定基础,实现犯罪论上的目的则是为最终实现刑罚论上的目的服务,应当以“实现刑事程序目的——实现犯罪论目的——进而实现刑罚论目的”的逻辑进路对中华刑律中的数罪定义进行理解。

首先,中华数罪论运行的内核及数罪在司法中的实践运用,离不开中华礼法明法恤刑、以仁御民的思想。一罪一罚、数罪并罚的对等性报应论思想固然有其可取之处,即符合人朴素的公平情感,在正义角度充分尊重科刑的正当性。但是中华刑律中的数罪在礼法层面并非遵循这一思想从而机械地施以报应刑罚,而是做到“一罪必然一罚,数罪未必并罚”,中华刑律中俱发“一事分为二罪”的内容,更犯、累犯的规定就是最好的体现,具体地将数个罪名中有的保留为独立科刑的罪名,有的转化为影响法定刑的增量,实质地评价罪名与罪名间的关系以及终局性的法定刑。古代的立法技术相较现代并不成熟,可即便如此,也没有对行为人触犯的数个罪名各自的法定刑进行简单的相加并罚,而是处处体现了具有现代刑法意义的吸收原则、限制加重原则,体现了中华刑律制度蕴含的宽仁思想。同时再次强调,不能以封建法制具有残酷性与数罪体现恤刑的传统儒家法制文化理念相冲突,因而否定中华刑律的实际作用。这既在逻辑上难以成立,也是对中华法系固有文明不自信的体现。应当看到,封建统治者主要是

① 参见胡旭宇:《我国刑法中数罪并罚制度适用问题研究》,华东政法大学 2020 年博士学位论文。

以伦理道德统御万民,而明法恤刑、以仁御民的伦理正是通过中华刑律中的数罪这一法制路径得以具体化、现实化。礼为法之灵魂,自唐时中华刑律中数罪的立法思想、具体规范以及实际运作都以礼的精神为内核,同时中华刑律也以俱发、更犯、三犯等具体的立法规定维护礼,严厉制裁违礼的行为。

其次,正确厘清数罪问题,刑事程序层面的目的是实现程序公正与效率。数罪在中华刑律的断狱律中也有体现,断狱是指专门规定审讯、判决、执行和监狱管理的一系列制度,近似现代的刑事诉讼法。数罪关系到实体上的定罪及处罚问题,而在处理实体问题时也要考虑到刑事程序问题,行为人所触犯的狭义数罪将对整体所触犯的罪名产生刑事诉讼法意义上的一事不再理效果①,而"一事"则指俱发中的"一事分为二罪",以现代通行刑法理论的视角辅助进行理解,也即其中的继续犯、法条竞合犯、想象竞合犯、情节加重犯、数额加重犯、对象加重犯、结果加重犯。中华刑律刑事程序中的数罪体现在"断狱"中,最早记载于《唐律疏议·断狱律》:"诸断罪皆须具引律、令、格、式正文,违者笞三十。若数事共条,止引所犯罪者,听。【疏】议曰:犯罪之人,皆有条制。断狱之法,须凭正文。若不具引,或致乖谬。违而不具引者,笞三十。'若数事共条',谓依名例律:'二罪以上俱发,以重者论。即以赃致罪,频犯者并累科。'假有人虽犯二罪,并不因赃,而断事官人止引'二罪俱发以重者论',不引'以赃致罪'之类者,听。"②这是指根据律条制定的法律规定,对犯罪的个人进行案件审判是必要的,所有案件都应当依据正式条文的规定进行判处。缺乏详尽引用条文可能导致荒谬和背离法理的结果。在违反这一规定的情况下,未完全引用正条本文的个人应当被判处法官笞刑三十小板。在《名例律》中所规定的"若数事共条"原则指出,如果一个人触犯两个罪名,应当根据所犯处罚最重的罪名进行判决。例如,如果因贪赃犯罪的个人屡次犯罪,应当按照累加刑的原则进行量刑。然而,即使有人触犯两个罪名,并且其中并不涉及赃罪,判案的官员也可以只援引"二罪俱发,以重者论",而不援引"以赃致罪"等类似情节,这样的做法也是合理的。在数罪的情况下,无论是并罚还是经处罚原则处理后最终一罚,多个罪行可以同时进行审判,因此将这些犯罪行为一并处理,在程序上更为便利。若不对数罪在一个刑事诉讼程序中统一处断,必然会导致对同一犯罪行为人判处多个刑罚,从而形成多个判决结果,进而需要多次执行刑罚。如此,将导致刑事诉讼程序反复进行,从而增加大量完全不必要的诉讼资源消耗,无论是对国家还是对个体而言都没有好处。因此,在司法实践中数罪具有确保诉讼的高效和公正性的重大意义,这也正是数罪在刑事程序层面的目的追求。

再次,正确厘清数罪问题,在犯罪论层面的目的是准确地进行定罪。具体而言即

① 松宮孝明『刑法総論講義』〔第5版〕(成文堂,2017年)337頁参照。

② 曹漫之主编:《唐律疏议译注》,吉林人民出版社1989年版,第999页。

准确地认定行为人的一个或数个独立行为是否构成犯罪、触犯的具体罪名及其数量。[①] 如前文所述，中华刑律中的俱发、更犯、三犯规定均属于数罪规定的范围之内，行为人均触犯了数个罪名从而影响到最终的量刑。但从终局意义上来看，也即从现代刑事裁判文书载明公示的罪名来看，或许会有人质疑中华刑律中的更犯、三犯似乎对于厘清数罪问题没有意义，但其实不然。《唐律疏议》的俱发部分内容有载："所以'具(馀)(条)其状'者，一彰罪多，二防会赦。杂防死罪，经赦得原；蛊毒流刑，逢恩不免故也。"[②]其实对于更犯、三犯也是如此，犯罪者前科罪名将予以罗列，必然要在裁判文书的说理中予以体现，进行数罪说理，使社会公众加深对于案件量刑影响因素、蕴含法理、最终判决结果公正性的理解，同时也是遵循全面评价原则的必然要求。数罪判断是定罪的必经过程，中华刑律数罪论对于古代司法实践的推动作用，体现在理论与实践相得益彰，裁判文书对于数罪问题的厘清说理明确。当行为人触犯数个罪名时，刑事裁判文书将所有罪名进行罗列，并阐述罪名宣告、最终的刑罚确定的分析理由及过程。当行为人触犯多个罪名时，需要以犯罪论层面的数罪理论进行分析，如果能够以一个罪名及其法定刑实现对不法与责任的全面评价，则以一个终局意义的罪名定罪；相反，如果无法以一个罪名及其法定刑实现对不法与责任的全面评价，则需要以终局意义的数个罪名定罪。在实现了全面评价的定罪目的基础上，方可进一步实现量刑层面的数罪目的。

最后，正确厘清数罪问题，刑罚论层面的目的是贯彻罪责刑相适应原则，实现量刑的合理化，这是中华刑律数罪论的终极目的。[③] 数罪实现了刑罚目的的惩治犯罪与预防犯罪二者之间的平衡，一罪必然一罚，数罪原则上并罚。数罪并罚制度下，更加关注的是罚的合并而非罪的合并，罪的合并是为了服务于罚的合并。不能认为只有对数罪刑罚进行简单相加，才能适应封建社会法制的残酷性，才能贯彻现代刑法的罪责刑相适应原则，这是朴素的刑罚报应论思想。它将导致两种同预防犯罪的目的相背离的恶害：

第一，使犯罪与刑罚之间丧失实质的对应关系，不利于特别预防。假如有个八品官枉法判案，受贿价值绢五匹的财物；不枉法曲判，受贿价值绢十二匹的财物；盗窃价值绢二十四匹的财物；在职权所能影响的范围内收受他人价值绢三十九匹的财物；欺诈取得他人价值绢二十四匹的财物；坐赃得到价值绢四十九匹的财物。根据俱发规定，按倍赃折半计算作七十六匹二丈，并且所触犯的罪名均应当被判处两年半的徒刑。又领取了长矛十支，丢失了一支，应当判处杖刑六十大板。就赃罪而言，该官员的赃物

---

① 参见张明楷：《刑法学》(第6版)，法律出版社2021年版，第614页。
② 曹漫之主编：《唐律疏议译注》，吉林人民出版社1989年版，第250页。
③ 参见张明楷：《刑法学》(第6版)，法律出版社2021年版，第614页。

总共累计作坐赃罪五十四，应该判徒刑三年，其余赃罪就终止于此不再累加。而如果简单地将被告人所触犯每个罪名应处刑罚进行累加，其应当判处的刑罚则为 15 年。3 年与 15 年相比，仅仅以倍数而观就足以使犯罪人承受远超过 5 倍的痛苦，刑罚的增加给罪犯带来的影响是累进型的递增，而非数字上的简单相加。刑罚附带的痛感如果大大超越了犯罪行为应受惩罚的限度，便不利于罪犯的教化、改造。

第二，犯罪者所预估的可能触犯的罪名越多，越敢于规避刑罚，从而弱化乃至丧失一般预防效果。限制加重原则、吸收原则如果不存在，罪犯在行为之时对所涉数罪（即便是轻罪）进行粗略预估便极易超出其心理承受范围，其对于正在实施的犯罪的态度可能就不是及时收手，而是放手一搏，这并不利于一些冲动型犯罪、过失型犯罪的损害减小。无论是一罪还是数罪，其最终判定的刑罚上限一定不会超过各个罪名应当判处刑罚的相加。犯罪是刑罚适用的前提，在解决定罪问题的基础上，数罪明确了对于数个罪名应当予以什么样的处罚，防止法官肆意适用数个罪名对应的法规而对数个罪名进行重复评价，损害罪刑法定原则的民主主义基础、破坏罪责刑相适应的关系。有罪则罚，无罪不罚，数罪还需要在此基础上做到重罪重罚，轻罪轻罚，数个罪名并不意味着行为人所犯必是重罪，应当科处重刑，只是在其触犯的数个罪名的不法与责任的全面评价与其中任意一个罪名比较的基础上，应当科处较重的刑罚以适应罪责刑相适应的关系，最终实现合理的量刑。

中华刑律数罪论在四千多年中华法制史上具有重要地位，自西周至大清代代相承，历久而愈完善其内核与具体处理技术，体现出中华法系固有的、具有准现代意义的罪责刑相适应原则。不能简单地以封建法制的残酷性否认中华刑律中的罪责刑相适应原则，事实上中华礼法具有宽仁的内在思想，更加强调对犯罪者的教化与潜在犯罪者的预防，一味地强调形式上的严惩、并罚，反而会使得刑罚功能失灵，要充分实现刑罚论层面的教化、预防价值与目的，最终回归到对数罪的合理量刑上。

总而言之，一些学者引用薛允升所说的“二罪俱发，谓所犯各事同时并发也，一罪先发，余罪后发，谓所犯虽有先后，而犯罪总在发觉以前也。若事已发而更为罪者，则情事大不相同矣”①，将再犯、累犯排除在传统数罪并罚制度之外，认为不符合现代刑律的观点与论据难以成立。这里的“情事大不相同”说明的是俱发与累犯在具体时间条件上有所不同、在最后的量刑上有所不同，并没有表达要将再犯、累犯排除在数罪的范围之外的意义，实质上反而强调了俱发与累犯对于量刑有着不同的影响，符合明确数罪概念以追求量刑合理化的终极目的。同时，这样理解并非不符合现代刑律，而是与大量引入的德日刑法学术理念相冲突。可以以外国刑法的学说为参考审视中华刑律，但不可本末倒置，以此为标准去要求中华刑律，否则就会迷失在适合他国国情的外

① （清）薛允升编：《唐明律合编》，中国书店 2010 年版，第 33 页。

国刑法学说的丛林中踟蹰不前。

四、结论与讨论:重视数罪的法律文化基础

本文将写作重心放在了中华刑律的数罪定义梳理方面。通过进行数罪溯源及分析数罪于礼法内核驱动下,在刑事程序层面、犯罪论层面、刑罚论层面的目的,审视数罪定义背后的法理依据。笔者认为,深入研究中华刑律数罪的定义与判断,重视数罪的法律文化基础,具有如下意义:

第一,重视中外刑法立法及理论差异。各国具有不一样的国情,自然应因地制宜地进行符合本国国情的刑事立法、适用符合国情的刑法理论,我国是在新时代的新画卷上绘就中国特色社会主义法治远景,更不能忽视本国国情而盲目套用外国的刑法理论。

第二,重视现在的刑法理论是杂烩品,我国刑法基本也吸收和兼采世界各国刑法的优点。自清末修律以来,晚清及民国的刑事立法规定和刑法理论就受到日本刑法理论的持久影响。现代刑法理论界对于研究和引用日本刑法理论依然热情高涨。借鉴诸外国刑法理论固然推动了我国刑法理论的繁荣,但这未必有利于形成具有中国特色的刑法理论体系。

第三,重视中华刑律才是我们自身刑法理论的参考依据。应当重视中华传统法律文化的传承,而不是只专注于横向移植,在充分理解中华刑律中的数罪定义基础上,扎根本土,选择适合中国国情与司法实践的现代数罪理论,完善国内立法规定中的数罪定义。

慎刑思想的历史审视与当代提倡

詹奇玮*

坚持中国特色社会主义法治道路，既要借鉴国外法治的有益成果，更要积极传承中华优秀传统法律文化。习近平总书记指出："中华法系凝聚了中华民族的精神和智慧，有很多优秀的思想和理念值得我们传承……德主刑辅、明德慎罚的慎刑思想……保护鳏寡孤独、老幼妇残的恤刑原则，等等，都彰显了中华优秀传统法律文化的智慧。"①笔者认为，起源于西周时期的慎刑思想，不仅为我国古代法制发展作出过突出的贡献，对于当代刑事法治建设依然具有十分重要的传承和提倡价值。

一、慎刑思想的历史起源与儒法传承

（一）慎刑思想的起源

一般认为，"慎刑"源自西周时期周公旦提出的"明德慎罚"，在《尚书·周书·立政》中，周公在还政后告诫周成王，"司寇苏公式敬尔由狱，以长我王国。兹式有慎，以列用中罚"。"慎罚"的基本要求在于"庶狱庶慎"，即认真尽心对待刑狱之事，不可耽误拖延，而"慎刑"的目的是实现"中刑"，即依例对犯罪人适用轻重适中的刑罚。

"恤刑""祥刑"是与慎刑思想密切相关的概念。"恤刑"源自《尚书》中的"象以典刑，流宥五刑，鞭作官刑，扑作教刑，金作赎刑。眚灾肆赦，怙终贼刑。钦哉，钦哉，惟刑之恤哉！"（《尚书·虞书·舜典》）。针对不同类型的犯罪配置与之相适的刑罚，针对不同主观心态的犯罪人，过失犯罪的可以从宽赦免，有所恃且不悔改的就要以刑杀之。这些说法都旨在确立个别化的处罚立场，即制裁犯罪应根据具体情况予以区别对待。另外，"祥刑"亦作"详刑"，语出《尚书·周书·吕刑》"有邦有土，告尔祥刑"，历史上对此主要作两种理解：一种是可作与"慎刑"类似的理解，侧重表达

---

* 中国政法大学刑事司法学院讲师。

① 习近平：《坚定不移走中国特色社会主义法治道路 为全面建设社会主义现代化国家提供有力法治保障》，载《求是》2021年第5期。

用刑之道,如郑玄注为“审察之也”,《说文解字》注为“审议也”[①];另一种是对“刑”的总体评价,侧重表达良法善刑[②],如孔安国释为“善用刑”,苏轼释为“祥,善也”[③]。“恤刑”和“祥刑”提出正确运用刑罚的前提是尽心尽力弄清楚案件情况,努力做到不纵不滥,并对有罪之人施以轻重适中的制裁。由于手握用刑之权,用刑之人便容易“身怀利器,杀心自起”,进而造成滥刑,而一旦徇私枉法,就可能帮助罪犯逃脱应有惩罚。只有认真做到慎刑,才能保证“矜恤子民”的宗旨得到落实。[④] 由此可见,慎刑思想不仅是对刑法本身的框定,也是对运用刑罚之人提出的自我克制的要求。

(二)儒法两家的慎刑主张

尽管儒法两家对“刑”的认识存在诸多差异,但都不排斥“慎刑”。

1. 儒家的慎刑主张

以孔子为代表的儒家继承并发扬了西周的德治思想。在表明“吾从周”(《论语·八佾》)的基础上,孔子认为“礼乐不兴则刑罚不中,刑罚不中则民无所措手足”(《论语·子路》),将德治与礼治置于根本地位,以“礼”作为适用刑罚的指导,强调教化相对于惩罚的优先性。此后,孟子主张“杀一无罪非仁也”(《孟子·尽心上》),他的仁政理想在刑法思想上的逻辑结论,也是倡导省刑慎刑的观念。[⑤] 荀子认为“明德慎罚,国家既治四海平”(《荀子·成相》),其“慎刑”主张包括反对株连、先教后诛和因势而变等内容。董仲舒通过主张“大德小刑”“阳德阴刑”,使“德主刑辅”的立场得以明确。值得注意的是,董仲舒的“引经决狱”推动了“恕及妇孺”“恶恶及其身”等儒家伦理道德融入法律[⑥],这“为当时的司法实践注入了一股慎刑、德治和教化的活水”[⑦]。从这个意义上讲,对于老幼亲废疾的矜恤,符合儒家“仁爱”的核心理念。

2. 法家的慎刑主张

齐法家客观认识刑赏效用,主张刑赏适当;晋法家力主重刑厚赏,但慎刑慎赏是齐、晋法家在刑赏观念上的相同之处。[⑧]《管子》中的慎刑思想首先表现为推崇省法、反对滥刑,同时重视刑罚的确定性、强制性和平等性。也就是说,主张“慎刑”的原因在于

---

① 参见马小红:《〈吕刑〉考释》,载韩延龙主编:《法律史论集》(第1卷),法律出版社1998年版,第414页。

② 参见吕丽:《善刑与善用刑:传统中国的祥刑追求》,载《吉林大学社会科学学报》2018年第3期。

③ 参见顾颉刚、刘起釪:《尚书校释译论》,中华书局2005年版,第1997页。

④ 参见高绍先:《中国刑法史精要》,法律出版社2001年版,第441页。

⑤ 参见刘柱彬:《仁政理想与礼法并施的冲突与融合——孟子与荀子刑法思想比较》,载《法学评论》2001年第3期。

⑥ 参见封志晔:《汉代“春秋决狱”的重新解读》,载《中州学刊》2003年第5期。

⑦ 何勤华:《中国法学史》(第1卷),法律出版社2000年版,第193页。

⑧ 参见杨玲:《先秦法家思想比较研究——以〈管子〉、〈商君书〉、〈韩非子〉为中心》,浙江大学2005年博士学位论文。

刑罚的威慑是有限的,如果刑罚繁重会造成民众轻易触犯,那么是否违背法律就变得毫无意义,民众也将不再惧怕法律,从而导致法令无法推行。正是因为法律事关民众生死,所以惩罚必须慎重,否则就会出现徇私枉法,导致无辜的人被杀和有罪之人被赦免。“令而不行,则令不法也;法而不行,则修令者不审也;审而不行,则赏罚轻也;重而不行,则赏罚不信也;信而不行,则不以身先之也。故曰:禁胜于身,则令行于民矣。”(《管子·法法》)谨慎立法上承立法内容的合理性和权威性,下接法律实施的实际效果。统治者随意立法却不受法律约束,制定的法令就缺乏信度难以切实贯彻。“君臣上下贵贱皆从法,此谓为大治。”(《管子·任法》)所以,统治者的谨慎立法和率先垂范,是法律具备公信力并得以顺利实施的必要条件。

二、慎刑思想的历史演绎与价值审视

经过不同朝代的具体演绎,慎刑思想具化为对刑法的目的与价值、刑事政策、刑法的制定与运用、刑罚的执行等一系列环节的认识。①

(一)慎刑思想的多维历史演绎

1. 作为刑法理念的“慎刑”

受“无为而治”思想和秦朝滥刑速亡教训的影响,文景两朝“约法省刑”,开展废除肉刑的改革。此后,针对东汉初期出现的繁刑峻法局面,汉明帝于永平三年正月下诏有司“祥刑慎罚,明察单辞”(《后汉书·刑法志》)。

及至隋唐,隋文帝“恣意决罚”,导致“百姓怨嗟,天下大溃”。② 有鉴于此,唐高祖李渊提出“务以宽简,取便于时”(《旧唐书·刑法志》),唐太宗李世民确立了“以宽仁治天下,而于刑法尤慎”(《新唐书·刑法志》)的指导思想,并在唐律中得到广泛贯彻。

两宋初期,对于宽仁慎刑的坚持,使天下百姓“咸乐其生,重于犯法”“致治之盛,几于三代之懿”(《宋史·刑法志》)。但自宋神宗以后,“刑书益繁”“刑政紊矣”,及至南宋,“刑之宽猛,系乎其人”,即便如此,“祖宗之遗意,盖未泯焉”。③

明朝的刑法总体上不如唐宋宽慎,但慎刑思想也有一定程度的体现。④ 清圣祖康熙是忠实的慎刑论者。他曾晓谕三法司:“帝王以德化民,以刑弼教,莫不敬慎庶狱。刑期无刑,故谳决之司,所关最重,必听断明允,拟议持平,乃能使民无冤抑,可几刑措

---

① 参见吕丽:《中国古代刑法特色研究》,吉林大学 2012 年博士学位论文。

② 邱汉平编著:《历代刑法志》,商务印书馆 2017 年版,第 320、322—323 页。

③ 邱汉平编著:《历代刑法志》,商务印书馆 2017 年版,第 363 页。

④ 参见纪海龙:《明代慎刑思想研究——以〈皇明诏令〉为中心》,东北师范大学 2015 年硕士学位论文。

之风。”①

2. 作为刑制原则的“慎刑”

刑制原则是指惩罚犯罪应当遵循的准则,直接影响刑事制度的构建和实施。

第一,寓教于罚。单就刑法而言,“慎刑”是古人推崇的理想模式,但从整个国家治理层面来看,“慎刑”是追求“明德”的重要手段,而“明德”反对不教而诛和提倡先教后诛,在刑狱处理过程中突出表现为对教化功效的重视。

第二,刑罚世轻世重。“轻重诸罚有权。刑罚世轻世重,惟齐非齐,有伦有要”(《尚书·吕刑》)。“世轻世重”对于慎刑思想的延展,在于要求准确把握社会形势和治安状况。只有如此,才能正确评价犯罪行为,确立轻重适中的刑罚力度。

第三,哀敬、惟良折狱。此理念出自《尚书·吕刑》,是慎刑思想针对案件审理和用刑之人确立的原则,前者要求司法者在折狱过程中努力发现真实,善待诉讼参加者,后者要求司法者具备良好的道德和业务素质。不同朝代规定的“五过之疵”“不直”“纵囚”“出入人罪”等,即是贯彻该原则的鲜明体现。

第四,罪疑惟轻。“罪疑惟轻,功疑惟重;与其杀不辜,宁失不经;好生之德,洽于民心,兹用不犯于有司”(《尚书·大禹谟》)。“罪疑惟轻”立足于“好生之德”,提出在犯罪事实和法律适用存疑时要对犯罪者慎重处罚,在历史上主要表现为降等处罚、罪疑从赎和罪疑从赦三种处理方式。

第五,对犯罪和罪犯的区别对待。依托于对不同犯罪和罪犯的具体认识,我国古代刑法结合常情常理规定了诸多内容。例如,对故意与过失、一贯与偶犯进行区分,“敬明乃罚。人有小罪,非眚,乃惟终,自作不典,式尔,有厥罪小,乃不可不杀。乃有大罪,非终,乃惟眚灾,适尔,既道极厥辜,时乃不可杀”(《尚书·康诰》)等。

3. 作为审理机制的“慎刑”

审理机制是审理刑事案件采取的形式和遵循的流程,慎刑机制是实现循实断案和妥当处罚的重要保障。从审理程序的横向层面来看,表现为多方共同参与案件审理和监察权对刑事案件的监督,“以三刺断庶民狱讼之中”(《周礼·秋官司寇·小司寇》),其中以诸多朝代设置的会审机制和御史制度最为典型。从审理程序的纵向层面来看,表现为中央、地方各级官员在不同阶段参与案件的侦办、审理和复核,如“转审”“京控”“录囚”等。值得注意的是,“慎杀”机制在死刑适用上体现得尤为明显,从死刑的判决到推勘、复核,都规定了严格的程序,包括“九卿议刑”制和死刑执行前经皇帝复核的“五复奏”制度等。②

---

① (清)章梫纂:《康熙政要》,褚家伟、郑天一、刘明华校注,中共中央党校出版社 1994 年版,第 386 页。

② 参见林明:《论慎刑理念对古代司法运行机制的影响》,载《法学杂志》2012 年第 4 期。

4. 作为司法伦理的"慎刑"

慎刑思想的历史演绎不仅呈现于理念、原则和机制层面,而且对于官员的内心修养和职业操守提出了要求。丘浚的《慎刑宪》对我国封建正统法律思想进行了系统总结①,可谓"集儒家慎刑思想之大成"②,主张掌握司法权力的官员首先要具备"好生之德"③。丘浚不仅强调司法官员在"慎刑"中的重要作用,也意识到"仁心"对于司法官员的重要意义。他们只有具备"仁心",才能"真诚知狱之为重",才能"不滥不纵"、不"讫于威"、不"讫于富",才能"不偏于此,亦不倚于彼,一惟其情实焉"。

(二)慎刑思想的历史价值审视

1. 慎刑思想是彰显古代德法合治的典型体现

儒家思想被确立为官方正统思想以后,对于政权合法性和官吏称职性的评价,发挥着根本性的支配作用。法家虽然"隐居幕后",但由于统治者并未轻视法律在治国理政中的基本作用,所以其思想主张实际上一直受到青睐。"明德慎罚"把德与法联结在一起,开辟了我国古代德法合治的进路。④ 这种进路的背后是儒家和法家两家思想纠缠交汇的外化,既展现了儒家的礼法观念和法中求仁的刑罚理念,也保持着法家的形式主义法理观念及刑罚变革应该贴合社会现实的务实态度。⑤ 自古至今,以德治国和以法治国相结合在实践层面难以完全实现兼顾协调,而慎刑思想及其历史演绎却体现了两种治理路径的妥当结合。

2. 慎刑思想是约束专制严苛统治的有力工具

慎刑思想之所以未能实现对古代重刑滥刑现象的全面压制,究其原因是刑法仅被古代君主当作维系统治的工具,未如现代法治社会这般被赋予限制国家惩罚权力和保护公民合法权益的基本精神。但即便如此,慎刑思想在观念层面仍然对约束严苛专制统治发挥了积极作用。慎刑思想与"民惟邦本,本固邦宁"(《尚书·夏书》)的民本思想都是由"敬天保民"延伸而成。对于专制君主而言,若想实现兵强国富,就必须善待民众,让民众能够安心从事生产,就不能在刑狱之事上激化社会矛盾。

3. 慎刑思想是推动传统法制繁荣的重要动力

一种法律思想能否为法律制度的构建与运行提供源源不断的精神动力,是判断其

① 参见马小红:《中国古代法律思想史》,法律出版社 2004 年版,第 204 页;侯欣一主编:《中国法律思想史》(第 4 版),中国政法大学出版社 2012 年版,第 205 页;武树臣:《中国法律思想史》(第 2 版),法律出版社 2017 年版,第 200、133 页。

② 陈应琴:《儒家刑法思想的新诠释——丘浚〈大学衍义补·慎刑宪〉篇研究》,中山大学 2006 年博士学位论文。

③ 参见崔永东:《明代丘浚〈慎刑宪〉中的慎刑思想》,载《中国刑事法杂志》2012 年第 4 期。

④ 参见张晋藩:《论中国古代的德法共治》,载《中国法学》2018 年第 2 期。

⑤ 参见李德嘉:《传统历史叙事中的法理观念——以〈晋书·刑法志〉为中心》,载《政法论坛》2021 年第 6 期。

理论价值和实践意义的基本标尺。慎刑思想对于推动我国古代法制繁荣的意义在于,它将儒家的仁爱观具化为一系列恤刑悯囚制度;根据社会总体形势和罪犯不同情况,为实现"中罚"效果,将区别对待的立场发展为一系列犯罪认定与刑罚裁量制度;为实现"认真对待刑狱之事",通过案件审理机制的设计和司法伦理道德的内化来促进对裁判过程的敬畏、审慎、严格。慎刑思想的多维历史演绎展现了其植根于我国历史文化传统的品质及内容的丰富性与延展性,从多个层面推动了我国传统法制的精细化、合理化和人道化。

三、慎刑思想的当代提倡与传承转化

党的十九届六中全会通过的《中共中央关于党的百年奋斗重大成就和历史经验的决议》强调"推动中华优秀传统文化创造性转化、创新性发展"。中华法系作为一种民族文化的积淀,如同基因那样,无声无息地深植于今天的社会生活中。[①] 慎刑思想在当代可能产生的贡献,绝不止于历史叙事价值。

(一)倡导慎刑思想有助于消弭不同刑法观之间的分歧

刑法观,是指刑法介入社会生活的总体立场和根本看法。我国目前存在积极刑法观与消极刑法观两种立场,前者认为,要通过积极的刑事立法扩大刑法的处罚范围,使刑法满足不断变化的社会生活的实际需要,逐渐培植刑法的权威。[②] 后者认为,积极刑法观不符合刑法谦抑性原则,消解了刑法的安定性、稳定性,所以要尽可能缩小刑法的处罚范围。[③]

两种刑法观共同体现了慎刑思想中的"世轻世重","公约数"在于"准确"发挥刑法的社会功能,而"准确"的前提恰恰在于"谨慎"把握犯罪的具体情势和治理需求。所以,不如通过确立"谨慎刑法观"来跳出这种争论,将慎刑思想中的"世轻世重"进一步深化为"事轻事重",即以个别化的视角来确立刑法对待不同种类犯罪的立场,并以务实的态度来讨论刑法介入社会生活的广度和深度,避免过度沉沦于不同刑法观之间的宏观争论中。

(二)倡导慎刑思想有助于确立刑法与道德的本土认识

看待刑法与道德伦理之间的关系,不必如西方法律理论那样视道德如"洪水猛兽",而是要以道德伦理来约束法律的制定和运行。西方国家大都把道德教化的事务

---

① 参见郝铁川:《中华法系的创造性转化》,载《东方法学》2022 年第 1 期。

② 参见付立庆:《论积极主义刑法观》,载《政法论坛》2019 年第 1 期。

③ 参见张明楷:《增设新罪的观念——对积极刑法观的支持》,载《现代法学》2020 年第 5 期。

交给教会,所谓"上帝的事归上帝,凯撒的事归凯撒"。[①] 我国自古以来都一直保持着世俗社会的"底色",道德教化的施展与社会治理的评价密切相关。慎刑思想之所以成为我国古代的主流法律思想,在很大程度上有赖于儒家思想的主流思想地位,即法律要反映和服务于"礼"和"仁"的实现。道德伦理的内容虽然具有一定的模糊性,直接运用刑法规制违反道德伦理的行为并不妥当,但不应因此弱化道德伦理对刑法的控制作用。"刑事立法首先要遵循规范伦理,要受到法律内在道德的制约与立法良知的制约。这是刑法成为良法的基本前提。"[②]在分工日益精细、管理日益专业的今天,为了切实推进依法治国与以德治国相结合,保证刑事立法、司法的合情理性,有必要在慎刑思想的指引下重新审视刑法与道德之间的关系。

(三)倡导慎刑思想有助于推动刑法参与社会协同治理

处理刑法与其他社会治理手段之间的关系,不必过分强调二者的先后次序,而是要注重考察如何协同发挥各自的作用。慎刑思想内蕴的"协同治理"是一种共时性视角,意味着"各显所长",即在处理社会问题的过程中,需要刑法和其他手段共同且适当发挥各自的作用。及至当代,"无限责任"的"广义政府"依托于"人民当家作主",服务于"为人民服务"。[③] 这就要求党和政府尊重人民的主体地位,以切实的态度解决群众关心的问题。与此同时,作为党和国家防治严重治安违法犯罪活动的基本方针,"社会治安综合治理"正是建立在对犯罪原因复杂性的科学认识之上,强调协同运用各种社会治理措施,努力取得"标本兼治"的效果。所以在剔除专制因素后,慎刑思想内蕴的"以民为本"和"协同治理",与"以人民为中心"立场和"综合治理"方针高度契合,具有强大的生命力和积极的传承价值。

(四)倡导慎刑思想有助于强化制度和理论的本土表达

拓展我国的刑事法律制度及其理论,不应只注重借鉴域外,还需要寻求符合历史传统和文化观念的本土思想作为支撑。在理论层面,"本土智识"的"描述功能""操控功能"和"正当性赋予功能",使慎刑思想成为中国特色刑法学知识体系的"可用"甚或"必用"资源。[④] 在制度层面,建设适用于我国实际的法律体系,不能只依赖西方的个人权利逻辑,而是需要立足于对历史的清醒认识,同时考虑到中国自己的道德准则和现代革命传统的适用,并采用中国长期以来的实用性思维。[⑤] 慎刑思想在古代推动了传

① 参见郝铁川:《中华法系的创造性转化》,载《东方法学》2022 年第 1 期。

② 孙万怀:《刑法修正的道德诉求》,载《东方法学》2021 年第 1 期。

③ 例如,《宪法》第 27 条第 2 款规定:"一切国家机关和国家工作人员必须依靠人民的支持,经常保持同人民的密切联系,倾听人民的意见和建议,接受人民的监督,努力为人民服务。"

④ 参见马荣春:《中国特色刑法学知识体系的建构机理》,载《山东警察学院学报》2019 年第 1 期。

⑤ 参见黄宗智:《中西法律如何融合?道德、权利与实用》,载《中外法学》2010 年第 5 期。

统法制的繁荣,而立足于社会主义核心价值观和现代法治精神的契合之处,在当下也可以支撑现行制度、诠释刑法理论和推动法治创新,从而提升制度和理论的可理解性和可接受性,助力“中国话语”的构建和发声。

(五)倡导慎刑思想有助于深化对司法人员的伦理建设

法律并不会自动实施,而是依赖于人的执行,即法律的落实要通过执行者的思想和行为。

作为司法伦理的“慎刑”,对古代官吏发挥的内心约束作用,对于当前推进司法伦理建设仍然具有重要的启示价值。一方面,它有助于引导司法工作人员“行为世范”。司法工作人员是否拥有良好的道德修养,能否模范遵守法律规定,是彰显司法公信力的重要保证。另一方面,它有助于引导司法工作人员以正确的心态和操守处理案件。在司法伦理层面倡导慎刑思想,最重要的就是要求司法工作人员以认真、审慎、敬畏的态度对待刑事案件,只有司法工作人员保持维护公平正义的动力和积极性,才能最终实现对案件的公正处理。

四、结语

习近平总书记指出:“要注意研究我国古代法制传统和成败得失,挖掘和传承中华法律文化精华,汲取营养、择善而用。”[①]慎刑思想深厚的理论内涵与丰富的历史实践,展现了其作为中华传统优秀法律文化的“风采”,阐释西周“慎刑”的思想渊源、古代实践及历史贡献,是在当代传承慎刑思想的前提。本文对慎刑思想在当代值得提倡和深化的“亮点”进行了探讨,并以此来揭示其对推动良法善治和启发本土话语的积极作用。中华法系给我们留下了伟大而不朽的法律文化,为我们提供许许多多潜在的可能性,期待着我们对它的发声。[②] 善待中华传统优秀法律文化,需要在“治理现代化”的时代命题中展现其思想的力量。这不仅是中国历史学人的重要任务,更应成为中国法律学人自觉肩负的光荣使命。

① 习近平:《在十八届四中全会第二次全体会议上的讲话》,载中共中央文献研究室编:《习近平关于全面依法治国论述摘编》,中央文献出版社 2015 年版,第 32 页。

② 参见赵明:《中华法系的百年历史叙事》,载《法学研究》2022 年第 1 期。

论我国传统治道体系对现代社会治理模式的影响

田　旭*

在传统社会,德治与法治是贯穿中国历史最重要的两种社会治理方式,二者依托不同的人性论,构筑了具有差异性的秩序规范,形成了两种相异的治理观。虽然二者依托的理论相互对立,但在古代以实用为基本导向的社会实践中又巧妙地相互融合,一内一外,共同塑造了中国传统社会独特的治理模式。1840 年鸦片战争后,传统治理路径应对内忧外患的乏力,意味着中国传统治道体系在处理近代国际、国内社会关系方面产生了重大问题。迎着西方文明的挑战,中华法系进入激荡百年的历史三峡,根植于传统文化的法律治理体系在不断的冲撞中逐步瓦解,开启了由传统礼法治道体系向现代法律治理体系的艰难而长久的转变过程。从 1902 年清政府变法修律,到 2011 年中国特色社会主义法律体系初步建立,经过无数有识之士的不断探索,国家治理模式的革新取得了令人瞩目的成绩,但融通我国传统文化的治道体系尚未成形,社会规则、价值观念的重塑之路依然漫长。刑法是最古老的社会治理规范之一,也是伦理色彩浓厚又坚守公正价值的行为规范,检视当前法律体系尤其是刑法体系的治理现状,以客观理性的立场系统梳理、思考治理模式革新历程中遭遇的阻碍与疑惑,重新挖掘传统文化中适应现代生活的价值观念,有助于在深入社会转型峡谷的当下,为准确勘定我国治道路径提供智力资源。

一、“一准乎礼”——以德化礼教为核心的“治人”理念

先秦儒家所主张的“人治”,是西周宗法贵族政体及附着于贵族政体之法律制度下的必然产物,贵族政体与习惯法自然而然地将“人”置于至关重要的地位,法律运用的恰当与否,社会效果的优劣,都取决于断狱者的“议事”水平,于是,得人则狱直,失人则狱冤。商周统治时代是生活习惯的生成期,即处于如何处理人与人的关系、人与物的

* 河北大学法学院副教授,河北大学国家治理法治化研究中心研究员。

关系的探索期①,受制于王朝的实际控制能力,大范围统一的生活习惯尚未成型②,以共识性规则为基础的法律自然更难以出现,重视那些有较高声望和社会地位、能够发挥引领作用者的言行,是社会规范初成时代的较优之举,无可厚非。

牧野一战及周王朝后续的两次东征,使“皇天无亲,惟德是辅”这一明德慎罚的“人命”观取代了“我生不有命在天乎”的“神命”观。为了保证统治的稳定与长远,“牧民者”自然需要在一定程度上考虑“被牧者”的感受,“民”也从因俘获而被刺目的奴隶符号,转变为需要安抚的对象。外部监督力量的孱弱或缺位,使人民无法对掌握生杀权力的公共人物形成有效约束,知识分子只能期望他们自身能够“度己以绳”,由此种自束观念演绎而来的行为规范集中表现为对统治者提出的“德性”观念。在自上而下的统治模式中,习惯的总结、法律的制定都要依靠掌握权力的统治者,通过宣扬“德厚者流光,德薄者流卑”,树立统治者应当德配其位、以身作则的治理观,目的是借助其展现强大的示范作用,对周围的人产生有效的感召与约束,进而保障初民时期社会生活的整体稳定。试想,若统治者德不配位、其身不正,随意破坏本应该维护的习惯与法律,必然引发士民的质疑与不满,统治也必难长久。可以说,在权威系于统治者,强制力覆盖范围有限的时代,法律或习惯的效力只能依赖统治者(强人)的确认,只有那些拥有破坏性力量的统治者自己尊重法律,人们才会因畏惧统治者而屈服于法律,或因认可统治者而相信法律,“其身正,不令而行;其身不正,虽令不从”。因此,儒家在社会治理当中如此重视“圣贤”的作用,标榜“祖述尧舜,宪章文武”,积极倡导“法先王”,其目的是保证善良的人来制定、执行和解释法律,最终目的是保证面向公众之社会治理活动的“良善”。因此,鲁哀公沿袭违反周礼的“什二之税”,还想因虫灾导致“国用不足”向百姓再行加赋时,即受到儒家的严厉批评,其“二犹不足”的说辞被儒家以“百姓足,君孰与不足? 百姓不足,君孰与足?”所驳斥。而“君君臣臣父父子子”同样处于双向、对等的权利义务体系内,君手足其臣所以臣腹心其君,父慈所以子孝,免于父母之怀的时间即为天下通丧的期限。对君主而言,一旦其在道德层面有缺失而不行仁义,则君即转变为独夫民贼而臣可诛之。照此观之,儒家层面的“人治”,核心实为“治人”,其对象指向拥有强制力的统治者。因为统治者作为制法者与执法者,是联通法律与民众的媒介,既决定了法律制定所遵循的价值母版,也决定了法律适用过程中展现

① 夏商周时期为中华文化的源头,《书》(即《尚书》)是我国第一部上古历史文件和部分追述古代事迹著作的汇编。而《尚书》对中华民族的人生观、价值观、政治观、社会观、历史观、自然观、宗教观以及认同意识之形成、巩固与传续产生了巨大作用,成为中华民族精神命脉和文化传统的一个重要来源。

② 《左传》称“国之大事,在祀与戎”,相比于部族之间的战争,部族内部的主导观念形塑的祭祀活动更能体现一国生活习惯的规范化特点。商朝的传统祭祀方式为人祭,但其开国两百余年后,出现过祭祀方式的动荡,而周朝更替商朝成为“中国”的统治者后,则完全废弃了“人祭”的传统,并毁去了相关资料,开启了新的祭祀模式。

的实际效果。

由于坚持“道之以政,齐之以刑,民免而无耻;道之以德,齐之以礼,有耻且格”,先秦儒家始终认为道德的教化应当是治理社会的主要方式,刑罚只不过是辅助德化礼教的手段,德化礼教则为刑罚的正当性根据,二者的地位自然并不平等。儒家“人治”思想与其说是重视人的作用,不如说是重视将人置于重要地位的“法”。儒家理论没有割裂人与法的关系,而是充分考虑了在法律制定、适用过程中如何保证公正的问题;同时,先秦儒家将“德”束缚的首要对象确定为统治者,也是因为他们敏锐地注意到法律适用对象的“有限”可能产生“不正”的问题。囿于社会发展条件,儒家没有也不能在当时找到有效规制统治者的外部手段,只能通过“民本”观念来迂回,“天听自我民听,天聪明自我民聪明”。通过宣传对君主自身的有益性,希望掌权者内生出接受道德规范的自觉性,通过将遵守法律与维护利益予以合并,来保证法律的公正与有效。

综上可知,儒家提倡“治人”,是通过对治理主体进行道德教化及由其发挥示范效应而塑造社会秩序的柔性治道理念。在社会初期,诸多习惯还未真正定型,国家层面的统一性的法律无从制定,也缺乏对各个层级、各个区域的实际掌权者硬性或强力的监督、约束的手段,此时要求统治者自觉认识、接受和践行道德规范,重视充分展现道德教化的典型人物在社会秩序确立、法律规范成型中的纽带作用,具有历史合理性。

二、“一断于法”——以刑为核心的“人治”理念

不同于商朝兄终弟及的王位传承原则,周朝王室采取嫡长子继承制,在王室中,嫡长子继承王位,而庶子则受封在外建国,周朝诸侯及大夫的传世也是如此。分封制国家与家族相似,以自然血缘与祖先崇拜为基础形成的情感共鸣,有效缓和了僵硬的等级支配关系,通过以家塑国实现的家国同构,也开创了新型的社会治理模式。但是,与家族发展脉络相同,君主与封臣之间、各封地领主之间的情感基础,同样会随着人群规模的代际递增、共通性空间①的代际递减,被逐渐稀释、不断分解而终至消逝,这是家国同构制度下社会秩序演化的必然结果,也是我国历史为何表现出“治乱循环”的重要原因。亲人分家之后,“经过了世代愈多,便愈疏淡,君臣上下的名分,最初靠权力造成,名分背后的权力一消失,名分便成了纸老虎,必被戳穿,它的窟窿愈多,则威严愈减,光靠亲族的情谊和君臣的名分去维持的组织必不能长久”②。一旦诸侯国与王室、诸侯国与诸侯国之间缺失了血缘亲情的人伦羁绊,那么宗族亲戚之间因利益纷争撩拨起的杀伐征战,便再难像分封制初期那样,于双方顾念旧情、不为已甚的考量中快速消

---

① 即相互之间共同生活、交流的空间。

② 张荫麟:《中国史纲》,中国文史出版社 2024 年版,第 61 页。

弭,“以礼为固”观念下的“堂堂之阵、正正之旗”,便永久地封尘于史,甚至转向其对立面,成为迂腐的代名词。

时代的变革,根本上缘于时光冲淡了旧情,一旦缺失共同生活才可造就的“熟人”关系,宗族之间的情感势必趋向淡漠,当诸侯国之间的关系由熟悉转为陌生,处理矛盾的方式即会发生根本性的变化。与儒家坚持以血缘关系产生的差序格局来构建社会秩序的主张不同,先秦法家认为在“礼崩乐坏”“竞于气力”的时代,贵族政体及习惯法已经不符合社会现实,只有建立君主集权制度及公布成文法,才是在陌生化格局的竞争中立于不败之地的唯一出路。应当“不别亲疏,不殊贵贱,一断于法”,既然事实上已无“亲疏”“贵贱”之分,索性不如抛弃以熟人为基础的治理模式,凭借“法”“术”“势”,借助强力重新铸造君、臣、民之间的基本秩序。先秦法家不重视族群之间的伦理牵绊,而是以趋利避害的本能作为控制社会秩序的根本依据,主张通过赏罚二柄来规制君主以下之人的行为,最终实现对公众生活的秩序构建,理由在于“无庆赏之劝,刑罚之威,释势委法,尧、舜户说而人辨之,不能治三家”(《韩非子·难势》)。

在先秦法家看来,不依靠国家强制力为后盾的法律政令,仅凭借道德说教和君主的示范效应,不可能治理国家。“故圣人陈其所畏以禁其邪,设其所恶以防其奸,是以国安而暴乱不起”(《韩非子·奸劫弑臣》)。然而,先秦法家所谓法治与近代西方学者所论述的法治完全不同,所谓“君臣上下贵贱皆从法”,实际上是以坚守君主的立场为前提,“法”乃系君主所独创①,权则由君主所专揽②,所以法家口中的“法”本质是与“术”并列,不过是君主统治臣民的一种工具而已。“君无术则弊于上,臣无法则乱于下”(《韩非子·定法》),“法”与“术”的地位相当,而法家“事成则君收其功,规败则臣任其罪”(《韩非子·八经》)的说辞则更为明显,其变体“皇上圣明、罪臣当诛”的观念流毒深远。先秦儒家倡导德治,首先要求统治者作出表率,并且德治的目的在于民,所谓“民为贵,社稷次之,君为轻”(《孟子·尽心章句下》),统治者的德行惠及国民,这一治理方式与价值理念无法分割,作为道德保障的法律,就是道德本身。与之相反,法家所主张的法律“自始就是帝王手中的镇压工具,几乎就是刑的同义词”,既然将之视为维护君主利益的工具,法律必然位于君主之下,下位的法律如何能对在上的君主产生约束作用?君主最大的利益是掌握和传承国家权力:于内稳坐高位,对外争霸立威。在法家看来,法律的目的即是取得内外斗争的胜利,礼崩乐坏则表明以道德巩固权力的失败,既然道德良善无助于在斗争中取胜,那么法律也就没有维系道德的必要。法家之所以要求上下守法,根本原因在于法律的权威出自君主,威、法合一,二者休戚相关、荣辱与共,权威的自我破坏对君主并无好处。

---

① 夫生法者,君也;守法者,臣也;法于法者,民也。(《管子·任法》)

② 权者,君之所独制也。(《商君书·修权》)

可见，虽然法家积极倡导“法治”，但却将自己置于君主立场，并将法视为君主统治的工具，在法可以被君主以己意进行修改的情况下，当其需要作用于君权时，依然只能依靠利诱这一软化约束，可见，法家所谓“法治”不过是“人治”的倒影而已。在影响社会稳定的内外危机密集出现时，君主的目的与国民的追求具有一定的重合性，法家从功利主义出发，注重法的强制效果而不顾及法的内在价值，将法律打造为君主实现其目的的工具，并依靠君权快速实现对社会秩序的重建，对社会资源的统合，确实能够谋得暂时的稳定和一定的竞争优势。但是，一旦君主与国民的目的或者目标发生矛盾或者出现偏差，法律必然因出于君主而疏远国民，不仅难以维系社会秩序、稳固政治权力，甚至可能让社会、国家成为恣意性君权的陪葬品。对法家来说较为可惜的是，无论是君主的目的，还是国民的追求，或是社会情势，都很难在较长的时间内保持不变，因此，其绘制的“法治理想”注定将重现圣王之治滑向礼崩乐坏的惨象。将法律与君主捆绑在一起的先秦法家，有意无意地忽略了稳定的法律制度与推行道德教化一样需要依靠圣明君主的事实，“圣人不必加，凡主不必废”的愿景，随着“二世而亡”凋零殆尽。

三、传统文化对我国建构现代社会治理模式的启示

梳理先秦儒法两家的治理思路可以发现，二者主张的社会治理模式建立在不同的社会事实之上。儒家的主张建立在国民相互熟识的基础上，以“五伦”约束社会行为，本质是依赖人类社群的共通性情感来建构社会治理模型，具有间接性、分散式、多维度的特点，国、族、家，分别具有各自相应的位置，此即所谓“君君臣臣、父父子子”。而法家的主张建立在国民陌生化的基础上，以趋利避害的本能约束个体行为，本质是依赖生物性需求来建构社会治理模型，表现为直接式的治理，国君的命令可以越过宗族而径自对接国民，因而具有简洁性、高效性。二者都重视通过群体来影响和约束个体，但作用的方式却大相径庭，儒家认为，群体伦理规范是保障个体行为规范的力量源泉，国家意志的贯彻者是家族而非个体，所以在组织模式上形成的是分封制；法家认为，群体则转变为国家约束和控制个人行为的代价，国家直接对话个体，所以在组织模式上实行的是郡县制。但是，互相不同的治理模式却形成了“内儒外法”的整体治理体系，表明不同的治理模式并非完全割裂，由于社会空间的丰富性，两种治理模式完全可以在不同的社会层面发挥规范作用，互补共存。

我国现代化之后，传统的家庭结构已经发生了很大变化，中国特色社会主义法治体系建立后，法律治理已经成为当前社会治理的核心内容。在公众热切的期盼下，法治被置于一种近乎全能的地位，法治被视为解决社会问题、通往“现代”的唯一路径，人

们期待法律解决政治问题、经济问题乃至其他一切重要的社会问题。在一种单线性和化约式的思维模式支配的表达方式中,“法治”,作为“现代化”事业的一部分,社会“进步”的一项伟大工程,不仅是可欲的,而且是必然的,其本身的正当性不证自明。这一“化约式的‘宏大’表述常常掩盖甚至抹煞了许多有意味的差异和冲突,结果不仅造成思想的简单化、绝对化和理论思考的贫乏,还可能变成一种统制性和压迫性的力量……在中国近一百年的社会发展中可以说屡见不鲜”①。需要反思的,恰恰是这种“简单地把社会治理方式划分为好与坏并从中选择一种”的思维模式。社会形态是复杂的,多种社会之间并非彼此对立的关系,而是互有优势,与之对应,行为规范背后的正义原则也应当具有时间上和空间上的适宜性。人们应当摆脱一元化的思维方式,不要对社会形态进行“脸谱化”的解读,而应客观、深入地对不同的社会治理方式的适用对象、适用环境、适用效果进行扎实、充分的观察和研究。

改革开放以后,我国经济得到极大发展,几十年时间就走完了西方资本主义国家几百年的路程,但是快速发展的同时也带来了转型难题——中国在几十年之内就要处理西方资本主义国家花费几百年才逐一解决的社会问题,经济发展愈迅速,面对的新问题也愈多、愈复杂。而在转型时期的社会中,人们要面对太多原本“不存在”的生活领域,在近乎拓荒性的发展中,原有的单一治理方式显然无法直接复制到新的社会领域中。当前中国面对的困难,在历史上并无先例,本质上是在由大航海时代开启的全球化中不同文明碰撞后与国民社会生活观念的选择问题,长久以来人们习惯以“成王败寇”的标准来简单地解决治理体系的选择难题,忽略了全球化下的文明碰撞是文化的交流与融合的前提,历史发展的本意是为人们提供相较于各自单一文明视域更为广阔的文化视野,这是“开眼看世界”的真正含义。看不到这一点,就容易在历史残酷争斗的表象中迷失自我,在偏执的选择中走入钟摆式的治乱循环迷境。不可否认,中国以儒家为核心的传统文化存在诸多不足,但是西方法治文化也同样存在缺点,甚至在一些西方思想家看来,儒家不信神而又具有深刻的感情克制的中庸体系,是极为成熟和完美的表现,英国著名历史学家汤因比也一再宣扬,人类已经掌握了可以毁灭自己的高度技术文明手段,同时又处于极端对立的政治、意识形态的营垒,最需要的精神就是中国文明的精髓——和谐。

一元化思维方式的恶果,不仅使人们对传统文化一概否定进而贬低自己的文明史,而且使人们对外来文明中法治的探索浅尝辄止。没有人能完全脱离自己的历史,也没有人能从全面否定自己的历史中获取新生。我国近代以来形成的社会秩序

① 梁治平:《法治:社会转型时期的制度建构——对中国法律现代化运动的一个内在观察》,载梁治平编:《法治在中国:制度、话语与实践》,中国政法大学出版社 2002 年版,第 86 页。

并非全新创造的产物,在相当程度上,只是既存结构的一种反转图形[①],或者缘由要素的局部性重构,即国外学者所谓"新传统主义"。历史并非仅仅记录过去发生的事实,更为人们设定前进的目标并提供有效的引导,只有知其然、知其所以然,才能知其将然。新的社会情势需要新的社会治理方式,不同治理体系互相补充、相辅相成,才可能奏响中国治道的和谐音律。

① 对于这种以否定传统价值或者说以传统价值的反面价值为基础作为解决新时期社会问题、为社会发展提供指导的做法,金观涛在其与刘青峰合作的著作《中国现代思想的起源:超稳定结构与中国政治文化的演变》(第1卷)中将之称为"价值逆反",与"反转图形"的提法有异曲同工之妙。

以中国式现代化方案引领世界刑事强制措施文明进步

——以杭州“非羁码”应用推广为标本

叶伟忠[*]　桑　涛[**]

党的二十大报告深刻阐述中国式现代化的科学内涵、中国特色和本质要求，强调坚持以中国式现代化全面推进中华民族伟大复兴。如何立足中国实际，积极在各项工作中推进中国式现代化，从而为世界发展提供中国方案、走出中国路径，是我们当前应当认真思考、努力实践的重要课题。以推进世界司法文明进步、以中国式现代化手段落实“少捕慎诉慎押”刑事政策引领刑事诉讼强制措施革命为例，随着国际司法理念与技术的不断进步，保释制度在全世界范围内逐渐被接受和推广，并成为衡量一个国家和地区司法文明进步的标志。但是，如何实现对保释后非羁押人员的有效监管，却是一个世界性难题。很多所谓西方先进国家在解决这一问题时，往往借助“电子手铐”“电子脚镣”实现监管，效果未必理想。如何改变我国刑事诉讼中审前羁押率高并长期遭人诟病的不利局面，协调好人权保护与保障诉讼，变高羁押率为低羁押率，从而实现“弯道超车”领先世界？中国式现代化是人口规模巨大的现代化，中国的刑事案件体量大、涉案人员众多，仅此一点，就决定了一旦中国解决了人口规模巨大基础上的审前羁押率全面降低的问题，那么世界司法文明进步就将实现大幅度跨越。近年来，浙江省杭州市检察机关发挥杭州“数字第一城”优势，联合公安机关，在“城市大脑”“健康码”等国内领先的大数据技术基础上，研发使用了刑事诉讼非羁押人员数字监控系统“非羁码”，适用的数万名犯罪嫌疑人无一脱管，刑事案件逮捕羁押率大幅下降，为世界刑事强制措施的文明进步提供了中国式现代化解决方案。本文试以“非羁码”的应用推广为标本，展开讨论。

* 浙江省杭州市人民检察院党组书记、检察长。

** 浙江省杭州市富阳区人民检察院党组书记、检察长。

一、检察机关不断遭遇“成长的烦恼”,“倒逼”检察技术“凤凰涅槃”式革新

长期以来,在刑事诉讼强制措施领域,如何有效降低审前羁押率,同时对取保候审等非羁押人员进行有效监管,一直是困扰司法机关的重大难题。多年来,在国际人权斗争中,中国的刑事诉讼高羁押率一直遭到诟病,被指“侵犯人权”、司法落后,这背后,除了一些别有用心之人以高羁押率作为攻击我们的口实,中国人口规模巨大、有效管控刑事案件非羁押人员能力低下一直是重要原因。在刑事诉讼中,为了避免非羁押人员失管,以往我国司法实践中唯一有效的办法就是更多地采取关押手段,“少捕慎诉慎押”无法落到实处。以 2019 年为例,杭州市刑事强制措施羁押率高达 67%,仅市看守所日均押量便超过 1 万人。一方面,庞大的羁押量造成本来就不丰富的司法资源更显捉襟见肘,地方财政投入巨大;另一方面,据统计,被羁押人群中最终审判率不到 70%。经过对 2018 年至 2020 年 8 月杭州市刑事判决情况的统计,判处 10 年以上有期徒刑的人数占比从 2018 年的 3.62% 下降到 2020 年 1—8 月的 2.01%,这说明审前非羁押措施的适用潜力非常大,但在实际办案中,杭州全市的批准逮捕率,2018 年为 79.63%,2020 年 1—8 月为 73.96%,羁押率显然过高。基于上述因素考虑,杭州市检察机关决心牵住刑事羁押工作这个“牛鼻子”,通过探索大数据科技手段助力降低审前羁押率,从而推动刑事诉讼工作的历史性变革,进而在杭州打造中国司法文明的“高地”。

(一)非羁押诉讼制度的国际趋势

国际上已经确立了非羁押为常态、羁押为例外的刑事诉讼原则。联合国《世界人权宣言》第 9 条规定:“任何人不得加以任意逮捕、拘禁或放逐。”《公民权利和政治权利国际公约》第 9 条第 3 款规定,“等候审判的人受监禁不应作为一般规则,但可规定释放时应保证在司法程序的任何其他阶段出庭审判,并在必要时报到听候执行判决”。世界刑法学协会第 15 届代表大会《关于刑事诉讼法中的人权问题的决议》第 3 条规定:“审前羁押在任何情况下都应视为例外情况。”这一原则凝聚了人类法制文明的最高成果,展现了刑事诉讼的一般规律。目前大多数国家倾向于羁押首先必须要有法律依据,其次应当将羁押措施的适用作为最后选项,且限制在绝对必要的范围内。

(二)非羁押诉讼制度的国内形势

我国 2012 年修正的《刑事诉讼法》增加了“尊重和保障人权”的立法宗旨,细化了逮捕条件,加强了羁押必要性审查,为广泛适用非羁押诉讼提供了立法支持。但对取保候审等非羁押人员如何进行有效监管,一直是困扰司法机关的重大难题。以杭州为例,2019 年杭州市非羁押人数 11879 人,抽样其中的 1372 人,发现 527 人多次离杭异

动，全年仅处罚16人，占总量0.1%。[①] 究其根本，一方面是警力不足，监管手段单一。案多人少环境下，公安机关警力不足，社区民警对取保候审人员往往是“一管十”，且只能通过上门、电话随访等途径确定被取保人员状况，难以有效掌握非羁押人员的真实动态信息，导致监管流于形式。另一方面取保候审人员违规成本较低。根据《刑事诉讼法》第71条的规定，被取保候审的犯罪嫌疑人、被告人违反取保候审规定，已交纳保证金的，没收部分或者全部保证金。保证金是根据1997年公安部《关于取保候审保证金的规定》（已失效）及1999年最高人民法院、最高人民检察院、公安部、国家安全部《关于取保候审若干问题的规定》（已失效）确定的，其数额相对较小，没收保证金对犯罪嫌疑人的威慑力不足。此外，被取保候审人员定期报到、及时报告相关事项也给他们带来诸多不便，取保候审人员失管、逃跑、重新犯罪、违规事件时有发生。为了避免非羁押人员失管，我国司法实践中唯一有效的办法就是更多地采取关押手段，导致一些本没有必要关押的人员长期羁押、监管场所人满为患。高羁押率一方面直接导致政府财政和司法资源的高投入，可能造成超期羁押，关押人员因互相传授违法犯罪方法而“交叉感染”，因关押时间过长而造成同案不同判等司法不公等诸多弊端，另一方面也容易因人员聚集而引发健康风险和管理风险。一些非公有制企业高管、核心技术人员被长期羁押，甚至会造成企业倒闭、员工失业、地方经济受损等不良后果。归根结底，是非羁押人员监管手段的落后导致审前羁押率高，“少捕慎诉慎押”无法落到实处。

（三）如何实现非羁押人员的有效监管实际上是一个世界性难题

在探索研究中发现，如何实现对保释人员的有效监管，实际上是一个世界性难题。一些国家和地区采取数字监控的方法，我国一些地方也试点了电子手铐监管的方式，但手段单一，设施笨重，成本高昂。国外在保释的同时给被监管人佩戴沉重的脚镣，不但成本高，而且给被监管人带来生活上的诸多不便，还暴露了被监管人的隐私，甚至成为羞辱性的标签。这种监管方式不但可能侵犯人权，而且给被监管人生理、心理带来不适。

（四）杭州市检察机关与公安机关联手攻关，运用“非羁码”解决监控问题

2020年年初，一场突如其来的疫情给监管场所带来前所未有的挑战。监管场所人员密度高，一旦疫情传播，后果不堪设想。为此，监管场所普遍采取停止收押的办法，审前羁押率过高带来的疫情传播风险及取保候审监管不力的“双压力”集中显现。2020年3月31日，习近平总书记在浙江考察期间高度评价杭州“城市大脑”，希望杭州在建设“城市大脑”方面继续探索创新，进一步挖掘城市发展潜力，加快建设智慧城

---

① 参见王枫梧、何雷、金晶亮：《“非羁码”创新社会治理模式探索——以杭州市公安局为例》，载《中国刑事警察》2021年第2期。

市,为全国创造更多可推广的经验。疫情期间,杭州率先开发和应用“健康码”“亲清在线”等数字平台,为确保疫情防控阻击战和发展总体战“两战全胜”提供了强大的技术支撑,也为杭州司法机关强化非羁押人员监管提供了重要思路。杭州市人民检察院、杭州市公安局提出“创新数字监控,降低审前羁押率”理念,联手成功研发具有独立知识产权的数字监控系统“非羁码”。“非羁码”突破了电子手铐的思维局限和思想牢笼,使用在犯罪嫌疑人的手机中安装定制 APP 的方法,通过植入人工智能、AR、区块链等前沿科技,实现人机分离报警、硬件破坏报警、越界报警、特殊场所接近报警、自动巡检、定时报到、不定时视频打卡、轨迹实时查询等多重功能,将“健康码”的作用进一步升级,确保被监管人能够回归日常生活,减轻心理压力,同时又能保证其行动轨迹实时可控,如遇突发事件,执行机关能够第一时间快速部署、稳妥处置。解决了技术问题后,杭州市公检法司四部门于 2020 年 9 月联合出台《对刑事诉讼非羁押人员开展数字监控的规定》,同步制定《非羁押人员数字监控工作规定》《“非羁码”APP 操作使用规定》等配套制度,细化“非羁码”适用中的问题处置,实现从人力监管到数字监管、从单方监管到互动监管的革命性跨越。

二、“非羁码”解决了非羁押人员监管的技术难题,为有效降低审前羁押率提供了有力支撑

相比于国外的“电子手铐”等数字监控措施,“非羁码”不但解决了数字监控的世界难题,而且更加严密化、智能化、人性化、经济化。

(一)冲破“电子手铐”的思想牢笼,实现监管设备的“从有到无”

一些国家和地区对刑事诉讼非羁押人员使用的电子手铐或脚镣,设备笨重、显眼、需要 24 小时贴身佩戴,给被监管人带来生活上的不便,个人隐私被暴露,甚至成为羞辱性、惩罚性标签。而杭州市公安、检察机关所开发运用的数字监控设备,转变观念,借鉴“健康码”的理念,按照“合法、正当、必要、适度”的要求,通过在犯罪嫌疑人的手机上安装“非羁码”,由犯罪嫌疑人随身携带,运用大数据、云计算、区块链等前沿科技,实现对嫌疑人全方位、全时段、无死角的监管,既保护了个人隐私、便利生活,也降低了监管成本。

(二)运用“万物互联”的原理,从“被动监管”到“互动监管”

“非羁码”通过被监管人每日自拍远程报到或不定时对被监管人抽查报到,与已采集的人脸数据进行比对,防止人机分离。严格电子围栏管理,被监管人离开特定活动范围或进入禁止活动范围的,立即启动自动报警、自动记录;标注同案多名犯罪嫌疑人近距离停留情况,进行聚集识别,及时报警、记录,防止同案犯串供,从而由原来的电子

手铐只能定位监管到随时可以与监管对象互动交流，使用 APP 进行人脸识别比对，随机检查人机一体、监管对象有无违规情况，对违规者可及时变更强制措施。

（三）发挥“城市大脑”的作用，实现对犯罪嫌疑人全天候、全方位、全动态、无死角监管

“非羁码”与“城市大脑”联动，立体化监管由弱到强，运用杭州城市大脑，让数据去跑路，采用 GPS 定位等方式，24 小时监控被监管人的位置信息，并通过回放移动路线和位置等，对被监管人移动路径进行统计、监控和预判，从而彻底改变以往由执行民警“人盯人”式的原始监管手段，而其监控实时性、有效性却大大提高，实效明显。

（四）可以有效防范犯罪嫌疑人逃跑

“非羁码”全面融通了公安执法办案、监所管理、基础管控平台和检察院案管系统数据，强化非羁押人员日常行为管控和综合赋分，生成“绿、黄、红”三级监管码，根据被监管人的监管执行情况进行评分考核并形成监管码，60 分以上为绿码，30 分以上 60 分以下为黄码，30 分以下为红码。系统根据监管码的颜色变化推送预警信息，公安机关据此采取相应的监管措施，指导监管单位精准落实“飞行打卡、上门巡视、力量贴靠、上网追逃、抓捕收监”等措施，让监管力度更加有效，结合采取非羁押措施的前期研判、监管过程中人身危险性的动态评分、对高风险人员佩戴电子手环的“双保险”监管，做到及时防范被监管人脱管甚至逃跑，即使监管对象不带手机，城市大脑也可以运用人脸识别、身份信息报警等方式及时发现并警示，实现对违规人员的及时发现与处置。

（五）便于推广运用

杭州“健康码”从研发成功到全国推广运用统一的疫情防控健康信息码，只用了 7 天时间。今天，“城市大脑”已在全国推广，“非羁码”这一创新成果同样可以迅速在全国甚至全世界推广，从而彻底破解非羁押人员监管难度大这一世界性难题。2020 年 11 月，在最高人民检察院召开的“十四五”时期检察工作发展规划征求意见座谈会上，两位与会专家高度肯定了杭州“非羁码”。中国人民大学教授韩大元说：“要利用现代信息科技手段，打造数字监控平台，通过电子手（脚）环、‘非羁码’等方式强化对被取保候审人的监督管理。最近杭州推行的‘非羁码’是一项值得推广的有益改革。”中国社会科学院法学研究所研究员刘仁文说：“大数据时代的到来给我们重塑强制措施的体系带来了历史性的契机，杭州的‘非羁码’和之前的电子手铐等技术为降低审前羁押率提供了良好的替代措施。”①

---

① 《以检察工作高质量发展服务保障经济社会高质量发展——最高检专家咨询委员为“十四五”时期检察工作建言献策》，载《检察日报》2020 年 11 月 11 日，第 2 版。

三、"非羁码"的深入运用取得实效获得推广

杭州"非羁码"的大胆探索，取得了政治、法律、社会相统一的良好效果，符合刑事诉讼法关于强制措施方面的发展趋势，是刑事诉讼的一次革命性变革，具有推广价值。"非羁码"自研发应用以来，截至 2022 年，杭州市共适用于 34000 余人，无一脱管；全市捕诉人数大幅下降，不批捕率从 26.95% 上升至 34.10%，审前羁押率从 43.64% 下降至 17.37%，不起诉率从 16.35% 上升至 35.05%，有效推进"少捕慎诉慎押"。当前，"非羁码"已被列入最高人民检察院《关于支持和服务保障浙江高质量发展建设共同富裕示范区的意见》、浙江省委政法委"法治和平安一件事综合集成改革"重点项目、浙江省数字法治系统建设最佳实践案例重要培育项目、杭州数字法治重点工作。中央政法委、最高人民检察院、公安部、浙江省市等各级领导均对其给予充分肯定。应用中，司法机关坚持保证刑事诉讼进行与保障人权相结合、惩治犯罪与化解社会矛盾相结合，保守办案秘密，保护个人身份信息和隐私，贯彻认罪认罚从宽处理原则，结合犯罪嫌疑人、被告人涉嫌犯罪的情节、量刑幅度、认罪认罚态度等来决定是否对其适用非羁押数字监控措施。除常规可以采取非羁押手段外，对于可能判处 3 年以上 10 年以下有期徒刑、能够认罪认罚、没有社会危险性、已经逮捕羁押但符合取保候审条件的等，可以适用非羁押措施。对于可能实施新的犯罪，有危害国家安全、公共安全、社会秩序或者恐怖活动犯罪的现实危险，可能毁灭、伪造证据、干扰证人作证或者串供、逃跑、自杀等法律规定情形的，不适用非羁押措施。

为落实"六稳""六保"要求，特别规定对非公有制企业的经营管理人员或者技术骨干，犯罪情节较轻、没有社会危险性且积极配合调查的，可以采取非羁押手段。对于可能判处实刑的犯罪嫌疑人、被告人，检察机关应当告知其法律后果，对于认罪认罚，接受检察机关量刑建议并同意提起公诉或者判决后收监处理的，检察机关可以不批准逮捕，进行数字监控。检察机关刑事执行检察部门依法对执行情况进行监督。与相关制度配套运用的，还有《非羁押人员数字监控工作规定》《非羁押人员管理系统监督考察执行工作指引》等，对非羁押人员数字监控期间的行为进行评分，将评分情况作为提出量刑建议或者是否变更强制措施的依据。对于数字监控系统数据显示被监管人离开限定区域且未向执行单位或办案单位报备的，切断数字监控系统终端时间 1 天以上且 24 小时内无法联系，无正当理由等违反法律规定情形的，予以警告、扣分，直至变更强制措施。被监管人发现数字监控终端或数字监控系统软件故障、损坏的，应当立即报告。

"非羁码"的运用取得了良好效果，有效降低了审前羁押率。如西湖区人民检察院积极发挥"非羁押人员数字监管系统"的优势和特点，有效降低审前羁押率。2020 年

3—8 月，西湖区使用电子手环等旧系统监管 68 人，使用新开发的“非羁码”监管 95 人。同期，受理审查逮捕 337 人，不捕为 150 人，不捕率为 44.51%，2019 年同期不捕率为 22.88%，2018 年同期不捕率为 18.76%。之前检察官最怕嫌疑人不能按时到案，所以一般可能判处实刑的犯罪嫌疑人，往往都决定逮捕，而“非羁码”给检察官提供了技术解决方案。如“周某某赌博案”，周某某的犯罪事实和情节很可能判处实刑，但其归案后就认罪，全部交代了犯罪事实，无串供的可能，公安机关取证也已经完备，无逮捕必要，所以对周某某采取取保候审强制措施，并应用“非羁码”予以监管，从 7 月初到 8 月 6 日判决生效后投监，周某某都能按时打卡服从监管措施，没有脱离监管，既降低了审前羁押率，又有效保障了刑事诉讼的进行。又如“某 P2P 平台非法吸收存款案”，涉及资金缺口 15 亿元，2020 年 2 月平台负责人被批准逮捕，在捕后侦查期间，经辩护人申请，考虑到对其取保有利于追回放贷资金，检察院和侦查机关会商后，认为确有回款的可能性，遂对其取保候审，并应用“非羁码”予以监管。该负责人取保候审以来，配合监管措施，并积极推动资金回收工作，累计退赔资金 1 亿余元，且能够持续回款，广大投资人情绪稳定，取得了较好的社会效果。

再如新冠疫情期间，杭州某网络技术公司因其运营的一款购物 APP 中部分商品的销售方式涉嫌传销，老板李某和其他 10 多名企业高管、技术人员被立案侦查。检察机关在调查中发现，该公司名下有员工 900 余人，该 APP 也有大量正常商品销售业务。经多方讨论，检察机关决定对除李某外的其他 10 多名企业高管和技术人员不予逮捕，使用“非羁码”予以监管。案件办理期间，该网络技术公司仍正常运营，月销售金额上亿元。杭州“非羁码”的研发运用得到了全国各地司法机关的争相效仿与推广，如有的地方建立非羁押措施适用智能监管平台“云监管”。有的地区探索使用智能手环和手机小程序，实现对适用非羁押措施的犯罪嫌疑人、被告人的全天定位。有的地方对被非羁押人员进行数字化“云监督”。有的地方则直接使用“非羁码”开展数字监控。“非羁码”的示范效应得到了充分体现。

四、“非羁码”是中国式现代化在刑事强制措施领域的重要成果

作为中国式现代化在刑事诉讼领域重要体现的成果，“非羁码”的出现不是偶然的，其既有中国数字经济领跑全球、数字法治成果顺利实现法治建设“弯道超车”的基础前提，也与新时代中国人民心怀世界、为人类谋大同密切相关。

（一）非羁押强制措施的实然性与现实发展之间的冲突

1. 犯罪结构发生重大变化。

随着经济社会的快速发展，当前我国刑事犯罪结构发生了重大变化，严重暴力犯

罪数量比例大幅下降,1999 年至 2019 年,全国检察机关起诉严重暴力犯罪从 16.2 万人降至 6 万人,年均下降 4.8%;被判处 3 年有期徒刑及以上刑罚的占比从 45.4% 降至 21.3%;与此同时,新类型犯罪数量增多,"醉驾"取代盗窃成为刑事追诉第一犯罪,扰乱市场秩序犯罪数量增长 19.4 倍,生产、销售伪劣商品犯罪数量增长 34.6 倍,侵犯知识产权犯罪数量增长 56.6 倍。① 随着严重暴力犯罪数量比例大幅下降,与之相反,部分轻罪案件及互联网金融、扰乱市场秩序等新类型犯罪数量大幅上升,表明社会治理进入新阶段,刑事犯罪从立法规范到司法追诉发生深刻变化,刑事检察理念和政策必须全面适应。

2. 现有强制措施与现实管理之间的冲突。

重刑主义带来的高羁押率对监管造成压力。受到古代严刑峻法和轻罪重罚理念的影响,重刑主义不仅是普通民众心里根深蒂固的观念,更对我国执法、司法机关影响深远。为了避免非羁押人员脱管、漏管,司法实务中往往采取以羁押为主、以非羁押为辅的手段,导致一些无羁押必要的人员被长期羁押或延长羁押,致使监管场所人满为患。陈旧的理念和方法已经与经济社会的发展不相适应,必须予以变革。

(二)"非羁码"出现的应然性与法治路径选择的必然性

1. "非羁码"的出现是司法文明进步的必然产物

随着人权保障成为国际刑事司法的重要准则,羁押作为一种剥夺人身自由的强制措施,逐渐回归到其预防性而非惩戒性的本质。在保证诉讼顺利进行的同时,将强制措施对犯罪嫌疑人、被告人人身自由的控制限制在必要范围内,成为国际社会的重要趋势。权力主导型的大陆法系国家也开始逐渐吸收当事人主义的合理因素,趋于发展和完善非羁押诉讼制度,减少审前羁押,未决犯被剥夺人身自由逐渐成为例外情况。在中央全面深化改革委员会第十八次会议上,习近平总书记强调,法治建设既要抓末端、治已病,更要抓前端、治未病。司法机关从政治效果、社会效果、法律效果相统一等角度考虑适用强制措施的必要性,对轻刑犯罪、过失犯罪等社会危害性相对较小的犯罪嫌疑人、被告人,倾向于选择适用非羁押性强制措施,在保障诉讼正常进行的前提下,将对公民权利的影响降到最低,从而不断推动司法文明的提升。

2. "非羁码"的出现是数字法治发展的必然趋势

近年来,随着我国数字法治变革步伐的加快,区块链、云计算、大数据等前沿科技应运而生,该类技术往往具有多中心化、不可篡改等特性,可以解决传统案件办理跨机构、跨部门、跨系统之间身份可信互认、数据可信传输、案件协作办理流程留痕与追溯等难题。在这样的技术背景下,办案人员通过"非羁码"对刑事诉讼非羁押人员个人信

---

① 数据来源:2020 年《最高人民检察院工作报告》。

息的采集分析，可以利用外出提醒、违规预警、定时打卡和不定时抽检等功能，从而对非羁押人员进行“码”上监管，实现了由原始的“看守盯人”向“系统管人”质的飞越。这背后，是大数据、云计算、人工智能、区块链等前沿技术在发挥作用。“非羁码”总体架构系“三个一”即一图、一码、一平台，并开发 GPS 定位、电子围栏标定、在线申报审批、传唤通知等功能，可以对犯罪嫌疑人实行 24 小时定位，实现分区监管、精确定位和区域管理，并依托“大数据+智能化”评判赋分，自动生成绿、黄、红三色码，指导监管单位精准落实“飞行打卡、上门巡视、力量贴靠、上网追逃、抓捕收监”等措施，精准实现对非羁押人员的远程动态有限监管。①

3. “非羁码”的出现是社会治理能力提升的必然结果

随着刑事犯罪结构的变化，在追求实体公正的同时，如何最大限度地释放法治善意，成为当前社会治理体系与治理能力现代化的重要内容之一。而“非羁码”的出现可以很好地与认罪认罚从宽、羁押必要性审查、轻罪案件非羁押直诉办案机制等结合起来，形成闭环衔接，更好地贯彻落实“少捕慎诉慎押”刑事政策，化解社会对立面，降低批捕率。如杭州市公检法司四家联合出台的《对刑事诉讼非羁押人员开展数字监控的规定》提出，办案机关应当遵循惩罚犯罪与化解社会矛盾相结合，贯彻认罪认罚从宽处理等原则开展非羁押诉讼。该规定还明确轻罪案件认罪认罚的，原则上不羁押；重罪案件认罪认罚的，有条件不羁押。目前，全国认罪认罚率达到 80% 以上，“非羁码”能够破解非羁押人员监管难题，为轻罪案件降低批捕率创造了条件。同时，随着批捕率的大幅下降，进一步提升办案质效，又为犯罪嫌疑人接受认罪认罚、弥合社会对立创造了更多的条件，包括说服犯罪嫌疑人退赃退赔、赔偿被害人损失等。

（三）“非羁码”的出现是刑事司法谦抑性的题中之义

1. 符合刑法谦抑性原则

哈伯特·L. 帕克曾说，过度依赖严厉的刑事制裁会造成刑事程序各阶段金钱和执法资源的大量浪费。② 刑法谦抑性原则，是指用最少量的刑罚取得最大的刑罚效果，因此刑罚并不是越重越好，刑罚必须适度。也就是说，非刑罚制裁手段如行政、罚款等能够达到惩处与预防的目的，就无须启动刑罚措施，只有在其他手段处理失效时，刑罚才有必要，否则有违社会治理成本最优、最经济原则，即刑罚的适用范围不得大于刑事立法的规制范围。

2. 非羁押诉讼制度已成为国际惯例

国际上已经确立了非羁押为常态、羁押为例外的刑事诉讼原则。无论是联合国

---

① 参见王枫梧、何雷、金晶亮：《“非羁码”创新社会治理模式探索——以杭州市公安局为例》，载《中国刑事警察》2021 年第 2 期。

② 参见〔美〕哈伯特·L. 帕克：《刑事制裁的界限》，梁根林等译，法律出版社 2008 年版，第 329—330 页。

《世界人权宣言》《公民权利和政治权利国际公约》,还是世界刑法学协会第 15 届代表大会《关于刑事诉讼法中的人权问题的决议》,都将审前羁押方式视为刑事诉讼的“例外情况”。这一原则凝聚了人类法制文明的最高成果,展现了刑事诉讼的一般规律。目前大多数国家倾向于羁押首先必须要有法律依据,其次应当将羁押措施的适用作为最后选项,且限制在绝对必要的范围内。杭州“非羁码”的运用,为世界贡献了中国式现代化在刑事诉讼领域的重要成果,成为引领世界司法文明进步的中国方案。

我国刑事复权制度构建的理念、优势及路径

彭文华* 张 锐**

一、刑事复权制度的概述

(一)历史演变

近代人权保障理念的进步,推动了刑事复权制度的兴起与演变。这一体制最早可追溯至17世纪的法国赦免制度。起初,它源自国王的赦免权,后来演变为受刑人经过刑罚和赔偿后摆脱不名誉的污点。① 此时,国王的赦免权并不受法定条件和程序约束,而是封建时期的行政特权。随着启蒙运动的兴起,古典学派的道义责任论盛行,个人权利和自由受到重视,对封建制度和宗教迷信的反感催生了对个人意志自由的渴求,厌恶无制约的法外开恩。法国资产阶级革命后,1791年的宪法将法国政治体制转变为君主立宪制。尽管1791年颁布的《法国刑法典》将刑事复权请求权交由法院处理,但国王仍保留了实际权力,制度本质上仍带有行政赦免的痕迹。类似规定也影响了随后的法律,如1808年和1832年的刑事立法。在此背景下,刑罚仍主要强调报应功能,关注对犯罪行为的惩罚,将目标锁定在"抽象的人"和其所犯罪行上。

19世纪,基于达尔文的进化论,龙勃罗梭主张犯罪并非源于个体的自由意志,而更多的是受客观因素的影响。在菲利"犯罪原因三元论"等理论的提出下,实证学派逐渐取代古典学派成为社会主流。实证学派主张社会责任论,针对的是"具体的危险的人",这导致刑罚的功能转型。传统古典刑罚功能重视惩罚犯罪、一般预防,本质上仍然属于报应刑。实证学派不再重视对犯罪行为的惩罚,而是强调对犯罪人的教育、矫治和改造,刑罚目的转变为教育和预防。19世纪中后叶,欧洲各国研究方向由抽象的意志转为具体的人,其中特殊预防理论的变化,使犯罪人的再社会化研究成为研究重点,直接导致刑事复权制度的发展。1870年,法兰西第三共和国建立,法国恢复资本主义共和制度,三权分立的政体保障法院权利的独立行使。1885年,法国刑法赋予法院裁定受刑人是否适用刑事复权的自主权,正式奠定刑事复权制度并明确其适用效

---

* 上海政法学院刑事司法学院院长,博士生导师。

** 上海政法学院硕士研究生。

① 参见〔德〕弗兰茨·冯·李斯特:《德国刑法教科书》,徐久生译,法律出版社2000年版,第507页。

力,不仅强调权利的恢复,而且着眼于消除犯罪记录。此后,刑事复权制度的适用不再取决于国王的赦免,而是在遵循罪刑法定原则和罪刑相适应原则的基础上,对受刑人进行权利和资格恢复。

(二)概念阐释

刑事复权的概念已有百余年历史,然而我国对该制度的研究仍处于基础阶段。这种状况部分源于社会对受刑人的偏见,也与我国此前"从严打击犯罪"的刑事政策有关。这使得我国刑罚观仍停留在较为传统的报应刑与惩罚刑阶段,导致当前刑罚体系与现代刑罚观之间出现不协调甚至割裂的现象。我国刑罚体系关于刑罚裁量阶段和刑罚执行阶段的规定相当细致,如假释、累犯、缓刑等规定。但是刑罚救济阶段的缺失,造成大量受刑人难以社会化以融入正常生活的问题。刑事复权制度能够有效帮助受刑人更好地脱离犯罪标签。为此,我们首先需要辨析刑事复权制度的概念。

1. 刑事复权制度的界定

在刑事复权制度方面,学界对前科消灭制度与刑事复权制度的关系的理解存在较大分歧,有学者认为,前者是后者的一种类型,属于前科消灭型复权,两者属于包容关系。复权,是针对曾受刑罚(包括已被判刑或刑罚执行完毕者)的个体,在一定的时间经过后,重新获得其因受刑而丧失的资格和权利的过程。一方面,它涵盖了因受刑罚而失去的资格和权利的恢复,另一方面,它还包括对前科的抹除,重新赋予因受前科影响而丧失的各类权利和资格。① 有观点认为,前科消灭制度与刑事复权制度存在本质的差别,两者属于排斥关系。"复权是指对因实施犯罪而被判刑的犯罪人在符合法定条件时,对其所判处的以剥夺部分或全部资格或权利为内容的刑罚给予提前消灭的制度。"②对此,可以从以下三个方面对两者的关系进行认定:

第一,在法律后果方面,前科是对受刑人的否定性评价,前科消灭即将其有罪评价消除,使其被视为无犯罪记录。刑事复权制度着重于单纯恢复权利,无须消除过去的规范性评价,直接恢复被剥夺或限制的权利和资格,两者在本质上存在区别。第二,在适用范围方面,前科消灭制度适用于所有被判刑的个体,无论是主刑、附加刑还是资格刑。然而,刑事复权制度通常适用于被判处资格刑的个案。因此,前科消灭制度的适用范围明显比刑事复权制度广泛,前者并非后者的子类型。第三,就针对不同的阶段而言,前科消灭制度适用于受刑人主刑执行完毕后,经过一段时间。而刑事复权制度则允许在受刑人资格和权利限制尚未完全执行之前,提前恢复被限制的资格和权利。可以明显看出,应当避免将刑事复权制度与前科消灭制度混为一谈,这两者应当被视作互相排斥的关系。

---

① 参见蔡墩铭:《刑法总论》,三民书局 1994 年版,第 34 页。

② 何龙、张宝:《论刑法中的复权制度》,载《安阳师范学院学报》2010 年第 6 期。

2. 刑事复权制度的本土化再定义

刑事复权制度原为资格刑的附属刑罚消灭制度,然而,我国刑罚体系的构造与其他国家存在显著差异,刑事复权制度若限于其初始概念,那么其在我国无法发挥实际效果。在回应刑事复权制度能否本土化前,首先要解决以下三个关键问题:第一,是否仅限于资格刑下的刑事复权制度;第二,是否仅限于不定期刑下的刑事复权制度;第三,是否仅限于公权力范围内的刑事复权制度。而这三个问题与"犯罪附随后果"紧密相关,犯罪附随后果属于刑法规定之外的非经司法裁判的惩罚,涉及受刑人及其家庭成员的就业、生活、学业等方面。这种严厉的限制使得受刑人难以回归社会,从而无法再社会化。国外资格刑涉及多种权利,而我国仅规定了剥夺政治权利和驱逐出境两类资格刑。鉴于我国特殊的资格刑规定,将刑事复权制度局限于资格刑范围将导致其应用范围狭小,无法有效激励受刑人积极参与劳动改造。因此,我国刑事复权制度概念不应限于资格刑,应扩展为适应我国特殊规定的资格罚。只要资格与权利受到限制和剥夺达到刑法所规定的严重程度,即严重阻碍受刑人再社会化,便可予以恢复。解决第一个问题将有助于解决第二个问题。我国犯罪附随后果的设定与适用较为随意,其规定不仅存在于地方性法规和规范性文件中,还出现在用人单位的招录准则中。此外,犯罪附随后果缺乏统一的适用标准,导致我国存在大量不定期犯罪附随后果,主要集中在资格类犯罪。因此,若刑事复权制度不能解决不定期犯罪附随后果问题,其实际价值将大打折扣。至于第三个问题,刑事复权制度并非仅限于公权力范围。对于私权,限制的主要是就业权。就业权作为公民的基本人权受宪法保障,经过刑罚教育、改造和矫正后,受刑人理应恢复相应的就业权利。因此,刑事复权制度不仅应涵盖公权,也包括对私权范畴的调整。

综上所述,本文所述的刑事复权制度特指:在特定条件和法定程序下,针对遭受资格罚的受刑人,恢复其作为普通公民的资格和权利的刑罚消灭制度。

(三)体系地位

犯罪人再社会化的难题具有诸多解决路径,如刑事复权制度、前科消灭制度、犯罪记录封存制度等。相较于其他路径,刑事复权制度在我国刑法体系中具有独立优势。前科消灭制度通过消灭法律上对犯罪人的负面评价,认定其规范层面"无罪",消除受刑人的"犯罪标签",减少社会对罪犯的歧视和排斥。然而,其法律效果与我国现行刑罚体系的运行存在矛盾。我国《刑法》第 65 条规定,"被判处有期徒刑以上刑罚的犯罪分子,刑罚执行完毕或者赦免以后,在五年以内再犯应当判处有期徒刑以上刑罚之罪的,是累犯,应当从重处罚"。我国刑罚裁量体系明确规定,对有犯罪前科的累犯需要判处更加严厉的刑罚,而前科消灭制度则削弱了法定量刑情节的作用,消灭前科与累犯从重处罚的冲突造成刑罚体系内容的不协调。与之不同,刑事复权制度强调提前恢复受刑人的资格和权利,而不消除刑罚评价。犯罪记录封存制度所起到的作用是在现实层面通过限制对犯罪人身份的调查,隐藏犯罪人的身份。该制度只能作为刑罚体系的执行措施,无法补全我国刑罚体系的最后一环。刑事复权制度不仅与我国现行刑罚体系没有冲突,反而有助于刑罚体系的完善。

犯罪记录封存制度和前科消灭制度呈现向内的趋势,无论是规范上前科的"消灭"还是犯罪记录的"封存",均旨在掩盖受刑人的违法犯罪事实。然而,这与刑罚本身的功能与目的相背离。刑罚的实施是由于罪犯违反社会契约,损害法律保护的生活利益,需予以惩处,以修复公众对法律的信任感。同时,刑罚旨在通过特殊预防使罪犯不敢或不愿再犯,成为诚实、善良公民。然而,犯罪记录与前科的规定并非实质性障碍,而是社会对罪犯的不信任所致。社会认为罪犯具有较高的法益侵害性,导致犯罪人与未犯罪人相分离,构筑了难以逾越的隔阂。仅仅通过封存或消灭前科无法消除歧视,因为民众可通过网络新闻、社交媒体或邻里街坊获知犯罪人的过往信息。刑事复权制度在解决观念歧视问题方面具备潜力。公检法机构审查受刑人的危险性现状后,对其危险性进行是否降低或维持的评定。法定机构的复权决定实质上为罪犯提供了一种认可,这在某种程度上体现了价值观的指引作用。作为现代法治国家权利恢复系统的一部分,刑事复权制度鼓励罪犯踏上积极矫正和自我教育的道路。

二、刑事复权制度构建的理论意义与现实背景

一个制度的构建离不开对其基础理论和时代背景的深入分析。该制度尽管可能在某一个国家或多个国家取得成功,但若缺乏基础理论的支撑,其将无法稳固发展,犹如无根之水,难以长久存在。除此之外,一个制度的成功建立必须紧密结合当地特殊的现实情况进行周全考虑。因此,本文将从以下两个方面对我国构建刑事复权制度的正当性进行逻辑论证。

(一)刑事复权制度的理论基础

1. 公平的正义原则

"法来源于正义,正义如法之母;因此正义先于法诞生。"①正义是公民对社会的认同基础,也是国家政治制度的基石。任何制度建设和发展都必须遵循正义原则,刑事复权制度亦须秉持正义理念。然而,原则和理念常常因抽象而难具体指导现实生活和社会活动。罗尔斯主张以具体的公平的正义原则为指导,明确公平正义有两方面含义:一方面,强调每人享有与他人平等自由相容的权利;另一方面,强调所有职业须在

① 〔德〕伯恩·魏德士:《法理学》,丁晓春、吴越译,法律出版社2013年版,第159页。

机会均等条件下开放给所有人。这使得差别对待只在有利于社会弱势者的情况下成立,保障其就业权。罗尔斯的公平的正义原则以保护社会弱势者为中心。他认为,制度即便有利于整体利益,但以损害最弱势者利益为手段即不正义。在现代社会,犯罪通常非单一主观意志所致,而是环境、家庭、社会等多种因素共同影响的结果。因此,个体在犯罪后实际上已成“弱者”——在法律和现实意义下均属失败者。“一个一贯品行端正的人,由于一时的激情或者在危急情况下不由自主地实施的犯罪行为,是违背行为人的本意的,犯罪是其生活中的一个懊悔的插曲。”①然而,实际情况中,用人单位往往没有深入调查受刑人的犯罪动机、目的和情节,而是采取了“一刀切”的方式来规避可能的风险。只有给予“第二次机会”,才能真正为那些遭遇失败的人提供基本保障,让他们借助这些安全网,走出失败的阴影,迎来重新发展的机会。刑事复权制度帮助刑罚体系满足公平的正义原则,维护犯罪人的合法权利和利益。

2. 比例原则

宪法的核心原则在于比例原则。每当国家公权力与公民基本权利发生冲突之际,比例原则应当成为我们的指引。其包括三大子原则:第一是适当性原则,限制人民基本权利的手段需要符合国家的目的,且手段与目的之间具有关联性;第二是必要性原则,采取的手段能够有效实现国家目的,且对人民权利的侵害是最小的;第三是均衡性原则,国家通过限制人民权利所获得的利益,需要大于人民权利被限制所遭受的损失。② 刑事复权制度是保障公民权利和自由的制度,比例原则为其核心。它使不再需要惩罚的罪犯免受资格罚,成为刑罚制度的最后环节。刑罚具有一般预防和特殊预防作用。“如果刑罚不可能保护某种法益,或者以刑罚制裁某种行为将导致更为严重的犯罪发生时,就表明刑罚不是保护法益的有效手段。”③刑法是多元化社会治理的一种手段,不能试图将刑法视为解决社会问题的“万能药剂”。对受刑人施加的犯罪附随后果将导致其心理层面和社会层面的严重负面效应,受刑人的亲属和家人也随之被剥夺就业、入伍、考公等权利和资格。对受刑人施加犯罪附随后果可能适得其反,且违背适当性和必要性原则。随着出狱人数的增多,通过犯罪附随后果难以继续进行社会一般预防,反而会使受刑人遭受不公待遇,进而影响社会稳定,短视不宜。

(二)我国刑事复权制度构建的现实背景

我国目前轻罪化的背景使得刑事复权制度再次成为热议话题。根据最高人民法院公布的数据,可观察到“醉驾”在刑事审判领域已超越了盗窃,成为首要犯罪。具体而言,最高人民法院公布的 2019 年上半年审判执行工作数据揭示,危险驾驶罪在全国

---

① 〔德〕弗兰茨·冯·李斯特:《德国刑法教科书》,徐久生译,法律出版社 2000 年版,第 10 页。

② 参见于改之、吕小红:《比例原则的刑法适用及其展开》,载《现代法学》2018 年第 4 期。

③ 张明楷:《法益保护与比例原则》,载《中国社会科学》2017 年第 7 期。

法院上半年审结案件中数量最多,占比最大。“每年将 30 万左右的人贴上罪犯标签并使之承担过重的犯罪附随后果,甚至沦为社会的对立面,这无论对国家、社会还是危险驾驶者个人来说,都是巨大损失,属于司法和个人的‘两败俱伤’。”①目前刑法修正案增加的罪名趋向于将最高法定刑设定为 1 年有期徒刑,例如妨害安全驾驶罪和高空抛物罪等。在微罪立法扩张的背景下,犯罪附随后果呈现无序化和扩张化,进一步侵犯公民的自由、尊严和平等权利。这些微罪的法益侵害程度难以准确衡量,导致微罪与行政违法行为的区分变得更加困难,刑法与行政法的界限愈加模糊不清。也许这种拓展被视为一项通过轻罪定性来填补治安管理处罚与刑罚之间的空白的立法策略。然而,在某种程度上,这却导致刑法摒弃原有的谦抑性,从法律体系中的“最后手段法”逐渐转变为“社会管理法”。伴随着罪名体系的不断扩充,犯罪人数也呈现上升趋势。在刑罚过程已经对犯罪人进行矫正改造后,则应当将一切可能在事后对受刑人有不利影响的措施,从刑罚体系中剔除。而犯罪附随后果对受刑人及其亲属生活和就业的限制,远远超出了刑罚与之相适应的惩戒力度。

面对不断变化的外部环境和日益复杂的社会风险,封闭式的刑法体系难以及时有效解决轻微违法犯罪。因此,需要发挥刑事政策的易变性和权威性,将其作为指导刑罚体系的最高目的和标准。将刑罚体系与刑事政策相互贯通,使二者紧密相连、有机结合,能够有效应对我国刑罚体系无法满足现实需求的难题。② 在我国刑事政策转向“严而不厉”“轻缓化”的背景下,刑罚体系也应作出相应调整。然而,近年来连续出台的刑法修正案扩大了犯罪范围,总体上刑法制裁性逐渐加强。虽然轻微罪占绝大多数,但以严厉刑罚应对重罪的理念,难以适应当前以轻罪为主的犯罪治理需求,这种理念错位产生了极大的社会负面效果,长期以来,维护社会稳定的目的受损。作为刑法体系的重要组成部分,刑罚体系需要建立刑事复权制度,允许在保留犯罪记录的前提下,恢复受刑人的资格和权利。这种制度有助于完善权利恢复机制,也是尊重犯罪人权利的恰当方式。

三、我国刑事复权制度构建的具体路径

系统化的犯罪人权利恢复和保障的救济制度的构建,是轻罪时代犯罪治理现代化的必然要求。刑事复权制度作为国际上广泛实施的一项先进制度,旨在保护人权、自由和平等,在各国得到实际应用。对于我国而言,建立刑事复权制度需综合考虑立法模式的选择、适用条件的确定以及复权后果的具体规定。

---

① 周光权:《论刑事一体化视角的危险驾驶罪》,载《政治与法律》2022 年第 1 期。

② 参见劳东燕:《刑事政策与功能主义的刑法体系》,载《中国法学》2020 年第 1 期。

(一)刑事复权制度的规范设置

制度立法体例的选择能够明确制度定位和适用范围。刑事复权制度作为恢复受刑人权利和资格的制度,必须具备普适性、法定性。刑事复权制度属于刑罚裁量权的运用,而不具有赦免性或行政性。刑事复权制度的立法体例有条款式和章节式之分。有的学者主张:"采章节式的立法体例为宜。用专章专节专门规定复权问题,可引起各界重视,纠正对受刑者的歧视心理,同时也为受刑者解除包袱和压力。建议将这一章节放在现行刑法总则第四章最末节'时效'之前这一位置。"①部分学者认为,在《刑法》第三章中的"刑罚"一节,可以设立一系列规定刑事复权制度的条款。这种做法不仅可以与资格刑的规定相呼应,从而与资格刑制度更加紧密地衔接,同时又不会破坏《刑法》总则结构的逻辑平衡与协调。② 该学者认为,在资格刑下规定刑事复权的相关条款,是因为其错误地确定刑事复权制度的范围。基于我国犯罪附随后果的特殊存在,我国的刑事复权范围是要大于国外的刑事复权范围的,由资格刑扩张为资格罚。笔者认为,刑事复权制度作为刑罚体系的关键组成部分,应采用独立章节的立法体例,以凸显其重要性和效用性。

综上所述,建议将刑事复权制度置于《刑法》第四章"时效"一节之后,通过刑法修正案增加"复权"一节。这样可使刑罚体系内部更加协调一致,保持逻辑连贯。

(二)刑事复权制度的条件设置

1. 形式条件

(1)适用对象

刑事复权制度可以有效解决受刑人再社会化问题,前提是受刑人具备再社会化可能性,即在教育、改造和矫正后,受刑人能够在不损害国家、社会和他人利益的前提下从事社会活动。针对立法假设某些受刑人无法改造的情况,刑事复权制度并非必要。因此,该制度需要与缓刑和假释制度有效衔接,不应将这些制度作用范围外的人视为刑事复权制度的对象,以避免刑罚执行过程中的混乱。根据《刑法》第 74 条的规定,累犯和犯罪集团的首要分子不适用缓刑,表明立法者认为这些犯罪分子的人身危险性难以降低以实现正常社会交往。然而,受刑人的人身危险性须关注刑罚改造成效。根据《刑法》第 81 条第 2 款的规定,累犯和因严重犯罪而被判处 10 年以上有期徒刑或无期徒刑的罪犯,在实施刑罚之前被视为具有再次犯罪的风险,因此被视为不适合重新融入社会。这种立场或许反映了立法者关于尚未完成刑罚的罪犯具有较高再犯风险的看法,但并不意味着完成刑罚后其仍然存在同样高的再犯可能性。因此,可以认为减

---

① 胡鹰、喻文莉:《复权制度探讨》,载《法学研究》1993 年第 4 期。

② 参见彭新林:《略论刑法中的复权制度》,载《中国青年政治学院学报》2006 年第 2 期。

刑和假释排除的对象并不自然适用刑事复权制度。对于两者皆排除的累犯，不得适用复权。累犯系指刑满后再次实施特定犯罪的情形，其行为严重损害了公众对受刑人的印象，不利于彰显司法公信力和维系社会稳定。

总之，刑事复权制度适用于除累犯外的受刑人。综上所述，除累犯以外的一切受刑人都是刑事复权制度的适用对象。

(2)时间条件

刑事复权制度旨在恢复受刑人被限制、剥夺的权利和资格。这需要评估受刑人的再犯可能性是否已显著降低。改造和悔罪的表现需要经过一定过程。为此，通过综合考虑受刑人在社会活动中的行为、状态、社会评价等因素，对其人身危险性和社会危害性进行评价，法定机构的复权决定具有权威性，有助于受刑人成功再社会化，修复法律秩序的破损。在确定考验期的规定方面，通常有比例型、定期型和混合型三种模式。有学者认为："应当采取混合制，犯罪分子实际经过的被剥夺权利或资格的时间已过判决宣告的资格刑刑期的1/2的，或者被终身剥夺政治权利者实际执行期间已过10年的，可适用复权。"①该学者过于注重国外刑事复权制度的建构方式，未充分考虑我国刑事复权制度的特点。我国的刑事复权制度不仅仅适用于资格刑，还适用于资格罚，因此不宜简单套用国外的规定。笔者认为，可以与时效制度相衔接，设定类似时效的时间条件。时效制度的核心思想是，若受刑人在一定时间内未再犯罪，可推定其人身危险性和社会危害性已降低。因此，在复权适用的考验期方面，可采用定期型，同时建立阶梯考验期机制。

在笔者看来，针对轻微罪行，即判处1年以下有期徒刑、管制和拘役的情况，考验期可设定为1年。对于判处1年以上有期徒刑至3年以上有期徒刑的情况，考验期可设定为3年。对于判处3年以上有期徒刑，或原判无期徒刑、死刑缓期二年执行后转为有期徒刑的情况，考验期可延长至10年。

2. 实质条件

非累犯的受刑人在考验期内未涉及违法或越轨行为的，相关法定机构须审查其是否满足人身危险性和再犯可能性等实质条件。美国《联邦量刑指南》规定，倘若被定罪的被告能充分证明自其涉及剥夺资格之罪行之后，已成功康复，并且使人相信其再次获准参与申请恢复资格所在之组织或机构不再蒙受伤害，法庭有权恢复其资格。②对此，有学者认为可以参照减刑、假释的规定，"被判刑人回归社会后，遵纪守法，继续教育改造，确有悔改表现，没有再犯的危险的，可以复权"③。关于复权条件的规定确实无

① 景阿锋：《建立我国复权制度的构想》，载《辽宁行政学院学报》2008年第6期。

② 参见〔美〕美国量刑委员会编：《美国量刑指南——美国法官的刑事审判手册》，逄锦温等译，法律出版社2006年，第388页。

③ 蔡荣：《我国复权制度的定位、依据及本土化构建》，载《公安学刊（浙江警察学院学报）》2019年第1期。

法也无须进行极为具体、细致、详细的表述。具体而言，需要从以下三方面进行认定：①受刑人具有悔改心理；②受刑人人身危险性降低，即当前人们对于受刑人能够信任，而不是反对和排斥受刑人继续从事某些行业、工种；③受刑人恢复权利和资格后，人们有理由期待受刑人不再实施犯罪行为，该权利和资格恢复并不会增加其犯罪可能性。在此需要强调的是民事先决条件的认定。在民事先决条件中，将赔偿视为认定复权的实质条件须谨慎，因犯罪人的有偿能力可能不具普适性，以民事方式介入刑事程序可能导致刑事复权制度权威和正义下降，应避免刑民界限模糊。笔者主张将民事先决条件视为判断“悔改表现”的因素，而非必要条件。

因此，笔者建议规定：“受刑人回归社会后，如遵纪守法，表现良好，具有悔改表现，可预期不再故意犯罪，可考虑复权。”

3. 程序条件

作为帮助受刑人成功重返社会的激励制度，复权需要基于受刑人的自主、自愿参与以及积极投入。复权程序涵盖自动复权和申请复权两种方式。前文已强调，经受一段时间的考验是衡量是否进行复权的必要条件，然而，即便符合时间条件，也并非对每位受刑人都当然、必然地复权，而需要进行实质性审查。对此，应采用申请复权的方式，借鉴犯罪记录查询流程进行规范。按照《公安机关办理犯罪记录查询工作规定》第5条的规定，犯罪记录查询由户籍地或居住地公安派出所受理。在刑事复权的情境下，受理机关应由涵盖犯罪人各阶段的法定机构承担，即户籍地或居住地的公安派出所、基层人民法院或人民检察院。申请复权的请求必须由受刑人本人提出，若受刑人因生活无法自理或已故，其近亲属可代为提出申请。犯罪记录为国家机构对犯罪个体情况的客观呈现，实际上，受刑人及其家人的权益限制取决于犯罪记录。通过背景审查或犯罪记录查询，可以了解公民的家庭成员是否存在犯罪记录。值得强调的是，公安机关颁发的“无犯罪记录证明”是了解公民是否有资格刑、从业禁止或前科的主要途径。在这一背景下，刑事复权制度与前科消灭制度不同，它并不否定受刑人的犯罪事实，而是宣告其已经完成改造和矫正。因此，公权力机构应颁发犯罪人刑事复权记录证明，以示公开，受刑人和其他相关方在查询受刑人犯罪记录时，应呈示复权记录。

（三）刑事复权制度的衔接设置

作为恢复法定权利与资格的制度，刑事复权制度需要与刑罚裁量措施有机衔接。根据《刑法修正案（八）》，法院在判决管制或宣告缓刑时，可以基于犯罪情节，同时对犯罪分子进行一定限制，限制其在考验期间从事特定活动、进入特定区域以及与特定人接触。而《刑法修正案（九）》中关于从业禁止的规定则针对那些因滥用职权或违反特定职责而被判刑的情况，具体而言，法院可以根据实际情况，在刑罚执行完毕或假释后，对其从事相关职业进行禁止，禁止时限为3～5年。此种情况下，需明确从业禁止、禁止令与复权适用冲突时的优先权。二者皆旨在预防犯罪,但限制罪犯权利为资格罚的一部分,复权范围则较广。复权恢复公民的一切基本合法权利,应将禁止令和从业禁止视为复权制度的特殊规定,复权时限须服从从业禁止和禁止令的时限规定。复权的考验期应以从业禁止和禁止令为依据,若复权考验期更长,则依考验期计算;若复权考验期较短,则按从业禁止和禁止令期限计算。

四、结语

我国的刑罚体系完善需要在构建刑事复权制度方面进行理论和实践的双重努力。作为解决受刑人再社会化难题的手段,刑事复权制度必须准确平衡犯罪人的人权保障与社会风险控制的边界,以确保刑事复权制度成为强有力的激励机制。同时,也要保障刑罚体系的正常运行和逻辑一致,建构科学而全面的体系框架。

我国反腐败举报人保护制度的检视与优化

贾济东* 岳艾洁**

一、问题的提出

由于贿赂、洗钱等腐败犯罪行为不存在直接被害人,因此腐败犯罪的线索难以通过被害人自发报案的方式予以揭露,一般预防性措施采取的"抓早抓小"策略还不足以攻克腐败犯罪的隐蔽性痼疾。如何能够在事前防范腐败犯罪的同时又拓宽腐败犯罪线索的获取渠道,举报人在解决这一关键问题中扮演了举足轻重的角色。就职务犯罪而言,2019 年最高人民检察院统计,全国查办职务犯罪的案件线索有 80% 来自群众举报①;同时,企业涉及跨国商业贿赂的案件线索也多来源于企业自我披露或者内部人员举报揭发②,近年来 80% 的美国海外反腐涉华案件均为美国公司内部披露③。再者,举报人为案件线索的及时发现提供了可能,这使得情节轻微的腐败活动能够被尽早察觉并阻断,避免行为性质的升级或损害结果的扩大。然而,举报人为反腐办案带来便利的同时,也不得不为自身义举付出代价。改革开放 30 年评出的 10 个反腐名人中有 9 人曾遭到打击报复④,部分举报人甚至还被打上"叛徒""内鬼"等污名化标签,被单位同事排斥⑤。此类现象不仅难以保全举报人的合法权益,更难以保障群众检举腐败事实的积极性。可以说,"在举报人保护上的失利,即是对不法、不端行为的助力"⑥。我国只有在反腐败工作中进一步健全举报人保护制度,对反腐败举报人给予周全且有效的保障与激励,才能持续动员更多的社会力量参与到反腐败的系统工程中来,从而广

---

* 北京师范大学法学院暨刑事法律科学研究院教授,中国刑法学研究会理事。

** 北京师范大学法学院暨刑事法律科学研究院博士研究生。

① 参见王阳:《举报人遭打击报复 业内人士呼吁立法保护举报人安全》,载中国新闻网,https://www.chinanews.com/gn/2019/09-23/8962892.shtml,2022 年 11 月 15 日访问。

② 参见黄风、赵卿:《跨国商业贿赂治理机制若干问题探析》,载《中共浙江省委党校学报》2017 年第 5 期。

③ 参见李小军、郭燕:《在华跨国公司外包商业贿赂的行为机理及其治理》,载《广州大学学报(社会科学版)》2015 年第 9 期。

④ 参见王学进:《别让微博成举报人的"救命稻草"》,载《中国青年报》2013 年 8 月 9 日,第 2 版。

⑤ 参见王传涛:《举报人何以成了单位"叛徒"?》,载《新京报》2014 年 9 月 4 日,第 A04 版。

⑥ Paul Latimer, A. J. Brown, Whistleblower Laws: International Best Practice, 31 University of New South Wales Law Journal, 768(2008).

泛凝聚腐败犯罪治理合力,推动我国腐败犯罪治理效能的最大化。据此,本文对我国反腐败领域的举报人保护制度进行了规范梳理与困局分析,并围绕不足之处提出了优化我国反腐败举报人保护制度的可行路径。

二、我国反腐败举报人保护制度的规范

《联合国反腐败公约》是当前唯一具有法律约束力的国际性反腐败法律文件,该公约第 33 条明确规定各缔约国应当建立举报人保护制度以防举报人遭受不公正待遇。为切实履行该公约义务,我国应通过国内立法积极落实反腐败领域举报人保护制度。目前,我国尚未出台反腐败举报人保护的特别法律,也并未针对举报人保护专门立法。但不可否认,我国现行规定已经构建起一套“宪法—法律与行政法规—其他文件”的三阶层式举报人保护规范体系,如表 1 所示。

表 1 我国反腐败举报人保护的相关规定

	相关规定	受理事项	负责机构
宪法	《宪法》第 41 条	任何国家机关和国家工作人员的违法失职行为	有关国家机关
法律、行政法规	《刑法》第 243 条、第 254 条	诬告陷害罪、报告陷害罪	—
	《刑事诉讼法》第 108 条、第 110 条、第 111 条、第 112 条	有犯罪事实或者犯罪嫌疑人	公安机关、人民检察院或人民法院
	《反洗钱法》第 7 条	涉及洗钱活动的违法与犯罪行为	反洗钱行政主管部门、公安机关
	《监察法》第 35 条、第 64 条、第 65 条第 3 款	公职人员的职务犯罪、违法行为	监察机关
	《监察法实施条例》第 95 条、第 169 条、第 172 条、第 175 条、第 263 条、第 267 条、第 275 条、第 278 条	公职人员的职务犯罪、违法行为	监察机关

（续表）

	相关规定	受理事项	负责机构
其他文件	最高人民检察院《关于保护公民举报权利的规定》(1991年)	机关、团体、企业、事业单位和国家工作人员违法犯罪行为	检察机关
	《中共中央纪律检查委员会、中华人民共和国监察部关于保护检举、报告人的规定》(1996年)	党组织、党员以及国家行政机关、国家公务员和国家行政机关任命的其他人员违纪违法的行为	纪检监察机关
	《人民检察院举报工作规定》(2014年)	涉嫌贪污贿赂犯罪，国家工作人员的渎职犯罪，国家机关工作人员利用职权实施的非法拘禁、刑讯逼供、报复陷害、非法搜查的侵犯公民人身权利的犯罪以及侵犯公民民主权利的犯罪	人民检察院(人民检察院举报中心)
	最高人民检察院、公安部、财政部《关于保护、奖励职务犯罪举报人的若干规定》(2016年)	职务犯罪	人民检察院、公安机关、财政部门
	《纪检监察机关处理检举控告工作规则》(2020年)	党组织、党员违反党的纪律行为；监察对象涉嫌职务违法、犯罪行为；其他依照规定由纪检监察机关处理的违纪违法行为	纪检监察机关

根据《宪法》第41条规定，我国在宪法的高度上赋予公民对“任何国家机关和国家工作人员的违法失职行为”的检举权，进而为举报权奠定了坚实的法制基础。同时，在法律层面，我国《刑法》第243条、第254条分别规定了诬告陷害罪、报复陷害罪，对追究举报人诬告和被举报人打击报复的刑事责任提供了法律依据，明确了举报权行使的法律界限；《刑事诉讼法》第108条、第110条、第111条、第112条则在宪法的基础上进一步明确了举报权的行使主体为“任何个人和单位”，指定公安机关、人民检察院或人民法院为犯罪事实或者犯罪嫌疑人线索的举报受理机构，亦提及了举报人的保护措施。《反洗钱法》第7条则在反洗钱领域专门规定了个人与单位享有的举报权及接受举报机关的保密职责；2018年颁布的《监察法》规定监察机关受理关于公职人员的职务违法、犯罪的举报，并强调了举报人诬告和被举报人打击报复的责任。为进一步落实《监察法》，2021年9月开始实施的《监察法实施条例》在行政法规层面细化了有关举

报人(检举人)保护的规定。①

除了宪法和法律法规,举报人制度的具体落实主要依据各国家机关出台的工作文件,具体包括最高人民检察院《关于保护公民举报权利的规定》和《人民检察院举报工作规定》(2014 年),最高人民检察院、公安部、财政部联合印发的《关于保护、奖励职务犯罪举报人的若干规定》(以下简称《职务犯罪举报人规定》),《中共中央纪律检查委员会、中华人民共和国监察部关于保护检举、控告人的规定》,以及 2020 年 1 月 2 日开始施行的《纪检监察机关处理检举控告工作规则》。

可见,当前我国反腐败举报人保护相关的规范体量较大、数量较多,反腐败举报人保护制度的内容,上至宪法与法律法规,下至国家机关的工作文件,均有不同程度的体现,且在受理事项上各有侧重。

三、我国反腐败举报人保护制度的困局

(一)举报人保护法网粗疏混乱

法律规范体量的庞大并不意味着法律制度体系的健全,我国反腐败举报人保护立法主要面临三大问题:其一,相关规范的效力位阶偏低,适用范围有限。关于反腐败举报人保护制度的大量规范都集中于各国家机关的工作文件,大多只能作为内部规范来实施,法律效力范围十分有限。同时,由于各部门牵头制定的规范难免以部门利益为导向,可能削弱立法的稳定性和权威性,还可能导致部门之间争权诿责、各自为政。其二,法律规定内容粗陋,欠缺可操作性。包括《刑事诉讼法》《反洗钱法》《监察法》在内的现行法律对举报人保护的内容仅是浅尝辄止地一笔带过,内容十分粗疏,欠缺具体可行的步骤和流程,实践操作随意性大,无法搭建基本的制度框架为下位法提供宏观指引。其三,规范之间内容抵牾重叠,体系混乱。反腐败举报人保护相关规范的时间跨度很大,远至 1991 年、近至 2020 年颁布的工作文件均对举报人保护工作作出了较为细致的规定,但是各规定之间衔接性差,内容相互重复或者矛盾的缺陷十分显著,这一现象在最高人民检察院出台的三个工作文件中尤为突出。② 再者,诸如最高人民检

---

① 具体包括:监察机关接受与受理举报事项的职责(第 169 条、第 172 条),实名举报的认定与处理(第 175 条),举报人享有申请监察人员回避的权利(第 263 条),举报事项与举报人信息保密制度(第 267 条),对可能向举报人实施报复陷害的被调查人员采取留置措施(第 95 条),施以政务处分或者追究刑事责任(第 275 条),以及对监察人员泄露举报信息行为追究法律责任(第 278 条)等。

② 以最高人民检察院的受理范围为例,内容相互重叠的规范有:(1)机关、团体、企业、事业单位和国家工作人员违法犯罪行为(参见最高人民检察院《关于保护公民举报权利的规定》);(2)涉嫌贪污贿赂犯罪,国家工作人员的渎职犯罪,国家机关工作人员利用职权实施的非法拘禁、刑讯逼供、报复陷害、非法搜查的侵犯公民人身权利的犯罪以及侵犯公民民主权利的犯罪(参见《人民检察院举报工作规定》);(3)职务犯罪(参见最高人民检察院、公安部、财政部《关于保护、奖励职务犯罪举报人的若干规定》)。

察院《关于保护公民举报权利的规定》与《中共中央纪律检查委员会、中华人民共和国监察部关于保护检举、控告人的规定》等颁布逾20年的工作文件内容陈旧过时，却未经修订或者被宣告废止，掣肘法律制度更新的同时，也给法律适用造成不必要的困惑。

（二）举报人保障机制力度不足

1. 消极保障：举报人信息安全的内部制约薄弱

相较于防止被举报人加害的外部防护，针对举报处理机构外泄举报人信息的内部制约未引起足够重视。事实上，举报人信息外泄的风险在不同环节、不同程序均有分布。首先，在举报接受环节，包括公检法在内的司法机关和纪委监察机关对涉嫌腐败犯罪的举报均有接受义务（暂且不论举报事项是否在受理和管辖范围内）。出于对案件管辖不了解或者扩大案件影响力的原因，举报人可能将相同或相似线索同时提供给多个办案机关。各机关在接受举报的过程中难免知悉举报人的相关信息，这种“多头举报”横向扩展了举报人信息的知情范围。其次，在举报的受理和审查环节，举报线索往往会经历多个办理步骤与手续，仅以检察机关为例，处理一条线索就要依次经过包括举报中心内勤、控申部门负责人、分管控申的检察长、侦查部门的负责人、分管侦查部门的检察长、侦查人员在内的诸多人员。[①] 举报线索的层层流转与多方经手也提高了泄密风险，纵向延伸了举报人信息的知情范围。信息知情范围的扩大还会分散与稀释信息保密责任，导致保密工作一旦发生疏漏，便难以准确认定和追究相关人员的责任。最后，在审判环节，如果举报人需要以证人身份继续协助办案，那么鉴于证人负有出庭作证义务，举报人的个人信息很可能在庭审过程中暴露。即便《职务犯罪举报人规定》规定了举报人转为证人的保护措施，通过隐匿个人信息、遮掩容貌声音等防范手段解除举报人的顾虑，但仍存在两点疑问：①是否每个法庭都具备采取这些技术性保护措施的条件；②即使有条件落实以上技术性保护措施，那么对于庭审中与案件事实有关但有可能识别举报人身份信息的问题，举报人是否有权拒绝回答，相关规定对此仍语焉不详。

2. 积极保障：举报人正向激励力度不足

目前，反腐败领域关于举报奖励规定最完善的规范是《职务犯罪举报人规定》，然而，该规定仍难以改善现实中对举报人激励不足的局面，原因如下：

第一，奖励范围过窄。按照《职务犯罪举报人规定》的规定，举报人获得奖励应当同时满足“举报线索查证属实，被举报人构成犯罪”“积极提供线索、协助侦破案件有功”“实名举报人”三个条件。这意味着，即使符合前两项要求，匿名举报人也会因为事前没有采取实名方式举报而被排除在奖励范围之外。

---

① 参见刘孙承：《检察机关举报工作中存在的问题及其改进》，载《人民检察》2009年第24期。

第二,奖励标准粗糙。按照举报人的贡献大小,根据"一案一奖"的原则,每案的奖金数额被分为三个等级,即一般贡献的,奖励金额不超过20万元;重大贡献的,并且经省级人民检察院批准,奖励金额为20万元以上,不超过50万元;特别重大贡献的,并且经最高人民检察院批准,奖励金额不受上述数额限制。但是对一般贡献、重大贡献、特别重大贡献这三个标准如何衡量和判定,并没有其他规则可以参考,显然缺乏可执行性。

第三,奖励金额偏低。根据前文所述,除非具备重大贡献、特别重大贡献的情形,20万元的奖励已是大多数举报人能够触及的"天花板",而无论该举报人承受的风险和付出的成本有多高,因此忽视了收益与风险可能不成比例的问题。实践中甚至出现了奖励金额难以抵消举报人所遭受的直接经济损失的案例①,暴露了奖励金额设置过低的缺陷。

第四,奖励程序缺位。除了关于奖励的申请、决定、发放和领取等程序性规定内容比较笼统,奖励的兑现时间也十分模糊。按照《职务犯罪举报人规定》的规定,奖励应当在有关判决或者裁定生效后进行。暂且不谈判决或者裁定作出的时间长短,仅规定发放时间,而不限制发放期限,这种"只见起点,不见终点"的做法极易导致奖励兑现时间不及时,甚至无限拖延致使奖励根本无法兑现的问题,进而损害举报人的合法权益。

值得强调的是,由最高人民检察院、公安部、财政部联合印发的内部工作文件的效力并不能及于其他部门,尤其是作为打击职务犯罪主力军的纪检监察机关。遗憾的是,2020年的《纪检监察机关处理检举控告工作规则》关于举报奖励的规定更是寥寥。同时,我国现有的举报激励机制仅限于举报奖励,对举报人因举报而支出的合理费用并未设置补偿机制。

(三)举报追责存在灰色地带

1. 被举报人的追责:报复陷害罪的规制范围过窄

《刑法》第254条规定的报复陷害罪为防止举报人遭受报复陷害提供了刑法保障,但是实际效果却不尽如人意。② 报复陷害罪是指"国家机关工作人员滥用职权、假公济私,对控告人、申诉人、批评人、举报人实行报复陷害的行为"。据此,报复陷害罪的犯罪主体被限定为"国家机关工作人员",犯罪对象只限于"控告人、申诉人、批评人、举报人"。入罪门槛之高使得刑法对被举报人报复陷害的打击面过窄。一方面,仅以

① 参见徐日丹:《破解职务犯罪举报人不敢不愿举报难题》,载《检察日报》2016年4月10日,第3版。

② 以报复陷害罪进行定罪量刑的案件极少,以中国裁判文书网与威科先行平台的检索结果为例。在中国裁判文书网设定检索条件为"判决结果:报复陷害罪""文书类型:判决书""案件类型:刑事案件",则检索结果为0。即使将"报复陷害罪"更改为"全文检索",也没有判决报复陷害罪的案例;在威科先行平台上以"报复陷害罪"为检索关键词,仅能检索到以"不在自诉范围内""证据不足""被告人不适格"为由不予受理或者驳回起诉的刑事裁定书,而没有刑事判决书。

“国家机关工作人员”为犯罪主体无法覆盖现实中可能施加报复行为的多元主体。国家机关工作人员以外的、从事公务的其他国家工作人员，亦完全可能利用手中的公权力打压举报人，而被其打击报复的举报人却处在刑法保护的盲区。此外，打击报复主体难有公私之分，举报人也面临来自诸如私营企业领导人员等非国家工作人员的威胁与迫害，但也会因犯罪主体不适格而无法追究其刑事责任。由此观之，仍有许多打击报复行为者因游离于刑事制裁之外而肆无忌惮地侵害举报人的合法权益。另一方面，“举报人”这一犯罪对象的设定对于举报人的保护过于单薄。随着打击报复形式的多样化，受害人也不再仅局限于举报人自身，举报人的近亲属甚至密切关系人都有可能成为报复对象。2006 年最高人民检察院《关于渎职侵权犯罪案件立案标准的规定》在报复陷害罪的立案条件中将举报人近亲属被报复陷害的情形纳入了考量范围，意图扩大犯罪对象的范围，但是该司法解释也并不能弥补刑事立法的缺憾，否则将有违罪刑法定原则之虞。

2. 举报处理者的追责：违反信息保密义务的法律责任不明

举报人被打击报复的根源在于举报人信息的泄露，这意味着处理举报的工作人员可能并未依法履行信息保密义务。对此，各机关的工作文件都强调应当对相关责任人员严肃处理、追究责任，严重者甚至可能构成犯罪，承担刑事责任。然而，相关工作人员究竟如何承担责任，尤其是承担何种刑事责任，并未有明确的法律依据。责任是督促义务履行的保障，如果责任不够明晰或者不能落实到位，将在很大程度上影响相关人员严肃对待与严格履行举报人信息的保密义务，无法对泄密行为形成足够的威慑和惩治，进一步加剧举报人信息泄露的风险。

(四)举报人保护理念陈旧滞后

首先，工具主义与功利主义色彩浓厚。由于腐败犯罪具有隐蔽性，现实中存在相当多的犯罪黑数。因此，对于国家反腐机关而言，腐败犯罪的发现与查处向来是块难啃的“硬骨头”。举报人的出现则为反腐机关提供了获得案件线索的便捷窗口，举报甚至成为办理腐败犯罪案件最重要的突破口。为此，不少举报受理机构为了高效查明案件事实、确保诉讼顺利进行等功利目的，仅将举报人视为协助办案的工具，要求举报人承担配合调查的义务，或者将其举报材料作为法庭证据使用，又或者将举报人列为证人并要求其在必要时出庭作证，却对举报人权利的保障置若罔闻，造成举报人信息泄露遭到打击报复的后果。①

---

① 例如，宁夏回族自治区灵武市的村民马生忠因为举报他人盗窃而在法庭上被公布姓名，进而遭到打击报复，流落他乡。当地法院公布马生忠姓名的原因是“根据法律规定，在公开审理重大刑事案件时，需要当庭公布主要证人的姓名、证词”。检察院则答复“依照法律规定。举报人必须以真实姓名举报，起诉书载明举报人姓名并无不当”。参见周崇华：《举报人姓名被法庭公布，连遭殴打流落他乡》，载央视网，https://news.cctv.com/law/20070516/101133.shtml，2023 年 6 月 8 日访问。

其次,忽视私营部门反腐败举报的受理。根据前文梳理的举报人保护相关规定,举报的受理内容大多指向党员的党纪违反行为及国家工作人员的职务违法犯罪行为,充分体现了我国对公共部门腐败问题的一贯重视。与此形成鲜明对比的是,现行规定鲜有涉及私营部门腐败领域的举报。然而,私营部门腐败的危害完全不亚于公共部门,近些年来甚至还有愈演愈烈的趋势。有报告显示,民营企业家腐败犯罪的增幅明显快于国有企业家。① 透明国际调查显示,商界紧跟公共部门和政界,成为人们普遍认为极具腐败倾向的领域。② 再者,公共部门与私营部门的腐败犯罪时常相互交织,互为因果,因此很难泾渭分明地将腐败犯罪以公私为标准予以界分。据此,对私营部门腐败举报的忽略可能导致许多公共部门腐败犯罪案件不能得到及时查处,仅覆盖公共权力的反腐败举报显然不符合全面反腐败工作的需求,给腐败犯罪治理留下藏污纳垢的死角。

最后,轻视或贬低举报人角色的价值。举报人身份实际上蕴含着公民言论自由权利的行使、社会群众监督力量的发挥、国家腐败治理机制的运行等多重价值,但是少有人能够从这一格局和高度认识举报人角色的重要性,乃至根本不了解或不关注反腐败举报人的议题。更有甚者,对举报人抱有极大偏见,并将举报人丑化为“内鬼”“叛徒”等负面形象。尤其在举报人为内部雇员的情形下,不乏单位高管或同事片面地将举报行为视作对单位忠实义务的违反,并将举报行为归为损公肥私的低劣行径,进而针对举报人采取孤立、歧视的态度与行动。如此管中窥豹与一叶障目地看待举报人,将严重阻碍举报人保护制度在我国反腐败领域的扎根与发展。

四、我国反腐败举报人保护制度的优化

(一)综合立法,公私共治

世界各国或地区的反腐败举报主要采取三种立法模式:一是制定综合性的举报人保护法,适用范围不仅包含反腐败领域,大多还涵盖所有的公共部门和私营部门,例如美国《举报人保护法》、英国《公共利益披露法》;二是在专门性的反腐败立法中设置反腐败举报相关规定,并且一般设以专门的反腐败机构来负责反腐败举报的受理、调查与保护等工作,该模式以韩国《反腐败法》、我国香港特别行政区《防止贿赂条例》为代表;三是反腐败举报的规定散见于本国的其他各类部门法中,我国目前的反腐败举报

---

① 参见张远煌等:《企业家腐败犯罪报告》,载赵秉志主编:《刑法论丛》(第56卷),法律出版社2019年版,第1—95页。

② See C. Gopinath, Recognizing and Justifying Private Corruption, 82 Journal of Business Ethics, 747-754 (2008).

立法模式就属于此类。① 我国“拼凑”式的举报人保护立法目前已经显现出效力低、内容粗、体系乱等缺陷,如果继续按照第三种立法模式出台更多的部门法规或者工作文件来修缮立法不足,那么举报人保护的立法缺陷非但不会因为这样的小修小补而彻底解决,甚至还会因此产生更多的冲突和矛盾。就当前立法情况而言,我国反腐败举报立法亦不适宜采用第二种模式。我国规制腐败违法与犯罪的现行法律莫过于《监察法》,但是其适用对象被明确限定为公职人员,因此仅在我国反腐败立法中设置举报人保护规定无法兼顾私营部门的反腐败举报。同时,《监察法》的举报人保护规定亦无法对我国其他反腐败举报受理机构形成有效约束,并非可行之策。与前两种模式相比,制定综合性的举报人保护法更能高屋建瓴地构建统一有序的举报人保护制度,使举报人保护工作更加系统化、规范化。同时,综合性立法可以避免以往部门立法“重公轻私”的局限性,对私营部门的反腐败举报人也能形成全覆盖的保护。此外,在提倡“国家—企业”反腐败合作的背景下,涉及私营部门腐败的举报人保护规定也有助于为企业合规计划的设计与实施提供法律依据。

(二)严防泄密,强化激励

1. 约束举报信息知情范围

消除内忧应当先于防范外患,举报信息泄露是造成举报人被打击报复的主要“内忧”,完善举报信息保密工作能够使举报人被打击报复的“外患”防于未然。严格限制知情范围是有效提高举报信息保密性的关键所在,对此可以对实名举报人同时采取举报代码制和单线联络制两种措施。举报代码制是指,举报受理机构在受理举报线索时对实名举报人的真实姓名以秘密代码替代,进而在接下来交办、转办举报线索的过程中隐匿举报人的身份信息,将实名举报人的知情者控制在最初的受理环节。单线联络制实际上是在举报人与首次举报受理人员之间搭建特定的一对一联络结构,使举报线索的获取、举报处理的反馈等举报信息都只能在这条单线里双向流动。在这样的联络机制下,举报人的身份信息在受理环节经过代码加工后,自然也不会因为举报线索在其他部门的流转而外泄。也正是因为举报人身份信息的流动范围被限定在了最初的受理环节,所以即使举报信息泄露也能迅速锁定责任人员,从而“倒逼”举报受理人员更加谨慎负责地履行信息保密义务。此外,为全程控制举报人信息的知情范围,不宜对举报人再施加出庭作证的义务,毕竟举报人已经履行了如实提供举报线索的义务。同时,举报材料也应当禁止作为诉讼证据使用,否则就是将举报人的身份线索拱手让与被举报人,置举报人于十分危险的境地。即使实名举报人愿意作为证人出庭作证,法庭也应提示举报人对于庭审中可能暴露身份的问题有权拒绝回答。

① 参见余凯、孙牧欣:《反腐败举报制度研究》,载《领导科学论坛》2017 年第 9 期。

2. 健全举报奖励与补偿机制

在举报奖励机制方面,可以从奖励范围、奖励标准、奖励资金、奖励程序四个角度入手加大反腐败举报的奖励力度。① 首先,在奖励范围上,放宽对匿名举报人获得奖励权利的限制。当前对实名举报人与匿名举报人的奖励进行"要么有,要么无"的"一刀切"式划分,容易抹杀潜在举报人的积极性,使恐惧打击报复的举报人更易作出"不举报"的下策,而非匿名举报的中庸之策。因此,可以对事前匿名举报,但事后能够确定身份的举报人给予奖励,奖励数额可以比照实名举报人的规定酌情调整。其次,在奖励标准上,应当对奖励标准进行细化与量化,尽量避免使用模糊或歧义的字眼界定奖励标准。对此,我国台湾地区的举报奖金标准可供借鉴。我国台湾地区"奖励保护检举贪污渎职办法"按照法院生效判决的量刑轻重,将举报奖金发放标准划分为七个奖励梯次。可以将贡献大小这种定性标准以刑种轻重、刑期长短或者涉案数额多少等定量标准替代,不仅在司法实践中更具操作性,也避免因认定的恣意性导致"同案不同奖"的问题。再次,在奖励资金上,可以在国家财政拨款的基础上广泛吸纳社会各组织和个人的捐款,甚至使社会捐助成为举报奖励资金的主要来源之一。同时,反腐败举报受理机构也可以积极面向社会设立与筹集反腐败奖励基金,专款专项用于举报人奖金的发放。最后,在奖励程序上,有必要明确与落实举报奖励的申请、审批、发放、领取等事项的具体流程和时间节点,使举报人能够如期、足额获取举报奖励。

举报奖励是给予反腐举报人的额外奖金,而非用以填补举报人的相关费用支出。因此,反腐败举报的激励还应当依靠举报补偿机制加以完善。鉴于反腐败举报是典型的公益行为,具有正外部性,让举报人个体为全社会整体的腐败治理"买单"明显有失公允,并且举报人也以提供案件线索的方式切实支持了国家反腐败机关职责的履行,因此国家有理由对举报人因举报所支出的合理费用进行补偿。例如,韩国《检举人保护法》采取举报奖励和举报补偿并举的方式激励举报人。举报补偿机制也可以避免单一举报奖励机制下可能出现的"入不敷出"的尴尬局面,守住了反腐败举报的风险底线。

(三)明确职责,严肃追责

1. 夯实举报人安全保护职责

为了事前保护举报人的人身、财产安全,举报受理机构亦应当承担保护举报人的职责。在反腐败举报的场域下,应当明确落实举报人保护的职责:职务犯罪举报人的

① 对于《反洗钱法》等尚未确立举报激励机制的反腐败相关法律,有学者建议可以参考《反恐怖主义法》的相关规定,增加按照国家有关规定给予举报单位、个人以表彰、奖励的基础性规定。参见马梅若:《反洗钱合规性和有效性将大幅度提高——访北京师范大学教授贾济东》,载《金融时报》2021年6月8日,第4版。

保护机构为监察机关,其他腐败犯罪举报人的保护机构为检察机关,必要时两者均可请求公安机关协助。举报受理机构应不折不扣地落实风险评估机制与紧急保护机制,按照事先制定的风险评估方案动态监测举报人可能遭受报复的现实风险,并对认定为可能遭受打击报复的举报人提供有效的临时保护措施,同时要求被举报人停止侵害。除此之外,还可以借鉴西方国家和我国香港特别行政区的举报人保护经验,建立举报人特殊保护机制,必要时,对挽回国家巨大损失或者有其他重大贡献的举报人采取身份重置或异地安置措施,通过变更身份信息和调离处所环境的方式将举报人的安全风险降至最低。

2. 加大对打击报复和泄密行为的惩治力度

对于规制被举报人打击报复行为的报复陷害罪,应当通过立法手段从以下三方面加大对举报人的保护力度:一是适当降低报复陷害罪的立案门槛,扩大报复陷害犯罪案件的受理范围;二是扩大报复陷害罪的主体范围,将原来的"国家机关工作人员"调整为"国家工作人员与公司、事业单位、社会团体中的领导人员",实现对可能利用职权实施打击报复者的基本覆盖;三是增加报复陷害罪的犯罪对象,将举报人的近亲属与密切关系人也纳入保护范围。对于举报受理工作人员的泄密责任,我国刑法应当将泄露举报人信息,情节严重或者造成严重后果的行为入罪,并增设相应罪名予以专门规制。对于举报人可能因为举报而承担民事或刑事责任的,除非构成诬告陷害罪,应当豁免其法律责任,但对国家工作人员或者其他特殊人员可以作特别规定。

(四)转变观念,深入宣传

首先,反腐败举报立法应当由"传统反腐观"向"全面反腐观"转变。我国反腐败举报人保护规定已经呈现出公私分布失衡的特征,片面强调公共部门腐败犯罪的举报,对私营部门反腐败举报问题的重视程度却远远不够。因此,反腐败举报立法应当树立大局意识,正确判断私营部门的腐败形势,将私营领域的反腐败举报工作也纳入国家腐败治理的战略中来,注重公共部门和私营部门反腐败举报的统一规划和协调推进,实现反腐败举报公私领域的全面覆盖。

其次,反腐败举报的受理应当由"工具主义观"向"权利保障观"转变。反腐败举报受理机构和反腐败举报人之间的关系良性与否影响反腐败举报制度效果的整体发挥。"工具主义观"虽然可能暂时降低了个案中举报受理机构的办案难度,却对举报人的积极性造成了难以挽回的伤害,透支了广大群众对反腐败工作的热情。因此,反腐败举报受理机构必须重塑与反腐败举报人之间的关系,从保障公民基本权利行使的高度认识反腐败举报工作,将反腐败举报人视为共同打击腐败犯罪的"战友",把反腐败举报人的权利保障作为反腐败工作的重要内容。

最后,宣传"全民反腐观",普及反腐败举报常识。为实现对反腐败举报人的正名,应当在全社会加大宣传国家反腐政策,积极塑造反腐败举报人的正面形象,分享反腐败举报的成功案例,纠正与改善社会对反腐败举报人角色的认识,激发群众参与反腐败斗争的积极性。与此同时,充分利用各种渠道和平台普及举报管辖、举报渠道、举报权利等反腐败举报常识性知识,培养反腐败举报人的权利意识与自我保护意识。

中国区际刑法论述纲要

——以中国特色刑法理论为视角

郭艳东*

在政治制度上，“一国两制”已然成为我国的特色。溯源而论，“一国两制”最先是为解决台湾问题实现国家和平统一而由我国政府提出的一项基本国策，不过却最先在我国恢复对香港、澳门行使主权问题上得以践行、落实。如今在中央政府的领导下和特区政府的施政下，这一制度正在绽放其绚丽的光辉，成为独创性的存在。2021 年 7 月 1 日，习近平总书记在中国共产党建党 100 周年大会上再次重申并发出了“一国两制”对解决台湾问题的政策方针与时代最强音。众所周知，香港特别行政区回归之前受港英政府管治的影响，其法律制度及司法体制属于“英美法系”；澳门特别行政区回归之前受澳葡政府管治的影响，其法律制度及司法体制隶属“大陆法系”；我国台湾地区因其特殊历史原因亦成为一个特殊的司法管辖区，考察其“刑法”沿革与流变，其法律制度及司法体制与澳门特别行政区类似，应属“大陆法系”，而我国主体上则实行社会主义法律体系，即属社会主义法系，且为中国特色的社会主义法系。综上，我国事实上形成了“一国两制三法系四法域”②的政治法律格局，这在当今世界尤其是在单一制国家都是绝无仅有的存在。易言之，海峡两岸暨香港、澳门四个独立的法律适用区域或司法管辖区，前提是“一国两制”，且对此承认也是对“一国两制”本身的践行、运用与发展。就此，我们可以从《中华人民共和国澳门特别行政区基本法》（以下简称《澳门基本法》）的规定中管中窥豹。《澳门基本法》第 83 条规定：“澳门特别行政区法院独立进行审判，只服从法律，不受任何干涉。”第 84 条第 2 款规定：“澳门特别行政区终审权属于澳门特别行政区终审法院。”这无疑彰显和凝聚了“一国两制”的精神内核。《中华人民共和国香港特别行政区基本法》（以下简称《香港基本法》）第 95 条规定：“香港特别行政区可与全国其他地区的司法机关通过协商依法进行司法方面的联系和相互提供协助。”这均系“一国两制”的应有之义与践行落实。基于此，在海峡两岸暨香港、澳门

---

* 澳门科技大学法学博士，广州新华学院法学院讲师。

② 赵秉志、徐京辉：《澳门刑事司法协助制度及其完善》，载赵秉志主编：《刑法论丛》（第 16 卷），法律出版社 2008 年版，第 370 页。

四个法域之间开展的刑事司法协助的实然需求、各自相对迥异的法律规范适用、各自独立的司法体制共同作用下,催生了中国区际刑法的产生与发展。由此,中国区际刑法颇具特殊性,具有不可比拟的独特性。例如,澳门特别行政区太阳城集团“洗米华案”,2021 年 11 月 26 日浙江省温州市公安局发布通告称,2020 年 7 月起依法对张宁宁等人开设赌场案立案侦查,温州市人民检察院依法对犯罪嫌疑人周焯华批准逮捕并提起公诉。澳门警方则根据刑事侦查所获证据于 2021 年 11 月 27 日将周焯华及其他涉案人员带回警局调查。澳门特别行政区初级法院在 2022 年 9 月 2 日对周焯华等人进行审理,于 2023 年 1 月判处周焯华有期徒刑 18 年。如此,澳门与内地之间的刑事管辖权冲突及司法协助问题再度引发关注和热议,中国区际刑法的问题越来越重要,在当前中国式现代化和中国特色刑法理论的研究视角下,具有中国特色的中国区际刑法理论自然也不应缺位,无论是制度上的、理论上的、法律上的,还是实务践行上的,都至关重要,需予以重视和研究。

一、中国区际刑法的概念、体系

(一)区际刑法概念之辨

第一,区际刑法不同于区域刑法。区域刑法是国际社会中局部区域内国家与国家之间调整有关事项的刑事法律。[①] 正如有学者提出的“其实质上属于国际刑法范畴”[②]。事实上,“区域刑法是介于国际刑法与国内刑法之间的一种法律现象,主要是由区域条约和区域习惯法组成”[③]。但其不是国际刑法的特殊法,而是为了解决地区性的犯罪问题而从刑事司法上予以规范或构建刑事协作机制。区域刑法的典范无疑是欧盟的刑事司法合作,如 2009 年 12 月 1 日欧盟通过的《里斯本条约》第 69A 条第 1 款声明:“欧盟刑事司法合作的基础是对判决和司法决定的相互承认原则……”正如有学者总结道:“欧盟以各成员国之间的相互信任为基础,将相互承认原则确立为刑事司法合作的基石。相互承认司法裁定制度促进了欧盟各国的法律趋同,同时在法律有差异的情况下,通过规定拒绝承认或执行的理由来缩小合作义务的范围。”[④]又如我国参加的上海合作组织(以下简称“上合组织”),为加强边境地区的军事信任与合作,维护边境地区的稳定与安全,以应对国际恐怖主义、分裂主义和极端主义威胁与保护国家安全,自 2001 年正式成立以来,“上合组织作为一个区域性的国际组织,成员国通过国际

---

① 参见赵永琛:《区域刑法论:国际刑法地区化的系统研究》,法律出版社 2002 年版,第 2 页。
② 黄晓亮:《中国区际刑法范畴论》,载《社会科学》2010 年第 4 期。
③ 赵永琛:《区域刑法中的腐败犯罪及其惩处》,载《法学杂志》2001 年第 1 期。
④ 高秀东:《欧盟刑事司法合作领域相互承认制度研究》,载《法治研究》2016 年第 4 期。

刑事司法合作，在预防和惩治国际性犯罪，尤其是中亚地区跨国区域犯罪方面发挥着重要作用。”①可以说，我国参加的上合组织在刑事司法协作领域也已成为区域刑法的重要内容与另一范本。总而言之，区域刑法作为国际刑法与国内刑法之间的一种独特法律现象，尽管如前所说，其不是国际刑法的特殊法，但考察其参加主体、内容等方面，其本质上仍是国家与国家之间就区域性问题（多源起于地缘便利或地理位置毗邻等）进行刑事司法协作，就此而论，区域刑法仍属国际刑法的范畴与研究领域，这与属于国内刑法范畴与研究领域的区际刑法全然不同。

第二，区际刑法以区际法律冲突为主要研究对象之一，但我国范围内各地结合司法实际于本行政区域内细化、落实相关刑事法律、法规的情形不属于区际刑法的范畴，更不是区际法律冲突的表征。有学者提出：“狭义的区际法律冲突概括地讲是指一国之内具有独特法律制度的不同法域之间的法律冲突。广义的区际法律冲突不仅包括上述内容还包括同一法域内由于不同行政区域造成的法律冲突。我国由于地域、历史等多种原因造成现阶段各地区在刑事司法适用中存在区域性差异，产生区际法律冲突，影响刑事法律一体化进程。”②论者举例，如最高人民法院、最高人民检察院《关于办理盗窃刑事案件具体适用法律若干问题的解释》第 1 条第 2 款明确规定，各省、自治区、直辖市高级人民法院可根据本地区经济发展状况，并考虑社会治安状况，在第 1 款规定的数额幅度内，分别确定本地区执行的数额较大、数额巨大、数额特别巨大的标准。笔者认为，这一论述明显是站不住脚的。区际刑法（区际法律冲突）的前提是一国内不同法域之间的法律冲突及刑事司法协助等内容，我国作为单一制的统一的社会主义国家，内地各省、自治区、直辖市的行政区域都实行统一的法律及司法体制，不存在法律冲突的前提。至于最高人民法院、最高人民检察院授权内地各省、自治区、直辖市就本地经济发展实际及具体情况对盗窃数额等作出具体不同标准，完全是考虑到我国幅员辽阔，各地经济发展不均衡，社会治安状况也不相同，进而本着实事求是的原则，一切从实际出发，似乎是如论者所述的区际法律冲突，实则不然，这反而是我国法律正确实施的唯一路线，也更好地实现了法律追求公平和正义的价值需求。前文论者期望“一刀切”的法律实施方式，充满着理想主义色彩，并不具有现实性。若循着论者所述的方式，长远来看反而会造成法律实施的艰难与司法权威的减损。

（二）中国区际刑法的概念

中国区际刑法不同于别国的区际刑法，尤其是欧美联邦制国家，如加拿大、澳大利亚、英国等国，也不同于德意志联邦共和国与德意志民主共和国统一之前的区际刑法。一般而言，区际刑法是指在一个多法域的国家内部，为协调不同法域刑事法制体系之

① 王志亮主编：《上合组织刑事司法合作研究》，苏州大学出版社 2016 年版，第 208 页。
② 沈洪丽：《法律一体化范围内区际刑事法律冲突探究》，载《法制与经济》2017 年第 5 期。

间的冲突而提出的法律原则及由此建立相应的法律融通机制的法律规范的总称。① 也有学者认为:“区际刑法,是指在一个多法域的国家内部,为协调不同刑事法制体系之间的冲突而提出的法律原则及由此建立的法律沟通机制。”②由此可见,区际刑法,与欧美联邦制国家内部各州均有自己独立的立法及司法体制不同,各州之间相互独立且采取种类不同的司法协助模式,诸如澳大利亚各州之间的集中统一规定模式——澳大利亚联邦在统一立法中对如何进行区际司法协助作出了具体规定,各个法院作出的判决在国家内部都得到了承认和执行。诸如美国,各州在不违反联邦宪法的情况下可自行制定本州的法律,各州之间的区际司法协助模式并不固定,先由美国联邦宪法总体规定各州司法协助的基本原则,再由各州根据自身情况决定是否立法加入统一州法,最后由各州单独立法来进一步协调各州的司法协助。无论其他国家采取何种模式,如前所述,中国区际刑法独树一帜。首先,我国是中国共产党领导下单一制的社会主义国家,中华人民共和国是一个统一的多民族国家,是单一的国家法主体,具有统一主权,这是绝对不能动摇或有丝毫怀疑的。③ 此与他者迥异。其次,“一国两制”的特殊性致使中国区际刑法亦具独特性。在统一的“一国”之基础上,中国区际刑法涉及的参与主体多元而迥异,内地实行社会主义制度,香港特别行政区实行资本主义制度,澳门特别行政区与台湾地区也实行资本主义制度,三法系各不相同,这就造就了“中国区际刑法”的独一无二性。

(三)中国区际刑法的体系

中国区际刑法的体系应当包括概述、基本原则、研究对象、研究内容、区际刑事司法协助模式或途径、区际刑事司法协助的程序等总则,以及包括区际刑事法律冲突及管辖权解决、相互承认、认可和执行刑事判决、代为送达刑事法律文书、协助侦查及提供罪犯信息、移交逃犯等分则之内容。可以得见,其体系不仅包括前述总则与分则之内容,还包括程序性与实体性事项之内容。

1. 关于中国区际刑法的基本原则

中国区际刑法的核心内容是区际刑事法律冲突及管辖权争议,亦即核心是解决区际刑事司法协助的问题;中国区际刑法的基本原则即中国区际刑事司法协助的基本原则。区际刑事法律冲突及管辖权争议与区际刑事司法协助问题是“一体两面”,即为同质问题。

首先,是“一国两制”原则。因刑事法律规定的不同及司法体制的迥异,在针对跨境犯罪时必然会发生刑事法律冲突及管辖权争议,有一部分行为在内地,有一部分行

① 参见赵秉志主编:《中国区际刑法问题专论》,中国人民公安大学出版社 2005 年版,第 1 页。

② 时延安:《中国区际刑法概念及基本体系》,载《南都学坛》2006 年第 2 期。

③ 参见邵沙平:《一国两制下的区际刑事司法协助初探》,载《法学评论》1990 年第 5 期。

为在香港或澳门特别行政区,甚至有逃往或大本营即在台湾地区的。但无论涉及台湾地区,还是涉及香港或澳门特别行政区,在包括内地在内的四个法域之间开展刑事司法协助是客观之必然,也是共同打击跨境犯罪及预防犯罪的客观需求,此时便涉及中国区际刑法的基本原则,也是各法域开展区际刑事司法协助及解决刑事管辖冲突争议的基本原则,毋庸置疑,那便是"一国两制"原则。有论者认为"一国两制"是一项政治原则,不应作为中国区际刑法的基本原则。笔者认为,中国区际刑法的独特之处,世界上任何一个国家都无法比拟,我国范围内存在"一国两制三法系四法域"的政治法律情形独一无二。

其次,是建立在"一国两制"原则基础上的平等、协商原则。前已述及,"两制"就是两种制度,是国家层面的认可,那澳门等法域实行独立的司法制度也就是应有之义。尽管说现如今澳门、香港等地尚未与内地签订相关刑事司法协助协议或安排,但随着粤港澳大湾区建设的推进,粤港澳三地的刑事司法机关(尤其是各地警方)也都在司法实践中形成一种默契与协作,如香港特别行政区警务处陈沛林高级督察曾指出,广州市刑警多次与香港警察成功合作缉拿贩毒及枪支等犯罪;如今的默契与协作建基于"平等、协商"之上,未来港澳地区与内地,各法域之间的刑事司法机制、协作及相关协议安排更应自觉遵守平等、协商原则。有论者认为:"在多元文化价值观的影响下形成了多维思考方式,对司法协助的有关问题可能会产生不同的理解,出现争议在所难免。要实现相互尊重,应当首先确认各法域当事人的平等地位,用超脱的眼光来看待协助请求事项的法律属性,不因价值观上的差异而逃避责任。"①澳门大学赵国强教授就中国的区际司法协助原则提出:"要体现高度自治原则,首先必须在指导思想上树立平等的观念,即各法域在开展区际司法协助时,其法律地位是平等的。作为一个独立的法域,在政治地位上大家都是中央管辖下的地方区域,谁都不享有主权,各法域之间不构成中央和地方的关系。其次,各法域之间应当相互尊重对方的法律制度和司法管辖权,允许对方为维护本区域的法律秩序,对他法域的司法协助请求作必要的限制和保留。"②笔者赞同这一观点。

最后,便是中国区际刑法的便捷、高效原则。以粤港澳大湾区为例,"由于粤港澳大湾区经济犯罪涉及各方法律制度、犯罪情报信息、警务合作内容及实施机制等多方面的差异与不足,粤港澳三地在经济犯罪警务合作中正面临着法律制度存在差异、警务合作层次不高、信息共享机制尚不健全、协作内容不尽完善等现实困境"③。粤港澳大湾区地缘优势突出尚且如此,更遑论内地其他省、自治区、直辖市在警务合作中的窘

---

① 马进保:《我国内地与港澳的区际司法协助与机制构建》,载《河北法学》2008 年第 3 期。

② 赵国强:《"一国两制"下的中国区际司法协助》,载《法学家》1995 年第 2 期。

③ 参见李晨光、黄嘉慧:《略论粤港澳大湾区经济犯罪警务合作制度的完善》,载《山西警察学院学报》2020 年第 2 期。

境了。无独有偶,澳门特别行政区保安司黄少泽司长于2018年9月6日率领澳门警方代表团前往广东省佛山市出席"粤港澳大湾区警务协作座谈会",与广东省副省长、公安厅厅长李春生、香港特别行政区警务处处长卢伟聪商议建立粤港澳大湾区警务协作领导机制,成立由粤港澳三地警方高层参加的粤港澳大湾区警务协作联席会议制度,每年会晤一次,由三地轮流召集举办。① 这在事实上再次印证和践行了中国区际刑事司法协助的"一国两制"原则与平等、协商原则。

2. 中国区际刑法的模式或途径

世界范围内为解决区际刑事司法协助问题,有澳大利亚模式、美国模式、英国模式三类主要模式,中国区际刑事司法协助的模式或途径不宜照搬照抄其他模式。根据《香港基本法》《澳门基本法》《海峡两岸共同打击犯罪及司法互助协议》等宪制性法律及刑事司法协助协议的安排,我国并未如澳大利亚一样制定一部全国性的专门解决特别行政区与内地司法协助问题的单行法律。此种模式无法适应未来中国区际刑事司法协助所面临的特殊情况。实际上,对中国区际刑事司法协助而言,我们缺少的是具体操作细则或机制安排,故美国模式也不宜采用。而独特的"一国两制"也让英国模式中的原则性与灵活性的结合黯然失色。

笔者认为,中国区际刑事司法协助的模式应当以《香港基本法》《澳门基本法》已经确立的平等、协商原则为参照,通过签订区际刑事司法协助协议的方式予以解决。正如澳门大学赵国强教授所言:"中国区际刑事司法协助的模式只能通过平等协商后签订协议的方式解决。"②

3. 中国区际刑事司法协助的主体与职能机关

关于中国区际刑事司法协助的主体问题,经常与中国区际刑事司法协助的职能机关发生混淆。由于中国区际刑事司法协助是海峡两岸暨香港、澳门四个不同法域之间进行的刑事司法协助,因此,在抽象意义上,从参加刑事司法协助协商的角度而言,中国区际刑事司法协助的主体即是指海峡两岸暨香港、澳门等四个法域或地区(当然,前提是"一国两制")。

与其不同的是中国区际刑事司法协助的职能机关。由于海峡两岸暨香港、澳门各法域独立,司法体制也不相同,甚至香港与澳门之间也存在巨大差别(因此有了香港与澳门之间的刑事司法协助)。

在澳门特别行政区,根据《澳门基本法》第93条的规定,澳门特别行政区具体负责进行司法协助活动的主体是"司法机关",而根据《澳门基本法》《司法组织纲要法》的

① 参见苏宁:《粤港澳警方商议共建平安湾区 拟建立大湾区警务协作领导机制》,载参见人民网,http://hm.people.com.cn/n1/2018/0908/c42272-30280788.html,2023年7月4日访问。

② 赵国强:《"一国两制"下的中国区际刑事司法协助》,载《广东外语外贸大学学报》2008年第5期。

有关规定,澳门特别行政区的司法机关包括法院及检察院。参照澳门特别行政区立法会于 2006 年通过颁布的第 6/2006 号法律——《刑事司法互助法》(该法律明确将澳门特别行政区与内地的刑事司法互助排除出该法的适用),负责对外刑事司法协助的联络机关为检察院。对此,根据中新网、《澳门日报》消息,2009 年 12 月澳门特别行政区检察院何超明透露,内地和澳门检察机关商讨《内地与澳门特别行政区关于刑事司法协助安排》进入最后阶段,可望于 2010 年下半年签署。尽管这一区际刑事司法协助安排至今仍未获得签订,原因也不得而知,澳门方面牵头机关正是澳门特别行政区检察院及其负责人,这也再次印证了澳门特别行政区检察院是对外及区际刑事司法协助或互助的主要职能机关。不过,根据澳门特别行政区及区际刑事司法协助或互助的具体实践情况,澳门特别行政区警察总局和保安司等部门也参与执行某些区际刑事司法协助事务等,因此宜对“司法机关”作广义理解。如 2021 年 6 月,打破澳门特别行政区 2020 年刑事命案发生率零纪录的内地某男子在澳门路氹城某酒店杀害内地某 37 岁女子一案,犯罪嫌疑人潜逃回广东省中山市后被抓捕归案。① 据悉,此次行动由广东省公安厅与香港、澳门特别行政区警方联合开展。不过值得注意的是,澳门特别行政区政府在中央人民政府的授权和协助下,在“《联合国打击跨国有组织犯罪公约》第 18 条第 13 款和《联合国反腐败公约》第 46 条第 13 款关于中央机关的规定中澳门行政法务司司长被指定为该两个国际公约规定的刑事司法协助方面的中央机关或联络机关”②。笔者认为,这一情况可能较多适用于国际刑事司法协助领域(当然前提是受中央人民政府授权和协助),但在我国区际刑事司法协助领域,在“一个国家”的范围内,则不宜将其作为具体的协助机关。

在内地,区际刑事司法协助具体职能机关包括人民法院、人民检察院、公安司法机关、国家安全机关和司法行政机关等。“刑事司法协助属于我国刑事司法活动中刑事诉讼程序中的内容,而其中的某些事项或执行也需要公安司法机关或国家安全机关或司法行政机关(作者注:即为司法局或监狱管理局,负责劳动改造、服刑人员、公证和律师的管理工作等),因此对于我国刑事司法活动中的‘司法机关’也应当作广义的解释。”③

在香港特别行政区,法院、警务处、保安局、律政司、廉政公署、海关等司法机关均可作为区际刑事司法协助职能机关。

我国台湾地区则更为复杂,不再一一陈述。

---

① 参见《【后续】澳门:内地女遭肢解抛尸案,疑犯供述动机……》,载搜狐网,https://www.sohu.com/a/474275474_121124618,2023 年 7 月 5 日访问。

② 赵秉志、徐京辉:《澳门刑事司法协助制度及其完善》,载赵秉志主编:《刑法论丛》(第 16 卷),法律出版社 2008 年版,第 389 页。

③ 李海滢、吕岩峰:《试论中国区际刑事司法协助的职能机关》,载《时代法学》2005 年第 4 期。

鉴此，由于海峡两岸暨香港、澳门法域不同，司法体制差别较大，不太可能完全找寻到绝对对标一致各自负责领域的所谓“对接机关”，正因如此，才有学者主张在区际刑事司法协助中将其中央机关或联络机关“单一化”。有学者认为：“从应然的角度设想，由中国范围内各法域签订一个多边的、适用于各法域的刑事司法协助协定是最为理想的。但是从目前的实践看，关于区际刑事司法协助的协商还是双边性的比较合适。”①赵国强教授建议“分而签之”模式②。笔者建议，由各法域对应的有权机关相互之间分别签订刑事司法协助协议作出具体刑事司法协助的安排，如此可提高效率，至少当前是务实之举。

二、中国区际刑法的范畴

中国区际刑法既然独树一帜，世界上也无可资借鉴参考之处，那么中国区际刑法作为可资独立的学科，需对其基本内容或范畴作出勾勒。

1. 区际刑事司法管辖权冲突解决

“顺利开展区际刑事司法协助，关键是处理好涉及两地的刑事案件管辖权的划分。”③有论者提出，在解决内地与澳门特别行政区刑事管辖权问题上应遵循“一事不再理”“一事不二罚”原则，对于一方法院已经审理过的刑事案件，除非确有新证据、新事实，确应重申外，应当不再受理；而对于对方法院已经定罪处罚的当事人，即使其处罚略有不当，也应当不再处罚。④ 不过，《刑法》第 10 条对此尚存在不一致的地方，值得注意。

另者，我们在处理区际刑事管辖权冲突时需要关注双重犯罪原则，或称双重归罪原则，这是国家间进行引渡时经常采用的一条基本原则。但对区际刑事司法协助而言，则存在不同观点。有学者提出：“以‘双重归罪’作为双方（作者注：此处指海峡两岸法域）合作的条件，符合罪刑法定的精神。两岸刑事合作中采纳双重归罪标准应当只限于双方都规定为犯罪即可。”⑤这里涉及积极的管辖权与消极的管辖权冲突之分。对于前者，各法域都认为构成犯罪，只需要协议安排解决谁来管辖、如何移交诉讼、怎样移交罪犯等程序性事项。而消极的管辖权冲突则情况复杂。即对于某一行为是否构成犯罪，不同法域基于各自的刑法或者对事实的认识持不同的态度，进而出现一法域

① 时延安：《中国区际刑事管辖权冲突及其解决研究》，中国人民公安大学出版社 2005 年版，第 144 页。

② 参见赵秉志主编：《国际区际刑法问题探索》，法律出版社 2003 年版，第 520 页。

③ 赵国强：《论澳门与内地刑事管辖权之划分》，载高铭暄、赵秉志主编：《中国区际刑法与刑事司法协助研究》，法律出版社、中国方正出版社 2000 年版，第 136 页。

④ 参见单长宗、赵松岭、刘本荣：《试论中国内地与澳门特区刑事司法管辖权的划分》，载高铭暄、赵秉志主编：《中国区际刑法与刑事司法协助研究》，法律出版社、中国方正出版社 2000 年版，第 129 页。

⑤ 黄风：《关于我国内地与香港之间移交逃犯合作的若干问题探讨》，载高铭暄、赵秉志主编：《中国区际刑法与刑事司法协助研究》，法律出版社、中国方正出版社 2000 年版，第 110 页。

认为构成犯罪而应适用本法域刑法;而另一法域认为该行为不是犯罪,当行为人又是本法域的居民时可能基于居民保护而否定对其进行刑事追诉,从而形成消极的管辖权冲突。究其原因,不再详述,概源于各法域犯罪圈范围不同,对同一案件事实认识不一等。关键是如何处理该类管辖权冲突?澳门特别行政区徐京辉检察官认为:“不能以主张消极的刑事管辖权而排斥积极的刑事管辖权的行使。”[①]换言之,在解决消极的管辖权冲突时是坚持“双重犯罪”原则,还是否定该原则?笔者认为,在“一个国家”框架下(这也是中国区际刑事司法的前提与基本原则),基于相互承认和认可对方原则,在解决刑事管辖权冲突时,应当反对适用“双重犯罪”原则。可是对于这种情形,究竟应该以犯罪地法域犯罪构成为标准,还是应该以犯罪后逃往地法域犯罪构成为标准?笔者认为,应当以犯罪地法域是否构成犯罪为标准。①若犯罪地认为是犯罪,其他法域即便不认为是犯罪,也应由犯罪地行使刑事司法管辖权;②若犯罪地不认为是犯罪,则其他法域无论如何也不行使刑事管辖权。如澳门特别行政区《刑法典》规定堕胎构成犯罪[②],而《刑法》则并未规定该行为构成犯罪。若某内地女子在内地由他人帮助堕胎后前往澳门特别行政区,无论如何澳门特别行政区也不对其行使刑事司法管辖权。③因“一国两制”之前提,尤其随着2020年6月30日全国人大常委会表决通过、国家主席习近平签署第49号主席令予以公布实施的《香港特别行政区维护国家安全法》的出台,对于是否危害国家安全犯罪之判断,应进行实质判断,得为犯罪地标准之例外。

2. 相互承认、认可和执行刑事判决

区际刑事司法协助中,各法域以相互承认、认可和执行对方法域刑事判决为必要条件,否则刑事司法协助只能是空谈。尽管各法域刑事法律不同,犯罪构成理论也不尽相同,刑事司法体制及模式也迥异,如台湾地区实行三阶层的犯罪构成理论,澳门特别行政区也实行三阶层的犯罪构成理论,香港特别行政区则承袭普通法系之双层犯罪构成理论,内地则以“平面的耦合式的四要件犯罪构成理论”为通说,但在“一国两制”的前提下,本着平等、协商原则,互相尊重,相互承认、认可和执行对方法域刑事判决成为中国区际刑事司法的重要内容与协议安排不可回避之事项。

3. 代为送达刑事法律文书

跨境犯罪日益猖獗,尤其随着电信网络诈骗犯罪的“更新迭代”,跨境犯罪手段、方式更是不断“更新换代”。如前例,不法犯罪分子往往利用港澳台地区进行跨境犯罪,在打击该类犯罪时,中国区际刑事司法协助代为送达相关刑事法律文书也就成为

---

① 徐京辉:《“一国两制”框架下的我国区域刑事法律及刑事司法协助》,载赵秉志、何超明主编:《中国区际刑事司法协助探索》,中国人民公安大学出版社2003年版,第71页。

② 根据澳门特别行政区《刑法典》第136条及第59/95/M号法令,无论是孕妇还是使之堕胎者,均予刑事处罚之,最高可判处8年自由刑。

应有之义。各法域刑事司法协助职能机关宜加强沟通，尽快建立刑事司法协助机制及平台，畅通送达刑事法律文书渠道，尽快高效地实现刑事司法协助。

4. 协助侦查及提供罪犯信息

各法域刑事司法协助职能机关，尤其是在侦查阶段，各地警务人员往往具体负责调查取证、提供并共享罪犯之信息等协助事宜。近年来，海峡两岸暨香港、澳门警方不断加强和拓展缉毒情报和办案执法等领域的协作，打击跨境毒品犯罪活动成效显著，先后联合侦破了一系列跨境毒品案件。[①] 2000 年 5 月底到 6 月初，内地公安机关与澳门特别行政区警方在北京举行澳门回归后的第一次会晤，先后建立情报交流机制、定期和不定期会晤工作机制、个案协作和联合行动工作机制、归口联络和对口直接联络工作机制、珠澳陆路口岸警务联络机制、边境和海上反偷渡合作机制等。[②]

5. 移交逃犯

由于在国际刑事司法互助中往往使用“引渡”，因此学者们在“移交逃犯”事项上存在措辞上的争议。引渡是一种具有国际性质的发生在主权国家之间的刑事司法协助活动，而作为国际刑事司法协助，它必然会与国家主权的理念结合在一起。“在两地（笔者注：澳门与内地）之间开展移交逃犯的磋商过程中，不能也不应当自然地适用有关引渡方面的国际惯例。”[③]方泉教授曾撰文指出：“从澳门本身是非主权国家的地区性法域出发，无论协助对方是主权国家或者地区，确宜一律使用‘移交’一词。”[④]翻阅澳门特别行政区《刑事司法互助法》《刑事诉讼法典》，其中也使用“移交”一词，对此应无疑义。移交逃犯问题已成为区际刑事司法协助中一项重要且必不可少的内容安排，但移交逃犯问题面临立法缺失、没有协议安排的实务困境。无论如何，“行为人在香港或澳门地区实施了危害国家安全的活动，如果香港或澳门地区不但坐视不管而且拒不移交，无论如何都不能说明香港或澳门特别行政区是坚持一个国家主权的。双方进行刑事司法协助安排时，国家主权完整和国家安全是必须坚守的底线”[⑤]。

三、余论

中国区际刑事司法协助中的移交逃犯涉及的问题比较复杂，如死刑犯移交问

---

① 参见朱穗生：《加强警务合作 打击跨境犯罪——粤港澳台四地警务合作的实践与思考》，载《2006 年海峡两岸暨香港澳门警学研讨会论文集》，第 47—54 页。

② 参见汪勇：《中国区域警务合作研究》，载《中国人民公安大学学报（社会科学版）》2013 年第 5 期。

③ 赵国强：《“一国两制”与国际引渡惯例——以澳门与内地相互移交逃犯为视角》，载《澳门法学》2015 年第 3 期。

④ 方泉：《澳门与内地移交逃犯的若干法律问题：从三个个案及两份裁判出发》，载 2008 年《首届中国区际刑事法论坛论文集》。

⑤ 胡陆生、李江海：《国内不同法域逃犯移交问题的解决思路》，载《法学论坛》2009 年第 5 期。

题、政治犯移交问题、本地居民移交问题、移交程序问题、区际逮捕令制度等都值得继续进行深入研究。总而言之，基于中国式现代化和中国特色刑法理论研究视角，对中国区际刑法的概念、体系及范畴等的论述纲要，或许可抛砖引玉，再次展开这一问题的系统性学科研究，让更多的法律人参与到这一学科研究中来。简言之，中国区际刑法学已然具备独立学科的属性，也具有独一无二之特殊性，我们应当重视并开展对中国区际刑法的学科教学及研究，这无疑具有重要的政治意义、法律（司法）意义，且对各法域有效便捷地开展刑事司法协助安排及打击跨境犯罪更具现实价值。

从中国式现代化到中国式现代刑法学

吕翰岳*

一、面对时代追问的中国刑法理论

党的二十大报告系统阐述了中国式现代化的概念、内涵与深远意义，着重强调了中国式现代化五个方面的中国特色、九个方面的本质要求和必须牢牢把握的五个重大原则。[①] 中国式现代化理论的出现，对中国刑法理论提出了时代的追问，即如何通过中国式刑法现代化，系统性地重构中国式现代刑法学。

现代刑法学是一个由来已久的表述。学界普遍认为，贝卡里亚是整个欧洲现代刑事司法的开创者。他于1764年出版了《论犯罪与刑罚》一书，不仅为现代刑事政策奠定了基础，还对刑法学进行了全面的现代化改造。[②] 而体系化的现代刑法学则由德国刑法学家费尔巴哈创立。[③] 在1801年出版的教科书中，费尔巴哈以启蒙思想的社会契约论等基本预设为出发点，提出刑罚不仅是国家为了防止权利侵害所实施的物理强制，刑罚威吓本身可以作用于人的欲望能力从而成为一种心理强制。他据此提出了"无法无刑""无罪无刑""无法定刑无罪"这三条拉丁谚语，正式确立了罪刑法定原则。[④]

上述现代刑法学，在今天的语境下确切地说是近代刑法学。平野龙一认为，近代社会建立时期欧洲提倡的刑法理论排除了旧制度下刑法的干涉性、恣意性、身份性以及苛酷性。[⑤] 20世纪中后期，中山研一将民主主义刑法学、改正刑法草案的历史考察、

---

* 澳门大学法学院助理教授。

① 参见习近平:《高举中国特色社会主义伟大旗帜 为全面建设社会主义现代化国家而团结奋斗——在中国共产党第二十次全国代表大会上的报告》。

② Vgl. Rolf Krumsiek, Beccaria als Vorläufer relativer Straftheorien, in: Gerhard Deimling (Hrsg.), Cesare Beccaria: Die Anfänge moderner Strafrechtspflege in Europa, 1989, S. 1 ff.; Hans-Dieter Schwind, Beccaria als Pionier moderner Kriminalpolitik, in: Gerhard Deimling (Hrsg.), a.a.O., S. 7 ff.; Wolfgang Naucke, Die Modernisierung des Strafrechts durch Beccaria, in: Gerhard Deimling (Hrsg.), a.a.O., S. 37 ff.

③ Vgl. Eric Hilgendorf, in: Eric Hilgendorf/Hans Kudlich/Brian Valerius (Hrsg.), Handbuch des Strafrechts, Bd. 1, 2019, § 6 Rn. 130.

④ Vgl. Paul Johann Anselm von Feuerbach, Lehrbuch des gemeinen in Deutschland geltenden Peinlichen Rechts, Heyer, 1801, §§ 12, 23, 24.

⑤ 平野龍一『刑法総論 I』(有斐閣，1972 年)5—6 頁参照。

反思治安刑法的再次兴起、根据宪法精神检视新旧两派理论、批判刑法的机能考察方法等课题作为现代刑法学的主要内容。① 这些课题一部分是旧时代争论的延续,但治安刑法和机能考察具有明显的新时代印记。在这一时期,日本和德国先后涌现了机能性或功能性的刑法思想,试图打开刑法学封闭的理论体系。② 就具体问题而言,为了应对工业社会中的环境犯罪和产品责任,两国学者各自发展出了传染病学因果关系或概率因果模式。③ 20 世纪 80 年代风险社会的概念被正式提出后,两国学者又尝试对风险社会下特殊领域的刑事责任问题进行全新的思考。④

在我国,储槐植教授率先提出了刑法现代化的命题。他认为我国刑法存在厉而不严、运行不畅的问题,以现代潮流作为刑法现代化的主要参照系,我国应当在刑罚轻缓和法网严密两方面推进改革。⑤ 这里所说的刑法现代化,主要是刑事立法和刑事政策方面的,并不涉及刑法理论的现代化。陈兴良和周光权两位教授则对刑法理论的现代化展开了探讨。周光权教授认为,我国刑法学发展的关键问题在于确立客观主义立场,建立阶层式体系,实质化地理解犯罪论,以及加强问题性思考。⑥ 而陈兴良教授则提出,完成我国刑法学的现代转型,是我国刑法学者所面临的迫切任务,其具体方法是,借鉴大陆法系刑法理论,建立精细的本土刑法规范学。⑦ 但两位教授并没有将刑法学的现代化和现代性本身作为议题。

明确提出刑法学的现代性并就此进行深入探讨的,是王世洲教授。他出版于 2011 年的《现代刑法学(总论)》一书展示了独具一格的国际视野,在因果关系、认识错误、犯罪未遂等一系列重要议题上,运用比较法方法,将德国、美国,乃至俄罗斯、意大利、法国和日本刑法学说的现代成果较为完整地呈现在读者面前。⑧ 他认为,刑法的现代性

---

① 中山研一『現代刑法学の課題』(日本評論社,1970 年)3 頁以下、25 頁以下、46 頁以下、88 頁以下、106 頁以下参照。另,大谷實「中山研一著『現代刑法学の課題』」同志社法学 22 巻 2 号(1970 年)107 頁以下参照。

② 平野竜一「現代における刑法の機能」同(編)『現代法と刑罰(岩波講座現代法 11)』(岩波書店,1965 年)3—31 頁;Claus Roxin, Kriminalpolitik und Strafrechtssystem, 1970, S. 15 f.

③ 关于概率的或传染病学的因果关系,藤木英雄『公害犯罪』(東京大学出版会,1975 年)56 頁以下、68 頁以下参照;Vgl. Ingeborg Puppe, Zurechnung und Wahrscheinlichkeit, ZStW 95 (1983), S. 287 ff.

④ Vgl. Cornelius Prittwitz, Risiko und Strafrecht, 1993, S. 261 ff., 320 ff.;金尚均『危険社会と刑法—現代社会における刑法の機能と限界』(成文堂,2001 年)206 頁以下参照。

⑤ 参见储槐植:《议论刑法现代化》,载《中外法学》2000 年第 5 期。

⑥ 参见陈兴良、周光权:《刑法学的现代展开》,中国人民大学出版社 2006 年版,第 19—27 页;陈兴良、周光权:《刑法学的现代展开Ⅰ》(第 2 版),中国人民大学出版社 2015 年版,第 15—21 页;周光权:《刑法学的西方经验与中国现实》,载《政法论坛》2006 年第 2 期。

⑦ 参见陈兴良、周光权:《刑法学的现代展开》,中国人民大学出版社 2006 年版,第 717、731—740 页;陈兴良、周光权:《刑法学的现代展开Ⅰ》(第 2 版),中国人民大学出版社 2015 年版,第 585、596—603 页;陈兴良:《转型与变革:刑法学的一种知识论考察》,载《华东政法学院学报》2006 年第 3 期。

⑧ 参见王世洲:《现代刑法学(总论)》,北京大学出版社 2011 年版,第 116—126、146—155、220—227 页;王世洲:《现代刑法学(总论)》(第 2 版),北京大学出版社 2018 年版,第 122—132、154—162、230—239 页。

体现在三个方面,首先是刑法发展的规律性展现出的刑法生命力,其次是刑法学所使用的概念与逻辑所代表的国际标准,最后也是最重要的是以实现公平正义为目标的刑法理想。① 在该书的第二版中,王世洲教授对此作出了进一步说明,他提出刑法的现代性体现在以下五个方面:第一,坚定地遵循罪刑法定原则;第二,追求高水平理论体系;第三,系统地总结实践经验;第四,开展理论的跨国界交流;第五,讲究谋略安排与奇正转换。②

以上两个版本的现代刑法学概念引人深思,但却并不是完美无缺的。它存在以下三方面的问题:第一,上述定义并非以厘清现代化与现代性的关系为前提,并且由于时代局限性,也不可能考虑到中国式现代化与现代性的独特之处。第二,正是由于未能和现代化与现代性概念特别是中国式现代化与现代性概念建立直接的联系,上述定义难以说明各项内涵的实质根据。第三,上述定义并不包含一种具有可操作性的实现路径,将中国式现代刑法学从一种观念转化为具体的理论,进而指导司法实践。

本文尝试以中国式现代化理论为指导,对王世洲教授所提出的现代刑法学概念作出进一步发展。依循上述三个问题的思路,在下文中笔者将首先考察中国式现代化与中国式现代性之间的关系,然后厘清中国刑法学的现代化与现代性应当具备的内涵,最后讨论如何建立或重构中国式现代刑法理论并将之运用在实践中。

二、中国式现代化与中国式现代性

当刑法学者探讨刑法学的现代化与现代性时,当然会触及罪刑法定和犯罪构造等本学科特有的问题,但这些议题必然是一般的现代化与现代性在刑法学中的具体化,而中国式现代刑法学也必然是中国式现代化和现代性在刑法领域的运用。因此我们有必要首先对现代化与现代性的关系予以澄清,并结合中国式现代化理论探索中国式现代化和现代性的特征。

(一)现代化与现代性的关系

从语源上讲,"现代"是对以往音译为"摩登"的词语重新进行了意译。在欧洲语言中,该词语源自拉丁语表达刚刚、仅仅的副词,由表示尺度、标准的名词演变而来,有"刚好""恰巧"的意思,从而引申为时间上的当前。③ 就语用而言,与今天意义相近的现代概

---

① 参见王世洲:《培育我们的刑法理想》,载王世洲:《现代刑法学(总论)》,北京大学出版社 2011 年版,"序"。

② 参见王世洲:《理想铸就刑法》,载王世洲:《现代刑法学(总论)》(第 2 版),北京大学出版社 2018 年版,"第 2 版序"。

③ Vgl. Wolfgang Pfeifer u.a., Etymologisches Wörterbuch des Deutschen, 6. Aufl., 2003, S. 882; Eric Partridge, Origins: A Short Etymological Dictionary of Modern English, 4th ed., Routledge, 1966, p. 412.

念出现在17世纪末的法国。诗人佩罗在诗中感叹,“古往今来,无今日之开明”①,法兰西学术院兴起了“古今之争”,并引起了近世科学已全面超越古代,近世文艺也能更上层楼的思潮。这种“现代自觉”和“现代自信”为之后的现代化和现代性观念奠定了社会心理基础。

一般认为,我们今天所说的现代化和现代性,主要是两次工业革命以及与之同时期发生的社会变迁所带来的。② 如果将西方社会的工业化历程描述为现代化,并将西方社会的既有特征描述为现代性,那么很容易将现代化理解为达到现代性的过程,并将现代性理解为现代化的成果。③ 然而,也有观点认为,现代化所指称的往往是社会的物质性变化,而现代性则描述社会的知识和文化特征。④ 另一种观点则在肯定现代化与现代性对象同一性的前提下,认为现代化的观念包含更多的意识形态色彩。⑤ 这些观点都是建立在西方中心主义之上的:第一种观点是在西方社会内部理解现代化与现代性,第二种观点认为非西方社会物质的现代化不意味着文明的现代性,而第三种观点揭示了西方独占现代化解释权的现实。

只有破除西方中心主义,才能真正理解现代化与现代性之间的关系。结合中国式现代化理论和晚近的多元现代性观念⑥,应当认为,实现现代化具有多种途径,现代性也具有多种面貌,不同的现代化道路可以并且应当导致不同的现代性特征,具有中国特色的刑法学现代化模式也必然发展出具有中国特色的现代刑法学。

(二)现代化与中国式现代化

现代化的核心当然是工业化,但经典的西方现代化理论却认为现代化的内涵远远不止于此。例如帕森斯就化用马克斯·韦伯的理论,将理性化视作社会系统变迁的方向性所具有的内在要素。⑦ 以此为前提,经典的现代化理论将世俗化、个体化、科学化的价值体系作为现代化的重要特征,并认为传统社会的现代化进程必然由这种价值观念的变化所组成。⑧

上述价值变迁是针对西方传统社会提出的。正因为中世纪充斥着宗教、封建和蒙

---

① Charles Perrault, Le siècle de Louis le Grand, Jean-Baptiste Coignard, 1687, p. 6.

② See E. A. Wrigley, The Process of Modernization and the Industrial Revolution in England, 3 Journal of Interdisciplinary History 225 (1972).

③ See Robbie Shilliam, Modernity and Modernization, in Robert A. Denemark (ed.), The International Studies Encyclopedia, Vol. 8, Wiley-Blackwell, 2010, p. 5214.

④ See Terence Chong, Modernization Trends in Southeast Asia, ISEAS Publications, 2005, p. 7.

⑤ See Alberto Martinelli, Global Modernization: Rethinking the Project of Modernity, SAGE Publications, 2005, p. 2.

⑥ See S. N. Eisenstadt, Multiple Modernities, 129 Daedalus 1 (2000).

⑦ See Talcott Parsons, The Social System, Free Press, 1951, p. 499.

⑧ See Wolfgang Knöbl, Theories That Won't Pass Away: The Never-ending Story of Modernization Theory, in Gerard Delanty, Engin F. Isin (eds.), Handbook of Historical Sociology, Sage Publications, 2003, pp. 96-107.

昧,才需要以世俗、个体和科学与之对抗。而中国传统社会既没有高于皇权的一神教,也没有人身依附性极强的农奴制,更没有威胁科学发展的宗教裁判所。从制度和文化的角度看,传统中国实现现代化的主要障碍是皇权至上、土地兼并和独尊儒术。这些障碍在旧民主主义革命中受到沉重打击,在新民主主义革命和社会主义改造中已经被彻底清除。因此,我国早期并未将制度、文化等视作现代化的内容。20 世纪五六十年代,党中央就结合中国实际提出了工业、农业、国防和科学技术"四个现代化"的发展目标,其本质是物质文明的现代化。①

今天的中国式现代化理论将物质文明和精神文明相协调的现代化作为一项中国特色,并将现代化建设的领导力量、社会制度等作为中国式现代化的本质要求。该理论不仅填补了我国现代化观念在制度、文化等领域的空白,也与马克思主义一般原理相符合。马克思认为,生产关系与物质生产力的一定发展阶段相适应,并且其总和构成一定社会意识形态和政治法律制度等上层建筑的经济基础。② 因此,只有现代化的生产关系才能与现代化的生产力相适应,也只有现代化的刑法理论才能作为上层建筑的一部分与现代化的生产关系相适应。

(三)现代性与中国式现代性

与现代化的核心是工业化相对应,现代性的核心也是反映工业社会物质文明的科技进步、工业生产和城市扩张。其中,科技进步是生产力的现代性,工业生产是生产方式的现代性,而城市扩张则是生产关系现代性的物质体现。③ 但是,正如经典现代化理论将一系列价值变迁纳入现代化进程,西方学者口中的现代性不免也具有特定的价值内涵。为了发展出一种与一般现代性观念相协调并与中国式现代化理论相统一的中国式现代性概念,我们应当分辨这些价值内涵中哪些特征真正具有一般性。

印度学者通过对经典理论家和当代理论家观点的回顾,将现代性的四个制度面向总结为资本主义、工业主义、行政权力和军事力量。在此之外还存在一系列特征,其中涉及价值内涵的有个体主义、理性科学、民族国家、中产阶级、代议民主、隐私观念、进步思想等。④ 首先要指出的是,资本主义并非现代性必备的制度要素。其次,上述特征中只有理性、科学的思维方式属于现代性的一般特征。在个人层面,过度的个体主义与隐私观念将导致社会原子化,这与现代生产力所要求的社会化生产方式相矛盾。在

---

① 参见石平洋:《"四个现代化"是如何提出与发展的》,载《学习时报》2020 年 5 月 29 日,第 A5 版。

② 参见《马克思恩格斯全集(第 31 卷)》(第 2 版),人民出版社 1998 年版,第 412 页。

③ 关于生产力、生产方式和生产关系之间的辩证关系,参见郭冠清:《回到马克思:对生产力—生产方式—生产关系原理再解读》,载《当代经济研究》2020 年第 3 期。

④ See Abraham Tsehay Jemberie, Pardeep Kumar, The Concep of Modernity: A Brief Review, 6 International Journal of Research and Analytical Reviews 111 (2019).

社会层面,规模化的中产阶级抑制了阶级斗争,所谓进步思想引起各少数群体与主流社会之间的冲突,掩盖了生产资料归少数人所有与社会化生产之间的根本矛盾。在国家层面,民族国家在全球资源配置上制造壁垒,西方代议制民主是一种"一次性民主"①,无法从根本上促进生产关系适应生产力。

中国式现代性具有与上述价值观念截然不同的特征。首先,中国式现代性具有明确的领导力量和制度保障,发展全过程人民民主并推动构建人类命运共同体。其次,中国式现代性以全面建成小康社会为起点,推动高质量发展,努力解决人民日益增长的美好生活需要和不平衡不充分的发展之间的矛盾。② 最后,中国式现代性以人民为中心,推动人的全面发展和全体人民的共同富裕。只有与这种价值观念相适应的刑法学才称得上中国式现代刑法学。

三、中国刑法学的现代化与现代性

上文对中国式现代化路径和中国式现代性特征的分析,有助于我们探索中国刑法学的现代化与现代性。但是法学作为一门独立学科,具有自身的研究方法,刑法作为一个法律部门,也具有专门的研究对象。因此下面首先探讨法学和刑法学的现代化和现代性,继而结合上文,总结中国式现代刑法学的主要特征。

(一)法学的现代化与现代性

法律制度作为上层建筑的一部分,当然应当随着经济基础的发展而发展,因此谈论法律制度的现代化是有意义的。在西方,法律的现代化可以追溯到启蒙时代,是一个不曾停息的持续过程。以德国民法为例,早在 19 世纪末,体系性、逻辑性、概念性的立法技术便被充分运用到《德国民法典》的起草中,该法典的整体架构乃至绝大多数条文都保留至今。③ 由于该法典具有理性化的现代性特征,称之为现代化法典并不为过。但是在整整一个世纪之后,德国立法者根据欧盟指令对法典的债法部分进行了较大幅度的修改,相关法案即被称作《德国债法现代化法》。④ 这也说明,立法必须与时俱进才能保持法律制度的现代性。

法律制度作为法学研究的对象是不断发展的,但法学自身是否有现代化和现代性的问题则值得探讨。从法哲学和法学方法论的发展史来看,有两种法学理论交替出

① 参见张贤明:《全过程人民民主的推进之道》,载《光明日报》2021 年 9 月 11 日,第 7 版。

② 参见习近平:《决胜全面建成小康社会 夺取新时代中国特色社会主义伟大胜利——在中国共产党第十九次全国代表大会上的报告》。

③ Vgl. Reinhard Zimmermann, in: HKK, Bd. 1, 2003, vor § 1, Rn. 1, 20 f.

④ BGBl. I 2001, S. 3138.

现,一种是演绎式的概念法学和纯粹法学,一种是归纳式的利益法学与价值法学。① 这两种理论推动了法的本体、法的价值和法学方法等核心问题域的发展,把现代法学引向一个兼顾法正义性与法安定性,平衡自由价值与秩序价值,容纳形式逻辑与价值判断的包容性实证主义方向。② 因此,法学的发展遵循唯物辩证法的三大规律,在矛盾的对立统一和否定之否定中实现了从量变到质变。③ 法学的现代化历程也揭示了其现代性的内涵,即理性、自由、安全、包容,通过维护安定秩序,维持自由而正当的人类共同生活。

(二)西方现代刑法学的发展

今天我们谈论的现代刑法学,主要是指以德国为代表的欧陆刑法理论,这是因为德国学说在欧洲、拉美和东亚都具有极大影响力。为了从一般意义上探究刑法学的现代化与现代性,我们有必要简要地回顾欧陆刑法学在近现代的发展。

正如前文所说,贝卡里亚将启蒙思想引入刑法,而费尔巴哈则创立了体系性的刑法理论,特别是提出了罪刑法定原则的经典表述。18 世纪末到 19 世纪初可谓刑法学现代化的第一阶段,体现出世俗化和理性化的现代性特征。

实证学派的出现将刑法学带入新的发展阶段。这一阶段同样由意大利学者开创先河,龙勃罗梭于 1876 年创立了刑事人类学派,并在 1884 年正式提出"天生犯罪人"的概念。④ 而德国学者李斯特则于 1882 年提出了犯罪人三分法,对能矫正且需矫正的状态犯予以矫正,对不需矫正的偶然犯予以威吓,对不能矫正的习惯犯予以除害,将对犯罪的研究导向社会学方向。⑤ 与日本新派的失败不同,德国实证学派刑法思想在刑法改革中产生了重大影响,制裁双轨制即是其体现。⑥ 实证学派的出现意味着刑法学现代化进入第二阶段,体现出科学性和目的性的现代性特征。

从 20 世纪开始,刑法学的发展主要体现为犯罪构造的变迁。之前人们仅仅利用客观和主观这对范畴进行要素拆分,古典体系将两者重释为因果性不法和心理性罪责,初步实现了要素重整。新古典体系的主张者反对这种自然主义的观点,通过规范不法要素、主观不法要素和规范罪责概念,在形式逻辑体系中注入了价值判断。目的主义者主张目的性依照物本逻辑属于行为的组成部分,因此将故意纳入不法。折中体

---

① 参见〔德〕阿图尔·考夫曼、〔德〕温弗里德·哈斯默尔主编:《当代法哲学和法律理论导论》,郑永流译,法律出版社 2002 年版,第 177 页;〔德〕卡尔·拉伦茨:《法学方法论》(全本·第 6 版),黄家镇译,商务印书馆 2020 年版,第 27 页以下、第 66 页以下、第 94 页以下、第 159 页以下。

② 参见〔德〕罗伯特·阿列克西:《法与道德:告别演讲》,雷磊译,载《华东政法大学学报》2015 年第 5 期。

③ 《马克思恩格斯全集(第 26 卷)》(第 2 版),人民出版社 2014 年版,第 534 页。

④ Vgl. Cesare Lombroso, L'Uomo delinquente, terza edizione, Fratelli Bocca, 1884, pp. Ⅶ-Ⅷ.

⑤ Vgl. Franz Liszt, Der Zweckgedanke im Strafrecht, ZStW 3 (1883), 1, 36 ff.

⑥ 参见〔德〕克劳斯·罗克辛:《德国刑法学总论》(第 1 卷),王世洲译,法律出版社 2005 年版,第 65 页。

系尝试在目的主义基本框架下再次回到规范论立场,而各种功能主义方案则试图将预防目的纳入刑法体系。[①] 犯罪构造的变迁同样遵循唯物辩证法的基本规律,体现了形式理性和目的理性相互融合的现代性特征。

进入 21 世纪后,刑法学从体系思考转向问题思考。刑法学者在风险社会、信息技术、生物医疗、文化冲突等场域开展跨学科前沿研究,展现了刑法学的发展性。[②]

(三)中国现代刑法学的特征

中国刑法学的现代化与上述法学和西方刑法学的现代化既有关联又有区别。两者的关联在于,中国刑法学同样是在形式理性和目的及价值理性的对立统一中不断发展的。而两者的区别在于,必须将中国刑法学的发展放在全面推进依法治国的背景之下[③],结合中国式现代化理论来理解。中国刑法学现代化的根本目的,是为在人口规模巨大的社会实现共同富裕提供制度性保障,因此必须以人民为中心,尤其要重视提高司法公信力,增强全民法治观念。

据此,中国式现代刑法学应当至少具有如下三项特征:

第一,法益导向的罪刑法定。中国刑法当然必须遵循罪刑法定原则,防止司法擅断,但必须坚持以人民为主体的罪刑法定观。一方面要以法律化的人民利益为导向解释刑法,另一方面要推动人民法治观念的进步,避免根据公众的情绪恣意定罪。

第二,功能导向的体系建构。中国刑法体系的建构必须兼顾逻辑性和实用性,在保证司法公正的同时还要有助于促进社会稳定。只有保证刑法体系的开放性和说服力,才能在与各方当事人和社会公众的商谈中达成合理的结论,并促进积极的一般预防。

第三,未来导向的问题研究。中国刑法理论必须具备国际视野并与时俱进,随时应对时代的挑战。只有同时具备国际性和发展性的刑法理论,才能为推动构建人类命运共同体增砖添瓦,并在各种风险中维护人民利益,助力实现超大规模社会的共同富裕。

四、中国式现代刑法学的核心内涵

中国式现代刑法学的三项特征分别指向现代刑法理论最重要的三个议题,下文将就这三个议题,结合中国刑法理论和实践的实际情况,进一步澄清三项特征的核心内涵。

---

① Vgl. nur Tonio Walter, in: LK, Bd. 1, 13. Aufl., 2020, vor § 13 Rn. 21 ff.

② 具有代表性的如〔德〕乌尔里希·齐白:《全球风险社会与信息社会中的刑法:二十一世纪刑法模式的转换》,周遵友、江溯等译,中国法制出版社 2012 年版;〔德〕埃里克·希尔根多夫:《德国刑法学:从传统到现代》,江溯、黄笑岩等译,北京大学出版社 2015 年版。

③ 参见《中共中央关于全面推进依法治国若干重大问题的决定》。

(一)罪刑法定原则的中国面貌

我国1979年《刑法》曾在第79条规定类推条款,而现行《刑法》第3条则采取了正面要求加反面排除的立法模式。有学者将《刑法》第3条前段理解为"积极的罪刑法定",而更为妥当的解释是,该条前段强调法律优先,后段强调法律保留。① 这种解释的意义在于,法律优先和法律保留共同构成法治原则的两大基石②,而罪刑法定原则是法治原则在刑法领域的特殊表现形式,原本即应当包含这两层含义。只不过在通常的理解中,法律优先被消解在成文的罪刑法定这一下位原则中,根据这种理解,成文原则不仅意味着禁止习惯法,也意味着禁止法律以外的法规、规章和司法意见创设犯罪。

在实践中,我国实际上采取了灵活有度但坚守底线的罪刑法定观念。例如最高人民法院、最高人民检察院、公安部、司法部《关于依法惩治妨害新型冠状病毒感染肺炎疫情防控违法犯罪的意见》规定,除构成以危险方法危害公共安全罪的特定行为外,对于拒绝执行防控措施,引起新冠病毒传播或其严重危险的,以妨害传染病防治罪定罪处罚。③ 2020年《刑法》修正前,第330条文本上仅提及甲类传染病和疾病预防控制机构提出的措施。将违反县级以上人民政府提出的措施,引起"乙类甲管"疾病传播或者传播危险的行为认定为妨害传染病防治罪,是一种不同寻常的扩大解释,体现了人民至上、生命至上的抗疫理念,此后的修法则避免了更多的争议。与之形成鲜明对比的是,在"鲍某某涉嫌性侵案"中,最高人民检察院、公安部没有受到舆论影响,认定现有证据不能证实鲍某某的行为构成犯罪。④ 此后立法机关通过设立负有照护职责人员性侵罪回应了人民的关切。

(二)刑法体系建构的中国模式

在我国刑法学界,四要件和三阶层之争曾引起了激烈的论战。有力观点对传统通说进行了全面的批判。如陈兴良教授认为,四要件的犯罪构成没有构成要件,没有出罪事由,没有归责,没有阶层。⑤ 张明楷教授同样指出,四要件体系将犯罪客体作为构成要件不合适,没有区分不法与责任,没有区分责任要素与预防要素,不能保障从客观到主观认定犯罪,割裂了违法性判断。⑥ 传统通说的主张者则认为三阶层理论也存在

---

① 参见陈兴良:《教义刑法学》(第3版),中国人民大学出版社2017年版,第47—51页。

② 参见《行政法与行政诉讼法学》编写组编:《行政法与行政诉讼法学》(第2版),高等教育出版社2018年版,第28—31页。

③ 相关案例如"张勇智妨害传染病防治案",参见王伟、韩卓珂、张文波:《张勇智妨害传染病防治案[第1333号]——疫情防控中以危险方法危害公共安全罪与妨害传染病防治罪的区分适用》,载最高人民法院刑事审判第一、二、三、四、五庭主办:《刑事审判参考》(总第121集),法律出版社2020年版,第114—118页。

④ 参见《最高人民检察院、公安部联合督导组通报鲍某某涉嫌性侵案调查情况》,载最高人民检察院官网,https://www.spp.gov.cn/spp/qwfb/202009/t20200917_480227.shtml,2023年8月30日访问。

⑤ 参见陈兴良:《教义刑法学》(第3版),中国人民大学出版社2017年版,第124—140页。

⑥ 参见张明楷:《刑法学》(第6版),法律出版社2021年版,第130—132。

种种不足。如高铭暄教授认为,三阶层犯罪论体系变动不居,故意过失分居两个层次毫无必要,考虑主观因素的违法性与有责性界限不清。① 马克昌教授则指出,三阶层体系将责任能力与犯罪主体剥离,同时承认"行为客体"和"保护客体"值得反省,将故意、过失置于责任能力之前存在矛盾。②

通过回顾犯罪构造的变迁,笔者发现,形式理性和目的及价值理性的对立统一和相互融合符合辩证唯物主义的基本原理,中国式刑法体系的建构同样必须以目的及价值理性为依归。四要件体系的问题在于未能明确各个要件的目的设定,未与犯罪概念上的基本特征产生价值联系。根据《刑法》第 13 条的规定,犯罪是危害社会的依照法律应受处罚的行为。其中"依照法律"是对犯罪行为客观和主观方面的要求,强调形式理性的侧面,"危害社会"是对犯罪客体遭受侵害的要求,"应受处罚"是对犯罪主体承担刑事责任的要求,两者共同反映了价值理性和目的理性的侧面。③ 这种重新阐释在维持传统通说理论架构的同时又对它加以发展,兼顾了逻辑性和实用性,保证了开放性和说服力,并且很好地回应了反对观点的批判。

(三)刑法问题研究的中国态度

近年来,我国刑法学界对前沿问题的研究已经卓有成效,应当承认我们的刑法问题研究兼具国际视野和未来面向,走在正确的道路上。

就国际性而言,我国学者积极开展与世界各主要法域学者的交流合作,取得了丰硕的成果。首先,中日刑法交流的传统由来已久,在 20 世纪末即已召开六次中日刑事法学术研讨会,进入 21 世纪后又分两阶段分别召开了四次和七次研讨会。其中部分成果实现了结集出版,留下了重要的历史记录。④ 其次,由梁根林教授和希尔根多夫教授联合发起的中德刑法学者联合会,在十余年间已经召开了六届中德刑法学者研讨会,前五届研讨会的会议论文已经结集出版⑤,为进一步促进两国刑法学界相互交流、

---

① 参见高铭暄:《论四要件犯罪构成理论的合理性暨对中国刑法学体系的坚持》,载《中国法学》2009 年第 2 期。

② 参见马克昌:《简评三阶层犯罪论体系》,载赵秉志主编:《刑法论丛》(第 19 卷),法律出版社 2009 年版,第 25—26 页。

③ 类似的观点参见阮齐林、耿佳宁:《中国刑法总论》,中国政法大学出版社 2019 年版,第 50 页。

④ 早期的如苏惠渔、〔日〕西原春夫等:《中日刑事法若干问题——中日刑事法学术讨论会论文集》,上海人民出版社 1992 年版;〔日〕西原春夫主编:《日本刑事法的形成与特色——日本法学家论日本刑事法》,李海东等译,法律出版社、成文堂 1997 年版;〔日〕西原春夫主编:《日本刑事法的重要问题》(第 2 卷),金光旭等译,法律出版社、成文堂 2000 年版。

⑤ 参见梁根林、〔德〕埃里克·希尔根多夫主编:《中德刑法学者的对话——罪刑法定与刑法解释》,北京大学出版社 2013 年版;梁根林、〔德〕埃里克·希尔根多夫主编:《刑法体系与客观归责:中德刑法学者的对话(二)》,北京大学出版社 2015 年版;梁根林、〔德〕埃里克·希尔根多夫主编:《违法性论:共识与分歧——中德刑法学者的对话(三)》,北京大学出版社 2020 年版;梁根林、高艳东、〔德〕埃里克·希尔根多夫主编:《责任理论与责任要素》,北京大学出版社 2020 年版;梁根林、〔德〕埃里克·希尔根多夫主编:《犯罪参与:模式、形态与挑战》,北京大学出版社 2022 年版。

增进相互理解作出了巨大贡献。

就发展性而言,我国学者关注各种前沿问题,在信息网络、人工智能、生物医疗等领域形成了丰硕的成果。① 正是由于我国社会规模庞大,为刑法理论发展提供素材的同时也激励法学研究紧跟时代步伐,在充斥着各种风险的社会通过规范为人民建立稳定的预期。

① 在这些领域,刘宪权教授的贡献尤为突出,其最新成果如刘宪权:《生成式人工智能对数据法益刑法保护体系的影响》,载《中国刑事法杂志》2023 年第 4 期。

中国刑法教义学知识的自主生成与科学性检验

郑力凡[*] 张婷婷[**]

一、导论

中国刑法理论历来注重"理论联系实际",正如老一辈刑法学者高铭暄教授所强调的:"刑法学是一门理论性、实践性都很强的法律学科。"①基于中国的社会现状与司法实践,生成具有科学性的中国刑法教义学知识,既是"中国特色刑法教义学话语体系建构"的关键部分,也是"发展中国刑法学自主知识体系"的重要内容,前者主要侧重于要以中国的主体性视角反思域外刑法话语的底层逻辑及其表述方式,并基于我国的实际情况重新确认刑法教义学中对话语体系具有决定性意义的基本原理②;后者则提出将域外刑法学知识合理地与我国既有刑法学知识相结合的学术要求,并指出时至今日,中国刑法学者已有能力在国际上提出供域外刑法学知识借鉴的新的刑法学理论③。但是,在明确了中国刑法教义学的发展方向与时代使命后,还需要解决一个更根本的问题:中国刑法教义学知识从何处来?有学者指出,在民族性与世界性并重的立场下,"应当通过观察、归纳生活事实创制新的描述性概念,通过抽象和提炼创制具有影响力的规范性概念,提升我国刑法学的话语权"④。但纵观世界各国的刑法学发展历程可知,两者极少可以齐头并进,即便在德国刑法学界,也存在因为对细节分析过于着迷从而导致丧失对实践的意义,进而招致世界上其他国家批评的困境。⑤ 这主要是因为,刑法教义学的体系建设、概念创设和学说展开,不仅具有科学探索的价值,而且具有重大的实践意义,其最终目的是以刑法规范为依据,"为刑事案件的合理分析与裁判

---

* 中国人民大学刑事法律科学研究中心博士研究生。

** 中国人民大学刑事法律科学研究中心行政主管。

① 高铭暄主编:《刑法学原理》(第 1 卷),中国人民大学出版社 1993 年版,第 16 页。

② 参见黎宏:《论中国特色刑法教义学话语体系的建构》,载《上海政法学院学报(法治论丛)》2023 年第 3 期。

③ 参见时延安:《大力发展中国刑法学自主知识体系》,载《检察日报》2023 年 4 月 12 日,第 3 版。

④ 张明楷:《中国刑法学的发展方向》,载《中国社会科学评价》2022 年第 2 期。

⑤ 参见〔德〕埃里克·希尔根多夫:《德国刑法学:从传统到现代》,江溯、黄笑岩等译,北京大学出版社 2015 年版,第 181 页。

提供可靠的思维支撑"[①]。因此,中国在构建自己的刑法教义学话语体系和刑法学自主知识体系时,必须兼顾两种价值和意义,针对科学性的探索,或许可以先采世界性的立场,分析归纳具有普遍性的刑法教义学科学性的检验标准;但是在实践性方面,其必然在一开始就要基于民族性(地方性、本土性)的立场,因为中国刑法教义学要解决的是发生在中国的刑事案件,因此其内容必须先符合中国司法实践的需求,即初步的"(中国的)科学性",然后再将这些中国刑法教义学知识进行科学性的检验,使其获得普遍的科学性。

中国的社会科学研究应该坚持中国立场,深入中国的实践中去发现研究选题,在理解中国经验和实践后形成理论假设,并回到中国经验和实践中去验证。[②] 因此,在中国刑法教义学知识这一话题下,便包含了两个核心命题:第一,中国刑法教义学知识应来源于中国社会中现实发生的案件,如此才能保证知识的主体性和初步原创性;第二,中国刑法教义学知识应经过科学性检验从而获得普遍性,如此才能证明该知识具有原创性和标识性,而并非"闭门造车,出门不合辙"[③]的理论。

二、中国刑法教义学知识的自主生成

建构中国的刑法教义学必须"始于中国现实的法律问题与案件素材",并经过大量的分析与整合才能进一步提炼出中国的刑法教义学知识(即总结性的概念与原理)。[④] 但问题在于,如何寻找可以提供法律问题与案件素材的中国"富矿"呢?囿于篇幅本文无法对这个问题全面展开论述,故仅就一个方面予以尝试:基于案例研习自主生成中国刑法教义学知识。

即便有学者认为,案例分析本质上是一种司法实务的技术,其本身并不产出新的知识理论,但其也承认对疑难案件进行深入挖掘,往往也可以找到富有价值的学术选题。[⑤] 同理,在其他国家中,刑法教义学大多也是通过案例研习生成具有理论价值的知识。在德国,那些不受时代所限的刑法中的重要问题,往往源自热点性事件(highly topical occasions),尤其是联邦法院的判决。[⑥] 而同为亚洲国家的日本,在经历过对德

---

① 陈璇:《刑法思维与案例讲习》,北京大学出版社 2023 年版,第 1 页。

② 参见贺雪峰:《本土化与主体性:中国社会科学研究的方向——兼与谢宇教授商榷》,载《探索与争鸣》2020 年第 1 期。

③ 改编自朱熹的《中庸·或问》卷三:"古语所谓闭门造车,出门合辙,盖言其法之同。"

④ 参见黎宏:《论中国特色刑法教义学话语体系的建构》,载《上海政法学院学报(法治论丛)》2023 年第 3 期。

⑤ 参见陈璇:《刑法思维与案例讲习》,北京大学出版社 2023 年版,第 56 页。

⑥ See Luís Greco, The Method of (German) Criminal Law Dogmatics, in: Shin Matsuzawa, Kimmo Nuotio (eds.), Methodology of Criminal Law Theory: Art, Politics or Science? Nomos Verlagsgesellschaft, 2021, pp. 132-133.

国刑法教义学的过度依赖后,如今也已走向以本土法律和司法实践中的实质性问题为核心、以问题与个案为导向的自主的刑法教义学之路。① 由此可见,一国刑法教义学知识的生成,离不开对于本国司法实践中具体问题的发现与研究。

(一)案例的选取与一般性原理的提炼

接下来的问题是,在浩如烟海的刑事案例中,我们要如何确定案例的范围以及如何处理它们。虽然,我国正在有序推进增强裁判文书说理性的深化改革②,但论证说理翔实的裁判文书在实践中依然较难寻觅,这便为我们选择案例增加了困难。③ 但是,这并不能成为我们放弃案例研习的理由,因为在面对同一个刑事案件时,学者与法官在刑法教义学意义上的地位是平等的,二者都是教义学知识的生产者,故而当面对具有理论价值的刑事案件时,即便法官在裁判文书中并未进行充分的论证说理,学者依然可以对案例中涉及的问题(即便裁判文书中没有提及)展开不依附于裁判文书的研究。④

通常来说,就案例的功能而言,可以分为典型案例和普通案例,典型案例一般是指导性案例或者有指导价值的案例,而普通案例虽没有典型意义但并不代表没有价值,它们是类案类判、法律统一适用的重要依据。⑤ 由于典型案例的研究价值已获得普遍认可,故而此处便主要论述普通案例的选取标准。在笔者看来,普通案例可以被视为尚未成为典型案例的案例,而这个"转化"的关键便在于案例是否具有理论价值,此时既可以是基础理论性的价值,也可以是具体问题性的价值。基础理论性的价值当然具有跨国界的特征,例如行为人是否具有违法性认识的判断标准;而具体问题性的价值,则体现在对疑难案件的解决之中。不仅在传统的疑难案件中丰富说理有利于补充具有本土性的刑法教义学知识,而且在复杂敏感的刑事案件中完善释法说理,厘清在

① 参见〔日〕井田良:《走向自主与本土化:日本刑法与刑法学的现状》,陈璇译,载陈兴良主编:《刑事法评论:教义学的犯罪论》,北京大学出版社 2017 年版,第 372—383 页。

② 2013 年 11 月 12 日党的十八届三中全会通过的《中共中央关于全面深化改革若干重大问题的决定》中明确提出了"增强法律文书说理性,推动公开法院生效裁判文书"的总体要求。2021 年 11 月 4 日最高人民法院发布的《关于进一步完善"四类案件"监督管理工作机制的指导意见》第 8 条规定,"对'四类案件',应当通过依法公开审理、加强裁判文书说理,接受社会监督"。其中的"四类案件"就包括涉及国家利益、社会公共利益的;对事实认定或者法律适用存在较大争议的;具有首案效应的新类型案件;具有普遍法律适用指导意义的;涉及国家安全、外交、民族、宗教等"重大、疑难、复杂、敏感"的案件,以及涉及群体性纠纷或者引发社会广泛关注,可能影响社会稳定的案件等。

③ 但这并不意味着司法实践中不存在说理充分的裁判文书,只是说给学者们的发现增加了难度。

④ 这意味着既可以作出与既有观点不一致的论述(参见陈璇:《标准人的心素与注意义务的边界——与"杨存贵交通肇事案"二审裁定书展开的学术对话》,载《清华法学》2020 年第 6 期),也可以顺着裁判文书的思路进行更深入的展开(参见陈少青:《民事欺诈与刑事诈骗的界分——以〈刑事审判参考〉第 1372 号指导案例为中心》,载《法学评论》2023 年第 4 期)。

⑤ 参见胡云腾:《从规范法治到案例法治——论法治建设的路径选择》,载《法治现代化研究》2020 年第 5 期。

特定时空条件下相关行为的性质以及预估该判决将来可能产生的“重大影响”，并将这种考量纳入司法裁判的说理，除了可以丰富我们的有关危害国家安全罪的刑法教义学知识，还可以避免给敌对势力留下攻击我们的口实。① 由此可见，正是因为某些领域缺少典型案例和教义学知识，所以更亟待学者们去挖掘“富矿”并“开采”出相应的教义学知识。

在选取完案例后，接下来要做的便是在案例研习中总结一般性的原理。对于案例研习，一般认为就是测试包括知识（Wissen）、适用（Anwenden）和表达（Vermitteln）的法律思维能力。② 在案例研习中，特定知识为何可以适用于特定事实，便需要对相关的法律知识（包括理论与法条等）进行解释（这个过程便是表达），而在将特定知识涵摄到具体个案的过程中所形成的规则，在类案中便具有了一般性，此时当类案数量达到一定程度时，规则便可以“转化”为一般性的原理。正如有学者指出：“法律的解释与个案涵摄互为表里，每一个案例事实的涵摄，都将丰富我们对于既有规范的意义认知，而这正好是好的实务见解具有高度参考价值的理由。”③但是，在解决案件中的具体问题时，并非总能得出一致性的结论，当遇到一些疑难的争议点时，总会形成相互对立的不同观点，此时便难以径直得出具有一般性的原理。

（二）不同观点的整理加工与刑法教义学知识的初步析出

之所以会存在不同观点，必然是因为其在具体案件中具有实践理性，但这些观点内部的思路是否符合刑法教义学知识的要求，尚未得到整理加工。这是司法实践中很多人的观点，其论证说理并非基于刑法理论，而是出于道德、政策等与法律无关因素的考量，这种观点即便可能具有结论的妥当性，但由于其自身并未通过法教义学的形式表达出来，故而还不能成为刑法教义学知识的内容，此时便需要对这些在具体问题解决过程中形成的规范进行一定的处理。所以，一切支持结论的理由，都必须被“转化”为法律理由的表述与法律理由的论证。

但是，也有学者指出，本土性知识在很大程度上仍然表现为政法系统内部流行的行业性语汇、操作性经验和默会性知识，难以为政法系统外人士特别是域外人士所理解，面临“有理讲不出、讲了传不远”的知识传播困境。④ 论者的担忧确有道理，所以这要求我们在进行“转化”时，要以刑法教义学中通用的术语进行总结，只有当遇到既有理论中确实没有与特定事实或者问题相对应的理论时，才能创设新词，但此时要辅以充分的论证说理。正如卢曼（Luhmann）的系统论思想所揭示的那样，在法律系统内部

① 参见黎宏：《复杂敏感刑事案件的裁判及释法说理》，载《环球法律评论》2022年第6期。

② Vgl. Brian Valerius, Einführung in den Gutachtenstil, 4. Aufl., 2017, S. 9-15.

③ Gunther Arzt, Die Strafrechtsklausur, 7. Aufl., 2006, S. 30.

④ 参见黄文艺：《政法范畴的本体论诠释》，载《中国社会科学》2022年第2期。

就需要按照法律系统的符码进行运作，作为法律系统外部环境的经济、政治、社会等因素，只有被“转译”为法律系统内部可识别的符码后才能对该系统产生影响。① 同理，要想成为刑法教义学的知识，其也必须以刑法系统的符码进行运作，因此在面对这些基于中国本土的具体问题而得出的结论时，我们需要借助一套方法对其进行“转译”，将那些无法被“转化”为刑法教义学知识的观点剔除。论题学的思维意在表明，在直面具体问题时要将所有可能的解决方案以及每一种方案背后的论据，统统加以汇总、罗列并形成论题目录，通过商谈、对话和论证后再决定最终的结论。② 经过这个过程得出的结论，可以被视为刑法教义学知识的初步析出，这是因为此时的结论只符合中国刑法教义学知识的要求，但该知识能否获得普遍性，则还需要科学性的检验，

另外值得说明的是，针对中国的热点案件积极作出回应，不仅可以直接丰富我国的刑法教义学知识，亦可能与其他国家的知识遥相呼应。比如在讨论行为人特别认知的刑法归责问题时，必然会涉及德国学者雅科布斯（Jakobs）举出的经典案例“毒蘑菇案”③，但如果我们对中国的热点性事件同样关注的话，就会发现在我国也有与之类似的“蓝环章鱼案”④。今后如果可以逐渐发掘我国的案例“富矿”，“开采”出属于中国的经典刑法案例，并通过对这些案例进行理论上的探究与提炼，在刑法学的研究与交流中时常以此举例，那么建构中国自主法学知识体系（在刑法领域具象化为中国刑法教义学，即刑法学自主知识体系）的“伟大工程”⑤，必不久已。

三、刑法教义学知识的科学性检验

当根据一国的具体问题自下而上提炼、总结出具有地方性的一般性原理时，其已经可以服务于一国的司法实践，那此时是否可以将之称为刑法教义学知识呢？通过回望三百余年德国刑法学方法论的演进脉络可知，仅将从实践中析出的法知识以清晰明了的形式叙述出来，难以使其摆脱内容的时空局限性获得具有普遍性的科学性，当前

---

① 参见陆宇峰：《“自创生”系统论法学——一种理解现代法律的新思路》，载《政治与法律》2014 年第 4 期。

② Vgl. Ingeborg Puppe, Kleine Schule des juristischen Denkens, 3. Aufl., 2014, S. 272.

③ Vgl. Günther Jakobs, Tätervorstellung und objektive Zurechnung, GS-Armin Kaufmann, 1989, S. 271 ff.

④ 有人在吃火锅时发现端上桌的一盘章鱼中，有一只长得与其他章鱼不一样，其身上遍布蓝色斑点。后经查证该章鱼为豹纹蛸（俗称蓝环章鱼），含有河鲀毒素，毒性非常强且受热不分解。参见《剧毒蓝环章鱼惊现火锅店！还有哪些海鲜也要注意?》，载新京报官网，https://www.bjnews.com.cn/detail/167404777314220.html，2023 年 8 月 3 日访问。但是，其实早在 2010 年就出现过一起类似的误食豹纹蛸中毒事件，两名受害者食用章鱼后出现肌无力、头疼、晕眩、恶心、疲乏等症状，随后入院接受治疗，5 天后痊愈。参见《吃火锅险些误食剧毒蓝环章鱼？对吃货来说，还有比这更危险的》，载澎湃网，https://www.thepaper.cn/newsDetail_forward_21609213?commTag=true，2023 年 8 月 3 日访问。

⑤ 参见张文显：《论建构中国自主法学知识体系》，载《法学家》2023 年第 2 期。

的刑法教义学只是被动地跟随实践中出现的各种现象进行烦琐、细碎的列举，缺少坚实的理论根基，因此，建构一套科学性检验标准，使知识体系内部的各个原理以某种令人信服的意义联络相融贯，而不是杂乱无章地堆积在一起，这才能使刑法教义学的知识内容具有科学性的基本特征。[①] 但是，科学性检验标准的内容是否也需要具有地方性，则存在争议。有论者主张，法律是"凭借地方知识来运作"的[②]，"对国外先进的刑事立法与刑法理论应结合中国当下的实际加以借鉴与运用，但不能将其作为检验我国刑事立法与刑事司法的标准"[③]。但也有论者认为："要建构本土化的中国刑法学，并不意味着要排斥国外合理的刑法学研究成果。"[④]法律是社会的产物，当不同国家的社会事实存在不同时，基于不同的社会事实产生的法教义学当然不同，可当社会事实相同或者相似时，其他国家已有的刑法教义学知识便可以被另一国家借鉴。社会事实的复杂性影响了刑法教义学知识的复杂性，因此不同的原理针对不同的社会事实均可以获得其自身的合理性，由此可知，科学性检验标准不仅需要兼顾不同原理之间的合理性，还要考虑维持刑法教义学之所以称之为"科学"的体系性。

（一）科学性标准的重构：多种原则的有机统一

在建构刑法教义学的过程中，有一个问题始终无法回避，即确定刑法教义学的科学性标准。德国学者希尔施（Hirsch）曾试图通过脱离一国现行法律的途径，构建一套具有普遍性的刑法教义学。[⑤] 在笔者看来，这种构想可以适用于科学性标准的确定中，因为在教义学知识的初步析出中，每个国家的刑事案件与司法实践都有很大的不同，因此在第一个步骤中生成的知识便天然具有地方性的特征。但在第二个步骤中，科学性标准则具有普遍性的特征，因此，在探究刑法教义学的科学性标准上，不仅可以而且应当构建一套具有普遍性的理论体系。

基于此，有观点便认为应以一种原则统一法学体系，并以此为内容建构科学性的检验标准。但是，科学性标准具有普遍性并不代表只允许用一种原则作为科学性的检验标准，德国学者邦格（Bung）在批判帕夫利克（Pawlik）意图建构纯净体系之做法时便指出，因为体系所分析和体现的社会事实本身就具有矛盾性，那我们就应该对该现象予以尊重，而并非将其简单地总结为概念与概念之间的关系。[⑥] 所以，我们建构的科学性标准便应该是多种原则的有机统一，"刑法教义学之所以具有科学性，不仅因为它有理性的

---

① 参见陈璇：《探寻刑法教义学的科学品质：历史回望与现实反思》，载《清华法学》2023 年第 4 期。

② 参见〔美〕克利福德·格尔茨：《地方知识——阐释人类学论文集》，杨德睿译，商务印书馆 2016 年版，第 261 页。

③ 张明楷：《中国刑法学的发展方向》，载《中国社会科学评价》2022 年第 2 期。

④ 周光权：《党的二十大与刑法学发展》，载《中国社会科学报》2023 年 3 月 31 日，第 A04 版。

⑤ Vgl. Hans Joachim Hirsch, Gibt es eine national unabhängige Strafrechtswissenschaft? in: FS-Spendel, 1992, S. 43 ff.; Auch in: ders. Strafrechtliche probleme, Bd. Ⅱ, 2009, S. 73 ff., 90 ff.

⑥ Vgl. Jochen Bung, Das Unrecht des Bürgers, RW 4(2014), 552.

运行过程,还因为它能把握住跨越不同知识点的体系性关联"①。因此,在我们对前述初步析出的知识进行科学性检验时,也应该是多种原则按照一定体系性关联予以层层推进。

(二)科学性标准的检验:地方性与普遍性的双重审查

根据前述思路,有学者指出,刑法教义学内部需要进行功能分化:一部分研究奉行自下而上的问题思考方式,着眼于产出具有实效的教义学知识;另一部分研究专司方法论的监督之职,从价值基础的一致性、形式逻辑的融贯性和事实结构的符合性三方面对教义学知识进行科学性的检验和反思。② 大体来看,该观点切中肯綮,并无不妥,但有一点值得反思,那便是科学性检验中的事实结构符合性。科学性应该是具有普遍性的,所以科学性的检验标准也已经是具有普遍性的内容,但各个国家的社会发展情况不同,因此社会事实也有不同,比如在自动驾驶领域,我国已经处在世界领先地位,无论是科学技术还是试点运行,相较于欧洲一些国家都处在领先地位(甚至跟德国相比,在试点运行方面也处于领先地位③)。所以,当我国学者围绕自动驾驶中的过失犯归责、注意义务、信赖原则、准入标准等问题展开讨论时④,所形成的教义学知识便难以通过事实结构的符合性予以科学性检验,因为此时德国的社会事实无法对应中国的具体问题,因此两国在事实结构符合性层面必然无法达成共识。

但是,不同国家根据各自的科技发展情况,基于实践中遇到的具体问题自下而上地形成的教义学知识,均符合本文第二部分所论述的知识生成的要求,因此其便是具有初步科学性的。此时的知识具有地方性,且符合各自国家的国情,那么要如何去判断基于不同地方性的知识的科学性呢?

首先,在地方性审查符合后,要进行普遍性的第一步审查,即该领域在世界范围内是否存在一个具有共识性的国际标准。例如,根据现在的国际惯例⑤,依据智能化和自

---

① Urs Kindhäuser, Gegenstand und Aufgabe der Strafrechtswissenschaft, in: ders. Analytische Strafrechtswissenschaft, Bd. Ⅰ, 2021, S. 67.

② 参见陈璇:《刑法教义学科学性与实践性的功能分化》,载《法制与社会发展》2022 年第 3 期。

③ 德国维尔茨堡大学埃里克·希尔根多夫教授于 2023 年 9 月 4 日在中国人民大学法学院《功能主义与过失犯:数字刑法的挑战》讲座中专门提到这一点。

④ 参见付玉明:《自动驾驶汽车事故的刑事归责与教义学展开》,载《法学》2020 年第 9 期;王莹:《自动驾驶法律准入问题研究:路线、挑战与方案》,载《中国人民大学学报》2021 年第 6 期;蔡仙:《自动驾驶中过失犯归责体系的展开》,载《比较法研究》2023 年第 4 期;等等。

⑤ 美国多数州和德国、日本、韩国等国家都已经针对 L3—L4 级的自动驾驶进行了立法(参见中国信息通信研究院政策与经济研究所、人工智能与经济社会研究中心:《全球自动驾驶战略与政策观察(2020)》载中国通信网官网,http://www.caict.ac.cn/kxyj/qwfb/ztbg/202012/t20201229_367256.htm,2023 年 8 月 3 日访问),联合国世界车辆法规协调论坛自动驾驶与网联车辆工作组也为 L3 级自动驾驶技术法律中的准入标准予以了细化(See Uniform Provisions Concernning the Approval of Vehicles with Regards to Automated Lane Keeping System, ECE/TRANS/WP. 29/2020/81)。

动化的程度,可以将自动驾驶汽车分为 L0—L5 六个等级,每个等级的汽车均有功能上的定义。在 L0—L2 级自动驾驶汽车中,驾驶主体依然为自然人;在 L3 级自动驾驶汽车中,后备驾驶员需要确保在必要时可以接管系统,完成驾驶任务;在 L4—L5 级自动驾驶汽车中,驾驶主体则完全告别自然人,操作全部由系统接管,二者只是在运行条件上存在不同。① 也只有这两种级别的自动驾驶汽车才是真正意义上的自动驾驶汽车。因此,当生产者违反该规定,在 L4 级以下自动驾驶汽车系统中安装全自动系统,而该汽车发生事故时,便推定生产者违反其自身的注意义务,需要承担相应的刑事责任。

其次,在普遍性的第二步审查中,需要关注该知识在本国的法律规范体系中有无产生矛盾之处。例如,当一国的自动驾驶技术已经达到 L4 级,但是该国由于对新兴技术持较为保守的政策导向,其在立法层面迟迟没有推进自动驾驶汽车的下一步环节。而某公司结合中国、美国等国家的试行情况自行展开测试,在这个过程中发生事故,那么即便从实质解释论的视角出发,该公司确实具备 L4 级自动驾驶技术,但依然要按照该国家内部的法律规范体系认定具体的责任。此时,其他国家地方性的知识便无法为其科学性提供证成与检验。

最后,在普遍性的第三步审查中,需要关注该知识是否符合超越实定法与区域性、具有世界刑法学界共识的基本原则。在第三步中,笔者暂时认为,需要根据社会中的不同领域予以区分。因为传统刑法理论发展至今所形成的诸多共识,只能适用于当今与过去具有关联性的社会事实之上,而针对在过去尚不存在的社会事实,经由理论发展所形成的基本原则便失去了其可以适用的土壤。因此,对于新兴科技领域所自主生产的知识,目前或许难以找到可以检验其科学性的标准,因为在该领域内技术都还尚在探索阶段,那么法律便应该为其预留足够的创新和试错空间,即便最终可能会导致处罚的漏洞,但或许只能将其"归责"于追求科学发展的必然结果。

四、结语

单纯强调问题性思考会导致刑法理论的结构松散且缺乏一惯性,从而削弱刑法教义学知识的科学性,而如果单纯强调体系性思考则会导致刑法理论过于抽象且难以回应司法实践中的具体需求,从而削弱刑法学教义学知识的实践性。因此,"问题性思考与体系性思考的有机结合才是科学建设刑法教义学话语体系的合理思考范式"②。在产出中国刑法教义学知识的过程中,知识生成与科学性检验两个步骤则分别考虑到了问题性与体系性的问题,在这个过程中,普遍性与地方性这对矛盾的概念分别作用于

① 参见 2022 年 3 月 1 日起实施的《汽车驾驶自动化分级》(GB/T 40429—2021)。

② 黎宏:《论中国特色刑法教义学话语体系的建构》,载《上海政法学院学报(法治论丛)》2023 年第 3 期。

科学性的检验与教义学知识的生成,对这两个步骤发挥着指导性的意义。

前文提及的对刑法教义学进行功能二分的观点,在整体上并无不妥,但其却较少关注普遍性与地方性的视角,因此本文结合这两个视角为该标准注入了新的特性,使其在正视地方性知识合理性的基础上,关注到具有普遍性的科学性之检验标准也存在力有不逮之处。但是,科技领域相较于刑法教义学中的具体问题而言,数量较少。刑法教义学中大部分基于疑难案例自下而上生成的知识,还是可以通过科学性检验从而成为具有普遍性的刑法教义学知识。尽管关注这些法律规制的对象("物本逻辑"或者"事物本质"),并不能直接提供法律评价的标准,但是要想获得具体的结论,就不能仅靠指导性的规范视角,我们还必须将这些规范视角运用到不同事实所具有的特殊性之中。①

"天下难事,必作于易;天下大事,必作于细。"②刑法案例研习之于构建中国自主法学知识体系,既是"易事"也是"细事"。然而,"易事"不易,面对卷帙浩繁的刑事裁判文书,需要我们花费一些心力才能挑选出其中的典型案例;"细事"难细,面对一些案件事实与裁判说理不甚翔实的裁判文书,亦需要我们足够细致地分析其中暗含的逻辑思路与理论价值,方能真正发挥刑法案例研习"以道御术"的功能与价值,从而产出兼顾问题性与体系性、地方性与普遍性且经过科学性检验的刑法教义学知识。

---

① Vgl. Claus Roxin/Luís Greco, Strafrecht Allgemeiner Teil, Bd. Ⅰ, 5. Aufl., 2020, § 7 Rn. 90.

② 汤漳平、王朝华译注:《老子》,中华书局 2014 年版,第 251 页。

论中国特色的组织犯规定

敖　博*

一、问题的提出："组织犯"规定的中国特色

在我国《刑法》有关共同犯罪的条文设置中，"组织犯"规定是颇具特色的，甚至有学者称其为"苏俄及我国刑法关于共犯规定中的唯一亮点"①。从世界范围来看，在德日等典型的采区分制共犯体系的国家，共同犯罪人多被区分为正犯、教唆犯与帮助犯，并无有关组织犯的特殊制度安排；在意大利、奥地利等典型的采单一正犯体系的国家，形式的单一正犯体系并不具体划分犯罪参与形态，功能的单一正犯体系也通常并不单独对组织犯的正犯性予以明确。有限存在组织犯规定的国家主要有蒙古国、俄罗斯和阿尔巴尼亚②，但仍不宜因此断言组织犯规定系舶来品：率先在成文刑法中增设组织犯规定的阿尔巴尼亚、苏联，其增设时间分别为 1952 年、1960 年③，而在我国，早在 20 世纪 30 年代初新中国成立前的共产党革命根据地刑法中便已有组织犯规定的雏形④。及至新中国成立后，1950 年《中华人民共和国刑法大纲草案》也在总则中就组织犯作出了明确规定。⑤ 因此，从既有史料来看，我国刑法中的组织犯规定兼具本土性与特别性。

现行《刑法》第 26 条第 3 款规定："对组织、领导犯罪集团的首要分子，按照集团所犯的全部罪行处罚。"这一规定有两个主要特色：一是首要分子责任范围与个体性参与情况的弱相关性；二是首要分子责任范围与整体性行为内容的强相关性。一方面，首要分子责任范围与首要分子对具体犯罪行为的参与不必然相关。《刑法》第 26 条明确

---

* 华东政法大学刑事法学院助理研究员、师资博士后。

① 陈兴良：《教义刑法学》（第 3 版），中国人民大学出版社 2017 年版，第 670 页。

② 参见《蒙古国刑法典》，徐留成译，北京大学出版社 2006 年版，第 9 页；《俄罗斯联邦刑法典》，黄道秀译，北京大学出版社 2008 年版，第 14 页；《阿尔巴尼亚共和国刑法典》，陈志军译，中国人民公安大学出版社 2011 年版，第 10 页。其中，蒙古国刑法规定与我国最为相似。

③ 参见高铭暄：《中华人民共和国刑法的孕育诞生和发展完善》，北京大学出版社 2012 年版，第 29 页。

④ 如 1932 年《湘赣省苏区惩治反革命犯暂行条例》第 3 条，1934 年《中华苏维埃共和国惩治反革命条例》第 3 条、第 5 条等。参见赵秉志、陈志军编：《中国近代刑法立法文献汇编》，法律出版社 2016 年版，第 774、788 页。

⑤ 参见高铭暄、赵秉志编：《新中国刑法立法文献资料总览》（第 2 版），中国人民公安大学出版社 2015 年版，第 76 页。

区分组织犯与其他主犯的责任,前者对应“集团所犯的全部罪行”,后者仅对应“其所参与的或者组织、指挥的全部犯罪”。由此,一个解释上的当然结论是,首要分子是否具体地组织、指挥、参加具体犯罪并非决定性因素,如此才能合理说明该条第 3 款与第 4 款间的规范差别。另一方面,首要分子责任范围主要取决于该行为是否系“集团所犯的全部罪行”,即无论首要分子对具体犯罪行为是否组织、指挥或参与,只要该行为能够在规范上被评价为犯罪集团所犯罪行,便原则上可归责于首要分子。

近年来,有关共犯体系的争论基本围绕区分制与单一制展开,具有中国特色的组织犯规定则常被忽略。“法律总是法教义学的权威根据”①,试图从没有充分关注组织犯之特殊性的区分制抑或单一制理论中,找寻我国组织犯规定背后的机理,其矛盾感是显而易见的,近年来对组织犯讨论的缺位,或可部分归咎于此。在这一背景下,本文旨在对中国特色的组织犯规定进行基础性考察:一是梳理组织犯规定的发展脉络(第二部分);二是论证组织犯规定的优越性(第三部分);三是立足组织犯规定反思集团犯罪的共犯教义学(第四部分)。

二、组织犯规定的发展脉络

我国刑法及相关规范性文件对组织犯的规定,经历了由组织犯从严处罚到组织犯责任范围扩张的嬗变历程,并可具体划分为三个阶段。

(一)组织犯从严处罚阶段

晚近以来,组织犯最初被视为应从严处罚的对象,并专门针对反革命犯罪。早在革命根据地刑法中,包括《中华苏维埃共和国惩治反革命条例》在内的多部条例便对反革命首要分子专门配置了更重的刑罚(多为死刑),其突出特点在于指向的特定性,即专门针对反革命犯罪。这一专门指向性的例证之一是,1931 年《赣东北特区苏维埃暂行刑律》与 1932 年《湘赣省苏区惩治反革命犯暂行条例》相继颁行,前者作为规制多种犯罪行为的“一般法”,其共犯规定与此前《中华民国刑法》并无差异,未对组织犯作出特殊制度安排;后者作为专门规制反革命行为的“特别法”,则存在组织犯从严的专门规定。

新中国成立初期,由于社会矛盾仍主要表现为“敌我矛盾”,惩治反革命犯罪、巩固人民民主专政仍有强烈的现实需求,因而这一时期组织犯从严处罚规定仍主要针对反革命犯罪。对此,《中国人民政治协商会议共同纲领》第 7 条专门规定,“严厉惩罚一切勾结帝国主义、背叛祖国、反对人民民主事业的国民党反革命战争罪犯和其他怙恶不

---

① 冯军:《刑法教义学的立场和方法》,载《中外法学》2014 年第 1 期。

悛的反革命首要分子”。以此为据,1951 年《惩治反革命条例》明确了严惩反革命首要分子的专门性规定。①

及至 20 世纪 60 年代,在刑法立法草案稿本中,组织犯从严处罚规定开始被稳定地置于总则共同犯罪部分②,并获得了适用上的普遍性。究其原因,是因为反革命犯罪所对应的“敌我矛盾”逐渐弱化,“惩办与宽大相结合”“首恶必办、胁从不问”的刑事政策被更广泛地适用于所有集团犯罪中。这一立场最终为 1979 年《刑法》第 23 条所承认,即明确了首要分子系主犯并应从重处罚。

(二)面向经济犯罪的组织犯责任范围扩张阶段

1979 年《刑法》施行后,有关组织犯的规定逐渐朝着另一方向发展,即责任范围的扩张。20 世纪 80 年代至 1997 年,这一趋势主要针对特殊类型的集团,如盗窃集团、走私集团、毒品犯罪集团等犯罪。司法解释率先作出此类规定,如 1984 年最高人民法院、最高人民检察院《关于当前办理盗窃案件中具体应用法律的若干问题的解答》规定,“对于共同盗窃犯,应按照个人参与盗窃和分赃数额,及其在犯罪中的地位与作用,依法分别处罚。对主犯依法从重处罚。对盗窃集团的首要分子,应按照集团共同故意盗窃总额依法处罚”③。20 世纪 80 年代后期,全国人大常委会通过出台补充规定,以更高效力立法的形式肯定了首要分子处罚范围的扩张,如《全国人民代表大会常务委员会关于惩治贪污罪贿赂罪的补充规定》规定,“二人以上共同贪污的,按照个人所得数额及其在犯罪中的作用,分别处罚。对贪污集团的首要分子,按照集团贪污的总数额处罚;对其他共同贪污犯罪中的主犯,情节严重的,按照共同贪污的总数额处罚”④。进入 20 世纪 90 年代初,一些规范性文件也作了相似规定。⑤

这一时期,组织犯规定的突出特点是:依据预谋罪行负责说的理论共识⑥及组织犯无法事事躬亲的实践特点,适度扩张经济犯罪中首要分子的责任范围,以明确其应当对集团所犯的预谋罪行负责,特别是对毒品犯罪、走私犯罪等的所有犯罪结果(突出表

① 《惩治反革命条例》第 4 条第 1 款规定:“策动、勾引、收买公职人员、武装部队或民兵进行兵变,其首要分子或率队叛变者,处死刑或无期徒刑。”

② 20 世纪 50 年代,立法草案总则部分亦曾出现有关组织犯从严处罚的规定,但在 1957 年的稿本中,为“避免扩大组织犯的范围”而被去除,首要分子从严处罚规定主要被置于分则反革命犯罪中。

③ 这一时期类似规范性文件,如 1985 年最高人民法院、最高人民检察院《关于当前办理经济犯罪案件中具体应用法律的若干问题的解答(试行)》。

④ 这一时期类似全国人大常委会补充规定,如 1988 年《全国人民代表大会常务委员会关于惩治走私罪的补充规定》。

⑤ 如 1991 年最高人民法院《关于办理共同盗窃犯罪案件如何适用法律问题的意见》、1991 年最高人民法院《关于十二省、自治区法院审查毒品犯罪案件工作会议纪要》。

⑥ 参见童建明:《论共同犯罪人承担刑事责任的范围》,载中国人民大学法学院刑法专业组织编写:《刑事法专论》(上卷),中国方正出版社 1998 年版,第 816 页;高铭暄主编:《刑法学》,北京大学出版社 1989 年版,第 232—233 页。

现为犯罪数额)负责,而无论首要分子对某次犯罪是否具体地参与或知情。然而,以补充规定、司法解释、会议纪要为载体的上述规定,存在普适性与效力级别不足的缺陷,由此出现了应当就组织犯责任范围扩张在刑法中加以普遍化的立法需求①,并最终表现为1997年《刑法》对组织犯规定的修改,即"对组织、领导犯罪集团的首要分子,按照集团所犯的全部罪行处罚"。

(三)面向有组织犯罪的组织犯责任范围扩张阶段

20世纪有关集团犯罪下组织犯的讨论,基本是围绕特定犯罪集团,如盗窃集团、走私集团展开的,在此种情形下,由于集团犯罪目的具有特定性,预谋罪行负责说能够较好地满足实践需要。然而21世纪以来,随着黑社会性质组织相关犯罪入刑及"扫黑"等运动的开展,由黑社会性质组织和恶势力集团实施的集团犯罪进入公众视野,此种集团犯罪中犯罪行为往往具有多样性和复杂性,也不单一指向经济犯罪,因此单纯的预谋罪行负责说已无法满足实践需要。在此背景下,相关规范性文件对组织犯的责任范围作了进一步扩张。2009年《最高人民法院、最高人民检察院、公安部办理黑社会性质组织犯罪案件座谈会纪要》规定,黑社会性质组织实施的违法犯罪活动不仅包括组织犯直接组织、策划、指挥、参与情形,而且包括组织成员以组织名义实施或为逞强争霸等共同实施,并得到组织犯认可或默许的情形(即组织犯"只知不为型"),还包括组织成员为组织利益、依组织惯例、依组织规约等自行实施的情形(即组织犯"不知不为型")。② 该纪要进一步明确:"对黑社会性质组织的组织者、领导者,应根据法律规定和本纪要中关于'黑社会性质组织实施的违法犯罪活动'的规定,按照该组织所犯的全部罪行承担刑事责任。"与此相似,2015年《全国部分法院审理黑社会性质组织犯罪案件工作座谈会纪要》与2018年最高人民法院、最高人民检察院、公安部、司法部《关于办理黑恶势力犯罪案件若干问题的指导意见》均就"黑社会性质组织实施的违法犯罪活动"作出了规定,并经《刑法》第26条第3款自然而然地导入首要分子的归责范围。

因此,在这一时期,组织犯处罚范围扩张不再单纯表现为预谋之经济犯罪中数额认定范围的扩张,而是表现为黑恶犯罪背景下组织体行为与首要分子责任的相互关联。实践中,这一做法突出表现为,若某组织成员所实施行为与组织利益相关,即使首要分子在事前并不明确知情,相关行为仍可归责于首要分子。例如,在"刘汉等人组织、领导、参加黑社会性质组织案"中,刘汉等人领导的黑社会性质组织下属某公司实

---

① 参见段立文:《对刑法修改中几个问题的探讨》,载《法律科学(西北政法学院学报)》1997年第2期;游伟、孙万怀:《共同犯罪的科学规制》,载《检察风云》1997年第6期;赵秉志、陈一榕:《关于共同犯罪问题的理解与适用》,载《中国刑事法杂志》1999年第2期。

② 关于"只知不为""不知不为"的分类,参见于佳佳:《论犯罪集团首要分子的刑事责任》,载《中国刑事法杂志》2007年第3期。

施工程开发活动并多次与当地村民发生冲突,在一次冲突中,该组织成员被村民打伤。组织成员起意报复,纠集他人将村民杀害,组织犯事前并不知情。对此,一审法院认为该故意杀人行为可归责于组织犯,二审法院维持原判,最高人民法院核准二审判决中关于组织犯定罪量刑的部分。① 此类案件实践中较为普遍:研究显示,在涉黑案件中,组织成员在首要分子不知情的情况下实施犯罪行为的案件占比达78%,其中相当部分案件最终依《刑法》第26条第3款之"集团所犯的全部罪行"被归责于首要分子。②

三、组织犯规定的优越性

(一)组织犯规定契合我国"严惩首恶"的历史与政策传统

一国刑事法制历史与刑事政策传统往往会对其刑法产生重要影响,而具有中国特色的组织犯规定,正是我国"严惩首恶"的历史与政策传统的体现。从历史传统上看,"严惩首恶"最早可以追溯到夏朝,《尚书·胤征》中"歼厥渠魁,胁从罔治"系区分首从的滥觞,其含义是对首要分子予以歼灭,对胁从犯则不加问罪。③《春秋繁露》记载的"首恶者,罪特重"④,正是严惩首要分子的体现。从政策传统上看,1947年《中国人民解放军宣言》便明确:"本军对于蒋方人员,并不一概排斥,而是采取分别对待的方针。这就是首恶者必办,胁从者不问,立功者受奖。"及至新中国成立初期,这一镇压和宽大相结合的"十五字方针"被主要用于惩治反革命犯罪,在1956年中国共产党第八届全国代表大会上,公安部部长罗瑞卿总结肃反斗争经验,五大经验之一正是坚持"惩办与宽大相结合的政策",坚持"首恶必办,胁从不问,坦白从宽,抗拒从严,立功折罪,立大功受奖"⑤。之后,这一惩办与宽大相结合的政策逐渐被拓宽至反革命犯罪以外的其他犯罪中,并被作为我国共犯立法特别是组织犯规定的政策考量。可见,"严惩首恶"作为"惩办与宽大相结合"这一刑事政策的重要载体,经历了从适用于反革命犯罪到普遍适用于集团犯罪的变迁历程,并被逐渐确定下来。

现行刑法的组织犯规定,正是"严惩首恶"传统的当代体现。其背后历史逻辑主要在于:从报应的角度看,首要分子作为集团组织者蕴含着特殊的社会危害性;从预防的

---

① 参见绳万勋:《刘汉等人组织、领导、参加黑社会性质组织案[第1158号]——如何认定黑社会性质组织实施的违法犯罪活动;如何认定组织者、领导者对具体犯罪的罪责》,载最高人民法院刑事审判第一、二、三、四、五庭主办:《刑事审判参考》(总第107集),法律出版社2017年版,第64—78页。

② 参见沈振甫:《论黑社会性质组织首要分子的刑事责任》,载《政法学刊》2021年第2期。

③ 参见王宏治:《中国刑法史讲义:先秦至清代》,商务印书馆2019年版,第418页。

④ 张世亮、钟肇鹏、周桂钿译注:《春秋繁露》,中华书局2012年版,第96页。

⑤ 罗瑞卿:《我国肃反斗争的主要情况和若干经验》,载《人民日报》1956年9月20日,第8版。

角度看，严惩首恶能够实现特殊的犯罪预防目标，对集团犯罪与潜在的集团首要分子形成特殊威慑；从犯罪治理的角度看，严惩首恶有分化、瓦解犯罪集团的特殊考量；从社会治理的角度看，严惩首恶旨在"争取、改造多数，孤立、打击少数"①，蕴含着"慎刑"及"团结一切可以团结的力量"的智慧。

(二)组织犯规定契合犯罪预防的功能性需求

在高度组织化的集体行动中，制度设计尽管必须考虑报应问题，但犯罪预防同样不可忽视。这一方面源于高度组织化的集体行动通常较一般共同犯罪会凝聚更大的犯罪能量，造成更大的法益侵害；另一方面也源于高度组织化的集体本身往往意味着法益侵害的常业性。正因如此，国际刑法中存在领导者责任的特殊制度安排。② 在高度组织化的集体行动中实现犯罪预防的功能性需求，其核心就是赋予最能够识别与控制风险的主体，以更大的犯罪预防义务，即"风险规避义务指向风险促进要素中关键环节和具有风险优势地位与识别能力的主体"③。在集团犯罪语境下，组织犯正处于这一特殊主体地位。一方面，组织犯作为犯罪集团的主导者，居于风险促进的关键环节。组织犯对犯罪集团的创设与运作发挥着决定性的重要作用，主导着犯罪集团的行为方向。从犯罪预防的角度看，犯罪集团的主导地位意味着犯罪集团更大的监督、管理、保障义务，以要求主导者积极整饬、规避风险，避免法益侵害，当犯罪集团持续、常业性地输出危险，严重威胁善良公民之核心权利时尤其如此。另一方面，组织犯作为组织体内部的绝对权威，居于阻止风险的优势地位。"上命下从"几乎是所有犯罪集团的明确组织规则，组织犯在组织体中总是处于绝对的权威地位，因此，在组织犯能够预见具体犯罪行为可能发生的场合，其能够通过明令禁止的方式，轻而易举地防止法益侵害。相比之下，尽管其他组织成员亦可以阻止风险，但"上令下从"的组织规则对一般成员风险阻止义务的履行形成了无形的心理束缚，可替代的实行者的存在也折损了组织成员阻止风险的整体效果，故组织犯与一般集团成员在阻止风险难易程度上的差别决定了犯罪预防的责任分配应当更多地向容易预防犯罪的首要分子一方倾斜。可见，组织犯规定背后的功能性思考在于：敦促作为犯罪集团主导者与组织体权威者的首要分子承担更重的犯罪预防责任。

(三)组织犯规定契合打击成熟犯罪集团的现实需要

在高度组织化的集体行动中，归责的核心困境之一常在于越是退居幕后的领导

---

① 《关于补充修改〈中华人民共和国刑法草案(初稿)〉的报告》(中央政法小组 1963年3月23日)，载高铭暄、赵秉志编：《新中国刑法立法文献资料总览》(第2版)，中国人民公安大学出版社2015年版，第1016页。

② 如《国际刑事法院罗马规约》第28条。

③ 程岩：《风险规制的刑法理性重构 以风险社会理论为基础》，载《中外法学》2011年第1期。

者,越少参与具体行为的实施,对具体犯罪在主观上的认知也往往越"稀薄",因此,执意要求组织犯必须参与所有具体实施的犯罪行为或具有相当程度的认识,存在三个现实弊端:①组织体越大,领导者的责任可能越小。在规模较大的组织体中,首要分子与幕前者因跨越了多个不同层级,其间往往存在较明显的信息区隔,阻断幕后者对具体行为的明确认识,但此种具体行为却常常由幕后者设定的组织战略与组织体既定的行为模式所决定或影响,一律否定此时幕后者的可归责性难言合理。②组织体发展程度越高,领导者的责任可能越小。在组织发展的初级阶段,组织体往往更多表现出高度"人合性"特点,组织成员对首要分子的依附性较强,首要分子组织、参与具体行为实施的程度也相对较高。然而,随着组织体的发展壮大,组织体在涉足领域、开设经济体、犯罪行为类型、社会影响力等方面均有所扩大,相应的,首要分子常将较多精力置于业务拓展、生产经营、疏通人脉等方面,对不法行为实施反而难以"事事躬亲"。③组织行为模式越成熟,领导者的责任可能越小。实践中,一些组织体经过长期发展,已形成了一套相对成熟的组织行为模式,如有犯罪集团逐渐形成"开设赌场——高利放贷——通过寻衅滋事、非法拘禁等催收贷款"的组织行为模式,仅寻衅滋事行为便实施了 140 余次。[①] 在此种成型的组织行为模式下,组织犯对许多具体行为实施并未参与甚至毫不知情,但相关行为却是在首要分子所确立的整体行为框架下进行的,并具有归责的必要性。

因此,基于首要分子居于幕后的特点,有必要对其归责范围作扩张性规定,以适应打击整体规模较大、发展程度较高、行为模式较成熟的有组织犯罪的需要。若考虑到刑事证明问题,即证明规模较大组织体下首要分子对具体行为之参与和知情的难度,我国组织犯规定的现实优势便更加明显。

(四)组织犯规定能够避免区分制在解决集团犯罪问题上的弊端

区分制共犯体系将犯罪参与人区分为正犯与共犯,正犯被视为犯罪的中心人物,共犯则被视为扩张的处罚事由,正犯与共犯的区分以构成要件实施为标准。然而,这一逻辑在集团犯罪中存在矛盾之处:一方面,从道德直觉上看,组织犯通常应被视为"中心人物",系正犯而非共犯[②];另一方面,从组织犯通常远离构成要件实施来看,组织犯应被视为共犯而非正犯。正因如此,德日刑法学界通过组织支配理论、共谋共同正犯理论等,赋予组织犯以正犯性。然而,首先,上述理论面临诸多质疑,例如组织支配理论因承认正犯后正犯而受到批评[③];其次,上述理论由于将正犯概念过分实质

---

① 参见江苏省常熟市人民法院(2018)苏 0581 刑初 1121 号刑事判决书。

② 正因如此,德国学者罗克辛在论述其组织支配理论时,称这一理论来源于"直观的确信"。参见〔德〕克劳斯·罗克辛:《关于组织支配的最新研讨》,赵晨光译,载陈兴良主编:《刑事法评论:规范论的犯罪论》,北京大学出版社 2015 年版,第 160 页。

③ 参见〔德〕汉斯·海因里希·耶赛克、〔德〕托马斯·魏根特:《德国刑法教科书》,徐久生译,中国法制出版社 2017 年版,第 898、900 页。

化,因而被认为存在滑向单一正犯体系的倾向①;最后,上述理论很大程度上是为了避免区分制下可能不当地缩小处罚范围,如在日本暴力团案件中,若否认暴力团团长成立共谋共同正犯,将意味着既无法肯定其正犯性,亦难以肯定其共犯性,因此法院"不得不"承认了饱受争议的默示共谋。② 且不论"默示共谋"观点本身的问题,仅从逻辑上看,"这在思路上是不正确的,因为不能根据法律效果来反推行为人的性质"③。立足我国组织犯规定,不难发现上述缺陷在我国并不存在:由于《刑法》明确肯定组织犯系主犯且处罚范围是"集团所犯的全部罪行",因而既不存在区分制下"中心人物边缘化"的价值评价偏差,也不存在如暴力团案件场合无法处罚暴力团团长的风险。

四、立足组织犯规定反思集团犯罪的共犯教义学

我国组织犯规定有着相当程度的本土特点,其责任范围的扩张也存在很强的合理性,因此,有关集团犯罪的共犯教义学建构,理应尽可能发扬而非回避这一合理性。近年来,我国共犯教义学建构基本围绕区分制与单一制展开,对集团犯罪教义学的建构尝试亦然,但这建立在两个并不牢靠的基础上。

一个并不牢靠的基础在于,以没有组织犯规定的国家所采取的共犯理论体系,去建构我国刑法下集团犯罪的共犯教义学,将不可避免地出现"水土不服"的问题。对于区分制,早在1957年,李光灿便聚焦有组织的犯罪集团这一特殊共犯类型,认为在集团犯罪中"它们的共犯者的形式经常具有的是组织犯和执行犯,至于教唆犯和帮助犯并不是有组织的犯罪集团中经常有的共犯者的形式"④。正是因为这一结构性的差异,组织犯究竟是正犯还是共犯,其界定才如此困难——将其界定为正犯的困惑在于其正犯性在既有理论框架下难以得到充分论证并有滑向单一制的风险,将其界定为共犯的问题则在于暗含着将组织犯视为边缘人物而非中心人物的价值评价偏差。更重要的是,立足区分制共犯体系,完全无法解释我国实践中广泛存在的组织犯责任范围扩张的现象,例如,前述"刘汉等人组织、领导、参加黑社会性质组织案",组织犯对具体行为实施既无共谋也无参与,既无教唆也无帮助,其正犯性或共犯性均难以得到合理的说

---

① 参见蔡圣伟:《论间接正犯概念内涵的演变》,载陈兴良主编:《刑事法评论 · 第21卷(2007)》,北京大学出版社2007年版,第72—74页;刘明祥:《从单一正犯视角看共谋共同正犯论》,载《法学评论》2018年第1期。

② 案例介绍参见〔日〕佐伯仁志:《刑法总论的思之道 · 乐之道》,于佳佳译,中国政法大学出版社2017年版,第331—332页。

③ 陈毅坚:《"共谋共同正犯"——一个多余的法范畴》,载《北大法律评论》编辑委员会编:《北大法律评论》(第11卷第1辑),北京大学出版社2010年版,第248—249页。

④ 李光灿:《论共犯(续上期)》,载《法学》1957年第3期。

明。对于单一制,其逻辑内核在于认为“各共动者只对固有的不法、固有的责任进行答责”①,然而,组织犯规定的中国特色恰恰在于首要分子责任范围与个体性参与情况的弱相关性及与整体性行为内容的强相关性,在立法明文规定组织犯责任范围是“集团所犯的全部罪行”的前提下,立足单一制认为组织犯仅依其个人行为与条件关系承担责任,无疑是牵强的。或许正是基于这一原因,刘明祥教授坦承:“在有组织的犯罪中,由于集团心理的影响非常强烈,且必须要有坚强的团体组织力,因此,将有组织的犯罪视为集团整体的犯罪,自然有其合理性。”②但这显然已经脱离了单一制的逻辑内核。

另一个并不牢靠的基础则在于,对简单共同犯罪与集团犯罪适用完全相同的共犯归责逻辑,暗含着二者项下构成要件实现方式完全相同的预设,这同样难以令人信服。在共同犯罪中,存在两种相互冲突的道德直觉:一是共同犯罪的刑事归责与参与者距离构成要件的“远近”密切关联,距离构成要件越“远”,对其加以非难的可能性与程度越低。其归责判断所依循的是从构成要件开始“自下而上”的观察逻辑。二是在高度组织化的犯罪活动中,可归责性往往并不与参与者距构成要件的“远近”成线性反比关系,而与参与者在组织中的地位、权力密切相关。其归责判断所依循的是从组织结构出发“自上而下”的观察逻辑。这两项完全相反的道德直觉引发了一个关键追问:在高度组织化的集体行动中,构成要件是否表现出不同的实现方式?笔者的回答是肯定的:在集团犯罪中,构成要件既不如区分制所理解那般由正犯塑造,否则便必须以动摇区分制根基的方式牵强地为幕后者赋予正犯性,并可能造成处罚漏洞;也不如单一制所理解那般由个体塑造,否则便难以解释组织犯答责范围是“集团所犯的全部罪行”。对于集团犯罪下独特的构成要件实现方式,《刑法》已然作出了明确回答:“全部罪行”由“集团所犯”。这与一般共同犯罪下构成要件的实现方式是不相同的。

由此,从组织犯规定出发,由于集团犯罪下构成要件是组织体作为一个整体的共同塑造,个人的可归责性便不再来源于其是否在区分制的意义上支配或惹起了构成要件,也不来源于其是否单独地为构成要件创设了单一制意义上的条件关系——毕竟构成要件由“集团”所塑造;相反的,个人的可归责性会被转化为组织体作为一个整体的风险管辖义务问题。申言之,组织犯之所以要对集团所犯的全部罪行承担责任,既非出于其对具体构成要件的行为支配,也非出于其与构成要件实现间的条件关系,而是因为“集团所犯的全部罪行”均位于组织犯的风险管辖范围内。囿于篇幅所限,关于这一有关集团犯罪下构成要件实现方式及集团个人承担责任之根据的新理解,笔者将另行撰文展开详细论述。

---

① 〔日〕高桥则夫:《共犯体系和共犯理论》,冯军、毛乃纯译,中国人民大学出版社 2010 年版,第 19 页。

② 刘明祥:《从单一正犯视角看共谋共同正犯论》,载《法学评论》2018 年第 1 期。

新时代“枫桥经验”视域下故意伤害犯罪治理的思考

——以229件案件为样本分析*

王柏洪**　夏大伟***　王　远****

党的二十大报告指出，“在社会基层坚持和发展新时代‘枫桥经验’，完善正确处理新形势下人民内部矛盾机制……及时把矛盾纠纷化解在基层、化解在萌芽状态”。犯罪是各类矛盾纠纷爆发后呈现的样态，而故意伤害犯罪是一类特殊的犯罪，不仅发案量大，而且造成人员轻伤、重伤甚至死亡的严重后果，对基层群众的获得感、幸福感、安全感影响巨大。基于此，坚持和发展新时代“枫桥经验”，需要以习近平法治思想为指引，着眼于人民群众普遍关心的突出问题，针对现实生活中高发频发的故意伤害犯罪的治理问题，以先进理论指导司法实践，满足当前社会矛盾纠纷系统、全面化解和问题源头治理的需求，为“中国之治”筑牢法治之基。

一、新时代“枫桥经验”的内涵概述

“枫桥经验”起源于20世纪60年代初的浙江省诸暨市枫桥镇，以“发动和依靠群众，坚持矛盾不上交，就地解决，实现捕人少、治安好”的经验内容而闻名于世。新时代“枫桥经验”的内涵则演进得更加丰富，坚持党建引领、坚持人民主体、坚持“三治融合”、坚持“四防并举”和坚持共建共享成为新时代践行“枫桥经验”的基本要求。① 从变化的角度看，新时代“枫桥经验”要求从“单打独斗”向“多元共治”转变，依靠党委政府，协调各方力量，发挥群众主体意识，形成多元共治格局；从深化市域治理的功能角

---

* 本文系国家检察官学院2023年度科研项目院内一般项目“新时代‘枫桥经验’的检察实践——以常见轻微刑事犯罪治理为样本”（GJY2023NY20）的阶段性研究成果。

** 浙江省金华市金东区人民检察院党组书记、检察长。

*** 浙江省金华市金东区人民检察院党组成员、副检察长。

**** 国家检察官学院教务部讲师。

① 参见卢芳霞、刘开君：《“枫桥经验”在重大社会风险防控中的应用》，载《中国领导科学》2020年第4期。

度观察,新时代"枫桥经验"要求从"前端防控"向"全链条精准防控"转变,通过构筑科学合理的解纷防线,促进纠纷通过前端防线有效解决和过滤,从源头预防和减少纠纷的产生与激化。①

这一内涵的深刻变化,主要建基于新时代社会主要矛盾的深刻变化,建基于"中国之治"的时代要求,是"以人民为中心的发展思想"在社会治理领域的集中体现。从"发动和依靠群众,坚持矛盾不上交"的"枫桥经验",到创建"多元矛盾纠纷解决机制"的"枫桥经验",再到推动"共建共治共享社会治理新格局"的"枫桥经验",尽管社会矛盾纠纷的情势一直在发生变化,新时代"枫桥经验"的实质始终是"以人民为中心",牢牢坚持为了群众、依靠群众,群防群治、综合治理。

二、故意伤害犯罪治理面临的现实难题

笔者以发生在J市的229件真实故意伤害犯罪案件为样本,全面剖析该类犯罪在治理领域存在的规律特征。

(一)犯罪前端——矛盾纠纷的琐碎化、偶发化、激烈化

1. 矛盾纠纷呈琐碎化,起因多为日常琐事纠纷

经统计,229件案件中,发案的原因主要集中在日常琐事纠纷、情感纠纷、工作纠纷、家庭纠纷、经济纠纷、赌博纠纷等,以日常琐事纠纷、情感纠纷、工作纠纷为三大主因,因该三类纠纷引起的故意伤害犯罪案件分别为156件、21件、20件,分别占总案件数的68.1%、9.2%、8.7%。尤其是在日常琐事纠纷方面,纠纷的种类较为庞杂,主要有日常生活口角、邻里纠纷、停车纠纷、噪声纠纷等,部分当事人之间的矛盾累积而得不到化解,往往在言语冲突后大打出手。除此之外,因经济纠纷、赌博纠纷、嫖资纠纷等原因而发案的亦占一定比例。

2. 犯罪具有一定偶发性,激情犯罪特征明显

分析发现,与部分矛盾纠纷长期累积导致在某一时间节点暴发所不同的是,大多数故意伤害行为发生于双方临时起意产生的冲突,带有一定"偶然性",这种具有激情犯罪特征的案件有175件,占比达76.4%。如"向某某故意伤害案",被害人郭某某闯入J市某镇工业区一工艺品厂内的传达室,与传达室的保安即犯罪嫌疑人向某某发生争执打架,后向某某使用匕首刺向郭某某,郭某某送至医院后经抢救无效死亡,随后向某某逃离现场。经鉴定,被害人郭某某系被他人用双面刃刺器刺戳左胸部致心脏破

---

① 参见姚海涛:《新时代"枫桥经验"在市域治理中的司法实践与创新路径》,载《中国应用法学》2023年第2期。

裂、心包填塞死亡。①

3. 以轻伤为主,部分冲突激烈化并致人重伤或死亡

故意伤害后果分为轻伤(轻伤二级、轻伤一级)、重伤(重伤二级、重伤一级)与死亡三类情况,伤害后果与犯罪嫌疑人伤害手段的残忍程度关联紧密。在三类伤害情况中,造成被害人轻伤的案件有 196 件,占比达 85.6%。这也说明多数犯罪嫌疑人在案发现场仍有一定的理智和自控力,若外界力量提前或及时介入,完全具有制止犯罪行为发生的可能;造成被害人重伤的案件有 27 件,占比为 11.8%;造成被害人死亡的案件有 6 件,占比为 2.6%。

(二)犯罪中端——行为手段具有残忍性、私密性、影响性

1. 部分案件中的作案手段残忍

作案手段主要集中于用拳头击打、用脚踢打、刀具砍刺、棍棒击打、酒瓶砸击等。其中,用拳头击打敏感部位是最常见的作案手段,该类案件有 80 件,占比达 34.9%;采用推倒、脚踢、肘击、手掐等手段作案的有 34 件。需要引起重视的是,用菜刀、水果刀、剪刀、弹簧刀、匕首等各类刀具砍刺的有 58 件,占比达 25.3%,作案手段往往极为残忍。值得关注的是,行为人事先购买刀具、随身携带小型刀具、发生纠纷后立即回去取刀具行凶的案件高达 41 件,尤其是部分犯罪嫌疑人随身携带刀具,在发生纠纷后即拔刀相向,造成被害人伤亡的严重后果。

2. 发生于相对私密空间的伤害行为难以被及时发现并介入

经统计,案发地点主要集中于路边、房间、车间、酒吧等处,而发案量最大的场所是出租房、公寓、宿舍、宾馆等相对密闭的房间,达 42 件,因这些场所的空间相对封闭,一旦发生冲突,极易造成故意伤害犯罪案件的发生,且不易被周围群众察觉。此外值得关注的是,发生于夜宵摊、饭店、超市、KTV、酒吧等经营场所的故意伤害犯罪案件有 28 件,该类场所最大的优势在于有经营主体,可以在发现矛盾纠纷的苗头倾向后及时报警救助,但这些场所的经营主体对现场的关注度普遍不够,未能及时有效阻止冲突扩大和伤害行为的发生。

3. 部分特殊情境下的故意伤害犯罪案件易产生较大社会影响

易产生较大社会影响的故意伤害犯罪案件主要有三类:其一,发生于劳务市场、菜市场、公园、交通要道等人流量密集场所的故意伤害犯罪案件,此类案件有 26 件,案发时容易引起大量人群的围观与信息扩散。其二,发生于派出所、法院等特定场所的故意伤害犯罪案件,此类案件有 2 件,因案发场所在司法机关,给司法权威带来极大挑战。如“李某某故意伤害案”,李某某见刘某与自己妻子段某某在房间内,遂报警称刘

① 参见浙江省义乌市人民法院(2023)浙 0782 刑初 2142 号刑事判决书。

某强奸自己妻子，派出所民警出警后将刘某、段某某带回派出所调查。李某某认为刘某与自己妻子段某某有不正当男女关系，遂从超市购买了一把刀具，而后进入派出所大院使用携带的刀具将刘某捅伤。① 其三，针对执法人员的故意伤害犯罪案件。如“刘某某故意伤害案”，某派出所辅警陈某某在巡逻时发现犯罪嫌疑人刘某某形迹可疑，遂上前对其进行盘查。刘某某在接受询问时突然掏出随身携带的折叠刀捅刺陈某某腹部，随后逃离现场。经法医学伤势鉴定，被害人陈某某腹部的损伤构成重伤二级。②

（三）犯罪后端——矛盾纠纷的尖锐化、反复化、风险化

1. 部分故意伤害犯罪案件致使当事人双方矛盾难以调和

部分故意伤害犯罪案件中，当事人双方房屋纠纷、邻里纠纷等问题积怨已深，加之案件发生后，一方为让另一方受到法律的严惩，坚决拒绝进行和解，这也在实质层面造成双方矛盾的进一步加深。如“傅某某故意伤害案”，犯罪嫌疑人傅某某与被害人朱某某因老宅问题产生纠纷，双方在争执中发生扭打，朱某某等人倒在拉架的杨某某（系朱某某妻子）腿部，导致杨某某小腿骨折。经鉴定，朱某某胸部损伤构成轻伤二级，杨某某腿部损伤构成轻伤一级。案件发生后，朱某某一方坚决不同意谅解傅某某，并要求公安机关对傅某某的儿子傅某立案。③

2. 案后综合关怀不足带来行为人再犯罪问题

经统计，在229件故意伤害犯罪案件中，犯罪嫌疑人有刑事前科的为16件，且部分为抢劫罪、故意伤害罪、寻衅滋事罪前科。综合来看，这些行为人实施前科行为时年龄普遍不大，回归社会后因前科经历易产生挫折感，纠纷产生后选择用暴力方式解决，在心理上实际仍未“回归社会”。如“肖某某故意伤害案”，肖某某曾因犯故意伤害罪被江西省某县人民法院判处有期徒刑4年（案发时20周岁），回归社会后，犯罪嫌疑人肖某某在一宠物用品厂工作时，因工作上的问题与被害人龙某某发生争执，在后续争执过程中肖某某用剪刀扎伤龙某某，导致龙某某右下唇穿通伤，口唇部的伤势构成轻伤二级。④

3. 精神病人伤人问题导致风险潜藏于社会之中

在纳入统计范围的故意伤害犯罪案件中，有4件的行为人为特殊主体——精神病人，在精神状态异常期间甚至无法辨认或控制自己行为，这也暴露出对该类特殊人群的管控仍存在疏漏。如“王某某故意伤害案（强制医疗）”，涉案精神病人王某某认为被害人叶某某联合他人欺负自己，遂在叶某某跑完步散步之时，用一把木柄尖刀捅叶某

---

① 参见浙江省金华市金东区人民法院（2021）浙0703刑初153号刑事判决书。

② 参见浙江省义乌市人民法院（2023）浙0782刑初835号刑事判决书。

③ 参见浙江省义乌市人民法院（2020）浙0782刑初1687号刑事判决书。

④ 参见浙江省义乌市人民法院（2021）浙0782刑初508号刑事判决书。

某后腰部一刀,经鉴定,叶某某腰部的损失构成轻伤一级。经鉴定,涉案精神病人王某某患精神分裂症,作案时处于发病期,无刑事责任能力。①

(四)犯罪主体——部分呈现年轻化、群体化、特定习惯化

1. 有未成年人涉入故意伤害犯罪案件

故意伤害犯罪案件的犯罪主体整体偏向于年轻化,纳入统计的有未成年人涉入故意伤害犯罪案件的有10件。如“韦某故意伤害案”,某日凌晨1时许,犯罪嫌疑人韦某与王某、韦某某在一广场附近遇到回住处的被害人张某某,韦某某无故上前将张某某踢倒在地,韦某与王某等人也上前一起对张某某拳打脚踢,张某某受伤后逃离现场。经鉴定,被害人张某某外伤致颅脑损伤构成重伤二级。②

2. 外来务工群体为故意伤害犯罪案件高发人群

故意伤害犯罪案件中,犯罪嫌疑人为务工人员的达144件,占比达62.9%。这一群体学历普遍较低,容易意气用事而涉入犯罪。如“虎某某故意伤害案”,犯罪嫌疑人虎某某因在某毛纺印染车间内与他人争吵后心生怨恨,回到工厂宿舍拿了两把菜刀,返回印染车间后,趁被害人李某某不备之际,用菜刀将李某某的手臂和腰背砍伤。经鉴定,李某某外伤致肢体多部位损伤累计构成轻伤一级。③

3. 部分行为人有饮酒习惯,酒后行为极易失控

纳入统计的故意伤害犯罪案件的犯罪嫌疑人有饮酒行为的达13件,一方或双方在酒后因琐事互相争吵,酒精的作用使行为人情绪激动而失去理智。如“费某某故意伤害案”,王某某邀请犯罪嫌疑人费某某、被害人宋某某一同饮酒,其间,费某某先后两次与宋某某发生口角并用拳头对宋某某头部、脸部等部位进行殴打。次日凌晨,被害人宋某某出现嘴唇发紫、小便失禁等症状,后经检查已无生命体征。④

三、新时代“枫桥经验”赋能故意伤害犯罪治理的实践思考

(一)树牢“枫桥式”思维理念

首先,具有系统思维。坚持系统思维推进国家治理现代化,蕴含着加强整体性推进国家治理、优化国家治理体系结构、协调好国家治理中的各种关系、以多元主体协同共治汇聚治理合力、构建开放性战略模式等核心要义。⑤ 针对故意伤害犯罪相关矛盾

---

① 参见浙江省义乌市人民法院(2020)浙0782刑医5号强制医疗决定书。

② 参见浙江省义乌市人民法院(2020)浙0782刑初850号刑事判决书。

③ 参见浙江省义乌市人民法院(2020)浙0782刑初1643号刑事判决书。

④ 参见浙江省金华市中级人民法院(2022)浙07刑初37号刑事判决书。

⑤ 参见秦书生、索绳斐:《坚持系统思维推进国家治理现代化》,载《南昌大学学报(人文社会科学版)》2022年第4期。

纠纷的应对与处置,关键是要牢固树立系统思维,以体系化的视角锚定基层社区、琐事纠纷等重点区域、重点内容,发挥群防群治效应,避免盲目排查问题、调处浅尝辄止。

其次,具有能动思维。新时代"枫桥经验"解纷机制要求治理主体以积极的能动主义为基础,以主动服务的姿态为多元纠纷解决机制提供治理元素。在基层社会治理的重点领域,检察机关应会同其他治理主体,聚焦故意伤害犯罪治理工作中的重点、难点、堵点,下大力气收集基层群众反映强烈的问题,结合区域经济社会发展特色,兼顾可复制、可推广性,形成特色化智慧治理项目。

再次,具有穿透思维。源头治理是"枫桥经验"最执着的治理价值追求,也是新时代坚持和发展"枫桥经验"关键所在。为达至源头治理的目标,基层社会治理应坚持"穿透式"打击和预防,不仅注重发现故意伤害犯罪相关领域、防控制度运行中存在的普遍问题,更要致力于满足社会公众对司法正义的更高期待,通过对故意伤害类案、矛盾多发易发的系统性治理问题形成的缘由进行追根溯源,做到"抓末端、治已病"与"抓前端、治未病"的要求辩证统一,重点推动堵漏建制,实现穿透治理实战成效。

最后,具有共治思维。基层多元主体参与是新时代"枫桥经验"具备广泛群众基础和强大生命力的内在动力源泉。鉴于治理主体的多元特性,必须树牢共治思维。对检察机关而言,需用足法律监督职能推动基层社会治理,而践行"双赢多赢共赢"新理念,重在构建监督者与被监督者的良性、积极关系。① 尤其需要关注治理主体之间的信息共享数据应用,有力破除"信息孤岛"和"信息壁垒",联动推进故意伤害等犯罪治理的"检察数仓"建设。

(二)推进打击与治理相同步

要以打击促控案,形成震慑合力。一方面,加强侦检衔接。针对社会影响大、客观证据薄弱的故意伤害犯罪案件,检察机关积极提前介入,就案件办理程序、证据收集、存在问题进行前期引导。检察环节建立资深检察官领办重大、疑难案件机制,以严厉打击形成对故意伤害犯罪的震慑力。另一方面,积极促成刑事和解。兼具法律效果与社会效果的司法裁判应当建立在理性、正确的认知决策之上。② 这一"认识决策"也体现在办案的过程运用上,应广泛运用公开听证等制度在维护群众合法权益、化解矛盾纠纷、促进社会和谐稳定中的积极作用,促成矛盾双方握手言和,从最有利于纠纷解决的角度,避免矛盾长期化、尖锐化。对由民间纠纷引发的"民转刑"故意伤害犯罪案件,要以化解矛盾的视角去办案,避免矛盾升级。重点关注"案中案",对因故意伤害犯罪案件双方矛盾激化引起的信访、上访,坚持在党委政法委的统一协调下有预判、有协同、有对策,尽最大能力解除矛盾"症结",实现案结事了人和。

---

① 参见缪树权:《践行检察工作新理念 促成"多部门治理一事"》,载《中国检察官》2023年第4期。

② 参见谢澍:《刑事诉讼主体理论的扬弃与超越》,载《中国法学》2023年第3期。

深化对赌博行为的打击查处。执法部门对辖区内棋牌室、麻将馆等容易聚赌场所开展摸排和整治，建立经营主体的矛盾纠纷实时举报机制，对发现的赌博行为坚决予以打击，对赌博场所经营者依法作出处理。对发生在空闲的私人房屋、农村田间山头等隐蔽偏僻场所的赌博行为加强打击，使故意伤害犯罪与赌博行为“脱钩”。

（三）建立健全专业化防控体系

建立邻里关系类、情感类纠纷专业化解机制。①针对大量故意伤害犯罪案件是由邻里之间、家庭夫妻日常琐事及夫妻情感纠纷所引起的现状，可考虑由综治、妇联组织牵头，吸收镇街、社区、村委会、妇女保护组织、社会公益组织的力量，必要时吸收当地声望较高的乡贤、退休教师、心理专家等参与其中，在社区、村一级设立专门针对邻里纠纷及婚姻家庭情感问题的调解组织，挂靠在村级人民调解机构里，并配备专业的心理健康疏导室。②该组织既要关注本地居民的琐事纠纷、情感纠纷，又要注重化解外来务工者的琐事与情感矛盾，并有效借助当事人朋友、亲属的力量，及时发现、及时调解、及时疏通，争取纠纷不激化、矛盾不上交。对可能产生冲突扩大倾向、有伤害苗头的因素，应及时研判并上报。③在社区、村级单位持续深入开展矛盾纠纷大排查、大化解活动，重点排查清理存续时间长、有暴力冲突的邻里纠纷，对一些模糊不清的诸如农村利益分配、相邻关系等纠纷，理清渊源与脉络，提供确权的方式，促成双方和解。

建立“人—房—刀”立体化管理机制。①加强对流动人口和前科人员的管理。公安流动人口管理部门、社区民警、社区、村委会等对外来务工人员实行网格化管理，落实暂住人口登记管理责任制；同时，定期掌握辖区内有犯罪前科、违法劣迹的重点人员的活动情况，了解其日常活动、经济收入、交往人员情况，适时给予心理关怀和困境帮扶，一旦发现异常及时处理，预防前科人员再犯罪。②加强对出租房的管理。严格落实房屋出租实名登记制度，禁止房屋任意租赁，随意转租、合租。对于出租房内的外地探亲、短期居住、短期务工人员，要求房东督促配合完成流动人口居住网上申报、办理暂住证明，做到不脱管、漏管。③加强对管制刀具的管理。对辖区内可疑佩刀人员展开排查，重点关注部分有带刀习惯的、非法随身携带小型管制刀具进入公共场所的人员，予以治安处罚，压缩存有侥幸心理的“带刀人群”，降低遇到冲突即“拔刀相向”伤害他人的风险。

（四）落实特定治理主体责任

明确特定场所的犯罪苗头举报责任。明确饭店、烧烤摊、KTV、酒吧等易饮酒、易争执场所经营者的故意伤害等犯罪的苗头举报责任，对经营区域的就餐、聚会、唱歌、饮酒等活动中存在的客户打架滋事、争吵辱骂纠纷，及时介入并初步掌握情况，发现有扩大苗头的，第一时间联系辖区派出所出警控制，避免纠纷场面失控。

明确企业应急处突与规范管理责任。企业主管部门应督促企业建立矛盾纠纷问题应急处突机制,企业落实人员作为内部稳控员,与辖区警务人员、镇街对接,定期摸排员工中存在的工作纠纷、工资纠纷等矛盾纠纷,发现苗头性、倾向性纠纷及时上报。一旦发现员工有口角、打架问题,稳控员需及时代表企业控制局面并上报备案,发现纠纷有扩大化势头,则第一时间上报,协同处置。同时,企业主管部门督促企业内部制定严格的规范化管理规定,禁止员工随身携带弹簧刀、折叠刀等锐器上班,对屡劝不改的坚决不予聘用。

(五)借力数字化改革赋能源头治理

创新发展线上新时代"枫桥经验",拓宽线上解决矛盾纠纷的方式路径,深化线上线下同步治理,提升市域重点单位、要害部位、城乡社区的技术安全防范设施智能化水平。就此而言,浙江省推出的"解纷码"数字应用平台可线上申请纠纷调解业务,解决了以往纠纷案件信息不透明、部门数据不共享的问题,实现了解纷便捷化。

政法机关对所办案件进行追根溯源,找出案件发生的原因,向党委、政府或有关职能部门提出防范、治理的意见建议,对于推进国家治理具有重要意义。① 故意伤害等犯罪问题的"追根溯源",不仅依赖于丰富的治理经验和问题发现的敏锐性,而且依赖于大数据对故意伤害等犯罪的数据分析研判,形成治理决策的体系化数据参考,推动治理前端、中端、后端的有效闭环。

行刑衔接是高质效治理的重要支撑,高质效的行刑衔接必然带来高质效的部门协同。当前,在行政执法和刑事司法双向衔接过程中,长期存在证据移送制度不畅、正向移送标准不清、反向移送机制缺位等问题。② 应高度关注行刑衔接参与治理的智度、质效度,尤其在联动治理之维,打造"行刑共治"大平台,执法司法联合开展区域矛盾纠纷问题治理,避免治理问题反复滋生而难以从源头根治。

(六)育强"枫桥式"社会治理文化

从文化论的角度看,新时代"枫桥经验"之所以是社会治理的重要抓手,是因为其本身蕴含了中国传统文化中的"和文化",这与故意伤害犯罪案件起因中的矛盾纠纷化解关系甚大。"枫桥式"社会治理文化要求法理、事理、情理"三理"贯通,符合中华优秀传统法律文化"谨持法理,深察人情""融天理、国法、人情为一体"等底色,尊重人民群众朴素的情感和公平正义观,在办案环节坚持"高质效办好每一个案件",讲清"法理",讲透"道理",讲明"情理"。在矛盾纠纷的调处中,兼采"法、理、情"三者相融合的说理方式,彻底解开埋藏在双方当事人内心的心结。

---

① 参见朱孝清:《论执法办案的"三个效果"统一》,载《中国刑事法杂志》2022 年第 3 期。

② 参见周佑勇:《行政执法与刑事司法的双向衔接研究——以食品安全案件移送为视角》,载《中国刑事法杂志》2022 年第 4 期。

从区域治理文化角度看，地方政府可持续创新社会治理的“枫桥式”意蕴，积极支持诸如“红枫义警”“枫桥大妈”和乡贤参事会等社会组织的发展，鼓励“老杨工作室”“娟子工作室”等调解组织参与基层社会矛盾治理，并创办类似《1818黄金眼》《同年哥讲新闻》等贴近基层群众生活一线的“近距离”解纷栏目，寓“实打实”解纷与社会普法于一体。

刑事治理现代化背景下我国“法定犯”理论的发展

陈 冉[*] 张 滢[**]

刑事治理是国家治理的重要领域,国家治理现代化必然要求刑事治理现代化。刑法肩负妥当行使刑罚权和有效治理犯罪两大使命,刑事法治的发展完善,始终需要紧密围绕保障党和国家重大战略目标的实现。从1979年《刑法》到1997年《刑法》的全面修订,经济及社会管理中违法行为刑事治理需求加剧,法定犯在立法修订中受到了极大的关注,尤其是进入风险社会以来,法定犯时代也随之到来。①,11个刑法修正案的出台,表明刑法功能从惩罚、报应已然之罪转向预防或管控未然之罪,法定犯在刑事立法和司法中的扩张引起了刑法学界的诸多关注,有基于积极刑法观的支持,也不乏限缩立场的反对。伴随生物科技风险及人工智能技术、数据产业的发展,安全与秩序的价值越来越被放大,法定犯这一古老而现代的问题要求刑法理论更加深入地研究与反思,以期在中国刑法语境下寻求理论突破,裨益于我国立法与司法。

一、我国刑事治理中“法定犯”的理论演变

“法定犯”这一概念并非产生于我国刑法理论,1885年意大利著名犯罪人类学的代表人物加罗法洛(Carofalo, 1851—1934)在其经典著作《犯罪学》中最早明确提出“自然犯和法定犯”相区分,提出了法定犯这一概念。从世界各国刑法理论对“法定犯”的称谓来看,有行政犯、法定犯及福利犯的不同提法,我国多数学者认为法定犯与行政犯系等同概念②,也有少数学者认为二者不能等同③,可以说,等同说是通说,区别说为少数。

从大陆法系德国刑法中的“法定犯”发展来看,该理论经历了从“警察犯”到“行政

---

* 北京理工大学法学院副教授。

** 北京理工大学法学院2022级硕士研究生。

① 参见《储槐植:要正视法定犯时代的到来》,李运平整理,载《检察日报》2007年6月1日,第3版。

② 参见马克昌:《比较刑法原理:外国刑法学总论》,武汉大学出版社2002年版,第89页。

③ 参见张文、杜宇:《自然犯、法定犯分类的理论反思——以正当性为基点的展开》,载《法学评论》2002年第6期。

犯”(德国行政刑法学家戈尔德施密特1902年在其《行政刑法》一书中首次提出“行政刑法”这一概念,认为行政犯与刑事犯存在质的差异,应将行政犯从刑法中独立出来加以规定)的演化,而后德国出台了单独的行政刑法《秩序违反法》,经历了20世纪50年代和70—80年代法定犯立法高潮,随后到20世纪末开始的非犯罪化、非刑罚化的过程。日本“法定犯”立法和司法的研究承继自德国,日本学者在研究中采取了广义的“行政犯”概念,立法上将保安处分与刑罚一体化,理论上将行政犯与法定犯等同,法定犯多采“特别刑法”的立法方式。英美法系则多从刑罚报应与预防根据的分野区分自然犯和法定犯,法定犯立法以“福利犯”的视角更加重视“社会功效”,比如严格责任的适用,而伴随1960年前后的“后现代”社会概念的提出,西方国家法定犯的立法、司法研究与社会转型及社会整体规制的联系更加密切。

我国自20世纪90年代开启对法定犯的理论研究,不少著名刑法学者发表论文或专著对法定犯问题进行了激烈的探讨。从研究缘起来看,1989年召开的国际刑法学协会第14届代表大会以行政刑法为中心议题进行了热烈讨论,1990年第1期《中国法学》针对此届大会发表了综述,此后众多学者对行政刑法、行政犯问题进行研究。相较于国外法定犯理论的研究,我国刑法学界对法定犯的研究更多是比较法层面的研究,或者是在研究环境犯罪、走私犯罪等经济犯罪时提出法定犯问题,将法定犯作为独立的理论进行本土化研究的成果不多。而伴随我国经济发展及科技进步的活跃,市场交易、资本运作、产权保护、税收征纳、金融监管等的发展,法定犯也不断涌现出新方式、新类型,涉及市场管理、财政、金融、税收、贸易、商标、专利等各个领域的犯罪化日益突出,呈现跨区域、跨行业、跨部门,甚至国际化的趋势。我国的法定犯自1997年《刑法》修订以来,在立法上一直比较活跃。对于法定犯在立法领域的扩张,原因之一就是刑法承担着保障公民自由与维护社会安全的双重任务,经济社会的急速发展导致公共利益和个人自由的矛盾对立,反映到刑事法治领域就表现在工业经济的无节制扩张危及人们共同的生存利益,给社会公共安全造成了威胁,社会利益与个人自由的对立使得社会整体的安全处于极端不确定状态,公众的不安全感与日俱增。为应对风险社会的不安全因素,刑事立法不断创设新的犯罪种类,表现为将一些社会危害严重,人民群众反响强烈,原来由行政管理手段或者民事手段调整的违法行为规定为犯罪行为。①

从我国刑法学界对法定犯立法扩张的探讨来看,多数学者持积极立法态度,提出了法定犯立法的正当化。② 在立法模式上,多数学者赞同多元化分散立法,但对于当前

① 参见高铭暄:《风险社会中刑事立法正当性理论研究》,载《法学论坛》2011年第4期。

② 参见白建军:《法定犯的正当性研究——从自然犯与法定犯比较的角度展开》,载《政治与法律》2018第6期;陈金林:《法定犯与行政犯的源流、体系地位与行刑界分》,载《中国刑事法杂志》2018年第5期。

以刑法典与附属刑法为主的立法模式，有学者主张设立特别刑法，也有学者坚持法典化的立法。①在立法理念上，对于如何看待法定犯的法益，学界也展开了充分的探讨②，多数观点支持积极预防，甚至提出抽象危险犯③，有观点持“限缩”立场，提出立法出罪，在个罪中设置行政前置性要件，以法益恢复阻却犯罪成立④；有学者提出用权利侵犯说代替法益侵害说作为法定犯的刑事立法基础，依据个人权利区分法定犯与行政犯，并且基于道德规范来限制法定犯的设立⑤。在具体的司法适用上，有学者提出法定犯的独立犯罪构造与定罪模式⑥，也有学者围绕罪过形式提出法定犯罪过的推定⑦、违法性认识⑧、对法定犯的双重违法性进行区别研究⑨，而在法定犯立法扩张的背景下，越来越多的学者从法定犯的处罚及行政制裁与刑事制裁的衔接角度进行研究⑩，除刑法学者外，行政法学者和刑事诉讼法学者也加入了法定犯的治理研究。

从我国法定犯理论的研究来看，法定犯逐渐摆脱“实然性”的域外引入性研究或者单纯的比较研究，基于我国犯罪概念定性与定量的特点，以及刑法与治安处罚、行政处罚的多元制裁模式的现实，刑法理论的研究逐步摆脱对德日理论的过度依赖，着眼于法定犯在我国立法与司法的现实问题，对双重违法、制裁衔接及“定性与定量”等本土问题尝试理论创新。相较于理论的发展，我国刑事立法在法定犯方面的发展走在了学术研究之前，早在逃税罪中免责条款的设置就已经体现了立法对经济领域法定犯制裁的多元路径考虑，体现了本土化与自主化的法定犯治理路径。

---

① 参见高铭暄等：《关于我国刑法法典化模式选择问题的讨论》，载“人民资讯”百家号 2021 年 10 月 14 日。

② 参见孙国祥：《集体法益的刑法保护及其边界》，载《法学研究》2018 年第 6 期；刘艳红：《“法益性的欠缺”与法定犯的出罪——以行政要素的双重限缩解释为路径》，载《比较法研究》2019 年第 1 期。

③ 参见马春晓：《经济刑法中抽象危险犯入罪标准的类型化适用》，载《南京大学学报（哲学·人文科学·社会科学）》2020 年第 5 期。

④ 参见姜涛：《法定犯中行政前置性要件的法理基础与制度构造》，载《行政法学研究》2022 年第 1 期。

⑤ 参见罗翔：《权利侵犯说视野下法定犯的立法限制与司法限缩》，载《政治与法律》2022 年第 12 期。

⑥ 参见李莹：《法定犯客观构造模式研究》，载《河南社会科学》2014 年第 12 期。

⑦ 参见陈银珠：《法定犯时代传统罪过理论的突破》，载《中外法学》2017 年第 4 期。

⑧ 参见车浩：《法定犯时代的违法性认识错误》，载《清华法学》2015 年第 4 期。

⑨ 参见孙国祥：《行政犯违法性判断的从属性和独立性研究》，载《法学家》2017 年第 1 期；陈兴良：《法定犯的性质和界定》，载《中外法学》2020 年第 6 期。

⑩ 参见魏昌东：《行刑鸿沟：实然、根据与坚守——兼及我国行政犯理论争议问题及其解决路径》，载《中国刑事法杂志》2018 年第 5 期；闻志强：《论“两法衔接”中行政处罚与刑事处罚的实体衔接——以规制非法集资行为为分析样本》，载《政法学刊》2016 年第 1 期；周佑勇、刘艳红：《论行政处罚与刑罚处罚的适用衔接》，载《法律科学（西北政法学院学报）》1997 年第 2 期；周佑勇、刘艳红：《行政执法与刑事司法相衔接的程序机制研究》，载《东南大学学报（哲学社会科学版）》2008 年第 1 期。

二、刑事治理现代化对法定犯理论的影响

在法定犯立法扩张的背景下，尤其是随着轻罪和新罪的增设，刑法研究开始转向刑法规制的缓和及打造新的行政制裁和刑事制裁模式。因此，对法定犯的研究日益重视“宏观社会治理现代化”的需要，将刑法中法定犯问题的解决推向多元化、立体化，谋求体系化的综合治理手段。

在行政制裁和刑事制裁衔接中，法定犯的“秩序”保障价值日益凸显，引发了刑法理论界对于何谓“法定犯”的争议。对于法定犯的概念，加罗法洛从是否违反伦理道德的角度进行界定，认为法定犯指原本不具有反社会伦理性质却因法律之规定而成为犯罪者。这也是目前国内多数学者所认可的观点，认为法定犯行为本身并无罪恶性，法定犯是指违反行政法律法规，严重危害基于行政法律法规而形成的但与社会一般伦理道德关系不密切的派生生活秩序，并应科处刑罚制裁的行为。① 在此观点的基础上，有学者根据法定犯的时代背景提出，法定犯是指侵害或者威胁法益但没有明显违反伦理道德的现代型犯罪。② 侧重行政犯研究的学者，则从法定犯在国家治理中的价值及法定犯的政策落实功效出发，提出法定犯并非当然具有侵害社会秩序的性质，而是为了行政治理的需要。③ 客观来看，法定犯的“法”可以包含行政法律法规等各类规范，法定犯的“法定”范围显然比行政犯的“行政”范围更为广泛，这也是行政犯的“行政”一词所不能代替的。也正因如此，采取法定犯的概念相比行政犯更能体现出对于违反对象前提性质的界定。从这一广义的法定犯概念来看，我国目前的法定犯广泛存在于《刑法》第二章、第三章、第四章、第六章、第九章中。

从《刑法修正案(八)》以来增设的罪名看，除危害国防利益罪外，《刑法》分则其他各章或多或少均涉及法条的修改，而罪名增删的调整多集中于破坏社会主义市场经济秩序罪和妨害社会管理秩序罪，分别涉及39处和45处修改。刑法修正案涉及的多数罪名为法定犯，例如侵犯公民个人信息罪、污染环境罪、强迫交易罪、走私罪等，其中部分罪名，如生产、销售、提供假药罪和危险驾驶罪涉及多次修改，且多数罪名均设置了“情节严重”的限定条件。由此可见，刑法对于法定犯的规制采取较为谨慎的态度，以防止刑罚的不当滥用，这一点从相关犯罪的法定刑设置角度也可以得知。据统计，从《刑法修正案(八)》以来历年刑法修正案涉及的罪名来看，法定刑设置为“三年以下有期徒刑”的法定犯有45个，例如生产、销售、提供假药罪，非法采矿罪等，其中多数罪名

① 参见黄明儒：《重提行政犯：罪与罚的边界》，载《检察日报》2009年8月20日，第3版。

② 参见张明楷：《刑法学》(第4版)，法律出版社2011年版，第95页。

③ 参见韩忠谟：《刑法原理》，北京大学出版社2009年版，第74页。

均补充设置了“情节特别严重”的法定刑升格条件；而法定刑设置为“一年以下有期徒刑”的法定犯仅有4个，分别是偷越国（边）境罪、妨害安全驾驶罪、危险作业罪和高空抛物罪。可见，在法定犯的法定刑设置上，一方面遵从刑法的罪责刑相适应原则，对大多数轻微法定犯设置了较低的法定刑；另一方面也体现出法定犯设立所具有的“预防”功能，对大多数法定犯设置了“三年以下有期徒刑”的法定刑。

从法定犯的法定刑配置来看，结合法定犯的立法背景，刑罚的处罚重在发挥“功利”价值，预防功效较为突出，这就要在刑罚手段上采取与自然犯不同的对策。自然犯在刑法中体现为道德的法律化，而法定犯则体现为法律逐步道德化。① 对法定犯的处罚不同于自然犯的自体恶，犯罪处罚的根据在于行为人违反国家的规定而不是行为本身固有的恶性，不具有严重的危害伦理道德的属性，因此，区别于刑法严惩重点的自然犯，法定犯在法定刑的配置上要区分法益侵害程度，根据紧迫性设置轻重不同的刑罚，尤其要关注刑罚的轻缓和实际效果。在刑事立法上应当限制法定犯死刑立法，在刑事司法上应当慎用法定犯死刑。② 除了个别与自然犯实质接近、严重危害人民群众生命安全的有毒食品、药品犯罪，对于法定犯，在立法上应当设置相对较轻的刑罚，一般不配置死刑。自《刑法修正案（八）》以来，立法在死刑罪名废除、轻罪设置上都体现了法定犯治理的严而不厉的特点。

三、我国法定犯立法的本土特色与保护法益识别

传统法定犯理论认为，法定犯在立法上以违反行政法律法规为前提，进而出于维护国家和社会秩序的特殊考虑而被规定为犯罪。但从我国法定犯的立法渊源考察，既有前置法在先而后刑法将违法行为犯罪化的补充保障的立法形式，也不乏直接将相关行为先行犯罪化而后才以行政违法论的立法形式，存在一定的在没有前置法的情况下“刑法先行”的特点，也即“刑法干预前置化”。③ 所谓“刑法先行”，指刑法在调整某些社会领域时不再严格遵循其补充性原则，而是将对行为进行干预的时间节点提前至其他法律规范之前。传统的刑法对于法定犯的规定往往是危害行为或危害结果发生在前，刑法对其的规制和处罚在后，难以实现对于犯罪发生的有效预防，而“刑法先行”通过设立补充新的犯罪，或在原有犯罪的基础之上改变其既遂的条件，以实现对于个人法益和社会重要法益的超前保护。法定犯不同于传统自然犯，法律对其行为发生的危险性及危害后果的发生应当具有一个明确的预期，因此在这种情形之下，将刑法规制

---

① 参见孙万怀：《法定犯拓展与刑法理论取代》，载《政治与法律》2008年第12期。
② 参见黄河：《行政刑法比较研究》，中国方正出版社2001年版，第145页。
③ 参见王强军：《刑法干预前置化的理性反思》，载《中国法学》2021年第3期。

进行前置化从而有效抑制危害结果的发生无疑有利于实现对社会安全的有效保障。

笔者认为，之所以在立法中出现刑法先行，则是因某些领域的法定犯呈现出与自然犯的交叉，尤其是与人们生命安全相关的重要法益，由于前置法的缺失，“保障性”的刑法便逐渐突破到保护的前沿。这是否具有合理性？笔者认为，法定犯总是与时代发展、科技进步、国家政策的变动密切相关，带有鲜明的时代印记，法定犯的社会危害性具有较高易变性。由于法定犯是以违反各类非刑事法律法规为基础，而这些法律法规总是随着社会的变迁和形势的发展而进行修改，法定犯与其依附的前置规定密切相关，非刑事法律法规一旦调整变动，法定犯也必然要调整变化。

传统法定犯理论认为，制定行政刑法不是为了保护法益，也不是为了保护伦理道德秩序，只能是为了保护法规自身，为了自我满足或证明自己的权力。[①] 但实际上，立法者制定任何规范，都是为了实现一定的目的，保护特定的法益，而不可能是为了保护某种规范本身而制定规范；如果单纯为了保护某种规范而制定规范，不仅不会给国家带来任何利益，相反则会严重损害公民的自由。在国家治理体系和治理能力现代化背景下，实现刑法的良法善治而非过度治理，是法定犯在立法和司法过程中面临的现实问题。因此，单纯的形式界定没有对法定犯违反规范的价值作出评价，有损法定犯的存在意义，而且如果法定犯只是单纯为了保护行政法律法规本身，那么《我不是药神》所引发的民众对立法的质疑就不足为怪。

从法定犯对秩序的保障来看，法律规范的权威会导致规范伦理化，其伦理非难会随着行政法律法规的调整废止而发生变化，形成“法定犯之自然犯化”现象。现实中，伦理道德的标准随着社会的发展而不断变化，不违反伦理道德的标准似乎难以适用于所有法定犯，如危害食品、药品安全，破坏环境等公害犯罪，从刑法规定及刑法理论的认识看，普遍认为属于法定犯，但是这类犯罪，人民群众深恶痛绝，严重危害人民群众身体健康，明显表现为“道德低下”。正如有学者认为，刑法对犯罪的评价应当植根于犯罪的反伦理性。这一点在自然犯和法定犯中同样适用，法定犯与社会伦理道德也具有某种关联性，因为在相应的法规制定之后，遵守这种法规也就成了某一社会伦理上的要求。[②]

笔者认为，法定犯在我国刑法立法中体现广泛，有必要从其与法益的相关性也即道德谴责性强弱进行区分研究，根据法益保护的直接性需求及法益本身的重大性将法定犯分为相对纯粹秩序法定犯与公害犯罪。对于相对纯粹秩序法定犯，根据是否经济犯罪进行再次划分，如逃税罪、走私罪等可以在入罪门槛上设置较高的门槛，同时在处罚措施上更着重于与行政制裁的衔接，考虑刑法的补充性；而对于公害犯罪，由于其具

---

① 参见张明楷：《法益初论》，中国政法大学出版社 2000 年版，第 352—353 页。

② 参见许发民：《论刑法的伦理品性》，载《法律科学（西北政法学院学报）》1997 年第 4 期。

有相对突出的公众利益的损害,在设置上,“法益”的保护仍然应当作为重要的考虑,与前置法的衔接也应当立足于“法益”的保护需求,有时不应当受限于前置法,而应当考虑刑法独立的保障机能。

此外,在风险社会的影响下,刑事立法出现了针对某些领域的象征性立法,比如污染环境犯罪、金融犯罪、恐怖主义犯罪等,刑法保护法益走向抽象化,产生了大量的抽象危险犯。对抽象危险犯是否还需要进行实质的危险判断,理论界存在不同认识,周光权教授曾指出:“抽象危险如果在司法上还要判断和限定,不管怎么判断,用什么方法判断,只要一判断和限定,抽象危险犯就无限接近具体危险犯了。”①但也有学者指出,只要行为人实施了不被容许的风险行为就可能成立风险犯,可能产生扩大刑事处罚范围的风险,而且由于被容许的风险行为与不被容许的风险行为在有些场合只有一线之差,因此很容易出现两者之界限难以划清的问题,在一些科技发展领域,扩大风险犯的处罚范围还会使人们丧失挑战风险的信心,从而阻碍科学技术的发展。②

笔者认为,法定犯在现代社会的发展多是基于对社会新生现象的不确定风险的防御,不宜打破传统的以具体内容为基础的“法益”概念。虽说一切法益,不管是社会法益还是国家法益,都难以与个人利益相解脱,但各种法益的特点不同,难以都按照个人法益的保护模式应对。法定犯所保护的法益与个人法益应当具有一定的传递性,尤其是对于一些新型犯罪,其危害性可能并不明显,但一旦发生严重危害后果,此时法定犯的设置便有必要。在理解法定犯的法益内容时,可以参考德国学者提出的“累积犯”或者“蓄积犯”的概念。③ 大部分自然犯侵犯的法益是个人法益,由于其自身存在的恶性,严重侵犯了公众的切身利益,因而古往今来被人们深恶痛绝。而绝大部分法定犯基于法律法规的规定,保护的是社会公共利益,与普通公众的情感好恶并无紧密联系,因此法定犯具有相对较弱的反伦理性。对于法定犯来说,虽然侵犯了社会公共利益,但既不能在伦理道德中寻找到准确答案,也不能仅凭形式界定确定,而只能在共同生活利益中界定。正如韩忠谟教授所言:“法定犯所依据之法规,虽系基于新兴之社会环境而产生,然既有规定之必要,则其所命令或取缔者,自必与共同生活之利益有关。若明知行为有碍于共同利益,犹不顾而为之,则其在道义上所得受之评价,与一般所谓自然犯当无不同,因此,所谓法定犯并不违背伦理,非当然侵犯社会秩序云云,实无维持余地。”④法定犯基于其特殊性,侵犯的是特定秩序,这一特定秩序是社会共同利益的重要组成部分,其必然需要与人的利益具有内在的联系或者逻辑进路,才存在可罚性

① 梁根林主编:《当代刑法思潮论坛(第一卷):刑法体系与犯罪构造》,北京大学出版社 2016 年版,第 411 页。

② 参见刘明祥:《“风险刑法”的风险及其控制》,载《法商研究》2011 年第 4 期。

③ 参见皮勇:《论新型网络犯罪立法及其适用》,载《中国社会科学》2018 年第 10 期。

④ 韩忠谟:《刑法原理》,北京大学出版社 2009 年版,第 74 页。

与当罚性。

为了实现刑法的社会治理功效,国家政策的介入不可避免地使刑法法理为其所触动,例如犯罪标准前移、创设新的归责形式等,如何协调法理与政策的矛盾是法定犯立法不可回避的问题。对此,有学者提出,现代刑法对社会治理应当有积极的反应,必须进行自身调整,包括定罪标准、归责原则、刑罚功能等,即在社会整体的变迁过程中重新定位科技进步、文明发展与刑事立法的协调互动关系,并经由这样的调整,使得刑事立法一方面坚持传统刑法的基本品质,另一方面兼顾社会发展,在体现刑法惩罚害恶、恢复公平正义的同时,积极发挥现代刑法维护社会安全秩序和保障人权的双重功能。① 在刑事立法上要借鉴各国刑法的先进经验,吸取人类社会一切有益的刑法理论和刑法思想,刑事立法应对具有一定的预见性,但对于一些政策法律不清、判断标准不明的行为,不要急于使用刑法手段,可暂不处理,或用非刑法手段先予管理,对于刑法未予明文规定的犯罪行为,切不可突破罪刑法定原则。②

法定犯的扩张在发挥刑法积极参与治理功效的同时,并不意味着贬低此外的社会治理手段③,要防止刑法(罚)在治理体系中“一家独大”,挤压、削弱、抵销其他治理手段的价值和功能,抛弃刑法万能主义、刑法工具主义及重刑主义等传统落后刑法观念,树立现代刑事治理理念,以把握刑事治理规律为前提和基础,科学厘清刑事治理的性质、任务和目标,积极引入社会力量,综合运用包括刑法在内的国家正式治理手段和民间社会自发形成的各种非正式治理手段,构建多元参与的刑法治理模式。④

---

① 参见高铭暄:《风险社会中刑事立法正当性理论研究》,载《法学论坛》2011 年第 4 期。

② 参见高铭暄、赵秉志、鲍遂献:《当前的十大刑法观》,载《人民检察》1994 年第 12 期。

③ 参见姚万勤:《国家治理现代化视域下刑法治理问题研究——以理念转换与模式建构为视角》,载《晋阳学刊》2016 年第 1 期。

④ 参见高铭暄、曹波:《新中国刑事治理能力现代化之路——致敬中华人民共和国七十华诞》,载《法治研究》2019 年第 6 期。

防卫挑拨行为人有限防卫权问题研究

王　晓[*]　凌瑞翔[**]

一、问题的提出

防卫挑拨通常被认定为故意犯罪，由此被排除出正当防卫的范畴。① 尽管其在客观上符合正当防卫的要件，但由于不具备防卫的主观意图，因此不少学者认为该行为本质上系不法侵害而非正当防卫。② 前述观点得到了司法机关的认可并成为主流观点，2020 年最高人民法院、最高人民检察院、公安部《关于依法适用正当防卫制度的指导意见》（以下简称《正当防卫指导意见》）第 8 条明确指出，"对于故意以语言、行为等挑动对方侵害自己再予以反击的防卫挑拨，不应认定为防卫行为"。可见，《正当防卫指导意见》将行为人具备防卫意思作为其行为成立正当防卫的必要条件，然而此种规定可能会促使"挑拨无防卫"理念甚嚣尘上，甚至导致挑拨者的防卫权处于"真空"状态，即一旦行为人挑拨引起不法侵害，其便不享有防卫权。然而，此种片面化的认知导致正当防卫制度存在法律漏洞——难以覆盖正当防卫制度应有的适用范围，致使该规定违反制定法计划的不完整性③，同时为行为人实行正当防卫设置了严格的准入门槛。

具体而言，以下三种防卫挑拨情形中的挑拨者如若无法正当防卫将会导致防卫权虚置：第一，挑拨者的挑拨行为并非不法侵害，被挑拨者经由挑拨之后立刻予以反击的行为成立不法侵害；第二，挑拨者的挑拨行为系不法侵害，但被挑拨者予以反击时前述不法侵害已经结束，被挑拨者对挑拨者实行新的不法侵害；第三，挑拨者的挑拨行为系不法侵害，被挑拨者面临该不法侵害时立刻予以反击，但被挑拨者的反击行为超出挑拨者的预期。诚然，对于第三种情形，当下已有学者予以论述，但是其在论述中也仅仅将该种情形认定为享有防卫权，而仅仅认定该种情形下挑拨者具备防卫权是不够

---

* 浙江理工大学法政学院教授。

** 中南财经政法大学硕士研究生。

① 参见周国均、刘根菊：《试论防卫挑拨》，载《西北政法学院学报》1986 年第 3 期。

② 参见高铭暄、马克昌主编：《刑法学》（第 9 版），北京大学出版社、高等教育出版社 2019 年版，第 127 页。

③ 参见〔德〕卡尔·拉伦茨：《法学方法论》（全书·第 6 版），黄家镇译，商务印书馆 2020 年版，第 469 页。

的,也是不充分的。[①]

由于《正当防卫指导意见》并没有为挑拨者指明其接下来应当如何保全自身法益,因而挑拨者似乎只能躲避、被动防御或者是被动接受侵害。然而,即便挑拨者存在过错,其也"罪不至死"。仅仅因为先前挑拨行为的存在不能直接否定正当防卫的成立,挑拨者的反击行为同样存在防卫过当的空间。既然正当防卫制度身负维护社会良善、具象化私力救济的功能,其更应当对所保护主体一视同仁,而不能仅仅因某主体存在过错而剥夺其防卫权。行文至此,笔者对防卫挑拨通说理论持否定态度,因此将在下文对该通说理论进行检视和回应——以此进一步说明通说理论缘何不能成立。在此基础上,笔者将对挑拨者为何具备防卫权予以证成,厘清其得以存在的根据,当前述两个论证环节完成之后,才对有限防卫权成立和适用的逻辑进行明确,从而为司法实务中如何应对防卫挑拨提供方案。

二、有限防卫权成立的理论基础

(一)有限防卫权成立的法哲学根据

合理的法律制度应当符合正义的要求,而刑法的价值构造亦是以公正为基石[②],正当防卫权的行使同样需要与正义原则相呼应。判断何种行为符合正义的要求的前提在于对正义立场的选择。诚然,就正义真意的探讨自古希腊始便不曾停止,先辈诸贤均竭尽所能探索一方园地,仍莫衷一是。但我们仍能够从对正义的不同论述中找到正义理论的共性。

柏拉图视野下的正义承担着个人德性定位的同时也是理想社会的特征,既然要求各行其是地做本分之事,那么任何人都不能逾越本分对他人的"本分的事情"进行干预。[③] 争论发展至亚里士多德之时,其则认为公正是交往行为总体的德性,出于总体的德性的行为基本上就是法律要求的行为。[④] 根据亚里士多德的观点,守法与正义挂钩,而违法则与非正义挂钩,因此从公民的角度来讲,只要其守法便符合德性的要求,符合正义的要求。对于前述守法的公民,其权利便不应受他人侵害。尔后有关正义理论的主要争议便是功利主义与自由主义的分野,有学者称之为当代正义理论的两极,前者强调社会整体福利的最大化,后者则强调个人自由权利的优先。[⑤] 然而,即便

① 参见黎宏:《刑法学总论》(第 2 版),法律出版社 2016 年版,第 137 页。

② 参见陈兴良:《刑法的价值构造》,载《法学研究》1995 年第 6 期。

③ 参见〔古希腊〕柏拉图:《理想国》,郭斌和、张竹明译,商务印书馆 1986 年版,第 19、169 页。

④ 参见〔古希腊〕亚里士多德:《尼各马可伦理学》,廖申白译注,商务印书馆 2003 年版,第 133 页。

⑤ 参见何建华:《正义是什么:效用、公平、权利还是美德》,载《学术月刊》2004 年第 10 期。

功利主义者举旗表示自己的理论追求的是“最大多数人的最大幸福”,但不可否认的是,功利主义对于效用的追求是放在首位的,从而将会导致对人权的忽视。而以罗尔斯为代表的当代自由主义论者将个人权利的重视置于一个极其重要的位置,将正义与公平进行衔接,突出对社会弱势群体的利益分配与衡平。诺齐克随即提出“正义即权利”的理论,认为一旦人对其持有是有权利的,那么他的持有就是正义的,这种权利神圣不可侵犯,任何个人和团体都不能以任何理由侵犯个人的权利。① 相对而言,笔者在宏观的社会不同群体的层面认同罗尔斯的理论,而在涉及个人权利保护层面则认为诺齐克的理论更具有针对性,将主要以此二者的理论作为证成挑拨者具备防卫权的主要理由。

对正义理论源流的追溯有助于进一步探索挑拨者防卫权是否存在成立基础,具体而言,需要先后分析挑拨者和被挑拨者是否符合正义的要求。首先,挑拨者本身并没有被排除出法律保护的范围,其对反击行为进行防卫符合正义的要求。无论是法律上还是道德上,挑拨者通常不会因实施了单纯的挑拨行为而被剥夺其所应当具备的防卫权,更不会因此丧失其作为人的基本权利。其次,被挑拨者的不法侵害行为违背了法律和正义的要求。我们在此应当明确的是,即便挑拨者的挑拨行为存在一定的过错,只要被挑拨者的反击行为并不成立正当防卫,那么被挑拨者便没有权利侵害挑拨者的权利。

(二)有限防卫权成立的法教义学根据

1. 有限防卫权的成立具备实定法根据

尽管防卫挑拨通说理论否认了挑拨者成立正当防卫的可能性,但是《刑法》第 20 条的条文中并没有明文将挑拨者排除出防卫人的范围。众所周知,《刑法》第 20 条中主体即为能够制止正在进行不法侵害的行为人,既然如此,只要挑拨者制止的行为是正在进行的不法侵害行为,即符合正当防卫的主体要求。在此情况下便需要判断被挑拨者的行为是否为不法侵害行为。根据笔者在下文的论述,被挑拨者的行为本身具备不法侵害性。因此,在文义层面,存在将“挑拨者”解释为“防卫人”的空间。

值得说明的是,将“挑拨者”认定为“防卫人”并不妨碍《刑法》第 20 条的立法目的。解释的目标并非查明立法者的意志,而是查明(言简意赅的表达为)“法律的意志”,这项意义并不必然符合(不论是历史上的还是现今的)立法者将其与法律文本相连接的那个意义。② 从《刑法》第 20 条正当防卫条款的立法目的上考究可知,正当防卫制度的创设本意便是保护行为人的利益免受侵害。在当下社会,行为人利益遭受侵害

---

① 转引自黎宏:《刑法学总论》(第 2 版),法律出版社 2016 年版,第 137 页。

② 参见[德]罗尔夫·旺克:《法律解释》(第 6 版),蒋毅、季红明译,北京大学出版社 2020 年版,第 55—56 页。

是较为普遍的情况，作为保护主体的国家并不能随时保障公民的权益，因此才创设此种制度来赋予行为人反击不法侵害且免受处罚的权利。正如洛克所言，一旦公民侵犯他人的权利，那么就进入了“战争状态”（对他人的生命有所企图地表示的状态）。[①] 被挑拨者对挑拨者权利的侵害便是一种“战争状态”，没理由对该行为予以额外的肯定。在此基础上，应当认为《正当防卫指导意见》第 8 条的规定需要进行限缩解释——挑拨者不能对其通过故意挑拨的手段引发的被挑拨者的正当防卫予以防卫。

2. *有限防卫权正当性依据的展开*

正当防卫的正当性依据应当坚持优越利益说。诚如施特拉腾韦特所言，刑法在此衡量的是，避免的损害与造成的损失之间的优先关系。[②] 无论是法确证还是个人保全理论，最后仍然是回归到“利益”之中。既然如此，两者都表明正当性依据的背后是利益，违法阻却事由便是利益衡量的结果。防卫人之所以能够对不法侵害人实施防卫行为且不被追究刑事责任，恰是因为与不法侵害人意欲追求的不正当利益相比，防卫人本身所防卫的正当利益具有显著的优越地位。[③] 防卫人的利益得到较高的评价，而不法侵害人的利益则处于较低的评价之中。

同时，坚持优越利益说的学者需要解释侵害者法益的受保护性为何下降，持该说者或认为“与紧急避险不同，可以说即便是在不为‘法益衡量’所左右的意义上，也必须认为被侵害者的优越地位不是量的，而是所谓的质的优位性、优越性”[④]，或认为“从本质上看，不法侵害者所要获得的利益是不正当的，而正当防卫所要保护的利益是正当的。与不正当利益相比，正当利益当然具有本质的优越性”[⑤]。但是，前述理论的论证始终没有结合现行法予以分析，有隔靴搔痒之感。为补足论证逻辑链，陈璇教授提出将“法益保护”与“侵害人值得保护性的双重下降”相结合。[⑥] “侵害人值得保护性的双重下降”学说的提出为侵害人一方法益下降的原因找到了宪法支持，也因此为此主体法益的下降找到了正当化的理由。

为了保证优越利益说更具有合理性，应当明确两条基本的适用规则：第一，即便不法侵害人的利益值得保护性下降，但是当防卫人的利益明显低于不法侵害人的利益时，便不得予以防卫。第二，当不法侵害行为与防卫行为所可能损害的法益相差无几时，应当认为不法侵害人的法益低于防卫人的法益，同时为了保障防卫行为在合理限

① 参见〔英〕洛克：《政府论（下篇）——论政府的真正起源、范围和目的》，叶启芳、瞿菊农译，商务印书馆 1964 年版，第 11—14 页。

② 参见〔德〕冈特·施特拉腾韦特、〔德〕洛塔尔·库伦：《刑法总论 I——犯罪论》，杨萌译，法律出版社 2006 年版，第 161 页。

③ 参见〔德〕卡尔·拉伦茨：《法学方法论》（第 6 版），黄家镇译，商务印书馆 2020 年版，第 469 页。

④ 〔日〕山口厚：《刑法总论》（第 3 版），付立庆译，中国人民大学出版社 2018 年版，第 116—117 页。

⑤ 张明楷：《刑法学》（第 6 版），法律出版社 2021 年版，第 257 页。

⑥ 参见陈璇：《正当防卫：理念、学说与制度适用》，中国检察出版社 2020 年版，第 25—29 页。

度之内,最终应当将防卫行为实际造成的后果与不法侵害可能造成的后果进行比较。同时,在此需要强调的是,将二者进行法益衡量时,不法侵害行为的后果是行为在不加干预的情况下可能造成的后果,而防卫行为的后果则是现实中防卫行为造成的后果。行为的发生具备时间上的单向性,行为可能造成的损害已经包括了实施行为时实际存在的损害,因此基于全面评价双方利益的考量,倘若任由不法侵害行为发生,则预期的法律后果将会成为现实。

3. 被挑拨者反击行为具备非法性

被挑拨者所实行的反击行为自然可能侵害或者威胁挑拨者、第三人的生命、健康利益。诚如上文所述,只有当挑拨者的挑拨行为是不法侵害行为且正在进行时,才能将被挑拨者的反击行为认定为正当防卫,除此种情形外并没有成立正当防卫的可能性。申言之,当被挑拨者的行为是合法行为或者违法阻却事由时,挑拨者便不存在成立正当防卫的可能性(究其原因是不存在正当防卫的前提条件)。在挑拨行为发生前、挑拨行为发生时(不被认定为危险)和挑拨行为发生后的三个时间段,被挑拨者均不存在紧急避险的空间。被挑拨者面对挑拨者的挑拨行为,其意在对挑拨者进行反击,并不愿放弃自己的法益,更不愿意接受他人对自己法益的侵害,不符合被害人自陷风险、被害人承诺和危险接受的条件。申言之,被挑拨者的行为具备法益侵害性且在大多数情况下欠缺法益阻却事由,在此种情况下自然存在挑拨者正当防卫的基础。

4. 挑拨行为与防卫行为不具备整体关联性

既然有限防卫权是防卫挑拨行为人的防卫权,则其整体关联性的区分即为防卫挑拨全部行为整体关联性的区分。申言之,防卫挑拨中涉及的挑拨行为与被挑拨者的反击行为并不必然挂钩,亦即两行为间并不必然具备整体关联性。尽管前者的存在可能与后者的产生存在一定的条件关系,但是更多情况下,被挑拨者仍可基于其自由意志确定行动与否(既可对挑拨行为予以反击,也可不予以反击)。既然挑拨者无法完全支配被挑拨者的行为,那么挑拨行为与反击行为便存在脱钩的可能性。为使论述逻辑更具合理性,有必要认定可将多行为视为一个行为的条件。

笔者认为若要将防卫挑拨中多个独立的行为视为一个行为,应当具备如下条件:第一,挑拨行为应当为不法侵害,唯有如此,被挑拨者面对不法侵害实施的正当防卫才是挑拨者无法防卫的。第二,挑拨行为致使被挑拨者需要实施相应的反击行为才能摆脱挑拨行为对自己法益的侵害,亦即如果被挑拨者不对挑拨行为进行反击,则自身法益便会受损。值得注意的是,被挑拨者面临的此种情境需要根据当时的客观情况予以确定。第三,挑拨者对于被挑拨者的行为具有高度的预期性和可控制性,挑拨者能够预期被挑拨者反击行为伤害等级的幅度(如轻微伤、轻伤),而被挑拨者的反击行为在挑拨者实际能力的控制范围之内(挑拨者的内心真意自然是不想己身法益遭受侵害)。

唯有如此,被挑拨者的行为才与挑拨者的行为构成一个整体。另外,即便挑拨行为构成不法侵害,一旦被挑拨者反击行为的法益侵害性远超前述不法侵害的法益侵害性,也应当否定其整体关联性。有关可预期性的探讨中可能存在争议的便是反击行为方式的变化,挑拨者意欲通过挑拨行为引起被挑拨者实施较轻的反击行为,但是被挑拨者实际实施了较重的反击行为。同时,应当注意的是,倘若认为被挑拨者行为不同便超出挑拨者的预期性,则挑拨者为了使自己应对被挑拨者反击行为的攻击成立正当防卫,必然指称自己没有准确预料到被挑拨者的行为。为了避免正当防卫权沦为故意伤害的工具,应当进一步明确:挑拨者心里的预期性应当仅仅是对法益侵害的预期,而不包括对具体行为方式的预期。

挑拨行为与反击行为具有整体关联性并非防卫挑拨的常态,除此之外的情形便具有实施正当防卫的空间。

三、有限防卫权的成立和适用逻辑

行文至此,挑拨者的正当防卫权何以存在、何以可能已经得到基本论证。在此基础上便需要分析当发生防卫挑拨系列行为之时,应当以何种顺序认定挑拨者有限防卫权的成立,同时对此间系列行为导致的不同结果应当如何在刑法上予以定位。笔者认为,若要成立有限防卫权,需要通过下列程序予以判断。

首先,应当分析"挑拨行为"的性质是否为不法侵害。众所周知,存在不法侵害行为是正当防卫成立的基础/前提条件,这一判断顺序放在防卫挑拨系列行为中同样成立。在判断不法侵害之时无外乎两种情况:第一,挑拨行为并非不法侵害;第二,挑拨行为属于不法侵害。就前者而言,既然挑拨行为并非不法侵害,则被挑拨者自身的法益并不受挑拨行为侵害,为此被挑拨者不存在正当防卫的空间。既然如此,被挑拨者对挑拨者展开的反击行为即为不法侵害,挑拨者亦因此存在正当防卫的前提条件。值得注意的是,不能因为行为人在冲突发生时手持防卫防具就认定其属于挑拨行为,此种方式将会导致挑拨行为范围的认定过宽。一旦挑拨行为被认定为不法侵害,被挑拨者应对该不法侵害便存在正当防卫的空间。值得明确的是,仅凭挑拨行为构成不法侵害不能直接否定挑拨者进行正当防卫的可能性,挑拨者正当防卫成立与否需要根据正当防卫的成立要件予以进一步判断。

其次,当挑拨行为构成不法侵害时,需要判断该不法侵害是否符合"正在进行"的时间要件。诚然,作为不法侵害的挑拨行为符合时间要件的,则对于被挑拨者而言,其便存在成立正当防卫的可能性,反之便不存在正当防卫的可能性。为此,便需要对"正在进行"的内涵予以界定。尽管学界对此存在多种学说,但是本文对此的立场是,所谓"正在进行”的起止阶段为:以犯罪着手作为起始点,而以防卫人脱离不法侵害行为侵害危险那一刻作为终点。因此,一旦作为不法侵害的挑拨行为已经不处于该时间要件,则被挑拨者的反击行为便不符合正当防卫的要件,挑拨者面对反击行为便又具备正当防卫的空间。倘若挑拨者实施完挑拨行为后离开,被挑拨者在此时已经脱离遭受侵害的可能性,但由于内心气愤又追上前对挑拨者予以打击,则该打击是被挑拨者新创设的不法侵害,挑拨者因此便存在成立正当防卫的空间。

再次,需要进一步分析挑拨行为实际造成的法益侵害与反击行为可能造成的法益侵害相比是否具有优越利益。具体而言可能存在如下情况:第一,挑拨行为实际造成的法益侵害与反击行为可能造成的法益侵害相差无几,此时应当否定挑拨者具备正当防卫的权利。原因在于,挑拨者的行为既然已经被认定为不法侵害行为,其值得法律保护的利益便因此下降,面对反击行为相差无几的法益侵害性不具备优越性,自然不具备正当防卫的可能。第二,挑拨行为实际造成的法益侵害大于反击行为可能造成的法益侵害。显然,在此种情况下,即便不对挑拨者利益的值得保护性进行消极评价,其也不具有利益优越性,自然无法行使正当防卫权。第三,挑拨行为实际造成的法益侵害明显小于反击行为可能造成的法益侵害。挑拨者实施轻微的挑拨行为,被挑拨者则实施远超前者侵害性的反击行为,此时双方法益的值得保护性均在一定幅度内降低,但是被挑拨者显然处于更加“低”的地位,因此挑拨者可能实施正当防卫行为。第一种情形和第二种情形由于不能进行正当防卫而只能作为不法侵害处置,第三种情形则进入下一阶段的判断。

复次,针对前一步骤中可能进入正当防卫范畴的第三种情形需要进一步分析挑拨者是否具备可预测性与可控制性。一般而言,既然反击行为的法益侵害性显著高于挑拨行为的法益侵害性,原则上推导出挑拨者对此行为缺乏可预测性与可控制性,由此肯定其实施正当防卫的条件。但是,如果根据相关证据可以证明挑拨者意欲通过轻微的挑拨引起较严重的反击行为,再予以更加严重的反击行为的,应当认为其具备可预测性与可控制性,否定其正当防卫权。针对前者,可以进入最后一个阶段的分析来决定行为的最终样态;针对后者,由于挑拨者具备可预测性与可控制性,因此挑拨行为与反击行为具有整体关联性,挑拨者无法进行正当防卫。

最后,区分进入该阶段的防卫行为是否超出必要的限度,以此界定正当防卫与防卫过当。上述防卫行为究竟成立正当防卫还是防卫过当,需要注重必要限度的问题。① 笔者在既往的研究中认为,防卫的必要限度应当根据如下顺序予以判断:第一,判断防卫结果是否过当,主要可以从制止手段是否远超必要限度并结合防卫人对结果的主观态度入手,倘若防卫结果不过当,便不存在防卫过当;第二,防卫行为需符合时间因素,即

① 正当防卫必要限度并非本文探讨的重点,因此不作具体展开。

防卫行为需符合“正在进行”的时间要件，特殊情况系处于突发性、持续性的侵害行为的时间段内，则无须苛责防卫人的主观态度；第三，防卫行为需要在必要限度内，具体而言，行为因素包括手段、工具和人数三方面内容，手段优于人数，人数优于工具。[①] 当行为最终没有超过必要限度之时，反击行为便构成有限防卫权。

四、结语

防卫挑拨应当脱离当下“挑拨无防卫”的传统理论，而对挑拨者的有限防卫权予以认可、探索和构建。对于挑拨者而言，其正当防卫权的存在具备法哲学基础，符合优越利益说，挑拨行为的整体关联性能够进一步界分，被挑拨者的反击行为具有法益侵害性（在多数情况下能够被认定为不法侵害）。一旦挑拨者享有防卫权得以论证，便应当对通过何种程序界定“有限防卫权”进行探索，唯有通过前述程序才能合理认定有限防卫权，既纠正了传统学说立场下挑拨者权利保护的缺位状态，也避免了挑拨者利用本文认定的“有限防卫权”侵害被挑拨者乃至第三人的利益，实现罪刑均衡。

---

① 参见王晓、凌瑞翔：《论正当防卫必要限度——结合〈刑法〉第二十条第三款的分析》，载《浙江理工大学学报（社会科学版）》2020年第3期。

防卫过当认定标准的理论检视及其修正*

王文明**

一、防卫过当中“明显超过”的认定标准

对防卫过当中“明显超过”的认定，不能局限于事后的客观判断，还必须考虑防卫人行为时的特殊主观心理状态，即认定“明显超过”时，一方面，按照社会一般人的认知标准，防卫人的行为已经超出了必要限度；另一方面，防卫人对自己所实行的行为已经超出了必要限度，必须有清醒的认识。但是社会一般人已经认识到防卫行为明显超出必要限度，而防卫人基于当时恐惧、惊慌、愤怒等特定情境下的主观心理状态，在内心情绪波动很大的情况下没有认识到其防卫行为已经明显超出必要限度，则不可以称之为“明显超过”。① 对防卫限度的判断，倘若仅根据社会一般人的认知标准对防卫行为是否明显超出必要限度进行判断，则会忽视防卫人行为时的特别认知，进而导致防卫行为形式上“明显超过”而实质上并未“明显超过”的不合理结论。防卫人因恐惧、惊慌、愤怒等情绪而未认识到其防卫行为已经明显超出必要限度的，属于事实认识错误，不能将其认定为“明显超过”，即此种情形下不构成防卫过当。对此，最高人民法院、最高人民检察院、公安部《关于依法适用正当防卫制度的指导意见》第 14 条明确指出，“要综合考虑案件情况，特别是不法侵害人的过错程度、不法侵害的严重程度以及防卫人面对不法侵害的恐慌、紧张等心理，确保刑罚裁量适当、公正”。

“关于‘明显超过必要限度’的判断视角，应当立足于情境论的立场，以防卫人的实际能力作为能力标准，并且以防卫人在行为时实际获取的信息以及当时本来应当能够获取的信息作为事实依据。”②即在判断防卫行为是否“明显超过必要限度”时，应基于防卫人视角，将防卫人行为时所具有的实际能力单独作为一种能力标准进行评价，并以防卫人行为时所能获取到的信息为事实依据，不能强人所难，不可脱离防卫人行为时的特殊情境。正如黎宏教授所言，正当防卫是“考虑到人在面临不法侵害的紧急状

---

* 本文系国家社会科学基金青年项目“刑民交叉视野下防卫过当的判断机制构建研究”（22CFX060）的阶段性成果。

** 河南工业大学法学院讲师、硕士研究生导师。

① 参见郭泽强：《正当防卫制度研究的新视界》，中国社会科学出版社 2010 年版，第 116 页。

② 邹兵建：《正当防卫中“明显超过必要限度”的法教义学研究》，载《法学》2018 年第 11 期。

态下,可能会因为吃惊、恐惧、紧张而陷入无意识状态,出于逃避危险的条件反射而对加害行为人进行反击的本能而设立的,是法律不能强人所难的体现"①。

对于防卫限度应当从行为限度与结果限度两个方面进行判断,即"在行为限度方面,应站在防卫人的视角对其防卫能力及其对风险的合理预期进行充分考量,以确定行为是否明显超过必要限度。而在结果限度方面,应从侵害人视角出发,对于在一般人看来属于侵害行为所导致的典型性风险或可预见的防卫结果都应认定属于正当防卫的结果限度之内"②。该观点对行为限度的判断,立足于防卫人视角,并且充分考虑防卫人自身的防卫能力等特殊因素,即对行为限度的判断,应当采取防卫人合理判断标准,值得肯定;但其对结果限度的判断,采取的却是立足于侵害人视角的一般人标准,该标准明显割裂了行为限度与结果限度之间的并列关系,未将防卫行为作一体化的整体判断,从而不能完全摆脱事后判断说对于正当防卫权的束缚。

笔者认为,对于"明显"的界定,一方面不能仅根据社会一般人的主观认识就作出判断,另一方面也不能只根据防卫人的主观认识就作出判断,而是应当按照合理的行为人标准来判断防卫人的行为所超出的必要限度是否达到了"明显"的程度,即应当根据"一般人认知+行为人特别认知"进行综合判断。③ 这里的合理的行为人标准是借鉴英美法系的行为人合理确信标准而提出的。例如,在新加坡的司法实践中,关于私人防卫的举证责任,则明确要求防卫人自证其防卫行为的合理性,即必须证明:"侵害人身的犯罪正在实施或被合理地感受、没有时间向公权力机关求援、行使防卫权之时合理地感受到他人实施侵害人身的犯罪的威胁、对被防卫人的损害对私人防卫是合理的必要。"④新加坡刑法要求防卫人自证其防卫行为合理性的做法,实际上接近于社会一般人标准,即其辩护理由必须达到社会一般人合理相信的程度。因而这种合理的行为人标准并不会完全是主观标准从而使其不具有司法可操作性。

然而,在最高人民法院指导案例 93 号——"于欢故意伤害案"中,二审法院在判断行为人所面临的不法侵害的严重程度时,虽然采取了社会一般人标准,从而认定于欢的行为具有防卫性质,但并没有充分考虑于欢防卫时的特别认知,即在当时的特定情境下,于欢所具有的恐惧、惊慌、愤怒等主观心理状态,因而以防卫过当为由作出了判处其 5 年有期徒刑的决定,而非将于欢防卫时的特殊认知理解为一种事实认识错误,故而也不会将其视为一种情绪性免责事由。

---

① 黎宏:《论防卫过当的罪过形式》,载《法学》2019 年第 2 期。

② 童伟华、王献英:《正当防卫限度判断的路径修正与视角转换》,载《广西社会科学》2020 年第 6 期。

③ 参见王文明、郑泽善:《正当防卫紧迫性认定标准的反思与重构》,载《广西社会科学》2019 年第 7 期。

④ 陆凌:《新加坡刑法中的私人防卫制度》,载《广西大学学报(哲学社会科学版)》2017 年第 2 期。

二、防卫过当"重大损害"的重新解读

"重伤以下无过当规则"有松绑正当防卫权之功效。① 笔者认为,防卫过当中的"重大损害"只包括重大人身损害,并不包括重大财产损害。不可否认的是,单纯依字面上的意思来解读,"重大损害"应该包含重大人身损害和重大财产损害两部分内容,但就正当防卫的设置初衷及重大人身损害与重大财产损害的差异化行为特质而言,且不考虑现实发生的正当防卫案件,多数情况下,防卫过当中的"重大损害"表现为防卫人使用水果刀、棍棒等工具致不法侵害人重伤、死亡的结果。对此,张明楷教授认为,"防卫行为造成轻伤的,不成立防卫过当。因为轻伤不可能属于重大损害。如果不法侵害属于犯罪行为的,防卫行为造成重伤的,原则上也不过当。如果防卫行为造成不法侵害者死亡的,参照第 20 条第 3 款认定是否属于防卫过当"②。按照张明楷教授的观点,防卫行为造成轻伤的,一律不成立防卫过当,是否矫枉过正?笔者认为,将造成轻伤结果排除出"重大损害"范围的做法并未矫枉过正。因为正当防卫的前提是有不法侵害存在,而刑法规定的不法侵害要求具有紧迫性和严重性;相对不法侵害造成的损害后果,防卫行为所造成的轻伤结果并不是特别悬殊,是在社会一般人所能容忍的范围之内的。对此,梁根林教授基本上也持该种观点,即"所谓'造成重大损害'指造成不法侵害人重伤死亡等重大人身损害结果而不包括防卫行为仅仅造成不法侵害人轻伤的人身损害结果,一般亦不包括造成不法侵害人重大财产损失的情况"③。并且,最高人民法院、最高人民检察院、公安部《关于依法适用正当防卫制度的指导意见》第 13 条明确指出,"'造成重大损害'是指造成不法侵害人重伤、死亡。造成轻伤及以下损害的,不属于重大损害"。

此外,即便出现了对不法侵害人的财物造成了严重损害的防卫结果,如果不存在重大人身损害,就没有必要认定为防卫过当。因为防卫过当制度的设立,尽管从表面上看,使行为人的防卫权受到了限缩,但由于这一限度的存在,反而令防卫人的正当权益明晰化,只要没有明显超过必要限度的要求进而造成重大人身损害结果的,便不能将防卫行为认定为防卫过当。重大的人身损害具有不可逆的特点,人死不能复生,伤残的即使可以在身体功能上加以复原,但自身痛苦与心灵伤害在实质上却无法补偿,所以防卫过当的行为人如若导致了重大的人身损害,并且其防卫行为明显超过了

---

① 参见徐万龙:《"重伤以下无过当规则"的反思与纠偏》,载《浙江大学学报(人文社会科学版)》2022 年第 3 期。

② 张明楷:《正当防卫与防卫过当的司法认定》,载《法律适用》2018 年第 20 期。

③ 梁根林:《防卫过当不法判断的立场、标准与逻辑》,载《法学》2019 年第 2 期。

必要限度，就应当为此负刑事责任。财产损害则不然，它可以用等值财产进行替换，即便防卫人给不法侵害人造成了不必要的重大财产损害，也可以要求防卫人对不法侵害人进行相应的民事赔偿。《民法典》第181条第2款对防卫过当进行了规定，正当防卫超过必要限度，造成不应有的损害的，正当防卫人应当承担适当的民事责任。此外，由于刑法本身具有谦抑性的特性，因而对于能够由民事法律或行政法律调整的法律关系，刑法不应再予以调整。若将此按防卫过当处理，并对防卫人以“故意毁坏财物罪”处罚，则与当初设置正当防卫的出发点不相符，不利于鼓励公民积极行使正当防卫权。

对于“造成重大损害”的判断，司法实践一直存在“唯结果论”的办案倾向，这种事后的客观标准尽管具有较强的可操作性，但却明显不利于保护防卫人的合法权益。在紧急场合，防卫行为可能产生的后果本身就是不确定的，不能要求防卫人做到“精准防卫”。[①] 对此，笔者认为相对可行的判断标准，应当“充分考虑防卫人面临不法侵害时的紧迫状态和紧张心理，防止在事后以正常情况下冷静理性、客观精确的标准去评判防卫人”[②]。

三、防卫过当认定标准的理论修正

（一）准确定位“行为过当”与“结果过当”的关系

关于“明显超过必要限度”与“造成重大损害”的关系，劳东燕教授认为，“在解释《刑法》第20条第2款时，应将‘明显超过必要限度’与‘造成重大损害’理解为两个独立的条件，前者涉及行为限度，后者涉及结果限度”[③]。梁根林教授亦持相同观点，即“防卫过当不法的要素应当包括行为过当（行为无价值）与结果过当（结果无价值）的双重要求”[④]。这是基于行为无价值二元论的立场提出的观点，即根据行为无价值二元论的明确要求，在判断防卫行为是否过当时，首先判断行为是否过当，其行为是否体现为行为无价值；其次，在此基础之上，进一步判断该防卫人的行为过当是否引起了结果过当，从而导致结果无价值。如果既无行为过当，也无结果过当，则必然不成立防卫过当。

如果防卫人的行为仅存在行为过当，而不存在结果过当，则其防卫行为仍然成立正当防卫，因为其仅存在行为过当，并未对法益造成重大损害。这里的结果过当是指防卫行为“造成重大损害”，即造成不法侵害人死亡、重伤的后果，造成轻伤及以下损伤

---

① 参见单奕铭：《正当防卫认定中“唯结果论”的现实困境与解决路径》，载赵秉志主编：《刑法论丛》（第59卷），法律出版社2020年版，第158页。

② 最高人民法院、最高人民检察院、公安部《关于依法适用正当防卫制度的指导意见》第2条。

③ 劳东燕：《防卫过当的认定与结果无价值论的不足》，载《中外法学》2015年第5期。

④ 梁根林：《防卫过当不法判断的立场、标准与逻辑》，载《法学》2019年第2期。

的则不属于重大损害。[①] 例如,甲夜晚到乙家盗窃,被乙发现,乙拿起菜刀追砍甲,甲受轻伤被抓。甲只是侵犯乙的财产法益,乙却持菜刀对甲进行追砍,其手段行为有致人重伤、死亡的高度危险性,可以说乙的防卫行为过当,但对入室盗窃的甲仅仅造成轻伤的损害后果,则不属于防卫过当条款中的"重大损害",因而不存在结果过当,故而乙的防卫行为仍然成立正当防卫。

如果防卫人的行为仅存在结果过当,而不存在行为过当,则其防卫行为仍然成立正当防卫。这里的行为过当是指防卫行为"明显超过必要限度",即根据所保护的权利性质、不法侵害的强度和紧迫程度等综合衡量,防卫措施缺乏必要性,防卫强度与侵害程度对比也相差悬殊。[②] 例如"赵宇正当防卫案"[③],赵宇见义勇为时,踹李某腹部的那一脚就是行为不过当,而这一脚造成李某重伤二级的结果则属于结果过当。根据社会一般人的通常认识及可能反应来看,在见义勇为者制止不法侵害时,赤手空拳击打或凌空一脚飞踹不法侵害人腹部的行为并不过当,不属于过激反应和过度反击,不能因为见义勇为者的这一拳或一脚意外造成了不法侵害人"重大损害"就认定为防卫过当判断防卫是否过当,应当综合考虑防卫行为的性质、时机、手段、强度、所处环境和损害后果等情节[④],树立"法不能向不法让步"的法治理念,即立足于"防卫权本位"思想,设身处地为防卫人考量。在当时的情况下,不法侵害人被赵宇拽倒在地后,言语威胁并欲起身相斗,防卫人在惊慌、恐惧、愤怒等主观心理状态下,踹不法侵害人腹部一脚的行为并未"明显超过必要限度",其防卫行为不存在行为过当。因此,赵宇的防卫行为应当成立正当防卫。

在司法实践中,确实存在行为过当而结果不过当或者行为过当而结果不过当的情形。最高人民检察院以指导性案例的形式,认可了二者之间存在并列关系。最高人民检察院检例第 45 号——"陈某正当防卫案"指出:"刑法规定的限度条件是'明显超过必要限度造成重大损害',具体而言,行为人的防卫措施虽明显超过必要限度但防卫结果客观上并未造成重大损害,或者防卫结果虽客观上造成重大损害但防卫措施并未明显超过必要限度,均不能认定为防卫过当。"

(二)准确认定行为过当——"明显超过必要限度"

司法机关对于防卫行为是否"明显超过必要限度"的判断,应当采取综合判断标准。这里的"明显"是指防卫行为有违必要性原则,即防卫损害超出不法侵害的部分明

---

① 参见"朱凤山故意伤害(防卫过当)案",最高人民检察院检例第 46 号,2018 年 12 月 18 日发布。

② 参见"朱凤山故意伤害(防卫过当)案",最高人民检察院检例第 46 号,2018 年 12 月 18 日发布。

③ 参见《涉正当防卫典型案例》,载最高人民法院官网,https://www.court.gov.cn/zixun/xiangqing/251621.html,2023 年 7 月 8 日访问。

④ 参见"于欢故意伤害案",最高人民法院指导案例 93 号,2018 年 6 月 20 日发布。

显。对于“明显”的界定，应当按照行为人合理判断标准，判断防卫人的行为所超出的必要限度是否达到了“明显”的程度，即应当根据“一般人认知+行为人特别认知”进行综合判断。如果对“明显”的认定只是从事后的角度出发，基于防卫行为所造成的客观损害后果进行判断，实际上采取的是用结果反推行为的逆向思维，是一种“唯结果论”的逻辑进路。对此，梁根林教授认为，应“根据社会一般人的通常理解与可能反应，站在防卫人防卫当时的立场，遵循‘行为→结果’的逻辑进路，对防卫行为是否过当进行具体判断与实质判断”①。该观点基于行为无价值二元论的立场，反对司法实践中从“结果→行为”逆向思维的逻辑进路，认为这种依靠事后查明的防卫损害后果，据此倒推防卫人实施的防卫行为是否过当的惯性，其实质是单纯地进行法益衡量后所得出的结果，即将防卫人造成的法益损害结果和不法侵害人造成的法益侵害结果进行简单比较，如果不对等就是防卫过当。在对正当防卫案件进行司法裁判时，正确的逻辑判断进路应当转向“行为→结果”的理性、顺向思维，即站在行为人行为时的视角，依据社会一般人标准对防卫行为是否“明显”超过必要限度进行符合当时“情境”的具体判断、实质判断。

司法机关对于正当防卫案件的处理，应当摒弃“唯结果论”的僵化理念，即司法者在裁判正当防卫案件时，应当将“明显超过必要限度”的认定标准明确为综合判断标准，即“行为人行为时标准+社会一般人标准”，该判断标准符合正当防卫的立法精神，合乎普通民众的公平正义观念，有助于弘扬社会正气，捍卫“法不能向不法让步”的法治精神！

（三）准确认定结果过当——“造成重大损害”

司法机关对于正当防卫案件的处理，必须准确认定“造成重大损害”。刑法理论界的主流观点将防卫过当条款中“重大损害”限缩为重大的人身损害，明确排除了重大的财产损害；并且认为，尽管防卫过当造成了重大的人身损害，但由于不法侵害人相对防卫人而言，其自陷险境进而导致自身法益的值得保护性下降，故而应当优先保护防卫人的法益。正如赵雪爽博士所言，“由侵害者承担必要防卫行为溢出的重大损害结果风险，是符合法秩序平等保护公民权利宗旨的自由与责任分配方案”②。

尽管不法侵害人的利益相比防卫人的合法权益，其值得保护性有所下降，但防卫人不能滥用防卫权，对于显著轻微的不法侵害，在可以使用其他基本相当的防卫手段制止不法侵害时，不得使用相差悬殊的防卫手段，否则，就是滥用防卫权，应当否定其行为存在防卫性质。基于法益衡量原则，为保护微不足道的财产而采取致人死亡这种

① 梁根林：《防卫过当不法判断的立场、标准与逻辑》，载《法学》2019年第2期。

② 赵雪爽：《论防卫人的救助义务——自由分配视角下的正当防卫与先前行为》，载《法学研究》2023年第2期。

相差悬殊的防卫手段,显属滥用防卫权的情形。即使被告人与辩护人提出正当防卫的辩解,也显然是站不住脚的,办案的司法人员也不会采纳该辩护意见。对轻微不法侵害使用相差悬殊的防卫手段,应当结合具体案件展开具体分析,如"刘金胜故意伤害案"①就是行为人面对显著轻微的不法侵害,采取了致命性武器这种相差悬殊、不计后果的防卫手段,显属滥用防卫权的行为;再如"盛春平正当防卫案"②,在该案中,尽管不法侵害人未实施严重的不法侵害行为,但在封闭空间、多人限制其人身自由的情境之中,防卫人唯有使用随身携带的水果刀逼退对方才可能有机会得以脱身,并且不法侵害人的死亡结果与防卫人的行为存在刑法上因果关系的中断,即不能将不法侵害人的死亡结果归结于盛春平的防卫行为。

如何保障在正当防卫热点案件的关注度下降之后,不再倒退到"唯结果论"的僵化标准。对此,有观点认为,只有将防卫过当的认定彻底从结果判断中解脱出来,构建"行为限度单独标准"才是解封正当防卫逐步沦为"僵尸条款"的关键所在。③ 将防卫过当与否的判断标准由"唯结果论"转向"行为论",这是最有利于防卫人的判断标准,但是否矫枉过正?不法侵害人的合法权益尽管在值得保护性上相比防卫人的合法权益有所下降,但基于人权保护原则,仍需对其给予合理的保障。"行为限度单独标准"对于防卫过当的判断,是通过实体法上的比例原则来设置防卫限度认定的实质标准的。然而,设置正当防卫认定的实质标准,关键在于如何把握防卫行为明显超过必要限度的认定标准,完全不考虑防卫行为所造成的损害结果,该判断标准在司法实践中的具体可操作性如何得到保障?单纯地采取"行为限度单独标准"易陷入主观判断的误区。

司法机关对于正当防卫案件的处理,必须立足防卫人案发当时所处的特殊情境,依法作出准确的案件定性。对于正当防卫的判断,应当设身处地地站在防卫人的视角去考虑案发当时的整体经过,采取行为人行为时标准与社会一般人标准相结合的综合判断标准,依法准确认定正当防卫的时间要件、限度要件。对于防卫过当的判断,要充分考虑防卫人面临突如其来的不法侵害所产生的恐慌、愤怒、紧张等情绪性心理状态,在这种情形下,只有受过专业训练的人才可能处乱不惊;对于普通人而言,通常情况下其情绪波动将变大,这种情绪的波动会影响其对当时突发情况下客观情势的判断能力。因此,司法机关在处理正当防卫案件时,不能采取"唯结果论"的事后判断

① 参见《涉正当防卫典型案例》,载最高人民法院官网,https://www.court.gov.cn/zixun/xiangqing/251621.html,2023 年 7 月 8 日访问。

② 参见《涉正当防卫典型案例》,载最高人民法院官网,https://www.court.gov.cn/zixun/xiangqing/251621.html,2023 年 7 月 8 日访问。

③ 参见储陈城:《防卫过当判断中"行为限度单独标准"的证成——基于刑法与刑事诉讼法的交叉论证》,载《法律科学(西北政法大学学报)》2020 年第 4 期。

标准,即具体的办案人员不能在事后以冷静理性、客观精确的理性人标准去判断防卫人的行为是否构成防卫过当。

此外,司法机关在处理正当防卫案件时,还应当准确把握正当防卫紧迫性要件的判断标准。对于正当防卫紧迫性的认定,应当从"时"和"度"两个方面入手,将"紧迫性"理解为具有一定严重程度暴力性的不法侵害迫在眉睫或正在发生的情形。在认定不法侵害紧迫性的严重程度时,应当立足于特定的防卫情境,结合常情常理常识,以行为人合理相信标准为准。在认定防卫人的行为是否具有防卫性质或者是否构成防卫过当时,应从防卫紧迫性着手,采取立足于防卫人视角的社会一般人标准对之进行事前判断,即构建事前判断的双层检验判断机制:将行为过当作为认定结果过当的前提,先认定防卫行为是否已明显超出制止不法侵害的必要性,再进一步判断其是否造成了重大损害;如果防卫行为并未明显过限,则无须再考虑其是否造成了重大损害,直接排除防卫过当。

四、结语

如何区分正当防卫与防卫过当,属于正当防卫争议问题中最为核心的难点问题。防卫过当认定标准的准确把握取决于:对"明显超过""重大损害"的界定以及"明显超过必要限度"与"造成重大损害"二者之间的关系。对于"明显"程度的界定,应当按照行为人合理判断标准来判断防卫人的行为所超出的必要限度是否达到"明显"的程度,即应当根据"一般人认知+行为人特别认知"进行综合判断。对于"重大损害"的理解应限于重大的人身损害,而不包括轻伤损害、重大的财产损害。"明显超过必要限度"与"造成重大损害"二者之间是一种并列关系。此外,对于防卫过当限度要件的认定,应当基于防卫权本位的立场,设身处地地为防卫人考虑,通过借鉴《德国刑法典》第33条的规定,以立法的形式将"防卫人由于慌乱、恐惧、惊吓而防卫过当的,不负刑事责任"的情形,明确规定为一种法定的情绪性免责事由,从而在根本上为司法实务人员提供立法根据,进而有助于打破司法实践中防卫过当适用过宽、正当防卫适用过严的司法困境。

量的防卫过当之再思考

姚培培[*]　张静童[**]

一、问题的提出

【案例1】被告人于某某问路时与被害人于某1发生争执。于某1先拳打于某某头部,后于某某多次拳打于某1头部致于某1倒地。于某1倒地后于某某又骑到于某1身上用拳、拖鞋持续击打于某1头部、脸部,致于某1受伤。经检验,于某1身体损伤分别构成轻伤一级、轻伤二级、轻微伤。一审法院认为,于某某的行为不属于正当防卫,而是故意伤害他人身体,已经构成故意伤害罪。二审法院认为,于某某实施打击行为时,于某1已经倒地,未再继续实施不法侵害,但于某某仍连续用拳、拖鞋击打被害人致轻伤,不属于正当防卫,而属于防卫不适时。最终,二审法院维持原判,以故意伤害罪判处被告人于某某有期徒刑2年。①

上述案例,根据我国司法惯例大概率会认为成立防卫不适时。但随着日本量的防卫过当学说在中国的发展,部分学者认为在这种情况下可以通过量的防卫过当加以解决。

量的防卫过当是指行为人最初的防卫行为处在不法侵害正在进行的过程之中,随着行为人的反击,不法侵害人渐渐地减弱或者停止了侵害,但行为人却仍然实施与之前防卫行为一样程度的或者更加猛烈的反击行为。② 与之相对的质的防卫过当是指在不法侵害正在进行时,行为人所作出的防卫行为的强度超过了必要限度而造成重大损害的情形。在我国,长期以来只承认质的防卫过当,不仅将量的防卫过当认定为防卫不适时,甚至认为其属于故意犯罪。③ 日本判例中经常使用"一连行为"这个概念来解决类似问题。④

承认量的防卫过当的前提是进行一体化评价,将前后行为视为"连续的行为",即

---

* 中南财经政法大学刑事司法学院讲师、硕士研究生导师。

** 中南财经政法大学刑事司法学院刑法学专业硕士研究生。

① 参见"于某某故意伤害案",山东省青岛市中级人民法院(2020)鲁02刑终21号刑事裁定书。相似案件参见"陈玉平、杜清华故意伤害案",江西省安远县人民法院(2017)赣0726刑初148号刑事判决书。

② 参见〔日〕前田雅英:《刑法总论讲义》(第6版),曾文科译,北京大学出版社2017年版,第279页。

③ 参见万春主编:《法不能向不法让步——正当防卫类案纵横》,中国检察出版社2021年版,第177页。

④ 参见仲道祐樹「『一連の行為』の行為論的基礎付け」刑法雑誌53巻2号(2014年)197頁。

"一连行为"。如上所述,在我国,有学者主张参考日本实务,引入量的防卫过当来扩大防卫过当的成立范围①,我国司法实践中也出现了肯定量的防卫过当的案例②。但笔者认为,不宜直接引入量的防卫过当。量的防卫过当自身还存在一些缺陷,而且与我国国情难以完美融合。就此,本文通过介绍量的防卫过当的发展、一连行为的缺陷等方面,结合我国以及外国的案例,对引入量的防卫过当进行再反思,并主张以假想防卫(过当)为工具来弥补通说的不足。

二、量的防卫过当的理论基础

(一)一连行为的发展

一连行为在日本的发展,可以追溯到对行为论的讨论。以第二次世界大战之后平场安治和福田平教授从德国引进目的行为论为开端,对行为论展开了激烈的争论。③ 虽在行为论问题上,日本受到了德国理论较大的影响④,但由于与德国不同的两个特点,即①日本将构成要件论作为犯罪论的核心,相异于德国以行为论为核心⑤;②日本对行为论的探讨与新旧两派之争论无关⑥,20 世纪 80 年代,日本学界对于行为论的探讨逐渐停止,很多法学家认为对此的探讨是无意义的。⑦ 日本逐渐出现了"通过复数行为实现了犯罪"的案例,讨论的焦点从哲学行为论转变成"行为特定论",即存在复数行为时,对复数行为应进行合并还是分开评价的问题。

"氯仿案"⑧的出现使日本法学家对一连行为展开了热烈的探讨。2005 年日本刑法学会的分科会针对"氯仿案"主要探讨了"构成要件结果的提前实现"问题。⑨

---

① 例如,张明楷教授、孙国祥教授、曾文科副教授等学者就支持引入量的防卫过当。参考张明楷:《刑法学》(第 6 版),法律出版社 2021 年版,第 284 页;孙国祥:《防卫行为的整体性判断与时间过当概念之倡导》,载《清华法学》2021 年第 1 期;曾文科:《论量的防卫过当》,载《华东政法大学学报》2022 年第 4 期;赵宗涛:《整体评价视角下量的防卫过当的理论建构》,载《东北大学学报(社会科学版)》2021 年第 3 期。

② 参见"王某甲故意伤害案",山西省汾阳市人民法院(2018)晋 1182 刑初 122 号刑事判决书。

③ 高橋則夫「『一連の行為』論おめぐる諸問題」司法研修論集 125 号(2015 年)160 頁参照。

④ 早期的日本学家,如牧野英一、小野清一郎等都受到了德国理论的影响,支持因果行为说。

⑤ 但是,关于行为论究竟是在构成要件内进行讨论,还是在构成要件之前就进行前瞻性讨论的这一论题,在日本学界仍有争议,前一种观点为日本通说,后一种观点被称为"裸的行为论"。

⑥ 参见张小宁:《日本的行为论之争及最新研究趋向》,载《学术界》2014 年第 11 期。

⑦ 平野龙一教授就曾表示行为论处于"不知道为了什么而讨论的状态"。高橋則夫「『一連の行為』論おめぐる諸問題」司法研修論集 125 号(2015 年)159 頁参照。

⑧ 大致案情为妻子为骗取保险,与共犯者协商,将丈夫搬运到车中让其吸入氯仿后使车掉落悬崖,伪造交通事故以骗取保险,但事后发现并不能确定丈夫到底是由于溺水死亡还是由于吸入过量氯仿导致其死亡。参见最高裁判所 2005 年 3 月 22 日决定,最高裁判所刑事判例集第 58 卷第 3 号,第 187 页。

⑨ 特集「一連の行為をめぐる実体法と手続法の交錯」刑法雑誌 50 巻 1 号(2010 年)69 頁参照。

高桥则夫教授系统地总结了一连行为在犯罪论体系中的定位。①

首先,在构成要件该当性中,讨论重点是如何划分实行行为、如何判断因果关系。根据"阳台坠妻案"②及"氯仿案",高桥教授提出了一连行为的三个判断标准:①第一行为是为了切实且更容易地实现第二行为所必不可少的;②在第一行为成功的情况下,不存在能够阻碍完成之后的杀人计划的特殊情况;③第一行为和第二行为在时间、地点上具有连续性。

其次,在违法性阻却中,讨论重点是如何划分正当防卫与防卫过当。③ 高桥教授所举的例子为"投掷烟灰缸事件"④。在此案中,最高裁判所将前行为认定为正当防卫,后行为认定为伤害罪。其理由为行为人在明知被害人不能动弹的情况下,说出"别太小瞧我了,你以为你能打得过我吗",由此否定了防卫意识的连续性,故对于行为人的第一行为,虽然能认定为正当防卫,但却没有认定为正当防卫或防卫过当的余地。⑤ 但在此类案件中,最高裁判所也有不同的判决,如"拘留所暴力事件"⑥中,法官就认可了前后暴行的连贯性。⑦

最后,在责任阻却中,就责任能力逐渐减弱或丧失的原因自由行为中的两个行为如何进行评价呢? "棍棒殴打妻子案件"⑧中,行为人一边喝酒一边拿棍棒持续地殴打妻子,导致其妻子被殴打致死,而致命一击是行为人在精神衰弱时作出的。对此案件,长崎地方裁判所认为,行为人的行为是在同一持续性时间内,在同一场所基于同一意思所发动的,由于开始侵害时具备责任能力,从而肯定了此案中行为人的完全刑事责任能力。

综上,一连行为贯穿了犯罪论体系,成为日本刑法研究中绕不开的一个重要概念。本文则聚焦于违法性阻却中的一连行为,即对复数行为如何进行判断的问题。

(二)一连行为概念的功能

无论是在中国还是在日本,防卫过当都受到减免处罚的优待。关于防卫过当减免处罚的根据,学术界有如下观点:违法减少说认为防卫过当虽不满足相当性要件,但在

---

① 高橋則夫「『一連の行為』論おめぐる諸問題」司法研修論集 125 号(2015 年)160 頁参照。

② 东京高等裁判所 2001 年 2 月 20 日判决,判例时报第 1756 号,第 162 页。

③ 同时涉及自招侵害时也会适用一连行为概念,参见最高裁判所 2008 年 5 月 20 日决定,最高裁判所刑事判例集第 62 卷第 6 号,第 1786 页。

④ 参见最高裁判所 2008 年 6 月 25 日决定,最高裁判所刑事判例集第 62 卷第 6 号,第 859 页。

⑤ 参见〔日〕山口厚:《日本正当防卫的新动向》,郑军男译,载《辽宁大学学报(哲学社会科学版)》2011 年第 5 期。

⑥ 参见最高裁判所 2009 年 2 月 24 日决定,最高裁判所刑事判例集第 63 卷第 6 号,第 1 页。

⑦ 该案件的经过为,行为人与被害人处于同一拘留所中,两人发生口角,被害人将长桌朝行为人用力推过去,撞击了行为人左脚,行为人又将长桌用力向被害人方向推去,导致被害人左手中指指腱断裂及挫伤,后行为人又对被害人的面部进行了多次殴打。

⑧ 参见长崎地方裁判所 1989 年 1 月 14 日判决,判例时报第 1415 号,第 142 页。

一定程度上保护了受侵害的合法权益,故其违法性在一定程度上被阻却;责任减少说认为,由于不法侵害进行时情况比较危急,防卫人难以作出最正确的判断,故对其期待可能性相对减少,进而责任减少;违法责任减少说认为,防卫行为违法性与防卫人责任的双重减少才能为防卫过当减免处罚提供充分根据,这也是现如今的主流学说;违法或责任减少说认为,只要违法或责任一方减少到足以减免处罚的程度即可,并不用两者兼备。

如果主张对追击行为也应减免处罚,在采取违法减少说和违法责任减少说的情况下,就需另对减免根据进行说理。① 而要想得到追击行为违法性减少的结论,就只能借助完全符合正当防卫条件的反击行为进行一体化评价,从而使追击行为也具有制止不法侵害的特征,在一定程度上阻却了违法性。这也是在量的防卫过当中使用一连行为概念的功能所在。②

二、量的防卫过当的否定

(一)量的防卫过当理论根基不足

【案例2】2019年8月26日,被害人侯某1与被告人陶小英的侄子被告人侯万云发生冲突,后被劝开。2019年8月27日,侯某1又到被告人陶小英家附近寻找侯万云。侯万云担心再次发生冲突,便在家中对侯某1不予理睬。侯某1遂用门口的拖把将房门玻璃砸碎。陶小英对其进行制止时,侯某1手拿拖把对着陶小英并进行辱骂。侯万云走出房门,侯某1遂要用棍子击打侯万云。陶小英见状拿起门口的钉耙将侯某1打倒在地,接着又对已经倒地的侯某1进行了几次击打。后侯某1倒地不动。陶小英误以为侯某1已经死亡,与侯万云拿了一根绳子绑在侯某1脖子处将侯某1拖拽至自家厨房后面,用遮阳网将其罩住便不再管。20时许,陶小英与侯万云将侯某1运至芦谷地进行抛尸,后被群众发现并报警。经警方鉴定,侯某1因绳索类物品勒压颈部而机械性窒息死亡。云南省文山市人民法院最终以故意伤害罪判处陶小英有期徒刑10年,侯万云有期徒刑7年。

该案争议点在于,究竟应将构成要件结果归属于殴打行为还是藏尸行为,抑或归属于一连行为呢?陶小英的律师认为,其前行为是正当防卫阻却违法性;后行为属于疏忽大意的过失应成立过失致人死亡。但法院认为,这一系列的行为是连续的,不能机械地将各行为孤立起来评判,二被告人在实施殴打行为时主观上是为了故意伤害他

---

① 如主张违法减少说或是违法责任减少说,可从行为人由于情况紧急产生了心理动摇,对其期待可能性下降,从而责任减少来寻求减免处罚的根据。

② 参见曾文科:《论量的防卫过当》,载《华东政法大学学报》2022年第4期。

人身体健康,客观上实施了故意伤害的行为,这些行为最终导致了侯某1的死亡结果,符合故意伤害罪的构成要件。

笔者认为,侯某1的行为已对被告人的人身财产安全造成了威胁,此时陶小英对侯某1的伤害属于正当防卫,需否定犯罪故意。被告人的伤害行为与藏尸行为之间在时空上具有连续性,如将其视为一连行为,就会将后行为所致的死亡结果归结于整个犯罪行为。结合该案件,将成立防卫过当,以故意伤害罪论处,这样的结论难以令人信服。它复活了正当行为的违法性,未合理评价被告人的行为。如果将两个行为分开评价,则被告人伤害被害人的行为属于正当防卫,阻却了违法性,不成立犯罪;而对于被告人藏匿尸体的行为,由于被告人误认为侯某1已经死亡,故排除杀人故意,应以过失致人死亡论处,以此判决才合理。

(二)量的防卫过当的日本源流与我国国情

量的防卫过当之所以在日本能够普遍为人接受,与日本国情息息相关。

第一,日本与我国不同,有明确规定量的防卫过当的刑法渊源。1880年《日本刑法典》第316条明文规定:"虽为防卫身体财产而实施,但并非不得已,而是对暴行人施加侵害或者在危害已经消灭后仍乘势加害暴行人的,不在不论罪之限;但根据情节能够依照第313之例宽宥其罪。"虽现行刑法删除了该规定,但1880年《日本刑法典》的存在为实务中采用量的防卫过当提供了法律渊源的支持。而我国的法律法规从未有类似的相关规定,引入量的防卫过当仍任重而道远。如果利用中国司法中较熟悉的法律手段来填补空白,能使司法人员更迅速地上手,也能弥补量的防卫过当中的矛盾之处。

第二,日本的构成要件评价范围较我国更加宽泛。在日本,单纯的暴行就具备了构成要件符合性,而我国需达到轻伤以上才成为刑法评价的对象,并且防卫过当的成立更是明确规定了需达到"明显超过必要限度,造成重大损害"的程度。因此,诸如乙先对甲实施不法侵害,甲反击将乙打倒,乙的不法侵害结束后,甲又趁势对乙进行了殴打,如果没有造成轻伤,在日本仍符合暴行罪的构成要件,而在我国,该追击行为就超出了构成要件的评价范围,也就无须讨论是否成立防卫过当的问题了。

第三,日本司法实践中的判决结果存在承继的特点,一般不会变更。① 笔者查阅到的文献显示,在日本,1959年就已出现了承认量的防卫过当的案例②,此案中,最高裁判所认为进行一体化评价后,虽不能成立正当防卫,但可算作"超过防卫程度的行为";

① 如在日本,刑法中没有直接规定共谋共同正犯,《日本刑法典》第60条规定的共同正犯只是"两人以上共同实行犯罪",由此只能得出须两人都实施犯罪行为才能认定为共同正犯。但日本出现承认共谋共同正犯的判例已有近百年的历史,而随着时间推移,承认共谋共同正犯也从例外转变为广泛承认。参见李友邦:《日本刑法共谋共同正犯的理论及其发展》,载《法学评论》2001年第1期。

② 参见最高裁判所1959年2月5日判决,最高裁判所刑事判例集第13卷第1号,第1页。

1989年,最高裁判所再次适用了量的防卫过当,进一步巩固了量的防卫过当在日本的适用①;2009年,上文所述的"拘留所暴力事件"也通过量的防卫过当认定了被告人行为的一体性;2010年的"伤害致死被告事件"②,法官认定被告人的行为不仅存在质的防卫过当,同时也存在量的防卫过当。但我国的司法实践并没有这种惯例,法院在审理案件时并不被要求必须承继以前判例所作的相似判决。

正是因为上述三个原因,量的防卫过当在日本广泛适用。我国与日本的国情不同,对于量的防卫过当需要更多的时间去思考与实践。

(三)一连行为在共同犯罪认定中的弊端

使用一连行为概念还会出现一个难以解决的情况。即假设张三与李四共同实施了对王五正当防卫的行为,后李四离开,张三又对王五实施了追击行为并造成了过当结果。如果认定为量的防卫过当,就会导致李四只实施了一个正当行为但需受到刑罚处罚的结果。日本就有这样一个案例,被告人X、A、B与C、D、E在人行道上与被害人F发生口角,F扯住C的头发不放。X、A、B、D四人为了制止遂进行反击,F之后松开了头发。但在F停止侵害后,X等人仍紧随F,并对其进行辱骂。A、B两人在此期间还想继续攻击F,但被D劝阻,A之后还是对F的面部进行了殴打并导致F摔倒受了重伤。X、A、B三人以伤害罪被起诉。此案一审认为,将X、A、B、D对F实施反击开始到最后A对F进行殴打为止,可视为一连行为进行认定。③ 因此,对于X而言,也不能够认定其脱离了共犯关系。二审④认为X等四人对F实施的一系列的暴行,只能排除D的关系,其余三人应当被评价为共同正犯⑤。

有学者认为,之所以会产生这样的不合理,是因为没有将反击行为与追击行为在违法性层面区分开来。据此,一体化评价只能存在于行为论中,在三阶层中又应进行分析性评价。⑥ 而行为论的功能就在于判断出刑法评价的对象。在行为论中将两个行为评价为一个行为的,自然应在构成要件符合性认定时以该行为为评价对象。违法性以构成要件行为为基准,故应当就该一连行为是否具有违法性进行整体认定,无须分开评价。共同正犯的处罚原则是"部分行为全部责任",就该案来看,在将X、A、B的行为认定为一连行为的前提下,X应当为"各个行为人贡献综合成的完整整体"负责。⑦

---

① 参见最高裁判所1997年6月16日判决,最高裁判所刑事判例集第51卷第5号,第435页。

② 参见名古屋高等裁判所2010年7月21日判决,高等裁判所刑事裁判速报集第739号,第119页。

③ 参见东京地方裁判所1989年9月12日判决,最高裁判所刑事判例集第48卷第8号,第567页。

④ 参见东京高等裁判所1990年2月27日判决,最高裁判所刑事判例集第48卷第8号,571页。

⑤ 参见最高裁判所1994年12月6日判决,最高裁判所刑事判例集第48卷第8号,第509页。

⑥ 参见曾文科:《论量的防卫过当》,载《华东政法大学学报》2022年第4期。

⑦ X由于并没有直接参与A、B的追击行为,可以将该情节体现在量刑中,X较A、B宽缓。

四、量的防卫过当的重新处理

基于上文,量的防卫过当既存在理论基础上的不牢固,又存在无法在共犯论中得出合理结论的问题,而且量的防卫过当的发展与国情息息相关,难以与我国本土国情相容。那么,不引入量的防卫过当,该如何给予上述案件恰当的判决呢?

(一)量的防卫过当与假想防卫(过当)

笔者认为,可利用假想防卫(过当),既不用引入量的防卫过当,又能在已有的刑法体系内找到有利于被告人的出路。

假想防卫(过当)之所以能够替代量的防卫过当,在于二者样态上相通。量的防卫过当中存在被防卫人的侵害行为停止或减弱这一特点,如果被防卫人是为了伺机继续加害,那么行为人的行为就不是量的防卫过当,而是质的防卫过当;如果被防卫人确已停止或者减弱了攻击,那么此时行为人就是因之前的不法侵害产生了错误的认识,满足了假想防卫(过当)的成立条件。同时,利用假想防卫(过当)能够周延单独评价追击行为时会出现的情况,而关于假想防卫(过当),也有相应的减免原则,在一定程度上更能够得出对防卫人有利的判决。

有学者认为假想防卫有不能周延的部分,即"行为人实施反击行为后,因担心对方再度攻击等情绪上的不安或激动,在完全没有对防卫状况产生认识的情况下,甚至在认识到侵害行为已经结束的情况下,短时间内实施了追击行为的,不符合假想防卫(过当)的构造,但有成立量的防卫过当的余地"①。首先,行为人作出追击行为时几乎不可能对防卫状况没有产生理解,行为人要么过失地认为不法侵害人仍要继续实施侵害,或连过失都不存在;要么清楚地认识到不法侵害人已停止侵害,此种情况下实施追击行为当然不能按照假想防卫认定,而应认定行为人有加害意思而成立故意犯罪。但如果将此情况也认定为量的防卫过当,有剥夺被防卫人一定程度上的自我保护权利的嫌疑。其次,该学者还认为在一定程度上,假想防卫与量的防卫过当可以重合。② 即在量的防卫过当成立的前提下,再探讨防卫人的主观心理是否具有"假想"的情节,以达到减轻处罚的目的。但就如同上文所述,在承认一连行为的基础上即使证明行为人有"假想"情节,也可能会最终得出成立更加严重的犯罪的结果,导致判决不均衡,不如直接适用假想防卫(过当),以得出有利于被告人的判决。

---

① 曾文科:《论量的防卫过当》,载《华东政法大学学报》2022 年第 4 期。

② 参见曾文科:《论量的防卫过当》,载《华东政法大学学报》2022 年第 4 期。

综合张明楷、黎宏两位教授的观点[①]，关于假想防卫（过当）的处罚，可以按如下情况处理：①行为人如果对于存在不法侵害的误认和超过必要限度都不存在过失，按照意外事件处罚；②行为人对于存在不法侵害的误认没有过失，但对于造成过当结果有过失，则认定为过失犯罪，并直接比照《刑法》第 20 条第 2 款适用减免处罚规定；③行为人对于存在不法侵害的误认有过失，故意造成过当结果，此时应认定为故意犯罪，享受减免处罚的待遇，但不得低于通常的假想防卫的处罚；④行为人对于存在不法侵害的误认没有过失，故意造成过当结果，此时也应当认定为故意犯罪，享受减免处罚的待遇，但不得低于通常的假想防卫的处罚；⑤行为人对于存在不法侵害的误认与造成过当结果具有双重过失，比照《刑法》第 20 条第 2 款减免处罚，享受防卫过当的减免待遇，但不得低于通常的假想防卫所成立的过失犯的处罚[②]；⑥行为人对于存在不法侵害的误认有过失，对于过当事实没有责任，只能作为通常的假想防卫处理，对其进行的处罚应当减轻至单纯的过失犯处罚的程度。[③]

（二）在量的防卫过当案件中的适用

那么如何用假想防卫（过当）来解决多个行为导致的法益危殆化案件呢？对此也需要分情况进行讨论。

首先，假设行为人没有造成过当结果，此时还需就行为人在实施追击行为时对存在的不法侵害的误认有无过失进行讨论。第一，如果行为人对该情况下存在不法侵害的误认有过失，此时就应按照假想防卫以过失犯论处。第二，如果行为人对该情况下存在不法侵害的误认连过失都没有，应按照假想防卫以意外事件论处。

其次，假设行为人的行为造成了过当结果，按照过当结果是由第一行为还是由第二行为导致的以及行为人对假想的不法侵害是否有过失分开进行讨论。

第一，如果是由第一个行为造成的过当结果，如果属于特殊防卫的范畴，第一个行为以特殊防卫论处，成立正当防卫；如果不属于特殊防卫的范畴，则第一个行为成立防卫过当，按照《刑法》第 20 条第 2 款享受减免处罚。而第二个行为以假想防卫论处，对假想的不法侵害的误认有过失按照过失犯论处，对假想的不法侵害的误认没有过失按照意外事件论处。

第二，如果是追击行为造成过当结果，防卫行为应认定为正当防卫，追击行为应认定为假想防卫（过当）。按照二分说的观点，可如下进行分类讨论：①如对假想的不法

① 参见张明楷：《刑法学》（第 6 版），法律出版社 2021 年版，第 286 页；黎宏：《论假想防卫过当》，载《中国法学》2014 年第 2 期。

② 在此种情况下，行为人相较于假想防卫，多出一个造成过当结果的过失，即存在双重过失，故此时对其进行的处罚不得低于通常的假想防卫所成立的过失犯的处罚。

③ 因为在此种情况下，发生过当结果属于意外情况，行为人对此不用负责，故与普通的假想防卫没有太大的区别，可以直接比照过失犯来定罪处罚。

侵害的误认有过失,故意造成过当结果,成立故意犯罪,比照《刑法》第20条第2款规定减免处罚,但不得低于假想防卫的处罚;②如存在对假想的不法侵害及对追击行为会造成过当结果有双重过失,则成立过失犯罪,比照《刑法》第20条第2款可减免处罚,但不得低于通常的假想防卫所成立的过失犯的处罚;③如对假想的不法侵害的误认有过失,对追击行为会造成过当结果没有过失,由于行为人存在一重过失,故也成立过失犯罪,比照《刑法》第20条第2款适用减免处罚规定;④如对假想的不法侵害的误认没有过失,但对超过必要限度存在过失,则成立过失犯罪,比照《刑法》第20条第2款适用减免处罚规定;⑤如对假想的不法侵害的误认没有过失,对超过必要限度存在故意,由于在实施追击行为时存在故意,故成立故意犯罪,比照《刑法》第20条第2款规定减免处罚,但不得低于假想防卫的处罚;⑥对超过必要限度既不存在故意又不存在过失的,应认定为意外事件,不负刑事责任。

第三,行为人的多个行为造成了过当结果,但无法查明究竟是哪个行为造成的。支持量的防卫过当的学者认为此时可通过一体化评价,直接归责于一连行为。但此种观点违背了"存疑时有利被告人"原则。此情况下,应分开评价两个行为,将过当行为归属于正当防卫行为,然后按照上述假想防卫(过当)的情况来加以认定。

五、结语

利用上述方法,回看案例1,由于裁定书中对于某某的主观方面描述得不够详细,假设于某某虽意识到于某1已暂时停止侵害,但过失地误以为于某1还会爬起来对其进行伤害,且于某某的行为并未超过明显必要限度造成重大损害,可将于某某的行为划分为两个部分,前部分以正当防卫论处,后部分认定为假想防卫,按照过失犯罪处理,但由于过失致人轻伤不为罪,故若假设成立,于某某将不受刑事处罚。通过假想防卫(过当)得出的结论,相较于量的防卫过当更加有利于被告人,也能更好地解决我国正当防卫和防卫过当认定的问题。

轻微侵害案件的防卫权研究

李妍彬*

一、问题的提出

近年来,随着涉及正当防卫认定的案件的涌现,社会对正当防卫日益关注。正当防卫制度的适用,在理念、规则和操作上有诸多的问题得到了探讨和研究,正当防卫的制度价值逐渐显现。但是在实践中,关于轻微侵害案件中防卫权的处理还存在很多的疑难问题:首先是轻微侵害是否满足正当防卫的起因条件,尽管最高人民法院、最高人民检察院、公安部《关于依法适用正当防卫制度的指导意见》(以下简称《正当防卫指导意见》)对不法侵害的规范内涵进行了规定,但是界定范围较为宽泛且不够明确;其次是在轻微侵害案件中,防卫人是否具有回避义务及对于防卫人防卫意图的判断;最后是在轻微侵害案件中,如何认定防卫人的防卫行为限度。

二、轻微侵害案件中不法侵害的认定

根据《正当防卫指导意见》第 5 条规定,作为正当防卫起因条件的不法侵害既包括侵犯生命、健康权利的行为,也包括侵犯人身自由、公私财产等权利的行为;既包括犯罪行为,也包括违法行为。不应将不法侵害不当限缩为暴力侵害或者犯罪行为。对非法限制他人人身自由,非法侵入他人住宅,拉拽转向盘、殴打司机等妨害安全驾驶、危害公共安全的违法犯罪行为可以实行防卫。该规定对不法侵害进行了界定,但实践中发生的侵害情况复杂,类型多样,对不法侵害的弹性界定也使得实践中对于轻微侵害行为是否属于不法侵害存在分歧,导致关于此类案件防卫权的认定出现困难。

正当防卫的起因条件是存在正在进行的不法侵害。防卫客体的不法侵害不限于犯罪行为,一般的民事侵权或行政违法行为,均可以成立不法侵害而引起防卫。如果不允许公民对尚未达到犯罪程度的不法侵害进行正当防卫,无异于是对不法侵害的纵

---

* 广东省人民检察院检察官助理。

容,不当限制了正当防卫权的行使,使得正当防卫制度形同虚设。① 但是也并非所有带有侵害性的行为都要达到足以发动正当防卫权的程度。刑法理论一般认为,“所谓侵害,就是对他人的权利造成实害或者危险,不问是故意行为还是过失行为,是基于作为还是不作为。而且,也不要求是相对于犯罪的行为”②。不法侵害是指违背法律的一切侵袭和损害,是对受国家法律保护的国家、公民一切合法权益的违法侵害。在认定正当防卫时,应当对“不法侵害”的范围进行符合规范目的的限制。虽然不法侵害是正当防卫的起因条件,但是,并非针对所有的不法侵害都允许进行防卫,防卫行为的实施应该受到法规范保护目的的限定。刑法规定正当防卫的目的,是在国家机关无能为力的紧急情况下使公民能够运用私人的力量来有效保护法益。

司法实践中,不法侵害具有复杂性,为避免将防卫客体的不法侵害理解得过于宽泛,导致正当防卫权被滥用,有必要明确不法侵害的特征,以便于更好地认定各类案件中的不法侵害。根据《刑法》第 20 条的规定,正当防卫要求不法侵害正在进行,故不法侵害一般具备两个特征:一是客观侵害性,二是侵害紧迫性。客观侵害性是指某一行为直接侵害国家、公共利益、本人或者他人的人身、财产等合法权益,具有不法的性质。侵害紧迫性是指那些带有暴力性和破坏性的不法行为,对我国刑法所保护的国家、公共利益和其他合法权益造成的侵害正在进行。明确不法侵害的特征,可以很好地解决司法解释将不法侵害的范围规定得过于宽泛,导致针对不具有紧迫性的不法行为都可以实施正当防卫的问题。比如言语辱骂、侵犯知识产权、重婚等行为不具有暴力性和破坏性,法益侵害不具有紧迫性,防卫人采取加害性的防卫行为予以制止有悖常情常理,通过报警等方式解决更为可取,因此不宜认为属于正当防卫起因条件的不法侵害。

根据法益侵害的程度,可以将轻微侵害行为分为言语辱骂、显著轻微的不法侵害和轻微的不法侵害。言语辱骂等语言攻击并不满足正当防卫的起因条件,没有达到可以发动防卫权的程度。显著轻微的不法侵害主要表现为未持械或凶器,直接使用身体对他人施以轻微暴力,如推搡、拉扯、掌掴等,对他人人身未造成伤害或仅造成显著轻微的伤害,属于民间纠纷中常见的轻微暴力手段。轻微的不法侵害则包括拳打脚踢,使用非致命性武器比如棍子、木棒等殴打防卫人的非要害部位,以及围堵拦截、毁坏财物等寻衅滋事行为。在显著轻微的不法侵害和轻微的不法侵害案件中,应当结合案件情况,综合判断轻微侵害行为是否具有认定正当防卫起因条件的不法侵害所应当具备的客观侵害性和侵害紧迫性。

---

① 参见高铭暄、马克昌主编:《刑法学》(第 9 版),北京大学出版社、高等教育出版社 2019 年版,第 128 页。

② 〔日〕大塚仁:《刑法概说(总论)》(第 3 版),冯军译,中国人民大学出版社 2003 年版,第 375 页。

三、防卫意图与回避义务

（一）防卫意图的认定

根据刑法的规定，正当防卫必须具有正当的防卫意图。传统观点认为，防卫意图是指防卫人在实施防卫行为时对其防卫行为以及行为的后果所应具有的心理态度，这种心理态度包括两个方面的内容，即防卫的认识和防卫的目的。前者要求行为人认识到不法侵害正在发生，后者要求防卫人必须是出于捍卫合法权益的目的去实施防卫行为，也即防卫意图是指防卫人意识到不法侵害正在进行，为了保护国家、公共利益，本人或者他人的人身、财产和其他权利，而决意制止不法侵害的心理状态。随着违法性理论的发展，基于不同理论立场，关于防卫目的要件是否为正当防卫所必要的问题也有不同的结论。违法阻却事由可以以行为无价值论与结果无价值论为框架，引申出各自违法阻却的根据，再从违法阻却的根据出发，得出两者对于防卫目的是否必要的不同主张。目前行为无价值论和结果无价值论之间的争议更多的是在面对各种刑法理论具体问题时得以展开。这也让行为无价值论和结果无价值论没有仅仅流于简单的立场之争，而是在具体理论和实践的问题分析中各自向纵深发展。结果无价值论主张尽量剔除不法理论中的伦理道德因素；同时趋向法益侵害说中心地位。① 因此，即使行为人并非或并非主要为了追求法益保护，而是心怀借机报复、泄愤等不良目的，也不妨碍该行为基于客观违法论评价中的客观属性获得法律上的积极评价。我国刑法通说要求防卫人必须以追求保护合法权益为唯一目的②，实际上是从道德主义立场对防卫意图提出了过分的要求。③ 而持防卫意图必要说的学者朝着防卫目的稀薄化的方向解释防卫意图，认为防卫人只需要意识到存在正在进行的不法侵害，并持有回避的心理状态即可。④ 也即对防卫意图进行解构，只要有防卫认识即可，排除了防卫行为必须要以防卫为目的，防卫过程中即使出于愤怒、恐慌等其他心理因素也应肯定具有防卫意图。

《正当防卫指导意见》第 10 条明确规定，对于显著轻微的不法侵害，行为人在可以辨识的情况下，直接使用足以致人重伤或者死亡的方式进行制止的，不应认定为防卫行为。因此，对于显著轻微的不法侵害，采取足以致人重伤或者死亡的反击，所谓“防

---

① 参见陈璇：《德国刑法学中结果无价值与行为无价值的流变、现状与趋势》，载《中外法学》2011 年第 2 期。

② 参见陈兴良：《刑法适用总论》（第 3 版），中国人民大学出版社 2017 年版，第 293 页。

③ 参见陈璇：《论防卫过当与犯罪故意的兼容——兼从比较法的角度重构正当防卫的主观要件》，载《法学》2011 年第 1 期。

④ 参见张宝：《论自招侵害与正当防卫》，载《南阳理工学院学报》2018 年第 3 期。

卫”行为与加害行为有明显、重大悬殊,严重不相称,不应当认定行为人具有防卫意图。[①] 也即在轻微侵害案件中,对轻微或者显著轻微的不法侵害采用暴力手段进行制止的防卫意图认定需要与滥用防卫权的泄愤或者斗殴意图相区分。对于针对轻微不法侵害致人死伤的还击行为,应当结合行为的程度和方式表征出的主观意图,谨慎认定其防卫性质,防止防卫权的滥用。

(二)防卫人的回避义务

司法实践中,一方遭受侵害之后进行反击,如果对方并未停止侵害而继续攻击,双方陷入互相打斗的胶着状态的,属于互殴,排除正当防卫及过当的成立可能。甚至在有的案件中会要求防卫人躲避或采取其他方式避让,对原本可以躲避但实施防卫的,认定为防卫人和侵害人“互殴”。[②] 随着对正当防卫制度的激活和司法纠偏,实践对于行为人针对明显严重的不法侵害,比如持械攻击或者攻击头部、胸腹部的拳打脚踢行为而直接采取的还手行为,一般认定为防卫行为。但双方本有矛盾,一方实施轻微不法侵害行为,另一方马上还手而不避让的,则会否认反击行为的防卫性质。[③] 实际上也就是为面对轻微侵害的防卫人施加了回避义务。

【严某某故意伤害案】严某某于2020年1月13日凌晨3时在宿舍使用耳机听音乐吵醒了正在睡觉的被害人祝某某,祝某某让其把声音调小,严某某当时也确实把声音调小了,过了一会儿又把声音调大了,于是祝某某怒气冲冲下床过去将其充电器拔掉,并将耳机扔到地上,手机也被带到地上,随后用拳头击打严某某的头部和肩膀。之后严某某持水果刀扎刺祝某某三四刀将祝某某胸腹部扎伤,造成祝某某脾破裂、膈肌破裂等。经鉴定,祝某某所受损伤属重伤二级。[④]

在该案中,有处理意见认为,从祝某某使用拳头击打严某某的方式、次数、部位等来看,严某某的人身安全并不具有现实、紧迫的危险,也没有证据证明严某某身体有明显损伤。严某某在有呼救、求助等其他方法解决矛盾的情况下,未实施任何避免冲突的行为而直接持刀扎刺祝某某,造成祝某某重伤二级的严重后果,因此严某某的行为不属于防卫过当,已构成故意伤害罪。也即认为对于轻微侵害案件,防卫人对于轻微的侵害具有回避义务,在有其他方式可以化解双方之间的矛盾时,应先实施避免冲突的行为而不能直接反击。但根据前述分析,轻微侵害中显著轻微的不法侵害和轻微的不法侵害满足正当防卫的起因条件,构成发动正当防卫权的不法侵害时,防卫人享有

---

① 参见指导意见起草小组:《关于依法适用正当防卫制度的指导意见的理解和适用》,载《人民司法》2020年第28期。

② 参见周光权:《正当防卫的司法异化与纠偏思路》,载《法学评论》2017年第5期。

③ 详见广东省佛山市中级人民法院(2021)粤06刑初83号刑事附带民事判决书。

④ 详见北京市第三中级人民法院(2020)京03刑终720号刑事判决书。

正当防卫权,并不需要履行回避义务。正当防卫是为了保护公民合法权益不受非法侵害,防卫行为是法对不法的制裁,故通常情况下不应对防卫权的行使设立回避义务。虽然在轻微侵害案件中,防卫人若能采取较高的容忍态度,可能会使矛盾得到一定缓解,但是容忍还是反击是防卫人可以自由选择的,不能因为不法侵害的法益侵害程度较低就对防卫人实施防卫施加更为严格的要求,要求其要躲避退让,直接进行反击的则体现斗殴的意图,属于互殴而不构成正当防卫;只是需要对防卫人防卫行为的限度进行严格限定。正如《正当防卫指导意见》第 10 条的规定并没有对面对显著轻微侵害的防卫人施加回避义务,而是将程度悬殊、严重不相称的反击行为排除出防卫行为的认定范围,否定该行为的防卫意图。

需要说明的是,在轻微侵害案件中,防卫人事先准备也不影响对正当防卫的认定。事先准备可以分为两种:第一种是对未知抽象危险的日常准备;第二种是对具体危险的提前准备,行为针对的对象较为明确,时间和空间也较为确定。事先准备工具的防卫,则是指在知道对方将要对自己进行攻击时,提前准备好防卫工具,最后发生了防卫结果的情形。我国刑法对事先准备工具的防卫的行为性质采取分别判断:由于公力救济的非及时性,应该肯定事先准备工具的防卫性质,但行为人被限定为只能具有防卫意图,而不能具有任何主动的攻击意图。若事先准备工具是为了主动攻击,则应该肯定攻击故意,此时认为行为人不构成正当防卫。同时,对于积极准备反击工具等行为也不能“一刀切”地贴上互殴的标签,否认双方的防卫权,而需要查明谁才是不法侵害的率先实施者。

【胡某故意伤害案】被告人胡某在公司上班时和同事张某因工作问题发生口角,后者提前离开工厂并扬言要找人殴打胡某。胡某得知后便将两根钢筋磨成的锐器携带在身上。到下班时间时,张某与邱某 1、邱某 2 于公司附近堵住胡某,邱某 2 首先上前将胡某拉到路边,并打了其两个耳光。胡某见状便拿出事先准备的武器刺向邱某 2 的胸口后逃离现场,其余二人仍继续持钢管追打胡某。最终,邱某 2 损伤程度为重伤。①

该案中,一审法院认为被告人的行为属防卫过当,对此检察院提起了抗诉,其中一个理由就是其认为胡某在得知张某要殴打他之后,应当及时报告领导且退让回避。但其不仅没有退避还积极准备工具,说明其在主观上是在“逞强斗狠”,而不是为了防卫而实施反击行为。但是防卫人是否预见到不法侵害的发生,以及防卫人事先是否准备了某种可用于防卫的工具,不影响不法侵害正在进行的认定,不法侵害行为的紧迫性是一种客观事实,需要判断在三人与胡某相遇时,是哪一方先挑起了不法侵害。根据案件情况,胡某下班后尽管准备了凶器,但是并未主动寻找邱某 2 等人,反而是邱某

① 参见陈兴良、张军、胡云腾主编:《人民法院刑事指导案例裁判要旨通纂》,北京大学出版社 2013 年版,第 33 页。

2 等人在公司附近堵截胡某,并且其在捅刺邱某 2 后逃离现场的行为也表明其并没有继续纠缠、主动攻击之意。那么应当认为胡某的行为具有防卫性质,面对三人事先威胁事后堵截的情况,其准备工具的行为并不能认定其有斗殴意图。最高人民法院也在裁判要旨中明确指出,为了预防不法侵害的发生而随身携带管制刀具并不影响对防卫人正当防卫的认定。① 对于防卫人事先准备工具的行为也同样不能一概否认其防卫目的而认定为互殴,应当结合案件的具体情况以及防卫人面对侵害行为时的行为表现进行具体判定,当防卫人事先准备工具但并没有主动攻击时,应当肯定其防卫目的。

四、轻微侵害案件防卫过当的认定

在轻微侵害案件中,还需要准确把握防卫行为的限度。一方面,反击行为的暴力程度可以表征出反击人是否具有正当防卫所要求的防卫意图;另一方面,防卫行为也不能明显超出必要限度,造成重大损害,否则就构成防卫过当。

对于显著轻微的不法侵害如推搡、拉扯、打耳光等,行为人在可以辨识的情况下,直接使用足以致人重伤或者死亡的方式进行制止的,不应认定行为人具有防卫意图,不应认定为防卫行为。根据《正当防卫指导意见》的相关规定,此种情形下,防卫行为和轻微侵害行为之间程度悬殊,严重不相称,不能认定防卫人具有防卫意图,该行为不具有防卫性质。

对于显著轻微的不法侵害如推搡、拉扯、打耳光等,行为人在可以辨识该不法侵害不会对人身造成轻伤以上伤害(有时甚至连轻微伤都不构成)的情况下,直接使用足以致人轻伤以上伤害的方式进行制止,造成不法侵害人轻伤的,具有防卫性质,不构成防卫过当。根据《正当防卫指导意见》第 11 条的规定,认定防卫过当需要同时具备行为明显超过必要限度和造成重大损害两个条件。对于行为明显超过必要限度的理解应注重以下两点:第一,所谓"明显",针对的是防卫行为违反制止不法侵害所必要的程度。决定防卫行为是否处于必要限度之内的关键问题在于,防卫人所采取的反击手段是不是及时有效制止不法侵害所必不可少的。因此,在过限程度是否明显的判断上需要进行比较的对象是防卫人实际采取的防卫行为和制止不法侵害所必不可少的防卫行为。第二,"过限"是指防卫手段比单纯过限还高出一个档次。在徒手就可以制止不法侵害的情况下,防卫人不得采取使用武器对不法侵害人直接实施致命性反击;在使用非致命性武器击打非致命性部位便可以制止不法侵害时,防卫人不得直接进行致命性反击。即使认为防卫人的行为存在明显超过必要限度的可能,但是从结果来看,轻

---

① 参见陈兴良、张军、胡云腾主编:《人民法院刑事指导案例裁判要旨通纂》,北京大学出版社 2013 年版,第 33 页。

伤的结果并不满足造成重大损害的条件。故对于显著轻微的不法侵害行为，防卫人直接使用足以致人轻伤以上伤害的方式进行制止，并致不法侵害人轻伤的，不属于防卫过当，其行为属于正当防卫。

对于轻微的不法侵害行为，行为人在可以辨识该不法侵害行为不会对人身造成重伤以上的伤害，有时甚至连轻伤、轻微伤都不构成的情况下，直接使用足以致人重伤或者死亡的方式进行制止，并造成不法侵害人重伤以上后果的，应肯定行为的防卫性质，非滥用防卫权行为，而属于防卫过当。针对轻微的不法侵害此类暴力程度不高的行为直接采用足以致人重伤或者死亡的行为进行反击，应当认为行为已经明显超过必要限度，同时造成不法侵害人重伤以上的后果的，满足造成重大损害的要件，故属于防卫过当。

五、结语

正当防卫制度设立的初衷在于制止不法侵害，保护合法权益，如果不分情况地一律鼓励防卫，就可能会造成防卫权的滥用，引发新的社会矛盾。对正当防卫“松绑”的同时要防止矫枉过正，避免走向滥用防卫权的另一个极端。[①] 关于轻微侵害案件中防卫权的处理，应当结合轻微侵害的程度，判断是否具有不法侵害应当具备的侵害性和紧迫性，将反击行为与轻微侵害的暴力程度予以对比，判断防卫人的防卫意图。同时，即使防卫人不进行回避而予以直接反击或事先准备工具，也不能一概否定其防卫意图。要同时满足行为明显超过必要限度和造成重大损害的结果，才能认定防卫人构成防卫过当。

---

① 参见指导意见起草小组：《关于依法适用正当防卫制度的指导意见的理解和适用》，载《人民司法》2020 年第 28 期。

论一体化刑事法学的源流及其发展与完善

黄云波*

一、我国一体化刑事法学的源流梳理

我国的刑事法学研究是非常注意学科之间的相互沟通与交流,非常鼓励在刑事法学科之间作一体化思考与学习的。早在1984年,虽然当时信息闭塞,我国学者对德国刑法学家李斯特的"整体刑法学"尚无了解,但甘雨沛教授就已经基于自己的远见卓识提出了"全体刑法学"思想。他指出:"从刑法整体来说,单是依实体法本身的规定或依实体法所作出的判决、决定、裁定本身,不能完成刑法的整体性或全体性,当然也不能达到刑法的任务、目的,还需要有个使之实现的过程、手续或方法,这就必须有刑事诉讼法的助成。为了达到刑法的改造教育目的,也必须有行刑法领域的监狱法的措施来保证。为了彻底地准确地揭发和侦查犯罪以及正确认定犯罪,还需要有侦查学、法医学等的助成。这些都属于刑事法的范围。据此,刑事法可以成为'全体刑法'。一句话,凡有关罪、刑的规定均属之。"①1998年他再次指出:"晚近法学学科的划分愈来愈细,刑事法学的情况亦如此。这种状况有利有弊,实则弊多利少。如此下去,难以培养出法学名家。因为,人人都在象牙塔里往牙尖里钻,其认知面愈来愈窄,难以作出大学问。俗话说,沃土育新苗,在贫瘠的沙丘上长不出参天大树。就刑事法学而言,现在可以细分为十几个学科,虽然各有其相对独立性,但是共性也是客观存在的,各学科之间有着内在的联系。如果一个刑法学者只知其一,不知其他,就难以作出为世人称道的学问。"②在我国法学教育刚刚起步之时,在法学学科分化还不够、专业性程度还很低的时候,甘雨沛教授就提出要建立学科融合的全体刑法学,应当说该主张是非常超前的。

1989年,储槐植教授提出了刑事一体化思想。他指出,要回答犯罪数与刑罚量为何同步增长的问题,就必须建立刑事一体化的思想。刑事一体化要求刑法和刑法运行实现内外协调的状态。内部协调是指刑法内部结构合理,外部协调是指刑法运作机制

---

* 常州大学德治与法治战略问题研究院研究员。

① 甘雨沛、何鹏:《外国刑法学》(上册),北京大学出版社1984年版,第3—4页。

② 《刑事法学要论》编辑组编:《刑事法学要论——跨世纪的回顾与前瞻》,北京大学出版社1998年版,"序"第3页。

顺畅。刑法运行不仅受犯罪情况的制约,而且受刑罚执行情况的制约。① 2004年,储槐植教授对刑事一体化思想作了进一步论述,他认为刑事一体化可以分为两层意思,作为观念的刑事一体化与作为方法的刑事一体化。作为观念的刑事一体化旨在建立一种结构合理和机制顺畅的实践刑法形态,强调的是刑法学科群之间的动态交流。作为方法的刑事一体化强调"化",即深度融合。刑法学应当与相关刑事法学科知识相结合,消除学科隔阂,关注边缘现象,推动刑法学向纵深开拓。②

刑事一体化思想提出之后,得到了学者们的广泛认可。刑事一体化不仅被当作一种观念、一种研究方法,也被认为是刑事法学教育所应当持有的基本立场。

如有学者基于刑事一体化视角对犯罪学进行了研究,认为犯罪学的研究应当引入刑事一体化视角。③ 有学者从刑事一体化的角度对刑事诉讼法与刑法的关系进行了研究,认为:"从'刑法运行内外协调'去分析刑事一体化的进程,可以将其划分为刑事立法、刑事司法和刑事执法三个阶段……在上述三个阶段中,刑事司法上承刑事立法之规范,下启刑事执法之效果,故而刑事司法在刑事一体化进程中处于关键环节。"④也有学者从刑事一体化的角度对刑事执行法中的问题进行了讨论。⑤ 受刑事一体化思想的启发,刘仁文教授提出了"立体刑法学"理论。他主张,刑法学研究要瞻前顾后、左顾右盼、上下兼顾、内外结合。刑法学研究要关注和协调与宪法、犯罪学、行刑学、刑事诉讼法、其他部门法、国际公约以及治安处罚和劳动教养的关系;同时,对内加强对刑法的解释,对外要重视刑法的运作。⑥

在刑事一体化思想的指导下,20世纪90年代至21世纪初,我国的刑事法学研究可谓百花齐放、百家争鸣。虽然学者们对刑事法学的研究仍有侧重,各刑事法学科之间并未实现均衡发展,但从涉及的学科类型来看,当时学者们的研究视角无疑是非常多元的:刑法立法学、刑法解释学、刑法哲学、刑事政策学、刑法史学、比较刑法学、刑事诉讼法学、犯罪学、犯罪心理学、刑事执行法学、国际刑法学等刑事法学的各科研究成果丰富多彩。与之相对应,当时的刑事法学教育及法学学生们对刑事法学的学习亦呈现多元化倾向。当然,这并不意味着我国当时的刑事法学研究与教育已经真正实现了刑事一体化。因为,尽管当时学者们的研究方向丰富多彩,但是我国的法治建设起步

---

① 参见储槐植:《建立刑事一体化思想》,载《中外法学》1989年第1期。

② 参见储槐植:《再说刑事一体化》,载《法学》2004年第3期。

③ 参见陈兴良:《刑事一体化视野中的犯罪学研究》,载《中国法学》1999年第6期。

④ 汪建成、余诤:《对刑法和刑事诉讼法关系的再认识——从刑事一体化角度观察》,载《法学》2000年第7期。

⑤ 参见杨殿升、余诤:《论刑事执行法中非刑罚方法的执行——从刑事一体化角度观察》,载《犯罪与改造研究》2000年第10期。

⑥ 参见刘仁文:《提倡"立体刑法学"》,载《法商研究》2003年第3期;刘仁文:《构建我国立体刑法学的思考》,载《东方法学》2009年第5期。

较晚,而这种百花齐放、百家争鸣的状态也并未持续多久。所以,"迄今为止,在我国刑事法学界,各学科各行其是的现象并没有根本的改观。尽管人们已经普遍接受将刑事实体法学、刑事诉讼法学、犯罪学、刑事政策学纳入大刑法的范畴,但一体化研究的呼吁基本停留于口头"①。

在很长一段时间中,我国刑法学界对刑法解释学并不重视,以致出现了每当遇到刑法适用难题就言必称修改法律的现象。针对这一现象,当时有许多学者呼吁我们应当重视刑法解释学。不过,这种情况随着我国法治建设及法学研究的进一步发展很快得以改善,学者们逐渐从过去对刑法解释学的忽视转向了对刑法教义学(刑法解释学)的高度重视。刑法教义学在我国的兴起及繁荣,与我国的法治发展及刑法学本身的发展有关。在我国的刑法立法逐渐稳定之后,随着我国与德日刑法学界交流的日益频繁,通过刑法教义学对刑法典的既有规定作精细化的解释,既可以进一步提升我国刑法学界及司法界对法律法规的认识能力,也能够更好地处理刑法立法的稳定性与社会发展之间的关系。刑法教义学近些年来在我国的蓬勃发展对我国刑法学研究水平的提升及研究质量的提高有着重要的贡献。经过近些年的迅速发展,我国的刑法学研究对于司法实践的指导作用也愈发明显,并且日趋重要。

就正常情况而言,刑法教义学的繁荣对于我国刑事法学及刑事法学教育而言是非常有利的。但不应忽视的是,在我国学术研究指标化、功利化、趋热点化的不良风气影响下,这几年我国的刑法学研究正越来越单一化,越来越狭隘化,以至于有学者竟然认为,教义学化是中国刑法学的唯一出路。② 学者们对刑事法学的研究越来越集中到刑法教义学之上,而对其他刑事法学科的研究则越来越忽视,这种状态显然是不正常的。

从德国刑法学家李斯特提出建立包括刑事政策学、犯罪学、刑罚学和行刑学等在内的"整体刑法学",到法国刑法学家安塞尔提出联合所有人文科学对犯罪现象进行多学科研究③,再到我国甘雨沛教授的"全体刑法学",到储槐植教授的刑事一体化思想,到刘仁文教授的"立体刑法学",都曾反复提醒我们不应忽视各个刑事法学科之间的联系,犯罪治理的问题绝不是通过某个单一的刑事法学科就能够解决的。就此看来,当前我国的刑法学研究过度关注教义学而忽视其他刑事法学科,这种状态如果持续下去,于国于民都将是非常不利的。其实,在陈兴良教授当年设计的我国刑法学的发展路径中,刑法教义学的研究只是深化刑法学研究的起点,其最终目的仍然是实现整体刑法学:"我国刑法学首先应当大力发展刑法教义学,在此基础上,再开展刑法学

---

① 劳东燕:《功能主义的刑法解释》,中国人民大学出版社 2020 年版,第 42 页。

② 参见周光权:《刑法学习定律》,北京大学出版社 2019 年版,第 107 页。

③ 参见〔法〕马克·安塞尔:《新刑法理论》,卢建平译,天地图书有限公司 1990 年版,第 31 页。

其他学科的研究，逐渐形成我国的整体刑法学。”[①]近些年来，我国的刑法教义学可以说已经发展到了日臻成熟的阶段，也就是说，发展刑法教义学的历史任务已经基本完成。在下一阶段，我们应当将更多的精力放到其他刑事法学科的研究上，只有这样才能实现整体刑法学这一最终目标。

二、我国一体化刑事法学的问题根源

虽然我国学者很早就提出了一体化刑事法思想，并且得到了学界的广泛认同，但就现实情况而言，一体化刑事法思想在法学研究及司法实践中落实得却并不理想。甘雨沛教授的全体刑法学思想源自对刑事案件全过程的观察，犯罪发生之后，需要对案件进行刑事侦查，其中可能涉及对法医学的运用，然后案件进入诉讼程序，需要刑事实体法与程序法，当裁判作出之后，犯罪人服刑又需要监狱法。据此，他认为刑法的实现具有整体性或全体性，凡是跟罪与刑相关的都可以包括在内，称为“全体刑法”。[②] 全体刑法学不是各学科的简单相加，而是在新观念指导下的升华。[③] 因此，甘雨沛教授提出的全体刑法学主要是一种观念，其研究尚未进入具体落实的阶段。

储槐植教授对刑事一体化思想进行过多次论述，他认为刑事一体化既是一种观念，也是一种刑法学研究方法。作为观念，刑事一体化是要指导具体刑事法实践的，要建造一种结构合理、机制顺畅的实践刑法形态。作为研究方法，刑事一体化重点强调“化”，要协调好刑法的内外关系，实现深度融合。[④] 储槐植教授还对如何实现刑事一体化作了具体的论述，他认为首先要更新观念，其次要调整刑法结构，重筑刑法堤坝、协调罪刑关系、调整刑罚体系，再次要完善刑法运行的机制。[⑤] 由此可见，刑事一体化理论是动态的，是有实践面向的，是以追求刑事法关系顺畅、和谐共融为目标的。不过，笔者认为，虽然刑事一体化思想采用的“刑事”一词，但其核心仍然是“刑法”。例如，从储槐植教授对刑事一体化如何实现的具体构想来看，虽然重筑刑法堤坝、协调罪刑关系、调整刑罚体系对刑法之外的关系也有所涉及，但可以明显看到，所有的关系都是围绕刑法这一核心的。因此，其所研究的内容并未脱离刑法这一核心，在本质上，刑事一体化仍然是“刑法一体化”，或者说“全体刑法学”。[⑥] 正因如此，尽管刑事一体化

---

① 陈兴良：《刑法知识的教义学化》，载《法学研究》2011 年第 6 期。

② 参见甘雨沛、何鹏：《外国刑法学》（上册），北京大学出版社 1984 年版，第 3—4 页。

③ 参见《刑事法学要论》编辑组编：《刑事法学要论——跨世纪的回顾与前瞻》，北京大学出版社 1998 年版，“序”第 3 页。

④ 参见储槐植：《再说刑事一体化》，载《法学》2004 年第 3 期。

⑤ 参见储槐植：《刑事一体化论要》，北京大学出版社 2007 年版，第 25—35 页。

⑥ 参见储槐植：《刑事一体化论要》，北京大学出版社 2007 年版，第 25—35 页。

思想很早就得到了学界的广泛认可,但在具体落实过程中,学者们的研究其实始终还是刑法学本身,与"刑事"一体化的目标仍存在差距。①

储槐植教授曾经指出:"李斯特整体刑法思想的框架是'犯罪—刑事政策—刑法',即依据犯罪态势形成刑事政策,刑事政策又引导刑法的制定和实施,这样的刑法才能够有效地惩治犯罪。在'犯罪—刑事政策—刑法'的三角关系中,李斯特显然更为倚重刑事政策。"②不过,储槐植教授同时指出:"刑事政策实际上就是刑事政治,即首先在政治层面上考量如何对付犯罪。"③也就是说,他理解的刑事政策是狭义的。因此,他并未认识到刑事政策在"整体刑法学"中的统领地位,进而在其所提倡的刑事一体化中未能对刑事政策的地位予以强调。笔者认为,李斯特之所以能够提出"整体刑法学"这一概念,主要原因在于其对犯罪及其相关问题的观察采用的是刑事政策视角。他认为:所谓刑事政策,是指国家借助于刑罚以及与之相关的机构来与犯罪作斗争的、建立在对犯罪的原因以及刑罚效果进行科学研究基础上的原则的整体(总称)。④ 从字面意义看,刑法只是包含了对犯罪和刑罚的法律研究(观察)。需要寻找一个能够将刑法和刑事政策都涵盖在内的新概念。因此,他在刑法学科之前增加了"整体的"一词加以修饰,以消除"刑法学"一词可能产生的狭窄含义。⑤ 亦即是说,"整体刑法学"虽然依然采用了"刑法学"这一表述,但是与狭义上的刑法学是完全不同的。在整体刑法学中,虽然仍然称为"刑法学",但这种刑法学是在刑事政策提挈之下的,刑事政策决定了整体刑法学采取的是广阔的宏观视角,同时刑事政策也是"联结犯罪态势、刑罚执行以应对犯罪的精神机枢"⑥。刑事政策学在整体刑法学中不仅发挥着统领的作用,亦发挥着在各个学科之间相互沟通的作用。

三、我国一体化刑事法学的完善路径

(一)统一对刑事政策概念的认识

关于刑事政策的概念,我国学者存在诸多不同认识。有学者曾经归纳,对于什么

---

① 储槐植教授的一些学生在努力践行刑事一体化思想,例如梁根林教授、白建军教授、王平教授、高维俭教授,但就对整个刑法学界的影响而言,这些努力还是不够的,与实现我国刑事的一体化目标仍然存在距离。

② 储槐植:《刑事一体化论要》,北京大学出版社 2007 年版,第 25 页。

③ 储槐植:《刑事一体化论要》,北京大学出版社 2007 年版,第 25 页。

④ 参见〔德〕冯·李斯特:《论犯罪、刑罚与刑事政策》,徐久生译,北京大学出版社 2016 年版,第 212—213 页。

⑤ 参见〔德〕冯·李斯特:《论犯罪、刑罚与刑事政策》,徐久生译,北京大学出版社 2016 年版,第 212—213 页。

⑥ 刘仁文:《立体刑法学:回顾与展望》,载《北京工业大学学报(社会科学版)》2017 年第 5 期。

是刑事政策，在我国至少有九种不同的认识。① 由此可见，我国刑法学界其实早就已经花费大量的精力对其进行研究，但遗憾的是始终没有达成统一认识。

我国很多学者都将刑事政策理解成党和国家惩罚犯罪、保护人民的刑法政策或策略。② 笔者认为，如果将刑事政策理解成党和国家惩罚犯罪、保护人民的刑法政策或策略，那么刑事政策就只能是刑法学中的一个小问题，在中国刑法学中对其进行研究就已足够，完全没有必要将刑事政策学作为一个独立的学科予以对待。对于这一现象，卢建平教授曾经指出，对刑事政策的这种理解是狭隘的，不仅不利于我国与国际学术界的交流，并且难以保证我国今后刑事政策制定的科学性与合理性。③ 因此，对于刑事政策的理解不能过于狭隘，应当注意与域外刑法学界对刑事政策的理解保持一致，否则在国际学术交流过程中，仍然可能会出现说着相同的概念，但表达的却是完全不同的内容这种荒唐局面。犯罪是由各种因素综合导致的，既然如此，针对犯罪的回应方式当然也应多种多样。采取狭义的刑事政策概念，显然会大大限制刑事政策的研究视野。

对于我国而言，与其花费大量的学术精力对刑事政策概念进行争论，不如直接采用刑事政策学发展较好、在世界范围内认可度较高的现成的概念。如此才可以将更多的精力用于研究刑事政策中更为重要的实质内容，才能进一步推进刑事政策学研究在我国的深入发展，而不是在浅层的概念研究之上徘徊。

梁根林教授曾经对域外刑事政策概念进行过细致的比较。他认为，德国、日本学者关于刑事政策的理解均存在一定的不足，法国学者立足于广义立场的刑事政策更为合理。④ 笔者对此深表赞同。法国学者戴尔玛斯-马蒂认为："刑事政策就是社会整体据以组织对犯罪现象的反应的方法的总和，因而是不同社会控制形式的理论与实践。"⑤马蒂对刑事政策的理解，与费尔巴哈的古典刑事政策及与李斯特所主张的广义刑事政策相比，其涵盖面更广。根据这一定义，刑事政策的主体不再限于国家，还包括社会；针对的对象不再是犯罪，而是犯罪现象；对犯罪现象所作出的回应不再是斗争，而是反应；反应的方式不仅包括刑法，而且还包括其他非刑事的、非惩罚性的手段。因此，我国今后对刑事政策学的研究可以采用这一广义概念。

（二）明确刑事政策学的学科地位

刑事政策学是以刑事政策为研究对象的学科。关于刑事政策学在刑事法学体系

---

① 参见时延安、薛双喜编著：《中国刑事政策专题整理》，中国人民公安大学出版社 2010 年版，第 5—7 页。

② 参见梁根林、吉莉娅：《"刑事政策与刑事一体化"学术研讨会综述》，载《中国法学》2004 年第 1 期。

③ 参见卢建平：《刑事政策与刑法》，中国人民公安大学出版社 2004 年版，第 5 页。

④ 参见梁根林：《刑事一体化视野中的刑事政策学》，载《法学》2004 年第 2 期。

⑤ 〔法〕米海依尔·戴尔玛斯-马蒂：《刑事政策的主要体系》，卢建平译，法律出版社 2000 年版，第 1 页。

中如何定位的问题,学者们也有不同的认识。何秉松教授认为:“刑事政策学与刑法学、刑事诉讼法学、犯罪学、犯罪侦查学有着密切的联系,但又不是这些学科的简单综合,而是一门相对独立的交叉学科,可以看做刑事科学的一个部门。”①卢建平教授认为,刑事政策是一门跨刑法学、犯罪学、刑罚学等学科的决策科学。② 杨春洗教授主张,刑事政策论在刑事法学系统中的地位,可以概述为主导地位。因为一方面,同犯罪作斗争的一系列法律规范的制定与实施都必须以刑事政策为指导;另一方面,在理论上,探求犯罪控制的理想模式是刑事政策的宗旨。③

笔者认为,何秉松教授与卢建平教授都指出了刑事政策学与其他刑事法学科之间的密切联系,认识到了刑事政策学的跨学科特征。但是,仅仅指出刑事政策学是刑事科学中的一个部门是不够的,刑事政策学与其他学科之间存在的不仅仅是联系与区别这样笼统的关系,这种概括的说法对于在理论与实践中如何处理刑事政策与各学科之间的关系并没有明确的指导意义。杨春洗教授指出了刑事政策学在刑事法学系统中的主导地位,这一判断是非常准确的。但是,他也仅仅说明了为什么刑事政策学占主导地位,对于如何发挥主导地位却并没有作进一步的论述。从一体化刑事法学的角度看,笔者认为,刑事政策学在刑事法学科体系之中可以发挥统领性作用与桥梁性作用。

如前所述,马蒂教授认为刑事政策是不同社会控制形式的理论与实践。除刑法发挥核心作用的刑法之外,非刑事的、非惩罚性的、非国家的社会控制手段也都可以使用。也就是说,在人权得以保障的前提下,所有能够实现防治犯罪目的的各种社会控制手段都可以使用。刑事政策本身就是一个大的综合体,由此也就决定了刑事政策学和其他刑事法学科之间是一种抽象与具体、总体与分支的关系。刑事政策学是对可用于回应犯罪现象的所有社会控制手段的综合性研究,其他刑事法学科则是对这些社会控制手段的具体性研究,例如刑法学、犯罪学、刑事诉讼法学、刑罚学,这些学科是对某种社会控制手段的细化与深入研究。这些具体的社会控制手段在对犯罪现象的总体反应中应当发挥何种作用,实现什么目的,仅仅从该学科本身是看不清楚的,只有立足于宏观的刑事政策学才能正确认识。并且,这些具体的社会控制手段应当如何相互配合、相互协调,仅仅着眼于某个具体的刑事法学科也是无法判断的,只有基于刑事政策学的整体视角才能使其各司其职。从这个角度来看,刑事政策学在刑事法学科体系中占据的是统领性地位,为其他刑事法学科的目标与任务指明方向。

另外,刑事政策学在一体化的刑事法学科体系中还可以发挥桥梁的沟通作用。随着科学的不断发展,学科设置出现了一种“分久必合,合久必分”的发展趋势。“分”有

---

① 何秉松主编:《刑事政策学》,群众出版社 2002 年版,第 11 页。

② 参见卢建平:《社会防卫思想》,载高铭暄、赵秉志主编:《刑法论丛》(第 1 卷),法律出版社 1998 年版,第 135 页。

③ 参见杨春洗主编:《刑事政策论》,北京大学出版社 1994 年版,第 12 页。

利于对问题进行更为细化和深入的研究;"合"则有利于将各个学科联系起来从总体上对问题进行宏观把握,并能够更好地协调学科之间的关系。然而,"分"虽然深刻,久而久之却容易偏离最初目的,忽视各个学科之间的联系,忽视各个学科之间的配合,只见树木不见森林;"合"虽然全面,却也容易导致平均用力,轻重不分,只见森林不见树木。因此,分久需合,合久需分。"19世纪的刑法学是合,融刑法学、犯罪学、诉讼法学、行刑学为一体;20世纪的刑法学是分,除上述学科相继独立外,还出现一些边缘学科。"①自1977年以来,我国的刑事法学科经过40多年的发展,从原来的需要强调构建"专业槽"的状态已经发展到了学科之间过分隔绝的状态。陈兴良教授当初提出"专业槽"概念是鉴于当时我国的刑法学研究:"理论与实践难以区分,实践是理论的,理论也是实践的,其结果只能是既没有科学的理论也没有科学的实践。"②然而,随着我国刑法学研究专业程度的提高,我国一些刑事法律科学工作者陷入了深深的"专业主义"泥沼之中,把注意力仅限于传统规范法学的圈子里,人为地割裂与其他学科的联系,只知道在刑法的几个基本原则和条文中打转。③ 因此,时过境迁,随着我国刑事法学的不断发展,如今需要强调的已经不是如何构建刑法学"专业槽"的问题,而是如何突破学科壁垒实现刑事法学一体化的问题。

当然,我们也不能苛求人人成为跨学科的通才,而只能是对跨学科问题的宏观考察以及对各学科之间相互联系的核心问题进行把握。刑事政策学恰好可以担此重任。具体而言,一方面可以从总体上立足刑事政策视角对相关的学科进行宏观研究,另一方面则可以以刑事政策视角发掘各学科之间相互联系的核心,抽丝剥茧获取精华,从而突破学科壁垒,跳出学科限制,把握问题真谛。就此而言,刑事政策学是沟通各刑事法学科的桥梁,是在刑事法学科之间实现贯通融合的重要媒介。

(三)构建以刑事政策为骨架和桥梁的"立体刑事科学"

前文已经指出,即使是最广义的刑法学也难以涵盖宪法、国际法、民法、行政法等其他部门法,以及法学之外的其他学科。以"刑法学"命名一体化的刑事法学思想容易让人过度关注刑法学本身的内容,而忽视更为重要的刑法学与其他学科之间的联系。立体刑法学理论事实上同时采用了最广义与狭义的刑法学这两种表述。在表达"立体刑法学"这一理论名称时,采用的是最广义的刑法学含义;在强调刑法学主体地位时,采用的却又是狭义的刑法学含义。在同一个理论中,使用相同的概念表达两种不同的含义,容易让人产生误解。为了避免这一误导,笔者认为,可以将立体刑法学修改

① 《刑事法学要论》编辑组编:《刑事法学要论——跨世纪的回顾与前瞻》,北京大学出版社1998年版,"序"第3页。

② 陈兴良:《刑法哲学》(修订版),中国政法大学出版社1997年版,第704页。

③ 参见卢建平:《刑事政策与刑法》,中国人民公安大学出版社2004年版,第21页。

为“立体刑事科学”。刑事科学的目的是控制和预防犯罪,以与犯罪相关的所有问题为研究对象,既包括与犯罪相关的法学问题,也包括与犯罪相关的非法学问题。[①] 这样更符合立体刑法学所强调的以开阔视野看待犯罪问题的宏观定位,而又不至于无边无界完全脱离了犯罪问题这一核心。

此外,刘仁文教授主张建立瞻前顾后、左顾右盼、上下兼顾、内外结合的立体刑法学。之所以称之为“立体”,理由在于他主张以刑法为中心向前后左右、上下内外各个方向发展,由此刑法学研究实现从“平面刑法学”向“立体刑法学”的范式转换。[②] 但需要看到的是,如同房屋构建,“立体”的关键并不在于对各个方向的强调,而在于有一个以横梁和柱子搭建的框架支撑。立体刑法学虽然强调研究者的视野及于各个方向,但是如果没有一个足以在各个方向之间相互联通的框架,没有一个共同的目的将各个学科之间的问题联系起来,即使研究者看到了某个方向存在的问题,但由于各个学科都有其自身的目的与任务,最终还是难以实现学科之间的统筹与协调。

在李斯特的整体刑法学构想中,“刑事政策成了联结犯罪态势、刑罚执行以应对犯罪的精神机枢”[③]。对于立体刑事科学而言,同样需要刑事政策这一精神机枢。刑事政策不仅是支撑立体刑事科学的骨架,同时也是实现各学科之间沟通交流的桥梁。那么,刑事政策与刑事法学及非其他刑事法学学科之间的关系应当如何处理呢?

关于刑事政策与刑法体系之间的关系,劳东燕教授认为,存在两种处理模式:一种是分离模式,刑事政策被置于刑法体系之外,刑事政策与刑法体系处于相互隔绝的状态,刑事政策仅作为立法政策或刑罚政策而存在;另一种是贯通模式,刑事政策的目的性考虑被整合入刑法体系,直接影响犯罪论与解释论的构建。她认为,我国应当采用贯通模式,因为在贯通模式下,体系与外部环境的沟通渠道更为顺畅,科学与生活、理论与实践之间的关系更为紧密,由此,刑法体系的发展更符合目的性要求,能够更好地回应社会的需求。[④] 笔者认为,与之相类似,刑事政策与刑事科学整体之间的关系也应当采用贯通模式。一方面,贯通模式将有利于所有的刑事法学科在一个统一的目的指引下朝同一个方向发展,各学科之间的分工合作将更为清晰融洽,可以减少学科之间的隔绝与冲突,由此实现学科之间的顺畅交流、融会贯通;另一方面,以刑事政策为精神内核,还将有利于所有的刑事法学科都保持对外界环境的敏感,保持学科研究的开放性,及时根据社会背景的需求对自身理论作出调适,从而从总体上提升刑事法学回应社会的能力与质量,同时也能够更为清晰地发现其他非刑事法学科是否可以在回应

① 参见张文、马家福:《我国刑事科学的学科结构研究——兼论刑事一体化》,载《北京大学学报(哲学社会科学版)》2003 年第 5 期。

② 参见周维明:《分化、耦合与联结:立体刑法学的运作问题研究》,载《政法论坛》2018 年第 3 期。

③ 刘仁文:《立体刑法学:回顾与展望》,载《北京工业大学学报(社会科学版)》2017 年第 5 期。

④ 参见劳东燕:《刑事政策与功能主义的刑法体系》,载《中国法学》2020 年第 1 期。

犯罪这一问题上发挥作用，以及实现刑事法学与非刑事法学在立体刑事科学中角色的合理定位。

具体来说，对于刑法学、刑事诉讼法学、犯罪学、刑事执行法学、犯罪被害人学、犯罪心理学等刑事法学科而言，刑事政策应当成为其精神内核，融入所有刑事法学科的理论与实践，所有的刑事法学科的构建与发展都应当考虑刑事政策的目的性，为刑事政策的目的服务，并通过刑事政策实现关系的协调。对于与犯罪相关的其他非刑事法学科而言，由于其本身并非以回应犯罪问题为目的，不可能在刑事政策的目的性指引下发展理论与实践，如果仅仅强调要重视刑法学与这些法学之间的关系，缺乏一个统一的目的指引，这种重视必将盲目、松散，甚至毫无边际。“刑事政策给予我们评价现行法律的标准，它向我们阐明应当适用的法律；它也教导我们从它的目的出发来理解现行法律，并按照它的目的具体适用法律。”①因此，其他非刑事法学科是否应当被纳入立体刑事科学，以及如何处理刑事法学与其他非刑事法学科之间的关系，需要以刑事政策为标准，基于刑事政策的目的去理解。因而，刑事政策也将是凝聚非刑事法学科的精神内核。

① 〔德〕李斯特：《德国刑法教科书》，徐久生译，法律出版社 2006 年版，第 4 页。

刑民交叉的法律适用问题

——以诈骗类案件为视角

何俊强[*] 高楚晗[**]

一、问题的提出

伴随改革开放以来市场经济的高速发展,整个社会在资金融通、商品交易愈发密切的同时,也面临经济类纠纷案件日趋增加的情况,刑民交叉的诈骗类犯罪正是其中之一。目前来看,该类案件尚存在刑民司法程序差异、处置机制不完善等困境,并且在涉案行为定性、法律适用等方面也颇有争议,产生同案不同判的问题。法学界的理论研究更为侧重程序领域,难以完全涵盖刑民交叉问题程序与实体"一体两面"的特征。因此,在分析该类案件的过程中,应当把握程序与实体相辅相成的总体思路,结合司法实践与典型案例,优化处理路径、提高司法效率、维护公平正义,使被害人权利得到充分救济,法秩序得以统一协调。

二、刑民交叉型诈骗案件的基本类型

(一)竞合型刑民交叉型诈骗案件

所谓竞合型刑民交叉型诈骗案件,是指同一事实既涉及刑事法律关系,即符合诈骗罪的构成要件,同时又涉及民事法律关系,诈骗罪的刑事责任与欺诈导致的违约、侵权等民事责任产生了竞合。此时刑民交叉案件具有多层法律关系,且它们是一种纵向的重合包容关系,其包容了民事法律关系的行为已经超出民法调整范围而进入刑法评价领域。① 从法律层面分析,竞合型刑民交叉型诈骗案件的本质源于法规竞合,也就是刑法和民法都对一项法律事实作了相应的规定,并竞相要求适用于该法律事实。② 从实体角度来看,竞合型刑民交叉型诈骗案件可能涉及诈骗行为与合同、侵权行为的竞

---

* 江苏省苏州市相城区人民检察院党组成员、副检察长。

** 江苏省苏州市相城区人民检察院第一检察部检察官助理。

① 参见杨兴培:《刑民交叉案件法理分析的逻辑进路》,载《中国刑事法杂志》2012 年第 9 期。

② 参见江伟、范跃如:《刑民交叉案件处理机制研究》,载《法商研究》2005 年第 4 期。

合,犯罪预备阶段与民事行为的竞合等。

如2015年最高人民法院公布的11起诈骗犯罪典型案例,其中"朱效明合同诈骗、信用卡诈骗案"就涉及刑事诈骗与民事经济纠纷的竞合,被告人朱效明在2011—2013年间,以"朱军"名义办理身份证,并利用该虚假身份注册成立"商丘腾飞建筑装饰工程有限公司",后以公司经营之名,通过"朱军"身份签订合同、出具欠条,骗取郁殿强、李伟等人材料款、工程款共505885元,事后逃匿。该案中,被告人朱效明在签订合同的过程中,利用虚假身份信息,并采用编造公司经营情况、虚构工程项目等欺骗手段,骗取被害人财物且数额较大,结合其事后逃匿行为,可以认定主观以非法占有为目的,符合合同诈骗罪的构成要件;同时侵犯了被害人的财产权,涉及因合同欺诈引起的违约、侵权等民事责任,以及关于合同效力认定等问题的民事法律关系的探讨。

(二)牵连型刑民交叉型诈骗案件

与纵向包容关系相对,牵连型刑民交叉型诈骗案件,是指案件涉及的虽然并非同一事实,而是两种分别由刑事领域与民事领域调整的法律事实,但在部分构成要素方面又有重合,进而产生横向的并列关系,使得刑事与民事法律责任相互牵连。值得注意的是,牵连型刑民交叉型诈骗案件当中,诈骗罪与民事法律行为具有相对独立性,可以按照各自的刑事责任与民事责任分别认定,同时,诈骗罪本身也不会实质性影响和改变关联民事法律行为的性质和效力。根据法律事实当中各类要素的同一性,牵连型刑民交叉型诈骗案件还可细化为主体牵连和对象牵连。

1. 主体牵连

主体牵连,是指牵连源自同一主体的刑民交叉型诈骗案件,即具有同一性的主体实施了两个或两个以上的法律行为,应当分别依照刑事法律和民事法律予以认定。除同一自然人既实施诈骗犯罪,又与其他民事主体产生关系以外,主体牵连也包括自然人与单位之间构成表见代理的情况。如"孙某某职务侵占、诈骗案"[上海市浦东新区人民法院(2013)浦刑初字第1992号刑事判决书],被告人孙某某在离职以后,隐瞒其已经不是某公司员工的事实,擅自使用未上交的空白收据,从某纸业公司骗领金额为人民币5万元的银行承兑汇票一张。虽然孙某某构成合同法上的表见代理,某纸业公司可以主张不向该公司再行支付5万元货款,但表见代理并不能否认孙某某构成诈骗罪。其诈骗行为与表见代理行为分别由刑事法律和民事法律进行规制。

2. 对象牵连

对象牵连,是依据法律诉求与对象之间的关系进行划分的,本质反映的是财产所有权的牵连关系。

第一种情况是,涉案的刑事法律事实和民事法律诉求共同指向同一个对象。如"梁某某、廖某某合同诈骗案"[北海市中级人民法院(2016)桂05刑初2号刑事判决书],被告人梁某某、廖某某为偿还巨额债务,多次通过二手车经销公司租赁汽车,并将汽车抵押给他人借款,共计骗取汽车65辆。其中被告人梁某某、廖某某以汽车租赁合同为载体,假借转租之名,编造租车用途,隐瞒租赁汽车的真实目的,使被害人陷入错误认识;事后被告二人将所得款项部分用于支付汽车租金与所欠债务利息,并将剩余所得挥霍一空后逃匿,没有归还所租汽车的行为,具有较为明显的非法占有目的,因此构成合同诈骗罪。在骗租之后,梁某某、廖某某与多人签订抵押借款合同,属于事后销赃行为,没有采取虚构事实的手段,不构成新的犯罪,但需要对质押人是否符合第三人善意取得的条件,以及被告人不按期履行还款义务等行为对质押人权利的侵害,进行民法上的法律评价。其中骗取的65辆机动车,则是诈骗犯罪行为与质押行为的共同对象。

第二种情况是,刑民交叉型诈骗案件,涉及的刑事法律事实与民事法律事实,虽然诉求对象存在差别,但不同对象之间存在一个基于另一个而产生的牵连关系。如"彭某诈骗案"[苏州市中级人民法院(2019)苏05刑终230号刑事判决书],被告人彭某冒充房屋共有人平某,并持冒领的"平某"身份证,与朱某合谋将房屋出售。此案中受骗人为不动产登记中心工作人员与房屋买家,其中工作人员基于错误认识而处置了被害人平某的房屋,导致作为真正房屋所有权人的平某遭受财产损失,被告人彭某构成诈骗罪。从对象上看,受骗人与被害人虽然不具备同一性,但本质上是通过欺骗受骗人,使得被害人的财产遭受损失,二者具有一定的牵连性。

三、刑民交叉型诈骗案件的认定

刑民交叉型诈骗案件,由于大量涉及经济领域不同主体之间的往来,在司法实践当中存在复杂性、重合性及边缘认定的模糊性等特征。这些特征导致无论在法律关系的认定上,还是在具体法律的适用上,都容易产生疑难和争议。

(一)刑事诈骗与民事欺诈的界定

分析刑民交叉型诈骗案件,首要的关键环节即是对刑事诈骗与民事欺诈进行严格区分与正确认定。在司法实践当中,应当坚持判断标准的多元化,从欺骗内容、欺骗程度和非法占有目的这三个方面加以界分。①

从欺骗内容来看,民事欺诈的一方当事人虽然夸大、虚构或隐瞒事实,但双方在权利义务上仍呈现基本对等的状态,仅有个别事实或局部事实的欺骗;而刑事诈骗的行为人以获取对方财物为目的,从根本上缺乏支付对价的意愿和行为,双方的权利义务

① 参见陈兴良:《民事欺诈和刑事欺诈的界分》,载《法治现代化研究》2019年第5期。

处于明显失衡的状态,欺骗内容涵盖整体事实或全部事实。以目前较为多发的交房纠纷案件为例,江苏某有限公司承诺建设商住综合体,以投资较小、收益高额、安全保障作为宣传点,但由于无法办理两证及资金链断裂出现危机,存在延迟交房,物业管理较差等问题。开发商虽然在招商销售方案中对楼盘有夸大成分,但仍为全体业主利益最大化积极行动和协商,仅有部分事项可能存在民事欺诈。而在2015年最高人民法院诈骗犯罪典型案例“刘玉珊等集资诈骗、非法吸收公众存款案”中,被告人虚构翡翠保值增值、公司资金雄厚等内容作为宣传,鼓动中老年人投资,吸收资金共计6242.68万元,虽然在此期间公司为日常运营,会给予部分投资人返利、礼品等,但被告人实际上并未真正履行义务,属于集资诈骗罪。

以欺骗程度衡量,主要考察行为结果,即行为人是否通过欺骗,达到使他人产生认识错误并处分财产的地步。如民间网络借贷中,广泛存在刑民交叉的P2P,包括因欺诈产生的P2P民事纠纷及P2P诈骗两种情形。① 如果是利用P2P网络平台,以低风险、高收益、提供行情等承诺,诱使出借人借出资金,对投资项目实际存在的高风险予以隐瞒,最终因行情波动等原因,造成出借人财产损失,因为涉及的P2P网络平台、投资项目均为真实存在,出借人并未基于错误认识而交付财物,仅是参与到了P2P的实际投资当中,因此这类情况属于民事欺诈行为。而在另一类案件中,行为人通过虚构投资项目、发布不实信息,甚至搭建或控制投资网络平台,使被害人产生错误认识,表面将财产用于从事投资交易,而实际已经向行为人或第三方交付了财物,符合刑事诈骗的构成要件。

除此之外,非法占有目的在承担刑民界分职能时,同样具有不可忽视的特有价值内核,它对于把握诈骗罪成立的实质标准具有决定性意义。② 考察行为人是否具有非法占有目的,需要主客观相结合,多方面综合认定:一是从履行能力和履行意愿的角度判断,包括行为人的资产状况、现实履行的可能性,以及是否有主动且有效的履约行为,阻碍行为人履约的主观条件与客观条件等。二是判断是否基本丧失民事救济的可能性,如考察标的物流向,是否存在抽逃、转移资金,隐匿财产等行为,是否将骗取资金用于肆意挥霍或者进行违法犯罪活动等,导致被害人陷入民事救济难以挽回的高度风险与严重损失当中。同时要注意非法占有目的与取得财物之间的时间先后顺序,以及动机转化型诈骗罪的特殊认定。

(二)刑民交叉型诈骗案件的认定方法

通过对相关法律规范的梳理可以得出,处理刑民交叉型诈骗案件,无论是在犯罪

---

① 参见徐彰、汪自成:《P2P网络借贷中民事与刑事法条适用及其完善》,载《南京社会科学》2018年第11期。

② 参见陈少青:《刑民界分视野下诈骗罪成立范围的实质认定》,载《中国法学》2021年第1期。

主体、实施手段的认定上，还是在非法占有目的的判断上，均应当采用实质重于形式的认定方法。如上文所述“刘玉珊等集资诈骗、非法吸收公众存款案”，被告人刘玉珊设立云南玉灵宝之堂珠宝有限公司，以开展玉器业务为名，实际从事集资诈骗的犯罪活动。最高人民法院《关于审理单位犯罪案件具体应用法律有关问题的解释》规定：个人为进行违法犯罪活动而设立的公司、企业、事业单位实施犯罪的，或者公司、企业、事业单位设立后，以实施犯罪为主要活动的，不以单位犯罪论处。盗用单位名义实施犯罪，违法所得由实施犯罪的个人私分的，依照刑法有关自然人犯罪的规定定罪处罚。因此，该案不能认定为单位犯罪，而应当追究公司实际控制人刘玉珊的刑事责任。同时2010年最高人民法院《关于审理非法集资刑事案件具体应用法律若干问题的解释》列举了包括兜底条款在内的12种构成集资诈骗罪的行为，以及8种可以认定非法占有目的的情形。该案被告人使用虚构玉器戴养业务，招募“投资理财顾问”等手段，符合不具有销售商品、提供服务的真实内容非法吸收资金和以投资入股、委托理财的方式非法吸收资金的行为，且将绝大部分资金用于归还贷款、放高利贷、寻宝被骗等，用于生产经营活动的资金与筹集资金规模明显不成比例，最终致使大部分资金不能返还，符合关于非法占有目的的认定情形。

在实质认定过程中，也要充分考虑刑法的补充性原则，只有当行为人的意思自治伴随民事救济无效而彻底消解时，才能够由公权力介入，适用刑事法律规范。因此，按照实质重于形式的认定方式，对于刑民交叉型诈骗案件中的意思自治进行考察，具有至关重要的意义。最高人民法院司法案例研究院和国家检察官学院共同主办的第十九期“案例大讲坛”公布了刑民交叉案件的六大典型案例，其中提到“叶某某、毛某某等涉嫌骗取贷款案”。该案中，叶某某、毛某某、李某某均系M公司、R公司股东。2013年1月，三人以M公司名义向北京银行申请贷款1000万元，提供了叶某某与其丈夫邵某某所有的营业房作为抵押。2014年1月贷款到期，叶某某等R公司股东决议，利用公司隐名股东沈某在招商银行分管个贷的职务便利，由公司代持股人许某某出面，向招商银行申请贷款800万元，并提供虚假的财务报表和公司购销合同，叶某某、李某某等提供个人担保，由叶某某与其丈夫邵某某所有的营业房作抵押。2014年1月22日，招商银行发放贷款800万元，该贷款主要用于归还北京银行的贷款。2016年1月贷款到期，其他股东既不愿继续提供担保，也未履行担保责任，招商银行向法院提起诉讼，要求拍卖或变卖抵押物优先受偿。同年4月叶某某主动前往公安机关投案。该案中，叶某某作为M公司、R公司股东，知悉公司的经营状况、抵押担保贷款的具体用途等事项，出于真实意思表示将名下营业房作为抵押，因此可以通过民事途径，对贷款责任纠纷予以处理，不应介入刑事手段。如果由于信息不对称、作案手段层出不穷、受骗人辨别能力较弱等问题，被害人行为超出意思自治的范畴而难以被发现，或者发现之后采用民事手段无法救济和弥补，则应被纳入刑法的规制。

四、刑民交叉型诈骗案件的处理

处理刑民交叉案件，我国司法实践最初根据1985年最高人民法院、最高人民检察院、公安部《关于及时查处在经济纠纷案件中发现的经济犯罪的通知》，适用“先刑后民”的处理原则。先刑后民固然具有一定的优势，但对刑民交叉案件不加以区分，统一适用“先刑后民”原则，会导致民事案件审理期限过长，阻断了被害人通过民事权利救济弥补损失的正当渠道。[①] 1997年最高人民法院《关于审理存单纠纷案件的若干规定》对于民事案件应当中止审理及可以适用刑民并行的情况分别作出规定：确须待刑事案件结案后才能审理的，人民法院应当中止审理。对于追究有关当事人的刑事责任不影响对存单纠纷案件审理的，人民法院应对存单纠纷案件有关当事人是否承担民事责任以及承担民事责任的大小依法及时进行认定和处理。这为刑民交叉案件根据个案具体情况选择“刑民并行”还是“先刑后民”提供了依据。此后，最高人民法院以法律事实或法律关系的类型化为基础，尝试对刑民交叉案件的关联形态进行区分，并据此确定刑民交叉案件审理的基本方法。[②] 由此可见，刑民交叉型诈骗案件的处理，也需要在实质性认定的基础上具体加以选择。

（一）先刑后民

竞合型刑民交叉型诈骗案件基于“同一事实”，宜采取先刑后民的处理方式。因为竞合型刑民交叉型诈骗案件中存在的是同一个事实，既符合诈骗罪构成要件，又涉及民事法律责任，在此情况下，案件涉及的经济往来错综复杂，事实与法律关系较为混乱，如果优先审理民事案件，受到民事审判双方当事人举证能力的限制，正确适用法律作出裁判的难度往往较大。与之相对，刑事诉讼的侦查手段更为专业，调查取证环节更具强制性，能够最大限度地查明案件事实、还原客观真相，实现司法资源的节约与优化。从证明标准的角度来说，刑事诉讼认定案件事实采用“排除合理怀疑”的证明标准，相较于民事诉讼的“高度盖然性”要更为严格，因此在既判力上，后续审理的民事案件可以直接采用刑事案件认定的事实，从整体上提高司法效率。

（二）刑民并行

牵连型刑民交叉型诈骗案件涉及不同的刑事责任和民事责任。其中刑事责任侧重于规范社会秩序，目的是惩罚“已然之罪”和预防“未然之罪”；民事责任侧重于保障

---

① 参见万毅：《“先刑后民”原则的实践困境及其理论破解》，载《上海交通大学学报（哲学社会科学版）》2007年第2期。

② 参见纪格非：《论刑民交叉案件的审理顺序》，载《法学家》2018年第6期。

个体权利,目的是补偿相对人的经济损失。① 因此,应当通过刑事诉讼和民事诉讼两种渠道分别进行法律评价,采取刑民并行的处理方式更加适当。如果仍然选择刑事审判优先,会引发民事诉讼的非必要中止审理,进而导致司法资源的浪费,当事人的损失亦可能得不到及时、充分的救济。在预决效力的认定上,由于牵连型刑民交叉型诈骗案件的并列事实之间,刑事法律关系与民事法律关系不具备基础性的关联,优先审理刑事案件的判决结果,亦不能为民事案件审理提供事实认定的基础和前提。综上可知,此类案件中刑民并行的诉讼程序不仅最大限度保障了当事人的民事权利,更充分尊重和维护了民事审判权的独立性。②

站在权利救济的角度来说,刑事诉讼的权利救济功能主要通过追缴罚金、责令退赔等执行措施,以及刑事附带民事诉讼的方式予以发挥。与之相比,民事诉讼的救济方式多样化,针对违约、侵权等民事责任具有更为详细的计算标准,更为丰富的责任承担与损失弥补方式,且赔偿范围覆盖更为广泛。采取刑民并行的处理方式能够综合两种诉讼手段,有效、完整地救济被害人的权利。如“李晶诉温颜擎、邢野等财产损害赔偿纠纷案”,邢野、温颜擎、申海霞以某公司名义与以李晶为公司法定代表人的欣桑达公司签订合同,骗取欣桑达公司、李晶共计 943 万元。在刑事判决中,法院认定三名被告人犯合同诈骗等数罪。经追赃,返还李晶一台奥迪车价值 60 万元。温颜擎与李晶达成 500 万元赔偿协议。但上述赔偿尚不足以弥补李晶因签订合同而遭受的损失,且生效刑事判决的退赔、追缴金额和财物数额、名称等均不明确。后李晶提起民事诉讼请求赔偿损失,法院认定邢野、温颜擎、申海霞三人系恶意串通,以合法形式掩盖非法目的,非法占有他人财产,判决上述三人赔偿李晶财产损失 383 万元。该案作为最高人民法院司法案例研究院和国家检察官学院共同主办的第十九期“案例大讲坛”典型案件的意义,正是在于通过刑事诉讼手段与民事诉讼手段的共同运用,使被害人的财物损失能够最大限度得以弥补。

(三)坚持刑法的谦抑性原则

把握刑法的谦抑性,一方面要在是否成立犯罪的标准上审慎对待,坚持罪刑法定原则,充分尊重社会主义市场经济中多元化民商事主体与新业态、新行业的发展。如果将民事经济纠纷与刑事诈骗犯罪相混淆,动用刑事强制手段介入正常的民事活动,则会侵害平等、自愿、公平、自治的市场交易秩序,进而对一个地区的营商环境造成较大损害。③ 同样,进入刑事审判程序也不能阻却行为人应当承担的民事责任。例如《全国法院民商事审判工作会议纪要》规定,主合同的债务人涉嫌刑事犯罪或者刑事裁

① 参见杜邈:《刑民交叉型诈骗犯罪的司法认定》,载《中国刑事法杂志》2020 年第 3 期。
② 参见周雪梅:《刑事犯罪与民事侵权比较研究》,西南财经大学出版社 2013 年版,第 48—50 页。
③ 参见“赵某利诈骗案”,最高人民法院(2018)最高法刑再 6 号刑事判决书。

判认定其构成犯罪,债权人请求担保人承担民事责任的,民商事案件与刑事案件应当分别审理。另一方面,要以谦抑性为指向,对刑法的处罚范围进行精准调控,前置法决定犯罪的罪质,刑事法决定犯罪的罪状和罪量,坚守刑法的保障法地位,践行宪法价值秩序指引,捍卫中国特色社会主义法治建设的法秩序统一。①

(四)加强刑事诉讼与民事诉讼的协调联动

通过对刑法的谦抑性及法秩序统一的论述可知,纵观整个社会规范体系,刑法只是诸多法律控制手段中最具强制效力的一种,与其他部门法的规范一样,既具有开放性,也具有一定的不完整性。刑事司法制度只有与其他法律制度、社会控制之机构密切合作,才能有效维持社会共同生活所必需的法社会秩序。② 因此在处理刑民交叉型诈骗案件时,要把握系统化的解决思路,通过对典型性、类型化案件进行梳理,总结出程序冲突的共性问题,比如通过将刑民交叉型诈骗案件划分为竞合型与牵连型两大类别,进而把握类型化背后更深层次的在管辖、裁判及事实认定、法律评价、执行措施等方面的冲突。

除理论研究、立法技术等层面以外,司法实践当中,刑民交叉型诈骗案件也离不开各部门之间建立协调联动机制。这不仅涉及分别具有民事案件管辖权与刑事案件管辖权的法院之间的交流联动,更包括与公安机关、检察机关的协同配合。在审查期限内,坚持有案必立原则,建立"立案协作网",为当事人明确纠纷解决和权益救济的有效途径。在办案审理过程中,民事法庭与刑事法庭宜采用灵活多样的沟通形式,针对疑难复杂案件中的竞合型事实或牵连型事实展开实质性判断,严格把握罪与非罪的界限,根据案件关联形态等因素综合确定程序的适用。检察机关一方面在审查起诉环节,需要站在法秩序统一视角,加强刑法与民法的衔接,例如判断非法占有目的时,在刑事认定"主客观相一致"原则的基础上,充分考虑民事经济纠纷中关于民事主体自认的效力规定,以降低司法资源的过度耗费;另一方面在检察监督时,需要比对研究民事案件与刑事案件的事实关联性、结果影响度,以及对可能出现的新证据进行评价,尊重被害人在权利救济方面适当的选择权,推动刑民交叉型诈骗案件的诉讼程序衔接和冲突一体化解决。

五、结语

刑民交叉型诈骗案件不仅是法律层面的事实认定与程序选择问题,更关系到经济社会的良性发展和有序运行,需要在精准打击犯罪、有效维护被害人合法权益的同

① 参见田宏杰:《刑民交叉问题的实体法立场与分析方法》,载《政治与法律》2021 年第 12 期。

② 参见陈兴良:《罪刑法定的当代命运》,载《法学研究》1996 年第 2 期。

时，充分尊重当事人的选择权，平等地保障非公有制经济，实现法律效果与社会效果的统一。尤其是当今民间借贷、企业融资日益活跃，互联网信息技术既为经济发展赋能，也引发了民事纠纷与诈骗犯罪在类型结构、涉案领域等方面的一系列深刻变化。这就需要扎实推进司法为民的理念，优化刑民交叉型诈骗案件的审理与执行模式，在法院内部建立刑民协调机制的同时，跨部门促成与公安机关和检察机关的交流合作。并且在涉案财物的处置方面，刑事追缴退赔与民事执行发生竞合时，如何厘清执行顺序，完善程序选择，也应当成为刑民交叉型诈骗案件进一步探讨的方向。

犯罪工具的认定与没收标准

李鑫源*

一、犯罪工具的类型及认定标准的差异

犯罪工具,在我国刑法语境下亦称为"供犯罪所用的本人财物",强调供犯罪行为人进行犯罪活动使用的属于他本人所有的钱款和物品,从而将那些不是犯罪行为人本人,而是借用或者擅自使用,财物所有人事前不知道的他人财物排除出犯罪工具的范围。① 犯罪工具包括两种类型:一种是组成犯罪行为之物,作为犯罪构成的客观要件而不可或缺,例如,行贿罪中用来行贿的财产性利益,赌博罪中的赌资;另一种是供犯罪使用或者意图供犯罪使用之物,即犯罪实行行为所用之物,或者为供犯罪之用而准备的物,如杀人所用匕首、毒药等。② 两者的区别在于,供犯罪使用或者意图供犯罪使用之物并不在犯罪构成要件中明确规定,在不同的案情中会存在多种形态。例如,故意杀人罪中用来杀人的工具多种多样,走私类犯罪中用来促成走私的工具也五花八门。而组成犯罪行为之物是构成要件所要求的内容,可以通过构成要件相对明确地划定犯罪工具的种类,例如,行贿罪中必然存在财产性利益的财物,走私文物罪中犯罪行为人走私的必是国家禁止出口的文物。

不同的司法管辖区关于犯罪工具的判断标准存在差异。美国的"促进理论"认为,行为人以任何方式使用的或者部分使用的,用以实行犯罪、打算实行犯罪、打算用以实行犯罪,或者促进犯罪实施的一切财物,如果与犯罪活动具有"足够联系"或者"密切联系",就属于犯罪工具。③ 而我国台湾地区则更加强调犯罪工具的"直接关联性",犯罪工具必须是供犯罪所用,对于个别具体犯罪的实现存在有生活经验之工具性的直接关联,并不包括仅仅在犯罪过程中偶然存在的相关物。"直接关联"是指依照工具的使用性质具备有专门用以促使犯罪行为实现构成要件的犯罪物。④ 我国大陆关于

---

* 河南省高级人民法院法官助理。

① 参见王爱立主编:《中华人民共和国刑法条文说明、立法理由及相关规定》,北京大学出版社 2021 年版,第 181 页。

② 参见黎宏:《刑法学总论》(第 2 版),法律出版社 2016 年版,第 352 页。

③ 参见张明楷:《外国刑法纲要》(第 3 版),法律出版社 2020 年版,第 360 页。

④ 参见李圣杰:《犯罪物没收》,载林钰雄主编:《没收新制(一)刑法的百年变革》,元照出版公司 2016 年版,第 56 页。

犯罪工具的判断标准并未形成通说，目前来看主要是强调犯罪工具要与违禁品相当，即虽然不是法律、法规明文规定的违禁品，但是该财物没有生活用途，且通常被其他犯罪人用于犯罪或者虽然具有生活用途，但该财物是犯罪行为人主要或通常用于犯罪的财物。①

鉴于犯罪工具判断标准的模糊，在司法实践中，我国大陆各个地区的裁判者在犯罪工具的认定标准和没收原则的掌握上不尽相同。有的严格采取全面没收主义，有的贯彻相对宽松主义，有的在把握不准时，以适用有利于被告人原则为由，对应当没收的作案工具不予没收。②

例如，在“夏某某、裴某某以危险方法危害公共安全案”中，被告人夏某某、裴某某于2020年1月1日下午商量猎捕野生动物，夏某某提议到金寨并携带其购买的电瓶、逆变器、铁丝等物品，通过手机导航，由裴某某驾驶自己的面包车从霍邱县马店镇到金寨县铁冲乡高畈村安塘组。夏某某在裴某某的协助下，在通往谭某、龚某等住户家机耕路中间架设长度约为250米的电网猎捕野生动物。当时，两被告人均意识到架设电网可能会伤及过往行人，但仍然完成电网架设，并由夏某某连接电瓶通电，将电压升至8000福特。次日早晨6时许，铁冲乡李桥村居民王某1和王某3沿该机耕路下山时被电网电击，被害人王某1被电击致伤。一审法院在判处二被告人以危险方法危害公共安全罪的同时，只是没收了插杆、绕线桶、金属丝、接电夹、电池、智能逆变王等犯罪工具，并未没收裴某某前往案发现场驾驶的汽车。③

相反，在“贾虎虎过失以危险方法危害公共安全案”中，被告人贾虎虎于2017年8月16日下午驾驶其朗逸轿车将电瓶、电容器、高压包等从乡宁县城拉至案发地。晚上8时许，贾虎虎在路上安装了电猫，铁丝沿路拉了约500米长，准备用电猫打野猪，将电猫通电后在距离电猫五六百米的水泥路上等待。晚上约9时许，村民李某1路过此处时被电猫电击致死。法院判定被告人贾虎虎构成过失以危险方法危害公共安全罪，并没收了朗逸牌轿车一辆、骆驼牌电瓶两块、电卯组件改装箱两个等犯罪工具。④

比较来看，过失行为的主观不法显然要低于故意行为，但吊诡之处在于，前述案例中贾虎虎犯过失以危险方法危害公共安全罪时前往非法捕猎地的轿车作为犯罪工具被没收。而夏某某、裴某某以故意的主观责任形式构成以危险方法危害公共安全罪时，同样作为前往案发地工具的面包车却没有被视为犯罪工具而没收。这样的区别没收或许只是因为贾虎虎的过失行为导致了被害人的死亡？由于裁判文书并未详述没收的理由，为了统一适用标准，有必要明确犯罪工具的判断标准，以便实现

① 参见张明楷：《刑法学》（第5版），法律出版社2016年版，第644—645页。

② 参见林前枢、林毅高：《作案工具的认定和处理》，载《人民司法（案例）》2019年第29期。

③ 参见安徽省金寨县人民法院（2020）皖1524刑初122号刑事判决书。

④ 参见山西省乡宁县人民法院（2017）晋1029刑初73号刑事判决书。

没收的妥当化。

二、美国犯罪工具判断标准的考察

在促进理论的基础上,美国的犯罪工具一般被扩大称为"方便犯罪实施的财物"(facilitating property),任何减轻犯罪实施难度的财物都将被视为犯罪工具。即除了预备、实际用于犯罪之物,还包括使犯罪容易实施或使犯罪难以侦查的财物。① 这样一个宽泛的定义显然会导致犯罪工具没收范围扩大化问题,因此,美国司法实践中一直在试图明确犯罪工具的判断标准,且这一判断标准与民事没收(Civil Forfeiture)是否受到美国宪法第八修正案的约束有极大的关联。美国宪法第八修正案主要是指"不得要求过重的保释金,不得课以过高的罚款,不得施予残酷的、逾常的刑罚"。早期的民事没收并不受美国宪法第八修正案的限制,因而在没收范围上十分灵活,只要财产被用来实施犯罪,无论关联性大小,都会被没收,因而饱受诟病。② 直至 1993 年,在"奥斯汀诉美国案"中,美国联邦最高法院判定,民事没收不仅仅纯粹用来填补损害与恢复原状,同时带有报应和威慑之目的,由于报应与威慑带有部分惩罚性质,这足以使美国宪法第八修正案的审查具有正当性。③ 在民事没收也要接受美国宪法第八修正案过度惩罚条款的限制这一前提下,整体而言,违法所得的没收审查标准十分宽松,基本不考虑是否过度的问题;只有在犯罪工具的没收问题上,才会着重判断是否过度。尽管美国的民事没收坚持对物之诉的理论,并不对被告人是否构成犯罪进行审查。但对犯罪工具的没收进行审查时,潜在的前提通常是假定被告人已经构成犯罪,进而探讨犯罪行为与犯罪工具的关系。"奥斯汀诉美国案"之后,美国司法判例中逐渐发展出三种不同的审查基准。

第一,以"美国诉位于加利福尼亚州马里布祖米雷斯大道 6625 号不动产案"为代表判决的"混合标准",需要权衡以下三个要素:①比较没收的严厉性与犯罪行为的严重性。②没收的财产是否为犯罪行为不可或缺的部分。③没收的财产与犯罪行为之间是否具备时空的紧密性。④

第二,以"美国诉钱德勒案"为代表判决的"工具标准",此标准也需要考察以下三个要素:①财产与犯罪行为之间的联系及财产在犯罪中的作用程度。②财产所有人参与犯罪行为之程度。③将犯罪财产与其余财产分开的可能性。法院在衡量前述第

---

① See United States v. Huber, 404 F. 3d 1047 (8th Cir. 2005).

② 参见王俊梅:《美国民事没收制度研究》,中国政法大学出版社 2013 年版,第 167 页。

③ See Austin v. United States, 509 U.S. 602, 621 (1993).

④ See United States v. Real Prop. Located at 6625 Zumirez Drive, Malibu, Cal., 845 F. Supp. 725 (C.D. Cal. 1994).

一个要素,即财产与犯罪行为之间的联系及财产在犯罪中的作用程度时,可以考虑以下因素:a. 在犯罪中使用财产是故意和有计划的,还是仅仅是偶然的。b. 该财产是否对非法活动的成功有重要帮助。c. 财产被非法使用的时间和空间范围。d. 非法使用是孤立事件还是重复使用。e. 取得、维持或使用该财产的目的是否为实施犯罪。任何单一因素均不具有决定性,要通过美国宪法第八修正案的审查,法院必须能够根据总体情况得出结论,该财产在实施犯罪方面具有重大和有意义的工具性,或者如果犯罪行为是按计划进行的,该财产会发挥重大和有意义的作用。

第三,以"美国诉巴贾卡吉安案"为代表判例的"显失比例标准",主要判断没收某项财产的价值是否与被告人的罪行严重程度极不相称(Grossly Disproportionate)。[①] 没收财产的价值一般来说相对容易计算,而被告人的罪行严重程度却是一个相对难以量化的要素,法院通常会根据《联邦量刑指南》(Federal Sentencing Guidelines)和国会对罪行的惩罚来确定犯罪的严重性。美国第四巡回法院上诉法院在"美国诉博林案"中指示下级法院通过判断犯罪活动的性质和程度、造成的损害、与其他犯罪的关系及刑罚的严厉性来判断犯罪的严重程度。[②] 为了实现充分的量化,最常用的方法是,以法定最高罚金数额来衡量犯罪的严重程度。在计算了拟被没收财产的价值及用法定最高罚金数额量化了前置罪行的严重程度后,如果没收财产的价值在量刑准则所允许的罚金范围内或者接近允许罚金的范围,则没收该财产不会违反美国宪法第八修正案。例如,犯罪嫌疑人拜尔利因种植、销售大麻而导致其用来储存和加工大麻的价值 18 万美元的房屋以及用来运输大麻的价值 4.5 万美元的船只和拖车被民事没收。法院裁定没收上述财物与被告人的罪行相称,因为根据《联邦量刑指南》,假如被告人拜尔利被定罪,最高可被处以 200 万美元的罚金。[③] 该判断标准目前已被美国 2000 年《民事资产没收改革法案》所吸纳。

"显失比例标准"隐藏的缺陷在于,忽视了被没收财产与犯罪行为之间的联系。例如某毒贩偶尔利用自己的房产作为销售毒品的据点,但可能某几次在该房产中销售巨额数量的毒品就足以导致在该毒贩被定罪情形下被处以高于房产本身价值的罚金。尽管在"显失比例标准"的判定下可能并不构成过度的没收,但是该房产是否与犯罪行为有足够密切的关系也仍然是值得考察的。如果完全不考虑财产与犯罪行为之间是否有足够或者密切的联系,控方将不可避免地有动机调查涉及贵重财产的犯罪活动,而不考虑其关联性,最终可能导致只是偶尔被用于犯罪行为的财产被没收,同时忽

① See United States v. Bajakajian, 524 U.S. 321, 322 (1998).

② See United States v. Bollin, 264 F. 3d 391, 417 (4th Cir. 2001).

③ See United States v. One 1995 Grady White 22' Boat, 415 F. Supp. 2d 590 (D. Md. 2006).

视了某些不能为控方提供经济利益的更严重犯罪活动的调查。[①] "工具标准"潜在的缺陷在于拒绝比例性的评估,如果行为人利用某项财产从事犯罪行为造成的或即将造成的法益侵害较小,比如获益微薄,而该财产本身价值巨大,则没收该财产是否具有必要性和均衡性是存疑的。例如,被告人以价值不菲的豪华跑车故意撞坏一简易三轮车,或者驾驶价值数万元的面包车以投毒的方式窃取了总值 1200 元的狗[②],倘若不加限制地没收行为人所使用的财物,必然导致在某些场合其结局比没收财产刑和罚金刑更为严厉。[③] 当原本属于宪法财产权保护范围之内的财产与犯罪行为存在关联性而成为犯罪工具后,会使所有权人之保护需求降低,使其相较于欠缺此种违法关联性的财产,更容易正当化国家的干预权限或限缩保护范围,但并不当然使其丧失宪法保障的价值。所有权人仍然有权防御国家之干预,甚至请求国家提供保护。如此扩大理解财产权的保护领域,可以限制有权限机关肆意扩大犯罪工具的没收范围。[④] 换言之,作为犯罪工具被没收的财产除了需要与犯罪行为之间具备足够的关联,还需要接受比例性原则的检验。

三、双层次判断标准的提倡

通过上述分析,混合标准说在总体上综合了工具标准与比例性原则,可能更具合理性。[⑤] 在借鉴混合标准说的基础上,笔者提出双层次标准说,即判断某一财物是否为犯罪工具时,应在公平的基本价值指导下遵循以下两个原则:一是关联性原则,即必须是与犯罪行为的发生有直接的关联性,对于犯罪的形成有重大促进作用,或者排除犯罪障碍有重大作用。二是比例性原则,没收财物的范围、价值应当与犯罪行为的危害性质、危害程度相当。[⑥] 在认定犯罪工具时,应当根据个案充分考量作案工具在犯罪过程中所起的作用,与财产刑金额、犯罪行为的社会危害后果、被害人的经济损失情况之间的适应关系及消除行为人再犯因素的规制等因素综合考虑。[⑦] 同时,上述两个原则应当具备一定的层次性,在满足关联性原则的标准下,还应进一步接受比例性原则的

---

① See United States v. Real Prop. Located at 6625 Zumirez Drive, Malibu, Cal., 845 F. Supp. 725, 735 (C.D. Cal. 1994).

② 参见吴燕、赵祥东:《供犯罪所用的本人财物的认定与没收》,载最高人民法院刑事审判第一庭、第二庭编:《刑事审判参考》(总第 45 集),法律出版社 2006 年版,第 58 页。

③ 参见张明楷:《刑法学》(第 5 版),法律出版社 2016 年版,第 645 页。

④ 参见薛智仁:《评析减免没收条款》,载《月旦法学杂志》2016 年第 5 期。

⑤ See Brent Skorup, Ensuring Eighth Amendment Protection from Excessive Fines in Civil Asset Forfeiture Cases, 22 Civil Rights Law Journal, 427(2012).

⑥ 参见李晓琦:《供犯罪所用的本人财物的认定——珠海中院判决何运枝贩卖毒品案》,载《人民法院报》2011 年 8 月 11 日,第 6 版。

⑦ 参见林前枢、林毅高:《作案工具的认定和处理》,载《人民司法(案例)》2019 年第 29 期。

检验,只有在同时满足以上两个层次的审查筛选后,才能将某一财物视为犯罪工具。

(一)关联性原则

所谓关联性,是指在具体的案件中,犯罪行为人利用工具的使用性质专门促成符合构成要件行为的实现。① 例如,盗伐林木所用的油锯、农用三轮车,偷越国(边)境所用的船只,为了操纵证券、期货市场而投入的资金。"专门促成",是指犯罪行为人取得、维持或使用某项财产的目的主要是实施犯罪甚至是重复实施犯罪,排除那些主要用于日常工作、生活,但在某次孤立事件中被偶然使用的财物。一般可以分为以下两类:

第一类是本身不具有生产生活用途,在性质上与违禁品相当的财物。例如,犯罪行为人为组织考试作弊而购买的窃听窃照器材,为故意伤害他人而购买的管制刀具等。第二类财物虽然具有生产生活用途,但被频繁用于或者一直用于实施犯罪行为。例如,为实施盗窃或抢劫行为而购买并改装的汽车,频繁诈骗他人而使用的手机。第二类财物在某些情况下往往既在生产生活中使用,又被用于方便犯罪行为的实施,此时可以根据该财物在实施犯罪行为中被使用的频率来判定是否满足关联性原则。例如,行为人驾驶自己的私家车前往被害人家中索要合法债务并非法拘禁他人,由于该私家车主要是供日常生活所用,只是在此次索要债务中被非法使用,因而不能被认定为犯罪工具。再如,在醉酒驾驶机动车的情况下,该机动车往往只是在醉酒后被偶然使用,主要用途仍然是方便日常出行并提高办事效率,从司法判例来看,也没有将醉酒后驾驶的汽车作为危险驾驶罪的犯罪工具。②

考察某项财物是否被专门用来实行具体的构成要件事实得出肯定结论后,需要进一步考察该财物根据一般的生活经验所具备的性质在具体的实行行为中是否得以实现,如果某项财物所固有的性质在具体的犯罪行为中没有被实现,不应被视为犯罪工具。例如,行为人用传统的机械钥匙去试图打开根本没有钥匙孔而仅需指纹密码解锁的保险箱,此传统的机械钥匙恐怕就难以被认定为犯罪工具。③ 总之,直接关联性的标准体现为财物和犯罪之间并非偶然或附带的联系,而是犯罪必须与该财物被使用有关、依赖于财物使用、不使用该财物不可能发生或直接由该财物被使用造成,且财物在犯罪行为中实现了其生活经验上的性能。

(二)比例性原则

在经过第一层次关联性原则的检验后,需要以比例性原则进行第二层次的检

① 参见李圣杰:《犯罪物没收》,载《月旦法学杂志》2016 年第 4 期。

② 参见湖北省襄阳市襄城区人民法院(2021)鄂 0602 刑初 108 号刑事判决书;云南省墨江哈尼族自治县人民法院(2019)云 0822 刑初 115 号刑事判决书。

③ 参见李鑫源:《论责令退赔措施的适用》,载《中国刑警学院学报》2021 年第 1 期。

验,即在没收犯罪工具的时候,要考虑到犯罪的危害程度与犯罪工具价值之间的比例关系。[①] 尽管没收犯罪工具并不是一种刑罚,而是一种兼具惩罚性与预防性,且偏重惩罚性的独立法律效果,但如果将以犯罪为目的使用的物品、器械都视为犯罪工具而不加区分地予以没收,可能会侵犯个人或单位的合法财产并威胁正常的生产生活。[②] 罪责刑相适应原则审查的对象是刑罚,违法所得的没收与犯罪工具的没收都不是一种刑罚,不可能直接以罪责刑相适应原则进行检验。违法所得的没收不需要进行任何相当性的检验,因为"基于任何人不得从违法行为中获益"的原则,本来就需要尽数剥夺不属于犯罪行为人的非法财产的增长,美国司法实践中也不会利用美国宪法第八修正案过度惩罚条款对违法所得的没收范围进行约束。但是,犯罪工具不是一种非法财产的增长,并非一种非法致富,而属于对合法财产权非法滥用后的一种剥夺与制裁。犯罪工具对于方便犯罪实施的作用有大小之分,犯罪行为本身所带来的法益侵害程度亦有强弱区别。故犯罪工具的判断标准中需要引入比例性原则进行审查,分别以适当性、必要性、均衡性进行检验。[③]

首先,在判断某项财产是否应作为犯罪工具予以没收时,适当性判断的限制性最小。作为刑罚的一种补充,犯罪工具的没收是为了填补刑罚纯粹的对人属性,不需要经过所谓刑罚裁量关系,其作用的对象及适用的范围乃是存在于犯罪事实之中的实存物。没收犯罪工具实质上是国家出于公共利益维护和禁止财产权滥用的刑事政策而实施的干预处分,以此构建财产正当秩序与预防犯罪[④],其本身的合目的性毋庸置疑。

其次,必要性判断体现为,如果除将某项财产视为犯罪工具而予以没收的方法之外,其他方法也能够达到惩罚与预防犯罪的目的,则没有必要刻意剥夺该合法财产。对于这种权衡来说,重要的是被告人已经受到或将要受到什么程度的处罚。基于此,过失犯罪中使用的财物不应作为犯罪工具予以没收,只有当犯罪行为人意图将某财物用于犯罪抑或实际用于犯罪时,该财物才可能被认定为犯罪工具。[⑤] 在过失犯罪中,行为人主观上只是疏忽大意或者过于自信,不存在实施犯罪行为的故意,使用某些财物也是纯属偶然。在被告人已经被定罪处罚的前提下,足以使行为人在日后适当地

---

① 参见王晓岚、焦小倩:《论犯罪工具的认定及处理》,载中国法院网,https://www.chinacourt.org/article/detail/2016/03/id/1829680.shtml,2023 年 8 月 1 日访问。

② 参见刘鹏玮:《"特别没收"的司法失衡与规范重塑——以"供犯罪所用的本人财物"之没收为视角》,载《苏州大学学报(法学版)》2017 年第 3 期。

③ 参见李燕:《论比例原则》,载《行政法学研究》2001 年第 2 期;陈运生:《论比例原则在基本权利保障中的适用》,载《广州大学学报(社会科学版)》2011 年第 5 期。

④ 参见金燚:《"特殊没收"的理论反思与司法适用——以"供犯罪所用的本人财物"之没收为视角》,载《东北大学学报(社会科学版)》2019 年第 1 期。

⑤ 参见王书剑、宋立宵:《犯罪工具的认定与没收》,载《中国检察官》2020 年第 10 期。

运用自身的能力去设法遵守一般人处于其位置本来能够遵守的注意义务标准①，将自身遵守行为规范的能力维持在一定的水平之上，无须进一步通过没收过失犯罪中使用的财物的方式来惩罚过失犯罪行为人。因此，在前述“贾虎虎过失以危险方法危害公共安全案”中，尽管贾虎虎最终导致了被害人死亡的结果，但是行为人在主观上既不存在实施犯罪行为的故意，同时也无法确定其将电瓶、电容器、高压包等真正直接导致被害人死亡的工具运送至案发地的轿车有继续实施犯罪的危险性，该轿车不应作为犯罪工具而被没收。一些国家的立法例也可以对此提供支持，例如，《德国刑法典》第74条第1款规定：“因实行故意犯罪行为所产出之客体，或为实行或准备该行为所用或预定供此之用的客体，没收之。”②根据反面解释，德国刑法中犯罪工具没收仅存在于故意犯罪之中。

最后，均衡性判断体现为，将某项财产视为犯罪工具时，要与犯罪行为的严重性相当。基于面向过去发生的滥用财产权行为的惩罚，该财产本身为被告人或第三人合法财产，因使用该财产导致法秩序的破坏，造成的法益侵害程度越重则没收该财产的可能性越大。法益侵害程度可以进行虚拟衡量，以犯罪成立时罚金的数额或者违法所得的数额与犯罪工具本身的价值进行衡量，法定罚金的数额或者违法所得数额越大，则表明犯罪的严重性越大，没收犯罪工具的范围也随之扩大。例如，犯罪行为人一方面以自己购买的房产为据点组织他人卖淫并从中抽利，另一方面也将该房屋作为日常生活场所，此时可以将犯罪行为人组织卖淫罪的违法所得与该房屋的价值进行比较，如果组织卖淫罪的违法所得大于房屋本身的价值，则可以将该卖淫据点作为犯罪工具予以没收。在前述“夏某某、裴某某以危险方法危害公共安全案”中，夏某某、裴某某为了猎捕野生动物，在意识到架设电网可能会伤及过往行人，仍放任这一危险的发生，完成电网架设后被害人王某1被电击致轻伤。鉴于裁判文书中关于面包车使用状况的描述不详，从理论上来说，一方面，如果前往案发地的面包车并非被频繁用于捕猎野生动物而是被用于日常生产生活，只是两人临时使用该面包车将捕猎工具运送至案发地，则可直接否认该面包车与犯罪行为之间的关联性，不应当作为犯罪工具被没收。另一方面，即使该面包车满足了关联性原则的审查，鉴于最终只是导致一人轻伤的结果，没收该面包车所导致的经济恶害将高于法益侵害的严重程度。从实际裁判结果来看，法院最终也确实没有没收该面包车，具有合理性。

在双层次判断标准下，关于事后为了保有犯罪效果而使用的财物是否需要被认定为犯罪工具，也应作如下区分。首先，如果犯罪行为人为了帮助他人掩饰、隐瞒违法所

① 参见劳东燕：《风险社会中的刑法：社会转型与刑法理论的变迁》，北京大学出版社2015年版，第383页。

② 《德国刑法典》，李圣杰、潘怡宏编译，元照出版公司2017年版，第99页。

得及其收益而使用了一定的财物，如果经过关联性原则与比例性原则的检验，对被告人可直接按照掩饰、隐瞒犯罪所得、犯罪所得收益罪进行处置，并将促成掩饰、隐瞒行为的财物认定为犯罪工具。在“陆鑫杰掩饰、隐瞒犯罪所得案”中，被告人陆鑫杰在明知周文志转账的资金系电信诈骗及网络赌博的资金的情况下，仍旧使用本人名下的银行卡、支付宝继续帮助周文志转账，共计转账 17 余万元，法院对公诉机关指控被告人陆鑫杰犯掩饰、隐瞒犯罪所得罪的罪名予以确认，同时认定用以登录支付宝账号的苹果手机及两张银行卡为犯罪工具。[①] 其次，如果是犯罪行为人掩饰、隐瞒本人上游犯罪的违法所得及其收益，其事后使用某项财物保留上游犯罪的收益时，前置上游犯罪行为已经完成，但对于犯罪行为人来说，掩饰、隐瞒违法所得及其收益的行为不具有期待可能性，属于不可罚的事后行为[②]，例如，盗窃、抢劫现金后存入保险箱，制造毒品后储存于某房屋。但没有期待可能性只能说明实行前置上游犯罪的本犯不具有罪责，对于保有犯罪效果的行为不另行定罪。本犯实施的掩饰、隐瞒行为依然具有妨害司法的违法性，这里的本犯，包括获取赃物的原犯罪的正犯、共同正犯、教唆犯与帮助犯。[③] 因此，获取赃物的原上游犯罪的本犯利用其他财物保留犯罪效果，仍然侵害了国家对违法所得的司法追查权。在双层次判断标准的审查下，如果某项财物被长期专门用于保有上游犯罪效果且没收不违反比例性原则，可以视为犯罪工具，与促成前置上游犯罪的犯罪工具一起纳入应没收资产的范围。换言之，犯罪行为人掩饰、隐瞒本人上游犯罪的违法所得及其收益所使用的财物，依然可能成为犯罪工具。

---

① 参见湖南省洪江市人民法院（2021）湘 1281 刑初 262 号刑事判决书。

② 参见周光权：《刑法各论》（第 3 版），中国人民大学出版社 2016 年版，第 396 页。

③ 参见张明楷：《掩饰、隐瞒犯罪所得、犯罪所得收益罪的构成要件》，载《民主与法制周刊》2021 年第 43 期。

选择性结果构成要件的现实风险与解决路径

李百超[*]　孟丽敏[**]

实害与危险是犯罪构成要件中"结果"的两种表现形式。在现行《刑法》所规定的483个罪名中,有3个法律条文在罪状表述上明确将实害和危险同时规定为结果构成要件,它们分别是第330条规定的妨害传染病防治罪,第332条规定的妨害国境卫生检疫罪,第337条规定的妨害动植物防疫、检疫罪。在这三个犯罪中,只要实害或者危险发生即可能符合结果的构成,并不要求一定要发生实害结果,因此实害与危险在此类犯罪中就成了选择性构成要件。实害与危险所造成的法益侵害程度存在差异,但此类犯罪却并没有针对实害与危险划定不同的法定刑幅度,在司法实践中,量刑标准与结果之间的关联也没有明显的区别。对于由此衍生出的罪刑相适应和刑罚个别化的相关问题如何解决是本文着重思考和回答的。

一、实害与危险作为选择性构成要件的立法现状及形成原因

(一)实害与危险作为选择性构成要件的立法现状

《刑法》第330条和第332条将妨害传染病防治罪和妨害国境卫生检疫罪的结果构成要件直接规定为能够引起罪状中规定的传染病传播或者有传播严重危险。这就意味着,《刑法》第330条和第332条所规定的犯罪既是实害犯也是危险犯。行为人的行为造成传染病传播或者造成了特定传染病传播的风险,在结果构成要件上,功能性是一致的。

《刑法》第337条妨害动植物防疫、检疫罪中的选择性构成要件的描述与前述两个犯罪略有不同,前述两个犯罪的表述为"有传播严重危险的",该犯罪在危险的结果构

* 河北政法职业学院司法实务系助教。

** 河北省保定市中级人民法院刑二庭庭长,四级高级法官。

成要件中增加了"情节严重"的限制条件。通过司法解释的相关条文[①],从该犯罪的罪状表述出发,不难看出,当行为人的行为引起重大动植物疫情时,应当对行为人立案追诉,而当行为人的行为只是具有引起重大动植物疫情传播的危险时,则需要达到情节严重的要求。

(二)实害与危险作为选择性构成要件的形成原因

实害与危险作为选择性构成要件的只有三个罪名,关于此类选择性构成要件的形成可从立法沿革和现实需要两个方面来分析其中原因。

从立法沿革层面来看,1957 年《国境卫生检疫条例》以附属刑法的方式规定了违反国境卫生检疫规定罪[②],当时立法就将实害与危险作为该罪的结果构成要件。1979 年《刑法》第 178 条承继了这一规定。[③]《国境卫生检疫法》于 1987 年 5 月 1 日起施行,其第 22 条规定:"违反本法规定,引起检疫传染病传播或者有引起检疫传染病传播严重危险的,依照《中华人民共和国刑法》第一百七十八条的规定追究刑事责任。"同时废止了《国境卫生检疫条例》。为了适应这一变化,1997 年《刑法》第 332 条在 1979 年《刑法》第 178 条的基础上进行了修改,但是仍然保留了实害与危险作为选择性的结果构成要件。

相较于 1979 年《刑法》中罪名的设定,妨害传染病防治罪看似是 1997 年《刑法》的新增罪名,但该罪有着明确的附属刑法渊源,是对 1989 年《传染病防治法》中相关规定的承继。1989 年《传染病防治法》第 37 条作为附属刑法条款直接增设了新的罪刑规范即妨害传染病防治罪,并且在当时就规定了实害或者危险都可以作为该犯罪的结果构

---

① 最高人民检察院、公安部《关于公安机关管辖的刑事案件立案追诉标准的规定(一)的补充规定》第 9 条规定:"将《立案追诉标准(一)》第 59 条修改为:[妨害动植物防疫、检疫案(刑法第 337 条)]违反有关动植物防疫、检疫的国家规定,引起重大动植物疫情的,应予立案追诉。违反有关动植物防疫、检疫的国家规定,有引起重大动植物疫情危险,涉嫌下列情形之一的,应予立案追诉:(一)非法处置疫区内易感动物或者其产品,货值金额 5 万元以上;(二)非法处置因动植物防疫、检疫需要被依法处理的动植物或者其产品,货值金额 2 万元以上的;(三)非法调运、生产、经营感染重大植物检疫性有害生物的林木种子、苗木等繁殖材料或者森林植物产品的;(四)输入《中华人民共和国进出境动植物检疫法》规定的禁止进境物逃避检疫,或者对特许进境的禁止进境物未有效控制与处置,导致其逃逸、扩散的;(五)进境动植物及其产品检出有引起重大动植物疫情危险的动物疫病或者植物有害生物后,非法处置导致进境动植物及其产品流失的;(六)一年内携带或者寄递《中华人民共和国禁止携带、邮寄进境的动植物及其产品名录》所列物品进境逃避检疫 2 次以上,或者窃取、抢夺、损毁、抛洒动植物检疫机关截留的《中华人民共和国禁止携带、邮寄进境的动植物及其产品名录》所列物品的;(七)其他情节严重的情形。本条规定的'重大动植物疫情',按照国家行政主管部门的有关规定认定。"

② 《国境卫生检疫条例》第 7 条第 1 款规定:"对违反本条例和本条例实施规则的人,国境卫生检疫机关可以根据情节轻重,给予警告或者处一千元以下罚金;如果因违反本条例和本条例实施规则而引起检疫传染病的传播,或者有引起检疫传染病传播的严重危险,人民法院可以根据情节轻重依法判处二年以下有期徒刑或者拘役,并处或者单处一千元以上五千元以下罚金。"

③ 1979 年《刑法》将妨害国境卫生检疫罪的法定刑调整为"三年以下有期徒刑或者拘役,可以并处或者单处罚金"。

成要件。① 1997年《刑法》在规定妨害传染病防治罪时保留了实害与危险作为选择性的结果构成要件。

妨害动植物防疫、检疫罪与前两个犯罪不同,该犯罪属于1997年《刑法》新增罪名。最开始的妨害动植物防疫、检疫罪属于实害犯,在当时的罪状表述中,只有"引起重大动植物疫情的"才符合该犯罪的结果构成要件。直到2009年《刑法修正案(七)》第11条对该犯罪进行了修改,将犯罪的结果构成要件修改为既包括实害也包括危险,同时在危险犯成立与否的判断上,要求达到"情节严重"的标准。

从现实需要的层面来看,《刑法》第330条、第332条、第337条规定的三个犯罪都既包括实害犯,也包括危险犯,这至少说明行为所造成的危险已经无法由其他法律进行预防,其他法律针对这种危险对行为主体惩罚的力度也与危险所造成的恶劣影响不匹配。

数据显示,2022年全年全国(不含香港、澳门特别行政区和台湾地区)甲类传染病共报告发病33例,其中霍乱31例,鼠疫3例。② 鼠疫和霍乱既是最高人民检察院、公安部《关于公安机关管辖的刑事案件立案追诉标准的规定(一)》第51条中规定的传染病,也是《传染病防治法》中规定的甲类传染病。这些传染病极易对感染者的生命健康产生严重影响。即使违反相关预防、控制措施的传染病患者没有造成病毒的传播,但是其行为造成的社会恐慌,以及政府后续所付出的人力、经济损耗确实属于对社会的危害。因此,基于对上述三个罪名中所涉传染病病毒本身的危险性的研判,在上述三个犯罪中设立危险犯都是必要且合理的。

二、实害与危险作为选择性构成要件立法带来的现实问题

由于实害与危险属于选择性构成要件,因而只造成危险的行为其危害性应当低于造成了实害或者同时造成实害与危险的行为。据此,司法机关在量刑时也应该根据实际情况的不同加以区分。但在实际的量刑过程中,罪刑相适应和刑罚的个别化并没有得到理想化的贯彻。

(一)罪刑相适应的问题

截至2022年12月31日,在"中国裁判文书网"上以"全文检索、刑事案件、刑事一审、判决书"检索妨害传染病防治罪(判决结果),得到66篇判决书,数据全部有效;

① 1989年《传染病防治法》第37条规定:"有本法第三十五条所列行为之一,引起甲类传染病传播或者有传播严重危险的,比照刑法第一百七十八条的规定追究刑事责任。"

② 参见中国疾病预防控制中心传染病预防控制处:《2022年12月中国甲乙丙类传染病疫情动态概要》,载《疾病监测》2023年第1期。

检索妨害动植物防疫、检疫罪（判决结果），得到108篇判决书，有效文书105篇①；检索妨害国境卫生检疫罪（判决结果），得到3篇判决书，数据全部有效。

由于妨害国境卫生检疫罪只有三个公开案例，可研究样本较少，行为人的行为都只是造成了病毒传播的危险，并没有造成实害结果，并且三个案例的被告人都具有认罪认罚、坦白的情节，因此不作详细统计。

在对妨害传染病防治罪的判决书进行查阅与统计时发现，行为人违反传染病防治规定的行为如果确实造成了病毒传播，那么必然会伴随与行为人活动轨迹有时空关联的区域和人员被采取封控、管制及隔离措施。同样，在行为人违反相关管控规定实施运输、购买或者销售动植物的活动时，携带病毒的动植物会对途经地和流向地造成传播的危险，一旦达到情节严重的程度，则刑法就要对这种行为进行制裁。因此，病毒传染的结果往往伴随传染的危险，单纯造成实害的案件在现有公开案例中并不存在。但是，结果+危险与单纯造成危险的情形，在刑期的确定上并无显著差别，统计结果如表1、表2所示：

表1　妨害传染病防治罪案例被告人刑罚适用情况（单位：名）

	拘役≤自由刑≤6个月有期徒刑	6个月有期徒刑<自由刑≤1年有期徒刑	自由刑>1年有期徒刑	总计
危险	20	18	1	39
实害	6	22	6	34

表2　妨害动植物防疫、检疫罪案例被告人刑罚适用情况（单位：名）

	单处罚金	拘役、6个月以下有期徒刑	6个月<有期徒刑≤1年	1年<有期徒刑≤2年	自由刑>2年有期徒刑	总计
危险	9	42	86	35	2	174
实害	0	7	19	16	1	43

如表1、表2所示，在妨害传染病防治罪案例中，共涉及73名被告人，其中39名被

① 其中贵州省三都水族自治县人民法院（2018）黔2732刑初112号刑事判决书因被告人上诉，二审法院裁定发回重审而失效；山东省安丘市人民法院（2020）鲁0784刑初675号刑事判决书主要内容系被告人田某某犯交通肇事罪，但由于交通肇事罪发生在被告人因妨害动植物防疫、检疫罪获缓刑期间，因此其缓刑被撤销；江西省婺源县人民法院（2019）赣1130刑初244号刑事判决书主要内容系被告人程某某犯滥伐林木罪，但由于滥伐林木罪发生在被告人因妨害动植物防疫、检疫罪获缓刑期间，因此其缓刑被撤销。

告人的行为造成了传染病传播的严重危险，34 名被告人的行为既造成了病毒传播的结果，又造成了传染病传播的危险；在妨害动植物防疫、检疫罪案例中，共涉及 217 名被告人，其中 174 名被告人的行为引起了重大动植物疫情危险，情节严重，43 名被告人的行为既造成了重大动植物疫情的结果，又引起了重大动植物疫情的危险。两种犯罪中行为人刑罚幅度的适用率如图 1、图 2 所示：

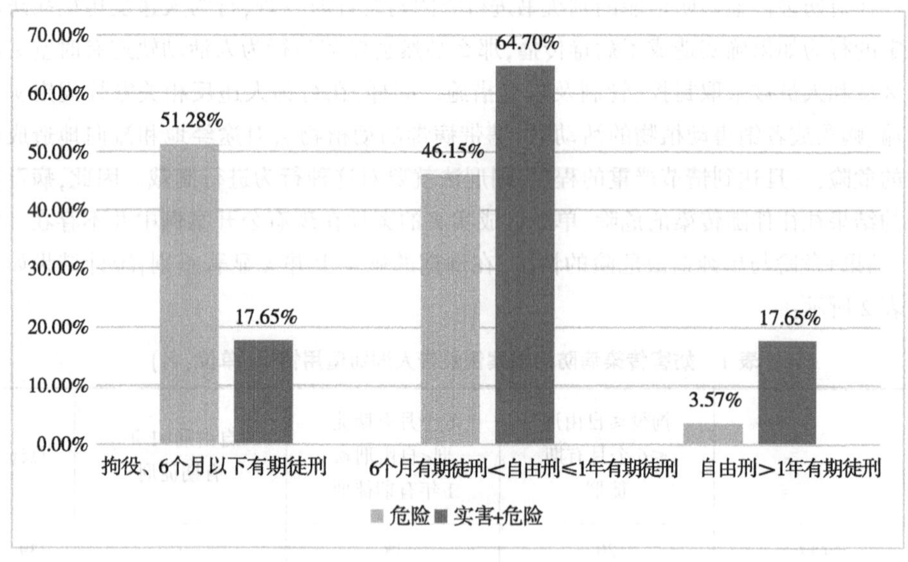

图 1　妨害传染病防治罪案例刑罚幅度的适用率

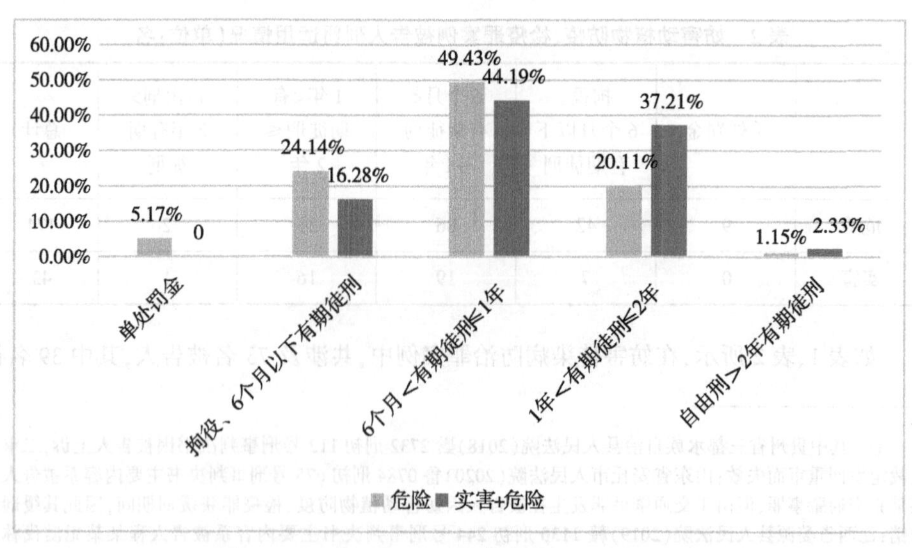

图 2　妨害动植物防疫、检疫罪案例刑罚幅度的适用率

由图1、图2可以看出,在妨害传染病防治罪中,造成传染病传播危险的行为人被判处1年以下有期徒刑或者拘役的占比超过70%,体现出司法机关对于单纯造成危险的行为人是在靠近最低法定刑一端进行裁量;妨害动植物防疫、检疫罪中亦是如此,大多数只造成危险的行为人会被科处拘役、1年以下有期徒刑,甚至有个别行为人被单处罚金。司法机关对待危险犯的态度是符合罪刑相适应原则的。但是,司法机关对于两个犯罪中造成实害+危险后果行为人的处罚同样大多集中在拘役或者1年以下有期徒刑的刑罚幅度,这样的处罚就导致了"危险犯"与"实害犯+危险犯"的处罚界限不甚明显。

另外,无论是危险还是实害,作为构成要件的结果在三个犯罪中不仅属于定罪因素,同时还属于定量因素,影响刑罚的严厉程度。在妨害传染病防治罪案例中,某些案件的裁判结果似乎只看到了危险与实害的定罪功能,而在一定程度上忽略了其量刑功能。诚然,要求司法人员对结果的危害程度做到绝对的精准量化是不现实的,但是这些案例至少能够说明,当实害与危险作为选择性要件时,其确实蕴含着容易导致罪刑不均衡的隐患,同时二者的定量功能也没有被明确。

(二)刑罚个别化问题

刑罚个别化理念主张对犯罪人以人身危险性与反社会性为标准进行量刑,以实现罪刑相适应。因此,刑罚个别化有助于实现特殊预防。但在具体实践过程中,被告人的人身危险性是无法准确预测的,司法人员往往会通过被告人所实施的行为、造成的影响、在犯罪中的地位、到案方式、认罪悔罪的态度等因素对其人身危险性进行评估,尤其是在判定被告人能否适用缓刑时,法院往往会参考被告人经常居住地的社区矫正工作管理部门的评估意见。据统计,在妨害传染病防治罪案例的73名被告人中有37名适用缓刑;在妨害动植物防疫、检疫罪案例的217名被告人中有106名适用缓刑,其中还有9名被单处罚金。两个犯罪中的单纯造成危险的被告人与同时造成危险与实害的被告人,人民法院在适用缓刑时确实有不同的考量,二者缓刑的适用存在一定差异。

"刑罚裁量的个别化要依'确定基本刑——确定量刑情节轻重——修正基本刑'这一路径进行。"①从三个犯罪的刑罚设置来看,妨害传染病防治罪设置了两个法定刑幅度,但在实际的案例中却并未出现"后果特别严重"的情形;而其他两个犯罪仅设置了一个法定刑幅度。因此,这三个犯罪在刑罚设置上没有考虑根据实害与危险的法益侵害程度而划分不同的刑罚幅度。所以在刑罚个别化路径的第一步中针对实害与危险所确定基本刑的空间就非常狭小。

---

① 翟中东:《刑罚个别化研究》,中国人民公安大学出版社2001年版,第3页。

另外,关于量刑情节的确定,实践中对于量刑情节的把握还是按照传统的规范要求比如行为人在犯罪中的作用、是否构成累犯、有无前科、罪后表现等情节来确定行为人是否具备罪轻或者罪重的情节,但是却忽略了结果本身的量刑功能。当然不仅是在实践中,学界也有类似的观点,有学者称“每一个评价对象都有自己的固定身份,要么是定罪情节,要么是量刑情节,不存在两者兼备的情形。无论是罪前事实,还是罪中事实,抑或是罪后事实都仅具有唯一身份”①。这种观点看似肯定了禁止重复评价原则的适用,但是“对于具体的犯罪手段、结果,在刑罚裁量时需要考虑社会伦理的价值标准,以及对于公众的损害程度等综合加以评价,从而决定刑罚轻重、影响量刑”②。而且,是否符合构成要件是衡量违法性的重要标准,刑法针对某一行为设置入罪门槛,即行为所造成的结果或者行为本身达到入罪门槛时,超出部分实际上也超出了违法性评价的范畴,将超出部分作为量刑情节予以考虑并不违反禁止重复评价的原则。

三、保持法律稳定性前提下的解决路径

为解决将实害与危险作为选择性构成要件存在的隐患,可以促使司法人员认识到实害与危险作为选择性构成要件的功能,结合被告人人格调查制度,准确适用从业禁止制度,进而解决量刑不均的现实问题且可以兼顾预防与打击犯罪的目的。

(一)从选择构成要件的功能到量刑基准点的确定

妨害传染病防治罪基本犯自由刑的法定幅度与另外两个犯罪一致,都是3年以下有期徒刑或者拘役。罪刑相适应原则要求行为自身或者所造成的结果决定刑罚的有无和大小。因此,在实践中应当根据实害或者危险的发生情况来确定量刑基准点。根据现有案例,对实害或者危险的发生情况进行类型化的整理分析,可以尝试在“三年以下有期徒刑或者拘役”这一法定刑幅度内划定两个基准点。

就危险犯而言,为了使三个犯罪中危险的判断更为具体和明确,相关部门应当出台类似于最高人民检察院、公安部《关于公安机关管辖的刑事案件立案追诉标准的规定(一)的补充规定》第9条的规定,规定妨害传染病防治罪、妨害国境卫生检疫罪的认定情节,设立入罪门槛以认定具体危险,并根据该门槛划定量刑基准点。对于同时造成实害与危险的行为,即最终的损害结果既造成了某种传染病传播的结果又同时造成了病毒传播的具体危险,这种实害犯+危险犯所应当承担的刑事责任要高于单纯的危险犯,因此也可以对这种情形划定量刑基准点。另外,在两个量刑基准点之间处理已经构成实害犯同时也造成了危险但是并未达到规范所禁止的危险的行为。而对于罚

① 孙万怀、刘环宇:《论禁止重复评价的判断标准及其适用争议问题》,载《法治研究》2022年第2期。

② 周光权:《论量刑上的禁止不利评价原则》,载《政治与法律》2013年第1期。

金刑幅度的确立，则可以根据行为所造成的实际损失来确定罚金刑适用的比例或数额。以此作为量刑基准点，司法机关再根据被告人罪前、罪后的表现，结合危险与实害的定量作用，来确定最终能够影响量刑的情节。

（二）从人身危险性的考量到刑罚个别化的实现

司法机关应当努力实现刑罚个别化，使“受刑者自己由于受到刑罚的痛苦而赎罪，对其洗刷责任产生作用”①。因为危险与实害不仅能够成为构成要件，同时也能为量刑提供支持，所以对于被告人人身危险性的考察除了从其罪前和罪后的表现着手，还应当重点考察被告人在犯罪过程中的表现，从而衡量其人身危险性。质言之，对于行为人人身危险性的考察不能仅从形式上进行，更应当是一种实质性的考察。如在“傅某某妨害动植物防疫、检疫案”中，被告人的行为具有引起松材线虫病传播蔓延的危险，其辩护人在辩护意见中认为被告人主观上恶性不深，社会危害性小，且系自首、初犯，建议法院判处缓刑，并且当庭出示了被告人居住地的村民委员会出具的被告人判处缓刑不致再危害社会的证明。但是法院却并没有因被告人自首、初犯及村民委员会的证明而适用缓刑，理由是被告人系松材线虫疫木除治人员，明知未经检疫的疫木出售具有松材线虫病传播蔓延的巨大危险，为获取利益，仍将感染了松材线虫病的疫木进行运输、出售，其主观上恶性较深，且客观上造成了松材线虫病的传播蔓延，对生态环境造成了破坏，不宜适用缓刑。② 因此，人身危险性的判断是综合、实质的判断。

（三）从从业禁止的适用到危险与实害的预防

为了防止危险的现实化程度提升，实现预防和打击犯罪的现实需要，司法机关也要重视对触犯选择性构成要件罪名的行为人实行从业禁止。犯罪人通常会利用所从事的职业进行犯罪活动，从业禁止能够取消犯罪人在这一行业的从业资格，从而切断犯罪人与犯罪环境的联系，预防犯罪人再犯罪的可能。从业禁止能够剥夺犯罪人从事相关行业的就业资格，如此，犯罪人无法在相关行业就业，失去了平等就业的劳动权，由此所带来的物质与精神损失也能够作为刑罚的一种替代。因此，从业禁止既能够给予潜在犯罪人以震慑，预防犯罪发生，也能够给予犯罪人以惩罚，打击犯罪行为，是集预防与惩罚于一体的措施。对应从业禁止制度的罪名必须符合以下三个条件：①与特定行业的职务行为息息相关，即职业职务依赖性；②影响范围广泛；③具有可预防性。这样的罪名条件设定，正是基于风险社会中各种不确定、高发却又为公民进行正常社会生活所无法回避的风险之存在而展开的。

以选择性构成要件作为法益侵害结果的三个犯罪，正是符合上述三个条件的犯

---

① 〔日〕西原春夫：《刑法的根基与哲学》，顾肖荣等译，中国法制出版社 2017 年版，第 61 页。

② 参见重庆市丰都县人民法院（2017）渝 0230 刑初 189 号刑事判决书。

罪。如前述统计结果中妨害动植物防疫、检疫罪案例的许多被告人都是从事木材、建材、牲畜类经营行业,其犯罪表现也往往是在牟利心理的驱使下,明知或者应当预见其所经营的动植物产品中可能携带相关病毒,其运输、售卖等行为将导致病毒的传播或引发传播风险。这种风险影响范围广泛并且是具有可预防性的。统计显示,被判处妨害动植物防疫、检疫罪的217名被告人中有68名自然人、2个单位主要从事动植物产品的生产、加工、买卖等工作,但是最终被判处从业禁止的只有22人。①

当然,并非所有的被告人都必须被判处从业禁止,但对于同罪累犯、惯犯来说,实行从业禁止是重要且必要的。因为"犯罪习性的顽劣性使犯罪主体不可能在无拘无束的状态下自觉接受矫治"②。适用从业禁止正是让犯罪人在3～5年内脱离其原本熟悉的场所条件,实现特殊预防。

四、结语

由实害与危险作为选择性构成要件所引发的无论是罪刑法定还是刑罚个别化的相关问题,可以从司法角度提出设想以进行解决。传染病相关犯罪中的传染病病毒本身就带有实害与危险的双重属性,由此带来违反传染病防治规定的行为本身兼具实害与危险的可能。随着社会交往范围的扩大、频率的增加,当前关于传染病的传播实害与危险的界限并不清晰且难以区分,而违反传染病防治规定的行为会引发病毒传播风险,在这种犯罪中同时规定实害犯与危险犯正是体现了危害公共卫生罪的特殊性。③ 选择性构成要件所引发的现实问题虽然是由立法的抽象化所导致的,但如果能够从司法层面着手,以选择性构成要件的功能、人身危险性的考量和从业禁止的适用为视角构建优化路径,亦不失为一种能够兼顾法律稳定性和对策实用性的合理选择。

① 被告人被判处从业禁止的判决文书详见:山东省莒县人民法院(2020)鲁1122刑初190号刑事判决书、湖北省公安县人民法院(2019)鄂1022刑初291号刑事判决书、湖南省会同县人民法院(2014)会刑初字第122号刑事判决书、四川省崇州市人民法院(2019)川0184刑初451号刑事判决书、山东省寿光市人民法院(2020)鲁0783刑初409号刑事判决书。

② 许章润:《犯罪学》(第4版),法律出版社2015年版,第334页。

③ 参见欧阳本棋:《妨害传染病防治罪客观要件的教义学分析》,载《东方法学》2020年第3期。

司法解释与刑法修正案先后犯罪化背景下从旧兼从轻原则的适用

刘 静*

一、问题的提出

与德国、日本等国一样,我国当下也进入了刑法立法的活性化时代,而刑法立法的活性化在我国又有着许多的本土特色,其中之一便是司法解释和刑法修正案的双头犯罪化。简单而言,每当出现一种新型的危害行为或者受到社会关注的危害行为,司法解释和刑法修正案便竞相将这类行为犯罪化,只是,在名义上,司法解释是通过"解释"的形式,而刑法修正案则是通过"修法"的形式。一般而言,由于司法解释的制定和颁布程序更为灵活简单,能更加迅速地对新型或社会热点关注的危害行为作出反应,因而往往早于刑法修正案将这类行为进行司法上的犯罪化。① 于是,这种双头犯罪化便呈现出这样一种构造:司法解释利用既有的刑法规范,将需要规制的危害行为解释为既有规范中的 A 罪,而后,刑法修正案突破既有刑法规范,将同类行为新设为既有规范中不存在的 B 罪。笔者将这种现象称为司法解释与刑法修正案的先后犯罪化,这一现象在《刑法修正案(十一)》中尤为突出。若某一行为在司法解释施行之后、刑法修正案生效之前出现,而审判时修正案已经生效,此时应当如何处理?

二、从旧兼从轻原则中"旧法"和"新法"的理解

在司法解释和刑法修正案先后犯罪化的情形中,要对溯及力作出正确处理,需要讨论三个层面的问题,第一,新法和旧法的内涵是什么?是指某个具体法条,还是整个刑法规范?第二,新法和旧法是否包含司法解释?第三,刑法修正案生效后,先进行犯罪化的司法解释是否相应地失去效力?下面依次对这三个问题进行分析。

(一)新法和旧法均指刑法规范的整体

在通过刑法修正案进行修正的模式中,法律条文的变更存在新增、修改和删除

---

* 清华大学法学院助理研究员。

① 参见张明楷:《司法上的犯罪化与非犯罪化》,载《法学家》2008 年第 4 期。

三种情形,这些修正方式都依托于具体的条文。这往往会给人造成一种错觉,即在适用从旧兼从轻原则时,只需要对某个条文特别是刑法分则条文修正前后的规定进行比较,即可得出孰重孰轻的结论。例如,1997 年最高人民法院《关于适用刑法第十二条几个问题的解释》(以下简称《第十二条解释》)第 1 条规定,《刑法》第 12 条规定的"处刑较轻",是指刑法对某种犯罪规定的刑罚即法定刑比修订前刑法轻。学术界也存在类似观点,如有学者认为,刑法规定的溯及力是具体条款的溯及力。① 于是,从旧兼从轻原则中的新法和旧法,就异变为某个具体刑法分则条文的新条文和旧条文的区别。

在某些非常局限的修正中,这种理解并不会带来什么问题。但是,一旦涉及比较复杂的案件,将新法和旧法理解为某个孤立的刑法分则条文,就会导致解释上的难题。比如,刑法总则条文的修改也会导致新法和旧法处罚轻重上的变化,此时,就不能只孤立地考察刑法分则条文对某个犯罪的刑罚有无修改,还必须结合刑法总则的规定一并考虑。例如,《刑法修正案(八)》并未对抢劫罪的法定刑进行修改,但对旧法第 65 条累犯的规定进行了修改,规定未成人犯罪的不成立累犯。此时,虽然孤立地看抢劫罪的法定刑,似乎新法和旧法相比无所谓轻重之别,但如果行为人之前已经有被判处有期徒刑以上的犯罪记录,此次又以未成年人身份犯抢劫罪的话,根据旧法第 65 条的规定成立累犯,应当从重处罚,根据新法不成立累犯,不需要从重处罚,若涉及溯及力问题,显然应当适用较轻的新法。

从旧兼从轻原则中的新法和旧法,绝对不是指某个孤立的刑法分则条文,而是包含刑法总则、该行为可能触犯的所有刑法分则罪名在内的刑法规范的整体。② 在考察溯及力问题之时,应当用行为时和裁判时刑法规范的整体来评价某个行为究竟如何处理,然后比较孰轻孰重。可以说,从旧兼从轻原则就是在选择一个案件应当适用的"准据法"。③ 这意味着,《刑法》第 12 条"处刑较轻"中的"刑",并不一定是法定刑。如上所述,《第十二条解释》认为,"处刑较轻"是指刑法对某种犯罪规定的法定刑比修订前的刑法轻,学术界也有学者认为"处刑较轻"中的"刑"指的是法定刑。④ 然而,当行为人的行为在新法或旧法中需要同时结合总则和分则条文进行评价,或者需要结合多个刑法分则条文进行评价之时,便无法用单个犯罪的法定刑作为基准来进行轻重法的比较,必须将该行为分别放在作为刑法规范整体的新法和旧法中进行评价,然后考察何者的处罚可能更重。需要说明的是,这里进行比较的对象既不是法定刑,也不是部分

① 参见黄京平:《修正后刑法及相关司法解释的溯及力判断规则》,载《中国检察官》2016 年第 7 期。

② 参见黄荣坚:《基础刑法学》,元照出版公司 2012 年版,第 121 页。

③ 参见阮方民:《从旧兼从轻:刑法适用的"准据法原则"——兼论罪刑法定原则蕴含的程序法意义》,载《法学研究》1999 年第 6 期。

④ 参见张明楷:《刑法学》(第 6 版),法律出版社 2021 年版,第 101 页。

学者所主张的处断刑[①]或者宣告刑甚至执行刑。[②] 一方面，处断刑是一个区间而不是一个点，无法进行轻重的比较；另一方面，宣告刑、执行刑分别是裁判时和裁判后才确定的，从旧兼从轻原则本身就是要确定裁判的依据究竟是新法还是旧法的问题，因而无论是逻辑上还是实务中，都不可能依据宣告刑或执行刑来比较新法和旧法的轻重。[③] 笔者认为，“处刑较轻”中的“刑”，指的是“预宣告刑”，也就是根据新法或旧法的整体，对某个行为进行模拟裁判[④]，预计应当予以宣告的刑罚，其是处断刑向宣告刑过渡的一种形态，是裁判者在处断刑的区间内准备予以宣告又尚未实际宣告的刑罚。适用从旧兼从轻原则之时，应当对根据新法和旧法分别得出的预宣告刑进行比较。

综上所述，从旧兼从轻原则中的新法和旧法均指刑法规范的整体。具体到本文所讨论的司法解释和刑法修正案先后犯罪化的问题上，也应秉持相同的理念。接下来的问题就是，在司法解释和刑法修正案先后犯罪化的情形中，刑法规范的整体究竟该如何理解？司法解释是否属于刑法规范整体的一部分？换言之，在界定新法和旧法之时，是否也应当将司法解释包含在内？

（二）新法和旧法均包含司法解释

界定从旧兼从轻原则中的新法和旧法，是否应当将司法解释包含在内，理论上存在不同的观点。有学者认为，所谓新旧法律何者为轻，相关司法解释的参照也是必需的。[⑤] 有学者则认为，在比较何者为轻法时应屏蔽司法解释的影响，以法定刑作为权衡轻法和重法的标准。[⑥] 另外，最高司法机关针对该问题也出台了多个司法解释和司法文件，从这些规范性文件的规定来看，应当认为，新法和旧法均应包含司法解释。

在笔者看来，新法和旧法中应当包含司法解释，这不仅是相关规范性文件的应有之义，也是学理上的必然结论。司法解释是对法律含义的阐明，其本身并不是独立的法律渊源，而是依附于被解释的刑法[⑦]，对刑法具有从属性。在这个意义上，刑法规范的整体自然要包含阐述法律含义的司法解释。相应的，当适用从旧兼从轻原则、考察新法和旧法分别如何规定之时，也必然要考虑司法解释的规定。换言之，新法和旧法包含司法解释。不过，需要特别指出的是，新法和旧法是否包含司法解释，与司法解释

---

① 参见董楚琨：《从旧兼从轻原则几个争议问题之刍议》，载《江西警察学院学报》2019年第2期。

② 参见陆明明、王旭洲、王忠良：《“从旧兼从轻”原则应整体适用于定罪量刑》，载《中国检察官》2018年第6期。

③ 参见刘宪权：《〈刑法修正案（十一）〉中法定刑的调整与适用》，载《比较法研究》2021年第2期。

④ 参见肖中华：《刑法修正常态下从旧兼从轻原则的具体运用》，载《法治研究》2017年第2期。

⑤ 参见林维、王明达：《论从旧兼从轻原则的适用——以晚近司法解释为中心》，载《法商研究》2001年第1期。

⑥ 参见赵斌峰、陈鑫：《刑法修正与新旧司法解释的适用判断》，载《中国检察官》2019年第14期。

⑦ 参见何龙、王琦：《“从旧兼从轻”原则适用中的几个问题——以刑法修正案（九）的规定为视角》，载《人民检察》2017年第9期。

本身是否具有溯及力,是两个不同的问题,而这两个问题常常被学术界混淆。例如,在行为时只有法律没有相关司法解释,裁判时司法解释已经施行的场合,该司法解释能够适用于相关行为。这并不是因为司法解释本身具有溯及力,而是因为司法解释的效力从属于法律的效力①,在行为时已经有相关法律,所以该司法解释自然也就适用于该行为。因此从这个角度,对于司法解释的时间效力而言,就不是简单的从旧、从新或从轻原则,而是"从解释对象"原则。②

回到本文所讨论的司法解释和刑法修正案先后犯罪化的问题。在此情形中,比较新法与旧法孰轻孰重之时,也必须将司法解释考虑在内。换言之,除了考虑立法本身的规定,还需要考虑司法解释对相关行为是如何定性的。以"仇某侵害英雄烈士名誉、荣誉案"为例,在考察旧法是如何规定之时,除了考察刑法本身的规定,还需要考察最高人民法院、最高人民检察院《关于办理利用信息网络实施诽谤等刑事案件适用法律若干问题的解释》(以下简称《网络诽谤案件解释》)的规定,在考察新法是如何规定之时,同样如此。问题在于,在《刑法修正案(十一)》新增侵害英雄烈士名誉、荣誉罪之后,《网络诽谤案件解释》并未被最高司法机关宣布丧失效力或被其他新的司法解释代替,换言之,《网络诽谤案件解释》在《刑法修正案(十一)》施行之后依然是有效的。既然如此,那么"仇某侵害英雄烈士名誉、荣誉案"中,新法就不仅包含新设侵害英雄烈士名誉、荣誉罪的《刑法修正案(十一)》,也包含《网络诽谤案件解释》,而根据该解释,仇某的行为构成寻衅滋事罪。于是,在旧法中,仇某的行为仅构成寻衅滋事罪,而在新法中,仇某的行为同时构成寻衅滋事罪和侵害英雄烈士名誉、荣誉罪。这样看来的话,新法并不比旧法更轻。司法机关基于何种理由认为仇某仅构成侵害英雄烈士名誉、荣誉罪,而不再构成寻衅滋事罪呢?这一点在指导性案例的解说中无法找到答案。可以肯定的是,《网络诽谤案件解释》作为一个整体在《刑法修正案(十一)》之后并未丧失效力,而最高司法机关认为仇某案不构成寻衅滋事罪,其背后隐含的意思是该案不再适用《网络诽谤案件解释》的相关规定。那么,这是否意味着《网络诽谤案件解释》的相关规定在《刑法修正案(十一)》生效后局部地、个别地自然失去效力,属于旧法的范畴,因而不再适用于"仇某侵害英雄烈士名誉、荣誉案"呢?这便是接下来需要讨论的问题。

(三)新法生效后先进行犯罪化的司法解释并不自动失效

对于新法生效之后,先进行犯罪化的司法解释的效力问题,指导性案例及其说明部分并未给出明确的态度,但显然默认其在新法生效后自然失效。与此相应,在学理层面,也有学者主张,由于《刑法修正案(十一)》对司法解释规定以犯罪论处的行为另

---

① 参见刘艳红:《论刑法司法解释的时间效力》,载《中国刑事法杂志》2007年第2期。

② 参见石魏、余亚宇:《对行贿罪中从旧兼从轻原则适用的思考——以〈刑法修正案(九)〉修订为背景》,载《中国检察官》2016年第24期。

行设立新罪,故实际上否定了司法解释的规定。不管《刑法修正案(十一)》是确认了司法解释的规定内容,还是否认了司法解释的规定内容,都应当认为《刑法修正案(十一)》就司法解释规定的行为另设新罪的做法,间接乃至直接表明相应的司法解释是类推解释。相应的,新法生效后,不应当再适用司法解释,而应适用《刑法修正案(十一)》颁布之前或者之后的刑法。①

看上去,指导性案例和该学理观点都认为新法生效之后先进行犯罪化的司法解释失去效力,不得适用于新法生效后相关案件的裁判,但是,两者又有天壤之别。根据指导性案例的立场,先进行犯罪化的司法解释虽然在新法生效后失效,但依然属于旧法的范畴,即在界定旧法之时,需要将其考量在内。根据上述学理观点,若刑法修正案对司法解释规定以犯罪论处的行为另行设立新罪,则实际上说明该司法解释属于类推解释,因而归于无效,其既不属于新法的范畴,也不属于旧法的范畴,无论如何都是不得被适用的。

首先,指导性案例的逻辑存在断层。如上所述,指导性案例背后的意思是先进行犯罪化的司法解释在新法生效后就不再适用,也即在新法生效后失效。但是,司法解释的失效要么是法定失效,要么是自然失效。可以肯定的是,先进行犯罪化的司法解释并没有被任何规范性文件宣布失效,因而不存在法定失效的情形,如果其失效,也只能是自然失效。然而,如果是自然失效,那只能是因为新的法律或新的司法解释取代了旧的司法解释。因而,能否认为后进行犯罪化的刑法修正案取代了先进行犯罪化的司法解释呢?答案同样是否定的。因为,本文所讨论的先后犯罪化的情形中,刑法修正案与司法解释之间不存在取代关系,而是就同一行为先后、重复进行犯罪化的竞合关系。

其次,认为《刑法修正案(十一)》就司法解释规定的行为另设新罪的做法,间接乃至直接表明相应的司法解释是类推解释,因而在新法生效后,相关司法解释因属于类推解释而无效的学理观点,同样站不住脚。第一,如上所述,本文所讨论的司法解释和刑法修正案先后犯罪化的现象属于竞合型犯罪化,而非替代型犯罪化。刑法修正案针对司法解释已经犯罪化的行为独立设置新罪,既非对司法解释的肯定,也谈不上对司法解释的否定,只能说,针对某种危害行为,最高司法机关和最高立法机关都认为需要犯罪化,但是分别采取了解释论和立法论两种不同的路径。司法解释将一个行为解释为既有刑法中的 A 罪,刑法修正案将该行为新设为 B 罪,B 罪和 A 罪互不干扰、并行不悖。相应的,既然没有理由认为刑法修正案肯定或否定了司法解释,也就不可能推导出司法解释在作类推解释的结论。第二,一个解释本身是不是类推解释,并不取决于刑法修正案有没有将该司法解释犯罪化的行为新设为独立的犯罪,而取决于该解释本身有没有超出法条可能的含义,有没有超出国民的预测可能性。换言之,一个解释是

① 参见张明楷:《〈刑法修正案(十一)〉对司法解释的否认及其问题解决》,载《法学》2021 年第 2 期。

不是类推解释,应当聚焦于考察该解释本身。

总之,司法解释和刑法修正案先后犯罪化的情形属于竞合型的犯罪化而不是替代型的犯罪化,刑法修正案的生效,并不意味着先进行犯罪化的司法解释的法定失效或自然失效,也不意味着相关司法解释属于类推解释而无效。既然先进行犯罪化的司法解释在刑法修正案生效后依然有效,那么,在讨论从旧兼从轻原则中的新法和旧法时,就必须将相关司法解释纳入考量,在此基础上比较新法和旧法孰轻孰重。另外,虽然逻辑上能得出先进行犯罪化的司法解释在新法生效后依然有效的结论,但是,这种先后犯罪化、竞合型犯罪化的模式毕竟引发了解释论上的许多争议和难题,因而有必要在立法论层面对其进行反思和优化。接下来,本文就对司法解释和刑法修正案先后犯罪化的情形在解释论上如何适用法律和在立法论上如何进行优化展开讨论。

三、解释论的结论和立法论的应对

(一)解释论的结论

前文已经对司法解释与刑法修正案先后犯罪化情形中如何适用从旧兼从轻原则的三个前置性问题进行探讨并得出了结论:第一,从旧兼从轻原则中的新法和旧法并不是指某个孤立的法条,而是指刑法规范的整体;第二,司法解释是对刑法条文含义的阐明,因而是刑法规范整体的一部分;第三,本文所探讨的司法解释与刑法修正案先后犯罪化的现象属于竞合型犯罪化,而非替代型犯罪化,刑法修正案的生效,并不意味着既有的司法解释失效,换言之,在刑法修正案生效后,既有的司法解释依然有效。在确认这三个前提之后,接下来的问题便是,如何比较新法和旧法孰轻孰重。

首先,只有当某个行为在旧法中符合司法解释的规定时,这一讨论才有意义。如果某个行为只符合刑法修正案新设的犯罪,而不符合司法解释中所规定的犯罪,那么其结论只能是新法更重,因而应当适用旧法。以高空抛物行为为例,如果某个高空抛物行为没有危害到公共安全,那么即便根据最高人民法院《关于依法妥善审理高空抛物、坠物案件的意见》,该行为也是不构成以危险方法危害公共安全罪的,只可能构成《刑法修正案(十一)》新设的高空抛物罪。若在《刑法修正案(十一)》生效后审理该案,只能适用旧法,宣告该行为无罪。①

其次,当某个行为既符合司法解释的规定,也符合刑法修正案新设的犯罪之时,从旧兼从轻原则的适用才真正成为问题。最高人民检察院的指导性案例认为,新法生效

① 参见刘宪权、黄楠:《刑法修正案(十一)新增罪名规定的溯及力问题》,载《人民法院报》2021 年 5 月 27 日,第 6 版。

后,便不能再适用先进行犯罪化的司法解释,笔者不赞同这一观点。以“仇某侵害英雄烈士名誉、荣誉案”为例,根据本文的观点,《网络诽谤案件解释》在《刑法修正案(十一)》生效后并未失效,因此,若根据行为时的旧法,仇某的行为仅构成寻衅滋事罪,若根据裁判时的新法,仇某的行为同时构成寻衅滋事罪和侵害英雄烈士名誉、荣誉罪,由于仇某只实施了一个行为,因此这两个罪属于典型的想象竞合关系。根据理论通说,想象竞合犯应当择一重罪论处,寻衅滋事罪的法定刑高于侵害英雄烈士名誉、荣誉罪,因此最终应当以寻衅滋事罪论处。

乍看起来,该案无论适用新法还是旧法,最终都应当处以寻衅滋事罪的刑罚,因而新法和旧法不存在孰轻孰重的问题。然而,这种结论可能存在疑问。原因在于,虽然在新法和旧法中,该案最终都只能处以寻衅滋事罪的刑罚,但是,在定罪层面,按照旧法,仇某的行为只构成寻衅滋事罪一罪,按照新法,其同时构成寻衅滋事罪和侵害英雄烈士名誉、荣誉罪。虽然这两个罪属于想象竞合关系,但是,基于全面评价原则的要求,在定罪层面应当宣告该案同时构成两个犯罪。① 因此,即便按照新法和旧法处理的刑罚是相同的,刑事责任也是不同的,按照新法要宣告构成两个犯罪,因而其刑事责任要重于旧法。在笔者看来,《刑法》第 12 条“处刑较轻”中的“刑”不仅是指刑罚较轻,也包含刑事责任较轻的情形。“从旧兼从轻”之“从轻”并非单纯指定罪量刑的“从轻”,而应实质性地理解为“有利”。② 与被认定为两个犯罪相比,只认定为一个犯罪的显然刑事责任更轻、对被告人更有利。因此,对于“仇某侵害英雄烈士名誉、荣誉案”而言,按照旧法处理,只构成寻衅滋事罪,其刑事责任较轻,因而旧法是轻法,应当适用旧法,宣告仇某只构成寻衅滋事罪并适用其法定刑。

(二)立法论的应对

对于司法解释和刑法修正案先后犯罪化的现象,在解释论层面虽然能够作出合乎逻辑和法理的解释,但是这一现象毕竟造成了司法适用上的争议与混乱,因而有必要思考其产生的原因,从更深的层面思考如何优化立法方法从而避免司法上的争议。

如文初所述,司法解释与刑法修正案先后犯罪化的现象,本质上都是刑法立法活性化的表现,只是这种立法的活性化有着鲜明的中国特色,归纳起来,具有以下特点:一是,司法解释犯罪化在先,刑法修正案犯罪化在后。这是因为,司法解释的制定和颁布程序相较于刑法修正案而言更为简单。二是,司法解释的犯罪化,往往都是将目标行为解释为某个重罪,而刑法修正案新设的犯罪的刑罚,往往比司法解释规定的犯罪

---

① 参见徐凌波:《犯罪竞合的体系位置与原则——以德国竞合理论为参照》,载《比较法研究》2017 年第 6 期。

② 参见李振林:《从旧兼从轻原则之“不能承受之重”——对最高院〈关于《刑法修正案(八)》时间效力问题的解释〉之反思》,载《新疆警官高等专科学校学报》2011 年第 3 期。

的刑罚要轻,因此属于"降格式"犯罪化。[①] 实际上,既有的刑法不大可能遗漏严重的犯罪,只可能是未及时将新型的、较轻的法益侵害行为犯罪化。三是,司法解释借用的犯罪在构成要件上往往不是非常明确,具有较大的解释空间[②],而刑法修正案新设的犯罪构成要件往往比较具体和明确。

针对以上三个特点,对于司法解释和刑法修正案先后犯罪化的现象及其问题,可以在立法论层面提出以下三个优化建议。

第一,最高司法机关和最高立法机关之间,应当在犯罪化问题上加强沟通与协调,避免各自犯罪化、竞合型犯罪化,造成立法资源的浪费和司法活动的混乱。应当尽量由立法机关来主导犯罪化,减少通过司法解释的犯罪化。实际上,这也是罪刑法定主义的应有之义。另外,强化指导性案例等制度工具的作用,如需要对某一类具体行为的定性作出司法指导,能够运用指导性案例的,尽量不要采用司法解释。[③]

第二,刑法应当提高修正频率,加强对法益侵害较轻的行为的犯罪化,及时将值得刑罚处罚的新型法益侵害行为设置为犯罪,避免司法实践或者司法解释滥用扩大解释甚至作类推解释。现代社会生活日新月异,已经与工业化之前的社会发展节奏迥异。过于强调刑法的稳定性,已经是一种落后的观念。[④] 立法需要应对社会变迁的节奏,而不是故步自封。当立法不能满足法益保护的需要、出现处罚漏洞之时,立法者就需要考虑及时修正立法,增加新的规范以积极回应社会治理。[⑤]

第三,立法上对于重罪和轻罪的构成要件应当采取不同的表述模式。对于重罪而言,由于刑罚较重,就有必要明确处罚对象、严格控制处罚范围,因而构成要件越明确越好。[⑥] 这样一来,也可以避免司法实践或司法解释对重罪进行宽泛的解释,减少不当的扩大解释和非法的类推解释。相反,就轻罪而言,可以降低构成要件明确性的要求,因为轻罪的功能是尽量将值得处罚的行为囊括在内,避免处罚上的漏洞。放低轻罪构成要件明确性的要求,能够相应地提升轻罪的解释空间。但现实是,我国一些重罪如寻衅滋事罪、以危险方法危害公共安全罪的构成要件不够明确,而刑法修正案新设的轻罪的构成要件却过于具体和细致,这种立法模式违反了立法原理,只会导致司法实践和司法解释中扩大解释的滥用甚至走向类推解释,也会导致立法需要不断修法以增设新罪。这种错误的立法模式应当得到彻底的纠正。

---

① 参见刘宪权、黄楠:《刑法修正案(十一)新增罪名规定的溯及力问题》,载《人民法院报》2021 年 5 月 27 日,第 6 版。

② 参见张明楷:《〈刑法修正案(十一)〉对司法解释的否认及其问题解决》,载《法学》2021 年第 2 期。

③ 参见陈兴良:《刑法定罪思维模式与司法解释创制方式的反思——以窨井盖司法解释为视角》,载《法学》2020 年第 10 期。

④ 参见张明楷:《增设新罪的观念——对积极刑法观的支持》,载《现代法学》2020 年第 5 期。

⑤ 参见周光权:《转型时期刑法立法的思路与方法》,载《中国社会科学》2016 年第 3 期。

⑥ 参见张明楷:《日本刑法的修改及其重要问题》,载《国外社会科学》2019 年第 4 期。

我国刑法因果关系判断的选择:危险现实化说

袁　方[*]　郝　威[**]

一、问题的提出

因果关系在犯罪论中的地位举足轻重,具备认定犯罪成立与否、确认犯罪是否既遂、为确定适当的法定刑提供根据的功能。但是,司法实务存在因果关系判断标准不一的问题,导致对刑事处罚范围的把握时宽时窄、对判断结果归属评价的尺度时大时小,容易导致"同案异判、异案同判"的司法现象,另外还会导致释法说理工作存在逻辑前后矛盾、明显违反常识等缺陷。归结起来,法官在判断因果关系存在与否时主要采取四种标准:一是以关联性为由予以结果归属;二是以必然性为由予以结果归属;三是以偶然性为由不予结果归属;四是以缺乏相当性为由不予结果归属。

在因果关系的判断问题上,目下各种学说各有所见。有学者指出,因果关系层面的判断采用"必然/偶然因果关系"足矣。① 这显然是把二者理解成对立的概念,但二者不存在本质分歧。② 也有学者主张采用相当因果关系理论。③ 然而,以一般经验法则上的通常性来替代结果归责的判断,表现出限定刑事处罚范围的不力。④ 还有学者认为,客观归责论在方法论上具有特殊的意义而应予以提倡。⑤ 对此,有学者赞同这一观点并认为,客观归责论与我国目前的学术研究方向相合。⑥ 但是,如此"另起炉灶"没有兼顾到客观归责论与我国的犯罪论体系的适配度。还有学者主张,在因果关系问题上要进行路径分析并彼此进行检视。⑦ 综上,有些理论虽然能够得出妥当的结论,但判断过程模糊;有些理论难以应付异常性的介入,仅单纯考察其是否具备经验上的通常性,显然是对结果归属判断的简化。鉴于此,本文拟从因果关系的法理基础入手,正本

---

* 清华大学法学博士研究生。

** 河北省保定市清苑区人民法院四级法官助理。

① 参见冯亚东、李侠:《从客观归因到主观归责》,载《法学研究》2010 年第 4 期。

② 参见黎宏:《刑法总论问题思考》(第 2 版),中国人民大学出版社 2016 年版,第 149 页。

③ 参见刘艳红:《客观归责理论:质疑与反思》,载《中外法学》2011 年第 6 期。

④ 参见张明楷:《刑法学》(第 6 版),法律出版社 2021 年版,第 225 页。

⑤ 参见周光权:《客观归责理论的方法论意义兼与刘艳红教授商榷》,载《中外法学》2012 年第 2 期。

⑥ 参见孙运梁:《客观归责论在我国的本土化:立场选择与规则适用》,载《法学》2019 年第 5 期。

⑦ 参见刘冕、康均心:《刑法因果关系的立场本质和判断方法》,载《社会科学家》2021 年第 4 期。

清源,借此确立刑法因果关系的本质,进而回归到司法实践中,对因果关系判断进行类型化展开和具体说明,以期为法官提供可靠的因果关系判断方法。

二、因果关系法理依据的考察与重塑

(一)现有法理依据之考察

少了正当的法理依据,整个因果关系论就成了无根之木、无本之源。以相当因果关系理论为例,在"石锦林、田文柱重大责任事故案"中,石锦林(机车驾驶员)和田文柱(装煤队队长)在生产作业过程中,二人各自违反了相应的安全操作规程,且二人对于矿井存在安全隐患问题的失察环环相扣,共同导致值班员的死亡结果。[①] 按照相当因果关系,由于两位工作人员同时违反安全操作规程实属罕见,故不能将值班员的死亡结果归属于二人。但对其中一人的行为单独评价,就能认定违规行为与事故之间并不异常,可以将结果归属于任意一人。可见,如果缺乏一个明确、正当的法理基础为因果关系判断提供指引,对同一案件事实的评价就可能因对行为主体施加尺度不一的标准,最终得出矛盾结论。关于因果关系的法理依据,刑法学界存在各自的见解,尚有讨论价值且能对本文所提倡的学说有参考意义的有三种,即定型化判断说、一般预防理论和精练的报应理论。[②] 但它们都存在不周之处。

首先,定型化判断说的合理性基础在于,把一般性的经验法则看作固定的形态或模型,不会出现太大问题,因为社会经验这种共识的样态较为稳定。但此种理解能否推广到因果关系论中尚存疑。这是因为,因果链条并不总是一马平川,还可能会出现因果进程断绝、偏离或者以非线性的方式来发展的情况。倘若依然硬套定型化的思路,就会导致归责判断的失误。[③]

其次,一般预防理论站在刑法的社会保障机能的立场,主张要实现刑法对社会利益的积极保护就应对犯罪行为及其后果加以禁止。[④] 既然行为人通过利用那些能造成危害结果的因果进程导致结果的发生,就有必要对所有利用具备社会生活普遍性的因果进程的行为加以禁止。但问题在于,除了那些具备通常性的因果链条,行为人还有机会利用和结果具备条件关系但又少见的因果进程,只是利用的成功率不高而已,买

---

① 参见中国高级法官培训中心、中国人民大学法学院编:《中国审判案例要览(1992 年综合本)》,中国人民公安大学出版社 1992 年版,第 32—36 页。

② 参见〔日〕西田典之:《日本刑法总论》,刘明祥、王昭武译,中国人民大学出版社 2007 年版,第 75—79 页。

③ 参见梁云宝:《积极的限缩:我国刑法因果关系发展之要义》,载《政法论坛》2019 年第 4 期。

④ 参见〔德〕汉斯·韦尔策尔:《目的行为论导论:刑法理论的新图景》(增补第 4 版),陈璇译,中国人民大学出版社 2015 年版,第 2 页。

彩票和中大奖之间的关系就属于此。进言之，出于禁绝危害结果的目的，就要把刑法的禁制扩张到所有和结果存在原因说或条件说关系的行为中，但这将极度扩张构成要件的"容量"，偏离了因果关系论准确认定刑事处罚范围的初心。

最后，精练的报应理论作为一般预防论的补充而提出。为了避免犯罪圈的极度扩张，"就该种经过提炼的报应理念而言，就算是纯粹的客观性结果归属，也没有理由对一般性经验法则意义上不常见的危险进行评价"①。但是，这种报应观即便经过了精练，充其量也只能从"将结果归属于谁才正当"的结果正义思考中判断因果关系，如果不能为其结果正义的思考找出具体的理由，那判断者就无从在抽象的正义观念中得知怎样的归责结论才是正义的，最后陷入"因为将结果归属于某人是正当的，所以某人被归属结果正当"的循环论证。

（二）因果关系法理依据之重塑

以上三种理论站不住脚，究其原因，现有理论往往求诸经验层面的感性、知性或想当然，来作为结果归属评价的根基。但如果要为结果归属得出妥当结论，就应从更实质的层面入手讨论因果关系论的目的究竟为何。从刑法规范的目的出发，刑法的所有努力皆是为了有效禁止危害社会、侵害法益的行为。虽然刑法分则条款中有诸多行为类型，但结合我国的唯物主义因果观而言，所谓危害行为和危害结果之间的关系，实质上是危害行为自身转化为了危害结果，也就是说，原因与结果之间的因果关系实则是"转化"关系。照此说来，行为转化为法益侵害结果的方式无外乎两种：一是行为主体对某些因果进程加以积极地支配、利用，从而导致构成要件结果发生；二是行为主体消极地不去支配、利用某种因果进程，未阻止构成要件结果发生。共同之处在于，行为人对因果进程的支配、利用，倘若禁止行为主体积极或消极地使用它们，法益保护的目的也随之可以得到实现。但要注意到，只凭对因果进程的支配、利用为标准来划出犯罪圈，就会不当扩张处罚范围，因果关系与条件无异有必要在因果进程的支配、利用的标准上再次进行限缩，这就需要通过实行行为性这一概念对那些能够支配、利用因果进程的行为进行甄别。

具体来讲，先划定出结果归属的最大外围。这个外围就是法规范所能干预到的最大范围，即评价行为是否具有实行行为性，在这个外围之内的行为才有可能受到结果归属的评价，一旦超出这个外围，即便行为在道义上或经验上被认为要处罚，也不能进行非难，这是推行罪刑法定主义的法治国的基本共识；接着，再为这个外围框定内围，即人类能够对因果进程进行支配、利用的最大范围，超出这个内围的实行行为，不论再怎么具有报应上的正当性或预防上的必要性，也都不予置评。

---

① 〔日〕西田典之：《日本刑法总论》，刘明祥、王昭武译，中国人民大学出版社2007年版，第80页。

可以认为,这种对因果进程的利用性和支配性,为行为规范被违反时变身为制裁规范的实质正当性奠基。这意味着"只要人们将不法理解为通过不被允许的危险的实现所导致的法益侵害,就能同时实现一种从存在论向规范论的转变"①,这也恰是行为规范的机能逐步得到实现的过程。可以说,合理的结果归属结论只有以一种规范评价的姿态才能够得出,并以此实现合理划定处罚范围的界限。实际上,我国《刑法》第 16 条从侧面承认了对结果归属的判断应当作规范评价的态度,"行为在客观上虽然造成了损害结果,但是不是出于故意或者过失,而是由于不能抗拒或者不能预见的原因所引起的,不是犯罪"。可见,一个引起了实际的法益侵害后果的举动之所以能被刑法所宽宥,不是因为它具备事实上的偶然性或者经验上的异常性,而是由于评价者作出的规范判断不允许对其分配任何的结果责任。评价者拒绝对其进行归责的理由就是,只在客观上与结果具有条件关系的行为,本质上从未拥有指向结果发生的宰制力和操控力,行为主体也就从来没有获得过实际利用、支配因果进程的资格。

综上所述,因果关系的法理依据在于有效预防法益侵害,这决定了结果归属的实质在于行为本身具备了对因果进程的支配性和利用性。结果在现实世界的显现,说明行为的支配性和利用性已经完成并成为一种客观事实,而非假设性的数学概率,可以断言行为本身已经把因果进程支配完毕、利用结束,此时给予结果归属完全恰当。

三、危险现实化说的具体展开

(一)危险现实化说的基本结构

应当指出,危险现实化说与因果关系的法理依据相适应,因为该说认为,结果归属即是危险(实行行为所内蕴的刑法所不允许的危险)现实化(在最终的构成要件结果中得到实现),其中,"现实化"是纯粹的客观考察,即是判断实行行为之内所包含的诸多危险对因果进程环节的支配、利用。以下,本文将对该说"水坝"式的两阶层判断进行展示。

在第一阶层,若具体的案件事实中存在能够被评价为实行行为的行为以及能够被评价为禁止危险的危险,则认为在该种场合下有必要进行结果归属的判断。但即便实行行为蕴含的危险已经超出法益保护的安全线,造成法益状态的某种不安定性,也要进入下一阶段考察该种不安定性是否已经转化为实际的危害性。

在第二阶层,首先,通过科学知识演绎危险现实化过程,事实性地判断法益的受损到底是哪些行为的"作品"。其次,如果上一阶层的实行行为的禁止危险在现实化过程中得

① 张明楷:《也谈客观归责理论——兼与周光权、刘艳红教授商榷》,载《中国法学》2013 年第 2 期。

到实现，就可以肯定危险不仅超出了安全线，更是在实现过程中不断导致法益的持续恶化，其危险程度在实现过程中表现出动态的不断加高，已经具备处罚的必要性。

质言之，危险现实化本质上是在对行为是否已经"罪积恶盈"作出判断。第一阶层的规范判断就是在评价行为的违法性是否已经达到"罪积"。其中，实行行为性初步验证了违法性，禁止危险虽不直接对应实质的违法性，但作为实质违法性得以确认的前提，防止将规范保护目的以外的无妄之灾归属给行为。第二阶段的事实判断则是对值得刑法进行评价的行为危险进行客观检验，若禁止危险推动因果进程一路实现为结果，无论其自身是否到达结果，只要能够肯定禁止危险对于结果的贡献程度和影响力，就可以对其实质违法性达到"恶盈"定下结论。

（二）危险现实化的类型化展开

案例1：刘某和赵某发生争执，刘某随即抓住赵某的车门不让其开车离开，赵某不顾刘某的行为启动汽车加速离开，导致刘某摔倒后被赵某碾压致死。①

案例2：陈某因白天与陆某发生口角，怀恨在心，在夜晚向陆某家的瓜藤中注射毒药，第二天陆某和其孙女食用后出现中毒，送往医院。经过急救，孙女没有生命危险，陆某由于医院的过失延误了治疗的最佳时机而死亡。②

案例3：赵某与马某素来不对付，常有口角。一日，赵某召集朋友八人对马某进行围殴，马某为躲避殴打而被迫潜入水库中。最后马某溺水而亡。③

在案例1中，首先，对禁止危险进行规范判断，赵某发动汽车加速的实行行为包含了刘某因这一行为摔倒乃至被碾压的危险；其次，对危险的实现进行事实判断，刘某的死亡结果实现了赵某发动汽车加速行为的危险。规范判断与事实判断得出的结论一致，因此将赵某的行为能够评价为禁止危险的实现，故可以肯定结果归属。根据该案展现出的判断逻辑，可以将危险在因果进程中的具体实现形式演绎成：实行行为X之内蕴含的禁止危险Y在具体案件结果N中现实化，其类型公式为：$X \rightarrow Y = Z \leftarrow N$，其中，$X \rightarrow Y$的过程是对实行行为X含有的禁止危险Y的规范评价，$Z \leftarrow N$是对危害结果N中实现危险Z的事实评价。具言之，$X \rightarrow Y = Z \leftarrow N$意味着死亡结果中实现的风险与禁止危险在数量上相等、在具体内容上相符，说明Y在实现过程中没有被打任何折扣，从而以"一己之力"支配了因果进程的流向。在司法实践中，绝大多数不存在介入因素的普通场合都可以用$X \rightarrow Y = Z \leftarrow N$表现出来。本文将其命名为"单发型"，与"一个原因导致一个结果"的案件

① 参见中华人民共和国最高人民法院刑事审判第一、二、三、四、五庭主办：《中国刑事审判指导案例》（第2卷），法律出版社2017年版，第526页。

② 参见中华人民共和国最高人民法院刑事审判第一、二、三、四、五庭主办：《中国刑事审判指导案例》（第2卷），法律出版社2017年版，第34页。

③ 参见最高人民法院刑事审判第一、二、三、四、五庭编：《刑事审判参考》（总第55集），法律出版社2007年版，第21—22页。

类型相对应,比如,行为人扒窃他人钱包,导致财物丢失;行为人用力击打被害人,导致被害人重伤等。在该种类型中,事实的危险与规范的危险相一致,危险的实现过程能够被直观把握,当成立该类型时,可以直接肯定结果归属。

在案例2中,陈某向陆某家的瓜藤中注射毒药的实行行为含有刑法所不允许的危险,并且出现了医生错判病情这一介入因素,故可以认为陆某的死因中包含了以上两种危险的实现。本文将其命名为"共发型"。在该类型中,风险的实现形式仍可以评价为陈某的行为所包含的禁止危险在死亡结果中的现实化,可以肯定因果关系。法院认为,陈某若不先前注射毒药,被害人陆某就不会被医生错判病情,两件事情明显存在没有前者就没有后者的条件关系,因此毒药剂量不大而不必然导致陆某死亡的理由并不能成为陈某免予归责的依据。笔者认为,即便法院所作出的判决结果较为适当,但其认定过程采用了条件说的思维,这又使结论显得非常不妥。对于这种情形,首先要进行规范评价,即陈某注射毒药这一行为有没有包含导致被害人陆某被毒死的危险,通过对照案情中孙女经抢救才脱险的情形,可以肯定禁止危险已经达到可能会致人死亡的程度;接着,关于医院误诊所含有的危险是否为刑法所禁止的危险,按照刑法规定,医院只有重大过失才能追究刑事责任,因此,医院对陆某的一般过失所包含的危险属于刑法所允许的危险。虽然该案中死亡结果同时是两种危险的实现,一种是禁止危险,一种是不被禁止的危险,但在查明全部案件事实之后判断起来也并不复杂。倘若能够肯定在结果中实际实现的危险的主体部分是刑法所不允许的危险①,进行结果归属就是妥当的。这是因为,主要危险的判定就已经足以证明禁止危险为法益侵害结果的实际发生贡献了主导的、重要的法益恶化效果,即禁止危险是使得法益不断恶化,进而导致法益侵害结果的"主犯",而其他危险都只是在这一主犯支配之下的从犯,予以归责无可厚非。有必要强调的是,在这种类型的判断中,全部案件事实的明了清晰对于判断结论的妥当性起到举足轻重的作用,这也与因果关系判断本身的事实属性相符合。如果错判了禁止危险的贡献程度而将其认作是无关紧要的危险或次要危险,便会得出不当的不予归责结论。

在案例3中,被告人等八人对被害人进行围殴所蕴含的禁止危险,导致被害人精神高度恐惧,慌不择路,进一步惹起了被害人被迫潜入水库深处的派生危险,故可以肯定在被害人的死亡结果中派生危险得到了实现。这是因为,派生危险与禁止危险之间并不仅仅具有单纯的条件关系,而是还成立惹起和被惹起、引发和被引发的密切关联,因而可以将派生危险评价为仍位于禁止危险所创设的法益侵害延长线的射程之内或已然处于法益侵害状态的支配之中,故肯定因果关系并无不妥。由此可以将该种危险实现的过程演绎为:X→Y→Z……→N,实行行为X产生了刑法所不容许的危险

① 参见邓毅丞:《结果加重犯的基本原理与认定规则研究》,法律出版社2016年版,第147页。

Y,再通过 Y 进一步派生出了 Z 这一连串危险,最终引起了危害结果 N 的出现,本文将其以“派生型”进行命名。与之相应的判断类型为 X→Y≠Z←N,即是表明具体危害结果中得到实现的危险与实行行为所包含的刑法所禁止的危险并非同种危险,在该类型中,考察的重点是,危害结果 N 所实现的危险 Z 能否被评价为由仍然处在实行行为 X 含有的刑法所禁止的危险 Y 所诱发出来的,如果可以,就应当肯定结果归属。

根据被派生的危险的不同,还可以细化出人工事实和自然事实。对于实务中一直认为是“老大难”的被害人特殊体质类案件,使用该种类型对被告人行为与特殊体质发作之间的关系进行判断,评价二者能否成立诱发和被诱发的密切联系,就可以较为妥当地化解绝大多数特殊体质类案件“要归责但缺乏理据,不归责又结论不当”的两难局面。即便在司法鉴定报告中,被告人的加害行为对于死亡结果的贡献度并不能被鉴定为主要原因,仍可以凭借其具体的贡献力来摊派责任,一方面能够肯定结果归属而不使得诱发特殊体质之行为被一律免予处罚,另一方面可以依据司法鉴定报告的结论而将责任进行合理分配,达到罪刑均衡的法效果。由此可以看出“派生型”解决特殊体质问题的优长所在。

(三)对三种类型的具体说明

对于“单发型”,只要实行行为的禁止危险与结果中实现的危险一致,原则上就可以肯定因果关系,属较为简易的类型。对于“共发型”,则要判断实行行为的禁止危险是否能够被评价为结果中实现的危险的主要内容,只要通过对原因力的比较将其认定为主要因素,就能够予以结果归属。这一类型也不复杂,但要强调主要危险的认定并不一定要求其通过“一己之力”引发结果,而只需要在众多实现的结果中起到重要影响即可。对于“派生型”,情况较为复杂,需要进行更加具体的情景化判断。具体而言,在自然事件之介入的情景中,不应当考察行为人对于介入因素有无预见可能性,虽然在多数场合下能够以考察行为人是否可以认识到能够反映介入因素(特殊体质)或与反映介入因素存在客观关联的事实为方法,如果可以,则原则上肯定结果归属,但为了保证结果归属的普遍合理性,仍需要结合司法鉴定报告或其他证明文件,以此来确定被告人的行为究竟为特殊体质的发作等情形贡献了多少原因力或影响力。比如,如果行为人预见到了他人患有血友病,拿针头对其刺了一个小孔,致使血友病发作而导致了最终的死亡后果,结果的归属与不归属取决于行为的贡献度。也就是说,不归属的原因并不是出于相当性意义上的考虑,即在一般性的经验认知中扎血友病患者一个小针孔与引起疾病发作之间属于极小概率事件的说辞,不能提供归责的正当性;而是基于对表明死亡原因的科学鉴定报告的尊重,如果该报告证明轻微的伤害行为仅仅与特殊体质存在竞合关系而非诱发关系①,那就

① 参见黎宏:《因果关系错误问题及其应对——以行为危险现实化说的再阐释为中心》,载《法学研究》2022 年第 1 期。

完全能够否定行为与疾病发作之间的派生与被派生、诱发与被诱发的事实性关联。在第三人行为之介入的情境中，应当考察作为介入者的第三人是否具备对客观结果的回避可能性，如果考察的结论是肯定的，则说明行为人对导致危害结果发生的因果进程仍具有支配、利用的可能性，就有理由将结果归属于实行行为。在行为人行为介入的情境中，即便存在因果关系错误，如果可以认为行为人的前一实行行为可以诱发后一实行行为，也可以进行结果归属。

通过分析，可以得出"单发型""共发型"和"派生型"这三种基本类型。形象地讲，把整条因果进程想象成一次马拉松比赛，所有的危险都是参赛运动员，最终的危害结果则是终点线，因果进程的发展历程就是运动员奔向终点线的赛道全程。在"单发型"中，有且只有一名运动员抵达终点，且这名运动员就是实行行为的禁止危险，应当肯定结果归属。在"共发型"中，有数名运动员同时跑完了全程，到达终点，如果禁止危险被认为是其中至关重要的一员，也应当肯定结果归属。在"派生型"中，实行行为的禁止危险在途中找了一位运动员代替它，只要这位运动员跑到了终点，也应当肯定结果归属。

四、结语

从因果关的法理依据出发，能看到危险现实化说的正当之处，进而根据类型化的思维，建立起"单发型""共发型"及"派生型"这三种规范的判断类型。具体的判断类型见表1。

表1　危险现实化的三种判断类型

类型	危险的实现样态	判断类型	说明
"单发型"	X→Y→N	X→Y＝Z←N	该判断类型的判断重点在于，实行行为中的禁止危险Y是不是结果中实际得到实现的危险Z的全部内容。倘若可以评价为唯一危险，则予以结果归属
"共发型"	X→Y+Z→N	X→Y≈Z←N	该判断类型的判断重点在于，实行行为中的禁止危险Y是不是结果中实际得到实现的危险Z的主要内容。倘若可以评价为主要危险，则予以结果归属

（续表）

类型	危险的实现样态	判断类型	说明
“派生型”	X→Y→Z……→N	X→Y≠Z←N	该判断类型的判断重点在于,结果中实际得到实现的危险 Z 是否由实行行为中的禁止危险 Y 所诱发。倘若可以涵盖,则予以结果归属

（注:X 为实行行为,Y 为实行行为含有的禁止危险,Z 为危害结果中得到实现的危险,N 为危害结果）

最后要强调的是,认定犯罪并非依靠因果关系判断就能“毕其功于一役”,而是整个犯罪论体系的课题,因果关系的判断问题是不可或缺的一环。成立因果关系就意味着肯定结果归属,但肯定结果归属并不当然地意味着成立犯罪,因果关系判断所得出的结论还需要进入责任领域被检视,才能得出罪与非罪的最终结论。

刑事责任出罪功能的证立及其实现

张　印*

一、问题的提出

2021年4月，中央全面依法治国委员会将“少捕慎诉慎押”司法理念上升为党和国家的刑事司法政策。然而，积极主义刑法观指引下的刑事立法呈现活性化状态，轻罪时代如何贯彻“少捕慎诉慎押”刑事司法政策，实现立法入罪与司法出罪的有机统一，端赖于出罪理论依据的拓展和功能实现机制的优化。

源于20世纪60年代的苏联刑事责任理论尽管已在我国确立“罪—责—刑”的独立地位，但在犯罪论、刑事责任论、刑罚论三大板块中，刑事责任呈现虚置化状态，以至于在行为成立犯罪后，如何判断其刑事责任大小缺乏应有的标准和依据。① 以往学界针对刑事责任理论的研究，集中于定义、地位、功能和本质，但均囿于将其作为犯罪的应然附随后果和刑罚权发动的实然根据，反映出“有罪必罚”观念的根深蒂固。②

刑事责任与出罪关联研究的割裂反映出酌定不起诉等程序出罪的实体法依据理论孱弱，加之刑事责任与犯罪论体系内部责任概念的交叉混同，其内涵外延与体系定位仍有待考究。因而，本文致力于对“程序出罪的实体法依据——刑事责任的排除”的论断加以证成，并尝试构建刑事责任出罪的实践路径，以深化司法出罪理论、拓宽司法出罪渠道、优化司法出罪路径，助力实现中国式犯罪治理现代化。

二、程序出罪的实体法依据

欲探究刑事责任的出罪功能，首要前提在于明确刑事责任涵摄范围、辨析其与阶层犯罪论体系责任阶层的关系，由此方能革新刑事责任观，奠定刑事责任出罪的基础。

---

* 北京师范大学法学院博士研究生。

① 参见高铭暄：《论四要件犯罪构成理论的合理性暨对中国刑法学体系的坚持》，载《中国法学》2009年第2期。

② 参见张明楷：《论刑事责任》，载《中国社会科学》1993年第2期；王晨：《刑事责任本质论》，载《武汉大学学报（社会科学版）》1992年第4期；李希慧：《刑事责任若干问题探究》，载《中南政法学院学报》1992年第3期；曲新久：《论刑事责任的概念及其本质》，载《政法论坛》1994年第1期；等等。

(一)程序出罪的概念界定

追溯"出罪"的历史渊源,可以发现我国古代刑法中即有"出入人罪"的规定。汉代《汉书》将其解释为"出罪为故纵,入罪为故不直"①。现代语境的出罪可分为立法出罪和司法出罪。立法出罪指通过立法修订不再规定原本认定为有罪的行为为犯罪,多为刑事政策意义上的"非犯罪化"概念所统摄。司法出罪是指在司法活动中将某种行为不认定为犯罪的过程。相较于绝对的立法出罪,在犯罪圈积极扩张的时代背景下,司法出罪具有现实意义。围绕出罪的理论学说有"非犯罪化说""正当行为说""实体出罪说""程序出罪说",其实质在于针对司法出罪的范围产生分歧,即实行司法出罪的行为原本是否构成犯罪,如认为行为原本应构成犯罪,则出罪的范围仅为"将有罪归于无罪",如认为行为的刑事违法性并无限制,则既承认"将有罪归于无罪",亦涵盖原本无罪且经由司法审查后最终被确定为无罪的情形。

如若将出罪仅局限于"将有罪归于无罪",则实质上进入刑事诉讼程序的案件,即使形式上符合犯罪构成,经由实质解释后不认为是犯罪,亦难以囊括到"出罪"的范畴之中,在此意义上,出罪仅具有程序性价值,实体排除犯罪路径并不能涵摄其中。并且将形式入罪、实质无罪的情形不认为是出罪,有唯结果论之嫌。因而,出罪是刑事司法机关依据法律或者法理,对进入刑法视野的疑似犯罪行为,最终作出不追究刑事责任结论的司法过程和刑法解释过程。② 此种概念语境下的出罪机制包括两种类型:一是通过对犯罪构成的实质解释,将不具备处罚合理性的行为予以出罪;二是通过对公众诉求或者刑事判决社会效果的合理引入,将不具备处罚必要性的行为予以出罪。③ 前者对应"不构成犯罪",后者对应"将有罪归于无罪",后者仅能通过不立案、侦查阶段撤销案件或审查起诉阶段适用不起诉等刑事诉讼程序从而排除犯罪的成立,故而可将其称为程序出罪。

(二)刑事责任与阶层犯罪论体系责任阶层之分立

关于刑事责任的本质,代表性观点有法律责任说、法律制裁说、第二性义务说、刑事负担说、法律关系说等,不一而足。④ 其核心问题在于,作为阶层犯罪论体系重要环节的"责任"阶层,与充当桥梁的"刑事责任"的内涵是否相同?

持同一论立场的观点认为,刑事责任即有责性,是指能够对行为人客观上符合犯罪构成要件的违法行为进行非难和谴责。⑤ 持区分制立场的观点则将刑事责任的论域

---

① (汉)班固撰:《汉书》(简体字本),(唐)颜师古注,中华书局 1999 年版,第 549 页。
② 参见杜辉:《"出罪"的语境与界说》,载《理论导刊》2012 年第 12 期。
③ 参见刘艳红:《实质出罪论》,中国人民大学出版社 2020 年版,第 7 页。
④ 参见蔡宏伟:《"法律责任"概念之澄清》,载《法制与社会发展》2020 年第 6 期。
⑤ 参见曲新久:《论刑事责任的概念及其本质》,载《政法论坛》1994 年第 1 期。

限定于犯罪论体系之外,认为刑事责任是犯罪与刑罚之间的中介,刑事责任与犯罪同时产生,无犯罪则无刑事责任。① 同一论与区分制立场的根本分歧,在于如何理解刑事责任在刑法理论中的体系定位问题。实质上,同一论立场将刑事责任与责任相混同,是对阶层犯罪论体系责任阶层变迁的误读,更未能立足于我国刑事立法和司法实践予以考察。

17、18 世纪的资产阶级启蒙运动打破了中世纪刑法的结果责任和团体责任,确立主观责任和个人责任的基本原则,坚持个人本位主义,致力于维护个人权利与自由。② 与此相对应,阶层犯罪论体系的责任阶层经历心理责任论、社会责任论到规范责任论的变迁。规范责任论主张,有责性主要是在具备归责能力和一定的主观心理的基础上,通过违法性认识和期待可能性对行为人进行主观归责判断③,其注重行为的社会意义和基于规范的评价,价值判断色彩愈加浓厚。刑事责任概念则脱胎于苏俄的四要件犯罪论体系,其自诞生之日起即承担起连接犯罪与法律后果的桥梁作用。④ 刑事责任的承担根据由犯罪的社会危害性拓展至囊括社会危害性与人身危险性的"质"与"量"的统一。⑤ 四要件犯罪论体系之所以发展出独立的刑事责任论,大抵在于主体、主观方面、客体、客观方面的耦合式构造难以容纳表征社会危害性和预防必要性程度的要素。由此,犯罪论体系之内的"责任"与之外的"刑事责任"的历史渊源和承担功能均不尽相同。

三、刑事责任出罪的理念基础与功能确证

刑事责任作为程序出罪的实体法根据,本质在于预防刑对责任刑的调节功能,由此否定行为人的需罚性。

(一)预防刑对责任刑的调节功能

刑事责任作为连接犯罪与法律后果的桥梁,旨在为刑罚裁量提供依据,亦可通过质性判断消解因构成犯罪诱发的刑事责任。刑事责任的确定与刑罚裁量具有实质上的关联性,均以责任刑和预防刑为核心要素。

传统以责任为基础考察刑事责任承担的做法符合客观主义原理,而以预防为目的决定刑事责任的有无及其大小则有过度功利主义的哲学倾向,可能招致消解责任主义

① 参见张旭:《关于刑事责任的若干追问》,载《法学研究》2005 年第 1 期。

② 参见徐立:《刑事责任的实质定义》,载《政法论坛》2010 年第 2 期。

③ 参见陈兴良:《刑法教义学中的价值判断》,载《清华法学》2022 年第 6 期。

④ 参见陈兴良:《刑法的知识转型[学术史]》,中国人民大学出版社 2012 年版,第 129 页。

⑤ 参见王鹏飞:《"同案不同判"的反向审视与规则建构——基于刑事责任本体论的思考》,载《河北法学》2020 年第 1 期。

的诘难。因而,责任刑和预防刑的关系必须结合时代背景和制度变迁重新加以厘定。“幅”的理论以责任刑为基础,并将其确定为一个幅度,预防刑则可根据前述幅度的上限和下限加以调节,以使刑罚裁量兼顾责任刑与预防刑;“点”的理论则将特定行为对应于相对确定的量刑点,预防刑可对该点加以调节,如若认为其在点之附近上下调节,则为“点周围论”。① 如若认为刑罚不能超越责任,则只能在点之下予以量刑裁量,此即“点之下论”。

就“幅”的理论而言,其将责任刑确定为一个幅度,然而在未考量预防刑的情形下,该幅度的上限和下限何以确定?这难免存在任意设定之隐忧。况且,“幅”的理论设立量刑下限,等同于人为设定刑罚减免的门槛,在未考量预防刑情节和其他量刑情节的情况下即确定量刑下限,将架空定罪免刑和在法定刑以下判处刑罚的立法规定。“点之下论”则为通过刑事责任的审查出罪提供契机,具有实质合理性。“点之下论”虽强调预防刑对责任刑的调节功能且承认其可以达到免除处罚的程度,但其并不违反罪刑法定原则。罪刑法定原则是从限制国家权力、保障公民权利的角度而言的。预防刑调节功能的发挥,并不否认犯罪构成的定型作用和行为构罪的事实,仅从刑事责任领域考察行为的需罚性,进而经由刑事诉讼程序予以出罪化处理,且依据责任刑设定刑罚上限。预防刑的调整不得突破责任刑范畴,因而既能保障国家追诉犯罪的需要,又从根本上保障犯罪嫌疑人、被告人的权利,是符合罪刑法定原则的。

(二)犯罪构成“质”性判断之坚守

刑事责任出罪在犯罪论体系之外对情节综合体予以量化审查,对其责任承担的必要性予以证否,是对犯罪构成检验犯罪成立的“质”性判断的坚守。然而,犯罪论体系内部亦有“量”化特征,其能否直接承担排除刑事责任的功能,颇具争议,尤以源自德日的可罚的违法性与社会相当性概念为著。

可罚的违法性最早由黑格尔在《法哲学原理》中提出,但20世纪初的德国即基本弃之不用。其后日本通过1910年大审院宣判的“一厘烟叶”案件将该理论发扬光大。② 针对绝对轻微型可罚的违法性,上述理论均认为其不具备构成要件符合性,但对于相对轻微型可罚的违法性,则持对峙之势。佐伯千仞将违法性理解为兼具“量”和“质”的概念,违法性的“量”和“质”因未达预定程度而欠缺可罚的违法性。③ 然而,将可罚性引入违法性阶层,势必消解构成要件的违法性推定机能,使得刑事可罚性的范围愈加模糊。中国语境下可罚的违法性理论欠缺必要性,根源在于德日采取“立法定性+司法定量”的犯罪成立模式,而我国则采取“立法定性+定量”的犯罪成立模式,成

---

① Vgl. LK-Theune, 12. Aufl., De Gruyter, 2006, §46 Rn. 38.

② 参见胡同春:《功能差异:罪量与可罚的违法性的本质区别》,载《学习论坛》2018年第1期。

③ 参见王彦强:《可罚的违法性论纲》,载《比较法研究》2015年第5期。

立犯罪即需达到“量”的程度,但其属于构成要件要素而无须对可罚性加以审视。

社会相当性理论试图在犯罪论体系中引入“相当性”的量化判断,以“行为符合历史地形成的国民共同的秩序而与社会生活相当”为由阻却犯罪成立。[①] 然而,作为核心要素的“社会性”和“相当性”的判断标准过于模糊[②],且可融入违法性、责任、量刑等诸多领域进行价值衡量,但理论定位并不明晰,难以独立承担阻却犯罪的功能。至于责任阶层的量化判断,有学者指出,不法与责任分别对应应罚性和需罚性,二者共同构成可罚性判断。诚然,试图在责任阶层混杂不法的程度判断和预防的价值衡量,势必得不偿失。因而,犯罪论体系的目的在于行为是否构成犯罪的“质”性判断,而“有罪归于无罪”则端赖于刑事责任出罪,二者应明确区分。

(三)实体裁量要素的审查模式

刑事责任层面的审查以全部实体裁量要素为素材,应进行全流程、全方位的归责检验。刑事责任排除的表现形式为程序出罪的适用,意味着其须满足相应实体条件,无论情节轻微的审查标准为何,其蕴含两类审查模式,即责任分配与责任消弭。

责任分配立足于事前、事中行为的价值评价,对行为人刑事责任的有无及其大小予以置评。犯罪论体系仅在犯罪构成意义上考察行为是否满足犯罪构成要件,除定型化的违法阻却事由和责任阻却事由外,并不进行可归责性“量”的价值判断。如故意伤害致人轻伤,如若被害人存在过错,则刑事责任相应地得以减轻。行为人刑事责任减免的事实根据为被害人过错,其深层逻辑在于责任分配原理。被害人教义学将被害人存在的精神体现于规范价值之中,以被害人的应保护性和需保护性决定行为人的应罚性和需罚性为核心思想,构建一个评价行为不法的“被害人—行为人”双维视角之范式,将法益侵犯责任在上述主体之间进行分配,契合预防刑法理念和犯罪化的合比例性原则。[③] 基于责任分配原理减免刑事责任,在某些情形下甚至可以融入犯罪构成要件而具有阻却犯罪成立之意义。如交通肇事罪中的行为人负次要责任而被害人负主要责任的,尽管法律意义上行为人亦具有违反交通运输管理法规之事实,且与危害后果之间有因果关系,但此时将刑事责任强加于行为人显失公平,其仅需根据过错责任承担民事赔偿责任即可。

责任消弭则基于行为人事后采取的挽救弥补措施,承认破坏的法益可得以修复,由此,行为人的刑事责任得以减轻甚至免除。刑事和解、认罪认罚从宽、企业合规不起诉,即分别通过与被害人达成谅解协议,与检察机关达成认罪认罚“合意”,以建立合规制度、自愿接受行政处罚、承担赔偿责任等方式进行合规整改,以消弭由犯罪行为

① 参见于改之:《社会相当性理论的机能》,载《武汉大学学报(哲学社会科学版)》2007年第5期。

② 参见赵桂民、程国栋:《刑法解释的社会相当性考评》,载《学术交流》2015年第2期。

③ 参见王焕婷:《被害人教义学理论的依据反思与功能批判》,载《华东政法大学学报》2022年第6期。

本身所产生的刑事责任。刑事责任之所以存在消弭路径,根源在于刑事责任综合反映责任刑和预防刑的内部构造,在责任刑相对确定的情况下,行为人的事后补救行为反映其认罪悔罪态度和人身危险性,此即体现行为人特殊预防必要性的大小。在此意义上,事后补救行为有助于预防刑的下调进而影响整体刑事责任的承担,当行为不存在需罚性时即应否定整体刑事责任的承担。

综合而言,刑事责任通过责任分配和责任消弭两大机制,借由刑事诉讼程序之发挥,最终实现案件的出罪化处理。

四、刑事责任出罪的层次性路径建构

刑事责任理念的革新能够为程序出罪提供坚实的实体法依据。应在肯定刑事责任出罪功能的基础上,将其转化为刑事立法和司法层面层次性的出罪路径。

(一)不起诉制度体系的完善

不起诉制度体系的完善是刑事责任出罪的重要渠道。我国刑事诉讼中真正体现起诉便宜主义理念的为酌定不起诉和附条件不起诉。受制于《刑事诉讼法》第 177 条第 2 款与《刑法》第 37 条对应关系的解释学分歧、轻微罪案件逮捕率偏高、适用程序烦琐等原因,酌定不起诉的适用仍面临诸多障碍,以至于其制度效能尚未充分发挥。[①] 未成年人附条件不起诉制度是我国未成年人犯罪立法的制度创新和重大突破,体现对于未成年人特殊保护的理念,但实践中面临适用范围狭窄、程序粗疏、考察帮教机制衔接不畅等问题。[②] 总体而言,不起诉制度体系亟待完善。

实质上,刑事诉讼制度的创新发展是对影响刑事责任承担的实体考量要素的制度性升华,可实现与不起诉制度的衔接,进而拓展其出罪功能。如刑事和解、认罪认罚从宽、企业合规不起诉等,均能够通过刑事责任层面的审查从而排除责任承担,借由不起诉制度实现出罪目标。未来,针对轻罪案件可借鉴德国的附条件不起诉制度和美国的审前转处制度,将附条件不起诉拓展适用于所有轻微犯罪,同时明晰酌定不起诉与附条件不起诉的区分。针对企业合规不起诉的刑事诉讼立法,有论者主张在“特别程序”中专章设立“单位刑事案件诉讼程序”,创设“企业附条件不起诉”[③],由此,经由刑事诉讼制度的定型化发展,实现不起诉制度的功能重塑,其中蕴含着不起诉制度体系丰富和发展的重要契机。

---

① 参见刘甜甜:《解构与重建:论酌定不起诉从宽的困境消解》,载《中国刑事法杂志》2020 年第 5 期。

② 参见吴真文、刘璐:《未成年人附条件不起诉制度的适用与完善》,载《湘潭大学学报(哲学社会科学版)》2014 年第 5 期。

③ 参见李奋飞:《涉案企业合规刑事诉讼立法争议问题研究》,载《政法论坛》2023 年第 1 期。

(二)司法解释出罪事由的优化

司法解释通过对特定类型案件具体适用法律问题加以规定,从而将刑事责任排除的实体要素加以定型化,既具有类案适用的普遍约束力,又能够避免检察机关裁量起诉权的滥用。然而,现有司法解释未能区分"但书"出罪与刑事责任出罪,且存在出罪事由含混不清、出罪后果表述混乱、出罪事由与出罪后果错配等问题。① 故此,应以刑事责任的审查与排除为基点,完善司法解释出罪规范。首先,应明确"但书"出罪的体系定位问题,无论是实质的犯罪概念,抑或混合的犯罪概念,均不得作为突破犯罪论体系认定犯罪的合法性依据。② 司法解释中如欲以"但书"出罪,则应对应"不认为是犯罪"的表述,如将有罪归于无罪,则应对应"不追究刑事责任"或"免予追究刑事责任",而"不按照犯罪处理"或"不以犯罪论处"强调程序出罪,同时也意味着审判阶段的实质无罪认定,但在符合犯罪构成的情况下缺乏正当性根据,因而不宜采用此类表述。其次,应对司法解释规定的排除刑事责任承担的实体事由进行合理性检验,以确保程序出罪的正当性。最后,应以刑事责任实质化为指引,审慎增列出罪事由,拓展司法解释出罪渠道。"有罪归于无罪"型出罪不应是对不起诉规则的简单重复,而应以特定类型案件为基础,提炼和抽取具体行为模式以实现预防刑对责任刑的消弭,在起诉裁量权范围内行使程序出罪权能。

(三)个案裁判的创造性适用

典型疑难案件的出罪不畅,反映我国出罪机制的孱弱。实践中存在本应当通过刑事责任的需罚性考量出罪却囿于无犯罪论体系内部的出罪依据而不得不求诸量刑优惠以实现折中处理的情形。如"'天津大妈'赵春华非法持有枪支案",一审法院认定赵春华构成非法持有枪支罪,判处其有期徒刑3年6个月。二审法院在维持罪名认定的基础上,综合考虑其非法持有的枪支均刚刚达到枪支认定标准,犯罪行为的社会危害性相对较小,非法持有枪支的目的是从事经营,主观恶性、人身危险性相对较低,认罪态度较好,有悔罪表现等情节,最终改判为有期徒刑3年,缓刑3年。③ 入罪的处理结果违背普通民众的"常识、常理、常情",遭到广泛质疑,难以实现"法律效果、社会效果、政治效果"的统一。

相反,检察机关通过刑事责任层面的实质化考量,则能够在法律框架范围内实现出罪的妥当性处置。如在"韩某等47人诈骗案"中,韩某、马某等47名不符合杭州市人才补贴条件的应届毕业生,通过虚构在杭劳动关系,骗领补贴共计49万元。其中马

---

① 参见刘科:《司法解释中的出罪规范:类型、依据与完善方向》,载《中国法学》2021年第6期。

② 参见王华伟:《中国刑法第13条但书实证研究——基于120份判决书的理论反思》,载《法学家》2015年第6期。

③ 参见天津市第一中级人民法院(2017)津01刑终41号刑事判决书。

某等46人单纯骗领补贴1万元或3万元不等。检察机关认为马某等46人犯罪情节轻微,且有自首、坦白、退赃等从宽情节,均表示认罪认罚,处于稳定工作、读研状态,遂作出不起诉决定。上述处理结果不仅考量法定从轻、减轻处罚情节,且对补贴发放的漏洞和涉案大学生的主观恶性予以考量,最终区分情形、区别对待,通过刑事责任的实质审查予以出罪处理。由此,对于个案中行为人的刑事责任进行实质审查,加强不起诉的释法说理,能够畅通出罪渠道,且能适时提炼刑事规则,甚至创设专门的不起诉制度类型,对于出罪体系的构建大有裨益。

五、结语

刑事责任概念的形式化和虚置化导致其未能实质担负起连接犯罪与法律后果的重任,阶层犯罪论体系对于“量”化判断权的争夺导致犯罪论体系内部的实体出罪与犯罪论体系外部的程序出罪相混淆。应对程序出罪的实体法依据即刑事责任的排除加以证成,明确刑事责任的出罪功能。经由事前、事中责任分配和事后责任消弭的审查,刑事责任的排除通过程序出罪得以实现。当前,附条件不起诉拓展至成年人和广泛适用于轻罪的呼吁、企业合规不起诉和合规建设阻却单位犯罪成立的研讨均体现出刑事责任层面的审查对于出罪所具有的重要意义,司法解释中将有罪归于无罪的条款明确列举排除刑事责任承担的特定情形,典型个案的刑事责任出罪则为在维护犯罪构成是犯罪成立唯一依据的前提下实现实质正义提供了新的机遇和可能,对于贯彻“少捕慎诉慎押”刑事司法政策,实现中国式犯罪治理现代化具有重要意义。

未成年人再犯“阶梯式”数字分级预防探索

揭　萍* 徐　桃**

在轻刑化背景下，未成年人再犯问题日益突出，最高人民检察院发布的《未成年人检察工作白皮书(2022)》显示，未成年人重新犯罪率有所下降，但是从降幅上来看并不显著，即未成年人再犯问题尚未突破。

对于有前科劣迹的未成年人，如若未能采取科学的预防帮教手段，其极易再次陷入犯罪的深渊，加剧社会不稳定因素。本文通过对未成年人再犯规律的认识和把握，来寻求预防未成年人再犯的路径。

一、未成年人再犯的风险因子

再犯人群在涉罪未成年人中占据重要比例，分析研究未成年人再犯风险因子是探索预防路径的首要前提。

(一)镜中自我的标签心理

镜中自我概指对自我形象的普遍认知，即以社会外在评价进行个体的自我认知。① 未成年人基于特殊的成长轨迹，正是处于自我认知趋向成熟的阶段。在这一过程中，镜中自我的心理反射极易形成自我标签，对于未成年人再犯群体而言更为显著。

如在办理未成年人“王某某盗窃案”中发现，王某某涉嫌多起盗窃，且每次盗窃均为二人或二人以上结伙实施。经进一步了解发现，其与同伙互为好友，为摆脱父母、学校的束缚选择辍学在外游荡，但因无生活来源在未满16周岁时便开始行窃。同时因圈内同龄未成年人均以盗窃作为获取玩乐消遣资本的来源，导致王某某内心形成错误导向，将盗窃作为谋生之路，无形中给自己贴注“盗窃”标签。王某某因无法完整理解社会主流规范，以至于被贴注标签后仍然无法意识到自身错误，转而便开始寻求认同

---

* 浙江理工大学教授。

** 浙江省杭州市桐庐县人民检察院第一检察部副主任。

① 参见毛国郦：《社会标签理论视角的青少年成长困境——以S校社会工作实践为例》，载《现代交际》2020年第8期。

其行为的群体,不良朋友圈在初犯后不仅未能清理反而更加紧密。在标签的心理暗示作用下选择按照标签内容进行活动,逐渐形成错误的自我角色定位,进而再次实施犯罪①,镜中自我的标签心理成为未成年人再犯的肇始者。

(二)第一课堂的“三不管”教育

人们之所以犯罪,原因在于他们的自我控制能力差。② 而自我控制能力差的根源在于不恰当的童年教育,因此监护人在预防未成年人犯罪上起着关键作用。

对未成年人再犯的监护情况进行统计发现,未成年人再犯普遍存在无人看管的监护情况,即“不想管”局面。在办理“赖某某盗窃案”中,经社会调查了解到赖某某父母双亡,家中只剩年迈的祖父母。随着赖某某的长大,精力日渐衰退的祖父母早已无暇周全赖某某的监管教育。叛逆时期的赖某某整日在外,因初尝盗窃带来的快感后,即使已到用工年龄也无心工作,屡屡被抓,屡屡再犯。

同时,在国家政策和社会形势的时代背景下,现阶段的未成年人再犯群体普遍为独生子女家庭,在传统观念的影响下,家庭教育方式往往以溺爱、放任不管为主,无法对未成年人的观念、习惯、性格进行科学培养。而一旦未成年人犯罪,只能将“棍棒教育”的传统养娃理念一以贯之。如“吴某某盗窃案”中,吴某某父亲出身军人世家,从小深受红色教育影响。随着经济条件的发展,因家中只吴某某一子,三代单传让家中上下对吴某某倍加宠爱。在吴某某经不起诉帮教再次盗窃时,承办检察官发现在履行法定代理人到场制度时,全程只见其母亲而未见父亲身影。事后其母亲便表示吴某某父亲在其初次涉罪后,认为有辱军人世家颜面而进行棍棒教育,之后便放任不管。两种极端的教育理念,无形中加剧了未成年人逆反心理,进而重新走上犯罪道路。

(三)生存圈层的社会失范

通过统计未成年人再犯的犯罪类型,不论是初次犯罪还是再次犯罪,侵财类犯罪成为未成年人涉罪的主流,没有稳定的经济来源系犯罪的根源。

涉罪未成年人回归社会后的就业情况是主要缘由,未成年人初犯之后,难免会遭受社会不一样的待遇,更不用说被接纳进行技能培训或被聘用。③ 加之未成年人再犯群体普遍文化水平较低,很难有扎根于社会的特长本领,从事的工作基本以简单体力性质为主,而这样的工作特质往往加快未成年人更换工作的频率,也逐渐磨灭未成年人走向新生的信心。

---

① 参见姚建龙:《标签理论及其对美国少年司法改革之影响》,载《犯罪研究》2007 年第 4 期。

② 参见裴昱:《未成年人再犯罪问题初探》,载《山西省政法管理干部学院学报》2010 年第 1 期。

③ 参见关颖:《关注未成年人、家庭及其城市——青少年犯罪问题的社会学思考》,载《青年研究》2004 年第 8 期。

(四)网民时代的亚文化辐射

2022 年,中国首次专门就青年群体发布的白皮书《新时代的中国青年》提出,未成年人互联网普及率达 94.9%。正是这样的背景,未成年人再犯群体的就业方向开始往网红、游戏主播发展。但是网络娱乐环境往往只关注商业利润最大化,很难会考虑到对未成年人价值人格塑造的影响。

另外在疫情影响下,逐渐出现网约房、电竞酒店新业态,由此带来的用网监管安全也成了新的犯罪风险。2022 年,T 县检察院经调研在案涉罪未成年人,发现 87% 的涉罪未成年人均有在电竞酒店上网的经历,后 T 县检察院开展未成年人进入电竞酒店公益诉讼专项,在履职过程中发现众多未成年人进入电竞酒店无限制上网,导致出现夜不归宿、多人混居、超长时间上网、阅览违规内容等问题,无形中增加了涉罪未成年人再犯风险。

(五)教学理念的智育中心主义

通过调研未成年人再犯行为习惯发现,这些未成年人通常具备"问题学生"的特性,这与学校的教育失调相关,学校教育往往以文化知识为重点,并没有足够重视法治教育。尤其在经济落后地区,通常认为法治教育没有必要开设,只是形式地将其列在课程表上,而此次调研的绝大多数未成年人恰好是在这样的教育环境下成长的。

另外在实践中,检察官虽然被聘为法治副校长,同时也有明文规定条件,但是仍然无法将本职工作与之兼顾,使其难以投入更多时间。面对中小学的紧张课时,学校一般很难做到重新调整课时给校外的法治副校长排班授课。① 在客观条件的约束下,法治副校长进校园往往是配合形势任务之需,走过场的情况频繁出现。

(六)轻缓刑政策的帮教落差

轻缓刑政策使得未成年人产生认识偏差,不明确犯罪行为所应承担的法律后果,从而降低刑罚的威慑力,再犯预防效果大打折扣。虽然附条件不起诉在一定程度上解决了该问题,但是由于地方社会支持力量的差异,帮教力度仍然难以支撑。② 检视 T 县检察院帮教情况,基于县域现有的社会支持力量,T 县检察院目前只有一家公益组织能承接帮教工作。但该组织开展的帮教活动多为县域内的志愿者活动,且成员基本上为社会工作爱好者,导致没有针对性的帮教方案,预防再犯效果甚微。

---

① 参见张忠涛:《法治副校长:教育与司法的融合力量》,载《未来教育家》2020 年第 7 期。

② 参见王孜政:《社会支持理论视角下罪错未成年人再犯罪预防机制探究》,华东政法大学 2018 年硕士学位论文。

二、未成年人再犯“阶梯式”数字分级基础

未成年人再犯风险因子的复杂性也决定了未成年人再犯“阶梯式”数字分级预防应从心理、社会、司法实践三大视角出发，并根据未成年人失范行为所产生的社会危险性进行阶段划分，以行为是否涉罪、涉罪阶段作为准则进行级别评估，从而在不同阶段给予未成年人不同预防侧重，以期达到再犯预防效果。

（一）“阶梯式”数字分级预防的心理学基础

从心理学层面上来说，未成年人在每一个成长阶段的特殊节点所展现的独特行为都是一个形成过程，而这个过程可以人为控制和调整，甚至可以对其下一步所可能作出的行为进行预测。通过数据归集T县再犯未成年人的心理变化发现，未成年人在成长过程中存在特殊的阶段性特征。如若未能对其独特性进行分析研究并加以重视，便会忽略成长过程中的教育管理，更不用说应对性预防举措。未成年人再犯“阶梯式”预防的根本在于个体，未成年人在不同阶段会形成程度不一的标签心理，这也成为“阶梯式”数字分级的客观缘由。针对未成年人再犯，借助数字手段精细识别未成年人的预防层次，并设计对应层次的预防手段、方法，对其进行有效预防，从而避免预防手段与预防对象的不对称，出现预防架空局面。

（二）“阶梯式”数字分级预防的社会学基础

社会学基础为未成年人再犯“阶梯式”数字分级预防提供存在的合理性和外部支撑，根据社会信息加工理论，六个认知环节决定了儿童对行为作出什么样的反应。中外众多学者的研究表明，社会环境对人的影响至关重要。[①] 从社会控制理论出发，重视社会对未成年人成长教育所发挥的作用，创造条件为未成年人营造稳定的社会氛围，加强未成年人与社会间的联络，修护未成年人与社会的关系，同时对未成年人不同年龄阶段的身心发展状况、行为特征加以关注，以此让涉罪未成年人回归社会后能认可自己作为一个社会人所享受的权益。

同时从社会学基础出发，要求未成年人再犯“阶梯式”数字分级预防需要积极融合六大保护，根据数字碰撞轨迹发现，未成年人再犯的形成轨迹揭示了六大保护参与再犯预防的力度大小。在不同的阶梯层面上，未成年人的行为失范程度、涉罪性质、致罪因子等因素的动态变化对各大保护力量提出了不同要求。再犯“阶梯式”数字分级预防制度根据保护的参与面、影响力探索多元预防模式，实现未成年人再犯多领域、全流程分级预防。

---

① 参见黎宏：《情境犯罪学与预防刑法观》，载《法学评论》2018年第6期。

（三）“阶梯式”数字分级预防的法学基础

纵观国内学者关于未成年人分级处遇的研究情况，主要分为两大视角。一是通过国内外少年司法制度的比较、借鉴，从立法角度探索少年司法制度体系构建。例如有学者认为：“我国未成年人处遇体系是诟病颇多的一元化处置体系，司法干预在未成年人触法行为中处于缺位状态，应提高国家保护处分的角色地位建立二元结构少年司法制度。”[①]诚然，目前对未成年人再犯进行分级处遇的关键并不是建章立法，而是在现行法律制度框架内寻求配套的“阶梯式”数字分级预防体系。二是通过对现有理念的重塑，推动未成年人处遇制度发展。例如有学者主张我国应构建以教育刑理念为主的处遇体系，教育刑源于德国，主要包括教育处分、惩戒措施与少年刑罚三类，且三类处遇具有阶梯性，只有最弱处遇不适合才会进入下一级处遇。[②]“阶梯式”数字分级预防源于此，“阶梯式”的层级性不仅需要个性化的预防措施，还要保有不同阶梯间的上下流通性，这种流通性对帮教涉罪未成年人与保护未成年人均有裨益。

“阶梯式”数字分级预防正是要求坚持阶梯间的流通性，同时也应在层级中的不同关键节点上合理均衡调和教育和惩罚，避免在司法实践中一味地偏重一方手段，从而陷入两种极端困局，即“保护有余”和“处罚过重”。在司法实践中，某些司法人员甚至将“教育为主，惩罚为辅”理解为对初次犯罪的未成年人进行教育即可，无须刑罚；而所谓教育，也只是理解成说教行为，使未成年人及其家长认识到违法犯罪将受到法律惩罚就可以了。

三、未成年人再犯“阶梯式”数字分级预防的应用

未成年人再犯预防视角下的“阶梯式”模式主要借助数字力量，通过数据碰撞研判将未成年人失范行为进行划分，并以行为是否涉罪、涉罪阶段作为准则进行级别评估、预防。可以说，未成年人是否会再次实施犯罪，极大程度上与自我角色定位相关，帮助推动重塑自我形象以期往新的角色发展才是预防的关键。基于个体因素，更多地细致划分数字分级预防，从而达到对重新犯罪的精准预防。

（一）闭环普法下的启蒙式预防

通过统计未成年人再犯情况发现，未成年人再犯轨迹基本上是由“问题少年”症状开始，故在探究未成年人再犯预防的问题上，将“阶梯式”预防举措中的启蒙式预防设置在该阶段具有现实意义。

① 姚建龙、孙鉴：《触法行为干预与二元结构少年司法制度之设计》，载《浙江社会科学》2017年第4期。

② 参见陈希：《教育刑理念下我国少年司法体系的完善》，载《中州学刊》2017年第6期。

因“问题少年”尚在萌芽阶段，且未进入司法领域，所以更多地仍需依托各职能部门力量，通过归集各职能部门的举报线索、公安机关110出警记录线索、学生处分记录，筛选出“问题少年”出入“三不宜”场所的情况，并以“出入次数”为关键词对“问题少年”进行风险评级作为前提条件，以“身份”为关键词进行犯罪的分流预防。如若尚在就读阶段，及时对接教育局加以关注，反之则借助街道、社区、乡镇力量进行关注全覆盖。

当然基于该阶段的特殊性，应侧重于法治教育。虽然检察官担任法治副校长在实践中后劲不足，但是法治副校长的桥梁作用不容小觑。针对不同“问题少年”的不同身份，加强与各职能部门的联动合作，检察官担任法治副校长不仅要进校园，还要进社区、进街道更要进家庭开展普法宣传，充分发挥这本“活教材”的专业性。

同时因“问题少年”极强的流动性，可探索网格化犯罪预防举措。采用网格化管理模式，引入志愿者团队，动态关注行动轨迹，以便及时发现异常行为并进行劝诫，参照强制报告制度模式根据情节不同及时向公安等有关职能部门报备。当然基于未成年人网络安全问题，及时普及接入青少年上网系统，通过检索青少年上网痕迹统计青少年关注点并反馈整理，作用于法治宣传，形成个性化闭环式普法宣传模式。

（二）教罚博弈下的进阶式预防

实践中，因轻缓刑的刑事政策背景加之对未成年人的特殊处理规定，初次犯罪时行政处罚占比较高。但在执行过程中，由于缺乏统一的标准往往未能准确适用教育与处罚相结合的原则，以至于并没有达到真正的警示、教育意义，形式化的行政处罚反而让未成年人对犯罪持有“无所谓”的态度，进而加大再犯风险。在该阶段，以数据赋能加强监督职能是进行分级预防的关键。

办理治安案件应当坚持教育与处罚相结合的原则，而教育与处罚的适用实效可经数据碰撞进行评估。对于多次违法且符合刑事立案标准的，应侧重于处罚目的，即发挥监督职能及时监督立案。可以说，该阶段的教育工作已经无法发挥效用，难以达到预防犯罪目的。故无论从法理还是情理出发，应及时督促未成年人进入下一阶段的帮教预防工作，借处罚手段达到更精准的教育目的。

对于未达立案标准的，仍应从教育出发。通过调研T县检察院22名未成年人的犯罪频率可看出，初次犯罪6个月以后为再次犯罪拐点。因此在该阶段应加强关注引导，不断创新犯罪预防方式。一是强化行政处罚的仪式感。在进行处罚时，可增设训诫、普法教育等方式加强氛围感，让涉罪未成年人清楚自身行为的危害性及后果的严重性。二是拉近办案民警与涉罪未成年人的距离。

在进阶式预防中通过数字手段对涉罪未成年人教育和处罚进行平衡，从而实现两者结合并更好地开展预防犯罪工作。

(三)监护失管下的兜底式预防

根据T县检察院的数字碰撞发现,帮教不力和家庭教育缺失是未成年人在该阶段再犯的最主要原因。在监护缺失状态下,未成年人既无生存感也无归属感,极易选择重新犯罪,故应关注家庭保护、社会保护的升级探索。

一是加强未成年人监护权的监督工作。对于监护侵害或者监护缺失严重损害未成年人身心健康的,视情节程度制发监护督促令或者建议、支持有关部门、组织或个人向法院起诉撤销监护人资格,同时保障落实适格监护人。在监护人客观条件“合格”的情况下,加强家庭教育理念的培养,即积极探索强制家庭教育。长期以来,家庭教育被认为是私领域的事情,家庭教育支持服务未被纳入公共服务,缺乏必要的工作推进机制和政策保障,应从国家层面健全家庭教育配套体系,扩大家庭教育公共服务供给,明确其他行政机关协作配合责任,明确社会公共服务中关于刑事检察引导和社会心理辅助的内容,促进专业性内容融合发展。在进入刑事阶段后可明确监护人在刑事案件办理过程中承担未成年人管教、配合包括检察机关在内的司法机关开展家庭教育工作,对于不履行、不配合的监护人,通过违反职责追究机制,建立惩戒制度,并依法纳入信用评价体系,促进监护人主动履行职责。同时探索强制性家庭教育启动程序、家庭教育开展形式及内容。另外把涉未成年人案件家庭教育指导融入家校社区协同共育大格局,找准工作结合点,深入开展家庭教育普法宣传,指导家长“依法带娃”。同时探索创新亲职教育场景应用,通过线上打卡、设置积分等形式,并将此作为涉罪未成年人处理结果的评价依据。

二是当家庭监管为“真空”状态时,强制家庭教育无法发挥效用,政府兜底监护作用亟须彰显。在政府保护层面上,推动预防再犯并进行分级处遇,专门学校的落地是重要手段之一。虽然我国明确加强专门学校的建设,但是各地落实情况并不理想。专门学校基于场地、管理的难题不仅存在无法律依据的法律困境,还存在人力、财力的客观困难,导致需要专门教育的未成年人“无校可去”,这对部分希望继续就学的学生来说,无疑强化了对立敌视情绪,其更易走上犯罪。因此以点及面,进行微型专门学校的探索实践具有现实意义,数字化“移动式”专门学校正是在这样的背景下提出的,其主要从整合群体支持资源、提高社会支持有效供给出发,打造未成年人再犯罪预防群体线上线下支持平台,即在某多个节点集中涉罪未成年人进行集训营式的帮教。帮教方案主要借助社会调查评估情况,同时根据未成年人的犯罪情节、家庭监护条件进行等级评定来制定数字化“移动式”专门学校帮教举措,相关内容可包括技能培训、心理矫正、普法教育等。在管理团队上,通过引进人才的方式,建立一个含有心理学、社会学、教育学等专业知识的志愿者的数字化“移动式”专门学校的管理团队。与此同时,以线上打卡学习作为延续线下帮教手段形成全程不间断的学习改造氛围。

习近平总书记强调，培养好少年儿童是一项战略任务，事关长远，必须高度关心重视。未成年人再犯预防工作正是如此，一因一果式的预防路径已经无法及时更新适应犯罪预防轨迹，未成年人再犯严峻局面需要“六位一体”保护格局，在分级预防理念下针对不同阶段、不同程度的未成年人进行个性化、多元化预防，才能有效构建再犯预防工作网络。

第二编

单位犯罪与企业合规从宽处罚基础理论研究

论我国刑法中单位犯罪规定的特点

黎　宏*

近年来,由最高人民检察院推动的企业合规从宽处罚改革,为检视我国刑法中单位犯罪及单位处罚的相关规定提供了一个绝佳的机会。特别是在企业合规改革已经从“摸着石头过河”阶段进入改革的“深水区”,在刑法当中增设企业合规改革相关规定已经成为当务之急①的现在,审视我国《刑法》第 30 条、第 31 条规定的内容和特点,对于我国下一步的改革具有至关重要的意义。

本文基于上述问题意识,意图从比较法的立场出发,对我国刑法中单位犯罪以及单位处罚规定的特点进行概括总结。

一、被规定在自然人刑法之中

从比较法的角度来看,世界范围内,有关处罚企业的刑事立法②,大致有两种方式。

一种是为“企业犯罪”单独立法,制定专门的“企业犯罪法”的方式。这种方式的好处是:一是能够最大限度地避免企业犯罪和企业处罚与自然人犯罪和自然人处罚之间的不协调。主体性质的不同,导致企业处罚和自然人处罚在很多方面存在根本性差别。如在主观责任的认定上,企业处罚通常采用近乎结果责任的严格责任原则,而自然人处罚则采用重视主观责任的罪过责任原则;企业犯罪在主观要件的认定上,可以适用将数个从业人员的零碎认识集合起来,整体上满足成立一个犯罪意思所需要的主观意思的话,就能肯定企业具有特定犯罪所要求的主观认识的集体认知方式,而自然

---

* 清华大学法学院教授,中国刑法学研究会副会长。

① 学界已经有不少学者主张对企业合规改革进行刑事立法,参见张纯:《贾宇:建议〈公司法〉〈刑事诉讼法〉尽快构建涉案企业合规制度》,载《民主与法制周刊》2022 年第 9 期;周振杰:《涉案企业合规刑法立法建议与论证》,载《中国刑事法杂志》2022 年第 3 期;孙国祥:《涉案企业合规改革与刑法修正》,载《中国刑事法杂志》2022 年第 3 期;高铭暄、孙道萃:《刑事合规的立法考察与中国应对》,载《湖湘法学评论》2021 年第 1 期;刘艳红主编:《企业合规中国化的民行刑体系性立法》,法律出版社 2022 年版,第 23 页以下。

② 本文所述涉及多个国家的法律及国内多个不同的法律文件,对于“企业”之类的组织,有的称之为“企业”,有的称之为“法人”,有的称之为“单位”,没有统一。本文中,如果没有特别注明,对上述三者均在同一意义上使用,特此说明。

人的主观要件认定，只能依据单个个人的主观认识来判断；就企业犯罪而言，在客观行为的认定上，不要求确定某个具体的人实施了违法行为，只要能够证明企业自然人中“有人”实施了违法行为即可。实际应用中，甚至可以将数个代理人的不同行为汇集起来，只要有一个满足犯罪的客观要件的场合，就能判定企业有罪。① 二是将从理念到具体适用完全不同的两种主体的犯罪成立要件和处罚分别规定在两部法律之中，就能够将企业犯罪法对自然人刑法的概念、原则所产生的逆向冲击控制在最低限度。② 当然，这种规定方式也存在很大的问题。如企业犯罪的成立条件、企业处罚的范围和方式、对企业犯罪的规制程度，目前世界范围内并没有一个统一的说法。在针对是否要处罚企业犯罪、如何处罚企业犯罪的基本问题上，尚有巨大争议的当今，贸然制定一部类似于《企业犯罪法》的专门刑法，其难度之大，可想而知。因此，当前这种立法方式仅限于个别国家，没有被广泛推广。

另一种就是在以自然人为规制对象的现行刑法当中（主要是在总则部分）增设处罚企业犯罪的条款的方式，这是目前承认企业犯罪的国家所主要采用的方式，如《澳大利亚联邦刑法典》③、《法国刑法典》④、《西班牙刑法典》⑤、《瑞士联邦刑法典》⑥都采取这种立法方式。这种规定方式的特点是，在有关法人犯罪的概念、成立条件和法人处罚方式上，原则上适用现行自然人刑法的相关原则、概念和规定，只是例外地针对企业特点作出一些特殊规定。如《澳大利亚联邦刑法典》第 2.5 部分即法人的刑事责任，开宗明义地规定，本法典以其适用于自然人的方式适用于企业，企业可以实施任何犯罪，包括应当处以监禁的犯罪。企业犯罪适用自然人犯罪的基本原理，除了客观上必须有危害行为、危害结果，企业自身还必须具有故意、过失的主观要件。只不过在企业罪过的认定上，除了将一定条件下的企业中的自然人归属于企业自身，还要将“企业文化”，即存在于企业整体或者作为相关活动发生地的企业某部门的态度、政策、规则、行为或者实践的程序作为认定企业自身罪过的重要依据，并规定如果企业证明其已经实施了适当的努力来制止行为、授权或者许可，则可以否定企业本身的责任。⑦ 这种以企业自身固有的“企业文化”作为认定犯罪企业主观罪过的依据的做法，虽然与自然人罪

① See United States v. American Stevedores, Inc., 310 F. 2d 47, 48(2d Cir. 1962).

② 川崎友巳『企業の刑事責任』(成文堂，2004 年)486 頁参照。

③ 《澳大利亚联邦刑法典》第 2.5 部分即法人的刑事责任。本文所引《澳大利亚联邦刑法典》的相关内容，转引自《澳大利亚联邦刑法典》，张旭等译，北京大学出版社 2006 年版，第 16—18 页。

④ 《法国刑法典》第 121-2 条，第 131-37 条至第 131-49 条。参见《最新法国刑法典》，朱琳译，法律出版社 2016 年版，第 7、30、34 页。

⑤ 《西班牙刑法典》第 31 条、第 31 条之一、第 33 条第 7 款。参见《西班牙刑法典（截至 2015 年）》，潘灯译，中国检察出版社 2015 年版，第 13—14、17 页。

⑥ 《瑞士联邦刑法典》第 172 条、第 172 条 a、第 172 条 b。参见《瑞士联邦刑法典（2003 年修订）》，徐久生、庄敬华译，中国方正出版社 2004 年版，第 56—57 页。

⑦ 《澳大利亚联邦刑法典》第 2.5 部分即法人的刑事责任第 12 节 12.1(2)。

过认定中的“推定”有类似之处,但显然与自然人刑法中的故意即对犯罪事实有认识而不放弃、过失即对犯罪事实应当有认识而没有认识的理解之间,存在一定差别。

这种在自然人刑法中规定企业犯罪的立法方法,尽管存在企业处罚和自然人处罚之间的不协调,以及企业处罚的特殊性波及自然人处罚,会引发对自然人刑法在适用中发生变形的担心。但就目前的情况来看,这种担心纯属多余。现行的企业犯罪和企业处罚,出自有关自然人犯罪和处罚的理念和设想,在绝大多数情况下,其所遵从的仍然是自然人犯罪的相关规定。并且,在现有的自然人刑法中增设企业犯罪处罚条款,争议相对较小,并且在立法上比较容易实现,因而被广泛采用。我国现行《刑法》也采用了这种规定方法,除了在《刑法》总则中规定了“单位犯罪”的概念和处罚,还在《刑法》分则的相关条文中规定了处罚单位犯罪的内容,即“单位犯前款罪的,对单位判处罚金,并对其直接负责的主管人员和其他直接责任人员,依照前款的规定处罚”。

在自然人刑法中规定单位犯罪,不仅意味着单位犯罪和单位处罚有了法律依据,更意味着单位处罚也必须遵守自然人刑法的相关规定和原则,如罪刑法定原则(《刑法》第3条)、刑法适用平等原则(《刑法》第4条)、罪责刑相适应原则(《刑法》第5条)、《刑法》总则中所规定的故意犯罪(《刑法》第14条)、过失犯罪(《刑法》第15条)、犯罪预备、未遂和中止(《刑法》第22条、第23条、第24条),以及共同犯罪的相关规定(《刑法》第25条、第26条等)。事实上,在我国的司法实践中,单位不仅可以共同犯罪,而且在其处理上,也遵循了两个以上单位共同故意实施的犯罪,应根据各单位在共同犯罪中的地位、作用大小,确定单位犯罪的主、从犯的原则。① 这完全是将现行《刑法》中自然人共犯的相关规定照搬到了单位共犯中。单位犯罪案件中,单位决定或者单位负责人决定自动投案、交代犯罪事实的,或者单位直接负责的主管人员自动投案、如实交代犯罪事实的,应当认定为单位自首的相关规定②,更是将“自首”这种人身属性极强、通常只有自然人才有的量刑情节,照搬到了单位犯罪中。

二、被规定为单位自身的犯罪

在自然人刑法中,如何描述或者说设定作为虚拟人格的单位的犯罪内容,这是在自然人刑法中规定单位犯罪之后面临的一个现实问题。

传统的也是目前常见的规定方式是,通过确定法人中的特定自然人的行为的方式

---

① 参见2001年1月21日最高人民法院发布的《全国法院审理金融犯罪案件工作座谈会纪要》。

② 参见2009年3月12日最高人民法院、最高人民检察院发布的《关于办理职务犯罪案件认定自首、立功等量刑情节若干问题的意见》。

来规定法人犯罪。这种立法方式的背景是,依据民法上的通说,法人行为只能通过其组成人员的自然人的行为来体现,而法人组成人员的自然人的行为具有法人行为和个人行为的双重属性,并非所有的自然人的全部行为都能被作为法人自身的行为;只有处于一定地位的人,或者是符合一定条件的人的行为,才能被视为法人自身的行为,并据此追究法人自身的刑事责任。这种规定方式主要体现在英美法国家的刑法中。如英国固守自然人刑法中的责任原则,在法人处罚上坚持与刑法基本原则(特别是主观责任原则)之间的协调,为将法人作为正犯追究,采用了将形成法人组织人格特征的高层管理人员(superior officer)的行为和意图(acts and state of mind)视为法人自身的行为和意图的"同一视原理",来认定法人犯罪并对其进行处罚。相反的,美国联邦法院则更重视追究法人责任的刑事政策必要性,认为只要是法人活动中发生的侵害行为,即便是最底层的从业人员实施的,也可通过"替代责任原则"将其看作法人自身的行为,追究法人责任。如此一来,法人刑事责任的追究就变得轻而易举了。[①] 有关法人犯罪的构成,规定最为详细的,当属《澳大利亚联邦刑法典》的规定。按照该法第 2.5 部分即企业的刑事责任部分的规定,企业故意犯罪的成立要件是:第一,企业高级管理人员在其权限范围内实施的行为,归属于企业自身;他们在行为时的蓄意、明知或者轻率归于企业自身。第二,在企业内部,存在指挥、鼓励、容忍或者导致不合规的企业文化,或者企业没有创造、保有一种合规所需要的企业文化时,可以认定企业本身具有与犯罪行为有关的蓄意、明知或者轻率。企业过失犯罪的成立要件是:第一,客观上存在违法行为。该行为可以通过单个雇员的违法行为,也可以通过综合多个职员违法行为的整体而认定。第二,主观上存在过失。当法人对其雇员缺乏足够的管理、控制、监督,或者在法人内部缺乏将相关信息传递给雇员的完善体系时,能够认定企业过失。但企业证明其已经实施了适当的努力来制止行为、授权或者许可的,则可以否定企业本身的责任。[②] 上述规定中,尽管规定了体现企业自身意思的"企业文化",但并没有否定通过包括企业高级管理人员及一般雇员在内的自然人的行为和意思来认定企业自身犯罪的做法。

我国的司法实践也采取了这种通过确定特定自然人的意志和行为来认定单位犯罪的做法。如 2019 年 2 月 20 日最高人民法院、最高人民检察院、公安部、司法部、生态环境部《关于办理环境污染刑事案件有关问题座谈会纪要》第 1 条规定,为了单位利益,实施环境污染行为,并具有下列情形之一的,应当认定为单位犯罪:①经单位决策机构按照决策程序决定的;②经单位实际控制人、主要负责人或者授权的分管负责人

---

① 川崎友巳『企業の刑事責任』(成文堂,2004 年)486 頁参照。

② 《澳大利亚联邦刑法典》第 2.5 部分即企业的刑事责任。本文所引《澳大利亚联邦刑法典》的相关内容,转引自《澳大利亚联邦刑法典》,张旭等译,北京大学出版社 2006 年版,第 16—18 页。

决定、同意的;③单位实际控制人、主要负责人或者授权的分管负责人得知单位成员个人实施环境污染犯罪行为,并未加以制止或者及时采取措施,而是予以追认、纵容或者默许的;④使用单位营业执照、合同书、公章、印鉴等对外开展活动,并调用单位车辆、船舶、生产设备、原辅材料等实施环境污染犯罪行为的。

这种仅仅以单位中的自然人的行为和意思来确定单位犯罪的做法,尽管符合单位是一个拟制人格,没有自身的意思和行为,其自身的意思和行为只能通过单位构成人员来认定,单位成员职务行为产生的一切法律后果都应由法人承担的民法原理①,但也存在以下几个问题:一是依照"同一视原理",由法定代表人或者法人机构集体决策实施犯罪的情形,现实生活中已经不多见,即便有,也只是存在于一些中小规模特别是小规模的企业当中,难以反映大中型企业犯罪的实况;而且,企业领导决定实施犯罪的情形,现实生活中即便存在,也难以被证明。二是按照"替代责任原则",法人最底层人员的业务活动行为,也能被视为企业自身行为,在该行为属于违法行为时,法人必须为其担责。这种见解尽管符合企业业务活动的实际情况,但将这种原则贯彻到底的话,会造成无限度地追究企业自身责任的结果,使得企业无法生存。三是忽略了由于企业内部管理系统的不完善或者组织结构缺陷而引起的法益侵害结果,并非个人行为导致企业违法行为的情形。四是只要企业中的自然人在业务活动过程中造成了侵害法益的结果,就要考虑企业自身过失的做法,显然是没有将企业作为一个独立于其组成人员的自然人的独立个体的观念在作祟,将企业看作其组成人员的自然人的附庸或者傀儡。因此,不考虑企业中的个人,而是从企业自身的组织结构、规章、政策、宗旨、文化等特征来判断企业的刑事责任的组织体刑事责任论便应运而生了。②

按照组织体刑事责任论,法人犯罪就是法人自身犯罪,法人之所以受罚,就是因为其作为一个实体组织而引起了法益侵害结果。这种立法方式的背后,存在着组织体论观念,即法人或者说企业不仅仅是听命于其构成人员即自然人的意思和行为的虚拟人格,相反的,法人的组织结构、政策、文化等自身特征,还会对其组成人员的自然人的意

---

① 参见王利明等:《民法学》(第6版),法律出版社2020年版,第111页。

② 参见黎宏:《单位刑事责任论》,清华大学出版社2001年版,第325页;黎宏:《组织体刑事责任论及其应用》,载《法学研究》2020年第2期。另一种是旧企业组织体刑事责任论。认为就企业犯罪而言,对分担组织活动的各个自然人(如经营者、管理者、技术人员、底层从业人员)的行为进行个别把握的话,可能出现对任何人都无法追究刑事责任的局面。其实,法人是超越其成员的社会实体,存在归属于该组织体的活动,这是前法律的社会现实,以此为根据,法定代表人的行为就不用说了,上级管理者及底层从业人员的行为,只要是对组织体的活动的分担,就能被评价为企业自身的行为,主张将法人等企业的组织活动作为一个整体把握,这种见解就是旧企业组织体刑事责任论。具体参见板倉宏「企業組織体責任論と法人処罰」刑法雑誌23巻1—2号(1979年)110頁;板倉宏『企業犯罪の理論と現実』(有斐閣,1975年)33頁。我国何秉松教授提倡的"人格化系统责任论"即"法人是一个人格化的社会系统,法人的刑事责任就是这个人格化社会系统的刑事责任"的观点也属于这种理论。参见何秉松主编:《法人犯罪与刑事责任》(第2版),中国法制出版社2000年版,第473页。

思和行为举止产生影响,即将企业看作一个独立于其组成人员的实体组织。据此,在追究法人或者企业责任时,除了考虑作为企业组织意思来源之一的企业代表机构成员的意思和行为,还必须考虑法人或者企业自身的组织责任。这种企业自身责任的理念,已经被有些国家的刑法典所采用。如前述《澳大利亚联邦刑法典》中有关企业文化的规定,就是其体现。同样,意大利《关于企业合规的第 231 号法令》中规定的认定企业犯罪的主观罪过重要依据之一的"结构性疏忽"(也称"制度漏洞"),实际上就是指涉案公司尚未建立与预防犯罪行为的发生有关的指导方针和管理体制,因而导致了涉案企业职员的过失违法行为。

在我国,尽管《刑法》第 30 条有关单位犯罪的规定中,采用了单位犯罪就是单位自身犯罪的写法,但非常遗憾的是,这种写法只能说是"歪打正着"①,立法者的原意并没有包含组织体刑事责任论的理念。尽管如此,其还是为我们从组织体刑事责任论的角度解释我国刑法中的单位犯罪和单位处罚留下了余地。因此,下一步的工作,就是如何在《刑法》第 30 条、第 31 条有关单位犯罪和单位处罚的规定中,巧妙地加入组织体刑事责任论的内容。

三、在处罚上实行"双罚制"

关于企业犯罪的处罚,历史上曾经有过仅仅处罚企业自身和仅仅处罚企业中的主要责任人员的"单罚制",但现在流行的是既处罚犯罪的企业,又处罚其中的相关自然人,即所谓的"双罚制"。我国《刑法》第 31 条关于单位犯罪的处罚,也采用了"双罚制"。

"双罚制"是目前世界范围内通行的一种企业犯罪处罚方式。一方面,这种方式似乎符合单位犯罪的实情,因为单位犯罪是通过单位中的自然人实施的,其与单位属于共同犯罪关系,因此,将二者绑定在一起,连带处罚,合乎情理;另一方面,这种方式似乎效果最好,因为按照传统理念,单位意思是通过单位的代表机构及被授权的相关自然人形成的,换言之,单位的犯罪意思来自其自然人。因此,在企业犯罪中,采用既处

① 从现行单位犯罪的规定过程来看,其本意是涵盖《刑法》分则中单位过失犯罪的规定,并非体现组织体刑事责任论的理念。根据有关介绍,在现行《刑法》通过的前后,即自 1995 年 8 月 8 日至 1997 年 3 月 14 日,刑法修订稿草案对于单位犯罪的总则规定先后有过两种写法,一种是"企业、事业单位、机关、团体,为本单位谋取利益,经单位的决策机构或者人员决定,实施犯罪的,是单位犯罪",另一种是"公司、企业、事业单位、机关、团体为本单位谋取非法利益,经单位集体决定或者由负责人员决定实施的犯罪,是单位犯罪"。第八届全国人大第五次会议审议时,有代表提出,上述两种定义都不够全面,不能完全包括《刑法》分则规定的所有单位犯罪。"为本单位谋取利益"是单位犯罪构成要件之一,但分则规定的单位犯罪之中,有些是过失犯罪,而过失犯罪很难说有非法牟利的目的。因此,便有了现行刑法所规定的形式。参见高铭暄:《中华人民共和国刑法的孕育诞生和发展完善》,北京大学出版社 2012 年版,第 213 页。

罚单位又处罚其中的自然人的“双罚制”,也合乎责任原则的要求。

但现在看来,“双罚制”也是一种缺陷比较明显的单位犯罪处罚方式。一方面,其并不完全符合单位犯罪的实际情况。“双罚制”之下,人们没有注意到单位和作为其组成人员的自然人是两个独立的主体的事实,忽视了单位在单位犯罪现象中的独立性,使得单位即便制定了合理妥当的管理制度(如合规制度),也无法从其组成人员即自然人的违法犯罪的漩涡中脱身;另一方面,也使得企业合规不起诉制度难以落地。“双罚制”之下,企业和其组成人员的自然人被捆绑在一起,二者属于“一损俱损、一荣俱荣”的连带关系。这种连带关系所导致的直接结果是,单位对其从业人员即自然人业务活动中的违法行为,只有两种选择:要么作为单位犯罪被“双罚”,即既处罚单位又处罚单位中的自然人;要么作为个人犯罪,被“单罚”,即只处罚自然人,绝无可能虽然构成单位犯罪,但只处罚“自然人”一方,仅对单位出罪或者从轻处罚。① 这种单位在其组成人员的自然人一旦实施了犯罪,除受罚之外,没有其他选项的现实,使得单位被笼罩在其组成人员的违法行为的阴影之下,没有自我救赎的可能,也失去了提升自己不想犯罪且极力制止其组成人员在业务活动中实施违法行为的合规建设的动力。

在处罚单位犯罪的国家中,由于上述问题的存在,人们开始寻求将企业处罚和其中的个人处罚脱钩的处罚方式,如前述意大利《关于企业合规的第 231 号法令》第 8 条就规定,不能处罚企业从业人员的自然人的场合,也应追究企业的刑事责任。这意味着,企业犯罪的认定,并不一定依赖于其中的自然人的确定或者特定,只要企业业务活动中发生了法益侵害结果,即便不能确定该结果到底是由谁的行为所引起的,或者虽然能够确定该结果的引起人,但由于各种原因无法认定该行为人有罪而处罚该行为人的场合,也仍然可以追究企业的刑事责任。换言之,企业处罚和企业中自然人的处罚无关。

应当说,这种将企业处罚和其中的从业人员的处罚脱钩的做法,是有关企业犯罪立法的一个重大创新。因为,依照欧洲大陆的通说,所谓企业犯罪,并不真的是企业自身的犯罪,而是企业为其成员的违法行为承担无过失责任的体现。② 虽然有学说承认

---

① 我国刑法学的通说认为,存在单罚制的单位犯罪。主要理由有二:一是《刑法》第 31 条后段即“本法分则和其他法律另有规定的,依照规定”的表述意味着,单位犯罪的处罚,不只有“双罚制”;二是如《刑法》分则第 396 条规定的私分国有资产罪、私分罚没财物罪明确将“国家机关、国有公司、企业、事业单位、人民团体”和“司法机关、行政执法机关”分别作为二罪的犯罪主体。以上见解,参见马克昌主编:《刑法》(第 2 版),高等教育出版社 2010 年版,第 87 页;高铭暄、马克昌主编:《刑法学》(第 9 版),北京大学出版社、高等教育出版社 2019 年版,第 99 页。但我认为,这种见解有将犯罪学意义上的单位犯罪与规范意义上的单位犯罪混淆之嫌。从行为与责任统一的角度来看,既然上述犯罪中被追究刑事责任的只是单位中的主管人员和其他直接责任人员,就应当将该罪看作自然人犯罪,而不是单位犯罪。

② 参见耿佳宁:《污染环境罪单位刑事责任的客观归责取向及其合理限制:单位固有责任之提倡》,载《政治与法律》2018 年第 9 期。

企业犯罪是企业自身犯罪,认为企业自身文化、制度、政策等促成了企业成员的犯罪,但目前多数还是局限于学说上的讨论,并未上升至法律规定。而意大利《关于企业合规的第231号法令》解除企业责任和作为企业成员的自然人的责任之间的联动制的做法,不仅承认了企业犯罪是企业自身犯罪的必然结局,也突破了历来企业处罚中所采取的“双罚制”的藩篱。按照这种处罚方式,不仅企业犯罪的处罚不一定要通过“双罚制”来实现,而且企业犯罪的认定也不一定要通过其组成人员的行为来实现。只要在企业的业务活动中出现了侵害法益的结果,即便不能确定是由谁的行为而造成的,或者能够确定行为人,但该行为是因企业自身的制度性缺陷或者不合理的政策所导致而难以对特定行为人追责,又或者企业犯罪场合下的自然人因为某种原因而不能被追责的就能够追究企业的刑事责任。换言之,在企业处罚与自然人处罚脱钩之后,企业犯罪就是企业自身犯罪的观念才真正得以确认。

总之,在工商业发达的现代社会中,且在单位无论是在国家宏观经济层面还是在个人生活层面均发挥着远超个人影响的现实背景之下,将单位业务过程中的危害行为认定为犯罪,是不得已而作出的一种选择。在现代法治国家,只要将单位犯罪规定在传统的自然人刑法之中,其认定和处罚就必然受制于传统的自然人刑法的规制和约束。具体来说,就我国的现实情况来看,要受到罪刑法定原则、刑法适用平等原则、罪责刑相适应原则及刑法中有关单位犯罪规定的限制是不言而喻的,也是在自然人刑法中规定单位犯罪所付出的必要代价。

涉案企业合规改革泛化的表现、原因与防范

——以企业合规典型案例为视点

周振杰*

涉案企业合规改革是贯彻习近平总书记提出的民营企业家要"在合法合规中提高企业竞争能力"①重要指示的具体法治举措，也是建设法治社会的必经路径，从适用案件的数量来看，已经初显成效②。但是，对于试点改革实践出现的泛化的现象，必须保持警惕，进行防范，以避免改革偏离法治轨道、违背原意。本文拟以最高人民检察院公布的涉案企业合规典型案例为基础，分析涉案企业合规改革泛化的表现、危害及其出现的原因，并尝试提出防范对策。

一、涉案企业合规改革泛化的表现与隐患

（一）具体表现

从最高人民检察院发布的企业合规典型案例来看，在涉案企业合规改革中出现了泛化现象，即在不符合企业合规目的的场合推动企业进行合规整改，并适用第三方监督评估机制，对企业进行监管，具体体现在如下三个方面。

第一，在涉案企业为被害人的案件中推动合规整改。涉案企业合规改革的目的，是帮助存在违法违规现象或者风险的企业改善内部治理，降低、消除风险隐患。但是，实践中却出现了要求被害企业进行合规整改的现象。例如，在《涉案企业合规典型案例（第三批）》公布的案例二"王某某泄露内幕信息、金某某内幕交易案"③中，被告人王某某在获知其担任董事会秘书的K公司就出售其全资子公司与C科技公司签署

---

* 北京师范大学暨安徽师范大学教授，中国刑法学研究会理事。

① 习近平：《在民营企业座谈会上的讲话》，载《人民日报》2018年11月2日，第2版。

② 参见薛应军：《最高检：涉案企业合规改革试点成效初显》，载《民主与法制时报》2022年7月29日，第1版。

③ 参见《涉案企业合规典型案例（第三批）》，载最高人民检察院官网，https://www.spp.gov.cn/spp/xwfbh/wsfbt/202208/t20220810_570413.shtml#2，2022年10月2日访问。

《收购意向协议》的内幕信息之后，两次向金某某泄露公司的重组计划与进程，后者利用该内幕信息进行股票交易。显而易见，本案涉及的犯罪纯系个人行为，与企业无关。事实上，因为王某某是K公司副总经理与董事会秘书，即使K公司的保密制度再完善，也无法阻止其获知该信息。但是，检察机关却对K公司发出《检察建议》，要求K公司进行专项整改，并积极适用第三方监督评估机制，监管K公司的合规整改。虽然检察机关"兼顾惩罚个人犯罪和保障民营企业合法权益、激励民营企业合规建设的双重目标"是正确的，但是要求被害企业进行整改，并以此为由对王某某进行从宽处罚缺乏规范依据与理论基础，因为即使K公司存在风险，也是被害的风险，而非违法的风险。

第二，在涉案企业未被追诉的案件中推动合规整改。与要求被害企业进行合规整改从宽处罚相似，改革试点泛化的另一体现是要求未被追诉的企业进行合规整改。例如，在第一批《企业合规改革试点典型案例》公布的案例三"王某某、林某某、刘某乙对非国家工作人员行贿案"①中，涉案公司Y科技公司的职工王某某、林某某以及刘某乙共谋，通过签订虚假采购合同，套出资金，用于向H公司的相关人员行贿。从案件事实与司法实践的逻辑出发②，王某某、林某某以及刘某乙明显是利用职务之便，为了Y科技公司的利益实施犯罪，本案应构成单位犯罪。但是，公安机关与检察机关均未将Y科技公司列为追诉对象。虽然检察机关"积极推动企业合规与依法适用不起诉相结合"的出发点是好的，尤其是在法院判决后，与Y科技公司签署合规监管协议，协助企业开展合规建设，但是缺乏规范基础。

第三，在涉案企业受胁迫实施犯罪的案件中推动合规整改。从改革的目的出发，合规整改应有助于涉案企业全面停止涉罪违规违法行为，也即应围绕违法行为以及造成其发生的风险展开。中华全国工商业联合会办公厅、最高人民检察院办公厅等部门2022年4月联合颁布的《涉案企业合规建设、评估和审查办法（试行）》第5条规定："涉案企业制定的专项合规计划，应当能够有效防止再次发生相同或者类似的违法犯罪行为。"但是，在改革试点中，存在要求犯罪原因并非内部治理缺陷，而是受胁迫等外部原因的企业进行合规整改的情况。例如，在第一批《企业合规改革试点典型案例》案例四"新泰市J公司等建筑企业串通投标系列案件"③中，J公司等六家建筑企业因为

---

① 参见《最高检发布企业合规改革试点典型案例》，载最高人民检察院官网，https://www.spp.gov.cn/spp/xwfbh/wsfbh/202106/t20210603_520232.shtml，2022年10月2日访问。

② 例如，《全国法院审理金融犯罪案件工作座谈会纪要》（法〔2001〕8号）规定，"单位的分支机构或者内设机构、部门实施犯罪行为的处理。以单位的分支机构或者内设机构、部门的名义实施犯罪，违法所得亦归分支机构或者内设机构、部门所有的，应认定为单位犯罪"。

③ 参见《最高检发布企业合规改革试点典型案例》，载最高人民检察院官网，https://www.spp.gov.cn/spp/xwfbh/wsfbh/202106/t20210603_520232.shtml，2022年10月2日访问。

被黑社会性质组织要挟而串通投标，标书、报价等都由黑社会性质组织一手操作。检察机关却向涉案的六家企业发出检察建议，要求“围绕所涉罪名及相关领域开展合规建设……从源头上避免再发生类似违法犯罪问题”。问题是，涉案罪行的源头，并非涉案企业内部治理存在问题，而是黑社会性质组织的外部压力。一方面，从涉案罪行无法看出企业内部治理存在何种风险；另一方面，无论企业的内部治理如何完善，也无法避免黑社会性质组织的胁迫。因此，要求涉案企业进行整改并对之进行监督并无事实基础。

（二）危害隐患

涉案企业合规改革的泛化，虽然客观上使具体涉案企业有所受益，但是从改革整体的角度来看，可能导致如下危害隐患。

第一，逾越罪刑法定原则。涉案企业合规改革以《刑事诉讼法》第 15 条规定的认罪认罚与第 177 条第 2 款规定的相对不起诉为规范基础。最高人民检察院 2021 年下发的《关于开展企业合规改革试点工作方案》指出，企业合规改革试点工作要“针对企业涉嫌具体犯罪，结合办案实际，督促涉案企业作出合规承诺并积极整改落实，促进企业合规守法经营”①。因此，涉案企业合规改革在程序层面应遵守无罪推定原则；在实体层面，当然应遵守罪刑法定原则。罪刑法定原则在《刑法》条文中的具体体现，是总则条文规定的犯罪概念以及分则条文规定的犯罪构成要件，包括犯罪主体要件。如果某一罪名并非单位犯罪，例如《刑法》第 135 条规定的重大劳动安全事故罪，或者虽然是单位犯罪，但是在具体案件中，并没有作为犯罪嫌疑人或者被告人进入刑事诉讼程序，在严格意义上就不能说“涉嫌犯罪”，当然也就不能成为涉案企业合规改革的适用对象。因此，推动被害企业或者没有被追诉的企业进行合规整改，有违反罪刑法定原则之虞。

第二，偏离合规改革的意图。最高人民检察院开展涉案企业合规改革，直接意图是积极贯彻落实“少捕慎诉慎押”的司法政策，通过有机结合企业犯罪治理与认罪认罚机制，督促企业改善内部治理；间接意图则在于通过推动企业改善内部治理，使之积极参与社会治理，助力实现国家治理体系与治理能力现代化②，在涉案企业未被追诉尤其是构成被害人的场合，推动涉案企业进行合规整改，无论是通过检察机关主导的方式还是第三方监督方式，都无法对企业适用认罪认罚机制，根据企业的合规整改情况，对个人进行从宽处理不但在逻辑上存在矛盾，而且会造成对企业和个人的“双不起诉”现

---

① 《最高检下发工作方案推进企业合规改革试点纵深发展》，载 12309 中国检察网，https://www.12309.gov.cn/llzw/jcyksjb/202104/t20210409_515290.shtml，2022 年 10 月 2 日访问。

② 参见徐化成：《涉案企业合规不起诉检察建议模式探析》，载《检察日报》2021 年 11 月 23 日，第 7 版。

象,引发"对企业合规不起诉公正性和正当性的质疑"①。进而,在企业未涉及犯罪的场合,介入企业经营,也有违法治原则。

第三,造成司法腐败隐患。如上所述,涉案企业合规改革以认罪认罚制度为基础。虽然自2018年修正《刑事诉讼法》以来,全国认罪认罚从宽案件的适用率以及检察机关量刑建议的采纳率逐步提高,但对于量刑建议仍然缺乏相应规范的约束和指引,存在"确定刑量刑建议标准不清晰、幅度刑量刑建议不规范及法院对不同类型量刑建议采纳程度各异等问题"②。在涉案企业合规改革试点中,对企业从宽的幅度应以合规整改的有效程度为基础,虽然第三方监督评估机制已经在全国范围内逐步建立起来,适用的案件也逾千件,但是对于有效程度的评估,尤其是企业的合规整改在多大程度上有效,以及如何与从宽幅度联系起来尚无明确的规则与标准,所以这一问题相对更加突出。例如,在《企业合规典型案例(第二批)》案例二"张家港S公司、睢某某销售假冒注册商标的商品案"③中,检察机关提前介入侦查,发出检察建议,公安机关作撤案处理。在第一批《企业合规改革试点典型案例》案例一"张家港市L公司、张某甲等人污染环境案"④中,检察机关通过邀请人民监督员等召开听证会,决定对涉案企业与个人不起诉,而在《企业合规典型案例(第二批)》案例六"海南文昌市S公司、翁某某掩饰、隐瞒犯罪所得案"⑤中,S公司、翁某均被认定为有罪,人民法院采纳了检察机关的轻缓量刑建议。在这三件典型案例中,虽然都是从宽处罚,但是差距非常大。合规整改的有效性程度是如何区分的,又是如何据之计算从宽幅度等问题,都难以在公开材料中找到答案。如此,尤其是在案件涉及公司企业数量较多的场合,例如《涉案企业合规典型案例(第三批)》案例四"广西陆川县23家矿山企业非法采矿案"⑥,同时推动数量众多的矿山企业进行合规整改,如果不能把从宽幅度与合规整改的有效性程度令人信服地关联起来,那么在缺乏具体规则与指引的情况下,将会给司法腐败留下空间。

二、涉案企业合规改革泛化的主要原因

涉案企业合规改革出现泛化的原因主要有如下三个方面。

---

① 李玉华:《企业合规本土化中的"双不起诉"》,载《法制与社会发展》2022年第1期。

② 杨炯:《认罪认罚从宽制度下量刑建议的精准化》,载《广东社会科学》2022年第3期。

③ 参见《企业合规典型案例(第二批)》,载最高人民检察院官网,https://www.spp.gov.cn/xwfbh/wsfbt/202112/t20221215_538815.shtml#2,2022年10月2日访问。

④ 参见《最高检发布企业合规改革试点典型案例》,载最高人民检察院官网,https://www.spp.gov.cn/spp/xwfbh/wsfbh/202106/t20210603_520232.shtml,2022年10月2日访问。

⑤ 参见《企业合规典型案例(第二批)》,载最高人民检察院官网,https://www.spp.gov.cn/xwfbh/wsfbt/202112/t20221215_538815.shtml#2,2022年10月2日访问。

⑥ 参见《涉案企业合规典型案例(第三批)》,载最高人民检察院官网,https://www.spp.gov.cn/xwfbh/wsfbt/202208/t20220810_570413.shtml#2,2022年10月2日访问。

第一,未严守合规整改的适用前提。最高人民检察院办公厅、中华全国工商业联合会办公厅等部门于2022年4月联合印发的《涉案企业合规建设、评估和审查办法(试行)》第1条第1款规定:"涉案企业合规建设,是指涉案企业针对与涉嫌犯罪有密切联系的合规风险,制定专项合规整改计划,完善企业治理结构,健全内部规章制度,形成有效合规管理体系的活动。"因此,企业合规整改应以"企业涉嫌犯罪"为前提。在实体法层面,可以认为"企业涉嫌犯罪"包括三层意思:其一,企业实施了《刑法》分则规定的单位犯罪,并且被刑事立案或者移送起诉。其二,企业实施了《刑法》分则规定的单位犯罪,但是并没有被刑事立案。其三,虽然企业是行为主体,但是《刑法》分则并没有将该行为规定为单位犯罪,当然也谈不上企业被刑事立案的问题。在程序法层面,只有第一种情况属于"企业涉嫌犯罪",也只有在这种情形下,检察机关可以对企业适用认罪认罚从宽制度,推动企业进行合规整改。典型案例表明,这一适用前提在改革试点实践中并没有得到遵守。

第二,未分离企业责任与个人责任。涉案企业合规改革虽然在刑事诉讼程序中首先展开,但是不能脱离刑事实体法的规定,须立足于责任原则。从英国、美国、法国、意大利以及墨西哥等国的规范性文件来看,企业合规在刑法中的立足点,是企业责任与个人责任的二元化,包括构成要素的二元化与判断逻辑的二元化。前者是指在认为责任年龄、能力、故意、过失以及期待可能性仍然是个人责任构成要素的同时,将企业的组织管理、经营活动的合规情况作为企业责任的判断基础;后者则是指在企业犯罪的场合,沿着不同于个人犯罪场合的从构成要件到违法性再到责任的判断逻辑,采纳相对客观的判断逻辑,即首先判断行为、结果的违法性,其次判断合规治理的有效情况与违法行为、结果与合规治理缺陷之间的因果关系,最后再据之推定企业责任。[①] 目前,虽然涉案企业合规改革试点已经在全国范围内展开,但是在司法实践中,企业责任与个人责任并没有分离,这也是造成"双不起诉"现象的主要原因。[②]

第三,未建立有效性评估等级规则。避免"纸面合规",将合规整改落到实处是涉案企业合规改革试点取得成效的关键,就如官方所言,"只有实现第三方监督评估的实质化专业化,企业合规改革才能真正取得成功"[③],因此"对于'假合规'、整改不合格或者经评估、审查无效的,坚决从严追究责任"[④]。但目前的各类相关文件,除有效、无效之外,并没有就如何在有效的前提下进行分层或者分级,如何建议公安机关作撤案处理、决定不起诉,以及如何在建议免除处罚、减轻处罚或者宣告缓刑的选择之间建立关联予以规定,从正面来讲,这为检察机关留下了充分的裁量空间;从反面而言,则是留

① 参见周振杰:《涉案企业合规刑法立法建议与论证》,载《中国刑事法杂志》2022年第3期。

② 参见李玉华:《企业合规本土化中的"双不起诉"》,载《法制与社会发展》2022年第1期。

③ 社评:《抓实第三方监督评估,杜绝"纸面合规"》,载《检察日报》2021年12月20日,第1版。

④ 张璁:《把准适用条件 促进守法经营》,载《人民日报》2022年7月14日,第14版。

下了较大的人为空间。

三、涉案企业合规改革泛化的防范对策

从上述原因来看,解决目前的泛化现象,目前亟须在如下三方面采取措施。

(一)严格解释"涉案企业"

根据《涉案企业合规建设、评估和审查办法(试行)》第20条的规定,企业合规改革试点的适用对象是"涉案企业",即涉嫌单位犯罪的企业,或者实际控制人、经营管理人员、关键技术人员等涉嫌实施与生产经营活动密切相关犯罪的企业。如果仅仅从字面理解这一定义,那么在"王某某泄露内幕信息、金某某内幕交易案"与"王某某、林某某、刘某乙对非国家工作人员行贿案"中,推动相应企业进行合规整改、适用第三方监督评估机制也不无道理。但是,如上所述,涉案企业合规改革是在刑事诉讼程序中展开的,故应结合罪刑法定原则的精神与要求以及改革的意图对"涉案企业"进行严格解释。

具体而言,应明确规定,此处的"涉案企业"须符合如下三个条件:①案中涉嫌的罪名是《刑法》分则条文规定的单位犯罪,因为如果并非单位犯罪罪名,则涉案企业不构成犯罪主体,不应成为强制或者半强制措施的适用对象。②案中的企业作为犯罪嫌疑人被立案侦查或者被移送起诉,即已经进入刑事诉讼程序,唯有如此,才能对之适用认罪认罚从宽或者提出轻缓量刑建议,就如《涉案企业合规建设、评估和审查办法(试行)》第3条所要求的:"涉案企业应全面停止涉罪违规违法行为,退缴违规违法所得,补缴税款和滞纳金并缴纳相关罚款,全力配合有关主管机关、公安机关、检察机关及第三方组织的相关工作。"③企业内部治理存在缺陷,而且与案中行为之间存在因果关系,如此,才能根据《涉案企业合规建设、评估和审查办法(试行)》第1条"对与涉嫌犯罪有密切联系的合规风险,制定专项合规整改计划,完善企业治理结构"的要求,有的放矢地提出检察建议。

对于不符合上述条件的"涉案企业",在必要情况下,检察机关可以发出检察建议,指出企业内部存在的风险,并提出整改的方向甚至具体建议,但是不应对之适用第三方监督评估机制,而应充分尊重企业的自由意愿与选择。

(二)分离企业责任与个人责任

如上所述,在当前司法实践中,认定企业责任以个人责任为媒介,与以代理责任与等同原则为基础的一元路径并无二致,而从国外的实践来看,有效开展企业合规以企业责任与个人责任二元化为前提与保证。一元路径与二元路径在对企业犯罪本质、企业行为的违法性判断、企业刑事责任本质、刑罚目的及其实现方式,以及企业犯罪预防

责任分配等方面的认知都存在差异。① 因此,进一步推动涉案企业合规改革,充分发挥企业合规的效用,需要贯彻二元路径,分离企业责任与个人责任。同时需指出的是,贯彻二元路径,在为企业主动开展内部合规治理提供更大动力的同时,可以减轻检察机关的证明责任,这也是企业合规能够在十余年的时间内,在全球形成潮流的原因之一。②

因为《刑法》总则第 14 条与第 15 条将认识行为社会危害的可能性规定为故意、过失的构成要素,而这种可能性依赖于自然人的认知能力,所以分离个人责任与企业责任,须从改革《刑法》总则第 14 条与第 15 条的规定开始,在将有效合规治理规定为企业故意、过失判断基础的同时,增设企业缓刑等制度,为在审判阶段适用企业合规奠定规范基础,为企业展开合规治理提供充分的时间。③

(三)建立有效评估的等级原则

涉案企业合规改革以认罪认罚制度为基础。2019 年 10 月最高人民检察院、最高人民法院、公安部、国家安全部、司法部《关于适用认罪认罚从宽制度的指导意见》仅就如何从宽进行了原则性规定,即“办理认罪认罚案件,应当依照刑法、刑事诉讼法的基本原则,根据犯罪的事实、性质、情节和对社会的危害程度,结合法定、酌定的量刑情节,综合考虑认罪认罚的具体情况,依法决定是否从宽、如何从宽”。《涉案企业合规建设、评估和审查办法(试行)》第 2 条也仅规定“对于涉案企业合规建设经评估符合有效性标准的,人民检察院可以参考评估结论依法作出不批准逮捕、变更强制措施、不起诉的决定,提出从宽处罚的量刑建议,或者向有关主管机关提出从宽处罚、处分的检察意见”,二者都没有具体规定如何根据合规治理的有效情况对企业进行从宽处罚。如上所述,在当前的改革试点中,从宽的幅度从建议撤案处理到建议宣告缓刑,差距非常大,因此需要建立起有效评估的等级原则,并将之与从宽的幅度关联起来,在有效性评估与从宽之间建立起一个对应阶梯。

对合规计划的有效性进行评分或者根据实施情况对企业责任进行分级,然后据之决定如何对涉罪企业从宽是许多国家的选择。美国量刑委员会于 1991 年颁布的《联邦组织量刑指南》第 8C2. 5 条规定,在对被告企业决定罚金数额之际,首先,计算其罪责分数。具体方法是,以 5 分为基础罪责分,然后根据同条规定的情形进行加减,计算

---

① 参见周振杰:《企业刑事责任二元模式研究》,载《环球法律评论》2015 年第 6 期。

② See Gustavo A. Jimenez, Corporate Criminal Liability: Toward a Compliance-Orientated Approach, 26 Indiana Journal of Global Legal Studies 353(2019).

③ 详细立法改革建议与论证,参见周振杰:《涉案企业合规刑法立法建议与论证》,载《中国刑事法杂志》2022 年第 3 期。

最后得分。然后,根据罪责分数计算罚金数额。① 英国量刑委员会于 2014 年颁布的《欺诈、贿赂与洗钱犯罪量刑指南》则将商业组织的责任分为高、中、低三级,法官在量刑之际,首先根据其合规情况等确定责任等级,然后根据责任等级确定罚金数额。②

为了提高涉案企业合规改革的公众认同度,同时为第三方监督评估组织与检察机关提供具体的指导,建议检察机关与第三方监督评估机制管理委员会共同制定规则,将第三方监督评估组织对具体企业的合规整改评估结论分为两类:有效的与无效的。在有效的评估结论内部,划分相应的等级,例如优秀、良好、一般或者高、中、低。同时,将从宽的具体选择与相应等级关联起来,例如,评估结论为优秀或者高的,可以建议撤案、决定不起诉;评估结论为良好或者中的,可以建议从轻或者减轻处罚;评估结论为一般或者低的,可以建议从轻处罚、宣告缓刑。

四、结语

涉案企业合规改革试点既是改善企业犯罪治理、提高企业竞争力的重要举措,也是推进国家治理体系与治理能力现代化的必经之路。当前的改革试点取得的成效是令人鼓舞的,但是其泛化的问题也值得警惕。在后续的具体实践中,需要明确合规整改的前提是企业涉嫌犯罪,分离企业责任与个人责任,建立起合规整改有效评估的等级规则并将之与从宽处罚的幅度相关联,为推动涉案企业合规的深入以及可能的立法改革奠定基础。

---

① See Annotated 2021 Chapter 8, Chapter Eight-Sentencing of Organizations, accessed Jul. 8, 2023, https://www.ussc.gov/guidelines/2021-guidelines-manual/annotated-2021-chapter-8.

② See Sentencing Commission, Corporate Offenders: Fraud, Bribery and Money Laundering, accessed Jul. 8, 2023, https://www.sentencingcouncil.org.uk/offences/crown-court/item/corporate-offenders-fraud-bribery-and-money-laundering/.

涉案企业合规改革对单位犯罪制度的反思与重塑

吴峤滨[*]　张高媛[**]

实践决定认识,理论因时而变。单位犯罪理论随着社会主义市场经济体制的建立而出现,也要在市场经济中逐步完善。1979 年计划经济体制下,由政府对生产资料和消费事先作出分配计划,特定团体并无为自身谋取利益的空间,因此彼时刑法的犯罪主体只规定了自然人。随着市场经济的发展,公司、企业的逐利性决定其可能会为了谋取自身更大利益而不惜铤而走险,违反规则,产生特定团体利益与社会公共利益的冲突,造成社会危害。因此 1997 年《刑法》正式明确了单位这一犯罪主体概念,这在当时也产生了积极的规制效果。在市场经济日益活跃的当下,外资企业、个体工商户、合伙企业等各种类型民营企业大量出现,丰富了单位的含义,但也暴露出刑法保护的不完整、不平等,无法起到良好的犯罪预防效果,单位犯罪立法碎片化问题愈加明显。

"企业只有依法合规经营才能行稳致远。"为深入贯彻习近平总书记重要指示精神和党中央重大决策部署,做实对各类企业平等保护,从根源上化解企业刑事犯罪风险,更好规范经营、合规管理,最高人民检察院创新开展涉案企业合规改革试点。2020 年 3 月在 4 个省份 6 个基层检察院开展改革初步试点;2021 年 3 月在 10 个省市开展第二期改革试点,范围扩展到 62 个市级院、387 个基层院;2022 年 4 月在全国范围全面推开涉案企业合规改革试点工作。这既是综合运用经济、行政、刑事等手段办好案件,营造安商惠企法治化营商环境,促进企业规范发展的助力器,更是推动刑法相关规定适应现代企业制度的催化剂。

一、制度缺陷:单位犯罪的司法困境

随着涉案企业合规改革的深入推进,传统单位犯罪理论存在的不足逐渐暴露。例

* 最高人民检察院法律政策研究室法律应用研究处处长,中国刑法学研究会理事。

** 最高人民检察院法律政策研究室法律应用研究处干部。

如有学者认为,单位意志的形成受多种因素的影响,实践中难以认定①;又如单位犯罪制裁方式过于单一,显得难堪犯罪预防重任②。单位犯罪的相关规定与现实存在脱节,不能满足经济社会发展特别是法治化的现实需求。总体来看,除了理论界常提到的上述两大不足,单位犯罪还存在以下几个司法困境亟须完善。

(一)单位的概念在刑法体系中"人格分裂"

《刑法》中对单位犯罪的整体性规定仅包括第30条和第31条,规定了单位负刑事责任的范围及单位犯罪的处罚原则,却回避了"何为单位"这一基础性问题,并未给出"单位"的具体概念和判断标准。实践中逐渐形成是否有个人独立财产、对外能否以个人名义等条件,但这些条件是全部满足还是择其一满足即可认定为单位,存在认识上的分歧,导致"单位"一词包罗万象,并且在不同体系位置下包含的主体范围不尽相同,无法做到解释的统一。

实践中承担刑事责任的主体并不限于《刑法》第30条规定的五类。例如,最高人民法院、最高人民检察院《关于办理商业贿赂刑事案件适用法律若干问题的意见》第2条规定:"刑法第一百六十三条、第一百六十四条规定的'其他单位',既包括事业单位、社会团体、村民委员会、居民委员会、村民小组等常设性的组织……"此处的"其他单位"是接受贿赂的一方,但是《刑法》第164条第3款同时规定了"单位犯前两款罪",两罪的犯罪主体即进行贿赂的一方,该款进行贿赂的"单位"与前述接受贿赂的"其他单位"概念范围是否一致?如果一致,司法解释列举的这些常设性组织又如何归入第30条的作为犯罪主体的单位范围?不管是立法本身还是司法实践,负刑事责任的单位范围绝不仅限于总则规定的这五类主体,分则中为了涵盖的全面性大多增加"其他单位"的表述,不仅超出了总则第30条的范围,也给实践中认定哪些是单位带来困扰。

此外,单位除了可以作为犯罪主体,还可能成为利益受损的被害主体,典型的体现是《刑法》第271条"职务侵占罪",法条表述为"公司、企业或者其他单位的工作人员,利用职务上的便利,将本单位财物非法占为己有"。2011年最高人民法院研究室《关于个人独资企业员工能否成为职务侵占罪主体问题的复函》中明确讲道,"刑法第三十条规定的单位犯罪的'单位'与刑法第二百七十一条第一款职务侵占罪的单位概念不尽一致,前者是指作为犯罪主体应当追究刑事责任的'单位',后者是指财产被侵害需要刑法保护的'单位'"。独资企业因无独立财产、个人与企业行为的界限难以区分,不能成为犯罪主体(不是单位),但单位内工作人员仍然可能利用职务便利侵害独资企业财产,因此独资企业又可以成为被害主体(是单位)。到底"单位"这一概念下包

① 参见李玉华:《企业合规本土化中的"双不起诉"》,载《法制与社会发展》2022年第1期。

② 参见孙国祥:《涉案企业合规改革与刑法修正》,载《中国刑事法杂志》2022年第3期。

含哪些主体,哪些适用于此罪不适用于彼罪,哪些适用于被害主体不适用于犯罪主体,缺乏统一标准说明。

(二)单位犯罪被立法解释架空后“名存实亡”

实践中认定成立单位犯罪,往往是以单位名义、集体意志、利益归属三个要件进行判断,但集体意志这一主观因素并不容易认定。中小微企业的单位意志往往呈现与自然人意志“合一”的现象,而越是组织化运作程度高的大企业,越是具有较为规范的决策机制,但一些违法犯罪行为可能是在业务活动中形成的口口相传的惯例式做法,并不需要领导集体决定实施犯罪行为。① 能否认定为单位犯罪可能受到单位规模的影响,在没有确凿证据时,往往会将责任归咎于个人,导致单位犯罪认定上的随意化。

从《刑法》分则的立法现状来看,刑法对单位犯罪的处罚范围是有限的,有一些犯罪行为由单位实施明明是可能存在的,但法律并未对单位施加守法的义务。如2002年最高人民检察院《关于单位有关人员组织实施盗窃行为如何适用法律问题的批复》指出,单位有关人员为谋取单位利益组织实施盗窃行为,情节严重的,追究直接责任人员的刑事责任。立法的不完整还特别体现在企业未尽到监管义务的过失犯罪中,如重大劳动安全事故罪等,只规定了对自然人的处罚。② 另外,司法解释对成立单位犯罪作出了更为严格的限制,如为进行违法犯罪活动设立的单位,或者设立后以实施犯罪为主要活动的,不以单位犯罪论处。种种限制条件使得单位犯罪成立的空间很小。

2014年,《全国人民代表大会常务委员会关于〈中华人民共和国刑法〉第三十条的解释》出台,规定单位实施的危害社会的行为,但法律没有规定为单位犯罪的,可以直接追究组织、策划、实施行为人的刑事责任。这样的规定,既肯定了单位可以实施不限于刑法明确规定的危害社会的行为,又同时以单罚制的方式避免了单位本身承担责任,这不符合责任主义的要求。退一步讲,既然单位和自然人的责任追究可以分离,且只要是犯罪行为就有自然人承担责任,单位在部分情况下不需要对自己的行为负责,那么立法仍然规定了单位犯罪的意义似乎就不那么明显。这种矛盾的做法是在单位犯罪立法碎片化背景下的妥协之举,却反映出我们对“为何要惩罚单位”这一问题无法给出明确回答。

(三)双罚和单罚的标准“莫衷一是”

对单位犯罪有双罚制和单罚制两种追责方式,双罚制是我国绝大多数单位犯罪的处罚原则,即同时追究单位和责任人的刑事责任,单罚制意味着不追究单位的刑事责任,只追究直接负责的主管人员和其他直接责任人员的刑事责任,迄今为止,我国刑法

---

① 参见李玉华:《企业合规本土化中国的“双不起诉”》,载《法制与社会发展》2022年第1期。

② 参见蔡仙:《论企业合规的刑法激励制度》,载《法律科学(西北政法大学学报)》2021年第5期。

仅规定了10个单罚制罪名。既然刑法没有对单位规定刑罚后果,那么可以说单罚制的单位犯罪其实并不是“单位”犯罪。但问题在于,为何要作出这样的区分?单位不构成犯罪的理由又是什么?刑法无法给出合理的解释。

根据立法原意,刑法设立单罚制主要有三种情形:一是以单位名义实施犯罪,但并非为本单位谋取利益,如私分国有资产罪、私分罚没财物罪;二是仅将行为主体表述为单位,如工程重大安全事故罪;三是处罚单位会损害大量无辜第三人的利益,如违规披露、不披露重要信息罪。① 如果说第一种情形,单位并未因犯罪行为而牟利,仅仅是组织体成员假借单位名义的个人犯罪行为尚可以接受,但第二种情形下,法条表述就已经强调是单位违反了国家规定,降低工程质量标准,却要组织体成员独自“背锅”。第三种情形更涉及与行政法的衔接,相较于2014年《证券法》,2019年新修订的《证券法》对违规披露、不披露信息的行为大幅加大了处罚力度,对作为信息披露人的上市公司最高可处以1000万元的罚款。罚款与罚金的性质类似,都是针对企业的逐利性施加的经济制裁措施。但对违规披露、不披露信息的行为,设置了如此严厉的行政处罚,而刑法却以避免施加过重经济制裁影响无辜者利益为由宽宥单位的犯罪行为,不再规定罚金刑,造成行刑“倒挂”现象,让人难以理解,这一罪名采取单罚制的理由似乎不能令人信服。

二、破局之法:涉案企业合规改革的重大意义

自2020年开展涉案企业合规改革初步试点,到2022年4月在全国检察机关全面推开涉案企业合规改革试点工作,两年多来的实践为单位犯罪理论的发展完善提供了新思路。

(一)合规改革推动对单位概念的“迭代”

刑法中的“单位”概念过于笼统和粗糙,与前置法的对话总是不能“同频共振”。刑法期待以一个整体性概念将民事主体全部包含在内,但民事主体之间总是存在细微差别。例如,“企业”一词的概念范围较广、类型多样,有的是营利法人,自然人与企业的责任分割相对较为清晰;而有的诸如个人独资企业、合伙企业则是非法人组织,出资人或者设立人承担无限责任,其虽依法也可以自己的名义从事民事活动,但是自然人与企业的行为界限并不明显。

《刑法》第30条规定的单位犯罪主体为“公司、企业、事业单位、机关、团体”,分则中有一些罪名加入了“其他单位”的表述,但大部分的犯罪行为针对的是仍然是公司、

① 参见陈瑞华:《企业合规不起诉改革的八大争议问题》,载《中国法律评论》2021年第4期。

企业这两类主体。《民法典》颁布后,民事主体被分为自然人、法人和非法人组织,其中营利法人成立的目的是通过生产经营活动取得利润并分配给股东等出资人,这类法人是刑法中单位犯罪的“主角”;非营利法人不向出资人、设立人或者会员分配所取得的利润,包括事业单位、社会团体等;特别法人包括机关法人、农村集体经济组织法人、城镇农村的合作经济组织法人、基层群众性自治组织法人;非法人组织不具有法人资格,能以自己的名义从事民事活动。

如今在企业合规改革的推动下,面对单位犯罪时,我们会更加关注相关公司、企业成立的目的,从其逐利性的本质特征入手进行犯罪规制。依据最高人民检察院发布的相关规范性文件,涉案企业是指涉嫌单位犯罪的企业,或者实际控制人、经营管理人员、关键技术人员等涉嫌实施与生产经营活动密切相关犯罪的企业。开展涉案企业合规的条件包括:一是涉案企业、个人认罪认罚;二是涉案企业能够正常生产经营,承诺建立或完善合规制度;三是涉案企业自愿适用第三方机制。可见,合规的核心关注点是企业的生产经营情况,主要适用对象是以营利为目的的法人,这类主体在法律和经济上具有独立性,承担着社会责任,为经济发展贡献着不可或缺的力量,同时也因其逐利性而成为犯罪行为的高发“群体”。那么未来单位犯罪的迭代升级,应该区分不同犯罪行为类型,涉生产经营类犯罪朝向法人犯罪的方向,特别是以规制营利法人为重点,以使其在法治的轨道上追逐利益、承担责任;涉腐败类犯罪则可以将营利法人、非营利法人、特别法人纳入进来;非法人组织与组织体成员捆绑程度较高,直接对自然人进行处罚也可以达到规制效果。

(二)合规改革推动对认定单位犯罪的“溯源”

单位犯罪的组织体成员量刑通常会轻于同等条件下的一般自然人犯罪的量刑,因此辩护律师常常费尽心思寻找成立单位犯罪的证据,但由于单位犯罪的构成要件不够清晰、难以操作,加之全国人大常委会法工委立法解释的影响,辩护律师的努力往往成为“一厢情愿”。

忽视认定单位的犯罪行为,仅处罚个别组织体成员,导致根植于企业内部的犯罪土壤未被铲除,特别是那些已经形成类似于惯例的做法未被改正,刑罚所起到的犯罪预防作用并不明显,那么企业迟早可以用“更换马甲”的方式再行违法犯罪之实。在涉案企业合规改革过程中,我们逐渐开始对“为何要惩罚单位”这一问题追根溯源,单位犯罪的归责原理也经历了从个人责任论到组织体责任论的嬗变。具有“犯罪基因”的单位会形成不良经营环境,个人身在其中容易被诱导、驱使,因此惩罚不应由个人独自承担。特别是涉及生产经营类犯罪的,检察机关要考量企业是否满足开展合规的条件,首先必须区分是单位实施犯罪行为还是内部成员自行实施的犯罪,能否追加起诉单位主体。合规整改完成后,要实质考察单位内部的政策、管理制度、层级结构、对内部成员的教育及规范、对违法行为的处理态度等①,以形成是否依然有必要起诉单位的结论。检察机关实质审查企业行为更有动力,是依法能动履职、溯源治理的体现,从而达到犯罪预防的效果。

(三)合规改革推动对单位及成员责任的"细分"

在单位犯罪的双罚制影响下,公安机关移送审查起诉的单位犯罪案件,检察机关基本不需要对其中的单位责任和自然人责任作分割处理,只要审查清楚事实证据,全部进行起诉即可。但刑法之所以区分了两类主体,正是因为企业等组织有着与自然人显著不同的犯罪原因、行为表现及预防路径。企业犯罪除了外部社会环境、经济形势等宏观因素,主要由于企业内部缺乏有效的控制和预防机制,尚未形成完善的法治文化,而这些内部因素具有一定的可塑性。② 因此,对企业与组织体成员进行责任分割是承认企业作为市场主体的独立性,也更符合现代企业制度的导向。

由于要对企业开展合规整改需要花费一定的时间,但办案期限不能无限延长,从诉讼便利原则出发,相关规定明确检察机关可以对涉案企业和相关人员分案处理,根据企业和成员的责任依法分别作出处理决定或者提出量刑建议。这也"倒逼"检察机关实事求是,在实践中灵活掌握处理,对单位责任和组织体成员责任进行精细划分。例如在"江苏 F 公司、严某某、王某某提供虚假证明文件案"③中,涉案企业积极配合对内部治理结构、规章制度、监督管理等问题开展合规整改,经考察合格后检察机关依法作出不起诉决定;但涉案企业责任人确有重大过错,不符合相对不起诉的条件,检察机关依法起诉予以惩处。

(四)合规改革推动对单位犯罪社会治理的"治本"

涉案企业合规改革,不仅能在个案中取得良好的办案效果,更有利于促进解决源头性、基础性问题。《涉案企业合规建设、评估和审查办法(试行)》中规定,对与涉案企业存在关联合规风险或者由类案暴露出合规风险的企业,负责办理案件的人民检察院可以对其提出合规整改的检察建议。过去检察机关在办理单位犯罪案件时仅仅针对个案,只需要思考如何对犯罪的单位作出正确审查起诉结论。而在合规改革以后,检察办案逐渐呈现出从个案办理到类案治理的趋势,检察机关在办理某一案件时,发现与之相关联的公司也存在类似的治理模式,或者某一行业长期存在此种违法犯罪的潜规则,则可以对其他企业乃至整个行业提出检察建议、进行法治宣传,从而努力实现"办理一个案件、形成一个合规标准、规范一个行业"的良好效果。从 2017 年到 2020

① 参见黎宏:《合规计划与企业刑事责任》,载《法学杂志》2019 年第 9 期。

② 参见赵赤:《深化企业刑事合规 推进单位犯罪预防转型》,载《检察日报》2021 年 10 月 8 日,第 3 版。

③ 参见《涉案企业合规典型案例(第三批)》,载最高人民检察院官网,http://www.spp.gov.cn/xwfbh/wsfbt/202208/t20220810_570413.shtml#2,2023 年 8 月 15 日访问。

年,全国检察机关起诉单位犯罪案件数量呈逐年递增态势,2021 年明显下降,合规改革在预防企业再犯、警示教育等方面的治理成效不断凸显。比如,在“上海 Z 公司、陈某某等人非法获取计算机信息系统数据案”①中,涉案企业在数据合规方面存在的漏洞可能是区域内互联网科创企业普遍存在的问题,因此检察机关在多措并举保障 Z 公司有效推进合规整改之余,通过检察建议、法治宣传等方式,深入涉案企业所在园区引导广大互联网企业树立数据合规意识。

三、未来展望:推动建立中国特色涉案企业合规司法制度

从 2020 年的第一批试点,到 2022 年的全面推开,涉案企业合规改革在实践中不断完善。近日,《中共中央、国务院关于促进民营经济发展壮大的意见》明确要求,深化涉案企业合规改革。然而,任何改革都不是一蹴而就、一帆风顺的,而是融试错、纠偏、定向为一体的摸索式前行。通过前期试点工作,也发现一些问题和困难,主要是由于刑事激励措施缺乏配套法律制度支撑,改革红利难以充分释放,因此刑事实体法方面有必要对单位犯罪制度作出系统性修改,以推动建立中国特色涉案企业合规司法制度。

一是对《刑法》第 30 条关于单位负刑事责任的范围进行修改,完善单位犯罪的认定标准。一种方案是将《刑法》第 30 条修改为:“以单位名义、为单位利益实施危害社会的行为,公司、企业、事业单位、机关、团体未充分履行合规管理义务,法律规定为单位犯罪的,应当负刑事责任。依照本款规定不构成单位犯罪的,直接负责的主管人员和其他直接责任人员的刑事责任依照自然人犯罪处理。”另一种方案是在《刑法》第 30 条增设一款,作为第二款:“依照前款规定,单位对预防犯罪发生进行有效合规管理的,单位不负刑事责任。依照本款规定不构成单位犯罪的,直接负责的主管人员和其他直接责任人员的刑事责任依照自然人犯罪处理。”主要考虑的是:司法实践中,司法机关主要是根据直接责任人员的行为和罪错推定单位的行为和罪错,导致难以从单位自身的政策、规章、制度、行为规范等方面独立确定单位的犯罪意志及其意图等。上述两种方案采用组织体责任论,将单位的刑事归责建立在其单位内部治理和经营方式上,为单位犯罪确立合理的归责基础。

二是建议对《刑法》第 31 条关于单位犯罪的处罚原则进行修改,将合规整改作为法定从宽量刑情节以及单位、责任人分离处罚原则。建议在《刑法》第 31 条中增设一款,作为第二款:“单位已履行合规管理义务的,可以从轻、减轻或者免除处罚。依照本款规定对单位的处罚,不影响直接负责的主管人员和其他直接责任人员的刑事责

---

① 参见《涉案企业合规典型案例(第三批)》,载最高人民检察院官网,http://www.spp.gov.cn/xwfbh/wsfbt/202208/t20220810_570413.shtml#2,2023 年 8 月 10 日访问。

任。本法和其他法律另有规定的,依照其规定。"主要考虑的是:我国刑法中的单位犯罪绝大多数采用双罚制,同时追究单位和直接责任人的刑事责任。因此涉案企业合规改革试点中,如何准确区分单位责任和个人责任具有现实意义。通过修改《刑法》将单位责任和责任人员责任适当分离,使得司法机关可以结合单位履行合规义务的情况对其从宽处理,单独追究直接责任人员的刑事责任,为分案处理提供实体法依据。

党的二十大报告指出:"问题是时代的声音,回答并指导解决问题是理论的根本任务。"前期涉案企业合规改革的探索历程,充分体现了用改革的办法解决发展中的难题这一思路,而不是用发展中的问题来否定改革本身。涉案企业合规改革对传统单位犯罪理论产生冲击,恰好成为我们反思理论是否还能跟上时代步伐继续指导实践的良好契机。下一步,合规改革的纵深推进更离不开理论的支持,二者相互促进、共同完善,从立法层面对这一制度作出整体设计,才是依法依规推进改革的必然发展路径。

刑事合规视野下企业犯罪治理理念的革新与贯彻

彭新林* 叶子涵**

一、我国传统企业犯罪治理理念审视与反思

企业犯罪治理是犯罪治理的重要组成部分，如何科学有效地治理企业犯罪，直接关系到企业的健康成长和犯罪治理的成效。理念是行动的先导，只有践行科学的民营企业犯罪治理理念，才能正确、有效开展企业犯罪治理。从企业犯罪治理实践看，长期以来，我国企业犯罪治理践行的是"外部规制、事后追惩"的传统治理理念，即单向依靠国家力量对企业进行外部监督、在企业犯罪发生后又倚重刑罚手段对企业犯罪追责。应当说，传统企业犯罪治理理念存在较为明显的局限性，最主要的是对企业作为自身犯罪"最佳预防者"角色的忽视，使得国家在治理企业犯罪中处于"孤掌难鸣"的境地，这样不仅企业犯罪治理效率低下，而且无助于从根本上完善企业治理结构、消除企业经营过程中的致罪性因素。

传统的企业犯罪治理理念之所以难以发挥预防企业犯罪、引导企业健康可持续发展的功能，原因无疑是多方面的，择其要者：首先，很多民营企业不具备完善的企业治理结构。由于企业在发展过程中过于侧重生产经营而轻视刑事风险防控，缺乏有力有效的刑事风险防控机制，使得企业内部守法文化淡漠、普遍缺乏犯罪告发机制，更难言对企业违法犯罪行为进行有效预防和监管。其次，刑事合规激励机制的立法缺位，使得企业缺乏自主合规的动力。出于市场主体的天然逐利性，成本与收益永远是企业关注的核心。虽然违规经营会引发针对企业的法律制裁，但相对于企业与生俱来的追求利益最大化的强烈动因与违规经营获取的暴利，相关法律制裁特别是民事、行政制裁，很难让企业感受到"切肤之痛"，于是在"高成本合规"与"低代价违规"的权衡面前，企业往往会选择后者，而对自身的刑事风险隐患有意忽视。最后，目前我国单位犯罪刑事归责模式存在一定缺陷。传统的单位犯罪刑事归责依附于对单位内部自然人的刑事归责，并且采取"双罚制"为原则的处罚原则。在传统单

---

* 北京师范大学法学院党委委员，教授。

** 北京师范大学法学院刑法学博士生。

位犯罪刑事归责模式之下,即使对单位的相关责任人员予以严厉惩罚,也难以减少单位内部致罪因素的滋生,而且可能反向刺激单位犯罪。比如,在单位犯罪的情况下,单位可以通过牺牲相关责任人员而转移刑事风险,从而将单位责任转嫁给单位内部自然人。换言之,"真正承受惩罚的却是法人组织中的相关自然人,丝毫不能产生促使法人组织采取切实整改措施、防止再犯的组织改善功能,其结果只能是造成法人组织继续犯罪的恶性循环"①。正是如此,在企业合规改革的时代大背景下,顺应时代发展要求,及时革新企业犯罪治理理念尤为必要,这不仅有利于优化企业治理结构、更能有效治理企业犯罪,而且对于预防和化解企业刑事风险、优化法治化的营商环境具有重大现实意义。

二、刑事合规之于企业犯罪治理理念革新的意义

所谓刑事合规,从企业层面来看,是指企业通过在内部建立起有效的刑事合规体系,从而规范自己的经营管理行为,从根本上防控刑事法律风险;从国家层面来看,则是司法机关根据企业自身对于刑事合规建设的努力程度,在企业涉嫌犯罪时给予其减轻或者免除处罚的刑事合规奖励,激发企业的自主合规动力。概言之,通过刑事合规将企业是否履行合规经营的社会责任与企业及其负责人的法律责任直接联系起来,以激励企业自主预防犯罪(避免刑事风险),即"防控组织刑事风险,以换取刑事法上的合规激励"②。

对于企业来说,构建有效的刑事合规体系,不仅可以改善企业的经营模式和治理结构,而且能主动消除企业内部的致罪因素,有效防范企业在经营过程中面临的刑事风险,从而让企业实现可持续健康发展。详言之,一方面,企业刑事合规体系的构建及践行,能够改善企业的经营理念,在企业内部形成依法经营的企业合规文化,减少企业内部员工的犯罪机会,从而提升企业的对外形象和声誉,吸引更多的客户和投资者,使企业获得更大的竞争优势。③ 另一方面,刑事合规的过程也就是企业建立健全合规体系、消除自身犯罪诱因与条件的过程。有效的刑事合规体系,能将企业责任与员工责任、客户责任进行合理切割,有效防范企业经营管理中的刑事风险,从而最大限度地减少对企业的冲击和损害。

对国家来说,首先,刑事合规体系的建立可以大大减少国家对企业的监管成本。企业犯罪具有较强的隐蔽性和复杂性,如果没有企业的主动配合,执法部门对企业违

① 张远煌:《刑事合规是"共赢"理念在企业治理中的体现》,载《检察日报》2021 年 8 月 31 日,第 3 版。

② 孙国祥:《刑事合规的理念、机能和中国的构建》,载《中国刑事法杂志》2019 年第 2 期。

③ 参见陈瑞华:《论企业合规的基本价值》,载《法学论坛》2021 年第 6 期。

法犯罪行为的调查,通常都要投入巨大的调查成本,极易造成执法效率低下。而若建立了有效刑事合规体系,企业为寻求减免处罚,一般都会配合执法机关调查,主动披露案件信息,并接受执法部门的监督。[①] 长此以往,将极大地减轻国家的监管负担,促使原来的外部监管转变为对企业自我监管的激励和奖励,从而激发企业自我监管、自我整改的活力,改变国家查处企业犯罪"单打独斗"的局面,实现刑法从外部监督向内部监管的转移,让企业从被动预防转向主动预防。其次,创设刑事合规及其激励机制,有助于改革完善我国传统的企业犯罪刑事归责模式,改变我国目前企业责任与自然人责任相互捆绑的状态,从而合理区分企业责任与个人责任。

概言之,在企业犯罪治理实践中,引入刑事合规理念和制度具有多重价值,既可以最大程度地避免"查处一个企业家,搞垮一个企业"的现象,使企业经营发展行稳致远,而且也是促进企业犯罪治理体系和治理能力现代化的客观要求,有助于实现国家治理企业犯罪与企业自身预防犯罪的双赢、共赢。

三、刑事合规视野下企业犯罪治理理念革新的方向

刑事合规视野下的企业犯罪治理理念体现了更高层次、更高水平的治理境界,承载了企业犯罪治理现代化的价值追求。这种企业犯罪治理理念是对传统企业犯罪治理理念的扬弃和超越,涵括以下几方面的科学内涵。

(一)从报应性司法理念转向恢复性司法理念

报应性司法理念,是建立在惩罚观念上的正义理论,将惩罚视为对犯罪的最佳回应或道德上可接受的犯罪反应。与报应性司法理念相对的恢复性司法理念,其侧重于对犯罪者的改造以及对于犯罪所破坏的社会关系的修复。具体到企业犯罪治理,前者重视对涉罪企业事后惩罚,而后者重视对因企业犯罪而损害的社会关系的修复。事后惩罚无法从根本上改善企业经营管理模式,难以消除企业在日常经营管理中存在的刑事风险,也无法让企业产生自我主动预防、主动合规的意识。而在刑事合规的视域内,通过确立刑事合规激励机制,对涉罪企业采取柔性的惩罚措施,责令其进行合规整改并予以评估考察,不但能修复被企业犯罪所破坏的社会关系,而且也能促使企业及相关责任人员"赎罪补过",深刻认识到构建刑事合规体系的价值和意义,主动填补企业自身存在的经营管理漏洞,从而达到预防企业犯罪的目的。这体现的正是一种多方主体参与(国家、企业、社会)、共同协商合作修复犯罪破坏的社会秩序、恢复正义的恢复性司法的理念。

---

① 参见朱孝清:《企业合规中的若干疑难问题》,载《法治研究》2021 年第 5 期。

(二)从对抗性司法理念转向协商性司法理念

对抗性司法理念主要体现于对抗性司法程序中,是指控辩双方具有利益冲突、处于对立的诉讼地位。[①] 对抗性司法理念下的犯罪治理,容易因追诉犯罪而形成代表国家的司法机关与犯罪人之间的天然紧张关系。而协商性司法理念则强调诉讼主体间通过对话与相互磋商的方式,以各主体最终达成合意的方式来解决争端。践行协商性司法理念,有助于消除社会对抗情绪,而且协商产生的法律义务能得到自觉履行。[②] 具体到企业犯罪,通过建立刑事合规制度,将改变司法机关与涉罪企业之间天然的对抗性关系,从而发挥企业自身预防和控制犯罪以及进行合规整改的能动性,建立起司法机关与涉罪企业之间相互尊重、信任和理解的关系,从而大大提升企业犯罪治理的实效。事实上,因企业意志是企业内部众多自然人意志的集合,企业具有相当的理性程度,不仅作为协商对话主体适格,而且也具备协商后积极履行相应法律义务的条件。

(三)从注重事后惩罚理念转向注重事前预防理念

事后惩罚理念彰显的是刑罚的报应机能,重视对涉罪企业进行事后法律制裁,这也在客观上使得我国企业犯罪处在高位运行状态。而事前预防理念的要义在于通过采取比较温和的或未雨绸缪的措施或行动,改善或限制滋生犯罪和实施犯罪的环境与条件,使犯罪尽可能少地发生,或者尽量降低犯罪的现实危害程度。[③] 毋庸讳言,刑事合规践行的是事前预防理念。详言之,一方面,通过建立有效的刑事合规体系,企业努力消除和减少犯罪诱因,将自身生产经营中的违法犯罪行为扼杀在萌芽状态。即使企业员工试图利用企业进行违法犯罪活动,企业也能将二者的责任进行合理切割,改变企业员工特别是高管与企业在法律责任方面互相捆绑的局面;另一方面,企业自我预防活力的激发和企业作为犯罪预防主体的确立,也将大大节省监管成本,提高执法司法效率,塑造国家和企业共同预防企业犯罪的新格局,实现"预防为本,惩防结合"的目标。一言以蔽之,推动企业犯罪治理理念由注重事后惩罚向注重事前预防转变,不仅是刑事合规倡导的价值取向,也是未来企业犯罪治理的必由之路。

(四)从国家单向治理理念转向多元共治理念

国家单向治理理念强调把犯罪治理视为国家专属事务,在治理主体、治理力量上具有单一性,由代表国家的司法机关"单打独斗"。而多元共治理念则强调犯罪治理不再被视为国家的专属事务,而是事关社会发展和公民生活的公共事务,特别是企业自身、社会力量等不再是处于被动参与犯罪治理的边缘地位。具体到企业犯罪治理,刑

① 参见陈瑞华:《论协商性的程序正义》,载《比较法研究》2021 年第 1 期。
② 参见吴学艇:《论刑事司法的协商性》,载《法制与社会发展》2010 年第 4 期。
③ 参见吴学艇:《论刑事司法的协商性》,载《法制与社会发展》2010 年第 4 期。

事合规与多元共治理念具有高度的契合性，国家、企业与社会都是企业犯罪治理的主体，弥补单一国家治理力量的不足，实现"国家—企业—社会"合作预防企业犯罪的新格局。比如，涉案企业为了换取刑事合规激励，不但自身是预防和控制自身犯罪的主体，应积极消除企业内部的致罪性因素，而且主动将自身置于司法机关合规监管之下，认真配合第三方监督评估组织及人员等社会力量对涉案企业的合规承诺进行调查、评估、监督和考察，完成合规整改等任务，就鲜明体现了"国家—企业—社会"合作预防、多元共治的理念。

四、刑事合规视野下企业犯罪治理新理念的贯彻

在企业犯罪治理理念革新之后，应当在企业犯罪治理实践中贯彻落实新理念，并充分发挥新理念对企业犯罪治理的引领作用。其中，贯彻落实新理念的一个重要方面，就是应当完善相关刑事立法，为刑事合规机制的建立和运行提供坚实的法治保障。就实体法层面来说，应当着力从以下几个方面推进。

(一) 重塑我国单位犯罪的刑事归责模式

实践中，单位决策机构或者单位负责人以单位名义实施犯罪，违法所得归单位所有的，是单位犯罪。[①] 这意味着单位犯罪是以自然人的犯罪行为和犯罪意图为前提的，实质上并无组织体责任存在的空间。而在刑事合规语境中，企业进行自我合规的本意，就是通过建立一套规范的预防和控制内部违法犯罪行为的制度或者机制，以体现尽"忠诚勤勉合规"之义务，从而为自己争取倘若在日后涉罪也能拥有正当抗辩之权利。而在传统的单位犯罪刑事归责模式下，纵然企业建立了有效刑事合规体系，司法机关也难以完全脱离企业员工(自然人)的意志和行为来分析企业独自的刑事责任，企业无法有效地通过切割单位责任与高管责任、单位责任与员工责任、单位责任与分公司责任、单位责任与第三方责任等方式寻求免除或减轻刑事责任，从而导致企业选择刑事合规的动力不足。因此，贯彻落实企业犯罪治理新理念，推动刑事合规机制有效运行，确有必要重塑传统的单位刑事归责模式。笔者赞同修订完善刑法中关于单位犯罪的相关规定，以分离自然人责任与单位责任，承认单位的独立意志，改变目前单位责任与自然人责任互相捆绑的现象。[②] 具体而言，若单位犯罪的主要原因是单位内部的决策程序和治理结构，则无须对单位中的自然人构成犯罪与否进行评价，单位即应作为独立的犯罪主体并承担相应的刑事责任；而对于单位犯罪中的涉罪自然人主体，则仍按照传统的自然人犯罪归责模式加以认定。涉罪的自然人主体只在其对单位犯罪

---

① 参见最高人民法院 2001 年 1 月 21 日发布的《全国法院审理金融犯罪案件工作座谈会纪要》。

② 参见黎宏：《企业合规不起诉：误解及纠正》，载《中国法律评论》2021 年第 3 期。

起到决定性的推动作用或者参与实施犯罪行为的情况下,才承担刑事责任。① 如此一来,不仅可以清晰明确涉企业犯罪中刑事责任的承担主体,体现罪责刑相适应原则,而且可为刑事合规激励机制的建立起到铺垫作用。

(二)明确有效刑事合规的基本要素

刑事合规的基本要素,是指应当通过立法明确的、作为一个有效刑事合规计划所应该具备的基本事项和基本要求。刑事合规的基本要素能否达到预防与控制企业内部违法犯罪行为的预期效果,不仅关乎企业所建立的刑事合规计划有效与否,而且也关乎企业在涉罪后能否获得刑事合规奖励。因此,在立法中明确有效刑事合规基本要素的内容,应作为实体法层面推进刑事合规制度构建的前提。从美国刑事合规的经验看,最初刑事合规的基本要素仅仅被认为包括"管理层承诺做正确的事情"和"实现这一目标的管理步骤"两个层面。② 从这个意义上说,刑事合规的内容就是"企业寻求确保员工和其他成员遵守适用规范的过程,这些规范可以包括法律法规的要求或组织的内部规则"③。但随着企业合规实践的发展,人们发现仅具备前述两个基本要素的合规计划无助于减少企业犯罪的发生,"有效的刑事合规计划应该包含多种基本要素,从而防止各种形式的不当行为"④。在笔者看来,有效的刑事合规计划的基本要素包含"识别、监控和处置合规风险"和"形成合规文化"两个部分。具体而言,应包括如下不可或缺的几大要素:①建立完备、独立且有效的能够发现并防止违反任何法律、法规和政府政策行为的程序和机制,并得到最高层的批准、实施和支持;②在合规风险发生后,能够迅速通过具体的行动步骤来降低或缓解已识别的风险,从而消除犯罪诱因;③定期对员工进行合规培训,确保员工了解并遵守与其日常工作相关的法律法规,并对违反合规政策的管理人员、员工和代理人进行纪律处分;④定期审查和更新合规计划;⑤在企业内部形成"合规经营""对违规零容忍"的合规文化。

(三)创设刑事合规激励机制

刑事合规激励机制包含有效合规的正向激励与无效合规的负向激励两个方面。刑事合规的正向激励是激发企业在内部建立刑事合规计划、主动预防和控制刑事风险的核心措施,通常是将业已建立起来的刑事合规计划作为企业免除处罚或者减轻处罚的事由。刑事合规的负向激励,即对不合规或者无效合规的企业进行处罚,从而"倒

① 刘艳红:《企业合规不起诉改革的刑法教义学根基》,载《中国刑事法杂志》2022 年第 1 期。

② Joseph E. Murphy, Policies in Conflict: Undermining Corporate Self-Policing, 69 RUTGERS U.L. REV., 2017, p. 422, 427.

③ Geoffrey P. Miller, The Law Of Governance, Risk Management, and Compliance, Wolters Kluwer, 2nd ed., 2017, p. 158.

④ Geoffrey P. Miller, The Law Of Governance, Risk Management, and Compliance, Wolters Kluwer, 2nd ed., 2017, p. 158.

逼”其进行有效合规。

具体而言,刑事合规正向激励应包括以下要点:一是企业若能证明其在相关经营活动中对相关刑事风险的防范已经有了“相当的注意”,尽到了法定的注意义务,满足了刑事合规的要求,则可以作为企业犯罪的正当化抗辩理由,阻却或者减轻刑事责任;二是在未建立有效刑事合规计划的情况下,若企业在涉罪后承诺进行合规整改,也可以纳入刑事责任减免事由之中,但减免的幅度应与事前合规减免的幅度作出区分。至于涉罪企业的负责人及员工,纵使其在很多情况下与企业犯罪是不可分割的整体,但并不能直接享受有效刑事合规计划带给企业的刑事责任减免待遇。因为刑事合规是企业的刑事合规,而非企业家之刑事合规。①

刑事合规的负向激励可以通过加大单位犯罪的刑罚力度来实现。具体来说,一是提高对涉罪单位科处罚金的额度。司法实践中,常常会发生因罚金额度偏低导致刑罚的威慑效果被消解,无法让企业产生因受到严厉的刑罚而产生合规整改的动力。② 事实上,在美国反海外腐败执法实践中,对涉罪企业处以数亿美元乃至数十亿美元的高额罚单屡见不鲜,而这样的高额罚金确实也起到了督促企业合规经营、严厉惩治企业犯罪的良好效果。因此,可考虑在《刑法》中提高单位犯罪的罚金额度,以此作为涉罪企业未能建立有效刑事合规计划或者事后不积极进行合规整改时的惩罚性后果。对于在事前已建立有效刑事合规计划的企业,或者事后承诺合规整改并考察合格的企业,则可相应地给予减免罚金的合规奖励。二是将资格刑增设为对涉罪单位的刑罚。与罚金刑相比,资格刑对涉罪企业的生产经营之影响更大。建议借鉴《行政处罚法》规定的暂扣或吊销许可证、营业执照等限制从业的处罚方法,在《刑法》中充实对涉罪单位的刑罚方法,增设限制从业的资格刑,真正让涉罪企业感受到“切肤之痛”,从而达到“倒逼”其进行自我监管并勤勉合规的理想效果。

---

① 参见陈瑞华:《企业合规的基本问题》,载《中国法律评论》2020 年第 1 期。

② 参见马明亮:《作为犯罪治理方式的企业合规》,载《政法论坛》2020 年第 3 期。

民刑衔接视角下单位主观罪过之认定

——以企业合规改革为中心

郭泽强* 许露沙沙**

国内企业合规改革的开展,引发了刑法学界对于单位犯罪理论的反思和深化,如何吸收现有国内实践经验和域外研究成果,形成适应实践需要并且合乎法理的单位犯罪理论,成为当前刑法学界对于企业合规的研究热点。但是纵观刑法学界对于单位犯罪的讨论,多集中在单位犯罪组织模式与个人模式领域,以如何构建中国式的单位犯罪责任模式等为讨论热点,但是绝大多数的单位犯罪责任理论的构建仍是整体上、概括性、抽象化的,对于其中的具体操作和难点疑点问题仍然选择了回避或者概念性阐释的方式,尤其典型的即是对于单位主观罪过的问题。

单位主观罪过的分析判断难点颇多。其一,域外法人模式与我国单位犯罪的立法规定及背后价值取向相差甚远,难以直接挪用相关理论。我国单位犯罪立法更多的是基于刑事政策及集体主义的考虑,与"同一视理论"和替代责任模式的理论基础相异,与大陆法系国家多未直接在刑法典中规定单位犯罪而散见于其他法律的立法体例也差异颇多。并且,我国对于单位可处罚的刑法罪名进行了特别规定,不同于将全部犯罪作为对象的立法例,例如《澳大利亚联邦法》第 12.1 条、《奥地利团体责任法》第 3 条以及《瑞士刑法典》第 102 条第 1 款。① 为尊重原有学术用语习惯,下文主要发源及讨论域外的法人相关理论时,仍采取"法人"的表述。其二,单位主观罪过理论的构建讨论,离不开对于民刑衔接的关注。单位与民法、公司法等相关部门法中公司、企业、非法人组织、法定代表人等概念密切联系,单位决策的过程同民商法理论中的集体决议等理论概念联系紧密。其三,单位过失犯罪的实践案例并不多见,尤其是在单位主观罪责上形成统一认识且无争议的案例更是少之又少。

虽然单位主观罪过的理论构建难度大,并且多被学者抽象化讨论而尚无具体针对

---

* 中南财经政法大学刑事司法学院教授,中国刑法学研究会常务理事。

** 中南财经政法大学刑事司法学院刑法学硕士研究生。

① 参见〔日〕樋口亮介:《法人处罚——立法论》,张小宁译,载李本灿等编译:《合规与刑法:全球视野的考察》,中国政法大学出版社 2018 年版,第 219 页。

性的解决方案，但是单位主观罪过对于讨论单位意思决定、单位意思决定的形成过程等概念，理清单位犯罪整体理论逻辑，解决本源性问题，具有不可忽视的作用，而对于单位犯罪故意与过失的误读也容易导致实践中的混乱现象。所以，笔者希望结合当前企业改革现状，分析借鉴域内外单位犯罪理论，结合必要民商法学说，就单位主观罪过的判断提出一些见解。

一、单位自身的刑事责任正当性之证成

（一）以替代责任为核心的个人模式之否定

传统单位犯罪理论与企业合规制度相悖，由此导致企业所承担的责任性质不明等问题。合规试点前，单位犯罪的主流学说是替代责任理论，即以自然人为中介，通过对自然人犯罪的认定来追究单位的刑事责任。① 这样的理论致使企业合规制度初衷难以实现，因为我国尚未建立起企业严格责任，无法将企业与员工责任直接联系起来，所以企业以内部管理合规进行无罪抗辩时尚有理论连接不畅之处。②

替代责任理论指导下的企业合规出罪存在过度以刑事政策为导向，从而偏离责任自负原则的趋势，并产生实践异化。企业合规的指导内涵应当为“惩治企业家，放过企业”，从而保护企业发展，但是很多试点地区以及指导性案例在“放过企业同时，放过企业家”。如辽宁省人民检察院等十机关于 2020 年 12 月制定的《关于建立涉罪企业合规考察制度的意见》认为：合规不起诉制度的适用对象既包括单位犯罪案件，也包括涉及企业经营者、管理者和关键技术人员等与企业经营相关的个人犯罪案件。这样误读的原因是，对组织体责任与个人责任的认识过度依存，形成虽然赞成单位罪责前提条件与自然人不同的认识，但认为只有单位行为有罪，自然人才有罪，从而使企业合规改革演变成自然人犯罪的免责事由。③

但是，这样的做法与单位犯罪理论及企业合规改革的初衷已经有所背离。首先，我国立法例表明，单位犯罪与自然人犯罪并不是互斥的，单位处罚原则上以双罚制为主，以单罚制为辅。同时单位不成立犯罪的，并不排斥对相关自然人犯罪按照分则罪名予以处罚。其次，保护企业的可持续发展并不能同保护相关主管人员画等号。再次，理论将单位意志等同于具有决策权的领导意志，但依据现代企业的特征，该种思路只适用于不具有系统复杂性的小微企业，具有系统复杂性的大型企业管理者往往和具

---

① 参见张克文：《拟制犯罪和拟制刑事责任——法人犯罪否定论之回归》，载《法学研究》2009 年第 3 期。

② 参见陈瑞华：《企业合规基本理论》（第 3 版），法律出版社 2022 年版，第 246 页。

③ 参见王志远：《超越行为责任：单位犯罪主体关系传统认识的批判与重构》，载《政法论丛》2022 年第 6 期。

体业务关联较小,造成很多职权越大、责任越小的不合理现象。① 最后,替代责任的理论依据和我国单位犯罪并不相符,无法机械移植。替代责任来源于罗马法的准私犯和法国法的准侵权责任行为,最早是一种民商事法律制度。② 我国单位犯罪的立法体例和价值取向与域外具有较大差别,并且民商事法律的财产性质决定了这种特殊的侵权责任可以替代③,而刑法对于责任扩张的审慎态度和责任自负原则决定了二者间无法简单移植。

(二)否认单位主观罪过的学说之反驳

1. 从过失构造论出发的否定论

从过失构造论出发的对单位主观罪过的否定的推导逻辑为:过失是故意的前一个心理状态,因而故意和过失具有相同的逻辑基础,法人不具有人格,没有精神作用,因此无法形成故意的心理状态,而过失与故意具有相同性质,因而也不可能具有过失。

这种否认实质上可以看作法人是否具有单独的主观意志的争论,是源自对法人性质的不同理解。法人否认说认为,法人不存在所谓人格,即便法人有人格也应归属于一定的自然人或者无主财产。法人拟制说认为,法人与自然人存在根本区别,法律将法人拟制为人,以应对现实的需要,是一种法律技术的产物。④ 法人实在说认为,法人同自然人一样是独立的存在,具有独立的法人意志,可以作出归责于法人自身的行为。最初,两大法系都认为法人不同于理性的自然人,无法成为独立的犯罪主体,英美法系将法人的犯罪处罚范围限定于不要求犯意的类型,以德国为例的大陆法系国家对于法人的刑事责任问题也进行了严格限制,基本秉持否定态度。但随着经济的发展,各种类别的法人大量涌现,并在社会生活中发挥了不可忽视的作用,其引发的犯罪机制变化也带来了刑法理论界的反思,法人拟制说和法人实在说逐渐成为主流。

我国单位犯罪规定了"体现单位意志"要素,虽然传统做法是根据单位成员行为认定单位意志,但是也表示肯定单位存在独立于单位成员的意志的立场。比较法视野下,日本开展合规计划的历程较长,经验较为丰富,学界提出企业系统过失责任,即将法人的刑事责任理解为对从业人员的选任、监督上的过失责任,将合规计划作为法人注意义务的内容来予以评价。⑤ 考虑到"组织构造""管理系统"等法人固有的性质以

---

① 参见王志远:《企业合规改革视野下单位犯罪主体分离论与归咎责任论之提倡》,载《比较法研究》2022 年第 5 期。

② 参见李本灿:《单位刑事责任论的反思与重构》,载《环球法律评论》2020 年第 4 期。

③ See Philip A. Lacovara, David P. Nicoli, Vicarious Criminal Liability of Organizations: RICO as an Example of a Flawed Principle in Practice, 64 St. John's Law Review, 726-738(1990).

④ 参见江平主编:《法人制度论》,中国政法大学出版社 1994 年版,第 104 页。

⑤ 参见〔日〕川崎友巳:《作为企业注意义务的合规计划》,曾文科译,载李本灿等编译:《合规与刑法:全球视野的考察》,中国政法大学出版社 2018 年版,第 216 页。

及过失构造论的要求,预见可能性需要达到使义务得以负担的程度才能与法人自身的注意义务挂钩。因此,总的来看,从过失构造论上的对单位过失的否定是站不住脚的:其一,现今法人否认说已经被逐渐淘汰;其二,我国单位犯罪立法体系构造中就存在单位意志这一要素的要求;其三,对于单位注意义务的要求也是有限制的,并不像反对者担忧的那样会无序加重企业负担,而是限定在能够预见单位自身引起的行为的注意义务上。

2. 从刑事责任论出发的否定论

从刑事责任论角度出发的对法人刑事责任的批评声音来自,刑事责任是对反规范的人格态度的道义谴责,而法人并没有人格态度,因此对其处罚并没有刑事责任的基础。

这一反对说的根源还是在于持该主张的学者对法人的人格化持否定态度,如前所述,法人否认说已经难以同时代发展相契合。但是,即便暂时搁置法人的人格争议,从批评者所采用的刑事责任论出发,也能得到截然不同的结论。刑事责任也可理解为对偏离国家、社会要求的行为发出的强烈的否定信号。[①] 这种对刑事责任的理解侧重于行为要素,因此不考虑法人的人格问题也可对法人适用。

(三)“补充型”单位犯罪复合责任模式下的单位意志判断要素

细究上述关于单位主观罪过问题的讨论,可见离不开个人责任模式和组织责任模式的讨论。二者的逻辑归责路径具有显著的差异,前者以自然人行为作为认定单位犯罪的必然中介,后者则着眼于企业自身的防止法益侵害制度的建设情况。组织责任模式虽然也承认自然人是实施单位犯罪的主体,但是更聚焦于单位本身合规制度的整体评价,更具有合理性。在组织体责任论和新组织体责任论中,笔者选择以“补充说”为导向的单位犯罪复合模式,同时借鉴卢曼“系统论”,结合合规要素与人的要素,将单位行为部分“去个体化”,从而理顺和简化对于某些行为和心理要素适用,以补充和发展原有的组织体责任论。

具体而言,单位刑事责任与成员刑事责任不可混为一谈,所以需要通过要素将单位责任与个人责任相连接。正如学者对传统的单位归责理论的诟病,成员责任和单位责任处于“同一视”的状态,成员以单位名义并且违法所得归于单位的意志机械等同于单位意志,成员于职务范围内的行为一律归属于单位。而通过合规要素和“人”要素作为耦合连接点,一方面利于单位刑事责任与成员刑事责任认定的逻辑衔接,另一方面有助于实现二者的有效分离。

值得注意的是,合规要素和“人”的要素应当作为单位意志的判断要素,而非单位

---

① 参见蔡宏伟:《“法律责任”概念之澄清》,载《法制与社会发展》2020 年第 6 期。

行为的判断要素。这样的结论符合企业刑事合规建设的实质内涵。《涉案企业合规建设、评估和审查办法(试行)》第 1 条表明,涉案企业合规建设是制订专项合规整改计划,完善企业治理结构,健全内部规章制度,形成有效合规管理体系的活动。比起组织体的行为,刑事合规建设更强调的是组织体对法规范的自觉遵守意识,对法的敬畏感和信念感。

但是合规要素和人的要素在单位意志的判断上并不属于同一层面。合规要素应当作为单位犯罪构成的主观要素成为单位意志判断的核心。具体而言,在认定单位责任时,从单位整体出发,将合规要素纳入单位犯罪构成的主观要素,作为单位意志的判断资料,个人责任无须得到确证,由此发挥阻却单位犯罪成立的机能。当然,不可因此忽视"人"的要素在组织体意志的判断上的效用。首先,企业的人格获得需要具备企业的系统足以展现出能够被识别的自我指涉性和整个系统具有可归责性两个条件。在当前的社会分化中,大部分企业无法达到上述要求,所以不可简单地直接挪用。其次,完全放弃人的因素与我国先行单位犯罪法条衔接存在较大障碍,缺乏实在法根据,不符合功能主义对刑事政策进入刑法体系在规范层面上的要求。而 2018 年《公司法》第 147 条规定公司董事和高级管理人员负有忠实和勤勉义务,可以内化为对公司的注意和监督义务。① 领导集体负有的注意和监督义务,对应了刑事合规的监督管理义务,由此获得了监督保证人地位,从而可以得出具有决策权的领导集体可视为单位的结论。具体而言,具有决策权的领导集体以单位名义并且违法所得归于单位的意志等同于单位的意志,单位一般人员可以通过授权获得代表单位意志的资格。

二、民事决议行为理论对单位主观罪过理论的启示

单位主观罪过理论的构建讨论,不能仅局限在刑法框架中,尤其是企业合规政策引入后,单位与民法、公司法等相关部门法密切联系。纵观我国刑法关于单位犯罪的规定,2020 年《刑法》有 508 个罪名,其中单位犯罪有 146 个,占比 28.7%。单位犯罪以故意为主,单位过失犯罪仅包括《刑法》第 330 条妨害传染病防治罪,第 332 条妨害国境卫生检疫罪,第 334 条非法采集、供应血液、制作、供应血液制品事故罪,第 337 条妨害动植物防疫、检疫罪以及第 229 条第 3 款出具证明文件重大失实罪、第 338 条污染环境罪。可见对于单位主观罪过的考察,故意尤为重要。而单位故意较之单位过失与民法的联系更为紧密,单位故意的形成也是一种团体意志的形成,离不开集体决议。

① 参见朱锦清:《公司法学》(下),清华大学出版社 2017 年版,第 59 页。

根据王雷教授的观点,决议行为是多个民事主体在表达其意思表示的基础上根据法律或者章程等规定的议事方式和表决程序形成团体意思而作出的民事法律行为,如合伙企业决议、公司决议等。① 从单位意志角度理解决议行为,不可仅关注表决权人内部视角,而应更多站在团体外部第三人角度,决议行为作为团体集合而成的意思,代表了团体对外展示出来的一项意思表示,某种程度上消弭了表决权人个体意思表示的存在空间。② 该理论对于重新审视和认定法人意思决定具有借鉴意义。

决议行为具有两个对判断单位意志有突出贡献的特点。

其一,决议行为具有团体性,是团体自治的工具,团体中的个人意志丧失了独立性。依照法律或者规章程序作出的决议行为,表决权人虽然表达了各自的意思表示,但是在此基础上形成的决议行为却并非参与者个体的意思表示,而是作为团体意志,对团体中的成员均具有法律约束力,体现出典型的团体法思维。以刑法视角审视决议行为时,决议行为能成为探析法人意思决定的有效路径,由决议行为引发的公司代表行为体现出法人的主观心理状态。

其二,决议行为的效力瑕疵并不当然影响决议行为的对外民事法律关系,因此也并不当然影响对法人意思决定的判断。法人意思决定是由法人决策机构所形成的,应当为法人整体的意思决定而非单个人的意思表示。公司决议行为属于《民法典》第 134 条中"基于……多方的意思表示一致成立"的多方法律行为,由股东会、董事会等公司中的集体机关在职权范围内按照法定程序和表决规则作出。基于对团体自治的尊重,团体以外的人不宜过度介入团体自治,司法审查也应偏重决议程序是否违法、决议内容是否违章的判断,而不审查决议内容的形成是否合理。③ 各类决议行为被撤销时,团体依据该决议与善意相对人形成的民事法律关系不受影响。如《民法典》第 85 条后段规定营利法人的决议行为被撤销时,"营利法人依据该决议与善意相对人形成的民事法律关系不受影响"。决议行为无效或者不成立时,团体依据该决议与善意相对人形成的民事法律关系原则上会受到影响。因为决议行为可撤销情形对相对人的审查要求较高,难度较大。而决议行为不成立、决议行为无效的情形,相对人的审查难度相对较低,审慎义务会更高。④ 延伸到法人整体意思决定的判断,决议行为可撤销的情况下,法人的整体意思决定不受影响;决议行为不成立、无效的情形下,不能认定该决议出自法人的整体意思决定。

---

① 参见王雷:《〈民法总则〉中决议行为法律制度的力量与弱点》,载《当代法学》2018 年第 5 期。

② 参见蒋大兴:《公司组织意思表示之特殊构造——不完全代表/代理与公司内部决议之外部效力》,载《比较法研究》2020 年第 3 期。

③ 参见王雷:《论我国民法典中决议行为与合同行为的区分》,载《法商研究》2018 年第 5 期。

④ 参见王雷:《〈民法总则〉中决议行为法律制度的力量与弱点》,载《当代法学》2018 年第 5 期。

三、单位主观罪过判断路径之展开

(一)单位故意的具体化判断

1. 以“是否具有系统复杂性”二分判断法人意思决定

对于法人意思决定的判断,樋口亮介教授主张采用“大型—小型企业”二分的方法,区分大型企业和小型企业代表人的意思决定与法人意思决定的关系。① 采用“大型—小型企业”二分的方法也是多数学者在运用组织责任模式考察单位刑事责任时的常用分化路径。但是简单地用“大型”与“小型”来划分有失妥当,原因如下:首先,大小型的判断标准并不客观,主观弹性较大;其次,“大型”与“小型”的用语并没有体现采用二分路径的核心因素——企业系统内部是否分化完备,影响对单位独立意志的认定。

采用“是否具有系统复杂性”这一表述,则有效解决了上述问题。具有系统复杂性、分化完备的企业,其系统独立性更强,能视作卢曼系统论中的“自创生”系统。在这样的具有系统复杂性的企业中,决策机构更为完备,单位负责人与单位的意志和行为可有效分离。

因此,判断单位故意的基本方向是:在不具有系统复杂性的企业中,单位负责人的意思决定与企业的意思决定混同,法定代表人的决定基本等同于法人意思决定;在具有系统复杂性的企业中,单位负责人的意思决定和法人的意思决定适度分离,法定代表人的决定既可能是法人意思决定,也可能是不代表法人的个人意思决定。

2. 判断单位故意的具体路径

在不具有系统复杂性的企业中,判断单位故意应当更多地考虑“人”这一要素,其思考路径可以从成员展开,以推导单位意志。具体而言包括:其一,法定代表人私自决定并交由职工或亲自实施犯罪行为。因为在不具有系统复杂性的企业中,法定代表人的意志已经同单位意志混同。其二,单位领导集体及获得单位授权的相关人员存在行为责任的情况下,如果上述人员在职务范围内有意决策实施犯罪行为,则推定单位具有故意。因为,单位的决策成员和经过授意的人在不具有系统复杂性的企业中往往是最能领会单位文化、政策,甚至其在单位整体组织框架形成上具有不可或缺的作用的人。

在具有系统复杂性的企业中,判断单位故意则要更多衔接民商法中的决议行为和代表行为理论,因为此类型的企业具有系统分化性,其运作的独立性更高,决策体系更为成熟,单位负责人与单位意志适度分离,法定代表人并不必然代表单位意志,所以应

---

① 参见“比较法视野下的中日企业犯罪主题研讨会”,“北大法宝学堂”直播间 2023 年 7 月 15 日,https://tnsfu.xetslk.com/sl/174KIp。

当从组织体角度出发进行判断。具体而言,单位犯罪的情形可以概括为:其一,由单位负责人或其决策机构依照章程和公司法规定的决议程序直接作出涉罪决议并由单位职员予以具体实施。此时形成的涉罪决议出于法人整体意思决定,属于单位整体上希望犯罪行为的发生,可认定为单位故意。其二,单位负责人或其决策机构违反决议程序作出涉罪决议或涉罪决议内容上违反章程规定并由单位职员予以具体实施。具体而言,包括程序上违反会议召集程序、会议表决方式上违反规章制度或内容上违反公司章程规定作出的涉罪决议,根据2018年《公司法》第22条,此时形成的决议虽然存在瑕疵,但是属于可撤销的情形。根据前述推论,不影响法人整体意思的认定。并且,确保单位决策机构作出决议应当符合合规程序,是合规要素有效性的应然要求,这种情形下,合规也因未达到有效性而不认为形成了实质有效的合规制度体系。其三,单位负责人或决策机构并未作出决议,单位成员利用单位提供的相关便利条件或者自身职务便利实施犯罪行为,单位知晓却并未采取监管措施。这一情形下,单位明知犯罪行为的发生,却采取了放任的态度,属于间接故意的情形。当且仅当单位代表人超越职权行事造成危害结果,并且单位已经事先建立有效刑事合规制度时,合规要素能够否定代表人决定归属于单位,不成立单位犯罪故意。

3. 企业合规措施的定位

有效刑事合规计划的履行原则上并不能阻却单位犯罪故意的成立。对于合规要素和单位集体决策及代表人决定要素在认定单位意志上究竟是并列关系还是优先顺位关系,存在争议。诸多学者主张事前有效合规可以阻却单位犯罪意志的成立,既包括犯罪故意也包括犯罪过失。这种不加区分将合规要素作为单位犯罪意志成立的唯一判断要素的做法是不恰当的,正如高铭暄教授指出的:"刑事合规及其有效性可以作为判断企业犯罪时的主观罪过的其一而非全部成立要素,否则,企业犯罪很可能都会被认定为是过失犯罪。"①简单地界定二要素之间的关系的做法是不可取的,应当针对具体单位犯罪情形予以探讨。过度扩张合规要素机能会进入单位犯罪"唯合规论"的理论误区,因此对合规要素的机能设置不能过重。有效合规要素固然在阻却单位过失上具有重要作用,但是有效刑事合规计划的履行却不能阻却单位故意的成立。

合规要素排除单位主观罪过的效力不能否认现行司法解释确立的单位意志认定方法。最高人民法院、最高人民检察院、海关总署《关于办理走私刑事案件适用法律若干问题的意见》第18条规定,"以单位名义"指的是"由单位集体研究决定,或者由单位的负责人或者被授权的其他人员决定、同意"。因此,在既有规范框架和合规要素机能的适当限定下对单位故意的具体情形予以讨论:在不具有系统复杂性的企业中,在法定代表人自己没有遵守合规义务的情况下,合规措施仅仅是一个形式。在具有系统复

① 高铭暄、孙道萃:《刑事合规的立法考察与中国应对》,载《湖湘法学评论》2021年第1期。

杂性的企业中,只要与法人能够同等看待的主体作出了业务上的意思决定,法人就成立故意犯罪,在此情形中,因履行了企业合规措施而排除故意或者过失犯罪的观点无法成立。

(二)单位过失的具体化判断

1. 以新过失论作为指导性理论

刑法中的过失是指能够预见侵害法益的结果,由于不注意而未能遇见或者虽然遇见但未履行避免义务。我国单位犯罪研究早期将单位过失定义为:“单位在业务活动中,其代表人、主管人员、直接责任人员和其他单位成员,违反法律对单位的规定或不履行单位应尽的义务,过失造成危害社会的结果的,是单位的过失犯罪。”[①]早期的定义过于宽泛和抽象,发展至今,有学者将单位过失分为行为过失和监督管理过失,单位成员在业务活动中的行为过失造成某种社会危险或者危险状态,由单位承担责任的,系单位行为过失;单位对成员具有保证人地位,对成员的选任及行为上的监督过失,系单位监督管理过失。[②] 自然人的过失行为责任推导至单位的路径存在争议,在单位有明确有效的惯常运作模式的情形下,单位负责人或者员工故意违背原有规定,过失造成危害结果的,此时单位已经尽到了注意义务,难以认为单位具有过失责任。因此,在这一层面上,还是按照通说,将单位过失等同于监督管理过失更为合理。因为履行了有效合规计划,成员依照合规计划有组织地充分实施了回避侵害法益的具体对策活动,单位对法益侵害的结果因不再具有预见可能性而被否认。因为事前有效的合规计划得到成员严格遵行,单位有充分理由相信实际发生的法益侵害结果本不会发生。

若依旧过失论,过失的核心在于结果预见可能性,主体若具有对法益侵害结果发生的具体的预见可能性,则成立过失。[③] 旧过失论的两大要素:一是要求自然人或单位对过失犯罪的结果发生有高度的预见可能性;二是具体的预见可能性。[④] 这两点都是难以维持的,要素一的高度预见可能性,意味着行为人认为结果具有高度的发生可能;要素二的具体预见可能性,意味着行为人认识到行为发生的绝对的、具体的可能。上述要素应用到单位犯罪中会得出一个悖论,即“预防—控制”体系越完备、合规计划构建越完善的企业,越容易预见到结果发生的具体细节及可能,反之,企业运作越不规范,尚未建立有效合规计划的企业,越难以预见到具体结果的发生。那么,是否运作越不规范、合规体系构建越不完备的企业,越是具有对单位过失的抗辩理由?

若依新过失论,过失的核心在于结果回避义务的履行,即便具有结果预见可能

① 何秉松主编:《法人犯罪与刑事责任》,中国法制出版社 1991 年版,第 539 页。

② 参见张静雅:《二元分离模式下单位刑事责任之重构》,载《国家检察官学院学报》2022 年第 4 期。

③ 参见张明楷:《刑法学》(第 6 版),法律出版社 2021 年版,第 370—371 页。

④ 参见聂立泽、胡洋:《单位犯罪中的预见可能性:兼论结果无价值单位过失犯罪论的疑问》,载《贵州民族大学学报(哲学社会科学版)》2016 年第 6 期。

性，但只要履行了结果回避义务，就不成立过失犯。① 相较于旧过失论，新过失论立足于行为无价值立场，可以更容易地以履行了有效合规计划为由否定单位的过失。有效合规计划可以被解释为具体法益侵害的结果避免义务，与此相对应，事前有效合规计划被严格实施，可以被解释为单位已经充分履行了结果避免义务，由此否定过失的成立。

2. 判断单位过失的具体构建

与判断单位故意的路径类似，总体上还是采用二分法，以是否"具有系统复杂性"进行二分，构建单位过失的判断路径，关键点在于在何种程度上使法人承担风险控制的注意义务。在不具有系统复杂性的企业中，"人"的因素比重更大，可以单位成员行为为落脚点，再审查单位意志与组织体成员意志是否混同，若二者不可分，则在单位成员故意的情形下，单位原则上也是故意犯罪。若二者可分，则进一步探究单位组织体是否存在与自然人有因果关联的监管过失。在具有系统复杂性的企业中，则可结合个人模式视角与组织模式视角，部分借鉴王志远教授的做法，先判断组织体成员是否实施了符合《刑法》分则构成要件且违法的行为，若实施了，则进一步判断单位自身是否存在违反相关预防性法规的组织缺陷，且该缺陷不当制造或提高了法所不允许的风险。②

3. 企业合规措施的定位

有效刑事合规计划的履行可以阻却单位犯罪过失。但值得注意的是，单位履行了有效刑事合规计划并不代表不存在单位过失成立的空间。如果单位成员依照事前建立的合规制度谨慎行事仍然造成法益侵害结果，此时不能认为单位因事前存在有效合规计划而不成立单位过失犯罪。因为合规要素是满足规范有效性标准的，在实践中得到切实执行且针对特定领域犯罪活动具有现实防控效果的合规计划，是一个兼顾事实判断与价值判断、实体法和程序法共同供给的要素。按照合规计划行事仍造成法益侵害结果，则反向否定了事前合规计划的有效性，不满足合规要素的有效性要求。

四、结语

结合"补充型"单位犯罪复合责任模式框架及决议行为理论，以新过失论作为单位过失判断立场，通过是否"具有系统复杂性"进行二分，推导出单位主观罪过的判断逻辑。在不具有系统复杂性的企业中，单位故意情形包括：其一，法定代表人私自决定并

---

① 参见张明楷：《论过失犯的构造》，载《比较法研究》2020 年第 5 期。

② 参见王志远、邹玉祥：《刑事合规视域下单位犯罪刑事治理的检视与完善》，载《甘肃社会科学》2020 年第 5 期。

交由职工或亲自实施犯罪行为;其二,单位领导集体及获得单位授权的相关人员在职务范围内有意决策实施犯罪行为。单位过失判断需要先审查单位成员犯罪行为,再审查单位意志与组织体成员意志是否混同,若二者可分,再进一步探究单位组织体是否存在与自然人有因果关联的监管过失。

在具有系统复杂性的企业中,单位故意的情形包括:其一,由单位负责人或其决策机构依照章程和公司法规定的决议程序直接作出涉罪决议并由单位职员予以具体实施;其二,单位负责人或其决策机构违反决议程序作出涉罪决议或涉罪决议内容上违反章程规定并由单位职员予以具体实施;其三,单位负责人或决策机构并未作出决议,单位成员利用单位提供的相关便利条件或者自身职务便利实施犯罪行为,单位知晓却并未采取监管措施。单位过失判断,先审查组织体成员是否实施了符合《刑法》分则构成要件且违法的行为,再进一步判断单位自身是否存在违反相关预防性法规的组织缺陷,且该缺陷不当制造或提高了法所不允许的风险。

恢复性司法理念视角下企业合规从宽处罚的正当性

彭文华[*]　熊浩宇[**]

2020 年 3 月至 2022 年 12 月，全国各级检察机关累计办理涉案企业合规案件 5150 件，仅从 2022 年 4 月初全面推开不到一年时间，就新增了 3825 件，占总案件数的 74%。[①] 由上述数据可知，随着企业合规改革的深化，涉企业合规从宽处罚的案件愈发增多。同时，在试点的过程中所暴露出来的问题也愈发清晰，总体可分为两类。第一类是企业合规从宽处罚缺乏正当性依据。我国当前主要依托酌定不起诉制度，该制度仅适用于情节较为轻微的案件，而随着合规改革的深入以及广泛的推广适用，该制度作为理论支撑略显不足，例如，在涉及较大标的数额的案件时过于牵强，需要进一步对企业合规从宽处罚的正当性作出补强；另一类是企业合规在适用的过程中缺乏成熟的指导模式。尽管企业合规改革试点范围已经涵盖全国，但有些地区仍不敢适用、不会适用[②]，需要为司法实践提供较为具体的指导模式作为参照。

针对以上问题，本文认为恢复性司法理念能够契合当前企业合规改革，为企业合规从宽处罚提供正当性依据与指导性思路，使得企业合规改革能够在后续阶段进一步地推行，既能通过特殊预防实现惩治犯罪，又能从宽处理实现稳定市场经济秩序的目的。

一、作为理论依据的恢复性司法及其指导功能

企业合规改革离不开刑事合规激励，随着企业合规改革的进一步深化推进，需要为刑事合规激励的正当性提供理论依据以及运作模式。恢复性司法作为一个兼顾理论内涵与成熟运作模式的刑事司法方式，早在 20 世纪 50 年代便有了雏形，其作为理论

---

* 上海政法学院刑事司法学院院长、教授，华东政法大学博士生导师，中国刑法学研究会常务理事。

** 上海政法学院刑事司法学院研究生。

① 参见陈瑞华、李奋飞：《刑诉法如何吸收企业合规改革的成果》，载《法治日报》2023 年 2 月 8 日，第 9 版。

② 参见徐日丹：《如何让好制度释放司法红利》，载《检察日报》2022 年 4 月 6 日，第 1 版。

依据具备理论内涵以及可靠性;作为指导模式,具备体系性和可行性。

(一)作为理论依据的恢复性司法

作为理论依据的恢复性司法的关键在于其背后的恢复性司法理念。

恢复性司法理念作为理论依据须具备理论内涵以及可靠性。

其一是恢复性司法理念的深厚理论内涵。恢复性司法理念的理论内涵主要体现在其犯罪观和刑罚观。

犯罪观方面,恢复性司法理念更加关注犯罪造成侵害本身,即“犯罪行为是对人们以及人们之间相互关系的一种侵害。犯罪固然侵害了国家和社会的利益,但在绝大多数场合,犯罪都是从犯罪者(加害者)和被害人之间的对立和纠纷产生的,直接侵害的是被害人利益,而这种利益是相对独立于国家和社会利益的”①。因此,恢复性司法理念认为加害人应当承担侵害恢复的责任。

刑罚观方面,恢复性司法理念并非将其自身作为传统刑罚的完全替代路径,而是作为一种优化辅助路径。恢复性司法理念意在将刑事处罚与恢复性司法的比例以及优先性进行重组,优先考虑案件是否能够进行恢复性司法,在司法允许的空间内适用恢复;若不能,则适用刑事处罚。需要强调的是,恢复侵害义务由犯罪主体承担,犯罪人对被害人所受损失的恢复情况也同样是考察犯罪人恢复的关键要素。由此,便实现了恢复性司法对被害人、加害人、国家秩序等的恢复。

其二是恢复性司法理念作为依据的基础。一个理论能作为依据,其必须具备合理性和可靠性,合理性指的是能够被大众所接受;可靠性指的是该理论能够得到反复、长期的实践。从国际层面而言,自 1999 年至 2002 年间,联合国先后发布了《制定和实施刑事司法调解和恢复性司法措施》的第 1999/26 号决议、《关于在刑事事项中采用恢复性司法方案的基本原则》的第 2000/14 号决议、《关于在刑事事项中采用恢复性司法方案的基本原则》的第 2002/12 号决议。联合国作为公认的权威国际组织,其出台的文件,“文件的内容不是根据某一个国家或某一类国家的情况所制定的,而是充分考虑到各国的情况,提出各国所能接受的标准”②,所以,其所倡议的刑事司法准则通常是被世界各国广泛认可的。联合国对于恢复性司法的支持与推广能在一定程度上说明恢复性司法所承载的价值观符合人类社会的文明发展,将之推行必然考虑到了恢复性司法已经在某些地区取得了成果。自 20 世纪 70 年代加拿大第一次适用恢复性司法至今已有 50 余年,在这段时间内,恢复性司法已被引入各国并本土化成为各国司法的重要组成部分。由此也证明了恢复性司法具有可靠性,其得到了长时间、多地区的实践检验。

---

① 孙国祥:《刑事一体化视野下的恢复性司法》,载《南京大学学报(哲学·人文科学·社会科学)》2005 年第 4 期。

② 杨宇冠、杨晓春编著:《联合国刑事司法准则》,中国人民公安大学出版社 2003 年版,第 6 页。

从国内层面而言,国内学界自引入恢复性司法概念以来,就对恢复性司法进行了热烈的讨论。有的地区甚至对恢复性司法进行本土化实践,并以“刑事和解”代称。① 而当时的恢复性司法在我国之所以被如此推崇,是因为其反映的是彼时政策的导向与支持。2004 年,党的十六届四中全会首次提出“构建社会主义和谐社会”的目标,而非对抗式的恢复性司法正好符合“和谐”这一主旨。2006 年,党的十六届六中全会通过的《中共中央关于构建社会主义和谐社会若干重大问题的决定》提出,重罪重罚、轻罪轻罚,宽严相济,以实现刑罚效果的最大化。综上,彼时我国选择在刑事司法领域引入恢复性司法是历史的必然选择。而现如今,我国对民营企业的刑事政策与彼时的刑事政策有着极其相似之处。2018 年,习近平总书记在民营企业座谈会上的讲话中强调:“对一些民营企业历史上曾经有过的一些不规范行为,要以发展的眼光看问题,按照罪刑法定、疑罪从无的原则处理,让企业家卸下思想包袱,轻装前进。”②此后,2021 年、2022 年、2023 年的最高人民检察院工作报告都提及了“少捕慎诉慎押”的刑事政策。③ 由此可说明,恢复性司法依旧与我国现在的刑事政策相契合,具备作为理论依据的能力。

综上所述,恢复性司法理念具备理论性、合理性、可靠性等特征,可作为理论依据。

(二)恢复性司法的指导功能

恢复性司法最早适用于司法领域大致是在 20 世纪 70 年代。④ 21 世纪之初,“恢复性司法”被我国学者引入,其概念在我国逐渐清晰起来,并得到我国学界与实务界的强烈关注、讨论与实践。⑤ 恢复性司法作为一个已有几十年发展历史的刑事司法形式,其具备较为清晰的、成体系性的模式。因此,其可作为实践指导模式适用。

在不同地区,恢复性司法的模式有不同形式,“最常见的是‘被害人—加害人调解’(VOM)、‘会议’(Conferencing)和‘圈子’(The Circle)。这些模式的区别主要在于参

---

① 参见周长军、王胜科主编:《恢复性正义的实现:恢复性司法的理念维度与本土实践》,山东人民出版社 2010 年版,第 188 页。

② 习近平:《在民营企业座谈会上的讲话》,载《人民日报》2018 年 11 月 2 日,第 2 版。

③ 参见张军:《最高人民检察院工作报告——二〇二一年三月八日在第十三届全国人民代表大会第四次会议上》,载《人民日报》2021 年 3 月 16 日,第 3 版;张军:《最高人民检察院工作报告——二〇二二年三月八日在第十三届全国人民代表大会第五次会议上》,载《人民日报》2022 年 3 月 16 日,第 2 版;张军:《最高人民检察院工作报告——二〇二三年三月七日在第十四届全国人民代表大会第一次会议上》,载《人民日报》2023 年 3 月 18 日,第 4 版。

④ See Christian B. N. Gade, Is Restorative Justice Punishment? 38 Conflict Resolution Quarterly 127, 128 (2021).

⑤ 参见周长军、王胜科主编:《恢复性正义的实现:恢复性司法的理念维度与本土实践》,山东人民出版社 2010 年版,第 2 页。

与者的数量和社区参与程度"①。上述的三种模式基本可以抽象化为以下四个基本运作流程:会面、相互沟通、制定恢复性司法协议、执行恢复性司法协议。相对固定的运作模式是恢复性司法作为实践指导模式的关键。

我国在引入恢复性司法时,恢复性司法被本土实践为"刑事和解"。"在司法实践中,刑事和解的类型一般分为三种:加害人—受害人和解模式、司法和解模式、人民调解委员会和解模式。"②过去实践的各类"刑事和解"模式也从侧面反映出,我国对恢复性司法是认可的,且做过本土化的研究,积极地将恢复性司法作为实践指导模式运用在刑事司法实践之中。

综上所述,无论是国际还是国内,皆可证明恢复性司法在模式指导上具备较为成熟的、成体系的模式。联合国经社理事会下属的预防犯罪和刑事司法委员会所通过的《关于在刑事事项中采用恢复性司法方案的基本原则》(第 2002/12 号决议)已提出了较为清晰且具有可操作性的准则。因此,恢复性司法对我国的司法实践进行指导,将恢复性司法理念融入我国的刑事司法实践之中,使企业合规从宽处罚的理论依据增强。在该过程中,"各国应当尽量根据这些规则进行刑事司法改革,尤其与规则明显抵触或不一致的部分"③,所以,还应注重恢复性司法的本土化。

二、恢复性司法与企业合规从宽处罚的关系

我国的企业合规从宽处罚与恢复性司法有着高度重合性。当前的企业合规从宽处罚主要由检察院主导,与传统的恢复性司法有所不同,其大多为检察机关与犯罪人交流。其原因在于,"我国检察机关是国家法律监督机关,其内涵和职能更为丰富,从社会治理的角度可以更边界地实施企业合规附条件不起诉等相关制度"④。也正因如此,检察机关主导的企业合规从宽处罚能够保证公正性、专业性、高效性。企业合规从宽处罚流程,可大致分为企业合规前、企业合规中、企业合规后。这三个阶段皆体现了恢复性司法理念。

(一)恢复性司法与企业合规从宽处罚在实践上的关系

1. 企业合规前

企业若想合规需要满足主客观两方面的条件。第一是主观上,企业认罪认罚。这

---

① Hadar Dancig-Rosenberg, Tali Gal, Restorative Criminal Justice, 34 Cardozo Law Review 2313, 2321 (2012-2022).

② 郭云忠:《刑事和解现状之调查》,载 2007 年《中国犯罪学研究会第十六届学术研讨会论文集(上册)》,第 172 页。

③ 杨宇冠、杨晓春编著:《联合国刑事司法准则》,中国人民公安大学出版社 2003 年版,第 20 页。

④ 肖志珂:《企业刑事合规与检察司法理念转变》,载《河南警察学院学报》2022 年第 1 期。

与协商缓解中加害人有悔过意思相同，且要求加害人将其真实想法说出，包括犯罪动机、犯罪经过等①，这一点与合规协议中积极配合检察院调查类似②；第二是客观上，涉案企业具有合规的必要性。合规的必要性包含情节是否显著、涉案企业是否有能力合规、司法效益是否最大化。③ 前两点与恢复可能性的认定类似。伴随着恢复性司法的发展，在开展恢复性司法前，应当判断案件是否具备恢复性，从而提高司法的效率。因此，"对于严重的犯罪或不可弥补性的犯罪，恢复性司法程序难以达到理想的效果"④。还需要考虑司法效益最大化，例如，对于当地龙头企业采取企业合规从宽处罚。⑤ 从恢复性司法而言，其包含了对秩序恢复的考虑，简单地判处单位刑罚并不会使秩序得到恢复，反而会带来新的破坏。⑥ 理论上，企业合规从宽处罚能够恢复被破坏的秩序，而企业合规整改能够使企业得到更加长久的发展，保障了普通企业员工工作的稳定，进而避免了正常的秩序被破坏。

2. 企业合规中

企业合规中的内容主要为合规协议的履行，协议的内容主要包括企业组织架构整改、恢复赔偿以及认罚等。第一，企业与检察机关签署合规协议，检察机关协助企业开展合规建设。检察机关会对涉案企业进行全方位的调查，指出其存在的漏洞并要求企业对其进行合规整改，包括对企业的组织结构进行合规修正。从恢复性司法而言，其主要通过事后企业合规，将涉案企业整改为良性企业，回归社会。同时，这也是对已损害的秩序的恢复，因为对于涉案企业予以整改实际上就是一种"软惩罚"，类似刑罚"对遭到犯罪行为违反之规范的效力和牢不可破性加以确证"⑦。第二，企业与检察机关签署的合规协议还包括企业对责任的积极承担、对造成的损失进行补偿及赔偿、对罚款积极认罚等。⑧ 从恢复性司法的角度而言，这是对被害人和被侵害秩序的恢复。

3. 企业合规后

在企业合规的验收方面，合规的验收即是对损失恢复情况的实质性判断。因为合规协议的签订仅是双方达成合意，但实质上能否达成协议，需要以合规验收为准。⑨ 对

---

① 参见周长军、王胜科主编：《恢复性正义的实现：恢复性司法的理念维度与本土实践》，山东人民出版社2010年版，第15页。

② 参见李兰英：《涉案企业刑事合规审查的"准入与验收"标准》，载《政法论丛》2023年第2期。

③ 参见王颖：《刑事一体化视野下企业合规的制度逻辑与实现路径》，载《比较法研究》2022年第3期。

④ 张绍谦、张静、王雪：《论恢复性司法》，载周长军、于改之主编：《恢复性司法：法理及其实践展开》，山东大学出版社2008年版，第31页。

⑤ 参见孙国祥：《刑事合规激励对象的理论反思》，载《政法论坛》2022年第5期。

⑥ 参见周长军、王胜科主编：《恢复性正义的实现：恢复性司法的理念维度与本土实践》，山东人民出版社2010年版，第13页。

⑦ 〔德〕沃尔夫冈・弗里施：《变迁中的刑罚、犯罪与犯罪论体系》，陈璇译，载《法学评论》2016年第4期。

⑧ 参见李兰英：《涉案企业刑事合规审查的"准入与验收"标准》，载《政法论丛》2023年第2期。

⑨ 参见李奋飞：《论企业合规考察的适用条件》，载《法学论坛》2021年第6期。

此,需要一个公正的、具备专业知识的机构作为验收方保证验收结果无异议。与恢复性司法相比,验收后的从宽处罚更像是在形式上对已矫正的单位原有社会身份的恢复。

(二)恢复性司法与企业合规从宽处罚在理论上的关系

上文对恢复性司法与企业合规从宽处罚在实践上的关系进行了横向比较,发现二者有高度的相似性。不仅如此,二者在理论上也同样有着密切的关联。

1. 恢复性司法与企业合规从宽处罚的理念相似,但不完全相同

恢复性司法和企业合规从宽处罚的理念都与常规的刑事司法理念不同,二者皆以对罪刑法定的灵活理解与适用为基础,追求宽严相济的刑事政策。相较于教条地遵守罪刑法定原则,二者都希望能够通过刑事司法实现犯罪的特殊预防目的。在此之上,二者都追求刑事司法效益的最大化,例如,恢复性司法对原有关系的恢复的追求、企业合规从宽处罚对民营经济健康、稳定发展的追求。

2. 企业合规从宽处罚是恢复性司法在单位犯罪中的具体落实

恢复性司法主要是对侵害的恢复、量刑、社会关系恢复三者的考量,对于加害人是否真正得到矫正和犯罪是否真正得到特殊预防,仅凭侵害恢复和承诺。监管者在一定程度上能够从形式上证明加害人的悔意,并得到被害人的认可,但从实质上却难以证明。在此问题上,企业合规从宽处罚认为对涉案企业实施有效的事后合规能够使被合规的单位得到矫正,实现实质的犯罪预防。同时,考虑到对犯罪实质侵害的恢复以及刑事司法声张公平正义的职能等因素,企业合规从宽处罚同样应当贯彻恢复性司法理念。总体而言,企业合规从宽处罚是对恢复性司法在单位犯罪中的进一步改进与具体实践。

三、恢复性司法为企业合规从宽处罚提供的理论依据

(一)恢复性司法理念视角下企业合规从宽处罚的刑罚内涵

从刑法制裁层面而言,刑事合规中的恢复性司法理念为从宽处罚提供了重要理论依据。其主要从刑罚的必要性与刑罚的功能各方面进行解释。

1. 企业合规消减刑罚的必要性,实现形式上的犯罪特殊预防

刑法制裁以刑法为制裁的形式要件,将惩处行为或行为的结果以及主体具备危害性作为实质要件。因此,危害性是刑法制裁必要性判断的重要依据。刑事合规中的恢复性司法理念能够有效地降低涉案企业行为或行为结果的危害程度。贯彻恢复性司法理念的企业合规要求在合规协议中对所侵害的法益进行恢复、赔偿、补偿等,减轻行为或行为结果的危害性。此外,刑事合规中的恢复性司法理念同样能够降低涉案主体

的危害性。合规协议中最主要的内容是企业积极主动地落实有效的事后企业合规,有效地降低涉案企业的危险性。因此,刑事合规对恢复性司法理念的贯彻,能够有效地降低涉案企业以及其行为或行为结果的危害性,从而降低对涉案企业实施刑罚制裁的必要性。

2. 企业合规替代刑罚的功能,实现实质上的犯罪特殊预防

刑法制裁体系的功能包括惩罚与威慑功能、教育与改造功能。① 其中,前者的惩罚与威慑功能是为了实现一般预防目的,后者的教育与改造功能是为了实现特殊预防目的。围绕这两点讨论,能够有效地理解刑事合规中恢复性司法理念如何为企业合规从宽处罚提供理论依据。

其一是惩罚与威慑。刑法作为最严厉的法律,其以严苛的刑法制裁实现犯罪的一般预防的目的。就"惩罚"而言,合规协议中所包含的对单位以及单位所造成的损害进行恢复性司法的内容,并不亚于刑法对单位犯罪中单位的罚金刑。从犯罪成本角度考虑,单位犯罪的内因除了其自身组织结构的错误,还有其本身趋利性的外因,如犯罪前单位对犯罪获利大于犯罪成本的考虑。② 因此,签署的合规协议能够大大增加单位的犯罪成本,进而起到惩罚的作用。同时,对于"威慑"而言,同样能够从成本的角度进行恢复性司法对企业合规从宽处罚的正当性依据的论证。已有学者通过威慑补充理论对赔偿与减刑问题进行了分析,并得出"赔偿减刑……,它不但能够给予受害人更多补偿,节约更多制度成本,甚至在某种程度上促进社会和谐、和解,而且更重要的是,这些价值都是可以在不损害法律威慑效果的情况下实现的"③。仅从恢复性司法而言,恢复性司法的赔偿同样具有惩罚与威慑的效果,所以检察机关通过与涉案企业签订并落实合规协议对涉案企业进行从宽处罚并不会损害刑法的威慑效果。

其二是教育与改造。刑法制裁功能中教育与改造的功能是为了实现对犯罪特殊预防的目的。恢复性司法下的企业合规从宽处罚包括认罪认罚、积极恢复以及刑事合规。单一的认罪认罚通常为,"犯罪嫌疑人、被告人供认被指控的犯罪事实并愿意接受刑事处罚的,司法机关应当对其作出宽大的刑事处罚"④。然而,在单位犯罪之中,多为造成了实际经济损失的案件,且单位本就有考虑收益的特性,所以,单纯的认罪认罚仅能从表面上认定犯罪对其已犯罪行具有悔意,并不能有力地证明其认罪认罚的悔意,并且其所造成的经济损害依旧存在。所以认罪认罚需要以积极恢复、赔偿作为犯罪主体认罪态度的补强证明,即"退赃退赔、赔偿损失是否到位,是判断被告人认罚态

---

① 参见彭文华:《我国刑法制裁体系的反思与完善》,载《中国法学》2022 年第 2 期。

② 参见李翔:《单位犯罪司法实证研究:我国单位犯罪制度的检视与重构》,上海人民出版社 2016 年版,第 154—155 页。

③ 戴昕:《威慑补充与"赔偿减刑"》,载《中国社会科学》2010 年第 3 期。

④ 陈瑞华:《论协商性的程序正义》,载《比较法研究》2021 年第 1 期。

度的重要因素"①,尽管犯罪主体能够在很大程度上补充证明单位的认罪认罚态度,但依旧局限于形式,并不能从实质上证明犯罪单位确已悔改。因此,需要通过事后刑事合规对单位的认罪认罚作实质层面的认定。

企业合规从宽处罚中,对于涉案企业的原始社会身份的恢复同样包含实质与形式两个层面。形式层面的恢复是对进行有效合规的犯罪单位予以从宽处罚,通过刑罚上的减免对涉案企业的原始社会身份进行恢复。实质层面的恢复体现在,从宽处罚的条件是涉案企业能够落实有效的事后合规。由于单位犯罪的实质在于单位组织结构的不合规②,所以通过有效的事后合规能够实现实质的教育改造,预防单位出现同类犯罪③。由此可知,企业合规从宽处罚并非简单的认罪认罚,更不是"以钱买刑",而是具有实质的正当性依据,是对涉案企业原始社会身份的恢复以及实质的教育改造。

(二)恢复性司法理念视角下企业合规从宽处罚的司法内涵

从司法效果层面看,无论是现代刑事司法还是传统刑事司法,对罪刑法定基本原则的遵守都是不变的。然而,刑事司法不应教条死板地追求罪刑法定,以防止刑法威严被削弱,而是应当通过实质的罪刑法定"限制立法权来保障国民自由,通过刑罚法规的明确性原则来维护社会秩序,通过机能主义的司法实现实质正义"。因此,应当在罪责刑相适应的原则之下,在刑罚限度之内,对单位进行适当的处罚,甚至将犯罪人作为社会不良影响之下的"被害人",对犯罪人进行矫正教育,最后实现回归社会。同时,还应当考虑其司法效果,例如,司法应当在遵循罪刑法定的原则的基础上,尽量不使司法的结果撕裂社会的关系,即符合比例原则。因此,刑事司法不仅要求对案件公平、公正地判处刑罚,还应该把控司法的效果。

1. 企业合规有助于减少犯罪损失

对于单位犯罪中的被害人以及第三人而言,在恢复性司法理念下,刑事合规是降低单位犯罪损失的路径。单位犯罪往往是经济类犯罪,这主要也与单位是人与财产的集合体有关,且其主要目的是通过商事活动获取利益。④ 因此,单位犯罪的主要罪名是非法吸收公众存款罪、集资诈骗罪、贷款诈骗罪、合同诈骗罪等,而对被害人而言,其受到的损失也主要是经济损失,其中不少案件涉及的金额可达上亿元甚至几

---

① 黄京平:《认罪认罚从宽制度的若干实体法问题》,载《中国法学》2017 年第 5 期。

② See Ian B. Lee, Corporate Criminal Responsibility as Team Member Responsibility, 31 Oxford Journal of Legal Studies 772(2011); Kimberly D. Krawiec, Cosmetic Compliance and the Failure of Negotiated Governance, 81 WASH.U.L.Q. 487, 493(2003).

③ 参见陈瑞华:《企业合规整改中的专项合规计划》,载《政法论坛》2023 年第 1 期。

④ 参见李翔:《单位犯罪司法实证研究:我国单位犯罪制度的检视与重构》,上海人民出版社 2016 年版,第 40—41 页。

十亿元人民币。[①] 以我国涉案平均金额为6447.25元人民币的诈骗罪的被害人为参照,被害人报警的主要目的是找回财产或者获得经济赔偿。[②] 同样的,单位犯罪的被害人主要担心的还是其所遭受的经济损失是否能够得到赔偿或补偿。然而,将如此庞大的单位犯罪数额归于国家负担,显然是不太现实的。因此,企业合规中恢复性司法的理念可以通过加害方对被害方履行恢复性义务尽可能点对点地实现对被害人的补偿。

2. 企业合规有助于实现特殊预防

对于单位犯罪中的涉案企业而言,恢复性司法理念下的刑事合规是涉案企业矫正预防的路径。自然人与单位的犯罪成因不同,单位犯罪主要是因为单位的组织结构存在问题,导致单位触犯刑法。因此,单位的商事活动与其组织架构有着密切的关系,简单地苛处刑法,难以使得单位犯罪得到根本的预防。这就导致对于涉案企业而言,处罚后也会存在不知道该如何进行正确合规经营的情况,致使单位犯罪势头无法得到有效的遏制。[③] 针对此类问题,刑事合规能够有效解决。因为企业合规从宽处罚的前提是通过检察机关以及第三方机构的考察,所以对于涉案企业而言,实际上是对涉案企业进行了教育矫治。相较于传统的刑事处罚,企业合规不是简单地告诉企业其行为是违法的,而是应当告诉企业如何杜绝此类犯罪。所以对于涉案企业而言,有效的事后合规是真正地防止犯罪的再次发生,而不是在接受完处罚后,继续"试错式"地经营。

3. 企业合规有助于稳定社会秩序

对于单位犯罪中的国家秩序而言,企业合规中的恢复性司法是恢复、维持秩序的路径。从犯罪成本角度考虑,企业合规能够通过非刑事处罚的手段替代刑事处罚,将合规义务以及恢复义务作为更有目的性的处罚。相较于当前刑罚中简单地、模糊地对单位处以较低的罚金,要求单位履行合规义务在惩罚和教育上更具有针对性及可感知度,"合规计划不仅因合规政策与惩戒纪律等要素的执行,促进了员工的规范认同,提升了处罚的感知度,而且在违规行为发现上提升了概率"[④]。在单位犯罪之中,除了有加害方与被害方,还存在"第三人"。"第三人"指的是涉案企业的利害关系方,其可能是一般的非涉案企业员工或是与涉案企业有正常经济往来的一方。[⑤] 当前,企业若被刑事处罚,后面通常很难再正常经营,进而因"水波效应"对无辜的第三人造成损失。因此,对第三人而言,恢复性司法理念下的刑事合规在降低被害人损失的同时,还降低

---

① 参见周如郁、丁寰翔、徐敏:《检察机关查办涉企案件实务问题研究:以宽严相济刑事政策为视角》,中国检察出版社2009年版,第56—57页。

② 参见张远煌等:《国际犯罪被害人调查理论与实践》,法律出版社2015年版,第365页。

③ 参见李翔:《单位犯罪司法实证研究:我国单位犯罪制度的检视与重构》,上海人民出版社2016年版,第159页。

④ 刘昊:《论刑事合规的内涵》,载《青海师范大学学报(社会科学版)》2022年第3期。

⑤ 参见陈瑞华:《论企业合规的基本价值》,载《法学论坛》2021年第6期。

或避免了第三人的财产损失，即实现了对现有秩序的维护。这也是企业合规从宽处罚的重要正当性依据，即在不破坏刑法基本原则的基础上，实现司法效益的最大化，避免因司法而导致的二次损伤，甚至是犯罪隐患。

综上所述，恢复性司法理念下的企业合规能够大幅提升司法效果，使得司法在平衡被害人、涉案企业、国家秩序三者权益的基础上，实现效果的最大化。

四、恢复性司法理念视野下企业合规从宽处罚的实践规范

恢复性司法作为指导模式已经有较长的历史并遍布各个区域，且国内、国际对恢复性司法模式有着较高的认可度。当前企业合规除理论内涵外，还与恢复性司法有着极为相似的运行模式，如签署协议、履行协议、验收协议、司法从宽等。因此，恢复性司法能够为现如今推行的企业合规制度提供具体成熟的路径，并补强企业合规适用将恢复性司法作为理论依据的客观条件。

(一)恢复性司法理念视野下企业合规从宽处罚的适用要求

恢复性司法理念作为企业合规制度的指导模式，应当在严格遵守罪刑法定原则和罪责刑相适应原则的基础上，追求恢复性司法的恢复理念。因为罪刑法定原则是对刑事司法的正当性保障，而罪责刑相适应原则是对罪犯从宽处理的深层理论依据。

1. 恢复性司法理念视野下企业合规从宽处罚应当遵守罪刑法定原则

罪刑法定原则作为刑法的基本原则之一，在任何情况下都应当严格遵守。因为“罪刑法定原则不但是刑事立法的原则，也是刑事司法的原则”①，对罪刑法定原则的严格遵守是对刑事司法效力的保障，也是对刑法预防犯罪效果的保障。

对于刑法本身而言，遵守罪刑法定原则是对刑法效力的维护，也是发挥一般预防作用的前提。正如贝卡里亚所说的，“刑罚的威慑力不在于刑罚的严苛，而在于其不可避免性”②。因此要坚决做到“违法必究、执法必严”，不能因为追求企业合规从宽处罚的犯罪特殊预防而忽略犯罪一般预防。

对于恢复性司法理念而言，无论是对被害方，还是对加害方的恢复，其司法依据都应当来自刑法规定。企业合规从宽处罚作为我国恢复性司法的新载体，其正当性来源于刑法的规定，在刑事司法裁量的空间内作出侧重于恢复的司法裁判。因为罪刑法定原则是保证刑事公正的关键，刑事处罚没有依据，就会出现专断，抑或是司法裁量的恣意，刑事司法的公正将被极大地侵蚀。当刑事司法的公正性被侵蚀，不论其是为了恢

① 周如郁、丁寰翔、徐敏：《检察机关查办涉企案件实务问题研究：以宽严相济刑事政策为视角》，中国检察出版社 2009 年版，第 189—190 页。

② 〔意〕切萨雷·贝卡里亚：《论犯罪与刑罚》，黄风译，中国方正出版社 2004 年版，第 72 页。

复还是为了惩罚，刑事司法的权力来源都将受到质疑。因此，恢复性司法作为企业合规的指导模式时，应当严格遵守罪刑法定原则。

2. 恢复性司法理念视野下企业合规从宽处罚应当遵守罪责刑相适应原则

在刑事犯罪中，犯罪行为对应着相应的刑罚，罪行的轻重与否是评价刑罚的重要因素，即刑自罪生，罪重刑重，罪轻刑轻，罪刑均衡。罪责刑相适应原则是将罪行与刑罚衔接的刑法基本原则。通过对罪责刑相适应原则的理解，刑罚应当与罪刑相当，而通过对被害人损害的赔偿或恢复，理论上可降低行为的严重程度，或是消除侵害行为所带来的损失，进而减轻刑罚。正如国内学者所说，"具体被害人受到的犯罪侵害，赔偿行为减轻了犯罪结果，安抚了被害心理，具有减少行为客观'恶'之意义……在责任主义框架下，依据罪责刑相适应原则，允许犯罪'恶'之减轻换来刑罚量之减轻"①。事后企业合规从宽处罚，不仅要求对企业进行有效的合规，也包含了恢复性司法理念对被侵害的法益进行恢复、赔偿的要求。因此，企业合规从宽处罚是在罪责刑相适应原则基础上建立的，并且此类做法不仅在我国常见，在奥地利、日本、美国等国家也同样常见。②

罪责刑相适应原则是企业合规从宽处罚的实施标准。尽管正如上述所说，企业合规协议中恢复性司法理念对法益的恢复，能够在一定程度上减少罪行危害性以及实现特殊预防。但是，从宽处罚应当注意限度，应当在罪责刑相适应原则的内涵之下从宽，即遵守罪责刑相适应原则，将罪责刑相适应原则作为企业合规从宽处罚的标准。检察机关需要运用自由裁量权判断单位犯罪的单位需要达成何种程度的合规，能获得何种程度的刑罚减免。

当前企业合规从宽处罚在不违背刑法基本原则的基础之上，以企业合规不起诉改革为主导方式。然而，根据罪刑法定原则以及罪责刑相适应原则，必然不是所有的企业实施事后合规并作出补偿后就能获得不起诉，有的依旧需要依法审判，而后从刑罚的角度对其作出相应的处罚。因此，不应为了避免单位犯罪附随后果给企业或市场经济稳定带来的影响，就通过刑事合规从宽处罚一揽全包。企业合规从宽处罚应以罪责刑相适应为标准，作出合理的从宽处罚。

综上所述，如果说罪刑法定原则是恢复性司法理念下企业合规制度的保障性原则，那么罪责刑相适应原则是恢复性司法理念下企业合规制度落实的标准性原则。二者在恢复性司法理念下的企业合规制度的运作过程中都应当被严格遵守，以保证恢复性司法理念下刑事合规的正当性、合理性。

---

① 付小容：《质疑与回应："赔钱减刑"的正当性论辩》，载《西南大学学报（社会科学版）》2016 年第 2 期。

② 参见蔡仙：《论企业合规的刑法激励制度》，载《法律科学（西北政法大学学报）》2021 年第 5 期。

(二)恢复性司法理念视野下企业合规从宽处罚的运作模式

恢复性司法理念作为企业合规制度的补充正当性理论依据,以企业合规制度中应当存在恢复性司法的运作模式为前提。因此,需要将恢复性司法作为企业合规制度的参照,一方面补强恢复性司法理念为企业合规从宽处罚提供正当性依据的适配性;另一方面,也使得企业合规制度在实践中有较为明确的、成熟的模式作为参照。

1. 恢复性司法实践指导下的合规协商

在恢复性司法的运作过程之中,会面、沟通起到了关键性作用,其决定了恢复性司法的开始以及是否能够进入履行恢复义务阶段。与此相似的是,当前刑事合规激励制度的启动离不开专门的机关主导,但与恢复性司法不同的是,刑事合规的协商以具有公权力的检察机关为主导。由于检察机关在刑事诉讼中的公诉人地位,其在无具体被害人的公诉案件中,能够直接与涉案企业沟通,如在扰乱国家金融秩序的单位犯罪中。以下为恢复性司法实践指导下合规协商的关系图(图1)。

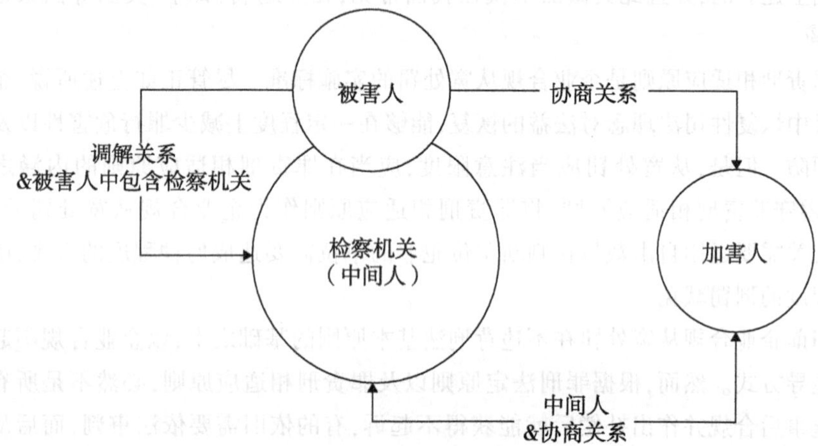

图1　恢复性司法实践指导下合规协商的关系图

因此,检察机关应当充分发挥其主导作用,成为恢复性司法理念下的刑事合规制度中联系加害人与被害人的中间人。检察机关作为代表决定是否接受调和的一方,也是调和的中介,应当充分发挥其作为公诉方的优势,对案件是否具备可恢复性作出判断,并及时询问符合条件的企业是否愿意通过接受合规并积极赔偿获取从宽处罚,进而提高合规协商的司法效率。

2. 恢复性司法实践指导下的合规协议制定

制定协议包括双方是否有意愿制定协议和双方对协议内容的确定。第一,在恢复性司法理念下,需要判断企业是否有恢复的必要性。因为有的情形并不存在恢复的可能，例如，加害人的恢复能力难以修复其所造成的损害、加害人无恢复的意愿、被害人不接受恢复协议等。所以，将企业是否愿意有效地履行合规义务作为制定合规协议、开展合规的前提，是对是否存在恢复必要性的考量。在制定协议的过程中，单位是否实施了有效的合规也是对单位是否能真正重返社会，恢复原有的身份状态的有效依据。第二，在恢复性司法理念之下，制定的协议应当包含对侵害法益的恢复和对涉案企业原有社会身份的恢复。合规协议应当包含积极恢复、赔偿、补偿加害人所侵害的法益和涉案企业主动实施合规整改的内容。检察机关作为公诉方，其不仅代表国家对犯罪分子的罪行进行追责，同时也代表被害人，为被害人主持正义，并尽可能地减少犯罪损失。所以，检察机关应当注意单位犯罪中具体被害人所被侵害的权益，贯彻恢复性司法理念，将涉案企业对实际被害人所被侵害的权益的恢复作为合规协议的内容之一。对应恢复性司法，犯罪主体的悔过书以及不再犯的保证对应的是企业作出有效的事后合规，这不仅是简单的形式上的认罪认罚，更是减免其刑罚的依据和恢复其原有社会身份的实质性要求。

3. 恢复性司法实践指导下的合规整改

恢复性司法模式下的合规整改包括能否按要求完成整改。

其一是涉案企业不能有效履行合规协议的情形。联合国预防犯罪和刑事司法委员会第十一届会议报告中联合国经济及社会理事会发布的《关于在刑事事项中采用恢复性司法方案的基本原则》（第 2002/12 号决议）规定，如果恢复性程序不适合或没有可能，应将案件交由刑事司法当局处理，并应毫不迟延地作出如何继续处理的决定。参照上述恢复性司法对未能履行协议案件的处理模式，涉案企业签订合规协议后未能有效履行合规协议的案件应当被转出刑事合规，立即进入常规的刑事司法程序。依照上述基本原则，“在随后的刑事司法诉讼中，不得将未执行协议而不是司法裁决或判决作为加重刑罚的理由”。此条既是鼓励在刑事司法中对案件适用恢复性司法，鼓励被害人与加害人双方尽可能地尝试达成协议，也是将协议的性质与裁决、判决作出区分，保障合规机制的正向推行。

其二是涉案企业能有效履行合规协议的情况。恢复性司法的恢复理念不仅是对被害人被侵害法益的恢复，同时也包含了对犯罪人社会身份的恢复。对企业合规中积极履行合规义务的单位给予刑事合规激励，即对涉案企业减免刑事处罚，此做法既是应然恢复涉案企业原有的社会身份，也是实然恢复涉案单位的社会身份。从应然的角度而言，合规协议包含了单位履行合规义务，也包含了单位履行合规义务后，涉案企业所获得的刑事合规激励。所以，一旦达成合规协议，涉案企业有效地履行了合规协议，就应当对事后合规单位减免刑罚。从实然的角度而言，进行了有效的企业合规，且在刑事司法审判之前对其侵害的法益进行了有效的恢复，消减了其造成的犯罪损失,并获得被害人的谅解,依据罪责刑相适应原则,涉案企业实然减免刑事处罚。因为单位犯罪的本质是组织体的结构错误导致的单位犯罪的发生,所以有效的刑事合规能够使单位的组织架构得到修正,从而实现矫正,降低犯罪风险。从恢复性司法的刑罚观而言,刑事处罚的目的在于矫正及惩罚,而惩罚的目的正是威慑其他的潜在的犯罪人,从而实现犯罪的一般预防。对于涉案企业而言,有效地落实合规协议实际上也是对企业的变相"惩罚"。因为,从犯罪成本的角度考虑,企业事后的有效合规会极大增加其犯罪成本,潜在的犯罪单位在实施犯罪前也会考量繁杂的企业合规所需要支出的人力、物力、时间成本等因素,而放弃犯罪逐利。

4. 恢复性司法实践指导下的合规激励

恢复性司法模式下履行了恢复协议的义务后加害人能够恢复其原有的社会身份。对于涉及刑事合规的单位犯罪而言,这种恢复主要体现在刑事合规的激励之中。现在我国最主要的刑事合规激励的方式就是企业合规不起诉制度,涉案企业与检察院达成合规协议后,通过积极地履行有效的刑事合规义务,进而获得不起诉的刑事合规的激励。通常情况下,单位作为商事主体,其背后的刑事记录会影响其商事活动,因此不起诉处理能够最大程度地使涉案企业恢复其原有的社会身份。同时,当前我国对单位的刑事处罚相较国际上的其他经济体大国,方式上过于单一,缺乏针对性的单位刑罚措施,如从业禁止、巨额的惩罚金等,也缺乏与自然人相同的刑罚执行方式,如缓刑。因此,可以在恢复性司法理念下构建单位缓刑制度,这为不能在诉前落实合规的单位或是不符合不起诉条件的单位,提供了第二次通过合规实现恢复原有社会身份的机会。

五、结论

和谐社会的刑事司法发展需要对刑事司法的司法效果提出新的要求,即在刑法基本原则的基础上,追求司法效益给当事人、社会所带来的良性影响。当下企业合规从宽处罚正是对这种司法效益的追求。

当前企业合规从宽处罚主要体现为通过事后的合规进而实现从宽处罚,即企业合规不起诉制度。不少学者认为企业合规不起诉改革能够依托我国的酌定不起诉制度找到理论依据,但在实践中,企业合规不起诉制度仅依托酌定不起诉制度作为理论支撑还略显不足。因此,应当结合恢复性司法来为企业合规不起诉提供正当性理论依据。

从形式角度而言,恢复性司法理念不仅具有理论内涵而且具有模式指导的功能。其为现有企业合规从宽处罚提供了理论依据和改进方向。从实质角度而言,恢复性司法与企业合规从宽处罚有着高度相似的司法理念。因此,企业合规从宽处罚可以通过恢复性司法的犯罪观与刑罚观来解释其对涉案企业减免刑罚背后的依据和意义。

涉案企业刑事合规制度的适用边界与归责机制

王剑波[*]　朱聪敏[**]

一、问题的提出

当前,涉案企业合规制度已进入改革的"深水区",从检察机关主管,发展至法院撤回起诉、量刑以及执行阶段。自2020年3月起,最高人民检察院以六家基层检察院为试点开展第一期涉案企业合规改革工作。试点开展两年多的过程中,最高人民检察院共发布四批20件典型案例,试点范围不断扩大,直至全面推开涉案企业合规改革。企业合规改革的本质在于探索一种"互惠共赢"的企业犯罪治理新模式。① 检察机关针对涉案企业内部管理模式中的具体问题,开展专项合规计划,实现涉案企业出罪的法律效果。截至2022年12月,全国检察机关累计办理涉案企业合规案件5150件,其中适用第三方监督评估机制案件3577件(占全部合规案件的69.5%),较2022年4月初全面推开时分别新增3825件、2976件;对整改合规的1498家企业、3051人依法作出不起诉决定。另有67家企业未通过监督评估,企业或企业负责人被依法起诉追究刑事责任。② 试点改革初见成效,从适用缓刑和从轻处罚到决定不起诉、从企业合规到检察建议模式到合规考察模式、从轻罪到重罪尝试、从引入第三方监督管理机制到简式合规和分案处理模式,检察机关结合试点的经济发展状况及法治基础展开不同模式的探索。检察机关从检察职能向社会治理延伸,积极探索涉案企业合规制度,通过检察建议方式或者合规考察方式将企业合规纳入涉案企业的案件办理中,以合规整改效果作为适用认罪认罚从宽制度或者依法适用不起诉制度的重要依据,实现对涉案企业的"去犯罪化"改造。在此背景下,我国目前的合规制度不能脱离刑法的具体规定而从功

---

* 首都经济贸易大学法学院教授,中国刑法学研究会理事。

** 首都经济贸易大学博士研究生。

① 参见李奋飞:《论涉案企业合规的全流程从宽》,载《中国法学》2023年第4期。

② 参见孙风娟:《充分发挥典型案例指引作用 深入推进涉案企业合规改革》,载《检察日报》2023年1月17日,第2版。

利的立场出发、没有节制地进行适用。① 这引发了刑罚预防功能下的诸多疑问。

第一,司法实践与刑事合规理念扞格。涉案企业合规制度作为“舶来品”,其理念在于为涉罪企业“松绑”,宽宥涉罪企业避免其陷入经营困境。但是在涉案企业合规制度探索的过程中,存在同时宽宥涉罪企业和企业内部直接责任人,如最高人民检察院公布的第四批涉案企业合规典型案件例中的案例四、案例五②,和为减轻企业内部的高管及直接责任人的责任,对“无辜”的涉案企业适用合规制度的情形,如最高人民检察院公布的第三批涉案企业合规案例二。

上述情形有悖于刑事合规理念的初衷,从法益保护角度考量,当企业内部的高管以及直接责任人为实现非法利益,利用合规制度实现个人出罪时,不利于涉案企业的法益保护。这种背景下,如何消解司法实践与合规理念的扞格成为学界研究的当务之急。

第二,企业合规出罪路径没有实体法依据。刑事合规制度为企业提供“出罪”路径,检察机关的监督职能向积极参与社会综合治理延伸,体现社会治理和犯罪预防一体化的刑事司法理念。③ 基于我国“立法定性+定量”的犯罪界定模式④,目前现有的单位犯罪的法律规定处罚方式也较为单一,并未向企业提供出罪的实体法路径。⑤ 实践中,在各试点检察院探索涉案企业合规改革的案件中,对法定刑三年以上的案件提出轻缓量刑建议的比例日益增加。⑥ 而关于法定刑三年以上的案件适用合规相对不起诉制度,并无相应法律依据和法理基础。在单位犯罪企业合规出罪路径中,以“义务下沉”的方式,将组织体的内部控制管理责任分派至组织体自身,促进涉案企业的管理与调整。

综上所述,无论是捋清企业合规理念抑或企业合规出罪路径实体法依据,若将视线脱离隐性的实体法仅聚焦于显性的程序法范畴,必将导致刑事合规制度身陷囹圄,无法起到犯罪预防的法律效果。有鉴于此,针对上述两个问题,本文第二部分从犯罪预防视角出发对制度本土化“合规理念”作出分析,梳理背后与实践的关联,第三部分立足于单位犯罪刑事责任的理论基础分析企业合规出罪路径,寻求实体法上的突破思路。最后,通过上述刑事法理上的分析,以期寻求最适合我国刑事合规制度改革的

① 参见黎宏:《我国刑法中的单位犯罪规定与企业合规不起诉改革实践》,载《江西社会科学》2023 年第 1 期。

② 参见《涉案企业合规典型案例(第四批)》,载最高人民检察院官网,https://www.spp.gov.cn//xwfbh/dxal/202301/t20230116_598635.shtml,2023 年 8 月 29 日访问。

③ 参见陈瑞华:《刑事诉讼的合规激励模式》,载《中国法学》2020 年第 6 期。

④ 参见王迎龙:《轻罪治理背景下出罪模式研究——实体与程序路径的双重反思》,载《比较法研究》2023 年第 4 期。

⑤ 参见邵旻、王皓赟:《我国单位犯罪原理与企业刑事合规的衔接与构建》,载《上海法学研究(集刊)》2022 年第 15 卷。

⑥ 参见张晓津、俞启泳:《充分发挥典型案例指引作用 逐步深化涉案企业合规改革》,载《人民检察》2023 年第 3 期。

中国方案,在实体法层面希冀对我国刑事合规改革规范化进路有所裨益。

二、视角切入:犯罪预防视角下合规理念的审视与反思

(一)“一般预防”边界:自然人犯罪适用合规制度

刑事合规不起诉制度在传统的注重惩罚犯罪和保障人权的刑事法理论中嵌入犯罪预防理念,体现犯罪预防和社会治理一体化的刑事司法理念。① 刑事合规制度是对企业的一种“容错机制”,涉案企业通过合规制度实现出罪的目的。该“容错机制”的适用以“实体入罪、程序出罪”为依据,侧重于调和法人刑事责任过重的趋势,实现法人刑事责任轻缓化。② 刑事合规制度是对传统刑事犯罪事后追责模式的突破,通过“义务下沉”将涉案企业的防控治理向事前预防逐步拓展。企业合规的事前防范通过事前合规体现,即企业自身建构合规内部控制机制,起到犯罪预防的效果。企业合规的事后预防通过事后合规体现,以外部激励方式(是否起诉、是否适用认罪认罚从宽制度减轻量刑)推动企业参与合规,使企业在量刑上获得“优惠”(如图1所示)。

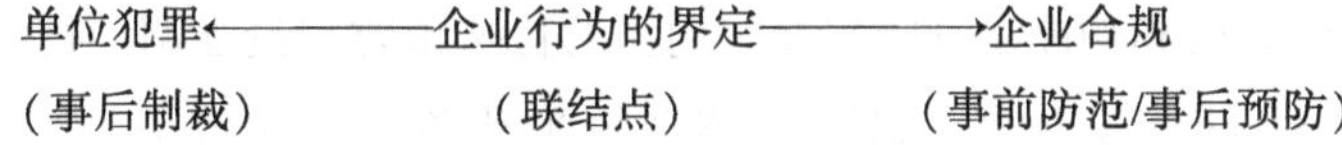

图1 单位犯罪和企业刑事合规的关系

“放过企业,严惩责任人”是企业刑事合规的基本理念之一。③ 关于最高人民检察院发布的第三批典型案例二“王某某泄露内幕信息、金某某内幕交易案”④,有学者从实务中所坚持的类似于“替代责任论”的立场出发,认为该案例适用范围违反了我国刑法中关于单位犯罪的规定,“企业合规从宽处罚的前提是,企业自身必须存在犯罪行为”⑤。有学者认为,“最高人民检察院颁布的第四批合规典型案例中,更存在不论是否成立单位犯罪,自然人均在企业合规之后出罪的情形”⑥。也有学者认为,企业构成单位犯罪时,“合规整改”可以成为企业的刑罚从宽事由,但合规激励对象不包括涉案企业成员。⑦ 基于罪责刑相适应原则,有学者对合规考察的负担性进行了理论上的证成,并主

---

① 参见陈瑞华:《刑事诉讼的合规激励模式》,载《中国法学》2020年第6期。

② 参见孙国祥:《刑事合规的理念、机能和中国的构建》,载《中国刑事法杂志》2019年第2期。

③ 参见冯卫国、方涛:《企业刑事合规本土化的现实困境及化解路径》,载《河南社会科学》2022年第6期。

④ 参见《涉案企业合规典型案例(第三批)》,载最高人民检察院官网,https://www.spp.gov.cn/xwfbh/dxal/202208/t20220810_570419.shtml,2023年8月29日访问。

⑤ 黎宏:《我国刑法中的单位犯罪规定与企业合规不起诉改革实践》,载《江西社会科学》2023年第1期。

⑥ 王颖:《企业附条件不起诉:改革困境与制度突破》,载《清华法学》2023年第3期。

⑦ 参见冀洋:《企业合规刑事激励的司法限度》,载《比较法研究》2023年第2期。

张合规考察不能针对无辜的企业任意适用。① 有学者认为,刑事合规制度适用于企业,而非宽宥责任人个体。② 也有学者认为,将刑事合规制度带来"改过自新"的机会适用于责任人个人与制度理念不自洽。③

当前实践中,部分试点单位严格按照现行企业合规改革试点工作方案相关文件执行,以直接责任人员和主管人员可能判处刑罚为依据,作为裁量是否适用涉案企业适用合规制度的条件;还存在部分试点单位,对于直接责任人员和主管人员、涉案企业采取分案模式,即对涉案企业是否适用合规制度不以直接责任人员和主管人员量刑为前提条件,进行单独裁量。在此背景下,存在即使涉案企业并未涉及单位犯罪,检察机关仍然要求企业接受合规监管,以及在企业未涉及犯罪,直接对企业内部自然人适用合规制度的情形。上述涉案企业合规制度的适用明显为满足个人"出罪需求"而强行适用,并无实体法依据且有悖于一般预防的理念。基于罪刑法定原则,自然人犯罪适用合规制度的机理在于该自然人实施的是否与涉案企业生产经营活动密切相关的犯罪案件,由此,才能促进企业治理和发展,实现一般预防的法律效果。

(二)"特殊预防"边界:再犯适用合规制度

刑罚的目的和功能是预防犯罪。刑罚的特殊预防理论强调,对已经发生犯罪的人施加刑罚,使犯罪人不能再犯罪④,体现再犯预防的法律效果。从当前试点情况来看,我国企业合规的适用对象包括轻罪与重罪,在出罪模式上形成了相对不起诉和附条件不起诉的模式讼争。⑤ 在合规制度改革过程中,我国的企业犯罪在治理上呈现多元化防控(如图 2 所示)。无论涉案企业是重罪还是轻罪,适用合规制度时可以突破传统单位犯罪对涉案企业的刑法规制,实现企业自我合规管理。基于刑法平等原则,当"义务下沉"至组织体自身时,涉案企业再次适用合规制度实现出罪应当设立相关边界,以免企业内部高级管理者或者直接责任人利用合规制度连续转嫁责任,不利于法益的保护。

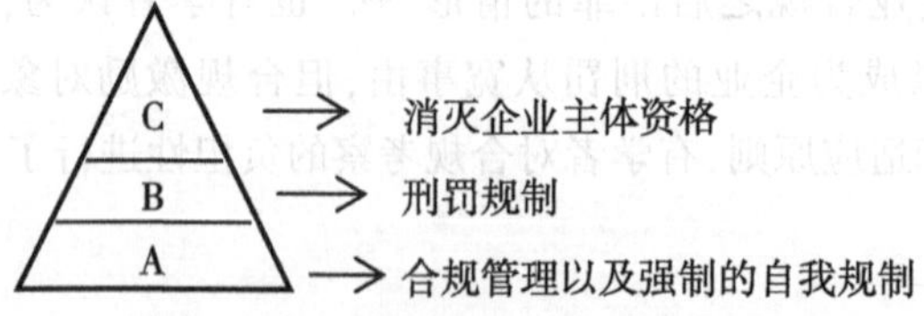

图 2 企业犯罪治理多元防控的模型

---

① 参见李本灿:《刑事合规制度改革试点的阶段性考察》,载《国家检察官学院学报》2022 年第 1 期。

② 参见李奋飞:《涉案企业合规刑行衔接的初步研究》,载《政法论坛》2022 年第 1 期。

③ 参见王海军:《组织责任论视域下企业合规不起诉的司法适用范围》,载《法学评论》2023 年第 2 期。

④ 参见张明楷:《刑法学》(第 6 版),法律出版社 2021 年版,第 683 页。

⑤ 参见莫洪宪、罗建武:《重罪企业合规的实践困境与对策探讨》,载《甘肃政法大学学报》2022 年第 6 期。

关于再犯涉案企业能否再次适用合规制度，有学者认为应当先对再犯涉案企业的体量作出较大型、大型、中小型企业、小微企业等规格的区分，然后针对行政犯属性的单位犯罪罪名作出限定。① 此外，在一些试点工作方案中②，在消极条件部分还规定了截堵性的条款，即"其他不宜适用的情形"。③ 此外，在多数试点单位将虚开增值税专用发票罪作为合规试点中心之时④，亦有部分试点单位将危害国家安全与恐怖活动犯罪等罪名排除在外。⑤ 涉案企业中主管人员或者直接责任人员的量刑可能超过 3 年的，即便适用认罪认罚，也不属于"免除处罚"的情形。⑥ 实践中，如果曾因同一性质行为受过刑事处罚或者较重行政处罚的，应根据实际情况具体考量，以起到特殊预防的法律效果。

三、理论逻辑：企业刑事责任论下单位犯罪归责机制分析

刑事合规制度是旨在激励企业建设既能实现自我犯罪预防，又能克服目前刑罚体系弊端的单位犯罪治理新机制。⑦ 关于单位犯罪是以单位成员的行为和意志为出发点，还是以单位自身的行为和意志为出发点⑧，当前存在代位责任原则、组织体责任说等观点。我国的单位罪责理论发展从自然进路的代位责任理论向规范进路的组织体责任论转变，而合规制度无论是在代位责任理论中还是组织体责任论中均是影响定罪量刑的要素（如图 3 所示）。企业合规由公司主导作出决策，指导内部员工配合，降低合规风险使员工和公司受益⑨，而合规计划应包括确定在组织或组织调查不当行为的过程中，该组织何时"知道"相关违法行为。⑩ 合规制度归责理念旨在将企业责任和个人责任分开考量，当公司合规计划通过监管验收，将合规作为公司出罪的路径，仅对直接责任人作出起诉决定。

---

① 参见韩轶：《内幕交易、泄露内幕信息罪犯罪主体认定的"辩审冲突"问题研究》，载《法商研究》2023年第 1 期。

② 参见北京市人民检察院《开展企业合规改革试点工作方案》、厦门市思明区人民检察院《涉案企业合规准入标准审查指引（试行）》。

③ 参见时延安：《单位刑事案件合规不起诉的实体条件》，载《政法论坛》2023 年第 1 期。

④ 江苏省人民检察院先后分四批次将试点范围扩大至全省，办理合规案件数量大幅上升，在已办理的 166 件合规案件中，2021 年办理了 134 件，罪名从 12 个（其中近 40% 为虚开增值税专用发票罪）增加至 32 个，显著扩大适用罪名。

⑤ 参见甘肃省人民检察院《企业合规案件办理工作办法（试行）》第 5 条。

⑥ 参见时延安：《单位刑事案件合规不起诉的实体条件》，载《政法论坛》2023 年第 1 期。

⑦ 参见姜涛：《企业刑事合规不起诉的实体法根据》，载《东方法学》2022 年第 3 期。

⑧ 参见黎宏：《组织体刑事责任论及其应用》，载《法学研究》2020 年第 2 期。

⑨ See Todd Haugh, Nudging Corporate Compliance, 54 American Business Law Journal 683, 686(2017).

⑩ See Paul E. McGreal, Corporate Compliance Survey, 64 Business Lawyer 1759(2008).

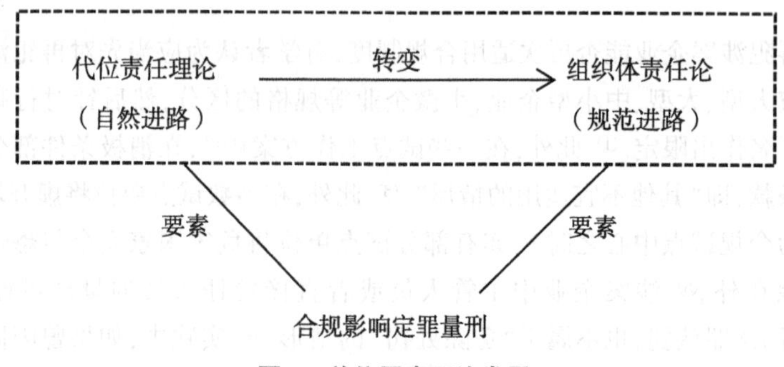

图 3 单位罪责理论发展

（一）代位责任视角下单位犯罪归责机制

基于英美法中“仆人过错，主人担责”传统观念的代位责任论，从严格责任论的立场出发，认为在企业与其从业人员的关系中，企业是主人，而其从业人员就是仆人，仆人在业务活动中出现违法行为时，作为主人的企业必须无条件地为其承担责任。① 美国的单位犯罪归责机制以替代责任理论为基础，美国《联邦量刑指南》第八章“组织量刑指南”中将合规作为量刑激励宽宥单位犯罪，并为组织实施有效的合规计划提供了各种激励措施。② 2017 年 2 月，美国司法部刑事欺诈科发布了题为“企业合规计划评估”（ECCP）的指导意见，通过激励措施和适当的纪律措施，在整个组织中促进和执行合规计划。③ 在合规制度运行过程中，将高级管理人员的个人责任和企业责任分离，以企业是否积极实施合规计划并通过监管验收为重要依据，若该合规计划通过监管验收，则对高级管理人员的个人责任作出起诉决定，对企业作出不起诉决定。

关于代位责任中单位犯罪归责机制，有学者认为预防价值的实现不能逾越责任主义原则，在缺乏激励机制或者激励不够的情况下，单位可能更愿意承担损害赔偿而非高额的监督成本，制度初衷可能难以实现。④ 有学者认为法人刑事责任根据不再是简单的替代责任标准，而是法人的风险管理失误，回归到过错责任原则。⑤ 代位责任理论归责机制，立足于严格责任论，即当企业员工犯罪，全部由企业承担责任，将企业员工的个人责任全部转嫁给企业，从责任自负原则视角分析代位责任理论，有违刑法中的

---

① 参见黎宏：《企业合规不起诉：误解及纠正》，载《中国法律评论》2021 年第 3 期；李本灿：《刑事合规的基础理论》，北京大学出版社 2022 年版，第 4 页。

② See Paul E. McGreal, Corporate Compliance Survey, 74 Business Lawyer 1179, 1180(2019).

③ See Scott R. Grubman, Gregory A. Tanner, The Department of Justice's Evaluation of Corporate Compliance Programs, 33 Criminal Justice, 23(2018).

④ 参见李本灿：《单位刑事责任论的反思与重构》，载《环球法律评论》2020 年第 4 期。

⑤ 参见张泽涛：《论企业合规中的行政监管》，载《法律科学（西北政法大学学报）》2022 年第 3 期；孙国祥：《刑事合规的理念、机能和中国的构建》，载《中国刑事法杂志》2019 年第 2 期。

自我答责原则。针对代位责任原则导致企业责任淡化的问题,不少学者主张以同一视原则来替代。① 同一视原则源于英国法,将代表企业意志的员工主体限缩至高级代理人。在企业未尽到合规义务时,将员工的个人责任推定为企业责任,按照代位责任理论,由企业承担刑事责任;而按照同一视原则,只有高级代理人的个人责任才能被推定为企业责任。无论是基于同一视原则还是替代责任原则,均是通过将企业责任和个人责任分离,根据个人责任去推断判定企业责任,并未契合企业责任本质,即从公司自身寻找责任依据。

(二)组织体责任视角下单位犯罪归责机制

组织体责任理论立足于企业责任自身,主张将单位直接责任人对涉及单位利益所作出的决定视为单位意志,认定为单位行为。在组织体责任论的基础上,企业具有两类出罪路径:一是以企业合规作为抗辩事由实体出罪;二是基于检察院不起诉裁量权,在企业刑事合规后程序出罪。② 我国现有的单位犯罪的法律规定并未向企业提供出罪的实体法路径,且处罚方式也较为单一。③ 该种理论下的刑事合规制度适用,国家通过"义务下沉"的方式,分派责任于"组织体"④,并不当然将企业员工的责任直接认定为企业责任,而是以企业员工或者直接责任人作出的决定是否涉及单位利益为认定依据。在组织体责任理论下的单位犯罪归责机制,企业合规制度可以防止不当行为,更早地发现违规行为,消除或减少组织的责任⑤,促进组织体内部的沟通,并推进其他业务目标。⑥ 合规制度仍是组织体出罪或者定罪量刑的重要依据。组织体责任理论有别于替代责任在责任自担原则上体现,从企业自身寻找责任依据,更能体现企业意志,组织体通过实施专项合规计划,达到监管验收标准,则可实现组织体的出罪路径,直接对直接负责人作出起诉决定。

我国单位犯罪归责机制以"双罚制"为主,"单罚制"为例外。企业和内部员工之间的责任具有独立性和从属性的特征。关于从属性,即将单位视为一个整体,直接责任人为单位的附属部分,将单位犯罪中企业责任和直接责任人的个人责任归于一体,契合刑事一体化的理念。关于独立性,即将企业责任和个人责任分开单独考量,将单位

---

① 参见秦策:《刑事合规的逻辑:制度史的考察与启示》,载《法治现代化研究》2022 年第 6 期。

② 参见王颖:《刑事一体化视野下企业合规的制度逻辑与实现路径》,载《比较法研究》2022 年第 3 期。

③ 邵旻、王皓赟:《我国单位犯罪原理与企业刑事合规的衔接与构建》,载《上海法学研究(集刊)》2022 年第 15 卷。

④ 参见李本灿:《刑事合规理念的国内法表达——以"中兴通讯事件"为切入点》,载《法律科学(西北政法大学学报)》2018 年第 6 期。

⑤ See Paul E. McGreal, Corporate Compliance Survey, 64 Business Lawyer, 265(2008).

⑥ See Dan K. Webb, Steven F. Molo, Some Practical Considerations in Developing Effective Compliance Programs: A Framework for Meeting the Requirements of the Sentencing Guidelines, 71 Washington University Law Quarterly, 383(1993).

和直接责任人作为各自独立的主体,企业和直接责任人针对各自行为分别承担责任。刑事合规制度的适用以企业责任和个人责任分离为基础。按照我国传统的单位犯罪归责机制,企业责任和个人责任并不完全保持从属或者独立,在不纯正的单位犯罪,如票据诈骗罪或者信用证诈骗罪中,则可以将单位责任和个人责任分别考量,单位和直接责任人针对各自行为分别承担责任,同时符合责任自负原则。在纯正的单位犯罪,如单位受贿罪或者工程重大安全事故罪等,由于该罪的犯罪主体只能是单位,因此只能将单位内部员工视为单位的附属部分,由单位承担责任,无法实现责任分离。

四、规范化进路:理念调适与单位犯罪归责机制设计

(一)扞格消释:厘定刑事合规制度适用边界

企业合规制度改革是对现有制度的突破,而涉案企业合规又是"舶来品",考虑到我国司法制度和企业治理的特点,需要结合我国的制度特点和司法实际予以本土化的改造。① 刑事合规理念追求企业犯罪的量刑的轻缓化,通过分割企业责任和个人责任,实现企业责任的减轻或者免除的法律效果。因此,厘定自然人以及再犯适用合规制度的边界,减少合规理念融入本土化过程中的"排异反应"尤为重要。

1. 肯定直接责任人的角色定位并纳入适格主体范畴

我国涉案企业实践过程中有将自然人适用合规制度出罪的情形,且最高人民检察院《关于建立涉案企业合规第三方监督评估机制的指导意见(试行)》第3条将相关责任人参与的犯罪案件纳入第三方监督评估机制的适用案件范畴。② 为满足企业治理和社会发展的现实需求,将直接责任人纳入合规制度适格主体范畴。首先,根据企业体量限定适用合规制度的直接责任人范围。针对涉案企业的体量作出较大型、大型、中型、小型、微型企业分类,结合大型或者较大型企业具有体量较大、内部控制管理机制较为完善、对直接责任人"依赖性"较弱且可替代性高和中小微企业的体量普遍较小,内部控制管理机制不尽完善的特点,将直接责任人的范围原则上限定在中小微企业范畴。其次,明确直接责任人适用合规制度的标准——以中小微企业适用为原则,大型或较大型企业适用为例外。由于中小微企业的直接责任人作为企业责任和个人责任之间的连接点,具有较大经营管理权限,企业运行对其"依赖性"较强,可替代性较低。若该中小微企业直接责任人或者相关管理人员由于企业生产经营利益涉及承

① 参见卞建林:《企业刑事合规程序的立法思考》,载《政治与法律》2023年第6期。

② 最高人民检察院《关于建立涉案企业合规第三方监督评估机制的指导意见(试行)》第3条规定,第三方机制适用于公司、企业等市场主体在生产经营活动中涉及的经济犯罪、职务犯罪等案件,既包括公司、企业等实施的单位犯罪案件,也包括公司、企业实际控制人、经营管理人员、关键技术人员等实施的与生产经营活动密切相关的犯罪案件。

担个人责任导致无法经营企业，使企业陷入经营或者管理困境。在这种背景下，出于中小微企业的性质考量，确立直接责任人适用合规制度的标准。最后，应当将审查直接责任人适用标准作为合规制度适用的前置条件，通过提高适用合规的门槛以避免司法实践中中小企业的直接责任人等将合规制度作为“合法出罪”的工具。

2. 明晰再犯适用制度标准并设置差异化的合规方案

关于涉案企业适用刑事合规制度出罪后，再次出现类似或者相同犯罪情形时能否适用刑事合规制度鲜有讨论。针对此种情形，首先，应当在合规指南中明晰再犯适用合规制度的标准。其次，涉案企业或者企业直接负责人应当承担证明责任。要求涉案企业或者企业直接负责人针对再次适用合规制度的合理性承担证明责任，并且对再次发生类似或者同种企业犯罪说明情况。再次，对再犯适用罪名作出限制。明确不予适用合规制度罪名的范围，如对于危害国家利益、社会利益以及公共安全等方面的范围不予适用，而对于其他类型的相关罪名可以由相关机关采取一定程度的自由裁量权。最后，对适用间隔期限作出要求。针对涉案企业的体量以及是否涉及同种或者类似罪名，根据涉案企业的体量设置差异化间隔期限要求。

（二）机制设计：建立组织责任理论下客观中心归责模式

关于我国单位犯罪归责机制，有学者认为，“在《刑法》第 30 条、第 31 条只是宣示性地规定了单位犯罪及其处罚，但何谓单位犯罪又言之不清的情况下，应当将单位追责模式和单位犯罪模式结合起来，借鉴司法解释的相关做法，在单位追责模式下考虑单位犯罪模式”①。有学者主张将企业责任和个人责任分离②，重构二元模式下的单位刑事责任③，甚至提出更为具体责任上的“三元分离”④。但也有学者针对“二元模式”提出反驳。⑤ 无论是二元模式还是三元模式，均是在单位犯罪中分离企业责任和个人责任。也有学者认为，我国当前的单位犯罪归责机制并非单独的替代责任理论、同一视理论或者组织体责任理论，而是同一视理论和组织体责任理论的结合。⑥ 我国现行的单位犯罪追责机制中单位和内部自然人之间具有从属性和独立性二重性的特征，即针对真正的单位犯罪和不真正的单位犯罪具有不同的属性，在真正的单位犯罪中体现从属性，在不真正的单位犯罪中体现独立性。

---

① 黎宏：《组织体刑事责任论及其应用》，载《法学研究》2020 年第 2 期。

② 参见王志远：《企业合规改革视野下单位犯罪主体分离论与归咎责任论之提倡》，载《比较法研究》2022 年第 5 期；参见刘艳红：《企业合规不起诉改革的刑法教义学根基》，载《中国刑事法杂志》2022 年第 1 期。

③ 参见张静雅：《二元分离模式下单位刑事责任之重构》，载《国家检察官学院学报》2022 年第 4 期。

④ 参见王志远：《超越行为责任：单位犯罪主体关系传统认识的批判与重构》，载《政法论丛》2022 年第 6 期。

⑤ 参见李本灿：《刑事合规立法的实体法方案》，载《政治与法律》2022 年第 7 期。

⑥ 参见张明楷：《刑法学》（第 6 版），法律出版社 2021 年版，第 178 页。

基于刑法罪责刑相适应原则，刑事合规制度改革应当在现有法律框架内探索推进。① 针对企业责任归责理论，提倡代位责任理论的学者认为犯罪单位与单位内部自然人之间是一体的关系，类似从属性，即犯罪主体仅有一个，并未违背罪刑法定原则，体现的是法人自身意志，有效的合规计划成为减轻责任的事由。提倡组织体责任理论的学者认为，有效的合规计划可以排除或者减轻企业责任。无论是替代责任或者组织体责任论，还是新提出的新组织体责任论，某种程度上均具有一定意义。在刑事合规制度背景下，亟须实现企业责任和个人责任的分离，组织体责任理论视域下有效合规计划可以作为完全排除企业责任的事由，更契合我国当下单位犯罪归责机制。

重构单位犯罪归责机制，即提倡所谓"组织体刑事责任论"，亦即"合规责任论"。② 笔者认为，应当在组织体责任理论下采取客观中心归责模式，将企业责任视为合规责任，通过分割企业责任和个人责任，实现合规制度下对企业和直接责任人分别追诉。同时将企业合规义务上升至刑事责任，将权利"下沉"至企业，有利于加强企业对于内部合规监管控制，构建涉案企业单位犯罪的实体法出罪路径。将个人责任与企业责任分离，有效避免直接责任人将合规制度作为出罪方式，为刑事合规制度的本土化构建"实体法入罪"提供依据。

五、结语

在保护民营经济发展的背景下，刑事合规制度改革以及发展成为学界与实务关注的热点问题。刑事合规制度基于企业治理的现实诉求，激活企业内部自我监管机制，致力于实现对企业模式、治理结构和管理路径实质性"去罪化"的处理改造③，不仅要兼顾传统单位犯罪追责机制的转变，还要兼顾制度构建的本土化适应和改良。但是，实践中囿于合规理念本土化的"排异反应"，出现任意扩大合规适用范围情形，偏离刑事合规的制度理念，悖于出罪逻辑并弱化制度本身激励机能功能。本文提出的厘定刑事合规制度适用边界及建立组织责任理论下客观中心归责模式有助于为涉案企业合规制度正式入法做充分准备，以实现企业合规制度效应的整体最优。

---

① 参见刘艳红：《企业合规不起诉改革的刑法教义学根基》，载《中国刑事法杂志》2022 年第 1 期。

② 参见龙宗智：《我们需要什么样的合规不起诉制度》，载《比较法研究》2023 年第 3 期。此种"重构论"有两个基本观点。一是分离单位和单位成员，确立单位犯罪主体的独立性，其主张："在法教义学下，单位具有相对独立的行为、行为背后的意志以及具有可责性、相对独立的主观罪过，形成可判定的归责逻辑，分离单位责任与单位直接人责任，并由此实现单位犯罪归责机制重塑。"二是以"单位建立合规计划的组织管理行为"为中心归责要素，从而形成单位犯罪归责与单位成员归责的不同归责体系。

③ 参见王海军：《组织责任论视域下企业合规不起诉的司法适用范围》，载《法学评论》2023 年第 2 期。

涉案企业合规第三方监督评估机制的刑事政策基础及其功能

李晓明[*]　阮紫晴[**]

随着合规改革工作在全国地方检察院的展开，目前，涉案企业合规第三方监督评估机制（以下简称"第三方机制"）在实践中已发展为一般性合规监管方式，并取得了重要成果。然而，该机制在适用过程中引发了不少争议，涉及第三方机制的适用范围、合规整改思路的选择、合规监督考察期的设置，以及整改验收标准的确立等多方面问题。究其缘由，在于第三方机制的功能定位作为机制体系建构的基点，深刻地影响着第三方机制的运行实效。然而，目前第三方机制仍处于试点探索阶段，立法层面尚未形成对这一机制的严格定义，相关理论基础研究更是乏善可陈。规范与理论层面的支撑匮乏，不可避免地导致第三方机制的功能定位不明及运行实践中的各种迷思。

单位犯罪的刑事责任源于刑事政策的选择，单位犯罪的发展及其治理策略同样受变动不居的刑事政策掣肘。① 在我国，刑事政策作为单位犯罪治理的动力源，其本身的现代化转型成为企业合规改革的正当性基础，亦为被视作合规改革重要内容的第三方机制的功能定位提供目的性指导。因此，本文将从第三方机制的刑事政策基础出发，探讨我国单位犯罪刑事政策的现代化转型对第三方机制功能定位的影响。在此基础上，提出对第三方机制适用予以功能性调控的具体路径。

一、涉案企业合规第三方监督评估机制的刑事政策基础

从我国乃至世界范围来看，单位犯罪的刑事政策经历了自严罚化向宽缓化的发展历程。然而，一味严打或轻放，均难以实现对单位犯罪的有效控制，导致规制效果与制度设立初衷之偏离。在此背景下，以"修复"理念为核心的宽严相济政策的现代化转

---

* 苏州大学国家监察研究院院长，王健法学院教授。

** 苏州大学刑法学硕士研究生，企业合规与监督评估研究中心助理研究员。

① 参见孙国祥：《单位犯罪的刑事政策转型与企业合规改革》，载《上海政法学院学报（法治论丛）》2021年第6期。

型,成为合规不起诉改革及其关键制度第三方监督机制的刑事政策基础。

(一)严罚化政策立场的表现与弊端

在单位犯罪治理领域,严罚化的刑事政策立场主要体现于单位犯罪规制范围的扩大及处罚力度的加大。

一方面,从各国单位犯罪或法人犯罪的立法实践来看,单位或法人所涉罪名基本上遵循着由少到多逐渐与自然人犯罪范围大致相同的发展逻辑。在美国,早期的法人犯罪针对的主要是一些无须犯罪意图、涉及公共福祉的犯罪类型,但时至今日,美国法人犯罪的规制范围已非常宽泛。同样,英国 2007 年出台的《法人非预谋杀人和法人杀人法》中,规定了在法人重大违反注意义务导致他人死亡的场合,对法人刑事责任的追究。①

在我国,以 1987 年《海关法》中对单位犯罪的规定为始,单位犯罪所涉罪名最初以具体罪名的形式,零星分布于单行刑法中。后 1997 年《刑法》设置单位犯罪罪名 84 个,时至如今以修正案的形式增至 160 多个,占据整个刑法分则罪名总数的三分之一以上。② 可见,自 20 世纪 80 年代以来,我国单位犯罪在立法上经历了从无到有、从疏到密的发展进程。

另一方面,单位犯罪的处罚力度也在不断加大。如 1997 年《刑法》规定,单位犯洗钱罪,对直接负责的主管人员和其他直接责任人员,处 5 年以下有期徒刑。《刑法修正案(三)》将法定刑起点提高至 10 年,《刑法修正案(十一)》更是直接删除了单位洗钱罪主管人员和其他直接责任人员的独立法定刑,明确按照自然人犯洗钱罪的规定处罚。

严罚化政策的实施固然严密了单位犯罪法网,强化了单位的刑事责任。这样的政策立场,本是希望通过严刑峻法形成有力威慑,实现"倒逼"单位合法合规经营,积极预防犯罪之目的,但对刑事制裁的过度依赖极有可能引发严重后果。③ 尤其在单位犯罪领域,企业单位作为社会经济活动的重要主体,定罪带来的"耻辱"效应极有可能带来"一人犯罪,一企业倒闭"的悲剧。④ 显然,仅凭严罚化政策难以实现有效单位犯罪的治理目标,反而有可能对企业造成致命打击乃至破坏社会经济稳定。

(二)宽缓化政策立场的表现与弊端

在全球视域下,基于严罚化政策带来的一系列弊端及犯罪预防效果的不佳,以及对法人犯罪发生机理及制约因素的深入反思,法人犯罪刑事政策开始走向宽缓化。其中,以 1991 年美国量刑委员会制定的《联邦组织量刑指南》为典型,企业合规被视为企

① 参见刘士心:《英美刑法中法人犯罪的归责原则研究》,载《中国刑事法杂志》2023 年第 3 期。

② 参见孙国祥:《单位犯罪的刑事政策转型与企业合规改革》,载《上海政法学院学报(法治论丛)》2021 年第 6 期。

③ 参见〔日〕芝原邦尔:《经济刑法》,金光旭译,法律出版社 2002 年版,第 132 页。

④ 参见陈瑞华:《企业合规不起诉改革的八大争议问题》,载《中国法律评论》2021 年第 4 期。

业内控犯罪风险的有力措施,其建构与实施状况成为对企业起诉、减轻或加重量刑的根据。此后,美国还确立了暂缓起诉协议制度(DPA)与不起诉协议制度(NPA),为企业免于被起诉提供了一个通道,象征着美国企业犯罪治理的司法宽缓化。

在我国,自党的十九大首次明确"支持民营企业发展"以来,刑事司法领域发生了自严罚化向宽缓化的刑事政策转型。具体而言,宽缓化政策立场主要体现于以下方面:一是减少办案程序对民营企业经营活动的影响;二是提高民营企业的入罪门槛;三是将"合规不起诉"引入企业犯罪治理。2020 年 3 月,最高人民检察院启动第一批合规不起诉试点工作,至今涉案企业合规改革试点已由最初 6 个基层检察院全面推广至全国检察机关。

然而,一方面,宽缓化政策立场虽具有一定现实基础与合理性,但单向度的宽缓主义不免具有轻放单位犯罪,反向鼓励单位犯罪之嫌,尤其表象化的合规有可能成为单位逃脱罪责的工具,由此导致单位犯罪立法的虚置甚至动摇单位犯罪立法的正当性基础;另一方面,宽缓化政策为司法机关提供了一个极富弹性的执法空间,这种裁量权的过度膨胀将造成单位犯罪的查处与追责处于一种不确定的状态,破坏了法律的稳定性预期,且极易导致司法不公的结果出现。

(三)宽严相济政策立场的转型与内涵解读

对于单位犯罪的治理,无论是单向度的严罚还是宽缓都是不可取的。单位犯罪刑事政策的应然走向,必须立足于现代刑事法治,深刻契合单位犯罪的立法目的。考虑到单位犯罪治理中经济利益衡量的必要性,以及对犯罪恶害予以惩治的正义需求,单位犯罪的刑事政策应在严罚化与宽缓化之间进行平衡。

从单位犯罪的立法目的来看,追究单位刑事责任而非仅追究自然人刑事责任,是基于追究单位刑事责任能更为有效地预防这一犯罪现象的再次发生。从犯罪预防的效果来看,国家虽然可以采取一系列外部监督措施,但各种不同类型企业经营运作程序上的差异,决定了国家难以制定和实施适合不同企业特点的犯罪预防措施,仅依靠外部监督往往效果不佳。① 而企业通过内部监督、报告及处罚机制能够最为及时地发现其从业人员的违法行为或潜在的各种危险并迅速地做出回应进行纠正,从而有效地防范内部犯罪风险。因此,从刑事合规在域外的发展来看,涉案企业如果要获得暂缓起诉或不起诉的刑事处遇优待,必须以积极弥补损害的法益,积极修复自身合规监管体系作为前提条件。② 在此过程中,通过激励企业制订合规计划与落实,帮助企业完成规范意识的重新塑造,为其恢复正常合规经营提供基础,从根本上实现预防企业再

---

① 参见孙国祥:《刑事合规的理念、机能和中国的构建》,载《中国刑事法杂志》2019 年第 2 期。

② 参见庄绪龙:《应将"法益恢复"作为刑事合规的实质根据——以集资犯罪的刑法处置为例》,载《法治现代化研究》2023 年第 3 期。

犯,帮助企业重归社会之目的。

可见,与传统的依赖事后惩治的治理模式不同,合规制度在刑事诉讼中的应用反映了"修复"理念在企业犯罪刑事政策中的引入,即企业通过合规制度的构建与运行实现自身守法状态的修复以实现风险的事前预防。而"修复"理念的引入并不意味着单向度的严罚化,亦不意味着单向度的宽缓化,而是对两种方向的一种调和。换言之,"修复"是对被害人的创伤进行弥补,对加害人自身进行矫治修复,从而实现社会关系的修复,是以一种更加缓和而又深入本质的方式实现对单位犯罪的惩治与预防。

二、涉案企业合规第三方监督评估机制的功能定位

在宽严相济政策现代化转型的背景下,第三方机制作为我国合规不起诉改革的关键着力点,其功能定位同样应建立在融贯"修复"理念的基础上,同时应有效联结预防与报应目的,形成对特殊预防、矫治修复和监管制裁三重功能的有机整合。

(一)第三方监督评估机制的基础功能:特殊预防

在合规不起诉改革中,如果犯罪单位不能通过外部干预实现合规经营,则非罪化处理显然难以获得正当性,故预防单位再犯仍是合规不起诉制度的一大基本关切,是第三方机制的基础功能。

在工业化发展早期,企业规模较小,大多为单一科层制结构。在组织结构方面,企业内部管理权与决策权如金字塔般由上至下、层级分明、权力集中。[①] 随着工业化发展,企业组织的规模不断扩大,企业的决策与运营明显超越了过往小规模企业内领导个人所能辐射的能力范围。在此过程中,更多企业以权力分散的多重分支形式存在。身处于规模庞大的企业内部的成员在思考与行动时,受到其在企业内部分工、职责地位的种种限制,并且无时无刻不在受到企业整体目标及长久运营中形成的企业文化的影响。[②] 传统的企业附属关系却与企业成员的附属关系发生了实质性颠倒,在该种附属关系中,自然人的个性化特征在复杂的制度化建构中逐渐消解,逐步成为庞大组织体运转过程中一个微不足道的组成部分。在此情形下,不得忽视企业通过合规体系的建构与有效运行在犯罪预防方面所能发挥的能动性。可以说,对涉案企业内部结构体系进行修复是帮助企业修复规范意识、预防再犯的前提。

综上,特殊预防功能强调合规整改能够有效防止再次发生相同或者类似的违法犯罪行为发生。显然,将特殊预防功能定位为第三方监督评估机制的基础功能,有助于在不同类型案件中有针对性地调整合规整改思路,同时明确第三方组织的过程监管和

---

① 参见蔡仙:《组织进化视野下对企业刑事归责模式的反思》,载《政治与法律》2021 年第 3 期。

② 参见蔡仙:《论企业合规的刑法激励制度》,载《法律科学(西北政法大学学报)》2021 年第 5 期。

结果评估标准。

(二)第三方监督评估机制的核心功能:矫治修复

第三方机制的矫治修复功能主要体现于以下方面①:一是第三方组织帮助涉案企业查明与违法犯罪结果密切关联的深层制度缺陷;二是指导涉案企业设计兼具针对性与科学性的合规计划;三是实质性参与涉案企业合规整改过程,监督企业执行合规计划内容。

正如前文所述,对涉案企业内部结构体系进行矫治修复是帮助企业修复规范意识、预防再犯的前提。同时,矫治修复还是对企业进行挽救与保护的必要条件。因此,笔者认为,应将矫治修复功能定位为第三方机制的核心功能。具体而言,对涉案企业予以刑事制裁可能带来的负面效应不仅危及企业自身,还可能阻碍社会经济发展,一方面,无论是中小微企业还是大型企业,一旦被打上犯罪标签,对其生产经营无疑是致命打击②;另一方面,企业一旦倒闭,特别是大规模企业的倒闭,往往致使大量员工失业及地方税收损失,会对地方经济发展乃至社会稳定造成严重不利影响。故出于对企业私主体利益与社会公共利益的双重利益保护之目的,在企业犯罪治理领域,国家采取了慎用刑事制裁措施的宽大政策,具体便体现为在合规不起诉制度中通过第三方机制来督促企业完成自我整改、消除犯罪隐患,以合规整改的具体结果为依据尽量给予企业宽大处理的机会。

将第三方监督评估机制的核心功能定位于矫治修复,不仅能够推动第三方组织在涉案企业合规整改过程中的实质性参与,为企业提供专业指导,尽最大可能挽救涉案企业。更重要的是这一功能定位能够合理限制第三方监督评估机制的职能范围,突出机制运行中对涉案企业进行保护和挽救企业这一侧重点,防止不合理的合规计划的制订及不合限度的监管方式的滥用,同时避免第三方组织借履职之便干扰涉案企业正常生产经营。

(三)第三方监督评估制度的平衡功能:监管制裁

在对涉案企业予以合规非罪化处遇的同时,也需要通过严加监管和刑罚替代手段发挥超越刑罚的监管制裁效果,以实现政策层面严罚化与宽缓化之间的平衡,而这一效果主要靠第三方机制的运行来实现。

首先,第三方机制的启动给企业带来高昂的成本负担。从合规整改费用所涵盖的范围来看,包括企业自身合规体系建设的成本投入、第三方组织履行监管、考察、评估等职能所产生的费用,以及第三方监督评估中鉴定费、专家论证费等必要开支。一旦

---

① 参见刘艳红:《企业合规不起诉改革的刑法教义学根基》,载《中国刑事法杂志》2022 年第 1 期。

② 参见陈瑞华:《企业合规不起诉改革的动向和挑战》,载《上海政法学院学报(法治论丛)》2022 年第 6 期。

将上述费用进行累计,便会发现企业在合规整改中将承担不容小觑的经济成本,这些费用总和甚至不低于案件的预期罚金数额。

其次,第三方机制是穿透性和实质性的严加监管。完整的合规计划包含若干项要素,是庞大而复杂的治理结构重整。如同样作为合规计划重要因素的合规监管流程体系的建构,包括合规风险评估、风险预警、监督举报、尽职调查、合规审计、合规奖惩、跟踪改进等多项监管机制与措施。上述组织体系及监管流程的建构,对于传统公司治理理念及结构无疑产生穿透式、颠覆性的严格管理和规制影响。

最后,合规整改过程中往往需要对企业内部的违规责任人进行追责和处理。如对于导致违法犯罪行为发生的直接责任人员、主管责任人员、合规管理责任人员,企业需对其进行内部惩戒。在主要责任人员是公司董事长或者实际控制人的场合,也应一视同仁地将其剔除出管理层,必要时应移交执法机关对其进行行政处罚或刑事责任追究。① 这种大规模、高规格的人事制裁,对于企业来说无疑是具有"断臂求生"意味的整改。

不同于矫治修复、特殊预防功能对企业修复正常生产经营、重归社会的正面效应,实质制裁功能会为涉案企业带来不少负面影响。故在修复性司法理念下,实质制裁应当被定位为第三方机制的平衡功能,主要起到合理限缩该机制适用范围的作用,确保合规整改的相称性、经济性与必要性。

三、涉案企业合规第三方监督评估机制适用的功能性调控

第三方机制的三重功能定位虽有所不同,但其相互之间并非割裂、对立的关系,而是相辅相成、相互制约,共同调控第三方机制的适用。

(一)第三方机制适用范围的比例性限缩

目前,第三方机制在合规不起诉案件中适用普遍,被定位为一般性合规监管方式,广泛适用于中小微企业的轻微犯罪案件中,由此引发了不少争议。

首先,中小微企业通常经营模式简单,管理方式原始,欠缺成熟的现代企业治理结构,且企业意志与高管意志高度重合,导致在建立有效合规体系方面欠缺基本条件。② 在此情形下,相较于矫治修复所发挥的保护、挽救企业的正面效应,第三方机制实质制裁功能所带来的财力、物力、人力消耗等负面效应可能更为突出。此外,从特殊预防功能的角度来看,在中小微企业中,由于企业的董事长和总经理往往由一人兼任,董事、监事、高级管理层成员多为家族成员,董事会和监事会形同虚设,这种高度的

① 参见刘艳红:《企业合规不起诉改革的刑法教义学根基》,载《中国刑事法杂志》2022 年第 1 期。

② 参见刘艳红:《涉案企业合规第三方监督评估机制关键问题研究》,载《中国应用法学》2022 年第 6 期。

“人合性”意味着企业高度集权化,组织化程度较低。这些企业即便建构一套完善的合规监管体制,也极易形成表面形式化的合规,难以确保其得以有效运行。

其次,在我国第三方机制适用案件范围的限定方面:其一,应考虑第三方机制启动的经济性。企业在有效合规计划的制订及执行过程中,往往需要投入大量成本。因此,第三方机制的启动必须引入公共利益衡量视角,充分考量投入大量成本对涉案企业进行合规整改是否对社会公众更有利。显然,在企业涉嫌轻微单位犯罪时,其追诉价值本身较小,比起为企业带来的巨大负担,合规整改带来的公共利益可谓是微乎其微。相较之下,当企业涉嫌重大犯罪时,第三方机制的启动更符合经济性。其二,从第三方机制启动的必要性来看,涉及重大单位犯罪的企业,往往存在严重的管理漏洞、制度隐患与治理结构缺陷,无论从犯罪行为导致后果的严重程度还是企业建构合规体系所能发挥的预防再犯的能力来看,这些企业都更具适用第三方机制的必要性。

最后,对于轻微犯罪案件,即使单位不进行合规考察,当存在企业积极退赃、补缴税款、赔偿受害人、认罪认罚的情形时,也可以通过相对不起诉制度予以非罪化处理。[①] 即便认为企业具有合规整改的必要,在中小微企业触犯轻微犯罪的场合,只需要在作出相对不起诉决定的前提下,提出包含合规整改方案的检察建议即可。

(二)专项合规整改中基础性合规要素的整合

合规整改应以专项合规为基本思路,并以风险为导向,进行有针对性的合规整改。当然,以风险为导向,并不意味着要对企业生产经营方方面面的风险及各种潜在的风险进行防控,而是以预防再犯为整改目标,基于合规整改相称性之需求,将企业涉嫌实施的犯罪领域划定为合规风险领域。[②]

从专项合规计划的具体内容来看,专门性合规要素的构造是其重中之重,其主要包括专门性的合规政策和合规员工手册的制定,企业相关业务、产品、管理模式的可替代方案的提供,专门化的业务控制体系的建立,进行特定化的企业培训内容,以及专门性的企业合规部门和人员配置等。

在重视专门性合规要素的构造的同时,不代表完全忽视基础性合规要素的建构与完善。基础性合规要素,是指在企业建立合规体系时必须具有的基本合规要素,包括合规政策、行为准则、合规组织、合规风险识别和评估、合规尽职调查、合规培训、合规文化建设、合规报告和举报、合规审计和监测、合规内部调查、合规奖惩机制,以及合规补救机制等,这些在整个合规体系建构中具有全局性和基础性的地位。[③] 事实上,对任

① 参见陈瑞华:《企业合规不起诉改革的动向和挑战》,载《上海政法学院学报(法治论丛)》2022 年第 6 期。

② 参见陈瑞华:《企业合规整改中的专项合规计划》,载《政法论坛》2023 年第 1 期。

③ 参见陈瑞华:《企业合规整改中的专项合规计划》,载《政法论坛》2023 年第 1 期。

何一个企业进行专项合规整改,均无法忽视对基础性合规要素完备与否的考察。毕竟,专项合规只是整体合规体系中的一个环节,其运行的有效性依托于完善的合规管理制度平台的建构。

当然,基于合规整改的经济性与相称性考量,在专项合规整改中,不可能将所有基础性合规要素均纳入考察范围内,而是在以风险为导向的同时,充分考察违法犯罪事件的发生是否与某些基础性合规要素的缺失具有相关性,并将这些基础性合规要素整合到专项合规整改内容中。

(三)考察期限的延长与验收标准的实质化

过短的考察期限极易形成表面化的监管,不仅难以对企业形成实质、有效的整改,更难以对企业形成威慑,无法与重罪所造成的危害结果相称,具有轻放涉案企业之嫌疑。

为实现整改效果的实质化与最大化,有必要考虑对考察期限进行延长,同时设置跟踪评估期限。具体而言,对于重大犯罪案件,往往需要进行长期整改,可以设置1年至2年的考察期限,同时设置1年跟踪监督期限。[①] 在合规整改期限结束后,检察机关和第三方组织应对企业合规管理体系的运行实效进行跟踪、回访调查,以确保企业认真遵守合规计划、积极履行合规义务。倘若在跟踪监督期限内,涉案企业再次违法犯罪,则可以据此撤销不起诉决定,继续追究企业刑事责任。

关于验收标准,合规不起诉的目标是在矫治修复涉案企业、帮助其建立起预防犯罪有效机制的基础上,去除犯罪烙印可能对企业产生的负面效应,作为合规整改的重中之重,企业合规整改验收也应以此为标准。具体而言,应从以下方面进行完善:一是合规整改有效性评估指标体系的建立。合规评估指标体系应当根据企业实际情况量身定制,应涵盖但不限于合规管理环境、合规职责履行、合规机制运行、合规管理成效、合规要素及重点工作领域等评估指标。二是合规整改验收评估必须采取形式审查和实质审查相结合的方式。三是合规评估方法应得到专门的、详细的规定。四是制定专项合规计划有效性标准,对于涉及税务、反腐败、环境保护、安全生产等重点领域的专项合规提供具有针对性、专业化的有效性标准。

综上,通过功能性调控,第三方机制应定位为特殊性合规监管方式,由此带来第三方机制适用范围、整改思路、考察期限及验收标准等方面的调整。通过功能性调控,能够有效防止第三方机制的泛化适用带来的负面效应,避免合规整改的形式化。

---

① 参见刘成安、杨志超:《企业合规第三方监督评估机制的争议问题与完善路径》,载《山东社会科学》2022年第10期。

刑事合规背景下单位犯罪构造重塑

——对单位个罪规定的冲击与应对

唐慕尧[*]　李振林[**]

一、问题的提出

随着企业合规改革试点范围的不断扩大、适用对象的不断扩张，因实体法缺位导致的司法困境也逐步加剧。重罪不诉引发罪刑法定原则的贯彻危机，“放过企业，追诉责任人”对单位犯罪结构的破坏引发了刑法学界的关注。[①] 尤其是实践中检察机关“分案处理”重大单位犯罪案件的实操模式，对企业适用合规不诉并单独对涉案企业家提起公诉，背离了我国传统的单位犯罪构造原理，由此引发了学界对单位犯罪归责原则和单位犯罪构造重塑的全面讨论。现有重塑方案主要有提倡单位犯罪组织体固有责任[②]、对单位犯罪双罚制进行改造[③]，以及促成单位和责任人责任分离等[④]。这些方案从刑事实体法的总则部分入手，对《刑法》第30条、第31条规定的单位犯罪责任、单位量刑情节、单位犯罪制裁方式作出修改。然而，这些方案鲜有关注到刑法总则的修改对刑法分则现有单位犯罪条款适用的影响和冲击。应当看到，我国的单位犯罪制度构造由总则条款和分则条款共同组成，分则条款是根据总则条款的原则性指引、通过具体条款来划定单位犯罪的范围、构成要件和刑罚尺度的。[⑤] 而忽视总分逻辑的紧密性、联动性，势必会导致刑法总则与分则的断层，破坏单位犯罪制度的内部自洽性。是故，本文将从刑法体系自洽性、合规立法激励性的

---

* 华东政法大学刑事法学研究院研究人员。

** 华东政法大学刑事法学院副院长、教授。

① 参见刘艳红：《企业合规不起诉改革的刑法教义学根基》，载《中国刑事法杂志》2022年第1期。

② 参见黎宏：《组织体刑事责任论及其应用》，载《法学研究》2020年第2期；时延安：《合规计划实施与单位的刑事归责》，载《法学杂志》2019年第9期。

③ 参见蔡仙：《组织进化视野下对企业刑事归责模式的反思》，载《政治与法律》2021年第3期；李本灿：《单位刑事责任论的反思与重构》，载《环球法律评论》2020年第4期。

④ 参见刘艳红：《企业合规不起诉改革的刑法教义学根基》，载《中国刑事法杂志》2022年第1期；李本灿：《刑事合规立法的实体法方案》，载《政治与法律》2022年第7期；刘艳红：《刑事实体法的合规激励立法研究》，载《法学》2023年第1期。

⑤ 参见宗建文：《刑法机制研究》，中国方正出版社2000年版，第66—67页。

角度,分析和检视单位犯罪构造重塑对刑法分则中的单位犯罪条款的冲击和影响,并力图提出科学、合理的应对方案。

二、单位犯罪构造重塑的必要性及方案选择

在企业合规改革试点中,单位犯罪的既有归责模式和处罚模式在改革中出现了适应性障碍①,引发了学界对"重塑单位犯罪构造"的广泛讨论。当下主流的研究逻辑为先从单位犯罪归责理论出发,从刑事合规义务的角度重构单位犯罪的归责原则,用组织体固有责任论构建企业刑事合规义务的正当性基础;再从立法角度提出实体法的修改方案。② 与之相对,也有一部分学者反对重构我国单位犯罪的归责模式以迎合企业刑事合规计划③,认为重构单位犯罪构造在设计上大动干戈,不具有经济性,效果上削足适履,难以自洽。④ 尽管在是否需要通过重塑单位犯罪构造、修改实体法来扩大刑事合规的适用这一问题上存在争议,但笔者认为,我国单位犯罪立法确实存在缺陷,在刑事合规背景下亟须考虑单位犯罪构造重塑的必要性及重塑方案的问题。

(一)单位犯罪构造重塑具有现实必要性

在论证必要性问题前,需要重申的是,重塑单位犯罪构造并非一反既往的全盘重构,而是在保证立法稳定性前提下的结构性优化,将更优的单位刑事责任归责理论巧妙融入《刑法》第 30 条、第 31 条,以完善我国单位犯罪体系,激活单位合规动力。

1. 现有单位犯罪归责理论存在结构性缺陷

我国现有通说及司法解释通过单位中特定自然人的行为、意志来认定单位犯罪范围。如通说"三要素说",用自然人行为是否符合"以单位名义""为单位利益""体现单位意志"判定单位是否构成犯罪;《全国法院审理金融犯罪案件工作座谈会纪要》采取"二要素说",规定"以单位名义实施犯罪,违法所得归单位所有的,是单位犯罪";最高人民法院、最高人民检察院、公安部、司法部、生态环境部《关于办理环境污染刑事案件有关问题座谈会纪要》第 1 条规定,"为了单位利益,实施环境污染行为,并具有下列情

---

① 主要是分案处理的司法实践,具体的司法实践参见陈瑞华:《单位犯罪的有效治理——重大单位犯罪案件分案处理的理论分析》,载《华东政法大学学报》2022 年第 6 期。

② 参见黎宏:《组织体刑事责任论及其应用》,载《法学研究》2020 年第 2 期;李本灿:《单位刑事责任论的反思与重构》,载《环球法律评论》2020 年第 4 期;王志远:《企业合规改革视野下单位犯罪主体分离论与归咎责任论之提倡》,载《比较法研究》2022 年第 5 期;蔡仙:《组织进化视野下对企业刑事归责模式的反思》,载《政治与法律》2021 年第 3 期等。

③ 参见李翔:《企业刑事合规的反思与合理路径的构建——基于我国单位犯罪原理的分析》,载《犯罪研究》2021 年第 5 期。

④ 参见陈珊珊:《刑事合规试点模式之检视与更新》,载《法学评论》2022 年第 1 期。

形之一的,应当被认定为单位犯罪"①。这一归责理论的显著特点是,单位没有独立的刑事归责根据,单位责任与单位成员责任捆绑、连带;其理论根据是,民法中法人(单位)为拟制人格,不具有意思能力,法人行为只能通过其中的自然人行为来体现,法人意志也只能通过自然人意志体现。② 然而,这一归责模式同时也存在显著的结构性缺陷。第一,"为单位利益"遗漏了单位过失犯罪(如《刑法》第135条重大劳动安全事故罪),仅能涵盖单位故意犯罪和存在经济利益的犯罪。第二,"三要素说"为循环论证,逻辑上不具有自洽性。"三要素说"中存在"体现单位意志"要件,即自然人行为能体现单位意志时构成单位犯罪;但"三要素说"所蕴含的归责理论又否认单位具有独立的意思能力,单位意志依托于自然人意志,这就形成了永无止尽的循环论证。当"单位意志"这一要件被虚置时,"三要素说"便滑向了"二要素说",成为实质的严格责任模式,单位责任被无限扩大。第三,法人不具有意思能力并非民法通说,不能为传统归责理论提供有力支撑。德国民法主流观点认为,法人具有行为能力,《瑞士民法典》③第54条与我国《民法典》第57条均承认法人的行为能力。行为能力以意思能力为前提,因此民法通说实际上承认了法人具有意思能力。④ 组织体的规章、政策、文化等便是单位独立意志的体现。

2. 现有单位犯罪处罚模式存在适用性障碍

我国刑法对单位犯罪采取单罚与双罚并轨的模式,合规改革开始前这一处罚模式便备受争议,合规改革后现有处罚模式的适用性障碍更加显著。第一,双罚制中单位和单位成员捆绑处罚的模式使单位并无单独出罪的空间,这一立法模式不承认单位有拒绝犯罪的独立意志,单位仅能默默承受单位成员施加于其的犯罪意志,即使该企业已存在运行良好的合规管理制度也不能从不法中脱身。第二,部分单位犯罪处罚条款中的自然人责任低于自然人犯罪,单位犯罪容易成为帮助行为人逃避刑事制裁的一种重要辩护手段。企业犯罪的刑事治理着力点为犯罪预防和损害修复,单纯的报应刑并

---

① 2019年2月20日最高人民法院、最高人民检察院、公安部、司法部、生态环境部《关于办理环境污染刑事案件有关问题座谈会纪要》第1条规定:为了单位利益,实施环境污染行为,并具有下列情形之一的,应当认定为单位犯罪:(1)经单位决策机构按照决策程序决定的;(2)经单位实际控制人、主要负责人或者授权的分管负责人决定、同意的;(3)单位实际控制人、主要负责人或者授权的分管负责人得知单位成员个人实施环境污染犯罪行为,并未加以制止或者及时采取措施,而是予以追认、纵容或者默许的;(4)使用单位营业执照、合同书、公章、印鉴等对外开展活动,并调用单位车辆、船舶、生产设备、原辅材料等实施环境污染犯罪行为的。

② 参见黎宏:《我国刑法中的单位犯罪规定与企业合规不起诉改革实践》,载《江西社会科学》2023年第1期。

③ 1907年《瑞士民法典》第54条规定,法人一经依法或依章程设立必要的机关,即具有行为能力。(Art. 54 Legal entities have capacity to act once the governing bodies required by law and their articles of association have been appointed.)

④ 参见朱庆育:《民法总论》,北京大学出版社2013年版,第411—414页。

无益于企业犯罪的综合治理。在刑事合规改革的契机之下正视固有不足、优化刑事治理方案恰逢其时。

(二)单位犯罪构造重塑方案的选择

笔者通过梳理发现,不同的单位犯罪归责理论会引发不同的实体法单位犯罪修改方案,目前存在组织体固有责任论、二元模式、新组织体责任论等多种主张,单位犯罪的重构方案主要有两种。

1. 以组织体固有责任论为基础的重构方案

组织体固有责任论以单位具有自身的行为和意志,而单位的意志又来源于单位机关的决定和单位固有的特征为理由,论证单位犯罪是"单位本身的犯罪"。从单位自身的固有要素即组织体的制度政策、精神文化等要素中寻找单位犯罪的处罚根据,以摆脱传统学说"只能借助单位中的自然人的思想和行为来证明单位犯罪"的片面性。组织体固有责任论下单位犯罪的成立要件亦包括客观方面和责任方面。在客观方面,单位组成人员在单位业务活动中为单位利益实施了违法犯罪行为,即单位业务活动范围之内或者单位业务活动过程中单位组成人员的不法行为,均可视为单位的实行行为。在责任方面,单位必须具有"故意"或"过失"的主观罪过,即从单位自身的存在形式、决策机构成员的决定乃至单位的政策决定、整体的文化氛围等客观要素中,推定单位是否具备刑法所规定的犯罪主观要素。① 以组织体固有责任论为单位犯罪基础归责理论,部分学者建议在《刑法》第 30 条增设一款,作为第 2 款:"依照前款规定,单位对预防犯罪发生进行有效合规管理的,单位不负刑事责任。依照本款规定不构成单位犯罪的,直接负责的主管人员和其他直接责任人员的刑事责任依照自然人犯罪处理。"由此实现单位和责任人出罪入罪的分离。②

2. 以企业刑事责任二元模式论为基础的重构方案

二元模式即区分个人刑事责任与企业刑事责任,该理论试图构建单位责任与个人责任的二元体系,强调两者在认定基础、逻辑及程序上的独立性。个人责任认定遵从传统方法,强调道义责任;单位刑事责任则具有客观性,应当以是否履行单位自身的犯罪控制义务为中心进行考察,不以个人责任为前提。③ 以二元模式论为单位犯罪的基础归责理论,部分学者建议:第一,增加单位犯罪主观要素的规定,以此明确认定单位犯罪的故意与过失不以个人的预见可能性为前提的立场。第二,将单位和责任人分离入罪。删除《刑法》第 30 条中"法律规定为单位犯罪的"限制性要件,将单位刑事责任

---

① 参见黎宏:《组织体刑事责任论及其应用》,载《法学研究》2020 年第 2 期。

② 参见刘艳红:《刑事实体法的合规激励立法研究》,载《法学》2023 年第 1 期。

③ 参见周振杰:《企业刑事责任二元模式研究》,载《环球法律评论》2015 年第 6 期。

的范围扩展至《刑法》分则所有罪名。第三,将“单位进行有效合规治理”规定为从宽情节。①

3. 方案选择

上述两种方案均以单位组织体责任为基础,采用“单位与责任人员责任分离”的模式。在具体构造上存在两点差别:第一,组织体固有责任论模式将“有效合规”作为出罪事由,二元模式论将“有效合规”放置在单位犯罪主观要素的规定中。第二,组织体固有责任论模式未改变在分则条款下列举单位犯罪条款的路径,二元模式论意图将单位刑事责任的范围扩展至刑法分则所有罪名。就“有效合规”出罪的规定方式而言,笔者认为,将其放置在单位犯罪主观要素的规定中更为合理。对于单位犯罪构造重塑的反对之音主要汇聚在“恐成严格责任”的质疑之上。② 若将“有效合规”作为单位犯罪的出罪事由规定在《刑法》第30条中,则单位犯罪会成为客观归责,即客观方面单位组成人员在单位业务活动中实施了违法犯罪行为即可认定单位构成犯罪;尽管可以“有效合规”作为出罪事由,但是出罪以有罪为前提,这种规定模式不可避免地将单位犯罪置于严格责任之中。将“是否进行有效合规管理”作为单位主观罪过的认定要件,则可以避免上述问题,这一设置下单位罪过具有独立性和客观性,无须以自然人的意志要件为前提,又限缩了单位的责任范围。就分则单位犯罪条款范围的问题,笔者认为不宜过分扩大单位犯罪的范围。1997年《刑法》颁行至今,单位犯罪条款不断增加,已接近刑法总体罪名的三分之一,已极尽囊括单位可能涉及的犯罪。此外,将单位犯罪条款尽数删去将造成刑法文本的巨大变动,不利于法律文本的稳定性。

综上,以组织体固有责任论为单位犯罪规则基础是企业合规语境下的必然选择,可以设置以下三个重构面向,既可优化单位犯罪构造,又能得以防止我国单位犯罪滑向“严格责任”的归责路径。第一,增加单位犯罪主观要素条款。在《刑法》第14条与第15条中各增设一款,作为第2款,分别规定:“单位未进行有效合规管理的,可推定单位具有犯罪故意”,与“因单位未尽职履行管理义务而导致危害结果发生的,可推定单位具有犯罪过失”。以此明确单位犯罪主观罪过的认定模式,突出单位刑事责任的客观性,强调单位内部合规治理的重要性。第二,《刑法》第30条增设一款,作为第2款:“单位不构成犯罪的,单位其他直接责任人员依照自然人犯罪处理”③。第三,在《刑法》第31条增设一款,作为第2款:“单位履行合规管理义务的,可以从轻、减轻或者免除处罚。依照本款规定对单位的处罚,不影响单位直接负责的主

① 参见周振杰:《企业合规的刑法立法问题研究》,载《中国刑事法杂志》2021年第5期。

② 参见李翔:《企业刑事合规的反思与合理路径的构建——基于我国单位犯罪原理的分析》,载《犯罪研究》2021年第5期;李本灿:《刑事合规立法的实体法方案》,载《政治与法律》2022年第7期。

③ 其他直接责任人员的界定见下文。

管人员和其他直接责任人员的单位犯罪刑事责任。本法分则和其他法律另有规定的,依照规定。”

三、单位犯罪构造重塑对刑法分则单位犯罪规定的冲击

刑法总则与分则之间具有普遍性和特殊性、抽象性和具体性的逻辑关联,总则对分则条款具有指引性,分则亦承担了对总则条款分流设置的功能,分则条款的完善与否事关单位犯罪构造整体的科学性。[①] 因此,一旦总则中的单位犯罪发生重构,分则必然受到连带性冲击,原本适用良好的分则条款可能与新的总则条款产生矛盾、冲突,原本存疑的条款问题越发凸显。故而有必要审视总则修改下分则单位犯罪条款受到的冲击与影响。

(一)“单罚制”条款下单位刑责缺失的问题越发凸显

我国刑法对单位犯罪的处罚采用“双罚制”与“单罚制”并轨的模式。现行刑法中的“单罚制单位犯罪”中单位为行为主体,而未规定单位的刑事责任。如《刑法》第 137 条中规定了“建设单位、设计单位、施工单位、工程监理单位”的行为主体,而仅规定“直接责任人员”的刑事责任。就适用“单罚制”而言,又存在只处罚“直接责任人员”[②]和处罚“直接负责的主管人员和其他直接责任人员”[③]两种模式。

“单罚制单位犯罪”是否属于单位犯罪,尚存争议。基于“没有刑罚就没有犯罪”和“罪责自负”等刑法学基础理论,学界对此种所谓的“单罚制单位犯罪”展开了激烈批判,认为其本质上根本不成立刑法规范意义上的单位犯罪[④],就只处罚直接负责的主管人员与其他直接责任人员的情形而言,即使刑法分则条文将行为主体表述为单位,也不宜认定为单位犯罪[⑤]。

从刑法体系性、总则与分则自洽性的角度出发,重构单位犯罪构造,面临以下两个问题。第一,“单罚制”和“双罚制”并轨的单位罚责模式导致单位犯罪的范围难以界定[⑥],在刑事合规改革语境下,这一问题越发凸显。单位犯罪的范围难以界定,则合规宽缓量刑的适用范围不能明确。第二,“单罚制单位犯罪”的本质属性尚存争议,这导致单位不承担刑事责任的“单罚制单位犯罪”与单位中的自然人犯罪难以区分。在单

① 参见陆诗忠:《论我国刑法分则规范的完善——以总分则之关系的合理定位为切入点》,载《河北法学》2006 年第 5 期。

② 例如,《刑法》第 137 条工程重大安全事故罪、第 138 条教育设施重大安全事故罪。

③ 例如,《刑法》第 135 条重大劳动安全事故罪。

④ 参见蔡仙:《组织进化视野下对企业刑事归责模式的反思》,载《政治与法律》2021 年第 3 期。

⑤ 参见张明楷:《刑法学》(第 6 版),法律出版社 2021 年版,第 177—178 页;张静雅:《二元分离模式下单位刑事责任之重构》,载《国家检察官学院学报》2022 年第 4 期。

⑥ 参见李翔:《论单位犯罪主体归责二重性》,载《法学》2010 年第 10 期。

位和单位人员责任的分离构造下，单位是否还存在规范意义上的刑事责任存疑，单位责任的适用依据不明，存在单位责任不当消解的可能性；基于责任分离构造，区分单位刑事责任与个人刑事责任，在自然人犯罪的体系下对责任人员的行为进行评价，此时责任人员的追责依据又是什么？这些均是亟须回应的问题。

（二）单位犯罪中责任人员刑责适用依据不完善

单位犯罪的分则条款一般在自然人罪名的第 2 款采用“单位犯前款罪，对单位判处罚金，并对其直接负责的主管人员和其他直接责任人员，依照前款的规定处罚”的模式规定单位犯罪，并且和自然人犯罪采用相同的罪名和法定刑。特殊的是，某些犯罪中对单位犯罪中的直接责任人设置了低于自然人犯罪的法定刑，造成了增加单位犯罪条款反而减轻罪责的局面。[①] 对此，辩护人通常会采取“本案系单位犯罪而非自然人犯罪”的策略以减轻自然人的刑事责任；构成单位犯罪还是自然人犯罪，也成为司法机关控制办案效果的调节方式。[②]

此外，在刑罚设置和归责原则上，学界普遍接受直接负责的主管人员和其他直接责任人员之间的“同化认知”，忽视了组织体成员内部归责原理的差异。在单位与责任人员分离入罪的构造下，直接负责的主管人员和其他直接责任人员的归责原理存在明显差异将会扩大。直接负责的主管人员存在的组织体管理责任将被扩张，其不仅仅因为决定、批准、授意、纵容、指挥等行为承担行为责任，还要对组织体管理、合规计划实施承担一定的组织责任。其他直接责任人员则更接近于一般自然人犯罪的行为责任。在此情况下，“直接负责的主管人员和其他直接责任人员”的出罪、从宽依据也将产生差异。当前“直接负责的主管人员”和“其他直接责任人员”同化的责任模式将产生适用性障碍。

（三）单位犯罪缺乏过失责任条款

单位和责任人员分离入罪时，单位承担的是一种组织责任。即单位因违反组织义务，由于单位内部决策程序和治理结构的缺陷导致社会危害后果发生而入罪。[③] 单位成员责任一般是传统的行为责任。在单位涉及某些犯罪行为，如单位行贿、单位走私时，单位成员的行为往往出于故意，而单位的主观责任包括故意和过失两种情形。

根据前文设置的单位犯罪构造，若单位内部没有形成对单位人员犯罪行为的风控措施或治理结构，缺乏科学的内部决策程序，单位具有“故意”的主观罪过形态，即组织

---

① 例如，《刑法》第 393 条单位行贿罪、第 387 条单位受贿罪在自然人行贿罪、受贿罪之外另立单位犯罪条款，并且设置了不同的法定刑和起刑点。

② 参见金耀华、胡强：《单位犯罪与自然人犯罪的界分——以浙江贵某贵金属有限公司、李某某单位行贿案为切入点》，载《人民检察》2022 年第 16 期。

③ 参见时延安：《合规计划实施与单位的刑事归责》，载《法学杂志》2019 年第 9 期。

体明知会发生危害社会的结果，仍“希望”或“放任”这一结果的发生。若单位内部针对犯罪已有合规管理措施，但在实施合规管理时存在失职，应当认为单位存在过失责任。

除单位涉及的一些责任事故类犯罪，现行刑法规定的单位犯罪多为故意犯罪，不存在单位过失责任的评价空间。随着检察机关合规不诉改革成效越发显著，企业逐步完善合规管理制度，未来涉企过失不法将成为主流，届时现有分则中以故意不法为主的罪责模式将导致刑责缺位。

四、刑法分则对单位犯罪构造重塑的应对方案

单位犯罪构造重塑后，现行分则单位犯罪条款将面临单罚制单位犯罪规定不合理、责任人员刑责适用依据不完善、单位过失责任条款缺失等多重问题。分则单位犯罪制度的完善有必要与总则单位构造重塑同时展开，对此，本文主要提出以下三个面向的应对方案。

（一）补充“单罚制单位犯罪”中单位的刑事责任

对大多数单罚制犯罪而言，仅处罚“直接责任人员”或仅处罚“直接负责的主管人员和其他责任人员”，而不处罚单位的立法模式并不具备恰当的理由。例如，《刑法》第120条之一帮助恐怖活动罪采取了“双罚制”，而第107条资助危害国家安全犯罪活动罪却采取了“单罚制”，犯罪主体均为单位，刑罚上却遗漏单位，缺乏合理性。

为讨论“单罚制”不设置单位责任是否具有合理性，以及是否有必要在“单罚制单位犯罪”中补充单位的刑事责任，需要对“单罚制单位犯罪”的本质及处罚依据进行分析。从“单罚制单位犯罪”的本质属性来看，单位具备客观不法的行为能力。单位实施的客观不法行为系单位自治体系的缺陷导致结果的发生，或受具有缺陷的自治体系影响下的内部决策者的不法行为。① 在最高人民检察院发布的第二批合规典型案例“随州市Z公司康某某等人重大责任事故案”中，作为公司高管的康某某、周某某、朱某某，其所实施不法决策，导致了实害结果的发生，而该决策是借助存在缺陷的自治体系形成（审批监督程序失效），体现了单位意志，因而能够认定为单位实施的客观不法行为。可见，将单位作为“单罚制单位犯罪”中的主体构成要件要素具有必要性与正当性，单位实施了客观不法行为的涉单位犯罪，并不因单位刑事责任的承担不能而否定其行为主体地位。②

---

① 参见黎宏：《组织体刑事责任论及其应用》，载《法学研究》2020年第2期；耿佳宁：《单位固有刑事责任的提倡及其教义学形塑》，载《中外法学》2020年第6期。

② 参见董文蕙、尹锐平：《涉单位犯罪的刑事归责与合规适用》，载《苏州大学学报（法学版）》2023年第1期。

刑罚具有确定性和必定性,有犯罪必有惩罚,责任和刑罚的配置需要保持契合性。[①] 在组织体责任论和"单位与单位成员责任分离构造"下,单位负有对单位成员行为的监督和管理义务,此类义务是单位刑事责任的来源,当单位成员实施了与罪状相应的客观不法行为时,单位同样存在管理失职、故意放任或故意支配成员不法行为的刑事责任。据此,应当对实行单罚制的单位犯罪增补处罚单位的规定,对不宜增补单位责任的罪名,明确为非单位犯罪,不适用单位犯罪相关的实体和程序法规定。这一修正既具有规范意义上的依据,符合"刑责相适应""责任自负"的原则,亦存在犯罪预防的效果。

(二)区分并完善"直接负责的主管人员"和"其他直接责任人员"的责任模式

鉴于"直接负责的主管人员"和"其他直接责任人员"的责任归咎原理的差别,分别厘定两者的认定标准、归责原理具有必要性。就认定标准而言,"直接负责的主管人员"应当指对组织体管理、合规计划实施承担一定的组织责任的主管人员;"其他直接责任人员"指组织、指挥或直接实施犯罪行为的组织体成员。就归责原理而言,"直接负责的主管人员"因未尽组织体管理、合规计划实施产生责任归咎;"其他直接责任人员"仍按照个人责任路径下的传统行为责任定罪,可依据其在犯罪中所起的作用承担主从犯责任。特别注意,如果主管人员直接参与危害行为,也应当被纳入"其他直接责任人员"的范围。针对刑法中直接负责的主管人员责任缺失的分责条款,可进行责任补充。就能否适用合规从宽而言,在构成单位犯罪的情形下,直接负责的主管人员如果通过事中合规建立或完善内部合规体系,降低或消除组织体成员再次犯罪的风险,责任归咎的严厉程度可得以降低,因此获得相应程度的宽宥。不构成单位犯罪时,在自然人犯罪的体系下对责任人员的行为进行评价,不适用合规从宽。

(三)增设单位预防特定犯罪失职罪的规定

行贿、走私和金融诈骗系单位最为经常实施的犯罪,针对这三类犯罪增设单位预防特定犯罪失职罪具有必要性,且符合比例原则的要求。第一,增设单位犯罪过失责任条款具有紧迫性。如前所述,随着企业逐步完善合规管理制度,未来涉企过失不法将成为主流,届时现有分则中以故意不法为主的罪责模式将导致刑责缺位,单位责任被不当消解。第二,这三类犯罪与企业内部权力运行的组织环境密切相关。走私、行贿和金融诈骗均利用了组织体内部特定的职权和架构进行犯罪,单位应当承担构建有效犯罪预防体系的组织体责任。

在单位预防特定犯罪失职罪的构成和刑罚设置上,第一,客观行为为不作为,行为要件为怠于履行上述三类犯罪的预防合规管理义务;第二,结果要件为单位成员为单

① 参见〔意〕切萨雷·贝卡利亚:《论犯罪与刑罚》,黄风译,中国法制出版社2002年版,第68—70页。

位利益而实施了上述三类犯罪,其中,与单位有形式或实质上劳动合同关系的责任人员均是该罪的“单位成员”;第三,主观罪过为过失,要求单位在预防这三类犯罪的合规管理制度建设上严重失职;第四,该罪属于“双罚制单位犯罪”,应同时对单位、直接负责的主管人员设置刑罚。

综上,笔者建议在《刑法》第153条、第200条、第393条后分别增加一款,作为第2款:“单位在预防本罪的合规管理上严重不负责任,后果严重的,对单位判处罚金,并对其直接负责的主管人员,处一年以下有期徒刑或者拘役,并处或者单处罚金。”

刑事合规的适用限度

——以版权产业中侵犯著作权犯罪的刑事合规适用为视角

皮　勇[*]　崔连琦[**]

一、问题的发现

（一）版权产业法治体系的研究背景

自党的十八大以来，文化软实力被确认为重要的国家战略资源。在《知识产权强国建设规划纲要（2021—2035年）》和《版权工作“十四五”规划》中，明确了版权强国的使命，并强调了在版权产业发展中建设法治保护体系的重要性。① 文化产业法治化的进展需要将产业经济学与著作权法律保护紧密结合，以法治改革为驱动，寻找最优的路径推动版权产业的发展。

在法律制度如何影响版权产业发展的问题上，研究方向主要分为两种路径。第一种路径是考察现有的版权产业相关的法治体系有哪些可以改进之处。大部分研究基于比较法，建议在版权制度变革和体制改革中统一国内与国际版权规则②，或认为充分借鉴国外创建版权预警体系等版权政策③；也有提出借鉴专利等其他领域的经验，建立详细的版权登记管理系统和统一的责任规则制度④；或者强调在著作权法以外，应关注刑法对市场的规范和威慑作用，以降低著作权犯罪门槛，以增强对版权市场的监管⑤。

---

* 同济大学上海国际知识产权学院教授，中国刑法学研究会理事。

** 同济大学上海国际知识产权学院博士研究生。

① 参见习近平：《决胜全面建成小康社会 夺取新时代中国特色社会主义伟大胜利——在中国共产党第十九次全国代表大会上的报告》。

② 强调与国际版权规则保持统一，以国际版权规则为借鉴建立我国版权法治体系的观点，参见丛立先、谢轶：《知识产权强国建设中的版权国际合作机制推进与完善》，载《中国出版》2022年第3期；杨健：《国际版权贸易中的文化冲突与协调——以文化强国建设为背景》，载《北方法学》2021年第5期；丛立先：《强国知识产权建设中的全球版权治理》，载《暨南学报（哲学社会科学版）》2023年第2期。

③ 参见易继明：《知识产权强国建设的基本思路和主要任务》，载《知识产权》2021年第10期。

④ 关于借鉴专利领域的专有登记制度，以及借鉴其他国家的统一登记制度或者统一责任制度的观点，参见易继明：《知识产权强国建设的基本思路和主要任务》，载《知识产权》2021年第10期；张颖、毛昊：《中国版权产业数字化转型：机遇、挑战与对策》，载《中国软科学》2022年第1期。

⑤ 参见卢建平：《在宽严和轻重之间寻求平衡——我国侵犯著作权犯罪刑事立法完善的方向》，载《深圳大学学报（人文社会科学版）》2006年第5期。

第二种路径是基于实证研究来考察各种法律政策对于版权产业的影响。初期的研究基于完善和改革知识产权规则有助于推动产业发展①的理论,整体考察知识产权政策对于版权产业的影响,认为知识产权保护强度或者法治体系的不同对于版权产业的高质量或区域性发展有影响,但两者之间的影响关系并非线性关系,而是倒“U”形关系,即持续加大版权保护力度(如频繁修法、增加法规数量等)并不能长期积极影响版权产业,反而当版权保护力度过大时可能导致企业因无法满足对于版权保护诸多要求而减少创新和投资②;之后研究逐渐将版权相关的法律法规单独作为研究的对象,验证了改善著作权法律或政策并不能增加作品数量,也难以证明其能够提升企业业绩③;在该等实证检验无法得出对于版权市场的积极影响结论背景下,一些学者转而从法经济学中的激励效应理论来论证该等现象,即著作权保护对个人和企业创作激励的效果逐渐减弱④,导致基于知识产权的版权保护很难直接刺激市场产生正向效果,市场激励理论下著作权法已难成为创新的主要激励因素,甚至过强的著作权保护可能导致企业为规避合规成本而减少产出动力。

但第二种路径在后续研究中逐渐不再将视野局限于版权法治体系内部,开始考察版权产业中的刑法规制是否有效。因此目前的实证数据虽然没有有力地证实著作权对于版权产业的积极作用,但论证了刑事政策和刑法专条对于著作权犯罪的惩治确实被实证数据证实对版权产业有较为明显的积极作用,可以通过盗版打击、单位犯重罪治理等大幅削减市场上的违规违法收益,推动市场的公平化和法治化。⑤ 但刑事惩治手段所产生的积极影响并不能长期存续,虽然打击盗版等刑事法律措施在短期能显著

① 参见张洪波:《加强保护和创新,以中国式现代化推动版权产业高质量发展》,载《出版广角》2023 年第 2 期。

② 关于知识产权保护与版权产业的关系,版权保护强度与版权产业的关系及版权保护强度与企业业绩的关系的研究,参见吴汉东、刘鑫:《改革开放四十年的中国知识产权法》,载《山东大学学报(哲学社会科学版)》2018 年第 3 期;彭辉、姚颉靖:《版权保护与文化产业:理论与实证研究——基于价值链分析为视角》,载《科学学研究》2012 年第 3 期;庄子银:《知识产权、市场结构、模仿和创新》,载《经济研究》2009 年第 11 期;谢巧生、周克放:《版权司法保护对文化产业发展影响研究》,载《中国出版》2021 年第 14 期。

③ 版权保护强度、著作权政策变化、著作权修法力度等作为指标来评价著作权保护对于版权产业或文化产业的影响的实证研究,参见 Raymond S. Ray, Jiayang Sun, and Yiying Fan, Does Copyright Law Promote Creativity? An Empirical Analysis of Copyright' s Bounty, 62 Vanderbilt Law Review, 1667-1746 (2019);彭辉、姚颉靖:《版权保护与文化产业:理论与实证研究——基于价值链分析为视角》,载《科学学研究》2012 年第 3 期。

④ 参见章凯业:《版权保护与创作、文化发展的关系》,载《法学研究》2022 年第 1 期。

⑤ 在实证研究中,有学者逐渐提出了著作权法的保护及相关政策的保护可能达不到预期的对于作者的激励作用,因此有国内外的学者分别针对域内的盗版打击政策、影视行业的著作权保护政策变化等进行了实证研究,证实了著作权保护政策不能长期对企业的业绩有正向作用,但短期对于盗版的抑制作用较为明显。See Bingyu Hao, The Analysis of the Factors that Influence the Film Revenue, Highlights in Science, 47 Engineering and Technology, 154-159(2023); Yang Yue, The Effects of Movie Piracy on Box-office Revenue: An Empirical Analysis of the Chinese Movie Market, 23 Journal of Applied Economics, 618-655(2020); T. Orme, The Short- and Long-term Effectiveness of Anti-piracy Laws and Enforcement Actions, 38 J. Cult. Econ., 351-368(2014).

削减市场的损失,但该类政策大多数被验证没有长期效果或不能直接对企业的业绩产生积极作用。①

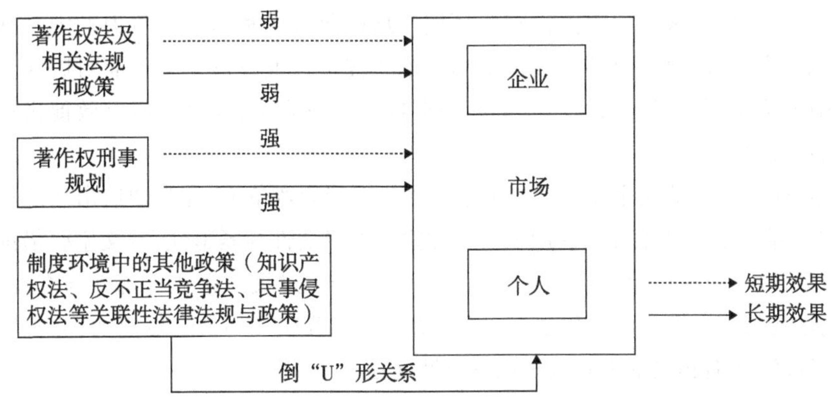

图1 各类法律法规对于版权产业的效用示意图

(二)版权产业法治体系的现实困境

以本文所观察到的版权产业法治体系的相关研究背景为基础,可以得出,当前在建立完善的版权保护体系方面存在一些问题。

首先,大部分研究集中在如何在现行著作权法律法规和政策内部进行改革,以弥补缺漏。然而,从经济角度来看,版权产业仍属于服务型市场,因此对其制度环境的探讨不应仅限于著作权法,而应与整体市场激励和规范政策相关联。

其次,研究更加侧重于宏观视角,如建立国际版权合作、国内版权管理体系等新机制。② 在产业研究中忽略了微观视角,即企业是否能通过法治改革提升实力,从而增强版权产业的竞争力。尽管大部分法学研究似乎默认政策的更新和改革必然能被企业吸收,促进产业发展,但这种观点缺乏合理性。如果落到产业政策的研究来说,就是在版权法治体系中缺乏衔接性的视角,没有将行政法、刑法等其他规范有机结合起来,从整体来考察版权产业的制度环境。

最后,针对刑事法律法规和政策的研究往往缺乏市场化的视角,国内研究对于侵犯著作权犯罪研究主要涉及量刑标准、主客观要素评价等理论,在进行理论探讨的期间直接忽略了刑事政策不能长期在市场上发挥效用的问题,缺乏从产业视角验证著作权刑法规制的合理性的研究。

---

① See McKenzie, Jordi, Graduated Response Policies to Digital Piracy: Do They Increase Box Office Revenues of Movies? 38 Inf. Econ. Policy, 1-11(2017).

② 参见陆燕:《在全球价值链中寻求制度性话语权——新一轮国际贸易规则重构与中国应对》,载《人民论坛·学术前沿》2015年第23期。

(三)问题的提出

从政策效益角度来看,当著作权法难以在经济层面激发市场创新时,可以借助刑法规制的市场效应来优化法治化营商环境。从产业发展和国家竞争力的宏观视角出发,应从具有积极影响的政策切入,推动法治化促进产业发展。当前面对版权法治体系的困境,应从著作权刑法治理体系和刑事规制政策入手,探讨如何有效促进刑事治理的长期效果。

经济管理学已证实企业管理与决策直接关系产业竞争力,亦为塑造市场环境的关键单位①,结合刑事政策在当前版权法治化进程的必要性与紧迫性,本文主张借助刑事合规政策,改善版权产业法治化建设难题。着眼于通过提升企业合规性与合法性,进而提高市场的公平性与法治化水平,以推动刑事政策在市场上有效落实,完善版权产业制度环境,从而解决刑事政策短期有效性问题。

本文旨在有机地将企业合规与著作权刑事治理相结合,从而构建积极有效的刑事治理体系,以进一步推动版权产业的健康发展。这一研究动向基于企业刑事合规的理论基础,侧重于深入探究企业刑事合规与侵犯著作权罪之间的密切联系,进而通过刑事合规实践,达到最佳的版权产业刑事治理威慑效应。企业的自我管理有助于减少整个产业的违法行为,进而延长刑事治理政策的有效实施期。同时,在刑事治理政策执行过程中,也可反哺并指导刑事合规的实践应用,明确其在激励企业方面的适用范围。

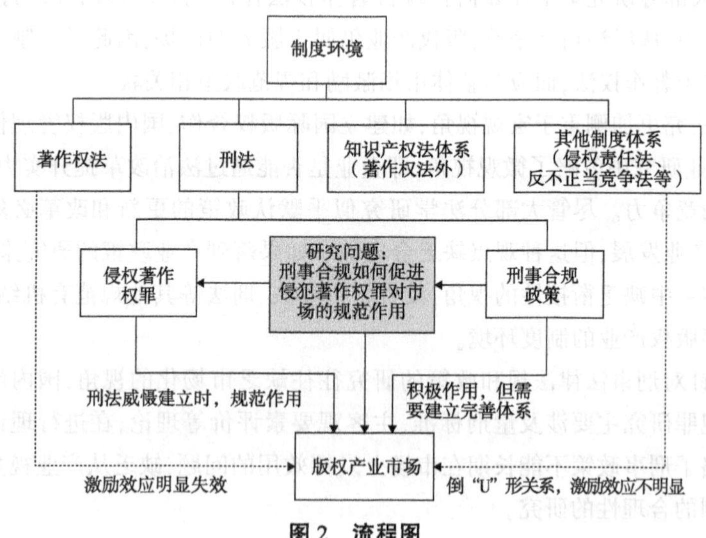

图 2　流程图

① 企业对于产业竞争力的关键性作用的论证,参见裴长洪、王镭:《试论国际竞争力的理论概念与分析方法》,载《中国工业经济》2002 年第 4 期;赵彦云、余毅、马文涛:《中国文化产业竞争力评价和分析》,载《中国人民大学学报》2006 年第 4 期;张超:《提升产业竞争力的理论与对策探微》,载《宏观经济研究》2002 年第 5 期。

二、企业刑事合规与侵权著作权犯罪在版权产业中的现实困境

(一)著作权犯罪的理论基础与现实困境

《刑法修正案(十一)》的颁布标志着对知识产权犯罪的法益侵害评估模式发生了根本性的变化,从多元化向以犯罪情节为主导的全面更新转变。[①] 该修正案满足了刑法在国家知识产权发展和法治健全方面的紧迫需求。根据修法的刑事政策导向,不论是刑罚量刑的调整还是犯罪构成要件的修改,都明确展示了对知识产权犯罪采取严厉打击的倾向,表明我国正处于扩大著作权犯罪法律适用范围的阶段。这种扩大体现在不断降低侵犯著作权犯罪门槛、不断增加相关犯罪类型。[②] 具体而言,调整入罪标准,补充行为要素,并关注与其他法规的衔接问题。[③] 这些调整在很大程度上体现了经济刑法在保护市场交易制度中的作用,通过审慎审视市场行为,扩大了犯罪类型,成为经济刑法扩张的主要手段之一。[④] 同时,法益理论被视为版权法和刑法之间衔接的基础,即刑法以版权法法益为保护对象,将焦点放在保护版权法涵盖的权益上,通过构建犯罪构成的制度理念,实现对版权法保护权益的维护;在理论上,经济刑法的制度设计旨在保护资本配置利益,将知识产权犯罪定性为经济犯罪而非财产犯罪,实际上是为了维护复合法益[⑤]。

基于实证研究,可以得出著作权刑法治理在立法趋势上倾向于扩大犯罪范围,降低入罪门槛,通过增加犯罪类型来应对版权产业发展问题。以"侵犯著作权罪"为关键词进行检索,论证了刑罚量刑和其他量刑主裁量的轻缓化趋势,罚金刑的频繁适用[⑥],实证研究与市场数据(如"剑网行动"成果、盗版市场数据、电影票房收益、企业业

---

① 参见魏昌东:《情节犯主导与知识产权刑法解释体系转型》,载《中国刑事法杂志》2022 年第 1 期。

② 参见施小雪:《论短视频著作权侵权的刑法归责路径》,载《公安学研究》2023 年第 1 期。

③ 参见刘湘廉:《我国知识产权刑法的最新修正及其适用》,载《重庆大学学报(社会科学版)》2022 年第 2 期。

④ 对于著作权犯罪呈现扩大化趋势,并且这种趋势体现了经济刑法理念对于刑法改革的重要性的相关观点,参见涂龙科:《跨部门法视角下经济刑法的范围界定研究》,载《政治与法律》2022 年第 6 期;赵星:《论我国当前经济刑法的扩张》,载《法学论坛》2021 年第 5 期。

⑤ 参见张浩泽、朱丹:《版权法与刑法的衔接——以法益的立法保护为路径》,载《中国出版》2020 年第 6 期。

⑥ 著作权犯罪的修法趋势逐渐降低犯罪门槛、适用罚金刑,以及对于侵犯著作权罪轻缓化的判断的相关研究,参见于志强:《网络知识产权犯罪制裁体系研究》,法律出版社 2017 年版,第 90—100 页;李芳芳:《网络著作权犯罪量刑实证研究》,载《刑事法评论》2021 年第 2 期。

绩等)相结合①,证明随着著作权刑法入罪门槛的降低,对著作权犯罪的治理程度明显增强,且较过去更为显著。在一段时间内,它对市场上合规合法的作品产生了积极影响,例如,推动了电影票房增长,减少了正版音乐和电影公司的损失。然而,从长期效果来看,实证研究结果常呈现负面趋势。一些研究认为,这种刑事政策缺乏长期效果,部分原因在于当前的惩罚措施未能使市场参与者真切感受到刑罚的威慑力。目前来看,著作权犯罪治理尚未在制度环境下建立足够的威慑效力,这也是负面效果的原因之一。②

(二)版权产业中企业刑事合规的基础薄弱

企业合规的范围广泛,涉及多个制度的交叉点。一些研究聚焦于版权产业与企业合规的交叉领域,从著作权合理使用的角度深入探讨,包括构建短视频平台的集体管理机制、侵权处理模式,规范数据挖掘与应用的合规要素③,以及加强广播节目运营和合同管理的合规性。另一类研究以著作权平台治理为切入点,借鉴"守门人"理念加强平台著作权侵权责任的合规治理。④ 尽管合规观念逐渐渗透到版权市场,大部分研究仍集中在"大合规"层面,将刑事合规纳入版权市场研究的尝试有限。我国企业合规的推进长期依赖行政监管部门的强力推动,版权产业仍缺乏针对性的刑法治理机制。⑤ 一些地区颁布了关于企业知识产权合规的指引⑥,明确版权的风险清单、合规对象、刑事合规风险类型等问题。

---

① 关于刑法法律法规及刑法政策效果的实证研究结果,参见 Raymond S. Ray, Jiayang Sun, and Yiying Fan, Does Copyright Law Promote Creativity? An Empirical Analysis of Copyright' s Bounty, 62 Vanderbilt Law Review 1667 (2019);吴汉东、刘鑫:《改革开放四十年的中国知识产权法》,载《山东大学学报(哲学社会科学版)》2018 年第 3 期;彭辉、姚颉靖:《版权保护与文化产业:理论与实证研究——基于价值链分析为视角》,载《科学学研究》2012 年第 3 期;庄子银:《知识产权、市场结构、模仿和创新》,载《经济研究》2009 年第 11 期;谢巧生、周克放:《版权司法保护对文化产业发展影响研究》,载《中国出版》2021 年第 14 期;Bingyu Hao, The Analysis of the Factors that Influence the Film Revenue, Highlights in Science, 47 Engineering and Technology, 154-159(2023); Yang Yue, The Effects of Movie Piracy on Box-office Revenue: An Empirical Analysis of the Chinese Movie Market, 23 Journal of Applied Economics, 618-655(2020); T. Orme, The Short-and Long-term Effectiveness of Anti-piracy Laws and Enforcement Actions, 38 J. Cult. Econ., 351-368 (2014)。

② 对于我国刑法法律法规以及刑事政策对我国版权产业市场的影响研究的实证发现,参见李芳芳:《网络著作权犯罪刑罚威慑效能实证研究——以〈刑法修正案(十一)〉对侵犯著作权罪的修改为背景》,载《山东大学学报(哲学社会科学版)》2021 年第 3 期。

③ 参见赖奇鋆:《再创作型短视频的著作权认定与其合规使用规则》,载《采写编》2023 年第 4 期;郭永辉、宋伟锋:《著作权法下文本与数据挖掘的合规性路径检视》,载《当代传播》2023 年第 3 期。

④ 以平台责任为切入点的对于版权产业中合规的研究,参见郝明英、冯晓青:《从合规管理看广播音频节目的著作权保护与运营》,载《编辑之友》2022 年第 6 期;周辉:《网盘平台创新服务的著作权保护 从平台责任到合规治理》,载《中外法学》2023 年第 2 期。

⑤ 参见陈瑞华:《论企业合规的中国化问题》,载《法律科学(西北政法大学学报)》2020 年第 3 期。

⑥ 上海、广东、北京和深圳先后颁布了《企业知识产权合规标准指引(试行)》《企业知识产权国际合规管理规范》《侵犯知识产权犯罪涉案企业合规整改指南》《深圳市检察机关电子产品翻新产业知识产权刑事合规指引(试行)》等,列明了版权的风险清单、版权合规对象、刑事合规风险类型等问题。

尽管版权产业已开始尝试通过企业合规来规范市场环境,但刑事法律和政策的缺失问题显而易见。市场环境下过分强调政府规制会导致效率低下等问题,不利于版权产业的发展。① 在版权产业刑事规制问题上,刑事合规和侵犯著作权罪的刑事治理面临刑事手段选择上的"强弱"。即在刑事合规方面,若采取与行政监管机构相似的积极态度进行企业规制,可能导致刑罚的严厉化,失去刑罚的威慑作用,反而可能提高企业犯罪率。② 而在著作权犯罪治理方面,则需要增强刑事法律法规的威慑效果,产生长期的影响。因此,著作权犯罪和刑事企业合规在改革中面临相似问题,即行政监管占主导地位,刑事介入不足,而在刑法参与市场规制过程中如何平衡刑法威慑性、市场参与度和积极性方面尚缺乏明确的定论。

(三)侵犯著作权犯罪对市场调节失效的原因

进一步审视未能构建威慑效力的原因,可以从已有研究所揭示的侵犯著作权犯罪的特点入手。

首先,尽管实证结果显示,著作权犯罪主体多为自然人,但事实上,绝大多数自然人的犯罪行为是依托某个单位、组织进行的,可能利用所在单位来实施盗版行为,或是通过以个人名义注册单位从事非法的信息网络传播等违法活动。③ 由此可见,在版权市场中,司法行动可以打击到著作权犯罪的主要负责人,但是大多数犯罪已依托版权市场中各个企业发展之间的上下游合作,形成了集团化和产业链化犯罪的模式。因此,主要打击单个责任人不能解决版权市场中的犯罪问题。这些犯罪行为不再是零散的个体行为,而是在移动端搜索引擎、盗版网站、浏览器等领域形成了相对稳定的"黑色利益"链条④,然而企业的角色在刑事处罚中完全被忽视,可能是因为我国单位严格的"双罚制"已逐渐不被广泛认可,也可能是因为法院认为只要处理了主要负责人则相关企业自然无法继续从事违法活动,因此没有必要追究企业的刑事责任。这样的处理方式未能触及著作权犯罪产业链化的问题,给版权产业法治化治理带来了难题。传统的刑事制裁主要聚焦于主要负责人,然而现实情况是,著作权犯罪已从个体行为演变为团体协作的模式。这导致了刑事政策在制裁上的困境,难以有效遏制产业链上的违

---

① 参见李本灿:《刑事合规的制度史考察:以美国法为切入点》,载《上海政法学院学报(法治论丛)》2021年第6期。

② 参见李本灿:《企业犯罪预防中合规计划制度的借鉴》,载《中国法学》2015年第5期。

③ 著作权刑事案件的犯罪特征的总结主要来自于著作权犯罪相关的实证统计,其中自然人犯罪占多数,但依托单位犯罪的情况占主要情形,即表现形式多为自然人以不同的形式借助单位或者依托单位进行著作权犯罪,参见李芳芳:《网络著作权犯罪刑罚威慑效能实证研究——以〈刑法修正案(十一)〉对侵犯著作权罪的修改为背景》,载《山东大学学报(哲学社会科学版)》2021年第3期;刘晓梅:《网络著作权刑事法保护的新思考——基于132份侵犯著作权罪刑事判决书的分析》,载《山东社会科学》2022年第4期。

④ 参见刘晓梅:《网络著作权刑事法保护的新思考——基于132份侵犯著作权罪刑事判决书的分析》,载《山东社会科学》2022年第4期。

法行为。

其次，在对侵犯著作权犯罪的量刑结果进行审视时，我们发现缓刑的适用与罪行的轻重之间缺乏有效的联系。缓刑率过高，然而在量刑方面，法院在裁决中常常会使用“违法所得数额巨大”的情节，如此表明，虽然侵犯著作权罪在社会上造成的危害较大，但在很多情况下却得到了减轻处罚的结果。① 因此，尽管侵犯著作权罪具有较高的社会危害性，但大多数案件却得到了刑罚的减轻。这种情况下，经济刑法的理念虽然降低了入罪门槛以更好地规制版权市场上的侵权行为，但市场参与者并未因此改变其行为方式。尽管犯罪类型增加，犯罪门槛下降，但市场参与者并未承受更严厉的制裁。这进一步凸显，降低犯罪入罪的门槛未能有效提升其威慑力。

最后，侵犯著作权犯罪中所使用的手段日益技术化，迭代速度极快，这给案件侦查、数额认定、主客观要件判定等方面带来巨大挑战，如设计深度链接的刑事案件在司法判决中难以明确界定和解决。② 实际操作中，一些企业甚至将主要经营人员和服务器设在国外，以规避监管。③ 因此，从司法实践来看，侵犯著作权罪的案件很可能出现，即便司法机关已经获取相关犯罪事实，但难以证明其与被告之间的直接关系，或难以进行有罪判定，甚至无法追究刑责。这无法形成足够的惩戒威慑。

三、刑事合规对侵犯著作权罪的调节方案

（一）著作权犯罪与企业刑事合规的关联性与必要性

刑事合规，指通过给予有效实施合规计划的企业刑法激励，推动其与司法机关合作，共同预防、制裁违法行为。④ 在我国，企业刑事合规正当性的理论基础仍然没有统一的观点，在当前国内的研究中，有学者认为企业刑事合规的正当性可以建立在刑事一体化理论的基础上⑤，也有观点强调在认罪认罚从宽制度的框架下发展刑事合规制度⑥；在组织体责任模式和代为责任模式下，公司合规可以兼具出罪机制和量刑机制的

① 参见刘晓梅：《网络著作权刑事法保护的新思考——基于132份侵犯著作权罪刑事判决书的分析》，载《山东社会科学》2022年第4期。

② 著作权犯罪量刑的特点总结，参见刘晓光、金华捷：《从刑民交叉的视角评判“深度链接”行为的刑法规制》，载《上海法学研究（集刊）》2020年第20卷；王冠：《深度链接行为入罪化问题的最终解决》，载《法学》2013年第9期。

③ 参见刘晓梅：《网络著作权刑事法保护的新思考——基于132份侵犯著作权罪刑事判决书的分析》，载《山东社会科学》2022年第4期。

④ 参见周振杰：《刑事合规的实践难题、成因与立法思路——以企业合规改革试点典型案例为视点》，载《政法论丛》2022年第1期。

⑤ 参见叶良芳：《刑事一体化视野下企业合规制度的本土化构建》，载《政法论丛》2023年第2期。

⑥ 参见李本灿：《认罪认罚从宽处理机制的完善：企业犯罪视角的展开》，载《法学评论》2018年第3期。

双重角色[①];还有观点试图通过重新定义"三元分离"主体关系,发展组织体固有责任理论,以组织缺陷作为事实依据来追究单位的刑事责任。[②] 不论存在何种理论选择,可以确定的是,刑事合规是以合规激励为核心的合作性司法模式,这是一种共识。[③]

与个人犯罪相比,著作权犯罪具有明显的组织化、规模化、产业链化和技术性高等特点。这种特点导致了著作权犯罪的影响不仅限于个别行为,而是形成了相对稳定的"黑色利益"链条,从而对市场产生了极为严重的不良后果。特别是在我国版权产业相对国际水平落后的背景下,这种情况可能进一步削弱我国的国际竞争力,从而产生长期而深远的负面影响。

在我国,著作权产业的发展仍存在许多挑战和问题。因此,刑事治理在版权产业发展中具有重要的使命。首先,其主要任务之一是降低市场上著作权犯罪行为带来的实际伤害,包括减轻非法复制、盗版和侵权等活动对版权创作的损害程度。其次,刑事治理还应着重降低著作权犯罪的犯罪率,通过打击侵权行为,削弱其在市场上的影响,从而降低类似犯罪的发生频率。最后,刑事治理应当提高相关刑事案件的解决率,确保著作权犯罪得到有效处理和惩罚,以维护版权产业的正常秩序和健康发展。

在多元的刑事合规理论背景下,刑事合规的法益恢复理论与著作权犯罪的理论紧密契合。无论从出罪机制还是量刑因素的角度来看,刑事合规在法益恢复理论的指导下都强调对涉罪企业进行"实质性改过"的追求。这意味着企业必须在实质上修复犯罪行为所带来的法益损害[④];同时,著作权作为一种法定权利,其"复合法益"属性的保护和确认是最核心的保护原则。刑事治理只有在对法益的前期保护和后期恢复标准能够满足市场需求时,才能在著作权领域取得成效。

然而,在解决著作权相关权益界定和恢复法益问题方面,刑法层面一直存在难以解决的难题,这与著作权本身的特性有关。例如,发表权对音乐、电影等影视作品至关重要。在某一法域失去发表权可能导致该地区内盗版激增,严重损害后续作品的收益。又如,盗版软件通过技术手段跨越验证门槛进行传播,难以计算盗版数量或造成的损失。然而,一旦盗版扩散,可能完全侵占正版软件市场,企业面临退出市场的风险。这些情况在事后难以通过刑罚有效补偿,从而使法益恢复理论在实践中受到限制。

---

① 参见李本灿:《刑事合规制度的法理根基》,载《东方法学》2020 年第 5 期。

② 参见王志远:《超越行为责任:单位犯罪主体关系传统认识的批判与重构》,载《政法论丛》2022 年第 6 期。

③ 刑事合规的激励性的观点,参见刘静静:《刑事合规视域下企业出罪化的实践考察及规范进路》,载《山东法官培训学院学报》2023 年第 1 期;陈瑞华:《刑事诉讼的合规激励模式》,载《中国法学》2020 年第 6 期。

④ 参见庄绪龙:《应将"法益恢复"作为刑事合规的实质根据——以集资犯罪的刑法处置为例》,载《法治现代化研究》2023 年第 3 期。

此刻,处于事后的刑罚无法有效恢复遭受侵害的法益,因此刑事合规显得至关重要,能够协助版权产业市场构建健康的商业环境,在事前预防犯罪的发生。此外,刑事合规政策在试点实践中取得了与著作权犯罪类似的结论,即仅仰赖严格的刑法治理难以解决执行层面刑事犯罪所面临的问题①,因此,强调事前合规对于塑造良好的商业环境至关重要。同时,刑法依靠其强制效力和刑罚的威慑作用,能够配合著作权犯罪等规定,推动企业在合规方面采取积极行动。从刑事合规的目标来看,企业的"非罪化"管理与著作权犯罪的目标本质相同。同时,二者都秉持法益恢复的理念,鼓励企业以合规来促进制度环境的完善,以确保合法作品的法益不受损害。

(二)著作权犯罪视野下刑事合规的改进方向

在著作权犯罪领域,正如前述,高昂的刑事制度成本使得刑事政策的长期效应和威慑力有所欠缺。在此背景下,刑事合规制度被认为是微观层面上改善企业行为、降低市场犯罪率的一种途径。因此,在确保著作权犯罪达到最佳市场效果的前提下,引入刑事合规制度成为当前亟须关注的议题。在企业刑事合规理论中,主要从微观视角出发,认为有效的合规管理体系有助于企业预防法律风险。然而,考虑到著作权犯罪的市场效果,刑事合规需要特别注重恢复受侵害的法益,防止侵权合法作品,即强调"法益恢复与预防合规"的概念。② 因此,本文倡导,从法益恢复理论应用于著作权犯罪的适用范围这一方向进行深入研究。

在著作权犯罪案例中,往往可以观察到相关企业缺乏完备的知识产权合规管理体系或专门的著作权合规体系。③ 这明显表明这些企业在经营活动中未能采取主动措施进行自我监管、识别、预防和应对违法犯罪行为,导致一旦涉及犯罪,将面临严重的法律后果。

与著作权犯罪的实际结果相比,治理犯罪的主要难题在于取证难度高,从而导致难以定罪,或者定罪范围仅限于主要负责人而不能追究企业责任。这也导致市场上存在着成熟的犯罪产业链。在这种情况下,企业合规需要特别关注两个问题。其一,引入刑事合规制度后,需要确保其能够在市场上产生刑法威慑效应,而不仅仅是给企业提供"形式上的合规"机会。其二,需要探讨哪种手段能够最大限度地恢复法益或防止法益被侵害。

在刑事合规逐渐解除传统单位犯罪"双罚制"限制的情况下,企业应当因为存在

---

① 参见李传轩:《绿色治理视角下企业环境刑事合规制度的构建》,载《法学》2022 年第 3 期。

② 参见刘静静:《刑事合规视域下企业出罪化的实践考察及规范进路》,载《山东法官培训学院学报》2023 年第 1 期。

③ 基于实证统计和调查,版权产业中企业的合规现状研究,参见雷山漫:《网络环境下著作权刑法保护研究》,载《法学评论》2010 年第 6 期;于志强:《网络著作权犯罪的实证分析与司法应对——基于 100 个网络著作权犯罪案件的分析》,载《上海大学学报(社会科学版)》2014 年第 2 期。

“制度性漏洞”(缺少合规制度)而承担过失责任。① 在企业犯罪的认定中,不必明确具体的行为人,只需涉及业务活动侵犯法益。即使难以将结果归因于特定的行为人,或者行为是由于企业制度缺陷或政策导致的,也应当加以追究,行为人因为其他原因不可追责的,企业也应当承担刑事责任。这有助于避免著作权犯罪中无法追究刑事责任,或者由于无法追究企业责任而削弱刑法的威慑力。因此,在制定刑事合规政策的过程中,企业需要建立起前瞻的合规体系,以满足刑事政策所追求的威慑目标。

接下来,审视法益可恢复性,包括企业是否主动配合调查、是否认罪悔罪、是否采取法益恢复行动和改进合规措施。这些因素展示了企业的主观恶性程度较浅、再犯的可能性较低,从而使其有资格被纳入轻刑化或免予刑事追究的范畴。然而,在侵犯著作权犯罪中,通常使用“数额较大”作为量刑标准。从著作权的本质来看,在当前的网络环境中,很难控制传播范围或界定法益边界,著作权犯罪中法定数额的界定模糊不清。因此,必须对恢复法益下的刑事合规施加限制,例如,设立3年至5年的合规观察期,保留刑罚警告,建立“再犯可能性”评估体系等措施,以限制企业获得合规免责机会的可能性。②

综上所述,著作权犯罪在实践中显现出企业缺乏合规管理体系,导致治理难题和法益恢复困难。刑事合规制度在此背景下可弥补刑事政策效应不足,引入市场威慑,需重点关注实质性改过、法益恢复与预防合规等概念;企业应承担过失责任,建立合规体系,维护刑事政策威慑目标。此外,法益可恢复性需要审视企业配合调查态度,对于量刑标准应限制其模糊性,以实现合规出罪机会的有效约束。综合刑事合规与法益恢复,将为著作权犯罪的治理提供更为全面而有效的路径。

---

① 参见黎宏:《企业合规不起诉改革的实体法障碍及其消除》,载《中国法学》2022年第3期。

② 参见董文蕙:《重罪合规不起诉的理论证成及适用限制——以责任主义为中心的分析》,载《法商研究》2022年第6期。

企业刑事合规出罪路径研究

王强军* 原方正**

一、问题的提出

法律领域的合规强调的是组织机构的行为要符合相应法律规范的要求。企业合规指企业为预防、识别、应对可能发生的合规风险而制定的治理体系。① 刑事合规是为让企业积极应对刑事法律风险,使企业主动履行风险管理义务,通过刑事法上的激励等机制实现国家监管和企业自我防控的双重治理模式。合规出罪路径是企业从宽处罚更窄的方向,为企业运营设置正当出罪机制是企业合规改革的核心问题之一。理论界经常以从宽处罚、附条件不起诉等程序法视角阐述企业刑事合规出罪问题。但在刑事实体法领域,企业合规出罪事由尚无完备的法律规定,实践中司法机关没有正当的法律依据让企业从实体法的角度减轻或免除刑事责任。本文拟从刑事实体法的角度出发,围绕企业合规出罪路径这一主题,尝试解决企业刑事合规出罪事由面临的一些理论困境和司法难题,如企业刑事合规的功能和作用有哪些,刑事合规出罪存在的问题有哪些,如何构建和完善刑事合规出罪路径等,并尝试完善企业合规出罪路径,为企业合规出罪提供合理合法的思路与对策,弥补企业合规改革的不足,激发企业合规建设的积极性,从而更好地指导实践。

二、企业刑事合规的功能和作用

企业合规是以企业内部的组织架构和规章制度等具体规定的有效实施,以保证企业在合规的框架下实现良性运行。企业合规的功能和作用主要有以下四点:

第一,企业合规能够强化企业自身合规自治。有效的企业合规可以使企业在正当的规范化道路上健康运营,减少违法风险,降低执法成本和经营成本。与行政执法的成本和刑事处罚力度不同的是,企业在经营中通过自主制定、执行规章制度,可以更及

---

* 南开大学法学院教授。

** 河南郑大律师事务所律师。

① 参见陈瑞华:《企业合规的基本问题》,载《中国法律评论》2020 年第 1 期。

时地适应市场经济的动态变化,利于企业自身发展。企业制定完善的规章制度并有效实施的情况下,可以提升风险治理能力。通过日常经营和管理影响企业员工,形成合规的运营氛围,使企业发展受益良多,是涉案企业实现合规出罪的必要条件。因此,可以说加强企业规章制度自身建设,是完善和实施企业合规计划的前提要求。

第二,企业合规能够从源头上预防企业犯罪。法律在惩罚犯罪的同时也有预防和威慑犯罪的功能。廉洁合规的企业文化可以潜移默化地促进企业及员工对企业规则和法律规范的遵守,树立守法经营的法律意识。[①] 有些企业中的专门负责合规或风险防控人员能够为企业日常管理、经营提供法律风险管控,使合规的影响达到预防企业犯罪的效果,是企业和社会稳定发展的内在屏障。

第三,企业合规能够强化对民营企业的保护。企业作为合规改革的主体之一,本身承担着一定的社会责任和社会职能。加强对民营企业的保护是企业合规改革的重要内容。《刑法》第 165 条、第 166 条和第 169 条规定的三类犯罪在前提上违反了公司、企业有关管理规定或者违背了对公司、企业的忠实义务等,在行为上具备相应的故意"损企肥私"行为,在结果上造成公司、企业重大损失,本质上是企业内部人员利用职务便利,搞非法利益输送,损害企业利益的行为。[②] 企业合规能够避免企业内部人员"损企肥私",避免使企业遭受重大损失。可以说,企业合规也是为企业自身安全构建了法律屏障。

第四,企业合规影响刑事责任。就刑事法方面而言,企业合规的作用主要体现在影响刑事责任的轻重。就美国的《联邦组织量刑指南》来说,其规定有效的合规计划既是检察机关决定是否对企业提起诉讼的依据,也是法官在量刑时的考虑因素。[③] 企业的有效合规可以降低或者减轻其刑事责任,或者说,企业可以在证明自身已经制订并实施有效的合规计划的情况下,从客观上影响自身刑事责任。

---

① 2023 年 7 月 25 日,全国人大常委会法工委刑法室负责人就《刑法修正案(十二)草案》答记者问时指出,进一步完善民营企业源头防范和治理腐败的体制机制。要坚持系统观念,综合治理,在给予企业刑法保障手段的同时,有关方面也要引导、支持企业建立完善内部反腐败工作机制,规范内部人员权力运行和监督,建立完善审计监督体系和财会制度,加强企业廉洁文化建设等。

② 参见《刑法修正案(十二)草案提请全国人大常委会会议审议》,载《人民法院报》2023 年 7 月 26 日,第 4 版。2023 年 7 月 25 日,十四届全国人大常委会第四次会议初次审议了刑法修正案(十二)草案,全国人大常委会法工委刑法室负责人王爱立指出:《刑法》第 165 条、第 166 条和第 169 条分别规定了国有公司、企业相关人员非法经营同类营业罪,为亲友非法牟利罪和徇私舞弊低价折股、出售国有资产罪,这次刑法修改将现行对国有公司、企业等相关人员适用的犯罪扩展到民营企业,将进一步加强对民营企业的平等保护。应当说,上述三类犯罪行为过去在国有企业身上表现得比较典型,这是国有企业的性质和特点决定的,因此现行刑法对国有企业相关人员的上述行为作了犯罪规定,没有适用于民营企业。近些年随着我国民营企业的发展变化,民营企业内部人员也不断出现上述行为,严重损害企业利益,需要与时俱进完善相应法律制度,适应保护民营企业的实践需要。

③ 参见陈瑞华:《美国〈反海外腐败法〉与刑事合规问题》,载《中国律师》2019 年第 2 期。

三、企业刑事合规出罪路径存在的问题

激励企业制订和实施有效的合规计划是合规改革面临的关键问题。无论是对企业还是对单位负责人个人而言,合规出罪机制都大有益处。企业合规改革要取得实质成效,切实发挥企业刑事合规出罪的作用,就必须直面合规出罪存在的问题。《刑法修正案(十二)(草案)》的主要目的与重要内容就是克服现行刑法中的入罪不公平与处罚不公平的实质缺陷。①

(一)企业合规计划制订和执行不到位

可以说,制定和实施合规计划是企业履行风险管理的内在义务。面对责任风险和各式规范,遵守法律并不是自然而然的事情。如果没有制订和执行合规措施的话几乎是不可实现的。② 对于国家而言,合规是通过刑事手段促进企业的合规选择。③ 合规计划的有效实施才能达到实现合规出罪的激励机制。是否"有效实施"是检察机关推进企业刑事合规改革的重要环节,是能否实现实质出罪的评价指标。摒除"一揽子""大而全"的宽泛性的合规制度,对合规制度的建设进行区分讨论,以此保障刑事合规的有效性。④ 企业制定完备的合规制度并执行到位并非易事,需要投入大量的人力、物力和资金支持,甚至需要组建专门的法律风险部门并对员工进行专业的合规培训。这些资金的投入和人员配备对于中小企业来说可能成本较高,难以长期维持。在合规计划的执行中容易"流于形式"逃避处罚,对企业合规改革的推进和预防犯罪产生负面影响,一旦涉及犯罪无法获得实质性出罪。

(二)规范性法律文本不到位

企业合规在我国起步较晚,最高人民检察院实施企业合规改革距今只有三年之余。2020 年 3 月,上海浦东、深圳宝安等 6 家基层检察院开始试点实施企业合规改革。2021 年,改革扩大至北京、辽宁等 10 个省市,多个部门陆续制定了相关规范性文件以保障合规改革的顺利实施。目前,我国企业合规改革在部分大型企业、商业银行等领域已有较大进展,初步建立了企业合规管理机制。刑事合规赋予企业更多的管理责任,通过出罪激励机制促使其落实合规义务,加强自治,预防犯罪。一方

① 参见张明楷:《刑法修正的原则与技术——兼论〈刑法修正案(十二)(草案)〉的完善》,载《中国刑事法杂志》2023 年第 5 期。

② 参见〔德〕丹尼斯·伯克:《合规讨论的刑法视角——〈秩序违反法〉第 130 条作为刑事合规的中心规范》,黄礼登译,载李本灿等编译:《合规与刑法:全球视野的考察》,中国政法大学出版社 2018 年版,第 308 页。

③ 参见孙国祥:《刑事合规的理念、机能和中国的建构》,载《中国刑事法杂志》2019 年第 2 期。

④ 参见王焰明、张飞飞:《企业刑事合规计划的制定要把握四个特性》,载《检察日报》2021 年 7 月 13 日,第 7 版。

面,企业合规的积极意义在于通过刑事法上的出罪激励机制,如认罪认罚从宽、附条件不起诉制度来督促企业主动进行合规建设,避免刑事追责。但另一方面,如何解释涉案企业可以通过事后整改获得实质意义上的出罪效果却面临着无法可用的刑法教义学危机,尤其是在企业涉及重罪的出罪案件中缺乏刑事实体法层面的支撑。① 刑事实体法关于企业合规出罪规定的缺失是企业整改后仍无法实质出罪的主要原因。我国刑法规定的出罪有三种,即正当防卫、紧急避险和《刑法》第 13 条但书部分规定的"情节显著轻微危害不大的,不认为是犯罪"。就单位犯罪而言,我国刑法采取的是双罚为主、单罚为辅的方式。随着经济形势的持续向好,涉案企业现阶段的犯罪金额也在逐渐增加。这种情形将突破《刑法》第 13 条"但书"的规定,导致合规出罪时实体法律规范缺失的状况。

四、企业刑事合规出罪路径的构建

企业在经营过程中除应对商业风险外,还会面临民事法律风险、行政法律风险和最为严厉的刑事法律风险。构建合规不起诉制度是实现合规出罪,有效推进合规改革的重要环节。刑事合规出罪机制体现在量刑上,是对企业加强自身风险防控意识、实现合规经营的激励。合规出罪路径的构建应当从企业内部自建和完善外部依据正当性方面双管齐下。

(一)企业刑事合规出罪路径的内部自建

提高企业法律风险意识,尤其是刑事法律风险意识是现代企业应当具备的基本要求。合规改革的前提是企业要熟悉相关法律规范、合规经营,推动企业良好运作。就企业内部合规自建而言,其应当制订具体的合规计划并有效执行。企业应当在刑事合规的基础上,建立和刑法制度相衔接的规章制度,这样才能筑起风险保护屏障,为合规出罪创造基础条件。

第一,企业可以根据不同的经营业务有针对性地制订合规计划。企业经营业务的不同,面临的刑事法律风险不同,这种差异决定了企业风险防控机制的侧重点不同。实践中,企业可以根据实际情况,有针对性地构建与自身生产业务相关的合规机制。以可能涉及生产、销售伪劣产品罪等罪名的食品生产类企业为例,此类企业可以通过定期和不定期检验生产线卫生是否符合规定,抽查、检验已入库食品质量是否符合国家或行业标准,以确保企业生产的食品符合法律法规要求。此外,对需要在特殊条件下储存的食品,还应当对储存场所是否安全实施实时监测,确保储存食品安全可靠。

① 参见刘霜、张尊仆:《刑事合规出罪事由研究》,载《河南师范大学学报(哲学社会科学版)》2023 年第 1 期。

需要通过购买原材料加工后出售的食品类企业,还可以通过完善货源筛查制度,确保原材料的安全性,以防止此类犯罪的发生。

第二,强化企业内部人员管理培训和应急事件处置流程。除了有针对性地制订合规计划防控刑事风险,企业还应加强内部人员的管理和培训,以确保合规计划执行到位,从而降低企业涉及刑事犯罪的风险。比如,媒体行业可以要求员工个人对其报道新闻内容的真实性负责,建立"事前审查防火墙",在一定程度上避免因员工个人行为使企业受到刑事处罚,防止因个人报道内容失真使企业涉及损害商业信誉、商品声誉罪等罪名。另外,一套有效的应急预案可以减少企业因遭受突发事件造成的损失,在企业涉及犯罪时还能为企业寻求正当的出罪路径。如涉及重大劳动安全事故罪、污染环境罪等的案件中,如果企业可以按照应急预案及时处置突发事件,可以减少对企业和公共安全造成的损失,在涉及企业犯罪时可能还会减轻或免予刑事处罚。企业内部合规和应急预案的建立在预防企业犯罪的同时,也为合规出罪奠定了基础,是实现实质出罪的有效路径。

(二)构建企业刑事合规出罪路径的外部依据

就合规出罪外部依据的构建而言,应当制定完善的规范性文件以保证合规出罪的依据正当。面对刑事合规出罪实体法律文本缺失的现状,应当与时俱进地完善法律规定。正如张明楷教授所言,"刑法在哪里有漏洞,哪里的'犯罪'就会增加"①。合规出罪路径不畅也会增加"犯罪"。

第一,关于哪些企业可以适用附条件不起诉问题。首先应坚守罪刑法定和法律面前人人平等原则,对所有企业一视同仁。最高人民检察院检察理论研究所所长、研究员谢鹏程表示:"在试点改革的过程中,务必要坚持法律面前人人平等的法治理念,对待所有的企业,不管大小,不管国营还是私营,都要平等对待。"②针对民营企业发展规模、治理模式、经营状况的不同状况,在办理企业合规类案件时应具体问题具体分析。实践中,多数中小企业因为资金不足、合规运营成本高等原因不会主动实施合规计划。尤其是小微企业,基于经营资本、风险意识、合规成本和企业收益等综合考量,缺乏制订和落实合规方案的动力。企业合规出罪路径的构建应当结合我国经济发展的实际,不应当强制小微企业实施合规计划。结合企业自身发展状况制订实施合规计划,才能使合规改革落实到位。

第二,关于单位犯罪刑事合规附条件不起诉制度问题。合规改革作为一种激励性

---

① 张明楷:《刑法修正的原则与技术——兼论〈刑法修正案(十二)(草案)〉的完善》,载《中国刑事法杂志》2023 年第 5 期。

② 亓玉昆:《全国人大常委会法工委刑法室负责人就刑法修正案(十二)草案答记者问》,载《人民日报》2023 年 7 月 26 日,第 4 版。

的制度规定,并非所有的单位犯罪都适用合规附条件不起诉。① 刑事合规附条件不起诉是宽严相济的刑事政策在单位犯罪中的具体应用,是对企业实施轻罪处罚的司法激励。结合我国司法实践及既有的附条件不起诉制度经验,在刑事合规"实体出罪"尚未完成理论构建和制度调整之前,合规不起诉这一"程序化出罪"应成为企业"合规出罪"的最优方案②,以保证合规改革符合罪刑法定的必然要求。

五、结语

随着营商环境的变化,企业刑事风险防控的治理理念正融入大众、深入企业、影响社会。对涉案企业而言,企业合规计划的制定和有效实施可以使企业和直接责任人获得出罪的效果,激励和督促企业合规决策和经营。企业刑事合规出罪应当具有相应的法律依据。刑事立法并未将企业合规出罪作为法定出罪事由,各地检察机关在涉案企业合规整改后或作出不起诉决定,或提出量刑减轻建议等。当下,应当深入对合规改革的理论研究和制度建设。面对企业刑事合规出罪事由法律规范缺失的问题,应当及时修改刑事立法,为合规出罪事由提供正当法律依据。合规改革是一个相对较新的问题,我国的合规改革制度正在不断发展和完善。企业刑事合规出罪机制也将随着合规改革健全更加完善,并将激励更多的企业通过合规计划预防犯罪。

---

① 2021年6月3日,最高人民检察院、司法部、财政部等《关于建立涉案企业合规第三方监督评估机制的指导意见(试行)》第5条指出,"对于具有下列情形之一的涉企犯罪案件,不适用企业合规试点以及第三方机制:(一)个人为进行违法犯罪活动而设立公司、企业的;(二)公司、企业设立后以实施犯罪为主要活动的;(三)公司、企业人员盗用单位名义实施犯罪的;(四)涉嫌危害国家安全犯罪、恐怖活动犯罪的;(五)其他不宜适用的情形"。作为首批合规改革试点的宁波市人民检察院出台了《关于建立涉罪企业合规考察制度的意见》,将案件适用范围限定为直接责任人依法应当判处3年有期徒刑以下刑罚的企业轻微犯罪案件。

② 参见陈卫东:《从实体到程序:刑事合规与企业"非罪化"治理》,载《中国刑事法杂志》2021年第2期。

合规刑法激励的理论证成与单位犯罪的立法完善

刘　霜*

2020年，最高人民检察院开始倡导涉案企业犯罪相对不起诉适用机制改革（以下简称“合规改革”），这是一场极具开拓性和创新性的重大刑事司法改革活动。① 其既是建立完善现代企业管理制度的应有之义，也是国家治理体系和治理能力现代化的重要体现。②

当前我国合规改革呈现三大发展态势：一是推进速度快，办理案件多，成效显著。2020年3月，最高人民检察院倡导合规改革第一期试点工作。③ 2021年4月，第二期试点继续推进。④ 2022年4月，合规改革在全国检察机关全面推开。⑤ 2022年，检察机关办理合规案件5150件，对整改合规的1498家企业、3051人依法不起诉。⑥ 二是“实践先行，理论随后，立法跟进”。涉案企业合规改革实践先行先试，合规理论紧随而行，但合规立法则略显滞后。三是法院逐渐参与企业合规改革。2023年3月，最高人民法院张军院长指出，“人民法院可以研究同检察机关共同做好涉案企业合规改革……商事、刑事涉企合规改革，不只是检察机关的事，法院也要参与发挥作用”⑦。

我国合规改革进入深度发展期，面临两大困境：第一，合规刑法激励法律依据不足。改革试点期间，法律依据不足的短期影响难以察觉，但是长此以往，会导致司法机关推行合规改革顾虑重重，难以取得改革成效。第二，合规刑法激励的正当性理论缺

---

* 天津大学法学院教授，中国刑法学研究会理事。

① 参见刘艳红主编：《企业合规中国化的民行刑体系性立法》，法律出版社2022年版，第1页。

② 参见邱春艳、李钰之：《创新检察履职，助力构建中国特色的企业合规制度》，载《检察日报》2020年12月28日，第1版。

③ 最高人民检察院开展涉案企业合规改革第一期试点（2020年3月至2021年3月）。在上海浦东、金山，江苏张家港，山东郯城，广东深圳南山、宝安等基层检察院，试点开展企业犯罪相对不起诉适用机制改革。

④ 涉案企业合规改革第二期试点（2021年4月至2022年3月）。试点范围较第一期有所扩大，涉及北京、广东等10个省（直辖市）。

⑤ 参见徐日丹：《检察机关全面推开涉案企业合规改革试点》，载《检察日报》2022年4月6日，第1版。

⑥ 参见戴佳：《2022年检察机关办理涉案企业合规案件5150件》，载《检察日报》2023年1月9日，第2版。

⑦ 参见李阳：《审判阶段涉企合规改革，湖北破冰》，载《人民法院报》2023年4月9日，第1版。

失。当前合规改革面临最大的质疑就是合规刑法激励是否偏离司法正义,是否会导致对企业犯罪惩治力度的削弱。唯有将合规刑法激励本土化、法治化,才能突破合规改革二重困境,推进改革在法治轨道上顺利进行。

一、企业合规改革的现实困境

所谓合规刑法激励制度,是指在刑事法律制度体系中引入合规计划,将其作为认定企业刑事责任的核心要素,赋予企业结合自身具体情况,制定以预防、发现和处理企业犯罪行为为目的的系统性合规机制和措施的义务,并确立与之相对应的激励措施,以此激发企业自主构建刑事风险内控机制、积极预防犯罪的动力。①

刑事政策层面,合规刑法激励可以分为合规正向激励和合规反向激励。合规正向激励是指以合规计划作为排除、减轻企业罪责或者暂缓起诉、不起诉的事由。实体法上,合规作为出罪或者从宽处罚事由;程序法上,合规作为暂缓起诉或者不起诉的决定因素。合规反向激励是指企业不实施合规计划可以成为从重处罚的根据。② 涉案企业合规不起诉是最典型的合规正向激励机制;检察机关对虚假合规整改的涉案企业提出从重量刑建议是典型的合规反向激励机制。③ 对于合规不起诉不能做片面理解,不能认为合规一律从宽。合规刑法激励既有积极的正向激励,也有从重处罚的反向激励,因而合规改革不仅不违反公平原则,反而是公平原则的有力体现。

刑事实体法与程序法层面,合规刑法激励可以分为刑事实体法合规激励(以下简称"合规刑法激励")和刑事程序法合规激励(以下简称"合规刑诉法激励")。由于我国刑事诉讼法学者在合规程序激励机制方面成果较多,检察机关对于构建合规不起诉的程序设计、制度建设等方面颇有心得,因而本文侧重于合规刑法激励的研究。虽然我国现行刑法没有"企业合规"或者"刑事合规"的概念,对于合规改革的核心内容刑法激励制度也缺乏体系性的立法支持,但是我国刑法规定有单位犯罪,具有倡导合规刑法激励的制度空间④,这也是本文探讨合规刑法激励的价值之所在。

(一)合规刑法激励的法律依据不足

合规刑法激励是涉案企业合规改革的重要环节,却面临法律依据不足的尴尬局面。无论是刑法,还是刑事诉讼法,对于企业合规出罪或者合规从宽处罚均无明文规

---

① 参见张远煌:《刑事合规是"共赢"理念在企业治理中的体现》,载《检察日报》2021年8月31日,第3版。

② 参见李本灿:《法治化营商环境建设的合规机制——以刑事合规为中心》,载《法学研究》2021年第1期。

③ 参见刘艳红:《刑事实体法的合规激励立法研究》,载《法学》2023年第1期。

④ 参见孙国祥:《企业合规改革实践的观察与思考》,载《中国刑事法杂志》2021年第5期。

定。如何处理当前合规刑法激励的法律依据问题,成为合规改革的重大现实问题,也是必须突破的理论难题。最高人民检察院在倡导合规改革时,明确要求合规改革应当在法治轨道内进行,即"企业合规试点工作要坚守严格依法这条红线,现有的探索都要在法律规定的框架内进行"①。如果合规刑法激励的法律依据不足,不仅会造成检察机关在办理合规案件时存在诸多疑虑与风险,而且会间接导致合规改革不能落到实处,可能会出现最高人民检察院所担忧的"纸面合规"或者"假合规"等问题。

(二)合规刑法激励的正当性根据缺失

无论是法律传统的传承,还是具体国情的制约,抑或现有立法规定的束缚,目前将企业合规纳入刑法规制范畴困难重重。即便通过修改立法解决立法论的障碍,也无法解答合规刑法激励的正当性问题。如果企业并未事前建立有效合规计划,涉案后却因为合规整改换取检察机关的不起诉决定,这种合规事后出罪模式对于刑法基本原则的冲击不仅无法消除,且对于一贯遵纪守法的企业也显失公平。唯有解决合规刑法激励的正当性问题,才是对上述质疑的有力回应。

二、合规刑法激励的理论证成

(一)企业事前合规以组织体责任论为依据

在事前合规阶段,企业提前制订有效合规计划,并积极采取各种措施预防犯罪。如果企业合规计划现实有效,则意味着企业具有预防犯罪、防患于未然的主观意图。即便企业内部人员或者分支机构违背合规计划实施犯罪,也是企业内部责任人员或者分支机构的责任,而企业免责。因而,企业事先合规出罪的理论依据符合组织体责任论。

首先,意大利立法机关倡导的"组织性罪过"(la colpa organizzativa)理论与我国刑法规定的单位犯罪有异曲同工之妙。根据意大利第 231/2001 号法令②的规定,企业若对其内部自然人实施的犯罪承担责任,应当具备三个客观条件:其一,犯罪行为必须是为了企业利益而被实施;其二,行为主体必须是在企业内担任职务的人;其三,如果行为主体是为个人或第三方的专属利益实施犯罪的,企业并不担责。③ 根据该规定,如果企业事先制订的合规计划对于预防企业犯罪有效,那么,即便事后其雇员仍然实施此类犯罪,企业可以因为事先制订并贯彻落实合规计划而免责。该法令规定,企业承担

---

① 徐日丹:《如何让好制度释放司法红利——全国检察机关全面推开涉案企业合规改革试点工作部署会解读》,载《检察日报》2022 年 4 月 6 日,第 1 版。

② 意大利 2001 年颁布企业合规专门法令,即第 231/2001 号法令。该法令已经颁布 20 余年,至今仍然生效且不断完善。意大利企业合规制度在世界企业合规法律体系中占据重要地位,该法令诸多规定对于我国企业合规刑法激励的法治化构建颇具借鉴价值。

③ Cfr. Artt. 5 d.lgs. 231/2001.

责任的主观条件是企业具有相当于自然人犯罪的主观罪过，即组织性罪过。[①] 意大利的立法和司法经验表明，传统的自然人犯罪与企业犯罪不能一概而论，企业承担刑事责任的主观根据在于企业具有组织性罪过。

其次，我国刑法对于单位犯罪的规定，为从组织体责任论视角剖析单位犯罪提供最有力的依据。[②]《刑法》第 30 条规定："公司、企业、事业单位、机关、团体实施的危害社会的行为，法律规定为单位犯罪的，应当负刑事责任。"根据上述规定，是单位"实施"了危害社会的行为。单位之所以承担刑事责任，就在于单位具有独立意志，且实施了危害社会的行为。如果单位没有提前设置有效合规计划，就意味着单位默认承担由于不合规可能引发的法律风险，事后单位承担刑事责任也就再无脱罪理由。[③]

再次，单位责任是单位自身犯罪需承担的责任，即组织体责任。[④] 单位承担刑事责任的根据原本就不是它故意或过失借成员之手为某种具体犯罪行为，而是单位不合规的治理方式或运营结构导致其中的自然人实施了刑法规定的危害行为。[⑤] 单位刑事责任应当是一种组织体责任，与自然人的行为责任、道义责任分属不同范畴。组织体责任根植于刑法的积极预防观念，是功能主义与功利主义刑法观的体现。[⑥]

复次，组织体责任作为单位出罪事由具有可行性。一方面，在出罪机制上依据组织体责任论建立企业合规出罪机制，不会导致单位犯罪理论的大范围调整，是对我国单位犯罪理论的优化而不是重构，可以最大限度地消除理论上的各种障碍。另一方面，将组织体责任论作为单位出罪事由，可以普遍适用于除单罚制以外的所有单位犯罪，符合刑法总则条款的普遍适用性要求。[⑦]

最后，从实践层面看，央企合规管理制度也是组织体责任论的有力体现。2022 年 8 月 23 日，国务院国有资产监督管理委员会颁布了《中央企业合规管理办法》。该办法要求央企及其下属企业建立合规管理体系，将合规管理规定为央企强制性义务。该办法规定，央企应当建立健全合规管理制度（第 16 条、第 17 条），设立首席合规官（第 12 条）。可见，央企必须建立合规管理制度，以及时识别风险，进行风险防范。

（二）企业事后合规以法益恢复理论为依据

在事后合规阶段，涉案企业在犯罪后，积极配合检察机关进行合规整改，采取各种补救挽损措施，促成合规整改顺利完成，因而企业获得不起诉或者从宽处罚的激励处

---

① 参见刘霜：《意大利企业合规制度的全面解读及其启示》，载《法制与社会发展》2022 年第 1 期。
② 参见黎宏：《企业合规不起诉改革的实体法障碍及其消除》，载《中国法学》2022 年第 3 期。
③ 参见刘霜：《意大利企业合规制度的全面解读及其启示》，载《法制与社会发展》2022 年第 1 期。
④ 参见李本灿：《单位刑事责任论的反思与重构》，载《环球法律评论》2020 年第 4 期。
⑤ 参见时延安：《合规计划实施与单位的刑事归责》，载《法学杂志》2019 年第 9 期。
⑥ 参见耿佳宁：《单位固有刑事责任的提倡及其教义学形塑》，载《中外法学》2020 年第 6 期。
⑦ 参见刘艳红主编：《企业合规中国化的民行刑体系性立法》，法律出版社 2022 年版，第 37 页。

遇。这不仅符合法益恢复理论,也意味着我国企业治理走向现代化治理。

"法益恢复"是指行为人在犯罪既遂后由于某种动机的驱使通过自主有效的风险控制实际避免了危害结果的发生或者使已经被先前犯罪行为侵害的法益恢复至"完好如初"的状态。①

涉案企业在事后合规阶段进行的合规整改,是法益恢复理论在企业合规改革中的完美呈现。涉案企业在检察机关倡导下进行合规整改,积极进行补救挽损等措施,恢复法益并防止此类犯罪再次发生,经第三方评估机构认可合规整改效果的,可以对企业从宽处罚甚至免除刑事责任。涉案企业所犯之罪应当是"法益可恢复性犯罪",即按照犯罪构成要件的规范评价已经停止于既遂形态的犯罪行为,行为人通过自主有效的行为消除法益侵害的实际危险,或者自主恢复被其先前犯罪行为侵害之法益的犯罪。企业因事后合规出罪或者从宽符合法益恢复理论的四个适用条件。

第一,企业在事后合规阶段存在前后两个行为,符合法益恢复理论的适用前提。前行为即涉案企业实施的犯罪行为,后行为即涉案企业在检察机关倡导下实施的合规整改行为,如补救挽损等行为。根据法益恢复理论,涉案企业所犯之罪应当是法益可恢复性犯罪。如果是法益不可恢复性犯罪,合规整改就没有实质性意义,涉案企业受到刑罚处罚也是理所应当。

第二,后果认知方面,法益恢复理论的法律后果为出罪化处理。具体到企业合规而言,我国当前进行的涉案企业合规改革由检察机关主导,如果确实符合合规整改条件且经第三方认可合规整改效果的,可以不起诉,即程序性出罪,符合法益恢复理论的第二个适用条件。

第三,自愿因素方面,法益恢复理论要求行为人应当基于自愿实施法益恢复行为。在合规整改过程中,企业基于自愿原则,在认罪认罚的基础上实施合规整改,并进行补救挽损等措施,相当于恢复法益。与自然人犯罪的不同之处在于,合规整改恢复的是由企业犯罪而受到侵害的法益。合规改革如果对于企业作出罪化处理,尤其是当前适用较多的相对不起诉,其适用前提与企业认罪认罚密切相关。既然企业认罪认罚,也就意味着企业自愿实施法益恢复行为,当然符合法益恢复理论的第三个适用条件。

第四,时间要素方面,受侵害的法益必须在规定时间内得到恢复。法益恢复理论的第四个适用条件要求行为人在规定时间内通过各种补救行为,使得受到犯罪行为侵害的法益得到恢复。之所以要求规定时间,是基于公平原则,为了被害人的利益。如果没有时间限制,一味宽纵犯罪人,则会违背我国宪法规定的公平原则,影响公平正义的实现,更难以达到政治效果、法律效果、社会效果三者的统一。具体到企业事后合规

① 参见庄绪龙:《"法益可恢复性犯罪"概念之提倡》,载《中外法学》2017 年第 4 期。

而言,实践中检察机关会给予同意进行合规整改的企业以一定的考察期。如果企业在考察期满时,其合规整改效果得到第三方评估机构的认可,则可以对企业不起诉或者由检察机关提出从宽处罚的量刑建议。

在事后合规阶段,如果检察机关认为起诉涉罪企业可能对社会公共利益造成严重影响,可以将符合条件的涉罪企业纳入合规考察程序。在刑事合规强调积极预防与企业出罪的语境下,事后合规能够消减刑罚的必要性,恢复受到侵害的社会公共利益,防止由惩罚企业导致的“水波效应”。本着人权保障和公共利益保护的价值诉求,认可事后合规的处罚必要性消解和刑事一体化的出罪功能,允许经过有效合规整改消除处罚必要性的、有利于社会公共利益的合规出罪。①

三、合规刑法激励的法治化构建

(一)企业合规作为法定出罪事由

企业合规法治化路径之一就是将合规作为法定出罪事由。刑事实体出罪模式属于企业合规的激励途径之一,能够提高企业履行合规义务的积极性。② 但也有学者提出,“《刑法》没有将企业合规规定为违法阻却事由,所以实务中适用完成合规整改以合规作为出罪事由存在现实困难,应当尽快设置刑事合规的出罪制度”③。笔者认为,企业合规作为法定出罪事由虽然是根本解决路径,但并非唯一路径。刑事政策层面,合规刑法激励包括合规正向激励与合规反向激励,合规正向激励既可以将有效合规整改作为出罪事由,也可以根据案情不同及企业合规整改的效果不同而作为法定从轻或者减轻处罚事由。而对于合规反向激励而言,对于拒不整改,不认罪认罚的企业,则遵循刑事诉讼程序,按照我国刑法单位犯罪的规定,对于企业从重处罚。

以企业事先构建的有效合规计划作为企业法定出罪事由,我国刑事审判实践中已有相关案例。我国企业刑事合规抗辩第一案——“雀巢(中国)公司员工非法出售公民个人信息案”的判决就是遵循了这种做法。该案中,兰州市中级人民法院开创性地提出两点判决理由:一是雀巢(中国)公司已经建立企业合规管理体系;二是员工个人违法行为并不代表单位意志。基于此,兰州市中级人民法院得出结论:雀巢(中国)公司不构成犯罪,其公司内部人员单独构成犯罪。④ 该案具有重要意义,不仅开创了以企业合规切割企业与员工责任的先例,而且该案判决于 2017 年,可见合规作为出罪事由在

---

① 参见刘艳红:《刑事实体法的合规激励立法研究》,载《法学》2023 年第 1 期。

② 参见刘艳红:《企业合规不起诉改革的刑法教义学根基》,载《中国刑事法杂志》2022 年第 1 期。

③ 姜涛:《企业刑事合规不起诉的实体法根据》,载《东方法学》2022 年第 3 期。

④ 甘肃省兰州市中级人民法院(2017)甘 01 刑终 89 号刑事裁定书。

我国司法领域并非“真空”地带,早有先例可循。必须指出的是,虽然该案将企业事先合规作为出罪理由,但并非法定事由,且该案仅为个案,唯有将企业合规作为法定出罪事由,才是长久之策。

(二)企业合规作为法定从宽情节

企业合规法治化路径之二就是作为法定从宽情节。西方国家在对涉嫌犯罪的企业定罪后,对企业合规情况进行考察,将企业建立有效的合规计划作为一种重要的量刑情节,对企业作出较大幅度的减轻处罚。这种以合规换取减轻刑罚的做法,又被称为“量刑激励”。

司法机关通过量刑激励的方式,倡导更多的企业积极构建并落实有效的合规计划。具体的操作建议如下:其一,企业应构建有效的合规计划,并对公司员工进行相关培训,预防犯罪发生。其二,犯罪事件发生后,企业应积极配合检察机关的调查并按照检察机关的要求按照合规计划进行整改。其三,第三方评估机构负责对企业合规整改情况进行考察,检察机关根据第三方评估结果,结合企业整改的实际情况,形成书面减档量刑建议随案移送法院。法院具有最终的裁判权,结合企业犯罪的案情及企业进行合规整改的具体情况,最终作出量刑是否从宽的判决。

四、单位犯罪的立法完善

(一)条文设定前提

首先,应当厘清事前合规与事后合规。事前合规是西方国家惯常做法,倡导企业提前构建合规计划,以此作为切割企业责任与员工责任的法律工具。2018 年由国家发展和改革委员会等部门发布的企业合规指南、企业合规指导意见等文件,性质上属于事前合规。而由最高人民检察院倡导的涉案企业合规改革,侧重于事后合规,即企业犯罪后,通过检察机关引导,由第三方评估机制认定合规整改有效的,对企业作出不起诉处理。① 涉案企业合规整改的目的在于优化营商环境,督促引导涉案企业实质化合规整改,努力让企业“活下来”“留得住”“经营好”。

其次,应当区分合规计划与合规整改。合规计划一般是针对是事先合规,目的是鼓励企业预防犯罪,适用对象是一般企业,并非涉案企业。合规整改则是针对事后合规,适用对象是涉案企业,目的是倡导涉案企业认罪认罚,进行补救挽损措施,促进企业进行事后补救,并构建合规体系,预防企业再次犯同类犯罪。

---

① 参见刘霜、〔德〕安德烈 · 卡斯塔洛:《论企业合规计划的有效性判定——中意刑法比较研究的视角》,载《澳门法学》2022 年第 1 期。

(二)条文修改建议

1. 第30条(单位犯罪的一般规定)

原条文规定:公司、企业、事业单位、机关、团体实施的危害社会的行为,法律规定为单位犯罪的,应当负刑事责任。

新条文设计:公司、企业、事业单位、团体实施的危害社会的行为,法律规定为单位犯罪的,应当负刑事责任。

立法说明:第30条是对单位犯罪的一般性规定,遵循我国刑法"只有刑法有规定的,才处罚单位犯罪"的立法理念。有学者认为,应当将单位犯罪的范围扩展至《刑法》分则所有罪名。① 笔者坚持认为,不应随意扩大单位犯罪的处罚范围,刑事规范只能以处罚自然人犯罪为原则,单位犯罪仍然需要刑法分则明确规定的才处罚,有些犯罪单位并不能构成犯罪主体。

2. 第30条之一(合规从宽)

新增条款:单位没有建立或者未能有效实施合规计划的,单位内部人员以单位名义,为了单位利益实施犯罪,刑法规定为单位犯罪的,单位应当负刑事责任。单位已经建立并有效实施合规计划,单位内部自然人以单位名义,为了单位利益,违反合规计划实施犯罪的,追究责任人的刑事责任,单位可以不负刑事责任,或者视情节从轻、减轻或免除处罚。

立法说明:合规从宽应当单列一个条款进行规定。这一条款是对于一般单位而言,倡导单位提前制订合规计划,倡导合规文化,旨在预防单位犯罪。单位内部人员由于违反合规计划而实施犯罪时,可以适用该条款来切割单位责任与内部人员的责任。这样不仅可以优化营商环境,鼓励单位在法治轨道上发展壮大,而且能够避免合规理论中的"水漾效应",以较小代价维护较大的社会利益。

3. 第30条之二(涉案企业合规从宽)

新增条款:涉嫌犯罪的单位,认罪认罚且全面配合司法机关进行合规整改,及时采取措施补救违法行为,建立有效合规,第三方评估机制认定合规整改有效的,可以根据情节不起诉,或者从轻、减轻、免除处罚。

立法说明:此条款是对涉案企业合规从宽的规定。与上一款规定不同的是,此条款适用对象是涉案企业,即企业构成犯罪后,由于认罪认罚且配合检察机关合规整改,整改获得第三方评估机制认可后,方能获得企业合规从宽的优厚待遇。

涉案企业合规从宽应当适用如下条件:

第一,涉案企业认罪认罚是适用合规从宽的前提条件。如果企业连认罪认罚都做

---

① 参见周振杰:《涉案企业合规刑法立法建议与论证》,载《中国刑事法杂志》2022年第3期。

不到,何谈对其从宽处罚?况且认罪认罚也是涉案企业事后悔罪的表现。当然,需要警惕的是,实践中要防止双重从宽的效果。如果涉案企业合规从宽成为法定情节,且认罪认罚也是从宽处罚情节,这就需要法院综合案情整体考量,防止对涉案企业适用双重从宽。

第二,涉案企业合规从宽适用对象是涉案企业,并非对于一般企业而言。因而,这里的合规具体是指有效合规整改,而非企业事先制订的有效合规计划。之所以仅能适用于涉案企业,是由于如果企业认罪认罚,且愿意进行有效合规整改,可以防止企业再犯类似的罪名。

第三,涉案企业合规整改是否有效由第三方组织判定。为了防止检察机关既做裁判员,又做运动员,因而合规整改是否有效应由第三方评估机构认定。且很多合规整改是专项合规,需要专业人士或者法律人士参与。

第四,涉案企业合规并非一律从宽,合规是否有效由第三方评估机构判定,但是否真正从宽最终决定权仍然在法院。虽然检察机关可以提出合规从宽的检察建议,或者作出不起诉决定,但是如果进入审判程序,是否对于涉案企业进行合规从宽,仍然应当由人民法院作出,这是由司法机关分工不同、各司其职所决定的。

五、结语

检察主导的涉案企业合规改革是一场伟大的司法变革。但是合规改革并非一帆风顺,既有理念羁绊,也有制度障碍。合规改革的重中之重是合规刑法激励的本土化与法治化构建。唯有将合规刑法激励法定化,将其规定为法定出罪事由或者法定从宽事由,方能突破当前合规刑法激励的现实困境,为合规改革的深度发展提供根本法律保障,并促进改革在法治化轨道上顺利进行。

非国家工作人员受贿罪之企业合规制度适用:空间与路径

王文华* 姚津笙**

近年来,党和国家高度重视企业合规制度在建设法治营商环境中的积极作用,习近平总书记多次在讲话中强调企业要在合法合规中提高竞争能力。检察机关开展的涉案企业合规改革也体现出司法保护企业健康发展的履职作为。随着市场竞争的日趋激烈,企业内部人员利用企业在行业中的影响力、企业管理模式和自身职务便利,索取或者收受贿赂的现象屡有出现。虽然非国家工作人员受贿罪没有规定单位犯罪,但企业核心人员犯该罪亦符合涉案企业合规的案件适用范围。① 截至目前,该罪名鲜有适用涉案企业合规对行为人从宽处理的案例。出于“行为人实施商业受贿行为本就使企业利益遭受损失,再对这样的企业开展合规整改,可能会进一步增加企业负担”的考虑,实践中往往对该罪中处于“被害人”地位的企业适用涉案企业合规存有疑虑。有鉴于此,本文拟从规范与事实两方面入手,通过对企业所谓“被害人”地位的验证,探讨企业合规制度在本罪中的适用空间,进而分析其适用的正当性基础,并提出适用的基本原则与具体方案。

一、本罪中企业非纯粹的“被害人”——非国家工作人员受贿罪中企业合规制度的适用空间

(一)规范层面:企业不是本罪法益保护的直接对象

刑法的任务在于保护法益,而涉案企业合规是在法律适用的过程中,为了更好地保护法益、发挥刑法的犯罪预防功能而探索构建的司法制度,在探究能否适用企业合规制度时,也要从法益侵害的角度进行规范分析。依据法秩序统一性原理,与本罪相衔接的前置法律可能包括《公司法》和《反不正当竞争法》。《公司法》的目的在于规范市场主体的行

---

* 北京外国语大学法学院教授,中国刑法学研究会理事。

** 北京外国语大学法学院博士研究生,北京市人民检察院检察官助理。

① 参见《涉案企业合规建设、评估和审查办法(试行)》第20条。由于涉案企业合规适用的对象主要是非国有主体,本文聚焦于商业受贿行为,不包括基层自治组织、公益事业单位等单位人员的业务受贿行为。

为,而《反不正当竞争法》的目的在于规范市场主体间的行为。社会主义市场经济环境下,前者主要调整市场主体内部关系,而后者则注重市场间主体外部关系。

从市场主体内部关系出发,非国家工作人员受贿罪的法益可能被进一步识别为:公司、企业的正常管理活动,公司、企业或者股东的利益,以及公司、企业人员的廉洁性,公司、企业的信赖利益。具体而言:

首先,公司、企业的正常管理活动的观点在本罪设立初期曾占据主流地位①,但是由于其过于抽象,难以准确反映本罪的实质特征,已经逐渐被其他观点所取代。

其次,国外有观点认为本罪所保护的法益是企业财产利益②,但是由于社会背景、文化传统、现实需要等方面的差异,各国规制此类犯罪的价值取向和利益诉求均有不同。基于对我国刑法体系的整体性考察,将公司企业的管理秩序简单理解为某类主体的财产利益,会混淆本罪与侵害财产性法益犯罪的界限。

再次,若将廉洁性作为本罪法益,则会在一定程度上削弱"公司、企业人员"中的"公司、企业"属性,不当提高刑法对"个人"道德标准的要求,将无论是否与公司、企业具有直接关联的行为均纳入打击范围。况且,商业贿赂与公职贿赂在中国文化场景中本就有着完全不同的伦理意蕴和社会意义,公众对商事主体的伦理期待一般低于公职人员,二者引发的社会道德情感反应也有所不同。

最后,还有观点认为,本罪保护的法益是基于公司对员工履行忠实义务的合理信赖产生的委托关系。③ 虽然公司、企业会在劳动合同中对受贿行为作出禁止性约定,但是违反这一约定破坏的是公司、企业基于劳动合同的民事法律关系中的信赖利益,忠实义务往往也只是《公司法》对于公司"董、监、高"的约束,若在我国现有刑法体系下将信赖利益纳入本罪法益的范围,可能造成难以与背信损害上市公司利益罪、背信运用受托财产罪等进行区分的障碍。

从市场间主体外部关系来看,本罪的法益可能被识别为公平竞争的市场秩序。着眼于企业外部,即市场间主体商业交往中的贿赂行为,以此作为本罪保护法益无疑是合适的。然而,由于我国刑法以主体身份作为贿赂犯罪的划分方式,导致实践中大量单位内部,即非市场间的贿赂行为亦能被纳入本罪的评价范围,若仅将关注重心放在公平竞争的市场秩序中的市场秩序上,便难以对企业内部贿赂行为也以本罪定罪处罚的情况作出有力解释。

即便如此,这一视角仍具有启发意义。因为,无论是公职贿赂犯罪还是商业贿赂犯罪,资源的有限性都是其行为的重要底层逻辑。只是具体到本罪,应当将关注的重

---

① 参见周道鸾、单长宗、张泗汉:《刑法的修改与适用》,人民法院出版社1997年版,第364页。

② 参见卢建平、张旭辉:《商业贿赂的刑法规制——以私营部门为例》,载《法学杂志》2007年第1期。

③ 参见刘择:《非国家工作人员受贿罪的法益识别与涉案财产处置纠偏——以公司、企业工作人员受贿为研究对象》,载魏昌东、顾肖荣主编:《经济刑法(21)》,上海社会科学院出版社2022年版,第296页。

点由市场秩序向公平竞争转变。在市场竞争从最初的不完善、无序逐渐向完善、有序演进的过程中，公平竞争机制表征着其运作规律。破坏公平竞争机制，会导致市场重新陷入无序竞争当中。在市场资源有限的情况下，商业贿赂这种不正当竞争行为损害了竞争者获取资源的机会公平性。

将公平竞争机会作为本罪保护的法益，不仅与前置法律相互协调，准确反映社会主义市场经济环境下倡导有序竞争的客观要求，也能够为本罪所在章节保护的公司、企业管理秩序所接纳。公平竞争法益与公司、企业管理秩序的关联，并不着眼于市场主体内部关系，并非强调对企业本身的现实管理利益或者实际财产性利益的保护，而是关注该行为对公平竞争机制造成破坏后，企业作为社会主义市场经济环境中的主体之一，在“劣币驱逐良币”的长期影响下，其长远利益所必然遭受的影响。

对于将公平竞争机会作为本罪法益的观点，《联合国反腐败公约》第 21 条的规定亦能提供例证。相较而言，我国刑法非国家工作人员受贿罪中，行为人利用职务上的便利索取或者非法收受他人财物后，只要为他人谋取利益，达到追诉标准的即构成犯罪；而《联合国反腐败公约》则限定在索取或者收受不正当好处的范围之内，排除了谋取正当利益入罪的空间。谋取不正当利益对企业利益的侵害危险性通常高于谋取正当利益，将后者纳入本罪的规制范围，显然不仅仅是出于对企业自身的保护。

由此可见，公平竞争机会法益观指导下的企业并非本罪法益直接、具体的保护对象。本罪旨在保护市场竞争中的各方主体，不仅包括企业，也包括寻求交易机会的其他经营者。

（二）事实层面：本罪适用中企业的财产性利益并非均遭受侵害

从事实层面考察企业是否处于“被害人”地位，需要分析犯罪行为给企业造成的财产性利益损失。根据对 B 市近三年来非国家工作人员受贿罪中符合涉案企业合规适用基本条件的案件情况的分析，本文归纳了较为常见的六类行为类型（见表 1）。

表 1　B 市非国家工作人员受贿罪中符合涉案企业合规适用基本条件的案件情况分析

序号	行为类型	案件数	占比
1	在公司采购、招标过程中，为行贿人成为公司供应商、代理商、经销商，或者与公司续签合同等方面提供便利	12	46.2%
2	为行贿人在缩短款项结算审批流程、提高工作效率等方面提供便利	5	19.2%
3	为行贿人提供享受公司优势场地、优势资源的机会	2	7.7%
4	为行贿人在获取公司补贴、审批返利等方面提供便利	2	7.7%
5	为不具备资质的行贿人在提供担保资质等方面提供便利	2	7.7%
6	在履行中介、评估职责过程中为行贿人提供便利	3	11.5%

这些案件中确有一些因行为人受贿致使企业财产性利益受损的情况,包括以高于正常采购价的价格购买产品或者服务、利用审批权限增加补贴额度或者减免费用、为无资质人员提供贷款额度或者担保等。

然而,半数左右的案件中,企业财产性利益确实未受损失,特别是第二类、第三类和第六类行为类型。实际上,企业与行贿方在很多时候都保持着"非零和博弈"的关系。在第二类行为类型中,行为人往往利用负责项目执行、主管财务工作等职务便利,帮助行为人加快项目款审批流程,提高结算效率。在供大于求的"买方市场"中,提供资金购买产品、服务的"甲方"无疑拥有更大的话语权,无论是在合同订立、执行还是在款项结算周期、方式等方面都显得较为强势。帮助行贿人尽快收回本就应得的正当利益,一般不会使企业的财产性利益受到损失。

第三类行为类型主要集中于互联网平台等具有撮合交易性质的商业主体中,这些企业对其所提供服务的网络空间具有强大影响力,并形成了丰富的产业生态集聚圈。此类行为损害的是相关竞争者的利益,例如,为行贿方提供更多推广资源必然伴随着其他具有竞争关系经营者能够享受的推广资源减少。流量经济时代,只要供给充分,人为调整平台内资源分配的行为不会对企业自身的财产性利益造成影响。

在第六类行为类型中,行为人所在的企业往往是提供中介、评估等第三方技术服务的组织,行为人在代表企业履行中介、评估职责过程中,以出具虚假数据的方式帮助行贿人获得利益。这一过程中,财产性利益受损的主体应为委托方和其他受偿人。

此外,第一类行为类型也可能包含企业财产性利益未受损失的情形。例如,在行贿人本就是竞标者中最优选的情况下,即使存在贿赂行为,也很难使企业财产性利益遭受损失。质疑观点可能认为,额外付出的行贿成本会导致行贿人通过降低商品或者服务质量的方式维持利润规模。但是,招标与合格验收本就分属不同环节,如果项目验收标准未降低且顺利通过,就说明商品或者服务质量符合要求,很难据此认为企业的财产性利益受有损失。

毋庸置疑,即使证明了企业的财产性利益未受侵害,也无法必然推导出行为人的受贿行为没有对企业利益造成影响的结论,毕竟这一行为还会对企业声誉、形象等非财产性利益造成不良影响。但是研究表明,相对于未曝光腐败的配对样本公司,曝光高管腐败的公司在腐败行为曝光后会通过积极的公司治理机制改善行为来恢复声誉,这种声誉恢复行为也能够得到资本市场和产品市场的认可。[①] 企业开展合规建设或者进行合规整改会向公众传达出以诚信经营为愿景的积极信号,往往有助于扭转因受贿行为造成的负面影响。企业财产性利益未遭受侵害的非国家工作人员受贿案件

① 参见谢香兵、马睿:《高管腐败曝光后的声誉恢复行为及其经济效应》,载《上海财经大学学报》2020年第3期。

中,企业合规制度具有相当程度的适用空间。

二、企业具有促进法益恢复优势与风险管控义务——非国家工作人员受贿罪适用企业合规制度的正当性基础

(一)事实层面:企业对促进公平竞争法益恢复具有天然优势

随着社会复杂性的不断加剧和风险社会的到来,仅依靠对行为人的事后惩罚不但很难弥补被侵害的法益,面对犯罪可能获得的巨大利益诱惑,刑法的犯罪预防目的甚至也会被抵消。单纯的报应或预防是没有意义的,恢复被犯罪所打破的利益格局或平衡,需要以刑罚的威胁为后盾,激励行为人以自己的努力积极实现法益恢复。①

根据犯罪行为所侵害的法益不同类型,法益恢复的主体、方式、程度等均有所差异。对于侵害人身安全法益的犯罪,特别是重大人身伤害,由于其法益具有不可逆性,虽然行为人通过赔偿、道歉等方式可以在一定程度上缓和与修复破裂的社会关系,但是此时法益却很难恢复如初。对于单纯侵害财产性法益的犯罪,法益恢复是状态性的改变,行为人返还财产、退赃退赔的行为就能够实现财产性利益从丧失占有到恢复占有状态的转变。而对于本罪所保护的公平竞争法益,法益恢复是渐进式的过程,是通过公平竞争机制稳定长期运行,让经营者重新感受到公平,积累信心,消除其对是否应当按照规则要求自己行为的疑虑。

财产性利益、人身安全等具有明确指向性的法益中,自然人在法益恢复中发挥着关键作用,而本罪所保护的公平竞争法益中自然人对促进法益恢复的效能则往往较低。虽然对行为人进行惩处能够以刑罚威慑的方式在犯罪预防方面发挥作用,并由此向各市场主体传递“破坏公平竞争的行为得到了惩处”的信号,但是这样的法益恢复其宣誓性意义大于实际意义。收受或者索取贿赂的行为人所在的企业通常在竞争中处于主导地位,行为人正是由于充当了企业对外履行职责的话事人,才拥有了话语权和寻租空间。仅仅依靠惩处行为人很难改变整体性的竞争环境,逐利性会不断驱使在同样岗位上的其他人以身犯险。企业才是公平竞争法益恢复的关键,惩处行为人对法益的恢复具有片面性,而企业对法益的恢复却具有整体性。

(二)规范层面:企业对自身所创设风险具有一定的有效管控义务

虽然本罪中企业能够有效促进公平竞争法益恢复,对社会治理产生积极的影响,但是由于合规整改需要投入的成本很高,且几乎皆由企业负担,所以还要跨越不同的利益层次进行异质比较,明确企业承担这些成本的正当性。

---

① 参见姜涛:《重构主义的刑法实践模式》,载《法学》2022 年第 1 期。

企业在推动经济发展、为社会创造财富的同时,也在创设新的风险,应当在合理限度内承担控制风险的义务。正如组织体刑事责任理论所传达的观念,单位是由人和物复杂结合而成的法律实体,具有自己独特的制度特征、文化气质和环境氛围,这些要素能够对单位中的自然人的思想和行为产生影响。① 企业除了有义务采取相应的防范措施外,还需考虑其有效性。在对法人犯罪采取严格责任的英美国家,企业可以通过构建对内部违法、犯罪行为及时预防、发现和报告的合规机制,减轻、免除企业自身的刑事责任。但是这一机制绝不仅是存在于制度层面,还在于贯彻和实施的有效性。英国2010年《反贿赂法》实施以来,在首例以商业组织不履行预防贿赂义务罪追究企业刑事责任的"Sweett Group PLC 案"中,法院就认为,SG 公司在行为人贿赂行为发生很长一段时间后,也没有采取任何有效的制度来避免,并且还故意忽视了两份审计报告,表明其内部没有有效的预防贿赂犯罪的适当程序。② 虽然我国企业无须为其内部管理漏洞承担刑事责任,但也应当对自身所创设的风险承担一定的有效管控义务,避免将这一责任全然转嫁给社会。

三、未来须更加注重程序正义与结果导向的协调与统筹——非国家工作人员受贿罪适用企业合规制度的基本原则

作为一项以保护民营经济为改革初衷的制度,不能忽视涉案企业合规制度安排中的底色,未来除了在规范层面强化实质判断,还应当充分尊重市场规律,兼顾市场经济逻辑与法律逻辑,注重程序正义与结果导向的协调与统筹。在非国家工作人员受贿案件中适用企业合规制度时,尽可能避免或者减少其对企业经营发展可持续性的负面影响。在非国家工作人员受贿罪适用企业合规制度的基本原则方面,具体应当包含以下内容。

第一,坚守企业自愿的原则。涉案企业合规本质上是一种协商性司法活动。协商性的程序正义理论认为,控辩双方通过自愿协商和达成协议所形成的结果,就是可以接受的"公正结果"。③ 实现协商性司法的程序正义,必须以自愿性为前提。作为以公权力介入企业内部经济活动的行为,涉案企业合规改革本就面临着刑法过度介入企业内部管理活动的质疑,更应坚持民事主体意思自治、保持刑法基因中的谦抑与克制。而且,合规整改的效果如何,在很大程度上取决于企业家的态度和决心,否则即使企业迫于无奈进行了承诺,也很难达到预期的目标。

---

① 参见黎宏:《组织体刑事责任论及其应用》,载《法学研究》2020 年第 2 期。

② See Serious Fraud Office: Sweett Group, Aug. 18, 2023, https://www.sfo.gov.uk/cases/sweett-group/.

③ 参见陈瑞华:《论协商性的程序正义》,载《比较法研究》2021 年第 1 期。

第二,明晰损益平衡的原则。从机会成本的角度来看,只有当企业能够在合规建设中获得更多的制度红利时,投入的合规成本才是可接受的。虽然企业以营利为目的必然要求节约成本,但这不必然能够推导出“合规成本不能高于所带来收益”的结论。合规语境下的损益平衡并非仅着眼于企业,使其利益凌驾于公共利益之上,所谓的收益也并非仅注重企业的短期收益,还要结合前期造成的影响、合规产生的制度收益、企业的预期收益等进行整体判断。而企业也应当意识到,虽然单个员工的受贿行为在短期内不会使企业陷入刑事风险,但如果企业不采取有效手段加以制止和预防,便会滋生和助长不法风气,向其他员工传递不良信号并诱发模仿,进而产生“累积效应”,威胁企业的存立。

第三,聚焦专门整改的目标。与事前合规追求全面防范企业违法犯罪风险不同,犯罪行为发生后,企业日常管理体系、治理结构和运行机制中存在的缺陷和不足已然显现,此时合规整改的首要任务是有效弥补现有漏洞和隐患。应当充分考虑合规效果的影响因素,聚焦专门领域和有效整改的目标,简化合规流程,提高合规整改的针对性和有效性,促使企业合规整改效用最大化。

四、层次化、分步骤判断是否适用合规制度及其类型化——非国家工作人员受贿罪适用企业合规制度的具体方案

(一)非国家工作人员受贿罪适用企业合规制度的判断步骤

第一步,判断案件是否符合涉案企业合规的启动条件。

根据《涉案企业合规建设、评估和审查办法(试行)》中关于涉案企业范围的规定,首先判断行为人是否属于企业实际控制人、经营管理人员、关键技术人员等核心人员,实施的是否为商业受贿这样与生产经营活动密切相关的犯罪,以及悔过意愿等。

如果案件符合涉案企业合规的启动条件,则可以进入下一步骤。

第二步,判断受贿行为是否对企业财产性利益造成损失。

对于行为人受贿行为致使企业财产性利益遭受了损失,特别是重大损失的案件,应当谨慎适用涉案企业合规。一方面,企业承诺合规整改要建立在能够正常生产经营的基础之上,重大损失很可能导致企业自身面临经营困境,强行开展合规整改会对本就陷入发展困境的企业造成可持续性的经营障碍。对于已经停工停产、濒临破产的企业而言,其本就失去了进行合规整改的先决条件。另一方面,在行为人严重侵害企业利益的案件中,企业自身开展内部整顿的动力相对充足,再通过外部力量的介入意义不大。

如果受贿行为未对企业财产性利益造成损失或者造成的损失较小,则可以进入下

一步骤。

第三步,判断企业进行合规整改的自愿性。

作为涉案企业与检察机关之间相互协商的结果,适用涉案企业合规要以企业自愿接受和配合为前提。避免核心人员因获罪导致企业遭受更大损失是本罪中企业选择配合检察机关进行合规整改的主要原因之一。实践中,部分中小型企业内部控制相对松散,涉案人员多为联合创始人、合伙人等,此类人员往往能力出众,掌握企业的相关资源,能为企业创造可观的收益。相较于清廉却又平庸的员工,企业往往对前者有更高的容忍度。在其涉罪时,企业也往往基于对其价值与合规成本之间的权衡,考虑进行合规整改。此外,企业也可能出于减少对企业 IPO 进程的影响、稳定股价等原因申请适用涉案企业合规。

如果企业基于各种考虑自愿接受和配合合规整改,则本部分的判断结束。否则,仍有必要继续进行下一步的判断。

第四步,判断企业对犯罪行为的发生是否存在过错。

非国家工作人员受贿行为得以实施,除了行为人自身因素,企业可能还存在着制度不健全、监管不到位、不良文化氛围等诱因、漏洞。对于未造成严重利益损失的受贿行为,企业也可能抱有放任、纵容的态度。除此之外,这里的过错还包括开展“纸面合规”,即合规有效性不足的情形。事后机械性地对涉案自然人进行惩处,不但有使司法机关沦为私营企业“内部治理的工具”之嫌,更难以对公平竞争法益起到恢复作用,这也是本文认为有必要进行这一步骤判断的原因。

检察机关不应对缺乏自愿性的企业适用涉案企业合规,以免溢出以合规整改换取宽缓处理的制度涵摄范围,使企业承受不应有的“制裁”。但是,可以考虑通过非涉案企业合规的方式,灵活运用各类社会治理手段,引导企业在追求经济效益的同时积极承担企业责任。

如果企业不存在上述情形,则通过加强与企业的沟通,或者以制发社会治理检察建议的方式,提示其重视此类问题并采取相应措施即可。

(二)区分非国家工作人员受贿罪企业合规制度适用的不同类型与具体方式

1.“合规激励”类的涉案企业合规

在非国家工作人员受贿案件中适用涉案企业合规,合规整改背后的司法逻辑是“自然人犯罪、单位无罪——单位进行合规整改——自然人获得整改利益”。检察机关对此类案件进行合规考察时,不应仅局限于企业,还应延展至行为人等相关个人。作为企业经营者和直接决策者的涉案人员,不仅会对合规整改、执行起到引领作用,也会对企业合规氛围、守法文化建设起到带动作用。企业与行为人等相关个人应当共同为合规整改付出努力,作出合规承诺、制订合规计划并严格执行。

有些非国家工作人员受贿案件中，即使企业出于各种考虑接受合规整改，其对公共利益的助益也很可能大于企业自身利益。要注重合规整改手段的灵活性和多元化，以有效的企业制度修复为重点。同时，为了确保合规整改作用的可持续性，还要引入后续环节常态化的监督管理机制，与对应的行政主管部门进行协作配合，将对企业合规整改后续效果的监督纳入行政机关日常工作，形成社会监督治理的合力。

经评估合格后，检察机关可以对行为人根据情节予以不起诉等宽缓处理。当然，并非所有涉案企业合规都要以对行为人作出不起诉决定为前提，也可以将合规审查作为提出从宽量刑建议的重要考量，作为减刑和假释的情节。

2. “积极引导”类的非涉案企业合规

非涉案企业合规主要针对不符合涉案企业合规的适用对象、启动条件，但又存在着容易诱发违法犯罪行为风险的漏洞、隐患，具有合规建设必要性的企业。现阶段，检察机关对此类企业多通过制发检察建议的方式，提示其关注相关问题并加以纠正。然而，检察建议既非刚性的监督手段，又缺乏有效的激励举措，企业鲜有动力彻底变革其底层制度和运行逻辑中存在的缺陷，往往只是做出象征性的改变和回复，很难取得实质性的效果。

对此，除了检察机关要有针对性地加大普法宣传力度，积极向企业展示合规建设的价值和意义，非涉案企业合规还强调发挥相关行政主管部门和行业协会的主体作用。企业合规涉及的罪名通常是以违反前置行政法为前提的经济犯罪，推进合规建设本就包含着对行政法中命令性规范和禁止性规范的遵守，行政主管部门要加强对企业的指导和监督。而作为行业自治组织，行业协会则可以发挥对行业内企业生产经营习惯、交易特点较为熟悉的优势，与行政主管部门共同引导企业推进合规建设。

五、结语

党的二十大报告明确，“优化民营企业发展环境，依法保护民营企业产权和企业家权益，促进民营经济发展壮大”①。近期颁布的《中共中央、国务院关于促进民营经济发展壮大的意见》和《刑法修正案(十二)》也突出强调进一步加强对民营企业的平等保护，优化营商环境，促进民营经济发展壮大。在落实中央决策部署的过程中，刑法适用须秉持促进民营经济可持续发展的理念，更加关注通过非国家工作人员受贿罪等相关罪名的司法适用促进企业“质”的提高，以“内涵式”发展构建企业的高质量成长路径。

---

① 习近平：《高举中国特色社会主义伟大旗帜 为全面建设社会主义现代化国家而团结奋斗——在中国共产党第二十次全国代表大会上的报告》。

通过统筹推进维护企业正常生产经营与实现内部治理的实践探索,涉案企业合规改革在保护民营经济可持续发展方面成效显著,这一积极作用未来亦可通过对非国家工作人员受贿案件企业合规制度的适用得以更多体现。在治理企业内部人员腐败损害企业利益行为的过程中,对于企业自身存在的可能诱发犯罪的掣肘因素,司法机关还需要与企业、行业协会等共同积极探索涉案企业合规、非涉案企业合规等多种路径,发挥涉案企业合规改革举措的最大价值,从而实质性发挥司法保护民营企业、民营经济行稳致远的作用。

中美企业刑事合规制度之比较及其启示

牛忠志*

2020年3月,最高人民检察院主导开启了企业合规刑事激励试点。但是,由于缺乏顶层法律制度设计,我国的合规试点工作经过艰难探索,遇到了瓶颈,步履蹒跚。与此同时,理论界不少学者介绍了美国的企业合规理论成果以服务和指导我国刑事合规试点。不过,对外国理论的介绍一定程度上存在着简单移植的现象。然而,缘于美国与中国合规的实践背景、活动旨趣、法律体系,以及犯罪的成立条件等存在较大差异,简单移植并不可取。

一、美国的企业刑事合规制度

(一)企业刑事合规制度的产生

1. *法人犯罪主体资格制度的确立为企业刑事合规制度的产生塑造了"实体"前提*

企业合规制度产生的前提是法律承认企业的犯罪主体适格性。英美法系基于实用主义传统,率先承认法人犯罪,这为美国的企业合规制度的产生塑造了一个"实体"的前提和基础。

起初,人们普遍认为,法人是人造的虚拟实体,无身体功能,不会产生犯意,即所谓"既无灵魂可被谴责,也无身体可被报复"(no soul to damn and nobody to kick)。但是,随着法人数量的大量增加,其社会交往角色的担当、经济交易的主体地位显得越来越重要。并且,由于组织规模的不断扩张和活动能量日益增大,法人在合法活动造福社会的同时,其违法行为也往往会对社会造成很大的危害。于是,用刑法规制法人行为被提上了议事日程。直到1909年,美国联邦最高法院在"New York Central & Hudson River Railroad Co. v. United States 案"中第一次对于企业可以构成犯罪作出判决,并要求"企业要为员工犯罪负代理(vicariously)之责"。此判决是美国联邦法院承认法人犯罪最早的判例法。其法哲学基础即把民法的侵权责任归责原则直接移用到刑法领

---

* 河北大学法学院教授,中国刑法学研究会理事。

域:"仆人之过,主人承担"——法人与雇员的关系定位为"主仆关系"。之后,美国的司法遵行先例,刑事判决普遍承认了法人犯罪。

美国之所以承认法人犯罪,概括起来是基于以下考虑:①承认法人犯罪可以确保刑法对任何危害社会的行为加以惩罚而不至于逃脱法律制裁。②刑法有规制和引导社会公众的规范指引功能,任何法人都应该努力防止其经营过程中违法犯罪行为的发生,确保企业尽到监督其代理人及员工的责任,并促使企业积极采取并切实落实各种防范其员工违法犯罪的公司治理措施。③对法人追究刑事责任可使获此不法利益的法人负起相应的责任,借此有利于加强对企业活动的控制。④法人的有关人员,他们的名字和声誉对社会公众影响不大,只有对法人定罪判刑才能扩大刑事制裁的社会影响。

2. 美国犯罪实体法标准宽松的特点导致企业犯罪泛化,从而需要企业刑事合规制度来帮助企业出罪

(1)美国的犯罪对"社会危害性的量"的要求"低"。美国是判例法国家,美国的刑法主要形式是生效的法院判决。由于判例法的不明确性和具体性,近代以来英美法系国家也兴起了法典化运动,英美国家的刑法规范也进行了一定程度的成文法的变革。所以,美国刑法也有类似于我国的单行刑法和附属刑法的"制定法"(成文法)刑法渊源。[①] 不过,无论是判例法(包括普通法和衡平法),还是制定法,美国的犯罪条件只含定性因素而没有定量因素。这导致美国的犯罪门槛很低,诸如偷一个苹果、逃税一元、卖酒给值班的警察、卖黄色书刊给未成年人,都是犯罪。

(2)美国关于法人犯罪的归责模式容易使法人入罪。从沿革来看,美国法人犯罪的归责模式有:

第一,代位责任模式,也称为替代责任规则,即"仆人之过,主人承担"的替代责任规则。这是其最早的刑事归责模式。代位责任模式本来是侵权法的归责模式,后来被移用到刑法领域。该模式下,法人之所以承担刑事责任,不是法人自己犯了罪,是法人员工犯了罪而由法人替代其承受的刑事责难。正因为如此,替代责任也属于无罪过责任,或者称其为客观责任,其非科学性是显而易见的。代位责任模式自美国联邦法院扩展适用到刑法以来,直至目前仍然是美国最广泛的法人犯罪归责模式。

第二,同一视理论模式。这一理论最早产生于英国。英国对于法人犯罪归责的

① 英国最早的法人犯罪判例是1842年伯明翰与格劳赛斯特铁路公司案。制定法上,1889年英国制定的解释法(Interperattion Act)对人(person)的概念进行了扩充,认为犯罪行为人的概念中应当包括法人,企图通过确定法人的所谓心理人格来完善惩罚法人犯罪的理论依据,解决罪过与责任相互分离的矛盾。美国与英国正好相反,其制定法确认法人犯罪制度早于司法判例:美国联邦层面制定法,如1887年的《州际贸易法》、1890年的《谢尔曼反托拉斯法》、1906年的《洁净食品和药物法》,这三部法律的制定为广泛追究法人刑事责任开创了制度先河;而美国联邦法院的第一个法人犯罪判例却是1909作出的。

哲学根基经历了由替代责任到同一视理论的演进。该理论把法人控制者的行为视为法人行为,即董事会参与或者容许的犯罪,或者高级管理人员在职务范围内所实施的犯罪,被视为法人的犯罪。同一视理论其实仍然立足于法人拟制说的立场,把“单位”和“单位员工”视为不同的主体,没有真正坚持“企业组织体责任理论”。在制定法层面,英国 1889 年《解释法》最先确立这一规则:一个公司在许多方面类似于一个人;公司有一个控制全部行为的大脑和神经中枢,也有一双根据中枢的指示而掌握工具并实施行为的手;在公司中,一些人属于不能代表公司心理或者意志而仅仅类似于干活之双手的雇员或者代理人,另一些人则是代表公司作出指导心理和意志并控制公司行为的董事与经理。这些董事与经理的意思就是公司的意思,至少法律是如此看待的。同一视理论把法人与其工作人员看作为“完全独立”的两个实体①,相比替代责任而言,有助于向“法人实在说”迈进,法人的社会存在感和承认法人犯罪主体的趋势有所强化。

第三,美国《模范刑法典》(Model Penal Code)的归责模式。《模范刑法典》并不是一个具有法律约束力的实体法,是美国法学会(American Law Institute)鉴于各州法域差异过大,在对以往判例法总结的基础上,自 1951 年起草,之后十几年经过 13 次修改,于 1966 年通过的一部基础刑法典“建议稿”。《模范刑法典》致力于将尚未统一普通法的概念和判例规范予以成文法化和统一化,尽管没有国家层面的强制性约束力,但无形中成为美国联邦制定法、各州制定法,以及司法裁判的重要参考资料,对美国的刑事法治实践逐步规范化产生了相当程度的影响。

《模范刑法典》对法人的刑事责任归责提供了两个渠道的认定标准:第一,刑事归责的一般原则。如果作为制定法的刑法规范明文表示要归责到法人的,则依照规定。对于这种场合,法官直接依据制定法的规定加以认定即可。第二,作为原则的例外,即若一个刑事法规欠缺明文表示法人是否可承担刑事责任,那么要归责于法人就需要同时满足三个条件:一是该行为以法人的名义实施;二是该行为属于法人的业务范围;三是该员工的违法行为系董事会或高层主管授权、要求、指示所致,或董事会或高层主管明知有该行为但因监督过失导致该行为发生。《模范刑法典》强调制定法规范明确规定的归责模式的优先适用,这符合法治社会保障基本人权的原则要求。不过,基于历史传统,美国制定法中罪刑规范明文规定法人的归责立法例仍然是以替代责任为主的归责模式。这就是说,《模范刑法典》作为理论成果并没有彻底改变美国的法人主观归责上替代责任原则的主导地位。

第四,英美国家关于法人归责理论的新发展影响着法人的归责模式。近年来,受大陆法系国家刑法理论的影响,英美国家的刑法学者对于法人承担刑事责任的哲学基

---

① 〔英〕J. C. 史密斯、〔英〕B. 霍根:《英国刑法》,李贵方等译,法律出版社 2000 年版,第 207 页。

础提出了一些新的学说。例如,有学者借鉴自然人人格责任论提倡推定法人责任理论。还有学者主张法人文化责任论,即公司的文化,包括公司之前是否发生过类似的行为、公司内部该种违法行为是否普遍、公司对该种违法行为披露的及时性和主动性、公司是否存在相应的合规计划,以及公司是否采取相应的补救措施等因素所反映的企业文化。法人企业文化决定了企业是否负刑事责任及负刑事责任的程度。法人文化责任论在美国《检察官手册》和《联邦组织量刑指南》中有所体现。我们可将上述学说的共性概括为:偏离把法人视为拟制物而逐步采纳把法人当作"实在的社会组织系统"(法人实在说)的立场。承认"法人的犯罪是法人自身所实施的犯罪行为",不再以自然人责任为媒介去着力探寻一个社会组织体(社会有机体)自身的行为概念。由此,法人的意志及法人组成人员在法人意志支配下的行为,才是法人的行为;法人犯罪是以存在法人的违法行为为前提的,而法人违法行为的存在应当以法人的规模、组织结构、意思决定过程等作为标准来分析和判断法人中的自然人的行为能否归属于法人。虽然这些理论学说还处于发展时期,但已经对司法实践产生了一定的影响。不过,先进的理论对实践的引领总需要一个渐进的过程,实践是保守的。目前,法人归责的不同理论在美国司法实践都有判例:代位责任模式和同一视理论模式基本是平分天下,共同主导的司法实践,其他理论则很少被采用。

总之,美国犯罪成立的积极条件有两个特点:一是对危害行为的量的要求低,二是主观归责原则宽松。这就决定了其法人犯罪成立条件门槛比较低,法人构成犯罪比较容易。这一现状决定了近现代以来美国一直限缩法人犯罪范围的立法需要和司法走势。其中,在制定法上,美国立法一直限缩法人追责范围;司法实践同样趋向于限缩对法人的追责。企业合规刑事激励制度就是在这一大趋势中产生和发展的。

3. 美国刑事诉讼模式为企业刑事合规制度的产生和发展提供了相当的推动力

美国当事人主义的诉讼模式下,法官消极被动、中立;检察官与被告人地位平等、对抗,在诉讼中积极争斗。这种诉讼模式,办案的司法人员在具体案件中掌握着犯罪的标准。① 无论是美国关于犯罪的制定法对犯罪只定性、不定量的犯罪成立条件,还是美国判例法,对于犯罪都没有明文规定的实体法标准,由此,检察官和法官对于出罪具有很大的自由裁量权限。

美国的企业合规刑事激励制度的适用范围同样由办案的司法人员自由裁量。实践中,通过司法人员把大量的"轻微"犯罪行为过滤出去。在这种"立法定性、司法

① 判例法国家的成文法化是一个毋庸置疑的趋势。英国在对判例法不断总结的基础上,单行刑法(制定法)不断涌现,如英国 1968 年《盗窃法》等。该法对盗窃罪的规定是:"任何人以永久地剥夺他人财产所有的权利的故意,欺诈性地将他人财产盗用的,构成盗窃罪。可处以最高为十年监禁。"在美国,其全国法学会 1962 年编制的《模范刑法典》虽然不是美国的国家立法,但在美国联邦和各州的刑法规范化的历史进程中发挥着十分重要的作用。

定量”的犯罪认定模式下，警察、检察官和法官，都有很大的自由裁量权。比如，警察认为行为人犯罪行为轻微，不值得继续刑事诉讼的，可以自由斟酌予以出罪化，同时给予必要的处置（如批评教育）而不必再送检察官。如果检察官认为行为人的行为属于罪行轻微时，可以通过辩诉交易，自由斟酌处置，包括不起诉、罚款、缓起诉等以终结刑事诉讼。如果法官认为行为人罪轻的，也可以自由处置，可以运用暂缓科处、给予缓刑或者量刑优惠等加以处理。故不像中国法律那样严格限制。例如，根据现行《刑事诉讼法》，我国的酌定不起诉制度在犯罪的严重程度、犯罪人是否认罪悔罪等方面有严格并且明确的规定，司法人员不可突破法律的限定而随意扩大案件的适用范围。

（二）美国企业刑事合规制度的主要内容

从法律渊源的发展进程来说，判例法的模糊性表明了其低级的形态，成文法作为法律渊源应当是高于判例法的。美国虽然是判例法国家，但其制定法日益发展。刑事合规激励法律制度起始于制定法规范。

1991 年美国颁布适用于单位被告人的《联邦组织量刑指南》规定：“企业合规是企业进行预防、发现和制止企业违法犯罪行为的内部管理机制。”该指南首次在刑事规范中引入合规概念，这里的合规应该是刑事合规。该指南后来历经多次修改和充实。

美国司法部反垄断局于 2019 年 7 月 23 日发布的《新合规指南：对公司合规项目的评估》规定：“对于违反《谢尔曼法》上的价格串通、投标串通、市场集中等类型的犯罪，如果公司能证明确已建立了系统性的合规制度，可以作为不予起诉的理由。”

《联邦组织量刑指南》规定，企业合规计划是指“用于预防、发现和制止企业违法犯罪行为的内控机制”，同时明确提出了“有效企业合规”的七个具体标准：“企业应建立合规政策和标准；企业应指定高层人员监督企业的合规政策与标准；企业不得聘用在尽职调查期间了解到具有犯罪前科记录的高管；向所有员工有效普及企业的合规政策和标准，如进行培训；采取合理措施，以实现企业标准下的合规，如利用监测、审计系统来监测员工的犯罪行为，建立违规举报制度，让员工举报可能的违规行为；通过适当的惩戒机制，严格贯彻执行合规标准；发现犯罪后，采取必要的合理措施来应对犯罪行为，并预防类似行为发生，如修改完善合规计划。”其后，陆续颁布的一些犯罪法也都有企业合规刑事激励制度的附属刑法内容。

概括起来，美国刑事激励的主要内容有：第一，涉罪企业事前合规的，可作为出罪的正当事由，或者作为不起诉、刑罚减免的事由。第二，附条件的不起诉。涉罪企业认罪认罚，愿意事后合规，并与检察官辩诉交易达成整改协议的，检察官暂缓起诉。第三，作为法院暂缓科处的理由。企业涉嫌犯罪，检察官在起诉时与法院协商并经法院同意,法院暂缓科处:允许涉案企业制订合规计划,进行一定期限的合规整改;如果企业的合规整改达到预期要求的,检察官撤回起诉。这一种刑事激励方式往往适用于较为严重的犯罪,而且对于涉案企业的威慑力更大,同时由于法院的参与,也更加公正和透明。

二、中美企业刑事合规制度①的多维差异

美国的刑事合规制度有其特定的社会背景、制度根源和自身特点,鉴于此,中国开展刑事合规试点不能照搬照抄。如果照搬照抄,则不可避免地会出现许多错误认识。比较分析中美企业刑事合规制度以便对当前我国存在的一些理论误区加以澄清。

(一)两国刑事合规激励制度的适用范围不同

中美两国刑事法立法体例和犯罪成立条件的差别巨大,决定了两国刑事合规的适用范围不同。美国刑法不仅对犯罪行为的强度不作明确的要求,而且其主观归责粗放。美国刑法关于犯罪的量的要求低,比较容易理解,这里只对其主观归责的粗放加以分析。

1. 美国最为传统的替代责任理论和同一视理论都不是建立在严密的逻辑推理基础上的

不管是替代责任理论还是同一视理论,都不是根据法人的本质和法人行为的特点经过严密的逻辑推演而得出的"归责于法人"之罪过原则。无论是将法人视为主人以代替仆人(员工)承担犯罪行为的刑事责任,还是将法人的高级职员实施的犯罪行为视为法人的行为,都是以不承认"法人本身有资格实施犯罪行为"为基础的结论,因而都违背了现在刑法关于刑事责任自负、"刑罚专属性"的要求。责任自负原则是当代刑事法治的重要原则,是当代刑事法治文明的重大标志。责任自负原则的基本要求是:谁犯了罪,谁就应该承担责任;对于没有实施犯罪行为的人不能对其定罪,也不能对其科处刑罚;刑罚只能及于犯罪人本人,杜绝株连或者变相株连无辜。替代责任理论或者同一视理论都是把法人与其工作人员看作各自独立不同主体,因而无法逃脱株连或者变相株连的窠臼。

① 这里有一个误区:刑事合规没有独立价值。因为美国就没有"企业刑事合规"这一术语。研究发现,首先,在美国,先有企业合规,再有企业刑事合规,没有"企业刑事合规"这一术语,但确实有刑事合规的内容。其次,在中国,刑事合规的独立价值必须得到承认,因为:一是从法律规范渊源上,美国的刑事合规是在民商事合规和行政合规基础上发展出来的。二是中国是成文法国家,并且由于一般违法(包括民事违法与行政违法等)和刑事违法界限明显,因此,刑事合规必须具有独立地位。鉴于中国的道德立国传统,对犯罪行为的道义否定和对罪犯的拒斥,犯罪的隐性成本巨大,因此,在许多人(包括企业家)看来,行政违法(包括民事违法也一样)不过是"癣疥之疾",而如若坠入犯罪,对于一个人或者企业而言,则是"灭顶之灾"。所以,在中国的社会背景下,刑事合规的独立价值更加明显。

2.《模范刑法典》"综合的"归责原则同样没有彻底改变不精确现状

《模范刑法典》倡导原则与例外的综合的归责原则：首先，以制定法规定的归责规定为原则。不管制定法所采纳的是替代责任理论还是同一视理论，抑或是过错原则，都依据规定归责。其次，在制定法没有明文规定的情况下要将"员工行为"归结为"法人的行为"，则需要三个条件：一是该行为以法人的名义实施；二是该行为属于法人的业务范围；三是该员工的违法行为系董事会或高层主管授权、要求、指示所致，或董事会或高层主管明知有该行为但因监督过失导致该行为发生。这一综合的归责原则呈现了美国逐步实行法人刑事责任法定化、法人刑事责任限缩的趋势。不过，鉴于《模范刑法典》不是国家立法，不具有国家的强制约束力，而且美国不少制定法基于惯性所明文规定的归责原则仍然是传统的替代责任，由此决定了《模范刑法典》在归责原则上仍然没有坚持严格意义的罪过原则。在这样的背景下，美国为了校正其法人犯罪主观归责的粗放缺点，同时也为了节约司法资源，客观上需要建立和实施企业合规激励制度以便把法人职员的行为与法人的行为有效切割，把"一部分职员实施的危害行为"挡在"法人犯罪"的犯罪圈之外：或者认定为自然人犯罪，或者归为法人民事违法或行政违法的范畴。缘此，美国企业合规刑事激励所适用的案件范围仍然比较广泛。

就我国而言，根据《刑法》第13条规定，犯罪是严重的违法行为；危害行为"情节显著轻微的，不是犯罪"。该规定为犯罪与一般违法的区分提供了法律总根据，从危害行为的性质到行为的量度(包括危害结果等)、主观要件坚持罪过原则，对行为人的认识和意志有明确的要求，由此，犯罪与一般违法之间都有质和量的差别。《刑法》分则对于具体犯罪的"情节严重""数额较大""造成严重后果"等设定了具体犯罪的入罪门槛，主观上无例外地要求行为人存在具体的罪过。这种立法模式通过明确入罪标准将犯罪从一般违法中剥离出来，是立法的高级形态，是高于英美德日等国家只定性不定量的刑法立法方式，因而值得称道。

单位犯罪(即相当于外国的法人犯罪)的成立条件也同样坚持严格的主客观一致原则。根据《刑法》第30条的规定，单位犯罪是指公司、企业、事业单位、机关、团体为了本单位，经过单位决策机构决策并由单位直接责任人员以单位名义实施的体现单位意志的犯罪。单位犯罪的成立条件包括：一是犯罪主体的单位属性。刑法规定的"单位"，必须是依法成立、拥有一定财产或者经费、能以自己的名义对外为法律行为并独立承担责任的公司、企业、事业单位、机关、团体，包括法人和准法人。二是必须基于单位犯罪意志支配所实施的犯罪行为。单位的犯罪意志是单位意志，这一意志不是单位内部某个成员的个人意志，也不是各个成员意志的简单相加，而是单位决策机构按照一定规范程序形成的整体意志。[①] 三是必须为了单位利益而行为。不是为单位谋取利益的行为,仅仅为单位个别成员谋取利益的行为,可以构成自然人犯罪而不属于单位犯罪。据此,经单位集体研究损害单位利益的犯罪行为,如私分罚没财物、私分国有资产的行为,应当被排除出单位犯罪范畴之外。四是以单位名义实施犯罪。单位犯罪必须以单位名义实施。这里的以"单位名义"实施是实质判断而不是形式判断。所以,不是任何打着单位旗号所实施的犯罪都属于单位犯罪。上述单位犯罪的成立条件显示了我国的单位犯罪相比于美国而言,具有门槛高、主观归责严格和严谨的特点。加上现行《刑法》《刑事诉讼法》关于酌定不起诉的严格规定,共同决定了我国的企业刑事合规激励制度所适用的案件范围较窄。例如,根据现行《刑事诉讼法》,酌定不起诉制度将适用范围限定为轻罪,并且犯罪人认罪悔罪等严格条件,不允许刑事司法突破法律的限定而随意扩大适用范围。

(二)两国企业刑事合规开展的社会背景不同

美国企业合规刑事激励制度的确立和推广与我国目前大力开展的企业合规刑事激励的社会背景不同。美国的犯罪成立条件比较宽松,尤其是其替代责任的归责模式导致美国的法人构成犯罪的案例非常普遍。在如此宽松的犯罪成立条件下,每年都有数以十万计的企业成为潜在适格的被追诉者。但是,美国却没有足够的司法资源去追诉每一个有罪的企业。正是鉴于"法人犯罪制度没有收到防控法人危害社会、通过向法人追责以补偿社会的预期效果",美国才将对法人违法活动的规制(在注重加强对法

① 这里存在两个理论误区。有的学者对于我国奉行的法人归责理论存在误解,认为鉴于我国刑法普遍缺失企业犯罪的单位"免责条款",有必要以"组织体责任论"为立论基础。对此,笔者并不认同。自 1987 年《海关法》首次承认单位犯罪起就采用"法人犯罪必须是在单位意志的支配之下实施的行为,法人是对自己的犯罪行为负责而不是替员工的犯罪行为负责"。笔者这一结论的主要依据有:(1)立法或者司法解释层面,无论是《刑法》、单行刑法、附属刑法,还是任何司法解释,从来没有关于替代责任、无过错责任的立法例或者其他任何有约束力之规范的肯认。(2)刑法理论方面,犯罪成立坚持主客观相统一的原则,所以,替代责任、客观责任(无过错责任)没有存在的余地。所以,我们刑法和刑法理论自立法确立单位犯罪开始一直采用了组织体责任理论,故谈不上在 21 世纪 20 年代的今天才主张引入的问题。当然,我国单位犯罪的组织体责任理论在司法实践中的贯彻也存在一些偏差。有的司法判例存在对单位犯罪成立条件把关不严,将"单位负责人的个人意志直接等同于单位意志"、将"单位负责人的行为直接等同于单位行为"的错误情形(同样的情况下,由于刑法立法技术的问题,行为人乐意把其个人犯罪辩护为单位犯罪,从而有可能出罪或者获得较轻的量刑结果)。我国目前司法实践中认定单位犯罪所出现的问题,不是刑法关于单位犯罪归责原则的滞后,也不是刑法理论的滞后,而是没有切实严格适用刑法所致。鉴于此,今后我们需要从严把握单位犯罪的成立条件。

有的学者认为,我国应该引入企业独立意志理论,该理论"为单位责任和关联人员责任的分离提供了另一个理论依据","作为一种新兴的企业刑事归责理论,企业独立意志理论将企业视为一种具有独立法律人格的生命有机体,唯有实施了某种独立于自然人的行为,才能体现其独立的意志"。该见解也是错误的。其所主张"企业独立意志理论"的新颖性,在美国或许是成立的。因为美国一直是,包括现在仍然是替代责任归责占主导。但"企业独立意志理论"在中国却根本没有什么新颖性,也不存在所谓的"创新性引进",因为,企业独立意志理论自 20 世纪立法确立单位犯罪之始就被我国刑法所肯定、被我国刑法理论主流观点所奉行。

人行政管理的同时)更多地转向了加重法人成员的个人刑事制裁。由此,呈现了法人归责标准的日益严谨的趋势和通过司法人员行使自由裁量以抬高法人入罪标准的状况。在特别刑法领域,美国的制定法也在不断限制法人犯罪的成立范围,越来越倾向于追究企业董事和经理等直接实施犯罪行为之职员的个人责任,期望通过追究个人的刑事责任来督促公司高级职员更有效地履行对公司企业运营的监管义务。

中国目前由最高人民检察院主导推行、多部门联动合力开启的企业刑事合规试点之背景,不同于美国。一是国际环境不同。美国霸权主义对中国的经济实施封锁,我国的对外贸易市场受到了巨大的空间压缩;同时,美国运用其长臂管辖,借口中国企业的违规经营,运用刑事手段打压中国公司企业,2018 年的"美国制裁中兴事件""美国制裁华为事件"等,迫使在国家经济战略层面对外贸企业的经营情况进行合规与否的考量。二是国内环境不同。受新冠疫情的影响,国内经济市场很不活跃。为扭转国家经济不景气的状况,国家坚守"六稳""六保",确保国计民生不断向好。稳定经济,保障民生的目标,十分迫切。故当包括民营企业在内的所有企业涉罪时,国家需要在刑事政策上网开一面,国家要像"老娘舅"对"犯错外甥"一样"厚爱"涉罪企业,并予以宽大处理。由此,迫切需要在司法上采取对涉罪企业(尤其是民营企业)奉行宽松的刑事政策,一解燃眉之急,故"能不捕的不捕、能不诉的不诉、能不判实刑的尽量提出缓刑建议",便具有合理性。在认罪认罚的前提下,通过刑事合规激励制度不仅要"放过企业",同时还要尽量放过"企业家以及企业管理人员"(因为与西方成熟国家相比,中国的公司企业的高管对公司企业的正常运营发挥着较为关键作用);而且,非但不把涉罪企业"拉下马",还要在"厚爱"的同时,"通过对涉罪企业的事后合规整改计划实施的监督","严管"地让涉罪企业重新站起来,以使企业正常经营进行,继续为社会创造财富。

(三)两国企业刑事合规激励制度的目的存在差异

1. 美国企业刑事合规激励制度的目的

美国主观归责法律制度和理论发展轨迹呈现出了把法人和其雇员作明确切割的轨迹。那么,如何才能做到有效的"切割"呢?涉罪企业一贯的企业合规经营是其没有主观罪过的最直接的"表白"。对于一些不能把"单位职员的犯罪意识和意志"评价为"单位的犯罪意识和意志"的场合,就不能认定为法人犯罪,由此就可以实现企业与员工的切割。这是美国企业刑事合规制度最初的目的:放过企业,严惩责任人。

进入 21 世纪以来,美国的社会治理理念发生了改变,国家对犯罪的单方的回顾性惩治转变为国家主导、企业参与的预防性治理。于是,涉罪企业在犯罪之后承诺制订合规计划并有效实施,悔罪认罪,保证以后不再犯罪的,检察官则以辩诉交易的形式签署附条件的递延起诉协议:检察官延缓起诉,企业在约定的时间内进行合规整顿;或者检察官征得法官同意暂时起诉到法院(起诉但请求暂缓科处制度),涉罪企业保证进行合规整改。这些有别于传统意义的宽宥性刑事政策和制度,成为美国刑事合规激励制度的又一目的:构筑多元化的现代犯罪治理机制。

2. 中国企业刑事合规激励制度的目的

最高人民检察院于2020年3月在6家基层检察院开展第一期刑事合规试点工作:对民营企业负责人涉经营类犯罪,依法能不捕的不捕、能不诉的不诉、能不判实刑的提出适用缓刑的量刑建议。第一期试点是在现行法律容许范围内的能动司法,作为认罪认罚制度的一个内容,适用范围限于经济类案件。这是在我国"外有美国霸权主义的打压、内有新冠疫情的肆虐",全国经济运行十分吃力的时代背景下,服务于国家的"六稳""六保"政策以确保经济不断向好的司法举措。

一年之后的2021年4月,最高人民检察院下发了《关于开展企业合规改革试点工作方案》,正式启动第二期企业合规改革试点工作。试点范围扩大至北京、浙江等10个省市。扩大企业合规改革试点的内容是:检察机关对于办理的涉企刑事案件在依法尽量不批准逮捕、尽量酌定不起诉决定或者根据认罪认罚从宽制度提出轻缓量刑建议的基础上,针对企业涉嫌具体犯罪,结合办案实际,督促涉案企业作出合规承诺并积极整改落实,促进企业合规守法经营,减少和预防企业犯罪,实现司法办案政治效果、法律效果、社会效果的有机统一。适用的案件范围扩大至"涉企刑事案件",试点的目的转变为防范单位的再次违法犯罪。第二期试点重点转为采用附条件的不起诉加以激励,以实现"既放过企业,又放过责任人"的目的。扩大试点的地域和犯罪适用范围除了继续服务于经济发展,也蕴含着国家采纳了治理犯罪的新理念:从国家对犯罪单方的回顾性惩治转变为国家主导、企业参与的多元共治、预防性治理。

(四)中美两国企业刑事合规激励措施的差别

美国企业刑事合规的激励措施力度大,归纳起来有:第一,事前合规激励。一是在犯罪成立与否问题上,基于美国的双层控辩模式,"事前的企业合规"用以证明企业不具有犯罪主观归责条件,因而是独立的出罪理由。二是如果企业合规减少了企业的主观罪责,那么,犯罪企业将获得减免刑罚的优遇。第二,事后合规激励。包括附条件不起诉和附条件起诉但暂缓科处。前者即通过辩诉交易,涉罪企业以保证将来进一步合规经营(事后合规)来换回不起诉,即附条件的不起诉。后者即检察官将涉罪企业起诉至法院,征得法官允许暂缓科处,涉罪企业自愿经过一定期限的合规改造并且达到了预期目标的,检察官撤诉。由于美国的实体法特点和当事人主义的诉讼模式,对涉罪企业刑事合规激励的范围没有明确的限制。

就现行法律框架内,中国的企业刑事合规激励适用的空间狭窄。我国的合规试点经历了从最初依托于认罪认罚开展酌定不起诉向目前着重试点事后合规整顿之附条件不起诉的转变。第一期试点中涉罪企业认罪认罚的,则"能不捕的不捕、能不诉的不诉、能不判实刑的尽量提出缓刑建议"。同时,根据现行刑法,企业的行为依法构成犯罪,但可以"酌定不起诉"。在考量是否基于涉罪企业酌定不起诉时,企业的"事前刑事合规"只是"犯罪情节较轻"的一个考量因素,总体衡量该企业的犯罪属于情节轻微的,可以酌定不起诉。第二期试点在第一期的基础上,力推附条件不起诉,即涉罪企业的行为已经构成犯罪(犯罪情节也较轻),在企业认罪认罚的基础上,愿意保证将来制订并落实合规计划(即"事后刑事合规")的,给予附条件不起诉刑事激励。这种不起诉是最高人民检察院企业合规激励试点所大力推进的,但在法律上没有实体法根据,也没有程序法根据,其根据仅以最高人民检察院的试点文件(相当于"规章"一级的规范性文件)。鉴于我国根本没有像美国的暂缓科处依据(判例),所以,我国的刑事合规试点的推进,不但检察院系统举步艰难,而且审判机关参与企业合规刑事激励试点工作的力度十分有限。

三、对今后我国企业刑事合规制度建设的启示

无论是他人的成功经验,还是失败教训,都可为我所用:好的经验,则"他山之石,可以攻玉";他国的不足甚至是错误的东西,也可以引以为鉴,帮助我们少走弯路。我们研究美国的企业刑事合规制度意在从中汲取营养以便为我国的企业刑事合规提供营养素材。但是,考察美国企业刑事合规制度产生的条件、社会背景和旨趣,以及其犯罪认定的诉讼模式,与中国当下所开展的刑事合规试点的国内和国际背景、合规的旨趣,以及实体法和程序法特点,则存在着巨大的差异。因此,对于美国粗创的企业刑事合规制度,简单地照搬照抄是行不通的。

(一)最高人民检察院刑事合规激励试点的难题所在

最高人民检察院主导的刑事合规激励归为两大类:一是涉罪企业认罪认罚,并且罪行轻微的,可以酌定不起诉;罪行较重的,给予宽宥量刑建议(还包括能判缓刑的尽量判处缓刑)。同时,检察机关采用检察建议的形式责令涉罪企业进行合规整改。如果将酌定不起诉的范围控制为轻罪而不大之重罪,那么,这一类激励在现行法律制度下没有障碍。二是涉罪企业的罪行较重但属于公司、企业等市场主体在生产经营活动涉及的各类犯罪案件(既包括公司、企业等实施的单位犯罪案件,也包括公司、企业实际控制人、经营管理人员、关键技术人员等实施的与生产经营活动密切相关的犯罪案件),可以附条件的不起诉(即企业认罪认罚并自愿合规整改,给予合规整改考验)。同时,无论上述哪种刑事合规激励,在程序上都尽量不羁押、不捕。根据现行法律,相对不起诉的适用范围只限于轻罪,故最高人民检察院主推的是附条件的不起诉试点

改革。

(二)适应刑事合规实践对刑法和刑事诉讼法的修改建议

刑事合规刑事激励制度属于外部激励,这一制度有助于促使企业走上依法依规运营道路,但试点活动遇到了制度瓶颈。要想彻底克服刑事合规刑事激励实践的羁绊,就必须先修改刑事法律规定,把刑事合规建立在坚实的实体法和程序法规范之上。

1. 关于刑法的修改建议

第一,涉罪企业和涉罪的企业主管人员及其他直接责任人员可以分案处理。笔者认为,可以通过重构单位刑事责任理论,将单位犯罪主体与有关的自然人主体责任相对分离,为程序上对这两个犯罪主体的起诉分离提供教义学基础。

第二,严格单位犯罪的认定条件,以改变目前司法实践把本来属于自然人主体的犯罪认定为单位犯罪的错误做法。通过教义学解释,严格规定对《刑法》第 14 条故意犯罪、第 15 条过失犯罪的解释:在单位故意犯罪和单位过失犯罪场合,犯罪行为一定是出于单位整体意志或者单位的监督过失。

第三,单位刑事合规刑事激励制度的适用范围要有限制。对于将“严重犯罪纳入合规考察的附条件不起诉”的主张,笔者不予赞成。当然,鉴于企业合规刑事激励制度与认罪认罚刑事宽宥制度具有共同的刑法哲学基础,对于重大的犯罪,企业也愿意刑事合规整改的,可以获得量刑宽宥。我国企业的事前刑事合规(一贯守法,具有防范刑事风险的制度和做法),表明企业一贯表现良好,在涉嫌故意犯罪的情况下其主观罪过程度较低;或者由于没有疏忽大意或过于自信而不具有犯罪过失。由此,即使企业构成故意犯罪的,因罪过程度较低而获得宽宥;在不具有犯罪过失时,则不构成相应的过失犯罪。

第四,企业涉罪时,法律允许该企业自愿与检察机关达成合规整改协议,保证在一定的期限内整顿、改造,堵塞刑事风险。如果涉罪企业合规整改成功,则表明该企业的社会危险性(再犯可能性)低。因此,基于刑事政策的考量,该涉罪企业也应当获得相应的刑事激励:可以不作为犯罪或者量刑宽宥。

2. 关于刑事诉讼法的修改建议

第一,奉行对单位犯罪和负责任的自然人可以分别起诉的起诉分离原则,在不追究单位犯罪的前提下,只追究有关员工作为自然人犯罪主体的刑事责任。

第二,由于我国目前法律明确规定对于自然人犯罪的酌定不起诉条件,适用范围有限;对于附条件的不起诉也只适用于未成年人犯罪,且适用范围很狭窄,所以,应该修改法律以明确扩大酌定不起诉和附条件不起诉之适用范围,将这两个制度适用于涉罪企业。

第三,由于我国的犯罪门槛比较高,刑事起诉是比较慎重的制度,检察机关对于撤回起诉自由裁量权没有英美法系国家那样大,所以,美国的法院暂缓科处制度不宜借鉴。

第四,针对“在法定办案期限内难以容下涉罪企业事后的合规整改与考查验收”的问题,建议“涉罪企业进入合规整顿与考验的,诉讼中止”;合规整改的期限根据犯罪情节,可以为 1 年以上至 3 年以下(为合规整改的考验期提供合理的保障)。

论企业刑事合规的归责障碍与突破路径

——以金融犯罪为视角

赵春雨* 张馨文**

企业合规激励制度源于美国、英国等西方国家司法实践的经验，这一制度本身并非新鲜事物。然而，对于我国司法体制而言，如何设置企业合规的具体内容，应当建立怎样的与之对应的激励措施则是崭新的问题。随着我国社会经济的快速发展，司法理论界与实务界纷纷提出将企业合规引入我国治理体系中，而作为治理手段中最为严厉的一环——刑事制裁则需将企业合规制度有机嵌入其中。这一过程不仅需要刑事理论的创新，还需要制度的构建、人员机构的配备等一系列举措。而其中不可逾越的关键难题则在于如何破解企业责任认定困境。作为犯罪论体系的最后一个阶层，责任体系承担着区分罪与非罪、此罪与彼罪、罪轻与罪重的重要任务，而企业刑事合规制度的引入则会在一定程度上改变责任阶层的认定依据及认定标准，这就是本文需要研究与解决的关键问题。而在进行论证的过程中，则需要以一些罪名为依据和模板，从而对理论的可行性进行调试，因此，笔者以目前企业犯罪率较高的金融犯罪作为切入点，从而能够更加清晰具体地对企业刑事合规中的责任问题展开分析。①

一、问题的提出：企业刑事合规中的归责障碍

企业刑事合规的构建本身就是为了借助可视化的制度、体系、机构、人员等设置，凸显出企业在具体案件中的责任。换言之，由于企业本身并非独立的人格体，如果按照自然人的判断标准去界定企业的故意或过失显然不符合实际。而企业刑事合规体系的建立与否就成为判断企业在具体个案中主观内容的重要依据。由此可见，就犯

---

* 北京市盈科律师事务所高级合伙人，盈科全国刑事法律专业委员会主任。

** 北京市盈科律师事务所律师助理，法学博士。

① 本文所探讨的金融犯罪包括我国《刑法》分则第三章第四节、第五节规定的破坏金融管理秩序罪、金融诈骗罪，及其他与金融机构、金融活动相关的犯罪。参见刘静坤、郝方昉、徐继华等：《金融犯罪司法精要与合规指引》，法律出版社 2023 年版，第 2 页。

罪论体系来看,企业刑事合规本身就与责任阶层息息相关。目前在企业刑事合规内部面临的问题是:标准尚未统一,即在具体问题上,是只要企业存在合规体系就一定免责,还是只能降低责任?此外,除了刑事合规体系,是否还需要考察企业内部文化、"潜规则"等隐形要素?企业合规外部面临的问题则是:企业责任与自然人责任如何区分,即哪些属于自然人犯罪,哪些属于单位犯罪,其中的考察因素又有哪些,这些问题都亟待精准梳理。

(一)企业责任确定标准的混乱

哪些行为应当归结于单位,而哪些行为应当归咎于个人,这是企业刑事合规体系建立的出发点,也是认定单位犯罪的核心。由于我国的刑法体系是以自然人为主体构建的,因此企业归责的标准仍然是混乱的。权威解释文件规定:"以单位名义实施犯罪,违法所得归单位所有的,是单位犯罪。"①这一规定给出单位犯罪界定的"两要件",既不考虑单位的意志或决策机制,也不考虑单位的内部治理结构。"两要件"标准在实践中甚至被"浓缩"为"一要件",即只要违法所得归单位所有或者单位从中获利,就认为单位犯罪成立。但对于很多单位而言,客观上获利(包括减少单位支出或成本)未必符合单位的整体利益,且未必符合所谓单位的"意志"。② 这种认定标准非常粗疏,仍然保留自然人归责的思维,架空了单位本身的责任认定,不利于加大对企业司法保护的力度,也有悖于企业刑事合规激励的初衷。企业刑事合规在于通过合规体系的构建表明企业责任的有无与大小。有鉴于此,在与之相对应的单位犯罪认定标准中应当有所体现。例如,在非法吸收公众存款罪中,单位犯罪主要是从单位的业务行为角度予以认定的,这种业务行为不一定就是该企业的主营业务,比如互联网金融企业以"理财投资""众筹"等新型方式开展的业务,但是这些业务行为在企业内部有显性或隐性的规定或习惯,此时就可以将这一行为归咎于企业整体行为。企业刑事合规则主要是提前针对这些新型方式进行内部监督与外部监管,从而提前与精准识别刑事风险,也有助于在此类情况下,将企业责任剥离,从而起到保护企业的作用。

另一个问题则在于对企业刑事合规有效性的考察。即考察的标准除了形式上的制度、体系、机构和人员外,是否还包括实质上的企业文化、公司潜规则等要素。兰州市中级人民法院对雀巢公司员工侵犯公民个人信息一案的终审裁定,将该案中雀巢公司的制度文件作为认定单位犯罪是否成立的关键依据,最终只认定了自然人犯罪而排除单位犯罪。③ 这说明,当企业存在完善的合规体系时,其他因素不足以冲击这一体系。然而,其中的程度到底应当如何设置,包括企业文化与"潜规则"在内的"软规则"

① 最高人民法院《全国法院审理金融犯罪案件工作座谈会纪要》。

② 参见时延安:《合规计划实施与单位的刑事归责》,载《法学杂志》2019 年第 9 期。

③ 参见甘肃省兰州市中级人民法院(2017)甘 01 刑终 89 号刑事裁定书。

在多大程度上能对企业合规体系造成冲击,二者之间的关系如何,这些关键的认定问题尚未在理论界与实务界得到统一的回答。

(二)企业与责任人界分的模糊

在同一视理论中,单位决策者的行为与单位行为相等同,从而扩张了单位犯罪的认定范围。① 然而,同一视理论本身就存在诸多问题,较为关键的问题在于:哪些人员的行为可以与单位行为同等对待。其中,争议较小的是公司的实际控制人、股东大会、董事会作出的决议视同单位整体决定。争议较大的则是一些代表公司的业务人员,其行为能否视为单位行为。正如上文提到的雀巢公司员工侵犯公民个人信息案件中所面临的问题,公司员工的职务行为在何种程度上能够代表公司整体行为,这一问题本身并非一个刑法问题。刑法问题的核心在于公司在何种程度和范围上需要对这一偏离正确轨道的职务行为负责。企业刑事合规体系的构建显然能够较为明确地体现员工行为与一般职务行为之间偏离的程度,例如,在吸收客户资金不入账罪的认定中,不入账的行为究竟是员工个人行为还是单位整体行为需要对比判断,而不能仅仅从员工角度或者单位获益角度进行评价。

此外,在企业合规附条件不起诉的司法试点中还面临责任人犯罪能否通过建立企业合规体系而出罪或减轻罪责这一疑难问题。我国检察机关把合规不起诉的适用范围限定为中小微企业涉嫌实施的轻微犯罪案件,尤其是直接责任人可能被判处三年有期徒刑以下刑罚的轻微案件。② 在这些犯罪中将直接责任人与企业捆绑在一起,虽然在一定程度上践行了保护民营企业家的政策要求,但是却不利于企业刑事合规的进一步推进。因为这种认识仍然是将单位视为自然人实施犯罪的工具,而非具有独立责任的组织体。此外,也有学者提出如果最终认定为企业家个人的自然人犯罪,那么进行企业合规附条件不起诉在逻辑上则存在矛盾。这些问题都有待进一步厘清。

二、问题的分析:从企业刑事合规目的展开

上述问题的分析与解决都需要在企业刑事合规的视角及立场下进行,因此,在剖析具体问题之前需要明确企业刑事合规这一制度理念的目的,从而在终极目标的指引下使得问题的分析有一个相对统一的思路,避免出现逻辑上的矛盾与理念上的分歧。

(一)企业刑事合规的目的明晰

从公司治理以及公司社会责任的角度来讲,合规计划设置的目的可以归纳为三个

---

① 参见李本灿:《单位刑事责任论的反思与重构》,载《环球法律评论》2020 年第 4 期。

② 参见陈瑞华:《企业合规不起诉改革的八大争议问题》,载《中国法律评论》2021 年第 4 期。

方面:一是确保公司遵守法律法规,进而避免其产生法律责任;二是控制公司内部风险,防止企业“内鬼”行为;三是履行公司社会责任,避免经营行为给社会造成危害。[①] 然而,从企业合规尤其是企业刑事合规的角度来看,企业刑事合规的提出本质上是为了保护企业,否则按照现有制度给企业定罪量刑并不存在任何理论与实践上的阻碍。而从预防犯罪角度来看,刑法中仍然主要是通过刑罚的手段来预防犯罪,因此,前置性的预防手段并非刑法领域探讨的内容。由此可见,企业刑事合规的主要目的仍在于尽可能保全企业,减少定罪给企业经营发展造成的冲击,其他的目的则属于企业合规建立后的附随效果。我国调整市场经济的法治模式是以刑法为主导的控制型经济管理模式,在该模式下,刑事法律风险已经成为企业特别是民营企业在发展过程中面临的最大风险。仅《刑法》中规定的企业可能涉嫌的罪名就高达五十余条。[②] 企业刑事合规附条件不起诉就是为了应对这种风险而引入的,因此,在探讨企业责任的相关问题时,就应当以保护企业为出发点进行分析研究。

那么,另一个问题则在于保护企业家是否也属于刑事合规体系建构的目的呢?换言之,企业建立刑事合规体系,是否可以减轻企业家的刑事责任?这一问题主要还应当从企业家是否同企业存在不可分割的关系这一角度进行论证。对于中小型企业而言,企业家个人的声誉与其掌管的企业休戚相关,企业家个人的命运将直接对其企业声誉、经营状况产生直接影响。因此,就中小型企业而言,从保全企业这一目的出发,也需要相应地保护企业家权益。而对于大型的、拥有职业经理人的企业而言,企业的法定代表人、企业的高管自身的声誉虽然也能对企业造成影响,但是这种影响远远不及中小型企业,因此,对于这种大型企业,企业刑事合规可以不作用于主管责任人的自然人犯罪。通过对美国和欧洲国家适用暂缓起诉协议制度的情况进行考察,发现这些国家针对重大企业犯罪案件都适用合规考察制度,并普遍采取了“放过涉案企业,但严惩责任人”的刑事政策。[③] 在我国,对于单位犯罪既有双罚制,又有单罚制,而单罚制是只处罚责任人,不对单位判处罚金。单罚制占比较少,在金融犯罪领域主要涉及的是《刑法》第 161 条违规披露、不披露重要信息罪及第 162 条妨害清算罪。对于违规披露、不披露重要信息罪,对直接负责的主管人员和其他直接责任人员进行处罚,此时就属于单罚制。该罪还处罚控股股东、实际控制人,然而当控股股东、实际控制人又是单位时,则需要对该单位和责任人实施双罚制。双罚制下,单位可以通过构建合规体系的方式减少甚至免除罚金,还可以同时对责任人的量刑进行从宽。问题就在于对实施单罚制的责任人,本身就不处罚单位,此时是否能通过推动

---

① 参见时延安:《合规计划实施与单位的刑事归责》,载《法学杂志》2019 年第 9 期。

② 参见陈卫东:《从实体到程序:刑事合规与企业“非罪化”治理》,载《中国刑事法杂志》2021 年第 2 期。

③ 参见陈瑞华:《企业合规不起诉改革的八大争议问题》,载《中国法律评论》2021 年第 4 期。

企业建立合规体系而减轻其罪责呢？这一问题归根结底不再是理论问题，而是制度设置问题。根据我国的现状，为了大力推行企业合规制度落地，还是应当给予中小企业和大规模企业同等程度的优惠政策，并且不对单罚制与双罚制加以区分，甚至是借助企业家个人对公司的影响力推动企业合规体系的构建与完善，这一举措也是为了企业更加长远与健康地发展。由此可见，在当前我国合规体系从无到有的推进过程中，保全企业家也是为了实现保全企业的最终目的。事实上，在我国司法改革实践中，合规不起诉制度诞生伊始就与对企业家的宽大处理紧密相关，被视为对涉案企业负责人依法不捕、不诉、不判实刑的"后半篇文章"，检察机关普遍采取"既放过企业，又放过企业家"的方式。①

（二）企业归责问题的延续

在厘清企业刑事合规的目的之后，就可以着手对企业归责问题进行分析。诚如前文所言，我国的刑法理论与实践体系都是以自然人为模型建立的，那么在对单位进行归责时就存在很大的"排异反应"。然而，从逻辑理念的一致性上来看，归责问题在整体的思路上并无不同，只是参考的因素存在差别。换言之，自然人犯罪存在主观认定，单位犯罪也同样存在，只是自然人的主观大多根据其行为方式、手段、犯意表示等多重因素综合判断。而单位的主观则是从其制度规定、会议纪要、决策机构等角度进行分析。由此可见，对企业进行归责时不应完全摒弃自然人思维，而是提倡对同一案件中的企业与自然人进行有效区分。但二者的归责思路在本质上则是相同的，旨在通过客观事实证明认识因素与意志因素的存在。例如，金融犯罪一般多为故意犯罪，要想对单位整体进行归责，就需要在认识因素上证明单位能够认识到相关犯罪行为的存在，这时候就需要通过该单位的主要业务、会议纪要甚至一些办公文件予以证明；而在意志因素层面则又分为单位属于希望还是放任。对于希望这一意志因素，往往更容易证明，由于单位在推进这一行为时具有主动性，因此势必会留下相关联的文件等信息。而对于放任这一意志因素证明难度则更高，因为在这种情况下单位几乎不存在积极的举措，而往往存在一些隐性的、不成文的"潜规则"。这种隐性的、不成文的规定更难收集，其所形成的企业、亚企业文化，需要通过问卷、员工访谈等形式才能挖掘。由此可见，单位犯罪的判断标准在意志因素上存在分歧，这正是建立企业刑事合规制度的另一个优势，即企业可以通过其完善的合规体系来对企业存在主观故意的指控进行抗辩。那么，控辩双方证明的对象就更加清晰明确。截至 2021 年 11 月底，第二轮企业合规改革试点的 10 个省级检察院、61 个市级检察院、381 个基层检察院共办理涉企业合规案件 525 件，其中适用第三方监督评估机制案件 254 件，绝大部分通过合规整改验收

---

① 参见刘艳红：《企业合规不起诉改革的刑法教义学根基》，载《中国刑事法杂志》2022 年第 1 期。

的涉案企业都已获得不起诉处理。[①] 由此可见，通过引入第三方监督评估机制的方式可以大大减少控辩双方在出具证据时的杂乱与争执。

除单位责任的有无外，单位责任的高低也可以由自然人犯罪中的人身危险性与再犯可能性进行推导。单位建立有效的刑事合规体系不仅体现出单位认罪悔罪、积极配合的态度，也能够大大降低单位再犯罪的可能性。因此，单位的人身危险性与再犯可能性显著降低。从预防性角度来看，由于预防必要性的降低，对于建立有效合规体系的企业就应当减轻其刑罚，这就可以从传统刑法理论的角度论证企业合规制度的合理性。

（三）企业归责问题的创新

然而，在延续自然人归责的某些理念的同时，也应当充分认识到单位犯罪的特殊性。最高人民检察院《关于办理涉互联网金融犯罪案件有关问题座谈会纪要》对涉互联网金融犯罪的单位犯罪作出更为严格的界定："（1）犯罪活动经单位决策实施；（2）单位的员工主要按照单位的决策实施具体犯罪活动；（3）违法所得归单位所有，经单位决策使用，收益亦归单位所有。"[②]这意味着对于互联网金融犯罪案件不同于传统的"一要件"或"两要件"认定，而是应当有更为严格的要求，这主要是因为互联网金融的模式不断升级翻新，如虚拟货币、会员制购物、金融投资理财等。[③] 在一些具体的问题上，甚至难以区分是员工为冲业绩的个人行为，还是单位内部的整体性要求。此时，单位合规体系的分析就尤为重要。因此，企业刑事合规制度的引入不仅是对归责理论的继承，更是对归责理论的创新，企业归责问题进一步被转化为判断企业是否存在行之有效的合规制度，当企业不存在这种合规制度时，一些隐性的规则、文化就很容易起到认定单位犯罪的效果。然而，一旦单位被判定存在有效合规制度，就可以以此为"盾牌"用以对抗其他不利指控。从这一层面来看，提前建立合规体系不仅能在具体案件中获得定罪和量刑上的优待，还能够直接否定单位在主观层面上的过错。而目前由于我国企业刑事合规体系尚未普及，因此，企业往往是在深陷案件泥沼之时才着手建立合规体系，针对这种情况，企业在主观上往往已经构成犯罪，而随着我国刑事诉讼法酌定不起诉条款的内涵逐渐丰富，即使构成犯罪也应可以作出罪处理，这种改革必然会对传统的犯罪论体系造成冲击，虽然企业合规并不是一个严格意义上的"出罪事由"，但是在目前的试点实践中已经扮演着重要的角色，企业合规体系的作用已经不仅仅局限在轻微型案件，而是向情节更为严重的案件纵深。例如，在最高人民检察院发布的第二批企业合规典型案例中，上海J公司、朱某某在未获得商标权利人许可的情况

---

① 参见邱春艳：《企业合规改革，第三方监管如何落实——涉案企业合规第三方监督评估的实践与思考》，载《检察日报》2021年12月17日，第1版。

② 最高人民检察院《关于办理涉互联网金融犯罪案件有关问题座谈会纪要》。

③ 参见简洁：《金融领域犯罪呈现八大特征》，载《检察日报》2023年2月14日，第7版。

下,组织公司员工生产、销售假冒注册商标的商品,涉案金额达560万余元,最终经过合规整改程序获得不起诉决定。① 这说明,现有的犯罪论体系以及违法阻却事由已经无法为当前的企业合规不起诉提供支撑,亟待理论的改造与创新。

三、问题的解决:企业刑事合规的归责理据与认定路径

(一)组织体责任理论的重申

通过上文的分析可知,企业刑事合规中的归责理据既需要继承自然人犯罪主观认定的基本思路,又要注意到单位同自然人之间的巨大差别。这就需要找到一个可以容纳这两种面向的责任理论,组织体责任理论就应运而生了。组织体责任理论旨在摆脱转嫁责任或替代责任的束缚,独立考察企业的刑事责任。这种见解认为,现代社会中的单位已不是传统意义上人或物的集合,而是有其内在运营机制,并通过业务范围、政策规定、防范措施、利润目标以及组织结构等要素,让作为其组成人员的自然人丧失个性而仅仅成为单位运转过程中一个微不足道的组成部分的组织体。② 这一理论内部虽然存在企业有无主观认定之争,但是前文已经对此予以说明,对于单位主观内容的考察仍然需要借助外部的体系,尤其是以单位特定刑事义务为核心。那么,企业构建刑事合规体系时所要面临的直接问题就转化为企业所应履行的义务为何。而义务来源并不能等同于刑事义务,刑事义务的判定仍然需要严格遵循罪刑法定原则的要求。此外,刑事义务还需要在义务来源的基础上进一步考察企业履行该义务的现实可能性,以及企业在客观情况下是否真实履行。由此可见,在组织体责任理论的指导下,企业刑事合规体系既需要涵盖企业民商事、行政合规的各项规定,更为特别的是需要体现刑事法中的额外限制条件。

(二)金融犯罪相关合规体系的构成

一般而言,金融犯罪都属于行政犯,这意味着基本上金融犯罪都有与之相对应的民商、行政法律法规,这些法律法规作为企业合规的前置法要求,自然应当归于合规体系中。中国中小企业协会2022年发布的团体标准——《中小企业合规管理体系有效性评价》中提出了“合规义务”这一表述,该标准第3.3条规定,合规义务是指“组织强制性地必须遵守的要求,以及组织自愿选择遵守的要求”。这说明,刑事犯罪的企业合规体系有效性并非仅仅要求其履行刑事义务,而是包含了与之相关的各种等级的义务。这说明,在金融犯罪领域进行企业合规体系构建时可以着重将前置义务与刑事义务形成

① 参见孙风娟:《及时推广试点工作经验 深入推进企业合规改革——最高检第四检察厅负责人解读第二批企业合规典型案例》,载《检察日报》2021年12月6日,第1版。

② 参见黎宏:《组织体刑事责任论及其应用》,载《法学研究》2020年第2期。

一一对应的关系。然而合规义务只是企业合规体系的一个重要组成部分,而并非其全部内容。根据合规义务(此处一般是明确企业业务中涉及的各项法律规定)的指引,企业还需要结合自身的能力建立与之相对应的风险防控机制,对于自身能力范围的明晰也就格外关键。例如,《刑法》第286条之一规定的拒不履行信息网络安全管理义务罪中,就需要对企业实现安全管理的现实可能性进行合理分析。这一方面体现在企业的经济规模上,另一方面也体现在企业的技术水平上。此外,在金融管制模式之下,金融管理机关是推动金融刑法立法的主导力量。"部门立法"虽然有专业性、高效性的优势,但容易将部门行政管理责任转嫁为犯罪人的刑事责任,而这样的转嫁并不一定能够得到司法机关的认可。[①] 换言之,行政管理责任与企业责任之间应当作出清晰的分割,而司法机关在认定企业刑事责任时则应当对此作出独立的判断。这也是企业合规体系中重要的一环,通过区分的方式进一步明确企业责任。此外,再根据合规体系的相关标准与指引建构专门的责任机构和人员、内部制度与规定以及独立的监管部门(如图1所示)。

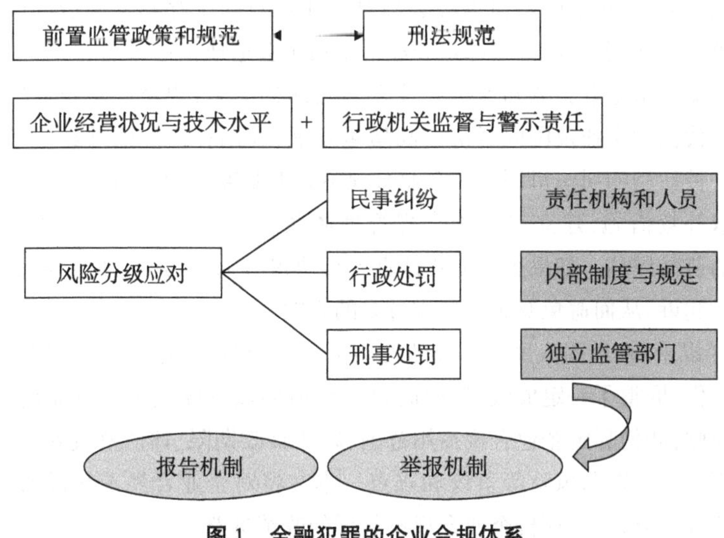

图1　金融犯罪的企业合规体系

通过对企业刑事合规的归责问题进行系统性、理论性分析,采用组织体责任理论通过刑事合规体系认定企业责任,这一路径有助于加大对企业的保护力度,也有助于挖掘出合规体系中涉刑事法的特殊内容,从而进一步精确单位犯罪的认定标准,确保认定逻辑的统一。

---

① 参见钱小平:《中国金融刑法立法的应然转向:从"秩序法益观"到"利益法益观"》,载《政治与法律》2017年第5期。

企业合规不起诉的现实困境和完善路径

张　宇[*]　张爱艳[**]

企业是市场经济的主体和市场经济发展的重要推动力，其经营活动对于促进社会财富增长、提高人民生活水平、保障国家安全等均具有非常重要的意义。然而，在市场竞争中，一些企业为了谋求利益最大化，往往会采取非法手段，损害国家和社会的利益，影响公平竞争的市场秩序。对于涉嫌犯罪的企业，我们自然要给予惩戒，以维护社会公平正义。但是，过重的惩罚也势必会对企业自身的生存和发展造成严重损害，影响员工和第三方的利益，对社会稳定和经济发展也会造成负面影响。

为了平衡打击企业犯罪和保护企业发展之间的关系，规避民营企业经营风险，助力后疫情时代民营企业及国内经济的高质量发展，我国在借鉴国外经验的基础上，探索建立了一种新型的司法机制——企业合规不起诉制度。① 该制度要求涉嫌犯罪的企业积极采取补救措施，建立或完善合规管理体系，在一定期限内接受检察机关或第三方机构的监督评估。如果企业能够认真履行协议并通过考验，则检察机关可以撤销起诉或不予起诉，从而避免对企业造成过多的影响。

2020 年以来，在最高人民检察院的推动下，我国在部分地区开展了涉案企业合规改革试点工作，取得了一定成效，但同时也存在诸如该制度是否违背罪刑法定原则和司法平等原则，如何界定企业合规适用范围、确认整改期限、评估整改效果以及如何防范权力滥用和腐败贿赂风险等争议和难点。本文将对企业合规不起诉的理论基础和现实困境等展开分析，以探析企业合规不起诉的改革进路。

* 山东政法学院法律硕士研究生。

** 山东政法学院教授，法学博士，刑事司法学院副院长。

① 参见石经海、黄亚瑞：《民营企业合规不起诉改革的困境破解与发展路径》，载《北方法学》2022 年第 6 期。

一、理论探析：企业合规不起诉的法理依据和法益价值

（一）企业合规不起诉的法理依据

1. 企业自我责任论

企业自我责任论是企业合规不起诉的基础理论，该理论认为企业是具有独立意志和行为能力的实体，其犯罪责任与关联人员责任应当区分开，不能简单地将自然人的责任转嫁或代位给企业。传统的代位责任理论认为单位并没有作出意思表示的能力，无法实施法律行为，必须由单位成员代为实施，由此便可将成员的责任转嫁给单位，进而追究单位的责任。但这种理论混淆了单位责任和个人责任，违背了刑法所坚持的自我责任原则，容易过度地扩大或缩小法人责任的范围。[①] 我国刑法将单位犯罪定义为"公司、企业、事业单位、机关、团体实施的危害社会的行为"，而没有将其定义为员工所实施的行为，这说明必须严格区分企业责任和员工个人责任。陈瑞华教授认为，只有企业具有独立的意志（包括事先经过依法决策或授权和事后得到追认），才能对企业追究刑事责任。[②] 此即企业自我责任论的基础表述，由此也可以自然地推出，企业并不是代替员工受罚，而是就其自身过错承担刑事责任。因此，企业通过实施有效的合规计划，便可以表现出其自我纠错、自我管理、自我救赎的能力和意愿，具有改恶从善的主观意图，从而成为其免除或减轻刑事责任的事由。

2. 法益修复和犯罪预防理论

法益修复和犯罪预防理论是企业合规不起诉的目标理论，其认为刑法应当注重预防犯罪的功能，而不仅仅局限于事后追惩。对于单位犯罪，应当凸显刑法的预防功能，弱化报应功能，以预防犯罪和修复法益为重心，这也是企业合规计划的应有之义。[③] 涉案企业的犯罪行为往往会对社会或个人的法益造成损害，而传统的刑法理论认为只有对企业予以严惩方能达到预防犯罪的目的，而这样的做法往往会导致企业经营困难甚至倒闭，造成社会紊乱和经济损失。从恢复性司法理念来看，刑法的目的还应包括保护、恢复受损的法益及保障人权等多方面内容。[④] 企业通过建立或完善合规计划，可以有效地强化企业的管理水平和道德氛围，增强其社会责任感和对法律的遵从，消除或减少违法犯罪因素，降低社会危害，修复受损法益，减轻负面影响，从而达到

---

① 参见陈兴良主编：《刑法总论精释》（第3版），人民法院出版社2016年版，第555页。

② 参见陈瑞华：《合规视野下的企业刑事责任问题》，载《环球法律评论》2020年第1期。

③ 参见赵炜佳：《论刑事合规的发展沿革、法理基础与本土内化》，载《中国刑警学院学报》2019年第5期。

④ 参见刘雨箫：《刑法目的及其价值》，载《广西政法管理干部学院学报》2019年第6期。

预防犯罪、减少犯罪、避免犯罪的效果，以符合刑法的目的要求。① 由此也可以看出，企业合规不起诉的适用一般应当限定为具有法益可恢复性的犯罪，且应当以法益的恢复和犯罪的有效预防作为合规不起诉的实质性根据。

(二)企业合规不起诉的法益价值

首先，企业合规不起诉可以有效地避免或减轻涉案企业的刑事责任，保护涉案企业合法权益，激励企业进行自我改造，主动建立或完善有效的合规计划，将合规理念和价值融入企业经营管理和员工履职的过程之中，形成良好的企业合规文化，提高企业的自律能力和社会责任感，提升其经营水平和社会形象，促进企业的可持续发展。② 其次，企业合规不起诉可以有效地节约司法资源，减轻司法负担，体现司法机关对涉案企业的人性化关怀和公平对待，展现司法机关的开放性和包容性，增强社会对司法机关的信任和支持，提高司法效率和公信力，实现司法公正和司法效率的统一。③ 再次，企业合规不起诉可以促进我国企业刑事责任制度的理论创新和实务探索，促进与企业合规有关的法律法规的出台和落地，从而完善我国的法律体系和司法实践，使之更加符合我国的国情和社会需要。最后，公共利益考量理论认为，刑法应当以促进公共利益为重要原则，而不是单纯地追求正义。对于涉案企业而言，其犯罪行为往往会引发社会舆论和公众关注，影响社会秩序和公共信任。而企业通过建立或完善合规计划，可以有效地改善其社会形象和声誉，提高其市场竞争力和社会贡献度，从而符合公共利益的期许。④ 企业合规不起诉一方面可以有效地保障受害者获得及时和充分的赔偿，维护其合法权益，增强其信任感和满意度，另一方面也可以有效地预防和减少企业犯罪，保障社会秩序和安全，增进社会福祉和利益，提升社会道德和责任感，促进社会和谐和进步。⑤ 此外，企业合规不起诉还可以提升我国企业的合规水平和国际形象，增加我国企业在国际市场上的竞争力和影响力，保障我国企业在境外可以行稳致远。⑥

二、实践检视：企业合规不起诉的现实困境

(一)制度设计上的不足

目前我国企业合规不起诉制度还没有统一、明确的法律依据，各地试点单位只能

---

① 参见刘少军：《企业合规不起诉制度本土化的可能及限度》，载《法学杂志》2021 年第 1 期。
② 参见叶良芳：《刑事一体化视野下企业合规制度的本土化构建》，载《政法论丛》2023 年第 2 期。
③ 参见刘少军：《企业合规不起诉制度本土化的可能及限度》，载《法学杂志》2021 年第 1 期。
④ 参见王颖：《刑事一体化视野下企业合规的制度逻辑与实现路径》，载《比较法研究》2022 年第 3 期。
⑤ 参见陈瑞华：《论企业合规的基本价值》，载《法学论坛》2021 年第 6 期。
⑥ 参见梁婉怡：《"走出去"企业境外合规经营风险防范案例研究》，浙江大学 2021 年硕士学位论文。

在现有法律框架内摸索,制度设计上的不足也导致我们无法对实践中的问题予以迅速和精准的回应,具体表现在:

1. 实体法依据缺失

党的十九大以来,基于轻缓化的民营企业治理政策,企业合规改革应运而生。但是政策并不是法律,其语言的模糊性等特点使其与刑法的罪刑法定原则天然对立,难以转化为刑事司法语言并发挥稳定的效能,而且其保护民营企业家的特殊指向性也因有与"刑法面前人人平等"原则相违背的嫌疑而常被指摘。诚然,企业刑事合规可以促使企业制订或者完善合规计划以减免刑事责任,有利于经济发展和社会稳定,但从最高人民检察院公布的典型案例中不难看出,企业合规出罪事实上缺乏实体法的支撑,更多的是通过认罪认罚从宽及附条件不起诉等程序法上的制度得以实现。① 对民营企业的保护政策游离于常规的刑法体系之外,缺乏实体法根据,致使企业合规不起诉制度的正当性备受质疑。当前,合规不起诉改革已然迈入"深水区",全国各地都在努力进行制度创新,然而对于革新中涌现的诸如重大犯罪不起诉、企业附条件不起诉等新型制度和改革需求,简单地依靠传统的刑事政策和制度功能等方面的研究,显然无法达到改革和法治的有机统一。实体法供给的缺失,已经严重滞碍了合规改革的发展,我们应当正视改革的需求,通过解释和立法的研究为合规不起诉制度的发展注入新的动力源泉。

2. 适用范围不明确

目前各地检察院主要依据《刑事诉讼法》关于相对不起诉的规定,对法定刑在 3 年以下有期徒刑的轻罪案件适用合规不起诉制度,而对于涉及重罪、数罪或者数额巨大的案件,是否可以适用合规不起诉存在不小的争议。目前在实践中,有些地方已将国有企业、上市公司的重罪案件纳入合规不起诉的考察范围之中,主要通过层报上级检察院,由省级检察院统一把关的方式决定是否适用合规不起诉,缺乏清晰、明确的标准,同时也引起了对于罪刑法定原则的冲击。依照刑事诉讼法的规定,检察机关仅对轻微犯罪具有起诉裁量权,无论是刑事和解还是认罪认罚,其不起诉本质上都是轻罪不起诉,都仍在检察院有关轻罪的酌定不起诉裁量权范围内进行。而依照刑事诉讼法的规定,对于重罪,检察机关并不能直接作出不起诉决定。如果企业的行为符合犯罪构成的全部要件,具有严重的刑事违法性和法益侵害性,检察机关便无法从起诉裁量权的角度作出相对不起诉的决定,此时的合规不起诉决定无法从相对不起诉的角度进行解释,显然有于法无据的嫌疑,是对罪刑法定等原则的冲击,也是法治的僭越和破坏。因此,我们需要在立法层面明确企业合规不起诉制度的适用范围和适用标准,解决重罪不起诉与现有法律制度的冲突,同时也避免司法实践中因为范围不明、标准不

① 参见刘艳红:《企业合规不起诉改革的刑法教义学基根》,载《中国刑事法杂志》2022 年第 1 期。

一而导致“同案不同果”的现象发生。

3. 适用对象不清晰

通过考察域外的企业合规不起诉制度(即暂缓起诉协议制度)不难看出,企业合规在域外主要适用于具备完整的现代治理结构的大型企业,这些企业具有复杂而完善的结构和组织框架体系,不会因为个别人受到制裁就濒临崩溃,因而国外对于企业刑事合规确立了“放过企业,严惩责任人”的合规理念,并坚守这一刑事合规基本理念不动摇。而与域外刑事合规所面临的环境不同,我国的中小微企业数量巨大,是当前阶段企业合规的主要适用对象。但大部分的中小微企业的结构体系尚不健全,公司意志主要体现为领导意志。如果对这些单位按照“放过企业,严惩责任人”的合规理念适用刑事合规,由于责任人在企业中的特殊属性和核心定位,这些企业可能会同时遭受毁灭性的打击,刑事合规也失去了其应有的意义。正因如此,实践中出现了“双放”甚至“单放”的现象,典型案例中也频有展现。诚然,这种做法在一定程度上有利于民营企业的发展,但它背离了“放过企业,严惩责任人”这一刑事合规的基本理念,使企业合规制度有成为企业责任人逃避刑法制裁的工具的嫌疑。① 而且,这种“双放”甚至“单放”的做法还会引发社会大众对于企业合规制度的质疑,激化社会矛盾,甚至对民营企业和我国经济的发展造成不利影响。因此,明确我国刑事合规制度的适用对象,是当前阶段企业合规本土化的关键性问题。

(二)制度执行上的障碍

企业合规不起诉制度的执行需要司法机关、涉案企业等多方主体的参与,各方主体对于企业合规的认知以及在执行的态度和能力上存在许多差异,使得企业合规不起诉制度的执行面临较多的障碍和阻力。

首先,对于检察机关来说,企业合规不起诉制度是一项新颖而复杂的司法制度,是检察机关参与社会治理的重要一环和必由之路,对检察机关提出了新的更高要求。合规不起诉制度要求检察机关转变办案思路,从传统的严惩企业犯罪转变为激励企业合规,努力掌握与合规相关的专业知识和技能,以推动企业合规不起诉制度的发展,助力我国民营企业和后疫情时代经济的蓬勃发展。但是,从实践来看,检察机关在参与企业合规不起诉的执行过程中仍然存在诸多问题。一方面,是因为企业合规本身是一项相当艰巨且庞杂的工作,需要投入大量的时间和精力,而我国企业合规的具体工作目前主要由基层检察院负责,而基层检察院所背负的繁重的办案任务使其难以抽身投入企业合规的工作之中。另一方面,我国合规改革工作仍处于初级阶段,各地检察机关对于合规尚缺少系统的了解和认识,对于企业合规,尤其是合规不起诉的内涵、性质和

① 参见冯卫国、方涛:《企业刑事合规本土化的现实困境及化解路径》,载《河南社会科学》2022 年第 6 期。

具体的工作方法没有明确和清晰的认知。① 而且,目前我国企业合规尚没有统一的法律依据可作参照,也没有成熟的合规经验和行之有效的合规模式可以借鉴,各地检察机关在执行该制度时缺乏经验和指导,容易受到惯性思维和保守心理等因素的影响,在确定适用范围、签订合规协议和进行合规考察的过程中可能会过于苛刻或者过于武断,难以实现"同案同果"的实践效果。

其次,企业合规不起诉制度对于涉案企业来说是一个艰巨的挑战,其需要涉案企业积极认罪悔罪,并且投入大量的资源来建立或完善合规管理体系。然而,在目前制度起步初期、缺乏社会认可的情况下,涉案企业在面对该制度时可能缺乏信任和配合,并且可能受到成本效益或者风险回避等因素的影响,在启动合规整改时抱有怀疑或者拒绝的态度,在进行合规整改时可能敷衍应付或者拖延推诿,在接受监督考察时可能隐瞒掩饰或者反抗抵触,影响企业合规制度的顺利运行。

最后,企业合规不起诉制度对于社会公众来说是一个陌生而敏感的话题,需要社会公众的理念从惩罚犯罪转变为恢复正义,积极参与企业合规,尤其是司法评估验收的过程中,为企业刑事合规提供专业知识辅助和社会公众监督,对司法机关和涉案企业的行为进行监督和评价,合力推进合规不起诉制度的平稳运行。② 然而,在缺乏宣传教育和舆论引导的现状下,社会公众在面对该制度时可能缺乏理解和支持,并且可能因为道德情感或者利益诉求等因素的影响,对合规不起诉存在误解、质疑、不满等情绪,不愿参与合规工作之中,甚至对合规工作抱有抵触的态度,影响合规工作的正常推进。

(三)制度监督上的困难

企业合规不起诉制度需要建立有效的监督机制,以保证涉案企业能够真正履行合规整改义务,并且检察机关可以及时发现并纠正可能出现的问题。当前,我国合规监管主要有三种模式,即检察机关模式、行政机关模式和第三方监管模式。检察机关因为缺少相应的专业知识和技能,难以真正履行合规监管的职责,因此不少地方选择将希望寄托在行政机关及其工作人员之上,尝试通过这种方式从源头上实现合规整改,但行政机关是否有监管合规整改的积极性仍有待观察。而第三方监管机构可能缺乏敬业精神和法律意识,对于合规监管抱有一种随意的态度,导致合规监管流于形式,而且目前对于聘任第三方合规监管人所需的经费由哪一方负责,也存在不少争议。

---

① 参见扈晓芹、龚硕:《企业合规不起诉改革的实践问题与解决路径》,载《山西大同大学学报(社会科学版)》2023 年第 2 期。

② 参见叶子祥:《企业合规第三方监督司法评估验收体系的多维度建构:评估主体、原则及要素》,载孙勤、高景峰、王铁主编:《做优刑事检察之涉案企业合规制度与检察履职——第十七届国家高级检察官论坛论文集》,中国检察出版社 2021 年版,第 18 页。

此外,我国目前对于合规整改的监督评估和验收机制及标准还没有明确和完善的规定,主要依靠监管机构进行主观判断。但是,监管机构可能因为自身缺乏专业知识或者人力资源而无法进行有效的监督,或者因为存在利益牵连而难以对合规的效果和影响进行客观、规范的评价,导致合规的评估、监督和验收等方面存在诸多的不足。此外,为了不断健全合规制度,需要根据企业合规的评估结果,提出改善制度设计、执行、评估等方面的建议和措施,然而,这些建议和措施往往难以在现有的法律框架和实践环境中实现,而需要进行立法修订或者政策调整,而这些修改都需要经过复杂而漫长的立法程序,并且可能因为各方面的阻力而搁浅。

三、优化思路:企业合规不起诉的几点展望

(一)完善制度设计

为了应对合规不起诉制度在实践中遇到的困境,必须完善制度设计,为合规不起诉制度提供坚实的实体法根据,明确合规不起诉制度的适用范围和适用对象,增强合规不起诉制度的可操作性和透明度。

1. 完善企业合规不起诉的实体法依据

我国实体法的出罪事由主要包括正当防卫、紧急避险以及但书规定。前两者与刑事合规无关,毋须讨论。我国司法实践中关于单位犯罪的认定,通常采用定性与定量相结合的方式,而在单位犯罪之中,企业的涉案金额经常会远超认定犯罪所需的量,无法适用但书条款作出法定不起诉的处理决定。实践中遇到此类问题,检察机关往往会转而适用认罪认罚从宽和酌定不起诉,试图通过程序法上的制度来对企业作出出罪的处理决定。但应当看到这种做法会加重实体法与程序法的割裂,而且也不能彻底解决问题。试想一下,如若遇到重大犯罪案件,检察机关无法适用酌定不起诉,又将何去何从呢?一方面,应当加强对企业合规不起诉的刑法教义学研究,可以考虑通过对单位责任和个人责任的切割,将建立有效的合规管理体系作为企业合规不起诉的实质要件,从而主张建立合规管理体系的单位与其成员具有完全不同的意志和行为,由此对企业作出出罪的处理决定。[①] 另一方面,刑法教义学的研究也只是暂时之计,只有修改立法才是合规不起诉改革的长久之策。因此刑法应当回应司法需求,参照我国未成年人附条件不起诉制度建立我国的企业合规出罪制度,弥补实体法中的缺漏,将事前和事后的企业合规作为法定的从宽或者出罪事由写入刑法之中,为程序法上的企业合规不起诉提供刑法支撑。

---

① 参见李本灿:《单位刑事责任论的反思与重构》,载《环球法律评论》2020 年第 4 期。

2. 明确企业合规不起诉的适用范围和适用对象

一方面,应当明确企业合规不起诉是否适用于重罪、数罪等具有特殊情节的案件及其适用的具体程序,以避免过于宽泛或过于狭隘地界定其适用范围,并通过刑法教义学研究和立法等方式为重罪不起诉铺平道路。另一方面,还应当明确企业合规不起诉适用于何种企业以及是否适用于单位负责人。目前我国理论和实务界对于企业合规不起诉的适用对象主要有两种观点。一种是借鉴了美国等西方国家的制度经验,认为企业合规不起诉应主要适用于大型企业①;另一种则是基于我国现状认为本土化的企业合规不起诉应主要适用于中小微企业,后者占据主导地位。私以为,不应当单纯以企业规模的大小决定企业合规不起诉的适用范围,而应以企业是否具有相应的现代化治理体系作为实质的限定条件,这样既可以明确适用企业合规不起诉的企业范围,又可以鼓励企业逐步向规范化治理调整,规避企业风险,打造良好的营商环境。

"放过企业,严惩责任人"是企业合规不起诉的基本价值理念,但是基于我国中小微企业较多,严惩责任人容易对企业造成沉痛打击的现状,司法实践之中不乏有"双放"的现象发生,违背了企业合规的价值取向。② 为了避免企业合规不起诉成为责任人逃避刑罚惩罚的工具,应当限定企业合规不起诉的适用对象,明确"放过企业,严惩责任人"的刑事合规价值理念。事实上,在多数情况下,只要企业具有现代化的治理结构,有合适的替代者可以在企业治理中发挥作用,严惩责任人便并不会导致企业的灭亡。而且,正如上文所述,不具备现代治理体系的企业,其企业意志本质上就表现为负责人的个人意志,单位本身就只是负责人犯罪的工具,如若对这种企业适用合规不起诉,则会让合规不起诉变成其逃避惩罚的工具。因而应当以建立有效的合规管理体系作为企业合规出罪的实质性要件,将企业具有相应的现代化治理体系作为合规不起诉适用的限定条件,对于那些不具备现代化治理体系的小型企业,从本质上就不应适用合规不起诉制度,更遑论严惩责任人对企业所造成的影响了。当然,在个别情况下,对责任人判处刑罚会对技术革新产生较大影响,造成国家利益或者社会公共利益的损害。此种情况应事先进行细致、统一的规定,由司法机关综合考量各种情况后,谨慎地作出特殊处理。如此,方能使企业合规不起诉制度发挥其应有之义。

(二)加强制度执行

与企业的内生性动力相较,来自政府和司法机关的外源性压力是企业进行合规整改的更充分、更重要的动力,检察机关在其中更是起到了至关重要的作用。首

① 参见陈瑞华:《企业合规不起诉改革的八大争议问题》,载《中国法律评论》2021 年第 4 期。

② 参见陆而启、周灵敏、王佳媛:《企业刑事合规的中国经验》,载《贵州民族大学学报(哲学社会科学版)》2022 年第 5 期。

先,一方面应当加强对检察机关相关人员的培训和指导,树立预防为主、惩治为辅的理念,克服追诉思维,理清合规整改脉络,建立系统化的合规整改体系。另一方面,应当注重合理分工,一是要将合规整改的任务切分给各个部门,提高办案效率,二是行政机关也要承担起企业合规的职责,对于推诿阻拦,不积极履行合规整改职责的行政机关,检察院可以依法提起公益诉讼,以保障企业合规的顺利进行。其次,应当加强对涉案企业相关人员的宣传和教育,增强涉案企业对合规整改的了解和信任,促使涉案企业及人员树立合规经营的意识,积极配合检察机关的监督和指导,认真制订和执行合规整改计划,将企业合规的要求落到实处。最后,企业合规是司法治理和社会治理的重要一环,其效果终究要由社会进行评判,因此社会公众的参与对于企业合规的顺利推进和司法评估验收机制的顺利运行具有重要的意义。但我国当前阶段的合规不起诉工作,忽视了社会参与,造成了公众缺位的现状,主体的缺失也使得合规的正当性受到质疑。因此应当加强对社会公众有关企业合规的普及和引导,增强社会公众对企业合规的认同和支持,在全社会树立良好的法治意识,使人民自觉地参与企业合规监督,在检察机关的主导下为合规整改提供专业知识辅助,凝成犯罪防治的最大合力。

(三)优化制度监督

首先,要在确保检察机关对于涉案企业合规监管的主导地位的同时,深入推进监管模式改革。一方面要在各地建立管委会,明确监管人的职责,确保监管人在合规计划制定、施行和评估的各个阶段都能依法履行职责,以保障企业合规的有效性和有序性。[①] 另一方面也要细化合规监督的措施和合规整改评估、验收的标准,避免合规整改验收的主观性和随意性,规范检察机关和第三方监管人的监管行为,确立客观中立、法律限定等监管原则,使得合规不起诉制度真正发挥效用。其次,要积极调动各方力量参与企业合规。一方面要将企业合规的各项工作化整为零,既要注重合规整改任务在检察机关内部的合理分配,也要注重合规整改任务在各个机关之间的合理分配,保障各个部门各司其职、相互配合,如果行政机关推诿抗拒,则检察机关可以依法提起公益诉讼。[②] 另一方面,还要积极调动社会公众参与监督的主动性和积极性,使企业合规得以在阳光下运行。最后,要发挥法院对于检察机关的监督作用,逐步建立起动态审批机制,由法院审核合规不起诉协议的有效性,避免检察机关在企业合规中"一家独大"致使违规乱纪现象的发生,使企业合规不起诉协议具备真正的法律效力。

---

① 参见陈瑞华:《合规监管人的角色定位——以有效刑事合规整改为视角的分析》,载《比较法研究》2022年第3期。

② 参见陈瑞华:《企业合规视野下的暂缓起诉协议制度》,载《比较法研究》2020年第1期。

四、结语

企业合规不起诉制度是一项旨在鼓励和引导涉案企业主动履行合规义务以避免或减轻刑事责任的刑事司法政策，其通过刑事激励机制，“倒逼”企业合规经营，预防二次犯罪，实现司法效率与公平正义之间的协调统一。该制度在国外已有较长的实践和发展历程，但在我国尚处于探索和试点阶段，还面临立法缺失、制度不明、执行困难等实践困境。为切实发挥企业合规不起诉的效用，必须完善企业合规不起诉的制度设计，加强立法，明确合规不起诉的适用范围和适用对象，为重罪不起诉等新型制度提供实体法依据；加强企业合规不起诉的制度执行，提升司法机关、涉案企业和社会公众对于企业合规的理解和认知，形成企业合规整改的合力；优化企业合规不起诉的制度监督，在确保检察机关对于涉案企业合规监管的主导地位的同时，深入推进监管模式改革，建立和完善第三方独立监管人模式，并积极调动社会公众参与合规整改监督的主动性和积极性，克服社会主体缺位的现有弊端，确保合规整改符合司法公正的要求。

新的时代孕育新的挑战，深入推动企业合规改革、完善合规不起诉制度是保障我国民营企业健康发展，助推我国后疫情时代经济高质量发展，实现刑事司法与经济社会发展的协调统一的必由之路。

单位犯罪与企业合规从宽

吴伟滨[*] 叶竹盛[**] 林曼婷[***]

一、问题的提出

涉案企业合规作为一项依法保护民营企业和支持民营经济发展的法治改革,其成效在三期试点工作中不断得到验证,对企业经营去犯罪化、优化企业犯罪治理方式和促进法治营商环境均起到重要的正向激励作用。随着改革的持续深入推进,刑事诉讼法的修改也提上了日程,当前,涉案企业合规改革的程序立法动向是以附条件不起诉为制度框架构建单位犯罪的特别程序。① 但是,程序法的修改并不足以为企业合规量刑从宽、企业家从宽等确立合法性,这些合规从宽决定必须回归到单位犯罪的刑法体系中进行论证。

然而,我国刑法关于单位犯罪的规定并未向企业合规从宽提供实体法路径,传统单位犯罪理论更难以系统地处理企业从宽与责任人员从宽的根据问题。当前,学界已充分关注到传统单位犯罪理论的不周延之处,但多探讨单位归责体系的合理化,较少研究组织体归责论的主体性回应以及单位犯罪主体分离问题。

企业合规改革引入我国刑事司法,其政策内核在于发挥企业作为主体的犯罪治理能力,即充分重视企业独立的意志和行动以管控企业犯罪。企业刑事合规的本土化自然离不开与我国单位犯罪理论的衔接,我国单位犯罪理论体系也当借合规制度的构建之机,得到检视和完善,为企业合规从宽提供合法性路径。因此,本文拟在探讨我国刑法有关单位犯罪理论的基础上,就企业合规从宽的实体法根据,综合地阐述企业合规包括事后合规和事前合规的刑事从宽根据。

二、单位犯罪归责基础理论的反思

我国单位犯罪是在自然人刑法中进行直接规定,体现为在刑法总则中专节规定

---

* 广东省人民检察院第五检察部主任、三级高级检察官、中国刑法学研究会理事。

** 华南理工大学法学院副教授。

*** 华南理工大学法学院硕士研究生。

① 参见李奋飞:《“单位刑事案件诉讼程序”立法建议条文设计与论证》,载《中国刑事法杂志》2022 年第 2 期。

"单位犯罪"的概念和处罚,另外,在刑法分则的相关条文中还规定了处罚单位犯罪的条款。我国单位犯罪的规定是相当简明的,对单位犯罪的构成及归责路径未有更详尽的规定,导致学界有关单位犯罪刑事责任的基础理论在一定程度上存在一些混乱和困惑。

即便学界对单位刑事责任的理论争议不休,在刑法教义学立场,不能否定的基本立论是,单位犯罪是单位自身的犯罪,是"公司、企业、事业单位、机关、团体实施的危害社会的行为",也就是单位作为主体的犯罪,只是单位犯罪归责构造中如何体现单位的主体性或独立人格,成为理论和实务的困扰。传统上,我国单位犯罪归责理论的代表性见解可以概述为一元化归责理论和单位整体性理论。

(一)一元化归责理论

早期的单位刑事责任理论包括整体责任论、复合主体论等,此等理论的观点是认为单位犯罪只有一个犯罪主体即单位,从不同程度上将单位成员视为单位的组成部分,基于此将成员的行为及结果评价归属为单位。个人承担责任的前提条件是单位构成犯罪并被追究刑事责任。在单位行为不符合犯罪构成要件,单位不需要承担刑事责任的情况下,就不存在追究单位中主管人员和直接责任人员的个人责任的问题。① 后发的单位(法人)拟制论持相同的基本立场,同样认为单位犯罪只有一个主体即单位,但主张单位犯罪实际上是其组成人员即自然人的犯罪,处罚单位是单位为其组成人员承担转嫁责任。②

这些观点从自然人犯罪的立场出发,借由成员犯罪解释单位犯罪,未正视单位作为犯罪主体本身的特殊性,陷入一元化归责模式。一元化归责,即在论证单位刑事责任尤其是单位意志时,通过单位内部员工或者责任人的主观意愿和行为进行推论,形成了以单位负责人决策或单位集体决定来表征单位独立人格的情形,在我国学界和实务中都有重大影响。有学者认为,单位犯罪是在单位意志支配下实施的,通过一定程序的单位决策人员或者单位负责人的意志就是单位的意志;在这种人的意志支配下实施的行为,就是单位行为。③ 我国在司法实践中也有采取这种通过确定特定自然人的意志和行为来认定单位犯罪的做法。④

一元化归责理论之所以产生重大影响,是因为该说具有一定的实用色彩。单位独

---

① 参见张军、姜伟、郎胜、陈兴良:《刑法纵横谈(分则部分)》,北京大学出版社 2008 年版,第 313 页。

② 参见黎宏:《组织体刑事责任论及其应用》,载《法学研究》2020 年第 2 期。

③ 参见黄明儒主编:《刑法总则典型疑难问题适用与指导》,中国法制出版社 2011 年版,第 198 页。

④ 2019 年最高人民法院、最高人民检察院、公安部、司法部、生态环境部《关于办理环境污染刑事案件有关问题座谈会纪要》第 1 条规定,"为了单位利益,实施环境污染行为,并具有下列情形之一的,应当认定为单位犯罪:(1)经单位决策机构按照决策程序决定的;(2)经单位实际控制人、主要负责人或者授权的分管负责人决定、同意的;(3)单位实际控制人、主要负责人或者授权的分管负责人得知单位成员个人实施环境污染犯罪行为,并未加以制止或者及时采取措施,而是予以追认、纵容或者默许的……"

立的主体能力实际上难以通过整体的犯罪外观进行说理和认定，而采用自然人刑法的解释思路，借用单位中特定人的意志和行为表征单位自身的意志和行为，比较符合单位业务活动的现实，也缓解了单位犯罪所面临的来自自然人刑法的责任原则方面的诘难。① 但是，由于一元化归责理论本质是将单位犯罪等同于成员犯罪，实际上与对单位犯罪进行专门规定的教义学立场背道而驰。单位犯罪与成员犯罪进行等同处理，看似与自然人刑法体系相衔接，实则存在极大的内部矛盾和冲突，突出表现在对单位犯罪主体关系的处理上。由于单位犯罪归责的代位责任论，单位犯罪与成员犯罪被连带处理，主要表现为：单位犯罪与自然人犯罪的互斥与依存，即对某一特定违法事项，一旦认定为单位犯罪，则不再评价为自然人犯罪，反之亦然。如果单位不成立犯罪，就不能处罚单位成员，"单位中直接负责的主管人员和直接责任人员的罪责，是完全依附于单位犯罪行为的，单位中自然人罪责的产生，必须以单位行为独立成罪为前提"②。又因为单位成员是单位刑事责任的分担者，单位犯罪之下的成员刑事责任比一般自然人刑事责任较轻。

受一元化归责理论的影响，传统单位犯罪主体呈连带处理模式，直接造成企业不成立犯罪不处罚员工、企业成立犯罪员工处罚宽缓、单位成员应负刑事责任难界定等难题，这正是企业合规从宽问题上"放过企业，也放过企业家"的症结所在。尽管一元化归责理论及其集体决定论思路盛行，但其内核是否定单位犯罪是自身犯罪的立法基调，并不值得推崇。

（二）单位整体性理论

另一类理论则契合了单位自身犯罪的规定要旨，将单位犯罪与成员犯罪进行区分，且认为单位犯罪存在两个犯罪主体，如人格化社会系统责任论。该理论主张，单位是人格化的社会系统整体，单位整体性的特性决定了任何单位成员的犯罪只能是单位整体的犯罪，而不是单位成员个人自身的犯罪；单位主管人员在单位犯罪意志支配下，以单位名义，为了单位利益，故意或者过失实施的依法应受惩罚的危害社会行为，是单位犯罪。③

该观点的进步意义在于正视了单位犯罪的独立性，对单位的实体形态和特性进行了诠释，有意识地区分单位与员工的犯罪责任。但是，此种见解虽从一种整体主义思路去建构单位犯罪的独立性原理，但是由于未充分论证单位本身的整体性构成，导致单位独立于其组成人员的主体性说明缺失。尤其是人格化社会系统责任论在论述单

---

① 参见黎宏：《组织体刑事责任论及其应用》，载《法学研究》2020 年第 2 期。

② 王志远：《企业合规改革视野下单位犯罪主体分离论与归咎责任论之提倡》，载《比较法研究》2022 年第 5 期。

③ 参见何秉松：《单位（法人）犯罪的概念及其理论根据——兼评刑事连带责任论》，载《法学研究》1998 年第 2 期。

位中的自然人对单位犯罪承担刑事责任的根据时指出，这是因为他们“在单位整体犯罪中的主观罪过和客观行为以及由此决定的他们在单位犯罪中所起的作用和应负的责任”①，可见单位与成员的关系在后续理论演绎中被转化为整体与部分的关系，仍是借成员个体来说明单位整体的个体主义进路。并且，假使任何单位成员的犯罪只能是单位整体的犯罪，实际上就不可能出现单位、成员两个犯罪主体，犯罪主体只能是单位自身。

与人格化社会系统责任论类似的见解是近年来有学者提倡的“单位犯罪嵌套责任论”。这种理论认为，单位不是自然人的集合体，而是可替代的自然人所拥有的职位和财物的集合体。单位中的自然人以其在单位中所拥有的职位或者职务为单位要素，因此，单位成员与单位之间不是部分与整体的关系，而是“嵌”与“套”的关系。自然人以其自身资源为出资进入单位内的某个职位，借助单位维持生计，而单位借助个人提供的资源得以运转。② 该理论虽然直接揭示单位与单位成员之间不是部分和整体的关系，明确单位是独立于自然人员工的实体，但遗憾的是，仍然没有合理化地证成单位的犯罪主体性，甚至其本质仍然是以一种自然人的资源集合的整体性方法，进行单位的归责，导致嵌套责任理论得出“单位和单位成员的独立行为责任又是对单位犯罪刑事责任分担的结果”的结论③，单位犯罪依然被视为成员行为的替代责任。也就是说，单位整体性归责思路没有清晰地回应单位作为犯罪主体的正当性，人格化社会系统责任论和单位犯罪嵌套责任论在具体展开中没能贯彻单位犯罪的独立性，而仍然依附于其组成人员的自然人犯罪来适用单位犯罪。

三、单位组织性与犯罪主体分离处理

（一）单位组织体归责

单位犯罪首先认可单位刑事责任的独立性，其理论本质不应该是员工行为的替代责任，虽然单位犯罪的判断前提是存在相应的单位成员的不法行为，但是这不代表单位犯罪等同于成员犯罪，或所有单位成员的行为都能被评价为单位行为。为适应自然人刑法评价体系，所采用的自然人个体主义归责方法，不可避免地导致自然人的责任转移给单位，此种传统范式在早期的公司发展与业务现实中或能相互兼容和匹配，但随着经济社会及企业组织的不断发展，传统的单位责任理论不断受到挑战和冲击，强

---

① 何秉松：《单位（法人）犯罪的概念及其理论根据——兼评刑事连带责任论》，载《法学研究》1998 年第 2 期。

② 参见陈忠林、席若：《单位犯罪的“嵌套责任论”》，载《现代法学》2017 年第 2 期。

③ 参见陈忠林、席若：《单位犯罪的“嵌套责任论”》，载《现代法学》2017 年第 2 期。

调单位组织性和法人独立责任的组织体罪责理论日渐有力。

单位组织体罪责理论的要义在于,法人行为是组织结构和系统运作下的行为,法人有其独特的人格和意志,可以成为独立的犯罪主体①,单位法人的组织性构成单位主体性的正当性根据。现代社会中的单位已不是传统意义上人或物的集合,而有其内在的、动态的和系统的运营机制,并通过业务范围、政策规定、防控措施、治理结构乃至经营文化等实体要素,让单位自身成为具有组织性智慧的自主系统,对员工个人的依赖度或受支配程度大大降低。因此,单位犯罪就是单位组织体的制度、宗旨以及治理机构自运转导致的犯罪。

单位组织体刑事责任论关注到单位能独立于自然人成为犯罪主体的主体性特征,洞察到如治理结构、管理政策、经营文化等组织体特征在单位犯罪的认定和发生机制中所起到的作用,组织体归责论才能系统地放弃自然人个体进路,从单位组织体因素中推导出单位自身构成犯罪并承担刑事责任的根据,赋予单位与自然人同等的主体地位,使其能相对从容地面对自然人的刑法评价体系。

此外,相较于将单位犯罪还原为员工个人犯罪的自然人刑法思路,单位组织体刑事责任论所反映的单位的整体环境与组织性特征对其组成人员的决定性影响,是更适应现代社会企业发展规模化、多层级化和人格化现状的。现代社会中的单位,特别是企业中建立的岗位制度和科层制度,使得其中的个人表现出一种“社会性服从”,加之单位中决策链条的冗长和决策程序的复杂,使得单位违法活动很难被追溯或者具体化到某一个单位成员。② 就算具体到特定单位成员,仅着眼于特定单位成员的刑事责任,也无法平衡单位组织性行动造成的法益侵害后果;反之,仅因员工行为而苛求单位承担刑事责任,无法平衡单位对于员工行为有限的管理能力和风险控制成本。

(二)单位犯罪主体分离论

按照单位组织体刑事责任论,单位犯罪主体因代位责任论所引发的连带处理困局也能迎刃而解。单位犯罪归之为单位作为独立实体的犯罪,承认单位具有独立的行为和意志,能够独立于个人承担刑事责任,摆脱了传统理论中只能借助单位中的自然人的思想和行为来说明单位犯罪的局限性。因之,单位犯罪与员工的个人犯罪行为进行了分割,单位归责与员工个人归责是两个层面的问题。具体来说,单位犯罪与自然人犯罪的互斥与依存被打破,就某一特定违法事项,认定为单位犯罪是单位作为犯罪主体的刑法评价,而员工个人犯罪则是自然人的刑法评价,单位是否成立犯罪,与单位成员的刑事责任不挂钩。既然单位成员的行为应当按照自然人犯罪来评价,理应统一两者的处罚标准,相同程度的社会危害行为就不会因为行为人具有单位成员的身份而被

---

① 参见史蔚:《组织体罪责理念下单位故意的认定:以污染环境罪为例》,载《政治与法律》2020 年第 5 期。

② 参见黎宏:《组织体刑事责任论及其应用》,载《法学研究》2020 年第 2 期。

减轻或免除其刑事责任,避免出现单位成员借用单位犯罪外衣来逃避刑事责任导致刑罚不公的情况。①

这种犯罪主体分离处理的基调在2017年雀巢公司案中已有所见,雀巢公司通过公司章程、公司指示、员工手册等材料证明公司不允许向医务人员支付任何资金或者其他利益,不允许员工以非法方式收集消费者个人信息,法院最终依据公司的规范性文件认定雀巢公司禁止员工从事侵犯公民个人信息的违法犯罪行为,员工违反公司管理规定,为提升个人业绩而实施的犯罪为个人行为,否定了员工犯罪行为系单位犯罪。通过分离公司和员工的刑法评价,员工违法收集个人信息的行为不归咎于单位组织体自身,员工仍要为个人不法行为承担个人的刑事责任,实现犯罪行为的有效治理。这种犯罪主体分离的思路不仅可应用于单位犯罪的有效治理中,还为合规案件从宽分离或分案处理提供正当依据。

单位组织体刑事责任论将企业的刑事责任归责于企业组织体自身,即企业的不法与其刑事责任独立于员工的不法,企业是否承担刑事责任,取决于企业自身是否存在组织和管理缺陷。原则上,自然人为了企业利益实施的违背企业宗旨、管理政策和业务范围的犯罪行为,由组织体成员自负刑责;若查明员工犯罪行为系受单位高管的命令、指使或教唆,但该高管的命令、指使或教唆等也违反了企业的相关政策和制度,则仍然由高管与下级员工承担刑事责任。若企业在发现员工的违法犯罪行为后,仍然纵容、默许甚至转化成鼓励态度,则单位和员工或为此承担共同的刑事责任;若员工的违法犯罪行为是因为企业的组织管理缺陷导致的监督过失,企业则可能对其员工行为承担监督过失的刑事责任,以刑法有关规定为前提,员工在自然人独立评价上承担相应的刑事责任。

四、企业合规从宽的刑事路径

无论是事后合规还是事前合规,都符合企业合规改革的本质和目的,相对地,予以一定的刑法激励有其正当性和必要性。问题是,企业事后合规从宽中产生了企业和企业家"双从宽"的现象,这不但与企业合规"放过企业,严惩责任人"的初衷相悖,更有违反刑法基本原则之嫌,引发企业家犯罪责任承担不公的刑事危机;企业事前合规从宽,则存在合规从宽的实体法依据含糊的问题,导致企业事前刑事合规的动力和信心不足。然而,企业合规从宽的实体合法性赋予企业合规改革的权威性,对单位犯罪能否实现有效治理产生决定性影响。在转换传统单位犯罪刑事责任理论及其犯罪主体

① 参见邹玉祥:《单位犯罪的困境与出路——单位固有责任论之提倡》,载《北京社会科学》2019年第9期。

关系认识的基础上,立足于单位主体性基础上的主体分离论,或能探索企业合规从宽的刑事法支撑。

(一)企业刑事归责适用组织体刑事责任论

企业合规改革的适用必须以企业犯罪为基本前提,对构成单位犯罪的企业可适用合规不起诉,而企业犯罪的归责方式是在认可企业主体性和独立法律人格基础上的组织体刑事责任论,即企业承担责任的前提是自身存在组织管理缺陷。有学者提出,对于单位犯罪而言,重要的是,单位负有一种特别义务,企业当且仅当违反"阻止内部成员利用企业进行犯罪"这一注意义务时才具有过错,才存在承担刑事责任的可能性。①

合规管理缺陷,通常呈现为三种归责形态:一是单位本身的管理制度或合规政策并不充分和明朗,默许、鼓励与企业经营管理相关的违法犯罪行为;二是企业本身的治理结构及其管理权配置不平衡,将权力过于集中于某一人或者部门之上,缺少对权力行使的制约和监督;三是单位缺少风险发现和防御机制,比如在可预见的情况下缺少对单位成员实施违法行为的约束和制止,可以认为单位存在组织合规管理缺陷,存在较大的刑事责任风险。具体到企业合规,则必须考察单位合规制度的设立和执行情况,并结合单位的目的、宗旨、习惯和政策,判断单位的组织意志和集体行动,尤其是是否尽到防治组织体成员即员工犯罪的义务。这构成企业合规适用的关键,相关合规管理组织缺陷的补强即构成企业合规整改的目标。在刑事诉讼法未正式修正前,通过检察院和第三方机制合规整改审查的,检察院可以援引附条件不起诉的相关规定对企业作不起诉处理。

就企业合规从宽而言,合规从宽可以作为辩护事由而争取量刑从宽,但将合规确立为法定的从宽情节能为我国企业合规制度的本土化建构夯筑实体法基础。在域外,美国于 1987 年出台了《联邦量刑指南》,率先承认了合规从宽的法律地位,法官可以对建立了有效合规计划的企业从宽量刑。② 域外的合规实践中,如意大利、英国等,还将合规作为法律明文规定的阻却单位刑事责任的理由,通过事前合规阻却企业刑事责任。意大利 2001 年颁布的《关于企业合规的第 231 号法令》第 6 条规定,如果公司能够证明在犯罪行为发生之前业已确立旨在防止该类犯罪行为的管理体制并且该体制得以有效运行,公司可以免于承担责任。③ 基于企业犯罪的复杂性和差异性,企业因刑事合规而全面阻却刑事责任与我国罪责刑相适应原则不相符,但部分排除企业责任与减轻企业责任有可取之处。在刑事立法中明确刑事合规是企业刑事责任的宽缓事由,为企业提供事前合规从宽的法定效力,更有助于鼓励企业预防、发现犯罪,形成

① 参见聂立泽、刘林群:《法人犯罪的义务犯本质与单一犯罪性质之确证》,载《政法学刊》2020 年第 5 期。

② 参见李奋飞:《论涉案企业合规的全流程从宽》,载《中国法学》2023 年第 4 期。

③ 参见赵运锋:《刑事合规附条件不起诉立法思考和内容构建》,载《上海政法学院学报(法治论丛)》2021 年第 6 期。

国家、企业合作共治的现代化治理局面。

(二)企业和责任人员分离处理论

按照单位犯罪的组织体归责理论,对构成单位犯罪的涉案企业可以适用合规不起诉或合规从宽,但对责任人员应单独起诉,坚守企业和责任人员或企业家分离处理的基本立场。按照组织体归责理论尤其是单位犯罪主体分离思路,企业犯罪进行单位层面的独立评价和归责,员工则按照一般自然人的刑事规定和处罚标准定罪量刑。换言之,在企业合规适用中,企业承担的是管理漏洞、制度隐患和治理缺陷的组织体管理失职的责任,责任人员要承担的是与自然人犯罪相似的刑事责任。最高人民检察院公布的第三批涉案企业合规典型案例中的案例三"江苏 F 公司、严某某、王某某提供虚假证明文件案"遵从了分离处理的思路①,在企业合规考察合格之后,检察院对单位与个人进行了区分处理,由于被告人严重违反职业道德,给国家经济造成巨大损失,最终检察院对被告人单独提起了公诉。

但受制于我国单位犯罪双罚制的规定,企业合规中存在较多的企业和责任人员"双从宽"的处理惯性,这是对企业合规从宽处罚政策和刑事责任均衡原则的极深误解。企业合规只是表明,企业组织体自身没有犯罪意愿,并通过合规整改革除了单位组织体自身包括目的、宗旨、组织体系、管理制度等刑事风险因子,从而换取企业组织体自身的从宽对待,与企业合规政策"保护民营经济,保护民营企业"的宗旨一致。但不能因为企业有合规整改,就对其中的责任人员特别是高层管理人员从宽处理。

企业组织体刑事责任的归咎是以企业防止组织体成员实施危害社会行为为导向的,如前所述,组织体成员的危害行为并非企业犯罪,与组织体成员之危害行为存在关联关系的组织管理、企业文化、合规建设等方面的缺陷才是归责根据。那么,直接负责的主管人员的刑事责任在单位组织体刑事责任论下,同样是以未履行相应组织体管理义务或职责,其管理失职与其他组织体成员直接实施的危害行为之间存在关联关系作为归责的依据。具有相应职责且直接负责的主管人员如果通过督促涉案企业建立或完善内部合规体系,降低或消除组织体成员再次犯罪的风险,责任归咎的严厉程度可

---

① 最高人民检察院公布的第三批涉案企业合规典型案例中的案例三"江苏 F 公司、严某某、王某某提供虚假证明文件案":被告人严某某、王某某分别是 F 公司的估价师和总经理。F 公司接受委托为 G 公司协议搬迁项目进行征收估价,为满足 G 公司要求,王某某要求严某某将涉案地块评估单价提高。严某某在无事实依据的情况下,通过随意调整评估报告中营业收益率,将单价自 2.16 万元提高至 2.38 万元,后又经王某某许可,通过加入丈量面积与证载面积差等方式,再次将单价提高到 2.4 万余元,最终将房屋评估总价定为 2.49 亿余元。后相关部门按此评估报告进行拆迁补偿,造成国家经济损失 2576 万余元。检察院依法对严某某、王某某以提供虚假证明文件罪提起公诉,后检察院依法对 F 公司作出不起诉决定。由于被告人严重违反职业道德,给国家经济造成巨大损失,最终检察院将被告人和涉罪公司区分处理,对被告人单独提起了公诉。

得以降低,因此可以获得一定程度的从宽。①

在最高人民检察院公布的第二批涉案企业合规典型案例中的案例四"随州市 Z 公司康某某等人重大责任事故案"中,Z 公司因重大责任事故案发,被告人康某某等人作为 Z 公司分管和负责安全生产的责任人,在与曹某某签订清理合同以及曹某某实施清污工程期间把关不严,未认真履行相关工作职责,未及时发现事故隐患,导致发生较大生产安全事故。最终,康某某等人随公司一起获得了不起诉决定。该案中康某某与公司共同获得了不起诉决定,理由根据是案发时 Z 公司所属集团正在积极准备上市,康某某作为公司管理人员,如果被判刑,对公司发展将造成巨大影响,甚至会影响公司的上市计划。实际上这种从宽事由没有法定依据和正当性,康某某就算能获得一定程度的从宽处理,也应当立意于其在组织体管理缺陷基础上的管理失职,由于企业组织管理上对合同审查和工程检验的程序不严,对康某某的管理效力产生影响,从而导致了危害行为的发生。

对于"其他直接责任人员",可以理解为直接参与实施犯罪行为的组织体成员,应按照一般的自然人行为责任设定予以定罪处罚。如果单位管理人员直接参与危害社会的行为,也应当被纳入"其他直接责任人员"的范围,与企业进行分离处理,对其单独进行刑法评价。

根据《全国人民代表大会常务委员会关于〈中华人民共和国刑法〉第三十条的解释》的规定,"公司、企业、事业单位、机关、团体等单位实施刑法规定的危害社会的行为,刑法分则和其他法律未规定追究单位的刑事责任的,对组织、策划、实施该危害社会行为的人依法追究刑事责任"。该解释也在一定程度上肯定了企业责任和员工责任区分处理的分离思维,在企业合规使企业不受起诉或从宽处理时,单独追究负责人员的刑事责任,将单位责任与个人责任进行分案处理、分离评价是推动企业合规从宽法治化的大势所趋。

① 参见王志远:《企业合规改革视野下单位犯罪主体分离论与归咎责任论之提倡》,载《比较法研究》2022 年第 5 期。

企业附条件不起诉分离出罪论的理论证成

王　颖*

最高人民检察院展开企业合规改革至今已四年，然而，如火如荼推进的改革仍存有不可忽视之困境。此种困境源于刑事司法的现实需求，隐于刑事实体法理论之悖反，显于刑事程序法制度之构建。这背后既关涉企业合规应然价值之实现，亦体现刑事实体法与程序法之角力。其中以企业附条件不起诉中共同出罪与分离出罪之争为焦点。故此，在企业附条件不起诉踏入立法论研究之际，仍有必要谨慎检视改革背后的实体法困境，寻求逻辑融贯、兼顾理论与现实的突破方案。

一、问题提出：企业附条件不起诉的改革困境

"企业附条件不起诉究竟仅适用于轻罪抑或可适用于重罪？"这是改革伊始即广受争议的话题。大部分检察机关将适用范围限定在直接责任人可能判处 3 年以下有期徒刑的案件，但亦有检察机关突破 3 年限制。① 在学界亦存在鲜明的轻罪论与重罪论两派观点。② 亦有学者旗帜鲜明地主张，若企业附条件不起诉的适用限制在 3 年以下有期徒刑，则其就没有存在的必要，酌定不起诉与认罪认罚从宽足以解决问题。③ 正如某试点单位副检察长所问："既然企业本身犯罪情节轻微、符合相对不起诉的条件，又何必大费周章、耗时耗力搞合规呢？"④

然而，企业附条件不起诉适用范围的扩充面临罪责刑相适应原则的诘问。学者们多致力于在罪责刑相适应原则内探寻企业附条件不起诉的最佳建构路径，这带来了合规范围立场与企业和直接责任人是否双出罪立场之暗合。持企业与直接责任人共同出罪立场的学者，囿于罪责刑相适应原则，多赞同企业附条件不起诉的适用范围应限

---

* 武汉大学法学院副教授。

① 参见深圳市南山区人民检察院《企业犯罪相对不起诉适用机制试行办法》第 3 条。

② 参见姜涛：《企业刑事合规不起诉的实体法根据》，载《东方法学》2022 年第 3 期。

③ 参见李玉华：《企业合规与刑事诉讼立法》，载《政法论坛》2022 年第 5 期。

④ 邱春艳：《从讲政治的高度共同推进企业合规工作——最高检调研组赴江苏张家港调研企业合规改革试点》，载《检察日报》2021 年 5 月 17 日，第 1 版。

定在轻罪,对于重罪案件只能以具有酌定量刑情节为由从宽处罚;而持企业出罪与直接责任人分离立场的学者,则多赞同将企业附条件不起诉的适用范围扩张至重罪。当前改革中,检察机关多采“企业与直接责任人共同出罪或减刑”模式。但是共同出罪模式不仅无法释明自然人企业合规的意义,更导致直接责任人乘着企业合规的东风出罪,暴露出为“脱罪”而合规的功利化倾向。①

具言之,共同出罪模式仅适用于轻罪案件,若适用于重罪案件则有违罪责刑相适应原则。但是,社会需求与企业犯罪特性决定,若要真正实现企业合规的社会经济价值,则有必要将适用范围拓宽到重罪案件。故此,共同出罪论导致合规改革进退维谷:若坚守适用范围限制在轻罪案件,则与企业合规的宗旨和范围扩充的现实需求相背离,遭到对企业合规改革意义与价值的质疑;若遵循企业合规的功能与现实需求扩大适用范围至重罪,则又遭到合规改革有违罪责刑相适应原则的质疑;若结合认罪认罚从宽制度,企业与直接责任人共同入刑但认罪认罚从宽,企业仍需入罪,则不可避免企业商誉受损、经济损失与“水波效应”,既无法消解传统刑罚之缺陷,亦无法实现企业合规之初衷。故此,当前企业合规试点“企业与直接责任人共同出罪”的主流模式无法支撑合规改革的深入推进与适用范围的扩展。

二、学理探讨:分离出罪论的制度构想

企业与直接责任人分离存在刑事实体与程序维度的内涵,实体维度的分离指通过改良单位犯罪理论实现企业的实体出罪,例如,基于组织体责任论;程序维度的分离指,在企业构成单位犯罪的前提下,实现程序上企业与直接责任人的分离处遇,本文旨在探讨后者。

针对前述合规改革的现实困境,持企业与直接责任人分离出罪立场的学者,提出理论改良及制度建构方案。有学者从社会效果视角出发,认为应将单位责任与关联人员责任彻底分离,以单位是否给社会带来过大的负效应为判断是否不起诉的标准。② 不可否认,此种观点契合企业合规之初衷,但是我国刑法围绕自然人犯罪展开,基于此脉络搭建了整个刑事司法构架,完全割裂涉罪单位与直接责任人刑期的关系,以“社会负效应”作为标准,在模糊的社会学标准背后又脱离了刑法规范性标准的最后屏障,不仅导致犯罪企业与直接责任人的割裂,更易导致检察院不起诉裁量权边界的模糊与权力行使的恣意。

---

① 参见胡东林、赵宝琦:《推进企业合规工作应重点把握三个维度》,载《检察日报》2021 年 5 月 19 日,第 3 版。

② 参见李奋飞:《“单位刑事案件诉讼程序”立法建议条文设计与论证》,载《中国刑事法杂志》2022 年第 2 期。

有学者基于从程序到实体的思路提出“双轨制合规不起诉制度”，即重罪下适用企业附条件不起诉，轻罪下则适用责任人合规酌定不起诉。① 毋庸置疑，此种“双轨制”合规不起诉具有很强的司法导向，可在符合罪责刑相适应原则的基础上达到重罪不诉之目的，解决企业责任与直接责任人责任分离的问题。然而，此种双轨制的建构逻辑是“罪行轻重—主体有别—企业或直接责任人不起诉”，多重标准之下逻辑论证颇显草率，并未释明企业和直接责任人因企业犯罪轻重不同而适用不同程序的理由，割裂了企业与直接责任人的事实与法律关联性。

与此同时，亦有学者遵循从实体到程序的逻辑，从刑法教义学角度提出了“单位和责任人分离出罪与实质制裁论”②，认为单位责任是一种合规责任，而单位成员责任是一种传统的行为责任与罪过责任，因此，应当将单位责任与单位成员责任彻底分离，单位出罪是合规出罪，而单位成员出罪则只是因罪行轻微出罪。然而，倘若单位责任与成员责任彻底分离，程序亦分开，那单位犯罪是否还有存在之必要？故此，笔者基于刑事一体化视野，经由实体抵达程序，提出“企业犯罪责任一体与惩罚分离”与“企业刑事合规兼具激励与惩罚双重属性”的观点，并建构企业合规出罪与直接责任人入罪但从宽的企业合规体系性思路。③

相比而言，从实体到程序的建构逻辑不仅能够更妥善地处理企业附条件不起诉所面对的犯罪论与刑罚论质疑，而且能为企业附条件不起诉制度的建构提供正当性与合法性教义学根基，更符合刑事法思维逻辑与运行规律。故此，本文在整合、吸收学界分离出罪论观点的基础之上，审视犯罪与刑罚的本质，揭示企业附条件不起诉的隐性实体内核，深入阐述“企业犯罪责任一体与惩罚分离”之内涵，并明确其显性程序构造之“追诉分离”。

三、企业合规整改性质之厘定：激励与惩罚双重属性的刑罚替代措施

企业合规在刑事法领域的引入首先需要回答：为何有必要针对涉罪企业构建有别于自然人的刑事司法制度？越过规范与程序，学界能够达成的共识是：企业刑事合规的正当化价值在于社会公共利益之维护与企业犯罪之预防。④

刑法的产生与传统刑罚体系围绕着自然人犯罪展开，自然犯的定罪与量刑更多强调行为人的意志自由，重视刑罚报应。而法定犯的定罪与量刑更强调社会环境因素的

① 参见熊亚文：《理性建构刑事合规的中国路径》，载《比较法研究》2022 年第 3 期。

② 刘艳红：《企业合规不起诉改革的刑法教义学根基》，载《中国刑事法杂志》2022 年第 1 期。

③ 参见王颖：《刑事一体化视野下企业合规的制度逻辑与实现路径》，载《比较法研究》2022 年第 3 期。

④ 相似观点参见姜涛：《企业刑事合规不起诉的实体法根据》，载《东方法学》2022 年第 3 期；陈瑞华：《论企业合规的基本价值》，载《法学论坛》2021 年第 6 期等。

制约,重视预防必要性。① 企业犯罪属法定犯,与特定的社会经济环境、社会经济政策及刑事政策紧密相连。然而,企业与自然人自然属性不同,企业犯罪与自然人犯罪有别,但刑法体系并未基于企业的特殊性设置合理的刑罚体系,导致传统刑罚对企业犯罪治理的失效。

企业刑事合规正是现代社会对传统刑罚失效的积极回应。罚金刑既无法让企业切身感受"报应之刑",亦未能实现"预防之效",实属针对企业的无效刑罚;而即便没有罚金,入刑之事实既可导致企业声誉受损、股票下跌、营业额骤减,亦可导致企业破产、员工失业、公共利益损失。相反,通过有效企业合规,能达到规范企业运营、最大限度保护社会公共利益的目的;企业合规的有效执行亦能够消除企业的犯罪风险,实现犯罪预防。因此,合规整改具有替代传统刑罚、实现企业犯罪矫正的功能,即企业附条件不起诉中的合规整改属于刑罚替代措施。

然而,此种刑罚替代措施归属于程序转处,作为检察院不起诉裁量依据之"条件"出现,若涉罪企业能够实现有效的合规整改,完成现代化治理转型,则不再对其提起公诉。从国家公权力角度,检察院衡量社会公共利益与犯罪追诉利益之后对企业作出的宽大处理与帮扶,带有明显的刑事激励特征;与此同时,从涉罪企业角度,合规整改属于"刮骨疗毒",企业需要投入大量的人力、物力、财力进行内部合规风险评估、合规体系建设与整改,因此亦具有明显的守法规制、责任承担、经济负担的惩罚之意,具有较强制裁性。

综上,企业合规整改兼具激励与惩罚二重属性,是矫正企业违法行为、帮助企业复归社会、预防企业再犯罪的刑罚替代与激励措施。故此,合规整改不仅具有调节预防刑之作用②,亦具有承担责任刑之功能。而合规整改二重属性之明晰是在实体层面确证企业犯罪责任一体与惩罚分离、在程序层面实现企业附条件不起诉分案处理的逻辑前提。

四、企业附条件不起诉的实体内核:企业犯罪责任一体与惩罚分离

在构成单位犯罪的前提下,企业犯罪责任一体是指,在事实评价层面将企业合规整改与直接责任人刑罚视为一体化责任承担。而企业犯罪惩罚分离是指,犯罪企业通过合规整改出罪,而直接责任人仍入刑,合规整改和刑罚均视为(整体)责任的(部分)承担,直接责任人因认罪认罚从宽制度实现一定程度的刑罚减免。③

---

① 参见姜涛:《企业刑事合规不起诉的实体法根据》,载《东方法学》2022 年第 3 期。

② 参见刘艳红:《企业合规不起诉改革的刑法教义学根基》,载《中国刑事法杂志》2022 年第 1 期。

③ 参见王颖:《刑事一体化视野下企业合规的制度逻辑与实现路径》,载《比较法研究》2022 年第 3 期。

第一,我国《刑法》中单位犯罪的规定为企业犯罪责任一体与惩罚分离的构架提供规范逻辑基础。根据《刑法》第 30 条、第 31 条及相关司法解释,我国立法承认单位犯罪实质存在两类主体:单位与单位内部的自然人①,并基于此确立了单位与直接负责人的双罚制。在立法逻辑层面,《刑法》在单位犯罪的一体化归责理念之下,承认单位与自然人的相对独立性,即主体性质有别及惩罚措施差异化。单位作为一个实体参与其成员的犯罪,两者可以成立共犯关系②,亦即单位犯罪中存在两个主体、两份责任与两种惩罚。

第二,企业与直接责任人的自然属性与社会属性有别,所承担的责任性质相异。组织体责任论有别于传统企业转嫁责任论,强调企业责任的组织特性与制度功能。企业是因鼓励、默认其成员犯罪或因组织结构缺陷、工作疏忽而导致成员犯罪,未履行应当履行的组织义务或合规义务而承担刑事责任,是一种组织责任与合规责任;而直接责任人因在单位犯罪中起到的决策、批准、授意、纵容等作用,或直接实施了具体犯罪行为而承担责任,是一种传统的行为责任与罪过责任。③

第三,企业与直接责任人的自然属性差别与责任性质差异决定了传统刑罚无法达到现代刑罚目的:责任承担与犯罪预防④,因此,有必要对企业和直接责任人采取差别化的责任承担与犯罪预防措施。一方面,罚金与监禁刑均属于对企业无效的刑罚措施,罚金并不能带来企业组织、管理、制度漏洞的修补,企业在客观上又无法受到监禁刑之惩罚,企业刑事责任的组织责任与合规责任性质决定了"解铃还须系铃人",合规义务的违反需要通过合规整改与合规义务履行来实现责任承担与犯罪预防;另一方面,直接责任人属于企业犯罪中的直接决策者、实施者,针对直接责任人的监禁刑是承担传统行为责任与实现犯罪预防的有效路径,亦是现代责任刑理论的应然逻辑推导,企业合规只是针对企业的风险防范治理体系,对于具有独立意识和自主行动能力的责任人不具有特殊预防之功能。故此,企业与直接责任人惩罚分离是现代责任刑与预防刑平衡的选择。

第四,在构成单位犯罪的前提下,企业与直接责任人责任的抽象一体化承担。刑事实体法学者致力于提出单位犯罪分离构造的责任论,能够一定程度切割企业与直接责任人责任,实现企业实体出罪;但在我国大部分企业经营尚不规范,更未建立有效合规体系的现实之下,仍存在大量成立单位犯罪、无法完全切割责任并实体出罪的企业犯罪,单位与直接责任人均面临刑事责任与刑罚的承担。首先,从刑法教义学层面,现

---

① 参见张明楷:《刑法学》(第 6 版),法律出版社 2021 年版,第 176 页。

② 参见黎宏:《组织体刑事责任论及其应用》,载《法学研究》2020 年第 2 期。

③ 参见刘艳红:《企业合规不起诉改革的刑法教义学根基》,载《中国刑事法杂志》2022 年第 1 期。

④ Vgl. Claus Roxin, Strafrecht Allgemeiner Teil, Bd. Ⅰ, 4. Aufl., § 3, Rn. 37-62.

代单位犯罪之组织体责任论①视角下，单位成员与单位呈现出一种互动关系，单位犯罪是单位组织体的制度、宗旨及组成机构成员综合导致的犯罪。其次，从犯罪学层面，在单位犯罪中，无论如何认定企业与直接责任人过错，都无法否认事实层面企业与直接责任人在商业领域、组织业务上的关联性与影响力，无法否认犯罪因果关联性与互动性。最后，在法律技术层面，亦无法完全割裂或明确区分企业组织责任与自然人行为责任权重。故此，在成立单位犯罪的前提下，企业与直接责任人属于拟共犯关系，应当从抽象层面认定企业与直接责任人的责任整体性。单位犯罪是两个自然属性不同的主体对两个性质相异却相互关联、无法切割之责任在抽象层面的一体化评价与承担。

第五，企业入罪可能带来严重社会经济损失与"水波效应"，因此，合规整改更适宜在企业不入罪的前提下开展。无论是传统社会抑或现代商业社会对罪与非罪仍存有明确态度之分野，所谓"好事不出门，坏事传千里"，现代信息社会决定了企业入罪的负面消息会迅速传导到上下游供应商、客户与合作方，导致企业信用的崩塌，而商业社会的高度竞争性与敏感性会导致企业股价的迅速下跌、客户的火速撤离与合作方的极速解约，故此，入刑可能意味着企业的破产与注销，根本没有机会展开合规整改与重生。

第六，企业组织责任与直接责任人惩罚分离，并非意味着企业犯罪整体责任的全然分别评价，单位犯罪整体责任仍旧在抽象层面一体化评价，只是基于责任性质差异、惩罚与矫正措施差别与现实需求而使惩罚措施分离。首先，合规整改作为非刑罚处罚措施兼具惩罚与激励双重特性，直接责任人的监禁刑均属于惩罚范畴，属于整体责任的部分承担，共同对应罪责刑相适应原则中责任之承担；其次，合规整改之惩罚性与监禁刑之惩罚性意味着惩罚的实质性加重，双重惩罚理应匹配更重的罪责，故此，企业附条件不起诉可扩张适用于重罪案件；最后，企业通过有效合规整改程序出罪，对整体责任完成部分承担，并达到多方共赢的社会治理目的，而直接责任人作为犯罪行为的直接决策人或实施人，仍根据《刑法》分则定罪量刑，通过监禁刑完成整体责任的部分承担，故此，在重罪中亦不违背罪责刑相适应原则。

五、企业附条件不起诉的程序构造：分离追诉与认罪认罚从宽

（一）企业与直接责任人分离追诉

在企业犯罪责任一体、惩罚分离的基本思路下，企业犯罪所呈现的程序构造为：企业与直接责任人分离追诉，即检察机关对企业适用附条件不起诉，在企业有效完成合

---

① 参见黎宏：《组织体刑事责任论及其应用》，载《法学研究》2020 年第 2 期；李本灿：《单位刑事责任论的反思与重构》，载《环球法律评论》2020 年第 4 期。

规整改后，对企业免予起诉，而对直接责任人提起公诉或因酌定不起诉出罪。

事实上，面对前述企业合规改革之悖论，企业与直接责任人的分离追诉是有效平衡刑法基本原则、回应经济社会需求、解决改革困境的最佳路径。分离追诉不仅是实体法层面犯罪与刑罚理论的抽象推导，亦受程序法层面刑事之诉理论的法理支撑，符合附条件不起诉制度的基本逻辑，被我国刑事诉讼规范认可，更是最高人民检察院企业合规改革的探索成果。

首先，根据刑事之诉基础理论，当诉讼客体不具同一性时，刑事之诉具有可分性。诉讼客体同一性是指，一个被告人为一项犯罪行为属一个诉讼客体，一个诉讼客体在实体法上为一个刑罚权，在诉讼法上为一个诉权，法院仅能做一次裁判，不可分。因此若存在多个犯罪行为或多个被告人，则存在多个刑事之诉，检察机关可以根据案件情况选择合并起诉或者另案处理。① 即使在最简单的案件之中，企业与直接责任人仅涉及一项犯罪行为，由于两个犯罪主体的存在，实则存在两个诉权。在司法实务层面，基于诉讼经济原则等各方考量，检察机关一般会对企业与直接责任人合并起诉；然而从理论层面而言，检察机关亦可分别处理：分离起诉抑或不起诉。故此，在满足附条件不起诉之条件时，检察机关享有对企业与直接责任人分离追诉的权利，此种分离追诉符合刑事之诉的基本法理。

其次，对涉罪企业适用附条件不起诉属于检察机关不起诉裁量权之范畴，符合附条件不起诉制度建构的基本逻辑。附条件不起诉制度建构的基本逻辑在于，犯罪行为虽然构成犯罪、符合起诉条件，但根据现实情况与所附条件的完成情况，而不再具有惩罚必要性。故此，检察机关行使附条件不起诉裁量权的标准并非“是否构成（单位）犯罪”，而是“是否具有刑罚惩罚之必要性”。

最后，我国刑事诉讼法规范亦认可单位犯罪中单位与自然人的分离追诉，分离追诉具备规范基础。最高人民法院《关于适用〈中华人民共和国刑事诉讼法〉的解释》第340条实质上为企业与直接责任人分离追诉提供了法规范层面的依据与指引，单位犯罪中的企业附条件不起诉即属于该条第二句的情形，检察院因企业有效合规整改不起诉的情况下，仍对直接责任人提起公诉。

（二）直接责任人认罪认罚从宽

认罪认罚从宽制度作为宽严相济刑事政策的制度化、规范化，以“程序从简”与“实体从宽”为基本特征。企业合规改革伊始，将企业合规与认罪认罚从宽制度相结合的呼声即很高。不可否认，认罪认罚从宽制度与企业附条件不起诉制度在理论基础上具有一定同源性，但是，两者具有根本区别，认罪认罚从宽制度实质以提高诉讼效率、节

---

① Vgl. Roxin/Schünemann, Strafverfahrensrecht, 29. Aufl., § 20, Rn. 3-14.

约司法资源为目的;而企业附条件不起诉制度以对涉案企业整顿改革,使之重生并回归经济社会为宗旨。并且,两者程序繁简相异,认罪认罚从宽制度包括对认罪认罚被告人适用轻缓的强制措施、作出轻缓的程序性处理,也包括适用更便利的诉讼程序提高诉讼效率、避免给当事人形成讼累。① 而企业附条件不起诉制度实则更为复杂,涉及风险评估、整改计划与整改实施等多个阶段,耗费多方人力、物力、财力,无论是在诉讼程序、诉讼效率上均与认罪认罚从宽制度背道而驰。故此,不应当将认罪认罚从宽制度与企业附条件不起诉制度混同,此种路径会导致合规整改基于认罪认罚从宽的诉讼经济权重滑向程序整改与形式合规,最终背离企业附条件不起诉之初衷。

但是,以直接责任人为连接点,两者可以实现一定程度的融合。在应然层面,企业本身固然可以适用认罪认罚从宽制度。但是,首先,企业认罪认罚实则是企业决策机构或负责人的认罪认罚,最终仍回到自然人的原点;其次,企业入罪但通过合规整改从宽,失去企业合规初衷,亦无法实现弥补社会经济损失之功能;最后,罚金从宽对企业本身无法实现制度初衷,最终从宽仍旧落实在双罚制下直接责任人刑罚的减轻与免除。基于此,两者最终的融合连接点落在直接责任人最为适宜。直接责任人"入刑"但不"严惩",在认罪认罚从宽制度框架下获得一定幅度的刑罚减轻。

概而言之,企业犯罪"责任一体"是基于单位犯罪成立在犯罪学、刑法学层面的客观逻辑关联与不可分割性的推导;企业与直接责任人的"惩罚分离"是基于企业与自然人的自然属性差异与责任性质有别,而作出的兼顾责任刑、预防刑与矫正刑之理性选择;"追诉分离"则是在刑事诉讼层面基于刑事司法回应社会的现实需求、刑事之诉可分性理论而作出的现实抉择。

① 参见李寿伟主编:《中华人民共和国刑事诉讼法解读》,中国法制出版社 2018 年版,第 33—34 页。

我国刑事合规制度的“合规化”研究

杨　磊[*]　花雨萌[**]

合规问题涉及行政法规、行业规范、部门规章、企业治理、法律法规等各个方面，是一个综合性程度极高的问题。随着试点工作的不断深化和扩大，关于该问题的探讨也越发理性，刑事合规也应“合规性”，此处包括合乎规律、法律、政策以及法理。

一、企业合规与企业刑事合规

（一）企业合规

企业合规制度起源于美国，伴随着经济全球化的深入发展，风险的全球化不断得以体现，风险的加剧迫使企业本能地产生规避风险的需要，企业合规由此传播于世界各国。“企业合规”从文义进行理解，是指企业的经营活动与法律、规则和准则相一致。2022年8月23日，国务院国有资产监督管理委员会令第42号公布《中央企业合规管理办法》，明确规定了“合规”是指“企业经营管理行为和员工履职行为符合国家法律法规、监管规定、行业准则和国际条约、规则，以及公司章程、相关规章制度等要求”。通常的企业合规包含了规避刑事违法的刑事合规、规避行政违法的行政合规、规避违反国际条约的反制裁合规等多方面。此外，广义的企业合规，也包括遵循良好的职业道德规范、商业道德要求。但是，“企业建立合规机制，并不是防控一般意义上的风险，而主要是因违法违规行为而受到监管处罚和刑事处罚的风险”①。

（二）企业刑事合规

进入风险社会，从“我饿”到“我怕”，共同的焦虑取代了共同的需求。② 风险刑法在此基础上应运而生，主张积极的一般预防，通过向公众宣示法秩序的不容侵犯，强化

---

* 西北政法大学刑事法学院副教授。

** 西北政法大学硕士研究生。

① 陈瑞华：《论企业合规的性质》，载《浙江工商大学学报》2021年第1期。

② 参见〔德〕乌尔里希·贝克：《风险社会：新的现代之路》，张文杰、何博闻译，译林出版社2018年版，第48页。

公众对刑法的忠诚与信任。企业刑事合规是风险刑法下的产物,涉及"a)降低组织风险或者是b)对刑事处罚产生积极影响,并最终借此以提高企业的价值"两个核心要素,"借助刑事法手段,构罪或者是量刑,以推动组织体自我管理的相关立法和实践"①。企业刑事合规建立起刑事法中企业与国家之间的桥梁,其"既是单位内部适法计划的施行和运转过程,又是以国家为主体的风险控制措施"②。

一方面,企业刑事合规具有预防性、前置性。不同于传统的刑罚理念在发现犯罪后打击、治理,企业刑事合规更加强调犯罪预防的前置化,强调企业对刑事风险的自我管理。要求企业在日常运行时注意采取措施降低刑事违法的可能;要求企业内的从业人员遵守规定,避免犯罪。这体现出社会治理中源头治理、综合治理的基本要求,也与"共建、共治、共享"的理念一脉相承。另一方面,企业刑事合规具有政策性。企业刑事合规不但是公司内部的制度,而且"凝结了国家刑事政策对合规和不合规回应的含义"③。

(三)刑事合规与其他合规领域的衔接

如前,企业合规的类型多样。在刑事合规与其他合规的衔接中,一方面,刑事合规与其他合规之"规"存在相通之处。合"规"的内容涉及税务、环境保护、金融监管、知识产权保护等方面内容。企业只有在行政法、国际条约内开展经营活动,防微杜渐,首先避免行政监管、国际制裁的风险,才有可能避免刑事风险。刑法是社会保护的最后防线,"刑法在根本上与其说是一种特别法,还不如说是其他一切法律的制裁力量"④。另一方面,刑事合规风险与其他合规风险可以相互转换。行政机关发现企业犯罪行为会将调查发现的犯罪行为移送司法机关;同样,"当涉案企业即便被作出不起诉的决定,也可以继续接受相关行政执法部门的合规监管"⑤。

二、我国企业刑事合规发展现状

近年来,随着我国对企业刑事合规理论研究方面的持续深入探讨,以及最高人民检察院对合规改革试点的不断扩大,我国企业刑事合规制度不断克服"移植"后出现的问题在本土日益发展,但仍存在一些亟须厘清的问题。

---

① 李本灿:《刑事合规理念的国内法表达——以"中兴通讯事件"为切入点》,载《法律科学(西北政法大学学报)》2018 年第 6 期。

② 李翔:《企业刑事合规的反思与合理路径的构建——基于我国单位犯罪原理的分析》,载《犯罪研究》2021 年第 5 期。

③ 孙国祥:《刑事合规的理念、机能和中国的构建》,载《中国刑事法杂志》2019 年第 2 期。

④ [法]卢梭:《社会契约论》,李平沤译,商务印书馆 2011 年版,第 61 页。

⑤ 陈瑞华:《论企业合规在行政和解中的适用问题》,载《国家检察官学院学报》2022 年第 1 期。

（一）理论研究现状

如前所述，企业刑事合规具有浓厚的政策性特征，其突飞猛进式的发展离不开近年来相关政策的大力支持与引领。中共中央提出的“六保”“六稳”政策，要求对企业实行宽松政策，维护企业的生命力。最高人民检察院制定的《“十四五”时期检察工作发展规划》明确表示，要平等保护国有、民营、外资等各种所有制企业合法权益，积极探索中国特色现代企业规制司法制度。我国相关职能部门也陆续通过部门规章、规范性文件等形式，促进企业建立合规机制。目前，我国政策主流均要求对企业加强司法保护，避免“办一个案件搞垮一个企业”，以此避免产生“水漾效应”与“破窗效应”，从而维护国家利益和社会公共利益。

我国刑法学理论界在企业刑事合规的制度功能、立法方向、刑事政策、刑法教义学等方面取得了丰硕的研究成果。也有学者认为由于我国和西方国家法律制度背景和理论根基的差异，刑事合规在我国的引入推广仍然需要冷静地评估、系统地考量，不能片面夸大其效果。① 学界普遍认为我国虽然在法律层面上，对刑事合规缺乏明确的制度性支撑，但在现阶段不会突破刑事法治的底线，企业合规仍然具有运行空间。未来将通过修改法律的方式，使刑事合规进一步完善。实体上，为了更好地配合刑事合规制度，学者们对于单位犯罪归责模式展开相关讨论，提出了替代责任论、新组织体责任论等不同主张，并且主张引入单位缓刑、单位累犯，增加针对单位犯罪的刑罚措施。程序上，有学者指出附条件不起诉制度目前仅适用于未成年人犯罪中的特殊情况，未来应通过立法方式将附条件不起诉的适用范围扩大至企业犯罪，并将条件放宽至可能判处 3 年以下有期徒刑的案件。② 学界的研究成果对试点的司法实践具有借鉴作用。

（二）实践成果

2020 年 3 月，最高人民检察院选取上海市浦东新区、广东省深圳市南山区等 6 家基层检察院，率先开展“企业犯罪相对不起诉适用机制改革”试点工作，对我国企业刑事合规进行探索。2021 年进一步扩大试点范围，涉及 10 个省份（直辖市）的 27 个市级检察院、165 个基层检察院。2021 年 8 月，经最高人民检察院党组研究，明确非试点地区也可以在法律框架内探索推进企业合规改革，各地积极推动企业刑事合规的开展。在全国试点工作经验的基础上，最高人民检察院于 2021 年 6 月、12 月分别发布第一批与第二批共 10 个企业合规的典型案例，为理论研究与司法实践提供思路与引领。前期试点工作呈现以下成果：其一，进一步扩大适用企业范围。在第一批典型案例中，适用企业均为高新技术、对当地经济有较大贡献的大型企业，第二批典型案例中，扩大适

---

① 参见田宏杰：《刑事合规的反思》，载《北京大学学报（哲学社会科学版）》2020 年第 2 期。

② 参见李勇：《企业附条件不起诉的立法建议》，载《中国刑事法杂志》2021 年第 2 期；参见杨帆：《企业刑事合规的程序应对》，载《法学杂志》2022 年第 1 期。

用至小微企业,即使该企业仅有3名员工。其二,加强对第三方监督评估组织的监管。有试点地区尝试组建巡回检查小组,对第三方组织的履职情况开展"飞行监管";另有试点地区选择异地适用第三方机制的方式,有效促进第三方监督工作依法进行。其三,一些企业刑事合规的开展具有积极效果。典型案例中的一些涉案企业在开展合规建设后,不仅实现企业自身的稳定发展,还能带动当地就业,实现税收增加。

(三)存在问题

理论研究与司法实践互为表里,刑法学界对刑事合规的争议焦点与我国司法实践中所体现出的问题呈现一致性的特点,主要存在以下三个问题:

第一,刑事合规扩张至内部成员倾向明显。最高人民检察院公布的典型案例中,"张家港市L公司、张某甲等人污染环境案""上海J公司、朱某某假冒注册商标案""山东沂南县Y公司、姚某明等人串通投标案""随州市Z公司康某某等人重大责任事故案""深圳X公司走私普通货物案",该5起案件对涉案企业与企业责任人均不起诉。同时,"上海市A公司、B公司、关某某虚开增值税专用发票案"与"海南文昌市S公司、翁某某掩饰、隐瞒犯罪所得案"对涉案企业及其负责人均提出了轻缓量刑的检察建议。合规制度的目的本为"放过企业,严惩责任人",但目前,"不但不能放过已经发现的犯罪嫌疑人,而且应当鼓励企业在合规考察期间进一步举报涉嫌犯罪的企业成员,这本身就应该成为合规考察的一个内容"①。

第二,刑事合规适用范围、标准模糊。一方面,关于企业刑事合规能否适用于重罪,有学者认为出于平等适用刑法原则,企业刑事合规必须仅能适用于可能判处3年以下有期徒刑的案件。② 另有学者认为,若仅适用于轻罪则刑事合规缺乏必要性。③ 多数试点地区将适用范围限定在轻罪案件。而深圳市南山区、山东省郯城县等尝试对直接责任人可能判处3年至10年有期徒刑的案件,在一定条件下也可以进行刑事合规。另一方面,虽然最高人民检察院等8家单位联合印发了《关于建立涉案企业合规第三方监督评估机制的指导意见(试行)》,建立起了第三方评估机制,以及2022年4月出台《涉案企业合规建设、评估和审查办法(试行)》,但合规管理有效性评估的具体标准仍为空白。

第三,刑事合规监督考察形式化。试点中有的案件设置的考察期限过短,并认为公司的员工数量少、业务单一,合规建设便可以相对简易,以此将合规监督考察期限缩短至3个月。但是正因为企业规模小,各方面制度更不健全,并且资金实力薄弱,对其

① 孙国祥:《企业合规改革实践的观察与思考》,载《中国刑事法杂志》2021年第5期。

② 参见李本灿:《企业合规程序激励的中国模式》,载《法律科学(西北政法大学学报)》2022年第4期。

③ 参见陈瑞华:《企业合规不起诉改革的八大争议问题》,载《中国法律评论》2021年第4期;参见李玉华:《企业合规不起诉制度的适用对象》,载《法学论坛》2021年第6期。

开展刑事合规更需要较长时间来完成企业合规计划。考察期限的缩短易导致刑事合规流于形式,使合规计划流于表面,实际效果减弱。以上问题出现的原因,有立法层面的不足,也有基础理论方面的问题。

三、我国企业刑事合规理论基础

(一)单位犯罪制度

随着企业刑事合规的引入,合规的法理受到关注,而单位犯罪的认定则是重中之重。企业是法律拟制主体,“按康德哲学,仅生物人才是目的,而组织体仅是实现生物人目的的手段”①。法人的人格是通过纯粹拟制而得以承认的人造主体,萨维尼提出国家拟制说,认为法人是否能够获得法律人格不取决于成员意志,只有国家才能将法人拟制为法律上神圣的“人”。换言之,法人必须获得国家的特许才可以取得法律人格,而自然人的人格与生俱来,法律仅作必要的排除性限制。刑法古典学派“以个人主义、自由主义为基本思想”②,强调人的自我理性与道义责任。但法人人格是拟制的,其主观意志本质仍是内部自然人的意志体现。并且古罗马法中就有格言“法人不能犯罪”③,因此很多国家至今不承认单位犯罪。

我国自 1978 年改革开放以来,企业对社会生活的参与程度不断提高,以企业为主体的违法行为增加,如何应对成为当时亟须解决的问题。20 世纪 80 年代末,为了打击单位走私行为,《海关法》《全国人民代表大会常务委员会关于惩治走私罪的补充规定》将单位纳入我国的犯罪主体。1997 年在修改《刑法》时增设了单位犯罪。近年来,中美贸易摩擦加剧,外部环境发生明显变化,“中兴事件”“华为事件”接连发生,以及受新冠疫情影响,不时地停工停产造成我国民营企业、小微企业的生存发展困难。稳住经济,支持企业生存需求成为经济领域乃至全社会的大事件。

我国传统理论认为,单位犯罪的成立须满足“以单位名义实施犯罪行为”“为实现单位利益而实施了犯罪行为”“需要具有独立的单位意志”④三个条件。关于判断是否具有单位意志的问题,我国传统采用的是个人责任模式,即用单位集体或单位领导的意志简单替代单位本身意志。而西方国家多适用的企业归责理论是替代责任模式。21 世纪初期,组织体责任论出现,该理论认为“单位是一个生命的有机体,单位责任不依赖于自然人的行为和主观过错而存在,单位有自己独立的意志”⑤。组织体责任论赋

---

① 冯珏:《自然人与法人的权利能力 对于法人本质特征的追问》,载《中外法学》2021 年第 2 期。

② 陈家林:《外国刑法理论的思潮与流变》,中国人民公安大学出版社 2017 年版,第 31 页。

③ 李本灿:《自然人刑事责任、公司刑事责任与机器人刑事责任》,载《当代法学》2020 年第 3 期。

④ 刘方可:《企业刑事合规的路径思考》,载《西南石油大学学报(社会科学版)》2022 年第 2 期。

⑤ 陈瑞华:《企业合规的基本问题》,载《中国法律评论》2020 年第 1 期。

予了企业独立的法人人格,给刑事合规的介入提供了空间。如若企业建立了合规计划,对相关违法犯罪行为制定了明确的禁止性规定,具有防范措施,就可以体现出企业拒绝实施违法犯罪行为的主观意志。雀巢公司合规案(员工侵犯公民个人信息案)在我国司法实践中释放出独立法人人格的积极信号:企业的独立意志可以通过合规文件得以体现,实现与内部责任人员意志的分离。该案件中,6 名员工为推销雀巢奶粉,从兰州多家医院医务人员手中非法获取数万条新生儿及其家长的公民个人信息,构成侵犯公民个人信息罪。员工所销售奶粉的利润归公司所有,本应属于单位犯罪。但是法院审理查明:雀巢公司相关材料证实公司不允许员工向医务人员支付任何资金或者其他利益,不允许员工以非法方式收集消费者个人信息。并且公司要求所有营养专员接受培训并签署承诺函。因此被告员工的行为并非雀巢公司的单位意志体现,故该案不属于单位犯罪。[①] 由此可见,单位犯罪与自然人犯罪有着本质差异。企业的行为并非企业自身做出,企业意志通过合规的相关文件表达,可表明其成员的行为与其合规表现出的意志未达主客观一致。

(二)合规出罪机制

合规出罪机制目前主要存在三种:主观过错免责模式、法定监管义务免责模式、合规考察免责模式。主观过错免除模式,即企业建立了有效的合规计划,并具备相关措施,即使客观上具有违法行为,但是合规表明企业对违法行为不具有主观过错,从而出罪。前文所述的雀巢公司合规案为该类模式。但是,当企业实施了违法行为,主观意志可以得到充分证明,证实企业对该行为具有主观过错,即便具备完善的合规管理体系,也不能进行出罪。在该情况下,合规管理体系未实际发生效果,只能说明该企业具有守法经营的良好追求,可以酌情减轻处罚,而不能一味出罪处理。

法定监管义务免责模式是指"在法律确立'失职性犯罪'的情况下,企业通过建立或者实施合规管理体系来证明自己履行了法律规定的监督和管理义务,从而免除了自身的刑事责任,达成合规出罪的效果"[②]。换言之,合规管理体系相当于一种企业自身的无罪抗辩事由。该模式适用的前提是,企业内部成员实施了特定的犯罪行为,法律推定企业在当中未尽到预防的责任,企业存在失职行为。我国刑法目前也具备以企业为特殊犯罪主体的失职性犯罪,最为典型的是拒不履行信息网络安全管理义务罪。该罪的成立要求存在前置行政违法行为,其他部门法变化较快,从而会"同步导致拒不履行信息网络安全管理义务罪的适用范围不断扩张,进而导致相应刑事犯罪风险的动态扩大"[③]。

---

① 参见甘肃省兰州市城关区人民法院(2016)甘 0102 刑初 605 号刑事判决书。
② 陈瑞华:《企业合规出罪的三种模式》,载《比较法研究》2021 年第 3 期。
③ 韩轶:《网络数据安全领域的企业刑事合规体系建构》,载《江西社会科学》2023 年第 1 期。

合规考察免责模式是目前试点中最为常见的模式。在涉案企业的行为已经构成犯罪的情况下,检察机关可以根据合规制度,将企业纳入合规考察的对象,责令其建立有效合规计划,并根据企业一定期限内展现出的合规管理、整改的效果,作出是否不起诉的决定。即检察机关在企业行为构罪的基础上,在企业通过合规考察之后,免除其刑事责任的制度。但由于我国目前立法对企业合规不起诉没有明确规定,学界对不起诉问题仍存在众多争议,各地实践中也是“一案一策”。

(三)合规激励机制

企业刑事合规的发展离不开其激励机制的存在。并且,“检察机关作为刑事合规程序的主导者,其把控刑事合规程序的主要手段是实现程序分流的诉讼激励机制”①。我国目前主要存在以下三种合规激励机制:其一,变更刑事强制措施。虽然刑事诉讼中的强制措施并不是刑罚,只是为了刑事诉讼正常进行,但实践中刑事强制措施对企业的声誉、正常运行造成重大影响,因此变更强制措施作为激励企业履行刑事合规义务的手段。其二,合规不起诉。当企业具有有效的合规计划,检察机关可以视情况作出不起诉的决定。其三,提出检察量刑建议。如果企业具备有效的合规计划,即便予以定罪,也可以提出宽缓的量刑建议,将企业合规作为从轻减轻处罚情节。由于检察量刑建议在《刑事诉讼法》中的规定较为完善,同时随着认罪认罚制度的实施,检察量刑建议作为合规激励机制的认可程度更高、争议更小。

四、企业刑事合规的“合规”

企业刑事合规在我国急速发展的同时,我们必须意识到其“仅仅是一个企业犯罪预防的新模式,而不是企业犯罪消灭的法宝”②。若抱着渴望刑事合规消除一切企业犯罪的心态,则会导致企业刑事合规本身不“合规”的情况。试点意味着试错,纠错是目的,企业刑事合规自身也必须“合规”。

(一)应符合社会规律

社会规律决定了社会发展的方向。企业刑事合规的推进不得违背社会规律。一方面,优胜劣汰是社会发展规律。我国一些小微企业面临生存困难,若一律订立合规计划,对于融资困难、资金周转不畅的小微企业无疑是雪上加霜。并且我国企业成立的成本较低、程序较简,“中小企业‘船小掉头快’,繁杂的合规监督措施可能使中小企业不胜其烦,还不如一关了之,从头再来”③。强行制订的合规计划仅解燃

① 杨帆:《企业刑事合规的程序应对》,载《法学杂志》2022 年第 1 期。

② 李本灿:《企业犯罪预防中合规计划制度的借鉴》,载《中国法学》2015 年第 5 期。

③ 孙国祥:《企业合规改革实践的观察与思考》,载《中国刑事法杂志》2021 年第 5 期。

眉之急,企业刑事合规缺乏实效,以此维持出来的“百年老店”只是徒有虚名,终将被市场经济淘汰。另一方面,经济基础决定上层建筑,企业刑事合规作为上层建筑必须和经济基础相匹配。企业刑事合规不能离开各类企业的现实情况贸然推广。我国试点单位主要集中在沿海经济发达地区。但是我国南北发展差异大,经济不平衡、不充分,部分企业的合规意识远达不到应然要求。单一追求良好制度而忽视实际情况,结果可能适得其反。

(二)应符合政策要求

我国刑法分则当中的164个单位犯罪罪名,约占到刑法罪名的三分之一。刑法分则当中的单位犯罪,占刑法所有罪名的三分之一。但实践中“最终受罚的单位犯罪案件却极为少见,几乎不到同期刑事判决的千分之一”①。企业刑事合规是在原本宽缓的环境下继续放宽,为司法机关打击企业犯罪提供过于灵活的执法空间,将原本应依据法律规范决定是否启动追诉程序的行为,以贯彻政策为名灵活处理,导致企业犯罪的定罪处罚处于不确定、不稳定的状态。忽视严格的侧面,司法机关办案的法律效果亦会大打折扣,一味从宽也将偏离初心。

(三)应符合逻辑规律

严谨、精确的刑法源自理性,而理性表现为逻辑自洽,刑事合规也必须符合逻辑规律。一方面,要符合同一律。有关刑事合规的法律法规、各类文件中,必须保持其内涵、外延始终一致,不得混淆,否则将违背刑法规定的明确性要求。例如,我国刑事合规相关文件中“不起诉”一词的内涵混乱,造成司法实践扩大外延、偷换概念,以及各类不起诉制度的混用。另一方面,要符合不矛盾律,确保刑事合规的统一性。目前企业刑事合规在全国各地的试点中鼓励“一地一策”,试点单位的做法各不相同,司法实践结果出现各种矛盾,导致同案不同判,违背不矛盾律。试点的意义在于发扬好的,纠正有问题的,期待制度能够合规前行。

---

① 黎宏:《单位犯罪论的现状和展望》,载《人民法院报》2020年5月14日,第6版。

重罪案件企业合规二元化处理的实践探索

王 勇*

2020年3月,最高人民检察院决定试点开展企业合规改革以来,各地检察机关进行了丰富的探索实践,受到企业欢迎,也得到当地政府和社会各界的认可、支持。但改革试点之初,合规案件多为轻微刑事案件,且将企业责任与直接责任人员的责任"捆绑在一起"予以从宽处罚,难以为企业提供足够大的合规激励。为此,苏州市检察机关积极探索重罪案件企业合规二元化处理机制。对于责任人员应当判处3年以上有期徒刑的重罪案件,企业和企业责任人员责任分离,对涉罪责任人可先行起诉,对涉罪企业合规考察后作相对不起诉。二元化处理机制体现了"放过企业,严惩责任人"的理念,既维护了社会公共利益,也实现惩罚犯罪与制裁过错的分层分类治理。

一、问题的提出

我们开展重罪案件合规改革探索,源于实践当中碰到的两起案件:一起是昆山市的案例。2020年10月20日,昆山市检察院受理昆山某纸塑有限公司、陈某某等人污染环境案。同时,A公司的母公司B公司所在地工商联多次与昆山市检察院对接沟通,表示B公司正处在上市关键期,希望对A公司作不起诉处理。经审查,A公司相关负责人员在未向B公司汇报的情况下,为降低公司生产成本,擅自决定将253.26吨废有机溶剂交由无危险废物经营许可资质的蔡某等人处置,后蔡某将其中188.72吨转交王某等人,倾倒在公共污水管网内,严重污染环境。

另一起是苏州工业园区的案例。2021年11月5日,苏州工业园区检察院受理"C公司负责人华某虚开增值税专用发票案"。经审查,2015年12月至2017年5月期间,C公司总经理华某在该公司与其他公司无货物购销的情况下,支付"开票费"从他人处购买增值税专用发票,致使国家税款损失人民币1267852.67元。检察机关在审查过程中发现C公司涉嫌单位犯罪,可予追诉。

苏州市检察机关在上述两起案件的处理中陷入两难境地,一方面,B公司是当地

---

* 江苏省苏州市人民检察院党组副书记、副检察长。

唯一拟上市公司,对地方经济发展影响大,且在整个行为过程中,没有明显过错,却要承担子公司犯罪污名化等不利后果,有失公允。C公司是江苏省高新技术企业,公司法定代表人拥有十几项玻璃生产设备相关实用新型专利证书,如果检察机关追诉后,企业符合合规条件,在检察环节再对该企业作不起诉出罪处理,即面临着检察机关对于企业先追诉、后不起诉的尴尬,甚至是诉讼资源的浪费。另一方面,两案都是企业责任人员依法应当判处3年以上有期徒刑的重罪案件。如何能够既保护民营企业,维护社会公共利益,又能贯彻国家打好污染防治攻坚战,支持科技型企业创新发展的重大战略部署?如何论证单位犯重罪可适用"合规不起诉"?如何解决办案期限与合规考察期矛盾的问题?如何在将来案件办理中有效防范检察机关廉政风险?针对上述问题,我们开展了探索。

二、企业合规二元化处理的必要性

第一,维护社会公共利益的考量。在我国当前行政法规的规定以及经济政策领域,企业入罪所引发的连带效应往往是致命的打击。对企业而言,最重要的不是罪行轻重的问题,而是是否定罪的问题。企业一旦被定罪即面临无法上市、被取消特许经营资格、被吊销营业执照、无法参与公共项目等方面的问题,由此引发企业倒闭、员工下岗失业、善意投资者遭受损失、合作伙伴利益受损等灾难性后果。对于政府而言,同样面临税收流失、经济下行、产业受挫等严重后果。为了避免出现"办了一个案件,垮掉一个企业"的局面,对企业和个人开展企业合规的二元化处理,既符合社会公共利益,也可体现惩治与从宽相结合的刑事政策。

第二,对企业真正进行合规改革激励机制的需要。《刑法》第31条规定的双罚制使得企业和其组成人员紧紧地捆绑在一起,二者形成了"一荣俱荣、一损俱损"的关系。所导致的直接结果是对单位从业人员业务违法行为只有两种选择,或者作为单位犯罪被双罚或者作为个人犯罪被单罚,绝对没有可能出现构成单位犯罪,但只处罚其中的个人,单位被从宽处理或免予处罚的现象。这种没有退路的选择,使得单位失去了合规建设的动力,也使得企业合规丧失了存在的价值。① 检察机关合规改革的第一阶段,主要集中在合规不起诉领域,适用范围也限制在直接责任人员可能判处3年有期徒刑以下刑罚的轻罪案件。对于重罪案件,往往对单位和直接责任人员提起公诉,建议从宽处理。该做法难以为企业提供足够大的合规激励,也难以达到预期效果。企业一旦被定罪,即面临较大的倒闭风险,如此则失去了对企业进行合规的意义,有悖企业合规改革的初衷。

---

① 参见黎宏:《企业合规不起诉改革的实体法障碍及其消除》,载《中国法学》2022年第3期。

三、企业合规二元化处理的法律依据

目前,针对重罪案件企业合规二元化处理问题,存在两方面争议:一是能否将单位责任与个人责任分割处理;二是对于单位责任人员应当判处 3 年以上有期徒刑的重罪案件,单位是否符合相对不起诉的条件。

(一)针对单位责任和个人责任分割处理问题

目前主流观点均认为单位责任和个人责任可以进行分割。如陈瑞华教授认为:对于那些成功进行合规整改、建立合规管理体系的单位,检察机关可以对单位作出无罪处理,而单独追究直接责任人员的刑事责任。这主要是基于以下四个方面的理由:一是我国法律已经确立了在单位犯罪案件中单独追究责任人员刑事责任的制度;二是基于"水漾理论",对单位追究刑事责任会损害大量无辜第三人的利益,甚至损害社会公共利益;三是根据企业独立意志理论,企业具有独立于责任人员的意志,可以独立承担刑事责任;四是随着企业严格责任的确立,企业因内部责任人员犯罪行为而承担的无过错责任,可以因其实施合规管理制度而免除。[①] 孙国祥教授认为:针对同一个犯罪事实和罪名,单位及成员的归责基础并不相同。单位成员只对自己参与单位犯罪的特定行为负责,单位合规后成员依然承担个人犯罪责任。[②] 刘艳红教授认为:行为主体可谴责性的实质判断成为单位犯罪分离构造的教义学根基。首先,单位和责任人应实现不同归责原则下的分离入罪。单位承担以合规责任为内容的组织责任,责任人则仍然承担传统的行为责任或罪过责任。其次,单位和责任人应实现分离出罪,单位可以通过开展合规整改、消除不合规的组织状态而出罪,责任人无法消除行为或罪过,只能依据罪行轻微获得相对不起诉。最后,单位和责任人应实现分离追诉,单位被合规不起诉后,对责任人无法微罪不诉的,应以单位犯罪追究责任人刑事责任。[③] 但也有部分学者如李本灿教授,认为重罪案件暂时不适用合规相对不起诉程序:第一,从相对不起诉制度的适用范围看,重罪案件不宜适用合规相对不起诉程序。第二,从未成年人犯罪附条件不起诉制度的适用情况看,重罪案件不能适用附条件不起诉程序。既然未成年人实施的重罪案件都不能适用附条件不起诉,那么企业实施的重罪案件更不可能适用。第三,从罪刑法定原则的内涵来看,重罪案件也不宜适用合规不起诉程序。[④]

我们认为,司法实践中通常将单位犯罪与单位成员犯罪捆绑在一起的做法是对

① 参见陈瑞华:《企业合规不起诉改革的八大争议问题》,载《中国法律评论》2021 年第 4 期。
② 参见孙国祥:《涉案企业合规改革与刑法修正》,载《中国刑事法杂志》2022 年第 3 期。
③ 参见刘艳红:《企业合规不起诉改革的刑法教义学根基》,载《中国刑事法杂志》2022 年第 1 期。
④ 参见李本灿:《刑事合规制度改革试点的阶段性考察》,载《国家检察官学院学报》2022 年第 1 期。

《刑法》第30条规定的误读。我国《刑法》第30条规定:“公司、企业、事业单位、机关、团体实施的危害社会的行为,法律规定为单位犯罪的,应当负刑事责任。”单纯从该条规定看,并不会必然推导出应将单位与单位成员严格捆绑在一起追究刑事责任的结论。而且无论是实体还是程序上,个人与单位责任分离均有相应的依据,并无障碍。一方面,刑法对于违规披露、不披露重要信息罪等罪名实行“单罚制”,即只追究内部责任人员责任,而不追究单位责任。这样的规定为单位责任和个人责任的分离提供了规范依据。另一方面,追诉程序上也有类似分割处理的规定。《全国法院审理金融犯罪案件工作座谈会纪要》规定,对于单位犯罪案件,即便单位未被起诉,也应对直接负责的主管人员或者其他直接责任人员追究刑事责任。

(二)针对重罪单位能否相对不起诉问题

我们认为其仍然有适用《刑法》第37条规定的空间。我国《刑法》第37条规定:“对于犯罪情节轻微不需要判处刑罚的,可以免予刑事处罚。”这里的“情节轻微不需要判处刑罚”就是相对不起诉的实体法依据。

首先,从单位犯罪的刑罚设置角度,我国刑法对单位只判处罚金刑,这种立法设计绝非无意。但是,由于我国刑法上的单位犯罪制度,基本上是以自然人犯罪为基础而建立起来的,刑法确立了一个犯罪主体、两个刑罚主体的制度框架,在刑事处罚的设定上,刑法对犯罪单位处以罚金,对单位责任人员则可以处以包括自由刑、财产刑在内的刑事处罚。结果,司法机关通常将单位责任人员可能被判处的刑事处罚(基本上是自由刑)作为衡量单位犯罪严重程度的主要标准。① 但该做法仅仅是司法实践所形成的惯例,并无相应法理依据。我们认为,刑罚种类与行为的社会危害性大小、行为人可谴责度高低具备比例原则关系,罚金这一刑罚种类对应的是较轻的罪行或较小的刑罚处罚性。因此,对企业相对不起诉有法律适用空间。

其次,从犯罪预防角度,根据《刑事诉讼法》规定,相对不起诉的前提是犯罪情节轻微。而对于“犯罪情节轻微”的评价,司法实践中不仅仅关注犯罪实行行为,犯罪后的认罪悔罪态度、积极赔偿损失等同样被作为重要的考量情节。犯罪单位在完成企业合规后,已基本不存在再次实施类似犯罪的可能性,从犯罪预防角度,也具有相对不起诉的正当理由。

最后,从法益修复角度,2022年修正的最高人民法院《关于审理非法集资刑事案件具体应用法律若干问题的解释》第8条第3款规定,集资诈骗的数额应当以行为人实际骗取的数额计算,在案发前已归还的数额应予扣除。说明对于具有法益可恢复性的犯罪可以根据修复后的情况认定犯罪情节。重罪案件企业合规整改的重要内容包括

① 参见陈瑞华:《企业合规不起诉制度研究》,载《中国刑事法杂志》2021年第1期。

对受损法益进行修复,而修复后的法益被侵害程度往往十分轻微,所以从事后的立场看,原来的重罪在被修复后仍然可以评价为犯罪情节轻微。

四、企业合规二元化处理适用范围

对于企业合规不起诉更多的是基于社会公共利益的考量,一定程度上有违法律面前人人平等的原则。因此,对于二元化处理机制的适用范围应严格限缩,结合我市办理的“昆山某纸塑有限公司、陈某某等人污染环境案”,说明如下。

第一,重罪案件。对于轻微刑事案件,检察机关可直接适用企业合规不起诉制度,因此,只有企业责任人员应当判处 3 年以上有期徒刑,且不具有减轻处罚情节的案件,才可适用二元化处理机制。对于企业责任人员因具有累犯、前科劣迹等情节,依法应当提起公诉的 3 年以下有期徒刑案件,可参照适用。该案件中,分支机构负责人陈某某等管理人员为降低运营成本,未经母公司同意,自行决定并实施违规处置危险废物的犯罪行为。依照刑法及相关司法解释,犯罪嫌疑人陈某某法定刑为 3 年以上 7 年以下有期徒刑,该案可以适用二元化处理机制。同时,该案办理既要考虑民营企业保护,又要考虑当前打好污染防治攻坚战的重大战略部署。

第二,企业具有保护价值。首先,企业应具有一定规模,破产可能导致公共利益的严重受损。其次,企业应具有完善的公司治理结构,运行制度化、层级化程度较高,拥有整套的决策机制。最后,企业具有发展前景,如拥有核心技术、创新能力强、具有特许经营资质、能够解决当地就业、拟上市等。该案件中的涉案企业共有员工 200 余人,5 年来缴纳各类税费共计 3800 余万元,其母公司曾获评四川优秀民营企业、四川名牌企业、四川高新技术企业,目前处于创业板上市的关键节点,有保护必要。前述苏州工业园区的案件中的涉案企业系江苏省高新技术企业,公司法定代表人拥有十几项玻璃生产设备相关实用新型专利证书,属于国家政策鼓励支持的科技型企业,也确有保护的必要。

第三,尽量适用于非系统性单位犯罪案件。系统性单位犯罪,是单位内部经过集体决策或者经由企业负责人决定实施的危害社会的行为。非系统性单位犯罪,则是指企业并没有作出实施犯罪的集体决策,而是由企业内部关联人员以企业名义并为企业利益而实施的犯罪行为。在非系统性单位犯罪案件中,单位存在的主要问题是欠缺有效的管理体系和内控机制。因此,对于非系统性单位犯罪的企业进行合规整改,合规管理体系有效性更强,预防犯罪的效果更明显。从欧美国家实施暂缓起诉协议制度的经验来看,大型企业具有较为完整的公司治理结构,具有合规管理所需要的组织体系。而那些具有“家族企业”或“个人独立企业”性质的中小微企业,难以建立起基本的现代公司治理结构。这些企业所实施的犯罪往往具有“系统性单位犯罪”的性质。检察机关即便责令这些企业进行了合规整改,也往往会流于形式,难以起到预防再犯罪的作用。[①] 该案件中,母公司主体没有过错,是子公司负责人陈某某等人为降低生产成本,自行决定并实施了违规处置危险废物的犯罪行为。如果简单地对子公司提起公诉,按照目前的信息披露规则,必然会严重影响母公司创业板上市进程。刑法格言有云,“无罪过则无刑罚”,让无罪过的母公司承担刑罚的波及效力,有违罪责自负的刑法原则。

第四,涉案企业配合司法机关调查。企业自愿认罪,有效采取补救挽损措施,披露和处理违法责任人员,并提交有效的合规整改方案。前述案例中,两起案件相关涉案人员均认罪认罚,A公司缴纳人民币600万元,用于应急处置、环境修复等相关合理费用支出,且有强烈的合规意愿,并主动对产线进行改造升级。C公司案发后补缴了全部税款,积极整改,初步制订了财税合规管理机制方案,主动提出合规申请。

五、企业合规二元化处理程序

(一)全面评估,启动企业合规二元化处理机制

第一,企业相关人员虽依法应当判处重刑,但尚未造成特别严重的危害后果。A公司相关人员违规处置、倾倒废有机溶剂200余吨,依法应判处3年以上7年以下有期徒刑。案发后,A公司缴纳人民币600万元,用于应急处置、环境修复等相关合理费用支出。该案中倾倒的废有机溶剂经市政管网排入昆山北区污水处理厂,与污水处理厂原水混合后,浓度被稀释到较低水平,可以被污水处理厂生化工段进行降解,且在废有机溶剂倾倒期间,污水处理未受明显影响。

第二,企业具有保护价值,提起公诉将直接影响母公司上市进程。办案人员对涉案公司情况进行社会调查,并制作翔实的《办案影响评估报告》。A公司共有员工200余人,5年来缴纳各类税费共计3800余万元,其母公司目前处于创业板上市的关键节点,有保护必要。该案中,母公司主体没有明显过错。如果简单地对A公司提起公诉,会严重影响母公司创业板上市。

第三,经听取各方意见,对企业合规整改无异议。办案人员经走访昆山生态环境局、周市镇政府(企业所在地),均表示A公司对昆山地方经济作出了一定的贡献。案发后,母公司所在地政府及相关部门均与昆山政府部门对接沟通,希望昆山司法机关依法从宽处理。A公司有合规意愿,相关涉案人员均认罪认罚。

(二)着力监督整改,做到“真监督”“真评估”

首先,分案处理,平衡好办案期限与合规考察期之间的矛盾。对企业合规考察主

① 参见陈瑞华:《企业合规不起诉改革的八大争议问题》,载《中国法律评论》2021年第4期。

要受制于《刑事诉讼法》规定的审查起诉期限，特别是重罪案件中，在相关涉案人员被羁押的情况下，案件办理最长期限为 6 个半月。为此，我们采用分案处理方式，将犯罪嫌疑人在法律规定的审查起诉期限内及时起诉，对单位进行合规考察，根据考察结果决定是否起诉。在合规考察期间，一审法院即判处 A 公司相关人员有期徒刑 7 个月至 3 年 6 个月不等。

其次，借力行业自治，提升企业合规的针对性。[①] 行业自律是一个行业健康发展的重要保障，为此，我们建议企业委托周市镇安全生产和环境保护协会进行专业指导。后经 A 公司申请，该协会委派专业人员对企业合规进行指导和监督，要求企业每月报告整改情况，同时将监督情况及时报送昆山市检察院。后 A 公司成立危险废物处置合规管理委员会，建立危险废物处置合规运行机制，完成危险废物的产生、储存和处置的全流程监管。

最后，借助“外脑”，确保合规监督评估的有效性。为防止“纸面合规”，检察机关在合规监督评估过程中，结合污染环境案件特点，促成监督合力。一方面，委托昆山市生态环境局、昆山市应急管理局、昆山市消防救援大队对企业合规整改进行实地评查，并出具书面意见，以此确保评估的权威性，同时也监督行政职能部门积极履职；另一方面，鉴于该案污染物系易燃易爆的危险化学品，昆山市检察院出资聘请具有相关专业技能的三位专家现场评估，多次提出整改意见，并出具企业完成合规整改的专家意见。

（三）规范程序，防范检察机关的廉政风险

第一，多方参与，接受外部监督。行政主管部门、侦查机关等多方参与，不仅有助于企业整改的合规监管，也是对检察权正确行使的监督。昆山市检察院在启动企业合规二元化处理机制时，听取主管部门、企业所在地政府、侦查机关意见，企业合规考察时采用行业主管部门和业内专家“双考察通过”的模式。

第二，公开听证，以公开促公正。为提升检察机关开展企业合规工作的公开性和透明性，昆山市检察院在 A 公司合规整改完成后，邀请 1 名人民监督员、2 名人大代表、昆山市生态环境局代表、昆山市应急管理局代表、公安民警参加拟不起诉公开听证。经过听证，听证员一致同意对 A 公司作相对不起诉。

第三，逐级审批，强化检察机关内部监督。由于二元化处理机制在法律适用上存在一定争议，基于审慎原则，无论是检察机关启动企业合规二元化处理机制，还是有效合规整改拟对企业作相对不起诉，均需逐级审批，对企业作不起诉的，需经检委会研究决定。

---

① 该案试点企业合规改革时，最高人民检察院等九部门尚未下发《关于建立涉案企业合规第三方监督评估机制的指导意见（试行）》，故企业合规考察未采用第三方监督机制。

(四)合规结果互认,完善企业合规检法衔接程序

企业合规二元化处理机制、企业合规从轻处罚机制等对于传统司法权力运行方式进行适度调整,需得到法院的支持与配合。为此,我们积极同苏州市中级人民法院进行沟通,就企业合规检法衔接、整改结果互认等问题,形成工作共识。

一是提起公诉时,检察机关应将合规材料随案移送人民法院。检察机关提起公诉时,应当将涉案企业合规监督考察报告、涉案企业合规计划、定期书面报告等合规材料复印件随案卷材料一并移送人民法院。

二是检察机关在起诉书中应载明企业合规整改情况。涉案企业在审查起诉期间已完成合规整改的,检察机关在起诉书中应说明涉案企业合规整改的相关情况。

三是检察机关应针对企业合规整改情况提出明确的量刑意见。对于认罪认罚且完成刑事合规整改的涉案企业、涉案人员,检察机关应在认罪认罚具结书、量刑建议书中明确表述将企业合规整改结果作为酌情从轻处罚情节。对于认罪认罚但合规整改尚未结束的案件,检察机关在起诉时,可提出附条件量刑建议;在案件宣判前企业合规整改完成的,检察机关应就是否将合规整改作为酌情从宽情节及量刑建议提出明确意见。

四是检察机关应在庭审过程中就企业合规整改情况进行举证质证以及辩论。法庭审理过程中,出庭公诉人应根据审判人员的安排,对企业合规整改情况和量刑建议进行举证、质证和辩论。对于因适用重罪案件企业合规二元化处理机制,检察机关先行对自然人提起公诉的案件,出庭公诉人应当庭说明未对单位提起公诉的原因。

五是人民法院量刑时,一般应当将企业合规整改情况作为酌情从轻处罚情节。对于认罪认罚且完成企业合规整改的涉案企业和涉案人员,人民法院经综合审查在案证据及庭审情况后,结合案件性质、情节、对社会的危害性等情况,可酌情从轻判处刑罚,并在裁判文书中予以说明。对于企业合规整改不到位的,可不予从宽处罚。

六、企业合规二元化处理机制难点及建议

(一)关于涉案企业合规二元化处理中的刑行衔接问题

根据我国《刑事诉讼法》第 177 条第 3 款的规定,对被不起诉人需要给予行政处罚、处分或者需要没收其违法所得的,人民检察院应当提出检察意见,移送有关主管机关处理。有关主管机关应当将处理结果及时通知人民检察院。我国刑法对于单位犯罪只是确立了罚金刑,但“企业合规不起诉”之后,企业不仅面临高额罚款,还会附带剥夺经营或交易资格、降低信用等级等“资格处罚”,而这往往要比单独的罚金刑给企业带来的损失更大,使企业付出更为沉重的代价。因此,有必要探索“不起诉从宽处罚+行政从宽处罚”双重激励机制,建议行政处理吸纳“企业合规成果”,特别是慎用“资格

处罚”,避免企业陷入破产境地。

但企业合规改革中刑事法和行政法的衔接问题,与其说是衔接,不如说是协同,需要打破部门法的壁垒,整合法律资源,实现国家和企业共治的目标。① 在目前司法框架下,苏州市检察机关进行一系列探索:

其一,企业合规成果互认。对涉案企业和相关人员作出相对不起诉决定后,依法向行政主管部门发出《检察意见书》,阐明企业合规整改情况并同步移送企业合规材料,建议将企业合规整改情况作为行政处罚从宽处理的依据。

其二,企业定期报告,接受监督。涉案企业合规不起诉后每半年向检察机关提交一次书面报告以证明涉案企业已经合规经营。检察机关对该报告进行审查,必要时听取行政主管部门、企业合规第三方监管组织、检察机关特邀助理检察员的意见。

其三,对企业涉案风险实施监控。利用行政主管部门在监管企业方面优势,对涉案企业定期进行“风险”排查,发现与涉案企业相关的风险线索后同步移送检察机关。

其四,助力企业信用修复。如在涉税案件中,涉案企业因违法犯罪被国家税务总局直接判为纳税信用等级 D 级,导致企业普通发票的领用限量供应,招投标、投融资等方面受到诸多限制。联合行政主管部门助力企业按照《纳税信用管理办法(试行)》完善财税制度,修复信用等级。

(二)关于企业合规二元化处理机制延伸适用

企业合规二元化处理机制对于传统司法权力运行方式进行适度调整,需得到公安机关和法院的支持与配合。可将涉案企业合规整改适用于刑事诉讼各环节,一方面,基于合规整改考察期时间不足等原因,可将企业合规以提前介入、审查逮捕等形式提前至侦查阶段,甚至可探讨企业合规可以成为公安机关对其不予立案、撤销案件的理由;另一方面,在审判阶段,加强与法院的沟通,就企业合规在对单位不起诉、对单位责任人员处罚以及量刑上达成共识。

(三)关于相关立法建议

企业合规二元化处理机制在理论上尚存有一定争议,未来条件成熟时,可通过立法形式将该项制度纳入规范层面,规定有效合规整改可作为企业犯罪从宽处罚的法定情节。具体而言,建议将《刑法》第 31 条修改为:单位犯罪的,可以对单位判处罚金,并对其负责的主管人员和其他责任人员判处刑罚。单位订立并实施有效合规计划的,可以从轻、减轻或者免除处罚。

---

① 参见 2022 年 5 月 8 日,中国政法大学马怀德校长在企业合规改革视野下刑事实体法的修改与完善研讨会上的致辞。

当下中国企业刑事合规改革：实践样态、应然逻辑与未来发展

商浩文* 娄子熠**

刑事合规理念的引入，使企业的刑事责任与合规经营的问题相关联，受刑事激励推动而建立的合规机制也成为企业预防违法行为发生、减少法律风险的重要抓手。总体来看，我国企业刑事合规改革的开展虽然于西方国家而言相对较晚，但却发展迅猛。在试点工作中，各检察机关根据案件的不同状况进行灵活探索，积累了大量经验，改革工作取得了卓越成效；当然，受经验不足以及规范缺失等因素的制约，改革试点过程中也出现了一些争议问题。当前，企业刑事合规改革在我国已经进入全面推进的关键时期，故有必要对改革过程中取得的制度性成果以及出现的问题进行整体检视，并在明确改革应然逻辑的基础上，就我国未来深化企业刑事合规改革的路径进行展望。

一、企业刑事合规改革的实践样态

刑事合规改革的探索既是遏制企业犯罪以完善中国特色现代企业制度的要求，也是企业以合规机制建设抵御外部制裁风险的客观需要。目前，我国的刑事合规改革已经取得了一系列制度性成果。

（一）核心机制：样态多元的刑事激励模式

根据最高人民检察院的年度工作报告，自2020年企业合规改革试点工作开展以来，检察机关已经办理了5150起企业合规案件，1498家企业与3051名责任人因刑事合规避免了被刑事制裁的命运，重获新生。① 截至目前，最高人民检察院共发布了四批

* 北京师范大学法学院暨刑事法律科学研究院副教授。

** 北京师范大学法学院硕士研究生。

① 参见《最高人民检察院工作报告——2023年3月7日在第十四届全国人民代表大会第一次会议上》，载最高人民检察院官网，https://www.spp.gov.cn/spp/gzbg/202303/t20230317_608767.shtml，2023年6月27日访问。

共20件企业合规改革试点典型案例。从宏观角度对实践中的合规案件进行考察，可以发现我国赋予刑事激励的模式实际上处于多元并存的状态，具体而言，包括以下三种。

1. “酌定不起诉+检察建议”模式

第一批改革试点典型案例中的“新泰市J公司等建筑企业串通投标系列案件”，检察机关通过自行补充侦查与走访调查，对J公司等6家公司当场作出不起诉决定，同时也向主管企业的行政部门提出行政处罚的处罚建议，并要求涉案企业开展合规建设。该案即属于该种模式的典型，其基本的运作逻辑为：检察机关首先查明案件的真实情况并结合企业发展前景等实际状况，在刑事诉讼法现有规定的框架内先行作出酌定不起诉的决定，再通过检察建议的方式要求涉案企业开展合规建设、主管部门给予相应的行政处罚。在这种模式之下，检察机关更关注的是企业的管理制度与内部结构是否满足预防犯罪的合规要求，而非单纯追求办案结果。如若发现企业的治理体系存在问题，将通过检察建议的方式督促其采取合规措施，而检察建议与不起诉决定是同时作出的，本质上属于“企业以实施合规计划来换取相对不起诉的局面，使得不起诉成为企业建立合规体系的重大激励机制”①。该种模式的缺陷是，即使检察建议能够通过通报行政主管部门、自律组织，上报人大、纪委等主体而对企业形成一定的约束力，体现协同治理的价值理念，但与刑事合规的其他激励机制相比，其强制力仍稍显不足。企业有可能在得到不起诉决定后，进行形式上的“假合规”甚至“不合规”，继续为违法犯罪行为的滋生保留空间。

2. “暂缓起诉+合规整改”（附条件不起诉）模式

附条件不起诉模式是我国企业刑事合规改革取得的重要成果之一，是试点工作中赋予企业刑事激励的主流形式，也是检察机关下一个阶段的工作重点。第一批典型案例中的“张家港市L公司、张某甲等人污染环境案”、第二批典型案例中的“山东沂南县Y公司、姚某明等人串通投标案”以及后续两批典型案例中都有附条件不起诉模式的身影。这一模式的运作逻辑在于：首先，检察机关需要根据企业是否认罪认罚、进行合规整改的能力及意愿、犯罪事实等因素开展全面的审查评估工作，以决定是否赋予企业开展合规建设的机会。其次，在决定开展合规监管程序的基础之上，涉案企业与检察机关签署监管协议。企业对监管协议的履行情况，是后续检察机关决定起诉与否的关键。再次，检察机关在现有审查起诉期限的框架内，设置一定的合规监管期。在监管期内，由相关的合规监管人就企业的整改情况向检察机关作定期报告。最后，在考察期限届满之前，检察机关对监管协议的履行情况进行审查，对于通过验收评估的，最终作出不起诉决定，反之则提起公诉。

---

① 陈瑞华：《刑事诉讼的合规激励模式》，载《中国法学》2020年第6期。

实际上,美国的审前转处协议以及英国的暂缓起诉制度在本质上与我国所探索的附条件不起诉模式有异曲同工之妙,属于西方经验在我国的“经典再现”。这种附条件不起诉模式,通过程序上暂缓起诉以及实体结果上最终不起诉的双重激励,赋予了企业开展合规建设的强大动力,以有效瓦解诱发犯罪的不良机制,避免因“水漾效应”导致的其他社会问题。但该模式的适用也并非没有疑问:第一,现行附条件不起诉制度的适用范围并不包括企业合规案件,因此目前适用该模式缺乏规范上的正当性。第二,此种模式中企业的合规整改实际上是一种事后合规。有学者指出,事后合规只能影响责任,而不能阻却行为本身的违法性。在刑法未将合规整改作为量刑情节或违法阻却事由的当下,检察机关对重罪的“附条件不起诉”有僭越罪刑法定原则的嫌疑。①

3.“提起公诉+量刑建议”模式

当企业未通过合规整改的验收评估,检察机关就会向法院提起公诉,但一般会基于认罪认罚而提出量刑建议。在实践中,也出现过检察机关在认可企业的发展前景、社会贡献以及具备开展合规整改的条件之后,由于企业的犯罪行为情节较重而依然向法院提起公诉,同时提出量刑建议的情形。最高人民检察院发布的第一批典型案例中的“上海市 A 公司、B 公司、关某某虚开增值税专用发票案”中就采用了这一模式。从改革试点中的情况来看,该模式中的检察机关同样并非“为了办案而办案”,即使涉案企业被提起公诉,或是在被提起公诉之前已经进行了合规整改,但检察机关还是会通过检察建议等工具对涉案企业的合规建设工作进行持续性的督促与关注。从这一角度看,该种模式有利于尽可能地保证企业完成“除罪化改造”。

(二)多元解纷:合力监管的行刑衔接机制

目前,我国企业犯罪的类型多为行政犯。基于行政犯“成立刑事犯罪以构成行政违法作为基本前提”的前置原理,企业刑事合规改革中也不可避免地会涉及行政机关与司法机关的合作问题。②

1. 合规启动阶段

从企业刑事合规改革的工作实践来看,检察机关决定是否开展合规工作,很大程度上依赖于实地的走访调查及相关审查,在这一过程中,检察机关通常会就企业的经营状况、发展前景等问题听取行政机关的意见,并结合其他案情决定是否给予企业进行合规整改的机会,行刑衔接机制也在此中得以呈现。但也有学者指出,地方政府部门的压力很可能会使此阶段的衔接机制面临“选择性执法”的困境,导致部分不具备合规条件的企业获得了整改机会,而具备条件的企业则被排除在外,最终影响改革试点

---

① 参见刘艳红:《企业合规不起诉改革的刑法教义学根基》,载《中国刑事法杂志》2022 年第 1 期。

② 参见《聚焦涉案企业合规第三方监督评估机制 合规建设与犯罪治理高峰论坛在京举行》,载法治网,http://epaper.legaldaily.com.cn/fzrb/content/20210623/Articel09002GN.htm,2023 年 6 月 27 日访问。

工作的公信力。①

2. 评估验收阶段

在企业进行合规整改的过程中，司法机关也离不开行政机关的帮助。根据《关于建立涉案企业合规第三方监督评估机制的指导意见(试行)》的规定，协调制定合规考察评估验收标准的第三方机制管委会实际上就是由最高人民检察院连同国资委、财政部、国家税务总局等其他行政机关加以组建的，各试点地区的第三方机制管委会及联席会议机制也是由当地的人民检察院、财政部门、工商联等行政机关建立的。此外，根据《涉案企业合规第三方监督评估机制专业人员选任管理办法(试行)》的要求，政府工作部门中具有专业知识的人都可以被选任确定为第三方机制的专业人员，或者基于邀请及委派参与第三方组织及其工作。

3. 后续处罚阶段

需要明确，企业通过了合规评估验收，只是代表其不再承担刑事责任，但并不意味着其行政责任也得以免除。无论司法机关采取哪种合规模式，通常都会在赋予企业刑事激励后向行政机关发出检察建议书，要求对涉案企业进行行政处罚，由此实现行刑机制的衔接。在特殊情况下，检察机关还会就行业治理问题提出检察建议，以求通过发布典型案例的方式达到"处理一件，治理一片"的效果。如第二批典型案例中的"深圳X公司走私普通货物案"，检察机关就对监管漏洞、价格低报等行业普遍性问题向海关部门提出建议并最终得到采纳。

(三)效果之维：迥然不同的监管考察标准

为了避免涉案企业"纸面合规""虚假合规"情况的发生，检察机关在试点改革工作中对合规计划的监管考察标准予以重点关注。

1. 合规计划的制订与验收问题

早在2018年，我国就相继出台了《中央企业合规管理指引(试行)》《企业境外经营合规管理指引》与《合规管理体系指南》等规范性文件，其初衷就在于为企业制定合规计划、建立合规机制提供规范性指引，以防范跨国制裁风险。就其特点而言，有学者指出，这些文件在此时只体现出了行业倡导的色彩，并不具备强制效力，也未通过刑事激励的方式促进企业合规计划的建构。② 到了改革试点的中期阶段，各试点地方的人民检察院通过一系列司法案例明确了合规计划的重要作用，使涉案企业对合规计划的履行情况成为是否作出合规不起诉和量刑建议等刑事激励措施的重要参考。《〈关于建立涉案企业第三方监督评估机制的指导意见(试

---

① 参见李玉华、李华晨：《合规不起诉考察程序的启动条件——以最高检企业合规典型案例为样本》，载《北京科技大学学报(社会科学版)》2022年第5期。

② 参见张中、李怡诺：《我国企业刑事合规计划探析》，载《江西社会科学》2023年第1期。

行)〉实施细则》第 29 条指出,第三方组织在对合规计划进行审查时,应当重点关注完成计划的可行性与计划本身的可操作性、对预防已经涉嫌或类似违法犯罪行为的实效性、覆盖企业在合规领域的薄弱环节和明显漏洞以及其他需要重点审查的兜底性事项,而中央九部委颁布的《涉案企业合规建设、评估和审查办法(试行)》第 5 条则指出"专项合规计划应当能够有效防止再次发生相同或者类似的违法犯罪行为"。但总体来看,文件对合规计划的规定仍然较为笼统。对于合规计划中应当包含哪些具体要素的问题,则更需要学界的进一步研究。

合规计划侧重于"准入",而验收整改则侧重于"准出"。在改革试点工作中,根据前述办法第 14 条的规定,第三方组织进行验收时通常会关注以下问题:对违法犯罪行为的处置情况,合规管理机构及组织人员的配置是否合理,合规机制的建设情况以及保障状况,监测、举报、调查、处理机制及合规绩效评价机制的运行情况,合规文化与持续整改机制的形成状况。而前述办法第 15 条也提出了针对行业特点及企业的不同类型等因素开展"专项合规"与"差别化合规"的要求。根据实践中的情况,可以将取得较多共识的合规整改的有效性标准表述为"取得预防企业再次犯罪的实质效果"①。

2. 考察期限问题

根据《关于建立涉案企业合规第三方监督评估机制的指导意见(试行)》中的明确要求,第三方组织必须确定合规考察期限,涉案企业也要在考察期限内进行合规整改,并接受考察评估。因此,考察期限问题直接关乎企业合规计划的履行以及企业除罪化的改造程度,并最终影响实体的处理结果。目前的改革试点工作中,合规考察期通常设置于审查起诉阶段。但根据现行法律规定,检察机关应当在 1 个月内作出是否起诉的决定,重大、复杂的案件则可以延长 15 日,合规考察在规范层面上遭遇了阻碍。而在实践中,试点地区的检察机关都在"刑事诉讼程序的缝隙中寻求尽可能长的考察期限",以在法律规定的框架下为有效的合规监管创造时间条件。② 考察最高人民检察院发布的典型案例,大部分案件的合规整改期限被确定为 3 个月,也有个别案件被确定为 1 年。从规范性文件的角度来看,各试点地方也根据自身的工作实际设置了各自的考察期限。例如,辽宁省人民检察院等十机关《关于建立涉罪企业合规考察制度的意见》设置了 3 个月至 5 个月的考察期限;浙江省宁波市则通过宁波市检察机关《关于建立涉罪企业刑事合规考察制度的意见(试行)》设定了 6 个月至 12 个月的考察期,等等。需要注意,尽管检察机关已经通过退回补充侦查、建议中止审理等方式尽可能地延长合规考察的期限,但从比较法的角度来看,我国改革试点中设置的合规考察期限仍然较短。对此问题,实务界与理论界理

① 李兰英:《涉案企业刑事合规审查的"准入与验收"标准》,载《政法论丛》2023 年第 2 期。

② 参见陈瑞华:《企业合规不起诉制度研究》,载《中国刑事法杂志》2021 年第 1 期。

应开展进一步研究并提出对策，以保障合规考察期限设置的合法性。

二、企业刑事合规改革开展的应然逻辑

在企业刑事合规的改革实践中，理顺企业刑事合规改革试点的应然逻辑极为必要。①

（一）以预防企业违法行为为核心导向

现代企业制度维持正常运转的基本要求之一就是企业能够自觉遵守法律。然而，按照市场经济的运转逻辑，不借助任何外部制度的辅助而完全指望企业自觉守法的想法并不现实。理由在于，市场经济在客观上导致市场主体具有逐利性与竞争性的特点，这种特点带来的结果是：在利益种类及主体价值观多元化的情况下，不同企业进行利益评价的标准不可能完全一致，企业为了追逐利益而违法的情形完全可能发生。因此，预防企业实施违法行为，是刑事合规改革试点工作中必须坚持的核心导向。一方面，刑事合规与传统合规模式相比具有更强的预防性。传统的企业合规，偏向于以承担民事责任和行政责任的方式来推动企业合规制度的构建，但其在预防违法犯罪行为的实效上并不尽如人意，未能有效满足社会公众的期待。② 因此，未来的企业刑事合规改革试点工作要探索出更为多元化的刑事激励方式来推动企业自觉合规、预防违法犯罪。另一方面，也必须以刑事合规改革尽快促进刑法观念的更新。目前，我国刑法对于企业犯罪的规定缺乏预防性机制，其威慑力也不足。具体而言，现行《刑法》第30条与第31条的规定仍然立足于刑罚传统的威慑与报应功能，而未注重对企业的引导与激励功能。实际上，从长期司法实践总结的经验来看，企业管理制度以及内部组织结构方面的不足都可能成为其实施犯罪的诱因，仅注重惩罚而忽视改造的立法方式已经无法满足企业治理的现实需求。不对诱发企业犯罪的经营模式进行重整，即使对企业科处了严厉的刑罚，也难以保证其今后奉公守法；不对企业内部的组织结构进行根本变革，即使更换了新的管理人员也难以防范违法犯罪行为的再次发生。③ 由此可见，未来的刑事合规改革工作必须引导企业犯罪的治理观念由“惩罚型”向“预防型”转变，力求帮助企业对违法犯罪行为进行及时识别与有效规避，从预防角度增强企业犯罪的治理实效。

（二）充分发挥协同治理理念

现代社会的治理方式早已迈进了新的发展阶段。在风险社会到来的当下，各种

---

① 参见付传军：《我国企业刑事合规的三个基础问题》，载《福建警察学院学报》2023年第2期。

② 参见陈凯琳：《刑事合规的运行逻辑及本土化进路探析》，载《辽宁公安司法管理干部学院学报》2023年第2期。

③ 参见陈瑞华：《单位犯罪的有效治理——重大单位犯罪案件分案处理的理论分析》，载《华东政法大学学报》2022年第6期。

社会问题早已不再呈现旧时点状分布的特点，而是大面积地遍布于各种领域，影响各方主体，无人能够置身于事外。与此同时，社会问题也是多种因素相互叠加、相互影响的结果。① 这也意味着仅依靠单一主体解决冲突的做法已经无法实现有效治理、缓解社会冲突的目标。企业犯罪的成因也并非局限于单一因素。实际上，市场经济的发展特点，企业整体的管理制度与内部的组织结构设置、治理方法的缺陷，经营者法治意识淡薄等因素都是导致企业犯罪发生的重要原因。面对企业犯罪现象，如果将作为当事方的企业排除出治理主体的范围，不仅会付出高昂的治理成本，治理成效也不够明显。因此，刑事合规改革工作必须充分发挥协同治理理念，吸收更多的主体参与并做好衔接工作。短期来看，当以完善刑事合规的行刑衔接机制为工作重点。目前，我国在改革试点中探索出的"检察建议"和"附条件不起诉"两种新的制度模式就是将协同治理理念贯彻于犯罪治理领域的生动典范：对于检察建议模式而言，如若涉案企业无正当理由拒不整改或者整改不到位，依据《人民检察院检察建议工作规定》第 25 条之规定，检察机关完全可以将案件的相关情况报告上级人民检察院，对于涉案企业所属行业的自律组织、行政主管部门也可以进行通报，必要时甚至可以向同级党委、政府、人大、纪检监察机关进行报告。这种多元主体参与的方式可以对涉案企业产生无形的强制力，有效遏制"不合规""假合规"的现象。而对于附条件不起诉模式，检察机关的关注重点也不在于追求"惩罚""报应"，而是聚焦于预防犯罪这一首要目标，以刑事激励的方式来推动企业建立有效的合规体系。通过与涉案企业的协商及附条件不起诉这一"中间工具"，检察机关实现了职能的延伸，在审查起诉阶段就履行了本应在刑罚执行阶段才能够实现的犯罪预防功能，凸显了"共建共治共享"的协同治理理念。

(三)注重企业经营模式与内部结构的合规化改造

在复杂的商业领域中，企业所从事的不少商业行为实际上都属于在违法与合法之间不断往返的冒险性活动，触犯刑事法律的风险随时都可以将企业拖入犯罪的深渊。企业一旦犯罪，就会受到使品牌效应"污名化"的刑罚制裁，其未来发展也就大概率走到了尽头。基于"水漾理论"，企业被刑事制裁的后果将会祸及员工、客户、合作伙伴等多方主体，激化社会矛盾，影响经济发展的稳定性。② 概言之，风险刑法带来的行政犯扩张以及"水漾效应"的后果，使得传统意义上忽视风险预防、泛泛强调自觉守法的统筹经营模式难以为继。在这种背景下，我国未来的企业刑事合规改革工作必须更为注重推动企业实现经营模式的合规化改造，以使其能够借助合规管理制度开展自我检

① 参见江必新、王红霞：《论现代社会治理格局——共建共治共享的意蕴、基础与关键》，载《法学杂志》2019 年第 2 期。

② 参见陈瑞华：《企业合规不起诉改革的八大争议问题》，载《中国法律评论》2021 年第 4 期。

查、自我调查乃至主动通报等工作，以降低触犯刑事法律的概率或争取得到司法机关的宽大处理。

此外，未来企业刑事合规改革的另一个关注重点应聚焦于我国企业的治理结构问题。我国目前通行的"董监高"式的企业治理结构，就预防犯罪而言并不尽如人意。有学者曾指出，由于历史条件所造成的格局、话语和思维的落后，我国公司的权力实际上并非由董事及高管人员而是由控股股东或者实际控制人把持，权力分立的程度不足，组织化水平较为低下。① 由此导致了企业治理结构的功能异化，控股股东与实际控制人的权力行使缺乏制衡与监管，给企业犯罪的产生提供了土壤。例如，科迪乳业案中，在一定程度上就是由于权力缺少制约且行使过程不透明，才致使控股股东及关联方在未启动内部决策程序的情况下实施了违规担保、资金占用等违法行为。② 目前的刑事合规改革，已经将企业是否贯彻"最高层承诺原则"、调整内部治理结构以实现"除罪化"作为一项重要的验收指标，治理结构的改变成为企业制度纠错的重要方面。③ 随着改革的持续推进，甚至可以考虑通过在企业"董监高"的传统权力结构之外增设首席合规官这一角色，通过改变内部结构的方式将合规理念融入企业的日常经营中。

三、企业刑事合规改革工作的未来展望

在明确企业刑事合规改革工作所应遵循的应然逻辑的基础上，我们应探索构建具有中国特色的企业刑事合规制度。

（一）对合规刑事激励机制进行本土化改造

西方国家长期以来对合规制度的适用都秉持着"放过企业，严惩责任人"的理念④，但这一理念却不符合我国企业犯罪的实际情况。我国企业犯罪的主体以小微民营企业为主，其内部治理结构多不健全，家族文化更使得个人与企业人格混同的现象十分严重。在这种情况下，企业家与企业的命运实际上系于一身，如若一概照搬"严惩责任人"的理念，最终导致的结果就是：企业家的锒铛入狱等同于宣告了企业发展前景的"死刑"，刑事合规改革的初衷与价值逻辑遭到破坏。因此，企业合规改革试点中的大多数检察机关都根据我国的现实情况，更多地贯彻"既放过企业，也放过责任人"的双不起诉做法。在四批共 20 例典型案例中，适用双不起诉的案件达到了 13 例。但也

---

① 参见邓峰：《公司合规的源流及中国的制度局限》，载《比较法研究》2020 年第 1 期。

② 参见《证监会通报 2021 年 20 起典型违法案例 财务造假成"重灾区"》，载人民网，http://finance.people.com.cn/n1/2022/0402/c1004-32390776.html，2023 年 6 月 26 日访问。

③ 参见陈瑞华：《合规顾问在有效合规整改中的作用》，载《浙江工商大学学报》2022 年第 6 期。

④ 参见李勇：《涉案企业合规中单位与责任人的二元化模式》，载《中国检察官》2022 年第 12 期。

有观点认为,我国目前采取的"双放"理念偏离了轨道,合规制度成为责任人逃避刑事制裁的工具。① 通过对个别案例的考察可以发现,这一质疑实际上不无道理,第三批典型案例中的"王某某泄露内幕信息、金某某内幕交易案"在一定程度上就发生了"个人生病让企业吃药"的情况。在该案中,企业并未实施犯罪,王某某实施的是与企业生产经营活动并不密切相关的个人犯罪行为。该案实际上只是单纯的自然人犯罪案件,但案件的处理结果却是企业开展刑事合规工作,且王某某借助合规成果获得了从宽处罚的量刑建议,合规制度的正当性由此受到质疑。

基于以上原因,我国有必要采取流程化的思考方式对合规刑事激励机制进行本土化改造。具体而言,第一,应当切割自然人与企业的责任,自然人与企业的责任分离是构建二元机制的前提。理论与实践中采取一种"单位一元主体关系论"的做法,认为追究个人责任的前提是单位构成犯罪。但这种理念既未从罪责自负的角度对自然人承担单位犯罪责任的依据作出合理说明,也无法解释涉案单位被撤销注销时,仍然对自然人追究刑事责任的司法解释规定。② 实际上,企业承担刑事责任的根据虽是一个古老的教义学问题,但从遏制企业犯罪、避免"水漾效应"的功利主义角度看,企业与自然人承担刑事责任的依据完全可以不同:企业的刑事责任依据在于其内部存在可能诱发犯罪的、带有缺陷的管理制度及组织结构,而自然人则是在罪过心理的支配下实施了危害行为。第二,将合规从宽的激励对象限定为企业,以及犯罪行为与企业结构和制度的缺陷有密切关联的自然人。详言之,自然人获取合规激励并不具有天然意义上的正当性。合规的根本理念是要对企业存在问题的制度与结构进行重新改造,因此只有因企业制度和结构的缺陷而触犯刑事法律的自然人才能获得合规激励。例如,对于具有行贿文化且缺乏监管制裁机制的企业,员工为了促成企业合作而向关键人员行贿的,可以适用合规激励。

(二)在合规开展中强化案件处理结果的行刑互认工作

合规治理不能仅局限于刑事激励机制,更应当包含行政激励机制,这也是贯彻协同治理理念的必然要求。③ 在我国,行政和解制度的典型示例出现在证券行业。2021年,国务院公布了《证券期货行政执法当事人承诺制度实施办法》,就证券行业开展行政和解工作的事项作出了相关规定。遗憾的是,该文件并未规定对制度结构进行重整的相关事项,我国的行政和解制度没有被上升到合规的高度。随着改革的深入,我国可以尝试通过行政和解制度创建新型的行政激励机制,并推动与司法机关的互认。行

① 参见冯卫国、方涛:《企业刑事合规本土化的现实困境及化解路径》,载《河南社会科学》2022年第6期。

② 参见谢治东:《企业合规视域下单位犯罪的刑事责任根据、形态结构及立法修正》,载《贵州大学学报(社会科学版)》2023年第3期。

③ 参见崔永东:《从法律激励视角看企业合规》,载《法治研究》2023年第1期。

政机关可以尝试先与涉案企业达成能够减免行政处罚的和解协议，行政和解协议的签署与履行情况可以成为后续检察机关决定是否开展合规程序的依据；得益于行政激励的鼓舞，企业在后续开展刑事合规建设时也会具有高亢动力。

除此之外，也要做好行政机关对刑事合规成果的认同工作。实践中经常出现的情况是：企业费尽千辛万苦搞合规，终于得到不起诉决定，保住了存活希望，检察机关也自认为将“严管厚爱”理念落到了实处。结果行政机关收到行政处罚的检察建议后，不顾合规初衷，用严苛的行政处罚将涉案企业“罚死了”。①行刑处理结果未得到合理衔接的缺陷可见一斑。因此，检察机关可以在检察建议中向行政机关说明开展刑事合规的初衷与理念，并建议行政机关采取轻缓化的处罚措施。当然，基于检察建议的“软法”性质，实践中也可能存在个别行政机关一意孤行的情况，如何建立刚性机制对其进行有效制约，还需要结合改革发展的实际继续进行深入研究。

（三）设置合规计划制订与验收考察的二元标准

目前，我国改革试点工作中采取的多为事后合规。一方面，事后合规的主要目的在于彻底消除企业内部可能诱发犯罪的因素，因此对于这种事后合规之有效性的评价标准的设置应当偏重惩戒与矫正的功能价值。另一方面，随着时代的发展，合规早已不再处于“古典定义”阶段，现代企业合规最为注重的是企业文化的构建。② 因此，在开展合规计划的制订与验收考察工作之时，必须同时注重以上两方面因素，设置二元标准。这对于实现企业经营模式与内部结构的合规化改造而言大有裨益，更与刑事合规改革的应然逻辑不谋而合。

按照这一逻辑，在对合规计划以及企业实际的整改情况进行评价时，应当重点考察合规计划的履行是否能对企业发挥惩戒与矫正的功效，以及是否能够发挥对企业合规文化的持续构建作用。详言之，审查机关在未来审查合规计划的制订、开展整改验收工作时，必须着重关注以下问题：第一，受到企业犯罪行为侵害的法益能否通过合规计划的实施得到恢复？最终的补救恢复效果如何？第二，涉案企业中可能诱发犯罪的管理制度与组织结构能否通过合规计划得到重整？合规工作是否已经整改了企业的管理制度与组织结构并铲除了滋生犯罪的土壤？第三，合规计划是否致力于构建良好的企业文化？实际的构建效果如何？是否存在能够使企业文化长期持续的保障机制？这一机制的实效性又如何？

---

① 参见蒋安杰：《如何深化企业合规改革的路径 专家学者如是建议》，载《法治日报》，2022 年 8 月 10 日，第 9 版。

② 参见李勇：《我国企业合规法律化的方向与路径》，载《贵州大学学报（社会科学版）》2023 年第 3 期。

四、结语

企业刑事合规改革的有效推进是一项长期而复杂的任务。要想真正通过刑事合规的制度工具实现良好的犯罪预防与社会治理效果,离不开各方主体的广泛参与及共同努力。在我国当前的企业刑事合规改革实践中,各方主体紧密配合、协同发力,从而在刑事激励模式、行刑衔接机制,以及监管考察标准等问题上,探索出一系列积极的制度成果。但同时也需要看到,我国的企业刑事合规改革中仍然存在着企业改造效果存疑、实体法依据薄弱等不容忽视的问题。为了深入推进企业刑事合规,提高改革质效,必须立足于刑事合规的基本理念与功能,理顺改革开展的应然逻辑,及时解决改革中出现的问题,以构建具有中国特色的企业刑事合规制度。我国的企业刑事合规改革虽然任重道远,但也充满机遇,为推进国家治理体系和治理能力现代化,打造优质营商环境以实现高质量发展,助力企业有效应对日趋严格的国际合规监管压力提供了宝贵的契机。未来,各方主体必须在改革工作的开展中坚持法治思维,加强合规意识,持续提高各种制度工具的建构水平,以此将我国的企业刑事合规改革推进到新的发展阶段,真正实现以能动司法助力国家治理现代化和构建法治中国的宏远目标。

检企共建视角下企业数据刑事合规体系建构

曹 化[*] 蒋 昊[**]

一、问题的提出

在大数据战略全方位推进的过程中,数据的大幅度拓展运用,导致数据安全问题较为凸显,数据过度滥用、数据泄露等问题屡见不鲜。其中,以个人信息为首的数据安全受到极为严重的侵害,数据安全问题日益受到各国重视,世界各国纷纷加强数据立法、保护立法和监管执法。我国也正致力于实现个人信息保护和数据流动的平衡,《网络安全法》及其配套的条例、指引、指南和标准在不断完善,《数据安全法》《个人信息保护法》等法律也相继出台。随着数据法律保护体系的不断健全完善,互联网企业所面临的法律风险也在逐步上升,企业如何有效防范数据处理过程中的法律风险,成为关键问题之一。

目前,涉案企业合规改革正如火如荼地进行。在大数据时代,企业数据合规显得尤为重要。在疫情期间,上海市检察机关通过企业合规审查与互联网云听证相结合,助力涉案企业复工复产、重获新生。可见,数据合规能够防范数据处理过程中的法律风险,促进企业的可持续发展,对于企业尤为重要。一方面,企业数据合规能够有效保护合法数据权益、强化企业恪守行为规范的意识;另一方面,企业数据合规旨在响应民营企业家产权保护的国家政策、助力优化市场结构与营商环境。可见,为有效推动数据犯罪,强化社会共同治理,推动完善数据合规制度乃当务之急。

二、企业数据运用所牵涉的典型刑事法律风险

企业数据处理过程中,可能面临诸多刑事风险,目前实践中常见的三种刑事风险类型为:侵犯公民个人信息犯罪风险、侵犯知识产权犯罪风险、侵犯虚拟财产犯罪风险。以侵犯公民个人信息犯罪为例,结合最高人民检察院发布的典型案例,可以发现诸多侵犯公民个人信息罪的行为模式往往借助互联网加以实现。在最高人民检察院

---

* 上海市闵行区人民检察院副检察长,上海市法学会刑法学研究会理事。

** 上海市闵行区人民检察院第六检察部检察官助理,上海市闵行区法学会会员。

发布的典型案例中,存在国家工作人员利用职务便利获取信息并出售、利用恶意程序批量获取网站用户个人信息等行为征表。同时,侵犯公民个人信息罪的入罪端口较为宽泛,企业在数据处理过程中总是面临庞大的数据流,因此侵犯公民个人信息的刑事风险值得加以重视。

在侵犯知识产权犯罪这一类型上,违规披露特定数据内容、非法运用技术获取数据等方式较为普遍,比如违反保密协议,向他人泄露作为单位商业秘密的平台软件核心模块源代码,构成侵犯商业秘密罪①,或者是利用爬虫软件,突破权利人网络服务器的防护措施,非法获取他人服务器中具有版权的音视频数据,构成侵犯著作权罪②。

在侵犯虚拟财产犯罪上,笔者认为,虚拟财产是存储于计算机系统或网络空间的具有财产性价值的电子数据,包括账号类虚拟财产、物品类虚拟财产、货币类虚拟财产等表现形式。实践中针对虚拟财产类犯罪既有按传统财产犯罪论处的,也有按侵犯计算机信息系统类犯罪论处的。比如,以网络交友、投资为名,诱骗被害人购买虚拟货币或投资虚假项目,实施诈骗,构成诈骗罪③;以非法侵入、控制他人计算机信息系统的方式,获取他人计算机中的虚拟货币,构成非法获取计算机信息系统数据罪④等。

随着数据产业链不断地深层次发展与扩张化运用,数据犯罪的社会危害性通过互联网的扩张效应、积累效应而不断被强化,在影响广度以及辐射范围上易形成叠加式增长,企业一旦进行数据滥用或者实施其他数据违法行为,危害后果往往较为严重,这也就意味着企业所面临的刑事法律风险较高。显然,企业在数据处理过程中如何避免刑事风险也尤为重要,这就强调了企业数据合规的重要性。

三、检企共建推动数据合规建设的重要意义

(一)助推法治化营商环境健康稳定可持续

法治程度的高低决定着营商环境的优劣,市场经济的内核是法治经济,无论是维持市场秩序还是构建产权保障,都依托于法治的有效推进和实践。只有在法治的轨道上运行,市场主体之间良性有效的竞争才会显现。在大数据时代,数据安全隐患不仅包括较为传统的财产安全隐患,也会导致在网络安全、公共安全、经济安全等新型安全

① 参见孙某某侵犯商业秘密案,北京市海淀区人民法院(2019)京0108刑初1225号刑事判决书。

② 参见段某某侵犯著作权案,上海市徐汇区人民法院(2017)沪0104刑初325号刑事判决书。

③ 参见张卫明、袁建雨诈骗案,河南省郑州市金水区人民法院(2019)豫0105刑初875号刑事判决书。

④ 参见李陟、周翔、周月非法获取计算机信息系统数据、非法控制计算机信息系统案,四川省成都市中级人民法院(2019)川01刑终948号刑事判决书。

领域的刑事风险隐患较为活跃。随着高新科技的不断发展，犯罪手段在大数据等新兴信息技术的加持下，愈加多元化、丰富化、复杂化，又因诸多违法犯罪行为的影响范围较为广泛，多涉及跨部门管辖，相关交流协同机制亟待进一步挖掘。[①] 诸多企业的健康发展，迫切需要公开稳定可持续的法治化营商环境作为有力支撑。由于国家对于营商环境法治化的日益重视，检察机关的工作质效也要进一步提升。为助推营商环境的法治化，依法履行检察职能，首要事项在于打击刑事犯罪、维护社会和谐稳定。

（二）形成犯罪防控模式的预防性转向

在大数据时代，数据犯罪在犯罪手段、作用对象、影响范围等要素上存在显著差异，借由新兴信息技术的发展，数据犯罪逐渐朝着复杂性、技术性、广泛性发展，刑法难以以“一己之力”实现对于数据权益的全面保障；与此同时，刑法存在二次性、辅助性、最后性等特征，也就意味着在新型数据犯罪出现时，刑法的滞后性难以有效应对这一新型犯罪形式。显然，若仅仅依赖事后惩治模式对犯罪进行防控，防治效果实则较为有限。数据刑事合规作为新型犯罪治理方式，能够从事前预防的角度加以切入，从而避免这一困境。正如有学者认为，企业刑事合规，能够与刑法对犯罪惩罚的事后性互相弥补，恰好与最优的犯罪预防和刑法评价机能的具体化相吻合。[②] 总之，在企业合规的建设过程中，应强化共同治理理念，不断推进社会治理、溯源治理、综合治理，强化企业参与合规建设的自觉性，借助企业的技术经验优势、发挥检察机关的规范指引优势，以检企共建的行为范式，共同推动犯罪防控模式的预防性转向。

四、检企共建视角下企业数据刑事合规体系构建

（一）企业视角下数据合规的构建路径

企业数据合规体系的建立，不仅能够推动企业在创造、运用、保护数据全流程中进行有效的风险防范，更是有力推动企业利用数据实现充分发展，使企业的数据管理符合企业总体发展战略的重要举措。由于数据所承载权益的复杂性，其不仅包括以个人信息为实质内容的数据，而且包括以知识产权、公共利益等为内容主体的数据。就数据合规的体量而言，其较为庞大。企业更应建立针对性的数据合规制度，丰富制度内容，确保其能够实现风险预防的精准性与可行性。企业数据合规体系的建立势在必行。一般而言，企业数据合规体系的运行机制包括事前的合规风险预防机制、事中的合规风险应对机制，以及事后的合规评价机制。

---

① 参见马晨贵：《建设长三角 G60 科创走廊背景下优化上海市域社会治理的法治进路——以法治保障营商环境为视角》，载《上海法学研究（集刊）》2021 年第 15 卷。

② 参见石磊：《刑事合规：最优企业犯罪预防方法》，载《检察日报》2019 年 1 月 26 日，第 3 版。

1. 优化数据合规制度

其一,建立数据合规风险预防机制。企业开展数据合规管理应当准确识别风险。常见的数据风险包括数据全生命周期各阶段中可能存在的未授权访问、数据滥用、数据泄露等风险,以及侵犯个人信息、侵犯知识产权等刑事犯罪风险,企业应当根据识别出的风险评估相关经营管理和业务行为是否合规。数据风险预防机制包括风险识别预警与风险流程监控两方面。企业应当建立能够覆盖数据运用全链条的合规体系。在风险识别预警机制上,企业应当以现有法规体系为基础,制定出较为完善的风险防范合规指南,并且及时根据立法嬗变、经营内容调整而改变。比如,在个人信息及隐私的收集、使用及传输等处理过程中,应考虑合法、正当和必要原则。在涉及公民个人信息的数据处理过程中,应当充分尊重权益主体的信息自决权,确保在数据流转过程中,权益主体能够根据指引,根据真实的意思表示,作出知情同意操作。同时,也应结合企业的行业特征、经营样态以及特殊注意事项等内容,厘清企业在业务流程中的高风险领域,系统梳理经营管理活动中存在的数据合规风险,建立数据合规风险库,及时以内部通知形式提醒企业内部人员注意,并注意及时更新,通过内部反馈,外部咨询,以及持续跟踪数据立法、执法、司法的最新发展等方式准确识别数据风险,并进行预警。而在风险流程监控机制上,企业应针对生产经营各环节全面构建起数据合规风险的监控机制,将合规风险监控程序落实于企业日常经营的方方面面。在公司规章建制、事项决策、合同订立及履行等经营管理事项上,纳入数据合规审查这一前置流程,对于经营管理事项中的风险隐患及时评估并加以消除,并对其中的不当操作及时修正,并且以数据合规审查的后续结果,决定是否继续推进相关事务。

其二,建立数据合规风险应对机制。在企业全生命周期均存在相当一部分的风险隐患,单独依赖合规管理部门进行合规建设殊为不易。为尽可能降低风险、迅速发现风险、有效应对风险,基于合规共同体的理念,企业应当建立起合规举报机制以及合规调查机制,从而充分激发企业合规的制度活力。企业应当在内部建立合规举报制度,在工作系统、工作邮箱或者工作网站中设立匿名举报板块,从而保护举报者的切身利益。为了防止举报被滥用,可以要求员工在举报时一并提供一定的书面材料。同时也要为供应商、承包商等第三方设立投诉处理系统,重点搜集有关企业的不合规情况、合规疑问及对合规有效性和合规绩效的评价等反馈内容。企业也应当设立合规调查机制。企业应当秉持公平公正的调查原则,对合规管理部门主动收集或者员工或第三方等提供的违法违规线索进行调查,在合规管理人员调查核实后,对于不同类别的数据合规风险,企业需要有针对性地制定应对机制。若发现已经出现不利后果,应当及时汇报给高层管理人员,并且采取适当的补救措施,从而将造成的不利影响最小化;若尚未发现不利后果,则应当按照公司规章制度对相关责任人员进行追责,并且及时查明危险隐患发生的作用机理以及应对举措,并对现行数据合规体系进行审视,及时加以修改完善。

其三,建立数据合规风险评价机制。企业应当及时对合规建制与员工行为进行评价。首先,合规制度作为公司的行动指南,应当及时予以更新。企业应当及时审视现行的数据合规体系,确认其是否具有针对性、有效性与可操作性,应根据经济市场变化以及法律规范变化,及时调整目前的数据合规体系。为充分落实这一核查机制,企业应当组建合规管理部门,由指定工作人员定期开展检验,并形成合规有效性检验报告。当企业因数据合规制度不完善,而未能有效避免风险时,应当注意及时对现行数据合规制度进行纠正,在充分检验其有效性以及修改必要性之后,方可进行修改,并注重在日常经营中,做好书面记录等留痕工作,从而实现企业刑事责任的分化。其次,企业也不能忽视对员工行为进行评价,合规考核制度的形成可谓不可或缺。在合规考核制度中,应当科学设置数据合规绩效考核评价指标,从而对各部门的合规工作绩效作出合理评价,将合规绩效考核成绩纳入年度综合考核之中,并且将员工的合规绩效考核成绩以一定权重进行折算,纳入年度考核成绩之中,作为员工考核、提拔、评先选优等工作的重要依据,从而“倒逼”员工主动提升合规意识,避免因操作不当而承担法律责任。当然,企业考核制度也无法全面有效形成合规引导,为拓宽绩效考核的反馈来源,应当及时联动其他机制进行有机贯通,实现数据合规制度的体系性与协调性。

2. 确认合法利用原则

数据全生命周期都应当确认阶段性的合法利用原则,从而以数据分级分类标准为纵贯线,做到数据合规的针对性。数据的生命周期分为采集、传输、存储、处理、交换和销毁六个阶段,每个阶段面临的数据安全风险各有差异,防范数据犯罪的思路也应有所侧重。

首先,在数据采集和传输阶段,结合司法实务,这一阶段的主要犯罪形式是非法获取数据、非法侵入数据库等。在这一阶段,企业应当明确数据利用以必要性原则为核心。必要性原则是指除与数据权益主体另有约定外,企业只能对满足数据权益主体授权同意的目的所需的最少数据类型和数量进行利用和处理。数据内容获取合法才是数据全生命周期能够得到法律保护的前提,并且也能从源头上避免违法行为的发生。企业在数据采集、运输阶段,必须严格遵守相关的法律法规,尤其是有关数据安全保护、个人信息保护、知识产权保护的相关法律规范,企业应当在遵守现行法律规范的前提下,制定用户协议或隐私政策,以明确平台收集信息的使用范围及目的。正如有学者认为的,企业在数据处理过程中,对于所要获取的数据应当与用途相互匹配,并向用户说明数据获取的真实用途,并且这一数据内容与现有业务功能的正常运行密切相关,缺少该信息则现有功能无法运行。①

其次,在数据存储阶段,司法实务中呈现的数据犯罪样态,主要涉及对数据的删除、修改、增加等破坏行为。随着数据技术的发展,现实中对冗余、公开、低价值等数据的破坏,不足以造成计算机信息系统功能紊乱或者数据功能损害,一般并不作为犯罪处理。可见,并非所有数据均具有相当程度的重要性,为实现数据合规效益的最大化,经营者应当率先建立分级分类的数据运用规范,可基本划分为重要数据、敏感数据、一般数据三类范畴,具体划分路径应结合企业自身的经营业务范围与市场规模等要素加以确立,并制定不同的信息存储、调用、授权规则。并且,在数据存储过程中,经营者也应当严格遵守法律规定与用户协议约定,确保数据的使用方式和使用范围与用户授权的方式和范围保持一致,不得随意泄露、篡改、毁损其收集的数据。

最后,在数据处理和交换阶段,结合司法实务,当前数据采购、数据交易、数据服务已逐渐市场化、常态化,数据违法犯罪行为已屡见不鲜。数据犯罪的盲目逐利性和法益侵害多元性,使得该阶段的犯罪行为较易侵害公共安全和公共秩序等重要法益。市场主体在数据处理或数据交换阶段,应恪守合规经营理念,为企业员工数据处理提供可遵循的规范,严格把控、审核数据传输的各项指标,避免因不当操作带来的数据泄露、数据滥用等违法行为。市场主体也需要对交易对象开展尽职调查和风控管理,并在技术合作的协议中明确数据的使用规则和授权范围,通过约定限制数据信息再披露、再流通等条款的方式,确保数据安全。若交易涉及的数据重要性层级较高,市场主体还可以通过签订保密协议、提供技术支持等多种形式高效保障数据安全。

3. 引入数据安全认证

数据安全认证,是指由认证机构证明网络服务、数据产品、管理体系等符合相关法律规范、技术标准、行业准则的评定活动,也称为信息安全认证。数据安全认证主要面向数字经济产业,通过第三方机构客观评定互联网企业数据处理行为的安全性,以提升互联网企业的数据安全保障水平。②

目前,国家市场监管管理总局与国家互联网信息办公室颁布建立了三项数据安全认证制度:个人信息保护认证、数据安全管理认证、移动互联网应用程序(App)安全认证,结合“密评”等过程合规,形成了对个人信息与重要数据有效保护的完整合规基线组合。数据安全认证因存在诸多优势,已经受到法律政策认可。

相比于企业的自我规制和政府的行政规制而言,数据安全认证属于第三方规制,可以有效克服市场与政府的“双重”失灵。不同于传统认证,数据安全认证的对象

① 参见刘新宇主编:《数据保护:合规指引与规则解析》,中国法制出版社 2020 年版,第 293 页。

② 参见刘权:《数据安全认证:个人信息保护的第三方规制》,载《法学评论》2022 年第 1 期。

主要是网络服务或数据产品,具有虚拟性和动态易变性的特征,认证难度更大。在认证标准上,数据安全认证侧重于对互联网企业现有的数据安全保障制度能力和过去的数据处理守法合规情况的评定。通过数据安全认证,对诸多企业的数据安全进行评定,并颁发相关认证标志,能够充分发挥第三方机制的效能。并且,数据安全认证克服了原本硬直性监管所存在的疲软样态,避免了大量投入监管成本。其通过正向激励机制的建设,促进企业自发地提升数据治理水平与数据安全保障水平,从而获取市场信赖,谋求更多市场交易机会,更为契合共同治理的理念。

(二)检察履职下数据合规的推进举措

1. 强化合规激励机制

企业的本质在于追逐经济利益,若合规的成本过于高昂,企业便会舍弃合规制度的建立。因此,当下我国合规制度建设的过程中,应当注重充分发挥合规激励制度的有效性,保证企业具有合规建设的积极性,方能让合规制度能够真正地被贯彻落实。在目前的合规改革试点过程中,合规激励举措已经不局限在合规不起诉这一框架内,而是延伸至合规从宽处罚的领域,这显然能够大大激发涉案企业的合规积极性。虽然,当前的合规改革并未将重罪纳入合规不起诉的考虑范围,但未来并非不存在将重罪纳入合规不起诉制度的适用范围的可能性。刘艳红、孙国祥等刑法学者均支持将重罪纳入合规不起诉制度的适用范围。① 如此一来,企业提前建立合规制度的积极性便大为增加,触犯数据犯罪的风险则大为降低,从而高效实现数据权益保障。结合我国国情,要真正使企业合规制度落地,且更合理地执行合规制度或者激励企业建立合规制度,需要检察机关和企业共同努力。也就意味着检察机关应更加积极地承担主导职责,比如,检察机关应充分履行合规审查前的社会调查职能,参与社会治理,检察机关也应主动协助未被移送审查起诉但存在合规漏洞的企业开展整改,推动诉源治理。总之,检察机关应围绕与涉案企业合规弊病有密切联系的企业内部治理结构、规章制度、人员管理等方面存在的问题,协助企业开展合规建设,推动企业查漏补缺,充分实现检企共建的实践价值。

2. 健全监督评估机制

首先,加强规范引领。根据《关于建立涉案企业合规第三方监督评估机制的指导意见(试行)》的精神,各级检察机关应当深化与相关行政执法机关的协同配合,研商成立第三方监督评估机制管委会,制定关于第三方监督评估机制管委会、第三方监督评估组织运行、专业人员选任管理等的工作细则,确保企业合规试点工作有序、规范推进。其次,成立专业人员名录库,名录库应当由不同类型的法律从业人员

---

① 参见刘艳红:《企业合规不起诉改革的刑法教义学根基》,载《中国刑事法杂志》2022 年第 1 期;孙国祥:《刑事合规激励对象的理论反思》,载《政法论坛》2022 年第 5 期。

组成,确保监督评估的针对性和专业性。如某公司销售假冒注册商标的商品案件中,管委会从专业人员库中抽取具有知识产权、消费者权益保护专业背景的法学专家和市场监督执法人员组成第三方组织,以实地考察、查阅资料、随机检查等方式,全程跟踪该企业合规整改落实的情况,最终形成监督评估报告报送管委会。最后,加强协同配合。检察机关应当注重与管委会成员单位加强工作联系、文书对接和信息沟通,并在案件作出审查决定前召开公开听证会,使社会各界对涉案企业的合规工作给予支持配合与外部监督。在合规考察程序启动后,设置考察回访程序,由人大代表、人民监督员等对企业落实合规计划的成效进行监督考察,确保合规计划落到实处,发挥实效。在监督员履职过程中,检察机关应切实加强对第三方机制的监督制约,健全第三方组织成员公示备案、廉政风险提示机制,签署依法履职、严格落实"三个规定"承诺书,确保"专家审合规,制度促廉洁"。

3. 完善行刑衔接机制

从检察机关角度看,应进一步完善自身与行政监管机关的沟通衔接机制,形成一体化的合规激励机制。首先,双方应当建立企业合规信息交流机制。检察机关应加强与网信、工信、公安、市场监管、教育等职能部门在线索移送、信息共享、专业咨询、办案辅助等方面的协作配合,建立起日常协作平台、健全完善信息共享机制,在适用涉案企业合规工作的全过程,对于合规材料及合规信息进行互联互通,使得双方及时了解彼此的合规工作情况和涉案企业合规整改的内容与效果,实现涉案企业的监督监管信息共享。其次,检察机关应当依法能动履职,积极促进"合规互认"。在检察机关作出不起诉决定之后,企业已经完成了合规整改的基本要求,也通过了第三方监督评估机制的考察,合规效果良好。检察机关可以适时通过检察意见等形式,建议行政机关审慎作出行政处罚,而以监管的形式进行替代。如此,既可以使检察机关及时跟进了解涉案企业后续的经营状况,促进诉源治理,推动企业合法经营,又可以使检察机关和行政机关在企业合规案件中,针对不同行业领域的违法犯罪行为都能发挥有效的法律监督职能。① 总之,检察机关和行政机关都应慎用可能影响企业生存、发展的处罚措施,尽量降低案件办理对涉案企业的消极影响,合力护航民营经济健康发展。

---

① 参见董坤:《论企业合规检察主导的中国路径》,载《政法论坛》2022 年第 1 期。

行业合规的探索与构建

——以张家港市密封件行业合规为例

周晓东[*]　马春晓[**]

行业协会在当代中国的社会治理与经济发展中扮演着越来越重要的角色,行业协会的基本功能包括提供服务、代表利益和自律管理①,其中自律管理旨在依托协会章程、行规行约等行业自治规范达到协会自我管理和规范成员行为的效果。行业协会的自律管理实际上在一定程度上暗合了通过制度体系建设帮助企业有效防范、识别、应对可能发生的合规风险的企业合规原理。2019 年,国务院颁行《优化营商环境条例》,提出要打造法治化营商环境,最高人民检察院展开积极探索,并于 2020 年开始企业合规试点工作。张家港市人民检察院作为首批 6 家试点单位之一,积极开展企业合规试点工作,结合办案实践分析本地行业特点、企业类型,在推进企业合规的基础上,确定密封件行业商会作为事前合规建设首批试点,取得了良好的效果,对中小企业推进合规建设具有现实的借鉴意义。

一、行业合规的实现进路

(一)基本案情

2020 年 3 月至 5 月,张家港市密封件行业商会成员企业涉嫌生产、销售假冒国外品牌机械密封件案件共 13 起,其中 8 起受到行政处罚,5 起进入刑事程序。这 5 起刑事案件中,A 公司销售假冒注册商标的商品数额共计 11.3 万余元,B 公司假冒注册商标数额共计 16.6 万余元,C 公司假冒注册商标数额共计 17.5 万余元,D 公司假冒注册商标数额共计 29.3 万余元,E 公司假冒注册商标数额共计 10.9 万余元。均由郑州、沈阳两家采购企业发出正品采购要约后发现商品为非正品进而举报而案发。案发后,5

---

* 江苏省张家港市人民检察院党组书记,检察长。

** 南京大学法学院副教授。

① 参见黎军:《基于法治的自治——行业自治规范的实证研究》,载《法商研究》2006 年第 4 期。

家企业和 9 名人员均认罪认罚,A 公司退回全部违法所得。

受案后,检察机关综合考虑案件数额、认罪认罚、积极退赃以及“钓鱼式”维权打假侵犯知识产权的社会危害性相对较小等因素,对 A 公司及其主要负责人作出不起诉的决定,以假冒注册商标罪对 B 公司等 4 家公司及其负责人等 5 人提起公诉,提出 8 个月至 1 年 10 个月不等、处罚金人民币 28000 元至 86000 元不等、适用缓刑的量刑建议,均得到法院判决支持。

此外,检察机关在办理该系列案件时发现,张家港密封件行业有相关厂家 50 余家,13 家涉及假冒“洋品牌”的厂家存在一定关联性,这些集群性假冒“洋品牌”厂家,遭受处罚和赔偿多重打击,对本地行业乃至全国密封件行业造成较大伤害。为此,检察官走访了工商联、密封件行业商会、涉案企业以及市场监督管理局等,调研行业合规建设的意愿,并进行可行性分析。通过沟通协商,张家港密封件行业商会同意就全行业开展合规建设,并由该商会牵头落实。2021 年 3 月 30 日,检察机关向张家港市密封件行业商会制发检察建议,推动密封件行业开展合规整改。

(二)行业合规机制的建立

在市场经济的语境下,如欲实现企业之间在充分激励下主动而为的互相监督,就必须通过组织化的社团力量将原本弥散化的市场主体有机凝聚、整合进一个交织紧密的法团制度空间。① 行业协会作为上述法团制度空间中的主要功能团体,在其中扮演着协调组织、整合资源和内部管控的角色,并且在行业合规的构建中,其角色作用越发凸显。其角色作用的发挥要求其建立起人力、经费、章程等具体要素协调一致的内部治理结构,形成合理高效的自治组织机制。在张家港行业合规的具体实践中,张家港市人民检察院制发检察建议,引导密封件行业开展整体合规建设。密封件行业商会组建行业合规组织机构,梳理本行业共同面临的合规风险,建立相对统一的合规计划、合规标准,制定了合规公约,规定参与合规建设的企业应当遵守包括合规重要性、合规承诺、合规组织及职责、合规成员单位的义务、合规运行机制及合规文化构建在内的合规管理规范,确立了该行业协会作为自治组织进行合规建设的基本运行机制。此外,商会成立合规委员会和合规部作为合规组织机构,负责制定行业合规制度,讨论行业合规重大决定问题、监督企业落实合规政策等;签署合规承诺的企业推选一名合规专员作为合规部成员,上传下达,紧密配合,按照合规组织机构要求落实合规制度、措施,将合规责任落实到每家企业、每个具体职位,由此密封件行业商会形成了完备的合规组织架构。

---

① 参见吴元元:《连坐、法团主义与法律治道变革——以行业协会为中心的观察》,载《法律科学(西北政法大学学报)》2020 年第 3 期。

(三)行业合规机制运行的保障

大部分企业在设立之初都具有一定的风险防范机制,但是随着企业的逐步运行,这些不成体系的防范机制往往被搁置一旁甚至被故意弃用,因此,企业合规的执行是整个企业合规的核心。[①] 在建立了行业合规的基本运行机制后,能否保障其平稳运行,是行业合规能否真正地得以实现的关键所在。在张家港市行业合规的探索中,密封件行业商会和市企业合规监管委员会分别从内外两方面采取了有针对性的措施,保障合规机制的运行。

在商会内部,行业商会制定了员工合规行为准则 23 项,涉及环境保护、知识产权、税务管理专项制度,并要求参与合规建设的成员单位按照分类合规台账要求,做好月度、年度检查记录。此外,密封件行业商会还建立了巡查机制,定期从合规部成员中随机抽取合规专员组成巡查小组,查看企业有无违法、违规风险,并要求相关人员进行整改,及时调整合规制度。目前,合规部已对商会企业合规建设完成 10 次巡查,发现共性问题 15 个,发出《违规告知单》9 份,持续推动商会及成员企业实质化整改。为增强合规运行的内发性,商会制定合规宣言,提出四大领域合规理念,营造合规文化氛围。

张家港市企业合规监管委员会则借助已经建立并实施的企业合规分级评定机制,由第三方监督评估组织对企业合规建设情况进行分级评定,并将评定结果作为对企业进行政策激励以及行政、刑事处罚从宽的依据。对于以行业整体合规的模式完成合规建设的企业,检察建议引导密封件行业将行业合规管理体系作为企业申请评定的基础。但该套体系必须在企业内部发挥实效,即合规有效性实质审查的落脚点还在企业,激励政策也由企业享有,再次明确了行业协会在行业合规中组织协调、整合资源的角色定位。目前,整套行业合规机制运行良好,7 家参与合规建设的企业中,已有 2 家企业完成企业合规建设,并向张家港市企业合规监管委员会申请分级评定。

二、行业合规的现实意义

合规计划与法治化营商环境建设具有价值目标上的一致性。[②] 行业合规作为企业合规的重要补充部分,对于推动法治营商环境建设大有裨益。以张家港市为例,张家港常年位居全国百强县前三甲。民营经济是张家港市经济最大的特色优势,截至 2020

---

① 参见韩轶:《企业刑事合规的风险防控与建构路径》,载《法学杂志》2019 年第 9 期。

② 参见李本灿:《法治化营商环境建设的合规机制——以刑事合规为中心》,载《法学研究》2021 年第 1 期。

年年底，全市民营企业超过 6 万家，贡献了全市 67.3% 规模以上的工业总产值、73.6% 的工业利润、75.3% 的工业利税。但通过涉企犯罪调研发现，民营企业较国有企业犯罪现象突出。张家港市人民检察院自 2020 年 3 月被最高人民检察院确定为首批合规试点单位以来，通过实践办案、走访企业，发现民营企业推进合规建设仍存在诸多难点，主要体现为小微企业合规难、细分领域合规难，以及事前合规推进难等问题。通过检察建议推进行业合规的探索在一定程度上有利于上述三个问题的解决，为营造法治化营商环境提供了新的思路。

（一）解决小微企业合规难问题

张家港市民营经济虽较为发达，但小微企业数量较多，小微企业生产经营往往缺乏规范，极易触碰法律红线，产生法律风险。企业经营的终极目标是利益的最大化，推进合规需要耗费人力物力，支付一定费用，而小微企业更多关注的是投入产出比，在看不到现实回报的情况下，企业更多考虑的是常规支出，以控制生产成本，故此小微企业往往缺乏参与企业合规的意愿。行业合规则通过全行业合规的方式，引导小微企业参与到合规建设中，并为其完成相应合规建设提供帮助及支持。在张家港市密封件行业合规的探索中，为降低各成员单位的合规成本，提高合规工作的开展效率，由商会统一设立合规部，建立相对统一的合规计划、合规标准，并不定期根据各成员单位生产经营中所遇到的各种问题展开各类培训，有效弥补小微企业独立开展合规建设能力不足的弱点。

（二）解决细分领域合规难问题

在探索企业合规的进程中，如何实现合规指引的专业性和有效性是企业和有关机构面临的难题之一。不同行业的企业因生产经营范围不同，所需要的专项指引也不尽相同，在以往的合规实践中，政府部门往往从安全生产、环境保护、税务、知识产权、商业伙伴、劳动用工等方面构建合规指引，这些方向固然囊括了绝大多数企业可能面临的合规风险，但难以抓住不同类型企业、不同行业企业的合规难点、流程内控关键点。细分领域缺乏合规指引，极易导致企业合规建设流于表面。以密封件行业为例，机械密封是一种旋转机械的油封装置，产品应用于冶金、化工、军工等领域，对技术及质量有着极高要求，单纯的安全生产合规指引难以帮助企业有效避免精密生产中可能遇到的法律风险。行业商会作为由同业竞争者为促进共同利益而自愿组成的自治性组织，其成员构成及日常活动均围绕某一类行业的生产经营所展开，天然地熟稔所处行业的生产经营风险。在张家港市的案例中，密封件行业商会会员企业具有行业类型相同、管理模式相似、涉罪风险类同的特点，行业商会能够准确辨识企业存在的风险，在此基础上，行业商会联合律师事务所等有关合规机构打造的密封件行业合规指引，对该行业的生产经营风险作出的防范与应对举措更加具有针对性和可操作性，充分证明行业合规对化解细分领域合规问题的积极作用。

(三)解决事前合规推进难问题

事前合规作为企业合规的重要部分,对降低企业违法风险、避免单位犯罪的发生有着至关重要的作用。现阶段在各地的合规实践中,事前合规往往因缺乏激励政策导致企业合规意愿低下而难以推进。一方面,检察院、工商联牵头组织的合规监管委员会难以对事前合规建设达标的企业予以足够的物质性奖励;另一方面,相关行政主管部门给予合规企业的激励政策多集中于安全生产及环境保护领域,受惠企业范围较窄。在张家港市的实践中,通过行业协会的加入,事前合规得以为企业提供更多的激励,行业协会一般都由会员企业缴纳会费,可以制定一套奖励机制从精神或物质上鼓励会员企业开展合规建设,对事前合规进行正向激励;此外,在实践中,部分外资企业及大型企业在选择合作伙伴时往往会优先考虑已完成合规建设或有积极合规建设意愿的企业。在实践中我们也发现,在同行业竞争中,合规体系完备的企业往往占据优势地位。是否进行合规建设虽主要依靠企业的自觉自愿,但在实际生产经营过程中因合规与否而产生的竞争力差异,往往会吸引原本合规意愿较低的企业参与到合规建设中来。

三、行业合规存在的问题

(一)行业协会自治功能不足

国务院以及地方性营商环境条例都强调,要发挥行业自治组织在法治化营商环境建设中的作用,而现实中的行业自治组织显然难以发挥其应有的更大作用。一方面,中国的行业协会还没有成为一般意义上代表企业进行集体行动的组织,而表现出关系资源的特征①,故此,在行业协会的牵头下,行业合规虽得以顺利推进,但协会对合规企业的激励与惩戒措施仍略显单薄;另一方面,行业协会的人员构成使得部分企业对协会缺乏信任。以密封件行业商会为例,会长是从当地 50 余家密封件企业中推选产生的,会长本身也是该类型企业的负责人。密封件行业商会具有与商会内企业同类竞争的特殊性,企业对商会的公信力存在一定的怀疑,如部分企业对商会公约规定的“不得恶意‘挖墙脚’,优化人才竞争环境”持保留态度,认为会使处于弱势地位的企业遭受损失,这在一定程度上导致行业自治的认同感较低,影响自治作用的发挥。

---

① 参见张华、吕鹏:《参与集体行动还是获得资源:中国私营企业加入行业协会的动因分析》,载《东南大学学报(哲学社会科学版)》2019 年第 3 期。

(二)企业管理层合规意识不足

企业合规本质上是对企业治理模式的改革,是一项"一把手"工程,需要企业最高领导或者决策层全面领导、统筹推进合规管理工作。企业决策层对于合规建设的承诺,对企业合规制度的实质建立起到决定作用。企业合规管理体系的实质运行需要高层领导的承诺并自上而下地推行。行业合规建设中虽然企业也作出了合规承诺,但可能导致企业领导模糊自己在合规建设中的定位,寄希望于由行业协会主导推进,其自身不上心,认为自己是配合的角色,影响合规建设实效。

(三)以行业合规带动企业合规衔接不畅

以行业合规带动企业合规建设的基础是企业遵照执行行业合规管理规范,通过企业合规专员起到传达、执行的效果。由于行业自治规范的非法律属性,企业在执行合规管理制度时难免存在信息滞后、执行不到位等问题。密封件行业商会虽然制定了检查台账制度,但具体操作中仍存在落实监管依赖企业的自觉执行、部分企业不按期填报检查表、反馈合规信息不及时等问题,影响合规建设的推进。

(四)行业奖惩措施有限,制约合规积极性

合规管理体系的构建不在于形式,而在于如何保障其有效运行。奖惩措施是合规机制有效、持续运行的动力来源。行业协会所具有的制裁手段和奖励措施毕竟有限,在物质激励方面,行业协会的会费有限,会费首先需要维持协会正常运转,因此用于开展合规的支出中能够给予企业及相关合规人员的奖励资金非常少,无法调动合规专员的积极性。此外,行业协会制定的处罚措施一般比较轻缓,在某些情况下,协会碍于人情、工作开展等因素,没有真正将对企业或相关人员的处罚落实到位。因此,现阶段行业合规的开展缺乏具体化的奖惩措施。

四、行业合规的改进建议

(一)将企业合规打造成行业自治规范

行业自治离不开行业标准和公约。企业合规建设需要制定合规管理制度、明确合规标准,合规要求可以包括刑事合规、行政合规、行业合规等。因此,行业标准自然可以成为合规建设的规范和标准。深圳市宝安区探索实施"行业自治+行业合规"模式,通过行业自律规章、行业合规指引,指导企业依法合规经营。行业协会在日常管理运行中,可以将合规建设的要求融入行业自治规范,使其更具实效性、可操作性,从而使二者相辅相成、相互促进,在全行业形成合规文化氛围,促进企业自觉遵守。

(二)完善合规运行流程,落实合规责任

企业合规建设不是一个人的职责,也不是一个部门的职责,而是整个公司从最高

领导到普通员工的职责。在行业合规管理体系中，合规责任的落实尤为重要，一级对一级的合规责任分解都必须落实到位，行业合规委员会、合规部、企业合规专员要带动全行业合规。因此，要制定各岗位的合规责任清单，建立起合规预防体系、合规识别体系、合规应对体系。定期全面系统地梳理经营管理中存在的合规风险，发现风险点及时进行整改；建立和完善合规信息反馈和匿名举报机制，如合规信箱、公共邮箱、举报热线等；企业员工或代理人被指控或者被怀疑存在违规、违法或犯罪行为时，企业及时展开彻底的内部调查制度，针对违规行为采取惩戒措施、补救措施。

（三）建立行业诚信体系，拓展合规激励

行业协会相比国家机关缺少足够的强制力。行业协会要求企业建立合规制度，这种要求仅限于引导作用，对企业能够起到一定的提倡号召、引导规范的作用。推进大量现实存在的民营企业合规，要考虑的就是如何将这种引导规范的作用发挥到最大程度。最高人民检察院等九部门联合印发的《关于建立涉案企业合规第三方监督评估机制的指导意见（试行）》中加入了全国工商联，还明确由全国工商联负责合规第三方监管机制的日常管理。笔者认为可以将工商联与行业协会、商会组织起来，建立一套信用评价体系，建立失信人员、企业的信息共享黑名单制度，督促企业合规。

（四）加强企业合规有效性的监督评估

企业合规不仅限于企业内控管理机制，更涉及国家管理、市场监管、行业自治等多个维度、多个主体，考验当地执法、司法、普法的能力和水平。要综合运用政府部门、市场监管、行业协会的职能，加强对企业合规建设的指导、监督和协调，可以将合规建设纳入当地法治化营商环境评价体系，建立和完善企业合规管理体系建设基本标准，通过制发检察建议等方式加强对行业商会、企业主体合规管理体系运行的外部监管。同时，优化激励措施分类清单，根据合规体系构建的不同程度，给予不同等级的奖励，更好地激励企业促进合规管理体系持续有效运行。

我国企业合规不起诉制度适用对象的实践困境与出路

李　荣[*]　张佳星[**]

一、问题的提出

党的十八大以来,随着国家一系列关于加强企业保护政策的出台,我国企业刑事合规工作不仅仅停留在理论研究层面,而逐渐进入实践探索阶段。2020 年,检察机关充分发挥自身法律监督职能,开启了我国企业合规不起诉改革的实践探索。2020 年 3 月,最高人民检察院将深圳市宝安区、上海市浦东新区等地的 6 个检察院确定为第一批企业合规不起诉改革的试点单位。2021 年 3 月,最高人民检察院扩大了企业合规不起诉改革的试点范围,在 10 个省份中选取了 165 家基层检察院和 27 家市级检察院作为第二批试点单位。① 同年 6 月,九部门联合发布并实施《关于建立涉案企业合规第三方监督评估机制的指导意见(试行)》,该指导意见对第三方组织的组成和职责、第三方机制的启动和运行等内容作出了原则性规定,这对我国企业合规不起诉改革实践具有重大指导意义。随着我国企业合规不起诉改革的不断推进,经过两批试点实践后,2022 年 4 月,试点范围扩大至全国,即全国检察机关全面开展企业合规不起诉改革试点工作,改革的影响进一步扩大。2023 年作为全面贯彻落实党的二十大精神的开局之年,民营经济发展迎来重磅政策利好,7 月 14 日,《中共中央、国务院关于促进民营经济发展壮大的意见》发布,党中央立足于国家事业发展全局高度,着眼中国式现代化建设长远目标,对促进民营经济发展壮大作出了新的重大部署。

在企业合规不起诉改革背景下,对于涉嫌犯罪、具有合规意愿且符合合规适用条件的企业,检察机关可以通过自身或者第三方组织监督涉案企业进行合规整改与合规体系建设,进而在评估合格后作出不起诉决定。② 然而,《关于建立涉案企业合规第三方监督评估机制的指导意见(试行)》未对我国企业合规不起诉的制度适用对象作出

---

* 中央民族大学法学院副教授。

** 中央民族大学法学院刑法学硕士研究生。

① 参见徐日丹:《医治成长"病症",引导企业扣好"第一粒扣子"》,载《检察日报》2021 年 9 月 1 日,第 1 版。

② 参见陈瑞华:《企业合规不起诉制度研究》,载《中国刑事法杂志》2021 年第 1 期。

明确具体的规定,进而导致理论界对这一问题存在较大争议,这就直接影响我国企业合规不起诉改革的深入发展。进言之,立足于我国国情与司法实践,企业合规不起诉制度的适用对象和范围,成为我国企业合规不起诉改革实践亟须解决的问题。因此,本文以推动我国企业合规不起诉改革纵深发展为出发点,以最高人民检察院发布的四批涉案企业合规典型案例为实证研究样本,对我国企业合规不起诉制度适用对象的实践样态与实践困境进行实证分析,进而为该制度适用对象问题的解决提出具有可操作性的建议,以期对优化法治化营商环境建设有所裨益,进而护航我国经济健康发展。

二、我国企业合规不起诉制度适用对象的实践样态

最高人民检察院分别于2021年6月3日、2021年12月8日、2022年7月21日、2023年1月16日,先后发布了四批共计20个企业合规典型案例。这20个典型案例是我国企业合规不起诉改革实践的缩影,具有很强的典型性和代表性。本文拟通过对这20个典型案例进行实证分析,归纳出我国企业合规不起诉制度适用对象的若干特点。

(一)适用企业范围主要为民营企业与中小微企业

第一,就企业类型而言,以民营企业为主。四批典型案例共涉及49家企业,其中0家上市公司,1家中外合资企业,2家外资企业,2家国有企业和3家集体企业,且上述的国有企业和集体企业均为第一批典型案例之案例四串通投标系列案件所涉及的陪标企业,其余41家均为民营企业。

第二,就企业规模而言①,主要适用于中小微企业,大型企业较少。首先,就企业数量而言,在四批典型案例共涉及的49家企业中,有13家大型企业,占比约为27%;其余36家均为中小微企业,占比约为73%。其次,就案件数量而言,在20个案件中,7个案件的适用对象为大型企业②,占比为35%;13个案件的适用对象为中小微企业③,占比为65%。综上可知,现阶段,我国合规不起诉的适用对象以中小微企业为主。这正与我国实行企业合规不起诉改革以保护民营经济发展的目的相契合,且中小微企业在

---

① 全国工商业联合会、最高人民检察院等九部委联合印发的《涉案企业合规建设、评估和审查办法(试行)》第22条规定:“大中小微企业的划分,根据国家相关标准执行。”本文以2011年6月18日工业和信息化部、国家统计局、国家发展和改革委员会、财政部《关于印发中小企业划型标准规定的通知》规定的不同行业企业规模划分标准为依据判断20个典型案例中涉案企业的规模。

② 第一批典型案例之案例二、案例三未提供企业员工人数及营业收入相关信息,笔者根据案例二中“涉案企业系我国某技术领域的领军企业”和案例三中“该公司在专业音响领域处于国内领先地位”判断该两案件适用对象为大型企业。

③ 第三批典型案例之案例四涉及23家矿山企业,由于涉案企业多为小型企业,故该案件的适用对象以小型企业计。

我国民营经济中占绝大多数。

(二)适用案件范围主要为轻罪案件

就案件性质而言,主要适用于轻罪案件。分析这20个典型案例后发现,我国企业合规不起诉改革的适用案件范围以轻罪案件为主,重罪案件相对较少。首先,在20个典型案例中,就预期法定刑而言,有10个预期法定刑为3年以下有期徒刑的轻罪案件,占比为50%;有2个预期法定刑为10年以上有期徒刑的重罪案件,占比为10%;预期法定刑为3年以上7年以下、5年以上10年以下有期徒刑的案件分别有2个,共占比为20%;预期法定刑为3年以上10年以下有期徒刑的案件有3个,占比为15%;预期法定刑为5年以下有期徒刑的案件有1个,占比为5%。与此同时,预期法定刑在3年以上有期徒刑的10个案件中,通常伴有被告人主动投案、自首、认罪认罚等从宽量刑情节。其次,就罪名而言,在20个典型案例所涉及的18个罪名中,有4个罪名的法定最高刑为10年有期徒刑以上,占比约为22%;其余14个罪名的法定最高刑均为10年以下有期徒刑,占比约为78%。这14个罪名中,有4个罪名的法定最高刑为3年以上7年以下有期徒刑,在18个罪名中的占比约为22%;有3个罪名的法定最高刑为3年以上10年以下有期徒刑,在18个罪名中的占比约为17%;分别有2个罪名的法定最高刑为3年以下、5年以上10年以下及7年以上有期徒刑,在18个罪名中约共占33%;有1个罪名的法定最高刑为5年以下有期徒刑,约占18个罪名中的6%。此外,在18个罪名中,有14个罪名的法定最低刑为3年以下有期徒刑,充分反映了我国轻罪合规这一理念。

(三)以“双不起诉”的处理决定为主

从检察机关的处理决定来看,以“双不起诉”为主。分析20个典型案例可知,其中11个案件中,检察机关作出“双不起诉”决定,即检察机关对涉案企业及其主要负责人均作不起诉决定,占比为55%;2个案件检察机关作出“双起诉”决定,即检察机关对涉案企业及其主要负责人均作出起诉决定,占比为10%;6个案件中,检察机关作出“单不起诉”决定,即检察机关对涉案企业作出不起诉决定,对涉案企业主要负责人提起公诉,占比为30%;仅有1个案件,检察机关提前介入引导侦查,公安机关根据检察建议作出撤案处理,占比为5%。

三、我国企业合规不起诉制度适用对象的实践困境

企业合规典型案例是理论界和实务界了解实践现状、分析实践问题的重要依据。从整体上看,我国企业合规不起诉制度仍处于初步发展阶段,不难发现,该制度在适用于单位还是个人,适用于大型企业还是中小微企业,适用于轻罪还是重罪等内容上亟须达成共识。

（一）“双不起诉”违反刑法基本原则与“放过企业，严惩企业家”理念

对于单位犯罪，我国实行“双罚制”，即在处罚涉罪企业的同时，也处罚企业的主要责任人，但着眼于司法实践，案件涉及单位犯罪时，更注重对单位主要责任人进行追诉，真正处罚单位的反而较少。造成这一现象的主要原因在于，难以证明单位主要责任人的犯罪行为是否是以单位名义、为单位利益作出的，以及是否体现单位意志，即难以证明单位主要责任人的犯罪行为是否构成单位犯罪。进而在司法实践中，对于此类情形，只能认定为单位中的自然人犯罪而无法认定为单位犯罪。此外，目前我国大部分中小微企业仍然实行家族式管理模式，企业的所有权和经营权处于合一状态，这就导致企业犯罪和企业主要责任人犯罪相勾连，进而无法判断企业涉罪是出于单位意志还是个人意志。当前我国企业合规不起诉改革对企业和企业主要责任人多适用“双不起诉”，这是立足于我国企业治理现状的成果。如果我国采取欧美国家“放过企业，严惩企业家”处罚理念，企业合规整改恐难以达到预期效果。但各界对我国企业合规不起诉改革中“双不起诉”的正当性存在质疑。

理论界对我国企业合规“双不起诉”的正当性的质疑主要有以下两点。首先，企业合规旨在对企业实施激励机制，其影响应当仅限于企业，不包括个人；其次，企业犯罪反映的是企业整体意志，故企业刑事合规整改的对象应是企业整体。因此，企业应当是刑事合规整改的受益者，而非让企业中的企业主要责任人受益。黎宏教授指出，我国目前“既放过企业，又放过企业家”的做法，不仅违反我国《刑法》的基本原则，而且与我国实行企业合规不起诉制度的本意背道而驰。① 通过分析四批典型案例可知，并非所有典型案例都能适用“双不起诉”。“双不起诉”的适用标准缺乏立法层面的规定，导致各地检察院在司法实践中对“双不起诉”的适用也具有一定的随意性，进而违反了我国《刑法》规定的罪刑法定原则与刑法适用平等原则。此外，西方国家实行企业合规制度的本意是在企业建立有效的合规制度后，将企业涉嫌的刑事犯罪风险转移至企业员工，企业员工若想避免这种风险，就要在自身的业务活动中恪守职责。在我国，企业通过有效合规整改后，若检察机关在放弃追诉企业的同时，也放弃追诉企业主要责任人，就仿佛给了企业和企业主要责任人“免死金牌”，这不仅有违企业合规“放过企业，严惩企业家”的原意，也无法达到预防企业犯罪的目的。

（二）未明确适用的企业范围

有学者认为，强制性的合规整改与合规体系建设不受企业规模的限制，其适用范围应是所有企业。② 该学者主张，合规计划是法律法规确定的强制性义务，所有企业必

---

① 参见黎宏：《企业合规不起诉：误解及纠正》，载《中国法律评论》2021 年第 3 期。

② 参见时延安：《合规计划实施与单位的刑事归责》，载《法学杂志》2019 年第 9 期。

须遵守。但从2020年至今我国探索企业合规不起诉改革的实践经验来看,建设企业合规计划以及企业合规管理体系,需要企业投入大量的人力财力,进而无法避免地对企业的收益以及业绩产生消极影响,这就意味着合规计划建设并不能适用于所有企业。① 在开展合规计划的西方国家中,一般将合规计划的适用对象限定于大中型企业,因为只有大中型企业有足够的人力财力资源支撑其进行合规计划与合规体系建设从而换取从宽处罚,而占经济市场绝大多数的小微企业很难有资本进行合规计划建设从而换取从宽处罚。② 鉴于此,有学者从企业的合规能力以及合规成本的角度进行考量,提出了企业合规刑事豁免或刑事减免的适用对象仅为大型企业这一观点。③ 这一观点会导致企业合规不起诉制度的适用范围过窄的问题。公开数据表明,我国现有4000多万家企业,其中95%以上均为中小微企业。④ 由此可以看出,在我国市场经济中,中小微企业占据绝大多数。与此同时,司法实践中,很大一部分企业犯罪案件是中小微企业为了追求更高的利润而以身试法。特别是在企业发展过程中,随着企业业务范围和经营规模的不断扩大,企业之间为争夺市场份额而恶性竞争,这极易导致企业违法犯罪现象的发生。四批典型案例所涉及的36家中小微企业中,94%为民营企业,且民营企业大多实行家族式管理模式,企业的所有权和经营权处于合一状态,一旦企业被追究刑事责任,其主要责任人通常也会被适用羁押性强制措施或者被定罪量刑,这将对企业造成致命打击。因此,我国企业合规不起诉制度应适用于所有规模的企业,这具有现实必要性且符合我国国情。

(三)未明确适用的案件范围

分析四批企业合规典型案例后发现,在第一批典型案例中,检察机关将企业合规不起诉所适用的案件类型限定为应当判处3年以下有期徒刑的轻罪案件,这就与西方国家主要针对重罪案件实行的暂缓起诉或不起诉制度形成本质区别。但随着我国企业合规不起诉改革的纵深发展,从第二批企业合规典型案例开始,合规案件的适用范围有所扩大,且逐渐由单一的企业合规不起诉向企业合规不起诉、企业合规从轻或减轻处罚等多元化方向发展。此外,有些地区的检察院也出台了相关规定,将企业合规不起诉的适用范围限定为轻微刑事案件。⑤ 进言之,在企业合规计划与企业合规建设

---

① 参见赵恒:《认罪答辩视域下的刑事合规计划》,载《法学论坛》2020年第4期。

② 参见赵恒:《涉罪企业认罪认罚从宽制度研究》,载《法学》2020年第4期。

③ 参见陈瑞华:《企业合规不起诉改革的八大争议问题》,载《中国法律评论》2021年第4期。

④ 参见《工信部部长肖亚庆:我国现有4000多万企业中95%以上是中小企业》,载中国网,http://www.china.com.cn/lianghui/news/2021-03/08/content_77287627.shtml,2023年6月26日访问。

⑤ 例如,辽宁省人民检察院等十机关《关于建立涉罪企业合规考察制度的意见》第6条具体指出,合规考察制度一般适用于可能被判处3年以下有期徒刑、拘役、管制或单处罚金的涉案主管人员和其他直接责任人员;应当被判处3年以上10年以下有期徒刑,具有自首情节或者在共同犯罪中系从犯等情节的,也可以考虑适用合规考察制度。

逐渐成为酌定从宽处罚情节的情况下，涉罪企业进行合规计划和合规体系建设，无须区分轻罪、重罪，均可换取从轻或减轻处罚。但是重罪案件是否涵盖在企业合规不起诉的适用范围之内，目前理论界和实务界仍存在较大争议。

四、我国企业合规不起诉制度适用对象的完善建议

企业合规不起诉制度是检察机关主导的以预防企业犯罪与护航企业发展为目的的刑事激励机制。完善企业合规不起诉制度适用对象对这一制度的纵深发展具有重要意义，未来应严格区分企业责任与个人责任、明确企业合规不起诉制度适用的企业范围与案件范围。

（一）严格区分企业责任与个人责任

正如前文所述，很难判断是单位意志还是个人意志导致企业涉罪，所以在我国现阶段的改革实践中，检察机关一般对涉罪企业和企业主要责任人作出“双不起诉”的处理决定。在我国推行企业合规不起诉制度改革的背景下，仍将企业责任和企业责任人责任混为一谈会导致两种风险：第一，司法实践中，检察机关不当地适用企业合规刑事激励机制；第二，企业主要责任人不当出罪。据此有学者提出，我国企业合规不起诉改革，为区分企业责任和个人责任奠定了基础。① 本文赞同这一观点。本文认为，首先，在坚持“企业独立意志理论”的基础上，对企业责任和个人责任进行严格区分，单位作为独立的责任主体，具有独立的行为和独立的主观意志，司法机关最终在认定刑事责任时要综合考虑单位的整体行为与整体意志。其次，合规考察的对象应仅限于企业，不及于个人，如果涉案人员的行为符合我国《刑事诉讼法》第 177 条所规定的不起诉条件，检察机关可以依法对其作相对不起诉，这主要是考虑到在案发后，涉案人员通常伴有认罪认罚、自首、立功或积极退赃退赔等从宽量刑情节，将个人排除在合规考察的适用对象之外，恰与企业合规“放过企业，严惩企业家”的本意相契合。此外，应从立法层面明确“双不起诉”的适用标准，从而避免司法实践中各地检察机关适用“双不起诉”标准不统一的问题。进言之，企业和企业主要责任人根据各自实施的犯罪行为承担相应的刑事责任，进而避免检察机关笼统地采取“双不起诉”处理决定，这不仅与我国引入企业合规不起诉制度以期预防企业犯罪的目的相契合，也符合我国《刑法》所规定的罪刑法定原则与刑法适用平等原则。综上所述，只有正确理解企业合规理念与单位犯罪理论，才能在企业合规不起诉制度中正确处理好企业责任与个人责任的关系。

---

① 参见李玉华：《企业合规不起诉制度的适用对象》，载《法学论坛》2021 年第 6 期。

(二)明确适用的企业范围

本文认为,我国企业合规不起诉制度的适用不受企业规模的限制,即该制度应适用于所有企业。在我国,企业合规建设本就属于大型企业组织架构中的一部分。对大型企业进行更为全面的合规整改、聘请第三方组织对其合规整改结果监督评估,是比较可行的。但是全面合规整改对中小微企业而言,成本过高,很可能导致合规整改的成本超过企业正常经营的利润,进而导致企业面临关停、破产的局面,这就与企业合规不起诉改革优化企业营商环境、保护企业发展的本意背道而驰。进言之,在我国向企业合规不起诉、企业合规从轻或减轻处罚等多元化方向发展的背景下,要建立具有中国特色、符合中国国情的企业合规不起诉制度,应当扩大企业合规的受益企业范围,使中小微企业也能通过合规整改获得免除或减轻处罚的机会,这样才能全面推广企业合规,才能真正优化营商环境、促进经济发展。本文认为:首先,全面合规整改并非企业合规所必需,中小微企业的合规整改应当更具有针对性和现实性,可以根据涉罪中小微企业的情节严重程度或者所涉罪名来确定刑事合规计划的具体内容,有针对性地进行更为简化的专项合规。其次,中小微企业的合规整改应从快进行,从而降低企业合规整改的成本。比如,可以对中小微企业确定相对较短的合规考察期限;由检察院直接对合规整改结果进行监督评估而无须引入第三方组织等。最后,在考虑中小微企业合规整改特殊性的同时,也应尊重其建立合规计划的自愿性。

(三)明确适用的案件范围

有学者认为,企业合规不起诉制度适用的案件类型应仅限于轻罪案件,对于重罪案件而言,仅可适用企业合规从轻或减轻处罚。① 本文认为,对于重罪案件而言,企业合规建设不能作为涉案企业的免责事由,否则有放纵犯罪之嫌。换言之,可以对涉嫌重罪的企业适用企业合规从轻或减轻处罚,但是不能适用企业合规不起诉。现代罪责原则主要体现在两方面:首先,明确自然人或者单位是否需要负刑事责任,避免没有罪责的自然人或单位受到刑罚制裁;其次,明确自然人或者单位应当承担多大的刑事责任,是否存在从轻或者减轻处罚事由,避免自然人或单位受到不当的刑罚制裁。就此而言,企业刑事合规建设是对传统责任论的重大突破,是我国司法改革现状孕育出的新的免责事由。同时,应当在罪责原则所确定的正义界限范围内实现企业合规不起诉预防单位犯罪的目的。因此,在论证企业合规建设这一新的刑事免责事由是否合理时,应当判断其是否符合现代罪责原则,而不应以企业合规不起诉改革的进程与步伐快慢来判断。此外,分析四批企业合规典型案例后发

① 参见姜涛:《企业刑事合规不起诉的实体法根据》,载《东方法学》2022 年第 3 期。

现,并非所有案件中的检察机关对涉案企业作出相对不起诉决定后都会对其进行事后监督或者长期监督,这就意味着企业再犯罪的风险非常大,无法达到预防企业犯罪的目的,进而可能使企业合规建设成为企业“法外开恩”的保护伞。因此,本文认为,我国企业合规不起诉改革应放缓进行,目前还不应将重罪案件归入企业合规不起诉的适用范围。

五、结语

在全球构建企业合规不起诉制度以及我国优化营商环境的背景下,建立企业合规刑事激励机制并构建独立的企业合规不起诉制度,能达到预防企业犯罪与保护企业发展的双重目的,是一项集前端治理与末端处理于一体的机制创新①,对我国社会治理以及企业管理具有里程碑式的重要意义。然而,随着企业合规不起诉改革的深入推进,其适用对象问题是目前亟须解决的一大难题。本文借鉴域外企业合规不起诉经验并对我国企业合规不起诉改革进行实证分析,总结出我国企业合规不起诉制度中,存在“双不起诉”的处理决定违反刑法基本原则与“放过企业,严惩企业家”合规理念,以及适用的企业范围和案件范围尚不明确等实践困境。对此,本文认为:首先,应严格区分企业责任和个人责任,明确企业合规不起诉制度仅适用于企业,不及于个人;其次,企业合规不起诉制度适用于大型企业的同时也适用于中小微企业,即不受企业规模的限制;最后,企业合规不起诉制度适用于轻罪案件但不适用于重罪案件。企业合规不起诉制度适用对象问题是未来改革实践与立法都要面对并解决的难题,未来我们仍要对企业合规不起诉制度适用对象的诸多争议进行理论和实践探索,逐步完善具有中国特色的企业合规不起诉制度,进而优化法治化营商环境建设,护航我国经济健康发展。

---

① 参见邱春艳:《企业合规改革,第三方监管如何落实——涉案企业合规第三方监督评估的实践与思考》,载《检察日报》2021 年 12 月 17 日,第 1 版。

合规治理模式下单位贿赂犯罪的罪刑结构立法反思与优化策略*

魏婷婷**

一、问题的提出

通说认为单位贿赂犯罪是指单位实施的贿赂犯罪。单位贿赂犯罪的犯罪主体是单位,犯罪的客观方面表现为根据本单位的意志,以单位的名义实施的受贿、行贿行为,主观方面只能是故意,并具有为单位谋取利益的目的。① 在市场经济中,企业作为构成单位的主要部分,具有很强的逐利性,为了获取更多的商业机会、特殊利益,企业往往会铤而走险,以贿赂的方式实现商业目的。单位实施的贿赂犯罪往往金额巨大、手段隐秘,能够为单位获取巨额的非法经济利益,对我国的经济秩序造成严重的损害。

纵观现行刑事立法,不难发现,单位贿赂犯罪和自然人贿赂犯罪相比,在刑罚立场上存在不适当的"优待"。以受贿罪为例,单位贿赂犯罪不仅在入罪门槛上较大程度"高于"自然人贿赂犯罪,对单位贿赂犯罪的刑罚力度明显轻于单纯的自然人贿赂犯罪。与此同时,对于同为单位实施的贿赂犯罪,罪刑配置也明显呈现"一头重一头轻"的"倾斜"格局。例如,行贿类犯罪与受贿类犯罪,单位贿赂犯罪中的受贿类犯罪的法定刑大多重于单位行贿类犯罪的法定刑。另外,单位贿赂犯罪的罪名较为烦琐复杂,罪名之间对合关系亟须补充完善。特别是在当今企业犯罪刑事合规治理的试点改革背景下,单位贿赂犯罪的治理面临新的机遇,更面临新的挑战。因此,开展单位贿赂犯罪的罪刑结构立法反思与优化对策思考显得十分必要和重要。

二、企业涉刑事犯罪后合规治理模式的开展

自2020年3月起,最高人民检察院在上海、江苏、山东、广东的六家基层检察院试

---

* 本文系国家社科基金一般项目"面向轻罪治理的刑事制裁体系重构问题研究"(23BFX131)的阶段性研究成果。

** 北京乾成(石家庄)律师事务所高级合伙人。

① 参见苏雄华:《我国单位贿赂犯罪体系的立法反思与改革路径》,载《法学论坛》2020年第5期。

点开展“企业犯罪相对不起诉适用机制改革”。2021年3月,最高人民检察院扩大合规试点的范围,在北京、上海、江苏、浙江等十个省(直辖市)开展第二期试点。同年6月,最高人民检察院、司法部、财政部等部门联合发布《关于建立涉案企业合规第三方监督评估机制的指导意见(试行)》。2022年4月2日,最高人民检察院会同全国工商联宣布涉案企业合规试点在全国检察机关全面开展。当前我国刑事合规不起诉改革试点采用的模式主要为事后合规“相对不起诉+检察建议”和“双不起诉”。

(一)目前企业合规不起诉的试点开展

自开始试点至2023年3月,全国检察机关共办理相关案件5150件,已有1498家企业整改合格,3051名责任人被依法不起诉,涉案企业合格率达29%;另有67家企业整改不实,243名责任人被依法追诉。[①] 至今,最高人民检察院公布了四批共计20个企业合规典型案例。

从启动方式和启动阶段来看,在第一批企业合规典型案例中,刑事合规不起诉程序主要依靠检察院依职权启动。此时刑事合规不起诉程序的启动是单向的行为,企业处于被动的地位。第二批企业合规典型案例中开始出现企业主动提出进行合规整改,例如,“上海J公司、朱某某假冒注册商标案”中,J公司表达了合规建设的意愿。“张家港S公司、睢某某销售假冒注册商标的商品案”中,S公司分别向检察机关、公安机关提交《提请开展刑事合规监督考察的申请书》。“海南文昌市S公司、翁某某掩饰、隐瞒犯罪所得案”中,S公司在审查起诉期间主动申请合规整改。共有18件典型案例在审查起诉期间启动刑事合规不起诉程序,1件在侦查起诉阶段启动,1件在审判阶段启动。

从涉案主体和适用对象来看,有15起案件是单位犯罪,有5起案件是纯粹的自然人犯罪。从处理结果来看,以“双不起诉”为主,即不起诉企业,同时放过自然人。也存在非单位犯罪的情况下,要求企业进行合规整改的情况。例如,“随州市Z公司康某某等人重大责任事故案”中,检察机关对Z公司作出合规考察的决定,在Z公司通过企业合规考察后,经过公开听证对涉案自然人作出不起诉决定。适用企业类型也较为多元化,从第一批典型案例中出现的高新技术领军企业、省级龙头企业,到第二批典型案件中出现的小微企业、外资企业,再到第三批、第四批典型案例中适用刑事合规不起诉的企业类型不断丰富,体现出国家对于各类企业一视同仁的态度。

从涉案罪名、考察期限、是否听证方面来看,刑事合规不起诉改革主要应用于轻罪案件,以涉案自然人可能被判处3年以下有期徒刑的案件为主。20件典型案例中一共有7件法定刑在3年以上的重罪案件也适用了刑事合规不起诉程序。对涉案企业的考察期限多为3个月左右,考察期限较短。绝大多数典型案例都举行了听证程序,这对

---

① 参见《最高人民检察院工作报告——2023年3月7日在第十四届全国人民代表大会第一次会议上》,载最高人民检察院网站,https://www.spp.gov.cn//tt/202303/t20230317_608765.shtml,2023年3月26日访问。

检察机关是否作出不起诉决定提供了参考，同时也起到监督检察机关的作用。

（二）单位商业贿赂犯罪与合规治理存在契合性

早在1987年，我国《海关法》第47条就已规定了单位犯罪。直至《刑法修正案（十一）》颁布后，刑法分则已有483个罪名，单位犯罪罪名164个，约占比34%。其中商业贿赂犯罪较为高发，因此需要重视单位商业贿赂犯罪的刑事风险防控。单位自身的积极性对于建立单位商业贿赂犯罪的刑事合规体系极为重要。单位商业贿赂犯罪的治理根本目的是维护社会利益、促进市场经济健康发展，其中最为重要的是企业自身的可持续经营与发展。合规治理模式恰恰维护了单位商业贿赂犯罪治理的紧迫性和企业可持续经营发展之间的平衡。①

在传统的刑法体系下，针对单位犯罪的刑事责任理论基础较为单薄。传统刑法在处理单位犯罪方面较为原始，仍然属于报复性司法。犯罪意图、主观恶性并不能简单地在单位主体上套用。过多地对企业进行定罪处罚，导致企业丧失竞争力，走向破产边缘，虽然达到了法律上的效果，但社会效果并不好，甚至会出现严重的负面效果。单纯地让企业承担严重的犯罪责任，被定罪判刑的企业可能面临倒闭，产生"水波效应"，导致工人大规模失业，甚至造成经济和社会动荡。这种"杀鸡取卵"的处罚方式无疑不利于单位犯罪的治理和预防。美国经济学家曼瑟尔·奥尔森认为，经济方面的激励并不是唯一的，声望、尊重、友谊和达到社会心理目标也是人们所期望得到的。②

从功能责任论来看，事后合规不起诉的正当性根据应是其不具备预防的必要性，即不具有惩罚的必要性。假设企业在犯罪之后积极对被侵害的法益进行修复和弥补，承诺作出合规整改，制订合规计划并严格执行，检察机关对其作出不起诉决定，并不是因为犯罪不体现单位的意志而不需要使单位承担刑事责任，而是基于适用认罪认罚制度，使犯罪的单位拥有了和国家进行合作的机会，继而这类行为不应当有惩罚的必要性。③ 合规对单位商业贿赂犯罪的治理有明显的作用，是有效治理单位商业贿赂犯罪的重要途径。

三、合规治理模式下对单位贿赂犯罪罪刑结构的挑战

根据在威科先行法律信息及裁判文书库检索的情况，近五年以来，司法机关在反

① 参见赵宏瑞、刘伟：《刑事合规与商业贿赂治理：内涵、功能与理论基础》，载《社会科学家》2021年第3期。

② 参见谭世贵、陆怡坤：《优化营商环境视角下的企业合规问题研究》，载《华南师范大学学报（社会科学版）》2022年第4期。

③ 参见姜涛：《企业刑事合规不起诉的实体法根据》，载《东方法学》2022年第3期。

贿赂领域始终保持高压监管态势。通过对 2019 年至 2023 年贿赂案件的犯罪主体分析可知,单位实施的贿赂犯罪的数量总体高于自然人贿赂犯罪的数量(如图 1 所示)。① 当前我国刑法关于单位贿赂犯罪的规定在治理单位贿赂犯罪方面发挥积极的作用,然而单位贿赂犯罪同样存在一些问题,如罪名体系、罪刑幅度等,单位贿赂犯罪的治理任重而道远。

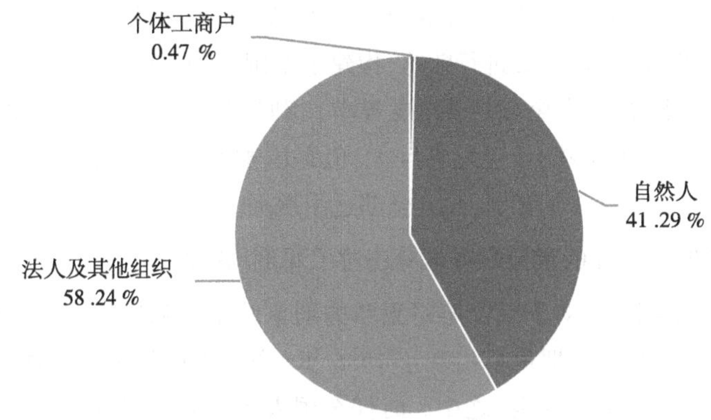

图 1 2019—2023 年全国各级法院审理的贿赂案件中犯罪主体类型各项占比

(一)单位贿赂犯罪和自然人贿赂犯罪区分标准不明

单位贿赂犯罪可以进一步分为两种,一种是纯正的单位贿赂犯罪,即只能由单位实施的犯罪;另一种是不纯正的单位贿赂犯罪,即单位和自然人都可实施的犯罪。但是当下关于单位贿赂犯罪与自然人贿赂犯罪并没有明确的划分标准,当两种罪名出现竞合时,会导致混乱。例如,当单位的主要负责人以单位的名义收受贿赂,然后将贿赂款项一分为二,一部分交给单位使用,自己留存大部分受贿款项。在这种情况下,受贿罪和单位受贿罪出现竞合情况。假如以单位受贿罪对该负责人进行处罚,则刑罚较受贿罪轻,会导致罪刑不一致、放纵犯罪。假设以受贿罪处罚该负责人,该负责人客观方面是以单位名义受贿,并且受贿款项确实交予了单位,单位有逃避处罚之嫌。以一人有限责任公司为例,公司法上承认一人有限责任公司,即股东可以为一个自然人或者一个法人。当一人有限责任公司实施贿赂犯罪时,虽然是以单位名义实施的犯罪,但实际上自然人能够完全控制该公司的经济利益,如果以单位贿赂犯罪罪名定罪,则自然人能够逃避严厉的处罚。即便不是一人有限责任公司,依据当前立法上的罪刑配置,如果被认定为单位贿赂犯罪,那么较之于被认定为个人贿赂犯罪,涉案单位的相关

① 在威科先行法律数据库,以“贿赂”“刑事”“单位”为关键词进行搜索得出数据,参见威科先行法律数据库,https://law.wkinfo.com.cn/judgment-documents/list,2023 年 8 月 20 日访问。

责任人所受到的惩处将被大大减轻。

以2013年的"葛兰素史克(中国)投资有限公司行贿案"为例,2013年7月,公安机关进行立案侦查,历时将近一年,2014年5月,公安机关将此案移送至检察院进行起诉。该案涉案人员众多,包括20余名工作人员被立案侦查;并且涉案金额巨大,自2007年至2013年间,利用大量旅行社和咨询公司支付贿赂款项达数十亿元。公司从下至上都积极参与了贿赂行为,下至医药销售代表、大客户经理,上至地区负责人、公司高管,对医院医生、政府官员进行贿赂,构建了全国范围内的销售网络和与之伴随的贿赂网络。虽然该案涉案金额巨大,被告单位利用贿赂手段谋求不正当的竞争环境,导致药品价格不断上涨,社会危害巨大,但是因被作为单位行贿罪处理,多名涉案高管都只被处以2年到3年轻刑,而且全部适用缓刑。

(二)单位贿赂犯罪的刑罚配置本身违背了罪刑均衡原则

整体来看,我国刑法对于单位贿赂犯罪的刑事政策是从宽的,这是由立法的时代背景决定的。单位贿赂犯罪最早出现于1988年《全国人民代表大会常务委员会关于惩治贪污罪贿赂罪的补充规定》之中。时任全国人大常委会秘书长、法制工作委员会主任王汉斌就该补充规定草案向全国人大常委会所作的说明第六部分明确表达了当时立法的思想:第一,对单位贿赂犯罪的处罚,明显地轻于对个人贿赂犯罪的处罚;第二,补充第9条中规定的单位行贿罪的主体"企业事业单位、机关、团体",仅指全民所有制企业事业单位和国家机关、团体,而不包括其他企业事业单位;第三,由于全民所有制单位行贿都有"为公"的因素,所以从轻处罚;非全民所有制单位的行贿行为,按照个人的行贿行为处理,即重于单位行贿罪。① 这样规定,符合当时对全民所有制单位特殊保护的历史背景,具有一定的合理性。在司法实践中,这种对单位贿赂犯罪从轻处罚的思想更是被发挥到了极致,大量的免予刑事处罚由此产生。

在我国贿赂犯罪罪刑设置上,自然人贿赂犯罪与单位贿赂犯罪之间的罪刑幅度存在较大的差异。从法益受侵害程度来看,很明显单位贿赂犯罪的法益侵害性更为严重。在实践中,自然人贿赂犯罪涉及的金额往往低于单位贿赂犯罪金额,单位贿赂犯罪的危害程度也远远高于自然人贿赂犯罪。单位作为一个庞大的组织体拥有大量资源和金钱,在行贿和受贿时产生的危害明显高于自然人。然而在受贿罪的刑罚上,自然人受贿的最高刑罚是死刑,单位受贿罪的法定刑仅为5年及以下有期徒刑或者拘役。以行贿罪为例,行贿罪的最高法定刑是无期徒刑。相比之下,单位行贿罪法定刑为5年以下有期徒刑或拘役,而对单位行贿罪的法定刑是3年以下有期徒刑或者拘役。不同的犯罪主体,实施了同样的贿赂行为,在法定刑幅度上产生了如此大的差异,这样

① 参见张智辉:《单位贿赂犯罪之检讨》,载《政法论坛》2007年第6期。

的刑罚设置明显违背了刑法的罪责刑相适应的基本原则,造成了不同犯罪主体的法律评价形成难以填补的鸿沟,为依法惩治贿赂犯罪埋下了隐患。①

我国立法机关逐渐认识到以上问题,并不断努力克服当前存在的入罪与处罚不公平的问题。例如,《刑法修正案(十二)(草案)》于 2023 年 7 月 25 日提请十四届全国人大常委会第四次会议审议。该草案将单位受贿罪的刑罚由原来最高判处 5 年有期徒刑,修改为"三年以下有期徒刑或者拘役"和"三年以上十年以下有期徒刑"两档刑罚;将单位行贿罪的法定刑由原来的最高判处 5 年有期徒刑,修改为"三年以下有期徒刑或者拘役,并处罚金"和"三年以上十年以下有期徒刑,并处罚金"两档刑罚,克服了与《刑法》第 164 条相比较所形成的不公平处罚现象。②

(三)合规治理模式之下单位贿赂犯罪的刑事处遇更加轻缓

当前的刑事合规治理已经"挑战"了传统的犯罪预防政策,体现了积极的犯罪预防理论。传统的犯罪预防政策下,国家承担了大部分犯罪预防与犯罪治理的责任。在合规治理模式下,转变为国家、社会、单位共同承担犯罪预防、犯罪治理的责任。③ 在传统刑法模式下,刑法对单位犯罪(包括但不限于商业贿赂犯罪)的救济效果主要在于事后的处罚,这也正是刑法理论中"报应论"的体现,通过威慑的方式达到恢复社会秩序的作用。刑事合规其实是刑法谦抑性品格的体现,要求国家应当以最小的刑罚支出获取最大的社会效益。④

鉴于我国当前刑事合规不起诉的局限性,当检察机关作出不起诉决定后,针对涉案的单位只能通过检察建议等传统方式进行监督,无法使用强有力的监督手段,更不要提对涉案单位产生震慑的作用。⑤ 刑事合规不起诉要求单位进行合规整改,但合规整改并不能完全消除单位贿赂犯罪的再犯可能性,不起诉反而会造成本来的罪刑不均衡和不公平保护日渐加剧。

四、合规治理模式下单位贿赂犯罪罪刑结构优化策略建议

合规治理模式属于事后治理,单位贿赂犯罪在注重事后治理的同时不能忽略单位

---

① 参见郑宏波:《比较视域下我国贿赂犯罪体系的反思与重构》,载《黑龙江省政法管理干部学院学报》2018 年 1 期。

② 参见张明楷:《刑法修正的原则与技术——兼论〈刑法修正案(十二)(草案)〉的完善》,载《中国刑事法杂志》2023 年第 5 期。

③ 参见陈卫东:《从实体到程序:刑事合规与企业"非罪化"治理》,载《中国刑事法杂志》2021 年第 2 期。

④ 参见赵宏瑞、刘伟:《刑事合规与商业贿赂治理:内涵、功能与理论基础》,载《社会科学家》2021 年第 3 期。

⑤ 参见张宝才、赵航、周维:《民营企业单位行贿犯罪合规不起诉问题探讨》,载《人民检察》2021 年第 20 期。

贿赂犯罪本身的罪刑问题。目前我国的二元制立法模式下,贿赂犯罪的罪名无法一一对应,应进一步完善贿赂犯罪的罪名体系,使之符合“对称性”的结构。罪刑配置上也存在不合理之处,需要进行优化和调整。

(一)合规治理模式的目标是预防再犯

合规治理模式主要指刑事合规不起诉模式,刑事合规不起诉属于相对不起诉的一种,即企业犯罪后,承诺并建立合规管理体系或者与检察机关就合规整改达成合意,并定期接受检查以换取不起诉的待遇。① 检察机关作出不起诉决定,使企业免于进入起诉阶段,进而免于被定罪判刑。就目前关于刑事合规不起诉的探索,检察机关以不起诉决定作为激励方式,向具有合规意愿的企业作出引导,推动了涉案企业自主或在第三方的帮助下建立刑事合规管理体系。同时,涉案企业避免了被定罪,从而避免了经营困难和无法上市的结果。刑事合规不起诉可以算是检察机关督促企业自我建立刑事合规管理体系的新的尝试,也是我国司法机关参与社会治理的新的尝试。当然这会与传统犯罪预防和单位犯罪理论相互碰撞,但也会带来新的理论发展奇迹。

刑事合规不起诉并不是简单地作出不起诉决定,其中有“合规”两字,这是一种特殊的不起诉。履行合规整改义务是检察机关对企业作出不起诉的重要前提。刑事合规不起诉的目的是激励企业进行刑事合规建设,从而达到进行犯罪治理和犯罪预防的目标。激励企业是刑事合规不起诉改革的初衷,但是如何激励、是否应该激励仍然存在理论和实践的分歧。

合规治理模式从结果上来判断,其实是对涉案企业作出了“出罪”处理,但是这并不是对涉案企业犯罪的简单原谅,而是对于单位犯罪的新型治理模式。② 合规治理模式属于事后刑事合规程序,功能责任论、多元化防控理论、法益修复理论的发展为合规治理模式下单位贿赂犯罪的出罪正当性提供了理论基础。

(二)比照自然人适当调高单位贿赂犯罪罪刑配置

根据罪责刑相一致的原理,自然人贿赂犯罪的罪刑与单位贿赂犯罪的罪刑应进行细致区分,不应出现“天壤之别”。自然人实施的贿赂犯罪与单位实施的贿赂犯罪侵害的法益具有相似性,在罪量上可以根据“数额+情节”的处罚标准进行不同程度的区分。③ 但是当前的刑罚设置严重违反了上述处罚原理。单位实施的贿赂犯罪实际比自然人实施的贿赂犯罪的社会危害性和法益侵害性更大,但是单位贿赂犯罪的法定最高刑仅为 5 年,而自然人贿赂犯罪最高可判处死刑。这导致单位贿赂犯罪中的责任人员所受的刑罚远远低于实施贿赂犯罪的自然人,进而影响对单位贿赂犯罪的惩治效果。

---

① 参见陈瑞华:《刑事诉讼的合规激励模式》,载《中国法学》2020 年第 6 期。

② 参见李玉华:《企业合规不起诉制度的适用对象》,载《法学论坛》2021 年第 6 期。

③ 参见孙道萃:《单位贿赂犯罪的立法检视与改进》,载《时代法学》2015 年第 5 期。

单位贿赂犯罪罪名之间的刑罚配置同样存在明显的失衡现象，如行贿罪、对单位行贿罪、单位行贿罪之间的刑罚相差较大。行贿罪可判处 10 年以上有期徒刑或者无期徒刑，对单位行贿罪判处 3 年以下有期徒刑或者拘役，单位行贿罪判处 5 年以下有期徒刑或者拘役。在当前二元制贿赂犯罪立法结构下，单位贿赂犯罪和个人贿赂犯罪的社会危害性评价应保持一致性，其法定刑之间应保持均衡和合理。数额的大小和情节的轻重可以作为判断法定刑幅度的基准，而不应该在原有法定刑的幅度内进行调整。更为重要的是，应将单位贿赂犯罪中的责任人员的刑罚配置与自然人贿赂犯罪的刑罚保持一致，以防出现自然人以单位为逃避惩罚的保护伞。调整单位贿赂犯罪中其直接负责的主管人员和其他直接责任人员的法定刑幅度，可以使受贿罪与单位受贿罪、单位行贿罪与行贿罪、单位行贿罪与对非国家工作人员行贿罪的法定刑罚幅度更加合理，同时更加符合罪责刑相适应的原则，使贿赂犯罪的刑罚体系更趋于均衡与合理。

(三)针对性地丰富单位贿赂犯罪的刑罚种类

我国目前针对单位贿赂犯罪的单位刑罚处罚只有罚金刑。《刑法修正案(九)》对贿赂犯罪都普遍增设了罚金刑。根据《刑法》第 52 条规定，判处罚金应当根据犯罪情节决定罚金数额，但并没有明确罚金刑的标准，即没有上限或者下限的标准。2000 年最高人民法院《关于适用财产刑若干问题的规定》第 2 条规定，“刑法没有明确规定罚金数额标准的，罚金的最低数额不能少于一千元”。该规定虽然明确了罚金的下限，但依然没有明确单位罚金的惩罚标准，这使得法院在对单位判处罚金时存在任意性。应将罚金刑具体化，参照自由刑的设置方式，分层次设置罚金数额。罚金数额方面应坚持宽严相济基本刑事政策的精神。我国目前的情况并不适用惩罚性罚金，罚金数额不可过高也不可过低。过高的罚金数额会直接摧毁单位，过低的罚金数额不能产生应有的威慑作用和预防作用。对单位贿赂犯罪的罚金设置应贯彻宽缓化的刑事政策，不能片面地追求重罚和重刑。

一方面，当前单位贿赂犯罪针对单位的刑罚的种类过于单一。不光是单位贿赂犯罪，我国刑法规定的单位犯罪中，刑罚也只有一种罚金刑。单一的刑罚种类会导致无法严惩单位。单位实施贿赂犯罪的目的基本是追求经济利益，其自身往往也具有很强的支付能力。单单对单位处以罚金刑，并不能对其产生威慑作用，更不能预防其再次实施贿赂犯罪。另一方面，单位贿赂犯罪中的重要主体是企业，企业具有极强的逐利性，假设与罚金相比，实施贿赂犯罪可以获得巨额的经济回报，且存在无法被及时查处的机会，企业大概率会再次铤而走险，走上贿赂犯罪的道路。能对单位起最大的威慑作用的刑罚便是“资格刑”，即剥夺单位从事该业务或进入相关行业的资格。采取“资格刑”这种方式，能够对单位产生足够的威慑力。

除了增加对单位采取“资格刑”，还可针对单位犯罪主体中的直接负责的主管人员和其他直接责任人员同样施以“资格刑”。直接负责的主管人员和其他直接责任人员被禁止执业、被吊销执业资格或者被限制进入某种行业,可以对单位中的责任人员产生强大的威慑力,起到特殊预防的作用。

关于增设单位缓刑制度,在我国《刑法》的第73条之中增加一款,规定法院可以对单位贿赂犯罪中的单位宣告缓刑,同时要求被宣告缓刑的单位必须遵循以下条件,否则撤销单位缓刑:采取措施减少其犯罪行为造成的损害并进行补救;以法院确定的方式披露关于其犯罪与量刑等的相关信息;制订并实施以预防贿赂行为为目的的合规计划,并在确定的期间内向法院报告有关合规计划实施的情况;遵守其他法院认为有利于预防贿赂犯罪或减少、补偿其造成的损害的条件。①

五、结语

长远地看,无论是自然人还是企业实施的贿赂犯罪,都会对我国经济、社会产生巨大负面影响,立法者对此已有深刻认识,并且在刑法中确立了自然人和单位二元主体相对分离的罪刑结构模式,一定程度上回应了我国贿赂犯罪的治理需求。然而,“二元制”立法模式下的罪名烦琐复杂,类型化有待加强,刑罚结构轻重不均,对单位的处刑较轻,加上当前全球经济下行的大背景下企业刑事合规不起诉治理模式的大力推行,无论是处以相对不起诉还是处以附条件不起诉,都将使得原本刑法就从轻处罚的单位贿赂犯罪更加被提前分流,刑事处遇显然更加“优待”单位犯罪,这必然加剧原本立法上的罪刑不均衡和非公有制企业刑法保护的不平等。因此,立法上应当对单位贿赂犯罪的罪名加强类型化,严密法网,调整自然人和单位两种主体的刑罚配置,丰富处置种类,优化罪刑结构,特别是在合规治理模式下通过科学的刑法激励,促进各类企业等单位主体反腐败的社会责任担当,这亦是优化营商环境,增强企业经济竞争力的治本之策。

---

① 参见刘传稿:《单位贿赂犯罪治理模式的创新——访北京师范大学刑事法律科学研究院教授周振杰》,载《人民检察》2016年第17期。

企业合规行刑衔接的路径分析

叶成国* 潘舒舒**

近年来,涉案企业合规改革,特别是刑事合规不起诉在检察机关的推动下,相关工作机制和实践做法不断完善,取得了积极效果和广泛好评。但随着该项工作在全国全面推开,一些问题也逐步暴露,特别是企业合规行刑衔接方面更是缺乏具体规定和实践探索,亟须厘清。对此,笔者基于工作实践,针对当前企业合规行刑衔接中存在的问题以及实现路径提出自己的思考,以推动完善企业合规工作。

一、企业合规行刑衔接概念界定

关于企业合规的概念,目前无论是理论界还是实务界尚没有相对统一明确的表述,但总体上而言,对于企业合规的阐述基于不同的角度会有不同的理解,如从企业自身角度来看,企业合规主要是指企业在经营过程中要遵守法律规定或规则,并督促企业员工、第三方以及其他商业合作伙伴依法依规进行经营活动,并以此规避或减轻经营风险及违法违规经营可能导致的行政责任、刑事责任而采取的公司治理行为。而从行政机关、司法机关角度来看,企业合规是指行政机关、司法机关为鼓励企业开展合法合规经营活动,而将建立健全合规管理制度作为宽大行政处理和刑事处理的重要依据,是进行国家治理和社会治理的重要方式。因此,概括而论,所谓企业合规,是指为有效防控企业经营管理活动中的法律风险以及规避因违法违规经营而可能遭受的法律责任,从而进行包括制度规范、风险识别、合规审查、风险应对、责任追究、考核评价等管理活动,建立健全企业合规体系,并以此获得司法机关、行政机关的从宽处理。根据企业经营风险责任来源不同,可将企业合规分为刑事合规和行政合规。根据合规启动程序不同,可将企业合规分为主动合规和强制合规,一般情况下,强制合规主要针对已经实施违法违规经营的企业。根据合规启动阶段不同,可将企业合规分为事前合规、事中合规和事后合规。

---

* 浙江省温州市人民检察院第五检察部(行政检察)副主任,四级高级检察官。

** 浙江省温州市人民检察院第五检察部(行政检察)三级检察官助理。

行刑衔接,又称"两法衔接",强调的是行政执法和刑事司法的衔接。党的十八届四中全会通过的《中共中央关于全面推进依法治国若干重大问题的决定》指出,要"健全行政执法和刑事司法衔接机制"。2021年8月,中共中央、国务院印发的《法治政府建设实施纲要(2021—2025年)》又再次强调,"完善行政执法与刑事司法衔接机制,加强'两法衔接'信息平台建设"。实践中,最高人民检察院会同有关部门就环境保护等具体领域陆续出台有关行刑衔接的规范性文件,不断推进完善行政执法与刑事司法衔接工作。综上,所谓行刑衔接,是指行政执法机关和刑事司法机关通过案情通报、线索移送、信息共享等方式,实现行政处罚和刑事处罚无缝对接的一项工作机制。就案件移送的主体而言,既包括行政机关向司法机关移送涉嫌刑事犯罪的案件的正向衔接,也包括司法机关向行政机关移送需要作出行政处罚的案件的反向衔接。就行刑衔接具体内容而言,包括行政与刑事实体法规范衔接、行政与刑事程序法规范衔接两个维度,即在行为定性上存在行政实体法层面的行政违法性判断与刑事实体法层面的刑事违法性判断;在法律责任追究上存在行政程序法层面的行政处罚程序与刑事程序法意义上的刑事司法程序。①

企业合规行刑衔接,顾名思义,是指企业合规过程中行政执法和刑事司法的衔接工作。事实上,企业所实施的刑事犯罪大都是由行政违法行为转化而来的"行政犯"或"法定犯",换句话说,企业刑事犯罪行为与行政违法行为相比,同样是违反了前置性的行政法规,只不过这种违法程度通过行政处罚尚不足以予以惩戒。由此可见,企业构成刑事犯罪的同时,往往也涉及行政违法,这种兼具行政违法与刑事违法的特点也决定了企业往往要同时承担行政法律责任和刑事法律责任,因此,也就需要不断完善企业合规行刑衔接工作,形成行政执法与刑事司法合力,共同推动企业合规体系建设,从源头上预防和惩治企业违法违规经营。

二、当前企业合规行刑衔接中存在的问题

(一)法律政策依据不足

最高人民检察院于2020年3月开始启动企业刑事合规不起诉的试点改革,部分地方检察院先后制定了企业合规不起诉的具体操作规则,不断推进企业刑事合规深入发展。2021年12月司法部办公厅《关于加强公司律师参与企业合规管理工作的通知》要求,推动公司律师全面参与企业合规管理工作,包括企业治理合规管理、刑事合规管理、行政合规管理等六个方面。其中,行政合规系首次在国家行政规范性文件中被提

① 参见李煜兴:《行刑衔接的规范阐释及其机制展开——以新〈行政处罚法〉行刑衔接条款为中心》,载《中国刑事法杂志》2022第4期。

出。但无论是刑事合规还是行政合规,虽有相关规范性文件予以明确,却缺少法律层面的规定。而近年来修订的《反不正当竞争法》《食品安全法》等法律,虽然提及企业的合规管理义务,但并没有系统阐述企业合规具体内容,且仅限于特定的监管领域,并不适用于所有企业的全部经营活动。因此,对于企业合规制度,暂时没有国家法律法规作出明确的系统性规定,即便相关法律或规范性文件有涉及企业合规,但均是碎片化、分散化的规定,存在适用对象不明确、适用范围有限、适用程序不清等问题,导致企业合规工作仍然存在法律依据不充分和法定权限欠缺的合法性风险。此外,关于企业合规从宽问题,虽然最高人民检察院在推进涉案企业合规改革试点工作中,在相关文件中明确规定,人民检察院可以参考涉案企业合规建设评估结论依法作出不批准逮捕、变更强制措施、不起诉的决定,提出从宽处罚的量刑建议,或者向有关主管机关提出从宽处罚、处分的检察意见,但在实体法层面,企业合规从宽制度并没有被法律法规所确认,无论是刑事责任还是行政责任的减免均缺乏法律依据。

(二)部门职责界限不清

企业合规行刑衔接并不能等同于一般意义上的行刑衔接。涉案企业合规工作除司法机关、行政执法机关参与外,还需要司法行政机关、企业监管机关、第三方监管机构、工商联、行业协会等部门共同参与。从刑事合规实践情况来看,目前已经初步形成了以检察机关为"牵头部门",涉案企业监管机关、行政执法机关以及第三方机构共同参与的"行刑协同"合规模式,共同指导和监督企业合规整改,推进合规体系建设。但在具体操作层面,相关部门特别是检察机关、行政监管机关的职责界限以及职能范围并不清晰、明确。一方面,尽管检察机关是企业合规以及考察评估的主导者,但并非直接参与监督、考核,而是通过第三方监管机构的考察报告评估判断企业合规情况,并作出相应的处理意见。因此,检察机关在企业合规特别是考察评估中的参与程度还有待进一步厘清。另一方面,从职责分工角度看,促进企业合规经营是行政监管机关的首要职责。但在实践中,行政监管机关参与企业刑事合规的程度并不完全相同,目前普遍做法是通过检察机关以第三方监管机构名义参与合规整改,并根据检察机关移送的案件及企业合规情况作出行政处罚,行政监管机关主动参与企业合规的意愿并不强烈。行政监管机关的有限参与在一定程度上也影响了企业合规的效果。总之,由于缺乏明确规定,检察机关、行政监管机关各自在企业合规中的职责范围并不明确,存在界限不明、职能交叉的情况,合规案件的确定、合规程序的启动、如何参与合规整改以及合规后的跟踪指导等均需要进一步明确。

(三)衔接配合规则缺失

制定与完善刑事合规和行政合规衔接的规则和程序,是企业合规行刑衔接工作良好运行的关键所在。只有明确企业合规行刑衔接的法律依据及实施细则,才能有效指导刑事司法和行政执法活动,实现司法机关和行政机关之间的有效沟通衔接。如前所述,虽然当前中央文件和相关法律均提出要完善行政执法和刑事司法衔接机制,但大多数仍停留在概括性的规定,缺乏具体操作规则,特别是企业合规过程中的行刑衔接,目前尚无具体规则,行刑衔接的主体、条件、内容、程序以及相应的法律责任等方面均没有明确规定,缺乏可操作性,导致刑事合规和行政合规的衔接并不顺畅。实践证明,唯有厘清刑事合规和行政合规的界限范围,明确企业合规行刑衔接具体规则,才能最大程度避免涉案企业在整改中因不同程序的"往返"或者程序的回流而徒增合规经营负担。

(四)合规结果激励有限

企业合规的主要目的在于两个方面,即事前预防和事后激励。企业合规事前预防符合《刑法》《行政处罚法》等现行法律法规的立法精神及相关规定,故不存在法律或逻辑障碍,但对于事后激励,即合规从宽处理目前在理论与实践中均有不同障碍。如前所述,虽然部分规范性文件中均规定,对合规整改的涉案企业要予以从宽处理,但目前并没有法律法规明确企业合规从宽制度,无论是刑事犯罪还是行政违法,并没有将企业合规整改作为刑事责任或者行政责任减免的法定情形,实践中对于合规企业从宽处理仍依托于涉案企业主动整改、退赔退赃、违法行为轻微及主观无过错等法定从轻、减轻或者免除处罚情节,在没有法定情节的情况下,能否以企业合规整改为由予以从宽处罚仍有争议。此外,由于涉案企业合规程序往往涉及多个部门、多个环节,相互之间是否认可各环节所作出的合规结果,也是当前实践中普遍存在的问题。如检察机关对涉案企业刑事程序终结后,需要给予行政处罚的,应将案件及企业合规等材料移送给行政机关,并建议予以从宽处罚。但实践中,行政机关是否采纳检察机关的意见,依据刑事合规阶段的合规成果,对涉案企业予以从宽处理也存在不同认识。特别是对于行政合规而言,行政机关基于企业合规而放弃本应当行使的行政处罚权。这种对于法定职权的放弃,并不属于行政机关的自由裁量权,如缺乏法律授权则涉嫌行政不作为①,在这种情况下,行政机关在合规激励措施方面就显得畏手畏脚。合规激励机制的不到位,导致企业合规结果不能得到有效运用,直接影响企业开展合规体系建设的积极性,失去合规整改的动力,企业合规工作可能功亏一篑。

(五)跟踪落实存在困难

以刑事合规为例,检察机关对涉案企业的合规考察,受办案期限的限制,往往将考察期限设置为半年左右,基本上不会超过一年,但对于涉案企业而言,很多企业在涉嫌

---

① 参见邢忠鑫:《企业行政合规系列之一:什么是企业行政合规》,载"北京重光天津律师事务所"微信公众号2023年2月22日。

刑事犯罪的同时,通常也面临着资金链中断、生产经营困难、急需无犯罪记录证明等方面的难题,在此情况下,检察机关组织第三方机构只是督促涉案企业建立合规管理体系的框架,根本来不及对合规体系进行实体运行,更遑论有效的合规整改。因此,检察机关在对涉案企业终结刑事程序后,如果未能对该企业的合规整改予以进一步关注、监督,任由涉案企业自行实施合规管理,那么,企业的合规整改以及合规体系建设就可能因为缺乏持续性督导和动力而半途而废,甚至流于形式。行政合规亦然。

三、企业合规行刑衔接的路径思考

(一)合规案件移送

当前,基于我国现有的法律制度框架,行政执法与刑事司法互不隶属,对于涉案企业实施的违法违规行为,行政执法机关与刑事司法机关各自独立开展执法司法活动,由此形成了针对同一违法行为启动两种法律程序的格局。① 因此,在完善企业合规行刑衔接的问题上,首先要解决的便是合规案件的双向移送问题,完善案件双向移送机制是推动行政处罚和刑事处罚有效对接的重要一步。具体而言,一是司法机关将企业刑事合规案件移送行政机关。如前所述,涉案企业在实施刑事犯罪的同时,往往也涉及行政违法,因此在对该涉案企业作出刑事处理后,并不当然免除其行政法律责任。如果涉案企业因为刑事案件处理后未被移送行政机关,导致企业客观上逃脱了行政处罚,则可能会出现未达到构罪标准的行政违法人员被处以行政处罚,而违法行为更严重、已达到刑事案件构罪标准的企业未受到任何处罚这一极不公平的结果。② 因此,检察机关在对涉案合规企业作出不起诉决定后,认为需要予以行政处罚的,应当及时将案件移送有关行政执法机关,并同步移送企业合规计划、定期书面报告、合规考察报告等材料,为后续的行政处罚提供参考。二是行政机关将企业行政合规案件移送刑事司法机关。《行政处罚法》明确规定,违法行为涉嫌犯罪的,行政机关应当及时将案件移送司法机关,依法追究刑事责任。因此,行政机关在涉案企业行政合规过程中,一旦发现企业行政违法行为已经涉嫌刑事犯罪的,应当将案件移送司法机关处理。实践中,行政机关"有案不移""以罚代刑""有案难移"等情况并未得到根本性解决,而随着企业行政合规工作的推进,行政机关以合规监管之名应予执法而变通执法、应予处罚而不予处罚、应当移送而不予移送的情形极有可能发生③,合规从宽制度在一定程度上

---

① 参见陈瑞华:《企业合规整改的行刑衔接问题》,载《民主与法制周刊》2022 年第 12 期。

② 参见徐国平、朱宬:《企业合规案件行政处罚的衔接与适用》,载《中国司法》2022 年第 8 期。

③ 参见李煜兴:《行刑衔接的规范阐释及其机制展开——以新〈行政处罚法〉行刑衔接条款为中心》,载《中国刑事法杂志》2022 年第 4 期。

加大了行政机关对涉刑案件不予移送的风险。总之,企业合规案件行刑衔接的双向移送不应是刑事犯罪处理后移送行政处罚的单向移送,还应包括行政违法案件处理过程中将涉嫌刑事犯罪的案件移送司法机关处理的双向移送。

(二)合规过程互助

从中国特色的行刑衔接机制来看,唯有有效发挥行政机关与司法机关的职能互补,利用各自的专业特长和职能优势,才能切实有效地推动企业合规整改,为涉案企业建立合规体系提供专业性证据和法律意见。首先,要注重行政机关的监管作用。特别是在刑事合规过程中,虽然检察机关基于职能定位发挥主导作用,但不同企业合规体系的差异性与专业性,决定了必须借助专业的行政力量,因此检察机关需要有针对性地邀请行政机关专业人员参与企业刑事合规,充分发挥企业合规行政监管在合规考察对象的选择,企业合规计划的制订、评估及验收,精准援引前置性行政法规等方面的作用,确保刑事合规与行政合规能够有效衔接。其次,要发挥检察机关职能优势。行政机关在开展行政执法及行政合规的过程中,认为需要检察机关支持的,可以商请检察机关提前介入,引导收集和固定证据,并就相关法律适用问题给予指导。同时,检察机关应当就行政违法案件处理及行政合规整改评估提供意见,并为后续可能开展的刑事合规打好基础。总而言之,企业合规行刑衔接工作的完善,需要检察权和行政权协同推进、相互支持,但仍应注意恪守权力边界,防止越俎代庖,避免随意介入对方正常的执法司法活动。同时,也要防范因行刑衔接中存在的职权重叠问题而过度干预涉案企业合规整改活动,避免超越涉案企业合规基本需要,额外限制其自主经营权和不当扩张企业业务,从而增加企业的运行成本和弱化企业的竞争力。①

(三)合规结果互认

建立健全合规结果互认机制,是推进企业合规行刑衔接的重要保障和价值所在。实践中,检察机关在刑事程序终结后认为需要对涉案企业予以行政处罚的,在案件移送的同时需要一并将说明涉案企业刑事合规整改情况的材料移送给行政机关,并建议行政机关据此予以从宽处罚。行政机关原则上会采纳检察机关的意见。但事实上,刑事合规和行政合规并非完全等同,按照现行有关规定,行政机关承认涉案企业通过刑事合规整改,但并不意味着涉案企业必然通过行政合规整改,更加谈不上因通过合规整改而予以从宽处理。一旦行政机关不认可刑事合规结果,而对涉案企业采取诸如吊销营业执照、处以高额罚款等严厉行政处罚措施,则直接导致企业合规的刑事激励效果大打折扣甚至前功尽弃。因此,亟须建立合规结果互认机制,检察机关与行政机关应当相互承认各自阶段开展的合规整改结果,避免出现因合规结果不被认可而导致重

① 参见郭华:《企业合规整改行刑衔接的协调机制》,载《华东政法大学学报》2022 年第 6 期。

复合规、继续合规等情况，防止加重企业负担。在条件成熟的情况下，检察机关与行政机关甚至可以将刑事合规与行政合规整合，联合开展企业合规整改，共同运用合规整改结果。只有将刑事合规专项计划和行政合规计划进行有机衔接，拓展合规整改向纵深发展，才能发挥其对刑事不法与行政不法的双层治理功能，体现刑事和行政的两重激励①，在刑事处理和行政处罚上同步给予从宽处理，最大限度地发挥合规助企纾困的效能。当然，需要注意的是，合规结果互认仅指对合规整改结果的互认，并不包括对刑事处理或者行政处罚结果的互认。特别是行政处罚的结果，虽然检察机关确认行政合规结果，但并非意味着完全接受行政机关基于行政合规所作出的行政处罚决定。对于明显违反法律规定的行政处罚决定，检察机关仍可提出监督纠正意见；涉案企业也可以通过行政复议、行政诉讼等途径寻求权利救济。

(四)合规资源共享

最高人民检察院在开展涉案企业合规改革时，已经充分认识到第三方监管机构的作用，积极推动成立第三方监督评估机制管理委员会，并针对具体涉企案件，通过吸收具有合规监管人资格的专家、律师、会计师、工商联等各方人员参与，组成第三方监管评估工作小组，协助涉案企业开展合规整改，并负责对整改情况进行监督、指导、报告以及评估验收等工作。实践证明，第三方监管机构在企业合规过程指导及结果验收中发挥重要作用，第三方监管机构可以有效督促企业履行合规承诺，避免合规整改流于形式。因此，在刑事合规已经取得实践成效的基础上，企业行政合规也完全可以按照有关规定直接引入刑事合规中的第三方监管机构，由第三方监管机构协助开展合规整改。不仅如此，企业刑事合规和行政合规工作中各自形成的执法司法资源，均可以通过有效整合实现共享，以便提升企业合规行刑衔接工作整体成效。

(五)合规平台共建

信息共享平台建设是解决企业合规行刑衔接问题的制胜“法宝”。完善信息共享机制，有助于打破信息壁垒，及时发现并移送涉案企业违法犯罪线索及企业合规情况，共同督促企业开展合规整改及进行后续跟踪指导，为企业合规行刑衔接提供技术和数据支撑。具体而言，可从线上线下两方面着手：一是加强信息平台建设。强化检察机关与行政机关沟通联系，推进信息共享机制化、案件移送标准化以及合规程序规范化建设，实现企业合规案件办理全过程、全领域的数据信息互通共享，共同对企业的合规整改情况开展跟踪考察，并提供必要的指导和协助，提出改进合规体系的意见。二是构建“行刑一体”协作平台。探索建立检察机关、司法局、行政执法机关、工商联等多个部门共同参与的协作平台，形成工作合力，共同推动企业合规体系建设。如某市

① 参见郭华：《企业合规整改行刑衔接的协调机制》，载《华东政法大学学报》2022年第6期。

检察院联合司法局、工商联积极推动行业协会“企检服务中心”建设,聚焦企业生产经营中面临的违法犯罪风险,以刑事合规、行政合规、行业合规为主要手段,为企业提供事前、事中、事后的全流程法治服务,预防企业违法犯罪,促进企业在合法合规中健康发展。

(六)诉源联合治理

笔者在办案中发现,部分企业涉嫌违法犯罪活动,往往不是偶然发生的个别现象,而是特定行业的企业生产经营过程中普遍存在的问题。究其原因,除一些企业自身存在违法违规经营动机以外,还与行政机关对整个行业的监管存在重大制度漏洞有着密不可分的关系。在此背景下,行政机关和司法机关就不能仅仅着眼于涉案企业个案合规,还需要将合规整改对象扩展到整个行业,针对某类企业存在的具有行业性、普遍性的违法犯罪问题,建议有关部门启动行业合规,将个案合规延伸拓展至行业合规、预防性合规,最终实现“办理一起案件、扶助一批企业、规范一个行业”的良好效果。必要时,有关部门可以联合制定行业合规指引,形成合规建设行业范式,充分发挥企业合规在督促企业依法依规经营方面的作用,从源头上预防违法犯罪。此外,针对行政机关存在的监管制度漏洞问题,有关部门可以联合开展专题调研,共同提出切实可行的办法,推动行政执法工作机制完善,堵塞监管漏洞,促进企业合规经营诉源治理。

涉案企业合规计划有效性评估标准立法建议

付树文*　由龙涛**　丁广立***

涉案企业合规是检察机关全面贯彻落实习近平法治思想，充分发挥检察职能优势，更好地推动企业依法守规经营的重要制度创新。第三方组织对企业合规建设进行监督评估，事关涉案企业合规建设成效。实践中，目前各地区发布的有效涉案企业合规评估的基本标准尚不统一，影响了第三方监督评估组织的权威性。笔者试图从阐述涉案企业合规计划有效性第三方监督评估的基本要素研究的重要意义出发，结合当前国内外的研究现状，创造性地提出涉案企业合规计划有效性评估标准的两维构建模型，从办案实践角度提出涉案企业合规计划有效性第三方监督评估的基本要素具体实现路径，以期能为涉案企业合规立法研究提供有意义的参考。

一、涉案企业合规计划有效性第三方监督评估的基本要素研究的重要意义

（一）涉案企业合规计划与第三方监督评估

合规计划是企业合规制度的重要内容，是涉案企业针对与其有密切联系的合规风险，制订专项合规整改计划，完善企业治理结构，健全内部规章制度，形成有效合规管理体系。具体来说，是为有效防控合规风险，以企业和企业内部人员的经营行为、职务行为为调整对象，以此开展的包括制度制定、风险识别、合规审查、风险应对、责任追究、考核评价以及合规培训等在内的各项管理活动。检察机关在审查涉企犯罪刑事案件时，涉案企业在向检察机关申请企业合规的同时出具企业合规承诺书，检察机关同意后，涉案企业应当制定合规计划书，检察机关收到合规计划书后应当同时抄送该案的第三方监督评估组织（以下简称“第三方组织”），征求第三方组织意见，将第三方组织意见和审查意见一并反馈给企业，涉案企业完善合规计划后再次向检察机关提

* 山东省聊城市人民检察院法律政策研究室主任，检委会委员，四级高级检察官。
** 聊城大学法学院副教授。
*** 山东省聊城市人民检察院法律政策研究室四级主任科员。

交，经检察机关批准后施行。经检察机关批准后，涉案企业依据文本内容进行合规建设，接受独立第三方组织的监督考察，最后由独立第三方组织对合规计划的执行情况进行评估，并出具评估报告，检察机关根据独立第三方组织出具的评估报告和查明的事实情况，作出是否达到预期效果的决定。

（二）能有效解决不同领域涉案企业的共同“合规风险点”的合规计划的共性要求

涉案企业合规启动后，第三方组织应对涉案企业专项合规整改计划和相关合规管理体系的有效性进行了解、评价、监督和考察。因此，确立第三方组织监督评估的基本要素是企业明确合规方向、合规目标、合规内容的前提要求。从实践中看，基本要素的设计是企业合规评估机制中关键的一环，也是最有挑战的一部分，基本要素设计的好坏决定了评价结果是否合理，基本要素的内容要足够合理，才能以最大限度地保证企业合规评估结果的科学性。根据试点检察机关的实践经验和域外的立法规定看，基本要素应该指向企业的合规方案是否得到有效实施。当然，从长远来看，涉案企业的合规方案是否有效，最终还要看该方案是否能对企业的违法犯罪起到预防和抑制的效果。根据《涉案企业合规建设、评估和审查办法（试行）》中关于监督评估工作的规定，应该包含对涉案企业合规风险的识别、控制，对违规违法行为的及时处置，合规管理机构或者管理人员的合理配置，合规管理制度机制建立以及人力、物力的充分保障，监测、举报、调查、处理机制和合规绩效评价机制的正常运行，持续整改机制和合规文化已经基本形成等内容，这些内容也确立了企业进行合规建设时合规计划的基本框架。

（三）能有效解决不同专项领域不同“合规风险点”的合规计划特性要求

企业是否具备合规计划以及合规计划的有效性，成为其在触犯法律尤其是刑事法律时能否作出无罪抗辩或是享受宽大处理，抑或是免予起诉的实质性要件。但基于合规企业的规模、性质、领域、涉案阶段、发展阶段以及涉案罪名引发的合规风险点不同，合规计划的基本框架粗略构建企业合规的基本框架，具体到千差万别的企业，监管部门很难确立一种整齐划一的有效合规计划审查评估标准，给第三方组织审查评估工作带来诸多认定困难。因此，急需以不同领域涉案企业合规计划有效性评估标准的设定作为研究方向，旨在解决因不同领域企业的性质、业务和合规风险不同造成的合规标准不同问题，在关注企业合规计划有效性的共性与特性的同时，突出企业合规多元化和比例性特征，从而提高刑事合规政策的落地落实和高质量发展。

二、研究现状

(一)国外

经济的全球化需要经济规则的全球化,合规制度的推行已成大势所趋,从美国的《联邦组织量刑指南》《萨班斯法案》到意大利的《231 号法令》、英国的《反贿赂法案》、法国的《萨宾第二法案》,再到欧盟的《通用数据保护条例》都有相关规定。以美国为例,1991 年美国量刑委员会颁布的《联邦组织量刑指南》是合规计划的法律渊源,该指南明确将合规计划规定为企业量刑的重要参考因素。2017 年 2 月,美国司法部发布了《公司合规计划评估》,提示检察官在开展合规调查和审查时应关注的要素。2020 年 6 月,《公司合规计划评估》进行了修订,该版本认为企业合规计划必须在刑事调查的特定背景下进行评估,刑事部门不能使用任何严格的公式来评估企业合规计划的有效性。[①] 2011 年,英国颁布了《反贿赂法案》,规定"充分程序"的六项原则作为合规计划建立的指导:合比例原则、高层承诺原则、风险评估原则、尽职调查原则、沟通原则、监控与评估原则,对该程序的执行给予详细的指导。[②]

(二)国内

为了应对我国企业"走出去"过程中的合规风险,2018 年年底,国务院国有资产监督管理委员会发布了《中央企业合规管理指引(试行)》,商务部等六部委发布了《企业境外经营合规管理指引》,以此应对逐步凸显的企业合规风险。2019 年 2 月 25 日,习近平总书记在中央全面依法治国委员会第二次会议上指出:企业合规管理要跟上。2022 年 4 月 19 日,全国工商联、最高人民检察院、司法部等九部委联合发布《涉案企业合规建设、评估和审查办法(试行)》,作为指导企业合规整改、指导第三方组织考察评估,以及指导第三方机制管委会、人民检察院审查验收的重要规则体系。在学术上,中国人民公安大学法学院李玉华教授认为,在确立有效刑事合规基本标准时应当考量多种因素,包括不同规模、不同涉案阶段、不同领域、不同历史发展阶段企业合规的有效标准。[③] 安徽师范大学暨北京师范大学周振杰教授认为,有效的合规计划应具备针对性、适应性、完整性和修复性四个特征[④];南京市建邺区人民检察院副检察长李勇认为,评估、审查涉案企业的合规计划有效性,基本方法就是先从技术指标角度评估、审查涉案企业有无建立起"三大免疫体系"(免疫防御、免疫监视、免疫应答),再从实质角

---

① 参见苏中文:《建立企业刑事合规体系的思考与建议》,载《法制博览》2021 年第 35 期。

② 参见陈瑞华:《英国〈反贿赂法〉与刑事合规问题》,载《中国律师》2019 年第 3 期。

③ 参见李玉华:《企业合规不起诉制度的适用对象》,载《法学论坛》2021 年第 6 期。

④ 参见周振杰:《企业合规的刑法立法问题研究》,载《中国刑事法杂志》2021 年第 5 期。

度评估、审查合规有无成为企业的文化(态度、习惯和氛围)①。

三、涉案企业合规计划有效性评估标准的两维构建

由于企业类型、规模不同,生产经营内容、管理方式及所涉罪名不同,涵盖公司经营、税款征缴、安全生产、环境保护等多方面内容,专业性极强,也涉及工商、税务等不同单位的协作配合,目前对企业合规建设的监督考察内容及其效果评估缺乏专业规范的司法标准。第三方组织进行考察评估时无所依据,而评估结果将作为涉案企业刑事从宽处罚的参考,对于企业而言非常重要,可能造成第三方组织不敢出具评估意见,不排除出现权力滥用的现象。本文将考察国内外涉案企业合规的运行状况,结合我国企业合规改革的制度背景以及我市办理涉企合规案件的实践,针对当前涉企合规案件中面临的现实问题,提出从企业性质和企业规模两个维度构建不同专项领域涉案企业合规计划有效性评估标准。

从企业的性质来看,企业经营业务的差异与犯罪行为的多样性必然导致合规计划有效性的判断标准不能整齐划一,因行业领域不同,所涉风险不同,不可能有统一的标准。② 如金融公司面临的多为洗钱风险,医药公司面临的多为商业贿赂风险,制造类公司多面临安全生产等风险,化工企业多面临污染环境等风险,应结合企业性质,细化风险领域,针对性地打造不同的合规计划,如税收领域、知识产权领域、安全生产领域、污染环境领域等。针对企业特有的合规风险点,考虑企业的实际需求,为其量身定制一套适当的合规管理体系,堵塞管理中的漏洞,针对重点岗位、重点人员、重点环节、重点领域打造专项合规计划,排查风险,完善机制,优化流程,提出应对举措,定期检查监督,为企业打造行之有效的合规计划,真正发挥合规的作用。

从企业的规模来看,对大小企业合规评估采取一元化标准是不符合中国现实的,国外的企业合规几乎都适用于上市公司或者大型企业集团,这些企业中有着股东会、董事会、监事会等完整且有效运行的现代公司治理结构,具备搭建合规治理体系的基础条件,而小微企业"既没有建立基本的公司治理体系,也不具备建立合规管理体系的组织和资源条件",其最大的特点是家族经营,人事管理、财务管理均带有一定的家庭色彩,像大公司那样进行企业合规具有较大的难度。③ 尤其是在当前疫情冲击下,小微企业为了生存或者降低生产成本,可能会从事虚开增值税发票及生产、销售假冒注

---

① 参见李勇:《涉罪企业合规有效性标准研究——以 A 公司串通投标案为例》,载《政法论坛》2022 年第 1 期。

② 参见马明亮:《作为犯罪治理方式的企业合规》,载《政法论坛》2020 年第 3 期。

③ 参见陈瑞华:《合规监管人的角色定位——以有效刑事合规整改为视角的分析》,载《比较法研究》2022 年第 3 期。

册商标、污染环境等违法违规的经营活动。但是,这些涉案企业本身并不是为了犯罪而成立,而是企业在制度设定、人员管理、内部监督、风险防控等方面存在漏洞,无法预防犯罪发生,又或是因经营困难铤而走险,对其提起公诉可能导致企业破产倒闭。因此,对小微企业合规应进行"去罪化处理"①,使其合法经营。"一元化"标准将导致小微企业各种合规机制形同虚设,造成小微企业的"纸面合规"。但是,我们不能将小微企业排除在合规整改的范围之外,这可能导致我国刑事企业合规制度虚置。笔者认为,应采取大中企业和小微企业合规评估的二元化标准,更能够满足我国企业合规评估的基本需要。对大中企业和小微企业应适用不同的评估标准,大中企业标准较高,起引领示范作用,小微企业的合规标准可以根据实际情况降低,但要达到底线,体现合规的基本要求。大中型企业的合规评估标准应当包括根据《中央企业合规管理指引(试行)》《合规管理体系要求及使用指南》(ISO 37301)等国内外企业合规参考文件确定的基本合规要求。对于小微企业,考虑到部分小微企业的董事会、监事会不能发挥合规整改的实质作用,应区分企业类型、规模、主营业务以及涉嫌罪名等因素,研究制定符合实际和办案需求的合规考察标准。就小微企业而言,企业的合规计划首先要按照检察机关制定的专项合规指引等规范要求健全合规风险防范报告机制,弥补企业制度建设和监督管理漏洞。预防和控制企业刑事法律风险是有效合规计划的核心。

四、合规计划有效性评估标准的立法建议

检察机关联合第三方专家,探索确定了合规计划有效性因素及具体的评估验收规则,明确了企业合规考察标准。其中有效性标准主要有两大要素:共性要素与特性要素。共性要素主要就全面合规而言,是一个系统工程,需逐步、长期实施,包含设计的有效性、运行的有效性、效果的有效性等方面的相关指标。特性要素是针对专项合规而言,即区分公司性质的产品质量、生产经营两个专项合规的相关指标,也是第三方专家组织考察评估的重点。

(一)合规计划有效性评估审查标准的共性要素

评价涉案企业合规计划能否发挥防范、监控和应对违规行为效果,必然要确定符合刑事合规标准的基本考量因素,以便作为判断是否作出宽大处理决定的依据。从涉案企业合规计划书有效性出发,第三方监督审查评估的内容应包括如下基本要素:

1. 采取有效补救措施的审查要素

企业自愿选择刑事合规,是其基于认罪认罚制度对自己犯罪行为的性质及危害充

① 参见陈瑞华:《企业合规不起诉制度研究》,载《中国刑事法杂志》2021年第1期。

分的认知。因此，第三方组织对涉案企业退缴违法所得、赔偿损失、修复损害、消除影响等具体补救弥补措施的审查，是评估其对行为违法性和有责性认知有效性的重要因素。

2. 识别有效合规风险的审查要素

合规风险的识别是制订企业合规方案有效性的基础，它决定着企业合规的方向。不管是对犯罪原因的认知还是通过合规调查（尽职调查或内部调查）而获取的认知，目的都是找到企业的合规风险点，但二者的路径及方法毕竟有差别，因此，应分别作为审查要素。

第一，基于对犯罪原因认知的有效合规风险审查要素。涉案企业只有深入剖析犯罪原因，才能找到问题的"症结"，为下一步"对症下药"找到依据。因此，第三方组织要对合规计划书中对犯罪原因分析的全面性、具体性、可整治性进行审查，杜绝泛泛而谈。在办案中，调查原因的方式有问卷、座谈等，分析的原因主要集中在法治意识淡薄、组织结构混乱、管理制度缺失、风险意识缺乏、人员技能不足、没聘用专门人才、文化建设落后等，通过原因分析找准了合规整改的方向和"靶点"。

第二，基于对合规调查认知的有效合规风险审查要素。根据涉案情况不同，合规调查包括内部调查和尽职调查，通过对企业规模、性质、领域、涉案阶段、发展阶段及违规行为与企业内部管理、外部合作因果关系等问题的考察，在发现机制漏洞与缺陷的同时，审查不同企业合规计划的针对性和符合性，避免模板化操作的无效后果。

3. 制订有效合规方案的审查要素

合规方案是合规计划书的主体内容，是第三方组织审查合规计划书的核心部件，也是企业合规能否取得实效的关键所在。

第一，合规组织机构建设要素。企业合规组织是企业有效进行合规管理、落实合规计划的组织保障，第三方组织审查时要根据"企业组织结构、规模、运营管理模式以及行业监管环境"的不同，确定涉案企业合规组织模式设置的有效性。在办理案件过程中，有的合规计划书有创建企业合规组织架构、加强组织保障等内容，还有的企业专门设置了合规专管员，该专管员不参与公司的经营管理及财务管理等其他与合规有冲突的工作，以确保合规专管员独立地识别合规风险，及时向股东会报告并直接向股东会负责。

第二，合规制度建设要素。合规制度包括与合规风险相对应的合规审计制度、合规调查制度、合规举报制度等合规体系及合规程序，制度是否健全、符合逻辑、有针对性、控制与实施的可行性是审查评估有效性的关键。对每一个刑事法律风险的科学评价以及相应的法律意见和整改措施，可以在分清企业所有被识别出来的刑事法律风险轻重缓急的同时，估算防控和管理企业刑事法律风险的成本和代价，从而为科学合理地制订防控和管理计划,合理分配企业资源,最终制定对企业刑事法律风险的有效防控制度。

4. 建设有效合规文化培育体系的审查要素

文化培育是企业合规经营的一个重要组成部分,引起了企业的高度重视。培育企业的合规文化就要通过合规文化的落地,树立企业全员合规意识,通过合规意识的培养和法律知识教育,增强法律意识和自我监控、自我约束的能力,在刑事风险高发区域构筑警戒线和安全线,让企业每个员工在所有行为和关系中都能自觉遵守法律,坚守道德操守。

第一,合规考核评价机制建设要素。合规考核评价机制包括合规问责机制与合规奖励机制,第三方组织审查评估的重点在于企业是否建立适当且明确的奖惩程序和等级,形成鲜明的威慑和激励效果。

第二,合规培训要素。合规培训是将合规的观念和意识渗透每个员工的日常行为中,形成普遍性的合规文化。第三方组织通过对合规培训制度的审查,确定企业是否把坚持合规操作和管理当作每个部门、每个员工日常工作的重要职责,是否形成自觉按章办事、遵纪守法的良好习惯,是否达到有效控制风险的目的。同时,结合公司实际,围绕公司在招投标合规管理上存在的问题,将合规理论知识与企业实际经营相结合,有针对性地开展法律法规、合规主体研讨活动等培训活动。

第三,持续改进要素。企业合规的重要内容是实现企业内部规范化、制度化、动态化的犯罪防控机制,而这一目标的最终实现高度依赖企业内部成员主观上的思想认可和客观上的行为遵循,因此对企业人员的合规风险培训应当具有全面性、长期性和反复性。合规风险是动态变化的,企业在面临业务、结构或其他外部因素发生重大变化时是否设立周期性合规风险评估机制,是第三方组织在审查合规计划时要重点审查的内容。

5. 建立有效合规保障措施的审查要素

合规保障措施是保障合规计划有效施行的支撑要素,从具体内容上看,主要有保障合规计划有效执行的措施、保障第三方监管人有效履行工作的措施和保障合规计划事项可视化、可量化的措施。

第一,保障合规计划有效执行的审查要素。为防止合规计划沦为"纸面合规",企业应当为合规计划执行提供必要的条件,第三方组织重点审查的内容应当包括合规人员及其分工、经费拨付、组织结构以及制度机制建设等保障措施。

第二,保障第三方监管人对合规计划执行效果有效评估监督的审查要素。涉案企业应当对第三方监管人监督考察提供必要的便利条件,建立对接机制,安排专职人员,配合监督考察工作,并定期汇报合规计划执行情况等,保障考察评估工作的顺利进行。

第三，合规计划事项可量化的审查要素。对合规计划所记载的事项、执行合规计划所取得的效益均可以进行量化评估，这种量化评估主要体现在对合规计划书效益的数据化、可视化的定量分析，以便于第三方组织对合规计划执行实效的评估和预判。

(二)合规计划有效性评估审查标准的特性要素

1. 突出企业性质制定特性评价要素

为防止由于行政监管漏洞积累而上升为刑事犯罪①，应将第三方组织对企业的监督和评估成果作为行政机关提前了解企业情况的依据和参考，借助行政机关在企业行为上专业的监管技术和设备，弥补司法机关监管不足的痼疾。借助第三方履职，在犯罪风险较高的行业中制定合规整改标准，促进行政监管与检察裁量权规范配合。如针对商业贿赂犯罪案件，制定反商业贿赂合规标准；针对侵犯商业秘密犯罪案件，制定知识产权保护合规整改标准；对于污染环境罪犯罪案件，制定环保合规标准等。②

2. 突出行政监管主体身份的评价要素

不同领域的有效合规标准应当符合该领域的行政监管和相关要求。通常情况下，每个领域企业的规模、性质、业务和合规风险都不相同，执法部门的监管任务也不同。为了企业的健康发展和对其进行有效监管，监管部门应当根据该领域的特点，按照企业的业务、规模，以及特有的合规风险，制定有效合规的标准指引。因此，涉案企业在合规计划中要有明确的、对应的行政监管主体，并对其监管行为负责。

3. 突出行政规范化要求的评价要素

行政职能部门对企业实施监管的过程，也是执法的过程，所管辖行政区域的企业必须在其普遍约束力范围内从制度、程序等方面与之相适应，并形成规范的行为准则，具有非常明显的领域性与专业性特点。因此，涉案企业刑事合规计划是否符合行政部门的行为准则是审查与评估其有效性的重要因素。行政规范化要素的主要依据是行政职能部门执行的法律、法规和规章，并在合规计划中有明确的体现。

4. 突出行政从宽处罚激励的评价要素

检察机关作为企业合规刑事激励制度的实施单位，在从宽处罚刑事责任的同时，不可避免地要面临是否同时从宽行政处罚的问题，进而需要与行政机关衔接联动。对于涉企案件，依法可以不予追诉但经济上、行政上需要追责的，向有关主管部门提出检察意见；企业不能按照合规承诺落实到位，再涉嫌犯罪的，依法从严追究刑事责任，形成威慑。因此，在企业的合规计划内容中要求包含建立防范行政风险的内容，是启动“刑事从宽处理”+“行政从宽处罚”双重激励机制的必然参考要素。

---

① 参见张泽涛：《论企业合规中的行政监管》，载《法律科学（西北政法大学学报）》2022 年第 3 期。

② 参见李奋飞：《涉案企业合规刑行衔接的初步研究》，载《政法论坛》2022 年第 1 期。

刑事合规制度的立法路径探析

——以典型案例的“双不起诉”现象为切入点

焦　阳*　王梓欢**

企业合规制度源自美国，于19世纪60年代随着《反托拉斯法》的实施得以普及。随着全球化的进程加快，全球范围内企业经营风险也随之扩大，“风险社会”使得企业经济犯罪成为刑法功能边界的研究对象，美国以外的欧洲、日本等地区与国家也加入了对刑事合规与企业合规计划的研究与实践。① 之后，企业合规制度尤其是刑事合规制度为商业环境发达的国家所引进。

与其他国家相比，我国引介刑事合规制度的路径独具特色。为保护中小微企业，由检察院主导的合规不起诉工作已在我国成立试点。依据现有四批企业合规改革试点典型案例，目前我国的合规不起诉模式呈现检察机关和第三方组织共同“帮助”涉罪企业进行合规制度建设，并最终予以不起诉或较为轻缓的量刑建议之模式。然而，我国刑事合规制度的推进存在诸多争议。其中，典型案例中所展现的“双不起诉”现象（即同时对涉罪企业家与企业不起诉）在世界范围内“独一无二”②，由此引发学界对引介该制度的正当性与必要性的质疑。

笔者认为，为回应学界与实务界的争议，应当从刑事合规制度的概念本身出发，结合目前检察院的“双不起诉”在实践中的实际情况，并再次检视我国单位犯罪的基础理论，以达成刑事合规立法论之预期。

一、国内外刑事合规制度简介及我国引介情况

“合规”的概念源于英文中的动词“to comply with”（遵守，符合，依从），在企业经

---

* 外交学院国际法系副教授。

** 中国政法大学刑法学硕士研究生。

① 参见〔德〕乌尔里希·齐白：《全球风险社会与信息社会中的刑法：二十一世纪刑法模式的转换》，周遵友、江溯等译，中国法制出版社2012年版，第5页。

② 参见陈瑞华：《企业合规不起诉改革的动向和挑战》，载《上海政法学院学报（法治论丛）》2022年第6期。

济学领域,则表示在企业内遵守法律、标准及指令之意。① 企业合规制度,起源于美国20世纪60年代。美国合规制度的核心,在法律上着重表现为合规计划对企业涉罪认定的影响。20世纪90年代的美国《联邦组织量刑指南》(Federal Sentencing Guidelines for Organizations)于第八章第二部分规定了企业实施有效合规在定罪量刑中的作用。② 美国2003年修订的《联邦商业组织起诉原则》(Principles of Federal Prosecution of Business Organizations)将合规计划定义为:企业建立的用以防止和发现不当行为,并确保企业按照适用的刑事和民事法律、法规和规则运营的合规计划。③ 因此,刑事法视阈下的合规计划,可以改变有效实施合规计划的企业在涉罪后的刑事处遇。除非法律另有规定,合规计划的存在和实施,可以使企业及其管理者免除犯罪指控或者获得减轻处罚。

为规范企业经营活动,促进企业发展,刑事合规的制度改革在我国也逐步推进。最高人民检察院于2021年6月3日至2023年1月16日先后发布四批企业合规改革试点典型案例,现行刑事判决中也已有将合规报告作为证据材料的实践。④ 总体而言,我国目前的刑事合规实践由检察机关主导进行,所采取的举措与美国的刑事合规制度较为接近,即"通过不起诉来实现激励性的刑事政策"⑤(当然也有"检察建议"模式)。相较于美国合规计划"高压下的怀柔手段",我国的刑事合规制度更偏向"释放司法善意",对企业犯罪提出"容错机制",以此达到促进民营企业有序良好经营的目的。⑥ 而在理论层面,企业合规问题在学术研究阶段已然成为"显学"。

刑事合规作为我国的一项制度引介,其实践层面仍存在问题需要讨论。从四批企业合规改革试点典型案例来看,"双不起诉"现象十分突出,即检察院通常倾向于对涉案企业与个人均作出不起诉决定。这种现象似乎与以"严惩个人,放过企业"的刑事合规制度目的不符,与保护企业,严惩自然人的初衷相违背。因此,应当采用何种改革模式来协调立法和司法实践的矛盾,是值得反思的问题。本文将统计最高人民检察院发布的共20起典型案例,指明目前检察院在启动刑事合规制度过程中存在的"双不起诉"这一现象,试分析该现象的症结所在,并从立法论探析我国刑事合规制度应有的引介路径。

---

① 参见李本灿:《刑事合规制度的法理根基》,载《东方法学》2020年第5期。

② See Federal Sentencing Guidelines for Organizations Chapter Eight, Part B-Remedying Harm from Criminal Conduct, and Effective Compliance and Ethics Program.

③ See Principles of Federal Prosecution of Business Organizations, 9-28.000.

④ 参见广东省深圳市宝安区人民法院(2017)粤0306刑初3947号刑事判决书。

⑤ 童德华:《刑事合规司法效果的厘定及其刑法证成》,载《政治与法律》2023年第2期。

⑥ 参见陈珊珊:《刑事合规试点模式之检视与更新》,载《法学评论》2022年第1期。

二、我国刑事合规制度的“双不起诉”现象分析

截至本文成稿时,最高人民检察院共发布了四批共 20 起企业合规改革试点典型案例。为使案件间的差异可视化,特整理如下表格(表 1)供参考。

表 1 最高人民检察院企业合规改革试点典型案例情况表

案件批次	认定情况	合规工作启动情节	对单位决定不起诉情节	涉嫌罪名
第一批案例一	标准合规不起诉(只起诉自然人)	纳税情况、员工数量、突破技术垄断、公司及其主要经营管理人员被判刑对国内技术领域产生的后果	经听证程序认定合规整改合格	污染环境罪
第一批案例二	双起诉	企业科技实力雄厚,对地方经济就业有所贡献、公司管理人员及员工对合规管理的接受度高、执行力强	立功情节、认罪认罚从宽	虚开增值税专用发票、用于骗取出口退税、抵扣税款发票罪
第一批案例三	不属于单位犯罪(检察院帮助企业进行合规制度建设),只起诉涉案个人	企业拟上市情况	无	非国家工作人员受贿罪、对非国家工作人员行贿罪
第一批案例四	双不起诉	企业复工复产困难,承接全市重点工程项目,创造税收情况,繁荣地方经济、城乡建设、劳动力就业情况,起诉对企业发展和经济社会稳定的影响	情节(企业受胁迫、未造成后果)、企业民生影响,经听证程序认定合规整改合格	串通投标罪
第二批案例一	双不起诉	企业发展前景、犯罪嫌疑人朱某某有自首情节、认罪认罚赔偿损失、企业合规建设意愿	经听证程序认定合规整改合格	假冒注册商标罪
第二批案例二	检察院发出检察建议,公安机关撤案(侦查阶段,未至起诉阶段)	小微民营企业性质、立案影响经营、资金周转困难、公司面临危机、较强的合规愿望	无	销售假冒注册商标的商品罪

（续表）

案件批次	认定情况	合规工作启动情节	对单位决定不起诉情节	涉嫌罪名
第二批案例三	双不起诉	自然人自首情节、主动认罪认罚、企业发展状况、社会贡献度、企业负责人一贯表现等情况	主动投案、认罪认罚、主观恶性小、投标次数少，经听证程序认定合规整改合格	串通投标罪
第二批案例四	双不起诉	重点企业、依法纳税情况、解决就业情况、经济助力情况、上市情况	经听证程序认定合规整改合格	重大责任事故罪
第二批案例五	标准合规不起诉（只起诉自然人）	未说明	经听证程序认定合规整改合格	走私普通货物罪
第二批案例六	双起诉	企业性质（高新技术民营）、获奖情况、员工数目、年产值情况	如实供述、认罪认罚、合规意愿	掩饰、隐瞒犯罪所得罪
第三批案例一	双不起诉	企业性质（成长型科创企业）、自然人认罪认罚，积极赔偿、取得谅解、企业整改意愿	坦白、认罪认罚、积极退赔被害企业损失并取得谅解、初犯、主观恶性小、社会危害性不大，经听证程序认定合规整改合格	非法获取计算机信息系统数据罪
第三批案例二	不是单位犯罪	发展前景、合规建设意愿、犯罪行为危害、个人态度、履职影响、整改必要性	无	内幕交易罪、泄露内幕信息罪
第三批案例三	标准合规不起诉（只起诉自然人）	员工人数、曾获奖项、涉案后果、以往经营和纳税状况、企业和个人认罪认罚、合规意愿	经听证程序认定合规整改合格	提供虚假证明文件罪
第三批案例四	双不起诉	企业主动退缴违法所得、缴纳罚金、责任人主动投案、认罪认罚、主动提出合规意愿	经听证程序认定合规整改合格	非法采矿罪
第三批案例五	双不起诉	企业性质（发展型民营企业），企业资质（涉密信息系统集成资质乙级等多项资质，多项专利的高资质），综合实力，纳税情况，员工人数，专利数量，涉案对就业、经济的影响，企业合规意愿，公司与自然人认罪认罚，行为无实质性危害后果	经听证程序认定合规整改合格	串通投标罪

（续表）

案件批次	认定情况	合规工作启动情节	对单位决定不起诉情节	涉嫌罪名
第四批案例一	不是单位犯罪；同时对个人分批次提出不起诉	未说明	社会危害性、认罪认罚，经听证程序认定合规整改合格	保险诈骗罪
第四批案例二	标准合规不起诉（只起诉自然人）	上市情况，对企业评级、裁员、运营能力的影响，与当地政府达成赔偿协议，支付相关费用且将非法填埋物妥善处置，行为未造成重大影响	经听证程序认定合规整改合格	污染环境罪
第四批案例三	不是单位犯罪，合规检查后不起诉个人	创造就业岗位，乡村振兴，公司经营状况、发展前景、社会责任感，自然人自首、认罪认罚、退赔等法定、酌定从轻、减轻情节	经听证程序认定合规整改合格	诈骗罪
第四批案例四	双不起诉	企业弥补损失意愿、自然人如实供述犯罪事实、自愿认罪认罚、主动提出合规整改意愿	经听证程序认定合规整改合格	滥伐林木罪、非法占用农用地罪
第四批案例五	双不起诉	经开展社会调查，检察机关综合考虑各种因素	经听证程序认定合规整改合格	帮助信息网络犯罪活动罪

理论上，企业建立合规制度尤其是刑事合规制度的刑事处遇问题，应以涉案行为被评定为单位犯罪为前提。上述案件中，4 起不是单位犯罪的案件不能纳入本文的理论讨论中；并且，另有 1 起案件未进入起诉程序，2 起案件同时起诉了个人和企业，合规计划对刑法评价的认定影响较小，因此上述案例均不属于本文的研究范围。在剩余的 13 起案件中，4 起案件符合一般“合规不起诉”模式，其余的 9 起案件均为“双不起诉”结果，即检察院对自然人与企业均作出不起诉的决定。“严惩个人，放过企业”本是美国等国家创立或引进刑事合规制度的目的，以期在企业因个别自然人的不法行为而涉罪时，给予企业一定的空间，维持经营稳定。在这一模式下，企业的合规建设是一种促进企业自律的刑罚激励。而我国的“双不起诉”做法相当于将合规视作宽大处理责任人员的情节。这类案件也是与刑事合规制度最为矛盾的司法实践，因此引发了学术界的讨论。

究其原因，实体法的阙如难以忽视。“实践中对不起诉的实体法依据往往一笔带过,缘由在于其实体法依据确实不明确、不充分,这也成为制约刑事合规制度发展的重要薄弱环节。”①上述合规不起诉案件中,检察院基本回避指明对企业或自然人不起诉的法律条款。反而是企业经营或社会贡献度几乎成为每一起案件中启动合规工作的依据。可见,由于刑事实体法的缺乏,检察机关不得不将企业自身与涉罪行为几乎无关的实际情况纳入合规程序的考虑范围中。

三、我国刑事合规制度引介立法模式探析

“企业刑事合规的本土化制度建构不应沦为纯粹刑事政策的产物,不应以可能带来的积极预防效果而模糊其在刑事司法体系中的边界。”②针对我国的刑事合规制度,不能简单以犯罪预防的利好来取代其理论支撑不足的研究与讨论。当下,刑事合规的司法适用面临实体法缺失的问题,也极易再次造成未来的司法适用混乱,形成恶性循环。因此,推进实体法立法有助于从根源上解决问题。在刑事合规的推进中,有必要重新审视我国单位犯罪的基础理论,在此基础上重构较为适宜的刑事合规立法结构。

(一)区别处理不同规模企业之否定

有观点认为,在刑事合规的立法问题中,可以特殊化处理中小微企业。这种观点的基础在于我国中小微企业“人企合一”的特性,即企业依靠企业家个人保持运营,因而单位意志在很大程度上也体现为企业家意志。既然我国刑事合规制度的引入主要以保护中小微企业为目的,那么在中小微企业涉刑的案件中,应当容纳“双不起诉”制度,并将其直接上升至刑事实体法的立法中③,通过保护企业家实现保护企业的目的。

笔者认为,在理论上,如果仅因单位具有中小微企业资质就可以不起诉同等性质、程度的犯罪行为,这种做法明显违反平等原则与罪责刑相适应原则,侵蚀了刑法的基础。况且,在事实层面,企业性质认定困难,易造成执法不统一。目前,现存较为科学的标准仅为国家统计局修订颁布的《统计上大中小微型企业划分办法(2017)》,由于其中的指标完全依靠定量指标,加之复合指标对于不同类型的企业识别方法不同,实践中的认定仍然致使不少中型甚至大型企业“混入”小型甚至微型企业中。④ 在上述表格“合规工作启动情节”一项中,笔者注意到“发展型民营企业”“小微民营企业”“高新技术民营”“成长型科创企业”等均在检察院的用语中出现。如果将企业的某种资质作

① 陈珊珊:《刑事合规试点模式之检视与更新》,载《法学评论》2022 年第 1 期。
② 王颖:《企业刑事合规的理论证成及其制度边界》,载《中国检察官》2021 年第 23 期。
③ 参见李玉华:《企业合规本土化中的“双不起诉”》,载《法制与社会发展》2022 年第 1 期。
④ 参见高敏雪等:《大中小微企业规模划型统计标准的实证研究》,载《数量经济技术经济研究》2022 年第 2 期。

为涉罪不诉的条件,实质上扩大了检察院对企业性质的裁量权。综上,区别对待涉罪企业的立法模式,于理论和实践都有不小的瑕疵。

(二)实体法修改方案之比较

当前,针对刑事实体法的修改提议主要集中在如下几个方面:其一为刑事责任的修改,集中在《刑法》第 30 条和第 31 条;其二为量刑制度即《刑法》第 61 条和第 65 条的修改;其三为刑罚执行的建议。刑事责任的变动为量刑与刑罚执行的理论基础,尤其是《刑法》第 30 条、第 31 条对于单位犯罪的认定,关系到我国刑法对单位和个人关系的基本态度和立场。因此,笔者认为,在刑事合规制度的变迁中,应当重点关注《刑法》总则中对于单位犯罪认定的修改。在我国多种关于单位犯罪的基础理论中,相对能够容纳刑事合规模式的为替代责任论和组织体责任论。

1. 替代责任论嫁接至刑事合规制度之否定

有观点认为,“严惩个人,放过企业”的刑事合规制度根植于替代责任,因此我国立法应当借鉴美国法人犯罪制度中的“替代责任原则”。[①] 替代责任与不要求罪过的“严格责任”类似但不完全相同。替代责任实质上比严格责任更进一步,对行为与罪过均不作要求,其核心在于一人负刑事责任的依据是基于其一定的自身地位。[②] 替代责任在法人犯罪中的适用表现为,法人需对内部的任何职员为公司谋取利益的犯罪行为负责,除非能够证明自身已尽到“合理注意”的义务。而后替代责任内部转化为“同一视归责模式”,将企业责任聚焦于少数关键人物。[③] 因此,在企业涉刑风险日益增高的现代公司治理模式下,合规计划可以作为另一种辩护依据,以改善涉案企业严格的刑事处遇。但是,替代责任的缺陷相当明显。除了其理论自身过于泛化刑法处罚范围,笔者认为在刑事合规立法论的探讨中,替代责任不符合我国刑法模式。

首先,替代责任违反我国刑法一贯坚持的责任主义原则。替代责任的本质是无过失责任。其不要求行为人过错的性质已然违反责任主义原则和责任自负原则,在我国以责任主义原则为基础的犯罪理论中难以立足。即使有个别观点认为我国刑法中在病理性醉酒之排除、奸淫幼女罪年龄错误和法律认识错误的领域有无过失责任的存在,但是通说仍然认可我国刑法确实不存在无过失责任。[④] 因此,要坚持责任主义原则,刑法的立法中“不应当规定不以故意、过失为要件的严格责任犯罪”[⑤]。而替代责任不要求过错的性质显然违反这一要求,撼动了我国刑法的理论基础。

其次,替代责任亦无法与我国的单位犯罪理论相容。受责任主义原则影响,我国

---

① 参见万方:《企业合规刑事化的发展及启示》,载《中国刑事法杂志》2019 年第 2 期。

② 参见陈兴良:《刑法哲学》(修订 3 版),中国政法大学出版社 2004 年版,第 206 页。

③ 参见王海军:《组织责任论视域下企业合规不起诉的司法适用范围》,载《法学评论》2023 年第 2 期。

④ 参见陈兴良:《刑法哲学》(修订 3 版),中国政法大学出版社 2004 年版,第 209—210 页。

⑤ 张明楷:《责任论的基本问题》,载《比较法研究》2018 年第 3 期。

对于单位犯罪的认定本身更为严格。在单位犯罪的认定中,我国刑法不仅要求必须存在主观罪过,而且要求明确罪过的类型为故意或过失。① 因此,这也不难理解有学者指出我国应当以污染环境罪作为切入点,模糊罪过,不区分行为人的故意或过失。② 但无论如何,现行刑法理论确实仍然坚持罪过的二分法,并且对于单位犯罪同样要求罪过的择一。因此,替代责任事实上无法在我国的单位犯罪制度中生存。

最后,通过比较法考察,替代责任并不一定是刑事合规的基础③,将我国单位犯罪的基础理论更改为替代责任略有舍本逐末之嫌。刑事合规在逻辑上并不必然与替代责任相关。美国以外亦有未采取替代责任模式的国家仍然能够完整引入刑事合规制度。可见,替代责任与刑事合规制度并非捆绑关系,只是作为一种法人犯罪理论与美国等国家的刑事合规制度同时出现而已。综上,主张适用替代责任实质上颠覆了我国的刑法基础理论尤其是单位犯罪理论部分,从法的安定性角度考量并无必要。

2. 组织体责任论之坚持

针对替代责任所呈现的处罚范围过大、个人行为极易牵连企业的问题,我国更多的学者主张依据过错责任原则追究刑事犯罪中的企业责任,其中比较有代表性的为组织体责任论。虽然其他的学说各式各样,但其"多具有组织体责任论的内涵"④。组织体责任论以"不依托作为单位组成人员的自然人,从单位组织体的结构、制度、文化氛围、精神气质等因素中推导出单位自身构成犯罪并承担刑事责任的根据"⑤为出发点,进而追究单位的刑事责任。组织体责任论中,组织体的行为并不以其内部的自然人为前提,组织体的本质其实是"单位的领导集体"⑥,因此关于单位的刑法评价均以此为基点展开,即独立考察单位的意志与行为。以组织体责任论的内涵为基础,李本灿教授提出"新组织体责任论"的观点,该观点进一步将单位领导集体以外的人员仅视为单位一般人员,"单位责任判断的'观察对象'或'参考资料'",而并不能代表单位意志。⑦

需要说明的是,在立法层面,有学者提出了单位犯罪二元论的主张,即在企业犯罪的案件中根据独立的标准与基础对个人刑事责任与企业刑事责任进行单独判断。⑧ 基

① 参见徐久生、师晓东:《法教义学视角下刑事合规之适用研究》,载《安徽大学学报(哲学社会科学版)》2021 年第 5 期。

② 参见陈洪兵:《模糊罪过说之提倡——以污染环境罪为切入点》,载《法律科学(西北政法大学学报)》2017 年第 6 期。

③ 参见李本灿:《刑事合规立法的实体法方案》,载《政治与法律》2022 年第 7 期。

④ 李本灿:《单位刑事责任论的反思与重构》,载《环球法律评论》2020 年第 4 期。

⑤ 黎宏:《单位刑事责任论》,清华大学出版社 2001 年版,第 241 页。

⑥ 李本灿:《单位刑事责任论的反思与重构》,载《环球法律评论》2020 年第 4 期。

⑦ 参见李本灿:《单位刑事责任论的反思与重构》,载《环球法律评论》2020 年第 4 期。

⑧ 参见周振杰:《企业刑事责任二元模式研究》,载《环球法律评论》2015 年第 6 期。

于此，主张二元论的学者通常认为在单位的刑事责任中，应当以单位与个人行为的刑法评价“双轨”为前提，修改《刑法》第 14 条、第 15 条，推定证明单位犯罪的故意与过失，由此将主观方面的举证责任由公诉机关转移至单位；在第 30 条中，单位犯罪与个人犯罪行为的认定逻辑应当彼此独立，申明单位犯罪的主体仅限于单位。该观点看似与组织体责任论的基础理论相吻合，甚至更进一步地将单位与个人的行为评价体系完全分离。但是，这不仅具有混淆故意与过失的倾向，还有违背我国《刑法》第 14 条、第 15 条确认的责任主义原则之嫌。①

事实上，在理论中，可以在依据组织体责任论理解我国《刑法》第 30 条、第 31 条的内容的前提下，用最小幅度的修法技术引入刑事合规制度。无论是在组织体责任论还是在新组织体责任论的视角下，我国单位犯罪的认定思路均无须颠覆。第一，组织体责任论的核心是将单位作为一个独立主体单独考察。而《刑法》第 30 条、第 31 条的内容体现了我国单位刑事归责原则为企业决策责任论，强调单位意志作为单位犯罪要件的认定②，已经说明了我国单位犯罪的认定并不以自然人行为为前提。因此，我国的单位犯罪管理本就不以自然人行为为中心，反而是更倾向于单位集体各犯罪要件的认定，可见其已经具备组织体责任论甚至是新组织体责任论的基础。第二，在实践中，组织体责任论具备解决我国中小微企业合规积极性缺乏问题的潜质。由于企业运行依据内部规则行事的模式和国家在企业管理中信息的缺乏，外部刑法规范作为禁止性规范很难直接针对企业发挥作用。③ 而从长久来看，促进企业进行合规自律建设，又不能仅停留在目前检察机关较为随意地启动帮助企业合规程序的阶段，而是应当对中小微企业形成内部激励，促进其自发形成合规模式。因此，脱离个人责任的组织体责任论得以彰显。“企业可以依据自身组织状况、经营范围、规模等因素，结合法律规定，设立一套违法及犯罪行为的监督、预防、发现及报告机制”④，从而真正接近企业自律，抑制犯罪的理想状态。

因此，结合目前我国刑事合规实践，我国的单位犯罪理论完全可以坚持组织体责任论甚至是新组织体责任论的立场。聚焦于立法技术，确如一些观点所言，在面对刑事合规的介入时，只需在我国《刑法》第 31 条中增加“单位犯罪的定罪和量刑应当参照合规计划实施情况”⑤或“依照前款规定，单位对预防犯罪发生进行有效合规管理

---

① 参见李本灿：《刑事合规立法的实体法方案》，载《政治与法律》2022 年第 7 期。

② 参见刘艳红：《企业合规责任论之提倡——兼论刑事一体化的合规出罪机制》，载《法律科学（西北政法大学学报）》2023 年第 3 期。

③ 参见蔡仙：《组织进化视野下对企业刑事归责模式的反思》，载《政治与法律》2021 年第 3 期。

④ 蔡仙：《组织进化视野下对企业刑事归责模式的反思》，载《政治与法律》2021 年第 3 期。

⑤ 李本灿：《刑事合规立法的实体法方案》，载《政治与法律》2022 年第 7 期。

的，单位不负刑事责任”①等类似的条款，即可释明合规计划在单位犯罪刑事责任认定中的作用。

四、结论

综上所述，作为我国从域外引介的刑事合规制度，在风险社会和我国保护中小微企业的背景下，确有现实意义。“双不起诉”现象折射出在我国刑事合规制度引介过程中，由于实体法依据的缺失所造成的司法人员理解的混乱，因此对实体法的修改工作应当提上日程。

基于此，为削弱刑事合规制度刑法化的困难，应否定将各企业按照规模分流处理，有选择性地允许“双不起诉”的做法，对我国的单位犯罪理论进行进一步的研究。在现有的单位犯罪理论中，替代责任因其自身的局限性在我国的单位犯罪领域几乎没有存在空间；而仍然主张过错并将单位视为独立主体的组织体责任论以及在其基础上发展出来的新组织体责任论，不仅在目前的单位犯罪教义中仍有价值，也能够在法律最小变动幅度的基础上容纳刑事合规制度，应当予以坚持，并采纳以该学说为基础的立法方案。

① 刘艳红：《刑事实体法的合规激励立法研究》，载《法学》2023 年第 1 期。

安全生产犯罪的单位刑事归责反思与合规适用思考

尹锐平[*]　董文蕙[**]

一、问题的提出

我国《刑法》第30条规定:"公司、企业、事业单位、机关、团体实施的危害社会的行为,法律规定为单位犯罪的,应当负刑事责任。"该条体现了我国单位刑事责任的特殊性,即当不存在免责事由时,单位实施犯罪行为后承担刑事责任仍需有规范条文进行明确。单位犯罪特殊的犯罪构成,导致单位尽管实施了某些罪名的犯罪行为且不存在免责事由,但由于未规定单位的刑事责任要件,单位仍无需承担刑事责任。该类犯罪的代表性罪名有安全生产类犯罪,如《刑法》第137条规定了犯罪主体为"建设单位、设计单位、施工单位、工程监理单位",而该条却未规定单位的刑事责任,仅规定了自然人的刑事责任。应如何理解单位犯罪而不归责单位的涉单位犯罪制度设计,本就众说纷纭,引起学界的广泛质疑,有学者认为该制度设计是"规范隐退"的表现。① 而根据相关规范性文件以及最高人民检察院发布的刑事合规典型案例②,我国合规不起诉改革在

---

* 武汉大学法学院博士研究生。

** 华南理工大学法学院副教授。

① 该问题的讨论可参见刘艳红:《"规范隐退论"与"反教义学化"——以法无明文规定的单位犯罪有罪论为例的批判》,载《法制与社会发展》2018年第6期;孙道萃:《单位犯罪成立范围"法定"原则的逻辑证伪与立法超越——以"〈刑法〉第30条的解释"为切入点》,载《江苏大学学报(社会科学版)》2017年第1期。

② 《关于建立涉案企业合规第三方监督评估机制的指导意见(试行)》第3条:"第三方机制适用于公司、企业等市场主体在生产经营活动中涉及的经济犯罪、职务犯罪等案件,既包括公司、企业等实施的单位犯罪案件,也包括公司、企业实际控制人、经营管理人员、关键技术人员等实施的与生产经营活动密切相关的犯罪案件。"《涉案企业合规建设、评估和审查办法(试行)》第20条:"本办法所称涉案企业,是指涉嫌单位犯罪的企业,或者实际控制人、经营管理人员、关键技术人员等涉嫌实施与生产经营活动密切相关犯罪的企业。对与涉案企业存在关联合规风险或者由类案暴露出合规风险的企业,负责办理案件的人民检察院可以对其提出合规整改的检察建议。"2022年4月2日全国检察机关全面推开涉案企业合规改革试点工作部署会指出:"涉案企业合规改革适用的案件类型,包括公司、企业等市场主体在生产经营活动涉及的各类犯罪案件,既包括公司、企业等实施的单位犯罪案件,也包括公司、企业实际控制人、经营管理人员、关键技术人员等实施的与生产经营活动密切相关的犯罪案件。"参见徐日丹:《涉案企业合规改革试点全面推开!这次部署会释放哪些重要信号?》,载最高人民检察院官网,https://www.spp.gov.cn/zdgz/202204/t20220402_553256.shtml,2022年5月24日访问。

案件适用范围上,已经包含涉及单位的安全生产犯罪案件。然而,以单位犯罪为基础、单位刑事责任为激励因素的刑事合规,在单位并不承担刑事责任的安全生产犯罪中应如何展开适用,存在一定的逻辑障碍。由此,安全生产犯罪在单位刑事归责以及合规适用中存在两个层面的理论困境:①安全生产犯罪中单位刑事责任欠缺的制度设计是否具有合理性,是否应当在安全生产犯罪中补充单位的刑事责任;②欠缺单位刑事责任的安全生产犯罪是否具有刑事合规适用的正当性,以及其刑事合规适用应当如何展开。本文将聚焦上述两个层面的理论困境,基于我国实定法展开分析,化解安全生产犯罪中的单位刑事归责难题,并进一步提出安全生产犯罪案件适用合规不起诉的实体理论基础。

二、安全生产犯罪中单位刑事归责缺失反思:基于应罚性与需罚性展开

在安全生产犯罪中,单位刑事归责缺失的制度设计反思,需基于我国安全生产犯罪的实定法规定,从应罚性与需罚性两个层面展开。应罚性判断是立法建构的标准,解决的是行为人的行为在刑法上"是否构成犯罪"的问题。① 因此,应罚性层面的反思,需要基于安全生产犯罪行为模式的本质,进而考察有无实现犯罪学意义上的单位犯罪的可能,换言之,即单位犯罪有无可能触犯安全生产犯罪所保护之法益而具备不法性。需罚性判断是刑事政策或宪法建构的标准,它是在应罚性具备的情况下,进一步追问"行为人是否需要作为犯罪处理",即从预防的必要性或比例原则出发,判断行为人的行为在司法上有没有作为犯罪处理的必要性。② 因此,在需罚性层面需要思考对单位进行刑事归责能否实现安全生产犯罪预防的目的。两个层面的思考中,后者以前者为基础,唯有在明确单位犯罪有安全生产犯罪的应罚性的前提下,才能展开需罚性的反思。

(一)单位安全生产犯罪应罚性的本土思考

单位有无可能犯安全生产犯罪,需要从两方面进行思考:①单位的犯罪模式为何;②安全生产犯罪的行为模式与单位犯罪的行为模式是否相契合,即单位有无实施安全生产犯罪之可能而具备应罚性。当前,我国单位犯罪的行为模式理论在学界引起广泛讨论,主要存在以下三种观点:①以系统责任论为基底,借助义务违反框架构建单位独立刑事责任的归责模式③;②以替代责任理论为基底,认为单位犯罪在本质上是对内部

① 参见姜涛:《需罚性在犯罪论体系中的功能与定位》,载《政治与法律》2021 年第 5 期。

② 参见姜涛:《需罚性在犯罪论体系中的功能与定位》,载《政治与法律》2021 年第 5 期。

③ 该类观点可参见时延安:《合规计划实施与单位的刑事归责》,载《法学杂志》2019 年第 9 期;耿佳宁:《单位固有刑事责任的提倡及其教义学形塑》,载《中外法学》2020 年第 6 期;周振杰:《企业刑事责任二元模式研究》,载《环球法律评论》2015 年第 6 期。

自然人犯罪行为的刑事责任承担①；③以组织体责任论与同一视理论为基底，将内部特定自然人的犯罪行为认定为单位的犯罪行为而进行归责②。各类单位犯罪理论的正当性分析，都需要以我国单位犯罪的实定法规范以及法人制度理论展开。

第一，通过分析我国单位犯罪的实定法规范，可以明确单位的犯罪主体地位，而非责任主体地位。《刑法》第 30 条、第 31 条、分则中部分条款以及《全国人民代表大会常务委员会关于〈中华人民共和国刑法〉第三十条的解释》，都采用了类似“单位犯……罪”或“公司、企业、事业单位、机关、团体实施的危害社会的行为”的表述，明确了单位的犯罪主体地位。替代责任理论所阐述的单位犯罪的本质是，单位因内部自然人实施犯罪行为而承担替代责任的，与民事侵权中的单位无过失责任或严格责任的内在机理是一致的，单位本质上是责任主体而非行为主体。可见，该理论与我国实定法中明确单位为犯罪主体的规范内涵并不一致。同时，替代责任理论在民事侵权中的正当性部分来源于民事侵权责任的可转嫁性，而刑事责任作为一种制裁，其可转嫁性难以证立。因此，以替代责任理论阐释我国单位犯罪的本质，显然与我国本土语境难以兼容，不具有正当性。

第二，因应我国法人制度中法人自治基础缺乏以及单位犯罪的特殊制度设计，单位犯罪的行为模式需要通过类型化的思考方式进行阐释。一方面，与域外法人制度中明确的主体性目的不同，作为舶来品的法人制度在我国的制度目的并不明确。“法人的滥觞，业已揭示出法人的原因，指明了法人的本质——非自然人之法律人格”，从罗马法时期诞生之时，域外法人制度的目的即在于突破自然人人格体的限制，实现以非自然人名义从事活动主体的合法化，具有“铁打的军营流水的兵”的效果。③ 相比之下，在我国法人制度价值相对模糊的背景下，法人自治难以成为法人理论的核心内容，由此与域外的法人制度形成区别。事实上，法人制度目的不明确本身并不是问题，关键是需要在不同目的下制定不同的法人规范。强调法人主体存续目的、不因自然人变动而发生变化的法人，必然是针对法人本身，如国企需不因自然人变动而保值，该目的下的法人就需要强调法人自治的要求，强调管理人员的勤勉义务；若认为法人是自然人从事商业活动之工具，在此目的驱使下，规范就需要强调对实控人的规制，可以减弱对法人自治构建的要求，如中小微企业。同时，除法人制度的目的外，法人实际经营情况决定着法人对法益的影响程度，不同的经营行业，如涉危化品行业、医

---

① 该类观点可参见张克文：《拟制犯罪和拟制刑事责任——法人犯罪否定论之回归》，载《法学研究》2009 年第 3 期。

② 该类观点可参见黎宏：《组织体刑事责任论及其应用》，载《法学研究》2020 年第 2 期；蔡仙：《组织进化视野下对企业刑事归责模式的反思》，载《政治与法律》2021 年第 3 期；李本灿：《单位刑事责任论的反思与重构》，载《环球法律评论》2020 年第 4 期。

③ 参见史际春、胡丽文：《论法人》，载《法学家》2018 年第 3 期。

疗行业,不同企业的规模体量,如上市公司的资本、生产经营规模与中小企业的生产经营规模,单位的诸多因素都决定了企业生产经营活动所引起的对法益侵害危险程度的不同。因此,法人设立规范本应因应不同的制度目的以及法人的实际经营情况,在法人设立规范中赋予不同的义务要求。纵观我国法人理论的嬗变历程,我国"公司法经历了'合同+法人'—'集合财产'—'财产、合同、实体'并存的三个阶段"①,反映出我国法人制度的工具性价值与主体性价值交锋不断。对公司本质的解读不明晰,导致我国目前《公司法》中的规定过于笼统,法人设立规范没有做到类型化的制度构建,由此形成我国法人自治体系构建参差不齐的混乱局面。

另一方面,我国当前单位犯罪的实定法规范中的归责思路,未能有效解决法人自治欠缺的现实困境,但为类型化归责的制度设计奠定了基础。我国《刑法》第 30 条中单位刑事归责的构成要件描述,是一种开放的构成要件描述②,其没有进行具体的构成要件要素描述,而司法解释中的归责要件表述为:①以单位名义或者由单位决策实施;②违法所得归单位所有③。然而,"以单位名义或者由单位决策实施"需要通过法人内部治理体系进行判断;违法所得归单位所有是一种形式判断,其目的是要突出"为单位利益"的行为性质,这同样需要通过法人内部治理体系进行判断。可见,依托法人自治展开的司法解释归责立场,无法有效处理法人自治欠缺的现实局面。因此,因应我国法人自治混乱的局面,需要进行类型化的单位犯罪刑事归责构建。我国法人的自治程度可以分为三种情况:①法人自治体系健全的单位,与内部主要经营者能够分离存续;②由主要经营者所实控、具备一定自治体系的单位,单位的存续与实控人紧密相连、难以分离,自治体系仅辅助单位的生产经营;③完全不具备自治体系、人员数量较少的单位。在自治体系健全有效的单位中,单位经营行为是自治体系与自然人行为的综合作用,单位犯罪的发生是单位主体与内部自然人共同作用的结果。因此,该类单位的刑事归责需以系统责任论为基底,单位与自然人刑事责任相分离,单位犯罪的本质为自治体系的失灵,导致了犯罪结果的发生。在自治程度相对较低的单位中,单位的生产经营活动完全由与法人人格交融的自然人决定,单位犯罪的实质为实现法人人格的内部自然人的犯罪行为。该类单位的刑事归责,将以新组织体责任论为基底,将单位内部实控人的行为视作单位行为,特定自然人的犯罪行为认定为单位犯罪。而未构建法人自治体系的单位,仅是内部实际经营者的工具,单位并不具有主体性地位,也将无法

① 邓峰:《中国公司理论的演变和制度变革方向》,载《清华法学》2022 年第 2 期。

② 开放的构成要件的相关理论,可参见刘艳红:《开放的犯罪构成要件理论之提倡》,载《环球法律评论》2003 年第 3 期。

③ 参见 2001 年最高人民法院公布的《全国法院审理金融犯罪案件工作座谈会纪要》;2011 年最高人民法院、最高人民检察院《关于办理危害计算机信息系统安全刑事案件应用法律若干问题的解释》第 8 条;2017 年最高人民检察院《关于办理涉互联网金融犯罪案件有关问题座谈会纪要》。

构成单位犯罪,没有承担刑事责任的基础,仅考虑自然人的刑事责任即可。事实上,通过对我国单位犯罪的实定法规范进行责任主体分析,能够明确单位犯罪与"直接负责的主管人员和其他直接责任人员"(以下简称"两类人员")的刑事责任紧密相连,即单位犯罪必然带来"两类人员"的刑事责任。"两类人员"在本质上是与单位的组织体人格交融的人员,换言之,实定法规范体现了同一视理论的内涵,由此奠定了单位犯罪类型化归责的本土基础。

基于不同类型的单位犯罪归责,结合安全生产犯罪的行为模式,能够明确单位具备安全生产犯罪的现实性。我国安全生产犯罪的立法思路兼采了行为模式与业务类型,并且《刑法修正案(十一)》放弃了依据业务性质的思路,改采依据行为方式进行修订。① 我国安全生产犯罪主要由《刑法》第134条至第139条之一构成,其中第134条、第134条之一、第139条之一分别规定了安全生产犯罪的三种行为模式:①违反前置法义务而造成实害结果(第134条);②违反前置法义务造成法所不容许的危险(第134条之一);③事故发生后处置不当(第139条之一)。第135条至第139条是对第134条的行为模式中的前置法义务的类型化规定。可见,我国安全生产犯罪的行为模式可以分为两部分:①犯罪主体违反前置法义务;②犯罪主体违反前置法义务的行为导致法所不容许的风险发生与实现。结合类型化的单位犯罪模式,单位是否能够触犯安全生产犯罪,主要关注:①单位能否该当安全生产犯罪所要求的违反前置法义务的构成要件;②单位违反前置法义务的行为,与法所不容许的风险发生与实现是否具有刑法所要求的因果性。在安全生产犯罪案件中,单位生产经营活动中缺乏必要有效的监督措施,是造成危害结果的重要原因,这就体现为自治体系健全的单位内部的监督体系失灵。如余某某等人重大责任事故案中,赵某、王某等人发现锅炉车间有发生故障可能时,未进一步查明原因进行修复,最终造成管道爆裂、人员伤亡的后果。赵某、王某是B矸石发电公司的管理人员,其未履行监督的职务行为,实质表现为单位的内部管理体系失效;而监督行为的履行能够在很大程度上避免事故的发生,职务行为与实害结果之间具有因果联系。可见,B矸石发电公司具备重大责任事故罪的不法,从而具有承担刑事责任的基础。无论单位的法人自治体系是否健全,生产经营过程中违反前置法义务而进行的职务行为都能成为单位具备不法的前提基础,单位安全生产犯罪的应罚性具有现实可能性。

(二)安全生产犯罪中单位刑事责任的需罚性思考

单位安全生产犯罪的应罚性层面思考能够为单位的刑事归责奠定基础,而单位是否承担安全生产犯罪的刑事责任仍需从需罚性层面展开分析。需罚性包含宪法意义

---

① 参见杨绪峰:《安全生产犯罪立法的体系性反思——以〈刑法修正案(十一)〉的相关修改为契机》,载《法学》2021年第3期。

上的比例原则,即刑法所保护之法益必须是经过比例原则筛选后的法益,只有该类法益才值得动用最为严厉的刑罚手段进行保护,以及刑事政策上的预防必要性,明确刑事责任之于该类犯罪的预防是积极有效的。① 事实上,在单位的生产经营活动中,安全生产犯罪频发是域外构建法人刑事责任体系的重要政策因素。针对法人的犯罪能力,日本法大多采取否定见解,然而,组织性的犯罪往往会造成更大的危害,从环境犯罪与职业灾害中即可见一斑。② 可以说,单位的刑事责任的催生,部分源于安全生产犯罪、环境犯罪等公害犯罪的危害性日益扩大、发生数量不断增长,而前置法规制手段捉襟见肘,由此所形成的刑事政策的考量。在安全生产犯罪中进行单位刑事责任的制度设计,与打击公害犯罪的刑事政策目的以及合比例原则相契合。同时,安全生产犯罪具备"早期预警性与后果严重性"的犯罪特点,即该类犯罪通过低成本的预防举措,很大程度上能够避免高成本的犯罪后果,强化该类犯罪的注意义务是规制该类犯罪的重要途径。③ 将单位主体纳入安全生产犯罪范畴,在犯罪预防方面,能够强化生产经营活动的注意义务的履行,避免安全生产犯罪的发生;在犯罪发生后,单位刑事责任的归责能够有效弥补严重的犯罪后果,实现公平正义。可见,从需罚性层面思考,单位安全生产犯罪的刑事责任具有正当性,在安全生产犯罪当中明确单位的刑事责任应当成为该类犯罪的完善方向。

三、单位安全生产犯罪中合规适用难题破解

与缺乏单位安全生产犯罪刑事责任的滞后相对比,合规不起诉的适用范围已经囊括安全生产犯罪并形成相关典型案例。

比如,最高人民检察院发布的第二批企业合规典型案例中的案例四"随州市Z公司康某某等人重大责任事故案"。Z公司与曹某签订污水沟清理协议,将污水沟清理工作交由其承包。曹某违规作业导致有毒气体溢出,造成人员身亡。康某某、周某、朱某作为Z公司安全生产责任人,在曹某实施清污工程期间把关不严,未认真履行工作职责,未及时发现事故隐患,导致发生生产安全事故。公安局以康某某、周某、朱某涉嫌重大责任事故罪为由将该案移送检察机关审查起诉,检察机关征询Z公司意见后,Z公司提交了开展企业合规的申请书、书面合规承诺等证明材料,检察机关经审查对Z公司作出刑事合规考察决定,取得良好效果。

尽管现行实定法未规定单位安全生产犯罪的刑事责任,但针对单位安全生产犯

---

① 参见姜涛:《需罚性在犯罪论体系中的功能与定位》,载《政治与法律》2021年第5期。

② 参见马跃中:《经济刑法:全球化的犯罪抗制》,元照出版公司2021年版,第49页。

③ 参见杨绪峰:《安全生产犯罪立法的体系性反思——以〈刑法修正案(十一)〉的相关修改为契机》,载《法学》2021年第3期。

罪适用刑事合规,是以单位具备一定的刑事不法展开的。以Z公司康某某等人重大责任事故案为例,若Z公司建立起健全的法人自治体系,那么康某某等三人所实施的违反注意义务,而造成实害结果的职务行为,是基于公司内部的监管体系失效所引起的;若Z公司未建立起健全的法人自治体系,由康某某等人所实控,则康某某等人作为Z公司的主要经营者,其所实施的职务行为能够与Z公司同一视,其所实施的行为可以认定为Z公司的犯罪。可见,无论通过何种归责路径展开分析,Z公司都具有安全生产犯罪的不法,基于犯罪预防目的,针对单位安全生产犯罪适用刑事合规具有现实意义。

在单位犯罪类型化归责的思路之下,合规不起诉的适用也需分类构建。自治体系健全的法人犯罪中,法人的合规整改显然能够借鉴域外刑事合规的经验,将刑事责任作为激励因素,针对法人自治体系存在的漏洞进行规范整改。自治体系健全的单位发生安全生产犯罪,必然存在单位自治体系未履行前置法义务的情况,其中主要为监管义务。因此,自治体系健全的单位安全生产犯罪,是以单位本身刑事责任的不发生为激励因素,与自然人的刑事责任相分离,即仅为对单位的不起诉,针对单位自治体系中未有效履行前置法义务的环节进行合规整改,以实现单位安全生产犯罪预防之目的。可见,自治体系健全的法人安全生产犯罪的合规不起诉适用,需要在实定法规范中补充单位安全生产犯罪的刑事责任,与前文的单位安全生产犯罪分析相呼应。而在自治体系程度较低的单位犯罪中,刑事合规的适用面临两难选择:①在整改方式上,到底是在单位内部进行自治体系的构建,将单位转变为自治体系健全的单位,还是与认罪认罚制度兼容适用,针对与法人人格交融的自然人进行改造;②在合规与刑事责任的关系上,合规不起诉的后果是仅对单位主体,还是对单位与内部实控人的“双不起诉”。

第一,合规整改方式的选取,需要考察不同的法人治理模式的价值与规范目的的需求。强调自然人实控的单位,是在“公司者,群商贮本钱做生意也”观念下的产物,强调法人的工具价值,其具有的决策效率较高、资本运作较强的特点,能极大地实现法人的营利目的。但同时其与法人理论的初衷相冲突,存在法人成为自然人逃避法律责任的巨大风险。与强调自然人实控的单位相比,尽管自治体系完备的单位决策效率可能较低,但其所具有的不因自然人变动而发生影响、能够极大地分散生产经营活动风险的优越性,是被自然人实控的单位无法比拟的。基于不同法人治理模式的优劣,刑事合规的整改需要结合单位本身的实际经营情况,进行类型化的适用,而并非偏此失彼。面对生产规模较小,经营范围单一的法人,仍然可以保持其自然人实控的模式。一方面,其经营活动可能发生的风险并不会造成过于严重的损害,处于相对可控的范围;另一方面,要求其构建一项完备的合规体系所需要的成本已超越其承担能力,针对单位所进行的合规整改本身就具备一定的制裁性,“对涉案企业予以合规出罪的同时,需要通过非刑罚手段发挥超越刑罚的制裁效果"①,该类合规整改根本无助于单位的存续发展。因此,针对该类单位,合规不起诉的重点是与认罪认罚制度的兼容,通过适用认罪认罚制度,对实际经营者的再犯罪意识进行改造。面对生产规模较大、生产范围多元、资本规模较大的公司,其生产经营活动牵涉多方面的法益,放任其自然人实控的局面将存在巨大风险。因此,合规整改就必须在法人内部进行治理体系的有效构建,将其转变为具有有效内部治理体系的法人模式,预防犯罪的发生与实害结果的实现。康某某等经营人承担刑事责任,而Z公司依旧进行合规整改,其原因即在于Z公司本身具备一定的不法,因实定法规范的特殊设置而未承担刑事责任,但通过合规整改能够预防其再犯可能性。

第二,"双不起诉"的合规效果实质上与自治体系不健全的单位犯罪归责路径以及刑事合规的政策目的相关联。自治体系不健全的单位犯罪本质上运用了同一视理论予以阐述,单位内部实控人的职务犯罪活动被认定为单位的犯罪活动。换言之,自治体系不健全的单位内部实控人的职务犯罪行为成为经营者与单位双重刑事责任的基础。此时,针对该类单位犯罪展开的刑事合规整改,除了对单位的自治体系的整改考量,必然需要结合对单位内部实控人的整改,主要表现为认罪认罚制度的适用。因此,取得"双不起诉"整改效果根源于该类合规整改并不仅仅是针对单位本身,而是针对单位与自然人两者进行。同时,在公私协作和保护民营企业的政策背景下②,合规不起诉除了实现单位犯罪预防的目的,还具有挽救陷入危机的单位、促进企业的良性发展的政策目的。而面对法人自治程度较低的单位,仅针对单位进行合规整改无助于单位的存续发展,唯有同时作用于单位与单位内部实控人的整改方式才能够有效实现企业的后续发展。因此,在基于自治体系不健全的单位犯罪归责路径以及刑事合规的政策目的的双重考察下,"双不起诉"具有一定的正当性,能够取得较好的效果。

四、结语

在安全生产犯罪中引入单位刑事责任与刑事合规整改,是基于安全生产犯罪行为模式中违反前置法义务行为的过失特性以及违反义务行为与实害结果之间紧密的因果性所作出的考量。安全生产犯罪中前置法义务的违反往往出于过失,而过失犯的本质在于对注意义务的违反。因此,强化单位的刑事责任有助于推进单位内部经营活动

① 刘艳红:《企业合规不起诉改革的刑法教义学根基》,载《中国刑事法杂志》2022年第1期。

② 关于公私协作的政策目的,可参见刘宗德:《公私协力与自主规制之公法学理论》,载《月旦法学杂志》2013年第6期;章志远:《迈向公私合作型行政法》,载《法学研究》2019年第2期。保护民营企业的政策精神,可参见《中共中央关于坚持和完善中国特色社会主义制度 推进国家治理体系和治理能力现代化若干重大问题的决定》中"健全支持民营经济、外商投资企业发展的法治环境"相关内容。

对注意义务的履行程度,实现犯罪的预防目的,防止实害结果的发生。安全生产犯罪中刑事合规适用的本质,是将刑事责任作为激励因素,促进单位构建、实施有效的内部治理体系,以实现注意义务的履行,从而达到安全生产犯罪预防的目的。在当前不断深化合规不起诉改革的当下,单位安全生产犯罪刑事责任的引入以及刑事合规构建具有现实必要性,值得进一步反思。

中国式以检察为主导的行业合规制度的完善路径与方向

柏屹颖[*]　李嘉程[**]

习近平总书记指出,“一个国家走向现代化,既要遵循现代化一般规律,更要符合本国实际,具有本国特色。中国式现代化既有各国现代化的共同特征,更有基于自己国情的鲜明特色”①。检察机关在主导涉案企业合规改革时坚持治罪与治理并重,不断探索涉案合规向行业治理的延伸,注重以点带面,关注抓前端、治未病的事前合规,通过发挥自身法律监督职能,与行政机关、法院、行业组织、第三方监督评估组织协作配合,以行刑共治、合规互认等方式,构建多方参与的行业合规治理模式。企业合规的最终目的是有效防控企业经营风险,而行业合规可以将预防企业违规的责任转移到企业内部,在检察机关法律监督职能的作用下使国家外部监督与企业内部自我监督形成合力,有助于非涉案企业尤其是中小微企业在尚未发生或者有潜在经营风险的情况下进行自我合规建设,降低合规成本,防控企业违规风险,对于建立完善中国特色现代企业合规司法制度提供实践进路。

一、行业合规实践与探索

(一)行业合规的主要动因

我国的市场经济发展还处于初级阶段,市场经济体制还不完善,存在诸多问题,囿于行政机关监管力量不足和企业自我管理能力有限,一些企业尤其是民营企业的内部管理和合规意识较差,日常行政违法现象屡见不鲜,甚至面临刑事追诉的风险,其犯罪的原因多源于其发展模式粗放、法律意识淡薄、违法作业频发等通病,而涉罪的民营企业大多是中小微企业。中小微企业普遍存在企业家与企业的人格和财务高度混同的现象,企业的生存、发展与企业家有着紧密联系,企业往往因为企业家涉罪而难逃一蹶

---

* 浙江省嘉兴市南湖区人民检察院检察长、三级高级检察官。

** 浙江省嘉兴市南湖区人民检察院二级检察官。

① 习近平:《中国式现代化是强国建设、民族复兴的康庄大道》,载《求是》2023 年第 16 期。

不振的命运,所以西方企业合规中"放过企业,严惩个人"的处理原则并不一定符合我国国情。在一些特定行业如工程项目招投标、化工、采矿、医药、数据领域,企业所存在的串通投标、污染环境、行贿、侵犯公民个人信息、虚开发票等违规行为往往不是偶发现象,甚至是行业内的潜规则。涉案企业合规只是对涉罪企业的合规整改,面对庞大的行业内其他非涉案但存在犯罪隐患的企业,涉案企业合规显得捉襟见肘,可能只是对冰山一角的修复或者是"扬汤止沸"式的治理。行业合规恰恰能将国家对行业内企业的长足发展和企业内生的依法合规精神融合,并真正根植于企业内核。如果说企业合规已经成为涉案企业合规经营、依法健康发展的内在需求和外在期待①,那么行业合规则是把国家外部监督与企业内部监督有机结合,促成行业内形成"国家与企业"合作式的新型治理模式,实现预防企业犯罪的善治格局,符合中国特色现代企业合规司法制度的发展规律。

(二)行政强制的行业合规实践

我国行政强制的行业合规实践起步于金融证券行业,自2005年起,中国金融监管部门陆续发布各类指引和管理办法,以行政部门规章的形式在证券行业推行强制合规制度,后续逐步推广至中央国有企业,2018年国资委印发《中央企业合规管理指引(试行)》,2022年出台《中央企业合规管理办法》,中央国有企业的行政强制合规经历了从建议合规到强制合规的过渡。可以说,我国行业合规最早的实践主要是由行政机关主导和推进的,通过强制合规督促企业按照行政规章建立合规管理体系,对未按照规定建立合规管理体系的企业进行行政处罚。在这种行政压力的作用下,行政强制合规领域还出现了合规激励的萌芽,一些存在违规行为的企业通过合规抗辩来换取宽大的行政处理。但行政领域合规从宽没有成熟的案例,行政机关在合规免责制度方面保守有余、开创性不足,缺乏最基本的想象力。② 实际上,行政强制的行业合规缺乏合规从宽的基础,而合规从宽又必须以合规激励为前提,只有明确的合规激励才能使企业在合规管理体系建设方面不流于形式,将合规视为一种法律义务而不是德道义务。而如果没有行政监管和刑法上的双重激励机制,几乎没有任何行业、任何公司会认真对待企业合规问题,更谈不上耗时费力地建立或者完善企业合规计划。③

(三)检察机关主导的行业合规探索

检察机关主导的行业合规是从涉案企业合规改革中的个案合规办理延伸出来的,从目前发布的四批企业合规改革试点典型案例来看,第二批第三个案例"山东沂南

---

① 参见李玉华:《企业合规本土化中的"双不起诉"》,载《法制与社会发展》2022年第1期。

② 参见陈瑞华:《论企业合规在行政监管机制中的地位》,载《上海政法学院学报(法治论丛)》2021年第6期。

③ 参见陈瑞华:《企业合规基本理论》,法律出版社2020年版,第31页。

县Y公司、姚某明等人串通投标案”、第三批第四个案例“广西陆川县23家矿山企业非法采矿案”、第四批第一个案例“北京李某某等9人保险诈骗案”、第四批第三个案例“山西新绛南某某等人诈骗案”，出现了以行业治理、诉源治理、区域合规为主的行业合规整改模式，基本做法是检察机关在办理企业合规个案时，对行业内非涉案企业进行调查，发现行业内企业普遍存在的潜在违规问题，在调查的基础上发出检察建议或者检察意见，促进行政机关依法履职，共同推动行业内企业进行合规体系建设，有些案件中还提及联合行业自治组织开展行业合规整改。但有学者指出，广泛的企业调查已经超越了检察机关的职权，检察人员并非专业公司治理专家，这种方式也未必专业和具有可持续性。① 案例中的行业合规只是检察机关的初步尝试，侧重点主要在于检察机关办案，并未解决检察机关主导并启动行业合规的触发点、行刑共治、合规整改的验收与认证等问题。一是形式上，案例主要是在合规不起诉之后以向行政监管部门发送检察建议或者移送线索的方式，建议行政监管部门进行行业治理，行业合规监管主要由行政监管部门承担。二是方式上，案例中鲜少提及检察机关在行业合规整改中的具体作用，也少有对行政监管部门推动行业合规具体做法的详细阐述，在行业合规的启动、第三方监督评估组织的选择权、合规考察验收上没有凸显检察机关的主导地位。而这其中，检察机关的主导作用、与行政机关的衔接、行业合规的合规激励以及公共法律服务供给等问题在行业合规的探索中显得尤为重要。

二、检察机关主导行业合规的必要性

（一）检察机关主导行业合规的政治属性

2021年《中共中央关于加强新时代检察机关法律监督工作的意见》明确规定“准确把握新发展阶段，深入贯彻新发展理念，服务构建新发展格局，充分发挥检察职能作用，为经济社会高质量发展提供有力司法保障”。所以，检察机关要始终坚持党的领导，以高质量的检察履职服务党和国家大局，站在贯彻落实党中央重大决策部署和服务保障经济社会高质量发展的高度，在涉案企业合规改革中展现检察机关的政治担当、法治担当、检察担当，充分体现中国特色社会主义检察制度的优越性。按照2023年7月出台的《中共中央、国务院关于促进民营经济发展壮大的意见》中关于“深化涉案企业合规改革，推动民营企业合规守法经营”的要求，将检察机关主导的政治性与业务性有机统一，在改革中积极探索治罪与治理并重的行业合规治理模式，引导督促涉案企业进行合规整改，联合多部门推动行业合规治理，不断提升我国现代企业经营管理

① 参见李本灿：《涉案企业合规典型案例中的法理：经验总结与问题反思》，载《现代法学》2023年第2期。

水平,助力企业构建现代合规制度、净化行业整体、护航企业和企业家“两个健康”发展,为推进国家治理体系和治理能力现代化贡献检察智慧,对于推进中国特色现代企业合规司法制度健全完善有着重要的政治、法治和实践意义。

(二)法律监督职能的延伸和拓展

涉案企业合规改革作为一场制度性变革,实际上就是检察机关法律监督职能的延伸和拓展。后疫情时代,我国经济下行压力较大,市场经济秩序需要进一步规范,企业作为市场经济中最重要的主体,其是否合规发展关系着国家和社会大局稳定。对此,检察机关作为法律监督机关,一方面要依法公正履职,通过公正行使检察权,维护社会公平正义,平等保护各类市场主体合法权益,落实宽严相济刑事政策,坚持“严管”与“厚爱”做实涉案企业合规工作,引导涉案企业树立起合规经营理念和方式;另一方面要依法能动履职,以一种“法治信仰、检察立场、监督视野、服务情怀”的工作理念和精神,深入探索、实践和完善办案—监督的有机融合①,将办案与监督融为一体,向社会治理领域延伸,实现“办理一案,治理一片”的良好效果。新形势下检察机关主导行业合规根植于自身法律监督职能,符合新时代经济社会发展的规律,具有鲜明的政治性、时代性、检察性,这种积极融入社会治理的创新机制,也将成为中国特色现代企业合规司法制度发展的必然趋势。

(三)公共利益保护理念的落实

2017 年 9 月 11 日习近平总书记在致第二十二届国际检察官联合会年会暨会员代表大会的贺信中突出强调,检察官作为公共利益的代表,肩负着重要责任。党的十八届四中全会提出的建立检察机关提起公益诉讼制度,是以习近平同志为核心的党中央推进全面依法治国的重大决策部署。行政权一向被视为公共利益的主要代表,其基本任务就是保护公共利益,实现公共政策。② 检察机关主导行业合规立足于对公共利益的保护,通过促进行政机关依法履职,借助和联合行政机关对尚未发生违规行为的企业进行行业合规治理。一是通过行政公益诉讼,促进行政机关依法保护公共利益,行业合规治理往往涉及多个行政机关的监管领域,而检察机关主导行业合规能够有效整合多个行政机关的监管力量,减少行政机关推诿扯皮的现象,确保行业合规走深走实。二是更加凸显对公共利益的保护,严格落实最高人民检察院“不是所有的涉企犯罪都可以适用合规改革”的要求,在启动行业合规整改时不单纯以罪名和罪刑轻重为标准,而是从维护社会公共利益的角度出发,以企业发展是否符合公共利益为考量,重点关注与保民生就业、保市场主体、稳市场预期有关的行业,充分贯彻检察机关

---

① 参见贾宇:《新时代检察理念研究》,中国检察出版社 2021 年版,第 181 页。

② 参见王明远:《论我国环境公益诉讼的发展方向:基于行政权与司法权关系理论的分析》,载《中国法学》2016 年第 1 期。

对公共利益保护理念的价值追求。

(四)优化营商环境的应有之义

党的二十大报告指出,"完善中国特色现代企业制度""营造市场化、法治化、国际化一流营商环境"。优化营商环境应当从两个维度来考量,第一个维度是国家层面,优化营商环境需要国家机关从国家治理和防控违法犯罪出发,既要依法惩治破坏市场经济秩序的犯罪,又要采取积极措施预防违法犯罪活动,为市场经济提供平稳良好的运行环境。行业合规作为预防企业违法犯罪的创新型治理模式,能够帮助行业内企业建立防控经营风险的合规管理体系,化解潜在的企业经营风险,规范行业发展,具备较强的社会性和国家性。第二个维度是企业层面,优化营商环境要求企业必须遵守法律法规,依法合规经营,鼓励企业和企业家通过合法途径、正当手段、有序竞争获取财富,同时履行对国家、社会应尽的责任,当企业出现违规行为时,应当及时堵塞企业管理漏洞,采取一系列补救措施,完成对违规行为造成的公共利益损害的修复。行业合规是企业风险治理的内控机制,能够防控企业的违规行为,还能将法治思维和法治方式融入规范企业经营活动来实现上述补救和修复,具备较强的公益性和预防性。因此,从优化营商环境的角度看,检察机关主导行业合规具有法理上的正当性。

三、行业合规的完善路径

(一)行政强制合规

行业合规的生命力在于强制合规。强制合规是指行政机关通过法律赋予企业建立合规管理体系的义务,对拒不履行义务的企业追究行政法律责任,被公认为一种有效督促企业建立合规管理体系的行政监管方式。① 除特定行业的强制合规以外,检察机关主导下的行业合规必须借助行政机关的行政监管职能,与行政机关各司其职又相互配合。第一,基于检察机关的能动履职,强制合规必须着眼于对公共利益的保护或者行业内常见违规因素,以期实现对公共利益的保护和保障行业内企业健康发展的双重目标。第二,基于检察职能不能越位,强制合规必须建立在个案办理中行业内违规证据被充分调查清楚的基础之上,检察机关主导的行业合规立足于个案的办理,又不局限于个案治罪,从司法办案延伸至行政监管领域。第三,基于企业的合规成本,强制合规必须有足够的企业合规公共法律服务作为支撑,强制合规需要企业自觉自主配合,要让企业特别是中小微企业通过较小的合规成本,避免较大的经营风险。第四,基于强制合规的可接受性,强制合规应当先从行政合规指导着手,逐步建立起检

① 参见陈瑞华:《行政监管部门推进企业合规的基本思路》,载《民主与法制周刊》2023 年第 2 期。

察机关与行政机关双重监督指导的强制合规模式。从各地实践看,有些地方政府出台了开展企业合规普法宣传、提供专业合规法律服务、制定轻罚免罚清单等一系列措施的专项企业合规扶持保障政策,部分地区探索出刑事合规、行政合规、企业自主合规三位一体模式,联合行政机关、行业协会成立行业合规共治同盟①,基本上遵循了从刑事合规向行政合规的过渡,集末端处理与前端治理互融互促,促使企业重视自身合规管理体系建设,自觉强化自身依法经营的合规理念,逐步让企业从"要我合规"转变为"我要合规"。

(二)行业合规激励

合规激励是行业合规的内生动力。合规激励是指企业积极建立合规管理体系,在企业发生违规行为后,以合规体系的建立和实施得到权力机关的认可并在其违规行为被处罚时获得一定程度的从宽处理,可以激发行业内其他非涉案企业进行合规管理体系建设的积极性,直接关系着行业合规的有效开展和质效。目前,我国的刑事合规激励主要是合规不起诉和法院审理阶段的量刑建议调整,而行政合规激励主要存在于金融证券领域和反不正当竞争领域,二者均较为单一。相较于对自然人的刑事处罚要严重于对其的行政处罚,对企业的行政处罚与刑事处罚却存在倒挂现象,行政机关的行政处罚要重于司法机关的刑事处罚,当企业面对行政机关的高额罚款,没收违法所得,责令停产停业,暂扣或者吊销许可证、执照等处罚时,更愿意接受刑事处罚中的罚金刑,这样既损害了刑法的严肃性,也违背了行政处罚的立法本意。惩罚犯罪企业,不是消灭这个企业,而是通过治理手段改造这个企业,使其步入合规化轨道,继续提供就业岗位,创造社会财富。② 因此,完善行业合规治理,一方面必须打破现行行刑处罚的不对称,实现行政合规激励和刑事合规激励一体落地,有效延伸合规激励在刑事、行政领域的作用,需要检察机关与行政机关、司法机关同向发力,使合规激励不仅成为司法机关作出刑事宽大处理的依据,还能得到行政机关的认可,成为行政宽大处理的依据。另一方面,贯彻穿透式激励的理念和方式,将合规激励的方式从不起诉、提出宽缓量刑建议扩展到行政检察职能和公益诉讼检察职能,创设办理一起案件、扶助一批企业、规范一个行业的合规行刑衔接和行业治理制度。③ 只有合规激励有效实施,才能真正实现由以治罪为目标的涉案企业合规迈向以治理为目标的行业合规。

---

① 相关报道见《南湖区召开法治化营商环境"1314"项目发布暨企业合规建设动员会》,载中共南湖区委南湖区政府网,http://www.nanhu.gov.cn/art/2023/6/8/art_1583935_59050781.html,2023 年 8 月 23 日访问;《海阳市四项举措推进涉企行政合规指导,优化法治营商环境》,载烟台市司法局网,https://sfj.yantai.gov.cn/art/2023/8/16/art_17021_2901071.html,2023 年 8 月 23 日访问;《从被动应对"走向"主动合规|台州市举办 2023 年"浙"里有"援"外经贸法律服务月活动》,载中国贸易救济信息网,http://www.cacs.mofcom.gov.cn/article/flfwpt/jyjdy/cgal/202306/177074.html,2023 年 8 月 26 日访问。

② 参见叶良芳:《刑事一体化视野下企业合规制度的本土化构建》,载《政法论丛》2023 年第 2 期。

③ 参见刘艳红:《发挥主导作用深化涉案企业合规改革》,载《人民检察》2023 年第 11 期。

(三)行刑共治

行刑共治是行业合规的重要保障。行刑共治蕴含的实质化行刑衔接和合规结果互认是保障行业合规治理效果的重要途径。基于宪法和法律对检察职能的限定和能动履职的延伸,检察机关既要牢牢把握自身法律监督机关的宪法定位,又要从国家治理的角度与行政机关形成合规治理的合力,以实质化的行刑衔接、合规结果互认实现行刑共治。首先,第三方监督评估组织的成员中吸纳了大量行政机关的工作人员,在行业合规整改的监管和执法上有着天然的优势,第三方监督评估组织参与合规办案实际上就是行刑共治的初步模式,也是检察机关与行政机关进行行刑共治的重要关口,有利于行业合规整改结果的互认。其次,检察机关可以充分利用长期以来自身与第三方监督评估组织的协作配合,推动行政机关开展合规监管,实现合规整改的高效衔接。检察机关在涉案企业合规改革上积累了大量办案经验,在第三方监督评估专业人员的选择、履职监督方面起着关键主导作用。再次,对于行业内其他尚未发生犯罪风险的企业来讲,只有行政机关才有主动要求它们进行合规整改的权力,检察机关在办理企业合规案件时,着眼于行业内潜在的违规乱象,可以通过检察意见、检察建议的形式建议行政机关开展行业合规整改,促使行政机关接过行业合规整改的"接力棒"。最后,完善合规结果互认机制,行业合规整改的效果必须在检察机关、行政机关、司法机关之间实现互认。有学者认为,可以采用"行政合规+刑事合规"的双重考察验收模式,以期对企业的合规风险、违法犯罪行为进行全面体检和源头治理。① 合规结果互认需要检察机关主导并提升各方对行业合规整改的参与度和认可度,做到亲历参与、共同考察、共同验收,最大限度地保证行业合规整改的积极效果。

(四)多元化行业合规治理模式

检察机关需要改变"坐堂问诊"的传统办案思维和模式,尝试"主动问诊"乃至"特需巡诊",积极参与社会治理,主动发挥相关机构、行业协会、商会等在涉案企业合规领域的治理积极性,推动形成多元主体参与、协同作用明显、制度机制有效的共建共享共管共赢的企业治理新格局。② 因此,检察机关主导下的行业合规绝不是"一家独奏",而是多方参与的"合唱",必须秉承源头性治理、预防性治理、协同化治理等现代治理理念,系统性思考中国特色现代企业合规司法制度与企业合规制度、现代企业制度的内在联系。一是要突出检察机关的主导地位和作用,主动担负起主导行业合规的职责,提升检察官合规办案能力,指导合规计划的制定,监督合规计划落实并进行科学评估,准确运用评估结果。二是继续确保第三方监督评估组织各自独立和相互监督的关

---

① 参见李兰英:《涉案企业刑事合规审查的"准人与验收"标准》,载《政法论丛》2023 年第 2 期。

② 参见韦磊、赵培显:《以检察能动履职助推企业合规司法制度健全完善》,载《检察日报》2023 年 4 月 4 日,第 1 版。

系，确保第三方监督评估的专业性、客观性和中立性，保持与司法机关的密切联系，加强犯罪治理和诉源治理，提高司法建议和检察建议的治理水平和治理刚性。三是要厘清检察机关与其他合规参与主体间的协作监督关系，准确把握刑事合规与行政合规的界限和侧重点，紧扣自身法律监督职能和保护公共利益的出发点。四是注重行业自治组织的作用，鼓励行业自治组织开展合规培训，组织企业参与制定行业合规指引，赋予行业自治组织一定的合规激励权限，发挥行业自治组织的宣传、示范、引领作用。五是要遵循行业合规发展的规律，联合司法机关、行政机关、行业组织出台行业合规指引，保障行业合规案件的投入与产出。这样，既可以解决企业在单位犯罪构成上可能存在的分歧，又能助推企业建立既符合刑事法律要求，又符合行政法规规定的内部管理体系，同步预防企业再次发生违法犯罪行为。① 检察主导下的行业合规可以扩大企业合规效果，吸引和容纳更多非涉案企业参与合规管理体系建设，打造多部门协同发力、事前合规与事后合规相结合的多元化行业合规治理模式，变“一企”合规为“一起”合规，助推我国建成市场化、法治化、国际化一流的营商环境。

四、结语

现代化绝不是西方化，中国式现代化必须是具有中国特色、符合中国实际的现代化，建立符合我国国情的中国特色现代企业合规司法制度必须立足于我国实际，善于总结归纳我国的司法实践经验。企业合规作为一种舶来品，要被有效地移植到中国刑法之中，并转化为刑法上的激励机制，就不能仅仅被确立在书本的法律上，更需要成为一种“生命有机体”，在中国特有的法律文化土壤中“生根发芽”，进行有效的“嫁接”，克服各种文化上的冲突、排异和震荡，真正发挥其积极的功效，由此才能逐渐成长为一棵法律领域的“参天大树”。② 企业合规的最终目的是帮助企业预防经营风险，历经三年的涉案企业合规改革，各地检察机关积累了大量实务经验，也遇到了亟待解决的问题，可以说涉案企业合规改革已经进入“深水区”，需要不断深化改革提升质效，推进涉案企业合规改革向纵深处发展。检察机关主导已经成为中国特色现代企业合规司法制度的鲜明特征，检察机关主导下的行业合规，能够整合各方力量协同共治，通过促进行政机关依法履职、实现检法同步监督、强化行业协会引领、打造行业示范样板、形成行业合规指引等方式，激励行业内企业自发合规，有效弥补企业单独合规能力不足的缺点，降低企业合规成本，让个案合规整改走向更具深远意义的行业合规治理，最

① 参见李奋飞：《深化涉案企业合规更好发挥治理效能》，载《检察日报（理论版）》2023 年 3 月 17 日，第 3 版。

② 参见陈瑞华：《企业合规基本理论》，法律出版社 2020 年版，第 63 页。

终实现行业总体合规、预防违法犯罪的积极效果。换言之，行业合规代表了中国特色现代企业合规司法制度的发展方向，必将成为检察机关依法能动履职，参与社会治理，优化法治化营商环境，护航经济社会高质量发展，以检察工作现代化服务中国式现代化的重要突破口。

刑事合规的体系地位

刘立慧*

检察机关作为民营企业的“老娘舅”,为体现对民营企业的“严管厚爱”,开启了企业合规改革试点工作。从2020年3月起,最高人民检察院部署4个省市的6家基层检察院开展第一期改革试点。2021年3月,在10个省市开展第二期改革试点,试点范围扩展到62家市级院、387家基层院。2022年4月,最高人民检察院会同全国工商联部署在全国检察机关全面推开改革试点工作。涉案企业合规改革在中国如火如荼地开展起来。目前,最高人民法院推动在审判阶段开展涉案企业合规改革。总体而言,涉案企业合规改革属于程序领域的实践先行,不仅在实践中存在各种问题,更是引发了诸多理论上的争议与探讨,其既有的研究成果主要集中在程序法领域。实体法的研究,也难免以程序法概念为主要框架。例如,“企业合规出罪的各种理论方案之间相互割裂,不仅将合规拆分为事前合规和事后合规,还存在合规出罪与合规从宽,实体出罪与程序出罪之争”①。再如,我国当前的刑事合规机制呈现三种模式并用的状态:一是“事先合规模式”(事先合规,实体出罪);二是“事后合规模式”(事后合规,程序出罪);三是“罪后合规模式”(罪后合规,恢复处遇)。② 如何用刑法的规定和理论来阐释涉案企业合规成为重要问题。例如,涉案企业合规改革中的诸多术语都属于程序法的术语,如何用实体法的术语进行表达就是一个问题。再如,合规不起诉之不起诉,对应实体法的无罪,还是免予刑事处罚,还是其他?此外,刑事合规有事前合规与事后合规之分,涉案企业合规从宽既包含合规不起诉又包含提起公诉后予以轻缓处罚,如何在犯罪论中给予其准确定位就成为重要的理论课题。本文拟以阶层犯罪论,尤其是形式违法、实质违法、责任三阶层犯罪论③作为背景理论来分析刑事合规的体系定位。

---

* 九江学院法学院副教授,法学博士。

① 刘艳红:《企业合规责任论之提倡——兼论刑事一体化的合规出罪机制》,载《法律科学(西北政法大学学报)》2023年第3期。

② 参见王志远:《刑事合规的体系化观察及制度建构展望》,载《当代法学》2023年第4期。

③ 形式违法、实质违法、责任三阶层犯罪论概述,参见刘立慧:《如何安置罪量要素》,载《河南警察学院学报》2022年第3期。

一、基础理论概述

(一)形式违法、实质违法、责任三阶层犯罪论概述

阶层犯罪论体系一般是指以可追溯至原创于德国的构成要件符合性、违法性、有责性三阶层,以不法、责任二阶层以及以二者为主体的犯罪论体系。笔者提倡的形式违法、实质违法、责任,也属于阶层犯罪论体系,是使用阶层体系的思维构建契合我国刑法犯罪论体系的一种尝试。我国《刑法》总则第13条规定了但书,分则规定了决定犯罪成立与否的数额较大、情节严重、后果严重等量的因素,德国刑法没有类似规定,相应的构成要件符合性、违法性、有责性三阶层犯罪论之违法性为形式违法性。质与量的区分有坚实的哲学基础,其他学科基于质量之分的定性分析与定量分析存在具体原理、具体技术的不同。陈兴良教授将前述量的因素称为罪量要素,其提倡罪体、罪责、罪量三位一体的犯罪论体系①,赋予了罪量独立阶层的体系地位。笔者则认为这些量的因素可概括为实质违法并赋予实质违法独立阶层的体系地位。

形式违法、实质违法、责任三阶层犯罪论认为,犯罪是对行为、行为人的刑法评价。形式违法、实质违法是对行为的刑法评价,责任是对行为构成形式违法、实质违法的行为人的刑法评价。《刑法》第5条规定:“刑罚的轻重,应当与犯罪分子所犯罪行和承担的刑事责任相适应。”显而易见,第5条区分了犯罪分子所犯罪行和所承担的刑事责任。易言之,区分了对行为、行为人的刑法评价。因此,第5条是区分对行为、行为人评价的刑法根据。以此为背景理论,刑法规定了三种具有不同意义的犯罪。② 若行为属于违反刑法(禁令或命令)的行为类型,该行为就具有刑法上的形式违法性,可以称为形式违法意义的犯罪。这种意义的犯罪,不考虑行为危害的有无和大小。《刑法》第13条“一切……都是犯罪”之犯罪就是形式违法意义的犯罪。例如,未达到数额较大标准且不考虑数额大小的盗窃,就是形式违法意义的犯罪。可见,形式违法意义的犯罪的内涵与外延与德国刑法学中具有违法性的行为大体相当。具有形式违法性的行为,危害达到入罪程度且不成立实质违法排除事由时,该行为具有实质违法性,可以称为实质违法意义的犯罪。这种意义的犯罪,不考虑行为人刑事责任的有无和大小。例如,《刑法》总则第二章第一节标题“犯罪和刑事责任”之犯罪,就是实质违法意义的犯罪。又如,盗窃达到了数额较大的标准,该行为就是实质违法意义的犯罪。这种意义的犯罪其实就是《刑法》第5条“犯罪分子所犯罪行”之罪行。行为人对具有形式违法性、实质违法性的行为负刑事责任时,行为人成立犯罪,这种犯罪可以称为最终成立意

① 参见陈兴良:《规范刑法学》(第2版),中国人民大学出版社2008年版,第107页。

② 参见刘立慧:《论中国刑法中的犯罪概念》,收录于《中国刑法学研究会2022年全国年会论文集》。

义的犯罪。《刑法》总则第二章标题中的"犯罪"就是最终成立意义的犯罪。例如,甲对自己达到数额较大标准的盗窃行为负刑事责任,甲所成立的犯罪就是最终成立意义的犯罪。

单位犯罪之犯罪系实质违法意义的犯罪。①《刑法》第30条规定:"公司、企业、事业单位、机关、团体实施的危害社会的行为,法律规定为单位犯罪的,应当负刑事责任。"显然,该条规定的单位犯罪不包含单位对其行为负刑事责任。如果认为单位犯罪之犯罪包含了单位负刑事责任,那么在"法律规定为单位犯罪的"之后又规定"应当负刑事责任"就属于无意义的重复。以简约为追求的刑法,不会制定无意义的重复规定,而能作为"应当负刑事责任"之前提和基础的犯罪,只能是实质违法意义的犯罪。因此,单位犯罪之犯罪应理解为实质违法意义的犯罪,而实质违法意义的犯罪无关责任的有无及程度。

形式违法、实质违法、责任每个阶层之下均有正反相对的积极条件和排除事由。形式违法之下是构成要件符合性、形式违法排除事由;实质违法之下是实质违法要件和实质违法排除事由;责任之下是责任要件和责任排除事由。犯罪成立的积极条件与犯罪排除事由在程序上是递进关系,只有在符合犯罪成立积极条件的情况下,才会考虑是否成立犯罪排除事由的问题。例如,在行为具有构成要件符合性的情况下,才考虑行为是否成立违法排除事由的问题。如果行为不具有构成要件符合性,据此可以得出该行为不具有违法性,进而得出行为人不成立犯罪的结论。此种情形,无需审查该行为是否成立违法排除事由。再如,在行为人符合责任的积极条件的情况下,才考虑是否符合责任排除事由的问题。如果行为人不符合责任要件,据此可以得出该行为人不负刑事责任,进而得出行为人不成立犯罪的结论。

此外,形式违法、实质违法、责任三阶层犯罪论认为,构成要件要素的故意、过失与责任积极要件的故意、过失并存不悖。《刑法》第232条规定了"故意杀人的",第233条规定了"过失致人死亡的",诸如此类,坚持罪刑法定原则及法教义学隐含实定法效力不可置疑的假定,构成要件包含主观方面的要素是毋庸置疑的。刑事责任并非不涉及过错的结果责任,而是考虑过错的过错责任。故意、过失是犯罪过错即罪过的种类。①与构成要件要素之故意、过失比较,属于一个语词表达多个概念的情形。②罪过之故意、过失是对罪行所归属的行为人的个别判断,是具体的判断,其根据不仅包括案件事实,而且包含案外事实。不同于构成要件要素之故意、过失的类型性判断,在形式违法、实质违法、责任三阶层犯罪论看来,所谓故意、过失的体系位置,不是一个事物的体系位置的问题,而是多个事物各安其位的问题。

---

① 参见刘立慧:《论中国刑法中的犯罪概念》,收录于《中国刑法学研究会2022年全国年会论文集》。

(二)罪责刑相适应原则的理论展开

《刑法》第5条规定了罪责刑相适应原则,一般我们将罪责刑相适应原则理解为,重罪重罚,轻罪轻罚,罪刑相当,罚当其罪。这其实只是表达了罪刑关系,并没有表达清楚罪、责、刑三者之间的关系。"刑罚的轻重不是单纯地与犯罪分子所犯罪行相适应,也与犯罪分子承担的刑事责任相适应,也即在犯罪与刑罚之间通过刑事责任这个中介来调节。"①据此,罪、责、刑三者之间关系的一般情形:罪重、责重、刑重;罪轻、责轻、刑轻;无罪、无责、无刑。此外,三者之间的关系还存在特殊情形:①罪重、责轻、刑轻。犯罪行为的危害严重,但是行为人所负刑事责任较轻,因而对应较轻的刑罚。②罪重(轻)、无责、无刑。不论犯罪行为危害的程度,行为人不负刑事责任时,不被判处任何刑罚。

(三)涉案刑事合规不起诉对应的是责任,而非刑罚

目前就涉案企业合规不起诉,《刑法》《刑事诉讼法》没有明确的规定。但是,涉案企业合规改革又要求依法进行。因此,涉案企业合规不起诉的,均适用了《刑事诉讼法》第177条第2款规定的相对不起诉,即"对于犯罪情节轻微,依照刑法规定不需要判处刑罚或者免除刑罚的,人民检察院可以作出不起诉决定"。对应的是《刑法》第37条前段,即"对于犯罪情节轻微不需要判处刑罚的,可以免予刑事处罚"。显然,这是一种权宜的做法。理解了这是权宜的做法,就不应当拿着权宜的做法来否定合规不起诉制度。

从形式违法、实质违法、责任三阶层犯罪论的角度来看,相对不起诉适用的情形是行为具有形式违法性,但行为的危害刚达到实质违法的底线即刚达到入罪程度。比如,单位行贿刚达到或者略超过立案追诉的最低标准。合规不起诉的案件中有这样的案件,不过只是一小部分。大部分不起诉的涉案企业的行为都超过或者远超立案追诉的最低标准。例如,实践中存在责任人员原本应判5年以上有期徒刑的案件,但是,经过合规整改并验收合格,检察院对涉案人员和责任人员均作出了不起诉决定。在原理上,这是相对不起诉制度所无法容纳的,刑罚制度也无法容纳。自首、立功是典型的刑罚制度,可以从轻、减轻、免除处罚的核心是节约司法资源、提高司法效率。但是,涉案企业刑事合规并不能节约司法资源,也无法提高司法效率。相反,办理一个刑事合规案子的时间、精力,可以办结好几个普通案件,这也是有些检察官、法官抵触刑事合规的原因。因此,刑事合规不起诉的理论根据不是刑罚理论,而应该在犯罪论中寻找。

涉案企业刑事合规建立了有效运行的合规管理体系,虽然无法否定其行为违反刑法的禁令或命令而具有形式违法性,也无法否定其行为的危害达到或超过入罪的底线

---

① 高铭暄、马克昌主编:《刑法学》(第10版),北京大学出版社、高等教育出版社2022年版,第27页。

而具有实质违法性,但是,由于其建立了有效运行的合规管理体系,故可以免除对涉案企业的刑事谴责,涉案企业基于不负刑事责任而无罪,这属于罪责刑的特殊情形之一:罪重(轻)、无责、无刑,类似致人轻伤二级作出巨额赔偿后被谅解,检察院作出不起诉决定。巨额赔偿免除的是对行为人的刑事谴责,并不影响作出致人轻伤二级的刑法评价。此外,检察院对刑事合规后的涉案企业提起公诉并提出轻缓量刑建议的,或者在审判阶段进行刑事合规后法院判处较轻罚金的,则属于罪责刑相适应的另一种特殊情形:罪重、责轻、刑轻。

二、事前合规不具有构成要件符合性而无罪

事前合规,企业涉案之前已经建立了有效的合规管理体系,涉案时企业不具有构成要件符合性,据此无罪。有关企业责任人员的犯罪,属于自然人犯罪,而非以单位直接负责的主管人员和其他责任人员之身份的犯罪。

郑某等侵犯公民个人信息案就是相关典型案例[案号:(2017)甘01刑终89号]。这一案例也被称为中国刑事合规第一案。一审与二审法院认定的事实:2011年至2013年9月,被告人郑某、杨某分别担任雀巢(中国)有限公司西北区婴儿营养部市务经理、兰州分公司婴儿营养部甘肃区域经理期间,为了抢占市场份额,推销雀巢奶粉,授意该公司兰州分公司婴儿营养部员工被告人杨某某、李某某、杜某某、孙某通过拉关系、支付好处费等手段,多次从兰州大学第一附属医院、兰州军区总医院、兰州兰石医院等多家医院医务人员手中非法获取公民个人信息。其中,被告人郑某自2012年2月开始,通过上述手段,非法获取公民个人信息40507条。被告人杨某自2011年开始,通过上述手段,非法获取公民个人信息45659条。被告人杨某某通过上述手段,非法获取公民个人信息20085条。被告人李某某通过上述手段,非法获取公民个人信息14163条。被告人杜某某通过上述手段,非法获取公民个人信息10448条。被告人孙某通过上述手段,非法获取公民个人信息963条。期间,被告人王某某利用其担任兰州大学第一附属医院妇产科护师的便利,将其在工作中收集的公民个人信息2074条非法提供给被告人杨某某、孙某,收取好处费13610元。被告人丁某某利用其担任兰州军区总医院妇产科护师的便利,将其在工作中收集的公民个人信息996条非法提供给被告人李某某,收取好处费4250元。被告人杨某甲利用其担任兰州兰石医院妇产科护师的便利将其在工作中收集的公民个人信息724条非法提供给被告人杜某某,收取好处费6995元。雀巢公司不允许员工以推销0—12月龄健康婴儿使用的婴儿配方奶粉为目的,直接或间接地与孕妇、哺乳妈妈或公众接触。不允许员工未经正当程序并经公司批准而主动收集公民个人信息。甘肃省兰州市中级人民法院认为,单位犯罪是以为本单位谋

取非法利益为目的，在客观上实施了由本单位集体决定或者由负责人决定的行为。雀巢公司政策、员工行为规范等证据证实，雀巢公司禁止员工从事侵犯公民个人信息的违法犯罪行为，各上诉人违反公司管理规定，为提升个人业绩而实施犯罪为个人行为。最终，该案中只是有关员工成立侵犯公民个人信息罪，而雀巢公司并不成立单位犯罪。

有观点认为，事前合规可以体现主观故意程度，具体而言，“对于事前合规计划制定完善且实施状况较好的企业，可以认定其主观故意程度较轻，从而降低其责任刑，使其获得刑事激励”①。根据前面的典型案例可以看出，法院认为雀巢公司没有为本单位谋取非法利益之目的，因而不具有主观故意。如前所述，事前合规其实不是主观故意程度较轻的问题，而是不具有主观故意因而不具有构成要件符合性的问题。有观点认为，“事前合规能够阻却单位犯罪构成而实现绝对无罪”②。笔者对此有异议。阻却这一术语的使用，以符合某个犯罪成立的条件为前提。事前合规并不是阻却构成要件符合性，而是涉案企业从一开始就不符合主观方面的构成要件要素，因而不存在阻却的问题。还有观点认为：“在理论意义上审视这一案件，不难发现对判决理由起到支撑作用的单位犯罪处罚根据，并非传统意义上的单位处罚根据，而是从单位组织体的规章制度、精神文化、管理结构等固有要素中寻求和发现的。”③细看判决书认定的事实和判决理由，实际上并没有超出传统单位犯罪的理论。

有观点认为，依据《刑法》第 13 条“但书”条款对涉案轻罪企业进行无罪化处理也具有一定的可行性。④ 此观点值得商榷。《刑法》第 13 条“但书”是指具有形式违法性但不具有实质违法性的行为。例如，未达到数额较大标准的盗窃行为。实体法上，这类行为因不具有实质违法性而无罪，实际上无需审查涉案企业是否负刑事责任就已经可以确定其无罪了。程序法上，这类行为对应《刑事诉讼法》第 177 条第 1 款规定的绝对不起诉，即“犯罪嫌疑人没有犯罪事实，或者有本法第十六条规定的情形之一的，人民检察院应当作出不起诉决定”。其中“情节显著轻微、危害不大，不认为是犯罪的”对应的是《刑法》第 13 条但书“但是情节显著轻微危害不大的，不认为是犯罪”。根据刑法规定，应当严格区分对行为的评价与对行为人的评价，同时对行为的评价还需区分形式违法与实质违法。据此，涉案企业合规无罪化处理不应适用《刑法》第 13 条“但书”。

---

① 蔡绍刚：《从定性到定量：人民法院参与刑事合规改革的逻辑基础与路径构建》，载《法律适用》2023 年第 4 期。

② 刘艳红：《企业合规责任论之提倡——兼论刑事一体化的合规出罪机制》，载《法律科学（西北政法大学学报）》2023 年第 3 期。

③ 王志远：《刑事合规的体系化观察及制度建构展望》，载《当代法学》2023 年第 4 期。

④ 参见李勇：《企业附条件不起诉的立法建议》，载《中国刑事法杂志》2021 年第 2 期；陈瑞华：《企业合规出罪的三种模式》，载《比较法研究》2021 年第 3 期。

三、事后合规属于责任排除事由的情形

事后合规,尽管涉案企业在刑事诉讼过程中建立了有效的合规管理体系,但无法否认单位行为违反刑法而具有形式违法性,也不否认单位行为的危害达到入罪程度而具有实质违法性。基于涉案企业建立了有效的合规管理体系,从实体法上讲,可以对其减轻或免除刑事谴责,从程序法上讲,可以对其作出不起诉决定。该情形类似故意伤害致人轻伤二级,被害人获巨额赔偿并出具谅解书,检察机关往往对行为人作出不起诉决定,行为人事实上无罪,可以开出行为人无犯罪记录证明,被害人获巨额赔偿而决定谅解行为人,虽然不能排除该行为属于违反刑法的故意伤害行为且危害达到入罪程度,但是,可以免除行为人的刑事谴责即行为人不对其具有形式违法性、实质违法性的故意伤害行为负刑事责任,最终,行为人无罪。有观点认为:“检察机关通过不起诉方式强力推进刑事合规,在刑法上基本上宣告了‘无罪’的结果。”①笔者颇认可此观点。

最高人民检察院发布的企业合规改革试点典型案例“张家港市 L 公司、张某甲等人污染环境案”,就是有关责任排除事由的典型案例。“检察机关在认真审查调查报告、听取行政机关意见以及综合审查企业书面承诺的基础上,对 L 公司作出合规考察决定。随后,L 公司聘请律师对合规建设进行初评,全面排查企业合规风险,制定详细合规计划,检察机关委托税务、生态环境、应急管理等部门对合规计划进行专业评估。L 公司每月向检察机关书面汇报合规计划实施情况。2020 年 12 月,组建以生态环境部门专业人员为组长的评估小组,对 L 公司整改情况及合规建设情况进行评估,经评估合格,通过合规考察。同月,检察机关邀请人民监督员、相关行政主管部门、工商联等各界代表,召开公开听证会,参会人员一致建议对 L 公司作不起诉处理。检察机关经审查认为,符合刑事诉讼法相关规定,当场公开宣告不起诉决定,并依法向生态环境部门提出对该公司给予行政处罚的检察意见。”L 公司涉案后建立了有效运行的合规管理体系,并不能改变 L 公司排放污水行为的形式违法性和实质违法性,但是,可以免除对 L 公司的刑事谴责,L 公司可以因为无责而无罪。

针对诸如涉案企业通过刑事合规等事后行为出罪,存在“违法性减轻说”,该说认为,行为人的事后补救行为消除了前行为所造成的客观危害,结果无价值意义上的客观违法性大大降低;同时,行为人的事后表现也表明其放弃了反规范意识。对此有强有力的质疑,即事后行为能否影响前行为的违法性存在疑问,即使作出肯定性的回

---

① 庄绪龙:《应将“法益恢复”作为刑事合规的实质根据——以集资犯罪的刑法处置为例》,载《法治现代化研究》2023 年第 3 期。

答,也绕不开反规范性明显减弱这一要素的判断。但是,此种判断所依据之事后行为的实施时间、实施积极性等达到何种程度才能阻却行为无价值,不无疑问。① 笔者赞同这种质疑。基于行为违法、行为人责任原则,区分对行为、行为人的刑法评价。事后合规并不能影响对涉案企业的行为是否具有形式违法性,是否具有实质违法性的评价,但是,事后合规可以不再刑事谴责该涉案企业。如前所述,根据罪责刑相适应原则,存在罪重(轻)但无责因而无罪的情形。因此,事后合规属于责任排除事由的情形。

四、事后合规属于责任减轻事由的情形

涉案企业虽然进行了合规整改,建立了有效的合规管理体系并经验收合格,但依然被定罪量刑,只是判处了较轻的刑罚。这就是事后合规属于责任减轻事由的情形。

最高人民检察院发布的企业合规改革试点典型案例"上海市 A 公司、B 公司、关某某虚开增值税专用发票案",是责任减轻事由的典型案例。"检察机关走访涉案企业了解经营情况,并向当地政府了解其纳税及容纳就业情况。经调查,涉案企业系我国某技术领域的领军企业、上海市高新技术企业,科技实力雄厚,对地方经济发展和增进就业有很大贡献。公司管理人员及员工学历普遍较高,对合规管理的接受度高、执行力强,企业合规具有可行性,检察机关遂督促企业作出合规承诺并开展合规建设。""2020 年 11 月,检察机关以 A 公司、B 公司、关某某涉嫌虚开增值税专用发票罪对其提起公诉并适用认罪认罚从宽制度。12 月,上海市宝山区人民法院采纳检察机关全部量刑建议,以虚开增值税专用发票罪分别判处被告单位 A 公司罚金 15 万元,B 公司罚金 6 万元,被告人关某某有期徒刑三年,缓刑五年。"A 公司、B 公司在涉嫌犯罪后进行了合规建设,但是,检察机关并没有对 A 公司、B 公司作出不起诉决定,而是在提起公诉时提出了轻缓的量刑建议。可见,这个案例的事后合规属于责任减轻事由。从罪责刑相适应的角度,显然是罪重、责轻、刑轻的情形。

五、小结

基于行为违法、行为人责任原则,可以妥当地解释刑事合规在形式违法、实质违法、责任三阶层犯罪论中的体系地位。事前合规不具有构成要件符合性而无罪。事后合规,既有责任排除事由的情形,也有责任减轻事由的情形。当然,不论形式违法、实质违法、责任三阶层犯罪论,还是基于该理论探讨刑事合规的体系地位,都有待于学界的检验。

① 参见孙本雄:《事后行为出罪的法理依据及判断标准》,载《现代法学》2023 年第 1 期。

刑事合规视角下个人信息单位犯罪治理困境及破解

马改然*　赵　丹**

一、问题的提出

个人信息是大数据时代新兴的生产要素,无论是频频曝光于媒体网络的违法收集个人信息的行为,还是数以百万计、千万计的大规模恶性信息泄露事件以及由此引发的电信诈骗等黑色产业链模式下的犯罪行为,都足以说明个人信息保护存在极大的安全漏洞和隐患。与此同时,网络平台的迅速发展使之成为刑法应对个人信息犯罪治理不可忽视的重要一环,平台作为信息控制者掌握着大量数据资源和拥有极大的技术优势,技术滥用已然成为个人信息安全事件的重要隐忧,规制技术利用行为势在必行。个人信息犯罪行为经历了从对计算机信息系统物理性破坏到以网络空间为犯罪场域直接或者间接侵犯个人信息安全这一转变过程,犯罪主体方面也体现出由自然人犯罪向团体犯罪、单位犯罪转变的新趋势。值得肯定的是,规制个人信息犯罪行为的刑事法律规范日益完善,《刑法修正案(七)》实现了专门针对"个人信息"的刑法保护,《刑法修正案(九)》将出售、非法提供、非法获取个人信息这三种行为方式统一整合到侵犯公民个人信息罪的规制范围,在义务犯的规定方面,新增了拒不履行信息网络安全管理义务罪,体现了网络空间思维下平台治理的刑事立法思路转型。设置拒不履行信息网络安全管理义务罪的立法目的在于通过法律、行政法规等规范义务的设置,助推网络服务提供者从事前、事中、事后等各个阶段全流程履行必要的安全管理义务。但从该罪设立以来的司法案例来看,该罪的司法适用处于"虚置"状态,笔者检索到的裁判文书仅有4份①,基本情形为自然人作为网络平台服务管理者在已有行政责令监管的情况下,未履行作为行业从业者应该履行的用户安全评估等管理义务并导致违法信息传播、个人信息安全受损等危害后果的发生。简言之,个人信息犯罪行为在犯罪主体

---

* 内蒙古大学法学院副教授。

** 内蒙古大学法学院硕士研究生。

① 参见四川省泸州市中级人民法院(2021)川05刑申5号刑事通知书、云南省昆明市盘龙区人民法院(2020)云0103刑初1206号刑事判决书、湖北省荆州市荆州区人民法院(2018)鄂1003刑初150号刑事判决书、上海市浦东新区人民法院(2018)沪0115刑初2974号刑事判决书。

方面具有单位关联和平台关联的基本特征，有必要通过明确以拒不履行信息网络安全管理义务罪为代表的信息安全管理义务的实质内涵，发挥单位、平台等主体在防范信息安全风险、及时预警、处置信息安全事件等方面的主体优势，借鉴刑事数据合规在犯罪预防方面的价值内涵，实现个人信息犯罪治理模式的转型升级。

二、个人信息单位犯罪治理的现实困境

个人信息犯罪案件中表现出明显的与单位、平台等主体相关联的特征，因此实践中确定犯罪主体也变得十分重要，无论是辩护律师的辩护意见还是法院查明的案件事实，都不可避免地论及是否构成单位犯罪这一关键问题。

（一）单位犯罪的认定标准争议

关于犯罪主体的司法争议，核心问题在于如何区分单位犯罪与自然人犯罪。从主体关系这一角度可以将个人信息犯罪行为分为两类：一类是单位与自然人高度融合的犯罪行为；另一类是单位与自然人相对分离的犯罪行为。“融合型”案件往往发生于小规模公司，其成员人数、组织规模等都十分有限，组织体内部管理制度更是流于形式，常常表现为“负责人决定制”。值得注意的是，社会经济发展伴随着单位规模化、层级化的发展趋势，这对于单位犯罪理论和实践提出了更高的要求。单位犯罪的认定必然离不开对犯罪意志和犯罪利益的判断，然而在“融合型”犯罪行为中却存在单位和单位成员在犯罪意志和犯罪利益归属方面明显的一体化和趋同化特征，而且基于单位管理模式的层级化，又不可避免地存在单位领导对下级工作人员的变相“授意”或者硬性业绩要求。例如，在唐某某等非法购买个人信息一案中，被告人唐某某作为公司负责人，为打开业务扩展渠道，允许各公司员工购买该市楼盘的业主信息并将上述费用全部报销；该案中另一被告人周某某同样作为公司负责人，在非法购买业主个人信息之后，将所获取的信息在公司内部进行公开分享，法院最终认定成立单位犯罪。[①] 在上海某公司及公司成员非法获取个人信息一案中，员工周某隶属于人力资源部门，为业务部门的同事非法购买姓名、手机号、地址等个人信息用于房产推销，熊某某作为公司副总经理知晓这一事实后未加制止且同意报销信息购买费用，默许工作人员利用上述信息进行电话推销，最终法院认定构成单位犯罪。[②] 但反观蓝某某侵犯公民个人信息一案，销售经理蓝某某为拓展客户而购买个人信息，对于蓝某某的行为，有加盖公司印章的申请立项、审批、报销等材料加以佐证，可以证明蓝某某的行为属于单位行为，但

① 参见四川省南充市顺庆区人民法院（2019）川1302刑初347号刑事判决书。

② 参见上海市闵行区人民法院（2018）沪0112刑初400号刑事判决书。

公诉机关拒绝追加单位主体为被告，法院最终只认定为单位内部员工的自然人犯罪。① 上述案例中共同存在单位组织体以明示或者默许等方式允许单位成员采取不正当手段获取、利用个人信息，事前立项审批同意以及事后报销相关信息购买费用等情节，都可以体现单位在犯罪行为中的作用，但很显然其在不同案件中对于犯罪主体的确定发挥着截然不同的作用。

与小规模单位主体在决策程序、管理制度等方面都倾向于个人决策制不同的是，被称为“合规无罪抗辩第一案”的“雀巢公司合规案”通过其单位内部管理制度实现了单位与单位成员之间的责任切割②，根据该案的裁判说理部分可知，法院在确认犯罪意志是否可以归属于单位时，雀巢公司提供的包括公司政策、员工行为规范、合规培训承诺书等系列合规管理证据起到了十分重要的作用，最终成功否定了单位犯罪意志的成立。因此，笔者认为，在现行法尚未明确合规制度体系在犯罪构成体系中的地位及作用的前提下，该案的司法裁判效果应该在于提供了界分单位犯罪意志与自然人犯罪意志的重要客观标准。同时，该案的裁判也在一定程度上发挥了唤醒立法、司法环节关注组织体自身管理制度对于犯罪认定的影响这一积极作用。雀巢公司作为一家在合规意识及合规机制等方面有着相对成熟经验的跨国企业，其显著特征在于该案所涉及的主体规模异于单位犯罪中较为常见的小规模公司，在面对内部管理制度成熟、体系较为健全的单位主体时，单位自身规模、内部管理制度等个性化特征将会成为法院在认定犯罪意志及行为归属时不得不考量的因素。

（二）犯罪治理模式的固化

犯罪治理模式的固化不仅表现为单一犯罪治理主体的局限性，还体现为风险社会下犯罪预防理念的缺失。从犯罪治理主体的角度来说，坚持国家一元治理主体的模式已经显示出其内在缺陷，仅凭国家的力量难以实现对犯罪活动的有效防控；多元治理模式虽然在努力追求国家之外其他主体积极参与犯罪治理，但在参与实效方面还没有发挥出相关主体在参与犯罪治理方面的独特优势。个人信息犯罪的技术化、智能化特征决定了犯罪治理离不开技术本身或者技术使用者的实质性参与。

网络的发展将不可避免地产生社会治理力量扩张的现象。长期以来，我国刑事司法秉持以国家强制力所代表的公权力对犯罪行为形成事后威慑与惩治的理念，但个人信息犯罪的“异军突起”导致传统犯罪治理模式与个人信息的刑法保护目标之间存在不相适应的地方，过分强调公权力主体的个人信息犯罪治理实践效果欠佳，犯罪治理理念有必要及时进行更新和完善。从犯罪主体的局限性层面来说，主要包括国家强制

① 参见广东省佛山市禅城区人民法院（2020）粤0604刑初1590号刑事判决书。

② 参见甘肃省兰州市中级人民法院（2017）甘01刑终89号刑事裁定书。

力约束的内在限制以及其他主体参与犯罪治理的浅层化现象。现代社会,公民的个人信息不仅仅关乎单个自然人主体的人格权益,更涉及社会公共利益,侵犯公民个人信息犯罪行为的刑法治理也应该立足于私益保护和公益保护双重目标。就个人信息犯罪治理现状而言,由国家机关主导的刑事治理模式在案件侦破等阶段存在专业技术等方面的局限性,在很大程度上削弱了犯罪治理效能,对个人信息犯罪问题分析专业性不深、不透、不持续的问题,是制约犯罪体系治理效能持续发挥的根源。另外,从我国犯罪治理的长期实践来看,刑治模式主要是“以泛刑化和重刑化为特征的犯罪之制”①。与此同时,传统犯罪治理模式更多地体现为刑事手段对于犯罪行为的事后控制与制裁,忽视了私主体在犯罪预防、及时止损和法益修复方面的能动性。不得不承认的是,针对技术滥用的现象应该加强网络服务提供者等主体在犯罪治理方面的深度参与。

风险社会这一概念的提出对于刑法及犯罪治理的理论及实践发展有着更进一步的要求。传统犯罪治理模式严格遵循司法介入后置,由此导致刑法介入犯罪治理的时间太过滞后,一味坚持刑法对犯罪行为的事后惩治对于个人信息保护恐怕为时已晚。因此,立足于风险社会的刑法保护理论强调要实现法益保护的前置化。犯罪治理始终离不开事后惩治以及事前预防这两个面向,风险刑法理论强调以存在不法行为的危险为刑事责任的归责基础,危险的产生及犯罪实害结果的发生是风险刑法理论希望避免的,因此,风险刑法理论实际上将法益保护着眼于“侵害危险”,罪责判断也扩展到了“社会功能”方面。② 面对日益复杂的个人信息犯罪行为所导致的弥散性危害后果,风险刑法理论应该得到重视,刑法有必要在具有犯罪危险的情况下适当提前介入。从个人信息犯罪行为的特点来看,大量犯罪行为的发生原因在于个人信息的泄露,其中不乏信息安全技术保护体系建设不到位、监管缺失等原因,不论是从规范行业发展还是从激发参与犯罪治理积极性的角度来说,个人信息犯罪治理离不开私主体的积极参与与深度合作。

(三)行业自律与信息安全相悖

个人信息犯罪治理问题离不开立法的价值选择,针对数据跨境流动问题,应该坚持从个人视角、产业视角、国家视角分别确立数据权利保护的具体目标,实现数据跨境的双向合规要求。有学者基于利益衡量理论,针对人格尊严、信息自由、公共利益三者的优先性问题,确立了个人信息刑事相对保护的基本立场。③ 个人信息保护立法首先要确立价值选择这一导向性问题,这一点从域外国家和地区对于个人信息保护的立法

① 刘艳红:《民刑共治:中国式现代犯罪治理新模式》,载《中国法学》2022 年第 6 期。

② 参见姜涛:《为风险刑法辩护》,载《当代法学》2021 年第 2 期。

③ 参见马改然:《新信息技术下个人信息刑事保护研究》,法律出版社 2021 年版,第 194—200 页。

保护实践中可见一斑。欧盟和美国作为数据保护立法的先行者，在立法保护价值选择方面各具特色。欧盟《通用数据保护条例》作为个人信息保护立法的典型代表，其更侧重于保护信息主体的权利优先性，通过数据立法的高标准严要求引领全球数据保护立法规则体系的潮流；对比之下，美国以《2018 加利福尼亚消费者隐私法案》为代表的立法保护模式则秉持优先实现产业利益，适当削弱信息主体的绝对控制权的理念。[①] 可见，立法价值选择将直接影响数据治理的制度性要求和实践运行。不仅如此，欧盟设立独立委员会或者第三方机构、美国设立联邦交易委员会来实现对个人隐私权的保护，联邦交易委员会的负责人还肩负监督企业信息保护实施情况的职责，从这些国家和地区个人信息保护机构的设置也可以看出，规范行业发展对于保障个人信息安全的重要性。

反观我国大数据产业的发展现状，作为生产要素的个人信息在大数据时代首先面临的就是规模巨大、业务类型复杂的网络服务提供者凭借技术优势和网络环境的高度隐蔽性，以提供“免费服务”的功能使用方式实质性地换取对用户个人信息的控制权，进而实现个人信息的商业化利用。与此同时，由于信息网络服务提供者所提供的服务范围基本都为日常生活所必需，用户在不知不觉中便对该服务形成了事实性依赖，在缺乏外部强制性压力的情况下，网络服务提供者们当然会选择最大限度地追求数据利用的商业价值，弱化甚至是忽视自我合规约束。现实情况也很好地印证了这一点，很多信息网络服务提供者巧借隐私政策的模糊性和内容的冗杂性，采取“概括式授权”的方式过度收集个人信息，这就成了服务提供者强制、超额获取个人信息的惯用套路，多数情况下，用户为了获得服务不得不放弃其对个人信息的控制权，其知情权更是遭到了彻底的侵犯。由此可以得出结论，在缺乏强制性约束的情况下，互联网信息行业的自律发展与信息安全需求之间必然会存在矛盾，如何化解这一矛盾对于个人信息安全与数字经济发展的未来走向至关重要。

三、个人信息单位犯罪治理困境的破解

个人信息犯罪治理需要借助犯罪预防理念进一步完善犯罪治理模式，提升犯罪治理效果。刑事合规的价值在于通过建立符合刑事标准的合规体系来预防和规避包括刑事风险在内的诸多法律风险。作为兼具事前预防犯罪、事后强化合规监督管理双重功能的制度，刑事合规可以为改善个人信息犯罪治理的实现困境提供有益的路径参考，实现刑法的一般预防与特殊预防功能。此外，大数据发展的趋势越发体现了数据

① 参见梅傲、侯之帅：《互联网企业跨境数据合规的困境及中国应对》，载《中国行政管理》2021 年第 6 期。

合规的重要性，行业发展的整体需求也需要数据合规制度的建立完善。因此，立足于刑事数据合规这一视角，笔者认为，可以从完善单位犯罪刑事责任的认定标准、优化个人信息犯罪治理模式、设置刑事数据合规义务强化自律发展三个方面来破解个人信息单位犯罪的治理困境。

（一）完善单位犯罪刑事责任的认定标准

个人信息犯罪的刑事治理应该体现刑法对于网络服务平台犯罪的重视，从数据合规义务与单位犯罪关系的角度出发，完善单位犯罪刑事责任的认定标准应该从确立单位、平台主体的数据合规保证人地位、明确单位监督过失型犯罪认定标准两方面展开。

一方面，应该确立作为信息网络服务提供者、个人信息处理者的单位、平台主体数据合规的保证人地位，建立事前合规体系。一般认为，作为义务的内涵有二：其一是支配危险源并由此对其产生的监督义务；其二是制度要求下对法益处于特殊状态的保护义务，前者又包括对物的管理义务、对行为的监督义务以及对损害结果发生的阻止义务。① 结合此类主体的商业服务提供模式来看，由其承担数据合规义务具有双重合理性。网络服务提供者等单位主体基于其业务所需对个人信息展开了大规模的收集、利用，这一过程势必会带来个人信息安全的诸多隐患，因此作为直接且最有可能触发个人信息安全风险的主体，其应该对信息利用流通全过程所产生的危险进行必要的监督与控制，保护个人信息法益。同时，此类主体掌握着实施信息安全保障措施的优势资源，应当也有能力履行单位经营领域的信息安全保障义务。平台、单位等行为主体成立不作为犯罪应该具备保证人的主体地位、拥有数据安全责任范围内的控制手段以及当前技术存在作为可能性、积极履行该义务可能避免危害结果发生、其没有履行相应的数据合规义务并由此产生了刑法所禁止的不利法律后果四个要件。当"不履行合规义务致使个人犯罪意志上升为单位意志的，应属不作为参与企业实施的单位犯罪"②。

另一方面，可以通过明确单位主体对其内部成员的监督过失责任来实现单位管理制度的健全和完善，同时应该通过强化监督过失责任下的事后合规整改，重塑组织状态来减弱行为可罚性甚至消除单位合规责任的归责基础③，最终实现犯罪的特殊预防功能。对于负有合规监管义务的主体，是否将事前的合规制度体系执行落实到位、是否及时进行事中的定期监管审查以及事后的危机应对有没有做到及时止损，都是判定其是否存在监督过失责任的重要依据。

（二）优化个人信息犯罪治理模式

互联网治理主要存在两种模式：其一是政府作为治理主体的公权力主导模式；其

---

① 参见张明楷：《刑法学》（第6版），法律出版社2021年版，第153—158页。

② 敬力嘉：《单位犯罪刑事归责中数据合规师的作为义务》，载《北方法学》2021年第6期。

③ 参见刘艳红：《刑事实体法的合规激励立法研究》，载《法学》2023年第1期。

二是以行业自律发展为主的公权力指导模式。① 后者所体现的就是多元主体协同共治的理念。笔者认为,个人信息犯罪治理模式应该从主体义务规范、全流程及源头化治理等方面加以完善,并借助刑事数据合规在犯罪预防、协同共治方面可能发挥的重要作用。

一方面,个人信息单位犯罪治理要在坚持多元主体共治的基础上激发私主体的自我合规动力。基于行业规范发展及信息安全的现实需求,改变犯罪治理的一元主体模式、激励私主体深度参与犯罪治理具有内在合理性。不可否认的是,刑事司法对于个人信息犯罪的治理能力存在技术专业性的天然弊端,有必要借助信息网络服务提供者等相关主体在技术手段方面的专业性来实现犯罪治理主体及手段的多元化,实现私主体在犯罪治理方面的深度参与,借助刑事手段强化自我合规动力。另一方面,个人信息单位犯罪治理要坚持全流程、源头化治理。全流程犯罪治理需要从个人信息处理的各个环节着手。笔者认为,在个人信息的收集环节,要通过隐私政策、告知同意原则等内容的约束实现提供服务所需的最小范围内的信息收集;在存储环节,需要根据信息分级管理制度对个人信息提供技术安全保障;在信息使用、提供和公开环节,需要采取匿名化手段进行处理,特别需要注意的是关联业务主体对个人信息的利用依然要做到合法获取用户的知情同意;在信息加工和传输环节,要采取安全加密措施并且进行定期的技术升级和漏洞修补;在信息删除环节,要做到即时迅速并从源头删除。

(三)设置刑事数据合规义务强化自律发展

数据合规义务是连通单位组织体内部管理制度规范与外部法律规范的重要方式,也是将外部法律规范内化为内部管理制度的有力措施。已有学者指出,平台刑事合规可以将信息安全管理等刑法义务的规范内涵加以具体化。② 受这一观点的启发,笔者认为,数据合规义务可以普遍适用于信息服务提供主体,刑事数据合规义务内容的设置要以隐私政策、信息处理流程的合规化以及数据合规官的设置为核心。

首先是隐私政策的合理、公开及简明化要求。所谓隐私政策,是指信息网络服务提供者采取文件公开的方式,对其收集、利用用户个人信息的具体情境进行披露,并向用户承诺实施个人信息安全保护的技术措施,是公示和获取用户授权的重要方式。③ 隐私政策关涉信息处理者获取个人信息的合法性和合理性,是信息安全的第一道关卡。因此,要改变隐私政策所存在的“一揽子授权”“模糊性授权”等现实问题,实现隐私政策对信息收集者和用户的双向约束力,尤其是要强化隐私政策对于信息收集者的约束力,同时为用户方提供申诉及拒绝途径,确保用户可以对其个人信息

① 参见徐才淇:《网络犯罪治理模式研究》,大连海事大学 2017 年博士学位论文。
② 参见于冲:《网络平台刑事合规的基础、功能与路径》,载《中国刑事法杂志》2019 年第 6 期。
③ 参见王叶刚:《论网络隐私政策的效力——以个人信息保护为中心》,载《比较法研究》2020 第 1 期。

享有一定的控制权。

其次是信息处理流程的合规要求。《个人信息保护法》第 51 条为信息处理者设定了信息保护的分级管理制度、去标识化等技术安全措施要求、从业人员的信息合规培训和操作权限限制、信息安全事件的危机应对等。因此,对于以个人信息处理应用为主营业务的网络服务提供者等平台及单位主体,需要对包括技术安全措施、成员权限等在内的标准化操作流程、合规培训制度等内容进行事前审查,以此来避免或缓解实践中存在的因为管理不善导致员工利用工作便利采取拍照、复制、网络外传等方式泄露个人信息所引发的安全风险。

最后是数据合规官的设置。数据合规官不仅需要积极承担经营性的信息合规制度建设义务,还需要承担信息合规实践中的监督义务。数据合规义务的实际履行情况应该纳入犯罪认定的考察范围,例如,在犯罪意志由自然人意志转变为单位意志的情况下,如果造成这种转变的原因在于其没有履行必要的信息合规义务,此时可以认为自然人通过不作为的方式参与了单位犯罪的实施。此外,合规体系的构建及实践不会是一劳永逸的,在实际经营过程中数据合规官需要结合业务需求、法律规范、国家标准、行业规范等及时调整、修正合规制度体系;在发生信息安全事件的第一时间进行预警及危机处理,履行自查及报告等程序性义务;督促信息网络服务提供者履行网络安全管理义务,如若由于监督缺位导致犯罪结果的发生或者进一步扩大,数据合规官则需要承担过失犯罪的相应责任。

企业事后合规对企业管理者刑事责任影响的规范分析

史　蔚*

一、问题的提出

在涉案企业合规改革的多元探索中，因企业事后合规整改就既放过企业又放过企业家①的“双不起诉”②现象引发极大争议，难以消解有违平等原则、企业管理者乘着合规“东风”一起逃避制裁等诸多质疑③。规范检视这类做法是否合理，需先类型化地梳理三类案例中行为人归责基础的区别，再进一步讨论应否依据企业事后合规整改对管理者进行从宽处罚。“双不起诉”大致有以下三类样态：

第一类，企业管理者以实施、组织、指使等方式直接参与犯罪，涉罪企业合规整改后，涉罪企业和企业管理者均获不起诉决定。最高人民检察院发布的《涉案企业合规典型案例（第四批）》案例五“浙江杭州T公司、陈某某等人帮助信息网络犯罪活动案”④即此类普遍现象的代表。

第二类，企业管理者没有直接参与犯罪，但因未履行相关职责监督不力而构成犯罪，涉罪企业事后合规整改后，对涉罪企业和企业管理者双不起诉。《企业合规典型案例（第二批）》案例四“随州市Z公司康某某等人重大责任事故案”⑤即为此类。

第三类，企业成员针对企业实施职务侵占等背信类犯罪，亦有办案机关作出改革尝试，对人力资源、财务等存在管理漏洞的被害企业进行合规整改，并根据整改成效对

---

* 暨南大学法学院/知识产权学院讲师。

① 虽然企业管理者并不等同于董事、监事、高级管理人员等概念，但为行文方便，笔者用企业管理者来代替董、监、高等群体。

② 李玉华：《企业合规本土化中的“双不起诉”》，载《法制与社会发展》2022年第1期。

③ 参见王颖：《刑事一体化视野下企业合规的制度逻辑与实现路径》，载《比较法研究》2022年第3期；冀洋：《企业合规刑事激励的司法限度》，载《比较法研究》2023年第2期。

④ 参见《涉案企业合规典型案例（第四批）》，载最高人民检察院官网，https://www.spp.gov.cn/xwfbh/wsfbt/202301/t20230116_598548.shtml#2，2023年7月15日访问。

⑤ 参见《企业合规典型案例（第二批）》，载最高人民检察院官网，https://www.spp.gov.cn/spp/xwfbh/wsfbt/202112/t20211215_538815.shtml#1，2023年7月15日访问。

行为人作出从宽处罚的量刑建议。①

二、前置法中企业管理者的合规义务和忠实、勤勉义务

在前两类案件中,企业管理者以不同方式违反合规义务;在第三类案件中,企业管理者违反其对企业的忠实义务。在刑事合规的论述中,有观点将合规义务视为勤勉义务的一部分,认为"企业过失犯罪是指基于法律规定企业具有一定的监管职责与勤勉义务,即合规义务"②。也有观点认为,"董事注意勤勉义务在实质上并未包含高管建构、实施合规计划的法定义务",建议增设合规义务。③ 概念和边界的混乱会影响后续对企业管理者义务违反的类型化讨论,故有必要先回溯前置法。

(一)企业管理者合规义务和忠实、勤勉义务的概念纠葛

虽有观点主张我国《公司法》第5条中的"公司从事经营活动,必须遵守法律、行政法规"即公司合规义务的规范依据。④ 但一般认为其最多只是合法性义务的表达,并未实质性地进入合规治理范畴。⑤ 2021年公布的《公司法(修订草案)》在第154条中暂时只对国家出资公司规定了合规管理义务,不过学界已普遍认可企业及其管理者的合规义务,它有两层含义:一是不得故意或有意识地使公司违法的消极义务;二是特定公司董事应当承担的建立有效合规管理体系并监督其执行的积极义务。⑥ 德国学者一般将其称为合法性义务(Legalitätspflicht)和合法性管控义务(Legalitätskontrollpflicht),前者侧重管理者本身不实施或指使企业成员实施违法行为;后者强调建构、落实合规体系以防止企业成员违法。⑦

忠实、勤勉义务在《公司法》第147条第1款中已有规定,通说认为其是公司管理者信义义务的两项具体内容。忠实义务要求管理者为公司之最佳利益和适当目的行事。当董事等的自身利益和公司利益出现冲突时,不得将前者置于后者之上,如不得利用公司职权收受贿赂,侵占、挪用公司资金,自我交易,篡夺公司机会和竞业,等等。勤勉义务在《公司法》中暂无具体阐述,一般认为其要求管理者以合理的、谨慎的人在

---

① 参见《广州首例被害单位企业合规案件办结》,载法治网,http://www.legaldaily.com.cn/Company/content/2022-11/15/content_8799926.html,2023年7月15日访问。

② 王颖:《刑事一体化视野下企业合规的制度逻辑与实现路径》,载《比较法研究》2022年第3期。

③ 参见万方:《合规计划作为预防性法律规则的规制逻辑与实践进路》,载《政法论坛》2021年第6期。

④ 参见杨淦:《合规机制对公司治理的挑战及公司法回应》,载《现代法学》2023年第2期。

⑤ 参见刘斌:《公司合规的组织法定位与入法路径》,载《荆楚法学》2022年第3期。

⑥ 参见汪青松、宋朗:《合规义务进入董事义务体系的公司法路径》,载《北方法学》2021年第4期;陈景善:《董事合规义务体系——以董事会监督机制为路径依赖》,载《中国法律评论》2022年第3期。

⑦ 参见王东光:《组织法视角下的公司合规:理论基础与制度阐释——德国法上的考察及对我国的启示》,载《法治研究》2021年第6期;Koch, Aktiengesetz, 17. Auflage 2023, AktG §76, Rn. 15a。

相似情形下所应表现的谨慎、勤勉和技能，为公司之最佳利益而努力工作，又称注意义务。①

合规义务在立法上的缺位导致其和忠实、勤勉义务之间的关系众说纷纭。多数观点主张，在当前信义义务二分为忠实、勤勉义务的框架下，扩张解释勤勉义务而将合规义务纳入其中：如勤勉亦有不能越过法律底线而“勤勉牟利”之意；再如董事基于勤勉义务既要行使职责，也要监督其他董事、员工行使职责的恰当性和合法性。② 但也有观点坚持认为合规义务和忠实、勤勉义务无法兼容，依据当前的相关规定扩张解释忠实、勤勉义务的制度弹性不足。其中，有观点在信义义务之下将合规义务视为忠实、勤勉义务的补充。③ 也有观点主张，合规义务的价值位阶高于以忠实和勤勉义务为内容的信义义务。④

（二）企业管理者合规义务独立于忠实、勤勉义务的公司法依据

笔者赞同企业管理者合规义务独立于忠实、勤勉义务的立场。第一，两者的规范本质不同。合规义务是保证企业作为组织体守法的规范，其从公司对外行为的合法性义务延伸出对内组织管理的合法性管控义务。而忠实、勤勉义务是公司财产的经营、管理义务规范，其在公司和管理者的内部委任关系中，化解公司和管理者的利益冲突、应对管理者的懈怠无能，以实现公司利益最大化。前者“旨在减少公司治理中的社会成本”，后者“旨在减少公司治理中的代理成本”。⑤ 即便“公司利益最大化”是股东利益和公司社会责任的平衡和相辅相成，合规义务与其也并不矛盾。⑥ 但当股东利益和公司社会责任发生现实冲突时，忠实、勤勉义务和合规义务终究各为其主。第二，两类义务的主体和内容不同。合规义务始于公司，由董事会具体承担，监事会也有义务监督董事会履行合规义务的情况。董事会的合规义务可在公司中基于劳动分工被横向或纵向委托。董事会的合规义务虽不因义务的委托而被免除，但显然可由其他企业人员承担。而忠实、勤勉义务的义务主体仅限于董事、高级管理人员和监事。此外，如前所述，合规义务的内容包括公司和管理者的合法性义务和合法性管控义务；而忠实、勤勉义务要求管理者在行使职责时不与公司发生利益冲突，保持谨慎。第三，两类义务

---

① 参见李建伟：《公司法学》（第5版），中国人民大学出版社2022年版，第372—380页。

② 参见梁爽：《美、日公司法上的董事合规、内控义务及其对我国的启示》，载《中外法学》2022年第2期；陈景善：《董事合规义务体系——以董事会监督机制为路径依赖》，载《中国法律评论》2022年第3期；傅穹：《公司利益范式下的董事义务改革》，载《中国法学》2022年第6期。

③ 参见赵万一：《合规制度的公司法设计及其实现路径》，载《中国法学》2020年第2期；王建文：《我国董事信义义务制度的扩张适用：一般规定的确立》，载《当代法学》2023年第1期。

④ 参见汪青松、宋朗：《合规义务进入董事义务体系的公司法路径》，载《北方法学》2021年第4期。

⑤ 参见汪青松、宋朗：《合规义务进入董事义务体系的公司法路径》，载《北方法学》2021年第4期。

⑥ 参见朱慈蕴、吕成龙：《ESG的兴起与现代公司法的能动回应》，载《中外法学》2022年第5期；傅穹：《公司利益范式下的董事义务改革》，载《中国法学》2022年第6期。

的责任机制不同。损害公司利益,给公司造成财产损失是管理者因违反忠实、勤勉义务承担责任的法律依据。但就管理者违反合规义务而言,不应以其给企业造成财产损失作为承担责任的标准,否则只要企业违法犯罪不被发现或其遭受法律制裁带来的财产减损小于违法经营带来的商业利润,管理者就不能因违反合规义务而被问责。①

三、企业管理者的合规义务,忠实、勤勉义务及其刑事责任

从目前最高人民检察院发布的四批涉案企业合规典型案例看,绝大多数案件都是实际控制人或高级管理人员以直接实施、组织、安排、审核批准、同意等主动作为方式违反合法性义务而构罪。管理者违反合法性管控义务而构罪的情况极少。开篇第三类情形属于企业管理者违反忠实、勤勉义务的犯罪,典型案例中尚无此类,但有调研显示其并非个例。② 在这三类情形中,企业管理者犯罪的理论基础和认定要点不同。

(一)企业管理者违反合法性义务、合法性管控义务的刑事责任

当企业管理者违反合法性义务直接参与危害行为时,只要其符合各项犯罪构成要件,即可追究其刑事责任;而当企业管理者自己并未直接参与危害行为,仅是没有履行合法性管控义务防止其他企业成员实施危害行为时,需先判断其合法性管控义务是否也有刑事作为义务的属性,得到肯定答案后才能进一步检验管理者的不作为是否构罪。

近年来,学界对企业管理者负有预防、阻止员工犯罪的刑事作为义务已有初步共识,但在具体论证路径上仍有细微区别。③ 按照德国刑法理论中的功能二分理论,企业管理者对企业生产经营过程中具有危险源性质的人或物具有支配地位,且危险本身与企业有相关性,故有监督保证人义务。管理者对危险物品负有监督保证人义务不难理解,其也应防止员工实施犯罪行为的原因在于,管理者在企业的组织体系中对下属拥有指令和控制权,具有支配性。④ 美国也以有责的法人成员原则(the Responsible Corporate officer Doctrine, RCO Doctrine)肯定管理者的作为义务。在 1943 年的 United States v. Dotterweich 案⑤中,公司的药品销售人员违反了《联邦食品、药品和化妆品法案》,兼任董事长及总经理的被告因未阻止销售人员犯罪而被定罪。美国联邦最高法院表示,尽管无

① 参见赵万一:《合规制度的公司法设计及其实现路径》,载《中国法学》2020 年第 2 期;汪青松、宋朗:《合规义务进入董事义务体系的公司法路径》,载《北方法学》2021 年第 4 期。

② 参见周新:《单位犯罪附条件不起诉特别程序的立法问题研究》,载《政治与法律》2023 年第 6 期。

③ 参见李本灿:《合规官的保证人义务来源及其履行》,载《法学》2020 年第 6 期;蔡仙:《论企业合规的刑法激励制度》,载《法律科学(西北政法大学学报)》2021 年第 5 期。

④ 参见〔德〕乌尔斯·金德霍伊泽尔:《刑法总论教科书》(第 6 版),蔡桂生译,北京大学出版社 2015 年版,第 377—388 页;史蔚:《企业合规人员的不作为刑事责任探析》,载《法学家》2022 年第 5 期。

⑤ See United States v. Dotterweich, 320 U.S. 277 (1943).

法证明被告知道和参与销售人员的犯罪行为，但被告处在为公共健康安全负责的职位上，只要其对不法的商业行为负有责任或与其他管理者共同负有责任，就应承担刑事责任。多年后，另一判决对此进一步作出了解释：被告因其在公司层级结构中的职位，不仅有责任找出并纠正已知的不法行为，也有责任采取措施预防不法行为的发生。若其无权预防或纠正违法行为，则因"客观上不可能"而不构罪。① 不过，由于美国判例中有责的法人成员原则并不关注主观犯意，不少观点批评其属于严格责任。

肯定公司管理者预防、阻止犯罪的刑事作为义务并非要求其不计代价地进行合规建设。其一，企业及其管理者并不负有防止刑事犯罪的一般性义务，作为义务应限缩为预防、避免和企业业务、运营具有内在关联性的犯罪。② 其二，不宜对合法性管控义务提出过高要求，尤其不能以事后仍有犯罪行为发生直接肯定对合法性管控义务的违反。要求合规措施是可能的、必要的、可期待的，是较为合理的标准。③

（二）企业管理者违反忠实、勤勉义务的刑事责任

若管理者违反忠实、勤勉义务，符合主观过错要求，对公司造成财产损失，公司或股东可通过公司直接诉讼或股东代表诉讼追究其责任。④ 刑法作为"后盾法"，亦有相关条文规制董事等违反其对公司的财产管理义务，造成公司财产损失的背信行为。

我国《刑法》未针对一般犯罪主体或公司董事、监事、高级管理人员设置专门的"背信罪"，但有较多背信类犯罪。对于利用职权收受贿赂、侵占公司财产、挪用资金等忠实义务的绝对禁止性事项，《刑法》上有（非国家工作人员）受贿罪、职务侵占罪、贪污罪、挪用资金罪、挪用公款罪等。当然，这些罪名并非专为公司、企业中的管理者所设，普通工作人员亦可构成。对于自我交易、篡夺公司机会、竞业等其他违背忠实义务的行为，有非法经营同类营业罪，为亲友非法牟利罪，徇私舞弊低价折股、出售国有资产罪，背信损害上市公司利益罪，侵犯商业秘密罪等可以适用。其中，非法经营同类营业罪和背信损害上市公司利益罪是专门针对企业管理者设置的罪名，前者适用于国有公司、企业的董事、经理；后者适用于上市公司的董事、监事、高级管理人员、控股股东和实际控制人。至于违反勤勉义务，则可能涉及签订、履行合同失职被骗罪，国有公司、企业、事业单位人员失职罪，国有公司、企业、事业单位人员滥用职权罪等。为进一步加强对民营企业的平等保护，最近公布的《刑法修正案（十二）（草案）》拓展了非法经营同类营业罪，为亲友非法牟利罪和徇私舞弊低价折股、出售国有资产罪的犯罪主体，除原先国有公司、企业的相关人员外，还包括民营企业的相关人员。总体来

---

① See United States v. Park, 421 U.S. 658, 660 (1975).

② Vgl. Ute Bottmann, Criminal-Compliance, in: Tido Park (Hrsg.), Kapitalmarktstrafrecht, 5. Aufl., 2019, Rn. 35 ff.

③ 参见李本灿：《刑事合规的制度边界》，载《法学论坛》2020 年第 4 期。

④ 参见李建伟：《公司法学》（第 5 版），中国人民大学出版社 2022 年版，第 381—389 页。

看,《刑法修正案(十二)(草案)》衔接《公司法》中忠实、勤勉义务的刑法规范较多,但其能否提供周全妥当的刑法保护仍有待讨论。

四、企业事后合规整改对企业管理者刑罚裁量影响的类型化分析

关于涉案企业事后合规整改的制度激励效果能否同时及于企业家,教义学上的争议焦点主要在于企业的事后合规整改能否显著降低涉罪企业管理者的再犯可能性。否定观点认为,自然人有其自由意志,无论多么完备的企业制度都难以保证成员未来彻底放弃个人犯罪。若要对个体从宽处理,只能借助认罪认罚从宽、自首等一般制度规定。[①] 支持观点则倾向于认可企业合规整改对个体再犯可能性的降低,如果企业管理者等实质促成或积极参与、推动企业合规整改,这种关联与贡献就能让自然人因企业事后合规降低自己的预防必要性而得到轻缓处理。[②] 笔者认为,两方观点各有合理之处,但也都有以偏概全之嫌。类型化地讨论企业管理者的前述三类犯罪,或许能更准确地评估企业事后合规对涉罪企业管理者预防刑的影响。

(一)企业事后合规对企业管理者违反合法性义务之刑事处罚的影响

当企业管理者违反合法性义务构成犯罪,在绝大多数情况下即可从中推定单位犯意,单位因合规缺陷构成犯罪。企业管理者在事后积极推动涉案企业内部的合规建设,实际上是在履行合法性管控义务。前犯罪行为固然由企业合规缺陷促成或受到企业合规缺陷的影响,但其毕竟是基于个体自由意志的积极作为,后补救行为是针对企业内部的管理缺陷进行合规整改,无法触及个体层面的犯罪动机。后者并不必然说明企业管理者未来不会基于某种动机再次主动实施作为犯罪。故断然肯定合规有助于实现对责任人员的特殊预防,据此对责任人大幅从宽处罚有失妥当。笔者认为,可从以下两个方面具体判断企业合规能否有效降低涉罪企业管理者的预防刑。

其一,企业管理者的犯罪情节中是否有明显表征其个体层面犯罪动机强弱的因素。在具体案件中可以考虑是否存在除企业环境外影响企业管理者犯罪的其他因素。比如,在"深圳 X 公司走私普通货物案"中,X 公司的进口榴莲海运主要委托 S 公司代理报关,在报关过程中,X 公司根据 S 公司每月发布的"指导价"制作虚假采购合同及发票用于报关,报关价格低于实际成本价格。但在 2018 年至 2019 年期间,X 公司多次要求以实际成本价格报关,S 公司以行业惯例为由拒绝。2019 年 4 月双方终于达成一致,以实际成

---

① 参见李玉华:《企业合规不起诉制度的适用对象》,载《法学论坛》2021 年第 6 期;冀洋:《企业合规刑事激励的司法限度》,载《比较法研究》2023 年第 2 期。

② 参见陈瑞华:《合规关联性理论——对企业责任人员合规从宽处理的正当性问题》,载《法学论坛》2023 年第 2 期;刘艳红:《刑事实体法的合规激励立法研究》,载《法学》2023 年第 1 期。

本价格报关。在低报价格进口榴莲的过程中,X 公司的数位管理者均以作为形式参与。① 该案中,S 公司才是低报价格走私的提议者和持续促成者,且对 X 公司来说,低于实际成本价格报关会导致增值税基数增大,后期缴纳的增值税增加,企业利润减小。这两方面的因素均可有力说明企业管理者自身层面的犯罪动机较弱,企业合规整改消除内部管理缺陷后,能有效降低企业管理者的再犯可能性。再如,在"广西陆川县 23 家矿山企业非法采矿案"中,Y 公司等 23 家涉案矿山企业在各自矿区内超深度或超范围越界开采建筑用花岗岩、高岭土等原矿。但办案机关指出,该案有其案发原因背景,全县持证矿山企业多在十多年前批准设立,由于当时生产技术条件、工艺和管理要求等历史原因,矿区设置普遍不科学,如矿区范围小,划界不合理,大多设在半山腰、半边山等。② 当时的行业发展背景和局限在一定程度上说明企业管理者个体层面的犯罪动机并不强烈,整改企业且加强行业治理后,犯罪行为人的再犯可能性将被有效降低。

其二,企业合规整改是否对企业管理者设置了针对性、专门性的有效监督机制。从公司治理的现实看,有效监督企业管理者不法行为的难度较大。目前我国绝大部分公司属于有限责任公司,其股东会、董事会、监事会通常是"三位一体",几乎所有股东都会参与公司管理,董事和监事很难和股东形成分权制衡;而在占比不足 2% 的股份有限公司中,监事会和独立董事也常沦为"摆设"。③ 对此有学者强调,企业在合规整改时首先需要改变实际控制人"一言堂"的治理方式,激活现代公司治理结构,如改组董事会、引入外部独立董事、重组监事会等。④ 但目前涉案企业合规典型案例中的绝大多数整改介绍都是弥补管理漏洞、增设合规专员等格式化表达,未见针对涉罪企业管理者的专门措施。"浙江杭州 T 公司、陈某某等人帮助信息网络犯罪活动案"虽然专门强调了在企业合规整改时"成立合规委员会,制定《T 公司合规委员会章程》,避免管理者个人意志左右公司合规决策",并对 T 公司、实际控制人等作出不起诉决定⑤,但这种做法似乎是以合规委员会制约董事,是否妥当有待斟酌。合规委员会或合规专员的职权均来自董事会的委托,也受制于后者的委托。若合规机构或人员以任何方式实质上行使

---

① 参见《企业合规典型案例(第二批)》,载最高人民检察院官网,https://www.spp.gov.cn/spp/xwfbh/wsfbt/202112/t20211215_538815.shtml#1,2023 年 7 月 15 日访问。

② 参见《涉案企业合规典型案例(第三批)》,载最高人民检察院官网,https://www.spp.gov.cn/xwfbh/dxal/202208/t20220810_570419.shtml,2023 年 7 月 15 日访问。

③ 参见郭雳:《中国式监事会:安于何处,去向何方?——国际比较视野下的再审思》,载《比较法研究》2016 年第 2 期;刘斌:《公司机构设置的组织法逻辑与改革路径》,载《法律适用》2021 年第 7 期;李建伟:《公司法学》(第 5 版),中国人民大学出版社 2022 年版,第 286—291 页、第 334—336 页。

④ 参见刘艳红:《企业合规不起诉改革的刑法教义学根基》,载《中国刑事法杂志》2022 年第 1 期。

⑤ 在该案中,T 公司发现其互动广告业务中部分代理商可能存在发布彩票广告和疑似涉赌信息的情形,但为提升公司经营业绩,T 公司的实际控制人陈某某等仍然组织、安排多名员工继续推进相关工作。参见《涉案企业合规典型案例(第四批)》,载最高人民检察院官网,https://www.spp.gov.cn/xwfbh/wsfbt/202301/t20230116_598548.shtml#2,2023 年 7 月 15 日访问。

了董事的相关职权,会导致各方权责紊乱。①

总之,当涉罪企业管理者个体层面的犯罪动机不强且企业整改确实针对管理者设置了有效监督机制时,可肯定其特殊预防必要性的显著降低,至于降低到何种程度,仍需根据个案进行自由裁量。

不过,企业管理者违反合法性义务构罪时,也存在其明显违背公司政策、企业无合规缺陷或犯意故不构成犯罪的例外情况。② 有的办案机关处理此类案件时仍对企业提起公诉并要求其进行合规整改,后又据此从宽处理涉罪企业管理者。涉案企业合规典型案例中的"北京李某某等 9 人保险诈骗案"③和"王某某泄露内幕信息、金某某内幕交易案"④均是如此。但笔者认为此时不应对企业提起诉讼并适用合规整改和考察,也不宜接受企业以主动整改为条件换取的大幅责任减免。第一,合规整改需要耗费大量的人力、物力、财力和时间成本。除内部整改的费用外,合规监管、验收等环节还将产生额外成本。⑤ 合规整改的制裁性质决定了其只能适用于涉罪企业,即便发生自然人犯罪的企业内部确实存在一定的管理缺陷,也不是应受刑罚的管理缺陷。第二,从再犯预防效果的角度看,此类管理者犯罪一般都和企业政策、管理制度明显相悖,不是单位犯罪中通常出现的企业合规缺陷诱发员工犯罪之情况。个体层面较为强烈的内在犯罪动机几乎不会因企业合规整改而变弱。还有观点认为,根据《德国刑法典》第 46 条第 2 款的规定,如果企业成员以规避有效合规预防措施的方式实施犯罪,会被加重刑罚。⑥ 第三,从公平的角度看,既然涉案企业内部的管理缺陷尚不足以构成犯罪,那

① 参见刘斌:《公司合规的组织法定位与入法路径》,载《荆楚法学》2022 年第 3 期。

② 参见时延安:《合规计划实施与单位的刑事归责》,载《法学研究》2019 年第 9 期;黎宏:《组织体刑事责任论及其应用》,载《法学研究》2020 年第 2 期;史蔚:《组织体罪责理念下单位故意的认定:以污染环境罪为例》,载《政治与法律》2020 年第 5 期。

③ C 集团的下属企业 A、B 汽车销售服务有限公司的保险理赔经理李某某等人,为维系客户提升业务量,和多名客户共谋,以伪造事故等方式骗取保险理赔款 41 万余元。侦查机关明确李某某的行为不是出于单位意志,单位无罪。但检察机关仍以两公司的保险理赔制度确实存在一定疏漏为由,接受涉案企业的合规整改意愿。对于受李某某指使、安排进行保险诈骗的其他工作人员,检察机关作出不起诉决定。对于李某某,法院根据企业合规的进展情况对其从宽处罚,判处有期徒刑 2 年 6 个月,并处罚金 3 万元。参见《涉案企业合规典型案例(第四批)》,载最高人民检察院官网,https://www.spp.gov.cn/xwfbh/wsfbt/202301/t20230116_598548.shtml#2,2023 年 7 月 15 日访问。

④ 王某某作为 K 公司副总经理、董事会秘书,自动议开始即知悉公司的重组计划并参与重组事项,后向好友金某某泄露这一内幕信息,金某某得以进行内幕交易,成交金额达 411 万余元。按照案件信息,K 公司本身并不构罪,但办案机关接受企业提出的王某某对公司业务至关重要、企业进行合规整改的建议。按照案情和相关规定,王某某本应处 5 年以上 10 年以下有期徒刑,并处违法所得 1 倍以上 5 倍以下罚金。但办案机关在企业合规整改后大幅减轻对王某某的处罚,判处王某某有期徒刑 2 年,缓刑 2 年,并处罚金人民币 10 万元。参见《涉案企业合规典型案例(第三批)》,载最高人民检察院官网,https://www.spp.gov.cn/xwfbh/dxal/202208/t20220810_570419.shtml,2023 年 7 月 15 日访问。

⑤ 参见马明亮:《论企业合规监管制度——以独立监管人为视角》,载《中国刑事法杂志》2021 年第 1 期。

⑥ Vgl. Eckstein, Newsdienst Compliance 2014, 71010.

么其整改时就不会像涉罪企业那样“伤筋动骨”,若以无罪企业的小幅整改换取对涉罪企业管理者的大幅从宽处罚,显失均衡。①

(二)企业事后合规对企业管理者违反合法性管控义务之刑事处罚的影响

企业管理者因违反合法性管控义务而构罪时,本质是违反监督保证人义务。既然我们承认合规整改能有效避免企业内部合规缺陷引发的同类员工犯罪再次发生,那么当企业管理者积极推进合规整改,着手完善自己的监督管理工作时,这种事后行为就能说明企业未来管理者因自己的管理缺陷而未能防止成员犯罪,进而再次构罪的可能性有效降低。即便未来企业员工仍基于自由意志实施个人犯罪,因其不是在企业有合规缺陷的情况下进行的,企业管理者也不会因此构成不作为犯罪。在上述“随州市Z公司康某某等人重大责任事故案”中,负责安全生产的企业管理者在外包工作人员实施清污工程期间未认真履行相关职责并及时发现隐患,导致发生较大的生产安全事故,属于对合法性管控义务的违反。办案机关认为涉案人员监督不力仅负次要责任,且为过失犯罪,另有认罪认罚和自首情节,故作出不起诉决定。② 笔者认为,企业合规整改后企业管理者的再犯可能性显著降低也是其中一个重要因素。德国多数观点也认为,企业管理者因不作为而构罪时,若其在不法行为发生后首次采取或修正合规措施,以防止未来再次发生不法行为,可被减轻处罚。当然,若其事后的合规整改只是摆设,也不能在责任刑之上裁量预防刑而加重处罚。③ 总之,违反合法性管控义务构成不作为犯罪的企业管理者可因事后推动合规整改而被评价为再犯预防必要性降低。

(三)企业刑事合规与企业管理者违反忠实、勤勉义务之犯罪的互斥性

当企业管理者违反忠实、勤勉义务构成背信类犯罪时,企业无疑属于被害人。部分办案机关尝试对被害企业进行合规整改的理由在于,企业内发生背信犯罪说明其有经营管理上的疏漏,合规整改可保护企业长期健康发展。④ 与此类似,学界也有观点认为,检察机关对涉罪企业刑事合规制度的设计应兼顾企业利益可能被侵害的风险,降低企业高管、员工背信损害公司利益的概率⑤,但以上观点都只笼统地看到合规有利于企业发展的一面。刑事法意义上的企业合规绝不可能适用于企业被害案件,也不宜围绕防范企业内部的背信犯罪展开。

其一,其混淆了合规义务和忠实、勤勉义务的关系。只有企业犯罪案件才有合规

---

① 参见周新:《单位犯罪附条件不起诉特别程序的立法问题研究》,载《政治与法律》2023 年第 6 期。

② 参见《企业合规典型案例(第二批)》,载最高人民检察院官网,https://www.spp.gov.cn/spp/xwfbh/wsfbt/202112/t20211215_538815.shtml#1,2023 年 7 月 15 日访问。

③ 参见〔德〕马库斯·瓦格纳:《当前德国法律实践中刑事合规措施的意义——一个概览》,唐志威译,载《法治现代化研究》2023 年第 3 期。

④ 参见周新:《单位犯罪附条件不起诉特别程序的立法问题研究》,载《政治与法律》2023 年第 6 期。

⑤ 参见陈珊珊:《刑事合规试点模式之检视与更新》,载《法学评论》2022 年第 1 期。

义务的违反和合规整改的可能。存在合规缺陷的涉罪企业事后履行合法性管控义务，避免将来再次由于合规缺陷而对外输出法益侵害危险，并由此获得从宽奖励。而企业管理者违反忠实、勤勉义务实施背信犯罪时，作为受害者的企业即便内部存在管理疏漏，也不属于对合规义务的违反，断无合规整改、事后履行合法性管控义务的空间。企业事后加强财务管理和合规整改防止企业对外输出法益侵害危险的性质完全不同。

其二，这种做法不是保护企业健康发展的最佳选择，甚至适得其反。企业避免自身遭遇财产损害的内生动力足以保证其在日常经营管理中积极建构、完善相关防范制度，还无需承担由合规监管等带来的额外费用。对被害企业适用合规整改实属弄巧成拙。对涉罪企业进行合规整改会增加预防成员背信犯罪的工作内容，徒增成本，也会侵犯企业经营自主权。同时，我国企业高管的背信类犯罪问题本就不容小觑，职务侵占等是企业家的高频犯罪。[①] 允许背信之人因企业合规整改而被从宽处罚，不仅没有依法惩治背信犯罪保护企业产权，可能还会让部分潜在的犯罪人产生侥幸心理。

五、结语

在企业管理者违反合法性义务、合法性管控义务和忠实、勤勉义务的犯罪案件中，不能对所有涉案企业都进行合规整改。当企业管理者违反合法性义务和合法性管控义务构罪时，即便企业事后进行合规整改，其对行为人再犯预防性的影响也有差异和梯度。管窥涉案企业合规典型案例，这种区别似乎未在实践中得到体现。相关主管部门或应尽快制定指南细则，明确企业事后合规确实能降低涉罪企业管理者预防刑时具体的轻缓化处理幅度。

---

① 参见金泽刚、于鹏：《上市公司高管犯罪问题研究》，载《证券法苑》2010 年第 1 期；张远煌：《企业家刑事风险分析报告（2020）》，载《河南警察学院学报》2021 年第 4 期。

刑事合规制度的规范化构建

——以《刑法修正案(十一)》为基础

尤广宇[*]　虞文梁[**]

随着 2016 年《中共中央、国务院关于完善产权保护制度依法保护产权的意见》出台,“刑事合规”逐渐成为学界炙手可热的研究课题。[①] 然而仅从理论上审视刑事合规制度的自洽性,既难以在具体设计上达成理论共识,也不足以说明刑事合规制度的可行性,因此有必要对《刑法修正案(十一)》中相应犯罪修改情况进行解读,分析企业犯罪刑法立法最新动向,借此契机检验刑事合规制度的现有理论,构建符合立法基础与发展方向的刑事合规制度。

一、经济犯罪刑法立法新动向

企业是经济发展的阶段性产物,其核心目的在于盈利与存续,因而企业犯罪通常也是经济犯罪。通过考察《刑法修正案(十一)》中关于经济犯罪的相关修正情况,能够较好把握企业犯罪的惩治方向与治理情况。《刑法修正案(十一)》中涉及经济犯罪调整的条文多达 21 条,《刑法》分则第三章除走私罪与危害税收征管罪两节未调整外,其余六节均有罪名调整,据此可基本断定,经济犯罪的立法动向已充分蕴含在此次修正案中。

(一)犯罪主体的扩张:纯单位犯罪的转变

对刑法修正案来说,基于新的治理情况而增设新罪名是立法常态,由此更加突出了非常态化的修正——对犯罪主体类型的调整。从《刑法修正案(十一)》的修正情况可知,《刑法》第 160 条欺诈发行股票、债券罪与第 161 条违规披露、不披露重要信息罪均增加了部分内容。通过对比可知,第 160 条与第 161 条增设的内容,其立法目标具有

---

* 中国法学会法治研究所助理研究员。

** 习近平法治思想研究中心副研究员。

① 参见田宏杰:《刑事合规的反思》,载《北京大学学报(哲学社会科学版)》2020 年第 2 期。

一致性，都是为了追究在犯罪流程中起到支配作用的犯罪主体的刑事责任——企业的股东、控股股东、实际控制者，其相对独立于企业人格之外，能够影响乃至操纵企业的决策，干预企业主管人员与执行人员的职务活动，其在发行股票、债券或者披露重要信息的过程中，能够影响企业的独立运行，迫使企业超越规章制度进行违规操作。之前的条文只规定了单位犯罪，如违规披露、不披露重要信息罪的主体是“依法负有信息披露义务的公司、企业”①，由此使得“幕后者”逃脱刑事责任。但从犯罪活动的本质来看，股东与实际控制者实际上处于犯罪支配地位，类似于间接正犯，而企业则类似于被利用者，因而在这种情况下，“刺破公司面纱”是十分有必要的。值得关注的是，在股东、实际控制者等自然人成为本罪主体时，企业是否仍需承担刑事责任。借助间接正犯理论来理解，当企业不具有主观罪过或者处于被胁迫、强制状态时，其就等同于被支配的对象，即存在违法或责任阻却事由，无需承担相应的刑事责任。这一抗辩成立的前提是企业具备独立意志，而对刑事合规制度的基本理念与组织体责任的提倡正是为此。所以说，《刑法修正案(十一)》将个人犯罪引入单位犯罪，不仅仅是对“幕后者”的责任追究，更是为刑事合规制度提供了发展的空间。

(二)刑罚幅度的提升：多档法定刑的确立

此次立法修正对经济犯罪调整最多的部分在于法定刑，一方面是将一档法定刑调整为多档法定刑，自由刑的幅度大大增加，另一方面是去除罚金刑的上下限。从法定刑调整的整体情况来看，经济犯罪的刑罚力度与幅度均得到了提升，表明了立法机关加强经济犯罪治理的立法态度，也反映了经济法益愈发重要。此外，《刑法修正案(十一)》增设与修改的经济犯罪罪名共 19 项，除了非国家工作人员受贿罪，其他罪名都既适用于自然人，也适用于单位。因而结合法定刑调整情况来看，可以发现经济犯罪立法呈现一大特点：具体经济犯罪的刑事责任可以由自然人或单位一方完全承担。

以非法吸收公众存款罪为例，之前本罪的法定刑有两档，当犯罪主体为自然人时，直接适用该两档法定刑；当犯罪主体为单位时，则采用双罚制，对单位判处罚金，对直接负责的主管人员和其他责任人员依照该两档法定刑处罚。从自然人与单位承担刑罚的轻重程度来看，对单位犯罪的惩罚力度明显更重，一方面是因为自然人犯罪所适用的主刑与附加刑都存在上限，另一方面是因为单位承担的罚金刑没有上限。然而，此次立法修正扭转了这一局面，一是取消了罚金刑的上下限，二是增加了更高一档的法定刑。通过前后对比来看，立法调整前的非法吸收公众存款罪，在其违法性升高的过程中，自然人承担的刑事责任会因刑罚上限而出现失衡的情况，而单位则能够更好地承担与其违法性相当的刑罚。立法调整后，该罪的自然人犯罪因主刑与附加刑的

① 黎宏：《刑法学各论》(第 2 版)，法律出版社 2016 年版，第 111 页。

幅度提升而能够更好地匹配其违法性，所以立法调整后的非法吸收公众存款罪，已经将自然人犯罪与单位犯罪的刑事责任承担能力拉至同一水平线上。由此而知，当单位犯该罪后适用刑事合规制度进行无罪抗辩或罪轻抗辩时，转由自然人承担相应法益侵害后果同样可以适用同等程度的刑罚，依然能够充分保护被侵害法益。

二、刑事合规制度的反思与检视

当前刑法立法动向已经表明，我国刑法具备接入刑事合规制度的基础框架，但是引入刑事合规制度的前提是其能够较好地适配刑法规范，因而不仅需要从理论上进行具体内容的设计与论证，更应当根据立法现状与趋势对其进行检验。

（一）合作模式下的单位归责基础

国家的职能决定了其对犯罪的预防和惩处负有不可推卸的责任。进入近现代社会以前，自然人是各类社会活动的主体，犯罪行为是自然人以自身活动来表征自身对国家法律敌对意思的具体表现，因而传统社会在应对犯罪问题时采用的是“国家—行为人”对抗模式。而近现代企业的规模化发展，使法人犯罪逐渐超越传统的自然人犯罪，跃升为主要的犯罪形态。① 与自然人犯罪不同，法人犯罪不仅结构复杂、方式多样、行为隐蔽，其造成的社会危害与危险远大于自然人犯罪，而且法人本身具有相对独立和封闭的内循环系统，其掩饰犯罪、对抗调查和逃避制裁的能力远高于自然人。因而即使是不承认法人犯罪的国家，也不会忽视企业的潜在破坏力、否认企业犯罪的客观危害与危险。所以，世界各国都面临同一问题，即在国家防控违法犯罪资源有限的情况下，如何将企业的不稳定因素降到最低。

刑事合规制度正是学界对这一问题的理论解答——因为国家难以像管控自然人一样管控企业，所以更需要企业保持自律性，利用量刑激励等刑事手段推动企业建立刑事合规体系无疑是最佳选择，因而企业需要从国家对抗方转为同盟方。但是这一治理蓝图的最大阻碍在于，为什么能将企业从对抗方转为同盟方？与潜在犯罪人合作难道不是与虎谋皮吗？对于这一问题，学界的回答是，之前将企业全部视为潜在犯罪人是因为采用了替代责任，而随着社会发展，应当全面承认企业的独立人格，用组织体责任取代传统理论采用的替代责任。② 一方面是因为企业是依照法律法规与公司章程建立的法人组织，其权利义务范围均由法律确定，从拟制人格角度看，其不具备违法基础。另一方面是因为企业运营与管理的制度规则已经较为完备，其活动范围已经被法

---

① 参见万方：《企业合规刑事化的发展及启示》，载《中国刑事法杂志》2019 年第 2 期。

② 参见〔德〕乌尔里希·齐白：《全球风险社会与信息社会中的刑法：二十一世纪刑法模式的转换》，周遵友、江溯等译，中国法制出版社 2012 年版，第 253 页。

律法规设置的条条框框规定清楚,从事务独立性上看,企业是内外循环稳定的组织体。从理论逻辑上说,企业作为具有独立人格的组织体,其具有适法倾向、并非潜在犯罪人,所以企业的法律化人格已表明国家与单位具备合作基础,只有两种情况才能构成单位犯罪:一是企业自身文化存在缺陷,以至于拟制人格存在违法犯罪倾向①;二是企业管理不当、监管不力,以至于内部员工易于实施违法犯罪行为。企业的刑事归责基础,不再是因为企业生来就是潜在犯罪人,而是因为其未能建立并维持有效的企业合规制度,以至于企业运行过程中出现个人以单位名义进行非法活动的情况。《刑法修正案(十一)》将纯单位犯罪调整为双主体犯罪,表面上是对责任主体的扩大,实际上可以理解为归责基础的转变,因为单位是否具有犯罪故意或过失需要根据合规情况来判断,所以在单位履行了合规义务并尽到注意义务后,其就不再承担刑事责任,而是由实施犯罪的个人承担。②

(二)组织体责任的量刑激励质疑

刑事合规制度不仅力图转变单位归责基础,而且意图构建与之相匹配的刑罚适用规则。一方面是因为,在考察域外合规立法时通常会发现合规制度与刑罚适用联系密切,如美国《联邦量刑指南》规定,在犯罪发生时,如果企业实施了有效的合规计划,最高可以获得95%的减刑。③ 另一方面是因为,刑事合规制度作为一项政策工具,在企业中进行推广与深化需要相应的量刑激励。④ 虽然学者们从预防必要性、刑罚目的、社会效益等方面论述了量刑激励措施的正当性,但是从《刑法修正案(十一)》对刑罚调整的情况来看,法定刑的上下限被再次扩大,而刑事合规制度提倡的量刑激励似乎与该立法动向相悖,所以将合规计划作为刑罚减免事由,是否符合立法动向、是否具备法律基础,值得进一步讨论。

从学界研究情况来看,量刑激励由两部分组成,一部分是罪责减免,另一部分是政策减免。但是从立法动向上看,量刑激励的正当性根据同样存在较大缺陷。首先是刑罚减免目的与立法从严趋势相矛盾。《刑法修正案(十一)》一方面取消了罚金刑的上下限,另一方面完善了多档法定刑,而提倡通过量刑激励进行刑罚减免,就等于刑事立法一边通过提高法定刑幅度来增加威慑力,另一边通过适用量刑激励来降低威慑力。虽然可以辩称,法定刑的调整是对特定行为的治理政策,而量刑激励是对公司合规的普遍适用,二者之间是一般与特殊的关系。从刑事政策的角度看,刑罚调整直接反映了特定时期的犯罪治理需要,而推广刑事合规制度是为了实现长久的犯罪治理,但刑

① 参见黎宏:《合规计划与企业刑事责任》,载《法学杂志》2019年第9期。

② 参见孙国祥:《刑事合规的刑法教义学思考》,载《东方法学》2020年第5期。

③ 参见万方:《企业合规刑事化的发展及启示》,载《中国刑事法杂志》2019年第2期。

④ 参见李本灿:《刑事合规理念的国内法表达——以"中兴通讯事件"为切入点》,载《法律科学(西北政法大学学报)》2018年第6期。

事政策应当有主次之分、轻重之别,在治理态势逐步提升的情况下,再为企业打开一道豁口显然是自我矛盾的事情。其次是罪责减免的理由并不充分。企业合规制度虽然是近现代立法推动下发展出的自我管理规则,但实际上,企业从成立之时便已着力构建本单位的运转规则,其同样是按照法律法规与行业规定进行的经营制度建设,所以从本质上看,其虽无合规计划之名,但却行合规计划之实。如果仅从单位是否设立合规部门、制定合规计划、设置合规专员等来确定量刑优待的对象,那么自始至终都循规蹈矩的单位反而会败给不守规则但会投机取巧的单位。最后是政策减免会造成法律适用的不平等。《刑法修正案(十一)》对量刑调整的另一大特点在于实现自然人犯罪与单位犯罪的罪责相当,因而在单位成功抗辩后,自然人的违法性能够被充分评价与制裁。但是如果对单位犯罪网开一面,适用量刑激励政策,那么对同等情况下的自然人是极为不公平的。一方面,自然人同样愿意遵纪守法,同样是在合规理念指导下的社会活动,但是对自然人就无政策奖励;另一方面,单位虽然积极推动合规制度建设,但是犯罪行为的发生就意味着合规目的落空,合规体系缺乏有效性,那么适用政策激励就不具有合理性。所以从政策角度看,只为单位合规提供量刑激励存在显失公平的问题。

三、刑事合规制度的具体设计

刑事合规制度的理论张力促使其成为转变单位归责基础的核心依据,然而归责基础的顺利转型,还需要理论与实践的反复磨合。《刑法修正案(十一)》作为刑法立法的风向标,其既蕴含了单位犯罪的通行规则,也透露了刑事政策的最新治理目标。所以引入刑事合规制度,必须结合立法情况进行具体制度设计,唯有如此方能做到有的放矢。

(一)刑事合规义务的具体明确

对企业而言,刑事合规制度所关注的义务仅仅是整体法规范设定的义务中的一小部分,因而该如何理解刑事合规义务,其与普通合规义务有何不同,具体合规义务该如何设计,这些都是刑事合规制度必须正面回答的问题。从理论与立法的发展情况来看,单位犯罪的认定范式有两种,第一种是依附式,第二种是独立式。传统理论与立法通常采用依附式来认定单位犯罪,即将单位犯罪视为自然人群体的犯罪,领导者与执行者被视为单位的“头与手”,所以相关人员的犯罪活动被理所当然地视为单位犯罪。独立式是近现代理论提倡的新型犯罪认定范式,其意在转变单位依附个人的状况,有限地承认单位的独立性,将单位责任与个人责任相剥离,更加准确地认定责任主体并追究其刑事责任。

从单位犯罪治理现代化的角度看,化解单位犯罪治理困境的关键在于将国家与单位之间的"对抗关系"转为"合作关系"①,这一转变的基础在于企业具备独立人格,而有效的刑事合规计划是拟制人格独立化的重要保障,因而需要明确企业的刑事合规义务。当企业积极履行合规义务时,即可认定其属于独立组织体,应当依照独立式的认定范式要求其承担组织体责任;相反,如果企业怠于履行合规义务,那么应当否定其人格独立性,其本质上仍然是个人的集合,不具备与国家合作的基础,从而需要依据依附式的认定范式要求其承担替代责任。因此与其他合规义务相比,刑事合规义务具有两方面的作用:一是用于确定单位犯罪的归责方式;二是用于判断单位犯罪的罪责程度。由此而言,刑事合规义务的具体设计应当包括两部分——合规建设义务与合规运行义务。前者是指企业在构建自身运营环境时,依照刑法规范进行刑事合规制度体系建设的义务;后者是指企业有效地维持自身刑事合规制度体系运转的义务。

从刑事义务的属性上看,合规建设义务并非命令性规范,而是命令性规范的基础与来源。履行合规建设义务是法人独立于自然人的必要前提,因为只有具备健全的合规制度体系,单位内部人员才能够有组织、有纪律地从事相应活动,才能将个人意志排除在职务活动之外,因而合规建设义务的履行与否将影响单位的人格独立性认定。如果积极履行合规建设义务并建立起行之有效的刑事合规制度体系,则可以视单位为独立的组织体,否则应当将其视为依附于成员的组织体。概言之,合规建设义务的履行与否决定单位是否具备完整的刑事责任能力与刑罚承受能力,从而决定单位犯罪的归责基础是替代责任还是组织体责任。

与合规建设义务不同,合规运行义务既包括命令性规范的基础与来源,也包括命令性规范。具体来说,合规运行义务由维护义务与监管义务两部分组成,前者是规范的基础与来源,后者是规范本身。维护义务要求企业在履行合规建设义务的基础上,对已经建立起来的刑事合规制度体系进行有效的维护与完善,如果企业故意不履行该义务,追求或放任合规制度全部或部分失效,应当认为其对员工实施的违法犯罪活动持支持、纵容、默许的态度,应将员工行为视为单位行为。如果企业怠于履行该义务导致合规制度失效,则应当认为其不再具备独立人格,应回归依附式的单位犯罪认定范式。监管义务则是具体的作为义务,即对单位各项事务的监管,而非对单位成员的监管。

(二)合规量刑规则的路径设计

刑事合规义务的具体明确为单位犯罪归责方式的确定提供了依据,也为罪刑关系的处理指明了路径。量刑作为刑事合规制度的另一大部分,不仅要实现合规建设目

① 参见孙国祥:《刑事合规的理念、机能和中国的构建》,载《中国刑事法杂志》2019 年第 2 期。

标,而且要确保罪刑关系合理与刑罚体系协调。因为刑事合规制度本身就是用于更好地维护企业利益、更好地实现社会治理的,而合理有效的合规量刑规则足以激励企业自觉自主地参与到刑事合规制度的建设中来,所以无需使用过多的激励手段来强行推动此进程。笔者认为,合规量刑规则应当注重两方面内容,一是合规量刑规则应当同时兼顾单位与自然人;二是合规量刑规则应当同时兼顾合规单位与未合规单位。如果忽略主体类型直接讨论合规量刑规则,极易造成不同主体间量刑的畸轻畸重,反而会使刑事合规制度备受抵制。

自然人虽非刑事合规制度的适用主体,但却是利益关系主体,所以合规量刑规则的构建应当首先处理好单位与自然人的关系,而后再进一步厘清单位犯罪的具体量刑规则。根据《刑法》第 61 条的规定可知,我国刑法在量刑上的关注对象是行为而不是行为人,只是在刑罚的具体运用上会增加对行为人的关注。从这一点上看,我国是行为刑法,其关注核心在于犯罪行为对犯罪客体与犯罪对象所造成的客观危害与危险①,故刑罚轻重以法益侵害程度为判断标准,因而我国当前刑法在刑罚量定上对单位与自然人并无区分。反观刑事合规制度,其更多的是对行为人的关注,刑事合规义务的履行往往与预防必要性相联系,而进行合规制度体系建设的单位能够在责任刑与预防刑上得到优待,所以引入刑事合规制度实际上是对刑罚对象的一次调整,将刑罚重心由行为转向行为人、由客观危害转向人身危险性。但是这种转变如果仅适用于单位而不适用于自然人,那么必将引发量刑标准的混乱,造成“单位犯罪对应行为人刑法、自然人犯罪对应行为刑法”的分立局面。所以在引入刑事合规制度的同时,应当确立同样能够适用于自然人的合规量刑规则。

合规量刑规则虽然是与刑事合规制度相匹配的以行为人为中心的量刑标准,但是其适用主体不应仅限于单位,具体来说,该规则应当包括两部分:一是单位合规量刑规则;二是比照单位合规量刑规则的自然人合规量刑规则。就单位合规量刑规则而言,责任刑的关注对象是行为,预防刑的关注对象是行为人,所以责任刑应当根据具体行为的法益侵害程度来确定,并不能因为建立了合规制度而区别对待;而预防刑的衡量应当先根据合规建设义务的履行与否进行判断,再根据合规运行义务的履行与否进行判断。具体而言,如果单位未履行合规建设义务,则应将其视为依附性的组织体,其预防必要性较大,应当增加预防刑的适用,如果单位已履行合规建设义务,则可以初步判定其具备独立性基础、人身危险性较小,随后应当根据其对合规运行义务的履行情况予以判断。义务履行的积极度与有效性是预防必要性的重要判断依据,决定预防刑的轻重。同样,对自然人也可以根据其日常守法意识与守法时长,来判断人身危险性、再犯可能性,从而确定其预防必要性的大小。合规量刑规则与传统量刑规则的不同之

① 参见陈兴良:《人格刑法学:以犯罪论体系为视角的分析》,载《华东政法大学学报》2009 年第 6 期。

处在于责任刑与预防刑的搭配，二者的比例关系正是亟待解决的关键问题。

将量刑的基准由行为转向行为人，不仅涉及刑种选择、刑期衡量与具体执行，而且将影响违法性基础与责任根据，可谓牵一发而动全身。刑法理论在量刑基准上一直存在“幅的理论”与“点的理论”①，从我国刑法立法实践出发，我国刑罚一直偏向“点的理论”，但是从刑事合规制度的视角看，缺乏个别化的刑罚并不利于实现特殊预防，也难以证实一般预防的有效性，所以对于以“禁止恶”为中心的单位犯罪，刑罚应当从重报应转向重预防。从这一角度出发，笔者认为对法定犯应当采用“幅的理论”，即责任刑是一个幅度，在此幅度内考虑预防犯罪的需要。在当前社会规则愈发严密健全的情况下，对于法定犯的威慑与预防完全可以由其他法律规范实现，并不需要由犯罪人承担罪责之外的社会责任。此外，对于法定犯来说，其道德谴责度低于自然犯，因而其自我否定度低、易于再犯，所以注重个体的特殊预防更为重要。概言之，主体类型并不应当成为量刑基准的根据，刑事合规制度并不能直接转变量刑标准，而是应当将其作为支撑法定犯与自然犯的量刑基准区分的理论。

① 参见张明楷：《责任刑与预防刑》，北京大学出版社 2015 年版，第 138 页。

我国单位犯罪刑事归责路径的应然转向

姜　悦*

当前，企业合规改革如火如荼地推进，随着改革进入深水区，企业合规不起诉受到更多关注，我国的单位犯罪刑事归责路径也引发了理论界和实务界人士的积极探讨。所谓单位犯罪刑事归责路径，是指依照法律规定适用刑事法手段，追究单位违法犯罪行为引起的刑事责任的基本路径。该路径可以涵盖对单位的主客观归责两个方面，指引着单位犯罪构成要件的认定，引领着单位犯罪法律规定的具体解释，潜藏在司法个案裁判之中，于相当程度上塑造着我国单位犯罪司法实践的大体面貌，也关系着我国企业合规改革的空间和发展方向。我国司法实践中较为传统的单位犯罪刑事归责路径，不仅面临着制度异化问题，也难以应对在合规改革推进中产生的诸多争议，特别是实践中与此相关的"双不起诉"①的做法，使企业合规不起诉改革经受着是否触犯平等原则的诘问以及其他合理性危机。本文的写作目的，就是在企业合规改革推进的迫切需求与立法尚不能及时应对的冲突之下，立足于当前的法律规定和教义学体系，尝试提出一个在理论上较为自洽、实践中基本自足的单位犯罪刑事归责路径，以求教于各位前辈。

一、我国单位犯罪刑事归责路径的现实困境及其成因

（一）我国单位犯罪刑事归责路径的现实困境

我国单位犯罪制度的产生源于司法实践中单位犯罪综合治理对刑事法手段的需求，经历了法人犯罪否定论与肯定论的激烈交锋，走过了从被否定到被肯定、从例外规定到原则确立的刑事立法进程，最终被正式纳入 1997 年颁行的《刑法》。鉴于当时我国单位犯罪刑事归责的实务经验不够丰富、理论探讨有待深入，法条没有对单位犯罪的特征及成立条件作出具体明确的界定。法人犯罪肯定论在实务中具有较大的影响力，尤其是在其与法人犯罪否定论的交锋中，对于"法人具有犯罪能力，能够成为犯罪

---

* 南京理工大学知识产权学院讲师。

① "双不起诉"是指在当前刑事合规改革试点过程中，对刑事涉案企业作出不起诉决定的同时，也对直接负责的主管人员和其他直接责任人员作出不起诉决定，此举可能直接触及刑法平等原则的贯彻与实现。

主体”的证成，成为重要的逻辑起点，于实务中逐渐形成了具有明显整体性的单位犯罪刑事归责的基本路径：一方面，单位整体犯罪意志与行为依赖全体自然人成员或某些特定自然人，自然人的主观意志上升为单位整体意志，单位整体意志支配下的自然人的执行行为为单位行为；另一方面，自然人的意志与行为均在单位犯罪当中发挥作用，对同一违法事项而言，它们失去刑事归责的独立性，又因其发挥的重要作用，在单位成立犯罪的前提下，相关自然人成为单位整体刑事责任的共同承担者。① 一言以蔽之，我国单位犯罪刑事责任的司法认定，是依凭单位与相关自然人的关系，通过将某些特定自然人的意志和行为认定为单位整体的犯罪意志和犯罪行为，间接成全单位犯罪刑事归责，从而使单位犯罪刑事归责与相关自然人的刑事归责紧密关联。

用刑法规制单位犯罪在很大程度上是政策选择的结果。这注定了该制度从诞生时起，就承担着惩治和防范单位犯罪发生、化解单位犯罪规制难题的使命。当然，法律制度的创设与施行，不仅要面对功利的牵引，也要受到公正的节制，单位犯罪制度概莫能外。可令人感到遗憾的是，无论是从功利的角度看还是从公正的角度看，如今单位犯罪制度的实践效果没有尽然符合制度创设时的预想，我国单位犯罪刑事归责路径在司法适用中遇到困难。

第一，从公正处罚的角度看，单位犯罪制度违反责任自负原则。对单位而言，单位犯罪刑事归责过于依赖单位内特定自然人，以至于单位有时难以撇清与形式上具有代表意义、实际上为个人擅断的自然人行为的界限，单位犯罪的成立范围有泛化的风险。对自然人而言，其也可能因单位犯罪而受牵连。单位成立犯罪，不是必然地追究具有领导身份的成员的责任。但根据我国司法实践的反馈，某些自然人成员的行为一旦被认定为单位行为，具有特殊职务的主管人员即使没有直接实施行为或直接作出决策，也可能因其具备“明知、默认、同意”等主观心理，乃至具有监督不力的过失被一同追责。除了将故意犯罪定罪量刑的规定适用于具有监督过失的主管人员是明显不当的做法，主管人员的主观心理未必符合“行为与责任同时存在”的原则，也未必达到追究刑事责任所要求的可谴责程度②，将主管人员不当裹挟在单位犯罪刑事责任中，是否

---

① 有学者对这一现象进行了归纳，以“整体理念”（单位犯罪是单位整体意志的体现）、“互斥理念”（一旦认定为单位犯罪，则不再评价为自然人犯罪，反之亦然）、“依存理念”（单位犯罪成立是相关责任人员承担刑事责任的前提）和“包容理念”（单位犯罪直接责任人员的刑事责任包含于单位整体刑事责任中）概括之，以此指出单位犯罪制度的实践特征。参见王志远：《单位犯罪规制：由“统一”转向“分离”》，载《新华月报》2018 年第 17 期。笔者认为，在单位犯罪制度的四个实践理念当中，“整体理念”的影响尤为关键：因为一旦对单位犯罪进行整体性观察（包括对于单位意志的整体考察），将不再强调成员的独立人格，而是把成员视为单位的组成部分，作为单位犯罪的要素而存在，从而针对同一违法事项，单位犯罪和自然人犯罪不会同时成立（即体现出互斥性）；自然人的责任以单位刑事责任的追究为前提（即体现出依存性）；自然人的责任包含在单位责任当中，对单位整体责任进行分担（即体现出包容性）。

② 参见《单位犯罪研究》课题组：《上海法院系统审理单位犯罪情况调查》，载《华东刑事司法评论》2003 年第 2 期。

真正做到了“无罪不罚，罚当其罪”。

第二，从功利预防的角度看，当前的单位犯罪刑事归责路径预防犯罪效果不佳。对单位来说，一旦犯罪结果难以归责至单位某个（些）自然人的决策和行为之上[①]，即便员工实施犯罪时遵照的是单位既有的政策规定，却缺乏证据表明该犯罪与单位决策机关或负责人的决定直接相关，刑法也难以追究单位的责任，这不当缩小了单位犯罪的成立范围[②]，尤其导致对大型企业的追责受阻。对单位内部的自然人而言，由于司法解释中单位犯罪往往比自然人犯罪的追诉标准更高，一旦构成单位犯罪，可能会考虑到自然人是为了单位利益而犯罪，或者是对单位整体刑事责任的分担，对单位内部自然人成员刑事责任的追究又比普通的自然人犯罪的刑事追责更为轻缓，能够对单位犯罪成立发挥较大影响的某些自然人，此时就可能借助单位犯罪的认定谋求个人责任的不当宽缓，并且凭借单位犯罪较高的入罪门槛，既规避个人罪责，又保证单位不受“牵连”。如果说单位犯罪预防效果不佳是“司法实践偏离单位犯罪应然规范目的指向”，那么单位犯罪成为相关自然人犯罪的无罪辩护事由，则“严重削弱了原有自然人犯罪设定的司法规范确证效果”[③]。“从某种意义上说，我国当前刑事合规改革过程中被普遍采纳的‘双不起诉’做法，一开始只不过是这种实体法方案及其立场的程序化运用……其放纵犯罪的嫌疑是显而易见的。”[④]

（二）归责路径规范评价不足的缺陷乃困境之成因

此番困境是单位犯罪刑事归责路径自身之不足在实践中的呈现和反映。笔者认为，我国当前依靠单位与相关自然人的关系，借助某个（些）特定自然人的意志和行为以认定单位犯罪的主客观条件的单位犯罪刑事归责路径，存在规范评价不足的问题。展开来说，一方面，在单位犯罪刑事责任的追究中，在应当进行规范评价时，不当地强调了某种事实经验的归纳，过于强调单位犯罪中相关自然人的作用，模糊了单位的主体面貌，以特定事实认知代替规范评价，事实与规范混同，这就造成一旦彼时依凭的社会事实发生变化，评价标准便难以适应，与变迁的事实之间出现龃龉。科层制[⑤]组织在我国计划经济体制时期、企业组织发展的早期普遍存在，科层化特征在中小企业当中更为常见和明显。在这一背景下产生的单位犯罪刑事归责路径，反映了科层制单位的

---

① 参见李本灿：《单位刑事责任论的反思与重构》，载《环球法律评论》2020 年第 4 期。

② 参见黎宏：《合规计划与企业刑事责任》，载《法学杂志》2019 年第 9 期。

③ 王志远：《超越行为责任：单位犯罪主体关系传统认识的批判与重构》，载《政法论丛》2022 年第 6 期。

④ 王志远：《超越行为责任：单位犯罪主体关系传统认识的批判与重构》，载《政法论丛》2022 年第 6 期。

⑤ 科层制（或官僚制）是现代社会学奠基者、德国学者马克斯·韦伯针对组织体系提出的一个重要概念，以职位主义为要旨，有明确严格的上下级关系，自上而下的纵向控制是其最为突出的特征。详言之，从组织结构来看，科层化的单位组织内部有单一而严格的等级管理体制，下级成员由上级成员支配和调度；从决策方式来看，科层化的单位组织依赖于高层管理者乃至“第一官员”的理性决策；从组织主体性来看，科层化的单位组织的主体性不显著，极端状态下甚至表现出单位组织人格与个体人格的混同。

犯罪发生机制。由于科层制组织本身的主体性不显著,在日常经营和具体犯罪中由特定自然人起主导作用,因而这样的归责路径对于科层统治、线性管理、"元首"决策、单位人格与自然人人格本就混淆的早期企业、中小企业而言,在适用时差强人意。然而随着我国经济社会的迅猛发展,许多单位的规模显著扩大,事项决策和日常运作超出了仅凭理性自然人能力所能驾驭的范围,单位组织逐渐从集权走向分权,内部机构增多,组织结构从单一趋于复杂,组织形式趋于扁平化。① 单位的决策权有所调整,在原先严格的上下级关系和纵向控制之下,单位高层的理性决策即代表单位意志,如今在横向分工、决策权分散的单位中,再以权威者的意志推知单位意志已不合理。对于具体事项而言,单位最高领导或第一梯队的领导不一定亲自讨论拍板,权威者的意志也不一定能够代表单位的真实意志,其有别于具体有形的决策下达,单位内部政策、规章制度、惯例等无声无形的、反映单位倾向性态度的"指挥棒",单位的主体性进一步增强。此时,在对单位犯罪刑事责任进行规范评价时,继续强调单位对特定自然人意志和行为的依赖,就会带来司法实践中的问题。另一方面,单位犯罪是法律评价的产物,其原本应当切实面向单位犯罪制度设立的规范目的、基于单位的主体地位和独立人格对认定条件进行解读。当今社会单位犯罪制度的规范目的应是:针对组织体的不足,在单位对外输出风险、造成侵害时施加刑事惩罚,由此,外部制裁的压力将激发单位为成为一个良善的组织体而努力的动力,激发单位自我完善、自我约束以预防犯罪的积极性。这一目的的实现,必须仰仗单位不同于自然人的特质——单位组织性作用的发挥,但是,在规范评价不足的单位犯罪刑事归责路径中,单位的犯罪主体地位、独立人格失落,无法准确地回应单位犯罪制度设立的规范目的需求。

综上所述,我国单位犯罪刑事归责路径规范性评价不足的弊端,凸显为事实与规范不能明确区分。传统的单位犯罪刑事归责路径遵循存在论②,在刑法规范评价层面再现了单位对自然人的依赖和自然人对单位的隶属的客观事实。我们肯定单位与相关自然人在事实上的关联性,却不能以此隐没二者在刑法规范评价上的各自独立性。这一点对自然人而言如此——无论自然人是否对单位具有代表意义,其行为首先代表自身,其本身就是受刑法独立评价的对象,是刑法上的独立主体——对单位而言亦然。虽然单位的存在、运转必然借助自然人之力,但是自然人的行为举止能否视为单位犯罪行为、自然人的决策能否认作单位犯罪意志,仍是一个有待考察的问题。在评价对象和评价标准不分、事实性判断溢出、规范性评价不足时对单位和自然人进行刑事归责,凭借二者事实层面上紧密关联的关系属性,将某一特定社会事实下自然人的突出

① 参见于显洋:《组织社会学》,中国人民大学出版社 2001 年版,第 374—375 页。

② 存在论的价值评价方式,认为事实蕴含规范;规范论的价值评价方式,则认为事实与规范要明确分开,规范并非在事实中蕴含,而是从规范中得来、从规范走向规范。即,有别于评价对象与评价标准混同,规范论的价值评价方式认为评价对象来自于存在,但是评价标准是从价值引申而来的。

作用直接照搬到单位犯罪刑事归责中，会使二者在规范评价上的独立人格、平等而独立的犯罪主体地位双双失落。亦即，在进行规范评价时，事实上的关系属性凌驾于规范评价时本应看重的独立个体属性之上，又在此前提下将某一时期的经验认知固化到单位犯罪刑事归责路径中，既可能牵连无辜，也难以回应各自的规范目的要求。由此可知，上述所言的当前的归责路径不能适应社会事实层面的组织体的变迁也好，不能回应规范目的方面的预防理念的变化也罢，都是迫切地需要尊重单位犯罪是法律评价的产物，应尊重规范层面上单位与自然人各自独立的主体地位，让单位自身的主体性在单位犯罪刑事归责中得到重视、单位的组织性特质在单位犯罪刑事归责中得到发挥，改变单位犯罪认定中"事实性判断过多、规范性评价不足"导致的事实对规范的反噬。

二、转变单位犯罪刑事归责路径的理论主张及其思辨

面对单位犯罪刑事归责路径的现实困境，我国理论界一直积极探索归责路径的应然转变。在理论界早期的探索中，法人刑事责任拟制论回归法人犯罪否定论，由于轻视单位犯罪制度作为社会控制策略的独特意义、无法尽然解决实践问题而不宜被采纳。① 单位责任与单位成员责任分离论②、嵌套刑事责任论③明确提出单位与成员是两个不同的犯罪主体、刑罚主体，单位与成员行为两分、各自负责，尝试对单位及相关自然人在刑事责任的认定和追究上相互捆绑、互为前提的状态作出改变；但未能说明组织体特征在单位犯罪中发挥的作用、不能在规范评价层面上落实单位主体的独立性，单位犯罪刑事责任依然是替代责任或嵌套责任，没有突破传统路径的思维束缚。笔者在对我国理论界转变单位犯罪刑事归责路径代表观点的梳理中，隐约看到：当前单位犯罪刑事归责路径的学术探索走过了从意识到有必要分离单位与相关自然人的刑事责任认定，却因没有找准单位犯罪刑事归责之重心而难以分离，到意识到单位组织体的固有特征在刑事归责中的作用的历程。毕竟，组织性才是单位的特质，是它撑起了单位的关键内核。单位虽然以自然人个人为来源，但组织体高于、抽象于自然人个体，不同于、独立于自然人个体。因此，当我们意识到单位是规范评价上的独立主体时，自然会对单位的组织性予以重视；也正是对于单位组织性的重视，拉开了单位与自然人个体之间的距离，使得对单位的刑事归责不再以具体情形中的自然人为转移、不再将某一事实情形直接对标规范评价标准，从而把单位犯罪规范评价的独立性落到实处。

---

① 参见张克文：《拟制犯罪和拟制刑事责任——法人犯罪否定论之回归》，载《法学研究》2009 年第 3 期。

② 参见叶良芳：《论单位犯罪的形态结构——兼论单位与单位成员责任分离论》，载《中国法学》2008 年第 6 期。

③ 参见陈忠林、席若：《单位犯罪的"嵌套责任论"》，载《现代法学》2017 年第 2 期。

不过,当前理论界虽然意识到单位的组织性特质、组织体固有特征在刑事归责中的作用,但对于如何将对客观因素的考量融入单位犯罪刑事归责路径却仍有争议。被热议的诸多观点大抵可分为两类:有些学者主张的单位犯罪刑事归责路径,并不突破现有的、以自然人犯罪为主要适用对象建立起的刑法教义学框架,只是在单位犯罪规范评价上更加关注组织体特征;有些学者则试图突破现有的刑法教义学框架为单位犯罪刑事归责提供的现成模板,主张另外构建一套不同于自然人犯罪的、仅适用于单位犯罪的理论体系。这些观点的明显差异在于是否主张构建区别于自然人犯罪的单位犯罪教义学体系。基于此,本文暂且将不主张另行构建单位犯罪理论体系的观点简称为"一元论",将主张另行构建的观点简称为"二元论",在此对代表性观点加以讨论。

(一)"一元论"的代表性观点及其思辨

"一元论"的代表性观点诸如组织体刑事责任论①、企业独立意志论②等。组织体刑事责任论原则上把单位领导及听命于领导的一般从业人员的主观意志作为单位主观意志,同时结合单位自身特征等客观要素来判断相关自然人的主观意志是否能够代表、反映、符合单位犯罪的主观意志。组织体刑事责任论是我国国内较早提出的在单位犯罪刑事归责路径中关注单位组织体特征的主张。该主张认为,单位组织体本身的客观要素可以反映单位面对违法犯罪发生的态度,其确实考虑到了单位自身的固有特征;但其原则上仍然考察特定自然人的意志,再以组织体特征作为单位犯罪主观意志的辅助判断材料,最后把符合单位犯罪主观意志的自然人成员的主观意志作为单位的主观意志,似乎出现了不必要的回旋往复。而回旋往复的逻辑表征,可能正体现出该主张在一定程度上保留了传统的单位犯罪刑事归责路径的印记。因而,有学者评价其"一方面兼顾组织体内部成员的行为和意志,另一方面又在强调单位组织体自身固有管理缺陷或精神文化对内部成员行为的影响。这从表面上看似乎弥补了传统的自然人责任模式或组织责任模式的缺陷,更加与我国单位犯罪规定相契合,但实际上仍然无法摆脱个人责任论的不利影响,本质上只是自然人犯罪归责模式的一种改良,单位犯罪与单位中自然人犯罪仍然存在一定程度的耦合"③。

保留主客观要件、适用当前刑法理论体系的"一元论"的另一代表性观点"企业独立意志论"认为:"(企业)唯有实施了某种独立于自然人的行为,才能体现其独立的意志。具体而言,可以将企业独立行为分为具体企业行为和抽象企业行为。具体企业行为是指企业针对具体事件作出的经营和管理行为……抽象企业行为则是指企业所实施的制定章程、政策、规范和文件等建章立制、制定政策和程序的活动……根据罗马法

---

① 参见黎宏:《组织体刑事责任论及其应用》,载《法学研究》2020 年第 2 期。

② 参见陈瑞华:《企业合规不起诉改革的八大争议问题》,载《中国法律评论》2021 年第 4 期。

③ 王志远:《超越行为责任:单位犯罪主体关系传统认识的批判与重构》,载《政法论丛》2022 年第 6 期。

时代的著名格言，‘人的客观行为反映人的主观意志’，企业独立意志也是通过企业的抽象行为和具体行为来加以体现的。”①该主张通过“具体企业行为”和“抽象企业行为”以及“行为反映意志”论证单位犯罪主客观要件的成立，从单位固有的组织管理规章制度及其运行中来反映单位意志。但是，笔者的疑问在于：虽然单位意志与自然人意志分离确是分离单位犯罪刑事归责与相关自然人刑事归责之重点，可当单位作为与自然人相独立的平等犯罪主体被评价时，单位也应当具有符合“犯罪概念”之前的“行为概念”的行为。这里的“具体企业行为”和“抽象企业行为”恐怕不能视为单位实施的犯罪行为，单位行为是否需要另作判断？单位行为来自自然人的行为吗？这些有待进一步明确，否则，“企业独立意志论”亦可被归于“二元论”之下的主张。

（二）“二元论”的代表性观点及其思辨

相比于“一元论”，“二元论”不仅力戒司法实务中传统的单位犯罪刑事归责路径的不足，强调单位组织性特质、关注组织体特征在单位犯罪刑事归责中的作用，同时已经明确提出突破当前教义学体系，另行构建单位犯罪的理论框架。

其中，时延安教授指出：鉴于单位集体的“意志”和自然人的意志难以真正分离，传统的单位犯罪刑事归责路径的关键不足之处就在于保留对单位主观罪责的认定，因此，重新构建的单位犯罪刑事归责路径应当舍弃对单位的主观归责。② 王志远教授提倡“归咎责任论”在单位犯罪刑事归责中的应用：“制度异化、适用不平等、存在处罚漏洞、阻碍刑事合规改革进程等不良实践效果，究其根源，对行为责任论的固守是传统主体关系认知得以形成的根源所在……由于行为责任论的思想桎梏，使单位组织体归责依旧离不开自然人的行为和意志……转而以归咎的刑事责任为立场，以存在组织缺陷作为单位组织体的刑事责任前提，以没有履行法定或组织体义务作为直接负责的主管人员承担刑事责任的前提，实现单位组织体、直接负责的主管人员和其他直接责任人员三者刑事责任之间规范意义上的完全分离、平行追责。”③刘艳红教授主张“企业合规责任论”，认为合规责任是一种不同于行为责任的状态责任：“只要企业在法院作出有罪生效判决之前进行有效合规整改，建立合规的治理结构和企业文化，改变合规否定性评价的组织状态，就可以认为消除了对企业进行中心归责的要素，从而获得不起诉决定。”④耿佳宁博士认为，正是由于我国理论界和实务界在对单位刑事归责时，将单位看作存在论意义上的犯罪主体，追求单位本身并不具备的意志和行为并对它们进行拟制，才难以摆脱以特定自然人的决意代表单位意志所带来的实践难题；其主张放弃

---

① 陈瑞华：《企业合规不起诉改革的八大争议问题》，载《中国法律评论》2021 年第 4 期。

② 参见时延安：《合规计划实施与单位的刑事归责》，载《法学杂志》2019 年第 9 期。

③ 王志远：《超越行为责任：单位犯罪主体关系传统认识的批判与重构》，载《政法论丛》2022 年第 6 期。

④ 刘艳红：《企业合规不起诉改革的刑法教义学根基》，载《中国刑事法杂志》2022 年第 1 期。

单位是犯罪主体的思想,立足于单位组织体本身的特征,由此直接判断、认定、追究单位的刑事责任,单位刑事归责的核心在于客观,主观方面仅具有归责上的消极意义,旨在要求单位对于法所不允许的风险的现实化有预见可能性。单位刑事责任的教义学构建无须受缚于自然人犯罪的教义学体系,并且单位的罪过形式不包含故意。①

"二元论"在传统的犯罪理论之外"另辟蹊径"的主张,在相当程度上的确有助于使单位自身成为单位刑事归责的基础和规范评价的重心,但未必是认定单位刑事责任的唯一、最佳方法。原因在于:第一,单位犯罪的主观意志是构造出来的,不能成为否定单位犯罪应当具备主观意志的合理理由。因为不论是单位犯罪还是自然人犯罪,规范评价上的主观意志无不由规范构造而来,而支持规范构造的心理事实基础,单位同样具备,这一点后文详述。第二,刑法教义是通过将刑法知识加以系统化,"保证有一个站得住脚的统一的学说,避免法律的运用被偶然因素和专断所左右"②,"法教义学服务于法的安定性"③,舍弃对单位犯罪主观罪责的要求,甚至放弃行为责任论,突破了刑法教义学体系,触及了刑法原则,难以回避扩大处罚范围的风险。第三,对单位本身固有不足等客观因素的强调,不意味着对单位的刑事归责只能是纯粹客观的;仅仅对单位进行客观的归责或认为单位的罪过形式只有过失,也不过是将故意、过失的判断转移到量刑阶段。第四,在较大程度上突破当前现有的刑法理论体系和立法规定,或许还需要再掂量此种主张在当下实践中的便宜性。第五,若企业合规责任是一种状态责任,涉及重罪的单位可以使状态良性"回转"而出罪,可能导致单位先以侥幸心理怂恿自然人实施犯罪行为,东窗事发后在给予自然人利益弥补的同时,单位通过合规整改脱罪,这样一来,与试图通过合规激励举措促进单位合法合规经营管理的目的几乎背道而驰。

(三)小结

结合前文对我国传统的单位犯罪刑事归责路径的现实困境及其成因的探讨,再来看从传统的单位犯罪刑事归责路径到早期理论界对转变单位犯罪刑事归责路径的探索,以及如今的"一元论"和"二元论"的诸多观点——实际上,这些主张都没有跳出对单位与相关自然人在事实层面上关联、规范评价层面上各自独立之关系的处理。首先,回看传统的单位犯罪刑事归责路径,其弊端已在前文详述。即,不论彼时的个人作用多么突出,都依然是组织体的存在和运转方式赋予个人发挥的平台和空间,使个人得以在一定程度上表现出所谓的为组织体的意志和行为"代言",不得以单位与自然人

① 参见耿佳宁:《污染环境罪单位刑事责任的客观归责取向及其合理限制:单位固有责任之提倡》,载《政治与法律》2018 年第 9 期。

② 〔德〕李斯特:《德国刑法教科书》,徐久生译,法律出版社 2006 年版,第 3—4 页。

③ 孙国祥:《刑事合规的刑法教义学思考》,载《东方法学》2020 年第 5 期。

之间的某种事实关联为规范评价标准,忽略组织体为个人"赋能"的实质。其次,比如法人刑事责任拟制论,形式上保留、实际上否定单位犯罪规范评价,否定单位的独立人格及主体地位的必要性,完全向单位依赖自然人行为举止的事实基础回归,回到有关于自然人犯罪的层面上,其实还是没有处理好单位与自然人在事实上关联、规范评价上各自独立的关系。而单位与单位成员责任分离论、嵌套责任论、组织体刑事责任论等,都在不同程度上有传统的单位犯罪刑事归责路径的影子,即在某些时候,单位犯罪的认定还是来自于自然人行为和意志的直接移转,意味着由单位独立主体性展开的、不在规范评价层面上过度牵涉自然人事实的思路没有被完全遵循。最后,至于当前"二元论"的主张——将自然人从单位中抽出,纯粹地对单位进行审视,从而当然地、自然地分离了单位犯罪与自然人犯罪的刑事归责路径,其实也就是为了避免处理单位与相关自然人在事实与规范上的关系,摒弃了对单位犯罪意志和单位犯罪行为的找寻。由此而来的不足自然也难以规避:其一,从表面上看,"二元论"似乎能完全切割单位与自然人的关系,但是单位刑事责任追究的开启依然要以自然人行为为前提,还是说明了单位与自然人的关联本就存在、不容否定。其二,当规范评价不再考虑单位意志与行为,那么理论体系、立法规定都需要为此做出较大的改变和另塑,就算对舍弃行为主义或责任主义会否触动法治原则、存在风险这一点暂且不谈,"二元论"主张的必要性始终有待掂量。毕竟,只要处理好单位与自然人在事实层面上依赖、隶属及在规范评价层面上各自独立的关系,当前的刑法教义学理论和法律规定就都可得到较大限度的保留和适用。

三、基本立场:单位独立刑事责任论的提倡

基于上述,笔者认为,在归纳传统路径的不足、总结理论探索经验的基础上,我们不妨有所扬弃,以尊重我国刑法现有规定、遵循传统刑法教义学体系为前提,对事实与规范的关系、单位与相关自然人的关系予以妥当处理,重视单位组织性特质,由单位本身出发设计单位犯罪刑事归责路径。即,本文的基本立场是提倡单位独立刑事责任论,主张在单位犯罪刑事归责中关注单位组织体特征,将其作为对单位犯罪刑事归责的核心,凸显单位独立人格和法律上与自然人平等的犯罪主体地位;区分事实判断与规范评价,妥当地处理单位与相关自然人的关系,由事实层面的单位的集体意志规范地构造单位犯罪主观要件,再根据单位组织管理方面的客观事实情况作具体推定,由此判定单位对于危害行为及其结果发生的真实态度和应受谴责之过错,让单位为相关自然人实施的、可归于单位的犯罪行为承担相应的刑事责任,以实现对单位行为的有效约束。在单位独立刑事责任论的主张下,"单位的归单位,自然人的归自然人",单位

与单位相关自然人的刑事归责有望实现彻底、有效地分离。就单位犯罪刑事责任的追究而言,单位是单位犯罪的主体,单位具有自己的客观行为和主观意志,单位独立的人格、犯罪主体地位可以得到尊重,这便是单位独立刑事责任论中所强调的"独立"意蕴。

在传统的单位犯罪刑事归责路径下,"违法所得归单位""单位业务活动范围内""以单位的名义""为了单位的利益"等是对单位犯罪常见特点的总结,它们不能在规范层面上区分单位犯罪与自然人犯罪。而其中"以单位的名义""为了单位的利益"实为存在论意义上的单位行为特征:自然人从事相关活动时具备单位的相应授权,其行为才是"以单位的名义";具有为单位做事的意图,而非仅为个人私欲,其行为才是"为了单位的利益"。同时具备这两个特征,自然人的行为才可能被视为单位行为。

此外,在单位作出犯罪行为的同时,根据单位独立刑事责任论的主张,保留单位犯罪主观要件合理可行。虽然单位有着不同于自然人的组织性特质,其意志生成机制以及意志和行为之间的协作方式更加复杂,但是比照自然人犯罪来看,自然人犯罪具有心理事实基础、由刑法构造主观要件、由行为时的客观因素推定主观要件等自然人犯罪中所依据的理论基础和实践方法,对单位犯罪同样适用,单位犯罪主观归责没有逾越传统的刑法教义学框架。

首先,在相关自然人伴随心理活动的行为参与下形成的集体意志,是单位的自然意义上的心理事实。虽然传统的单位犯罪刑事归责路径将特定自然人的主观罪过(包含心理学上的心理事实和刑法评价的规范性)一并移为单位所用,为单位独立刑事责任论所反对;但是,明确区分单位犯罪刑事责任认定与自然人犯罪刑事责任认定中的事实问题与规范问题后,撇开规范层面不谈,在事实层面上,单位独立刑事责任论同样肯定单位与自然人之间不可忽略的事实联结,认为单位离不开自然人,自然人有机地组成、维系单位,在单位的存在、发展乃至违法犯罪中,均少不了自然人的意识和行为的作用。因而,单位犯罪的主观罪过所根据的自然意义上的心理事实基础,有赖于相关自然人的提供。详言之,由于自然人在单位的设立、存续和发展中发挥着不可缺少的作用,其伴随着心理活动的行为举止与单位的组织架构、规章制度、行为规则、具体决策的生成等不断地交互影响,自然人行为参与中的心理事实贯注在单位组织规章、管理模式、制度政策中,贯注在具体事项的决定和安排上,由此形成集体认可的组织体运作规则和行为惯例,逐渐形成独立于自然人个体的心理活动的集体认知、情感和意志,即单位自身所有的集体意志。该集体意志不仅独立于具体自然人个体,也不是众多个体的主观意志的简单相加。

其次,以单位自然意义上的心理事实为基础,刑法学规范构造出单位犯罪的主观要件。规范性的心理事实是基于心理学的心理事实,在刑法学的规范性的作用下建构而成。我们能够将自然人犯罪的主观要件认定为直接故意、间接故意、有认识的过失和无认识的过失，是因为我们从自然人在行为时的某种内在心理状态出发，将其规范地加以构造，并相信这种直接故意、间接故意、有认识的过失和无认识的过失在刑法学领域应当存在且实际存在。那么，对于单位犯罪的主观要件而言，在不论是管理学、哲学或是刑法学都认同单位自身具备独立于自然人个体的集体意志的情况下，我们在心理事实基础即单位集体意志①之上规范地构造单位的犯罪故意、犯罪过失也是理之自然。

再次，单位的组织管理方面的客观因素彰显、承载着集体意志和主观犯意，从中可对单位犯罪主观要件予以推定。推定的方法应不只用于自然人犯罪这一种场合。以客观事实推定犯罪的主观意思，在单位犯罪场合，也同样可以适用。原因在于：第一，从单位犯罪主观要件的证明难度上看，在集体意志的基础上构造出的单位犯罪主观要件，在认定时也面临困难，这与许多情形下的自然人犯罪的主观要件的认定困难是相似的，需要借助客观事实进行推断，以达到证明的目的。第二，从单位犯罪主观要件的形成方式来看，单位犯罪主观要件所依据的自然意义上的心理事实基础，不是对特定自然人或复数的相关自然人的心理事实的移转或简单汇合，而是源于单位的组织管理和自然人伴随心理事实的行为参与之间的往复影响，在组织体内逐渐形成了在一定时期内较为稳定的、脱离了具体自然人个体而存在的、单位自身独有的集体意志。因而，单位的组织管理情况等客观事实，是不可忽略的、承载和表现单位意志的重要载体。第三，从单位犯罪的发生机制上看，我们应当意识到，单位不是自然人的简单集合，实为一个具有较大能量的复杂的组织实体，特别是在现代大中型企业中，比起某些特定自然人的决策，单位的组织规模、制度架构、管理方式、工作惯例等是“无声却强大的指挥棒”，它们在相关自然人做出行为时发挥着影响，足以表达单位对某种结果的或追求、或放任、或忽视、或反对的态度。第四，企业合规情况可以为单位犯罪主观要件的推定提供重要素材，单位独立刑事责任论也为合规发展留存了足够的空间，二者相辅相成。

最后，鉴于单位犯罪主观要件存在之合理性，笔者认为，单位犯罪主观要件可作如下具体认定：单位犯罪过失的存在前提，是单位与行为时平行条件下的一般单位相比存在组织管理缺陷，且该缺陷与危害结果发生之间具有实质因果关联，从而判定单位对危害结果的发生具有预见可能性；在单位具有预见可能性的前提下，若单位在组织

① 不论是管理学、哲学或是刑法学都认同单位自身具备独立于自然人个体的集体意志，参见〔美〕巴纳德：《经理人员的职能》，孙耀君等译，中国社会科学出版社 1997 年版，第 7—77 页；丛杭青、戚陈炯：《集体意向性：个体主义与整体主义之争》，载《哲学研究》2007 年第 6 期；田洁：《约翰·塞尔论集体意向》，载《中国人民大学学报》2016 年第 6 期；邬桑、丛杭青：《集体行动者与能动性——集体本体论的两个核心概念》，载《自然辩证法研究》2017 年第 2 期；柳海涛：《集体意向性研究》，中国社会科学出版社 2018 年版，第 1—42 页。

管理上存在疏漏,由于轻率或疏忽而没有对危害结果的发生形成反对动机、进行有效规避,则单位存在犯罪过失。若单位组织管理方面的客观缺陷对危害结果的发生起到引导、鼓励、支持或默许、纵容、放任的作用,可以推定单位具有犯罪故意。在对单位犯罪故意、过失的认定中,单位独立刑事责任论以单位组织管理方面的客观情况为判断对象,单位集体决策和主要负责人决策均不是需要单独探讨的特殊情形。

四、结语

单位独立刑事责任论提供了一条单位犯罪主客观归责的基本路径,在当前一些理论观点主张舍弃单位犯罪主观归责或者否定单位故意的存在、摒弃行为责任、提出另塑单位犯罪教义学体系的背景下,单位独立刑事责任论认为,在单位犯罪刑事归责中关注客观因素不代表纯粹客观的归责,论证了单位犯罪主客观要件具有存在的合理性。在坚持我国现有的刑事法律规定的前提下,在当前的刑法教义学的框架之内,通过妥当处理事实与规范、单位与相关自然人之间的关系,完成对单位犯罪刑事责任的认定和追究,维护罪刑法定原则、责任主义原则,回应预防犯罪的规范目的,提升在当下展开实践的便宜性。

由此延伸,单位犯罪刑事归责路径的选择影响着刑事合规的发展和适用。比如在单位独立刑事责任论的观点下,在企业合规整改中发挥实质性作用的相关自然人或可得到刑罚优待,却不当然地因为企业合规不起诉而出罪。在以单位犯罪刑事归责路径为重要刑事实体法根基的企业合规改革中,各项激励举措的适用对象、适用条件及限度等制度建构的一系列具体问题,有待进一步探讨。

量刑基本原理视阈下企业合规不起诉的正当性问题

李文吉* 李 樾**

目前,由最高人民检察院主导的涉案企业合规改革已经进入深水区。在过去三年的改革历程中,全国各级检察机关积极开展对相关制度的改革探索,为保障我国市场主体的健康发展,营造良好的法治化营商环境作出了重要贡献。如今,党的二十大报告再次提出,要优化民营企业发展环境,依法保护民营企业产权和企业家权益,促进民营经济发展壮大,同时要支持中小微企业发展。因此,应当在以往改革所取得的经验成果之上,继续贯彻落实保护民营企业健康发展的政策精神,坚持"重大改革要于法有据"的基本原则,推动涉案企业合规改革向纵深发展,进而为我国市场主体的健康发展保驾护航,实现经济高质量发展。

一、问题的提出

在改革实践中,检察机关创造性地形成了以"检察建议模式"和"合规考察模式"为主的企业合规不起诉制度。① 该制度的核心在于,涉案企业在审查起诉阶段,通过与检察机关达成合规整改协议进行有效的合规整改,经过最终的评估验收,获得不予起诉的决定等宽大处理。② 目前看来,这一制度在实践中的运用取得了良好的效果,既保证了涉案企业重新依法依规经营,也能够警示那些潜在缺乏规制约束的企业遵纪守法,健康发展。但是,由于此次改革具有"司法改革先行、理论研究跟进"的特点,所以就企业合规不起诉制度而言,其实际上是在尚未完成刑事法严密证成的情况下,由检察机关先行构建的,因而对于刑事合规理论缺乏深入的研究和探索③,结果就导致了社会公众认为该制度是对涉案企业的"法外开恩"。因此,为了回应社会公众对于该

* 江苏师范大学法学院讲师、江苏师范大学淮海经济区企业合规研究院研究员。

** 江苏师范大学法学院硕士研究生。

① 参见陈瑞华:《企业合规不起诉制度研究》,载《中国刑事法杂志》2021 年第 1 期。

② 参见黎宏:《企业合规不起诉改革的实体法障碍及其消除》,载《中国法学》2022 年第 3 期。

③ 参见王颖:《刑事一体化视野下企业合规的制度逻辑与实现路径》,载《比较法研究》2022 年第 3 期。

制度正当性的质疑,有必要从刑法教义学的视角来审视企业合规不起诉制度在实践中的运用,以防范可能发生的制度风险。鉴于当前的企业合规不起诉制度呈现出"事后合规"的特征,因此,本文拟运用刑事实体法中有关量刑的基本原理与规定来审视和规范该制度在实践中的运用,避免发生"程序出罪"滥用的风险,从而贯彻落实党的二十大关于依法保护民营企业产权和企业家权益,促进民营经济发展壮大的精神,同时也有利于实现二十大报告中所提出的规范司法权力的运行,实现严格公正司法的目标。

二、量刑基本原理下的企业合规不起诉

(一)量刑的基本原理

现代刑罚理论已经摒弃了绝对报应刑论的立场,不再将报应刑作为刑罚正当化的唯一根据,而是将报应刑论和预防刑论结合来说明刑罚的正当化根据,即并合主义。① 在刑罚的裁量方面,采取并合主义的刑罚观念可以使报应刑论和预防刑论的优势互补,弊害互克。② 一方面,责任刑(即报应刑)为刑罚整体划定了上限,能够有效限制刑罚的严厉程度,可以防止为了追求预防犯罪而实行过于严厉的刑罚。另一方面,对于预防犯罪目的的追求能够克服"有罪必罚"观念的影响,使得从预防犯罪的角度而言对犯罪主体无需判处刑罚或者没有预防犯罪的效果时就不判处刑罚,从而为免除刑罚提供了依据和可能。③ 因此,根据"点"的理论,刑罚的裁量应当以责任刑为基础,责任刑划定了一个确定的"点"来作为刑罚的上限,而预防刑则扮演着在该上限和法定最低刑之间进行刑度调节的角色。此外,在裁量预防刑时应当重点考虑特殊预防④,所以,预防刑的刑量主要是基于犯罪主体的特殊预防必要性的大小。当特殊预防必要性大时,只能在责任刑所确定的"点"之下从重处罚;当特殊预防必要性较小时,就可以在"点"之下从轻处罚。

需要注意的是,虽然并合主义的刑罚理论同等适用于自然人犯罪和单位犯罪⑤,但是其不同于处罚自然人既是出于报应正义的要求,也是出于对预防犯罪的追求。对单位而言,定罪量刑的最主要目的是预防其再次犯罪。⑥ 如此考虑的原因在于:第一,单位作为法律拟制的犯罪主体,天然缺乏对自然人报应刑的受刑能力,即无法通过对其

① 参见李勇:《"合规计划"中须有刑法担当》,载《检察日报》2018 年 5 月 24 日,第 3 版。
② 参见张明楷:《新刑法与并合主义》,载《中国社会科学》2000 年第 1 期。
③ 参见张明楷:《刑法学》(第 6 版),法律出版社 2021 年版,第 671 页。
④ 参见张明楷:《论预防刑的裁量》,载《现代法学》2015 年第 1 期。
⑤ 参见李本灿:《刑事合规制度的法理根基》,载《东方法学》2020 年第 5 期。
⑥ 参见孙国祥:《企业合规改革实践的观察与思考》,载《中国刑事法杂志》2021 年第 5 期。

施以自由刑来实现报应正义①;第二,一味地惩罚单位无法使其"改恶向善",反而会导致单位因为被赋予一系列否定性负担而一蹶不振,不利于其重新回归正轨②。所以,对单位判处刑罚并不具有明显的道义谴责的色彩,刑罚的适用更多是以防止其再次犯罪为目的,进而使其能够重新回归依法依规经营的正轨,继续为社会提供经济服务和承担相应的社会责任。因此,本文认为,对单位量刑时应当注重判处刑罚对实现预防犯罪目的的必要性,当通过其他制裁或处分方式能够实现特殊预防目的时,就应当控制刑罚的适用。

(二)事后合规是超法规影响预防刑的情节

根据量刑的基本原理,能够表明犯罪主体责任轻重的情节是影响责任刑的情节,而能够表明特殊预防必要性大小的情节则是影响预防刑的情节。③ 在实践中,经过有效合规整改的涉案企业消除了自身的犯罪因素,重新步入了依法依规经营的正轨,承诺从今往后不会再触犯相同或类似的罪名,大幅降低甚至消除了自身特殊预防的必要性。因此,事后合规虽然无法对涉案企业的责任刑产生影响,但是却可以作为影响预防刑的量刑情节。④ 可是,我国刑法及相关司法解释并没有将其规定为量刑情节,如果将其作为量刑情节予以适用,是否会违背罪刑法定原则?针对这一问题的回答是:事后合规作为超法规影响预防刑的情节与罪刑法定原则并不存在抵牾。罪刑法定原则作为当代各国刑法的核心原则,其目的在于限制国家的刑罚权,从而保障人权,实现社会公平正义。那么,这就要求司法机关既不能对刑法没有明文规定的行为定罪处罚,也不能对刑法所明文规定的行为出罪有所限制。易言之,入罪需要法律根据,但出罪并不需要法律根据。⑤ 所以,通过适用超法规出罪或从宽事由来实现个案正义,完全契合罪刑法定原则保障人权、实现公平正义的价值追求。

由于预防刑的裁量主要以特殊预防为目的,其旨在通过确定刑种和刑度消除犯罪主体的再犯可能性,因此对犯罪主体未来状态的预测就需要司法人员尽可能全面、广泛地收集能够影响犯罪主体预防必要性的情节,以确保预测结果的准确,从而充分实现特殊预防的目的。⑥ 但是,囿于影响预防刑的情节范围十分广泛,我国法律目前所规定的量刑情节也只占了其中的一小部分。除此之外,仍有大量能够体现犯罪主体特殊

---

① 参见孙国祥:《单位犯罪的刑事政策转型与企业合规改革》,载《上海政法学院学报(法治论丛)》2021年第6期。

② 参见时延安、敖博:《民营经济刑事法制保护的政策目标及实现》,载《中国人民大学学报》2021年第4期。

③ 参见张明楷:《责任刑与预防刑》,北京大学出版社2015年版,第274页。

④ 参见蔡仙:《论企业合规的刑法激励制度》,载《法律科学(西北政法大学学报)》2021年第5期。

⑤ 参见陈兴良:《赵春华非法持有枪支案的教义学分析》,载《华东政法大学学报》2017年第6期。

⑥ 参见张明楷:《责任刑与预防刑》,北京大学出版社2015年版,第339页。

预防必要性大小的情节没有被纳入法律规定的范围。所以,司法人员在对预防刑进行裁量时,必须合理地行使自由裁量权①,既不能随意地将任何事由都作为量刑情节,也不能仅仅机械地考虑法律所规定的量刑情节。那么,既然涉案企业通过有效的合规整改,达到了合规体系建设的标准,往往就能够表明该企业的特殊预防必要性较小,甚至已经失去了特殊预防的必要性,因而可以将事后合规作为超法规影响预防刑的量刑情节予以适用。

(三)事后合规对涉案企业及其直接责任人员预防刑的影响

从理论上来说,事后合规一般被视为降低涉案企业自身预防刑的量刑情节,那么其能否作为降低涉案企业中直接责任人员预防刑的量刑情节呢?根据《刑法》第 30 条和第 31 条的规定,我国对单位犯罪的处罚原则上是双罚制。而采用双罚制的理由在于,我国刑法对于单位犯罪秉持的是单位自身责任论的立场,即单位犯罪是单位自身的犯罪②,单位和自然人分别为各自的行为承担刑事责任。现代的组织理论也表明,现代企业已经不仅是传统的人和物的简单集合,而是一个能够通过其内部的结构、制度、文化氛围等削弱内部成员的自主性,从而影响或决定他们的意志和行为的复杂实体。③ 因此在本质上,单位犯罪就是涉案单位的组织制度、目标宗旨以及企业代表机构成员的业务素质等综合影响而成的结果。④ 在单位犯罪案件中,单位承担刑事责任的依据就是单位自身的治理或经营结构导致其内部成员实施犯罪行为⑤,这是单位作为组织体的固有责任。而单位内部的直接责任人员的刑事责任则是一种传统的行为责任、道义责任、罪过责任⑥,即此类人员系基于相对自由的意志而参与、决定或纵容犯罪行为的实施等而承担刑事责任。所以,在单位犯罪案件中,涉案单位及其直接责任人员系相互独立的犯罪主体⑦,二者分别就各自的行为承担刑事责任。

因此,就事后合规的内容来看,合规整改的一系列措施是针对涉案企业自身所展开的,它通过改变涉案企业的经营模式、调整其内部结构、建立相应的防范机制以及促进其形成合规经营的企业文化等,消除了涉案企业先前存在的能够引诱、迫使其内部自然人实施违法犯罪行为的内部因素,使其重新步入依法依规经营的正轨,这对于涉案企业自身具有显著的特殊预防的效果。而对于具有独立意识和主观能动性的直接责任人员而言,事后的合规整改并不能减少其特殊预防的必要性。所以,本文认为,事

① 参见张明楷:《责任刑与预防刑》,北京大学出版社 2015 年版,第 372—374 页。
② 参见黎宏:《企业合规不起诉:误解及纠正》,载《中国法律评论》2021 年第 3 期。
③ 参见黎宏:《企业合规不起诉改革的实体法障碍及其消除》,载《中国法学》2022 年第 3 期。
④ 参见黎宏:《企业合规不起诉:误解及纠正》,载《中国法律评论》2021 年第 3 期。
⑤ 参见时延安:《合规计划实施与单位的刑事归责》,载《法学杂志》2019 年第 9 期。
⑥ 参见刘艳红:《企业合规不起诉改革的刑法教义学根基》,载《中国刑事法杂志》2022 年第 1 期。
⑦ 参见张明楷:《法益初论(增订本)》,商务印书馆 2021 年版,第 517 页。

后合规一般只能降低涉案企业自身的预防刑，而不能作为降低涉案企业中直接责任人员预防刑的量刑情节。

但是在实践中，要想实现有效的合规整改，检察机关以及第三方监督评估小组需要事先就涉案企业的合规风险点、运行机制等进行全面而深入的了解，进而才能够针对存在的问题制定解决方案，使合规整改工作真正做到有的放矢。所以，实现有效的合规整改，往往需要熟悉涉案企业内部运行机制的人，尤其是企业的高级管理人员或民营企业的企业家，在前期积极配合检察机关的调查工作，在中期协助合规整改进程的推进，在后期保障合规成果的有效落实并逐渐形成合规文化等。因此，如果涉案企业中的直接责任人员能够积极地帮助涉案企业进行合规整改，一方面，能够表明其具有认罪悔罪的态度，再犯可能性较小；另一方面，在协助企业整改的过程中，该人员也间接接受了法治教育，逐渐培养起依法依规经营的理念，在一定程度上也可以降低其再犯可能性，有利于实现特殊预防的目的。故而，对于那些帮助企业进行合规整改的直接责任人员，可以将协助整改的行为作为降低其预防刑的量刑情节进行考量。

三、对涉案企业及其直接责任人员合规不起诉的正当性问题

（一）对涉案企业自身合规不起诉的正当性问题

根据量刑的基本原理，责任刑划定了刑罚的上限，预防刑的裁量只能在责任刑所确定的“点”之下进行，当犯罪主体的特殊预防必要性较小或者没有特殊预防必要性时，就可以在责任刑的“点”之下从宽甚至免除处罚。因此，事后合规作为影响涉案企业自身预防刑的量刑情节，可以通过降低预防刑来进一步影响宣告刑。当合规整改后的企业从预防犯罪的角度而言无需判处刑罚时，那么在理论上就可以对其免除刑罚。具体而言：

第一，在涉案企业中的直接责任人员依法应当判处 3 年以下有期徒刑的轻罪案件中，涉案企业的责任刑较轻，因此其通过事后合规降低预防刑，进而免除刑罚是符合量刑基本原理的。根据消极的责任主义和“点”的理论，由于涉案企业的责任刑较轻，依据责任刑所划定的刑罚上限就比较低。此时，如果涉案企业不仅认罪认罚、积极地退赃退赔，挽回损失，而且还通过建立有效的合规管理体系来防止相同或者类似的犯罪再次发生，那么就能够表明该企业的特殊预防必要性的减少甚至消失，进而能够有效地降低预防刑。因此，在责任刑较轻的基础上，涉案企业通过降低自身的预防刑，就可以将宣告刑调节至较低的水平。此时，如果仍然要对其判处较低的罚金刑不仅对实现预防犯罪的目的毫无意义，而且不利于其重新回归社会，依法依规经营。所以，在轻罪案件中，检察机关对合规整改后的企业作出不起诉的决定具备正当性。

第二，在涉案企业中的直接责任人员依法应当被判处3年以上有期徒刑的重罪案件中，对涉案企业合规不起诉也具备正当性。但是，有学者认为此时的涉案企业责任刑较重，所划定的刑罚上限较高，即使涉案企业通过认罪认罚、积极退赃退赔、采取补救措施以及有效的合规整改，降低甚至消除了自身的特殊预防必要性，检察机关也不能对其不予起诉。否则，责任刑的惩罚功能就会被不当削弱甚至消解，使得企业合规不起诉制度的正当性面临极大的挑战。①

针对上述质疑，本文认为，虽然从表面上看，涉案企业仅通过有效的合规整改等量刑情节降低自身的预防刑就获得了不予起诉的决定。但实际上，责任刑的惩罚功能并未因此被不当削弱或消解，而是通过非刑罚的方式实现了。正如有学者指出，对合规整改之后的企业免于刑事追诉并不会损害报应正义，对涉案企业的惩罚只是以其他形式作出而已。② 具体而言：其一，对合规整改之后的涉案企业不予起诉也是一种否定性的法律后果，即检察机关在对涉案企业作出宽大处理的同时也是在告诫涉案企业其行为构成犯罪。③ 它是对犯罪行为的一种否定性评价和对犯罪主体的谴责，其内容具有一定的刑事制裁性。其二，涉案企业在经过合规整改不起诉之后仍然要面临严厉的行政处罚。由于针对企业的刑罚种类比较单一，所以多样化的行政处罚在实质上具有超越刑罚的威慑力，能够让涉案企业受到严厉的制裁。在行政处罚措施中，不仅可以选择对涉案企业处以巨额的罚款，而且能够借助暂扣或吊销营业执照、责令停产停业等资格罚扼住企业的咽喉，让企业痛定思痛，改过自新。因此，在实践中，检察机关会通过检察建议的方式将刑事司法与行政处罚进行衔接④，即在对涉案企业合规不起诉的同时向有关行政部门发出检察建议，要求对其实施罚款、没收违法所得、责令停产停业等行政处罚。

综上所述，当涉案企业的责任刑较重时，一方面，其通过认罪认罚、积极退赃退赔、采取补救挽损措施以及进行有效的合规整改，极大地降低甚至消除了特殊预防的必要性，使自身从预防犯罪的角度而言无需被判处刑罚；另一方面，责任刑的惩罚功能也通过非刑罚的制裁方式得以实现，从而避免了并合主义刑罚的失衡。因此，根据量刑的基本原理，对重罪案件中的涉案企业合规不起诉也具备正当性。

（二）对涉案企业中直接责任人员合规不起诉的正当性问题

根据上文所述，由于涉案企业及其直接责任人员所承担的刑事责任的依据并不相同，事后合规不能够成为直接责任人员出罪的依据。因此，涉案企业中的直接责任人

---

① 参见刘艳红：《企业合规不起诉改革的刑法教义学根基》，载《中国刑事法杂志》2022年第1期。
② 参见李本灿：《认罪认罚从宽处理机制的完善：企业犯罪视角的展开》，载《法学评论》2018年第3期。
③ 参见张明楷：《犯罪的成立范围与处罚范围的分离》，载《东方法学》2022年第4期。
④ 参见李玉华：《企业合规本土化中的“双不起诉”》，载《法制与社会发展》2022年第1期。

员想要出罪就需要遵循传统的自然人犯罪的出罪路径。总体而言,当涉案企业中的直接责任人员不具备法定的免除处罚的情节时,检察机关对其不予起诉要想具备正当性,还应当结合帮助涉案企业进行合规整改等减轻责任刑或预防刑的量刑情节来满足《刑事诉讼法》第 177 条关于“犯罪情节轻微,依照刑法规定不需要判处刑罚或免除刑罚”的规定。具体而言:

第一,在涉案企业中的直接责任人员依法应当判处 3 年以下有期徒刑的轻罪案件中,由于直接责任人员受到了所在企业的犯罪因素的影响,故同单纯的自然人犯罪相比,其自身的责任刑相对而言应当更轻。① 此时,如果直接责任人员积极帮助企业合规整改,则既能表明其具有认罪悔罪的态度,再犯可能性较小,也能够在其帮助整改的过程中,重新塑造合法经营的价值观念,实现特殊预防的目的。同时,再结合认罪认罚、退赃退赔、挽回损失、取得被害人谅解等法定或酌定的量刑情节来降低自身的预防刑。那么,在责任刑较轻的情况下,通过降低预防刑使得最终的宣告刑降低至较低水平,此时,检察机关对其作出不予起诉的决定具备正当性。

第二,在涉案企业中的直接责任人员依法应当判处 3 年以上有期徒刑的重罪案件中,由于直接责任人员的责任刑较重,所划定的刑罚上限较高,所以检察机关仅仅凭借认罪认罚、帮助企业合规整改等量刑情节是无法对其作出不起诉决定的,只能在责任刑所划定的限度以下,法定刑以上提出从轻或者减轻处罚的量刑建议,否则不具备正当性。但是,如果直接责任人员在认罪认罚、帮助企业合规整改等情节的基础上,具有多个法定的减轻责任刑或预防刑的量刑情节,比如在共同犯罪中系从犯,具有自首、立功情节等,在下降一个或两个法定刑档次之后,将宣告刑降低至 3 年以下或者更低。那么,基于其特殊预防的必要性较小,不具有再犯可能性,检察机关若对其提出判处缓刑的量刑建议或者不予起诉则具备正当性。

四、结语

涉案企业合规改革作为贯彻党的二十大所提出的依法保护民营企业产权和企业家权益、促进民营经济发展壮大精神的一条重要路径,必须继续深入推进。同时,要想继续深入发展最具激励性质的企业合规不起诉制度,就必须寻找能为其提供正当性的刑法教义学根基,从而实现党的二十大提出的实现公正司法,规范司法权力运行的目标。因此,企业合规不起诉制度是否符合量刑的基本原理是其是否具备正当性的关键。本文认为,在量刑基本原理的视阈下,对涉案企业自身及其直接责任人员不予起诉均能找到各自的正当性。第一,在直接责任人员可能被判处 3 年以下有期徒刑的轻

① 参见李勇:《涉案企业合规中单位与责任人的二元化模式》,载《中国检察官》2022 年第 12 期。

罪案件中,对涉案企业而言,在责任刑较轻的基础上通过事后合规来降低预防刑进而免除刑罚,符合量刑的基本原理,对其合规不起诉具备正当性。对直接责任人员而言,如果其具有认罪认罚、积极帮助企业进行合规整改等情节,则可以考虑一并不起诉。第二,在直接责任人员可能被判处3年以上有期徒刑的重罪案件中,对涉案企业合规不起诉也具备正当性。理由在于:涉案企业一方面通过事后合规降低甚至消除了自身的预防必要性,实现了特殊预防的目的;另一方面则通过付出高额成本进行合规整改、接受后续的行政处罚等非刑罚方式实现了责任刑的惩罚功能。但是,对直接责任人员不宜一并不起诉,而是应当在其承担的责任刑基础上,结合认罪认罚、帮助合规整改等量刑情节,考虑对其提出从轻或减轻处罚的量刑建议。另外,如果直接责任人员具备减轻或者多个减轻处罚的量刑情节,能够将宣告刑调节至较低水平,则可以考虑对其提出判处缓刑的量刑建议或者不予起诉。

企业生态合规之构建探析

闫　雨*

在社会经济高速发展的今天,污染环境的违法犯罪行为绝大多数已经转向企业,企业在生产经营过程中造成的环境污染问题,逐渐成为环境安全的重要隐患。生态合规体系的构建已经成为党和国家的法规政策要求。2019 年 10 月 31 日,党的十九届四中全会通过《中共中央关于坚持和完善中国特色社会主义制度 推进国家治理体系和治理能力现代化若干重大问题的决定》,明确生态环境保护的四项"制度"分别是"实行最严格的生态环境保护制度""全面建立资源高效利用制度""健全生态保护和修复制度""严明生态环境保护责任制度",将党中央对生态环境的重视提升到新的高度。2020 年 3 月 3 日,中共中央办公厅、国务院办公厅印发《关于构建现代环境治理体系的指导意见》,提出到 2025 年建立健全环境治理的领导责任体系、企业责任体系、全民行动体系、监管体系、市场体系、信用体系、法律法规政策体系等七大体系的主要目标,再一次表明生态环境治理体系是生态环境保护的重要组成部分。在此背景下,企业应当竭尽所能建立切实可行的环境保护、防范环境污染的措施,尽可能严格生态合规制度。同时,企业应制定何种生态合规计划成为亟须解决的问题。

一、企业生态合规机制构建之必要性

面对日益高发的企业环境犯罪,在企业环境犯罪治理中制定生态合规计划是十分必要的,通过企业与国家,企业内部规章与刑法、行政法等法律之间的功能性协作,可以实现环境安全的立体化、协同化防护。

(一) 企业环境犯罪之现状

企业污染环境的"犯罪黑数"较大。相对于个人而言,单位具有更强的经济实力、技术能力和社会关系能力,也更容易掩饰其污染行为,特别是在地方保护主义、证据难以取得等障碍性因素客观存在的情况下,企业污染环境要么被阻挡在程序之外,要么

* 广东工业大学法学院副教授。

转为自然人犯罪,形成了较大的"犯罪黑数"。在司法实践中,经常出现企业以补偿直接责任人员或者其他直接责任人员金钱、利益等的方式使其独立承担刑事责任,从而使企业逃脱刑事处罚的情况。① 从2012年到2018年全国污染环境犯罪主体类别统计表(见表1)就可以看出该问题,这与相关研究提出的污染环境犯罪的主要污染源头是企业,所占总污染比重的70%的描述相差巨大。②

表1 2012年到2018年全国污染环境犯罪主体类别统计表

类别	件数/件	占比/%
自然人犯罪	4284	94.22
法人犯罪	263	5.78

企业环境犯罪的社会危害性更大。企业主体污染环境往往发生在大规模的生产经营活动之中,相对于自然人的小作坊,污染范围更广、持续时间更长、隐蔽性更高、对环境的破坏更加严重。从世界环境保护史及我国司法实践出发,重大环境污染案件几乎都是由企业组织实施的,并且世界各国大多关注到了环境犯罪的这一特点,在刑事处罚方面趋于严厉。以美国为例,由于立法体例等的不同,美国环境污染犯罪案件刑事起诉数量较少,但是美国司法机关对于法人严重污染环境的犯罪的处理却是十分严厉的。例如,2004年12月24日,美国纽约地方法庭在萨尔维尼奥(Salvgno)父子的石棉清除(ACC)公司石棉污染案中判处小萨尔维尼奥25年监禁,没收其2033.33万美元的非法财产,偿还受害客户2303.96万美元,判处老Salvgno先生19年零6个月有期徒刑,没收其170.71万美元的非法所得,并赔偿客户2287.55万美元的损失费;判处该公司向联邦政府交纳203.3万美元罚款,并归还客户2287.55万美元。③

企业环境犯罪不容易得到严厉的惩罚。相对于自然人犯罪而言,企业的犯罪成本更高,在大规模的环境犯罪治理行动中能够被及时发现并且严惩。但是企业污染环境犯罪与经济发展、职工就业、市场竞争等问题牵扯在一起,较高的犯罪治理成本也就形成了压力缓冲带,使得从严惩治的刑事政策难以有效贯彻,犯罪治理具有反复性和长期性的特点,在这种情况下,建立制度化的长效治理机制十分有必要。环境犯罪治理的重点是企业。与自然人相比,企业的理性选择更难实现。因此,确保企业作出理性选择,是建立相关预防机制的关键。

(二)建立企业生态合规的必要性

首先,有助于提高犯罪成本,实现预防性治理。提高犯罪成本的关键不是刑罚

① 参见王志远:《环境犯罪视野下我国单位犯罪理念批判》,载《当代法学》2010年第5期。

② 参见邹东涛主编:《中国企业公民报告(2009)》,社会科学文献出版社2009年版,第106页。

③ 参见刘必琥:《国外"环境罪"案例分析》,载《绿叶》2007年第8期。

的严厉性而是刑罚的不可避免性,而不可避免性又需要建立在及时发现、揭示犯罪的基础上。合规原本属于企业自我约束的范畴,企业可以根据自身技术及生产方案的改善程度,自行拟定其管制方案或调整管制的标准与程序。尽管企业内部合规审查具有一定的犯罪预防功能,但其根本出发点在于维护企业利益而不是治理犯罪,难以真正对企业污染环境犯罪产生具有威慑性的阻却效果。企业内部合规人员不直接为公司创造利润,在公司结构中的地位不高,内部合规审查的最大阻力就是企业本身。通过建立生态环保合规审查机制,管制机关就可以提前介入企业经营活动,确保及时发现问题,不仅能对环境污染"防早防小",更能使潜在的犯罪人认识到污染环境被发现、被处罚的即时性和不可避免性,从而在衡量犯罪成本和犯罪收益之间作出理性选择。

其次,有助于形成企业环保文化,促进企业作出理性选择。不同于自然人,企业理性选择的基础更多源于组织内部文化的影响。合规审查可以及时纠正企业组织框架与运行机制的偏差,培养企业管理人员的环保意识,促进企业环保文化的形成。企业组织文化是对企业成员具有某种程度上的约束力的为社会所普遍认可的行为准则、道德规范和价值观念。良好的企业环保文化有助于培养企业守法意识,促使其充分认识到犯罪的成本,在面对守法成本和犯罪收益时作出理性选择。

最后,有助于降低治理成本,提高犯罪治理效率。建立生态合规的目的在于形成单位污染环境的及时有效发现与纠正机制,避免危害结果扩大化或者再犯,促使不法者形成自我激励的环保意识,进而形成有效的事前预防机制。基于整体的分析,生态合规制度虽然会产生一定的制度成本投入,但是却可以降低突击式和运动式检查所消耗的人力、财力资源成本,并最终形成生态环境保护的长效治理机制,实质上仍然节约了治理成本,提高了治理效率。

二、生态合规机制之基本内容导向

(一)生态合规机制内容之总体导向

生态合规,具体包括生态环保行政合规审查制度与生态环保刑事合规处罚制度。生态合规计划对企业积极预防环境违法特别是环境犯罪的作用十分突出,生态合规计划的首要目标,便是通过行政手段促使企业在运营过程中注意对环境的保护,降低生产过程中造成环境污染的风险,避免违规行为构成行政违法或者刑事犯罪。因此,生态合规计划在风险配置上应进行针对性的合理设计。合规计划的设计并不能遵循程式化的模式,因为合规的目的在于通过内部的控制有效预防具体的风险,风险点的差异决定了风险识别机制的差异。① 作为专项合规计划,生态合规是企业针对环境保护领域的合规风险,为避免企业因违反相关法律法规而遭受行政处罚、刑事追究以及其他方面的损失所建立起的专门性的合规管理体系。与大而全的合规管理体系不同,这一体系除要受到企业一般性的合规政策和程序约束外,还要设立专门性的合规组织、专门性的预防体系、专门性的识别体系、专门性的应对机制以及出台专门性的合规政策。② 鉴于此,生态合规是相对独立于统一企业合规之下的分支型合规管理系统,目标是使企业生态合规走向专业化,真正发挥有效预防、识别和应对企业经营过程中的具体风险的作用。当然,生态合规虽然属于专项合规计划的一种,但也并非要求每一个企业都遵照相同的模式进行建构。各个企业在建立生态合规计划时,需要从企业的性质、相应的业务范围以及企业特有的风险领域出发,有针对性地建立专项合规计划。例如,生态环保合规显然是从事化工生产的企业亟须建构的专项合规计划。

在明确生态合规的基本目标定位之后,企业为了防范在生产、经营过程中造成环境污染,触犯相应的行政法、刑事法条文,生态合规计划在内容设计上应具备两个基本条件:第一,在生态合规计划的制定方面,应当将行政法、刑法规定的抽象的义务内容具体化,如本企业经营过程中对环境保护的作为义务,并设置条文使作为义务能够有效履行,以此实现企业内部制度与行政法、刑法条款的契合。第二,在生态合规计划的实施方面,应当明确生态合规计划的应用性,这是比制定生态合规计划本身更为重要的层面。计划的可实施性、可应用性才是判定企业是否享受行政、刑事责任减免的重要标准。换言之,形成生态合规计划不是目标,形成有效的生态合规计划才是生态合规的核心。是否具有有效的生态合规计划,是执法部门在对涉案企业作出是否宽大处理的决定时,评估其合规管理体系能否发挥防范、监控和应对违规行为的作用采取的标准。在建立合规监管制度的国家,执法部门经常会定期或者不定期发布有关有效合规计划的标准。③ 在企业生态合规计划中,对涉及排放、倾倒或者处置有放射性的废物、含传染病病原体的废物、有毒物质或者其他有害物质,特别是向特定区域如饮用水水源保护区,自然保护地核心保护区,国家确定的重要江河、湖泊水域等倾倒、排放、处置相关污染物质等行为应从加强内部监管方面入手,应有专门的、专业的、中立的合规人员参与生态合规计划的制定与实施,计划要明晰企业具体人员所承担的生态合规责任,确保将生态合规计划付诸实施。在具体层面,生态合规计划应包括环境污染风险识别、环境污染风险评估以及环境污染风险消除等核心环节,还应当包含切实可行的预防机制与实施机制。

---

① 参见李本灿:《企业视角下的合规计划建构方法》,载《法学杂志》2020 年第 7 期。

② 参见陈瑞华:《企业合规基本理论》,法律出版社 2020 年版,第 116—117 页。

③ 参见陈瑞华:《企业合规基本理论》,法律出版社 2020 年版,第 93 页。

(二)生态合规机制之具体内容

一方面,企业需要根据环境保护法、刑法等相关法律,制定企业内部环境保护的合规政策,制定员工的行为准则,以此表明企业高度重视环境保护的态度和为保护环境作出的实质性措施,使企业责任与员工责任进一步明晰。在这种情况下,企业责任得到独立实现,企业内部个人责任也得到落实。如前所述,研究表明组织文化的消极影响是企业环境犯罪发生的重要原因之一,在污染环境罪中,"其他责任人员"占比一半以上,2018 年占比更是达到 53%,这类人员属于单位中较低层级的人员,受制于主管,易受到单位组织文化的影响,缺乏理性选择,更容易成为污染环境犯罪的直接责任承担者。这说明企业中的个人行为也是受到企业自身制度和文化影响的,所以企业对自身的制度和文化就具有了合规建设的责任。[①] 面对企业环境犯罪存在认定困难的现实情况,司法机关实际上已经以司法解释的方式肯定了企业制度、文化对个人行为所具有的影响。2019 年最高人民法院、最高人民检察院、公安部、司法部、生态环境部《关于办理环境污染刑事案件有关问题座谈会纪要》对认定单位犯罪的情形进行了明确的规定,其中既包括基于单位意志实施犯罪的情况,也包括在单位不知情的情况下,员工为了单位的利益实施污染环境的行为。这种情况按照传统刑法理论,是不可能认定为单位犯罪的,该司法解释实际上已然赋予企业制定守法制度的义务。[②]

另一方面,治理企业环境犯罪最有效的办法显然是预防而非惩罚。所以生态合规的内容当然应该包含违法、犯罪行为发生之前的预防措施。在《刑法修正案(十一)》加大对污染环境罪惩罚力度,国家越发重视环境保护的情况下,相关企业更应建立一套切实可行的专门负责生态合规的管理体系。预防措施作为事前措施,是对未来可能发生风险的识别,包含企业对自身业务行为涉及环境污染风险的分担,设置生态合规专门负责人、专门的生态合规机构以及专门的人员,制定生产、经营中涉及环境问题的具体规则,这类企业的生态合规组织的规模可以根据企业规模大小、企业性质等有所差异。实践中,环境违法、犯罪发生在中小企业的情况也屡见不鲜。对于规模小的企业,生态合规可以由个别人来实现,如企业的经理或者董事等。需要明确的是,不论哪种形式的合规均是整个企业领导层的集体义务,只能由领导集体作出决定,不可委派他人。[③] 同时,相关企业除完整科学的生态合规体系的设计以外,对环境安全风险防范、应急补救的执行和实施也应当重视,在这一问题上,三峡集团在国内率先建立的生态合规体系值得借鉴。三峡集团于 2020 年 10 月 30 日正式发布《生态环保业务合规指

---

① 参见黎宏:《完善我国单位犯罪处罚制度的思考》,载《法商研究》2011 年第 1 期。

② 参见陈冉:《企业公害犯罪治理的刑事合规引入》,载《法学杂志》2019 年第 11 期。

③ 参见李本灿:《企业视角下的合规计划建构方法》,载《法学杂志》2020 年第 7 期。

引》及《生态环保业务政策要点》,系统梳理了我国现行法律法规和政策规定,深度挖掘了生态环保项目全生命周期过程中可能遇到的问题和困难,重点围绕 PPP 模式下项目策划、识别论证、竞标、建设、运营和移交等六个阶段,全面梳理并剖析了各核心环节的合规风险,针对 95 项合规核心问题制定了具有操作性的应对措施。[①] 总之,不能仅将生态合规制度停留在预案之中,要真正发挥生态合规预防违法、犯罪的功能。

三、生态合规机制之具体构建方案

应从行政、刑事和诉讼三个层面建立体系化的企业生态合规模式。

(一)建立生态环保行政合规审查制度

2018 年 3 月 13 日,国务院机构改革已经将原来的环境保护部改为生态环境部,机构整合与职责重塑的结果是其环境监管范围更广、监管力度更大,与之相对应,企业的生态合规也因此受到更为广泛、更为严格的监管。在此背景下,可以考虑确立生态环境主管部门的合规审查职责,并据此建立生态环保行政合规审查制度。具体包括:①审查对象。在生产、经营等活动中产生污染物排放的单位;正在建设过程中的排污型单位;其他产生环境污染的非法人组织。②审查内容。生态环保的行为准则;污染风险绘图资料的定期更新;针对生产、经营、交易等环节污染风险的评估程序;对具有预防环境污染职责的人员培训的机制;旨在收集违反环境保护标准行为或者情况的内部举报系统;环境污染的内部制裁;等等。③责任承担主体。违反上述合规义务,由作为企业代表人的自然人和企业共同承担责任。④责任承担程序。由生态环境行政主管部门对企业合规情况进行监管,发现企业存在违反合规义务的情形,有权要求相关人员提交说明,并向企业及其代表人发出警告,可以命令企业及其代表人在警告之日起 1 年内,建立符合要求的内部合规程序,若企业拒绝设置合规程序或在规定时间内合规仍不符合要求的,行政主管机关可以对企业及其代表人予以罚款。对于处罚有异议的,相关主体可以在接到处罚之日起 3 个月内向法院提起行政诉讼。

(二)建立生态环保刑事合规处罚制度

对于已经构成环境污染犯罪的企业,应建立必要的生态环保刑事合规处罚制度,以使其修正或者重建内部控制机制,避免再次犯罪。根据 2012 年至 2018 年的案件统计情况来看,以污染环境罪为例,适用第一档也就是最轻的法定刑量刑档刑期的占绝大多数,而适用其他量刑档刑期的仅占全部案件数量的 2.31%(见表 2)。

---

① 参见《三峡集团正式发布〈合规手册〉》,载新浪网,https://finance.sina.com.cn/enterprise/central/2021-03-24/doc-ikkntiam7339804.shtml,2022 年 12 月 20 日访问。

表 2　2012—2018 年全国污染环境案件刑罚统计表

后果情况	件数/件	占比/%
严重污染环境的	4401	97.69
后果特别严重的	104	2.31
总计	4505	100.00

在污染环境犯罪刑罚较轻的情况下,有必要针对企业环境犯罪增设合规处罚的资格刑,以避免出现再犯的危险,去除具有污染环境再犯"危险"的组织文化。具体建议:①在立法上增设与生态环保刑事合规相配套的污染环境罪合规处罚资格刑。②对构成污染环境罪的企业,法院可以要求其按照行政合规审查的标准提供一份合规计划,并确保在 3 年内特定的措施和程序等在企业内部得以建立并且实施。企业已经构成犯罪,表明企业内部环境控制机制已然丧失功能,所以建议由法院指定专家或者适合的机构协助其构建生态环保内控机制,费用由相关单位承担,但是在数额方面应该有所限制,建议不能超过罚金数额。③被判处合规处罚的单位未能采取必要措施或不履行合规资格刑的,将被强制破产或者退出市场。④积极执行合规要求并符合标准的,在刑罚执行期限内受刑企业可以向检察机关提出合规报告,检察机关审查后可向法院提出申请,终止资格刑的执行。

(三)建立生态环保合规延迟起诉制度

延迟起诉,是指检察机关附条件的不起诉。建立以生态环保合规为内容的附条件不起诉制度,可以鼓励涉案单位主动合作,通过监管机关的积极介入以及合规计划来管理受刑企业,促进其环保文化的建设发展,以达到预防再犯的目的。具体建议:①结合具体案件情况,对于其中可能适用污染环境罪第一档法定刑的单位犯罪,检察机关在起诉前可与涉案企业达成司法协议,要求该企业在一定的时间内履行特定的义务,作为延迟起诉的条件。②涉案单位必须履行的义务至少包括:一是向国家缴纳生态环保补偿金,补偿金的数额应与生态环境修复所需的费用成比例,但不得超过企业前 3 年年平均营业额的 30%。二是在检察机关的监管下,提交合规计划,确保在 3 年内建立符合生态合规审查标准的生态合规机制,由检察机关指定专家或者机构协助其构建环保内控机制,相关费用由单位承担。③检察机关与涉案单位的司法协议及附条件不起诉书,应在生态环保机关网站上公布,接受公众监督。④在协议规定的时间内,如果涉案单位履行了相关义务,检察机关不得再提起公诉。⑤司法协议及附条件不起诉书的内容应当告知被害人,且应当同时规定因污染环境造成损害的赔偿数额和方式。受害人可以在协议规定的期限内,向检察机关提交任何可确定其损害事实和程度的证据,由检察机关提起公益诉讼。

四、生态合规机制构建的司法控制与保障

(一)宜采取约束与利益并存的模式

企业作为以盈利为目的的组织体,"只有在合规的经济成本小于没有合规的成本的情况下,企业才会考虑使用合规"①。换言之,对于企业而言,仅有高压的司法态势并不足以使企业构建生态合规机制,为了激励企业主动完善合规机制,必须明确企业因构建生态合规而获取的利益。

现有法律及制度对企业的合规控制主要体现在"约束"上,也就是将单位责任作为入罪的标准,但是对于事前防范而言并未取得太理想的效果。客观来说,我国公司治理处于初级阶段,生态合规也属于"意识培育"阶段,以没有履行生态合规义务加重企业的行政责任或者刑事责任并不具备客观条件。所以,应该因势利导,加入"利益"模式,将企业具备生态合规机制作为减轻甚至免除处罚的条件,让企业因为生态合规机制的构建而获利。

(二)检察机关发挥公诉裁量权参与企业生态合规

目前我国在生态环保行政合规审查制度方面的构建难度不大,但是生态环保刑事合规处罚制度就存在构建难的问题。其主要目的是避免企业及其主要人员入罪的法律风险。换言之,生态环保刑事合规处罚制度是前置化的,大部分工作都在进入诉讼程序以前。因此,在企业生态环保刑事合规处罚制度的外部管理方面,检察机关发挥了重要的作用,如美国通过的《联邦检察官规则》,就明确将企业是否有完善的合规计划作为罪与非罪的判断依据。

"认罪认罚从宽制度"目前被认为是检察机关行使公诉裁量权的一个重要表现。在刑事诉讼中,检察机关可以考虑发挥公诉裁量权的作用,对处于审查起诉阶段的企业环境犯罪加以甄别,以是否有适宜的生态环保刑事合规处罚制度作为企业是否应该承担刑事责任的判断标准,对于企业法人、实际控制人等主要责任人员的犯罪行为,亦可以将企业生态合规机制的完善、可行性作为推定犯罪故意的重要依据。对于确实建立了有效的生态合规机制且自愿认罪认罚的企业,检察机关可以充分发挥"认罪认罚从宽制度"的作用,对企业不予起诉。

(三)审判机关在以审判为中心范畴内保障企业生态合规

随着以审判为中心的司法改革的推进,法官在法律范围内充分行使自由裁量权以

① 〔德〕托马斯·罗什:《合规与刑法:问题、内涵与展望——对所谓的"刑事合规"理论的介绍》,李本灿译,载赵秉志主编:《刑法论丛》(第 48 卷),法律出版社 2017 年版,第 349—369 页。

实现司法公正将成为刑事诉讼的常态。对于进入审判阶段的企业污染环境的案件,审判机关可以考虑将生态合规作为定罪量刑的酌定情节。企业承担刑事责任主要通过罚金实现,但是在审判实践中,审判机关往往更加关注自由刑,对于罚金缺乏统一的量刑指导标准。在以审判为中心的契机下,审判机关可以考虑以司法解释或者员额制法官工作准则的形式,对企业科处更为严厉、更为统一的罚金刑,以倒逼企业生态合规机制的建立。

刑事合规的本土化障碍与理论纠偏

龙天鸣*

一、引言

企业是当今经济生活的重要参与者,企业的健康发展是中国特色社会主义市场经济的重要保障。企业的健康发展离不开有效的合规制度建设,肇始于美国《反海外腐败法》的企业合规制度,作为一种公司治理的内在化方式,其核心要义正是强调企业在运营过程中应遵守法律法规、商业行为守则和企业伦理规范以及其自身所制定的规章制度。① 可以看出,企业合规本身,就是致力于引导企业合乎规范地运行,与所谓刑事合规所统摄的内容相比,其显得更为庞杂,毕竟刑事合规仅仅旨在通过合规计划实现企业犯罪的事前预防与事后矫正。但是,既然合规建设最现实的目的在于避免企业因遭受公权力的处罚而遭受重大的财产损失,那么刑事制裁作为规制企业活动最凌厉的手段,一切合规计划的运行都应作为避免企业遭受最为不利处遇的"保险"而存在。尤其是从廉洁合规的角度看,职务行为违规操作与刑事违法具有天然的亲和性。这一点得到了国际层面的广泛认同。与上述《反海外腐败法》相关,英国《反贿赂法案》、法国《萨宾第二法案》在推动合规计划全球化运行的同时也恰恰说明了,反腐败合规是合规制度建设过程中的重点任务。② 可见,如何预防廉洁风险、预防廉洁风险将使企业获得何种实益、如何甄别与分割个人廉洁风险与企业廉洁风险,使刑事合规成为企业合规中举足轻重的业务板块。

二、刑事合规的本土化障碍

刑事合规作为一项"舶来品"必须经受中国本土化的实践评估,以防止"橘生淮北则为枳"的功能落差。应当承认的是,刑事合规业务在中国的本土化开展并不可能完全呈现出美国模式。一方面,我国的刑事制度存在不可变向的长期历史惯性;另一方

---

* 北京外国语大学法学院博士后研究人员、助理研究员。

① 参见陈瑞华:《企业合规制度的三个维度——比较法视野下的分析》,载《比较法研究》2019年第3期。

② 参见李本灿:《法治化营商环境建设的合规机制——以刑事合规为中心》,载《法学研究》2021年第1期。

面，受我国现阶段经济发展情况的影响，刑事政策在服从经济格局的前提下所片面追求的功利效果难免与合规制度兴起之初衷相背离。因此，认清刑事合规的当前处境，是建构中国特色合规制度的"规定动作"，也是培养中国企业廉洁自律、健康长效发展的必修课程。

（一）中国特色单位犯罪所导致的"水土不服"

1. 刑事合规的初衷是限制替代原则

正如有观点指出，建立企业合规刑法激励机制主要是基于功利主义的哲学考量，也即只有"放过违规企业，严惩违规高管和员工"，才能在严惩责任人违法违规行为与避免造成企业重大损失之间找到平衡点。在对涉案企业"网开一面"的同时，欧美各国对企业内部存在违法违规行为的自然人主体，几乎采取了一种"严刑峻罚"的刑事制裁方式。① 可见，企业合规制度原本所意图达成的效果，是排除企业责任，将违法违规责任归结于自然人本身。之所以赋予企业合规此种功能，归根到底是因为美国刑法中单位犯罪认定的范围过于宽泛。美国量刑委员会制定的《联邦组织量刑指南》作为认定单位犯罪的关键法律文本，在美国合规制度建设的历史中具有里程碑式的意义。其指出，组织只能通过代理人行事，并且根据联邦刑法，通常对其代理人所犯的罪行负有替代责任。同时，个别代理人要对自己的犯罪行为负责。因此，联邦对组织的起诉经常涉及个人和组织的共同被告。② 可见，将替代责任作为单位犯罪认定的主流模式，虽然使得单位犯罪认定标准相对明确，但也必然使得单位犯罪的认定范围过于宽泛。对此，有观点指出，无论一般代理人的犯罪行为可以直接归于公司，还是需要高级代理人的实质参与，刑事替代责任的归责路径总会存在诸多不足。究其原因，主要在于刑事替代责任理论是以自然人责任为基础的，但是法人乃拟制人格，其与自然人存在本质不同。③ 按照这个逻辑，企业内部人员的廉洁风险这一内生性的常见事由，将会毫无阻挡地蔓延到单位利益之中。因此，为了防范化解替代责任所导致的单位犯罪认定范围过广的问题，合规计划就成为单位去罪化的有效理由，从而将违规责任实质地归于企业内部自然人。

2. 双罚制或可导致刑事合规的消极应对

与英美法系单位犯罪认定逻辑不同的是，我国刑法对单位犯罪中自然人的处罚，与非单位犯罪中自然人的处罚，其处罚结果存在巨大差异。这是因为，我国单位犯罪所采用的双罚制承认单位责任对自然人责任的分担。对比《刑法》第 390 条与第 393

---

① 参见陈瑞华：《企业合规制度的三个维度——比较法视野下的分析》，载《比较法研究》2019 年第 3 期。

② See United States Sentencing Commission, Annotated 2018 Chapter 8-Sentencing of Organizations, accessed Jul. 23, 2023, https://www.ussc.gov/guidelines/guidelines-archive/annotated-2018-chapter.

③ 参见许佳：《试论英美法系法人犯罪的归责路径及其对我国的启示》，载赵秉志主编：《刑法论丛》（第 53 卷），法律出版社 2018 年版，第 381 页。

条可以发现,单位行贿罪中对自然人的处罚仅为5年以下有期徒刑或拘役,并处罚金,而行贿罪中对自然人的处罚最高可达到10年以上有期徒刑或无期徒刑,并处罚金或没收财产。同样是为单位谋取不正当利益而行贿,自然人以自身名义行贿所遭至的处罚要远远高于自然人以单位名义行贿所遭至的处罚。但其一,假如照搬英美法系刑事合规的逻辑,依据替代原则,自然人行贿就只能适用单位行贿罪,因此就必然形成“要行贿,先成立单位”这样奇怪的局面。基于我国刑法的实然状态,无法直接适用替代原则,因此就失去了照搬英美刑事合规的基本前提。其二,如果企业贯彻合规计划可以防止受到内部人员的廉洁风险的牵连,那么当承担廉洁风险的主体是承担企业经营主要任务的董事、监事或高级管理者时,他们是想通过制定合规计划来摘除企业责任,实现自然人行为的自我负责,还是选择令企业缺乏有效的合规计划以推动企业单位犯罪的认定,以此将企业作为削弱自身违法行为可谴责性的有效工具?显然,对于廉洁风险极高的企业而言,从经营策略上看,怠于建立有效的合规计划是使自身利益最大化的选择。可见,囿于我国单位犯罪双罚制的实体逻辑,我国刑事法治不可能接受英美法系单位犯罪替代原则的逻辑,同时也应意识到刑事合规建立的初衷在双罚制的前提下可能催生出消极应对的反噬效应。

(二)企业“合规后犯罪”的可能性

1. 单位犯罪成立标准的不确定性

单位犯罪成立标准的不确定性,势必成为合规建设动力不足的实际诱因。这是因为,刑事合规建立的根本动因,在于剥离企业的刑事责任。但是,如果刑事合规开展后,仍然不排除符合单位犯罪的认定标准,则刑事合规的必要性必然受到质疑,刑事合规的积极性也必然受到打压。具体而言,我国实践中可能认为,将单位决策机构或决策团体的意志作为单位意志的特征,进而作为单位犯罪成立的标准①,理论上也支持将直接负责的主管人员及其他责任人员所形成的支配性意志作为单位意志的表达,进而主张我国单位犯罪是同一视理论与组织模式理论的结合②。不过,实践中又不可避免地将这一标准扩大化。例如,《全国法院审理金融犯罪案件工作座谈会纪要》指出,直接负责的主管人员,是在单位实施的犯罪中起决定、批准、授意、纵容、指挥等作用的人员。那么,促成单位犯罪的自然人便不再具有特定性,尤其是“纵容”二字所提供的遐想空间使得构成单位犯罪中实施行为的自然人范畴得到扩张,仿佛距离替代原则也并

---

① 参见《马汝方等贷款诈骗、违法发放贷款、挪用资金案——单位与自然人共同实施贷款诈骗行为的罪名适用》,载人民法院出版社编:《最高人民法院司法观点集成·刑事卷》(第3版),人民法院出版社2017年版,第119页。

② 参见张明楷:《刑法学》(第6版),法律出版社2021年版,第178页。

不遥远——英国刑法将授权原则作为替代责任的一种类型即可说明这一点。① 由是,为了限缩单位犯罪的成立范围,实践中又不得不主张,“为了单位利益”虽然不是单位犯罪的本质要素,但作为区分单位犯罪与自然人犯罪的要素在大部分场合是可行的②,抑或主张在彰显单位意志的决策机构与决策程序之外行事,即使是实际控制人也只能承担自然人责任③。对单位犯罪成立标准的探讨不一而足。问题在于,企业合规制度建立之后,企业内部自然人的行为表现是否真的能使企业脱离单位犯罪的评价可能,尚未可知。原因在于单位犯罪的成立标准并不明确。这导致在刑事合规完成之后,是否仍然构成单位犯罪处于未知状态。具体而言,民营企业或者中小企业主要是依靠灵活机动、面对市场的变化时反应迅速生存下来的。这种灵活机动的体现之一,就是决策机制相对简单,高效快捷。④ 那么,在这种公司治理模式下,一方面,企业合规能够在多大程度上约束企业主的行为方式,存在疑虑。在此前提下,如果企业合规本身不能代表企业的独立意志,进而参照实践观点,承认公司的实际控制者的决策行为就是单位的意思表达,是单位犯罪成立的典型写照,那么合规计划的推行无法推翻固有而强大的单位意志,按照单位犯罪的认定逻辑当然也可以认定单位犯罪的成立。另一方面,若承认在上述企业特征下实际控制人可能恶意操纵企业意志,则合规之后仅能证成自然人犯罪。德国学者正是在这个意义上彻底否认单位犯罪的存在,即单位在责任上不具有可谴责性,因为当一个人不能认识到其所实施的行为被禁止时,就不能承担罪责。可以看出,“道德自决”不是可以轻易归结于法人的事物,正因如此,德国立法才将法人责任托付给行政违法。⑤

2. 廉洁风险不因刑事合规而阻断的可能性——以“合规无罪辩护第一案”为例

结合对中国“合规无罪辩护第一案”雀巢(中国)有限公司(以下简称“雀巢公司”)西北区婴儿营养部经理郑某、杨某等被诉侵犯公民个人信息罪一案的探讨,可以发现企业合规的落实其实并不足以终局性地阻断个人廉洁风险向企业方向的蔓延。雀巢公司确实执行过反医事贿赂以获取公民个人信息的培训和测试,并且雀巢公司的政策与指示均证实雀巢公司遵守了世界卫生组织的《国家母乳代用品销售守则》及卫生部门的规定,禁止员工向医务专业人员提供金钱或物质奖励以引诱其推销婴儿配方奶粉。二审法院认为,被告人行为系与企业合规制度相悖的个人行为,其目的是提升

① See Jeremy Horder & Andrew Ashworth, Principles of Criminal Law, 7th ed, Oxford University Press, 2013, p. 149.

② 参见石磊:《单位犯罪中“以单位名义”和“为了单位利益”探析》,载《人民检察》2005 年第 7 期。

③ 参见万志尧:《单位犯罪宜更审慎认定——从“单位意志”与“责任人”入手》,载《法律适用(司法案例)》2019 年第 4 期。

④ 参见黎宏:《企业合规不起诉:误解及纠正》,载《中国法律评论》2021 年第 3 期。

⑤ See Markus D. Dubber & Tatjana Hörnle, Criminal Law: A Comparative Approach, Oxford University Press, 2016, pp. 334-336.

个人业绩而非为单位谋取利益，也非由单位集体或负责人决定的行为，因此只能按照自然人犯罪处理。① 然而，雀巢公司的合规计划是否使其脱离单位犯罪的评价并非一锤定音。我国学者从成立单位犯罪的角度指出，在单位的营业目标、政策方针、科层结构、处罚措施中，有鼓励、纵容或者默许其组成人员违法犯罪的内容时，推定单位具有故意。具体来说，单位的奖惩措施中存在鼓励或者默许员工实施违法行为的成分，或对于通过违法手段获得业绩的员工不仅不处罚，反而予以奖励，或不闻不问，放任其继续此种行为等，都是推定单位犯罪故意的重要依据。这一点，合规无罪辩护第一案中已经有所体现。② 按照这种逻辑，即使单位已经推行有效合规计划，企业也有成立单位犯罪的可能性。尽管这种主张势必损害合规建设的积极性，但这却是对合规制度的"刮骨疗毒"。应当承认，正是企业文化乃至风气催生了企业内部自然人的犯罪行为，且正如被告人所言，其违法行为是公司下达的任务，是按照公司指示行事。显然，被告人所言的"公司"，一定是上层特定的自然人，而该特定自然人有此示意，除一层一层归结于上层人物之外，必然是由公司内部的经营机制所决定的。因此，这不仅回归到了直接负责人员的纵容与激励，还回归到了组织模式理论的本真意涵，由是抛开合规计划不谈，其就是单位犯罪的典型写照，而对这种单位犯罪的构造没有任何改变的合规计划，何以成为单位作为犯罪主体推卸责任的挡箭牌？更为可怕的是，企业会不会一边披着合规的外衣，一边享受着内部自然人违规操作所获得的利益，而在东窗事发后仅令自然人成为代罪羔羊？由是，即使公司实施了合规计划，也并没有实现真正的合规，也不足以从根本上否定单位犯罪的成立——正如有学者所质疑的那样，员工利用职权实施犯罪这一事实本身，就说明合规计划没有产生预期的效果，企业怎么能够辩称自己的合规计划是有效的，从而要求免除刑事责任呢？③

既然贯彻合规计划的企业仍然无法逃脱单位犯罪的论证逻辑，无法从根本上消除企业的廉洁风险，那么企业推行合规计划的必要性与积极性必然大打折扣。从观念上可以认为，与其说形式主义的合规计划无法阻断个人廉洁向企业的蔓延，倒不如说是形式主义的合规计划无法革除企业内生性的廉洁风险，才导致其向企业成员的蔓延。从司法适用的角度看，正是因为无法确定单位犯罪成立的标准及其内在逻辑，才使得企业合规对于成立单位犯罪的逻辑链条未能产生实质性的触动，最终使合规流于形式。刑事合规阻却单位犯罪的信赖感丢失，则刑事合规业务的发展势头必将遭受冷落。破解这一困境的做法，正是应当从源头上把握单位犯罪成立的标准，梳理单位犯罪与刑事合规的逻辑关系，以化解企业"合规后又犯罪"的尴尬局面。

---

① 参见陈瑞华：《合规无罪抗辩第一案》，载《中国律师》2020 年第 5 期；甘肃省兰州市城关区人民法院(2016)甘 0102 刑初 605 号刑事判决书；甘肃省兰州市中级人民法院(2017)甘 01 刑终 89 号刑事裁定书。

② 参见黎宏：《组织体刑事责任论及其应用》，载《法学研究》2020 年第 2 期。

③ 参见田宏杰：《刑事合规的反思》，载《北京大学学报(哲学社会科学版)》2020 年第 2 期。

三、刑事合规的理论纠偏——以肯定单位犯罪独立意志说为前提

刑事合规存在着事前合规与事后合规两种类型，两种类型对于企业而言将产生不同的实体与程序效果。一种观点认为，企业合规，是企业为有效防范、识别、应对可能发生的合规风险所建立的一整套公司治理体系①；如果一个企业具有良好的合规计划且付诸实践，那么该企业因为具有合理的内部治理结构和运营方式，便能阻却对该单位的刑事归责②；合规作为企业管理的概念被运用于刑法之中，是因为其被赋予了量刑的意义，正是基于如此的量刑激励机制，才使企业能够产生推行合规的动力③。另一种观点认为，涉嫌犯罪的企业，如果有意愿建立合规体系，检察机关可以督促其推进企业合规管理体系的建设，然后作出相对不起诉决定④；其中，附条件不起诉的设计思路，更强调尽可能减少刑事追究对单位造成的不利影响，强调积极促使单位进行整改⑤；而通过检察建议推行的企业合规，更能借助检察建议制发时间与对象灵活的优势，反向激励企业依法依规经营⑥。由此可见，如果从影响定罪量刑的实体角度论及合规，探讨的是合规的事前功能；如果从影响刑事追诉与否的程序角度论及合规，则探讨的是合规的事后功能。那么，若要防止刑事合规沦为不法者挖掘刑事责任漏洞的工具，从实体理论建构的角度，还应当探讨事前合规、事后合规与单位犯罪的关系问题。

（一）事前合规与单位犯罪的逻辑关系

如前所述，刑事合规在我国的语境下还存在堕入形式主义的风险，因此刑事合规的制定并非当然阻却单位犯罪，不制定刑事合规亦并非当然肯定单位犯罪，因此事前的刑事合规只能作为判断单位犯罪的内在条件，既非充分条件，亦非必要条件。

实务中通常从企业决策者的角度论证单位犯罪，而理论上则倾向挖掘单位独立于自然人的独立意志。但是，为了使企业决策者在不实施合规时无法获得任何好处（即不实施合规亦可构成自然人犯罪），也为了防止因刺破无效合规面纱而构成单位犯罪所导致的合规免责公信力丧失，我们必须坚持从组织模式理论上理解单位犯罪的成立标准，才能从根本上解决当下的困境。这是因为，在理想状态下，有效合规必须是和单位意志一致的，使单位意志免受自然人操控，这样才能使合规真正成为阻却单位责任

---

① 参见陈瑞华：《企业合规的基本问题》，载《中国法律评论》2020 年第 1 期。

② 参见时延安：《合规计划实施与单位的刑事归责》，载《法学杂志》2019 年第 9 期。

③ 参见李本灿：《企业犯罪预防中合规计划制度的借鉴》，载《中国法学》2015 年第 5 期。

④ 参见陈瑞华：《企业合规不起诉制度研究》，载《中国刑事法杂志》2021 年第 1 期。

⑤ 参见时延安：《单位刑事案件的附条件不起诉与企业治理理论探讨》，载《中国刑事法杂志》2020 年第 3 期。

⑥ 参见李奋飞：《论企业合规检察建议》，载《中国刑事法杂志》2021 年第 1 期。

的理由。正如有观点指出,组织体刑事责任论的出发点不是依托单位组成人员的自然人,而是从单位组织体的结构、制度、文化氛围、精神气质等特征中推导出单位自身构成犯罪并承担刑事责任的根据。① 英国刑法在类似问题上也指出,陪审团应当考虑证据所显示的涉嫌违规的程度,即考虑组织体内部鼓励或容认健康安全受损的态度、政策、体系或可接受操作的程度,或者是与违规行为相关的任何健康安全指引;此外还可以参考是否存在组织体系统性缺陷。这个规定的难点在于如何证明组织体的态度,与特定部门、行业的做法进行比较将导致冗长的辩论与证明,但毫无疑问,陪审团可能根据组织体的整体目标,发布的关于安全政策的声明、监督制度和合规政策,对安全发展的态度以及培训的态度等来进行判断。②

如果说企业或者其他组织体在法定框架内,结合组织体自身的组织文化、组织性质以及组织规模等特殊因素,设立一套对违法及犯罪行为的预防、发现及报告机制,从而达到减轻、免除责任甚至正当化的目的,而这种机制不仅仅是制度层面的,还被切实地贯彻和执行,形成了组织体的守法文化③,那么,只有在企业合规与表征单位意志的守法文化相关联时,实施合规才能切实排除单位责任,并以此增强合规施行的公信力,同时也使得在不推行合规计划时,单纯依靠单位的守法意志,也能将违法行为限缩为自然人责任。也即采用组织模式理论作为认定单位犯罪的标准,在削弱企业决策者拒绝推行合规的动机的同时,也能更有针对性地确定刑事合规的制定方向,有效减轻企业"合规后又犯罪"的顾虑。至此,有事前合规,便必然是自然人责任;无事前合规,既可以是单位责任,也可以是自然人责任。

值得注意的是,其一,若单位独立意志在无法脱离自然人而存在时,便无法肯定单位责任。实务中有观点认为,单位有无被自然人作为工具加以利用,判断的关键是有无形成独立的意思,判断的依据是单位的财产、业务与人员是否与控制人出现混同,以及单位有无守法文化、是否制定了单位适法计划等。④ 我国当下民营中小企业"家天下"的内部模式依然比较明显,因此按照上述区分标准,单位意志无法形成且与特定自然人意志无法分离的情形还普遍存在,由此所出现的商业贿赂问题,即使是为了单位利益,但按照自然人贿赂犯罪加以处理也合时宜。其二,单位存在合规漏洞时,应当鉴别是单位意志有意造成漏洞,还是过失形成漏洞,根据罪疑惟轻原理,若无法确信单位有意激励、纵容内部人员实施违规行为,应当按照监督过失加以处理。对此,有观点认为,与其强调单位具有意志,牵强地赋予单位行为故意或过失,还不如承认单位不具有

---

① 参见黎宏:《单位犯罪论的现状和展望》,载《人民法院报》2020年5月14日,第6版。

② See David Ormerod, Smith and Hogan's Criminal Law, Oxford University Press, 2011, pp. 271-272.

③ 参见李本灿:《合规计划的效度之维——逻辑与实证的双重展开》,载《南京大学法律评论》2014年第1期。

④ 参见魏远文:《论单位犯罪的"单位"与单位人格否认》,载《北方法学》2019年第4期。

意志,放弃在单位犯罪中添加故意或过失的要件①,只要证明单位对单位成员监督不力,缺乏有效的合规计划,在实施了单位犯罪的情况下,就不应该影响单位及其高管人员对该行为应承担的刑事责任②。由是,这种论证逻辑将单位犯罪的范围扩大化。但是,宽泛认定单位犯罪势必造成自然人逃脱责任,若承认自然人利用单位合规漏洞而对外开展商业贿赂活动,依然构成与单位的共犯,则无法与基于单位意识而对外实施商业贿赂的行为相区别,最终导致不管合规计划是否有意制造漏洞,自然人都能将单位牵涉其中而获得刑事优待,由此合规建设的积极性将受到损害。因此,可行的方案是应当区分单位意志的故意与过失,若《刑法》不惩罚单位的监督过失,则自然人利用单位过失的合规漏洞的行为应实现自我负责,即以自然人犯罪论处,以此堵截自然人恶意利用单位疏忽转移自身责任。

(二)事后合规与单位犯罪的逻辑关系

事后合规与单位犯罪的逻辑关系相对简单,即单位犯罪成立与否是决定合规计划能否作为企业的实际控制人享有刑事优待的前提条件。一个被认定为自然人犯罪的责任人员,并不能利用合规不起诉获得刑事程序的优待,毕竟事后合规所针对的对象是单位主体。因此,正确适用合规不起诉的前提,依然在于单位犯罪成立标准的合理性,只有依靠独立的单位意志论,才能防止企业的实际控制人裹挟单位意志行自然人犯罪之实,并搭乘加强民营企业保护刑事政策的东风骗取诉讼程序的优待。

与美国所采用的职业经理人制度不同的是,涉案自然人往往是把控企业命运的人,其具有不可替代性。因此,虽然合规不起诉制度允许单位以合规换取继续经营的权利,但是如果不同时将涉案自然人拯救出来,合规不起诉制度对于保护民营企业发展而言将毫无作用。不过,合规不起诉既然是为企业网开一面,为何能连带解救自然人,这在刑法理论上可能遭受责任原则的质疑。③ 其实,坚持独立的单位意志论能够更好地说明这一问题。既然认为单位是由人和物结合而成的复杂法律实体,具有自己独特的组织制度、文化气质和环境氛围,这些要素反过来能够对作为单位组成人员的自然人的意志形成和行为举止产生影响④,那么单位犯罪所外化表达的自然人行为,从本质上看是单位操纵的结果。自然人可谴责程度降低,这也是双罚制中对自然人的处罚要明显轻于自然人犯罪的原因。自然人作为单位的"手足",当然能够享有合规不起诉制度所提供的刑事宽宥。可是如果主张单位意志是可还原的个人意志,从逻辑上看是自然人假借单位之名而非单位本身接受了事后的合规计划,最终使单位和自然人都逃

① 参见时延安:《合规计划实施与单位的刑事归责》,载《法学杂志》2019年第9期。
② 参见孙国祥:《刑事合规的理念、机能和中国的构建》,载《中国刑事法杂志》2019年第2期。
③ 参见黎宏:《企业合规不起诉:误解及纠正》,载《中国法律评论》2021年第3期。
④ 参见黎宏:《组织体刑事责任论及其应用》,载《法学研究》2020年第2期。

脱了刑事追诉,这才是侵蚀责任主义的典型逻辑。其实际后果在于,企业家可以轻易逃脱惩治,对刑法平等适用原则形成实质违背。企业家如果能够从中获取诉讼优势,事后合规也必然沦为暂时性与突击性的诉讼交易筹码,也容易滋生企业家与检察机关等价交换的寻租空间,实属以牺牲司法廉洁风险为代价来防范企业合规运行的廉洁风险。由此可见,事后合规健康功能的实现,取决于合理认定单位犯罪的成立范围,而否定以自然人责任证明单位责任的做法,可以控制实践中对单位犯罪的肆意认定,还原刑事合规制度保护企业的本真功能。上述内容亦可说明,洞悉刑事合规实践运行中存在的各种问题,为倒逼刑法理论的自身发展与道路选择,提供了源源不断的时代动力。

入罪与出罪:非法获取企业数据行为的规制范围考察

苗馨月*

随着网络的不断发展,社会进入了互联网 3.0 时代,网络沦为新的犯罪空间,同时衍生出一批新兴的网络犯罪。随着云计算技术的发展,大数据时代到来,网络数据又成为新的关注点,数据安全和数据资源的重要性日益凸显,针对数据的犯罪频繁发生。

目前针对数据犯罪的研究大多集中在个人数据,较少有针对企业数据犯罪展开的研究,但实践中已存在大量非法获取企业数据的行为。数据犯罪不同于严重暴力犯罪,其具有轻罪特征。非法获取企业数据的行为,亦可能涉及企业合规制度的适用,基于刑法的保障法地位,并非所有非法获取企业数据的行为都应被纳入刑法规制范围,仍应遵循刑法谦抑的要求和法秩序统一原理。本文主要立足入罪与出罪,考察非法获取企业数据行为的刑法规制范围。

一、入刑检视:刑法谦抑与法秩序统一

(一)回应刑法谦抑的要求

刑法谦抑性要求发挥刑法作为国家法律最后一道屏障的作用。作为社会控制手段之一,刑法没有必要涵盖社会生活的各个方面。面对法益侵害的发生,只有当采取其他社会控制手段不足以保护法益时才有必要适用刑法。① 换言之,刑法作为补充法和保障法,应当被视为调整社会秩序的最后一道屏障。

随着互联网技术的发展,非法获取和利用数据的行为逐渐增多,获取数据的手段层出不穷,违反 Robot 协议、侵入系统、伪造 token、突破反爬虫措施,不同的技术对企业信息系统所产生的危害程度亦不同。例如,经常用于获取数据和统计、调研的爬虫技术,许多时候也会爬取公开数据。具有中立性的技术不应被一律作为刑法规

---

* 上海交通大学凯原法学院博士研究生。

① 参见于改之、吕小红:《比例原则的刑法适用及其展开》,载《现代法学》2018 年第 4 期。

制的对象,只有侵入计算机系统,非法获取企业数据的行为,才具有规制的必要。此外,无权获取和越权获取企业数据均具有非法性,是应将所有非法获取企业数据的行为都纳入刑法规制范围内,还是应通过不正当竞争法、民事侵权等加以规制,值得进一步讨论。

(二)立足法秩序统一原理

法秩序统一原理是不同规范保护目的之间的协调器,规范保护目的理论可以成为法律解释及法域协调的理论模型。[①] 法秩序统一原理对于明晰刑法的规制范围和处罚边界具有指导意义。对于前置法不认定为违法的行为,刑法也不能肯定其违法性或是认定其为犯罪。如果刑法与前置法在规范保护目的上存有矛盾,此时刑法可以例外地独立于前置法。

对于数据的法律属性界定,我国《民法典》没有明确规定,只是指出法律对数据、网络虚拟财产的保护有规定的,依照其规定。由于数据的法律属性尚未明确,理论上存在对数据赋权的各类争议,包括财产权说、知识产权说和人格权说等。由于民法领域对数据的法律属性存在争议,所以将其纳入刑法规制范围内则更需谨慎,认定其侵犯财产权或侵犯知识产权的过程中,需要结合企业数据的特征、具体用途加以辨明。

此外,《民法典》指出了个人信息的处理规则,合理处理自然人自行公开的或者其他已经合法公开的信息,行为人不承担民事责任,但是该自然人明确拒绝或者处理该信息侵害其重大利益的除外。由此可知,如果企业在合理范围内处理自然人公开的个人信息,无需承担民事责任,同样在刑法领域内也不能认为该行为具有违法性。

二、入罪要素:应罚性与情节严重标准

(一)应罚性判断与法益侵害程度

1. 应罚性与罪量要素的关系

应罚性被认为是在犯罪论体系中讨论的内容,也即犯罪是否成立的问题。应罚性与需罚性对应,前者决定犯罪的成立,后者界定处罚的范围。应罚性实际上表征的是行为是否构成犯罪,决定刑法在何时介入不法行为。

大陆法系国家多采用“立法定性,司法定量”的做法,因此对应罚性与需罚性的判断被认为分属刑法教义学和刑事政策。但我国刑法同时具备定性和定量规定,如情节严重、情节恶劣、违法所得数额较大等。对此,陈兴良教授提出独立的“罪量”要素,其

---

① 参见于改之:《法域协调视角下规范保护目的理论之重构》,载《中国法学》2021 年第 2 期。

不同于罪体的客观性，也不同于罪责的主观性，反映的是行为的法益侵害程度。①

罪量与应罚性的关系在学界引发了较多讨论。对此主要有两类观点，第一类观点认为罪量要素与刑事政策相关，属于需罚性的内容；第二类观点认为罪量要素实际上解决的是刑事可罚性的问题，同时包含对应罚性与需罚性的判断。

支持第一类观点的学者认为，罪量并不是构成要件的内容，而是客观处罚条件，可以被看作刑罚限缩事由。② 如果将罪量看作刑罚限缩事由，其实际上在需罚性的考察范围内，也即客观要件和主观要件解决应罚性问题，是否达到罪量要求属于需罚性的范畴，是刑事政策意义上预防的必要性作用于刑法的体现。③ 对此，梁根林教授指出，达到法定的罪量要求，表明行为的法益侵害程度严重到刑罚可罚的程度。与不法相关的犯罪成立条件，如数额型和结果型罪量要素，应归位为构成要件要素。④ 罪量的语境中同时包含不法构成机能和刑罚决定机能，也即同时包含应罚性和需罚性的内容。⑤

实际上，罪量要素中仍涉及对应罚性的判断。《刑法》第 13 条但书规定，情节显著轻微危害不大的，不认为是犯罪。换言之，犯罪情节对于犯罪成立的认定具有实质性的影响，并非与不法程度认定完全无关的客观处罚要件。应当肯定的是，确实有部分罪名中的罪量要素具有基于预防角度的刑罚限制作用，但不能否定，罪量要素确实能够反映法益侵害程度，属于应罚性的范畴。

2. 罪量要素中的应罚性体现

罪量要素中既包含应罚性判断，也包含需罚性考察。罪量中决定法益侵害程度的要素，属于应罚性的范畴，决定犯罪成立与否。对非法获取企业数据的刑事应罚性考察，应当结合法益侵害程度加以判断。

非法获取企业数据的行为除了表现为个人对企业数据的抓取，还表现为企业之间的数据抓取，前者可能会对企业的数据安全、个人信息等造成侵害，后者则主要体现为获取数据资源和竞争优势，对上述行为，是利用反不正当竞争法还是刑法加以调整，取决于非法获取行为的法益侵害程度。如在“全能车案”中，行为人通过反向编译和组建账号池的方式，获取被害企业共享单车的开锁数据，实现对不同品牌共享单车的使用。⑥ 该案最初

---

① 参见陈兴良：《作为犯罪构成要件的罪量要素——立足于中国刑法的探讨》，载《环球法律评论》2003 年第 3 期。

② 参见陈兴良：《刑法教义学与刑事政策的关系：从李斯特鸿沟到罗克辛贯通 中国语境下的展开》，载《中外法学》2013 年第 5 期。

③ 参见姜涛：《需罚性在犯罪论体系中的功能与定位》，载《政治与法律》2021 年第 5 期。

④ 参见梁根林：《但书、罪量与扒窃入罪》，载《法学研究》2013 年第 2 期。

⑤ 参见陈少青：《罪量与可罚性》，载《中国刑事法杂志》2017 年第 1 期。

⑥ 参见《闵法拍案|共享单车界“万能钥匙”涉刑了？“全能车”APP 案闵行开审》，载“上海闵行法院”微信公众号 2020 年 11 月 12 日。

由共享单车平台对全能车APP提起不正当竞争之诉，但因无法判定全能车的定位获取和运作模式，便交由公安机关封存服务器鉴定，最终发现全能车是通过伪造token值，爬取其他单车后台服务器数据，以实现向不同平台发送开锁指令的，其被法院判处破坏计算机信息系统罪。

企业数据的获取行为中还包含了许多中立的技术，如网络爬虫，被认定为犯罪的非法获取企业数据的行为中，许多是基于商业竞争而爬取其他企业的数据资源进行使用的行为。其中部分数据资源具有保密性和非公开性，可以被认定为商业秘密加以保护；但还有很多数据资源具有公开性，其数据价值通过向用户公开和使用而实现包括企业运营中收集的用户创造的内容，如用户的点评信息和分享信息等；又或是非法获取企业中不具有经济价值的数据。企业数据并非均具有刑法保护的必要性，未达到情节严重程度的，无需纳入刑法规制范围。

情节严重属于我国刑法中常见的罪量要素，是对法益侵害程度的综合考察。犯罪具有一定的社会危害性，但社会危害性并非仅通过行为人造成的结果进行体现，此时罪量要素便为社会危害性的量化提供了可行的标准。对非法获取企业数据的行为，主要通过情节严重的标准，判断其不法程度。只有情节严重的非法获取数据的行为，才应纳入刑法的规制范围。

（二）情节严重标准的考察进路

行为人非法获取企业数据，情节严重的构成犯罪。情节严重虽被作为整体的评价要素，但仍可以从主体、对象、行为、结果四个方面分别考察，建构体系性的“情节严重”标准。

1. 主体考察：行为实施主体的特殊性

非法获取企业数据构成的犯罪中，大多不要求行为人主体的特殊性。但行为实施主体是否具有特定身份，确实会影响行为本身的社会危害性。① 侵犯公民个人信息罪的成立不要求特殊主体，但行为人的身份仍会对其成立犯罪的标准产生影响。2017年最高人民法院、最高人民检察院《关于办理侵犯公民个人信息刑事案件适用法律若干问题的解释》对“情节严重”进行了规定：“将在履行职责或者提供服务过程中获得的公民个人信息出售或者提供给他人，数量或者数额达到第三项至第七项规定标准一半以上的。”换言之，行为人在履职或是提供服务过程中更应加强对公民个人信息的保护，行为人利用自身职责便利侵犯公民个人信息的，更具有谴责性，于是构成该罪时只需要满足正常标准的一半即可。

① 如侵犯公民个人信息罪最初增设时，将行为主体限定为国家机关或者金融、电信、交通、教育、医疗等单位的工作人员，而后《刑法修正案（九）》更改为一般主体，因为此时对公民个人信息的侵犯不局限于相关工作人员，而具有普遍性，不限制其构成要件中的主体身份。

2. 对象考察：重要数据的保护必要性

我国目前没有对数据进行明确的划分，与数据相关的立法主要有《个人信息保护法》《数据安全法》和《网络安全法》，基本上确立了个人信息与一般数据双轨保护的思路，同时对个人信息与一般数据划分级别并加以保护。

一是法律规范中的数据分级指引。关于个人信息的保护，《个人信息保护法》单独规定了敏感个人信息①的处理规则，并有更严格的处理要求和过程。敏感个人信息私密性更强，泄露后更易造成不良影响。关于一般数据的保护，《网络安全标准实践指南——网络数据分类分级指引》提供了数据分级框架，包括一般数据、重要数据和核心数据。数据分级并未在所有行业领域内普及，仅在较为重要的行业领域明确实施了数据分级。② 换言之，通过对不同数据进行分级，确定数据公开的范围，具有借鉴意义。

二是司法实践中的分级保护趋势。虽然个人信息和一般数据已有相关的分级指引，但司法解释中对非法获取企业数据构成“情节严重”的标准，尚未与前置法完全统一。在侵犯公民个人信息罪中，行踪轨迹信息、通信内容、征信信息、财产信息的保护程度更高，其次是住宿信息、通信记录、健康生理信息、交易信息等其他可能影响人身、财产安全的公民个人信息，最后才是一般的个人信息。在非法获取计算机信息系统数据罪中，数据的分级保护体现在对罪量的规定中，例如，重点保护支付结算、证券交易、期货交易等网络金融服务的身份认证信息，获取十组以上的即属于“情节严重”；而后是除网络金融服务外的身份认证信息，获取五百组以上的构成“情节严重”。对于其他计算机信息系统数据的非法获取，则没有进行数量上的规定。此外，法院在认定过程中，也体现了对重要程度不同的数据的保护。在“获取地理信息数据案”中，行为人非法获取被害企业提供的实时定位差分数据。非法获取此类地理数据，不仅侵犯了被害企业的利益，也对国家地理信息数据安全造成威胁③，故应纳入刑法规制范围。

3. 行为考察：其他法益的侵害可能性

行为人非法获取企业数据的目的不同时，可能会对其他法益造成侵害，影响行为人的入罪门槛。在侵犯公民个人信息罪的认定中，行为人出售或者提供行踪轨迹信

---

① 敏感个人信息包括生物识别、宗教信仰、特定身份、医疗健康、金融账户、行踪轨迹等信息，以及不满十四周岁未成年人的个人信息。

② 我国工信部印发的《工业数据分类分级指南（试行）》，将企业工业数据区分为不同领域的分类维度，而后又根据不同类别工业数据遭篡改、破坏、泄露或非法利用后，可能对工业生产、经济效益等带来的潜在影响，将工业数据分为一级、二级、三级等三个级别。同时指出，鼓励企业在做好数据管理的前提下适当共享一、二级数据。二级数据只对确需获取该级数据的授权机构及相关人员开放。三级数据原则上不共享，确需共享的应严格控制知悉范围。

③ 国家测绘地理信息局《关于规范卫星导航定位基准站数据密级划分和管理的通知》规定，实时差分服务数据属于服务数据，不属于国家秘密事项，但属于受控管理的内容。受控管理的数据采取用户审核注册的方式提供服务。

息,被他人用于犯罪的,以及知道或者应当知道他人利用公民个人信息实施犯罪,向其出售或者提供的,不再考虑其获取个人信息的具体数量,直接认定为犯罪。原因在于,实践中泄露的大量公民个人信息被用于电信诈骗等其他犯罪活动①,严重危害社会秩序和公民人身权利,对此应加大打击力度,严惩获取公民个人信息进行违法犯罪的行为。如果行为人为了合法经营活动而非法获取信息,除行踪轨迹信息、通信内容、征信信息、财产信息等可能影响人身、财产安全的公民个人信息外,其构成侵犯公民个人信息罪的门槛也被适当提高,根本原因在于其非法获取的信息用于合法经营活动,侵犯公民其他法益的可能性降低,虽然仍具有刑事可罚性,但提高了构成该罪的门槛。

4. 结果考察:侵害法益的后果严重性

除了前述对主体、对象和行为的考察,大多通过非法获取企业数据的行为造成的侵害结果,判断行为的可罚性。在侵犯公民个人信息罪、侵犯商业秘密罪、侵犯著作权罪和非法获取计算机信息系统数据罪中,均规定了违法所得数额。其中,侵犯公民个人信息罪和非法获取计算机信息系统数据罪的违法所得数额起刑点均为5000元,但侵犯著作权罪的起刑点为3万元,侵犯商业秘密罪为30万元。显然侵犯商业秘密罪的违法所得数额要求更高,但由于非法获取企业商业秘密的行为与非法获取计算机信息系统数据具有相似性,企业的大部分商业秘密都以数据的形式呈现,在入罪数额存在较大差异的情况下,有许多行为被直接认定为非法获取计算机信息系统数据罪,导致了该罪的适用泛化。

除了对违法所得、损失、非法获利、非法经营等数额的衡量,法益侵害后果还有多种表现形式。如侵犯商业秘密罪中,直接导致商业秘密的权利人因重大经营困难而破产、倒闭;侵犯著作权罪中,复制品数量合计在1000张(份)以上。这种导致企业破产和复制品数量增多的后果,是结合该罪所导致的常见后果和具体特征加以考察的,不同于前述具有共性的违法所得数额、损失数额、非法获利数额和非法经营数额等判断标准。

三、出罪通道:需罚性与企业合规制度

(一)需罚性考察与不起诉制度

1. 需罚性的体系定位变化

应罚性和需罚性被认为是确定犯罪和处罚的两大条件,在法理上具有社会危害性的行为,即具有应罚性而成立犯罪,但是否需要用刑罚加以制裁,必须考虑刑事政策上的刑罚的制裁能否达到目的,应罚性是犯罪成立与否的判断依据,而需罚性则是处罚

---

① 参见广西壮族自治区宾阳县人民法院(2018)桂0126刑初486号刑事判决书。行为人通过公开途径获取企业信息,但将收集到的信息用于电信网络诈骗,该行为同样具有社会危害性。

与否的判断依据。[①] 换言之，应罚性是刑法教义学的讨论内容，需罚性是刑事政策层面探讨的内容。

随着刑法体系功能化，需罚性的重要性日益增长，有超过甚至取代应罚性的趋势。罗克辛教授在关于目的理性的阶层体系构想中提出，要求在建构体系时考虑应罚性和需罚性。雅格布斯教授在其主张的功能性的罪责概念中，通过一般预防的判断构建罪责，实际上将应罚性与需罚性融合为同一个概念。[②] 理论层面上的李斯特鸿沟向罗克辛贯通的转变，实际上就是将刑事政策引入犯罪论体系的过程，具体表现为构成要件实质化、违法性价值化、罪责目的化，逐步形成了目的理性的犯罪论体系。[③] 功能化的刑法体系，实际使得被作为刑事政策考察、影响量刑的需罚性，融入犯罪论体系中，并在不同阶层对其加以考察。

2. 不起诉中的需罚性考察

对于非法获取企业数据的行为，应罚性的判断主要结合法益侵害程度，分别从主体、对象、行为和结果层面对“情节严重”的标准进行考察。应罚性的判断主要划定刑事处罚的边界。本文对非法获取企业数据行为需罚性的判断，主要结合司法实践中讨论较多的企业合规不起诉制度加以探讨。

我国不起诉的种类包括法定不起诉、酌定不起诉、证据不足不起诉和特殊的裁量不起诉。鉴于我国尚未建立明确的企业合规不起诉的制度和标准，对涉罪企业和相关责任人员的不起诉决定仍属于酌定不起诉。其中，法定不起诉和酌定不起诉在刑法规范中也有实定法依据。[④] 酌定不起诉需要同时满足两个条件，其一是构成犯罪，其二是不需要判处刑罚或者免除刑罚。同样，我国《刑法》第 37 条规定了非刑罚性处置措施。就此而言，法定不起诉的前提是行为人不构成犯罪，所以并不涉及出罪的问题。但酌定不起诉的前提是行为人已经构成犯罪，只是量刑时考虑到其情节轻微故免除刑罚或不判处刑罚。“情节轻微”时既可由检察院作出酌定不起诉的决定，也可以由法院判决免除刑罚。无论最终是由检察院决定，还是由法院进行审判，都涉及对需罚性的判断。

（二）企业合规制度的补充引入

1. 理论基础：合规制度引入合理性

企业犯罪往往会产生连锁反应，相较于个人犯罪的影响范围更广泛。对于企业来

---

① 参见许玉秀：《当代刑法思潮》，中国民主法制出版社 2005 年版，第 89 页。

② 参见劳东燕：《刑事政策与功能主义的刑法体系》，载《中国法学》2020 年第 1 期。

③ 参见陈兴良：《刑法教义学与刑事政策的关系：从李斯特鸿沟到罗克辛贯通 中国语境下的展开》，载《中外法学》2013 年第 5 期。

④ 《刑法》第 13 条但书规定，情节显著轻微危害不大的，不认为是犯罪，其在刑事诉讼法中属于法定不起诉的情形之一。酌定不起诉同样规定在《刑事诉讼法》第 177 条中，对于犯罪情节轻微，依照刑法规定不需要判处刑罚或者免除刑罚的，人民检察院可以作出不起诉决定。

说，受到刑事处罚会致使商誉受损，严重者会导致经营停摆或产生破产风险，亦会对企业投资者、员工产生不良影响，不利于社会稳定和经济发展。

为了避免企业犯罪产生的影响扩大，同时给企业继续发展的机会，企业合规制度被引入。该制度同时也对实体法和程序法制度产生了冲击，企业合规赋予检察机关对轻微的企业犯罪不予起诉的裁量权力，但应当如何把握合规不起诉的标准尚在摸索中，且企业合规不起诉主要针对单位犯罪，个人犯罪并无此出罪路径，对平等原则有所挑战。企业合规不起诉目前并未规定在刑事诉讼程序中，对涉罪企业和相关责任人员的不起诉决定仍属于酌定不起诉，不同于传统的酌定不起诉制度，企业合规不起诉是在企业积极配合、有效补救的情况下，对其免于处罚。

从刑法层面来说，企业合规制度的引入具有理论上的合理性。企业合规制度可分为事前合规和事后合规。有学者指出，事前的合规计划体现行为人的可谴责性，影响责任刑；事后的合规计划影响行为人的特殊预防必要性，影响预防刑的裁量。[①] 与此相对应，有学者将企业犯罪区分为系统性企业犯罪和非系统性企业犯罪，前者指由企业集体决策实施的犯罪行为，后者指关联人员实施犯罪行为后由企业承担连带刑事责任。[②] 换言之，事前的企业合规体现了企业为避免犯罪所作出的制度努力，在故意犯罪中可主张不具有故意的主观构成要件，在过失犯罪中可主张履行了必要的注意义务。相比之下，事后的企业合规可能存在的争议更多，本质上是基于特殊预防必要性的需罚性考察，也即事后的企业合规不起诉根据在于不具有需罚性。

企业合规制度的实施过程，本质上就是对需罚性的考察，既包括企业合规整改成果，亦包括负责人、法定代表人的认罪认罚态度和法益侵害程度。企业合规制度并非对涉事企业和相关负责人一律作出不起诉决定，在最高人民检察院发布的合规典型案例中，存在检察院对涉案企业和负责人均作出不起诉决定的案例[③]；也有对涉事企业不起诉，但对负责人判处刑罚的案例[④]；还有综合考虑案情后，根据企业合规整改情况提出轻缓量刑建议，但仍对涉事企业和负责人提起公诉并判处刑罚的案例[⑤]。

2. 边界限定：合规制度适用可行性

企业合规制度虽然可以作为出罪通道，但仍应注意对其适用范围的限制。由于我国单位犯罪采取双罚制，企业合规制度也同时适用于企业和相关负责人，对此更应明

---

① 参见蔡仙：《论企业合规的刑法激励制度》，载《法律科学（西北政法大学学报）》2021 年第 5 期。

② 参见陈瑞华：《企业合规出罪的三种模式》，载《比较法研究》2021 年第 3 期。

③ 参见《涉案企业合规典型案例（第三批）》，载最高人民检察院官网，https://www.spp.gov.cn/xwfbh/dxal/202208/t20220810_570419.shtml，2023 年 8 月 29 日访问。

④ 参见《涉案企业合规典型案例（第三批）》，载最高人民检察院官网，https://www.spp.gov.cn/xwfbh/dxal/202208/t20220810_570419.shtml，2023 年 8 月 29 日访问。

⑤ 参见《企业合规典型案例（第二批）》，载最高人民检察院官网，https://www.spp.gov.cn/spp/xwfbh/wsfbt/202112/t20211215_538815.shtml#2，2023 年 8 月 29 日访问。

确考察标准，限制出罪范围，避免企业合规制度沦为企业负责人出罪的工具，违反平等原则。

企业合规制度多适用于环境犯罪、经济犯罪类案件，被认定不予起诉的企业大多具有较好的发展前景，如成长型科创企业、重点高新技术企业、国家级科技企业孵化器、优秀估价机构等。此类企业大多为优质企业，具有较高的社会贡献，能够推动当地经济发展，提供就业机会，且大多都积极赔偿被害企业损失，主动要求进行合规整改。经过企业合规整改后，其日后再涉罪的可能性不高，不具有特殊预防的必要性，对相关企业作出不起诉决定，也是从需罚性出发及利益衡量后的结果。

企业合规制度的适用范围应当受到限制，对于法益侵害严重的案件，或是企业自身不具有整改的积极性，不宜再进行合规整改。① 换言之，可以适用企业合规制度的涉企犯罪，应当是初犯、偶犯，且并非严重侵害法益的行为，否则难以从刑事政策层面出罪。除了环境犯罪、经济犯罪案件，数据犯罪也具有适用企业合规制度的合理性和可行性。数据犯罪不同于危害国家安全犯罪、恐怖活动犯罪，对社会秩序和国家利益造成严重的影响，且数据犯罪的法定刑多为 7 年以下，并非适用特别严重刑罚的犯罪，实践中存在严而不厉的趋势。因为我国尚无完善的数据犯罪规制体系，非法获取计算机信息系统数据罪被作为兜底条款，适用泛化；另外，由于数据技术属性的判断倾向，以及该罪极低的入罪门槛，“违法所得五千元以上或者造成经济损失一万元以上”即可构成非法获取计算机信息系统数据罪，使得大量行为被认定为犯罪，在应罚性判断有待完善的前提下，可以通过需罚性考察，使得无需纳入刑法规制范围的数据获取行为出罪。

最高人民检察院发布的第三批涉案企业合规典型案例首次涉及非法获取企业数据的刑事合规。在未经许可的情况下，Z 公司为了吸引客户，其公司首席技术官指使多名公司技术人员通过“外爬”“内爬”等爬虫程序，非法获取 E 公司运营的外卖平台数据，造成 E 公司存储的海量商户信息被非法获取，同时流量成本增加，直接经济损失达人民币 4 万余元。② 检察机关在实地走访过程中发现，Z 公司管理层及员工存在重技术开发、轻数据合规等问题，而爬取数据是出于拓展业务的动机，亦未进行二次售卖。由于该公司属于成长型科创企业，且积极认罪认罚并赔偿损失，最终并未起诉涉罪企业和相关负责人。

值得注意的是，企业合规不起诉仍应作为例外而非原则适用。事后企业合规对涉

---

① 《关于建立涉案企业合规第三方监督评估机制的指导意见（试行）》中也指出，个人为进行违法犯罪活动而设立公司、企业的，公司、企业设立后以实施犯罪为主要活动的，公司、企业人员盗用单位名义实施犯罪的，涉嫌危害国家安全犯罪、恐怖活动犯罪的涉企犯罪案件，不适用企业合规制度。

② 参见最高人民检察院：《涉案企业合规典型案例（第三批）》，载最高人民检察院官网，https://www.spp.gov.cn/xwfbh/dxal/202208/t20220810_570419.shtml，2023 年 8 月 29 日访问。

案企业自身要求较高,对涉案企业需罚性考察涉及企业自身发展前景、社会贡献、整改态度和整改效果多个因素,在试点过程中也规定了较为严格的适用要求。对于企业来说,更应呼吁企业加强事前合规建设,防患于未然,而非将希望寄托于事后企业合规,亡羊补牢。对于非法获取企业数据的行为评价,应加强刑法教义学层面的体系建构,对无须纳入刑法规制范围的行为,应从应罚性层面予以排除。

公法私法化的出路

——以民营企业家渎职行为立法入罪为例

申长征*

2023年7月25日,十四届全国人大常委会第四次会议初次审议《刑法修正案(十二)(草案)》,其专门就民营企业家非法经营同类营业行为(《刑法》第165条)、为亲友非法牟利行为(《刑法》第166条)、徇私舞弊低价折股或出售国有资产行为(《刑法》第169条)三类违反公司忠实义务的行为予以立法入罪,根据法工委有关负责人的介绍,这三类行为"本质上是企业内部人员利用职务便利,搞非法利益输送,损害企业利益的行为"①。从法律类型上,刑法是典型的公法,而市场经营主体在法律上则主要属于私法的范畴,刑法原则上并不应当干涉市场主体的管理和交易行为。笔者认为,本次对民营企业家渎职行为立法入罪的尝试从某种程度上体现了"公法私法化"的特征。

一、"公法私法化"现象与公司主体地位的私法化趋势

公法(jus publicum)及私法(jus privatum)的划分最初源于罗马法学家乌尔比安:"它们有的造福于公共利益,有的则造福于私人,公法见之于宗教事务、宗教机构和国家管理机构之中。"②但随着殖民全球化、产业全球化、金融全球化的经济史发展,交易形态、交易规模、交易类型等也在逐步发生变化。当我们回顾这种分类的时候,却往往发现公法及私法的关系并非如同学者所设想的那样清晰,其中一个代表性的例子便是公司这一社会产物从"公法化身"转为"私法主体"的"公法私法化"进程。

第一个阶段,公司代政府行使管理职权,没有法律约束,是实质意义上的"公法的化身"。在早期的欧洲远航贸易中,为扩大贸易生产规模,实现殖民扩张,政府便开设

---

* 北京师范大学法学院博士研究生。

① 亓玉昆:《全国人大常委会法工委刑法室负责人就刑法修正案(十二)草案答记者问》,载《人民日报》2023年7月26日,第4版。

② 〔意〕彼德罗·彭梵得:《罗马法教科书》(2017年校订版),黄风译,中国政法大学出版社2018年版,第8页。

公司以辅助自己实现这一目的。只不过与现代公司不同的是,早期的公司以政府特许作为确认独立法人地位的依据,英国于1600年成立的“不列颠东印度公司”(British East India Company, BEIC)便是其中的代表。代表国家及政府行使公共管理职权的法官、警察、议会议员等都有可能成为公司成员,“经营范围”涵盖远洋贸易、进出口货物,甚至拥有自己的合法武装与军队,参与战争。其本质上是政府的代理人,具有明显的公法属性。

第二个阶段,公司以公共国家与公民私人的中间过渡体形式出现,开始受到一定的法律约束,但往往没有私法上的主体地位。历史地看,公法介入私人事务往往并非一蹴而就,而是存在一个过程。公法私法化首先可能表现为公法社会法化。① 1856年,英国颁布了世界上第一部专门规范公司的法律《合众公司法》,此后公司受法律保护的地位开始得到认可。我国民国时期的法学家王孝通对于公司有一个经典定义,“多数之人以共同经营营利事业之目的,凑集资本,协同劳力,互相团结之组织体”②;美国经济学家弗里德曼认为,在现代社会,企业往往以服务提供者和商品购买者之间的媒介的角色履行社会职责③。

第三个阶段,公司开始具有私法上的主体地位,成为私人自治与现代市场经济的一个重要象征。正如有学者指出,现代公司制度成立的一个重要标志便是公司运营与政府权力行使之间的分离,以及公司命运不再由政府所掌控。④ 而随着西方国家20世纪80年代初的“私有化运动”,许多国家所有的企业逐渐与民营资本展开平等竞争,实现资本间的融合,打破公私之间的壁垒,同时国家以私法主体的身份参与社会经济。⑤ 公司逐渐成为真正的私法主体。

“公法私法化”的历史趋势是原始公法随社会变迁、发展而逐步与其对立面的“私法”相融合的客观规律,刑法更是如此。对此,黑格尔有一个经典的论断:就犯罪的外部侵害行为来看,“对于一个社会成员的侵害就是对全体他人的侵害”⑥。刑法往往以公共力量的方式介入那些严重侵害社会利益的行为,但是在具体的现实场景中,这些行为却多具有私人性,如盗窃、欺诈、伤害等往往只能侵犯具体的个人,这就使得我们理想之中的刑法本身就带有一定向市民社会、向私法领域扩张的倾向,并不完全立足于政治国家立场。

① 参见张弘、于虹:《对统一公法学理论的质疑与反思》,载《甘肃行政学院学报》2013年第2期。
② 王孝通编:《公司法》,商务印书馆1934年版,第1页。
③ See Milton Friedman, Capitalism and Freedom, The University of Chicago Press, 2002, p. 13.
④ 参见陈凌、吴金群:《从政府角度看现代公司的起源与形成》,载《教学与研究》2007年第4期。
⑤ 参见陈岳琴:《论商法的公法化》,中国人民大学出版社2015年版,第147页。
⑥ 〔德〕黑格尔:《法哲学原理》,邓安庆译,人民出版社2016年版,第359页。

二、民营企业家渎职行为立法入罪的公法私法化体现

笔者认为,民营企业家渎职行为立法入罪的整体趋势本身不仅体现了公司法律主体地位公法私法化的客观规律,也是在确定公司自身法律权利义务关系的基础上所作出的理性选择。通过修正刑法,将个人侵害企业利益的行为作为犯罪处理,这不仅是刑法积极回应社会问题的重要体现,也在一定程度上再次强调了民营企业私法主体的性质,体现了公法私法化的特征。

第一,区分犯罪资格与被害主体。西方国家与我国对法人或单位是否有资格成为犯罪人这一问题,立场有所不同,往往采取的是代位责任的原则。企业是拟制的主体,难以承担法定的自由刑、生命刑,导致刑法很难将公司企业等评价为犯罪人,或者换句话说,法人没有犯罪资格。但除犯罪资格外,法人被害也是刑法保护所必须关注的问题。1993 年《公司法》公布后,不乏从公司受害角度关注修法的社会声音,如有相关立法议案便提出,对股东、法定代表人、管理人员等藏匿营业执照等造成公司利益损害的行为,股东可以依本条提起诉讼,以维护自身的合法权益。① 民营企业家所实施的经营同类营业等行为,不仅可能侵占企业的无形资源,甚至带来经营风险,还可能引发非正常的市场竞争,降低企业的市场占有率,进而影响经营利润。② 以企业家渎职等为代表的侵害拟制的企业的行为,在某种程度上就是侵犯企业的自由意志。

第二,区分国企性质与民企保护。国有企业与民营企业的主要差异是资本来源的不同,但这并不代表在市场经济的经营环境中应当区别对待——掌握更多社会资源、可能行使更多社会公共权力的国有企业,必然也将面临着更多的违规违纪责任,这是企业自身权责相一致理念的体现,对于民营企业同样适用。相较民营企业,国有企业及国有资产的一大特点即转让、提供担保、股权结构变动等日常的经营事项都受到国家法律、行政法规的严格限制。《企业国有资产法》第 8 条明确要求国家建立国有资产保值增值和责任追究制度,这就导致相较传统的纯粹市场竞争环境,国有企业不仅在关系国民经济命脉、国家安全等特殊领域有着排他性、垄断性的经营权利,也在日常的经营管理、出资转让等问题上与民营企业有着本质的不同。由于《刑法》分则第九章"渎职罪"的犯罪主体仅限于国家机关工作人员,难以周延防范公司、企业高管及相关责任主体的侵害行为,刑事立法便不得不通过在《刑法》分则第三章"破坏社会主义市场经济秩序罪"的第三节"妨害对公司、企业的管理秩序罪"部分以裁判、学理解释等修

---

① 参见 2013 年《全国人民代表大会财政经济委员会关于第十二届全国人民代表大会第一次会议主席团交付审议的代表提出的议案审议结果的报告》。

② 参见张祥宇:《非公经济产权之刑法保护:缺陷与改进》,载《法学论坛》2020 年第 2 期。

修补补、零敲碎打的方式实现对侵害行为的防范,如不上升为国家立法,不仅会导致规范失序,也将导致司法实践中的无法可依。

第三,区分管理责任与交易责任。公司主要承担的社会责任大体可以分为因公司的经济价值所生的合法诚信经营义务与因公司的组织体管理价值所生的内部忠实义务。如学者所言,非法经营同类营业罪,为亲友非法牟利罪,徇私舞弊低价折股、出售国有资产罪三类罪名较之职务侵占、挪用资金等行为的本质不同是:这三类犯罪受到《公司法》所规定的禁止性义务的影响,属于以违背忠实义务的违法性为基础的犯罪。① 作为刑法前置法的公司法及相关法律在历次修正时都在强调弱化市场准入资格、降低公司注册门槛的资本制度改革思路。但必须看到的是,无论注册资本的缴纳方式、法定限额如何变化,本质上并不能反映公司生产经营的全貌,尤其不能反映人力、经营管理能力等的真实水平,这也是公司法本身"从资本信用向资产信用过渡"的客观历史方向。②

三、民营企业家渎职行为立法入罪的潜在挑战

刑事制裁对社会治理所起的作用本就极为有限,司法者投入资源时边际成本增量也并不一定就完全等同于实际控制犯罪所获得的边际效应减量。③ 虽然从法律主体上看,刑法通过立法修正的方式介入保护私法主体的行为很好地体现了公法私法化的精神,但也可能带来未来犯罪治理中的一些潜在挑战,值得进一步关注。

第一,关于司法出刑的衔接机制。刑法作为典型的公法,进一步引入私法中类似协商、互利、交谈等理念也将更好地体现公法私法化的历史趋势。除了在国家制度层面探索刑事和解、恢复性司法等理念,在基本理论上如何更好地体现私法化的理念也是一个颇为值得注意的问题。德国学者金德霍伊泽尔曾提出"商谈的罪责概念",简单来说,现代社会中的规范就是社会之中各公民对彼此利益进行协调处理的法律上的体现,犯罪行为人不仅违反了规范,同时也缔造了规范,即"否定了规范赖以存在的基础——诸参加者的理解"。④ 对企业尤其是民营企业来说,市场就是最好的协调利益、确定规范的场合,脱离市场的民营企业也将成为无水之鱼。国有企业与民营企业除资

① 参见李燕兵:《上市公司高管职务犯罪问题研究——论违反忠实义务行为的犯罪化》,中国检察出版社2006年版,第153—154页。

② 参见卢建平:《公司注册门槛降低对刑法的挑战——兼论市场经济格局中的刑法谦抑》,载《法治研究》2014年第1期。

③ See Herbert L. Packer, The Limits of the Criminal Sanction, Stanford University Press, 1968, p. 301.

④ 参见〔德〕乌尔斯·金德霍伊泽尔:《刑法总论教科书》(第6版),蔡桂生译,北京大学出版社2015年版,第211页。

本持有主体不同外,在市场经济参与中的一个重要区别便是经营范围及存续要求上的差异。对民营企业家犯罪治理来说,动用刑罚可能仅仅是此类侵害行为社会对策中的微小一环,那么在《刑法修正案(十二)》为民营企业家渎职行为立法入罪后,司法、社会是否为这一类型配置了相应的非刑罚化、社会化应对处遇措施?此类犯罪治理是否存在着"供过于求",以致刑事治理存在过度扩大化的危险?如在刑事案件涉案财物处理问题上,国有企业家贪腐案件中一个常见的法律理由便是"可能导致国有资产流失"。而在应对国有资产管理这一问题上,最高人民法院常将"国有资产流失"作为违反强制性规定的不良后果。但民营企业家的违法犯罪行为有着本质上的不同。刑事诉讼中司法机关若不当没收、追缴民营企业所合法拥有的财产,便可能对民营企业造成严重的损失,甚至产生产权上的"二次伤害"。① 频繁的刑法修正入罪将可能导致与入罪后相对应的司法出口供给难以保障。过去常常出现的面多加水、水多加面式的刑法修正现象便是如此。对此,已经有学者敏锐地注意到这一问题,在过去刑法典已经对两种不同性质形式的经济体规定差别保护条款的前提下,若无法实现解释论变通,那就只能对相关条文进行修正。②

第二,关于企业犯罪的治理背景。将民营企业家渎职行为立法入罪,一个重要的法律底层逻辑在于此类行为中企业是受害者而非犯罪的共同参与主体,这就导致刑法中单位犯罪有关体现单位意志、强调集体决策等的特征并不能体现在那些民营企业本身遭受损失的案件中。立法机关并未将民营企业家渎职或背信侵害企业利益的行为规定为犯罪,便是因为 1997 年我国民营经济尚不发达,对社会主义市场经济的整体贡献仍相对较少,此时"企业所有人往往亲自参与经营,监督保护更到位"③。2020 年 3 月,最高人民检察院开始在全国范围内推动涉案企业合规改革试点,通过检察机关积极介入的方式引导诸多刑事案件涉案企业以自觉制定合规计划、自觉守法的方式使被告人获得实体法或程序法上的暂缓起诉、判缓、不逮捕等优惠。笔者认为,这事关提升刑事司法效率的根本价值要求,与笔者所列公法私法化的整体趋势有着密切的关系。有学者将通过公司自我调控的方式实现犯罪预防目的的过程称为"刑事追诉的私有化"或"刑事司法的私有化"。④

第三,关于忠实义务的判断依据。公司"主体私法化"的特征与我国当前维护民营经济发展、优化法治营商环境的总体趋势息息相关。笔者注意到,在企业家渎职行为

① 参见张祥宇:《非公经济产权之刑法保护:缺陷与改进》,载《法学论坛》2020 年第 2 期。

② 参见李凤梅:《非公有制经济平等刑法保护之解读与思考》,载《河北法学》2008 年第 12 期。

③ 王爱立主编:《中华人民共和国刑法条文说明、立法理由及相关规定》,北京大学出版社 2021 年版,第 584 页。

④ 参见〔德〕乌尔里希·齐白:《全球风险社会与信息社会中的刑法:二十一世纪刑法模式的转换》,周遵友、江溯等译,中国法制出版社 2012 年版,第 267—268 页。

的具体体现形式上,我国过去的刑事立法背景资料在某种程度上已经体现出企业自身公私法相互交融的特性,无论是国有企业还是民营企业。例如,1997 年 2 月 17 日的《刑法修订草案(修改稿)》便将"损公肥私"作为为亲友非法牟利罪的成立条件之一,只不过此后为考虑刑事立法的可操作性才并未继续沿用。① 一旦涉及公司高管忠实义务这一具体犯罪类型的保护法益问题,所应当关注的重点便不仅限于类似罪刑法定原则的重申,以及刑事立法入罪行为正确与否这样的二极划分,而是需要考虑背后诸多的交易、管理、监督等公私兼容的价值判断。

四、未来民营企业家渎职行为立法入罪的完善重心

本次刑法修正试图将民营企业家渎职行为立法入罪的思路是值得赞赏的,从法律基本观念来看,其不仅关乎刑事司法内部的利益诉求,客观上也涉及统一市场公平竞争机制的合理运行,而过去主要依靠民商事法律进行规制的方式显然有诸多的局限性。② 从作为公法的刑法自身的私法化来看,我们完全可以将私法化趋势进一步细分为法律主体私法化、犯罪对象私法化、刑事程序私法化、治理主体私法化等。

(一)私法化的入罪门槛

第一,确立犯罪分层的理论依据。通过犯罪分层的思想,能在民营企业家渎职行为立法入罪后为未来潜在的司法案件找到分流渠道。强化犯罪科学分层设计,针对不同类型的犯罪设置不同类型处遇措施的法治化、规范化的制度方法,不仅符合法治统一的节能要求,也有利于提高效率,树立权威,节约立法资源。③ 例如,对与经营获利相关的非法经营同类营业罪、为亲友非法牟利罪等应当结合犯罪数额、特殊身份、企业规模大小等多个要素,设置不同的立案、追诉、犯罪形态、共同犯罪、罪数判断等的层次化标准。

第二,体现行为对民营企业的侵害特征。刑事立法中的上述三种违反忠实义务类犯罪并未体现受害者特征及受害者的主观认知。为进一步体现民营企业自我盈利及私法相互协商的基本精神,可以在刑事立法中规定"违背企业意愿""侵害企业利益""滥用企业授权"等法定构成要件,将私法化的精神进一步体现在入罪后的民营企业家犯罪行为之中。

第三,适时出台司法解释,明确立案门槛。应当在立法通过后适时出台司法解

---

① 参见高铭暄:《中华人民共和国刑法的孕育诞生和发展完善》,北京大学出版社 2012 年版,第 376—377 页。

② 参见窦璐:《全国统一大市场建设中民营经济刑事司法平等保护:现状、机理与路径》,载《深圳大学学报(人文社会科学版)》2022 年第 4 期。

③ 参见卢建平:《犯罪分层及其意义》,载《法学研究》2008 年第 3 期。

释,明确民营企业家渎职行为的入罪标准,从营利数量、行为方式、越权程度、行为类型、对企业的损害程度、行为次数甚至是企业自身法益是否值得保护等多个方面为此类行为设置专门化、科学化、分层化的入罪门槛,进一步在私法化的背景下体现民营企业家渎职行为的本质特征。

(二)私法化的程序设置

第一,可探索扩大包括民营企业家渎职在内的犯罪行为附条件不起诉的适用范围,待时机适宜时在诉讼法上建立专门的不起诉制度。在"可捕可不捕不捕,可诉可不诉不诉,可判缓可不判缓判缓"的整体趋势下,更应充分体现程序分流、轻重分离的刑事司法基本效率机能,以期在未来企业家犯罪罪名增多的背景下防范可能出现的案多人少等问题。

第二,重视刑事案件中受害企业的意愿,逐步明确其诉讼主体地位。无论在法理上如何争论"法人是否具有犯罪资格"这一问题,相较我国传统刑法中的单位犯罪,"企业家犯罪,企业是受害者"这一点是在立法上确定此类行为属于犯罪的最基本前提。应当在刑事司法程序中重视受害企业的意愿,维护受害企业甚至是可能因刑事犯罪受损失的合同相对方的商谈、和解、上诉、申诉权,并将企业的谅解作为影响刑事案件程序推进的必要条件。

第三,扩大此类行为附带民事诉讼的受理范围,并以司法解释的方式加以明确。例如,《公司法》第 148 条第 2 款规定了公司对违反忠实义务"董监高"的归入权,若相关人员有违反公司忠实义务的行为,所得收入应当归公司所有。虽然我国《刑事诉讼法》已经设置了附带民事诉讼的专门部分,但在企业受害的情形下与之相关的程序与实体保障仍相对较少。在未来拟定民营企业家渎职行为相关司法解释或意见时也可新增"因董事、监事、高级管理人员非法经营同类营业、为亲友非法牟利、徇私舞弊低价或折股出售企业资产等行为,致使企业利益遭受损失的,法定代表人或其他企业利益代表人有权在刑事诉讼中就受损利益提起附带民事诉讼,请求赔偿"等类似条款。

(三)私法化的处遇措施

第一,将被害企业、受损失合同相对方等的意愿作为酌定从减量刑情节,必要时可以作为法定从减量刑情节,体现协商性量刑的特征。刑罚的目的本身并不限于与犯罪人之间的沟通,也包括要求犯罪人对被害人及社群表示歉意。[①] 如被害企业确实仍有谅解、继续委任涉案企业家担任某职务的意愿,刑罚原则上不应过度干预。

第二,引入民事制裁措施。扩大犯罪圈的立法趋势并不意味着刑法对国民经济生

---

① 参见〔英〕安东尼·达夫:《刑罚·沟通与社群》,王志远、柳冠名、姜盼盼译,中国政法大学出版社 2018 年版,第 227 页。

活的过度干预，相反正是提升刑事司法效率属性的必然要求。对于有着明显私法特征的民营企业，对企业作为受害者的刑事案件更应配置私法化的处遇措施。未来可以积极推进非刑罚化的处遇措施如民事惩罚性赔偿等，以期更好地实现对受害企业利益的保护。

第三，扩大此类侵害行为作为刑事自诉案件的适用范围，探索多元化的责任追究机制。可以考虑以企业与犯罪人之间的特殊授权关系为核心，在未来的司法解释或意见中进一步规定“在公诉案件中，公安机关、检察机关、审判机关对企业规模小、当事人双方利益关系深的案件，可以征询受害企业意见，转由自诉、仲裁等多元化方式追究被害人刑事、民事、行政等责任”。

五、结语

实际上，民营企业家侵害企业利益渎职行为的入罪问题我国立法机关也曾展开研究，但出于一些原因最终并未在刑法中予以规定：其一是民营企业发展不平衡，部分对自己或亲属经营的公司的渎职行为所造成的企业损失最终也由自己承担；其二是可能过度干预民营企业的正常生产活动；其三是两类企业在财务制度、收益分配等问题上存在显著差异。① 笔者认为这些担心不无道理，但这也并非刑法参与社会治理的全部方面。刑法是社会治理的重要一环。虽然因时代的高速发展，过去数十年世界各国的刑事犯罪圈、司法处遇措施及犯罪治理主体等都在快速变化，但我们并不能因此而得出“刑法无用”的结论。刑法是法律的最后一道防线，不到万不得已时切不可直接求诸刑法解决社会问题，这些都是基于刑法体系及刑事司法自身的局限性所引起的反思。在新的时代，刑法也需求变，也需逐渐引入前置的民商法、行政法、社会经济法等其他法律部门的理念与思想。这是时代进步的表现，也是未来刑法从封闭转为开放、积极参与社会治理的应然走向。

---

① 参见王爱立主编：《中华人民共和国刑法条文说明、立法理由及相关规定》，北京大学出版社 2021 年版，第 585 页。

论环境刑事合规的治理逻辑与双重进路

陆　杰*

一、引言

党的二十大报告以“推动绿色发展,促进人与自然和谐共生”为题,深刻指出“我们要推进美丽中国建设,坚持山水林田湖草沙一体化保护和系统治理,统筹产业结构调整、污染治理、生态保护、应对气候变化,协同推进降碳、减污、扩绿、增长,推进生态优先、节约集约、绿色低碳发展”,为今后我国的生态文明建设擘画了宏伟蓝图、指明了前进方向。环境保护与经济发展之间的矛盾需要法治手段的介入,毋庸置疑,对该法治手段的探寻必须拔高至生态文明战略的顶层设计上。“用最严格制度最严密法治保护生态环境”作为生态文明法治的总纲领要求对环境治理建章立制。诚然,规范供给对生态法治体系建设至关重要,但不应仅寄希望于环境刑法与其前置行政法规范的修正、扩张。环境刑法罪名体系的代表罪名污染环境罪于《刑法修正案(十一)》中的修改表明,环境犯罪的犯罪类型呈现出由结果犯向行为犯的嬗变。① 刑事立法为应对愈演愈烈的环境风险而改变原有的事后“压制型治理模式”固然可喜,但立法过度前置化所导致的惩罚泛化同样值得反思。“中国是一个惩罚泛化的社会,惩罚的气息到处弥漫,惩罚的权力深深地嵌入我们的传统以及日常生活中。”②企业作为当今社会经济的重要主体,其在参与社会经济活动时不可避免地面临多元化的法律风险,环境风险便是典型。在风险日益增加、罪刑规范愈加严密的背景下,企业涉罪风险随之增长。如果对涉嫌环境犯罪的企业不施以刑罚,则有违于罪刑法定主义;如果坚持处罚则会产生一系列“水漾效应”,不利于对社会整体利益的维护。显然,对企业环境犯罪的需罚性判断已然超脱了纯粹的法理层面。进言之,企业环境犯罪的有效治理之难点上升为如何妥善协调好经济发展与环境保护间的关系。对此,单一的刑法预防治理模式已然无法应对,应当进一步确立溯源治理理念,引入企业合规制度,在企业内部确立尊重法

---

* 东南大学法学院博士研究生。

① 参见陆杰:《理念与模式调适:生态环境法益的刑法保护转向》,载《上海法学研究(集刊)》2022 年第 19 卷。

② 周光权:《刑法学的向度:行为无价值论的深层追问》(第 3 版),中国人民大学出版社 2023 年版,第 6 页。

律、保护环境的企业文化,于事前建立与完善识别、防范风险的风险识别、应对机制以及于事后实行环境法益修复制度,从而构建合理的环境刑事合规体系。

二、环境刑事合规的风险治理逻辑

法学视阈内的环境问题指的是人类活动引起的环境污染或生态破坏,可以被称为第二环境问题或次生环境问题。① 据2022年世界经济论坛(WEF)发布的《2022年全球风险报告》,次生环境问题引发的环境风险仍是全球最主要的风险之一。由于环境风险关系到整个人类的生存,任何一个国家或地区均无法从环境风险之中脱离出来,环境风险的治理问题已成为人类共同面对的重大问题。随着全球生态环境的恶化与生态危机的蔓延,单纯依靠政府机制、市场机制抑或是社会机制去解决环境问题难免失之偏颇,无法有效实现供需平衡。② 环境犯罪是环境问题的终极呈现方式,该问题同属社会问题与政治问题,涉及多方利益相关者,包括司法机关、政府机构、企业组织、社会公众、环保组织等,而不同利益相关者对环境行为的评价和诉求可能存在差异。在环境犯罪的治理过程中,作为环境犯罪主要源头的企业需要在合乎法律规范的同时,平衡各方利益,并与之进行有效的沟通与合作。

(一)企业环境刑事风险的复杂性

当代的环境风险作为典型的社会风险,异于传统风险之处在于它是工业化进程中人造的、而非内发于环境本身的风险,其存在造成后果的难以逆转性与察觉性、广泛牵连性、因果关系认定的繁复性、关涉人类利益的紧密性等诸多特性。③ 根据该致害特征,环境犯罪可以归类为公害犯罪。公害犯罪的本质在于他人的违法行为导致社会秩序、道德、风俗、公民健康、公众对公共权利的享受乃至行使受到侵害,简言之,其所针对的是一种对包含了具体公民权利在内的社会法益的侵害。

首先,环境犯罪侵害了包含行政管理秩序、生态环境系统、公民生命健康及财产在内的复合法益,尤其是针对生态环境系统而言,其致害效应存在长期性的特点。因为环境破坏往往是由小型污染累积而成,单一的污染规模相较于生态环境系统的自净能力而言,通常小到可以忽视,因此既无实害亦无危险,然则若同类行为大量发生,超过某程度之后便会突然暴发灾情。④ 环境不法行为与危害结果之间相隔较远,危害结果

---

① 参见汪劲主编:《环境与资源保护法学》,北京大学出版社2013年版,第50页。

② 参见詹国彬、陈健鹏:《走向环境治理的多元共治模式:现实挑战与路径选择》,载《政治学研究》2020年第2期。

③ 参见陆杰:《理念与模式调适:生态环境法益的刑法保护转向》,载《上海法学研究(集刊)》2022年第19卷。

④ 参见钟宏彬:《法益理论的宪法基础》,元照出版公司2012年版,第251页。

并不会在危害行为实施后就即刻显现,而是需要一定的时间积累以致暴发,该特点对应环境犯罪累积犯的性质。

其次,环境致害效应存在复杂性的特点。环境犯罪的行为与危害结果之间经常会由于介入因素的复杂性而导致多因一果、一因多果等情形,如若司法机关未能充分把握环境公害的发生机理,则会加剧判定因果关系成立的难度。

再次,环境犯罪具有隐蔽性的特点。随着科学技术进步,环境犯罪行为所利用的工具和手段经常会披上"有机""环保"的外衣,或者巧立"资源循环利用""开展科学试验"等名目以混淆视听。以上"假治污、真排污"的非法手段如果不经司法机关及时移送并经专业机构检测认定,将在很大程度上导致环境犯罪案件难以最终定性。此外,现代公司犯罪的高度复杂性、隐蔽性等特征决定了传统的侦查模式无法有效应对。① 由于企业具有远超自然人的复杂结构,其实施的不法行为拥有天然的隐蔽性以及高度的复杂性和技术性,原有的环境风险在企业主体的异化之下便愈发难以识别。并且企业环境犯罪的行为方式较之自然人更为多样化,通常既有明确的违法行为,如污染排放、非法倾倒废弃物等,也有一些间接、隐蔽的违法行为,如生产供应链中的资源开采和采购环节中的环境犯罪行为常常成为刑事侦查中的盲点。因此,企业环境犯罪作为单位犯罪与环境犯罪的"结合体",企业犯罪的单位犯罪属性与环境犯罪的公害犯罪属性两大因素相叠加,企业环境犯罪的不可控制性与难以识别性被无限放大,从而使得对企业环境犯罪的事后处罚难以开展,而将企业作为预防治理主体的事前环境刑事合规机制能够有效防止环境刑事风险的现实化。

最后,企业环境犯罪也存在侦查难度大导致的司法成本高昂以及治理难的特点,这一矛盾亦促成企业环境犯罪治理由传统的国家刑罚权与被告人之间、被害人与被告人之间的对立模式,转变为对立与合作并存的复合模式。在企业环境犯罪数量连年攀升的大趋势下,环境刑事司法陷入实际收效有限的窠臼之中。譬如,环境刑事案件往往涉及复杂的科技问题,证据收集难度较大,即便成功搜集到证据也需要借助专业的科技手段进行检测、分析和评估。然则,如果将规制基点进行一定的下调,使其介于纯粹的国家规制与单位自我规制之间,对环境犯罪的预防与控制义务部分将转派于企业,并用量刑上的优惠换取企业采取内部措施控制犯罪,打造他控与内控并存的复合模式,从而完善企业内部合规监管体系的建构,如此便能够极大地减少侦查机关的侦查压力,达到节约司法资源的目的。更为关键的是,刑罚的主要目的是预防,司法机关通过对犯罪人进行适当处罚,产生一般预防和特殊预防的效果,以达到保护法益的目的。如果企业能通过事前合规的风险内控机制在源头上预防刑事犯罪,刑罚便无介入必要,治理成本高昂的难题便也随之消解。除此之外,事后合规亦能起到节约司法

① 参见李本灿:《刑事合规的基础理论》,北京大学出版社 2022 年版,第 113 页。

资源的作用。“合规不起诉”作为辩诉交易的一种类型,其主要价值之一在于推动企业自主配合侦查以节约司法资源。① 企业合规不起诉制度要求涉案企业制定和实施合规计划并接受检察机关考察从而获得检察机关作出的不起诉决定,这使案件在进入审判阶段之前就被终结,因而可以节约因审判所带来的人力、财力等诉讼成本的支出。因此,国家—企业的环境治理合作共治模式的底层逻辑是对环境风险进行积极预防从而实现生态环境的溯源治理,其构建了企业内部自我监管、预防与司法外部监管的双层次治理体系,将刑事治理的端口下沉至企业自身,不仅有益于司法资源的节约,同时还能从源头上降低企业环境犯罪的发案率。

(二)压制型治理模式的滞后性

在传统的环境治理模式中,主要是由行政机关来承载保护环境的职能。② 具言之,环境行政机关通过开发利用环境资源的决定权、审批权、监督管理权、规章制定权以及行政强制权、行政处罚权等行政权力规范自然人、企业的环境资源利用行为,并且主要倚仗其中的行政强制权、行政处罚权进行事后规制。即便在刑法分则确立环境犯罪,创制了破坏环境资源保护罪之下的一系列罪名惩治具有严重社会危害性的环境违法行为后,传统的单位环境犯罪治理模式也侧重于对犯罪的企业进行事后的惩处,并在刑罚权的不断扩张下,出现了刑法评价重心偏离、刑事干预非理性化等诸多问题。③ 另外,由于环境犯罪的行政从属性特质,环境行政义务与刑事义务存在同质性与递进性的关系。因而企业唯有在违反行政义务的前提下进一步违反刑事义务时,刑法对其行为才进入评价程序。所以,行政执法机关前期的行政认定、调查报告往往会在环境犯罪的刑事程序中具有较大的影响力,刑事立案也极为依赖行政执法机关的移送。归根结底,国家法无外乎通过行政法与刑事法参与环境治理,环境行政机关与司法机关依靠行政处罚或通过行刑衔接机制动用刑罚权对环境违法犯罪行为进行事后惩处,但它们均为典型的“压制型治理模式”。此种单一的治理模式难以适应当下保护生态环境的新理念,所以应确立多元主体共同参与治理的新理念,实现“压制型治理模式”到“预防型治理模式”的嬗变。④ 我国对于企业环境犯罪所采取的行政规制手段和以国家垄断刑罚权为主导的公法制裁方式具有明显的滞后性,并不足以遏制与预防愈演愈烈的企业环境犯罪。十九大报告明确提出要

---

① 参见李奋飞:《论涉案企业合规的全流程从宽》,载《中国法学》2023 年第 4 期。

② 参见周全:《环境治理中行刑衔接机制的现实困境与完善路径》,载《湖北大学学报(哲学社会科学版)》2023 年第 2 期。

③ 参见王志远、邹玉祥:《刑事合规视域下单位犯罪刑事治理的检视与完善》,载《甘肃社会科学》2020 年第 5 期。

④ 参见陆杰:《理念与模式调适:生态环境法益的刑法保护转向》,载《上海法学研究(集刊)》2022 年第 19 卷。

构建环境多元治理体系，但当前实践中的环境多元共治仍存在包括现行环境治理权力配置不尽科学合理、企业在环境治理中的主体性作用发挥不够等问题。[①] 在国家与企业合作治理已然成为环境刑事合规体系构建的顶层设计的情况下，应当明确企业自身是唯一能够直接介入企业犯罪治理、降低员工获利预期、提高犯罪被发现概率的存在。[②] 涉案企业刑事合规改革作为当前风险社会下的有效应对措施，其以企业作为合作共治主体的理念、企业前端溯源治理的理念，打造了刑事风险的预防型控制范式。

刑法不仅是犯罪惩罚法，也是社会治理法，参与社会秩序管控与治理是刑法在功能主义理念作用下的应有之义。生态环境法益一般都具有可修复性的特征，对环境犯罪的治理应当更偏重预防犯罪行为发生以及犯罪行为发生后的法益修复。[③] 而传统的公法治理模式采取的是国家对犯罪人的单向与事后惩罚模式，该模式存在无法修复被犯罪所侵害的社会关系的弊端。[④] 因此，为强化刑法作为社会治理法的功能定位，应当引入合作规制理念，促使犯罪治理的主体迈向多元化，使涉案企业在国家法的监督下，自觉建立风险防范机制与实施法益修复行为，实现环境犯罪治理到社会治理的应然延伸。

三、环境刑事合规的双重进路

事前已然合规的合规抗辩与事后承诺合规的合规计划是贯穿环境刑事合规的两条主线。[⑤] 尽管目前的合规典型案例均为事后合规，但企业合规面向未来的内生逻辑与环境治理的预防导向共同决定了环境专项合规的建构进路应当是双重的，应当依据事前、事后合规两条主线共同构建企业环境犯罪治理体系。企业环境刑事合规作为一种综合性的企业环境犯罪治理措施，其内涵不仅指涉单一的刑事合规与事后合规，还囊括行政合规与事前合规的内容。事前合规与事后合规在涉法领域、适用阶段、法律后果等方面具有重要区别，需要依据不同原理与方法加以建构。

（一）前置性预防路径——行政预警制度的确立

涉案企业合规改革的宗旨是鼓励更多企业建立健全日常性的、自发性的、前置合

---

① 参见白彦：《中国式现代化视域中的生态法治建设》，载《人民论坛》2022 年第 22 期。

② 参见王志远：《刑事合规的体系化观察及制度建构展望》，载《当代法学》2023 年第 4 期。

③ 参见陆杰：《理念与模式调适：生态环境法益的刑法保护转向》，载《上海法学研究（集刊）》2022 年第 19 卷。

④ 参见熊亚文：《刑法私法化：现实图景与理论空间》，载《现代法学》2016 年第 4 期。

⑤ 参见高腾飞：《论我国环境合规法律框架的构建——以合规计划与合规抗辩为切入点》，载《北京政法职业学院学报》2023 年第 1 期。

规关口的合规体系。① 企业通过完备的事前合规计划在根本上预防犯罪既是刑事合规的初衷使命,亦是合规的理想状态。环境刑事合规的事前合规模式能够充分发挥预防功能,从而实现对生态环境法益的预防型保护。对于事前合规而言,企业需要根据企业自身生产经营业务所具有的环境风险点,聚焦内部控制机制的变化、合规风险的变迁以及法律规范体系的变化,依靠行政预警制度,识别、分析并应对环境风险,有的放矢,建立并完善相应的风险预防机制,及时甄别并规避企业涉嫌的合规风险。应当认为事前层面的环境刑事合规是刑法条文外的一种提前预防措施,其所涵盖的内容即环境犯罪涉及的前置法规范的浓缩与细化。② 因此,刑事合规不仅是刑事法律风险在合规领域的"倒影",其实质是合规的"最高等级防范目标"。需要注意的是,已初露端倪的企业刑事涉罪风险通常以行政违法、行业违规等形式呈现,将事前合规称为"行政预警"意指企业不能被动地等待低级风险进一步升级、转化为高级风险,应当依据预警提示,积极对低级风险进行应对和化解。譬如,当发现企业的高浓度废水处理系统未按相关标准正常运行时,企业环境刑事合规机制应当及时介入,对相应的风险进行诊断和预测,提供风险防控方案,并提出进一步的处置方案,避免风险进一步升级,从而有效预防环境犯罪发生。

企业的类型化决定了企业在行政法领域内有着不同行业的监督主体,因此需要将各类行业监督主体、行业处罚主体作为企业前置预警机制的重要参与单位,这有助于根据企业的前置性"越轨行为"精准锁定其可能存在的刑事风险。截至目前,我国生态环境保护领域的法律规范已逾 30 部,包括作为基础性、综合性法律的《环境保护法》,以及涵盖了大气、水、土壤、固废、噪声等污染防治领域,长江、湿地、黑土地等重要生态系统要素的单行法,这些法律规范共同组成了环境行政法体系。面对复杂多样的环境风险,需要使用类型化思维对环境风险进行妥当的类型化处理,用以指导企业建立精准化的合规风险识别与应对机制。根据法律作为一种强制性的行为规范以及刑事合规作为企业对刑事法律及其前置法的遵循之定义,在刑事合规领域内,应当基于环境刑法与行政法规制的行为类型以及保护的法益类型确定环境风险的具体类型。对此需要借助行政法预警功能,将污染环境罪等环境犯罪的构成要件转化为污染排放、资源破坏等具体合规风险点。我国环境行政法律规范体系分为污染防治和资源保护利用两大类,分别对应企业的环境容量利用行为与自然资源利用行为。所谓的环境容量利用行为是指企业利用环境容量而向环境排放污染物或废物的行为,自然资源利

① 参见谢澍:《互联网企业刑事合规义务识别:分层、复合与技数赋能》,载《云南社会科学》2023 年第 3 期。

② 参见姜涛、郭欣怡:《数据安全治理的刑事合规建设方案》,载《江苏行政学院学报》2023 年第 3 期。

用行为则是指企业从各个环境要素中攫取利益的行为,如伐木、养殖、采矿、狩猎等。[①] 相应地,企业面临的环境行政合规风险可以分为污染物排放型风险和资源破坏型风险。根据刑法分则对环境犯罪的个罪设计与司法解释规定,可以进一步类型化为污染排放型环境风险,对应污染环境罪、非法处置进口的固体废物罪和擅自进口固体废物罪,资源破坏型环境风险(对应破坏环境资源保护罪一节中的其余罪名),数据造假型环境风险(对应重点排污单位篡改、伪造自动监测数据……的,应当认定为“严重污染环境”,构成污染环境罪的司法解释)。

(二)事后环境刑事合规的路径选择——法益修复考察制度的确立

无论是结果无价值的法益侵害说还是二元行为无价值的规范违反说,犯罪均被认为是侵犯法益之行为。[②] 涉案企业被刑事追诉的根本原因在于其行为侵害了法益。而有效合规的根本标准是“修复”,这里的修复具有双重含义。首先,是在贯穿事前与事后合规层面的“制度性修复”,即建立、完善风险识别、应对机制以查漏补缺,修复企业内部风险预防机制的既有漏洞,在事前预防对法益造成侵害的危险发生,以及事后避免企业因相同或类似风险引发刑事再犯。其次,便是事后合规层面的对犯罪行为所侵害法益的修复制度。由于事前层面的环境刑事合规完全属于风险预防,必然不存在环境法益的弥补性修复问题,因此,法益修复制度成为环境刑事合规事后层面的专属机制。

环境法益具有经济类犯罪的法益特性。先前,作为环境刑法前置法的环境法并未具备独立部门法的地位,其中规定污染防治的法律被纳入行政法部门,规定环境资源保护的法律被划归经济法部门。自生态文明上升为国家重要战略目标以来,环境法才成为独立的法律部门。将环境犯罪归类于经济犯罪未免显得过时,但不可否认的是,环境犯罪仍与经济犯罪逐利性的罪因本质相吻合。刑法中部门法的划分需遵循罪质的类型化,“环境犯罪同其他经济犯罪一样,其罪因本质均是经济生活参与人在发展商品经济活动中附随产生的消极行为”[③]。最为重要的是,根据环境法益的复合构造,环境犯罪所侵犯的法益依次为行政管理秩序、生态环境系统、公民生命健康及财产。可以认为,环境刑法保护法益为一个存在层级关系的体系化构造。在刑法的社会防卫功能日益凸显的趋势下,刑法对环境法益的保护逐渐早期化成为一种趋势。因此,为契合环境法益的预防性保护需要,将环境刑法作为经济刑法的一部分,可以加强

---

① 参见汪劲主编:《环境与资源保护法学》,北京大学出版社 2013 年版,第 92 页。

② 参见陆杰:《电信网络诈骗与其关联犯罪的罪数分析》,载《上海公安学院学报》2022 年第 6 期。

③ 陆杰:《理念与模式调适:生态环境法益的刑法保护转向》,载《上海法学研究(集刊)》2022 年第 19 卷。

对作为超个人法益的生态法益的保护。① 而且在现有刑法框架下，经济类犯罪所侵害的法益具有可恢复性，纳入合规不起诉改革具有正当性基础。② 环境犯罪所侵犯的法益具有修复可能性，因此，应当将环境法益的修复机制作为环境刑事合规的实质化事后治理途径。

法益修复作为环境刑事事后合规计划中的重要一环，其理念来源于恢复性治理理念。恢复性治理是指通过在刑事犯罪的犯罪方和被害方之间建立一种商谈关系，让犯罪人主动承担责任以消弭双方冲突，从深层次化解矛盾，最终修复受损社会关系的一种司法活动。一方面，基于生态系统整体性的特点，环境犯罪的完成并不意味着环境损害的结束，环境损害会随着生态系统的"流变"和生态要素的发散而加重或扩散，所以针对被侵害的法益确立涉案企业的修复责任极有必要。③ 另一方面，合规试点之初，企业刑事合规从宽处罚就一直饱受违反平等原则的指摘，如果不将法益修复作为涉案企业"改过自新"的实质标准，严格把关合规有效性，显然无法打消公众对其的质疑。恢复性治理理念不仅给了违法犯罪人一次补救的机会，也能够让被害方得到赔偿，缓和社会矛盾。在针对生态环境的犯罪领域中，对这类企业犯罪适用附条件不起诉，视其修复化解矛盾情况决定是否起诉，这种处理方式带来的效果比单纯对企业定罪量刑更加符合社会现实需求。

涉罪企业在刑事追诉环节中认罪认罚并采取法益修复措施，还可以认为是其对法规范态度由"背离"向"忠诚"转向的重要体现。对此，在环境刑事合规的治理模式中，刑法主动性规制可以适当减少，取而代之的则是恢复性治理理念主导下的涉案企业主动的法益修复。法经济学要求法律适用在符合一定基础性原则的前提下，进一步考察成本和收益。尽管这种成本和收益很难做到经济评价上的高效性，但即使不能完全以经济学的标准来评判刑法的效用性，也应当在公平与正义的前提下，实现刑法资源的最合理配置与最高效运用，通过最少的刑事资源实现最有效的社会防控与犯罪治理。环境刑事合规的终极目标是在源头上减少企业犯罪，保护社会整体利益，因此，其应在更大程度上考虑刑法的效益性问题。在功利主义刑法价值观中，刑法的效益是刑罚发动理应考虑的问题。尽管从刑法的社会价值来看，刑法应当是严格的规范性法律和治理性法律，效益不应当是刑法价值观的核心内容和主体内容，但这并不代表刑法应当排斥效益和经济理念，实现刑罚惩治与效益并重、正义与效率并重是更为科学的刑法理念。现今的刑法体系欠缺对刑罚设置的经济性考量，也未基于企业犯罪的特殊

---

① 参见涂龙科：《跨部门法视角下经济刑法的范围界定研究》，载《政治与法律》2022 年第 6 期。

② 参见刘艳红：《刑事实体法的合规激励立法研究》，载《法学》2023 年第 1 期。

③ 参见周峨春：《环境刑法现代化的理论阐释与实现机理》，载《重庆理工大学学报(社会科学版)》2021 年第 12 期。

性设置合理的刑罚体系，导致传统刑罚对企业犯罪治理的失效。① 根据企业环境犯罪的社会属性与公害属性，传统罚金刑因经济性考量的阙如而治理乏力。罚金刑事后性、大额性与持续性的特点通常会对企业造成过重的经济负担，亦不利于社会整体性法益的修复与被害方法益的修复。因此，应当根据单位责任与单位内自然人责任相分离的组织体责任观点，区别对待单位犯罪与自然人犯罪，取而代之地在事后的环境刑事合规计划中采取环境法益修复的方式，这有助于实现更好的企业环境犯罪治理效果。

① 参见王颖：《企业附条件不起诉：改革困境与制度突破》，载《清华法学》2023 年第 3 期。

合规视阈下单位归责的要件塑形

贾易臻*

作为企业合规与刑事实体法的重要学术连接点,以及企业合规教义学化的主要切入点,单位犯罪归责模式的转变一直是合规领域的研究热点。但与此同时,在单位犯罪的认定中,我国理论界一直固守存在论的基本视角,认为单位行为仅能依靠作为其"手足"的自然人才能完成。因此,将单位雇员以单位名义,为单位利益实施的法益侵害行为归属于单位,已经成为司法实践中的惯常操作。单位责任与雇员责任缺乏有效切割,成为实践中企业合规试点工程遭遇制度瓶颈的重要原因,在单位犯罪的认定中,也存在个体责任人无法定位、单位出罪与自然人出罪相混淆等难以忽视的重大理论缺陷。

有鉴于此,本文首先系统梳理我国对单位犯罪归责问题的讨论范式及其面对的理论难题,并进一步反思替代责任模式在方法论基础与预防效果上的理论缺陷。在肯定单位责任来源于组织运营之后,反思并重构既有的单位犯罪归责要件。

一、我国单位犯罪归责问题的讨论范式

(一)我国单位归责的存在论根基

众所周知,我国对法人犯罪能力的论战可以划分为三个阶段。新中国成立初期,学界大多固守"团体(法人)无犯罪能力"(Societas delinquere non potest)的理论假设,否认单位可以成为犯罪主体。彼时虽有部分案件涉及单位犯罪,但也大多按照自然人犯罪处理。改革开放后,商品经济的发展成为滋生单位犯罪的温床,对单位犯罪的规制需要迫使理论界反思单位犯罪否定说的合理性。同时,1982 年起草的《关于惩治贪污罪贿赂罪的补充规定(草案)》和《关于惩治走私罪的补充规定(草案)》以单位为主体直接表述犯罪行为,但从法律后果而言,依然仅处罚单位内部的自然人。这两个补充规定的出台,直接引发了学界对法人犯罪能力的讨论①,并随着 1987 年《海关

---

* 北京师范大学刑事法律科学研究院博士研究生。

① 参见徐建:《法人不会犯罪吗?》,载《现代法学》1982 年第 3 期。

法》的颁布到达高潮。从否定说的观点而言,其论据主要集中在两个方面:第一,从存在论的角度而言,对法人这一拟制主体追究刑事责任,会与以自然人为主体的刑法体系产生内在抵牾。反映到单位犯罪的具体操作中,就是在主观要件、刑罚体系上难以与既有规定衔接;第二,固守"责任人—单位"的思维路径,也面临预防作用无法发挥以及罪责原则的诘难。

1997年《刑法》在总则中直接规定了单位犯罪及处罚原则,从形式上宣告了这场争论的终结。然而,1997年《刑法》对单位犯罪的规定却带有明显的实用主义特征:刑事政策催生了刑事立法的需要,但这种实用主义主导下的"现象立法",却并未建立在理论界充分讨论与理论共识形成的基础上。因而,与其说立法终结了关于法人犯罪能力的争论,毋宁说是立法对理论争议采取了回避与搁置的态度。质言之,这场关于犯罪能力的论战集中反映了刑事政策与教义学贯通过程中的内生矛盾。从这个角度而言,1997年《刑法》的出台并未终结这场持续近20年的争论;相反,这场争论所衍生的方法论与思维模式,仍然对我国的理论研究与司法实践有着广泛而深刻的影响。

首先,就方法论而言,依然没有跳脱出存在论的预设前提,依然没有对"单位行为必须依靠其内部成员完成"的假设进行质疑。即使是单位犯罪肯定论的支持者,也大多从存在论层面试图弥合单位犯罪与自然人模式下刑法体系的裂隙。从某种意义而言,替代责任模式就是这种存在论视角在归责领域的集中反应。因而,上述否定说的许多论点,与其说是对肯定说的否定,毋宁说是对替代责任模式的归责路径的质疑。

其次,肯定说这种从存在论出发的弥合思路,过于重视单位和自然人的相似性,而忽视其区别。依据肯定说的论证,法人的意思能力与行为能力是借助作为"法人中枢与大脑"的决策机关产生的,因而,法人与自然人具备相似性。这种相似性也为单位犯罪理论对以自然人犯罪为基础的教义学成果的借鉴提供了论据支持。同时,对单位和自然人区分的讨论仅服务于如何对单位归责。所谓的区分仅在"自然人犯罪与单位犯罪的区分"这一命题上才真正起到作用。因此,对二者区别的刻意回避,使得对单位的归责只能依附于对自然人的归责而存在。

最后,肯定说过于重视自然人对单位的作用而忽视了单位组织模式对雇员行为的影响。存在论的预设前提使学者的关注重点依然落脚于单位的内部成员。然而,"法人机关或机关成员一旦坐到了现在所处的位置之后,就不得不受法人整体目标、政策等的支配"①。这种对单位归责特殊性的忽视,造成单位的组织要素无法顺畅介入单位的责任归属中,并进一步影响刑罚预防效果的发挥。从这个角度而言,否定说的诸多论据,本质都是否定替代责任的归责模式,而非对单位作为犯罪主体的否定。

因而,在我国刑法对单位犯罪明确规定的前提下,回顾梳理单位犯罪否定论的理

① 黎宏:《单位刑事责任论》,清华大学出版社2001年版,第215页。

论根据与基本立场,并非“意义不大”。[①] 这种反思可以帮助我们总结否定论与肯定论的方法论基础,并更为深入地理解规制单位犯罪的政策需要与既有教义学理论之间的内生矛盾。事实上,替代责任归责思路的立论基础,大多可以回归到肯定说所坚持的存在论立场。

(二)替代责任模式的逻辑架构

“与国外理论界立足于寻找法人本身的责任根据的做法不同,我国学者主要着眼于探索单位成员的刑事责任根据。”[②]从这个意义而言,我国学者对单位犯罪的归责模式的讨论实际上可以划分为两个维度:其一是讨论单位犯罪构成的诸要件,本质是为了厘清单位犯罪与自然人犯罪的边界,核心问题在于满足什么条件的单位雇员实施什么样的行为才可以归责于单位;其二是单位犯罪与自然人犯罪的关系,即“作为单位犯罪的实施者即单位组成人员的自然人地位及其处罚根据的问题”[③]。

替代责任模式下单位犯罪认定的诸要件,旨在于个案中将自然人犯罪与单位犯罪予以区隔。详言之,按照替代责任的思路,单位犯罪的认定实际包含两个主要阶段:其一,借助直接负责的主管人员和直接责任人员的认定,定位单位内部的自然人主体;其二,通过自然人主体与单位主体之间在职务、业务行为上的关系,确定单位的刑事责任。因此,替代责任模式下单位犯罪的认定要件,本质上是一种由自然人责任向单位责任转嫁的要件,其关注的重点与其说是单位的责任来源,毋宁说是雇员犯罪人与单位之间的职务联系。换言之,这一要件带有明显的存在论倾向:先选取单位犯罪的典型情况并将其作为模板进行观察;再通过对案件事实的归纳,总结提炼典型案例中单位犯罪的特征,并将其上升为单位犯罪的成立要件。因而,就方法论而言,替代责任模式对要件的设定在本质上来源于对实务案例的不完全归纳。

同时,之所以雇员责任与单位责任关系的讨论会成为极具中国特色的“本土化命题”,其根源是“雇员—单位”的转嫁模式同双罚制之间的突出矛盾。详言之,由于我国理论界大多从存在论出发,认可单位责任来源于单位成员实施的法益侵害行为,因而,单位及其雇员在责任来源上是趋同的,都是单位雇员造成了法益侵害结果。同时,通说又认为单位犯罪并非单位及其内部成员的共同犯罪[④],因而,在否定共犯成立的前提下,责任来源的一致性与双罚制之间就会呈现出不可调和的矛盾。既然通说认为我国《刑法》第30条实质上承认了单位独立的犯罪主体地位,那么在责任来源一致

---

① 参见黎宏:《组织体刑事责任论及其应用》,载《法学研究》2020年第2期。

② 叶良芳:《论单位犯罪的形态结构——兼论单位与单位成员责任分离论》,载《中国法学》2008年第6期。

③ 黎宏:《单位刑事责任论》,清华大学出版社2001年版,第275页。

④ 参见陈兴良主编:《刑法总论精释》(第3版),人民法院出版社2016年版,第553页;何秉松主编:《法人犯罪与刑事责任》,中国法制出版社2000年版,第548—556页。

的基本前提下,处罚单位内部自然人的同时又借助责任转嫁处罚单位,就免不了受到来自责任自负原则的诘难;此外,如果肯定了单位刑事责任来源于个人,并同时赋予作为单位手足的自然人以独立的犯罪人地位,那么单位作为犯罪主体的独立性就会被从根本上动摇。因而,“责任来源一致与双罚制的矛盾”同单位犯罪能力的“历史遗留问题”一道,成为单位犯罪否定论长久不衰的重要论据。事实上,雇员责任与单位责任的关系问题,更像是单位犯罪认定问题的反面:双罚制实际上是替代责任模式不可忽视的逻辑伤疤,若要以替代责任模式建构我国的单位犯罪认定模式,就必须对双罚制下的衔接问题予以回应。

二、我国单位犯罪归责的立场选择

(一)单位犯罪归责模式的理论困境

1. 单位责任与雇员责任缺乏有效切割

在企业合规司法改革试点工作开展的过程中,企业合规的刑罚优待效果不仅及于企业,也惠及企业员工。[①] 这种对合规效果的扩大化理解,很大程度源于替代责任模式在企业归责中的思维定式。

按照替代责任模式的基本思路,单位犯罪是借助作为单位手足的自然人犯罪实现的。从这个意义而言,“法人构成犯罪,才是追究法人内部成员(自然人)刑事责任的依据和必要前提”[②]。根据这种观点,既然企业因为进行合规建设,履行合规义务而免于刑事处罚,那么处罚单位内部雇员的责任基础就消失殆尽。然而,这种合规激励效果基于企业家的“优惠连带”,不仅有违企业合规“放过企业,但要交出直接责任人”的制度初衷,在减免雇员责任的实体法依据上,也缺乏教义学的有力支持。就其本质而言,“企业家合规出罪”现象是替代责任模式对单位责任来源与雇员责任来源缺乏科学厘定的集中暴露。

此外,根据替代责任原理,单位的责任归结实际可以划分为前后两个阶段:先确定单位内部雇员的自然人犯罪,再根据自然人与单位直接的联系,将自然人责任转嫁给单位。这样的认定逻辑,在单位内部构成较为简单,个体雇员可以直接控制单位整体运营,抑或单位管理人员直接决策实施法益侵害行为的案件中,往往可以较为顺畅地解决单位的刑事责任问题。然而,企业经营的去中心化与信息掌握的分散化,使得在

---

① 典型案例如张家港市L公司、张某甲等人污染环境案,王某某、林某某、刘某乙对非国家工作人员行贿案。

② 何秉松:《单位(法人)犯罪的概念及其理论根据——兼评刑事连带责任论》,载《法学研究》1998年第2期。

企业内部找到一个可供转嫁的责任主体愈发困难,在大型企业的公害类犯罪中,这种个体责任人的定位困难尤为明显。① 虽然替代责任借助集合责任模式暂时性地回避了个体责任人定位不能的难题,但对集合化认定本身缺乏必要的说理,也使其难以摆脱体系性思考的理论诘难。

同时,替代责任模式也引发了反功能性的政策激励:第一,单位可以借助内部架构为其设置企业归责的"防火墙",借助法益侵害行为的分散和信息掌握的碎片化,刻意制造雇员责任的归属不能。第二,基于信息掌握的不对等,对个体代理人实施的法益侵害行为往往缺乏预见可能性。

2. *忽视对单位因果关系的直接认定*

根据替代责任模式的认定思路,满足一定条件的雇员在满足归责条件后,对单位的归责即告完成。换言之,对单位犯罪的行为与因果关系的认定,往往与单位雇员的行为与因果关系等同。然而,这种在因果认定上的"同一视",却忽略了单位行为与危害结果之间的因果关系,从而导致单位对其事实上没有原因力的行为也要承担责任。

在一起私埋废物案件中,刘某为A公司人事行政部门经理,其职责范围包含危险废物管理。刘某为节约废物处理成本,与人事行政部基建员钱某商议后,由钱某指使正在A公司施工的李某、张某,违反国家规定,在未采取任何防渗措施的情况下,将油漆渣等危险废物直接埋入自行挖掘的渗坑中(A公司周边有大量居民区和多所学校),造成地下土壤及水质严重污染。②

该案中,法院认定A公司成立单位犯罪的主要原因为,刘某、钱某具有管理危险废物的相应职权,其为了单位利益私自填埋废物的行为属于单位犯罪。事实上,在具体因果关系的认定中,法院仅是基于主管人员与单位的特殊关系,将雇员犯罪的因果流程转嫁于单位,从而忽视了单位内部组织缺陷与危害结果之间的事实联系。由此带来的问题是,即使单位设置了严格的危废处理准则,并设立了相应的监督措施,在单位的组织运营实际上没有为危害结果贡献任何原因力的情况下,依然要通过代位责任,实现责任的转嫁。

(二)单位犯罪的认定思路

1. *以因果关系为核心*

事实上,单位是否存在组织缺陷行为和单位的组织缺陷行为与法益侵害结果之间是否存在因果关系,是两个不同的问题。单位的因果关系问题,既关系到单位是否要对法益侵害结果负责,也发挥着区隔单位犯罪与自然人犯罪的作用。单位犯罪理论之所以面临"双重株连"之虞 ,是因为在单位犯罪中忽视对因果关系的认定。详言之,采

---

① 参见黎宏:《论单位犯罪的刑事责任》,载《法律科学(西北政法学院学报)》2001年第4期。

② 参见上海市宝山区人民法院(2016)沪0113刑初2305号刑事判决书。

取“雇员—单位”的替代责任思路,实际将雇员因果与单位因果进行了绑定,企业归责仍然以企业成员意志和行为的存在为前提。从这个意义而言,替代责任模式的本质是一种行为归属模式,满足了一定条件,雇员行为及其结果就可以归属于单位。因而,在行为归属的模式下,只要根据雇员关系实现了行为转嫁,雇员行为与危害结果之间的因果关系就可以一并转嫁于单位。质言之,替代责任模式不仅实现了行为替代,也完成了因果替代。

然而,肯定雇员因果关系,并不必然表明单位组织缺陷引起了法益侵害结果。以上述“私埋废物案”为例,在单位设置了严格的危废处理准则,并设立了相应的监督措施的情况下,仅仅因为主管人员刘某的决策就直接处罚单位,显然忽视了单位行为与单位因果关系的认定。质言之,法院实际上将“是否存在单位行为”与“单位行为与危害结果之间是否存在因果关系”当作同一问题处理,只要存在职务联系,就直接将危害结果归属于单位,无疑会导致单位犯罪成立范围的不当扩大。同时,忽视因果关系又会走向另一个极端——只要肯定单位犯罪,就必然处罚单位主管人员。

2. 同一视身份的非必要性

根据组织责任原理,单位并非基于内部雇员的犯罪行为承担间接责任,而是基于单位内部有缺陷的组织运营承担组织责任。从这个意义而言,雇员责任并非单位犯罪的责任来源;相反,雇员行为仅是作为单位组织缺陷的判断素材存在的。质言之,在组织责任模式下,雇主责任与同一视原理的争论,实质上仅为组织责任判断素材来源的争论。换言之,二者的争论焦点实际为:什么样的雇员行为可以作为单位组织缺陷的判断素材?事实上,如果在责任来源问题上坚持固有责任原理,单位的不法与责任并非借助对雇员责任的转嫁实现,由此,同一视原理对单位有责性的限定作用实际上也无法发挥。从这个意义而言,同一视原理相对雇主责任原理的理论优势在固有责任模式下无法得到充分体现。同时,仅将具有同一视身份的雇员行为列入单位组织缺陷的素材范围,反而极大地限制了组织缺陷的认定视角。

三、我国单位犯罪的认定要件

(一)单位行为的判断

我国的单位犯罪可以划分为真正(纯正)单位犯罪与不真正(纯正)单位犯罪两种类型。同时,二者在构成要件的具体规定上也存在明显差异:真正单位犯罪大多以单位为主体,直接描述单位犯罪的实行行为(如《刑法》第 387 条单位受贿罪);不真正单位犯罪大多直接以自然人为主体规定自然人犯罪的实行行为,并借助“单位犯前款罪”与“单位犯本节之罪”,实现单位犯罪对自然人犯罪构成要件的“借用”。

事实上,如果坚持单位责任来源于单位内部有缺陷的组织运营的固有责任模式,则组织责任模式下单位行为的定义,与我国单位犯罪构成要件的表述之间,似乎存在难以忽视的冲突与抵牾:既然单位与雇员适用同一构成要件,那么单位责任实际上就是一种组织化了的雇员责任。从这个意义而言,单位犯罪在性质上的确是一种拟制犯罪,单位犯罪在认定上必须借助法律将单位成员的行为拟制为单位的行为。

其一,真正单位犯罪并非表明单位行为,而是起到表明结果归属与明示罪名的作用。处罚单位的依据在于单位内部的组织缺陷引起了法益侵害结果,只不过这种引起作用是借助雇员行为实现的。从这个角度而言,与其说真正单位犯罪是以单位为主体对其行为的直接叙明,不如说是一种结果归属与罪名适用的确证。其二,"单位犯前款罪(本节之罪)"应当理解为单位因组织缺陷引发法益侵害结果。根据体系解释,既然可以将《刑法》第 30 条"危害社会的行为"解释为单位的组织缺陷行为,对分则的解释也应贯彻这一解释结论。以《刑法》第 195 条为例,单位构成信用证诈骗罪,并非基于单位雇员实施了《刑法》规定的 4 种信用证诈骗行为,将雇员行为上升、拟制为单位行为,而是单位由于组织管理缺陷,致使发生了第 195 条的法益侵害后果。因而,应当从组织责任而非行为责任的角度定义《刑法》第 200 条的"犯罪"。

(二)单位因果关系的判断

因果关系的判断实际发挥着固有责任与替代责任统合的核心作用。从这个角度而言,单位犯罪与自然人犯罪区分的关注点不应局限于能否实现自然人行为向单位行为的转嫁,而应关注法益侵害事实究竟应当归属于单位行为还是雇员行为。

"以单位名义实施犯罪"与"为单位谋取利益"实质上成为认定单位犯罪不成文的构成要件要素。在单位犯罪与自然人犯罪难以界定的案件中,"犯罪所得是否主要归单位所有"以及"实施行为是否以单位名义"已经成为二者区隔的关键。① 事实上,之所以要求单位犯罪必须满足"为单位谋取利益"以及"以单位名义实施犯罪",并非如通说一般旨在建构自然人行为"单位化"的标准,而是要求单位内部的组织缺陷与单位犯罪危害结果之间存在事实上的因果关系。因此,只有危害结果和组织缺陷之间存在事实上的引起与被引起的关系,对单位的处罚才能发挥刑罚特殊预防的功能。换言之,一定的法益侵害结果能否在事实上归因于单位,才是单位犯罪与自然人犯罪区分的关键。从这个角度而言,要求"为单位谋取利益"以及"以单位名义实施犯罪",只是"结果可以归因于单位"的具象化判断资料。

(三)单位责任的判断

事实上,对单位责任的认定,的确与对自然人责任的认定存在显著不同。其突出

---

① 如"林春华等走私普通货物案""朱奕骥投机倒把案""张贞练虚开增值税专用发票案"。

表现为，对单位科处刑罚“并非在使其恢复本所欠缺的理性，而是有其相当程度的工具意义”①。从这个意义而言，单位具备责任的前提似乎并非期待可能性，而是现实与必要的预防需求。按照这个逻辑，单位对一定的不法事实是否具备责任，实际上可以被置换为“对单位科处刑罚是否是多余的”②。然而，即使相较于自然人归责，单位责任的“道义性”逐渐式微，也并不能据此否定在单位责任的认定中对心理责任论的坚守。从这个角度而言，在我国《刑法》第 14 条、第 15 条并未对自然人与单位进行区分规定的前提下，要求“舍弃自然人的道义责任，重新建构单位责任认定模式”③的观点，既不现实，亦缺乏实定法的支持。

根据组织责任模式，如果将单位行为定义为单位的组织缺陷，单位故意与单位过失，本质上就是单位对组织缺陷行为所引发的法益侵害结果的主观心理态度。事实上，故意与过失并非单纯的对心理要素的认定，而是带有显著的规范色彩，“在过失中，成为问题的不是‘不注意这一心理状态本身’，重要的是‘明明应该认识到，却没有认识到’这一义务违反；此外，在故意中，比起‘认识到了’，责任的核心转移到了‘尽管认识到了，却没有形成反对动机来打消犯罪的念头’这一点上来”④。因而，认定单位故意的重点，并非单位是否存在像自然人一样的，对法益侵害结果的明知与容认，而是单位是否可以通过其掌握的事实唤起违法性认识，从而及时修正组织缺陷。换言之，单位故意的本质在于，单位通过其认识的事实有可能唤起违法性认识，但依然决意实施犯罪行为。因此，在单位故意的认定中，其核心在于单位是否对组织缺陷行为存在明知，即单位掌控的事实是否足以唤起单位的违法性认识。

---

① 许泽天：《法人刑法之构成要件设计》，载《月旦法学教室》2021 年第 225 卷。

② 〔德〕冈特·施特拉腾韦特、〔德〕洛塔尔·库伦：《刑法总论 Ⅰ——犯罪论》，杨萌译，法律出版社 2006 年版，第 205 页。

③ 耿佳宁：《单位固有刑事责任的提倡及其教义学形塑》，载《中外法学》2020 年第 6 期。

④ 〔日〕前田雅英：《刑法总论讲义》，曾文科译，北京大学出版社 2017 年版，第 133 页。

企业刑事合规之中国情景构造

邓懋豪*

企业刑事合规在我国经济发展的新阶段中方兴未艾，这不仅是刑事法学及其程序法学的时代任务，更是检察机关立足大局大势，全面贯彻习近平法治思想，保障企业生存发展，促进社会主义市场经济健康运行的一项重要制度创新。因此，如何发挥刑事合规在现代化企业治理中的积极作用，是紧扣时代发展的重大课题。企业刑事合规仅是合规计划的子项之一，尚处于观念倡导期内的新鲜事物，如何立足我国特色情景确立刑事合规在我国的制度边界，运用何种刑事政策加以指引，以何种路径实现预防犯罪之效，正是本文之研究重点。

一、企业刑事合规之正本清源

(一)企业刑事合规样貌之勾勒

企业刑事合规在国外的定义和立法莫衷一是，国内学界关于此的整体认识亦是如此。关于什么是企业刑事合规，尚未形成共识。对事物的深入研究，应以概念先行，概念本身作为本质属性的聚合，既反映思维形式，又是科学研究之基础。目前，我国学者对此问题的研究多以企业责任厘清、合规不起诉程序探究等直接切入刑事合规制度构建。概言之，主要有以下三种不同观点。① 其一，双重机制说，该观点认为合规计划是企业在法定框架内针对违法和犯罪行为，为减轻、免除责任甚至实现正当化目的而构建起来的，与企业自身文化、性质、规模等高度契合的特殊机制。② 其二，双向效果说，该观点认为刑事合规是国家动用刑事政策的激励之效，推动企业从刑法角度来制定发现各种刑事风险的计划和措施，以避免企业主体带来的刑事责任的特殊机制。③ 其三，宽大处罚依据说，该观点主要基于企业合规建设的刑事程序意义，认为“所

---

* 中南财经政法大学刑事司法学院博士研究生。

① 参见王良顺：《刑事合规需要澄清的基础问题》，载《政法论丛》2022 年第 6 期。

② 参见李本灿：《企业犯罪预防中合规计划制度的借鉴》，载《中国法学》2015 年第 5 期。

③ 参见孙国祥：《刑事合规的理念、机能和中国的构建》，载《中国刑事法杂志》2019 年第 2 期。

谓刑事合规,是指对于那些已经构成犯罪的企业,刑事执法机关以企业建立合规机制为依据,对其作出宽大刑事处理的法律制度”①。

企业刑事合规作为新时期经济发展的制度产物,虽不是刑事法律的直接延续,但也非刑法中的异类,其应被囊括在刑事法学的射程之内。所以,其定义的厘清应以国家为主体视角,并遵循刑法教义学的体系逻辑。笔者认为,上述不同的观点虽有一定合理性,但仍有不足,且观点之间存有分歧,例如,制度正当性论证缺位、缺乏统一的界定视角、对刑事合规的结构和要素说理不清、混淆企业合规和刑事合规等问题尚未得到妥善解决。一方面,企业刑事合规的概念阐释应符合一般逻辑基础,即应当以刑事立法和刑事司法为依据,立法为制度的构建提供规范条件,司法为制度的运行奠定实践基础;另一方面,概念本身应蕴含相当的理论动能,以指导实践发展。具体而言,企业刑事合规在刑法教义学的判断体系之内,其背后所蕴含的罪责刑相适应原则、特殊预防理念等价值意蕴能成为抽象出刑事合规本质属性的立足点。故此,刑事合规应当被界定为企业制定、贯彻和执行能有效预防、发现犯罪的由企业政策、行为规范和执行程序所组成的内部机制,因而受到刑法激励的系统性行为。②

(二)企业刑事合规与企业合规之判别

必须承认,企业刑事合规和企业合规之间有千丝万缕的关系,甚至有诸多重合,但二者乃不同质之事物。企业刑事合规的实践核心可被理解为涉罪企业同检察机关达成的“刑事和解”。企业合规是企业依法依规经营、防控风险的一种自我治理模式。学界内的很多论证错把二者等同,自然无法结出逻辑自洽的研究成果,因此,有必要厘清二者的联系和区别。

二者的联系较为明显,具体如下:首先,企业刑事合规是企业合规的前提条件,前者为企业落实合规治理提供思维基础和落实条件。其次,二者并非必然对立,企业合规在条件具备的情况下,可过渡到企业刑事合规。但过渡的条件较为严苛,仅在合规治理符合法定条件时才可完成转变。最后,二者都属于企业内部的治理机制。总之,肇始于美国的企业合规,晚近以来已成为全球公司治理体系不可或缺的组成部分,在市场经济运行中,无论是合规制度还是刑事合规制度都为企业的发展贡献机制动力,并内化为企业组织的重要制度。

二者也具有重大的区别,此为相关研究展开之基石。首先,制度依据不同。企业刑事合规以《刑法》为实体法指导,程序上遵循《刑事诉讼法》之规定。而企业合规以法律法规为主要遵循,此外,企业需遵守商业行为准则、企业伦理规范和企业自身的规章制度。进出口企业和大型企业甚至还须依据国际条约规范自身商业行为。其次,目的

① 陈瑞华:《企业合规基本理论》(第2版),法律出版社2021年版,第1页。

② 参见王良顺:《刑事合规需要澄清的基础问题》,载《政法论丛》2022年第6期。

不同。国家推行企业刑事合规是把企业置于刑法激励之下,对企业预防、发现犯罪予以鼓励。企业合规则是为了企业在经营过程中能及时防范法律风险。最后,二者判定的节点不同。企业刑事合规是行为的完成时,即在犯罪行为发生后,司法机关综合犯罪前企业制定、贯彻和执行合规规则体系等的情况,判断企业的相关行为是否成立刑事合规。而企业合规是行为的将来时,是企业针对将来可能产生的违法行为,自主采取规避法律风险的治理措施。总之,企业刑事合规是在企业合规之外重构新的体系,即使前者的管理架构与组织体系在一定程度上依赖后者,但在特定场合下,企业刑事合规必须构建起符合自身特点的合规风险识别与评估体系。

二、企业刑事合规之法理依循

(一)风险刑法理论的价值导向

企业刑事合规是在风险社会中对企业犯罪行为的刑法应对,是风险刑法中一般预防理念的思维导向结果。在风险社会中,宏观层面的政策基调发生了重大转变,从工业社会主流的"发展导向"演变为侧重事前预防的"安全导向",对安全问题的重视超越了发展问题,并成为公共讨论与政治决策的重点;与此同时,安全成为政治上的动力,并构成了风险社会的基础。① 尽管企业刑事合规的判断和作用机能发生在企业犯罪之后,但制度本身的建立则契合风险社会中为应对突发刑事风险的现实需求,不失为一种预判机制。质言之,刑事合规诞生于风险社会,以企业的安全为重心,对已有的刑事法律风险进行专业识别和评估,而对未知的刑事法律风险进行假设。虽然这种深植于风险理论的批判和反思对刑法基本模式产生了冲击,但却能减少刑事法律风险对企业造成的损失,成为风险社会中国家对企业发展的刑法保护。

自由与安全的协调既体现风险刑法的价值追求,也指明企业刑事合规的前进方向。企业的安全是必要的,但刻意追求安全而忽视现实发展的需要反而会导致社会的发展在政策高压势态下出现停滞乃至衰败,因此追求企业相对的安全,对该追求予以适度限制是必需的。同理,企业对自由的追求也是相对的,相对的自由体现在企业的经营和运行要受到法律、规章等规则的约束。为了更好地维护法律的自由保障功能,需要保证自由不被滥用,被滥用的自由会使得自由的保障成为"镜中花、水中月",即滥用自由本身就是对自由的侵犯。基于此,企业刑事合规无疑能使企业在风险社会中实现自由与安全的衡平。质言之,刑法的风险模式为了风险刑法之目的,必然会在谦抑性约束下,发挥刑罚手段之功能,孜孜不倦地追求对犯罪的预防和社会公共

① 参见劳东燕:《风险社会与变动中的刑法理论》,载《中外法学》2014年第1期。

安全的实现,找到二者的最佳平衡点,这也为企业刑事合规的发展路径提供了理论基础。

(二)情境预防理论的思维指引

美国学者克拉克首倡的情境预防理论,为处于风险社会中的中国企业提供了预防犯罪的制度思路。该理论从犯罪治理的角度出发,认为客观环境的优化和社区的预防策略可以防止某些高发犯罪的发生。情境预防作为犯罪预防的方式之一,其倡导的预防思路和积极的一般预防理论高度契合。积极的一般预防理论强调,刑罚之目的并不是惩罚本身,而在于面向未来,教导人们遵守规则。“刑罚的目的既不是要摧残折磨一个感知者,也不是要消除业已犯下的罪行,而仅仅在于阻止罪犯再重新侵害公民,并规诫其他人不要重蹈覆辙。”①一方面,情境预防理论主导的主客观情境要素能达到企业综合治理之效,进而为企业刑事合规在我国的构建背书。另一方面,犯罪预防的支出和收益平衡后,会发现企业刑事合规在我国特定情境之下有理论发展的根基,且与情境预防理论体系产生关联互动。因为刑事合规本质上就是为了获得规避风险后所产生的收益而采取的一种犯罪预防。

此外,在情境预防理论视域下,行为情境与行为人会建立起重要关联,进而影响到刑事合规的发动和处置后果等。企业基于犯罪预防的需要所采取的一系列防治措施,不仅容易发生在处于风险社会的国家,更易发生在特定的社会情境之中,而刑事合规的诞生恰好符合此背景。

具体而言,企业刑事合规的主干内容在于企业刑事责任之确立,而责任的确立与落实又和人密切相关。“如果抑制制裁的发动能够更加有效地引导人们遵守法律,就没有必要科处制裁;如果科处较轻的制裁就能够达到效果,就不必硬要施加重的制裁。因为发动制裁会花费各种各样的成本,而尽量引导经营者等自主守法才是最有效率的。”②换言之,企业的主管人员和企业本身的具体责任是企业刑事合规管理体系构建和完善的核心,在情境预防理论视域下,不同的行为人在不同的情境之下通过已然发生的关联,对刑事合规产生深远影响。

三、企业刑事合规之价值目标

(一)国家层面:刑事立法之完善和刑罚目的之实现

企业刑事合规制度建设能促进我国特色语境下刑事立法的完善。任何法律一经

---

① 〔意〕切萨雷·贝卡里亚:《论犯罪与刑罚》,黄风译,北京大学出版社 2008 年版,第 29 页。

② 〔日〕佐伯仁志:《制裁论》,丁胜明译,北京大学出版社 2018 年版,第 46 页。

制定就已经滞后，在风险社会中起舞的刑法更是如此。企业既是由自然人组成的社会组织，也是有着与自然人不同的决定过程、拥有自己的权利、负有自己的义务的法律组织。① 所以，企业的固有性质就决定了企业犯罪的系统治理必定是完整的体系性工作，现行刑事立法相对于企业犯罪天然就具有一定的滞后性，加上犯罪本身作为社会某一部分失衡的体现，会扩大刑事立法的失范和缺位。在此意义上，企业刑事合规的转向和优化能促进我国刑事立法的完善和进步。以国有企业为例，其单位犯罪的惩罚后果，在经国家以双罚制归责后当然归属到单位本身，但国有企业背后的实际出资主体和控制主体又属于国家，最后，国家被动成为企业犯罪的责任主体。但不以双罚制对单位进行追责的话，又会造成罪责刑失衡等新的不公平。因此，在企业刑事合规背景之下针对具体的单位主体是否可以考虑增设除罚金之外的处罚方法，成为刑事立法臻于完满道路上不得不面对的现实问题之一。

当监禁刑难以发挥对经济犯罪的预防功能时，企业刑事合规能兼顾一般预防和特殊预防，实现刑罚的目的和功能。当风险社会中的刑罚目的逐渐从报应转向预防之时，会发现带有浓厚惩戒气息的罚金和有期徒刑难以满足各类市场经济犯罪的治理需求，这种疲软乏力的态势在企业犯罪领域表现得更为明显。一方面，对涉罪企业及负责人实行双罚制后，刑罚消极的特殊预防功能的确实现了，但另一方面，企业员工的工作境遇、企业的管理运作、社会的经济效益却不可避免地遭到不合比例的损害，而难以实现刑罚积极的一般预防和特殊预防功能。但引入企业刑事合规，既能实现刑法规范对社会的维稳之效，进而达成积极的一般预防，也能使涉罪企业免于入刑获得改过自新的机会，能继续实现企业的经济和社会价值。在此意义上，企业刑事合规还可被定义为“一种以矫正企业不法行为、帮助其有效回归经济社会的刑罚替代措施”②。

（二）企业层面：鼓励预防、发现犯罪和企业收益最大化之实现

企业刑事合规的价值导向能鼓励企业预防、发现犯罪。企业作为较封闭的商业组织，外界社会对企业内部的生产经营活动和运作模式知之甚少，加上企业内部对员工具有一定的控制力，当企业出现大量违法犯罪活动之时，鲜有内部自纠或自我披露的情况，通常是媒体工作者艰难取证后揭露或被他人举报，甚至是企业发生重大事故后，执法机关才能对违法活动展开调查，并因此陷入被动。作为企业内部机制的系统性行为，学界普遍承认对刑事合规予以刑法激励的正当性。在此激励下，企业可以引导员工实施合法行为，避免出现违法犯罪情况。员工个人也敢于同违法犯罪作斗争，勇于揭露企业内部不法行为。可以说，企业刑事合规制度能调动企业预防内部犯罪的积极性，打破执法机关以往的“被动姿态”，创立同国家配合有序的共治模式。

---

① 参见周振杰：《比较法视野中的单位犯罪》，中国人民公安大学出版社2012年版，第106页。

② 陈卫东：《从实体到程序：刑事合规与企业“非罪化”治理》，载《中国刑事法杂志》2021年第2期。

企业刑事合规能强化单位对法的忠诚,在衡量刑事合规的成本和收益后,单位能选择利益最大化的刑事合规行为。未建立企业刑事合规制度之前,众多企业因单位犯罪而经受濒临破产、停产停业等问题,员工下岗、责任人涉嫌犯罪、企业被罚等后果让企业寸步难行。依据行为耗费理论,企业当然会把刑事合规的成本和所获收益纳入考量。首先,企业刑事合规的成本主要包括制度建设带来的工作量增多和人员成本。从短期来看,此成本或许会加大企业经济负担,但无法比拟长期可获的收益。一般而言,企业刑事合规制度和企业法律事务有重合,可将二者合并以减轻机构人员成本。其次,刑事合规未必会增添事务程序事项,反而会指引法律事务的工作并为之提供一定的便利。最后,企业刑事合规制度能达到企业守法运营、员工有序就业、经济社会平稳发展三方共赢的目的。总之,企业刑事合规制度使企业切身感受到推行刑事合规带来的实际利益,而受到从宽处理的企业必将继续推行刑事合规,这不仅能保护企业家,更能保护企业。

四、企业刑事合规之构建

(一)构建之边界:刑法原则——罪责刑相适应

我国刑法中的"罪责刑相适应原则"是企业刑事合规本土化构建的边界,任何情况下都不得越界。通常而言,罪责刑相适应作为一项基本刑法原则,本意是限缩国家公权力的过度行使,预防国家暴力机器对人身自由权的不当侵犯,使预防刑处在合理区间。与此迥然不同的是,企业刑事合规注重积极预防和企业出罪,需要"罪责刑相适应原则"作为防止刑罚畸轻的界线。对单位犯罪的处罚若以企业刑事合规完全出罪,不仅公然违背了制度本土化构建的边界,也背离了法治社会中公平的价值原则,最终无法衡平自然人犯罪和单位犯罪的刑罚。故此,应以"罪责刑相适用原则"建立企业刑事合规制度。

企业刑事合规的相关制度设计、合规整改与监督的程序都必须契合"罪责刑相适应原则"的要求,在此框架下进行制度确立和顶层设计才具有正当性和自洽性。以刑事合规促进企业承担社会责任,促进社会发展,以及保证诉讼顺利进行可以作为对国有企业及相关人员采取较轻的强制性措施和从轻处罚的正当理由之一。① 企业刑事合规制度构建的一个基本立场应当是:放过企业,惩罚直接责任人,直接责任人可因企业合规整改获得从宽处理。② 企业作为拟定的行为主体,本身具有相对独立的意志,在通过合规整改后获得出罪。但相关自然人承担的刑事责任并不能因为单位的出罪结果

① 参见李玉华:《我国企业合规的刑事诉讼激励》,载《比较法研究》2020 年第 1 期。
② 参见黎宏:《企业合规不起诉:误解及纠正》,载《中国法律评论》2021 年第 3 期。

而获得同等待遇,企业刑事合规并非自然人出罪的正当化依据,其责任承担仍要在罪责刑框架内综合考虑。

(二)构建之遵从:刑事政策——宽严相济

企业刑事合规是我国宽严相济刑事政策在司法工作中创新发展的路径之一,也是贯彻刑事政策的具体适用。企业犯罪是与个人或者法人的正常商业与生产经营活动相伴而生的。在企业犯罪以组织的形式实施时,具有刑事政策方面的独特意义。① 在此意义上,刑事合规的具体情境构造既符合顶层设计要求,又能反哺国家治理体系的法治建设。

司法机关基于宽严相济刑事政策的价值指引,实现单位犯罪与刑事合规的量刑互动。在互动过程中,企业刑事合规首先助力企业自身重视系统规范,以内部的合法合序行为衔接法律规范,在生产经营的过程中完成对刑事风险的识别和规制。在涉经营类单位犯罪中,检察机关根据具体案件性质、情节和对社会的危害程度等,对企业负责人落实"宽仁"的处罚,包括不捕、不诉、提出缓刑建议。同时,对涉案企业落实"严管"的处罚,责令相关企业切实整改,力防企业因案陷困而一蹶不振,保护企业向前发展、引导企业合规守法经营,以实现犯罪预防。基于此,可以说,企业刑事合规被宽严相济刑事政策赋予了内在动因,刑事合规的整体构建则充分显现出宽严相济刑事政策的优质属性。

(三)构建之举措

第一,扩大单位犯罪的范围。为更好落实企业刑事合规,应明确企业刑事合规管理的积极义务,据此,可增设企业管理过失的犯罪。例如,当单位出现监管不力,且缺乏合规计划规范行为之时,单位本身及负责人员在单位犯罪中的刑事责任就应当成立。若将刑事合规作为企业管理应尽的义务来源,有助于强化企业和责任人对刑事风险防范的管理动力,针对企业管理疏漏、懈怠而导致刑事案件发生的情形,也能更实在地追究到企业和责任人的刑事责任。

第二,调整单位犯罪的惩治力度。对单位犯罪的惩治是否轻缓化,罪责基础是首要因素。企业虽被拟定为人格主体,但就其实质而言,单位犯罪的主观罪责并不等同于自然人,也并不由数个自然人的罪责聚集而成。更何况,企业还承担着比自然人更重的社会责任,若对其处罚过重,其可能会消逝在经济发展的浪潮中。基于民营经济发展的保护需求和对经济环境的优化考虑,可以通过刑事合规计划的有效实施,给企业一个缓刑考验期。

第三,司法定罪量刑应切实考虑企业的刑事合规运行情况。刑事合规制度本身存

① 参见〔日〕大谷实:《刑事政策学(新版)》,黎宏译,中国人民大学出版社2009年版,第407页。

在的意义,并非仅对轻罪不起诉,而是督促所有公司合规经营。为了实现该目的,必须将该制度平等适用于所有类型的企业。企业刑事合规考核的结果包括不逮捕、不起诉,还包括作出"量刑建议"。这就意味着对于涉重刑的企业,也可以适用刑事合规制度,只是检察院作出的决定不是不逮捕或不起诉,而是减轻处罚的量刑建议。企业刑事合规虽扩大了单位刑事责任范围,但定罪量刑却不能无视刑事合规的实际履行。换言之,涉罪企业在整改阶段是否依照法律规定认真履责、是否具有悔罪表现等都会成为考察要素。

第四,坚持检法协同推进。2023 年 3 月 23 日,最高人民法院党组书记、院长张军在全国法院学习贯彻全国两会精神电视电话会议上指出,可以研究同检察机关共同做好涉案企业合规改革,依法判处缓刑、免予刑事处罚的,充分利用当地已构建起的第三方合规监管机制,引导民营企业诚信守法经营,对违规违法行为坚决依法规制、纠正。可见,在企业刑事合规本土化构建的未来面向上,以合规责任论为理论指导的检法协同可以成为下一阶段的应然走向。检法协同也能形成检法之间的良性互动,进一步巩固企业刑事合规的既有成果。

五、结语

民营经济的发展壮大,还需破障前行,要着力优化民营经济发展环境,破除制约民营企业公平参与市场竞争的制度障碍,引导民营企业在高质量发展中找准定位,通过企业自身改革发展、合规经营、转型升级,不断提升发展质量。企业刑事合规制度恰好能为企业的向好发展贡献制度伟力,能满足企业内部治理与发展壮大的高质量法治需求。但伟大的事业从来都不是一蹴而就的,也没有"一劳永逸"的方法能彻底消除企业犯罪和企业刑事合规面临的困境,企业刑事合规的本土化构建和发展完善还需国家和企业内部风险控制的共同推进。同时,加强刑事实体法和程序法在相关领域的合作共联,不断优化发展路径。最终,经多方聚力,为全面推行企业合规制度奠定坚实环境基础与提供行动范本。

涉案企业刑事合规案件检察权的监督

——以防范检察人员廉政风险和权力滥用风险为视角

刘　珏[*]　管福生[**]

一、检察机关办理企业刑事合规案件的风险检视

自2020年3月起,我国最高人民检察院开始主导探索涉案企业刑事合规管理,随后刑事合规改革试点工作如火如荼地展开,其中最为核心的内容是涉案企业刑事合规从宽制度,即涉案企业可以通过建立并实施合规整改计划,最终得以不起诉或者在量刑上从宽处理的制度。检察机关成为涉案企业刑事合规从宽制度开展的公权力主体。

(一)检察机关在涉案企业刑事合规案件办理中的双重权力角色

在企业刑事合规案件办理中,检察机关扮演双重权力角色,分别以法律监督权和公诉权为基础。检察机关的法律监督权,包括专门的司法监督和传统的法律监督。① 随着法治理念的发展和监察体制改革,检察机关越来越侧重于专门的司法监督,但近年来随着公益诉讼的蓬勃发展,传统的法律监督被激活,并被赋予了新的时代内涵,检察机关参与社会治理的水平被提升到了新的高度。

涉案企业刑事合规从宽制度,是继公益诉讼之后,检察机关参与社会治理的又一重大制度创新,为检察机关服务保障民营经济健康发展、创造良好营商法治环境提供了具体的抓手。目前,涉案企业刑事合规从宽制度的适用范围已经拓展到了所有可适用认罪认罚从宽的单位犯罪和企业家经济犯罪,具体罪名从轻罪拓展到重罪,从宽方式从合规不起诉拓展到合规量刑从宽,检察人员在涉案企业刑事合规案件办理中存在较一般案件更大的廉政风险和权力滥用风险。

(二)刑事合规案件自身办理特点导致检察人员面临的廉政和滥权风险增大

权力与风险并存,越大的权力意味着越高的风险。涉案企业刑事合规案件,相较于其他刑事案件,有其自身鲜明的特殊性,检察机关在案件的程序选择、合规考察和最

---

* 浙江工商大学法学博士研究生,湖州市人民检察院法律政策研究室检察官助理。

** 湖州市中级人民法院民二庭法官助理。

① 参见蔡定剑:《关于我国的检察监督制度及其改革》,载《中外法学》1989年第2期。

终处理结果上有更大的自由裁量空间,这也就导致检察人员在办理该类案件时较办理其他案件面临更大的廉政风险和权力滥用风险。

第一,从案件办理程序的选择上看,对于是否对企业适用合规从宽程序办理所涉案件,检察机关有最终决定权,该程序的适用与否直接影响对涉案企业的最终处理结果。对于涉企案件,检察人员可以在一般程序、认罪认罚程序、合规从宽程序中三选一。当检察人员选择用一般程序办理涉企案件且配套制发要求企业进行合规整改的检察建议并进行跟踪问效,以此来实现合规整改时,涉案企业的合规整改并不能进入刑事评价的视野,涉案企业并不能在刑事处理上获得从宽"优惠"。也就是说,检察机关是否适用涉案企业刑事合规从宽程序办理案件,对涉案企业直接责任人员极为重要,检察机关作为唯一有权作出决定的主体,面临着来自相关企业或人员的廉政风险,进而导致滥用权力风险的增加。

第二,从案件办理流程来看,涉案企业刑事合规案件的办理比普通案件的流程要复杂得多,包括合规整改承诺书的签署、合规计划书的确定、合规协议书的签订、合规计划的监管考察、合规整改的评价、根据合规推进情况决定是否提起公诉或是否量刑从宽等诸多流程,每个阶段的推进,都要以人民检察院对上一阶段的认可为前提。因此,检察机关的每一步决定,都关乎企业的利益甚至"生死存亡",这也意味着,检察人员在涉案企业刑事合规案件中较一般案件被"围猎"而出现廉政风险的可能性更大。

第三,从案件自身特点来说,涉案企业刑事合规案件,往往没有所谓的"被害人",即使有,这类案件的被害人也不像自然人犯罪的被害人尤其是人身损害类和侵财类案件的被害人那般关注案件的最终处理,因此,对企业和直接责任人员的不起诉或量刑从宽决定,比起对自然人犯罪的犯罪嫌疑人的不起诉或量刑从宽决定而言,少了来自被害人的强力制约,检察人员权力寻租和滥用权力的空间更大。

(三)除不起诉决定之外的其他环节对检察机关缺乏有效制约

现有制度明确规定检察机关作出不起诉决定时,要有充分的法定依据,其在审查起诉环节对企业合规整改的效果作出评价,并将其作为是否不起诉或从宽处理的依据,也就是说,检察机关对涉案企业法律监督权的行使,建立在检察机关审查起诉权①的基础上。这样的制度设计,旨在通过程序上的制约确保检察机关的不起诉决定的合法性和合理性,但在实质上深刻影响着最终处理结果的模式选择、合规协议签订和合规计划考察评估、合规起诉从宽具体决定的作出等环节,尚缺乏对检察人员廉政风险和权力滥用风险的防范机制。

---

① 尽管《刑事诉讼法》第二编第三章采用了"提起公诉"的表述,但就该章 14 个条文规定的内容来看,检察机关的权力并不仅仅限于提起公诉,用审查起诉权表述更为合适。参见易延友:《刑事诉讼法:规则 原理 应用》(第 5 版),法律出版社 2019 年版,第 426 页。

任何公权力的行使,都必须受到监督和制约,不受监督和制约的权力一定会导致腐败和制度目的落空。因此,检察人员在涉案企业刑事合规案件办理中存在较一般案件更大的廉政风险和权力滥用风险,在涉案企业刑事合规案件办理中,加强对检察人员各环节权力的制约,防范检察人员廉政风险和权力滥用风险,完善新形势下检察权运行监督制约机制,是企业刑事合规制度建设的应有之义。

二、第三方监管机制下检察权制约的不足与改进

2021 年 6 月,最高人民检察院、司法部等九部委联合出台《关于建立涉案企业合规第三方监督评估机制的指导意见(试行)》,一方面为检察机关科学评价涉案企业的整改提供了专业意见,另一方面有利于检察机关在企业刑事合规监管中保持基本的中立。但是,目前第三方机制运行的方式,在防范检察人员廉政风险和权力滥用风险方面尚需完善。

(一)委托独立第三方监管人协助模式对检察人员权力制约有限

我国的委托独立第三方监管人协助模式具有很强的检察机关主导特征,且与委托行政机关监管模式实际上存在着重叠之处。《关于建立涉案企业合规第三方监督评估机制的指导意见(试行)》第 16 条规定了检察机关对第三方组织的管理权力,同时赋予了检察机关对第三方组织监管人行为及其合规考察书面报告的调查核实权力。这明确了检察机关在委托独立第三方监管人协助模式中的主导地位,即由检察机关来推动委托独立第三方监管人协助模式的启动和运行。检察机关的主导地位意味着,第三方组织监管人对“虚假整改”等合规腐败问题的主要监督对象是企业而非检察机关,对公权力监督的制度能力显著不足。现有的运行规则没有赋予涉案单位、第三方机制管委会及第三方组织相应的异议权,故而对检察人员权力的制约有限。主要体现在以下几个方面:

第一,涉案企业是否符合企业刑事合规试点以及第三方机制的适用条件,决定权在检察机关。虽然涉案企业、个人及其辩护人、诉讼代理人或者其他相关单位、人员提出适用企业刑事合规试点以及第三方机制申请的,人民检察院应当依法受理并进行审查,但现有规定没有赋予相关方对审查后结论的异议权。

第二,检察机关对第三方组织的组成人员名单有异议权。人民检察院是第三方机制管委会的主要成员,第三方组织的组成人员名单必须报送负责办理案件的人民检察院备案,且只要人民检察院对人员组成提出异议,第三方机制管委会就应当调查核实并视情况作出调整,这里也没有明确第三方机制管委会、第三方组织或被异议个人相应的异议权。

第三,第三方组织提供的合规考察书面报告,其考察结果仅是人民检察院处理案

件的重要参考。由此推断,第三方组织书面报告的意见并不当然具有对企业刑事合规整改成效的证明力。当人民检察院及其工作人员不认可该报告的全部或部分内容时,人民检察院及其工作人员可以不采纳或仅部分采纳该报告。现有规定也没有明确当检察机关不认可或不全部认可合规考察书面报告,导致对最终刑事处理结果产生重大影响时,针对检察机关不认可或不全部认可合规考察书面报告的决定,被考察企业或者第三方机制管委会、第三方组织能有何种救济渠道。

(二)第三方监管机制下检察权监督的初步设想

在现有机制下,第三方机制管委会及第三方组织难以发挥直接监督检察机关及检察人员的作用,但我们可以通过完善现有制度,赋予涉案单位、第三方机制管委会及第三方组织相应的异议渠道和方式,实现对企业刑事合规案件中检察权的有效监督。

首先,当涉案企业申请适用企业刑事合规从宽办案机制以及第三方监管时,人民检察院审查后,拒绝启动该机制的,涉案企业有权要求作出决定的人民检察院说明理由,对该理由不服的,有权向本级人民检察院申请复议和向上级人民检察院申请复核。司法实践中可以申请复议、复核的检察机关决定,主要是重要的程序性决定和终局性、实体性决定,如回避、不予立案、不批准逮捕、不起诉等。检察机关是否允许涉案企业进行合规整改,直接关系到涉案企业能否适用合规从宽程序,并最终影响企业的不起诉或从宽量刑结果,且基于目前的实际情况,全国检察机关的经验尚在累积阶段,对检察机关作出不予适用合规从宽程序的决定进行一定程度的规制是必要的。笔者在调研期间发现,目前大部分基层和地市级检察院开展的都是针对当地小型涉案民营企业合规从宽所进行的尝试,对于办理的一些涉大型企业、证券期货类案件、上市企业案件,基本都拒绝涉案企业提出的适用合规从宽程序的申请,且仅仅是口头答复拒绝,绝大部分甚至不进行理由说明。在这种情况下,为涉案企业提供被检察机关拒绝适用合规从宽程序的救济途径是合理的。这样可以从涉案企业刑事合规案件办理的第一步——是否启动涉案企业刑事合规从宽办案机制开始,就压缩检察人员廉政风险和权力滥用风险存在的空间。退一步讲,即使认为赋予涉案企业复议复核权尚不成熟,在涉案企业提出合规整改申请,检察官初步认为应当拒绝的案件,承办检察官应当将相关情况向检察长报告,通过检察官联席会议或者检察委员会讨论等方式,最终由检察长决定是否对涉案企业适用合规从宽程序。

其次,应进一步明确,当人民检察院对随机抽取的第三方组织的组成人员提出不同意见时,应当提出该组成人员有可能损害监管公正的具体理由,第三方机制管委会调查核实时,被检察院质疑应当被更换的人员有权进行答辩,第三方机制管委会有权根据具体情况作出独立判断,认为检察机关提出的异议理由不成立的,在向检察机关作出充分说明后,仍然可以选任该人员为第三方组织成员。如果检察机关及办理案件的检察人员因为包括腐败或滥用职权在内的各方面原因，排斥评估标准倾向较为严苛或者较为宽松的成员，使得第三方组织成员架构失去随机性，控制评估标准朝宽松或者严苛方向倾斜，则最终会导致监督评估结果失去公正性，导致作为最终诉与不诉和从宽幅度大小重要参考的合规考察书面报告失去客观可采性。因此，有必要赋予被质疑的第三方人员答辩权和第三方机制管委会的独立决定权。

最后，办案检察人员初步决定不采纳或仅部分采纳第三方组织提供的合规考察书面报告的，应当经检察官联席会议或检察委员会讨论报检察长同意后决定，并告知第三方机制管委会且说明理由，第三方机制管委会审查后，认为不采纳或仅部分采纳理由不成立的，可以向检察机关提出召开听证申请，检察机关一般应当组织召开听证会。美国多年的企业合规实践证明，有效的合规是可以实现且能够起到帮助企业预防违法违规行为作用的，争议最大的是合规计划的科学性和合规整改的有效性评价问题。[①] 目前我国涉案企业刑事合规的评价，远未达到标准化、体系化、个别化的三大标准，很多地方甚至还没有建立针对个罪的、特定类型企业的一般评价体系。检察官在面对评估合规整改有效性这样一个世界难题时，是否能力透“纸面合规”，有待实践检验。因此，对相关方有争议的合规考察书面报告，付诸更多专家和民众参与的听证程序进行研讨式听证，不失为一种更妥帖的做法。

概言之，若能为涉案企业、第三方机制管委会及第三方组织提供在各个阶段面对检察机关作出不同决定时相应的救济渠道和方式，在涉案企业刑事合规的启动、合规整改过程的监管、合规考察书面报告的采纳等多个环节，可以更加全面地限缩检察人员在合规监管阶段中权力的滥用空间，进一步防范检察人员的廉政风险和权力滥用风险。当然，该机制的设立旨在防止企业虚假整改，仅仅依托该机制并不能直接解决涉案企业刑事合规案件中检察人员可能存在的权力滥用和廉政风险问题，需要通过畅通刑事合规中的公民多元参与渠道，来保障企业刑事合规制度依法实施。

三、人民监督员监督模式的引入

尽管刑事合规相对于刑事诉讼，更多地体现出“协商性程序正义的特征”[②]，然而其本质上仍然是国家司法权力的行使，是一种国家司法制度[③]，只是国家变更了司法权

---

① See Maurice E. Stucke, In Search of Effective Ethics & Compliance Programs, 39 Journal of Corporation Law 769, 832(2013-2014).

② 陈瑞华:《论协商性的程序正义》，载《比较法研究》2021 年第 1 期。

③ 本文所使用的司法概念是广义的司法概念，即“包括侦查、检察、审判、司法行政等国家专门活动在内的一个统合概念”，并非西方国家通常使用的将司法理解为法院行使审判权的狭义的司法概念。参见张文显:《习近平法治思想的理论体系》，载《法制与社会发展》2021 年第 1 期。

力的行使方式,使之更加柔和,相较于具有强制力的诉讼程序,更优地实现经济目标、社会目标和法治目标。根据《宪法》第 41 条人民监督权的规定、《刑事诉讼法》第 6 条刑事诉讼依靠群众原则和《人民检察院组织法》第 11 条人民检察院应当接受人民群众监督的规定,既然检察机关主导的涉案企业刑事合规制度涉及国家司法权力的行使,就应当接受公民主体对司法制度运行的全面监督,以保障国家司法权力的规范运行。

(一) 人民监督员是监督检察权运行的法定主体

最高人民检察院于 2019 年颁布的《人民检察院办案活动接受人民监督员监督的规定》(以下简称《人民监督员规定》)第 8 条第 9 款以兜底性方式规定,检察机关的“相关司法办案工作”可以接受人民监督员的依法监督。因此,检察机关在办理涉案企业刑事合规案件时接受人民监督员的监督具有法律上的依据。由于人民监督员制度是法定制度,人民监督员的意见和建议相对于普通公民的监督意见和建议具有更强的法定监督效力,人民监督员在涉案企业刑事合规权力监督中具有更强的监督制度依据。由于涉案企业刑事合规案件呈现出鲜明的检察机关主导特征,因此,必须要有具有法定约束力的监督意见和建议,才能有效监督检察机关对企业刑事合规案件的办理,帮助检察人员避免廉政风险,依法行使权力。

通过人民监督员制度来实现企业刑事合规中的公民参与,不仅具有来自法律和司法解释的合法性依据,还具有来自经验基础和制度能力的现实价值。在对职务犯罪案件进行监督的时代,人民监督员发挥作用的主要领域就在拟不起诉和拟撤销案件中,即检察机关及其工作人员是否对职务犯罪案件嫌疑人“轻纵”,人民监督员在此两类案件中积累了相对丰富的监督经验。在涉案企业刑事合规案件中,检察机关及其工作人员容易滥用权力,与企业产生“权钱交易”的司法腐败主要集中在合规不批捕、合规不起诉、合规从轻处罚或者提出轻缓的量刑建议这些关键性环节。因此,人民监督员制度在职务犯罪案件监督时期积累的防治“轻纵”犯罪嫌疑人的监督经验,可以传承至涉案企业刑事合规监督的合规不批捕、合规不起诉、合规从轻处罚或者提出轻缓的量刑建议这些关键性环节。

(二) 目前人民监督员在涉案企业刑事合规从宽案件中监督的不足

从目前的司法实践经验来看,人民监督员对企业刑事合规案件的监督,得到了检察机关的高度重视,并逐渐成为企业刑事合规案件不起诉决定听证会和合规监督考察结束后、作出处理决定前听证会的重要组成部分①,人民监督员制度已经在企业刑事合规案件中得到“激活”。但目前人民监督员参与企业刑事合规案件仍存在一些有待完善之处。

---

① 参见孙裕广:《从 30 个合规不起诉案例看刑事合规程序的展开》,载“三人刑团队”微信公众号 2021 年 9 月 23 日。

第一,监督范围较小。在目前的人民监督员参与企业刑事合规实践中,人民监督员的监督并没有全面覆盖检察机关办理企业刑事合规案件的全流程,监督事项集中在合规不起诉决定环节。

第二,监督效力不足。在既有的企业刑事合规司法实践中,人民监督员针对企业刑事合规案件只能提出"建议"和"意见"。在合规不起诉听证会中,人民监督员的"建议"和"意见"实际上与其他参与听证成员的意见并无效力区别。这使得人民监督员的司法参与和普通社会公众的司法参与,在参与效果上并无明显的界分,无法发挥人民监督员参与司法的制度优势和制度效果。

第三,监督内容较为宏观。人民监督员主要关注的是不起诉决定的结论评价,对具体的事实、证据、法律适用情况的关注不足,这就导致了监督的实效性不足、监督建议的建构性和可操作性有待提升的问题,也难以从事实认定、证据采信、法律适用等角度,防范检察人员滥用权力。

(三)完善人民监督员在涉案企业刑事合规从宽制度运行中对检察人员的监督

"公民参与司法活动包括协助、制约和监督司法权力运行这三类模式。"①人民监督员参与企业刑事合规,属于公民参与司法,有利于对企业刑事合规中的司法权力进行监督。人民监督员对检察机关办理企业刑事合规案件的制约,分为法律制约和政治制约两类。人民监督员在检察机关办案时,提供智识帮助并监督检察人员合法履职,属于法律制约;人民监督员在企业刑事合规中,督促检察机关践行群众路线,回应企业具体诉求,保障企业刑事合规的协商性,属于对检察机关的政治制约。实现人民监督员对检察机关办理企业刑事合规案件的法律制约和政治制约,突出人民主体地位,这是党的十八大后人民监督员制度改革的根本方向,"是新时代司法群众路线的重要内涵"②。

第一,要充实人民监督员专家库,发挥人民监督员在涉案企业刑事合规案件办理中的智识参与功能。人民监督员中的专家对涉案企业刑事合规案件的智识参与具有一体两面的作用。人民监督员以作出智识贡献的方式协助检察机关开展企业刑事合规工作,防止权力的滥用和专业知识的匮乏。一方面,选任第三方组织之外的专家充实人民监督员专家库,作为检察人员办理涉案企业刑事合规案件的智识补充,以帮助判断第三方组织提供的合规考察书面报告的科学性、客观性、全面性等。这些专家既要对检察机关智识补充提供支持,又要对检察机关可能出现知识偏差的角落进行纠

① 陈卫东:《公民参与司法:理论、实践及改革——以刑事司法为中心的考察》,载《法学研究》2015 年第 2 期。

② 董桂文:《〈人民检察院办案活动接受人民监督员监督的规定〉理解与适用》,载《人民检察》2019 年第 21 期。

正。另一方面,作为人民监督员的专家学者相对于检察机关邀请的普通专家学者,其司法参与能够得到法律保障,其通过专业知识形成的意见和结论对检察机关比一般民众具有更强的权威性,某种程度上,专家学者型人民监督员的参与更能起到对检察人员的监督作用。当然,也要制定与此配套的激励政策,为了激励作为人民监督员的专家学者参与企业刑事合规,可以建立作为人民监督员的专家学者参与企业刑事合规的专项补贴机制。

第二,要扩大人民监督员的监督范围。除了常见的人民监督员参与是否提起公诉的听证,人民监督员至少还可以就以下三大领域对检察人员可能存在的权力腐败和滥用问题、未能践行群众路线问题发挥监督作用。其一,人民监督员可以对合规协议签订过程中,是否存在权力的滥用和腐败情况进行监督,对检察机关是否存在官僚主义倾向、忽视企业具体诉求提出意见。其二,人民监督员可以对合规计划的监管考察中检察机关有无失职、渎职、放松监管的问题进行监督,在检察人员缺乏专业知识难以判断合规计划实施效果时提供智力支持。其三,人民监督员可以对检察机关根据合规落实情况作出是否提起公诉决定的决策过程进行深度参与,不仅可以监督这一过程中存在的权力行使不规范问题,还可以利用自身专业性、常识性判断来纠偏检察机关作出的机械司法决定。涉案企业、第三方机制管委会和第三方组织也可以向人民监督员提出对检察院办案过程中相关决定或行为的异议,通过人民监督员有效制约检察人员可能存在的腐败或滥权问题,赋予人民监督员对检察机关的听证召集建议权。

第三,要保障人民监督员能够实现对检察机关办理企业刑事合规案件的有效监督。针对人民监督员在参与企业刑事合规时监督效力不足的问题,可以从实体和程序两大进路出发,保障人民监督员的意见在企业刑事合规案件中发挥作用。就实体进路而言,可以在《人民监督员规定》未来的完善和修改中,将人民监督员参与企业刑事合规以列举方式列入人民监督员的法定监督事项,而非以当前的兜底方式来赋予其合法性,使人民监督员在参与企业刑事合规时发表的意见和建议,能够获得《人民监督员规定》的明确支持。就程序进路而言,可以根据检察机关办理企业刑事合规案件的特点,结合《人民监督员规定》,制定人民监督员参与企业刑事合规的程序性权利保障规范。如增设人民监督员在各阶段听证会中独立发表监督意见的程序,人民监督员在听证会中发表的监督意见,应当记录在案,并装入检察卷宗。如果人民监督员在各类听证会中,表达了明确的不同意见,检察机关应当研究处理并向人民监督员作出解释说明。如果人民监督员仍然坚持其不同意见,负责办理企业刑事合规案件的检察官应当报请检察长决定。在企业刑事合规程序的全流程,都要增强人民监督员意见的效力,以避免人民监督员参与司法效果与一般社会成员参与司法无异的问题,同时全流程地实现对司法权力的监督,防范检察人员廉政风险和权力滥用风险。

刑事合规激励政策下单位犯罪理论的修正

张亚楠*

2020年3月，最高人民检察院开展企业合规不起诉的试点改革，探索建立了合规相对不起诉和合规附条件不起诉机制，并将合规机制从中小微企业轻微犯罪逐步扩展适用到严重单位犯罪，进一步拓宽企业合规机制的适用范围。但是在合规制度不断发展适用的过程中，合规制度实行的基础理论即单位犯罪理论实际上尚未厘清，并不能有效指导实践，导致实践中企业合规适用混乱，存在较大争议。如在最高人民检察院发布的涉案企业合规改革试点典型案例第一批王某某、林某某、刘某乙对非国家工作人员行贿案以及第三批王某某泄露内幕信息、金某某内幕交易案中，检察机关仅认定个人犯罪，而非单位犯罪，却又与涉事企业签署了合规监管协议，此种将个人责任和企业责任进行混同的合规，难免会有利用企业合规为企业家逃避罪责之嫌。因此，在刑事合规改革推进过程中，如何认定企业责任，如何划分企业责任和个人责任两者的界限，以使刑事合规制度拥有坚实的理论基础，是需要进一步深入研究的问题。

一、刑事合规下企业刑事责任的认定逻辑

刑事合规制度是美英等国的舶来品，与我国的刑事合规制度发展具有不同的实施背景和目的。我国单位刑事责任认定依据不同于美国，在刑事合规推进过程中，我国单位刑事责任不能照搬美国的单位刑事责任认定依据，应立足自身合规制度试行情况，寻求我国单位刑事责任认定的解决办法。

(一)中美刑事合规中企业刑事责任认定逻辑的比较

1. 美国刑事合规中企业刑事责任认定的逻辑

美国的刑事合规制度的目的是减轻企业刑事责任，用刑事合规阻断对企业的定罪处罚。美国对企业刑事责任的认定主要基于两种原则，“同一视原则”和“上级责任原则”。“同一视原则”将企业主要领导者或高级代理人的犯罪行为视为企业的犯罪行

---

* 南阳市中级人民法院研究室法官助理。

为,公司的高级代理人被认为是公司的组成部分,他们的犯意和行为被认为是单位的犯意和行为。[①] 而上级责任原则则进一步拓宽了企业刑事责任认定的范围,员工或者代理人为实现企业利益在其职权范围内所实施的犯罪行为由企业承担责任。[②] 总体而言,美国对企业刑事责任的认定实际上是一种替代责任,没有体现企业自身意志,对企业刑事责任的认定较为宽泛。正是由于这种宽泛,企业犯罪呈现高发态势,为缓解对企业犯罪打压的强度,美国实行了一种怀柔政策即合规计划,以暂缓起诉、减刑等政策,激励企业积极建立合规计划,参与执法合作。

2. 中国刑事合规中企业刑事责任认定的逻辑

中国刑事合规制度兴起于“中兴案”,该案为国内行政单位和企业敲响了警钟。推进刑事合规计划是为了帮助和鼓励企业建立企业的合规计划,提前防范风险,尤其是规避国际贸易风险。同时,在优化营商环境,保护民营企业健康发展的时代大背景下,对民营企业的保护已成为司法机关一项重要的刑事政策。检察机关引进企业合规,并将其作为一种出罪机制,避免了民营企业和高级管理人员被定罪判刑的结果。[③] 而我国企业刑事责任的认定,在刑法理论上通说采取“三要素说”,该说认为危害社会的行为满足以单位名义、为单位利益、体现单位意志三个条件即可成立单位犯罪。[④] 我国对单位刑事责任的认定持法人实在说的立场,要求体现单位意志,这从根本上有别于美国的替代责任。刑事合规虽然作为一种出罪机制引入我国,但其背后对刑事责任的认定逻辑和美国并不相同。

从合规目的而言,美国是为了纠正其宽泛的单位刑事责任,利用刑事合规减轻企业的罪责负担。而我国引入刑事合规是在本就认定较为严格的单位刑事责任基础上对单位犯罪刑事责任的减轻或免除,是为了改变以往事后追惩的传统刑罚,而代替以预防的刑事观。因为在传统的刑罚下既无法弥补因企业犯罪行为所导致的对公共利益的冲击,也无法纠正犯罪行为对企业自身和市场经济的损害,而对企业实施合规制度,能够保护民营企业,激发市场活力。检察机关作为刑事合规改革的主导机关,在其中主要发挥参与社会治理,推进国家治理能力现代化的职能。

从企业刑事责任来看,我国单位刑事责任的认定完全不同于美国的刑事责任认定。也有学者认为,“中国现行刑法在司法实践中和美国一样,都是通过特定自然人的

① 参见谢治东:《单位犯罪中个人刑事责任根据之检讨——走出我国传统单位犯罪理论之迷思》,载赵秉志主编:《刑法论丛》(第28卷),法律出版社2011年版,第47页。

② 参见李翔:《单位犯罪司法实证问题研究报告——以上海地区2010～2012年为样本的分析》,载赵秉志主编:《刑法论丛》(第42卷),法律出版社2015年版,第232页。

③ 参见陈瑞华:《刑事诉讼的合规激励模式》,载《中国法学》2020年第6期。

④ 参见刘艳红:《企业合规不起诉改革的刑法教义学根基》,载《中国刑事法杂志》2022年第1期。

意志和行为来追究企业的刑事责任,企业犯罪是其员工在业务活动中的违法行为"①。虽然,我国刑法中关于单位犯罪的规定确实也是建立在自然人责任的基础之上,但是与美国法不同的是,根据我国刑法传统理论,单位犯罪的罪过是由单位的决策机关形成的,具体实施犯罪的单位成员为单位利益实施犯罪,要么得到单位的授权,要么得到单位的确认,否则单位成员为单位利益而实施的犯罪行为不能认定为单位犯罪。②

因此,不能用美国合规计划的归责模式来改变我国单位犯罪的归责模式。合规计划的本质效果是阻断过泛的企业犯罪,以此来保护企业的经营发展,而我国的单位犯罪在实体法上认定标准严格,已经具有了对单位犯罪的阻断效应,我们无需放弃自身严格的归责模式而去选择适用美国对于单位犯罪宽泛的归责模式,再以合规计划来出罪。

(二)现行合规制度下我国企业刑事责任认定存在的问题

从上述对中美合规中企业刑事责任认定逻辑的比较来看,我国的刑事合规不能完全采取美国的路径,改变我国企业刑事责任成立条件,扩大单位犯罪的成立范围,再通过刑事合规进行限缩。我国应该立足于自身的刑事合规目的去完善单位犯罪理论。从我国推进刑事合规改革的试点工作来看,我国单位刑事责任的认定还存在一定问题。单位刑事责任虽然秉持法人实在说的立场,但在司法实践的具体认定过程中,其实际上还是一种聚合责任,完全没有厘清单位负刑事责任的根据所在,单位责任和个人责任无法区分。

1. 单位刑事责任缺乏刑法教义学理论根基

从我国对企业刑事责任的规定来看,《刑法》第30条并没有给出单位犯罪的基本定义。《全国法院审理金融犯罪案件工作座谈会纪要》规定:"以单位名义实施犯罪,违法所得归单位所有的,是单位犯罪。"可以看出,单位犯罪构成需要两个基本要件:以单位名义实施和违法所得归单位所有。之后,2017年最高人民检察院《关于办理涉互联网金融犯罪案件有关问题座谈会纪要》对涉互联网金融犯罪的单位犯罪作出了更为严格的界定,主要包括三方面要素:犯罪行为由单位决策实施,员工实施单位决策行为,违法所得归单位所有。但是其对法人意志的判定是缺乏的,常常用单位特定自然人的行为和意志进行推定。也如有的学者所说,单位犯罪是"自然人犯罪和单位拟制犯罪的一种聚合,同时存在自然人和单位两种性质不同的犯罪主体和刑事责任主体"③。这种对单位犯罪的认定还要依托于对个人意志的推定,无法将单位犯罪与个人

① 黎宏:《合规计划与企业刑事责任》,载《法学杂志》2019年第9期。

② 参见孙国祥:《刑事合规的刑法教义学思考》,载《东方法学》2020年第5期。

③ 谢治东:《论单位(法人)刑事责任之本质——兼论我国单位犯罪立法模式之完善》,载《湖北社会科学》2011年第10期。

犯罪进行完全的分割，究其原因，根源在于单位自身刑事责任缺乏刑法教义学根基。从单位自身人手探索其承担责任的依据，肯定单位独立的犯罪主体地位，符合责任主义原则，具有刑法规范对象的合目的性与合理性，也能够更好地理顺刑事合规制度的运行思路。

2. 单位处罚双罚制的缺陷

我国对单位犯罪的处罚原则是以双罚制为主，单独惩罚自然人为辅的混合制处罚原则。在这种处罚原则下，单位的主要领导人要对单位犯罪承担刑事责任。这是由于在以往的犯罪中，单位的意志实际上是对单位内部成员的个人意志的承载，单位意志是单位成员意志的形成结果，这两者是不可分割的，单位承担刑事责任的同时，其主要领导人也应该承担刑事责任。但是，在当前刑事合规的语境下，合规制度本就是对企业自身的一种出罪机制，该制度本身表明了企业自身的组织框架和规章制度等具有防止企业犯罪的功能，对单位犯罪惩罚的基础应该是基于单位自身的犯罪意志所实施的犯罪行为。如果仍以双罚制为基础，实际上对刑事合规制度是一种冲击，只能让刑事合规制度沦为企业家利用企业逃脱罪责的一种手段。“按照我国传统的单位犯罪理论，企业如果通过刑事合规计划成功出罪，则司法机关也很难再追究企业负责人的刑事责任，但我国合规不起诉的改革实践却要求检察院在重大案件中对企业作出不起诉决定的同时追究企业直接负责人的刑事责任，这一要求与适用传统理论带来的结果相矛盾。”①判处单位犯罪被视为对相应自然人量刑的酌定减轻情节。“拉单位垫背”已经成为一种常态化的以牺牲公司企业利益为代价的辩护策略。②

二、刑事合规下企业刑事责任的理论基础

企业合规，就是企业基于立法指引与司法推动而自主构建的防控风险、避免不利后果的守法机制。其基本内容是：制定和适用包括全体企业员工在内的守法指南；设立保证上述守法指南得以贯彻落实的岗位和机构；一旦发现违法行为人，就要对其进行严肃处理。③ 借助企业合规制度，能够将企业刑事责任和从业人员违法行为所导致的个人刑事责任进行有效的区分，达到“放过企业，惩罚个人”的效果。因此，在刑事合规的视角下，以往依托于个人刑事责任确定的企业刑事责任已经不适合合规工作的需要，需要进一步寻求企业自身承担刑事责任的依据。

---

① 陈瑞华：《企业合规出罪的三种模式》，载《比较法研究》2021 年第 3 期。

② 参见时延安：《合规计划实施与单位的刑事归责》，载《法学杂志》2019 年第 9 期。

③ 参见黎宏：《企业合规不起诉改革的实体法障碍及其消除》，载《中国法学》2022 年第 3 期。

(一)单位刑事责任的理论之争

不论是现行刑事合规的需要,还是刑法处罚需要以自我责任为前提,单位责任的承担应该以单位自身犯罪为前提。但是如何有效地将单位侵害法益的行为准确地认定为单位自身意志的体现是一个理论难题。单位独立承担刑事责任的理论主要有以下几种:

1. 人格化社会系统责任论

"人格化社会系统责任论"认为,单位是有别于自然系统的具有人格化的社会系统,单位既然能以特定的主体身份去独立地进行经济和社会活动,就代表单位具有犯罪能力和刑事责任能力。因此,单位是可以作为一个有机整体实施犯罪和承担刑事责任的。①

该说虽然将单位视为一个单独的有机整体,承认单位独立意志的存在,但是在论述犯罪主体和刑罚主体时,却认为单位犯罪虽然是一个单位整体犯罪,但是却有两个犯罪主体和两个刑罚主体,即单位和单位自然人。可以说,该说并没有将"单位的人格化"理念贯彻到底,也并没有解释单位承担刑事责任的依据,抑或单位承担刑事责任有别于自然人承担刑事责任的依据。

2. 单位犯罪嵌套责任论

"单位犯罪嵌套责任论"采用法人超越说的立场,认为法人的独立性实质上源自单位职位所要求的行动能力和目标,而刑法中单位的本质也是一个由财物和职位构成,自然人嵌套在职位内的行动系统。② 单位成员基于其职务而履行职务行为,此职务行为的履行代表了单位意志。在嵌套责任论下,单位的刑事责任是由单位内部成员的意志构成的,同时单位的共同目标和单位的决策程序也会作用于单位成员的意志,总体而言,单位犯罪是单位和单位成员共同实施的犯罪,由两者共同承担刑事责任。

该说的提出虽然涉及单位自身承担刑事责任的理论,但其出发点却是解释我国刑法中规定的单位与其成员共同分担责任的责任形式。这是一个由果到因的探寻过程,也没有解释单位犯罪的构成要素。从刑事责任主体来看,单位犯罪嵌套责任论和人格化社会系统责任论最后都没有解决单位犯罪和个人犯罪相分离的问题。

3. 组织体刑事责任论

"组织体刑事责任论"认为,单位犯罪应该从单位自身寻求单位承担刑事责任的依据,摆脱了单位中自然人的意志和行动。③ 其认为,单位是有自身内在运营机制的组织

---

① 参见何秉松:《人格化社会系统责任论——论法人刑事责任的理论基础》,载《中国法学》1992年第6期。

② 参见陈忠林、席若:《单位犯罪的"嵌套责任论"》,载《现代法学》2017年第2期。

③ 参见黎宏:《组织体刑事责任论及其应用》,载《法学研究》2020年第2期。

体,通过单位的政策规定、业务范围、防范措施、利润目标和组织结构等要素进行运转。该种模式有效地区分了个体责任和单位责任,如果单位的规章制度、企业氛围或者是缺乏防止犯罪方面的措施等,导致单位成员犯罪,则可以视为单位自身的犯罪。

该说从单位自身的制度结构等特征说明了单位具有独立于自然人的特征,是一种人格化实体,是超脱于自然人而具有的一种组织特性,每一个单位都有自己的组织特性。单位承担刑事责任的依据就在于其所特有的组织特性纵容、默许违法行为或者对违法行为缺乏防范措施。

(二)组织体刑事责任论与刑事合规制度的契合性

只有厘清单位刑事责任和单位内个人的刑事责任,才能为我国刑事合规提供刑法教义学根基,推动刑事合规的发展。若单位刑事责任和单位个人刑事责任混为一谈,以个人刑事责任推定单位刑事责任,实则是单位人格的丧失,而刑事合规也会沦为企业家通过单位逃脱刑事责任的手段。在上述学说中,组织体刑事责任论为刑事合规下单位刑事责任的承担提供了刑法教义学理论基础。

1. 组织体刑事责任论为刑事合规提供教义学基础并推动其发展

组织体刑事责任论确定了单位自身负刑事责任的依据,符合我国刑法罪责自负的原则。通过上文的论述可知,组织体刑事责任论也为我国实施单位合规不起诉确立了理论基础。同时,组织体刑事责任论的确立,鼓励和倡导企业实施自我监管,根据自身的组织结构、规模范围等因素灵活地制定预防犯罪的方案制度,将国家对企业的监管规范纳入企业自身的制度体系中。这不仅弥补了国家在对企业进行管理时由于信息和资源缺乏所导致的监管缺位,有效防范现代化所带来的风险,而且企业自发性地建立合规计划的禁止规范远比国家在外对企业制定的禁止规范更能发挥促进企业治理的良好作用。而其他的理论并没有将单位与个人责任进行剥离,企业本身的过错只会被归纳为单位中自然人的过错,在这种理论下,企业实施合规计划无法成为企业减轻或免除刑事责任的抗辩事由,必须要结合单位中的自然人才能进行判定,这种逻辑认定不利于促进企业刑事合规的发展。

2. 组织体刑事责任论有助于克服企业中组织无责现象

在现行刑事合规的推行过程中,绝大多数观点认为刑事合规适用于大型企业。这是由于当企业组织发展到一定规模时,企业的运营和管理并非由个人进行决策安排,企业的所有权和经营权相分离,权力被授予各个职能机构,以分散的形式行使。所以,这种企业内部权力的去中心化,决定了企业内失范行为往往是企业内普遍存在的容忍、默许甚至鼓励不法行为的制度、文化,或者企业监督管理系统存在重大缺陷、缺乏明确分权等所致。在这种大企业经营模式下,企业领导和犯罪行为之间的意志关联难以认定,而直接责任人员也否认实施犯罪行为的故意和过失心理,但是在组织体刑事责任论下,只要明确企业监管系统存在缺陷,就可追究企业的刑事责任。

3. 组织体刑事责任论为刑事合规中单位处罚脱离双罚制提供根据

《刑法》第31条规定了单位犯罪处罚的双罚制原则,既处罚单位,又处罚相关自然人。该处罚方式一方面忽视了单位组织自身在单位犯罪现象中的独立性,即使单位自身没有过错,也必须为单位成员的过错买单,另一方面单位责任和个人责任的捆绑,造成企业合规不起诉制度难以贯彻落实,这有违我国刑事合规对企业犯罪的预防刑法观,无法为企业松绑,减轻企业罪责。组织体刑事责任论从单位内部构建了单位责任理论,不仅为企业承担刑事责任提供了依据,同时也为企业出罪提供了依据。只有对单位单独进行处罚或者减轻处罚,才能为单位提供合规建设的动力。

三、组织体刑事责任论下单位归责模式的构建

组织体刑事责任论摆脱了单位替代责任的模式,独立地以单位自身的组织性考察单位的刑事归责问题,符合刑事合规背景和单位犯罪发展趋势,但是在单位犯罪的认定和处罚上,存在仿自然人成立要件和客观归责两种路径的争议,选择何种路径更有利于单位构建完整的归责模式,更有利于刑事合规的推进,是需要进一步研究的问题。

(一)单位归责模式的选择:客观的中心归责模式

单位犯罪的归责模式主要有主客观相统一的模式和客观的中心归责模式。主客观相统一的模式认为,单位犯罪的认定和处罚,要参照自然人犯罪的成立要件,从主观要件和客观要件两方面进行。尤其是在单位的主观意志的认定中,如果单位建立了有效的合规计划,尽到合规义务,则可否认单位具有犯罪意图。① 而客观的中心归责模式则认为,单位刑事责任的认定只考虑行为的危害后果能否归责于单位,而不考虑该行为是否基于自由意志。② 该说认为,单位始终无法成为自然人,单位的意志要么从客观方面进行推定,要么是单位成员意志的体现。因此,对单位的刑事归责主要应考虑在客观方面单位是否违反了特定义务,以及危害结果与单位之间是否建立起紧密联系。

主客观相统一的模式强调单位的主观意志,但是单位的主观意志实际上是拟制和推定出来的,其推定依据是单位的一种客观现实状态即单位是否尽到合规义务。在客观行为方面,若单位员工由于受制于单位的组织结构、文化氛围和决策方式,实施了犯罪行为,将其归结为单位犯罪时,单位的客观行为应判断为缺乏合规制度建设导致犯罪行为的发生。此时,客观和主观层面是重合一致的,判断出客观方面,也就能推定出单位犯罪的主观方面,实质上这是纯粹的客观方面的判断,缺乏主观方面的认定。

---

① 参见陈瑞华:《合规视野下的企业刑事责任问题》,载《环球法律评论》2020年第1期。

② 参见时延安:《合规计划实施与单位的刑事归责》,载《法学杂志》2019年第9期。

对单位犯罪采取客观的中心归责模式更符合组织体刑事责任论的刑事责任依据,也更有利于贯彻实施刑事合规政策。客观的中心归责模式回归现实本身,放弃了对单位主观方面的推定。但是客观的中心归责模式仍然坚持个人责任的观念,严格区分单位犯罪和自然人犯罪,强调单位只能为自己的行为承担责任,不能将单位的责任转嫁给自然人,也不能将自然人的责任转嫁给单位。而组织体刑事责任论为客观的中心归责模式提供了单位作为犯罪主体和归责的依据。

(二)单位归责的基础:单位的组织管理缺陷

在单位采取客观的中心归责模式下,对单位的归责只能寻求客观方面的因素。当企业发展到一定规模程度时,企业的经营决策已经超脱了个人决策的范畴,由董事会、股东会等机构进行决策。在这种企业所有权和经营权发生分离的状况下,单位内部的组织管理制度对单位决策的形成和执行起到至关重要的作用。如果一个单位具有健全的组织管理制度,对违法行为的预防和监督制度,在人事方面审慎选择业务人员的制度以及合法的财务处理流程等,表明单位有一定的预防和应对犯罪的规划,就不应对单位进行归责。正如有学者所言,“单位不仅靠共同目标和利益而存在,更是靠单位内部的治理结构和运营方式而存在,这种将拥有不同诉求的自然人联结在一起的组带,是维系单位存在的核心要素”[①]。如果单位的组织结构、经营方式或者制度文化等方面存在不足,导致单位成员利用其在单位的职务便利或者某种优势因素去进行违法犯罪活动,而单位没有相应的防范或预防措施去应对此种行为,其就应该为此种管理制度上的不足承担责任。

但是,在企业刑事合规的视角下,单位的组织管理制度存在缺陷是相对于合规而言的。企业刑事合规具有三重目的,包括防止企业员工犯罪的实质性预防目的,刑事追诉机关承认合规体系的程序性抑制目的,以及避免损害企业声誉的经济目的。[②] 其中最为主要的是预防目的,即减少单位成员犯罪的可能性。因此,单位的组织管理缺陷应围绕着企业预防犯罪的目的而言。单位犯罪基本上都属于法律犯,因此,单位的合规义务都来自法律法规。在合规义务的来源上,根据国资委颁布的《中央企业合规管理办法》,单位合规义务的来源为国家法律规定、监管规定、行业准则和国际条约、规则,以及公司章程、相关规章制度等要求。对于不同性质的单位,其合规要求必然有所不同。单位要基于其行业性质、单位性质以及规模大小等因素制定符合自身情况的组织管理制度,但是合规建设并不是笼统地制定一项或几项规章制度,简单地以文件或其他语言等形式要求员工遵守法律,而是在整个单位内部,从上至下、由内而外地制定

---

① 时延安:《合规计划实施与单位的刑事归责》,载《法学杂志》2019年第9期。

② 参见林文婷:《厘清刑事合规概念的相关争议——兼谈德国对刑事合规的概念界定》,载赵秉志主编:《刑法论丛》(第68卷),法律出版社2023年版,第323页。

具体规则去防范、控制犯罪风险。

(三)单位归责的关键因素:组织管理缺陷与犯罪行为之间具有实质的因果关联

现实中,规则制定并不总是那么完善,总会存在一定缺陷,而单位成员就会钻规则的空子,去违背单位的规章制度实施违法行为,这也造成了无论单位制定怎样完善的管理制度以及营造怎样积极的企业文化,都有可能出现单位成员犯罪的情况。因此,为了防止单位责任泛化,当单位成员以单位名义、为了单位利益实施犯罪,并且在违法所得归单位所有的情况下,也要考察单位自然人的行为是不是由于单位管理组织缺陷所导致的,并且应当谨慎判断在单位依据合规义务制定了合规计划的背景下,单位成员的违法行为与单位组织管理缺陷是否存在实质的因果关系。换言之,只有单位自身在组织管理上存在不足,且该风险直到结果最终发生都具有现实的作用力,才能将单位成员的犯罪行为归责到单位本身。

但是,如何将单位刑事责任的追究限制在恰当合理的限度内,应以"结果回避可能性"为辅助来限制此种客观归责理论。如果在单位合规制度建设完善的情况下,仍旧不能防范单位成员犯罪,则说明单位成员的犯罪行为与单位的组织管理缺陷不存在实质的因果关系,反之,如果在合规制度建设完善的情况下,可以起到防范单位成员犯罪的作用,则可以认定单位负有责任。然而,"结果回避可能性"应用隐含的前提是一种假设条件,即"单位合规制度建设是否完善",对这一标准的评判,一般是根据现行法律规范对合规义务的要求来确定,但是随着合规的发展以及社会对合规要求的提高,对该标准的评判会越来越严。

违法性认识问题再辨析

——公司犯罪中员工的出罪路径与辩护思路

刘 静[*] 任德顺[**]

不知法不免责,既是古老的法谚,也是我国刑法学目前关于违法性认识理论的通说。在之前自然犯占主导地位的犯罪格局下,这样的规定和理论具有较强的合理性,但随着当今犯罪格局中专业细分、法定犯增多的趋势,是应继续保持这样的认定,还是需要进行相应的调整?在公司犯罪中,随着分工的明确,对不同地位、不同层级的员工,是否都应当采取同样的认定和裁判标准,愈加存在争议。本文以某非法吸收公众存款罪案件的被告人笔录为实证分析的样本,透视违法性认识问题的现状与争议,从观念转化、司法解释、操作适用三个维度对公司犯罪中员工违法性认识提出解决之道,并提出相应的立法建议和辩护策略。

一、老树开新花——问题缘起

(一)刑法老问题——违法性认识的理论争议

违法性认识是指对自己的行为违反刑法的认识,即认识到自己的行为是违法的。① 违法性认识在四要件中属于犯罪主观方面的内容,而在三阶层中则属于责任要件的内容,主要存在三种观点:①认为违法性的认识是故意的内容;②认为必须存在独立于故意这一责任形式之外的违法性认识的可能性;③认为并不需要违法性的认识的可能性。② 刑法学通说认为,犯罪故意的认识要素只要求对行为危害性有所认识,而不要求对违法性有所认识。③ 除了通说以外,学界争议一直不断,有学者认为,在行为的

* 浙江财经大学法学院讲师。

** 浙江天册律师事务所律师。

① 参见张明楷:《刑法学》(第5版),法律出版社2016年版,第317页

② 参见陈兴良主编:《刑法总论精释》(第3版),人民法院出版社2016年版,第407页。

③ 参见《刑法学》编写组编:《刑法学(上册·总论)》,高等教育出版社2019年版,第167页。

社会危害性和违法性之间，只要认识到其中一个即可。[①] 有学者认为，一般情况下不需要违法性认识，但特殊情况下认为自己行为合法则不构成犯罪。也有学者认为违法性的认识属于故意的内容，而违法性的错误属于阻却故意。[②] 也有观点将自然犯和法定犯予以区分，认为自然犯不需要违法性认识，而法定犯才需要违法性认识。产生以上理论分歧的原因有，一方面，从行为人角度来看，在没有违法性认识的前提下，行为人缺少对于刑罚处罚的预见，无法达到刑罚的预防犯罪的处罚效果，另一方面，从国家角度来看，在没有违法性认识可能性的情况下，对于行为人的处罚不符合民主主义和人权保障主义。在之前的司法实践中，由于自然犯较多、违法性认识通说影响等因素，对违法性认识的辩解既不多见，往往也得不到认可。而就违法性认识的内涵而言，理论上的争议也较多，至少包含刑事违法性说、实质违法性说及违反整体法规说。[③]

（二）辩护新挑战——公司犯罪中员工的出罪问题研究

近些年来，一方面，随着套路贷、电信诈骗等新型违法犯罪手段的兴起，越来越多的刚刚毕业甚至在校的大学生、职业家庭主妇等群体成为犯罪的受害者，蒙受财产损失甚至人身自由受到威胁；另一方面，其中部分人员也以公司员工、业务员等形式加入公司，涉嫌犯罪，这些人在某种程度上也是被欺骗的受害者。他们并不懂得法律，在一知半解中加入公司，在公司领导等的话术下参与公司的运营，自以为从事的是合法职业，当审判的大锤敲下，冰冷的牢门关上，身陷囹圄才幡然醒悟。

这些涉案人员在违法性认识上存在以下几种情形：其一，文化程度较低或者社会经验较少，对于法律确实缺乏了解；其二，公司经营形式合法，具有一定的资质和行业影响力；其三，部分公司和政府机关有相应合作，具有官方背书；其四，部分公司会要求律所、会计师事务所等相应机构、机关的权威人员就公司的合法性提供咨询意见，甚至出具咨询报告，并让员工参与或者告知员工；其五，部分员工会咨询专业律师，由律师就咨询情况提供意见；其六，部分员工入职一段时间后，察觉公司存在违法犯罪可能性即自动离职；其七，公司分工较为明确。

对这些主观恶性并不大的青年人进行刑罚处罚，会造成以下不利后果：从定罪上看，由于客观事实的存在，若没有主观方面相应的出罪机制，公司负责人够罪，则基层的业务人员往往难以出罪。从量刑上看，由于共同犯罪中不区分犯罪数额，即使是基层员工，由于其涉嫌的犯罪数额较大，部分法定刑也会畸高。从处罚效果来看，较多人员会被判处短期自由刑或者缓刑，监禁刑易使罪犯交叉感染产生更多犯罪[④]，而即使被

---

① 参见高铭暄主编：《刑法专论》，高等教育出版社 2002 年版，第 263 页。

② 参见周光权：《刑法总论》，中国人民大学出版社 2007 年版，第 246—247 页。

③ 参见贾宇：《犯罪故意研究》，商务印书馆 2020 年版，第 95—96 页。

④ 参见赵国玲、涂欣筠：《论短期自由刑的缓刑适用》，载《贵州省党校学报》2019 年第 1 期。

判缓刑,由于留有犯罪记录其也会与原有社会产生隔阂,难以维持正常的工作和生活,容易增强其反社会情绪。从社会效果来看,影响了个人的同时,也影响了其家庭。

二、挣扎与争论——违法性认识问题司法争议的现状及缘由

通观全局的分析确实能明晰争议,但微观讨论也能从另外一个角度思考问题。笔者尝试以本人办理的某非法吸收公众存款罪一案的案卷中24名被告人的笔录为样本,来分析实践中关于违法性认识的一些争议(基于刑事案件的保密要求,对于文件内容进行了匿名化处理)。笔者以非法吸收公众存款罪作为考察罪名主要基于以下理由:其一,从罪名本身来看,“非法性”是该罪的一个重要构成要件,是较为典型的法定犯;其二,从样本数量来看,非法吸收公众存款罪作为一个涉众案件,涉及受害人多的同时,涉嫌犯罪的人员也相对较多,能找到数量相对较多的被告人笔录,减小误差;其三,从样本质量来看,同一案件中,当事人具有不同层级、不同背景,样本也具有一定的丰富性,而以被告人的笔录为考察样本,一方面是因为社会是由相互联系的个体组成的,研究者一般通过对个体的研究,概括出由个体组成的群体特征,另一方面,其更为直观、清晰地反映了被告人的相关情况以及主观认识。有学者提出,当前我国学界存在两种错误的观念:其一,只有司法机关的主张才能代表刑事司法实践中的实务观点,辩护人的主张因其立场不中立而不具有代表性;其二,只有司法机关之间对法律适用出现不一致的观点,才属于司法实务中的争议,辩护人因其“对抗”司法机关的定位,其观点与司法机关不一致是合理的现象。而笔者认为,除了控辩审各方,被告人也是案件的重要参与人,某种程度上来说,甚至是最重要的参与人,对其笔录的整理,具有一定的实践价值。

(一)司法现状——以某非法吸收公众存款案被告人笔录为考察样本

在宏观上,首先,从被告人的背景来看,案发时年龄区间在25—62岁,其中,在25—35岁之间的有11人,36—50岁之间的有9人,50岁以上的有4人。从文化程度来看,本科学历4人,大专4人,职高1人,中专5人,高中4人,初中5人,小学肄业1人。从既往的工作经历来看,4人有银行或者其他金融机构的工作经历,4人没有交代以往工作背景,3人只表示其没有金融相关工作背景,2人系学校刚毕业或者刚退伍,剩余11人系驾驶员等与金融无关的工作。

其次,从涉案情况来看,在入职原因上,8人系网络招聘入职,6人系主犯招聘入职,5人系应聘,3人系朋友介绍,还有2人是主犯亲戚。在工作时长上,1年以内的有3人,2～3年的12人,4年及以上的9人。涉案成员在公司分为三个层级,法定代表人、总经理等总、分公司领导8人,业务总监、财务总监等中层领导4人,业务经理等基层领

导12人。在投资情况上,其中21人存在数额不等的投资。在工资水平上,除2人没有拿过工资外,其他人员均是底薪加提成模式,底薪数额从4000元到20000元不等,10000元以上底薪人员5人,5000元到10000元底薪9人,4000元到5000元底薪8人。

最后,从离职情况来看,有5人在工作期间主动离职,有1人离职原因是发现公司有不合规的地方,公安亦讯问了其中5名被告人,有无参加公司重要会议、活动等,其中4人答复参与过部分,1人答复没有参与,而对于公司是否有经营许可,9名当事人回复知道公司有营业执照,但不知道有无许可,1人回答许可正在办理中。

在微观上,关于主观明知,公安在讯问部分员工的时候有问到,从肯定违法性认识角度,部分员工明确表示行为时就知道违法,从否定违法性认识角度,部分员工认为公司有营业执照就不具有违法性,也有部分员工表示是看到案发之前一段时间,公安抓捕类似人员才知道其行为属于违法,也有部分员工咨询过公司,公司给予其相应业务合法的解释,甚至表示曾经到中央金融委员会办公室备过案。其中,W某明确表示其是发现了不合规的地方后就主动离职,但仍然受到了刑事追究。

(二)推定和回避——该案执法理念之透析

从公安侦查方法来看,公安机关采取推定的方式取得口供,其会针对既往工作背景、工作内容、公司层级、本人有无投资、有无参加重要会议、工资收入情况等信息来推定当事人是否具有违法性认识。虽然公安机关对被告人的相关辩解也做了记载,但公安的起诉意见书反映出即使有被告人的相关辩解,亦不能成为无罪的理由。

从法院裁判角度来看,该案的裁判者采取的是回避的方式,本案中,大部分辩护人基于以下理由,并未在辩护意见中提出违法性认识的问题:其一,不能提,部分被告人在主观上确实具有违法性认识,所以相关辩护意见没有依据,无法提出;其二,不想提,违法性认识的通说在司法实践中仍然占有重要地位,该辩解在实践中得到采纳的可能性较低;其三,不愿提,部分案件被告人已经自愿认罪认罚,由于违法性认识属于事实问题还是定性问题存在较大争议,违法性认识辩护意见的提出可能影响认罪认罚的认定,故而部分辩护人基于该原因,没有以违法性认识作为辩护理由。

三、转变与转化——公司犯罪中违法性认识问题研究的应然立场

虽然在我国理论中,对于违法性认识存在肯定说、否定说和折中说(以否定说或者肯定说为基础,对相关主张加以限制或者列出例外)三种理论,但笔者认为应当将违法性认识作为犯罪成立的要件。

(一)采取违法性认识肯定说的理由

其一,从立法来看,我国《刑法》第14条明确规定,明知自己的行为会发生危害社

会的结果,这里的社会危害性和违法性认识虽然存在理论上的争议,但也有一定的重合部分,也即刑法条文中对于违法性认识采取肯定态度也是有迹可循的。其二,从理论来看,区分犯罪行为和一般行为的故意,不仅仅要求他人对事实的认识和对结果的追求,还要求对规范的认识,而规范性的认识从某种程度上就是通过违法性认识来体现。其三,从刑罚目的来看,不能以他人可能逃避惩罚作为否定的理由,虽然增加违法性认识这一要求确实可能导致部分犯罪人逃脱法律的制裁,但从刑事司法的角度来看,若行为人提供了充分的证据证明其确实存在不知法律的情况,那么就说明对其判处刑罚并没有必要,无法实现刑罚的预防和报应的目的,对其作出无罪的判决才是有价值的。其四,从实践来看,不能用司法实践中的困难来否定构成要件的必要性。虽然在司法实践中,增加违法性的认识要件会造成司法机关的责任加重,但从刑事立法和司法的角度来看,不具备违法性认识的人并不具有可罚性,从保障人权的角度来看,不能否定违法性认识的必要性。

(二)采取违法性认识必要说的措施

其一,司法观念转换。对于违法性认识问题的重新研究,不是说要放任犯罪的滋生,而是至少给那些迷茫的人一点喘息的时间,给他们留一扇回头的“大门”,或者说是除中止之外的另一座“黄金桥”。例如有学者提出,要针对公司的不同层级,区分违法性认识的认定方法,还有学者提出的“漏斗式”出罪司法体制,从某种程度上说都是非常好的尝试。而针对违法性认识,在许多国家,违法性认识否定说的影响力正在减小,也即违法性认识具有必要性。[①] 在公司犯罪中,区分不同的当事人,对其违法性认识进行精确判断,有助于扭转违法性认识会导致犯罪滋生的错误认识,既可以做到罚当其罪,也可以起到缩小犯罪圈的作用。

其二,法律解释适当。正如前文提到的,从立法体例来看,违法性认识是有独立存在的空间的。但实践中,也有学者认为违法性认识和社会危害性认识存在区别,社会危害性认识是对犯罪行为的本质的、具有政治立场的、范围和依据更广泛的认识,而违法性认识则是对犯罪行为表层的、客观的、范围和依据相对较窄的认识。[②] 但笔者认为违法性认识具有客观、明确等特点,更具有合理性,应当将其解释为《刑法》第 14 条所要求的内容。

其三,实践中具有可操作性。正如有学者提出的,违法性认识的价值问题,首先是一个实体性的“应不应有”的问题,其次才是程序性的“如何认定”的问题,不能因为认定程序上有困难就否定实体上的应当具备的条件,后者并非论理的、科学的态度。[③] 但

① 参见陈兴良主编:《刑法总论精释》(第 3 版),人民法院出版社 2016 年版,第 408 页。

② 参见贾宇:《犯罪故意研究》,商务印书馆 2020 年版,第 113 页。

③ 参见贾宇:《犯罪故意研究》,商务印书馆 2020 年版,第 115 页。

是若相关的理念不具有可操作性,必然也会影响实体上的认定。对于违法性认识问题的理论修正,必将导致司法实践认定中出现更多问题,但笔者相信随着理念和方法的进步,司法工作人员以及其他法律职业共同体肯定有能力找到合理的区分方法,而从实践来看,公安部门也在相关笔录中对有关信息进行了记载描述,说明实务界其实已经开始关注相关问题。而从理论来看,一般认为可以通过考察违法性认识的可能性来认定违法性认识。对于违法性认识,一般认为可以从自然犯和法定犯两个角度进行区分。在自然犯中,只要行为人对于事实有充分的认识,就可以直接认定存在违法性认识,除非存在违法阻却事由。而在法定犯中,如果行为人具备了对事实的认识,则可以推定其具有违法性认识,但行为人可以通过举证来推翻相应的推定。但也有学者提出推定仅可适用于自然犯违法性认识的证明之中。①

四、理想和斗争——公司犯罪中违法性认识的立法建议和辩护策略

违法性认识的理念转变并非空中楼阁,而是需要通过理论、立法和实践共同推动,其中立法建议是源头之水,司法实践是行舟之桨,二者相辅相成,缺一不可。

(一)违法性认识取代社会危害性认识——立法建议

培根说过,一次不公平的审判比多次不公的其他举动为祸尤烈,不法行为弄脏的是水流,而不公的判决则将水源污染了。这句话说的是审判的重要性,而与落实法律相比,不公平的法律就是直接毁掉了公平的水源。问渠哪得清如许,为有源头活水来,在问题的解决上,最优的解决方案是先修正法律再谈法律的落实。所以对于法律本身进行修正就显得刻不容缓。也正是基于此,有学者提出我国刑法中对于故意犯罪的概念应该修正为"明知会发生违法的、构成要件的事实"②,笔者同意该观点,理由如下:其一,违法性认识边界相对明确。虽然对于社会危害性认识有多种解读,但该种责任究竟是道德的,还是法律的并不明确,而对于违法性认识的范围虽然存在争议,但在法秩序统一的基础上已经形成一定共识。其二,违法性认识的概念符合罪刑法定原则的要求,罪刑法定原则是近代刑法的基石,其要求法无明文规定不为罪,法无明文规定不处罚。若行为人事前不知道法律,则从行为人的主观来看属于没有法律,若对其处罚,则是在没有法律规定的前提下对其处罚,不符合罪刑法定原则。其三,违法性认识具有可操作性,如前所述,通过违法性认识可能性来认定违法性在实践中具有操作的基础。

① 参见吴桐:《违法性认识错误的证明困境及其出路》,载《法商研究》2022 年第 3 期。
② 贾宇:《犯罪故意研究》,商务印书馆 2020 年版,第 63 页。

(二)道以明向,术以立策——辩护方案

只是单纯地修正法律,提出立案建议,而不促进法律的落实,难免会使得正义的法律得不到实现,最后的效果也就差强人意,这就需要我们对于法律的落实投入更多精力。而从辩护人的角度提出相应问题,既是辩护律师维护当事人利益的职责所在,也是参与法律职业共同体建设的重要环节。

道——辩护的理念。从辩护的理念来看,辩护人要做到"要提,敢提,会提"。首先,从必要性来看,要提。虽然实践中仍然以违法性认识否定说为通说,但从辩护的角度来看,一方面,不具有违法性认识的被告人,在犯罪构成上存在欠缺,另一方面,不具有违法性认识的被告人相较于有明确认识的被告人,主观恶性相对较小,所以还是有提出相应辩护意见的必要。其次,从辩护心理看,敢提。辩护律师要克服因为法官大概率不予认可就放弃的心理,通过对违法性认识的论述,即使达不到疑罪从无,也可以争取疑罪从轻。最后,从辩护技巧看,会提。这就要求辩护律师不是一笔带过地论述,而是要从理论、证据、程序等多方面详细论述,以达到有效辩护。

术——辩护的策略。

其一,以动制静,主动提出不具有违法性认识的证据。正如前文所述,虽然应当从理论上确定当事人应当具有违法性认识,但司法实践中一般是通过推定认定其具有违法性认识,这时候就需要辩护律师主动出击,提出相应的反例和证据,达到改变认定的效果。在判断有无违法性认识时,司法人员同样需要来回往返于外行人和法律人的观念世界之间,力图实现二者的交流与沟通。①

其二,优势证据标准。在司法实践中,确实存在所有证据都不利于被告人,或者都有利于被告人的情形,但在更多的情形下,证据往往不是只倾向一方的,控辩双方都掌握了一定证据,那么应当采取何种证据标准?笔者认为,从事实存疑有利于被告人的原则来看,应当采用的是优势证据标准。

其三,分而治之,在共同犯罪中区分不同被告人。部分案件中,存在一种不好的倾向,含糊地认定所有的共同犯罪人的违法性认识,笔者认为应当区分不同被告人在公司中的层级、工作内容、工作经验时长等,针对不同层级的当事人使用不同的辩护策略。

其四,李代桃僵,认罪认罚的案件辩护策略。如前所述,在认罪认罚案件中,部分法院可能不允许辩护人作无罪辩护。但当事人的认罪认罚并不要求律师认罪认罚,律师只是见证者,并不受认罪认罚具结书的约束。从实体上看,即使认罪认罚,对于违法性认识的辩解也只是规范层面的辩解,而非事实层面的否定,并不影响认罪认罚的自愿性成立。

---

① 参见陈璇:《责任原则、预防政策与违法性认识》,载《清华法学》2018 年第 5 期。

五、尝试与尝鲜——结语

本文是笔者脱离裁判文书，将真实案件的原始材料处理后作为研究基础的一次粗浅尝试，所希望的不过是尽自己绵薄之力一窥真理的面纱。从理论来看，本文尝试对辩护工作中员工犯罪的主观方面进行总结，将辩护工作中的所思所想融入理论的甘泉。从出罪角度思考问题，符合以无情的目光论事，以慈悲的目光看人，这是刑法人该有的态度。从方法论看，本文是尝鲜的，以最鲜活的个案来推动类案的研究，尤其是不同于之前实证研究中的以裁判文书为主，而是使用被告人的笔录，尝试使实证研究更具全面性。当然囿于时间和能力，存在样本不足、研究方法局限等问题。

THE STUDY OF CHINESE-TYPE MODERNIZATION
AND CHINESE CHARACTERISTICS
SOCIALIST CRIMINAL LAW

学术顾问　高铭暄　储槐植

中国式现代化与中国特色社会主义刑法学研究

中国刑法学研究会全国刑法学术年会文集（2023年度）

下卷

▼

主编　贾　宇

副主编　黎　宏　阴建峰

编者简介

贾宇，上海市高级人民法院党组书记、院长，二级大法官；教授、博士生导师。中国刑法学研究会会长，“马工程”重点教材《刑法学》首席专家、主编。曾任西北政法大学党委副书记、校长；陕西省人民检察院党组副书记、副检察长；浙江省人民检察院党组书记、检察长，二级大检察官。西北政法学院法学学士（1983）、法学硕士（1986），武汉大学法学博士（1995）。

黎宏，清华大学法学院教授、博士生导师。清华大学法学院商业犯罪研究中心主任，中国刑法学研究会副会长，北京市法学会副会长。曾任清华大学法学院副院长、副书记、党委书记，挂职北京市西城区人民检察院副检察长、最高人民检察院司改办副主任。在中外刊物发表学术论文200余篇。武汉大学法学学士（1988）、法学博士（1996），日本同志社大学法学硕士（1995）、法学博士（1999）。

阴建峰，北京师范大学法学院教授、博士生导师。北京师范大学法学院副院长，北京师范大学刑事法律科学研究院中国刑法研究所所长；兼任北京师范大学刑事法律科学研究院反恐怖法治研究中心副主任，中国刑法学研究会常务理事暨常务副秘书长。曾挂职北京市石景山区人民检察院副检察长。中国人民大学法学学士（1995）、法学硕士（1999）、法学博士（2005）。

中国刑法学研究会全国刑法学术年会文集（2023年度）

编写说明

中国刑法学研究会2023年全国年会于2023年10月20日至21日在北京召开。本次年会由中国刑法学研究会主办,清华大学法学院承办,北京市京都律师事务所、北京市冠衡律师事务所协办。研究会副会长黎宏教授全面负责本次年会的筹备、组织、运作和协调工作,并与副会长梁根林教授、时延安教授、曲新久教授、于改之教授、王政勋教授、刘志伟教授、梅传强教授等共同主持本届年会。

在全面贯彻落实党的二十大精神的开局之年,以"中国式现代化与中国特色社会主义刑法学研究"为主题举办的本次年会,是全面建设社会主义现代化国家、实现全面依法治国进程中一场非常重要的学术会议。在新时代的道路上,面对世界之变、时代之变、历史之变,本次年会的主题与法治中国的建设同频共振、同向同行,为中国刑法学研究踏上新征程指明了方向。本次年会坚持以习近平新时代中国特色社会主义思想为指导,积极响应中共中央办公厅、国务院办公厅《关于加强新时代法学教育和法学理论研究的意见》中提出的紧紧围绕新时代全面依法治国实践,切实加强扎根中国文化、立足中国国情、解决中国问题的法学理论研究,总结提炼中国特色社会主义法治具有主体性、原创性、标识性的概念、观点和理论;积极响应把论文写在祖国大地上的号召,以"中国式现代化与中国特色社会主义刑法学研究"为主题,展示中国刑法学界加强了对中国特色社会主义法治理论的研究,并努力提升我国刑法学研究的能力和水平,加快构建中国特色刑法学的学科体系、学术体系和话语体系。本次年会的主题具体化为"中国特色刑法基础理论研究""刑法理论前沿问题研究""轻罪治理的刑事政策问题研究""单位犯罪与企业合规从宽处罚基础理论研究"这四个理论与实践方面的议题,分为四个单元进行专题研讨,内容不仅涉及中国特色刑法学体系建构等具有理论价值的宏大叙事,同时也涉及企业合规、轻罪治理等具有实践意义的前沿问题。

依照惯例,中国刑法学研究会在本次年会召开前进行了论文征集。本年会文集仍聘请研究会名誉会长高铭暄教授和顾问储槐植教授担任学术顾问,组成由研究会会长贾宇同志担任主任,由研究会全体常务理事担任委员的编委会。本年会文集由研究会会长贾宇同志担任主编并负责文集的编辑工作,由研究会副会长黎宏教授和研究会常务理事阴建峰教授担任副主编并协助主编开展具体工作,设立编辑部负责具体编辑工作,由清华大学法学院博士后融昊博士担任主任,成员包括清华大学法学院博士研究生丁文焯、袁方、杨轩宇,清华大学法学院硕士研究生贾小我、肖维怡,中国人民大学刑事法律科学研究中心博士研究生郑力凡、孙剑锋,北京师范大学刑事法律科学研究院博士研究生邹考。

截至 2023 年 8 月 31 日论文提交截止之日,共收到 202 篇论文。* 这些论文基本上围绕本次年会主题展开,全面而深入地研讨了年会主题涉及的所有理论和实践问题。但部分论文偏离了年会主题,部分论文不符合学术规范,经过认真编选研究,最终决定收录其中的 163 篇。本年会文集定名为《中国式现代化与中国特色社会主义刑法学研究——中国刑法学研究会全国刑法学术年会文集(2023 年度)(上下卷)》。上卷包括第一编和第二编:第一编"中国特色刑法基础理论研究",收录论文 29 篇,主要对从中国的社会现实、法律规范等方面提出的刑法基础理论问题展开深入探讨;第二编"单位犯罪与企业合规从宽处罚基础理论研究",收录论文 46 篇,主要围绕企业合规改革所引起的单位犯罪制度的反思、合规从宽处罚的实体法建构等具体问题进行了各个角度的研究。下卷包括第三编和第四编:第三编"轻罪治理的刑事政策问题研究",收录论文 54 篇,主要关注轻罪立法所产生的从轻罪治理到治理轻罪等方面的问题;第四编"其他前沿理论问题",收录论文 34 篇。以上论文从理论到实践多个维度深入浅出地对所涉及的问题进行了抽丝剥茧式的探讨,专家学者和司法实务工作者就诸多问题进行了交流,贡献了许多有深度、有见地的观点和方案,为填平理论与实践之间的鸿沟、推动刑法理论转化为司法实践中的有力工具提供了助力。总之,本年会文集对具体议题进行了全面、深入的研讨,不仅为年会的顺利召开提供了重要的研讨基础,而且也具有重要且现实的理论和实践价值,具有时代特征,有助于中国自主知识体系的进一步发展,有助于中国的刑法理论、刑事立法和刑事司法的进步与发展。

最后,衷心感谢北京大学出版社有关领导的鼎力支持和责任编辑的辛勤工作。正是他们的支持与付出,才得以保证本年会文集能精美且及时地问世。同时,本次年会的成功举办和本年会文集的顺利出版均得到了北京市京都律师事务所的大力支持,在此仅致以诚挚的谢意。

中国刑法学研究会

2023 年 12 月于北京

---

* 《刑法修正案(十二)》于 2023 年 12 月 29 日通过,在论文提交截止日之后,因而本书相关部分只涉及《刑法修正案(十二)(草案)》的内容。

目录

上　卷

第一编　中国特色刑法基础理论研究

第二编　单位犯罪与企业合规从宽处罚基础理论研究

下 卷

第三编 轻罪治理的刑事政策问题研究

第三编

轻罪治理的刑事政策问题研究

轻罪立法的实践悖论与法理反思

何荣功*

一、轻微危害行为的两种制裁体系

中西方文化都强调违法犯罪的预防及重视防小恶治大恶。但是,法律特别是刑法应如何对待小恶,我国与西方国家采取了截然不同的处理路径。

西方国家普遍采取低犯罪门槛的一元制裁体系。该制裁体系的特点是:刑法关注违法行为的性质,不注重违法行为的量,轻微违法行为也被纳入犯罪圈。比如,对盗窃罪,《德国刑法典》第242条规定:"意图为自己或第三人不法之所有,而窃取他人之动产者,处五年以下有期徒刑或罚金。"西方国家之所以采取大犯罪圈和一元制裁体系,有着自身的法治逻辑:一方面,对危害行为只定性、不定量的一元制裁体系有利于强化公民的守法意识,使道德底线刚性化,有助于预防大恶和严重犯罪的发生,避免破窗效应①;另一方面,犯罪化意味着行为的司法化处理,立法将轻微危害行为犯罪化,实际上是将行为纳入司法程序,国家赋予公民辩护的权利和庭审公平裁判的机会,避免行政权不当干涉和处置公民的人身财产等权利,客观上有助于更好地保障人权。

我国采取的是违法和犯罪区分的二元制裁体系,该体系下犯罪的成立有门槛限制,刑法对危害行为并不奉行零容忍的态度。根据《刑法》第13条的规定,犯罪只限于具有严重社会危害性的行为,行为情节显著轻微危害不大的,不认为是犯罪。

事物的存在往往具有一体性和对应性。西方与我国刑法针对违法行为采取的制裁体系分别对应(配套)着各具特色的刑罚制度及刑事司法运行机制。

在西方国家,由于犯罪圈广泛、犯罪门槛低,所以,现实社会的犯罪数量势必很庞大,如果国家将刑法规定的犯罪最终都定罪处罚,那么,不仅有违刑法谦抑性,也是国家司法资源难以承受之重。为了缓解一元制裁体系可能导致的刑法范围过宽的问题,西方国家构建了对应的配套机制与制度。首先,在刑罚制度上,针对轻微犯罪,西

---

* 武汉大学法学院副院长、教授,中国刑法学研究会副会长。

① 参见〔美〕乔治·凯林、〔美〕凯瑟琳·科尔斯:《破窗效应:失序世界的关键影响力》,陈智文译,生活·读书·新知三联书店2014年版,第24页。

方国家建立了类型多元的轻微刑罚制度，比如短期自由刑、赔偿与轻微罚金、资格刑、社区服务，还有相对完善的前科消灭制度等。整体而言，刑法呈现出“严而不厉”的结构特点，即刑事法网严密，但刑罚并不严厉。其次，刑事司法上，西方国家普遍重视司法限制刑法范围的功能，积极以司法出罪机制将大量轻微危害行为排除出刑法范围。由于刑事司法扮演着节制刑罚适用的角色，司法过程承载着过滤犯罪和出罪的功能，刑事司法运作过程犹如漏斗，大量轻微危害行为被刑法规定为犯罪后又被筛漏于刑法体系之外，所以，这种刑事司法运行机制常常被形象地比作漏斗型刑事司法机制。①

我国刑事司法运行机制整体上呈现的是直筒型（也称“圆筒型”）构造。对于刑事案件办理，强调公安、检察和法院的协调配合，办案机关也遵循统一追诉标准。刑事诉讼程序整体上偏向于对犯罪嫌疑人的追诉。犯罪嫌疑人一旦进入刑事司法程序，通常就意味着将被定罪和追究刑事责任，其从刑事司法程序中解脱出来的概率很小。② 近年，随着我国犯罪结构的变化，中央提出了“少捕慎诉慎押”的刑事司法政策，检察机关的不起诉裁量权有所扩大，但是直筒型的刑事司法运行机制并没有根本性改变。此外，在刑罚制度上，我国刑罚种类一直保持着主刑和附加刑的分类，主刑和附加刑的种类都相对单一，且轻微刑罚制度严重不足，前科消灭制度也没有真正建立。刑法明显具有“厉而不严”的结构特点，即刑事法网不严密，但刑罚比较严厉。

二、轻罪立法的我国实践与问题

（一）轻罪立法的表现与特点

《刑法修正案（八）》出台之前，刑法规定了不少最高刑为3年有期徒刑的轻罪，《刑法修正案（九）》和《刑法修正案（十一）》增设轻罪的趋势更为明显。比如，《刑法修正案（九）》增加了12个轻罪，占新增犯罪的60%；又如，《刑法修正案（十一）》新增8个轻罪，约占增加罪名比例的一半。归纳起来，近年我国轻罪立法具有如下值得关注的特点：

第一，立法的情形多样。有的是将原由《治安管理处罚法》调整的行为升格为犯罪，有的是将以往只是属于违反职业伦理规范的行为犯罪化，有的是将性质上主要属于民事纠纷的行为犯罪化。③

---

① See David Garland, The Culture of Control: Crime and Social Order in Contemporary Society, Oxford University Press, 2001, p. 62.

② 参见谢川豫：《危害社会行为的制裁体系研究》，法律出版社2013年版，第325页。

③ 参见何荣功：《我国轻罪立法的体系思考》，载《中外法学》2018年第5期。

第二,在法定刑设置上,《刑法修正案(八)》出台之前,1979年《刑法》和1997年《刑法》都没有规定最高刑为拘役的罪名。立法首次将危险驾驶罪的法定最高刑设置为拘役,其后将使用虚假身份证件、盗用身份证件罪和代替考试罪的最高刑也规定为拘役。此外,过去最高刑为1年有期徒刑的犯罪类型很少见,《刑法修正案(十一)》在该方面作出了较大的突破性规定,妨害安全驾驶罪、危险作业罪和高空抛物罪的法定最高刑都是1年有期徒刑。

第三,在构成要件设置方面,在轻罪立法的场合,同样应重视罪量对犯罪成立的限制意义。最近的轻罪立法中,刑法条文往往只规定构成要件行为,不再规定"情节严重""数量较大"等罪量要件。

(二)轻罪立法的积极意义与困境

在理论上,轻罪立法的积极意义一直被肯定,比如可以顺应社会发展的变化,体现现代社会重视发挥刑法对于社会和公民行为规范的指引、评价功能,并反映出现代刑法谦抑性的延展性。① 通过司法裁决剥夺人身自由,可以更好地保障被处罚者的合法权益、维护司法公正和契合国际人权公约的要求。②

轻罪立法的积极意义也体现在实践中,以危险驾驶罪为例,该罪客观上确实起到了预防交通事故发生和培养国民规范意识的作用。根据公安部公布的数据,醉驾入刑5年时,全国因酒驾、醉驾导致交通事故起数和死亡人数较该罪实施前分别下降18%和18.3%。③ 2021年醉驾入刑10年之际,上述两数据相比上一个10年减少了2万余起。数据还显示,当前执法检查中每100辆车发现醉驾的比例较之于醉驾入刑前降低70%以上。在国民遵守交通规则意识的培养上,饮酒后大多数机动车驾驶人都能自觉选择代驾出行,全国酒后代驾订单年均达到2亿笔④,"喝酒不开车,开车不喝酒"越来越成为社会认同和支持的文明意识和行为准则。⑤

但是随着危险驾驶罪案件数量的增加,轻罪立法带来的问题越来越为社会关注。根据最高人民检察院工作报告的数据,2013年至2017年,全国检察机关共起诉717.3万人,其中,危险驾驶罪起诉73.7万人,占整个起诉案件的10.27%,其中绝大部分案件系醉驾案件;2019年全国检察机关共起诉危险驾驶罪322041人,占比为17.7%;

---

① 参见孙国祥:《积极谨慎刑法发展观的再倡导——以〈刑法修正案(十一)〉为视角》,载《西南民族大学学报(人文社会科学版)》2021年第9期。

② 参见刘仁文:《我国行政拘留纳入刑法体系构想》,载《法制与社会发展》2021年第5期。

③ 参见汤瑜:《"醉驾入刑"五年 全国共查酒驾247万余起》,载《民主与法制时报》2016年5月5日,第1版。

④ 参见高莹:《全国道路交通安全各项指数持续向好》,载《人民公安报·交通安全周刊》2022年7月26日,第1版。

⑤ 参见周佳佳等:《十年了,醉驾入刑要不要修改?——"醉驾入刑"提案第一人再发声》,载人民政协网,http://www.cppcc.gov.cn/zxww/2021/05/12/ARTI1620782606219119.shtml,2022年10月17日访问。

2021 年全国检察机关起诉人数最多的罪名为危险驾驶罪,起诉人数为 35. 1 万人,占比 20. 07% 。[①]《最高人民法院工作报告》的数据显示,2013 年全国法院审结的危险驾驶罪案件数量为 9 万多件,居当年刑事犯罪案件数量的第三位,占当年法院审结的全部刑事案件总数的 9. 5% ;2020 年上述数据分别为 28. 9 万件,高居刑事案件第一位,占当年法院审结的全部刑事案件总数的 25. 9% ;2021 年案件数量增长至 34. 8 万件,远远超过其他刑事案件。[②] 人民法院的数据还显示,2011 年全国法院共审结刑事一审案件 845714 件[③],2021 年该数据为 125. 6 万件,10 年间全国法院审结一审刑事案件同比增长 41 万余件,其中,一半以上的增长是危险驾驶罪案件。与之形成鲜明对比的是,1999 年至 2019 年,我国检察机关起诉严重暴力犯罪从 16. 2 万人降至 6 万人,年均下降 4. 8% 。[④]

类似的问题在《刑法修正案(九)》新增的另一轻罪帮助信息网络犯罪活动罪中也存在,只不过没有像危险驾驶罪那样受到社会的高度关注而已。检察机关发布的数据显示,2021 年全国检察机关共起诉 174. 9 万人,其中危险驾驶罪起诉人数为 35. 1 万人,帮助信息网络犯罪活动罪起诉人数为 12. 9 万人,两罪起诉人数合计占比 27. 4% 。[⑤]

三、我国应慎重推进轻罪立法:一个整体主义的分析

西方国家普遍采取的一元制裁体系与我国采取的违法与犯罪区分的二元制裁体系都有自身的理论与实践的自洽性,在各自的司法体系中都显示出自己的适宜性、特色与优势。国家根据自身需要采取何种制裁体系,主要是选择和取舍问题。而且,一国的刑法完全可以根据法治发展需要改变既有体系采取另外一种制裁体系。因此,单从事物逻辑上讲,我国刑法不是不能改采一元制裁体系,在积极推进轻罪立法的同时,构建漏斗型刑事司法运行机制,建立轻微刑罚制度。但任何时代,法律制度都只是国家文化和政治制度的重要组成部分,一个国家采取何种法律制度,不可能脱离国家司法制度及其实践,也不能脱离该国长期以来形成的法律文化。我国的国家权力分配体系、配套制度和刑法文化在根本上决定了应继续坚持传统违法和犯罪区分的二元

① 相关数据分别来自 2018 年、2019 年、2022 年《最高人民检察院工作报告》,载最高人民检察院官网,https://www.spp.gov.cn/spp/gzbg/index.shtml,2022 年 10 月 20 日访问。

② 相关数据分别来自 2014 年、2021 年、2022 年《最高人民法院工作报告》,载最高人民法院公报官网,http://gongbao.court.gov.cn/ArticleList.html? serial_no=wx,2022 年 10 月 20 日访问。

③ 参见中国法律年鉴编辑部编辑:《中国法律年鉴(2012 年)》,中国法律年鉴社 2012 年版,第 168 页。

④ 参见《最高人民检察院工作报告——2020 年 5 月 25 日在第十三届全国人民代表大会第三次会议上》,载最高人民检察院官网,https://www.spp.gov.cn/spp/gzbg/202006/t20200601_463798.shtml,2022 年 10 月 20 日访问。

⑤ 参见《2021 年全国检察机关主要办案数据》,载最高人民检察院官网,https://www.spp.gov.cn/spp/xwfbh/wsfbt/202203/t20220308_547904.shtml#1,2022 年 10 月 24 日访问。

制裁体系，慎重推进轻罪立法。

第一，我国权力分配与运行机制，根本上决定了应慎重推进轻罪立法。

一个国家采取何种法律制度，是由国家的权力结构及国家权力与公民权利的关系决定的。具体到刑法制度而言，国家是采取一元制裁体系还是违法和犯罪区分的二元制裁体系必须以国家权力结构及司法制度为基础并与之相适应，行政权和司法权的性质及其权力范围就是其中的重要因素。

在西方国家，政府的行政权及其范围受到严格限制，一般情况下，并无处置公民自由的权利，对公民财产权的处置也受到严格限定。在这种权力配置体系下，对于涉及剥夺或者限制公民自由的行为，原则上由司法机关决定和适用。国家对危害行为制裁意味着对公民人身权、财产权等权利的限制和剥夺，只有将危害行为犯罪化，才能纳入司法体系由司法机关调整。所以，西方国家的权力结构与运行架构决定了其必然选择一元制裁体系和轻罪立法。

与此不同，我国行政权强大，行政机关不仅具有罚款的权力，还具有行政拘留即限制剥夺公民自由的权力。除《治安管理处罚法》对行政机关具有罚款、行政拘留权作出一般规定外，我国诸多法律都规定了行政机关可以对公民进行罚款、行政拘留，我国的行政机关实际上行使着西方国家的部分刑罚权。赋予行政机关行政拘留权，不仅效率高，可以有效地避免犯罪标签效应，而且，有利于节约有限的司法资源。所以，在我国，轻罪立法不单涉及犯罪门槛的降低，还涉及行政权与司法权的划分这个重大问题。在我国行政权与司法权的功能、定位、权力范围以及关系没有改变的情况下，通过降低犯罪门槛扩大刑罚权范围，本质上是以刑罚权替代行政处罚权，实际上是强化刑法适用，提升对行为的处罚。

可见，西方国家采取的一元制裁体系和轻罪立法，根本上是由其行政权的职能及其权限范围决定的，在西方国家的权力分配体系下，轻罪立法既是一种不得已的选择，也是一种适应性机制。我国行政机关依法具有行政拘留等行政处罚权，针对危害行为，我国采取的是违法和犯罪区分的二元制裁体系，轻微危害行为由行政法、民事法等调整，轻罪立法与我国的二元制裁体系在整体上并不契合。换句话说，除非我国在整体上改革行政权的范围并改变传统违法和犯罪区分的二元制裁体系，否则，轻罪立法应慎重推进。

第二，我国司法体制与司法权的地位性质决定了应慎重推进轻罪立法。

采取轻罪立法的国家都建立了配套的漏斗型刑事司法运行机制，最终将轻罪筛漏于刑法体系之外。完善的漏斗型刑事司法运行机制至少需要以下基础性条件：司法权应具有较高的独立性和中立性；司法权在国家权力体系和社会中有足够的权威；司法运行机制应该是判断性机制，而非追诉性机制；司法权及其运行要规范、清廉，避免导致大量案件处理的不公正。西方国家司法权的独立性质和权威地位为漏斗型司法出罪机制良好运行提供了制度基础和保障。

我国的司法体制与运行机制有着自己的特色。从司法权性质看,我国没有分权的传统,历史上行政权与司法权长期合二为一。[①] 实践中,我国采取的是政府主导经济社会发展的模式[②],行政权居于强势地位,司法权相对弱势。《宪法》第 131 条和第 136 条分别规定:"人民法院依照法律规定独立行使审判权,不受行政机关、社会团体和个人的干涉。""人民检察院依照法律规定独立行使检察权,不受行政机关、社会团体和个人的干涉。"现实中,司法权的行使还受到种种牵制和制约,司法权的权威性尚不足。我国司法权虽然也有判断权的属性,但同时承载着社会管理的职能,具有一定的行政性。在这种情况下,司法运行机制势必难以担负"立法入罪而司法出罪"的重任。

在刑事追诉机制方面,对于任何国家来说,刑事司法制度根本上是为了应对犯罪而构建的,在西方国家一元制裁体系中,立法阶段国家将轻微危害行为也纳入刑法范围,犯罪圈大,刑事司法只具备明显的出罪功能。在我国,随着我国法治建设的全面进步,无论是刑法还是刑事司法运行机制,偏重打击和追诉犯罪的做法正在逐步得以改变,但整体而言,在惩罚犯罪和人权保障之间,刑法还是更为强调前者,刑事司法运行机制也仍然偏重对犯罪的追诉。

所以,从理论上讲,在我国推进轻罪立法并配置完善的漏斗型刑事司法运行机制,可以将大量轻罪最终筛漏于刑法之外,避免行为过度卷入刑事司法。但在现实社会,如果没有较高独立性、中立和权威的司法权保障,如果现有司法制度仍呈现出明显的追诉性特征,如果办案机关和人员的偏重打击犯罪的思维根深蒂固,那么,这一改革设想必然难以实现。

第三,从犯罪治理的现实看,轻罪立法将面临困境。

现实社会犯罪的发生都遵循一定的机理和规律。简单地讲,整个社会的违法犯罪就像一个沙堆,呈"金字塔"型构造,底层是轻微违法行为,中层则是严重违法和犯罪,最上层是严重犯罪、犯罪集团。从数量上看,处于底层的违法犯罪数量最大,越向上,数量逐步减少。避免严重犯罪和犯罪集团的产生,应从沙堆底层入手,减小"沙基",这样整个沙堆自然就变小,沙堆的高度就会下降(即严重犯罪减少),进而犯罪总量减少。[③] 所以,如何科学应对和处置处于沙堆最底层但是数量又最为庞大的轻微违法行为,则涉及国家刑事政策与犯罪治理的策略。在我国直筒型刑事司法运行机制下,国家需要考虑犯罪门槛与案件数量关系问题。整体而言,两者呈现反比例关系,犯罪门槛高,维持传统的违法和犯罪区分的二元制裁体系,纳入刑法调整的犯罪数量就

---

① 参见万鄂湘:《从中西方政治制度比较看我国司法制度的人民性》,载《人民法院报》2008 年 9 月 16 日,第 5 版。

② 参见顾昕:《政府主导型发展模式的兴衰——比较研究视野》,载《河北学刊》2013 年第 6 期。

③ 参见万川:《社会治安沙堆效应原理述评》,载《中国人民公安大学学报(社会科学版)》2012 年第 5 期。

会少;反之,降低犯罪门槛,推进轻罪立法,犯罪数量就会多,刑事司法就会面临案件数量多的难题。我国历来强调法不责众,区别对待,宽严相济,违法与犯罪区分的二元制裁体系既契合我国传统慎刑思想,又可以有效避免刑法对社会的过度干预。

第四,作为轻罪立法指导思想的积极刑法观,需要反思。

积极刑法观,系相对于传统保守、消极、节制刑法观而言,顾名思义,其不再秉持刑法作为社会治理最后手段的传统做法,强调刑法对社会的积极干预。面对新型违法犯罪,积极刑法观有其合理性,但作为刑法立法的指导思想和一般原则,积极刑法观并不值得提倡。首先,在任何时代,刑法并非国家的福利机制,以限制和剥夺公民权利的方式保障公民权利,本质上是一种悖论性制度。刑法的适用虽然彰显正义,但同时也制造新问题,无论如何精致的司法程序都无法避免其创造的产品是罪犯。刑法的性质天然决定了其没有积极的正当性和必要性。其次,刑法面对社会发展中的新型危害行为,增设新罪,及时作出回应,这并非积极刑法观之体现。相反,面对新型严重危害行为,刑法无动于衷,是刑法的渎职。积极刑法观强调的是发挥刑法对"规范社会生活方面的引导和推动作用"。对民商经济法而言,如何强调其对社会发展的引领和推动作用都不为过,但刑法的性质和悖论性特征决定了其难以担负起对社会的引导和推动作用。刑法是把双刃剑,刑法的机能是保障性的,而非推动性,正因为如此,刑法在性质上属于保障法和补充法,民法要扩张,刑法要谦抑①,即源于此。刑法参与社会治理及其限度,应遵守刑法的常识。再者,现代文明社会应提倡和平,克制惩罚,积极刑法观是一种提倡惩罚的社会治理模式,刑罚的适用虽然有合法的形式,但在性质上仍然是一种惩罚,与文明社会倡导的和谐、宽容、友爱的社会价值不相容。在制度文明的意义上,积极刑法观不值得推崇和提倡。

另外,在我国轻罪立法还会存在如下运行逻辑疑问:立法阶段将轻微危害行为纳入刑法,其后为了避免过度惩罚又竭力出罪,行为的性质最终又回转到原点。这种做法的意义究竟何在,果真可以更好地保障公民的权利?恐怕值得深入思考。

四、避免出现"又严又厉"的刑法结构

对于刑法结构,一种有影响力的观点认为,"严而不厉"的刑法结构是值得提倡的,是刑法现代化要求。储槐植先生指出,走向刑法现代化,意味着我们的刑法还不是现代化的,我们现在的刑法基本是"厉而不严",刑事责任、刑事法网还很不严密。现代化的刑法应该是"严而不厉"。② 我国刑法现代化就是从"厉而不严"走向"严而不厉"

① 参见王利明:《民法要扩张 刑法要谦抑》,载《中国大学教学》2019年第11期。

② 参见储槐植:《走向刑法的现代化》,载《井冈山大学学报(社会科学版)》2014年第4期。

即刑法结构调整的过程。① 梁根林教授认为,“严而不厉”是刑法结构的理想模式。刑法结构“严而不厉”首先要求严密刑事法网、严格刑事责任,但严密刑事法网、严格刑事责任不等于抹杀犯罪与违反道德、一般违法行为的区别,任意扩张刑法干预的范围。② 从逻辑上讲,刑法结构有“严而不厉”“厉而不严”“不严不厉”“又严又厉”四种类型。如前文所述,西方国家刑法结构普遍呈现的是“严而不厉”的特点,我国刑法结构明显呈现的是“厉而不严”的特点。一国采取何种刑法结构必须与其国家权力分配体制以及司法运行机制相协调。而且,“严而不厉”未必就是现代刑法的理想结构,应然意义上,宽容而有力的刑法才是现代化的刑法。在我国,“不严不厉”的刑法结构更值得提倡。我国有重刑主义的历史传统,现实社会仍然弥漫着比较浓厚的犯罪追诉思维和机制,保持较高犯罪门槛,构建“不严不厉”的刑法结构对于避免刑法过度参与社会治理,具有制度性意义。对于我国刑法未来发展,一方面要减少和限制死刑立法及其适用,另一方面继续秉持违法和犯罪区分的二元制裁体系。改变传统违法和犯罪区分二元制裁体系,降低犯罪门槛,积极推进轻罪立法,很可能导致我国刑法走向又严又厉,难以符合刑法现代化的发展方向。

① 参见储槐植:《刑法现代化本质是刑法结构现代化》,载《检察日报》2018 年 4 月 2 日,第 3 版。
② 参见梁根林:《论犯罪化及其限制》,载《中外法学》1998 年第 3 期。

关于“轻罪”理论研究中若干观点的商榷

汪明亮*

近段时间以来,理论界关于“轻罪”的研究如火如荼。毋庸置疑,相关研究成果为刑事立法与刑事司法的改进提供了重要的理论支持,对国家治理现代化之犯罪治理现代化的实现具有一定的推动作用。但同时也应该看到,由于理论界对轻罪的研究时间不长,部分研究成果所提出的若干观点(包括对策建议和学术论断)与国家治理现代化所内含的科学性要求还存在差距,尚有改进与完善空间。

国家治理现代化是党和国家为适应中国经济社会变迁的需求而提出的时代命题,犯罪治理现代化是国家治理现代化应有之义。① 科学性是犯罪治理现代化的重要表现。在学术研究领域,无论是提出轻罪治理对策建议,还是给出相关学术论断,都必须从真实、全面和逻辑等视角满足科学性要求。易言之,学术研究引用的实践资料要真实,考虑的视角要全面,归因推理要符合逻辑。

一、“‘轻罪时代’选择以宽为主刑事政策”的建议

有学者认为:随着“轻罪时代”的到来,我国犯罪结构发生了重大变化,正从自然犯转向法定犯,犯罪形势日趋缓和。在此判断之上,进而提出“轻罪时代的犯罪治理应该彻底摈弃严打重刑思维,从宽严相济转向以宽为主的刑事政策,刑罚应整体趋轻”之建议。②

“‘轻罪时代’选择以宽为主刑事政策”的建议是以“‘轻罪时代’意味着犯罪形势缓和”之判断为前提的。我们认为,该判断难以成立,以该判断为基础的刑事政策选择建议值得商榷。

学界认为我国已经进入“轻罪时代”的依据有二:一是近年来八类严重暴力犯罪的犯罪率逐年下降,其在全部犯罪总量中的占比也在下降;二是刑事案件中判处3年以

---

* 复旦大学法学院教授,中国刑法学研究会理事。

① 参见黄石:《推进新时代犯罪治理现代化建设》,载《人民法院报》2022年9月22日,第5版。

② 参见卢建平:《轻罪时代的犯罪治理方略》,载《政治与法律》2022年第1期。

下刑罚比例达80%以上。①

以上两方面理由并不足以证明当前的"'轻罪时代'意味着犯罪形势缓和"之判断。主要理由是:其一,虽然近年来八类严重暴力犯罪的犯罪率逐年下降,其在全部犯罪总量中的占比也在下降,但由于八类严重暴力犯罪绝对数量较大,即便犯罪率与占比率呈下降趋势,其给社会带来的危害,给民众带来的恐惧感亦非常明显。以故意杀人案件为例,虽然近二十年来已经下降近40%,但近些年每年绝对数量还在7000起左右②,特别是,一些故意杀人案件动机极其卑鄙、手段极其残忍,经媒体报道后,引发了社会恐慌。其二,判处3年以下刑罚的罪未必都是真正的"轻罪",仅以法定刑作为区分重罪与轻罪的标准过于简单、不尽科学。例如,理论界大多认为危险驾驶罪是典型的轻罪(其法定最高刑是拘役),但事实并非如此。据数据分析,交通事故死亡人数与醉驾之间存在正相关,在危险驾驶入罪后,特别是在"零容忍"司法政策指导下,交通事故死亡人数与伤害人数随即下降(死亡人数降至年均5万人以下、伤害人数降至年均2万人以下)。近几年来,随着司法认定上的松动,交通事故死亡人数随即上升(近几年死亡人数都在年均6.3万人左右、伤害人数在年均2.5万人左右)。③如此说来,危险驾驶罪能算是"轻罪"吗?又如,收买被拐卖的妇女罪最高法定刑是3年有期徒刑,自江苏"铁链女"事件发生后,要求提高该罪法定刑的呼声不断。如此说来,收买被拐卖的妇女罪能算是"轻罪"吗?其三,若干经济犯罪自然犯趋向显现。一般认为,经济犯罪主要是法定犯,"是一种隐藏、潜伏在正常经济活动之中的特殊经济行为,其危害性更多地体现在违反经济活动规则,破坏经济生活秩序……与主观道德评价没有必然联系,伦理性色彩相对较弱"④。虽然,大多数经济犯罪体现在违反经济活动规则方面,与主观道德评价没有必然联系,伦理性色彩相对较弱,但是从近些年发生的若干类型经济犯罪来看,伦理色彩却越来越明显,其不仅违反了经济活动规则,而且还严重侵犯了他人的财产、健康甚至生命权利。例如,一些犯罪人为了谋取暴利,不顾他人生命、健康权利,大肆生产、销售假药、有毒有害食品⑤;一些犯罪人不考虑最基本

---

① 参见卢建平:《轻罪时代的犯罪治理方略》,载《政治与法律》2022年第1期;周光权:《"轻罪时代"呼唤社会治理方式转型》,载《上海法治报》2023年5月26日,第B07版。

② 以公安机关故意杀人立案数为例,2021年6522起、2020年7157起、2019年7379起、2018年7525起、2017年7990起、2016年8634起、2015年9200起、2014年10083起、2013年10640起。数据来源于国家统计数据库(https://data.stats.gov.cn/easyquery.htm?cn=C01),2023年7月31日访问。

③ 数据来源于国家统计数据库(https://data.stats.gov.cn/easyquery.htm?cn=C01),2023年7月31日访问。

④ 杨书文:《理解经济犯罪的三个关键词》,载《江西警察学院学报》2020年第6期。

⑤ 2015年至2021年,每一年基层法院审理的生产、销售假药、有毒有害食品罪案件均在2000件以上。数据来源于中国裁判文书网(https://wenshu.court.gov.cn/website/wenshu/181029CR4M5A62CH/index.html),2023年2月24日访问。

的怜悯情感,实施集资诈骗犯罪、证券犯罪,骗取退休老人养老金[①]、收割中小散户[②];一些犯罪人不考虑基本的友情与亲情,实施组织传销活动犯罪,骗完熟人骗亲人等。[③] 其四,法院判决的刑事案件呈现出上升趋势,已然犯罪量居高不下。[④]

既然“‘轻罪时代’意味着犯罪形势缓和”之判断与较严峻的犯罪现实不相符,那么建立在该判断之上的刑事政策选择建议亦有商讨空间。因此,在当前犯罪形势依然严峻背景下,必须严格贯彻宽严相济刑事政策,该宽则宽、该严则严。具体来说,一方面,采用科学的方法筛选出真正的“轻罪”(而非仅按法定刑判断),该宽则宽;另一方面,对于严重刑事犯罪,该严则严,不能以所谓的“轻罪时代”为由放弃对严重犯罪的严惩。

此外,即便是对真正的“轻罪”,在依法从宽处理的时候,也应有限度。要充分考虑“轻罪”的生成机理,特别是理性选择犯罪原因论的启示,警惕因处罚过宽而使刑罚失去威慑力,进而使从宽成为间接促使“轻罪”生成的社会因素。[⑤]

二、“应该废除醉驾型危险驾驶罪”的建议

近些年来,不断有学者与人大代表建议“应该废除醉驾型危险驾驶罪”。其理由主要有二:一是遏制效果不佳;二是附带了不利后果。

详言之,一是该罪没有起到有效遏制此类行为的效果。从近十年的数据来看,将醉驾行为纳入犯罪范围并没有起到有效遏制此类行为的效果,现实已偏离了醉驾入刑的初衷。自醉驾入刑以来,醉驾型危险驾驶罪案件数量仍在攀升,目前已高居刑事案件数量首位。二是因醉驾被认定构成危险驾驶罪后,除了需承担刑事责任,还将面临一系列附带的不利后果。例如,被用人单位解除劳动合同,公职人员被开除党籍、开除公职等,特定从业者如律师、医师等被吊销执业资格证书。受过刑事处罚的人在短时

---

① 参见《检察机关打击整治养老诈骗犯罪典型案例》,载 https://www.spp.gov.cn/xwfbh/dxal/202206/t20220617_560065.shtml,2023 年 2 月 24 日访问。

② 参见《最高法、最高检、公安部、中国证监会联合发布依法从严打击证券犯罪典型案例》,载 https://www.spp.gov.cn/zdgz/202209/t20220909_577066.shtml,2023 年 2 月 24 日访问。

③ 参见《[江苏检察机关严打传销犯罪]骗同学骗亲友 疯狂传销致人跳河跳楼》,载 http://yz.jsjc.gov.cn/tslm/dxal/201801/t20180116_251413.shtml,2023 年 6 月 10 日访问。

④ 以人民法院审理刑事一审案件收案数为例,2021 年 1277197 件、2020 年 1107610 件、2019 年 1293911 件、2018 年 1203055 件、2017 年 1294377 件、2016 年 1101191 件、2015 年 1126748 件、2014 年 1040457 件、2013 年 971567 件。数据来源于国家统计数据库(https://data.stats.gov.cn/easyquery.htm? cn = C01),2023 年 7 月 27 日访问。

⑤ 理性选择理论把犯罪人假设为“理性人”。犯罪人能认识自己的行为及其后果,并能对行为成本和后果利益进行比较,只要有可能,都倾向于以最小的行为成本去换取最大的后果利益。简言之,犯罪是一种利益与损害之衡量。理性选择理论是刑罚威慑论的重要理论依据。当下占主导地位的“轻罪”大多可以通过理性选择理论予以归因。

间内将会坐牢、失业，在此后的日子里就业权也将受到严格限制。不仅如此，根据现行相关规定，凡是受过刑罚的人，其子女在报考公务员、警校、军校或在安排关键、重要工作岗位时，难以通过有关的材料审核。①

把以上两个理由作为应该废除醉驾型危险驾驶罪的理由是不科学的，甚至是荒谬的。依此逻辑，盗窃罪也应该废除。原因很简单，一是该罪没有起到有效遏制此类行为的效果。从数年的数据来看，将盗窃行为纳入犯罪范围并没有起到有效遏制此类行为的效果，盗窃罪一直大量存在，曾经长期高居刑事案件数量首位。二是因盗窃被认定构成犯罪后，除了需承担刑事责任，也将面临一系列附带的不利后果，如会被用人单位解除劳动合同，公职人员被开除党籍、开除公职等，甚至影响子女报考公务员、警校、军校。实际上，依此逻辑，所有的罪名都应该被废除。

遏制效果不佳与附带了不利后果难以成为废除醉驾型危险驾驶罪的理由。一旦建立在此理由上的建议影响刑事立法，则可能不利于犯罪治理效果的实现。更何况，该罪没有起到有效遏制此类行为的效果的理由本身也是不能成立的。该理由只是简单地看每年的涉罪数据，没有分析涉罪之外的数据，论据过于片面。大量数据表明，醉驾型危险驾驶行为入罪后，已经取得了巨大成效。总体来看，醉驾入刑 10 年以来，累计减少数万起酒驾醉驾肇事导致的伤亡事故，避免了数万个家庭因交通事故破碎、返贫，充分体现了“醉驾入刑”坚持生命至上的立法初衷。具体而言，截至 2022 年 6 月底，在我国机动车保有量、驾驶人数分别达到 4.06 亿辆、4.92 亿人，同比 2012 年分别增加 1.6 亿辆、2.27 亿人的背景下，道路交通安全各项指数持续向好，重大以上交通事故起数从 2012 年的 25 起下降到 2021 年的 4 起，已连续 33 个月未发生特别重大交通事故，一次死亡 3 人以上较大交通事故起数降幅达到 59.3%；每排查百辆车的醉驾比例比“醉驾入刑”前降低 70% 以上。②

为什么醉驾型危险驾驶行为入罪后，没有彻底消灭此类行为，反而每年有近 30 万人涉罪呢？这需要从犯罪学角度进行分析。醉酒驾驶行为纳入犯罪并没有起到有效遏制此类行为的效果的观点是违反犯罪学常识的。

从犯罪学角度考察，危险驾驶犯罪是行为人因素、自然因素及社会因素（如酒文化、汽车产业、法律处罚）等多种因素相互作用的结果。我们消灭不了这些因素，自然也就消灭不了该犯罪。在此意义上说，一旦醉驾型危险驾驶行为入罪，其必然长期存在，这正是迪尔凯姆所说的“犯罪正常论”。而且，只要导致危险驾驶犯罪的各种因素没有太多变化，该犯罪每年发生的总量也就不会有太多变化，这正是菲利所说的“犯罪

① 参见《全国人大代表朱列玉：我为何建议取消醉驾型危险驾驶罪》，载 https://m.thepaper.cn/baijiahao_16941365，2023 年 7 月 27 日访问。

② 参见高莹：《全国道路交通安全各项指数持续向好》，载《人民公安报・交通安全周刊》2022 年 7 月 26 日，第 1 版。

饱和论”。可以预测的是,随着驾驶人员与汽车数量的持续增长,如果不改变危险驾驶罪的入罪标准,该类犯罪总量将会持稳定上升趋势。也许有人会问:既然刑法消灭不了醉驾行为,为何还要将该行为入罪呢?原因很简单,就是为了通过改变社会因素(加大法律处罚力度),尽可能把该行为控制在社会所能容忍的范围内,以最大限度地保护公共安全,实现生命至上目标。

除犯罪学角度的分析之外,还可以从立法论角度考察。醉驾行为有无入罪必要,关键要考察以下四个方面的因素:有无可罚的社会危害性、民众的态度、域外经验及有无其他有效控制手段。

醉驾型危险驾驶是造成重大交通事故的主要原因,是人为风险的重要来源,具有可罚的社会危害性是显而易见的;民众支持醉驾入罪的态度也是非常明确的;域外经验也是支持入罪的;其他手段难以发挥效果,现行的行政处罚模式难以有效遏制危险驾驶行为。①

虽然醉驾型危险驾驶罪不应该废除,但需改进,即改良而非革命。具体改良路径学界已有较成熟观点,值得相关职能部门参考。例如,通过立法提高该罪的入罪门槛,诸如增设“不能安全驾驶”要件;通过司法裁判标准的科学化设计,实现司法出罪功能,或者发挥现有刑事诉讼制度框架内的相对不起诉制度功能,并激活我国《刑法》第37条定罪免刑条款;建立前科消灭或者前科封存制度;等等。②

三、“刑罚轻缓化是世界刑法发展趋势”之论断

学界以“刑罚轻缓化是世界刑法发展趋势”之论断来支持“当下轻罪时代刑罚应该宽缓”之观点,是一种常规视角,也是重要的依据。

该视角或依据是不完全符合世界各国刑法发展实践的。“刑罚轻缓化是世界刑法发展趋势”论断是相对的,并不是绝对的真理。从应然看,该论断是成立的;但从实然看,则未必。

实际上,当今世界一些国家呈现出的是刑罚严厉化趋势。根据美国纽约大学嘉兰(Garland)教授对美英等国犯罪政策历史演变规律的研究,发现其犯罪政策历经了刑罚严厉化、刑罚轻缓化(刑罚人道主义)及刑罚严厉化的演变。详言之,在18世纪中后期之前的传统社会,犯罪政策凸显了刑罚严厉化倾向,强调严刑峻法;到了18世纪中后期,特别是19世纪中后期之后的100多年时间,受启蒙运动所倡导的人权观念

---

① 参见叶良芳:《危险驾驶罪的立法证成和规范构造》,载《法学》2011年第2期。

② 参见周光权:《论刑事一体化视角的危险驾驶罪》,载《政治与法律》2022年第1期;李翔:《论微罪体系的构建——以醉酒驾驶型危险驾驶罪研究为切入点》,载《政治与法律》2022年第1期;梁根林:《刑事政策与刑法教义学交互审视下的危险驾驶罪》,载《中国法律评论》2022年第4期;等等。

影响及当时缓和的犯罪形势,在犯罪政策领域,以美英等国为代表的西方发达国家经历了一场所谓的刑罚人道革命(humanity revolution),即强调给予犯罪人人道的待遇,而不是严厉的惩罚。① 然而,到了20世纪中后期,伴随着风险社会的到来,曾经引领刑罚人道革命的美英等国对犯罪问题所采用的控制政策发生了戏剧性变化,犯罪控制和刑事司法领域朝向理性化与文明的刑罚现代化进程长期趋势已彻底改变。② 这些转变令专家感到意外,违反了历史预期。这些变化意味着刑罚人道革命的终结,刑罚严厉革命(severity revolution)的到来③;意味着人道主义理念的退让,刑罚严厉化趋势显现。

以美国为例,刑罚严厉革命主要体现在:在刑事立法方面,制定了诸多特别法案,在一定程度上突破既有法治规则,利用法律对抗法律(law against law)策略④,严厉打击特殊类型的刑事犯罪。例如,《美国爱国者法案》(USA Patriot Act)、《梅根法》(Megan's Law)等。在刑事司法方面,限制法官量刑自由裁量权,制定强制判决、强制最低刑期判决、推定判决、量刑指南、"三振出局"判决等;非法证据排除规则受到限缩和制定预防性羁押法。在行刑方面,恢复执行死刑,且数量呈稳中有升之态势⑤,有些州的死刑执行还采取了示众与电视直播方式⑥;开始限制服刑罪犯的权利,取消假释委员会酌情假释权,取消监狱的奢侈设施等。

实际上,除了美国,研究表明,其他一些国家与地区在20世纪中后期也同样出现了刑罚严厉化倾向。例如,根据托马斯·马蒂森(Thomas Mathiesen)、尼尔·克里斯蒂(Nils Christie)与华康德(Loïc Wacquant)等学者的研究,欧洲国家越来越倾向于模仿美国的刑罚严厉化犯罪控制模式。⑦ 又如,日本从20世纪90年代中期开始,一反战后刑事立法所坚持的"非犯罪化和轻刑化"倾向,在刑事立法上开始走向犯罪化、重刑化与

---

① See Jonathan Simon, Sanctioning Government: Explaining America's Severity Revolution, 56 University of Miami Law Review, 217(2001).

② See David Garland, The Culture of Control: Crime and Social Order in Contemporary Society, University of Chicago Press, 2001, p. 3.

③ See Jonathan Simon, Sanctioning Government: Explaining America's Severity Revolution, 56 University of Miami Law Review, 217-254(2001).

④ 所谓法律对抗法律,就是通过违反法治的法律,以减少或规避在预防犯罪时可能遇到的程序上的障碍,其目的在于违反法治程序以拯救社会秩序。See B. Hebenton, T. Seddon, From Dangerousness to Precaution: Managing Sexual and Violent Offenders in an Insecure and Uncertain Age, 49 The British Journal of Criminology, 343-362(2009).

⑤ 据统计,1977年执行死刑1人,1987年为25人,1997年为74人,2007年为42人。See Death Penalty Information Center, Executions by Year, accessed Jul. 12, 2017, https://deathpenaltyinfo.org/executions-year。

⑥ 参见高一飞、张金霞:《围观杀人:美国死刑执行的示众与电视直播》,载《昆明理工大学学报(社会科学版)》2013年第1期。

⑦ See David Garland, The Culture of Control: Crime and Social Order in Contemporary Society, University of Chicago Press, 2001, Preface.

早期化①;在刑事司法方面,严罚案例、死刑执行案例日渐增加,例如,日本一男子从厕所偷窃价值2元厕纸,竟然被判刑7个月②。

嘉兰的研究表明,“刑罚轻缓化是世界刑法发展趋势”之论断是相对的,该趋势是世界刑法发展的终极目标,但其过程是曲折的,并不是一帆风顺的。在不同的历史阶段,刑罚轻缓化还是严厉化,一定要考虑特定历史时期的社会、经济、政治及文化条件,而不能仅凭理论界的“一厢情愿”。③ 20世纪中后期的美英等国犯罪政策转向对当今中国的犯罪政策立场选择具有重要的借鉴价值。④

虽然我国处在“轻罪时代”,但正如前文已经指出,当前犯罪形势并不缓和,而是依然严峻,尚不具备全面刑罚轻缓化的现实条件。在此背景下对刑罚轻缓化的过度强调不仅难以降低犯罪率、缓解公众的犯罪恐惧感、维护社会稳定,而且还可能带来诸如犯罪被害人的权利被忽视、引发被害人及其家人上访甚至复仇、不利于刑罚威慑效果的实现、导致司法权威日渐下降及引发更严重犯罪的发生等负面后果。⑤

因此,“刑罚轻缓化是世界刑法发展趋势”论断不能成为当下刑罚轻缓化的理由,在宽严相济刑事政策指导下,需要考虑刑罚严厉化的现实意义。

四、“犯罪化有违刑法谦抑性”之论断

“犯罪化有违刑法谦抑性”是学界批判犯罪化,特别是轻罪立法的重要依据。⑥ 该依据是难以成立的。

犯罪化与刑法谦抑性并不都是对立的。刑法谦抑性强调刑法的最后手段性,其是指如果通过其他手段能够抑制某种行为时,就不必动用刑罚手段,但如果该种行为已达到严重程度必须用刑罚手段惩处时,刑法就应该及时介入。显然,刑法谦抑性并不必然排斥犯罪化。

以《刑法修正案(十一)》为例,若干新增罪名都是为了保证刑法与其他部门法的协调,即在某种违法行为已达到严重程度,其他法律手段不足以遏制该种违法行为时,刑

---

① 参见黎宏:《日本近年来的刑事实体立法动向及其评价》,载《中国刑事法杂志》2006年第6期;张明楷:《日本刑法的发展及其启示》,载《当代法学》2006年第1期。

② 参见《日本一男子从厕所偷窃价值2元厕纸 被判刑7个月》,载 http://www.sohu.com/a/149130333_114731,2018年7月12日访问。

③ 参见汪明亮:《守底限的刑罚模式》,法律出版社2020年版,第51页。

④ 参见汪明亮:《守底限的刑罚模式》,法律出版社2020年版,第67页。

⑤ 参见汪明亮:《守底限的刑罚模式》,法律出版社2020年版,第113—118页。

⑥ 参见韩轶:《刑法更新应坚守谦抑性本质——以〈刑法修正案(十一)(草案)〉为视角》,载《法治研究》2020年第5期;参见石聚航:《刑法谦抑性是如何被搁浅的?——基于定罪实践的反思性观察》,载《法制与社会发展》2014年第1期。

法及时出手为其他法律保驾护航。《刑法修正案(十一)》“修改的多数内容是为了与其他部门法相衔接,属于前置法修改之后的‘不得已而为之’”[①]。

例如,《刑法修正案(十一)》第 33 条第 1 款规定的高空抛物罪就是为了与《民法典》第 1254 条的规定相协调;《刑法修正案(十一)》第 35 条所规定的侵害英雄烈士名誉、荣誉罪就是为了与《民法典》第 185 条的规定相协调;《刑法修正案(十一)》第 39 条规定的非法植入基因编辑、克隆胚胎罪就是与为了《民法典》第 1009 条的规定相协调;等等。

必须警惕理论界以刑法谦抑性来否定犯罪化之合理性的观点。该观点虽然伤害性不大,但迷惑性极强。该观点把刑法谦抑性与犯罪化截然对立,认为犯罪化就是不谦抑,不谦抑就是国家刑罚权扩张,不谦抑就是危及法治人权。实际上,刑法谦抑性的核心在于刑法的最后手段性,而非刑法的排除性,把谦抑性与犯罪化对立起来的观点是对谦抑性的误读,此其一;其二,刑法谦抑性作为一个抽象的理论术语,很难对刑事立法有直接的指导意义,“刑法谦抑与其说是一个必须严格遵守的原则,倒不如说是对立法者审慎立法的温情提示”[②]。以如此抽象的概念去否定实在的犯罪化立法,是不慎重、不科学的。

因此,犯罪化或者非犯罪化,“需要在法益保护与人权保障中寻求一种张弛有度的动态平衡,而绝非单向度的谦抑主义”[③]。

---

① 周光权:《刑事立法进展与司法展望 ——〈刑法修正案(十一)〉总置评》,载《法学》2021 年第 1 期。
② 陈璐:《论刑法谦抑主义的消减》,载《法学杂志》2018 年第 9 期。
③ 孙国祥:《反思刑法谦抑主义》,载《法商研究》2022 年第 1 期。

轻罪治理视角下前科消灭制度设置

张　勇[*]　丁　玉[**]

轻罪法律体系是全面推进依法治国与积极立法主义影响的产物。我国废除劳动教养制度后,原本由劳动教养法调整的行为需要进行立法规制。自《刑法修正案(八)》出台以来,我国刑法呈现出积极立法的态势,扩大既有犯罪的适用范围并增设新罪,将部分预备行为、帮助行为正犯化,同时还将部分原本由民法、行政法等前置法调整的行为纳入刑法规制范围。然而结合以危险驾驶罪为代表的轻罪适用现状来看,轻罪的增设反而增加了行为人的负担。轻罪罪犯在刑罚执行完毕或者赦免以后,仍然被打上"罪犯"的标签,无法从事大部分前景好、待遇好的职业,甚至失去最基本的公民权益和生活保障。这些基于前科对行为人作出的负面评价或限制与行为人的罪行相比过于严苛,不利于犯罪人的改造,也与刑罚的功能和原理、公平正义等法律原则相冲突。"轻罪不轻"成为当前轻罪治理过程中最迫切需要解决的问题之一。前科以剥夺和限制行为人基本权利和资格为主要内容,其法律性质偏向于刑罚。前科消灭制度的构建应当以人身危险性为根本依据,也就是行为人主观上的反社会性格或危险倾向。前科的存续是为了将因犯罪而表现出危险倾向的行为人标识出来以实现对该部分人的特殊预防,而在刑罚执行和后续考验中已经消除了危险特征的行为人就没有继续预防的必要了。人身危险性的判断应当以再犯危险性为主要内容,因为以初犯危险性为内容的理论以实现一般预防为目标,与前科制度的特殊预防目的有所不同。

一、前科消灭制度的适用范围

原则上所有犯罪都可以适用前科消灭制度,这是刑罚执行完毕后的应然结果,行为人既然已经得到了应有的惩罚,就不应在刑罚之外再进行法律评价,因此有学者主张适用前科消灭制度不应有刑种和刑度的限制,要充分体现刑法适用的平等原

---

* 华东政法大学刑事法学院教授、博士生导师。

** 华东政法大学刑法学专业硕士研究生。

则。[①] 但前科消灭制度同样需要注意对公众权益的保护，公众有权知悉那些严重侵害社会及个人权利的行为，以此实现风险预防和监督。为了平衡犯罪人利益和公众利益，维护公众安全，必须对前科消灭制度适用的范围进行限缩。结合我国的司法实践现状来看，对案件数量占绝大多数、犯罪危害较轻微的轻罪适用前科消灭制度比较合理。根据立法和司法实务中的主流观点，轻罪是指法定最高刑为 3 年以下有期徒刑的犯罪，但在适用前科消灭制度时，应当将法定刑改为宣告刑。这是因为目前关于轻罪的讨论主要站在立法层面对其犯罪构成要件及刑罚进行设计，“轻罪”的定义是为了给司法机关在刑罚判决之前确定行为的整体性质并决定相应的处置措施提供依据，也就是轻罪的确定在先而刑罚的判决在后，采取法定刑的标准更具有可行性。但前科产生于法院判决有罪、刑罚被赦免或执行完毕之后，司法机关有了可供参考的具体刑罚资料，并且宣告刑较法定刑更能体现行为人的罪行特质和人身危险性，可以为前科消灭制度的适用提供明确清晰的形式依据，排除大部分人身危险性较高的犯罪适用的可能性。同时宣告刑的标准相比于服刑期间表现等需要进行具体判断的标准适用成本更低，比之行政处罚更具有权威性和合理性，能够实现经济司法和科学执法的目的。国际上，无论是对除被判处死刑、无期徒刑以外的罪犯均适用，或是仅对部分罪犯适用，立法中都以行为人被判处的具体刑罚作为构建前科消灭制度或类似制度的前提和依据。

值得注意的是，并非所有轻罪罪犯都能适用前科消灭制度，这既是基于多方利益平衡的考虑，也是因为我国刑法对前科消灭制度的急迫需求是局部性的。[②] 前科消灭制度是为了满足犯罪人对于消灭前科、恢复法律地位而诞生的，适用群体需求越强烈，制度所发挥的激励效果就越明显，行为人就更愿意配合，从而产生良好的实施效果。根据弗鲁姆的期望理论，激励力量（动机水平）= 效价 × 期望值，效价是目标对于满足个体需要的价值，期望值就是个体目标实现的概率。当一项法律制度对于行为人越有价值，并且个体认为自己实现目标的可能性越大，行为人就越有可能采取行动来实现目标。前科消灭制度并不当然对所有罪犯都具有高价值，例如，缓刑主要适用于被判处 3 年以下有期徒刑的犯罪人，缓刑考验期满原判刑罚不再执行，该部分行为人就不再受到以“受过刑事处罚”为条件的前科规定的限制。2012 年我国确立了未成年人犯罪记录封存制度，对犯罪时不满 18 周岁被判处 5 年以下有期徒刑刑罚及免予刑事处罚的未成年人犯罪记录进行封存，并且免除该部分犯罪人的前科报告义务，该措施虽然没有事实上消灭前科但已经达到了限制犯罪记录传播的效果。上述行为人可以通过其他制度满足自己对于消灭前科的需要，缓解了轻罪罪犯整体对前科消灭制度的

---

① 参见康均心、尹露：《我国前科消灭制度新论》，载《法治研究》2012 年第 11 期。

② 参见梁云宝：《我国应建立与高发型微罪惩处相配套的前科消灭制度》，载《政法论坛》2021 年第 4 期。

需求。

在轻罪领域全面建立前科消灭制度也面临着较大的阻力,可能与我国建立施行已久、覆盖面广的前科制度产生冲突,也可能面临社会公众的质疑,还会增加司法机关的办案压力。针对前科消灭制度建立的内需有限和外部阻力较大的状况,笔者建议可以采取两种方案:一是首先对被判处 1 年以下有期徒刑刑罚的犯罪人(也就是微罪罪犯)适用前科消灭制度,再根据实施情况逐步推广至其他轻罪领域;二是对轻罪和微罪进行分层,分别适用不同的前科消灭制度条件。目前学界对“标签”效应泛化的质疑主要针对以危险驾驶罪为代表的微罪,因此立法和实践中更有可能采取第一种方案,但是对轻罪罪犯以及更广范围内的罪犯适用前科消灭制度是法治发展的必然趋势,届时采取第二种方案,根据宣告刑所体现的人身危险性进行立法划分更有利于完善前科消灭制度,提高制度的合理性和实施效果。

明确性原则是罪刑法定原则的基本内容之一,“要求立法者必须具体地并且明确地规定刑罚法规,以便预先告知人们成为可罚对象的行为,使国民能够预测自己的行动,并限制法官适用刑法的恣意性”①。它不仅是建立前科消灭制度的理论根据之一,也要求立法者在构建前科消灭制度时应当尽可能明确其内容,包括前科消灭制度的适用范围。前科消灭制度排除适用的对象不仅有被判处 3 年以上有期徒刑刑罚的犯罪分子,还可以包括部分特殊罪犯。对该部分行为人的选择应与刑法中“从严”认定犯罪和适用刑罚的规定保持一致,以实现刑法系统内部的协调一致。② 首先不应对恶性犯罪的行为人适用前科消灭制度,该部分犯罪主要包括杀人、伤害、强奸及与上述犯罪紧密关联、性质较为恶劣的暴力犯罪,如过失致人死亡罪、故意伤害罪、负有照护职责人员性侵罪及其他严重危及人身安全、侵害人身权益的暴力犯罪。这类犯罪往往是实害犯,造成客观危害结果,并且行为具有暴力性质,显示出行为人较高的人身危险性,有必要对其进行特殊预防。同时该类犯罪与公众观念中的重罪高度相似,对其适用前科消灭制度会引起公众的质疑和恐慌情绪,在建立前科消灭制度初期不宜消灭该类犯罪人的前科。其次是基于政策考虑选择不适用前科消灭制度的罪名,包括危害国家安全罪、恐怖活动犯罪、黑社会性质的组织犯罪及有组织的暴力性犯罪。该类犯罪对国家安全、社会秩序或经济秩序造成侵害可能,且往往表现为团体作案,犯罪的危害性和犯罪成员的人身危险性较一般犯罪更高。在我国强调总体国家安全观、打击黑恶势力的大背景下,对于前述犯罪不予适用前科消灭制度能够宣示国家的政策导向,发挥法律对民众的引导作用。最后瘾癖性犯罪或多次犯罪的行为人不宜适用前科消灭

① 马克昌:《罪刑法定主义比较研究》,载《中外法学》1997 年第 2 期。

② 例如《刑法》第 17 条相对无刑事责任能力人应当负刑事责任的情形,《刑法》第 20 条可以进行无限防卫的情形,《刑法》第 50 条法院可以决定限制减刑的情形,《刑法》第 56 条附加剥夺政治权利的情形,《刑法》第 81 条不得假释的情形及对累犯、特别累犯、毒品再犯的规定等。

制度。瘾癖性犯罪主要指毒品犯罪,该类犯罪的行为人具有极高的再次犯罪倾向,部分行为人还会配备武器结成大型犯罪团伙,对社会安全构成严重威胁。法律规定的累犯、特别累犯和毒品再犯则属于不能适用前科消灭制度的罪犯类型,行为人以再次犯罪的行为表明自身人身危险性极高、刑罚对其改造效果不佳,不具备适用前科消灭制度的基础。除上述犯罪以外,其他危害公共秩序或侵害个人法益的犯罪不必然被排除适用前科消灭制度,立法者应当在轻罪领域尽可能扩大适用范围,才能使前科消灭制度在更广范围内发挥激励效果。

二、轻罪前科消灭制度的考验期限及消灭方式

理论上,在立法明确了前科消灭制度的适用条件和排除适用范围之后,符合这两点要求的前科人员都可以适用前科消灭制度。但是还需要在刑罚执行完毕后设置考验期间,在这一期间行为人的言行符合考验标准,才能认定其不具有再犯可能性,具备适用前科消灭制度的实质条件,并由最后作出判决的法院宣告行为人前科消灭。在前科消灭前设置考验期限既是平衡公众利益和行为人利益的需要,也能对刑罚执行效果实现事后评价。目前国际上设立了前科消灭或类似制度的国家,包括德国、法国、英国、日本、俄罗斯等,德国法律还规定在刑事判决记载事项的消灭条件成熟以后,还有 1 年的等待期限。[①] 这样能够对行为人是否真诚悔罪进行考验和观察,对刑罚改造功能和刑罚在量上是否不足进行反馈,减少因行为人假装悔罪而导致的错误消灭。

其一,考验期限应根据裁判刑确定。前科消灭的考验期限应结合行为人具体情况来实现个别化处理。诚然让判决法官结合行为人所犯罪行、被判处的刑罚、服刑期间表现等因素来决定具体的考验期限最具合理性,但这会大大增加司法机关的办案压力,法官需要耗费大量精力去和行刑机关沟通协商、获取相关资料并进行判断,不符合合理配置司法资源的原则。同时由于各地司法机关办案能力和工作要求不同,容易导致犯罪情节和判处刑罚相似的行为人被适用不同的考验期限,造成前科消灭环节的"同案不同判"。对行为人个人而言,为确定前科消灭的考验期限需要配合调查工作,在考验期限结束后还要再进行一次审查以确定是否符合前科消灭的要求,不仅增加了行为人申请前科消灭的成本,还有对一事进行反复评价之嫌疑。因此从降低制度运行成本的角度来看,最好由立法机关确定考验期限的长短,根据宣告刑划分类型并适用不同的考验期限,也能达到防止司法恣意的目的。对轻罪行为人的考验期限设置不宜过长,一方面是因为行为人本身罪行较轻,人身危险性低,特殊预防的必要性不

---

① 参见〔德〕汉斯·海因里希·耶赛克、〔德〕托马斯·魏根特:《德国刑法教科书》,徐久生译,中国法制出版社 2017 年版,第 1101—1102 页。

高。二是因为根据激励理论的及时性原则,激励要在人的需要最强烈时施加才是最有效果的。[①] 前科人员在刑罚执行完毕后最迫切需要消灭前科,以重新融入社会。考验期限设置得越长,行为人罪刑记录传播得越广泛,前科消灭制度的激励效果也就越差。笔者建议对于学界讨论的微罪群体,也就是被判处 1 年以下有期徒刑刑罚的行为人,考验期限不宜超过 1 年,从刑罚执行完毕之日起计算,适用缓刑、假释的行为人自考验期限届满之日起计算,被免予刑罚的行为人从判决宣告有罪之日起计算。对于其他被判处 3 年以下有期徒刑刑罚的轻罪罪犯,考验期限不宜超过 3 年。

其二,根据主观罪过区分消灭方式。除了根据宣告刑区分考验期限的长短,立法者和司法者还可以对故意犯罪和过失犯罪进行区分。前科消灭制度的根本标准是行为人的人身危险性,而故意和过失最能体现行为人的主观罪过。故意犯罪行为人对犯罪结果持追求或默认的态度,积极以自身行动表示对法律的藐视,具有较高的人身危险性。过失犯罪行为人对犯罪结果持否定态度,并非主动违反法律规则,人身危险性较低。周光权教授建议对于二者可以采取不同的消灭模式,过失犯罪的行为人考验期满后,由法院依职权消灭其前科,故意犯罪的行为人则由当事人申请启动,法院根据危险情况裁决是否消灭。[②] 笔者同意对二者区别适用不同启动模式和审查模式的观点,对过失犯罪的行为人可以采用法定消灭模式,由法官依职权对书面材料进行形式审查;对故意犯罪的行为人采取裁定消灭模式,由行为人或其近亲属申请启动,法官综合各因素对行为人是否可能再犯进行实体审查。关于前科消灭申请和审查模式的内容可以规定在刑事诉讼法中,与实体法中对考验期限的区分相配合,实现对轻罪范围内行为人的细分,更好地体现罪责刑相适应原则。

其三,考验标准应从宽设置。考验标准既是适用前科消灭制度人员在考验期间的行为准则,也是法院决定是否消灭行为人前科的判断依据,更是前科消灭制度必须具备的实质要件。对轻罪罪犯不宜将考验标准设置过严,这不仅是宽严相济刑事政策的体现,也是刑法谦抑性原则的要求。刑法不能也不应约束行为人的思想或道德,也不能以严苛的立场要求行为人遵守特定的行为规范。刑法不能塑造完美的个体,只能要求行为人遵守最基本的法律规则,只要行为人不再犯罪就实现了改造的目的。笔者建议前科消灭制度的考验标准可以参照缓刑、假释制度予以适度放宽,只要在考验期间没有发现漏罪,行为人也没有再犯新罪,并且遵守法院判决中的禁止令即可对其前科予以消灭,不需要同时遵守缓刑、假释制度中对行为人的行为限制条款和监督规定。这样设置的原因是在缓刑、假释考验期间,行为人的罪行尚未得到相应的惩罚,刑法有

---

① 参见尹振国:《刑法激励制度研究》,西南政法大学 2017 年博士学位论文。

② 参见朱宁宁:《专家建议修改刑法给轻罪罪犯以“出路”:加快构建有中国特色的犯罪记录消除制度》,载《法治日报》2023 年 4 月 4 日,第 5 版。

监督和惩戒行为人的立场,缓刑、假释是一种代替刑罚执行的手段。而前科消灭考验期间行为人已经受过刑事处罚,刑法失去了惩罚的依据,应当引导和鼓励行为人遵守法律规则,帮助行为人实现改造,不应对其提出过高的要求,否则会成为对行为人的变相"刑罚"。

三、轻罪前科消灭制度适用的法律效果

关于前科消灭制度的效果范围如何确定需要注意两点,一是前科消灭制度的效果仅影响对行为人的法律规范性评价而不影响非规范性评价,二是前科消灭制度的效果理应及于刑事领域和非刑事领域。首先前科制度是法律对犯罪人进行否定性评价的制度,前科是法院判决被告人有罪或者对其判处刑罚的法律事实,前科消灭可以使上述法律事实消灭,使其他前科规范失去评价的依据。但是社会的非规范性评价来源于犯罪事实,即使法律事实消灭,了解行为人犯罪事实的公众依然可以对其进行否定评价。其次关于前科消灭制度是在刑法范围内还是非刑法范围内或是所有法律范围内发挥作用,学界有不同的观点。部分学者认为前科消灭制度的效力应限于非刑事领域,不应影响司法者据以定罪量刑。① 但笔者认为前科消灭制度应当在所有法律范围内发生作用,前科给行为人带来的法律后果既包括刑法领域的后果,也包括其他法律领域的后果。要讨论刑法意义上的前科消灭制度,就不可能排除该制度在刑法领域发挥的作用,否则对前科消灭制度的研究就是没有意义的,还会人为制造刑法与其他部门法在前科问题上的割裂,不利于法律系统内部的协调统一。同样前科消灭制度的不彻底也违背"消灭"的应有之义,"消灭"是指事物的彻底消失,包括该事物本身及其造成的影响统统归于消灭。排除了刑法领域效果的前科消灭制度无法达到消除犯罪人"污点",使其恢复犯罪前法律地位的目的,其激励作用和实施效果被大大削弱。

犯罪记录是指国家机关对行为人犯罪事实的客观记载,它是为我国社会治安综合治理工程提供治理对象及基本信息的基础制度。需要注意犯罪记录与前科并不相同,前者并不具备法律评价的效力,只是对行为人犯罪信息的记载,后者具有法律效力,不仅包括行为人的罪刑记录,还是一种法律评价,并且是其他前科规范发挥效力的前提。在行为人入伍、就业、升学时,有关单位可以向国家机关申请查询其犯罪记录,犯罪记录在犯罪事实以外成为非规范性评价的来源。公众的非规范性评价会形成犯罪标签效应,阻碍犯罪人的自我改造,但社会同样需要公众通过舆论实现对公权力、和社会其他成员的监督和制约,以规范社会成员的言行,确保良好道德风范的践行和法律的实施。犯罪记录的管理和利用需要兼顾公众言论自由和行为人隐私权的维

---

① 参见崔志伟:《积极刑法立法背景下前科消灭制度之构建》,载《现代法学》2021 年第 6 期。

护,对于前科已经消灭的行为人,如果仍然允许社会单位和个人查询其犯罪记录,会导致犯罪事实的进一步传播,影响行为人的生活、工作和教育,不符合前科消灭制度的目的。因此在前科消灭以后,应当对行为人犯罪记录进行同步封存,只有司法机关为办案需要依据法律规定进行查询时才应当披露,且相关公职人员必须对获取的信息负保密义务。此外,任何国家机关、单位和个人不得要求前科消灭人员报告自己的犯罪事实,也不得将获取的犯罪信息作为对行为人不利的证据适用,新闻媒体在前科消灭以后不得继续传播行为人的犯罪事实。这样才能在实现犯罪预防与社会管理的同时,尽可能保护前科消灭人员的实体权利和程序权利。我国目前已经建立了未成年人犯罪记录封存制度,其适用主体与轻罪主体并不完全重合,在司法机关以外,有关单位依据国家规定也可以查询未成年人犯罪记录。笔者认为从保护未成年人的角度出发,可以将原本适用未成年人犯罪记录封存制度的主体也纳入前科消灭制度的适用范围,以体现我国对未成年人"教育为主、惩戒为辅"的刑事政策,帮助未成年犯罪人自我改造和健康成长。

综上所述,不完善的轻罪立法体系无法实现轻重罪的区别处理,导致前科制度的缺陷和弊端在轻罪领域被进一步放大。从完善轻罪治理的角度出发,有必要建立轻罪前科消灭制度,使行为人不因前科而终身处于被法律否定、被社会排斥的状态中。此外,还需要修改积弊已久的前科制度,推动独立轻罪法律体系的构建,改变法律界和社会中尚存的重刑思维,才能建设文明、包容、进步的现代化法治社会。轻罪治理中突出的"轻罪不轻"问题可以通过前科消灭制度得到缓解,但法律的运行是系统性的,唯有全面跟进轻罪治理的配套制度改革,才能在完善犯罪圈的同时践行宽严相济刑事政策,实现刑法打击的"严而不厉"。

严入宽出:规制醉酒型危险驾驶罪的有效路径

彭凤莲[*]　杨睿卿[**]

一、问题缘起:廓清醉驾入刑之检讨导向

(一)醉驾入刑之滥觞

一是入刑率攀升。醉驾入刑已十余年,醉驾行为在社会治理层面已经取得一定的成效。但是从醉驾入刑至现在,醉驾的发案数却逐年攀升。2020 年最高人民法院在十三届全国人大第三次会议工作报告中载明,“醉酒型”危险驾驶罪的案件审判数量已然超过盗窃罪,成为我国法院审理数量最多的案件类型。最高人民检察院《关于 1984 年至 2022 年我国刑事犯罪主要特点及态势情况的分析报告》进一步印证,2010 年至 2012 年万人犯罪率由 2010 年的 10.3 上升到 2012 年的 13.6,主要是因危险驾驶罪①入刑引起案件量骤升。且 2019 年起诉危险驾驶罪人数首次超过盗窃罪,此后连续 4 年位居检察机关起诉刑事犯罪首位。2022 年若剔除危险驾驶罪,万人犯罪率从 14.8 下降至 11.5,基本回归到 2010 年 10.3 的水平。醉驾入刑高发且逐年攀升已是不争之事实。

二是过罪化突出。实证分析表明,醉驾案件呈现出过罪化的特征。据《2023 年 1—6 月全国检察机关业务数据分析报告》,2023 年上半年受理审查起诉人数较多的罪名排在首位的就是危险驾驶罪,危险驾驶罪在受理审查起诉的总人数中占比高达 23.4%;决定起诉人数较多的罪名依然是危险驾驶罪位列榜首,且同比上升 16.2%,占比为 22.8%。同样,安徽省检察机关 2023 年上半年业务数据分析报告表明,受理移送起诉人数前十位的罪名中,危险驾驶罪排在首位,并且该罪同比上升 28.4%,人数占受理总数的 23.7%。决定起诉人数排名前五的罪名中,危险驾驶罪同比上升 16.7%,起诉人数占比 23.23%,持续稳居各类犯罪起诉人数的第一位。胡萨克认为,过罪化的显著特征为实体刑法的巨大扩张及刑罚适用的急剧增长。反观醉酒型危险驾驶罪的司法状况,案发量呈上升态势,相应的刑罚适用范围也在扩张,符合过罪化的两个特征。

---

[*] 安徽师范大学特聘教授,中国刑法学研究会理事。

[**] 安徽师范大学刑法学专业硕士研究生。

① 这里是指以“醉驾”为主的危险驾驶罪。

根据胡萨克的过罪化理论，过罪化导致案件数量畸多会使得刑罚费用增加、刑法正当性的动摇以及公权力滥用等弊端。① 那么如何遏制醉酒型危险驾驶罪乃至整个轻微犯罪圈的过罪化态势，进而提升社会治理体系和治理能力现代化水平，已成为当下立法、司法和理论研究的现实课题。

（二）醉驾“恶果”②之弊薮

一是入罪标准低，出罪标准高。入罪方面，根据《刑法》第133条之一关于醉酒型危险驾驶罪的规定，该罪的行为类型是在道路上醉酒驾驶机动车的行为。只要行为符合此行为类型，即可构罪。然而，在实务中判断醉驾主要依据血液酒精含量，超过80mg/100ml即构罪，极少考虑醉驾行为是否具有实质危险性。这种形式解释必然会扩大入罪口径，将许多不具有实质社会危险性的行为予以入罪。出罪方面，《刑法》第13条的但书是否可以具体适用于该罪作为出罪路径？应当如何具体适用？学界一直存在争议，实务中也没有具体的司法解释，导致这条可能的出罪路径实际上处于虚置状态。申言之，当下司法实践，对于该罪入罪标准的解释秉持形式解释论的观点——一旦违反法律规定，就应当入罪。而在出罪层面，没有明确的统一出罪路径的规范，司法人员不敢私自予以出罪。入罪门槛低，出罪门槛高，必然会造成醉驾案件数量的高发态势。

二是立法规定阙如，行刑衔接不畅。行刑衔接规范缺失是醉驾入刑犯罪圈扩张的重要原因之一。醉驾入刑之前，《道路交通安全法》就醉酒驾驶机动车的行为有行政责任的规定，醉驾入刑后，《道路交通安全法》删除了行政处罚规定，将醉驾行为全权交由刑法管控。由此引发的问题是司法机关对于醉驾行为一律入刑，将许多缺乏处罚必要性的行为人纳入刑罚规制圈，从而导致醉驾案件数的飙升。为应对这一问题，2017年最高人民法院发布的《关于常见犯罪的量刑指导意见（二）（试行）》明确，只有那些情节严重，存在严重危害社会的醉酒驾驶行为才能纳入刑罚惩罚范围，而对于那些情节轻微，尚不值得科处刑罚的行为，则仍应为其保留一定的行政处罚空间。然而该规定在制定之初就难以收获预期的治理效果，原因在于《道路交通安全法》没有进行配套的修改，即醉驾的行政处罚规定阙如。如此，即使刑法预留了一部分的出罪空间，囿于行刑衔接规范的缺失，审判人员面临的尴尬是一旦运用“但书”予以出罪，有心适用行政规制措施却又无据可依，而一放了之又恐引起负面舆情，故又不敢轻易予以出罪，责任倒挂现象便是必然了。由此，缺乏行刑衔接规范也是引发当前醉驾案件高发态势的重要因素。

三是法律规定模糊，可操作性不明。无论是刑法还是刑事诉讼法都存在类似问

---

① 参见〔美〕道格拉斯·胡萨克：《过罪化及刑法的限制》，姜敏译，中国法制出版社2015年版，第1页。

② 仅指醉驾入刑犯罪圈扩大和刑罚过度化。

题。《刑法》在总则刑事责任条款,尤其是第37条规定了"免予刑事处罚",但如何把握"对于犯罪情节轻微不需要判处刑罚的",需要审判人员综合全案,并根据经验法则发挥其主观能动性。不可否认的是,受到自身知识水平、生活经历等限制,不同法官对法条的理解存在差异性,这就易造成在具体案件中适用免予刑事处罚的标准实际上取决于审判人员个人的判断,势必会造成个案中适用标准不一。同样,在《刑事诉讼法》中明确规定了三种情形的不起诉。审查起诉阶段,检察人员若能在具体醉酒型危险驾驶罪个案中得以适用,不失为出罪的合理路径。然而,无论是免予刑事处罚抑或不起诉的适用,同样依赖于法官和检察官的自由裁量,囿于各种原因,不敢适用、不善适用,甚至不愿适用情况却很常见。即便在个案中适用,也会存在与上述免予刑事处罚适用同样的窘境。适用不统一现象的背后,实则是醉酒型危险驾驶罪罪名本身如何具体适用免予刑事处罚、不起诉等规定,在司法解释配套上未及时跟进,导致司法实践中出罪渠道不畅。

二、观点透视:厘清醉驾入刑之纷争界限

(一)醉驾入刑之正当性博弈

一是醉驾入刑的合理性说。我国酒文化深厚,如今依旧昌盛,这决定了饮酒驾驶行为是必然的社会现象。随着国力日益强盛,社会经济交往密切,机动车保有量涨幅明显,车辆之间的碰撞、车祸的发生概率也会相应地增加。尤其是恶性的醉酒驾驶交通事故的发生,使得民众对于醉驾积压已久的怨气瞬间爆发,要求醉驾入刑的意愿空前强烈。

原本醉驾行为只在行政法中规定了罚则。刑法体系中可以规制醉驾的罪名有二:交通肇事罪与以危险方法危害公共安全罪。前者属于实害犯,要求造成实害结果方得入罪;后者则属于具体危险犯,只有危险程度足以危害公共安全才可以入罪。换言之,没有造成实害结果,或没有威胁公共安全的具体危险的危险驾驶行为,则是刑法无法涉足的领域。醉驾本身就具有危害公共道路安全与不特定公民人身财产安全的潜在危险性,即属于抽象危险。待到危害结果发生刑法才介入其实不利于法益保护。法益保护理论认为,在个人的安全感受到某些行为损害时,可以动用刑法。理由在于,对安全感的损害会导致"那些不得不担心自己安全的人,放弃一些他们本来可以无忧无虑地从事的活动"①,因而刑法有必要提前介入以管制醉驾行为。这不仅是对民意的合理关切,更是体现国家立法基于犯罪新形势对刑法所作的合理调整——法益保护的提

① Roxin/Greco, Strafrecht Allgemeiner Teil, Bd. Ⅰ, 5. Aufl., § 2 Rn. 27.

前化和刑事处罚的前置化。从立法动机来说,醉驾入刑有其合理性。

二是醉驾入刑的非合理性说。有许多学者反对醉驾入刑。有学者认为醉驾入刑没有取得预期的效果,当前醉酒型危险驾驶罪的高发足以表明醉驾入刑并不是有效的治理策略。首先,现在人均汽车持有量和驾驶人员逐年增加并将在未来仍会延续上涨态势是实情。因此醉驾入刑对社会治理的效能应当结合多种因素进行综合评估,方能合理准确地评价醉酒型危险驾驶罪的治理效果。其次,醉驾入刑十余年来,“喝酒不开车,开车不喝酒”观念在社会心理层面已打下深刻烙印,已成为国人行为之规训。除了法律实效方面的质疑,还有学者从醉驾入刑后带来的负面效应角度表示对醉驾入刑的担忧,正如周光权教授所说,每年将 30 万余人打上“罪犯”的标签,使数万家庭陷入窘境。长此以往,这无论对于国家、社会还是醉驾行为人来说,都是巨大的损失,属于司法和个人的“两败俱伤”。① 对于“泛刑事化”的危害,有学者认为,刑法作为维护社会公平正义的最后一道防线,不加区分滥用不仅无法有效打击犯罪,还会变相地增加社会负担,长期下来会影响社会稳定与发展。② 醉驾的刑事处罚往往带来严重附随后果,受过刑事处罚的当事人的子女在报考公务员、警察或者入伍时,很难通过有关材料的审核。③ 这些后果可能激起潜在的社会矛盾。毋庸置疑,醉驾入刑的正当性、合理性值得深思。

(二)“醉酒状态”混合标准说之提倡

自醉驾入刑之日,学界抑或实务界,对“醉酒状态”把握不一。在司法实践中主要以血液酒精含量作为认定醉酒状态的决定性因素,血液酒精含量在 80mg/100ml 以上的即认定为醉酒状态。就血液酒精含量能否作为认定醉酒状态的唯一标准,学界的观点有绝对标准说与相对标准说之争。

绝对标准说认为,血液酒精含量是认定醉酒状态的唯一标准。该说有其科学合理的成分,尤其是在司法实务中采行“一刀切”,保证了操作简便快捷,节省了司法资源,但该说缺陷在于:一是有混淆行政责任与刑事责任之嫌。刑法以及道路交通安全法中关于醉酒驾驶的判断标准的认定依据来源于同一规定——《车辆驾驶人员血液、呼气酒精含量阈值与检验》。刑法与行政法规范的行为性质必然存在差别,然醉驾入刑继续沿用行政法中关于醉酒驾驶的认定标准,难以有效区分行政责任与刑事责任。二是难以兼顾个体差异性,个体法益与个案公平的保障受阻。醉酒型危险驾驶罪的规范目的是避免行为人在醉酒状态下严重影响正常的驾驶能力,进而对不特定人的人身

---

① 参见周光权:《论刑事一体化视角的危险驾驶罪》,载《政治与法律》2022 年第 1 期。

② 参见王胜昔:《全国政协委员沈开举:以推动中国法治发展为崇高使命》,载《光明日报》2022 年 2 月 21 日,第 4 版。

③ 参见解志勇、雷雨薇:《基于“醉驾刑”的“行政罚”之正当性反思与重构》,载《比较法研究》2020 年第 6 期。

安全、社会安全造成侵害。[①] 即使研究表明，血液酒精含量 80mg/100ml 作为醉酒判断标准具有科学性，也并不能想当然地认为此种状态下所有驾驶人员的驾驶行为都会对公共安全造成抽象危险。

因绝对标准说存在难以兼顾个体差异的缺陷，有学者提出，认定醉酒标准应当因人而异，采用综合的标准判断行为人是否处于“醉酒状态”。[②] 尽管相对标准说考虑到了个体耐受度与吸收能力的不同，修正了绝对标准说难以兼顾个案公平的疏漏，但其弊端也显而易见——对行为人的醉酒状态进行实质判断，需要执法人员采取诸如人体平衡实验、眼球震颤测试、模拟驾驶测试等实质考察方法。但这些做法，推行条件尚不成熟。

如何消除绝对标准说与相对标准说的弊端？部分学者认为适当借鉴德国立法[③]的醉酒认定规范，采用形式与实质相结合的认定标准，即混合标准说。混合标准说是指判断车辆驾驶人员是否处于“醉酒”状态，应该首先以车辆驾驶人员的呼气或者血液中的酒精含量值是否大于或者等于 80mg/100ml 进行判断，同时还需要对驾驶人饮酒后是否还具有安全驾驶能力予以评判。笔者亦赞同混合标准说的观点，理由如下：

首先，这种混合标准融合了形式标准与实质的判断方法，实现两种认定方式优势互补并且消除其弊端。血液酒精含量作为判定醉酒状态的指标是经过实验和现实检验的，具有现实可操作性且可以节省司法资源。并且，将血液中的酒精含量或者呼气测试标准作为醉驾入罪依据几乎是世界各国的通用做法，具有一定的合理性。

其次，也必须考虑到个体差异性与酒精易挥发性对醉酒状态认定造成的影响。罗尔斯在《正义论》中曾言：“在一个正义的社会，平等的公民自由是确定不移的，由正义所保障的权利绝不受制于政治的交易或社会利益的平衡。”因此醉酒状态的认定当慎之又慎，不能因为行为人实施了法律所谴责的行为就忽略对其合法权益的保障。

最后，混合标准的认定方法在我国拥有现实的法律与实践基础。2013 年最高人民法院、最高人民检察院、公安部发布的《关于办理醉酒驾驶机动车刑事案件适用法律若干问题的意见》中规定了醉酒标准值为机动车驾驶人体内酒精含量为 80mg/100ml 以

---

① 参见孔祥参：《论抽象危险犯的谦抑认定——以醉酒型危险驾驶分析为例》，载《沈阳大学学报（社会科学版）》2020 年第 4 期。

② 参见刘宪权、周舟：《刑法第 13 条“但书”条款司法适用相关问题研究——兼论醉驾应否一律入罪》，载《现代法学》2011 年第 6 期。

③ 德国在醉驾入罪的立法上是以抽象危险犯的方式保护公共法益，对于个人法益是以结果犯的方式予以保护。德国根据血液中酒精含量临界值的高低，将危险驾驶的情形细化为“绝对不能驾驶”和“相对不能驾驶”，此外，醉驾者酒精含量能否达到入罪标准还需辅以其他证据证明，以酒精含量 110mg/100ml 作为醉驾认定的绝对标准，辅以 30mg/100ml 的相对认定标准，即只要醉驾者血液中的酒精浓度达到 110mg/100ml 即可认定其构成危险驾驶罪，若其未达到该绝对标准，但其血液中酒精含量在 30mg/100ml 以上，辅以人体平衡数据，同样可认定该行为人构成醉驾。

上。2017年最高人民法院发布的《关于常见犯罪的量刑指导意见（二）（试行）》明确规定了"对于情节显著轻微危害不大的，不予定罪处罚；犯罪情节轻微不需要判处刑罚的，可以免予刑事处罚"的情形。各省市相继出台了有关醉酒驾驶案件的地方性规范。2021年最高人民法院、最高人民检察院在《关于常见犯罪的量刑指导意见（试行）》中明确了危险驾驶罪的量刑要求，要综合考虑驾驶行为、实际损害后果等犯罪事实、量刑情节，以及被告人主观恶性、人身危险性、认罪悔罪表现等因素，决定缓刑的适用。当前各省市的地方性规范并不是"一刀切"，而是区分了定罪免罚、定罪不免罚和不定罪情形。由此可见，我国醉驾型危险驾驶罪的醉酒标准已经逐渐摒弃"一刀切"之模式，在依据客观醉酒标准认定醉驾时，会结合醉驾的具体类型进行综合考虑。①

此外，学界和司法实务部门对该罪中涉及的"道路"认定、"机动车的范畴"亦是观点不一，见仁见智。

三、严入宽出：平衡醉驾入罪与出罪之安全阀

如何满足新时代人民日益增长的对安全等方面的需求，有效规制醉驾行为，进而防范和控制醉驾犯罪圈扩大之过罪化问题，既是理论课题也是现实之需。笔者认为，醉酒型危险驾驶罪务必要在入罪和出罪两个维度寻求限制适用的突破口，要从政策、立法、司法上探究醉酒型危险驾驶罪严入宽出的路径，从而达到限制适用之目的。

（一）入罪从严，严控犯罪圈扩张

首先，在立法和法律解释层面要严格把握醉驾入刑尺度。明确醉驾入刑度量标准，这是罪刑法定原则应有之义。但实际上在考量醉驾入刑时，刑法本身只是些概括性规定，要做到严控醉驾入刑犯罪圈扩张，立法和司法解释务必结合实际，明确入刑指引，抬高入罪标杆。比如，2013年江苏省高级人民法院、江苏省人民检察院、江苏省公安厅《关于办理醉酒驾驶案件的座谈会纪要》中明确规定机动车驾驶人员醉酒驾驶摩托车，酒精含量并未超过醉酒标准的20%，且发生在农村人员稀少和偏僻的道路上，未发生交通事故的，可以认定为醉酒驾驶摩托车情节显著轻微的情形，不以犯罪论处；若发生交通事故，但是后果仅仅造成自身的伤害或者导致财产的损失在2000元之内的，可以视为犯罪情节显著轻微，不以犯罪论处。这一细化规定模式笔者较为赞同，并建议，情节显著轻微与否，可以采取"血液酒精浓度为主，并结合其他因素"的综合性设定机制。其中的血液酒精浓度应当是明确的区间，可以考虑借鉴江苏省细则规定中的"未超过醉酒标准的20%"；再考虑交通工具类型、驾驶时间、驾驶速度、行驶路段、危害

---

① 参见杨芬：《危险驾驶罪研究》，中南财经政法大学2021年博士毕业论文。

后果等方面的因素,综合认定“犯罪情节显著轻微”。只有如此,方能有效控制和减少醉驾入刑过罪化问题。

其次,在司法实务层面要从严把握醉驾入罪之构成要件要素。入罪范围的限缩实质上是严格认定犯罪构成的问题,而犯罪构成的严格认定则需要精确界定构成要素并进行适当的限制解释,并配套相应的制度保障。该罪的构成要素包括:醉酒状态、驾驶行为、道路与机动车。目前实践中对醉酒状态的认定存在较大的争议,驾驶行为、道路、机动车三个要素的解释都存在形式解释论的倾向,形式地认定构成要素极有可能导致犯罪圈的无序扩张。厘清应当以何种标准认定醉酒状态,对驾驶行为、道路与机动车进行限制解释,统一其在司法上的适用能够有效地限制入罪范围。

(二)出罪从宽,发挥刑法谦抑性

谦抑性是刑法重要属性之一。其内在价值不仅彰显对人权和法益的保障,更为醉驾行为的出罪提供理论依据。如何最大限度地发挥刑法谦抑性,激活总则关于出罪的原则性规定,为醉驾出罪释放出从宽的空间?具体而言,醉驾出罪路径的扩大要解决两方面的问题:出罪的可能性及出罪路径的设置问题。

首先,醉酒型危险驾驶罪是否具有出罪的可能性?刑法总则“但书”是具体罪名出罪的总则性规定,那么在诸如醉酒型危险驾驶罪等个罪中能否直接适用“但书”出罪,学界存在巨大争议。一部分学者持认可态度,而另一部分学者则坚决反对。否定派学者的论据主要有二:第一,《刑法》第 13 条犯罪的概括性定义在刑法分则中不能作为具体罪名的认定标准,因此,“但书”在分则中也不可作为具体罪名的出罪事由。第二,醉酒型危险驾驶罪的法条表述为,在道路上醉酒驾驶机动车,没有“情节严重”“情节轻微”等罪量要素,“但书”没有适用的余地。

笔者认为,“但书”在该罪中有适用空间。理由如下:第一,最高人民法院、最高人民检察院于 2021 年发布的《关于常见犯罪的量刑指导意见(试行)》中规定:“构成危险驾驶罪的,综合考虑危险驾驶行为、危害后果等犯罪事实、量刑情节,以及被告人主观恶性、人身危险性、认罪悔罪表现等因素,决定缓刑的适用。”这一规定肯定了“但书”在危险驾驶罪中的适用可能性,故不可全然否决“但书”在该罪中的出罪作用。将“但书”视为构成要件不符、违法与责任阻却事由等排除犯罪成立的具体理由的上位性概念,而不是空洞的出罪事由的概括性规定更为妥帖。第二,该罪的立法缺乏罪量要素而否定“但书”适用可能性的观点根源于其持有者的立场——否认抽象危险通过反证予以排除的可能性。就抽象危险的标准应否进行实质解释这一问题,分化出两种观点——形式解释论与实质解释论。前者认为,抽象危险犯中的危险应当秉持形式判断的解释方法,即只要实施醉酒驾驶行为,就认定危险已经产生,不需要个案中危险的确实发生。实质解释论者则认为,抽象危险犯中的危险并非“当然”的危险。危险可被

“推定”，自然也可通过反证予以消解。笔者更赞同实质解释论，仅因行为的构成要件符合性即认定危险成立且不允许反证否认危险存在的形式解释论虽在操作上更为简易，但是效率与公平两大原则产生冲突时，应当以公平为先，决不能为了效率而牺牲公平正义。

其次是出罪路径的选择。在已有出罪空间的前提下，出罪路径的设置紧随而至。拟用犯罪构成二分法对该罪的出罪路径问题予以分析。出罪在二分法的语境下意味着，在行为已然符合构成要件、具备客观违法性的前提下，因存在违法阻却事由或欠缺主观要件，抑或在主客观要件具备的情况下存在责任阻却事由，不认为成立犯罪或不予追究刑事责任。

此外，《刑法》第 37 条关于免予刑事处罚之规定，对于该罪也具有出罪的价值和功能。

（三）宽严有度，度量司法精准性

宽与严是对立统一的范畴。在科学规制醉酒型危险驾驶行为的系统中，不论是在刑事政策层面，抑或立法司法解释层面，还是司法执法层面，如何做到宽严的有机统一，关键在于把握度。毫无疑问，实现宽严有度，司法执法是重要环节。

一是坚持宽严相济，释放刑事政策从宽的红利。“该宽则宽，当严则严，宽严相济，罚当其罪”，是宽严相济刑事政策的基本内涵。在依法办理醉驾案件时，既要注意避免重刑主义思维，也要防止机械执法导致的片面从严。同时要根据经济社会的发展和治安形势的变化，尤其要根据犯罪情况的变化①，充分考虑人民群众的安全感及惩治犯罪的实际需要，在法定范围内，适时调整从宽和从严的对象、范围和力度，打击和孤立极少数，教育、感化和挽救大多数，最大限度地减少社会对立面，促进社会和谐稳定，维护国家长治久安。②

二是适应认罪认罚，准确适用相对不起诉制度。《刑事诉讼法》第 15 条规定了“认罪认罚从宽制度”，无疑是“出罪”的法律制度设计。醉驾在检察机关审查起诉环节，应根据案件的事实、性质、情节和对社会的危害程度，综合考量认罪认罚具体情况，对其中犯罪情节轻微不需要判处刑罚的，可以依法作出不起诉决定。《刑事诉讼法》第 177 条第 2 款规定：“对于犯罪情节轻微，依照刑法规定不需要判处刑罚或者免除刑罚的，人民检察院可以作出不起诉决定。”这是醉驾出罪的刑事诉讼法依据。此外我国《刑法》第 37 条定罪免刑条款也能够承担实体法上的缓和制裁功能，从而“根据个案具

---

① 参见卢建平、王昕宇：《十八大以来犯罪形势的宏观、中观与微观考察——基于司法统计数据的分析》，载《犯罪研究》2023 年第 1 期。

② 参见最高人民法院《关于贯彻宽严相济刑事政策的若干意见》。

体情况在法律规范范围内正确定罪量刑，以对冲案件查处的过度刚性”①。进而言之，在审查起诉阶段，检察机关应摈弃“微罪一律起诉”的重刑主义观念，转而积极寻求相对不起诉的制度适用空间，改变醉驾入刑过罪化问题。

三是强化行刑衔接，规范适用非刑罚处罚措施。司法实践表明，醉驾案件无论是适用相对不起诉，还是《刑法》第37条规定的非刑罚处置措施，行刑衔接都存在制度设计上的障碍，导致衔接不畅。若没有相应的配套制度，则无法达到醉驾行为出罪的效果。醉驾行为不入罪，并不意味着其行为本身没有实质危害性，也不代表其可以免除法律上的一切惩戒，而是要考量在司法实践中强化行刑协同，促进行政责任与刑事责任有效衔接。重要的是要从制度层面推动行刑双向衔接，实现处罚均衡，进而提升醉驾行为治理效果，由此也可以实现醉驾入刑犯罪圈的有效收缩。但我们在关注醉驾行为出罪的同时，对于已然进入刑法规制圈的醉驾行为，思考如何消解严厉的犯罪附随性后果，做到罚当其罪，罪责自负，也是贯彻宽严相济刑事政策与罪刑相适应原则的应然之义。

---

① 李翔：《论微罪体系的构建——以醉酒型危险驾驶罪研究为切入点》，载《政治与法律》2022年第1期。

微罪扩张伴生的负效应及其匡正*

——以醉驾入刑为例

魏汉涛*　桑　宇**

近年来,微罪[①]扩张成为我国刑法变化的一个基本趋势,也引起学界的广泛争议。不可否认,随着社会生活的复杂化,加之新型风险增多,适当增设微罪是必要的。但增设微罪在我国属于新事物,且微罪存在一些有别于重罪、轻罪的新特征,需要我们重视微罪伴生的负效应。立法实施一段时间后就需要"回头看",以便总结经验,检省存在的问题。醉驾入刑已经超过10年,该罪适用后暴露出不少问题,也引起了理论界较大的争议,是最具代表性的微罪。有鉴于此,本文以醉驾型危险驾驶罪为例,对微罪扩张伴生的负效应进行一次全面的后评估,进而为完善微罪制度做一些有益的探索。

一、醉驾入刑"回头看"

应该承认,微罪扩张具有多方面的积极价值。在醉驾入刑的第一个10年里,我国机动车增量为1.81亿、驾驶人增量为2.59亿,年均分别为1800万辆、2600万人,而因酒驾、醉驾导致的伤亡事故较前10年减少了2万余起。[②] 更重要的是,醉驾入刑有利于国民守法习惯的养成,拒绝酒驾已经广为国民接受,在一定程度上改善了国民的健康。然而,在肯定成绩的同时,更应洞察其伴生的负面影响。

(一)醉驾入刑的打击面较大,但预防效果有限

虽然危险驾驶罪的设置对犯罪预防起到了明显的功效,但每年仍有相当数量的人员因此获刑。醉驾型危险驾驶罪非独立罪名,并无专门数据,但醉驾型危险驾驶罪案

---

* 本文是2022年度国家社科基金项目"生物安全视野下人类基因科技开发与应用的刑法规制研究"(22BFX046)的阶段性成果。

* 中南财经政法大学教授、博士生导师。

** 中南财经政法大学刑法学博士研究生。

① 关于微罪的标准,理论上有不同的观点,主流观点认为法定刑最高不超过1年有期徒刑的犯罪为微罪。

② 参见程林杰、刘哲、黄亦程:《"醉驾入刑"十年间减少两万余起伤亡事故》,载《人民公安报》2021年4月29日,第2版。

件在危险驾驶刑事案件中的占比一直在95%以上①,故危险驾驶罪案件的数量基本可以反映醉驾型危险驾驶罪案件的数量,因此我们可以用历年危险驾驶罪的案件总数估算醉驾案件的大致数量。② 据最高人民法院公布的数据,2012年我国审结的危险驾驶罪案件数量为4.8万件,占当年审结的全部刑事案件的7.5%,居当年刑事犯罪数量排名第三位;2013年,危险驾驶罪的案件数增至9万余件,占当年审结的全部刑事案件总数的9.5%,居当年刑事犯罪数量排名第三位;2015年再次攀升至14.7万件,占当年审结的全部刑事案件的12.61%,升至当年刑事犯罪数量排名的第二位;2019年,危险驾驶罪的案件攀升至31.9万件,占全部刑事案件的24.6%,居当年刑事犯罪之首;2020年,虽然总数降到28.9万件,但占当年审结的刑事案件总数的比例却升至25.9%,仍居当年刑事犯罪之首。③ 据2021年的数据,危险驾驶罪案件总数已达34.8万件,占当年审结的全部刑事案件的19.4 %④,连续3年成为刑事犯罪总数之最。从现有数据来看,除受疫情封控影响的2020年外,其余年份均保持增长。从占当年审结的全部刑事案件的比例来看,除犯罪基数激增的2021年外,也实现了连年增长。上述数据表明,虽然国家通过刑法加大了对危险驾驶的打击力度,但危险驾驶罪的案件数量并未因此减少。这一事实告诉我们,意图通过增设危险驾驶罪防范醉酒驾驶的效果并不理想。

(二)醉驾被定罪后的附随后果负价值过高

在我国犯罪的附随后果主要有:禁止或限制特定职业、承担如实报告等特定义务、禁止或限制考试资格、限制户籍、限制信誉或荣誉、排斥社会保障、限制有关风险性作业或收养等行为、犯罪记录、开除公职等。⑤ 囿于篇幅,这里只介绍两个附随后果。

其一,开除公职。《行政机关公务员处分条例》第17条第2款规定:“行政机关公务员依法被判处刑罚的,给予开除处分。”不少公职人员因为醉酒驾驶被判处拘役,甚至大多被宣告缓刑,仍被给予开除公职的处分。事实上,国家培养一个资深检察官付出的社会成本很高,因为醉酒挪车就被开除公职,不仅对犯罪人是一个极大的打击,对国家也是一种损失。

其二,犯罪记录。犯罪记录也称犯罪前科,是指曾经因犯罪被判处过拘役、有期徒刑以上的刑罚而被公安机关记录在案。犯罪记录有两个直接的负面影响:一是将给犯罪人留下洗不去的污点,进而影响其工作和生活。二是子女政审无法通过。以2021年

---

① 参见董玉庭、张闳诏:《醉酒型危险驾驶罪量刑实证研究》,载《时代法学》2023年第1期。

② 司法机关没有公布2014年、2016年、2017年、2018年、2022年危险驾驶罪的数据,所以本文分析时没有使用这几年的数据。

③ 参见周光权:《论刑事一体化视角的危险驾驶罪》,载《政治与法律》2022年第1期。

④ 参见《最高人民法院工作总结》,载最高人民法院公报官网,http://gongbao.court.gov.cn/,2023年6月14日访问。

⑤ 参见王瑞君:《我国刑罚附随后果制度的完善》,载《政治与法律》2018年第8期。

为例,近35万人犯危险驾驶罪,依据多地对犯罪人年龄的统计,犯罪人以“70后”“80后”为主,在仅考虑犯罪人第一代子女的情况下,结合生育年龄统计,他们的生育时间大致在2005年左右,那时我国的出生率为12.4‰,可推算出前述35万名罪犯大致有4340个子女,即在其第二代人口中,将有大致4340人无法通过政审,若考虑到其他近亲属、社会主要关系与第三代人口,那么无法通过各类机关政审的人数将成倍增长。

犯罪附随后果在制定时以重罪为基础,虽然自由刑与犯罪附随后果缺乏量化比较,但几乎可以认为,刑罚附随后果重于微罪主刑,这是明显的逻辑不当。

(三)醉驾入刑引发的司法问题突出

由于危险驾驶罪的入罪门槛很低,导致危险驾驶罪的刑事案件数量骤增,进而引发案多人少的矛盾。据了解,很多基层法官一年要审理上百件案件,有的甚至审理两百余件案件,导致基层法官、检察官不堪重负,也难以保证案件审判质量。

再者,司法流程往往耗时较长,加之危险驾驶罪刑期较短,经常出现“一经判决即释放”的情况,甚至存在应处刑期低于被告人已羁押时长的问题。为了规避国家赔偿及其程序负累,法院可能会根据已羁押时长确定刑期,导致宣判刑重于应处刑期,而刑期的根据应当是事实与法律,以等待宣判的时间逆推刑期是严重的以程序决定实体的逻辑错误。不仅如此,由于危险驾驶罪的法定刑较低,除非对类案有充分的研究,否则难以发觉如此微小的不公平与不正义,即便涉案人意识到自己身处不公,也因为诉讼成本未必选择上诉或申诉。

二、醉驾入刑伴生负效应的成因

治病要治本,因此,必须先找到微罪伴生负效应的成因,才能对症下药。

(一)醉驾入罪标准单一且禁止反证

醉驾的入罪标准主要可以分为血液酒精浓度(BAC)限值与其他意识测定方法,其中以前者为主要标准,而后者的应用实际上早于前者。20世纪初,医学专家即开始通过驾驶者的步态、仪态等醉酒表现来认定醉驾,但这种方法缺乏实证研究的基础。于是,研究人员开始通过检测BAC限值研究酒精对驾驶技能损害的相关程度,印证了酒精摄入与安全驾驶能力下降的高度相关性,此后BAC限值便成为认定醉驾的主要标准,在一些国家甚至成为唯一标准。我国刑法未为升为犯罪的醉驾行为设计认定方法,而是直接套用了《车辆驾驶人员血液、呼气酒精含量阈值与检验》的规定,进一步拉低了入罪门槛,但此标准的问题并不在于BAC限值的高低而在于标准的单一性。

有观点认为,我国认定醉驾的标准过低,但从比较法来看,法国、德国、澳大利亚等国以50mg/100ml作为认定醉驾的BAC标准;日本、印度的标准为30mg/100ml;俄罗斯、巴西、罗马尼亚等国认定醉驾的 BAC 限值无限接近于 0,即只要被检测到有酒精摄入即构成犯罪。故我国认定醉驾的标准(血液酒精含量 80mg/100ml)已属宽松,目前也并无研究表明我国国民对酒精的耐受程度更高。真正的问题在于我国的标准过于单一,使得本来宽松的标准显得严厉,而且"单一"意味着其他标准的无效和反证的不被允许。

(二)缺乏统一的从宽标准

我国尚无统一的不起诉、定罪免刑、缓刑的标准。最高人民法院《关于常见犯罪的量刑指导意见(二)(试行)》规定:"对于情节显著轻微危害不大的,不予定罪处罚;犯罪情节轻微不需要判处刑罚的,可以免予刑事处罚。"这一规定未给出具体标准,导致各省各行其是,甚至部分地市还出台了地方标准,且大都未公开,存在不公平、不科学的问题。例如,根据湖南省高级人民法院、湖南省人民检察院、湖南省公安厅《关于办理醉酒驾驶机动车刑事案件若干问题的会议纪要》的规定,只要无该文件第 7 条中的情形,且认罪悔罪、血液酒精含量在 160mg/100ml 以下的,就可以不起诉或者免予刑事处罚。根据东莞市中级人民法院、东莞市人民检察院、东莞市公安局《关于办理"醉驾型"危险驾驶案件的联席会议纪要》的规定,醉酒驾驶机动车犯罪情节轻微,犯罪嫌疑人血液酒精含量不超过 120mg/100ml,认罪、悔罪且无从重处罚情节的,经综合考量办案的法律效果和社会效果,可以作不起诉处理。东莞市 120mg/100ml 的标准明显高于湖南省 160mg/100ml 的标准,同样的醉驾行为在湖南省更容易得到从宽处理,显然难以服众。

(三)刑事政策的三个"一律"

2011 年,公安部《关于公安机关办理醉酒驾驶机动车犯罪案件的指导意见》规定,"经检验驾驶人血液酒精含量达到醉酒驾驶机动车标准的,一律以涉嫌危险驾驶罪立案侦查";同年,最高人民检察院声称,对于醉驾案件只要事实清楚、证据充分,检方就会一律起诉,而不会考虑情节的轻重;2013 年,最高人民法院、最高人民检察院、公安部《关于办理醉酒驾驶机动车刑事案件适用法律若干问题的意见》规定,血液酒精含量达到 80mg/100ml 的,便以危险驾驶罪定罪处罚。尽管最高人民法院在其 2017 年颁布的《关于常见犯罪的量刑指导意见(二)(试行)》中尝试纠偏,"对于情节显著轻微危害不大的,不予定罪处罚;犯罪情节轻微不需要判处刑罚的,可以免予刑事处罚",但"除了个别地区(如浙江省)的不起诉率有所上升外,多数地区变化不大,整体上还未出现明显改观"①。在必罚主义思想的影响下,温和司法的落实本就举步维艰,更何况重罚的政策性意见公布在先。最高人民法院《关于常见犯罪的量刑指导意见(二)(试行)》

① 敦宁:《醉驾治理的司法困境及其破解之策》,载《法商研究》2021 年第 4 期。

中关于危险驾驶罪如何适用的内容并非新规，其只是对刑法既有条文的提示，意味着即便刑法明确规定了可以不捕、不诉、免予处罚、判处缓刑的情形且又经过了指导意见的确认，司法机关仍坚持“套法条”而忽视实质分析，似乎出罪就有包庇之嫌。如何建立使检察院、法院敢于出罪、情愿出罪的保障机制，是值得深思的问题。

（四）司法谦抑机制虚置

我国刑法与刑事诉讼法通过多个条文及其规定，如相对不起诉制度与定罪免刑制度等，构建了司法谦抑机制，温和效果几乎遍及每个司法环节。然而，我国司法机关对危险驾驶罪处以“不捕、不诉、免刑、缓刑”的概率却一直居于低位。据统计，2017年全国宣告缓刑的案件总量只占当年醉驾型危险驾驶罪的56%，2018年则为54.6%。[①] 同期，交通肇事罪的缓刑适用率高达78%。[②] 从实际情况来看，危险驾驶罪的不起诉率同样偏低[③]，更极少免予刑事处罚。建议检察官充分使用起诉裁量权，通过不起诉制度分流案件，并进一步松绑酌定不起诉，扩大相对不起诉的适用范围；提高定罪免刑、缓刑、罚金刑的适用率，规避短期自由刑的弊端，不能觉得微罪的刑罚较轻就不得再度减轻，相反，缓刑和免刑的适用对象原本即为轻罪。

三、化解危险驾驶罪负效应之我见

（一）修改、丰富相关标准

针对我国醉驾标准存在单一与不科学的问题，本文提出两点建议：

第一，制定更有针对性的多样化标准。醉驾标准的本质是对“危险驾驶”最低成立点的大致界定。醉驾是否影响安全驾驶，要通过意识是否清醒、反应是否敏锐等要素来判断，而不应单纯以血液酒精含量作为判断基准。单脚站立、直线行走、眼球抖动、辨认图案、阅读文字等方式，能更为直接地考查涉案人是否能够安全驾驶，能减少推定的成分。除增设新标准外，同一标准内部的个性化同样是对标准的丰富，可以借鉴德国的规定，根据行为的危险性、驾驶能力的差异分段设置标准，其规定：若驾驶者未满21岁、驾龄小于2年和从事商业运输的司机，标准为绝对禁止；若发生事故或者交通违法行为，标准为30mg/100ml；对未发生事故或者交通违法的驾驶人员，标准为50mg/100ml；对未发生事故或者交通违法的摩托车驾驶员，标准为160mg/100ml。[④] 总之，对于醉驾

---

① 参见孙硕：《缓刑视角下的醉驾刑事案件》，载《人民司法》2019年第10期。

② 参见赵兴洪：《缓刑适用的中国图景——基于裁判文书大数据的实证研究》，载《当代法学》2017年第2期。

③ 参见徐万龙：《醉驾型危险驾驶罪严罚倾向的司法纠偏》，载《东岳论丛》2023年第4期。

④ 参见《“醉驾入刑”司法适用十周年白皮书（下篇）》，载 https://www.king-capital.com/Content/2021/05-06/0940350750.html，2023年7月1日访问。

标准的改革,总的目的在于将抽象危险具体化,即将我国《刑法》第 133 条之一醉酒后在道路上驾驶机动车,即构成危险驾驶罪的规定修改为:醉酒后在道路上不能安全驾驶机动车的,处……

第二,建立统一的醉驾从宽标准体系。我国醉驾的从宽标准不仅在各省间存在差异,而且部分地级市也出台了市级标准,导致适用标准的混乱与不公,建议由最高司法机关出台全国统一的醉驾刑罚裁量标准体系,包括入罪标准、缓刑标准、免诉标准等。不排除各地民众的酒精耐受度存在地区性特征,但在缺乏科学定论前,采取统一标准更为妥当。

(二)为微罪设置与之强度相匹配的刑罚附随后果

微罪的附随后果存在畸重的问题,主要在于政审的牵连性与前科制度的终身性等。微罪有其显著不同的特征,不能用对待重罪、轻罪的方式对待微罪。微罪大多来自行政法规,实质上等同于西方的违警罪,国外的通行做法是将犯罪分层区别,开发不同的司法程序、差异化的实体法规则和处遇措施。[①] 基于此,笔者建议建立微罪前科封存制度。之所以选取“封存”而非“消灭”,原因有三:一是为了降低改革难度,在未成年人犯罪记录封存制度的铺垫下,再在微罪领域推广这种制度,有利于司法机关与国民接受;二是若涉案人员再次犯罪或发生其他特殊事项,在其案件的处理上留有余地;三是为了继续发挥前科制度的威慑效果。前科制度值得反思,但前科消灭制度同样值得怀疑,前科制度与前科消灭制度均过于极端,折中后就成了前科封存制度。具体而言,可以参照缓刑制度,设立考验期,若涉案人员未触犯禁止性规范,则参照犯罪记录封存制度[②],封存其前科记录,免除其犯罪记录的报告义务并依其申请及时出具无犯罪记录的证明。

(三)转变预防思路

预防犯罪的手段多元,刑罚是其中之一。将预防犯罪的着手点由刑罚预防转为情境预防与实害预防是更有效的路径,因为任何犯罪行为的预防都无法仅靠法律实现,以报应实现预防的实际效果值得怀疑,通过已然犯罪预防未然犯罪,有“亡羊补牢”之感。犯罪成立与否的决定因素是犯罪能力的有无及大小,且威慑性在侥幸心理与激情犯罪面前难以生效,故犯罪的预防应更多地依靠对犯罪能力而非心理准备的消灭,犯罪的预防包括对行为的预防与实害的预防,或说对未遂的预防与既遂的预防。

---

① 参见魏汉涛:《定罪免刑:化解微罪扩张伴生风险的优先选项》,载《江西社会科学》2023 年第 6 期。

② 最高人民法院、最高人民检察院、公安部、司法部《关于未成年人犯罪记录封存的实施办法》第 9 条第 1 款规定:“未成年人犯罪记录封存应当贯彻及时、有效的原则。对于犯罪记录被封存的未成年人,在入伍、就业时免除犯罪记录的报告义务。”第 15 条规定:“被封存犯罪记录的未成年人本人或者其法定代理人申请为其出具无犯罪记录证明的,受理单位应当在三个工作日内出具无犯罪记录的证明。”

前者如周光权教授提出的防醉驾设施,我国有必要通过相关立法,强制汽车制造商在车辆中安装防醉驾设施,实现犯罪的情境预防效果①;后者则不拘泥于行为预防,而指向对实害结果的预防,如主动安全系统等。

在笔者看来,防醉驾设施主要有两种:一是驾驶位酒精检测系统,指在车辆驾驶舱安装自动的酒精呼吸检测系统。周光权教授认为:“该装置安装在汽车方向盘位置,在主驾驶座位上的驾驶员落座后启动车辆时,如果酒精含量达到一定程度,与酒精检测装置配套的车内报警器自动发出警告,车辆亦不能启动。”二是主动安全系统,指车辆自动规避风险的设备体系,其中最有助于预防醉驾实害结果的是主动刹车系统,其可自动在前方出现障碍物时紧急刹停车辆。主动安全系统具备保护车外人员的能力,它不仅可以作为汽车的安全装置,也能起到降低危险驾驶行为危害性的效果。主动刹车系统虽不能消灭驾驶者醉酒驾车的犯罪能力,但其预防危害结果的能力,合乎消灭犯罪能力与犯罪本身的目的。

对危险驾驶罪的预防根本上是对交通事故的预防,若有某种途径可以实现交通事故的趋零与交通秩序的稳定,危险驾驶罪便没有存在的必要,自动驾驶技术有望成为这种途径。自动驾驶技术并非娱乐技术而是安全技术,成熟的自动驾驶技术可以预防绝大多数交通事故,其以算法与感知设备弥补了人体感知范围的不足,且不会受到情绪的影响,故可以成为降低交通事故的新抓手。

(四)通过定罪免刑制度弱化开除公职带来的负效应

以前我国刑法理论只将犯罪分为重罪和轻罪两类,没有西方所谓的违警罪。近年来,随着社会管理的强化,诸如醉酒驾驶、高空抛物、危险作业等社会危害性不是很严重的行为也上升为犯罪,这些新型微罪以前基本上都由行政法调整。例如,高空抛物以前属于违反治安管理处罚法的行为,醉酒驾驶以前由交通管理法规调整,危险作业由矿山、港口等生产作业领域的行政法规调整。或者为了防范风险,或者为了顺应强化社会管理的需要,这些行为才被纳入刑法调整范围。质言之,这类新型微罪与传统的重罪、轻罪有质的差异,不能将实施微罪的人与实施重罪、轻罪的人等同视之。然而,现实情况是,不管是微罪还是重罪,只要被定罪判刑,按相关规定就要开除公职,这对公职人员造成的负面影响太大,会出现严重的轻罪重罚之后果。基于这种现实,完全可以借助我国《刑法》第 37 条规定的定罪免刑制度,对微罪尽量适用定罪免刑,这样既可以实现对罪犯的惩罚,又避免了公职人员被开除公职之严重后果,是一个较好的折中方案。当然,这样处理还应破除定罪免刑就是不受任何处罚的误解②,事实上定罪免刑也是刑事责任的实现方式,也会给犯罪人造成冲击,有预防犯罪之功效。

---

① 参见周光权:《论刑事一体化视角的危险驾驶罪》,载《政治与法律》2022 年第 1 期。

② 参见魏汉涛:《定罪免刑:化解微罪扩张伴生风险的优先选项》,载《江西社会科学》2023 年第 6 期。

新时代宽严相济刑事政策下轻罪治理的审视与完善

——以轻罪记录消除制度构建为视角

王晓霞* 张恒飞**

进入新时代，刑事犯罪结构呈明显轻缓化趋势，国家治理体系和治理能力现代化对轻罪治理提出新要求，传统以重罪为主轴构建的刑事制裁体系需要转向"重罪惩治与轻罪治理并重""轻重有别、区别对待"的治理体系，并建立轻罪记录消除制度①，推进"治罪"迈向"治理"，进而实现刑法的社会治理责任，以刑事法治助力社会整体法治。笔者以轻罪记录消除制度为视角，对宽严相济刑事政策下轻罪治理作了认真思考，以求教于同仁。

一、犯罪结构变化的总体概观

（一）立法上的"轻罪"结构变化

截至2023年8月，《刑法》已经过11次修正，以"3年说"（法定最高刑3年以下有期徒刑）作为对轻罪的界定，统计显示轻罪罪名在整个罪名体系中的占比从1997年《刑法》的19.13%上升到2020年《刑法修正案（十一）》出台后的21.81%。若从首次增加轻罪罪名的《刑法修正案（六）》统计至《刑法修正案（十一）》，新增轻罪罪名27个，占全部新增67个罪名的比例达40.29%。可见，从明显增加的轻罪罪名来看，立法上犯罪结构呈现轻罪化趋势（详见表1）。

---

* 浙江省人民检察院法律政策研究室主任，法学博士。

** 浙江省人民检察院法律政策研究室三级检察官助理。

① 犯罪记录消除制度又称为前科消灭制度，为与我国刑法规定的未成年人犯罪记录封存制度相衔接，本文用"轻罪记录消除制度"的名称。

表 1 刑法立法上的"轻罪"结构变化

年份	新增轻罪罪名	共计轻罪罪名	所有罪名	占比
1997 年《刑法》	79	79	413	19.13%
1999 年《刑法修正案》	0	79	413	19.13%
2001 年《刑法修正案(二)》	0	79	413	19.13%
2001 年《刑法修正案(三)》	0	79	414	19.08%
2002 年《刑法修正案(四)》	0	79	416	18.99%
2005 年《刑法修正案(五)》	0	79	419	18.85%
2006 年《刑法修正案(六)》	1	80	428	18.69%
2009 年《刑法修正案(七)》	2	82	445	18.43%
2011 年《刑法修正案(八)》	1	83	451	18.40%
2015 年《刑法修正案(九)》	14	97	468	20.73%
2017 年《刑法修正案(十)》	1	98	469	20.90%
2020 年《刑法修正案(十一)》	8	106	486	21.81%

(二)法院判处刑罚的"轻刑"结构变化

根据全国法院司法统计公报数据,以法定最高刑 3 年以下有期徒刑作为统计标准,2011 年至 2020 年,轻刑案件占 85%左右,重刑案件占 15%左右。① 根据最高人民法院通报数据,2021 年被判处 3 年以下有期徒刑的罪犯人数占判决生效罪犯总人数的比例已经达到 84.6%。可见,从法院审判的刑事案件来看,犯罪结构呈现轻刑化趋势。

(三)检察机关提起公诉的"轻案"罪名结构变化

根据浙江省人民检察院工作报告相关数据,2021 年度起诉犯罪嫌疑人人数排名前五位的罪名分别是危险驾驶罪,盗窃罪,开设赌场罪,帮助信息网络犯罪活动罪,掩饰、隐瞒犯罪所得、犯罪所得收益罪,其中排名第一的危险驾驶罪起诉人数达 11267 人。帮助信息网络犯罪活动罪增速明显,当年上升为起诉人数第四的罪名,达 6900 人(详见图 1)。可见,从检察机关起诉犯罪嫌疑人所涉罪名来看,犯罪结构也呈现出轻罪化趋势。

① 参见卢建平:《轻罪时代的犯罪治理方略》,载《政治与法律》2022 年第 1 期。

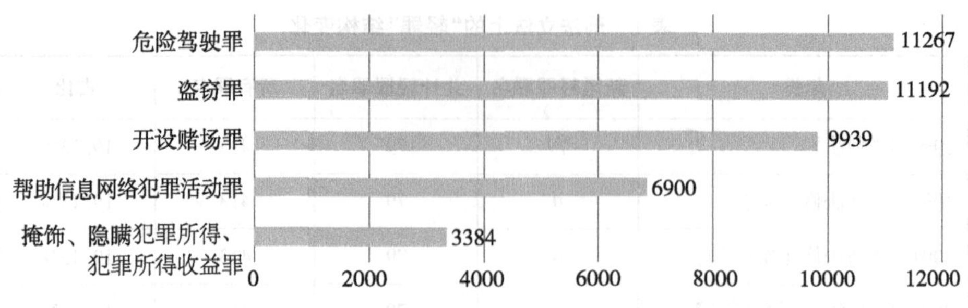

图1　2021年度浙江省检察机关前五位起诉罪名人数

二、轻罪化背景下犯罪治理的现实审视

随着犯罪结构发生根本变化，犯罪治理策略也应相应调整。然而，我国犯罪前科制度所产生的“犯罪标签”溢出效应，给有前科者再就业带来困难，产生了一系列再社会化难题。

（一）轻罪刑罚附随后果“不轻”的现实难题

综合来看，刑罚附随后果在现实中的表现主要有以下四种：

第一，对犯罪前科者本人的职业禁止或限制。《公务员法》《人民陪审员法》《公证法》《村民委员会组织法》《拍卖法》等法律明确规定，因犯罪受过刑事处罚的，不得担任公务员、人民陪审员、公证员、村委会成员、拍卖师等。对于尚未从业或担任这一类职务的，今后不能任职或参加此类岗位的申请和考试，已担任此类职务的人员，则会被开除。另外，一些职业对犯罪前科者设置了禁入年限①，例如注册医师和乡村医师、注册会计师、证券从业人员、进出口商品检验鉴定人员，在法定禁业年限内，不得申请从业资格或参加相应的资格考试。还有一些特殊职业对犯了特定罪名者，则终身不得再次进入该行业，如会计业、商业银行业等。

第二，对犯罪前科者本人荣誉剥夺和信誉评级的降低。国务院《社会信用体系建设规划纲要（2014—2020年）》明确“对违法违规等典型失信行为予以公开”，之后陆续出现地方性法规将违法、犯罪行为作为失信行为加以规定，如《深圳市个人信用征信及信用评级管理办法》规定，征信机构征集的个人信息包括有可能影响个人信用状况的涉及民事、刑事、行政诉讼和行政处罚的记录。将犯罪信息作为重要的负

---

① 比如根据相关法律法规，因受刑事处罚，自刑罚执行完毕之日起至申请注册之日止不满2年的，不能申请注册执业医师和乡村医师；因受刑事处罚，自刑罚执行完毕之日起至申请注册之日止不满5年的，不能申请注册会计师；最近3年受过刑事处罚的，不能申请证券从业人员资格；5年内有犯罪和严重行政处罚记录的，不能申请报名参加进出口商品检验鉴定人员资格考试。

面信用信息纳入社会信用评估,会给犯罪前科者带来重大的负面影响,包括取消相关荣誉资格和大城市落户资格,降低银行授信、贷款资格或额度,降低纳税信誉等级等。

第三,对犯罪前科者民事行为的限定。如《民法典》第1098条规定,收养人应当同时具备的条件之一为"无不利于被收养人健康成长的违法犯罪记录"。法律对犯罪前科者的收养民事行为予以限制,当其违法犯罪记录被认定为不利于被收养人健康成长的,则无法收养子女。

第四,对犯罪前科者亲属[①]的牵连。这是轻罪刑罚附随后果引起社会各界争议的焦点。比如警校招生、征兵的政审中明确规定,相关犯罪前科者的亲属将被判定为政审不合格,类似对亲属的牵连还发生在入学、落户、报考公务员等事项上。现有前科制度对犯罪前科者亲属的附随影响之大,并不亚于甚至超出所判处的刑罚本身,尤其醉酒型危险驾驶罪等轻罪案件,数量不断上升,受到负面影响的家庭及其亲属数量更是庞大,是轻罪治理亟待研究解决的问题。

(二)轻罪化立法与刑罚后果"倒挂"问题凸显

随着犯罪结构的变化,轻罪化的刑事立法和以轻罪为主体的刑事司法已然成为目前刑事法治的现实样态。轻罪前科者面临的虽是短暂的刑期,但犯罪标签则会长期伴随甚至一生伴随。以危险驾驶罪为例,其刑期固然不高,但随之而来的犯罪标签与其他犯罪无异。固然前科制度大大加强了刑罚的制裁效果,但对于轻罪者来说,前科制度所带来的长期惩罚效应则远远超出了刑法所设定的轻罪责任程度,这显然与我国轻罪化刑事立法宗旨和宽严相济刑事政策不符。

(三)轻罪前科者面临回归社会的现实障碍

前科制度的适用,可以进一步强化刑罚的威慑效果,进而有效降低刑满释放人员的再犯可能,但对于主观恶性和人身危险性小的轻微犯罪、过失犯罪等,这一威慑作用不一定有效。不加区分的前科制度,让重新进入社会的犯罪前科者行使如劳动权等本可正常享有的权利时却遭受不可逆转的侵害,同时还受到来自社会部分领域的歧视和不平等待遇。不加区分的前科"标签"如果没有有效引导举措,某种程度上会让犯罪前科者的希望和出路进一步渺茫,增加其铤而走险再犯罪的风险,加剧再社会化的难度。

(四)轻罪化背景下社会治理成本增加的现实风险

刑事治理是相对较为简单和高效的社会治理方式,但轻罪化时代刑事司法过度犯

---

① 这里的亲属采用广义上的亲属关系,包含直系亲属、家庭主要成员、直接抚养人、主要社会关系成员及对本人影响较大的其他亲属。

罪化,易削弱犯罪行为的非难性与可谴责性,消解刑法的社会认同,容易引发或激化新的社会矛盾,进而导致社会治理成本增加、难度增大。以醉驾型危险驾驶罪为例,众多醉驾犯罪前科者,难以再就业,或因失业心情低落,或因失业积累对社会的怨恨,无法顺利融入社会,容易再次成为社会治理隐患,进一步增加社会治理成本,导致轻罪治理演变为“惩处了一种犯罪却又引发另一种犯罪”,使犯罪治理结构失衡。

三、轻罪记录消除制度构建的必要性与可行性

前科制度的设立有其特殊的背景和积极的意义,但不加区分的前科附随后果在现实中的严苛性却超出了民众朴素的正义观,也引发理论界和实务界的众多争议。新时代宽严相济刑事政策下,轻罪记录消除制度再一次进入社会各界的视野,具有一定的必要性和可行性。

(一)新时代构建轻罪记录消除制度的原因解析

第一,从法理上看,轻罪记录消除制度在于个人权益与社会公共利益的平衡。犯罪前科的存在,源于国家刑罚权的行使,减少或者消除犯罪前科的不当影响,主要基于保护公民人格权的需要。建立轻罪记录消除制度的法理基础也正是基于平衡国家刑罚权行使与公民人格权保护之间的关系。

第二,从社会基础上看,犯罪结构的变化悄然影响着人们的社会观念及对刑法、刑罚的价值判断。醉驾入刑以来,醉驾型危险驾驶罪案件数量不断攀升,建立轻罪记录消除制度的呼声也越来越高。基于社会的进步及犯罪结构发生的深刻变化,其在一定程度上影响着社会观念与价值判断。

第三,从法治环境看,宽严相济刑事政策下认罪认罚从宽制度的深入适用,对轻罪案件被告人判处缓刑和不起诉的比率大幅提升。实践中检察机关依法能动履职,在适用认罪认罚从宽制度中积极作为,维护好受害方的合法权益,让受害方感受到、能认同、愿接受被告人的认罪悔罪,最大限度减少社会对立面,有效促进社会和谐稳定①,在平衡社会利益与刑事处罚的关系上发挥了重要作用,这也将成为轻罪记录消除制度构建的重要前提之一。

(二)轻罪记录消除制度构建的必要性与可行性

第一,轻罪化背景下从“治罪”转向“治理”的现实需要。随着社会主要矛盾的变化,社会上恶性、暴力或者其他严重危害人民群众权益的犯罪比例在逐步下降,轻罪案

---

① 参见《最高人民检察院关于人民检察院适用认罪认罚从宽制度情况的报告——2020 年 10 月 15 日在第十三届全国人民代表大会常务委员会第二十二次会议上》,载《检察日报》2020 年 10 月 17 日,第 2 版。

件的数量不断上升。这一现实样态决定了司法机关在办案过程中也需要在理念上逐步从打击犯罪即“治罪”角度转向对社会治理即“治理”思考。

第二,完善社会治理体系的现实需要。轻罪化背景下,轻罪占比高、前科群体庞大,而实践中轻罪者的后端治理失灵,犯罪前科制度弊端日益凸显。为构建新时代社会治理新格局,不断提升社会治理能力和治理水平现代化,立法需要积极回应社会治理需求,注重轻罪者的后端治理,适度消除轻罪标签负面效应,为完善社会治理提供有力供给。

第三,构建轻罪治理体系的现实需要。轻罪治理体系是国家有关预防、惩治、改造轻型犯罪的理念、政策、立法、执法、司法、社会应对的各种方式、方法、措施的系统集成①,轻罪治理体系的主要目的在于有效应对轻罪化形势,促进社会治理能力提高,提升治理现代化水平,消解社会矛盾,减少社会对抗,维护社会和谐稳定。构建“重罪惩治与轻罪治理并重”的治理体系是新时代宽严相济刑事政策的内在要求,而轻罪记录消除制度则是在当前以轻罪为主的犯罪结构下,实现“轻重有别、区别对待”犯罪治理的重要手段之一,也是整个轻罪治理体系的重要一环。

第四,现有制度基础为轻罪记录消除制度的构建提供了可行性依据。宽严相济刑事政策一定程度上可以进一步提高相对不起诉的适用率,从源头上避免定罪处刑之后对轻罪者本人及其亲属的影响。如审查起诉阶段积极推动轻罪当事人达成刑事和解,目的在于为犯罪嫌疑人争取更多不诉的机会,实现打击犯罪与预防犯罪的统一。这也为轻罪记录消除制度的构建提供了依据。当前刑事诉讼法建立了未成年人犯罪记录封存制度,实践效果良好。但对轻罪记录消除制度来说,在短期内并不容易实现,可采取分步走策略,先行探索将未成年人犯罪记录封存制度拓展到部分轻罪成年人,通过限制犯罪记录公开的对象,减少对犯罪者及其亲属的附随影响。

四、轻罪记录消除制度构建的应然路径

宽严相济刑事政策下的轻罪治理,应当在未成年人犯罪记录封存制度的实践经验基础上,探索构建适应当前轻罪治理现代化现实需要的轻罪记录消除制度。

(一)科学审慎确定轻罪记录消除的条件

无论是从司法机关探索轻罪记录消除制度适用角度,还是从社会民众接受度角度,对轻罪记录消除制度的适用一定是科学慎重的,需要在实践中有一个缓慢引导和适应的过程。综合理论研究和司法实践,可从四个方面确定轻罪记录消除制度适用的

① 参见孙春雨:《因应犯罪结构变化协力推动轻罪治理》,载《人民检察》2023年第11期。

条件(详见表2)。

第一,轻罪记录消除制度应适用于宣告有罪的所有情形,包括判处刑罚、非刑罚处理方法、刑罚后被赦免,以及单纯宣告有罪但未判处刑罚等,这是与前科概念保持一致的需要,也是多数国家和地区的做法。需要特别指出的是,轻罪案件宣告有罪的所有情形需将危害国家安全罪、严重的暴力犯罪、收买被拐卖的妇女儿童罪、虐待罪等人身危险性、社会危害性严重的这几类犯罪排除在外,即使这几类犯罪的刑期在3年以下,仍需通过前科报告义务对犯罪前科者予以防卫和考察。

第二,轻罪记录消除制度的适用对象宜先限于微罪和未成年人犯罪,再逐步扩大至3年有期徒刑以下刑罚的犯罪,以此推进。按照法定刑的界定标准,微罪,即法定最高刑为1年以下有期徒刑(包括拘役)的罪名。目前,刑法中的微罪名主要包括醉驾型危险驾驶罪,妨害安全驾驶罪,危险作业罪,使用虚假身份证件、盗用身份证件罪,代替考试罪,高空抛物罪,侵犯通信自由罪。微罪罪名较少,但从犯罪结构组成和犯罪数量占比来看适用比例非常大。之所以在适用范围上先从微罪和未成年人犯罪着手,是从司法机关探索轻罪记录消除制度的可行性角度,借鉴认罪认罚从宽、刑事和解等制度的实践探索,先从轻罪、微罪开始试点,再逐步拓宽适用范围;从社会民众的接受度考虑,先从微罪探索记录消除制度,可以让司法机关在实践中对社会民众有一个慢慢引导的过程,从而提升社会民众对新制度的感知度和认同感,同时也更具有可操作性。

第三,适用轻罪记录消除应设置一定的考验期,即在行为人有罪宣告、服刑完毕、被赦免后经过一定的时间才能适用。刑法对于缓刑考验期的规定,采取预防为主、惩罚为辅的方针,给犯罪者一个较为宽松的改过环境。《刑法》第73条对拘役的缓刑考验期为原判刑期以上1年以下,但不能少于2个月;对有期徒刑的缓刑考验期限为原判刑期以上5年以下,但不能少于1年。对于轻罪记录消除也可参照缓刑考验期的规定,设置梯度考验期,根据适用刑罚的不同设置不一样的梯度考验期,详见表2中的时间要件。

第四,轻罪记录消除只适用于自然人犯罪。自然人犯罪前科的消灭更多的是从道德层面考虑,通过降低附随后果减少对轻罪前科者的消极道德评判,而法人犯罪并不存在这一问题,也就不存在犯罪记录消除问题。

表 2 轻罪记录消除制度适用的条件

	主体要件	时间要件
适用对象	仅进行有罪宣告但未被判处刑罚,或虽被判处刑罚但因被赦免或免予处罚而未被实际执行	考验期为 1 年
	单处剥夺政治权利或罚金、没收财产	考验期为 2 年
	微罪(被判处管制、拘役、1 年以下有期徒刑)	考验期为 3 年
	犯罪时未满 18 周岁	考验期为 1～3 年
实质条件	考验期间未再犯新罪、表现良好	

(二)设置轻罪记录消除的适用程序

按照多数国家通行的做法,犯罪记录消除的方式主要有法律规定、法院裁定及依犯罪前科者申请三种。建议采取人民法院依职权启动和依申请人请求启动相结合的轻罪记录消除方式,人民法院依职权启动方式可适用于表 2 中的两种情形,即微罪中被判处管制、拘役及犯罪时未满 18 周岁的情形;其他微罪类型犯罪可依申请人请求启动。法院应设专人审理轻罪记录消除申请的案件,法官依职权调取相关资料,包括前罪的判决情况、犯罪前科者在前科期间表现情况等,然后依法作出是否允许轻罪记录消除的裁决。关于法院审查的程序,可在现有刑事诉讼法的基础上,分别设置针对成年人犯罪和未成年人犯罪的特别程序,专门审查轻罪记录消除的申请。此外,人民法院作出的是否消灭轻罪前科的裁决,需同时送检察机关备案,接受检察机关的法律监督,以充分保障轻罪前科犯罪者的权益。

(三)明确轻罪记录消除的法律后果

轻罪记录消除的法律后果系轻罪记录消除制度的关键,涉及以下四个方面的内容:

第一,封存犯罪记录。这是轻罪记录消除最先涉及的法律效果。封存犯罪记录是指将犯罪前科者的犯罪记录加设封存标记,并封存相关材料,未经法定查询程序,不得进行信息查询、共享及复用,封存的犯罪记录数据不得向外部平台提供或对接。

第二,免除前科报告义务。这是轻罪记录消除的应有之义,在封存犯罪记录的情况下,如无特殊情况无须前科报告。

第三,恢复被限制、被剥夺的资格与权利。其中包括恢复从事特定职业的资格,解除禁止令、禁治产等。

第四,允许权利救济。已消灭的犯罪记录是对个人不利也不愿让人知悉的负面信息,在法律性质上宜定位为个人隐私,除法律规定的情形外,他人不得非法获取、使用、披露或者公开。如果他人恶意获取、使用、披露或者散布已封存的犯罪记录信息给轻罪犯罪前科者带来不利影响,应当允许其提起隐私权侵权之诉,并有权请求损害赔偿。

(四)完善轻罪记录消除的配套措施

除前述明确的轻罪记录消除的法律后果外,还应立足现状完善轻罪记录消除相关配套措施保障,使之与轻罪犯罪前科者回归社会和维护社会和谐稳定的现实需要相适应,这就需要立法、司法、执法、政策的统筹协调,相互配合执行,从而将这一制度真正落到实处。

第一,立法上的及时跟进完善。建议在刑法总则中增加“犯罪记录消灭”一章,集中规定犯罪记录消灭的条件、程序、效力等基本内容;在《刑法》第 100 条之后增加一条:“对于不满十八周岁的未成年人犯罪、过失犯罪被判处三年以下有期徒刑、因犯罪被判处管制、拘役或者被宣告缓刑的罪犯,在刑罚执行完毕、缓刑考验期满或者被赦免以后,五年内未再实施犯罪的,作出生效判决的人民法院可以对其作出消除其犯罪记录的裁定,有关机关根据人民法院的裁定应当删除前述罪犯的犯罪记录”①,使之能够与犯罪记录消灭制度有机衔接。同时应对民事、行政法规中设置的犯罪记录效应加以清理和整合。

第二,相关职能部门的协助配合。比如轻罪记录消除者在考验期间的行为表现需要社区矫正部门的协助配合,在观察轻罪记录消除者行为表现的同时也可在实践中帮助其切实解决实际困难,有助于实现轻罪记录消除者的再社会化。比如与户籍、人事档案、政审等部门的协助配合,轻罪记录消除者的犯罪记录封存,需要剥离户籍制度中的前科记载事项、人事档案中轻罪记录消除者的犯罪记录等,才能真正实现犯罪记录封存的实际效果。

第三,轻罪犯罪记录登记与查询制度的规范统一。当前公安机关、审判机关、检察机关、司法行政机关分别建立有犯罪记录信息库,但缺少有效的犯罪记录信息互联共享机制。轻罪记录消除制度下,犯罪记录封存,需要统筹处理好以上机关建立的信息库之间的关系,并可在时机成熟时,建立统一的犯罪记录登记和严格规范的犯罪记录查询制度。

第四,赋予轻罪记录消除者及其近亲属在遭受歧视时的诉权。轻罪犯罪记录消除后,应当赋予轻罪记录消除者在遭受歧视时为保障自己的公平就业、受教育等权利而提起诉讼。同时,对于带给近亲属的相关附随后果,如在就业、入伍、升学的资格审查中受到限制的,也应赋予其近亲属相应的诉权,以法治方式保障犯罪记录消除制度的顺畅运行。

---

① 参见朱宁宁:《专家建议修改刑法给轻罪罪犯以“出路”:加快构建有中国特色的犯罪记录消除制度》,载《法治日报》2023 年 4 月 4 日,第 5 版。

从轻罪治理到治理轻罪：我国轻罪立法的体系性完善思考

张亚平*

近年来，“轻罪治理”成为理论界和实务界备受青睐的概念表述。在不同语境下，该词语表达的意思不完全相同，大体包括两个方面：一是基于当前立法背景下，实践中轻罪占所有犯罪数量的比重日益攀升，达到80%以上，标志着我国已经进入轻罪时代。① 在轻罪时代，社会转型也倚重于轻罪治理。显然，这种意义上的“轻罪”，指的是司法中的轻罪，即宣告刑为3年以下有期徒刑、拘役、管制或者单处罚金的犯罪。二是对当前刑法立法进行反思，基于储槐植教授提倡的“严而不厉”的政策思想，认为我国刑法应大量增设轻罪，甚至构建轻罪制度，实现社会的法治化治理。本文主要是在第二种意义上讨论“轻罪治理”。众所周知，近几次刑法修正案增设了大量轻罪，彰显了刑法积极参与社会治理的立法倾向。以轻罪治理社会，显然有其正当性根据，但大量轻罪的增设与适用，也带来一系列现实问题，凸显了轻罪治理的负面效应。于是学界又掀起了新一轮对轻罪立法的反思及完善、相关配套措施的构建的理论热潮，此可谓“治理轻罪”。从“轻罪治理”到“治理轻罪”，或许是制度构建的一般规律，唯有如此，才能在实践中发现问题，并通过对所发现问题的解决，实现制度的日趋完善。

一、轻罪治理：刑法现代化的标志？

与西方国家立法定性、司法定量的定罪模式不同，我国刑法不仅规定犯罪行为的类型，而且还对犯罪的量有明确要求，将“情节显著轻微危害不大”的行为排除于犯罪范围，交由行政处罚予以制裁。也就是说，在我国，对危害行为的制裁采取的是刑罚与行政处罚并行的二元制裁体系。严重危害行为才被规定为犯罪，轻微危害行为不是犯罪，仅属于行政违法。自储槐植教授提出“严而不厉”的刑事政策思想以来，我国学者一直基于此政策思想而反思这种立法结构，并提出“轻罪治理”概念。当前，大量增设

* 宁波大学法学院教授，中国刑法学研究会理事。

① 参见卢建平：《为什么说我国已经进入轻罪时代》，载《中国应用法学》2022年第3期。

轻罪,甚至将所有违法行为纳入犯罪圈由刑法予以规制,成为主流观点。储槐植教授将此轻罪治理称为"刑法现代化"的标志。① 概而言之,"轻罪治理"包括两种轻罪立法模式和思路:

第一,取消刑法中犯罪概念的定量因素,只对行为构成犯罪进行定性描述,即使情节显著轻微危害不大的行为,也是犯罪。例如,陈兴良教授认为,我国的犯罪定义应当调整,基本思路是犯罪化:扩大犯罪圈,扩张司法权,逐渐取消三级制裁体系,实现刑事制裁的一体化。具体包括三个方面的改革:一是取消犯罪概念的但书规定,将本来不认为是犯罪的行为纳入犯罪范围;二是治安违法行为犯罪化;三是采用附属刑法的立法方式,将行政违法行为犯罪化,乃至于取消行政处罚权。②

还有学者建议在部分范围内取消犯罪的定量因素。储槐植教授认为,定量的犯罪概念应该有一席之地,但其范围应该受到严格的限制。具体而言,分则第三章破坏社会主义市场经济秩序罪中大多数犯罪可以采用"立法定性又定量"的模式。除第三章中的某些经济犯罪以外的其他犯罪,包括盗窃罪、诈骗罪和抢夺罪等传统的财产犯罪在内,均应采用"立法定性,司法定量"的模式。③ 储槐植教授此主张的理由主要是,经济犯罪政策性强,如果界限过严,可能造成在遏制经济违法犯罪活动的同时,也遏制了市场经济参与者从事经济活动的积极性的结果。刘仁文教授曾多次建议,应将行政拘留纳入刑法体系,相应的,当前被处以行政拘留的违法行为也应被作为轻罪规定于刑法中。④ 刘仁文教授此主张的基本理由在于,行政拘留是剥夺自由的处罚措施,应接受司法化改造。

第二,在承认当前犯罪概念"但书"规定的基础上,大量增加轻罪,使得刑事法网更加严密,从而实现"严而不厉"的立法结构。这种观点认为,轻微违法行为也侵犯了法益,破坏了社会秩序,将这种轻微违法行为置于刑法规制范围之外,不利于维护秩序,保护法益。在我国,虽然存在刑事处罚和行政处罚二元制裁体系,但行政处罚的严厉程度显然低于刑事处罚,其威慑和预防效果也显然不如刑事处罚。增设轻罪以打击犯罪,保护秩序,符合"严而不厉"的刑事政策思想。储槐植教授早在 20 世纪 80 年代末期就提出"严而不厉"的刑事政策思想,其中"严"即指法网严密。⑤ 这为我国刑法修订完善提供了思路,至今建议轻罪治理的学者,无不奉此政策思想为圭臬。如张明楷教授认为,我国存在大量轻微犯罪行为,常常扰乱社会秩序,如果不认真对待,习惯于

---

① 参见储槐植:《走向刑法的现代化》,载《井冈山大学学报(社会科学版)》2014 年第 4 期。

② 参见陈兴良:《犯罪范围的合理定义》,载《法学研究》2008 年第 3 期。

③ 参见储槐植:《刑事一体化论要》,北京大学出版社 2007 年版,第 127—128 页。

④ 参见刘仁文:《我国行政拘留纳入刑法体系构想》,载《法制与社会发展》2021 年第 5 期。

⑤ 参见储槐植:《严而不厉:为刑法修订设计政策思想》,载《北京大学学报(哲学社会科学版)》1989 年第 6 期。

“抓大放小”,必然导致“由小变大”,从而妨害国民生活与社会稳定。[①] 冯军教授认为：“选择犯罪化,主要是需要规定相当数量的轻罪……通过严密法网来强化人民的规范意识。”[②]也有学者认为,我国犯罪圈范围较窄,有的侵犯法益的行为并没有作为犯罪处理,因而也就未能使得法益得到有效保护。对各种危害社会和他人合法权益的行为实施公正、合理的制裁,适度扩大、完善刑法的调整范围,是理性的选择。[③]

劳动教养制度废除后,有不少学者建议将劳动教养对象纳入刑法规制范围,增设相应的轻罪,以有效保护社会秩序,并实现立法和执法的协调。在劳动教养制度废除之前,我国对违法犯罪的处罚存在三分立法现象,即刑法、劳动教养法规、治安管理处罚法并存,这一局面严重破坏了刑法结构的科学性,是妨碍刑法机制实现的一个根源性原因。立法的不协调,也导致执法的不协调。对性质相似、危害程度相当的行为,因执法者的认识不同,可能会出现有的被作为犯罪处罚,而有的被作为一般行政违法处理的不正常现象。为了实现立法和执法的协调,就应当实现刑法结构的统一化。[④] 同样,有学者认为,劳动教养制度废除后,原来的三级制裁体系出现断层,而轻罪制度的构建,可以消解“三级制裁体系”内部的不协调,也可以弥合行政制裁与刑事制裁之间的断层,使两者在制度化、程序化、合法化的轨道上运行,而不再是相互之间的僭越或者挤压。[⑤] 这种意义上设立的轻罪被有些学者称为“治安轻罪”。[⑥]

轻罪立法特别是轻微危害行为犯罪化的重要考量是避免行政权的恣意行使而侵犯人权。此观点的基本出发点在于,行政权具有“天然的扩张性和侵害可能性”,对公民的自由权利和法治原则威胁最大。由行政机关进行的处罚是一种处罚者与被处罚者之间的双边构造,不存在中立的第三方力量的制约,因此让作为行政机关的公安机关直接对违法行为进行剥夺自由的制裁,会大大增加行政权失控而侵犯人权的风险。为了控制行政权,保障公民自由权利,应当将原本作为行政处罚对象的违法行为纳入刑事制裁领域。例如,张明楷教授认为,对于轻微犯罪行为,“如果由行政机关直接处理,就会违反程序公正的宪法精神”[⑦]。何荣功教授认为,“轻罪立法和犯罪门槛的降低,有利于推进以法治方式惩治社会危害行为,进一步解决我国长期以来存在的、将事实上属于(甚至严厉性超过)刑罚措施的行政处罚交由行政机关决定而法院审判的、不

---

① 参见张明楷:《刑事立法的发展方向》,载《中国法学》2006 年第 4 期。

② 冯军:《犯罪化的思考》,载《法学研究》2008 年第 3 期。

③ 参见高长见:《轻罪制度研究》,中国社会科学院研究生院 2010 年博士学位论文。

④ 参见刘仁文:《关于调整我国刑法结构的思考》,载《法商研究》2007 年第 5 期。

⑤ 参见梅传强:《论“后劳教时代”我国轻罪制度的建构》,载《现代法学》2014 年第 2 期。

⑥ 参见肖晶:《治安轻罪制度在我国的构建——后劳教时代的应然选择》,载《湖北警官学院学报》2014 年第 9 期。

⑦ 张明楷:《刑事立法的发展方向》,载《中国法学》2006 年第 4 期。

符合程序正义的问题"①。甚至有学者断言,实施制裁的主体是行政机关与司法机关的区别,也是非法治与法治的区别。②

二、轻罪治理的理论困境与实践问题

当我们充满热情地增设新的罪名,构建轻罪制度,试图以此实现社会有效治理时,还必须充分考察轻罪自身存在的问题、轻罪治理的负面效应及轻罪适用所带来的现实障碍。

(一)轻罪自身存在问题

自启蒙时代以来,无数思想先驱都反复强调,刑法不是最好的社会治理方式,即使迫不得已动用刑罚惩罚,也应当尽量宽缓。边沁曾言,刑罚是必要的恶,这包含两层意思:第一,刑罚是一种"恶";第二,必要时才能动用刑罚。正如耶林所言,刑罚如双刃之剑,用之不当,则国家与个人两受其害。当试图大量增加轻罪时,不能仅图表面"立竿见影"的效果,还应当瞻前顾后,充分关注过度犯罪化所带来的负面效应。例如,美国就是较为典型的过度犯罪化的国家,"我们的刑法如今面临的最紧迫的问题是:刑法太多"③。过度犯罪化的直接后果就是,大量居民成为罪犯被监禁。如果我国也实行违法行为轻罪化的立法,那么势必也会陷入"刑法太多"的窘境。

将轻微违法行为规定为犯罪予以刑罚惩罚,是否能收到预期效果,也是值得怀疑的。以理论界和实务界关注较多的危险驾驶罪为例,在《刑法修正案(八)》增设危险驾驶罪后的最初几年,应当说的确起到了"立竿见影"的效果。2022 年最高人民法院和最高人民检察院工作报告数据均显示,危险驾驶罪成为各类犯罪中的第一大罪。如 2022 年《最高人民检察院工作报告》数据显示,2021 年全国检察机关在起诉的刑事案件中,占比最大的是危险驾驶罪,有 350852 人,比重达 20%。这一现象的原因可能是多方面的,如机动车保有数量连年递增,有驾驶执照的人的数量也大量增加,但无疑也反映出以入罪作为治理醉驾的方式,毕竟效果有限。

(二)将轻微违法行为纳入刑法规制,难以构建与之匹配的司法架构体系

应当承认,将轻微违法行为纳入刑法规制,更有利于维护秩序;同时,纳入轻罪后,就适用司法化程序,一定程度上能够缓解法治紧张的局面,有利于保障被处罚人的权利特别是人身自由权利。但若基于此而将违法行为全部纳入刑法的规制范围,取消

---

① 何荣功:《我国轻罪立法的体系思考》,载《中外法学》2018 年第 5 期。

② 参见高长见:《轻罪制度研究》,中国社会科学院研究生院 2010 年博士学位论文。

③ 〔美〕道格拉斯·胡萨克:《过罪化及刑法的限制》,姜敏译,中国法制出版社 2015 年版,第 1 页。

犯罪概念中的“但书”规定，将当前的刑罚、行政处罚双层制裁体系改变为单层制裁体系，则既非治本之策，也难以在实践中运行。

将危害行为分为一般行政违法和犯罪，从而进行双层（轨）制裁，在我国长期运行，不仅已经形成了独特的立法体系，而且也形成了与之配套的行政、司法机关的架构体系。就立法体系而言，我国现存数以万计的行政性法律、法规，如果再加上部门规章和地方性法规，则数量可谓庞大。每一部行政法规几乎都配有处罚性规定，数量之多难以统计。如果将这些行政处罚事项都纳入刑法，无论采取什么样的立法体系，都难以容纳。如果制定一部统一的“轻犯罪法”，仅规定轻罪处罚的一般原则，具体的轻罪依然附属于相应的行政法律、法规，则势必导致轻罪立法体系庞杂，司法人员难以适应，国民无所适从。更重要的是，我国多年沿袭形成的行政、司法的机关设置和权力配置架构，都将因此而推倒重来，必将引起巨大波澜，甚至引发社会动荡。

国外实行单层制裁体系，除其他相关配套制度外，与其长期形成的行政、司法机关架构模式也不无关系。以法国为例，法国是犯罪分类较为典型的国家，其应对这种犯罪分类的司法机关的架构模式也较为典型。法国刑事法院的分类较为复杂，对应不同类型的犯罪，分别有重罪法院、轻罪法院和违警罪法院。其中违警罪法院包括治安法院（审理民事案件时称为小审法院）和近民法院（也审理数额较小、案情简单的民事案件）。[①] 除审理法院外，刑事案件的侦查、起诉和执行机关也因犯罪类型的不同而有所不同。法国历史上曾有学者建议放弃犯罪三分模式，改为德国的二分模式，但刑法修改委员会并没有接受这一意见，其原因就在于犯罪三分改为二分并没有太多好处，却会引起司法机构的彻底混乱。[②] 在我国，如果构建轻罪制度，就势必要随之建立对应的轻罪法庭，公安侦查机关、检察机关的职能、制度、人员等都必须随之进行大规模调整甚至重建，而且相应的行政执法机关，由于其职责范围大大削减，也必须进行大规模的机构和人员调整。其代价之大，实难想象。

三、治理轻罪：轻罪立法的限制及配套措施的完善

当前，增设轻罪以对社会进行有效治理，是刑事政策的重要趋势。但大量增设轻罪，不仅使得轻罪的治理功能因边际递减效应而趋于弱化，而且连锁式地产生诸多制度配套和衔接问题，更重要的是，轻罪也是犯罪，同重罪一样，也会给犯罪的人带来身份歧视和生存就业排斥。所以，对于轻罪治理，我们应秉持谨慎态度，一方面，积极利用轻罪在维护社会秩序、防控风险方面的优势；另一方面，还应适当治理轻罪，限缩轻

---

① 参见金邦贵主编：《法国司法制度》，法律出版社 2008 年版，第 170—179 页。

② Frédéric Desportes, Francis Le Gunehec, Droit pénal général, Economica, 2009. p. 89.

罪范围,完善配套措施。

(一)谨慎增设轻罪

1. 不应将所有违法行为都纳入轻罪

在我国,删除犯罪概念中的“但书”规定,将所有或部分范围的行政违法行为纳入刑法规制范围,不具有现实可行性,无论构建什么样的配套制度,都难以与之匹配。即使如储槐植教授建议,仅保留部分经济犯罪的定量要素,其他犯罪取消定量因素,刑法仅定性不定量,笔者认为,这种立法模式仍存在不少问题:其一,仍难以契合我国司法实践;其二,这种立法可能具有罪刑不均衡之嫌;其三,立法不定量,司法定量,最终还是要对罪与非罪进行量的评价。

将行政拘留纳入刑法体系,将涉行政拘留处罚措施的违法行为都纳入刑法规制范围,应当说更具有合理性,得到了我国不少学者的支持。笔者认为,将涉行政拘留的违法行为作为轻罪纳入刑法规制,一定程度上能够缓解法治紧张局面,有利于保障被处罚人的人身自由权利,但这并非治本之策。行政违法行为除被处以拘留的违法行为外,还存在大量的其他类型的违法行为,对这些行政违法行为处罚的不规范是我国法治建设的痛点。当前我国法治建设的任务,不仅在于司法更加公正,更在于行政执法更加规范。不能仅关注涉及人身自由罚的法治化,而对其他行政处罚乱象任其存在。实际上,有不少罚款的处罚对被处罚人的影响甚至不啻于拘留。例如,北京某餐厅通过网络平台售卖了一份西芹腐竹、拍黄瓜两种凉菜,因未办理冷食类许可证,被罚款5万元。对于社会底层的普通民众,5万元罚款的严厉性更甚于拘留15天。正如有网友评论,“在经济形势不好的今天,一个五万元的罚款,对一个普通的个体户就是灭顶之灾”①。当然,在对行政处罚整体进行规范化完善的基础上,应更加注重涉及人身罚的程序规范化,如被处罚人对处罚不服提起行政复议或行政诉讼的,应在复议或诉讼结果维持处罚决定后,再正式执行。②

总之,笔者认为,原则上不应整体或在一定范围内取消犯罪的量的限制,应维持当前刑事处罚与行政处罚二元制裁体系之现状。

2. 没必要将一般的轻微违法行为纳入轻罪

在维持二元制裁体系现状的基础上,可以适当增设轻罪。但增设轻罪时,必须综合考量多方面影响因素,特别是权衡利弊得失,兼顾轻罪治理和刑法谦抑,在秩序维护和人权保障之间寻求平衡,在正向价值和负面效应之间达致协调。基于此,当前除处

① 张志强:《拍个黄瓜,罚款五万,冤吗?》,载知乎网,https://zhuanlan.zhihu.com/p/550913519,2023年2月1日访问。

② 《行政处罚法》第73条第2款规定:“当事人对限制人身自由的行政处罚决定不服,申请行政复议或者提起行政诉讼的,可以向作出决定的机关提出暂缓执行申请。符合法律规定情形的,应当暂缓执行。”

罚漏洞的必要补充外，没有必要将一般的违法行为纳入轻罪体系。

第一，以保护社会秩序为目的，将当前的轻微违法行为犯罪化，并不具有太多的说服力。国家通过对破坏秩序的行为予以处罚，从而实现对秩序的维护。通过法律的处罚包括行政处罚和刑事处罚，在我国二元制裁体系下，两者的区别在于危害社会的严重程度。对轻微违法行为不作为犯罪处理，并不是放任不管，而是要施以行政处罚。不论是刑事处罚，还是行政处罚，都将给违法者带来痛苦，因而都能起到一定程度的威慑和预防效果。

第二，劳动教养制度废除后，实际并没有遗留太多的"处罚空隙"，因此也不必为弥补处罚空隙而大量增设轻罪。

劳动教养对象分散地规定于多部法律、法规、规章中，从总体上看，可以分为三类：第一类是"尚不够刑事处罚的"（或"未使用暴力、威胁方法的"）违法行为。这些劳动教养对象与刑罚对象在性质上具有相似甚至相同之处，差别只在于危害程度或行为手段方面。第二类是因卖淫、嫖娼被行政处罚后，又卖淫、嫖娼的，或者吸食、注射毒品成瘾，经强制戒除后，又吸食、注射毒品的。第三类是"有流氓、卖淫、盗窃、诈骗等违法犯罪行为，屡教不改，不够刑事处分的"。这三类劳动教养对象，被劳动教养的根据并不完全相同。第一类是因为行为人的行为危害了社会；第二类是因为行为人的行为违背社会道德风尚和伦理秩序，破坏了社会管理秩序，具有一定的社会危险性；第三类是因为行为人反复多次实施违法行为，"屡教不改"。

这三类劳动教养对象，除第三类应作为犯罪予以处罚外，其他两类不应当纳入刑法规制范围。第一类劳动教养对象也属于《治安管理处罚法》的适用对象，劳动教养制度废除后，直接将此类违法行为予以行政处罚即可。第二类劳动教养对象是自愿从事卖淫、嫖娼和吸食毒品行为，从法益侵害的视角，这类行为没有犯罪化的实质根据，对这类行为也可以直接予以行政处罚。对于反复实施的轻微违法行为，近几次刑法修正案已经增加了此类犯罪，应当说是具有合理性根据的。应受刑罚处罚的不是行为人，而是行为，但是，从刑法的特别预防目的看，完全不考虑行为人因素的刑法也是不完整的。

第三，为了避免轻罪重罚而增设轻罪也没有必要。应当承认，对于构成要件不明确，如以危险方法危害公共安全罪、非法经营罪等，在惩罚的冲动下，很可能将不符合该罪构成要件的行为勉强以该罪予以处罚。但是，此问题本不是增加新罪的问题，而是重罪构成要件的明确性及重罪构成要件的解释限度问题。如果不对重罪的构成要件进行必要的限缩解释，依靠增加轻罪来避免重罪滥用，那么不知要增加多少轻罪才能做到避免构成要件不明确的重罪的滥用。而且一旦增加轻罪，随之而来的问题就是，本来不会被作为犯罪处罚的行为，因为有了明确的法律根据而被作为轻罪定罪处罚。

3. 只有为管控风险、预防重罪而增设轻罪,才具有合理性

在笔者看来,只有基于风险社会背景,为了管控风险、预防重罪而增设轻罪,才具有合理性。我国当今正处在由传统社会向现代风险社会转型期,甚至已经进入风险社会。科技发展日新月异,生物科技、医药卫生科技、信息网络科技、人工智能科技等,都在不同领域催生新型犯罪。特别是信息网络技术的飞速发展,使得当前犯罪整体态势和犯罪结构发生变化,不仅新的犯罪类型不断滋生,而且传统犯罪也以新的方式、手段蔓延。这些由新型科技诱发、催生的犯罪的典型特征是,其因果关系链条不明确,证明困难,很难沿用传统工业社会时期由果溯因的责任追究方式,仅对造成实害结果的危害行为进行刑事追责。对这种犯罪的惩治必须提前至原因行为或手段行为阶段,以抽象危险犯的立法方式实现实害结果的预防。

(二)完善配套措施

1. 责任方式多样化

立法方面,可以增加适应于轻罪的较轻的刑罚措施。对此,我国已有不少学者早有建言。例如,冯军教授认为,犯罪化的目的是严密法网,而非用严厉的刑罚来处罚轻罪。应根据轻罪的具体情况,规定各种能有效预防轻罪的刑罚。在未来的刑法典中,可考虑增设善行保证、禁止执业、禁止驾驶、禁止使用、禁止进入、公益劳动、社区服务、周末拘禁等适合轻罪的刑罚。① 卢建平教授也认为,在数字化时代,对犯罪人的监管可以在传统的物理性剥夺自由的基础上,再向权利限制、资格剥夺、行为或过程监控的方向发展。② 笔者认为,适应于轻罪的刑罚措施的设置,决定于刑罚与保安处分及行政处罚措施之间的关系。冯军教授建议增加的刑罚措施,类似于禁止执业、禁止驾驶等措施,实际上属于保安处分或行政处罚措施范畴,要么在刑法中已有规定,要么是作为行政处罚措施予以规定,在当前刑罚体系下,难以将其作为刑罚措施规定在刑法中。至于社区服务、公益劳动及数字化时代监控方式的转变,实际上可以在当前的刑罚体系下,在实际执行中选择使用,没有必要作为独立的刑罚种类予以单独规定。

笔者认为,在当前刑罚体系内,可以考虑增设单处罚金刑,作为对情节较轻的轻罪的刑罚。当前,我国刑法以自由刑为中心的刑罚体系恐难在短期内改变,所有犯罪都配有自由刑,罚金刑只是补充性的刑罚方法。相对于自由刑而言,罚金刑惩罚性更轻,而且可以避免剥夺自由刑的诸多弊端及其衍生的问题,对于情节较轻的轻罪,可以单处罚金。可是,我国刑法中不少轻罪并没有配置单处罚金刑,例如,危险驾驶罪是当前判决数量第一的犯罪,其法定刑为“拘役,并处罚金”,没有单处罚金选项。这导致实

---

① 参见冯军:《犯罪化的思考》,载《法学研究》2008 年第 3 期。

② 参见卢建平:《轻罪时代的犯罪治理方略》,载《政治与法律》2022 年第 1 期。

践中情节较轻的醉酒驾驶机动车的行为，判处最低期限的拘役仍显得过重。《刑法修正案（十一）》增设的危险作业罪，《刑法修正案（九）》增设的扰乱国家机关工作秩序罪及组织、资助非法聚集罪，也没有配置单处罚金。

在司法方面，应综合考量犯罪情节，特别是预防必要性，更多选择适用管制、单处罚金，并激活非刑罚处罚方法、保安处分等措施。管制刑是我国刑法独有的刑罚种类，在处罚轻微犯罪方面有独特优势，但实践中管制刑的适用率极低，基本被废止不用。在当前我国社区矫正制度及执行方式日渐完善的情况下，应当重视管制刑的实际适用，对轻微犯罪更多选择适用管制刑。同样，有些轻罪虽然配有单处罚金，但实际适用率较低。在轻罪数量大幅增加的背景下，应重视单处罚金的实际适用。

2. 构建前科消除制度

如前所述，犯罪的后果不仅是更严厉的惩罚措施，还有因前科而给犯罪人带来的身份歧视和生存障碍等附随后果。这些附随后果涉及领域广泛，不仅包括刑法规定的前科报告制度，而且涉及落户积分、考试资格、担任职务、户籍变动、信誉和荣誉的贬损、最低生活保障等诸多方面。① 这些前科及附随后果超出了刑事责任范围，有必要进行深入检讨和规范化重构。

前科是指曾经犯罪的记录，而附随后果是因曾经犯罪被追究过刑事责任而附带的后果。附随后果附随于前科，如果没有前科记录制度，那么所谓的附随后果也就没有附随的基础。鉴于此，有不少学者建议构建轻罪的前科消灭（消除）制度，并一并废除附随后果之相应规定。笔者对此深以为然，惟在前科消灭的方式及附随后果的废除路径方面，仍需进一步讨论。

---

① 参见王瑞君：《“刑罚附随性制裁”的功能与边界》，载《法学》2021 年第 4 期。

轻罪时代下刑罚附随后果的困境与出路

刘德法[*]　王文博[**]

一、刑罚附随后果概念的厘定

“刑罚附随后果”这一概念，从实务界到理论界尚未形成统一的认识，而是由学界通过对实务中实际存在的附随后果规定与现象倒推其所能容纳的最大含义。这使得附随后果从设立主体到适用对象、内容构建到制度设置、启动条件再到法律后果等诸多方面，所限定的定义边界都相对模糊，无法在统一的认识基础上进行讨论。

“附随后果”并非法律明文规定的术语，一般从实然与应然两个角度对其界定。有学者认为附随后果是指“刑事法律法规之外，针对犯过罪或受过刑事处罚的人所创制的一种限制性处罚后果”①。有学者认为，其应当是“与犯罪人直接关联的，在刑罚之外基于受刑罚经历所发生的排斥或限制就业、职业选择、户籍等限制权利行使、减损社会评价或增加义务负担的不利后果”②。也有学者认为附随后果指的是“刑法之外的法律法规、规章等规定的，对有犯罪前科者或其家庭成员、亲属等适用的，对特定权利和资质的限制，而非刑罚附随后果”③。通过对比，我们可以发现在圈定附随后果含义范围的过程中，主要存在以下三点分歧。

(一)对附随后果的法源认定存在差异

关于刑事法律法规是否可以作为附随后果适用依据，《刑法修正案(九)》所增设的《刑法》第37条之一，规定了附期限的从业禁止制度，这与我们一般所说的附随后果的部分内容存在极大的相似性，对其性质的认定关系到附随后果的法源认定问题。从业禁止以“刑罚执行完毕之日或者假释之日”为时间起点，形式上有别于传统的刑罚制度，这也是由其自身与自由刑无法同时执行的特性所决定的。附期限的从业禁止规定在内容上与传统的刑罚制度也存在差异。尽管在附加刑中，剥夺政治权利同样自“徒刑、拘役执行完毕之日或者从假释之日起计算”，附期限地禁止担任相关职务的从业要

---

* 郑州大学法学院教授。

** 郑州大学法学院刑法学硕士研究生。

① 付强:《论犯罪行为的刑罚附随后果》，载《法学杂志》2015年第7期。

② 王瑞君:《我国刑罚附随后果制度的完善》，载《政治与法律》2018年第8期。

③ 彭文华:《我国犯罪附随后果制度规范化研究》，载《法学研究》2022年第6期。

求也同样存在，但对政治权利的剥夺仅由法官依刑事法律法规进行裁判适用，并且不受其所任职业的限制。而《刑法》第37条之一规定的从业禁止则可以依据其他法律及行政法规予以施加，所涉内容也仅局限于对从业的限制。从业禁止虽规定在刑法总则“刑罚的种类”中，但与传统的主刑与附加刑存在明显的区别。同样与《刑法》第37条的免予刑事处罚下的非刑罚处罚措施相比，在适用空间方面更为广泛。

正因如此，有人将《刑法》第37条之一的规定视为“新型资格刑”，与传统的以剥夺政治权利、驱逐出境为代表的资格刑存在明显的不同。① 陈兴良教授认为，“在目前我国刑法体例中将其规定为资格刑是最合适的，可惜立法机关在草案审议过程中改变了立法的发展方向”②。尽管附随后果定位于刑罚类目之中，适用却在刑罚体系之外，法院对犯罪人自主适用、灵活把握的从业禁止规定，能够使附随后果发挥更为周延与谨慎的社会治理效果。因此我们便不能以适用法律及适用主体为由，将从业禁止排除出附随后果的含义。因此，我们认为“对本条在刑法中所处的位置进行体系化的解释，宜将其定位为‘刑罚的附随后果’”③。相应的，对于刑事司法解释中所存在的与从业禁止相关的规定④，同样应当将之归入附随后果的范围，不应将刑事法律法规排除出附随后果的法源范围。

（二）对附随后果适用的前置条件存在差异

关于附随后果所依附的对象究竟属于犯罪还是刑罚的问题，主要围绕附随后果的产生是否以刑罚的适用为必要而展开。《监察官法》第13条第（一）项规定了因犯罪情节轻微被人民检察院依法作出不起诉决定或者被人民法院依法免予刑事处罚的，不得担任监察官。《中国共产党纪律处分条例》第31条第1款中同样规定，“党员犯罪情节轻微，人民检察院依法作出不起诉决定的……应当给予撤销党内职务、留党察看或者开除党籍处分”。如此条款确实不能说明附随后果依附于刑罚存在。但是法院享有专属定罪权，只有法院才能裁决判定一个人是否构成犯罪并决定适用什么样的附随制裁措施。

在人民检察院作出相对不起诉决定的情况下，既然不存在刑罚的适用，附随后果就可能仅依附于犯罪而存在。附随后果若于刑罚裁量之前便剥夺被告人的权利与利益，对于事实确有错误的案件也就难以获得有效的救济；而在人民法院裁决免予刑事

---

① 参见朱建华、彭景理：《刑罚变动根据与趋势的应然分析——基于刑罚轻缓化的反思》，载《社会科学研究》2020年第2期。

② 陈兴良：《刑法修正案的立法方式考察》，载《法商研究》2016年第3期。

③ 冯军、梁根林、黎宏主编：《中国刑法评注》（第1卷），北京大学出版社2023年版，第628页。

④ 例如，最高人民法院、最高人民检察院《关于办理危害生产安全刑事案件适用法律若干问题的解释》第16条规定：“……对于被判处刑罚的犯罪分子，可以根据犯罪情况和预防再犯罪的需要，禁止其自刑罚执行完毕之日或者假释之日起三年至五年内从事与安全生产相关的职业。”

处罚的情况下,较之前者在实践中发生的概率更低。法院认定被告人成立犯罪而未判处刑罚的,通常适用非刑罚处罚措施。这种情况下对监察官的从业资格同样受到限制,该"附随后果"依附于犯罪而非刑罚存在。这是实然层面所反映出的客观犯罪附随后果所存在的情况。但是笔者并不认为应当就此便将附随后果的依附对象扩大至犯罪,冠以"犯罪附随后果"。一方面,以此为例,即便纠结"刑罚附随后果"与"犯罪附随后果"称谓的区分,也均无法涵括《刑法》第 13 条所规定附随后果的所有适用条件。另一方面,相较于非刑罚处罚措施,依附于"犯罪"的附随后果所拥有的实际意义显然更为沉重,脱离了其本身的"附随"的主从身份定位。笔者认为无论是相对不起诉还是免予刑事处罚,这两种前提下的附随后果对实际规范与约束附随后果立法不具备指导意义。换句话说,这一附随后果所适用的职业与领域的政治特性是否真的需要高于法院与检察院,这一狭窄空间内的轻微犯罪是否真的会提高职业所涉风险是存在疑问的。因此,笔者认为,附随后果在应然层面应当限定为"刑罚附随后果",其仅能在适用刑罚的前提下,自轻罪到重罪的量刑基础上作进一步的限缩,而不宜超出"刑罚"的范围向"犯罪"进行扩张。

(三)对附随后果的本质认识不同

附随后果究竟属于仅在行为人原本权利范围内进行限制的削减性后果,还是在此之外仍存在对权利与义务进行增补的扩充性后果,我们需要对现实中所存在的具体情况进行分析。附随后果主要可以分为三类:其一,纯粹受益类。行为人在刑罚处罚之后获得的纯粹正向的积极法律后果。如《监狱法》第 37 条规定的"对刑满释放人员,当地人民政府帮助其安置生活。刑满释放人员丧失劳动能力又无法定赡养人、扶养人和基本生活来源的,由当地人民政府予以救济"。其二,受限受益类。经历刑罚处罚之后,犯罪人在获得积极法律后果的同时,仍需受到一定消极法律后果的限制。如《反恐怖主义法》第 30 条所规定的安置教育制度,对恐怖活动罪犯和极端主义罪犯被判处有期徒刑以上刑罚的,在享受一定安置政策的同时,需要接受省级人民政府组织实施的具备一定强制性的教育活动。其三,纯粹受损类。就是在刑罚之外所附加的新义务,对受罚人的利益仅会造成纯粹负向减损的法律后果。如《刑法》第 100 条所规定的前科报告制度,要求受过刑事刑罚的人在入伍、就业的时候如实报告自己曾经受过的处罚。

我们认为,对纯粹受益类和受限受益类这两者的受益部分法律后果而言,其在因果关系上确实因刑罚而起,启动前提之一也是刑满释放之后。但是在剥离了诸多的修饰与补充后,就犯罪分子实施犯罪行为后,却受到有利的积极待遇这样的结果而言,将刑罚与这样受益的法律后果联系在一起,显然既不符合法律逻辑也不尊重社会公众的一般心理情感。实际上,这种受益部分的法律后果是犯罪人的基本人权,是我国司法及行政体系中人文关怀思想的体现,并非刑罚附随后果。

对于受限受益类中受损部分,由于需要在刑罚之外对安置教育人进行进一步的限制,并且附条件才能申请解除的法律后果,应当归属于刑罚附随后果。而纯粹受损类附随后果的前科报告制度则相对特殊,前科报告制度是与国家层面犯罪记录相对应的"民间记忆",对于陌生化程度越来越深的社会而言,被记录者同时也是"民间记忆"的载体。① 针对一般的就业创业活动,犯罪记录本身并不会给被记录者带来怎样的伤害,前科报告制度也不必然会对就业者造成实际的损害,其所引发的,一般是广义上刑罚附随后果所带来的抽象不利后果,如名誉、人品被贬损,进一步就可能带来就业、录取方面的歧视。如此,前科报告制度仅是前科记录制度的一部分,是连接刑罚与附随后果之间的桥梁,而非附随后果本身。故而刑罚附随后果之中对犯罪人既存在对权利的限制,也存在对义务的增加。

总的来说,本文所讨论的刑罚附随后果指的是,在司法及行政体系下,由法律法规及规章等法律规范所规定的、以刑罚适用为基本条件的,通过限制、剥夺犯罪人一定权利,或赋予一定义务的手段,对受过刑罚的犯罪人及其关联者所带来的各种不利的法律后果。

二、刑罚附随后果所面临的困境

(一)多元立法权属下比例原则的失调

我国关于刑罚附随后果这一概念并未明确地规定在某法律法规中,也不存在一部专门法律对之进行集中的详尽规定,而是散见于法律、行政法规、监察法规、部门规章、地方性法规、地方性规章以及其他规范性法律文件中。其制定与修改的有权主体相应地包括全国人大、全国人大常委会、国务院、国家监察委员会、地方人大及其常委会、国务院各部委、地方人民政府等单位或者部门。

我国针对附随后果的设定、修改所设置的有权主体范围广泛,且关于刑罚附随后果的适用启动条件规定得较为随意。一些地方政府规章,例如《宿迁市招标投标市场准入管理暂行办法》无须经过地方人大审核,也不具备明确的上位法依据,其中针对招标投标活动建立了不良行为公示制度和黑名单制度,禁止不具备准入条件的单位、个人进入该市招标投标市场从事交易活动,要求进入该市的招标、投标市场不得具备不良行为记录。该办法第 22 条将(相对)不起诉决定书及检察建议书视作不良行为的认定材料,而不良行为的认定会对参与招标投标市场企业的个人权利造成极大的影

① 参见熊建明:《〈刑法〉第 100 条适用空间、功能及性质解构——兼论对受过刑事处罚人的规范性和非规范性评价》,载《东方法学》2011 年第 5 期。

响,在不具备明确上位法依据的前提下,有违《立法法》的规定①。又如《唐山市 2022 年第二批次市直事业单位公开选调工作人员公告》将人民检察院作出的不起诉决定、人民法院作出的有罪生效裁判及公安机关依法作出的行政处罚决定等,一并看作违法犯罪记录,限制有以上记录的人员进入密切接触未成年人行业的岗位,这是对部分人员个人权利的不当减损,也是一种不合理的制度性歧视行为。

由此可见,即便在最基层方面,也存在着一定的与刑罚相挂钩的自设后果惩罚。这些制定主体方面层次较低,不同地区的规定与做法差异又较大,设立与审查程序却相对简化,不合理的后果设置在基层中所能造成的影响也更深。在轻罪时代背景下,这些内容广泛的附随后果反映出的惩戒效果和强度,有时可能并不弱于作为其施加前提的刑罚,由下位法所带来的法律后果反而重于上位法规定刑罚的严厉性,犯罪人所畏惧的并不是所受到的刑罚本身,而是由不同层级的行政主体对其经历刑罚后启动、实施的附随后果。如果各个立法主体没有统一标准,自发地、机械地将刑罚或不罚的轻微罪作为启动条件,而不考虑刑罚内部所存在的罪责内涵,将一定的附随后果普遍适用于所有符合相应刑罚条件的犯罪人,这样下去将会编织成一张愈发紧密、令犯罪人不堪重负的限制其生活权利的大网,显然是对法治国比例原则的严重背离。

(二)罪责刑相适应原则的背离

"在全面依法治国的时代,中国刑法正在告别重罪重刑的小刑法,逐步走向犯罪圈不断扩大的刑事制裁日渐轻缓与多样的大刑法。"②如果说随着时代的发展治理对象需要一并随之变化,那么治理方式同样应当随着治理对象的转变而转变,轻罪轻刑与重罪重刑之间应当采取全方位的差异化治理方式,其中就包括刑罚附随后果。

附随后果属于"以社会力量作为执行保障,承担了社会对于越轨行为的惩戒"③,作为国家实现社会控制的必要手段之一。相较于轻罪时代之前的重罪时代,重罪时代下依附于重罪所设立的附随后果是否能与轻罪时代下依附于轻罪所设立的附随后果相等价,或者说不同时代下针对不同程度的罪责所设立的附随后果中蕴藏的惩戒价值是否一致,关系到时代交错下附随后果立法的适用效力问题。显然在重罪时代依托重罪所设附随后果之时,全然无法准确考虑到之后轻罪时代所立之轻罪的设定标准。而在轻罪时代依轻罪所设立的新型附随后果,其所代表的社会惩戒效果应当弱于重罪时代。然而"轻""重"两者之间在罪与责方面所存在的巨大鸿沟,是同为惩戒手段的附随后果不应当忽视的。故而在社会治理时代大变革的背景之下,扩张化、模块化

---

① 《立法法》第 93 条第 6 款规定:"没有法律、行政法规、地方性法规的依据,地方政府规章不得设定减损公民、法人和其他组织权利或者增加其义务的规范。"

② 卢建平:《轻罪时代的犯罪治理方略》,载《政治与法律》2022 年第 1 期。

③ 王瑞君:《"刑罚附随性制裁"的功能与边界》,载《法学》2021 年第 4 期。

的附随后果难以准确地体现被告人之间罪责的差异化社会评价效果。相应的重罪时代所设立的附随后果,对轻罪时代所设立的轻罪,难以充分说明其依旧能够具有同等的适用效力。

近年来基于羁押必要性审查的专项行动,审前羁押率在“少捕慎诉慎押”刑事司法政策影响下有所下降,但是我国侦查、起诉阶段的严苛程序,刑拘、逮捕的高使用频率及适用强制措施变更的难度仍未根本性地改观。尤其是在轻罪、微罪不断增长而促使案件量飙升的当下,有序稳定的侦查、起诉工作难以适应庞大的案件量,被告人依其罪责所需承担的惩戒总量应当是一定的而非无限扩张的,而刑事程序中所采取的强制措施及附随后果所带来的实际惩戒效果是相对固定的,唯有刑罚的适用是相对灵活的。三者相叠加之下的惩戒总量与行为人所应实际承担的惩戒总量在重罪案件中大体一致,但是在轻罪与微罪案件中则差距较为明显。在现有刑罚体系下,经过刑事程序与刑罚附随后果二者所实现的实际约束效果叠加,轻罪与微罪在惩戒方面为刑罚裁量留下的空间只能不断被压缩,与其本应在三者之间所占的主导地位存在明显的矛盾,阻碍了宽严相济刑事政策向以宽为主刑事政策的趋势转变。

(三)牵连性评价对罪责自负原则的违背

刑罚附随后果不仅由犯罪人本人承担,其关联人也会受到一定牵连性的实际影响,其中既包括名誉方面的间接影响,也包括一些阻断亲属前途的直接影响。名誉方面的牵连性附随后果并未对犯罪人的权利与利益进行禁止与限制,而是通过对犯罪人本人的人格、信誉、名誉乃至荣誉进行评价并设定标签,从而对犯罪人所在的一定群体造成间接性的影响。于生活层面,存在对行为人个人评价牵连到其家庭成员名誉评价的情况。于社会层面,存在行为人个人的评价影响到其所在单位荣誉评价的情况。如行政机关主管领导个人的犯罪情况与单位精神文明奖的评定直接挂钩,精神文明奖所发放的奖金与单位内每一位成员的个人利益直接相关。牵连性附随后果对犯罪人的近亲属的职业前途也会产生直接的影响。

法律有明确规定的,如《公安机关录用人民警察政治考察工作办法》第9条,对考察对象因其家庭成员的犯罪情况不得确定为拟录用人选有具体的要求,其中第(四)项兜底性条款存在广泛的自由发挥适用的空间,有家庭成员犯罪的人员都不得被录用为警察。《征兵政治考核工作规定》第8条第(八)项规定,“家庭成员、主要社会关系成员有危害国家安全行为受到刑事处罚或者正在被侦查、起诉、审判的,组织、参加、支持民族分裂、暴力恐怖、宗教极端等非法组织的,是邪教、有害气功组织或者黑社会性质的组织成员的”,不得被征兵入伍。这种由相关部门自主设定的招录标准缺乏上位法的依据与合理性的论证,“不可知”的牵连性附随后果为公民招致的不安感尤甚,甚至在现实生活中催生出专为犯罪人员子女提供公务员录用资格咨询服务的专业组织。总的来看，附随后果对有犯罪前科的人及其家庭成员或其他亲属的适用，客观上是对其特定权利和从业资格的限制、禁止或者剥夺，对犯罪人以外的他人主要是对就业、考公、入学、参军、晋升提拔、进入重要岗位等资格的限制，其中最常见的就是类似上述情形的政审考察。这种不具备法律及法理依据的牵连性附随后果，其惩戒效果对于一些不涉及政治立场及触犯轻罪以及轻微的犯罪人子女，所造成的不良且长期的不利影响，既是对罪刑法定原则的破坏，同样也是对罪责自负原则的违背。

三、刑罚附随后果的解题思路

通过前文对刑罚附随后果含义的应然限定及其所面临困境的分析，我们并不否认其在犯罪预防与社会治理方面所存在的实际价值，但是在罪责相对固定的情况下，所科处的法律后果在法律法规中不断增设，同等罪责所承担的附随后果却被不断地添加和扩张。另外，对罪责不同的犯罪，其附随后果因为其适应条件的笼统性规定，所以其应承担的内容大致相同。这样在附随后果“变与不变”之间所生成的矛盾问题，于轻罪时代，我们应当正视“轻罪轻刑”的立法价值，“《治安管理处罚法》给公安机关留下了较大的裁量空间，因而给行政拘留裁量权的滥用提供了机会和空间”①。借由刑罚权对行政处罚的权力进行收缩本就是时代交错之下的应有之义。在保证轻罪化扩张立法的时代背景下，原来主要针对重罪的附随后果也应随之改变。最核心的解题思路便是通过明确附随后果制度的设立目的，将犯罪人的罪与责同附随后果的适用准确地协调起来，还原其“附随”的依附特性，消解附随后果对轻罪惩治失衡的负面效果。

（一）明确设立附随后果的目的

尽管刑罚的附随后果对犯罪人具有一定的惩戒作用，但是鉴于其自身定位独立于刑罚体系，那么自应各司其职，不宜再以刑罚的目的纳为己用，否则便会将附随后果置于依法外之法，施刑外之刑的境地。司法机关以外的其他主体，不得通过制定法律法规以实现制裁犯罪分子的目的。附随后果的主要目的应当依据设立主体的职权范围，倾向于对国家和民众利益的维护，保全社会秩序的稳定，以防止再次犯罪的结果发生。故而附随后果的设立不应以犯罪分子的可罚性为出发点，而是应当反过来以保障社会秩序的平稳运行为根本目标。

附随后果的设定与适用若以将犯罪危险限缩于最微弱的萌芽之下作为实现目的的限度，则会表明该制度所涉权力无边无际，公权力就会被滥用。因此只有在附随后果自社会秩序而非犯罪人的角度出发，以其对社会秩序的稳定具有保障必要性为公权

① 张明楷：《轻罪立法的推进与附随后果的变更》，载《比较法研究》2023年第4期。

力介入人们生活的立法限度。而社会秩序并非有形之物,难以通过财物的赔偿或实际的行动予以保障与修复。对犯罪人的刑罚处罚,“阻止罪犯再重新侵害公民,并规诫其他人不要重蹈覆辙”①,已足以彰显刑法对社会秩序尊严的维护。那么附随后果于客观层面反映的是社会风险把控问题,附随后果需要监控、防止犯罪人再犯原来的犯罪类型,防止社会秩序再次遭到犯罪人的破坏,与犯罪人所犯罪名相挂钩;于主观层面则属于审查社会信任恢复问题,涉及附随后果的消除程序。我们承认,出于职业避险的心理,组织管理者倾向于拒绝曾受过刑罚者的融入的心理当然是合理的,但是对犯罪者进行简单的权利限制并不能实现维护社会秩序稳定的需要,相反,主动为附随后果设定期限才能为之附加更多地接受考察的义务,对犯罪人重归社会后的行为表现进行考验与审核,证实社会公众对犯罪人已在秩序破坏范围内重拾信任,疏解避险心理,附随后果方能彻底完成自己的制度使命。

因此在以保障社会秩序稳定为目标的前提下,附随后果以控制犯罪人的再犯风险、维护社会信任的平稳恢复为应当达成的目的。刑罚与附随后果在目的上存在不同,在功能上也不可相互替代,因此不应要求刑罚罪名的设定受到附随后果整体轻重的现实影响,从而抬高轻罪的入刑门槛。但是二者在实现目的的过程中所实现的一定惩罚的处置效果却是互通的,而惩罚犯罪却是刑罚的主要目的之一,相比之下在惩治效果方面应当以刑罚为主,附随后果处于依附地位。概言之,从附随后果的主要目的出发,在刑罚触之不可及的地方,充分重视唯能由附随后果所发挥出的独特作用。

(二)限定附随后果的适用主体

刑罚附随后果目前并无统一的适用主体,通常是由行政机关或权力机关为了方便对自己所辖范围内事务的管理而主动设定与适用。依据《立法法》第 91 条与第 93 条的规定,部门规章、地方政府规章若无法律或者国务院的行政法规、决定、命令的依据,不得设定减损公民、法人和其他组织权利或者增加其义务的规范。部门规章与地方政府规章所设定的附随后果,需要存在上位法律的依据,并且无论是附随后果的启动条件,还是附随后果的严厉程度等方面,均不能高于上位法律所给予的权限范围。

依照《立法法》规定的精神,不同层级法律规范规定的附随后果在启动条件之间,应当形成同心圆式的层层包含关系。需要严格限制国务院各部委及地方政府设定刑罚附随后果的权力,从制定主体的角度,由立法程序更为严格、效力范围更广的法律规定较为严重的附随后果,从而减少轻罪犯罪人在经历刑罚后所承担附随后果的内容,并降低其膨胀的不利效果。

---

① 〔意〕切萨雷·贝卡里亚:《论犯罪与刑罚(增编本)》,黄风译,北京大学出版社 2014 年版,第 36 页。

既然罪与责的认定是法院的专属权力,那么附随后果的适用权力自然同样应当交由法院来履行,法院有权进一步对附随后果具体的适用内容进行相应的取舍。如此便将附随后果的适用主体与设定主体区分开来,独立的适用主体能够对犯罪人采取更为准确的持续期限与更加灵活的考察评价标准。尽管这样一来附随后果与刑罚制裁二者不断贴近并区别变小,但是二者终究在设置目的上存在着明显的区别,无法被统一纳入刑罚范围。不过鉴于二者在惩治犯罪方面在一定程度上存在着共通的作用,适宜进行统一的系统化管理,“从制裁体系一体化的视角整体评价犯罪人要承担的所有制裁措施”①,在丰富我国制裁手段的同时,保证比例原则与罪责刑相适应原则的贯彻施行。

(三)附随后果设立内容的限定

“犯罪人犯罪以后法律已令其承担了与所犯罪行轻重相适应的刑事责任,这是正义的体现,但让一个刑罚已经执行完毕的人在合法的情况下,继续承受该项犯罪所带来的种种报复,就有失公正。”②因此在设定附随后果内容的时候,需要注意以下三个维度。

其一,附随的差异性。为体现罪责刑相适应,对不同罪责的犯罪人应当适用差异化的附随后果,依据行为人的罪名决定适用的领域,依据行为人所承担的责任决定附随后果的轻重程度。在一般情况下,附随后果的适用应当以维护社会秩序稳定的需求为限,借鉴刑罚制度设计,明确不同启动条件的罪过标准及不同宽严程度的附随后果内容,明确不同附随后果所附期限的标准,明确附随后果实施期间结束或提前结束的合理依据。

其二,逻辑的关联性。附随对象的差异性带来了附随后果的差异性,这种差异性之间所存在的联系应当是相对稳定的,什么样的罪责便应当在什么范围之内承担什么程度的责任。具体而言,犯罪人所承担的附随后果需要与其所犯之罪及所担之责之间存在必要性的逻辑关系。针对所犯之罪侵犯的客体,需要在横向上确定了相应附随后果所涉及的具体领域。针对所担之责的严重程度,则在纵向上明确附随后果所应适用的强弱程度。在罪与责相结合之下为行为人划定具有针对性的附随后果内容。

其三,后果的可消灭性。附随后果的目的并非惩罚犯罪,社会秩序便不应当畏惧及排斥犯罪人在经过法院审判和刑罚处罚后再度融入社会秩序,而是行为人在接受刑罚的惩戒与教育之后,通过社会层面的附随后果检验使其重新完全融入原本的社会环境。对社会信任的破坏尚不严重,需要的是于犯罪人所破坏之处重塑社会信

---

① 朱贺:《我国失信行为制裁体系的完善与路径选择》,载《征信》2022 年第 7 期。

② 房清侠:《前科消灭制度研究》,载《法学研究》2001 年第 4 期。

任,而信任的重塑需要为犯罪人设立考察期限。经过原犯罪人自身的不懈努力,能够完全证明自己不愧于社会的信任,不具备再犯风险的,可以通过对犯罪人开展综合性的社会评价考察,消灭对其适用的附随后果,来恢复其社会信誉以保全社会秩序的稳定。

立法活性化视野下袭警罪客观行为的界定

郭　洁[*]　蒋婕妤[**]

一、问题的提出

纵览历次刑法修正,从 1997 年刑法到 2020 年《刑法修正案(十一)》,以 2006 年《刑法修正案(六)》为界限,《刑法修正案(六)》至《刑法修正案(十一)》的罪名增加幅度明显高于《刑法修正案(一)》至《刑法修正案(五)》,且 2009 年《刑法修正案(七)》增加了 9 个罪名,2020 年《刑法修正案(十一)》则增加了 22 个罪名。刑法罪名的增加与社会经济和科技的发展密不可分,同时刑法修正使刑法立法日趋科学,可以更好地发挥刑法的法益保护功能。然而罪名的增加意味着犯罪圈的扩大,尤其近年来随着轻罪罪名的增加①,犯罪圈呈现出将由行政法调整的行为犯罪化扩张的趋势,"轻罪时代""积极主义刑法观""立法活性化"等词开始被频繁使用。

从概念内涵上讲,刑事立法活性化是对立法机关频繁修改刑法这一立法现象进行的描述和概括②,如有学者认为从 1997 年刑法到《刑法修正案(十一)》,20 余年间共增加或修正了刑法 211 个条文,如此大规模、高频次的刑法修订,即标志着刑法立法进入活性化时代。③ 轻罪时代则是对当下积极主义刑法观的支配和影响下所出现的轻罪立法突出的现象概括。虽然轻罪罪名在我国刑法立法体系中占比仍然较小,但必须考虑到司法层面中的适用情况,即我国出现重刑率下降、轻刑率上升的犯罪趋势,且从立法活性化的背景已经可以看出刑法的导向逐渐转变为对危险的防范,甚至被作为社会管理的工具,轻罪立法似乎已成为未来不可避免的方向。此外,立法者立足当下实际通过轻罪立法对于将我国刑事法治模式合理地转向"严而

---

* 西北政法大学教授、刑事法律科学研究中心副主任。

** 西北政法大学刑法学专业硕士研究生。

① 陈兴良教授认为,轻罪与重罪的区分只能坚持法定刑的形式标准,法定刑之设立已经考虑了行为的危害性程度,没有必要在法定刑以外再去寻找所谓实质标准。我国刑法中的轻罪可以分为纯正的轻罪和不纯正的轻罪。轻罪是指应当判处 3 年以下有期徒刑的犯罪。按照陈兴良教授的观点,袭警罪为不纯正的轻罪。参见陈兴良:《轻罪治理的理论思考》,载《中国刑事法杂志》2023 年第 3 期。

② 参见吴亚可:《当下中国刑事立法活性化的问题、根源与理性回归》,载《法制与社会发展》2020 年第 5 期。

③ 参见高巍:《刑事立法活性化的良法之治——评黄明儒教授〈刑法修改理性研究〉》,载《中南林业科技大学学报(社会科学版)》2022 年第 2 期。

不厉”亦具有重要意义，所以刑事立法在顺应社会变化发展而保持活性化的同时，如何体系性推进轻罪立法和正确适用轻罪，从而避免造成社会治理的泛刑化就显得格外重要。

以《刑法修正案（十一）》新增的袭警罪为例，2015 年，《刑法修正案（九）》第 21 条在妨害公务罪原条基础上增设第 5 款内容“暴力袭击正在依法执行职务的人民警察的，依照第一款的规定从重处罚”，之后 2020 年 1 月 10 日最高人民法院、最高人民检察院、公安部联合发布了《关于依法惩治袭警违法犯罪行为的指导意见》（以下简称《指导意见》），对于暴力袭警行为的认定进行具体解释。2020 年《刑法修正案（十一）》第 31 条再次修订《刑法》第 277 条，并对袭警行为设置了独立的（两档）法定刑，自此“袭警罪”作为不纯正的轻罪进入刑法罪名体系。但是，在维护民警执法权威、惩治暴力袭警行为的同时出现了很多司法认定上的问题，如司法人员对“暴力袭击”的理解泛化、袭击对象是否包括辅警认定不一等，导致袭警罪的入罪门槛过低。尤其是“暴力袭警”的认定，大有将一些违反治安管理处罚法的行政违法行为入罪之倾向，这就会导致刑事立法的活性化，造成社会治理泛刑化。因此，必须对袭警罪的客观行为进行区分和界定，避免因刑法处罚范围的不当扩大从而破坏刑法的谦抑性原则，以期更好地对国民进行行为规制。

二、暴力袭击行为的界定

不同于袭警罪的加重犯情节中有“使用枪支、管制刀具，或者以驾驶机动车撞击等手段，严重危及其人身安全的”具体表述，法条对于“暴力袭击”的内涵没有进行具体阐释，且没有相应的司法解释出台，只有《指导意见》第 1 条①有所规定。笔者认为袭警罪的“暴力袭击”行为应从内涵和范围两方面进行双重界定。

（一）暴力袭击行为的内涵

首先，将“暴力袭击”拆分为“暴力”和“袭击”，“暴力”一词在我国刑法条文中共出现 42 次，位于总则中的 3 个条文、分则中的 33 个条文，涉及罪名共 31 个。除了明确的“暴力”，刑法中还有大量隐含的“暴力”规定，如“行凶”“伤害”“殴打”等。从文义解释出发，有学者认为“暴力”一般意为能够使人体或物品发生或者可能发生生物性失能或者物理性形变的有形强制力。② 然而仅有文义解释无法适用于司法实践，转从“暴

① 《指导意见》第 1 条规定：“一、对正在依法执行职务的民警实施下列行为的，属于刑法第二百七十七条第五款规定的‘暴力袭击正在依法执行职务的人民警察’……1. 实施撕咬、踢打、抱摔、投掷等，对民警人身进行攻击的；2. 实施打砸、毁坏、抢夺民警正在使用的警用车辆、警械等警用装备，对民警人身进行攻击的……”

② 参见张永强：《袭警罪的规范演进与理解适用》，载《重庆大学学报（社会科学版）》2022 年第 1 期。

力”程度入手可以更好地理解袭警罪中的“暴力”。不同罪名的暴力程度不同,既可以是程度严重的压制被害人不能反抗甚至是故意杀人,也可以是程度轻微的扇耳光、肢体阻拦等。要求袭警罪中的“暴力”达到足以压制人民警察的反抗,明显会不当限缩袭警罪的规制范围,相反,将“暴力”的下限定为一般的推搡、拉扯亦会降低犯罪门槛。

因而探析袭警罪中的“暴力”程度如何,还要比较其原本在妨害公务罪中的规定和现有规定,遵从体系解释原则。第一,妨害公务罪中的“暴力”与“阻碍”相结合,根据刑法通说,妨害公务罪中的“暴力”指“对国家机关工作人员、人大代表、红十字会工作人员实施殴打、捆绑或者其他人身强制行为,致使其不能正常履行职务或者职责”①,侧重于阻碍公职人员履职。而袭警罪中的“暴力”与“袭击”搭配使用,“袭击”一词强调乘其不备、突然打击,“暴力袭击”不仅包括“暴力阻碍”,还有“暴力攻击、主动对抗”之意,显然袭警罪的暴力程度应当高于妨害公务罪,且主观恶性要大于阻碍履职行为。第二,暴力袭警行为从“依照第一款的规定”(处 3 年以下有期徒刑、拘役、管制或者罚金)“从重处罚”到“处三年以下有期徒刑、拘役或者管制”(删去罚金刑),都可以看出袭警罪的法定刑一般重于妨害公务罪。从罪刑均衡原则出发,在解释个罪的构成要件时,必须保证其所界定的犯罪能够与法定刑保持合比例性②,因此袭警罪的“暴力”门槛也要相应高于妨害公务罪。

其次,暴力袭击行为对于人民警察造成的人身伤害结果(不构成轻微伤、轻伤及以上),并不是判决书中所必须阐明的,但却是印证袭警行为是否符合“暴力袭击”的有力证据。虽然袭警罪规定在妨害社会管理秩序罪一章,其保护法益为人民警察职务执行的秩序,且法条并未对袭警罪的危害结果作出规定,属于行为犯而非结果犯。但暴力袭击行为所带来的损害结果,可以更好地界定行为人的行为是否属于“暴力袭击”,比如“抓伤”行为,在“冷某袭警案”中,冷某用手抓伤民警刘某颈胸部,导致刘某颈胸部多处软组织挫伤,构成轻微伤。而在“刘某袭警案”中,刘某因拒不配合民警工作在反抗过程中将民警朱某颈部抓伤,未构成轻微伤。且不谈刘某不存在直接故意采取暴力方式袭警,同样是抓伤行为所导致的伤害结果截然不同。所以不能将对人民警察的身体实施有形强制力都视为“暴力”,仅仅认为掌掴、抓伤等方式属于情节轻微尚不构成暴力袭击不可取,同理,认为撕咬、殴打、脚踢等行为便属于暴力袭警的实行行为,而不考虑行为人并未造成任何伤害结果或者属于抗拒抓捕时下意识的反抗行为(不具有期待

① 高铭暄、马克昌主编:《刑法学》(第 9 版),北京大学出版社、高等教育出版社 2019 年版,第 530 页。

② 参见马寅翔:《抢劫罪中暴力概念的精神化及其限定》,载《法学》2021 年第 6 期。

可能性)也不可取,如"杜某袭警案"①、"张某袭警案"②。

综上,"暴力袭击"的内涵应从客观层面和主观层面出发,不以行为方式类型为限,是一种高于阻碍警察依法执行职务之暴力的以直接故意、积极追求危害结果发生的主动攻击。在综合认定"暴力袭击"行为时,可以将伤害结果作为参照考量,但并不以伤害结果为唯一判断标准,按照具体危险说,还应从打击手段与力度、是否存在足以阻碍人民警察依法履职的具体危险等方面进行判断。此外,故意伤害罪中一般伤害的法定刑与袭警罪基本条款相同,在故意伤害罪排除轻微伤及以下的入罪情形的同时考虑到我国对轻伤的认定标准过高,从体系解释角度看,对袭警罪中的"暴力"划定为造成轻微伤及以上亦具有合理性,司法实践中应当严格排除情节轻微且未造成严重后果的所谓"暴力袭击行为"。

(二)暴力袭击行为的范围

1. 暴力袭击行为仅指对人的直接暴力

借鉴日本刑法理论,可将暴力分为四类,最广义的暴力(对人、物暴力)、广义的暴力(对人的直接暴力和间接暴力)、狭义的暴力(对人暴力)、最狭义的暴力(对人身体行使有形力并达到足以压制对方反抗的程度)③,而袭警罪的暴力袭击行为应为狭义的暴力,仅指对人的直接暴力。

一方面,暴力袭击本质上是一种强有力地打击警察身体的物理力量,直接作用于依法执行职务的人民警察身上。虽然妨害公务罪中的暴力包括对人的直接暴力和间接暴力,而袭警罪中的暴力程度高于妨害公务罪,所以不应对暴力作出相同解释,而应将袭警罪中的暴力袭击行为仅限于直接暴力,突出保护警察的人身安全。

另一方面,《指导意见》规定了暴力袭击行为包括"实施打砸、毁坏、抢夺民警正在使用的警用车辆、警械等警用装备,对民警人身进行攻击的",有学者认为此处司法解释附加"对民警人身进行攻击"的要求采用了狭义的暴力的含义,由于袭警罪的保护法益和罪状未发生变化,意味着袭警罪的犯罪性质没有变化,故对袭警罪的暴力袭击行为解释可继续使用《指导意见》的规定。④ 同样,张明楷教授认为如果将该款解释为对物暴力或间接暴力,则不能评价为袭警罪。因为《指导意见》出台时暴力袭击行为仅作

---

① 参见湖南省长沙铁路运输法院(2021)湘 8601 刑初 7 号刑事判决书。杜某在车厢内醉酒滋事,后乘警傅某使用约束带对其约束醒酒时,杜某突然挣脱约束带,从座位上站起来用右手挥拳击打列车乘警,并击中列车乘警傅某头部左下颌,经鉴定,尚未构成轻微伤,法院最终以袭警罪判处杜某拘役 4 个月。

② 参见云南省永善县人民法院(2021)云 0625 刑初 307 号刑事判决书。民警对张某强制传唤时,张某咬伤辅警赖某右上肢,导致赖某右上肢皮肤挫伤,无明显皮肤裂伤及活动性出血,经鉴定,不构成轻微伤,法院最终以袭警罪判处张某拘役 3 个月。

③ 参见张明楷:《袭警罪的基本问题》,载《比较法研究》2021 年第 6 期。

④ 参见张开骏:《公务保护与人权保障平衡下的袭警罪教义学分析》,载《中外法学》2021 年第 6 期。

为妨害公务罪的从重处罚情节存在，在暴力含义上使用的是广义的暴力，现袭警罪作为独立犯罪且法定刑高于妨害公务罪，则不能继续按《刑法修正案（十一）》之前的规定解释袭警罪的构成要件。[①] 笔者认为对于使用间接暴力的行为，如驾驶机动车对警车（里面坐着民警）进行撞击，没有严重危及人身安全的，应当以妨害公务罪定罪，严重危及人身安全的，则按袭警罪的加重犯定罪处罚。

2. 暴力袭击行为不包括消极抵抗行为

大多数袭警情形发生在民警对酒后行为人进行约束性醒酒措施、设卡检查行为人是否酒驾或违反交通规则、对行为人实施强制传唤、处理行为人和他人之间的矛盾纠纷，以及抓捕违法行为人等场合。行为人在面对公安机关时总有畏惧心理，在行为人看来，一旦被公安机关抓捕，自己的人身自由将受到"侵犯"，可能面临刑事审判，于是激起反抗的本能，出现不具有明显攻击性的挣脱、抓挠等反抗或肢体冲突行为。因为"法不强人所难"，当无法期待行为人作出适法行为时，对其就不具有非难可能性。[②] 而且经过专门训练的警察有一定的危险预见能力和风险应对能力，在处置一些暴力冲突事件及实行约束性醒酒措施时，其一般能够预见行为人可能实施的暴力，并且此时公务执行的直接任务就是抗制暴力。[③] 但也要有所区分，在警察实施抓捕的场合，人的本能是逃避执法，以消极手段抵抗警察抓捕，而以积极手段攻击警察来挣脱抓捕的行为不能解释为本能行为。

3. 暴力袭击行为不限于"突然性"

如前所述，袭警罪中的暴力程度应当高于妨害公务罪，有观点认为对"程度"的认定缺乏明确的判断标准，将袭警罪中的暴力限定为具有"突然性"才能使两罪的适用范围界分清楚。对于暴力行为程度不明，事实上可以参照伤害结果进行认定，而"突然性"也存在着解释不清的情形，例如，行为人在被采取措施时进行的消极抵抗也会有突然性的表现，但此种情形并不属于暴力袭击。如"帅某甲袭警案"[④]中，民警刘某对帅某甲实施保护性措施约束醒酒的过程中，帅某甲多次言语挑衅和推搡民警，于是民警对帅某甲喷了辣椒水和铐上了手铐，帅某甲在眼睛看不清的情况下手乱舞将民警的脸部抓伤，致民警轻微伤。[⑤] 且不谈民警实施控制的方式是否妥当，帅某甲的抓伤行为一是本能行为，二是即便行为违法也没有袭警的主观目的，因此可以阻却有责性，而推搡行

① 参见张明楷：《袭警罪的基本问题》，载《比较法研究》2021 年第 6 期。

② 参见汪维才、曹翊群：《论暴力拒捕行为的刑法规制》，载《广西政法管理干部学院学报》2022 年第 5 期。

③ 参见刘艳红：《袭警罪中"暴力"的法教义学分析》，载《法商研究》2022 年第 1 期。

④ 江苏省泰州市海陵区人民法院（2021）苏 1202 刑初 253 号刑事判决书。

⑤ 《公安机关办理行政案件程序规定》第 58 条第 1 款规定："违法嫌疑人在醉酒状态中，对本人有危险或者对他人的人身、财产或者公共安全有威胁的，可以对其采取保护性措施约束至酒醒，也可以通知其家属、亲友或者所属单位将其领回看管，必要时，应当送医院醒酒。对行为举止失控的醉酒人，可以使用约束带或者警绳等进行约束，但是不得使用手铐、脚镣等警械。"

为则属消极抵抗行为。法院却仅指出民警面部划伤的轻微伤后果应由行为人承担，最终以袭警罪判处帅某甲拘役5个月，缓刑6个月。

当然也有观点认为，对于警察实施强制措施过程中进行消极抵抗的行为是因为缺少行为的突然性，所以不属于暴力袭击行为。如"苟某袭警案"①中，刘艳红教授认为苟某对民警采用的卡脖子、脚踹等行为不具有突然性，且暴力的突然性往往伴随着瞬时性和意外性的特征，因而可以在实质解释的意义上出罪。② 首先，卡脖子、脚踹等行为是否属于消极抵抗行为因案而异；其次，在判断行为是否具有突然性、瞬时性和意外性的过程中，比如对于突然性是警察觉得突然、意外，还是行为人主观追求，抑或第三方事后评判为出人意料，是具体经验还是一般经验的判断会出现诸多解释空间，不利于司法认定；最后，将暴力袭击行为限于"突然性"，会使得"暴力袭击"的核心从"暴力"反而变成"袭击"，而刑法的目的在于保护法益，即便袭警行为没有暴力的"突然性"，也可能侵犯人民警察职务执行的秩序法益。

三、暴力袭击行为的指向——正在依法执行职务的人民警察的界定

（一）"正在依法执行职务"的界定

1. "正在"的含义

根据《人民警察法》的规定，人民警察执行职务的时间除了正常的工作时间，还包括遇有其职责范围内的紧急情况下的非工作时间，而不包括上下班途中等非职务行为的发生时间。通常来说，正常执法过程中的执行职务例如维护社会治安秩序、处理双方矛盾纠纷、设卡检查交通违法等行为属于"正在执行职务"。然而从实际出发，采用"紧密联系说"不但不会扩大处罚范围，反而从实质意义上解释"正在"一词，能较好地保护人民警察职务执行的秩序，即从着手执行职务到执行职务结束后（包括与该执行职务活动紧密关联的活动时间）都属于"正在"。③ 为了防止人民警察在处警前和处警结束后受到不法侵害，警察接到处警通知后着手准备执行职务时或到达处警地点前，以及处警结束后（法定职责完成之际）与执行职务活动具有紧密关联性的一段时间内受到行为人暴力袭击的，行为人构成袭警罪。如在警察到达纠纷发生地前，行为人堵截、打砸警车和袭击警察的，或者警察在查获违禁品后准备返回途中，行为人对警察

---

① 贵州省贵阳市云岩区人民法院（2021）黔0103刑初173号刑事判决书。

② 参见刘艳红：《袭警罪中"暴力"的法教义学分析》，载《法商研究》2022年第1期。

③ "正在执行职务"活动，应当由两部分构成：一是狭义的正在执行的职务活动；二是与正在执行的职务活动之间具有紧密关联性的活动。并且，在判断人民警察所执行的活动是否属于正在执行的职务活动时，应结合人民警察活动的紧迫性、重要性和连续性进行综合判断。参见李永升、安军宇：《暴力袭警行为法律性质与内涵的教义解读》，载《海南大学学报（人文社会科学版）》2019年第1期。

使用暴力抢夺违禁品,同样是对警察执行职务行为的侵害。

2. "依法执行职务"的范围

职务执行的合法性应从主体合法性、内容合法性、程序合法性三个要件进行判断。

第一,主体合法性。法律赋予人民警察执行职务时的抽象权限,同时根据人民警察的种类不同分别赋予具体的职务权限。人民警察在具体的法定职责范围内依法执行职务,不能超出职责范围行使其他职责。另外辅警不具有执法权,只能在公安机关及其民警的指挥和监督下依法协助履行职责,其单独执法的行为违反主体合法性。

第二,内容合法性。人民警察既要遵循《人民警察法》《刑法》《行政处罚法》等法律法规,也要依照各种条例、工作规范、意见等规范性文件开展执法活动。

第三,程序合法性。人民警察必须按照法律规定采取适当的执法手段进行执法活动,履行相应的法律程序。如《行政处罚法》在行政处罚执法程序中规定"执法人员不得少于两人",又如《人民警察法》规定处警时"人民警察必须按照规定着装,佩带人民警察标志或者持有人民警察证件"等。在我国,一些程序瑕疵的执法行为时常发生,相对人可以通过申诉、复议、诉讼等方式救济权利,但不能对瑕疵执法行为以暴力袭击方式反抗,因为反抗行为明显超过了人权保障的必要性限度。在公务保护与人权保障的紧张关系下,只要执行职务违反法律强行规定的必要且重要的程序性要件,如限制人身自由性质的执法行为未依照法定程序的(如人民警察实施拘留时未出示拘留证),则该执法行为不值得刑法保护。而对违法执行职务的人民警察实施暴力袭击的,则不具有法益侵害性。①

此外,公务行为的合法性不等于反抗行为的违法性。公务行为合法性的基础事实和合法性评价本身,分别属于规范的构成要件要素中的"基础事实"和"意义"部分。关于行为人对公务行为的合法性产生认识错误的是否阻却故意,首先,对基础事实的认识程度上应当以未必的故意为限,只要行为人认识到对方可能在执行合法公务,哪怕这种认识不确定,都应该认为行为人成立故意。其次,行为人对于公务行为合法性的认识不需要达到法律人士的精准程度,达到外行人的认识程度就应当认为具备认识,而最终是否"依法"需要法官根据相关法律进行评价。最后,行为人对基础事实和法律评价都没有认识错误,却误认为自己具有反抗权的,属于违法性认识错误,不阻却故意。②

(二)"人民警察"的界定

目前现有裁判中对于袭警罪的行为对象是否包括"辅警"观点不一致,一是认为辅警作为警务队伍的庞大力量,将辅警扩大解释为"人民警察"并无不妥,应对其予以人

① 参见张开骏:《公务保护与人权保障平衡下的袭警罪教义学分析》,载《中外法学》2021年第6期。

② 参见丁胜明:《公务行为合法性认识错误问题的教义学分析》,载《法学》2016年第4期。

民警察同等程度的保护；二是认为“人民警察”属于特殊身份，辅警属于辅助人员因而不具有执法主体资格，袭击辅警行为只能构成“妨害公务罪”。依据《人民警察法》第 2 条第 2 款①和国务院办公厅印发的《关于规范公安机关警务辅助人员管理工作的意见》第 3 条②等规定，辅警是不具有警察身份的人员。

因而，若严格按照文义解释，袭击辅警则不能构成袭警罪。但问题是，警察作为训练有素的专业人员，其身份并没有特殊到比其他国家工作人员需要格外保护。而且自袭警罪从妨害公务罪分离出来独立成罪，暴力袭击行为作为妨害公务的性质未变，可以明确妨害公务罪侵害的法益是“公务”而非“国家工作人员”，再结合该罪的立法意旨实际上仍然侧重于维护国家法律尊严和民警执法权威，故此该罪之设立是出于警察“职务”的考量而非“身份”。而使用扩大解释方法，虽有助于间接地保护辅警人员的人身权利，但考虑到目前袭警罪的泛刑化趋势，各司法机关本就对“暴力袭击行为”的判断把握不一，加之辅警数量远超在编民警数量，如果将辅警完全解释为人民警察，不仅袭警罪的数量可能会越来越多，而且有违罪刑法定原则和法秩序的统一性。

笔者认为，辅警在公安民警的指挥和监督下依法从事执法活动时受到暴力袭击的，应当对行为人以袭警罪定罪处罚，前提是在公务执行的合法性下审慎适用。

首先，辅警不具有执法主体资格，无法单独行使执法权，仅有《关于规范公安机关警务辅助人员管理工作的意见》规定了辅警配合民警依法执行职务的行为具有合法性，其履职行为受法律保护，行为后果由其所在公安机关承担。③ 辅警执法权的定性在法律上仍然处于缺位状态，运用“行政辅助人”理论④可以为辅警执法行为提供合法性的逻辑解释，即辅警作为“行政辅助人”，其行为被视为行政机关行为的延伸，代表着国家权力。因而暴力袭击正在配合人民警察依法执行职务的辅警的，同样侵犯了人民警察职务执行的秩序，而不仅是对辅警的人身侵害。

其次，考虑到司法实践，将袭警罪规定在《刑法》第 277 条第 5 款，也引发了对暴力袭击辅警应否从重处罚的激烈讨论，其中反对意见中亦提到将辅警解释为人民警察违

---

① 《人民警察法》第 2 条第 2 款规定：“人民警察包括公安机关、国家安全机关、监狱、劳动教养管理机关的人民警察和人民法院、人民检察院的司法警察。”

② 《关于规范公安机关警务辅助人员管理工作的意见》第 3 条规定：“本办法所称警务辅助人员，是指依法招聘并由公安机关管理使用，履行本办法所规定职责和劳动合同约定的不具有人民警察身份的人员，主要包括文职、辅警两类从事警务辅助工作的人员……”

③ 《关于规范公安机关警务辅助人员管理工作的意见》第 4 条规定：“警务辅助人员……应当在公安民警的指挥和监督下开展辅助性工作。警务辅助人员依照本办法履行职责受法律保护，有关单位和个人应当予以配合，相关法律后果由公安机关承担。”

④ 行政辅助的基础是合同，即为达成行政管理目的，行政主体从社会招募个人，并订立双方表意一致的合同或双方基于合意实际履行。行政辅助人未被赋予行政执法权和行政主体资格，其行为被视为行政机关行为的延伸，行为结果归所属行政机关。参见李军、袁玥：《暴力袭击辅警适用罪名问题研究》，载《福建警察学院学报》2023 年第 2 期。

背罪刑法定原则,且属于类推解释,超出了民众的预测可能性等。① 但实际上在《刑法修正案(九)》颁布后,有大量判例显示对暴力袭击辅警的行为适用《刑法》第 277 条第 5 款的规定。同样在当下,有司法机关人员提出以"执法共同体"的概念实质性判断"人民警察"的范畴②,虽然"执法共同体"的说法并不准确,离开了"辅助"的含义,但也呈现了司法实践中的一种支持意见。

最后,警务活动的进行离不开辅警,随着近年来辅警制度改革不断推进,除了提高辅警的待遇水平、加强培训和管理、建立晋升制度等,也将从立法上明晰辅警的法律地位,法律法规的填补或将为辅警的执法权作出明确定义。

四、结语

在立法活性化的背景之下,袭警罪的出现无疑为维护国家法律尊严和执法权威提供了规范依据。然而司法实践中出现的泛刑化趋势,不仅容易造成侵犯人权的后果,也与"少捕慎诉慎押"的刑事司法政策相违背。虽然大多数行为人构成袭警罪后会选择认罪认罚,也有初犯、偶犯、坦白等从轻处罚情节,加上警察作为被害人的同时又是人民群众的守护者,往往会同意谅解,所以最终判决的刑期不高,从拘役 3 个月到有期徒刑 6 个月不等,但这又与从严从重打击袭警行为的立法原意相违背。袭警罪作为独立罪名的存在,既要防止警察执法权的滥用,也要严厉打击袭警行为,但前提是必须遵循刑法的谦抑性原则,而不是动辄将行为人定罪。需要指出,轻罪立法具有法治正当性,未来的刑法修正案中也会出现更多的轻罪罪名,但如果没有"漏斗式"司法出罪机制配套适用,难免会导致惩罚过度化。③ 尽管越来越多的学者开始主张建立前科消灭制度,尤其针对轻罪和未成年人犯罪,但限制入罪就是最好的"出罪",且从前科消灭制度的建立到具体实施还有很长时间。在立法活性化和轻罪立法大步向前发展的背景下,司法机关面对袭警罪等新的轻罪罪名应当加以限缩适用,避免袭警罪罪名的滥用而导致官民矛盾的加深。最后,只有推动治安管理处罚法的修订,做好刑罚与行政处罚的界域衔接,才能构建起关于袭警行为的惩罚体系,减少袭警行为的发生。

---

① 参见王志、李艳松、郭喜鸽:《对暴力袭击辅警应否从重处罚》,载《检察日报》2016 年 7 月 6 日,第 3 版。

② 参见李建超、刘欢:《暴力袭击辅警也可构成袭警罪》,载《检察日报》2021 年 12 月 21 日,第 7 版。

③ 参见何荣功:《我国轻罪立法的体系思考》,载《中外法学》2018 年第 5 期。

危险驾驶行为犯罪化后的配刑研究

梅象华[*]　邱煜贤[**]

《刑法修正案(八)》增设了危险驾驶罪,并配置了"处拘役,并处罚金"的法定刑;《刑法修正案(九)》扩充了该罪的客观表现形式,修改后的危险驾驶罪的法定刑配置未作任何改变。刑法将预防提前到实害可能发生的高风险性上似有罪责扩大化的嫌疑,世界各主要国家均将该类行为入罪,我国也顺应时代发展,适时地在风险社会、风险刑法的语境下进行刑法理论的革新。目前,用刑罚作为遏制风险社会的风险,各国立法体例并不完全一致,但基本上保持了大致相近的法定刑配置。

一、风险社会下危险驾驶行为入罪配刑的法理依据

我国学者对危险驾驶行为入罪配刑也存在着不同见解。持肯定观点的学者指出:"在报应主义支配的框架内,刑罚只是对犯罪之恶的单纯否定,并不考虑功利目的,不可能有公共政策存在的余地。只有在功利逻辑引入之后,由于刑罚的施加必须考虑现实的社会政治需要,公共政策才可能成为影响刑事立法与司法的重要因素。"①报应观念在我国根深蒂固,犯罪之恶主要表现为"危害结果",其是一种实害结果。实害结果发生的推定风险只是一种可能性,将这种可能性作为刑法规制的内容往往超出民众对于犯罪认知的心理预设的范围。民众感知最直观的危害结果即为实害结果、有形结果,有危害结果自然要担责,对于民众来说是必然的逻辑,也是惩罚恶害行为的报应逻辑。但复杂的社会形态,特别是风险社会,在实害结果外仍有许多"无形结果"需要国家政策规制和调控,进而成为刑法规范价值上否定评价的危害结果,刑法应有的功利性、政策考量性就自然影响着刑事立法和司法实践。持否定观点的学者认为:"在风险社会中由于刑法被视为风险控制机制中的重要组成部分,甚至经常不自觉地被置于优先地位,在这种背景下刑法不再为报应与谴责而惩罚就在所难免。当为预防风险而威

---

* 南京工业大学法政学院教授,法学博士。

** 南京工业大学法政学院研究生。

① 劳东燕:《公共政策与风险社会的刑法》,载《中国社会科学》2007 年第 3 期。

慑成为施加刑罚的首要理由时,传统责任主义所构建的防线就面临大范围被突破的风险。"①刑法作为风险社会中风险控制机制中的重要一环,起到预防和控制风险的作用,实际上持这种观点的人认为刑法过分承载了更多的社会功能,过于功利的配刑可能有失公正,因而害怕传统的责任主义刑法立场受到破坏。"在风险成为当代社会的基本特征后,刑法逐渐蜕变成一项规制性的管理事务。作为风险控制机制中的组成部分,刑法不再为报应与谴责而惩罚,主要是为控制风险进行威慑;威慑成为施加刑事制裁的首要理由。正是威慑促成行为主义进路对现代刑法的掌控,最终使精神状态在刑法中的作用日渐减少"②。对于风险刑法中罪责扩张化的疑虑,"风险社会的风险主要是指技术风险。这种风险是人在科学技术探索过程中所带来的,是科学技术广泛运用的消极后果。技术风险具有极大的不确定性,对于这种不确定的风险不能直接纳入刑法调整的范围。例如,刑法不能直接将科学技术中具有风险的探索活动予以禁止,也不能在科学技术所带来的风险实现以后,追究相关人员的刑事责任。概言之,刑法不能进入科学技术领域,干预科学技术活动"③。现代科技带给社会的交通、通信和日常生活领域的便利同时也必然带来许多风险,比如现代的汽车必然比农耕时代的马车给予人们更多的便利,同时不可避免地造成更多的交通事故和人员伤亡。某种意义上,科技是一把双刃剑。不能因为科技革命给予现代社会更多客观风险,我们就否定这种科技,退回原来的较落后社会,而应积极面对这种客观现实。陈兴良教授指出,风险社会的风险主要是技术风险,笔者认为可能这种表述不太准确,因为风险社会的风险与技术风险不能在同语境下进行互换,风险社会的风险可以说是高科技发展带给现代社会的各种各样的生活状态的风险,而不能将其等同于技术风险。技术风险是科学技术研究中可能发生的失败和危险,这种风险依靠技术和科学进行规制,与刑法无关,是被允许的危险。将两种风险进行等同实际上是智识上的错误。

就危险驾驶行为入罪配刑而言,理论上仍然没有突破传统责任主义刑法的范畴,"相对于惩罚交通肇事行为来说,对没有发生肇事后果的醉驾行为进行惩罚,确实具有一定的预防性。但就醉驾行为本身潜藏着交通肇事后果的可能性而言,对醉驾行为的惩罚主要还是基于法益保护"④。醉驾行为入罪从根本上降低了交通事故发生的风险,维护了交通安全和秩序,国家和经济社会已然进入快速发展阶段,迫不得已将该类行为纳入刑法规制,防患于未然,刑法提前介入保护公共交通安全有现实必要性。诚如德国学者所言:"由报应刑法转向预防刑法,这绝非表示我们可以扬弃个人之可非

① 魏汉涛:《风险社会的刑法风险及其防范》,载《北方法学》2012 年第 6 期。

② 〔美〕理查德·A. 波斯纳:《法理学问题》,苏力译,中国政法大学出版社 2002 年版,第 210 页。

③ 陈兴良:《风险刑法理论的法教义学批判》,载《中外法学》2014 年第 1 期。

④ 陈兴良:《风险刑法理论的法教义学批判》,载《中外法学》2014 年第 1 期。

难性,其仅仅只是将个人之可非难性,由原本作为可罚性充分且必要的条件变成只是必要条件 。"①可见,法益保护前置化没有违背责任主义刑罚,这种前置化是更好地保护法益。

二、危险驾驶行为入罪配刑后责任主义刑罚的坚守

危险驾驶行为入罪配刑没有违反刑法基本理论即责任主义理论,虽然刑罚的天平向功利刑法倾斜了一些,但也是因应技术革命所创设的风险社会中给行为人的行为因技术革新带来高风险并较为有效遏制该类风险发生的必然需求,刑法理论也应随着时代变迁与时俱进地发展。劳东燕教授对这种偏向刑罚功利的配刑给予很好的诠释,她指出:"当代社会的风险性质使得刑法变成管理不安全性的控制工具,风险成为塑造刑法规范与理论的重要社会力量。这种塑造往往以公共政策为中介,后者由此成为刑法体系构造的外在参数。风险社会的本质决定抽离公共政策的分析范式将无法真正认识现代刑法。"②政治权宜、民意诉求和社会权力结构等外在因素必然影响公共政策或者导致公共政策的形成,进而影响政策对法律的指导和指引,风险社会的到来必定引起社会情状变化,社会公共政策对这种变化作出反应也是必然的,刑法巨大的强制力和保障性功能在某种程度上为国家公共政策的制定和实现形成制度性的依赖和偏爱。我国进入工业化社会,快速的经济增长促进汽车时代的到来,国家和社会对公共交通安全政策的考量是将危险驾驶行为入罪配刑的重要动机,使刑法再一次成为管控社会风险的工具和机会,约束公民遵守交通规范,塑造和强化公民守法意识,自觉做守法公民,也是刑法功利性价值所在和该行为入罪的重要理由。

(一)危险驾驶行为的社会危害性

危险驾驶罪属于抽象危险犯,但仍有少数学者持过失犯的观点。"行为人故意或者过失饮酒后,虽然行为人事实上已经因为醉酒而处于不能安全驾驶机动车的状态,却因为疏忽大意而没有预见自己的醉酒驾驶行为会造成公共安全的危险;或者已经预见自己的醉酒驾驶行为会造成公共安全的危险,却轻信自己还能够在道路上安全驾驶机动车,轻信自己的醉酒驾驶行为不会危害公共安全,因而故意在道路上醉酒驾驶了机动车,却过失地造成了公共安全的抽象危险。"③传统理论上,过失犯以实害结果的发生为存在前提,或者说是结果犯。冯军教授将"危险"套用在疏忽大意与过于自信

---

① 〔德〕贝恩德·许乃曼:《刑法体系与刑事政策》,王效文译,载许玉秀、陈志辉合编:《不移不惑献身法与正义:许乃曼教授刑事法论文选辑》,台北新学林出版有限公司 2006 年版,第 55 页。

② 劳东燕:《公共政策与风险社会的刑法》,载《中国社会科学》2007 年第 3 期。

③ 冯军:《论〈刑法〉第 133 条之 1 的规范目的及其适用》,载《中国法学》2011 年第 5 期。

的过失的概念中,实际上间接承认了过失危险犯的成立。“对于所谓过失的抽象危险犯,笔者认为并不是过失犯,因为过失犯是结果犯。在结果没有发生的情况下,对于行为的处罚是一种故意行为的犯罪化。在这种情况下,应当成立的是故意的抽象危险犯。”①现实中,行为人饮酒是故意,醉酒状态的出现往往是故意饮酒所致,醉酒驾驶是故意为之,对于危险状态也是持放任的心理态度,不能在醉酒状态下说“轻信能够避免”“没有预见”,危险驾驶行为本身就是危险状态,一旦驾驶机动车就构成犯罪,如何能说没有预见和轻信能够避免呢?总之,危险驾驶行为主观上是故意的心理态度,过失危险犯的说法是不成立的。风险社会中,不被容许危险的界限不断扩张也当然导致刑事立法随之应变,传统刑法的事故型风险到风险社会的风险纳入刑法规制是经济社会发展的必然。

从客观要素内容上可以看出,危险驾驶行为超出了被允许危险的范围,应做入罪处理,入罪后的危险驾驶罪作为故意犯罪,与其他故意犯罪相比,同样有故意的违法事实。一般的逻辑是,在侵害相同法益的情况下,实害犯对法益的危害一般大于具体危险犯,具体危险犯一般大于抽象危险犯;在法定刑配置上,同样也是实害犯法定刑应高于具体危险犯,更高于抽象危险犯。具体危险犯与实害犯的基本着力点都是结果,而不是行为本身的危险。抽象危险犯是处罚行为本身,刑法打击由结果提前到行为,法定刑配置应相应低于具体危险犯。抽象危险犯在刑事诉讼成本上,节约了大量司法资源,不需要证明客观上达到“致生危险”和“足以发生危险”要求,也间接说明,相对于配置较高的法定刑的罪名,往往不会有像抽象危险犯这么低的证明标准。

危险驾驶罪客观上包括行为人醉酒驾驶、追逐竞驶、校车和旅客运输严重超载及违规运输危险化学品的行为。追逐竞驶、醉酒驾驶等由相关行政部门认定,不需要造成实害和具体的危险状态,司法机关就可判决犯罪成立,若造成实害或具体危险,可能构成交通肇事罪或其他危害公共安全的犯罪,不再构成此罪,法定刑和司法裁量的刑罚自然都要高出很多。故意的内容是认识到这些行为的危险,不能包含有具体危害结果及其现实危险的希望或放任,若行为人主观心理上包含这些主观要素,就是主观超过要素,可能就不能构成该罪,而可能构成其他危害公共安全犯罪,法定刑就要升格。

(二)危险驾驶行为的人身危险性

“人身危险性表现为犯罪可能性或犯罪以后再次犯罪的可能性,而这种可能性是以行为人的犯罪倾向性的人格为基础的,是行为人犯罪倾向性的人格事实与否定规范评价的统一。易言之,人身危险性是由行为人特定人格决定的犯罪可能性或再犯可能性,是特定人格事实和规范评价的统一。”②人身危险性包括初犯可能性和再犯可能

① 陈兴良:《风险刑法理论的法教义学批判》,载《中外法学》2014 年第 1 期。

② 赵永红:《人身危险性概念新论》,载《法律科学》2000 年第 4 期。

性，而再犯可能性是狭义的人身危险性，该种危险性在刑事立法和司法中一般影响量刑得到学界认同，比如立法中的累犯和毒品再犯等；犯罪人的特定人格事实所决定的初犯可能性能否进入刑事立法评价的范畴，成为入罪的构成要件的内容仍待进一步论证。“在大陆法系国家传统的犯罪构成三要件中，责任是犯罪成立与否的要件之一，责任之有无将直接决定犯罪的成立与否，缺乏责任要件根本不能对行为人的行为进行定罪。因此，根据人格责任论，行为人的人格是定罪过程中必须考察的一个因素。而照此逻辑推论，以人格为实体要素的人身危险性进入定罪机制就是一个必然的结果。”①以此观点，行为人的人格就具备了作为考量人身危险性的可能，特定人格事实就成为入罪的客观因素。就危险驾驶行为而言，行为人明知自己处于醉酒状态或追逐竞驶等，而决意、执意或抱有侥幸心理去实施这种危险驾驶行为，具有了对交通法秩序规范的轻视和蔑视态度的缺陷人格，故按照人格责任论，危险驾驶行为入罪有其自洽的逻辑。从社会保护功利论出发，在经济社会情势变更情况下，车辆进入寻常百姓家，成为日常的交通工具，加之我国较为先进和高速化的道路条件，以及机动车发展客观上为危险驾驶行为创设了现实的风险和危害的可能性。那么，用什么去判断社会危害程度提高了呢？显然，由于降低了对道路情势的控制能力，从而恶意违反制定的规则，致使造成损害的风险增加，犯罪人对这些都是可以意识到的。经济社会发展的情势下，道路条件改善和更先进的车辆是增进人民生活质量而不是产生更多违法机会的条件，风险社会背景下恶意违反交通法规，增加损害风险的行为，理当适时地纳入刑法规制。醉酒驾驶和追逐竞驶等危险驾驶行为也就具备了美国、日本、英国和德国等发达国家将该行为入罪的客观现实条件，而且我国各民族各地区都有浓厚的酒文化，饭局、酒局往往是人们交往的重要方式，推杯换盏间难免会出现醉酒状态，这也是我国危险驾驶行为居高不下的文化原因。当然危险驾驶入罪最基本的条件是行为的严重社会危害性，在此基础上考虑行为人的人身危险性。故入罪后的危险驾驶行为作为刑法功利性的社会保护功能体现在法定刑配置上也应考虑危险驾驶行为人的人格事实和其对交通安全规范的轻视态度。某种意义上，人身危险性就是社会危险性，危险驾驶行为较其他故意犯罪的犯罪倾向性小，主观上多表现为放任自己的危险驾驶行为，反社会人格也没有其他故意犯罪那么强烈，往往在醉酒后碍于情面或侥幸逃过警察检测的心理而驾驶车辆，正常生活中往往没有其他轻视、蔑视和敌视法规范的行为。因而，危险驾驶罪中行为人的初犯可能性比其他更加严重的犯罪可能性小或者犯罪倾向性小，导致该罪的法定刑配置较轻的刑罚。相较其他犯罪而言，该行为入罪，主要社会功能表现为强行规制人们对于交通规范的遵守且更多地遏制未然之罪的发生，危险驾驶行为中“已然之罪”一般没有具体危害结果，因而，该罪配刑上应较有实害结果发生犯

① 陈伟：《反思人身危险性在定罪机制中的功能定位》，载《法商研究》2010 年第 4 期。

罪轻,也较具体危险犯配置较轻的法定刑应属情理之中。

行为构成犯罪的不仅仅关注人身危险性,更主要的是与社会危害性相互结合、相互限定评判行为是否进入犯罪圈,并受刑法规制,构成犯罪的实质是兼顾了法益侵害和规范违反。单纯地将法益侵害作为构成犯罪的实质内容将有所不足,对于交通安全领域的危险驾驶行为,应将行为人对于规范的对立态度作为其反社会的人格要素来考察。

(三)危险驾驶行为入罪配刑的民意诉求及公共政策的因素影响

罪体、罪责是具体犯罪配刑的基本依据,除此之外,在风险社会语境下仍需考察受制国家和社会管理的迫切需要和民意诉求等要素。忽视罪体、罪责要素外的法定刑配置因素,“正是刑事古典学派将犯罪理解为已然之罪这样一种思维定势在起作用。如果把犯罪理解为已然之罪,那么刑罚必然是报应之刑。但在刑罚论中,又引入刑事实证学派的观点,以预防作为解释刑罚的钥匙,因而在刑罚论中大谈人身危险性,并引入刑事责任的概念作为掩饰。这样,在犯罪论与刑罚论之间必然产生矛盾”①。立法上法定刑配置最直观的社会危害性即客观实害,并由此而产生刑罚上的报应,这种思想长期植根于立法者和民众的思维当中,即人们对于所谓的已然之罪进行惩处天经地义,而司法实践中有将功利刑作为重要考量的因素,将人身危险性、社会情势变更和民意等要素纳入司法裁量,实现刑罚的预防目的或功能。

“抽象个罪一般是有多个刑种和多个幅度,主要是为了适应不同犯罪的不同社会危害性,但也不能说立法者在进行立法设计时,完全不考虑犯罪人可能具有的人身危险和主观恶性。立法者之所以在刑种设计和刑度设计上留有较大的空间,就是因为其在大量统计分析的基础上对某些类型的犯罪的社会危害性和犯罪人的人身危险性有大致的掂量和判断。”②立法者在法定刑配置方面坚守犯罪的社会危害性和人身危险性的基本依据外,还提出了刑事立法和配刑技术上的主张。抽象的个罪为什么有多个刑种、多个法定刑幅度,为什么有死刑?立法还是根据该个罪的社会危害性的现实实践中表现的不同,人身危险性和社会情势等差异,给该罪多种可能的社会危害性形式预留足够的空间和可能。在此基础上,法定刑配置仍有自身的限度,现代文明社会仍然是以自由刑为主的时代,大多数法定刑配置以徒刑为主要表现形式,这是人类进入文明社会以来替代原始的“以眼还眼、以牙还牙”同态复仇的表达,除此之外没有更好的体现刑罚“痛苦”的报应功能和“教育”的功利功能。在刑种设置上,有自由刑、限制自由刑、资格刑、财产刑和死刑,法典化的刑罚系统中,最严重的犯罪行为当然配置最严苛的刑罚即死刑。重罪配重刑,轻罪配轻刑,按照贝卡里亚的观点,刑罚轻重的阶梯应

---

① 陈兴良:《刑法哲学》(修订3版),中国政法大学出版社2004年版,第160页。

② 周光权:《法定刑研究——罪刑均衡的建构与实现》,中国方正出版社2000年版,第30—31页。

与犯罪危害的阶梯大体上保持一致,也是刑法罪刑均衡的基本要义。但不管怎样,立法实践中某些个罪的配刑在整个刑罚系统中畸轻畸重现象时有发生,刑事立法就应该对其进行修正,改变失衡的现状。

刑事立法配刑只能是抽象的,不可能根据某个具体罪名的客观行为和主观情状而进行立法设计,抽象个罪法定刑配置理论上应容纳具体个罪所有的危害表现,但客观现实世界行为千变万化且有更多的不确定性,主观预设的法律也不能完全涵摄现有具体犯罪行为的样态,因而,单纯从立法技术上,法定刑刑种和刑度会预留一定的空间。客观现实世界的危害行为若严重脱离抽象个罪的罪状,立法要么作出修改,要么重新立法。但不论如何,考虑立法技术,法定刑配置不能违背死刑统摄下刑罚体系差序配刑原则,这兼顾了行为的社会危害性和人身危险性,也兼顾了行为危害、行为人的再犯可能性和社会公共政策的考量,还缓解了犯罪论侧重报应和刑罚论侧重预防的紧张关系。

三、危险驾驶行为入罪配刑后与其他交通安全犯罪附随后果比较

危险驾驶罪设置后该罪司法裁判已经上升到所有罪名中的前几位,而且没有下降的趋势,这必然导致犯罪人因“罪刑失衡”而承受不利的刑罚附随后果,是否能够实现该罪规范保护目的值得怀疑。由于行为一旦入罪,其附随的刑罚外的社会后果是极其严重的,行为人一旦被裁判构罪,定会给犯罪人带来负价值上的“马太效应”。该罪法定刑“处拘役,并处罚金”,哪怕单处罚金,虽然是比较轻的刑罚处罚方式,但毕竟也构成犯罪,行为人同样面临严重附随后果。由于危险驾驶案件侦查的及时性、证据的容易固定性、证明标准的明确性,实践中大量的危险驾驶罪判决就出现了。

危险驾驶罪自设置以来,一直是“明星罪名”。该罪由于法定刑比较低,证据确实充分,在检察机关提起公诉阶段相对较少地作不起诉决定,人民法院很少作免予刑事处罚的判决,虽然是轻罪,但实际判处构成犯罪的概率非常大。司法机关应有效运用《刑法》第 13 条但书的功能,尽可能少地将行为人变为犯罪人,避免给予行为人及其家庭带来污名和不适当的法律后果。相较危险驾驶罪,交通肇事罪法定刑高出很多,由于其是主观上过失犯罪,反而刑法附随后果要比危险驾驶罪故意犯罪要重很多。

危险驾驶罪相较其他交通安全罪而言,主观上都是故意,客观上危险驾驶罪限于四种客观危害行为,而其他交通安全罪则在危害程度上应与“放火、决水、爆炸和投毒”相当,前者属于抽象危险犯,后者属于具体危险犯,其构成要件中有危害后果的要求,因而以危险方法危害公共安全罪的法定刑配置应与“放火、决水、爆炸和投毒”危害的刑种和刑度的配置相似。

四、结语

通过与公共交通安全犯罪比较,作为抽象危险犯的危险驾驶罪法定刑配置应该比较轻,主观是过失的交通肇事罪和作为故意的以危险方法危害公共安全罪法定刑就较重,从粗放的视角看,这符合贝卡里亚的罪与罚的阶梯性对比的逻辑。从更加精细的角度来考量,死刑统摄下刑罚体系差序配刑原则指导下危险驾驶罪法定刑“处拘役,并处罚金”是否精准地反映该罪社会危害性和人身危险性,是否作为故意犯罪伴随“沉重”的附随义务值得我们深入探究。

中国轻罪立法的现状、诘难与未来

杨　俊*　邹子铭**

一、问题的提出

《刑法修正案(十一)》新增罪名共计17个,轻罪罪名占比接近三分之二,进一步佐证了储槐植教授论证的“我国刑事立法的未来必然是以轻罪化为主旋律”①。不少学者也认为轻罪扩大化是刑法人性化、科学化、现代化的体现,中国刑法就是从“厉而不严”过渡到“严而不厉”的过程。② 它是刑法回应性机能的彰显,满足了风险社会下刑法任务转型的新需求,顺应了犯罪结构嬗变的脉络。

但是,也有不少学者认为晚近轻罪立法多为象征性立法或情绪性立法,并没有实际发挥刑罚目的;还有学者认为增设轻罪背离刑法谦抑性,是激进立法的体现。正如学者所说,“对此如果不保持足够的审慎和警惕,恐怕将会使人类在工业社会带来的‘社会风险’之外还会二次受创,即在此基础之上再遭受‘法治风险’,毫无疑问,那将是较之风险社会更为致命的风险!”③倘若我国轻罪化的未来仅仅寄希望于不断增设罪名,那么科学化、现代化的轻罪体系也只是南柯一梦。

二、对增设轻罪三大片面认识的回应

(一)轻罪扩张化并非象征性立法或情绪性立法的表征

轻罪扩张化并不意味着象征性立法。首先,认为轻罪扩张属象征性立法的学者,并未正确廓清象征立法之义。学者认为罪名的频次较低而无法达到刑罚功能的,方为象征性立法④;然而,判断某一罪名是否象征,并不是仅依靠适用频次便可决定

---

* 苏州大学王健法学院副教授,法学博士。

** 华东政法大学刑法学博士研究生。

① 储槐植:《走向刑法的现代化》,载《井冈山大学学报(社会科学版)》2014年第4期。

② 参见储槐植:《刑法现代化本质是刑法结构现代化》,载《检察日报》2018年4月2日,第3版。

③ 刘艳红:《我国应该停止犯罪化的刑事立法》,载《法学》2011年第11期。

④ 程红教授则认为,象征性立法主要存在于破坏社会主义市场经济秩序罪和妨害社会管理秩序罪中,最典型的例子为虚假广告罪。参见程红:《象征性刑法及其规避》,载《法商研究》2017年第6期。

的。通说认为,“象征性立法是国家为了安抚国民躁动的情绪,提升其社会安全感或为了彰显对于公共问题的姿态与价值立场等所谓的‘隐形目的’而无视法益保护这一‘显性目的’,忽略或放弃该罪名实际实施效果的刑事立法”①。实质上,某一犯罪发生与否受到诸多因素左右,如实施犯罪的便利度及黑数程度大小等②;某一罪名频次较低并不是由行为不具有普遍性或情绪性立法导致的,而是阻却犯罪条件愈发完善。其次,不能单纯地认为满足公众诉求的立法便是情绪性立法。一方面,公众诉求只是刑事立法动因之一,影响性事件对于立法只是鼓动性的而非决定性的;另一方面,在现代民主法治国家,公众诉求成为不可或缺的因素之一。主张轻罪扩张为情绪性立法的学者,并未站在实质法益的角度出发,况且回应民众呼声与法益保护二者之间并不必然冲突。③ 刑事立法中倾听民意不但有助于引导立法者对刑事规范现有盲点的重视,以影响性事件为契机完善刑法规范,并且促进了刑事立法对民生权利的主动关切。

(二)轻罪扩张化并不等同于背离刑法谦抑性

轻罪增设并不必然违反刑法谦抑性;相反,增设轻罪无非在于分流社会矛盾,妥善转变重刑思想,这又何尝不是彰显谦抑理念的表征之一?与其说轻罪扩张化是对谦抑主义的违背,毋宁说谦抑性随着社会背景和政治环境的变化而与之迭嬗。这是由刑法的社会任务决定的,古典谦抑主义所主张的补充性、宽容性和不完整性,乃是就传统犯罪(自然犯为主)盛行的时代而言,对于法益侵害的危险或威胁较少情况发生,刑法主要以实害犯为主旋律。反观当下,正处于风险社会的中国,刑法从传统扮演的消极角色逐步转变为积极角色,以自然犯为主的时代已退居幕后;刑法的时代任务转变为规制日趋严峻的法益危险,乃是由于社会风险不断增加业已成为不可阻挡的趋势。

一方面,谦抑理论在风险刑法背景下既不是愈少罪名愈好,也不是犯罪圈愈窄愈好,而是实现妥当处罚的谦抑。另一方面,古典谦抑强调审慎节制的入罪观并不满足当代刑法需求,因此司法层面也是体现谦抑的重要一环。“增设轻罪并不必然危及公民自由,反而是在传统或原属刑法范围内改革,可更加彻底地贯彻罪刑法定,更好地保障公民权益。”④另外,在法治国之下,现代刑罚不如专制刑法呈现的法外施刑、刑无定期那般,受到罪刑法定原则、比例原则和当罚性原则等限制。概言之,轻罪扩张化并不等同于动辄启动刑法,其仍受到二元立法体制的制约;更不意味着滥施重刑,其受到刑罚轻缓化和法治国原则的约束。

---

① 贾健:《象征性刑法“污名化”现象检讨——兼论象征性刑法的相对合理性》,载《法商研究》2019 年第 1 期。

② 参见康树华、张小虎主编:《犯罪学》(第 4 版),北京大学出版社 2016 年版,第 43 页。

③ 参见张明楷:《增设新罪的观念——对积极刑法观的支持》,载《现代法学》2020 年第 5 期。

④ 卢建平:《轻罪时代的犯罪治理方略》,载《政治与法律》2022 年第 1 期。

(三)轻罪扩张化并非不意味着激进的积极立法观

首先,积极立法观仍奉行法益保护标准。晚近以来增设的多个轻罪,均可找到清晰、明确、具体的法益。如非法克隆胚胎罪保护的是伦理道德秩序,冒名顶替罪保护的是公民被录取或录用后的利益等。刑事立法中呈现法益抽象化与处罚早期化并不意味着法益保护原则被搁置,其仍然是风险刑法立法的指导原则。① 其次,轻罪扩张化不仅有助于消弭司法解释恣意化的弊端,而且在此基础上可进一步保障被告人人权。司法实践业已证明,囿于相关罪名阙如,现行刑法难以规制新型犯罪,反倒逼司法解释通过有违罪刑法定原则的类推解释对被告人以重罪定罪量刑。最后,积极立法观仍处于理性范围:一是晚近以来增设的轻罪的规范目的仍相当明确;二是立法观对"见危不救"等影响性事件的态度,便是理性稳健的立法观最好的例证。我们并不能认为犯罪黑数低下的今天便不会发生相应事件,若以此逻辑衍生开来,反倒回溯于司法适用频次低下——误解象征性立法——的泥淖。一方面,有关罪名增设前,民事手段并不足以救济被害人损失、谴责不轨行为,即使增设后在某个阶段适用率极低,也不能认为"冗罪";另一方面,"备而不用"的罪名有助于保持刑法震慑力。因此,在积极立法观的指引下,因应社会治理需求而供给轻罪,对于规避司法恣意风险,切实保障人权具有不可替代的意义。

三、轻罪立法趋势的现代困境

(一)同向正比:犯罪圈扩张与刑罚扩大

犯罪圈日益扩大,刑事法网日趋严密已经成为当今我国刑法发展不可避免的势态;过度的刑法导致过多的惩罚,同时也是一个不证自明的话题。归根结底,乃是由于实体法与程序法不相协调。在我国司法程序中,被告人一旦进入刑事司法程序,被定罪量刑的概率高达 97.3%②;自由刑在轻微犯罪中的配置几乎无处不在,非自由刑仅占比 26.4%③。刑事法网严密,也并不是百利而无一害的。实质上,我国刑法立法并未真正实现法益不同而刑罚配置迥异的愿景,"异害同罚"的诘难亟待解决。"罪刑均衡,不仅是立法顺应罪刑阶梯,体现整体均衡;而且司法也要考虑犯罪事实、性质、情节和对社会的危害,体现个案的罪刑均衡。"④

---

① 参见张明楷:《法益保护与比例原则》,载《中国社会科学》2017 年第 7 期。

② 参见谢川豫:《危害社会行为的制裁体系研究》,法律出版社 2013 年版,第 325 页。

③ 参见敦宁:《宽严相济刑事政策视阈下的自由刑改革问题》,载赵秉志主编:《刑法论丛》(第 38 卷),法律出版社 2014 年版,第 170—173 页。

④ 卢建平:《轻罪时代的犯罪治理方略》,载《政治与法律》2022 年第 1 期。

采取“严而不厉”刑事法网架构,侧面反映出刑法参与社会治理的门槛降低;即便承认在风险时代下刑法保持积极姿态具有正当性,但过多的罪名必然造成过多的惩罚。轻罪立法需要探索出新的办法——法网严密而刑罚轻缓数值进一步下降。值得肯定的是,近些年来司法体制开展了多方位的变革,前有“宽严相济”,后有“少捕慎诉慎押”,但仍难以消弭犯罪圈扩张而刑罚扩大的同比趋势。① 欲在诉与不诉之间作出抉择,犯罪相当性和刑罚必要性两个因素不可或缺。在轻罪立法趋势扩张、法网逐渐严密的法治背景下,刑法积极参与社会治理不可避免地产生大量刑罚,尽管罪与刑之间相适应,若没有与之配套的制度相应跟进这一趋势,势必陷入“牢狱成灾”泛化的窠臼。

(二)比例失衡:刑罚轻量与附随后果苛重

第一,“一刀切”式的犯罪附随后果背离罪责刑相适应原则。不论何种犯罪,附随后果大体一致。法院根据主观恶性与客观危害性综合评判出相对称的刑事责任,此时已然满足罪行与责任、责任与惩罚的阈值均衡;但不幸的是行为人仍需承担刑罚执行完毕后的连带责任,这显然系对罪刑均衡主义的突破。犯罪附随后果的核心在于预防行为人再次犯罪,但预防本身便具有权益克减性,故而考虑匹配犯罪后果的同时需着重考量是否超越预防目的,当犯罪人承担了不应承担的附随责任,从刑事一体化的视角看,这并不合乎罪责相当原则。

第二,苛重的犯罪附随后果违反责任自负原则,重塑株连主义。典型代表为犯罪人三代以内直系亲属担任公职的从业禁止和其他资格限制。被株连的家庭的前景被无辜扼杀,他们内心将产生对国家的憎恨,反倒增加了犯罪风险。愿意积极改造的犯罪人无法避免附随后果带来的侵害,甚至连他们的近亲属也祸及于此。犯罪人的近亲属需承担与犯罪人相关的社会责任,既不合法,也不合理。即便承认这是由中国数千年来“谈罪色变”的文化所导致的,但在制度上仍存在改造的必要性和正当性。

第三,从犯罪标签的功能上看,附随后果的初衷在于对犯罪人的社会控制,避免其再次犯罪,消除其再次犯罪的条件。但是,过于极端的附随后果,与其说是对犯罪人的社会改造和控制,毋宁说是一种变相的刑罚。不是任何犯罪均具有预防再犯的必要。刑罚强调预防,预防的内核包括对一般人的震慑和对犯罪人的改造,不论罪名、不分罪过、不分轻重的犯罪附随后果严重阻碍了刑释人员再社会化的进程。此外,犯罪附随后果未实现因“职”制宜。无论行为人的罪过是过失抑或故意、重罪抑或轻罪,只要涉嫌犯罪的,将遭受被开除、禁止报考等一系列不利后果。即便《刑法》第 37 条之一、《食品安全法》第 135 条、《会计法》第 40 条等条款从某种角度上看发挥着限缩附随后果和因“职”制宜的意义,但只是冰山一角。

① 参见邹子铭:《少捕慎诉慎押刑事司法政策的法治迭嬗与适用异难》,载《警学研究》2022 年第 5 期。

(三)异化风险:法益保护实质作用的越轨

相较于传统社会而言,在风险社会背景下实害结果发生与否的不可预测性徒增,因果关系的认定亦愈发困难;面对不可预测的后果,刑法的时代任务转变为防患于未然的"打早、打小",从而最大限度地防止实害发生。即便轻罪立法仍奉行法益保护原则,但基于刑法追求溯源治理而使得法益概念愈发抽象,处罚不得不提前介入某些风险行为,这便徒增了法益功能异化风险。"法益关联性"的丧失被充分展现出来。① 现代法益保护原则虽然不以单线实害而构罪,但也并非完全没有界限。需要警惕的是,社会防卫在法益保护不受限制的情况下肆意扩张。尤其是集体法益在风险社会语境下不断蔓延,只要为不适格的集体法益披上"法益"的外衣,不但免除了立法者论证保护对象的正当性义务,而且使法益自身本就不足以检视立法正当与否的缺陷日益放大。

四、中国轻罪立法的未来改造:实体法与程序法的双轨成行

(一)构建程序出罪制度

笔者认为,权宜之计为程序阶段的出罪化。学者帕夫洛夫斯基曾指出,"如果某类案件的数量实在太多,以至于国家几乎不能在所有同类案件中都完全贯彻基本的程序保障,那么正确的做法便是出罪化"②。对于那些轻微犯罪而没有必要判处刑罚的,由检察机关出罪即可。③

首先,在侦查阶段和起诉阶段发挥程序出罪功能。在侦查阶段,应大力推动侦查机关不予立案或立案撤销制度。其次,完善相对不起诉制度,以平衡起诉率居高不下的困境。第一,针对一些轻微罪案件,尤其是邻里冲突等民间纠纷和解案件,以及认罪认罚案件,应当以不起诉为原则,起诉为例外。第二,对于法益侵害不严重或罪名所保护的法益本身价值较小的,在起诉阶段创设宣告缓刑和免予刑事处罚的新型检察权,实现不起诉的预想。第三,建构不起诉的后续治理体系,程序出罪的后续措施是中国轻罪迈向科学化的中庸之道。当前检察机关不愿不起诉、不敢不起诉主要受制于两大因素:一是"涉罪必捕""构罪必诉"的传统刻板办案思维模式,二是硬件配套机制不完善。当然,短时间内改变办案思维是乌托邦式的美好幻想,但建构起不起诉后的配套措施并非绝无可能;更何况,不起诉并不代表犯罪嫌疑人完全洗脱罪名,只不过人身

---

① 参见〔日〕关哲夫:《现代社会中法益论的课题》,王充译,载赵秉志主编:《刑法论丛》(第12卷),法律出版社2007年版,第334页。

② O' Halloran and Francis v. The United Kingdom, Appl Nos. 15809/02 and 25624/02(EctHR, 29 June 2007).

③ See Joel M. Schumam, National Indigent Defense Reform: The Solution is Multifaceted, American Bar Association, 2012, p. 9.

危险性和行为危害性不再完全由刑事手段给予制裁,而是包摄行政手段等非刑事手段以实现对行为人的非难。对于不起诉案件的矫正措施,以人身危险性和社会危害性为判断圭臬,若认为罚不当其罪的,检察机关可以依据法律提出行政处罚、没收违法所得、惩罚性赔偿等检察建议;若认为不起诉且无须施加矫正措施的,可以创设不起诉考验期制度。

(二)丰富非刑罚措施种类与提高量刑精确率

晚近以来我国轻罪立法仍在刑罚框架内展开,不论是刑罚种类抑或执行制度均未彻底性嬗变。[①] 轻罪处罚措施阙如正是阻却刑事立法与司法迈向现代法治的板块性缺损。[②] 调查数据显示,晚近我国轻罪案件占犯罪总数的 80%,但适用监禁刑却高达 70%[③],意味着轻罪罪犯承担了苛重的刑事责任。但"犯罪个数升而刑罚体量降"[④]才是理应实现的目标。在轻罪圈扩大的背景下,理应实现刑罚执行去场所化、去监禁化及非监禁刑的多元化,尤其是对人身自由刑的司法化改造,以达小罪防大害的成效。非刑罚措施在我国刑事立法中日益增多[⑤],有鉴于此,笔者建议参照域外轻罪专项刑罚之经验,以减少自由刑为旨趣,增添善行保证、公益劳动刑、素质教育提高刑、社会服务义务、周末拘禁和日罚金刑等新型制裁种类。

自进入数字化治理时代以来,数字化监管得到广泛推广;杭州首次推出"羁押码"佐证了数字监管的成功化。基于此,应深耕"羁押码"之经验及借鉴"健康码"之手段,加大力度推动数字化非羁押措施的运用;尤其是针对轻微犯罪而言,应使传统物理的、肉体上的约束向现代虚拟的、行为的数字化监管转变。

另外,针对轻罪案件的刑罚裁量应转变以"年"为单位的陈旧思路。欲实现刑罚体量下降,量刑精确化便是正当之道。详言之,一方面,应将量刑单位转化为以"月"为数值,实现轻罪当轻的第一台阶;另一方面,在此基础上,对于以"月"为数值的有期徒刑即可满足非难阈值的,便无须判处以年为数值的有期徒刑。

(三)改造轻罪的诉前羁押措施

实际上,一方面,轻微犯罪的社会危害性较小、人身危险性较弱、犯罪情节较轻,尤其是加上认罪认罚、自首、坦白等其他因素,更加表明对于轻微犯罪的诉前措施也应落实从轻从宽原则。另一方面,羁押措施的核心目的并不在于惩治报复犯罪人,更不是

---

① 参见何荣功:《我国轻罪立法的体系思考》,载《中外法学》2018 年第 5 期。

② 参见张绍彦:《论劳动教养立法的几个基础性问题——建立我国轻罪处罚制度的理论创新》,载《现代法学》2003 年第 2 期。

③ 参见刘传稿:《轻重犯罪分离治理的体系化建构》,载《中国刑事法杂志》2022 年第 4 期。

④ 参见储槐植:《刑法现代化本质是刑法结构现代化》,载《检察日报》2018 年 4 月 2 日,第 3 版。

⑤ 例如《刑法》第 36 条、第 37 条、第 37 条之一;《刑法》第 17 条第 5 款引援的《预防未成年人犯罪法》第 41 条、第 44 条、第 45 条等。

刑罚的“提前实现”,而在于保证诉讼程序的顺利进行。既然犯罪人的人身危险性较弱,主观恶性不大,意味着妨碍刑事诉讼顺利进行的可能性较小,那么就完全没有必要采用强制羁押措施。

由于能够使犯罪人认罪悔罪、安心改造的阶段并不在于法庭宣判后,而是诉前程序阶段,所以对于轻微犯罪的被追诉人而言,采取非羁押措施不但可以释放司法善意,使其发自内心积极改过自新,而且避免了“交叉感染”的风险,杜绝诉前羁押期限大于刑期的“倒挂”现象。有鉴于此,笔者提议从两个方面形成以非羁押为原则、羁押为例外的司法理念:一是加强检察机关对强制羁押的监督。检察机关作为司法监督机关,在打击犯罪的同时更应着重考察侦查机关是否违法办案;即便办案程序合法合规,对于没有必要强制羁押的轻微犯罪而采取羁押措施的,检察机关应及时向侦查机关提出检察建议。二是形成动态的羁押必要性审查机制,不论何种类型的刑事案件,不管行为人是否存在犯罪前科,均须进行羁押必要性审查。

(四)扩大犯罪记录封存的二元并行

为了充分契合前科消灭与轻罪圈扩大趋向,笔者认为应当以上述规范性文件作为参考,设计出涵摄轻罪的犯罪记录封存制度。第一,现有记录封存的适用范围过于狭隘,一方面不足以充分全面地保护犯罪人,另一方面无法顺应罪名升而刑罚降的发展趋势。记录封存的目的不仅仅在于挽救青少年犯罪人,还在于另辟犯罪人重归社会的蹊径。第二,现行记录封存存在显著缺陷。根据现有条文,若未成年人多次犯罪且每次均被判处 5 年有期徒刑以下的刑罚,即每次犯罪记录均会被封存,这种屡教不改的记录封存毫无意义。第三,轻罪记录封存解除之所以不设考验期,正是因为相较于未成年人,成年人的心智更为成熟、意志判断力更为健全,而未成年人性情冲动,稍有差错将踏上犯罪的道路,故而给予其较多重归社会的机会当然正当;反之,成年轻罪犯一旦再犯或发现漏罪便应当解除封存。另外,若设置具体考验期,在此期限内满足相关条件的,意味着犯罪记录永远消除,这似乎与前科消灭别无二致。因此,记录封存不设考验期是司法给予犯罪人最大宽恕,司法也要保持最低底线,以保较高的容错值。第四,记录封存必须具有明确适用范围,否则,必然失去应有的价值和意义。

综上所述:“不论是否再次犯罪,故意犯罪被判处三年有期徒刑以下刑罚的,或因职务过失犯罪被判处三年有期徒刑以下刑罚的,应当对相关犯罪记录予以封存;但是,法律另有规定的除外。没有法定事由、未经法定程序不得解封;犯罪记录封存后再次实施故意犯罪或者发现过失犯罪或故意犯罪的漏罪时,应当解除已封存的犯罪记录。”

需要注意以下几点:第一,记录封存迥异于前科消灭必须是首次犯罪,即不论犯罪人是否再次犯罪,只要所判处的刑罚为 3 年有期徒刑以下的故意犯或过失犯均可适用记录封存。但是,前述条件也并非绝对,以下三种情况的犯罪记录不能封存:①毒品类犯罪;②危害国家安全、恐怖活动、黑社会性质犯罪;③累犯,无论是一般累犯抑或特殊累犯均不得再次封存犯罪记录,并且还需解除前犯罪的记录封存。第二,记录封存应重点放在侵犯人身权利、民主权利或财产权利的犯罪(尤其达成刑事和解)、经济类犯罪及某些危害公共安全犯罪,例如交通肇事罪和危险驾驶罪。第三,"触犯新罪"单纯指的是故意犯罪,乃是由于过失结果仅是对某种规范义务的违反,并不是行为人希望发生的;遑论将过失犯纳入"触犯新罪"领域也是背离比例原则的。第四,"发现漏罪"涵摄过失犯和故意犯,正是因为犯罪人具有隐瞒不报、欲逃脱法律追究的主观恶性,表明其人格恶性较高,改过自新难度较大。

五、结语

轻罪扩张化是我国刑事立法当今及未来的主旋律。它当然具有填补立法空白和刑法漏洞,以及消弭罪名阙如倒逼司法解释恣意而侵害人权的风险,指引公民的行为和提升法治意识等多方面意义。但是,这并不意味着轻罪扩张毫无缺陷。倘若继续不断坚持增设罪名,而相关配套制度又不予跟进,势必给整体犯罪圈带来巨大灾难。对此,我们必须从实体法和程序法方面双管齐下,以纾解轻罪扩张的三大诘难。

轻重犯罪分离的标准探讨

刘传稿*

近年来,我国轻罪数量和轻刑比例不断上升,重罪数量和重刑比例不断下降,使我国犯罪结构已成为轻罪主导的模式。特别是2019年以来,全国检察机关起诉的刑事案件和一审法院审理的刑事案件中,危险驾驶罪已成为占比最高的犯罪,充分表明我国的犯罪治理已进入轻罪时代。在这种背景下,如何区分轻罪和重罪,实现立法入刑与司法出罪的适度制衡,避免落入微罪轻罪陷阱①,成为一个有必要讨论的话题。

一、轻重犯罪分离的必要性

(一)现有犯罪体系明显滞后

中华人民共和国成立后,我国在不法行为的治理方面一直坚持行政违法和刑事违法的二元制治理模式。在二元制治理模式下,刑法规定的犯罪大都是危害性较大的不法行为,与之相对应的刑罚也比较严厉。与域外刑法相比,我国刑法罪名偏少、刑罚偏重,导致刑法体系"小而重"、刑事法网"厉而不严"。近年来,随着社会的快速发展,刑法保护的范围渐呈扩张之势,致使新的犯罪(特别是轻微犯罪)不断增加,犯罪圈日益扩大。从刑法立法的视角分析,一种不法行为之所以被规定为犯罪,是因为该行为具有刑法上的社会危害性。随着时代的变迁,社会危害性的内涵也在不断变化,有的行为在某一时期会被认为不具有刑法上的社会危害性,但在另一个时期则可能会被认为具有刑法上的社会危害性,反之亦然。近年来,原来诸多社会危害性较小的行政不法行为已逐渐被升格为犯罪行为,这种犯罪化的立法趋势使得我国传统"重罪重刑"的立法模式逐步向"轻罪轻刑"的立法模式演进。犯罪化和犯罪体系看似是两个不相关的问题,实则具有紧密的关联性。犯罪化不仅具有罪与非罪的行为规制机能,而且具有轻重不同的法益保护机能。罪与非罪的标准和轻重犯罪的区分标准并非固定不变,随着社会的发展和犯罪治理的需要,罪与非罪的标准有时也会成为轻罪与重罪的标

---

* 首都经济贸易大学法学院副教授、硕士生导师。

① 参见黄京平:《以慎诉刑事司法政策为根据的程序性规模化出罪》,载《公安学研究》2023年第1期。

准,例如,在《刑法修正案(八)》实施以前,醉驾行为的危害性是罪与非罪的区分标准,而在《刑法修正案(八)》实施后,该危害性便成为轻(微)罪与重罪区分的标准。犯罪体系同时也涉及罪与非罪、轻罪与重罪的界分,因此,犯罪体系和犯罪化具有密切的关系。尽管我国现行刑法已经对犯罪进行了体系上的划分,依据社会危害性这一实质标准在分则部分将各种犯罪分为十类,但这种分类既不彻底也不精细。刑法犯罪体系的分类总体上呈现粗线条的情形,这和当时"宜粗不宜细"的立法指导思想有关①,但和新时代"治理体系和治理能力的现代化"这一目标并不契合。从应然的视角出发,应当先根据一定的标准建立起犯罪体系,对犯罪进行精准分类,然后再进行犯罪化。

(二)刑事立法目标与刑事司法需求背离

尽管立法和司法是两个不同的话题,但二者相互影响,立法不精确会给司法适用带来困扰,司法中暴露出来的问题可以反证立法的不足。当前,我国的刑法立法目标是通过扩大犯罪圈、增设轻微犯罪罪名,实现刑法的轻罪化和刑罚的轻缓化,强化以宽缓的刑法参与社会治理。但司法实践却呈现轻罪化和重刑化的发展态势,与刑事立法目标背道而驰,这从我国的犯罪率和监禁刑适用率即可得到印证。犯罪率大致可以反映一个国家或地区的总体社会治安实况,犯罪率和监禁刑适用率应当大致成正比,即如果犯罪率比较高,就应当较多地适用监禁刑等重刑,反之亦然。根据联合国毒品和犯罪问题办公室公布的相关数据,近年来,我国的犯罪率明显低于欧美发达国家。低犯罪率说明该国家(或地区)的犯罪人数较少,基本可以反映国家(或地区)的社会治理状况比较理想,相应的,刑罚也比较轻缓,以非监禁刑为主。但是,我国的实际情况并非如此,根据《中国法律年鉴》公布的数据,我国的监禁刑人数和监禁刑适用率明显高于非监禁刑。和国外相比,我国的犯罪率明显偏低,但我国的监禁刑适用率明显偏高,这种轻罪重刑的现状与罪刑相适应的原则乃至犯罪化的初衷背道而驰,甚至会导致部分行为过度犯罪化。② 司法实践中出现的轻罪占比高但轻刑率低的情形,不符合犯罪治理的规律。刑事司法中出现的上述问题,恰恰证明了刑法立法亟须进行轻重犯罪分离。

二、轻重犯罪分离标准的评析

对于我国轻重犯罪的分离,可参考当前各国的犯罪分层标准③,主要是实体性标

---

① 参见万其刚:《对"宜粗不宜细"的新思考》,载《法学杂志》1997 年第 6 期。

② 参见于改之、蒋太珂:《刑事立法:在目的和手段之间———以〈刑法修正案(九)〉为中心》,载《现代法学》2016 年第 2 期。

③ 犯罪分离和犯罪分层并不完全相同,犯罪分层侧重于刑法分则层面重罪和轻罪的分别规定;犯罪分离侧重于刑事一体化视角下从刑法总则、刑法分则以及刑事诉讼法等法规范对轻罪和重罪系统化的规定。

准,其中又可分为形式标准和实质标准。形式标准是根据刑罚的轻重,将犯罪分为不同层次;实质标准是根据犯罪行为本身的严重程度或社会危害性质和程度,将犯罪进行分层。① 在立法实践中,多数国家选择形式标准,如德国、意大利等,也有国家选择实质标准,如法国、俄罗斯等。在理论层面,有形式标准、实质标准、兼顾形式标准和实质标准的综合标准。②

(一)实体性标准的考量因素

在实体性标准中,形式标准和实质标准历来存在争议。其实,每一种标准都有其优缺点。在司法中,形式标准因易于确定而有生命力;在立法中,实质标准因能反映犯罪的本质而更有优势。选择形式标准未尝不可,但如果仅以形式标准划分轻重犯罪,那么我国刑法轻重犯罪杂糅一体的状态仍将继续,既不能实现犯罪体系的优化,也难以从根本上实现与刑事诉讼法的衔接。具体而言,我国刑法分则根据犯罪客体(法益)将犯罪分为十类,大致按照社会危害性大小进行排序。但是,对于日益增加的轻微犯罪,仍然将其放在现有犯罪体系框架内则明显不合适。例如,醉驾型危险驾驶罪和高空抛物罪都与现有的犯罪体系有明显的抵牾。之所以如此,是因为这类犯罪社会危害性明显较小,其社会危害性比传统犯罪明显要低,但又因为没有相应的微罪体系,只能相对拔高这类轻微犯罪的社会危害性,将其纳入现有的犯罪体系。这种犯罪体系的重构单纯依靠形式标准是不可能完成的。现有犯罪体系是以传统的重罪为基础构建的,而大量轻罪、微罪的出现,说明社会危害性标准发生了变化。此时,应当立足于实质标准,对现行犯罪体系进行重构,将我国的犯罪按照社会危害性大小,分为重罪、轻罪和微罪。微罪的社会危害性达不到现行刑法所要求的程度,但设立微罪的目的有两个:一是规范行政权(警察权),提升司法权,将涉及人身自由的不法行为全部交由司法机关裁决,以此保障当事人的合法权利。二是强化刑法参与社会治理的作用,随着社会的发展,对社会法益的保护会更加受到重视,越来越多的轻微不法行为升格为微罪,纳入刑事治理的范畴。所以,应当坚持实质标准重构犯罪体系。

(二)程序性标准的考量因素

程序性标准主要发挥以下功能:一是公平和效率。公平和效率主要是针对司法机关的职能而言的,公平是刑事诉讼重要的价值体现,也是司法机关行使司法职能的基本体现。公平要求司法机关在刑事诉讼的每个程序中以平等的姿态充分行使刑事司法权,而效率则要求司法机关在职权行使过程中注重司法资源的节约和职权运行期限的限制,保障被告人获得快速审判权,尽快结束刑事诉讼程序。公平和效率在一定程

① 参见叶希善:《犯罪分层研究——以刑事政策和刑事立法意义为视角》,中国人民公安大学出版社2008年版,第82页。

② 参见沈玉忠:《犯罪分层理论的展开:梳理、价值与架构》,载《鄂州大学学报》2009年第6期。

度上形成竞合，为了追求二者的平衡，有必要在轻重犯罪之间进行必要的倾斜，重罪更加重视公平，轻罪和微罪更加重视效率。二是权力限制与权利保障。有观点认为，在轻罪刑事政策背景下，刑事速裁程序承载着刑事诉讼从两造对抗到全面合意、从调查裁量到审核确认、从实体从宽到全面从宽等价值走向。① 其实，刑事速裁程序、简易程序和认罪认罚从宽制度都反映了上述诉讼价值。在司法层面逐渐形成的合意性、确认性和从宽性诉讼价值需要以立法的形式加以确立和引导，以程序标准优化快慢分道，保障实体标准的轻重分离能够适用各自的诉讼标准，顺利进入不同的诉讼程序。因此，轻重犯罪分离的实现和彻底贯彻，离不开程序标准的支持和协调，应当将程序标准纳入犯罪分离的视野，形成犯罪分离的综合标准。

三、轻重犯罪分离标准的具体展开

（一）实质性标准的具体展开

实质性标准包括主观、客观两方面内容，由于篇幅所限，本文仅就客观方面的因素展开讨论。客观方面的因素有：

一是多层次的犯罪客体（法益）判断标准。法益是社会危害性的重要内容，也是划分轻重犯罪的重要因素，法益价值越大，罪行越严重；法益价值越小，罪行越轻。法益划分得越细致，越能体现出社会危害性的大小。基于此，可将法益分为宏观、中观、微观三个层次。首先，就宏观层面而言，法益可分为几大类，当然，对此有不同的分类方式。“由于国家有着以统治组织为前提的国家法益，与没有这个前提的社会法益之间，有着本质上的差别，因此，国家法益、社会法益和个人法益的三分法是妥当的。”②按照三分法的观点，法益可以分为个人法益、社会法益和国家法益，这是法益划分的第一个层次。基于此，对于现行犯罪体系可以进行以下优化排序：先将侵犯个人法益的犯罪即分则第四章侵犯公民人身权利、民主权利罪和第五章侵犯财产罪列在一起，置于刑法分则的前列；然后是危害国家安全和公共安全的犯罪，包括分则第一章、第二章，以及第七章至第十章的犯罪；最后是侵犯社会法益的犯罪，包括分则第三章、第六章的犯罪。其次，就中观层面而言，个人法益、社会法益和国家法益需要进一步类型化。中观层面的划分可以避免法益的形式化、空心化，从实质的层面对法益进行展开，以此为轻重犯罪的分离提供结构化的支撑。个人法益可细分为生命权、健康权（生理健康和心理健康）、自由权、财产权、荣誉权、政治民主权、发展权等；国家法益可分为国家存立利益、国家安全利益等；社会法益可分为公共安全维护、经济发展、社会机构

---

① 参见叶青：《轻罪刑事政策背景下速裁程序构建之思考》，载《江淮论坛》2020 年第 6 期。

② 〔日〕木村龟二主编：《刑法学词典》，顾肖荣、郑树周译校，上海翻译出版公司 1991 年版，第 101 页。

管理秩序、社会秩序等。就个人法益而言,生命权最重要,侵害生命权的犯罪行为应当属于重罪;侵害健康权的行为因为内容广泛,伤害程度差异较大,应以重罪为原则,以轻罪为例外;由于荣誉权相对生命权和健康权而言,价值较低,应以轻罪为原则,以重罪为例外。就社会法益而言,随着社会的快速发展,社会法益也在不断发生变化,与个人法益关系紧密的社会法益应当纳入重罪的范畴,与个人法益紧密性较弱的社会法益、价值相对较低的社会法益及刑法保护前置化的社会法益(如部分帮助行为、预备行为的正犯化犯罪),原则上应当纳入轻罪的范畴。就国家法益而言,由于国家法益特别是国家的存立法益事关国家的生存安全,犯罪性质往往较为严重,一般应归属于重罪。由于此类犯罪在司法实践中数量极少,归于重罪对我国的轻罪化和量刑的轻缓化不会产生明显影响。最后,就微观层面而言,法益关乎立法层面罪与非罪的分野及不同犯罪序位排列的问题。微观的法益可以细密刑事法网,走向"严而不厉"。比如,在侵犯个人身体安全法益的犯罪中,可以根据法益价值的大小,分为故意杀人罪、故意伤害罪(轻伤以上)、殴打罪(轻微伤以下)、非法拘禁罪、辱骂罪、跟踪罪、威胁罪等。需要注意的是,法益的内容并不是固定不变的,随着社会文明程度进一步提高,法益的范围将会进一步扩大。

二是行为的危险程度。对行为的危险程度的判断有不同的分类视角。首先,从暴力性的维度进行区分。暴力是对法益的一种粗暴侵犯,暴力程度越高,对法益的侵害就越严重。根据暴力的危害程度,大致可以得出这样的结论:武装暴力犯罪>持械暴力犯罪>自身暴力>非暴力。基于暴力的客观危害性,如果属于暴力犯罪,原则上应当纳入重罪的范畴。对于非暴力犯罪,则应结合侵犯或者危及法益的程度和犯罪对象进行判断。其次,犯罪的方式、方法。同样的犯罪,因为犯罪的方式、方法不同,给被害人造成的后果也不同。例如,利用大数据、人工智能、网络技术等现代技术手段,通过计算机实施的诈骗、诽谤等犯罪,较传统的犯罪方式,危害性明显更大。

三是行为的实现程度。行为的实现程度主要是针对故意犯罪而言,看犯罪所侵害的法益有没有实现。就完成形态而言,主要看行为处于什么阶段,是犯罪预备阶段、实行阶段,还是既遂阶段,行为的实现程度越高,说明对法益的侵害越严重,罪行就越重。如果该既遂的犯罪属于重罪,未完成形态可根据法益等因素,分别划入重罪或轻罪的范畴;如果该既遂的犯罪属于轻罪,未完成形态原则上不予处罚。

四是犯罪主体。犯罪主体对于犯罪轻重的影响主要看是个人犯罪、团伙犯罪、单位犯罪,还是有组织犯罪。根据《反有组织犯罪法》的规定,有组织犯罪是指组织、领导、参加黑社会性质组织犯罪,以及黑社会性质组织、恶势力组织实施的犯罪。因为有组织犯罪属于涉黑涉恶犯罪,这类犯罪严重侵犯了人们共同的社会生活秩序,往往又兼有对人身权利、财产权利的侵犯,危害性比较大,所以应属于重罪。团伙犯罪是指除有组织犯罪以外的其他共同犯罪,同样的犯罪,团伙犯罪比单个自然人犯罪危害性更大。

(二)程序性标准的具体展开

根据我国刑事立法现状和犯罪治理现代化的目标,程序性标准应当包括以下具体内容:

一是轻重分离和快慢分道的衔接。根据现行《刑事诉讼法》的规定,刑事案件的快慢分道只在审判阶段才开始使用,在侦查和起诉阶段并无相关规定。这种滞后的、不彻底的繁简分流是在实体法缺乏轻重分离的前提下,不得已而为之的立法选择。这种快慢分道在整个刑事诉讼过程中仍然存在诉讼资源浪费、诉讼效率不高的问题。① 在刑法实行轻重犯罪分离以后,刑事诉讼法可以规定在侦查阶段就实行快慢分道,即将简易程序和速裁程序的适用范围扩大到侦查和起诉阶段,实现诉讼全流程的快慢分道,并分别规定不同的侦查和移送审查起诉的内容、方式和案件办理期限。

二是管辖部门的精细化。国外实行犯罪分离的国家一般有专门的法院审理轻罪(违警罪)案件,而我国没有类似的轻罪法院或者治安法院,根据我国司法现状,刑事诉讼法可规定专门的法庭负责审判轻罪和微罪。同时,也可以弹性规定在公安机关和检察机关内部设置专门负责轻罪和微罪的机构,考虑到各个地方的案件类型、数量差异比较大,且在诉讼程序已经前置的前提下,立法对侦查、起诉阶段的管辖不宜作"一刀切"式的统一规定。

三是证据证明标准的差异化。刑事证明标准的立法功能在于保障事实认定的准确性,其规范性功能在于分配裁判错误——既可以使裁判者免受其因主观判断导致错误裁判的负担,也可以防止其诉诸个人价值判断恣意裁判,滥用自由心证。② 鉴于轻罪和微罪的社会危害性较小,而且我国刑事诉讼法已经规定了带有协商性质的认罪认罚从宽制度,刑事司法权已由对抗转向一定程度的合意。因此,对于微罪和认罪认罚的轻罪,可以适度降低"排除合理怀疑"的现实难度。③ 以立法的形式使耗费司法资源较少的微罪案件和认罪认罚的轻罪案件进入快速办理通道,对重罪案件和不认罪认罚的轻罪案件投入更多的司法资源进行证明。④ 对前述两类案件,刑事立法可以通过适度缩小证据范围、简化证明程序等方式对刑事证据进行差异化处理,以提高轻微犯罪的诉讼效率。

四是细化程序规则,优化快慢分道。其一,现行《刑事诉讼法》对简易程序和速裁

① 参见陈瑞华:《论刑事诉讼的全流程简化——从刑事诉讼纵向构造角度的分析》,载《华东政法大学学报》2017 年第 4 期。

② 参见王星译:《刑事证明标准的规范功能与实践归宿》,载《环球法律评论》2021 年第 3 期。

③ 参见李小东:《认罪认罚从宽制度证明标准差异化的实证研究》,载《中国刑事法杂志》2019 年第 3 期。

④ 参见杜邈:《"阶层式"刑事证明思维的司法运用》,载《法学杂志》2021 年第 5 期。

程序的适用界限规定不明确，出现包容现象，致使简易程序和速裁程序在快慢分道中的作用不够突出。因此，刑事诉讼法应当进行明确，不再以形式标准作为适用速裁程序的条件，而改用实质标准。具体而言，对于微罪全部适用速裁程序；对于轻罪，以适用速裁程序为原则，以适用简易程序为例外；对于重罪，适用普通程序或简易程序。其二，进一步优化速裁程序和简易程序的相关规则。对于微罪，原则上不适用刑事拘留的强制措施；在案件办理期限上，进一步缩短移送审查起诉和提起公诉的时间。为了保障当事人的合法权利，对于可能判处拘役的微罪案件且犯罪嫌疑人（被告人）没有辩护律师的，司法机关应安排值班律师或者法律援助律师。

五是完善相对不起诉制度。目前，检察机关的主要作用是提起诉讼，相对不起诉的适用率太低，检察机关的法律监督作用没有得到充分发挥。例如，2019 年，在认罪认罚案件中，法院判处适用缓刑、免除刑事处罚的比例在 40% 左右，但全国检察机关适用认罪认罚从宽制度作出相对不起诉的比例不到 10%。[①] 相比之下，德国 2015 年由检察院处理的（区法院和州法院）刑事诉讼案件中，提起刑事公诉的案件占比仅为 8. 6%，检察院适用不起诉制度和向法院申请适用处罚令程序的比例分别为 58. 9% 和 10. 9%。[②] 既然检察机关有权提出精准量刑建议，而且绝大部分量刑建议最终被法院采纳[③]，那么，检察机关完全可以进一步提高相对不起诉的适用率。其实，刑事诉讼不应仅是有罪的认定过程，还应当是一个无罪的排除过程和犯罪情节轻微的宽恕过程。完善相对不起诉制度，提高相对不起诉的适用率，是一个重要的出罪方式，可以有效解决我国刑事诉讼出罪难的问题。轻微犯罪规模化出罪时代的刑罚替代措施，应以附加适用为原则，以不附加适用为例外，对“免罪免刑”的酌定不起诉，应尽可能多地附加适用刑罚替代措施。[④] 因此，对于微罪案件和认罪认罚的轻罪案件，特别是没有直接被害人或者已获被害人原谅的轻罪案件，原则上应以适用相对不起诉制度为原则，以不适用为例外。在我国，2018 年修改的《刑事诉讼法》规定了认罪认罚从宽制度。检察机关应当充分利用这一制度优势，可以将提出宣告缓刑和免予刑事处罚的检察建议作为控辩协商的内容[⑤]，对于全部微罪和犯罪情节轻微，依照刑法规定不需要判处刑罚或者免除刑罚的轻罪，依法适用不起诉制度。当前，相对不起诉之所以适用较少，一个重要原

---

① 参见岳向阳、吴波：《检察机关适用认罪认罚从宽制度实务研究》，载《中国检察官》2020 年第 5 期。

② 参见李倩：《诉讼分流背景下刑事速裁程序评判——以德国刑事处罚令为参照》，载《中外法学》2020 年第 1 期。

③ 例如，2021 年上半年，认罪认罚从宽制度适用率超过 85%，检察机关提出的量刑建议采纳率、一审服判率超过 96%。参见徐日丹：《认罪认罚从宽量刑建议采纳率超 96%》，载《检察日报》2021 年 7 月 28 日，第 2 版。

④ 参见黄京平：《论酌定不起诉的程序性出罪机能——以程序规范和实体规范的关系为重点》，载《苏州大学学报（哲学社会科学版）》2023 年第 2 期。

⑤ 参见黄京平：《认罪认罚从宽制度的若干实体法问题》，载《中国法学》2017 年第 5 期。

因是缺乏不起诉的后续治理举措。尽管近些年最高司法机关一直强调“可诉可不诉的不诉”，但现实中这一理念并未得到很好贯彻，特别是对于什么是“可不诉”缺乏相对统一的认识。基于此，应当细化相对不起诉的情形，建立不起诉的后续治理机制，对于不起诉的刑事案件，赋予检察机关相应的权限，如适用惩罚性赔偿制度；对于有一定人身危险性但不需定罪的行为，可以规定不起诉考验期，并规定考验的具体内容。细化程序性出罪必备条件，强化刑罚替代措施附加适用，杜绝检察裁量权违规行使，是规范推进程序性规模化出罪的重要措施。① 这样有利于消除相对不起诉制度不敢用、不能用的隐患，最大限度发挥相对不起诉制度在刑事诉讼中的出罪作用，进而对犯罪嫌疑人的合法权利进行最大限度的保障。

① 参见黄京平：《以慎诉刑事司法政策为根据的程序性规模化出罪》，载《公安学研究》2023 年第 1 期。

轻微罪附条件前科消灭制度构建

何　群[*]　宋义杰[**]

一、轻微罪前科消灭制度构建之现实必要

报应与预防是刑罚正当化的根据。量刑时要同时考虑报应刑和预防刑两个面向,影响报应刑的主要因素是犯罪行为的不法程度(如行为的性质、后果、手段等)和行为人的责任程度(如责任能力、主观恶性等),而影响预防刑的主要因素则是个案的预防必要性。① 前科是基于刑罚而产生的二次评价,包含在对犯罪行为的非难和谴责之中,自然也应受到刑罚正当化根据的制约。

(一)正义报应刑理念之必然要求

报应的正义性属于刑罚正当化根据之范畴,正义报应刑不仅决定了犯罪是适用刑罚的前提,而且也决定了刑罚的程度与犯罪行为的不法程度应当适应,体现出罪责刑相适应的基本价值蕴含。② 客观而言,报应刑的本质就是罪责刑相适应。报应刑理论的罪责刑相适应表现为犯罪对刑罚本能的制约,这种本能旨在使罪行与刑罚具有内在的等同性,并要求刑罚仅限于犯罪。③ 客观而言,正义报应刑就是"得其应得"。正如亚里士多德所论述的:"正义就是合乎比例或者相称,不合乎比例或者背离相称就是不正义。"④换言之,近现代的报应刑理论对刑罚的要求并不是毫无边际的,"得其应得"的正义报应刑的内涵至少应包括罪与刑价值(质和量)的相称性。

报应刑要求犯罪与刑罚在"质"上具有逻辑关联性,克制刑罚之无序性。但是现有的前科制度仅将"受过刑事处罚"作为某种资格的剥夺条件,而且不分犯罪行为的轻重、性质与类型,对于犯罪行为与所被剥夺之资格的逻辑关联性更不在乎,这无疑是对罪与刑之间逻辑关联性的架空。罪责刑相适应不仅要求立法符合罪刑阶梯,体现整体

---

* 福州大学副教授。

** 福州大学刑法学专业研究生。

① 参见张明楷:《责任刑与预防刑》,北京大学出版社 2015 年版,第 2 页。

② 参见张明楷:《法益保护与比例原则》,载《中国社会科学》2017 年第 7 期。

③ 参见赵星、秦瑞瑞:《刑罚正当性根据的新思考:报应为主的综合论之提倡》,载《江汉论坛》2018 年第 3 期。

④ 杨国荣:《重思正义——正义的内涵及其扩展》,载《中国社会科学》2021 年第 5 期。

均衡,而且要求司法机关考虑到犯罪的事实和情节,以及犯罪人的人身危险性,体现个案罪与罚的平衡。① 但是基于现有的前科制度,前科所带来的刑罚延伸与犯罪人所犯之罪并无实质性关联。2015 年至 2019 年,仅浙江省就有 735 名国家工作人员,8076 名民营企业从业人员,179 名企业法人代表及 30 多名教师、律师、医生因为醉驾被开除公职或吊销执业资格②,与犯罪人之前罪并无“质”的关联。

报应刑要求犯罪与刑罚在“量“上相衬,避免刑罚滥用。无论是康德的等量报应观还是黑格尔的等价报应观,都从理论上论证了刑罚报应目的的相称性,因此,罪刑均衡的基本价值就蕴含于报应的正义性。③ 犯罪人在犯罪之后,法律已经按照其犯罪行为的轻重规定了与罪行相适应的刑罚,这是正义的体现,但是让一个刑罚已经执行完毕的人在其已经“赎其刑”的情况下,继续承担该犯罪行为所带来的报复,难免有失公正。④ 特别是我国设定的轻微罪绝大多数属于秩序犯的范畴,这类犯罪的社会危害性并不大,即使在法益理论下,对个人利益侵害的危险性也可能极小,而前科制度对主体、罪质、罪量不加区分地适用,是对可罚性理论的无视,同时因为不加区别地强制适用,导致在前科制度加持下的“罪责天平”失衡。⑤

(二)预防刑目的实现之现实基础

在刑罚论上,古典主义核心体现的报应刑的局面被打破,刑罚目的在理论上由报应主义进化为预防主义。如果说报应刑关注的是正义,预防刑关注的则是功利。根据功利主义原理,国家之所以设置刑罚,主要是因为它蕴含的剥夺能够造成痛苦,使之成为犯罪的阻力,实现抑制犯罪的效果。⑥ 但是,刑罚不能盲目地追求威慑,否则就会滑向费尔巴哈的“心理强制说”,即舍弃对人权的基本维护,将人视为动物,主张利用人对于刑罚的恐惧压制、控制他人的犯罪行为。客观而言,不论是刑罚本身还是前科制度的处罚都存在制裁效果,虽然犯罪人因犯有轻微罪行而受到的刑事处罚并不严重,但他被定罪后随之而来的附随的对资格和权利的剥夺,制裁的严厉性实质上远大于刑罚本身。⑦ 但是,刑罚的效用绝不仅仅在于制裁,还要考虑效益的最大化及刑罚发动的必要性。

---

① 参见卢建平:《轻罪时代的犯罪治理方略》,载《政治与法律》2022 年第 1 期。

② 参见王敏远:《“醉驾”型危险驾驶罪综合治理的实证研究——以浙江省司法实践为研究样本》,载《法学》2020 年第 3 期。

③ 参见陈兴良:《罪刑均衡的价值蕴涵》,载《法律科学(西北政法学院学报)》1996 年第 4 期。

④ 参见房清侠:《前科消灭制度研究》,载《法学研究》2001 年第 4 期。

⑤ 参见李若愚、孟令星:《法定犯时代背景下犯罪附随后果的解构和重建》,载《湖北警官学院学报》2021 年第 1 期。

⑥ 参见陈兴良:《刑罚目的新论》,载《华东政法学院学报》2001 年第 3 期。

⑦ 参见黄太云:《一般违法行为犯罪化倾向的系统反思》,载《法律科学(西北政法大学学报)》2022 年第 1 期。

而这种“必要性”必然需要进行利益衡量——实现目的收益是不是刑罚剥夺带来的危害,即我们需要确定刑罚在多大程度上侵犯了基本权利,以及获得的利益分量。① 特别是,在讨论前科制度等对犯罪人基本权益产生严重影响的问题时,更重要的是考虑对犯罪人权益的限制程度是否超出预防目的,是否与犯罪人实施新犯罪的可能性相称。② 作为一种法律推定,刑满释放的犯罪人应被视为守法者,与此同时,应尽量使他们得到合适的工作,而不是任意剥夺其工作的机会。根据广州监狱研究小组对重新犯罪的个人的研究,其屡次实施不当行为的主要原因是出狱后家庭生活困难,因压力而屡次犯罪的占 29.6%,因工作困难而屡次犯罪的占 16%。③ 从犯罪学的角度而言,一旦犯罪,行为人就被贴上“犯罪标签”,这必然会给前科人员在生活、就业方面造成巨大的影响,阻碍其回归社会,甚至导致其再次犯罪。

二、轻微罪前科消灭之限制条件

在我国建立轻微罪前科消火制度,应当充分借鉴追诉时效、赦免等刑罚消灭制度的法理基础,科学总结未成年人犯罪记录封存的实践经验,立足于我国打击犯罪、保护法益和保障人权的现实情况,科学设置前科消灭之限制条件。

(一)轻微罪前科消灭之主体条件

前科消灭制度并非对犯罪人的绝对保护,而是在合理范围内帮助犯罪人更好地回归社会,从这一点出发,前科消灭制度实际上是在保护法益和保护犯罪人权利之间建立一种平衡。前科消灭制度固然是为了帮助犯罪人回归社会而产生的制度,但是在前科消灭之前我们必须进行价值衡量,考察犯罪人的再犯危险性。对于某些性质恶劣、情节严重的犯罪,实际上已经表明犯罪人的再犯危险性较高,不宜消灭其前科。限制轻微罪前科消灭的范围的过程就是犯罪分层的过程。在宏观上,犯罪分层就是在统一犯罪的质的规定以后,对犯罪进行量化分级,确立犯罪分层战略;而在微观上,犯罪分层对于追诉时效和前科消灭时效具有重要意义。④ 前科消灭的范围就是犯罪分层中轻微罪的范围,越是严重的案件,行为人的社会危害性就越大,预防必要性就越强,因此,前科消灭的范围应当限制在轻微型犯罪的范围内。

---

① 参见姜涛:《追寻理性的罪刑模式:把比例原则植入刑法理论》,载《法律科学(西北政法大学学报)》2013 年第 1 期。

② 参见李若愚、孟令星:《法定犯时代背景下犯罪附随后果的解构和重建》,载《湖北警官学院学报》2021 年第 1 期。

③ 参见广州监狱课题组、黄冬荣:《对 250 名重新违法犯罪人员的调查报告》,载《犯罪与改造研究》2009 年第 8 期。

④ 参见卢建平:《犯罪分层及其意义》,载《法学研究》2008 年第 3 期。

我国学者将犯罪分层的标准总结为形式标准(包括法定刑和宣告刑)和实质标准(以社会危害性和人身危险性为准)。然而无论是形式标准还是实质标准总归都是从实体法的角度出发限制前科消灭的范围,虽然刑罚轻重或社会危害性的标准符合规范性刑法的利益,但根据预定的罪刑确定前科的排除程度,很容易得出立法支配和立法权威的结论,无助于科学彻底地限制前科消灭的范围。在我国,理性主义占据了犯罪分层的绝对领导地位,缺乏对司法经验的观察和总结。① 进而导致将前科消灭之范围完全由刑法规定,即立法的理性,对经验理性的重视尚有不足。对轻微罪前科消灭的范围的限制必须坚持刑事一体化的指导,融合理性主义和经验主义,坚持实体与程序的一体化思考,即坚持由实体到程序两步走的策略。

不可否认,法定刑是刑法分则对类型化、模式化的法定犯罪所规定的刑罚规格和标准,反映了罪与罚之间的定性因果关系和数量对应关系。其种类和幅度的差异不是由于立法者的任意性,而是基于罪刑均衡的思想。法定刑不宜受国家某一阶段的政策、社情民意及其他酌定量刑情节的影响,相较于实质标准及宣告刑标准更具有可适用性和稳定性。因此,在实体分层采取形式标准说,以法定刑为标准划分轻罪、重罪更合乎理性。② 但是,微罪与轻罪之间差距甚微,社会危害性较小或者犯罪人认罪认罚、达成刑事和解的轻罪犯罪极易在司法程序中转换为更为轻微的微罪类型。因此,微罪与轻罪更多是靠司法机关而非立法机关来区分的。所以,第一步在实体法上以 3 年以下有期徒刑的法定刑为标准划分出前科消灭的轻罪范围,第二步在程序法上通过非羁押性强制措施、刑事和解程序、简易与速裁程序的适用与否的判断,划分一般轻罪与微罪。此外,从罪质的意义上说,危害国家安全罪、恐怖活动犯罪及黑社会性质组织犯罪的犯罪分子也应当被排除出前科消灭范围。

(二)轻微罪前科消灭之形式条件

前科消灭的形式条件,即前科消灭的考察期限。虽然我国刑法没有包含具体的关于前科消灭的规定,但是其与刑法中的追诉时效规定是相似的。改善推定说作为追诉时效的法律依据,也可以为前科消灭制度证成。该学说指出,如果犯罪人在犯罪结束后一段时间内没有犯下新的罪行,则可以认为他已经回归到正常的法秩序轨道,再犯危险性很低,预防必要性不大。③ 换言之,对于人身危险性较低的轻微罪行为人,在一段时间内没有再犯新罪的,就表明其已经被改造为守法公民,对社会的危害性较小,此时应当着重保障其合法权益,不再对其进行资格剥夺。

---

① 参见孙道萃:《犯罪分层的标准与模式新论》,载《法治研究》2013 年第 1 期。

② 参见刘仁文、钱蕙:《刑法扩张视角下犯罪分层的路径选择》,载《贵州民族大学学报(哲学社会科学版)》2012 年第 4 期。

③ 参见王钢:《刑事追诉时效制度的体系性诠释》,载《法学家》2021 年第 4 期。

前科消灭的考察期限应当与轻微罪的罪行轻微、社会危害性小及犯罪人的再犯危险性低等特点相适应,对于轻微罪行为人不宜设置过长的考验期。因为,如果将轻微罪行为人置于长期背负规范性的资格剥夺及非规范性的人身歧视的社会环境下,行为人极易在经过考察期后就已经丧失了正常生活的能力,这对行为人的再社会化无益。追诉时效的消灭以法定刑为标准,是因为犯罪未经审判,无法确定行为人的宣告刑,只有以法定刑为标准才能发挥追诉时效的作用,但是法定刑无法针对具体的犯罪行为而有所区别。

而宣告刑的确定,是司法者在法定刑幅度内对犯罪人社会危害性和人身危险进行犯罪个别化的过程,且在案件判决时刑罚已然确定。既然前科消灭制度以行为人的社会危害性与人身危险性为立法基础,那么轻微罪前科消灭制度的构造也应以行为人的社会危害性与人身危险性为参考依据,即宣告刑更加贴合前科消灭制度的逻辑构造。[①] 若以法定刑为标准,则是一种只关注"刑"之轻重,而忽略犯罪人本身的片面做法,故前科消灭的考察期限设置不宜以法定刑为标准。具体而言,对于被判处 3 年以下有期徒刑的轻罪犯罪人,自刑罚执行完毕或被赦免后,3 年之内没有再次故意犯罪的,可以消灭其前科。对于适用非羁押性强制措施、刑事和解程序、简易与速裁等刑事诉讼程序审结的微罪犯罪人,定罪免刑的,自有罪判决宣告或者生效之日起满 6 个月;定罪处刑的,自刑罚执行完毕后满 1 年,没有再次故意犯罪的,前科即告消灭。

(三)轻微罪前科消灭之实质条件

从报应刑的角度看,刑罚执行完毕后的犯罪人,已经清偿了其犯罪行为的责任,难以从报应刑的角度为犯罪人因受过刑事处罚所遭受的资格限制和权利剥夺寻找正当性依据。[②] 只能从预防刑的角度为前科制度证成,前科往往被视为体现行为人的主观恶性和人身危险性的重要依据,正是因为将有前科的人推定评价为人身危险性较高的人,从社会防卫的角度看才确有特殊防卫的必要。换言之,根据现代刑法中的犯罪预防理论,若行为人不再具有较高的人身危险性,便可以消灭前科,恢复行为人的资格和权利。

我国有学者认为在一定期限内行为人未犯新罪就表明了行为人的人身危险性降低,前科消灭的唯一实质条件就是在考察期限内没有再犯新罪[③];还有学者认为不仅要求行为人在一段时间内未犯新罪,还要求行为人没有严重的违法行为。[④] 各国关于前科消灭的刑法规定也不尽相同,例如美国将犯罪人在刑罚执行完毕后未再犯新罪,作

---

① 参见周峨春、郭子麟:《轻罪前科消灭制度构建》,载《重庆理工大学学报(社会科学)》2022 年第 9 期。

② 参见陈伟:《教育刑与刑罚的教育功能》,载《法学研究》2011 年第 6 期。

③ 参见房清侠:《前科消灭制度研究》,载《法学研究》2001 年第 4 期。

④ 参见马克昌主编:《刑罚通论》,武汉大学出版社 1999 年版,第 715 页。

为申请前科消灭的实质条件，而德国则要求未成年人的前科消灭除未犯新罪外，还要附加一定的积极履行义务，即要求犯罪人有悔罪表现。而司法部关于域外前科消灭制度的立法研究表明，在域外前科消灭制度的立法上，大部分国家的要求都是没有再次触犯刑法，真诚悔罪，经过评估人身危险性已经降低。① 实际上，未犯新罪与悔罪表现都是行为人人身危险性消解的重要组成部分。

但是，从我国刑法关于缓刑、假释的规定来看，实际上是将再犯新罪与严重的违法行为都作为犯罪行为人的考察内容。前科消灭的效果是注销行为人的犯罪记录、恢复其合法权益及免除前科报告义务，就如同从未犯过罪一样，不再受规范条款对资格和权利的剥夺。由于前科消灭的效果较之于缓刑、假释更佳，因此在适用的条件上也应当更加严格。即前科消灭的实质条件应当包括在考察期间不再犯新罪，有悔罪表现（例如积极赔礼道歉，取得被害人谅解），真正悔改自新，不致再危害社会且没有严重的故意违法行为。

三、轻微罪前科消灭之配套制度完善

前科消灭制度的构建既需要各种附加条件来平衡安全和人权的关系，也需要犯罪记录制度、社区矫正制度和复权制度来提供制度保障，从而使轻微罪前科消灭制度得以规范运行，进而完善我国的刑事法规范，保障前科人员合法资格和权利的复归，帮助其实现再社会化，化解因否定性的前科评价效应泛化而引起的社会风险。

（一）完善犯罪记录制度

犯罪记录是对行为人的犯罪事实与其受过刑事处罚的事实的一种客观记载。客观而言，前科制度是定罪处罚的附随后果，应当是对刑罚改造效果中立而客观的评价。但正如前文所述，前科制度有从犯罪预防制度滑向惩罚机制的风险，实质上已经成为基于行为人的犯罪事实或受过刑事处罚的事实而对其施加的二次惩罚，并且是以一种隐蔽的方式无节制、永久性地存在。② 特别是在现代信息社会中，这些否定性的评价使犯罪人的权利受到了不应有的剥夺，犯罪人被迫永久背负“犯罪标签”，使前科制度本身具有的犯罪预防功能与犯罪人权利保障的利益难以平衡。概言之，真正影响犯罪人再社会化的并不是规范意义上表征出来的前科，而是人们对于前科背后的犯罪记录的规范或非规范的评价。

前科消灭制度的核心在于当行为人满足法定的前科消灭条件时，应当消除其犯罪

① 参见张婧：《域外前科消灭制度的立法概况与主要特征》，载《犯罪与改造研究》2023 年第 2 期。

② 参见吴尚聪：《现代性、社会控制与犯罪记录制度：犯罪记录的谱系学考察》，载《甘肃政法大学学报》2021 年第 6 期。

记录的载体，从而恢复其正常的社会公民的法律评价。在积极刑法观的影响下，我国刑法通过修正案的方式将触角延伸至社会的方方面面，不断增设新罪。虽然这些新罪多是轻微罪，从全国法院司法统计公报的结果来看，2023 年我国被判处 3 年以下有期徒刑的轻刑案件占比率已达到 85.91%，轻罪罪犯的总量巨大，但目前我国的犯罪记录消除制度并未实现系统化，轻微罪前科人员仍然面临着合法权益的永久性剥夺和歧视待遇。不可否认，严格而规范的犯罪记录查询制度对前科人员回归社会、实现前科人员最大限度的再社会化具有不可替代的作用。

犯罪记录是一个系统性的工程，该系统模型的科学设计不仅能够保证犯罪记录制度具备信息技术系统的科学内核，而且使其兼具法律系统的作用，对打击犯罪、预防犯罪起着十分重要的作用，并表现为犯罪信息的登记、查询、共享及消灭等几大法律功能。① 但我国的犯罪记录管理仍处于单一的数据记录阶段，没有形成统一的犯罪记录数据库，司法实践中各系统之间缺乏共享机制，系统之间"各自为政"的现象直接削弱了其登记、查询、共享及消灭功能。前科消灭制度的构建需要建立统一的犯罪记录数据库，不能停留在零散的数据记录层面。犯罪记录数据库的整体构建，可以在公安机关已经建立并运行的全国违法犯罪人员信息库的基础上，统一国家安全机关、人民检察院、司法行政机关的"犯罪信息记录库"以及人民法院的"刑事裁判文书库"的输入格式和管理方式，对不同机关形成的犯罪记录数据进行一体化管理。在建立统一的犯罪记录数据库的基础上，明确规定犯罪记录查询和删除的规范。

（二）衔接社区矫正制度

纵然从适用对象上看，我国现行的社区矫正表现为非监禁刑的刑罚替代措施之一，但从目的角度而言，社区矫正的最终目的是促进犯罪分子的再社会化，预防和减少犯罪行为，这与前科消灭的理念不谋而合。因此，社区矫正制度与前科消灭制度在理论上有衔接的可能，但现行的社区矫正制度仅作为刑罚执行的替代措施而存在，将刑罚执行完毕有待回归社会的前科人员排除，这是对刑罚惩罚最终目的的背离。毫无疑问，刑罚本身的最终目标就是归还或恢复犯罪人的自由。

刑罚产生、存在和发展的演化史，就是一个逐步失去其通过剥夺而体现惩罚性质的过程，惩罚的意义日渐淡化，刑罚的范围、程度日益消减。随着人类理性的觉醒，刑罚的发展方向必然是更加注重公民的人权及自由的回归，而不是追求刑罚惩罚，这正是社区矫正的应有之义，否则社区矫正无从产生，也失去了其存在的价值和意义。② 轻微罪前科消灭的犯罪分子必然需要社区矫正制度发挥其再社会化的功能，若轻微罪犯

---

① 参见王跃：《系统模型与功能配置：刑事司法一体化视野下的犯罪记录制度构建》，载《中国人民公安大学学报（社会科学版）》2015 年第 2 期。

② 参见张绍彦：《社区矫正在中国——基础分析、前景与困境》，载《环球法律评论》2006 年第 3 期。

罪分子的刑罚已经执行完毕、被宣告缓刑或免予刑事处罚,那么在这之后,就需要社区矫正制度充分“矫正”犯罪分子的表现、再犯危险性及再社会化的程度,从而决定是否对犯罪分子适用前科消灭制度。

社区矫正并不仅是刑罚执行活动,更是一种对犯罪分子予以矫正、培训和安置帮教的活动,具有矫正、教育和社会保障功能。[①] 换言之,社区矫正制度的任务不仅在于针对每一个犯罪行为人予以个性化的行为矫正,更在于向罪犯提供精神、物质和社会方面的援助,使他们有更多的机会接受社会,从而促使他们再社会化。在这一意义上,社区矫正也具有安置救济意涵。实际上,国外很多国家已经形成完整的犯罪人出狱保护政策,包括住宿场所的提供、医疗保健的提供、生活就业帮扶等。有鉴于此,我国也应当借鉴已有的经验,将前科消灭制度、社区矫正制度与帮教制度衔接起来,增强社区矫正的安置救济功能,构建一体化的前科消灭制度。

(三)配合复权制度

从制度基础的角度而言,前科消灭制度与复权制度都是在现代刑法理念下平衡法益保护和人权保障的重要制度,前科消灭与复权制度共同隶属于刑罚消灭体系,即刑罚消灭的理论基础共同适用于前科消灭制度与复权制度。[②] 但正如有学者所提出的,纵然两种制度在实质条件上都是以人身危险性为评估标准,在形式条件上也具有相同性,但二者仍有一定的区别,前者注重复原,后者注重消灭,不能将前科消灭制度等同于复权制度,反之亦然。[③] 既不能直接否认“受过刑事处罚”这一客观事实而专注于复权,也不能专注于消灭犯罪事实,而忽视复权。

有部分学者认为前科消灭就是最好的复权,因为随着犯罪记录的注销,任何人都不能以“受过刑事处罚”剥夺其权利和资格。实则不然,在实践中仅靠前科消灭制度将前科犯罪人的法律地位恢复至未犯罪前的状态的可能性微乎其微,因为人是社会性的动物,前科消灭可以消灭规范意义上的否定评价,但无法消除非规范意义上的法律评价,对于犯罪人的权利复归也无保障作用。我国推崇报应刑和预防刑兼顾的刑罚理念,前科消灭制度与复权制度的配合既是对报应刑的贯彻,也是对预防刑的实践。若仅设置前科消灭制度而无权利的复归和保障制度,则是对预防刑贯彻的不彻底。从这一意义上说,复权制度并非单纯的权利恢复制度,还具有权利救济的意涵。

前科消灭制度搭配复权制度是对犯罪人人权保障理念的妥当回应。行为人在经过一定的考察期之后应先到对应的公安机关申请前科消灭,在前科消灭之后再依据复

---

① 参见王顺安:《社区矫正的法律问题》,载《政法论坛》2004 年第 3 期。

② 参见程骋:《前科消灭与复权制度在刑罚体系中的定位及逻辑关系解构》,载《江汉论坛》2021 年第 12 期。

③ 参见蔡荣:《我国复权制度的定位、依据及本土化构建》,载《公安学刊(浙江警察学院学报)》2019 年第 1 期。

权制度恢复其合法权益,若行为人在正常的社会生活中因先前的犯罪行为受到不公正对待,则可依据复权制度寻求救济。从理论逻辑的角度而言,前科消灭创设了行为人权利恢复的契机,复权制度在前科消灭之后为犯罪人人权之保障继续发力。

四、余论

前科制度作为犯罪附随后果,对犯罪人造成了实质的永久性权利剥夺,于轻微罪犯罪人而言超出了其应负的刑罚量。在轻微罪犯罪人数量不断上升的过程中,其作为不成文的刑罚制裁措施的地位日益凸显,在一定程度上造成了我国刑罚总量的上升。当今社会对于有犯罪记录的人员的歧视仍然十分严重,事实上,这与现代司法文明的无罪推定原则背道而驰,从社会防卫和经济的角度来看,我们需要一个更好的犯罪制度来帮助罪犯再社会化。刑法的谦抑性和刑罚的轻缓化长期以来一直是我国的发展方向,不可能一蹴而就,而是需要长时间的发展。① 基于刑法谦抑性在轻刑化方面的要求,在扩大犯罪圈的同时刑罚的处罚程度会呈现普遍的减轻,前科消灭制度的构建也迫在眉睫。前科消灭并不仅仅是一个刑法问题,更是一项极其复杂且系统的社会工程,涉及立法、司法、行政及社会基础等各方面。② 这就需要立法作出价值选择,如何平衡法益保护和犯罪人权益之间的关系是对立法者的智慧的考验。而要想降低前科处罚的程度,减轻社会中刑罚处罚的总量,既需要刑事立法上的进一步努力,也需要刑事司法在程序和制度上面进行规制和落实,更需要良好的社会制度和社会观念的配合。

---

① 参见陈兴良:《轻罪治理的理论思考》,载《中国刑事法杂志》2023 年第 3 期。

② 参见彭新林:《中国特色前科消灭制度构建研究》,人民法院出版社 2019 年版,第 159 页。

治安违法行为犯罪化之反思

李　婕*

《刑法修正案(八)》将醉驾入刑,开启了轻微违法行为犯罪化的进程,将多次抢夺行为、使用虚假证件行为入罪,直接冲击着我国违法与犯罪二元立法模式。面对风险社会理论的兴起、犯罪手段日新月异的挑战,我国刑法应否坚守"定性+定量"的犯罪成立模式、前劳动教养行为如何分流、《治安管理处罚法》如何实现与《刑法》的双向流通,是理论研究无法回避的问题。

一、轻微违法行为犯罪化对刑法的冲击及原因

根据《刑法》第13条的规定,犯罪是具有严重社会危害性的行为,情节显著轻微的违法行为适用《治安管理处罚法》,形成层次分明的违法犯罪治理体系。风险社会导致个人安全感的动摇,刑法将大量危险行为入罪,混淆了治安违法行为与犯罪行为的逻辑关系,亦对刑法体系造成了不小的冲击。

(一) 犯罪圈单向吞噬违法行为

从1997年《刑法》修订之后颁布的刑法修正案来看,刑法悄无声息地向治安违法行为扩张。如"盗窃、抢夺枪支、弹药、爆炸物、危险物质罪""组织残疾人、儿童乞讨罪""强迫劳动罪""赌博罪"等罪行与《治安管理处罚法》中规制的相关行为十分相似。随着社会形势的变迁,某些行为因危害性降低被移出犯罪圈,某些新兴的违法行为犯罪化,是刑法与时俱进的应有之义。刑法修正案不断将某些严重违法行为规定为犯罪,却未进行适时除罪化,《刑法》与《治安管理处罚法》并未真正实现双向交流。强行将原本属于行政处罚的行为纳入犯罪圈,表面上似乎走向法国式"一元化"的犯罪治理模式,但实质上不断加剧刑法重罪重刑的倾向,使行为人承受与其行为不符的惩罚,有违刑罚正义。

(二) 犯罪与违法的边界进一步模糊

"多次盗窃"与"多次抢夺"入罪,使我国"定性+定量"的犯罪成立模式面临严重挑

---

* 安徽民政学院副教授,中国刑法学研究会会员。

战。关于违法与犯罪的区别,理论上曾提出质的区别说、量的区别说、质量区别说等观点,都无法给出圆满的答案。我国《刑法》第 13 条确立了中国特色的“定性+定量”的犯罪成立模式,明确指出犯罪行为和治安违法行为的社会危害性不同。虽然《刑法》和《治安管理处罚法》部分条文存在交叉重叠,但理论上二者的界限是清晰的。如今“多次盗窃”“多次抢夺”等典型治安违法行为被划入犯罪圈,不但动摇了犯罪成立的理论基础,而且致使犯罪与违法的边界进一步模糊。

(三)刑罚效果稀薄化

我国刑罚以自由刑为中心,危险驾驶罪和使用虚假身份证件、盗用身份证件罪的法定最高刑却是拘役,大大削弱了刑罚的惩罚效果。我国拘役的刑期是 1 个月以上 6 个月以下,《治安管理处罚法》中行政拘留最高为 15 天,合并执行可达 20 天;行为人被判处 20 天行政拘留和 1 个月拘役,个人感受到的痛苦并没有多大差别。司法实践中,法院判决的拘役抵折行为人在判决前的羁押期限后,行为人所需执行的期限非常短暂,刑罚的教育、改造功能根本无从谈起。[①] 在刑罚惩罚不能实现刑罚目的,或者刑罚与行政处罚的效果差不多的情况下,对犯罪判处刑罚是否必要?国家对犯罪行为投入的侦查、指控、审判和执行成本很高,投入巨大的司法资源用于查处轻微违法行为,却无法实现刑罚的惩罚功能和教育改造效果,是否得不偿失?

二、治安违法行为与犯罪行为之区别

根据《治安管理处罚法》第 2 条的规定,治安管理处罚的是“尚不够刑事处罚”的行为,主要包括三种情况:①《刑法》第 13 条但书规定的情节显著轻微危害不大,不认为是犯罪的危害社会行为;②《刑法》第 37 条规定的犯罪情节轻微不需要判处刑罚,可以免予刑事处罚的行为;③《刑法》第 17 条第 5 款规定的不满 16 周岁而不予刑事处罚的行为。[②] 治安违法与刑事违法的联系可上溯到古罗马时代罗马法的自体恶与禁止恶,自然犯与法定犯,刑事犯与行政犯,延续至费尔巴哈的刑事犯与警察犯,至今刑事不法与行政不法的区别,是一个众说纷纭、仍无共识的议题。

(一)区分标准

刑法理论对犯罪与违法行为的区别曾提出质的区别说、量的区别说、质量区别说等观点,都难以提出周延的标准。质的区别说主要缺点在于,刑法与行政法规定内容相似的行为,如非法携带枪支与非法持有枪支罪,并不具有质的区别;量的区别说的不

---

① 参见李怀胜:《刑法二元化立法模式的现状评估及改造方向——兼对当前刑事立法重刑化倾向的检讨》,载《法律适用》2016 年第 6 期。

② 参见许成磊:《刑法摭言》,中国人民公安大学出版社 2008 年版,第 17 页。

足在于,有些自然犯如杀人、抢劫难以量化,这类违法行为只能由刑法处罚。笔者认为,应从法益角度对违法行为与犯罪行为进行区分。

法国刑法理论认为,重罪是对公共秩序的持续侵犯,违警罪不过是违反了社会的纪律规则。[①] 宾丁从法益保护角度区分刑事犯与行政犯,认为前者是对法益的实质侵害,后者是对旨在保护法益的行政秩序(其构成法益保护的一个重要条件)的侵害,简而言之,刑法是法益保护法,行政法则是保护法益条件的秩序法。[②] 行政法的目的在于维持秩序,达成特定的行政目的,行政法保护的法益包含公共与个人法益的"公共利益"。行政不法虽然足以妨害社会安宁秩序,也侵害法益,但其社会伦理的非价程度显然低于犯罪行为的"不法内容"与可责性,国家对这种行为的处置并无使用刑罚的必要。所以,德国将违警罪从犯罪行为的领域中排除,制定《社会秩序维护法》加以规制。

我国刑法对犯罪的界定采取定性和定量相结合的标准,侵犯核心法益的行为如杀人、放火、强奸、抢劫等只能构成刑事犯罪;有的行为如卖淫嫖娼、吸毒等只是违反治安秩序的行为不能构成犯罪;有些秩序违反行为如故意伤害、寻衅滋事等行为在刑法的边缘区域,以及违反经济、卫生、环保等行政制度的损害集体法益的犯罪,处于《刑法》和《治安管理处罚法》的"灰色地带",需要结合行为手段、主观意图等因素综合考虑行为是否达到了法益侵害程度。在我国的法律体系中,违反行政法规的行为,因危害程度高低不同可能分别处以行政处罚和刑罚处罚,即便是盗窃、诈骗等传统伦理价值非难比较明显的行为,也存在上述差别。

(二)刑事违法、行政违法、治安违法之区别

"秩序不法"概念源自 18 世纪的德国,通说认为,刑事不法是一种"法益破坏",秩序不法只是一种"法益危险"。但实务认为,秩序不法行为并不限于对国家行政作为的不服从,而且也会侵害个人与社会法益。秩序不法行为并非不具有社会伦理的非难性,有些秩序不法行为,也与犯罪行为同样具有社会伦理的可责性。《治安管理处罚法》规定的大多数行为都属于与"自然犯"对应的"自然违法",这类行为与国家的行政管理体系关联不大,却与社会道德观念息息相关,公众凭借日常情理即可判断治安违法行为的不法性。

---

① 参见卢建平:《法国违警罪制度对我国劳教制度改革的借鉴意义》,载《清华法学》2013 年第 3 期。

② See Mireille Hildeburandt, Regulatory Offences: Criminal or Administrative Law? In Foundational Issues in the Philosophy of Criminal Law, Special Workshop at the 23rd IVR Congress, Krakow Poland, 2007, pp. 57-69.

表1 自然犯和法定犯的差异

	行为类型	侵害法益	侵害态势
自然犯	刑事违法	生命、身体健康、财产、自由、名誉、隐私	直接、立即危害的行为
	治安违法	治安秩序	间接、轻微的侵害行为
法定犯	刑事违法	国家制度、社会制度（抽象层面）	间接、可能的侵害行为
	行政违法	行政目的达成（具体层面）	违反行政义务
	治安违法	治安秩序	间接、轻微的侵害行为

由表1观之，自然犯和法定犯的本质差异，不是保护标的，而是侵害态势，二者是一种包含关系，自然犯是法定犯的核心。法定犯与行政违法行为的侵害法益不同，两者之间的界限并不稳定，随着刑事立法而不断变化。刑事违法行为中，自然犯是违反社会核心伦理价值的不法，与行政违法有质的差别；但法定犯、行政违法的界限，则是随着刑事政策不断变动的。在社会福利国家的理念之下，行政秩序的违反，并非绝对与社会伦理的价值无涉，因为公民守法的修养也是基本的社会伦理。因此，应以侵害形态的程度来加以区别。但是，行政违法的范围再如何扩大，也因为和自然犯有质的差异，而不会有所交集。

三、困境突围：轻罪犯罪圈之构建

劳动教养制度废除后，需要进一步优化《刑法》和《治安管理处罚法》的二元结构。前劳动教养行为主要分为三类：一是扰乱社会秩序，但尚未构成犯罪的行为；二是行为具有严重的社会危害性，但因行为人属于未成年人或精神病患者而不予刑事处罚的行为；三是无被害人的卖淫、嫖娼行为。① 应根据前劳动教养行为的不同性质，将其分流到《刑法》和《治安管理处罚法》中，构建层次分明、范围适中的犯罪圈。

（一）轻罪制度的立法选择

关于轻罪制度的立法选择，学界存在不同认识。有观点主张设置独立的“轻犯罪法”。如张明楷教授从轻微犯罪的危害、秩序公正及法治原则等方面阐述建立轻罪制

① 参见魏东：《论以刑法修正案形式规范劳动教养：侧重于劳动教养制度的实体法完善研究》，载《北方法学》2013年第1期。

度的意义，提出“将《治安管理处罚法》、劳教法的部分对象纳入轻犯罪法中，并规定简易审理程序，统一由法院审理”①。有学者认为，应参照域外重罪、轻罪、违警罪的三分法，直接调整现有刑法结构，将轻罪制度纳入刑法规范体系，如刘仁文教授提出“重罪、轻罪、违警罪三分法大抵是当今世界各国刑法关于犯罪的基本分类，我国刑法典只包括西方国家刑法典的重罪部分，缺少违警罪、轻罪和保安处分的内容，实现刑法结构的统一化应是我国刑法未来发展的一个方向”②。为减少新制度对我国现行刑事立法及理论体系的冲击，笔者赞同在我国刑法中设立轻罪制度，将前劳动教养行为和部分治安违法行为纳入轻罪的调整范围，不仅可以保持刑事法律制度自身的完整性，也符合国际潮流。

构建轻罪犯罪圈最大的问题是，轻微违法行为入罪与我国刑法中“定性+定量”的犯罪成立模式相冲突，会不当扩大犯罪圈。这种担忧不无道理，但是，犯罪圈本身就不是固定不变的，而是随着社会的发展不断伸缩调整的，有些行为进入犯罪圈，有些行为退出犯罪圈。在刑法理论上，治安违法行为本不构成犯罪，但因行为人屡教不改，可视为刑法边缘行为，将其划入犯罪圈并无不可。③ 近年来我国刑法在修正过程中已经作了降低入罪门槛的尝试，例如，《刑法修正案（八）》将醉驾、扒窃等行为入罪，最高人民法院、最高人民检察院《关于办理敲诈勒索刑事案件适用法律若干问题的解释》《关于办理寻衅滋事刑事案件适用法律若干问题的解释》《关于办理抢夺刑事案件适用法律若干问题的解释》都降低了入罪门槛，一定程度上解决了原劳动教养对象的转化处理问题。这些罪名与生产、销售、提供假药罪和非法持有、私藏枪支、弹药罪等抽象危险犯，以及《治安管理处罚法》中较重的违法行为，一起构建我国的轻罪犯罪圈。陈兴良教授早就提出，收容教养与行政拘留打破了刑法对自由刑的垄断，西方的违警罪和一部分轻罪与我国的治安违法行为非常类似，这意味着将这些行政处罚视为刑罚，实行大刑法主义，更简单可行。④ 我国刑事立法从“定性+定量”向“只定性不定量”转变是一个长期的过程，不可能一蹴而就地实现。轻罪入刑已经在立法层面展开，其犯罪圈的构建需要学术研究的不懈努力和探索。

（二）轻罪犯罪圈之范围

轻罪是犯罪性质相较传统犯罪而言比较轻微的行为。构建轻罪犯罪圈，一方面可以迎接时代发展对刑法提出的全新挑战，更好地实现打击犯罪、保障人权的功能，另一方面将部分治安违法行为予以犯罪化，可以避免选择性执法，减少权力寻租空间。

---

① 张明楷：《刑事立法的发展方向》，载《中国法学》2006年第4期。

② 刘仁文：《关于调整我国刑法结构的思考》，载《法商研究》2007年第5期。

③ 参见储槐植：《刑罚现代化：刑法修改的价值定向》，载《法学研究》1997年第1期。

④ 参见陈兴良：《犯罪范围的合理定义》，载《法学研究》2008年第3期。

笔者认为，我国的轻罪犯罪圈主要包括以下三类行为：

1. 部分由原劳动教养制度处罚的行为

劳动教养制度可以剥夺公民的人身权利长达3～4年，比起管制、拘役有过之而无不及，其处罚的严厉程度与行政违法行为并不匹配。以往由劳动教养制度处罚的行为，部分与刑法中的犯罪行为特征相似，应对严重违法行为轻罪化处理。传统劳动教养行为介于违反《刑法》和违反《治安管理处罚法》之间，劳动教养制度废止后，应将部分行为纳入刑法范围——对于因违法行为达不到刑法上“量”的规定的行为，如盗窃、诈骗、寻衅滋事行为，应划入轻罪的犯罪圈。劳动教养可纳入轻罪的行为主要有：情节轻微的危害国家安全行为；结伙杀人、抢劫、强奸、放火、绑架、爆炸或者拐卖妇女、儿童的共同犯罪中，不予刑事处罚的从犯行为；制造恐怖气氛、造成公众心理恐慌、危害公共安全，而又不够刑事处罚的行为；组织、利用会道门、邪教组织、封建迷信破坏国家法律实施，而又不够刑事处罚的行为；聚众斗殴、煽动闹事的行为；强买强卖、欺行霸市，或者称霸一方、为非作恶、欺压群众、恶习较深、扰乱社会治安秩序，而又不够刑事处罚的行为①；扰乱生产秩序、工作秩序、教学科研秩序或者生活秩序而又不在《治安管理处罚法》处罚范围内的行为；教唆他人违法犯罪，而又不够刑事处罚的行为。

2. 治安管理处罚的自然犯、部分行政犯

“同西方国家相比，我国的犯罪率似乎并不高，但国民总体感觉治安很差，其中的原因之一，是许多相对轻微的违法行为没有得到依法处理。”②为保证轻罪制度调整的统一性及刑事处罚与行政处罚的衔接，应将《治安管理处罚法》所调整的部分行为纳入轻罪的处罚体系。例如，《治安管理处罚法》规定的“违反国家规定，制造、买卖、储存、运输、邮寄、携带、使用、提供、处置爆炸性、毒害性、放射性、腐蚀性物质或者传染病病原体等危险物质的行为”“非法携带枪支”“伪造、变造或者买卖国家机关、人民团体、企业、事业单位或者其他组织的公文、证件、证明文件、印章”等违反行政义务的行为应被纳入轻罪的犯罪圈。

3. 现行刑法中规定的，罪刑较为轻微的犯罪行为

我国刑法中很多抽象危险犯呈现不服从犯的特点，这类犯罪常见多发、证据认定简单，与传统的重罪具有不同的特点。例如，危险驾驶罪和使用虚假身份证件、盗用身份证件罪的法定最高刑是拘役，对此类犯罪由轻罪制度调整更加合适；非法持有、私藏枪支、弹药罪等法定刑为3年以下有期徒刑的犯罪都应被纳入轻罪的调整范围。对于刑法和行政处罚竞合的行为，既然刑法已经规定该类行为为犯罪，性质上就应当属于

---

① 参见冀洋：《被劳教行为该向何处去——以治安管理处罚与刑罚的衔接为中心》，载《甘肃政法学院学报》2015年第3期。

② 张明楷：《犯罪定义与犯罪化》，载《法学研究》2008年第3期。

具有比较严重的社会危害性的行为,应遵循"就重不就轻"原则,将其纳入轻罪范围。而且,轻罪的刑罚轻但适用刑事诉讼程序,更有利于对违法行为人的权利保障,将《刑法》和《治安管理处罚法》竞合的行为纳入犯罪圈,更好地保障违法者的权利。

(三)轻罪法庭之构建

轻罪犯罪圈背后体现了行政权与司法权的博弈,亦对效率与公平提出了新的挑战。行政权以更好地管理社会公共事务为目标,以效率作为权力运作的基本准则;司法权则是通过个案审理实现社会的公平正义,其核心价值在于程序的正当性、个人应享有的实质权利和法律的平等保护权,以及平等理念。① 轻罪制度确立后,大量轻微违法行为将给法庭带来过重负担,应借鉴国外制度设立轻罪法庭,实现效率与公正的平衡。

关于轻罪法庭的设置,主要有三种方式:一是在人民法院现有体制下,单独设立专门的治安法院审理治安轻罪案件;二是由人民法院现行内设的刑事审判庭负责审理治安案件;三是在现行人民法院内部单独设立轻罪审判庭,专门负责审理轻罪案件。② 第一种方式有违反宪法关于人民法院是我国审判机关规定的嫌疑,且在我国现行的司法体制下,治安法院的性质与地位难以得到肯定。第二种方式未考虑我国当下刑事审判工作任务过于繁重、大多数刑事审判均在超负荷运转的事实,会遭到现有刑事审判机关的反对与抵制。而设立轻罪法庭,既不突破宪法对审判权的规定,又与我国现有的司法体制兼容,是较为可行之举。设立轻罪法庭承担轻罪的审判任务,不但能够为刑事审判机构减轻负荷,而且能够提高审判效率。轻罪法庭的管辖范围主要是废止劳动教养后转处的案件以及涉嫌《刑法》和《治安管理处罚法》中被纳入轻罪范围的罪名的案件。在诉讼程序上,应在贯彻正当程序原则、保障被告人合法权益的前提下,探索简化程序、提高效率的道路。

四、结语

在全球化进程中,我国刑法不能故步自封、抱住传统刑法理论不放,而应当积极借鉴吸收国际上刑法的经验和成果,建立起中国特色的轻罪制度,这才是体现实事求是精神的务实选择。《刑法修正案(八)》将醉驾、扒窃行为独立入罪,《刑法修正案(九)》对抢夺罪等进一步去数额化,表明我国刑法正在改变"重罪重刑"的局面。《治安管理处罚法》的修订,应充分考虑前劳动教养行为的分流处置,重视剥夺人身自由的程序保障,实现与《刑法》的顺利衔接,同时设立轻罪法庭实现公正和效率的统一。

① 张明楷:《犯罪定义与犯罪化》,载《法学研究》2008 年第 3 期。

② 参见陈泽宪等:《关于改革劳动教养制度的研究报告》,载储槐植等主编:《理性与秩序——中国劳动教养制度研究》,法律出版社 2002 年版,第 338—339 页。

轻罪犯罪附随后果的实践流弊与治理措施

于 阳[*] 陈轶男[**]

近年来,随着我国犯罪治理观念的转变和刑事政策的调整细化,为满足公民安定所需,犯罪圈也在逐步扩张,刑事立法的轻罪化已成趋势,并在顺应社会发展的同时,着重发挥对公民行为规范的指引、评价功能。将部分治安案件转为刑事案件,并通过司法裁决,使司法机关在罪刑规范缺乏或不明确时,既不会类推认定为犯罪,也不会随意作刑事出罪处理,从而做到惩罚犯罪与保障人权有机结合。① 与此同时,过往繁多且散乱的犯罪附随后果并未得到相应调整,反而呈现扩张趋势,过分限制犯罪人及其亲属的正常活动,为犯罪人带来的负面效应远甚于其应当承担的刑事责任,造成"轻罪不轻"的现象。这不仅有违刑罚轻缓化价值理念,同时有碍犯罪人再社会化。当前,有必要在对各类轻罪犯罪附随后果进行适当梳理的基础上,规范设立权限,改进和优化前置条件与附随后果间的逻辑关联,明确其适用期限,形成统一的适用标准,最终确立合理且有效的轻罪治理救济和保障机制。

一、轻罪犯罪附随后果概述

有关"犯罪附随后果"的含义,不同语境可作不同理解,与此相关的词语还有"附随法律责任""刑罚附随性制裁""刑罚体系外资格刑"②等。这些概念即便关注方向大体一致,内涵与外延却不尽相同。本文所称轻罪犯罪附随后果是指,对因实施轻微犯罪而被判处刑罚的犯罪分子,附随刑罚执行而适用的,剥夺或限制其相关权利及资格的不利后果。轻罪犯罪附随后果通常表现于特定职业及活动中,具体特征如下:其一,非刑事性。虽有"犯罪附随后果"之称,轻罪犯罪附随后果却是由刑法之外的法律法规、规章等规定,附随于刑事处罚而产生,且未在人民法院的判决书中体现,不具有刑罚及

---

* 山西大学法学院教授、博士生导师。

** 山西大学法学院刑法学方向博士研究生。

① 参见徐久生、师晓东:《犯罪化背景下犯罪附随后果的重构》,载《中南大学学报(社会科学版)》2019年第6期。

② 付强:《论犯罪行为的刑罚附随后果》,载《法学杂志》2015年第7期。

司法宣告性质,反而带有行政处罚意味。其二,自主性。该后果往往只以“曾经犯过罪”或“有犯罪记录”等为前提而不会附带其余条件。且一经确定就由相关组织、单位自动适用,无特定程序也未经司法裁决,随意性及盲目性明显,类似于对犯罪者的二次惩罚。其三,广泛性。轻罪犯罪附随后果散见于众多法律法规、部门规章、行业规定中,内容包括对轻罪犯罪人从业资格及民事活动等的禁止或限制,近乎涵盖日常生活的全部。① 由此可见,犯罪附随后果在我国法律体系中居于特殊地位,既不属于刑罚,又在实质上为犯罪人创设与之类似的不利后果,对其本质的认识因而显得尤为重要。

犯罪附随后果虽然不是刑罚,却能给犯罪人带来不亚于刑罚的痛苦。但不无遗憾的是,我国现行法律并未对其含义作出明确规定,学界对其属性同样未达成共识,笔者大致对三种主流学说分析如下:其一,保安处分说。该学说将附随后果中的从业禁止条款等同于保安处分中的预防性措施,因二者同时具有特殊预防目的而存在一定合理性。然而,保安处分的主要根据是行为人的人身危险性与犯罪可能性,并不以犯罪事实为前提,附随后果则必须建立在犯罪事实基础上,适用对象也与之密切相关。其二,行政处罚说。该学说将附随后果中有关从业资格的限制和禁止性规定纳入“行政许可”范畴的观点有其合理性,却忽视了犯罪附随后果并不局限于该内容,甚至有相当大的一部分来源于非官方企业、组织或个人。其三,资格刑说。该学说将犯罪附随后果等同于刑罚中的资格刑,认为其本质是以行政处罚为名,行资格刑之实,且都以剥夺犯罪人行使某些权利之资格为目的。然而,犯罪附随后果包含却不限于资格限制,还有对其社会活动的制约等。况且,资格刑以构成犯罪为前提,且由立法机关制定,而犯罪附随后果的前提条件则是受过刑事处罚,其制定主体多样。二者所处阶段及制定主体有别,难以等量齐观。事实上,犯罪附随后果之所以呈现“四不像”状态,主要是因为杂乱的设置阶层及繁多且缺乏针对性的适用规则。要想解决难题,必须厘清源头,对其分类梳理,加强前置条件与犯罪附随后果之间的因果关联,有的放矢进行增删,为进一步构建相关制度奠定基础。

二、轻罪犯罪附随后果的司法适用现状

随着轻罪时代到来,为回应公众需求,维护社会稳定,犯罪圈相应扩大②,犯罪化已由消极谦抑转为积极扩张③。出于避免再犯的特殊预防需要,适用于轻罪犯罪人的犯

---

① 参见孙晶晶:《对我国犯罪附随后果立法实践的审视与重构》,载《江苏警官学院学报》2023 年第 3 期。

② 参见卢建平:《为什么说我国已经进入轻罪时代》,载《中国应用法学》2022 年第 3 期。

③ 参见梁根林:《刑法修正:维度、策略、评价与反思》,载《法学研究》2017 年第 1 期。

罪附随后果并未得到相应调整。然而,比照轻罪本身较低的法益侵害性,该类犯罪人所具有的人身危险性较小,存在于犯罪附随后果具体适用中的诸多缺陷渐有突破刑罚轻缓化、冲击罪责刑相适应原则之嫌。

(一)轻罪犯罪附随后果体系分散

参照轻罪犯罪附随后果的现有前置条件①,以"受过刑事处罚""被判处刑罚""被依法追究刑事责任"等表述为关键词②,通过北大法宝网数据库进行检索可知,有关禁止或限制犯罪人权利和资格条款的数量庞大且分布层级广泛,涵盖法律法规、部门规章,甚至一些行业规定,分散且杂乱无章(见表 1)。

表 1 犯罪附随后果前置条件统计表

搜索关键词	法律	行政法规	部门规章	行业规定	总计
受过刑事处罚	16	6	172	10	204
受刑事处罚	18	3	70	11	102
受到刑事处罚	8	7	190	98	303
被判处刑罚	13	10	90	26	139
被依法追究刑事责任	5	4	66	11	86
总计	60	30	588	156	834

缺少统一法律约束是分散性的又一体现,上下位阶及同位阶规定间的冲突此起彼伏。例如,全国人大常委会和司法部仅将从事司法鉴定业务的禁止条件限于故意犯罪或职务过失犯罪,而《云南省司法鉴定管理条例》却将其范围扩展到职务犯罪。再以禁止担任幼儿园相关职位的前置条件为例,有些省(如山东省和吉林省)规定的限制条件为有犯罪记录,有些省(如辽宁省和江苏省)将其进一步限定为故意犯罪,有些省(如浙江省和安徽省)则更进一步限定为因故意犯罪被判处有期徒刑以上刑罚。此外,大量规定于各地招聘公告中的附随后果也因政策、地域及生活习惯的差别而有较大差异。分散且迥异的规定使得有关轻罪犯罪附随后果的适用及统计异常困难,难以保证其适用的公正性。

(二)轻罪犯罪附随后果缺乏针对性

当前我国对于轻罪犯罪附随后果的规定采取简单类型化思维,即"全部"或"全不"的运行模式,立法随意且规定用语不一致,由此导致前置条件规定模糊且与犯罪附随后果之间的逻辑关联性欠缺。例如,《法官法》和《检察官法》仅以因犯罪受过刑事处罚

---

① 此处所称前置条件,即指在法律、行政法规、部门规章及行业规定中有关犯罪附随后果表述的条文。

② 参见王瑞君:《我国刑罚附随后果制度的完善》,载《政治与法律》2018 年第 8 期。

为标准对候选人进行筛选。在现实生活中,更有单位直接在招聘公告中明确将未受过刑事处罚及无犯罪记录作为招聘条件。在多样的职业及社会环境中缺乏针对性,犯罪性质及行为模式笼统适用,只要犯过罪即被列为“危险对象”,并未将剥夺资格的具体内容与犯罪性质有机结合,难以对犯罪人日后的行为起到足够的威慑效果,非但无法发挥轻罪犯罪附随后果应有的特殊预防目的,反而无休止地扩充限制从业队伍,具有不当处遇之嫌。

(三)轻罪犯罪附随后果延伸广泛

负价值的严重性使社会主体的敏感度增强,对于刑罚及犯罪附随后果所带来的效果的期待值也随之增高,社会对刑满释放人员施加的禁止与限制措施随之延伸至社会信用评价体系。[①] 例如,典型的“失信行为公开”制度将有犯罪前科者全部定义为“失信行为人”,对其诸如购房、乘车等日常行为加以限制,无形中将其置于社会一般人的对立面,进一步加深其生存负担,对其融入社会造成难以消除的阻碍。[②] 更有甚者,该影响会在具体适用中不当扩散至犯罪人以外。以“积分制入学”为例,为进一步推动公共服务均等化,各地以积分排名方式解决外来人员入户、入学问题,以“受过刑事处罚”为扣减积分的标准之一,必然会导致犯罪人的子女受到牵连。再以“政审”制度为例,亲属等相关人员的犯罪事实直接影响个人的升学和就业。[③] 根据消极的责任主义,无责任则无刑罚,罪责应当自负。[④] 上述现象并非严格意义的犯罪株连,却可称为刑罚效果株连,突破责任主义,远超惩罚犯罪的必要限度。[⑤]

三、轻罪犯罪附随后果的司法适用困境

综上所述,当前轻罪犯罪附随后果的适用存在诸多不合理之处,难以形成放之四海皆准的行为规范以供犯罪人及司法人员提前知悉并作出预判,具有极大不稳定性与任意性。且从长远看,不加区分地一律设置复杂且严苛的障碍,有违人道主义精神且超过防卫必要限度,极不利于罪犯再社会化的实现。

(一)严重阻碍犯罪人回归社会

治安案件犯罪化将处罚决定纳入程序监管,使犯罪人的权利救济得到保障。然而,大量犯罪附随后果的存在同时会对其职业自由造成诸多限制。根据《宪法》的精

---

① 参见王瑞君:《“刑罚附随性制裁”的功能与边界》,载《法学》2021 年第 4 期。

② 参见沈岿:《社会信用体系建设的法治之道》,载《中国法学》2019 年第 5 期。

③ 参见崔志伟:《积极刑法立法背景下前科消灭制度之构建》,载《现代法学》2021 年第 6 期。

④ 参见张明楷:《责任论的基本问题》,载《比较法研究》2018 年第 3 期。

⑤ 参见范进学:《论宪法比例原则》,载《比较法研究》2018 年第 5 期。

神，以职业自由为内容的劳动权是我国公民基本权利之一。① 针对目前适用现状，为维护安全秩序、回应民众情绪，刑法人权保障机能极易受到忽视。刑满释放人员的“犯罪”标签很难消除，无关任职能力高低，绝大多数有前途、体面的从业资格都被剥夺，几乎被隔绝在社会主流体制外，平等就业权受到严重侵犯。正常获得生活来源的难度加大，以及差别对待引发的不忿，更使犯罪人对融入社会丧失信心，促使其再度走向对立，间接加大社会治理难度。

除此之外，犯罪人的人格权同样值得注意。“中华人民共和国公民的人格尊严不受侵犯”明确规定于我国《宪法》第 38 条，应当适用于任何人，包括实施犯罪行为、受过刑罚处罚者。以人格权中的荣誉权为例，一方面，将受刑罚处罚经历作为不良信息计入信用档案②，否定道德情操，不仅取消其作为荣誉或奖励候选人的资格，甚至将之前已经获得的部分荣誉就此收回，难免有溯及既往之嫌，打击犯罪人积极融入社会的信心。另一方面，随着社会不断发展，信息网络传播速度愈加快速多元，一旦将有关犯罪行为纳入征信系统，必然会迅速蔓延，甚至为全国公众知悉，使犯罪人此前辛苦维系的名声付诸东流。③ 所有规则实际上都是相互冲突的期待与利益交织，根据《监狱法》第 38 条的规定，即便是犯罪人也应在刑罚执行完毕后享有其他公民依法享有的各项权利，轻罪犯罪附随后果以特殊预防为目的，却在保护公共利益的同时忽略犯罪人权利保障，间接致使其社会评价骤降，生存空间压缩，严重阻碍其再社会化进程。④ 况且，作为最严厉的制裁方法，刑罚适用极具严谨性，犯罪人所负担的刑种和刑期都是司法机关综合考虑犯罪情节、社会危害性及人身危险性的结果，一经作出即具终局效力。纵观轻罪犯罪附随后果的适用，为最大限度地预防犯罪，不少效力层级低的规章及行业规定远超上位法界限，一律将犯罪人归入“失信”范畴，自行加重严苛程度，不仅有违罪责刑相适应原则，严重影响司法公正，而且是对司法终局性的不当冲击，最终有损司法权威。

（二）超出惩罚犯罪的必要限度

不分轻重地对犯罪人适用一般无二的严苛附随后果，大量聚焦于终身性禁止或限制，以刚性手段多次强加，难免出现后果与行为不匹配的情形，超出惩罚犯罪必要限度，最终引发更严重的社会危机。

首先，终身性后果繁多是其超出必要限度的表现之一。即便是作为最严厉制裁手

---

① 参见韩大元主编：《中国宪法事例研究（一）》，法律出版社 2005 年版，第 133 页。

② 参见李怀胜：《犯罪记录对社会信用体系的耦合嵌入与功能校正》，载《法学杂志》2021 年第 3 期。

③ 参见严磊：《积极刑法观下犯罪附随后果研究》，载《人大法律评论》编辑委员会组编：《人大法律评论》（2021 年第 1 辑），法律出版社 2022 年版，第 342—347 页。

④ 参见徐久生、师晓东：《犯罪化背景下犯罪附随后果的重构》，载《中南大学学报（社会科学版）》2019 年第 6 期。

段的刑罚,适用都有明确的形式、内容和期限。司法机关对犯罪人判处刑罚是建立在综合考虑的基础上,以成功改造为目的,执行完毕后归入社会不至于发生太大危险。以醉酒型危险驾驶罪为例,其最高法定刑仅为拘役,社会危害性及人身危险性相对较小,该罪行为人经过一定期限的矫治教育完全可以回归最初状态。然而,《公务员法》《法官法》等却将其终身排除,显然不具有合理性。况且,醉酒驾驶行为仅侵犯道路交通安全秩序,所有限制均应立足于该法益的保护,以从事有关运输或驾驶活动为限,否则便会超出该罪惩罚犯罪的界限,带来与行为不相符的严苛后果。

其次,刚性且轻率的适用是其又一表现。与刑罚的体系性规制相比,犯罪附随后果的适用尚不具有成熟的评判标准及尺度,笼统宽泛的设定在细节和逻辑上根本经不起推敲。缺乏有效衡量机制精准评判犯罪人的人身危险性,符合条件即强行适用而无任何缓冲,有司法擅断之嫌,极易有损实质正义。具体适用中,由于缺乏一以贯之的标准可供执行,为了最大限度地保持自身行业的纯洁性,执行者往往采用“层层加码”的方式,叠加适用各类附随后果,为了防止极少数人实施危害社会行为,一律将所有“可能”作出此行为者尽数纳入“负面清单”。此外,救济途径缺位是其刚性的又一表现,既不以程序启动为前提,又未经过详细论证与调研,也无适用中的必要监管,随后更无可供表达不公与诉求的平台,终会陷入无人追究的尴尬境地。

显性的刑罚处罚叠加隐性的附随后果,实际加诸于轻罪犯罪人的“惩罚”早已超出惩治其行为的必要限度,且无法简单用数字衡量。① 加重的负担非但难以发挥特殊预防效果,反而更易适得其反,最终造成司法与个人两败俱伤的结果,影响社会稳定。② 犯罪行为虽然具有严重社会危害性,但刑法具有天然的事后法属性③,刑事法网过于严密、刑罚手段过于严苛,人们动辄得咎,必然导致行为萎靡,对犯罪人加诸不利后果时应以制止及预防犯罪为限。例如,从业禁止的适用应与犯罪人的犯罪情节及人身危险性相适应,以个别评估代替整体评估模式,以降低再犯危险为目的,将其排除出可能犯罪的领域,期限既不可因太短而失去预防效果,也不能因太长而造成不应有的限制。④

四、轻罪犯罪附随后果治理措施的完善

时代发展至今,面对轻罪犯罪附随后果适用中呈现出的种种困境,必须摒弃刑罚

① 参见王瑞君、吴睿佳:《法外的惩戒:“社会性制裁”概念辨析及其内涵证立》,载《甘肃政法学院学报》2019 年第 2 期。

② 参见周光权:《论刑事一体化视角的危险驾驶罪》,载《政治与法律》2022 年第 1 期;周光权:《积极刑法立法观在中国的确立》,载《法学研究》2016 年第 4 期。

③ 参见王强军:《社会治理过度刑法化的隐忧》,载《当代法学》2019 年第 2 期。

④ 参见陈庆安:《单位适用从业禁止问题研究》,载《法学》2017 年第 4 期。

万能论，将促使犯罪人再社会化作为根本出发点与立足点，理性看待受过刑罚处罚者的人身危险性及再犯可能性，以严谨务实的态度完善轻罪犯罪附随后果的适用规则，进而达到预防犯罪与保障人权的平衡。

（一）优化现行轻罪犯罪附随后果

为了解决层层加码、无法形成有效适用体系的难题，轻罪犯罪附随后果的设置需慎之又慎。

一方面，规范设立阶层，或可将其提升至法律、行政法规层级，禁止不具备全面考察能力的地方政府或团体为规避风险而任意设定，最大限度地保证严谨性。在此基础上，建立严格下位规范失效机制，及时清理缺乏上位根据的规定，以此减少“同案不同判”现象，保证适用的稳定性。此外，还应调整现有前置条件中的宽泛表述，不再使用诸如“危害公共安全罪”“危害市场经济秩序罪”等类罪名，而是添加具体行为模式予以限定，便于有针对性地适用附随后果，尽可能避免矛盾发生。

另一方面，在设置阶层稳定且严谨的前提下，要想使轻罪犯罪附随后果有序适用，还需注重条件与结果间的逻辑关联，贯彻不当联结禁止原则。① 首先，应当区分犯罪行为，立足于特定犯罪的规范保护目的，以具体犯罪类型为标准，着重考虑其与限制内容间的关联，从而增强适用结果的可接受度。例如，禁止危险驾驶罪犯罪人从事交通运输类工作，禁止帮助信息网络犯罪活动罪犯罪人从事与信息网络密切相关的职业，以此剥夺其再次利用便利条件实施犯罪的能力。其次，应当注重实际情况，灵活适用于不同主体。如国家税务总局将没有受过刑事处罚作为办税业务人员的限制条件，不会对设有专职财务岗位的大企业造成影响，但若将其适用于某些纳税人由实际经营负责人兼任的个体工商户，则会变相对犯罪人步人商业领域造成限制，有碍其参与社会活动。

（二）消减不合时宜的轻罪犯罪附随后果

优胜劣汰是生物进化的首要法则，也是社会向前发展的关键，消减不合时宜的轻罪犯罪附随后果的种类和内容是完善轻罪犯罪附随后果适用规则的重中之重。

第一，尽可能压缩终身性后果的适用。废除终身性限制条款是现代刑事政策的客观要求。法律设置本应以实现必要规制为限，轻罪犯罪附随后果亦然。如前所述，轻罪犯罪人刑罚执行完毕后的社会危害性及再犯可能性较小，甚至有些犯罪人在刑罚执行中已消除人身危险，终身性限制超出惩罚犯罪的必要限度，有违刑法谦抑性原则，在制度设计上有简单粗暴之嫌，既不利于实现威慑功能，也不利于保障人权。②

第二，对于特殊人员的适用需谨慎。首先应排除适用于非犯罪者本人。受传统重

① 参见舒登维：《轻罪立法趋势下犯罪附随性后果的反思与限缩》，载《江西警察学院学报》2022年第2期。

② 参见王瑞君：《我国刑罚附随后果制度的完善》，载《政治与法律》2018年第8期。

刑、株连思维观念影响，在犯罪记录逐渐为大多数人所知悉的当下，社会公众抵触心理已在无形蔓延，对其父母、子女乃至亲属的就业、求学或婚恋造成极大阻碍。只有遵循罪责自负原则，严格将此不利后果限制于犯罪者本人，尽可能减少对无辜他人的影响，才能缓和社会群体间的矛盾，维持社会良性运转。其次应当排除适用于未成年犯罪人。与成年人相比，未成年人的年龄及生活阅历受限，发育尚不完全，即便受不住诱惑走上违法犯罪道路，主观恶性仍处于可控范围，服刑期间更易改造。应当秉持"教育为主、惩罚为辅"的理念，尽可能为其日后学业、职业及性格发展提供宽松空间。最后，还应排除适用于过失犯轻罪的犯罪人。以高空抛物罪为例，轻罪犯罪的社会危害性本身有限，主观心态若为过失，则表明该行为人并非希望或放任，更未采取积极行动追求他人受伤或财物损坏结果，主观恶性及人身危险性较小，接受刑罚处罚后几乎没有再犯可能性。[①] 排除附随后果的适用既能帮助其减轻负累、尽快复归社会，又能节约司法资源，实现效率与公正有机统一。

第三，犯罪附随后果的适用需考虑特殊情节。一方面，无论是附条件不执行原判刑罚的缓刑制度，还是附条件予以提前释放犯罪人的假释制度，皆是在惩罚与改造相结合刑事政策指引下确立的刑罚制度。且经司法机关认定，其适用对象所实施的犯罪行为客观危害性均不大，再犯可能性较小，刑罚严厉性甚至弱于犯罪附随后果。[②] 根据比例原则的内在要求，只有对其排除适用犯罪附随后果，才能使犯罪人在感受刑罚威慑的同时，切身体会法律的宽容，从而自觉约束行为，积极回归社会，以最经济的方式实现刑罚功能。[③] 另一方面，应当排除犯罪附随后果在防卫过当及避险过当情形中的适用。作为违法阻却事由，正当防卫和紧急避险属于不得已而动用私力救济来保卫国家、集体乃至个人合法权益免受正在进行不法侵害的行为，本身具有合理性，只有过当者才值得处罚。且通常情形之下，该类犯罪人不具有再次实施犯罪行为的危险性，出于人道主义精神，将其排除出犯罪附随后果的适用范围的做法显然具有正当性。

（三）增设新的轻罪犯罪附随后果

要使一项制度具有时代活力，因地制宜增设新内容必不可少。就轻罪犯罪附随后果的适用现状，首先，应在特定职业领域增加有关资格刑的规定。我国法定资格刑目前只有剥夺政治权利与驱逐出境。笔者认为，借鉴大陆法系国家通行做法，将犯罪附随后果整体纳入资格刑范畴虽不具有现实意义，却可与某些对廉洁性要求高的职业进行适当融合，并将其同样固定为资格刑，对《刑法》第 37 条进行修改，并在刑法分则的

---

① 参见高铭暄、马克昌主编：《刑法学》（第 10 版），北京大学出版社、高等教育出版社 2022 年版，第 111 页。

② 参见周光权：《刑法总论》（第 4 版），中国人民大学出版社 2021 年版，第 475、480 页。

③ 参见高铭暄、马克昌主编：《刑法学》（第 10 版），北京大学出版社、高等教育出版社 2022 年版，第 281—282 页。

具体罪名中规定适用条件、期限,以及相应处罚措施等。① 这样一来,既能保证体系完整,引导有关机关正确适用,精准维护职业利益,又能解决无正当根据将犯罪人排除出职业范围的问题,还能有效引入司法监督,促使适用与执行有序推进,实现实体与程序相衔接。②

其次,探索个性化的前科消灭也不失为一项重要举措。如前所述,轻罪犯罪附随后果的具体适用期限应当明确,阶梯式递增是弥补当下适用困境的有益之举。参照学界对轻微罪的划分标准③,可将 1 年和 3 年作为两个时间节点,区分性质与情节,对确有必要适用附随后果的轻罪犯罪人作差异化处理。所受刑罚若为 1 年有期徒刑以下,则附随后果适用期限应不超过 1 年;所受刑罚若为 1 年有期徒刑以上、3 年有期徒刑以下,其适用期限应不超过 3 年。给予合理有效的选择空间,既能达到预防犯罪所需,又不至于惩罚过度,给犯罪人造成难以承受的负担。犯罪附随后果的目标是预防犯罪,前科消灭的目标在于使犯罪人更好地回归社会,两者看似排斥却相互关联。可将轻罪犯罪作为试点,借鉴未成年人犯罪记录封存制度的实践经验,在上述期限设置基础上,由低到高,着重关注刑罚执行期间犯罪人的各项具体表现,综合评估再犯可能性并及时出具相关证明,在其回归社会后更应实行跟踪监测,以便及时终结无须继续的不利限制④,公布于互联网的裁判文书也应随之匿名,最大限度地为犯罪人融入社会提供保障。

最后,还应增加有关程序性保障的内容。程序性保障是公正性的前提,也是有效救济与复权的根基。一方面,应在轻罪犯罪附随后果的适用前,增加对其禁止或限制条款的正当性审查,排除那些一味体现报应和预防却未注意人权保障的条款,以及与上位法相抵触的条款,保证适用前提有序性。另一方面,应增加有关适用程序的规定。例如,人民法院在审理过程中应及时通知有关部门对犯罪嫌疑人的情况进行评估,通过综合裁量后一并作出宣判。使轻罪犯罪附随后果的适用在诉讼程序内进行,并固定于刑事裁判文书,不仅可以倒逼相关人员谨慎且全面考虑,规避侧重倾向,更能避免对同一事项重复评价,为那些自感权利受到不当限制的犯罪人提供救济可能。规定程序与救济途径的最终目的是帮助犯罪人实现受损权益恢复⑤,努力在限制自由与保护自由间寻求平衡⑥,在上述具有"可诉性"的基础上,还应在司法优先原则指导下,设立专

① 参见舒登维:《轻罪立法趋势下犯罪附随性后果的反思与限缩》,载《江西警察学院学报》2022 年第 2 期。

② 参见涂欣筠:《新社会防卫论及其对我国刑事政策的启示》,载《理论探索》2017 年第 2 期。

③ 参见张明楷:《轻罪立法的推进与附随后果的变更》,载《比较法研究》2023 年第 4 期。

④ 参见付强、符洪雪:《优化我国犯罪附随后果制度的几点建议》,载《人民检察》2015 年第 20 期。

⑤ 参见彭文华:《我国犯罪附随后果制度规范化研究》,载《法学研究》2022 年第 6 期。

⑥ 参见张明楷:《张明楷刑法学讲义》,新星出版社 2021 年版,第 18—20 页。

门机关保证其有效实施,给犯罪人反抗强制性规范的可能性,帮助其通过诉讼寻求司法机关介入,从而恢复受损合法权益,最终提升其对社会及有关机关的信赖,最大限度地维护社会安定。

五、结语

作为预防再犯、保障社会安定的必要手段,轻罪犯罪附随后果有其存在的现实基础。然而,伴随犯罪标签泛化而来的种种问题也不容忽视。结合轻罪犯罪本身所具有的独特表征,为防止对有犯罪前科者的合法权益造成过度限制,必须立足宽严相济刑事政策,谨慎增减,体系性地整合相关规定。通过秉持预防犯罪和人权保障相结合的刑事司法理念,以人身危险性及再犯可能性作为附随后果的评判根基,更加人性地对待受过刑事处罚的犯罪人。在预防犯罪所需的必要限度内,尽可能保证其获得生存发展、平等参与社会生活的能力,减少犯罪人重新回归社会的种种掣肘,真正实现轻罪犯罪附随后果的设立初衷。

环境犯罪刑罚轻缓化路径：生态修复情节适用

杨 宁*

一、问题的提出

自党的十八大以来，生态文明建设受到国家高度重视和社会普遍关注。在政策指引下，我国的环境犯罪治理内涵更为丰富，一方面强调以最严格制度、最严密法治保护生态环境，另一方面贯彻宽严相济的刑事政策，将打击环境犯罪融入环境治理。目前，我国部分司法解释已经认可将生态修复作为一种酌定从轻量刑情节，亦即被告人实施有效的生态修复行为，可以被认定为从轻量刑情节。在近5年的环境犯罪刑事判决中，约有6%的案件考量了生态修复情节，除了污染型环境犯罪，在资源破坏型环境犯罪中也广泛适用且重点考虑了生态修复方式，例如，滥伐林木罪与补植复绿、非法捕捞水产品罪与增殖放流、非法占用农业地罪与土地复垦。① 最近，司法实践中还出现了新形态的生态修复方式，即以购买碳汇的方式进行生态修复，在多个滥伐林木罪案件中得到法院的认可。②

生态修复情节在量刑中发挥作用，对于犯罪情节较轻的环境犯罪案件，法院在量刑时考虑被告人实施积极生态修复行为的情节，可以判决免予刑事处罚；对于犯罪情节较重的案件，法院可以根据生态修复情节在量刑时从宽。同时，在起诉阶段，检察机关考察犯罪嫌疑人的生态修复情节，对于犯罪情节轻微的，可以作出不起诉决定。在环境犯罪领域，刑罚轻缓化主要是指在环境犯罪治理中，不总依赖刑罚的惩罚，转而为犯罪行为造成的生态环境损害进行弥补和修复。生态修复情节的特点是及时修复受损的生态环境，引导以切实可靠的生态修复直接作用于环境优化，避免不必要的刑罚。准确适用生态修复情节有利于环境犯罪量刑的科学化和精细化，但实践中生态修复情节的适用也存在困境。统计表明，在一审案件中积极主动修复生态环境或缴纳生态环

---

* 天津大学法学院副教授。

① 参见杨宁、冯悦超：《我国刑事司法中生态修复酌定量刑情节研究》，载《公安学研究》2023年第2期。

② 参见“文某军等盗伐林木案”，上海铁路运输法院(2023)沪7101刑初107号刑事判决书；“吴岳长滥伐林木案”，福建省顺昌县人民法院(2021)闽0721刑初139号刑事判决书。

境修复费用的较少,但在二审中部分被告人提出主动修复生态环境或缴纳修复费用,案件由此改判。① 这说明对于生态修复情节如何适用还有待进一步规范。一方面,实践中生态修复情节的适用范围需要清晰界定;另一方面,生态修复情节具有特殊性和专业性,应当探索更为科学和可行的衡量方式和适用路径。

本文结合实务判决探讨生态修复情节的范围,对争议问题进行辨析,根据我国的现实需求,提倡生态修复情节的梯度衡量方式,以刑事程序附带公益诉讼的路径探讨优化该情节的适用,为司法机关在环境犯罪的量刑中准确适用生态修复情节、促进环境犯罪刑罚的轻缓化提供理论参考。

二、生态修复情节的适用争议探析

环境犯罪不同于传统的人身、财产犯罪,即使犯罪人受到了严厉的刑罚处罚,犯罪行为所破坏的生态环境也未必能够得到修复。通过适用生态修复情节的方式,激励犯罪人及时修复因其犯罪行为而受到损害的生态环境,人与自然的和谐关系也得以修复,切合生态环境保护的目的,符合我国生态文明建设的要求。②

(一)生态修复情节适用的规范依据

近期,生态修复情节在司法文件中被多次强调。最高人民法院、最高人民检察院于 2023 年 8 月 8 日联合发布的《关于办理环境污染刑事案件适用法律若干问题的解释》(以下简称《新解释》)第 6 条根据恢复性司法的要求,进一步完善了对污染环境罪的从宽处理规则,明确:“实施刑法第三百三十八条规定的行为,行为人认罪认罚,积极修复生态环境,有效合规整改的,可以从宽处罚;犯罪情节轻微的,可以不起诉或者免予刑事处罚;情节显著轻微危害不大的,不作为犯罪处理。”③最高人民法院于 2023 年 8 月 13 日发布的《关于审理破坏森林资源刑事案件适用法律若干问题的解释》第 12 条第 2 款规定:“实施本解释规定的破坏森林资源行为,行为人系初犯,认罪认罚,积极通过补种树木、恢复植被和林业生产条件等方式修复生态环境,综合考虑涉案林地的类型、数量、生态区位或者涉案植物的种类、数量、价值,以及行为人获利数额、行为手段等因素,认为犯罪情节轻微的,可以免予刑事处罚;认为情节显著轻微危害不大的,不

① 参见山东省高级人民法院环境资源审判庭课题组:《环境污染犯罪在法律适用中存在的问题及对策研究——以山东法院 2017—2021 年审结的污染环境罪案件为样本》,载《山东法官培训学院学报》2022 年第 5 期。

② 参见靳匡宇:《生态修复量刑情节的司法适用研究——以 187 份长江环境资源刑事裁判文书为样本》,载《交大法学》2020 年第 3 期。

③ 参见周加海、喻海松、李振华:《〈关于办理环境污染刑事案件适用法律若干问题的解释〉的理解与适用》,载《人民司法》2023 年第 25 期。

作为犯罪处理。”上述司法规范认可了生态修复情节，但对于生态修复情节的范围并没有明晰的指导。在司法解释和指导性案例的基础上，有不少地方司法机关也在积极探索生态修复情节的适用规则。地方司法实践中，各地司法机关相继颁布了有关生态修复情节的规范性文件，以指导当地对于该情节的具体适用，弥补司法解释规定过于笼统的缺陷。例如，四川省高级人民法院于2016年公布的《关于加强环境资源审判工作服务我省绿色发展的指导意见》中明确规定，在依法审理破坏环境资源犯罪案件时，将补种复绿、增殖放流等生态修复行为纳入被告人的量刑情节予以考虑。

（二）生态修复情节适用争议的辨析

我国环境刑事司法中适用生态修复情节是以实践探索为先。[①] 司法实践中，针对各类环境犯罪的生态修复情节已经普遍存在。然而，由于缺乏理论指引和指导性规范，各地在适用生态修复情节时已经出现滥用的问题。对于生态修复情节所指范围有三个争议：单纯的金钱赔偿行为是否属于生态修复，是否所有环境犯罪都能适用生态修复情节，以及生态修复达到何种效果才能影响量刑。

第一，符合一定标准的支付生态修复费用属于生态修复。反对观点认为支付生态修复费用不应当属于生态修复。传统观点认为生态修复指的是通过复绿、固土、植树种草、清运垃圾、增殖放流等各种补救措施使被破坏的生态环境得以恢复到原来的状态。[②] 生态修复本质上是一个长期、持续的过程而非结果。[③] 具体而言，生态修复需要时间成本的大量投入，具有长期性的特征。而支付生态修复费用这类单纯的金钱赔付行为并非一个处于持续状态的行为过程。支付生态修复费用只是一种金钱付出的结果，且不用为后续修复效果负责。这与生态修复情节的衡量逻辑并不相通。

但目前司法实践中大量以支付生态修复费用作为生态修复的从宽情节。从理论上分析，其合理性在于当前环境犯罪的刑事诉讼与公益诉讼相结合后，犯罪嫌疑人、被告人支付的生态修复费用是通过科学的环境损害评估得出的，支付后可依托专业机构完成修复方案，由此从单纯的金钱赔偿过渡为可靠的环境修复。因此符合上述条件的支付生态修复费用应当认可为生态修复情节。

第二，生态修复针对的是具有可修复性的受损生态环境。可修复性是指当一定区域内的生态环境受到损害后，其环境状态还有客观上逆转的可能和必要。生态修复情节的适用范围不应限于司法解释的限制。根据《新解释》第6条的规定，生态修复可作为量刑情节适用的范围仅包括污染环境罪。但根据2016年《关于办理环境污染刑事

---

① 参见程红、王永浩：《刑法视野中的生态补偿：现实图景与困境突围》，载《江西社会科学》2020年第4期。

② 参见杨德伟、谭青松：《生态环境修复中的刑法保护》，载《中国检察》第23期。

③ 参见高思洋：《生态修复制度之现实隐忧与规范精进》，载《中国石油大学学报（社会科学版）》2021年第5期。

案件适用法律若干问题的解释》第 5 条①的规定，则是污染环境罪和非法处置进口的固体废物罪可以适用生态修复情节。理论上并不能认可这种量刑上的限制适用。污染环境罪、非法处置进口的固体废物罪作为污染型犯罪，根据具体案情都可能具备环境法益可恢复的特点。而破坏生态资源类犯罪中更大量存在环境法益可修复的犯罪，例如盗伐林木罪、滥伐林木罪。当行为人的犯罪行为没有给林地带来永久性损害时，可以通过补植复绿等手段修复生态环境。因此，不能单以罪名来判断是否可以适用生态修复情节。《新解释》的规定限缩了生态修复情节的适用范围，并未涵盖生态修复作为量刑情节的所有可能性，限制了该情节在实践中发挥作用。司法实践中该情节的适用早不局限于此。这并不违背刑法的规定，根据《刑法》第 61 条关于量刑的规定，生态修复情节适用的罪名是没有限制的，司法解释只是对在污染环境罪中适用该情节给予肯定，并非不允许将其应用于其他罪名。

适用生态修复情节的基本前提——犯罪行为损害的生态环境具有可修复性。根据可修复性标准，并非所有受损的生态环境都有修复的意义和必要。我国生态环境部、最高人民法院、最高人民检察院等在 2022 年发布的《生态环境损害赔偿管理规定》第 9 条将生态环境损害分为可以修复和无法修复两类。而只有可以修复的受损生态环境才有进行生态修复的意义和必要。生态环境损害的可修复性既取决于技术上的可行性，也取决于经济上的可行性。② 如果目前的科学技术水平不够或者修复成本巨大超出承受能力，生态修复就没有现实意义。比如，永久性损害就不具有可修复性。原环境保护部发布的《环境损害鉴定评估推荐方法(第Ⅱ版)》中规定，永久性损害是指受损生态环境及其服务难以恢复，其向公众或其他生态系统提供服务的能力完全丧失。那么，如果环境犯罪中犯罪行为所造成的生态破坏已经不可能再挽回，生态修复则无从谈起。

我国《刑法》第 341 条第 1 款规定危害珍贵、濒危野生动物罪，犯罪行为造成珍贵、濒危野生动物死亡的，无法通过任何手段修复该法益。在这样的情况下，一般应当认定不具有可修复性，不适用生态修复量刑情节。实践中存在对此的误用。根据环境学的通说观点，生态损害的内涵包括环境要素的不利改变、生物要素的不利改变，以及环境要素与生物要素构成的生态服务功能的退化。③ 显然，生态环境受损意味着生态系

① 2016 年《关于办理环境污染刑事案件适用法律若干问题的解释》第 5 条规定："实施刑法第三百三十八条、第三百三十九条规定的行为，刚达到应当追究刑事责任的标准，但行为人及时采取措施，防止损失扩大、消除污染，全部赔偿损失，积极修复生态环境，且系初犯，确有悔罪表现的，可以认定为情节轻微，不起诉或者免予刑事处罚；确有必要判处刑罚的，应当从宽处罚。"

② 参见吕忠梅、窦海阳：《修复生态环境责任的实证解析》，载《法学研究》2017 年第 3 期。

③ 参见颜卉、刘海燕：《生态环境公益诉讼与损害赔偿诉讼衔接机制的优化路径》，载《中国检察官》2022 年第 17 期。

统及内部生物要素的不利变化，具有复杂性，并不是表面上损失的动物、植物这么简单。相应的，对生态损害进行修复也就非常复杂。从严格意义上来说，生态环境受到污染和破坏后，恢复到受损害之前的状态几乎不可能。① 但是生态环境有自愈的性质，增加其中有益的因素可以期待其恢复一定机能。因此，生态修复的目的是使其尽可能地接近未受损状态。

第三，生态修复是一个长期的过程，需要投入一定的成本和精力，其效果的出现也需要一定的时间。如果将生态修复限定为已然效果，将验收成功后的时间节点作为量刑的唯一标准，这种对量刑情节的限缩会打击犯罪嫌疑人或被告人实施生态修复的积极性。因此在实践中普遍出现了考察预期效果的做法。总体来看，实践中根据具体罪名保护法益的特殊性和修复实效，出现了三种较为突出的原貌修复型生态修复情节：滥伐林木罪与补植复绿、非法捕捞水产品罪与增殖放流、非法占用农业地罪与土地复垦。同时，以缴纳生态修复金为代表的替代型生态修复情节则广泛适用于污染型环境犯罪和资源破坏型环境犯罪之中。

三、生态修复情节的适用优化

生态修复情节由实践探索和推动而产生与发展，同时又需要在具体的司法实践中来评价和检验，其理论研究的最终落脚点还在于解决现实的问题。当前生态修复情节适用缺乏科学精准的衡量方式。反思我国实践中该情节适用的问题，本文提倡生态修复情节的梯度衡量方式，并主张环境犯罪刑事诉讼与附带公益诉讼更紧密地结合，促进科学认定和适用生态修复情节。

（一）现有生态修复情节衡量方式之不足

由于环境犯罪的特殊性，生态修复行为在现实中呈现出多种不同的形式。有直接在受损地进行修复的，也有在生态修复基地进行替代修复的；有已经修复完成的，也有修复正在进行的。各个具体情节之间的差异体现了犯罪人主客观上对法益恢复的不同贡献，不同类型的情节对应不同的量刑幅度。因此，科学衡量该情节的前提是生态修复采取的分类标准对量刑有引导价值。

生态修复理论进入刑事司法领域以来，其分类标准被很多学者关注。过去，学者通常将其分为直接修复和间接修复。直接修复是指实施环境犯罪的行为人以自己的实际行为对受损的生态环境进行修复；间接修复是指行为人不通过自己的行为进行生态修复，而是通过缴纳生态修复费用的方式间接实施生态修复行为。其中，直接修复

① 参见吕忠梅、窦海阳：《修复生态环境责任的实证解析》，载《法学研究》2017 年第 3 期。

还可以进一步分为原地修复和替代修复。顾名思义,原地修复是指在受损害的生态环境原地进行的修复。① 替代修复是环境遭到污染或破坏后无法原地修复时所采取的替代性修复措施。② 这种分类衡量似乎对于生态修复的各种情况把握得足够全面,但对于生态修复情节的研究来说存在问题。该修复方式未体现出不同类型的修复方式在修复效果上的明显差别。一方面,行为人对于直接修复和间接修复的选择往往取决于自身的能力及修复所需技术的复杂程度。因此,在选择上无法体现出两者之间在行为人悔过心理上的差别。另一方面,在修复效果上,并不能仅通过类型直接预判其对于受损生态环境作用的大小差别。总之,该分类方式对于法官量刑来说仅有定性作用,并无定量作用。

还有学者根据对量刑的影响不同,将刑事案件中的生态修复类型化为弥补型修复和代偿型修复。③ 其中,弥补型修复方式呈现出明显的可视性特点,以追求实效为旨归,包括承诺修复、增殖放流、补植复绿等具体措施。而代偿型修复方式又可分为金钱代偿和劳役代偿两种类型。此种修复方式难以看到或者在短期内难以看到实效,多偏重于惩戒教育。可见,代偿型修复对于环境的正向作用整体较差。相反,弥补型修复方式由于其可视性以及对环境修复的即时性实现等特点,对生态环境的修复价值更为突出。相比较之下,弥补型修复方式和代偿型修复方式对于生态环境的作用大小相差明显,也能反映出犯罪人主观责任的差别,体现了两种不同的类型在修复效果上的区别。但是,该衡量方式不够具体,没有将生态修复履行程度对量刑情节的影响纳入其中,对量刑的指导意义有限。

"不同形式与效果的生态修复所体现的犯罪人忏悔改造程度与生态法益恢复程度不尽相同。"④生态修复情节的衡量方式应契合法益保护的目的,在主客观考量因素上体现法益恢复这一目标的指引作用。对应在衡量方式上,要求法官将量刑幅度与生态修复的效果、履行程度及背后的主观态度相匹配。也就是说,不同类型的生态修复应在量刑衡量结果上有所区别,并且该区别是有标准的、有规律可循的。显然,目前的两种方式无法达到这一要求。因此,司法实践迫切需要一个科学合理的生态修复情节的

---

① 在"徐明与蔡亲武、凌仕清滥伐林木案"中,三名被告人砍伐了被害人吴某两块地上共 188 株橡胶树。案发后,徐明出资购买树苗,被告人凌仕清、蔡亲武在吴某家被伐橡胶林地补种 200 株槟榔苗。该槟榔苗长势较好,成活率在 95% 以上,经验收合格,法院认为可以对被告人从轻处罚。该案中,被告人在被破坏的林地上补种树木,直接针对受损生态环境进行弥补,这是原地修复的典型特征。参见海南省高级人民法院(2020)琼刑终 69 号刑事判决书。

② 参见吕忠梅、窦海阳:《修复生态环境责任的实证解析》,载《法学研究》2017 年第 3 期。

③ 参见靳匡宇:《生态修复量刑情节的司法适用研究——以 187 份长江环境资源刑事裁判文书为样本》,载《交大法学》2020 年第 3 期。

④ 鲁冰清:《论上诉期内生态修复行为作为量刑情节的正当性及其实现》,载《济南大学学报(社会科学版)》2022 年第 5 期。

衡量方式。

(二)生态修复情节梯度衡量方式之提倡

1. 梯度衡量方式之标准

本文以环境犯罪的法益恢复为目的,借鉴弥补型修复方式和代偿型修复方式的基本思想,提出梯度衡量方式。梯度衡量方式,即以情节对量刑幅度影响的本质差别为标准对生态修复情节进行衡量的方式。在司法实践中,生态修复情节呈现出混同为一的状态,各类型情节之间的差别不为实务所重视,导致其对当事人的激励不足。[①] 生态修复情节梯度衡量方式有助于突破这一困境。生态修复情节梯度衡量方式包括两个层次上的标准,第一层次采取是否直接作用于受损生态环境的分类标准,第二层次采取修复效果完成情况的标准。

梯度衡量方式根据生态修复行为是否直接作用于受损生态环境,将生态修复情节分为原貌恢复型修复和替代补偿型修复两类。原貌恢复型修复,即行为人在其犯罪行为所破坏的环境原地实施的修复行为,对受损环境的恢复起到积极效果。原貌恢复型修复的特点在于犯罪行为所破坏的环境与生态修复行为所直接针对的环境具有同一性,关键在于生态修复行为与受损生态环境之间的强关联性。即使犯罪人在原地修复毫无障碍的情况下选择替代补偿型修复,只要对区域的相应生态环境总体上有贡献,就不能否认其作为量刑情节的性质。因为,生态修复本质上是行为人自愿作出的行为,不能苛求其选择对法益最有利的方式。另外,与直接修复中的替代修复的前提条件不同,本文提出的替代补偿型修复并不是适用于受损生态环境无法原地修复的情形。替代补偿型修复也需要符合生态修复的本质特征,尤其是受损生态环境需要具有可修复性。

在这样的分类标准下,两个不同类型的修复方式对于量刑幅度的影响是有区别的。一方面,从生态修复效果上讲,不考虑现实中的修复风险,直接作用于受损环境的原貌恢复型修复显然对于生态环境的修复更有意义。另一方面,从行为背后体现出的行为人的主观心理来讲,原貌恢复型修复行为人也要比替代补偿型修复行为人的主观态度更好。因此,理论上实施原貌恢复型修复的行为人应该获得比实施替代补偿型修复的行为人更好的量刑待遇。

梯度衡量方式根据生态修复的效果将生态修复情节分为具有已然成果的生态修复和具有未然成果的生态修复。原貌恢复型修复和替代补偿型修复纵然体现了量刑幅度的本质差异,但仅作这一层次上的分类不足以将全部量刑情节划分成具体的梯度。根据最高人民法院、最高人民检察院《关于常见犯罪的量刑指导意见(试行)》关于

---

① 参见靳匡宇:《生态修复量刑情节的司法适用研究——以187份长江环境资源刑事裁判文书为样本》,载《交大法学》2020年第3期。

赔偿谅解的规定,"对于积极赔偿被害人经济损失并取得谅解的,综合考虑犯罪性质、赔偿数额、赔偿能力以及认罪悔罪表现等情况,可以减少基准刑的40%以下;积极赔偿但没有取得谅解的,可以减少基准刑的30%以下;尽管没有赔偿,但取得谅解的,可以减少基准刑的20%以下"。赔偿谅解在量刑时有较为具体和细致的量刑梯度,便于司法机关操作。本文借鉴这一思路,在上述分类方式的基础上,将生态修复情节根据具有的效果是已然效果还是未然效果作进一步划分。已然效果,指的是已经通过对修复完毕的受损生态环境进行评估,得出的相应结论。在具体案件中表现为被告人的生态修复行为已经通过专业机构验收合格。未然效果,指的是在生态修复正在进行和修复完毕但未进行评估这两种状态下,根据目前的成本投入等因素推测生态修复的未来效果。

综上,本文提出的梯度衡量方式,包括两个层次上的分类标准,第一顺位采取原貌恢复型修复和替代补偿型修复,然后在两个大分类中通过已然效果和未然效果进行细分。生态修复情节梯度衡量方式将生态修复情节具体划分为四个类型:具有已然效果的原貌恢复型修复、具有已然效果的替代补偿型修复、具有未然效果的原貌恢复型修复、具有未然效果的替代补偿型修复。该衡量方式符合我国刑法实践精准量刑的发展趋势,具有合理性和公正性,是发挥该情节激励犯罪人保护环境作用的较好方案。

2. *梯度衡量方式之优势*

两个层次的分类标准为法官更精准、更方便地衡量该情节奠定了良好的基础。以量刑为本位观察,生态修复的完善程度决定了量刑的轻重,这是实现罪刑相适应的必然要求。① 精细化的生态修复情节适用应该能够反向促成生态修复具体操作模式向有益于环境正义目标的方向改进,其优势在于量刑的精准性。生态修复情节属于具有已然效果的原貌恢复型修复,且全部通过验收,通过该情节减轻的量刑幅度应为基准刑的30%左右;假设被告人的生态修复未进行验收或者未通过验收,该案中的生态修复情节属于具有未然效果的原貌恢复型修复,修复成本投入符合必要性要求,通过该情节减轻的量刑幅度应为基准刑的25%～30%。根据《刑法》第340条的规定,非法捕捞水产品罪对应的刑罚为"三年以下有期徒刑、拘役、管制或者罚金"。在量刑理由的说理上适用梯度衡量方式更具说服力。

(三)生态修复情节适用与附带公益诉讼结合

研究认为目前司法中修复生态环境未得到应有重视,主要体现在检察机关对环境污染犯罪附带提起环境民事公益诉讼的案件比例不高,未能一并解决生态环境的修复问题,刑事附带民事公益诉讼的功能发挥不够。反过来说,刑事诉讼附带民事公益诉

---

① 参见靳匡宇:《生态修复量刑情节的司法适用研究——以187份长江环境资源刑事裁判文书为样本》,载《交大法学》2020年第3期。

讼能够更好地促进生态修复情节的科学适用，共同实现生态环境保护的治理目标。主要理由如下：

第一，检察机关作为公益诉讼原告具有较强的证明能力，法院结合相关证据可以科学认定被告人的行为是否符合生态修复情节。在刑事案件中，检察院享有相应的证据收集和采取强制措施的权力。在传统的刑事诉讼中，由于对环境损害评估和修复方案较为轻视，导致被告人即便缴纳了生态修复费用，也难以认定其构成生态修复情节。而在刑事诉讼附带公益诉讼中，基于检察院在诉讼中地位的特殊性，以及其在刑事案件中有较强的收集证据能力①，其在公益诉讼中非常重视生态损害评估和修复方案等证据的收集。这为刑事诉讼部分准确认定生态修复情节提供了可能性，一定程度上保障了该笔生态修复费用能够真正使用在修复之中。可见，缴纳生态修复费用在刑事诉讼附带公益诉讼之中具有双重的含义，一方面这是积极的生态修复行为，可以评价为行为人具备生态修复从宽情节，另一方面也是其承担民事责任的方式。

第二，生态修复情节的适用可以引导被告人积极主动采取修复行为，有助于提高民事公益诉讼的实效。司法资源的投入不得不考虑效益。单独提起民事公益诉讼要求提起人承担高昂的诉讼费用、鉴定费用、调查取证费用，还要耗费时间成本、人力资源成本等，导致维权成本高，且被告人缺乏执行赔偿、生态修复责任的动力和积极性，导致执行效果不尽如人意。② 在刑事诉讼的量刑中，以给予被告人激励性从宽，换取被告人事后的法益修复行为，是一种较为可行的量刑情节设置。③ 这对环境损害的及时修复有更为特殊的价值。

四、结语

生态修复在刑事司法中作为酌定量刑情节适用，切合我国司法政策，符合法律的规定，有丰富的刑法理论支持。在明确生态修复情节范围的基础上，采用梯度衡量方式和附带公益诉讼，可以促进刑罚衡量向更科学、更精准的方向发展。生态修复情节的适用可以避免多余的刑罚适用，发挥该情节激励犯罪人积极、及时地修复生态、保护环境的作用，实现刑事治理手段与其他法律手段、社会治理手段的协同与融合。

---

① 参见毋爱斌：《检察院提起刑事附带民事公益诉讼诸问题》，载《郑州大学学报（哲学社会科学版）》2020 年第 4 期。

② 参见张佳华：《刑事附带民事环境公益诉讼的经验反思与重塑》，载《学术界》2022 年第 6 期。

③ 参见杨宁：《退赃退赔激励性从宽情节研究》，载《现代法学》2021 年第 5 期。

轻罪记录封存制度的意义与方案[*]

周子实[**]　齐　乐[***]

我国当前法律中的前科规则造成了犯罪标签与附随后果泛化、犯罪人无法回归社会等诸多问题，这些不利后果与轻罪的社会危害性、轻罪犯罪人的人身危险性之间尤其不相称，因而近年来实务界与学术界的主流观点都支持尽快建立轻罪前科消灭制度。本文认为，实现前科消灭的关键在于建立科学的轻罪记录封存制度，在此对其必要性、意义与方案进行简要的阐述。

一、建立轻罪记录封存制度的必要性

犯罪记录与前科之间是评价对象和评价结论的关系，犯罪记录客观地记载了行为人的犯罪事实及其承担的相应法律后果，前科则是基于犯罪记录的存在而导致的规范性评价。① 狭义的前科仅指刑事法律评价，而广义的前科还包含非刑事法律评价，即其他法律规定的对特定资格的剥夺或者限制，也就是目前学界所言的犯罪附随后果。一般认为，构建轻罪记录封存制度是消除作为规范性评价的轻罪前科的基础，不过当前学界也有观点指出，相比于在轻罪记录封存制度的基础上实现前科消灭，在现行法律法规中删除犯罪附随后果更为直接有效。② 这种"釜底抽薪"的观点有其合理性，因为当前各类犯罪附随后果规则确实应当予以全面清理，但也存在一定的局限性：

第一，只删除法律法规中的犯罪附随后果而不将犯罪记录封存是无法消除非规范性评价的。无论是建立轻罪记录封存制度还是删除犯罪附随后果，其目的都是保障犯罪人回归社会的权利，而非规范性的社会评价也是犯罪人回归的重要阻碍。我国传统上对罪犯就有根深蒂固的负面评价，就业市场存在的大量隐形歧视是"主要矛盾"③；

---

* 本文为2020年国家社科基金青年项目"大数据时代下违法犯罪记录制度一体化建构研究"(20CFX035)的阶段性成果。

** 湖南大学法学院副教授、硕士生导师。

*** 长沙市雨花区人民检察院检察官助理，湖南大学法学硕士。

① 参见于志刚：《"犯罪记录"和"前科"混淆性认识的批判性思考》，载《法学研究》2010年第3期。

② 参见张明楷：《轻罪立法的推进与附随后果的变更》，载《比较法研究》2023年第4期。

③ 参见夏朗：《论轻罪时代的前科淡化：对犯罪信息获知途径的限缩》，载《政法论坛》2023年第5期。

同时，当今社会犯罪记录中的前科事实又成为社会信用体系的评价要素①，对于犯罪人的影响日益深远。要解决这些问题，删除犯罪附随后果是无法实现的，而建立犯罪记录封存制度并匹配以相应的法律修正（比如删除《刑法》第100条的前科报告规定）则可以很好地实现。我们可以这么形容：删除犯罪附随后果仅让犯罪人在特定情况下没有机会说谎，而建立犯罪记录封存制度则直接保障了犯罪人在绝大多数场合谎称无罪的权利。

第二，一律删除犯罪附随后果无法实现对重罪与轻罪的区别对待。在我国，长期存在的犯罪附随后果具有其现实意义和历史价值，对于社会危害性和人身危险性大的重罪，无论是就一般预防还是特殊预防来说，犯罪附随后果的存在都有相应的价值，"一刀切"地删除可能给社会安定带来威胁。相比之下，在犯罪记录封存制度中根据犯罪轻重区别设计，能够在保障犯罪人复归权的同时兼顾保护社会安全利益。

第三，删除犯罪附随后果的现实难度较高。目前我国法律体系中关于犯罪附随后果的规定较为分散和复杂，统计发现，从2014年到2018年因受过刑事处罚等刑罚附随性制裁的规定由643个增加到880个②，要全部删除的立法难度与成本均很高。从比较法的经验来看，通过一部修正法案将所有不合理的规则予以删除是最快捷的方式，但是在中国的立法实践中恐怕不现实。相比之下，建立轻罪记录封存制度的便捷性与可行性则要高得多。

综上所述，仅删除法律法规中犯罪附随后果的规定既无法消除非规范性评价，也无法区分重罪与轻罪，还存在立法上的难度。权衡个人权利和社会利益保护，建立轻罪记录封存制度是目前来说最符合我国现状和发展需要的方案。

二、建立轻罪记录封存制度的双重意义

建立轻罪记录封存制度有着双重意义，需要进行两个维度的考量：一是基于犯罪的共性，将其作为建立全面的犯罪记录制度的前期铺垫；二是基于轻罪的特殊性，发挥其对于轻罪治理的特别作用。

（一）建立全面的犯罪记录制度的前期铺垫

我国的犯罪记录制度仍处于探索发展阶段，比较重要的规范性文件包括2012年最高人民法院、最高人民检察院、公安部、国家安全部、司法部颁布的《关于建立犯罪人员犯罪记录制度的意见》和2021年公安部印发的《公安机关办理犯罪记录查询

---

① 参见李怀胜：《犯罪记录对社会信用体系的耦合嵌入与功能校正》，载《法学杂志》2021年第3期。

② 参见王瑞军：《刑罚附随性制裁的功能与边界》，载《法学》2021年第4期。

工作规定》。犯罪记录封存制度是犯罪记录制度的最后一环，也是最关键的一环，当前的犯罪记录封存只适用于未成年人犯罪——2011 年《刑法修正案(八)》免除了未成年人对轻罪的报告义务，2012 年《刑事诉讼法》规定对未成年人轻罪的犯罪记录予以封存，2022 年最高人民法院、最高人民检察院、公安部、司法部联合下发了《关于未成年人犯罪记录封存的实施办法》——这具有明显的局限性。目前犯罪附随后果涉及的职业非常广泛，使得犯罪人难以回归社会，同时这种影响存在株连效应，不仅是犯罪人本身，其子女、亲属在求学、工作等诸多方面都有可能受到影响，即便犯罪人最终经过申诉获得无罪判决，其子女之前未被录用的结论也无法推翻。① 受到影响的人群数量不容小觑，自 2010 年来，犯罪人数每年都不低于 100 万，且呈现出上升的趋势，2021 年就有新增罪犯 171 万多人。② 而近年来我国人口增长减缓，由此可推断，倘若成年人的犯罪记录封存制度一直缺位，未来被贴上犯罪标签的人在我国人口中占到的比重将越来越大，社会对立面的力量将日渐增强，必然会影响社会的稳定。因此，以轻罪记录封存制度的建立作为突破点，迈出成年人犯罪记录封存的第一步，就具有重要意义。

同时，轻罪记录封存制度的建立必然带动轻罪记录存储、管理、查询制度的配套，这就为下一步建立全面的犯罪记录制度作出了重要铺垫。建立全面的犯罪记录制度是实务界与理论界共同的愿景，科学的犯罪记录制度应当具备以下特征：在价值目标方面，能够实现秩序、安全、自由与公开的价值平衡；在功能目标方面，能够实现社会治理水平、法律贯彻能力、犯罪人复归权与第三方知情权的利益兼顾。在此基础上，犯罪记录制度的建构应当遵循以下基本原则：①一体存储原则，即实现全国性统一平台的数据存储，破除平台之间、地域之间的信息隔阂；②中心管理原则，即由中央制定统一的数据管理制度，克服当前存在的分散性、随意性与过度开放性问题；③法定获取原则，即为防止信息滥用、保障犯罪人权利，信息获取的主体与方式应当受到法律的严格限制，任何国家机关和社会第三方在没有法律明文许可的情况下无权查询；④区分处理原则，即依据信息类型、应用场景、申请主体等差异化设置信息获取的范围、方式与期限，这一原则是实现价值平衡与利益兼顾的基础，是构建犯罪记录查询制度与封存制度的核心理念。

总的来说，要在我国快速建立起全面的犯罪记录制度可能存在困难，因此采取循序渐进的制度构建模式更符合我国国情。建立轻罪记录封存制度是开拓性的铺垫，以上理念与原则都可以在制度构建时予以体现。

---

① 参见罗翔：《犯罪附随性制裁制度的废除》，载《政法论坛》2023 年第 5 期。

② 参见《中国统计年鉴 2022》，载国家统计局官网，http://www.stats.gov.cn/sj/ndsj/2022/indexch.htm，2023 年 7 月 15 日访问。

(二)发挥在轻罪治理中的特殊作用

除了为探索和建立全面的犯罪记录制度奠定基础,建立轻罪记录封存制度的另一个重要意义体现为在轻罪治理中的特殊作用。近年来,轻罪入刑成为刑法修正的重要趋势,犯罪圈处于不断扩张的态势,危险驾驶、高空抛物等轻微犯罪成为犯罪的主要组成部分,重大恶性案件占极少数。从 1999 年到 2019 年,我国严重暴力犯罪占比持续下降,轻罪占比持续上升,3 年以下有期徒刑的案件占比上升至接近 80%。① "轻罪时代"对于犯罪治理提出了更精准、更科学的要求,畅通出罪机制、降低刑罚力度、完善前科制度、规范犯罪附随后果成为主流的观点。② 我们可以认为,在立法"做加法"的背景下,司法界与理论界提出的上述轻罪治理途径就是在"做减法"。其中,轻罪犯罪人数量庞大与轻罪后果严重倒挂的现象受到了广泛关注③,轻罪记录封存制度所能够发挥的作用被几乎所有轻罪治理的观点所重视;此外,宽严相济刑事政策的确立也为轻罪记录封存制度的构建提供了土壤。④

犯罪记录制度需要在预防犯罪与帮助回归社会这两个功能之间实现平衡。对于重罪而言,预防犯罪的功能也许受到更多的关注,而对于轻罪来说则截然不同。一方面,与重罪相比,轻罪的社会危害性低,因而所遭受的不利后果也应与之呈比例关系,当前犯罪附随后果的严厉性已经远远超越了犯罪本身的社会危害性;另一方面,与重罪犯罪人相比,轻罪犯罪人的再犯可能性低,初犯、偶犯、过失犯等占据了绝大多数,这些人更有意愿也更容易回归社会。因此,无论从哪个角度出发,犯罪记录制度的设计必然要以帮助犯罪人回归社会作为最重要的目标,而实现这一目标的主要手段就是轻罪记录封存制度。通过轻罪记录封存来断绝犯罪附随后果的影响,保障犯罪人以无污点的身份重新回归社会,冲抵轻罪入刑造成的刑罚圈扩张的负面效果,这正是该制度在轻罪治理中能够发挥的重大作用。

(三)结论

轻罪记录封存制度的双重意义显示着其在现实中的重要性。基于这双重考量,我们可以得出的结论是,轻罪记录封存制度的建构理念不能保守,而应当大幅度地朝着保障犯罪人回归社会的方向设计。其原因在于,作为轻罪治理的重要一环,消除犯罪人回归社会的障碍是"做减法"的核心要义;如果轻罪记录封存制度的设计已然保守,那么建立全面的犯罪记录制度时必将受到更多的桎梏。

---

① 参见《最高人民检察院工作报告——2019 年 3 月 12 日在第十三届全国人民代表大会第二次会议上》,载最高人民检察院官网,https://www.spp.gov.cn/spp/gzbg/201903/t20190319_412293.shtml,2023 年 8 月 8 日访问。

② 参见陈兴良:《轻罪治理的理论思考》,载《中国刑事法杂志》2023 年第 3 期。

③ 参见徐立、成功:《轻罪时代前科制度的内在诟病及其应对》,载《河北法学》2023 年第 5 期。

④ 参见梁云宝:《中国式现代化背景下轻微犯罪前科消灭制度的展开》,载《政法论坛》2023 年第 5 期。

三、轻罪记录封存制度的前提:二元查询体系

犯罪记录查询与犯罪记录封存是“一体两面”的关系:犯罪记录封存指的就是犯罪记录无法再被查询得知。因此,犯罪记录查询制度是犯罪记录封存制度的前提。世界范围内存在着开放查询与限制查询两种模式,我国的理论与现实都支持限制查询模式。[①] 目前我国公安机关、检察院、法院、司法行政机关、国家安全机关等都有自己的信息数据库,呈现分散管理的特征。一般的犯罪记录查询是由公安机关负责,主要的规范性文件是2021年公安部印发的《公安机关办理犯罪记录查询工作规定》。然而,当前的查询模式存在完善的空间。

(一)查询主体应采用二元制

《公安机关办理犯罪记录查询工作规定》第4条规定了三种主体的查询方式:“个人可以查询本人犯罪记录,也可以委托他人代为查询,受托人应当具有完全民事行为能力。单位可以查询本单位在职人员或者拟招录人员的犯罪记录,但应当符合法律、行政法规关于从业禁止的规定。行政机关实施行政许可、授予职业资格,公证处办理犯罪记录公证时,可以依法查询相关人员的犯罪记录。有关查询程序参照单位查询的相关规定。”这一规定的主要问题在于将查询主体扩张,使其包括了用人单位,不利于保障犯罪人回归社会的权利,尤其是对于轻罪犯罪人而言。因此,应当删除单位查询的规定,实现国家机关与犯罪人本人的二元查询制度。这样一来,除国家机关与犯罪人之外的第三方(如用人单位)只能够通过要求犯罪人展示证明来得知犯罪人的犯罪记录,这既保障了第三方的知情权,也解决了犯罪记录公开或允许第三人直接查询影响犯罪人回归社会的问题。

(二)查询内容应采用区分制

我国目前犯罪记录查询制度的弊端之一是有关部门超范围、全覆盖地出具犯罪记录证明。[②] 要解决这一问题,关键在于对犯罪记录证明上的记载内容予以限制。比如,《德国中央登记册与教育登记册法》第32条第2款规定,犯罪记录证明中许多情形将不予记载,包括刑罚较轻的(90日额金以下罚金刑或3个月以下自由刑)、矫正与保安处分等非刑罚制裁、被宣告缓刑、法院或行政机关的裁定等。[③] 这种限制查询内容的方式具有双重优点:国家机关通过查询能够获取较为完整的犯罪记录,充分发挥犯罪记录在社会治安综合治理中的作用;犯罪人所申请开具的证明则仅记载达到一定条件

---

① 参见于志刚:《犯罪记录制度的体系化建构》,载《中国社会科学》2019年第3期。
② 参见王彬:《就业中的前科歧视研究》,中国政法大学出版社2009年版,第30—33页。
③ 参见周子实译:《德国中央登记册与教育登记册法》,载《东南法学》2017年第2期。

的犯罪记录,对于极轻微的情形可以不予记载,以减少犯罪记录对其从事社会活动的影响。这种在内容上予以区分的做法正是二元查询制度的精髓所在,值得我国借鉴。

四、轻罪记录封存制度的具体方案:两阶段封存制

我国立法上并没有轻罪和重罪的概念和区分。从学界的探讨来看,有的支持将法定最低刑 3 年有期徒刑作为轻重罪的分水岭①,有的主张以有期徒刑 3 年的宣告刑为标准②,有的支持将区分标准设置为 5 年有期徒刑③,还有观点认为,对于轻罪的界定不应当选择 3 年或者 5 年的区分,而应当只定性不定量④。本文从有利于犯罪人回归社会的立场出发,主张采用混合标准,原则上以宣告刑为 3 年以下有期徒刑作为轻罪的标准,但排除危害国家安全犯罪、恐怖主义活动犯罪、黑社会性质组织犯罪、毒品犯罪、性犯罪等及累犯的情形,此外还可以包含宣告刑为 5 年以下有期徒刑的过失犯。

(一)轻罪记录封存的模式选择

关于犯罪记录封存的性质,学界存在不同的观点。部分学者支持绝对消灭,认为应永久消灭刑事领域及非刑事领域的记录,彻底消除犯罪记录被查询和引用的可能,被消除犯罪记录的犯罪人在法律上视为未犯过罪的人,从而使得犯罪记录所引起的择业、入伍等资格限制或禁止,以及信用信誉降低的不利后果消灭。⑤ 另有部分学者主张相对封存犯罪记录,认为封存不等于完全消灭,在一般情况下作无犯罪记录对待,但在满足特定的条件时犯罪记录仍可启用,特殊职业、特定领域进行资格准入审查时,可以依法查询犯罪记录,且一般支持保留在刑事领域的规范性评价,再次犯罪构成累犯,封存之后若重新犯罪,原来的犯罪记录解封。⑥

立足于我国本土经验和现实需要来看,这两种观点都各有优点与缺陷,直接完全

---

① 参见俞育标:《轻罪治理视阈下成年人犯罪记录封存制度初探》,载《上海法学研究(集刊)》2022 年第 18 卷。

② 参见樊崇义:《中国式刑事司法现代化下轻罪治理的理论与实践(上)》,载《法治日报》2023 年 4 月 19 日,第 9 版;钱叶六:《审时度势,加快构建轻罪记录消除制度》,载《上海法治报》2023 年 5 月 26 日,第 B7 版。

③ 参见郑丽萍:《轻罪重罪之法定界分》,载《中国法学》2013 年第 2 期;王雪松、张欣瑞:《积极刑法观下我国犯罪记录制度的梳理与完善——基于未成年人与成年人犯罪二分的视角》,载《少年儿童研究》2022 年第 9 期。

④ 参见梅传强:《论"后劳教时代"我国轻罪制度的建构》,载《现代法学》2014 年第 2 期。

⑤ 参见钱叶六:《审时度势,加快构建轻罪记录消除制度》,载《上海法治报》2023 年 5 月 26 日,第 B7 版;徐立、成功:《轻罪时代前科制度的内在诟病及其应对》,载《河北法学》2023 年第 5 期;张婧:《我国建立前科消灭制度刍议》,载《犯罪与改造研究》2023 年第 3 期。

⑥ 参见李勇、曹艳晓:《中国式微罪记录封存制度之构建》,载《中国检察官》2023 年第 7 期;刘哲:《建议构建轻罪犯罪记录封存制度》,载《检察风云》2022 年第 4 期;周峨春、郭子麟:《轻罪前科消灭制度构建》,载《重庆理工大学学报》2022 年第 9 期。

消灭的制度过于激进，相对封存的观点则失之保守。克服二者缺陷、兼顾二者优点的方案是两阶段封存制，可以参照《德国中央登记册与教育登记册法》的制度设计，对于犯罪记录的封存分为两阶段进行：第一阶段对犯罪记录予以不完全封存，即一个较短的期限届满后，犯罪记录不再记载在(无)犯罪记录证明上，此时犯罪人在求职、入学等普通社会活动中便不受任何影响，也免除了犯罪报告义务，可以对第三方声称自己没有犯过罪，但是国家机关仍旧能够查询得知，犯罪人在面对公检法等国家机关时仍有报告义务，并受到累犯等刑事法律规定的制约；第二阶段对犯罪记录予以完全封存，即一个较长的期限届满后，将犯罪记录从犯罪记录人员信息库中封锁，此时连一般的国家机关都无法查询，犯罪人在任何法律关系中都不再受前科的影响，而且面对国家机关时也不再有报告义务，甚至可以声称自己没有犯过罪。由此，可以保障犯罪人回归社会的权利，减少社会的对立面，同时公众在情感上更易接受，实现个人权利与社会利益保护的权衡。

(二)轻罪记录封存的条件设置

当前学界普遍认为，只有满足一定条件时才可对犯罪记录进行封存，但是在具体条件的设置上尚未达成共识。从形式条件来看，需要经过一段时间的考验期，不过在考验期的时长设计上存在较大分歧，有的观点认为应设置不超过1年的考验期①，有的观点主张设置1年的考验期②，有的观点主张设置5年的考验期③，有的观点认为不应当“一刀切”地设置考验期，应当根据具体刑罚轻重差异化地设置考验期④，还有的观点认为考验期可以仿照追诉时效的规定设置⑤。除了在形式上经过一段时间，大多数观点认为还应当综合考虑罪名、考验期表现、是否真心悔改、再犯可能性与人身危险性如何、被侵犯法益是否得到恢复或者弥补等因素，进行实质的判断和权衡，仅少数观点认为前科人员在法定期间未犯新罪即可，不宜附加其他条件。

对于这一问题，首先应当肯定犯罪记录的封存需要满足形式条件和实质条件的双重标准，这是犯罪记录制度发挥预防犯罪功能的基本要求，但是在两阶段封存制的制度框架下，应当对两个阶段的封存条件设置不同的要求。对于第二阶段的封存应当设置较长的期限要求与较严格的实质条件，这既满足了国家治理与预防犯罪的需求，也不会妨碍犯罪人回归社会。主要问题在于第一阶段封存条件的设计思路上。在德

---

① 参见梁云宝：《中国式现代化背景下轻微犯罪前科消灭制度的展开》，载《政法论坛》2023年第5期。

② 参见李玉坤：《“有必要建立成年人的前科消灭制度”》，载 https://mp.weixin.qq.com/s/MGEQv7AO28C0Vnrp-Ls6Ng，2023年5月20日访问。

③ 参见钱叶六：《审时度势，加快构建轻罪记录消除制度》，载《上海法治报》2023年5月26日，第B7版。

④ 参见张婧：《我国建立前科消灭制度刍议》，载《犯罪与改造研究》2023年第3期。

⑤ 参见张明楷：《轻罪立法的推进与附随后果的变更》，载《比较法研究》2023年第4期；梅传强、盛浩：《新时代我国刑法典全面纂修的基本理念与建构路径》，载《南京社会科学》2023年第3期。

国,立法者为了帮助罪犯尽快回归社会,将期限的起算日期规定为首次判决之日而非刑罚执行完毕之日,这就意味着,在许多情况下,刑罚尚未执行完毕而期限已经届满了,针对这种情况,法律还特别规定刑罚或矫正与保安处分执行结束才算真正期限届满。本文认为,对于轻罪而言,这种思路是可行的,第一阶段封存的条件应当尽可能放宽,在实质条件方面只需犯罪人在相关期限内未犯新罪即可,对作为形式条件的期限也不宜设置过长,否则会导致犯罪记录封存制度的作用微乎其微。我国实务界的相关经验表明,刑满释放人员回归社会后的前 3 年是重新犯罪的“危险期”“高发期”,如果在这一时期他们因前科而导致回归社会受阻,那么再犯的可能性将大大增加,这就与轻罪记录封存制度的设计理念与目标背道而驰。所以,1 年说或 5 年说这类自刑罚执行完毕开始起算的期限算法均不值得赞同。对于轻罪而言,刑罚执行完毕就应当意味着犯罪记录封存第一阶段已然届满,犯罪人刑罚执行完毕当天就可以申请开具无犯罪记录证明,直接回归社会。

轻微犯罪刑事制裁体系变革的动因、依据及原则

贾　佳*

一、轻微犯罪刑事制裁体系变革的动因

刑法是国家法律体系中重要的部门法之一，其调整着最为广泛的社会关系，同时，它也为维护社会秩序、保障公民权利确立了最后一道防线。因此，刑事法治的修改和完善对法律规范体系的完善具有重要意义。

(一)犯罪圈的扩张需要对刑事制裁体系作出相应调整

《刑法修正案(八)》《刑法修正案(九)》和《刑法修正案(十一)》是近几年来对刑法的三次重要修改①，引起社会广泛关注。在宽严相济刑事政策的指引下，刑法修改也体现出了一些新的特点和趋势，这主要表现为以下几个方面：

从犯罪方面来看，犯罪门槛逐渐下降，犯罪圈呈扩大趋势。犯罪圈既是一个刑事政策问题，也是刑事法治的一个基础性问题。② 犯罪圈的大小与犯罪概念密切相关。由于我国刑法中的犯罪概念采取的是立法定性加定量模式，只有具有严重社会危害性的行为才有可能被纳入犯罪圈，被规定为犯罪，这就导致我国的刑事法网相对较为稀疏。稀疏的刑事法网不利于公民形成规范的守法意识，不利于维护社会秩序、保障公民基本权利，不利于实现现代刑事法治。从历次的刑法修改，也可以看出立法者在构建严密刑事法网方面所作的努力。严密刑事法网、扩大犯罪圈的途径主要有两个：一是新增罪名。1979 年《刑法》共有 192 条，130 个罪名，1997 年《刑法》增至 452 条，413 个罪名。其后的一个单行刑法和十一个刑法修正案，除了《刑法修正案(二)》没有新增犯罪外，均增设了犯罪。尤其是《刑法修正案(六)》颁布以后，新增犯罪的步伐加快，2006 年《刑法修正案(六)》新增 11 种犯罪，2009 年《刑法修正案(七)》新增 9 种犯罪，2011 年《刑法修正案(八)》新增 7 种犯罪，2015 年《刑法修正案(九)》新增犯罪更是达到了 20 种，2021 年《刑法修正案(十一)》也有 17 种之多。在 15 年内，6 次修改刑

---

* 河南警察学院法律系副教授。

① 2017 年 11 月 4 日生效的《刑法修正案(十)》只有一个条文，在此不作详细分析。

② 参见陈兴良：《犯罪范围的合理定义》，载《法学研究》2008 年第 3 期。

法,最短间隔2年,最长间隔不过4年,不论是新增犯罪的频率还是数量都处于较高水平,犯罪化趋势极为明显。二是通过修改罪状降低入罪门槛。多数都是通过扩大犯罪主体、犯罪对象的范围,增加行为方式,或是将结果犯修改为危险犯、行为犯等途径,降低或放宽入罪条件,扩大处罚范围。以只有一个条文的《刑法修正案(二)》为例,虽然没有新增犯罪,但它将非法占用耕地罪修改为非法占用农用地罪,将犯罪侵害的对象由原来的耕地扩大为耕地、林地等农用地。

不论是通过新增犯罪还是通过修改罪状降低入罪门槛、扩大犯罪圈,都呈现出一个特点,即大量的轻微犯罪行为被纳入刑法调整,定量因素对犯罪成立的限制大大降低,之前由治安管理处罚法或劳动教养制度规制的行为被升格为犯罪行为。如《刑法修正案(八)》中新增的危险驾驶罪,将仅具有抽象危险性质、之前属于治安违法行为的飙车行为和醉驾行为规定为犯罪,这是降低定量因素的一个最典型体现。危险驾驶罪的成立不需要造成严重的危害后果和具体的危险状态,只要实施了追逐竞驶、情节恶劣的行为或是醉酒驾驶行为,就构成犯罪。与其他犯罪相比,该罪的社会危害性较小,因此,在主刑上仅配置拘役这一刑种,开创了刑法中法定刑配置的先河。《刑法修正案(九)》在降低入罪门槛、增设轻微犯罪方面表现得更为明显。新增设的使用虚假身份证件、盗用身份证件罪和代替考试罪的法定刑均为拘役或者管制,并处或单处罚金。除此之外,还增设了许多法定最高刑在3年以下有期徒刑的新罪,如强制穿戴宣扬恐怖主义、极端主义服饰、标志罪,虐待被监护、看护人罪,扰乱国家机关工作秩序罪,泄露不应公开的案件信息罪等。就这些新罪而言,有的是预备行为正犯化,即这些行为本来只是其他犯罪行为的预备行为,为了加大打击力度,将其独立成罪,以实现刑法的预防目的。有的原先仅仅是违法行为,为了规范公民的守法意识、防微杜渐,将其规定为犯罪。预备行为正犯化型的新增犯罪,虽然从某种程度上来看,是因为其社会危害性较之以往有所增大,但从其法定刑配置上来看,还属于轻罪范畴。而就违法行为犯罪化型的新增犯罪而言,社会危害性标准明显有所降低,法定刑配置也呈现出新特点。

通过上述立法修改可以看出,我国的刑法立法有了新变化。在犯罪概念依然保留定量因素的前提下,在分则具体犯罪中对定量因素的限制明显放宽,无论是新增设犯罪,还是仅修改罪状,都体现了犯罪门槛下降、犯罪圈扩张的趋势。这既与劳动教养废除后一部分行为要纳入刑法的处罚范围有关,也与构建严密的刑事法网有关,还与社会形势的发展变化及立法者观念的转变有关。而犯罪圈的扩张需要刑事制裁方法及时作出调整,以更好地发挥其作用。

(二)对刑罚制度的修改未能充分满足惩罚、预防轻微犯罪的需要

虽然《刑法修正案(八)》和《刑法修正案(九)》对我国的刑罚制度和刑罚配置作出

了一定的修改,但其整体上依然偏重,不能适应大量轻微犯罪行为入刑的需要。我国的刑罚结构以死刑和监禁刑共同为主导,明显属于重刑刑罚结构。《刑法修正案(八)》和《刑法修正案(九)》大幅削减刑法中的死刑罪名,一共废除了22个罪名的死刑,对于推进我国死刑制度的改革具有重要意义。但也应看到,在我国刑法中,仍有46个罪名保留有死刑,能够适用死刑的罪名比例依然较高。在迈出废除死刑步伐的同时,《刑法修正案(八)》和《刑法修正案(九)》也对有期徒刑、无期徒刑、死刑缓期二年执行制度进行了调整。如《刑法修正案(八)》延长死缓减为有期徒刑的执行期限、有期徒刑数罪并罚的刑期,增设了对于死缓犯的限制减刑制度,延长了无期徒刑减刑和假释后实际执行的刑期。《刑法修正案(九)》针对贪污贿赂罪的死缓犯增设了不得减刑和假释的终身监禁制度。上述修改,一定程度上改变了我国刑罚结构中"死刑过重,生刑过轻"的局面。但不可否认的是,在我国立法上依然保留死刑、司法实践中判处死刑的人数依然相对较多的情况下,这些修改并没有改变我国刑罚结构偏重的现状。且其中的某些制度如终身监禁如果适用不当,甚至可能加重刑罚的残酷性,不利于实现刑罚目的,与刑罚轻缓化的国际趋势背道而驰。

在宽严相济刑事政策的指导下,我国刑事立法也注重对轻刑的修改和完善,以增加轻刑的可操作性,充分发挥其预防犯罪的作用。在总则中,《刑法修正案(八)》增设了禁止令制度,规定了社区矫正制度,进一步明确了缓刑的适用条件和适用对象。《刑法修正案(九)》规定了从业禁止制度,明确了罚金延期、减免缴纳的条件和决定机关。禁止令和从业禁止并不是新的刑罚种类,而应属于具有保安处分性质的措施。这些措施与侧重行为社会危害性的刑罚不同,其更加注重行为人的人身危险性,有助于预防犯罪。在分则中,刑法不仅改变了以往对所有犯罪均配置有期徒刑的方式,而且增加了罚金刑的适用范围。以《刑法修正案(九)》新增设的20种犯罪为例,16种罪名均配有罚金刑。在对原有犯罪的法定刑修改中,有14种犯罪增加了罚金刑的配置。虽然罚金刑在我国刑罚体系中属于附加刑,但其适用范围在扩大,地位也在不断提高。但是,也应看到,这些修改依然存在很多问题,如虽然扩大了罚金刑在分则中的适用范围,但是并处适用的方式居多,由此造成实际上刑罚的严厉性并没有明显下降。《刑法修正案(九)》的新增犯罪中,虽然有16种犯罪配置有罚金刑,但只对9种犯罪可以并处或单处罚金,对剩余的7种犯罪都只能并处罚金。在对原有犯罪增加配置罚金刑的情形中,更是只对1种犯罪可以并处或单处罚金,其余的13种犯罪也都只能并处罚金。并处罚金的适用方式与只判处主刑相比,无疑使犯罪人承担的刑罚更重了。

通过上述分析,可以看出,我国刑法在罪和刑的修改中存在一定的矛盾。一方面,犯罪圈在扩大,犯罪门槛降低,犯罪化趋势明显;另一方面,刑罚的修改虽然体现了宽严相济刑事政策,但整体来看,依然没有改变重刑的刑罚结构,在分则罪名的刑罚配置上也偏重。因此,如何改革刑事制裁体系,尤其是完善适用于轻微犯罪的刑事制裁体系,是刑法立法和理论研究面临的一个重要问题。

二、轻罪更轻:轻微犯罪刑事制裁体系变革的刑事政策依据

宽严相济刑事政策是我国现阶段的一项基本刑事政策,对轻罪刑事政策应在宽严相济刑事政策的背景下进行解读。宽严相济刑事政策中的"宽"既包括对轻罪的宽,也包括对重罪的宽。对轻罪的宽,是指对罪行轻微的犯罪,应判处较轻的刑罚。对重罪的宽,是指对罪行严重的犯罪,如果行为人人身危险性不大,具有法定或酌定从宽的情节,也应从轻处罚。轻罪刑事政策适用的对象是轻罪,应当包括但不仅限于对轻罪的宽,还应强调轻罪更轻。① 该轻则轻是宽严相济刑事政策的应有之义,也是罪责刑相适应原则的基本要求,而轻罪更轻,更能体现刑法的宽缓和宽容,更有利于对实施轻罪的罪犯进行教育和改造。相比较而言,轻罪更轻应是轻罪刑事政策的核心。这与西方国家所实行的"轻轻重重"刑事政策中的"轻轻"政策在本质上是一致的。所谓轻轻,就是对轻微犯罪,即客观危害和主观恶性较小的犯罪,处罚更轻。② 因此,也有学者将轻罪的刑事政策分为广义的轻罪刑事政策和狭义的轻罪刑事政策。广义的轻罪刑事政策的核心是"轻",是指轻罪轻处,轻罪轻罚。狭义的轻罪刑事政策的核心是"轻轻",即轻罪更轻。③ 可见,我国的轻罪刑事政策,是宽严相济刑事政策指导下的一项具体刑事政策,与西方国家"轻轻"刑事政策不谋而合,符合世界轻罪刑事政策的发展趋势。

"刑事政策是刑事立法和刑事司法的灵魂。"④轻罪刑事政策虽然是一项具体的刑事政策,同样应当贯穿于轻罪刑事立法、司法、执法的全过程,发挥指导和制约作用。在刑事立法上,轻罪刑事政策要指导、推动科学的轻罪立法。降低犯罪概念中的定量因素,严密刑事法网是我国现阶段刑法改革的重要内容,也是立足于我国实践的理性选择。但是,在刑事制裁范围扩大的同时,应当降低刑事制裁的严厉性,这不仅是完善刑法结构的要求,也是刑法谦抑性的要求。刑法的谦抑性体现了刑事立法的审慎、节俭,体现了国家权力的收缩和对公民个人权利的尊重。一个社会的法治化程度越高,公民权利意识越强,刑法越体现出紧缩和后退的特性。与国外的非犯罪化潮流相

---

① 参见陈兴良主编:《宽严相济刑事政策研究》,中国人民公安大学出版社 2007 年版,第 297 页。

② 参见杨春洗主编:《刑事政策论》,北京大学出版社 1994 年版,第 397 页。

③ 参见田兴洪:《轻罪刑事政策视野下的我国轻罪服刑人员监狱处遇制度改革研究》,载赵秉志主编:《刑法论丛》(第 22 卷),法律出版社 2010 年版,第 366 页。

④ 陈兴良主编:《宽严相济刑事政策研究》,中国人民公安大学出版社 2007 年版,第 1 页。

比,我国刑法在现阶段的主要调整方向应是犯罪化。① 因此,从某种角度来看,我们所坚持的谦抑性,应是刑罚的谦抑,即在扩大犯罪圈的同时,降低刑罚的严厉性,以最小的投入(成本),获得最大的利益。受重刑主义传统和思想的影响,我国历来重视严刑峻法对惩罚犯罪的作用。“行刑,重其轻者,轻者不至,则重者无从至矣。”②但是,随着社会的进步、认知水平的提高,人们逐步意识到犯罪是不可能被消灭的,而只能对其控制和预防,重刑对预防犯罪的威慑力又有一定的负面作用,如果适用不当,反而适得其反。因此,对于轻微犯罪,应当配置更轻的制裁措施,降低刑罚结构的严厉性,增设保安处分措施和非刑罚处罚措施,完善适用于轻罪的诉讼程序,这样才能更好地实现制裁效果。

在刑事司法上,应重视定罪免刑制度,注重适用缓刑和非刑罚措施。要通过轻罪刑事政策的宣传,转变司法实践中长期形成的重刑主义思想和国家本位的观念。在刑事诉讼活动中,由于对轻罪和重罪不加区分,导致对轻罪“可捕可不捕的必捕”“可诉可不诉的必诉”,办案人员不敢或不愿意作出不捕决定或不起诉决定。到了审判阶段,法官也很少作出免予刑事处罚的判决。如果能够强调对轻罪和重罪区别对待,轻罪更轻,侦查人员、公诉人员及审判人员在处理轻罪时就会优先考虑更轻的措施、更轻的刑罚。

在刑事执行上,应注重刑罚的教育功能,降低刑罚的严厉性,实行开放式或半开放式的处遇制度,节约司法资源,克服短期自由刑的弊端,帮助罪犯回归社会。刑罚作为刑法的重要支柱之一,在刑法体系中具有重要的地位和作用。但是,对于轻微犯罪而言,要改变实践中将刑罚作为犯罪的唯一后果的做法,重视非刑罚处罚方法和保安处分措施的适用,在对犯轻罪的犯罪人惩罚的同时强调对其的教育和矫治,以预防其再次犯罪。对于确实需要适用刑罚的轻微犯罪,尤其是需要适用短期自由刑的轻微犯罪,应当尽可能地给予更加人性化、社会化的低惩戒度处遇、开放式处遇,注重犯罪人的再社会化。这样,既有助于犯罪人顺利回归社会,减少社会矛盾,又可以节约国家的司法资源,体现刑法的轻缓性和宽容性。

从宏观上来说,刑事政策应当优于刑法,是刑法制定的依据和指导方针。③ 因此,轻罪轻处、轻罪更轻的刑事政策是完善轻微犯罪刑事制裁体系的依据和方针。同时,这一政策在实践中的效果如何,又受制于刑事立法、司法和执法各环节对该政策的贯彻实施情况。

---

① 参见张明楷:《犯罪定义与犯罪化》,载《法学研究》2008 年第 3 期。

② 商鞅:《商君书·靳令》,石磊译,中华书局 2022 年版,第 99 页。

③ 参见卢建平:《刑事政策与刑法关系论纲》,载《法治研究》2011 年第 5 期。

三、轻微犯罪刑事制裁体系变革的指导原则

就轻微犯罪刑事制裁体系的确立而言,应当遵循以下两个原则:

(一)多元化

轻微犯罪刑事制裁体系的多元化既包括制裁类型的多元化,也包括每种类型中的制裁方法的多元化。由于长期以来我国刑法中只有刑罚体系,缺乏保安处分体系,因此,我国的刑事制裁体系被认为是“一元结构”。① 在一元结构的刑事制裁体系中,刑罚处于绝对的主导地位,非刑罚处罚方法被忽视,具有保安处分性质的措施尚未形成完整的制度构建。如果说,这种刑事制裁体系在重罪重刑的刑法结构中还能勉强应对的话,随着劳动教养制度的废除、犯罪化进程的加快,尤其是轻微犯罪范围的急剧扩张,其弊端也越来越明显。针对刑事制裁体系存在的这种结构性缺损,理论上不少学者主张借鉴国外的“二元结构”,建立刑罚和保安处分的双轨制,以完善我国的刑事制裁体系。② 但是,笔者认为,对于轻微犯罪,除了刑罚体系和保安处分体系,还应重视非刑罚处罚方法,将其也作为轻微犯罪刑事制裁体系的组成部分。刑罚方法和非刑罚处罚方法以罪责为基础,强调对犯罪的报应和谴责;保安处分以人身危险性为基础,注重对行为人的教育、矫正和治疗,以消除危险。保安处分能够弥补刑罚和非刑罚处罚方法对人身危险性关注不够的缺陷。而刑罚方法和非刑罚处罚方法虽然都以罪责为基础,是刑事责任的实现方式,但非刑罚处罚方法可以针对刑罚的不足,对其进行必要的补充。刑罚是犯罪的后果,但并非犯罪的唯一后果,对于轻微犯罪行为,非刑罚处罚方法的适用同样能够实现制裁犯罪、预防再犯的目的。尤其是在轻缓化已经成为刑罚发展必然趋势、人道性观念深入人心的今天,非刑罚处罚方法也应当成为实现刑事责任的一种重要方式。由此可见,刑罚方法、非刑罚处罚方法、保安处分具有不同的适用对象和条件,应当互相补充,形成应对轻微犯罪的有机统一体。具体到刑罚方法、非刑罚处罚方法和保安处分内部,同样也应实现多元化,以适应犯罪行为和犯罪人多样化的需要。任何一个国家的刑罚体系,均是由轻重不同的刑罚方法有机组合而成的,以便发挥惩罚和预防犯罪的最佳效果。对于轻微犯罪,应当适用较轻的刑罚方法。但是,在我国的刑罚体系中,轻刑的种类较少,配置的比例较低。只有具备丰富多样的开放性的刑罚措施,司法者才有选择适用的余地,刑事执行活动才有可能顺利实现促进

---

① 参见李晓明:《一个绕不开的刑法话题:“二元结构”的制裁体系》,载刘仁文主编:《废止劳教后的刑法结构完善》,社会科学文献出版社 2015 年版,第 124 页。

② 参见李晓明、郭倩:《社区矫正与“后劳教时代”违法犯罪制裁体系的完善》,载《净月学刊》2014 年第 6 期;敦宁:《后劳教时代的刑事制裁体系新探》,载《法商研究》2015 年第 2 期。

罪犯再社会化的效果。非刑罚处罚方法作为一类宽和的、开放性的措施,存在种类偏少、适用率较低等问题。为了充分发挥其功能,应当丰富其内容,扩充其种类,为司法实践中的扩大适用创造条件。我国刑法中虽然没有保安处分之名,但存在具有保安处分性质的措施,只是这些措施种类较少,规定得较为零散,没有形成体系,由此严重影响其适用效果。只有增设保安处分措施,构建完善保安处分制度,才能更好地实现防卫社会的目的。总之,多元化的轻微犯罪刑事制裁体系不仅有助于降低制裁的严厉性,体现刑法的谦抑性和人道性,而且有助于提高制裁的针对性和有效性,实现实质正义。

(二)社会化

轻微犯罪刑事制裁体系的社会化既包括制裁方法的社会化,也包括制裁方法执行的社会化。基于对监禁刑的反思而提出的社会化原则符合刑罚轻缓化的要求,是世界刑罚发展的必然趋势。为了消除监禁刑的弊端,使犯罪人顺利地实现再社会化,应当谨慎地适用监禁刑,尤其对实施轻微犯罪行为的犯罪人,要尽量适用非监禁刑,使其不脱离社会和家庭,在开放的社会环境中对其进行教育改造;对于确实需要适用监禁刑的犯罪人,应提高执行的社会化程度,增加其与社会接触的机会,最大限度地利用社会力量对其进行改造和矫正,以便犯罪人最终能顺利地重返社会。① 对轻微犯罪适用社会化的制裁方法,既是罪责刑相适应原则的要求,也是行刑社会化理念的体现。完善轻微犯罪刑事制裁体系,需要构建刑罚方法、非刑罚处罚方法、保安处分三元制裁结构。就适用于轻微犯罪的刑罚而言,既要改革短期剥夺自由刑,限制短期剥夺自由刑的适用和实际执行,在确实需要执行短期剥夺自由刑的场合,应采取社会化程度较高的处遇制度,提高行刑环境的社会化,尽可能消除监狱执行的弊端;又要扩大限制自由刑、单处附加刑的适用,重视社区在刑罚执行中的作用,有效地利用社会资源实现对犯罪人的教育和矫正,帮助其再社会化;还应积极探索新的开放性的刑罚种类和刑罚执行制度,增加处遇的多样性。国家的刑罚权包括制刑权、求刑权、量刑权、行刑权,社会化原则应当贯穿于始终。因为立法制约着司法,司法制约着执行,反过来,执行的效果又影响着立法和司法。在这些环节中,都应当考虑社会化的需要。如罚金刑,作为一种非监禁的刑罚方法,只有在单独适用时才能体现其社会性,附加适用时往往加重了刑罚的严厉性,其作为轻刑的独立价值很难发挥。因此,应当在刑法中扩大罚金刑的选择适用。在司法中,应当转变重刑主义观念,改变对监禁刑尤其是长期监禁刑的过分依赖,对于轻微犯罪优先选择适用罚金刑等社会化程度较高的刑罚,而且在单独适用时,还应适当考虑犯罪人的财产状况、经济能力,如果判处过重的罚金刑,有可能

① 参见冯卫国:《行刑社会化论纲》,北京大学 2002 年博士学位论文。

使犯罪人不堪重负，甚至在经济上面临绝境，这必然不利于犯罪人的再社会化。就非刑罚处罚方法和保安处分而言，作为犯罪和严重危害行为的法律后果，多数都属于开放性措施，即使有些措施涉及剥夺人身自由，其目的也是矫治和教育行为人。因此，应当在刑法中提高非刑罚处罚方法的地位，明确保安处分的性质，引入更多具有教育性、预防性的措施，细化适用条件，扩大适用范围，这既需要社会化原则的指导，也能推动该原则的实现。

出罪入行：醉驾行为现代化治理的新范式

融　昊[*]　叶　萍[**]

一、问题意识

目前，醉驾行为业已成为针对我国道路交通安全的重要威胁。在全国刑事案件总数中，醉驾型危险驾驶罪仍属于排名第一的犯罪，大约占 1/3 的比例，每年高达 30 余万人因该罪被判刑。① 然而，将危害程度轻微的醉驾行为大规模入罪的治理措施，会产生浪费刑事司法资源与破坏刑法人权保障机能的负面效果。② 因此，关于"醉驾行为应予一律入罪"的主张近年来已被司法实践所否定。但是，对于在司法实践中被出罪处理的醉驾行为，显然不能放弃治理，而是应该在协调刑法规范与前置行政法规范关系的基础上，将此类醉驾行为重新纳入行政违法行为的范围，予以行政处罚（以下简称"出罪入行"）。基于这一立场，本文将深入研究醉驾行为出罪入行的正当性依据、司法路径及专门性行政制裁措施，以期充分证成与诠释醉驾行为现代化治理的新范式，从而对相关治理实践有所裨益。

二、醉驾行为出罪入行的正当性依据

基于人民主权与法治国家思想，德国社会学家马克斯·韦伯（Max Weber）曾提出过一个著名的论断，即"任何权力都有为自身正当性辩护的必要"③。推动醉驾行为出罪入行的举动，本质上都是国家在效力范围层面变动专属于自身的刑罚权与行政处罚权。因此，论证这一国家权力的变动是否具备实质理性意义上的正当性，就显得十分必要了。

（一）法理依据：不违背"一事不再理"原则

实践中，部分办案人员认为，在醉驾案件出罪后又对被出罪人科以行政处罚的做

---

* 清华大学法学院助理研究员、博士后、法学博士。

** 江西省社会科学院研究员、法学博士。

① 参见刘鳗：《每年 30 万人醉驾入刑，人大代表周光权呼吁修法提高入罪门槛》，载搜狐网，https://www.sohu.com/a/455048679_120151774，2023 年 3 月 10 日访问。

② 参见王志祥、融昊：《醉驾行为出罪路径的刑法教义学阐释》，载《北方法学》2022 年第 1 期。

③ 〔德〕马克斯·韦伯：《经济与社会》（第 2 卷），阎克文译，上海人民出版社 2019 年版，第 1318 页。

法，属于对同一事实的二次评价，违背"一事不再理"原则。[①] 辨析这一观念是否正确，首先应廓清"一事不再理"原则的基本内涵。

具体来看，在我国，"一事不再理"原则在行政法领域强调不得基于同一行政违法事实，对当事人给予两次以上的处罚[②]；而在刑事司法领域则是指对于同一罪行，公诉机关不得重复提起诉讼，审判机关也不得多次作出处罚[③]。概言之，"一事不再理"原则在行政法与刑事司法领域的共通之处在于：对于各自领域的同"一事"，裁判主体已经就是否处罚的问题作出明确的处理结果，则不得针对该"一事"再次启动处罚程序。[④] 不难看出，"一事不再理"原则的宗旨在于维护法秩序的权威性与安定性，从而避免当事人落入因同一违法行为而反复被公权力强加负担的困境。由此可见，限制公权力以保障人权，正是"一事不再理"原则的价值取向。那么，关于醉驾行为出罪入行之治理范式有违"一事不再理"原则的诘问，显然是基于人权保障的立场而提出的，在中国特色现代化法治文明的大背景之下，是不容回避的。

事实上，虽然司法层面被出罪化处理的醉驾行为与之后被认定为行政违法行为进行行政处罚的醉驾行为，属于"一事"，但是，后续的行政处罚并不成立"再理"。这是因为，一方面，在法律规范层面，我国现行有效的实体法律，明确规定了刑行交叉案件的处理制度。[⑤] 这也就意味着，对出罪后的醉驾行为科以行政处罚的做法，并非处罚程序的再次启动，而是仍在运行法定的刑行交叉案件的处理制度。申言之，将危害程度尚不构成犯罪的违法行为由刑事诉讼程序转移至行政处罚程序的做法，本就是一项完整的违法行为处理制度，不存在规范层面的"再理"问题。另一方面，在处理效果层面，由于被出罪的醉驾行为并未接受刑罚处罚，因而对其进行行政处罚根本不构成重复处罚，也就没有加重当事人的法律负担，反而还贯彻了"罚当其行"的公正执法理念。因此，没有侵犯当事人人权，不违背"一事不再理"原则，正是醉驾行为出罪入行在法理逻辑层面的正当性依据。

（二）功能依据：基于"破窗理论"的阐释

所谓功能层面的正当性依据，正是从后果考量的角度，为治理范式在社会实践中

---

① 参见张艳丽：《醉驾不起诉后是否要进行行政处罚》，载《检察日报》2023 年 1 月 31 日，第 7 版。

② 《行政处罚法》第 29 条规定："对当事人的同一个违法行为，不得给予两次以上罚款的行政处罚……"

③ 参见张建伟：《刑事诉讼法通义》，清华大学出版社 2007 年版，第 711 页。

④ 参见张毅：《"一事不二罚"在行刑交叉案件中的适用——从一例危险驾驶案切入》，载《福建警察学院学报》2014 年第 2 期。

⑤ 《刑法》第 37 条规定："对于犯罪情节轻微不需要判处刑罚的，可以免予刑事处罚，但是可以根据案件的不同情况，予以训诫或者责令具结悔过、赔礼道歉、赔偿损失，或者由主管部门予以行政处罚或者行政处分。"《行政处罚法》第 27 条第 1 款规定："违法行为涉嫌犯罪的，行政机关应当及时将案件移送司法机关，依法追究刑事责任。对依法不需要追究刑事责任或者免予刑事处罚，但应当给予行政处罚的，司法机关应当及时将案件移送有关行政机关。"

预期产生的正面效果,进行理论层面的证成。具言之,对于醉驾行为出罪入行的治理范式而言,可以结合犯罪学中的“破窗理论”加以展开。

1982 年,美国学者詹姆斯·威尔逊(J. Q. Wilson)及凯琳(G. L. Kelling)在《大西洋月刊》上发表了文章“Broken Window: The Police and Neighborhood Safety”,初步阐释了“破窗理论”。依据该理论,失序与犯罪的关系是:微小的失序现象,例如路边废弃物、游民或乞丐,以及墙上的涂鸦,如果不及时地处理,会诱使人们效仿,甚至变本加厉,最终将会导致更严重的犯罪产生。易言之,“破窗理论”也表明,打击轻微罪行有助于减少更严重罪案的发生,应该以零容忍的态度面对罪案。

具体来看,尚不构成犯罪的违法行为如果未被有效制裁,会向全体国民传递一种反社会行为只要在危害程度上未达到构成犯罪所需的量的要求就不值得被谴责(即通俗所说的“小恶不是恶”)的观念。这种观念无疑对于国家整体法秩序的权威性有着极大的负面作用。在这种错误观念的影响下,国家也很难期待承担着社会角色的法规范共同体成员能够将法规范自觉内化为自己的行为准则。① 并且,这种“小恶不是恶”观念的传播还会引发社会整体道德的滑坡。对此,储槐植教授曾明确指出:“由于刑事法网不严,犯罪概念、犯罪构成有一个定量限制,达不到规定的量,那么就不构成罪,导致道德底线失守,这是个重大的问题。”②而这种道德滑坡势必使得国家很难有效应对由此越发活跃的尚处于“小恶”阶段的反社会行为,无法提前预防其发展为“大恶”的犯罪行为。由此可见,倘若放松对国民规范意识的引导,助长“小恶不是恶”的观念,不仅无法预防潜在的犯罪,更会破坏现有的社会秩序与法治成果。③

从后果论的功能主义视角出发,倘若对出罪之后的醉驾行为采取“一放了之”的治理态度而不加以制裁,那么必然会导致此类违法行为日益猖獗,继而促使道路交通领域内的安全驾驶意识下降,最终也会致使醉驾型危险驾驶罪的犯罪数量激增,使得我国对于醉驾行为的治理工作面临治理效能大幅滑坡的挑战。因此,对于在量上尚不构成犯罪的醉驾行为,虽然不能通过刑法来发挥预防性的规制作用,但是因其行政违法性尚未因出罪而消灭,其依然可以受到行政法(《道路交通安全法》)的否定性评价并接受行政处罚,而这样的处罚和否定性评价亦能通过自身的宣示效应促使机动车驾驶员作出不实施醉驾行为的意思决定。这也就意味着,出罪入行的治理范式,可以在刑事制裁不能的情况下,通过发挥行政处罚的作用,对公民法规范意识的形成起到积极的影响,继而在道路交通安全领域激发预防犯罪与化解风险的正面治理效能。

---

① 参见王志祥、融昊:《我国犯罪圈扩张的趋势及其合理控制——以醉驾的刑法治理为切入点的思考》,载《苏州大学学报(哲学社会科学版)》2022 年第 1 期。

② 储槐植:《走向刑法的现代化》,载《井冈山大学学报(社会科学版)》2014 年第 4 期。

③ 参见王志祥、融昊:《我国犯罪圈扩张的趋势及其合理控制——以醉驾的刑法治理为切入点的思考》,载《苏州大学学报(哲学社会科学版)》2022 年第 1 期。

三、醉驾行为出罪入行的司法路径

在现代法治社会语境下，司法活动主要具备以下四种功能：裁决社会纠纷的审判功能、对行政行为进行司法审查的控权功能、对法律进行解释与续造的补法功能，以及行使违宪审查权的护宪功能。① 就醉驾行为的出罪入行工作而言，之所以要首先强调通过司法进路来推动，正是因为其补法功能可以部分克服下述因立法漏洞而导致的醉驾行为出罪入行的制度障碍。

（一）司法层面推动醉驾行为出罪入行的制度障碍

通过对我国现行司法制度运行过程的观察可知，在司法层面推动醉驾行为出罪入行的制度障碍主要存在于"入行"一侧。

众所周知，在法律制度层面，我国目前对于反社会行为普遍采取的是"二元制"的制裁模式。在这种模式下，犯罪即刑事违法行为由司法机关依照刑事诉讼程序进行处理，而作为轻微反社会行为的行政违法行为则由行政机关依照行政处罚程序进行处理。② 出于对二元制模式的反思，立法机关也开始对一元制模式进行逐步的尝试和探索。最典型的例子莫过于醉驾入刑之后的立法动态。具体而言，在将醉驾入刑的《刑法修正案（八）》施行（2011 年 5 月 1 日）之前的 2011 年 4 月 22 日，由全国人大常委会修正后的《道路交通安全法》第 91 条删除了对醉驾行为处以 15 日以下拘留并处罚款的行政处罚规定，并增加了对醉驾行为"依法追究刑事责任"的规定。由此，在《刑法修正案（八）》施行之后，《道路交通安全法》第 91 条对醉驾行为处罚措施的修正意味着，在法规范层面，我国法律对醉驾行为的制裁模式已转变为一元制的刑事制裁模式。

然而，倘若严格坚持一元制的刑事制裁模式，则会使得适用修法前拘留或罚款的行政处罚措施来制裁出罪后的醉驾行为的治理方式，陷入"无法可依"的困局。换言之，由于《道路交通安全法》第 91 条在修订后删除了原来的处以 15 日以下拘留并处罚款的行政处罚规定，因此对出罪后的醉驾行为就没有适用修法前原有的行政处罚的直接法律依据。此时，倘若行政执法机关绕开成文法，径直对其施以拘留、罚款等行政处罚措施，则会有违背法律保留制度之嫌。这是因为，根据《宪法》《立法法》以及《行政

---

① 参见李拥军：《司法的普遍原理与中国经验》，北京大学出版社 2019 年版，第 10—16 页。

② 参见王志祥、融昊：《我国犯罪圈扩张的趋势及其合理控制——以醉驾的刑法治理为切入点的思考》，载《苏州大学学报（哲学社会科学版）》2022 年第 1 期。

处罚法》的相关规定①,《道路交通安全法》第 91 条修改之前,为尚不构成犯罪的醉驾行为所配置的行政处罚措施——行政拘留,是一种"限制人身自由的处罚"。从法律保留制度的角度来看,其属于狭义法律保留中的绝对保留事项,必须由国家权力机关制定的法律加以规定,而不能授权其他国家机关进行立法来规定。基于此,对于出罪之后的醉驾行为,施以限制人身自由的行政处罚措施,必须以全国人民代表大会及其常委会所制定的法律作为依据。然而,这一明文规定的法律依据在实然立法层面却仍处于缺失的状态,而这一立法缺失也正是在司法层面推动醉驾行为出罪入行的制度障碍所在。

(二)司法层面推动醉驾行为出罪入行的具体方案

事实上,虽然现行有效的法律法规没有明文规定醉驾行为出罪之后应予以配置的行政处罚的具体内容,但一些省级司法机关出台的关于办理醉驾案件的工作细则,却早已规定了相对明确的行政处罚内容,即激活《道路交通安全法》第 91 条第 2 款、第 4 款或第 5 款的规定,对出罪之后的醉驾行为人,作出除拘留与罚款之外的其他制裁强度较低的行政处罚措施,比如吊销机动车驾驶证等。然而,按照现行有效的法律法规,对于普通酒驾行为可以给予包括拘留、罚款在内的行政处罚②,而对于法益侵害程度比普通酒驾行为更为严重的醉驾行为反而不能够适用罚款、拘留的行政处罚措施。这一自相矛盾的立法现象,显然违反了《行政处罚法》规定的过罚相当原则③,会导致轻重倒挂的治理失序局面,有损整体法秩序的安定性与权威性。

对此,已经有学者从解释论的角度给出了相对独到的处理方案,即通过适用当然解释的法律解释方法来重新解释《道路交通安全法》第 91 条的相关内容。具体而言,"依照当然解释规则,血液酒精含量达到 80mg/100ml 以上的醉驾行为当然属于血液酒精含量达到 20mg/100ml 以上的酒驾行为。这样,从行政处罚与刑罚处罚相衔接的角度看,对于因情节显著轻微危害不大不作为犯罪处理因而不能给予刑罚处罚的醉

---

① 《宪法》第 62 条第(三)项和《立法法》第 10 条第 2 款规定,制定和修改刑事、民事、国家机构的和其他的基本法律,属于全国人民代表大会的职权;《宪法》第 67 条第(二)项和《立法法》第 10 条第 3 款规定,制定和修改除应当由全国人民代表大会制定的法律以外的其他法律,属于全国人大常委会的职权;《立法法》第 11 条规定,对公民政治权利的剥夺、限制人身自由的强制措施和处罚,是只能制定法律加以规定的事项;《立法法》第 12 条规定:"本法第十一条规定的事项尚未制定法律的,全国人民代表大会及其常务委员会有权作出决定,授权国务院可以根据实际需要,对其中的部分事项先制定行政法规,但是有关犯罪和刑罚、对公民政治权利的剥夺和限制人身自由的强制措施和处罚、司法制度等事项除外。"《行政处罚法》第 10 条规定:"法律可以设定各种行政处罚。限制人身自由的行政处罚,只能由法律设定。"

② 《道路交通安全法》第 91 条第 1 款规定:"饮酒后驾驶机动车的,处暂扣六个月机动车驾驶证,并处一千元以上二千元以下罚款。因饮酒后驾驶机动车被处罚,再次饮酒后驾驶机动车的,处十日以下拘留,并处一千元以上二千元以下罚款,吊销机动车驾驶证。"

③ 《行政处罚法》第 5 条第 2 款规定:"设定和实施行政处罚必须以事实为依据,与违法行为的事实、性质、情节以及社会危害程度相当。"

驾案件，就当然可以适用《道路交通安全法》第 91 条中关于酒驾案件行政处罚的规定给予处理（包括罚款、拘留）”①。其内在的法理逻辑可作如下论证：

如前所述，《道路交通安全法》对于出罪之后的醉驾行为这一法律事实没有明文规定具体的法律后果，导致其面临被“一放了之”的风险。显然，此处的规定缺失是一个典型的法律规则漏洞。根据“举重以明轻，举轻以明重”的递进式逻辑推导原理，既然对于普通酒驾行为可以给予包括罚款、拘留在内的行政处罚，那么，对于法益侵害程度比普通酒驾行为更为严重的出罪后的醉驾行为就当然能够适用罚款、拘留的行政处罚措施。质言之，在实然层面，醉驾行为本来就是一类特殊的酒驾行为，普通酒驾行为与其存在着法益侵害程度上的递进升级关系，其较之于普通酒驾行为显然更有动用拘留、罚款等行政处罚措施进行规制的必要。由此，将出罪之后的醉驾行为涵摄于《道路交通安全法》第 91 条第 1 款所规定的酒驾行为的范围内，从而顺理成章地实现对其进行拘留、罚款的行政处罚。这一当然解释结论不仅在规范层面契合《道路交通安全法》惩治所有类型酒驾行为的规范目的，从而做到逻辑自洽，更在治理层面化解了出罪之后醉驾行为得不到有效规制的困局，进而实现功能自足，是一种兼具合法性、合理性与可操作性的解决方案。

相反，倘若因《道路交通安全法》对出罪之后的醉驾行为没有明文规定处罚措施，就判断醉驾行为不能被当然解释成酒驾行为，显然是陷入了机械化执法观的表现。这是因为，《道路交通安全法》作为成文法所固有的滞后性，导致其面对新问题时必然会出现规范供给不足的情况。而在现行法律司法适用过程中，激活现有法律规范的解释潜能，从而将新问题纳入其调整的范围，是常见的应对法律漏洞的司法技术。如果因为没有明确性的规定，就放弃对具备行政违法性与可罚性的醉驾行为进行必要且合理的处罚规制，不仅会导致前述轻重倒挂的尴尬局面，从而损害法秩序的安定性与权威性，更有悖于民众所认同的基本事理与情理逻辑，进而致使法律规范沦为僵死的条文，执法活动也会脱离实现公平正义的目标，异化为对僵死条文的机械化背书。这种理解，显然与我国治理交通道路安全之法规范体系的立法目标差之千里。

由此可见，这一解释方案，可以逻辑自洽且功能自足地填补相关的法律漏洞，从而在司法层面一定程度地消除推动醉驾行为出罪入行的制度障碍。

四、设置针对醉驾行为的专门性行政处罚措施

为了提升对醉驾行为的治理效能，在程序上实现出罪入行，当务之急就是要对“入

---

① 王志祥：《醉驾犯罪司法争议问题新论——浙江最新醉驾司法文件六大变化述评》，载《河北法学》2020 年第 3 期。

行”的具体内容进行更为科学化且精细化的设计与裁量。申言之,就是应根据醉驾行为的具体情况,为其配置各种能起到特殊预防作用的行政处罚措施,而非一味地强调对于行政拘留这一“人身自由罚”的适用。比如,可以考虑增设社区服务、善行保证、公益劳动、安全教育等适合微罪特点的制裁措施。① 具体来讲,就是要结合域外立法实践,在评析我国相关探索经验的基础上,系统性地设计出契合醉驾行为治理工作需要的专门性行政处罚措施。

事实上,上述针对醉驾行为治理工作的相关制度设计的萌芽已存在于当前的司法实践之中,但促使其系统化、规范化和科学化的任务,依然任重道远。具体来看,前述制度设计萌芽主要是由检察机关探索出的“公益服务模式”。在该模式中,检察机关在醉驾案件的审查起诉阶段要求犯罪情节较轻的醉驾行为人,从事一定的公益服务,并在之后通过考察其完成公益服务的情况来决定是否起诉。该模式首创于浙江省瑞安市,由当地检察院联合市公安局、市司法局及相关的交通领域公益组织所共同创设,并在实践中取得了良好的社会效果。此后,甘肃省、江苏省、河南省等省的检察系统也开始在醉驾案件的相对不起诉工作中逐渐引入类似的公益服务模式。

应该说,对犯罪情节轻微的醉驾行为人,处以完成有利于交通安全之公益服务的制裁措施,是预防醉驾行为人再次实施此类行为的科学治理手段。这一措施,也与域外的相关成熟治理经验不谋而合。但是,不难看出,这一措施并非为出罪之后的醉驾行为所设置的专门性行政处罚措施,而是作为醉驾行为出罪的前提条件,附属在相对不起诉制度之中。由此,其必然会面临以下两个方面的诘问:

其一,附属于相对不起诉制度的公益服务模式,会面临程序合法方面的诘问。众所周知,在我国《刑事诉讼法》所规定的相对不起诉制度中,并不存在除“犯罪情节轻微”之外的事实性前提条件。② 申言之,在行为后从事一定的公益服务,并非考察犯罪情节轻重的依据,因此其也就不是法定的相对不起诉程序的事实性前提条件。并且,虽然我国《刑事诉讼法》中存在以行为后的悔罪表现为作出不起诉决定的前提之一的附条件不起诉制度,但是该制度的适用对象为符合相应规定的未成年犯罪嫌疑人,而非所有年龄段的醉驾行为人。③ 因此,也不能认定前述公益服务模式依法附属于附条件不起诉制度。由此可见,公益服务模式是部分检察机关在司法实践中拟制出的

---

① 参见王志祥、融昊:《我国犯罪圈扩张的趋势及其合理控制——以醉驾的刑法治理为切入点的思考》,载《苏州大学学报(哲学社会科学版)》2022 年第 1 期。

② 《刑事诉讼法》第 177 条第 2 款规定:“对于犯罪情节轻微,依照刑法规定不需要判处刑罚或者免除刑罚的,人民检察院可以作出不起诉决定。”

③ 《刑事诉讼法》第 282 条第 1 款规定:“对于未成年人涉嫌刑法分则第四章、第五章、第六章规定的犯罪,可能判处一年有期徒刑以下刑罚,符合起诉条件,但有悔罪表现的,人民检察院可以作出附条件不起诉的决定。人民检察院在作出附条件不起诉的决定以前,应当听取公安机关、被害人的意见。”

不起诉决定前提条件，于法无据。这一模式虽然在司法实践中取得了一定的社会效果，但也会变相提高相对不起诉制度的适用门槛，从而有损于醉驾犯罪嫌疑人的诉讼权利，与我国《刑事诉讼法》所规定的程序法定原则相抵牾。①

其二，附属于相对不起诉制度的公益服务模式，还会面临预防效果方面的诘问。虽然公益服务模式旨在出罪之前消弭醉驾行为人的再犯可能性，但这一特殊预防目的能否充分实现，是极为不确定的。这是因为，在醉驾行为人的视角下，完成相应的公益服务，可被视为自身得以出罪（相对不起诉）的"交易对价"。在这种情况下，醉驾行为人在公益服务中的积极表现不能排除是出于尽快出罪的功利性目的，其再犯可能性的消灭效果也就因之而存疑。并且由于其从事此类公益服务的时间并不是在出罪后，因此即便审查起诉阶段的公益服务起到了一定的特殊预防效果，该效果在行为人出罪后能持续多久，也是存疑的。

基于此，将公益服务模式设置为我国针对醉驾行为的专门性行政处罚措施，从总体上来看，是可行的。但是，仍有两点需要继续完善。第一，在法律体系上，通过修订《道路交通安全法》的相关内容，将公益服务由原来的《刑事诉讼法》中相对不起诉制度的非法定条件，正式确定为出罪后醉驾行为的配套行政处罚措施。第二，在处罚内容方面，为公益服务模式设置逻辑自洽且功能自足的具体措施。详言之，作为针对醉驾行为所设置的专门性行政处罚措施，其具体内容应呈现出"学习—服务—考察"三元递进式结构。在醉驾行为出罪之后，检察机关应向负责道路安全的行政机关，作出给予被出罪人相应行政处罚的检察建议。而有关行政机关，也应该在收到检察建议之后，根据实际情况，为醉驾行为人安排有关道路交通安全方面的学习任务，并在其学习任务完成后组织其定期从事有利于道路交通安全的公益服务，再综合考察评价其学习任务与服务任务的完成情况。这样，可以做到教育与惩罚并举，从而高质量地实现预防醉驾行为人再次违法犯罪这一特殊预防目的。

五、结语

对于当下规模庞大的醉驾案件，将其中危害程度轻微的部分在司法实践中予以出罪处理的方案已取得广泛共识。在出罪之后，将其评价为行政违法行为并予以行政处罚的新型治理范式，在法理层面，由于并未加重当事人的法律负担，因而并不违反"一事不再理"原则。倘若对于出罪之后的醉驾行为一放了之，那么，根据犯罪学"破窗理论"，类似的模仿行为会层出不穷，从而致使道路交通安全的治理水平大打折扣。然

---

① 《刑事诉讼法》第 3 条第 2 款规定："人民法院、人民检察院和公安机关进行刑事诉讼，必须严格遵守本法和其他法律的有关规定。"

而,由于在立法层面,我国对于醉驾行为的治理模式为一元制的刑事制裁模式,因此在司法层面推进出罪入行工作存在着于法无据的困境。对此,应运用当然解释的解释方法,将出罪后的醉驾行为解释为广义酒驾行为,从而将《道路交通安全法》中为酒驾行为配置的拘留、罚款等行政处罚措施,适用在出罪后的醉驾行为人身上,从而避免其免刑逃罚。针对出罪后的醉驾行为,出于消灭其再犯可能性这一特殊预防目的,应对其配置专门性的行政处罚措施。通过借鉴域外的成熟制度经验,结合我国检察机关对于醉驾案件适用相对不起诉制度工作中的相关探索,我国针对出罪后醉驾行为所创设的专门性行政处罚措施,应以"学习—服务—考察"三元递进式的公益服务模式为主要内容。

国家治理体系与治理能力的现代化应坚持在法治的轨道上推行。依靠良法善治,可以加快推进国家治理体系和治理能力现代化,为全面建设社会主义现代化国家提供最佳制度供给、创造最优治理环境。① 而出罪入行这一现代化治理范式,通过有效治理数量巨大的醉驾行为,显然会为我国道路交通安全治理能力与治理体系的现代化建设添砖加瓦。

① 参见张文显:《论在法治轨道上全面建设社会主义现代化国家》,载《中国法律评论》2023 年第 1 期。

轻罪治理背景下犯罪附随后果的规范化路径

崔仕绣[*] 方 正[**]

近年来,随着各类新兴技术的发展,居民日常生活获得便利的同时也面临诸多新型风险。为应对各类风险,我国的刑事立法采取犯罪治理的早期化干预策略,以颁行刑法修正案的方式增设新罪、调试旧罪,来达到保卫社会的目的。以《刑法修正案(八)》醉酒驾车入刑为标志,后续的刑法修正案不断地将轻微违法行为纳入刑法规制范畴。在该背景下,轻罪得到了广泛的运用,近年来因醉驾被判处危险驾驶罪的人员数量已超过盗窃罪,危险驾驶罪成为刑事犯罪之首。无独有偶,《刑法修正案(九)》增设的帮助信息网络犯罪活动罪也面临同样的发展趋势,该罪名随着2019年电信网络诈骗犯罪案件井喷而被广泛适用。①

我国实施犯罪被判处刑罚者会被贴上"犯罪人"的标签,其负面影响在轻罪领域尤甚。具体而言,轻罪行为人经过短期刑罚或定罪免罚,仍属于"犯过罪的人",社会公众并不会深究犯罪人究竟犯何种罪、动机缘何,而对其等同视之,导致轻罪和重罪犯罪人均承担无差别的犯罪附随后果,最为典型的表现即是犯罪人无法从事部分职业,甚至其近亲属也受波及而无法从事特定职业,并且该种犯罪附随后果没有经过法定程序,也无期限之规定。此外,该犯罪附随后果并没有统一的规范渊源以及制定主体,大多散见于刑事法律之外的法律、行政法规、地方性法规与地方政府规章。② 党的十九届四中全会报告指出:"社会治理是国家治理项下的重要方面。"社会治理现代化也是国家治理体系和治理能力现代化的题中之义③,在我国社会治理现代化的框架下,轻罪治理无疑是其中重要的一个环节④。

---

* 上海政法学院刑事司法学院刑法教研室主任,法学博士,硕士生导师。

** 上海政法学院城市犯罪治理研究中心助理研究员。

① 参见《"帮信罪"一年增长21倍,已成电信网络诈骗"第一罪"》,载最高人民检察院官网,https://www.spp.gov.cn/zdgz/202205/t20220517_557036.shtml,2023年8月5日访问。

② 参见付强:《论犯罪行为的刑罚附随后果》,载《法学杂志》2015年第7期。

③ 参见冯仕政:《中国道路与社会治理现代化》,载《社会科学》2020年第7期。

④ 参见王充:《构建轻罪治理模式 助力社会治理无"死角"》,载《人民论坛》2018年第11期。

一、轻罪及其附随后果之整体概览

(一)轻罪概念及其界分标准

我国刑法中历来没有划分轻罪与重罪的传统,轻罪与重罪的划分是犯罪分层理论下的产物,其根据是犯罪的严重程度。而在犯罪分层的方式上,不同的国家采取不同的方式。① 以法国、德国为代表的大陆法系国家,它们的刑法典中将犯罪划分为重罪、轻罪、违警罪;而在以英国为代表的英美法系国家,则依据是否可以起诉划分为可起诉犯罪和即决犯罪。将犯罪进行分层是为了更好地治理犯罪、因罪施刑。关于轻罪、重罪之划分,学界存在实质标准说、形式标准说、综合说三种观点。在形式标准说中又有法定刑说与宣告刑说之分,而不论是采用法定刑说还是宣告刑说,其中又存在以3年有期徒刑为界限与以5年有期徒刑为界限的观点对立。② 笔者认为,应当采用形式标准说中的法定刑说对轻罪与重罪进行界定。假若择取宣告刑说,那么当某罪名具有复数量刑幅度时,由于无法预知司法审判机关的宣判,其性质的轻重便难以区分,这就使得某一罪名在不同案件中的性质发生了变化,该种不可预知性带来了罪名性质的不安定性,因而该说并不可取。

在采取法定刑说的基础上,以3年有期徒刑作为其界限具有合理性。理由有三:其一,在我国刑法中,法定刑幅度的设定大多以3年有期徒刑为分界点,严重犯罪大多采用3年以上有期徒刑,是故采用该标准可以避免犯罪类型划分的混乱。其二,根据我国刑法中缓刑的规定,对于判处拘役、3年以下有期徒刑的犯罪分子符合相关条件的能够适用缓刑。通常适用缓刑的犯罪是较轻的犯罪,即我国刑法同样承认被判处3年以下有期徒刑等刑罚的犯罪是较为轻缓的犯罪。其三,随着我国劳动教养制度被废除,在我国现行二元制裁体系的框架下,存在对轻罪人处罚的空档,再取5年标准作为轻罪与重罪的界限无疑扩大了这一间隙,而取3年为界则有利于缩小该二元处罚框架体系中各刑期区间的罅隙。同时,3年说也是当前学界比较有力的界分标准。③

(二)犯罪附随后果内涵及其具体类型

犯罪附随后果是针对犯罪人的负面效果,是指在刑事法律之外针对犯过罪之人所

---

① 参见陈兴良:《轻罪治理的理论思考》,载《中国刑事法杂志》2023年第3期。

② 其中,实质标准说认为应当根据犯罪性质、罪行危害等区分轻罪与重罪。形式标准说认为应当以刑罚作为划分轻罪与重罪的标准,在该说项下,法定刑说主张应当以法定刑为标准进行认定,而宣告刑说主张应当以最终宣告的刑罚为标准进行判定。实质与形式标准综合说又存在以形式标准为主、实质标准为辅与以实质标准为主、形式标准为辅两种观点,前者认为应当在形式标准(法定刑或宣告刑)的基础之上,结合其罪行之社会危害性进一步判断,后者则反之。参见郑丽萍:《轻罪重罪之法定界分》,载《中国法学》2013年第2期。

③ 参见卢建平:《为什么说我国已经进入轻罪时代》,载《中国应用法学》2022年第3期。

创设的限制性处罚后果。其最为典型的表征是在相关的法律法规中规定的从业禁止,例如我国《公务员法》第 26 条。我国的犯罪附随后果并无统一的法律规范予以规定,导致了犯罪附随后果的不规范性。且我国的犯罪附随后果并未根据重罪与轻罪加以区分,只要是“犯过罪的人”均等同适用。此外诸多犯罪附随后果并没有规定消灭时效,同时还会牵连到近亲属等主体,这就不当加重了其严厉性。①

关于犯罪附随后果的分类。根据禁止行为人从事的职业,犯罪附随后果被划分为禁止从事公职、禁止从事法律职业、禁止从事企业公司管理职务、禁止从事其他职业。② 还有学者依据其所适用的主体进行划分,直接适用于犯罪人的,称为直接犯罪附随后果;波及犯罪人以外的近亲属或家庭成员等主体的,又称间接犯罪附随后果。而在此基础上,根据具体内容将其划分为权能型犯罪附随后果、利益型犯罪附随后果、资质型犯罪附随后果。③

笔者认为,权能型犯罪附随后果与资质型犯罪附随后果在大部分内容上存在重合,因而将其划分为不同类型,既无意义,也无必要,反而容易在理论上产生混乱与冗余。而利益型犯罪附随后果中涉及禁止犯罪人领取社会福利、津贴以及更改姓名等,其中既包括权利,也包括利益,利益型犯罪附随后果之名称实难包含全部情形,因而称之为权益性犯罪附随后果更为妥当。因而笔者认为,犯罪附随后果主要包括职务型犯罪附随后果和权益型犯罪附随后果两类。前者限制从事特定职务,如我国《公务员法》第 26 条、《法官法》第 13 条等;后者则限制或禁止行为人领取特定社会福利等能满足生存发展需求的物质性、精神性利益,如《上海市居住证积分管理办法》第 8 条、《南宁市荣誉市民称号管理办法》第 6 条等。

二、规范轻罪犯罪附随后果之现实需求

(一)犯罪附随后果的消极影响

我国诸多规范中设置犯罪附随后果的初衷在于预防犯罪,但鉴于其被泛滥适用的现实,既未到达预期之预防效果,还存在倒逼犯罪分子再犯罪的风险。其消极影响主要包括以下两个方面:

1. 阻碍了我国“严而不厉”制裁体系的形成

我国一直秉持治安管理处罚与刑事处罚的二元制裁体系。④ 我国刑法体系“小而

---

① 参见陈兴良:《轻罪治理的理论思考》,载《中国刑事法杂志》2023 年第 3 期。

② 参见徐久生、师晓东:《犯罪化背景下犯罪附随后果的重构》,载《中南大学学报(社会科学版)》2019 年第 6 期。

③ 参见彭文华:《我国犯罪附随后果制度规范化研究》,载《法学研究》2022 年第 6 期。

④ 参见何荣功:《轻罪立法的实践悖论与法理反思》,载《中外法学》2023 年第 4 期。

重”导致我国刑事法网的“厉而不严”①,属于“小刑法”,而近年来我国广泛增设轻罪,向“大刑法”方向转变。该种转变是由“小而重”变为“大而轻”,由二元制裁逐渐转向一元规制。② 此后再逐步弥合刑事犯罪与行政违法之间的间隙。这种趋势使得我国刑事立法从过往的“厉而不严”向“严而不厉”转变。但是我国的犯罪附随后果并不区分轻罪与重罪,这就使轻罪立法遭到抵制。形成“严而不厉”的犯罪治理导向是轻罪制裁体系的应然目标,刑事法网的严密以及刑事处罚的宽缓更符合当前的犯罪治理模式。③ 然而无序的犯罪附随后果阻碍了该趋势的进程。

2. 导致过度侵犯犯罪者合法权益

诸多学者提倡增设轻罪,将轻微违法行为纳入刑事司法领域管制的原因在于,该类治安处罚案件在程序上有所缺失,得不到必要的救济与保障,也缺少当事人的参与和第三方机构的监督。因而将该类行为纳入刑事司法程序中可以从程序上保证公平正义的实现。④ 但由于当前犯罪附随后果的失序,导致行为人在回归社会后合法权益遭到不正当的剥夺。我国犯罪附随后果对犯罪人的适用是无差别的,并未依据犯罪人罪刑的轻重作出区分,这就导致轻罪犯罪人与重罪犯罪人所适用的犯罪附随后果完全一致。但是部分该类犯罪附随后果只单向规定了对于何种主体适用,并未规定其时效于何时届满。犯罪附随后果过度侵犯行为人合法权益的样态主要表现为禁止行为人从业的时间过长。

(二)规范轻罪犯罪附随后果的现实需求

犯罪附随后果之于轻罪而言无疑违背了比例原则,对犯罪人施加了“二次惩戒”,但宏观上,犯罪附随后果包括合限度的轻罪犯罪附随后果确有其存在必要,只是适用范围、限度及期限有待进一步规范。

1. 有促进犯罪人改造之功用

犯罪附随后果的存在有其合理性。但是依据新派所提出的教育刑论的意旨,刑罚的目的是教育改造犯罪人,使其复归社会。犯罪附随后果作为在犯罪人刑事处罚结束之后衔接的处遇也有着同样的价值蕴含,对于预防再犯罪发挥着警醒作用,是国家对社会控制的必要手段。⑤ 部分犯罪附随后果规定了从业禁止,特别是曾经利用该职业便利进行犯罪的行为人,对其进行从业资格的剥夺⑥,一定程度上能够保障特定职业的

---

① 参见刘传稿:《轻重犯罪分离治理的体系化建构》,载《中国刑事法杂志》2022 年第 4 期。

② 参见周树超:《犯罪分层制度的检讨与启示》,载《犯罪研究》2023 年第 2 期。

③ 参见牛忠志、于鸿峣:《当代中国轻罪制裁体系的系统反思与优化》,载《河北学刊》2023 年第 3 期。

④ 参见卢建平、刘传稿:《法治语境下犯罪化的未来趋势》,载《政治与法律》2017 年第 4 期。

⑤ 参见王瑞君:《“刑罚附随性制裁”的功能与边界》,载《法学》2021 年第 4 期。

⑥ 参见叶良芳、应家赟:《论有前科者从业禁止及其适用》,载《华北水利水电大学学报(社会科学版)》2015 年第 4 期。

利益。轻罪所附带的犯罪附随后果在合比例的情形下是对犯罪人具有改善作用的,但一旦过限,则有迫使轻罪犯罪者走向社会对立面之风险。

2. 可弥合对犯罪人的信任危机

犯罪附随后果无序扩张源于对有犯罪前科者的不信任。部分法规、规章对有前科者科以附随后果,使犯罪人在经历刑罚之后仍然要承受犯罪所带来的不利后果,即信用惩戒。但以该类信用惩戒为内容的犯罪附随后果事实上成为“对犯罪前科的过度责罚”。[①] 笔者认为,无论犯罪附随后果存在于何种规范中,均应当通过对其肃正,将其从加剧“信任危机”的泥淖中抽出并转变为弥合犯罪人与社会共同体之间信任鸿沟的工具。[②] 由此,与单纯为了防卫社会而施加的犯罪附随后果相比,其严厉性必然得到缓和,为我国轻罪治理的推进奠定基础。[③]

三、轻罪犯罪附随后果治理的理论考察

(一)轻罪犯罪附随后果的理论界分

当前学界对于犯罪附随后果规范化治理存在不同观点。其中最具代表性的为以下几种学说:

1. 刑法规范说

持该立场的学者认为,时下犯罪附随后果广泛地分布于法律规范、行业规范之中,极为混乱。因此,应当废除所有非刑事领域规范中的犯罪附随后果,全部纳入刑法规范中进行管理。同时,再将限制犯罪人从事特定职业的规定纳入禁止令中,作为资格刑而存在,既可以附加适用,也可以独立适用。[④] 其优势在于将犯罪附随后果作为资格刑进行调适,在个案中的适用更有针对性,且其能通过刑事司法程序使犯罪人知悉其被适用了该种犯罪附随后果,具有可预测性。另外,还可以省去构建前科消灭与犯罪记录封存制度的立法成本,刑法规范说认为在资格刑执行期限届满之日,就可以与一般公民一样平等地选择职业以及享有其他应有的权益,与前科消灭的效果基本相同。

2. 制度完善说

该说项下又分为两种观点:一种观点认为,应当完善我国的犯罪记录封存制度。当前在我国刑事诉讼法中规定有未成年人犯罪记录封存制度。该观点认为应当完善

---

① 参见李怀胜:《犯罪记录对社会信用体系的耦合嵌入与功能校正》,载《法学杂志》2021 年第 3 期。

② 参见严磊:《积极刑法观下犯罪附随后果研究》,载《人大法律评论》2021 年第 1 期。

③ 参见王强军:《刑法干预前置化的理性反思》,载《中国法学》2021 年第 3 期。

④ 参见张明楷:《轻罪立法的推进与附随后果的变更》,载《比较法研究》2023 年第 4 期。

该制度,使之能够对成年犯罪人的犯罪记录予以封存。[①] 另一种观点认为,应当在我国构建前科消灭制度。其认为犯罪记录封存制度虽然能够缓解犯罪的不利后果,但是并不能达到真正消灭其前科的效果。

3. 综合治理说

无期限的犯罪附随后果使已经完整经历刑罚的人在无继续犯罪的情况下还需承受其过往犯罪所带来的报复,显然有失公允。[②] 因此,持综合治理说的学者认为,应当明确犯罪附随后果的适用期限。此外,许多规定在下位规范中的犯罪附随后果是依据曾经有效的上位规范制定的,但是当上位规范失效后,其规定并未随上位规范的失效而失效,这加剧了犯罪附随后果的乱象,因此应当建立下位规范失效制度等措施。[③] 虽然持该观点的学者并不认同刑法规范说关于将所有的犯罪附随后果纳入刑法规范中的观点,但其仍然认为应当对犯罪附随后果进行整理,形成独立的数据库。

(二)刑法规范说之提倡

制度完善说在推动前科消灭等制度的建立与完善上有着积极意义,但也存在缺憾。制度完善说仅论述犯罪人的犯罪记录与前科应当消灭或封存,但其仅认为当犯罪前科与犯罪记录消灭后犯罪附随后果自然消灭,未能很好地串联后续规范治理。至于综合治理说,其事实上试图结合二说之长,但是持该观点的学者机械性地借鉴域外的经验,并仅将其与刑法规范说、制度完善说的观点进行简单叠加,事实上并没有提出具有现实操作性的建议。笔者认为,应当坚持刑法规范说的观点。其理由有三:

(1)坚持刑法规范说的立场可以使犯罪附随后果的适用于法有据。我国目前犯罪附随后果适用恣意,其根源在于无法律规范统一规定。犯罪附随后果作为因犯罪所招致的不利后果,由刑法进行统一规定符合法理、情理。

(2)坚持刑法规范说的立场可协调犯罪附随后果与各具体罪名之间的关系。将犯罪附随后果的规定全部收归刑法规范之中,其适用条件与期限既可以参照原有资格刑的规定,亦可根据自身的特殊性进行调整,同时也能够协调与刑法分论中各个罪名的关系。

(3)坚持刑法规范说的立场有利于架构犯罪附随后果之配套制度。虽然持刑法规范说的学者认为,当犯罪附随后果执行完毕之后,就有了犯罪人前科消灭的效果。但是笔者认为,仍然需要架构前科消灭制度。将犯罪附随后果纳入刑法规范中,意味着将犯罪附随后果纳入我国的刑事司法领域,具言之,可依托既存的犯罪记录封存制

---

① 参见彭新林:《美国犯罪记录消灭制度及其启示》,载《环球法律评论》2021 年第 1 期。
② 参见房清侠:《前科消灭制度研究》,载《法学研究》2001 年第 4 期。
③ 参见彭文华:《我国犯罪附随后果制度规范化研究》,载《法学研究》2022 年第 6 期。

度,架构关于成年犯罪人群体的前科消灭制度。

四、轻罪前科消灭制度的实践探索

(一)犯罪前科制度的弊害

所谓犯罪前科,学界的有力说认为,是指行为人被法院宣告有罪并判处刑事处罚的事实。[①] 而在我国实施犯罪,无论其罪行多么轻微都会留存犯罪记录,对行为人及其亲属的工作等方面造成不利影响。[②] 当前我国轻罪化趋势渐显,然而犯罪前科的存在使轻罪的犯罪后果并非那么轻微。当前我国并未建立前科消灭制度,假若该现状一直持续,那么犯罪人将永远无法摆脱曾经所犯罪行的影响,刑事司法系统会创造一个过度庞大的犯罪前科人员群体。[③]

所谓前科消灭,是指犯罪人在受到刑罚处罚后,经过一定期间,权力机关有义务消除其前科,恢复其因此受到损害的权利。而犯罪人也拥有前科消灭权,这在域外也被称为更生权,意指其不应被视为犯罪人,其犯罪记录同样也不能再被使用。[④] 设立前科消灭制度是域外诸国较为普遍的做法,但是我国反而规定了前科报告制度,当然这是为了更好地预防犯罪,不过前科消灭制度的缺失却给犯罪人重返社会设置了阻碍。[⑤]

虽然设置前科消灭制度在学界是有力观点,但有观点仍然认为应当在犯罪记录封存的基础之上进行完善与改造。[⑥] 笔者认为,应当构建轻罪前科消灭制度,而不应当继续沿用犯罪记录封存制度。犯罪前科的滞弊包括以下几点:第一,犯罪前科制度作为刑罚的延续,对犯罪人过度处罚,违背了罪责刑相适应原则。第二,犯罪前科制度过度防范犯罪人的未然之罪,明显不符合比例原则。当犯罪人刑满改造完毕,那么其已承受对于已然之罪的报应,虽然不排除其仍然存在人身危险性,但是对于其未然之罪过度防范而限制其合法权益,更容易将其推上再犯罪的歧路。第三,犯罪前科制度在一定程度上违背了罪责自负原则。[⑦]

(二)轻罪前科消灭制度的构建思路

由于犯罪前科制度存在弊端,因此应当在我国构建前科消灭制度。随着我国轻罪

---

① 参见杨燮蛟:《现代犯罪学》,浙江大学出版社 2010 年版,第 465 页。

② 参见王迎龙:《轻罪治理背景下出罪模式研究——实体与程序路径的双重反思》,载《比较法研究》2023 年第 4 期。

③ 参见周光权:《论刑事一体化视角的危险驾驶罪》,载《政治与法律》2022 年第 1 期。

④ 参见徐立、成功:《轻罪时代前科制度的内在诟病及其应对》,载《河北法学》2023 年第 5 期。

⑤ 参见陈兴良:《轻罪治理的理论思考》,载《中国刑事法杂志》2023 年第 3 期。

⑥ 参见李勇、曹艳晓:《中国式微罪记录封存制度之构建》,载《中国检察官》2023 年第 7 期。

⑦ 参见崔志伟:《积极刑法立法背景下前科消灭制度之构建》,载《现代法学》2021 年第 6 期。

趋势的扩张,轻罪相较于重罪而言罪行更为轻缓,犯轻罪的犯罪分子相较于重罪犯罪分子而言,也更容易再社会化。此外,构建轻罪前科消灭制度有利于促进我国刑法向"严而不厉"的目标前进,有助于轻罪犯罪附随后果的规范化,因而应当先对轻罪前科消灭制度进行构建。具体包括以下几个方面:

1. 轻罪前科消灭制度的适用范围

主流观点认为,轻罪为法定刑为3年以下有期徒刑的犯罪,而轻罪前科消灭制度的适用范围也应当与其一致。而且前科消灭制度的适用范围应当限于非刑事领域。当犯罪人刑罚执行完毕后,其已然受到了应有的惩罚,而在犯罪附随后果尚未纳入刑法统一管理时,其仍然属于非刑事领域的不利后果,因此轻罪的犯罪前科消灭后,任何主体不得再以犯罪人曾经犯过罪为由限制其合法权益,同时其犯罪记录也应当永久删去。

2. 轻罪前科消灭制度的具体形式

笔者认为,轻罪前科消灭的方式存在法定消灭与依申请消灭两种。首先,法定消灭,即法律规定经过一定期间,轻罪前科当然消灭、自动消灭、自始消灭。关于该期间存在不同的观点。以3年作为轻罪前科消灭的法定期限相对有其合理性。以3年作为轻罪前科消灭更有利于与我国刑法中的其余刑罚执行方式相衔接。例如我国刑法中的缓刑制度。其次,依申请消灭,即依有犯罪前科者的申请予以消灭。依申请消灭同样应当与我国刑法中的刑罚执行方式相协调。例如假释,其适用条件是在原判刑罚已执行二分之一后可进行申请。依申请消灭同样可以借鉴该规定。具体而言,犯罪人刑满释放后经过法定消灭期间的二分之一后,可以向申请人所在地的中级人民法院提出申请,法院可以组成合议庭审查犯罪人在此期间的表现以及在刑罚执行期间的一贯表现。假如申请人存在缓刑、假释的情形,还需要考虑其在缓刑考验期、假释考验期内进行的社区矫正的表现。经过法定消灭与依申请消灭后,其所承受的不利犯罪附随后果归于消灭,能够与社会公众一样享有完全的权益。

综上所述,通过对轻罪及其附随后果整体观的把握,轻罪的界定应当采取法定刑标准,犯罪附随后果作为因犯罪所附加的不良后果,应当归入保安处分的范畴。犯罪附随后果对我国刑事立法转向"严而不厉"、轻罪化具有阻碍作用,同时侵害了行为人及其近亲属的合法权益。鉴于轻罪犯罪附随后果具有促进犯罪人改造与弥合信任危机的功用,应当坚持刑法规范说加以规范,建立轻罪前科消灭制度,拓宽资格刑的种类,从而更好地改造犯罪人、预防犯罪,推动我国刑事治理体系朝着更加人道、正义的方向发展。

罪责自负视域下株连型附随后果的审视与重构

李海良[*]　鲁耀铭[**]

近年来,我国犯罪呈现轻罪化趋势,立法层面呈现扩大化态势。2023年《最高人民法院工作报告》指出,应当改进重罪单一治理模式,并进一步推进轻罪立法进程,通过积极的刑事立法扩大刑法处罚范围,回应社会需要。在轻罪化治理模式推广的背景下,传统连坐思想所催生的株连型附随后果,已因其功能越位而导致的“不是刑罚,相当刑罚”的问题,以及对刑法原则、立场与逻辑推理的违反,受到了愈来愈多的关注。有鉴于此,本文将在附随后果类型化的基础上,分析株连型附随后果的内在误区与悖论,提出具体修正路径,推动建立中国式现代化的轻罪治理模式。

一、附随后果的界分

就犯罪附随后果的适用对象而言,可将其分为个体型与株连型两大类型。

个体型附随后果,是指仅针对犯罪人本人所适用的犯罪附随后果,并未涉及对犯罪人亲属有关权利、资质的限制。如《公务员法》《律师法》等针对犯罪人本人的有关禁止从业的规定。从其立法意旨上看,其所规定的行业多与法律秩序、社会秩序、国家安全有一定程度的关联,在此基础上对犯罪人本人作出一定的限制,既有助于保持相关队伍的纯洁性,亦减少了犯罪人侵害社会重大利益的途径①,因而具有一定的合理性。

株连型附随后果,顾名思义,是将犯罪人及其亲属共同涵括在内的附随后果类型。该类型附随后果大大扩张了其自身弊端所导致的“隐性刑罚”的处罚范围且不受刑事法律管辖,又往往缺乏相应的救济途径,严重违反了刑法相关原则,破坏了上位法的公信力,因而是当下诸多刑法学者批评附随后果问题的关键症结所在。因此,对株连型附随后果作出相应的反思与现代化改造,是解决附随后果弊病的重中之重。

---

* 浙江师范大学乡村振兴研究院副院长,法学院副教授,中国刑法学研究会会员。

** 浙江师范大学乡村振兴研究院研究员。

① 参见严磊:《积极刑法观下犯罪附随后果研究》,载《人大法律评论》2021年第1期。

而上述两类附随后果除适用对象不同外，在内容上并无实质性差异①，均包含下述四类分支：就社会影响方面而言，可分为救济限制型与就业限制型附随后果；就适用时效而言，可分为有期限型附随后果与无期限型附随后果。

所谓救济限制型附随后果，主要是针对犯罪人及其亲属等作出的诸如社会保险、社会福利等方面权利的限制。例如我国《烈士褒扬条例》第 25 条②等有关规定所作出的直接针对犯罪人及其亲属社会保险、福利等获取的规定。其主要通过对犯罪人社会保险、社会福利资格的剥夺，以起到惩罚性作用。

所谓就业限制型附随后果，主要是针对犯罪人及其亲属择业方面的限制。例如我国《法官法》第 13 条、《检察官法》第 13 条③等有关法律规定所作出的相应录取限制等。该类附随后果往往以保护行业秩序或社会公共利益为要旨，针对犯罪人及其子女作出录用限制。

有期限型附随后果指在一定期限内剥夺适用对象特定权利或资质的附随后果。如我国《注册会计师法》第 10 条规定，"因受刑事处罚，自刑罚执行完毕之日起至申请注册之日止不满五年的"，不予注册。

无期限型附随后果指的是终身性附随后果，即犯罪人及其子女一旦犯罪，则特定权利或资质被终身剥夺的情形，如我国《教师法》第 14 条规定，受到剥夺政治权利或者故意犯罪受到有期徒刑以上刑罚的，不能取得教师资格。

无论是救济限制型、就业限制型抑或有期限型、无期限型附随后果，由于附随后果本身之固有弊端而受到诸多刑法学者诟病，然而就我国法律的变革历程来看，短时间内完成对附随后果的综合性改造并无太大的现实可行性，因此，必须先集中解决附随后果中的重点问题。而综观社会现状及司法实况，当下诸多机关单位、法人等组织在适用附随后果时，其实际适用对象的范围往往超出了有关法律规范或行业规范所规定的范围。也就是说，在人为因素的介入之下，诸多原本为个体型附随后果被转变为株连型附随后果，如公务员的"政审"制度对犯罪人子女的录用限制、企事业单位对犯罪人亲属的从业禁止规定等。且由于该类规定所体现的株连效应，较之个体型附随后果往往更易受到来自刑法学者与社会公众的质疑与非难。有鉴于此，应将遭受诸多质疑的株连型附随后果作为突破口，并在此基础上以阶段性思维对附随后果进行综合性改造。

---

① 参见彭文华：《我国犯罪附随后果制度规范化研究》，载《法学研究》2022 年第 6 期。

② 我国《烈士褒扬条例》第 25 条规定："烈士遗属因犯罪被判处有期徒刑、剥夺政治权利或者被司法机关通缉期间，中止其享受的抚恤和优待；被判处死刑、无期徒刑的，取消其烈士遗属抚恤和优待资格。"

③ 《法官法》第 13 条规定，因犯罪受过刑事处罚的，不得担任法官；《检察官法》第 13 条规定，因犯罪受过刑事处罚的，不得担任检察官。

二、株连型附随后果的立场与逻辑背反

犯罪附随后果之所以在当下饱受质疑与诟病，其原因大致可分为有违罪刑法定与罪责自负原则、有悖于共同犯罪理论、阻碍犯罪人子女社会化三个方面。

（一）动摇刑法理念根基：违背罪刑法定与罪责自负原则

株连型附随后果虽未被刑法明文规定，但它却具有资格刑或更甚于刑罚的惩罚作用。但是，株连型附随后果的处罚属于并未被刑法规定的刑外之罚，这与刑法的“帝王原则”罪刑法定和罪责自负原则明显相悖。

罪刑法定原则的中心思想为“法无明文规定不为罪，法无明文规定不处罚”，根据罪刑法定原则，只有当行为人的行为触犯了刑法规定的罪名的各项要素，才可以对其科处刑罚，反之则不然。其目的之一就在于防范代表国家行使刑罚权的司法机关滥用刑罚权。[①] 然而，株连型附随后果由于其所特有的“刑罚”的性质与作用，及其所不为法律规范所限制的“特权”，造成了一种难以为司法机关所管辖、而实然上又具备“刑罚”性质的处罚方式，尤其对犯罪人子女在其并未实施犯罪行为的情况下施加了来自法律规范等制度层面的惩戒，既对当事人造成了不良影响，也致使罪刑法定原则的社会公信力遭受质疑。

除此之外，株连型附随后果亦有悖于罪责自负原则的内在逻辑。何谓罪责？简单而言，罪责是指违法行为的可责性。[②] 那么，我国的罪责自负原则即可理解为由犯罪者本人承担刑事责任，而不株及他人的刑法原则。在日本刑法理论体系中，罪责自负原则又被称为个人责任原则、责任主义原则，其基本内涵为：行为人只能就自己所实施的行为承担责任，不能以行为人属于一定团体为由而让他对他人的犯罪承担责任。[③] 然而在株连型附随后果的影响下，犯罪人亲属（尤其是子女）仅仅由于和犯罪人的客观关系所形成的身份，导致本应仅仅适用于犯罪人的前科制度悄然地延伸到他们身上，致使犯罪人的近亲属等家庭成员的部分正当合法权益遭受了除刑法之外的法律的不当剥夺，且该种剥夺往往并不亚于针对犯罪人本人的资格刑剥夺或限制。典型案例为 2008 年的兰瑞峰案。[④] 在

---

① 参见梁根林：《罪刑法定原则：挑战、重申与重述——刑事影响力案件引发的思考与检讨》，载《清华法学》2019 年第 6 期。

② 参见〔德〕李斯特：《德国刑法教科书》（修订译本），徐久生译，法律出版社 2006 年版，第 257 页。

③ 参见〔日〕曾根威彦：《刑法学基础》，黎宏译，法律出版社 2005 年版，第 196 页。

④ 2006 年 11 月，文成县党政机关国家公务员考试向社会招考人民警察 3 名。浙江理工大学应届毕业生兰瑞峰报名参加此次考试，他报考了该县公安局计算机专业的职位。成绩公布后，兰瑞峰在报考同一职位的考生中综合成绩第一名，体检合格后，他被确定为 1∶1 考察考核对象。然而，2007 年 7 月，在文成县人事劳动社会保障局公布的公务员录用名单中，以兰瑞峰的大舅父曾因滥伐林木在 2004 年 10 月被法院判处有期徒刑 3 年、缓刑 3 年，兰瑞峰报考时，其大舅父刚好还在缓刑考验期内为由，政治审查不予以通过，并作出不得录用的决定。

该案中,当事人兰瑞峰与其大舅并无事实上的密切联系,且舅舅并不属于民法、刑法等上位法所规定的直系近亲属。在该种情形下,当事人仍因其舅舅在缓刑考验期内的缘故而无法被录用,这对当事人就业与上位法效力均造成了较大消极影响,充分体现了株连思想及其有关规定的弊端。

将刑罚限于罪犯是构成刑罚之正当目的的任何原理的无条件的结果①,这种结果不应被其他不利于保障犯罪人子女正当权益的结果所替代。这不仅是社会公正的要求,也是预防刑罚滥用风险的有效方式。德国刑法学家李斯特也曾指出:不得为了公共利益而无原则地牺牲个人自由。② 在逻辑层面,处罚行为人是否能更好地保障社会公共利益是未然的,而由此对行为人所造成的权益侵害是已然的。所谓为了"保障公共利益而任意牺牲部分公民的正当利益"的做法,实际上与"非法处罚部分公民未必能保障社会公共利益"的基本现实相矛盾。在没有任何法律依据的基础上施加于行为人的处罚,赋予了该种处罚任意性的特权,反而容易加剧社会的潜在隐患与公民的不安全感。实际上,犯罪人犯罪以后,法律往往已令其承担了与所犯罪行轻重相适应的刑事责任,这是契合了罪刑法定与罪责自负原则的体现,但让一个刑罚已经执行完毕的人在合法的情况下,继续承受该项犯罪所带来的规范层面的种种报复,就有失公正。③ 犯罪人本人尚且如此,那么若是将犯罪人自身罪行所导致的处罚强加于其子女身上,无疑是在违反了"刑罚后果只能由犯罪人承担"的责任主义的基础上④,更损害了社会正常公民的法感情与法认同度,不利于依法治国思想的贯彻落实。同样,作为有违罪责自负原则的株连型规定,其本身就缺少法理层面的正当性根基,亦不利于刑法的现代化进程。

(二)无视刑法行为立场:突破共同犯罪理论

根据我国传统的共同犯罪理论,需同时满足"行为人二人以上、共同的犯罪行为、共同的犯罪故意"⑤三个要素,方可进行共犯的认定,并对当事人科处刑罚。根据德日刑法理论,共犯的处罚根据在于引起了法益侵害的危险性。⑥ 即只有当正犯着手实行犯罪,使法益遭受紧迫危险时,才能处罚教唆犯、帮助犯⑦,亦即共犯本身所具有的是从

---

① 参见〔美〕哈特:《惩罚与责任》,王勇等译,华夏出版社 1989 年版,第 11 页。

② 参见〔德〕李斯特:《德国刑法教科书》(修订译本),徐久生译,法律出版社 2006 年版,第 23 页。

③ 参见房清侠:《前科消灭制度研究》,载《法学研究》2001 年第 4 期。

④ 参见张明楷:《轻罪立法的推进与附随后果的变更》,载《比较法研究》2023 年第 4 期。

⑤ 高铭暄、马克昌主编:《刑法学》(第 10 版),北京大学出版社、高等教育出版社 2022 年版,第 162—164 页。其中,"共同的犯罪行为"指各行为人的行为都指向同一犯罪,互相联系,互相配合,形成一个统一的犯罪活动整体。

⑥ 参见〔日〕佐伯仁志:《教唆の未遂》,载〔日〕阿部纯二等编:《刑法基本讲座》(第 4 卷),法学书院 1992 年版,第 209 页。

⑦ 参见张明楷:《共同犯罪的认定方法》,载《法学研究》2014 年第 3 期。

属性而非独立性,不应单独对共犯进行处罚或在仅具备客观上的联系(血缘上及生活中)而无违法犯罪行为的情况下,对该类人员采取类似于共犯的处罚方式。然而无论是根据我国传统刑法理论,抑或德日刑法理论,株连型附随后果无疑都不符合相关要件的构成条件,却又实施了相应的处罚行为。就我国传统理论而言,株连型附随后果的处罚对象无法满足"共同的犯罪行为"与"共同的犯罪故意"两大要素;而就德日刑法体系而言,其处罚对象无法满足"违法性"与"有责性"的构成要件。① 因此不得不认为,株连型附随后果的有关规定有悖于现有的两大刑法共犯理论,且其"隐性刑罚"的性质,造成了对现有刑法中共犯理论的冲击。

作出此判断的依据为,虽然株连型附随后果并非为刑法所明文规定,然而究其目的,难以将其与现有刑法目的作出较为明确的区分。现有刑法涵括两大目的:规范目的与刑罚目的。规范目的指向法益,即罪行规范所体现的行为规范。② 刑罚目的则要求报应与预防的辩证统一③,即在对犯罪人作出刑事处罚决定时,既要考虑该种处罚已通过国家机关公权力的行使,满足了社会正义观念,平衡了被害者的心理秩序;也需要考虑在报应的基础上实现遏制犯罪的目的④,即预防一般人犯罪与已然犯罪人再犯罪,这也是基于弥补报应刑的缺陷之需。而上述两类目的恰好与附随后果的设立目的存在异曲同工之处。且就二者的行使主体而言,刑法的行使主体是作为国家公权力代表的司法机关,附随后果的行使主体亦是有关国家机关或得到相应认可的执行机构,因而也具有普通社会个体难以与之抗衡的不平等性,且其往往通过限制有关人员的权利与资质的方式行使权能,与刑罚的实施手段亦具有相似性。因而我们不得不承认附随后果实际上具有刑罚有关性质,且与刑法两大目的类型均存在内在重合。

(三)违反一般推理逻辑:社会实效背离制度目的

如前所述,株连型附随后果导致了目的与效能相背离的情况。可以肯定的是,株连型附随后果设立的目的无疑是良性的,其试图通过禁止犯罪人子女从事某些特殊职业以达到维护公众利益、行业秩序与社会秩序的目的。然而,该目的与其所派生的规定——株连型附随后果,内在蕴含四大逻辑悖论。

首先,禁止犯罪人子女从事某些特殊行业潜藏群体反噬风险。原因在于,株连型附随后果的有关规定实际上开了一种"为了社会公共利益可以牺牲个人利益"的例外,尤其该种规定是由国家强制力保障实施的。那么当下有关株连型附随后果的规

---

① 参见〔德〕乌尔斯·金德霍伊泽尔:《论犯罪构造的逻辑》,徐凌波、蔡桂生译,载《中外法学》2014年第1期。

② 参见劳东燕:《刑事政策刑法化的宪法意涵》,载《中国法律评论》2019年第1期。

③ 参见陈兴良:《刑罚目的二元论》,载《中南政法学院学报》1991年第2期。

④ 参见邱兴隆:《关于惩罚的哲学:刑罚根据论》,法律出版社2000年版,第114页。

定,便存在被后来者构建为制度[①]并冠之以“维护社会公共秩序”的可能。因而只能在当下尽可能削减其发生的风险。在全球风险社会的大背景下,若是将未然风险以法规范不允许的方式对待,就完全可能创设并进一步提升法不容许的危险[②],而该种危险一旦变成现实,所造成的结果往往是灾难性的,由此造成的法治与政治层面大规模的法益损害也极难修复。

其次,禁止犯罪人子女从事某些特殊职业无法避免系统内部风险。其中又可分为人员风险与制度性风险。人员风险层面,现有的各行业监督体系尚无法真正完成对每一位行业工作者犯罪可能的防范,预先将犯罪人子女拒之门外以减少行业人员风险的做法无助于目的的实现。若想进一步削减行业从业人员犯罪的可能性,则必须将消除行为能力与制止犯罪意图相结合,亦即剥夺与改造相结合[③],二者缺一不可。在这一层面上,绝大部分行业规范应容许这种风险的存在,尤其在这种风险本就为宪法、刑法等上位法所容许、至多是限制的情况下。犯罪学有关经验表明,某项制度若想要真正限制犯罪,则必须重视教育改造工作,而非一味地进行权利的限制,尤其是在该种限制尚无理论基础的情形下。

从制度性风险的角度出发,犯罪人犯罪的原因不仅在于其主观恶性,亦在于其周边的环境,即包括制度设计本身存在的风险。该种风险既体现在制度层面的引导——监督体系的缺漏,也体现在制度建设和社会发展之间出现了断层和张力,进而引发的制度性风险。[④] 因此,若要避免制度性风险对行业秩序、社会秩序的侵犯,仅仅试图以株连型附随后果限制犯罪人子女从事该职业无疑治标不治本,对宏观层面的诱发因素视而不见,造成结果与初衷相背离的逻辑错误。

再次,禁止犯罪人子女从事某些特殊职业无法回答犯罪人父母为何不受子女牵连的问题。政审等株连型规定往往只对未入职的犯罪人子女作出了限制性规定,对于已就职人员则并没有作出诸如此类严厉性与处罚力度相等或近似的规定,因而株连型附随后果本身即存在内在的逻辑冲突,即使在犯罪人子女层面也无法做到平等对待,且难以找到合理且令人信服的理论依据,致使在失去了理论层面的正当性的同时,亦进一步诱发其逻辑内在风险,导致制度性风险增加与公信力降低。

最后,除上述问题之外,刑罚以外的株连型附随后果容易导致犯罪人子女由于受到不公正待遇而逐渐走向社会的对立面,并可能形成社会中新的不稳定因素,增加了

① 参见苏力:《制度是如何形成的》,中山大学出版社 1999 年版,第 55 页。

② 参见梁根林:《刑法修正:维度、策略、评价与反思》,载《法学研究》2017 年第 1 期。

③ 参见〔英〕吉米·边沁:《立法理论——刑法典原理》,孙力等译,中国人民公安大学出版社 1993 年版,第 26 页。

④ 参见〔英〕安东尼·吉登斯:《社会的构成:结构化理论纲要》,李康、李猛译,中国人民大学出版社 2016 年版,第 24 页。

犯罪风险,从而陷入一种"犯罪人子女是犯罪人的假定导致犯罪人子女成为犯罪人的现实"的恶性循环。

作出上述结论的缘由在于,有关法律和规章制度关于犯罪附随后果的规定,在立法意义层面,实质认定了犯罪人及其亲属相较于普通公民的低人一等的地位,限缩其工作范围与生活方式。除开部分特殊行业的从业资格不谈,该种附随后果的深层隐患在于,在当下社会难以对犯罪人及其子女进行规范化评价的背景下,由法律规范等制度性文件所规定的限制性后果进一步增加了犯罪人子女质疑社会公正、法律面前人人平等的可能性,进而容易引发其对社会的仇恨与报复心理以及过剩的自我防卫意识,不仅危害社会其他个体,而且阻碍其自身社会化。

综上,重构犯罪附随后果,尤其是株连型附随后果,其实际效能落实到社会个体层面,有助于犯罪人子女的正常社会化;落实到社会层面,则体现为犯罪率的降低、治安环境的进一步改良。而前者往往是后者的充分条件。在实践层面真正做到"法律面前人人平等",防止株连型附随后果的滥用所造成的诸多负面影响,对于犯罪人子女的社会化与社会良善环境的构建,均具有重要意义。

三、株连型附随后果的刑法现代化重构

(一)刑罚法定:以刑法典规定刑罚性惩罚措施

能否让国家刑罚权受到刑法的严格规训与有效约束,是检验法治成色与程度的试金石。[①] 因此,罪刑法定原则既是刑法的基本原则,也应该是诸如株连型附随后果这类具有"刑罚"性质的惩罚措施的基本原则。从刑罚法定的角度出发,株连型附随后果的重构路径大致可分为两种。

第一种路径,将其纳入刑法明文规定。陈兴良教授主张:"对于实质上值得科处刑罚,但缺乏形式规定的行为,按照形式解释论的立场是不能入罪的。"[②]可见,罪是罚的必要前提。在行为人的行为尚未触犯刑法所规定的罪名时,不应对其施加任何带有"刑罚"性质的惩罚措施,这是罪刑法定原则的基本要求。因此,株连型附随后果的法律底线应为刑法所规定、保障,以避免实质上刑罚权滥用的现象。

第二种路径,规模化删除株连型附随后果,并进一步完善刑法中已有的从业禁止制度。从业禁止制度的立法价值是在特殊职业领域内对于再次犯罪的重点预防。该种规定既是为了保障特殊行业的行业秩序,也是为了更好地维护国家利益、集体利益

---

① 参见梁根林:《罪刑法定原则:挑战、重申与重述——刑事影响力案件引发的思考与检讨》,载《清华法学》2019 年第 6 期。

② 陈兴良:《罪刑法定主义的逻辑展开》,载《法制与社会发展》2013 年第 3 期。

与特殊的公民个人利益。既契合刑法"不得已而为之的恶"的观点,也符合社会公众的普遍预期。然而在此基础上若作出过多的从业禁止性规定,尤其是部分非国家工作人员的职业,无疑构成对公民平等就业权利的侵犯,亦不符合社会多数人的正义观。刑罚的正当性在于其恰如其分地在处罚犯罪人、保护被害人及其亲属权利的同时,亦没有滥用权力来对公民法定权利构成不当侵害。因此,应在完善从业禁止制度的同时,规模化删除株连型附随后果,以实现带有"刑罚"性质的惩罚、限制措施的正当化。

(二)责任自负:以刑法原理指引人权保障

人权保障是刑罚现代化的重要体现。所谓刑罚现代化,根据储槐植教授的观点,很难而且也无必要给其下确切的定义,但其基本点应当是刑罚结构朝着文明方向发展。① 仅从这一角度出发,如株连型附随后果等带有"连坐"性质的措施无疑是不人道的、不符合责任自负原则的。

犯罪人责任自负才能保障犯罪人及社会大众的权利。保障人权与保卫社会并非绝对的互斥关系②,尤其是国家公权力机关,更应当将二者视为整体看待。因为,即使宏观层面的法律与行业规范都真正贯彻了责任自负的意旨,犯罪人及其子女仍会由于其社会属性而受到来自诸如公司、学校等层面的歧视。若有关规定再不落实责任自负原则,那么极可能因为公权力的认可而导致对犯罪人,尤其是被牵连在内的犯罪人子女的"合法侵害"。因此,应进一步扩大责任自负原则的外延适用,为犯罪人子女的正常社会化进程铺平道路,减少"合法侵害"发生的可能,以实际行为贯彻人权保障理念,避免"空头支票"的出现。

(三)社会控制:以刑法目的嵌入犯罪治理

当下我国社会已不可避免地步入了风险社会。在此背景下,惩罚与预防犯罪的思路理应作出相应改变,以适应轻罪化时代犯罪治理的需要。因此,有必要将刑法目的与社会控制理论有机结合,并舍弃株连型附随后果。

根据社会控制理论,依恋、奉献、投入、信仰是控制人们尤其是青少年不去犯罪的重要因素,其本质上是社会联系的体现。当个人与社会的联系难以维系时,就易导致个人随意实施犯罪行为。③ 从刑法学视角出发,上述四要素实际上体现了潜在犯罪人主观层面制止犯罪的因素。而犯罪主观方面的实质往往是行为人对社会秩序的敌视、蔑视或者漠视、轻视的态度。④ 因此,应将刑法惩罚、预防犯罪的目的与社会控制理论

---

① 参见储槐植:《刑罚现代化:刑法修改的价值定向》,载《法学研究》1997 年第 1 期。

② 参见高铭暄、孙道萃:《预防性刑法观及其教义学思考》,载《中国法学》2018 年第 1 期。

③ 参见吴宗宪:《赫希社会控制理论述评》,载《预防青少年犯罪研究》2013 年第 6 期。

④ 参见梅传强:《犯罪故意中"明知"的涵义与内容——根据罪过实质的考察》,载《四川师范大学学报(社会科学版)》2005 年第 1 期。

相结合，通过教育改造、就业指导、强化共同体意识、完善行业监督体系与行业文化建设等方式，加强潜在的犯罪人与社会之间的纽带联系，进而从动机上消减其意欲实施犯罪的意念或阻却其犯罪的可能，以此完成对株连型附随后果的功能性替代。就社会层面而言，形成刑法刚性制约、社会监督控制的双层硬性约束；就行业层面而言，应努力形成行业工作者共同体意识与大局意识，使行业的积极文化观融入每一位行业工作者心中，形成道德层面的软性约束。在此基础上，政府应进一步将预防犯罪工作纳入社会治安综合治理范畴①，不断加大就业保障与教育保障力度，以积极作为减少犯罪可能，规避犯罪人及其子女的犯罪风险，弥补仅依靠从业禁止制度的不足，消除株连型附随后果的弊病。

① 参见梅传强：《预防重新犯罪的对策研究》，载《重庆大学学报（社会科学版）》2000年第3期。

妨害兴奋剂管理罪的认定

王永浩[*]　宋林壕[**]

竞技体育商业化刺激了兴奋剂的滥用,在兴奋剂犯罪化的高涨呼声中,我国刑法积极回应现实关切、主动适应反兴奋剂国际化趋势,于《刑法修正案(十一)》中增设妨害兴奋剂管理罪。但是,该罪的相关构成要件要素的内涵不甚清晰,处罚范围及与相关犯罪的关系也有待厘清。

一、妨害兴奋剂管理罪的保护法益

(一)兴奋剂犯罪保护法益的学理分歧

在理论界,关于兴奋剂犯罪的保护法益,历来观点聚讼、认识不一。根据滥用兴奋剂的行为样态,有学者对兴奋剂犯罪的保护法益进行类型化的分析。有论者认为,自愿使用兴奋剂的行为侵犯了比赛的纯洁性与真实性;教唆、引诱、欺骗或强迫他人使用兴奋剂的行为不仅侵犯体育法益,更侵犯了他人的健康权以及国家对兴奋剂的管理秩序;而非自愿使用兴奋剂的行为,因主观故意阙如不应犯罪化。① 还有学者将兴奋剂立法区分为保护公共健康型、提供者规制型、使用者规制型,其中第一种类型的立法(如药品犯罪)旨在保护公众健康,后两者的保护重心则在于体育法益。所谓体育法益的核心便是体育精神,即公平竞赛、诚信、健康、团队合作、尊重规则、勇气等从体育竞技中衍生出的价值。② 与依照行为类型推导保护法益的路径相反,有学者以侵害法益的内容为根据,反向划分滥用兴奋剂的行为类型。有论者将兴奋剂违法行为区分为侵犯市场秩序型、妨害社会管理秩序型、侵犯公民人身权利型、侵犯公务行为公正性及公众信赖型。其中与体育竞技密切关联的是侵犯公民人身权利型,不过论者也指出,强迫、教唆、引诱、欺骗他人使用兴奋剂的行为并非仅指向公民健康,也侵害了公平竞赛的体

---

* 山西财经大学法学院讲师,硕士生导师。

** 山西财经大学刑法学研究生。

① 参见贾健:《滥用兴奋剂行为犯罪化研究》,载《武汉体育学院学报》2015 年第 7 期。

② 参见宋彬龄:《兴奋剂入刑之再思考》,载《西安体育学院学报》2018 年第 2 期。

育精神和正常的竞技秩序。[①]《刑法修正案(十一)》施行后,有观点认为,妨害兴奋剂管理罪的保护法益是重大体育竞赛中的公平竞争秩序,不过其具体内容指涉什么则不甚明确。

然而,上述观点在身体健康之外将体育精神作为保护客体,在法益精神化道路上走得太远了,潜藏着刑法无度扩张的风险。因为只要行为违反体育伦理或者严重违反竞技规则就可以被认为破坏了体育精神,如果将体育精神上升为刑法中的法益,必然损害法的安定性。同时,《刑法修正案(十一)》并未依照行为类型或者侵害的法益种类设置不同的犯罪,而是采取了以单一的妨害兴奋剂管理罪进行一体性规制的模式。退一步讲,"即使体育竞技所蕴含的伦理和道德价值为社会公众普遍共有,不能说就具有发动刑法予以保护的属性"[②]。

在反兴奋剂国际化、兴奋剂行为犯罪化的世界潮流下,探讨兴奋剂犯罪的保护法益需要关注、镜鉴域外学说。德国2015年制定的《体育运动中反兴奋剂法》(Gesetz gegen Doping im Sport)第1条将保护参赛运动员的身体健康、保障体育竞技的公正和机会平等以及保持体育竞技的完整性作为立法目的。德国实务界和学界通说据此将运动员身体健康、竞技公平和竞技体育的完整性相应地视为兴奋剂犯罪的保护法益。有学者对德国立法进行分析后,认为我国也应借鉴德国经验将体育竞技的完整性作为兴奋剂犯罪的核心保护法益。[③] 不过,有德国本土学者认为,立法目的与法益不具有同一性,不能从立法目的中直接推导出保护法益。[④] 针对德国立法,日本学者小名木教授指出:"禁止兴奋剂的保护法益应理解为'选手的健康'和'以公平为基础的规则的妥当性'。"[⑤]对他人使用兴奋剂被各国体育刑法普遍禁止,由此可以断定,运动员身体健康属于兴奋剂犯罪的保护法益,这一点应当不存在疑问。但是,小名木教授主张以刑法保护某种规则的妥当性,无疑是将规则目的化了,有循环论证的嫌疑。根据这种学说,在具体判断违法性时,必然不是考察行为是否侵害法益,而是考察是否违反保护法益的规则。[⑥] 这样的"规则禁忌"实际是行为无价值论的倒影,理论根基不恰当。

(二)妨害兴奋剂管理罪保护法益的规范分析

根据《刑法修正案(十一)》第44条的规定,我国刑法只处罚对他人使用兴奋剂、向

---

① 参见王桢:《我国兴奋剂行为的刑法解析——基于行为类型化的思考》,载《山东体育学院学报》2018年第4期。

② 佐藤拓磨「ドイツの『スポーツにおける反ドーピング法』について」慶應法学2号(2017)387頁。

③ 参见储陈城:《德国兴奋剂刑法规制的变迁及对我国的启示》,载《北京体育大学学报》2018年第11期。

④ Vgl. Matthias Jahn. Schriftliche Stellungnahme im Rahmen der öffentlichen Anhörung des Sportausschusses des Deutschen Bundestages [EB/OL]. (2015-06-17) [2022-10-02]. https://www.bundestag.de/blob/378080/9a83684efd215d974e4ba5ebaf8371ff/stellungnahme-jahn-data.pdf.

⑤ 小名木明宏「ドーピングに対する刑事規制について」北大法学論集5号(2017)473頁。

⑥ 参见张明楷:《行为无价值论与结果无价值论》,北京大学出版社2012年版,第39页。

他人提供兴奋剂和迫使他人使用兴奋剂的行为，具体包括：①引诱、教唆、欺骗运动员使用兴奋剂参加国内、国际重大体育竞赛；②明知运动员参与国内、国际重大体育竞赛而向其提供兴奋剂；③组织、强迫运动员使用兴奋剂参加国内、国际重大体育竞赛。其中，前两种行为只有“情节严重”的，才构成犯罪。运动员的生命安全和身体健康无疑是该罪的保护法益。与保护法益相关的问题是，任何场合使用兴奋剂都可能对运动员的身心健康构成危险，那么立法者是基于什么样的理由，将该罪的适用范围限定为“国内、国际重大体育竞赛”？

在刑法没有明确规定该罪立法目的的情况下，要回答这个问题，必须回溯至修法说明。全国人大宪法和法律委员会在《刑法修正案（十一）（草案）》修改情况的汇报中指出，“有关兴奋剂违规行为严重损害国家形象，破坏体育竞赛公平竞争，严重损害运动员身心健康”①，因而增设该罪以针对性地惩治滥用兴奋剂行为。据此，妨害兴奋剂管理罪的立法目的是：①维护国家形象；②保证体育竞赛公平竞争；③保护参赛运动员身心健康。有疑问的是，国家形象和体育竞赛公平竞争能否作为该罪的保护法益？

首先，国家形象的轮廓过于模糊，不符合法益的属性——“有益于个人及其自由发展，或者有益于以个人及其自由发展的制度本身功能的一种现实或目标设定”②。换言之，在以市民社会为底色的法治国框架下，国家形象与国民自由之间不存在直接关联，不宜成为刑法所保护的法益。如果将国家形象视为刑法上的保护法益，不仅有损国家形象的言论、不文明行为可能动辄被处以刑罚，还可能以刑法的强制力迫使国民时时处处谨慎注意维护国家形象，进而在社会生活中造成“寒蝉效应”。在竞技体育中，则容易形成国家形象对体育激情的压制，最终禁锢竞技水平的发挥和抑制体育对民众精神的提振作用。

其次，体育竞赛公平竞争究竟是指公平竞争秩序，还是公平竞争的体育伦理抑或机会均等，并不明确。如前文所述，维护体育伦理不足以成为发动刑法的理由。那么，公平竞争秩序和竞争机会均等能否作为该罪的保护法益？秩序是制度执行获致的一种有序的、条理清晰的状态，二者实为表里关系，因此维护公平竞争秩序的本质就是维护竞赛管理制度。然而，管理制度、秩序本身不足以成为法益，执行管理制度的活动也不足以作为支撑整个法定犯或者行政犯的法益。③ 因为秩序的价值就在于保护特定法益，将管理制度、秩序上升为法益，无异于本末倒置。参照“妨害药品管理罪”要求违反药品管理法规的行为“足以严重危害人体健康”，上述结论便不言自明。当然，也不能因为刑法是保障法，就认为刑法的目的是保护其他规范以及由前置规范所构建起来

---

① 《全国人民代表大会宪法和法律委员会〈关于中华人民共和国刑法修正案（十一）（草案）〉修改情况的汇报》，载中国人大网，http://www.npc.gov.cn/c2/c30834/202012/t20201228_309517.html，2023年8月20日访问。

② 〔德〕克劳斯·罗克辛：《德国刑法学总论》（第1卷），王世洲译，法律出版社2005年版，第15页。

③ 参见陈金林：《法定犯与行政犯的源流、体系地位与行刑界分》，载《中国刑事法杂志》2018年第5期。

的制度。事实上,规范、制度、秩序的终极价值不过是通过平衡(分配)并保护利益,试图在自由、平等和安全三者之间构建一个良好运行的和谐体。

日本有学者将机会均等理解为职业选择自由,因为比赛成绩与职业选择相关,通过使用兴奋剂获得竞技中的优势地位,意味着不正当地剥夺了他人职业选择的机会。[①] 的确,在体育高度职业化、商业化的当代社会,竞技成绩往往与不菲的奖金和巨额的版权、代言等收入直接挂钩。在这个意义上,违规使用兴奋剂的确会侵害他人的职业选择机会。值得说明的是,使用兴奋剂侵犯他人职业选择自由,须经由不当地改变竞技获胜机会加以实现。至此,可以确定刑法将妨害兴奋剂管理罪的适用范围限定为"国内、国际重大比赛",原因是这两类比赛的竞技成绩对运动员的职业选择机会具有直接、重大的影响。

通过上述分析可以明确,我国刑法不处罚运动员自己使用兴奋剂的行为,是基于两个方面的考虑:第一,自己使用兴奋剂属于自陷风险的自我伤害,不存在需要保护的健康法益。第二,虽然自己使用兴奋剂的行为侵犯了机会均等法益,但行业规范、体育行政法中的罚款、禁赛等处分足以控制该行为,而且主观上缺乏期待可能性,也导致处罚该行为没有充分的合理性。

二、妨害兴奋剂管理罪核心要件的教义学阐释

在妨害兴奋剂管理罪中,"国内、国际重大体育竞赛"以及"情节严重"这两个要件直接决定了该罪的适用边界,属于核心构成要件;同时,何谓"重大"、何谓"情节严重"并非根据通常文义就能厘定其内涵与外延。所以,准确认定妨害兴奋剂管理罪必须先在理论上正确理解这两个要件。

(一)"国内、国际重大体育竞赛"外延之厘定

厘定"国内、国际重大体育竞赛"的范围,必须以该罪的保护法益为根基,并遵循法定犯的解释原理。

首先,"国内、国际重大体育竞赛"不可能包括业余体育赛事。按照参赛运动员的竞技水平,可以将体育赛事划分为职业体育竞赛和业余体育竞赛。在现代社会,竞技体育是高度组织化、商业化、职业化的活动,各国兴奋剂罪刑规范无不将其适用领域限制为职业竞技体育。在业余体育竞赛中滥用兴奋剂的行为,尽管也会危及参赛者的身心健康,但这种行为应属于药品犯罪规制的领域。"为了保护体育竞赛的完整性,而将

① 小名木明宏「ドーピソグに対する刑事規制について」北大法学論集5号(2017)476頁参照。

单纯出于兴趣参赛并使用兴奋剂的人也纳入处罚范围,就太过分了。"①我国《体育法》区分了社会体育、学校体育和竞技体育,并且只有在竞技体育中才使用了"运动员"称号。因此,从体系解释来看,《刑法》第355条之一中的"体育竞赛"仅仅指涉竞技体育,而不包括社会体育、学校体育等业余体育赛事。

其次,"国内、国际重大体育竞赛"的范围不得超越体育行政法的规定。法定犯具有双重违法性,行政违法是刑事违法的前提,其构成要件的构造与自然犯不同,"属于行政要素与刑事要素相结合的复合构造"②。根据行政从属性原理,对"国内、国际重大体育竞赛"的界定,需要依据、参考体育行政法规的规定。《体育法》第50条规定,国家对体育赛事活动实行分级分类管理,结合《体育赛事活动管理办法》的相关规定,可以明确我国国内体育竞赛分为全国综合性运动会、全国单项体育竞赛、地方综合性运动会和地方单项体育竞赛。不言而喻,妨害兴奋剂管理罪并不适用于地方综合性运动会和单项体育竞赛。那么,哪些国内职业体育赛事属于"国内重大体育竞赛"呢?根据国家体育总局《全国综合性运动会组织管理办法》及《全国综合性运动会工作人员纪律规定》的规定,全国综合性运动会包括:全国运动会、全国城市运动会、全国冬季运动会、全国青年运动会和全国体育大会。鉴于上述赛事高度的职业化、商业化水平和全国性影响力,其与机会平等法益具有直接的关联性,应将其纳入"国内重大体育竞赛"中。此外,国家体育总局发布的《2023年运动员技术等级赛事名录(全国比赛)》列举了众多全国性单项体育赛事,其中包括车辆模型锦标赛、航海模型锦标赛等展览类赛事以及全国围棋、象棋等棋牌类赛事。笔者认为,这两类赛事主要是脑力、策略的竞争,使用兴奋剂对竞技结果没有决定性的影响。基于对刑法谦抑性和竞赛的特殊属性的考虑,对此类赛事中的兴奋剂滥用行为,不宜适用妨害兴奋剂管理罪。

国际体育竞赛涉及的赛事、项目极其繁杂,"国际重大体育竞赛"的范畴相应地也更加模糊。国家体育总局《在华举办国际体育赛事审批事项改革方案》按照国际体育赛事主办方、比赛性质和重要程度,将国际性体育赛事分为A、B、C三类。其中,C类国际体育赛事是指由地方主办或地方主导的国际体育赛事,《体育赛事活动管理办法》规定此类国际体育赛事的申办由有外事审批权的地方人民政府或有关部门审批。由此可见,C类国际体育赛事的级别较低,其重要性和国际影响力也相应较小,不足以成为刑法中的"国际重大体育竞赛"。A类国际体育赛事的申办需报体育总局或国务院审批,具体包括三个子类型:第一种是由国际体育组织主办的国际综合性运动会(如奥运会和亚运会)、各类世界性或洲际杯赛、锦标赛;第二种是由国家体育总

① 佐藤拓磨「ドイツの『スポーツにおける反ドーピソグ法』について」慶應法学2号(2017)383頁参照。

② 参见陈兴良:《法定犯的性质和界定》,载《中外法学》2020年第6期。

局主办或参与主办的重要国际体育赛事(当然应包括外国举办的同级别赛事);第三种是由国家体育总局相关单位或所属项目协会主办的跨省的国际体育赛事,以及举办的涉及海域等特殊空间领域的国际赛事。显然,第三种国际体育赛事被列入A类,主要是出于所涉领域复杂性以及政治、安全因素方面的考虑,并不必然意味着此种国际赛事具有重大影响力。因此,A类国际体育赛事中的第一种、第二种应属于《刑法》第355条之一中的"国际重大体育竞赛"。B类国际体育赛事,指由体育总局相关单位或所属运动项目协会主导,与地方共同主办或交由地方承办的国际体育赛事(当然应包括外国举办的同级别赛事)。B类所涉及的国际体育赛事形式多样,影响力差异较大。对此,只能根据具体赛事的国际重要性,以该赛事对机会均等法益的实质影响为指引,进行个别判断。

(二)"情节严重"的体系地位及其认定

根据《刑法修正案(十一)》的规定,对引诱、教唆、欺骗运动员使用兴奋剂,或者向运动员提供兴奋剂的行为,只有"情节严重"的才能以妨害兴奋剂管理罪论处。与之不同,立法对组织、强迫运动员使用兴奋剂参加国内、国际重大体育竞赛的行为,则没有附加这种条件。换言之,只有前两类行为能够被评价为"情节严重"时,其可罚性才与组织、强迫运动员使用兴奋剂的行为具有相当性。问题是,如何判断行为符合"情节严重"?

围绕"情节严重"中的"情节"具体指涉哪些内容,形成了罪量要素说与整体的评价要素说的对立。陈兴良教授认为,"情节严重"是表明行为法益侵害程度而为犯罪成立所必需的一系列主、客观情状,属于主客观统一的罪量要素,并且不需要行为人对其有故意或者过失。① 张明楷教授则认为,"情节严重"是在行为符合客观构成要件的基本要素后,对行为进行整体评价的要素,即整体的评价要素。"情节严重"中的"情节"仅指涉客观方面表明法益侵害程度的情节,需要行为人对"情节严重"具有故意与过失。② 显然,两种学说均立足于法益侵害,分歧在于判断法益侵害程度时是否需要考虑主观因素,进而是否要求行为人对"情节严重"具有故意与过失。但是,法益侵害的有无及其程度,只能从客观方面进行判断,主观要素对行为的法益侵害性没有影响。此外,一旦认为"情节严重"系与法益侵害相关的要素,则至少要求行为人对之有过失——认识可能性,否则便相当于就无责任违法事实非难行为人。综上,笔者认为,整体的评价要素说彻底地贯彻了法益保护原则,也符合责任主义的精神,具有更强的说服力。

这就意味着在评价妨害兴奋剂管理行为是否"情节严重"时,只能参照反映法益侵害程度的客观情状。行为动机等主观要素与法益侵害及其程度无直接关联,应当排除

---

① 参见陈兴良:《规范刑法学》(第4版),中国人民大学出版社2017年版,第94页。

② 参见张明楷:《犯罪构成体系与构成要件要素》,北京大学出版社2010年版,第239—251页。

主观要素对认定“情节严重”的影响。[①] 除该罪客观的构成要件中的基本要素外，行为人所使用的兴奋剂种类和剂量、对象是否未成年、涉及的运动员人数、对运动员身心健康造成的损害或威胁以及对竞技成绩产生的实质性影响等因素，均能够表征行为对该罪保护法益的侵害程度。需要强调的是，该罪并非以维护国家形象为志趣，因而妨害兴奋剂管理行为的次生社会影响、政治影响，不宜作为认定“情节严重”的参照因素而直接决定罪与非罪，但不妨碍将其作为酌定情节影响量刑。

三、妨害兴奋剂管理罪与相关犯罪关系之辩证

鉴于兴奋剂对人身心健康的危害、竞技体育背后存在巨大的经济利益，实践中妨害兴奋剂管理罪与伤害罪、诈骗罪的界限及罪数关系将成为问题。

（一）与伤害罪的关系

使用兴奋剂提高体育竞技成绩，是以伤害运动员身体健康为代价的，可能触犯故意伤害罪与过失致人重伤罪。例如，β-阻断剂可能引起严重心律失常甚至心肌梗死或猝死，过量输入内源性肽类激素可能使运动员心脏负荷过重，造成心脏痉挛甚至直接引起死亡。[②] 根据被害人的主观认识情况，本文将对他人使用兴奋剂致伤区分为两种情形：对不知情者使用兴奋剂和对知情者使用兴奋剂。

众所周知，成立故意伤害罪要求造成轻伤以上结果；另外，妨害兴奋剂管理罪的最高刑为 3 年有期徒刑，显然不能充分评价对他人使用兴奋剂造成重伤结果的情形。这就意味着采取欺骗、隐瞒手段对不知情的他人使用兴奋剂，造成重伤害结果的，只能依照行为人主观罪过适用故意伤害罪、过失致人重伤罪；而仅造成轻微伤或未造成任何伤害结果的，应认定为妨害兴奋剂管理罪。在使用兴奋剂导致轻伤的场合，一行为同时触犯妨害兴奋剂管理罪与故意伤害罪，宜选择适用法定刑更高的妨害兴奋剂管理罪。

值得探讨的是，在运动员知晓兴奋剂的危害的场合，行为人能否成立故意伤害罪？首先，未成年人对兴奋剂的副作用没有充分的认识，不具备同意能力。对其使用兴奋剂导致轻伤以上结果的，无疑该当故意伤害罪的构成要件。问题是，教唆成年运动员使用兴奋剂发生伤害结果的，能否成立故意伤害罪？这实际上关系到被害人承诺的效力。在德国，如果被害人的承诺违反善良风俗，便不具有法律上的效力，仍然可以肯定行为人的违法性。因此，为了在竞技体育中获得有利地位而同意使用兴奋剂，完全有

---

① 参见程红、王永浩：《论聚众扰乱社会秩序罪中定量要素的认定——以对判决书的实证分析为切入点》，载《广西大学学报（哲学社会科学版）》2019 年第 3 期。

② 参见杨艳华、翟心慧：《竞技体育中兴奋剂的种类及危害》，载《生物学教学》2017 年第 3 期。

可能被认定为违反公序良俗,进而肯定行为人成立故意伤害罪。① 不过,"基于公序良俗原则高度抽象性与不确定性、强烈的伦理性与主观性等特质",公序良俗原则在刑法中的适用应仅限于出罪,而不应以其作为入罪理由,以防止刑法过于伦理化。② 因此,笔者认为,除非造成重伤、死亡这类绝对排除承诺的结果,在经被害人同意使用兴奋剂的场合,依然可以肯定承诺的有效性,阻却行为人成立故意伤害罪,但这并不妨碍以妨害兴奋剂管理罪处罚行为人。原因在于经承诺对他人使用兴奋剂的行为,仍然会侵犯机会均等法益。

(二)与诈骗罪的关系

在有奖金或报酬的体育赛事中,使用兴奋剂参加比赛获取金钱的行为,是否该当诈骗罪构成要件?对此,学界有一种见解认为,滥用兴奋剂行为与诈骗罪的主客观方面具有诸多相似之处,在造成损失的场合,能够认定为诈骗罪。③ 或许正是基于这样的原因,《奥地利刑法典》才将此类滥用兴奋剂行为纳入欺诈重罪中加以处罚。④ 尽管如此,滥用兴奋剂骗取报酬、奖金的行为是否必然成立诈骗罪,并非不言自明。最大的问题在于,如何确定被害人及其损失?一般而言,体育竞技涉及的资金提供方有赛事举办者、奖金提供者。

可以肯定的是,使用兴奋剂诈取赛事举办者支付报酬的,该当诈骗罪的构成要件。因为,运动员参与这种付酬类比赛,是以遵守反兴奋剂规则为前提的,否则构成隐瞒真相。即作为对价的报酬,没有通过交易获得运动员真实的竞技表演行为,并因此造成赛事举办者的损失。在运动员知情的场合,运动员本人成立诈骗罪;引诱、教唆运动员使用兴奋剂或提供兴奋剂的,成立诈骗罪共犯与妨害兴奋剂管理罪的想象竞合犯,从一重罪处断。在运动员不知情或没有辨认能力的情况下,引诱、欺骗运动员使用兴奋剂的,应成立诈骗罪的间接正犯与妨害兴奋剂管理罪的想象竞合犯。

比较复杂的是,奖金提供者能否作为诈骗罪的受害人?奖金的特殊性在于,只要进行成绩排名,其总是要依名次进行支付的。对此,整体财产说以被害人"净财富"的判断减损为标准⑤,便会认为无论何种情况奖金提供者都不会有损失。个别财产说主张只要存在个别的财产减损就认定为财产损失⑥,于是使用兴奋剂获得好成绩的行为

---

① 佐藤拓磨「ドイツの『スポーツにおける反ドーピソグ法』について」慶應法学 2 号(2017)374 頁参照。

② 参见刘艳红:《公私法一体化视野下公序良俗原则的刑法适用》,载《现代法学》2020 年第 4 期。

③ 参见徐京生:《"滥用兴奋剂"入刑的理论探索》,载《法学杂志》2018 年第 5 期。

④ 参见陈艳、王霁霞:《兴奋剂入罪立法模式思考与建议——基于行为类型化的分析》,载《天津体育学院学报》2020 年第 3 期。

⑤ 参见付立庆:《财产损失要件在诈骗认定中的功能及其判断》,载《中国法学》2019 年第 4 期。

⑥ 参见张明楷:《论诈骗罪中的财产损失》,载《中国法学》2005 年第 5 期。

属于欺骗行为，对奖金提供者造成了损失，因而构成诈骗罪，同时，根据目的落空理论，运动员通过使用兴奋剂这种不正当竞争手段获得奖金，致使奖励公平竞赛的目的无法全部实现，因而成立诈骗罪①。显然，目的落空理论将"损失"这种不法要件彻底主观化，在违法性判断上走得太远了。

笔者认为，损失要件的认定应联系被害人交易目的等因素，实质地判断法益是否受到侵害。签署奖金契约的前提是通过公平竞赛取得好成绩，否则便不会给予奖励。隐瞒使用兴奋剂这种"重大事项"，引起了奖金提供者对法益关系的认识错误，基于此而造成的财产减损，应当认定为诈骗罪中的损失。在此前提下，知情的运动员成立诈骗罪，教唆、引诱者成立诈骗罪与妨害兴奋剂管理罪的想象竞合犯；在运动员没有辨认能力或不知情的场合，引诱、欺骗运动员使用兴奋剂者，构成诈骗罪间接正犯与妨害兴奋剂管理罪的想象竞合犯，应从一重罪处罚。

① 佐藤拓磨「ドイツの『スポーツにおける反ドーピソグ法』について」慶應法学 2 号(2017) 377 頁参照。

轻罪时代完善网络犯罪治理体系的路径探析

——以H市F区检察院实践为视角

桑 涛* 吴永生** 朱笛琴***

2023年最高人民检察院在工作报告中提出,积极促推依法治网,加大惩治网络犯罪力度,持续严惩电信网络诈骗、网络诽谤、侵犯公民个人信息等犯罪。当前,我国刑事犯罪发生重大结构性变化,严重暴力犯罪相对数量下降,以新型网络犯罪为代表的轻罪案件数量不断攀升,新形势下犯罪治理的策略顺势而变。在某种程度上,对于占犯罪结构主导地位的大量轻微犯罪的治理,尤其对于网络犯罪的系统治理,关系到我国犯罪治理总体成败的关键。

一、轻罪时代网络犯罪总体情况

网络犯罪作为典型的技术型犯罪,随着信息网络时代发展而不断"推陈出新"。我国传统犯罪普遍借由新兴网络技术与空间过渡到网络犯罪的形态,并在刑事犯罪中占较高比重,且深度影响群众日常生产、生活,网络犯罪治理的成败关系到国家法治秩序的稳定。同时,新型网络犯罪滋生、变异并快速更迭,对网络犯罪治理提出了新的挑战。

(一)轻罪时代网络犯罪治理背景

2018年以来,政法机关认真贯彻落实习近平总书记重要指示精神和党中央决策部署,以前所未有的力度和举措,狠抓打击治理电信网络新型违法犯罪各项措施和行业监管主体责任的落实,取得了来之不易的丰硕成果。2018年至2022年,全国检察机关共起诉利用网络实施诈骗、赌博、传播淫秽物品等犯罪71.9万人,年均上升43.3%。协同公安机关从严惩治电信网络诈骗犯罪,深挖幕后金主、严惩团伙骨干、全力追赃挽

* 杭州市富阳区人民检察院党组书记、检察长,三级高级检察官。

** 杭州市富阳区人民检察院第七检察部主任。

*** 杭州市富阳区人民检察院三级检察官助理。

损，起诉 19.3 万人。坚持全链条打击，起诉非法买卖电话卡和银行卡、提供技术支持、帮助提款转账等犯罪从 2018 年 137 人增至 2022 年 13 万人。具体到基层检察机关，2020 年至 2022 年，H 市 F 区检察院共受理审查起诉涉网络犯罪案件 442 件 659 人，从法院判决刑期来看，2020 年至 2022 年度一审判决案件合计 376 件 536 人，其中被判处 3 年以下有期徒刑、拘役、单处罚金或者免予刑事处罚的合计 403 人，占比 75.19%，且其中 272 人被宣告适用缓刑，缓刑适用率高达 50.75%。从量刑统计结果来看，法院对网络犯罪判处缓刑人数的绝对值和占比均较高。

（二）轻罪时代网络犯罪治理特征

首先，网络犯罪罪名分布和结构不平衡。当前，传统类型犯罪快速向网络空间蔓延，特别是利用网络实施的电信诈骗和网络赌博类犯罪持续高发。电信网络诈骗是传统电信诈骗犯罪与互联网技术紧密结合的产物，此类技术驱动型犯罪加剧了犯罪手段的隐蔽性、错位区域时空匹配性以及犯罪再分配的可选择性，降低了犯罪行为的准入门槛。① 从案件类型来看，电信诈骗、网络赌博这一类网络犯罪案件数量大幅度上升，尤其电信诈骗类犯罪占据网络犯罪主导地位，其他罪名居于次要地位。如，2021 年 H 市 F 区检察院审结"断卡行动"专项打击的帮助信息网络犯罪活动罪和掩饰、隐瞒犯罪所得罪共计 127 件 160 人，同比上升 309.68% 和 370.59%，涉及本地区 150 余名被害人，帮助信息网络犯罪活动罪已经成为审结案件中排名前三的罪名，但此类犯罪判处的刑罚一般较轻。

其次，网络犯罪集团化特征凸显。网络犯罪作为一种典型的技术型犯罪，随着互联网信息时代已经进化出"智能性"特征。网络犯罪因具有智能性、匿名性、无国界性等特征，致使司法机关面临线索发现难、调查取证难、定罪指控难等困境，对维护我国刑法秩序形成严峻挑战。另外，网络犯罪凸显集团化、跨境化特点，犯罪主体呈现年龄、学历、收入"三低"的趋势，老年人与年轻人容易成为受害目标。如，2021 年 H 市 F 区检察院办理网络赌博犯罪系列案件 59 件 81 人，犯罪分子搭建为赌博网站"洗白"资金的"跑分平台"，利用"流氓软件"非法收集公民个人信息，利用在境外组织洗码、提供资金"恶意刷单"等新方式组织跨境赌博犯罪活动。该类犯罪组织以全链条犯罪团伙的形式作案，内部环节多、涉及面广、危害大、查处难，不仅严重危害社会管理秩序，同时极易引发非法拘禁等其他犯罪。

再次，网络犯罪呈现全产业犯罪利益链条特征。网络诈骗类犯罪产业链条表现形式：上游负责提供技术支持、收集公民个人信息等；中游主要实施诈骗或开设赌场等网

---

① 参见唐赫、赵民：《"杀猪盘"电信网络诈骗犯罪模式演进及治理路径——基于网络介质影响下的调节效应分析》，载《中国人民警察大学学报》2022 年第 12 期。

络犯罪;下游负责利用支付通道"洗白"犯罪赃款。[①] 网络诈骗犯罪领域一般都有规模庞大的地下黑灰产业密切配合,侵犯公民个人信息成为其中的关键环节,持续为犯罪"输血供粮",上下游环节犯罪多发、高发。

最后,网络犯罪存在刑事处置"三难"困境。第一,案件线索发现难。电信诈骗犯罪是现代网络技术和传统诈骗方式相结合的新型犯罪,利用信息技术对传统诈骗犯罪"赋能",犯罪隐蔽性强、智能化程度高,司法机关面临取证难、抓捕难、定性难、追赃难等问题。[②] 电信网络诈骗犯罪诈骗手法更新快、多样化、集团化、管理组织严密、技术先进等特点,给整个电信网络诈骗犯罪的治理带来了较大的困难。第二,证据获取难。一方面,电信网络诈骗案件电子证据具有数据易删除、难恢复、易更改、难固定的特点,导致在逆向追踪和证据收集方面存在困难。另一方面,很多犯罪团伙为逃避侦查,利用各国之间的法律制度、执法环境、联合执法情况等因素的差异,将数据存储在境外,导致公安机关难以调取数据。第三,案件认定难。从检察办案实践来看,近年来网络犯罪案件涉案人员众多、罪名新型,案件多发生在外地甚至境外,由于公安机关移送的案件证据材料经常不全面、不完整、有瑕疵,导致检察机关办理案件面临很大困难。

二、剖析网络犯罪治理困境

在新型网络犯罪快速蔓延的背景下,网络空间成为全新的犯罪空间、场域,网络上的诈骗、盗窃、洗钱、赌博等传统犯罪行为与日俱增。网络犯罪的犯罪手段多样化、主体复杂化、模式链条化以及跨区域性等特点,增加了网络犯罪治理难度,共同预防和系统治理该类犯罪已迫在眉睫。当前,网络犯罪社会治理困境归纳起来主要有:如何准确领会落实刑事司法政策,如何规范跨区域刑事司法管辖难题,如何精准把握网络犯罪法律适用,如何实现网络犯罪跨部门协同治理,等等。

(一)网络犯罪刑事司法政策把握难题

当前我国刑事司法以宽严相济刑事政策为指导,全面准确规范推进少捕慎诉慎押刑事司法政策落实。政府将刑罚作为控制电信诈骗犯罪的主要手段,强调保持对电信网络诈骗的高压严打态势,将"打早打小"作为重要指导原则和治理的具体措施。但"打早打小"刑事司法政策应在法治的框架内施行,应严格且审慎地控制网络刑法防线的前移与轻罪的增加,同时要处理好打击犯罪与保障人权之间的关系。现阶段,网络

---

① 参见喻海松:《网络犯罪黑灰产业链的样态与规制》,载《国家检察官学院学报》2021年第1期。

② 参见陈结淼、董杰:《论信息网络犯罪的适用——以〈刑法修正案(九)〉新增为例》,载《南华大学学报(社会科学版)》2017年第1期。

犯罪治理存在违背刑法谦抑性的情形，将“打早打小”曲解为“过早过小”，有违罪刑法定的基本原则和宽严相济的基本刑事政策。① 有学者敏锐地指出，基于“源头治理”演化而来的针对网络犯罪“打早打小”刑事政策，存在以早期化治理和入罪为导向，以“恶意”为犯罪认定唯一标准的主观主义倾向，突破罪刑法定原则。② 目前我国在治理网络犯罪过程中，通过刑事法积极介入的方式取得了一定效果，但是强化刑事政策的工具属性、过分强调刑法的威慑功能，过于追求打击效果而无视法律的规定，会不当扩大打击面从而导致危及人权。

（二）网络犯罪跨区域刑事司法管辖难题

由于网络犯罪的无国界性、非中心化以及犯罪现场和空间的虚拟性、不确定性等特点，网络犯罪的犯罪地的规定比传统犯罪更为宽泛。同时，当前网络犯罪刑事管辖法律规定赋予了公安机关处理网络犯罪竞合管辖及牵连管辖问题的行政裁量权力，存在既相互重合又相互抵触的弊端，成为网络犯罪治理的瓶颈。实践中，公安机关在侦办网络犯罪案件时，对于法律法规和司法解释关于管辖标准尺度的宽松把握，在属地管辖上普遍存在的“远洋捕捞”“长臂管辖”等情形，使得大量所谓“关联案件”并案处理。如，H 市 F 区检察院受理的由 F 区公安机关侦查移送的汪某某等人招嫖诈骗案，该案二十多名犯罪嫌疑人的户籍地大多在外省市，犯罪模式系组织业务员在指定的位于外省市的窝点，采用网络招嫖等方式骗取他人财物，本案公安机关查证涉案被害人 1500 余人，但其中仅有 1 名被害人的经常居住地为 H 市 F 区，该名被害人涉嫌的犯罪数额仅有 1 万余元，因为跨省侦查困难较多，导致该犯罪团伙多个犯罪事实最终无法查清。

（三）网络犯罪法律适用的难题

网络犯罪案件涉案人员众多、涉及地域广、涉及犯罪方式复杂、罪名新型，管辖公安机关较多，关联案件可能存在同时被其他地区公安机关立案侦查情况，因各地司法机关对案件事实、法律适用的理解和把握不同，极易导致同案不同判的情况。在罪名适用方面，“杀猪盘”电信网络诈骗行为人实施的相关帮助行为，是认定为诈骗罪的共犯，还是认定为构成帮助信息网络犯罪活动罪，抑或掩饰、隐瞒犯罪所得、犯罪所得收益罪，都需要根据案情具体分析；“恶意刷单”等行为是否应以破坏生产经营罪认定，抑或规制为虚假广告罪、非法利用信息网络罪，实践中对于规制罪名没有统一的观点；网络直播平台淫秽表演是符合组织淫秽表演罪，还是传播淫秽物品牟利罪，需要把握这

① 参见唐淑臣、许林逸：《“打早打小”刑事政策下网络犯罪治理现状与完善路径》，载《太原理工大学学报（社会科学版）》2023 年第 5 期。

② 参见齐文远：《“少捕慎诉慎押”背景下打早打小刑事政策之适用与反思——以网络犯罪治理为视角》，载《政法论坛》2022 年第 2 期。

两个罪名的区别重点,即准确研判网络直播平台上的色情直播的刑法属性。在犯罪主观要件认定方面,开发网络直播的黑灰产、提供服务器租赁等黑灰产的行为如何认定,以及上中下游参与者之间的主观明知如何认定等问题,有待在实践中明确与统一标准。

(四)网络犯罪跨部门协同治理不足

网络犯罪治理体系构建难。治理轻罪必须贯彻比例原则和罪刑相适应原则,建立更为科学和适当的刑罚附随后果体系,减轻犯罪标签效应,需要全社会的协同治理。网络犯罪治理体系构建有赖于立法、执法、司法联动推进,但是,由于防控网络犯罪涉及整条黑灰产业链,犯罪分子能在网络黑灰产业链其他环节的协助下,窝藏在境外,迅速转移赃款,给破案抓捕和追赃挽损带来极大困难。司法机关查办案件过程中需要金融、网信等行业的支持合作,由其提供挂失冻结、查询等服务,涉及的部门多、级别高,协调难度很大。此外,新型网络犯罪的预防和治理涉及金融、宣传、网信、新闻出版、文化、市场监管等多个部门,但当前以条块分割为主的职责分配与打击有组织、成体系的网络犯罪的要求之间还存在较大差距,这与一体化治理的目标存在矛盾。

三、轻罪时代网络犯罪治理路径

在全面推进国家治理体系和治理能力现代化的背景下,网络犯罪治理作为巩固新时代国家网络主权和利益的关键环节,按照国家"加强系统治理、依法治理、综合治理、源头治理"要求,不断强化刑法作为网络犯罪治理手段的功能的同时,进行全过程的、系统性的源头治理,规范网络犯罪刑事管辖标准,探索轻罪分层处理机制,发挥部门协同治理成效,完善轻罪时代网络犯罪治理有机体系。

(一)筑牢网络犯罪源头治理基础

首先,以电信网络诈骗类型为代表的网络犯罪案件形势严峻,特别是境外电信网络诈骗犯罪链条上出现的危害人身安全的新动向、新特点,严重危害国家经济安全,人民群众人身、财产安全利益,危害程度不断加深,打击难度不断增加,影响极为恶劣。党的十九届四中全会提出"系统治理、依法治理、综合治理、源头治理"要求,为国家和社会治理提出了具体要求和方法,形成了国家和社会治理的有机体系,具有指向性意义。其中,"源头治理"指向犯罪发生源,即犯罪产生、形成与发展的源头,强调应当从"根本上、源头上"进行犯罪治理,促进有关部门、行业组织、企业等加强网络犯罪预防和治理,避免犯罪继续发展和衍生出其他犯罪,达到标本兼治的效果。① “打早打小”与“源头治理”二者在治理策略上是一致的,“打早打小”是“源头治理”策略的具体化,着重在犯罪发生的原始阶段和萌芽状态对其予以打击,以实现犯罪的有效治理。

其次,检察机关为适应网络社会的复杂性与多变性,需要依法能动履职,铲除网络犯罪滋生发展的土壤,采取预防性理念实现源头控制。围绕非法提供个人信息和非法支付结算等重点环节,突出打击与电信网络诈骗相关联的上下游黑产犯罪,努力阻断电信网络诈骗犯罪黑灰产业链。针对危害严重的网络犯罪行为,有计划、有重点地制定专项应对方案,加强典型案件调研,分析违法犯罪成因,积极提出有针对性的防治对策,为相关行业部门有效监管履职提供客观依据。

最后,构建民事、行政、刑事融合的全方位惩治体系。建立重大案件预警制度,以执法办案为依托,注重运用检察建议、风险提示等方法,协助有关部门、企业等建章立制,及时弥补在网络保护、管理等方面存在的漏洞和缺陷,有效遏制网络犯罪蔓延现象。如:浙江省检察机关针对在打击治理电信网络诈骗犯罪中发现的“第三方支付监管存在漏洞,代理商、虚拟运营商管理不到位,电商平台责任未压实,青少年学生被裹挟参与‘两卡’犯罪”等问题,向相关金融监管、市场监管、教育等部门制发了检察建议,要求针对各自监管漏洞加强监管,推动电信网络诈骗和“两卡”犯罪源头治理、系统治理,并持续跟进检察建议落地落实,实现预防为先、治理为本、惩处为要的理念,建立行业自律、信用惩戒、行政处罚、刑事处罚相衔接的全方位惩治体系,坚决打赢打击治理电信网络诈骗犯罪攻坚战。

(二)规范网络犯罪刑事管辖问题

首先,明确管辖范围,厘清争议处理。公安机关应当依据现有刑事诉讼法、部门规章和相关司法解释关于刑事管辖的规定,在坚持传统刑事属地管辖权的基础上,在适用属人管辖、保护管辖之外,关注网络犯罪行为对本辖区居民是否造成实际的侵害或者影响,确立以最低限度联系原则为补充的管辖标准。② 对于网络犯罪并案管辖机关的确定原则,要遵循时间顺序和级别顺序原则,即先立案的侦查机关优于后立案的侦查机关,上级侦查机关优于下级侦查机关,还应针对合并诉讼的特点灵活应对,如重罪犯罪地的侦查机关优于轻罪犯罪地的侦查机关,特殊侦查机关优于普通侦查机关。③ 此外,对于多层级、跨区域的重大疑难复杂的网络犯罪关联案件,如果不适宜合并侦查的,分别由多个不同主要犯罪地公安机关作为案件主办地侦查机关和案件分办

① 参见齐文远:《“少捕慎诉慎押”背景下打早打小刑事政策之适用与反思——以网络犯罪治理为视角》,载《政法论坛》2022 年第 2 期。

② 参见田圣斌:《互联网刑事案件管辖制度研究》,载《政法论坛》2021 年第 3 期。

③ 参见王玉晴:《网络犯罪管辖规范的体系化解读:乱象与规制》,载《辽宁公安司法管理干部学院学报》2022 年第 6 期。

地侦查机关进行侦办，根据案件具体情况立案侦查和移送审查起诉。

其次，加强检察机关对侦查管辖的日常监督，强化检察机关在管辖争议及其协商机制中的承上启下功能。严守刑事立案法定程序，加强对地域管辖中“犯罪地”的准确认定，从源头上依法严把刑事案件管辖“入口关”，充分发挥检察机关对公安机关案件管辖的监督作用，充当及时发现和提醒的“小闹钟”和“啄木鸟”。应在精准执行法定管辖规定基础上，充分发挥现有司法制度的灵活性，基层检察机关可以牵头联合公安机关、法院、司法等部门，出台本地区关于网络犯罪刑事案件管辖相关内部协议文件，统一网络犯罪地域管辖具体司法标准，固定地域管辖通行做法，最大限度确保案件质量。

最后，加强公安、检察院、法院管辖协作配合。实践中，网络犯罪并案管辖机关的确定标准区别于传统的竞合管辖，避免采用某项单一原则，而应根据不同情况灵活处理。考虑到我国条块分割的侦查体制与电信网络诈骗犯罪打击治理的现实困境，目前“多地共管”“人案关联”的“大侦查管辖”格局仍是当前相对合理的选择，但应完善指定管辖与地域管辖制度，协调不同地域公安机关之间的横向管辖矛盾；同时，刑事司法需要把“以侦查管辖为中心”调整为“以侦查管辖为导向”，承认侦查管辖的指引功能，但应完善公检法机关的纵向管辖争议协调机制。[①] 公安机关应当在协调确定或者指定案件主办地侦查机关立案侦查的同时，通报同级人民检察院、人民法院。

（三）探索轻罪案件分层处置机制

首先，全面贯彻宽严相济刑事政策。2022 年，最高人民法院刑事审判第三庭、最高人民检察院第四检察厅、公安部刑事侦查局《关于“断卡”行动中有关法律适用问题的会议纪要》指出，要明确法律依据，正确理解适用法律，不可作出扩大解释，同时审慎认定“明知”条件，做到主客观一致，避免客观归罪。检察机关应当充分发挥在刑事案件办理过程中的主导作用，在办理网络犯罪案件时应当加强全链条惩治，注重审查和发现上下游关联犯罪线索。具体而言，根据《人民检察院办理网络犯罪案件规定》，检察机关应当充分利用前承侦查、后启审判的“程序中枢”地位，通过差异化的刑事司法政策，依法能动履职，积极推动轻罪治理现代化，逐步建立“重罪惩治与轻罪治理并重”“轻重有别、区别对待”的程序治理体系。检察机关要建立捕、诉、监、防一体的办案机制，全链条打击、一体化治理，加强以案释法，最终达到诉源治理的效果。

其次，加强与公安、法院等部门的配合。主动提前介入重大疑难复杂案件、重点挂牌督办案件，共同把好案件事实关、证据关和法律适用关。针对办案中的疑难共性问题，及时与公安、法院进行会商，统一执法尺度、司法标准。对初犯、偶犯、未成年人、被胁迫或者蒙骗参与犯罪的“工具人”，落实“少捕慎诉慎押”刑事司法政策，依法作出从

---

① 参见陈如超：《电信网络诈骗犯罪侦查管辖制度的反思与调整》，载《浙江工商大学学报》2022 年第 5 期。

宽、以教育挽救为主的处理,用足用好批捕、起诉裁量权,确保精准打击、罚当其罪。此外,检察机关还发挥刑事检察和公益诉讼检察双向合力,建立办案联动机制。

最后,推进刑事司法与行政执法双向衔接。检察机关对共同犯罪中应当追究刑事责任的人推进刑事司法流程,而对情节显著轻微不构成犯罪的人适用程序反转,进入反向行刑衔接流程,由行政执法机关补充追究其行政责任,实现针对不同危害行为的差异化责任配置。[①] 如:2022 年 H 市 W 区检察院成功办理某知名电商平台被诈骗系列案,因系列案件涉及电商购物平台,案件反映出管辖、法律适用、证据标准等多方面问题,涉案电商企业多次被异地公安机关拒绝立案,追赃挽损进度停滞不前。H 市 W 区检察院强化检察主导责任,践行"全方位调查+技术化反查+精细化引导+全程性跟进"办案模式,以公开听证、认罪认罚及检调对接等手段统筹推进宽严相济与诉源治理,有效实现刑事司法与行政执法双向衔接,同时以导向监督、建章立制及引领整治等综合举措,优化电商平台风险防范及合规经营。

(四)发挥多部门协同治理优势

首先,树立数字治理思维。在全球整体安全态势复杂多变的背景下,网络犯罪仍然处于高发态势,并随虚拟货币、元宇宙等的发展应用而呈现出一些新特征,具有治理主体更加多元、注重犯罪事前预防以及犯罪打击手段数字化的特征。鉴于网络犯罪不同于传统犯罪,其技术水平高,应当从信息科技、大数据等层面着手,建立并完善网络犯罪技术治理体系,将政府、市场和社会三方主体都纳入治理体系中,运用新型数字技术及时发现和阻断犯罪,构建网络犯罪数据库系统和监督模型。将数据库中的数据信息作为典型案例,对网络犯罪预防人员和惩治人员进行相应的技术培训,使相关部门在执法工作中有所参考,及时掌握网络犯罪的动向和特点,提高数据治理能力,加强部门之间的数据共享互信,及时移送犯罪线索,同时运用有关的数据技术进行犯罪预测,预防帮助信息网络犯罪活动行为的发生。

其次,建立"提前介入""联席会议"等工作机制。明确检察机关提前介入的相关程序和工作要求,加强司法机关对电信网络诈骗及关联犯罪的协同分析研判,及时统一工作理念和办案标准。应当充分利用信息化办案手段,加强对物证、书证、电子数据等客观性证据的收集、固定、运用,深挖彻查犯罪事实及源头。明确抽样取证、远程视频询问、电子签章、跨区域调证的程序要求及证据效力,进一步提高电信网络诈骗及关联犯罪的侦查取证质效。

最后,深化网络犯罪治理国际合作。互联网具有全球性特点,网络犯罪的跨国界性对世界各国的网络安全和人民福祉造成了严重威胁,网络犯罪也具备全球性的特

① 参见李怀胜:《网络犯罪治理的刑行衔接:基本价值与运作模式》,载《南京师大学报(社会科学版)》2023 年第 3 期。

征，制定跨国司法协助机制和引渡机制十分重要，面对当前网络犯罪治理整体状况和未来可能面临的挑战，各国应当秉持网络空间命运共同体理念，从规则制定、国际合作、多元协同、能力建设方面提升网络犯罪的打击效能，更好应对数字化转型带来的网络安全新风险。[①] 因此，建议我国相关部门和其他国家进行国际合作，共同进行网络犯罪行为的预防和惩治，协助国际司法机构进行网络犯罪行为的跨境数据信息共享，提升网络犯罪预防和惩治的国际化水平。

综上，预防和惩治网络犯罪需要构建多元化的治理机制，贯彻落实全过程、系统性的源头治理策略，加大网络犯罪分层处置力度，完善科学、精准、多层次的惩治、预防体系，最终实现对网络犯罪的现代化治理。

---

① 参见裴兆斌、何逸宁：《打击跨境网络犯罪的国际刑事司法协助》，载《政法学刊》2023 年第 2 期。

轻罪扩张的正当性与司法限缩

张　如[*]　徐和平[**]　张晓峰[***]

一、问题的提出

近年来,我国刑事案件结构最显著的特征是轻罪案件的快速增加。中国学界对于以何期限有期徒刑作为轻罪与重罪的具体分界也存在不同观点:主要有 3 年说、5 年说和 7 年说三种观点。① 本文以法定最高刑为 3 年以下有期徒刑的罪名为轻罪。轻罪的犯罪嫌疑人在主观恶性、再犯可能性、社会危害性、改造难度上均不同于重罪的犯罪嫌疑人。对于轻罪的治理须采用有别于重罪治理的措施,对犯罪进行分层治理是域外的有益经验。

积极刑法观指导下刑事立法扩大了犯罪圈,增加了罪名,尤其是增加轻微犯罪罪名是客观存在的事实。刑法的功能从惩罚已然犯罪到目前参与社会管理,向提前介入社会生活和预防风险转变。从《刑法修正案(八)》增加危险驾驶罪到《刑法修正案(十一)》增加危险作业罪、高空抛物罪。与轻罪立法相对应的是在司法领域轻罪犯罪数量的快速增长。调查数据显示,目前犯罪的基本状况是暴力犯罪数量呈逐年下降趋势,轻微犯罪数量增长明显。根据最高人民检察院的统计,2022 年全国因杀人、放火、爆炸、绑架、抢劫、盗窃犯罪被起诉的犯罪嫌疑人数量创近二十年来新低,严重暴力犯罪起诉人数占比由 1999 年的 25% 下降至 2022 年的 3.9%。② 帮助网络信息犯罪活动罪的数量以惊人的速度在增长。2022 年全国检察机关起诉帮助信息网络犯罪活动罪 12.9 万余人。③ 2015 年危险驾驶罪刑事一审审结案件量较 2014 年同比上升 48.9%。2016 年 1 月至 9 月审结案件量较 2015 年同比上升 23.8%。④ 根据最高人民检察院发布的数据,2021 年因危险驾驶罪被起诉的人数为 35.1 万人,在所有犯罪的被起诉人数

* 安徽财经大学法学院副教授。

** 安徽开放大学文法学院教授,校学术委员会副主任。

*** 安徽开放大学文法学院法学系主任。

① 参见郑丽萍:《轻罪重罪之法定界分》,载《中国法学》2013 年第 2 期。

② 参见孙谦:《做优新时代刑事检察新闻发布稿》,载最高人民检察院官网,https://www.spp.gov.cn/,2023 年 8 月 15 日访问。

③ 《专访最高检党组成员、副检察长孙谦:全链条惩治电信网络诈骗及黑产犯罪》,载最高人民检察院官网,https://www.spp.gov.cn/spp/zdgz/202303/t20230308_606880.shtml/,2023 年 8 月 15 日访问。

④ 参见《司法大数据专题报告之危险驾驶罪》,载最高人民法院官网,https://www.court.gov.cn/upload/file/2019/11/22/14/22/20191122142232_32571.pdf/,2023 年 8 月 15 日访问。

中位居首位。①

二、对轻罪立法的质疑

近年来,随着轻罪立法数量的增多,特别是轻罪数量的激增带来了一定的负面影响,学界对轻罪立法的质疑不断。

首先,对司法资源的占用过多。司法资源是昂贵的,大量司法资源投向轻微刑事犯罪,会挤占投向重大刑事犯罪的司法资源。根据最高人民检察院统计,2018—2022年全国检察机关起诉的危险驾驶罪案件数量占全部起诉案件的 18.20% 。② 大量的危险驾驶犯罪等轻罪案件必定挤占有限的侦查、公诉、审判和执行司法资源。司法资源被轻罪案件占用,势必会影响司法机关侦破、办理重大刑事案件。有道是“好钢用在刀刃上”,犯罪黑数案件尚待司法机关集中资源挖掘。白建军教授对证券违法犯罪黑数案件进行实证研究,认为未被发现的证券违法违规案件是被发现的违法违规案件的1～4 倍。③ 可见,尚有一定数量犯罪黑数案件需要司法资源去处理。虽然经过“清网行动”“猎狐行动”“天网行动”等一系列全国性追逃专项行动,一大批在逃犯罪嫌疑人相继归案并接受了处理,但是随着现代社会人员流动加剧,犯罪嫌疑人实施犯罪后潜逃路径、方式、手段等都呈现多元化和不定化的发展趋势,仍有大量在逃人员逍遥法外。社会治理的关键领域需要司法资源的支持,如任由轻罪案件数量增加,必定造成司法资源分配不均的问题。

其次,犯罪标签效应不容小觑。罪犯一般会被视为社会上的另类,人们会对其“另眼看待”,其融入社会具有一定的难度。危险驾驶罪每年将 30 万余人打上“罪犯”的烙印,对国家、社会还有危险驾驶的个人来说,都是特别巨大的损失,属于司法和个人的“两败俱伤”。④ 轻罪的附随法律后果严重,有轻罪重罚之嫌。表面上,轻罪大部分被处以缓刑或者短期自由刑,对犯罪人的惩罚似乎不重。然而,轻罪与重罪附随的法律后果基本相同,轻罪附随的法律后果给犯罪人带来的负面影响远远超出因轻罪所处刑罚带来的负面影响。⑤ 我国犯罪附随后果主要有开除公职、限制升学和入伍、限制报考公务员和事业单位、就业歧视、信用惩戒等,甚至连累到子女。

---

① 参见《2021 年全国检察机关主要办案数据》,载最高人民检察院官网,https://www.spp.gov.cn/spp/xwfbh/wsfbt/202203/t20220308_547904.shtml#1,2022 年 11 月 29 日访问。

② 参见靳高风、张雍锭、郭兆轩:《2022—2023 年中国犯罪形势分析与预测》,载《中国人民公安大学学报(社会科学版)》2023 年第 2 期。

③ 参见白建军:《证券犯罪惩戒应坚持“严而不厉”》,载《中国经济时报》2005 年 9 月 14 日,第 5 版。

④ 参见周光权:《论刑事一体化视角的危险驾驶罪》,载《政治与法律》2022 年第 1 期。

⑤ 参见魏汉涛:《定罪免刑:化解微罪扩张伴生风险的优先选项》,载《江西社会科学》2023 年第 6 期。

再次,不少学者对积极刑法观与轻罪立法持谨慎态度。无论是从现实还是从法理层面而言,积极刑法观都存在许多疑问。在现实层面,我国现行刑法的结构并非厉而不严,而是又厉又严。刑法的但书规定意味着立法采取定性加定量的模式,这与积极刑法观的立论或多或少存在冲突。我国司法机关一直采取扩张解释乃至于类推解释来适用刑法,因此指望通过司法实践来限缩处罚范围的观点并不现实。在法理层面,积极刑法观导致刑罚权的过度扩张,冲击人的基本自由,因而抵触宪法;同时它也违反谦抑原则和比例原则的具体要求,并且作为其依据的积极一般预防理论的根基并不稳固。[①] 有人认为没有必要对醉驾进行犯罪化,只要相关的行政立法特别是执法能及时有效地产生管理效力,危险驾驶等轻微违法现象可以得到有效遏制;反对执迷于"刑法万能论",认为只要我国社会治理中出现问题,就把刑法作为灵丹妙药,急切地挥动刑法武器介入社会生活。我国社会治理应主要依赖行政治理,要完善国家行政治理体系,改变行政执法不力问题,提升行政治理效率。刑法应时刻警醒,坚守谦抑性和社会治理的最后手段性原则。

最后,有悖于宽严相济的刑事政策。在危险驾驶罪刚刚立法之际,有关部门的刑事政策意见为醉驾全部刑事立案、全部提起公诉、全部判处实刑不得缓刑,这明显违反《刑法》第 13 条犯罪概念但书的规定。这种司法政策显然不符合宽严相济刑事政策"当宽则宽"的要求。对待这种轻微刑事犯罪不至于走向这个极端。目前危险驾驶罪的刑事政策有所缓和,但是不起诉案件比例、缓刑的适用率并不高。甚至有全国政协委员向大会提交《关于修改"醉驾"型危险驾驶罪构成要件,适当提高"醉驾"入刑门槛的提案》,建议将"醉驾"型危险驾驶罪的构成要件由现行的"醉酒驾驶机动车的",修改为"醉酒驾驶机动车并导致不能安全行驶、对公共安全产生紧迫现实危险的"。这一提案认为,醉驾入刑未能实现有效防范和减少危害公共安全行为的立法初衷,还因此制造和引发了潜在矛盾的社会对立,应适度提高醉驾入刑标准,进一步降低醉驾实刑率,提高缓刑适用率。

三、轻罪立法的正当性

轻罪立法纵然有许多弊端甚至缺陷,但其存在具有价值。人们既要看到其合理性,更要从制度上克服轻罪立法的弊端,以期实现社会治理的良法善治。

第一,轻罪立法利于社会治理的精细化,通过轻微犯罪立法和司法倒逼社会文明程度和公民守法意识的提高,引领良好的社会道德。几十年前中国社会打架斗殴现象非常普遍常见,而且打架斗殴之后公安机关也难以追究当事人的法律责任。在刑事法

① 参见王俊:《积极刑法观的反思与批判》,载《法学》2022 年第 2 期。

制明确趋向严密轻伤害标准以后，经过多年治理，目前打架斗殴现象明显减少。轻微犯罪立法客观上促进了刑法走向精致和严密，对构建"严而不厉"的刑法结构具有重要意义。轻罪罪名增加是当前社会治理的需要，社会治理的需要是刑事立法的不竭力量源泉。这个历史经验启示我们：目前的轻微犯罪立法同样倒逼国人守法，提高社会治理水平，这是治理能力现代化的应有之义。轻罪立法与司法必将推动全民族的规则意识等综合素质的提高。

第二，醉驾入刑后，已经收到社会治理效果。根据公安部公布的数据，醉驾入刑五年来，酒后驾驶问题得到显著改观，全国因酒驾、醉驾导致交通事故起数和死亡人数较本罪实施前分别下降18%和18.3%。[①]"喝酒不开车"规则在国民意识和行动中已经建立。《刑法修正案(九)》在立法指导思想上明确提出要"坚持创新刑事立法理念，进一步发挥刑法在维护社会主义核心价值观、规范社会生活方面的引领和推动作用"。可见这个指导思想正在得到落实。轻微犯罪立法具有罪与非罪的区分功能，更具有塑造国民规则意识和强化社会秩序的功能。

第三，轻罪立法是应对风险社会的有力手段。现代社会已经从传统社会过渡到风险社会，公共交通、基因编辑等风险已经成为现实。这些现代风险随时可能转化为现实灾难。刑法有必要提前介入以预防风险。《刑法修正案(八)》对危险驾驶、食品安全、环境污染等方面的犯罪规范进行了调整，《刑法修正案(九)》第8条又增加了对超额载客、超速行驶入罪条款，均为回应风险社会的表现，且风险刑法规范今后必将不断增加，以警示风险的制造者、与风险有关的监督管理者等行为主体。这一做法符合世界刑法发展趋势。[②]

第四，轻罪立法使由《治安管理处罚法》规范的违法行为犯罪化，处理程序适用司法程序，约束了行政权，增加了透明度，利于保障人权。在我国，行政权一家独大是客观事实，行政权力运行具有封闭性，行政权行使过程中侵犯行政相对人权益的事件经常见于报端，已为社会广泛关注。如已废止的劳动教养权力的运行由公安机关行使，就存在诸多弊端，行政相对人缺乏权利保障机制。轻罪立法特别是把剥夺人身自由的行政处罚轻罪化具有高度合理性。自由是基本的人权，对公民自由的限制应由司法程序审查其合理性。剥夺人身自由的行政处罚轻罪化符合《宪法》规定的"尊重和保障人权"精神。《公民权利和政治权利国际公约》第9条第1款规定："任何人不得加以任意逮捕或拘禁。除非依照法律所确定的根据和程序，任何人不得被剥夺自由。"从国际社会所公认的国际人权公约精神来看，只有剥夺人身自由的制裁措施均纳入刑法作

---

① 参见汤瑜：《"'醉驾入刑'五年全国共查酒驾247万余起"》，载《民主与法制时报》2016年5月5日，第1版。

② 参见高勇：《中国轻罪法律制度的建构》，法律出版社2019年版，第73页。

为刑罚并按照刑事司法程序由法院裁决，才符合法治原则。这是我国建设社会主义法治国家的必然要求。

由上述理由可见，治理能力现代化需要借助刑法强化社会治理。可以确定的是：导致轻罪扩张的这些原因短期内不仅不会消除，反而可能会得到进一步强化，因而可以预见轻罪扩张将成为我国刑法立法的常态。

四、轻罪治理中的司法限缩

既然轻罪立法不可避免且已成为常态，要扬轻罪之长，避轻罪之短，化解轻罪立法和司法给社会治理带来的伴生弊端，以回应社会质疑。笔者认为，消解轻罪立法负面影响的出路在于司法限缩。树立"重重轻轻"和恢复性司法理念，贯彻实施宽严相济刑事政策，当宽则宽，对轻罪处罚要体现出"宽"的一面。刑罚轻缓化是刑法发展的趋势，对待轻罪的刑罚更应轻缓。以教育、改造和让轻犯罪罪犯早日回归社会为司法指导思想，尽量采取附条件不起诉、定罪免刑、情节轻微不作为犯罪的但书规定、非监禁方式等措施进行司法中的限缩。这样能更有效地配置刑事司法资源，在严惩重罪重犯的同时推进轻罪轻犯轻罚慎押，最大限度地通过司法促进社会和谐稳定，是我国轻罪刑事司法政策的发展方向。

改变直筒式诉讼程序，趋向漏斗式诉讼程序。我国刑事司法的整体运行及其机制呈现出"圆筒型"（也称"直筒型"）构造。对于刑事案件的办理，强调公安、检察机关和法院的协调配合，办案机关也遵循统一追诉标准。刑事诉讼程序整体上偏向于对犯罪嫌疑人的追诉。犯罪嫌疑人一旦进入刑事司法程序，通常面临将被定罪和追究刑事责任的结果，通过刑事司法程序机制脱离于犯罪之外的机会很小。① 漏斗式诉讼程序发挥程序对案件的过滤作用，使刑事案件经过侦查机关立案、公诉机关审查起诉到审判机关判决，最后能认定为犯罪的案件数量缩小。在轻罪案件司法中正是要发挥程序的限缩作用，解放思想，对相当数量的案件作出附条件不起诉、定罪免刑、缓刑或者无罪处理，以期消解轻罪立法的负面效应。

首先，附条件不起诉利于改造犯罪人，利于犯罪人回归社会。

瑞安市检察机关在这方面探索取得的积极成果，被称为"瑞安模式"。所谓"瑞安模式"，是指在2017年开始在瑞安实施的新型醉驾犯罪治理手段。即对于情节轻微的醉驾犯罪嫌疑人，可以要求其提供一定公益性服务（例如宣传教育、交通劝导等），并根

---

① 参见谢川豫：《危害社会行为的制裁体系研究》，法律出版社2013年版，第325页。

据其表现情况,最终作出起诉或不起诉的决定。[①] “瑞安模式”具有推广价值,这一模式利于社会稳定、利于被告人的改造、免于给被告人贴上罪犯标签。

其次,建立与轻罪相适应的刑罚体系,扩大非监禁刑的适用范围。

刑罚的目的仅仅在于:阻止罪犯再重新侵害公民,并规诫其他人不要重蹈覆辙。[②] 刑罚的目的在于预防犯罪,刑罚的执行达到预防的目的即可,过度的刑罚必然引起新的社会问题。

我国目前的刑罚体系是以生命刑和自由刑为中心建构的,具有重刑化的显著特征,与当下大量轻罪入刑的现实状况不协调。随着犯罪圈的扩大和大量轻罪入刑,我国的刑罚体系应注重扩大非监禁刑的适用范围,建立与轻罪相适应的轻刑体系。治理轻罪要充分发挥管制刑的优势和作用。管制是有中国特色的刑种,不对犯人监禁,犯人不脱离社会和家庭,以社区矫正的方式对犯人进行改造,实现行刑社会化。管制可广泛适用于轻罪的治理,但司法实务中管制刑的适用率很低,基本处于休眠状态,没有充分发挥该制度的优势。立法和司法亟待激活管制刑。

司法实务中拘役刑的适用率很低,目前激活拘役刑要归功于立法,立法使拘役刑成为常态适用的刑种。《刑法修正案(八)》增加的“危险驾驶罪”,刑罚为“处拘役,并处罚金”,这是刑法中第一个设定主刑为单一拘役刑的犯罪。《刑法修正案(九)》又增加了替考罪和冒用身份证件罪,其法定刑为拘役。《刑法修正案(十一)》增加的危险作业罪和冒名顶替罪法定刑均包含拘役刑。虽然法定拘役的数量有限,但是此项立法释放了我国刑罚立法创新的信号:重视拘役刑惩罚轻微犯罪的作用,要改变轻微犯罪大多都判处徒刑的局面。这是对刑罚结构的调整,对促进刑罚轻缓化具有引领作用。对于轻犯罪适用拘役刑罚的,可以考虑引进业余监禁、夜间监禁、周末监禁等执行方式,使刑罚的执行更灵活,罪犯不完全脱离社会,利于罪犯刑罚执行完毕后尽快回归社会。

提高罚金刑的适用率,让罚金刑发挥在治理轻罪中的作用。虽然罚金刑是附加刑,但可以单处罚金刑。为了提高罚金刑的适用率,可以把罚金刑升格为主刑,适用于更多的罪名。罚金刑可广泛适用于轻微犯罪,如轻微的盗窃罪和诈骗罪、危险驾驶罪、帮助网络信息犯罪活动罪等。这些轻罪甚至没有必要再设置自由刑,完全可以通过提高罚金刑数额的方式予以惩处。罚金刑能有效地避免短期自由刑带来的交叉感染的弊端。将罚金刑升格为主刑,扩大罚金刑单独适用的比例,是治理轻罪的理想刑罚选择。另外,目前我国罚金刑适用率较高,但大多是与其他主刑并科执行,造成了司法实

---

① 参见陈灿平、温新宇:《醉酒型危险驾驶罪争议问题的法律与经济分析》,载《西北师大学报(社会科学版)》2023 年第 2 期。

② 参见〔意〕切萨雷·贝卡里亚:《论犯罪与刑罚》,黄风译,北京大学出版社 2008 年版,第 29 页。

践中罚金刑执行率偏低。要改变罚金刑的执行方式,提高罚金刑的执行率。在目前认罪认罚从宽的背景下,有些司法机关在司法过程中与被告人达成认罪认罚一致意见,被告人提前按照司法机关的要求缴纳罚金,司法机关在量刑建议时可以建议处以缓刑判决等从宽的处罚。罪犯在监狱服刑期间如果申请减刑,缴纳罚金是必要条件之一。除此之外,罚金刑难以得到执行,这是受到传统"打了不罚,罚了不打"思想影响的结果。立法上应当探索罚金易科制度。罚金易科制度是刑罚易科制度的一种,是指在罚金刑不能得到完全执行时(包括拒不缴纳和不能缴纳),法院裁定易科自由刑或者其他处罚措施代替所宣告的罚金刑或者未执行完全的罚金刑的一种变通执行制度。① 对于有能力缴纳罚金而不缴纳的罪犯,应当易科为自由刑;实在没有能力缴纳罚金的罪犯,可以易科为社会服务。易科制度能使罚金刑不至于落空,损害判决的权威性。

完善资格刑。目前我国刑法规定了驱逐出境和剥夺政治权利两种资格刑。驱逐出境适用对象为外国人,因此适用于我国公民犯罪的资格刑就只有剥夺政治权利一种。可见我国资格刑种类太少,不能适应目前轻微犯罪激增的状况。《刑法修正案(九)》规定了从业禁止制度,其属性是预防性措施,可吸纳为资格性。可以增加剥夺军衔和剥夺勋章、奖章和荣誉称号等种类。根据惩治犯罪的需要,扩展资格刑的种类,应建立完备且针对性强的资格刑体系,以期达到预防犯罪和惩治犯罪效果。

最后,定罪免刑制度可广泛应用于对轻罪的处罚。

该制度既对犯罪人作出否定性评价,给犯罪人定罪,又起到震慑犯罪人的作用,而且犯罪人不脱离社会,利于改造和回归社会。定罪免刑制度在应对微罪扩张伴生风险方面具有多方面的优势,但在司法裁判中适用率很低,表明其价值尚未得到充分认识。事实上,定罪免刑是应对微罪扩张伴生风险的优先选项,因为微罪与传统的重罪、轻罪有质的区别,我们不能用传统对待犯罪的态度来对待微罪;微罪难以大面积通过不起诉实现审前分流,少捕慎诉慎押的刑事司法政策也决定了微罪慎刑、定罪免刑在微罪领域有很大的适用空间。②

---

① 参见田雪扬、肖可义:《中国语境下罚金易科自由刑的困境与解决》,载《哈尔滨师范大学社会科学学报》2023 年第 3 期。

② 参见魏汉涛:《定罪免刑:化解微罪扩张伴生风险的优先选项》,载《江西社会科学》2023 年第 6 期。

以出罪机制防止“轻罪重刑化”的路径选择

——轻罪治理现代化的检察担当

周庶明*

新时代新发展阶段,我国刑事犯罪结构随着社会主要矛盾的变化而发生显著变化,轻罪案件数量大幅上升,重罪案件数量大幅下降。我国已经进入“轻罪时代”,针对轻罪的积极治理理论和实践已被提上议事日程。轻罪治理的问题关乎国家长治久安、关乎法治建设和国家治理大局、关乎党的执政根基稳固。① 然而,在当前我国重刑化与轻刑化并存的立法例现状下,轻罪领域更多地出现了刑罚的轻重与所犯罪行不相适应、刑罚的轻重与所承担的刑事责任不相适应的情形,形成了罪刑轻重不均衡的局面,有违罪刑均衡原则。以轻罪治理现代化促进国家治理现代化,服务保障中国式现代化建设是检察机关的历史使命和时代任务。

一、概念界定

(一)轻罪与轻罪治理

轻罪是指犯罪人主观恶性不大,对社会危害相对较小,犯罪情节轻微,处刑较轻的刑事违法行为。② 一般来说,学术上界定的轻罪,是指法定最低刑为 3 年以上有期徒刑以外的犯罪。③ 我国先后 11 部刑法修正案新增危险驾驶罪、高空抛物罪、催收非法债务罪等 28 个轻罪,现存轻罪 105 个。

“轻罪治理”是指近年来刑事立法通过降低犯罪门槛,将部分原本由行政法或其他规范调整的行为升格为犯罪并形成规范体系,以实现社会治理的目标。④

---

* 杭州市富阳区人民检察院党组副书记、常务副检察长、三级高级检察官。

① 参见王守安:《以轻罪治理现代化为切入点 在推进国家安全体系和能力现代化中强化检察担当》,载《人民检察》2022 年第 23 期。

② 参见姜昕等:《轻罪治理现代化的推进路径》,载《人民检察》2023 年第 1 期。

③ 参见张明楷:《刑法学》(第 5 版),法律出版社 2016 年版,第 92 页。

④ 参见何荣功:《我国轻罪立法的体系思考》,载《中外法学》2018 年第 5 期。

(二)出罪与出罪机制

出罪是指司法人员对构成犯罪的轻、微罪案件,认为不需要继续追究刑事责任的,通过实体和程序相结合的方式,提前终结刑事案件或避免行为人被实际定罪判刑的一系列司法行为过程及结果的总称。① 出罪以行为人的行为构成犯罪为前提,适用范围应仅限于轻、微刑事案件。

出罪机制是为体现国家对刑事被追诉者人权的尊重和保护,避免刑法过度介入社会生活而制定的限定刑罚适用的人权保护机制。② 在轻罪立法背景下,随着犯罪圈层的扩大,有必要加快出罪机制的构建,以切实有效控制轻罪案件数量大幅提升的不利后果,实现轻罪治理现代化。

(三)"轻罪重刑化"

"轻罪重刑化"即对于行为人名为"轻罪"而处罚的实质后果不轻却重的情形。包含以下几个方面:一是刑事立法降低了入罪门槛,将部分原本由行政法或其他规范调整的行为升格为犯罪,存在刑法泛化之嫌,某些行为从非罪到轻罪,实质上是额外将更多社会失范行为纳入犯罪圈,以入刑的方式加重了处罚。二是包括 2011 年 2 月 25 日发布的《刑法修正案(八)》在内的在此之前的轻罪刑事立法,仍然是以重刑主义作为指导理念设置法定刑,这些失范行为在上升为轻罪之后的法定刑并不轻。三是在《刑法》增设轻罪之后,大多会在轻罪的罪状与法定刑之后另设专款规定:有前(两)款行为,同时(又)构成其他犯罪的,"依照处罚较重的规定定罪处罚"。③ 实践中受传统重刑依赖思想的影响,这个处罚较重的条款存在被滥用的风险。四是在犯罪记录封存制度与前科消灭制度缺位的情况下,无论是轻罪还是重罪,只要是有罪的结论,轻罪案件在刑罚之外的(附随)不利后果就等同于重罪案件。五是轻罪案件数量的大幅上升,有限的司法资源无法及时完成整个诉讼程序,导致实际执行的刑期高于依法应当判处的刑期,造成实质刑重。

二、沉疴新疾:"轻罪重刑化"的现状及危害

2011 年以后,我国《刑法》修正逐渐呈现出明显的轻罪化趋势。这一趋势不仅仅体现在严重犯罪数量和重刑率的下降,而且还表现在轻微犯罪数量和轻刑率的上升,呈现出双降双升的态势。通过轻罪生效判决处理的案件数量也呈现明显的上升趋势,典型轻罪入罪率和起诉率大幅度增长(危险驾驶罪、组织考试作弊罪、代替考试罪、非法

---

① 参见孙本雄:《出罪及其正当性根据研究》,载《法律适用》2019 年第 23 期。

② 参见代桂霞、冯君:《轻罪治理的实证分析和司法路径选择》,载《西南政法大学学报》2021 年第 5 期。

③ 参见张明楷:《重刑化与轻刑化并存立法例下的刑法适用》,载《法学论坛》2023 年第 3 期。

利用信息网络罪、帮助信息网络犯罪活动罪、妨害安全驾驶罪)。在犯罪增量中,新罪、轻罪是主流,我国轻罪立法呈不断扩张之势,具体表现在轻罪罪名数量增加、轻罪犯罪主体范围扩大、轻罪罪状扩张等方面。但是,由于我国刑法重刑化与轻刑化并存的立法例,重刑主义思想依然占主导地位,因此总体上仍然处在“重刑结构下罪轻刑重”的状况。“轻罪重刑化”的现状导致一定数量的轻罪的设置与处断有悖立法初衷,在社会治理中未能更好地发挥积极作用。

(一)过度依赖刑法参与社会治理存在弊端

一是过度依赖刑法会导致社会治理资源分配不合理。由于轻罪案件数量的大幅提升,司法机关不得不将大量的司法资源投入其中,而大大减少了其他方面的投入。二是过度依赖刑法可能导致刑法的滥用和不公。刑法泛化的后果一方面会限制或剥夺公民的权利和自由,另一方面会损害刑法自身的正常功能,侵蚀刑法的道义力量,造成公民对刑法的不信任。三是过度依赖刑法反映出社会治理策略缺乏前瞻性。刑法只能从法律的角度进行约束和惩戒,但不能从根本上解决社会问题。社会治理需要更加综合、深入的方法来应对社会变革带来的各种挑战,过度依赖刑法并非治理良策。

(二)轻罪治理将犯罪节点提前存在问题

轻罪治理将犯罪节点提前,其目的是预防犯罪的发生或扩大,但是容易出现法律边界模糊的问题,导致对于某些行为是否构成犯罪意见不一。在“打早打小”的过程中,对个人进行广泛的调查和监视,可能会侵犯个人的隐私权。在平衡打击犯罪和尊重个人权利之间寻找平衡点,需要合理的方法、措施、机制,确保不过度侵犯个人权益。“打早打小”有时无法准确预测罪行发生的时间和具体目标,可能会导致不能准确识别潜在的犯罪节点,或是错过了发现犯罪行为的时机。“打早打小”必须建立一个司法机关和其他相关部门高度协调并紧密合作的机制,每个环节都需要大量的资源和人力投入,这必将带来巨大的经济成本和人力压力。

(三)轻罪扩张对刑法本身及刑事司法产生消极影响

轻罪扩张会在一定程度上削弱刑法威慑力。轻刑罪犯普遍不像重刑罪犯那样强烈地认同自己的“罪犯”身份,他们并不把自己看作真正的罪犯,在自我认知中更倾向于将自己的罪行看作一时的错误或者是受社会环境的影响,使得他们无法接受罪犯身份的标签。社会对轻罪行的低评价反过来也影响了轻刑罪犯对自己的认同度。因此,由于这类犯罪者对自己是“犯罪者”的身份认同度低,导致重蹈覆辙的可能性增大,减轻或削弱了刑法的威慑力。

(四)轻罪扩张提增“标签效应”加剧社会矛盾

一是轻罪扩张导致执业资格受限,群体扩大引发社会问题。执业资格受限意味着一部分人无法正常参与特定职业领域的工作,从而导致社会资源的浪费和分配不均,进而影响经济发展。此外,可能给社会带来一定的安全隐患,因为轻刑罪犯的复发风险较高。二是犯罪者因犯罪产生的后续影响给家庭带来伤害。犯罪者给家庭带来的社会声誉打击会导致其面临全新的生活挑战。家庭成员在日常生活、婚姻中可能受到“特殊待遇”。因犯罪产生的经济赔偿和失业困境直接影响家庭的收入来源和生活稳定,导致家庭成员间的矛盾与紧张关系升级。犯罪者的子女在参军、报考公务员时,将因不能通过政审而与心仪的岗位无缘。[①] 轻罪的扩张使受“标签效应”影响的群体扩大,致使“标签效应”影响更为广泛。

三、除疴祛疾:以出罪机制防止“轻罪重刑化”的路径选择

我国刑法重刑化与轻刑化并存,重刑主义思想依然占主导地位的现实状况没有根本改变,因此有必要在程序与实体上设置出罪机制以克制“轻罪重刑化”。当然,我们应当以全面审视的角度,全过程设计预防方案和补救路径,以刑法保护的利益为前提,合理权衡行为人与被害人的利益。既不能为了保障被害人利益而随意入罪,也不能为了保障行为人的利益而随意出罪。

(一)以轻罪立法的必要性原则把关入罪“门槛”

轻罪立法必须慎之又慎,要充分考虑行为入罪的必要性,以防止冲动立法带来不利后果。精准界定轻罪的行为边界,能够使法律执行更为高效、公正,避免无辜人员受到牵连。冲动立法是立法过程中不可忽视的危险因素之一,它可能导致法律条文不够完善,忽略了细节和潜在影响。过于冲动的立法,往往是针对某个特殊事件或个别威胁而产生的。决定将某种行为以轻罪立法,需要精确权衡其对社会的实际影响和行为人的主观意图。必要性的权衡可以确保法律的公平性,避免对行为人的不当惩罚,并最大限度地减少社会资源的浪费。在轻罪立法时,必须遵循必要性原则,以确保与刑法的谦抑性相一致。清晰定义轻罪行为,平衡公正与人权,修复社会关系以及优化司法资源利用是实现这一目标的关键。

(二)以轻罪立法的合理性原则降低立法需求

轻罪立法目的在于维护社会秩序、保护公民权益以及促进社会稳定,而过度或不当的轻罪立法可能导致社会不公与秩序混乱。预防犯罪可以降低轻罪立法的需求。通过加强对公民的法律意识和道德观念的教育,可以有效地减少轻罪行为的发生。通过提供多种多样的社会福利、职业培训和心理辅导等措施,可以帮助人们获得更多的

---

① 参见杨钰:《积极刑法观下轻罪扩张的不利后果及控制策略》,江苏大学 2022 年硕士学位论文。

就业机会和生活出路,从而大量减少失范行为,降低轻罪立法的需求。在合理控制轻罪立法过程中,通过强化司法机构的专业化程度,可以提高司法公正性和透明度,降低轻罪立法的偏误;通过简化和加快司法程序,可以减少案件处理时间,保证公民的合法权益得到及时保护;通过引入人工智能、大数据分析等技术手段,可以提高监测和检测犯罪的能力,提高司法效率和准确性,有助于更加精准地控制轻罪立法,减少人为因素对轻罪立法的负面影响。

(三)以出罪机制防止“轻罪重刑化”

推进轻罪治理现代化是适应刑事犯罪形态和犯罪结构轻罪化趋势的必然要求,是深化全面依法治国的现实路径,是检察机关强化法律监督的应然职责。轻罪治理中,以切实有效的出罪机制防止“轻罪重刑化”是新时代检察机关必须担当的履职要求。

1. 以检察现代化理念引领轻罪治理现代化实践

轻罪治理已成为国家治理和社会治理的重要组成部分,强化轻罪治理是新时代惩治犯罪新要求的必然选择,是以检察工作现代化服务中国式现代化的重要一环。检察机关必须认真学习贯彻习近平新时代中国特色社会主义思想,以习近平法治思想为指引,以新时代检察理念不断回答新问题。必须坚持以人民为中心的发展思想,充分发挥“能动司法”“三个效果相统一”“双赢多赢共赢”“以我管促都管”“恢复性司法”“从治罪思维向治理思维转变”等新时代检察理念的引领指导作用。[①]

2. 以实质出罪的必要性抑制“轻罪入罪绝对化”的司法冲动

对于那些违法程度较轻、情节相对轻微的犯罪行为,过度强调法律制裁可能造成不必要的资源浪费。出于社会秩序和效率的考虑,检察机关可以通过权衡轻罪行为实质出罪的必要性来达到合理的处罚效果。在确定实质出罪的标准与范围时,应当注重罪行本质的严重性和社会影响程度。对于那些在法律上仍然属于罪行的轻微违法行为,可以考虑采取非刑事处罚手段,以实现善意执法与秩序维护的平衡。检察机关在运用该权力时必须保持审慎,确保实质出罪的决策公正透明,遵循法律法规的要求,并接受公众的监督。

3. 以量刑建议权的积极运用对刑罚幅度进行限定

由于前科消灭制度的立法缺失和轻罪入罪后果过于严重等问题,社会上存在对刑罚执行公正性的质疑。为此,检察机关应当积极运用量刑建议权,通过限定刑罚幅度,确保刑罚的公正与合理。量刑建议权作为检察机关的职权之一,在量刑过程中通过对犯罪行为的分析和评估,综合考虑犯罪情节、社会危害程度以及个体情况等多方

---

① 参见王守安:《以轻罪治理现代化为切入点 在推进国家安全体系和能力现代化中强化检察担当》,载《人民检察》2022 年第 23 期。

面因素,对刑罚幅度进行更为合理的限定,以满足社会对公正判决的期待,实现刑罚的社会效益和个体权益保护最大化。

4. 以起诉裁量权的充分行使有效遏制轻罪处罚泛化

随着社会的发展,轻罪案件在我国司法体系中占据了相当大的比例。面对多样化的轻罪案件,检察机关在审查起诉阶段发挥着至关重要的作用。检察机关可以在审查起诉阶段考虑对有关轻罪作出酌定不起诉的处理,以控制那些犯罪情节轻微的案件进入实质审判阶段。当然,对于这些案件的条件把握主要是考量客观行为危害性、主观恶意、人身危险性,并充分考虑犯罪者实施犯罪行为时的动机和目的、犯罪手段、犯罪时间地点等情节,判断是否符合酌定免除处罚的条件。检察机关在轻罪满足上述条件后,对于是否作出不起诉的决定,具有一定的自由裁量权。酌定不起诉之后,检察机关要切实做好刑行衔接工作,有效结合行政制裁予以处罚。

酌定不起诉是一种有效控制轻罪的手段。检察机关应根据案情及社会实际情况,科学合理地运用酌定不起诉的方式。对于容易影响社会秩序的轻罪案件,可以采取相对严格的措施;而对于情况特殊或社会危害较小的案件,可以适当进行宽大处理。合理运用酌定不起诉,既能有效控制轻罪,又能维护社会稳定。起诉裁量权使检察官能够根据犯罪者的个人情况作出更合理、公正的决定,当犯罪者能够感受到这种个别对待时,会更深入地反思自己的过错,有利于其及时改过自新,更快更好地回归社会。

5. 以附条件不起诉制度的扩张抑制轻罪的扩张

在现行法律体系中,附条件不起诉制度应用于满足特定条件的未成年罪错者。与未成年人不同,成年罪错者已经达到法定年龄,心理相对成熟。通过对其进行心理辅导、教育培训以及提供就业机会等支持措施,帮助其树立正确的价值观,积极的人生观,从而引导其走上正当、健康的道路,为整个社会构建一个相互尊重、包容共进的环境。通过合理的制度设计和执行,可以使适格的成年罪错者真正意识到自己的错误,从而改过自新、重树信心,重新融入社会。

在当前认罪认罚从宽制度的背景下,附条件不起诉制度适用于成年犯罪者更加具备现实基础。通过合理的制度设计和执行,可以使适格的成年罪错者真正意识到自己的错误,从而改过自新、重树信心,重新融入社会。在认罪认罚的基础上,附条件不起诉制度允许成年罪错者通过完成一系列指定的行动来挽回其所破坏的社会秩序和取得受害者的信任。这些行动包括赔偿受害者经济损失、协助受害者参加康复项目、进行社区服务等。附条件不起诉制度尽管在应用过程中可能面临挑战,但为成年罪犯提供了一个积极改变的契机。

6. 以犯罪记录封存制度及前科消灭制度限缩轻罪不利后果

在轻罪案件中,封存制度的缺位导致犯罪记录始终存在,给个人的发展和社会的认可带来深远的影响。轻罪案件中的前科记录没有被消除,使得个人在求职、升职以及社会交往中面临被歧视的风险。这种与前科记录相关的层次划分将会进一步加剧社会的不公平现象,使得轻罪案件的后果几乎等同于重罪案件。尽管轻罪案件在刑罚方面相对较轻,但是其后果却并不亚于重罪案件。为解决“轻罪重刑化”的现实问题,建立完善的犯罪记录封存制度和前科消灭制度是行之有效的制度良策。

将轻罪与重罪差异化处置,让轻罪案件在刑罚之外不再受到等同于重罪案件的不利后果的对待,将会减少对立矛盾,有利于恢复社会秩序,建立更加公正和有序的法治氛围。犯罪记录封存制度在实现了个体隐私保护的同时,也为公平竞争创造了条件。每个人都有犯错误的可能,但这并不意味着犯了错误应该被终身贴上罪犯的标签。前科消灭制度的引入使得每个人都能够重塑自己的未来,从过去的错误中吸取教训,并为社会作出有意义的贡献。

四、结语

轻罪治理这个主题的深入探讨,必须结合中国的传统与习惯、现实与未来、理论与实践、立法与司法、谦抑与扩张、入罪与出罪、入刑与出刑甚至个人与家庭等诸多因素加以考虑。健全的出罪机制是防止“轻罪重刑化”的有效路径,检察机关应当以此为切入点和着力点,依法能动履职推进轻罪治理,建立科学的轻罪治理体系,彰显检察智慧与检察担当。通过对“轻罪重刑化”之沉疴新疾的分析,在实践中选择恰当的路径予以除疴祛疾,突出以检察现代化理念设计路径、引领行动,不失为轻罪治理现代化实践的良策。

高空抛物行为刑法规制与行政规制的衔接

——以《治安管理处罚法》规制高空抛物行为为视角

刘芷君[*]　刘芷含[**]

对于高空抛物行为应否独立成罪，学界存在两种不同的观点。赞成者认为，高空抛物行为独立成罪为纠正司法实践偏差提供了契机。① 反对者则认为，高空抛物行为独立成罪有可能导致轻罪被误用，从而使得将社会危害性不大的高空抛物行为当作犯罪处理。② 以上不赞成高空抛物行为独立成罪或不应一律入罪的观点，正是基于对可能突破《刑法》第13条“但书”规定的担忧。有鉴于我国“行政+司法”的二元制裁体系，笔者认为，实现高空抛物行为刑法规制与行政规制的衔接是弥补这一漏洞的路径之一。因此，本文将从《治安管理处罚法》规制高空抛物行为的角度出发，试探索实现高空抛物行为刑法规制与行政规制衔接的适宜模式。

一、《治安管理处罚法》规制高空抛物行为的必要性

虽然，现行《民法典》和《刑法》中已对高空抛物行为作出法律规制，但刑法规制中诸如“建筑物”“高空”以及“情节严重”等犯罪构成要件的规定缺乏明确性，难以充分实现规制的目的。同时，由于缺乏明确的行政法律规定而造成在行政执法实务中存在行政执法主体、处罚幅度和行为定性混乱的现象。鉴于以上因素，笔者认为，以被称为“小刑法”的《治安管理处罚法》设专门条款规制高空抛物行为将有利于填补刑法规制的不足及统一行政执法主体、准确认定行为性质和适用处罚，从而实现高空抛物行为刑法规制与行政规制的衔接，形成一体化的责任分配机制。

（一）刑法规制中犯罪构成要件的规定缺乏明确性，难以充分实现规制目的

罪刑法定原则要求之一正是罪刑规定必须明确，并由此派生出明确性原则。根据

---

* 广西警察学院副教授。

** 中南财经政法大学博士后流动站研究人员。

① 参见俞小海：《高空抛物犯罪的实践反思与司法判断规则》，载《法学》2021年第12期。

② 参见俞小海：《高空抛物犯罪的实践反思与司法判断规则》，载《法学》2021年第12期。

这一派生原则可知,要实现刑法的明确性首先要做到入罪标准明确。反观《刑法》第291条之二对于高空抛物罪罪状的规定,即“从建筑物或者其他高空抛掷物品,情节严重的”,不难看出这是依据我国刑法“定性+定量”的立法模式作出的规定。然而,这一条款中的“建筑物”“高空”以及“情节严重”等犯罪构成要件至今未有司法解释加以明确。此处的不明确性极易造成司法实践中出现同案不同罚现象。特别是对于区分罪与非罪的核心要素“情节严重”而言,其所具备的入罪功能对认定高空抛物罪起着至关重要的作用。如果司法解释未对“情节严重”作出明确的补充规定,将有可能导致司法实践中入罪标准混乱。例如,2020年5月某日,嘉兴市南湖街道一小区某单元楼六层的装修工人随手将装修后剩余的砖块从阳台扔下,楼下停放的一辆轿车恰好被砸中,前挡风玻璃全部碎裂,右上角被砸出一个大窟窿。南湖区综合行政执法队南湖分队执法队员经调查核实后,对涉事装修工人和业主进行了批评教育,并按《嘉兴市文明行为促进条例》的相关规定对肇事者进行立案处罚。① 2021年7月某日,哈尔滨市道外区居民于某某因家人出门未将垃圾带走,自己又不愿下楼扔垃圾,便在自己居住的8楼将装有生活废物、厨余垃圾的垃圾袋抛出窗外,造成被害人胡某某停在楼下的汽车风挡玻璃被砸碎。2022年5月20日,哈尔滨市道外区人民法院公开宣判,被告人于某某犯高空抛物罪,被判处有期徒刑6个月,缓刑1年。② 对比以上两个案例,同样是高空抛物造成车辆前挡风玻璃破碎,案例一中肇事者扔下的是砖块,其杀伤力应当比案例二中被告人于某某扔下的生活废物、厨余垃圾更强,然而,案例一的肇事者受到的是行政处罚,案例二的被告于某某受到的是刑事处罚。这不免令人产生疑问,“情节严重”的标准究竟是什么?由此观之,司法适用中所面临的标准笼统、明确性不足问题完全有可能导致不同办案人员对“情节严重”有不同的理解,甚至产生偏差。

当前,在尚未出台司法解释明确“情节严重”标准的情况下,有学者建议援引最高人民法院《关于依法妥善审理高空抛物、坠物案件的意见》设定的“应当从重处罚、一般不得适用缓刑”特定情形的客观要件标准来作为“情节严重”的判断标准。例如,多次实施高空抛物行为的,经劝阻仍继续实施的,受过刑事处罚或者行政处罚后再次实施的,等等。笔者并不否认学者建议有其合理性,但如果以此作为标准明确“情节严重”,提升入罪门槛,则我们或许该思考的是,那些具有社会危害性,但既未达到入罪门槛,不能追究刑事责任,又未“造成他人损害”,不能追究民事侵权责任的高空抛物行为应如何处理?笔者认为,我国对具有社会危害性的不法行为,根据社会危害性程度大小的不同,分别适用《治安管理处罚法》和《刑法》加以规制,因此,对情节显著轻微危害

---

① 《罚!楼上扔下的砖块把汽车前挡风玻璃全砸碎了》,载浙江在线,https://jx.zjol.com.cn/202005/t20200516_11970511.shtml,2022年7月24日访问。

② 《哈尔滨宣判一起高空抛物案 高楼抛垃圾者被判刑》,载光明网,https://m.gmw.cn/baijia/2022-05/21/1302957842.html?source=sohu,2022年7月24日访问。

不大,不适用《刑法》加以制裁的高空抛物行为应当以《治安管理处罚》法进行规制,如此方能填补刑法之外留下的规制高空抛物行为的法律空白,充分实现保护人民群众"头顶上的安全"的目的。

(二)行政规制中缺乏明确的行政法律规定,行政执法存在混乱现象

目前,我国针对高空抛物行为的行政处罚缺乏明确的行政法律规定,一些省市通过制定或修订当地文明行为促进条例的方式来设置行政执法主体及处罚种类和幅度。例如,《宁波市文明行为促进条例》第36条规定:"违反本条例第九条第三项规定,从建筑物、构筑物内向外抛掷危害安全物品的,由城市管理主管部门或者区(县、市)人民政府确定的其他行政主管部门责令改正,处五十元以上五百元以下罚款。"同一省份的丽水市则在《丽水市文明行为促进条例》第26条第2款规定,"从建筑物、构筑物向外抛撒物品的,由该建筑物、构筑物的物业服务企业、产权人或者经营管理单位予以劝阻;拒不听从劝阻的,由综合行政执法部门责令改正,处二百元以上二千元以下罚款;违反治安管理的,由公安机关依法予以处罚;构成犯罪的,依法追究刑事责任"。而《河南省文明行为促进条例》第48条规定:"违反本条例规定,高空抛物的,由公安机关给予警告或者处一千元以上三千元以下罚款;造成他人损害的,依法承担法律责任。"可见,以上三个省市文明行为促进条例的相关规定在行政执法主体的设置上并不统一,且处罚幅度较为悬殊。2022年上半年,宁波市的GDP值为7260.3亿元,而丽水市的GDP值为834.4亿元①,但按照《宁波市文明行为促进条例》的规定,即使是在高空抛物行为情节严重的情况下,最高罚款为500元,而《丽水市文明行为促进条例》规定的最高罚款为2000元。再如,2021年度,浙江省的GDP值为73516亿元,河南省的GDP值为58887.41亿元②,两者相差14628.59亿元,而2022年上半年,郑州市的GDP值为6740.05亿元③,与同期宁波市的GDP值相比,少了520.25亿元,然而,《河南省文明行为促进条例》规定的最高罚款是《宁波市文明行为促进条例》规定的最高罚款的6倍。

此外,由于没有明确的行政法律规定,行政执法实务中还存在行为定性混乱问题。行为定性混乱的第一种表现形式为,不同的行政执法主体对相同情形下的高空抛物行为依据不同的法律、法规作出了不同性质的界定,处罚种类和力度也随之各异。如,2019年6月,家住秦皇岛市海港区某小区29楼的高某从自家窗户往楼下扔剩饭剩菜,秦皇岛市公安局海港分局经查证属实后下发了行政处罚决定书,对高某依据《治安

① 参见《2022年上半年浙江各市GDP排行榜 杭州排名第一 宁波排名第二》,载网易网,https://www.163.com/dy/article/HD9FLOJO0525WSH3.html,2022年7月27日访问。

② 参见《2021年全国各省市GDP排行榜》,载搜狐网,http://news.sohu.com/a/537685830_121106854,2022年4月13日访问。

③ 参见《2022年河南省各市上半年GDP 郑州排名第一 洛阳排名第二》,载新浪网,http://k.sina.com.cn/article_1750421510_6855500600100zsck.html,2022年7月27日访问。

管理处罚法》规定的扰乱公共秩序行为处以罚款 500 元,并行政拘留 10 天。[①] 同样是扔残余垃圾,家住浙江台州玉环市某小区 5 楼的一位女业主于 2020 年 6 月被玉环市综合行政执法局清港执法中队依据《台州市城市市容和环境卫生管理条例》的相关规定给予了罚款 200 元的行政处罚。[②] 行为定性混乱的第二种表现形式是,即便由公安机关依据《治安管理处罚法》对高空抛物行为的肇事者作出治安管理处罚,但由于《治安管理处罚法》没有明确对高空抛物行为的处罚,公安机关往往只能以"口袋罪"进行处罚,如扰乱公共场所秩序、寻衅滋事等。然而,在一些案例中这些"口袋罪"的适用显得十分牵强,且各地处罚口径不统一。

综上,笔者认为,应在《治安管理处罚法》中增设对高空抛物行为进行规制的条款。《行政处罚法》第 10 条第 2 款规定:"限制人身自由的行政处罚,只能由法律设定。"第 18 条第 3 款规定:"限制人身自由的行政处罚权只能由公安机关和法律规定的其他机关行使。"这就意味着各地出台的文明行为促进条例所确定的行政执法主体无权对高空抛物行为肇事者处以行政拘留处罚。而仅仅只是以批评教育或罚款处理,对于某些虽未达到入罪标准却情节较重的高空抛物行为肇事者而言,违法成本太低,不足以起到威慑作用。以《治安管理处罚法》规制高空抛物行为,既能实现行政执法的明确性、统一性,又能实现教育与惩罚的目的。

二、《治安管理处罚法》规制高空抛物行为的理论基础

高空抛物行为刑法规制与行政规制的衔接符合全面依法治国新理念、新思想、新战略要求,以《治安管理处罚法》规制高空抛物行为是实现高空抛物行为刑法规制与行政规制衔接的重要路径之一,其植根于深厚的理论基础,即刑法谦抑原则和行政法中的比例原则。

(一)刑法谦抑原则的价值含蕴与理论适用

关于刑法谦抑原则的价值含蕴,学界有三种不同观点:日本学者平野龙一认为,刑法谦抑性的价值含蕴实质包括:刑法的补充性、刑法的不完整性和刑法的宽容性。我国张明楷教授认为,刑法谦抑性的价值含蕴应理解为刑法的补充性和刑法的经济性。陈兴良教授则认为,刑法谦抑性指立法者应当力求以最小的支出——少用甚至不用刑罚,进而用其他刑罚替代措施,以便获取最大的社会效益——有效地预防和控制犯罪。

---

① 参见《大快人心！一小区高空扔剩菜剩饭者被拘留 10 日,罚款 500!》,载搜狐网,https://www.sohu.com/a/322489836_674724,2022 年 7 月 27 日访问。

② 参见《"拉风"示范小区高空抛物,还是易腐垃圾？不"分类"投放,处罚逃不了!!》,载浙江在线网,https://tz.zjol.com.cn/tzxw/202007/t20200701_12099148.shtml,2022 年 7 月 27 日访问。

陈兴良教授的观点实质上认为,刑法谦抑性的价值含蕴应包括刑法的紧缩性、刑法的补充性和刑法的经济性。①

以上三种对刑法谦抑原则价值含蕴不同的理解,似乎看上去在表述上有所差异,实际上却并无本质区别。刑法的宽容性是从刑罚的处罚程度的角度理解刑法谦抑性,刑法的紧缩性和刑法的补充性则是从刑法的处罚范围的角度来理解刑法谦抑性,而刑法的经济性(又称为“刑法的效益性”)其实也是从刑法的处罚范围和刑罚的处罚程度来理解刑法谦抑性。据此,可以把刑法谦抑原则理解为刑法是社会管理的最后一道防线,应当依据一定的规则控制刑法的处罚范围和刑罚的处罚程度。

学者们对于刑法谦抑原则在刑事立法上得以具体适用已基本达成共识,即立法机关只有在没有其他更为合适的调整方法的情况下,才能将某一行为划入犯罪圈,并设置相应的刑罚。也就是说刑事立法谦抑最重要的功能就是划定犯罪圈,严格区分犯罪化与非犯罪化。体现在高空抛物行为刑法规制与行政规制衔接上即为高空抛物犯罪行为与违反治安管理行为的界分与衔接。将某一行为划入犯罪圈是基于这一行为具有社会危害性,而且这种危害已经达到了严重破坏社会机能的程度。换言之,犯罪圈的划定并非盲目的,只有当某一行为对国家、社会和人民的利益造成严重损害,且除刑法之外的其他部门法已不足以惩罚时,方能将此行为划入犯罪圈。具体到高空抛物行为,哪些情形属于对国家、社会和人民的利益造成了严重危害呢?这就需要综合行为人的主观认知与行为时的客观要素进行考量。具体而言,包括行为人主观恶性程度、实施高空抛物行为的场合和危险程度,以及造成危害后果的程度。例如,大白天从临街居民楼12层扔下一把菜刀,由于菜刀属于有危险性的生活用品,即使无人员受伤,其危险程度依然较高,符合“情节严重”的标准,应当追究刑事责任。而在同样的时间段、同样的楼层向街面抛洒机油,由于机油挥发性气味不大,所产生的影响也较低,因此,其危险程度较低,适用《治安管理处罚法》这一前置性处罚措施已足以救济受侵害的法益,则无须将这一行为犯罪化。这正体现了刑法谦抑原则的价值含蕴当中刑法的紧缩性和补充性。

(二)比例原则的内涵与理论适用

比例原则最早是由“德国行政法学之父”奥托·迈耶在其经典著作《德国行政法》一书中提出的,他曾将比例原则誉为行政法的“皇冠原则”。行政法中的比例原则,是指行政权力的行使除了有法律依据这一前提外,行政主体还必须选择对人民侵害最小的方式进行。通说认为比例原则包含适当性原则、必要性原则和狭义比例原则三个子原则,这三个子原则分别从“目的取向”“法律后果”“价值取向”三个层次规范行政权

① 参见詹红星:《论人身危险性、主观恶性和社会危害性的关系》,载《石河子大学学报(哲学社会科学版)》2011年第6期。

力与其行使之间的比例关系。三者密不可分,共同构成比例原则完整而丰富的内涵。

适当性原则又称适应性原则等,是指行政机关实施的行政手段应当是为了能够实现行政目的,抑或最起码有助于行政目的的实现。这一内涵是基于行政手段和行政目的之间应有正当性关系,意即如果行政机关所实施的行政手段不能实现或帮助实现行政目的,那么,该行政手段则违反了适当性原则,属于行政不当。必要性原则又称最小侵害原则,乃是比例原则的核心内容,其以适当性原则为前提。如果说适当性原则是判断行政手段与行政目的之间是否存在正当性,那么,必要性原则就是在多种正当目的手段之间进行比较。这一原则的内涵要求,在众多同样可以实现行政目的的行政手段中,行政主体应选择适用对行政相对人权利侵害最小的。狭义比例原则也被一些学者称为"均衡原则"和"法益相称性原则"①,是指行政主体采取的合乎行政目的所必需的行政手段,其所追求的公共利益应当与行政相对人受损的个人利益之间保持一定的平衡。这一原则要求公共利益应大于或者至少等于实施该行政手段而损害的行政相对人的个人利益。

当前,我国行政法学界已有不少学者将比例原则视为行政法的基本原则,认为比例原则是贯穿和指导行政立法、执法和司法全过程的基础性规范。笔者亦认为,行政立法作为政府"依法治国""依法行政"的标志,符合国家利益、集体利益和个人利益相统一的要求,而比例原则的本旨是通过对各方利益的判断与选择,最终确定应当保护的利益,并体现在行政立法当中,从这一点上而言两者是吻合的。因此,比例原则应适用于行政立法。

比例原则的内涵及其在立法上的适用为《治安管理处罚法》规制高空抛物行为提供了理论支撑。首先,根据《治安管理处罚法》第 1 条、第 2 条的规定,《治安管理处罚法》的立法目的是为维护社会治安秩序,保障公共安全,保护公民、法人和其他组织的合法权益,规范和保障公安机关及其人民警察依法履行治安管理职责,处罚对象是扰乱公共秩序,妨害公共安全,侵犯人身权利、财产权利,妨害社会管理,具有社会危害性的行为。显然,高空抛物行为是对公共秩序造成损害的具有社会危害性的行为,将其纳入《治安管理处罚法》规制范围,符合《治安管理处罚法》的立法目的。其次,如前文所述,由于当前对高空抛物行为缺乏统一、明确的行政处罚法律依据,导致执法过程中出现处罚畸轻或畸重的现象。通过《治安管理处罚法》规制高空抛物行为,将尚未达到行政违法程度的民事违法行为和社会危害性大,已经构成犯罪的行为排除在治安管理处罚对象之外,并设置与行政违法行为情节、后果相应的处罚种类和幅度,以实现对行政相对人个人利益损害的最小化,同时,保持了公共利益与受损的行政相对人的个人

---

① 参见高仁波:《理性解读与现实探索:行政法比例原则》,载中国法院网,https://www.chinacourt.org/article/detail/2012/11/id/785573.shtml,2022 年 7 月 13 日访问。

利益之间的平衡。综上，以《治安管理处罚法》规制高空抛物行为完全符合比例原则的要求。

三、《治安管理处罚法》规制高空抛物行为的具体模式

在前文分析的理论基础指导下，科学、合理地构建高空抛物行为治安管理处罚模式，有助于衔接高空抛物行为的刑法规制与行政规制，更为全面地引导人们日常生活中文明好习惯的养成。

（一）体系位置归属

《刑法修正案（十一）（草案）》第一次审议稿将高空抛物罪置于危害公共安全罪一章中。一些专家对于这一设置提出了疑问，认为高空抛物罪属于轻罪，且高空抛物行为往往无法达到危害公共安全的程度，应当重新审视高空抛物罪的性质，将其作为妨害社会管理秩序罪更为适宜。① 因此，第二次审议稿根据专家提出的意见，把高空抛物罪调至妨害社会管理秩序罪一章。如此调置意味着高空抛物罪所要保护的法益发生了变化，即由公共安全转变为社会管理秩序，这也与一般公众对高空抛物行为的理解更为接近。有学者指出，有鉴于学界将《治安管理处罚法》称为“小刑法”或“行政刑法”，应将对高空抛物行为的治安处罚放在《治安管理处罚法》第三章第四节“妨害社会管理的行为和处罚”中。② 对于这一观点笔者并不赞同。《刑法》第六章规定的是“妨害社会管理秩序罪”，在此之下第一节规定的是“扰乱公共秩序罪”，即言之，公共秩序是管理秩序的一种，两者是包含与被包含的关系。作为《刑法》第 291 条之二所规定的高空抛物罪与第 293 条规定的寻衅滋事罪同归属于扰乱公共秩序罪一节，因此，高空抛物罪侵犯的直接客体是公共秩序。而《治安管理处罚法》在同类客体的设置上本就与《刑法》并非完全一致。《治安管理处罚法》第三章第一节规定的是“扰乱公共秩序的行为和处罚”，上文已述“妨害社会管理的行为和处罚”规定在本章第四节，这也就意味着在《治安管理处罚法》中，公共秩序与社会管理秩序是并列关系。此外，对寻衅滋事行为的处罚归置于“扰乱公共秩序的行为和处罚”一节中。综上所述，应当将对高空抛物行为的处罚归置于《治安管理处罚法》第三章第一节“扰乱公共秩序的行为和处罚”中，以实现与《刑法》相关规定的呼应，达到刑法规制与行政规制衔接的目的。

（二）罚则设置

现行《治安管理处罚法》第三章第一节“扰乱公共秩序的行为和处罚”共 7 条法律

---

① 参见赵秉志主编：《〈刑法修正案（十一）〉理解与适用》，中国人民大学出版社 2021 版，第 258 页。

② 参见何超：《浅议高空抛物行为的治安规制》，载《黑龙江省政法管理干部学院学报》2021 年第 4 期。

规定,分别规制包括寻衅滋事行为在内的 10 种违反治安管理行为,具体罚则如表 1 所示:

表 1 扰乱公共秩序的行为和处罚一览表

	警告	罚款	行政拘留
扰乱单位、公共场所、公共交通和选举秩序行为	√	200 元以下(单处); 500 元以下(情节较重,可并处)	5—10 日(情节较重)
扰乱文化、体育等大型群众性活动秩序行为	√	200 元以下(单处); 500 元以下(情节较重,可并处)	5—10 日(情节较重)
扰乱公共秩序行为	—	500 元以下(可并处,情节较轻时可单处)	5 日以下(情节较轻); 5—10 日
寻衅滋事行为	—	500 元以下(可并处); 1000 元以下(情节较重,可并处)	5—10 日; 10—15 日(情节较重)
利用邪教、会道门、迷信活动进行非法活动行为	—	500 元以下(情节较轻,可并处); 1000 元以下(可并处)	5—10 日(情节较轻); 10—15 日
干扰无线电业务及无线电台(站)行为	—	—	5—10 日; 10—15 日(情节较重)
侵入、破坏计算机信息系统行为	—	—	5 日以下; 5—10 日(情节较重)

从表 1 可知,对 10 种扰乱公共秩序行为的处罚最轻的处罚种类是警告,最重的处罚种类是行政拘留;处罚幅度上,罚金最高额是 1000 元,行政拘留时间最长可达 15 日。

有专家建议对高空抛物行为的治安管理处罚应设置为"警告或者五百元以上两千元以下罚款;情节较重的,处五日以上十五日以下拘留,可以并处两千元以上五千元以下罚款"①。笔者认为,此建议的罚则有可取之处,同时,也尚有不尽合理的地方。比照《刑法》,正如前文所述,高空抛物罪是一个轻罪,因此,立法机关在配置该罪刑罚时也相对同一节中其他罪名而言要轻得多。其罚则最重的自由刑为一年有期徒刑,并且可以单处罚金。以此类推,违反《治安管理处罚法》的高空抛物行为也应当相较而言是比较轻的违法行为,设置的罚则过于严苛则不具合理性。现行《治安管理处罚法》仅在第 61 条规定罚款额度为 1000 元以上 5000 元以下,第 66 条和第 67 条规定罚款额度为 5000 元以下,而这三条分别对应的是协助组织、运送他人偷越国(边)境行为,卖淫嫖娼

① 《破解高空抛物难题,要增设行政处罚》,载好看视频网,https://haokan.baidu.com/v?vid=10623578766485884327,2022 年 8 月 1 日访问。

行为和引诱、容留、介绍卖淫行为。这三种违反治安管理行为通常具有非法获利目的或涉及钱色交易,设置高数额的罚款其惩罚效果更佳。但高空抛物行为一般不具有非法获利目的,设置最高可达5000元的罚款额度则违背了比例原则中的必要性原则,且这一额度已经远远高于同一节中对其他违反治安管理行为设置的罚金额度。在自由刑和自由罚的衔接方面,《刑法》设置的高空抛物罪自由刑种类包括拘役,而拘役的期限为1个月以上6个月以下,据此,《治安管理处罚法》在设置高空抛物行为的自由罚幅度时,宜将行政拘留最长时间设置为15日,以实现自由刑和自由罚的衔接。

综合以上各方面考虑,并结合国家根治"悬在城市上空的痛",打击高空抛物行为的决心,笔者建议设置罚则为"高空抛物的,处五日以上十日以下行政拘留,可以并处两百元以上五百元以下罚款;情节较轻的,处警告或者两百元以下罚款;情节较重的,处十日以上十五日以下行政拘留,可以并处五百元以上一千元以下罚款"。

结　语

本文试从《治安管理处罚法》规制高空抛物行为的角度探索高空抛物行为刑法规制与行政规制衔接的路径,但刑法规制也应当针对文中提出的缺陷进行完善,如明确"建筑物""高空"以及"情节严重"等犯罪构成要件。此外,我国《刑法》中规定了大量无限额罚金的处罚,对高空抛物罪设置的罚金刑正是这种模式,这非常不利于罚金刑与罚款的衔接。应尽量避免在立法中设置无限额罚金,而改为有限额罚金,并在对应的犯罪行为与违反治安管理行为之间设计各自合理又相互衔接的数额,对高空抛物罪设置的罚金刑亦理应如是,如此才能更好地促进高空抛物行为刑法规制与行政规制的紧密衔接,提升综合治理效能,保障社会公平正义的实现。

轻罪时代免刑适用的体系诠释与规范构造

曹翊群*

一、引言

轻罪治理已经成为刑事立法活性化趋势下学界与实务界不得不面对的难题。这一难题的根源在于,一方面,大量等于或者类似于原本仅违反《治安管理处罚法》的行为被规定为犯罪,即轻罪的处罚范围变大;另一方面,由于我国的诸多法律法规对犯罪规定了严重影响犯罪人及其亲属工作、生活的附随后果,即轻罪除了受到相匹配的刑罚外,还会遭受与重罪同等的其他法律后果。① 因此,轻罪治理难题的本质,也可以说是如何处理轻罪立法与犯罪附随后果的紧张关系。面对这一问题,学界大致是从立法与司法两个层面提供解决方案的。在立法层面,立法机关既可以在保留现有犯罪附随后果规定的前提下建立前科消灭制度②;也可以删除其他法律法规有关犯罪附随后果的规定,同时完善刑法中的附加刑(资格刑)③。在司法层面,司法机关更应该本着宽严相济的基本刑事政策,充分认识轻罪内部的复杂结构,适度加大对轻罪免罪或免刑的力度。④ 不过,立法论方案虽然可行,但是囿于修法周期长,短期内也无法应对轻罪立法活性化所产生的消极影响。另外,前科消灭或者彻底删除犯罪附随后果的规定是否会产生新的社会负面效果,也缺乏科学的评估。因此,解释论提供的尽可能免罪或免刑的思路是当前短时间内轻罪治理的有效途径。

免刑相较于免罪而言,并不能彻底消解轻罪立法与犯罪附随后果的紧张关系,只能起到一定的缓解作用。我国相关法律规范中产生犯罪附随后果的条件包括"受过刑事处罚""受到刑事处罚""被判处刑罚""被依法追究刑事责任"。而我国《刑法》中关于免刑的表述为"免予刑事处罚"或"免除处罚"。换言之,定罪免刑并非一种刑事处罚,而是刑事责任的一种实现方式。⑤ 基于此,可以认为定罪免刑的行为人只需要承担

---

* 西南政法大学博士研究生。

① 参见张明楷:《轻罪立法的推进与附随后果的变更》,载《比较法研究》2023 年第 4 期。

② 参见梁云宝:《我国应建立与高发型微罪惩处相配套的前科消灭制度》,载《政法论坛》2021 年第 4 期。

③ 参见张明楷:《轻罪立法的推进与附随后果的变更》,载《比较法研究》2023 年第 4 期。

④ 参见卢建平:《轻罪时代的犯罪治理方略》,载《政治与法律》2022 年第 1 期。

⑤ 参见石经海:《量刑的个别化原理》,法律出版社 2021 年版,第 31 页。

"被依法追究刑事责任"这一条件下的犯罪附随后果,且"被依法追究刑事责任"这一条件在所有涉犯罪附随后果的法律规范中,数量是最少的。[①] 因此,适用免刑在一定程度上也是轻罪治理的有效途径。

关于免刑的适用标准,学界大多认为是我国《刑法》中的一般性免刑条款,即第 37 条规定在事实构成上过于模糊,不利于司法机关理解。[②] 但是这样的考量并没有击中免刑标准问题的要害。本文将首先检索司法实践中的案例,说明免刑标准并非仅围绕《刑法》第 37 条进行解释就能解决的;其次,梳理《刑法》中的定罪免刑条款后发现,只能以中止犯免除处罚的规定为依归,提炼适用定罪免刑的一般性根据;最后,依此一般性根据,来阐明我国刑法定罪免刑制度的适用标准。

二、定罪免刑适用困境的现实考察

我国《刑法》中的定罪免刑条款大多表现为一种"条件程式"(Konditionalprogramm),即法律条款在特定条件下(当存在特定"事实构成"之时)会有特定的义务(作为"法律后果")发生、变更或消灭。[③] 这些定罪免刑条款又可以分为六种类型:①可以从轻、减轻或者免除处罚[④];②可以减轻或者免除处罚[⑤];③可以免除处罚[⑥];④应当从轻、减轻处罚或者免除处罚[⑦];⑤应当减轻或者免除处罚[⑧];⑥应当免除处罚。[⑨] 前三种为可以型情节,后三种为应当型情节。[⑩] 笔者在中国裁判文书网分别选择一般性免除处罚条款、可以型情节的免除处罚条款以及应当型情节的免除处罚条款的适用争议案件,以窥探免除处罚适用的现实困境。

(一)一般性免除处罚条款的适用争议

我国《刑法》第 37 条前半段规定"对于犯罪情节轻微不需要判处刑罚的,可以免予刑事处罚",但是对于何为"犯罪情节轻微不需要判处刑罚"的理解,司法实践中却存在

---

① 参见彭文华:《我国犯罪附随后果制度规范化研究》,载《法学研究》2022 年第 6 期。

② 参见郑超:《无刑罚的犯罪——体系化分析我国〈刑法〉第 37 条》,载《政治与法律》2017 年第 7 期;孙本雄:《定罪免刑制度的价值与功能——〈刑法〉第 37 条前段的效用研究》,载《江西社会科学》2023 年第 6 期;王华伟:《社会恢复视域下微罪治理的检视与重塑》,载《中国法律评论》2023 年第 4 期。

③ 参见〔德〕齐佩利乌斯 :《法学方法论》,金振豹译,法律出版社 2009 年版,第 39—40 页。

④ 《刑法》第 19 条、第 22 条第 2 款、第 383 条第 3 款、第 386 条。

⑤ 《刑法》第 10 条、第 68 条后段、第 164 条第 4 款、第 272 条第 3 款、第 276 条之一第 3 款、第 390 条第 2 款、第 392 条第 2 款。

⑥ 《刑法》第 37 条、第 67 条第 1 款第 3 句、第 67 条第 2 款、第 351 条第 3 款。

⑦ 《刑法》第 27 条第 2 款。

⑧ 《刑法》第 20 条第 2 款、第 21 条第 2 款、第 28 条。

⑨ 《刑法》第 24 条第 2 款前段。

⑩ 参见高铭暄、马克昌主编:《刑法学》(第 10 版),北京大学出版社、高等教育出版社 2022 年版,第 254 页。

显著差异。

在两起环境监管失职案①中,在犯罪情节上,两起案件中的行为人均是在对企业检查时未能认真履行工作职责,而致使公私财产遭受重大损失的。从损害结果来看,案例二中的行为人间接造成了约3000万元的损失,而案例一中的行为人仅间接造成了约600万元的损失。从造成的污染环境事故来看,案例二中有2870吨的废酸排入了城市内河中,而案例一中有900余吨的废酸被掩埋在涉事公司的池子中。从事后两行为人的表现来看,案例二中的行为人悔罪,案例一中的行为人当庭自愿认罪。根据罪刑相适应原则,案例二中的行为人所承受的刑罚理应重于案例一的行为人。但是从判决结果来看,却是案例二中的行为人被认为符合"犯罪情节轻微不需要判处刑罚"而被判处免予刑事处罚,案例一中的行为人被判决拘役6个月,缓刑1年。

(二)应当型情节的免除处罚条款的适用争议

我国《刑法》第20条第2款规定:"正当防卫明显超过必要限度造成重大损害的,应当负刑事责任,但是应当减轻或者免除处罚。"此为应当型情节的免除处罚条款,且存在可选择的法律后果。在司法实践中,即使法院认定行为人符合防卫过当的事实构成,在选择法律后果时也并未形成统一的标准。

在两起涉及防卫过当的故意伤害案②中,法院均认为行为人属于防卫过当。两起案件中的行为人造成了同样的实害结果即致使1人死亡,且二人均有自首情节。虽然案例三中的行为人不仅是初犯、偶犯,还积极赔偿了被害人的经济损失,并取得了被害人的谅解;但是,只有案例四的行为人适用了免除处罚,案例三中的行为人也仅仅是酌情从轻处罚。

(三)可以型情节的免除处罚条款的适用问题

我国《刑法》第68条后段规定"有重大立功表现的,可以减轻或者免除处罚",此为可以型情节的免除处罚条款,虽然同样存在可选择的法律后果,但是此类型的免刑条款在适用过程中,法院即使认定行为人符合事实构成,也不必然适用其中某一种法律后果。

例如,前最高人民法院副院长沈德咏受贿案③,法院虽然认定被告人具有重大立功

① 案例一为弭某、赵某环境监管失职案,参见山东省惠民县人民法院(2017)鲁1621刑初154号刑事判决书;案例二为陈某、夏某环境监管失职案,参见江苏省扬州市邗江区人民法院(2017)苏1003刑初66号刑事判决书。

② 案例三为郭某故意伤害案,参见山东省广饶县人民法院(2017)鲁0523刑初118号刑事判决书;案例四为练某生、练某恒故意伤害案,参见广东省中山市中级人民法院(2017)粤20刑初83号刑事判决书。

③ 案例五为前最高人民法院副院长沈德咏受贿案,参见《一审宣判!沈德咏被判处有期徒刑十五年》,载"人民日报"微信公众号2023年8月4日;案例六为陈润受贿案,参见四川省旺苍县人民法院(2018)川0821刑初112号刑事判决书。

表现,但是最终认定行为人造成了恶劣的社会影响,依法不足以从轻处罚。不仅没有免除处罚,连减轻处罚都没有适用。可见,在可以型情节的免除处罚条款中,事实构成与法律后果之间并非绝对对应的关系。

综上,无论是何种类型的免刑条款,司法实践在适用过程中均充满了不确定性。适用一般性免除处罚条款,因法官对事实构成的解读各异,产生了类案异判的困局;适用应当型情节的免除处罚条款,因存在不同梯度的法律后果,也会造成刑事责任实现方式的不协调;适用可以型情节的免除处罚条款,因存在不适用对应法律后果的例外情形,使得刑罚不具有明确性。在法治国家,刑事法官的定罪量刑活动应该完全按照法律的规定来进行,使定罪量刑活动的结论成为事先能够预测、事后可以检验的,否则,就是没有法律根据的任意司法。①

三、定罪免刑适用根据的体系诠释

《刑法》第 37 条既是一般性免除处罚条款,又是可以型情节免除处罚条款,而学界当前的研究仅仅是在弥补一般性免除处罚条款存在的缺陷,而忽视了可以型情节免除处罚条款的问题。对于一般性免除处罚条款中存在事实构成模糊的问题,确实对事实构成进行解释就能解决。但是《刑法》第 37 条同时作为可以型情节免除处罚条款,还因为法律后果与事实构成并不是绝对对应的,因此仅就第 37 条本身进行解释,也无法说明什么情况下法院应当免除刑罚。

(一)中止犯免除处罚条款应作为定罪免刑适用的依归

如何解决这一难题,一些学者对其他条款进行体系解释的方法具有启发作用。例如,我国死刑问题就同样缺乏一种被明确解释出来的可普遍接受的具有规范根据的死刑适用标准。何种情况下应当适用死刑,冯军教授认为,不可能从那些可选择的法律后果所对应的事实构成②中总结、提炼死刑适用标准,而应当参照《刑法》第 121 条③、第 240 条④、

① 参见冯军:《死刑适用的规范论标准》,载《中国法学》2018 年第 2 期。

② 例如,《刑法》第 113 条第 1 款规定:“本章上述危害国家安全罪行中,除第一百零三条第二款、第一百零五条、第一百零七条、第一百零九条外,对国家和人民危害特别严重、情节特别恶劣的,可以判处死刑。”或者第 115 条第 1 款规定:“放火、决水、爆炸以及投放毒害性、放射性、传染病病原体等物质或者以其他危险方法致人重伤、死亡或者使公私财产遭受重大损失的,处十年以上有期徒刑、无期徒刑或者死刑。”

③ 《刑法》第 121 条规定:“以暴力、胁迫或者其他方法劫持航空器的,处十年以上有期徒刑或者无期徒刑;致人重伤、死亡或者使航空器遭受严重破坏的,处死刑。”

④ 《刑法》第 240 条规定:“拐卖妇女、儿童的,处五年以上十年以下有期徒刑,并处罚金;有下列情形之一的,处十年以上有期徒刑或者无期徒刑,并处罚金或者没收财产;情节特别严重的,处死刑,并处没收财产……”

第317条第2款①,这类《刑法》分则中把死刑作为绝对确定的法定刑来配置的条文所描述的罪状,才是总结、提炼死刑适用标准的指针。如果《刑法》分则条文把死刑作为绝对确定的法定刑与某种罪状搭配在一起,那么,符合该罪状的行为无疑是适用死刑的情况。这是符合解释规则的。②

依此逻辑,在解决定罪免刑制度的适用时,也应当将《刑法》中的"免除处罚"作为绝对确定的"法律后果"配置的条文所描述的"事实构成",来判断具体个案中是否适用定罪免刑的标准。在我国《刑法》中,只有第24条第2款规定,"对于中止犯,没有造成损害的,应当免除处罚"。换言之,以绝对确定的"免除处罚"来配置的条文所描述的"对于中止犯,没有造成损害的"才是作为定罪免刑适用的规范性标准。不过,中止犯作为一种犯罪未完成形态,如何提炼出尤其是在犯罪既遂状态下适用定罪免刑的标准就成为新的问题。回答这个问题之前需要明确中止犯免除处罚的根据。

(二)中止犯免除刑罚的根据的检讨

关于中止犯免除处罚的根据,主要存在违法及责任减少说、刑事政策说(金桥理论)、奖赏理论说、刑罚目的说四种观点。

1. 违法及责任减少说

违法及责任减轻说认为,中止犯的法益侵害减少,没有达到既遂程度,且因自动中止犯罪而使得非难可能性减少,在违法及责任减少之后,应当减免行为人的刑罚。③ 该学说在我国受到不少学者的支持,有学者认为免除处罚的一般性根据是建立在刑事责任大小基础上的,具体来说是社会危害性和人身危险性减少。④ 不过,违法及责任的减轻说只能说明中止犯减轻处罚的根据,而无法为中止犯免除处罚提供根据。

2. 刑事政策说(金桥理论)

刑事政策说也被称为金桥理论,由德国刑法学家费尔巴哈首先提出,他认为中止犯免除处罚是鼓励了行为人在既遂之前放弃犯罪,在必要的情况下避免结果的发生。⑤ 这一观点从未遂犯罪切入,指出行为人一旦着手实施犯罪,往往难以克制自己,直至犯罪既遂为止。有鉴于此,国家一方面必须防微杜渐,由刑法规定进行威慑予以遏止;但是,仅限于此是不够的,国家需要对于自愿中断犯罪行为回归法秩序的行为人给予免除处罚的优待,至于其动机是出于畏惧刑罚,还是对被害人产生同情,抑或良

---

① 《刑法》第317条第2款规定:"暴动越狱或者聚众持械劫狱的首要分子和积极参加的,处十年以上有期徒刑或者无期徒刑;情节特别严重的,处死刑;其他参加的,处三年以上十年以下有期徒刑。"

② 参见冯军:《死刑适用的规范论标准》,载《中国法学》2018年第2期。

③ 参见张明楷:《中止犯减免处罚的根据》,载《中外法学》2015年第5期。

④ 参见石经海:《量刑的个别化原理》,法律出版社2021年版,第359页。

⑤ 参见〔德〕汉斯·海因里希·耶赛克、〔德〕托马斯·魏根特:《德国刑法教科书》,徐久生译,中国法制出版社2017年版,第722页。

心发现,都在所不问。[①] 但是,既然刑事政策说是通过向行为人施加优待以促使其停止犯罪,那么前提是行为人要知道刑法中规定了中止犯免除处罚,若行为人不知道就会得出对其不施加中止犯优待的结论,这一结论是不能被接受的。[②]

3. 奖赏理论说

面对金桥理论中不顾行为人中止动机的判断,德国学者提出了奖赏理论。奖赏理论认为,一个中止犯会心存希望司法对于其过错能既往不咎而及时阻止结果的发生,以中止行为抵消了罪责的非难,已无处罚的必要,应当给予免除处罚。[③] 意大利刑法就是持此一观点,《意大利刑法典》规定,在法庭辩论开始前撤回诬告或虚假证明、鉴定、翻译(《意大利刑法典》第 376 条),或将因自己的过失而脱逃的犯罪人捉拿归案(《意大利刑法典》第 378 条第 2 款)等,都具有"奖励性"。[④] 但奖赏理论依然没有说明中止犯免除处罚的根本原因,也就是说该理论仅仅是对法条文字的重新表述。[⑤]

4. 刑罚目的说

刑罚目的说认为无论是根据特殊预防还是一般预防的观点,都不需要对行为人处以刑罚。在中止犯的场合,表明行为人的犯罪意志并未达到实行犯罪所必要的强度,在一开始暴露出的危险性极为轻微,因此,并无必要用惩罚来威慑行为人未来的犯罪(无特殊预防的必要性),亦无必要用惩罚来威慑社会一般人恢复法秩序(无一般预防必要性)。[⑥] 刑罚目的说是当前德国刑法学界的通说,德国刑法学界普遍认为刑罚目的说同样可以作为《德国刑法典》第 60 条规定情节以及行为人与被害人和解免除处罚的依据。[⑦] 不过这一通说也招致批评。有学者认为,不应该概括地认为中止犯的危险性不再存在。一个已经着手实施犯罪的行为人,即使其已经中止,从刑罚的角度而言,其也还是一个不可靠的人,下一次仍有可能实行犯罪直至既遂,基于特殊预防的考量不具有现实性。[⑧]

---

① Vgl. Paul Johann Anselm von Feuerbach, Kritik des Kleinschrodischen Entwurfs zu einem peinlichen Gesetzbuche für die Chur-Pfalz-Bayrischen Staaten, 1804, § 58 S. 103,转引自徐育安:《中止犯法理基础之检讨与重建》,载《台北大学法学论丛》2018 年第 105 期。

② 参见〔日〕西田典之:《日本刑法总论》(第 2 版),王昭武、刘明祥译,法律出版社 2013 年版,第 281—282 页。

③ Vgl. Klaus Volk, Strafrecht, Allgemeiner Teil, 4. Aufl., 1987, S. 214,转引自徐育安:《中止犯法理基础之检讨与重建》,载《台北大学法学论丛》2018 年第 105 期。

④ 参见〔意〕杜里奥·帕多瓦尼:《意大利刑法学原理》,陈忠林译,法律出版社 1998 年版,第 385—391 页。

⑤ 参见〔德〕克劳斯·罗克辛:《德国刑法学总论》(第 2 卷),王世洲等译,法律出版社 2013 年版,第 367 页。

⑥ 参见林钰雄:《新刑法总则》,元照出版公司 2021 年版,第 387 页。

⑦ 参见〔德〕汉斯·海因里希·耶赛克、〔德〕托马斯·魏根特:《德国刑法教科书》,徐久生译,中国法制出版社 2017 年版,第 1156—1165 页。

⑧ 参见〔德〕克劳斯·罗克辛:《德国刑法学总论》(第 2 卷),王世洲等译,法律出版社 2013 年版,第 363 页。

笔者认为上述质疑并不可靠。其一,预防目的本身就不具有现实性,因为其面对的是未然之罪,无论是一般预防还是特殊预防,都不能说执行刑罚就完全能威慑住潜在的犯罪人不再犯罪,或者说防止行为人再次犯罪。其中再犯可能性只是考察程度的大小,而不能判断行为人是否就不会再犯罪。① 其二,从现实意义而言,除死刑外无论采取何种惩罚措施,法官都难以担保行为人不再犯罪。不能说因为再犯可能性不具有现实性,就否定在量刑中对再犯可能性的考察。其三,既然刑法作出免除处罚的规定,就应当认为刑法推定中止犯没有特殊预防的必要性,这一立法推定不允许反证。② 不过,对于刑罚目的说而言,确实忽视了两个问题:第一,忽视了刑罚目的除预防外还包括报应,甚至报应才是刑罚的基础,而预防目的是一种外在的附加。③ 第二,忽视了一般预防既包括积极的一般预防又包括消极的一般预防,且二者的侧重不同。积极的一般预防是考虑刑罚的教育效果及刑罚对国民的规范意识和国民对法秩序的信赖维持和强化效果,消极的一般预防则着眼于刑罚的威慑效果。④ 因此不能笼统地认为一般预防已经实现。

基于此,笔者虽然认同中止犯免除处罚的根据在于刑罚目的的实现,但是对于刑罚目的说需进行修正。第一,成立犯罪中止的前提是行为人已经着手,在实质上已经具有了侵害法益的现实危险性⑤,法秩序已然受到损害。如果行为人此时通过自身努力,阻断了现实危险,那么就不需要通过报应来恢复受到损害的法秩序。⑥ 第二,在未造成实害结果的中止犯的场合,犯罪人不仅没有从自身行为中获益,还要努力阻止实害结果的发生,最终还因定罪给其带来社会耻辱。⑦ 据此,同样可以威慑理性的潜在犯罪人放弃犯罪的意图,那么此时消极的一般预防目的已经实现。第三,在未造成实害结果的中止犯的场合,不法与有责(责任刑)的程度较低⑧,社会大众对犯罪行为的反应并不强烈,且行为人自愿地恢复法秩序,法安全感得以维护⑨。此时积极的一般预防目的也已实现。第四,成立中止犯有自动性的要求,即行为人基于悔悟、同情等对自己的行为持否定评价的规范意识、感情或者动机而放弃犯罪,充分表明行为人回到了合

---

① 参见陈兴良:《刑法哲学》(第 6 版),中国人民大学出版社 2017 年版,第 119 页。

② 参见张明楷:《刑法学》(第 6 版),法律出版社 2021 年版,第 469 页。

③ 参见张明楷:《责任刑与预防刑》,北京大学出版社 2015 年版,第 72—73 页;陈兴良:《刑法哲学》(第 6 版),中国人民大学出版社 2017 年版,第 440 页;邱兴隆:《关于惩罚的哲学:刑罚根据论》,法律出版社 2000 年版,第 305 页;〔德〕安德烈亚斯·冯·赫希:《该当量刑概论》,谭淦译,中国人民大学出版社 2023 年版,第 44—48 页;〔日〕井田良:《讲义刑法学·总论》(第 2 版),有斐阁 2018 年版,第 604—605 页。

④ 参见〔日〕佐伯仁志:《制裁论》,丁胜明译,北京大学出版社 2018 年版,第 172 页。

⑤ 参见钱叶六:《犯罪实行行为着手研究》,中国人民公安大学出版社 2009 年版,第 142—143 页。

⑥ 参见王效文:《中止犯减免刑罚之理由》,载《月旦法学杂志》2011 年第 194 期。

⑦ 参见〔美〕欧文·费斯:《如法所能》,师帅译,中国政法大学出版社 2008 年版,第 177 页。

⑧ 参见张明楷:《刑法学》(第 6 版),法律出版社 2021 年版,第 469 页。

⑨ 参见王效文:《中止犯减免刑罚之理由》,载《月旦法学杂志》2011 年第 194 期。

法性轨道,此时刑罚的特殊预防目的也已经实现。① 综上,因为中止犯的规定是我国《刑法》中唯一把"免除处罚"作为绝对确定的"法律后果"配置的条文,所以可以说我国刑法体系中免除处罚的根据只能是刑罚目的已经实现。

四、定罪免刑适用标准的规范构造

以刑罚目的说作为免除处罚的根据,就需要分别从实现报应目的、消极的一般预防目的、积极的一般预防目的以及特别预防目的路径中提炼出适用免刑的标准。

(一)条件一:定罪免刑仅适用于轻罪

基于积极的一般预防目的的考量,定罪免刑仅适用于轻罪。诚然,在具体个案中,司法机关是无法现实地考察判处行为人何种程度的刑罚才能够维护社会大众对法秩序的安全感。其中原因在于:第一,除影响力较大的刑事案件外,绝大多数的案件都难以引起其他社会成员的关注,因此也就无法确认社会大众是否产生了对法的安全感的隐患,这在经验上是无法证明的。② 第二,价值多元的时代,差异性的个体在看待同一件案件时会有不同的反应,能否原谅行为人就会产生显著不同的看法。③ 此时在具体个案中适用定罪免刑,呈现出司法机关对行为人的宽宥,且因行为人的表现而推定适用免刑并不影响社会大众对法秩序的信赖。但是宽宥是有限度的,《刑法》第 37 条也指明了这一方向,即"不需要判处刑罚"这一判断是建立在"情节轻微"之上的。因此,为了确保判断积极的一般预防目的之实现的可靠性,应当仅限于在轻罪案件中适用定罪免刑。

当然,这里的轻罪并非仅指"法定的轻罪",还包括"事实的轻罪",即《刑法》分则规定的最高刑为 3 年有期徒刑的犯罪属于法定的轻罪,犯罪人所犯之罪的最高刑为 3 年以上有期徒刑,但因为具有减轻处罚情节使得法院在 3 年有期徒刑以下判处刑罚的,属于事实的轻罪。④ 需要注意的是,这里的减轻处罚情节后判处 3 年以下刑罚的是一种责任刑层面的判断,而不应当包括预防刑的调节。因为《刑法》第 37 条的"情节轻微"以及中止犯中尚未造成的实害结果,都是属于责任刑的判断对象⑤,所以,此时在考

---

① 张明楷:《刑法学》(第 6 版),法律出版社 2021 年版,第 471 页。

② 参见张明楷:《刑法学》(第 6 版),法律出版社 2021 年版,第 468 页。

③ 参见〔德〕米夏埃尔 · 帕夫利克:《人格体 主体 公民:刑罚的合法性研究》,谭淦译,中国人民大学出版社 2011 年版,第 60 页。

④ 参见张明楷:《轻罪立法的推进与附随后果的变更》,载《比较法研究》2023 年第 4 期。

⑤ 《德国刑法典》第 60 条也是基于责任刑轻微判断适用免除处罚。Vgl. Wolfgang Joecks, Klaus Miebach&12mehr, Münchener Kommentar zum Strafgesetzbuch, Bd.2: §§ 38-79b, 3. Auflage, C.B.Beck, 2016, S. 759 ff. 转引自郑超:《无刑罚的犯罪——体系化分析我国〈刑法〉第 37 条》,载《政治与法律》2017 年第 7 期。

虑定罪免刑的适用范围时，也只能是对责任刑层面的“事实的轻罪”的考量。基于此，如果是法定的轻罪，当然就纳入了免刑的适用范围，如果法定刑在3年以上有期徒刑也不必然不能适用。我国立法也表明了这样的态度，例如，非法种植毒品原植物罪的最高法定刑是5年有期徒刑，但是立法却明确规定在特定情况下可以适用定罪免刑，这样就打破了定罪免刑仅仅适用于“法定的轻罪”，表明责任刑层面的“事实的轻罪”同样有适用的空间。因此，当司法机关认为行为人在责任刑层面应当承担3年以上有期徒刑的刑罚，就不具备适用定罪免刑的前提条件。

（二）条件二：行为人对法秩序进行恢复

基于报应与消极的一般预防目的的考量，适用定罪免刑应当考察行为人是否对法秩序进行了恢复。中止犯作为一种犯罪未完成形态，其对法秩序的恢复是通过行为人消除对法益的威胁来实现的。而在完成形态的犯罪中，危险犯与中止犯的结构类似，仅仅是对法益产生了威胁。因此，需要分别讨论危险犯与结果犯中行为人对法秩序的恢复。

其一，对于危险犯而言，虽然已经既遂，但是只要行为人现实地阻止了实害结果的发生，那么此时与中止犯的结构类似，也是对法秩序的恢复。危险犯具有刑法保护前置化的特点，前置既遂时点导致行为人事实上没有实施中止行为的余地，却存在从危险到实害的“罪后空间”。[①] 那么行为人只要在“罪后空间”阻断实害结果的发生，就产生了法秩序恢复的效果。我国《刑法》关于“非法种植毒品原植物罪”的规定就充分说明了这一点。非法种植毒品原植物罪属于危险犯，只要种植罂粟500株以上的就成立犯罪既遂，不过本罪在立法上就肯定了其存在“罪后空间”，即只要在收获前自动铲除的，就存在免除处罚的可能。

其二，对于结果犯而言，一旦认定为既遂就意味着法益受到损害的结果已经发生，此时法秩序的恢复主要体现在对法益主体的补偿上。既要注重行为人与被害人的平等协商，也要关注行为人的修复可能。[②] 刑法中的犯罪按照是否可恢复（修复），可以分为“法益可恢复性犯罪”和“法益不可恢复性犯罪”。“法益可恢复性犯罪”的场合，只要行为人对于法益进行恢复就能实现对法秩序的恢复，即行为人通过自主有效的行为控制得以自主恢复被其先前犯罪行为侵害之法益的犯罪。[③] 对于“法益不可恢复性犯罪”而言，法秩序的恢复就体现在行为人取得被害人的谅解上。

（三）条件三：行为人重新忠诚于法规范

基于特殊预防的考量，适用定罪免刑应当考察行为人是否重新忠诚于法规范。特殊预防思想下的刑罚，应该是依照行为人接受教化与矫治的需要程度而决定。接受教

---

① 参见张志钢：《我国刑法中的积极悔罪条款：法理基础与立法模式》，载《环球法律评论》2023年第4期。

② 参见孙本雄：《事后行为出罪的法理依据及判断标准》，载《现代法学》2023年第1期。

③ 参见庄绪龙：《“法益可恢复性犯罪”概念之提倡》，载《中外法学》2017年第4期。

化与矫治的直接目的是确保行为人能够忠诚于法规范,不再实施刑法所禁止的行为,因此,如果行为人在判决前已经表现出愿意服从于法规范,就可以认为特殊预防目的已经实现。有学者基于实证研究认为,在不同犯罪中,再犯可能性的判断可能会有不同侧面的考量,但总的来说,再犯可能性的考察一般情况下应包括以下几个方面:①认罪态度;②悔罪态度;③初犯。[①] 对于认罪态度和悔罪态度的确定,可以通过以下两个路径考察。

其一,自首。我国刑法中的自首包括,"犯罪以后自动投案,如实供述自己的罪行的",以及"被采取强制措施的犯罪嫌疑人、被告人和正在服刑的罪犯,如实供述司法机关还未掌握的本人其他罪行的"。一方面,刑罚目的的实现过程在一定程度上因自首促使罪犯的自我改造更早开始;另一方面,自首有利于犯罪案件的及时处理,节省司法资源,从而获得有利于国家、社会的预防犯罪的效果。[②] 因此,当行为人存在自首情节时,可以推定其再犯可能性较小。[③] 这也说明了为什么在我国立法中,要提示司法机关在犯罪较轻的自首场合下,可以适用免除处罚。

其二,认罪认罚。根据最高人民法院《关于适用〈中华人民共和国刑事诉讼法〉的解释》第 347 条之规定,认罪是指犯罪嫌疑人、被告人自愿如实供述自己的罪行,对指控的犯罪事实没有异议;认罚是指犯罪嫌疑人、被告人真诚悔罪,愿意接受处罚。可知,当能够认定行为人符合认罪认罚条件的,可以认为行为人不仅认罪且已经悔罪。认罪认罚表达了被追诉人对自身行为的否定与悔悟,其改造难度大为降低,故特殊预防的必要性下降,这会促使在预防刑层面的从宽。[④]

另外,应当明确只有初犯才能适用定罪免刑,有前科的人不得适用。行为人在前科中所表现出来的再犯可能性已经不是"可能性",而是变成了现实。且前科承载的再犯可能性的现实化加大了行为人在本次犯罪中表现出来的再犯可能性。[⑤] 因此,只有在初犯自首或者认罪认罚的情况下,才能推定其不具有再犯可能性,并认为其已经重新忠诚于法规范,不再需要以刑罚实现特殊预防之目的,以至于具有适用定罪免刑的可能。

---

① 柴田守「再犯可能性の量刑判断上の評価に関する序論的考察」法学会雑誌 62 巻 1 号(2021)268—276 頁参照。

② 参见高铭暄、马克昌主编:《刑法学》(第 10 版),北京大学出版社、高等教育出版社 2022 年版,第 261 页。

③ 参见张明楷:《刑法学》(第 6 版),法律出版社 2021 年版,第 734 页。

④ 程龙:《论悔罪在认罪认罚从宽制度中的体系定位》,载《苏州大学学报(法学版)》2023 年第 2 期。

⑤ 参见苏永生:《将前科作为酌定从重处罚情节存在的问题及其对策》,载《法商研究》2022 年第 5 期。

轻罪模式下支付帮助型犯罪治理的反思与应对

戴建军[*]　李星亿[**]

一、问题的提出

支付帮助作为一种新型犯罪形态，目前尚无统一明确的概念。从犯罪形态上来看，笔者认为，其是指为信息网络犯罪提供支付结算工具或进行支付结算的一种辅助型犯罪形态，多表现为提供支付结算工具、压卡、转账或跑分、取款等。在法律适用上，司法者多以帮助信息网络犯罪活动罪（以下简称"帮信罪"）或掩饰、隐瞒非法所得罪（以下简称"掩隐罪"）评价该类行为。截至2023年5月20日，J省S市共有442件支付帮助型犯罪案件，其中有效样本412件。笔者通过阅读整理，将支付帮助型犯罪治理的主要问题梳理如下。

（一）案件数量：持续高位增长

自"断卡行动"开展以来，J省S市帮助支付犯罪案件数量从0件快速增长至2021年的77件，再到2022年的220件。截至2023年5月20日，案件数量已达115件，同比增长55.41%。需要注意的是，截至2023年5月20日，J省S市帮信罪案件共62件，同比下降3.23%，而掩隐罪案件数量则呈现转代增长，从2021年的11件增长至2022年的47件。截至2023年5月20日，掩隐案件数量已达53件，同比增长率为430%。

（二）实体处理：罪责与刑罚的失衡

从表1至表2可以看出，支付帮助行为的实体处置存在与评价要素相脱离的现象，轻缓化处理成为常态。

第一，入罪要素的超额。2019年，最高人民法院、最高人民检察院《关于办理非法利用信息网络、帮助信息网络犯罪活动等刑事案件适用法律若干问题的解释》（以下简称《帮信罪司法解释》）第12条与《关于深入推进"断卡"行动有关问题的会议纪要》（以下简称《会议纪要一》）第5条明确规定，支付结算金额超过20万元，或出

---

* 江苏省宿迁市中级人民法院四级高级法官。

** 江苏省宿迁市中级人民法院四级法官助理。

租、出售的支付结算工具单向流水金额超过30万元,且至少3000元经查证属于诈骗资金的可评价为帮信罪。据统计,从2021年1月1日至2023年5月20日,J省S市帮信罪行为人的流水金额平均为505.85万元;掩隐罪行为人的流水平均金额为310.82万元。帮信罪案件的平均涉诈金额为38.5万元,掩隐罪案件的平均涉诈金额为28.72万元。除此之外,该类案件的行为人平均获利金额为18027.46元,将因客观原因未能获利的行为人排除后,平均获利则增长至为19540.81元,已接近2倍人罪标准。

表1 帮信罪案件入罪要素与实证要素的统计

种类 数目 要素	人罪标准	2021年平均数据	2022年平均数据	2023年平均数据(截至2023年5月20日)	整体平均数据
单向流水金额	30万元	494.69万元/案 336.59万元/人	1006.51万元/案 610.57万元/人	622.51万元/案 362.08万元/人	830.52万元/案 505.85万元/人
涉诈金额	3000元	33.85万元/案 25万元/人	33.95万元/案 21.46万元/人	53.81万元/案 31.35万元/人	38.5万元/案 24.63万元/人
违法所得	1万元	1.37万元/案 1.12万元/人	5.65万元/案 3.94万元/人	5.65万元/案 1.23万元/人	3.95万元/案 2.43万元/人
支付工具数量	5个	5.53个/案 3.76个/人	5.5个/案 3.34个/人	6.26个/案 3.67个/人	5.61个/案 3.45个/人

表2 掩隐罪案件入罪要素与实证要素的统计

种类 数目 要素	入罪标准	2021年平均数据	2022年平均数据	2023年平均数据(截至2023年5月20日)	整体平均数据
犯罪所得及其收益	10万元上档	68.49万元/案 13.22万元/人	19.87万元/案 11.32万元/人	27.97万元/案 14.26万元/人	28.72万元/案 13.03万元/人

第二,刑罚规制的不厉。其一,缓刑适用率较高。在736名被告人中,281人适用缓刑,占比高达38.18%。其中帮信罪的缓刑适用率为37.22%,掩隐罪的缓刑适用率为40.1%。其二,1年以下的自由刑适用率较高。736名被告人的自由刑平均期限为5.17月,适用1年以下自由刑的人数为370人,占比为50.27%。其中,帮信罪的适用率为52.55%,掩隐罪的适用率为45.75%。其三,罚金刑的疲软。晚近以来,全世界范

围内刑罚的发展呈现轻缓化趋势——由自由刑向罚金刑转变。① 在此背景下,刑罚的适用应当突出对于财产性犯罪的惩治力度,然而,该类案件行为人的罚金刑平均为7484.38元,低于该类案件的平均获利数额。

宽严相济作为一项基本刑事政策,旨在基于对社会发展形势和犯罪演变态势的科学判断,针对具体犯罪、犯罪人的不同情况予以区别对待,综合运用从宽和从严两种手段处理案件,以最大限度实现法律效果与社会效果的统一。然综观上述统计,支付帮助型犯罪的罪量要素全方位超出入罪标准,整体上应当予以从严打击,但实体评价上却呈现轻缓化处理样态。

(三)司法效能:负面效应初显

首先是案件侦办方式的异化。一是消极侦查现象突出。轻缓化的实体处理与侦查的复杂程度形成鲜明反差,易滋生入罪即可的消极侦查现象。② 在2023年以来的53件掩隐案件中,其中40件未载明行为人提供的支付结算工具数量,全面厘清涉案金额几无可能。二是"送自首"现象频发。随着国家对于银行流水监管的日趋严格,超过一定金额的转账支付行为需进行生物识别。加之"黑吃黑"现象时有发生,故"压卡"开始频繁出现。在此背景下,司法实践开始以掩隐罪取代帮信罪以规制该类行为,而以掩隐罪评价则会面临刑期普遍上档问题,为追究轻缓化处理,公安机关多采取通知到案的方式让行为人主动投案,以便于在实体上对其减轻处罚。

其次是犯罪预防效果的混沌。一是行为人平均年龄的持续下降。据统计,该类犯罪行为人的平均年龄为28.55岁。2021年平均年龄为29.45岁,2022年平均年龄为28.75岁,2023年平均年龄为27.46岁。2000年后出生的人数在持续增长,2021年为11人,2022年为51人,2023年已有39人。二是具有前科的行为人持续增加。据统计,共有152名行为人有犯罪或行政前科,占比为20.62%,其中经济类犯罪前科共107人,占比为70.39%。三是前科比重在逐年增加。2021年,具有前科的行为人比重为14.29%,2022年为21.29%,2023年增至24.17%。在前科种类中,经济类犯罪前科占各自年份的比重分别为68.18%,72.15%以及82.35%;具有帮信犯罪前科的行为人数量分别为2021年的1人,2022年的9人以及2023年的8人,比重正在不断上升。

二、治理困境的症结剖析

"越打越多"虽不等同于"越治越乱",但案件数量的上升表征犯罪惩治与犯罪预防

① 参见冯亚东:《罪刑关系的反思与重构——兼谈罚金刑在中国现阶段之适用》,载《中国社会科学》2006年第5期。

② 参见李勇:《帮助信息网络犯罪活动罪的司法适用误区》,载《检察日报》2022年1月18日,第7版。

等积极因素未能压制诱发犯罪消极因素的增量,需廓清遏制帮信犯罪治理效能释放的关键症结。

(一)传统犯罪治理模式面临危机

首先是事后治理模式的失灵。传统犯罪治理模式以事后治理为主,而电信诈骗犯罪的低破案率表征犯罪事后治理模式的脱节。某公安分局 2017 年共受理电信网络诈骗案件 4634 件,其中被侦破的案件仅有 35 件,破案率低于 1%。① 即便司法机关已掌握了大量诈骗手法、洗钱方式、组织结构等信息,事后治理效果仍然不容乐观,仅 2020 年一年,电信诈骗所导致的经济损失高达 353.7 亿元,近年来电信诈骗导致的经济损失仍是居高不下。原因在于巨大的资金积累已为犯罪集团构建起集人工智能、信息支持等技术为一体的犯罪支撑体系,具备稳定网络传输、通信工具、隐藏窝点等作案硬件设施,并通过非法获取个人信息进行精准诈骗。长此以往,信息网络犯罪可能成为社会治理的一个系统性风险点。

其次是犯罪预防存在疏漏。一是停留在刑事古典学派的预防论。刑事古典学派认为,犯罪预防分为一般预防以及特殊预防,两者均系针对犯罪人进行的预防。然而,被害人对于犯罪的助推作用不可忽视。② 在信息网络犯罪中,上游链条的侦办难度大表征一般预防与特殊预防难以落地,故应将预防重点予以转变。二是宣传的广度与深度不够。在信息网络犯罪中,受害人并不局限于普通大众,公职人员甚至司法人员被骗现象同样时有发生,这表征过往的宣传恐停留于表面,公职人员对于电信网络诈骗的犯罪手法、整体情况都了解不多,遑论普通人民群众对于电信网络犯罪的了解。

(二)轻罪治理模式下的宽严相济迷失

综观前述,宽严相济政策在支付帮助型犯罪规制过程中落实效果并不理想。主要原因为以下两个方面。

第一,严而不厉的规制思维。随着网络技术的普及运用,新型网络犯罪层出不穷,通过增设必要的轻罪满足保护法益的合理需要已成为共识③,而轻罪治理模式意味着犯罪门槛的降低以及继之而来的入罪条款扩张,犯罪数量的增长是必然结果。众所周知,在奉行危害行为由刑法统一调整、具有“严而不厉”刑法结构的英美两国,即便具有较为完善的司法出罪制度,刑法扩张下的过度刑罚化已成为严重的社会问题。④ 而我国“直筒式”的刑事司法体制仍具有较为浓厚的追溯犯罪色彩,犯罪嫌疑人一旦进

① 参见王洁:《司法管控电信网络诈骗犯罪的实效考察》,载《中国刑事法杂志》2020 年第 1 期。

② 参见许章润主编:《犯罪学》(第 4 版),法律出版社 2016 年版,第 122 页。

③ 参见张明楷:《增设新罪的观念——对积极刑法观的支持》,载《现代法学》2020 年第 5 期;周光权:《论通过增设轻罪实现妥当的刑罚》,载《比较法研究》2020 年第 6 期。

④ 参见何荣功:《我国轻罪立法的体系思考》,载《中外法学》2018 年第 5 期。

入刑事司法程序，通常意味着将被定罪并追究刑事责任，其被判处无罪或不予起诉的概率很小，故提供支付帮助的犯罪行为人大多进入刑事诉讼程序之中，进而导致案件数量的持续增长。

第二，打击重点不突出。当前的刑法规制缺乏重点，加剧罪刑失衡，具体表现为以下两个方面。一方面，帮信罪的适用呈现微罪化。据统计，J 省 S 市支付帮助型犯罪中，行为人违法所得最高为 600 万元，但案涉 5 名行为人均被判处缓刑。此外，帮信罪的刑期最长为有期徒刑 1 年零 8 个月，且仅有 1 件，刑期普遍在有期徒刑 1 年以下。其可能原因在于《帮信罪司法解释》与《会议纪要一》将罪量要素作了扩大处理，提供支付结算工具的数量、违法所得等主客观一致的罪量因素与涉案单向流水、涉诈数额等主客观不一致的罪量因素混为一谈，而后者的数量远超入罪标准，且跨度较大，无疑使得量刑均衡难度加大。故即便前者数量较高，司法者为使量刑衡平，在从重处罚的适用上便较为犹豫。另一方面，掩隐罪的激活未能发挥应有效能。依照规定，掩隐数额达到 10 万元以上的，即应当在有期徒刑 3 年以上 7 年以下进行量刑。然而，在以掩隐罪进行规制的案件中，57.66% 的案件涉诈数额超过 10 万元，其中涉诈金额最高为 270 万元，但是相关被告人仍被判处有期徒刑 3 年以下刑罚，导致掩隐罪事实上成为轻罪。

（三）行为规制存在漏洞

“断卡行动”开展至今，社会上仍存在“试错”心态。主要表现为，基于上游犯罪查证困难，不使用可识别身份的支付结算工具，案发的可能性较低。该现象反映出，当前民众能够认识到支付结算行为的违法性，但规制路径尚无法全面遏制。

首先是司法环节的碎片化操作。涉信息网络犯罪的刑法规范呈碎片化，进而导致治理碎片化。相关规范既包括掩隐罪等传统罪名，又包括帮信罪、拒不履行信息网络安全管理义务罪、非法利用信息网络罪等新型网络罪名。随着涉及网络犯罪的专属罪名逐渐丰富，司法机关在侦查、起诉、审判中均容易陷入碎片化误区。在实践中，由于帮信罪与掩隐罪入罪标准明晰，入罪相对容易，使得不少案件的办理浅尝辄止，对信息网络犯罪的治理停留在碎片惩治的局面，未能实现对整个犯罪链条的有效规制。① 公安机关受制于这种局面，侦破了网络犯罪全链条中某一环节，或者某一环节中的一部分符合入罪标准时，即行结案，显然无法全链条根除网络犯罪。

其次是司法环节存在遗漏地带。积极刑法观主张增设新罪以应对新型失范行为，其具有一定合理性。然而，在选择适用刑法予以规制时，需要注意与其他手段之间的关系，注意二者之间的衔接②，以下两个方面需予以重视。

---

① 参见喻海松：《网络犯罪形态的碎片化与刑事治理的体系化》，载《法律科学（西北政法大学学报）》2022 年第 3 期。

② 参见黄云波、黄太云：《论稳健型刑法立法观》，载《中国刑事法杂志》2019 年第 3 期。

其一,“行重刑轻”问题。《反电信网络诈骗法》第 38 条规定,为电信网络诈骗活动提供帮助,但不构成犯罪的,由公安机关处 10 日以上 15 日以上拘留;没收违法所得,处违法所得 1 倍以上 10 倍以下罚款,没有违法所得或者违法所得不足 1 万元的,处 10 万元以下罚款。这样的调整一定程度上完善了行刑衔接,但却出现了“行重刑轻”的处罚倒置。依据“禁止重复评价原则”,部分被相对不起诉、免予刑事处罚或判处缓刑的行为人,其在刑事诉讼环节所羁押的时间可能更少甚至未被羁押,所被判处的罚金亦可能低于罚款。从该角度观之,犯罪场域的支付结算行为可能比违法场域中的支付结算行为所遭受的制裁更加轻微。

其二,立案标准衍生的司法介入难题。虽然 2016 年最高人民法院、最高人民检察院《关于办理电信网络诈骗等刑事案件适用法律若干问题的意见》将电信诈骗的入罪标准调低至 3000 元,然而在司法实践中被害人损失在 3000 元以下的不在少数。依此标准,当被害人损失在 3000 元以下时,司法机关介入则缺乏正当性依据,故行为人可以轻易逃脱侦查。若犯罪集团将诈骗方式进行转向,以积少成多的思维,通过小额诈骗蚕食众多被害人,无疑会成为一个新的治理难题。①

三、治理困境的司法因应

在支付帮助行为的综合治理上,现阶段的总目标是实现从“治标”到“治本”的转化,压降支付结算型犯罪案件数量,强化犯罪预防效果,从总量上控制犯罪化与非犯罪化的流量与分流比例,才能保证刑法的生命力与适宜性。②

(一)完善打击处遇体系

其一,激活帮信罪兜底功能。信息网络犯罪已突破传统犯罪构造,以共犯为例,以往帮助犯多呈现是“一帮一”“一帮多”或“多帮多”的样态,但借助信息网络,行为人可以实现“一帮特别多”。在该种样态中,依据传统理论,正犯若不构成犯罪,帮助犯便不可入罪,但若将相关犯罪数额予以叠加,帮助犯可能存有惩罚必要,故设置帮信罪,以处理这类技术性犯罪,厘清理论争议。回到因立案标准无法立案侦查的小额案件中,司法机关可以帮信罪予以托底,不必固守电信诈骗犯罪的入罪标准,以更好地保护当事人的合法权益,应对可能的治理难题。

其二,禁止重复评价原则下的行刑衔接。为解决“行重刑轻”难题,可以通过“以罚代刑”予以解决。《行政处罚法》第 8 条第 2 款规定:“违法行为构成犯罪,应当依法追究刑事责任的,不得以行政处罚代替刑事处罚。”故通常认为“以罚代刑”是被禁止

---

① 参见王洁:《司法管控电信网络诈骗犯罪的实效考察》,载《中国刑事法杂志》2020 年第 1 期。

② 参见高铭暄、孙道萃:《预防性刑法观及其教义学思考》,载《中国法学》2018 年第 1 期。

的，但笔者认为该观点并不全面。"以罚代刑"被禁止的正当性基础在于刑事处罚总是大于行政处罚的幅度，然而当行政处罚重于刑事处罚或超出刑事处罚边界时，"以罚代刑"存在被允许的基础。[①] 与此同时，《刑法》第 37 条的规定为"以罚代刑"提供了规范依据。[②] 因之，笔者认为可从两个维度予以考虑：一是当人民法院或人民检察院认为犯罪情节轻微不需要判处刑罚的，不予判处缓刑，而是移送至公安机关适用《反电信网络诈骗法》进行行政处罚。二是由公安机关对于无须科处刑罚的轻微案件可直接适用行政处罚。笔者认为，除上述提及的需重点关注的行为以外，均可以进行轻微处置，当然各地司法实践状况不一，需审慎对待。

其三，释放刑事和解效能。如前所述罚金刑的力度偏低，且该类案件普遍面临退赔难度大的困境。笔者认为，可以探索由刑事和解适度代替罚金或罚款的具体路径，具体如下：一是加大罚款、罚金刑的处罚力度。基于犯罪经济学的研究，经济犯罪的行为人大都会有利弊考量，而目前的罚金刑力度较低，犯罪预防效果较差，《反电信网络诈骗法》第 38 条规定为厘清行刑衔接、避免行重刑轻提供了规范依据，应当加大罚金刑的处罚力度，不可低于罚款区间。二是依托刑事和解制度，尽量帮助被害人挽回经济损失。在提高罚金刑的背景下，依托认罪认罚制度，指引当事人适用刑事和解制度，若双方达成刑事和解，则在罚金刑上可从轻或免除处罚，在自由刑上可以从宽处罚的情形应当从轻，重点打击的范围审慎从轻，通过刑事和解程序补偿被害人经济损失。

（二）宽严相济政策的具象化

首先，明确帮信罪的打击重点。据统计，支付帮助行为共可分为四类：一是仅提供支付结算工具型，即以非法获利为目的，出租、出借、出售支付结算工具的，该种类型在所有案件中占比为 42.96%；二是倒卖支付结算工具的，即从他处收购支付结算工具再将其转卖的行为，该种犯罪类型占比为 7.77%；三是压卡，该种犯罪类型占比为 23.79%；四是具有转账、取现、跑分等具体支付结算行为的，该种犯罪类型占比为 25.48%。基于罪刑法定原则与罪行均衡原则的要求，罪量的量化程度相近时应当处以相近刑罚。然如前所述，帮信犯罪入罪路径众多，既有行为人可控罪量，亦存不可控罪量，故司法实践倾向于统一宽缓化处置。从预防犯罪效果观之，该种路径需予以修正，应将打击重点予以明确，不宜一概而论。

笔者认为，当行为人仅因非可控罪量因素入罪时，可予以宽缓化处理；而当行为人

---

① 参见武小雯：《行刑衔接机制的基本问题》，载《中外法学》2023 年第 3 期。

② 《刑法》第 37 条规定："对于犯罪情节轻微不需要判处刑罚的，可以免予刑事处罚，但是可以根据案件的不同情况，予以训诫或者责令具结悔过、赔礼道歉、赔偿损失，或者由主管部门予以行政处罚或者行政处分。"

因可控罪量因素入罪时,应当予以依法从重打击。对于其他情形,行为人认罪悔罪,且符合缓刑适用条件的,可以予以适用缓刑,甚至判处免予刑事处罚。

其次,激活掩隐罪的规制效能。笔者认为,在当前的规范体系下,应当激活掩隐罪的规制效能且不宜以公权力强行减轻处罚。具体路径如下:

其一,厘清压卡行为是否可以定性为掩隐犯罪。据统计,以掩隐犯罪规制压卡行为后,掩隐罪的平均自由刑从 2021 年的 8 个月下降至 2022 年的 7.2 个月,再至 2023 年的 4.4 个月,平均下降幅度为 22.5%。这表征该种认定模式进一步加剧了掩隐罪轻罪化趋势,该种模式需再行考量。具体原因如下:一是衍生法律适用矛盾。适用掩隐罪定性后,不可避免地面临刑期上档问题,现有处理路径多为"送自首"或认定为从犯,但均于法无据。二是证据固定困难。支付帮助行为既可能属于事后帮助也可能属于事前帮助,而掩隐犯罪规制的是事后帮助行为,有可能出现规制错误。三是罪量的不可控性。在压卡行为中,行为人表现为仅提供一次性的刷脸行为,其对于转账数额、方式、去向等均不可控,缺乏主客观一致性。

其二,依法从严适用掩隐罪。第一,对于长期从事跑分、成立跑分平台进行转账、提现的行为人,涉诈金额、单向流水、违法所得高,具有较为稳定的人员组织结构的,符合升档处罚的,应当予以升档处罚;第二,在罪刑法定原则下适用掩隐罪。侦查机关不宜继续采取"送自首"的方式侦办案件,公诉机关与审判机关亦不宜盲目认定行为人具有从犯情节;第三,要充分发挥以审判为中心的司法体制改革的成果,要求公诉机关明确行为人进行支付结算时是否属于事后帮助行为。除此之外,因信息网络犯罪中的掩隐行为与传统犯罪中的掩隐行为已发生巨大变化,是否需要提高升档标准或设置独立标准等仍需进一步探索。

(三)化被动为主动,积极参与构建源头防控系统

当前,为应对信息网络犯罪治理,实务界普遍强调应当坚持生态治理的刑事对策,形成整合性应对思路①,其中犯罪预防是极为重要的一环。如前所述,传统办案模式已显脱节。在犯罪预防上,审判机关在依托庭审、法治副校长等传统宣传方式外,还可从以下两个方面予以完善。

第一,激发司法建议效能,实质化参与综合治理。网络支付结算型帮助犯罪在预防上可以从支付结算工具、犯罪场所、交通工具、通信行业等角度切入,具体如下:一是助力支付结算工具"去存量、控增量"。一方面,可以通过司法数据分析,对于新办支付结算工具多被用于信息网络犯罪的银行网点、第三方支付结算平台进行通报,发放司法建议,督促整改,避免犯罪洼地的形成;另一方面,目前各银行尚未建立统一的互通

① 参见喻海松:《网络犯罪形态的碎片化与刑事治理的体系化》,载《法律科学》2022 年第 3 期。

机制，例如，某行为人的银行卡因涉嫌诈骗被冻结后，其仍可在其他银行办理银行卡，司法机关可以通过司法建议促进银行业堵塞该漏洞。二是优化境外短信接收功能。在司法实践中，为逃避侦查，诈骗短信要么从 GOIP 设备发送，要么从境外发送，对于前者我们需要加大对伪基站的打击力度，对于后者则可以考虑是否可以将接收境外短信功能的默认开放转化为依申请开放。

第二，依托企业合规改革趋势，加强法企合作。一方面，企业常常成为重大电信网络诈骗受害者，例如，汉诺威米兰展览公司一次性被骗 1000 万元①，在依托企业合规制度改革、优化营商环境的同时，有针对性地对于公司财务负责人、会计等重点人员开展反诈宣传。另一方面，在众多市场主体中，互联网公司系司法机关的重要合作伙伴，可通过企业合规改革，加强双方合作，借助其技术优势和数据优势进行前端防控。在司法实践中，互联网企业已承担部分前端防范职责。例如，2021 年全年，美团金服的反诈防护系统累计识别并通过电话成功劝阻潜在被骗用户 27000 余名，共计帮助用户挽回损失超过 4 亿元，若所有互联网公司均将安全保护义务全面落实，前端治理则能够发挥更高水平与更大作用，因而需抓住企业合规改革的良善契机。

① 详见上海市浦东新区人民法院(2020)沪 0115 刑初 4851 号刑事判决书。

刑法扩张与刑罚式微：基于马克思主义国家理论的解读

李　笑*

近年来，我国刑法的覆盖范围不断扩大，但在倡导积极刑法观的同时，也出现了轻罪轻刑的追求。这两种现象是否具有内在联系，二者相加又指向什么样的结果？法律与国家具有紧密联系，刑法的施行更是以国家的存在为保障。《庄子·胠箧》有"彼窃钩者诛，窃国者为诸侯"的描述。霍布斯在《利维坦》中论证："没有主权的地方就没有罪行。"①宾丁认为，叛乱罪的既遂意味着刑法可罚性的丧失。② 马克思也指出，"公众惩罚是用国家理性去消除罪行"③。立足于马克思主义理论，本文将以国家在不同阶段的不同职能为切入点，以国家与法律的密切关系为链接，基于国家理论来解释上述两种刑法现象出现的原因和内在关联，并以此为基础作延伸思考，参考国家转型模式来探讨刑法的发展转型路径。

一、研究前提：国家性质和职能的确定

（一）国家与法律的关系困窘

马克思主义理论中，"法的产生是同阶级和国家的出现分不开的"④。但维辛斯基式的解释因过于强调法律的政治功能而忽视了物质社会对于国家和法律的制约作用⑤，无法适应我国当代社会发展的需要。而且，1978 年后我国法学实现了从阶级斗争范

---

* 德国汉堡大学刑法学博士研究生

① 〔英〕霍布斯：《利维坦》，黎思复、黎廷弼译，商务印书馆 1985 年版，第 227 页。

② Vgl. Karl Binding, Lehrbuch des Gemeinen Deutschen Strafrechts, Besonderer Teil, Bd. 1, 2. Aufl., Leipzig 1902, S. 13.

③ 《马克思恩格斯全集（第 1 卷）》（第 2 版），人民出版社 1995 年版，第 277 页。

④ 张文显、马新福：《马克思主义法律观的几个问题》，载《吉林大学社会科学学报》1992 年第 4 期。

⑤ 参见张文显、于宁：《当代中国法哲学研究范式的转换——从阶级斗争范式到权利本位范式》，载《中国法学》2001 年第 1 期。

式到权利本位范式的转化，人的主体地位凸显，法律的重心实现了从义务到权利的转变。① 但随着政治性的淡化，国家与法律的关系也随之减弱。②

国家与法律的关系解读陷入两难的境地。一方面，如果加强国家与法律之间的关系，是否可能再度陷入阶级斗争的漩涡中？另一方面，在马克思主义理论中，国家与法律具有内在统一性，弱化国家对法律的作用，似乎无法与正统马克思主义完全保持一致。有观点认为，除了阶级性，法律也具有来源于国家社会公共性的公共功能，“虽然阶级性是国家和法律的核心利益，但实现社会公共管理职能，兼顾其他阶级的利益才能实现其核心利益”③。但对于国家是否具有公共职能上，又存在疑问：首先，马克思和恩格斯对于国家管理公共利益鲜有论述④；其次，虽然恩格斯指出原始部落共同体的政治组织是一种保护公共利益的机构，但是这种共同体并不存在阶级，只属于国家权利萌芽阶段，并非恩格斯所界定的国家⑤；最后，“公共利益”是否真实存在？帕舒卡尼斯否认了“刑事政策的原则来自于社会整体利益”：“所谓的‘整体社会’并不存在。事实上，我们面临的是阶级，对立冲突的利益。”⑥“公共利益”在马克思的论述中似乎也不具有积极含义：“正是由于私人利益和公共利益之间的这种矛盾，公共利益才以国家的姿态采取一种和实际利益（不论是单个的还是共同的）脱离的独立形式。”⑦

在马克思主义法学理论中，国家和法律是不可分离的。以马克思主义国家理论为基础来研究刑法的发展变化，需要确定国家和法律的基本关系。而这种基本关系的确定，又以国家性质和国家职能为基础。要解决国家与法律的关系困窘，就需要再次对马克思主义理论中的“国家”概念进行深入研究。

（二）我国国家性质和国家职能：经济职能的崛起

马克思在《德意志意识形态》中指出，物质生活创造了国家，“那些决不依个人‘意志’为转移的个人的物质生活，即他们的相互制约的生产方式和交往形式，是国家的现实基础”⑧。恩格斯在《家庭、私有制和国家的起源》中进一步说明国家是阶级矛盾不

① 参见张文显：《从义务本位到权利本位是法的发展规律》，载《社会科学战线》1990 年第 3 期；张文显、于宁：《当代中国法哲学研究范式的转换——从阶级斗争范式到权利本位范式》，载《中国法学》2001 年第 1 期。

② 参见郝玥、李凯林：《苏联学者对马克思主义法学的两种理解考辨》，载《北京行政学院学报》2020 年第 2 期。

③ 蒋传光：《马克思主义法学的基本原理及其科学意义》，载《法律科学（西北政法大学学报）》2018 年第 6 期。

④ 参见郭宝宏：《马克思主义国家理论的当代魅力》，人民出版社 2012 年版，第 41—42 页。

⑤ 参见〔美〕张效敏：《马克思的国家理论》，田毅松译，上海三联书店 2013 年版，第 49 页。

⑥ 〔苏〕帕舒卡尼斯：《法的一般理论与马克思主义》，杨昂、张玲玉译，中国法制出版社 2008 年版，第 126 页。

⑦ 《马克思恩格斯全集》（第 3 卷），人民出版社 1960 年版，第 37—38 页。

⑧ 《马克思恩格斯全集》（第 3 卷），人民出版社 1960 年版，第 377 页。

可调和的产物。[①] 基于阶级本质,国家所表现出的不同职能实质上均是政治职能的延伸,即通过手段的改良革新,扩大了自身的存续空间。一方面,通过公共权力对被统治阶级实施镇压,防止冲突扩大;另一方面,通过提供公共服务和社会保障,软化被统治阶级的反抗,以弱化冲突。[②]

在《哥达纲领批判》中,马克思论证道:"在资本主义社会和共产主义社会之间,有一个从前者变为后者的革命转变时期。同这个时期相适应的也有一个政治上的过渡时期,这个时期的国家职能是无产阶级的革命专政。"[③]对于这个过渡时期,列宁提出了"半国家"和"非政治国家"的概念。半国家是指过渡时期的无产阶级专政国家[④],而"非政治国家"是指"正在消亡的国家在它消亡的一定阶段,可以叫作非政治国家",涉及"社会职能由政治职能变为简单管理职能的问题"[⑤]。我国学者将该过程总结为"政治国家(剥削阶级国家—过渡时期无产阶级国家即半国家)—非政治国家—国家消亡"[⑥],"无产阶级政治国家和社会主义社会的非政治国家,是国家'自行消亡'过程中的两个不同发展阶段上的性质不同的国家"[⑦]。根据《宪法》第 1 条的规定,我国是人民民主专政的社会主义国家。因此,我国处于从资本主义社会到共产主义社会过渡时期,即大体位于"无产阶级专政国家—社会主义社会的非政治国家"阶段,在本质上不同于以政治职能为本质的阶级国家。

无产阶级专政作为过渡时期的共同体形式,最终目的是进入共产主义社会。对于具体发展方式,马克思在《共产党宣言》中写道:"无产阶级运用自己的政治统治,一步一步地夺取资产阶级所有的全部资本,把一切生产工具集中在国家手中,即集中在已组织成为统治阶级的无产阶级手里,并且尽可能更快地增加生产力的总量。"[⑧]经济建设的重要性也出现在列宁的论述中:"在任何社会主义革命中,当无产阶级夺取政权的任务解决以后,随着剥夺剥夺者及镇压他们反抗的任务大体上和基本上解决,必然要把创造高于资本主义的社会结构的根本任务提到首要地位;这个根本任务就是:提高劳动生产率。"[⑨]因

---

① 参见《马克思恩格斯全集》(第 21 卷),人民出版社 1965 年版,第 194—195 页。

② 本部分观点及直接引用来源于夏禹龙:《从构建和谐社会视角解读马克思主义国家学说》,载《社会科学》2007 年第 4 期。

③ 《马克思恩格斯全集》(第 19 卷),人民出版社 1963 年版,第 31 页。

④ 参见汝信:《介绍列宁的"马克思主义论国家"》,载《哲学研究》1959 年第 Z1 期;邹积贵:《〈国家与革命〉若干问试解》,载《湘潭大学学报(哲学社会科学版)》1980 年第 3 期;里平、先胜:《社会主义国家是非政治国家》,载《湖南师范大学社会科学学报》1988 年第 2 期。

⑤ 〔苏〕列宁:《国家与革命》(第 3 版),中共中央马克思恩格斯列宁斯大林著作编译局译,人民出版社 2001 年版,第 58 页。

⑥ 周作翰:《社会主义国家性质的再认识》,载《求索》1987 年第 1 期。

⑦ 邹积贵:《〈国家与革命〉若干问试解》,载《湘潭大学学报(哲学社会科学版)》1980 年第 3 期。

⑧ 《马克思恩格斯全集》(第 4 卷),人民出版社 1958 年版,第 489 页。

⑨ 郭宝宏:《马克思主义国家理论的当代魅力》,人民出版社 2012 年版,第 19 页。转引自《列宁选集(第 3 卷)》(第 3 版),人民出版社 1995 年版,第 490 页。

此，实现从无产阶级专政到共产主义社会的转变，除了阶级斗争，还需要具有一定的经济基础。

无产阶级专政承前启后的过渡性决定了它具有镇压资本主义和建立社会主义双重目的，而建立社会主义需要发展生产力，这决定了无产阶级专政国家同时具有政治职能和经济职能。① 有学者指出："镇压资产阶级的政治职能被降低到了最低限度，因为与资产阶级镇压无产阶级相比，这种多数人对少数人实施的镇压是一件非常容易的事情。因此，无产阶级专政的职能将主要是经济职能和有限的政治职能。"②列宁也指出政治职能的式微趋势："当国家的最主要职能简化为由工人自己来进行的这样一种计算和监督的时候，国家就不再是'政治国家'，'社会职能就由政治职能变为简单的管理职能。'"③"马克思主义语境中的'国家消亡'过程，实际上是一个国家还政于民的过程。"④

（三）国家社会管理职能的定位：代理而非本质职能

除了政治职能和经济职能，还存在国家是否具有公共管理或社会管理职能的问题。基于社会与国家的二分架构，我国学者分析，社会管理职能是国家代理的、并非本质的职能，且政治国家管理职能的发挥渗透着阶级性。"只要劳动以社会方式进行，就必定要有社会管理。因此很显然，对社会共同事务的管理是社会的专门职能、根本职责，也即社会的本质……国家具有管理事务的职能是很显然的，但国家不过是代理了、攫取了社会的职能，而不是因此使管理成为国家本质。"⑤

恩格斯认为："国家的政治统治到处都是以执行某种社会职能为基础，而且政治统治只有在它执行了它的社会职能时才能持续下去。"⑥这意味着，政治职能的实行需要借助社会管理的形式。而列宁关于全体公民参与监督、计算机制的论述，似乎也暗示了管理职能附属于经济职能和政治职能。第一，全民管理和计算的实现依赖特定的经济发展⑦；第二，这种管理职能不仅直接服务于经济建设，而且也对维护无产阶级政权

---

① 参见〔美〕张效敏：《马克思的国家理论》，田毅松译，上海三联书店2013年版，第114—115页。

② 〔美〕张效敏：《马克思的国家理论》，田毅松译，上海三联书店2013年版，第115页。

③ 〔苏〕列宁：《国家与革命》（第3版），中共中央马克思恩格斯列宁斯大林著作编译局译，人民出版社2001年版，第94页。

④ 俞可平：《让国家回归社会——马克思主义关于国家与社会的观点》，载《理论视野》2013年第9期。

⑤ 赵平之：《关于国家理论的几个问题》，载《马克思主义研究》1984年第2期。

⑥ 《马克思恩格斯全集》（第20卷），人民出版社2016年版，第195页。

⑦ 参见〔苏〕列宁：《国家与革命》（第3版），中共中央马克思恩格斯列宁斯大林著作编译局译，人民出版社2001年版，第93—94页："在一些最先进的资本主义国家中已经做到的人人都识字，其次是千百万工人已经在邮局、铁路、大工厂、大商业企业、银行业等等巨大的、复杂的、社会化的机构里'受了训练并养成了遵守纪律的习惯'"；第94页："在这种经济前提下，完全又有可能在推翻了资本家和官吏之后，在一天之内立刻着手由武装的工人、普遍武装的人民代替他们去监督生产和分配，计算劳动和产品。"

的稳定具有重要意义①。我国学者或认为,政治职能是国家的根本职能,社会职能附属于政治职能②;或认为,国家的职能是政治统治与经济管理,政治职能的实现是暴力,经济职能的实现是公共服务和管理,国家因此被理解为管理人的机构③。因此,笔者认为,管理职能并非国家的本质职能,但是国家是国家实现本质职能的一种工具或手段。

综上,我国所处的过渡阶段决定了我国同时具有主要的经济职能和有限的政治职能,而经济职能和政治职能的实现需要通过社会管理的方式。

二、从国家到法律:国家职能对刑法的影响

(一)国家与法律的关系再分析

法律是国家意志的体现,国家职能的变化也影响法律发展。柯林斯认为,生产工具所有者阶级因为在生产关系中的相似经验和相同角色,产生了占统治地位的主流意识形态,法律便是依照这种带有对自身利益认知的主流意识形态而制定的。④ 具体来看,生产工具所有者阶级为了保障自身利益建立了国家。国家代表了生产工具所有者阶级(统治阶级)的利益,是主流意识形态的体现者和执行者。而国家贯彻主流意识形态的重要途径之一,就是制定法律。西方学者从唯物主义(kritische-materialistisch)分析角度指出,国家负责凝聚各方权力,需要通过法律这种霸权工程(Hegemonieprojekte),将个别利益变成普遍利益,作用于社会的所有领域。⑤ 我国学者也认为:"统治阶级经常把他们的特殊权利(权力)混同为共同需要保护的普遍的个人权利,使以实现统治阶级利益为主要目的的权力具有了代表普遍个体权利的外观。"⑥因此,基于物质基础形成的主流意识形态,通过建立国家,制定法律,来维护自身存续,即"物质—主流意识形态—国家—法律"。

国家是主流意识形态的体现者和执行者,而由国家制定的法律自然也是由物质决

---

① 参见郭宝宏:《马克思主义国家理论的当代魅力》,人民出版社 2012 年版,第 20 页,转引自《列宁选集(第 3 卷)》(第 3 版),人民出版社 1995 年版,第 487 页:"对产品的生产和分配不实行全面的国家计算和监督,那么劳动者的政权、劳动者的自由,就不能维持下去,资本主义压迫制度的复辟,就不可避免。"

② 参见刘娜娜:《恩格斯国家职能理论再研究:回应与启示》,载《毛泽东邓小平理论研究》2018 年第 2 期;陈敏光:《马克思主义国家职能理论的法学启示》,载《毛泽东邓小平理论研究》2018 年第 12 期。

③ 参见窦晴身:《国家双维起源与职能定位——马克思主义的解说及启示》,载《理论与现代化》1999 年第 8 期。

④ 参见〔英〕休·柯林斯:《马克思主义与法律》,邱昭继译,法律出版社 2012 年版,第 42—43 页。

⑤ Vgl. Jens Puschke, Jannik Rienhoff, Terrorismusbekämpfung durch das Strafrecht: die Rolle des Strafrechts als Teil eines Hegemonieprojekts, in: Puschke, Singelnstein (Hrsg.), Der Staat und die Sicherheitsgesellschaft, Heidelberg 2018, S. 245 ff.

⑥ 王贵贤:《〈德意志意识形态〉中的国家观》,载《马克思主义与现实》2006 年第 4 期。

定的主流意识形态的反映。但在法律的阶级性之外，柯林斯仍认为法律具有维护社会秩序的属性："既然阶级利益的觉悟为日常经验所确认，那么它们将从事物的自然秩序中产生……根据主流意识形态的指示所制定的法律对社会成员而言，如同为保留自然、社会和经济秩序而创制出来的规则。"①我国学者也指出，法律具有阶级工具性和社会性两种维度，即不仅要维护统治阶级的利益，还要管理社会公共事务。②

但是，对于法律社会职能的理解，应基于国家与社会的二分架构和国家社会管理职能的定位。管理职能本质上属于社会，国家只是代理者。虽然国家借助管理职能实现政治职能，但此时的管理职能已经渗入政治性因素。法的社会管理职能本质来源于社会，而非国家，"不以阶级和阶级斗争的存在为前提，是管理社会生产、管理社会公共事务、维护社会公共秩序和保障社会成员的权利所必需"③。卢曼指出，法律系统是社会系统中的一个分系统，置身于社会的特定结构中。④ 但是，在国家与社会的二分之下，在国家攫取了社会管理职能后，基于国家而产生的法律，虽然其以社会管理的形式运行，但这种管理职能以实现政治职能为根本目的。

（二）国家政治职能对刑法的影响：意识形态与刑法教义学

我国处于过渡时期，具有有限的政治职能和主要的经济职能。而我国的法律社会管理职能的发挥也受这两种国家职能的影响，刑法作为与国家权力有密切联系的部门法，自然也不例外。

刑法受国家政治职能的影响，这种影响不仅限于我国，而且普遍存在于阶级国家。根据我国《刑法》第 2 条的规定，"保卫人民民主专政的政权和社会主义制度"是刑法的任务之一，我国危害国家安全罪的前身是以"推翻无产阶级专政的政权和社会主义制度为目的"⑤的反革命罪。而德国刑法中的危害民主法治国体罪专注对非暴力方式规制的原因，也植根于德国政治历史。首先，纳粹夺取政权的方式表明，在传统的暴力或暴力威胁外，还存在一种在合法的外表下成功地对国家和宪法进行了非暴力攻击的方法。⑥ 其次，朝鲜战争的爆发也通过政治性因素对德国刑法产生重大影响。"朝鲜战争在议会和议会外的公共领域产生了一定程度的政治歇斯底里，使人们对宪法的理解发

---

① 王贵贤：《〈德意志意识形态〉中的国家观》，载《马克思主义与现实》2006 年第 4 期。

② 参见邱昭继：《法律消亡论的概念分析》，载《浙江社会科学》2015 年第 1 期。

③ 本段观点和引用均来源于李步云、高全喜主编：《马克思主义法学原理》，社会科学文献出版社 2014 年版，第 37—38 页。

④ 参见〔德〕卢曼：《社会的法律》，郑伊倩译，人民出版社 2009 年版，第 28 页。

⑤ 高铭暄：《中华人民共和国刑法的孕育诞生和发展完善》，北京大学出版社 2012 年版，第 295 页。

⑥ Vgl. Otto Backes, Rechtsstaatsgefährdungsdelikte und Grundgesetz, Köln, Berlin, Bohn, München 1970, S. 15.

生了报复性‘右倾’转变,将共产主义挤出了宪法的容忍范围。”①在比较法的视角下,资本主义国家与社会主义国家刑法中的阶级冲突、意识形态冲突十分明显地表现出来。

植根于日常生活,以盗窃罪为例,仍可以发现受政治性影响的痕迹。在唐律中,盗窃御用物品被归入“十恶”中的大不敬予以重惩,不可宽免。② 而一般的盗窃罪又因犯罪人的身份而区别量刑,如贵族、官僚减免原则,准五服以致罪,这反映了当时封建社会来源于儒家的“贵贱有等、亲疏有分”的思想。③ 在马克思的《关于林木盗窃法的辩证》中也存在一个极端例子,即当局出于保护资产阶级私人利益的目的,将捡拾枯枝的行为定义为盗窃,这种做法的逻辑前提是将自然脱落的枯枝视为一种私人财产,即法律推演(是否构成盗窃罪)基于某种价值判断前提(自然脱落的枯枝是否私人财产)展开的。而这种价值判断,并非由法律推演所决定,而是在特定阶层的利益考虑下形成的。德国刑法学者也指出,刑法教义学是建立在特定的社会价值观念之上的,它更偏向于默认接受而非质疑反思其所属的社会价值观念。④

(三)我国经济职能对刑法的影响:合作需求的上升

我国刑法的社会管理职能也受我国经济职能的影响。在我国法学的权利本位范式中,实现人的全面自由发展需要解放和发展生产力。⑤ 法律是由物质基础决定的主流意识形态的反映,社会主义经济关系对法律目的具有制约性。经济刑法的产生与扩大是我国国家经济职能的直接体现,但经济职能对刑法的影响并不仅限于此,还存在于刑法的运行方式中。

探究经济职能对于刑法运行的影响,需要以国家理论为基础。根据《共产党宣言》,经济职能是“把一切生产工具集中在国家手中,即集中在已组织成为统治阶级的无产阶级手里,并且尽可能更快地增加生产力的总量”。而对于生产工具的大规模控制意味着大量的工作和合作。对此,列宁所设想的图景是全民参与的计算和监督。首先实现的前提是具有足够的经济基础的先进社会,人人都具有文化和职业技能,“在一些最先进的资本主义国家中已经做到的人人都识字。其次是千百万工人已经在邮

---

① Hans Čopi ć, Grundgesetz und politisches Strafrecht neuer Art: Untersuchungen zur Problematik der Verfassungsmäßigkeit der Tatbestände und Deliktsfolgen der § § 88-98 (incl. § 86), 100 d Ⅱ, 100 d Ⅲ i. V. m. Ⅱ, 128, 129 StGB, § 20 VereinsG und der Deliktsfolgen gem. § § 31 - 34, 37, 42e, 42m, 421 StGB im Falle ihrer Verknüpfung mit den vorgenannten politischen Straftatbeständen, Tübingen 1967, S. 9 f.

② 参见张晋藩主编:《中国法制史》(第 2 版),高等教育出版社 2007 年版,第 149—150 页。

③ 参见张晋藩主编:《中国法制史》(第 2 版),高等教育出版社 2007 年版,第 160 页。

④ Vgl. Michael Kubiciel, Die Wissenschaft vom Besonderen Teil des Strafrechts: Ihre Aufgabe, Ihre Methoden, Frankfurt am Main, Vittorio Klostermann 2013, S. 181.

⑤ 张文显、于宁:《当代中国法哲学研究范式的转换——从阶级斗争范式到权利本位范式》,载《中国法学》2001 年第 1 期。

局、铁路、大工厂、大商业企业、银行业等等巨大的、复杂的、社会化的机构里‘受了训练并养成了遵守纪律的习惯’”；然后，“在这种经济前提下，完全又有可能在推翻了资本家和官吏之后，在一天之内立刻着手由武装的工人、普遍武装的人民代替他们去监督生产和分配，计算劳动和产品”。① 学者指出，根据列宁的构想，通过全民参与管理，虽然分配原则和消费自由得到一定程度的保留，但因为生产的社会性，经济职能主要是关于生产活动的合作职能。②

虽然列宁所设想的“无产阶级专政是从发达资本主义国家中产生的”与我国的实际进程不符，但“全民参与监督管理”和“合作”这两个要素却与我国社会发展相印证。比如，“多元共治”表达了国家治理的合作需求③，“全民参与”④与列宁的全民参与监督管理的理念吻合。在打击刑事犯罪上，社会治安综合治理体系的运行不仅需要党和政府的统一领导，也需要依靠广大人民群众，充分体现了国家与公民之间的合作。此外，数字社会更是在技术层面推动了全民参与的合作模式，“广泛分布于政府、企业、社会组织与个体之间的大数据，决定了国家或政府不再是治理结构的唯一主体……由国家独大的治理结构转向多元共治”⑤。社会主义国家的经济职能衍生出了全民参与和合作的需求，推动国家管理模式向公共管理转变。受此影响，公法也开始以公共治理为导向。⑥

全民参与式的合作需求也体现在刑法上。比如，司法实践中的刑行民交叉问题，反映了公、私法之间的部门法合作。⑦ 而刑事合规则充分体现了这种公权力与私主体的直接合作。出于发展经济、维护市场秩序的需要，国家负有治理公司犯罪的义务。但“距离犯罪较远、治理能力的专业化限制等因素决定了单一的国家规制难以有效治理企业犯罪”，而企业的自我管理又因利益因素的存在而难以有效施行。在这种状况下，刑事合规产生，在“企业的自我管理与国家规制”“企业合规管理与刑事责任”间建立联系，以实现更好的管理效果。⑧ 而刑法与企业的合作，在实质上代表着国家与公民的合作。

---

① 参见〔苏〕列宁：《国家与革命》（第 3 版），中共中央马克思恩格斯列宁斯大林著作编译局译，人民出版社 2001 年版，第 93—94 页。

② 参见〔美〕张效敏：《马克思的国家理论》，田毅松译，上海三联书店 2013 年版，第 118 页。

③ 参见王名、蔡志鸿、王春婷：《社会共治：多元主体共同治理的实践探索与制度创新》，载《中国行政管理》2014 年第 12 期。

④ 刘雅静：《全民共建共享社会治理格局：概念厘清、内生动力与实践进路》，载《理论月刊》2016 年第 11 期。

⑤ 王向民：《大数据时代的国家治理转型》，载《探索与争鸣》2014 年第 10 期。

⑥ 参见罗豪才、宋功德：《公域之治的转型——对公共治理与公法互动关系的一种透视》，载《中国法学》2005 年第 5 期。

⑦ 参见江必新、胡云腾、王轶：《刑行民交叉疑难问题研究》，载《中国法律评论》2021 年第 6 期。

⑧ 引用和观点参见李本灿：《刑事合规制度的法理根基》，载《东方法学》2020 年第 5 期。

三、刑法发展路径研究:是与否的矛盾运动

(一)刑法扩张与刑罚式微:国家职能的间接反映

如上文所述,我国所处的过渡阶段决定了国家具有主要的经济职能和有限的政治职能,二者均通过社会管理的方式实现。社会管理职能实质来源于社会,并非国家的本质。但在国家代理了社会管理职能后,国家权力影响了该职能的运行。我国社会管理职能的运行在根本上受国家经济职能和政治职能的影响。在此前提下,法律社会管理职能的发挥也受国家经济职能和政治职能的影响,刑法亦然。

在中国当代社会,随着国家经济职能的加强,以及国家管理模式的转变,公法也开始以公共治理为导向。同时,受源于经济职能的合作需求影响,部分法之间,公法与私人之间的合作性不断加强。在合作的过程中,公法的管理权限随着合作对象的加入得以进一步扩张。刑法作为一种公法,其覆盖范围自然不断扩大,而积极刑法观也在与消极刑法观博弈的过程中逐渐占据上风。

相比经济职能的加强,政治职能会出现下降趋势。按照马克思主义理论,在阶级国家,军队、警察、法庭、监狱等专政机关都是国家机器的重要组成部分,是国家发挥政治职能的重要手段。从这个角度看,刑罚以暴力的方式依靠国家强力执行,对于轻刑轻罪的诉求,实质上反映的是国家政治职能的减弱。

因此,我国刑法的扩大和刑罚的式微是国家经济职能加强和政治职能收缩的间接反映,二者之间具有内在联系,并不矛盾。积极刑法观也追求轻刑化:犯罪化不等同于刑罚化,犯罪范围的扩大不等同于刑罚范围的扩大,有罪不罚不等同于违法不究。给予刑罚处罚、非刑罚处罚和单纯的犯罪宣告都是追究刑事责任的方式。在罪行轻微的情况下,若没有特殊预防的必要,可不科处刑罚。此外,积极刑法观强调刑罚并非遏制犯罪的唯一因素,可与民事处罚和行政处罚共同合作预防犯罪。①

在确定了刑法扩大与刑罚式微的内在联系后,还需要探讨的是,二者相加可以推导出什么样的未来发展方向。

(二)国家转型与刑法转型:肯定与否定的斗争融合

在马克思主义理论中,国家的最后发展是消亡,以此为基础的法律也例外。但马克思理论中的国家消亡是指国家将以现实的人为出发点,从一种虚幻的共同体转变为一种真正的共同体。② 在虚幻的共同体中,统治阶级将个体利益美化为普遍利益,并采

---

① 参见张明楷:《犯罪的成立范围与处罚范围的分离》,载《东方法学》2022 年第 3 期。

② 参见石德金:《从“虚幻的共同体”到“真实的共同体”:〈德意志意识形态〉的国家观》,载《现代哲学》2008 年第 2 期。

取作为虚假共同体的国家这种“实际的单个利益和全体利益相脱离的独立形式”①。而真正的共同体“建立在生产力高度发展和普遍交往基础之上、各个人可以摆脱异己力量制约的自由人联合体”，其根本目的在于实现每个现实的人的自由全面发展。② 从国家与社会的二分以及列宁的“政治国家（剥削阶级国家—过渡时期无产阶级国家即半国家）—非政治国家—国家消亡”的理论来看，国家的消亡似乎是阶级统治的消失和社会管理职能从国家重新回归社会的过程，即一种共同体的转型。

基于国家转型可初步推断，法律消亡也是一种转型，这种转型也以人为基础，标志着法律管理职能的重新回归社会。但是这种转型以什么方式进行？我国刑法出现了覆盖范围扩大和刑罚轻缓的趋势，这是否为一种路径？我国学者指出：“我国的法律实践已经展示出一种可能性，通过增加刑法条文的数量和扩展刑法保护的范围，在减轻犯罪的严重程度和刑罚的严厉程度的同时，既满足社会和人民的安全需要，又为最终废除刑法找到一条可行的道路。”③

根据唯物辩证法，如果将刑法范围扩张理解为对刑法的肯定，刑罚式微理解为对刑法的否定，那么这二者就在刑法体系内部达成一种矛盾（对立统一）。矛盾双方的相互斗争，是促进事物的变化发展的决定性力量，而二者的内在统一关系，又使得矛盾双方的相互转化作为斗争结果而出现。“‘是’同时成为‘是’和‘否’，‘否’同时成为‘否’和‘是’。对立面就是通过这种方式互相均衡，互相中和，互相抵消。这两个彼此矛盾的思想的融合，就形成了一个新的思想，即它们的合题。”④因此，从理论上看，刑法范围扩张（是）与刑罚式微（否）作为对立统一的矛盾双方，是可以通过相互斗争和相互转化推动刑法的转型。

在立法实践中，笔者考察了近年来我国行政刑法的立法变动，根据新设条文是否与旧有罪名存在联系，将其分为两类。表1是“旧罪名变动和基于旧罪名延展的新罪名”（部分），法定最低刑基本沿袭原有罪名的法定最低刑，但是条文覆盖范围有所增长。表2是全新罪名（部分），刑法范围扩大，但刑罚呈现出轻微化趋势。行政刑法的发展似乎可以佐证这种肯定与否定的矛盾运动。

---

① 贾莎：《从“真正的共同体”到“人类命运共同体”：马克思恩格斯共同体思想的逻辑理路与时代表达——基于〈德意志意识形态〉的文本考察》，载《当代世界与社会主义》2022年第4期。

② 参见桑明旭：《马克思“真正的共同体”思想的历史演变及其当代启示》，载《求索》2022年第5期。

③ 王世洲：《世说刑语：你不能不知道的刑法知识》，江苏人民出版社2021年版，第220—221页。

④ 《马克思恩格斯全集》（第4卷），人民出版社1958年版，第142页。

表1 旧罪名变动和基于旧罪名延展的新罪名

条	罪名	法定最低刑	变动	轻/重罪
第284条之一第1款、第2款和第3款	组织考试作弊罪,非法出售、提供试题、答案罪	3年以下有期徒刑、拘役,并处或单处罚金	①新设罪名 ②与非法获取国家秘密罪,非法生产、销售专用间谍器材罪相比,法定最低刑中缺乏对"管制"的规定 ③与故意泄露国家秘密罪比,法定最低刑无变化	轻罪
第341条第3款	非法捕猎、收购、运输、出售陆生野生动物罪	3年以下有期徒刑、拘役、管制或者罚金	①新设罪名 ②法定最低刑与第1款和第2款相比无变化	轻罪
第141条	生产、销售、提供假药罪	3年以下有期徒刑或者拘役,并处罚金	①删除了"足以严重危害人体健康",扩大最低法定刑的适用范围 ②增设第2款药品使用单位人员的规定	轻罪
第142条	生产、销售、提供劣药费	3年以上10年以下有期徒刑,并处罚金	①将倍比罚金修改为无限额罚金 ②增加第2款药品使用单位人员的规定	重罪
第330条第1款	妨害传染病防治罪	3年以下有期徒刑或者拘役	①将传染病范围扩大 ②新设了第(四)项规定	轻罪
第338条	污染环境罪	3年以下有期徒刑或者拘役,并处或者单处罚金	删改了"向土地、水体、大气"等规定,扩大了法定最低刑适用范围	轻罪

表2 全新罪名

条	罪名	法定最低刑	轻/重罪
第133条之一	危险驾驶罪	拘役,并处罚金	轻罪
第284条之一第4款	代替考试罪	拘役或者管制,并处或单处罚金	轻罪
第291条之二	高空抛物罪	1年以下有期徒刑、拘役或者管制,并处或者单处罚金	轻罪
第286条之一	拒不履行信息网络安全管理义务罪	3年以下有期徒刑、拘役或者管制,并处或者单处罚金	轻罪
第344条之一	非法引进、释放、丢弃外来入侵物种罪	3年以下有期徒刑或者拘役,并处或者单处罚金	轻罪

综上所述,假设中国刑法或许会通过扩张与式微并存的矛盾运动,实现自身转型,扩张的是刑法覆盖范围,衰微的是刑罚。对此或许可以类比新冠病毒的代际变化,即传染力增强但危害性降低,逐渐落入人体免疫可以抗衡的范围。如果将刑法范围对应传染力,刑罚对应危害性,将人的社会发展类比于人体免疫系统,那么转型后的刑法后果也将会在个人的社会发展可以调控和修复的范围内。但这种路径基于假设之上,其合理性和正确性仍需要继续验证。

轻微刑事犯罪前科消灭制度研究

冯晓音[*]　崔倩如[**]　王　培[***]

《刑事诉讼法》第 81 条第 2 款规定，对有证据证明有犯罪事实，可能判处徒刑以上刑罚，且曾经故意犯罪的应当予以逮捕。其中的曾经故意犯罪是一个非常广泛的概念，包括曾经因故意犯罪被起诉，最后未能获得无罪处理的所有情况，简而言之，就是前科，即犯罪嫌疑人具有故意前科，且有证据证明犯罪事实的，应当予以逮捕。该条文在《刑法修正案（九）》中的醉驾入刑后，因为醉驾属于故意犯罪，且案件量越来越大，从侧面导致应当逮捕的范围逐渐扩张。行为人犯罪后，若其具有前科，公安机关以此为由提请批捕，检察机关同样以此为由批准逮捕，由此，批准逮捕的数量在一定程度上开始激增，因此，笔者提出建立轻微刑事犯罪前科消灭制度，让轻微刑事犯罪行为人更好地融入社会，更好地贯彻落实少捕慎诉慎押政策。

一、轻微刑事犯罪前科消灭制度的域外经验

前科消灭制度并不是无源之水，在域外许多国家被明确地写入刑法典中，包括俄罗斯、法国、美国、韩国、日本等。其中，俄罗斯的前科消灭制度极具彻底性，法国是最早施行前科消灭制度的国家，美国虽各个州的前科消灭制度都不完全相同，但其法律仍然具有典型性。

（一）俄罗斯的前科消灭制度

《俄罗斯刑法典》不仅规定了被判处缓刑的人在缓刑期限届满其前科消灭，还根据罪行的严重程度规定了不同的前科消灭时限，包括 1 年、3 年、6 年和 8 年。俄罗斯的法律规定具有强制性，一旦缓刑期或者服刑期达到一定时限，前科便会自动消灭，一旦消灭，所有法律后果都将被撤销。因此，俄罗斯刑法中的前科消灭是最彻底的消灭。①

---

* 浙江省杭州市拱墅区人民检察院党组书记、检察长。

** 浙江省杭州市拱墅区人民检察院第八检察部副主任。

*** 浙江省杭州市拱墅区人民检察院第二检察部检察官助理。

① 参见庞冬梅：《俄罗斯前科制度研究》，载赵秉志主编：《刑法论丛》（第 54 卷），法律出版社 2019 年版，第 355 页。

(二)法国的前科消灭制度

法国是前科消灭制度的起源地,其前科消灭制度又称复权制度。《法国刑法典》规定,受重罪、轻罪或者违警罪刑罚的任何人,可以依法当然复权,或者按《刑事诉讼法典》规定的条件经法院复权。法院判处刑罚的轻重作为是否可以适用前科消灭制度的区分依据,即前科消灭制度只能适用于被法院判决刑罚较轻的犯罪人。此外,法国前科消灭制度的影响在于,一旦前科消灭,会使法院曾作出的有罪判决归于消灭,任何人都不能再提及此判决。即使犯罪人之后再犯新罪,法院在裁量量刑时,都不得参考之前的判决。①

(三)美国的前科消灭制度

美国的前科消灭制度在全世界范围内影响最大,也最具代表性。美国联邦和各个州关于犯罪记录消灭的内容不尽相同,但大多数都规定了一系列限制条件,都要求行为人具有实质性的改过向善的表现。

域外的前科消灭制度虽然基于不同的价值理念或者不同的制度模式,但具有一些共同性:第一,适用对象的限制性。大多数国家都要求适用对象表现良好,没有再次触犯法律,真诚悔罪,人身危险性已经降低。第二,适用条件的限制性。在罪名的限制上,仅有极少数国家将所有罪名都纳入前科消灭的范畴,绝大多数国家还是根据罪刑的轻重等条件来进行区分,仅针对罪刑较轻的罪名。在前科消灭制度的适用条件上,绝大多数国家都规定了考验期,只有在考验期内没有其他违法犯罪行为的,才可以消灭犯罪前科。第三,适用程序的限制性。前科消灭的方式有依法律规定消灭、依申请消灭等,仅有少数国家规定只要度过考验期,前科便自然消灭。大多数国家都会设置一定的条件和程序,在行为人符合法定条件时,通过法定程序,由法定机构进行审核和决定。

二、实然:我国轻微犯罪前科消灭制度的实践探索

我国刑法中并没有前科的明确定义,但是《刑法》第 100 条规定,依法受过刑事处罚的人,在入伍、就业的时候,应当如实报告,该条款又称前科报告义务。

(一)前科的概念

无论是国内还是国外,是相关立法还是学者观点,对前科都没有统一的概念。结合我国各学者的不同观点,关于前科的争议焦点有二:第一,要构成前科,是否需要定罪、科刑两个条件;第二,前科是一种法律事实还是一种法律地位。

---

① 参见张伟珂:《域外刑事复权制度立法比较研究》,载《法治研究》2014 年第 7 期。

关于构成前科是否需要科刑，目前存在有罪宣告说和定罪科刑说。① 二者之间是一种包含关系，即有罪宣告说是包含定罪科刑说的，定罪科刑的前提是法院宣告行为人有罪。笔者认为，有罪宣告说更有助于构建前科消灭制度的体系。

首先，根据《刑法》第 100 条第 1 款的规定，具有报告义务的人必须依法受过刑事处罚，根据语义解释，行为人必须接受过刑法规定的刑罚，包括自由刑、罚金或者驱逐出境。但《刑法》条文并未直接表述为具有前科的人，因此依法受过刑事处罚并不完全等同于前科。在笔者看来，将前科界定为以前或曾经被法院宣告有罪更具有包容性和概括性，且在本文论证的前科消灭制度中，如果仅仅将定罪科刑界定为构成前科的条件，有罪宣告将会沦为刑法上的"孤岛"，没有相应的前科消灭措施却要承受前科带来的相关不利后果。

其次，前科本质上是一种法律事实还是一种法律地位的争论也愈演愈烈。法律事实是指行为人被法院宣告有罪或者被判处刑罚的一种客观存在的事实。而法律地位是指因被判处刑罚而不得不承担某些不利后果的地位。笔者认为，将前科认定为一种法律地位更加适宜。因为如果前科作为一种事实，将会使得前科消灭制度没有源头，因为事实是无法消灭的，发生即发生，不会因各种元素而消失，最多只能将事实予以封存。前科消灭制度之所以能够存在，就是因为前科给行为人带来的不利后果而形成的地位可以予以消灭。②

综上所述，所谓前科，就是指经过人民法院宣判的宣告行为人有罪或者对行为人科处刑罚所造成的一种不利于行为人的法律地位。为了使前科消灭制度与刑法相对应，前科消灭制度针对的不仅仅是自然人，也包括单位。单位在违反刑法规定而被判处刑罚时，也会对单位造成不利的法律后果，因此单位同样也是前科消灭制度覆盖的对象。

(二)前科导致的法律后果

前科对行为人造成的影响，渗透生活的方方面面。在刑法方面，除了之前提到的在逮捕阶段的影响，在法院定罪量刑中，也存在其他的影响。

第一，前科在定罪方面的影响。在刑法中，诸如侵犯公民个人信息罪、提供虚假证明文件罪等，将曾经因该罪受到过刑事处罚，再次犯该罪认定为情节严重，由此可见，前科对于某些罪名的定罪起到了一定的作用。

第二，前科在量刑方面的影响。首先，前科在累犯制度中的体现，一旦构成累犯，法院在判决时不仅要加重处罚，而且不能适用缓刑和假释。其次，在最高人民法院、最高人民检察院发布的关于量刑的指导意见中，行为人有前科，综合考虑前科的性

---

① 参见付强：《前科消灭的概念研析》，载《当代法学》2011 年第 2 期。

② 参见潘照东：《前科消灭制度价值分析及本土化构建》，载《周口师范学院学报》2018 年第 3 期。

质、时间间隔、处罚轻重等情况,可以增加基准刑的10%以下。[①] 可见,前科对量刑有一定的影响。

第三,前科在社会领域的影响要比在刑事法领域的影响更为广泛。如上文所说,《刑法》第100条规定了依法受过刑事处罚的人,在入伍、就业时应当如实报告自己受过刑事处罚的事实,不得隐瞒。这个规定存在其有利的一面,首先,可以有效体现社会治安的预防策略。通过对行为人的管控,加大犯罪成本,可以在犯罪发生的源头对犯罪加以制止,从而起到提前预防的作用。其次,可以更好地保护社会利益和公民利益。身负前科的行为人具有一定的人身危险性,将具有人身危险性的行为人隔绝在某些职业的准入门槛外,诸如教师、公务员等,可以更好地增强社会防控能力,减少潜在被害人。

但是前科也存在一定的弊端。一是给行为人贴上了永久性标签,二是给行为人的家属带来了影响。其一,行为人刑满释放之后,便永久被贴上了前科这个标签,在社会上无法像正常人一样生存。其不仅仅在于受过刑事处罚的人无法再选择诸如公务员、会计师、教师等职业,更重要的在于社会大众对行为人的心理上的抵触。[②] 诚然,像上文所说,前科报告义务可以减少潜在的被害人,但是对于行为人而言,公众对行为人存在根深蒂固的罪犯印象,使他们无法像对待正常人一样对待行为人,使得行为人难以重新融入社会。简而言之,就是公众将一个罪犯的标签永久地贴在了行为人身上。根据标签学理论,一旦行为人被贴上某个标签,并且周围的人均以这种眼光来看待他,那么行为人会以标签的样式来看待自己。即使行为人在最开始的时候企图摆脱标签对自己造成的影响,然而当社会上的人无一例外地对他进行一种精神上的洗礼时,久而久之标签便内化于心,行为人会逐渐认同这个标签,行为人极大可能实施新的犯罪,本质原因在于前科使得行为人的人权难以得到保障。其二,前科制度不仅使得行为人在社会上难以立足,更会对行为人亲属的权益造成一定程度的损害。行为人犯罪,行为人的子女在上学、就业时都会遭到社会上他人的无端歧视,甚至非直系亲属的权益都会受到损害。2008年,某大学生笔面试综合成绩第一却因舅舅曾被判处缓刑而无奈被取消录用资格,对于近亲属而言,他们并没有犯罪,却要因为亲属的错误而承担不属于他们的责任,这种规定实在有悖于正义的价值观,即前科制度中的不利之处给行为人以及其家庭带来了超出刑罚之外的惩罚。

因此,学术界一直呼吁构建前科消灭制度,以期化解现实的困境。

---

① 最高人民法院、最高人民检察院《关于常见犯罪的量刑指导意见》规定:"对于有前科的,综合考虑前科的性质、时间间隔长短、次数、处罚轻重等情况,可以增加基准刑的10%以下。但是前科犯罪为过失犯罪和未成年人犯罪的除外。"

② 参见任杨梓:《标签理论的现实化路径》,载《云南警官学院学报》2019年第2期。

(三)前科消灭制度面临的困境

尽管我国理论界一直在呼吁尽早建立一个与刑罚体系相配套的前科消灭制度,但是在实践中却仍然存在一系列问题。

首先,尽管在现实生活中,前科给行为人带来了一系列不利影响,但前科的存在在维持社会的安定以及减少潜在被害人两方面确实发挥着极其重要的作用,前科可以让一些罪行严重的犯罪分子得到应有的惩罚。前科带来的不利后果也会让部分行为人在实施犯罪行为前进行思考,从而放弃犯罪,减少犯罪数量。

其次,法律规定中前科的存在是一般累犯成立的基础条件。前科消灭制度如何与累犯制度匹配,还需要进行一定的研究。

最后,未成年人犯罪记录封存制度在一定程度上减弱了社会对于前科消灭制度的需求。我国《刑法修正案(八)》中规定了不满 18 周岁的人不构成累犯(一般累犯)以及在一定条件下免除未成年人前科报告义务的规定,并且在《刑事诉讼法》第 275 条配套规定了未成年人犯罪记录封存制度。尽管封存制度存在一些小瑕疵,包括过于原则化,封存制度不够彻底等,但是其积极意义在于为刑罚执行完毕的未成年人之后的生活提供了一个相对妥善的解决方案,保护了未成年行为人的安全,也让理论界看到了希望。

(四)轻罪案件前科消灭制度的实践土壤

综上可知,在我国目前所处的阶段,想要彻底地实施前科消灭制度是不可能实现的,但是前科消灭制度在我国乃至于世界都是主流,结合外国刑法关于前科消灭制度的本质,针对个别罪名实施前科消灭制度是目前可行的路径。需要强调的是,本文所述的前科消灭制度仅针对轻罪,对于罪行严重的犯罪仍然还是按照之前的规定处理。

1. 轻罪案件多

一般而言,我们将法定刑最高刑为 3 年有期徒刑,包括拘役、管制、罚金的罪行称为轻罪。而在我国,近些年来最典型的轻罪莫过于危险驾驶罪。《刑法修正案(八)》将醉驾入刑,对于醉酒驾驶机动车的行为确实起到了一定程度上的抑制作用。在“醉驾”入刑的第一年里,全国公安机关共查处酒后驾驶 35.4 万起,其中“醉驾”5.4 万起,同比下降 44.1%,同时因“醉驾”导致的交通事故数量和死亡人数均明显下降。据公安部交通管理局公布的统计数据显示,2019 年上半年,全国共查处酒驾、醉驾 90.1 万起,其中醉驾 17.7 万起,因酒驾、醉驾导致的死亡交通事故 1525 起,造成 1674 人死亡,分别同比减少 20.7%、20.4%。①

根据最高人民检察院的最新消息,我国近五年来的犯罪结构已经发生了明显变

---

① 参见《2019 年酒驾醉驾违法数据分析》,载《汽车与安全》2020 年第 1 期。

化，严重的人身性暴力犯罪大幅度减少，在已经被追诉的刑事案件中，仅约15%的案件是重罪案件，并且居发案量和被追诉量首位的盗窃罪，已经被危险驾驶罪（醉驾）替代。①

不仅仅是危险驾驶罪，《刑法修正案（十一）》新增的高空抛物罪，《刑法修正案（九）》新增的代替考试罪，都是刑法意义上的轻罪，虽然两罪在近些年来发生较少，曝光率不高，但两罪产生的前科附随后果并不会减弱。

2. 轻罪的社会危险性不高

诚如上述所言，轻罪是指判处3年有期徒刑以下刑罚的罪名，与前科消灭制度有关的轻罪应当限定为法定最高刑为1年有期徒刑的罪名。一个罪名的社会危险性一般与刑罚的严重程度成正比，社会危险性越高，则被判处的刑罚越重，相反，一个罪名如果被判处的刑罚越轻，那么该罪名的社会危险性也越小。在危险驾驶罪、高空抛物罪、代替考试罪等罪名入刑以前，由公安机关或者相关部门给予一定的行政处罚即可。近些年来，将原本的行政违法行为上升到犯罪行为，但是其社会危险性并没有同步提高到与盗窃罪、故意伤害罪等罪名相当的程度，行为人对自己行为的刑事违法性认识程度不高，对自己犯罪人身份的不认同或者认同度不高恰恰也说明了这个问题。②

危险驾驶罪作为一种轻罪，每年有十几万人触犯该罪，数量庞大，案件起诉、审理之时间、效率都是问题。除此之外，轻罪行为对象的再就业是另一大难题。危险驾驶罪的行为人本身就是因为酒驾而被判刑，在平台严格的审核下，行为人不可能从事网约车司机的工作。并且，行为人也不可能在国企或私企就职，这些公司在初步筛选时就将其拒之门外，资格刑的适用范围因前科的存在而被无限放大。③ 将超过必要限度的行政违法行为上升为犯罪行为，本身就说明了该类罪名的社会危害性不如其他罪名高，具有一定程度的可原谅性。④ 一方面，国家将这些罪名纳入刑法，有部分原因是期望遏制当前社会醉驾、高空抛物等行为频发的现象，满足社会发展的需要，在刑法中删除危险驾驶罪等轻罪是不可能实现的，并且行为人应当为自己的行为付出一定的代价，科处刑罚是必不可少的一部分。另一方面，是为了限制行政权力的扩张和滥用。因此，在罪名必须存在的前提下，为了缓解社会中出现的不利现象，消除不利影响，建立前科消灭制度就显得十分有必要。

---

① 参见《最高检：近五年超八成刑案为轻罪案，醉驾位列发案第一》，载网易网，https://m.163.com/dy/article/HTNO155C05561KR8.html，2023年8月23日访问。

② 参见梁云宝：《我国应建立与高发型微罪惩处相配套的前科消灭制度》，载《政法论坛》2021年第4期。

③ 参见陈灿平、温新宇：《醉酒型危险驾驶罪争议问题的法律与经济分析》，载《西北师大学报（社会科学版）》2023年第2期。

④ 参见方涛、冯卫国：《轻罪立法时代的前科消灭制度构建：现实障碍与解决路径》，载《江苏警官学院学报》2021年第6期。

三、应然:轻微犯罪前科消灭制度的设想和构建

(一)前科消灭制度的规定形式

要想将前科消灭制度构建成一个完整的体系,首先要解决的就是前科消灭制度的立法问题。前科消灭制度作为刑罚执行完毕后的配套体系,理应在刑法典中设立专门的章节来规定。一个完整的刑法体系,应当具备分类详细的刑罚内容,科学的刑罚执行制度,以及一个完善的刑罚消灭制度。① 刑法是对一个人的自由、财产以及今后的荣誉等重要法益产生直接不利影响的法律,在对一个人进行刑罚制裁后,与其让其永远被贴上犯罪人的标签,更重要的应该是能够让其恢复自由身,这样才有利于人权保障机制和公平正义目标的实现。因此,只有在刑法中设立专门的前科消灭制度章节,才能够与之前的刑罚制度相匹配。该制度的最终目标是消灭前科所带来的负面影响,因此写入刑法理所应当。将其写入刑法,可以节约相应的司法资源,维护整个刑法体系的稳定。

(二)前科消灭制度的影响后果

前科消灭的适用领域是所有领域还是刑事领域?诚如上文所言,前科所带来的影响渗透社会生活的方方面面,前科消灭制度同样应适用于所有领域,因此,笔者认为,消灭应当是在所有领域的消灭,即绝对消灭。前科一旦消灭,那么由前科所造成的一切法律后果都应当予以消灭。即便是司法工作者在判断行为人之后的罪行时,也不应当将已经消灭的前科纳入考虑的范围。前科消灭制度是为了给已经改过自新的行为人一个重归社会的机会,如果行为人再次犯罪,似乎可以说明他并没有诚心悔过,没有消除再犯罪可能,仍然具有人身危险性,但这并不是否定前科消灭制度的理由。不能因未来的概率性事件而否定该制度。笔者认为,可以在前科消灭制度中规定一系列条件,尽量避免行为人再犯罪,从而完善该制度。

(三)前科消灭制度的罪名适用

笔者在上文已经提到,前科消灭制度并非针对所有犯罪,而是法定最高刑为 1 年有期徒刑的犯罪。刑法条文中有从轻、减轻处罚的各种规定,减轻处罚可以使应当判处 3 年以上有期徒刑的刑罚减轻到 3 年以下。因此,笔者认为,在判断一个行为人适不适用前科消灭制度时,应当根据宣告刑来进行选择。刑法中刑罚的轻重与社会危险性成正比。法律规定了 3 年以上的有期徒刑,足以说明该罪行的社会危险性较高。但是

① 参见程骋:《前科消灭与复权制度在刑罚体系中的定位及逻辑关系解构》,载《江汉论坛》2021 年第 12 期。

既然法律规定了从轻、减轻的情形,法院在对行为人进行宣判时,也选择了对行为人减轻处罚,说明法官看到了行为人真诚悔罪的态度,行为人的人身危险性已经得到降低,与之对应的即是3年以下有期徒刑的刑罚。由此可知,对行为人来说,宣告刑与他本身的人身危险性是相当的,前科消灭制度所要针对的,正是与此种人身危险性相当的犯罪,因此,前科消灭制度适用的,正是此种轻罪。

当然,诚如累犯分一般累犯和特殊累犯,特殊累犯针对的危害国家安全犯罪、恐怖活动犯罪、黑社会性质组织犯罪和毒品犯罪四种犯罪,取消了刑满后的年限设置。那么与之相对应,这四种犯罪同样不适用前科消灭制度。

(四)前科消灭制度的时间限制

这里所指的时间限制,是指前科人员的前科消灭所必须经历的考验期间,这是世界上所有前科消灭制度的立法通例。不同的是,不同国家在考验期间上略有区别,相同的是考验期间与行为人所要执行的刑罚时间呈正相关。结合其他国家的经验,以及我国刑法规定的追诉时效来看,对于本文所指的前科消灭的考验期间,建议设置为5年。《刑法》第65条规定构成累犯的时间期限为5年。累犯的设置正是为了给人身危险性较高的行为人以更严厉的处罚。因此,前科消灭制度不能与累犯冲突。因此,考验期间设置为5年具有合理性。只要在轻罪刑罚执行完毕或者缓刑考验期满5年后,符合法律规定的悔改条件,前科可以予以消灭。①

(五)前科消灭的实质条件及实施方式

实质条件是指对前科人员在前科消灭考验期间的行为进行评判,来确认行为人是否有相应的悔改表现,即行为人在前科消灭的考验期间,没有其他违法行为或再犯新罪。前科是否消灭,需要由法院进行裁定。法院在收到行为人的申请时,应该及时对行为人的申请进行审查,综合行为人的表现,当地社区以及派出所的无其他行为的情况说明等条件,对行为人的前科予以裁定消灭。

前科消灭制度应该限定一个人只能享有一次机会,且在这次轻罪刑罚实施之前,没有受过其他刑事处罚。一个人如果已经被判处1年以上有期徒刑,在该罪前科未被消灭又犯新罪的前提下,无论是针对前罪还是后罪,均不能适用前科消灭制度。此外,如果行为人在前科消灭之后再犯罪,那么司法机关不应将其已经消灭的前科作为定罪或者量刑的依据。检察机关在逮捕或者起诉时也应当按照行为人没有前科进行处理。但是,针对行为人此次的犯罪,无论罪轻罪重,都不再适用前科消灭制度。

① 参见崔志伟:《积极刑法立法背景下前科消灭制度之构建》,载《现代法学》2021年第6期。

结 语

刑事政策措施作为一种犯罪治理和防控的整体性策略,其目的在于从犯罪层面上治理和预防犯罪,最终目的是从宏观上解决社会治安问题。轻微犯罪前科消灭制度为解决该问题提供了方法和策略。前科作为法律赋予行为人的一个标签,不仅影响了行为人的正常生活,也反向影响了少捕慎诉慎押政策的落实。轻罪的前科消灭制度可以兼顾上述两个目标,因此,将前科消灭制度作为少捕慎诉慎押刑事司法政策的配套政策具有十分重要的意义。

淡化刑罚附随效果的中国式实践路径前瞻

李锁华* 马 聪**

引 言

随着国家治理体系与治理能力现代化进程的推进,法治化已经成为一种基本的国家治理方式和手段。难以否认的是,在刑法领域大规模的法治化必然意味着大规模的犯罪化。近十年的刑事立法与司法实践已经充分表明,我国的犯罪圈逐步扩大,特别是轻罪数量不断增多,无论是否为刑法学理论所理解与赞成,都已经成为一种不以人的意志为转移的客观趋势。然而,我国数千年来的刑罚传统表明,国家在充分信赖刑罚治理社会积极功能的同时,个人、社区乃至群体对刑罚往往存在一种“谈刑色变”的禁忌心理。由此,积极运用刑罚手段治理犯罪,必然会触动社会大众的利益以及大众的敏感神经,其中就牵涉前科制度或刑罚附随效果的消除等问题。毫无疑问,我国有关的犯罪制度、刑罚制度以及强烈的刑罚附随效果等问题都是“中国式”的,那么对于如何淡化刑罚附随效果,设计和选择合理的方案和路径,应当充分考虑中国问题的特殊性,建立“中国式”的刑罚附随效果淡化或消除路径。鉴于此,本文拟对我国刑罚附随效果消除或淡化实践的可行性路径与思路问题进行探讨。

一、“刑罚附随效果立即废除”之不可行性

在当前的刑法学文献中,谈到刑罚附随效果或者前科制度应当“何去何从”时,主流的观点大多是废除前科制度,建立现代化与规范化的犯罪记录消除与查询制度。当然,这种宏观的理论设想与制度设计本没有任何问题,但是,制度与规范的构建自然是一个长期的过程,不可能一蹴而就。在这种现实语境下,真正的问题有两个:一是由于废除前科制度兹事体大,对于废除前科制度的理论论证是否充分、是否具有说服力、是否具有可行性。如,对于国家而言,前科制度在实践中的预防犯罪效果到底如何,是不是有充分的数据和实证研究加以支持?这些都需要特别关注。二是废除前科制度仍

* 浙江省海盐县人民法院四级法官。

** 嘉兴大学文法学院讲师。

然处于理论探讨阶段,离国家的选择采纳还有相当距离。那么,对于诸如醉驾型危险驾驶罪等轻微犯罪所涉及的轻刑的附随效果该如何处理?一个醉驾或帮助信息网络犯罪活动罪的犯罪人,其升学或择业等现实压力与被社会否定的舆论压力该如何解决?当下的困境和问题不可能仅仅寄希望于具有不确定性的、未来的理论设想,充分利用现有资源先行先试开展实践探索才是问题的关键。总之,只有首先阐述清楚前科制度不能立即废止的理由,认清当下的实际情况,才有可能脚踏实地地从点滴开始,逐步尝试淡化刑罚附随效果的制度实践。

(一)刑罚附随效果及其机制仍有犯罪治理的积极价值

近年来,不少文献从刑法学理论的方方面面,诸如谦抑与比例原则、非犯罪化以及刑罚目的理论等,质疑前科制度的正当性与合理性,进而主张立即废除前科制度。① 刑罚附随效果之所以能发挥作用,或者说国家之所以希望保留刑罚附随效果的制度机制,从根本上说无非是基于预防犯罪的刑罚目的考虑。也就是说,刑罚附随效果能够使得大众因为惧怕犯罪可能带来的对家庭和子女的连累放弃犯罪,即实现一般预防目的;通过限制罪犯本身及其周边亲属的特定权利或资格,使之难以重新犯罪,即实现特殊预防目的。然而不可否认的是,刑罚附随效果及其机制,其实并不仅仅是刑法领域的明确规范与制度,而是在中国国情特别是长期计划经济体制与思维之下形成的超越单一"刑罚治理"的一种政治化、组织化和社会化的犯罪遏制与预防乃至社会控制方式。虽然我国早已经建立了市场经济制度,但是犯罪治理的制度与规范却具有一定的历史连贯性,只要国家治理犯罪的思路与机制没有发生彻底性变革,那么,国家自然会继续依赖具有历史性的犯罪防控和预防制度与机制,以期发挥对犯罪的威慑和预防作用。对此,基于社会政治与法律制度领域的伦理性要求,我们始终无法通过科学实验的方法来准确证明刑罚附随效果到底在多大程度上有效或者无效,也无法像自然科学那样清晰地证明其运行机制或原理。而且,在文献中经常可以看到,研究者往往基于刑罚及其附随效果对部分群体没有产生作用,试图证明整个刑罚体系及其附随效果"没有效果""是失败的"。显然,此类研究除了在论证逻辑和方式上存在"以偏概全"的问题之外,也不符合历史和社会现实。同时,也必须看到,人们对所谓的重刑主义、一般预防、一般威慑、特殊预防等概念的理解,在不同的文献和语境下也存在较大分歧,因此有关此类研究的结论局限性很大。毕竟,有不少普通百姓确实是因为惧怕犯罪所带来的名誉受损、波及家庭成员等原因而努力控制和压制了自己的犯罪意念而选择守法。另外,消极的一般预防中因受压制而形成消极的守法习惯和积极主动守法、塑造自身对法律的忠诚之间,也并不是完全泾渭分明的,消极守法习惯经过长期的重

① 参见罗翔:《犯罪附随性制裁制度的废除》,载《政法论坛》2023 年第 5 期。

复,则可能成为直觉性守法习惯,甚至形成对法律的敬畏和忠诚。根据这些犯罪学原理,始终难以彻底否定刑罚附随效果的积极价值,或者说,刑罚附随效果在压制和预防犯罪方面的积极意义,仍然是比较明显的。因此,在利弊权衡之下,国家恐怕一时难以将其彻底废除。

(二)刑罚附随效果及其机制废除存在制度规范障碍

我国当前所形成的刑罚附随效果及其机制,在很大程度上与我国计划经济时代的历史状况有关。在计划经济条件下,国家性的计划无所不包、无处不及。在国家诸多权力手段和方式中,行政性的手段和制裁措施,是贯彻和保障国家计划有效率执行的根本性方法。在行政性措施作为国家计划贯彻的主导性手段的前提下,有关相对轻微的违法犯罪行为,也都被纳入庞大的行政机器予以调整和处理,而且,这种行政性的处理方法相对而言非常节省成本,并且具有较高的效率。因此,国家首先用强大和无所不包的国家计划以及强有力的行政管理手段压制了各种严重犯罪发生的可能性;接下来,国家通过刑罚的运用,打击各种危害社会秩序的犯罪行为,同时,为了实现国家和社会对治理秩序的诉求,必然会充分动用效率较高的各种正式或潜在的行政性手段来对罪犯这一特殊群体实行特殊治理,以防止其再次实施犯罪。由此,行政性制裁手段和刑罚性制裁手段的界限便变得模糊。

在以个人职业固定化、人事关系档案化、住所固定化,流动限制化、交往单位化为主要形式的强大的行政管控之下,人们受到行政处分或制裁就必然会在职业、声誉、自由乃至人格上被终身打上烙印,其所带来的痛苦性、惩罚性和耻辱性效果,不仅不亚于甚至还可能重于当今社会刑罚所可能带来的惩罚性效果。因此,在计划经济条件下,国家无论是使用刑罚手段来干涉危害行为,还是使用行政手段来干涉危害行为,并不是问题的关键。事实上,问题的关键在于,不论采用了什么样的制裁手段,只要有效地对违法行为进行了干涉,就是恰当和正确的,而在强大的和扩张性的行政管理权力笼罩下,以国家行政机关甚至是代表国家机器的各种单位所实施的行政性的处分和制裁措施干涉社会危害行为,不仅不会被认为存在任何理论与实践问题,而会被认为是非常具有特色、效能而且经济的正当性方法。事实上,在计划经济为主导的社会结构下,人们由于对于自己所属的单位和国家具有超出寻常的绝对依附和依赖,要求国家和单位尽可能地为个人提供最快的、最有效的各种保护措施,这就自然压制了以尊崇个人权利和自由的现代法治观念和制度的形成和发展,并由此客观上助长了国家、单位乃至个人对权利的价值和意义的忽视,由此,个人特别是罪犯的就业、升学以及从事特定行业的资格自然被忽视了。①

---

① 参见王顺安、马聪:《中国特色社区矫正基本制度问题研究》,中国政法大学出版社 2022 年版,第 473—478 页。

在行政权力庞大的经济和社会背景下，法律规范的设定和修改的程序、内容则不再那么严格，因此，刑罚附随效果对个人权利的限制、侵夺或者压制，基本就能够从效力位阶和层级较低的行政性法规、政府规章、行业或部门规章甚至是规范性文件乃至行业规范中进行规定并予以实施。由于犯罪涉及社会关系的方方面面，行使行政权力的国家机关、部门或单位，往往都会以自身部门的工作职责为出发点，设置某种特定的附随效果及其机制，从而使得刑罚附随效果所限制的资格或权利种类繁多，五花八门。虽然有文献指出，由于刑罚附随效果及其机制的存在，使得罪犯回归社会遭受到严重排斥，应当对刑罚的附随后果进行全面和系统的清理，在此基础上进行合宪性审查，最终建立起一套规范的刑罚附随后果制度，从而实现附随后果制度的合法化、规范化、比例化和目的化。但是，由于刑罚附随后果的内容和种类非常广泛，而且其规范性根据广泛存在于各个部门或行业规范之中，进行刑罚附随效果的法治清理并非易事，小修小补根本无法解决问题，大修大补则又需要较长的时间和制度空间的系统支持，无论哪种方案都对解决现实问题益处不大。①

（三）刑罚附随效果及其机制废除存在社会心理困境

客观而言，刑罚附随效果及其机制的制度规范障碍属于显性障碍，然而，有一种隐性障碍在更深层次上影响着附随效果及其机制的改革与废除，即国人的社会传统观念和心理。自封建时代开始，礼制等伦理道德规范就已经成为约束人们日常生活行为的主导性规范，而犯罪则被国家视为一种在道德礼制上需要被否定评价的罪大恶极的行为，为了打击这种恶行，不少朝代不惜采用“连坐”等形式多样的株连制度。所以普通百姓往往认为，自己在社会生活中要尽量避免沾染犯罪或与刑罚等相关的不祥“恶事”，同时，应尽量避免接触已经沾染了罪与刑的“犯人”，甚至避之唯恐不及。在这样的社会文化传统下，罪犯被大众歧视已经成为一种非常普遍的思维，人们为了保证自身的利益和安全，自然也不愿意和罪犯有过多交往。近代以来，历次革命与政治运用不仅没有淡化“血统”“出身”“身份”等在“刑罚”中的惩罚意义，反而愈加强烈，因此，刑罚的附随效果及其机制随着国家干预社会生活的广度和深度的增加而变得更为强烈。这就意味着，退一步讲，即便法律明确废除刑罚各种附随效果及其机制的法律规范，但由于历史文化和大众心理的惯性，这种潜在的障碍仍然会存在。抽样调查数据显示，有将近九成的企业对有前科的求职者持消极和抵制态度，认为“能不用就不要用”，更有甚者，一些地区的企业因为响应国家号召主动接纳有前科的人进厂工作，反而被当地作为重点“维稳”对象被多次谈话、讲话，甚至正常的经营行为都受到了一定程度的影响。因此，打破刑罚附随效果及其机制废除的隐形障碍，更非一朝一夕之事。

① 参见夏朗：《论轻罪时代的前科淡化：对犯罪信息获知途径的限缩》，载《政法论坛》2023 年第 5 期。

试想,法治水平发达的欧洲在第二次世界大战之后开始倡导废除死刑,直到死刑从刑法制度上被废止,再到欧洲普通公众普遍接受死刑废止的观念,也经历了将近半个世纪的时间,那么,处于法治发展过程中的我国要改变传统刑罚观念,实现对罪犯的宽容,则需要更长的时间。

二、“信用修复”与“安置帮教”结合模式的探索

自从社区矫正制度在我国全面推行以来,全国各地进行社区矫正制度探索的积极性很高,出现了很多独具特色、形式多样的地方模式。其中,“信用矫正”模式就是浙江省在社区矫正模式数字化模式探索过程中初步形成的。当然,“信用矫正”模式在当前虽然仅仅限于轻罪罪犯和轻刑罚执行方式方面的探索,但其客观化、数据化和准确化的应用场景模式及效果,具有淡化甚至废除我国刑罚附随效果及其机制的高度可能性。

(一)“信用矫正”模式的形成背景与体系

至 2023 年 6 月,浙江省在册社区矫正对象有 4 万余名,杭州市近 6 千名,如何帮助其尽快实现顺利回归社会,降低重新犯罪率是当前社区矫正的重点任务。就当前社区矫正管理实践而言,现有社区矫正制度设计缺乏正面引导和评价体系,正向评价体系尚未构建,存在刚性监督管理有余、柔性监督管理相对缺失、正向激励不多等问题,难以形成有效正向激励导向。同时,在数字化的大背景下,社区矫正日常工作中产生大量的涉及信用的数据,而这些数据又未归集或是少量已归集但未真正发挥作用,需要一套完整的涉及信用信息化系统去承接并赋能信用矫正业务开展。为此,浙江省专门出台了《浙江省“信用矫正”体系建设三年规划(2022—2024 年)》,开启了“信用矫正”模式的创新性探索。

“信用矫正”体系建设按照正向激励和负向约束相结合的原则,创新打造以“1 大体系(社区矫正对象信用矫正评价体系)、2 类群体(个人和社会组织)、3 项机制(信用承诺、奖惩、提升机制)、N 类场景(信用+N 场景)”为内核的“123N”信用矫正体系。“信用矫正”的核心,基于社区矫正对象在矫正全生命周期的综合表现,以社区矫正对象“省公共信用分—信用矫正分—地市信用分”的流转机制为依托形成“信用矫正分”,从而使得社区矫正对象的监督管理和教育帮扶任务以及融入社会的最终目的法治化、客观化、可视化、数据化。为构建“信用矫正”体系,根据“高效、便捷、实用”原则,开展“1 舱 2 端 1 中心”信用矫正及应用场景建设。其中,“1 舱”是指开发省、市、区(县)三级驾驶舱,实现全省信用矫正信息“一屏总览、一屏统管”。“2 端”是指“浙政钉”和“浙里办”。一方面,以“浙政钉”为入口,开发社区矫正工作人员端,满足“一站

式动态掌握信用矫正信息,随时随地审批”。另一方面,以“浙里办”为入口,开发社区矫正对象端,提供“服务随时申请,帮扶诉求在线提出,个人信用实时感知,个人社会信用提升”等服务。“1 中心”是指信用矫正管理中心。以纵横向归集社区矫正数据为基础,通过“信用矫正管理中心”实现对全省社区矫正工作的综合管理应用。依托五大模型,实现信用数据的深层次应用;基于机制中心,实现对“信用承诺、信用奖惩、信用提升”三大机制的管理;借助分析中心提供分析研判、预警预测、趋势对比能力。此外,场景中心提供信用+档案、信用+画像等场景应用,多维度展示社区矫正对象的信用等级、信用分值,变化趋势,以及信用提升建议等。

(二)“信用矫正”在“安置帮教”制度中的嵌入

安置帮教制度是我国在治理犯罪和改造罪犯的历史实践过程中所积累起来的有效的犯罪统计与再犯预防制度措施。自从劳动教养制度废除以后,安置帮教制度的目标对象就仅限于刑满释放人员,而且,随着社区矫正制度的推行,由于缓刑犯的性质存在理论争议,对于能否对缓刑犯进行安置帮教则产生了一定的疑问。而且,由于安置帮教工作一直属于司法行政业务中的边缘工作,其受重视程度、人员经费以及工作保障等都受到多方掣肘,因此安置帮教制度在大多数文献中被否定。然而,对“信用矫正”的探索已经为安置帮教工作奠定了非常客观和良好的条件和基础,如完整的教育矫正和学习激励、参与公益活动的过程和次数、心理过程等数据;同时,“信用矫正”赋予罪犯、社会组织参与社区矫正的记录分数都可以为安置帮教工作提供良好的参考,毕竟,安置帮教工作的核心目的就是帮助罪犯解决基本生存需求,如解决工作问题,尽快融入社会正常生活。因此,“信用矫正”为安置帮教工作提供了良好的事实条件。

综上,“信用矫正”与安置帮教在核心目标方面存在高度一致性,而且,“信用矫正”已经为安置帮教提供了罪犯在服刑改造过程中的完整信用记录,在很大程度上可以借此评估其人身危险性与再犯可能性。在安置帮教过程推进之后,则可以进一步形成归正人员的工作和日常记录,从本质上而言,这是能够反映归正人员从解除矫正到正常融入社会生活这段时间的信用数据,而这些数据则可以评估其整体的风险情况,我们完全可以将两种制度相互结合并深度嵌入,再向前迈一步,即可以根据矫正与帮教时期所形成的数据,对其前科以及刑罚附随效果予以淡化,甚至消除。这一步,应当说是刑罚附随效果淡化和消除的制度化尝试最关键的一步。因此,从特定轻罪罪犯如醉驾型危险驾驶罪罪犯等开始,落实并做实轻罪罪犯的安置帮教工作,综合运用“信用矫正”与安置帮教工作,可以有较为客观的依据和充分的理由作为支持,淡化此类罪犯的前科效应。以此为基础,在不断试点并总结经验的基础上,扩大轻罪罪犯的类型,分步骤有条件地建立中国式的刑罚附随效果淡化或消除机制,消除刑罚附随效果淡化的制度规范性障碍。与此同时,由于“信用矫正”的嵌入,意味着罪犯的自我努力、争取和救赎,随着这一过程的客观化和数据化,且该“信用”为官方和权威机构所认可和提倡,因此大众以及用人单位对罪犯的恐惧和歧视心理则可以被有效抵消,消除刑罚附随效果淡化的隐性障碍。

三、“信用修复”与“安置帮教”结合模式的法理分析

在我国现有历史条件下,彻底废除刑罚附随效果及机制不具有理论与现实的可能性和可行性,但同样也必须看到,当下对罪犯特定权利的不恰当的限制和歧视及其正常融入社会的不利影响,因此应最大限度利用现有的政策和制度资源淡化附随效果的负面影响。之所以提倡“信用修复”与“安置帮教”相结合的模式作为一种比较可行的方案,主要是基于以下三方面的理由。

第一,这一模式还能继续保留对特定罪犯及其亲属再犯的特殊预防效果。以剥夺罪犯及其亲属的特定权利或资格为目的的特殊预防,是一种较为落后且僵化的模式,并非特殊预防的主要表现形式,相反,以对罪犯实施特殊的心理威慑为代表的消极特殊预防以及积极守法习惯塑造为表现形式的积极特殊预防才是特殊预防的现代发展方向。“信用矫正”模式主张恢复罪犯的社会信用,是以罪犯认罪悔罪和弥补社会损失为主要形式的矫正方式,与特殊预防的现代发展方向高度契合。“信用矫正”模式向罪犯明确,如果不认真悔罪和弥补社会损失,认真接受教育改造矫正,则在矫正结束后不能恢复社会信用,依然会“贷款受限”“就业受限”“被区别对待”,而积极接受教育改造则不再受到歧视性对待。这种预告不仅有反向威慑作用,而且还有正面激励作用,能够使得罪犯在畏惧刑罚的同时看到生活的希望,因此,这一模式对于预防其再犯有较好效果。

第二,这一模式符合个人自我负责以及国家对公民保护义务的双重法理。个人有自我选择和行为的自由,特别是有自我选择生活方式的自由,但是无论作何种选择,个人自由和权利都不能以侵犯他人法定权利和自由为代价,否则,刑罚则会介入并对其进行制裁。根据刑罚目的原理,对他人或社会利益进行侵害的罪犯,自身必须受到相应的惩罚,并对被害人或社会进行相应的补偿,被侵犯的法秩序才能得以恢复从而确证其效力。罪犯被惩罚与弥补被害人或社会,本身就是个人自我负责的重要表现。“信用矫正”模式重在强调通过罪犯自身的悔罪以及实际行动向被害人或社会表达自身的悔过态度,实质上就是以实际行动实现自我负责的原理。同时,“不能抛弃任何个体”是现代社会的基本原则,也是国家对公民保护义务的具体体现。国家有义务和责任对犯罪的个体进行教育和帮助,在教育、就业、受到物质帮助、社会保障等方面提供

各种必要的条件,使之能够维持基本的生存并被社会再次接纳。"信用矫正"模式充分动用国家和社会资源,充分尊重罪犯个体意愿,对罪犯提供各种各样的帮助,并以客观化和规范化的数据记录为其构建信用档案,修复其社会信用,并用国家法治力量和资源保证其不被他人或社会所歧视,这正是履行国家保护义务的充分体现。

第三,这一模式能够充分利用现有的政治、政策、法律等各种资源,最大限度减少制度改革可能带来的动荡和成本,同时能够进一步落实扩充现有制度,建立符合中国特色和制度传统的刑罚附随效果淡化或消除机制。"信用矫正"模式充分运用了数字化、智能化和信息化技术的最新成果,大大降低了工作成本,同时,使参与主体各方信息、工作条线等不同的内容客观化、可视化和可评估化,对于刑罚附随效果或前科消灭制度的契入奠定了客观和规范的数据根据,从而避免了制度规范从一开始就出现的人为恣意性或腐败可能性,确保制度探索的公正性与法治化。另外,由于当前安置帮教工作虚化现象较为突出,通过以"信用矫正"为基础尝试和创设刑罚附随效果淡化或消除机制,进而探索建立中国特色的前科消灭或犯罪记录封存制度,可以充分运用并整合司法行政机关、社区矫正机构和安置帮教部门的资源,直接在司法行政系统中建立刑罚附随效果淡化或消除机制的管理和执行机构,避免再次建立新部门、增加部门预算或者设置新编制所带来的各种博弈或掣肘,从而减少制度探索和构建的风险、阻力和压力,提升制度创设和完善的确定性与可靠性。

总之,在现有的资源、制度和观念等多重影响下,"信用修复"与"安置帮教"结合模式通过充分运用制度内的资源与政策,有望以最小的制度成本、最小的改革阻力实现刑罚附随效果淡化或消除的任务,建立起中国式的刑罚附随效果消除或前科消灭制度。

结　语

在大规模犯罪化的社会背景下,充分认识刑罚附随效果及其机制对个人权利或资格的不正当限制与剥夺,具有重要的法治与人权法意义。将"信用修复"与"安置帮教"模式相结合,通过对司法行政力量进行体制内整合,是有望实现我国刑罚附随效果消除或前科消灭制度构建的关键性一步。由于篇幅所限,本文仅简要介绍了以"信用修复"与"安置帮教"相结合模式为基础建立中国式刑罚附随效果淡化或消除制度的现实必要性与初步设想,其他问题则留待日后探讨。

积极刑法观视野下轻罪记录封存制度构建

冯佳琪*

一、问题的提出

随着《刑法修正案(十一)》的出台,我国轻罪立法趋势愈发明显,尽管仍有不少学者是消极刑法观的忠实拥趸,然而积极刑法观在事实上的确立已经无可辩驳。在这样的立法背景下,我国刑法结构步入了从“厉而不严”到“严而不厉”的稳定转型期,刑事法网日趋严密的同时,也意味着犯罪圈的缓慢扩张,从前仅以行政处罚的一般违法行为被规定为犯罪,越来越多的人被打上了“犯罪标签”,较之未曾犯过罪的人多了前科报告的义务,永久留下了犯罪记录。相较于重罪犯罪人来说,轻罪犯罪人的人身危险性和再犯危险性较低,也正因为如此,虽然我国尚未建立完善的犯罪分层体系,但是刑法学界对此也有划分标准。然而犯罪记录的存在却使得“轻罪不轻”,轻罪犯罪人承担着和重罪犯罪人相同的前科报告义务以及同等程度的犯罪附随后果,换言之,二者在刑罚执行完毕回归社会的过程中存在同样的困境和难题。

据此,有必要构建中国式轻罪犯罪记录封存制度,将轻罪和重罪区分开来,对于符合条件的轻罪犯罪人,将其犯罪记录予以封存,除特殊情况或个别有权机关以外,任何人不得查询该犯罪记录。如此规定既能够帮助犯罪人顺利回归社会,实现刑法惩罚犯罪和保障人权的双重功能,也更符合轻罪治理所倡导的效率、效果等多元并举的价值导向,同时契合我国宽严相济的刑事政策。

二、轻罪记录封存制度构建的必要性

(一)积极立法观确立导致犯罪附随后果普遍化

曾有学者在2016年就明确提出了“积极刑法立法观”在中国的确立问题,并指出刑法通过增设新罪的方式参与社会治理是“刚性”需求。① 积极刑法观的核心要义是

---

* 中央民族大学法学院研究生。

① 参见周光权:《论通过增设新罪实现妥当的处罚——积极刑法立法观的再阐释》,载《比较法研究》2020年第6期。

想通过违法行为犯罪化来解决当今行政权扩张而司法权限缩的窘境,巩固罪刑法定原则,通过刑法更好地保障被告人权益,以真正实现其"犯罪人的大宪章"的实际作用。当今世界正处于百年未有之大变局,全球化的到来无疑推动了社会发展,但随之而来的各种新型风险也正悄无声息地埋藏在社会的各个角落,我们所处的社会环境已然成为风险社会。发达的互联网为社会公众提供了一条"井底观天"的渠道,嘈杂的网络信息中总会夹杂着有关恐怖主义、食品卫生安全、人身安全和财产安全等与社会稳定和公众安危息息相关的信息,而这些信息直接导致大众安全感降低,社会不安情绪悄然蔓延。在这样的大背景之下,大多数民众最终会将目光投向法律领域,期待通过各种立法对社会公众进行保护。以《刑法修正案(十一)》为例,其轻罪立法呈现出以下特征:以积极刑法观为立场,通过降低入罪入刑门槛,强化刑法在违法犯罪治理中的功能;以违法二元论为基础,通过大量增设法定犯,将行政违法行为犯罪化;以典型个案为导向,通过指定具有立场宣示意义的规范,回应社会舆论。①

社会变迁必然会对法律产生新的影响和要求,出于回应社会公众需要和维护社会稳定的目的,轻罪入刑成为必然趋势。然而,当越来越多的违法行为犯罪化,随之而来的就是犯罪附随后果普遍化。积极刑法立法所带来的后续效果不仅仅是"刑罚量"的增多,还会主张犯罪的标签化效应,前者虽是一时的,后者的影响却长达一世。②《刑法》第100条第1款规定:"依法受过刑事处罚的人,在入伍、就业的时候,应当如实向有关单位报告自己曾受过刑事处罚,不得隐瞒。"这是规范层面上对犯罪人规定的前科报告义务,尽管没有明确要求用人单位对普通求职者和犯罪人区别对待,但是招聘方出于对企业管理的考虑,也会在同等条件下优先考虑普通求职者。除此之外,非规范的犯罪附随后果实际上也是以就业歧视为核心,弥散到犯罪人及其周围人生活的方方面面,这当中固然有犯罪人因承担刑事责任需要让渡部分权利以弥补、保护非犯罪人群体利益的考虑,但让渡的内容不应该涵盖犯罪人回归社会后的基本生活权利。③ 轻罪入刑的背后本身就蕴含着国家刑罚权的扩张与放松,当因此而来的犯罪附随后果侵蚀了本属于犯罪人的发展权,尤其是针对社会危害性更低的轻罪犯罪人时,这种对其基本权利的限制则显得更为荒诞无理。犯罪标签泛化所带来的负面效果不仅限于行为人回归社会困难重重,当因犯罪附随后果而无法顺利回归社会的犯罪人达到一定数量时,也会给社会治理带来新的难题和隐患。

(二)顺应罪责刑相适应等刑法基本原则

罪责刑相适应原则可以说是把形式上符合构成要件但实质上不值得科处刑罚的

---

① 参见杨楠:《我国轻罪立法的实践与反思——以刑法修正案(十一)为视角》,载《东方法学》2022年第6期。

② 参见崔志伟:《积极刑法立法背景下前科消灭制度之构建》,载《现代法学》2021年第6期。

③ 参见严磊:《积极刑法观下犯罪附随后果研究》,载《人大法律评论》2021年第1期。

行为排除在犯罪范围之外,或者实质上不值得在法定刑范围内科处刑罚的行为予以宽大处理,体现出实质上的出罪和减轻罪责的趋向。① 该原则要求司法机关对行为人判处的刑罚要与其应承担的刑事责任相匹配,而其所承担的刑事责任也要与其所犯的罪行相当。超越犯罪行为所本应判处的刑罚而被施以额外刑罚的行为本身就不具备正当性,更遑论通过此手段实现刑罚的目的。

从规范层面来看,除《刑法》第 37 条之一规定的从业禁止外,目前并无有关犯罪附随后果的法律规定,犯罪附随后果大多规定在行政法规或者一些非规范性文件中。因此,犯罪附随后果并非规范意义上的刑罚。然而从实践中来看,犯罪附随后果承担了刑罚的惩罚功能,对已经执行完毕的犯罪人存在长期甚至永久的负面影响,其虽无刑罚之名,却已行刑罚之实。例如《公务员法》第 26 条规定因犯罪受过刑事处罚的不得录用为公务员。但是根据《刑法》第 54 条规定,被剥夺政治权利的人会失去担任国家机关职务的权利。当行为人被判处的刑罚中没有剥夺政治权利这一项,那么在刑罚执行完毕之后该行为人依然会失去成为国家机关公务人员的资格。从刑罚轻重角度来看,监禁刑尚且剥夺的是犯罪人一段时间内的自由,而附随后果则极有可能使犯罪人余生都被社会排斥,甚至因此再次走上犯罪的道路、接受刑罚惩罚,如此周而复始。犯罪附随后果的存在使得"轻罪"名存实亡,"轻罪不轻"成为轻罪治理中难以跨越的一道沟壑。

根据贝卡里亚的主张,惩罚犯罪应当以维护对公共利益的集存、防范个人的践踏为必要限度,超过该限度就是不公平的。② 刑法是保护社会的最后一道防线,这就意味着对那些破坏社会关系的犯罪人施以刑罚之后,形式上已经实现了公平正义,任何主体不得再对该犯罪人施加形如刑罚的其他惩罚行为,否则就会有失公正,同时也打破了刑法断后性这一基本规则。从报应刑角度来看,要求罪刑相适应,轻罪重罚违背公平正义原则,极易引起反噬,引发犯罪人的不满,加剧社会的不平衡感。③ 在轻罪人刑的大趋势下,犯罪圈在保持刑法谦抑性的前提下谨慎扩张,虽将从前的一般违法行为纳入犯罪范围内,但是法定刑设置普遍较轻,出于保护法益和回应社会关切的目的,此种行为并未违反罪责刑相适应原则,而真正违反该原则的正是随之而来的附随后果。因此,重罪附随后果的存废尚且不论,但轻罪附随后果所带来的负面影响亟待有力措施解决,亦即初步构建起轻罪的犯罪记录封存制度。

---

① 参见阮齐林:《罪责刑相适应原则对司法实践的指导》,载《中国检察官》2019 年第 13 期。

② 参见〔意〕切萨雷·贝卡里亚:《论犯罪与刑罚》,黄风译,北京大学出版社 2008 年版,第 8 页。

③ 参见俞育标:《轻罪治理视阈下成年人犯罪记录封存制度初探》,载《上海法学研究(集刊)》2022 年第 18 卷。

三、轻罪记录封存制度的路径构建

(一)无犯罪分层制度背景下轻罪标准之界定

划定明确的轻罪标准是构建轻罪犯罪记录封存制度的重要前提。当前我国虽无明确的犯罪分层体系,但是综观域外立法,立足我国刑法学发展,学者们早已对轻罪重罪的划分提出了许多不同的主张,主要争议集中在形式标准说、实质标准说和综合标准说。形式标准说支持按照既定规范对轻罪重罪进行划分,即以法定刑或者对被告人判处的宣告刑作为划分标准,在此之下又分出了有关自由刑长短的划分。实质标准说则是"透过现象看本质",主张以犯罪性质以及犯罪危害程度等内在特质对轻重罪进行区分。综合标准说将上述两种划分方法综合起来并区分主次,希望兼顾多方考量。在笔者看来,实质标准说过于复杂且主观性较强,划分标准强调的应当是形式上的可操作性,但是依据犯罪内在本质难以得出统一标准,最终还是会回到没有标准可依的状态。而综合标准说看似兼顾了两个学说的长处,但在划分时主要还是依照对犯罪人所处刑罚进行判断,与形式标准说没有本质区别。

因此,笔者赞同形式标准说的观点并且支持以宣告刑作为划分轻罪重罪的标准。设定划分标准的目的是将轻罪和重罪清晰明了地区分开,因此明确的量化标准是最佳选择。罪行轻重的最终表现形式就是刑罚,行为人所犯罪行的社会危害性已经被预先规定在法定刑中,而我国刑法采用"定性+定量"的标准,同一罪名涉及不同轻重的情节也会设置不同档次的法定刑,因此从法定刑设置中就可以初步体现出该罪自身的社会危害性。

我国刑事司法统计的轻罪案件是以宣告刑为标准,且由过去的"不满五年有期徒刑"为标准转换为以"不满三年有期徒刑"为标准。轻罪不等于轻刑,轻刑是犯罪轻重与犯罪之外因素综合作用的结果,而犯罪轻重指的是犯罪性质和犯罪情节的轻重,犯罪之外还包括其他因素。① 轻罪有可能判重刑,重罪有可能判轻刑,行为人所犯罪行本身固然可以体现出其社会危害性,但是与案件有关的其他因素和情节,也不应当排除在行为人社会危险性的衡量标准之外。如果将罪刑均衡比作一个左右持平的天平,天平左端是行为人所犯罪行的社会危害性和人身危险性,右端则是综合了案件多种因素之后所判处的刑罚,案件相关因素更像是调节平衡的"砝码",有的因素可能导致行为人危险性上升,也有的因素可能会导致行为人危险性下降,因此只有最终由法官根据自由心证,严格把握自由裁量权所作出的宣告刑,才是真正与行为人实际实施行为的

① 参见袁彬:《犯罪结构变化下轻罪的刑法区别治理》,载《人民检察》2022年第9期。

社会危害性相对应的刑罚,才是实质意义上的"轻罪"。

目前我国刑法虽然没有对轻罪重罪划分的明确标准,但是仍然存在以某个刑期作为区别对待标准的条文。比如,《刑法》第 7 条规定的属人管辖权和第 8 条规定的保护管辖权,都以 3 年为界,宣告缓刑的刑期标准也是"被判处拘役、三年以下有期徒刑"的被告人。除此之外,《刑事诉讼法》第 216 条规定,适用简易程序审理且可能判处 3 年以下有期徒刑的案件,可以选择适用合议庭或审判员独任审理;第 222 条规定的使用速裁程序审理的案件也是以 3 年以下有期徒刑为划分标准。在刑事一体化的大背景之下,"三年以下有期徒刑"已经成为刑事法律中划定标准的重要参考,对于划分轻罪重罪的刑期界限具有参考意义。

综上,笔者认为,以宣告刑为 3 年有期徒刑作为轻罪重罪的划分标准更具合理性和科学性。

(二)规范层面:在实体与程序上同步构建轻罪记录封存制度

1. 现有规范应为轻罪记录封存制度构建进行调适

通过对现有规范进行反思后发现,有个别《刑法》条文与构建轻罪记录封存制度之间存在冲突,我国《刑法》第 100 条规定的前科报告义务就是其中之一。该条要求所有受到过刑事处罚的人在入伍、就业时主动报告其前科,但是一旦轻罪犯罪记录制度构建起来,除司法机关为办案需要以外,任何组织和个人不得查询该犯罪记录,但行为人面对刑法所要求的前科报告义务却无计可施,倒是有使犯罪人"自证其罪"之嫌。因此,笔者认为,在构建轻罪记录封存制度之前,应当修改《刑法》第 100 条所规定的前科报告义务,在第 2 款中加入可以免除该义务的主体,即修改后应为"犯罪的时候不满十八周岁被判处五年有期徒刑以下刑罚的人,以及被判处三年有期徒刑以下刑罚的人,免除前款规定的报告义务"。在修改该条文后,实际上也是在刑法层面上正式确立了轻罪重罪的划分标准。

除此之外,轻罪记录封存制度与审判公开制度之间也存在龃龉。审判公开是为了保证司法公正以及公众知情权,其追求的社会防卫思想与轻罪记录封存的价值取向是背道而驰的,且裁判文书公开以及互联网的迅速传播也为有前科人员回归社会制造了困难。[①] 轻罪记录封存要求有关行为人曾犯罪的一切信息和记录全部密封保存,但是根据审判公开的原则,除涉及国家秘密、个人隐私、商业秘密以及未成年人这四种不予公开的情形外(涉及商业秘密是依照当事人申请),刑事案件审理过程和最终判决结果都要向社会公众公开,庭审过程和宣判允许社会公众、媒体等到场旁听,生效文书最终也要在中国裁判文书网上公布。如此一来,轻罪犯罪人在刑罚执行完毕后虽然能够依

---

① 参见方涛、冯卫国:《轻罪立法时代的前科消灭制度构建:现实障碍与解决路径》,载《江苏警官学院学报》2021 年第 6 期。

靠轻罪记录封存制度保证自己的犯罪过往不被用人单位等主体知悉,但是曾经公开过的庭审过程以及在互联网上公示的裁判文书却还在昭示着犯罪人曾经的"罪恶"。对此,笔者认为,庭审公开以及宣判公开具有当场性和及时性,即使个别案件在社会中具有一定影响力,但也不能因此而打破审判公开的规则。更何况媒体的报道或者新闻稿并非规范意义上的成文犯罪记录,对犯罪人服刑结束复归社会后无甚影响,因此庭审公开和宣判公开与轻罪记录封存的价值取向并不相悖。但是裁判文书作为证明犯罪人有罪的书面文件在互联网上公开,是实打实的犯罪记录。根据 2016 年最高人民法院公布的《关于人民法院在互联网公布裁判文书的规定》(以下简称《规定》)第 8 条规定了三种对裁判文书当事人做隐名处理的情形,笔者认为可以将"被判处三年有期徒刑以下刑罚的人"列为第四种情形,如此规定既未打破审判公开原则,又保证轻罪犯罪人在复归社会时免除被用人单位查询犯罪记录的尴尬境地,同时和修改后的《刑法》第 100 条前科报告义务相呼应。

2. 仿照未成年人犯罪记录封存制度进行初步构建

在解决现有刑法面对轻罪记录封存制度存在的障碍之后,可以比照未成年人犯罪记录封存制度进行制度构建。2022 年,最高人民法院、最高人民检察院、公安部、司法部印发了《关于未成年人犯罪记录封存的实施办法》(以下简称《办法》),可以作为轻罪记录封存制度构建的重要参考。

首先,明确轻罪记录封存的主体应包括犯罪人本人以及其近亲属,除此之外,还应当包括因犯罪人犯罪记录受到影响的其他利害关系人。其次,轻罪记录封存的启动可以依当事人申请,也可以法院依职权作出,法院依职权作出的应当在宣判时一并宣布,当事人申请封存犯罪记录的应当在刑罚执行完毕后 1 个月内向作出生效裁判的法院提交犯罪记录封存申请,人民法院对申请书予以审查,并在 15 日内作出决定。此后可仿照《办法》第 11 条规定,将刑事裁判文书和《犯罪记录封存决定书》及时送达被告人,并及时送达同级人民检察院和公安机关,同级人民检察院和公安机关在收到上述文书后应当在 3 日内统筹相关各级检察机关和公安机关将涉案当事人的犯罪记录予以整体封存。再次,关于申请轻罪记录封存的条件,笔者认为只要是被判处 3 年有期徒刑以下刑罚的人都应当对犯罪记录予以封存,而不应再有其他额外的条件,如此才能符合轻罪记录封存制度构建的初衷。最后,任何制度都离不开检察机关的法律监督,此处可以仿照《人民检察院刑事诉讼规则》第 639—641 条的规定,要求人民法院将犯罪记录封存的决定书抄送同级人民检察院,人民检察院经审查认为犯罪记录封存决定不当,应当在收决定书副本后 20 日内,向作出犯罪记录封存决定的人民法院提出纠正意见。人民检察院对人民法院作出的犯罪记录封存决定提出纠正意见后,应当监督人民法院是否在收到纠正意见后 1 个月内重新组成合议庭进行审理,并监督重新作出的决定是否符合法律规定。对最终决定不符合法律规定的,应当向同级人民法院提出纠正意见。

除上述基本程序之外,还需强调的问题是记录封存制度并非前科消灭制度,前者仅要求对犯罪人的犯罪记录进行封存,并不排除有权机关对此进行查询,而后者则强调完全消灭犯罪人所有有关犯罪的信息,即等同于犯罪人从未犯罪,即使日后再次犯罪被判处刑罚,也视行为人为初犯而非累犯。对此,有学者提出应当"保留刑事领域的规范性评价"①,亦即当轻罪犯罪人回归社会后再次犯罪时,司法机关可以根据案件审理需要查询行为人相关记录。换言之,轻罪犯罪人虽然可以将犯罪记录封存并且非必要不允许任何个人或组织查询,但这并不阻却其再次犯罪构成累犯的可能性。一旦行为人刑罚执行完毕后再犯罪,说明刑罚并未成功改造该犯罪人,该犯罪人依然带有一定的社会危害性,因此应当允许司法机关在审理案件时查询行为人从前的犯罪记录,并且在其再次构成犯罪时按照累犯的相关规定处罚。

(三)非规范层面:引导转变报应刑理念

犯罪附随后果来自于两个方面:一方面是规定在法律法规或者各规范性文件中的规范评价;另一方面则来自社会公众的非规范性评价。从自由刑的持续时间来看,轻罪犯罪人重返社会较之重罪犯罪人更为容易,部分重罪犯罪人因长期服刑不与外界接触导致出狱后短期内与社会脱节,但是轻罪犯罪人在这一点上来说则不必过分担忧,由此看来,轻罪犯罪人再社会化成功的概率也要远远大于重罪犯罪人。但这并不意味着轻罪犯罪人再社会化一定能成功,再社会化成功与否并非完全取决于其本身是否改过自新,当犯罪人重返社会、重新拾起对社会的归属感时,社会公众的态度才是其能否顺利回归的关键因素,亦即犯罪人回归社会是双向的。

我国刑法传统重刑色彩浓厚,近代以来响应国际社会保障人权的倡导,刑罚设置从惩罚犯罪向保障人权转变,刑罚的目的从总体上在向预防转变。当前刑法从自然犯为主过渡到以法定犯为主,意味着犯罪的道德非难程度降低,报应复仇等基于自然犯罪的刑罚根据退居第二位,而恢复法秩序、强化法权威的根据上升。② 但是"因果报应"的观念在国人心目中根深蒂固,大多数民众仍然秉持着"杀人偿命"的同态复仇观念。又因犯罪附随后果在对犯罪人本人回归社会以及其子女入党、入学等方面均有负面影响,尽管"附随后果"这种专业性词汇对于大多数民众来说晦涩难懂,但是工作、入学等与日常生活息息相关的概念却能帮助他们更好地理解何为犯罪附随后果。基于民众朴素的报应思想以及刑罚报应理论,能够追随犯罪人一生的"惩罚"无疑是犯罪人最好的"报应"。然而,报应刑也并非就意味着漫无边际的刑罚,而是倡导刑罚与犯罪应当

---

① 周峨春、郭子麟:《轻罪前科消灭制度构建》,载《重庆理工大学学报(社会科学)》2022 年第 9 期。

② 参见卢建平:《轻罪时代的犯罪治理方略》,载《政治与法律》2022 年第 1 期。

具备最基本的关联性。① 犯罪附随后果尽管能够满足社会公众嫉恶如仇的心理，让犯罪人实现真正的“恶有恶报”，但是当这种“报应”失去其正当性基础以及其与犯罪之间的逻辑关联时，公众这种朴素情感就会显得有些“无理取闹”。刑法不能为了回应公众关切就对这种本来就不公平的事情置之不理，更不能助长这种风气，而是应当脱离情绪化的社会舆论，回到刑法客观中立、谦抑谨慎的立场中。

犯罪是孤立的个人反抗统治阶级的斗争，犯罪人势必站在人民和社会的对立面，在经过刑罚惩罚和矫正之后，对于犯罪人是否真正改过自新尚且没有一个可视化的定量标准，也就很难判断该犯罪人的社会危害性是否彻底消除，这就成了犯罪人与社会之间的博弈。所以，如何调和个人与社会之间的价值成为轻罪记录封存制度能否实现其预期效果必须解决的问题。

以统计数据来展示犯罪治理的成就，可以更好地宣传犯罪治理业绩，树立犯罪治理的自信，凝聚犯罪治理的合力，取得更优的犯罪治理绩效，巩固并彰显制度优势。② 在轻罪犯罪人回归社会之后，可以对该犯罪人进行一段时间的追踪调查，观察其工作生活表现、对待亲戚朋友的态度等，将相关信息和数据进行整理分析，并且定时向社会大众公布，慢慢扭转社会公众对犯罪人的刻板印象和消极认知，从而帮助行为人顺利复归社会。诚然，大众观念非一夕可改，但人是社会关系的总和，行为人曾经以犯罪的方式破坏了一部分社会关系，接受刑罚惩罚后复归社会自然要修复被破坏的社会关系，因此，行为人能否顺利复归社会并非仅依靠其自身和相关制度，更重要的还是社会环境以及社会公众的共同努力。社会公众的观念固然难以更改，但是绝不能因此而放弃努力，否则轻罪治理也只能事倍功半。

结　语

综观我国当前刑事法网，立法积极化已经成了不争的事实，与其讨论应当持怎样的立法观，不如承认现状并从社会现实出发，讨论如何在犯罪圈扩张的大背景下将负面效应降到最低。犯罪附随后果的存废早已不是刑法学界的“新问题”，但如今从轻罪治理的维度出发重新审视这一问题又有了新的考量。对轻罪犯罪人实行犯罪记录封存制度，既可以大幅降低因犯罪圈扩大带来的“犯罪标签”泛化的消极影响，又契合了当前我国宽严相济刑事政策以及轻罪治理的价值目标。因此，初步建立我国犯罪分层体系并且参照未成年人犯罪记录封存制度，构建轻罪记录封存制度，从规范层面和社会层面双线并行解决当前轻罪附随后果带来的诸多问题，不失为一个良策。

① 参见崔志伟：《积极刑法立法背景下前科消灭制度之构建》，载《现代法学》2021 年第 6 期。

② 参见卢建平：《轻罪时代的犯罪治理方略》，载《政治与法律》2022 年第 1 期。

轻罪出罪的司法标准*

孙本雄**

《刑法修正案(八)》实施以来,以危险驾驶罪为代表的轻微犯罪数量快速增长,刑法法网逐渐扩大,犯罪现象呈现出严重暴力犯罪、重刑率持续下降,轻微犯罪、轻刑率稳步上升的"双降双升"趋势①,轻罪逐渐成为犯罪治理的重点。为应对犯罪结构的深刻变化,2021年4月,中央全面依法治国委员会把"少捕慎诉慎押"司法理念上升为刑事司法政策,轻罪出罪依托酌定不起诉制度成为新常态。② 但轻罪出罪作为一种司法行为,是检察裁量权行使的结果,标准问题至关重要,其不仅能够规范裁量权行使,确保轻罪治理行稳致远,也有助于统一轻罪出罪的司法标准,助益提升刑事司法活动的公正性、权威性。

一、轻罪的范围

轻罪出罪的前提是如何界定轻罪,这关乎轻罪出罪的范围。轻罪与重罪相关,从一般经验出发,没有重罪概念,轻罪概念难以存在,至于微罪概念,则是在轻罪概念基础上的进一步划分。从渊源上看,关于轻罪的法律形象我国夏代刑法中早已有之。《尚书·洪范》记载:"初一曰五行。"据学者考证,五行指五种轻罪,相当于现在的毁坏财物的犯罪、侮辱、轻伤害罪、强暴、怒言怒色。③ 从域外情况看,法国学者认为,1810年《法国刑法典》中轻罪和重罪的划分源于法国旧制度时期的刑法典,是一种按照犯罪的"严重程度"进行的分类,实质上是出于程序的考虑,轻罪就近由市镇官员、治安法官主持的法庭审判,重罪则由有陪审团参加的程序审判。④ 英国刑法中的轻罪和重罪划分

---

* 本文系国家社会科学基金青年项目"轻微犯罪出罪机制研究"(21CFX069)的阶段性成果。

** 北京理工大学法学院助理教授、企业合规法治研究中心执行主任,法学博士。

① 参见卢建平:《我国犯罪治理的大数据与大趋势》,载《人民检察》2016年第9期。

② 参见黄京平:《以慎诉刑事司法政策为根据的程序性规模化出罪》,载《公安学研究》2023年第1期。

③ 参见宁汉林、魏克家:《中国刑法简史》(第2版),中国检察出版社1999年版,第60—62页。

④ 参见叶希善:《犯罪分层研究——以刑事政策和刑事立法意义为视角》,中国人民公安大学出版社2008年版,第62—63页。

也主要是程序发展的结果,由大陪审团审问诉讼的是重罪,由私人辩论诉讼的是轻罪。[①] 可以看出,从历史源流出发,我国源流上的轻罪更具实体意义,以法国和英国为代表的国家源流上的轻罪更具程序意义。但毫无疑问,轻罪与重罪的区分,都有刑罚严厉性方面的区别。

现代刑法中的轻罪在我国并非法定概念,大多仍属理论层面的探讨,通常是在犯罪分层的意义上提及,形成重罪、轻罪、微罪的犯罪分层理论模式。《法国刑法典》[②]第111-1条规定:"刑事犯罪依照其严重程度分为重罪、轻罪、违警罪。"第111-2条第1款规定:"法律规定重罪和轻罪,并确定适用于重罪和轻罪犯罪人的刑罚。"从《法国刑法典》的规定可以看出,轻罪的界定关涉形式、实质两方面的问题,这涉及轻罪的区分标准。形式标准认为轻罪的界定应以犯罪所对应的刑罚种类和严厉程度为依据,刑罚严厉到一定程度的是重罪,相对较轻的是轻罪。实质标准说认为,轻罪的界定应以犯罪的社会危害性及其程度为依据,是行为的社会危害性在评价主体主观上的反映。以形式标准为主、以实质标准为辅为依据界定轻罪的二元标准主张以法定刑为基础,考虑不同类型犯罪的性质及危害程度,结合犯罪与法定刑综合界定轻罪。[③] 以实质标准为主、辅之以形式标准的观点认为,完全以形式标准划定轻罪的范围,可能导致以立法标准代替所有标准,存在"恶法亦法"的风险,实质标准为主、形式标准为辅的划分标准,能够发现真正的"严重犯罪",进而为犯罪控制提供方向。[④] 立足司法角度,实质标准意义上的轻罪应当以行为的社会危害性和行为人的主观恶性为标准进行界定,但无论是社会危害性的衡量还是主观恶性的考量,都具有明显的价值判断属性,以此为标准界定轻罪,无疑面临轻罪范围变动不居的问题,不具有可操作性,也不利于法治的统一。同样,批判坚持形式标准界定轻罪可能导致"恶法亦法"的逻辑过于吹毛求疵,法律的生命力在于合理执行,立法的机械性可借由司法的能动性最大限度予以克服,而司法的滥权相较于立法的机械性则更接近"脱缰的野马",危害更为严重。因此,轻罪的界定标准应主要是形式标准和以形式标准为主、辅之以实质标准的二元标准之间的博弈。

平息形式标准和以形式为主、兼顾实质二元标准的争论,需从轻罪划分的意义出发。轻罪的出现并非单纯的概念创造,而是犯罪结构深刻变化的产物,即轻罪概念是顺应科学治理犯罪的客观需求而出现的,目的在于优化刑事司法资源的利用效率,提升犯罪治理效益。因此,轻罪的界定应关注统一性和可操作性,采取形式标准以法定

---

① 参见〔英〕J. W. 塞西尔·特纳:《肯尼刑法原理》,王国庆等译,华夏出版社1989年版,第134—135页。

② 参见《最新法国刑法典》,朱琳译,法律出版社2016年版。

③ 参见郭理蓉:《轻罪刑事政策研究》,中国法制出版社2023年版,第162页。

④ 参见叶希善:《犯罪分层研究——以刑事政策和刑事立法意义为视角》,中国人民公安大学出版社2008年版,第86页。

刑为依据更为可取。一方面，法定刑的设置更为权威，是立法平衡各方利益、充分衡量行为社会危害性的结果；另一方面，法定最高刑的设置具有稳定性，有助于司法人员和普通公众把握，无论是以实质危害为基础的宣告刑判断，还是以学者理性评价犯罪为参考的犯罪危害性评价，都因具有明显的主观性而难以操作。就具体标准而言，从《刑法》总则的规定出发，结合司法统计数据，理论上认可较多的观点是将3年有期徒刑作为轻罪的划分标准①，法定最高刑及与行为的危害性相对应的法定刑幅度在3年以下的作为轻罪处理。从立法的规定看，如《刑法》第7条规定，对我国公民在我国领域外犯本法规定之罪，按照本法规定的最高刑为3年以下有期徒刑的，可以不予追究；第57条规定，对于被判处死刑、无期徒刑的犯罪分子，应当剥夺政治权利终身；第72条规定，对于被判处拘役、3年以下有期徒刑的犯罪分子，符合特定条件的，可以宣告缓刑。从司法统计的情况看，自2013年开始，判处3年以下有期徒刑的案件占比除2017年外均在80%以上，以3年有期徒刑作为划分标准，具有广泛的共识性基础。

二、轻罪出罪的实质

出罪的前提是有罪。出罪所出之罪不仅要具备犯罪的形式要件，也需要满足犯罪的实质特征，本质上是主张对部分刑事案件不再继续适用传统的定罪判刑方式追究和实现行为人所应当承担的刑事责任，其核心是通过刑事诉讼程序及其他定罪判刑外的方式实现犯罪嫌疑人、被告人所应当承担的刑事责任。②

（一）轻罪出罪的基础是认罪认罚

出罪是将有罪的行为作无罪处理。从纠纷解决的观念出发，出罪的前提在于刑事纠纷已经解决，即在行为成立犯罪的前提下，行为人通过实施事后行为的方式，修复犯罪行为所破坏的社会关系，实现刑事追诉所期望的目标。刑事追诉的目标是在解决刑事纠纷的基础上，确证刑法规范的有效性和权威性。就刑事纠纷解决而言，我国纠纷解决的原则是和谐包容正义，要求坚持和谐与正义兼容并存且和谐高于正义、和谐范导正义。③ 在此原则指导下，刑事纠纷的解决应致力于维护社会秩序的和谐与稳定，即在惩罚犯罪平复社会公众愤怒情绪的同时，弥补被害人的损失。就确证刑法规范的有效性、权威性而言，刑事追诉活动对违反刑法规范的行为予以追究，通过司法机关的积极介入，借助刑事司法力量通过法定的职权和程序，惩罚犯罪、修复犯罪行为所破坏的

---

① 参见卢建平：《为什么说我国已经进入轻罪时代》，载《中国应用法学》2022年第3期；陈兴良：《轻罪治理的理论思考》，载《中国刑事法杂志》2023年第3期。

② 参见孙本雄：《出罪及其正当性根据研究》，载《法律适用》2019年第23期。

③ 参见王柱国、崔英楠：《纠纷多元化解的价值目标：和谐包容正义》，载《北京联合大学学报（人文社会科学版）》2021年第3期。

法益,贯彻落实有罪必究要求。

刑事纠纷的解决突出强调犯罪嫌疑人、被害人的参与权,没有犯罪嫌疑人、被害人的参与,单纯的刑事司法追诉、定罪处刑所能实现的也只是公众报应欲望的满足,但刑事纠纷作为国家与公民个人之间的关系,在强调国家垄断追诉权确保刑法规范效力的基础上,也应关注被害人和社会公众利益的弥补。事实上,犯罪对被害人的影响除物质损失外,还包含精神、情感上的负担及对长期累积形成之安全感、法秩序确信造成的不利影响。此时单纯的报应和惩罚,尤其是以刑罚实现刑事责任的方式,显然不能弥合犯罪所造成的危害。通过鼓励犯罪行为人赔偿被害人损失、认罪悔罪、向被害人真诚道歉等形式修复社会秩序、确证刑法规范在犯罪人、被害人及社会公众中的有效性、权威性,不仅尊重犯罪人、被害人的主体性,保障了他们的价值和尊严,同时协商对话的方式也能最大限度满足各参与者的利益,更符合正义各取所需的基本要求。因此,出罪应重点关注行为人的事后行为,只有行为人实施了危害行为之后积极弥补所造成的损失、修复社会关系的,才能出罪。即认罪认罚是轻罪出罪的关键,犯罪嫌疑人、被告人不认罪认罚的,或许可能宣告无罪,但不能出罪。

(二)轻罪出罪的实质是刑事责任已实现

轻罪出罪属严格的刑事司法行为,只有具有实体法的正当性根据,才符合法治限制权力的基本精神。“犯罪是违反刑法的事实,刑事责任是所有犯罪的法律后果。”[①]正是有了犯罪行为,才有评价犯罪行为、惩治犯罪行为人的刑事责任;没有犯罪行为,刑事责任也没有存在的必要和前提。在犯罪、刑事责任与刑罚的关系中,刑事责任是与犯罪相并列的概念,刑罚只是实现刑事责任的方式之一,属刑事责任的下位概念。刑事责任依托于犯罪而产生和存在,所有的犯罪行为都需要承担刑事责任,除刑罚外,《刑法》第 37 条规定的非刑罚处罚措施、定罪免刑等也是实现刑事责任的方式。

刑事责任是犯罪的必然后果,出罪的前提是行为人所应当承担的刑事责任已经实现。[②] 从刑事追诉的角度看,如果认为行为人的刑事责任需要通过判决和执行刑罚的方式实现,则应继续进行刑事追诉活动,对行为人判决和执行刑罚,以实现行为人因违反刑法规范所应承担的刑事责任;如果认为刑事责任虽尚未实现,但通过定罪免刑的方式即可实现定分止争,则应以定罪免刑的方式追究行为人的刑事责任;如果认为刑事责任已经实现,没有继续通过刑事诉讼程序追究行为人刑事责任的必要,则应及时终结刑事诉讼程序,对行为人予以出罪处理。因此,出罪作为刑事案件的处理方式之一,兼具实体和程序意义。实体上,出罪的适用前提是刑事责任已经实现;程序上,出罪体现为刑事追诉活动以不作为犯罪处理的方式终结。只有具备了实体上之刑事责

① 石经海:《量刑个别化的基本原理》,法律出版社 2010 年版,第 19 页。

② 参见孙本雄:《刑事纠纷多元解决的根据与路径》,载《法律适用》2021 年第 8 期。

任已经实现这一前提条件,才能从程序上将行为人的行为不作为犯罪处理。

三、轻罪出罪的实体标准①

作为犯罪结果的刑事责任是一种刑事性的否定评价和不利负担,核心在于以公权力为基础的否定评价和惩罚,即只要是以刑事公权力为基础,以行为人实施犯罪行为为前提,由犯罪人实际承担的不利负担,都可成为刑事责任的实现方式。② 对于刑事责任实现与否的判断,应区分刑事案件是否有具体的被害人。有具体被害人的犯罪案件中,对刑事责任实现与否的判断应依托犯罪嫌疑人、被告人与被害人的协商合作展开,虽然不完全绝对,但犯罪嫌疑人、被告人与被害人的互动对于判断刑事责任的实现具有重要意义;在无具体被害人的犯罪案件中,刑事责任实现与否的判断更为抽象,基准也较为模糊,权力滥用的可能性也更大。

(一)有被害人轻罪案件出罪的实体标准

在有被害人的刑事案件中,不仅要考虑对被害人的利益修复,同时也要立足刑法预防犯罪的目标,确证刑法规范的权威性,即刑事责任实现以被害人利益弥补和法益损害预防为具体标准。被害人利益弥补是过程与结果的统一。一方面,行为人对被害人造成的损失除客观利益损害外,还包括精神方面的伤害,部分客观利益损害(如财产损失、身体伤害)确实可通过事后赔偿、补偿的形式予以消解,但精神方面的损害则需借助沟通对话的方式予以修复。沟通对话的过程及结果无疑都属于弥补被害人利益损失的重要内容。另一方面,弥补被害人利益损失的过程,也不能绝对采取唯结果论的态度,认为只有赔偿、补偿被害人利益损失的情形,才能认定为被害人利益的弥补,否则容易被质疑为“花钱买刑”“以权赎身”。从实体法的角度,被害人利益弥补与否及其程度的判断,应重点关注行为人弥补被害人利益的程度。利益弥补程度属客观判断,以法益衡量为基础,兼顾被害人感受。在行为人与被害人达成和解的情形,应认为被害人的利益得到了弥补。在行为人与被害人未达成和解的情形,则不能一概而论,而是应结合行为人与被害人协商的具体情况综合判断:在行为人竭尽努力弥补损失而被害人坚持不和解的情况下,不能因未达成和解而一律否定行为人事后行为对定罪的意义。

法益损害预防关注行为人和社区的价值整合。法益损害是社会冲突及社会解组状态的结果或表现之一,法益损害的预防应从缓解社会冲突和避免社会解组入手,将

---

① 本部分内容主要源自孙本雄:《事后行为出罪的法理依据及判断标准》,载《现代法学》2023 年第 1 期。

② 参见孙本雄:《出罪及其正当性根据研究》,载《法律适用》2019 年第 23 期。

社会朝着协调一致、具有强大凝聚力的方向重新整合。① 从行为人实施事后行为的视角出发,社会整合主要体现为价值整合,即使行为人重新认识并遵守法律规范、行为准则。易言之,法益侵害(犯罪)作为违背社会主文化群价值观的行为②,其预防以使行为人重新融入社会主文化群为基本方向。因此,刑事责任实现中的法益损害预防应将行为人融入社区,促使行为人在社区代表参与的情况下,反思法益侵害行为发生的原因及影响,重新学习、感受和吸纳刑法规范、社区文化所体现的价值观,以实现促进价值整合、预防法益侵害的目标。参考标准方面,法益损害预防实现与否的判断应考量如下因素:第一,行为人与社区代表就刑法规范内容、社区价值观对话的自愿性、主动性;第二,行为人就自己行为对社区损害的认识并承诺不再实施类似危害行为;第三,行为人参与社区建设的积极性(如社区劳动、立功表现等)。

(二)无被害人案件刑事责任实现的判断标准

在无具体自然人、单位等损害对象的案件中,除少部分有具体可修复利益的情形外,大多数情况下法益的保护体现为对已然犯罪行为的谴责和对未然法益侵害行为的预防,实质都在于确证刑法规范的权威性和有效性。立足刑法规范确证的立场,可将刑事责任实现的判断标准主要定位为法益损害的谴责,即通过谴责法益损害行为的方式,督促行为人矫正所认同的价值观,树立刑法规范鼓励和认同的价值观。督促主要以鼓励行为人认罪悔罪的方式实现。一方面,认罪悔罪是明晰刑法规范有效性、权威性的过程;另一方面,认罪悔罪从宽处理与犯罪必将承担刑事责任相结合,体现了赏罚分明的宽严相济精神,有助于通过从宽激励的形式,普及宽容精神,督促行为人接受和认同刑法规范倡导的价值观。

认罪是悔罪的前提,悔罪是认罪的延续。③ 无被害人案件中,刑事责任的实现,不仅要求行为人认罪,也要求行为人悔罪。只有在行为人认识到自己的行为违反刑法规范,真诚表示懊恼和悔恨,并向相关人员公开承诺不再实施类似危害行为的情况下,才能起到确证刑法规范权威性、有效性的效果。结合道歉理论的要素④,判断认罪悔罪应重点关注如下要素:第一,行为人承认自己实施了危害行为(包括到案和供述的主动性等);第二,行为人承认自己的行为构成犯罪;第三,行为人积极表达对实施危害行为的悔恨和懊恼并尽力弥补所造成的损失;第四,行为人承诺不再实施类似危害行为。

---

① 参见许章润主编:《犯罪学》(第4版),法律出版社2016年版,第255页。

② 参见冯亚东:《理性主义与刑法模式:犯罪概念研究》,中国政法大学出版社2019年版,第83—84页。

③ 参见陈娜:《刑法中的悔罪问题研究》,中国政法大学出版社2019年版,第76页。

④ 参见施静春、孙本雄:《认罪认罚从宽的内涵及表现研究》,载《云南民族大学学报(哲学社会科学版)》2018年第2期。

四、轻罪出罪的程序标准

轻罪出罪作为一种刑事司法行为,关涉实体和程序两个方面的问题。相应的,轻罪出罪也涉及程序标准问题。从法律依据看,《刑法》第 13 条但书为轻罪出罪提供了一般的实体法依据,即授权司法机关在行为构成犯罪的前提下,不将构成犯罪的行为作为犯罪处理①;《刑事诉讼法》第 7 条、第 15 条、第 16 条及第 177 条第 2 款为轻罪程序出罪提供法律依据,其中第 7 条规定了出罪的职能根据,第 15 条、第 16 条和第 177 条规定了出罪的职权根据②。黄京平教授认为,《刑事诉讼法》第 177 条第 2 款规定的"依照刑法规定不需要判处刑罚",独立于《刑法》第 37 条的规定,实质意义为"根据刑事司法政策不需要判处刑罚"③。但事实上,以单纯的程序法规定作为轻罪出罪的依据,稍显片面。轻罪出罪不仅应具有实体法上的依据,同时也应具有程序法上的依据。即只有实体法上刑事责任已经实现,刑事司法机关认为不需要作为犯罪处理的,才能根据程序法的规定予以出罪,至于是警察环节的出罪,还是检察环节的出罪,则应当依托于刑事程序法的规定。从《刑事诉讼法》的规定看,第 163 条前段规定:"在侦查过程中,发现不应对犯罪嫌疑人追究刑事责任的,应当撤销案件"。该规定不应作为轻罪程序出罪的程序法律依据。一方面,刑事责任实现与否的判断有待事实查清之后综合判断,若案件尚在侦查过程中即可行使出罪权,无疑会为权力寻租留足空间。另一方面,侦查权虽然具有部分司法权的特征,但主要是执行权,与行政权具有一致性④,而出罪权是司法权,具有明显的裁判权属性,赋予警察出罪权易混淆行政权与司法权的界限,模糊出罪权的司法权特征。因此,轻罪出罪的程序标准,除权力行使的职权依据外,具体标准应主要依据《刑事诉讼法》第 177 条第 2 款有关酌定不起诉的适用条款展开。

《刑事诉讼法》第 177 条第 2 款规定:"对于犯罪情节轻微,依照刑法规定不需要判处刑罚或者免除刑罚的,人民检察院可以作出不起诉决定。"根据该规定,轻罪出罪的程序标准是依照刑法规定不需要判处刑罚或免除刑罚。依照刑法规定不需要判处刑罚的隐含含义是依照刑法规定不需要通过适用刑罚的方式实现行为人所应承担的刑事责任,但仍然有可能需要通过定罪免刑的方式实现行为人所应承担的刑事责任。检察环节通过不起诉方式将需要通过定罪免刑方式实现行为人所应当承担的刑事责任

---

① 参见孙本雄:《入罪与出罪:我国〈刑法〉第 13 条的功能解构》,载《政治与法律》2020 年第 4 期。

② 参见孙本雄:《出罪及其正当性根据研究》,载《法律适用》2019 年第 23 期。

③ 黄京平:《论酌定不起诉的程序性出罪机能——以程序规范和实体规范的关系为重点》,载《苏州大学学报(哲学社会科学版)》2023 年第 2 期。

④ 参见陈永生:《论侦查权的性质与特征》,载《法制与社会发展》2003 年第 2 期。

的行为不作为犯罪处理,剥夺法院定罪权的行使,重要的原因在于检察院根据刑事政策区别对待的原则,认为没有必要再对行为人行使求罪权的必要。此时,关键的问题在于如何判断和把握具体个案中的刑事政策标准。轻罪出罪的实体标准为轻罪出罪权的行使提供了实体正义的要求,轻罪出罪的程序标准则应当从程序正义和刑事诉讼效率的角度把握。即以程序价值的实现与否作为标准,兼顾综合工具主义程序理论、程序本位主义理论和程序法社会学理论判断刑事诉讼程序的价值实现问题。① 笔者认为,轻微犯罪出罪行为对刑事诉讼程序价值的实现,应重点考虑如下问题:①程序参与的及时性;②程序参与的自愿性;③程序参与的和平性;④程序参与的程度。

(一)程序参与的及时性

犯罪嫌疑人、被告人是刑事案件的经历者和重要参与者。有犯罪嫌疑人、被告人的积极参与,案件事实的查清变得相对容易,刑事诉讼程序的民主化也得以彰显。程序参与的及时性,表现为犯罪嫌疑人、被告人弥补被害人的利益损失、修复社会关系的积极性。积极性通过事后行为实施的时间和主动性体现,事后行为实施时间越接近危害行为,积极性越高;行为人承担危害行为所产生之不利负担的意愿越强,积极性越高。

(二)程序参与的自愿性

程序参与自愿性的判断可参考非法证据排除的基本标准,只要行为人不是迫于"冻、饿、晒、烤""威胁、引诱、欺骗"等非法强制而与被害人协商的,均可认为是具有自愿性。其中,威胁、引诱、欺骗以公安司法机关故意违反政策、法律、法规为前提。犯罪嫌疑人、被告人不是受非法强制而认罪认罚,积极参与认罪认罚、修复社会关系的,即可认为具有程序参与的自愿性。

(三)程序参与的和平性

程序参与的和平性体现为程序参与的平等协商。平等协商体现为尊严和地位的平等。尊严通过权利体现,尊严的平等体现为权利的平等,要求行为人与被害人平等对话,在相互尊重对方权利、地位的基础上,围绕危害行为及所造成的损害,相互倾听、共同努力,致力于纠纷的解决。即将犯罪嫌疑人、被告人尊重被害人、社会公众主体地位、参与权利的程度作为判断和平性的标准。

(四)程序参与的程度

程序参与程度体现为程序参与的主动性。主动性的判断可参考自动投案中的自动性认定标准,即在行为人承认所犯罪行并愿意接受先前行为所产生之不利负担而与

---

① 具体讨论可参见孙本雄:《出刑制度的理论建构与实现路径》,北京师范大学2018年博士学位论文。

被害人协商的,可认为具有主动性。除此之外,程序参与的程度方面,还要求犯罪嫌疑人、被告人主动参与到刑法规范确证的过程,通过事后行为,恢复犯罪行为所破坏的社会关系,助益刑法规范的权威性、有效性的确立。如通过社区志愿服务的形式,积极参与社区治理,预防和化解危害社会矛盾纠纷。

五、结语

轻罪出罪具有重要的刑事政策价值,不仅能实现立法与司法互动而动态调整犯罪圈,也能在犯罪附随后果制度严重缺失的背景下,破解轻罪治理犯罪附随效应过剩、酌定不起诉裁量权行使标准模糊等问题,具有重要意义。应当注意到,轻罪出罪标准具有明显的价值判断特点,不可能做到明确具体,依赖于自由裁量权的良性行使。因此,轻罪出罪权的监督意义重大,应区分有具体被害人的犯罪案件和无具体被害人的犯罪案件,借助专门机关、诉讼参与人、社会力量的广泛监督,防止轻罪出罪权的滥用。

轻罪时代轻刑化治理的体系思考

徐　宏[*]　赵思远[**]

新时代我国社会主要矛盾发生变化，刑事犯罪结构也发生了重大变化，轻罪大幅上升，重罪大幅下降，轻罪治理成为关乎国家长治久安、关乎法治建设和国家治理大局的时代命题。随着刑法修正案的不断公布，刑事立法不断增设新罪名、降低犯罪门槛、扩大犯罪圈来满足国民对安全的需求，将一些轻微违法行为入刑，导致轻罪案件数量上升。这表明社会治理进入新阶段，人民群众对社会发展有新的期待，司法办案要努力跟上、适应时代发展，就必须改变片面强调刑法惩罚功能、夸大刑罚一般预防作用、依赖司法打击职能的传统观念，提高人权保障意识，努力以更低的犯罪治理成本实现最佳的刑事司法效果。2022 年全国检察机关提起公诉并被依法审判的刑事案件中，判处有期徒刑 3 年以下的轻罪案件占 85.5%。① 如此庞大的轻罪案件数量意味着无论是检察机关还是审判机关都需要耗费大量的精力和资源在办理轻罪案件上，势必会使得司法机关无法拿出更为充沛的精力和充足的资源去办理一些重大、疑难案件，刑法作为社会的重要治理机制，面对社会问题必须作出妥当的回应与选择，但如何回应是个犯罪治理的策略课题。如果国家强化刑法参与社会治理，设置偏低的犯罪门槛，那么，国家难免面临庞大的刑事犯罪案件数量的难题。② 我国的不起诉适用率十分低下，导致一旦触犯刑法就需要起诉，这对于原本就不充足的司法资源来说是一个严重打击，无法合理分配司法资源。在诉与不诉之间，既要严格执行法律规定，也要考虑犯罪的相当性和刑事处罚的必要性。③ 在轻罪时代进行轻刑化治理是必然选择，不仅能依照罪刑法定等原则保障人权和帮助罪犯降低社会危险性、再度社会化，还有利于节省司法资源，将司法资源集中到疑难、复杂案件中去。

---

* 华东政法大学刑事法学院副教授。

** 华东政法大学刑法学专业硕士研究生。

① 参见夏宜琨、李影：《轻罪立法背景下程序出罪的正当性与路径》，载《中共南宁市委党校学报》2023 年第 2 期。

② 参见何荣功：《轻罪立法的实践悖论与法理反思》，载《中外法学》2023 年第 4 期。

③ 参见代桂霞、冯君：《轻罪治理的实证分析和司法路径选择》，载《西南政法大学学报》2021 年第 5 期。

一、何谓轻刑化?

构建轻刑化治理的前提是厘清何为轻刑化?轻罪理应按照轻刑化进行治理,而对于轻刑化的理解刑法学界存在如下观点:其一,认为轻刑化是指通过立法降低一些犯罪的法定刑幅度,从而达到整个刑事制裁体系的缓和化。① 其二,认为轻刑化和趋于缓和是两个内涵外延都不尽相同的概念,轻刑化包括刑罚结构整体向轻刑的方向发展,又指具体某一类刑罚配置也是较轻的。② 其三,认为"轻刑化泛指一种刑事政策的实际趋向和发展取向,实际表现为相对较轻的刑罚应对,以及倡导以尽可能轻的刑罚来惩罚和控制犯罪的刑事政策"③。其四,认为轻刑化作为总的思想指导理念,对于司法实践中除少数情节严重必须重判的犯罪外,可以从轻处罚的犯罪应当从轻处罚。总体而言,刑罚处罚力度较以前轻缓。

在笔者看来,首先,轻刑化是一种刑罚的可能的发展趋势,即轻刑化是动态性的概念,而不是一个已经实现或是即将实现的结果。一方面,轻刑化是罪刑法定原则、罪责刑相适应原则中对于人权保障的要求下,对刑罚体系进行适当的调整;另一方面,轻刑化也是一个过程,轻刑化的实现不可能一蹴而就,其实现过程必然是循序渐进的,轻刑化的实现与否,也应当在一个较长的时间内进行判断。其次,轻刑化是相对的。轻刑化是相对于重刑化的。轻刑是相对的,在不同的社会、文化条件下,对于刑罚轻重的认知是不一致的,最为显著的便是人们对于死刑的态度,随着社会的不断发展,人们开始发现以残酷的刑罚来惩罚罪犯,不仅不能很好地抑制犯罪,反而会使得犯罪加重。因而,刑罚的轻重是以特定发展状态下的特定时期的支配性的价值观决定的,当刑罚执行的方式、程度有违人们普遍的正义观念的时候,就可以说刑罚过重,同时轻刑化也就成了一个必然的价值选择。学界对于轻刑化的范围有以下观点:广义说认为轻刑化包括轻刑罚化、非刑罚化和非犯罪化④,非刑罚化是轻刑化的极端形式⑤;而狭义说的轻刑化则仅指轻刑罚化。笔者认为轻刑化有别于非刑罚化。⑥ "所谓非刑罚化,是指用刑罚以外的比较轻的制裁代替刑罚,或减轻、缓和刑罚,以处罚犯罪。"将轻刑化等同于非

---

① 参见赵秉志、张智辉、王勇:《中国刑法的运用与完善》,法律出版社 1989 年版,第 323 页。

② 参见游伟、谢锡美:《"两极化"走向:西方刑罚发展的基本态势——兼论我国重刑化的刑罚结构》,载《华东司法评论》2002 年第 2 期。

③ 曲新久:《轻刑化与非刑罚化》,载中国政法大学刑事法律研究中心、英国大使馆文化教育处主编:《中英量刑问题比较研究》,中国政法大学出版社 2001 年版,第 100 页。

④ 参见赵秉志、张智辉、王勇:《中国刑法的运用与完善》,法律出版社 1989 年版,第 323 页。

⑤ 参见曲新久:《轻刑化与非刑罚化》,载中国政法大学刑事法律研究中心、英国大使馆文化教育处主编:《中英量刑问题比较研究》,中国政法大学出版社 2001 年版,第 100 页。

⑥ 参见张明楷:《论刑法的谦抑性》,载《法商研究》1995 年第 4 期。

刑罚化的观点并不可取。因为非刑罚化意味着免除刑罚或者不施加刑罚，其涉及的是刑罚存在与否的问题；轻刑化表达的是刑罚适用由重到轻的过程，意味着刑罚变得轻松、宽缓，其指向的是刑罚的程度问题。可见非刑罚化和轻刑化是不一致的。基于不同正义追求的立法设计，并不必然在刑罚配置上体现出一种轻刑化或者重刑化的发展趋势，但是在微观层面上，有些犯罪的重刑被轻刑所替代，刑罚还保留着，没有被取消，所以不能简单地将非刑罚化等同于轻刑化。轻刑化也有别于非犯罪化，非犯罪化是指立法机关或司法机关在立法活动或司法实践过程中，将之前一直作为犯罪处理的行为不再纳入犯罪的规定或者作为犯罪处理的制度或过程，非犯罪化涉及的是是否纳入犯罪的问题，而轻刑化是刑罚的相对减轻问题，不得将两者等同，例如最近将许多轻微违法行为纳入犯罪，便具有重刑化的嫌疑。

轻刑化主要包含两个方面：其一，重罪的轻刑化和非罪化，罪责刑相适应原则要求轻罪轻刑，重罪重刑，这是逻辑的起点。从某种程度上讲，非罪化与轻刑化可以说是一个问题的两个不同侧面，而非罪化过程中的去刑化、轻罪化的最终结果也必然是轻刑化。在我国刑法中将某些预备行为或帮助行为独立规定为犯罪，便是为了使得刑罚能更好地适应该罪的社会危害性，防止在司法实践中按照原来的刑罚将会导致刑罚失去均衡，非罪化与轻罪化都是从人道主义和保护人权的立场出发以主张限制、减少刑罚的适用，维持刑法的谦抑。其二，则是刑罚执行的宽缓化，刑罚执行是刑罚制度的一个重要组成部分，这个部分的内容也应当成为评价轻刑化的一个指标。刑罚的宽缓化体现在被判处一定刑罚以后，并不是一定要完全执行完毕，而是可以通过某种灵活的方式执行，我国刑法中规定缓刑、死缓、减刑、假释等制度，便是刑罚执行宽缓化的体现，给予表现良好的犯罪分子提早释放进入社会的机会。

轻罪治理体现了法律尊重和保障人权原则。首先，一个国家打击犯罪并不需要刑法，如果没有刑法，国家对抗犯罪会更加直接和便捷，但是用没有限制的刑罚来惩罚犯罪，往往会侵害犯罪人的人权，国家制定刑法的目的，不单单是为了保护被害人的人权，还为了保护犯罪人的人权，因为犯罪人犯罪而被剥夺相应权利的同时，犯罪人其余的权利仍然需要得到保护，这就需要在面临重刑和轻刑的选择时，尽量依照现实情况选择尽可能轻的刑罚。其次，轻刑化治理也顺应罪责刑相适应原则的要求，刑罚表现出人类的报复欲望，而基于保护自己的目的，这种报复的欲望如不加以控制，很有可能会超出被伤害的强度，故必须将这类报复控制在必要的限度内，防止因为过度而产生新的矛盾，通过控制两者之间的对等性，来维持公平和正义。黑格尔提出了等价报应观以替代原来的罪刑思想，他认为，报复是对犯罪的扬弃，从存在上看，两者都具有“质和量上的一定范围”，其同一性应表现为两者“价值的等同”，而非“侵害行为特种性状的等同”。① 因此必须要将犯

① 参见〔德〕黑格尔：《法哲学原理》，范扬、张企泰译，商务印书馆 1961 年版，第 104 页。

罪行为所造成的损害转化为严重程度，然后以同等程度的刑罚加以回击，才能保证两者的等同性。

轻刑化治理有利于犯罪人再度社会化，重新回归社会，减少再犯罪的发生。对于轻罪罪犯来说，轻罪罪犯社会危害性低，轻罪化治理符合罪责刑相适应的要求，减少罪犯脱离社会的时间，再度回归社会时，其仍然能很好地适应社会。轻刑化有利于发挥刑罚预防功能。当对犯罪人施加的刑罚严厉程度与其实施的犯罪所造成的损害相当的时候，犯罪人会认识到其被执行的刑罚是对于其犯罪行为的赎罪，使其能够从一种对立的思维和情绪中缓和，对于刑罚不再以敌对的心理对抗，而以平和的心理接受教育改造。轻缓的刑罚能够促使公民从内心深处对刑法产生敬仰，而法律作用发挥的前提便是公民对其的敬畏感，法律本身存在具有合法性和法律具有效力的合法性都是以此作为依据。所以，对犯罪人施加较轻刑罚，公众对于刑法才能只有敬畏，同时产生对法律的信任和信仰，并进一步激发人们对于刑法的尊重及信任。

二、我国轻刑化治理的体系思考

轻罪时代意味着大部分罪犯或将经受机构矫正而很快重返社会，或将通过社区矫正等行刑方式而受到规训惩罚教育。因此，行刑社会化以克服短期自由刑之弊、如何更好地运用社区矫正等非拘禁措施就变得至关重要。① 而轻罪时代，刑法的犯罪门槛下降、犯罪圈扩张，不断侵蚀行政法或民法的调控范围，犯罪的质的规定性渐趋软化，罪量降低，与违法混同。② 故轻罪治理的重点不应当放在监禁刑的普遍适用上，而是应该结合我国的缓刑、假释等制度，用轻缓化的刑罚进行治理。具体到我国的轻罪治理体系的构建可以从下几个方面展开：

一是扩大社区矫正和罚金刑的适用范围。主要是指对个别轻罪实行非犯罪化，例如无直接被害人的犯罪可以通过道德或者行政法调整的犯罪；以及刑罚方面的轻刑化与非刑罚化。在刑罚适用中弱化监禁刑，扩大缓刑、假释、减刑、罚金刑等的适用范围，增设社区服务刑。轻罪轻刑、重罪重刑，罪刑相适应原则正是公平正义的基本要求。相较于社会危害性严重、依法从严追诉的重罪，社会危害性显然较小、人身危险性显然较轻的轻罪科刑理当宽缓有度，不能过于严厉。首先，可以扩大缓刑、假释、减刑等的适用范围，对于犯罪情节较轻，社会危害性不大，并且具有悔罪情节的犯罪人，可以对其适用缓刑等，减少其脱离社会的时间，并且犯罪人在羁押、监禁过程中容易交叉感染，引起负面标签效应，成为再次犯罪的重大隐患，特别是对于罪行原本较轻的犯罪

① 参见卢建平：《轻罪时代的犯罪治理方略》，载《政治与法律》2022 年第 1 期。

② 参见卢建平：《轻罪时代的犯罪治理方略》，载《政治与法律》2022 年第 1 期。

人,为了避免其因为长时间被剥夺自由而与社会发展脱节,导致最后无法回归社会的情况出现,可以要求犯罪人定时到社区进行服务以代替自由刑,不仅可以为社会创造出贡献来弥补原先行为对社会造成的损害,也可以对犯罪人进行一定的限制,防止其再次产生社会危险性。其次,转变轻罪处罚机制的设置观念,扩大罚金刑的适用范围,尤其是对于经济类犯罪。轻罪诉讼制度体系的构建必须有一套适用于轻罪的刑罚体系,所谓"轻罪轻罚,罪刑相适"。如若缺乏轻罪处罚体系,对纳入刑法的轻罪适用重刑机制,不仅不利于犯罪人的人权保障,同时也违背了建立轻罪诉讼制度体系的初衷。一方面,当使用非惩罚性手段也能达到预防和控制犯罪的目的时,应该使用非惩罚性手段来代替刑罚的适用。另一方面,刑罚严厉程度较低且普遍适用罚金刑已成为国外轻罪诉讼制度体系的突出特点。在我国的立法中采取了大量的并科制度,罚金刑只是从刑,必须附随于主刑一并处罚,而运用罚金刑相当于对于犯罪人的自由和财产的双重剥夺,这样的规定一方面造成了罚金刑执行难的问题:被告人认为剥夺自由足以抵消自己的罪责,会十分抗拒罚金的缴纳;另一方面也屏蔽了罚金刑成为主刑的可能性。我国也应该转变罚金刑的设置观念,对轻罪案件适当增加单处罚金刑的适用,为充分发挥罚金刑的功能留出充足空间。例如对于被判处罚金刑的人,可以要求其分期向执行机构亲自缴纳罚金。一方面,分期缴纳的形式可以使犯罪人在很长一段时间内都要向国家机关亲自缴纳一定量的罚金,消耗的时间成本和人力成本可以达到惩戒的目的。另一方面,对于缴纳罚金有困难的犯罪人来说,分期缴纳的形式可以让犯罪人通过劳动获得报酬以保证罚金的按时缴纳,在避免罚金执行难的问题上也有利于犯罪人身心改造,使其不会因监禁刑而与社会发展脱轨。

二是构建分级的前科消灭制度。前科就是犯罪人曾经被判处过的刑罚。前科制度产生的最初目的在于鼓励犯罪人改过自新。前科制度主要在于前科消灭,即犯罪人在一定时间内没有再犯罪,则前科消灭。在我国,刑法规定前科报告制度,以及 18 周岁以下的犯罪人犯 5 年以下有期徒刑犯罪的免除报告义务,而没有规定前科消灭制度。前科具有很强的负面"标签效应",一旦被贴上"犯罪标签",将在升学、就业、社会交往甚至子女考学就业等方面受到严重影响,所以刑罚的附随后果还是比较严重的。在我国《刑法》中规定了成年人前科报告制度,使得有前科的人会丧失民事、行政等各方面的权利和资格,同时终身背负难以摆脱的"犯罪标签"。然而,在轻罪化时代下,随着轻罪立法的扩张,大量轻微违法行为被纳入刑罚的范围,轻罪违法人已不再是传统意义上具有社会危害性的"罪犯",继续沿用这样的制度不利于社会安定和轻罪犯罪人的矫正,应当将轻罪与重罪的刑罚效果加以区隔,应当完善前科制度。基于此,有学者便提出了前科消灭制度,但前科制度也有其存在的价值,前科制度是有效防止犯罪分子再次犯罪、保护社会的必要手段之一,但是对于犯轻罪的罪犯,前科对于他们来说过于严厉。但是在当前的轻罪时代,犯罪结构已然发生重大变化的情况下,法律制度也应该作出相应改变以适应犯罪现状。为此,应当探索建立轻罪前科消除制度,从法律层面保证轻罪犯罪人不会受到社会歧视和区别对待,使其顺利回归社会。我国可以在借鉴国外立法经验的基础上,确立适合我国的轻罪前科消除制度。只要轻罪犯罪人在刑罚执行期间没有重新犯罪,通过一定的考验期符合条件后就可以由其本人或法定代理人申请消除前科,由作出有罪判决的法院进行审查后出具书面的前科消除决定,对前科记录进行消除,无法律规定,任何机关、组织、个人不得随意披露。与之相配套的,还应当对前科报告义务作出改变,轻罪犯罪人在前科消除后可以免除前科报告义务,不必在入伍、就业时向有关单位报告曾经受过刑事处罚的记录。① 关于具体制度如何? 有学者提出前科存续时间可以分为以下两类:第一类定罪免刑的,从该有罪判决宣告或者生效之日起,满 3 个月,前科即告消灭。第二类定罪处刑的,根据刑罚的轻重,被判处管制、拘役或者 1 年有期徒刑的,刑罚执行完毕或赦免后,前科存续期间为 1 年。② 上述存续时间的分类仅仅只是对于轻微犯罪的分类,而对于轻罪的存续时间并没有提出相应的前科消灭制度。笔者认为,对被判处 3 年以下有期徒刑的轻罪犯罪人前科存续时间应当设置为 3 年。③

三是严格控制犯罪附随后果的负面影响。犯罪附随后果是指刑法之外的法律法规、规章等规定的,对有犯罪前科者及其家庭成员或亲属适用的,对特定权利和资质的限制、禁止或者剥夺。④ 刑罚所带来的附随后果对于犯罪人来说是时时刻刻都存在的,犯人刑满释放后,仍然在很长时间内不能从事许多职业,其子女的升学、就业等也依然受负面影响。这也可以说是犯罪的一种附带的代价,这种代价必须在必要的限度内,犯罪附随后果是相对于刑罚而言的,刑罚是犯罪的必然后果,其具有法律上的正当性。但是,犯罪的后果不仅仅只有刑罚,伴随着刑罚还有很多负面的附随后果,并且这种附随后果不仅作用于犯罪人,甚至还适用于犯罪人的家庭成员或者亲属,具有违反责任主义的嫌疑,犯罪的附随后果也不应当由犯人的亲属承担。虽然为了保障刑罚的威慑作用,这些附随后果的存在是必要的,防止犯罪人误认为只需要执行完毕刑罚就万事大吉,但是如果这些附随后果超越必要的限度,反而不利于犯罪人的再度社会化,甚至会导致犯罪人因为无法继续正常生活而重新走上犯罪的道路。我国《宪法》第 38 条规定:“中华人民共和国公民的人格尊严不受侵犯。”犯人一旦接受完刑罚以后就应当被认定为已经改造完成,故应当平等对待刑满释放人员,使其顺利社会化,也是维护其人格尊严的要求,而现行法律、行政法规

① 参见田远、夏红:《中国特色轻罪诉讼制度体系问题研究——以“两高”工作报告为基础》,载《山西大同大学学报(社会科学版)》2023 年第 2 期。

② 参见郭理蓉:《轻罪刑事政策研究》,中国法制出版社 2023 年版,第 217 页。

③ 参见陈兴良:《轻罪治理的理论思考》,载《中国刑事法杂志》2023 年第 3 期。

④ 参见陈兴良:《轻罪治理的理论思考》,载《中国刑事法杂志》2023 年第 3 期。

关于犯罪附随后果的规定,不仅将犯罪人预设为永远不可改过自新的人,而且肯定了刑满释放人员低人一等的地位,更没有以刑满释放人员的社会化为目标,故过度的附随后果也有违反宪法的嫌疑。① 有学者提出我国犯罪附随后果的弊端:第一,附随后果的设定缺乏法律统一规定且设置随意,行政法规等规范性文件中都规定犯罪附随后果;第二,附随后果的手段过于严厉且有违刑法的谦抑性;第三,附随后果影响犯罪人的再社会化加剧犯罪标签效应。② 笔者赞同上述观点,尤其是在轻罪上,由于轻罪本身所判的刑罚不重,很多犯罪的附随后果的严重程度反而超越了刑罚的严重程度,而犯罪附随后果会导致犯罪人无法回归到正常生活,会产生不必要的负面效应,甚至也会波及犯罪人的亲属等,故犯罪附随后果的合理性被严重怀疑。对于犯罪附随后果需要对其加以规范,将重罪和轻罪的犯罪附随后果分开,保证其与刑罚的严重性保持平衡,轻罪的犯罪附随后果理应进行适当程度的减轻。还可以将现行法律、法规中的附随效果变更为刑法上的资格刑内容。亦即,将禁止在一定期限内从事特定职务或者职业规定为既可附加适用也可独立适用、既可择一适用也可合并适用的资格刑,且该资格刑的适用以必要性与关联性为前提。③

三、结语

当前我国刑事犯罪结构出现重大变化,我国已经进入轻罪案件数量占比不断上升的轻罪时代,犯罪治理进入提升司法质量和人权保障水平的新阶段,国家治理体系和治理能力现代化也要求尊重和保障人权,轻刑化治理变成必然趋势。但是在我国刑法整体不断趋向轻刑化,不断走向更加文明、更加人道化道路的背景下,全面推进轻刑化的发展进程还有很长的路要走,对具体犯罪行为刑罚的轻重应当以当下社会的物质生活条件为基础,结合相关刑事政策的要求和犯罪行为的社会危险性等方面,从刑罚的配置、适用以及执行,循序渐进地推进轻刑化治理体系的构建。对于社会危害性不大的轻罪应当按照轻刑进行处理,严格执行"宽严相济""少捕慎诉慎押"的刑事政策。在具体司法实践中,要认真落实"少捕慎诉慎押"的司法原则,减少强制措施和刑罚给犯罪人带来的负面效应,将多元化轻罪处理模式作为新时代新阶段中社会治理需要的有力工具。同时也要预防犯罪所带来的附随后果对于罪犯及其家属的伤害,将犯罪的附随后果控制在必要的范围内,保证其与刑罚的严厉程度相适应,减少轻刑的附随后果。最后,希望能在不断的实践探索中建立起符合我国国情的轻罪轻刑化治理模式。

---

① 参见张明楷:《轻罪立法的推进与附随后果的变更》,载《比较法研究》2023 年第 4 期。
② 参见付强:《轻刑化趋势的一体化考察》,中国政法大学出版社 2018 年版,第 177 页。
③ 参见张明楷:《轻罪立法的推进与附随后果的变更》,载《比较法研究》2023 年第 4 期。

轻罪治理的现代化推进困境

——以机械司法为例

胡树琪*

一、问题的提出

近年来,我国刑事犯罪结构发生了较大的变化,严重暴力犯罪案件数量逐年降低,轻微的刑事犯罪案件数量正大幅上升。从立法来看,从1979年《刑法》到1997年《刑法》以及颁布的11个《刑法修正案》,我国正在逐步调整"厉而不严"的刑法结构,刑事法网愈益严密,犯罪圈也呈现出扩大的趋势。从司法情况来看,根据最高人民检察院的统计,2022年全国因杀人、放火、爆炸、绑架、抢劫、盗窃犯罪被起诉的犯罪嫌疑人数量创近二十年来新低,严重暴力犯罪起诉人数占比由1999年的25%下降至2022年的3.9%。① 2018年至2022年全国检察机关起诉的犯罪嫌疑人涉嫌罪名前六位依次为:危险驾驶罪、盗窃罪、诈骗罪、故意伤害罪、寻衅滋事罪、开设赌场罪等,其中轻罪轻犯占主导。② 有学者提出,我国已经进入轻罪时代,犯罪治理迎来了新的挑战,轻罪、新罪成为犯罪治理的主要对象。③

刑事犯罪结构的变化,给新时期的犯罪治理提出了巨大挑战。如何调整已有的犯罪治理观念、完善犯罪治理体系、提高犯罪治理效能等问题,都是当前在轻罪治理的现代化推进进程中不可回避的重要问题。轻罪治理的现代化推进,不仅仅是把以往治理重罪的经验照搬照抄,在轻罪治理中问题更为复杂,既要关注刑法对人民群众基本权益的保护,也要避免刑法过于干预社会生活,成为一部社会管理法。

轻罪治理的现代化推进是一项非常重要的时代课题。然而,在司法实践中,机械司法作为一种较为普遍的现象,是轻罪案件公正审判的重要障碍,看似依照法律规章制度,实则扭曲司法正义。尤其是伴随着互联网的快速发展,王力军非法经营案、大学

---

* 国家法官学院讲师,法学博士。

① 参见靳高风、张雍锭、郭兆轩:《2022—2023年中国犯罪形势分析与预测》,载《中国人民公安大学学报(社会科学版)》2023年第2期。

② 参见靳高风、张雍锭、郭兆轩:《2022—2023年中国犯罪形势分析与预测》,载《中国人民公安大学学报(社会科学版)》2023年第2期。

③ 参见卢建平:《为什么说我国已经进入轻罪时代》,载《中国应用法学》2022年第3期。

生掏鸟窝案、赵春华持枪案等多起司法案件引发了社会广泛的质疑,社会公众对于轻罪案件的审判提出了更高的要求。因此,在轻罪治理的现代化推进中,机械司法的问题值得我们予以关注。

二、轻罪治理的现代化推进:从"治罪"到"治理"

(一)轻罪的概念

当前,我国刑法并未对轻罪与重罪概念进行明文规定,轻罪概念并非法定标准,对于轻罪的概念一般由学者进行界定。主要观点认为,轻罪为应当判处3年以下有期徒刑的犯罪。[①] 但也仍存有一些争议。因此,在展开讨论之前,先对轻罪的概念予以厘清。对于轻罪概念的争论主要在于:

其一,以3年抑或5年有期徒刑为界分,区分轻罪与重罪。[②] 对此,笔者认同张明楷教授所论,近年来我国刑法修正案增加了大量的最高刑为3年有期徒刑的犯罪,随着我国经济社会发展,刑罚的设置总体会偏低偏轻。[③] 采用3年有期徒刑为标准界分轻罪与重罪更为合理。

其二,因具有减轻处罚情节而被判处了3年以下有期徒刑的,是否属于轻罪?对此,笔者认为,应当以法定刑为标准,不宜以被告人实际判处的刑罚为标准。

其三,以法定刑的形式标准还是兼顾实质标准?代表性观点有:结合犯罪与法定刑轻重来综合考虑刑罚适用以及是否适用轻罪政策。[④] 例如,对于应判处3年以下有期徒刑的犯罪,如果社会危害性较大,也不属于轻罪。但笔者认为,这种观点使得形式标准不具有实际意义,也无法具体操作、判断。

其四,最高刑高于3年有期徒刑但包括3年以下有期徒刑量刑幅度的,是否属于轻罪?对此,陈兴良教授将此类轻罪划分为不纯正轻罪。[⑤] 虽然纯正的轻罪与不纯正的轻罪在性质上有一定的区别,但本文所讨论的主要是当前轻罪治理的整体困境。因此,本文所述的轻罪包括这一类的不纯正轻罪。

根据上文所述,本文所述轻罪采用学界的一般标准,即应当判处3年以下有期徒刑的犯罪,包括最高刑高于3年有期徒刑但属于3年以下有期徒刑量刑幅度的轻罪,不包括被减轻处罚而被判处3年以下有期徒刑的事实轻罪。

---

① 参见杜雪晶:《轻罪刑事政策的中国图景》,中国法制出版社2013年版,第11页。

② 以5年有期徒刑为界分划分轻罪与重罪的代表性文章有:卢建平、叶良芳:《重罪轻罪的划分及其意义》,载《法学杂志》2005年第5期;郑丽萍:《轻罪重罪之法定界分》,载《中国法学》2013年第2期等。

③ 参见张明楷:《轻罪立法的推进与附随后果的变更》,载《比较法研究》2023年第4期。

④ 参见郭理蓉:《轻罪刑事政策研究》,中国法制出版社2023年版,第162页。

⑤ 参见陈兴良:《轻罪治理的理论思考》,载《中国刑事法杂志》2023年第3期。

（二）轻罪立法与理论探讨

近年来，新增轻罪与犯罪门槛降低成为我国《刑法》修订的一个重要特色。较为典型的是，在《刑法修正案（九）》中共增设了12个轻罪①，在《刑法修正案（十一）》中新增了8个轻罪罪名②。《刑法修正案（十二）》虽未新增设轻罪，但对非法经营同类营业罪、为亲友非法牟利罪、徇私舞弊低价折股、出售国有资产罪的主体进行了修改，扩大了三个背信犯罪的处罚范围，对单位受贿罪、行贿罪、单位行贿罪的法定刑予以调整。③ 在这些新增或调整的罪名里，有的是将《治安管理处罚法》调整的行为上升为犯罪行为，也有的是将原本由行政法调整的行为进行犯罪化。除此之外，犯罪预备行为、帮助行为正犯化处罚，民事纠纷犯罪化，增设新的犯罪类型等都是轻罪立法的具体表现方式。在立法增设多种具体轻罪罪名后，危险驾驶罪和帮助信息网络犯罪活动罪的案件量激增，案件量处于高位，远超其他刑事案件量。

轻罪立法也引发了学界的热烈探讨，不少专家学者深入调研、专精覃思，发表了具有代表性的观点。例如，轻罪入刑的同时应当畅通出罪机制、完善前科制度、规范附随后果④；应修改有关附随后果的规定，继续推进和完善轻罪立法⑤；改变传统违法和犯罪区分的二元体系，降低犯罪门槛，积极推进轻罪立法，势必导致我国刑法走向“又严又厉”，既不符合刑法现代化的发展方向，也背离了国家和社会治理体系和治理能力现代化的要求⑥。

整体来看，轻罪案件的大幅上升，引发了学界对法治原则、比例原则、刑法谦抑性

---

① 使用虚假身份证件、盗用身份证件罪（第280条之一）和代替考试罪（第284条之一第4款）；其余的10个罪名最高法定刑皆为3年有期徒刑，分别是：强制穿戴宣扬恐怖主义、极端主义服饰、标志罪（第120条之五），非法持有宣扬恐怖主义、极端主义物品罪（第120条之六），虐待被监护、看护人罪（第260条之一），拒不履行信息网络安全管理义务罪（第286条之一），非法利用信息网络罪（第287条之一），帮助信息网络犯罪活动罪（第287条之二），扰乱国家机关工作秩序罪（第290条第3款），组织、资助非法聚集罪（第290条第4款），泄露不应公开的案件信息罪（第308条之一第1款），披露、报道不应公开的案件信息罪（第308条之一第3款）。

② 妨害安全驾驶罪（第133条之二）、危险作业罪（第134条之一）和高空抛物罪（第291条之二）的法定最高刑为1年有期徒刑；其余五个罪名的法定最高刑为3年有期徒刑。该五个罪名分别为冒名顶替罪（第280条之二），催收非法债务罪（第293条之一），侵害英雄烈士名誉、荣誉罪（第299条之一），非法引进、释放、丢弃外来入侵物种罪（第344条之一），妨害兴奋剂管理罪（第355条之一）。此外，《刑法修正案（十）》增加了一个罪名即侮辱国旗、国徽、国歌罪（第299条），最高刑为3年有期徒刑。

③ 将《刑法》第165条非法经营同类营业罪的主体范围予以扩充，扩充为“国有公司、企业的董事、监事、高级管理人员”，并增加了“其他公司、企业的董事、监事、高级管理人员”作为本罪的主体。

将《刑法》第166条为亲友非法牟利罪的主体范围予以扩充，在该罪原来主体基础上，修改增加了“其他公司、企业的工作人员”。

将《刑法》第169条徇私舞弊低价折股、出售国有资产罪的主体进行修改，增加"其他公司、企业直接负责的主管人员"为本罪主体。

④ 参见陈兴良：《轻罪治理的理论思考》，载《中国刑事法杂志》2023年第3期。

⑤ 参见张明楷：《轻罪立法的推进与附随后果的变更》，载《比较法研究》2023年第4期。

⑥ 参见何荣功：《轻罪立法的实践悖论与法理反思》，载《中外法学》2023年第4期。

原则、刑法的人权保障机能等多方问题的广泛关注。首先,学界对轻罪立法所产生的讨论,立足于立法、司法或理论,包括但不限于轻罪立法的合理性、轻罪的治理路径与未来发展、轻罪的刑事政策、对轻罪立法的反思、轻罪的配套措施等多方面的问题。其中,对于轻罪立法的基本立场以及如何完善轻罪的配套措施是备受关注的问题。这些思考无疑都有助于轻罪的治理现状与发展走向。考虑当前轻罪的已然立法,本文从刑事司法角度出发,着重关注轻罪的现代化推进过程中所面临的机械司法问题。

(三)轻罪治理的现代化推进困境

治理好轻罪关系到国家长治久安,关系到国家法治建设。习近平总书记在庆祝中国共产党成立 100 周年大会上提出"中国式现代化"的重要论断。① 伴随着时代发展,我国的犯罪态势和犯罪结构有所变化,如何根据新的犯罪态势积极供应新的犯罪对策,满足新形势下的犯罪治理,是刑事司法现代化发展进程中的重要课题。轻罪的现代化治理是在中国式现代化背景下的具体展开。轻罪案件中,犯罪嫌疑人的社会危害性、人身危险性都与以往的重罪有所不同,社会关系往往也更易修复,如何治理好轻罪是当前我国刑事法治的重要任务。

然而,从当前的刑事司法现状来看,轻罪的治理很大程度上依然停留在"治罪"阶段。在轻罪治理的现代化推进过程中,依然存在较大问题。从笔者在各地法院调研或与多位法官交流的情况来看,具体问题主要表现在以下四个方面:

其一,当前轻罪案件数量庞大,司法资源投入巨大,涉及的人员数量巨大。根据有关统计,一审判处有期徒刑 3 年以下的轻罪案件占全部案件的 85.5%。② 以危险驾驶罪和帮助信息网络犯罪活动罪为例,根据《最高人民法院工作报告》,全国法院审结的危险驾驶罪案件数量逐年递增,2013 年为 9 万多件、2020 年为 28.9 万件、2021 年为 34.8 万件,远超过其他刑事案件。③ 2017 年至 2021 年,全国帮助信息网络犯罪活动罪涉及被告人共计 14.37 万人。其中,2018 年同比增长 383.33%;2019 年同比增长 581.03%;2020 年同比增长 2497.22%;2021 年同比增长 1196.58%。④

其二,"轻罪不轻"的现象依然突出。对于轻罪的被告人而言,一旦被定罪,就会被贴上"犯罪"的标签,容易引发负面的标签效应,也很难再融入社会。从当前的刑罚附随后果规定来看,不仅包括职业禁止的内容,还包括各种资格的禁止或限制。例如,对于考试资质、户籍、信誉、荣誉、社会保障、部分民事行为等多方面的资格的禁止或限

① 参见习近平:《新发展阶段贯彻新发展理念必然要求构建新发展格局》,载《求是》2022 年第 17 期。

② 参见靳高风、张雍锭、郭兆轩:《2022—2023 年中国犯罪形势分析与预测》,载《中国人民公安大学学报(社会科学版)》2023 年第 2 期。

③ 相关数据分别来自 2014 年、2021 年、2022 年《最高人民法院工作报告》。

④ 参见中国司法大数据研究院:《涉信息网络犯罪特点和趋势司法大数据专题报告》,载最高人民法院官网,https://www.court.gov.cn/fabu/xiangqing/368121.html,2023 年 7 月 15 日访问。

制。此外,犯罪行为人的子女就业也可能受到严重的影响。据有关学者统计,刑事处罚附随后果的相关规定随着时间的推移,数量呈现较为明显的增长趋势。①

其三,轻罪出罪机制不够通畅。例如,在醉驾案件的办理过程中,一般酒精含量达到了入罪标准,一律不考虑出罪的事由。对于情节显著轻微的,可以适用但书条款的,也不适用但书条款予以出罪。对于醉酒状况下挪车,在偏僻公路行驶等情形也都一律以危险驾驶罪处理。轻罪时代的不起诉权的裁量问题、但书条款的适用问题尤为重要,出罪机制是轻罪治理科学性的具体表现,在积极治理轻罪的时代背景下,如果没有出罪机制作为保障,容易导致轻罪治理走向极端。不过,2023 年 12 月 28 日,最高人民法院、最高人民检察院、公安部、司法部联合发布的《关于办理醉酒危险驾驶刑事案件的意见》正式施行,该意见第 11 条列举了应当从宽处理的五种醉驾情形,第 12 条、第 13 条与第 14 条依次规定了醉驾情节显著轻微、紧急避险不定罪、醉驾情节轻微不起诉以及醉驾情节较轻宣告缓刑的条件,使得"醉驾不再一律入刑"成为现实。

其四,从被告人的年龄分布情况来看,被告人年轻化特点明显。从全国帮助信息网络犯罪活动罪案件被告人年龄分布来看,五年来,"80 后""90 后"被告人占比近九成。其中,18 周岁至 28 周岁人群占比最大,为 55.09%;其次为 29 周岁至 39 周岁人群,占比 34.23%。② 据统计,危险驾驶罪的被告人年龄主要分布在 30—50 岁之间,中位值为 37 岁,即以青壮年居多。③ 从调研情况来看,其中还有大量的农民工、大学生群体。青壮年属于社会的中坚力量,一旦被定罪判刑,其本人及其家属都会受到影响,甚至伴随灾难式的后果。

整体而言,在当前的轻罪案件处理中,依然遵循着重罪的治理模式。对社会危害性、人身危险性都较小的被告人处以刑罚,其所遭受的后果并非仅仅是法律上的惩罚,在客观上难以融入社会很可能会引发新的社会问题。在新的犯罪态势下,司法人员如果不顺应轻罪治理的观念建设与转变,仍然机械司法、以案办案,必然无法回应新形势下的犯罪治理需求。一方面,机械司法无法让被告人在具体案件中感受到公平正义,伴随着大量的轻罪处罚案件,涉及的个体和家庭数量极为庞大,难以让人民群众感受到司法为民;另一方面,对于一些法定犯、行政犯,很可能会办出"热点案件",受到社会各界的强烈反应甚至批评。

---

① 王瑞君:《我国刑罚附随后果制度的完善》,载《政治与法律》2018 年第 8 期。

② 参见中国司法大数据研究院:《涉信息网络犯罪特点和趋势司法大数据专题报告》,载最高人民法院官网,https://www.court.gov.cn/fabu/xiangqing/368121.html,2023 年 7 月 13 日访问。

③ 参见章桦、李晓霞:《醉酒型危险驾驶罪量刑特征及量刑模型构建实证研究——基于全国 4782 份随机抽样判决书》,载《中国刑事法杂志》2014 年第 5 期;李涛、李鑫宇:《轻罪时代我国醉酒型危险驾驶罪司法困境与治理进路》,载《云南警官学院学报》2023 年第 3 期。

对于轻罪的治理,有不少学者探讨了配套措施,对轻罪案件的出罪问题予以高度关注,对轻罪治理的现代化发展具有重要意义。与此同时,需要关注司法实践中的机械司法现象,才能使得前沿的理念产生实际效果。

三、机械司法有碍轻罪治理的现代化推进

(一)机械司法:一种值得警惕的司法现象

机械司法主要是指司法人员在形式上遵守法律规范,但却不在法律允许的范围内根据具体的事实与证据有所变通,无法达到裁判案件"三个效果"的统一,缺乏因案制宜的灵活性,背离了案件的实质正义。简而言之,机械司法主要是看似形式合规,但实质处罚不公正的现象。

机械司法具体主要表现为司法人员不会解释也不敢解释法律的一种司法现象。裁判人员对法律和司法解释高度依赖,离开司法解释不会办理案件,无法进一步把握法律和司法解释的精神要旨,或者不敢在规范性文件之外找到处理法律问题的依据;对于一些涉及入罪数量标准的案件,唯数额、数量标准论,判案依据过于单一;与此同时,对于法条的空白罪状等,高度依赖行政机关的标准,例如枪支的认定标准、假药的认定标准等;对于司法鉴定意见的依赖度依然较高,司法人员的自主性不强等。

从笔者与各地司法人员交谈以及调研的情况来看,机械司法的现象依然存在。当然,司法裁判的这一现象,除司法人员专业能力水平之外,也与当前的司法体制、司法特性、司法责任制改革等问题有一定的关系。近年来,频频爆出"热门"案件,如"辱母"案、王力军非法经营案、许霆案、大学生掏鸟窝案、赵春华非法持枪案等为代表的刑事案件判罚引起了社会广泛的质疑,这些无不与机械司法有关。司法机关对这些案件的裁判,抑或高度依赖行政机关的标准,抑或高度依赖司法解释的文字规定等,导致了司法机关裁判的案件与民众之间的认知形成偏差,从而引起民众的强烈反应。

(二)机械司法带来的危害

机械司法带来的最大问题是,对法律适用仅进行形式判断,不顾司法的实质解释。机械司法办案很容易导致司法裁判的案件与民众的朴素正义感和价值观背道而驰,或者产生认知上的差距。如此一来,很容易导致司法案件的裁判无法得到民众的内心认同。尤其是刑事法律裁判,法律适用不当不仅不会加强人权保障,反而可能有损人民群众基本权益的保障。刑法是一种不得已的恶,用之得当,个人与社会两受其益;用之不当,个人与社会两受其害。[①] 机械司法的裁判结果既无法实现刑法对公平正义价值

---

① 参见陈兴良:《刑法的价值构造》,中国人民大学出版社1998年版,题记。

的追求,也无法通过案件裁判贴合民众诉求,反而产生了更多的社会矛盾与问题。不得不说,机械司法带来的危害是深远的。

在轻罪时代,如若机械司法的现象无法得到有效的改善,将会带来更大的危害。一方面,当前轻罪案件数量大量上升,机械司法影响的不再仅仅是个案,而是大量案件。在这大量的轻罪案件中,又涉及大量的被告人及其家属,社会影响力不可谓不大。如果大量的民众对刑事司法感到不公,无法得到公正的裁判,可能会从法律适用问题上升为社会问题。另一方面,轻罪时代的到来本就对刑事司法提出了更高的要求,不能完全比照治理重罪的传统经验,既要关注刑法对于人民群众基本权益的保护,也要避免刑法过于干预社会生活,司法人员必须跟进学习,否则难以应对时代发展对司法人员提出的更高要求。

从具体个案来看,无论是赵春华持枪案,抑或完全不具有实质违法性的醉驾行为等,如果司法人员秉持机械司法的办案模式,机械地适用法律,那么无论学界如何探讨此类案件的去罪化路径,都无法产生实际效果。刑法理论关于违法性认识错误、实质违法性、构成要件错误等探讨,也将无济于事。刑法文本的生命力也在机械司法中消磨殆尽。避免机械司法才能使得刑法保持一种开放性,及时呼应社会与时俱进的发展,才能在具体的个案中实现正义,才能使刑法文本发挥出自我更新完善的能力。

从刑法的机能来看,机械司法对刑法规范进行一成不变的理解,在大量的司法案件裁判后,也很容易形成司法与民众之间的情感隔膜。民众无法从内心产生认同的法律,也难以谈得上产生积极的预防效果。

四、机械司法的破解路径

要破解机械司法这一司法现象,最为关键的便是在司法裁判中尊重普通人的法感情,尊重社会关于公平、正义、自由等方面的价值观念,将其融入司法中。与此同时,也要不断提高司法人员处理实质判断与形式判断关系的能力。此外,也可以在体制结构上予以辅助。

从司法人员自身着手,破除其思想禁锢,在司法裁判中追求案件的实质合理性。一方面,司法人员要认识到司法裁判只有尊重普通人的法感情,尊重普通人的生活方式与经验,尊重天理国法人情,才能在司法裁判中获得民众的认同。要保持刑法规范的生命力,能够历久弥新,与社会民众之间产生亲和力,司法的公正裁判在其中起着至关重要的作用。伴随着社会的高速发展,司法人员也需要跟随社会发展对刑法予以解读,司法人员在思想上要引起高度重视,认识到机械司法带来的危害,认识到积少成多,每一个司法案件都在赋予刑法时代的生命力,都在贴近或疏离民众。另一方面,司法人员也需要不断提高解释刑法文本的能力。如何合理地解释与理解刑法规范的含义,在法律规定的范围内实现法律追求的政治效果、社会效果、法律效果,需要司法人员灵活掌握各种法律解释技术,从而灵活地建立起实质判断与法律规范之间的关联桥梁。

从国民参与司法着手,人民群众可以通过陪审制或参审制,来扩展国家参与司法制度的范围。陪审团在事实认定方面并不逊色于法学专业人士。① 陪审团成员源自非专业性的普通民众,对社会正义具有朴素的感知能力,其具有贴合民众的生活经验,这恰恰是职业法官所相对欠缺的。陪审团制度虽然存在成本问题,但却能有效地消解机械司法带来的司法公信力下降问题。近年来,除对陪审团制度进行探索以外,对参审团制度也进行了一定的探索。参审团更多地强调参审制度中陪审员有较多人数,以此体现司法的民意。整体来看,究竟是采用陪审员制还是参审团制,有待进一步研究,但其重要作用都在于消解司法职业法官精英与民众之间的认知隔膜。从司法实践来看,我国河南、陕西、浙江等地实施的"人民陪审团"实践效果良好。②

五、结语

伴随着时代的发展,我国的刑事犯罪结构产生变化,刑法如何回应时代的犯罪治理需求,积极提供犯罪治理对策,是刑事司法现代化发展的重要课题。轻罪治理的现代化推进,不能照搬照抄以往治理重罪的经验,而是要找到破解轻罪治理疑难杂症的方案。否则轻罪也无从探讨"治理",而是仅仅停留在就案办案的层面。机械司法作为当前一种较为普遍的现象,司法案件的裁判无法得到民众的内心认同,涉及的个体和家庭数量极为庞大,很难产生良好的政治效果与社会效果。针对这一现象,最高人民法院院长张军强调,要把能动司法贯穿新时代新发展阶段审判工作始终。③ 要破解机械司法这一司法现象,就必须在司法裁判中尊重普通人的法感情,尊重社会关于公平、正义、自由等方面的价值观念,不断提高司法人员处理实质判断与形式判断关系的能力,才能真正做到司法为民,满足人民群众日益增长的法律需求。

---

① 参见吴旭阳:《陪审团模式之行为实验比较研究》,载《学术月刊》2017 年第 1 期。

② 参见《河南省试行人民陪审团机制,两年审案 4992 件》,载中国经济网,http://district.ce.cn/newarea/roll/201303/22/t20130322_24223147.shtml,2023 年 8 月 25 日访问。

③ 参见《要把能动司法贯穿新时代新发展阶段审判工作始终》,载《人民法院报》2023 年 4 月 11 日,第 1 版。

医疗事故罪构成要件争议研究

赵新河*

我国《刑法》第 335 条规定："医务人员由于严重不负责任，造成就诊人死亡或者严重损害就诊人身体健康的，处三年以下有期徒刑或者拘役。"该罪法定刑为 3 年以下有期徒刑，从刑罚的严厉程度看当属轻罪范畴。

设立医疗事故罪对敦促与警示医务人员规范行医，维护患者生命健康安全，推动实施健康中国战略具有重要意义。目前，围绕医疗事故罪的构成要件中的"严重不负责任""严重损害就诊人身体健康"、构成医疗事故罪对医疗方"责任比例"的要求等问题存在颇多争论，本文着重对这些问题加以研讨。

一、临床医疗风险与医疗事故罪之"严重不负责任"

我国《刑法》第 131—139 条设定了十余个安全事故类过失犯罪①，统揽这些《刑法》条文，构成犯罪的前提是"违反规章制度""违反管理法规、规定"等，均并不要求"严重不负责任""严重违反规章制度"，但《刑法》第 335 条对同属事故类过失犯罪的医疗事故罪则要求以"严重不负责任"为构成要件，究其原因，是因为临床诊疗活动存在特殊的发生就诊人人身损害的风险，该风险是由临床诊疗活动存在的五大矛盾所决定的，该五大矛盾是：医学基础理论的有限性与临床需求的无限性的矛盾、医疗处置的及时性与诊疗信息有限性的矛盾、疾病的规律性与个体特异性复杂性的矛盾、医疗手段的侵袭性与医疗安全的矛盾、医疗需求的普遍性与医疗技术水平的不平衡性的矛盾。这些矛盾共同决定着临床诊疗是"以有限的基础理论与经验应对无限的救治需求"，决定了临床医学具有"理论发展难以满足实践要求、规范性与探索性并存"的特征，决定着临床诊疗活动的探索性与风险性，即使医务人员尽其所能，医务工作中稍有不慎，就会发生治疗目的之外的结果，出现患者身体损害的结果，形成医疗实际效果与

---

* 河南省社会科学院研究员，法学博士。

① 《刑法》第 131—139 条设定了重大飞行事故罪、铁路运营安全事故罪、交通肇事罪、重大责任事故罪等十余个安全事故类罪名。

患者期望值之间的差距，这就要求相关医疗立法重视该临床医疗风险，在医患双方和全社会合理分配医疗风险，合理设定和科学判断医疗过失法律责任。根据（被）容许的危险理论，对于伴随一定危险性的行为，基于该行为对社会生活的有益性及必要性，法律应该容许其在一定限度之内产生一定的不良结果，对此结果不应以过失论处，以制止过于严苛地追究过失责任，由此，“新过失论”认为，注意义务的标准应由传统的“预见可能性”转变为对于危害结果的“回避可能性”，即使对结果的发生有预见可能性，但只要行为人实施一定的措施来回避结果的发生，即视为已尽到注意义务（结果回避义务）而不成立过失。显然，该理论对医疗过失法律责任的设定与研判具有较大适用空间。现代医学发展给人类的生命健康和生活质量带来巨大利益，但临床医学是在实践探索中发展的学科，医疗风险需要全社会的理解并应由法律对该风险的承担进行公平分配，以应对就诊人医疗安全保障与医疗卫生事业正常存续与持续发展的冲突。保护患者个人利益固然为法律的重要功能，但促进医疗卫生事业的发展这一社会整体利益更应成为法律关注的重心。医疗事故罪以行为人“严重不负责任”为构成犯罪的要件，不属于严重不负责任则不构成本罪，显然是基于对临床医疗风险的立法回应和对医疗从业者的立法照护。

法学界对《刑法》第 335 条中的“严重不负责任”的含义，大致有两种不同解读。一种意见认为，严重不负责任应属于主观过失心理状态的表述，判断这一心态的主要理论是医疗注意义务理论。① 另一种意见认为，“严重不负责任”属于客观要素，即行为人实施了一系列严重不负责任的行为，只是这些行为包含过失的主观心理状态。② 笔者认为，严重不负责任是贯彻了主客观相统一的法律评判，既包含主观方面存在过错程度严重的重大医疗过失，也包含客观方面医疗行为的严重违规。在主观方面，医疗方主观过错程度较弱、较小是阻却医疗事故罪构成的因素之一。医疗活动本身有较大的造成就诊人身体损伤的特殊危险性，如果不管主观过错的严重程度，只要因医疗过错引发严重损害就诊人身体健康就以医疗事故罪论处，将会禁锢医务人员救死扶伤的主动性与积极性，不利于营造宽松的医疗服务法律环境。该罪主观方面的“严重不负责任”的重大医疗过失，主要是指违背合格医务人员应具有的一般注意义务，违反常规性的、技术含量不高但关乎就诊人生命健康安全的诊疗行为规范，其注意能力标准较低，而并非违反复杂高深的医疗技术方面的注意义务。通俗地讲，“严重不负责任”是指医务人员比较容易预见与避免损害就诊人生命健康的结果。有论者认为，由于现代医疗水平的有限性，在诊疗过程中发生了事与愿违的不良结果的医疗风险事故，属于

① 参见衡敬之、徐正东：《医疗事故罪 20 年理论争鸣的司法实证回应》，载《中国医疗管理科学》2019 年第 2 期。

② 参见孙红卫：《医疗事故罪罪状要素的司法认定》，载《法学杂志》2009 年第 3 期。

不可避免的正常现象,不能作为犯罪处理。① 笔者认为,该观点在医疗事故罪的认定上重视医疗风险对医疗过失与医疗事故罪的认定之影响无疑是妥当的,但此处所指医疗风险事故,属因医疗水平制约导致的难以避免的不良医疗结果,行为人主观上可能并不存在医疗过错,更不存在重大医疗过错,近似于医疗意外事件,不宜以犯罪处理。应当明确,行为人主观过错程度意义上的"严重不负责任"的判断并非直接取决于所造成的医疗损害结果的严重程度,即使发生刑法规定的就诊人死亡或严重损害就诊人身体健康的情形,但医务人员主观上不属于重大医疗过失,仅存在一般医疗过失的,不应认为构成医疗事故罪。

对行为人的主观过错需要通过其客观行为来研判,主观方面的严重不负责任的重大医疗过失当然经由客观方面的严重不负责任的严重医疗违规行为而表现,在这个意义上,严重不负责任既包含主观方面存在重大医疗过失,也包含客观方面医疗行为严重违规,即"严重不负责任"也属于客观要素,是《刑法》第 335 条规定的医疗事故罪的罪状的组成部分(该罪的完整罪状是"严重不负责任,造成就诊人死亡或严重损害就诊人身体健康")。2008 年 6 月 25 日,最高人民检察院、公安部颁布的《关于公安机关管辖的刑事案件立案追诉标准的规定(一)》(以下简称《立案追诉标准(一)》)第 56 条规定了属"严重不负责任"的七种情形②,这是目前认定医疗事故罪犯罪行为的主要司法标准。有论者提出,认定某一医疗行为是否属于"严重不负责任"的重要依据是《医疗质量安全核心制度要点》③,从医疗安全管理方面考量,该观点提供了判断"严重不负责任"的医疗专业视角。违反医疗核心制度的诊疗行为占违反国家法律法规和相关医疗管理制度行为数量的 80% 以上,成为"医疗事故罪"司法实践中认定医务人员严重不负责任的最主要依据。④《医疗质量安全核心制度要点》共 18 项,覆盖了关乎医疗安全的医疗关键环节,对保障医疗质量和患者安全发挥重要的基础性作用,是对各级各类医疗机构实施医疗质量安全管理的基本要求,而遵守这些制度并不需要高深的医学理论和医疗技术,而主要是对工作责任心的要求。

对《立案追诉标准(一)》的掌握有两点需要注意:一是该规定采取了"不全列举与兜底概括相结合"的模式,所列出的"严重不负责任"的医疗行为的共同特征是:违背了

---

① 王作富主编:《刑法》(第 8 版),中国人民大学出版社 2011 年版,第 463—464 页。

② 该《立案追诉标准(一)》第 56 条对医疗事故案规定的属"严重不负责任"的七种情形是:擅离职守的;无正当理由拒绝对危急就诊人实行必要的医疗救治的;未经批准擅自开展试验性医疗的;严重违反查对、复核制度的;使用未经批准使用的药品、消毒药剂、医疗器械的;严重违反国家法律法规及有明确规定的诊疗技术规范、常规的;其他严重不负责任的情形。

③ 参见 2018 年 4 月 18 日国家卫生健康委员会国卫医发〔2018〕8 号《关于印发〈医疗质量安全核心制度要点〉的通知》。

④ 参见李桐杨、祝伟等:《违反医疗核心制度行为在医疗事故罪认定中的作用》,载《中国卫生质量管理》2019 年第 6 期。

常规性但关乎医疗安全的医疗行为规范,属对基本医疗义务的违反,因此,对“其他严重不负责任的情形”的掌控应遵循该原则性规定。二是2022年3月1日生效的《医师法》第29条第2款规定,“在尚无有效或者更好治疗手段等特殊情况下,医师取得患者明确知情同意后,可以采用药品说明书中未明确但具有循证医学证据的药品用法实施治疗”。这是《医师法》对医师执业权利的创新性规定,赋予医师“超说明书用药权”,因此,自2022年3月1日起,对《立案追诉标准(一)》规定的“使用未经批准使用的药品”应当作出新的解读,超说明书用药行为在新《医师法》生效后即取得法律的许可而不再属于违规违法的医疗行为,更不属于“严重不负责任的情形”。

二、“严重损害就诊人身体健康”的判断标准

对《刑法》第335条“严重损害就诊人身体健康”的判断标准,学术界长期争议未果,有人将该争论概括为:由最初的单独支持医学标准(主要指《医疗事故处理条例》和卫生部《医疗事故分级标准》)、刑法标准(即《人体重伤鉴定标准》),逐渐统一为以刑法重伤标准为主、医学标准为辅。① 笔者认为,研究解决“严重损害就诊人身体健康”的标准问题,应从以下三方面着手。

一是确定“严重损害就诊人身体健康”判断标准的价值导向。医疗事故罪的主观要件上要求行为人有重大业务过失,客观行为要件上要求存在严重不负责任的医疗行为,已经相当程度上限缩了犯罪的范围,且该罪的刑罚较之其他过失犯罪、渎职类犯罪、重大责任事故类犯罪更为轻缓,这些方面已体现出立法上对医疗风险的充分考虑,如果除此之外再将医疗事故罪的损害结果要件限定在比较狭窄的范围,则难以实现对患者健康权的刑法保护。同时,刑罚的不可避免较之刑法惩治面过于狭窄会收到更好的预防犯罪的效果,因此,不宜过于限缩“严重损害就诊人身体健康”的范围。

二是确定“严重损害就诊人身体健康”的标准是否有必要比照医疗事故分级标准,或者说是否要考虑行刑衔接。有论者主张从文义上寻找“严重损害就诊人身体健康”对应的医疗事故等级,试图从医疗事故分级标准中找寻“严重损害就诊人身体健康”的法律含义,由此延伸出所谓医学标准、刑法标准的取舍与论辩。笔者认为,回顾我国相关医疗立法的演变,有助于解决这一问题。1987年6月29日,国务院发布《医疗事故处理办法》(以下简称《办法》)后,医疗侵权损害赔偿按照《办法》给予一次性经济补偿,此前我国立法并没有对医疗侵权补偿与赔偿作出明确规定;2002年,《医疗事故处理条例》取代《办法》成为医疗事故损害赔偿的法律依据,到2010

---

① 参见衡敬之、徐正东:《医疗事故罪20年理论争鸣的司法实证回应》,载《中国医疗管理科学》2019年第2期。

年7月1日《侵权责任法》的实施终止了《医疗事故处理条例》作为医疗损害赔偿法律依据的情形,统一了医疗损害赔偿的法律标准,结束了法律适用的二元化现象。可见,1997年《刑法》颁布时,《办法》尚在实施,并充任医疗事故民事赔偿与行政处理的法律依据,然而,即使这样,1997年《刑法》设定医疗事故罪的罪状与损害结果要件时显然并没有与《办法》规定的医疗事故等级进行任何关联。可以认为,当时使用医疗事故罪这一罪名的重要原因是,该罪属于医疗服务领域"责任事故"性质的犯罪,而我国刑事立法习惯于以"××事故罪"确定相关领域责任事故类犯罪的罪名。[①] 但是,要求被确定为医疗事故罪的行为一定要先被认定为医疗事故则缺乏法理支撑与法律依据,尤其值得注意的是,目前《民法典》成为医疗侵权民事赔偿的唯一法律依据。从司法实务看,绝大部分医疗侵权纠纷通过医疗损害司法鉴定来判断医疗过错责任,而不是通过医疗事故鉴定程序确定为医疗事故来明确医疗过错责任,然后根据《民法典》进行赔偿,"医疗事故"的鉴定意见根本无从生成,根据法律常识,严重的民事侵权可构成刑事犯罪,严重的医疗过失侵权可构成医疗事故罪,无须纠结几级医疗事故属于"严重损害就诊人身体健康",而应回归在刑事立法及关联司法解释[包括《立案追诉标准(一)》]、《人体损伤程度鉴定标准》范围内探讨"严重损害就诊人身体健康"的含义。根据医疗事故罪《立案追诉标准(一)》第56条第2款的规定,严重损害就诊人身体健康是指造成就诊人严重残疾、重伤、感染艾滋病、病毒性肝炎等难以治愈的疾病或者其他严重损害就诊人身体健康的后果。该标准中的"重伤"在《人体损伤程度鉴定标准》中有明确规定,但仍然遗留对"严重残疾、难以治愈的疾病、其他严重损害就诊人身体健康的后果"之界定方面的疑问。

三是在刑法视域内妥当解读医疗事故罪之"严重损害就诊人身体健康"。《刑法》第336条对非法行医罪的损害结果有"严重损害就诊人身体健康"的表述。《刑法》为非法行医罪设立了三个量刑档次,在该罪的第二档罪刑单元中,"严重损害就诊人身体健康"对应的法定刑是3年以上10年以下有期徒刑,并处罚金。《立案追诉标准(一)》第57条规定,未取得医生执业资格的人非法行医,涉嫌造成就诊人轻度残疾、器官组织损伤导致一般功能障碍,或者中度以上残疾、器官组织损伤导致严重功能障碍,或者死亡的,应予立案追诉。从语义上解读,"中度以上残疾、器官组织损伤导致严重功能障碍"应当是与非法行医罪之"严重损害就诊人身体健康"相对应的规定,易言之,《刑法》第336条中的"严重损害就诊人身体健康"在《立案追诉标准(一)》中被界定为"中度以上残疾、器官组织损伤导致严重功能障碍"。自2014年1月1日起施行的《人体损

---

① 《刑法》第131条的罪名是重大飞行事故罪,第132条的罪名是铁路运营安全事故罪,第134条的罪名是重大责任事故罪,第135条的罪名是重大劳动安全事故罪,第137条的罪名是工程重大安全事故罪,第138条的罪名是教育设施重大安全事故罪,第139条的罪名是消防责任事故罪。

伤程度鉴定标准》①载明:该标准适用于《刑法》及其他法律、法规所涉及的人体损伤程度鉴定;其"术语和定义"中指出:重伤指使人肢体残废、毁人容貌、丧失听觉、丧失视觉、丧失其他器官功能或者其他对于人身健康有重大伤害的损伤,包括重伤一级和重伤二级;轻伤指使人肢体或者容貌损害,听觉、视觉或者其他器官功能部分障碍或者其他对于人身健康有"中度伤害"的损伤,包括轻伤一级和轻伤二级。可以认为,在非法行医罪的语境下,可对"严重损害就诊人身体健康""中度以上残疾、器官组织损伤导致严重功能障碍"、《人体损伤程度鉴定标准》中涵括"中度伤害的损伤"的轻伤作近似的理解。在同一部《刑法》中,不同条文中出现相同的刑法概念,在理解认定方面应适用相同原则②;从犯罪结果的角度考量,非法行医罪与医疗事故罪并没有什么不同③。倘若将医疗事故罪之"严重损害就诊人身体健康"与非法行医罪之"严重损害就诊人身体健康"作相同理解,那么,医疗事故罪中的"严重损害就诊人身体健康"就应当解读为"轻伤"。但是,刑法学界存在阻遏该结论成立的重要理由:重伤是我国刑法中构成过失伤害犯罪的结果要件,是否达到重伤的损害程度是区分过失伤害行为罪与非罪的基本界限,对同样属于过失犯罪的医疗事故罪中的"严重损害就诊人身体健康"的损害程度,应理解为等同或接近重伤的标准。可见,即使非法行医罪之"严重损害就诊人身体健康"近似于"轻伤",但鉴于非法行医罪是故意犯罪而医疗事故罪属过失犯罪,对医疗事故罪中的"严重损害就诊人身体健康"至少应当在"轻伤"以上加以掌控,比如限定为轻伤一级以上(注:轻伤一级的伤情重于轻伤二级)。

三、认定医疗事故罪对医疗方责任比例的要求

通说认为,在复合原因造成的结果中,要分清主要责任人员与次要责任人员,分别根据其在造成不良结果过程中所起的作用,确定其所负责任的大小④;或者认为,对这种情况,应综合事故参与度进行认定⑤。医疗损害因果关系具有复合性,医疗损害大多是违规医疗行为与原发伤病情相互作用的结果,那么,违规医疗行为对医疗损害的作用达到何种程度才可按医疗事故罪的定罪处刑?对此存在不同观点。观点一:要综合医务人员的医疗过失所占的比重、损害结果的法益侵害程度等,最终确定是否应以本罪处罚,司法实践中,医疗事故刑事案件真正定罪并量处刑罚一般必须满足医务人员

① 参见2013年8月30日最高人民法院、最高人民检察院、公安部、国家安全部、司法部《关于发布〈人体损伤程度鉴定标准〉的公告》。

② 参见孙红卫:《医疗事故罪罪状要素的司法认定》,载《法学杂志》2009年第3期。

③ 参见臧冬斌:《非法行医犯罪法律分析》,载《法律与社会》2019年第4期。

④ 参见张明楷:《刑法学》(第4版),法律出版社2011年版,第99页。

⑤ 参见肖卫华:《医疗事故罪中"严重损害后果"释论》,载《南华大学学报(社会科学版)》2002年第3期。

对就诊人的医疗损害结果负完全或主要责任，而非次要责任。① 观点二：对医疗损害过错参与度划分与医疗事故罪因果关系认定的对应关系，认为医疗过错损害参与度在50%以上便可认定具备医疗事故罪认定的因果关系。② 观点三："医疗事故参与度"尚不能完全合理表述医疗事故中各方的具体责任，还应当将"医疗事故参与度"与医疗事故行为过失的程度结合起来，根据医疗过失行为与疾病等非过失因素对医疗事故损害后果的作用，将医疗事故划分为六级"责任比例度"，责任比例度为0%～60%（不含60%）之间的，承担相应民事责任，医疗事故责任比例度为60%～100%之间的，则应承担相应的刑事责任。③

笔者认为，刑法上定罪处刑贯彻主客观相结合、相统一的原则，在客观上行为人的违规行为与社会危害结果存在因果关系，主观上行为人对该危害结果存在过错的情况下，才可对行为人追究相应的法律责任，进而言之，责任是因果关系与过错的上位概念，因果关系与主观过错共同涵括的范围才是据以追究行为人法律责任的依据，而医疗事故罪的定罪处刑本质上是法律责任的界定，这就既需要关注客观方面违规医疗行为对损害结果的原因力或参与度，又要关注医务人员主观上对该损害结果的医疗过错的有无与大小，此二者共同决定医务人员的责任程度。易言之，医疗侵权方的责任程度是主客观相结合相统一的概念与结论，不应仅仅从因果关系与原因力大小的角度，或仅仅从医疗过错程度的角度来界定责任程度。其中尤其应当注意的是，上述因果关系覆盖的范围与主观过错涉及的范围并非完全一致。观点一主张从责任大小方面考量定罪处罚，观点三从医疗过失行为与疾病等非过失因素对医疗事故损害后果的作用相结合来划分责任比例度，均贯彻了主客观相结合、相统一的原则，是妥当的。观点二实际是将主观上的医疗过错参与度与客观上的因果关系混为一谈，并偏离了从主客观相结合的角度考量医疗方责任比例的正当思路。

如果抛开上述观点对责任比例的概念的认识分歧，不难发现对医疗事故罪定罪要求的医疗方的责任程度存在观点一、观点三的"完全或主要责任"与观点二的"同等责任"之争。刑事立法与司法解释尚未明示构成医疗事故罪对医疗方责任程度的要求，但刑事司法解释至少有两方面的规定可资借鉴：一是对交通肇事罪的相关规定，该罪与医疗事故罪同属责任事故类犯罪，二者均是责任方的原因与其他原因相复合共同造成危害结果；二是非法行医罪的相关解释，二者在医疗损害结果的形成机制方面具有可比性。

---

① 参见胡灿、赵敏：《我国医疗事故罪案件的实证研究》，载《证据科学》2018年第1期。

② 参见朱婷婷、先德奇：《浅析医疗事故罪之因果关系的认定》，载《医学与法学》2021年第6期。

③ 参见孙红卫：《医疗事故罪罪状要素的司法认定》，载《法学杂志》2009年第3期。

最高人民法院《关于审理交通肇事刑事案件具体应用法律若干问题的解释》①对交通肇事罪的定罪量刑的规定具有如下特点：其一，对肇事方的基本犯定罪起点是死亡1人或者重伤3人以上，负事故全部或者主要责任，或死亡3人以上，负交通事故同等责任；对结果加重犯的“其他特别恶劣情节”的规定条件是：死亡2人以上或者重伤5人以上，负事故全部或者主要责任，或死亡6人以上，负事故同等责任。可见，上述两种情况均对造成的人身伤亡结果与承担的责任比例进行综合考量，人身伤亡结果越大，定罪处刑时对责任比例的要求越低，本质上着眼于综合考量行为人“罪责”大小。其二，对交通事故肇事方定罪的最低责任比例起点是负事故同等责任（死亡3人以上，负事故同等责任）。其三，对社会危害性大小的考量，除人身损害结果之外，还应考量公共财产或他人财产直接损失的大小，是否存在严重违反交通运输管理法规的情节。最高人民法院《关于审理非法行医刑事案件具体应用法律若干问题的解释》②第4条规定：“非法行医行为系造成就诊人死亡的直接、主要原因的，应认定为刑法第三百三十六条第一款规定的‘造成就诊人死亡’。非法行医行为并非造成就诊人死亡的直接、主要原因的，可不认定为刑法第三百三十六条第一款规定的‘造成就诊人死亡’，但是，根据案件情况，可以认定为刑法第三百三十六条第一款规定的‘情节严重’。”这一定程度上把绝大部分造成就诊人死亡的非法行医行为以犯罪加以惩治，这也同样是综合考量非法行医行为对就诊人伤亡结果的责任比例或“罪责”的大小，但对医疗方的责任比例没有最低要求，责任比例为同等责任以下的，也不排除定罪的可能。笔者认为，为兼顾对就诊人生命健康安全的刑法保护与医务人员工作积极性的维护，应区别“造成就诊人死亡”与“严重损害就诊人身体健康”这两种不同的损害结果，分别设定医疗事故罪定罪要求的医疗方的责任程度：造成就诊人死亡的，医疗方责任比例在同等责任以上，严重损害就诊人身体健康的，责任比例是主要责任以上的，构成医疗事故罪。同时，行为人执业中有多次违反诊疗规则的一贯表现的，可认定为“严重不负责任”。

① 最高人民法院《关于审理交通肇事刑事案件具体应用法律若干问题的解释》（2000年11月10日最高人民法院审判委员会第1136次会议通过，法释〔2000〕33号）。

② 最高人民法院《关于审理非法行医刑事案件具体应用法律若干问题的解释》（2008年4月28日最高人民法院审判委员会第1446次会议通过，根据2016年12月12日最高人民法院审判委员会第1703次会议通过的最高人民法院《关于修改〈关于审理非法行医刑事案件具体应用法律若干问题的解释〉的决定》修正）。

如何妥善解决轻罪的犯罪附随后果问题

肖　洪[*]　陈品宏[**]

一、问题的提出：犯罪化的背景与现行法律附随后果的冲突

（一）犯罪结构的轻罪化

运用法治方式实现社会治理，是各国进行刑法立法的目标，同时，通过增设新罪的法治方式治理社会也是"刚性"需求。① 随着社会的发展和进步，刑法需要保护的法益种类日益增多，法益的保护范围不断扩大，导致我国刑法立法较为活跃。

我国自1979年《刑法》颁布至今，刑法立法以犯罪化为立法导向，将原本不属于犯罪的行为运用刑事手段来进行规制，通过适用刑事制裁，使之承担不利的法律后果。② 犯罪化的立法趋势，使得新的罪名不断产生、犯罪门槛不断降低、犯罪圈不断扩大，这与我国打击遏制犯罪、实现国家长治久安的社会治理目标相契合。基于此，我国刑事犯罪内部结构也发生了重要变化，严重暴力犯罪比例的大幅下降和轻微犯罪比例的持续攀升，使得重罪和轻罪在各层次的占比发生重要变化，以宣告刑3年有期徒刑以上作为重罪标准，重罪率由2011年的23.25%下降为2019年的16.08%，轻罪率由2011年的76.66%上升至2019年的83.83%。③ 同时，轻罪的增多带来的连锁效应是法律附随后果的积累。

（二）刑事司法政策的要求

我国追求现代语境下的"盾牌式"法治④，即国家公权力在法治划定的领域内运行，追求惩罚犯罪与保障公民人权的平衡，因此，"少捕慎诉慎押"成为当下重要的刑事司法政策，要求司法机关严格、准确、规范把握逮捕、起诉、羁押的法定条件，审慎适用

---

* 重庆大学法学院副教授，法学博士。

** 重庆大学法学院研究生。

① 参见周光权：《积极刑法立法观在中国的确立》，载《法学研究》2016年第4期。

② 参见〔日〕大谷实：《刑事政策学》，黎宏译，法律出版社2000年版，第57页。

③ 参见《最高人民检察院工作报告——2019年3月12日在第十三届全国人民代表大会第二次会议上》，载最高人民检察院官网，https://www.spp.gov.cn/spp/gzbg/201903/t20190319_412293.shtml，2023年8月8日访问。

④ 参见姜敏：《论犯罪化的根据》，载《中国刑事法杂志》2019年第3期。

刑罚。同时,针对目前我国犯罪化导致的轻罪时代的到来这一大趋势,需要重新审视刑法的功能,推动刑法由惩罚法向教育法转变,增加刑法的教育矫正功能,减弱其隔离威吓功能。但是,在我国的法律体系中,存在大量限制或者剥夺公民权利的附随于刑罚之后的不利法律后果,它们游离在刑法体系之外,不利于受过刑事处罚的主体的人权保障,增加其回归社会的难度。需要对法律附随后果进行反思,将其纳入法治化道路,促进社会的和谐稳定。

二、法律附随后果的概念和内容

(一)概念及渊源

犯罪附随后果,也有学者称其为"刑罚附随后果",是指在其他部门法规或行业法规、行政法规等法律规定之中,针对犯过罪或者受过刑罚处罚的主体所适用的额外的处罚,主要表现为某些权利或者自由的减损或剥夺。① 法律附随后果的具体特征有:第一,适用前提为行为人犯过罪或受过刑事处罚;第二,具有非宣告性,犯罪附随后果不体现在人民法院依据司法程序进行判决的裁判文书中,而是依据其他的法律或者行政法规予以适用;第三,具有附随性,行为人一旦受过刑事处罚,就会产生法律附随后果;第四,具有严厉性,法律附随后果是一种不利的法律后果,一旦受过刑事处罚,不论犯罪情节轻重、性质是否恶劣、行为人的人身危险性如何,都会有或多或少的资格限制甚至权利剥夺。

法律附随后果在《刑法》中并未被正式提出,但是《刑法》第 37 条之一第 1 款和第 2 款中对于从业禁止的适用,以及第 38 条对于管制的限制、第 72 条对于缓刑适用的禁止令,可以视为法律附随后果的刑法渊源。

(二)内容

1. 部分权利和资格的限制或剥夺

首先是对个人的职业限制。对于因为实施犯罪行为而受到刑事处罚的主体,不得从事相关职业或者限制其从事相关职业。职业禁止作为法律附随后果的主要内容,除我国《刑法》第 37 条之一的规定外,在多部其他法律、行政法规、部门规章、地方性法规等均有提及,甚至具体至行业性规定和企业的招聘公告。第一,禁止其从事公职,如法官、检察官、警察、外交人员等,同时不得担任全国人民代表大会代表;第二,禁止其从事与社会利益密切相关的公共服务岗位,如律师、教师、导游、会计、人民陪审员等;第三,禁止其担任公司、企业的管理职务,不得担任国有企业、保险公司、证券公司等公司

① 参见严磊:《积极刑法观下犯罪附随后果研究》,载《人大法律评论》2021 年第 1 期。

企业的董事、监事、高级管理人员。据不完全统计,受过刑事处罚的人不得从事的职业多达二十余种。

其次是对某些民事活动的限制。除了职业禁止,限制民事主体从事某些民事活动也是刑法附随后果的重要内容。

第一,前科报告义务。《刑法》第 100 条规定,依法受过刑事处罚的人入伍、就业时,不得隐瞒自己受过刑事处罚的前科,必须如实报告,未满 18 周岁且被判处 5 年以下有期徒刑的未成年人可不予报告。

第二,荣誉和信誉的降低。荣誉是指由政府或者其他社会性组织基于公民的良好品德、才干等给予的积极正向的荣誉称号。公民如若因犯罪而受过刑事处罚,通常情况下不会再作为荣誉称号的候选人,同时部分荣誉可能被撤销。如《四川省劳动模范先进工作者评选管理办法》第 25 条第 1 款规定,劳动模范、先进工作者依法被劳动教养或者追究刑事责任的情形,取消其荣誉称号。在我国社会信用体系中,"失信"与"犯罪"并未明确区分,由于"犯罪标签"的作用,公民随之附上"失信标签",导致公民的道德评价降低,人格受到贬损,加大其回归社会的难度。

第三,对于户籍的限制。根据《北京市积分落户管理办法》第 4 条第 4 款规定,申请人申请积分落户应当无刑事犯罪记录。《上海市居住证积分管理办法》第 8 条规定,一般刑事犯罪记录在积分落户中是减分的指标,第 9 条规定,有严重刑事犯罪记录的,可取消其申请积分资格。居住证减分,会影响申请人落户,同时,居住人无法享受相应的社会公共服务。

第四,考试资质的限制或禁止。《国家统一法律职业资格考试实施办法》和各省市教师资格证报名公告均规定,因故意犯罪受过刑事处罚的,不得报名参加考试。

2. 对近亲属的前科株连效应

前科株连效应是指犯罪人受过刑事处罚的犯罪记录,基于法律的规定在特殊情况下其近亲属和其他家庭成员必须进行公开和自主报告,从而产生不利的株连评价,导致其部分权利和资格受到限制乃至被剥夺。主要表现为在子女入学、入伍、从警等涉及重大公共利益的领域,要求子女直系亲属乃至旁系血亲的"无犯罪记录证明",如若存在犯罪受过刑事处罚的事由,不予录用。

三、犯罪化背景下法律附随后果存在的问题

所有的规则实际上都是相互冲突的期待与利益的一种混合的产物。犯罪附随后果旨在从犯罪人本身的人身危险性出发,实现报应的同时来改造犯罪人、震慑潜在犯罪人、防止犯罪人再犯,以维护社会公共利益,实现社会防卫。犯罪附随后果中为维护

公共利益对于公民个人基本权利与自由的侵蚀,是该制度亟待解决的问题。

(一)过分限制公民的职业自由,侵犯公民的基本权利

犯罪附随后果的设置存在一定正当性,对于人身危险性较大的犯罪人,如累犯,以及利用职业便利实施犯罪的主体,对其进行从业禁止,有利于发挥刑罚的特殊预防作用,防止其再犯,不给其提供再次实施犯罪的条件和机会。对于国家公职人员以及提供公共服务的职业进行职业限制,有利于保证国家公职人员的先进性和纯洁性,并且守护特定公共服务行业的职业品性。

我国《宪法》第 42 条第 1 款规定:"中华人民共和国公民享有劳动的权利的和义务。"劳动权是公民的基本权利。根据比例原则的要求,只有在维护社会重大利益的时候才可以由法律作出规定对公民的基本权利进行适当的限制。诸多法律规定以既存的犯罪记录为条件对公民的职业资格和职业自由进行限制,限制范围过于宽泛、限制期限过长,属于对公民基本权利的不当压制。

(二)从业禁止期限过长

从业禁止期限应当与行为人实施犯罪的社会危害性以及人身危险性相适应,达到禁止的期限适度。[①] 要使刑罚公正,就不应超过足以制止人们犯罪的严厉程度。对于部分受过刑事处罚不再具有人身危险性的行为人来说,如若适用终身从业禁止的制度设计,未免过于严苛。

(三)部分职业限制缺乏与犯罪行为的关联性

我国从业禁止的规定大多为概括性规定,比如"曾受过刑罚处罚的,不得……","曾因故意犯罪受过刑罚处罚的,不得……",对于实施的犯罪行为和从事的职业进行细致的区分,缺乏针对性。同时,犯罪行为所体现出的社会危害性和人身危险性与该职业类型的需求不具有关联性,某些职业需要诚实信用的品质,但是犯过罪不一定代表诚实信用品质的丧失。如若基于防卫过当伤人,虽然受过刑罚处罚,但是其诚实信用的品质并未丧失,也不具备相应的社会危害性,部分职业限制并不合理。这种不具有针对性的从业禁止并不能充分发挥法律附随后果的特殊预防作用。

(四)与我国当前的轻微罪为主的犯罪结构不匹配,违反比例原则

我国当前的犯罪结构发生了"双升双降"的显著变化,表现为严重暴力犯罪数量和重刑率的下降以及轻罪犯罪数量和轻刑率的上升。[②] 2021 年,检察机关起诉人数最多的五个罪名是:危险驾驶罪(35.1 万人),盗窃罪(20.2 万人),帮助信息网络犯罪活动

---

① 参见徐久生、师晓东:《犯罪化背景下犯罪附随后果的重构》,载《中南大学学报(社会科学版)》2019 年第 6 期。

② 参见卢建平:《为什么说我国已经进入轻罪时代》,载《中国应用法学》2022 年第 3 期。

罪(12.9万人),诈骗罪(11.2万人),开设赌场罪(8.4万人)。[①] 犯罪治理的对象多为非暴力性的轻罪和新罪。以危险驾驶罪为例,其法定最高刑为拘役。相较于刑罚,其他的法律附随后果比如开除公职、职业禁止,对于犯罪人来讲是更为严厉的惩罚。根据比例原则的要求,刑法所采取的限制或者剥夺行为人权利和自由的手段,应当与其所要达成的目的相适应。但是目前的犯罪附随后果并未根据行为人的人身危害性程度区分轻罪和重罪,犯罪附随后果的严厉程度与特殊预防的目的不相匹配,违反了比例原则,不利于当前轻重分离治理的体系化建构。

(五)缺乏救济程序,违反程序正义

对于法律附随后果的性质,目前学界尚存在争议,主要有三种观点:资格刑说、行政法后果说、保安处分说。因而,对其的救济程序也尚未明确规定。对于部分适用期限为终身以及对犯罪人的近亲属适用的法律附随后果,其适用的正当性存疑,但是被适用的主体没有任何可以适用的程序来救济自己的权利。法秩序建立的根本目标是保护人民的权益,任何法律规范都不应当没有权利救济程序,法律附随后果亦如此。

(六)与失信惩戒机制衔接不畅,存在双重惩罚之虞

当前为立足于以国内大循环为主体、国内国际双循环的新发展格局,营造良好的营商环境,我国不断完善社会信用立法,加快建设社会信用体系。社会信用体系的建设表明,以契约、法律规则为基础的制度信用逐渐取代以亲缘、地缘为基础的人格信用,将个人信息纳入征信系统的举措也契合了个人信息数字化、网络化的时代特征。[②] 由于各类立法并未对失信行为作出明确规定,大多把"犯罪"等同于"失信",不区分故意与过失,与司法机关共享犯罪纪录,一律适用失信惩戒制度,导致"一人失信、处处受限"。

一方面,失信惩戒制度将许多非规范性的法律附随后果纳入社会信用立法范畴,有利于法律附随后果的规范化;另一方面,法律附随后果的规定过于粗糙,导致失信惩戒对犯罪人的适用范围过于宽泛、手段过于严苛,同时法律附随后果与失信惩戒制度的衔接不畅,导致法律附随后果过度扩张,二者的叠加适用,使得犯罪人受到刑事处罚和失信惩戒双重处罚,违反了罪责刑相适应原则,使得犯罪人的犯罪行为受到重复评价。

根据《社会信用体系建设规划纲要(2014—2020年)》的要求,社会信用体系建设旨在形成以"政府—市场—社会—司法"为监督重点的全方位、多层次、多领域的信用

---

① 参见《2021年全国检察机关主要办案数据》,载最高人民检察院官网,https://www.spp.gov.cn/spp/xwfbh/wsfbt/202203/t20220308_547904.shtml#1,2023年7月8日访问。

② 参见沈岿:《社会信用体系建设的法治之道》,载《中国法学》2019年第5期。

规范格局,覆盖领域之宽、涉及范围之广使得其成为社会治理不可或缺的工具。失信惩戒制度作为信用体系制度的核心制度,不可避免地和其他的社会管理制度产生交叉和耦合。

(七)"犯罪标签"效应加剧,不利于犯罪人回归社会

行为人的犯罪记录通常会生成"罪犯"的标签效应,增加其就业难度,导致其只能从事一些技术含量不高、工作环境较差、福利待遇不好的职业,形成职业隔离。① 同时这种边缘化的就业现象往往伴随着就业不稳定的问题,其无法获得稳定的收入,社会生存权无法得到保障,更易铤而走险,重新走上违法犯罪的道路。

四、妥善解决轻罪附随后果的路径

(一)合理化设置从业禁止,恪守人权保障原则

1. 关注犯罪行为与从业禁止的因果性与关联性

犯罪附随后果的前提是从犯罪人的人身危险性出发,以预防其再次犯罪为目的。适用从业禁止,是为了预防犯罪人再次利用职业便利实施职务犯罪,而不是一味地以犯罪记录为禁止准入的条件来限制犯罪人就业。如果行为人没有实施与其职务相关的犯罪,同时其主观恶性较小,比如以危险驾驶罪为代表的轻罪或者其他过失类犯罪,并不能证明其存在利用职务便利实施犯罪的危险。因此,应当充分考虑行为人实施的犯罪行为与从业禁止是否具有关联性,而不是行为人一旦实施犯罪便丧失职业选择的权利,或者只能选择边缘化职业,保障犯罪人在受过刑罚处罚后可以回归社会,保障其基本的社会生存权。同时,由于国家公职人员代表国家形象的特殊性,为了保证国家队伍的纯洁性和先进性,维护政府机关的公信力,其从业禁止的门槛可不予放宽。

2. 合理限制从业禁止的期限

从鼓励犯罪人回归社会的角度来说,应当尽量避免终身禁止的规定,对于职业限制的期限和职业准入资格的限制与剥夺都应当有明确的规定。目前从业禁止的期限并没有明确的标准,可以参考《刑法》第 37 条之一的规定,将从业禁止的期限规定为 3—5 年。应当根据犯罪人的罪行和刑罚的执行情况,来考察犯罪人的人身危险性,对其进行科学评估之后来确定其具体执行的从业禁止期限。②

(二)差异化适用法律附随后果,实现轻重罪分离治理

2019 年,习近平出席中央政法工作会议并发表重要讲话,指出:"要深化诉讼制度

---

① 参见徐久生、师晓东:《犯罪化背景下犯罪附随后果的重构》,载《中南大学学报(社会科学版)》2019 年 6 期。

② 参见王瑞君:《我国刑罚附随后果制度的完善》,载《政治与法律》2018 年第 8 期。

改革,推进案件繁简分流、轻重分离、快慢分道”。轻重分离是指犯罪体系的分离,轻罪和重罪具有本质上的区别,根据罪责刑相适应原则,在刑法的制裁和追诉层面理应有所区别,进行分离治理,实现犯罪的精准治理和科学治理。① 因此,法律附随后果虽然不属于刑罚制裁的内容,但是其作为关系到公民基本权利保障的重要内容,也应当予以差异化适用,对于犯罪情节轻微、人身危险性较小的犯罪人,就应当考虑不附加犯罪的附随后果或者附加的犯罪附随后果应当对犯罪人影响较小,避免出现轻罪重罚、刑罚惩罚过剩的现象。

(三)健全相关配套制度的立法,保障犯罪人顺利回归社会

通说认为,前科是指行为人存在实施过犯罪行为或者受过刑罚的事实,是对犯罪人曾经的犯罪记录的规范性评价。前科作为由犯罪人所承担的具有惩罚性质的不利法律后果,也应当符合法规范的正义性。目前,我国的前科制度只规定了犯罪人的前科报告制度、未成年人前科报告义务的免除和犯罪记录封存制度。目前法律附随后果的扩张正是由于前科制度的规定尚不完善而导致的滥用,因此需要立足于我国的司法实践构建轻罪前科消灭制度,充分保障司法人权,实现社会正义。

1. 犯罪记录封存制度的完善是构建前科消灭制度的前提,二者互为表里,缺一不可

《刑事诉讼法》第 286 条规定:“犯罪的时候不满十八周岁,被判处五年有期徒刑以下刑罚的,应当对相关犯罪记录予以封存。犯罪记录被封存的,不得向任何单位和个人提供,但司法机关为办案需要或者有关单位根据国家规定进行查询的除外。依法进行查询的单位,应当对被封存的犯罪记录情况予以保密。”目前我国的犯罪记录封存制度仅仅针对未成年人设立,尚未建立成年人的犯罪记录封存制度,而且并不是彻底的、绝对的封存,在特定情况下仍可以查询到犯罪记录。“司法机关为办案需要或者有关单位根据国家规定进行查询”,但是“司法机关”和“为办案需要”内容规定得过于模糊,司法实践适用程序也不规范,容易出现公权力滥用而损害私权利的情形。因此,亟须通过立法完善未成年人犯罪记录封存制度,建立成年人的犯罪记录封存制度,推动实现犯罪主体的前科消灭。

一是要明确适用主体的范围。对于那些有过失犯罪或犯多发型微罪的前科的人员,其人身危险性较低,主观恶性小,再犯可能性小,不具有严重社会危害性。因此可以适当拓宽犯罪记录封存制度的适用主体,该类人群的犯罪记录封存,并不会对社会造成不利的影响。但是对于成年人的犯罪记录封存也有例外,对于累犯,不适用犯罪记录封存制度,其具有较大的人身危险性和再犯可能性,保留其犯罪前科能够对潜在

① 参见刘传稿:《轻重犯罪分离治理的体系化建构》,载《中国刑事法杂志》2022 年第 4 期。

罪犯起到较好的威慑作用。

二是要设置犯罪记录封存制度的有效查询期限。针对犯轻罪的犯罪人，可以参照未成年设置犯罪记录封存制度。可以通过对罪行、刑期、服刑期间的表现等进行科学评估，设置犯罪记录的有效查询期限，超过期限，犯罪人没有再犯新罪的，不再允许查询，视为“无犯罪记录”，从而进一步激励犯罪人遵纪守法、促进其回归社会。

三是要规范查询方式。目前我国犯罪记录的查询主体是公安机关，但是对于查询犯罪记录的申请主体和用途尚不明确。对于犯罪记录的查询是基于我国刑法规定的前科报告义务，由个人向公安机关申请犯罪记录查询，再由个人向单位提供。个人对于单位要求提供犯罪记录缺乏明确性认识，查询主体应严格限制在单位，由公安机关对接单位，并且对于单位要求提供犯罪记录的申请事由进行严格审查，判断二者是否具有关联性，作出同意或者拒绝的决定。推动建立全国犯罪记录统一查询的数据库，使得犯罪记录实现数字化管理。

2. 逐步设立轻微罪犯罪记录注销制度，同时加强对轻罪犯罪人的个人信息保护

注销犯罪记录并不等同于封存犯罪记录，犯罪记录的注销等于认可犯罪人从未有过犯罪事实，从而达到“去犯罪化”标签的效果，即注销对实施轻微罪犯罪人的规范性评价。① 犯罪记录的封存只是附条件的、相对的保密行为，在特定情况下仍能查询到，并且可以对实施对象进行从业禁止。而犯罪记录的注销，是彻底地把犯罪记录归零，摘除“犯罪人”的标签。该制度可以有效缓解轻微罪犯罪人的犯罪标签泛化的现象，有利于轻微罪犯罪人回归社会正常生活。

3. 可以设立复权制度

犯罪人的前科消灭并不等于犯罪人的某些法定资格和权利的恢复，因此设立复权制度对于前科消灭制度的设立和完善至关重要。犯罪人的复权制度旨在帮助刑罚执行完毕的人员重新融入社会，可以视为一套法律和社会安置程序。西方犯罪人复权制度有着悠久的发展历史，并且与广泛的刑事司法改革和人权理念紧密相连，从域外国家来看，复权制度一般规定在刑法典的刑罚消灭一章中，《法国刑法典》在第三章“刑罚之消灭、判刑之消失”的第四节规定了“恢复权利”，《日本刑法典》第 34 条第 2 款规定了赦免制度和刑罚的消灭，《意大利刑法典》在第六章“犯罪和刑罚的消灭” 的第二节“刑罚的消灭”第 178 条规定了“复权”的具体内容。我们应当以人权保障为方向标，设立符合我国国情的复权制度，顺应当下帮助犯罪人回归社会的刑罚改革的大趋势。可以参照缓刑设置复权制度的时间条件和实质条件，时间条件可以与缓刑保持一致，将复权适用的实质条件规定为：“被判刑人回归社会后，遵纪守法，继续教育改造，确有悔

---

① 参见梁云宝：《我国应建立与高发型微罪惩处相配套的前科消灭制度》，载《政法论坛》2021 年第 4 期。

改表现,没有再犯的危险的,可以复权。”①

4. 降低轻罪刑罚处罚对近亲属的前科株连效应

黑格尔有言:“刑法包含着犯人自己的法,因此处罚犯罪之人,显示了尊重他独立意志的理性光辉。”②对于犯罪行为所产生的不利法律后果,应当由且只由犯罪主体个人予以承担,血缘关系或者地缘关系不应当成为其他人承担责任的理由。目前对于近亲属的株连责任,严重背离了责任自负原则,本质上是一种罪己及人的连带性类推思想。③ 行为人本身所犯轻罪,再剥夺其近亲属的相应权利,未免过于严苛,应当采取有限度的前科株连评价,以保护无辜近亲属免受不公平的社会和法律待遇。其一,限制前科株连的适用范围。前科适用范围应当结合工作性质、内容和重要性程度进行利益平衡。在涉及国家安全和社会公共利益的国家安全局等岗位,适用前科株连是合理的做法。为确保国家安全和国家公务员队伍的纯洁性,可对候选人及其父母进行犯罪记录审查,以排除潜在威胁。对于普通公务员的政审,株连式审查或许不必要。除非候选人有危害国家安全或者严重暴力犯罪等具有严重社会危害性的犯罪前科,否则可避免不必要的个人隐私侵犯。其二,明确需要前科株连的近亲属范围。对于犯罪主体以外的人进行不当评价,是对第三人主体的权利侵犯,仅仅通过恐吓、控制的方法难以起到实现社会预防的目的。前科株连的近亲属范围应当限制在直系血亲之间,避免前科株连的效应的进一步扩张。

---

① 蔡荣:《我国复权制度的定位、依据及本土化构建》,载《公安学刊(浙江警察学院学报)》2019年第1期。

② 〔德〕黑格尔:《法哲学原理》,范扬、张企泰译,商务印书馆1982年版,第102—103页。

③ 参见王亚东:《法治化视角下对前科株连问题的研究》,青岛大学2022年硕士学位论文。

轻罪协同联动治理机制构建研究

——以富阳区人民检察院的实践为样本

叶　慧*　方鹏程**

习近平总书记强调:“法治是国家治理体系和治理能力的重要依托。”面对新时代我国社会主要矛盾的转变,优良的法治环境供给已经成为助推国家治理现代化的紧密一环,也将成为今后我国司法工作上的重要着力点。经过多年发展,我国的犯罪结构、形态等已发生重大变化,集中表现为:刑事案件数量急剧增加,轻罪案件①占比不断攀升,重罪案件占比持续下行,犯罪结构分化明显。在这一重大变化面前,“重罪治理机制”显然不再必然有效②,刑事犯罪治理机制转型业已迫在眉睫,轻罪治理由此成为近年来热议之话题。检察机关作为贯穿于刑事诉讼始终的司法机关、国家的法律监督机关,正处于回答轻罪治理这一时代命题的中心位置,对于探索轻罪治理有不可推卸的责任。同时,针对当前我国二元制裁体系下轻重罪分层立法尚不明朗的现状,探索一条切实可行的轻罪协同联动治理机制成为实践中满足轻罪治理所需的关键。

一、轻罪协同联动治理机制的源流与走向

(一)对轻罪时代的因应——轻罪协同联动治理机制的源流

多年来,我国的犯罪生态发生了一系列深刻的变化,樊崇义教授将其总结为:“总量持续递增”“内部轻、重犯罪加速分化”。以人数为统计口径,最高人民检察院公布的数据显示,在受理起诉案件的总数上,全国检察机关受理案件的起诉人数已由 2001 年的 85 万人上升至 2021 年的 209.7 万人,增长约 1.46 倍;在犯罪结构上,宣告刑为 3 年

* 杭州市富阳区人民检察院第一检察部主任。

** 杭州市富阳区人民检察院第一检察部干警。

① 轻罪案件:现今学界对于轻罪案件的定义仍有较大争议,本文将宣告刑为 3 年以下有期徒刑的案件定义为轻罪案件。

② 参见樊崇义:《中国式刑事司法现代化下轻罪治理的理论与实践》,载《中国法律评论》2023 年第 4 期。

以下有期徒刑的人数占比自2011年至2021年长期维持在80%以上,宣告刑为3年以上有期徒刑的人数占比则长居低位(详见图1)。与此同时,根据最高人民法院2022年公布的数据,全国法院审理的杀人、抢劫、绑架、放火、爆炸等几类严重暴力犯罪案件,已从2013年的7.5万件9.57万人,下降至2021年的4.9万件5.68万人,严重暴力犯罪数量持续下降。上述统计数据说明,我国的"轻罪时代"确已来临,并且这并非短期现象,而是长期趋势。[①] 其主要明证便是在现有数据中,沿海发达地区(如浙江、江苏、上海)的轻罪占比往往显著高于全国均值。这背后蕴含着造成轻罪占比显著上升的内在规律:社会治理效能越高、司法能动性越强的地区重罪犯罪可能性越低。随着国家治理现代化的徐徐展开,社会经济的进一步发展,重罪的发生率势必进一步下降。

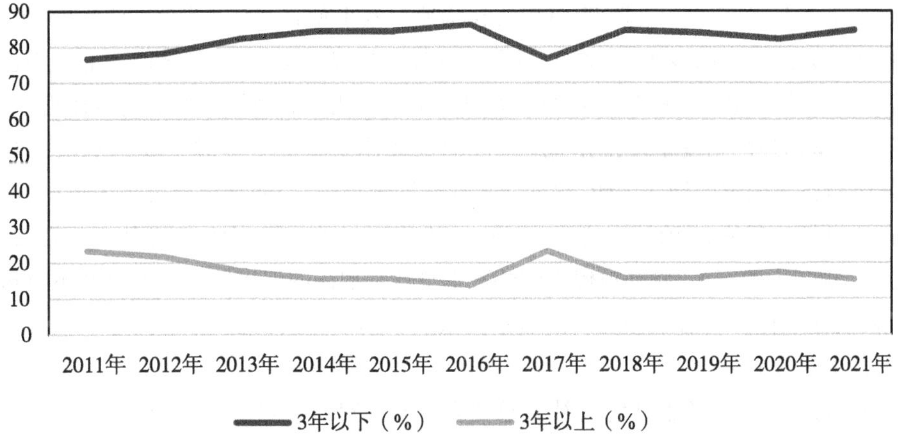

图1 全国法院判处3年以下有期徒刑人数及3年以上有期徒刑人数占比情况

法律、司法均为社会化的产物,其本质是人类所创设的适应某一时代社会实际需求的产物。随着我国犯罪生态的变化,以往的"重罪治理"经验在应对现实需求时难免有力不从心之感。从历史维度来看,我国公检法三机关在开展刑事司法工作时,将重心置于打击的思想可谓牢固,这一方面与过去的时代背景具有紧密联系;另一方面也体现了我国长期重刑主义的历史渊源。诚然,在过去的一个历史阶段,通过对犯罪行为的严打快打,我国社会秩序得到了有效维护,社会关系亦得以快速修复,有力保障了经济社会的平稳高速发展,其功绩不可磨灭。但没有一种制度是放之四海而皆准的,来到"轻罪时代",我国的群众安全感指数已经位居世界前列[②],若依然沿袭过往侧

① 参见卢建平:《为什么说我国已经进入轻罪时代》,载《中国应用法学》2022年第3期。

② 此处涉及的群众安全感指数参见《公安部新闻发布会通报全国公安机关全力维护国家安全和社会大局稳定工作实效》,载中国政府网,https://www.gov.cn/xinwen/2021-04/16/content_5599924.htm,2023年8月23日访问。

重简单化的“打击”刑法理念来面对轻刑犯罪，不仅不利于社会关系的修复，也会无端浪费司法资源，更会消耗大量社会成本，可能迟滞我国治理能力现代化的步伐。基于此，以轻罪治理为代表的新的刑事司法工作方向势必成为因应时代发展需要的必然，轻罪协同联动治理机制作为刑法治理的重要部分自然应当针对上述弊病有所回应。

(二)“治罪”“治理”并重——轻罪协同联动治理机制的基本走向

自《刑法》颁布以来，我国长期采用违法与犯罪相区分的二元制裁体系。① 其适用逻辑在于，国家将广义的违法行为分割为低位阶的轻微违法与高位阶的犯罪，形成违法事项在纵向维度的分离，并将相应的惩治权予以分解，赋予对应机关并设置不同的程序要求。基于区分的要求，我国刑法在构罪要素上便选择了“罪质+罪量”的规定。相较于国外的一元制裁体系，罪质+罪量的入罪门槛显然更高，所规定的犯罪行为也更具法益侵害性，随之而来的惩戒也更为严厉，学界将此种制裁体系形象地表述为“厉而不严”。从治理的角度来看，“厉而不严”的制裁体系事实上造成了我国刑法无法同一元制裁体系国家的刑法一般，深度介入社会治理当中，当遇到社会突出矛盾时，习惯性地通过惩治犯罪（“治罪”）消解矛盾，达成治理目的。这当然有其合理之处，通过“治罪”规制人的行为、修补被侵害的法益本身就是刑法的追求所在。但这并不意味着刑事司法活动仅以“治罪”来治理，这不仅限制了刑法工具价值的发挥，并且也有悖轻罪案件中对人的关注。

概言之，步入“轻罪时代”，社会总体安全问题得到大幅度改善，对于严重恶性犯罪的惩治压力已不再如往昔，以往“治罪”为重，简单化地将“治罪”等同于“治理”的做法并不可取，在轻罪日益成为主流的今天，有必要对沿袭重罪经验的治理走向予以改变，既考虑“治罪”对象的个体差异，又注重“治理”的单独价值，使“治罪”与“治理”并重。这既是我国二元制裁体系的逻辑与轻罪特征碰撞的结果，也与我国司法机关的现实构造有关。具体来说，二元制裁体系讲求入罪关口的高标准与罪刑法定，轻罪与其他重罪在罪状上不具有本质差别，亦具有法益侵害性、社会危险性，在逻辑上应当予以定罪，轻罪并非无罪，对其治理也需遵循罪刑法定原则，不能以超脱法律边界的方式使其逃脱应有的惩戒。与之相对的是轻罪案件社会危害性相对较小的特征，这一特征蕴含着社会关系的修复可能性。从恢复性司法角度看，在“治罪”时对犯罪者的个别化考察显然是有意义的，而这种考察过程更强调以能动“治理”尽快消弭社会裂痕。

同时，在我国话语体系中，“治理”本身也是具有独立价值的。以检察机关而

① 参见何荣功：《轻罪立法的实践悖论与法理反思》，载《中外法学》2023 年第 4 期。

论,检察职能不仅包含司法权能还兼具法律监督职责。党的二十大明确提出“加强检察机关法律监督工作”①。《中共中央关于加强新时代检察机关法律监督工作的意见》更是指出:检察机关要“着力提高法律监督能力水平,为坚持和完善中国特色社会主义制度、推进国家治理体系和治理能力现代化不断作出新贡献”“积极参与社会治安防控体系建设,促进提高社会治理法治化水平”②。这充分说明,对待“轻罪治理”,检察机关不能简单套用以往对重罪“治罪→治理”的公式,而应当以更积极的作为,使“治理”超越个案“治罪”过程,对其作出可能的延伸,将“治罪”与“治理”并行,使两者相得益彰。

(三)轻罪协同联动治理机制需关注的问题

1. 更为注重体系化建设

虽然学界、实务界对于微罪、轻罪、重罪的划分仍然有较多争议,但不可否认的是,科学化地划分轻罪治理范围是构建轻罪协同联动治理机制的首要关注要素。从域外的经验来看,大多数国家都遵从“轻罪—重罪”的二分法或者“微罪—轻罪—重罪”的三分法标准,并在标准划分的基础上搭建轻罪治理的相应机制。这一方面明晰了各罪行层次,使得治理体系更为完整,另一方面也是一种更具可操作性的方式——通过层级划分而成的体系建构,可以让具体办案人员按图索骥,层层递进,寻找到最能发挥社会治理效能的协同联动方式。

2. 更为注重司法机关内部联动

域外轻罪治理的路径选择是由其三权分立的政治结构所决定的,简单套用域外轻罪协同治理的公式在中国语境下并不足取。我国司法机关要求的不是分离、分立,而是分工负责、互相配合、互相制约。这既是中国特色,也是制度优势,更是检察机关全过程参与刑事诉讼并履行法律监督职责的职能优势。

3. 更为注重外部要素的参与

其理由主要有三点:一是构架轻罪协同联动治理机制的一大目的便是治理,在二元制裁体系的构造下,司法实务中对轻罪的轻缓化处理,需要对案件中的情节、主观恶性、法益侵害程度、矛盾化解可能性等多方面进行综合考量,需要各社会要素同步参与;二是轻罪治理的根本目标是化解矛盾,以国家暴力机关的施压来达到人与人之间的表层认同,显然无法做到深层矛盾的化解消弭,这也同样需要选取恰当的主体参与到共同治理当中;三是如前文所述,轻罪治理的治理具备独立价值,不应局限于单个案件本身,应延展于社会治理的薄弱环节,以检察机关的一己之力无法实现治理的闭环,有赖各方力量的有机配合。

---

① 2022 年发布的《中国共产党第二十次全国代表大会报告》。

② 2021 年发布的《中共中央关于加强新时代检察机关法律监督工作的意见》。

4. 更为注重协同联动的高效与精细

外部多方要素的参与是轻罪协同联动治理机制构建的基础,但并非参与的要素越多越好,因为就检察机关的体量而言,若纯以联动的各方主体数量为发展的方向,检察机关可能会陷入烦琐无序的境地,非但没有很好地实现轻罪治理要求,反而使得轻罪治理变得更为复杂,加之轻罪案件数量上升的趋势,司法资源的无端浪费可想而知。因此,在轻罪协同联动治理机制的创建过程中应当尽量追求高效与精细的平衡,如此方能使得轻罪协同联动治理机制更具活力。

二、轻罪协同联动治理机制的实践探索:以富阳区人民检察院为样本

根据统计,自2019年至2022年以来,杭州市富阳区人民检察院(以下简称"富阳区院")所办理的轻罪案件占比明显提高,已从84%上升至92.8%,反映出基层轻罪治理具有更紧迫的需求。为应对此趋势,富阳区院以恢复性司法理念探索轻罪治理新路径,逐步走出了一条"治罪"与"治理"相结合的轻罪治理"富阳模式",其轻罪协同联动治理机制的探索实践,对于下一步完善轻罪协同联动治理机制具有很强的借鉴意义。

(一)统一的类案执法标尺

审前羁押率不是越低越好,更不是越高越好,而是在一个合理的控制区间,这个控制区间,需要各方统一执法尺度,而非任意把握。最高人民检察院《2023—2027年检察改革工作规划》提出,"与相关单位联合制发办理较轻微犯罪案件指导意见"。如前所述,轻罪案件应当"治罪""治理"并重,过高的审前羁押率,一方面与我国案件数量、轻罪比例持续上升的客观情况不相适应,另一方面也不利于保障人权,导致监管场所高负荷运转等一系列问题,影响轻罪当事人回归社会,与恢复性司法理念相悖。同样,过低的审前羁押率也会导致犯罪成本与代价的降低,不利于从根本上解决治理问题。为此,富阳区院在办案过程中,以类案办理为切入点,格外注重制度化建设,以制度建设带动体系建设,实现司法机关密切配合治理犯罪,通过规范相关证据审查标准渐次完善轻罪"治罪""治理"的侦查取证范式。其主要举措为:检察与公安联合制定《刑事案件不批捕工作指引》,明确宽严相济刑事政策的把握标准,依法严厉打击严重犯罪,对于轻微犯罪以矛盾化解为重点,如对于法定刑3年以下的案件,符合"故意犯罪中,被害方有过错,且拒绝接受赔偿或者赔偿请求明显不合理,但是犯罪嫌疑人已预缴赔偿保证金的,可以不批准逮捕",就轻罪案件逮捕标准、强制措施适用等问题统一了办案标准。制度的核心要义是对先进经验的固化和先期谋划,在轻罪协同治理领域加强制度指引,有效破除具体办案人的个人裁量尺度不一、配合不畅的问题,使公检两方在轻罪案件办理时更有说服力。通过这项制度,公安机关、检察机关对于轻罪案件逮捕标

准有了更清晰的认识,为轻罪案件的宽缓化和精细化办理提供了充足的支撑,公安机关主动开启调解和解的意愿变得更强,并对刑事拘留与提请批捕等措施的运用更为审慎。检察机关则在审查起诉阶段有更充足的依据引导犯罪嫌疑人自愿认罪认罚,积极化解社会矛盾,轻罪案件当事人受强制措施的影响更小,其积极消减自身行为的不良影响的意愿也更为强烈。

(二)"赔偿保证金"+"非羁码"的运用

在轻微刑事案件办理过程中,如何衡量当事人的悔改意愿以及实施有效监管,成为必须解决的问题。富阳区院选择的手段是"赔偿保证金"+"非羁码"。

在过去很长一段时间,赔偿保证金制度一直处于沉睡状态,其在刑事领域的作用发挥始终有限。但在轻罪治理领域,其作为一种颇具可操作性的制度设计却能够发挥增倍的效能。经过摸索后,富阳区院在实务办案中开始积极唤醒赔偿保证金制度以匹配轻罪治理所需,从在检察环节单个案件的实践,最后发展为诉讼全流程、各环节、多节点的适用。具体表现为:①以侦查监督与协作配合机制,构建一站式平台,检、法、司等机关派员入驻,在刑事诉讼侦查端及时掌握轻微刑事案件,多方共同制订调解方案并着力将赔偿保证金制度作为兜底,使侦查阶段赔偿保证金的适用有了平台保障;②在保证金数额确定上,由刑事检察部门与公安法制部门确定每一案件的比例,并由公安机关开立专款账户接收资金,使赔偿保证金的适用更具实践可能;③富阳区院在平台上及时发现被羁押者的和解意愿,及时介入调解,并通过羁押必要性审查督促公安机关变更羁押措施,使得赔偿保证金真正做到全流程参与。

《2023—2027 年检察改革工作规划》提出,"推动完善非羁码等数字监管方式运用"。"非羁码"是 2020 年 5 月,由杭州市检察机关会同公安机关自主研发的非羁押人员数字监控系统,经两批次全量试点、实战验证后开始在全市推广应用,实现对取保候审、监视居住等非羁押人员的实时数字管控。其本质是依托数字手段、移动端口实现对非羁押人员的无感管控。如果说赔偿保证金解决的是轻缓化的前端可操作性,那么"非羁码"解决的便是轻缓化的后端可行性。其可行性就在于其监控能力强、监管成本低、被监管人隐私受到保护、以技术促协同的优良特性。因为作为一种技术性手段,其运行机制只需从互联网技术上予以设计就能够解决,可以有效形成侦查、移诉、审判、社区矫正全流程"换押式"移交"一体化"监管的格局。

(三)以调解协同联动各方

人情与法理有时同等重要,轻罪案件的发生有时不仅仅是一个法律问题,其中可能还包含着更深层的个体矛盾①、社会矛盾。因此,2021 年,富阳区院创新了"微检

---

① 如基层存在的因邻里矛盾、家庭矛盾引发的轻伤害案件。

察·大治理”工作方式,依托检调、诉调机制,充分发挥调解力量,以先期调解为后续刑事和解奠定坚实基础。2022 年,富阳区院又探索出“轻刑和解”新思路,不再是自身单打独斗,而是借助人民调解力量。通过推进司法办案与人民调解工作衔接,明确各层面刑事调解的方式手段和标准化流程,使调解能够深入到村(社区)。同时,联动经验丰富的调解人员,补足了检察机关柔性不足的问题。为此,富阳区院与区司法局联合发布《检调对接工作规定》,对于受理的轻微刑事案件,若双方当事人未能自行调解成功,由承办人及时填写《检调对接案件审批表》,报部门负责人审核,经分管检察长同意后,制发《委托人民调解函》,附案件相关材料后由检调对接办公室移送司法局大调解指导科,司法局派案发地、当事人户籍所在地、经常居住地的人民调解组织安排人员专门负责调解。2022 年以来,富阳区院提前介入调解轻罪案件涉及犯罪嫌疑人 137 人,和解成功率达到 80%。

(四)以大数据赋能社会治理

轻罪治理中的“治理”有其独立价值,轻罪案件虽然犯罪情节较轻,但由于基数大也影响着社会稳定大局。在办案过程中,富阳区院以“法治建设既要抓末端、治已病,也要抓前端、治未病”的工作要求,主动融入共建共治共享的社会治理格局。富阳区院在类案办理过程中,发现相关行业存在监管漏洞,容易引发刑事案件,遂将大数据思维引入轻罪治理的研发应用,并制发检察建议,实现刚性监督,已先后构建了建筑企业特种行业管理数字化监督模型和违规申领驾驶证法律监督模型,通过数据碰撞,发现了一批建筑企业违法分包、转包、无资质作业等线索以及异常申领驾驶证的人员信息,移交案件线索共计 25 条,已监督相关部门自行启动自查自纠程序。同时,富阳区院针对发现的问题进行全面分析总结,先后针对建筑工程领域、公民个人信息保护领域、医保基金监管领域等制发检察建议并提出相应治理建议,会同住建局、医保局等部门构建常态化协同机制,促进行业监管,堵塞管理漏洞,推动形成社会治理合力。

三、轻罪协同联动治理机制的完善路径

(一)聚焦可操作的制度牵引

在富阳区院的实践中,不论是《刑事案件不批捕工作指引》还是《检调对接工作规定》都是将制度作为开展轻罪协同联动治理机制构建的主抓手。制度化与体系化往往一体,轻罪协同联动治理机制的构建更是需要注重体系化建设,以制度固化的方式理清轻罪治理的边界,使其能够更好地被参与其中的各方主体所感知。这种感知一方面是使得原本无序、混杂的治理方案能够得到有效排序与归类,让轻罪治理

需要协调的各方有更为明确的工作思路;另一方面,在有据可循的情况下,轻罪治理各环节的统一性将更强,各方参与治理的意愿得到显著增强,多方合力的效果能够得到充分彰显。

同时,制度建设应当以可操作性为准绳,这也是保障司法机关内部配合顺畅,各社会要素积极参与所必需的。制度创建是为了能够更好地操作,而不是为了束之高阁,若一项制度在实践中容易导致多方掣肘,只能在理论上为参与主体提供支撑,显然是不够的。制度设计应当遵循实践中的客观规律,结合先行制度中已有的实践框架运行,如《检调对接工作规定》就是将轻罪协同联动治理机制的一部分嵌入先行的人民调解机制,依托固有的现实基础予以实施;《刑事案件不批捕工作指引》则是通过创设赔偿保证金的配套设施(银行专户),使适用赔偿保证金能够有的放矢。

(二)聚焦协同机制的全流程建构

在轻罪治理领域,由于轻罪的恶性不大且当事人的认识不足,随着案件办理进程的深入,当事人在此过程中的心理状态是不断演变的,轻罪治理很大一方面是对人的考察,这也是刑事法律当中专门规定羁押必要性审查的缘由。在这个意义上,有必要将轻罪协同联动治理机制贯穿刑事诉讼的始终,让轻罪治理可以融入办案的每一个环节以适应实际情况的发展变化;而后在“治罪”“治理”并重前提下,突出“治理”的独立价值,轻罪协同联动治理不应仅停留在办案阶段,应当延伸至案件本身所触及的社会漏洞,通过放大轻罪治理的“治理”功效切实协同联动各职能机关、各社会要素,积极推动整个社会跃迁,达成“治未病”的社会效果。

(三)聚焦司法手段对协同机制的增益作用

司法实务端口本身就有较多的可供选择的轻罪治理手段,如认罪认罚从宽制度、酌定不起诉制度等,这些制度在我国社会已经经过了长久的实践检验,检察机关在这一方面有着实质的政策调节能力,在协调各方时应当充分发挥现有司法手段的轻罪治理效能,以宽严相济刑事政策为治理之准则,合理理解适用法律,并在司法端给予更多的协同手段。比如,在客观事实清晰的情况下,将认罪认罚作为协同的牵引点,协调各方进入调解,并予以释法说理,在罪刑法定的框架内推动当事人态度的积极转变。

(四)聚焦新技术的合理运用

法律具有滞后性,不论是检察机关还是其他机关都无法超脱法律,如若超脱成文法的限制,只会带来执法者、司法者的恣意,在现有参与流程不变的情况下,如何使参与各方更高效地协同治理成为一个重要的问题。技术以其固有的客观性、程序性、高效性为多方协同带来了另一种可能的选项:通过技术赋能的方式不断推动流程进展效率的提升,并为后续处理提供保障,正如“非羁码”的运用。同时,技术还能带来数据的碰撞，随着大数据的运用，检察机关以监督参与治理的手段变得更为多样，而“AI”技术已经在成型的路上，技术升级势必会进一步增加轻罪治理角度，提供更多的治理信息支撑。因此，在协同机制创建时应当时刻关注技术的发展，以技术不断增强轻罪协同联动治理机制的内生活力。

类型化思维下轻罪前科消灭制度之构建

冯明昱*

一、问题之缘起

近年来,食药安全、个人信息安全、网络暴力等公共安全事件实质上都是由企业、生产者或销售者等成规模的社会性群体造成的,个人在应对此类安全事件时往往处于无力状态。在此社会现实下,国家逐渐开始以积极姿态介入社会治理,刑法的作用日益凸显。自《刑法修正案(八)》增设危险驾驶罪开始,我国开始步入轻微罪名①爆发式增长的时代,尤其是在《刑法修正案(十一)》增设的新罪中,共有七个最高法定刑未超过1年有期徒刑的罪名,而刑事司法层面亦呈现重罪率不断下降、轻罪率不断上升的态势。1999年至2019年,我国不仅整体刑罚出现了轻缓化的趋势,犯罪结构亦出现了扭转,呈现出由暴力犯罪等自然犯为主转向为以醉驾、知识产权犯罪等法定犯为主的基本格局。② 客观而言,我国安全指数不断提升,涉黑、涉毒、杀人抢劫等严重暴力事件不断减少,应当使得社会公众的安全感随之增加,但在网络传播技术的加持下,各地发生的各类犯罪事件的影响往往可扩散至全国,使社会民众的不安感被不当放大,对于犯罪乃至犯罪人始终停留在"谈罪色变"的阶段。我国犯罪结构已经发生重大转向,我国轻罪案件的数量与比例将会持续上升,这是社会发展水平与社会治理方式优化背景下的必然趋势。③ 若不及时思考如何在刑事司法层面实现轻罪与轻罚的合理对应,尤其是前科消灭制度的构建,将导致大量人群被放置在社会对立面,难以实现保障社会

---

* 南京师范大学法学院博士研究生。

① 对于轻微罪名的外延认定,我国并未形成统一立场。部分学者认为应当以法定最高刑3年有期徒刑为界,其上的为重罪,其下的为轻罪,微罪是"可处拘役或以下之刑的罪",参见储槐植:《解构轻刑罪案,推出"微罪"概念》,载《检察日报》2011年10月13日,第3版;陈兴良:《轻罪治理的理论思考》,载《中国刑事法杂志》2023年第3期;卢建平:《轻罪时代的犯罪治理方略》,载《政治与法律》2022年第1期。也有部分论者主张将法定最高刑5年有期徒刑作为轻罪与重罪的分界线。司法实践中惯常以法定最高刑3年有期徒刑为界来区分轻罪与重罪,而我国刑法中将缓刑的适用范围控制在"被判处拘役、三年以下有期徒刑的犯罪分子"。本文并未无意对轻微罪名这一概念重新解构,而是采用了通说的立场,将3年有期徒刑作为轻罪与重罪的分界线。

② 参见《最高人民检察院工作报告——2023年3月7日在第十四届全国人民代表大会第一次会议上》,载最高人民检察院官网,https://www.spp.gov.cn/spp/gzbg/202303/t20230317_608767.shtml,2023年5月1日访问。

③ 参见袁彬:《犯罪结构变化下轻罪的刑法区别治理》,载《人民检察》2022年第9期。

公共安全与犯罪人基本人权的平衡。需指出,二者并非此消彼长之关系,而是具有内在意义的统一性。保障犯罪人之基本人权,避免其受到社会民众的歧视、排斥,可避免其产生报复社会之消极情绪,从而实施各类恶性行为,引发社会秩序动荡。基于此,本文将从我国轻罪体系之现实困境入手,探讨前科消灭制度在轻罪体系中运用的必要性与合理性,并尝试构建我国轻罪体系的类型化前科消灭制度。

二、前科消灭制度在轻罪体系中运用的必要性之证成

面对犯罪结构发生根本性变化的现实,否定轻罪化立法结构之合理性,借提高入罪标准或作出罪化处理以规避轻罪化立法所带来的诸多窠臼固然有一定成效,但莫不如从根本出发,研究为何会出现无论犯罪层级如何都需要承担同等刑罚附随效应的现象,从而尽可能地降低由此带来的诸多负面影响。

(一)前科报告制度下"轻罪化"立法初衷同现实犯罪后果存在偏差

前科制度的存在很可能使得立法者的轻罪化立法初衷落空。因此,有必要重新审视轻罪化立法体系,以期为在轻罪体系中植入前科消灭制度合理性之证成提供现实依据。

一方面,前科制度的存在使得"轻罪"不等于"轻罚"。我国《刑法》第100条[①]规定了"前科"报告制度,这导致不论行为人所犯何罪,都需无差别地承担前科报告义务以及由此产生的刑罚附随后果。一旦罪名成立,无论罪名轻重,无论是否真正被判处刑罚,行为人所承受的不利后果就不仅局限于刑事法规范层面。以帮助网络信息犯罪活动罪为例,其设立本意在于有效阻断电信诈骗等网络犯罪,但实践中该罪的适用对象大多为农民或大学生,其因社会经验不足或无相关知识储备,往往在一念之差间提供本人的电话卡或身份证,甚至都不知道自己参与了相关犯罪活动,罪质难言严重。但实践中大量此类行为人仍然处于成立本罪的风险之中[②],并需要承担与故意杀人罪等重罪基本相同的刑罚附随效果。"惩罚只有在正义的基础上才能得到证成。"[③]当下的前科规定多将"受过刑事处罚"作为资格剥夺的前提条件,而不考虑犯罪类型、罪质轻重,这就很容易导致在轻罪中出现"罚大于罪"现象。在轻罪泛滥的今天,难言该制度

---

① 《刑法》第100条第1款规定:"依法受过刑事处罚的人,在入伍、就业的时候,应当如实向有关单位报告自己曾受过刑事处罚,不得隐瞒。"

② 参见《2021年全国检察机关主要办案数据》,载最高人民检察院官网,https://www.spp.gov.cn/spp/xwfbh/wsfbt/202203/t20220308_547904.shtml#1,2023年5月1日访问;《2022年全国检察机关主要办案数据》,载最高人民检察院官网,https://www. spp. gov. cn/spp/xwfbh/wsfbt/202303/t20230307_ 606553. shtml? eqid = da9ba251000dfc6c000000036463839a#1 ,2023年5月1日访问。

③ 〔美〕安托尼·达夫:《法律惩罚》,侯学宾译,载张文显、杜宴林主编:《法理学论丛》(第10卷),法律出版社2019年版,第163页。

的公平性,立法者虽可能会以治理便利化、周密保障社会安全为其辩护,但“对平等自由制度的违反不可能因较大的社会经济利益而得到辩护或补偿”①。

另一方面,前科报告制度使得犯罪标签泛化。犯罪人的犯罪记录为公众所知悉后,其不仅会在法规范层面受到否定性评价,还会遭受社会公众给予的否定性评价,且具有影响范围不特定的特征。增设轻罪虽在一定程度上缓解了行政违法与刑事不法之间衔接不畅的问题,但在刑法以外其他部门法的评价视野以及社会民众的传统认知下,人仍然仅有罪与非罪之区别,而无罪轻罪重之差。犯罪标签在犯罪人与社会公众之间建立了一道天然的隔绝屏障,而这种由社会公众自发形成的非规范性评价直接造成了犯罪人复归社会的困境。而且,“犯罪标签”并不会随着犯罪人地点的变迁或时间的推移消散,反而可能会因其进行求职等社会活动被更多次地贴上“犯罪标签”,反复同普通民众阻隔开来,从而导致其再次走上犯罪之路。这也给社会治理领域带来了巨大挑战,大量仅仅因一念之差甚至主观上对于犯罪并无认知的行为人因轻罪的扩张化设置被放置在社会对立面,由此造成“司法成本提升和犯罪人数量攀增,国家与犯罪人两败俱伤”②。

(二)风险社会背景下删除轻微罪名不具可行性

就轻微罪名中争议较大的醉驾入刑而言,有观点认为其非但未达到预期实效,反而造成处罚范围的一再延伸,不符合刑法谦抑精神。③ 但在现行的社会背景下,对此类轻微罪名作删除处理仍未到时机,原因主要在于以下两个方面:

其一,风险社会背景下,此类罪名对于遏制相关失范行为具有显著效果。“从晚近多个刑法修正案的制定来看,我国刑事立法已经明显从消极的刑法立法转向积极的侧面。这一状况的出现绝非偶然,刑法通过增设新罪的方式参与社会治理是刚性需求。”④以醉酒型危险驾驶罪为例,对比醉驾入刑前后5年的数据后发现⑤,随着经济发展,我国机动车数量不断增加,驾驶人次亦不断增长,但事故数量却呈现明显的下降趋势。因此,即便醉酒型危险驾驶罪超过盗窃罪一跃成为我国第一大罪,亦不可僵化地将其与其他罪名适用同一标准判断,“一刀切”地认为案发量大即醉驾入刑不具法律实效。

其二,在此类轻微罪名增设之前,司法实务对于其经判断认为具有相当社会危害

① 〔美〕约翰·罗尔斯:《正义论》,何怀宏等译,中国社会科学出版社1988年版,第62页。

② 钱小平:《积极预防型社会治理模式下危险作业罪的认定与检视》,载《法律科学(西北政法大学学报)》2021年第6期。

③ 参见王美鹏、李俊:《“醉驾”入刑十年的反思与治理优化——以浙江省T市和W市检察机关办理案件为分析样本》,载《人民检察》2021年第18期。

④ 周光权:《论通过增设轻罪实现妥当的处罚——积极刑法立法观的再阐释》,载《比较法研究》2020年第6期。

⑤ 参见高岳:《“醉驾入刑”七年带来哪些变化》,载《法制日报》2018年6月11日,第5版。

性的行为往往会按照其危害法益的类型选择交由对应的堵截式罪名处理,这极易引发定性不当、罪责刑不相适应等问题。在劳动教养制度被废止后,大量轻罪增设之前,司法实践中的工作人员往往会遇到"重罪"或"无罪"的两难判断。在缺乏轻微罪这一缓冲地带的社会现实下,司法者往往会选择对行为人按重罪论处。有鉴于此,或许会有反对声音出现:对该情况的补救并非仅有增设轻罪这一条路径,通过司法层面的出罪化处理同样可以避免相关罪名犯罪圈的不当扩大,但该逻辑过于简单化、理想化。"在人权保障理念深入人心还有待加强、司法人员素质有待提高等现实情况下,司法上的非犯罪化只是'高贵的梦'。"①

综上,违法犯罪区分的二元制裁体系往往更加重视对犯罪的查处与惩治,"司法运行机制整体呈现'流水型''圆筒型构造'",轻微罪名的前科消灭制度也并不完善。② 因此,前科制度的存在使得犯罪人在接受来自各层级公权力机关所作规定的规范性的否定性评价之外还需承受来自社会公众的非规范性的否定性评价,"罚"大于"罪"现象时有发生。因此,有必要及时对前科制度加以革新,建立内容完备的前科消灭制度。

三、轻罪体系下类型化前科消灭制度构建之基本原则

迄今为止,不论是在司法程序的源头通过不立案、不起诉控制案件数量,还是在司法程序的终端通过各类出罪事由的适用降低涉案人被判刑的比例,都未能彻底解决以危险驾驶罪为代表的轻微罪带来的犯罪人数大幅上升问题,而该问题也间接造成了犯罪标签的泛化。对此,有观点提出,可借鉴我国已然确立的未成年人犯罪记录封存制度,此类尝试固然对于保障犯罪人之基本人权具有相当的积极意义,但将犯罪记录封存制度嵌入轻罪体系并不足够。封存并不等同于销毁,除特定条件下的不得隐瞒或解除封存等程序带来的显性缺陷外,还存在社会民众可以通过各种途径查询到相关犯罪记录的隐性风险,无法彻底根除犯罪标签所带来的各类规范性或非规范性的否定性评价。而且,实施犯罪记录封存制度,其档案中固然不会再出现相关犯罪记录,但犯罪记录带来的行政法、民事法层面的否定性评价并未因此消除,涉案未成年人成年后从事特定职业仍会受到限制,而真正的前科消灭制度则能够真正解决上述问题。那么,前科消灭制度的应用范围应当为何?笔者认为,应当确立有条件地消灭轻罪前科这一基本立场,即通过"犯罪类型—宣告刑—法定刑—行为人类型"这一顺序构建适用前科消灭制度的基本判断标准体系。

① 姜涛:《中国刑法走向何处去:对积极刑法立法观的反思》,载《国家检察官学院学报》2021 年第 5 期。

② 参见何荣功:《"醉驾入刑"现实境况的制度性启示》,载《上海法治报》2023 年 5 月 26 日,第 B07 版。

首先,贪腐犯罪等侵害特殊法益或反社会程度较高的犯罪不可适用前科消灭制度。其一,恐怖活动犯罪。此类犯罪具有高度的社会危害性且风险具有不确定性,而犯罪人主观上也具有高度的反社会性,为达到其犯罪目的往往无所不用其极。如果惩罚措施不落实、法律没有威慑力,那么预防工作是站不住脚的。其二,"黑恶势力"犯罪。此类犯罪不仅危害社会民众生命健康、财产等法益,其对于社会民众的威胁和滋扰还会使得社会秩序动荡,民众的不安感急剧增加,甚至还会威胁政治安全特别是制度安全。但囿于组织者、领导者与其余参加者之间可能存在较大的阶级差异性,其社会危害性亦有存在较大差距的可能性。因此,可考虑在此类犯罪中实现前科消灭制度的区分性适用,组织者、领导者禁止适用前科消灭制度,其余参加者若能够满足特定条件,则可以考虑适用前科消灭制度。其三,危害国家安全犯罪。安全乃国之根本,危害国家安全的行为表面上是危害国家主权,挑战国家政治权威,其实质上还会产生危害社会秩序、危害社会民众生命健康等附随影响,而这些都源自行为人对国家、社会的敌视感。

需指出,法定犯领域的一些犯罪类型对其所处特殊领域将产生较大的危害性,但对于社会整体秩序而言,其并非与自然犯一样存在相当的人身危险性,如知识产权犯罪、金融犯罪等。对于此类犯罪,需尤其注意其前科处罚的合理性与正当性,如其中的从业禁止之适用范围。当行为人的犯罪行为对特定职业行为的履行不构成阻碍或潜在威胁时,剥夺前科人员从业资格显然不符合刑法理念。如《公司法》中的相关规定就充分展现了前科处罚同犯罪行为之间的关联性。① 因此,《刑法》第 37 条之一进行了增补,增加"因利用职业便利实施犯罪,或者实施违背职业要求的特定义务的犯罪被判处刑罚"这一限制性条件。同时,其他法规范亦应当在法秩序统一的视阈下,以类型化思维为指导,根据犯罪行为之性质,评估相关前科处罚制度是否需要作删除或修改处理。例如,限制教师从业资格的理由应当是行为人先前的犯罪行为具有危害校园安全,不利于学生身心健康发展的现实危险,但行为人若因实施金融犯罪被判处刑罚,再禁止其从事教职活动便不甚合理。"现代刑法不再以行为的道德性,而是以行为的社会损害性为联结点"②,此类"资格刑(罚)"适用的底层逻辑亦应当是行为人具有潜在的社会危害性,而非其道德上曾经出现的污点。

其次,对宣告刑在 3 年有期徒刑以下的犯罪人可考虑适用前科消灭制度。轻罪可分为立法上的轻罪和司法上的轻罪。前者即法定最高刑不超过 3 年有期徒刑的犯罪。如高空抛物罪最高刑为 1 年以下有期徒刑,此类罪名的罪质本身就较为轻微。后者即法定最高刑可能超过 3 年有期徒刑,但宣告刑却在 3 年以下的犯罪,其中最具代表性的

---

① 参见《公司法》第 146 条。

② 林钰雄:《新刑法总则》,中国人民大学出版社 2009 年版,第 7 页。

罪名就是盗窃罪。[①] 之所以将上述类别的犯罪人纳入前科消灭制度的适用范围，原因主要在于按照广义的理解，法定刑在3年有期徒刑以下的罪名为轻罪。近年来我国刑事立法虽呈现轻罪化扩张趋势，但总体上罪名数量仍然不多。若将适用范围限制在法定刑为3年有期徒刑以下的犯罪人中，适用范围可能较窄，难以实现前科消灭制度的预期目的。

最后，可将行为人类型作为前科消灭制度适用的补充性因素。例如，将未成年人甚至是大学生作为特殊群体，适用更为宽松的前科消灭制度。对此，我国司法实务中也早有试点。例如，2010年1月，山东省日照市东港区多部门共同发布的《日照市东港区未成年人轻罪记录归零制度》[②]；同年6月，山东德州试水未成年人轻罪"前科消灭"制度，多个单位联合签发的《德州市未成年人轻罪犯罪记录消灭实施细则(试行)》规定，对轻微犯罪的未成年人可实行"前科消灭"，以充分保证未成年人升学、就业的基本权利。[③] 此类群体若涉及较为轻微的暴力犯罪，如学生之间因口角互相打斗，相关行为人的社会危害性与其他暴力犯罪的行为人相比往往较低，再犯危险性较小，因此可以考虑轻罪前科的有条件消灭制度。综上，通过构建"犯罪类型—宣告刑—法定刑—行为人类型—行为人同被害人关系"这样一个多维适用体系，既可贯彻罪责刑相适应原则，避免犯罪人付出的代价远超犯罪行为本身，也可尽可能地实现社会治理需要同公众对安全之诉求间的平衡。

四、轻罪体系下类型化前科消灭制度的具体植入

前科消灭制度的建立在刑法积极主义背景下具有合理性，该制度的具体构建除考虑在我国《刑法》总则中明确前科之范围、效力以及程序等内容，对相关犯罪记录报告制度的规定进行修改，使之能够与犯罪记录消除制度有机衔接之外，还需完善后续配套措施，对民事、行政法规中对于相关犯罪人的否定性评价加以调整。

(一)类型化轻罪前科消灭制度的具体构建

首先，前科应当包含被判处3年以下有期徒刑(含3年)的刑事处罚、免予刑事处罚、行政处罚以及检察院作出相对不起诉、存疑不起诉决定等情形。第一种情形前文已有论述，兹不赘述。免予刑事处罚的情形也不应受到前科报告制度的影响。从当然

---

① 参见《〈最高人民法院工作报告〉解读系列全媒体直播访谈第三场：2020年全国法院审判执行工作态势》，载最高人民法院官网，https://www.court.gov.cn/zixun/xiangqing/289951.html，2023年5月1日访问。

② 参见何晖：《贵州山东两地试点未成年人前科消灭制度》，载《大河报》2010年4月23日，第7版。

③ 参见孙永泉：《德州宁津法院为未成年人撑起法治蓝天——帮助失足未成年人"无痕"回归社会》，载《山东法制报》2022年7月21日，第1版。

解释的角度出发,法定刑或宣告刑为3年有期徒刑以下的行为人都可适用前科消灭制度,那么我国《刑法》第37条明文规定的因犯罪情节轻微而无须判处刑罚的行为人就更无适用前科报告制度以保障社会安全的必要性。况且,我国刑法专门对此类行为规定了非刑罚处罚措施,足以明确我国对二者进行区分性处置的基本政策。目前,仍然有部分用人单位会要求求职人员开具“无犯罪记录”证明,严格来说是一种越权的表现,应当考虑在未来逐步革除该证明文件的开具。行政处罚亦是从当然解释的角度出发,既然轻罪的前科都可以有条件地消灭,那么行政处罚的前科记录就更不应影响行为人后续的就业、升学等社会正常活动。否则,极易在司法实务中出现行政处罚附随后果与刑事处罚附随后果严重倒挂的现象。而之所以主张将检察院作出相对不起诉、存疑不起诉决定等情形纳入前科范围,则是因为此类案件并未真正进入法院审判程序,在法院并未对其作出有罪判决的现实下,难以认定行为人实施了犯罪,自然不应当因此影响行为人的正常生活。

其次,前科消灭范围应暂时限定在非刑事领域。在我国尝试推进轻罪前科消灭制度的前期,应当坚持以稳步推进为导向,前科消灭的后果不应对司法者的定罪量刑工作产生负面影响。前科消灭制度的适用以法律评估行为人犯罪行为不法程度较轻并且不会有再犯可能为基本前提,当犯罪人再犯新罪尤其是同类罪时,说明行为人由于自身原因并未消除再犯可能,此时如果禁止法官参考有前科者的先前行为而对其从重处罚,难以起到预防作用。而且,若行为人真的能够实现再社会化,不再触犯法律,其在刑事司法领域留存的犯罪记录对其也不会产生任何影响。

最后,前科消灭制度的适用程序应当以法定为主、裁定为辅。一方面,前科消灭制度应当避免过分限缩适用范围,多数犯罪(特别是轻微犯罪)都应当具有适用法定消灭制度的资格,对于符合条件的犯罪人应自动启动前科消灭制度;另一方面,基于保护特殊利益主体的理念,可授予法院适当自由裁量权,分情况适用前科消灭制度,以践行实质的公平观念。如前文所提到的当行为人是少年犯或大学生时,行为人若能证明自己已经改过自新,则法院可以裁定撤销其前科。

(二)法秩序统一视阈下规范的完善

前科消灭制度的构建既要依靠立法,也要基于刑事一体化理念,统筹协调我国各部门法律制度,以期使前科消灭制度的建立与实施更加符合我国具体国情,尽可能充分发挥制度实效。

一方面,具有株连效力的规定应当考虑清除。我国上至法律规范,下至政策性文件,都有对犯罪人之家庭成员相关权利的限制性规定,而这也正是前科制度最受诟病的一点,因其完全可以寻求更加有效的替代方式实现预防目的,如加重对犯罪人本身的处罚,这也是对宪法所规定的公民之基本权利的违背。任何人不应当因他人犯罪而受到法规范层面的否定性评价，任何人都不应当因他人犯罪受到法律处罚，否则便难言规范的合理性所在。需指出，前科规定中具有“株连”色彩的规定是否应当清理并非一个绝对问题，而是应当在保障犯罪人直系亲属基本人权同预防犯罪、保障社会公共安全之间寻求平衡点。具体而言，应当衡量犯罪行为不法程度的高低、犯罪行为对其家属的影响、行为人与家属的关系等因素，合理限制犯罪人亲属的求职活动，尽可能地消除犯罪人前科为其亲属带来的就业自由上的限制。例如，可考虑犯罪人实施犯罪时的主观状态、应聘的职位属性等。若在特定情况下，为了司法公正以及防止国家工作人员以权谋私，则确有必要对罪犯子女的就业自由进行一定的限制。

另一方面，前科处罚的时间期限应当谨慎设置。我国不同法规范有关前科处罚的时间期限存在较大差别。如《刑法修正案(九)》增加的从业禁止规定，期限为3—5年；针对醉酒驾驶者，《道路交通安全法》规定的再次取得机动车驾驶证期限一般为5年，从事营运工作则为10年；《公司法》对于董事、监事、高级管理人员的相关从业禁止期限一般是5年。但其他法规范中却设置了大量的终身从业禁止，如曾受刑罚处罚的不得被录用为教师、公务员等规定，此类规定并未考虑根据相关犯罪类型、罪质轻微与否设置不同期限的资格罚，直接“一刀切”地设置终身制的前科处罚，使得相关犯罪人受到终身的体系性排斥。过长的前科处罚时间过于侧重对犯罪人的预防，却违背了使犯罪人复归社会的基本目标。对于刑事处罚中的终身监禁而言，其“明显表现出的是报应的膨胀和惩罚的过剩，但看不到任何刑罚执行的激励性和罪犯复归社会的可能性”①。事实上，终身制的前科处罚亦是如此。而且，刑事处罚与行政处罚所针对的本就是不同的行为，其社会危害性同样也存在相当的差异。在最具严厉性的刑事法都仅规定了死刑、无期徒刑、剥夺政治权利终身这三类伴随终身的资格刑的社会现实下，无须司法审查的行政处罚却可规定大量终身的从业禁止，不仅有违比例原则，也不符合程序正义。因此，及时规范犯罪的附随后果，尤其是科学审查犯罪性质、主观罪过、违法犯罪史等影响犯罪人人身危险性的评估要素，以实现刑罚附随后果期限的类型化规定具有相当的必要性。

另外，还需调整其他相关规范以保证前科消灭制度的贯彻与完善。之所以构建轻罪前科消灭制度，本意在于避免此类犯罪人与其他社会民众之间出现无形的“鸿沟”，尽可能地保障其顺利实现再社会化。域外很多国家会为服刑期满的犯罪人提供住宿场所、医疗保健、就业就学辅导等多方面的帮助。② 因此，我国可以吸收域外制度经验，结合我国国情构建起更加完善的安置、帮教制度。如以社区为单位设定临时休息场所，由社区牵头定期开展技能培训课程，为此类犯罪人提供创业贷款申请的特别

① 张永强：《终身监禁死刑替代功能的立法反思》，载《现代法学》2020年第2期。

② 参见张婧：《我国建立前科消灭制度刍议》，载《犯罪与改造研究》2023年第3期。

通道,等等。为保障轻微罪的犯罪人顺利复归社会,我们不仅应当构建起轻罪前科消灭制度,还应当完善后续的安置、帮教制度,从而在制度层面实现犯罪人改造回归社会的一体化保障。

五、余论

构建中国特色的轻罪前科消灭制度是一个系统性工程,需以我国基本国情与司法现实为立足点,充分考量如何实现社会公共安全同犯罪人基本人权之间的价值平衡。我们还应当认识到前科消灭制度仅是在"后端"尽可能地消除前科制度带来的负面影响,"与其在肯定非刑事领域附随后果合理性的前提下建立前科消灭制度,不如删除非刑事领域有关犯罪附随后果的规定"①。"在法律、行政法规、部门规章和地方性法规构成的 354 部涉及前科规范的规范性文件当中,部门规章就有 150 部,占到了总数的 42.4%。"②其中,不乏不当加重权利限制程度、扩大权利限制范围,甚至凭空增添针对犯罪记录者之权利限制的规范,严重违反了我国《立法法》第 80 条的规定。③ 因此,我国不仅要对此类严重缺失合法性的规范逐步予以修改、撤销或废止,还应当更加谨慎地对待今后前科规范的创设。

---

① 张明楷:《轻罪立法的推进与附随后果的变更》,载《比较法研究》2023 年第 4 期。

② 吴尚聪:《前科规范的合法性问题与创设原则》,载《犯罪研究》2023 年第 2 期。

③ 参见王锡锌:《行政机关处理个人信息活动的合法性分析框架》,载《比较法研究》2022 年第 3 期。

《刑法》第 13 条但书在轻罪治理中的适用检视

——以非法侵入住宅罪为切入点

郑法梁* 邵学填**

一、问题的提出

近年来,我国刑事犯罪结构呈现“重罪持续下降,轻罪持续上升”的重大变化①,在此背景下,如何更有效地治理轻罪引起了高度关注。以非法侵入住宅罪为例,作为轻罪之一,其法定最高刑为 3 年有期徒刑,实务中的判决多为缓刑、拘役、免予刑事处罚甚至无罪。由于刑法对该罪罪状的表述简单,实务又把握不准,导致一些侵入住宅显著轻微的违法行为错误地被认定为犯罪。轻罪在实质标准上是“罪”轻,即犯罪的性质轻、行为的危害轻。这意味着,有相当多的轻罪在行为是否构成犯罪上处于罪与非罪的边缘。② 应当意识到,不论轻罪治理采用何种路径,都应坚守公平正义底线。据此,有必要解决轻罪治理中的基础性问题,即如何把握罪与非罪的边界。

《刑法》第 13 条但书对解决这一问题具有重要意义,该条规定:“一切危害国家主权、领土完整和安全,分裂国家、颠覆人民民主专政的政权和推翻社会主义制度,破坏社会秩序和经济秩序,侵犯国有财产或者劳动群众集体所有的财产,侵犯公民私人所有的财产,侵犯公民的人身权利、民主权利和其他权利,以及其他危害社会的行为,依照法律应当受刑罚处罚的,都是犯罪,但是情节显著轻微危害不大的,不认为是犯罪。”但书为罪与非罪的区分提出了标准,避免了犯罪圈的不当扩大。可实务中,但书的适用较为混乱,本文以非法侵入住宅罪为切入点,检视但书适用的现状,并提出改善建议。

---

* 浙江省瑞安市人民检察院第二检察部副主任。

** 浙江省瑞安市人民检察院第二检察部检察官助理。

① 参见《最高人民检察院工作报告——2023 年 3 月 7 日在第十四届全国人民代表大会第一次会议上》,载最高人民检察院官网,https://www.spp.gov.cn/spp/gzbg/202303/t20230317_608767.shtml,2023 年 8 月 5 日访问。

② 参见袁彬:《犯罪结构变化下轻罪的刑法区别治理》,载《人民检察》2022 年第 9 期。

二、非法侵入住宅罪中但书的实践考察

（一）非法侵入住宅罪的犯罪构成

《刑法》第245条规定，非法侵入他人住宅的，处3年以下有期徒刑或者拘役。《治安管理处罚法》第40条规定，有非法侵入他人住宅等行为之一的，处10日以上15日以下拘留，并处500元以上1000元以下罚款。可见，两法关于非法侵入他人住宅的表述完全一致，没有罪量方面的区分，且目前尚无司法解释明确该罪的入罪标准，使得该类行为违法与犯罪的边界模糊，故有必要先分析非法侵入住宅罪的犯罪构成。

就罪名法益（犯罪客体）而言，传统理论认为，非法侵入住宅罪的犯罪客体是“公民住宅不可侵犯的权利”①。该概念外延过广，具体是“住宅哪些方面的相关权利”“何种类型及程度的侵犯”等并不明确。后不少学者引入日本刑法等域外理论对该罪的法益进行法教义学解释，其中“安宁说”在我国当前的认可度较高，“安宁说”认为，本罪的法益是个人利益中的居住平稳或者安宁。② 我国《民法典》在住宅权的基础上增加了居住权，将居住权视为居住权人实现长期、稳定生活居住目的的用益物权③，也为“安宁说”提供了法律支撑。

至于非法侵入他人住宅的认定，主观方面，行为人具有积极或者放任侵入他人住宅的故意；客观方面，与非法侵入相对的是合法进入，一般需要得到居住者许可，特殊情况下，如公安机关为收集证据、抓捕罪犯等，亦可依法进入。非法侵入的形式既有积极作为的，如踹门、开锁或爬窗等；也有消极不作为的，如行为人合法进入住宅后依据失效，居住者要求退出而拒不退出等。关于他人住宅，应具备用于日常居住生活、相对封闭及与社会区隔的空间构造等特征。

（二）但书适用的基础情况

笔者在中国裁判文书公开网上以“非法侵入住宅罪”“情节显著轻微”为关键词检索、筛选，得到95份生效裁判文书，其中有罪裁判文书共78份，无罪裁判文书17份。以这95份文书为样本进行分析，可以得出以下结论：

第一，判断但书适用的要素范围较稳定。实务中判断非法侵入住宅案件是否属于情节显著轻微危害不大，基本上是围绕侵入起因、侵入手段、侵入时间、侵入造成后果、公权力是否介入、被害人意愿等要素展开分析的。这些要素与非法侵入住宅罪的犯罪构成紧密关联，反映出行为人的主观恶性与行为的社会危害性。

---

① 高铭暄、马克昌主编：《刑法学》（第9版），北京大学出版社、高等教育出版社2019年版，第474页。

② 参见张明楷：《刑法学》（第5版），法律出版社2016年版，第905页。

③ 参见孙茜：《〈民法典〉视野下居住权制度的理解与适用》，载《法律适用》2020年第21期。

第二，单一要素对但书适用的影响有限，不能直接决定但书的适用。具体为：

1. 侵入起因

侵入起因主要有索要债务、积怨报复、情感纠纷、家庭纠葛、猥亵及盗窃等不法目的和其他起因，本文根据正当性程度将索要债务归为“一定正当性起因”，情感纠纷、家庭纠葛归为“中性起因”，积怨报复、猥亵及盗窃等不法目的归为“违法性起因”。根据统计，侵入起因的正当或违法程度并不直接决定但书的适用（见表1）。

表1 侵入起因

有罪判决（但书未被采纳）	无罪判决（但书被采纳）
一定正当性起因37件，占比38%	一定正当性起因6件，占比6%
中性起因17件，占比18%	中性起因3件，占比3%
违法性起因17件，占比18%	违法性起因3件，占比3%
不明7件	不明5件

2. 侵入手段

侵入手段主要分为暴力侵入、平和侵入、平和侵入后升级为暴力。根据统计，有罪判决和无罪判决中，手段暴力和平和的案件数量相差不大，可见该要素对但书适用的影响较弱（见表2）。

表2 侵入手段

有罪判决（但书未被采纳）	无罪判决（但书被采纳）
暴力33件，占比35%	暴力7件，占比7%
平和转暴力10件，占比11%	平和转暴力3件，占比3%
平和35件，占比37%	平和5件，占比5%
不明0件	不明2件

3. 侵入时间

侵入时间可分为短时间（参照非法拘禁罪的立案追诉标准，将小于24小时的视为短时间）、较长时间（数日），长时间（一周以上）。其中侵入时间短的案件大多适用但书出罪，长时间的基本被判有罪（见表3）。

表3　侵入时间

有罪判决(但书未被采纳)	无罪判决(但书被采纳)
短时间57件,占比60%	短时间13件,占比14%
较长时间8件　,占比8%	较长时间2件　,占比2%
长时间12件,占比13%	长时间0件
不明1件	不明2件

4. 侵入造成后果

根据行为人侵害的法益种类,可分为侵害住宅安宁单一法益、住宅安宁和财产或者人身健康复合法益,及同时侵害住宅安宁、财产、人身健康复合法益。其中,在人身健康法益方面,根据伤势后果还可分为未达轻微伤、轻微伤、轻伤、重伤及死亡。对比有罪和无罪判决,是否侵害复合法益对但书的适用影响不大,但在侵害住宅安宁和人身健康复合法益的案件中,造成或引起重伤及死亡的,一般会被判决有罪(见表4)。

表4　侵入造成后果

<table>
<tr><td colspan="2">有罪判决(但书未被采纳)</td><td colspan="2">无罪判决(但书被采纳)</td></tr>
<tr><td colspan="2">仅侵害住宅安宁41件,占比43%</td><td colspan="2">仅侵害住宅安宁8件,占比8%</td></tr>
<tr><td colspan="2">侵害住宅安宁+财产8件,占比8%</td><td colspan="2">侵害住宅安宁+财产3件,占比3%</td></tr>
<tr><td rowspan="4">侵害住宅安宁+人身23件,占比24%</td><td>未达轻微伤3件,占比3%</td><td rowspan="4">侵害住宅安宁+人身4件,占比4%</td><td>未达轻微伤0件</td></tr>
<tr><td>轻微伤13件,占比14%</td><td>轻微伤3件,占比3%</td></tr>
<tr><td>轻伤3件,占比3%</td><td>轻伤1件,占比1%</td></tr>
<tr><td>重伤及死亡4件,占比4%</td><td>重伤及死亡0件</td></tr>
<tr><td colspan="2">侵害住宅安宁+财产+人身6件,占比6%</td><td colspan="2">侵害住宅安宁+财产+人身1件,占比1%</td></tr>
<tr><td colspan="2">不明0件</td><td colspan="2">不明1件</td></tr>
</table>

5. 公权力是否介入

有些权利人在住宅安宁受侵害时会求助于公权力,公权力的介入情况能反映案件的客观后果及行为人的主观恶性。实务中,存在公权力介入要求退出、公权力介入但无明确指示、公权力未介入三种情形。根据统计,公权力是否介入未对但书的适用产生实质影响(见表5)。

表5 公权力是否介入

有罪判决(但书未被采纳)	无罪判决(但书被采纳)
介入要求退出20件,占比21%	介入要求退出4件,占比4%
介入但无明确指示6件,占比6%	介入但无明确指示5件,占比5%
未介入52件,占比55%	未介入7件,占比7%
不明0件	不明1件

6. 被害人意愿

根据违背意愿的程度,可分为被害人未明确表示退出、要求退出意愿一般、强烈要求退出。经统计,行为人的意愿并不直接影响但书适用(见表6)。

表6 被害人意愿

有罪判决(但书未被采纳)	无罪判决(但书被采纳)
未明确表示退出56件,占比59%	未明确表示退出12件,占比13%
要求退出意愿一般12件,占比13%	要求退出意愿一般2件,占比2%
强烈要求退出10件,占比11%	强烈要求退出0件
不明0件	不明3件

第三,数个轻微要素叠加能强化但书的适用率,而多个非轻微要素叠加会进一步排除但书的适用。本文将“一定正当性起因”“平和侵入”“短时间”“侵害住宅安宁单一法益”“公权力未介入”“被害人未明确表示退出”归为轻微要素,其他情形归为非轻微要素。实务中,以单个要素采纳或排除但书适用的案件占比极小,表明但书适用的判断综合性较强(见表7)。

表7 要素叠加

有罪判决(但书未被采纳)	无罪判决(但书被采纳)
仅一个非轻微要素的有13件,占比14%	仅一个轻微要素的有1件,占比1%
两个非轻微要素叠加的有15件,占比16%	两个轻微要素叠加的有3件,占比3%
三个非轻微要素叠加的有32件,占比34%	三个轻微要素叠加的有5件,占比5%
四个非轻微要素叠加的有11件,占比12%	四个轻微要素叠加的有5件,占比5%
五个非轻微要素叠加的有1件,占比1%	五个轻微要素叠加的有2件,占比2%
六个非轻微要素叠加的有0件	六个轻微要素叠加的有0件

第四,裁判文书对但书的说理和回应不充分。在35件有罪裁判文书中,法院仅论

证行为符合非法侵入住宅罪的构成要件,应当定罪处罚,而未回应辩方提出的"被告人行为情节显著轻微",或简单以"无事实及法律依据"否定。剩余43件有罪裁判文书采取了援引具体要素的方式论证不适用但书。17件无罪裁判文书中,法院未作任何说理的有7件,援引具体要素论证的有10件。这表明,裁判说理原则未得到切实贯彻,若裁判者不对但书适用与否进行说理而直接出具结论,其认定的标准将不得而知,自由裁量权有被滥用的风险。

(三)但书适用存在的问题

1. 适用路径不清晰

第一,实务中对但书效力的认识混乱。这一问题集中体现于辩方,但书的适用结果是不作为犯罪处理,但在部分案件中,辩方率先提出案件属于"情节显著轻微",又以此请求法院减免处罚,导致辩护效果不佳。此外,极少数的裁判者也存在认识错误,认定案件属于犯罪情节显著轻微而判处免予刑事处罚。[①]

第二,但书适用的逻辑顺序混乱。裁判者对犯罪构成要件与但书之间的关系,以及论证的顺序认识不一:有的先对构成要件符合性进行判断,再综合全案判断是否适用但书[②];有的则跳过构成要件符合性,直接判断能否适用但书[③];还有的裁判者通过论证构成要件符合性直接排除但书的适用[④]。但书的适用逻辑不明,给实务认定带来较大障碍。有的案件中出现了认为行为情节显著轻微,后又认为并不违法的矛盾评价[⑤];有的案件论证方向出现了偏差,不对"显著轻微""危害不大"等进行逐一剖析,只援引事实并将其作为论证说理的依据[⑥]。

2. 适用标准不统一

适用但书应考虑哪些轻微要素,案件中的相关要素有无达到适用标准,轻微要素与非轻微要素的矛盾如何综合判断等问题,因缺乏适用标准,一直困扰着司法实务工作者。

第一,判断要素的范围及程度不统一。从但书适用的说理情况看,部分裁判者在判断但书适用时未进行全局考量,有的案件援引了多个要素论证,而有的案件惯以某些要素达到严重程度排除但书适用。[⑦] 实务中对不同要素的考虑有一定的倾向性,如无罪判决中有80%的案件主要援引"侵入起因"并论证行为属于"情节显著轻微",仅

---

① 参见河南省舞钢市人民法院(2019)豫0481刑初82号刑事附带民事判决书。

② 参见黑龙江省黑河市中级人民法院(2017)黑11刑终19号刑事裁定书。

③ 参见天津市西青区人民法院(2016)津0111刑初383号刑事判决书。

④ 参见河北省石家庄市中级人民法院(2020)冀01刑终112号刑事裁定书。

⑤ 参见陕西省榆林市中级人民法院(2018)陕08刑终71号刑事附带民事裁定书。

⑥ 参见安徽省舒城县人民法院(2021)皖1523刑初226号刑事判决书。

⑦ 参见安徽省砀山县人民法院(2021)皖1321刑初226号刑事判决书。

有20%的案件主要援引“被侵入人意愿”进行说理；另外，一些其他重要因素被忽视，如行为人侵入的具体时刻，白天和深夜侵入他人住宅对居住安宁的侵害程度显然不同，但这一要素在本文研究的样本中几乎没有被提及。

对比类似案件后发现，裁判者对同一要素的危害性判断标准也不一致。如侵入时间，多数案件将几小时认定为短时间，而某些案件将“行为人侵入他人住宅后停留了七日”认定为“未对生活造成影响”。[①] 又如侵入起因，有的案件认为因索要正常债务进入住宅具有正当性，有的案件则认为讨债虽合法，但未经同意进入住宅不具有正当性。再如侵入造成的后果，有的案件将侵入破坏房屋财物评价为较严重后果，而有的案件认为财物数额较小，尚属轻微。

第二，案件整体综合评价标准不明。首先，情节显著轻微与情节轻微有何区别？实务中有的案件情节类似，最终裁判结果却截然不同。其次，在论证了“情节显著轻微”后，还有无必要论证“危害不大”？实务中，部分裁判仅论证了前者，对后者只字未提，或认为二者等同。最后，但书适用的整体论证路径亦有不同，有的进行正向论证，有的则认为但书的实质是行为无严重社会危害性，故以是否达到严重社会危害性进行反向论证，进而排除但书适用。

三、但书适用路径的厘清

（一）把握但书的应有之义

受苏联刑法理论的影响，我国刑法理论从20世纪50年代至今，都认为犯罪的本质是社会危害性，并且认为社会危害性的内部结构是客观因素与主观因素的结合或者统一。[②]《刑法》第13条规定了犯罪的三个基本特征，即社会危害性、刑事违法性与应受刑罚处罚性。《刑法》分则对具体罪名作出规定，就是刑事违法性的具体表现；而总则第13条但书是对分则罪名的约束与指引，即在具备刑事违法性的基础上，还要综合评价行为的社会危害性、应受刑罚处罚性。分则对不同罪名的规定方式不一，有的轻罪以多次实施为构罪条件，有的要求达到一定数额，还有的只有行为表述，但需要注意的是，并非达到这些要求就构成犯罪。但书设立了犯罪门槛，违法行为与犯罪行为才得以不被混同。

实务中对但书定位的认识不一，如前文所述，但书的适用逻辑主要有两种：一是先判定行为是否属于《刑法》分则规定的罪名，再判定是否符合但书；二是将但书融合到构成要件中判断。两种模式的背后是有关但书功能定位的两种不同理论，前者认为但

① 参见山西省晋城市中级人民法院（2014）晋市法刑终字第68号刑事附带民事裁定书。

② 参见张明楷：《犯罪论的基本问题》，法律出版社2017年版，第5页、第13页。

书是犯罪概念的补充性规定，是犯罪概念的组成部分。[①] 后者则认为，在行为与《刑法》分则的规定相一致，符合犯罪成立条件的情况下，又根据但书的规定排除其犯罪性是自相矛盾的，没有坚持构成要件观念，可能冲击罪刑法定原则。[②]

本文持第一种立场，理由如下：第一，《刑法》第61条规定："对于犯罪分子决定刑罚的时候，应当根据犯罪的事实、犯罪的性质、情节和对于社会的危害程度，依照本法的有关规定判处。"由此可知，在考虑行为的危害程度时，除了审查犯罪要求的严重社会危害性，还要审查是否属于但书规定的情节显著轻微危害不大。认可但书的补充性地位与《刑法》第13条规定的逻辑一致，有利于法律适用的统一。第二，认可但书的补充性地位并不等同于将社会危害性作为评价罪刑的唯一标准，仍须对构成要件符合性先行审查。第三，不能因行为与《刑法》分则的规定相符就直接认定犯罪，一些类型的行为在《治安管理处罚法》中的表述与在《刑法》中的表述完全一致，此时对社会危害性的实质判断尤为重要。第四，将但书融入构成要件中考量存在局限性。《刑法》分则并未一律将情节或后果纳入罪名构成，刻板地对此进行审查只会使审查流于形式，而在审查犯罪构成后再综合评价全案情节则不受此限制，能更科学地反映行为性质的全貌。

（二）但书的适用路径考量

1. 厘定应当考量的要素

按照传统刑法理论，主观与客观的统一，是我国犯罪论体系的基本特点及核心，社会危害性程度由主客观要素综合决定，但书的适用也应如此。受立法技术影响，《刑法》分则的罪名规定高度精练，仅按构成要件判断社会危害性难以保证结论的准确性。主客观要素不能局限于《刑法》分则规定的情节，应当摒弃形式解释，以罪名法益为核心，从实质上挖掘隐含的相关要素，从而使形式上符合犯罪构成但不值得刑罚处罚的行为出罪。就非法侵入住宅罪而言，侵入起因、侵入手段、侵入时间、侵入造成的后果、公权力是否介入、被害人意愿等六要素从不同方面反映了行为人的主观恶性、侵入的违法性、侵入的实质危害性，这决定了行为的社会危害性程度。当然，六要素仅为考量的基本方向，亦未囊括全部情节。

2. 把握综合判断的标准

是否适用但书是综合判断的结果。其一，在综合判断前，应逐一评价各要素的恶劣程度。该判断多属于事实层面，故评价标准以法益为基本依据，结合特定时期及地域的特点，以大众朴素认知为判断核心，如以违法犯罪为目的的侵入的恶劣程度明显

① 参见王尚新：《关于刑法情节显著轻微规定的思考》，载《法学研究》2001年第5期。

② 参见周光权：《刑法总论》（第2版），中国人民大学出版社2011年版，第5页。

重于有一定事由的侵入行为。其二,但书是行为与结果的统一。"情节显著轻微"针对行为维度,"危害不大"则针对结果维度,二者具有紧密关联,只有同时符合这两个维度的要求,才能适用但书。故二者的评价标准应保持一致,不能忽视行为与结果间的关系,尤其是行为轻微、结果却重大的案件,应对因果关系进行重点审查,避免唯结果论。其三,综合性判断对审查者的阅历和法律水平的要求极高。当各要素之间出现矛盾时,但书的适用就会存在较大争议。如,行为人为索债强行破门进入他人住宅,被害人自知理亏予以招待,行为人又破坏桌椅泄愤,此案中,行为人侵入的手段暴力,侵害的又是复合法益,这两个要素是恶劣的;然其侵入又有一定事由,被害人亦未明确反对,这两个要素是轻微的,此时如何综合衡量较为困难。笔者认为,这种情况其实是实务常态,很难提供具体明确的标准,应尽可能全面考量行为对住宅安宁造成的影响,从公众角度审视非轻微要素能否被轻微要素消解,以及最终的结论能否被信服。

3. 采用双向论证的方法

第一,划清入罪标准。但书适用不明的大部分原因在于非法侵入住宅罪的入罪标准模糊,故有必要作进一步明确。结合实务判例及严重社会危害性的实质,本文尝试对该罪提出五种类型化的入罪标准。① 类型化的思路是"恶劣行为+严重影响"的罪量要求,具体为:①非法侵入他人住宅,经要求退出而不退出,严重影响居住安宁;②非法侵入他人住宅,停尸闹事,严重影响居住安宁;③非法侵入他人住宅,又殴打他人或毁坏财物,严重影响居住安宁;④以暴力手段非法侵入他人住宅,严重影响居住安宁;⑤非法侵入他人住宅,致他人无法居住。入罪门槛的确立有利于将大量违法行为排除出犯罪圈,为但书的适用进行必要筛选。

第二,运用双向论证。双向论证包括正向论证案件能否适用但书,以及反向论证行为是否构成犯罪。双向论证是基于但书作为犯罪概念的组成部分提出的,通过程序保障但书的科学适用。一个符合构成要件的行为要么是情节显著轻微危害不大而出罪,要么是具有严重的社会危害性而入罪,裁判者在双向论证过程中能够对该行为进行更全面、细致的考量,避免出现适用错误的情况。

在正向和反向论证中,对构成要件符合性的判断是共同的第一步,以分清一般的违法行为与具有刑事违法性的违法行为。关于在案情节和后果是否属于显著轻微、危害不大,以及有无严重社会危害性的评判衡量,是正向和反向论证各自进行的第二步,这一步骤必然存在显著轻微与严重社会危害性的判断拉扯。第三步,通过正向论证得到是否适用但书的结论后,再以反向论证的结论进行印证。如,正向论证结果为可以适用但书,反向论证认为不构成犯罪,则表明双向论证成立;又如,正向论证结果为可以适用但书,反向论证认为可以构成犯罪,则表明存在较大争议,需慎重考虑

---

① 该标准主要参照《重庆市政法部门第三届"五长"联席会议纪要》(渝公法〔2005〕7号),在此表示感谢。

但书的适用。

4. 重视但书适用的说理

裁判文书具有确定被告人刑事责任的终局效力,应当充分释明与罪刑相关的内容,以保证裁判的公信力。这也对裁判者审查案件提出了更高要求,促使其对个案是否符合但书适用条件进行实质审查,从而全面展示案件罪质的评断裁量过程,也便于公众进行监督。裁判者应进一步加强说理,杜绝简单援引但书直接得出结论。

刑事一体化视阈下检察机关主导轻罪治理体系构建研究:正当依据与现实路径

王忠良[*]

一、问题的提出

受积极主义刑法观的影响,我国《刑法》历经十一次修订,犯罪圈不断扩大。从《刑法修正案(九)》至《刑法修正案(十一)》,共增加 35 个罪名,其中轻罪占到 65.7%。从我国现行刑法罪名来看,法定刑为 3 年以下有期徒刑或者拘役的罪名占比也已超过 20%。[①] 刑法结构的变化也深刻影响了犯罪结构。2011 年至 2020 年,轻刑案件占 85% 左右,重刑案件则占 15% 左右。[②] 理论界习惯将法定刑为 3 年以下有期徒刑、拘役的罪名称为轻罪。我国刑法结构及犯罪结构的变化表明,我国已进入轻罪治理时代。

实践表明,危险驾驶罪、帮助信息网络犯罪活动罪等新增轻罪犯罪的大量出现,在填补相关领域立法空白、严密法网、降低重刑、实现罪责刑相适应方面发挥了积极作用,但相伴而生的犯罪附随后果也造成了轻罪犯罪的犯罪行为人本人及家人因此而遭受教育、就业歧视,由此出现"轻罪不轻"的现象。

轻罪立法的负外部性与立法者的立法本意之间产生了一定程度的张力。这种张力在某种程度上会抵消甚至反噬轻罪立法的积极效应。轻罪犯罪所滋生的社会问题在一定条件下又会转化为新的犯罪问题,长此以往可能会陷入"社会问题引发犯罪—犯罪滋生新的社会问题—新的社会问题引发新的犯罪"的怪圈。在刑法立法已经锚定方向的背景下,如何矫正轻罪立法的负外部性是一个值得研究并亟待解决的问题。

最高人民检察院近日印发的《2023—2027 年检察改革工作规划》明确提出,要研究轻微刑事案件出罪入罪标准,促进构建治罪与治理并重的轻罪治理体系。笔者认为,我国检察机关作为宪法确定的法律监督机关,在审前发挥着主导作用,立足自身职

---

* 舟山市普陀区人民检察院第一检察部二级检察官。

① 主要根据《刑法一本通》中罗列的犯罪罪名进行统计。

② 数据来源于相应年份的全国法院司法统计公报,转引自卢建平:《轻罪时代的犯罪治理方略》,载《政治与法律》2022 年第 1 期。

能主导轻罪治理责无旁贷。检察机关要坚持刑事一体化的思维,坚持刑法与刑事诉讼法等相关部门法的融合互动,坚持治罪与治理并重,完整、准确理解和贯彻宽严相济的刑事政策,通过提供立法建议,研究常见轻罪出罪入罪标准,改造并扩大附条件不起诉适用,创新非刑罚替代措施,试点轻罪犯罪记录封存、消灭制度等路径探索构建以检察机关为主导的中国特色的轻罪治理体系,为我国轻罪治理现代化探索出路、提供检察经验样本。

二、检察机关主导轻罪治理体系构建的正当性证成

如前所述,轻罪立法所带来的负外部性是我国轻罪治理体系构建的内部动因。从刑事一体化的视角来看,孤立地从刑法立法角度来寻求解决方案不能从整体上解决问题,容易出现“按下葫芦浮起瓢”的结果。在我国,检察机关既是法律监督机关,也是司法机关,通过司法运行机制矫正刑事立法带来的负外部性既有必要性,也有可行性。

(一)我国轻罪治理体系构建的必要性

1. 我国刑法轻罪立法先天不足

和主要法治国家不同,我国刑法目前既未界定轻罪概念,也未明确犯罪分层标准。犯罪分层在立法层面、司法层面有重要价值。在立法层面,犯罪分层可以调整罪刑结构。例如,针对轻罪设置比重罪更轻的法定刑及相应的附随后果。在司法层面,犯罪分层与刑事诉讼运行机制密切相关,包括管辖、强制措施的运用、案件繁简分流等。从刑事一体化的视角来看,我国刑事立法领域犯罪分层的缺位以及轻罪概念的阙如造成轻罪、重罪混在一起,加之我国《刑法》第 13 条“但书”的规定比较模糊,从而影响轻罪与重罪的分流以及造成轻罪出罪通道不畅。我国刑法轻罪立法的上述缺陷使得我们不得不去思考并构建适应我国国情的轻罪治理体系。

2. 轻罪数量激增挤兑司法资源

近年来,我国刑事案件犯罪结构发生了显著变化。根据 2020 年、2021 年《最高人民检察院工作报告》,1999 年至 2019 年,全国检察机关起诉到法院的案件,被判处 3 年有期徒刑及以下刑罚的案件,从 2000 年的占比 53.9% 上升至 77.4%。[①] 目前,醉驾已取代盗窃成为数量排名第一的犯罪,帮助信息网络犯罪活动罪已成为数量排名第三的犯罪。在“程序必须到位”的背景下,大量的危险驾驶犯罪和帮信类犯罪挤占了本不富裕的司法资源,耗费了司法人员的精力,使得司法人员无法集中精力办理相对疑难的复杂案件。

---

① 转引自徐彪、陈玉苹、梁凤培:《犯罪结构变化与少捕慎诉慎押刑事司法政策的贯彻落实》,载《中国检察官》2022 年第 10 期。

3. 轻罪犯罪附随后果负外部性凸显

我国尚未建立统一的犯罪记录封存、消灭制度,行为人哪怕触犯了刑罚最轻的危险驾驶罪,一旦被起诉定罪判刑,犯罪记录就会跟随其一辈子,其本人及家人就会被标签化。我国刑法规定了前科报告制度,受过刑事处罚的人在入伍、就业时有报告前科的义务,而我国就业市场不加区分地过度追求从业人员的"清白",如此,一个因危险驾驶行为被判处拘役缓刑的被告人在入伍、就业时就会被歧视,难以回归社会,容易滋生不满,引发新的社会问题,甚至使被告人产生报复社会重新犯罪的念头。而其家人在"连坐"潜规则之下,在诸如入学、入党、报考军校、公务员时往往也会受牵连,被拒之门外。轻罪立法的上述负外部性迫切要求构建轻罪治理体系。

(二)检察机关主导轻罪治理体系构建的可行性

1. 刑事一体化思想为检察机关主导轻罪治理体系构建提供了法理依据

刑事一体化思想有两层意思:作为观念的刑事一体化和作为方法的刑事一体化。刑事一体化作为观念,旨在论述建造一种结构合理和机制顺畅的实践刑法形态。刑事一体化作为刑法学研究方法,重在深度融合。①

如上所述,克服轻罪立法的负外部性必须坚持刑事一体化的思想。刑法的运作机制在很大程度上等同于抑或依赖于刑事司法运行机制。检察机关的宪法定位和司法属性决定了检察机关在刑事司法运行过程中必然扮演重要角色,离开了检察机关这一重要的刑事司法主体,刑事司法将难以运行,刑法运作机制也必然不畅,刑法运作机制不畅反过来也会抑制刑法功能发挥。在轻罪治理背景下,为了维护刑法的稳定性和权威性,从刑法运作机制的角度入手矫正轻罪立法的负外部性,不失为一种比较务实的解决方案。这为检察机关参与甚至主导轻罪治理体系构建提供了法理依据。

2. 认罪认罚背景下检察机关在审前发挥主导作用为检察机关主导轻罪治理体系构建提供了成功经验

认罪认罚背景下,检察机关在审前均居于主导地位。对于检察机关的量刑,如无不当情形,法院一般应当采纳检察机关的量刑建议。对于无起诉必要的轻罪案件,检察机关可直接作出相对不起诉处理。

从实践中来看,绝大多数轻罪,如危险驾驶、3年以下盗窃案件、帮信犯罪,犯罪嫌疑人一般都认罪认罚。因此,检察机关在轻罪治罪中处于主导地位,绝大多数轻罪通过检察机关的审前过滤,除极个别因证据问题被绝对不诉、存疑不诉外,大多数轻微犯罪被检察机关作相对不起诉处理或按照速裁、简易程序起诉。被作出相对不起诉处理的轻微犯罪,检察机关通过检察意见书建议公安机关等执法部门进行行政处罚。

① 参见储槐植:《再说刑事一体化》,载《法学》2004年第3期。

综上所述,检察机关在刑事诉讼中起承上启下的作用,在认罪认罚背景下,检察机关处于审前主导地位,在事实认定、法律适用、认罪认罚量刑协商、程序选择等方面发挥主导作用。换言之,检察机关在轻罪治罪中也处于主导地位。我国轻罪治理体系的构建首先是治罪,其次是在此基础上的治理。检察机关在轻罪治罪中的主导地位为其治理轻罪奠定了扎实的基础。

3. 检察机关的领导体制和一体化工作机制为检察机关主导轻罪治理体系构建提供了重要保证

在我国,检察机关的领导体制较为特殊。最高人民检察院领导全国各级人民检察院,上级人民检察院领导下级人民检察院,上下级检察院是领导与被领导的关系,下级人民检察院必须执行上级人民检察院的决定。检察机关作为一个整体,不受行政机关、社会团体和个人干涉。检察一体化是检察机关工作机制的鲜明特征和重要优势。这一优势能够保证检察机关在主导轻罪治理体系构建过程中确保法律统一正确实施,切实维护社会公平正义。

三、检察机关主导轻罪治理体系构建的现实路径

检察机关构建轻罪治理体系要坚持刑事一体化思想,按照应勇检察长在全国大检察官研讨班上的讲话精神以及最高人民检察院印发的《2023—2027 年检察改革工作规划》规定进行,贯彻宽严相济刑事政策,明晰常见轻罪入罪出罪标准,改造并扩大附条件不起诉制度适用,探索适合中国国情的轻罪犯罪记录封存、消灭制度。

(一)完整准确贯彻宽严相济刑事政策

刑事政策实际就是刑事政治,即首先在政治层面上考量如何对付犯罪。正如应勇检察长所强调的那样,要坚持从政治上着眼,从法治上着力,把讲政治与讲法治有机结合起来,把执行党的政策与执行国家法律统一起来,在法治轨道上维护稳定、促进发展、保障善治,以行动践行对党忠诚。①

根据最高人民检察院应勇检察长在全国大检察官研讨班上的重要讲话精神,宽严相济刑事政策可以用十六个字来概括,“该严则严、当宽则宽,宽严相济,罚当其罪”。笔者认为,上述十六个字有三层基本含义:

其一,该严则严、当宽则宽,首先是指“轻轻重重”,即对于轻罪的制裁方式、宣告刑和刑罚附随后果一般较轻,而对于危害国家安全、严重危害社会秩序的暴力犯罪、严重危害市场秩序的经济犯罪一般较重,对于后者,实践中的做法一般要求司法机关快捕

① 参见《大检察官研讨班在国家检察官学院开班》,载最高人民检察院官网,https://www.spp.gov.cn/dj/xwjj/202307/t20230719_622020.shtml, 2023 年 8 月 20 日访问。

快诉,从严惩治。而对于前者,司法机关一般优先适用非羁押强制措施、非监禁刑、量刑从宽或相对不起诉。①

其二,宽严相济是指在贯彻执行宽严相济刑事政策时不能机械套用,要辩证看待轻罪与重罪的关系,"轻轻重重"是宽严相济刑事政策的基本面和一般性,宽严相济是该政策的特殊性,即宽和严是相对于个案而言的,要在审查个案时具体把握。轻罪中可能有严的一面,重罪中可能有轻的一面。②

其三,罚当其罪是指罪责刑相适应。检察机关在量刑时除了依据某个具体犯罪的法定刑,还要照顾上下游犯罪、共同犯罪中不同行为人的量刑平衡,不能机械套用法定刑。③

检察机关在构建轻罪治理体系时要完整准确地贯彻执行宽严相济刑事政策。具体来说,要把握以下五点:一是对于法定刑在 3 年以下有期徒刑的案件,要在审查逮捕环节加强对社会危险性的量化评估,除确有逃跑、自伤自残等社会危险的以外,可优先适用非羁押强制措施;二是对于法定刑在 3 年以下有期徒刑或者拘役的案件,要在审查起诉环节主动行使起诉裁量权,除确有起诉必要的以外,可优先考虑不起诉;三是对于法定刑、宣告刑在 3 年以下有期徒刑或者拘役的案件,除确有监禁必要的以外,可优先考虑适用缓刑;四是对于涉众型犯罪,如人数众多的电信网络诈骗、非法运输海砂案件,在共同犯罪中所起作用很小,无移送审查起诉必要的,检察机关可建议公安机关不再移送审查起诉;五是对于一些法定刑、宣告刑虽然在 3 年以下有期徒刑的案件,但犯罪嫌疑人认罪态度较差、拒不赔偿,被害人意见较大,有信访风险的案件,即使刑期较低,一般也不宜适用非羁押强制措施、相对不起诉或者建议适用缓刑。例如,承办人办理的某交通肇事案,犯罪嫌疑人饮酒后驾驶机动车将被害人撞死,负全责,事发后嫌疑人及家属逃避赔偿,被害人意见很大,有上访倾向,虽然其认罪认罚,承办人经权衡利弊,仍批准逮捕并提起公诉,并建议实刑。

(二)明晰细化常见轻罪人罪出罪标准

轻罪罪名的增加带来的另一后果就是某些罪名的刑事处罚标准与行政处罚标准愈加模糊。从刑事一体化的视角来看,最高人民检察院应联合公安部对常见轻罪确定统一的立案追诉标准,明确轻罪行政处罚与刑事追诉的界限,通过司法手段限制实际

---

① 如无涉酒前科的危险驾驶犯罪,无违法犯罪前科的一次性盗窃等。

② 前者如行为人实施了危险驾驶行为,血液酒精含量在 170mg/100ml 以下,但其系无证驾驶,且曾因醉酒驾驶被检察机关作出相对不起诉处理,那么,行为人虽然血液酒精含量不大,本来可以作相对不起诉处理,但因其犯罪情节较重,而只能起诉,且不能适用缓刑;后者如长期遭受丈夫家暴和凌辱,不堪忍受,毒杀丈夫的行为人,其行为明显触犯了故意杀人罪,而故意杀人罪在我国国民朴素认知中明显属于重罪,但结合犯罪原因和动机来看,其仍然有值得宽宥的一面。

③ 例如,对于掩饰隐瞒犯罪所得罪刑期倒挂问题,在量刑时不能仅仅依据 10 万元或者 3 次以上 5 万元以上就在 3 年以上量刑,还要考虑上游犯罪是否成立以及上游犯罪行为人的量刑情况。

进入刑事诉讼的案件，通过改善刑法运行机制来调整刑法内在结构，防止因刑法立法犯罪圈的扩大导致轻罪案件数量激增。例如，对于伪造身份证件罪、使用虚假身份证件罪应当设定一定的数量标准，适当拉开刑事处罚标准与行政处罚标准之间的距离。

除了制定统一的轻罪入罪标准，适当提高轻罪入罪门槛，还应当畅通轻罪出罪机制。一方面，笔者建议要激活我国《刑法》第 13 条但书规定，检察机关要敢于、善于运用《刑法》第 13 条但书规定的立法精神，在制定司法解释或者规范性文件过程中，充分吸收立法精神，对于常见轻罪尽可能详细规定出罪情形。另一方面，最高人民检察院应联合最高人民法院、公安部就常见轻罪联合制定司法解释，尽可能明确"情节显著轻微"与"情节轻微"的界限，让各级检察机关办案人员在办案中有的放矢，区分绝对不诉还是相对不诉，减少公安、检察、法院内部争议，便于达成共识。①

(三)改造并扩大附条件不起诉制度适用

当前，附条件不起诉仅适用于犯罪时不满 18 周岁的未成年人，对于犯罪时已满 18 周岁的成年人，现阶段只能通过相对不起诉来终结刑事诉讼程序。附条件不起诉相较于相对不起诉而言，犯罪嫌疑人要被科以一定的义务、设置一定的考察期，犯罪嫌疑人即使进入附条件不起诉阶段最终也未必会被作相对不起诉处理。未成年犯罪嫌疑人实施盗窃行为，一般要按照附条件不起诉来处理，经过一定期限的考察期，完成一定的考察任务才能作出相对不起诉处理，成年犯罪嫌疑人实施盗窃行为，情节较轻的，则可直接作出相对不起诉处理，实践中的做法某种程度上违背了"举轻以明重"的原理。

笔者认为，附条件不起诉制度相较于单纯的相对不起诉制度具有以下优势：其一，给予检察机关办案人员更多的时间观察犯罪嫌疑人是否发自内心的真诚认罪、悔罪，防止其为骗取相对不起诉处理结果而表面认罪认罚，进而防止办案人员被上述假象所迷惑草率作出相对不起诉决定。其二，附条件不起诉通过创设一定的考察期、科处一定的义务，为检察机关办案人员多方面考察犯罪嫌疑人对本次犯罪的心理认知提供内容和载体，在此基础上评估其再犯可能性大小以及回归社会的难易程度，从而为最终作出起诉与否的决定提供依据。其三，附条件不起诉通过科以犯罪嫌疑人一定的义务促使其从内心深处意识到自己的行为给他人和社会带来了伤害，增强其法治意

---

① 例如，司法实践中颇具争议性的就是，行为人几个月内偷了 3 盆价值极低的盆栽，此种行为究竟属于情节显著轻微，按照绝对不诉处理，还是属于情节轻微，按照相对不诉处理？笔者倾向认为该行为属于情节显著轻微，应当根据《刑法》第 13 条但书规定出罪。类似的案件还有刘某某危险驾驶案，刘某某酒后叫了代驾，和丈夫一起回到酒店，后双方发生激烈争吵，刘某某因担心对方情绪激动会打她，先行报警，后将车从酒店停车场缓慢开出十米左右即靠边停车，打双闪，接报民警到达现场后发现其有酒后驾车嫌疑，遂联系交警前来查处。关于本案，一种观点认为应当作绝对不诉处理，一种观点认为应当作相对不诉处理。笔者倾向认为应当作绝对不诉处理，主要理由也在于其行为属于情节显著轻微，其驾驶距离短、速度慢、案发时段照明条件好、车辆少且系主动停止，尽管危险驾驶属于抽象危险犯，但也要考虑个案具体条件下抽象危险转化为现实危险的可能性大小。

识,降低再犯可能性,对于特殊预防有较大价值。其四,犯罪嫌疑人履行社会义务的过程本身就是普法教育的过程,对于一般预防有重要意义。相较于起诉定罪量刑,附条件不起诉制度更具优势,其可以防止将一些轻微犯罪的嫌疑人交付法庭审理,避免嫌疑人被贴上罪犯标签,对其本人甚至家人的教育、就业产生负面影响,最终产生新的社会问题,酝酿新的犯罪动机。

由此观之,轻罪立法背景下,检察机关所独有的附条件不起诉制度在消减轻罪立法的负外部性方面具有极为重要的作用。因此,笔者建议,在轻罪治理背景下,检察机关应对附条件不起诉制度进行改造,以适应新的形势。具体思路如下:

第一,将附条件不起诉制度的适用对象从未成年犯罪嫌疑人扩大到全部犯罪嫌疑人。第二,将附条件不起诉制度的适用范围从1年以下有期徒刑的案件扩大到除严重暴力犯罪以外的可能判处3年以下有期徒刑、拘役的案件。第三,改革考察期,根据案情可能判处的刑罚的长短设置合适的考察期。比如,役刑最长考察期为6个月,有期徒刑最长考察期为1年。第四,进一步丰富和完善非刑罚替代措施,联动党委、政府、群团组织和企业,根据案件的不同类型和犯罪嫌疑人的不同特点,设置多种类型的公益义务供犯罪嫌疑人选择,对于因生活困难而实施犯罪的犯罪嫌疑人,联动企业提供公益岗,从根源上消除犯罪的动机。第五,笔者建议附条件不起诉决定由检察机关作出,考察委托司法行政机关、社区矫正机构统一执行,检察机关可对执行情况进行法律监督。此外,根据涉案企业合规改革方向,笔者建议将涉案企业合规不起诉也纳入附条件不起诉的范畴中统一谋划。

(四)探索轻罪犯罪记录封存、消灭制度

目前,我国尚未建立完整、统一的犯罪记录封存、消灭制度。现阶段的犯罪记录封存制度仅适用于被法院判处5年以下有期徒刑或者被检察机关作出相对不起诉的未成年被告人或犯罪嫌疑人。

轻罪治理背景下,对于不得不起诉定罪量刑的案件,建立完整、统一的轻罪犯罪记录封存、消灭制度对于消减轻罪立法负外部性具有最直观的作用。笔者建议按照先易后难、先选择部分罪名试点,再推广到其他罪名的方法探索轻罪犯罪记录封存、消灭制度。具体思路如下:

第一,轻罪犯罪记录封存、消灭制度原则上仅适用于法定刑、宣告刑在3年以下有期徒刑、拘役的案件,以及认罪认罚、赔偿损失、被害人谅解且无法定刑升格情节的过失犯罪案件。之所以这样规定,主要考虑两点:其一,轻罪一般是指法定刑或者宣告刑在3年以下有期徒刑或者拘役的案件。其二,过失犯罪的行为人虽然主观恶性低于故意犯罪,但也存在从重情节即法定刑升格的情况,对于情节恶劣特别是因此导致法定刑升格的过失犯罪案件,原则上也不宜适用犯罪记录封存、消灭制度。

第二,轻罪犯罪记录封存制度依职权进行,轻罪犯罪记录消灭制度需满足一定年限和特定条件,依当事人申请进行。主要理由有以下两点：

其一,轻罪犯罪记录封存制度设立的初衷就是防止轻罪犯罪嫌疑人、罪犯因犯罪标签遭受教育、就业歧视,影响其发展甚至生计,如果司法机关在作出处理决定之后不立即对其犯罪记录予以封存,很可能导致该犯罪记录被学校、用人单位查询,从而导致该制度流于形式,背离初衷。

其二,轻罪犯罪记录消灭制度不同于封存制度,封存只是暂时封存,而消灭是指视为自始不存在。相较于消灭,封存对于轻罪嫌疑人和罪犯更具紧迫性。轻罪只是罪行相对较轻,并不代表其无罪,更不代表无害。因此,对于轻罪消灭要极为慎重。在犯罪记录已被严格封存的情况下,设置一定年限和门槛是极为必要的,否则就是对轻罪犯罪的变相纵容,容易走向制度的反面,对控制犯罪不利。笔者建议,对判处拘役刑的轻罪案件,当事人连续 5 年未犯罪,对判处有期徒刑的轻罪案件,当事人连续 10 年未犯罪,认罪悔罪、遵纪守法、热心公益,当事人可向轻罪犯罪记录的封存机关申请消灭轻罪犯罪记录。

第三,对于办案机关已经对轻罪犯罪记录采取封存措施的轻罪罪犯或者被不起诉人,建议修改法律,免去其前科报告义务。上述人员即使在入伍、入党、报考公务员时也可以不主动报告。特定单位确因工作需要,根据国家规定需要查询的,要向封存机关申请查询,查询后继续封存,其他就业单位申请查询的,一般不提供查询。被封存犯罪记录的罪犯或被不起诉人再次犯罪的,办案机关依照规定的程序查询,其犯罪记录将作为前科被评价,同时封存机关解除封存。

第四,根据“举重以明轻”原理以及刑行衔接的需要,对于被检察机关作出相对不起诉处理的当事人,其被不起诉之后的行政处罚记录也应一并纳入封存对象。否则,轻罪犯罪记录封存制度就会存在漏洞,难以起到应有作用。

第五,轻罪犯罪记录封存机关按照办案权限确定,凡是办理过该案的侦查机关、检察机关、法院都有义务严格执行轻罪犯罪记录封存规定。检察机关作为法律监督机关有权对封存执行情况实施法律监督。对于不严格执行封存规定的,视情节轻重制发检察建议、纠正违法通知书。

四、余论:坚持刑事一体化在法治轨道上多维联动构建轻罪治理体系

随着经济社会的进一步发展,新型犯罪手段会继续出现。受积极主义刑法观的惯性影响,轻罪立法增设轻罪罪名的趋势可能还会延续下去。轻罪立法在应对新型犯罪手段、维护经济社会良好秩序的同时,也不可避免地会产生负外部性。

党的二十大擘画了中国式现代化的美好图景。最高人民检察院最新制定的《2023—2027年检察改革工作规划》提出，要以检察工作现代化服务保障中国式现代化。轻罪治理背景下，轻罪治理现代化事关刑事检察工作现代化，进而影响整个检察工作现代化。检察机关要勇挑重担，坚持刑事一体化思维，打破刑法、刑事诉讼法的界限，在提供立法建议时要统筹推进良法善治，实现刑法结构与刑法运行机制、刑事政策的自洽。轻罪治理是一个庞大工程，不是检察机关一家就能完成的。在此过程中，检察机关既要发挥主导作用，又要联动多方，与公安机关、法院、党委政府、群团组织甚至企业协作，协同推进中国特色轻罪治理体系建设。

轻罪时代醉驾治理机制的反思与改进

李依玲[*]　王　孟[**]　王　慧[***]

一、问题提起

随着社会经济的发展,我国居民汽车保有量呈现高速增长态势,因酒后驾车引发的交通事故也逐年增多,人民生命财产安全面临重大风险。为了回应人民关切、维护公共安全,2011 年 5 月 1 日起施行的《刑法修正案(八)》增设了醉酒型危险驾驶罪。迄今为止,“醉驾入刑”已有十余年,随着对醉酒驾驶机动车行为的严厉整治,“喝酒不开车”逐渐成为社会共识,醉驾导致的伤亡事故也大大减少。但醉驾入刑后带来的案件增长速度远超预期,根据最高人民检察院公布的数据显示,自 2019 年以来,危险驾驶罪始终处于发案量首位。① 2020 年,全国醉驾案件数量 28.9 万件。2021 年,全国危险驾驶案审结数量达 34.8 万件。每年有数十万人被打上“犯罪人”的标签,即使个人和家庭发展陷入窘境,也导致大量的司法资源和社会资源投入醉驾这一微罪当中。长此以往,社会次生风险增加、治理难度上升,其所带来的损失是难以估量的,最终可能导致“司法和个人两败俱伤”②。

二、醉驾治理的司法困境

“醉驾入刑”之初,公安部门对经核实属于醉酒驾驶机动车的一律刑事立案。③ 最高人民检察院对待醉驾案件的态度则为“只要事实清楚、证据充分一律起诉”④。在严打的风向标指示下,实务中犯罪人群数量庞大、司法资源不堪重负等问题也逐渐暴露。

* 南京市玄武区人民检察院第一检察部检察官助理。

** 南京市玄武区人民检察院第一检察部检察官助理。

*** 东南大学法学院刑法学研究生。

① 参见周强:《最高人民法院工作报告——2022 年 3 月 8 日在第十一届全国人民代表大会第五次会议上》,载《中华人民共和国最高人民法院公报》2022 年第 4 期。

② 周光权:《论刑事一体化视角的危险驾驶罪》,载《政治与法律》2022 年第 1 期。

③ 参见邢世伟:《公安部:警方对醉驾一律刑事立案》,载《新京报》2011 年 5 月 18 日,第 A07 版。

④ 《最高检察院醉驾案证据充分一律起诉》,载《平原晚报》2011 年 5 月 25 日,第 A12 版。

(一)认定标准单一

醉酒型危险驾驶罪是抽象危险犯入刑的典型示例,其设立意在保护不特定人的生命财产安全和维持道路交通秩序。行为人饮酒后,血液酒精含量升高导致自我控制能力下降,其在驾驶车辆时所带来的道路交通安全风险也随之增加,因此世界上大多数国家都将血液酒精含量作为醉驾的重要判断标准。我国也不例外,规定行为人在驾驶车辆时血液酒精含量达到80mg/100ml即构成醉酒型危险驾驶罪。但是由于个体酒精耐受度不同,即使血液酒精含量相同,个人的自我控制能力也不同,不少行为人在被查获后供称自我感觉十分清醒,周围人也看不出异常,在这种情况下,其造成的客观危险性就需要进一步考量。

当前我国尚未形成其他认定标准,实践中司法机关通常只对醉驾案件进行形式违法性审查,即只关注血液酒精含量是否达到了80mg/100ml的入罪标准,只要达到标准则一律入罪。尽管最高人民法院《关于常见犯罪的量刑指导意见(二)(试行)》要求"综合考虑被告人的醉酒程度、机动车类型、车辆行驶道路、行车速度、是否造成实际损害以及认罪悔罪等情况,准确定罪量刑",但实务中"唯酒精论"盛行,将大量的不具有法益侵害性的行为纳入刑法规制范围,导致醉驾案件数量始终在高位徘徊。

(二)出罪路径堵塞

我国《刑法》和《刑事诉讼法》均有合理、恰当的出罪规定,比如《刑法》第13条"但书"规定"犯罪情节显著轻微危害不大的,不认为是犯罪",以及《刑事诉讼法》第177条第2款规定了相对不起诉,但是实践中办案人员基于各种考量,在运用这些规定时十分审慎。我国《刑法》第13条形式与实质混合以及"定性+定量"双重限定标准的犯罪概念,是中国特色社会主义刑法制度守正创新的重要成果,在立法和司法上都具有重要的价值和功能。然而,在该条混合的犯罪概念下,形式的违法性容易被实质的社会危害性遮蔽,加之我国刑法罪刑法定原则"出罪解释的机能缺损",使得犯罪概念条款的入罪倾向被强化。① 另外,在醉驾案件中,相对不起诉是较为常见的不起诉原因,多数情况是在行为人已经构成醉酒驾驶机动车、应当承担刑事责任的前提下,由于行为人的血液酒精含量较低或没有其他从重情节,被认定为情节轻微,依照刑法规定不需要判处刑罚或者可以免除刑罚,最终作出不起诉决定。而相对不起诉又涉及一个争议不断的问题——"犯罪情节轻微"的定义宽泛,司法人员难以精准把握其中的要求,准确运用现有规定。在对酒驾零容忍的大环境下,受社会舆论、案件审批制度等的掣肘,对醉驾案件进行定罪量刑是最安全稳妥的选择,一般情况下司法工作人员倾向统一作入罪处理,以上种种原因都导致出罪受阻,并未真正发挥出罪条款的实际效用。

---

① 参见夏伟:《"但书"出罪运行机制实证研究》,载《中国法学》2023年第4期。

(三)犯罪附随后果严厉

尽管醉酒型危险驾驶罪被不断强调为“微罪”“轻罪”,但是既然已经归属于刑事犯罪范畴,那么犯罪人除了需要接受拘役、罚金等显性制裁,还必须承担因为前科制度而带来的隐性制裁。[①] 也就是说,除了接受刑罚处罚,还需要承担犯罪附随后果,可见,轻罪案件后果实际并不轻。

所谓“犯罪附随后果”,是将与犯罪人直接关联的,在刑罚之外基于受刑罚经历所发生的职业禁止、户籍等限制权利行使、减损社会评价或增加义务负担的隐性不利后果。具体而言,前科制度所带来的隐性不利后果在职业禁止方面表现得最为明显。由于危险驾驶罪是故意犯罪,相较于过失犯罪所带来的负面影响更甚,许多行业都将有前科记录者拒之门外,对受过刑事处罚者亮出了“职业红牌”,如公职人员将被开除党籍、公职,律师及医生等特定从业者将被吊销执业资格。除职业限制外,醉驾者的生活也会受到影响,醉酒驾驶机动车会导致机动车驾驶证被吊销,且 5 年内不得重新取得机动车驾驶证。[②] 另外,因醉酒驾驶发生的交通事故不能享受保险赔付,且自 2010 年 3 月 1 日起,我国就开始推行酒驾行为与机动车交强险费率联系浮动制度[③],上浮额度最高可达 50%,增加了醉驾者的经济支出。醉驾者也将同时失去诸多社会机会和资格,如《国家司法考试实施办法》规定,因故意犯罪受过刑事处罚的,不得参加司法考试。与此同时,犯罪人再社会化不易。危险驾驶罪犯罪人在回归社会后同样会面临被边缘化的困境,可能会衍生出再犯罪等影响社会和谐稳定的问题。不仅如此,既有前科制度还带有“株连”色彩,和犯罪人社会关系相近者不可避免地受到牵连,其家庭成员可能因此受到不公正评价,比如其直系亲属在上学、就业、考公、入伍等方面的发展多有阻碍。

(四)行刑衔接存在真空地带

在醉驾入刑之前,酒后驾驶机动车的违法行为主要依赖《道路交通安全法》调整,依照情节轻重,对于酒后驾驶机动车行为可以执行暂扣机动车驾驶证、吊销机动车驾驶证、罚款、行政拘留等行政强制措施。而醉驾入刑后,为了与刑法相衔接,《道路交通安全法》在酒驾治理方面作出了相应的修改。在行政法层面,仅对醉酒驾驶机动车

---

① 参见陈灿平、温新宇:《醉酒型危险驾驶罪争议问题的法律与经济分析》,载《西北师大学报(社会科学版)》2023 年第 2 期。

② 《道路交通安全法》第 91 条第 1、2 款规定:“饮酒后驾驶机动车的,处暂扣六个月机动车驾驶证,并处一千元以上二千元以下罚款。因饮酒后驾驶机动车被处罚,再次饮酒后驾驶机动车的,处十日以下拘留,并处一千元以上二千元以下罚款,吊销机动车驾驶证。醉酒驾驶机动车的,由公安机关交通管理部门约束至酒醒,吊销机动车驾驶证,依法追究刑事责任;五年内不得重新取得机动车驾驶证。”

③ 参见邹伟:《我国将逐步实行酒驾与交强险费率联系浮动制度》,载《临汾日报》2010 年 2 月 12 日,第 3 版。

者采取吊销机动车驾驶证的行政强制措施，并对醉驾行为人重新取得机动车驾驶证的时间作出了限制，而不再对醉酒驾驶机动车者进行罚款或者行政拘留①，将人身自由罚和财产罚等同种类处罚交由刑法进行规制。尽管修改《道路交通安全法》是为了实现作出行政处罚和追究刑事责任的并行不悖，遵循了一事不二罚原则，体现了公民权益保护理念②，但是在实践中却逐渐暴露出行刑衔接之间存在的真空地带。当行为人被公安机关判定为醉驾，检察院认为情节轻微不予起诉或免予刑事处罚时，按照当前的法律法规，对于该轻微醉驾行为人的处理仅有吊销机动车驾驶证和 5 年内不得重新取得机动车驾驶证的行政处罚，而没有对其进行人身自由罚和财产罚的法律依据。也就是说，轻微醉驾行为人所受到的处罚反而可能轻于酒驾行为人所受到的处罚，这一情形暴露了当前在醉驾问题的处理上行政法和刑法因衔接不畅而产生的困境。

三、轻罪治理时代的醉驾治理路径优化

（一）坚持实质化判断

抽象危险犯是没有现实危害的犯罪，“这些犯罪并不禁止损害本身，而是禁止损害的可能性——当实施这种犯罪时，这种损害可能性并没有（通常情况下也并没有）转变为现实危害”，入罪标准偏低而出罪相对更难。危险驾驶罪作为典型的抽象危险犯，在出罪方面《刑法》第 13 条“但书”有一定适用空间。我国对于违法和犯罪有着清晰的划分界限，刑法仅对具有法益侵害的犯罪行为或“侵害危险行为中的‘部分高度行为’”③作出惩罚，没有法益侵害性或法益侵害性较低的行为不能被认定为犯罪，也不应当由刑法调整。因此，在对醉驾等抽象危险犯进行规制时，不能仅仅考虑行为人是否实施了符合构成要件的行为，更应从实质解释出发，从实质可罚性角度限定刑法的处罚范围。④ 如果行为法益侵害程度较低或者根本没有产生法益侵害，可以认定为“情节显著轻微危害不大”，利用《刑法》第 13 条“但书”出罪。从对危险的立体审查来看，由于醉驾犯罪可能不如宣扬恐怖主义、极端主义犯罪导致的实害结果重，因而其制裁的前置性范围会较窄，对构成要件各要素的解释也会更限缩。⑤

从客观方面来看，醉驾的法益侵害性可以拆解为四个判断标准。第一，行为发生时的空间为“道路”。根据法秩序统一原理，“道路”含义的判断应当和《道路交通安全

---

① 参见范仕源：《〈道路交通安全法〉修改对照解读》，载《安全与健康》2011 年第 10 期。
② 参见练育强：《行刑衔接视野下的一事不再罚原则反思》，载《政治与法律》2017 年第 3 期。
③ 何荣功、罗继洲：《也论抽象危险犯的构造与刑法“但书”之关系——以危险驾驶罪为引例》，载《法学评论》2013 年第 5 期。
④ 参见刘艳红：《实质刑法的体系化思考》，载《法学评论》2014 年第 4 期。
⑤ 参见李至：《论抽象危险犯中对间接危险的实质化审查》，载《环球法律评论》2023 年第 1 期。

法》相一致。① 对于在不允许社会机动车或公共通行的封闭路段上行驶的醉驾行为,公共危害性较小,可以认定行驶路段不属于《道路交通安全法》中的道路,不作入罪处理。第二,行为发生时的状态为"醉酒"。当前我国对于"醉酒"的判断标准仅有血液酒精含量这一项,将酒精作为影响驾驶者正常驾驶的唯一要素,没有考虑到生理原因等造成的个体酒精耐受差异。如果行为人血液酒精含量达到了现行醉酒标准,但神志清醒,能够正常控制车辆行驶,那么在社会公众的一般认识中,很难被评价为"醉酒"。对此,笔者建议学习美国的现场清醒性测试,在现场呼气式酒精检测超过 80mg/100ml 之后,对行为人进行水平眼震、直行与转弯、单脚站立等测试,全面评估行为人的社会危险性。② 第三,具体行为为"驾驶"。如果行为人在醉酒后发动机动车,但并未控制车辆行驶,实际上没有产生法益侵害性;或是进行了短暂的挪车行为,行驶速度极低,法益侵害性较小,都没有入罪的必要。第四,驾驶工具为"机动车"。对于"机动车"的定义同样应当和行政法规相一致,如果行为人的驾驶工具仅仅是在速度或外形等方面类似于机动车,但不符合现行机动车标准,均不应以危险驾驶罪定罪。

从主观方面来看,在进行实质判断时,还需要考虑行为人的主观故意。醉酒型危险驾驶罪属于故意犯罪③,在实践中可以结合行为人的表现,判断行为人在驾驶时是否有"醉酒"的明知,排除其犯罪故意进行出罪。实践中较为常见的是"隔夜醉驾"情形。对隔夜醉驾来说,如果行为人对自身酒精代谢速度较慢没有认知,在饮完酒较长时间后,自觉状态清醒而开车,实际上并不具有醉驾的主观故意,也应当予以出罪,这是坚持实质化判断的有益尝试。

(二)完善行刑二元制裁体系

检察机关决定对行为人作出相对不起诉处理,即使向行政机关发出检察意见,建议对行为人作出行政处罚,但是由于没有法律依据,得到的往往是公安机关只能吊销机动车驾驶证,无法作出其他行政处罚的无奈回应。一方面,由于《道路交通安全法》删去了针对醉驾的人身自由罚和财产罚,即使检察院提出了检察意见,囿于没有相应法律依据,行政机关也无法作出超出法定职权的处罚决定。另一方面,当然解释的目的在于为法律没有明文规定的行为寻求适用既有法条的可能。④ 在刑法明确将醉驾规定为犯罪的前提下,仅因为没有"合适"的法律规定就通过举轻以明重的方式对犯罪情

① 《道路交通安全法》第 119 条第(一)项规定:"'道路',是指公路、城市道路和虽在单位管辖范围但允许社会机动车通行的地方,包括广场、公共停车场等用于公众通行的场所。"

② 参见〔美〕约书亚·德雷斯勒、〔美〕艾伦·C·迈克尔斯:《美国刑事诉讼法精解》(第二卷·刑事审判),魏晓娜译,北京大学出版社 2009 年版,第 158 页。

③ 参见张明楷:《刑法学》(第 6 版),法律出版社 2021 年版,第 883 页;陈兴良:《过失犯论的法理展开》,载《华东政法大学学报》2012 年第 4 期。

④ 参见张明楷:《刑法学中的当然解释》,载《现代法学》2012 年第 4 期。

节轻微的行为人进行追责，有侵犯公民权利之嫌，仍有待商榷，不可直接应用。[①] 要弥补相对不起诉后行政处罚缺位的不足，完善行刑相接的二元制裁体系，真正解决行刑衔接不畅的根本问题，最佳的方式是修改《道路交通安全法》，从行政法层面规定对醉驾者的人身自由罚和财产罚。醉酒后驾驶机动车的，公安机关可以根据其行为的严重程度处以相应的行政拘留和罚款，并保留现有的吊销驾驶资格证、对其再次取得驾驶资格证的时间作出限制等处罚。如果检察机关向法院移送起诉，且行为人最终被判处拘役、罚金等刑罚，则可以根据《行政处罚法》第 35 条的规定，已经执行的拘留可以折抵相应的拘役刑期，已经执行的罚款可以折抵相应的罚金。如果检察院作出相对不起诉决定，公安机关也能作出相应的行政处罚，摆脱无法可依的困境，修正现有法规下犯罪情节轻微的醉驾者可能逃脱处罚的纰漏。

（三）夯实程序性分流机制

面对醉酒型危险驾驶等轻罪案件治理难题，既需要从实体法出发，开拓实质出罪渠道，也应当关注程序法，探索过滤分流机制。[②] 通过案件分流，化解相对有限的司法资源和有增无减的醉驾案件之间的尖锐矛盾。[③] 实务中，可以完善《刑法》第 13 条但书、相对不起诉和证据不足不起诉的适用，精简司法资源，提升犯罪治理实效。

相对不起诉制度是当前醉驾案件中最常适用的程序出罪制度，但是“犯罪情节轻微”这一不起诉标准原则性强，具体可操作性弱，主要依赖检察人员的自由心证，还受到内部考核标准、审批机制以及社会外界舆论等影响，同时，不起诉决定一经作出，缺乏相应的惩罚和教育机制，这些都对相对不起诉的适用造成了障碍。可以从以下五个方面对相对不起诉进行完善，以发挥其出罪和分流的功能。第一，明确“犯罪情节显著轻微”以及“犯罪情节轻微”的具体标准，消除司法困惑。第二，转变对醉驾案件的态度，破除“两个一律”原则带来的思维桎梏，让检察人员敢于运用相对不起诉规定。第三，加强社会公众对醉驾案件不起诉的认知，避免司法被舆论捆绑。第四，通过公开听证等方式，做好相对不起诉后的训诫、教育工作。第五，探索轻罪附条件不起诉制度。目前许多检察机关正在探索轻罪案件的非刑罚责任的衔接落实与社会治理的有机结合，比如，玄武区检察院推动“认罪认罚+社会公益服务”机制落地，认罪认罚的犯罪嫌疑人自愿参与社会公益服务，主动参与社会治理，检察机关综合考量其犯罪情节、社会危害、服务效果等，判断其认罪悔罪态度，最终判断其是否符合相对不起诉的条件。检

① 参见陈灿平、温新宇：《醉酒型危险驾驶罪争议问题的法律与经济分析》，载《西北师大学报（社会科学版）》2023 年第 2 期。

② 参见冀洋：《公共安全刑事治理的教义学评析 ——以〈刑法修正案（十一）〉为例》，载《法学论坛》2021 年第 5 期。

③ 参见蔡巍：《“醉驾”不起诉裁量权的适用及完善》，载《苏州大学学报（哲学社会科学版）》2019 年第 5 期。

察机关用修复性司法理念将检察业务与基层治理深度融合,成效显著,但实践中仍存在缺少法律依据、没有强制力等障碍。笔者认为,可以借鉴未成年人附条件不起诉制度及近年来涉案企业合规考察后相对不起诉的做法,制定相关法律法规,切实做好轻罪案件的"后半篇文章"。

"刑事证据是进行刑事活动的依据,是查明案件真相的唯一手段,它既是促使犯罪人认罪伏法的武器,更是无罪之人不受追究的保障。"①在醉驾案件中,血液酒精含量是定罪量刑的重要考量情节,当事人的血样是关键证据,在实践中,血样在抽检、送检、保存、鉴定等过程中都有可能受到污染。司法实践中存在部分案件缺失血样送检同步录音录像的情形,对检察机关在审查证据的同一性方面造成了阻碍。如果因为取证环节违规导致证据确实存在瑕疵,那么按照存疑有利于被告人原则,就应当遵从疑罪从无原则,作不起诉处理。

(四)建立前科消灭制度

当前醉驾案件数量飙升,但种种出罪机制都未能有效解决醉驾犯罪标签泛化的问题,醉驾犯罪人群体愈发庞大。② 旧有的前科制度导致"犯罪的直接后果与间接后果轻重'倒挂'"③,其附带的隐形制裁甚至会对犯罪人产生持续终身的惩罚效应,不断降低犯罪人的社会身份认同感,违背了轻罪治理的理念。国家对国民负有社会责任和义务,在打击犯罪时,不能仅仅以对犯罪人进行处罚为目标,更应该考虑到,当犯罪人的刑罚被执行完毕后,他应当如何重新社会化,这是国家的重要职责所在。④ 为促进前科人员的再社会化,引入前科消灭制度是十分必要的。可以设置前科消灭考察期,制定相应考察措施,考察期满,若其能意识到行为过错,真诚悔罪,再犯可能性大大降低,那么可以由行为人本人向判决法院提出申请,进行前科消灭。法院裁量决定对前科人员适用前科消灭后,具体法律后果可以包括:一是对前科人员的犯罪记录予以封存,保留对于前科人员在刑事领域的评价效力,如果再次发生犯罪行为,司法机关有权援引其已封存的犯罪记录追究刑事责任;二是在前科人员本人及其家属升学、就业等非司法目的的查询中,已消灭的前科记录不再予以公开;三是不再对行为人适用从业禁止规定,允许行为人不再承担前科报告义务;四是若因前科记录受到歧视和限制,前科人员有权通过诉讼等合法途径维护自身权益。

---

① 宋英辉、甄贞:《刑事诉讼法》(第6版),中国人民大学出版社2019年版,第190页。

② 参见梁云宝:《我国应建立与高发型微罪惩处相配套的前科消灭制度》,载《政法论坛》2021年第4期。

③ 崔志伟:《积极刑法立法背景下前科消灭制度之构建》,载《现代法学》2021年第6期。

④ 参见〔德〕汉斯·海因里希·耶赛克、〔德〕托马斯·魏根特:《德国刑法教科书》,徐久生译,中国法制出版社2017年版,第1232页。

四、结语

在积极刑法观的影响下,我国入罪入刑的门槛不断降低,轻罪化特征愈发明显,醉酒型危险驾驶罪则是轻罪立法的典型罪名。当刑法逐渐“由事后惩治犯罪的手段转变为事前预防犯罪的工具”①,或许可以在短时间内发挥刑法的威慑作用,安抚民众的不安情绪,但长此以往,犯罪预防的短效性日渐显现,醉驾的治理困境已经很好地证明了这一点。对醉酒型危险驾驶罪进行司法反思,对于缓解轻罪立法的正当性危机,防止高空抛物等轻罪罪名重蹈醉驾治理的覆辙,具有重要意义。

① 刘艳红:《积极预防性刑法观的中国实践发展——以〈刑法修正案(十一)〉为视角的分析》,载《比较法研究》2021年第1期。

自诉类轻罪治理中的自诉转公诉机制研究

郑晓鸣[*]　应　倩[**]

我国由国家主导刑事追诉,以公诉为主,同时保留了自诉制度,确立以自诉为补充的犯罪追诉体系。刑事自诉是出于尊重被害人权益而设置的,是指被害人针对相关案件有权直接向人民法院提起诉讼,控告被告人对自己实施的侵害行为,并自行承担举证责任和证明责任,更有助于实现惩罚犯罪和保障人权的刑事诉讼目的。实践中,由于被害人没有能力告诉、不敢告诉等原因,导致告诉才处理的自诉案件在司法实践中未能得到有效治理。虽然,该类案件法定刑总体上较轻,属于轻罪,但同样需予以惩戒,若不能加以规制,将纵容犯罪。而公诉的存在可以保障和促进自诉自由,当自诉遇到困难时,转为公诉可以保证诉讼顺利进行。因此,在告诉才处理的自诉类轻罪案件治理中,公诉作为最后一道防线,如何建立并完善自诉转公诉机制是亟待解决的问题。基于此,本文拟在自诉类轻罪案件中,研究自诉转公诉机制以进行宽严相济的轻罪治理。

一、我国自诉规定及实践情况

(一)我国刑事自诉案件类型及特点

我国《刑法》中规定了三种自诉类型,一是告诉才处理的案件,即侮辱、诽谤案,暴力干涉婚姻自由案,虐待案以及侵占案;二是被害人有证据证明的轻微刑事案件;三是被害人有证据证明对被告人侵犯自己人身、财产权利的行为应当依法追究刑事责任,而公安机关或者人民检察院不予追究被告人刑事责任的案件。[①] 学界有人指出,"告诉才处理,是指被害人直接向人民法院告发的,法院才受理;被害人没有直接向人民法院告发的,法院则不受理"[②]。故后两种是对刑事公诉的一种补充,只有在告诉才

---

* 东阳市人民检察院党组书记、检察长。

** 东阳市人民检察院检察官助理。

① 参见吴宏耀:《刑事自诉制度研究》,载《政法论坛》2000 年第 3 期。

② 陈兴良:《规范刑法学》(第 2 版),中国人民大学出版社 2008 年版,第 792 页。

处理的案件中,被害人才享有相对独立的追诉权,并决定刑事追诉能否被“发动”,而国家机关不能主动提起追诉。

由于犯罪侵害的权利类型及社会关系类型不同,我国将不同罪名规定为“告诉才处理”的犯罪的根据也不相同。将侮辱、诽谤罪规定为“告诉才处理”的犯罪的理由在于,这类行为涉及被害人的隐私、名誉,需保护被害人的个人隐私权和名誉权,防止给被害人造成“二次”伤害;将暴力干涉婚姻自由罪、虐待罪纳入这一类型犯罪的理由,则是被害人与侵害人之间具有亲属关系或者其他紧密的人际关系,将刑事追诉的发动交由被害人进行,是尊重被害人利益的一种表现;将侵占罪作为“告诉才处理”的犯罪,则主要考虑到个人财产关系的复杂性,并尊重个人对财产关系的支配和处分意愿。刑法规定这一类型犯罪的“告诉才处理”并非绝对的,其也规定了例外情形,侮辱、诽谤罪中的例外情形是“严重危害社会秩序和国家利益”,暴力干涉婚姻自由罪、虐待罪的例外情形是“致使被害人死亡”或“致使被害人重伤、死亡”。

(二)实践中自诉权的实现困境

司法实践中,刑事自诉制度的适用历来存在各种各样的问题。针对告诉才处理类的案件,法律规定被害人可以向法院提起自诉程序是赋予了被害人一项权利,也表明了国家对于被害人权利的尊重,但因为法律规定存在的局限和缺陷,在现实情况下,此项权利同时成为被害人的束缚,甚至是对被害人权益的剥夺。我国刑事司法为了防止公权力肆意介入某些予以特别保护的私领域,告诉才处理的案件已尽量明确自诉情形以及公诉情形,其中法律明确规定被害人告诉才处理的情形只能适用自诉程序,即自诉是唯一可选的追诉途径。① 然而,自行向人民法院起诉虽更能体现对被害人权益的保护,亦能充分彰显被害人的自由,但同样使得被害人面临自行承担诉讼过程中的举证责任和证明责任的难题。在实践中,由于被害人法律知识欠缺,取证难、举证难、证明难等刑事诉讼障碍,被害人很难有效维护自己的合法权益,使得被害人在明确适用告诉才处理的情形中,在某种程度上被“剥夺”了由国家提起公诉的可能,无法诉诸公权力以保障自身权益。另外,实践中更大的难题是被害人遭受侵害后仅凭自己的力量难以查明侵害人,更难以找到侵害人,对于刑事诉讼来说无疑是雪上加霜。因此,很多告诉才处理的案件的被害人实际上并不希望由自己起诉,而是更希望能够向司法机关报案,由司法机关来完成追诉,却碍于公权力被现行法律规定的告诉才处理制度严格限制,导致被害人无法实现将案件的侦查、起诉求助国家公权力解决的诉求。

---

① 参见王一超:《论“告诉才处理”案件的追诉形式》,载《环球法律评论》2014 年第 4 期。

二、自诉转公诉存在的法律问题

自诉转公诉机制虽可以有效解决自诉权难以实现等问题，但实践中仍存在较多问题，导致自诉转公诉的实现存在诸多障碍。

（一）实体法律规定存在局限

一是适用范围过窄，不足以满足自诉案件转公诉的需求。我国现行法律规定，仅在侮辱、诽谤、虐待案件中会出现自诉和公诉程序竞合的问题，即因严重危害社会秩序和国家利益、被害人没有能力告诉的标准不明而产生的追诉程序竞合，而其余案件中两种程序在选择上有着明确的划分标准，或是完全排除了公诉程序的适用。但在其他的告诉才处理的案件中，自诉人同样存在取证难、胜诉率低的问题。绝大部分被害人没有足够的精力和专业知识去完成追诉犯罪所需的各项工作，很多被害人也希望能移交司法机关作公诉处理，但制度局限性导致此部分被害人无法将案件交由司法机关完成追诉。二是自诉公诉界限不明确，司法机关难以切入。我国刑法对告诉才处理中的例外情形进行了较为明确的规定，但仍留有自由裁量的余地，导致各司法机关的理解不同，对是否公诉的判断结果不一致。如我国刑法规定诽谤罪以自诉为原则，以公诉为例外，形成了诉讼程序上告诉才处理与公诉并存的“双轨制”诉讼模式①，而“严重危害社会秩序和国家利益”的认定决定了该案件将适用何种程序进行追诉②，由于法律没有对此进一步说明，且最高人民法院、最高人民检察院颁布的《关于办理利用信息网络实施诽谤等刑事案件适用法律若干问题的解释》中对该标准的解释仍留有兜底条款，导致司法机关仍无法明确对诽谤类案件适用公诉程序的判定标准。

（二）程序法律规定存在缺陷

一是启动主体不明确，司法机关权责不清。自诉转公诉在实践中的重要问题之一是发动该程序的主体不明确。在直接适用公诉程序的案件中，公民个人有权向司法机关检举揭发犯罪，司法机关也可依职权主动展开侦查，但启动自诉转公诉程序的主体并未明确，如杭州余杭网络诽谤案中，公安机关根据检察机关的建议立案侦查，并在侦查结束后将案件移送检察院审查起诉，即该案自诉转公诉的发动主体为检察机关。但由于公诉程序中的三个司法机关是否有权发动自诉转公诉，无法律规定，实践中也并未对此予以明确，公安机关、法院同样有发动该程序的可能性。侦查机关作为最先接触案件事实、查明案件真相的机关，其对于犯罪嫌疑人的行为是否严重危害社会秩

① 参见金鸿浩：《论互联网时代诽谤罪的公诉范围》，载《政治与法律》2021 年第 3 期。

② 参见曲新久：《惩治网络诽谤的三个刑法问题》，载《人民检察》2013 年第 9 期。

序和国家利益具有发言权,因而也有就该案是否应当适用公诉程序作出相应的判断和行动的可行性。法院作为审判机构,有权要求公安机关对被害人的取证予以协助,因而在审理过程中发现该案属于严重危害社会秩序和国家利益的情形时,是否有权将该案由自诉转为公诉同样值得考虑。除此之外,被害人作为遭受侵害的对象,在无力追诉犯罪的情况下,向司法机关申请将案件由自诉转为公诉具有实际意义。

二是转化路径不清晰,司法衔接存在问题。我国对自诉转公诉如何衔接并没有明确规定。结合我国现有的刑事诉讼制度来看,可能存在以下四种衔接路径:首先是由人民法院直接对被害人提起的自诉程序裁定驳回起诉,但可能会导致被害人的权利受到侵害;其次是法院直接将自诉程序和公诉程序合并进行审理,但在我国司法实践中没有可参考的程序依据①;再次是由人民法院直接裁定终止审理,但由于终止审理裁决一般被认为具有一定的实体效果,受到刑事诉讼中一事不再理原则的约束和限制,会损害诉讼参与人的程序权利②;最后是由自诉案件中的被害人撤回起诉,但当前仍无相关规定。

三、建立自诉转公诉机制的必要性

(一)自诉转公诉机制是对被害人权利的救济

自诉转公诉机制的目的是保护被害人的合法权益。在自诉案件中,被害人需要自己承担举证责任,如果证据不足或者证据存在瑕疵,可能会导致被害人的诉讼请求被驳回。而当案件符合国家追诉的前提时,法定刑事追诉机关有职责进行追诉,这能够更好地保护被害人的权益。由于侦查机关、公诉机关的举证能力、法律知识水平高于普通被害人,故在被害人无法自行完成诉讼时,公权力的介入可有效弥补被害人自诉能力的不足,且侦查机关、公诉机关代表国家进行追诉具有明显的宣示意义。在自诉无法实现全部的救济目的时,转公诉明确表明了国家不会懈怠履行维护公共利益的职责和任务,可有效警示犯罪。如2020年的“杭州取快递女子被造谣案”中,两名被告人捏造不实信息诽谤的行为,完全符合“公然”与“散布于众”的特征,不仅损害被害人人格名誉,而且借助互联网与自媒体在网络社会这一特定社会领域和区域使谣言得以迅速传播,严重扰乱网络社会公共秩序。对此,杭州市余杭区人民检察院在审查后建议公安机关立案侦查,后该案由自诉转为公诉,之后的侦查、审查起诉环节在公权力的介入下顺利推进,使造谣者受到了应有的刑事处罚,取得了良好的法治效果和社会效果。

---

① 参见时延安:《“自诉转公诉”的刑法法理分析》,载《检察日报》2020年12月28日,第3版。

② 参见樊崇义:《诽谤罪之自诉转公诉程序衔接——评杭州“郎某、何某涉嫌诽谤犯罪案”》,载《检察日报》2020年12月27日,第3版。

(二)自诉转公诉机制符合我国刑事司法所追求的正义

当符合国家追诉的前提时,法定刑事追诉机关有职责进行追诉。以诽谤罪为例,当诽谤行为严重危害社会秩序和国家利益时,公安机关就应当进行立案侦查予以追诉,这是公安机关的职权也是其职责。而且,我国刑事诉讼法在程序上也没有规定,对符合国家追诉条件的案件,公安机关由于被害人提起自诉而应不予立案侦查。在我国的刑事司法体系中,自诉转公诉机制是一种重要的机制,它允许在特定情况下,原本由被害人提起的自诉案件转变为由国家追诉的公诉案件。这种机制的存在符合刑事司法所追求的正义。同时,自诉转公诉机制能够增强司法的公信力。在自诉案件中,如果被害人由于各种原因无法提供足够的证据而败诉,可能会导致公众对司法的信任度降低。而当案件符合国家追诉条件时,公安机关进行立案侦查予以追诉,能够增强公众对司法的信任度,提高司法的公信力。因此,自诉转公诉机制不仅能够保护被害人的合法权益,还能够维护社会的公共利益,增强司法的公信力,符合我国刑事司法所追求的正义。

(三)自诉转公诉机制可维护更广泛的利益

被害人自诉和国家追诉的法律意义不同,被害人自诉不能替代国家追诉。自诉是为了维护个人利益,是在被害人无法通过其他途径维护自身权益时,通过法律手段追究犯罪嫌疑人的责任,从而达到个人维权的目的,是赋予被害人行使权利的自由。然而,自诉的局限性也很明显,即只能代表个人利益,无法代表社会或者国家的利益。而公诉明显带有国家意志的色彩,其目的是维护公共利益,即通过国家公诉机关的介入,追究犯罪嫌疑人的责任,维护社会和国家的利益。因此,自诉转公诉机制是一种有效的法律工具,举证责任和诉讼风险由公诉机关承担,可以减轻个人在追究犯罪嫌疑人责任时的压力,使得个人维权更为容易,进一步保障了被害人的权益,同时维护了更广泛的利益,包括个人利益和公共利益。

四、自诉转公诉机制探索

(一)明确自诉转公诉的实体法律规定

一是扩大自诉转公诉的适用范围,赋予其他自诉案件公诉的可能。为了更好地保障被害人权益,解决自诉人专业能力不足、取证能力较弱而导致的难以追诉犯罪的问题,自诉转公诉机制应扩大适用范围,不仅应在告诉才处理的案件中推广自诉转公诉机制,给予告诉才处理案件中的自诉人一个求助于司法机关的途径,同时可不局限于告诉才处理类自诉案件,扩大适用于被害人有证据证明的轻微刑事案件,在该类案件中设置自诉转公诉机制,以进一步对自诉类的轻罪案件加强制裁,加大对相关犯罪的惩戒力度,避免犯罪分子逍遥法外。二是明确自诉转公诉的条件,强化司法机关的司法依据。我国刑法对告诉才处理的例外情形留有的自由裁量的余地较大,如侮辱、诽谤罪,对此可通过立法明确具体的例外情形,亦可进一步通过司法解释对严重危害社会秩序和国家利益的标准进行详细说明,明确该罪名的公诉范围,使得司法机关统一对行为人对社会秩序造成的危害甚至对国家利益造成危害的标准的认识,即使留有兜底条款,也应加以限制,避免规定流于形式,使得公安机关能够明确立案标准,检察机关的监督得以开展。

(二)在程序法中明确启动主体和路径

一是明确自诉转公诉的启动主体为被害人和检察机关,同时限制检察机关的发动条件。首先,应赋予被害人启动自诉转公诉的权利。赋予被害人自诉转公诉的权利能够有效解决被害人取证难、举证难等问题,提高被害人的诉讼地位,更加有效地实现对被害人权益的保护,同时能够准确把握自诉转公诉的时机和效果。① 其次,应明确司法机关中仅能由检察机关在特定条件下享有启动自诉转公诉的权力。检察机关本身具有发动公诉程序的职能,赋予其发动自诉转公诉的权力更有利于公诉权的行使,且检察机关作为我国的法律监督机关,其本身就肩负着监督司法权运行的职能,将启动自诉转公诉的权力交由检察机关行使,有助于避免对被害人权利的损害。最后,限制检察机关发动自诉转公诉的条件,使其在履行职责时有明确的法律依据,防止其过度干预被害人的自由选择权。可将检察机关发动自诉转公诉的条件限定为该案符合提起公诉程序的条件,这样一来,检察机关不仅能够正确理解和把握,且能够最大限度保障被害人决定追诉与否的自由。二是设立自诉转公诉转化路径,通过法律规定明确衔接机制。被害人撤诉是其法定的权利,撤回起诉意味着被害人同意终结已经启动的自诉程序。因此,从权利保护的角度来看,被害人撤回起诉无疑最能体现对被害人权益的保护。同时,根据我国对撤回起诉的规定,在被害人撤回起诉的情况下,其并没有完全丧失再次起诉的权利,被害人理论上还可以再次提起自诉,避免法院裁定驳回而使被害人丧失再次提起自诉的机会。转化路径的选择最主要解决的是怎样合法合理地终结被害人已经提起的自诉程序,如果明确赋予被害人启动自诉转公诉的权利,同时限制检察机关发动自诉转公诉的条件,则程序的衔接问题便不再如此复杂。当被害人需要将案件由自诉转为公诉时,被害人直接向法院撤回起诉即可。如案件符合检察机关启动自诉转公诉的条件,那么案件实际上属于公诉案件,法院可根据检察院的申请说服被害人撤回起诉。②

---

① 参见张明楷:《网络诽谤的争议问题探究》,载《中国法学》2015 年第 3 期。

② 参见赵剑、罗成、刘晓亮:《论终止审理制度的反思与重构——以"已过诉讼时效期限的"司法裁判实质解读为视角》,载《云南警官学院学报》2018 年第 3 期。

(三) 构建自诉转公诉专门监督机制

由于法律规定缺陷,自诉转公诉的适用在实践中存在司法机关获取线索困难、被害人申诉无门等实际问题,除完善法律规定外,本文提出由检察机关主导构建自诉转公诉的专门监督机制,以畅通自诉转公诉渠道。一方面,畅通被害人申诉机制。以网络谣言类的诽谤罪为例,对发布、传播谣言的加害人以诽谤罪定罪处罚是刑法对网络谣言规制的重要手段,但案发于网络,犯罪行为隐蔽,信息来源难以查清,危害后果严重,被害人难以自行搜集证据,检察机关可为该类被害人开设专门的申诉通道。具体而言,可对网络诽谤加大普法宣传力度,在控告申诉部门开设接收网络诽谤相关控告的专门通道,引起社会层面的重视,帮助被害人维护自己的权益,同时对加害人形成威慑,达到有效治理该类犯罪的效果。另一方面,构建网络诽谤专项行刑衔接机制。检察机关可主动获取自诉转公诉的监督信息,通过与其他部门的信息共享获取监督信息。行政监管处于一线,而刑事制裁则是最后的防线,同样以网络谣言类的诽谤罪为例,检察机关可牵头构建网络诽谤专项行刑协作机制以获取自诉转公诉监督线索。具体可由检察机关牵头,与网信办、公安机关、法院等机构建立长效沟通机制,通过数据共享、线索移送、专业互补等方式,实时沟通网络谣言相关线索,对于行政监管信息中发现的可能涉罪的网络谣言,司法机关及时采取措施,公安机关开展侦查或检察机关进行立案监督,及时查处已经发生的犯罪行为并防止危害结果持续扩大。同时,对于刑事案件中经审查不构成犯罪的相关人员、单位,司法机关及时将线索移送至相关行政机关,检察机关可制发检察意见书,建议行政机关及时作出行政处罚。检察机关在上述行刑衔接基础上,可从行政监督信息、法院受理案件信息等方面获取与诽谤罪相关的监督信息,经判断符合转公诉要件的,可依照规范程序建议公安机关立案侦查。

轻罪治理背景下不起诉案件刑事司法与行政执法衔接路径完善

王涟平[*]　刘若飞[**]　曹　黎[***]

随着经济社会的发展,我国刑事犯罪结构发生重大变化,严重暴力犯罪案件数量大幅下降,轻罪案件明显增多,危险驾驶案件已连续多年成为我国第一大刑事发案案件,我国已经进入轻罪时代①,伴随而来的不起诉案件大幅增加,如何强化不起诉案件刑事司法与行政执法衔接工作成为检察机关面临的一个重要挑战。实践中,由于刑行衔接不畅等问题,导致不少不起诉案件并未移送行政机关,行政处罚缺位,这种情况不仅会造成对违法轻罪行为的放纵②,甚至引发负面舆情,影响社会治理效果。

一、不起诉案件非刑罚责任概述

近年来,检察机关积极贯彻落实少捕慎诉慎押刑事司法政策,积极探索拟不起诉犯罪嫌疑人自愿参加社会公益服务等不起诉案件非刑罚责任的衔接、追究和落实工作,做实做强不起诉案件"后半篇文章",助力推进国家治理体系和治理能力现代化。不起诉案件非刑罚责任是指根据《刑法》第37条及《刑事诉讼法》第177条第3款的规定,人民检察院对刑事案件作出不起诉处理后,可以根据案件的不同情况,对被不起诉人予以训诫或者责令具结悔过、赔礼道歉、赔偿损失,或者移送有关主管机关给予行政处罚、政务处分或者其他处分。

(一)不起诉案件非刑罚处罚的性质

不起诉案件非刑罚处罚的法律性质虽然不是刑罚,但其通过给予被不起诉人一定的惩罚措施,起到化解矛盾、修复社会关系的积极作用,不起诉案件非刑罚处罚的目的

* 苏州市相城区人民检察院监委会专职委员。

** 苏州市相城区人民检察院监委会第一检察部副主任。

*** 苏州市相城区人民检察院第六检察部助理检察官。

① 参见卢建平:《轻罪时代的犯罪治理方略》,载《政治与法律》2022年第1期。

② 参见浙江省诸暨市人民检察院课题组:《不诉案件刑事司法与行政执法衔接机制研究》,载《检察调研与指导》2022年第1期。

是通过给予被不起诉人一定的非刑罚处罚，最大限度地分化犯罪、减少社会对立面。根据不起诉案件非刑罚处罚措施是否有法律规定，可以将其分为法定型和酌定型。一是法定型。顾名思义，法定型就是由法律明确规定要给予被不起诉人一定的非刑罚处罚，如被不起诉人如果违反行政法规，就应给予一定的行政处罚。二是酌定型。检察机关根据拟被不起诉人犯罪性质、犯罪原因、个人情况、以往表现等确定非刑罚处罚措施，此类非刑罚处罚措施目前尚无明确的法律规定，正处于探索阶段，如实践中检察机关要求被不起诉人参与公益劳动、旁听法庭庭审等。根据不起诉案件非刑罚处罚措施的目的，可以将其分为：①修复损害型，如向被害人赔偿损失、赔礼道歉；②社区服务型，如向指定的公益团体或社区提供义务服务。

（二）不起诉案件非刑罚处罚工作的意义

（1）贯彻落实相关法律政策的需要。党的二十大报告专门强调加强检察机关法律监督工作，《中共中央关于加强新时代检察机关法律监督工作的意见》提出健全检察机关对决定不起诉的犯罪嫌疑人依法移送有关主管机关给予行政处罚、政务处分或者其他处分的制度。《刑事诉讼法》及《人民检察院刑事诉讼规则》规定，人民检察院决定不起诉的案件，对被不起诉人需要给予行政处罚、行政处分或者需要没收其违法所得的，人民检察院应当提出检察意见，移送有关主管机关处理。相关法律政策要求检察机关在作出不起诉决定后应移送有关主管机关处理。

（2）参与社会治理的需要。《中共中央关于加强新时代检察机关法律监督工作的意见》要求检察机关能动履职，充分发挥法律监督职能作用，为大局服务、为人民司法。检察机关通过非刑罚处罚措施可以有效参与犯罪治理，特别是轻罪治理，起到犯罪预防和化解矛盾的作用。如企业合规不起诉改革，检察机关以合规激励的方式，让涉嫌犯罪的企业进行有效整改、堵塞漏洞、消除犯罪隐患，并且督促监管部门加强对企业的合规监管，激活企业内部的自我监管，这些都是检察机关参与社会治理的新方式和新举措。

（3）规范司法行为的需要。检察机关是国家的法律监督机关，检察机关在履行职责的过程中发现行政机关违法行使职权或者不行使职权的行为，应该督促其纠正。检察机关通过不起诉案件的移送，可以督促、监督行政机关依法履行职责，审查其是否作出行政处罚。

（4）弥补法律规定漏洞的需要。部分刑事案件由公安机关直接发现并侦查，行政执法机关前期并未介入，无法获知案件情况，在检察机关作出不起诉处理后，由于行政机关未掌握相关情况，难以对此作出行政处罚，可能导致被不起诉人既没有受到刑事处罚，也没有受到行政处罚，出现处罚漏洞，使违法之人逃脱惩罚。所以，由检察机关承担起不起诉案件移送行政处罚的职责，可以弥补处罚漏洞，严密法网，彰显公平正义。而且我国刑法规定中的盗窃罪等罪名，行政处罚会对后续再犯行为的定罪量刑产生重大影响。

二、不起诉案件非刑罚处罚存在的问题

随着不起诉案件数量递增、罪名不断丰富,更多犯罪情节轻微的当事人进入了不起诉程序,体现了刑法的谦抑性。相比较监狱服刑和社区矫正等传统的刑罚执行措施,不起诉后的处罚措施存在缺位,难以达到特殊预防的目的。在司法实践中,落实不起诉非刑罚处罚措施的,主要问题包括:首先,在不起诉案件移送主管机关处分方面存在缺乏明确的沟通、配合的规则和程序责任约束等问题,导致不起诉案件行政处罚缺位。其次,在检察机关适用不起诉案件非刑罚处罚措施方面存在处罚措施不规范、处罚效果不明显等问题。

(一)不起诉案件刑行衔接方面

根据《刑法》第 37 条的规定,对于不起诉的案件可以根据案件的情况,由主管部门予以行政处罚或者行政处分。该规定为不起诉案件移送行政处罚提供了法律依据,但在司法实践中由于规定过于原则,难以发挥指引作用,致使法律规定难以得到有效落实。

(1)移送案件范围不明确。即哪些类型的不起诉案件属于移送案件,主要争议焦点是存疑不起诉案件是否属于移送案件。实践中存疑不起诉案件多属于事实不清、证据不足的案件,将这类案件移送行政机关是否必要可行。将不起诉案件移送行政机关处罚,是否有违"一事不再罚"的法理,加上检察机关对行政处罚的认识不足,不熟悉特定领域的行政执法机关、行政规定等,往往存在该移送未移送的情形。

(2)移送案件程序不明确。在过去的司法实践中,不起诉处理的大部分案件为故意伤害、盗窃、危险驾驶等传统犯罪,上述犯罪的行政处罚均由公安机关执行,公检之间的协作基本顺畅。但近年来,部分新型案件如非法捕捞案件、帮助信息网络犯罪活动案件等,检察机关与相关行政机关之间未形成较为顺畅的移送机制。对这些案件如何移送以及移送哪些行政机关缺乏明确规定,导致检察机关在移送案件时存在未及时移送、移送后主管机关不接收等问题。

(3)刑行衔接的监督措施缺乏刚性。实践中,检察机关通过制发检察意见督促行政机关对被不起诉人进行相应的行政处罚,但由于相关法律未明确及时处理的监督程序和措施,对于行政机关未及时作出行政处罚的情况缺乏刚性约束,存在"一送了之"的情况。

(二)检察机关适用非刑罚处罚措施方面

《人民检察院刑事诉讼规则》第 373 条第 1 款规定:"人民检察院决定不起诉的案

件,可以根据案件的不同情况,对被不起诉人予以训诫或者责令具结悔过、赔礼道歉、赔偿损失。"这给检察机关适用非刑罚处罚措施提供了操作依据,但由于缺乏相关配套机制,导致在适用非刑罚处罚措施时存在不规范、效果不明显等问题。

(1)适用的定位不准。依据《关于规范落实少捕慎诉慎押刑事司法政策依法办理不起诉案件若干问题的解答》,不起诉案件非刑罚责任,应根据犯罪嫌疑人现实表现、人身危险性、再犯可能性,判断其是否真诚悔过,开展公益服务应当建立在犯罪嫌疑人自愿的基础上,但目前的不起诉案件非刑罚责任往往越权赋予其一定的强制性,存在定位把握不准、称谓不当的问题。

(2)适用非刑罚处罚措施不规范。根据相关规定,检察机关可开展的非刑罚处罚措施包括:训诫、责令具结悔过、赔礼道歉、赔偿损失。但由于缺乏相关规定,检察机关对非刑罚处罚措施的选择往往较为随意,选择一种还是几种,均由检察人员视情况开展且不在卷宗中留痕。其中,训诫、责令具结悔过基本在讯问过程中以口头化的形式开展,往往忽视对犯罪原因、危害后果的深入剖析,也未形成双方的良性互动,往往难以达到预期效果。部分刑事和解案件偏重对赔偿损失的协商,忽视赔礼道歉的过程,往往导致社会矛盾未能实质化解,钝化社会矛盾效果不明显。

(3)实施效果缺乏评判标准,跟踪效果不明显。目前检察机关对犯罪嫌疑人不起诉后往往委托公安机关、社区、公益组织等有关部门和组织对非刑罚化处罚情况进行监督和评估,检察机关通过巡查等方式予以跟踪监督,如犯罪嫌疑人参与交通志愿服务的,检察机关委托交警对被处罚人完成情况进行鉴证和评价,但一方面由于沟通衔接等原因,承办检察官对不起诉后开展的非刑罚处罚措施的情况和效果掌握不清,无法及时根据各类措施的实效来及时调整;另一方面,参与监督评价的公益组织并不具备行政主体资格,但其出具的评估意见却成为检察机关是否作出不起诉决定的重要参考,可能导致虚假服务或以钱代劳等问题的出现,影响非刑罚处罚措施效果。

三、苏州市相城区人民检察院不起诉案件非刑罚处罚规范化的实践探索

2021 年 3 月至 9 月,苏州市相城区人民检察院根据江苏省人民检察院部署要求,开展不起诉案件非刑罚处罚规范化试点工作,积极探索"积分公式+多元菜单+公开宣告",推进不起诉案件非刑罚处罚精准化、个性化、阳光化,实现办案"三个效果"的有机统一,相关工作得到了时任最高人民检察院张军检察长、童建明副检察长的批示,并荣获 2021 年度法治苏州建设创新项目。

(一)健全工作制度,提升不起诉案件非刑罚处罚措施规范性

制定《关于进一步加强不起诉案件检察意见规范化工作办法(试行)》,促进不起诉

案件检察意见规范化。出台《不起诉案件非刑罚处罚工作办法》,列明不起诉案件非刑罚处罚措施清单,规范不起诉案件中训诫、责令具结悔过、赔礼道歉、赔偿损失、发出检察意见等法定措施的适用,探索以“积分公式”确定标准,确保处罚的公平公正性。规范非刑罚处罚适用程序。明确规定在认罪认罚环节,承办人将拟不起诉案件非刑罚处罚措施等书面告知并征求犯罪嫌疑人意见,规范送达模式。针对有被害人的案件,将赔偿谅解、赔礼道歉等处罚措施作为必选清单,将公益劳动作为自选清单,有效避免被不起诉人不合作的反作用效果。

(二)创新工作方式,提升不起诉案件非刑罚处罚措施精准度

首创“积分公式+多元菜单+公开宣告”,针对办理的相对不起诉案件,比照起诉案件量刑情节对拟被不起诉人进行精准“量化打分”,为其附加必要的非刑罚处罚措施,并在认罪认罚具结书中予以明确。以危险驾驶案为例,设置“基准分+酒精浓度增加分+不良情节分-良性行为兑换分=0”的计算公式,即以酒精浓度 80mg/100ml 为基准设置 30 积分,每增加 20mg/100ml 即增加 10 积分;同时,有轻微事故、轻微抗拒检查行为等情节增加相应积分,根据拟被不起诉人参加公益劳动次数、书面具结悔过等行为兑换相应积分项目,实现积分逐一扣减,直至积分清零后由该院拟作出相对不起诉决定。设置多元菜单,根据案件类型、犯罪原因、以往表现等对非刑罚处罚措施进行“分级分类”,制定书面具结悔过、参加公益劳动、旁听庭审、法治宣传等在内的“多元化”非刑罚处罚措施。如针对涉企案件,将企业刑事合规作为附加内容,根据企业落实情况决定是否不起诉。

(三)规范公开宣告仪式,提升不起诉案件非刑罚处罚措施公开化

为确保不起诉案件的公平公正,该院制定《不起诉案件集中公开宣告方案》,积极组织人大代表、政协委员、专职听证员及人民群众等对拟不起诉案件进行公开听证,定期对各类案件进行集中公开宣告。同时,检察官对拟被不起诉人进行当场训诫,并要求其宣读具结悔过书,深刻剖析犯罪原因,牢牢把握释法说理的良好时机,提升司法公开透明度。通过在特定时间、场所,对特定案件进行集中公开宣告,加强对被不起诉人的惩戒和教育,提升群众对不起诉案件非刑罚处罚措施的知晓度和认同感,达到“办理一案,教育一片”的社会效果。

(四)完善监督机制,提升不起诉案件非刑罚处罚措施实效性

加强与公安机关、社区等的沟通,与公安机关签订《交通安全犯罪被不起诉人公益劳动实施办法》、与社区签订《公益服务共建协议》,借助公安机关、社区对被不起诉人员公益劳动完成情况进行鉴定、证明和评价。同时,邀请人大代表、政协委员等担任监督员,与检察官共同开展现场巡察,杜绝虚假服务和以钱代劳等行为。此外,借助该院开发外接的“监管链”智慧平台,增加对不起诉案件非刑罚处罚措施中参加公益性活动人员的跟踪监督模块，以实现对外部协作的有效监督。

四、不起诉案件非刑罚责任规范化的路径完善

（一）更新司法理念，构建大治理格局

（1）强化履职担当。一方面，在作出不起诉决定时，我们应充分发挥不起诉非刑罚处罚的作用，通过开展赔礼道歉、赔偿损失等方式尽最大努力钝化社会矛盾；另一方面，以达到教育效果为目标，针对犯罪原因和个人特点，个性化开展不起诉非刑罚处罚措施，避免“一罚了之”，帮助犯罪嫌疑人建立社会责任感。

（2）凝聚轻罪治理合力。犯罪治理是一项长期、系统性工程，需要多方面的积极参与和有力配合。通过会签文件、联席会议等形式尽快与相关行政机关之间形成工作衔接机制，确保应移送行政处罚的全部移送，并建立反馈机制确保落实。同时，加强与纪委监委的沟通，及时互通案件处理情况，确保监督管理工作不缺位。如对常见不起诉案件类型设置行政处罚的标准，确定需要进行行政处罚的范围，并与行政机关达成一致。发挥行政检察机关的职能，由刑事检察、行政检察部门共同参与不起诉案件行政处罚必要性审查工作，确保行政处罚检察意见有依据。

（3）搭建相关平台。依托行政执法机关、司法机关内部全国性的办案平台，通过大数据等技术手段，进一步整合各单位之间的办案数据，实现行政执法和刑事司法信息深度共享、线索双向移送。

（二）夯实责任，健全执法司法监督制约体系

通过会签文件、联席会议等形式对不起诉案件进行全程跟踪，强化对收到不起诉决定书后不及时作出行政处罚等违法违规行为的跟踪监督，避免被不起诉人逃避行政处罚，保障法律统一正确实施，规范执法尺度。将不起诉案件移送行政机关处理纳入考核体系和案件评查范围，跟踪落实不起诉案件是否提出检察意见，倒逼案件质量提升。

（三）建立工作机制，确保非刑罚处罚规范化

制定出台检察意见工作办法，就检察建议的制发条件、内容、程序、回复期限等进行细化规定。针对非刑罚处罚措施，检察机关应建立内部规范化操作流程，确保非刑罚处罚措施的提出、执行、监督均有规范可以参考。被不起诉人未经过庭审程序，对犯罪认识往往不够深刻，缺乏对法律的敬畏心，应根据必要、依法、区别原则，对部分被不起诉人进行书面训诫、具结悔过等。同时，可探索开展个别公开训诫、具结悔过的活动，与预防教育相结合，取得更好的教育效果。

轻罪时代刑事政策如何顺势而为、与时俱进

——以风险社会背景下宽严相济刑事政策的贯彻为切入

丁 培*

一、引言

刑事政策概念的确立应当归功于德国学者克兰斯洛德和费尔巴哈。克兰斯洛德认为,刑事政策是立法者根据各个国家的具体情况而采取的预防犯罪、保护公民自然权利的措施;费尔巴哈则认为,刑事政策是国家据以与犯罪作斗争的惩罚措施的总和,是立法国家的智慧。① 刑事政策一方面反映了打击犯罪的客观需要,另一方面也反映了保障人权的客观要求。2006 年 10 月 11 日,党的十六届六中全会通过《中共中央关于构建社会主义和谐社会若干重大问题的决定》,标志着宽严相济刑事政策正式成为我国的基本刑事政策,从此其对我国刑法理论和制度的发展一直发挥指引作用。

社会转型对国家治理体系和能力当然地提出了更高的要求,刑法亦在其中发挥着自己的作用。自《刑法修正案(八)》出台以来,刑法修正的关注点逐渐转向破坏社会管理秩序的行为,通过更多地介入社会管理而参与社会治理,即"轻罪"入法现象显著。近些年的司法数据显示,危险驾驶罪、帮助信息网络犯罪活动罪的案件数量已经实现了对侵犯财产、人身权利犯罪案件的超越;每年新增的轻罪罪犯约100 万人。如此庞大的罪犯数量,不仅仅是对国家社会治理能力的拷问,更是对刑法过多介入社会治理的妥当性的诘问。在当前犯罪形态发生变化、轻罪案件不断增多的风险社会背景下,社会公众对原本属于社会治安领域的违法行为犯罪化之呼声越来越高。作为公民安全保障和自由保障的刑法,宽严相济刑事政策在新时代背景下更应发挥其在规定犯罪与刑罚上的指引作用,促使《刑法》适时作出调整,进而指引法官在适用刑法时顺应宽严相济刑事政策在新时代的新要求,正确认定犯罪和科处刑罚。

二、宽严相济刑事政策的价值导向和适用

新时代宽严相济刑事政策要与时俱进,首先要明晰宽严相济刑事政策的内在价值追

---

* 北京师范大学刑事法律科学研究院 2022 级刑法学博士研究生

① 参见卢建平:《风险社会的刑事政策与刑法》,载《法学论坛》2011 年第 4 期。

求,只有以实现其内在价值追求为目标,才能检视目前我国刑事立法和司法存在的不足以及需要加以完善之处。虽然我们已经进入了轻罪时代,但刑法中仍然体现了重刑思想,储槐植教授对刑法结构做了分析,主要提出了“厉而不严”和“严而不厉”两种刑法结构。所谓“厉而不严”,就是刑罚较重,但法网却不够严密,目前我国刑法即属于此种类型。① 而宽严相济刑事政策则要求根据行为人客观的行为表现和主观恶性程度决定刑罚,对于不应当科处重刑罚的从宽处理;对于行为极其恶劣,主观恶性极大的从严处理。只有遵循宽严相济刑事政策的指导,才能进入“严而不厉”的刑法时代。

(一)宽严相济刑事政策的价值导向

刑事立法的目的不是惩罚,而是保障人的权利,惩罚只是手段而不是目的。刚性的法律与复杂的社会生活之间需要一种弹性的机制来调节这种张力,过于僵硬地适用刑法则会导致二者之间的张力崩溃。宽严相济刑事政策无疑可以充当这种弹性的机制,使刑事立法的目的与惩罚手段之间有一个缓冲的空间。因此,宽严相济刑事政策的价值取向主要有以下几个方面:

1. 实现保障人权与惩治犯罪的最佳平衡

重其重罪,轻其轻罪,宽严适当的宽严相济刑事政策强调科处刑罚时的区别对待,要求对实施不同犯罪行为的罪犯科处不同的处罚,体现刑罚威慑力的同时刚柔并济,从而能够在控制犯罪与保障人权之间找到一个均衡点,更好地实现我国的法治目标,为构建社会主义和谐社会创造安定的局面。

2. 实现国家司法资源效益的优化配置

随着我国经济的不断发展,犯罪案件呈现多样化的发展趋势,但与此同时,现有的刑事司法资源总量仍然有限。为了有效维护社会稳定、保障人民权益,国家就需要调整应对策略,对情节不同的犯罪行为进行区别对待,将刑事处罚的重点转移到严重犯罪上来,把有限的刑事司法资源集中用于打击暴力犯罪行为,对于显著轻微的犯罪进行宽缓化处理。只有这样,才能在维护社会公平正义的同时,节约紧缺的刑事司法资源,实现国家司法资源效益的优化配置。

3. 有助于构建和谐社会

基于防卫社会、回应民众安全需要和利益诉求,也基于推动犯罪治理体系和治理能力现代化的考虑,增设部分新罪,适度扩大犯罪圈,确有必要。但是,“有前科者,须入另册”“一日行窃,终身是贼”的刑罚标签观念一直深深根植于我国民众的意识中,反映在立法上,就是我国承认犯罪记录的终身存在。因此对于犯罪情节显著轻微的行为,应根据具体案情进行区分,结合社会危害性以及被告人的认错态度,在法定刑的裁

---

① 参见陈兴良:《刑事一体化:刑事政策与研究方法视角的思考》,载《中国检察官》2018 年第 1 期。

量范围内进行从轻处罚;法律法规没有明文规定,案件介于可捕可不捕、可诉可不诉、可判可不判的区间时,应根据具体情况,侧重于进行宽缓化处理。采取这样的做法,有利于挽救情节轻微的罪犯,减少社会矛盾,实现法律效果和社会效果以及政治效果的有机统一。

(二)宽严相济刑事政策在我国刑事立法中的适用

宽严相济刑事政策体现着刑法的谦抑性这一价值目标和追求,根据张明楷教授对刑法谦抑性的认识,刑法的谦抑性可以分为两个部分,即犯罪圈和刑罚圈。犯罪圈的大小决定了一个行为能否被认定为犯罪,而刑罚圈的大小决定了刑法干预的程度。现代法治理念要求刑法的适用必须保持谨慎的态度,当前全国检察机关正在大力推行的"少捕慎诉慎押"政策也是宽严相济这一基本刑事政策的要求,体现了刑法的谦抑性。

1. 犯罪化与非犯罪化相结合

对于情节显著轻微、危害不大的行为,不以犯罪论处,可以通过刑事和解等方式解决,不进入诉讼程序。可以通过以下较为典型的规定和事实体会立法者宽严相济的态度:

第一,2017 年 5 月 1 日实施的最高人民法院《关于常见犯罪的量刑指导意见(二)(试行)》规定,"对于醉酒驾驶机动车的被告人,应当综合考虑被告人的醉酒程度、机动车类型、车辆行驶道路、行车速度、是否造成实际损害以及认罪悔罪等情况,准确定罪量刑。对情节显著轻微危害不大的,不予定罪处罚;犯罪情节轻微不需要判处刑罚的,可以免予刑事处罚"。该规定体现了宽严相济、严而不厉的刑事政策之落实。

第二,对于单位犯罪,可以适用合规不起诉制度。2022 年,全国检察机关共办理企业合规案件 5150 件,其中适用第三方监督评估机制的案件有 3577 件,对整改合规的 1498 家企业、3051 人依法作出不起诉决定。

2. 刑罚化与非刑罚化相呼应

刑罚化即对行为科处较为严厉的刑罚处罚,非刑罚化即以刑罚以外的较轻的制裁代替刑罚,或者以减轻、缓和的刑罚处罚犯罪。非刑罚化在立法、司法、刑罚执行的各个阶段均可实施。在刑事立法上,刑罚轻缓化一方面体现在轻罪罪名的设立上,另一方面体现在法定刑的设置上。①

第一,较为典型的刑罚"轻缓化"的表现即为高空抛物罪的设立。根据《刑法修正案(十一)》的规定②,高空抛物行为独立成罪,且规定在《刑法》分则第六章第一节扰乱

① 参见孔祥参:《以能动司法推动刑法谦抑理念的贯彻》,载《沈阳干部学刊》2020 年第 3 期。

② 即在《刑法》第 291 条之一后增加一条,作为第 291 条之二:"从建筑物或者其他高空抛掷物品,情节严重的,处一年以下有期徒刑、拘役或者管制,并处或者单处罚金。有前款行为,同时构成其他犯罪的,依照处罚较重的规定定罪处罚。"

公共秩序罪中,区别于分则第二章危害公共安全罪,法定刑的配置也显著低于以危险方法危害公共安全罪,属于微罪罪名。而在《刑法修正案(十一)》出台以前,高空抛物行为均按照2019年施行的最高人民法院《关于依法妥善审理高空抛物、坠物案件的意见》处理,不考虑行为时的客观情况,以以危险方法危害公共安全罪论处。显然立法者更倾向于以更轻的处罚方式规制这种行为。

第二,历年来对死刑制度的修改和完善,体现了宽严相济刑事政策随着社会时代的发展而变化。慎用死刑使刑罚人道化、轻缓化得到了体现,死刑罪名的大量削减也体现了刑罚"从宽"的一面。同时,死刑的立法修正也将我国文化环境、社会环境、司法环境等因素考虑在内,没有完全取消,体现了一定的妥协性,即刑罚"从严"的一面。①

3. 监禁刑与非监禁刑相配合

监禁刑即有期徒刑;非监禁刑是指某行为虽然构成犯罪,但根据犯罪情节和悔罪表现,在监狱等羁押场所之外对犯罪人进行制裁的刑罚措施。非监禁措施在我国刑法中已有体现,如管制、剥夺政治权利、罚金、缓刑、假释等。这些措施的主要特点是不予关押犯罪人,充分体现刑罚中的宽缓。在我国刑事立法中,职业禁止和禁止令等非刑罚处置措施也体现了这一点,对于被判处管制或者缓刑的犯罪人,同样可以适用职业禁止或者禁止令,达到预防犯罪的目的。

总之,刑法本质上是一种社会治理方式,从社会治理角度来看,有"公正"与"治理方式多元化"两个关键词需要把握。当代中国的刑法应当优先强调法公正;而法公正并非僵化的,在公正的范围之内,应当重视多元社会治理手段的灵活运用,以宽严相济刑事政策为指导,保证刑法治理效果的最大化。

三、宽严相济刑事政策的完善

在当前风险社会轻罪突出的背景下,犯罪治理从感性时代进入理性时代。理性犯罪治理的基本特征是以尽可能少的治理资源投入,产生尽可能好的治理效益,追求最佳的治理效能。② 这是经济理性主义的要求。而在全面依法治国的语境下,要同时贯彻罪刑法定原则和罪责刑相适应原则,这是法治主义的基本要求。在新时代背景下,宽严相济刑事政策应与时俱进。基于上述要求和现状,可以从立法理念和具体制度两个方面对该基本刑事政策的适用进行完善。

---

① 参见袁彬、徐永伟:《我国现阶段死刑制度改革之立法前瞻——对〈刑法修正案(十一)〉死刑修正的设想》,载《学术界》2020年第4期。

② 参见卢建平:《顺势而为推进犯罪治理变革》,载《检察日报》2021年11月24日,第3版。

(一)立法和司法理念上的完善

1. 立法以宽严相济刑事政策为指导形成法治信仰

法治的最低要求在于形成一种秩序,最高要求是要保障人有尊严地生活。刑事政策可以引导民众的情感,使其充分认识到国家在预防犯罪、打击犯罪上的正当性,强化民众对于法律秩序的尊重与守护,从而自觉调整自身行为,形成法治信仰。任何治理社会的模式都不可能是完美的,也正因如此,法律才要有自我调节的能力,不断地回应人民群众的需求。

宽严相济刑事政策中的"济"是政策的核心,宽严相济实际上是一种逐渐宽缓的路径,严而不厉是较为理想的刑事立法模式。随着民众法律意识的提高、法治信仰的加强,合理的刑罚有利于惩罚犯罪,更有利于保障人权,进而强化公民对法治的信仰,两者是一种相互促进的关系。严厉的刑罚并不表示法律效果与社会效果的实现,如果刚性的法治采取相当的惩罚,尽管并没有违反法治的原则,但是会削弱民众对于法治的信仰。宽严相济刑事政策提供了一种弹性的、柔性的路径,区别对待的原则不仅没有破坏法治的权威,反而契合了人民群众对法治的要求,达到了法律效果与社会效果更合理的统一。

2. 司法以宽严相济刑事政策为指导实现法治目的

何者应当宽、何者应当严的判断,不只是一个纯粹的法律推理过程,更是司法者、执法者准确把握社会生活中人们的期望以及立法目的后适用法律的过程。在适用法律的过程中,执法者、司法者必须牢牢把握宽严相济刑事政策的精神,否则就可能出现当严不严、当宽不宽,甚至南辕北辙的情况。

从重从严打击犯罪的落后观念仍然在很多司法机关工作人员的观念中占据重要地位。在部分司法机关工作人员看来,宽严相济刑事政策并没有强制性,没有必须适用的必要。因此,在司法实践中,总是将宽严相济向"严"的方面适用,对于应当"宽"的一面则没有给予足够的重视,所以形成了从严打击的惯性思维,因为"严"可以有效降低风险,"宽"则可能带来执法不严的风险。① 因此目前只有大力转变司法机关工作人员的传统理念,才能保证在贯彻宽严相济刑事政策的过程中切实做到宽严结合、宽严适度。

(二)具体制度的完善

1. 完善死刑制度

目前我国刑法中故意杀人罪和很多其他罪名有交叉竞合关系,如抢劫致死包含了故意杀人行为;危害公共安全犯罪中,大量罪名也都包含了故意杀人行为。但是刑法对这些罪名可以适用死刑的条件规定得极为笼统,如《刑法》第 115 条第 1 款规定:"放火、决水、爆炸以及投放毒害性、放射性、传染病病原体等物质或者以其他危险方法致

---

① 参见王春宏:《论宽严相济刑事政策适用与完善》,中国海洋大学 2012 年硕士学位论文。

人重伤、死亡或者使公私财产遭受重大损失的，处十年以上有期徒刑、无期徒刑或者死刑。”对于死刑这样最严厉的刑罚，其适用条件却规定得十分宽泛，表明我国刑法的立法技术有待改进。笔者认为，对于一些可能包含故意杀人行为的犯罪，可以规定死刑，但是对其适用条件应当作出严格限制，必须明确规定只有致人死亡的，才可以适用死刑。同时，对于死缓制度、限制适用死刑制度的对象以及终身监禁制度，也可以做相应的完善，贯彻宽严相济刑事政策。

2. *有必要建立体系性的犯罪记录消除制度*

我国法院每年处理的刑事案件中，大约有 85% 的罪犯被判处 3 年有期徒刑以下刑罚，如果没有适当的犯罪记录消除制度，那么其犯罪记录就会终身伴随他们，刑满后个人的生活和子女的求学就业，都会受重大影响，使他们生活在被歧视、被敌对的阴影中。观察国际社会，许多国家都建立了轻罪前科消灭制度，有的国家甚至走得更远，重罪前科在符合一定条件时也可予以消除。未来之中国，如果想减少社会对立，建构更加和谐的社会生活环境，实现国家治理体系和治理能力的现代化，就需要在今后的刑法立法中考虑建立犯罪记录消除制度，对于被判处 3 年有期徒刑以下刑罚的罪犯、过失犯罪的罪犯、不满 18 周岁的罪犯，还有一些特别轻微的轻罪罪犯（如危险驾驶罪等），其犯罪记录经过一段时间后得以消除，使得他们能够尽快回归社会。启动犯罪记录消除的刑法立法，应当越快越好，唯有如此，才能体现国家法律对于曾经“犯错”的公民的宽宥，同时确保犯有轻罪的人所受的所有处罚与其过错相协调，符合比例原则。按照刑事一体化的理念，对于轻罪的立法、学理研究，以及轻罪罪犯的教育、改造、挽救等，都应当进行深入探讨，实现刑法学与刑事政策的一体化。

立足国情和法律的整体框架，我国的犯罪记录消除制度，在立法设计上可以考虑在刑法总则中增加“犯罪记录消除”一章，具体规定犯罪记录消除制度适用的对象、条件、程序、提前撤销和效力等基本内容。关于适用对象，判处 3 年有期徒刑以下刑罚的轻罪罪犯，可以适用犯罪记录消除制度；犯罪时不满 18 周岁，被判处 5 年有期徒刑以下刑罚的未成年人，应当适用犯罪记录消除制度。关于犯罪记录消除制度的适用，需符合在刑罚执行完毕或依法被赦免之后，5 年之内没有再犯罪或没有其他严重违法行为的条件。建议设立“提前撤销前科”制度，对表现突出或者为国家、社会作出重大贡献的有前科者，可以提前撤销其前科。关于犯罪记录消除的程序，可以适用申请人申请启动和人民法院依职权启动相结合的程序。未成年犯在刑罚执行完毕或者被赦免以后，5 年内未犯罪或没有其他严重违法行为的，作出生效判决的人民法院可以对其采取犯罪记录消除措施；其他类型的，由申请人提出书面请求，并提供符合犯罪记录消除条件的相关证明材料，人民法院依法作出裁决。①

---

① 参见彭新林：《美国犯罪记录消灭制度及其启示》，载《环球法律评论》2021 年第 1 期。

3. 完善企业合规不起诉制度

不起诉制度包括对单位的不起诉和对个人的不起诉。立法上需要对单位的合规不起诉制度之适用条件和范围、合规考察和决策程序等具体问题进行明确,才能推动企业合规不起诉制度被广泛、合理地运用。只有将企业合规激励制度完全纳入法治的轨道,才能强化对权力运行的监督和规范,让公权力有法可依,健全社会公平正义的法治保障。对于个人来说,要扩大对轻微犯罪宽大处理的范围,在实践中贯彻对于可诉可不诉的犯罪行为不起诉的原则。因此,检察机关不应当只是片面地追求起诉的数量,而是应当对裁量不起诉的质量加以监控,避免因追求数量而造成任意适用法律,损害当事人的合法权益。

四、结语

宽严相济刑事政策是我国对多年实行重刑主义的经验和教训的总结,结合当前的社会形势和犯罪特点,基于适应建设和谐社会的需要,宽严相济刑事政策应当在立法和司法中顺势而为、与时俱进,更好地发挥其指导作用。坚持将宽严相济刑事政策贯彻于立法、司法及刑罚执行的全过程,辩证地理解宽严相济的内涵,即刑罚的轻缓虽然是发展的趋势,但并不是一味坚持从宽而舍弃了"严"的一面,风险社会下的犯罪治理,既要摒弃重刑主义和严打思维,轻重分离,科学治理轻罪,预防重罪;也要严格遵循罪刑法定和社会危害性原则,坚决惩治严重危害社会的行为。① 只有这样才能使宽严相济刑事政策更好地应用于刑事立法与司法活动中,更好地保障当事人的合法权益,从而加快我国社会主义刑事法治建设,使社会主义和谐社会获得更好的发展。

---

① 参见卢建平:《轻罪时代的犯罪治理方略》,载《政治与法律》2022年第1期。

涉假药犯罪的责任认定

——以提供假药罪为例

李金珂[*]　张进帅[**]

一、问题的提出

立法部门基于对社会发展现状的衡量以及对民情民意的考察，在《刑法修正案(十一)》中新增"药品使用单位的人员明知是假药而提供给他人使用"的规定，构成新的独立罪名：提供假药罪。至此，我国对涉假药犯罪的刑法规制体系更加完备、行刑衔接也更加紧密。在适用该罪对涉假药犯罪进行规制时，需要考虑其与并列的生产、销售假药罪的区别，否则极易出现罪名适用错误的问题。笔者认为，对提供假药罪和生产、销售假药罪之界分可以从以下几个方面着手：其一，提供假药罪主体为特殊主体——药品使用单位的人员；而生产、销售假药罪的主体是药品生产者、销售者。其二，提供假药罪的成立并不要求行为人必须基于营利的目的实施提供假药的行为；但生产、销售假药罪的行为人主观上以通过生产、销售假药而营利为目的。其三，提供假药罪的提供行为有可能贯穿整个药品流通过程；而生产、销售假药罪的行为主要集中在生产、销售阶段。当然，本文的目标并非对提供假药罪与生产、销售假药罪进行辨析，而是尝试通过论证提供假药罪的特征，把握其在司法适用中的难点与重点，从而更加准确地进行提供假药罪的责任认定。

二、提供假药罪"明知"的认定困境

从当前《刑法》第141条的文义可以看出，提供假药罪毋庸置疑是一种故意犯罪，该罪主观上的认知因素表现为明知药品是假药仍提供给他人使用，结果对使用者的生命健康造成损害；意志因素则表现为提供假药给他人使用，对危害结果的发生抱有放任和追求的态度。对非法提供假药罪主观方面的理解还应当把握以下几个方面

---

* 北京师范大学法学院博士研究生。

** 北京师范大学法学院博士研究生。

的问题：

（一）主观罪过的认定争议

对该罪主观方面的认定应当同时考量认识因素与意志因素，从当前的学术研究成果来看，与药品犯罪主观罪过相关的观点主要有以下几种：

其一，直接故意说。该学说认为药品犯罪的主观罪过在于行为人明知自己向他人提供假药的行为将危害他人健康、破坏药品管理秩序，还在主观上对此类后果持赞同的态度。在直接故意说视域下，行为人首先必须在客观上具有认识其所提供的药品是假药的可能性，其次必须对提供行为造成的不利后果持赞同和追求的积极态度。①

其二，间接故意说。该学说认为药品犯罪的主观罪过在于行为人明知自己向他人提供假药的行为将危害他人健康、破坏药品管理秩序，还在主观上对此类后果持放任的态度。在间接故意说视域下，行为人首先必须在客观上具有认识其所提供的药品是假药的可能性，其次必须对提供行为造成的不利后果持放任的态度。②

其三，故意说。该学说认为该罪属于故意犯罪，进一步分为直接故意与间接故意，即行为人在明知自己提供给他人的药品是假药的情况下还故意提供，放任或赞同危害后果的发生。③

上述三种学说都从不同角度分析了药品犯罪的主观罪过形态，从中可以看出，三种学说的共性在于都认为行为人要具备认识到自身行为具有违法性的可能性，而对意志因素的判断则是三种学说的"分水岭"——行为人对危害后果是持赞同的心态，还是放任的心态，抑或二者兼有。本文倾向于采纳间接故意说，原因在于该罪的主体是"药品使用单位的人员"，从文义上可以看出是医药行业从业人员，对药物的理化性质有着强于常人的认识，而且在提供药物时，需要严格履行注意义务。正因如此，如果以"不知道所提供的是假药"为由进行抗辩，就意味着认为对医药行业从业人员不应抱有"期待可能性"，而这显然是对社会普遍规则的冲击。

（二）主观明知的判断困难

在提供假药罪的认识因素方面，行为人首先要认识到其所提供的是假药，其次要认识到其提供假药的行为存在违法性，且只需达到普通意义上的认识程度即可。换言之，如果行为人不了解自己所提供的是假药，则不构成该罪。司法实践中，行为人为了逃脱罪责，往往声称自己不知道所提供的是假药，因此进行罪名认定时还需要结合行

① 参见储槐植、李莎莎：《生产、销售假药罪若干问题研究——以〈刑法修正案（八）〉第 23 条为视角》，载《江西警察学院学报》2012 年第 1 期。

② 参见翟中东：《生产、销售伪劣商品罪立案追诉标准与司法认定实务》，中国人民公安大学出版社 2010 年版，第 58—59 页。

③ 参见赵秉志主编：《刑法》，高等教育出版社 2012 年版，第 344—345 页。

为人的客观行为——若客观上存在与该罪密切关联的事实,则可推定其存在主观明知的认识因素。在提供假药罪主观明知的判断中,上述“与该罪密切关联的事实”包括但不限于以下几种:

其一,行为人的工作经历和知识背景。若行为人具有医药行业的从业经历或相关知识背景,应推定其具有识别假药的能力,进而推定其存在主观明知。

其二,相关药品的进货渠道、价格等因素。在渠道和价格异于常态的情况下,行为人作为药品使用单位的人员,应当对这一异常予以注意。

其三,通过药品的外包装或使用说明中的信息判断行为人是否知晓其所提供的药品是假药。国内市场上有相当比重的进口药物,其外包装和使用说明都以英文进行标识,即使是药品使用单位的人员也未必能从英文的外包装和使用说明中读出异样。因此,在行为人以“读不懂英文”作为抗辩理由时,需要结合其他因素来判定其是否具有主观明知。

(三)通过刑事推定判断“明知”的可能性

在将刑事实体法与程序法联结起来时,刑事推定的作用不可小觑。鉴于司法实践对主观要件中“明知”等要素的认定难度较大,用推定来降低难度不失为一种方法。推定本身就是对司法证明进行补充的重要的事实认定手段,既然是补充,则必须在穷尽所有证明方法仍不能证明待证事实存在时才能适用。在刑事诉讼实践中,推定的手段并不鲜见,但国内外研究者都未对推定的概念作出清晰和统一的定义。笔者认为,推定是指基本事实与直接的法律或经验规则要求证明的事实之间的正常联系。基本事实确认后,可以认定待证事实存在,若当事人否定该推定,则可以举证反驳。

推定必须基于客观存在的基础事实,基础事实是推定得以进行的先决条件。既然是“推定”,就不是采用直接证明的方式来证明待证事实的存在,而是通过法律规定、逻辑与经验法则等,推导出存在待证事实的结果。换言之,推定是采用转移证明对象的方式来认定待证事实存在,因此在进行推定时,必须有法定的证据可以证明基础事实是客观真实存在的。与此同时,在进行推定时,待证事实与基础事实之间必须存在高度盖然性的内在关联。虽然人们在长期的实践活动与经验积累中产生了对事物关系的认识,但这种认识毕竟是存在局限的,只是逻辑上的“不完全归纳推理”范畴内的认识,即使二者之间存在看似紧密的逻辑关联,也不排除例外的存在,因此这种关联不具有必然性。在我国,进入药品领域的“门槛”较高,一旦进入,则说明从业者具备非业内人士所难以具备的专业知识和能力,具体表现为他们对药品的认知和识别水平远高于非业内人士。对于药品使用单位的人员而言,其工作经验、知识背景等决定了其应当对假药具有较高的辨识能力,其专业素养要求其应当对药品的真假履行严格审慎的注意义务,要对药品的包装、成分含量、物理特征等基本信息进行准确研读和判断,在此基础上推定药品使用单位的人员主观上对假药存在明知。

(四)本文对“明知”的理解

在《刑法修正案(十一)》生效之前,《刑法》第141条和第142条的适用也存在主观认定困难的问题,并且这种问题已然成为司法实践中处理假药犯罪的重大阻碍——正因为难以判定行为人的主观状态,案件不了了之的情况时有发生。2009年,最高人民法院、最高人民检察院出台的《关于办理生产、销售假药、劣药刑事案件具体应用法律若干问题的解释》(已失效)对主观明知的规定虽然针对的是生产、销售假药、劣药犯罪,但同样可以辐射到本文所讨论的提供假药罪的主观明知问题。该解释第4条规定,医疗机构在知道或应当知道相关药物是假药的情况下,还对药物进行使用或销售,可以认定为销售假药罪。从条文的表述可以看出,行为人主观上的“明知”状态被延展为“知道”与“应当知道”两种情形。虽然2014年最高人民法院、最高人民检察院出台的《关于办理危害药品安全刑事案件适用法律若干问题的解释》(已失效)将此前的解释取而代之,但由于这一解释并未专门针对主观明知作出新的规定,因此司法实践依旧遵照前述2009年的司法解释。

“应当”本身就具有模棱两可的特性,因此“应当知道”往往使司法实践进退两难。法理层面,对“应当知道”的正当理解是“推定的知道”,其具备帮助公诉机关减轻证明责任的功能和作用,但是正因为对减轻证明责任过于看重,“应当知道”在司法实践中的运用常常被异化。比如,有司法部门提出对假药的“明知”应当包含以下几种情况:已经知道或应当知道该药物是假药;已经怀疑或应当怀疑该药物是假药;无法肯定或不应肯定该药物是真药。上述逻辑对“应当知道”进行理解的问题在于:应当怀疑是假药但没有怀疑、无法肯定是真药却已经肯定,这本就属于过失心态,与故意的内涵并不相同。2014年最高人民法院、最高人民检察院出台的《关于办理危害药品安全刑事案件适用法律若干问题的解释》(已失效)仍然滞留在故意逻辑的常规框架中,只不过认识要素被扩张为“知道”与“应当知道”,但上述司法部门给出的对“明知”的理解显然是对故意逻辑的常规框架的消解,对认识要素进行“格式化”般的重置,将本应隶属于过失的情形生硬地纳入故意的范畴,这是对概念进行异化理解的表现。

笔者认为,对提供假药罪的行为人的主观方面的判断有赖于对以下两个方面的考量:

一是认识要素中是否需要包括对行为违法性的认识。该罪的性质是行政犯,其基本特征是行为违法性。从刑法对提供假药罪的立法模式来看,属于不要求行为具有违法性的立法例,这意味着该罪的成立不以行为违法性为必要条件。但这仅仅降低了罪名认定的证明标准,体现了从严治理药品犯罪的刑事政策理念,而不是否定提供假药的行为具有客观违法性,更不是否定行为人需要在主观上具有行为违法性认识。事实上,只要行为人能够意识到其行为有违法性,就应推定其具备违法性认识[1],更何况,对于药品使用单位的人员来说,不将假药提供给他人使用不仅是行业要求,更是法律对该行业工作人员设置的法定义务。

二是"明知"是否包含了对行为有可能导致的危害后果的认知。在刑法学视域下,"明知"一方面是指作为故意犯罪构成要素的"明知",另一方面是指作为犯罪故意概念构成要素中的"明知"。前者必须与刑法分则具体罪名所指的具体对象相结合才具有意义;后者是由刑法总则中犯罪故意的概念衍生出来的词语,因此只要使用就有意义。从提供假药罪在刑法分则中的文义阐释来看,在前一种语境中,作为该罪构成要件的"明知"是指行为人知晓其所提供的是假药,而并不意味着行为人对危害后果也有认识。但在后一种语境中,"明知"包括对危害后果的认识。对于提供假药的行为来说,行为人应当"明知"的内容是其提供假药的行为有可能使他人的身体健康法益受损。

三、提供假药罪主观超过要素的认定

《人民司法》2021年第10期刊登了《〈关于执行刑法确定罪名的补充规定(七)〉的理解与适用》一文,其中提到《刑法修正案(十一)》新增提供假药罪的主要考量是:其一,如果将不支付对价的情形纳入"销售"的范畴,一方面"名不副实",另一方面无法体现该罪的构成要件,而且无形中扩大了"销售"的外延,进而造成其他有关销售的罪名也类比适用这一理念。其二,提供假药罪的立法目的主要是敦促药品使用单位的人员积极履职,而这显然有别于销售假药的行为。

由此可见,对"销售"的判定要以支付对价为标准,即相对方只要有支付钱款的行为,就算其支付的钱款数目少于药品的成本价,行为人的行为也属于"销售"。最高人民检察院、公安部《关于公安机关管辖的刑事案件立案追诉标准的规定(一)的补充规定》对这一观点也持认同态度,该文件规定,"医疗机构、医疗机构工作人员明知是假药而有偿提供给他人使用,或者为出售而购买、储存的,属于本条规定的'销售'"。该规定同样将"有偿"作为构成"销售"的客观标准。

在司法实践中,涉假药案件的行为人大多都是出于营利目的,不过也存在例外情况,因此司法机关需要就涉假药犯罪是否需要具备"以营利为目的"的主观要件进行审慎考量。比如检察机关在陆勇案中展现了检方的态度和立场:陆勇帮助白血病患者购买药品的行为属实,但其并未从中谋取私利,并非以营利为目的,因此不构成生产、销

① 参见赵星:《再论违法性认识》,载《法学论坛》2016年第6期。

售假药罪。[①] 检察机关对该案的这一认定结论对涉假药犯罪是否需要具备“以营利为目的”要件给出了清晰和肯定的回应，符合民众对涉假药犯罪的朴素的价值判断，因此该认定结论广受社会好评。

笔者同样深以为然，认为“以营利为目的”是涉假药犯罪的不成文构成要件，原因在于：即使刑法及司法解释中没有明确规定“以营利为目的”是涉假药犯罪的构成要件，但并不意味着这一因素不能作为涉假药犯罪的认定条件之一。事实也确实如此，许多法律条文为了使条文内容简洁明了，对公众的普遍性认知不再赘述，并不会事无巨细地将犯罪构成要件列入法律文本的字里行间。这类被隐藏起来但是可以通过刑法条文间的关系推导出来的构成要件即不成文构成要件。必须承认的是，不成文构成要件在刑法中并不常见，比如“以非法占有为目的”就是抢劫罪、盗窃罪等的不成文构成要件，虽然没有明确清晰地出现在这些罪名的构成要件规定中，但却是成立这些罪名所不可或缺的要素。对于本文研究的提供假药罪，如果行为人不以营利为目的，始终以低于药品成本的价格向他人转让假药，这样的行为本质上是一种“买方行为”，而不是“卖方行为”，也就是说，行为人所实施的是“提供”的行为，而不是“销售”的行为。基于这一理念，可以看出“提供”存在有偿与无偿两种情形，但这并不意味着有偿提供就是“销售”——只有超过购入价格的有偿提供才是“销售”。

值得注意的是，最高人民检察院、公安部《关于公安机关管辖的刑事案件立案追诉标准的规定(一)的补充规定》对“销售”概念的界定是基于当时特定的社会背景，是为了填补医疗机构及其工作人员向相对人提供假药的立法空缺，采用扩大化的解释方法定义了“销售”。随着立法空缺被填补，应当将原本被扩大化的解释重新回归本原，不再继续沿用该文件中将“提供”行为扩大解释为“销售”行为的理念。总之，营利与否并不是提供假药罪的入罪条件，而是量刑时的参考。在《刑法修正案(八)》出台之前，涉假药犯罪罚金刑的罚金数额是以销售金额的倍数来计算的，这表明在《刑法修正案(八)》出台之前，行为人以营利为目的是涉假药犯罪的构成要件之一。虽然《刑法修正案(八)》出台之后，罚金刑变更为无限额罚金，可是这并不意味着行为人“以营利为目的”的要件被淡化和否定，因为这只是刑法用更大力度打击涉假药犯罪而采取的措施。一旦否定了“以营利为目的”在假药认定中的重要作用，提供假药罪与他罪的界分将变得十分困难。比如司法实践中对以危险方法危害公共安全罪和涉假药犯罪进行界分的要点之一就是看行为人是否以营利为目的。可见，如果否定了“以营利为目的”在认定涉假药犯罪时的重要参考价值，那么当行为人并不具有营利的主观目的，但明知是假药却还是提供给他人使用，对该行为的认定将在提供假药罪与以危险方法危害公共

① 参见谢望原：《药品犯罪的修改完善与合理解释——基于〈刑法修正案(十一)〉的解读》，载《中国法律评论》2021 年第 1 期。

安全罪之间产生两难。

四、提供假药罪的出罪路径设想

在涉假药犯罪的司法实践中,案件经由检察机关移送至审判机关后,绝大部分将以涉假药犯罪定罪论处,少有转圜余地。不过只要满足出罪条件,进入司法环节的涉假药犯罪仍能以不构成犯罪告终。典型的如药品监管部门将涉假药案件移交公安机关后,公安机关需要研判该案件是否在其刑事管辖范围内,否则案件将被退回药品监管部门。此外,公安机关将涉假药案件移送检察机关后,检察机关需要对案件进行综合研判,认定不存在相关犯罪事实后,将作不起诉处理。总之,对于形式上符合犯罪构成要件的涉假药案件,必须经过实质研判后才能决定入罪抑或出罪。出于刑法的谦抑性,对于虽违反药品监管秩序,但并未造成生命健康法益受侵害的案件应予以出罪。

(一)借助危险犯反证解决出罪问题

为了对抽象危险犯的处罚范围进行限缩,有研究者提出行为人应当被允许从相反的角度证明其行为无危险性。理论上,这不失为一种降低抽象危险犯可罚性的路径:只要证明犯罪风险不存在,自然不应定罪处罚。抽象危险犯的认定之难是因为其定罪标准是由相关行为对社会造成的抽象危险来评定的,但此类危险是难以进行准确评价的。正因如此,有必要为抽象危险犯构建专门的出罪机制,准许行为人反证自身行为不具有危害社会的危险,这不仅体现了法律对人权之保障,也借助行为人的主观能动性提高了司法效率。对于提供假药的行为而言,行为人应当被允许在案件侦查阶段反证自身的行为并不是刑事犯罪层面的"提供",或者反证自身行为并不具有社会危害性。此外,主观认定也可以作为一条出罪路径,即反证行为人不具有主观犯意,进而排除犯罪。在现实生活中,提供假药罪的行为人有可能身处情与法的两难境地,为此,不妨在合法范围内借助解释学的能动性,将合理的实质解释作为一种出罪理由,这也是法律追求实质公平的表现。

(二)发挥"但书"条款在具体案件中的出罪功能

在法律责任的认定方面,《药品管理法》和《刑法》第 141 条采取了同一种行为类型,即无须满足"量"的要求就可以构成犯罪,而且在认定"假药"的司法实践中,药品监管部门出具的认定结果将直接成为司法机关对行为人定罪的依据,这意味着基本没有限制条件制约提供假药罪的成立。从《刑法》第 13 条"但书"条款的前半部分看,其可适用于刑法分则中的所有具体犯罪,因此定量的因素具有介入所有罪名认定的可能性。[①] 换言

---

① 参见孙万怀、崔晓:《法定刑的修订趋势及其反思》,载《法治现代化研究》2021 年第 5 期。

之,数额大小、情节严重程度、社会危害性等都可以反向成为影响犯罪成立的要素,这样就实现了通过“但书”条款出罪的目的。在提供假药罪中可以通过以下几种方式发挥“但书”条款的出罪功能:

其一,不符合提供假药罪的构成要件而出罪。在适用这一出罪方式时,需要结合涉假药犯罪成立的必要条件——法益与假药两个要素进行判定。若案件满足提供假药罪构成要件的形式要素,但不满足提供假药罪侵害他人身体健康法益的实质性要素,便可通过“但书”条款来出罪。另外,对于减肥类产品、性保健品等,由于不在“药品”的范畴,就算添加了禁用的成分而成为《药品管理法》中的“假药”,也可以因为不满足提供假药罪中的“假药”这一构成要件而出罪。

其二,不具备严重危害性而出罪。在判定相关行为是否具有严重危害性时,需要结合案件的具体事实。在行为人未通过提供假药的行为获利,提供对象有限,存在坦白、自首、初犯等情节时,可考虑以“但书”条款出罪。

其三,启动《刑法》有“小题大做”之嫌而出罪。这一出罪路径主要针对司法实践中对《刑法》第 141 条僵化适用的情形——该罪属于抽象危险犯,一旦实施提供假药的行为就可构成提供假药罪。为此,应结合刑法的谦抑性进行考量,对于非必要采用刑罚处罚且情节显著轻微的行为,通过行政处罚足以应对的,可适用“但书”条款出罪。

五、结论

生命健康是人得以存活和发展的先决条件,因而人的生命健康法益是刑法坚决保护和捍卫的重要法益。为了进一步筑牢我国的药品安全防护网,《刑法修正案(十一)》对药品犯罪立法体系进行了新的调整,新增非法提供假药罪、非法提供劣药罪,以此彰显法律对药品犯罪行为的“零容忍”态度并强力敦促药品使用单位的人员提高药品安全管理的责任意识,为人民的生命健康法益给予更加周密的保护。对于提供假药罪的责任认定,笔者认为主观“明知”应当与基础要素存在经验上的高度盖然性关联,唯有如此才能确保行为人在主观认识方面达到了客观和合理的要求。对于药品使用单位的人员而言,其工作经验、知识背景等决定了应当对假药具有较高的辨识能力,其专业素养要求其应当对药品的真假履行严格审慎的注意义务,能够对药品的包装、成分、含量、物理特征等基本信息等进行准确研读和判断,在此基础上推定药品使用单位的工作人员对假药的“明知”。此外,在现实生活中,提供假药罪的行为人有可能身处情与法的两难境地,为此,不妨在合法范围内借助解释学的能动性,将合理的实质解释作为一种出罪理由,这也是法律追求实质公平的表现。

环境犯罪视域下我国轻罪制度完善进路

张家祎* 刘 啸**

一、引言

1992年，乌尔里希·贝克在《风险社会》一书中系统地提出了风险社会理论。启蒙运动的理性引发了工业现代化，人类对现代性进行反思，现代社会形态又从工业社会进入风险社会。在风险社会中，风险是普遍存在的，不会因贫富差距或者阶级差异而选择性地降临在某些人身上。风险社会思考"如何能够避免、减弱、改造或者疏导，在发达的现代性中系统地产生的风险和威胁"①。社会形态的转变必然会引起治理观念的转变，面对风险社会，传统社会治理理念的不足越发凸显，"破窗理论"这一新的社会治理理念随即产生并得到传播。作为社会治理的最后一道防线的刑法也对此作出回应，风险刑法理念不断发展，积极刑法观应运而生。积极刑法观要求积极回应社会治理的需求，对轻微违法犯罪行为给予更多关注，突出刑法的积极预防作用。

现存的治理体系无法满足精细化治理的社会需求，在我国构建轻罪制度显得尤为重要。轻罪制度的构建突出刑法的预防功能，符合罪责刑相适应原则的要求，有利于贯彻宽严相济刑事政策，实现我国刑法从"厉而不严"到"严而不厉"的转变。完善我国轻罪制度、提升犯罪治理能力、提高人民安全感，对建设法治社会、营造良好的社会氛围有着重要的意义。轻罪制度的建构是一项系统工程，不仅包括刑法本身的规定，还包括与其相配套的诉讼程序、行刑衔接机制，以及社会矫正制度的发展和完善等。本文以环境犯罪治理为视角，对我国轻罪制度的完善提供一些思路，以期达到见微知著之效。

二、环境犯罪视域下我国轻罪制度问题剖析

（一）环境刑事附带民事公益诉讼的功能运行不彰

在司法过程中，环境犯罪案件的审理时常遭遇难题。环境犯罪案件进入审理程序

---

* 河北大学法学院博士研究生。

** 河北省涿州市人民法院法官助理，法学硕士。

① 〔德〕乌尔里希·贝克：《风险社会》，何博闻译，译林出版社2004年版，第2页。

后,行政法、刑法和民法均有适用的可能,分别对应行政审理程序、刑事审理程序与民事审理程序。对同一案件以不同的审理程序进行审理,会导致案件审理周期过长、浪费司法资源。当不同程序下案件最后的裁决结果产生矛盾时,法的安定性就会受到冲击,损害法秩序的平和与公众对于法的信赖。此外,审理程序的分立还造成法律效果的分散,现行环境刑法仍将制裁环境犯罪行为作为主要目的,对于恢复生态环境的作用考虑不足,修复生态环境和预防环境破坏的功能有限。

环境刑事附带民事公益诉讼的发展对这些缺陷进行了弥补。环境刑事附带民事公益诉讼是指人民检察院在对破坏生态环境和资源保护领域损害社会公共利益的犯罪行为提起刑事诉讼时,可以一并提出民事公益诉讼,由同一审判组织审理。2017 年 7 月,检察机关提起公益诉讼制度在全国范围内全面实施。2018 年最高人民法院、最高人民检察院公布的《关于检察公益诉讼案件适用法律若干问题的解释》标志着刑事附带民事公益诉讼制度的确立。我国《民事诉讼法》第 58 条规定:“对污染环境、侵害众多消费者合法权益等损害社会公共利益的行为,法律规定的机关和有关组织可以向人民法院提起诉讼。人民检察院在履行职责中发现破坏生态环境和资源保护、食品药品安全领域侵害众多消费者合法权益等损害社会公共利益的行为,在没有前款规定的机关和组织或者前款规定的机关和组织不提起诉讼的情况下,可以向人民法院提起诉讼。前款规定的机关或者组织提起诉讼的,人民检察院可以支持起诉。”这一规定是我国环境民事公益诉讼的法律依据。我国《刑事诉讼法》第 101 条规定了刑事附带民事诉讼制度:“被害人由于被告人的犯罪行为而遭受物质损失的,在刑事诉讼过程中,有权提起附带民事诉讼。被害人死亡或者丧失行为能力的,被害人的法定代理人、近亲属有权提起附带民事诉讼。如果是国家财产、集体财产遭受损失的,人民检察院在提起公诉的时候,可以提起附带民事诉讼。”

污染环境犯罪案件附带民事公益诉讼是检察公益诉讼中一项重要的制度,可以提高诉讼效率、节约司法资源,更加高效地保护生态环境。在裁判文书网上以判决结果为“污染环境罪”为条件进行检索,选取 2012 年至 2021 年刑事一审判决书作为样本。① 经过对 11977 份判决书进行实证分析,发现司法实践中存在对于刑事附带民事公益诉讼重视不足的问题。在 11977 份判决书中,提起附带民事公益诉讼的一审判决书为 727 份,占比仅约为 6.1%。这说明,尽管最高人民检察院高度重视污染环境犯罪案件中附带民事公益诉讼的提起,但是基层检察机关在办理此类案件时,附带民事公益诉讼的提起并没有得到足够的重视,被告人应当承担的赔偿损失、恢复原状等民事

① 《刑法修正案(八)》将 1997 年《刑法》规定的重大环境污染事故罪修改为污染环境罪,《刑法修正案(八)》于 2011 年 5 月 1 日施行,因此选取样本的时间区间为 2012 年至 2021 年。下文的数据分析均在此基础上开展。

责任未能及时得到追究。此外,我国刑事附带民事公益诉讼制度在规范方面还存在诸多模糊地带,阻碍了环境刑事附带民事公益诉讼制度的应用与发展。最高人民法院、最高人民检察院《关于检察公益诉讼案件适用法律若干问题的解释》第 20 条规定,人民检察院提起的刑事附带民事公益诉讼案件由审理刑事案件的人民法院管辖。《刑事诉讼法》规定,基层人民法院管辖第一审普通刑事案件,因此基层人民法院审理检察机关提起的第一审刑事案件时,附带审理民事案件。但最高人民法院《关于审理环境民事公益诉讼案件适用法律若干问题的解释》第 6 条规定,“第一审环境民事公益诉讼案件由污染环境、破坏生态行为发生地、损害结果地或者被告住所地的中级以上人民法院管辖”。由于缺乏统一的法律规范,便出现了管辖权冲突的问题,导致司法实践中做法不一。在实践中,面对复杂的环境犯罪案件,基层法院可能存在审理上的困难,但是由于环境犯罪案件数量较多,若将全部环境犯罪案件交由中级人民法院审理,又可能存在案件积压、审理效率低下的问题。

(二)恢复性司法措施应用不到位

由于长期受到报复性司法观念的影响,传统环境刑事司法往往出于惩戒的目的,通过对环境犯罪行为人处以较为严厉的刑罚措施来规制环境犯罪行为,例如,自由刑和高额的罚金刑,这些刑罚措施虽然有效地惩罚了罪犯,但是并不能恢复受损的生态环境。在处罚环境犯罪行为时,如果不考虑对生态环境的修复,那么无论对行为人处以多重的刑罚,都无法真正实现保护环境法益的目的。恢复性司法的产生源自刑罚功能的变迁和被害人保护运动的兴起,通过犯罪行为人对被害人的赔偿来修复被犯罪破坏的社会关系,又称为修复性司法或修复性正义。① 它与非监禁刑及社区矫正相呼应,希望通过恢复性司法程序实现恢复性结果。基于恢复性司法的观点,行为人承担法律责任并非基于对刑罚的恐惧,而是通过审理程序认识到自身的错误,自发地承担相应责任以弥补行为对他人或社会所造成的损害。近年来,恢复性司法措施越来越多地被应用在环境刑事司法中,在环境犯罪领域最常见的恢复性司法措施包括复绿补种、增殖放流、对受污染的土壤进行无害化处理和替代修复等。恢复性司法措施契合生态文明建设的内涵,有利于实现惩罚犯罪和修复环境的效果统一,切实保护环境法益,缓解社会公众对于环境风险的担忧。

但是目前仍然存在一些问题阻碍恢复性司法措施在我国环境犯罪案件中的应用。当前我国恢复性司法措施在环境犯罪案件中的应用主要是通过环境刑事附带民事公益诉讼来实现,在刑事附带民事诉讼中,司法机关判决被告人承担生态环境修复责任,借以恢复受损的生态环境。如果检察机关没有提起环境刑事附带民事公益诉

---

① 参见王树义、赵小姣:《环境刑事案件中适用恢复性司法的探索与反思——基于 184 份刑事判决文书样本的分析》,载《安徽大学学报(哲学社会科学版)》2018 年第 3 期。

讼,则被告人在刑事判决中无须承担生态修复责任。即使检察机关提起刑事附带民事公益诉讼,也仍然存在法院没有判处犯罪人承担生态修复责任的情况。根据《民法典》第1234条的规定:“违反国家规定造成生态环境损害,生态环境能够修复的,国家规定的机关或者法律规定的组织有权请求侵权人在合理期限内承担修复责任。侵权人在期限内未修复的,国家规定的机关或者法律规定的组织可以自行或者委托他人进行修复,所需费用由侵权人负担。”由此可见,行为人污染环境造成生态环境损害之后,其修复责任是前置的,只有在期限内未修复,不承担修复责任的,行为人才负担相应的修复费用,显然,承担修复费用是修复责任的替代措施。在11977份判决书中,涉及环境修复义务的判决书仅有662份,且其中绝大部分都是以直接判决行为人承担环境污染修复费用的方式处理。这种处理方式,显然有违《民法典》第1234条的规定。作为替代措施,承担修复费用的功能显然不能同环境修复义务的功能相提并论。而在刑事判决中,环境修复义务货币化的普遍适用,不可避免地弱化了环境修复义务的功能。

(三)环境犯罪责任竞合

在追究行为人环境犯罪行为责任的过程中,环境犯罪责任体系暴露出了责任叠加的问题。环境犯罪行为损害生态环境的同时,多数情况下会同时造成人身损害或者财产损害,行为人在承担责任时,容易发生刑事责任与民事责任的叠加。又因为环境犯罪具有行政从属性,使得污染环境行为的刑事违法性与行政违法性较为相似,容易发生刑事责任与行政责任的叠加。

实施环境犯罪的行为人可能在不同的部门法规范中被追究同类性质的责任,刑法对环境犯罪的制裁包括刑罚措施和非刑罚处罚措施。先从刑罚措施的角度来看,刑法对环境犯罪规定了罚金刑,同时,《民法典》第1232条规定:“侵权人违反法律规定故意污染环境、破坏生态造成严重后果的,被侵权人有权请求相应的惩罚性赔偿。”惩罚性赔偿的对象是被侵权人,若行为人在此之前已经被法院判处罚金刑或者缴纳了行政处罚的罚款,被侵权人的损失已经通过前置程序得到了弥补,此时再按照《民法典》的规定向行为人主张惩罚性赔偿,就会造成重复评价行为人行为的结果,带来事实上的“轻罪不轻”的问题,违背比例原则。再从非刑罚处罚措施的角度来看,《刑法修正案(九)》增设了职业禁止条款,禁止被判处刑罚的人在刑罚执行完毕之后的3年至5年内从事相关职业,《刑法修正案(八)》规定了缓刑考验期内的禁止令制度,也能起到限制行为人资格的效果。与此类似的是行政处罚中有关资格罚的规定,对于环境违法行为人,行政机关可能对其作出限制开展生产经营活动、责令停产停业、责令关闭、限制从业的处罚。《行政处罚法》第8条第1款规定:“违法行为构成犯罪,应当依法追究刑事责任的,不得以行政处罚代替刑事处罚。”此时刑事责任和行政责任就有可能发生竞合。此外,有关生态环境修复责任的具体认定也存在疑问。如前文所述,我国环境刑法不断在探索恢复性司法措施的应用，与此同时，行政法也对行为人修复生态环境的义务有所规定，如《森林法》规定了盗伐、滥伐林木者的补种义务。《民法典》也规定了污染环境、破坏生态的行为人具有生态环境修复义务，并将之作为环境侵权行为人承担公益责任的方式。由于法律规定不明，生态修复责任的承担可能会产生责任竞合或承担方式不规范的问题。当环境犯罪案件发生后，在考虑行为人应承担的责任时，如果不进行体系性思考，显然会产生不合理的结果。累加的责任体系与积极审慎的刑法观念、宽严相济的刑事政策不符，会阻碍轻罪制度的构建，故平衡责任体系的内部关系显得尤为重要。

三、环境犯罪视域下我国轻罪制度的完善

（一）重视环境刑事附带民事公益诉讼

司法实践中，大多数环境刑事附带民事公益诉讼由基层人民法院管辖，但部分情况下也由中级人民法院管辖，法律规范中的相关规定不明确甚至存在冲突，阻碍了环境刑事附带民事公益诉讼的应用。在实践中，若基层检察院在将环境犯罪案件移送法院的过程中发现了公益诉讼线索，则需要先将案件移交中级人民检察院，再向中级人民法院提起民事公益诉讼，这在降低案件审理效率的同时也造成司法资源的浪费。故应在立法上确定环境刑事附带民事公益诉讼的管辖法院。应当明确以基层人民法院管辖为主，以中级人民法院管辖为例外。对于案件事实清楚、情节轻微的环境犯罪案件，可以由基层检察院在提起刑事诉讼时一并提起民事公益诉讼，对于案情重大复杂或造成重大损害的犯罪案件，由中级人民法院审理。

完善刑事附带民事公益诉讼制度，推进刑事附带民事公益诉讼在污染环境罪中的应用，还需要多方参与，协作配合。检察机关应重视环境犯罪案件检察监督的问题，坚持推进生态环境检察工作专业化。随着当前司法体制改革的全面推进，对环境犯罪案件进行检察监督的首要工作是不断强化检察人员的环保理念，要使检察机关工作人员正确认识到对环境犯罪制裁环节进行监督的意义，要将环保理念融入检察工作的每个环节。[①] 此外，检察机关应加大力度，若环境犯罪案件符合刑事附带民事公益诉讼条件，则应依据相关规定提起环境刑事附带民事公益诉讼，做好提前介入、做实调查取证、做细诉讼审查工作，加强沟通协调，强化出庭能力，落实跟进调查。[②] 近年来全国检察机关在推进环境公益诉讼工作上成效显著，而解决环境公益诉讼中存在的问题，也

---

① 参见蒋兰香、刘水华、罗辉：《试论环境犯罪惩治的检察监督》，载《中南林业科技大学学报（社会科学版）》2016 年第 3 期。

② 参见张兵：《办理刑事附带民事公益诉讼案件的几点建议》，载《检察日报》2021 年 3 月 16 日，第 3 版。

需要最高人民检察院和省、自治区、直辖市人民检察院持续加大环境公益诉讼指导力度。在刑事附带民事公益诉讼案件中,法院是审判案件和启动执行的主体,应对案件的基本情况有整体把握。有些污染环境罪案件涉及公共利益,需要修复生态,这些案件具有较强的专业性和复杂性,对于法官的能力有较高的要求,可以采用"审执合一"的方式,即案件的审理、判决到执行均由一名法官负责,顺应司法专门化趋势。对于案情较为简单的案件,可以依然采用"审执分离"的模式,这样既可以让审判法官更加全面地掌握环境污染情况和修复情况,也提高了效率。在执行过程中,法院可以加强与行政机关的合作,例如,将较为专业的生态修复工作交由行政机关或者专业的第三方机构执行,法院负责监督。

(二)实现环境犯罪的多元化治理方法

与普通犯罪不同,环境犯罪所侵害的环境法益具有可修复性的特征,即使破坏环境的行为已经结束,但行为造成的生态环境损害仍在继续。对环境犯罪进行有效规制的重点,在于尽量预防犯罪行为的发生以及弥补犯罪行为对生态环境的破坏。如前所述,环境犯罪是以预防为主的轻罪,在刑罚论上应摒弃重刑思维,在司法实践中加强对恢复性司法措施的应用,建立多元化的综合治理模式。恢复性司法理念在环境犯罪案件中的内涵不仅是"恢复犯罪所造成的伤害,从而消除潜在犯罪的司法模式"①,最终目的是对生态环境进行修复。当前我国刑法并没有对恢复性司法制度进行明确的规定。因此,应在立法层面为恢复性司法制度提供依据,将恢复性司法从隐性的非规范性因素上升为显性的规范性因素,明确恢复性司法制度的性质、种类与内容,有利于拓展恢复性司法措施的适用范围。

当前我国对于环境犯罪的恢复性司法措施主要通过判处行为人承担生态修复责任来实现,在环境刑事附带民事公益诉讼中适用生态环境修复责任,符合生态环境"恢复性司法"的理念。生态环境修复责任是造成生态环境损害的主体主动修复受损生态环境,使之恢复至基线状态的一种法律责任承担方式。环境刑事附带民事公益诉讼是维护环境公共利益、救济受损生态环境的重要手段。② 环境犯罪刑事责任的实现,不应该仅通过追究行为人的刑事责任来实现,还应该积极寻求各种保护生态环境的方法。生态环境修复责任的承担有多种方式,规范层面上,应不断完善环境法律责任体系;司法实践层面上,法院在适用环境修复责任的过程中,应综合考量多方因素,在实践中积累经验,结合实际情况决定行为人采用何种措施进行生态环境修复。行为人如果主动采取修复措施或者提供明确的修复方案,必须经过专业评估确保其符合要求后,才可

① 王敏:《论修复性司法模式》,载《西南政法大学学报》2005 年第 2 期。

② 参见杨雅妮:《生态环境修复责任:性质界定与司法适用——以环境刑事附带民事公益诉讼为分析对象》,载《南京工业大学学报(社会科学版)》2022 年第 1 期。

以实施。判决行为人支付生态环境修复费用须以行为人承担修复责任为前置条件，只有当行为人在期限内没有修复、不承担修复责任时，才可以用承担生态环境修复费用的方式作为替代措施。以支付生态环境修复费用的方式承担责任，要在生态环境有修复的可能性、有代履行的第三方主体、有明确的修复和验收方案的前提下才能作为量刑情节；当受损生态环境遭受永久性损害，不能修复或只能通过替代性修复措施予以相当程度的弥补时，要限制损害赔偿作为量刑情节的适用，以示对生态环境造成不可逆转的损害的行为的不可容忍，同时发挥法律责任的警示效果。① 生态环境修复责任的适用问题应当引起足够的重视，省、自治区、直辖市高级人民法院应当加强指导，强化判决中环境修复责任的运用。

（三）平衡环境犯罪责任体系内部关系

刑法对环境犯罪的治理应把握相应的限度，适当的限度除应遵循刑法谦抑性原则外，还应当厘清环境犯罪行为所应承担的各种责任类型之间的界限及如何衔接。因为刑事制裁同民事制裁、行政制裁之间存在本质上的区别。这种区别不在于是否以遵循罪责刑相适应原则作为标准，也不在于其内容是否剥夺或限制财产权或人身自由等权利，而在于其在不同社会领域的控制机制的要件之间的差异。② 毕竟系统性是法治的根本属性，为了实现刑法机制更有效地保护生态环境，需处理好刑法机制同其他法律机制之间的衔接关系，因为法律机制之间既有功能上的区分又有价值方面的连接。③

在刑事责任和行政责任的衔接上，我国对于行政责任与刑事责任竞合问题选择了合并适用的方式，若行政责任与刑事责任同时存在，则行为人既应当承担行政责任，也应当承担刑事责任。行政机关在对环境违法行为进行审查或作出行政处罚后，应将构成犯罪的行为移送公安机关，再由法院追究刑事责任。从责任承担的具体内容来看，法律规定了行政罚款与罚金的折抵、行政拘留与刑期的折抵，这些规定体现了同性质刑事责任对于行政责任的吸收原则。当行政责任与刑事责任的法律效果不同时，应将行政处罚与刑罚在执行过程中合并适用。行政机关在发现行为人涉嫌犯罪并将其移送公安机关进行刑事侦查后，不再针对同一违法行为作出有关人身权、财产权和政治权利的行政处罚，但仍可依法先作出行为罚和申诫罚。已由司法机关作出有罪判决的，行政机关不再针对同一违法行为作出与司法判决重复的可能关乎人身权、财产权和政治权利的行政处罚，但在不重复的情况下仍可依法追究当事人的行政违法责任。④ 在对环境犯罪行为进行归责时，要按照比例原则适度处理，刑事责任与行政责任

---

① 参见徐军、李方玲：《生态环境修复责任在刑事附带环境民事公益诉讼中的司法适用研究——以397份裁判文书为样本》，载《四川环境》2021年第4期。

② 参见刘涛：《刑罚研究中的社会理论：历史演进与运用前景》，载《法制与社会发展》2018年第5期。

③ 参见焦艳鹏：《生态文明保障的刑法机制》，载《中国社会科学》2017年第11期。

④ 参见杨科雄：《行政责任与刑事责任竞合的处理》，载《人民司法》2014年第9期。

的内容应互为参考。

在刑事责任与民事责任的衔接上,第一,为避免环境犯罪的罚金刑和惩罚性赔偿发生重合,行为人因同一环境犯罪行为已经被判处罚金的,就不宜再承担惩罚性赔偿责任。第二,生态修复责任的定性存在疑问,当环境民事责任与环境刑事责任在修复生态环境方面存在交叉时,有可能存在双重处罚的问题。随着恢复性司法措施在实践中的不断发展和认罪认罚从宽制度的落实,在环境犯罪案件中,被告人会自愿采取措施修复被破坏的环境或者积极缴纳赔偿金,以求获得量刑上的从宽。虽然这种行为有可能是出于获得从宽量刑的心理,但是客观上确实达到了修复生态环境、弥补损失的效果。在此种情形下,可以考虑适当折抵行为人承担公益诉讼损害赔偿责任的范围,以平衡原则看待各种责任之间的关系,避免简单的责任叠加。

四、结语

风险社会已经来临,面对新的社会形态,不能拘泥于传统的刑事制度。构建轻罪制度有助于落实宽严相济的刑事政策、完善违法犯罪行为制裁体系、优化司法资源配置。轻罪制度的构建是一个复杂、综合的过程。制度体系的构建首先需要立法上作出改变,为其提供规范依据,此外还需要司法程序的配合,而在刑事立法和司法视野之外,平衡轻罪罪犯所承担的责任还需整体机制的保障。环境犯罪与其他犯罪相比具有其特点,因此本文选择基于环境犯罪的视域对我国轻罪制度展开研究,以期为我国轻罪制度的完善提供一些思路,但是由于视角片面,仍有大量的问题有待在实践中进一步探索。

中国特色轻罪治理体系之建构

李　勇[*]　于　菲[**]

引　言

当前,我国犯罪结构发生重大变化,呈现出“双升双降”的局面,轻微犯罪数量和轻刑率上升,严重暴力犯罪案件数量和重刑率下降,我国已进入轻罪时代。传统“一刀切”式的犯罪治理模式已经不适应时代发展的需要。如何构建中国特色的轻罪治理体系成为当下刑事法研究迫切需要解决的课题。轻罪治理体系是一项系统工程,不应仅着眼于某一部门法甚至部门法的某一个方面,应当坚持系统思维,立足本国现实,汲取传统文化精髓,秉承刑事一体化的理念,从立法与司法、实体与程序、行刑衔接、刑罚轻缓化与前科封存等角度进行体系化构建。

一、中国特色轻罪治理体系的基本构造

轻罪治理体系与轻罪体系是两个不同的概念,前者是以轻罪为对象的治理结构体系,后者是一种罪名集合。由于轻罪治理体系以轻罪为治理对象,因此轻罪体系是构建轻罪治理体系的逻辑起点。中国特色的轻罪治理体系,既要符合我国的现实情况,也要吸收传统文化的精髓。

(一)轻罪体系的内涵

轻罪是指犯罪情节较轻、社会危害性较小,依法应予较轻处罚或免予处罚的犯罪。从国际上看,无论是大陆法系国家,还是英美法系国家,都建立了轻重有别的罪刑体系。《法国刑法典》第111-1条规定,刑事犯罪依照其严重程度分为重罪、轻罪、违警罪。违警罪单设一卷,并按照严重程度从低到高分为1至5级。① 轻罪是指最高刑为10年监禁或者罚金至少为25000法郎的矫正刑的犯罪。《德国刑法典》第12条规定,重罪是指最低刑为1年或1年以上自由刑的违法行为;轻罪是指最高刑为1年以下

---

* 江苏省南京市人民检察院法律政策研究室主任,法学博士。

** 江苏省南京市六合区人民检察院第六检察部四级检察官助理。

① 参见《最新法国刑法典》,朱琳译,法律出版社2016年版,第3页。

自由刑或科处罚金刑的违法行为。[①] 美国《模范刑法典》第 1.04 条规定,本法典或者本州其他制定法规定应当处以死刑或者监禁刑的犯罪,为实质犯罪(crime);实质犯罪分为重罪(felony)、轻罪(misdemeanor)和微罪(petty misdemeanor),轻罪的刑罚不超过 1 年监禁,微罪的最高刑期为 30 天。[②]

我国现行法律虽然没有对轻罪和重罪作出具体明确的划分,但《刑法》和《刑事诉讼法》相关条文隐含了轻罪的界限。从实体法的角度来说,我国刑法分则中大量罪名的法定刑格次是以 3 年有期徒刑为界的,实体法其他制度也有与之相对应的体现,例如缓刑制度,《刑法》第 72 条将缓刑适用对象限于被判处 3 年以下有期徒刑、拘役的犯罪分子。从程序法的角度来说,我国《刑事诉讼法》第 222 条将速裁程序的适用条件限定为基层人民法院管辖的可能判处 3 年有期徒刑以下刑罚的案件;《刑事诉讼法》第 288 条规定的刑事和解的适用对象也是可能判处 3 年有期徒刑以下刑罚的特定案件。关于 3 年有期徒刑是指法定刑还是宣告刑存在争议。法定刑说认为轻罪仅指法定最高刑为 3 年以下有期徒刑的犯罪,宣告刑说则认为轻罪是指判处 3 年以下有期徒刑的犯罪,也有学者将前者称为法定的轻罪(本来的轻罪),将后者称为事实的轻罪(减轻的轻罪)。[③]

笔者认为,我国刑法采取"定性+定量"的立法模式,大量犯罪以数额或情节决定量刑格次,且我国的法定刑结构整体上偏重,采取法定刑说会大大限缩轻罪的认定范围,以宣告刑说作为认定轻罪范围的标准,更符合我国实际。可能判处 3 年以下有期徒刑的犯罪界定为轻罪,包括可能判处 3 年以下有期徒刑、拘役、管制、定罪免刑、单处罚金(以下简称可能判处 3 年有期徒刑以下刑罚)的犯罪,其中可能判处 1 年以下有期徒刑、拘役、管制、定罪免刑、单处罚金(以下简称可能判处 1 年有期徒刑以下刑罚)的犯罪可以进一步界定为微罪。微罪划分的实体法依据在于我国刑法中存在危险驾驶罪、高空抛物罪、危险作业罪、代替考试罪等法定最高刑为 1 年有期徒刑以下刑罚的犯罪,此类罪名的案件很多作相对不起诉处理或免予刑事处罚。微罪划分的程序法依据也是存在的,比如我国《刑事诉讼法》第 172 条对速裁程序的审查起诉期限,以可能判处 1 年有期徒刑为界分别规定为 10 日和可延长至 15 日。未成年人附条件不起诉也是以可能判处 1 年有期徒刑以下刑罚为界。如此一来,我国的轻罪体系包括微罪在内,即包括可能判处 3 年有期徒刑以下刑罚的犯罪和可能判处 1 年有期徒刑以下刑罚的犯罪。相应的重罪是指可能判处 3 年有期徒刑以上刑罚的犯罪。这样,我国的罪刑体系可以分为"重罪—轻罪—微罪",其中轻罪、微罪属于广义上的轻罪。

① 参见《德国刑法典》,徐久生译,北京大学出版社 2019 年版,第 9 页。
② 参见美国法学会编:《美国模范刑法典及其评注》,刘仁文等译,法律出版社 2005 年版,第 8 页。
③ 参见张明楷:《轻罪立法的推进与附随后果的变更》,载《比较法研究》2023 年第 4 期。

(二)中国特色轻罪治理体系的基本构造

第一,中国特色的轻罪治理体系要立足中国实际。一方面,要立足我国的法律规定,建立在我国现行轻罪体系基础之上。如前所述,我国的轻罪体系包括微罪在内,即包括可能判处3年有期徒刑以下刑罚的犯罪和可能判处1年有期徒刑以下刑罚的犯罪。另一方面,要继承和发扬我国传统文化中的"慎刑"思想和"和"文化的精髓。从我国法制发展进程来看,"慎刑"思想一直处于主流地位,从唐尧、虞舜时代出现"慎刑"思想的萌芽;到西周时期明确提出"明德慎罚",主张道德教化与谨慎用刑;再到汉朝"德主刑辅"儒家思想被统治者正式确立为主流法制思想;最后沿袭至唐朝时,统治者将"德礼为政教之本,刑罚为政教之用"作为立法时应遵循的重要原则,并主张"轻刑慎罚"。① 儒家"和"文化集中表现了人与人、人与自然、人与社会之间的和谐共生,主张减少冲突和对抗,强调尊重、理解和宽容。儒家"和"文化是传统文化的精髓,蕴含"和为贵"、和解息诉的价值取向。② 我国传统文化中的"慎刑"思想和"和"文化的精髓,对于构建中国特色的轻罪治理体系具有重要价值,应当将其融入我国轻罪治理体系的基本构造之中,其中"慎刑"思想贯穿轻罪治理始终,"和"文化渗透于刑事和解、认罪认罚从宽、企业合规不起诉等制度之中。

第二,中国特色的轻罪治理体系是立体化的构造。轻罪治理体系作为一种体系化的构造,应当具有立体化的结构要素。中国特色轻罪治理体系的基本构造,应当立足我国轻罪体系的现实情况,借鉴传统"慎刑"思想及"和"文化的合理内涵,坚持刑事一体化的思路,覆盖立法与司法、实体与程序、行刑衔接、刑罚轻缓化与前科封存等四个维度、八重关系,以此作为构建中国特色轻罪治理体系的"四梁八柱"。在立法与司法关系方面,既需要积极主义立法主导下的轻罪立法,也需要消极主义司法的轻罪化处理;在实体与程序关系方面,实体上倡导的实质解释的出罪机制与程序上的不起诉、快速分流程序相互贯通;在行刑衔接方面,既要发挥行政处罚的前端截堵作用而不轻易动用刑法,又要激活非刑罚处罚的后端治理效能;在刑罚轻缓化与前科封存方面,一方面要推动针对轻罪的刑罚轻缓化,扩大并优化管制刑、罚金刑的适用,另一方面要对轻罪前科建立封存制度。

二、中国特色轻罪治理体系之立法与司法的互动

社会的快速变迁和与之相伴而生的不可控风险倒逼刑法体系结构的变化,在此形

① 参见詹奇玮:《慎刑思想的历史审视与当代提倡——兼论与域外谦抑理念的比较》,载《社会科学》2022年第6期。

② 参见孔宪峰、周秀红:《儒家"和"文化的理论实质》,载《南昌大学学报(人文社会科学版)》2011年第3期。

势下,遵循“严而不厉”的总基调,秉承积极主义立法观,在立法上以增设轻罪为主导,适度犯罪化以严密法网;在司法上坚持谦抑、保守的消极主义司法观,确保个案处理的合理性和妥当性,科学、合理地把握立法扩张与司法谦抑的互动关系。

(一)积极主义立法观

以《刑法修正案(八)》危险驾驶入刑为标志,至《刑法修正案(十一)》的施行,我国的刑法立法呈现出增设新罪的积极主义色彩,且以轻微犯罪为主。社会发展日新月异,人类社会正在从工业文明步入数字文明,各种难以预料的风险不断出现,刑法作为社会风险控制的重要手段,通过增设新罪的方式参与社会治理是时代发展的“刚性”需求。[①] 社会风险的不确定性和犯罪形态的迭代升级使得传统刑法观难以为继,积极主义立法观成为社会发展的必然选择。比如,《刑法修正案(十二)(草案)》紧紧围绕党中央依法保护民营企业的要求,进一步加强对民营企业的平等保护,增设了企业经营中的背信类犯罪条款。

轻罪治理体系背景下的积极主义立法观,不是盲目增设新罪,而是更注重对轻罪的预防和治理。以轻罪为主导,扩大刑法规制的范围,主要针对网络犯罪、经济犯罪、新业态新领域犯罪等。在刑罚配置上,坚持刑罚轻缓化原则,设置多元化的刑罚处罚措施,科学、合理地调控刑罚的配置,最终实现刑罚总量的下降。[②] 轻罪治理体系背景下的积极主义立法观,提倡的是理性、适当地扩大犯罪圈,以更好地预防未知的风险,构建法网严密但刑罚宽缓化的刑法结构,这与刑法的谦抑性精神内核并不冲突,也符合当前我国建设法治社会的需要。

(二)消极主义司法观

如果缺乏司法上的配合和互动,立法上的积极主义并不一定能形成轻罪治理体系,反而可能导致重刑主义。与积极主义的立法观相对应,应该树立消极主义的司法观。这种消极主义的司法观,是谦抑、保守的追诉理念,而非盲目、狂热、激进的犯罪追诉理念,与能动履职并不矛盾,反而更加强调能动履职以防止机械司法。

消极主义司法观的具体应用主要包括以下方面:一是要秉承能动司法理念,杜绝机械司法。“法律是鲜活的生命,而非僵化的规则”,司法人员要善于透过法条理解其背后的立法精神和基本价值,而不是机械化、程式化地照本宣科,甚至断章取义,因此秉持消极主义司法观与能动履职并不矛盾。二是要坚持谦抑性原则。古有“慎刑”思想,今有宽严相济刑事政策,都体现了适用刑罚的克制和慎重。通过其他法律足以规

---

① 参见周光权:《论通过增设轻罪实现妥当的处罚——积极刑法立法观的再阐释》,载《比较法研究》2020 年第 6 期。

② 参见储槐植、何群:《刑法谦抑性实践理性辨析》,载《苏州大学学报(哲学社会科学版)》2016 年第 3 期。

制某种行为时,不可轻易将该行为定性为刑事犯罪。同时,遵从必要性原则,即刑罚以实现预防犯罪目的为限,通过最有限的刑罚最有效地控制和预防犯罪。三是树立合作型司法理念,汲取传统"和"文化思想。从传统的国家与犯罪之间二元对立模式,转变为被告人与被害人合作、被告人与国家合作的合作型司法理念。其中,被告人与被害人的合作主要体现为刑事和解,轻罪和解导致不起诉、免刑,从司法上推动治理体系的轻刑化;被告人与国家的合作,在自然人犯罪领域体现为认罪认罚从宽制度,在单位犯罪领域体现为涉案企业合规不起诉制度。

三、中国特色轻罪治理体系之实体与程序的贯通

轻罪治理体系需要建立健全贯通实体与程序的"漏斗式"的轻罪出罪机制。在实体方面,坚持实质解释方法论,从客观到主观递进式审查,严格把握入罪条件,对不具有法益侵害性的案件实质出罪。同时,对进入刑事诉讼程序的案件实行繁简分流,建立轻罪案件快速处置机制,在用好现有的不起诉制度的基础上,完善中国特色附条件不起诉制度,建立贯通实体法与程序法的一体化的出罪机制。

(一)实质解释的实体出罪机制

实质解释与形式解释相对应,实质解释更强调探求法律条文背后的实质正义。以实质解释认定罪与非罪,就是要求办案人员不能仅从表面上审查案件是否符合刑法构成要件,更应"穿透式"地审查行为背后有无实质危害性、有无值得保护的法益,防止盲目入罪。[①] 行政犯时代已经来临,且大量的行政犯是轻罪,而行政犯的法益具有抽象性,更加需要运用实质解释的方法判断有无具体的法益侵害,对于没有具体法益侵害的行为应当予以出罪。如陆勇销售假药案,从表面上看,未经批准从国外购进抗癌药品的行为违反了《药品管理法》,涉案药品应当以假药论处,但实际上涉案药品有利于癌症患者的身体健康,陆勇的行为没有实质侵害法益,不能轻易入罪。

需要特别指出的是,在具体办理案件过程中,目光要不断往返于刑法分则与总则之间,要实质把握和合理运用"但书"出罪条款。《刑法》第 13 条规定,情节显著轻微危害不大的,不认为是犯罪。"但书"条款通过对犯罪危害性大小的充分考量,将不具有实质违法性的行为排除在犯罪之外。一方面,要关注司法解释中对"但书"条款的具体化,如最高人民法院、最高人民检察院《关于办理敲诈勒索刑事案件适用法律若干问题的解释》第 6 条第 1 款规定,敲诈勒索近亲属的财物,获得谅解的,一般不认为是犯罪;认定为犯罪的,应当酌情从宽处理。最高人民法院《关于审理非法集资刑事案件具体

---

① 参见刘艳红:《刑事一体化视野下少捕慎诉慎押实质出罪机制研究》,载《中国刑事法杂志》2023 年第 1 期。

应用法律若干问题的解释》第6条第2款规定,非法吸收或者变相吸收公众存款,主要用于正常的生产经营活动,能够在提起公诉前清退所吸收资金,可以免予刑事处罚;情节显著轻微危害不大的,不作为犯罪处理。对于符合以上规定的行为,要合理充分地予以出罪。另一方面,对刑法分则中相关罪名未作明确解释的,也应当基于刑法总则对分则的统领作用,对情节显著轻微的行为予以出罪。

(二)合理有序的程序出罪机制

实体上的出罪最终要以正当程序实现,程序上的出罪机制关键在于不起诉制度。定罪免刑也是一种出罪程序,但是会经历多个诉讼环节,耗费大量司法资源,而且会给被告人留下犯罪前科记录,社会成本过大。目前,我国刑事诉讼中的不起诉制度主要包括相对不起诉、和解不起诉、绝对不起诉、存疑不起诉、附条件不起诉、核准不起诉。①

相对不起诉是"慎刑"思想的重要体现,应当充分和规范适用。充分适用是指对于符合不起诉条件的轻罪案件,能不起诉的尽量不起诉。和解不起诉是"刑事和解+相对不起诉"。附条件不起诉是"附加条件的相对不起诉",既体现了"慎刑"思想,也是对传统"和"文化的传承。我国《刑事诉讼法》第282条针对未成年人犯罪设立了附条件不起诉制度。附条件不起诉是附加条件的不起诉、不处罚,相较于起诉、判决而言,能够有效避免刑罚的附随后果;相较于相对不起诉而言,通过附加监管措施来预防再犯。因此,将附条件不起诉的适用范围扩大到成年人所犯的特定类型的轻罪具有重要意义。同时,针对单位犯罪,若涉罪企业自愿承诺合规整改,可为其设定一定的考验期,若其在考验期内遵守规定并有效合规整改,则可以对企业不起诉,这是建立中国特色企业合规司法制度的重要内容。②

(三)轻罪案件快速处理程序

2019年习近平总书记在中央政法工作会议上强调,要推进案件繁简分流、轻重分离、快慢分道。只有快速处理认罪认罚的轻罪案件,才能保障重大复杂的案件得到精细化办理,也只有通过繁简分流,合理配置司法资源,才能真正实现以审判为中心。2018年《刑事诉讼法》修正时,认罪认罚从宽制度和速裁程序正式被写入法律,为案件轻重分离、快慢分道提供了法律依据。在轻罪治理体系背景下,应当建立认罪认罚的轻罪案件的全流程程序简化机制,对可能判处3年有期徒刑以下刑罚的案件,若案件事实清楚,证据确实充分,犯罪嫌疑人认罪认罚,对指控的犯罪事实无异议,则可以实现侦查、审查逮捕、审查起诉、审判程序的全流程快速处理,通过程序简化的方式解决

---

① 核准不起诉是指我国《刑事诉讼法》第182条规定的,犯罪嫌疑人自愿如实供述涉嫌犯罪的事实,有重大立功或者案件涉及国家重大利益的,经最高人民检察院核准,公安机关可以撤销案件,人民检察院可以作出不起诉决定,也可以对涉嫌数罪中的一项或者多项不起诉。

② 参见李勇:《企业附条件不起诉的立法建议》,载《中国刑事法杂志》2021年第2期。

"简易不简""速裁不速"的问题。①

四、中国特色轻罪治理体系之行刑衔接

中国特色的轻罪治理体系应当坚持治罪与治理并重。对于不需要动用刑法的轻微行为应当发挥行政处罚的前端截堵作用；对于构成犯罪但可以不起诉、免刑的行为予以出罪化处理，也要发挥非刑罚处罚措施的后端治理作用，实现刑事处罚与行政处罚有序的、良性的衔接。

（一）发挥行政处罚的前置作用

我国长期采取行刑二元制裁体系，针对同一行为，往往同时规定了行政责任和刑事责任。但刑法具有最后手段性，只有在其他法律不足以惩治时才动用刑法。据不完全统计，围绕食品安全、药品管理、生态环境保护等领域，《治安管理处罚法》与《刑法》中对同一事项均有规定的就有 40 余项。但是在执法实践中，行政处罚并未充分发挥前端截堵作用。例如，在农村或山区，猎捕麻雀、青蛙、野兔等行为屡见不鲜，行为人甚至不知道此类行为是违法犯罪，行政执法机关也极少处罚类似行为，如果行政机关对此类行为及时给予行政处罚以达到预防效果，就没有必要直接入罪了。因此，在轻罪治理体系下，应加大行政机关在市场监管、生态环境、交通运输、应急管理、农林等领域的综合执法力度，将违法行为及时遏制于"萌芽"状态，有效截堵刑事犯罪。在行政处罚不足以惩治的时候，再通过入罪予以规制，建立"从行到刑"的有序衔接，协同推进社会治理。

（二）激活《刑法》第 37 条的非刑罚处罚

轻罪时代，不起诉案件增多，对被不起诉人的替代性监管措施对于预防再犯至关重要。我国《刑法》第 37 条针对轻罪免予刑事处罚（包括相对不起诉、定罪免刑）的案件规定了非刑罚处罚措施，包括训诫、责令具结悔过、责令赔礼道歉、责令赔偿损失、移送主管部门予以行政处罚或者行政处分五种。这五种措施在理论上属于刑事责任的承担方式，是对犯罪情节轻微不需要判处刑罚的犯罪人给予实体刑罚以外的处罚方法，属于替代性处罚措施。当前存在的问题，一是这些非刑罚处罚措施长期没有得到有效、规范适用，处于待激活状态；二是非刑罚处罚措施体系很不完善，替代性处罚措施单一，特别是社会公益服务令制度在立法上尚处空白。构建科学的轻罪治理体系，应当通过制定司法解释来激活并规范适用非刑罚处罚措施，同时在立法上尽快建立社会公益服务令制度。

---

① 参见李勇：《认罪认罚案件"程序从简"的路径》，载《国家检察官学院学报》2019 年第 6 期。

五、中国特色轻罪治理体系之刑罚轻缓化与前科封存的协同

中国特色轻罪治理体系下,应健全与轻罪相适应的轻缓的刑罚配置,激活管制刑,扩大并优化罚金刑,并探索建立轻罪前科封存制度。

(一)激活管制刑

轻罪犯罪人的主观恶性和行为的社会危害性相对较小,入监执行刑罚不仅不利于其改造,反而会导致"交叉感染",不利于预防犯罪。轻罪在刑罚执行上尽可能适用非监禁刑。管制作为刑罚主刑中最轻的刑罚,是唯一一个限制而非剥夺罪犯人身自由的刑罚,但在司法实践中却未得到广泛适用。笔者在中国裁判文书网上进行检索,2020年8月4日至2023年8月4日,共有915331份一审刑事判决书,其中判处管制的案件仅4238件,管制刑适用率不足千分之五,这与当下犯罪结构轻刑化和刑罚轻缓化的趋势明显不符。① 鉴于此,应加大管制刑的配置和适用,对轻罪,特别是对初犯、偶犯或犯罪情节轻微、人身危险性较小、具有积极悔过自新主观意愿的行为人,在能适用管制刑时,不要轻易适用拘役或有期徒刑等实刑。同时,进一步明确和完善社区矫正中管制刑人员的劳动改造内容和惩戒措施,以充分彰显教育改造的意义和价值。

(二)扩大并优化罚金刑适用

罚金刑作为刑法上可以独立适用的附加刑,既可实现报应效果,又能有效避免监禁刑带来的罪犯"交叉感染"、难以再社会化等负面影响。对于行为恶性不大、危害后果轻微的轻罪罪犯,适用罚金刑往往比自由刑更有用。罚金刑在轻罪治理中具有十分重要的意义,需要在轻罪中扩大优化罚金刑的适用。这里的扩大适用是指"独立适用罚金刑"范围的扩大,而非"自由刑并处罚金"范围的扩大。对轻罪以独立适用罚金刑代替自由刑,既符合"慎刑"思想,更有利于改造罪犯。同时也要对罚金刑进行优化,一方面大量的经济犯罪的罚金刑数额太低,很多罪名的罚金刑远远低于行政法规中的罚款数额,形成"行刑倒挂"的不合理现象;另一方面要灵活把握罚金刑的裁量及执行方式。罚金刑的缴纳能力是影响预防刑的重要因素,对于罚金缴纳能力强的"富人",只有提高相应的罚金数额,才能让其体会到犯罪的代价,以实现预防目的;对于罚金缴纳能力弱的"穷人",少量的罚金就能让其体会到犯罪的代价进而实现预防目的。② 虽然我国刑法规定了分期缴纳、减免缴纳等多种罚金刑执行方式,但仍然存在罚金刑"空判"、执行难等问题。为避免罚金长期执行不到位,浪费司法资源,可建立罚金

---

① 参见中国裁判文书网,https://wenshu.court.gov.cn,2023年8月4日访问。

② 参见李勇:《认罪认罚与企业合规:从原理到实操》,法律出版社2022年版,第158—159页。

刑易科制度，对于有能力缴纳而恶意不缴纳的行为人，由罚金刑易科为自由刑，并设置专门的场所予以执行；对确实没有能力缴纳的行为人，由罚金刑易科为公益劳动，通过劳动改造折抵罚金。

（三）建立轻罪前科封存制度

随着轻罪时代的到来，大量轻罪前科人员涌现，原来“一刀切”的前科制度导致刑罚附随后果过度扩张，不仅使犯罪人本人因如影随形的“犯罪标签”难以回归社会，而且还影响其子女的就业、入伍，影响社会稳定，社会治理代价和成本过高。在轻罪治理体系下，配套建立中国特色的轻罪前科封存制度势在必行。一方面，可以借鉴未成年犯罪人前科封存制度的立法经验，对轻罪前科进行“封存”而非“消灭”，以增强社会公众的可接受度；另一方面，明确前科封存的适用范围，将前科封存制度的适用对象限定为轻罪或微罪，即被判处3年有期徒刑以下刑罚或1年有期徒刑以下刑罚的犯罪，并明确排除危害国家安全犯罪、恐怖活动犯罪、黑社会性质组织犯罪、毒品犯罪、暴力性犯罪以及累犯、惯犯，同时设置一定的考验期限，进行循序渐进式立法。

论我国轻罪附随后果的问题及其化解

李晓璇*

一、我国轻罪附随后果的配置现状

《德国刑法教科书》中所称的犯罪附随后果,是指由该犯罪引起,由犯罪人承受的刑罚,以及保安处分之外的其他法律后果。① 而我国刑法并未明确这一概念。有学者提出,与附随后果相比,散见于各类社会治理文件中的"与犯罪人直接关联,基于其所受的刑罚惩罚所发生的职业限制与排斥、落户积分和考试资质的限制、社会评价的减损、义务负担增加等负价值与不利益",因其强制性的权利克减与义务增附,对人格的贬损、对信誉的伤害,更像是一种包含法律与非法律手段的制裁举措,故应称之为刑罚附随制裁。② 在中文语境中将"后果"变为"制裁",淡化了犯罪人自身选择的主观色彩与犯罪行为引发社交障碍的客观因果,同时加重了犯罪附随后果的制度责任。犯罪附随后果并非主观随意的人为安排,其作为一种与犯罪现象相伴而生的必然现象,有自身存在和发展的客观规律。将犯罪附随后果当成刻意追求、额外添加的惩罚,当成与其他形式的人际排挤、歧视同等的消极行为,会导致对其功能及制度价值的误判。

我国现行《刑法》中并没有对附随后果的详细规定,而是以第 37 条之一将利用职业便利、违背职业伦理的犯罪与从业禁止期限挂钩,概括地规定了就职就业方面的附随后果。其他法律、行政法规对从事相关职业另有禁止或者限制性规定的,从其规定。这里的其他法律、行政法规,不仅是零散繁杂、具有地域特色的,也是随时势需求不断变化的。但主要的作用领域,还是集中在与就学考试、就业执业相关的资格方面,具体散见于法律、行政法规、地方政府规章、地方性法规、部门规章和各机关单位、大型组织的管理文件中。"犯罪记录" 随时随地被各类权力主体所掌握,被转化为公民参与正常社会生活的重大资格障碍。有学者将现存的诸多犯罪附随后果分为权能型、利益型、资质型三个大类:首先,不能执掌国家机关公权,不仅不能作为公务员直接履职行权,亦不能受聘、受委托参与公共事务的管理工作;不能进入国企管理或支配国有资

* 北京师范大学法学院博士研究生。

① 〔德〕汉斯·海因里希·耶赛克、〔德〕托马斯·魏根特:《德国刑法教科书》,徐久生译,中国法制出版社 2001 年版,第 947 页

② 参见王瑞君:《"刑罚附随性制裁"的功能与边界》,载《法学》2021 年第 4 期。

产，不能进入事业单位管理有公益性质的社会事务，亦不能进入银行等机构管理金融资产；不能就职于部分规模较大、管理较正规的企业。其次，在某些地区，可能被取消养老、低保、抚恤、补助资格，还无法迁移户口，无法变更姓名；一定时期内被禁发护照签证。最后，无法从事需要职业资格考试、取得执业证书的社会工种，律师、教师等职业道德标准较高的行业自不必说，像金融、鉴定、救援队、刻章办证、导游、业委会委员等职业也有可能将其排除在外。① 犯罪带来的痕迹，体现为名副其实的“人生污点”，一旦染上就难以摆脱，不知在何时何地就成为打破平静生活的一声惊雷，让失足犯罪者赎罪后复归社会的积极愿望落空。多数文件中所设定的排除规则不会因原犯罪的性质和程度有所区别，“受过刑事处罚”就是唯一的标准。

二、现行轻罪附随后果配置带来的负面影响

（一）与刑罚轻缓化趋势脱节

近10年来，我国进入轻罪时代，暴力杀伤、“两抢”犯罪的数量持续走低，3年有期徒刑以下刑罚的轻刑案件占比已达八成。② 随着城市化进程的发展，人们对他人侵权行为的容忍度陡然降低。一些曾经只被认为不文明、没素质的行为在民意呼声中被划入刑法的规制范围。大量轻微犯罪产出大量“有错，但不够坏”的轻犯罪人，其偶发的对社会秩序的破坏，或对他人的加害行为，虽可鄙但罪不致“死”，其所造成的侵害后果令人嫌恶但并非无可挽回，对其施加刑罚从而带来的罪犯化负面效应凸显，动摇了原有“重刑结构”的正义性根基。至少在当今这个发展阶段，部分“犯罪”的罪名比之前更轻，与之相对应的“刑罚”也就更温和。对轻犯罪而言，多元化、轻缓化的协同治理成为必然趋势。

（二）与刑罚严厉性效果倒挂

在认罪认罚从宽、少捕慎诉慎押等措施在刑事司法的上游初见成效后，公民获轻罪而发生“身份质变”的严峻问题又在下游凸显。原本被我国朴素正义观视为理所应当的犯罪附随后果，一旦发生在诸如危险驾驶罪，帮助信息网络犯罪活动罪或危害珍贵、濒危野生动物罪这类罪名中，有相对正常生活状态的“良民”也容易“一失足成阶下囚”，从而可能产生罪刑不相适、公权力过分威压公民个体的结果，足以冲击常识，使公众形成刑事司法不公平、不合理的直观感受。法外之“刑”随意且畸重，亦如附骨之疽般难以摆脱，“受过刑事处罚”的标签将犯罪人与他们的子女推向正常社会生活的对立

---

① 参见彭文华：《我国犯罪附随后果制度规范化研究》，载《法学研究》2022年第6期。

② 参见卢建平：《为什么说我国已经进入轻罪时代》，载《中国应用法学》2022年第3期。

面。而迫害那些社会功能良好的个体,不论对该个体还是对社会,都没有好处。社会功能正常的个体因初犯、偶犯轻罪(如危险驾驶罪)而受刑事处罚,导致刑罚与附随后果的严厉程度倒挂,这种现象伴随轻微犯罪体系的逐步成型而越发明显,也引起了对刑罚附随后果本身的否定和批评。

三、轻罪附随后果配置应当遵循的原则

有学者提出,以其他法律、法规等对犯罪规定终身性的附随后果,既不合理,也不符合宪法要求,不如将其删除,转而完善刑法中的附加刑,即以必要性与关联性为前提,"将禁止在一定期限内从事特定职务或者职业规定为既可附加适用也可独立适用、既可择一适用也可合并适用的资格刑"①。以这一解决思路应对上文提到的资质型犯罪附随后果,合理对症。而其他广泛多发的权能型及利益型犯罪附随后果,不论是已经存在于各种规章中的,还是可能会被添加进各级政府、企事业单位规范文件中的,都无法一删了之,也无法靠个体维权去有效解决。轻罪附随后果虽轻,仍带有社会防卫与报应性质,不加规制并不能让其消失,反而会使其失去成文法的制约,愈加倒退和混乱。对轻罪附随后果的配置应尊重客观规律,把握适度标准。

(一)助力防卫社会

预防刑法、积极刑法观、入罪门槛降低、犯罪圈扩张等趋势,事实上处在同一语境中。人们解决了温饱生存问题,试图获得更安稳的生活,由惩罚已经发生的犯罪,震慑潜在犯罪分子,向主动隔绝犯罪的目标进发。早在古希腊城邦时期,《尼各马可伦理学》中"受公正、不公正的对待与意愿行为"一节就论及城邦(社会)的维系,需要依靠正义的交换——即便以善报善、以恶报恶并不能代表绝对的公正,施恶行者也绝不能比施善行者获得的好处更多,哪怕只是"看上去有可能得到"的好处也不行。② 正所谓"对外在善的分配若不能恢复,正义的尊严就会折损"③。犯罪附随后果的存在,使人愿意相信,犯罪人在服刑完毕后,仍将延续犯罪耻感,与白璧无瑕的道德模范截然不同,与体面的生活方式无缘。这就意味着,犯罪者及其直系后代将与只有道德达标者才能够进入和享有的特定领域、特定层级、特定机会、特定权利无缘。

社会信念能够引起社会成员内心自发的强制,为犯罪预防提供有效支持。在能够理性考虑犯罪后果的情况下,行为人不仅要对照刑法中规定的刑期估算犯罪的"投入

---

① 张明楷:《轻罪立法的推进与附随后果的变更》,载《比较法研究》2023年第4期。

② 参见〔古希腊〕亚里士多德:《尼各马可伦理学》,廖申白译注,商务印书馆2003年版,第169—174页。

③ 〔加〕阿瑟·舒斯特:《惩罚与政治哲学史:从古典共和主义到近现代刑事司法危机》,邱帅萍译,商务印书馆2021年版,第43页。

产出比”,也要明确知道自己将被贴上犯罪标签,在社会生活各方面终身承担不利后果。比起刑法中具体的刑罚“价码”,犯罪标签带来的道德压力和生活困难,更通俗易懂,也更容易在受教育程度有限的人群中传播,潜移默化地塑造社会习俗,有效影响社会成员的行为决策。犯罪标签代表的不利益,决定着人们关于犯罪后果的社会信念,即自己对犯罪后果的认知,及自己相信的他人对犯罪后果的认知——人们相信其他人都是怎么看待、对待有过犯罪记录的人。道德之外,犯罪附随后果间接地与整个家庭的发展机会相连,作为一种可变现的资格,自然也与家庭成员的体面相连。犯罪附随后果上的“株连”,尽管有违刑法罪责自负的基本原则,却仍被大范围适用,在道德伦理之外,另有功利性的考量——利用亲缘纽带实现每一个社会细胞的内部牵制,将家庭产生的责任控制,转化为抵抗犯罪倾向的强制,所带来的社会稳定效果不容小觑。

(二)弥补报应缺失

犯罪招致必然降临的惩罚,这是刑罚正义的因果逻辑。伴随文明的进步,愈加人道的规则、趋于轻缓的手段得到普及,却并未改变刑法以暴制暴、对已经发生的恶行强加否定评价与谴责①的作用机制。社会成员在衡量、评价自身行为时,需要参照残酷、具体的暴力剥夺,作为对良善、亲和的嘉赏。不同的风俗文化环境中,报应追随犯罪变换形态,五花八门的罚则出现过,各种形式的报复手段发挥过作用,又消失于历史长河。类似罚金、拘役和有期徒刑被刑法吸纳,拘留和罚款被治安管理处罚法固定,而求学、求职、婚恋、户口迁移、考试资格、行业准入、社会信誉等方面的不利益,没有被刑罚及保安处分吸纳固定,仍然零散地存在于社会生活中,随人们社会生活方式的发展变迁而演变出各种具体形态。这种带有歧视色彩的社会心理现象,影响犯罪人,也影响其他社会成员对罪错边界的理解把握。集体主义文化中,对概念上的坏人、恶行的抨击围堵是自底层自发弥散开的,靠惩罚支撑,与刑法呼应。即便不为了延续报应的长效机制,也要将道德上的不义与尊荣完全隔离,以确保伦理回报的纯粹性,确保人们对道德愉悦②的易感性不受干扰,从而确保自我驯化的逻辑不至混乱。对犯罪者嫌恶、唾弃甚至恐惧,使其“如过街老鼠被人人喊打”“因行差踏错而前途艰难”,是刑罚暴力残忍却正义的道德立足点,也是其预防功能的威慑力来源。犯罪附随后果的存在,是社会对反社会行为进行排斥、防卫的重要一环,与刑罚并行不悖。从这个意义上看,将它归结为刑罚造成的额外“制裁”并不准确,回归其本源,它是犯罪的“后遗症”,也是社会对不利于自身稳定运行的行为产生的自然免疫。

---

① 参见张明楷:《论刑事责任》,载《中国社会科学》1993 年第 2 期。

② 参见〔德〕康德:《道德形而上学的奠基》(注释本),李秋零译注,中国人民大学出版社 2013 年版,第 175 页。

四、调整我国轻罪附随后果配置的构想

(一)借助恢复性司法理念对轻罪附随后果进行分类调整

恢复性司法(Restorative Justice)理念相关的一系列原则,最早可以追溯到巴尼特(R. Barnett)在 1977 年发表的《赔偿:刑事司法中的一种新范式》,以"被害人与犯罪人调解"为切入点,提出了不同于单纯改造、惩罚等传统报应方法、由与特定犯罪有利害关系的相关各方共同参与犯罪处理的新范式。① 该理念积极回应现代社会的经济属性,更偏重功利性而非报应性,在人本主义思潮的带动下,迅速在世界各国得到实践响应。2000 年,在维也纳举行的第十届联合国预防犯罪和罪犯待遇大会讨论通过了《关于犯罪与司法:迎接 21 世纪挑战的维也纳宣言》,明确提出对"调解和恢复性司法机制"的开发和扶助计划。② 对这一理念体系的定义,会因所处的地区、所属的法律系统不同,以及实施标准上的差异,而发生变化。但其核心始终围绕通过修补、恢复某一犯罪行为所造成的损害来实现正义。③ 加拿大学者苏珊·夏普(Susan Sharpe)提出的恢复性司法五项要点包括:自愿协商参与、弥合犯罪创伤、侵害方对被害方直接负责、整合犯罪对社区(社会)造成的分裂、社区是通过恢复性司法预防犯罪的主要场域。④ 恢复性司法所倡导的由侵害方直接对被害方承担责任,实际上更符合赎罪的因果逻辑。不论是在刑罚部分,还是在犯罪附随后果部分,尊重道义上的因果性,但剥离这种因果与人格的捆绑,尝试采取其他方式代偿,这是与我国法文化背景比较贴近的解决思路。犯罪人答责的因果性,是面向被其损害的社会关系的实在的因果关系,平行、平等地回归社会,而不是自下而上地向政府、制度进行间接的、模拟的答责。这一方向的调整在民主法治的发展路径上尤为可贵。

(二)恢复性司法理念对轻罪附随后果的分类调整

1. 增设非监禁刑种,加速强制措施法治化进程

通常所称的资格刑,是通过限制从业等行为资格,关闭发展通道,改变犯罪人日常高频接触的外部环境,从而消减潜在犯罪诱因,预防再犯。现行《刑法》第 37 条之一的从业禁止条款正是此种有益尝试,与《未成年人保护法》《教师法》相结合,已经在保护

---

① 参见吴宗宪:《恢复性司法述评》,载《江苏公安专科学校学报》2002 年第 3 期。

② 参见刘方权:《恢复性司法:一个概念性框架》,载《山东警察学院学报》2005 年第 1 期。

③ 参见王宏玉:《恢复性司法及在我国的前景》,载《中国人民公安大学学报(社会科学版)》2009 年第 4 期。

④ 参见王平:《恢复性司法在中国的发展》,载《北京联合大学学报(人文社会科学版)》2016 年第 4 期。

未成年人的相关工作中发挥实效。① 上文列示的诸多现存的犯罪附随后果,实质上也承担着非监禁强制的刑罚功能。延续这一思路,可以对现在无序泛滥的从业障碍进行梳理后,将其确定为法定的从业限制规则,在特殊的与身份、环境相关的犯罪类型中附加适用。不仅可以剥夺某项资格终身,也可以针对具体个案灵活地设置除权期限。除此明文规定外,禁止以其他规范形式剥夺公民平等的就学、就业权利。这样便能充分发挥罪刑法定原则的制约作用,既满足对特定罪行犯罪人的长期预防需求,又避免粗糙泛化的资格剥夺阻碍其他服刑完毕的人员复归社会。

2. 利用数据技术,建立全国犯罪信息管理体系

早在 2012 年,最高人民法院、最高人民检察院、公安部、国家安全部、司法部就联合发布了《关于建立犯罪人员犯罪记录制度的意见》,确定条件成熟后组建全国犯罪信息数据库的大方向。在功能上要求实现"犯罪人员信息的网上录入、查询和文件流转",实现犯罪人员信息的共享,并与被治安管理处罚人员、被不起诉人员等信息数据库有序衔接。2013 年,最高人民检察院发布《关于行贿犯罪档案查询工作的规定》(已失效),针对检察院自行侦查的行贿犯罪,详细设定了犯罪记录的登记录入、整理存储、查询告知乃至定期封存制度。其间,全国各地都在进行信息化、网络化,以及组建数据库的尝试。但查询公民犯罪记录最主要的还是向其所在地公安机关申请,户籍所在地、经常居住地派出所作为数据库的输出前端,经内网查询,可以出具本市范围内无犯罪记录的证明。经济发达、技术水平较高地区能实现同步数据传输,而欠发达地区仍保持通知、寄送的传统方式,有滞后性,也容易出现错漏。2021 年,为规范全国公安机关犯罪记录查询工作,公安部印发了《公安机关办理犯罪记录查询工作规定》,随后各地公安机关跟进发布办理犯罪记录查询工作规定的相关细则,着重对个人、单位等申请办理查询告知函、无犯罪记录证明业务作出原则性的指引,特别是与未成年人犯罪记录封存制度有非常详细的衔接设置。

在后端,可由国家数据局牵头,与最高人民法院、最高人民检察院、公安部、司法部、国家安全部中负责信息化建设的部门相互配合,建立覆盖全国的违法犯罪信息数据库框架。确定数据录入的主体范围、种类标准、时间节点和内容要素,以填写表单的形式收集上传,并进行分类整理,形成不可擅自修改、查阅、传输的国家级总库。利用区块链技术,数据库信息可以随每次录入操作刷新,做到实时同步,修改留痕。在前端,向负有管理职责、具有管理需求的机关、单位、个人发放永久或临时的数据调取权限。针对传统查询方式手续烦琐、多头共管的弊端,对民用需求,普及线上申请、办理的便捷方式,而政府各机构则通过链接数据库接口到本地来直接共用,避免多层转递

---

① 参见最高人民法院、最高人民检察院、教育部印发《关于落实从业禁止制度的意见》的通知(法发〔2022〕32 号)。

的烦琐与风险。①

3. 经审查后批准封存特定类别的犯罪记录,准予前科消灭

已经有非常多的学者就犯罪附随后果多发的乱象提倡过前科消灭、犯罪记录封存等改革办法。② 为保护未成年人权益,刑事诉讼法已经对未成年犯罪人普及适用前科报告义务免除和犯罪记录封存等制度。可以预见,面向成年犯罪人的有中国特色的前科消灭制度在不久后也会成型,从而有效解决轻罪附随后果与轻刑罚倒挂的矛盾。需要担心的不是对畸重的纠正,而是"一刀切"式的前科消灭将损害刑罚正义的道德根基。

(1)不宜对成年犯罪人适用犯罪记录自动封存,而应采用申请审查制。服刑是对刑事犯罪担责、赎罪的过程,而努力洗刷犯罪污名的过程,是修复受损法益、使犯罪人重回社会怀抱的过程。前科消灭的标准,可以采取"一定期间"加"行为要素"的方式,在当事人提出申请后,由检察院或法院组建部门作为审查主体,进行综合判断。未获得批准的,可申请听证或进行申诉。犯罪人服刑完毕后,经过宣告的期间,可向审查部门在线提交申请表单,同时授权审查部门调用行政处罚、刑事处罚、个人信用记录等数据信息,证明再无故意违法犯罪行为。有被害人的,还可以申请审查部门参考被害人意见,结合公益服务情况,证明已积极修复伤害,犯罪人适合复归社会。经过审查获得批准的,曾经的相关犯罪信息封存,除公安机关、检察院、法院、国家安全机关内部使用外,不再对外公开,如查询,会显示"无犯罪记录"。这样可以从源头上杜绝后续隐患——即便地方上某些单位发布了歧视性的除权规则,只要查不到犯罪记录,这些规则就没有办法落地。

(2)不适用犯罪记录封存的犯罪类别,不受法定刑或宣告刑较轻的影响。对曾经犯罪之人复权,恢复其与其他未犯罪社会成员平等的权益,是前科消灭制度的终点。③ 而复权所抹掉的犯罪痕迹,只有在符合恢复性司法理念的前提下,对社会、其他社会成员来说才是公正的。如前文所述,像性犯罪,黑社会性质组织犯罪,毒品犯罪,拐卖人口犯罪,邪教犯罪,放火、决水、爆炸、投放危险物质等故意危害公共安全、危害国家安全的犯罪等,由于极高的人身危险性、道义上的可鄙性、对法益侵害的不可修复性,对犯罪人进行标签化标记识别,是对其他社会成员的保护。用常识去判断,让强奸犯、毒贩、黑社会头目、邪教分子等入党考公,是不合理且不现实的。现有犯罪附随后果并没有封闭绝大多数普通谋生路径,没有必要对此进行画蛇添足的改革。

---

① 参见唐淑臣、许林逸、胡峰:《国家犯罪记录信息系统构建研究》,载《中国人民公安大学学报(社会科学版)》2023 年第 1 期。

② 参见崔志伟:《积极刑法立法背景下前科消灭制度之构建》,载《现代法学》2021 年第 6 期。

③ 参见程骋:《前科消灭与复权制度在刑罚体系中的定位及逻辑关系解构》,载《江汉论坛》2021 年第 12 期。

(3)对特定罪名犯罪人员终身公开犯罪记录,与信用记录体系衔接,全网可查。我国至今没有建立起对性侵害未成年人的犯罪人的信息进行公示的预警制度。浙江省慈溪市在2016年以《性侵害未成年人犯罪人员信息公开实施办法》的形式做出过突破性尝试,该办法被称为中国版《梅根法案》。该办法规定,对曾性侵害未成年人的行为人,在刑期届满或假释、缓刑期间,通过政府门户网站、微信公众平台、微博等渠道公布该行为人信息。[①] 文明社会,与曾有犯罪前科的成年人相比,无辜的儿童更值得保护。而分类、分等级处理犯罪记录信息,正是为了遵循宽严相济、轻重有别原则,对某些犯罪行为,不仅不能消除记录,还要扩大公示范围,加大监控力度。借助犯罪记录信息系统的构建,出台真正的中国版《梅根法案》。

4. 除特殊罪名具有明文规定以外,禁止株连式的犯罪附随后果配置

以政审为主要表现形式的"前科株连"现象,也被当作犯罪附随后果进入讨论范围。孩子即便不是父母犯罪的直接被害人,也会是间接承受犯罪不良影响的受害者一方。成年子女参与协助父母犯罪的,会因其帮助行为入罪;利用家庭关系独立进行贪腐活动的,也有利用影响力受贿等罪名对其予以制裁。如果不是这两种情形,不论是在情理上还是在法理上,都说不通为什么子女要做他人罪行的"祭品",被无辜剥夺人生的选项。对人身危险性的预防性评价,是基于犯罪人自身的犯罪事实,对其再犯可能性作出推测,而不能以亲属犯罪的事实去猜测无辜公民的"初犯可能性"。即便考虑养育环境对人格形成的潜在影响,也应当经过深入研究,找到那些最有可能诱发近亲属犯罪的犯罪种类或者犯罪人类型,个别地设定针对性牵连规则。除此之外,其他株连一概应当因违宪而被根除。

---

① 参见汪润、罗翔:《性侵儿童犯罪的司法认定》,载《人民司法》2020年第17期。

我国轻罪制裁体系的制度性思考

徐慧贤*

刑法作为一种重要的社会规范，自然也应随着社会结构的发展变化而作出相应调整。在中国特色社会主义建设已然迈入新时代的当下，经济的持续发展和技术的不断革新不仅催生犯罪结构的不断演变，也间接推动我国轻罪立法化工作的持续开展。刑事法网的延展必然导致犯罪圈的扩大，也使得既往以"重刑治重罪"作为指导思想的犯罪制裁体系心余力绌。面对业已到来的轻罪时代，如何结合我国实际情况搭建与之相配套的轻罪制裁制度，从而建立具有中国特色的轻罪制裁体系，是实现新时代刑事犯罪治理能力现代化首先要解决的问题。

一、当下我国轻罪制裁体系的现状检视

（一）规范层面：轻罪进入刑法规制视野

自《刑法修正案（八）》增设危险驾驶罪和虚开发票罪始，这种在立法层面增设轻罪的积极态势就引起了理论界和实务界的广泛讨论和持续关注，《刑法修正案（十一）》的出台更是为其添油炽薪。不难看出，我国刑法正在以一种前所未有的积极姿态进行轻罪立法。① 有学者对这种效仿国外规制轻微罪的方案，将本应由《治安管理处罚法》管辖的部分行为强行纳入刑法轨道的做法提出了质疑，认为这种立法倾向是对中外国情巨大差异的忽视，并主张应该停止这种对刑法调控范围的扩张。② 我国刑法长久以来所采取的定性+定量的立法体例与大陆法系国家刑法的单纯定性分析模式之间存在根本性区别，照搬照抄国外轻微犯罪规制模式的做法自然不可取，但这并不意味着不可以参考域外治理轻微犯罪的成熟经验。我国当下正处于社会转型的关键时期，社会主要矛盾发生变化，人民生活水平稳步提升，值得法律保护的利益的范围变广，也给侵犯各种新生利益的犯罪行为提供了生存土壤。全社会法治观念的明显增强使得人民群

---

* 中南财经政法大学刑事司法学院博士研究生。

① 参见陈兴良：《轻罪治理的理论思考》，载《中国刑事法杂志》2023 年第 3 期。

② 参见刘艳红：《我国应该停止犯罪化的刑事立法》，载《法学》2011 年第 11 期。

众对刑法及其他法律规范提出了更高的期待和要求,倘若一味地坚守“以不变应万变”的消极应对策略,只会不断暴露与日俱增的处罚漏洞,让刑法陷入捉襟见肘的窘迫之境,难以回应公众期待。有学者结合近几年的司法统计数据对我国当下的犯罪结构作了客观性的整体考察,发现严重暴力犯罪的数量和重刑率逐年下降,相对地,轻微犯罪的数量和轻刑率稳定上升,呈现所谓的“双升”与“双降”之势①,轻罪时代已翩然而至。因此,积极参与社会治理以及持续推进轻罪立法将会是未来相当长一段时间内我国刑法发展的必然趋势。②

(二)制度层面:配套制裁机制尚未健全

立法层面增设轻罪必然导致犯罪门槛的降低以及所划定犯罪圈的扩大,为了合理划定制裁范围,相对应的,司法层面就需要健全节制刑法处罚范围的措施③,因而采取一元制裁体系的西方国家基本上都制定了相对完善的“漏斗式”犯罪过滤机制,在司法层面将大部分轻微危害行为排除出处罚范围。相比之下,我国长久以来采用的都是与二元立法体例相配套的二元制裁体系,在明确区分一般违法行为和犯罪行为的前提下,靠《治安管理处罚法》和《刑法》的里应外合,轻重有别地对危害行为进行制裁。负责规制犯罪行为的刑法诞生于1979年并于1997年基本成型,因受到当时特定历史背景和依法从重从快严厉打击刑事犯罪的政策方针的影响,基本上以重刑主义为主基调,使得与之配套的犯罪制裁体系基本上围绕“治重罪”而铺设,以这样的犯罪制裁体系去处理规范层面新设置的轻罪自然会因不配套而产生诸多问题。危险驾驶罪作为我国刑法中的一个典型轻罪,一经适用便迅速超过久居榜首的盗窃罪成为入罪案件数量最多的罪名。显而易见,犯罪门槛越低,轻罪案件数量就越多,被贴上犯罪人标签的人群也就越加庞大,耗费的司法资源也就越多。醉驾案件的持续高发固然与机动车普及率的提高和积习成俗的酒文化脱不了干系,但亦是以严厉打击犯罪为主要目的的传统犯罪制裁体系所导致的当然结果。涉案行为人一旦进入刑事司法程序几乎难以逃脱被定罪处罚的命运,“拘役并处罚金”的单一化必然处罚模式,以及制裁效果更严厉的犯罪附随后果,导致犯罪人事实上承受的刑罚远重于其罪,如此种种明显与轻罪时代犯罪治理的要求相悖。

概言之,我国现有的刑事法律制度无论是在实体上还是在程序上都欠缺关于轻罪治理的制度衔接,单靠增设轻罪不仅难以改善过去的重刑刑法④,还会在轻罪治理工作开展的过程中横生新的弊端,导致实际犯罪圈的不当扩大和罪与刑的显著失衡,这些

① 参见卢建平:《轻罪时代的犯罪治理方略》,载《政治与法律》2022年第1期。

② 参见何荣功:《轻罪立法的实践悖论与法理反思》,载《中外法学》2023年第4期。

③ 参见何荣功:《我国轻罪立法的体系思考》,载《中外法学》2018年第5期。

④ 参见杨楠:《我国轻罪立法的实践与反思——以刑法修正案(十一)为视角》,载《东方法学》2022年第6期。

亦是轻罪立法工作通常为人所诟病之所在。故而,要想使轻罪治理工作能切实有效地开展,就不能只专注于规范层面的轻罪立法工作,还必须建立和完善与之相配套的轻罪制裁制度,疏通制度和规范之间的阻滞,使得轻罪治理工作能够实现真正理想的效果。

二、我国轻罪制裁体系的应然立场选择

不同的时代背景对犯罪治理工作提出了不同的要求,在我国政治、经济等诸多领域都发生革新的当下,为了确保轻罪治理工作的实际效果,当然也需要重新明确建立和完善轻罪制裁体系时所应遵循的基本立场。

(一)以“轻重分治”的现实需求为依托

自新中国的犯罪制裁体系成型以来,我国一直采用的都是行政违法和刑事违法分治的二元犯罪制裁体系,因而属于刑法规制范围内的基本上都是社会危害性较大的行为,相对应的刑罚整体上也较为严厉。但随着轻罪立法化工作的逐步推进,一些按照以往的标准被认为是危害性较小的违法行为也进入刑法的规制领域。自 1997 年刑法正式颁行后,我国一直采用刑法典单轨立法模式,除 1998 年出台的《关于惩治骗购外汇、逃汇和非法买卖外汇犯罪的决定》外,其他所有的犯罪行为都被规定在刑法之中。尽管现行刑法已经按照社会危害性这一实质性的标准对现有罪名进行了分类,但也许是受到过去“宜粗不宜细”的立法指导思想的影响,这种轻重杂糅的分类方法在轻罪大量涌入立法层面的当下显得有些过于疏略,在实际执行过程中导致大量轻罪不得已进入重罪的诉讼模式当中,原本能够被判处缓刑的犯罪人被判处实刑、有机会得到不起诉处理的案件依旧被提起诉讼等。① 尽管我国对轻微犯罪的关注度在近年已经大幅度提高,但是随着未来社会发展质量和要求的稳步提升,进入立法层面的轻微罪的规模必然会更庞大,犯罪结构也逐渐由以重罪为主转向以轻罪为主。为了长久性地实现对犯罪的精准科学治理,就必须改变以往粗放式的、一概而论的处理方式,在实体和程序层面轻重有别地针对各类犯罪行为的规制方式,设计出更为精细化的处理制度。

(二)以“自由保障”的价值坚守为底色

无论何时,保障和维护人民群众的权益和自由都应该是刑事犯罪治理的基本出发点,现代化犯罪治理的最终目标在于尊重和爱护人民、保障和维护人民的利益,使人民群众的获得感、幸福感和安全感不断提升。② 轻罪立法化正是刑法对社会中不断新增

---

① 参见刘传稿:《轻重犯罪分离治理的体系化建构》,载《中国刑事法杂志》2022 年第 4 期。

② 参见彭文华、傅亮:《犯罪结构变迁背景下犯罪刑事治理的目标与路径》,载《中国人民公安大学学报(社会科学版)》2023 年第 2 期。

的犯罪行为的回应，亦是其履行守护人民群众安定生活这一职责的必然要求。刑法在发挥维护社会秩序功能的同时，又是制裁后果最为严厉的部门法，始终游走在秩序和自由交锋最为激烈的边缘地带，但无论何时，刑法对于安全与秩序等价值的保护都不能脱离作为法治国基础价值的权利自由保障①，维护社会秩序的最终落脚点依然在于保障公民的权利和自由。在轻罪立法层面，为应对各种新问题而表现出的积极态势不可避免地会给人留下刑法"轻自由而重秩序"的刻板印象，因而必须在制度层面"扳回一城"，将在规范层面显得向秩序一端过分倾斜的价值天平扶向自由一端。随着当下法治建设的稳步推进和"少捕慎诉慎押"政策的持续推行，过去在刑事司法机制运行过程中存在的过分看重打击和追诉犯罪的做法已经有所改善，但在惩罚犯罪和保障人权之间似乎还是更为强调前者②，导致在对轻罪的处理上显得有些过分严苛，暂时未能取得良好的社会效果和法律效果。归根结底，其症结在于缺乏畅通便利的出罪机制作为制度性的兜底机制，导致刑法对轻微危害行为的规制有进无退，难以将部分并不具有实质法益侵害性的轻微危害行为剔除出处罚圈。在轻罪时代，欲坚守刑法的自由保障底色，畅通出罪机制刻不容缓。

(三)以"严而不厉"的改革目标为导向

曾经有学者将我国刑法的整体特征概括为"厉而不严"，详言之，"严"是指刑事法网严密、刑事责任严格，"厉"则主要是指刑罚苛厉、刑罚过重，同时指出未来刑法应当向"严而不厉"的方向进行改革③，这基本上也与目前轻罪立法化工作的核心要旨相一致。刑法从"厉而不严"逐渐转向"严而不厉"，意味着预防犯罪逐渐成为与惩罚犯罪相并存的犯罪化事由，与惩罚、报应已然犯罪相比，设立轻罪更像是一种预防和管控风险的社会性防卫手段。刑法的这种功能性的转变必然要求整个大的刑法体系都相应地进行全方位的变革，"严而不厉"政策思想的指引性意义不仅仅局限于立法层面，亦能启发犯罪制裁体系改革工作的开展。目前，我国的轻罪制裁手段基本上仍是以短期监禁刑为中心，暂且不论是否存在轻罪重罚这样罪刑有失均衡的现象，但如果结合犯罪附随后果等，综合性地考虑相应轻罪案件的犯罪人的实际教育矫正效果，则难以认为这种制裁方式取得了令人满意的效果，或许更加多元化、人道化、社会化的制裁手段能够增大轻罪者顺利复归社会的可能性，增强其再社会化的能力并且最终取得更好的特殊预防效果。④ 在刑事法网不断严密的同时必然要求相应的刑罚或者其他制裁措施具有一定的弹性，如此才能轻重有别地对各类犯罪实现精准治理。在轻罪治理的语境

① 参见刘艳红：《中国刑法的发展方向：安全刑法抑或自由刑法》，载《政法论坛》2023 年第 2 期。

② 参见何荣功：《轻罪立法的实践悖论与法理反思》，载《中外法学》2023 年第 4 期。

③ 参见储槐植：《严而不厉：为刑法修订设计政策思想》，载《北京大学学报（哲学社会科学版）》1989 年第 6 期。

④ 参见牛忠志、于鸿峣：《当代中国轻罪制裁体系的系统反思与优化》，载《河北学刊》2023 年第 3 期。

之下，为了尽可能地将处罚范围控制在合理的范围之内并最终构建“严而不厉”的轻罪制裁体系，必须对现有的刑罚或者其他制裁措施的强度进行稀释，并在“轻罪轻治”理念的指导之下有针对性地为轻罪配置更多精细化的制裁制度。

三、优化我国轻罪制裁体系的可能路径探寻

从理论上来说，最契合法治国原则的、应该作为法治改革最终目标的自然是刑法统一对所有犯罪行为进行规制的一元制裁体系，在该体系下，最轻微犯罪的犯罪人也能获得在刑事诉讼程序中为自己进行辩护的机会，充分彰显国家对公民基本权利的尊重和保护。与之相比，我国长久以来采用的二元制裁体系确实在保障人权方面存在明显的短板。但罗马不是一日建成的，我国存在行政权和司法权紧密关联的历史习惯，直接大刀阔斧地改换为一元制裁体系显然不现实，必定会因衔接不流畅而产生许多问题。况且当下在我国刑事司法体制内依然存在相当浓厚的入罪倾向，一般社会民众对被打上犯罪人标签的群体也缺乏相对理性的认识和宽容态度①，因而在相当长一段时间内，我国犯罪制裁体系的大框架都宜保持现有的二元制裁体系，轻罪制裁制度的完善也应在这一架构之内开展，对于提高治理效率和节制处罚范围等均有裨益。

（一）配套制度建设跟上立法脚步

1. 分层化的轻重犯罪处遇

2019 年习近平总书记在中央政法工作会议上发表讲话时曾指出，要推进案件繁简分流、轻重分离、快慢分道，这一“三分原则”也是现代化犯罪治理制度构建的基本导向。近年来，刑事诉讼法持续推进和完善的简易程序、速裁程序以及认罪认罚制度，在很大程度上助推了繁简分流和快慢分道的实现，唯有“轻重分离”的要求亟待刑法层面作出回应。② 随着轻罪立法化工作的持续推进，要求“罪分轻重”的呼声也越来越大。无可否认，只有建立了犯罪分层制度，在此基础之上以“轻轻重重”的治理策略为导向，才能真正实现对不同种类犯罪的立体化精准治理，否则即使建立了再精细的轻罪制裁制度，也很难在没有犯罪分层制度的前提之下取得较为理想的治理效果。在总的法治资源有限的情况下，明晰的犯罪分层制度也有助于更加合理地分配司法资源、更好地落实“宽严相济”的刑事政策，使整个刑事法体系协调运行，亦是实现刑罚个别化和罪刑均衡的必然要求。从目前世界各国刑法关于犯罪分层的规定来看，较为常见的做法是按照刑罚轻重的形式性标准或者犯罪严重程度的实质性标准进行二分或者

---

① 参见何荣功：《我国轻罪立法的体系思考》，载《中外法学》2018 年第 5 期。

② 参见刘传稿：《犯罪化语境下的轻罪治理——基于〈刑法修正案（十一）〉的分析》，载《北京联合大学学报（人文社会科学版）》2021 年第 2 期。

三分:前者一般将犯罪划分为重罪和轻罪或者重罪和违警罪(微罪),后者则一般将犯罪分为重罪、轻罪和违警罪或者重罪、较重罪和违警罪。在少数国家还存在着更为细致的四分法和五分法等。① 采取三分法的国家基本上对应的都是刑法“一家独大”的一元犯罪制裁体系,考虑到我国目前以及未来相当长一段时间内依然会采用以违法和犯罪进行区分的二元犯罪制裁体系,在刑法层面采取轻罪与重罪二分的分层方式更具合理性,其他更加轻缓的“微罪”则作为一般违法行为暂交由治安管理处罚法等其他规范进行规制。在刑法未明确区分轻罪和重罪的当下,暂时可以考虑以法定刑作为第一层划分的形式性标准,目前得到较高认可度的是以3年有期徒刑作为分界线,3年以上有期徒刑为重罪、3年有期徒刑及以下刑罚为轻罪。越精细化的犯罪分层制度越能实现治理的精准化,因此在轻罪与重罪内部还需结合犯罪的实质社会危害性和最高法定刑进行二次分层。例如,社会危害性较大且最高法定刑为10年以上有期徒刑的可为标准重罪,社会危害性相对较大且最高法定刑为1年以上有期徒刑的为标准轻罪,其余则分别为轻度重罪和轻度轻罪。实体法层面建立起的这种细致的犯罪分层制度能够更好地与刑事诉讼法中规定的程序性分层制度衔接,在提升诉讼效率方面产生“1+1>2”的效果,为实现轻罪的精密治理做好最基本的制度性铺垫。

2. 顺畅化的出罪路径选择

从理论上来说,针对轻微危害行为一般存在立法和司法两个方面的出罪路径,在采用一元制裁体系的国家,一般入罪重在立法、出罪重在司法,因而主要通过其所建立的相对多元的司法出罪体系实现制裁范围的合理化。相比之下,我国立法同时承担着定性和定量两方面的功能,所以刑法在规定某一行为是犯罪行为的时候就已经同时发挥了出罪和入罪两方面的功能。不过随着轻罪立法化工作的不断推进,犯罪行为和轻微违法行为之间的界限也越发难以捉摸,使得立法层面所能够发挥的出罪功能逐渐弱化,因而本文所讨论的拓宽出罪机制的重点主要放置于司法层面。在实际的司法活动开展过程中,轻微违法行为的出罪又有着实体和程序两种路径可选择,与主要靠司法者的酌定裁量权而通常选择程序法路径出罪的西方国家不同,我国在实践中更倾向于选择实体法路径来实现轻微犯罪行为的出罪,实际上形成了“实体为主,程序为辅”的局面。② 违法行为一旦进入刑事诉讼程序,往往出罪概率较低,在轻罪立法化工作持续推进的加持之下,轻罪案件的数量激增,司法实务部门面临较大压力。轻微违法行为由于其法益侵害程度通常不高,因而与《刑法》第13条“但书”条款的规定具有天然的亲和性,“但书”条款亦是其最主要的实体法出罪路径。但关于应否以及如何适用该条款进行出罪在刑法理论层面尚存在较大争议,因此司法实践中对该条款的适用也有些

---

① 参见卢建平:《犯罪分层及其意义》,载《法学研究》2008年第3期。

② 参见王华伟:《轻微犯分流出罪的比较考察与制度选择》,载《环球法律评论》2019年第1期。

混乱无序,再加上以危险驾驶罪为代表的部分作为抽象危险犯而存在的轻罪本身缺乏定量因素,使得通过"但书"条款为其出罪难上加难,实际出罪效果也并不理想。另外,虽然根据我国刑事诉讼法的有关规定,公安机关、检察院、法院均享有一定的终结诉讼权,但与检察院的酌定不起诉和附条件不起诉相比,公安机关和法院在立案和审结环节所作出的相关决定和裁定几乎都只是走流程式的操作,并不能发挥实质意义上的出罪功能。① 程序和实体两种出罪路径并存不悖,但与前者相比,程序路径在实际适用过程中具有更强的可操作性和更大的优化空间。未来欲使出罪机制的运行效能足以匹配当下的犯罪结构,除进一步明确和统一"但书"条款的适用规则之外,更重要的是需要调整策略,将出罪工作的重心由实体挪移至程序方面:鼓励检察机关大胆适用酌定不起诉制度、积极探索附条件不起诉制度适用范围的拓宽路径;亦可参考域外成功经验,尝试引入暂缓判决等制度②,使得法院在程序出罪方面也能实实在在地贡献一臂之力。

3. 轻缓化的制裁措施配置

相较于危害性较大因而应当从严从重打击的重罪,对社会危害性明显较小的轻罪的处罚应当相对宽缓,这既符合罪刑均衡基本原则的要求,也是对宽严相济刑事政策的回应。而且,随着刑法的定位逐渐由惩罚法向治理法转变,也就要求刑罚效果由过去一味地追求严厉性转向更重视其及时性和不可避免性。③ 虽然随着刑罚制度改革以及"去重刑化"工作的持续推进,我国刑罚制度的整体结构较之前已有较大改善,但在死刑尚存且监禁刑依然占据核心位置的当下,从整体来看,我国目前的刑罚制度依然属于重刑结构④,且制裁手段也相对传统单一,远不能满足轻罪时代犯罪治理所需要的刑罚轻缓化和轻重犯罪差异化治理所要求的制裁手段多元化。因而亟须以轻刑化为导向,对刑罚制度甚至整个刑事制裁体系的结构进行改革。详言之,一是要丰富轻微刑事制裁措施的种类,提高非监禁刑甚至非刑罚措施的存在和适用比例。例如,我国刑罚体系中现有的轻刑种主要是管制、拘役和罚金,与前两者相比,罚金刑一直处于辅助地位,基本上都是伴随自由刑而并处,所能发挥的作用相对有限,今后或可考虑为部分轻微犯罪配置单处或者选处罚金刑的选项;还可以参考域外的做法,增加周末拘禁、日数罚金、公益劳动等措施,并扩大资格刑在轻罪中的适用范围;相应地,刑罚执行手段也应以教育矫治轻罪犯罪人为立足点,努力实现行刑方式的社会化,进一步扩大缓

① 参见王迎龙:《轻罪治理背景下出罪模式研究——实体与程序路径的双重反思》,载《比较法研究》2023 年第 4 期。

② 参见史立梅:《论醉驾案件的程序出罪》,载《中国法学》2022 年第 4 期。

③ 参见杨迪:《我国轻罪案件刑罚配置的规范化进路——以刑事裁判大数据为方法》,载《法律适用》2018 年第 7 期。

④ 参见卢建平:《轻罪时代的犯罪治理方略》,载《政治与法律》2022 年第 1 期。

刑的适用范围。二是要完善现有的前科制度。我国《刑法》第 100 条明确规定了包括轻罪犯罪人在内的依法受过刑事处罚的人的前科报告义务,只有部分满足条件的未成年犯罪人可以免予履行此项义务,这成为轻罪犯罪人顺利回归社会的"一座大山",应考虑逐步免除部分轻罪犯罪人的前科报告义务,或者针对其设置附条件的前科消灭制度。三是要规范犯罪附随后果的适用。犯罪附随后果虽然具有明显不同于刑罚和保安处分措施的性质和具体表现形式,但其实际上对犯罪人及其家属所带来的负面效果的严厉性有时甚至不亚于刑事处罚,这一点在轻罪犯罪人的身上尤为明显。当下我国关于犯罪附随后果的规定散见于各个规范当中,不仅数量庞大、杂乱无章,且仍处于无秩序的扩张状态,若不对其进行规范将会使得轻罪治理的实际效果大打折扣。可行的规范手段是将其转化为刑法中的资格刑进而确立相对明确的适用规则和标准,也可建立相应的能够抵消或者限制其消极影响的复权制度,或者考虑将其纳入量刑体系由法院负责统一把控。①

(二)缓和开展二元制裁体系改革

如前所述,考虑到我国犯罪治理工作开展的实际情况,当下犯罪制裁体系改革的短期性目标是跟随立法工作的脚步,在维持二元制裁体系大框架的前提下填补轻罪制裁配套性制度的空白。同时也应以轻罪制裁体系优化工作的开展为契机,结合犯罪治理工作推进的实际情况不断探索,逐步对现有的二元制裁体系进行缓和的改革,不必囿于既有的"要么一元,要么二元"的治理思路,而是应该树立以构建中国特色犯罪制裁体系为核心的长期性目标。在改革过程中,将过去属于行政权管辖范围的轻罪纳入刑法必然会导致司法权的膨胀,那么按照权力分配的基本规则,行政权应该作相应收缩,因此有不少支持开展轻罪立法工作的学者也主张其有助于推进行政权的司法化。但实际情况却好像恰恰相反,最典型的例子就是行政拘留的不断扩张,使行使行政拘留权的主体增多,公安机关不再是行使行政拘留权的唯一法定适格主体;其适用范围也在不断扩大,2014 年以来就有 20 多部法律文件中规定了可适用行政拘留的情形②,这种情况显然与开展轻罪治理工作的初心相违背。与人身自由相关的处罚是适用范围最广泛且与公民最基础权利联系最为紧密的制裁措施,其适用条件和范围本应受到最为严格的限制,但在实际适用过程中却因相应制衡机制的缺乏和较低的证明标准而被大范围适用,加之行政机关的权力过于强硬和集中,使得被处罚人的申辩权几乎得不到有效的保障。③ 一言以蔽之,当下如果想要寻找一个对二元制裁体系进行改

---

① 参见彭文华:《我国犯罪附随后果制度规范化研究》,载《法学研究》2022 年第 6 期。

② 参见何荣功:《轻罪立法的实践悖论与法理反思》,载《中外法学》2023 年第 4 期。

③ 参见张智辉、洪流:《论让人身自由罚回归刑事司法体系》,载《湘潭大学学报(哲学社会科学版)》2018 年第 4 期。

革的切入点，尝试人身自由罚的司法化是再合适不过的选择。为了尽可能地保障公民的人身自由权，一种可能的方案是将行政权中关于人身自由处罚的权力全部归入司法权，以健全的刑事诉讼程序来保障处罚范围的合理，率先在人身自由罚领域尝试实现“一元化的制裁”，并将从中取得的或成功或失败的经验推广至后续针对罚金和资格罚等非限制人身自由的制裁手段的改革工作当中。

四、结语

使轻罪治理工作取得相对理想的效果远比重罪治理更加劳心费神，不单是因为轻罪的犯罪数量更加庞大，更主要的原因在于需要回应更加多元复杂的价值需求，因而在制度设计方面也对社会治理能力的综合运用提出了更高的要求。仅针对当下制度运行现状进行宏观性思考显然不够，还需在微观层面更加深入地做精细缜密的细节性制度设计，才能实现更加高效精准的治理。

我国轻罪治理模式构建路径初探

刘晗钰*

随着积极刑法观的深入发展,刑法主动参与社会治理已成为当前刑事法律发展的趋势。基于社会发展的需要,自《刑法修正案(八)》规定醉驾入刑时起,轻微违法行为逐渐进入刑法视野,刑法当中具有新时代特色的"轻罪序列"得以形成,并不断加以扩充。近年来司法实践显示,严重暴力犯罪数量持续下降,以危险驾驶罪为代表的轻罪发案数量逐渐占据我国犯罪数量的大部分。由此可见,当前我国刑事犯罪的重罪率及重刑率不断下降,轻罪率和轻刑率不断上升,呈现"双升双降"的局面。这标志着我国已经进入"轻罪时代"。在这一背景下。需要构建一套有效的轻罪治理模式完善我国犯罪治理体系。但在构建该模式的过程中,如何划分轻罪的范围,行政与刑事二分的刑事司法体系是否仍然保留,以及如何解决轻罪立法同刑法谦抑性的协调,如何限制刑法严厉性等方面仍然存在具有争议的问题和矛盾。因此,本文基于以上问题,对我国犯罪治理模式从"厉而不严"向"严而不厉"的高效转换提出建议。

一、轻罪概念及划分标准的界定

(一)轻罪概念溯源

我国刑法对"轻罪"的概念并无明文规定。长久以来,我国刑法理论中的"轻罪"是指法定最高刑在3年以下有期徒刑的犯罪。① 我国《刑法》第13条"但书"也规定情节显著轻微危害不大的,不认为是犯罪,对行政违法和犯罪行为进行了区分。因此在轻罪治理概念出现以前,我国的轻罪限定为"社会危害性较轻"的犯罪行为。但许多国家刑事法律都将所有具有社会危害性的违法行为设置为犯罪,构建起严密的刑事法网。以法国、德国为代表,大陆法系国家在设置刑法罪名时就规定了重罪、轻罪和违警罪,并通过法定刑的轻重来区分。其中,调整轻微犯罪的刑法规范被称为"轻犯罪

---

* 内蒙古工业大学人文学院专任教师。

① 参见张明楷:《刑法学》(第5版),法律出版社2016年版,第92页。

法”,日本还专门制定有《轻犯罪法》。[①] 英美法系国家则以是否行使逮捕权而对轻重罪进行区别。随着轻罪治理的发展,我国也已经开始了行政及民事违法行为犯罪化的过程。在这一背景之下,轻罪概念也得到了极大扩充,并不断将原本由其他规范调整的行为纳入刑法。

(二)轻罪划分标准的确定

随着轻罪概念所包含内容的不断扩充,为有效进行轻罪治理,对轻罪范围的准确划分尤为重要。目前,学界普遍认为,刑罚是犯罪轻重的度量衡,以法定刑来确定犯罪轻重较为合理。[②] 但如何对具体罪名进行区分仍然存在争议。

首先是重罪法定刑起点的问题,一部分学者认为我国整体刑罚设置偏高偏重[③],对比我国与其他国家刑法中轻重罪的比例,以 5 年有期徒刑作为重罪起点较为适宜[④]。但由于与我国立法规定的缓刑适用条件、轻微刑事案件速裁程序、认罪认罚从宽制度改革的实践不符,该观点已经失去立场。目前主流观点认为,考虑到我国新罪立法和刑事诉讼制度改革的趋势,以及我国刑法本身就规定了诸多法定最高刑或第一档刑期为 3 年以下有期徒刑的罪名[⑤],将重罪的起刑点定为 3 年以上有期徒刑比较恰当。事实上,刑法将新增的较轻犯罪的法定最高刑大多设置为 3 年有期徒刑以下就是根据刑法体系本身的轻重设计的,也体现了刑法本身轻重区分的倾向。因此,现阶段将轻重罪的法定刑界限设定为 3 年有期徒刑具有合理性。

但学界对于含有这一量刑幅度的罪名能否认定为轻罪有争议。有学者认为,我国对犯罪的衡量既然包含罪性和罪量两部分,就应分别从两方面划分轻罪的范围,将重罪中罪量较轻的行为也认定为轻罪,称为“不纯正的轻罪”。[⑥] 这一观点虽然看起来更为周密,但在具体的司法实践中,如果要将这类犯罪纳入轻罪治理模式,需要从侦查阶段就确定可能判处的刑期,无疑是对审判机关刑罚裁量权的削弱,还有可能使刑法中轻罪的相关规定丧失明确性与合理性[⑦],贬损轻罪治理的效果。

应当指出,法定刑标准并不全面。法定刑的高低是行为社会危害性的重要体现,但刑法分则罪名排列的基本规律是行为所侵犯客体的重要性。[⑧] 如果犯罪的轻重能够仅以法定刑判断,那么刑法分则就完全不需要作此编排。所以,有必要在法定刑

---

① 参见何荣功:《我国轻罪立法的体系思考》,载《中外法学》2018 年第 5 期。
② 参见陈兴良:《轻罪治理的理论思考》,载《中国刑事法杂志》2023 年第 3 期。
③ 参见卢建平、叶良芳:《重罪轻罪的划分及其意义》,载《法学杂志》2005 年第 5 期。
④ 参见郑丽萍:《轻罪重罪之法定界分》,载《中国法学》2013 年第 2 期。
⑤ 参见张明楷:《轻罪立法的推进与附随后果的变更》,载《比较法研究》2023 年第 4 期。
⑥ 参见陈兴良:《轻罪治理的理论思考》,载《中国刑事法杂志》2023 年第 3 期。
⑦ 参见张明楷:《轻罪立法的推进与附随后果的变更》,载《比较法研究》2023 年第 4 期。
⑧ 如法定最高刑相同的丢失枪支不报罪与假冒专利罪的轻重就不能一概而论。

标准之上考虑不同类型犯罪的性质、危害程度，结合法定刑轻重来综合考量。[①] 另外，犯罪的社会危害性不同，治理后产生的社会效果也不同，所需适用的治理方式也有所不同[②]，附随后果的设计也必然有区别[③]。因此，即使该罪名法定刑在 3 年有期徒刑以下，也不能一概将其作为轻罪进行处理。同时，为了增加该方法的可操作性，对于法益这一辅助标准应以类法益为区分，不宜以个案作为基本单位来进行详细考量。笔者认为，对侵犯国家安全犯罪、公共交通工具类犯罪、安全责任事故类犯罪、恐怖活动犯罪、黑社会性质组织犯罪、毒品犯罪、金融诈骗和集资类犯罪以及国家工作人员职务犯罪等具有严重社会危害性的类型犯罪中法定最高刑为 3 年以下有期徒刑的罪名，不宜以轻罪进行认定。[④]

二、轻罪治理模式下刑事司法制裁体系的选择

如前所述，西方国家将所有具有社会危害性的行为都规定在刑事法律中，有许多学者提出我国也需要重新调整危害行为的司法制裁体系，对原有的违法与犯罪区分制裁的方式产生了质疑。与此同时，近几部刑法修正案新增的轻罪将许多原本的违法行为确定为犯罪，体现出我国逐步扩大犯罪圈，缩小违法行为范围的趋势。但轻罪案件数量大幅增加的风险也令学界担忧，是否要完全基于西方的一元制刑事司法体系构建轻罪治理模式，学界莫衷一是。因此，要建立轻罪治理模式，首先要解决今后犯罪圈扩张的边界问题。

（一）一般违法行为犯罪化确有必要

一元制裁体系仅保留刑事制裁作为唯一的制裁手段，即将一般违法行为犯罪化，在未来将以行政手段或其他规范所处罚的危害行为纳入刑法，将犯罪分为重罪、轻罪和违警罪（或称微罪）。这一方式一方面可以使罪刑体系更加完善，也能增加刑法风险预防和社会治理的能力。[⑤] 另一方面，强化刑事制裁，能够有效限制行政权的滥用，实现我国行政处罚的司法化改造的目的[⑥]，加强公民人权保障，更能强化社会公众的规则意识。还有学者提出，如果不将轻危害行为纳入犯罪，就会导致对犯罪嫌疑人

① 参见郭理蓉：《轻罪刑事政策研究》，中国法制出版社 2023 年版，第 162 页。

② 容留他人吸毒罪和假冒专利罪再犯率不同，采用同样的处理模式产生的特殊预防效果也具有差距。

③ 如招收公务员、学生徇私舞弊罪和虚假广告罪，对于前者的犯罪人必然需要长期限制其从业，但虚假广告罪就不需涉及资格问题。

④ 虽然涉及种类较多，但因为以上犯罪类型本身危害程度高，符合轻罪法定刑的罪名较少，虽然排除了部分罪名，却不影响轻罪治理的基本立场。

⑤ 参见梁林根：《刑法修正：维度、策略、评价与反思》，载《法学研究》2017 年第 1 期。

⑥ 参见张明楷：《轻罪立法的推进与附随后果的变更》，载《比较法研究》2023 年第 4 期。

适用重罪,违背罪刑法定原则。[①] 在我国原有的违法与犯罪衔接的制裁体制之下,大量行政违法行为由行政机关处理,适用行政拘留等明显限制人身自由的行政处罚,增加了国家行政处罚权滥用的机会。尤其是公安机关,其身份既是案件的调查者,又是裁判者,同时还是行政处罚的执行者,行政拘留裁量权运行过程中缺乏监督和申诉途径,造成行政处罚权的滥用。同时,劳动教养制度的废除也象征着行政权逐渐得到限制,行政权的司法化改造更有利于构建"漏斗式"刑事司法体系,能对轻罪进行有效治理,符合法治国家的建设方向,是我国法治建设的必然趋势。

国家行政处罚权的设立,是为了防止司法权的恣意,对情节较轻但又值得处罚的行为进行制裁,但这一制裁过程却是在没有中立第三方评判的情况下,作出侵犯人身自由的严厉处罚。作为治安案件的裁决者,公安机关既是"司法机关",又是行政机关,既能直接处罚危害程度较轻的行为,又能推动较重的行为进入司法程序。为限制司法权的恣意而保留的行政处罚权反而使公安机关成为刑事司法与行政处罚的核心枢纽,这显然缺乏合理性。而刑事司法程序中以司法机关作为第三方进行裁决,在更加公正的同时还能保障不法者的诉讼权利。因此,如果危害行为已经达到需要适用严厉的行政拘留来进行制裁的程度,最佳的制裁方式就是将其作为犯罪予以刑罚处罚。

但这并不意味着推进一般违法行为犯罪化仅有构建一元制裁体系这一唯一通路。即使一元制裁体系能够避免司法权过度扩张,但仍无法回避犯罪数量急剧增长的问题。因此,一元制裁体系仍需要思考如何将犯罪圈再度缩小。事实上,支持一元论的学者也认为未来仍需建立"违警罪法"对轻微犯罪行为进行单独制裁,这表明微罪(或称违警罪)仍然是独立于轻罪和重罪的一类违法行为,并未进入刑法的视野,改革后的一元制裁体系实质上与现有的二元制裁体系在操作上并无明显不同。所以,在轻罪治理模式构建的过程中,仍然不宜贸然切断行政处罚和刑事处罚的联系。

(二)违法与犯罪相衔接的二元司法体系仍应坚持

正因一元制裁体系存在弊端,大部分学者虽肯定一般违法行为入罪的重要意义,但认为制度的完善仍然应当以国家的法律体系为基础。将一般违法行为犯罪化确有其合理性,但其需以必要为前提。虽然积极刑法观已经在我国确立,但刑法仍然是保障法和补充法,仍要保持自身谦抑性。我国的司法体制和运行机制有自己的特色,二元制裁体系长久以来在我国运行平稳,对犯罪圈的扩大并不天然与其冲突。[②] 而醉酒型危险驾驶罪在我国的司法实践也表明,将行政违法行为作为犯罪处理,也并不

---

① 参见周光权:《论通过增设轻罪实现妥当的处罚——积极刑法立法观的再阐释》,载《比较法研究》2020 年第 6 期。

② 参见黄太云:《一般违法行为犯罪化倾向的系统反思》,载《法律科学(西北政法大学学报)》2022 年第 1 期。

意味着其数量减少、行为得到遏制进而实现积极刑法观提倡的刑法深度参与社会治理的结果。与之相对的是,产生了犯罪数量和被起诉人数的大幅攀升,随之而来的是对该罪必要性和合理性的质疑。[①] 因此,我国轻罪治理模式的构建更应重视的是如何出罪,而并非进一步降低入罪门槛。

诚然,我国行政拘留权的过度扩张一直以来颇受诟病,但仍应注意到我国目前行政拘留的适用仍处于扩张之中,形成了传统治安性质的行政拘留之外的一种为控制公共安全风险而设置的新类型。[②] 这都体现出行政拘留仍然对我国法治建设具有突出意义,具有我国鲜明的法治特色。事实上,我国行政处罚和刑事处罚之间在危害程度上[③]、行为性质上[④]或主体上[⑤]都具有一定的衔接性,体现出我国轻重分流的刑事政策。正如西方建立了"程序为主、实体为辅"的出罪模式,将诸多罪量较轻的行为不作为犯罪处理,我国的二元制裁体系也应当被看作我国刑法出罪机制的一部分。正是因为有行政处罚作为刑罚的下位制裁,司法机关才更敢于作出出罪的决定。否则,对违法行为的处理归于"或刑罚或不罚"的二元对立局面,会更不利于罪刑法定和罪刑均衡原则的实现。

还需要注意的是,刑法罪名的设立、犯罪圈的扩张不是一劳永逸的。在目前阶段将所有适用行政拘留的违法行为一并入罪,以行政拘留作为"起刑点"是限制行政处罚权扩张司法权的最简便的方法。但在犯罪圈继续扩大的趋势之下,失去行政拘留这一"分水岭"之后,我们又将以何种标准作为违法行为入罪的标准呢?是否要将所有违法行为都适用刑法进行处罚呢?可见,一元制裁体系或许是轻罪治理的终点,但短时间内难以真正实现。所以,未来轻罪入刑,也必然是由重至轻,以合理为必要,而二元制裁体系仍是我国未来很长一段时间内轻罪治理模式构建的基础。

三、我国轻罪治理模式的构建路径

在积极刑法观的指导之下,刑法以增设新罪的方式参与社会治理是未来刑法发展的必然通路。但与此同时,也形成了目前犯罪数量激增与司法资源紧张之间、犯罪的轻缓和刑罚的严厉之间以及犯罪门槛降低与严重的社会后果之间的矛盾。对于轻罪,"唯其轻微,更应当采取宽容和宽缓的态度"[⑥]。在轻罪治理背景之下,刑事法网逐

---

① 参见何荣功:《轻罪立法的实践悖论与法理反思》,载《中外法学》2023 年第 4 期。
② 参见李晓明:《"行政拘留"的扩张与行政刑法的转向》,载《法学评论》2017 年第 3 期。
③ 如寻衅滋事行为与寻衅滋事罪,酒驾与醉驾等。
④ 如随意殴打他人和聚众斗殴等。
⑤ 如吸毒行为与贩卖毒品罪、容留他人吸毒罪等。
⑥ 参见陈兴良:《轻罪治理的理论思考》,载《中国刑事法杂志》2023 年第 3 期。

渐严密,必然需要刑法走向轻缓,否则将使刑法滑向"又严又厉"的深渊。因此,轻罪治理模式的构建,必须要建立妥善的出罪模式,缓和刑罚的严厉性,并通过对附随后果范围和程度的限制,落实宽严相济的刑事政策,解决轻罪治理的后顾之忧,才能真正提升刑法的社会治理水平,实现我国刑法的现代化。

(一)建立与认罪认罚从宽制度衔接的程序出罪机制

犯罪门槛降低、轻罪数量增加,必然导致犯罪数量日渐庞大。为缓解司法资源的压力,建立出罪机制势在必行。我国目前存在的出罪机制分为实体出罪和程序出罪两种。前者是基于犯罪构成、《刑法》第13条"但书"条款和刑法解释来进行有罪评价,后者则是以罪量判断其是否需要接受刑罚处罚。根据前述内容,实体出罪的问题已经通过二元刑事制裁模式得以解决,对不满足刑事追诉标准的犯罪通过行政法规等社会规范加以处罚即可。程序出罪则是目前基于轻罪治理背景所应建立的重要出罪模式。目前,学界所设想的程序出罪模式通常是基于我国《刑事诉讼法》第177条第2款酌定不起诉制度构建的,力求通过扩大酌定不起诉制度的适用而提升出罪率。① 事实上,随着"少捕慎诉慎押"刑事政策的落实,近年来我国不捕不诉率稳步提升,但在重罪发案率明显下降的同时,起诉人数却没有明显下降。② 这体现出仅依靠酌定不起诉制度很难完全解决出罪问题。

酌定不起诉制度的特殊性在于确认犯罪行为人有罪,但由于其具有刑法所规定的免除刑罚的情形,从而对其不予起诉。即犯罪行为人事实上有罪,但由于其情节轻微或积极悔改,仍可以使其出罪。这样做的目的在于将犯罪在审查起诉阶段进行轻重分流,以节约司法资源,贯彻宽严相济的刑事政策。这与认罪认罚从宽制度具有相似性。第一,认罪认罚从宽同不起诉一样,均为检察机关所主导的刑事诉讼环节。第二,认罪认罚从宽同样并未否认犯罪事实,但鉴于行为人认罪态度良好并积极悔罪退赔,可以对其从宽处罚。③ 第三,认罪认罚从宽同样是基于宽严相济的刑事政策,客观上节约了司法资源。第四,所犯之罪的法定最高刑为3年以下有期徒刑的认罪认罚的犯罪嫌疑人可以适用速裁程序,其适用刑期同前述轻罪相一致。这都说明,认罪认罚从宽制度同轻罪治理模式中出罪的设计具有衔接性。

所以,笔者认为,在轻罪治理模式中,应当建立起与认罪认罚从宽制度衔接的不起诉机制。当犯罪嫌疑人所犯之罪符合轻罪标准,且其积极认罪认罚,此时该犯罪嫌疑人已经具备了前述适用酌定不起诉所需的情节轻微和积极悔罪的条件。在这一情况

---

① 参见王迎龙:《轻罪治理背景下出罪模式研究——实体与程序路径的双重反思》,载《比较法研究》2023年第4期。

② 参见黄河:《犯罪现实与刑罚的社会控制——基于刑罚目的论的反思》,载《中外法学》2021年第3期。

③ 参见陈兴良:《程序与实体双重视野下认罪认罚从宽制度的教义学反思》,载《政法论坛》2023年第5期。

下，只要犯罪嫌疑人所犯之罪足够轻微，从宽处罚能够放宽至免除刑罚，符合酌定不起诉的全部条件，就应当使其出罪。在这一模式之下，由于认罪认罚从宽制度的适用率高，适用时需要签署认罪认罚具结书，并需作出真实的认罪认罚表示，相对听证等程序降低了检察机关对拟作出不起诉决定的案件释法说理的难度，消除了公众对检察权滥用的怀疑，客观上鼓励了检察机关对不起诉的适用。同时，认罪认罚从宽制度要求犯罪嫌疑人积极退赃退赔、积极赔偿被害人损失，能够极大地弥补其危害行为造成的损失，补偿被害人所承受的痛苦，提高当事人对不起诉决定的接受程度。

（二）增设资格刑等新刑种强化罪刑均衡

在我国社会的一般观念中，犯罪与重刑是共存的。刑法的强大威慑性来源于刑罚的严厉性，通过极大的痛苦实现犯罪预防。所以，如果轻罪时代仍然适用旧有重刑，就难以体现出轻罪之轻，更难以明确重罪之重，无法实现刑罚轻缓化的目的。

我国刑法仅对被判决有罪的人规定了五种主刑和四类附加刑，类型较少且普遍较重，此外规定了诸如从轻、减轻处罚和宣告缓刑等刑罚实现方式。现有的刑罚制度不足以满足轻罪治理模式的要求。一方面，轻罪犯罪分子所犯之罪多为较轻的法定犯，初犯、偶犯率相对重罪而言较高，如果对其适用监禁刑，将这类犯罪分子同重罪犯共同羁押，难免使其感染恶习，增加教育改造难度。另一方面，轻罪之轻需要由轻刑来体现，越轻的刑罚体现出刑法对其负面评价的程度越低，其遭受负面影响的概率和程度也就越低。因此，轻罪治理模式的构建需要设计除监禁刑以外的更为轻微的刑种。而对于前述出罪的不法分子，出罪并不代表其不需受到处罚。在劳动教养制度被废止、限制行政拘留使用的趋势之下，通过非刑罚处罚措施进行威慑十分重要。既能对犯罪人进行特殊预防，避免其成为累犯、再犯、惯犯，也能对社会进行一般预防，明确并非出罪即为合法，体现刑法的教育作用和威慑作用。

《刑法》第 37 条之一明确规定，对于利用职业便利实施犯罪或者违背职业要求的特定义务的罪犯，可以在刑罚执行完毕后对其进行从业限制。这是我国社区矫正制度中的主要部分，体现出我国已明确刑法可以对他人的资格进行限制。因此，对于轻罪的犯罪人，监禁刑适用弊大于利，在适用资格刑符合惩罚其所犯罪行的必要性和关联性的基础上，就可以对其在管制期间限制从业资格或适用禁止令，也可以判处限制或剥夺其从业资格，限期禁止其取得行政许可等，明确其行为的社会危害性和刑罚当罚性。如对于醉酒型危险驾驶罪的犯罪人，可以限制其从事交通运输行业，宣告一段时间内不得申领机动车驾驶证等。同时，可以加快财产刑、权利刑或电子监禁刑①等新型刑罚的设置，丰富刑罚类型，基于不同罪名准确适用，推动刑罚向轻

① 如电子镣铐。

缓化和效率化发展。对于已经出罪的犯罪人,在检察机关作出不起诉决定的同时,可以对其宣告进行非刑罚处罚,如通过责令其定期接受法治教育、缴纳罚款、提供定时社会服务等方式对其进行处罚。

同时,在刑罚裁量和刑罚执行措施上,对于轻罪也应当体现其轻缓化。对审查起诉的犯罪嫌疑人,结合认罪认罚从宽制度,对悔过态度良好的适用速裁程序,尽可能从轻从快处理,从宽裁量幅度应当大于重罪。同时,对于判处监禁刑的犯罪人,应当提升轻罪的缓刑适用率,以社区矫正代替监禁刑的执行,缩短轻罪犯罪人重返社会的周期,优化教育改造效果。这样一来,既可以使轻重分流,节省司法资源,彰显刑法的宽厚;又能明确“轻重分流”“轻轻重重”的刑事政策,强化重罪同重刑的对应,加强重罪预防。

(三)建立以消灭附随后果为目的的实质性前科消灭制度

随着越来越多的违法行为逐渐被确定为犯罪,许多原本不致被处以刑罚的不法分子,在刑罚执行完毕之后被永久贴上了犯罪分子的标签。对于越轻的犯罪,这一标签所带来的附随后果与其所应承担的刑事责任之间的比例越不均衡,附随后果所带来的影响就更为严重,其中终身从业禁止、子女升学就业受阻等后果甚至远超轻罪犯罪分子所受的刑罚,可能引起强烈的社会矛盾。

我国刑事诉讼法规定了未成年人的犯罪记录封存制度,旨在保护未成年人重新参与社会生活的权利。而法律对于成年人的前科不仅未规定封存或消灭制度,甚至在《刑法》第 100 条规定了前科报告制度,这虽然有利于对刑满释放人员的管理,但却增大了其重返社会的难度。事实上,附随后果的承担,既不合理,更不合法。第一,犯罪分子所应承担的刑事责任在刑罚执行完毕之时已经消灭,犯罪前科所产生的恶劣影响并非犯罪所带来的,而是刑事政策施加在其身上的超刑罚处罚,不是其必须承担的后果。第二,前科制度的存在否认了犯罪分子被改造为遵纪守法者的可能性,这与刑罚特殊预防的目的背道而驰。第三,我国刑法规定中明确体现了罪责自负原则,前科制度的存在引起的附随后果却使其家庭成员尤其子女受到“株连”,严重违背了刑法的基本原则。基于上述原因,为了实现刑法对犯罪分子的改造,帮助其更好地融入社会,消灭犯罪行为对社会的影响,必须要对犯罪的附随后果予以消灭。

建立前科消灭制度是消除附随后果的必然方法。具体而言,第一,需要取消前科报告制度。犯罪分子在刑满释放时,就被法律默认为已经接受了良好改造。此时前科仅是犯罪的记录,既无法代表人身危险性,也不代表再犯危险性,应当只作为对其认定累犯、再犯、惯犯的标准。因此,前科仅具有司法意义而不具有社会意义,要求受过刑事处罚的人在入伍、就业前进行报告不具合理性。第二,建立犯罪记录封存制度。为了威慑犯罪人使其不再犯罪,前科需要在一定时间内保留。但前科的保留时间仅需足够排除其再犯危险即可,尤其是轻罪,再犯可能性低,危害性不大,应当在排除犯罪人的再犯危险后立即消灭其前科,否则会进一步加重刑满释放人员重返社会的负担。第三,对附随后果进行刑罚化改造。取消其他法律法规中对附随后果的规定,对于必须加以制约的社会活动,应当将其确定为刑罚的一部分。通过设置资格刑、从业禁止、禁止申请从业许可等刑罚方法,根据具体情况进行刑种和刑期的适用,既能够有效限制犯罪分子在短时间内继续从业,又消除了附随后果的终身性影响。第四,禁止株连。前科和附随后果对犯罪分子本人的不良影响被消除后,其家人和子女更不应当因其犯罪行为而在入学、就业、入伍等方面受到歧视。对于相关歧视行为,应当建立健全维权机制,保障无辜者的基本权利。

四、结论

轻罪治理作为刑法积极参与社会治理的重要形式,关系着我国刑法的现代化水平和社会治理水平的进一步发展。构建轻罪治理模式,必须在明确界定轻罪犯罪,厘清刑法同其他法律规范之间的界限的前提下,摒弃重刑主义思想沉疴,逐渐消除犯罪在公众心中单一的严重形象,并通过与现有制度的结合以及对当前不足之处的改造,积极回应时代需要,逐步推动犯罪治理体系的发展,为实现法治中国建设、推进法治现代化建设提供有力保障。

轻罪司法认定的方向与方法

——以帮助信息网络犯罪活动罪为对象

刘寅超*

近年来,轻罪治理成为刑法理论与实践的新兴课题,当前的理论研究与实践改革主要围绕诸如轻罪立法的模式选择、轻罪诉讼制度的简化分流、轻罪刑罚制度的优化改造等立法问题展开,面向应然层面。而轻罪治理不仅是一个面向未来的选择问题,在积极刑法观的理论牵引下,越发多的轻罪(轻微危害行为)已经走入刑法,危险驾驶罪与帮助信息网络犯罪活动罪(以下简称"帮信罪")在司法实践中的井喷适用,表明我国客观上已经进入轻罪时代,在实然层面,轻罪司法的解释方向与方法同样值得关注与探究。本文即从轻罪立法价值的二元面向切入,以帮信罪为研究对象,探讨轻罪司法的解释方向与方法。

一、轻罪立法价值的二元面向

重刑主义是我国法律文化中固有的惯习,当前国民的重刑主义观念仍较为浓厚。何谓重刑主义?从文义上理解,其至少有三层旨意:第一,作为形容词,"重"有程度上"严重""严峻""畸重"之义,这也是通常语义上理解的重刑主义,即主张严酷、严苛的刑罚。第二,结合比较词,"重"有"重于""较重""偏重"之义。面对新型的轻微危害行为,立法倾向于将本属于道德风俗或行政法、民商法等前置法调整的行为予以犯罪化,若不能严密论证将该类行为犯罪化的正当性与合理性,则也属于重刑主义的表现。第三,作为动词,"重"有"倚重""倚赖""重用"之义。重刑主义无外乎一种观念,即在社会管理过程中倚赖刑法进行社会治理。当前,倚重刑法参与现代社会治理在我国仍然是一个结构性问题。①

长期以来,我国的刑法结构一直呈现"重刑治重罪"的特点。但是晚近20年,随着

* 武汉大学法学院2022级刑法学博士研究生。

① 参见何荣功:《刑法适用方法论》,北京大学出版社2021年版,第3页。

社会经济的飞跃式发展和社会治理能力的现代化,我国犯罪态势发生了结构性转变,严重暴力犯罪的数量与重刑率明显下降,新型轻微犯罪的数量与轻刑率明显上升。① 在此背景下,学者们提倡,转变刑事法治理念,通过增设轻罪为犯罪治理提供规范补给,轻罪立法由此走进刑事法治实践。新近的几部刑法修正案中,增设轻罪成为主旋律。不过,轻罪立法的理论正当性与实践融贯性之间并非没有隔隙,对增设轻罪的价值有必要一分为二地看待。

(一)轻罪立法的积极价值:有意追求刑罚轻缓化

立法增设轻罪,显然系出于一定的考量。比如,轻罪立法有利于及时周延地保护法益。② 又如,轻罪立法有助于防范和化解重大犯罪风险。在当前的风险社会,轻罪立法致力于将犯罪治理的重心下调,对于防范重大的严重暴力犯罪、黑恶犯罪、恐怖主义犯罪等具有积极价值。再如,通过轻罪立法,可以更好地发挥刑法作为行为规范的一般预防作用③,培养公民的守法意识,遏制轻微但频发的犯罪活动。

此外值得重点关注的是,轻罪立法对于推动刑罚轻缓化改造的价值。如前所指,随着轻微犯罪的数量和比重不断增加,当前的刑事治理理应聚集于轻罪。而且,2013 年我国废止了劳动教养制度,但过去由劳动教养制度调整的严重违法行为或轻微犯罪行为却依然存在,处在犯罪与违法之间的模糊地带。④ 从理论上看,对该类行为若用传统罪刑规范打击,既存在法治风险,又有大材小用之虞;若用一般行政处罚加以规制,又难以达到有效矫正和改善的制裁效果。司法实践中,对于该类轻微危害行为,在没有明确罪名规制的情况下,一般不会严格遵守罪刑法定主义的要求作无罪处理,交由行政处罚规制;相反,由于认为该类行为具有处罚的必要性,实务中不惜通过类推解释将该类行为论以(较)重罪。⑤ 质言之,由于罪名分层不够精细、轻罪规范供给不足,客观上确实会存在"重刑治轻罪"的情况。通过增设轻罪,可以优化刑罚结构,降低重刑罪名的比例,给司法实务人员在重罚与不罚之间多一种有法可依的选择,即轻罚。从这个角度上说,轻罪立法"在行政处罚与刑事犯罪特别是刑事重罪之间构建处罚缓冲的桥梁"⑥,一定程度上有利于越来越多的严重违法行为和轻微犯罪行为被纳入轻罪

---

① 有学者称之为犯罪结构的"双降""双升",并提出中国已经进入轻罪时代。参见卢建平:《轻罪时代的犯罪治理方略》,载《政治与法律》2022 年第 1 期。

② 参见张明楷:《增设新罪的观念——对积极刑法观的支持》,载《现代法学》2020 年第 5 期。

③ 参见周光权:《论通过增设轻罪实现妥当的处罚——积极刑法立法观的再阐释》,载《比较法研究》2020 年第 6 期。

④ 参见王充:《构建轻罪治理模式 助力社会治理无"死角"》,载《人民论坛》2018 年第 11 期。

⑤ 参见周光权:《论通过增设轻罪实现妥当的处罚——积极刑法立法观的再阐释》,载《比较法研究》2020 年第 6 期。

⑥ 齐文远:《"少捕慎诉慎押"背景下打早打小刑事政策之适用与反思——以网络犯罪治理为视角》,载《政法论坛》2022 年第 2 期。

调整体系,“避免受到具有严厉色彩的传统刑法的制裁”①。

(二)轻罪立法的消极价值:过失滑向重刑主义

“针无双头利,蔗无两头甜。”轻罪立法并非不会产生副作用,比如,当前我国轻罪主要配置和适用的是短期自由刑,该刑罚方式对犯罪的矫正效果有限且容易导致罪犯“交叉感染”。② 又如,轻罪立法会挤占本就有限的司法资源,加剧“案多人少”的司法矛盾。③ 而且,司法工作人员大量的精力被轻罪案件分散,难免使得重大疑难案件的办理效果打折扣。

与上文对应,轻罪立法的消极面中有必要重点审视的是,其对轻微危害行为的过度犯罪化问题。就犯罪化而言,一方面,如前所述,轻罪立法具有校正司法重刑倾向的功能,有利于重新构建一个罪刑关系的磁场,将易被吸附到重罪磁场中的轻罪事实剥离出来,促进刑罚轻缓化。但另一方面,相较于行政处罚而言,轻罪立法所构建的罪刑结构无论如何轻缓,其法律后果的严厉程度也远超过行政处罚。因此,即便认为刑罚轻缓化乃刑法现代化的必由之路,轻罪立法也难以保证不会过失地滑向重刑主义。比如,新近的轻罪立法例中,拒不支付劳动报酬罪、拒不履行信息网络安全管理义务罪将不作为行为进行犯罪化,赋予公民更多也更沉重的刑法上的积极合作义务④,突破了刑法以处罚作为为原则、处罚不作为为例外的常理;袭警罪的独立化和高空抛物罪、妨害安全驾驶罪的设立,带有明显的情绪性立法特征,容易造成实践中刑法打击范围的泛化。上述立法实践及其司法适用效果,已经表明轻罪立法可能过失地滑向重刑主义的一端,继而招致质疑与批评。⑤

(三)小结

就革除第一种意义上的重刑主义(刑法严苛、刑罚过重)而言,轻罪立法具有一定的积极价值和优越性。但轻罪立法将过去由行政法调整的行政违法行为犯罪化(如醉驾型危险驾驶罪),由民事法调整的民事违法行为犯罪化(如高空抛物罪、拒不支付劳动报酬罪),甚至由诚实信用等善良道德风俗调整的失信行为犯罪化(如代替考试罪),容易造成打击的过度化。轻罪立法的理论基底是积极主义刑法观,在这个意义上,其与后两种意义上的重刑主义(处罚更重、倚重刑罚)的关系天然地比较暧昧,尽管其并非轻罪立法与轻罪治理的初衷。在轻罪立法已经现实化的前提下,轻罪司法应发

---

① 陈伟:《劳教制度废除后的法律衔接机制探究》,载《暨南学报(哲学社会科学版)》2015 年第 12 期。

② 参见周光权:《论刑事一体化视角的危险驾驶罪》,载《政治与法律》2022 年第 1 期。

③ 参见胡仕浩、刘树德、罗灿:《〈关于进一步推进案件繁简分流优化司法资源配置的若干意见〉的理解与适用》,载《人民司法(应用)》2016 年第 28 期。

④ 参见史令珊:《不作为犯新形态与公民积极义务的限制》,载《法学》2022 年第 5 期。

⑤ 参见冀洋:《我国轻罪化社会治理模式的立法反思与批评》,载《东方法学》2021 年第 3 期;杨楠:《我国轻罪立法的实践与反思——以刑法修正案(十一)为视角》,载《东方法学》2022 年第 6 期。

挥好司法调节作用,最大化轻罪立法与轻罪治理的积极价值。

二、轻罪司法认定的方向与方法:以帮信罪为对象

轻罪立法和轻罪治理模式被认为契合了当前社会治理体系现代化的现实需要。① 任何改革都必须整体性推进,从轻罪立法到轻罪司法,是轻罪系统性治理的必然要求。轻罪的系统性治理需要统摄刑事立法和刑事司法两个层面,关系到罪名设置、刑罚配置、司法体制和司法适用的全过程。轻罪司法较轻罪立法具有后发性,轻罪司法的解释方向与方法必须与轻罪立法的价值和初衷紧密关联。

(一)轻罪司法认定的方向

刑事司法维护刑事立法所确立的社会秩序和价值,这要求刑事司法务必把握准刑事立法的精神与目的。如上所述,犯罪化是轻罪治理的招牌,但也因此导致其规范价值可能存在两面性。就其积极的价值面向而言,轻罪立法有利于优化传统"重刑治重罪"的刑法规范结构和改善"重刑治轻罪"的刑罚扩张倾向,应当积极肯定和贯彻;就其消极的价值面向而言,轻罪立法容易招致情绪性立法的指摘②,过度倚重刑法参与社会治理而出现"轻刑治非罪"的副作用,过失地滑向重刑主义一端,对此要予以警惕和防范。因此,在轻罪司法的规范适用过程中,有必要凝聚以下两点基本的理念共识:

其一,精准把握轻罪立法的规范初衷,最大化轻罪立法的积极价值,在推进刑罚轻缓化的同时,积极通过教义学解释拓展轻罪的适用空间。刑法理论与实务几乎不存在争议的是,"轻罪立法的方向应定位于积极构建以更为法治的方式处理轻微危害社会行为,保障公民权利,而不是简单地强调刑法积极介入社会治理"③。具体而言,最高司法机关可以就新设的轻罪规范及时出台相关司法解释或文件。司法人员在办理具体案件的过程中,应善于运用各种刑法解释理论,在减少重罪适用的基础上积极拓展轻罪的适用空间,在降低刑法适用比重的基础上注重限缩轻罪的适用空间。

其二,理性认识轻罪立法的实践阻力,尽可能降低轻罪立法的消极价值,避免陷入重刑主义窠臼。具体而言,一方面,在积极刑法观影响下,新增设的轻罪规范更倾向于发挥行为规范而非裁判规范的作用,比如强制穿戴宣扬恐怖主义、极端主义服饰、标志罪和代替考试罪等,对该类罪名在司法适用过程中要保持克制的立场。另一方面,即便对于重点治理、高频适用的轻罪罪名,也要发挥司法的调节作用,将轻罪治理"轻缓"

---

① 参见高铭暄、孙道萃:《〈刑法修正案(十一)(草案)〉的解读》,载《法治研究》2020 年第 5 期。

② 参见刘宪权:《刑事立法应力戒情绪——以〈刑法修正案(九)〉为视角》,载《法学评论》2016 年第 1 期。

③ 何荣功:《我国轻罪立法的体系思考》,载《中外法学》2018 年第 5 期。

的理念作为案件办理的主基调，善于甄别不同类型的犯罪行为，慎重使用司法推定、变相认定以及模糊认定等方式打击犯罪。

（二）帮信罪的司法适用现状与特点

2015 年《刑法修正案（九）》增设帮信罪，是为了应对信息网络技术快速发展背景下“在网络空间传授犯罪方法、帮助他人犯罪行为多发的情况”①。该罪的司法适用情况可谓“低开高走”，2020 年 10 月国家决定开展“断卡”行动，帮信罪的发案量开始犹如雨后春笋一般增多。司法数据显示，2021 年因涉嫌帮信罪被起诉的人数逐月上升，该年度全国检察机关起诉帮信罪人数达 12.9 万人。② 截至 2022 年上半年，以起诉人数为标准，该罪已经成为司法实践中最常起诉的第三大罪名。③ 具体分析，可以发现该罪的司法适用具有两极化特点：

一方面，整体上该罪的适用呈扩张态势，犯罪构成的认定出现松动。目前，司法实践中帮信罪的适用仍处于高位运行的状态，笔者以“帮助信息网络犯罪活动罪”为案由在“北大法宝”司法案例数据库中检索得到历年的刑事一审判决书（包含简易程序和速裁程序），2019 年之后，该罪的司法适用呈现井喷态势。2021 年全年度帮信罪的案件审理数量为 3894 件，达到峰值。案件数量激增体现了国家对网络犯罪的治理政策，积极治理的政策下该罪的犯罪构成认定也表现出明显的扩张迹象。比如，对于“明知”的认定标准明显降低，变“确切知道”为“可能知道”④；又如，将帮助行为的认定扩展到“帮助的帮助”⑤。对“情节严重”的理解比较简单，司法机关在论述构成犯罪时往往不会述及“情节严重”的具体含义等，从而造成入罪门槛的虚置。

另一方面，罪际关系的界分不明，帮信罪的成立空间又有所限制。帮助行为正犯化的规范性质表明，帮信罪与关联犯罪的罪际关系非常紧密，由此也导致实践中对于帮信罪与相关犯罪的区分存在较大争议。比如，帮信罪与诈骗罪共犯，帮信罪与掩饰、隐瞒犯罪所得、犯罪所得收益罪（以下简称“掩隐罪”）的区分，刑法理论与实践中提出了不同的区分标准以解决争议，观点纷呈也导致实践中类案异判的现象屡见不鲜。这实际上涉及帮信罪的存在空间问题，也即轻罪适用的应有空间。

简言之，帮信罪的司法适用存在重心偏移的现象，整体上呈现扩张形势，而个别问题上又不当限制了该罪的成立空间，削弱了其推动刑罚轻缓化的功能，与轻罪司法的

① 《刑法修正案（九）草案首次提交审议》，载中国政府网，http://www.gov.cn/xinwen/2014-10/28/content_2771624.htm，2022 年 2 月 28 日访问。

② 参见《2021 年全国检察机关主要办案数据》，载最高人民检察院官网，https://www.spp.gov.cn/spp/xwfbh/wsfbt/202203/t20220308_547904.shtml#1，2022 年 11 月 9 日访问。

③ 参见《2022 年上半年检察机关起诉帮信罪 6.4 万人》，载最高人民检察院官网，https://www.spp.gov.cn/spp/xwfbh/wsfbt/202207/t20220722_566409.shtml#1，2022 年 11 月 9 日访问。

④ 参见冀洋：《帮助信息网络犯罪活动罪的证明简化及其限制》，载《法学评论》2022 年第 4 期。

⑤ 参见重庆市巴南区人民法院（2021）渝 0113 刑初 18 号刑事判决书。

应然理念与立场并不相符。

(三)轻罪司法认定的方法

推动刑罚轻缓化,最大化轻罪立法与轻罪治理的积极价值,实际上与宽严相济基本刑事政策的内涵相契合。轻罪刑事政策是对宽严相济刑事政策的新发展,即在轻罪时代,刑事治理更加注重以宽为主、以宽为先。① 为贯彻轻罪治理的理念与立场,以帮信罪为例,轻罪司法的规范适用中要关注以下方法:

首先,要注重区分认定。“区别对待是任何政策的基础”②,轻罪司法要在轻罪立法的基础上进一步对犯罪认定加以区分,避免一概而论。比如,帮信罪的规范内部与帮信罪的规范外部(如帮信罪与诈骗罪共犯的区分问题)的司法认定,采取的立场和方式就不尽一致。③ 在帮信罪的规范内部,同样是支付结算型帮信罪,还可以根据犯罪场合和手段的不同,区分为传统的“两卡类”帮信与网络空间型帮信。对于提供非银行支付账户、互联网用户账户、批量注册软件、多卡宝等技术设备,以及利用非法通信软件、“翻墙”软件、虚拟币等方式帮助支付结算的,应当积极适用该罪,以加强对该类网络帮助行为的治理。而对于帮信罪的规范外部关系认定,下文将着重展开论述。

其次,要注重类型治理。类型治理是在区分的基础上,对犯罪类型进一步提炼与细化,从而有利于实现精准治理。经过对犯罪行为的区分治理,实践中通常能够提炼出一些具有共性特点的犯罪类型,对于相同类型的行为往往可以有的放矢地进行刑罚裁量。比如,帮信罪中被告人低龄化、低学历、低收入特征明显,初犯人员占比较高,涉案主体大部分为未成年人和在校学生。④ 因此,对于帮信罪的犯罪主体有必要予以类型化区分,特别是对于未成年人和在校学生涉案的,应注意避免以轻罪一概规制,尽量从实体和程序上寻得宽宥之道。而对于专门为上游网络犯罪提供网站搭设的职业人员、构建网络“黑灰产业”的帮信罪犯罪分子和“卡商”,则有必要严格按照该罪的规定处理。

最后,要坚持依法治理。法治是政策的底线,以帮信罪为代表的轻罪治理既要坚持区分治理和类型化方法,更要坚持法治底线,以罪刑法定主义为臬。罪刑法定主义具有形式与实质两个侧面,一方面,罪刑法定的形式侧面要求司法适用中不得类推解释,将超过国民预测可能性的行为涵摄到罪名规制范围之内;另一方面,罪刑法定的实质侧面要求刑罚必须适正,不得处罚不当罚的行为。比如,不宜将“明知”他人实施网络犯罪的内容解释为“可能知道”“应当知道”,在认定主观明知时要慎重适用推定甚至

---

① 参见卢建平:《轻罪时代的犯罪治理方略》,载《政治与法律》2022 年第 1 期。

② 陈兴良:《宽严相济刑事政策研究》,载《法学杂志》2006 年第 1 期。

③ 参见袁彬:《犯罪结构变化下轻罪的刑法区别治理》,载《人民检察》2022 年第 9 期。

④ 参见最高人民法院刑事审判第三庭:《关于帮信罪司法治理的调研报告》,载《人民法院报》2023 年 8 月 25 日,第 4 版。

二次推定的方式,避免造成打击的泛化。①

综上所述,在以帮信罪为代表的轻罪司法适用中,应动态地、联系地看待轻罪的规范机能。在区分的基础上,对于帮信罪的内部治理,要注重提炼行为类型,严格限制入罪解释,避免刑法打击范围不当扩张;而对于帮信罪的外部关系认定,可以考虑积极发挥其刑罚轻缓化的价值,认可该罪的适用空间。

三、帮信罪的优先适用空间——与诈骗罪共犯的区分

我国刑法规范中帮信罪与诈骗罪共犯的规定在客观行为表现上出现一定重合。根据《刑法》第 287 条之二的规定,帮信罪的行为类型主要是"明知他人利用信息网络实施犯罪,为其犯罪提供互联网接入、服务器托管、网络存储、通讯传输等技术支持,或者提供广告推广、支付结算等帮助,情节严重"的情形。但是,2016 年施行的最高人民法院、最高人民检察院、公安部《关于办理电信网络诈骗等刑事案件适用法律若干问题的意见》(以下简称《电信网络诈骗意见》)指出,"明知他人实施电信网络诈骗犯罪,具有下列情形之一的,以共同犯罪论处,但法律和司法解释另有规定的除外:……5. 提供互联网接入、服务器托管、网络存储、通讯传输等技术支持,或者提供支付结算等帮助的……"从规范上看,帮信罪与诈骗罪帮助犯的客观行为表现极为相似。

针对帮信罪司法适用的过热现象,为了防止该罪沦为"口袋罪",当前学界较多的观点认为要为帮信罪的高频适用"降温",比如限定和规范主观明知的认定,限制客观帮助行为的界限,避免唯次数或唯数额认定情节严重等。② 因而在帮信罪与诈骗罪共犯的区分问题上,一般认为,帮信罪与诈骗罪共犯并非截然对立的关系,无论帮信罪的规范性质为何,都"不会导致刑法总则中有关共犯的规定被虚置"③。更有观点指出,应当树立共犯优先适用的理念与方法。④ 对此观点,笔者难以赞同。不可否认的是,2016 年《电信网络诈骗意见》将网络帮助行为作为诈骗罪的共犯行为进行处罚的规定,在教义学角度具有一定的合理性。但是,将此类行为认定为电信网络诈骗犯罪的共犯行为的做法在部分案件中产生的处理效果值得反思。

电信诈骗活动中的帮助行为类型复杂多样,有的行为人在提供信用卡、手机卡

---

① 参见莫洪宪、吕行:《论帮助信息网络犯罪活动罪的司法扩张与规范适用》,载《贵州师范大学学报(社会科学版)》2023 年第 1 期。

② 参见刘艳红:《帮助信息网络犯罪活动罪的司法扩张趋势与实质限缩》,载《中国法律评论》2023 年第 3 期;陈俊秀、岳美莲:《帮助信息网络犯罪活动罪中"明知"之扩张趋势及其限缩》,载《大连海事大学学报(社会科学版)》2023 年第 1 期。

③ 黎宏:《论"帮助信息网络犯罪活动罪"的性质及其适用》,载《法律适用》2017 年第 21 期。

④ 参见欧阳本祺、刘梦:《帮助信息网络犯罪活动罪的适用方法:从本罪优先到共犯优先》,载《中国应用法学》2022 年第 1 期。

后,进一步积极参与电信诈骗活动,甚至从电信诈骗活动中获取非法收益;而有的行为人只是单纯提供信用卡、手机卡等,获取少量的租售"两卡"的费用或劳务费,既不参与其后的诈骗犯罪活动,也没有从诈骗犯罪活动中获取非法利益。比如在符某诈骗案中,被告人符某以每张电话卡 300 元的价格,向代号为"佬"的上线犯罪嫌疑人出售其实名办理的一张固定电话卡和两张移动手机卡,犯罪嫌疑人"佬"实际支付 50 元给符某,尚欠 850 元未支付。"佬"等诈骗分子利用被告人符某的实名电话卡以提供贷款为由,诈骗赵某等 13 名被害人钱款共计 388599 元,法院审理认定符某与诈骗分子构成共犯,判处其有期徒刑 5 年 9 个月,并处罚金 5 万元。① 若行为人进一步积极参与电信诈骗活动,甚至从中获益,办案机关认定该情形成立诈骗罪共同犯罪并无疑问,但将单纯提供"两卡"并收取少量劳务费的情形也认定为诈骗罪共同犯罪,则存在问题。

首先,从犯罪性质上看,诈骗罪属于财产犯罪,行为人犯罪的根本目的在于获取非法利益。上述情形中,行为人取得的非法钱财数额确定,数量很少,特别是行为人获取的非法利益与整个诈骗犯罪及其收益并无关系,行为人也不关心之后的诈骗行为及其收益。在这种情况下,将行为人认定为整个诈骗罪的共同犯罪人,不仅与案件事实难以契合,也难以符合诈骗罪属于财产犯罪的属性。

其次,在刑事责任的承担方面,责任主义是现代刑法的基本原则,具体包括主观责任和个人责任。根据个人责任原则,刑法只应针对行为人自己的犯罪行为进行非难。② 电信诈骗中的违法犯罪行为呈现链条特征,不能否认行为人提供的银行卡对于诈骗罪的完成具有客观上的帮助和便利,但对于整个诈骗罪的实施和进程,难以认为行为人的行为具备实质意义上的共同特征,进而让其承担共同犯罪的刑事责任。正因为如此,让单纯提供银行卡的行为人承担诈骗罪共同犯罪的责任,将不可避免地造成刑事责任承担的错位,导致刑法打击出现偏差。

最后,违背了罪责刑相适应原则和宽严相济刑事政策的精神。根据我国刑法规定,犯诈骗罪,数额特别巨大或者有其他严重情节的,判处 10 年以上有期徒刑或者无期徒刑。具体到此类案件中,由于被告人银行流水数额及其背后的电信网络诈骗数额往往很大,虽然此类行为可以根据《刑法》第 27 条的规定从轻、减轻处罚或者免除处罚,但整体而言对其处罚仍然过严。正如前述符某诈骗案,被告人在具有明知的情况下为他人提供帮助行为,仅实际获取了 50 元卖卡报酬,却要对全部的诈骗款项承担刑事责任,倘若认定被告人构成诈骗罪(共犯),难免面临罪责刑失衡、刑罚过于严苛的质疑。

因此,对于司法解释中积极肯定诈骗罪等共同犯罪的规定,应客观地评价。以诈

---

① 参见海南省第二中级人民法院(2021)琼 97 刑终 138 号刑事裁定书。

② 参见张明楷:《刑法学》(第 6 版),法律出版社 2021 年版,第 87—88 页。

骗罪为例,在刑法增设帮信罪前,对于为诈骗罪提供支付结算、网络支持等帮助活动的,如果不以诈骗罪共同犯罪认定,那么,此类行为将无法被定罪,导致对犯罪的放纵。但帮信罪的设立实际上修正了《电信网络诈骗意见》等司法解释广泛肯定诈骗罪共同犯罪的立场。在立法增设帮信罪且该罪被激活适用的情况下,该罪与诈骗罪等共同犯罪的关系应回归本位,办案机关对此类行为的定性应整体上考虑罪名之间的协调和刑罚处罚的公正。立足于帮信罪的轻罪机能,至少在以下三个方面,该罪应当优先得到适用:

第一,提供技术支持、广告推广、支付结算等帮助行为事实上属于诈骗罪等共同犯罪,但诈骗罪的核心事实不充分,包括资金走向无法查清,诈骗罪主犯没有归案等,认定行为成立诈骗罪及其共同犯罪存在证据上的难题,办案机关可以依法认定行为成立帮信罪。

第二,行为整体上属于电信诈骗,但行为人只是单纯提供信用卡等帮助,非法获取的财物只是提供卡的对价,而且数量很少,该种情形宜认定行为成立帮信罪,而非诈骗罪的共犯。

第三,确因客观条件限制,无法查证被帮助对象是否达到犯罪程度,或者查证被帮助对象确实未达到犯罪程度,但达到相关数额或者造成特别严重后果的,也可以考虑优先适用帮信罪。

四、结语

轻罪司法的认定方向和方法与轻罪立法的规范价值密切相关。轻罪立法和轻罪治理体系的现代化旨在“去重刑化”,实现刑罚轻缓化改造,调整我国刑法的结构,更新重罚的刑罚观念。① 为此,轻罪司法有必要跟进司法认定中规范适用的方向与方法,精准把握轻罪立法的规范初衷,最大化轻罪立法的积极价值,尽可能降低轻罪立法的消极价值,发挥好司法对立法的调节作用,才能有助于避免轻罪治理过失地滑向重刑主义一端。可见,轻罪化社会治理模式的推进应加强系统性研究,轻罪治理体系的改革也有必要审慎地、整体性推进。②

① 参见储槐植:《刑法现代化本质是刑法结构现代化》,载《检察日报》2018 年 4 月 2 日,第 3 版。

② 参见何荣功:《轻罪立法的实践悖论与法理反思》,载《中外法学》2023 年第 4 期。

轻罪案件适用附条件不起诉制度研究

杨梦觉*

近年来,司法实践中的轻罪案件大量增加,尤其是《刑法修正案(十一)》出台之后,高空抛物罪、妨害安全驾驶罪等诸多轻罪罪名的设立,进一步增加了轻罪案件的比例。据统计,2020 年 1 月至 2023 年 7 月,浙江省舟山市定海区检察院受理的 3 年以下有期徒刑案件占比达到 72%,其中累犯或有前科的再犯罪比例达 63%。党的二十大报告强调,要提升社会治理法治化水平,而轻罪治理是社会治理的重要方面。当前司法实践中,为了缓解诉讼压力,通过适用认罪认罚制度、速裁程序等途径实现繁简分流,但是这种简单的轻罪快结的轻罪治理模式,并不能从源头解决轻罪治理问题,它的设置仅仅是在个案中节约司法资源,但是难以达到《刑法》对犯罪人员教育改造的根本目的和作用,无法真正实现诉源治理。

因此,为了实现对轻罪案件从"治罪"到"治理"的转变,需要着眼于"行为人本身""社会矛盾"两大方面,一是实现犯罪行为人的教育、改造,降低轻罪案件行为人再犯罪的风险;二是化解社会矛盾,从而完善社会治理,降低诉源风险。在该背景下,笔者认为扩大检察机关的不起诉裁量权是行之有效的措施。这里的"不起诉裁量权"并不是扩大不起诉案件的适用比例,而是在成年人轻罪案件中,在起诉与相对不起诉中间加入"附条件不起诉"。2012 年《刑事诉讼法》修改之后,未成年人犯罪率先适用附条件不起诉制度,其初衷是通过设置一定的考察期、附加一定的条件义务,对未成年人罪犯进行教育、矫正,预防其再犯罪,达到未成年人犯罪治理的效果,这也完全契合了轻罪治理的目标。并且,扩大"附条件不起诉"制度的适用范围,也可以更好地发挥检察机关在轻罪治理体系中的职能作用,有效参与社会治理。

鉴于此,本文拟就在成年人轻罪案件中适用附条件不起诉制度进行初步研究,从实现"治罪"到"治理"的转型出发,讨论轻罪案件适用附条件不起诉制度的必要性、可操作性,并就如何完善成年人轻罪案件附条件不起诉制度的程序设置、如何使其发挥效用提出基础构想。

---

* 浙江省舟山市定海区人民检察院第一检察部副主任、三级检察官。

一、附条件不起诉制度在成年人轻罪案件中适用的必要性分析

(一)弥补当前轻罪治理体系存在的漏洞和空白

通过梳理近年来刑法修正案增设的罪名,可以看出,“轻罪化”已经成为其显著特征,《刑法修正案(九)》至《刑法修正案(十一)》一共增加 38 个罪名,其中轻罪罪名共计 23 个,占比达 60.5%。诸多社会问题、失范行为均被纳入《刑法》规制,但刑罚体系却“严而不厉”,这会导致陷入“入罪”易、“惩罚”轻、“预防”弱、“再犯”多的怪圈。

在司法实践中,轻罪治理体系以相对不起诉和起诉缓刑两种模式为主,相对不起诉的适用虽然可以减少给犯罪嫌疑人带来的一些附随后果,但是该类对象往往被采取的是取保候审强制措施,并未实际拘留、关押过,往往通过对嫌疑人宣布处理结果来结束案件,嫌疑人在整个司法程序中并未体会到刑事制裁,刑法对其无任何威慑力,在宣布不起诉时一般也不会额外为犯罪嫌疑人设定需承担的义务,很难达到预防再犯罪的效果。而起诉缓刑虽然要求嫌疑人进行社区矫正,但在实践中,社区矫正采取的是一套所有类型犯罪嫌疑人均能适用的措施,很少会针对不同行为人量身打造预防再犯罪的方案①,在预防再犯上同样无法取得实质效果。同时,起诉缓刑即代表犯罪嫌疑人获得了有罪宣判,有了犯罪前科,那么其在日后的生活中会面临诸如就业歧视、近亲属参军考公受限等不利附随后果。虽然对其适用了有别于重罪的缓刑,但所带来的附随后果却与重罪无异,反而存在将嫌疑人与其近亲属推向社会对立面的可能,更不利于社会矛盾化解。

而在成年人轻罪案件中适用附条件不起诉制度可以有效地弥补上述漏洞。针对犯罪嫌疑人的犯罪原因及特点,要求其在一定考察期限内完成一定的考察条件,才可以对其作出最终相对不起诉的决定,这个过程不仅对行为人附加了一定的义务,还起到了矫正、预防再犯罪的作用,避免了不利的附随后果,真正实现轻罪治理效果。

(二)实现宽严相济刑事司法政策的导向需求

刑事司法实践一直坚持“宽严相济”这一基本刑事政策,该政策的本质内涵是对刑事犯罪区别对待,对恶性犯罪从严惩处,对轻微刑事犯罪则适度宽容,教育、感化行为人以预防再犯罪,尽可能减少社会对抗,化解社会矛盾,实现法律效果和社会效果的统一。这要求办案人员在处理轻微犯罪行为的过程中,积极采取措施解决社会矛盾,比如促进刑事和解、消除犯罪成因,化解社会不稳定因素,真正做到“案结事了”。

而当前轻罪案件的治理模式,却无法完美契合“宽严相济”政策的内涵,仅能实现

① 参见陈文聪:《醉驾案件附条件不起诉制度研究》,载《比较法研究》2022 年第 6 期。

宽缓处理,但无法有效促进社会治理。反观附条件不起诉制度,设置之初即传达着淡化刑罚使用,摒弃一捕了之、一诉了之、一判了之的传统刑事理念,注重调查行为人自身特点、犯罪原因等,有针对性地设置附加条件,并强化对履行情况的监督考察,以促进行为人尽快化解社会矛盾,重新回归社会,减少其再犯罪可能性。该制度如果适用到成年人轻罪案件中,不仅能够充分体现宽严相济刑事司法政策的本质内涵,还能够整合司法资源,进一步对符合起诉条件的案件分流处理,实现诉讼经济价值。

(三)充分发挥检察机关参与社会治理的职能作用

在当前的司法体制改革大背景下,作为国家法律监督机关,检察机关更需要适应社会治理新需求,立足职能定位,创新方式方法,主动融入和服务社会治理大局。当前,检察机关通过开展未成年人检察、公益诉讼检察、制发检察建议等工作,积极参与社会治理,获得了社会各界的高度认可。但是在刑事检察工作中,其履行的更多是维护司法公正的基础职能,群众感知度不高。若在成年人轻罪案件中适用附条件不起诉制度,可以更充分地发挥刑事检察在社会治理中的职能作用,也能获得更多的群众认同。一方面,附条件不起诉制度在给予行为人一定惩戒的同时,又能起到教育、矫治的效果。附条件不起诉制度虽然不如刑罚惩戒力度大,但它对行为人附加的诸如公益活动、思想汇报等条件以及设置的考察期限等,都是对行为人的一种惩戒。同样的,这些条件、期限的设置,可以督促、激励行为人主动遵守法律、自发转变,极大地减少再犯可能性,从源头预防犯罪。另一方面,适用附条件不起诉制度可以促进社会矛盾化解。从恢复性司法理论出发,犯罪治理的重点在于如何消除犯罪行为造成的后果,关注的是对社会性伤害的修复,以损害赔偿为主要方式。① 附条件不起诉制度在成年人轻罪案件中的适用,可以在个案中针对不同案件情况,将赔偿损失、赔礼道歉等作为附加条件,督促行为人主动修复社会关系,化解社会矛盾,减少社会对立面,真正实现轻罪"治理"而非"治罪"。

二、附条件不起诉制度在成年人轻罪案件中适用的可操作性分析

近年来,各地检察机关都在探索轻罪案件的治理方式,比如企业合规不起诉制度,其本质也是对企业或主要负责人设定一定的义务,并基于义务履行情况决定是否起诉。类似的还有浙江省瑞安市的"附条件相对不起诉"、深圳市的"诉前公益服务机制"、上海市的"暂缓起诉考察"等,这些机制的本质都是"附条件不起诉"的内涵,各地的成功探索也增强了在成年人轻罪案件中适用附条件不起诉制度的现实可操作性。

---

① 参见刘东根:《恢复性司法及其借鉴意义》,载《环球法律评论》2006 年第 2 期。

(一)未成年人犯罪适用附条件不起诉制度的经验

2012年《刑事诉讼法》纳入了"附条件不起诉"制度,该制度率先适用的对象即是未成年犯罪嫌疑人,其设置的初衷是给予心智发育尚不成熟的未成年人一个改过自新的机会,通过附设条件对未成年人进行教育、矫治,避免"一判了之"影响未成年人的未来。经过十余年的探索、实践,目前未成年人适用附条件不起诉制度已经有了较为成熟的经验,据最高人民检察院2022年数据统计,附条件不起诉制度适用率已达到36.6%,并且通过设置个性化的附带条件并全程监督考察,提升精准帮教实效,超过97%的被附条件不起诉未成年人走上正途①,在预防再犯罪方面取得显著成果,这也为成年人轻罪案件治理提供了有利参考。

(二)企业合规改革以来取得的积极成效

2020年3月,最高人民检察院创新开展涉案企业合规改革试点工作,其初衷是既要避免"办了案子、垮了厂子",也要避免对涉案企业一宽了之,做实既"厚爱"又"严管",推动企业刑事犯罪诉源治理。企业合规不起诉制度的本质是企业附条件不起诉制度,在涉企案件办理过程中,责成涉案企业作出合规承诺、切实整改,同时引入第三方专业人员对企业的合规整改工作进行监督评估,对于整改合规的企业或者实际经营者作出不起诉决定。最高人民检察院发布的数据显示,2020年之前单位犯罪案件数量整体呈递增趋势,开展企业合规改革试点工作后,2021年单位犯罪起诉数量明显下降②,而诸多新闻报道也反映企业合规不起诉制度带来了良好的社会治理效果,比如江西吉安某矿山企业,因非法占用农用地罪被追责,本来濒临倒闭的企业因企业合规制度的适用而重获新生。不论是数据变化还是企业实际情况,均表明企业合规不起诉制度带来了良好的社会治理效果。

(三)多地醉驾案件附条件不起诉探索的成功样本

自2011年醉驾入刑以来,醉驾案件数量逐年上升。2022年,浙江省舟山市定海区人民检察院审结的危险驾驶案件数占审查起诉案件总数的39.3%。危险驾驶罪已成为"第一大罪",多人因为醉驾被处以短期拘役刑或缓刑,带来了诸多不利的刑罚附随后果。近年来,各地对醉驾起诉标准也进行了多次调整,适度扩大了醉驾程序出罪、适用缓刑的范围,但是这仅是司法层面的治罪与出罪,无法达到醉驾案件治理的效果。因此,各地检察机关开始探索引入附条件不起诉制度,比如浙江省瑞安市检察院就率先探索醉驾案件公益服务机制,让醉驾行为人参与交通劝导、车辆安检服务等公益活

---

① 参见《逾97%被附条件不起诉未成年人走上正途》,载最高人民检察院官网,https://www.spp.gov.cn/zdgz/202210/t20221028_591062.shtml,2022年10月29日访问。

② 参见《单位犯罪起诉数量从逐年递增到明显下降,涉案企业合规改革试点成效初显》,载最高人民检察院官网,https://www.spp.gov.cn/xwfbh/wsfbt/202207/t20220726_567535.shtml#1,2022年7月26日访问。

动,接受法治教育,根据评估考核情况决定是否对其作相对不起诉处理。[①]"瑞安模式"最大程度地保障了醉驾行为人的权益,有利于从根本上减少和预防醉驾案件的发生。这之后,广州、福建、江苏等地也将"公益活动考察"纳入醉驾案件考察,定海区检察院2023年也在2起醉驾案件中引入公益活动小时数作为考察标准,亦取得了积极成效。

未成年人犯罪案件、涉企案件、醉驾案件通过适用附条件不起诉制度,都取得了从个案办理到社会治理的显著成效,而成年人轻罪案件中的成年犯罪嫌疑人与上述案件的主体具有共同点——对法律规则的违反,年龄因素、身份因素、犯罪类型不应成为判断社会危险性和再犯可能性的标准。上述案件在适用附条件不起诉制度后所取得的社会治理成效可以反映出,在轻罪案件中有针对性地适用附条件不起诉制度,也会达到较好的轻罪治理效果。

三、附条件不起诉在成年人轻罪案件中适用的制度完善

虽然在成年人轻罪案件中适用附条件不起诉制度是轻罪治理的一个有效途径,但是,若机械地参照现行附条件不起诉制度予以适用,会存在诸多问题和弊端,比如适用范围具有局限性,仅限于刑法分则第四章到第六章的罪名;所附条件较为泛化,设置的共性条件、考察条件较多,个性条件、矛盾化解类条件较少;监督考察流于形式,不具有刚性及专业性;附条件不起诉和相对不起诉的适用选择有较大的裁量权等。下面,笔者将针对这些问题提出在成年人轻罪案件中适用附条件不起诉的制度完善路径。

(一)适用条件和适用对象

目前附条件不起诉制度仅适用于未成年人,且需满足以下条件:其一,所涉罪名为刑法分则第四章、第五章、第六章的罪名;其二,符合起诉条件,可能判处1年有期徒刑以下刑罚;其三,有悔罪表现。笔者认为,若要在成年人轻罪案件中适用附条件不起诉制度,那么适用对象和适用条件应当与当下附条件不起诉制度的适用保持基本一致,最为关键的是保证案件"符合起诉条件",但也要适应成年人轻罪案件的基本特点。首先,关于适用的刑期标准。学界一直以3年有期徒刑作为轻罪的划分标准,但是若按照该标准,3年以下有期徒刑的案件均可适用的话,与现行的附条件不起诉制度显然不相适应。一方面,对于未成年人采用1年有期徒刑以下刑罚的严格标准,而对成年人却放宽要求,显然存在矛盾;另一方面,若扩大到3年有期徒刑的标准,检察机关的起诉裁量权过大,可能会导致该制度的滥用。因此,笔者认为仍然应当以1年有期徒刑为划分界线,但是该"1年"是指宣告刑,即可能判处的刑罚为1年有期徒刑以下刑罚

---

① 参见杨林霈、刘艳:《醉驾附条件不起诉"瑞安模式"探析》,载《中国检察官》2023年第5期。

即可,并不要求法定刑在 1 年以下。其次,关于适用的罪名。目前附条件不起诉制度的罪名范围存在一定的局限性,若直接将该规定适用到成年人轻罪案件中,则会将诸如危险驾驶罪、交通肇事罪等发案量较大的轻罪案件排除在外,显然不利于轻罪治理、矛盾化解。因此,笔者认为成年人轻罪案件中附条件不起诉制度的适用不宜限制具体的案件类型,用刑期予以划分即可达到罪责刑相适应的要求。最后,关于适用的对象。现行附条件不起诉制度适用于有悔罪表现的未成年人的初衷是,因未成年人心智尚不成熟,通过适用该制度对其进行教育、矫治,给予其改过自新的机会,减少再犯罪的发生。同样,将附条件不起诉制度适用在成年人轻罪案件中,也是期待能取得同样的效果。因此在适用对象上,笔者认为可以限定为"具有监督考察必要性"或者是"具有避免再犯罪可能性"的犯罪嫌疑人,比如具有两次以上行政处罚前科,或者曾被检察机关宣布不起诉的人员,就不适宜再作为附条件不起诉制度的适用对象。

(二)所附条件及考察期限的设定

对成年人适用附条件不起诉制度所附加的条件应当与该制度的设置初衷和预期目标相适应,可以以"实现有效矫治效果"和"修复受损害的社会关系"为目标。① 因此,笔者认为在设置条件时可以将其分为"基本条件"和"专门条件"。"基本条件"是共性的条件,主要针对修复社会关系,化解社会矛盾,比如履行赔偿、补偿义务,取得被害人谅解等,对无被害人的案件还可以限定参加社区公益活动的时长,与社区代表、群众代表的沟通交流次数等。"专门条件"则是针对具体案件的特点,结合犯罪嫌疑人涉罪的原因,予以设定的专门考察要求,主要是为了达到矫治教育、预防再犯罪的目的。比如对于醉驾案件或者交通肇事案件的犯罪嫌疑人,要求其参与交通劝导、文明出行监管等公益活动,促使犯罪嫌疑人了解交通规则,实时感受违规驾驶的安全隐患,使其自发养成依规驾驶的习惯。又比如对于涉"两卡"犯罪的犯罪嫌疑人,要求其参与反诈宣传、观看反诈普法视频等,提高行为人的反诈意识。此外还可以根据犯罪嫌疑人自身的情况设置条件,对于因特殊原因导致犯罪的,比如心理疾病、酒精成瘾等,可以设置戒瘾治疗或者心理干预的条件,对于没有生活基本技能的犯罪嫌疑人,可以要求其参加职业培训,作出职业规划等。②

而关于考察期限,未成年人附条件不起诉的考察期限是6个月至1年,这个期限的设置主要是考虑到帮教的有效性以及与刑罚期限的相适应性。同样的,在成年人轻罪案件中,考察期限的设置亦要考虑这两个因素。正如前文所述,成年人轻罪案件的适用类型已经包括了危险驾驶等轻罪案件,危险驾驶罪的法定最高刑是拘役,在司法实

---

① 参见刘恒源:《成年人轻罪案件附条件不起诉的现实需要、理论基础与制度构建》,载《南海法学》2023 年第 2 期。

② 参见陈瑞华:《轻罪案件附条件不起诉制度研究》,载《现代法学》2023 年第 1 期。

践中,危险驾驶案件的刑期一般是3个月以下拘役,若仍然按照6个月到1年的期限予以适用,可能出现超出刑罚期限的问题。因此,笔者认为对于法定最高刑为拘役的案件,可以以3个月为考察期下限,其他普通案件,仍然以6个月为考察期下限。当然,上限必然不能超过1年,因为适用附条件不起诉的案件标准之一即是判处1年有期徒刑以下刑罚的案件。

(三)监督考察程序的设置

附条件不起诉的监督考察程序主要分为"程序启动方式""监督考察主体""考察评定标准"三个方面,现行附条件不起诉制度已经有较为完善的程序设置,但若要适用到成年人轻罪案件中,仍然需要对其进行一定的调整。

首先,程序启动的问题。适用于未成年人的附条件不起诉一般必须经过社会调查、不公开听证,还要征询公安机关、当事人的意见。笔者认为在成年人轻罪案件中适用该制度时,可以选择性开展社会调查,而非将其作为必要的前置条件。社会调查主要是为了调查犯罪成因,以更好地开展教育矫治,对于危险驾驶等法定最高刑为拘役的案件或者交通肇事等过失犯罪案件,很少会有行为人因既往经历而走上犯罪道路的现象,对于这类案件可以精简社会调查程序。但是,听证程序是适用该制度的关键,在成年人轻罪案件中一般适用的是公开听证,建议将被害人、与涉案行为人有关联的人员一并纳入公开听证,比如涉交通类案件让交警共同参与,嫌疑人工作单位领导或关系较好的同事也可一同参与,注重了解嫌疑人的可矫治性以及预防再犯罪的可能性。

其次,监督考察的主体问题。未成年人附条件不起诉制度从2012年确立至今,在监督考察上经过了检察机关自行考察到第三方专业社工开展监督考察的转型升级,这一改变一方面是因为检察机关本身还有其他职能工作需要开展,无法投入足够的时间、精力来履行监督考察职责,另一方面是基于专业化的需要,附条件不起诉制度的适用是为了更好地教育、矫治被考察对象,必然需要司法社工、心理咨询师等专业力量的介入,以便更有针对性地开展监督考察工作。此外,台州市路桥区检察院创新性地发布了《未成年人司法社会工作服务标准实施意见(试行)》,该意见也可以参照适用于成年人轻罪案件,因此对第三方的工作情况也有相应的评价监督标准。基于上述原因,笔者认为,在对成年人适用附条件不起诉制度时,建议由第三方进行监督考察,对于第三方的工作情况,可以由各地依据具体情况出台相应的服务标准或者由检察机关牵头组成第三方监督考察委员会,对监督考察过程进行指导、评估。

最后,考察评定标准的设置。在适用附条件不起诉制度时,通常会将所附条件以文字形式表述在文书当中,但是在具体的考察过程中,若仅仅依据该条件,可能最终会导致考察流于形式,即不论是被考察者还是监督考察者都会以完成为标准,而不会去考量是否取得实际效果。因此,笔者认为,在考察过程中可以设置具体的评分标准,根据被考察者对条件的完成情况进行赋分,比如设置公益时长评分、完成度评分,同时可以设置反向减分情节,比如未按时参与公益活动,在完成条件时无理由拒绝、推诿等,都可以酌情扣分,以此督促被考察者认真、高效地完成考察要求,使得考察结果量化,更直观明了。当然,现行制度中设置的重新犯罪、违反治安管理法规情节严重等撤销情节以及延长考验期的情形,也应当适用于成年人轻罪案件,以保证附条件不起诉的刚性。

四、结语

中国特色社会主义的轻罪治理体系构建,需要在罚当其罪的基础上,减少社会对立面,促进"诉源治理",实现治罪与治理并重。相比于通过逐一颁布司法解释的方式对部分轻罪案件作出罪处理,通过修改《刑事诉讼法》将附条件不起诉制度适用于轻罪案件,从而实现部分人员非罪化的目的的方式,更为科学、有效。轻罪案件适用附条件不起诉制度不仅能够推动轻罪治理的预防性转向,对于预防犯罪、维护社会和谐发展有着重要作用,而且有着丰富的实践经验支撑,为构建和完善我国轻罪治理体系提供了新的路径。

关于轻罪的犯罪前科消灭制度探讨

周鑫森*

犯罪的法律特征包括社会危害性、刑事违法性、应受刑罚处罚性。《刑法》是惩治犯罪的最重要的法律依据。我国《刑法》在第2条规定中明确了刑法的任务①，一段话中有两个“保卫”、三个“保护”、一个“维护”、一个“保障”，昭示着刑法是保卫、保护、保障国家和社会秩序的法律。随着依法治国理念的提出，特别是全面依法治国方略的实施，国家的法律体系不断健全，“有法可依、有法必依、执法必严、违法必究”的十六字方针调整为“科学立法、严格执法、公正司法、全民守法”。经济社会的快速发展，要求把许多新的情况纳入刑法规制范围，刑法和犯罪治理呈现新的特点，严刑峻法、惩治自然犯加快向宽严相济、治理法定犯转变。

一、“轻罪时代”的新特点

根据国内学界的普遍看法，目前在我国被判处3年以下有期徒刑的犯罪，可以被称为轻罪。② 据统计，自2013年始(除2017年外)，宣告刑为3年有期徒刑以下刑罚的轻刑案件占比超过80%，重罪比率均在20%以内。③ 北京师范大学法学院卢建平教授明确提出，党的十八大以来，我国已经进入“轻罪时代”。清华大学法学院周光权教授、中国政法大学樊崇义教授等法学专家也认为，我国已经进入“轻罪时代”。“轻罪时代”具有鲜明的特征。

(一)犯罪圈持续扩大

随着社会的变迁，犯罪现象的结构发生了巨大变化。人类犯罪史可以大致分为自

---

* 北京师范大学法学院刑法学博士研究生。

① 《刑法》第2条规定：“中华人民共和国刑法的任务，是用刑罚同一切犯罪行为作斗争，以保卫国家安全，保卫人民民主专政的政权和社会主义制度，保护国有财产和劳动群众集体所有的财产，保护公民私人所有的财产，保护公民的人身权利、民主权利和其他权利，维护社会秩序、经济秩序，保障社会主义建设事业的顺利进行。”

② 参见杜雪晶：《轻罪刑事政策的中国图景》，中国法制出版社2013年版，第11页；陈兴良：《轻罪治理的理论思考》，载《中国刑事法杂志》2023年第3期。

③ 参见卢建平：《轻罪时代的犯罪治理方略》，载《政治与法律》2022年第1期。

然犯时代和法定犯时代两大阶段。① 在传统农业社会,犯罪现象以传统暴力犯罪和财产犯罪即传统自然犯罪或街头犯罪为主要形态;在工业化和城市化社会,各种各样的法定犯罪成为犯罪现象的主要形态,并在犯罪现象总量中占据绝大多数。相较于农业社会的自然犯罪,工业化和城市化社会大量发生的是一些新型的法定犯罪,包括由自然人或者法人实施的贪污贿赂、渎职犯罪,破坏生态环境和自然资源犯罪,食品、药品安全犯罪,生产、销售伪劣商品犯罪,金融犯罪,税收犯罪,走私犯罪,侵犯知识产权犯罪,毒品犯罪,危害公共安全犯罪,网络犯罪以及滥用生物技术、转基因技术犯罪等。

我国从二十世纪七八十年代起逐渐过渡到了法定犯时代。现行刑法分则第二章规定的危害公共安全罪、第三章规定的破坏社会主义市场经济秩序罪、第六章规定的妨害社会管理秩序罪、第七章规定的危害国防利益罪、第八章规定的贪污贿赂罪、第九章规定的渎职罪,均属于法定犯罪;刑法分则第四章规定的侵犯公民人身权利、民主权利罪和第五章规定的侵犯财产罪中的部分罪名,如强迫劳动罪、拒不支付劳动报酬罪等,也属于法定犯罪。

法定犯与行政犯在分类标准上虽有不同,但是法定犯包含了绝大多数甚至全部行政犯。我国将一些违反行政法且危害性严重的、构成犯罪的行为统一规定在刑法之中,将严重侵害法益的行政违法行为规定为轻微刑事犯罪行为,对行为人科处刑罚。因而随着刑法规制范围的扩大,一些以往不是犯罪或由行政法规制的行为被规定为犯罪。这些犯罪的增设在一定程度上有利于我国更好地实现特定的行政、经济管理目的,但同时也在一定程度上加剧了不断扩张的公权力与受到更多限制的公民自由之间的"紧张"关系。②

我国现行的《刑法》是1997年修订的,此后又先后通过了11个刑法修正案,刑事法网不断增大,犯罪圈不断扩大。以党的十八大以来通过的三个刑法修正案为例。2015年11月1日起施行的《刑法修正案(九)》新增了组织考试作弊罪,编造、故意传播虚假信息罪,代替考试罪等20个罪名。2017年11月4日起施行的《刑法修正案(十)》将侮辱国歌行为"入刑"。2021年3月1日起施行的《刑法修正案(十一)》将干扰公共交通工具正常行驶,危害安全生产,冒名顶替,高空抛物,"高利贷"催收,侮辱、诽谤英烈,组织境外赌博,非法进行基因采集、编辑,非法猎捕、收购、运输、出售陆生、野生动物,非法引进、释放或者丢弃外来入侵物种,引诱、教唆、欺骗、组织、强迫运动员使用兴奋剂等行为"入刑"。

现行《刑法》颁布以来,犯罪圈出现了不断膨胀的趋势,已经通过的11个刑法修正案以及正在审议的《刑法修正案(十二)》,几乎都是在增加罪名,增加入罪的情形,或者

① 参见赵宝成:《法定犯时代犯罪的"真问题"是什么》,载《新华月报》2016年第16期。

② 参见钟晋、周瑾:《谦抑性原则何以丈量法定犯的边界》,载《人民检察》2017年第6期。

降低入罪的门槛。

(二)犯罪结构轻罪化趋势明显

刑法立法的扩张影响着犯罪治理的结果,严重暴力犯罪数量与重刑率下降,轻微犯罪数量与轻刑率上升,呈现“双降双升”趋势。1999 年至 2019 年,全国检察机关审查起诉的刑事犯罪嫌疑人从 82.4 万人增加至 220 万人,但起诉的严重暴力犯罪嫌疑人从 16.2 万人降至 6 万人,被判处 3 年有期徒刑以下刑罚的轻罪案件占比从 54.4% 升至 83.2%。[①] 2013 年以来,若以 3 年有期徒刑为标准,重罪与轻罪的比例大约为 1∶4。

在各类犯罪中,新类型犯罪数量明显增多,新罪中尤以轻罪微罪居多。比如,2011 年 5 月 1 日《刑法修正案(八)》施行以后,危险驾驶罪已经跃居犯罪排行榜首位;《刑法修正案(九)》新增的帮助信息网络犯罪活动罪,案件数量已经迅速跃居刑事案件数量第 3 位;扰乱市场秩序犯罪增长近 20 倍;生产、销售伪劣产品罪增长近 35 倍;侵犯知识产权犯罪增长超 56 倍。[②]

严重暴力犯罪的数量及重刑率下降,反映出社会治安形势持续好转,人民群众的安全感得到增强。轻微犯罪的数量及轻刑率上升,反映出随着时代发展,犯罪形态发生了显著变化,轻罪化趋势不断演进并将持续发展,轻罪治理应该受到更多的关注。

(三)刑法的预防功能更加受到重视

传统理论认为,虽然刑罚的功能多种多样,但刑罚的适用目的不是报应,而是预防犯罪,这包含两方面内容:一是特殊预防,即预防犯罪人再次犯罪;二是一般预防,即预防潜在犯罪人等主体犯罪。在法定犯时代,尽管公民犯罪的恐惧感仍主要来源于自然犯罪,但是,对社会安全、政治稳定以及公民利益构成实质性威胁的,不再是自然犯罪,而是贪污贿赂犯罪,破坏生态环境犯罪,食品、药品安全犯罪,科技犯罪等法定犯罪。法定犯罪不仅会像自然犯罪一样造成巨大的物质损害,而且会在更大程度上伤害人类的正义之感和怜悯情操,败坏社会诚信和道德情感;不仅会像自然犯罪一样危害个人、单位或者国家的物质或非物质利益,而且会破坏自然生态环境,威胁全人类的生存与安全。因此刑法加大了对生态环境犯罪,食品、药品安全犯罪,网络犯罪,高科技犯罪等犯罪的打击力度,而且防线逐步前移;对于贪污贿赂犯罪和渎职犯罪等,越发体现出“零容忍”“强震慑”的态度。

为了更好地发挥刑法的预防功能,最大限度减小犯罪的社会危害性,刑法既重视

---

① 参见《最高人民检察院关于人民检察院适用认罪认罚从宽制度情况的报告》,载最高人民检察院官网,https://www.spp.gov.cn/zdgz/202010/t20201017_482200.shtml,2023 年 8 月 15 日访问。

② 参见《最高人民检察院工作报告——2020 年 5 月 25 日在第十三届全国人民代表大会第三次会议上》,载最高人民检察院官网,https://www.spp.gov.cn/spp/gzbg/202006/t20200601_463798.shtml,2023 年 8 月 18 日访问。

犯罪行为的实际危害结果,更重视犯罪行为可能带来的危险。以对法益的实际侵害为处罚根据的犯罪,称为实害犯;以对法益发生侵害的危险为处罚根据的犯罪,是危险犯。实害犯是产生了实际的危害,危险犯是存在着危险的情况。危险犯的社会危害性表现在行为虽未造成实际的损害结果,但使法益面临威胁,足以使不特定或者多数人的生命、健康和重大财产安全受到威胁。刑法典在危害公共安全罪中有多个条文规定了危险犯,放火罪、决水罪、爆炸罪、投放危险物质罪、破坏交通工具罪、破坏交通设施罪、破坏易燃易爆设备罪、暴力危及飞行安全罪以及生产、销售不符合标准的医用器材罪等,都是典型的危险犯,这些犯罪的行为人是因为使用的犯罪方法特别危险或者侵害的对象特殊而受到刑罚处罚。比如《刑法》第 114 条规定:“放火、决水、爆炸以及投放毒害性、放射性、传染病病原体等物质或者以其他危险方法危害公共安全,尚未造成严重后果的,处三年以上十年以下有期徒刑。”

二、轻罪的刑罚溢出效应

刑罚会导致刑法外的溢出效果,这是在所难免的,但如果超出范围肆意、过度溢出,则会带来严重的负面效应,甚至丧失其合法性、合理性和正当性。

(一) 犯罪前科对个人的终身影响

前科是一个人犯罪的历史记录,犯罪记录会使其丧失一定的民事或行政上的权利或资格,对于预防其再次犯罪具有积极的作用。在刑事方面,在行为人有前科而再次犯罪的情况下,对其从重处罚,是因为考虑到其主观恶性较深,改造较难,目的是更好地改造罪犯,使其不再犯罪,因此,前科制度有其合理的一面。但是,对于轻罪来说,前科制度也存在很大弊端。

一是国家公权力对公民的不合理苛求的终身性。在我国法律中,前科制度并不是法律明文规定的处罚措施,但其法律后果却是一种变相的处罚,而且是终身制的。比如在《法官法》《检察官法》《警察法》《公务员法》《教师法》中都明确规定,曾因犯罪受过刑事处罚的人员,不得担任相关职务或不得录用。在相关法律或法律文件中,犯罪前科对从事律师、司法鉴定、公证等职业有很大影响。另外,在升学和入伍时,有前科的公民会受到很大的限制。这些限制,实质上是对公民民事或行政上的权利或资格的剥夺。因此,有犯罪记录的公民在受过刑罚处罚并且作出民事赔偿后,仍会被民法或行政法等再一次处罚。这种限制的终身性明显超出了必要的范围。

二是犯罪心理阴影伴随终身。《刑法》第 100 条明确规定,有刑事犯罪记录的人在入伍、就业的时候,要如实向有关单位报告自己曾受过刑事处罚,不得隐瞒。由于前科报告制度的存在,曾受过刑事处罚的人,无论其改造得多么彻底,都永远无法摆脱那些犯罪记录。我国《劳动合同法》第 8 条规定劳动者的如实说明义务——“用人单位有权了解劳动者与劳动合同直接相关的基本情况,劳动者应当如实说明”。而“与劳动合同直接相关的基本情况”是否包括“曾受过刑事处罚”,法律没有明确规定,现实中很多用人单位招录人员时都要求拟录用人员开具无犯罪记录证明。前科制度的存在,使服刑人员在回归社会后,自主择业的权利受到很大限制,再加上强加给服刑人员的“前科”身份,使得服过刑的人员在社会上受到各种歧视,容易使其产生自暴自弃心理,从而增加其再犯罪的可能性,严重影响特殊预防的效果。

(二)犯罪前科使子女的求学就业受到牵连

父母任何一方有犯罪前科都会留下案底,这种违法或犯罪的记录也会出现在子女的个人档案中,对其求学就业产生不利影响。

这种不利影响一是体现是在子女未来接受高等教育、就业上。有犯罪前科的人的子女一般不能报考军校、警校等高校,也不能从事一些政法类、或具有较高政审要求的职业,更不能通过公务员考试、征兵以及银行、国企、事业单位等的政审。例如《征兵政治审查工作规定》便明确规定 4 种因家庭成员、直系亲属等具有违法犯罪情形而导致子女不得征集服现役的情形。这对子女教育环境、就业选择、未来发展影响较大。

二是可能体现在对子女就读中小学的影响上。有的地方将父母遵纪守法、提供无犯罪记录证明作为子女入读中小学的强制要求,或者通过影响入学积分进而影响子女的入学。目前,对于父母的违法犯罪记录是否影响子女就读中小学没有硬性要求,出于对未成年人的保护以及罪责自负原则,应当严禁父母的违法犯罪记录牵连子女教育。

(三)犯罪前科对家庭所处环境的不良影响

有犯罪前科的人无论是在监禁期间还是在服刑结束后,其全家人都会处于负面社会舆论中,遭受街坊邻居、熟人社会的指点与偏见。在这种不良舆论环境中,服刑人员的家人特别是未成年子女往往会产生极大的负面情绪与心理阴影,在人际交往、社会关系、家庭生活上表现出抵触甚至扭曲的心理特点。如果没有较强的心理承受能力,不能妥善处理各种社会关系,违法犯罪行为毁的不仅是行为人自己的一辈子,也是孩子和其他家人的一辈子。

三、建立轻罪前科消灭及配套制度的建议

为了更好地保护未成年人,《刑法》第 100 条第 2 款规定,“犯罪的时候不满十八周岁被判处五年有期徒刑以下刑罚的人,免除前款规定的报告义务”;《刑事诉讼法》明确规定,“犯罪的时候不满十八周岁,被判处五年有期徒刑以下刑罚的,应当对相关犯罪

记录予以封存"。上述两项规定分别于2011年和2012年施行,在某种意义上可以看作针对特定人群的非严格意义上的前科消灭制度。现阶段,针对"轻罪化"趋势,应当加快研究建立轻罪前科消灭制度。

(一)建立轻罪前科消灭制度的重要意义

建立轻罪前科消灭制度有利于保障人权、维护公平、促进和谐。犯轻罪的人在犯罪的主观恶性、犯罪情节、犯罪后果等方面相对较轻,悔罪改过的意愿普遍较强,重新犯罪的概率总体较小。根据罪责刑相适应的原则,犯罪人特别是轻罪犯罪人在刑罚执行完毕后,应该像正常人一样回归社会。从个人权益保障的角度来看,前科消灭制度可以帮助有前科的人员恢复其权利和机会,进而保障其基本人权的实现。从社会公平公正的角度来看,前科消灭制度可以使有前科的人员不再承受与过去犯罪行为无关的社会惩罚,尽快回归社会、融入社会。从社会和谐稳定的角度来看,前科消灭制度可以最大限度地减少对当事人子女及家庭的伤害,促进家庭关系、社会关系的和谐。

(二)建立轻罪前科消灭制度的现实基础

轻罪前科消灭制度在我国的适用具有合理性。扩大犯罪圈、采取"轻罪化"立法模式已经成为我国刑事立法的发展趋势。"轻罪化"模式下罪名增多,犯罪人数量也相应增加。鉴于我国犯罪类型结构发生了显著变化,轻罪比例上升、重罪比例下降,为贯彻宽严相济刑事政策和"教育、挽救、感化"的方针,我国有必要建立轻罪前科消灭制度。

目前世界上包括美国、德国、法国、英国、瑞士、日本、韩国、新加坡、俄罗斯、匈牙利在内的许多国家都建立了轻罪前科消灭制度,有的国家甚至走得更远,即便有重罪前科,在符合一定条件时也可予以消除。我国正在推进全面依法治国,实现国家治理体系和治理能力的现代化,需要在今后的刑法立法中考虑建立轻罪前科消灭制度,既体现国家法律对于曾经"犯错"的公民的宽宥,同时确保犯有轻罪的人所受的所有处罚与其过错程度相协调,符合比例原则。

(三)实行轻罪前科消灭制度的具体建议

一是对判处3年以下有期徒刑的轻罪,犯罪人在刑罚执行完毕后5年内未再犯罪的,注销犯罪前科记录。轻罪不区分罪名,以便统一尺度,服刑完毕意味着犯罪人完成了改造,设定5年"考验期",与累犯的规定保持一致,这样的操作更加稳妥,易于被各方接受。消灭犯罪前科记录意味着其作为公民的所有权利得以恢复,任何个人、企业与单位不得歧视已消灭前科的人或者给予其不公正的待遇。

二是轻罪犯罪人在服刑完毕后免除前科报告义务,特殊行业或职业如需了解拟招录人员曾经是否犯过轻罪,可依法向相关部门查询。免除前科报告义务,可以使当事人避免不报告前科可能违反规定、报告前科难免受到不公正待遇的尴尬。允许特殊用人单位依法查询,可以满足特殊行业或职业的特殊需要,减少社会安全隐患。

三是对判处 3 年以下有期徒刑的轻罪,不附加从业禁止等辅助性处罚措施,是否需要附加从业禁止,由其他法律规定。因为对轻罪当事人附加从业禁止等处罚措施,会给当事人在刑罚执行完毕后的就业带来困扰,也会给注销轻罪前科记录带来麻烦,而由行业监管部门根据相关法律规定判定是否对其附加从业禁止,更具合法性、合理性。

(四)健全轻罪前科消灭制度的配套措施

一是拓宽犯罪记录的封存制度。当前,我国《刑事诉讼法》仅对未成年人的轻罪犯罪记录进行封存,忽视了可能符合前科封存条件的成年犯罪人的利益。建议拓宽前科封存的范围,将未成年人与成年人的犯罪记录都覆盖在内,减少犯罪记录被二次传播、使用的风险。

二是建立前科消灭人员的档案库。建议建立前科消灭人员的专门档案库,对于电子数据库中的犯罪记录,应有特殊的"已消灭"标签,未经法定程序,不得被查询、共享与重复运用;电子数据库亦不得向外部平台提供或与外部平台对接。

三是修订与轻罪前科消灭制度相抵触的法律规定。加强行政法、民法与刑法有关规定之间的衔接,保证法的内在统一性。一方面,我国非刑事领域的法律法规和规范性文件中存在大量有关犯罪的终身性附随后果的规定,与刑事法律的规定不协调。例如我国行政法规、部门规章、行业管理办法等作出的限制刑满释放人员就业权利的规定,对刑满释放人员可从事的职业进行的各种限制,不符合《监狱法》"刑满释放人员依法享有与其他公民平等的权利"的规定,应当进行一定的修改。① 另一方面,非刑事领域的法律法规中,部分关于犯罪附随后果的规定明显违反责任主义,如将家庭主要成员、直接抚养人、主要社会关系成员或者对本人影响较大的其他亲属受过刑事处罚等情形作为入职考察或审查条件②,对此类规定应当予以修改。

四、结语

刑法的正当性或正当根据,在刑法理论上存在报应论与功利论,前科制度既不符合刑法的报应性,也不符合刑法的功利性。应以报应主义和功利主义相结合的理念对前科制度进行改革,建立附条件、附期限的前科消灭制度,既不能让前科伴随所有犯罪

① 参见张明楷:《轻罪立法的推进与附随后果的变更》,载《比较法研究》2023 年第 4 期。

② 例如,《征兵政治审查工作规定》第 9 条规定,"对政治条件有特别要求的单位征集的新兵除应当符合本规定第七条、第八条规定的条件外,具有下列情形之一的,不得征集……(八)家庭主要成员、直接抚养人、主要社会关系成员或者对本人影响较大的其他亲属被刑事处罚或者开除党籍、开除公职的"。

人的终身,同时亦能发挥前科在预防犯罪及教育改造犯罪人方面的作用。要坚持宽严相济的刑事政策,做到宽而有度、严而不厉,使每个公民对法治怀有敬畏之心而不敢逾越,同时给大多数犯罪人出路使其回归社会,充分地发挥刑法和刑罚预防犯罪、保障人权的功能。

第四编

其他前沿理论问题

论行贿罪的从严查处

——以“受贿行贿一起查”政策为背景的分析

王志祥[*]　李昊天[**]

习近平总书记在中国共产党第十九次全国代表大会报告中提出，“夺取反腐败斗争压倒性胜利……坚持受贿行贿一起查，坚决防止党内形成利益集团”①。他在中国共产党第二十次全国代表大会报告中再次提到，“坚持受贿行贿一起查，惩治新型腐败和隐性腐败”②。2021 年 9 月，中央纪委国家监委与中央组织部、中央统战部、中央政法委、最高人民法院、最高人民检察院联合发布了《关于进一步推进受贿行贿一起查的意见》(以下简称《受贿行贿意见》)。《受贿行贿意见》明确指出，坚持受贿行贿一起查、同遏制，有效压缩“围猎”与甘于被“围猎”的空间，铲除不正之风和腐败滋长蔓延的土壤。至此，可以认为，国家对于治理贿赂犯罪提出了新的刑事政策。2023 年 7 月 25 日提请十四届全国人大常委会第四次会议审议的《刑法修正案(十二)(草案)》对行贿罪、对单位行贿罪和单位行贿罪的规定进行了修改。从该草案对行贿罪法定刑的修改中可以直观地看到，立法者意图实现行贿罪与受贿罪的同罚，借以达到对行贿罪从严惩治的目的。全国人大常委会法工委刑法室负责人在关于该草案对行贿罪修改精神问题的答记者问中提到，“这次提请初次审议的修正案草案主要是在立法上进一步明确和加强惩治……在保持惩治受贿犯罪高压态势的同时，加大对行贿行为惩治力度，妥善把握查处行贿的政策尺度，扭转有的执法办案人员重受贿轻行贿的观念”③。但这里存在这样一个问题，2015 年 8 月 29 日，全国人大常委会通过的《刑法修正案(九)》虽然对受贿罪的法定刑进行了修改，但没有对行贿罪的法定刑进行修改，进而形

---

* 北京师范大学刑事法律科学研究院外国刑法与比较刑法研究所所长、教授。

** 北京师范大学刑事法律科学研究院博士研究生。

① 习近平:《决胜全面建成小康社会 夺取新时代中国特色社会主义伟大胜利——在中国共产党第十九次全国代表大会上的报告》。

② 习近平:《高举中国特色社会主义伟大旗帜 为全面建设社会主义现代化国家而团结奋斗——在中国共产党第二十次全国代表大会上的报告》。

③ 蒲晓磊:《全国人大常委会法工委刑法室负责人就刑法修正案(十二)草案答记者问》，载《法治日报》2023 年 7 月 26 日，第 2 版。

成行贿罪与受贿罪的部分处罚轻重倒置的问题。从法定刑配置上看,受贿罪的前两档法定刑为“三年以下有期徒刑或者拘役,并处罚金”和“三年以上十年以下有期徒刑,并处罚金或者没收财产”,而行贿罪的前两档法定刑为“五年以下有期徒刑或者拘役,并处罚金”和“五年以上十年以下有期徒刑,并处罚金”。从法定刑配置上看,行贿罪的法定刑甚至重于受贿罪的法定刑,这与对应行为所具有的法益侵害性的严重程度并不相称。《刑法修正案(十二)(草案)》对行贿罪法定刑的修改,虽然解决了前述处罚轻重倒置的问题,但这种行贿罪和受贿罪“同罚”的做法是否符合“受贿行贿一起查”的刑事政策要求,是否有利于优化行贿罪的法律实施效果,仍有待商榷。在此背景下,本文拟就“受贿行贿一起查”刑事政策下行贿罪的从严查处问题进行讨论,以就正于学界同仁。

一、“受贿行贿一起查”刑事政策的背景和价值

历年来,不论是在立法上还是司法上,我国在贿赂犯罪的治理中均存在着“轻行贿、重受贿”的现象。从立法上看,1997 年系统修订的《刑法》对贿赂犯罪进行了系统的规定,并为行贿罪设立了较之于普通自首更为宽缓的特别自首制度。从司法上看,以威科先行为检索工具,以行贿罪为关键词进行检索,全国一审行贿案件共 28109 件;以受贿罪为关键词进行检索,全国一审受贿案件共 66933 件。受贿案件数量约为行贿案件数量的 2.4 倍。根据《最高人民检察院工作报告》,2021 年起诉受贿犯罪 9083 人、行贿犯罪 2689 人,受贿犯罪人数约为行贿犯罪人数的 3.4 倍。[①] 依照常理,受贿罪和行贿罪属于典型的对向犯罪,在缺乏行贿罪的情况下通常也无法认定受贿罪的存在,因而,二者的数量应当大致相当。在通常情况下,作为把控资源的少数者,一个受贿人极可能对应多个行贿人,因此现实生活中的行贿案件数量理应多于受贿案件的数量,但实际情况却大相径庭。这足以证明我国在查处贿赂犯罪的实践中同样存在“轻行贿、重受贿”的现象。

为了提高打击犯罪的效率,刑法为对向犯的一方提供宽缓化处理路径,这本是无可厚非的。但由于个别侦查人员对立法者理念的误解,为满足对受贿行为的查处需要,对许多愿意主动配合的行贿人的行贿行为无视法律规定而予以无罪化处理,导致实践中“轻行贿、重受贿”的现象愈演愈烈,这向广大民众传递出“受贿构罪、行贿无罪”的错误观念。在实践中,对部分行贿行为不追诉的做法导致行贿人客观的行贿成本和风险被大大降低,这变相鼓励了行为人实施行贿行为。因而,《受贿行贿意见》指出,行贿人不择手段“围猎”党员干部是当前腐败增量仍有发生的重要原因。实际上,在《刑

① 参见《“两高”报告公布去年职务犯罪数据 保持反腐败压倒性力量常在》,载清廉宁波网,http://www.nbjw.gov.cn/art/2022/3/9/art_1229602752_73442.html,2022 年 3 月 10 日访问。

法修正案(九)》对行贿罪特别自首制度的修正中,已经体现了国家从严治理行贿罪的决心。但这种在立法上降低行贿人的宽缓化待遇的做法,不足以扭转民众的既有观念。在国家提出“受贿行贿一起查”的刑事政策的背景下,加大对行贿罪的查处力度,增加行贿者的犯罪成本,令“围猎者”付出沉重代价,才能从行贿犯罪方面实现对贿赂犯罪的有效打击。

二、对行贿罪予以从严查处的合理性

国家提出的“受贿行贿一起查”的刑事政策并不是对于受贿罪的查处提出了新的要求,而是以行贿罪与受贿罪相并列的方式,借社会各界对受贿罪的惩处的既有重视程度,提高对行贿罪惩治的关注度。由此可以认为,“受贿行贿一起查”的刑事政策的提出是对当下“轻行贿、重受贿”现象的纠偏,要求对行贿罪予以从严查处。

在“受贿行贿一起查”的刑事政策提出之前,为了有效解决我国“轻行贿、重受贿”的问题,最高司法机关曾倡导“行贿与受贿并重惩治”的刑事政策。该刑事政策是指将行贿和受贿置于同样重要的位置和环节,对二者配置轻重相称、宽严相当的定罪标准和量刑尺度,从整体上实现惩治贿赂犯罪的目的和效果。① “行贿与受贿并重惩治”的刑事政策中所要求的“并重惩治”不仅要求在打击贿赂犯罪中,提高对行贿罪惩治的重视程度,还要求加大对行贿罪的处罚力度,甚至实现与受贿罪同等处罚。因此,对该刑事政策的批评也从“重视行贿罪惩治在贿赂犯罪治理中的地位”和“主张实现行贿罪与受贿罪同等处罚”这两个方面加以展开,后者所主张的实现行贿罪与受贿罪同等处罚,也是《刑法修正案(十二)(草案)》所采取的做法。

就重视行贿罪惩治在贿赂犯罪治理中的地位而言,该观点具有一定的合理性。一方面,这是解决我国当下“轻行贿、重受贿”现象的应然之举。为了解决“轻行贿、重受贿”现象在贿赂犯罪治理中带来的负面效果,理应提高行贿罪惩治在贿赂犯罪治理中的地位,提高行贿罪的追诉率,使行贿者不再是贿赂犯罪案件庭审中的“隐形人”。另一方面,这是对行贿行为在贿赂犯罪生成中的重要性的正视。如前所述,在党的十八大大力反腐之后,社会风气已经大有改变。随着社会环境的改变,贿赂犯罪的生成方式也发生了变化。行贿行为倒果为因,其大多不再是行为人为获取公平而实施的被动行为,而变成了行为人为了获取不当利益或者不当优势地位而实施的主动行为。在此情况下,司法实践中“轻行贿、重受贿”的现象向公众传递出行贿行为“非罪化”或“低风险”的错误信号,对贿赂犯罪的产生起到了推波助澜的作用。实践中,许多潜在的行贿人就基于犯罪成本低而收益高的考量,竭尽所能地“围猎”官员。

---

① 参见张勇:《“行贿与受贿并重惩治”刑事政策的根据及模式》,载《法学》2017 年第 12 期。

就主张实现行贿罪与受贿罪同等处罚的观点而言，确实存在尚需斟酌之处。一方面，从二者的社会危害性来看，虽然行贿行为和受贿行为均侵犯了国家工作人员职务行为的不可收买性，但受贿行为是“寻租者”滥用权力的腐败行为，是对该法益最为直接的侵害，而行贿行为是通过受贿行为间接地对法益造成侵害。① 而且，在索贿的情况下，行贿行为可以说是被迫产生的，其社会危害性更小。因此，由于行贿行为和受贿行为的社会危害性不同，根据罪刑相适应原则的要求，对二者不能采用同等处罚的做法。② 另一方面，过度强调对二者的同等处罚，可能会造成行贿人缺乏主动揭发贿赂犯罪积极性的局面，令当下司法实践中发现贿赂犯罪的重要途径失效。过度强调对行贿罪与受贿罪予以同等处罚，势必会挫伤行贿人揭发犯罪的积极性，无法起到激励行贿人供述犯罪的效果。由此可见，主张行贿罪与受贿罪同等处罚的观点并不合理。

综合而言，“受贿行贿一起查”的刑事政策与“行贿与受贿并重惩治”的刑事政策相比，主要的区别在于前者仅要求给予行贿罪充分的重视，强调加大对行贿罪的查处力度，而并没有对行贿罪的具体处罚力度提出具体要求。而《刑法修正案(十二)(草案)》所进行的行贿罪与受贿罪的同罚修改，并没有体现出对行贿罪从严查处的要求。在行贿罪与受贿罪部分处罚轻重倒置、行贿罪法定刑畸重的时期，针对行贿罪查处力度不足的问题，无法通过降低行贿罪法定刑配置、采用行贿罪和受贿罪同罚的方式加以解决。从立法角度来看，针对行贿罪查处力度不足的问题，应当增加刑法在行贿行为治理中的比重，即应当通过扩大处罚范围，将更多的行贿行为纳入刑法的评价体系的方式加以解决。

三、对行贿罪予以从严查处的实现路径

由于行贿罪和受贿罪是典型的对向犯，所以对行贿罪从严查处的实现路径，不仅应当立足于行贿罪自身的犯罪成立特点进行分析，还应从行贿罪和受贿罪互动关系的角度予以分析。

(一)实现行贿罪从严查处的自身路径

对行贿罪的从严查处并不意味着对行贿罪的从重处罚。诚然，提高行贿罪的法定刑，加大行贿罪的刑罚力度，确实具有提高司法机关对行贿罪重视程度的作用。但正如经典的法谚所言，“刑罚的威慑力不在于刑罚的严酷性，而在于其不可避免性”。在对行贿罪予以从严查处的问题上，也应当体现同样的思路。对行贿罪的从严查处意味着提高对行贿行为的追诉率，而非加大行贿罪的刑罚力度。

---

① 参见张勇：《“行贿与受贿并重惩治”刑事政策的根据及模式》，载《法学》2017年第12期。

② 参见孙国祥：《“受贿行贿一起查”的规范化法治化路径》，载《中国刑事法杂志》2023年第4期。

第一,从犯罪构成的角度,对行贿罪的构成要件要素进行修改,扩大该罪的行为规制范围。就"谋取不正当利益"的构成要件要素而言,不应再将其作为限制行贿罪成立的主观构成要件要素。另外,根据《联合国反腐败公约》(以下简称《公约》)第15条的规定①,并未将行为人主观上具有谋取不正当利益的目的作为认定该罪的构成要件要素。行贿罪的保护法益是国家工作人员职务行为的不可收买性,职务行为的合法性、公正性首先来源于职务行为的不可收买性。如果职务行为可以被收买,则意味着该职务行为只为提供财物的人服务,从而损害了其他人的利益,进而导致公民丧失对职务行为公正性和国家机关本身的信赖。② 因此,只要行为人客观上具有给予国家工作人员贿赂的行为,不论其是否出于"谋取不正当利益"的主观目的,其所实施的行贿行为均对该保护法益构成侵害,应当构成行贿罪。就"给予"这一构成要件要素而言,行贿罪的行为方式不限于贿赂的实际给予,行贿人和受贿人之间的"许诺给予"或"提议给予"同样存在权钱交易的法益侵害,对此情形也应当以犯罪处理。就财物而言,应当修改为"不当好处"。③ 这里的"不当好处",既可以包括财产性利益,也可以包括非财产性利益。现行《刑法》将"贿赂"限定为财物,虽然有助于犯罪数额的计算,但已经逐渐无法适应惩治贿赂犯罪的司法实践的需要。④

第二,从入罪门槛的角度,应当降低该罪的数额要求,减少非犯罪化处理的空间。一方面,较高的入罪数额标准给其他法律适用预留的空间较大,导致在行贿犯罪治理中刑法功能的萎缩。根据《监察法》的相关规定,监察机关对涉嫌贪污贿赂、滥用职权、玩忽职守、权力寻租、利益输送、徇私舞弊以及浪费国家资财等职务违法和职务犯罪案件具有调查权和移送权。但对部分犯罪(如行贿罪)作非罪化处置一直是职务犯罪追诉中公开的秘密⑤,存在很多"以罚代刑"的现象⑥。《宪法》第127条第2款规定:"监察机关办理职务违法和职务犯罪案件,应当与审判机关、检察机关、执法部门互相配合,互相制约。"这是《宪法》对于监察机关和审判机关、检察机关、执法部门基本关系的描述。因此,在职务违法和职务犯罪案件的办理过程中,各机关应当各司其职,不可逾越其职能定位。而新监察体制下的监察—检察的关系与原来的公

① 《公约》第15条规定:"各缔约国均应当采取必要的立法措施和其他措施,将下列故意实施的行为规定为犯罪:(一)直接或间接向公职人员许诺给予、提议给予或者实际给予该公职人员本人或者其他人员或实体不正当好处,以使该公职人员在执行公务时作为或者不作为;(二)公职人员为其本人或者其他人员或实体直接或间接索取或者收受不正当好处,以作为其在执行公务时作为或者不作为的条件。"

② 参见张明楷:《刑法学》(第6版),法律出版社2021年版,第1587页。

③ 参见刘仁文:《论行贿与受贿的并重惩处》,载《中国刑事法杂志》2022年第3期。

④ 参见王志祥、刘婷:《刑事政策视域下的行贿罪——以〈刑法修正案(九)〉为背景的思考》,载《知与行》2015年第4期。

⑤ 参见李蓉:《监察机关非罪化处置权及其限制》,载《北方法学》2019年第4期。

⑥ 参见刘艳红:《〈监察法〉与其他规范衔接的基本问题研究》,载《法学论坛》2019年第1期。

安—检察的关系大不相同,检察机关已经很难在犯罪调查过程中起到有效的监督和制约监察机关的作用。《监察法》第45条规定了对于职务违法和职务犯罪的多种处置方式,其中包括纪律处分、政务处分和移送审查起诉。这意味着《监察法》赋予了监察机关“职务犯罪预处置权”,监察机关可以自行决断案件的处理结果。即便对于涉嫌犯罪的人员,监察机关也能以未达到“犯罪事实清楚,证据确实、充分”的条件为由而不予移送。多数学者均对国家赋予监察机关非罪化预决权的做法存在一定的担忧,认为该做法存在一定正当性的学者也主张对其进行限制,即对于监察机关作出的非罪化决定,增加监督或者自查的程序,以防造成监察机关内部“花钱买刑”“权钱交易”的情况。① 而且,相较于遭受刑罚处罚后失去职务而言,官员遭受纪律处分,反倒会有一种“劫后余生”的感觉。因此,在很多情况下,纪律处分失去了处罚应有的威慑力。为了扭转“轻行贿、重受贿”的不当观念,应当缩小适用纪律处分的空间。因此,理应降低行贿罪的入罪数额标准,将更多的行贿行为纳入刑法的处罚范围。

另一方面,提高行贿罪入罪数额标准的做法存在值得诟病之处。有不少观点认为,提高行贿罪入罪数额标准的原因在于社会整体的经济发展,而贪污贿赂犯罪数额标准又应当与全国城镇居民人均可支配收入相关。② 但这样的观点存在两方面的问题:第一,将经济发展水平作为调整贪污贿赂犯罪数额标准的理由,无法对只调整贪污贿赂犯罪数额标准而不调整对经济发展水平更为敏感的财产犯罪数额标准的做法作出合理解释。第二,2016年4月18日最高人民法院、最高人民检察院发布的《关于办理贪污贿赂刑事案件适用法律若干问题的解释》对贿赂犯罪数额的规定导致《刑法修正案(九)》对“唯数额”标准的改革又重回以数额认定为中心的局面。实际上,贿赂犯罪的社会危害性不完全取决于数额的大小,还包括行为的手段、受贿方滥用职权的情况或者对国家、社会造成的损失的程度。该司法解释将行贿犯罪的入罪数额标准进行提高的做法,很容易导致实际上达到刑事可罚程度的行贿行为无法受到应有的刑罚否定评价。

(二)实现行贿罪从严查处的互动关系路径

行贿罪和受贿罪属于典型的对向犯。在阐述行贿罪从严查处的问题时,理应在行贿罪和受贿罪的互动关系中讨论行贿罪与受贿罪的处罚问题。

1.“囚徒困境”理论概述

“囚徒困境”理论作为非合作博弈的典型代表,以博弈论理性人假设为理论基

---

① 参见刘艳红:《〈监察法〉与其他规范衔接的基本问题研究》,载《法学论坛》2019年第1期;赵秉志、詹奇玮:《新时代反腐败刑事政策视野下的刑事司法论纲》,载《上海政法学院学报(法治论丛)》2022年第1期。

② 参见张庆立:《贪污受贿罪数额标准之修正阐释》,载上观网,https://sghexport.shobserver.com/html/baijiahao/2020/07/28/231984.html,2020年7月29日访问。

础，即假设人都是理性的，都会选择对自己最有利的决策方案。[①] "囚徒困境"理论的适用需要具备三方面的条件：第一，以理性人为前提；第二，需要设置合理规则，即给处于"囚徒困境"的双方设置合理的惩罚和宽宥条件；第三，规则的有效传达与信息的阻断。

2. "囚徒困境"理论在治理贿赂犯罪中的运用

根据上述"囚徒困境"理论的运作机理和适用条件，在贿赂犯罪的处罚范围上，应当采取对称模式。在贿赂犯罪中，不仅存在双面贿赂对向犯，即受贿方与行贿方均被定罪处罚的情形，还存在仅处罚一方的单面贿赂对向犯的情形。根据我国《刑法》的相关规定，成立行贿罪，需要行贿人具备"谋取不正当利益"的主观构成要件要素。而受贿罪需要具备"为他人谋取利益"的构成要件要素，其中的"利益"既可以是正当利益，也可以是不正当利益。[②] 因此，如果行贿人虽然给予受贿人财物，但主观上没有"谋取不正当利益"的目的，客观上没有获取不正当利益，则其行为不构成行贿罪，但收取财物的一方的行为可以构成受贿罪。而在这种单面贿赂对向犯罪中，由于行贿人的行为不符合《刑法》的规定，不具有刑事违法性，无法对其采取拘留、逮捕等强制措施，其也不存在遭受刑罚处罚的顾虑，亦不存在坦白的积极性。因此，司法机关无法将行贿人和受贿人置于"囚徒困境"之下。反之，因为行贿人在单面贿赂对向犯罪中，不论是否坦白，均不会受到刑罚处罚，所以，在此情况下，行贿人基于与受贿人的关系或者恐惧报复等案外因素，更倾向于不破坏其与受贿人之间的同盟关系，进而不愿坦白犯罪行为。正因如此，学者所主张的根据"囚徒困境"理论将行贿行为予以非罪化的观点[③]，是不具有合理性的。根据"囚徒困境"理论，为了实现对贿赂犯罪的有效打击，应当删除行贿罪中"谋取不正当利益"的构成要件要素，实现行贿罪和受贿罪处罚范围的完全对称。

在贿赂犯罪宽缓化处罚措施的设置上，应当采取对称模式。我国《刑法》对于贿赂犯罪双方设置的宽缓化处罚措施只是"大宽宥"和"小宽宥"的不对称，而并非"有宽宥"和"无宽宥"的不对称[④]，行贿罪特别自首制度不影响在贿赂犯罪的治理中适用"囚徒困境"理论。行贿罪特别自首制度本身并无过多可以被指责之处，只是其传达的理念被曲解。行贿罪特别自首制度是一个裁判规则，要求裁判者只有在行为人符合行贿罪特别自首制度的适用条件时，才可以对其作出宽缓化的处理决定。而在司法实践中，为获取受贿方的证据，对于主动坦白的行贿人，办案人员存在超越法律底线地作出

---

① 参见王家辉：《博弈论中的"囚徒困境"模型》，载《统计与决策》2005年第15期。

② 参见张明楷：《刑法学》(第6版)，法律出版社2021年版，第1593页。

③ 参见姜涛：《废除行贿罪之思考》，载《法商研究》2015年第3期。

④ 参见叶良芳：《行贿受贿惩治模式的博弈分析与实践检验——兼评〈刑法修正案(九)〉第44条和第45条》，载《法学评论》2016年第1期。

不予立案等承诺的情形,导致很多案件根本无法进入司法裁判的阶段。因此,主张废除行贿罪特别自首制度的观点并不合理。反倒是《刑法修正案(九)》对于行贿罪特别自首制度的修正存在矫枉过正的问题。从修正后的规定来看,行贿人在被追诉前主动交待行贿行为的,可以从轻或者减轻处罚。其中,犯罪较轻的,对调查突破、侦破重大案件起关键作用的,或者有重大立功表现的,可以减轻或者免除处罚。而根据《刑法》第 68 条关于立功的规定,行为人只需要"有重大立功表现"就可以适用"可以减轻或者免除处罚"的规定。相较而言,《刑法》对行贿罪特别自首制度的适用提出了更高的要求,这与设置行贿罪特别自首制度的立法初衷相违背。

在贿赂犯罪的刑罚配置上,可以采取不对称模式。第一,不同的刑罚力度不会影响"囚徒困境"的适用效果。第二,贿赂犯罪刑罚配置的不对称模式是行贿行为和受贿行为不同社会危害性的必然体现。第三,贿赂犯罪刑罚配置的不对称模式是实现一般预防的必然需要。虽然受贿罪和行贿罪是对向犯,会同时发生,但实际上,腐败犯罪的产生和对社会造成危害的根源均在于对权力的滥用。因此,重惩能够直接控制权力资源的受贿方才是治理腐败犯罪的关键。第四,贿赂犯罪刑罚配置的不对称模式是贯彻刑事政策的必然要求。党的十八大以来,习近平总书记提出从严治党,关键是从严治吏的重要论断。根据"从严治吏"刑事政策的要求,《刑法》对于受贿方的法定刑配置理应高于行贿方。综合以上四个方面的原因,在贿赂犯罪的法定刑配置上,可以采取不对称模式,且《刑法》为行贿罪配置的法定刑理应轻于受贿罪。这也是有学者否定《刑法修正案(十二)(草案)》对行贿罪法定刑的修改的原因。有学者提出,行贿罪的相关规定应当改为"对犯行贿罪的,处二年以下有期徒刑或者拘役,并处或者单处罚金;因行贿谋取不正当利益,情节严重的,或者使国家利益遭受重大损失的,处二年以上七年以下有期徒刑,并处罚金;情节特别严重的,或者使国家利益遭受特别重大损失的,处七年以上有期徒刑,并处罚金或者没收财产"。[①] 不论是现行《刑法》还是《刑法修正案(十二)(草案)》所提出的修改,行贿罪与受贿罪的法定刑并没有拉开较大差距。在满足前述降低行贿罪入罪门槛要求的情况下,同时应当降低行贿罪的法定刑配置。这样一来,才能够使对行贿罪的惩治由"厉而不严"的刑事政策向更为合理的"严而不厉"的刑事政策进行转变。

四、结语

《刑法修正案(十二)(草案)》所采取的行贿罪与受贿罪同罚的做法,虽然在一定

---

① 参见张明楷:《刑法修正的原则与技术——兼论〈刑法修正案(十二)(草案)〉的完善》,载《中国刑事法杂志》2023 年第 5 期。

程度上能够提高司法机关对行贿罪的关注度,但并不符合“受贿行贿一起查”的刑事政策的内在要求,在该刑事政策“重查处”的要求下,实现行贿罪从严查处的总的思路应当是通过修改行贿罪的构成要件要素、降低行贿罪的入罪数额标准的方式,扩大行贿罪的处罚范围,提高对行贿行为的处罚率,而不应当是《刑法修正案(十二)(草案)》所采取的行贿罪与受贿罪同罚的做法。

立法技术、规范限度与规制理念

——对《刑法修正案(十二)(草案)》的评述

杨建民*

2023年7月25日,《刑法修正案(十二)(草案)》首次提请第十四届全国人大常委会第四次会议审议。截至2023年8月24日,《刑法修正案(十二)(草案)》正处于向全社会公开征求意见的阶段。习近平总书记曾指示,要提高科学立法、民主立法、依法立法水平,不断完善中国特色社会主义法律体系。① 科学立法、民主立法、依法立法三者相辅相成,密不可分,其中,"科学立法是核心,民主立法是途径,依法立法是保障"②。因此,向全社会公开征求意见,不断集思广益,是提高刑法修正案的科学性的重要途径。作为刑法学人,自然有义务参与到立法进程中,运用自己所学所知建言献策,以实现良法善治。

从内容上来看,《刑法修正案(十二)(草案)》共修改补充了7条《刑法》条文,主要涉及行贿犯罪与民营企业内部成员腐败犯罪两个方面。从具体修改来看,行贿犯罪主要针对法定刑设置进行修改,加大了对行贿犯罪的惩治力度;民营企业内部成员腐败犯罪则是新增条款,将原国有公司、企业相关犯罪的行为主体向外扩展到了民营企业内部成员,以此实现对民营企业的平等保护。对此,本文拟从立法技术、规范限度与规制理念三个方面对《刑法修正案(十二)(草案)》展开粗浅的评述,以期抛砖引玉,就教于学界同仁。

一、分立并列抑或合二为一:立法技术的选择依据

《刑法修正案(十二)(草案)》的亮点之一就是新增了民营企业内部成员腐败犯罪的相关规定,主要涉及《刑法》第165条非法经营同类营业罪,第166条为亲友非法牟

---

* 南京师范大学讲师。

① 参见习近平:《在中央全面依法治国委员会第一次会议上的讲话》,载习近平:《论坚持全面依法治国》,中央文献出版社2020年版,第233页。

② 姜伟:《习近平法治思想关于科学立法的基本要求》,载《人民司法》2021年第34期。

利罪,第169条徇私舞弊低价折股、出售国有资产罪三个罪名。对此,全国人大常委会法制工作委员会主任沈春耀在《关于〈中华人民共和国刑法修正案(十二)(草案)〉的说明》(以下简称《草案说明》)中指出,这一修改是为了从制度和法律上贯彻党中央强调的国企民企平等对待的要求,"增加民营企业内部人员故意背信损害企业利益的相关犯罪,将进一步加强平等保护,为民营企业有效预防、惩治内部腐败犯罪提供法律手段,积极回应企业家关切"①。

对于上述三个条文的修改,《刑法修正案(十二)(草案)》采取了分立并列的立法技术,即在一个法条之中,由第一款规定基本主体的犯罪,第二款规定补充主体的犯罪。对于这一立法技术的选择,不少学者提出了批评,认为上述三个条文的修改应该采取合二为一的立法技术。基于法律表述的简短性原则,张明楷教授指出,国有公司、企业的行为主体与民营公司、企业的行为主体实施的同一犯罪,不存在法益类型与侵害程度的差异,只需对现行条文中的行为主体作出简单删改即可,不必增设第二款,分立并列的立法技术反而可能导致适用、引用法条的困难,造成处罚上的不公平。②

对于上述批评,本文原则上是认同的。既然行为类型相同、法益侵害程度相当,以分立并列的立法技术区分国有公司、企业和民营公司、企业,过分强调公司、企业的权属性质,反而不利于在实践中贯彻立法所追求的平等保护目的。在只有行为主体不同的情况下,合二为一的立法技术是更为妥适的选择。不过,在非法经营同类营业罪、为亲友非法牟利罪和徇私舞弊低价折股、出售国有资产罪三个条文的修改中,真正能够适用合二为一立法技术的只有非法经营同类营业罪,其他条文能否采取合二为一的立法技术仍有待商榷。在本次刑法修正中,对民营企业内部成员腐败犯罪到底采取分立并列还是合二为一的立法技术,关键是判断不同行为主体犯罪的法益侵害对象是否一致。非法经营同类营业罪之所以能够采取合二为一的立法技术,原因在于,无论是国有公司、企业的董事、经理,还是民营公司、企业的董事、经理,他们的非法经营同类营业行为,实质上都是在剥夺其所任职的公司、企业的潜在交易机会,法益侵害对象相一致,只是行为主体不同。因此,《刑法修正案(十二)(草案)》中采取了"其他公司、企业的董事、经理有前款行为的,依照前款的规定处罚"这一表述。与非法经营同类营业罪不同的是,为亲友非法牟利罪与徇私舞弊低价折股、出售国有资产罪两罪面对不同的行为主体,保护对象存在差异。如在《刑法》第166条中,国有公司、企业的工作人员成立为亲友非法牟利罪,需以"使国家利益遭受重大损失"为限制性条件。而在《刑法修正案(十二)(草案)》中,其他公司、企业的工作人员实施为亲友非法牟利的行为,则

---

① 沈春耀:《关于〈中华人民共和国刑法修正案(十二)(草案)〉的说明》,载《全国人民代表大会常务委员会公报》2024年第1期。

② 参见张明楷:《刑法修正的原则与技术——兼论〈刑法修正案(十二)(草案)〉的完善》,载《中国刑事法杂志》2023年第5期。

是以“致使公司、企业利益遭受重大损失”为犯罪构成要件要素。徇私舞弊低价折股、出售国有资产罪的修改亦是如此。在此,采取合二为一立法技术的修正方案所要面对的首要问题是,如何将“国家利益”与“公司、企业利益”在立法表述上作简化合并处理?

实际上,合二为一的修正方案无力解决这一问题。与“民营公司、企业利益”相对的概念是“国有公司、企业利益”,二者可以被统合到“公司、企业利益”这一概念之下。但是,“国有公司、企业利益”并不等同于“国家利益”。这一点从《刑法》第168条的规定中可以清楚地看到。国有公司、企业、事业单位人员失职罪的成立,在结果考量上设置了两点要求,一是“造成国有公司、企业破产或者严重损失”,二是“致使国家利益遭受重大损失”。如果国有公司、企业利益就等于国家利益,那么立法者在此也就无须赘言了。实际上,国有公司、企业利益与国家利益属于种属关系。[①] 国有公司、企业利益是国家利益中经济利益的具体表现形式,除此之外,国家利益还包括安全利益、政治利益、外交利益、军事利益等。[②] 有论者亦指出:“致使国家利益遭受重大损失的具体情形,既包括造成特定数额的财产损失,也包括造成损害国家声誉或企业、品牌的信誉,或者造成恶劣社会影响等。”[③]尽管现实中为亲友非法牟利行为所造成的损失多表现为国有公司、企业的经济损失,但是,我们完全可以想象如下场景:国有公司工作人员甲在国家对外援建项目中向自己的亲友经营管理的单位采购不合格的钢材,基建项目工程因钢材质量问题塌方,严重影响国家的国际形象。在此类情形中,即便国有公司未遭受经济利益损失,但由于国家外交利益受损,依旧应当对甲以为亲友非法牟利罪追究刑事责任。保护对象的不同决定了,在刑法修正时,即便国有公司、企业和民营企业的工作人员均可实施相同的为亲友非法牟利行为,二者也不能采取合二为一的立法技术。学界将其统合为“公司、企业利益”或“单位利益”的意见,存在未经论证不当缩小原刑法条文保护范围的嫌疑。因此,对《刑法修正案(十二)(草案)》中立法技术的选择,必须依据各个罪名进行独立判断,不能因平等保护的立法理念以及相同的行为类型而笼统评价。

二、一般原则与例外规定:从重处罚的规范限度

本次刑法修正的亮点之二是加大了对行贿犯罪的惩治力度,主要分为两个方面:

---

① 当然,从解释的协调性来看,《刑法》第166条与第168条所说的“国家利益”存在一定差别。第166条的“国家利益”包括国有公司、企业利益;而在第168条中,由于“造成国有公司、企业破产或者严重损失”“致使国家利益遭受重大损失”属于并列的两个构成要件要素,因此该条的“国家利益”应指除国有公司、企业利益之外的其他利益。

② 参见郑峥:《浅论“为亲友非法牟利罪”核心要素的认定》,载《人大建设》2021年第5期。

③ 曲伶俐:《徇私舞弊造成破产、亏损罪修正之评析》,载《政法论丛》2001年第2期。

一是修改了行贿犯罪的起刑点和刑罚档次，与受贿犯罪相衔接；二是以列举方式增加了行贿罪的从重处罚条款。此处的关注重点是行贿罪的从重处罚条款。

依照《草案说明》，之所以要增加行贿罪从重处罚的6种情形，原因是“实践中同期判处的行贿案件与受贿案件数量相比严重失衡，行贿人未被追究刑事责任的比例过高，对行贿惩处偏弱的问题仍然存在，不利于切断行受贿犯罪因果链，需要从刑法上进一步明确规定，对一些严重行贿情形加大刑事追责力度”①。但是，此处的立法逻辑存在疑问。“行贿人未被追究刑事责任的比例过高”与行贿犯罪的惩处力度并无因果联系，根本在于“重受贿、轻行贿”的传统理念、对行贿案件宽严相济刑事政策的贯彻存在偏颇、不同的政策相互抵牾导致对行贿犯罪查处的放纵等多方面原因导致大量的行贿案件未进入刑事诉讼流程之中。② 即便加大了对行贿罪的惩治力度，如果前置的查办环节没有解决旧有顽疾，那么，同期惩处的受贿案件与行贿案件比例严重失衡的局面依旧会持续下去。因此，增设行贿罪从重处罚条款的正当性依据有待商榷。

一般认为，“从重处罚是指在法定刑幅度内选择比没有这个情节的类似犯罪相对重一些的刑种或刑期”③。也就是说，从重处罚条款应属于刑法中的例外规定，针对少数特定情形予以适用。《刑法修正案（十二）（草案）》采取了罗列6类具体情形的方式设定行贿罪的从重处罚条款，但这些情形的涵盖范围过于广泛，导致任何一种行贿行为都可以被纳入其中。具体而言：其一，关于从重处罚条款第1项“多次行贿、向多人行贿的”。从实践来看，行贿人本身的单次行贿行为是很难被纪检监察机关迅速发现的，行贿案件的查处往往是从受贿案件中引申出来的。被查处的行贿案件基本上都是行贿人以多次行贿的方式实现利益输送，维持与受贿人之间的关系。因此，“多次行贿、向多人行贿的”这一从重处罚情形基本可以涵盖所有的行贿犯罪。其二，关于从重处罚条款第4项“在组织人事、执纪执法司法、生态环保、财政金融、安全生产、食品药品、帮扶救灾、养老社保、教育医疗等领域行贿的”。尽管该项看起来是对部分突出领域中的行贿行为从重处罚，但是，细究其中，该项实际上涵盖了所有的行政领域。首先是关于“等”。一般来说，“等”字是刑法规范中的兜底性表述。但是，正如张明楷教授所指出的，“对加重构成要件与从重处罚情节采用兜底规定，会进一步助长司法人员的重刑观念”④。在第4项中使用“等”的表述，也就意味着除前面罗列的领域外，还包括其他未被罗列的领域。如此一来，当行为人向未罗列领域中的国家工作人员行贿

① 沈春耀：《关于〈中华人民共和国刑法修正案（十二）（草案）〉的说明》，载《全国人民代表大会常务委员会公报》2024年第1期。

② 参见孙国祥：《“行贿受贿一起查”的规范化法治化路径》，载《中国刑事法杂志》2023年第4期。

③ 周光权：《刑法总论》（第4版），中国人民大学出版社2021年版，第444页。

④ 张明楷：《刑法修正的原则与技术——兼论〈刑法修正案（十二）（草案）〉的完善》，载《中国刑事法杂志》2023年第5期。

时,司法人员也完全可能依据“等”字表述认定应当对其从重处罚,从而导致从重处罚的泛化。其次是关于“执纪执法司法”。所有行政领域的活动都是执法活动,后面的生态环保、财政金融、安全生产、食品药品、帮扶救灾、养老社保、教育医疗领域中的活动都可以被解释为行政执法活动。因此,只要行贿人向国家工作人员行贿,其所涉及的领域必然会被该项所包含。如此一来,从重处罚在所难免。

由此可见,依据《刑法修正案(十二)(草案)》的既有表述,行贿罪的从重处罚条款已经不再是例外规定,而具有一般原则的性质,变相地提高了行贿罪的法定刑幅度。当从重处罚成为一种刑罚常态时,其本身也就失去了意义。实际上,“只有当某种情节说明被告人的责任增加或者特殊预防的必要性增加时,才能成为从重处罚的情节”①。《刑法修正案(十二)(草案)》之所以会赋予从重处罚条款以一般原则的性质,根本原因在于,过分迷信重刑主义的威慑效用,忽视了对从重处罚的正当性的根据考量。从重处罚条款第 2 项“国家工作人员行贿的”就是没有正当性根据的典例。刑法中不乏国家机关工作人员从重处罚的规范条款,如诬告陷害罪、非法拘禁罪。之所以作此规定,是因为国家机关工作人员的职权身份意味着他们相较一般人更容易实现诬告陷害、非法拘禁等行为的法益侵害结果,责任程度加重。但是,在行贿犯罪中,国家工作人员与一般人并无区别,并不是说国家工作人员的身份就会使行贿犯罪更容易实现。对行贿的国家工作人员从重处罚会带来一些疑问:国家工作人员的身份是否意味着国家工作人员负有不得实施违法犯罪行为的特定义务?为何国家工作人员实施盗窃等其他犯罪行为不从重处罚?本文认为,没有根据地对行贿的国家工作人员从重处罚是不妥当的。因此,在本次刑法修正中,必须重新考量特定情形从重处罚的正当性依据,避免从重处罚条款成为一种无意义的常态性规定。

其实,对行贿犯罪中的特定情形予以严惩,也未必需要采取从重处罚这一方式。2012 年最高人民法院、最高人民检察院《关于办理行贿刑事案件具体应用法律若干问题的解释》第 10 条第 1 款规定:“实施行贿犯罪,具有下列情形之一的,一般不适用缓刑和免予刑事处罚:(一)向三人以上行贿的;(二)因行贿受过行政处罚或者刑事处罚的;(三)为实施违法犯罪活动而行贿的;(四)造成严重危害后果的;(五)其他不适用缓刑和免予刑事处罚的情形。”可以看到,这里的部分行贿犯罪特定情形也在《刑法修正案(十二)(草案)》的从重处罚条款中出现,但司法解释采取了“一般不适用缓刑和免予刑事处罚”这一处理方式。这一方式可资赞同。一方面,从重处罚是不利于犯罪人的量刑制度,必须符合罪刑法定原则,司法机关不得随意扩大适用范围;另一方面,缓刑和免予刑事处罚处于司法裁量的权限范围之内,不适用缓刑和免予刑事处罚已经足以表达国家对特定情形下的行贿行为的严厉谴责态度,没有进一步提高刑罚程

① 张明楷:《刑法学》(第 6 版),法律出版社 2021 年版,第 752 页。

度的必要性。本文认为，在难以确定特定情形从重处罚的正当性根据时，刑法没有必要规定从重处罚，交由司法机关在既有裁量权限之内从严惩处即可，从而保持从重处罚条款的例外定位。

三、从责任分担到主体分离：单位犯罪的规制理念

单位行贿罪是《刑法修正案（十二）（草案）》关注的重点罪名之一。本次刑法修正调整了单位行贿罪的刑罚，由原来最高判处5年有期徒刑的一档刑罚，修改为“三年以下有期徒刑或者拘役，并处罚金”和“三年以上十年以下有期徒刑，并处罚金”两档刑罚。

依照《草案说明》的解释，单位行贿罪的刑罚调整是由于“实践中单位行贿案件较多，与个人行贿相比法定刑相差悬殊。一些行贿人以单位名义行贿，规避处罚，导致案件处理不平衡，惩处力度不足”①。并且，在司法实践中，由于过去单位行贿罪与行贿罪的刑罚过于悬殊，司法人员往往困惑于单位行贿罪与行贿罪的区分，有实务工作者认为本次修正有助于化解这一疑难问题。然而，可以预见的是，本次刑罚调整在未来并不能有效实现防止行贿人以单位名义行贿、规避处罚，依旧会造成案件处理上的不公平。我们从法定刑档次就可以看出行贿罪与单位行贿罪之间的差异：修正后的单位行贿罪拥有两档法定刑，其直接负责的主管人员和其他直接责任人员最高判处3年以上10年以下有期徒刑，并处罚金；而行贿罪则拥有三档法定刑，当行贿行为情节特别严重或使国家利益遭受特别重大损失时，处10年以上有期徒刑或无期徒刑，并处罚金或没收财产。两相对比之下可以发现，依照当前的草案进行刑法修正后，当情节相同时，以单位名义行贿与以个人名义行贿所能达到的最高刑罚依旧存在重大差异。单位行贿罪的法定刑更低这一点就容易驱动行贿人继续以单位名义实施行贿活动，以此规避处罚。

实际上，要想防止行贿人假借单位名义行贿、规避处罚，化解单位行贿罪与行贿罪的司法认定疑难，关键并不在于法定刑设置的问题，而在于单位犯罪与自然人犯罪之间的关系问题。仅仅调整法定刑，将原来的一档刑罚调整为二档刑罚，治标不治本。在单位犯罪与自然人犯罪的关系问题上，有必要实现从责任分担到主体分离的规制理念转变。

在传统的单位犯罪主体关系结构的认知中，由于单位本身只能承担罚金刑，故而单位成员所受到的处罚是对单位刑事责任的分担，单位与单位成员在刑事责任配置上属于包容关系，即“一个刑事责任，两个责任承担主体”。由于单位本身只能承担罚金

---

① 沈春耀：《关于〈中华人民共和国刑法修正案（十二）（草案）〉的说明》，载《全国人民代表大会常务委员会公报》2024年第1期。

刑,故单位成员所受到的处罚是对单位刑事责任的分担。① 可以说,这一结构认知为单位成员较之于自然人在刑罚上更为宽缓提供了理论依据。典型的立法例是走私普通货物、物品罪。依照《刑法》第 153 条第 1 款的规定,自然人走私普通货物、物品的,最高处 10 年以上有期徒刑或无期徒刑,并处偷逃应缴税额 1 倍以上 5 倍以下罚金或者没收财产。第 153 条第 2 款规定了单位犯罪的双罚制,除对单位判处罚金之外,单位成员所能判处的刑罚最高为 10 年以上有期徒刑,且不得并处财产刑。可以说,《刑法修正案(十二)(草案)》针对单位行贿罪的法定刑修正反映了立法者依旧秉持传统的包容关系认知,据此,即便以单位名义行贿,情节特别严重,或者使国家利益遭受特别重大损失,单位成员也不应判处 10 年以上有期徒刑或无期徒刑。

但是,包容关系认知所带来的单位成员与自然人在刑事责任配置上的差异化对待会带来刑法适用的平等性质疑。②

从《刑法》第 151 条和第 153 条的对比中,我们就可以一目了然地看出这种刑法适用上的不平等。不同于《刑法》第 153 条第 2 款对包容关系的贯彻,第 151 条第 4 款对单位成员的刑罚不再是独立设定,而是依照该条各款的规定处罚。也就是说,在走私特殊物品时,单位犯罪中的成员所受到的刑罚与一般自然人应是一致的,也能并处财产刑。如此一来就产生了一个疑问:为何在走私特殊物品时,单位成员与自然人的刑事责任配置相同,而在走私普通货物、物品时,二者却被差异化对待呢?对此,立法机关曾解释道:"近几年有的企业事业单位和机关、团体走私数额很大,危害严重,需要追究刑事责任。但这些案件往往是领导'点头'的或者单位领导集体决定的,又打着'为公不为私'的招牌,往往难以追究刑事责任,各地普遍要求明确规定刑罚,同时考虑到单位走私与个人走私也有所不同。因此,草案规定,企业事业单位、机关、团体,走私本规定③第一条至第三条规定以外的货物、物品价额在 30 万元以上的,除没收其走私货物、物品和违法所得外,应判处罚金,并对直接负责的主管人员和其他责任人员,处 5 年以下有期徒刑或者拘役;价额不满 30 万元的,由海关没收货物、物品和违法所得,可以并处罚款;对直接负责的主管人员和其他责任人员,可由主管机关酌情予以行政处分。由于走私毒品、武器等物品的危害较大,草案规定,单位走私这些物品的,对直接负责的主管人员和其他责任人员,依照对个人犯走私罪的处罚规定处罚。"④换言之,由

① 参见马克昌主编:《刑法》(第 4 版),高等教育出版社 2017 年版,第 77 页。

② 参见王志远:《超越行为责任:单位犯罪主体关系传统认识的批判与重构》,载《政法论丛》2022 年第 6 期。

③ 此处指《全国人民代表大会常务委员会关于惩治走私罪的补充规定(草案)》。

④ 该论述出自时任全国人大常委会秘书长、全国人大常委会法制工作委员会主任的王汉斌先生于 1987 年 11 月 17 日在第六届全国人民代表大会常务委员会第二十三次会议上所作的《关于惩治走私罪和惩治贪污罪贿赂罪两个补充规定(草案)的说明》。详见高铭暄、赵秉志编:《新中国刑法立法文献资料总览》(第 2 版),中国人民公安大学出版社 2015 年版,第 248—250 页。

于走私普通货物、物品与走私特殊物品在危害性上差异较大,所以对实施这两种行为的单位成员在刑罚配置上区别对待。

法益侵害的严重性在不同犯罪类型的刑罚轻重设置中当然起到了决定性作用,但没有理由可以依据不同犯罪的法益侵害性而要求一罪的单位成员承担与自然人犯罪相同的刑事责任、另一罪的单位成员却能承担较自然人犯罪更轻的刑事责任。更为重要的是,立法者认为,单位犯罪与自然人犯罪的核心不同之处在于单位成员犯罪"为公不为私",故而要宽缓科刑。在此,为单位谋取利益能够成为刑罚宽缓的正当理由吗?从一般自然人的视角来看,毋庸置疑,这一问题的回答是否定的。在盗窃罪中,行为人不是为自己而是为他人利益而实施盗窃行为,但这种主观上的认知和客观上的财产归属并不会影响其刑事责任的认定。既然如此,单位成员主观上为单位谋取利益、利益客观上归属于单位这些因素并不足以成为单位成员刑事责任较之于一般自然人更为宽缓的正当理由。另外,这种差异化对待也是司法实践中产生单位犯罪与自然人犯罪区分疑难的根源所在。在传统的包容关系认知下,由于单位成员较之于一般自然人的刑罚更为宽缓,单位犯罪是否成立直接影响了单位成员到底是作为一般自然人承担刑事责任还是要分担单位刑事责任。司法人员必须谨慎判断单位犯罪是否成立,才能避免将单位犯罪中的成员以自然人犯罪论处以致刑罚过重,或是将自然人犯罪误认为是单位犯罪而导致刑罚过轻。

实际上,面对当前责任分担规制理念所带来的单位犯罪诸多疑难问题,早有学者提出了诸多批判,并提倡主体分离论。① 主体分离论不再将单位犯罪视为一个刑事责任,而是分离为单位责任和单位成员责任两个刑事责任,认为这两个主体的犯罪成立是各自依据自己独立的构成要件来判断的,二者各自对自己的行为承担责任而不存在分担之说。"根据这样的构想,单位犯罪制度就不再是原有自然人犯罪设定的替代,而是在原有的自然人犯罪设定之外,针对单位组织体这一唯一主体所作补充责任设定,两者是相互平行的关系。"②具言之,当单位犯罪成立时,单位成员因自己的行为符合刑法分则所规定的构成要件而成立犯罪,因此,理当以自然人犯罪来追究单位成员的刑事责任,不应存在定罪量刑上的差异化对待。如此一来,司法实践中单位犯罪和自然人犯罪的区分难题也就迎刃而解。由于单位成员所实施的是自然人犯罪,因此,无论单位犯罪是否成立,都不影响依照自然人犯罪对单位成员定罪处罚,不用再区分单位犯罪还是自然人犯罪,唯一需要判定的只有单位犯罪是否成立而已。因此,在本次刑法修正中,对于单位行贿罪的修改也应贯彻主体分离论,实现单位成员刑事责

---

① 参见叶良芳:《论单位犯罪的形态结构——兼论单位与单位成员责任分离论》,载《中国法学》2008年第6期。

② 王志远:《企业合规改革视野下单位犯罪主体分离论与归咎责任论之提倡》,载《比较法研究》2022年第5期。

任与自然人刑事责任的同等对待,从而才能真正实现《草案说明》中防止行贿人假借单位名义行贿、规避处罚的立法目的。

关于单位成员与自然人在刑事责任配置上的差异化对待,现行刑法中还存在诸多立法例。除《刑法》第 153 条走私普通货物、物品罪之外,还有第 158 条虚报注册资本罪,第 159 条虚假出资、抽逃出资罪,第 175 条高利转贷罪,第 179 条擅自发行股票、公司、企业债券罪,第 180 条内幕交易、泄露内幕信息罪,第 181 条编造并传播证券、期货交易虚假信息罪与诱骗投资者买卖证券、期货合约罪,第 194 条票据诈骗罪与金融凭证诈骗罪,第 195 条信用证诈骗罪,第 198 条保险诈骗罪,第 205 条虚开增值税专用发票、用于骗取出口退税、抵扣税款发票罪,第 206 条伪造、出售伪造的增值税专用发票罪等。希望在本次刑法修正中,能够以单位行贿罪的法定刑修改为契机,从立法上根本性地转变责任分担的结构认知,贯彻主体分离的规制理念,进一步完善单位犯罪的相关规定。

我国行贿罪罪刑结构的立法反思与完善对策

——以《刑法修正案(十二)(草案)》为切入点*

王媛媛** 刘春花***

党的十九大报告提出,反腐败要“坚持受贿行贿一起查”“加大整治群众身边腐败问题力度”。行贿与受贿本就是一体两面,行贿不查,受贿不止①,要斩断“围猎”与甘于被“围猎”的利益链。2023 年 7 月,《刑法修正案(十二)(草案)》发布,立法者审时度势,对行贿罪的定罪量刑标准予以进一步修改。如何评价《刑法修正案(十二)(草案)》对行贿罪的修改?本文尝试从实证的角度分析行贿罪罪刑结构存在的问题,并在此基础上提出建议,以期对草案相关内容的完善有所裨益。

一、草案加大对行贿罪的惩治力度及其意义

2023 年 7 月 25 日,十四届全国人大常委会第四次会议对《刑法修正案(十二)(草案)》进行审议并征求意见。草案从降低法定刑、增设从重处罚条款两个方面对行贿罪的量刑标准进行修改,加大对行贿罪的惩处力度。

(一)草案调整行贿罪前两档刑罚的基准刑

草案降低了行贿罪前两档的法定刑,由原先的“对犯行贿罪的,处五年以下有期徒刑或者拘役……情节严重的……处五年以上十年以下有期徒刑”②改为“犯行贿罪的,处三年以下有期徒刑或者拘役……情节严重的……处三年以上十年以下有期徒刑”。

草案出台前,学术界对行贿罪的法定刑配置问题诟病已久,如表 1 所示,其前两档

---

* 本文系国家社会科学基金一般项目“面向轻罪治理的刑事制裁体系重构问题研究”(23BFX131)的阶段性研究成果。

** 江苏大学法学院法律硕士研究生。

*** 江苏大学法学院副教授,硕士生导师。

① 参见本报理论周刊与中国纪检监察学院党建教研部联合课题组:《精准运用政策推进受贿行贿一起查》,载《中国纪检监察报》2021 年 12 月 2 日,第 6 版。

② 《刑法》第 390 条第 1 款。

法定刑是高于受贿罪的,给人以行贿罪的不法与责任要重于受贿罪的印象①;但是,从第三档法定刑来看,受贿罪法定刑又是重于行贿罪的,立法者为受贿罪配置了死刑,设置了终身监禁制度。另外,行贿罪的前两档法定刑高于受贿罪,但非国家工作人员受贿罪及对非国家工作人员行贿罪的前两档法定刑却是一致的。产生这一逻辑悖论的原因是,《刑法修正案(九)》仅降低了受贿罪的法定刑,而忽视了整个贪污贿赂犯罪刑罚体系的均衡。此次草案降低了行贿罪前两档法定刑的处罚,使之与受贿罪保持一致,同时也使行贿罪与受贿罪、对非国家工作人员行贿罪与非国家工作人员受贿罪的刑罚设置保持均衡。

表1 贿赂犯罪的法定刑

罪名	一档		二档		三档	
	标准	法定刑	标准	法定刑	标准	法定刑
行贿罪	数额较大	5年以下有期徒刑或拘役,并处罚金	情节严重或使国家利益遭受重大损失	5～10年有期徒刑,并处罚金	情节特别严重或使国家利益遭受特别重大损失	10年以上有期徒刑或无期徒刑,并处罚金或没收财产
受贿罪	数额较大、情节较重	3年以下有期徒刑或拘役,并处罚金	数额巨大、情节严重	3～10年有期徒刑,并处罚金或没收财产	数额特别巨大、情节特别严重	10年以上有期徒刑或无期徒刑,并处罚金或没收财产;数额特别巨大,并使国家和人民利益遭受特别重大损失的,处无期徒刑或死刑,并处没收财产
对非国家工作人员行贿罪	数额较大	3年以下有期徒刑或拘役,并处罚金	数额巨大	3～10年有期徒刑,并处罚金	—	—
非国家工作人员受贿罪	数额较大	3年以下有期徒刑或拘役,并处罚金	数额巨大、情节严重	3～10年有期徒刑,并处罚金	数额特别巨大、情节特别严重	10年以上有期徒刑或无期徒刑,并处罚金

(二)草案增设了行贿罪的从重处罚条款

草案将最高人民法院、最高人民检察院《关于办理贪污贿赂刑事案件适用法律若

① 参见张明楷:《行贿罪的量刑》,载《现代法学》2018年第3期。

干问题的解释》(以下简称《贪污贿赂司法解释》)第 7 条第 2 款的六项情形[①]进行修改后,纳入行贿罪的从重处罚情节,包括多次行贿,向多人行贿,国家工作人员行贿等六项情形。

首先,以上六项情形社会危害性程度更大,犯罪人人身危险性程度更高,如"多次行贿、向多人行贿"的次数加重犯,笔者在对 J 省审理的 369 起行贿案件整理分析后发现,有 243 起具有"多次行贿、向多人行贿的"情节,占比 65.85%[②],多次实施行贿行为,对行贿罪所保护法益的危害显然是高于一般的行贿罪的,理应从重处罚。其次,立法者设置从重处罚条款更有助于一般预防目的的实现。"刑罚的目的在于阻止罪犯再次侵害公民,并警示他人不要重蹈覆辙。"[③]从积极的一般预防来说,立法者设置从重处罚情节促使公民形成规范意识,强化不能行贿的法律认同感;就消极的一般预防而言,通过从重处罚情节遏制社会一般公民的行贿行为,促使公民形成不敢行贿的观念。概言之,从重处罚情节的设置,反映出情节本身的社会危害性和犯罪人的人身危险性,更有助于一般预防目的的实现。

(三)草案调整行贿罪罪刑结构的重要意义

第一,草案对行贿罪量刑标准的修改鲜明地反映了"受贿行贿一起查"的刑事政策。"受贿行贿一起查"是指行贿行为同受贿行为一样都是腐败行为,二者之间是互为因果的关系,"行贿诱导受贿,受贿刺激行贿"[④],必须将受贿、行贿的调查、起诉与审判置于同等重要的地位[⑤]。草案对行贿罪、受贿罪设置同等的刑罚规制,表明了要摒弃以往司法实践过程中"重受贿、轻行贿"的现象。从共同犯罪的角度而言,行贿人与受贿人作为共同犯罪人,他们的作用相当,对二者的处罚在共同犯罪的范围内不应有太大的差异,只有设置相同的法定刑档次,才能罚当其罪。

第二,行贿罪修法充分体现了罪责刑相适应原则。罪责刑相适应原则是指犯罪行为的社会危害性与犯罪人的人身危险性应当与刑罚相互适应。此次草案的修改,就行贿罪而言,从重情节的社会危害性、人身危险性明显高于一般的行贿行为,刑罚理应更重;而从行贿罪与受贿罪的对向关系来看,虽然二者所保护的法益是相同的,但是由于

---

① 《贪污贿赂司法解释》第 7 条第 2 款规定:"行贿数额在一万元以上不满三万元,具有下列情形之一的,应当依照刑法第三百九十条的规定以行贿罪追究刑事责任:(一)向三人以上行贿的;(二)将违法所得用于行贿的;(三)通过行贿谋取职务提拔、调整的;(四)向负有食品、药品、安全生产、环境保护等监督管理职责的国家工作人员行贿,实施非法活动的;(五)向司法工作人员行贿,影响司法公正的;(六)造成经济损失数额在五十万元以上不满一百万元的。"

② 数据来源:北大法宝及中国裁判文书网,时间范围:2015 年 11 月 1 日至 2023 年 8 月 1 日,以"行贿罪"为案由,"J 省"为审理法院,"判决书"为文书类型进行搜索,以得到的 369 份判决书为样本进行统计。

③ 〔意〕切萨雷·贝卡利亚:《论犯罪与刑罚》,黄风译,中国法制出版社 2005 年版,第 52 页。

④ 陈延发、谢亚东:《在坚持行贿受贿一起查中将反腐败斗争挺进纵深》,载《政工学刊》2022 年第 2 期。

⑤ 参见孙国祥:《"受贿行贿一起查"的规范化法治化路径》,载《中国刑事法杂志》2023 年第 4 期。

受贿罪的行为主体是国家公职人员，其对职务行为的廉洁性、不可收买性的侵害更大，社会危害性程度更高，降低行贿罪前两档的法定刑，使二者的法定刑配置基本保持一致，才能更好地体现罪责刑相适应原则。

第三，行贿罪修法更注重社会的公平正义。公平正义是刑事法治的“生命线”。① 司法实践中，对行贿罪总是过于轻纵：原甘肃省兰州市市长因受贿被查，在庭审现场问“行贿人去哪了”②；某中级人民法院院长先后行贿 15 次，却仍然得以连任③……有关部门出于侦查贪污贿赂犯罪的需要，出于“囚徒困境”的考虑，过度轻纵行贿人，引起公众不满，很难使公众认为行贿案件的审判是公平的。此次草案既降低了行贿罪前两档的法定刑，又增设了从重处罚条款，强调公平公正，努力让人民群众在每一个司法案件中感受到公平正义。

二、草案对行贿罪罪刑结构的修法缺陷之实证反思

为了探究《刑法修正案（九）》对行贿犯罪加大惩处力度至今（即 2015 年 11 月 1 日至 2023 年 8 月 1 日）行贿犯罪的定罪量刑情况，笔者以北大法宝、中国裁判文书网为数据库，将案由设置为“行贿罪”，审理法院设置为“J 省”，文书类型设置为“判决书”，得到 369 份行贿罪判决书作为样本。在同样的审理法院和文书类型条件下，将案由设置为“对非国家工作人员行贿罪”和“单位行贿罪”，分别检索出 117 份关于“对非国家工作人员行贿罪”的判决书样本及 143 份关于“单位行贿罪”的判决书样本。随后，逐一分析以上三种行贿犯罪的实刑率、免刑率和缓刑率④，并将相关数据绘制成图表，分析行贿罪罪刑结构存在的问题。

（一）缓刑的过高适用缘于自首认定要求宽松

由图 1、图 2 的对比，我们可以看出，行贿罪的缓免刑率偏高，甚至高于对非国家工作人员行贿罪。图 1 显示的是行贿罪刑罚统计情况，其中，有 231 起案例的行贿人被判处缓刑，占比 62.60%，被判处免刑的行贿案件有 12 起，占比 3.25%，行贿罪的缓免刑率为 65.85%；被判处实刑的行贿案件仅 126 起，占比 34.15%。由此可见，行贿罪的缓免刑适用率整体是偏高的。同时，对比对非国家工作人员行贿罪刑罚统计情况可以发现，行贿罪

① 参见赵秉志：《贪污受贿犯罪定罪量刑标准问题研究》，载《中国法学》2015 年第 1 期。

② 参见狄多华：《原兰州市长受贿 80 余万受审 反问行贿人哪里去了》，载中国新闻网，http://www.chinanews.com.cn/news/2005/2005-08-26/26/616740.shtml，2023 年 8 月 7 日访问。

③ 参见李润文：《行贿者如何得以连任》，载中国青年报，http://zqb.cyol.com/content/2008-03/31/content_2124166.htm，2023 年 8 月 7 日访问。

④ 此处的实刑率指被判处有期徒刑、拘役的案件占所收集案件的比率；免刑率指被判处免予刑事处罚的案件占所收集案件的比率；缓刑率指被判处拘役缓刑和有期徒刑缓刑的案件占所收集案件的比率。

的缓免刑率比非国家工作人员行贿罪还要高。如图 2 所示,判处缓刑和免刑的对非国家工作人员行贿案件共 74 起,占比 63.25%,仅比行贿罪的缓免刑适用率低 2.60%。

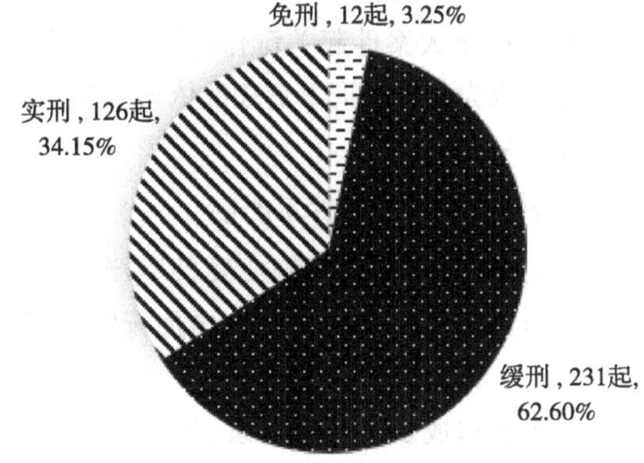

图 1 行贿罪刑罚统计情况

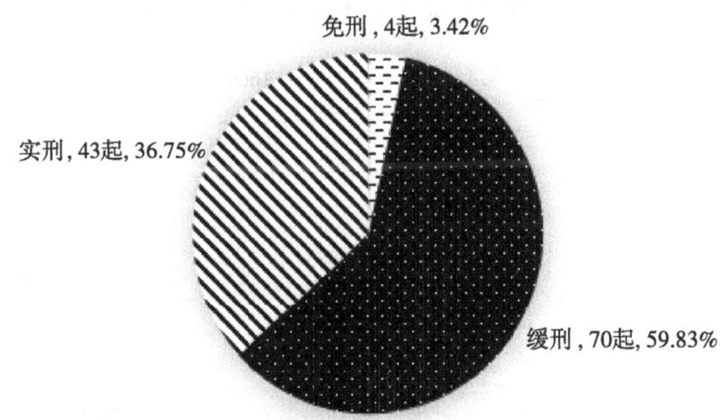

图 2 对非国家工作人员行贿罪刑罚统计情况

这一统计数据与理论逻辑相悖,理论上来说,行贿罪所保护的法益是国家公职人员职务行为的廉洁性,对非国家工作人员行贿罪所保护的法益是公司、企业正常的管理秩序,前者保护的法益比后者更重要,所以,行贿罪的缓免刑率应当远低于对非国家工作人员行贿罪,但是统计出来的数据却是略高于对非国家工作人员行贿罪。

究其原因,是因为立法者未严格认定行贿罪的罪轻情节,导致法官在审理案件、适用法律的过程中滥用各项罪轻情节,其中,最为严重的是对特别自首要件的滥用,在笔者所统计的 369 起行贿案件中,特别自首要件出现了 145 次。由于立法的不合理,行贿人满足特别自首要件十分容易。根据最高人民法院、最高人民检察院《关于办理行贿刑事案件具体应用法律若干问题的解释》第 13 条的规定，特别自首要件中的“被追诉前”是指检察机关对行贿人的行贿行为刑事立案之前。然而我们知道，现行职务犯罪大部分都是由纪检监察机关先行调查，行贿人只需在这一阶段配合调查，便可被认定为符合特别自首要件中“对侦破重大案件起关键作用”。特别自首要件已经不仅仅是从宽处罚的依据，更大程度上成为不追究刑事责任的依据①，造成对行贿行为的无原则放纵，然而草案却并未关注这一点。

(二)行贿犯罪查处率较低缘于构成要件不严密

草案的第二点不足是未关注到行贿罪的构成要件不严密。仅加大对行贿罪的惩处力度是远远不够的，还应当设计合理的构成要件增加行贿犯罪被发现、被认定的可能性。

实证数据表明，因为行贿罪构成要件的不合理，导致审理的行贿案件数量远少于受贿案件。如图 3 所示，2020 年，全国检察机关移送起诉行贿犯罪 2306 人，受贿犯罪 7475 人，受贿犯罪人数是行贿犯罪的 3.24 倍；2021 年、2022 年受贿犯罪人数分别是行贿犯罪的 3.38 倍和 3.27 倍，进一步证实了审理的行贿案件数量远少于受贿案件。

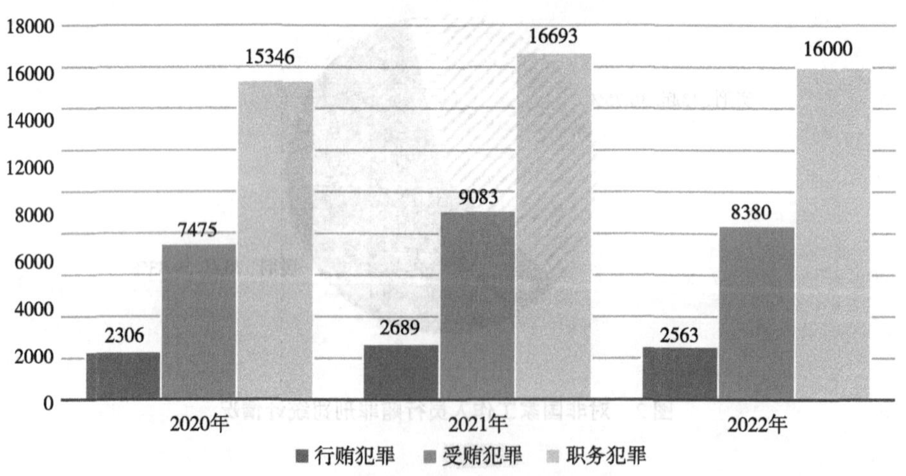

图 3 全国检察机关移送起诉的贿赂犯罪人数

出现这一现象，一方面是由于受贿犯罪的法益侵害程度大于行贿犯罪，检察机关审查起诉的受贿犯罪本应多于行贿犯罪；另一方面是由于行贿罪与受贿罪相比，入罪门槛更高，定罪标准失衡。

我国现行刑法中，行贿罪构成要件中的主观要件是“为谋取不正当利益”，而受贿

① 参见李少平：《行贿犯罪执法困局及其对策》，载《中国法学》2015 年第 1 期。

罪是“为他人谋取利益”。现代社会日新月异,人们所追求的利益趋于多元化,行贿人谋取的利益是否正当,边界并不总是非常清晰,司法实践中很难用一个固定的标准来界定正当利益与不正当利益[①],这在客观上提高了行贿罪的入罪门槛。此外,行贿罪构成要件中的危害行为是“给予财物”,受贿罪则是“索取或收受财物”。在司法实践中,只有国家工作人员接受了财物或实际取得了财物的控制权,行贿罪与受贿罪才构成既遂。换言之,只有产生了侵害国家公职人员廉洁性的实害结果时,才构成行贿罪与受贿罪。而处罚行贿罪、受贿罪的预备、中止或未遂的案件,几乎是闻所未闻。[②] 这一规定并不利于司法实务中打击行贿、受贿犯罪,尚且不论受贿罪仍有两种行为成立犯罪,行贿罪只有一种行为且需国家工作人员收受财物才成立犯罪,增加了行贿罪被认定的难度,导致行贿人肆无忌惮地“围猎”官员,形成行贿行为成本低、风险低、收益高的局面。以上是行贿犯罪数量远少于受贿犯罪的根本原因。

(三)个人以单位之名行贿案件多缘于立法上罪刑不均衡

“受贿行贿一起查”指的是行贿行为和受贿行为同时立案,同时调查,不能把行贿行为仅仅局限在行贿罪中,立法者也应当立足于行贿罪的罪名体系进行调整。草案除了对行贿罪的法定刑、从重处罚情节进行调整,还将单位行贿罪中责任人的法定刑由一档调整为两档。[③] 但是这对改善单位行贿罪惩戒效果差的现状是远远不够的。

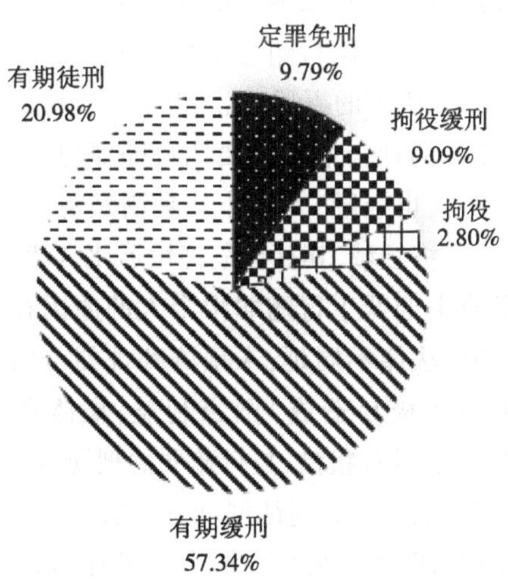

图4 单位行贿罪负责人刑罚结构图

---

① 参见车浩:《行贿罪之“谋取不正当利益”的法理内涵》,载《法学研究》2017年第2期。

② 参见刘仁文、黄云波:《行贿犯罪的刑法规制与完善》,载《政法论丛》2014年第5期。

③ 由“对其直接负责的主管人员和其他直接责任人员,处五年以下有期徒刑或者拘役,并处罚金”修改为“对其直接负责的主管人员和其他直接责任人员,处三年以下有期徒刑或者拘役,并处罚金;情节特别严重的,处三年以上十年以下有期徒刑,并处罚金”。

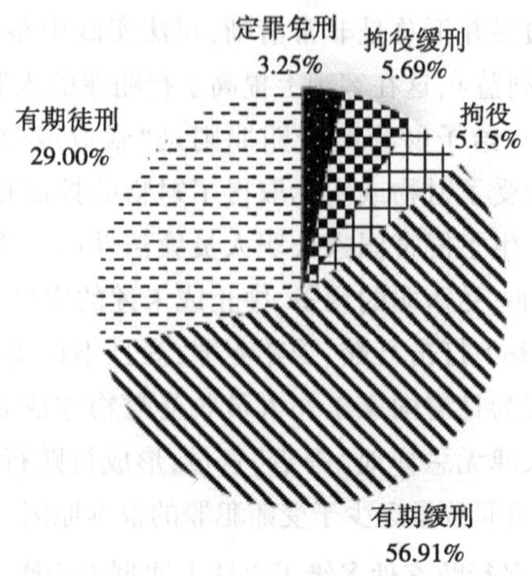

图5 行贿罪刑罚结构图

图4、图5反映的是单位行贿罪负责人和行贿罪的刑罚结构图，其中，单位行贿罪负责人定罪免刑的占比9.79%，被判处缓刑的占比66.43%，实刑率仅为23.78%；而在行贿罪中，免予刑事处罚的占比3.25%，被判处缓刑的占比62.60%，实刑率为34.15%。从这一统计数据可知，单位行贿罪责任人的实刑率低于行贿罪。这也造成许多民营企业经营者打着集体决策的幌子，试图以单位行贿罪来开脱自己的罪行。

但是，实际上单位行贿罪的社会危害性要比行贿罪更大。随着经济的发展，国家巩固、发展公有制经济的同时，也鼓励、支持非公有制经济的发展，单位行贿的金额比普通公民的更高，更多涉及经济领域，其社会危害性远比自然人犯行贿罪要大。

单位行贿罪负责人的自由刑低于行贿罪中个人的原因在于：其一，立法者在立法的过程中不具有前瞻性，使得法律不周延，未预测到现如今的社会经济环境与当时区别很大，现在的单位行贿行为极易造成"国家利益、集体利益遭受重大损失"的结果。[①] 其二，单位行贿罪的立法设置粗糙，与行贿罪的刑罚设置相差巨大。草案中行贿罪的刑罚设置为三档，最高可以判处无期徒刑；而单位行贿罪为两档刑罚措施，最高刑期为10年有期徒刑，对单位行贿罪的最高刑期为7年有期徒刑。这意味着，当自然人犯行贿罪时，其最高可以被判处无期徒刑，而单位直接负责的主管人员和其他直接责任人员有行贿行为时，最高刑期为7年有期徒刑。

① 参见冯志恒：《论贿赂犯罪体系中的单位犯罪》，载《西北大学学报（哲学社会科学版）》2013年第6期。

三、我国行贿罪罪刑结构完善的立法对策

当前,反腐败斗争强调要"坚持受贿行贿一起查",《刑法修正案(十二)(草案)》征求意见之际,笔者基于上文中所分析的目前我国行贿犯罪存在的缺陷,从以下三方面对行贿罪立法提出完善建议。

(一)建议取消行贿罪的特别自首规定

如前所述,行贿罪的特别自首要件是行贿罪缓免刑率高的主要原因,因此,笔者在这里建议取消行贿罪的特别自首规定。

首先,特别自首要件不能使"囚徒困境"发挥作用。行贿罪特别自首要件设立的目的是将行贿人与受贿人置于"囚徒困境"中,以此瓦解二者间的攻守同盟。然而"囚徒困境"博弈理论的一个重要前提是提供给贿赂双方平等的宽宥政策。① 但是,《刑法》为两罪提供的宽宥政策是不同的:第 390 条第 2 款规定的行贿罪特别自首要件是"行贿人在被追诉前主动交待行贿行为的,可以从轻或者减轻处罚";第 383 条第 3 款规定的受贿罪特殊从宽处理制度则是"在提起公诉前如实供述自己罪行、真诚悔罪、积极退赃,避免、减少损害结果的发生,有第一项规定情形的,可以从轻、减轻或免除处罚"。显然,二者在适用的时间节点、符合条件方面都是不同的,相比之下,受贿人的宽宥政策更为严格,更难符合要求,这样的"囚徒困境"是无法达到立法者预期目的的:在不平等的追诉政策下,受贿人想要从宽处罚不仅需要如实供述,还需要积极退赃、避免损害结果的发生,而行贿人只需要在追诉前如实供述就可获得从轻处罚的结果,严重打击了受贿人坦白的积极性,同时增加了行贿人的侥幸心理。

其次,特别自首要件仅适用于行贿犯罪中的部分犯罪。行贿犯罪包括行贿罪,单位行贿罪,对单位行贿罪,对非国家工作人员行贿罪,对外国公职人员、国际公共组织官员行贿罪,对有影响力的人行贿罪,然而,特别自首要件仅适用于行贿罪、对非国家工作人员行贿罪及对外国公职人员、国际公共组织官员行贿罪。同属于行贿犯罪,都具有相当的社会危害性、相似的查处取证难度,为什么立法者规定特别自首要件仅适用于部分行贿犯罪?这显示出立法者在设置特别自首要件时,未从行贿犯罪罪刑体系出发,有"头痛医头,脚痛医脚"之嫌。

概言之,一方面,行贿罪特别自首要件的设立难以实现"囚徒困境"的作用;另一方面,该特别自首要件仅适用于行贿犯罪体系中的部分罪名,厚此薄彼,对行贿犯罪区别对待。因此,笔者的建议不是修改受贿罪的特殊从宽制度,将特别自首要件广泛适用

---

① 参见叶良芳:《行贿受贿惩治模式的博弈分析与实践检验——兼评〈刑法修正案(九)〉第 44 条和第 45 条》,载《法学评论》2016 年第 1 期。

于所有行贿犯罪,而是取消行贿罪的特别自首规定。

此外,对贿赂犯罪从宽处罚完全可以衔接认罪认罚从宽制度。2019 年 10 月 11 日,最高人民法院、最高人民检察院、公安部、国家安全部、司法部《关于适用认罪认罚从宽制度的指导意见》就认罪认罚从宽制度作出了详细的规定。立法者可以在该文件的基础上,为贿赂犯罪设置阶梯式从宽处罚制度,将认罪认罚贯穿于调查、侦查、起诉、审判各个阶段,认罪认罚的时间越早,从宽政策的适用幅度就越大,从而更好地发挥"囚徒困境"的作用。

(二)严密行贿罪的犯罪构成法网

第一,将行贿罪中的"给予"改为"提议给予""约定给予"和"现实给予"。理由主要有二:一是行贿罪的未遂与既遂具有同等的不法性。① 行贿罪所保护的法益是国家工作人员职务行为的不可收买性,"提议给予"和"约定给予"也同样侵犯到了这一法益,公职人员不是一开始就腐败,是在行贿人不择手段的"围猎"过程中,逐渐滑向腐败的深渊。所以,应当将未遂行为既遂化,扩大犯罪圈,加大对行贿行为的查处力度。二是将未遂行为既遂化,是将行贿人、受贿人置于"囚徒困境"中,有利于预防行贿犯罪。试想一下,在行贿人"提议给予"财物时就已经构成既遂的情况下,国家公职人员为防止自身陷入"被围猎"的困境中,可以直接选择告发行贿人,行贿人也会担心国家公职人员的告发,进而不敢行贿、不愿行贿;如果双方"约定给予"财物时就构成既遂,那么双方都会担心对方临时变卦,从而告发对方受贿/行贿的行为,提高了贿赂犯罪被发现、被认定的确定性。

第二,保留"为谋取不正当利益"要件,加强该要件的立法解释。对于行贿罪中"为谋取不正当利益"要件是否予以保留,学界展开了广泛的探讨。主张取消该要件的学者强调的重要原因之一就是司法实践中始终没有一个固定的标准来合理区分不正当利益与正当利益。然而,笔者认为,该要件的存在是合理的,从刑事政策的角度而言,它有助于将贿赂主体置于"囚徒困境"中,公职人员会因为忌惮谋取正当利益的行贿人事后揭发,从而放弃索贿。从现实角度而言,我国是一个"情感社会",中国人自古即强调礼尚往来,如果取消该要件,会导致行贿罪的打击面过大,将一般的人情往来也纳入了行贿罪的范围,不符合刑法的谦抑性原则。因此,保留"为谋取不正当利益"要件,并非立法技术漏洞,而是立法者根据刑事政策和我国社会现状考量有意为之。但是,司法实务中,"不正当"与"正当"之间确实难以把握界限,因此,立法有必要对该要件加强解释。一直以来,各种司法解释和学理解释都错误地将贿赂犯罪的对价关系认为是贿赂与行为人所获利益之间的对价关系,其实应是贿赂行为与国家公职人员职务

---

① 参见张明楷:《刑法修正的原则与技术——兼论〈刑法修正案(十二)(草案)〉的完善》,载《中国刑事法杂志》2023 年第 5 期。

行为的对价关系。[①] 换言之,对“为谋取不正当利益”的解释,可以从违背职务的角度进行,当国家工作人员的行为违背职务,违反关于职务的具体规则及公平、公正原则时,那么行贿人因此获得的利益就是“不正当利益”,应当以行贿罪定罪处罚。

(三)有机整合单位行贿罪与个人行贿罪

行贿犯罪罪名体系中,应当取消单位行贿罪,将其纳入行贿罪进行惩处。理由主要为以下三点:

第一,如上文所述,仅将单位行贿罪的法定刑由一档调整成两档是无法改善目前单位行贿罪处罚畸轻的现状的,那么单位行贿罪的治理路径就有两种选择:一是取消单位行贿罪,将其纳入行贿罪统一审理;二是进一步完善单位行贿罪的法定刑、量刑情节,尽可能使其与行贿罪相统一。笔者不赞成第二种方式,在笔者看来,这样的修改“治标不治本”,固然解决了单位行贿罪法定刑设置粗糙的问题,但是单位行贿罪整个量刑体系都是不成熟的,仍然无法避免司法实践中法官自由裁量权过高,从而判处较轻的刑罚。行贿罪与单位行贿罪相比,其刑罚设置更加合理完善,行贿罪的司法解释也更多,所以,笔者提议取消单位行贿罪,将其纳入行贿罪统一审理,这样便可解决单位行贿罪立法设置粗糙的问题。

第二,单位行贿罪的设置不符合我国刑事立法习惯。根据我国刑事立法的习惯,单位犯罪条款被置于自然人犯罪条款之后,并不会为单位犯罪设置单独的条款,只有纯正的单位犯罪才会设置独立的条款。[②] 例如走私武器、弹药罪,非法吸收公众存款罪,洗钱罪等,都是以另起一款的方式规定单位犯罪的处罚情况;在贪污贿赂犯罪体系中,也有此种情况——对非国家工作人员行贿罪,对外国公职人员、国际公共组织官员行贿罪都另起一款规定单位犯上述罪名的惩处情况。单位行贿罪单独设置的情形破坏了刑事立法的一致性。

第三,单位行贿罪与行贿罪本质上是相同的,实践中两罪时常互相取代。[③] 从两罪所保护的法益来看,都是国家工作人员或国有单位公务行为的廉洁性;从客观方面来看,贿赂犯罪的本质就是钱权交易,两罪都表现为,为了谋取不正当利益,向国家工作人员或国家机关的责任人给予财物的行为;从主观方面而言,单位行贿罪代表的是单位整体的独立意志,但是,这种意志是单位成员——至少是单位的领导层意志上升为集体意志的体现,所以这与行贿罪本质上是相同的。正是由于“是否为单位谋取不正当利益”“是否体现单位意志”难以甄别,实务中只能根据现实需要相互转换。

---

① 参见车浩:《行贿罪之“谋取不正当利益”的法理内涵》,载《法学研究》2017 年第 2 期。

② 参见孙国祥:《贿赂犯罪的学说与案解》,法律出版社 2012 年版,第 176 页。

③ 参见行江、陈心哲:《单位行贿罪量刑畸轻及其治理思路——基于 A 省 113 份样本的分析》,载《成都理工大学学报(社会科学版)》2019 年第 5 期。

四、结语

行贿是腐败行为的重要诱因,是腐败蔓延的重要推手,其危害性是全方位、多层次、多方面的。[①] 在"受贿行贿一起查"刑事政策的号召下,立法者通过《刑法修正案(十二)(草案)》对行贿罪进行调整。但是,笔者通过实证分析,发现目前我国行贿罪中特别自首要件,构成要件中的"给予"要件、"为谋取不正当利益"要件都存在弊端,影响行贿罪的处罚。另外,行贿犯罪罪名体系中的单位行贿罪也存在立法粗糙的情况。因此,笔者建议取消行贿罪的特别自首要件,将"给予"要件修改为"提议给予""约定给予""现实给予",加强对"为谋取不正当利益"要件的立法解释,并取消单位行贿罪,将其纳入行贿罪统一审理。

① 参见江西省纪委监委课题组:《坚定不移推进受贿行贿一起查》,载《中国纪检监察报》2023 年 4 月 6 日,第 7 版。

“严惩行贿”刑法修正的问题与思考

史令珊[*]

腐败是当前我国最严峻的社会问题之一，“重刑严惩”腐败犯罪的社会需求依然旺盛。《刑法修正案（十二）（草案）》加大了行贿犯罪的惩治力度，增加规定从重处罚的情形，调整行贿罪的起刑点和刑罚档次，与受贿罪相衔接。鉴于实践中单位行贿案件较多，通过修改刑罚档次，有针对性地解决过去存在的案件处理不平衡、惩治力度不足的状况，值得充分肯定。但是，“严惩行贿”思想和刑事政策的生长是否可能导致国家治理腐败重心的偏离？其可能产生的实践效果有哪些？从长远来看，倚重刑法反腐是否有助于国家腐败治理体系和能力的现代化？本文将主要围绕这些问题展开思考。

一、腐败犯罪新特点和“严惩行贿”刑事政策的生长

新中国成立后，国家对贿赂犯罪整体上采取的是“重受贿轻行贿”的惩治思路。随着中央反腐力度、深度、广度的空前强化，从严惩治行贿犯罪的政策被提出并实践。2023 年 3 月 7 日，《最高人民法院工作报告》指出，2018—2022 年审结行贿犯罪案件 1.2 万件 1.3 万人；《最高人民检察院工作报告》指出，2018—2022 年起诉行贿犯罪 1.4 万人。从检察机关办理贪污贿赂案件的情况看，当前腐败犯罪呈现出一些新的特点：一是部分行贿人不择手段“围猎”党员干部，巨额行贿、性质恶劣、危害严重。行贿犯罪涉案数额在百万元以上的人数占比从 2018 年年初的约 14% 上升至 2022 年的 47%。二是行贿人为谋取不正当利益，长期、向多人、多次行贿犯罪较为常见。三是随着经济社会发展，单位行贿犯罪问题逐渐凸显，2013—2017 年单位行贿案件占比约 25%，2018—2022 年单位行贿案件占比约 35%。① 习近平总书记在二十届中央纪委二次全会上强调，进一步健全完善惩治行贿的法律法规，完善对行贿人的联合惩戒机制。二十届中央纪委二次全会指出，坚持受贿行贿一起查，加大对行贿行为惩治力度；营造

* 中南财经政法大学国家治理学院讲师。

① 参见《最高检举行"做优新时代刑事检察"新闻发布会》，载最高人民检察院官网，https://www.spp.gov.cn/spp/xsjc/22xwfbh_sp.shtml，2023 年 8 月 7 日访问。

和弘扬崇尚廉洁、抵制腐败的良好风尚。

结合司法机关办理贪污贿赂案件的情况和近段时期的反腐工作重点，可以发现，我国传统“重受贿轻行贿”观念正在被扭转，“严惩行贿”思想持续生长。2021 年 9 月，中央纪委国家监委与中央组织部、中央统战部、中央政法委、最高人民法院、最高人民检察院联合印发《关于进一步推进受贿行贿一起查的意见》。该意见指出，坚持受贿行贿一起查，是党的十九大作出的重要决策部署，要求重点查处多次行贿、巨额行贿及向多人行贿等情节严重的情形。惩治腐败犯罪方针策略的调整和社会上“严惩行贿”的呼声不断不可避免地会影响刑法的修正，2015 年《刑法修正案(九)》第 45 条第 2 款规定：“行贿人在被追诉前主动交待行贿行为的，可以从轻或者减轻处罚。其中，犯罪较轻的，对侦破重大案件起关键作用的，或者有其他重大立功表现的，可以减轻或者免除处罚。”较之于此前规定，《刑法修正案(九)》缩小了对行贿宽大处罚的范围。针对实践中存在的对行贿惩处偏弱的情况，《刑法修正案(十二)(草案)》是在 2015 年《刑法修正案(九)》修改行贿犯罪的基础上对行贿犯罪的又一次重大修改，除了在起刑点、刑罚档次上体现了严厉惩治，对一些严重行贿情形和多发的单位行贿犯罪加大了刑事追责力度。

从“重受贿轻行贿”到“严惩行贿”刑事政策的调整，以及刑法立法上对行贿犯罪规定的修改，主要有以下根据与理由：①腐败现象的整体考察。行贿人不择手段“围猎”党员干部是当前腐败增量仍有发生的重要原因，大量案例显示行贿人为谋取自身利益，对公职人员竭力腐蚀、精准“围猎”。相关数据显示，同期行贿受贿案件查处数量差距较大，从法院一审新收案件数量看，行贿罪与受贿罪案件数的比例大概在 1∶3，有的年份达到 1∶4 或者更大比例。[①] 还有，一些行贿人以单位名义行贿，规避处罚，导致案件处理不平衡，惩处力度不足。②轻行贿导致的负面激励。受贿与行贿一体两面，是一根藤上的两个“毒瓜”，行贿行为成本低、风险低、收益高，是行贿人不收敛不收手、行贿行为屡禁不止的主要原因。[②] ③刑罚平衡和公平正义理念。《刑法修正案(十二)(草案)》对行贿罪的修正明显体现出向受贿罪看齐的倾向，考虑到二者对偶犯的功能特征，应当作出同等评价和处理。

二、行贿的生成机理与“严惩行贿”的问题

近年来打击行贿犯罪专项行动的部署与刑法立法的调整充分彰显了国家严惩

---

① 参见亓玉昆：《全国人大常委会法工委刑法室负责人就刑法修正案(十二)草案答记者问》，载《人民日报》2023 年 7 月 26 日，第 4 版。

② 参见霍沛、胡楠：《精准运用政策推进受贿行贿一起查》，载《中国纪检监察报》2021 年 12 月 2 日，第 6 版。

腐败犯罪的决心，在当前反腐新形势下具有重要的现实意义。但是，任何犯罪都有其复杂的生成机理，一定刑事政策的调整适用是否能真正收获理想中的实践效果需要作更进一步的考察。具体到腐败犯罪治理中来，就有必要思考对行贿采取刑罚惩罚的效果何如？贯彻"严惩行贿"刑事政策存在哪些潜在忧虑与代价，从长远来看将对于腐败犯罪治理体系产生怎样的影响？回答上述问题，首先需要科学把握行贿的生成机理。

（一）行贿的生成机理

行贿现象的成因涉及复杂的社会结构性因素，其中，一定社会权力与资源分配的不均在很大程度上催生和塑造了行贿的行为模式。因为当少数人或机构掌握过多的权力和资源时，其他人就可能被迫采取非正常手段来获得自己应有的权益。长此以往，长期存在的腐败文化和价值观的扭曲又反过来影响一些人将行贿视为正常甚至是必要的生存发展手段，当腐败越来越被认为是可接受的，行贿行为就更容易在这种社会氛围中生长蔓延，外部无法形成对行受贿现象的制约监督。人作为利益纠结的功利性动物，行为选择往往出于一定的具有激励性的动机，但当公民处在缺乏对权力有效监督的体制下时，民主的理念就会出现"倒挂"，结果不是权力服务民众，而是民众去讨好权力，行贿现象的广泛存在便难以避免。① 从行贿的生成机理中至少可以观察得出以下结论：

第一，行贿现象具有制度性根源。政府或行政机构在决策和管理当中权力越高度集中，权力就越容易被少数人或少数机构垄断，这种权力滥用往往容易导致腐败和行贿现象，官员可能在决策中滥用权力以牟取私利，而行贿者则可能寻求与这些官员合作，以实现自己的利益。官僚主义还常常伴随着冗长烦琐的行政程序，促使人们寻求通过行贿来加速决策的过程，或者绕过复杂的程序和障碍，从而节省自己的时间和资源。而且在权力过于集中的环境中，政府行为缺乏公开和透明度，由此导致外部制约监督的缺失，公众对于行受贿现象监督反馈的渠道也受到极大限制，进一步助长了行贿犯罪的发展。

第二，行贿现象的普遍存在是恶性循环的结果。当行贿的制度性根源趋于稳固，也即权力体制及其引发的权力与资源失衡状况越来越普遍时，行贿也变得越来越普遍。普遍存在的行贿现象可能使腐败成为社会文化的一部分，人们对于公共机构和个人的信任就会受到损害，随着公信力下降，社会信任关系受到破坏，就将进一步鼓励人们寻求非正常手段。行贿现象的普遍存在往往在社会中形成了一种恶性循环，各种负面因素相互作用，进一步加剧了行贿问题。

---

① 参见何荣功：《"行贿与受贿并重惩罚"的法治逻辑悖论》，载《法学》2015年第10期。

当我们看到新时期一些触目惊心的行贿数额,看到普遍的单位行贿现象时,除了关注这一“果”,更有必要理性思考“因”。要打破行受贿的恶性循环,需要制度改革、外部监督、道德建设各方面共同发力,由此才可能引导社会氛围的正向改变。如果仅仅是看到与严重的行贿犯罪相对的受贿犯罪,认为行贿是受贿的源头从而予以严惩,可能只是看到了问题的一个侧面,没能更深入追问行贿的生成有其社会、体制性根源。当认识到官僚体制与行贿之间存在的密切互动,以及行贿现象的普遍存在是恶性循环的后果时,也许国家惩治腐败犯罪策略的调整将更具整体意义,这也是真正意义上对犯罪治理的追根溯源。当然,这通常也意味着要付出更长的时间成本、更多的制度代价,与“严惩行贿”这一在短期内厉行有效的战略方针和刑法修正相比,其效果或许需要更长的周期才能被人们看见。

(二)“严惩行贿”可能引发的实践困境

从现有《刑法修正案(十二)(草案)》内容上看,未来刑法将大大增加行贿人的犯罪成本,这能够在一定程度上预防和减少贿赂案件的发生,“严惩行贿”刑事政策的持续生长与立法修正具有显著的功利价值,不容否认。只是,刑法是和平时期国家能够对公民适用的最强烈的谴责机制,刑事制裁不应当仅仅只有效益层面的考量,立法修正的正当性思考也尤为必要。刑法作为以判断为本质内容的司法法,与以管理为本质的行政权有着根本区别。司法法必须以公平正义为价值本位,在公正与效率、公平与功利之间永远应该优先考虑的是法律的公平正义价值。①

第一,国家治理腐败的中心偏离。“运动式”的治理方式在中国历史上多次出现,用于应对各种社会、经济问题,这种治理方式的优势在于调动大量资源、政策宣传力度大,可以在短时间内集中解决问题,避免问题进一步恶化。近年来各机关部门组织专项行动加大对行贿的打击力度,不失为一种采取“运动式”解决腐败问题的思维或方法。但正如任何事物都有其两面性,这种富有成效的治理方式也存在一些潜在的问题,极为容易掩盖问题的根源。反腐败工作的重心应放在防止腐败行为的发生,而行贿与受贿作为对合犯决定了二者缺一不可,因此腐败犯罪的治理肯定不能止步于追究行贿人的责任,从长远来看,国家必须回应腐败产生的源头,也即权力体制的运作及其改革。具体到贿赂犯罪惩治策略的设计上,既然受贿是权力腐败的核心所在,国家应当将治理的视线集中于对该问题的解决上,“严惩行贿”政策如果把握不好,将会导致有限的司法资源和社会对腐败的关注转移至处理行贿问题上。

第二,引发刑事制裁的公正性危机。刑罚适用应当符合社会公众的正义感和公平期望。立法修正需要确保刑罚的适用是公正和平等的,不会造成滥用或产生偏见。从

① 参见孙笑侠:《司法权的本质是判断权——司法权与行政权的十大区别》,载《法学》1998年第8期。

前述行贿的生成机理可以发现,行贿现象有其制度性根基,而受贿人作为掌握权力的一方,促成贿赂发生的因果力明显更大。正是基于这一原理而非其他,"行贿受贿同等罚""行贿向受贿看齐"等理念存在正当性疑问。行贿受贿二者在事实上因果力的反差应充分体现在刑法的规范评价上,否则,刑罚的量刑与罪行的性质和后果不相匹配,有违宪法上比例原则的要求。

第三,妨碍整体反腐策略体系化建构。任何制度建设都是整体性的存在,国家反腐工作体系也不例外,除了刑法还包括各类预防工作机制、监督机制、教育和宣传等综合手段。人类社会中任何技术演进或制度变迁均存在类似于物理学中的惯性,即一旦进入某一路径,无论是好的还是坏的,都可能对这种路径产生依赖。一旦人们作了某种选择,就好比走上了一条不归之路,惯性的力量会使这一选择不断自我强化,并让人轻易走不出去。经济学、政治学上常见的"路径依赖"现象也可以为刑事政策和刑法适用所参考。如果我们希望反腐制度设计要体现综合性、协调性和系统性的理念,那么反腐就不应该单独倚重刑法这一规范手段,否则重刑反腐、严惩行贿收到的成效越明显,其他规范手段或工作机制的构建就越缺乏驱动能力。

刑法惩罚的范围及其强度从根本上反映了国民对于犯罪现象的容忍程度。从集中惩治腐败问题到加大行贿惩罚力度,是全面、深入、精准推进反腐的表现,"重刑严惩"的社会需求更是普罗大众反腐意识和道德建设的阶段性成果,作为一项新时期反腐工作的重点整治内容,其提出及贯彻具有现实必要。但加大行贿的惩治力度并不意味着有必要将行贿罪的处罚上升到与受贿罪相当的程度,无论是从重处罚情形的增加,还是起刑点与刑罚档次的提升都应有一定限度,否则,这些规定在未来将很可能衍生出一系列问题。

三、未来行贿罪立法与适用的几点建议

2021 年 9 月《关于进一步推进受贿行贿一起查的意见》印发,2022 年 4 月国家监察委员会、最高人民检察院和 2023 年 3 月中共中央纪委、国家监察委员会、最高人民检察院围绕该意见中查办行贿犯罪的重点任务,发布两批 10 起行贿犯罪典型案例。我国在保持惩治受贿高压态势的同时,未来将严肃查处行贿。可以预见的是,伴随这些工作举措的持续推进,未来刑法上对于行贿行为的处罚力度也将继续呈现向前跃步的倾向。通过反思"严惩行贿"的法理与实践困境,我们有必要对"严惩行贿"思想和政策在立法和司法实践中的膨胀保持理性,至少应明确下述三点。

(一)"受贿行贿一起查"不等于"行贿受贿同等罚"

法律制定的基础是生活经验,生活经验不断在变动,法律就会持续呼应变动中的

生活经验,所以法律会有修正。[①] 在当下,强调反腐败"零容忍"政策与重刑反腐,具有非常强烈的社会诉求。为回应这种诉求,刑法修正案通过积极对行贿罪作出调整,得到了立法机关和社会主流意见的肯定。但是,凸显刑法回应社会现实的理念而不强调限度问题则很可能走向另一极端,逐渐偏离法治运行的轨道。

首先,无论是从刑法规定上还是法理上来看,在我国都缺乏行贿受贿同等处罚的根据。"受贿行贿一起查"的重点是对行贿的从严查处,将行贿、受贿的调查、起诉与审判置于同等重要的地位。[②] 从犯罪治理的意义上讲,近年来国家释放"受贿行贿一起查"的强烈信号,建构对受贿和行贿案件同步受理、同步调查、同步处置的办案机制具有现实的对策意义。行贿与受贿属于对合犯,二者的查处与证据链条有着天然关联,只查受贿而不顾及行贿线索或者反之,对于贿赂案件事实的厘清与证明而言都是应该避免的做法。但是,不能将刑事侦查或者犯罪治理意义上的"受贿行贿一起查"理解为"行贿受贿同等罚"。我国刑法在对合犯场合的刑罚配置,从来都不是简单地一视同仁对待的。而且,如前所述,行贿犯罪的生成有其制度性基础,根本上是权力过度集中的衍生物,受贿罪主体作为掌握与不当使用权力的群体,其罪责评价理应更重。"行贿人有占据主动的情况,但从根本上说,受贿毕竟是由掌握权力的人员实施的。他们对抵御腐败、廉洁自律的要求有着首要的责任,享受着比普通人更高的社会地位和物质待遇,社会对他们理应有更高的期待。所以,受贿的责任应适当重于行贿,以体现罪责刑相适应的原则。"[③]伴随社会发展和腐败形势的新变化,适当调整行贿罪的起刑点和刑罚,尚可妥协性地接受。但在具体案件的处理中,一味追求将行贿罪的处罚提升到与受贿罪相当的程度,既有违犯罪的生成机理,也并不能真正契合国民情感。

其次,从案件办理的实际上看,避免"行贿受贿同等罚"有助于查处贿赂案件。人类社会有合作的地方,就会发生"囚徒困境"。贿赂犯罪中,每个人都面临是否合作揭发贿赂行为,当每个参与者都在追求自身最大利益时,整体结果可能对每个人都不利。如果认为行贿受贿应同等处罚,不在立法上为行贿的宽缓处理留有一定余地,则现实中很可能以刑罚"倒逼"贿赂犯罪中的两方形成一致战线,这对于贿赂犯罪的查处打击而言,显然是更为不利的。有观点指出,过去在查办贿赂案件的过程中,有的办案机关对行贿人允诺基本不追究刑事责任以换取行贿人对行贿事实的供述。这种激励政策放大并兑现后的效果,就是行贿人身份由犯罪嫌疑人转换为证人,最后基本上不负刑事责任,这导致行贿案件的处理整体上失之于宽。但需要明确的是,是否会因行贿处理过于宽容导致轻纵犯罪在很大程度上取决于办案人员的尺度把握,并不能由此否定

---

① 参见林东茂:《一个知识论上的刑法学思考》(增订3版),中国人民大学出版社2009年版,第33—34页。

② 参见孙国祥:《"受贿行贿一起查"的规范化法治化路径》,载《中国刑事法杂志》2023年第4期。

③ 孙国祥:《"受贿行贿一起查"的规范化法治化路径》,载《中国刑事法杂志》2023年第4期。

这一做法存在的意义。

(二)正确理解和适用行贿罪的构成要件

第一,犯罪是主客观方面的有机统一,成立行贿罪应具备“为谋取不正当利益”的要求。根据我国相关司法解释的规定,不正当利益近年来已经明显呈现扩大化趋势。2008年最高人民法院、最高人民检察院《关于办理商业贿赂刑事案件适用法律若干问题的意见》规定:“九、在行贿犯罪中,‘谋取不正当利益’,是指行贿人谋取违反法律、法规、规章或者政策规定的利益,或者要求对方违反法律、法规、规章、政策、行业规范的规定提供帮助或者方便条件。在招标投标、政府采购等商业活动中,违背公平原则,给予相关人员财物以谋取竞争优势的,属于‘谋取不正当利益’。”刑法条文一直以来保留“为谋取不正当利益”要件,从根本上是因为考虑到贿赂犯罪生成机理的不同,与受贿罪相比,主观恶性和危害结果相应更重的行贿行为才会被作为犯罪处理。尽管自2008年以来,司法解释对于“为谋取不正当利益”要件的扩大解释导致实践中该要件一度被虚置,但这并不意味着公诉机关证明“为谋取不正当利益”是不必要的,司法解释作出的扩张解释在某种程度上是考虑到司法认定的难度和不确定性,有着明显的功利性导向,对此不宜简单地予以肯定,甚至认为行贿罪的认定已不再需要证明该要件。如果行为人不是为了收买国家工作人员违背职责而行为,仅仅是为了促使受贿人正常履行职责而行为,则不构成行贿罪。因为行为人本应获得其应得的利益,却因为额外付出了贿赂,增加了利益获得的成本,因此也是行贿行为的受害者而不是获益者,其行为也不能建立起通常意义上的行贿方与受贿方具体的职务作为或不作为之间的因果关系,不符合权钱交易的贿赂犯罪本质,故而不构成行贿罪。

第二,关于《刑法》第389条第3款的适用。《刑法》第389条第3款规定:“因被勒索给予国家工作人员以财物,没有获得不正当利益的,不是行贿。”一般来说,受贿人索取财物的,行贿人属于被索取。但是,由于案件事实需要证据材料的证明,所以总是存在事实存疑的情形。换言之,完全可能存在如下情形:在一个对向性案件中,对于受贿人而言,由于认定索取财物的证据不足,只能认定为收受财物;与此同时,对于行贿人而言,由于认定主动行贿的证据不足,或者说不能否认行贿人被索贿,因而只能认定为被索取或者被勒索。这样的认定并不矛盾,因为在贿赂案件中,对于受贿人与行贿人都必须贯彻事实存疑时有利于被告人的原则。在对双方都作出有利认定时,自然会得出受贿人收受财物、行贿人被索取财物的合理结论。①

(三)准确贯彻宽严相济刑事政策

在我国,任何类型犯罪的惩治都有必要准确贯彻宽严相济刑事政策。宽严相济刑

---

① 参见张明楷:《刑法学》(第5版),法律出版社2016年版,第1231页。

事政策是以区别对待或者差别待遇为根本内容的，旨在实现该宽则宽，该严则严，“宽”“严”加以区分。[①] 依法从严惩治行贿案件应避免一味从严从重，在具体案件处理中要体现区别对待、罚当其罪的思想，否则将导致宽严相济刑事政策在贿赂犯罪上的适用空间被大大挤压。

第一，关于从严惩处的案件范围。行贿数额特别巨大、手段恶劣、“围猎”公职人员的，要依法严惩。但是对于那些行贿犯罪情节较轻，积极主动配合有关机关调查的，或者对办理受贿案件起关键作用的，或者因国家工作人员索贿、不作为而不得已行贿，没有谋取不正当利益的，以及行贿人认罪认罚等情形，可依法从宽处理。

第二，准确把握法律政策界限。检察机关近年来一直强调，“对于有关部门移送的刑事案件，涉及民营企业行贿人、民营企业家的，要依法审慎采取强制措施，充分考虑保护企业发展需要……对符合从宽处理的案件依法坚决从宽”[②]。有的企业主在办理具体事项过程中，由于少数公职人员故意刁难、设置障碍，导致被迫行贿；有的认罪认错态度较好，主动交代组织不掌握的行贿行为，对于这一部分行贿人，应依据有关政策分类处理。“不能因办案简单化或不讲方式方法而致使企业经营遭受不必要的损失甚至倒闭。”[③]对涉嫌行贿犯罪的，要区分个人犯罪和单位犯罪，从起因目的、行贿数额、次数、时间、对象、谋利性质及用途等方面综合考虑其社会危害性。

行贿是一个复杂的社会问题，其“惩”“治”“防”也是一项艰巨、长期的系统性工程[④]，这决定了我们不能简单地提倡任何单向从“严”的做法：在腐败惩治的对象上应有侧重点，在腐败治理的方式上应高度重视构建反腐基础性制度和体系。《刑法修正案(十二)(草案)》关于行贿罪的修正是“严惩行贿”刑事政策的延续，在承认其现实价值的同时也应保持理性，避免刑法滑向“行贿受贿同等罚”的误区，偏离刑事法治的基本立场。

---

① 参见陈兴良：《宽严相济刑事政策研究》，载《法学杂志》2006 年第 1 期。

② 姜洪：《“三个没有变”关键在落实，着力为民营经济发展贡献检察力量》，载《检察日报》2018 年 11 月 7 日，第 1 版。

③ 徐日丹：《为企业家创业发展营造良好法治环境——最高检法律政策研究室负责人就〈关于充分发挥职能作用营造保护企业家合法权益的法治环境支持企业家创新创业的通知〉答记者问》，载《检察日报》2017 年 12 月 13 日，第 2 版。

④ 参见霍沛、胡楠：《精准运用政策推进受贿行贿一起查》，载《中国纪检监察报》2021 年 12 月 2 日，第 6 版。

犯罪预防中心观下生命科技犯罪治理研究

董邦俊[*]　张颖果[**]

伴随着科学技术和生物医学的飞速发展,现代医学也同步取得了重大突破,尤其是在人体基因工程、辅助生殖、器官移植等生命科技领域。上述技术的进步既解决了一些社会发展中的实际问题,也引发了一系列多样性的风险。2022 年中共中央办公厅、国务院办公厅印发的《关于加强科技伦理治理的意见》指出,要加强源头治理,注重预防,将科技伦理要求贯穿科学研究、技术开发等科技活动全过程,促进科技活动与科技伦理协调发展、良性互动,实现负责任的创新。我国的生命科技发展迅速,但在这个过程中,立法滞后问题却愈发明显。因此,有必要深入思考生命科技领域严重违法行为的治理问题,科学有效地发挥刑事法律的作用,积极回应人民群众的关切,维护人民群众的身体健康和财产权益,促进社会的和谐有序。

一、"犯罪预防中心观"的逻辑构造

(一) 风险社会背景下"犯罪预防主义"之提倡

孟德斯鸠曾指出:"一个良好的立法者关心预防犯罪,多于惩罚犯罪。"①风险社会背景下犯罪预防主义应运而生。何为"犯罪预防主义"？简言之,犯罪预防主义与犯罪惩罚主义相对,犯罪惩罚主义的重心落脚在惩戒犯罪以保障人权,犯罪预防主义的重心落脚在犯罪预防体系的构建上,通过发挥犯罪预防体系的作用来达到减少犯罪发生的效果。两者相比较而言,犯罪预防主义参与社会治理的过程中具有直接减少犯罪的作用,更适合应对风险社会下滋生的风险性犯罪。犯罪预防主义与犯罪惩罚主义均是社会犯罪治理的手段之一,两者并非分离的关系,而是侧重不同,犯罪惩罚主义体现了刑法的谦抑性原则,重在事后惩戒;犯罪预防主义体现了新治理方式的治理深度,重在扑灭犯罪产生的苗头,预防犯罪出现。犯罪惩罚主义具有被动性、事后性、惩戒性等特

---

* 中南财经政法大学刑事司法学院教授、博士生导师、副院长。

** 中南财经政法大学刑事司法学院博士研究生。

① 〔法〕孟德斯鸠:《论法的精神》(上册),张雁深译,商务印书馆 1961 年版,第 83 页。

征,犯罪预防主义具有主动性、事前性、预防性等特征。两者在犯罪治理方面具有大相径庭的逻辑构造,但是其目的都在于犯罪治理,相反的逻辑构造也表明了适用范围的差异化。犯罪预防主义的适用范围在风险社会背景下进一步扩张,越来越多的行为被入罪化,随着抽象危险犯的增加,社会防卫体系的重心发生转化。大卫·唐恩(David Downes)有一个非常著名的关于犯罪学的论断,他将犯罪学描述成一个"学科集结点":这一领域以一个社会问题为中心展开,不同基础学科领域(社会学、心理学、哲学、历史学、经济学、政治科学)的研究人员围绕这一中心交换意见,而且不断从外界引入新的观点和理念使其保持生机与活力。① 为了应对风险社会中犯罪风险来源的复杂性和多元性,犯罪防控中横向维度得以延展,纵向维度也不断加深。犯罪防控的参与主体增多,时空范围增厚,犯罪学研究更为繁荣,多学科共同参与。预防性犯罪学是以安全为导向的多重犯罪预防手段的运用。②

(二)"犯罪预防主义"之理论流变

犯罪预防中心观是由犯罪预防理论延伸而来的,在犯罪预防的学术研究上,与其相关的理论众多,有社会防卫理论、社会控制理论、情境预防理论、三级预防理论等。每种理论通过不同的研究视角展开对于犯罪预防的相关论述。

第一,社会防卫理论为世界上许多国家的犯罪社会学家所推崇。菲利认为,一个人即使生来就极大可能是个罪犯,但只要在合适的条件下,他甚至可以直至死亡都不违背任何法律和道德原则。新社会防卫论由法国学者马克·安塞尔提出,他认为只有在犯罪发生的前提下,才能对犯罪行为发生的可能的起因和条件加以防范。如果犯罪者的个性根源于其自身的生理属性或者心理成长,则其所处的犯罪环境(从家庭到社会)会对其产生很大影响。因此,犯罪预防首先要重视对社会环境的治理。

第二,社会控制理论,亦称"社会键理论",由美国犯罪学家 T. 赫希提出。该理论重视解释人类为何没有犯罪,认为人的本性本就是邪恶的,任何人都可能犯罪,犯罪是社会控制缺失的结果。"社会键"有四种成分,即依恋、奉献、参与、信念。如果人们遵守了伦理和法律的标准,那么就没有违法犯罪的行为。

第三,情境预防理论,也被称为"犯罪微观预防"。其中最具有代表性的是英国学者罗纳得·克拉克(Ronald Clark)所提出的通过直接管理、设计和调整的方式,对周围的环境进行持续的、有机体的改造,以尽量提高犯罪的难度,提高被逮捕的概率,降低所获得的回报,来降低犯罪的可能性。

---

① 参见〔英〕伊恩·罗德:《犯罪学与刑事法制改革:以英国为例》,陈磊、牛帅帅译,载《法学家》2012 年第 4 期。

② 参见赵希:《当代西方犯罪学的三大发展趋势及对我国犯罪防控的启示》,载《国外社会科学前沿》2021 年第 7 期。

第四,三级预防理论。根据该理论,犯罪预防应该从现实和想象的犯罪、被害两个角度入手,在预防模式中,可以参照公共卫生机构的传染病防治模式,将犯罪预防体系划分为三个层级。第一层级的犯罪预防,可以通过环境设计、邻里照料、一般威慑、私人保安和预防犯罪教育等手段,预防和查明犯罪发生的自然和社会环境。第二层级的犯罪预防,重点是鉴别查明有犯罪征兆的人,并采取措施防止他们犯罪。第三层级的犯罪预防,主要是针对已然犯罪人,即防止罪犯再次犯罪的预防。

虽然上述理论从不同的研究视角展开了对于犯罪预防的相关论述,但是上述理论研究有一个共性,即研究目的的同向性,研究目的致力于通过揭示犯罪的本质来达到预防犯罪的目的,只是出发点有的是犯罪人自身,有的是社会防卫。党的十八大以后,以习近平同志为核心的党中央,从整体上把握国家治理体系和治理能力的现代化,将专项治理与系统治理、综合治理、依法治理、源头治理有机结合,推动社会治安综合治理的创新,推动"平安中国"的建设,使人民群众的获得感、幸福感和安全感更加充实,更加有保障,更加可持续。

二、犯罪预防主义在生命科技犯罪治理中的耦合

(一)风险社会下犯罪预防之新使命

"风险"是一种认识上的理性自觉。随着人们对自然的认知与运用能力的不断提高,现代风险伴随而生。"很多现代风险源于自然科学技术。"①现代风险的特征包括风险的必然性、风险的人为生成、风险的未知性、风险的灾难性、后果的持续性、风险的延展性。② 风险不但来自使用科技,而且来自对科技的潜在威胁的敏感。当今,随着科学技术和生物医学的发展,现代医学尤其是尖端医疗也取得了突破。尖端医疗技术面临的风险更加多样化,技术风险、伦理风险、制度风险、秩序风险、应对风险而生发的新风险等,可以说尖端医疗技术是多重风险交叉的技术领域。尖端医疗技术犯罪行为之所以需要被刑法所规范,根本原因在于这种行为会给人类本身造成不可逆转的伤害。由于这种伤害目前仅是一种潜在风险,因此刑法最终目的是为了防范这种风险。③ 犯罪预防中心观下的犯罪治理采取的是一种主动防御型犯罪治理模式,针对可能发生的不法侵害,预先采取干预性措施,以达到预防和控制犯罪的目的。全球化的推进也带来了生命科技领域前沿技术的交融,社会资金的多元化支持带来了生命科技研发的原始动力,生命科技的发展速度加剧了生命科技对人类社会产生威胁的可能性,人类无法

① 黄小茹:《生命科学领域前沿伦理问题及治理》,北京大学出版社 2020 年版,第 54 页。
② 参见龙敏:《风险社会下医疗安全的刑法保护》,上海人民出版社 2014 年版,第 13 页。
③ 参见盛豪杰:《非法植入基因编辑、克隆胚胎罪的解读》,载《医学与哲学》2021 年第 20 期。

控制的利益欲望催生了“灰黑色生命科技研发链条”。因此,以犯罪预防为视角的生命科技犯罪治理模式契合了风险时代所需,为人类抵抗多种潜在的、未知的、长远的、扰乱人类社会秩序的风险。

(二)生命科技犯罪的法益侵害性

人的尊严是人文社会科学的基本概念,也是人的最高价值和基本权利。[①] 自从康德把“人的尊严”视为“人的内在价值”以后,“人的尊严”就开始被广泛地当作“人的最高价值”,并被以联合国为代表的国际社会普遍接受为“人的基本权利”或“人权的基本原则”。作为全人类共同的基本价值,尊严一直是哲学、伦理学、文学和史学等人文学科与政治学、经济学、社会学和法学等社会科学关注的重大问题,甚至也是医学、生物学和心理学等自然科学关注的重要问题。生命科技犯罪是对人类尊严的极端侵犯,应当对其予以刑法规制。生命科技犯罪行为可能侵犯的法益有生命权、健康权、隐私权、人格权等,这些被侵犯的法益作为人的基本权利,无不是刑法所保护的法益。例如,生殖性克隆的不安全性不仅侵犯了受试人的生命健康权,同时生殖性克隆是一种DNA复制技术,生殖性克隆人技术将“人”设计出来,侵害了人固有的独特性、唯一性、偶然性。另外,“依照动物克隆的技术操作程序,培养‘克隆人’既需要妇女提供卵细胞,以便为了获得去核的空卵,还必须借助于妇女的子宫来孕育克隆胚胎”,因此,“不但在女权主义者看来,就是我们一般人看来,在整个将要施行的‘克隆人’技术操作过程中,妇女始终处于一种‘工具’的地位”。[②] 由此也可以看出,生殖性克隆存在将人体器官(女性子宫)工具化的威胁。出售或者出租人体器官是将人作为手段和工具来利用,侵害了人的主体性;辅助生殖中对胚胎等人体组织的损害,侵害了生命的潜在可能性;滥用基因技术和基因信息,侵害了人类的物种完整性、生物多样性、基因多态性以及基因隐私权。

(三)生命科技犯罪的不可逆性

能被称为犯罪的行为都因为其具备不可逆性,无法完全恢复到犯罪行为发生前的状态而具备刑事可罚性。生命科技犯罪不仅是对法律明文禁止的行为的违反,而且侵犯的是整个人类社会作为人的基本权益,它的未知性可能动摇人类在这个世界中的主动权。生命科技已经达到了制造人类,通过外力来强化或改变人类基因的水平,对于这样一种科技,我们必须抱以谨慎的态度来审视它的正当性与合理性。生命科技的进步在延长生命长度、提高生命质量的同时,也带来了新的生命社会价值观的冲击。越来越多的尖端医疗技术不断挑战与突破人类对于生命的认知,甚至某些尖端生命技术

---

① 参见俞可平:《论人的尊严:一种政治学的分析》,载《北大政治学评论》2018年第1期。

② 刘科:《“克隆人”技术与其社会现象背后的华而不实性——对“克隆人”技术与社会的另类解读》,载《自然辩证法研究》2002年第10期。

的出现给少部分人带来利益的同时可能会侵犯大部分人的利益。在我们鼓励生命技术发展的过程中也要随时警惕生命技术可能滋生的风险,有些是我们现在的社会认知可以想到的,而有一些风险是我们尚未联想到,但随着时代的发展可能无法挽回的。就目前而言,基因编辑技术、生殖性克隆技术已经出现在我们共生的社会中,而这些技术在改变一些人的生命来源的同时附加给整个人类社会的伦理风险是不可控的,可能会导致人类世界的秩序失衡。不可否认的是,目前我国的生命技术尚不成熟,其科学性、安全性和有效性还没有得到充分的证实。我们如今仍未彻底揭开生命的神秘面纱,一旦一个基因被错误地复制出来,不但将难以弥补,而且会造成严重的后果。基因加强型的基因编辑技术可能裹挟了严重的优生学隐患,导致人生而不平等,在未来会导致人类世界的贫富差距进一步加大,世界的运行秩序会超越我们现在的现象,世界的两极化会随着生命技术的发展而进一步变得不可控。

三、犯罪预防主义对生命科技犯罪治理之要求

(一)生命科技犯罪治理中坚守平衡原则

尖端医疗刑法管制的限度要以平衡性原则为基准。医疗研究的自由、人权保障以及伦理风险的把控是平衡性原则应用到生命科技犯罪治理中的基础。平衡性原则指在尖端医疗技术的发展过程中,人权保护与科学的自由发展应当呈现均衡状态,既不能仅以潜在的人权风险作为理由来制止所有的尖端医疗技术的发展,又不能一味地放纵尖端医疗技术的飞速发展,罔顾涉及的人权风险。平衡性原则源于正义的要求,它对个人利益与公共利益进行仔细考量取舍以达到保护与平衡的目的,预防过分的立法干预。① 平衡性原则分为广义与狭义两种,广义的平衡性原则包括适当性、必要性以及狭义的平衡性。② 适当性原则要求尖端医疗技术在研究与试验的过程中所运用的技术以及造成的影响必须适当;必要性原则要求尖端医疗技术在研究与试验的过程中面对多种试验方法与手段,必须选择不良效果最少的;狭义的平衡性原则要求尖端医疗技术产生的可能风险与获得的利益呈现利大于弊的状态。1997 年 11 月,联合国教科文组织通过的《世界人类基因组与人权宣言》明确规定,在维护和尊重人权的同时保证科研活动的基本自由。这就是生命立法所应遵守的基本原则。这就意味着,当尖端医疗科技的发展与医疗伦理产生冲突时,必须找到一个平衡区。③

---

① 参见郭志远:《平衡原则与我国刑事法律程序正当性的完善》,载《清华法学》2003 年第 2 期。
② 参见郭志远:《平衡原则与我国刑事法律程序正当性的完善》,载《清华法学》2003 年第 2 期。
③ 参见谈大正:《生命法的价值取向和立法原则》,载《法治论丛(上海政法学院学报)》2008 年第 1 期。

(二)保障生命科技理性运用

生命科技的理性运用是平衡性原则在生命科技治理过程中的延伸。保障生命科技的理性运用要求立法必须考虑两个重要方面。一方面,要采取各种制度措施严防生命科技的滥用。“科技是发展的利器,也可能成为风险的源头。”①面对层出不穷、技术手段频繁迭代的生物医学新兴科技,有必要进行良性引导,有效控制风险,维持科技创新的稳健发展,以避免科技的野蛮发展对人类、自然和社会造成危害。生命科技的发展速度惊人之快,使我们必须关注其中涉及的法律与伦理问题,尤其是在涉及“人”的主体性层面问题上,生命科技还缺乏程序明确的引导与监督制度,这也造成一系列尖端医疗事故的发生,例如2018年的基因编辑婴儿事件。当然生命科技的过度发展涉及社会学、人口学、医学、伦理学、法学等多方面的问题,可以说是一个极其复杂的综合性世界性问题,生命科技中涉及“人”的主体性的研究,任何一道大门的打开都如同潘多拉魔盒,带来的短期与长期后果均是未知数,我们选择的每一步都要谨慎,既要符合本国国情,又要达成世界共识。另一方面,也要保障生命科技的健康发展。发展是人类社会永远追求的目标,而作为人类社会存在和发展不可或缺的医疗行为,更是无法逃避发展的问题。医学的发展以错误的累积为铺垫,如果没有过去的医疗错误,就不会有今天的医学发展。从这一点来看,无论是加重医生的医疗责任,还是加大对医生犯罪的起诉力度,都会阻碍医学的发展、社会的进步。② 对生命科技的过多干涉势必造成相当程度的科研延误,难免陷入过度保护主义,遏制正常的医疗技术发展。两者并驾齐驱很可能会导致生命科技立法陷入矛盾的窘境,但是我们仍需对前沿医疗活动的正面和负面效应进行仔细的权衡,这样才能通过建立最科学的制度,采用最合适的方法和手段,来达到规范和保障生命科技发展的目的,从而确保将生命科技的发展和应用所带来的或者可能带来的负面影响降到最低。

(三)探索发展与控制的平衡区

在探寻尖端医疗技术的发展与风险控制的平衡区时应当关注以下问题:其一,科技伦理在一定范围内具有可变性,正视科技伦理的可变性是我们正确看待生命科技发展的重要前提。法律的支持加速了医学技术的快速发展,法律的推行也加快了全民伦理观念的转变,同时公民伦理观念的转变又反作用于法律的推行,法律的推行使医学科技的发展更加畅通。新兴技术的产生难免给公众带来未知的恐慌,随着时代的变迁,医疗技术安全性的提升以及人类伦理观念潜移默化的转变,曾经颇具争议的医疗手段逐渐走进大众视野,被广泛地接受与运用,试管婴儿就是一个典型例子。在面对

---

① 张亚平、宋利璞:《努力实现科技伦理与科技创新的良性互动》,载“北科智库”微信公众号2022年7月14日。

② 参见蔡墩铭:《医疗行为与犯罪》,载《法令月刊》1994年第9期。

生命科技的发展过程中,应当运用前瞻性的视野来进行风险控制的预判,在维护以自然人为中心的世界里,最大限度地用医疗技术造福于人类。其二,刑法的谦抑性要求为医疗科学发展预留空间。刑事法律在尖端医学领域设定界限,是为了保持一种平衡,一方面是为了保护高科技医学的科研自由和医学发展的利益,另一方面是为了保护个人、社会、国家和整个人类的基本法益。① 刑法的谦抑性则是在尖端医疗给人类带来明确的风险与危害时方成立介入的条件,这一风险与危害要求是明确的,是弊大于利的。在生命科技领域,需要建立健全完整的伦理和法律规范体系,只有在穷尽了个人自律、行业自律、行政主管部门监管等手段之后,还不能对相关行为进行惩罚和预防的时候,才会考虑使用刑罚的手段。②

四、犯罪预防主义之生命科技犯罪治理路径

(一)完善生命科技的监管体系

生命科技行业的监管不仅要从行业自身出发制定行业监管细则,同时也要站在法律的维度对行业的监管体系进行立法完善,提高生命科技行业监管体系的站位层次,不断完善生命科技的监管体系。具体来说,完善生命科技的监管体系要从如下三个方面出发。

1. 提升立法层级,配置相关的惩戒措施

2023 年 2 月 18 日,国家卫生健康委、教育部、科技部、国家中医药局正式印发并施行《涉及人的生命科学和医学研究伦理审查办法》(国卫科教发〔2023〕4 号)。这也是继 2016 年《涉及人的生物医学研究伦理审查办法》颁布后,伦理界的又一重磅法规。目前,两份文件共同规范伦理审查。2023 年 4 月 4 日,科技部官网发布《科技伦理审查办法(试行)(征求意见稿)》。该征求意见稿出台的主要背景是国家加强对科技活动的伦理管理,先后于 2019 年成立国家科技伦理委员会、2021 年修订《科学技术进步法》、2022 年中共中央办公厅和国务院办公厅联合印发《关于加强科技伦理治理的意见》,对科技伦理治理提出了高层设计的要求。通过上述可以指导我国生命科技行业的法律文件可以看出,其多以“办法”或者“意见”的形式出台,立法层级不高,违规处理依据不明确,在规定适用和职权分工上还有待进一步明晰。因此,在监管体系的完善方面有必要加强立法工作,提高伦理审查、监管制度的立法层级,明确其中因故意或者过失而违反相关监管制度,继而导致违反伦理原则及刑事法律规范的生命科技的研发与应用所应接受的具体刑事处罚。

---

① 参见刘建利:《尖端医疗行为的刑法挑战及应对》,载《法学论坛》2019 年第 6 期。

② 参见杨丹:《刑法如何应对尖端医疗技术》,载《中国社会科学报》2023 年 2 月 15 日,第 A04 期。

2. 建立健全事中审查机制

如果说伦理审查属于事前审查机制的话，那么科学合理的事中审查机制的建立对于生命科技犯罪也具有极强的监督作用。对于生命科技而言，加强事前伦理审查固然重要，但是如何保证事中研究过程不产生“脱轨”行为的同时不延误生命科技的研究进度也成为我们建立健全事中审查机制的关键所在。加强事中伦理审查与技术审查是我们需要重点考虑的两个方向，事中伦理审查与技术审查需要专业化的团队进行科研伦理层面与技术层面的双重把关，实时跟进生命科技研发的进程，实时监督生命科技的研究是否朝着预期的目标前进。

3. 主体方面配置更专业化、全面化的监管团队

①压实创新主体科技伦理管理主体责任。高等学校、科研机构、医疗卫生机构、企业等单位要履行科技伦理管理主体责任，建立常态化工作机制，加强科技伦理日常管理，主动研判、及时化解本单位科技活动中存在的伦理风险；根据实际情况设立本单位的科技伦理(审查)委员会，并为其独立开展工作提供必要条件。从事生命科学、医学、人工智能等科技活动的单位，研究内容涉及科技伦理敏感领域的，应设立科技伦理(审查)委员会。②定期对监管人员进行培训，包括相关伦理法律法规及各种医学专业知识，使其有能力预判科技创新可能带来的伦理风险，系统地预见、权衡和处置科技前沿的伦理冲突；收集特殊“伦理案例”，进行剖析、整理、交流、学习，不断提高伦理审查能力。③生命科技的伦理风险涉及多个专业，因此在监管部门的人员选聘上应当注重专业的全面化，可以从生物医学领域和伦理学、法学、社会学等领域的专家和非本机构的社会人士中遴选产生。种族、宗教信仰、历史文化等的不同会在对生命科技的接受程度上有所差异，因此监管部门在进行专业人员的选聘时应当同时关注不同民族、不同性别，要保证监管队伍的专业化、全面化。

(二)加强行业自律意识的培养

自我约束保证规范的执行，规范的执行反作用于自我约束力的提高。加强行业的自我约束，是政府监督的一个有力的补充。首先，从医学科研行业的角度来看，自我约束对医学科研行业的发展有着很大的帮助，因为只有这样，医学科研行业的整体发展才会更加顺利，不会出现恶性竞争。其次，以行业自律为前提，通过政府的及时、有效介入，适时完善规制条款，并组织互相监督，保障规制的有效性和可持续性。再次，在提出自律条款的时候，必须要有政府监管的参与，任何一项条款的提出，都需要一个验证的过程。只有监管部门与行业从业人员的共同参与，才能确保约束是有力度的，才能避免出现片面化的情况。对行业从业人员进行刚性要求，实行底线管理，可以将行业的自发的、自觉的自律性充分调动起来，进而促进整个行业的健康、规范发展。最后，要严格落实医师知情同意原则。医师要对病人病情及治疗手段进行全面的介

绍,使病人了解到可能发生的危险、意外或未预料到的风险与益处,相对于传统治疗方式的利弊,可供选择的方案以及对不良结果的防护。在病人完全理解的前提下,保证病人能独立作出决定。在病人的认知中,"新"意味着"更进步""更有效",病人往往会对新技术保持积极的态度,因此,医生应该与病人反复交流,以确定病人的真实想法,并确保病人能够全面、准确、公平地认识到新技术的利弊。①

在具体提升行业自律上,要充分发挥科技类社会团体的作用。推动设立中国科技伦理学会,健全科技伦理治理社会组织体系,强化学术研究支撑。相关学会、协会、研究会等科技类社会团体要组织动员科技人员主动参与科技伦理治理,促进行业自律,加强与高等学校、科研机构、医疗卫生机构、企业等的合作,开展科技伦理知识宣传普及,提高社会公众科技伦理意识。引导科技人员自觉遵守科技伦理要求。科技人员要主动学习科技伦理知识,增强科技伦理意识,自觉践行科技伦理原则,坚守科技伦理底线,发现违背科技伦理要求的行为,要主动报告、坚决抵制。科技项目(课题)负责人要严格按照科技伦理审查批准的范围开展研究,对团队成员和项目(课题)研究实施全过程的伦理管理,发布、传播和应用涉及科技伦理敏感问题的研究成果应当遵守有关规定,严谨审慎。

(三)完善我国生命科技相关刑事立法

1. 刑事立法模式选择

生命科技的刑事立法模式目前主要有三种路径:一是附属刑法模式,即对于生命科技犯罪的惩戒仍然通过行政法规制来体现,但该模式的弊端就是我国尚存的涉及生命科技犯罪规制的行政法规立法层级较低,规制体系较为凌乱分散,难以体系化地体现我国对生命科技犯罪的总体态度。二是单行刑法模式,即由单行刑法规定某一事项或者某一类犯罪及其法律后果,其不仅对刑法有补充作用,而且有保持刑法同其他法律相互衔接的作用。三是刑法修正案模式。刑法修正案是对刑法条文的具体修正,与现行刑法具有同等法律效力,是中国特色社会主义刑法体系的重要组成部分。

综合上述三种刑事立法路径的优劣分析,笔者认为,依照我国目前生命科技的快速发展现状,更适合选择单行刑法的立法模式。生命科技隶属于医疗行业,而医疗行业专业性极强,涉及民生工程,其中出现的需要刑法介入的问题包括但不限于生命科技的研究。单行医疗刑法的出台使涉医疗的犯罪行为更具有集中性、针对性、专业性,能够为医疗相关行业及涉医疗的其他行业提供正确的、直接的价值引导,更好地起到一般预防与特殊预防的作用。单行刑法可以有效地应对医疗行业的前沿性以及侵

① 参见张爽:《医疗新技术临床准入与应用的伦理监管探究》,载《医学与哲学》2021 年第 5 期。

犯法益行为的罪状对现有刑法罪名的突破这一尴尬现状，可以通过前沿性的刑事立法重新定义医疗行业的罪名与罪状。

2. 突出罪名与罪状的前瞻性

非法植入基因编辑、克隆胚胎罪的成立，需要将基因编辑和克隆的人类胚胎植入人类或动物的身体内，或者将基因编辑和克隆的动物胚胎植入人类或动物的身体内，情节严重的情况下，构成犯罪。根据《刑法》第336条之一，可以将行为分为三种类型：①将基因编辑、克隆的动物胚胎植入人体内；②将基因编辑、克隆的人类胚胎植入人体内；③将基因编辑、克隆的人类胚胎植入动物体内。通过行为类型可知，非法植入基因编辑、克隆胚胎罪禁止的是对人类胚胎的非法移植，以及人与动物的混合。条文中的表述虽然是禁止移植，但是该条文仍存在前瞻性不足的问题。郑州大学第一附属医院于2020年12月12日完成了我国第一例人造子宫胎羊离体培养，标志着体外生命支持技术的突破。① 按照现有医疗技术的发展，人造子宫培育成功并非难事，如果将克隆出来的人类胚胎植入人造子宫，就可以规避非法植入基因编辑、克隆胚胎罪的行为类型。可见，医疗技术的发展速度是不可小觑的，医疗制度逐渐存在“真空”地带。在我们谈论人类胚胎的移植伦理时，人类胚胎移植技术已经趋向成熟，在一部分人还未接受试管婴儿的伦理性时，试管婴儿已经来到我们身边。法律是严谨的，法律制定的周期是漫长的，要考虑的情况是多样的，但是科技的发展是开放的，对未知的探索充满憧憬，而探索的必要性、伦理性等论证却耗时较长，这种耗时不成比例的矛盾导致法律在应对尖端医疗技术的过程中，陷入了滞后窘境，甚至法条颁布的当天可能就有法条无法涵盖的滞后科技问世。面对尖端医疗技术的法律滞后难题，需要立法者综合各界意见，充分发挥前瞻性视角，把握科技自由与法律监管的尺寸，深入尖端医疗技术，从全域视角制定相关法律，而非仅针对某个具体行为或者具体事件制定量身定做之法。

① 参见《国内首次！郑大人成功实施人造子宫胎羊体外培育实验！》，载“郑州大学”微信公众号2021年1月8日。

加密型腐败洗钱的治理思考

王海桥* 文殿元**

党的二十大报告明确要求“惩治新型腐败和隐性腐败”，以加密货币为工具进行腐败洗钱，在严重破坏金融秩序的同时，也给腐败犯罪的治理带来了新困境。域外典型案例有“列支敦士登夫妇案”，被称为加密货币界“雌雄大盗”的科技企业家伊利亚·利希滕斯坦（Ilya Lichtenstein）和他的妻子希瑟·摩根（Heather Morgan），在2016年策划了针对比特币交易所Bitfinex的黑客攻击以及价值45亿美元的洗钱计划，二人目前面临最高20年的刑期，这一事件是执法机构在追踪和起诉加密货币相关犯罪上取得进展的重要标志。① 2021年，原抚州市委书记肖毅滥用职权，引进和支持企业从事不符合国家产业政策要求的虚拟货币“挖矿”活动，这表明加密货币作为新型违法犯罪手段已经渗入我国经济领域，具有专门研究的必要性与紧迫性。因此，笔者希冀在探索腐败治理的“中国方案”过程中，针对利用加密货币实施的腐败洗钱（以下简称“加密型腐败洗钱”）进行特别思考，以期为体系性治理提供理论参考。

一、加密型腐败洗钱现状

（一）加密货币洗钱的隐秘性

加密货币洗钱的流程主要分三步：①置入（placement）：在非实名制的前提下，将违法所得的法币转换为加密货币，代表性交易平台包括欧易（OKX）、币安网（Binance）、火币网（Huobi）等。②分流（layering）：通过混币（mixers）②、合币

---

* 北方工业大学文法学院副院长、教授，中国刑法学研究会理事。

** 北方工业大学文法学院法律硕士研究生。

① 参见《“雌雄大盗”认罪：45亿比特币失窃与洗钱》，载“区块链币圈盘界”微信公众号2023年8月7日。

② 混币技术又称“加密货币混淆技术”，是一种通过模糊加密货币的交易路径来实现交易匿名化的技术。其核心思想就是混合处理若干用户数字资产，使每一笔交易的出处与去向不易被追踪与识别。根据是否借助第三方机构，可以分为中心化混币技术和去中心化混币技术两种类型，与中心化混币技术相比，去中心化混币技术由于无须第三方机构的参与，所以技术实现更便捷，方案实施更安全。代表性混币服务商有Tornado Cash、Fastmixer. Cash、Blender等。

(coinjoin)[①]和翻洗(tumblers)等技术将加密货币在多个地址之间转移,使其来源难以追溯。③整合(integration):将"洗白"的加密货币整合并转到"干净"地址上,再转换成法币或商品。[②]

加密货币的技术基石是分布式账本技术或类似技术,这使得加密货币具有去中心化、匿名性的特性。所谓"去中心化",是指加密货币依托点对点式的技术支持与设计理念,摆脱中心机构在发行、服务与监管方面的限制。没有中心机构对加密货币的所有人提出实名注册、身份认证等有效监管要求,势必滋生出匿名性。当然,这种匿名性也因加密货币的具体种类而异,比如比特币的匿名性只是相对的,可以通过跟踪调查比特币交易平台上的网络总账本,加大针对洗钱犯罪的预防和打击力度;然而像暗黑币这样的新型加密货币则已经具备绝对匿名性,它通过将两笔暗黑币的交易自动混合的特殊保护方式,消除交易过程中产生的痕迹或记录。[③] 加密货币的去中心化与匿名性,极大增强了洗钱活动的隐秘性,对洗钱者而言则是提高了"安全性"。

(二)加密货币洗钱的便捷性

加密货币和洗钱活动都具有明显的跨国性。将违法所得转化为加密货币,不仅可以通过国外的加密货币交易平台轻松兑现,甚至在有些国家可以直接用于消费。比如德国是承认"比特币"货币地位的首个国家,加拿大甚至于 2013 年在世界范围内首次投入使用比特币 ATM 机。2021 年 2 月,美国知名车企特斯拉(Tesla)宣布比特币是购买汽车产品的支付方式之一。另外,加密货币具有极强的增值特性。有数据显示:2021 年全球加密货币的价值增长了近 1.5 万亿美元[④],而根据斯德哥尔摩国际和平研究所(SIPRI)的一份报告,全球犯罪集团每年洗钱约 1.6 万亿美元[⑤]。加密货币的年增值量已经接近世界年洗钱规模,目前加密货币与洗钱活动的结合尚处于发展初期,一旦二者深度融合,那么世界洗钱规模恐怕将大幅乃至成倍扩大。总之,相比于传统的洗钱介质,加密货币既有量上的增益——兑现轻易性,更有质的突破——消费直接性与增值可能性,这些都使得洗钱活动更加便捷。

---

① 去中心化混币也称为"分布式混币"(Decentralized Mixing),分布式混币模式的主要方案被称为"合币"。合币的主要目的是混淆交易的输入输出地址,使得无法对一笔交易进行追踪,合币的具体做法是主节点收集多笔交易,每笔交易的交易数额固定,收集上来交易之后直接对外公开,将多笔交易合并成一笔交易之后再发布到区块链中,这样其他用户就无法得知其中任何一笔交易的输入地址对应的输出地址,同时由于交易金额固定,也无法从金额方面与交易挂钩,从而实现交易的混合,在保证交易公开透明以及可靠性的同时,保证了交易的隐私性。

② 参见徐忠、邹传伟:《区块链能做什么、不能做什么?》,载《金融研究》2018 年第 11 期。

③ 参见李耀东、李钧:《互联网金融》,电子工业出版社 2014 年版,第 330 页。

④ 数据来源于 FactSet 研究系统公司,其总部设在美国康涅狄格州诺瓦克,为全球主要金融机构的分析员、证券管理员和投资银行家提供相关金融数据和分析。

⑤ 参见《SIPRI:有组织犯罪集团每年洗钱 1.6 万亿美元,占全球 GDP 的 2.7%》,载"俄罗斯卫星通讯社"百家号 2022 年 9 月 30 日。

（三）加密货币洗钱的扩张性

2021 年，最高人民检察院与中国人民银行联合发布"陈某枝洗钱案"，准确认定利用虚拟货币洗钱新手段，并将其作为惩治洗钱犯罪典型案例之一。[①]《2022 年加密数字货币犯罪报告》显示：2017 年至 2021 年全球以加密数字货币为介质的洗钱金额高达 330 亿美元。相比于 2020 年，2021 年全世界加密数字货币洗钱金额增长了 30%，达到 86 亿美元，呈现组织化、规模化的新趋势。[②] 加密货币在洗钱过程中发挥着重要中介作用[③]，加密货币因其特性正逐渐得到洗钱犯罪分子的青睐。

从目前我国官方公布的腐败案例来看，个别贪污案、受贿案、挪用公款案[④]，涉及犯罪人将腐败得来的赃款用于加密货币投资，或者用于购买矿机[⑤]，赃值在数千元至上百万元，在腐败犯罪中数额不算很大。但是，这并不意味着加密型腐败洗钱问题不足为虑。国际货币基金组织在 2022 年《加密数字货币、腐败和资本控制：跨国相关性分析》中指出了反腐败力度与加密数字货币规模之间显著的正相关关系。[⑥] 国内已经有学者将加密货币"洗白"腐败赃款视为新型腐败嬗变方式之一[⑦]，因为认识到加密货币"极易'变身'为贪腐'上游犯罪'隐匿、转移非法所得的新型洗钱方式"[⑧]。总之，加密货币作为"天生的洗钱利器"，却在腐败洗钱中难觅踪迹，只能说明大患之"隐"，不能说明患之"未然"。现在布局加密型腐败洗钱的治理体系，很有可能并不是"未雨绸缪"，而是"正当其时"。

---

① 参见冯怡：《虚拟货币洗钱风险及其控制研究》，载《金融理论与实践》2021 年第 8 期。

② See The Chainalysis 2022 Crypto Crime Report, accessed Aug. 7, 2023, https://go.chainalysis.com/2022-crypto-crime-report.html.

③ 参见翟继光：《防止用"虚拟货币"洗钱》，载《法人》2021 年第 6 期。

④ 贪污罪案例参见：河南省平顶山市卫东区人民法院（2019）豫 0403 刑初 340 号刑事判决书；河北省丰宁满族自治县人民法院（2019）冀 0826 刑初 195 号刑事判决书。受贿罪案例参见：广西壮族自治区田林县人民法院（2019）桂 1029 刑初 28 号刑事判决书。挪用公款罪案例参见：四川省长宁县人民法院（2019）川 1524 刑初 85 号刑事判决书；福建省上杭县人民法院（2017）闽 0823 刑初 411 号刑事判决书；吉林省龙井市人民法院（2018）吉 2405 刑初 3 号刑事判决书。

⑤ 参见四川省成都市青白江区人民法院（2019）川 0113 刑初 352 号刑事判决书。

⑥ See Marwa Alnasaa et al., Crypto, Corruption, and Capital Controls: Cross-Country Correlations, accessed Aug. 7, 2023, https://www. imf. org/en/Publications/WP/Issues/2022/03/25/Crypto-Corruption-and-Capital-Controls-Cross-CountryCorrelations-515676.

⑦ 参见毛昭晖、朱星宇：《新型腐败的特征与类型——警惕传统型腐败向新型腐败的嬗变》，载《理论与改革》2022 年第 4 期。

⑧ 参见阚道远：《警惕利用加密数字货币实施新型腐败》，载《人民论坛》2023 年第 8 期。

二、加密型腐败洗钱的事前预防

(一)加密资产概念的明晰

治理及预防加密型腐败洗钱的首要问题是对加密资产概念的明确。学界对“加密资产”的概念仍存在较大争议,处于与“虚拟货币”“虚拟财产”“加密货币”等多个概念混用的状态。界定“加密资产”的概念,首先要厘清其与关联概念的关系,“加密资产”并非“虚拟货币”或“加密货币”的别称,前者的概念内涵要大于后者,出现时间也晚于后者,可谓是后者的2.0形态,起初人们将“数字货币”“电子货币”和“虚拟货币”混为一谈,其实“数字货币”包括“电子货币”和“虚拟货币”①,二者的根本区别在于电子货币是法定货币,而虚拟货币并非法定货币。②

在区块链技术迭代及代币发行融资(IOC)模式兴起之前,人们通常使用的是“虚拟货币”这一概念,其后才出现了现在的“加密资产”概念。这是因为加密资产的属性不再限于充当支付手段的“货币”属性,而是包括用以投资、收藏的“资产”属性。③ 以上是“货币”演变为“资产”的过程,至于从“虚拟”到“加密”的嬗变,是因为“虚拟”主要是指无体性,“加密”意在强调对加密分布式记账技术的依赖性。实际上,是否具有实体形式并非加密资产的根本属性,加密性才是其与其他资产的本质区别。

目前,我国法律并没有使用“加密资产”这一概念,而是使用“虚拟财产”④或“虚拟货币”⑤。但有学者认为,作为概念,“加密资产”是比“虚拟财产”描述更加精准、内涵更为广泛的更上位概念,使用这个概念也更有利于与各国和国际社会合作的开展。⑥ 事实上,国际社会的确越来越多地在使用“加密资产”概念。2020年日本作为全世界首个以法律明文规定虚拟货币相关议题的国家,在修订《资金决算法》时以“加密资产”(日语:“暗号資産”)代替“虚拟货币”⑦;2020年巴塞尔银行监管委员会将“加密资产”定义为“主要依赖密码学和分布式账本或类似技术的私人数字资产”;2021年11月欧盟理事会《关于建立欧盟层面的加密货币制度的提案》也对加密资产作出了类似

---

① 参见庄雷、赵成国:《区块链技术创新下数字货币的演化研究:理论与框架》,载《经济学家》2017年第5期。

② 参见李兰英:《虚拟货币洗钱犯罪的风险剖析及治理策略》,载《贵州省党校学报》2021年第2期。

③ 参见柯达:《数字资产视角下货币法律概念的界定》,载《重庆大学学报(社会科学版)》2023年第5期。

④ 参见《民法典》第127条。

⑤ 参见中国人民银行、中央网信办、最高人民法院、最高人民检察院、工业和信息化部、公安部、市场监管总局、银保监会、证监会、外汇局《关于进一步防范和处置虚拟货币交易炒作风险的通知》。

⑥ 参见《【主题演讲】胡云腾:加密资产及其法律规制刍议》,载“中国刑法学研究会”微信公众号2022年8月6日。

⑦ 参见杨东、乐乐:《元宇宙数字资产的刑法保护》,载《国家检察官学院学报》2022年第6期。

定义。而且,采用“加密资产”表述恰恰可以与《刑法修正案(十一)》将原先洗钱罪规定中的“协助将资金汇往境外”修改为“跨境转移资产”的做法保持同步。“‘资产’的外延要远大于‘资金’,这会导致打击面也完全不一样,以便加强国际合作和打击腐败犯罪。”①笔者认为,使用“加密资产”概念在空间上可以更好地与其他国家或国际组织对接,在时间上可以应对区块链技术飞速发展带来的非本质变化,保证概念的相对稳定性。虽然目前出现的案例主要是利用加密货币洗钱,鲜少有利用加密货币以外的加密资产(如数字藏品)实施洗钱犯罪,但其很可能在不远的将来成为现实。数字藏品与艺术品一样,极容易沦为洗钱工具。既然要预防加密型腐败洗钱,就应当通过适用更上位的概念预先留出法律规制的空间。

(二)完善反洗钱法的监管机制

2021年《反洗钱法(修订草案公开征求意见稿)》尽管有许多值得肯定的改进之处,但依然未将加密货币纳入反洗钱监管范畴。早在2013年,中国人民银行、工业和信息化部、中国银行业监督管理委员会、中国证券监督管理委员会、中国保险监督管理委员会《关于防范比特币风险的通知》就要求防范比特币可能产生的洗钱风险,但该规范的效力位阶过低,对加密货币的理解狭隘,且立法基础是当时比特币仍属于“一种特定的虚拟商品”,尚未被法律禁止,因此该文件无法也不适合作为规制加密货币洗钱的法律规范。世界上最具影响力的国际反洗钱组织之一——反洗钱金融行动特别工作组在《打击洗钱、恐怖融资与扩散融资的国际标准:FATF建议》的建议15中要求各国监管提供虚拟资产的服务商,将包括反洗钱在内的各项对策落实到对虚拟资产的监管之中。结合以上建议和我国洗钱犯罪实际,有学者主张在前述意见稿第三章“反洗钱义务”中增加有关“虚拟货币的反洗钱义务”。②

鉴于打击加密货币洗钱是一项复杂且系统的崭新工作,仅仅在“反洗钱义务”一章发力恐怕仍力有不逮。在其他重要章节增加有关加密货币洗钱的内容也是必要之举,例如在第二章“反洗钱监督管理”中,增加国务院反洗钱行政主管部门或会同有关机构制定防范与监测利用加密货币洗钱的反洗钱规章,中国反洗钱监测分析中心在管理集中统一的国家反洗钱信息数据库中,创设专门涉及加密货币的反洗钱信息数据分库等内容;在第四章“反洗钱调查”中增加针对加密货币去中心化特性的特定调查方式与特殊冻结措施等内容;在第五章“反洗钱国际合作”中增加按照对等原则或者经与有关国家协商一致后,有关机关、部门在调查洗钱活动中,可以要求境外的加密货币交易机构予以配合等内容。总之,反洗钱法要成为为打击加密货币洗钱量身定制的“法律

① 王新:《〈刑法修正案(十一)〉对洗钱罪的立法发展和辐射影响》,载《中国刑事法杂志》2021年第2期。

② 参见吕行:《〈FATF建议〉的主要内容与立法启示——兼评〈反洗钱法(修订草案)〉相关立法条款》,载《新疆财经大学学报》2023年第2期。

之剑"。

(三)加强技术治理的参与

冷战后,洗钱开始被国际社会公认为"非传统安全威胁"之一,加密货币也因为不确定的风险性成为科技安全问题,所以创新或升级已有的信息技术以应对以上威胁正是坚持总体国家安全观的应有之义。破解加密货币匿名性这种核心技术应用问题,必须在国家政策和法律层面予以重视,其中加强技术治理是必不可少的一环。《科学技术进步法》《促进科技成果转化法》《国家科学技术奖励条例》等系列法律法规虽然在鼓励科技进步方面提供了重要的规范基础,但未能体现出对信息技术应用失范行为有效规制的侧重。《网络安全法》《数据安全法》及其配套规定虽然立足于信息技术发展而带来的国家安全,但具体规范内容与防范加密货币洗钱问题的关联性不强。反洗钱法在规制加密货币洗钱这类高新技术犯罪行为时,必须具备能与之抗衡甚至是高于其本身的技术应用水平。笔者建议,《网络安全法》《数据安全法》应对特定网络运营者或重要数据的处理者(主要是金融企业或互联网企业)设置专门义务,鼓励并督促其开发有效监管加密货币洗钱的技术措施,明确其在技术层面防控加密型腐败洗钱的特定义务。

当前,如何破解加密货币洗钱在分流阶段对交易者的匿名性大幅增强以及资金链来源的模糊化处理是关键技术难题,有待长期攻坚。相比之下,凭借已有技术从置入阶段入手预防更易见效。比如,犯罪分子往往需要通过 VPN"翻墙"软件才能登录加密货币交易平台,或者通过社交软件从他人手中获取加密货币的私钥与地址。有关部门可以通过升级网络信息监测系统,对异常的 IP 地址转换或相关敏感词出现的情况发出预警,持续跟踪后续网络行为,通过算法评估加密货币洗钱概率以实现有效预防。

三、加密型腐败洗钱的事中干预

(一)多维度展开"一案双查"的工作机制

最高人民检察院职务犯罪检察部门曾专门下发通知,要求建立贪污贿赂犯罪案件同步审查是否涉嫌洗钱犯罪机制。① 但这仅仅是在审查层面做到了"一案双查",腐败洗钱因其上游犯罪为职务犯罪,审查之前必有调查阶段。《监察法实施条例》将《监察法》第 11 条第(二)项规定的职务犯罪(监察机关的犯罪调查范围)进行了穷尽式列举,洗钱罪不在其中。这就可能导致同一案件,职务犯罪部分由监察机关调查,而洗钱

① 参见沙雪良:《专访最高检第三检察厅厅长史卫忠:依法惩治职务犯罪 受贿行贿一起查》,载最高人民检察院官网,https://www.spp.gov.cn//zdgz/202303/t20230308_606886.shtml,2023 年 8 月 7 日访问。

犯罪由公安机关侦查的分立式双查。实际上,加密型腐败洗钱中贪贿犯罪与洗钱犯罪是密不可分的,只有调查清楚腐败分子如何利用加密货币“洗白”赃款以及“洗白”多少赃款,才能更好地调查其上游犯罪的成立与否、具体罪名及犯罪数额。所以,笔者建议出台相关法律法规或司法解释,将上游犯罪为贪贿犯罪的洗钱犯罪也纳入监察机关的调查范围,建立同一案件贪贿犯罪与洗钱犯罪由监察机关同步调查、由检察机关同步审查的工作机制。

针对“洗白”受贿所得的加密型腐败洗钱,“一案双查”的含义还应包括“受贿行贿一起查”。腐败分子或许可以利用加密货币将受贿所得在表面上“洗白”,但只要在行贿者方面取得突破点,依然可以认定贿金的来源与性质。如此也可顺应《刑法修正案(十二)(草案)》加大行贿犯罪惩治力度的做法,适应反腐败斗争新形势的需要。

(二)健全涉腐可疑交易线索管理制度

根据《金融机构大额交易和可疑交易报告管理办法》第 3 条和第 11 条的规定,金融机构发现或者有合理理由怀疑客户、客户的资金或者其他资产、客户的交易或者试图进行的交易与洗钱、恐怖融资等犯罪活动相关的,不论所涉资金金额或者资产价值大小,应当向中国反洗钱监测分析中心报送可疑交易报告,接受中国人民银行及其分支机构的监督、检查。早在 2005 年,公安部、中国人民银行《关于可疑交易线索核查工作的合作规定》就确立了两部门反洗钱合作原则、联络协调机制和可疑交易线索的移送和核查程序。如此的可疑交易线索移送制度虽然可以及时发现并干预一般意义的洗钱犯罪,但没有考虑到腐败洗钱的特殊性。

笔者认为,应当在此基础上扩充合作部门,将监察机关纳入其列。中国人民银行及其分支机构反洗钱部门在发现涉嫌贪污贿赂犯罪的可疑交易线索时,应直接依法移送相应监察机关。必要时,中国人民银行及其分支机构应协助监察机关监测和调查腐败资产在国内的转移轨迹,或向境外金融情报机构提出协查请求,加快监察机关的反应速度。另外,2008 年《中国人民银行分支机构反洗钱可疑交易报告数据查询操作规程(试行)》建立了通过反洗钱监测分析系统查询反洗钱可疑交易报告的数据库,监察机关应根据调查需要依法获取该数据库查询权限。监察机关主动查询涉腐可疑交易数据,有利于防止重要线索移送滞后导致的干预不及时。

四、加密型腐败洗钱的事后挽损

(一)加强国际追赃合作

加密货币洗钱具有极强的跨国性,因此打击该类型犯罪离不开国际合作的有效开展。《联合国反腐败公约》为反腐败洗钱追赃提供了国际规范依据,并确立了一般意义上的反腐败追赃网络洗钱防控机制和反腐败追赃资产分享规则。但是,《联合国反腐败公约》的规定过于笼统,认定和处理利用加密货币洗钱情形时难以作出所需的特殊考量;各国法律在是否认可加密货币合法性及后续取得行为善意性的问题上存在分歧。[①] 所以,有两个问题必须回答:一是整个国际社会如何结合加密货币洗钱的特殊性,制定出具有普遍性的刑事追赃新规范;二是如何在国际反腐败追赃中,解决各国之间关于加密货币合法性的规范冲突。

回答第一个问题,需要逐步更新反腐败国际规范。反腐败国际合作的方式可由大到小分为三种:第一种是由国际组织主导的多边合作机制;第二种是由特定区域或由特定国家主导的区域间反腐败合作;第三种是两国间的双边合作机制。[②] 这三种合作方式各有优劣,比如多边合作机制下主要成就之一——《联合国反腐败公约》已有 140 个签署国、172 个缔约国。[③] 其影响范围广大、影响力量深远的优势不言而喻,但同时也增大了凝聚成员或缔约方之间的主观共识及弥合各国国情客观差异的难度。腐败是整个国际社会共同面对的难题,但利用信息网络和数字技术进行腐败并不是每一个国家的普遍情况,至于利用加密货币“洗白”腐败所得及其收益的问题更是因国而异,有些国家迫在眉睫,有些国家初见端倪,而有些国家则为时过早。

区域间反腐败合作和双边合作机制虽然影响力有限,可优点在于更加突出成员的“共同特性”,更容易更快形成新条约或更新条约内容,与其苦苦等待全球性反腐败公约对加密货币洗钱作出回应,我国可以主动承担大国责任,以首倡者或积极推动者的身份与同样面对利用加密货币洗钱的新型腐败难题的国家,尤其是腐败犯罪外逃人员的主要目的地国家,如美国、加拿大、澳大利亚、新加坡、新西兰、泰国等[④],依托原有双边合作基础[⑤]或区域合作基础[⑥]探索与制定有针对性的合作范式,待到此类双边合作或区域合作达到一定规模、积攒相当经验,且加密货币洗钱也成为世界性反腐败问题时,再对诸如《联合国反腐败公约》加以调整也不迟。

回答第二个问题,则需短期举措与长期建设相结合。短期来看,必须重视直接追回机制的补充作用。《联合国反腐败公约》框架下的资产追回机制大致分为两种,一种是直接追回机制,即资产输出国通过民事确权诉讼、民事侵权赔偿诉讼及简易返还措

---

① 参见莫洪宪:《互联网背景下中国反腐败追赃的国际合作》,载《吉林大学社会科学学报》2022 年第 3 期。

② 参见褚宸舸主编:《监察法学》,中国政法大学出版社 2020 年版,第 141 页。

③ 参见《联合国反腐败公约》,载联合国官网,https://www.un.org/zh/issues/anti-corruption/uncac.shtml,2023 年 8 月 7 日访问。

④ 参见钱小平主编:《国家治理现代化视野下职务犯罪的预防与惩治》,东南大学出版社 2021 年版,第 194 页。

⑤ 如中美执法合作联合联络小组反腐败专家组。

⑥ 如上海合作组织、金砖国家峰会、亚洲基础设施投资银行。

施实现私法救济;另一种是间接追回机制,即资产输出国通过没收事宜的国际合作达到公法解决。[①] 相比于后者,我国对前者的重视与适用远远不足,但以欧盟成员为代表的多个国家已经认识到民法反腐的重要性,并早在1999年形成了对欧盟乃至世界影响巨大的《反腐败民法公约》。实际上,民法反腐兼具证明标准低、避开刑事犯罪上的证明、无须刑事判决的承认与执行的程序性便利,以及不受"双重犯罪""刑事司法合作"等特殊要求束缚的独特优势。[②] 在处理利用加密货币洗钱的跨境腐败案件时,如果资产输入国在加密货币合法性问题上持有不同或相反观点,导致难以在刑事国际合作中进行追赃分享,那么不妨另辟蹊径:我国作为犯罪资产输出国或对犯罪资产具有相关民事权益的受害人,以民事主体身份向资产输入国法院提起相应的民事诉讼。

即使采用前文所提的民事路径进行追赃,可以在一定程度上规避各国之间对加密货币合法性的规范冲突问题,可毕竟我国惩治反腐败犯罪还是以刑法为主[③],而且绝大多数国家也是如此。所以,我国身为全面禁止加密货币的国家,如何与承认加密货币合法性,甚至给予其货币地位的国家进行刑事合作就成为一个必须正面回答的问题。所以长远观之,笔者认为应当采取"二元并行"的治理结构[④],具言之,即便他国在刑事法以外的法律层面承认加密货币的合法性或货币地位,也不影响加密货币来源于腐败行为或用于洗钱行为而具有刑事违法性,符合双重犯罪原则。德国学者恩吉施提出的"法秩序统一原理"影响巨大,并发展出"严格的违法一元论""缓和的违法一元论"与"违法相对论"三种理论,其中,"违法相对论"正是"二元并行"的理论基础,其着眼于各部门法之间规范目的不同,而非罔顾其间冲突,保证了前置法与刑法各自适当的相对独立性,是最温和的理论。一国法律部门的规范目的尚且不尽相同,更何况不同国家间的不同法律?各国对加密货币的态度确实有待商榷与观望,但腐败与洗钱的不可容忍是毋庸置疑的,"二元并行"就是要"求"各国在刑法上对腐败与洗钱的"同","存"在前置法上对加密货币的"异"。

(二)创设加密货币国家经营制度

比特币是最具代表性的加密货币之一,我国已涌现出大量涉及比特币的刑事案件,但相关的刑事没收规则却仍然缺位,法院没收比特币的具体方式大多语焉不详。[⑤] 聚焦到用于贪贿洗钱的加密货币没收问题更是难以回答。最关键的问题集中在没收的加密货币应如何处理?2021年,中国人民银行、中央网信办、最高人民法院、最

---

① 参见阎晓声:《〈联合国反腐败公约〉资产追回机制研究》,载《新疆警察学院学报》2018年第3期。

② 参见邱胜帆:《论国家腐败治理体系中的民事治理——基于欧盟〈反腐败民法公约〉的启示》,载《北京警察学院学报》2020年第5期。

③ 参见于琴:《国家治理现代化视域下互联网企业腐败治理》,载《重庆社会科学》2019年第4期。

④ 参见王海桥:《信息化背景下金融犯罪的治理结构转变》,载《中州学刊》2021年第5期。

⑤ 参见赵冠男:《论比特币的刑事没收》,载《中国人民公安大学学报(社会科学版)》2022年第4期。

高人民检察院、工业和信息化部、公安部、市场监管总局、银保监会、证监会、外汇局《关于进一步防范和处置虚拟货币交易炒作风险的通知》明确:虚拟货币相关业务活动属于非法金融活动。那么,将没收上来的加密货币兑现是否也属于违法行为?许多腐败犯罪的涉案金额都可谓"天文数字",假若犯罪人将绝大部分或全部的赃款转化为加密货币,那么把巨额的加密货币封存在国库,则极不利于挽回国家及相关被害人的损失。

我国关于加密货币一系列法律规范强调了加密货币存在较大风险。在刑法学上,"风险"与"危险"有着本质的区别,风险是不确定的,而危险是确定的,面对加密货币这样的新兴事物,我国理应抱以审慎的观望态度,而后得出这种风险是否可被容许。但是可以确定的是,加密货币背后的技术是中立的,是否会产生不可控制的危险取决于使用者的能力与定力。假设腐败分子将"天文数字"的赃款转化为加密货币用于洗钱,国家依法将其刑事没收后,不妨探索国家经营方式,授权特定机关或委托特许经营单位将其在境外合法交易平台予以出售变现。如此,既可以保持加密货币在民间的原有法律态度,又可以尽量挽回腐败犯罪给国家和社会造成的巨大损失。

数据安全视域下网络恶意注册行为的刑法调整

张　建*

随着信息技术的深刻变革,当前已迈入以网络数据为中心的大数据时代。在大数据时代,海量数据在网络中被不停地生产、收集、存储、整理与使用,数据正在成为一个新的生产要素。几乎人们所有的活动都可以被数据化,因此数据蕴含着巨大的经济价值、社会价值和战略价值。在数据驱动经济社会发展的同时,数据犯罪也频繁发生,引发了数据安全风险。网络恶意注册行为就寄生于数据犯罪链条中的一环。恶意注册是指不以正常使用为目的,违反国家规定和平台注册规则,使用虚假的或非法取得的身份信息(包括自然人和法人),以手动方式或通过程序、工具自动进行,批量创设网络账号的行为。① 网络恶意注册行为是网络"黑灰产业链"中极其重要的一环,给我国的网络环境安全与监管秩序造成了严重的破坏。理论上和司法实践中对该类行为仍存在一些认识分歧,有必要对该类行为的刑法调整予以专门分析。

一、网络恶意注册行为刑法调整的现有思路

目前我国对于网络恶意注册行为主要存在以计算机安全为核心和以下游犯罪为核心的两种调整思路。前者重点根据行为人恶意注册所采取的技术手段对计算机信息系统及其数据的侵犯从而适用计算机安全类犯罪,后者则是以行为人恶意注册账号后实施的下游网络犯罪从而对于网络恶意注册行为加以定性。

(一)以计算机安全为核心的入罪思路

在以计算机安全为核心的入罪思路上,法院主要考察网络恶意注册行为所依靠的技术程序性质、恶意注册行为的附随后果和注册过程中涉及的数据爬取行为。

针对网络恶意注册行为人所使用的技术程序,实践中一般先对该程序加以定

---

* 上海市法学会刑法学研究会副会长兼秘书长。

① 参见陈兴良:《互联网帐号恶意注册黑色产业的刑法思考》,载《清华法学》2019年第6期。

性，再对行为人的提供、传播行为进行规制。如在“汤某某等提供侵入、非法控制计算机信息系统程序、工具案”中，法院就是先将汤某某制造的“畅游注册机.exe”注册机程序定性为破坏型程序，再对汤某某传播、提供“畅游注册机.exe”注册机的行为以提供侵入、非法控制计算机信息系统程序、工具罪加以规制。① 又如在“古某某、李某某提供侵入、非法控制计算机信息系统程序、工具案”中，法院将古某某制造的“水滴子”软件定性为“用于侵入计算机信息系统程序的软件”，并以提供侵入、非法控制计算机信息系统程序、工具罪定罪处罚。②

针对网络恶意注册行为的附随后果，实践上主要考量该行为是否造成计算机信息系统崩溃、无法正常运转的严重后果。如在“邹广才破坏计算机信息系统案”中，法院认为邹广才大量恶意注册的行为属于对计算机信息系统数据的增加，而这种大量数据的增加导致“今日永州”APP 服务器瘫痪，系统无法正常运行，构成破坏计算机信息系统罪。③ 又如在“刘泽光等破坏计算机信息系统案”中，法院认为刘泽光等人篡改北京某科技有限公司运营的服务器端口造成计算机信息系统不能正常运行，构成破坏计算机信息系统罪。④

针对网络恶意注册行为所涉及的数据爬取行为，实践上倾向于处罚注册过程中行为人从服务器获得特定数据的行为。例如在“程茂将等非法获取计算机信息系统数据、非法控制计算机信息系统，提供侵入、非法控制计算机信息系统程序、工具案”中，法院将程茂将在使用“DJ_APP.exe”软件进行注册的过程中从京东系统收取手机验证码的行为以非法获取计算机信息系统数据罪加以处罚。⑤

（二）以下游犯罪为核心的入罪思路

在以下游犯罪为核心的入罪思路上，法院以行为人所实施的具体下游犯罪为依据，对那些既实施了网络恶意注册行为又利用虚假账号实施对应犯罪的行为人概括适用下游罪名。如在“徐攀、夏阳杰合同诈骗案”中，二人通过技术手段注册大量京东新用户并以此骗取京东拉新佣金，法院并未对二人恶意注册、购买手机号等行为加以评价，而是直接以其所实施的下游犯罪，即合同诈骗罪定罪处罚。⑥ 又如在“王某诈骗案”中，王某使用“易码”等软件恶意注册大量虚拟客户账户，骗取奖励金，法院并未对王某所使用的恶意注册软件及王某的恶意注册行为加以定性，而直接以诈骗罪定罪处罚。⑦

---

① 参见浙江省兰溪市人民法院（2018）浙 0781 刑初 300 号刑事判决书。

② 参见上海市虹口区人民法院（2019）沪 0109 刑初 999 号刑事判决书。

③ 参见湖南省永州市冷水滩区人民法院（2018）湘 1103 刑初 564 号刑事判决书。

④ 参见北京市朝阳区人民法院（2020）京 0105 刑初 779 号刑事判决书。

⑤ 参见江苏省阜宁县人民法院（2020）苏 0923 刑初 26 号刑事判决书。

⑥ 参见湖北省安陆市人民法院（2021）鄂 0982 刑初 32 号刑事判决书。

⑦ 参见上海市浦东新区人民法院（2019）沪 0115 刑初 5345 号刑事判决书。

综合上述两种主要的判断思路可以发现,在网络恶意注册行为人直接实施了下游犯罪,或下游犯罪可以查清的情况下,法院偏向于以下游犯罪为核心的入罪思路,不对行为人的网络恶意注册行为本身加以评析。而在网络恶意注册行为人实施的下游犯罪无法予以查清或证明,或其并未实施下游犯罪的情况下,法院则偏向于以计算机安全为核心的入罪思路,通过考察行为人网络恶意注册行为中涉及犯罪的要素来适用罪名。

二、网络恶意注册行为刑法调整的问题分析

现有的规制思路和理论基础不仅在适用路径上缺乏体系性与逻辑性,在具体的罪名适用和情节认定上也存在模糊和冲突。

(一)司法者存在刑法评价的缺漏和罪名适用的瑕疵

一方面,现有的司法实践对于网络恶意注册行为的刑法评价并不存在统一的适用思路,导致遗漏评价的问题。首先,我国司法实践对网络恶意注册行为的评价缺乏体系性。如在汤某某一案中,汤某某制造并提供“畅游注册机.exe”注册机的行为成为判断罪与非罪的核心。但在“徐攀、夏阳杰合同诈骗案”中,二人同样制造并传播了具有回避京东公司风险监控程序的“佐罗”软件,但法院却并未对二人制造、传播软件的行为予以评价。二人的合同诈骗行为与传播程序的行为分别侵犯了不同法益,仅评价二人的下游犯罪而不评价其传播行为的做法并不合理。将两种入罪思路分开适用的做法不当地分割了网络恶意注册行为的整体性。其次,我国司法实践对网络恶意注册行为的评价并不存在统一的逻辑顺序,只能从中选取有可能构成犯罪的部分加以适用,容易遗漏其他具有社会危害性的行为。例如,在邹广才一案中,法院只从结果上评价了其最后造成的破坏后果。在程茂将一案中,法院仅在过程上评价了软件性质和非法获取数据的行为,忽视了购买手机号码的准备行为。在“朱瑞华、朱凯凯诈骗案”中,法院只对购买个人信息和下游的诈骗行为予以评价,并未考量二人在行为过程中使用的软件定性及可能涉及的非法获取数据行为。①

另一方面,司法实践对于某些具体罪名的适用在准确性上存在瑕疵。以对注册技术程序的认定为例,法院针对网络恶意注册行为人制造、传播技术程序的行为不仅在罪名适用上存在瑕疵,在细节定性问题上也存在矛盾。首先,在程茂将一案和汤某某一案中,二人所制造的程序均被认定为“破坏性程序”,且法院均对其传播行为定性为“提供侵入、非法控制计算机信息系统程序、工具罪”,但这种传播“破坏性程序”的行为,根据《刑法》第286条第3款的规定应当构成破坏计算机信息系统罪,此处存在罪

---

① 参见安徽省芜湖市中级人民法院(2017)皖02刑终321号刑事判决书。

名适用瑕疵。其次，对于具有相同功能的技术程序，不同法院的定性也存在矛盾，例如在汤某某一案和“叶源星、张剑秋提供侵入计算机信息系统程序、谭房妹非法获取计算机信息系统数据案”中，对于同样是以频繁更换 IP 地址的方式回避电商平台监控措施的“DJ_APP.exe”与“小黄伞”软件，前者被法院认定为“破坏性程序”，后者被认定为“专门用于侵入计算机信息系统的程序”①。而制作、传播这两种程序的行为存在此罪与彼罪的差别，司法实践对于具体要件定性上的矛盾与混乱，已经严重影响到了罪名的准确适用。

（二）刑法理论对网络恶意注册行为的规制缺乏逻辑条理和细化

当前，关于网络恶意注册行为的刑法调整，我国刑法理论界主要存在以网络恶意注册的行为方式和上下游犯罪为焦点的“类型化规制论”和着重强调对网络恶意注册行为适用一罪予以规制的“统一规制论”两种观点。“类型化规制论”主要是通过对网络恶意注册行为上下游犯罪及恶意注册手段行为加以刑法规制的方式，将网络恶意注册行为的规制路径进行类型化区分的理论。陈兴良教授是“类型化规制论”的代表性学者，其构建了网络恶意注册行为上、中、下游犯罪的基本框架，并采取举例的方式对上游、中游、下游可能涉及的罪名适用进行了讨论与定性。② 喻海松法官也是“类型化规制论”的有力支持者，其提出从网络恶意注册的手段行为出发，分别适用“非法获取计算机信息系统数据罪”“侵犯公民个人信息罪”和“使用虚假身份证件、盗用身份证件罪”对网络恶意注册行为中可能出现的行为进行规制。③ “统一规制论”是指看重网络恶意注册行为本身，强调对网络恶意注册行为进行统一的罪名适用的理论。高艳东教授就提出应当扩张“破坏生产经营罪”的适用范围以规制网络恶意注册行为。④ 郭玮博士则采用累积犯理论，提出将刑法解释“去中心化”，以推定的方式认定网络恶意注册行为人的“明知”并适用“帮助信息网络犯罪活动罪”。⑤ 刘宪权教授也在其论文中提出可以设立全新的“妨害信息网络管理秩序罪”对网络恶意注册行为加以规制。⑥

“统一规制论”基本需要在原有立法和刑法理论的基础上进行较大的扩张。如若要适用“破坏生产经营罪”，就需要将“破坏”解释为干扰经营秩序的行为。⑦ 而该罪所

---

① 参见“叶源星、张剑秋提供侵入计算机信息系统程序、谭房妹非法获取计算机信息系统数据案”，最高人民检察院检例第 68 号，2020 年 3 月 28 日发布。

② 参见陈兴良：《互联网帐号恶意注册黑色产业的刑法思考》，载《清华法学》2019 年第 6 期。

③ 参见喻海松：《网络犯罪黑灰产业链的样态与规制》，载《国家检察官学院学报》2021 年第 1 期。

④ 参见高艳东：《破坏生产经营罪包括妨害业务行为——批量恶意注册账号的处理》，载《预防青少年犯罪研究》2016 年第 2 期。

⑤ 参见郭玮：《累积犯视域下网络账号恶意注册行为的规制》，载《法学杂志》2020 年第 4 期。

⑥ 参见刘宪权：《网络黑灰产上游犯罪的刑法规制》，载《国家检察官学院学报》2021 年第 1 期。

⑦ 参见高艳东：《破坏生产经营罪包括妨害业务行为——批量恶意注册账号的处理》，载《预防青少年犯罪研究》2016 年第 2 期。

保护的法益是与生产资料增值有直接密切联系的生产经营活动的经济利益①,只有直接损益、破坏了生产经营活动中用于产生经济利益的底层逻辑,才符合该罪的法益要求。故这种解释方法实则过于突破原有法益,难以在司法实践中得到广泛适用。基于此,我国现阶段对网络恶意注册行为的规制基本采取了"类型化规制论"的观点。虽然"类型化规制论"的观点为网络恶意注册行为的刑法治理确立了基本的框架,能够概括网络恶意注册行为,具有相当的科学性,但是从司法实践的角度来看,现有理论一方面缺乏一以贯之的逻辑骨架,另一方面亟须细化罪名的具体适用。为此,一方面应当为网络恶意注册行为添加名为逻辑顺序的"脊椎",建立统一的罪名适用路径;另一方面还应当在此基础上进一步细化罪名适用,解决现有司法实践中出现的难题。

三、网络恶意注册行为的刑法调整路径

(一)恶意注册的行为模式建构

网络恶意注册行为存在一种以输入、中枢、输出为基本流程的,犹如产品从原材料到加工、再到出售的一种生产逻辑。在输入端输入个人信息和技术手段作为原材料与工具,由中枢端利用工具将原材料加工成虚假账号的产品,最后由输出端将这种虚假账号产品参与下游违法犯罪或出售账号进行变现。将这种输入端、中枢端、输出端的逻辑顺序带入司法实践,能够指导司法人员对三个部分罪名的评价存在一种先后推进的逻辑顺序,形成先判断输入,再判断中枢,最后判断输出的思维习惯,解决因只判断其中一部分而造成遗漏评价的问题。但仅构建逻辑顺序尚不能满足现有司法实践的需求,还应结合司法实践中出现的具体问题,对各个部分所涉及的罪名适用问题进行进一步细化。

(二)输入端行为的评价:个人信息与注册工具的准备

1. 以侵入计算机信息系统的方式获取个人信息的行为定性

对于以侵入计算机信息系统的方式获取信息的行为,应当以行为人侵入计算机信息系统后获取信息的具体种类进行区别判断。有学者提出,在通过技术手段非法获取公民个人信息的情况下,应当以侵犯公民个人信息罪与非法获取计算机信息系统数据罪的想象竞合进行处理。② 笔者认为,两罪所保护的个人信息和数据在内涵上存在差

---

① 参见陈思桐:《信息时代破坏生产经营罪的扩张与审思——兼论妨害业务行为的刑法评价》,载《东北农业大学学报(社会科学版)》2021 年第 1 期。

② 参见陈兴良:《互联网帐号恶意注册黑色产业的刑法思考》,载《清华法学》2019 年第 6 期。

别,不能一概而论。若行为人侵入计算机信息系统所获得的信息并不属于认证信息,如身份证号码、行踪记录等,则只能适用侵犯公民个人信息罪。若行为人侵入计算机信息系统获得的验证信息并不具有反映公民个人身份的可能性,如验证码等,则只能适用非法获取计算机信息系统数据罪。

另外,在侵入方式的认定上应当以回避或突破安保系统的方式获取信息数据。最高人民法院、最高人民检察院《关于办理危害计算机信息系统安全刑事案件应用法律若干问题的解释》将侵入行为规定为避开或者突破计算机信息系统安全保护措施的行为,足以说明以回避方式避开安保系统的行为属于侵入行为,应当适用非法获取计算机信息系统数据罪。但若行为人所实施的技术行为并未回避或突破安保系统,则不能适用非法获取计算机信息系统数据罪。

2. 以一般方式获取公民个人信息的行为定性

以购买的方式获取公民个人信息的,应当适用侵犯公民个人信息罪。从文义上讲,购买个人信息应属于获取个人信息行为的应有之义,而从规范上讲,最高人民法院、最高人民检察院《关于办理侵犯公民个人信息刑事案件适用法律若干问题的解释》将购买、收受、交换纳入获取行为的范畴,而《个人信息保护法》也明确规定对个人信息不得非法买卖,故对于为了实施网络恶意注册行为而购买个人信息的行为,应当认定为非法获取公民个人信息,适用侵犯公民个人信息罪。

对于依授权获得公民个人信息的,2021 年生效的《个人信息保护法》设置了敏感信息这类特殊的信息类型,对该类信息的收集仅获得当事人授权是不够的,还应当符合法律或行政法规规定的其他程序性要素。故对依授权获得公民个人信息的行为,应当判断行为人获得的信息是否属于敏感信息,以及是否符合相关法律法规对该类敏感信息的处理规定。

3. 恶意注册所使用的技术工具的定性问题

侵入性工具与破坏性工具在司法认定上的矛盾与混乱是现有司法实践中较为突出的问题。笔者认为,对于侵入性程序和破坏性程序的区分,应当重点考察该程序是否能在不改变既定运行规则的前提下减损计算机系统运行效率致使其无法运行或崩溃。当系统本身不受任何干扰时,不能以破坏计算机信息系统罪定罪处罚。① 而对于侵入性程序的判断,一方面应当考察程序本身是否具备回避或突破安保系统的能力,另一方面应当考量程序是否具备获取数据的功能。如在汤某某一案中,注册程序通过第三方平台收发手机验证码模拟人工注册,法院并未提及其是否回避了安保系统。若该程序并不回避畅游注册平台的安保机制或没有非法获取数据的功能,则不能认定为侵入性程序。

① 参见冀洋:《网络黑产犯罪"源头治理"政策的司法误区》,载《政法论坛》2020 年第 6 期。

4. 行为人与上游犯罪之间的联系

司法实践中存在行为人为了实施网络恶意注册行为而向上游犯罪者购买个人信息或技术程序的情况。例如,在程茂将一案中,程茂将的技术程序就是其雇佣陈孔波编写的。在"朱瑞华、朱凯凯诈骗案"等诸多案例中,行为人的个人信息也是从他人处购买而来的。对于此类行为人与上游犯罪存在明显的教唆、帮助、金钱给付关系的,应当以共同犯罪予以处罚。

(三)中枢端行为的评价:恶意注册技术行为的罪名适用

1. 对于破坏型注册行为的规制

以破坏方式进行注册的行为主要包括行为方式上的破坏和结果意义上的破坏。行为方式上的破坏,是指在恶意注册的过程中删除、修改、增加或干扰原有的计算机信息系统,导致该系统不能正常运行。结果意义上的破坏,是指行为人实施网络恶意注册行为后,其结果导致计算机信息系统程序崩溃、无法运行或不能正常运行。

有学者否认注册大量账号导致计算机系统崩溃的行为入罪的观点,原因在于个人批量注册大量账号的行为并未违反国家规定。[①] 笔者认为,个人以自己名义注册大量账号的行为自然不违反国家规定,但在恶意注册流程中,行为人并未使用自己真实的身份信息,而是使用非法获得的他人信息或伪造的个人信息等虚假信息注册账号。此类不提供真实身份信息注册账号的行为,违反了《互联网用户账号名称管理规定》第 5 条关于信息真实性的规定。故对于使用非真实身份信息进行大量恶意注册的行为,应当认可其违法性,并考量其是否在行为方式和行为结果上破坏了计算机信息系统。

2. 对于侵入型注册行为的规制

以侵入方式实施的恶意注册行为,是指以回避或突破计算机安全保护措施的方式,未经授权或者超越授权注册大量虚假账号的行为。需要注意的是,该类行为不能认定为犯罪,因为《刑法》第 285 条第 2 款仅处罚非法控制计算机信息系统和获取计算机信息系统中数据的行为,而侵入计算机信息系统后进行注册的行为并未非法控制计算机信息系统,也并未获取计算机信息系统中的数据。

对于使用侵入性程序后非法获取服务器注册用验证码的行为,应当认定为非法获取身份认证信息,适用非法获取计算机信息系统数据罪。但需要注意的是,该罪的适用应当以行为人实施了侵入为前提。

3. 对于其他注册行为的规制

有学者提出,以非法经营为目的注册大量虚假账号并养号的行为符合经营行为的

① 参见陈玲:《网络黑灰产犯罪司法认定中的争议与回应——以具体案例为中心的展开》,载《司法智库》2021 年第 1 期。

特征，违反了国家法律规定，应当适用非法经营罪。① 笔者认为，从实质意义上讲，网络账号的买卖难以认定为是市场秩序的一部分，其缺乏法律明文规定也难以得到法律的有效保护。互联网账号并不像专营专卖物品、期货保险业务那样在销售程序和主体上具备明文规定，也不同于批准文件、许可证等由法律明文禁止予以售卖，买卖网络账号的行为并未受到经营类法律规范的规制，难以认定售卖虚假网络账号的行为严重扰乱了市场秩序。

（四）输出端行为的评价：提供或保存虚假账号行为的刑法规制

1. 对于明知下游犯罪而提供或保存虚假账号行为的规制

对于明知下游犯罪而为其提供或保存虚假账号的行为，应当根据下游犯罪所构成的具体罪名对恶意注册者适用共同犯罪。其中对于明知他人利用信息网络实施犯罪而为其提供虚假账号的，应当同时适用帮助信息网络犯罪活动罪，依照处罚较重的规定定罪处罚。

2. 对于不明知下游犯罪而提供虚假账号行为的规制

对于不明知下游犯罪或者无法证明明知要件而卖出账号的行为，因不具备对经营类规范的违反和对市场秩序的破坏而不能适用非法经营罪。对于恶意注册后出卖账号给他人的行为，实践中存在适用侵犯公民个人信息罪的情况。此类账号包括直接以公民个人信息为内涵的类型，如与现实中个人手机号、身份证号绑定的账号，也包括能够通过正常途径与公民个人信息进行联系的类型，如部分硬件的账号具有行踪轨迹定位的功能。对于此类账号的出售，若不能证明行为人对下游犯罪明知，则可以适用侵犯公民个人信息罪定罪处罚。

四、结语

前文为网络恶意注册行为的刑法规制体系设置了输入、中枢、输出的基本逻辑并细化了不同阶段的罪名适用，在一定程度上解决了现有司法适用中刑法评价缺漏和罪名适用瑕疵的问题。但需要指出的是，在现有的立法体制下无论如何细化完善原本框架，都无法处罚所有的网络恶意注册行为，此外，以现有的立法模式处罚网络恶意注册行为的思路，还无法适应高速发展的互联网技术，存在严重的滞后性。鉴于此，笔者认为可以将“网络诚信体系”作为法益纳入刑法保护，通过设立侵犯网络诚信体系罪来对网络恶意注册行为进行入罪。但对于“网络诚信体系”法益的具体内涵，以及网络恶意注册行为入罪后如何加以解释适用，有待于进一步的研究。

---

① 参见周光权：《刑法软性解释的限制与增设妨害业务罪》，载《中外法学》2019 年第 4 期。

言辞型性骚扰刑法规制可能性路径研析

罗　钢[*]　马振东[**]

性骚扰可分为两种类型,接触型性骚扰和非接触型性骚扰。隶属于后者的言辞型性骚扰在我国近些年呈现频发、高发事态,引发或加剧了一系列社会问题,已然成为一种亟待解决的社会顽疾。有鉴于此,法律向来是定分止争之利器,立法者通过在民事和行政领域划定前置法规范,禁止实施性骚扰以遏制不良事态的扩大化。[①] 但是仅靠民行规制已难以有效遏制,对于言辞型性骚扰入刑的争论不一。故而言辞型性骚扰目前面临的主要争点有三:①是否需纳入刑法规制范畴,亦即刑罚必要性问题;②倘若有必要纳入刑法规制体系,我国现有刑法分则能否妥当合理地予以规范评价问题;③如果现有刑法分则无法妥当涵摄,言辞型性骚扰的刑法规制新进路又在何方?笔者将主要基于以上争点渐次研析。

一、言辞型性骚扰刑法规制必要性

言辞型性骚扰的概念因各国法律规制的历史发展轨迹及其界定模式不同,体现出对言辞型性骚扰侵害权益性质的不同理解。[②] 就界定立场而言,主要围绕"人格尊严""性自主权"和"性别歧视"展开。[③] 故而应当对言辞型性骚扰予以价值规范复合型评

---

* 新疆大学法学院教授,中国刑法学研究会理事。

** 新疆大学法学院 2021 级法学专业硕士研究生。

① 例如,我国《民法典》明文规定行为人实施性骚扰行为需承担相应的民事责任;《妇女权益保障法》规定行为人实施性骚扰构成违反治安管理行为的需要承担行政责任。

② 参见邓喜莲:《性骚扰及其法律规制法理研究》,知识产权出版社 2019 年版,第 57 页。

③ 例如,美国学者麦金农(MacKinnon)从禁止性别歧视的立场提出"在不平等权力关系中,施加违背意愿之性要求",将其区分为交换利益性骚扰与敌意工作环境性骚扰两种类型。德国《工作场所性骚扰保护法》通过列举方式具体明确性骚扰的行为类型。而我国主要是突出去性别化要素,即受害者包含全性别,且在实务中主要涉及法律所承认的性自主原则。

价,依据不同法规范进行裁量时虽侧重不同,但不能将其拆解对待。[①] 故而,言辞型性骚扰是通过具有性意涵之言语、文字、图像、音视频等可予以言语化方式,对被害人进行严重骚扰的行为。

刑法的存在理由及机能是,通过在报应刑范围内的科刑来防止将来的法益侵害或危险。[②] 随着社会的发展变化,性自主权日益成为刑法需要保护的法益,这是刑法规制最重要的理由。在言辞型性骚扰中,应以更加具体化的性自主权作为首要保护法益,并且性自主权包含超越身体接触的非身体层面。[③] 特别是行为人借助网络进行言辞型性骚扰,犯罪手段更具隐蔽性,具有传播广、影响大、伤害强等社会危害性。加之国民法治意识的增强,对其容忍度也在降低。周延保护性自主权,更有利于完善性刑法保护体系。

行为人违法成本过低,民事或行政举措已难以对言辞型性骚扰起到有效的规制作用。民行措施多是宣示性规定,具体配套措施和救济方式尚显不足。尤其在职场上,相对于接触型性骚扰案件,法院认定言辞型性骚扰案件存在性骚扰的比率更低。[④] 在身份地位不平等的情状下,被害人很有可能被迫默许,加剧行为人重复犯案,更易造成被害人严重精神伤害或致使自残、自杀等,犯罪后果更具严重性。

言辞型性骚扰入刑更能实现刑法的积极一般预防功能。刑罚因其严厉性及附随效果,对一般人既能起到威吓预防和心理强制的作用,又能强化其日常的守法意识,形成良好的法确信。民众可以通过刑罚的实践,引起对法忠诚信守的内心学习效果,以及使原本因法规范被破坏所引发的社会不安得以平复和满足。[⑤] 因此将言辞型性骚扰入刑更能使民众的守法意识得到维持和强化。

此外,言辞型性骚扰入刑在各国具有普遍性。欧陆国家大都将其纳入刑法规制,例如,比利时、葡萄牙先后将其纳入刑法典。荷兰阿姆斯特丹和鹿特丹已在市政法典中归于刑事犯罪。[⑥] 法国 2018 年通过"Laguerre 案"将其规定为刑事犯罪,最高可处 750 欧元罚金;1 年内再犯,最高罚金刑将提高到 3000 欧元,且行为人必须参加社区服务或学习课程。

---

① 例如,我国《民法典》将其规定在人格权编,更能体现以人格尊严为主和以性自主权为辅。而《德国刑法典》第 184i 条性骚扰罪被规定在第十三章妨碍性自主之犯罪,区别于第十四章侮辱罪;又或者我国澳门特别行政区《刑法典》将第 164-A 条性骚扰罪规定于第五章侵犯性自由及性自决罪,体现出刑法中是以性自主权为主和以人格尊严为辅。

② 井田良『講義刑法学・総論』〔第 2 版〕(有斐閣,2018 年)17 頁参照。

③ Vgl. Anja Schmidt, Gesetzesvorschlag zur Regelung sexueller Belästigung, KriPoZ 3(2023), 235-241.

④ 参见王倩、於舒琳:《职场性骚扰的救济困境及裁判出路——基于司法案例的分析》,载《人权》2022 年第 2 期。

⑤ Vgl. Roxin/Greco, Strafrecht Allgemeiner Teil, Band 1: Grundlagen · Der Aufbau der Verbrechenslehre, 5. Aufl., C. H. Beck, 2020, § 3, Rn. 27.

⑥ 例如荷兰《鹿特丹市政法典》第 2:1a 条规定,禁止在公共场所以冒犯性语言、手势、声音或其他行为骚扰他人。

德国虽未将其直接纳入刑法典,但是德国实务界和学界主张扩充《德国刑法典》第184i条性骚扰罪的呼声不断高涨。① 除欧陆国家外,《斯里兰卡刑法典》《菲律宾反性骚扰法》《新加坡刑法典》等也将言辞型性骚扰纳入刑法规制。由以上国家立法情状观之,言辞型性骚扰入刑已成为一种共识,符合世界的发展潮流与趋势。

有的学者对言辞型性骚扰入刑持质疑态度,对此有必要予以回应。质疑一:刑法规制不要说。持消极刑法观的学者认为,刑法乃保障人权的最后一道防线,根据我国《刑法》第13条但书规定,要恪守刑法谦抑性,否则有陷入行为人刑法之嫌,进而危及罪刑法定的实质侧面,也会在解释层面上瓦解刑法体系的建构,冲击罪刑法定的形式侧面。② 法律的任务不是制定在实际应用中不可行的、最终仅限于其象征意义的规范。③ 正如德国学者波尔纳(Pörner)所言,言辞型性骚扰无须予以刑事制裁,这仅代表着疏远和不尊重,而是否尊重乃是道德和伦理的范畴。④ 但是,刑法谦抑性除了表达"刑罚权的行使应当尽量节制、限缩"的想法,其实没有进一步的具体内容。⑤ 社会的迅速变化已使刑事立法不可能固守安定性,一再坚守最后手段性并无太大意义,在性刑法框架内将法律限制在必须严重侵犯法益的情况下是不能令人信服的⑥,只有将其纳入刑法规制才能避免司法机关在寻法无据时类推适用。而且这并非象征性入刑,刑法是对犯行的不法性评价,通过设立禁止规范澄清言辞型性骚扰的社会危害性,提供刑罚可能性,消除司法困惑,防止司法恣意。另外,行为人刑法认为应当受处罚的不是行为而是行为人的危险性格,行为只是认识犯罪人反社会性的一个资料而已。⑦ 我国1997年《刑法》基本站在行为刑法的立场。言辞型性骚扰是一种行为,而非只体现行为人的危险性格或主观恶性。故而不会陷入行为人刑法的泥沼。

质疑二:刑罚负面效应积聚说。扩大刑事追诉会积聚刑罚副作用,短期自由刑更会带来"交叉感染",罪犯再社会化会更难⑧,因为一方面无法在短期内对被判刑者产

---

① 例如,一方面《德国刑法典》第183条规定了非接触型性骚扰的暴露性器官的暴露癖罪,另一方面德国在2017年批准了《伊斯坦布尔公约》,该公约规定缔约国需在一定时期内加大对妇女言辞型性骚扰的打击力度。此外,德国女性律师协会发布的"政策性文件"(Policy Paper)《对言辞型性骚扰及其他非接触型强迫性行为的法律规制》中指出,言辞型性骚扰以不合理的性行为的形式侵犯了性自决权,而且存在一些在法律上应科处刑罚的非接触型性骚扰案件,对此应当有一项单独的罪名进行规制。

② 参见王俊:《积极刑法观的反思与批判》,载《法学》2022年第2期。

③ Vgl. Daniel Steiner, Catcalling: Gesetzgeber in der Pflicht? ZRP 54(2021), 241-243.

④ Vgl. Nora Labarta Greven, Laura-Romina Goede und Paul Brodtmann, „Catcalling" -Möglichkeiten und Grenzen einer strafrechtlichen Regulierung, KriPoZ 5(2022), 371-378.

⑤ 参见蔡圣伟:《刑法案例解析方法论》(第3版),元照出版公司2020年版,第44页。

⑥ Vgl. Peer Schaefer, Jens Wolf, Strafbarkeitslücke sexuelle Belästigung—regelungsbedürftig oder politisch gewollt? ZRP 34(2001), 27-28.

⑦ 参见陈家林:《外国刑法理论的思潮与流变》,中国人民公安大学出版社2017年版,第35页。

⑧ 参见杨先德:《积极刑法立法下的扩大追诉现象及其司法规制》,载《中国刑事法杂志》2021年第6期。

生有效影响，另一方面会使他从自己的社会结构中脱离出来，陷入一个容易犯罪的环境①。但是，根据恢复性犯罪理论，对言辞型性骚扰科处刑罚是一种适当之不赞成反应，以补偿犯行所造成的权利损害，亦即对已实施的违反规范的行为进行补偿性惩罚，可恢复违约前的状态。② 另外，积聚刑罚的副作用并非衍生于言辞型性骚扰，而是所有犯罪的共生像及社会各方的症结。倘若担忧处以短期自由刑会导致犯罪人滋生再犯，草率予以否定，遑论刑罚意义与必要性的彰显。

质疑三：刑法解释学套解说。法律解释应当遵循一般妥当性、现在性、创造性和社会性的指导理念，对于不确定法律概念或概括条款，法律本身极为抽象，须于具体的个案中予以价值判断，使之具体化，而后其法律功能始能充分发挥。③《中国反对拐卖人口行动计划（2021—2030年）》中已涵盖言辞型性骚扰④，并将所有构成性骚扰的犯罪行为纳入现行刑法充分评价，实现刑事司法限缩，无须修法或另立新法。但是在刑事立法难以推进的情况下，对于新情况，出于司法政策考量，法院往往会对刑法作软性解释。⑤ 对于新型案件，没有对应轻罪的，司法上有时甚至不惜类推定罪。⑥ 比如将相关类似行为认定为侮辱罪或寻衅滋事罪等，不利于人权保障，也分离了立法权。言辞型性骚扰入刑实属轻罪范畴，既有利于回应民众关切，又恪守罪刑法定原则。

二、我国刑法分则体系之规制路径检视

笔者通过"中国裁判文书网"检索关键词"性骚扰"与"刑事案件"等，总结出言辞型性骚扰在我国刑法领域案发的四种主要行为类型：类型一，行为人对被害人单独实施言辞型性骚扰⑦；类型二，行为人将言辞型性骚扰作为实行其他主犯罪行为的手段或方式⑧；类型三，由被害人言辞型性骚扰的先行行为诱发（引发）行为人实行犯

① 参见〔德〕乌韦·穆尔曼：《德国刑法基础课》（第7版），周子实译，北京大学出版社2023年版，第48—49页。

② Vgl. Rostalski Freund, Strafrecht Allgemeiner Teil—Personale Straftatlehre, 3. Aufl., Springer, 2019, § 1 Rn. 32.

③ 参见杨仁寿：《法学方法论》（第2版），中国政法大学出版社2013年版，第182—187页。

④ 其中明确规定，"严厉打击利用网络制作、复制、出版、贩卖、传播淫秽色情内容和实施性骚扰、性侵害未成年人的违法犯罪行为"。

⑤ 参见〔日〕佐伯仁志：《刑法总论的思之道·乐之道》，于佳佳译，中国政法大学出版社2017年版，第23页。

⑥ 参见周光权：《论通过增设轻罪实现妥当的处罚——积极刑法立法观的再阐释》，载《比较法研究》2020年第6期。

⑦ 例如，"秦伟寻衅滋事案"，江苏省盐城市中级人民法院（2018）苏09刑终417号刑事裁定书。

⑧ 例如，"于子敬诈骗案"，大连市金州区人民法院（2021）辽0213刑初351号刑事判决书；"赵韩飞诈骗案"，贵州省遵义市红花岗区人民法院（2021）黔0302刑初3号刑事判决书；"申锦福敲诈勒索案"，北京市朝阳区人民法院（2019）京0105刑初3211号刑事判决书。

罪行为①;类型四,行为人同时实施言辞型性骚扰和接触型性骚扰。② 但只有类型一符合本文探讨的行为模式,当行为人只实施言辞型性骚扰时,刑法分则是否有相应罪名加以有效规制?

(一)侮辱罪进路之否定

侮辱罪是与言辞型性骚扰最为相近的规制路径。侮辱行为是对人的蔑视或不尊重,蔑视的内容可能是价值判断或事实陈述③,包括言辞侮辱等非接触情形。某些言辞型性骚扰是在公然性的场所或在不特定的人群中对某一特定被害人实行,二者的行为对象都要求是特定的人,且要达到情节严重。例如,德国哈姆地区高等法院曾强调,行为人如果除了向被害人表达性兴趣,还向其实行性暗示,则存在人格贬损,构成侮辱罪。④ 另外,德国卡尔斯鲁厄地区高等法院认为,行为人在公共街道上进行严重的言辞型性骚扰,这是对被害人特殊的羞辱和贬低,构成侮辱罪。⑤ 不过,德国联邦最高法院却在判例中否定成立侮辱罪。⑥ 2017 年,一名 65 岁男子要求一名 11 岁女孩跟随他,因为他意欲对其进行性骚扰,之后该男子又对两名妇女实行言辞型性骚扰。德国联邦最高法院认为,该男子将被害人归于性欲对象,侵害了其羞耻感,但并未从根本上表示对被害人有削弱名誉的行为,仅凭行为人之性动机,以不受欢迎的、可能以影响羞耻感的不适当之方式面对被害人,并不足以对被害人进行必要的贬低性评价。⑦ 不能将侮辱罪作为"口袋罪"来弥补侵犯性自主权的犯罪所遗留的处罚漏洞,不能认定所有损害他人性自主权的行为也都同时构成侮辱罪。⑧ 由此可见,侮辱罪与言辞型性骚扰在司法实践中存在认定困境。二者的构成要件虽有交叉,但并非完全重合。

---

① 例如,"魏某某故意杀人案",山东省嘉祥县人民法院(2021)鲁 0829 刑初 54 号刑事判决书;"李国荣、王秋里故意伤害案",陕西省西安市长安区人民法院(2020)陕 0116 刑初 797 号刑事判决书;"周正威故意杀人案",贵州省遵义市播州区人民法院(2021)黔 0304 刑初 32 号刑事判决书;"刘俊峰、李伟故意伤害案",云南省曲靖市麒麟区人民法院(2020)云 0302 刑初 97 号刑事判决书;"胡永忠故意伤害案",四川省荣县人民法院(2019)川 0321 刑初 37 号刑事判决书;"张灿杰故意伤害案",河南省郏县人民法院(2018)豫 0425 刑初 98 号刑事判决书;"丁建林故意伤害案",云南省曲靖市中级人民法院(2018)云 03 刑初 12 号刑事判决书;"侯绩故意伤害案",福建省厦门市中级人民法院(2017)闽 02 刑初 130 号刑事判决书。

② 例如,"张帅寻衅滋事案",湖南省汨罗市人民法院(2020)湘 0681 刑初 23 号刑事判决书;"管云兴、岳忠洲寻衅滋事案",河北省威县人民法院(2017)冀 0533 刑初 148 号刑事判决书。

③ 参见许泽天:《刑法分则 下册(人格与公共法益篇)》(第 3 版),新学林出版股份有限公司 2021 年版,第 271 页。

④ OLG Hamm, NStZ-RR 2008, 108.

⑤ OLG Karlsruhe, NJW 2003, 1263.

⑥ Vgl. Elisa Hoven, Anja Rubitzsch und Barbara Wiedmer Catcalling-Eine phänomenologische und strafrechtliche Betrachtung, KriPoZ 3(2022), 175-185.

⑦ BGH, NStZ 2018, 603.

⑧ 参见王钢:《德国判例刑法(分则)》,北京大学出版社 2016 年版,第 131 页。

首先,保护法益存有分歧。通说认为前者保护的法益是他人名誉①,后者则是性自主权。例如,行为人通过微信给被害人多次发送大量的淫秽图片或视频,此时就很难说行为人贬损了被害人名誉。其次,公然性要件是否齐备要求不一。"公然"指不特定或者多数人能够直接认识的状态。② 侮辱必须公然进行,倘若只是私下针对被害人而不会使其他第三人知悉,不构成侮辱罪。而言辞型性骚扰并不要求必须具备公然性。此外,即使以更广泛的理解为基础,也可从大量的情感表达中区分"侮辱";而言辞型性骚扰不仅是向他人表达行为人的性倾向或性快感,而且也是基于一种"仪式",目的是加强同龄人之间的"归属感"。③ 最后,目的倾向要求不同。前者以贬低他人人格为目的,后者则更倾向于侵害他人的性羞耻心,满足变态的性欲或者寻求精神刺激等。例如,在"岳某侮辱案"中,被告人岳某和被害人张某系同村村民,自 2014 年开始交往。交往期间,岳某多次拍摄张某裸露身体的照片和视频。2020 年 2 月,张某与岳某断绝交往。岳某为报复张某及其家人,在自己的微信朋友圈、快手 APP 散布二人交往期间拍摄的张某的裸体照片、视频,并发送给张某家人。后岳某的快手账号因张某举报被封号。5 月,岳某再次申请快手账号,继续散布张某的上述视频及写有侮辱性文字的张某照片,该快手 APP 散布的视频、照片的浏览量达到 600 余次。上述侮辱信息在当地迅速扩散、发酵,造成恶劣社会影响。同时,岳某还多次通过电话、微信骚扰、挑衅张某丈夫。张某备受舆论压力,最终不堪受辱服毒身亡。④ 该案中,被告人岳某主观上意在贬损张某的名誉,基于打击报复的心理,公然在网络空间散布,并不符合言辞型性骚扰的目的倾向。

(二)寻衅滋事罪进路之否定

近年来,司法实务上也有以寻衅滋事罪进行判处的案件。例如"秦伟寻衅滋事案",2012—2017 年间,被告人秦伟因其信访诉求未能实现,为发泄私愤,不分昼夜利用自己手机多次向陈某丙、陶某等四人发送大量带有淫秽、辱骂、恐吓内容的短信,严重影响了他人的工作和生活。一审法院认为,秦伟多次向他人发送带有辱骂、恐吓性质的短信和图片,严重扰乱他人正常工作与生活,符合寻衅滋事罪的构成要件。其后,秦伟以原审认定事实有误,被告人无寻衅滋事的目的,未造成危害后果等事由提请上诉。二审法院作出相同判决。⑤

---

① 通说认为,侮辱罪客体为公民的人格尊严和名誉权。但名誉只是人格权之一部分,并非侵犯人格尊严的行为皆属侵害名誉。

② 参见〔日〕大谷实:《刑法讲义各论》(新版第 2 版),黎宏译,中国人民大学出版社 2008 年版,第 147 页。

③ Vgl. Mustafa Temmuz Oğlakcioğlu, Sexuell konnotierte Äußerungen und Herabwürdigungen – eine sprechakttheoretische Annäherung im Dienste des Strafrechts, ZSTW 135(2023), 165–185.

④ 具体可参见"岳某侮辱案",最高人民检察院检例第 138 号,2022 年 1 月 26 日发布。

⑤ 具体可参见江苏省盐城市中级人民法院(2018)苏 09 刑终 417 号刑事判决书。

但是,寻衅滋事罪的客观构成要件要素虽然包含“辱骂”以及情节上的考量,可其他客观要件要素则与言辞型性骚扰相差甚远。一是该罪保护法益依据通说是公共秩序与社会秩序,但如此界定内容太过抽象,难以具体表述,“辱骂”类型的保护法益应当是公民在公共生活、公共活动中的名誉。① 二是“辱骂”虽可能包含性意涵的内容,但不要求针对特定的人。三是言辞型性骚扰的行为方式并非只包含辱骂,还有其他表现形式。在“秦伟寻衅滋事案”中,被告人多次利用手机向多名被害人分别发送带有淫秽、辱骂、恐吓内容的短信,虽然符合最高人民法院、最高人民检察院《关于办理寻衅滋事刑事案件适用法律若干问题的解释》中“严重影响他人的工作、生活、生产、经营”的情节恶劣要求,但是否针对不特定之人?从基本案情观之,行为人的行为表面上是“一对多”,但是接受该手机短信的被害人特定且囿于较小范围内。因此,该进路虽然能够在司法实践中解决部分案件,但是对言辞型性骚扰的其他行为方式则无法予以有效规制。

(三)强制猥亵、侮辱罪进路之否定

言辞型性骚扰与强制猥亵、侮辱罪的显著界限在于行为是否具有强制性,而非性意涵。此外,“猥亵”属于规范性构成要件要素,且具有流动性,受时代演进与环境变迁之影响而异其内涵。② 如被指涉行为,是指除性交以外与性欲有关的行为;如被指涉文字、图画或影像等物品,则是指足以刺激或满足性欲的内容素材。若行为在客观上依照一般社会通念难以认定为猥亵,其使用的包含性意涵的言辞已使被害人内心不适,则属言辞型性骚扰。另外,猥亵行为也可以以非接触的方式进行,比如行为人强制他人观看发到其手机上的淫秽视频或者行为人强制被害人裸聊等。倘若行为人以暴力或胁迫的方式对被害人使用带有性意涵的言辞,便不能将其归为言辞型性骚扰的考量范畴,而是应认定为强制猥亵、侮辱罪。显然,强制猥亵、侮辱罪也无法全部涵摄言辞型性骚扰的构成要件。

刑法条文虽然可以进行解释,但是亦应遵守罪刑法定原则,禁止类推解释。在原则及价值存在漏洞的情形下,倘若找不到为具体化所必需的法技术性规定,那么在理论上就可能出现不可填补之漏洞。③ 扩大解释虽不违背罪刑法定,但是应当在刑法用语可能具有的含义范围内进行解释④,由上文可知,关涉罪名无法全部涵摄言辞型性骚扰的构成要素而进行有效且妥当的规制,故而,借由解释学的进路亦不能解决。

---

① 参见张明楷:《刑法学》(第 6 版),法律出版社 2021 年版,第 1397 页。

② 参见甘添贵:《刑法各论(下)》,三民书局 2010 年版,第 255 页。

③ 参见〔德〕克劳斯-威廉·卡纳里斯:《法律漏洞的确定:法官在法律外续造法之前提与界限的方法论研究》(第 2 版),杨旭译,北京大学出版社 2023 年版,第 182 页。

④ 参见张明楷:《刑法分则的解释原理》(第 2 版),中国人民大学出版社 2011 年版,第 95—104 页。

三、言辞性骚扰之刑法规制新进路

(一)立法论进路之提倡

在罪刑法定主义时代,如果一种值得科处刑罚的行为没有被犯罪化,不能苛求司法机关类推解释刑法,而是应当适时设立新罪。抛却释义学的路径,唯有立法论进路可以对言辞型性骚扰进行周延的规范评价。不过在立法论视域中也存有分歧。

一是修改侮辱罪的构成要件,使之符合言辞型性骚扰的全部要件要素。例如,扩充侮辱罪保护法益内涵,将性自主权视为"性荣誉"纳入荣誉之中并不会对该罪本身产生实质性改变。① 但是,法律修改与法律创制是不同的法律运行模式,法律修改一般已变动原法律条文的内容,在刑法条文中即是改变了其构成要件要素,由此产生了一种新的构成要件要素,所以在结果上已与创制的法律效果基本一致。由上文所述,侮辱罪与言辞型性骚扰存在明显界分。此种改良式的修法进路,表面观之经济高效,实则忽视了侮辱罪的法益基础。当今社会人际交往在很大程度上会关心彼此的名誉,名誉因此更加成为一张"社会名片",社会属性更加凸显,而非仅限缩于独立个体。此外,"公然性"属性不能偏废,因为行为人只有公然为之,方能显露名誉侵害的社会性。另外,基于量刑因素考量,侮辱罪的法定刑是 3 年以下有期徒刑、拘役、管制或者剥夺政治权利,这对于言辞型性骚扰而言量刑畸重。

二是设立性骚扰罪,将言辞型性骚扰纳入刑法规制范畴。在此存在两种模式:

模式一:设立单行刑法或附属刑法。从域外来看,菲律宾等国及地区是通过该模式来规制言辞型性骚扰,但是我国没有采取该模式的必要。首先,单行刑法一般规定的是重大或紧急的犯罪,言辞型性骚扰属于轻罪范畴,因此并不符合。其次,根据新中国刑法立法的经验,综合刑法立法模式的事实、价值和技术三个层面考量,未来我们应当坚持统一的刑法典模式。② 而且近年来修法通常是采用刑法修正案的形式,这样可使得刑法典更加趋于稳定与统一。再次,言辞型性骚扰倘若规定于附属刑法中,往往会因掩蔽其刑罚的威吓性而为社会大众与刑事司法人员所忽略,致使减低其威吓功能。此外,制定专门的关涉言辞型性骚扰的附属刑法还需要较高的立法技术和立法成本,倘若制定一部"反性骚扰防治法",那么各种民事的、行政的、刑事的法律行为、法律关系、法律后果等,可能会加剧实务适用难度,加之出台相关司法解释等配套措施,整个流程过于臃肿,可操作性较差。最后,该模式不具有可迁移性。如果日后出现其他类似情形就诉诸单行刑法或附属刑法,则可能难以保持刑法典的统一性与整合性。

---

① Vgl. Till Pörner, Das sog, Catcalling-Strafwürdiges Unrecht oder bloße Bagatelle? NStZ(2021), 336-341.

② 参见赵秉志、袁彬:《当代中国刑法立法模式的演进与选择》,载《法治现代化研究》2021 年第 6 期。

模式二:在刑法典中设立性骚扰罪。此模式值得提倡。一个刑法规范的形成在某种意义上就意味着一个类型的构建。① 因言辞型性骚扰概念本身的模糊性、主观性,很难只用一种概念化的方式进行处理,因此引入类型化思维方式是明智之举。类型可以适应复杂多样现实的“或多—或少”,类型是有联系的、有意识的意义关联,普遍的事物在其自身中直观地、“整体地”被掌握。② 倘若某个罪名所惩治并非类型化的犯罪行为,其司法适用空间就会限缩,那么此立法模式就不甚理想。采用一般描述与示例规定相结合的立法技巧,既可以最大限度地避免目前的问题,又可以对未来的问题保持一种开放态度,避免条文刻板化、僵硬化。而且为了不破坏刑法条文的顺序与适用习惯,可将性骚扰罪放置于第 237 条之后,以第 237 条之一的方式加入刑法典。该模式相较于以上进路更为妥当,类型概念的运用能够较为妥适地处理生活中各处的流动之过渡阶段③,不会对保护法益产生谬解,致使对构成要件的错误适用,遑论造成立法成本过高以及破坏刑法典的统一性。

(二)言辞型性骚扰构成要件实质内容之初构

言辞型性骚扰属于性骚扰的类型之一,具有性骚扰的一般构成要件要素,也因区别于接触型性骚扰而具备独特的构成要件要素。由上文的相关概念可引申出以下实质性内容:

言辞型性骚扰非属性侵犯罪。域外多将性侵害包含于性骚扰概念中,成为一种最严重的性骚扰行为样态。④ 虽然二者在文言语义上可以进行阶层式理解,但不能仅将二者视为包含与被包含的关系,言辞型性骚扰与性侵害在暴力胁迫程度以及行为手段上存在明显的差别,如强奸罪、强制猥亵罪等性侵犯罪,需要使用胁迫甚至暴力的手段压制被害人的反抗,具有明显的性强制。而言辞型性骚扰的手段与程度相较于前者更为平和,无须直接接触被害人,只需将具有性意涵的言辞传递给被害人,不必须使用胁迫或者暴力的手段,更不要求压制被害人反抗。因此,采用区别制可为言辞型性骚扰入罪后厘清与其他性侵犯罪的基本界限与关系。另外言辞型性骚扰须违反被害人意愿。有观点认为,对于言辞型性骚扰,不应侧重于被害人的某些特征及其主观反应,而应着重审查行为人的行为。⑤ 但是,倘若被害人同意或得其承诺,则不构成言辞型性骚扰。而且还应当排除推测承诺与假设承诺的适用。

---

① 参见杜宇:《类型思维与刑法方法》,北京大学出版社 2021 年版,第 15 页。

② 参见〔德〕亚图·考夫曼:《类推与“事物本质”——兼论类型理论》,吴从周译,学林文化事业有限公司 1999 年版,第 109 页。

③ 参见〔德〕英格博格·普珀:《法学思维小学堂——法律人的 6 堂思维训练课》,蔡圣伟译,北京大学出版社 2011 年版,第 28 页。

④ 参见高凤仙:《性骚扰及性侵害之定义》,载《月旦法学杂志》2012 年第 207 期。

⑤ Vgl. Nora Labarta Greven, Laura-Romina Goede und Paul Brodtmann, „Catcalling“ – Möglichkeiten und Grenzen einer strafrechtlichen Regulierung, KriPoZ 5(2022), 371–378.

言辞型性骚扰应当具有性意涵之目的,这是与普通骚扰行为界分的典型特征。性意涵可分为三类:①意图获取性利益之具体性本质之要求或提议。在此类别中可依行为人对被害人是否具有权势地位来判断言辞型性骚扰之成立难易。②实施具有与性或性别有关之敌意行为。这种观点是站在性别歧视抑或男女对立的立场。但是言辞型性骚扰的对象不仅限于女性,具有去性别化的趋势,故而"敌意行为"的指向对象也应当扩充为"他人"。③造成敌意环境并使他人感受到冒犯。例如,对他人进行有关性的低俗或露骨的评论、指摘,使得他人感到不适。总之行为应当是与性有关的表达或内容,其必须予以客观确定的表达性意涵,而且与性别无关。①

言辞型性骚扰应当具有情节严重性。刑法分则中的"情节"严重,无论是作为定罪情节,还是作为法定刑升格条件,均应体现法益侵害程度,即违法性的客观事实。② 虽然情节严重在我国刑法分则中具有高度模糊性,但也应当避免因行为人的主观恶性与事后被害人的自杀自残等小概率事件而恣意入罪。在刑法阶层论犯罪体系中,情节严重并非指任何情节,而是指客观方面的表明法益侵害程度的情节。③ 因此,一是次数上,须为多次实施;二是程度上,行为人没有达到多次但程度严重,比如虽只实施了一次但长时间或内容恶劣,亦应隶属于情节严重。

言辞型性骚扰不具有合理性及不被欢迎。一方面,认定不合理性多采客观标准,以一个理性人是否感到冒犯作为认定标准;另一方面认定不被欢迎多采主观标准,以被害人的可证明的主观感受为标准,不需具有被胁迫感,可从具体个案中判断行为人的行为是否会使被害人因感到不适而受到冒犯。④

四、结语

耶林曾言,世界上一切法权是经由斗争而获得的,每一项既存的法律规则(Rechtssatz),必定是从对抗它的人手中夺取的。对言辞型性骚扰只以民行规范调和与规制已难以为继,纳入刑法典具有必要性。言辞型性骚扰的法益本质是对性自主权的侵犯,但是释义学路径难以依据现有刑法分则妥当合理地全部涵摄其构成要件要素,故而在刑法典中设立囊括言辞型性骚扰的性骚扰罪可以达到一般预防与特殊预防的法律效果。

---

① Vgl. Jörg Eisele, Strafbarkeit sexualbezogener Äußerungen, KriPoZ 3(2023), 230-234.

② 参见陈洪兵:《"情节严重"的解释误区及立法反思》,载《湖南大学学报(社会科学版)》2019年第3期。

③ 参见张明楷:《犯罪构成体系与构成要件要素》,北京大学出版社2010年版,第241版。

④ See Benjamin Bailey, Greetings and Compliments or Street Harassment? Competing Evaluations of Street Remarks in a Recorded Collection, 28 Discourse & Society, 353-373(2017).

侵犯公民个人信息罪法益确证论

——以双维度确证模式为路径

马松建[*]　刘汴鹤[**]

一、引言

大数据时代,人际交互模式呈现出复杂化趋势,发生于虚拟空间的互动交流逐渐成为当前社会生态链中不可或缺的一环。公民个人信息作为流通于网络空间的主要数据载体之一,承担着独特的个人价值并发挥着复杂的社会功效。为有效保护公民个人信息,近几年我国进行了规范层面的补足。然而,在刑法视域下,侵犯公民个人信息罪存在许多尚未解决的棘手问题。其中,讨论最多也最易引起学者间争论的问题便是该罪究竟侵犯何种法益。刑法学界对此已产生数种观点的对立。那么,造成如此巨大分歧的原因究竟为何?现有个人法益说、超个人法益说与复合法益说的逻辑推导过程是否合理?侵犯公民个人信息罪保护的究竟是何种法益?本文将以上述问题为行文线索对侵犯公民个人信息罪法益确证展开探讨,以求教于方家。

二、侵犯公民个人信息罪法益确证模式述评

(一)阵营对立与观点梳理

当下,刑法学界关于侵犯公民个人信息罪法益的争论,总体呈现为个人法益说、超个人法益说与复合法益说间阵营的对立。三大阵营下又细分出众多不同的具体理论观点。详述如下:

首先是个人法益阵营,其基本观点认为侵犯公民个人信息罪侵犯了个人法益。主流观点认为,公民个人信息权既含有精神权利的部分内容,又兼具财产利益的内容,还包含公民自由权利的部分等,它是一种综合性权利。[①] 除公民个人信息权说外,诸如个

---

* 郑州大学法学院教授、博士生导师。

** 郑州大学法学院2021级博士研究生。

① 参见刘艳红:《侵犯公民个人信息罪法益:个人法益及新型权利之确证——以〈个人信息保护法(草案)〉为视角之分析》,载《中国刑事法杂志》2019年第5期。

人信息自决权①、个人信息受保护权②、个人信息安全权③、隐私权④等观点也得到许多学者的支持。

其次,超个人法益阵营认为,侵犯公民个人信息罪保护的是以群体性要义为核心的超个人法益。其一,信息流动安全说认为,"公民很难来保证其个人信息流动自由……维护公民个人信息流动安全是侵犯公民个人信息罪的应有之义"⑤。其二,有学者认为,将侵犯公民个人信息罪法益界定为社会成员对个人信息安全的信赖具备正当性。⑥ 还有学者基于被害人教义学认为,侵犯公民个人信息罪实际所保护的是公共的信息安全,并提倡将该罪修改为"侵犯公共信息安全罪"。⑦

最后,复合法益说。修正的复合法益说认为,侵犯公民个人信息罪保护的法益既包括具有个人法益属性的公民人格、财产利益,也包括具有超个人法益属性的公共信息安全。⑧ 择一法益说认为,"侵犯公民个人信息犯罪的保护法益既非个人法益论者所主张的单纯个人法益,也非超个人法益论者所主张的单纯超个人法益,而是既包含个人法益又包含超个人法益的复合法益类型"⑨。

(二)侵犯公民个人信息罪法益的确证模式

所谓法益确证,便是将罪名保护法益具象化的逻辑推导进程。毋庸讳言,个人法益说、超个人法益说与复合法益说的证成路径必然存在区别,但细细考究,会发现三种阵营的研究思路是相同的,即均采取了要素耦合模式。

以阶层犯罪论体系为例,要素是指构成阶层所必备的诸多因素,如构成要件阶层包含行为、结果以及二者之间的因果关系等要素。而所谓"耦合",首先会联想到我国的四要件犯罪论体系。如陈兴良教授认为,四要件间互相依存,这种关系便是耦合式的逻辑关系,四要件犯罪论体系便可称为耦合式理论。⑩ 而根据词源,耦合一词来源于

---

① 参见马永强:《侵犯公民个人信息罪的法益属性确证》,载《环球法律评论》2021 年第 2 期。

② 参见欧阳本祺:《侵犯公民个人信息罪的法益重构:从私法权利回归公法权利》,载《比较法研究》2021 年第 3 期。

③ 参见徐剑:《侵犯公民个人信息罪法益:辨析与新证》,载《学海》2021 年第 2 期。

④ 参见王昭武、肖凯:《侵犯公民个人信息犯罪认定中的若干问题》,载《法学》2009 年第 12 期。

⑤ 陈小彪:《侵犯公民个人信息之法益厘定及其司法展开——以个人信息数量认定为视角》,载《中国人民公安大学学报(社会科学版)》2022 年第 2 期。

⑥ 参见江海洋:《侵犯公民个人信息罪超个人法益之提倡》,载《交大法学》2018 年第 3 期。

⑦ 参见王肃之:《被害人教义学核心原则的发展——基于侵犯公民个人信息罪法益的反思》,载《政治与法律》2017 年第 10 期。

⑧ 参见徐翕明:《侵犯公民个人信息罪的法益重析——基于个人信息保护法制定的探讨》,载《社会科学家》2022 年第 8 期。

⑨ 郑泽星:《论侵犯公民个人信息罪的保护法益——场景化法益观的理论构造与实践立场》,载《清华法学》2023 年第 3 期。

⑩ 参见陈兴良:《刑法阶层理论:三阶层与四要件的对比性考察》,载《清华法学》2017 年第 5 期。

物理学,是指两个实体相互依赖于对方的一个量度。[①] 据此,耦合实际包含两种维度,维度一指系统之成立在于下辖要素的互相影响,强调理论成立之过程;维度二则指要素在发挥各自功效且互相影响状态下的最终状态,即结果。笔者所称之要素耦合模式,主要是指前一维度,其本质是一种理论证成策略,逻辑模式可简化为:A+B=C。

若将各位学者的论证过程予以简化,可以明显发现其论证过程完全符合 A+B=C 的逻辑。如个人法益阵营通常依据《宪法》《民法典》以及《个人信息保护法》等前置法,加之对犯罪属性、罪名所处位置的解读得出侵犯公民个人信息罪保护个人法益的结论。又如,超个人法益说往往基于公法视角,通过构成要件、保护目的与解释学的考量认为侵犯公民个人信息罪保护的是超个人法益。再如,复合法益阵营的论据较为丰富,其一般考量各种要素的不同作用,最后综合判断侵犯公民个人信息罪既侵犯个人法益,也侵犯超个人法益。因此,上述三阵营下的各类观点均属于要素耦合模式。

(三)要素耦合模式的理论误区

首先,要素耦合模式本质上是主观标准。法益的确定需要依据明确的标准,这是不言自明的道理。在理论上,挑选范畴组建理论体系的标准众多,而根据概念被某位研究者列入理论体系这一事实来挑选体系内部要素的标准,一般可称为主观标准。[②] 换言之,研究者选择理论体系内部要素的主因在于个人已形成的观点预设。然而,这种“先入为主”的思想早已为法学研究者所摒弃。就侵犯公民个人信息罪的法益之争而言,学者们的论据各不相同,且都是对证明自身观点有利的要素,恰好证明了要素耦合模式本质上便是主观标准。

其次,要素耦合模式论证方式过于恣意,缺乏稳定性。稳定性是理论得以存在的要义之一[③],为了保证理论的稳定性,应尽可能将理论的静止性作首要考虑。[④] 然而,要素耦合模式并不具备稳定性。其一,静止性的背后是明确性。与刑法学界发展成熟的理论相比,要素耦合模式的逻辑框架并不明确,众多学者们的做法已使该模式成为“大杂烩”,只要是能支撑理论的论据便可直接采用,不仅不具备明确性,反而体现出一种杂乱无章的无序感。其二,要素耦合模式的运动性过于明显。以史为线,在《个人信息保护法》出台前,多数学者将私法视角作为研究思路,并进而得出个人法益的结论。但在《个人信息保护法》出台后,学界研究思路逐渐转向公法视角,越来越多的学者开始重视公民个人信息在多元场景下的安全性同样值得刑法保护,并据此提出超个

---

① 参见魏宝祥、李佛琳、陈功编著:《植物工程原理及其应用》,云南大学出版社 2017 年版,第 209 页。

② 参见陈兴良:《刑法哲学》(第 6 版),中国人民大学出版社 2017 年版,第 18 页。

③ 参见梅传强、盛浩:《新时代我国刑法典全面纂修的基本理念与建构路径》,载《南京社会科学》2023 年第 3 期。

④ 参见周少华:《刑法的变更及其实践意义》,载《法治研究》2019 年第 6 期。

人法益。追根溯源,导致这种演进脉络出现的原因,便在于要素耦合模式内部要素可随外界(如规范出台)任意变更,这种过于灵活的模式设计必然会导致理论内部的稳定性缺失。

最后,要素的功能运用过于混乱,导致结论缺乏合理性。事实上,沿用上述理论稳定性与明确性的考量,某要素在确证模式中所发挥的功效应当是明确且稳定的。否则,该种要素在此学者笔下发挥 A 功能,在彼学者文中却发挥 B 功能,不仅使得要素的功能发生混乱,还使其证明力度大打折扣。以构成要件为例,有学者关注构成要件的形式功能,认为侵犯公民个人信息罪的构成要件决定了其是结果犯,因而侵犯的法益为个人法益。[①] 与之相对,有观点则基于形式与实质双重视角,认为该罪构成要件体现出财产属性和公共物品属性,进而侵犯了复合法益。[②] 上述两种观点均以构成要件作为要素考量,却分别得出截然不同的结论。这表明构成要件形式功能与实质功能的发挥,会影响侵犯公民个人信息罪法益的推导过程,并最终辐射至推导结论。

三、侵犯公民个人信息罪法益双维度确证模式的建构

在经过如上梳理后,可明显发现要素耦合模式存在较大缺陷,因而有必要转换路径,以新视角建构侵犯公民个人信息罪的法益确证模式。相较于要素耦合模式这种机械般的拼凑,双维度的思考逻辑或许是解决侵犯公民个人信息罪法益为何这一问题的可行尝试。

(一)双维度确证模式的基本逻辑

逻辑学上的判断类型存在简单判断和复杂判断之分,前者指判断自身中不含有其他判断的判断,后者则由多种简单判断组合而成。对于故意杀人罪与非法经营罪这两种犯罪而言,由于其各自的法益性质(即个人法益或超个人法益)学界早有定论,故仅需在符合法益性质的诸多法益中寻找适格法益即可,是典型的简单判断。但对于侵犯公民个人信息罪而言,仅凭简单判断无法确证该罪的法益,原因在于,侵犯公民个人信息罪法益争论的焦点,在于是否承认该罪保护超个人法益。若持肯定立场,则否定个人法益说,应采超个人法益说或复合法益说;若持否定立场,则只能认为该罪保护个人法益。因此,在法益性质这一命题未经判断的前提下,只能依据复合判断的逻辑,先判断这一命题,再判断其他命题。因而,应以法益性质为核心命题建构双维度确证模式。

理论上,法益判断是逐渐细化的过程,因而呈现为由宏观至微观的推导逻辑,这便

① 参见刘艳红:《侵犯公民个人信息罪法益:个人法益及新型权利之确证——以〈个人信息保护法(草案)〉为视角之分析》,载《中国刑事法杂志》2019 年第 5 期。

② 参见高楚南:《刑法视野下公民个人信息法益重析及范围扩充》,载《中国刑事法杂志》2019 年第 2 期。

可构成双维度确证模式的基本框架。在宏观层面,以纵向视角分析法益理论可以发现,法益性质是具体法益的上位概念。并且由于法益性质与具体法益在本质上存在显著区别,因此不宜在同一层面讨论。对于侵犯公民个人信息罪的法益而言,确证核心在于推论超个人法益的保护性。据此,双维度确证模式的两大维度便得以确定,即将维度一设定为"明确法益性质",主要任务在于判断基本立场——是否承认侵犯公民个人信息罪保护超个人法益;维度二则是"明确具体法益",目标在于确证该罪具体保护的法益。在判断逻辑上,前者是后者的判断前提。在微观层面,则需依据各维度的目的充实内部要素,这涉及不同要素的具体编排。为保证要素功能有序发挥且结论合理,各维度均依据"形式要素+实质要素"的逻辑预设编排要素。至于各维度的推导结论,笔者主张采取总括并包式立场,以确保结论不会出现理论漏洞与刑法打击空白。

(二)双维度确证模式的具体建构

1. 维度一:明确法益性质

其一,应将侵犯公民个人信息罪的犯罪属性作为考量要素之一。按照我国刑法对法定犯与自然犯的一般理解,"其犯罪构成及社会危害性的程度有明显的区别,尤其在是否直接侵害公民的个人法益这一点上,二者有着根本的不同"①。换言之,可以认为法定犯侵犯超个人法益,自然犯侵犯个人法益。虽然犯罪属性是否必然决定法益性质,学界仍存不同声音,但至少在证明力度上,犯罪属性可为法益性质的明确提供莫大帮助。

其二,侵犯公民个人信息罪的构成要件。就维度一而言,构成要件侧重于发挥违法推定机能。就违法性的本质而言,通说认为是对法益的侵害或威胁。关于构成要件与违法性的关系,违法类型说与违法有责类型说已成为多数学者的基本立场,而无论采取何种立场,均肯定构成要件的违法推定机能。② 因此,既然满足构成要件便可推定违法,而违法性的本质又是法益侵害,那么构成要件便与法益产生了实质联系。在这种逻辑下,通过对构成要件的审视,便有助于探明犯罪所侵犯的法益性质为何。

2. 维度二:明确具体法益

首先,应把握侵犯公民个人信息罪的规范保护目的。任何规范的创设都不是毫无原因的,对于立法机关而言,"只有当某种法益侵害行为具有一般预防的必要性,而且根据现行刑法不能以犯罪论处时,才需要增设新罪"③。一般认为,"所谓刑法目的,即

① 张学永:《生产、销售假药罪的刑法教义学检讨》,载《中国人民公安大学学报(社会科学版)》2018年第3期。

② 参见王充:《体系与机能之间——论构成要件与违法性的关系》,载《法律科学(西北政法大学学报)》2011年第2期。

③ 张明楷:《增设新罪的原则——对〈刑法修正案十一(草案)〉的修改意见》,载《政法论丛》2020年第6期。

国家制定刑法想要追求的结果——保护法益,亦可称为刑法的规范保护目的"①。因而,通过追寻侵犯公民个人信息罪的规范保护目的,自然有助于明确该罪的具体法益。但由于规范保护目的具有滞后性,当年所主张的规范保护目的可能已不契合当下社会发展阶段,故而,仅通过规范保护目的无法直接得出侵犯公民个人信息罪的具体保护法益,只能作为参考依据之一。

其次,还应在规范层面注意相关前置法的规定。有观点认为:"什么样的利益上升为刑法所保护的法益,取决于刑事立法者的选择,但刑事立法者不能随心所欲地决定。从法律上来说,刑事立法者的选择必须具有宪法上的根据。"②概言之,只要前置法没有明确对相关利益的保护,那么这类利益便由于前置法缺失而无法纳入刑事保护的范围。虽然该观点过于绝对,但可以通过对比前置法与刑法的规定,剖析侵犯公民个人信息罪的具体法益。

最后,还有必要参照相关司法解释。2017 年最高人民法院、最高人民检察院《关于办理侵犯公民个人信息刑事案件适用法律若干问题的解释》(以下简称《个人信息刑案解释》)的出台为侵犯公民个人信息罪的司法适用提供了参照标准。对于法益概念而言,由于其具备的解释论机能,与《个人信息刑案解释》的解释论功能不谋而合,因而通过研判《个人信息刑案解释》,也可为明确侵犯公民个人信息罪保护法益提供莫大助力。

四、侵犯公民个人信息罪复合法益说之提倡

"如何使复杂多样的个人信息实践侵犯样态与法律规范的具体保护规定相互契合,进而实现个人信息保护的规范目的,是法教义学的重要使命。"③依据双维度确证模式的路径,容易得出侵犯公民个人信息罪的保护法益为复合法益。

(一)维度一之推论:复合法益

1. 侵犯公民个人信息罪的法定犯属性

我国《刑法》第 96 条规定了"违反国家规定",通说认为,凡规定"违反国家规定"的都是法定犯。④ 侵犯公民个人信息罪的犯罪属性之所以会出现争论,在于该罪多出了"有关"二字,其含义是否与"违反国家规定"相同便存在争论。肯定论认为,"限制

---

① 马寅翔:《规范保护目的与构成要件解释》,载《中外法学》2021 年第 2 期。

② 赵春玉:《大数据时代数据犯罪的法益保护:技术悖论、功能回归与体系建构》,载《法律科学(西北政法大学学报)》2023 年第 1 期。

③ 郑泽星:《论侵犯公民个人信息罪的保护法益——场景化法益观的理论构造与实践立场》,载《清华法学》2023 年第 3 期。

④ 参见詹红星:《"违反国家规定"的宪法解释与司法适用》,载《湘潭大学学报(哲学社会科学版)》2016 年第 5 期。

信息自决权的'国家有关规定'之范围应当与《刑法》第96条完全一致"[①]。否定论则认为,增设"有关"二字实际已不当扩大了前置法援引范围,且有违罪刑法定原则,不宜作同义理解。[②] 两相比较,否定论过于追求规范表述中语句的精密性,实际已落入机械主义立场。肯定论采取较为灵活的解释向度,实则是"规范表述冲突"这一难题的正确处理方式。但笔者同时认为,若围绕词语差异展开论战,只会陷入意义有限的文字游戏,无法为确定侵犯公民个人信息罪的法益提供更多助益。有观点指出,"法定犯必然具有对前置法的违反性,反之则不然:违反前置法并不一定是法定犯,关键还是要看行为性质"[③]。若剔除"违反国家有关规定",按照如今社会一般人的理解,很难直接认为未经许可出售或提供个人信息的行为具有刑事可罚性,这类行为往往涉及民事侵权与行政违法,甚至是正常的交易或商业行为。因此,不能认为侵犯公民个人信息罪的行为方式具有先天的伦理违反性,该罪仍属于法定犯,侵犯的法益应具有超个人法益属性。

2. *构成要件要素映射出的双重法益属性*

一方面,犯罪侵犯的法益性质会在构成要件中得到体现。以故意杀人罪、强奸罪等已达成共识的侵犯个人法益的犯罪为例,我国《刑法》均未在这些罪名的构成要件内设置"情节严重"。再如,以非法经营罪、寻衅滋事罪等侵犯超个人法益的犯罪为例,其构成要件均设置了"情节严重"或"情节恶劣"。这表明,侵犯个人法益的犯罪通常无须施加限制性条件。但对于侵犯超个人法益的犯罪而言,有必要添加限制性要件以确保超个人法益不至于无序扩张。[④] 因此,侵犯公民个人信息罪因"情节严重"的设置获得了超个人法益属性。

另一方面,从价值层面讲,侵犯公民个人信息罪所侵犯的对象——公民个人信息兼具双重法益属性。第一,就个人价值而言,公民个人信息作为个体属性之外化,决定了公民对自身信息享有绝对的所有权。因此,只要侵犯公民个人信息罪所保护的对象没有变更,便断然无法否定该罪会直接或间接侵犯公民的个人权益,必须承认其个人法益属性。第二,就公共价值而言,公民个人信息"在公共空间中才存在可保护的价值,除却公共性的环境,在纯粹的各自私人领域,个人信息客观存在但缺乏交互性,不存在安全威胁"[⑤]。如今,公民个人信息复杂的应用场景与多元掌控主体[⑥]共同造就了

---

① 冀洋:《法益自决权与侵犯公民个人信息罪的司法边界》,载《中国法学》2019年第4期。

② 参见罗翔:《自然犯视野下的侵犯公民个人信息罪》,载《中国法律评论》2023年第3期。

③ 陈兴良:《妨害药品管理罪:从依附到独立》,载《当代法学》2022年第1期。

④ 参见时方:《我国经济犯罪超个人法益属性辨析、类型划分及评述》,载《当代法学》2018年第2期。

⑤ 郑延谱、邢丽珊:《功能主义刑法解释观下侵犯公民个人信息行为解构》,载《江西警察学院学报》2023年第3期。

⑥ 在如今社会,公民虽具有对自身信息的绝对所有权,但实际拥有公民个人信息的主体已不再单纯局限于公民个人,政府、高新技术企业、事业单位等主体均或多或少掌握了公民个人信息。

其公共价值的现实基础。例如,基于大数据推送技术的发展,APP 运营方在获取用户相关信息后便会精准投放定制化页面,这便体现了个人信息的商业价值。显然,仅凭个人法益属性无法妥善保护这种公共价值,只能通过超个人法益实现妥善保护。

综上所述,侵犯公民个人信息罪既包含个人法益属性,也包含超个人法益属性。从理论上讲,“当行为严重危害社会,作为国家法制的最后一道防线,刑法对犯罪行为进行惩治,这是刑法的任务”①。为使刑法惩治犯罪的任务得以继续,刑事法网须尽可能地周延,以保证不存在法律空白。基于这一立场,笔者认为侵犯公民个人信息罪保护的是复合法益。同时,沿用择一法益说的逻辑,复合法益间的关系为择一关系,以确保对两种法益的周延保护。

(二)维度二之推论:个人信息自决权+公共信息安全

1. 规范保护目的:个人信息权之否定与公共信息安全之证成

有学者在审视侵犯公民个人信息罪规范保护目的时认为,“本款规定犯罪的客体是公民对个人信息享有的权利”②。但笔者认为,上述观点值得商榷。

其一,若认为侵犯公民个人信息罪保护的是所谓个人信息权这一新型权利,将面临规范依据阙如的疑问。无论是《民法典》还是 2021 年出台的《个人信息保护法》,均未使用“个人信息权”这一术语,这表明,现有研究只停留在理论层面,尚不具备来自规范层面的支撑。并且,个人信息权过于抽象,哪怕是支持个人信息权的学者,也未明确该权利的实质内容。③ 不仅如此,过于抽象的个人信息权是否会为侵犯公民个人信息罪的司法适用带来正向反馈仍是未知数,因此,笔者不赞成将个人信息权作为该罪保护法益。

其二,随着 2015 年《刑法修正案(九)》对侵犯公民个人信息罪的修订,实际已完全打破该罪原先的规范保护目的设想。不止一位学者认为,“此类犯罪不仅严重危害公民的信息安全,而且极易引发多种犯罪,成为电信诈骗、网络诈骗以及滋扰型‘软暴力’等新型犯罪的根源……影响人民群众的安全感,威胁社会和谐稳定”④。种种迹象都表明,当下侵犯公民个人信息犯罪已经深深发生异化。同时,立法者设立侵犯公民个人信息罪的初衷在于“保护公民个人信息不被泄露,保护公民人身、财产安全和个人隐私以及正常的工作、生活不受非法侵害和干扰”⑤。由此可见,伴随犯罪形式的异化,仅保

---

① 谢光旗:《论刑法介入专利主张实体的正当性——兼评“专利敲诈第一案”》,载《法律适用》2020 年第 4 期。

② 王爱立主编:《〈中华人民共和国刑法〉释解与适用》,人民法院出版社 2021 年版,第 713 页。

③ 参见刘艳红:《侵犯公民个人信息罪法益:个人法益及新型权利之确证——以〈个人信息保护法(草案)〉为视角之分析》,载《中国刑事法杂志》2019 年第 5 期。

④ 张军主编:《刑法(分则)及配套规定新释新解》(第 9 版),人民法院出版社 2016 年版,第 1095 页。

⑤ 黄太云:《刑法修正案解读全编——根据〈刑法修正案(九)〉全新阐释》,人民法院出版社 2015 年版,第 219 页。

护公民个人权益已不再适应当前形势，其影响范围还辐射至公民个人信息的公共安全。①

2. 前置法之推论：个人信息自决权

一方面，根据《民法典》第 1034 条第 1 款的规定，自然人的个人信息受到法律保护。这表明，《民法典》保护公民个人信息的法律意义在于保障自然人之人格权益。② 同时，《民法典》第 1033 条规定了“除法律另有规定或者权利人明确同意外”；第 1035 条第 1 款第（二）项规定了处理个人信息需要“征得该自然人或者其监护人同意”。对于信息处理者而言，处理其自身信息自不待言，问题的关键在于，信息处理者在处理他人信息时的违法性依据为何？结合《民法典》第 1033 条、第 1035 条的规定可以发现，未经他人同意的收集、存储、使用、加工、传输等行为均符合该法第 1038 条关于责任的规定，需要承担相应民事责任。因而，《民法典》实际维护的并非虚无缥缈的个人信息权，而是信息所有者的知情权与同意权。

另一方面，《个人信息保护法》第 13 条规定，处理个人信息应当取得个人同意，但是有第 1 款第（二）项至第（七）项规定情形的，不需取得个人同意。有观点认为该条实际上确立了处理个人信息时的同意与默认同意。③ 并且，在《个人信息保护法》第一章中，还随处可见“基于个人同意”“未经个人信息处理者同意”“取得个人的单独同意”等术语的使用；《个人信息保护法》第 29 条、第 30 条还规定，敏感个人信息的处理必须取得个人的单独同意，也必须行使告知义务。据此，可以认为《个人信息保护法》同样维护的是公民个人信息自决权。④

3. 司法解释之推论：公共信息安全

第一，《个人信息刑案解释》第 5 条第 1 款之规定暗示需要考虑公民个人信息的安全价值。根据该条之规定，侵犯公民信息需要达到一定数量才符合侵犯公民个人信息罪“情节严重”的要求。如该款第（三）项便规定了“非法获取、出售或者提供行踪轨迹信息、通信内容、征信信息、财产信息五十条以上”的要求。事实上，如今社会早已形成了完整的针对公民个人信息的犯罪链条，动辄非法获取大量公民个人信息的案例早已司空见惯。2022 年 12 月 2 日，最高人民检察院《关于印发检察机关依法惩治侵犯公民个人信息犯罪典型案例的通知》发布，在该批 5 起典型案例中，有 4 起所涉公民个人信息数量过千条，其中 3 起所涉信息数量甚至突破万条。这表明，仅针对单人的犯罪活

---

① 参见刘宪权、房慧颖：《侵犯公民个人信息罪定罪量刑标准再析》，载《华东政法大学学报》2017 年第 6 期。

② 参见程啸：《论我国民法典中个人信息权益的性质》，载《政治与法律》2020 年第 8 期。

③ 参见张薇薇：《公开个人信息处理的默认规则——基于〈个人信息保护法〉第 27 条第 1 分句》，载《法律科学（西北政法大学学报）》2023 年第 3 期。

④ 参见李炳辉：《〈个人信息保护法〉中同意的规则建构》，载《湖北社会科学》2022 年第 8 期。

动很难达到“情节严重”的要求，只有侵犯社会不特定多数人的信息，才有达到“情节严重”标准的可能，这势必会危及社会的公共信息安全。

第二，根据《个人信息刑案解释》第5条第2款第(二)项，“造成重大经济损失或者恶劣社会影响的”，符合侵犯公民个人信息罪“情节特别严重”的要求。其中“恶劣社会影响”之表述，还可见于其他司法解释①中，反观这些司法解释所针对的罪名，无一不是侵犯超个人法益的犯罪。即便抛开其他司法解释不谈，“恶劣社会影响”表明司法机关已经注意到了侵犯公民个人信息罪不仅会侵犯公民个人的人身、财产安全，还会危及个人信息的公共安全价值。因此，在《个人信息刑案解释》规定非法获取信息数量以及采用“恶劣社会影响”表述的背后，应当认为侵犯公民个人信息罪已对公共信息安全造成侵害或威胁，仅认为侵犯公民个人权益的观点自然站不住脚。

综上，在经过上述维度一的判断后，应当认为侵犯公民个人信息罪保护的应是复合法益。后经过维度二之判断，应当认为该罪侵犯的具体法益为个人信息自决权与公共信息安全。

① 如最高人民法院《关于审理非法集资刑事案件具体应用法律若干问题的解释》(法释〔2022〕5号)、最高人民法院《关于审理走私、非法经营、非法使用兴奋剂刑事案件适用法律若干问题的解释》(法释〔2019〕16号)等。

央行数字货币视域下伪造货币罪的适用问题研究*

汪恭政**　林徽雨***

一、问题的提出

“金融科技(Fintech)的产生是金融服务与区块链、人工智能等新兴科技深度融合发展的结果”①,后疫情时代,数字经济的发展与金融科技创新及其监管制度完善密不可分。数字人民币启用后,我国的货币流通拓展为实物货币交换、加密币串转移两种形式。② 与此同时,境外的央行数字货币研发项目也在逐步拓展。在货币内涵与外延扩张的背景下,与之相关的货币犯罪规定并未随之易变,出现了一定的适用枘凿。“众所周知,伪造人民币是犯罪行为,但在数字货币领域,这还是法律空白地带。”③传统的货币犯罪是基于实物货币架构的罪名体系,伪造货币罪在其中处于核心地位;央行数字货币视域下,侵害货币公共信用④的行为则有着截然不同的行为方式,诸如私人发行加密代币,仿冒、修改官方 APP 等;相关行为是否适用伪造货币罪有关规定,存在较多疑问。

央行数字货币(Central Bank Digital Currency, CBDC)亦即法定数字货币,是加密币串发展到国家信用背书的全新形态,其技术实质是包含数额、权属、货币类型的加密字符串,具有货币形式数字化、货币地位法定化的特征。欲探究央行数字货币的发行对于伪造货币罪适用的影响,核心在于解决央行数字货币是否属于伪造货币罪

---

* 本文系“浙江省大学生科技创新计划暨新苗人才计划——(新苗人才计划)”项目(JS20229750009、JS20229750117)的研究成果。

** 浙江工商大学法学院特聘副教授、硕士生导师。

*** 浙江工商大学法学院硕士研究生。

① 〔日〕大前研一编著:《大前研一解读 AI 与 FinTech》,李贺译,中国科学技术出版社 2021 年版,第 124 页。

② 《中国人民银行法(修订草案征求意见稿)》第 19 条规定:“人民币包括实物形式和数字形式。”此处的“实物货币”指代实物形式的主权国家货币,非货币发展史上所称的贝壳、布帛等实物货币。参见钱水土主编:《货币银行学》(第 2 版),机械工业出版社 2013 年版,第 14 页。此外,“加密代币”指代包含类区块链设计的加密币串,包括以比特币为代表的虚拟代币商品等。

③ 姚前主编:《数字货币研究前沿》(第 1 辑),中国金融出版社 2018 年版,第 25 页。

④ 参见姚前:《理解央行数字货币:一个系统性框架》,载《中国科学:信息科学》2017 年第 11 期。

的犯罪对象、应当如何理解适用伪造货币罪有关规定两方面的问题。有观点指出，货币形态数字化给基于实物的罪名体系带来冲击①，现行货币犯罪体系能否兼容数字形式货币，关键问题是确认央行数字货币能否被私人创制。② 也有学者提出，央行数字货币的法定性并无疑义，如何将刑法规范延展至央行数字货币则处于实质上的空白地带。③

本文旨在对央行数字货币出现后有关伪造货币罪适用的理论进行梳理，从技术实质和法律实质的角度对央行数字货币的法律适用问题进行阐明。

二、央行数字货币是否为伪造货币罪行为对象的论争

依据最高人民法院《关于审理伪造货币等案件具体应用法律若干问题的解释(二)》第1条的规定，"伪造货币"是指仿照真货币的图案、形状、色彩等特征非法制造假币、冒充真币的行为。针对央行数字货币是否适用伪造货币罪有关规定的问题，各学者从正反两方面提出了不同观点。

(一)排除央行数字货币作为伪造货币罪的行为对象

一部分对央行数字货币属于伪造货币罪的行为对象持否认态度的学者，从技术论的角度提出，央行数字货币"不可伪造性"的设计使得伪造货币罪失去适用余地，不必将相关行为纳入刑法规制范围。有论者认为，基于改良区块链技术的央行数字货币本身具备防止交易信息篡改的反假币功能，央行数字货币的伪造行为只存在于法学家的观念讨论之中。④ 亦有论者提到，央行数字货币启用后，区块链的共享账簿机制使得伪造、变造货币的行为难以实施，利用法定货币独立性实施的相关犯罪无从实现，相关机构亦无为自身利益实施犯罪的动机。⑤

此外，有论者提出，伪造货币罪针对实物货币设立，从遵循罪刑法定的角度来看，相关规定无法适用于电子形态的货币。⑥ 例如，有论者提出，央行数字货币的地位应由法律授予，囿于前置法的级联修改尚未完成，伪造、变造央行数字货币的行为无法适用伪造货币罪。⑦ 有论者提到，央行数字货币伪造认定标准不明，相关的假币收缴、验伪印戳等措施同样缺少可操作性。⑧ 亦有论者认为，在前置法缺位的情况下，使伪造

---

① 参见张启飞:《论数字货币犯罪的刑法规制》，载《法治研究》2021年第6期。
② 参见陈璐、闫治郅:《法定数字货币的刑法规制路径研究》，载《上海法学研究(集刊)》2021年第5卷。
③ 参见潘文博:《数字货币的运行机制与法律治理》，载《清华法学》2023年第3期。
④ 参见潘文博:《数字货币的运行机制与法律治理》，载《清华法学》2023年第3期。
⑤ 参见刘少军:《法定数字货币的法理与权义分配研究》，载《中国政法大学学报》2018年第3期。
⑥ 参见姚前、汤莹玮:《关于央行法定数字货币的若干思考》，载《金融研究》2017年第7期。
⑦ 参见郑洪广、杨国民:《法定数字货币刑事立法建议》，载《惠州学院学报》2021年第4期。
⑧ 参见聂琳峰:《法定数字货币的法律风险与规制路径》，载《银行家》2022年第3期。

央行数字货币的关联行为入罪,是适应试点改革阶段金融安全管理需要、维持刑法谦抑性的应然选择。①

(二)肯定央行数字货币作为伪造货币罪的行为对象

对央行数字货币属于伪造货币罪的行为对象持肯定态度的学者指出,伪造货币罪以简单罪状的方式阐明,在货币的内涵得到拓展的背景下,对该罪中“货币”的概念进行扩张解释,合于风险社会下遵循罪刑法定、发挥刑法保护机能的价值取向。② 例如,有学者指出,伪造货币罪保护的是流通中货币的公共信用,现阶段的伪造、变造货币规范主要针对实物货币,启用电子货币后,伪造电子货币就只是伪造特定的电子数据而已。③ 亦有学者指出,央行数字货币视域下货币犯罪范围扩大,相关罪名需要更新构成要件的内容。④ 此外,还有学者认为,对央行数字货币不可伪造性的期待或将引致法定数字货币的验真标准、验真机制缺位,进而间接影响对持有、使用假币行为的准确认定,因而有必要对伪造货币罪相关前置性文件进行修改,对部分构成要件要素进行重新解释。⑤

(三)笔者的主张

笔者赞同央行数字货币作为伪造货币罪的行为对象。具体理由如下所述:

其一,技术分析不能代替法学探讨,刑事法上的“伪造行为”认定应结合前置法规定进行判断。技术论视域下,部分学者提出央行数字货币的“不可伪造性”设计使得伪造货币罪失去适用余地,此种观点以技术讨论代替法学讨论,逻辑上存在一定疑问。数字货币研究团队在研发过程中认为,央行数字货币必须综合构建数字账本技术,其安全运行依靠数字签名等强有力的技术机制。应当注意的是,技术上的“不可伪造”不等同于法律上的“不可伪造”。技术上“不可伪造”是以密码学相关机制⑥保障加密币串的唯一性、不可重复花费性的金融安全技术⑦及标准,而法律意义上的“伪造”并不要求达到官方铸币标准。换言之,即便伪造行为所制假币远低于法定货币之水准,仅能实现部分替代性支付功能,仍不影响依据前置法及刑法之规定将其评价为法律意义上的“伪造”行为。在技术创新与风险控制并存的当下,法规范的理解适用应立足于技

① 参见刘浩:《刑法解释视域下伪造“法币”行为的类型化定性》,载《江西警察学院学报》2021 年第 6 期。

② 参见陈兴良:《刑法适用总论》,法律出版社 1999 年版,第 13 页。

③ 参见张明楷:《刑法学》(第 6 版),法律出版社 2021 年版,第 983 页。

④ 参见尚柏延、冯卫国:《法定数字货币的刑法问题及其立法完善》,载《江淮论坛》2021 年第 1 期。

⑤ 参见高铭暄、王红:《数字货币时代我国货币犯罪的前瞻性刑法思考》,载赵秉志主编:《刑法论丛》(第 58 卷),法律出版社 2019 年版,第 248 页。

⑥ 参见周雷、陈善璐、鲍晶:《数字人民币前沿研究综述与展望》,载《无锡商业职业技术学院学报》2021 年第 3 期。

⑦ 参见南相浩:《CPK 户币——法币的数字化》,载姚前主编:《数字货币研究前沿》(第 1 辑),中国金融出版社 2018 年版,第 53 页。

术现实又超脱于技术现实,一方面以现有技术确定法规范应用的现实场景,另一方面亦需警惕囿于技术而忽视法学逻辑及其能动性的误区。简言之,"是否属于伪造行为"应以"是否违反货币管理规定"为标准进行判断。央行数字货币语境下,违反法律、行政法规强制性规定从事伪造、变造央行数字货币的行为,应视为符合刑法上伪造货币的危害行为要件。

其二,扩张解释符合罪刑法定原则,央行数字货币具备货币地位法定性特征,应将伪造央行数字货币、侵害货币公共信用的行为纳入伪造货币罪的范畴。此种解释方式合于刑事法报应与预防的一般目的。① 对于突破罪刑法定原则之疑虑,应当注意到,"罪刑法定原则所禁止的类推解释,是指解释者明知刑法没有将某种行为规定为犯罪,但以该行为具有危害性、行为人具有人身危险性等为由,将该行为比照刑法分则的相似条文定罪量刑。换言之,刑法所禁止的不利类推解释是超出解释范畴而创制刑法规范的行为"②。依照《中国人民银行法》等前置法修订草案所提出的法律框架,人民币包括实物与数字两种形式,将伪造货币罪中的"货币"解释为"实物和数字形式的货币"并未超出文义解释的范畴,其实质是社会发展背景下货币形式变化引致的法益保护方式级联更新。③ 故而,从社会实际角度出发,法学研究应在此基础上对伪造货币罪的危害行为、危害结果等要件的认定标准与认定方式进行阐明重述,厘清有关罪名的理解适用思路,以期在减缓刑事法不周延性造成新型金融法益保护滞后的同时,积极消除扩张解释或易引致不利类推适用的隐忧。④

三、央行数字货币作为伪造货币罪行为对象的规范适用路径

将央行数字货币归为伪造货币罪的行为对象符合罪刑法定原则和前置法的一般规定,在具体适用层面,确定伪造央行数字货币的危害行为认定标准、危害结果认定标准是理解伪造货币罪的关键。

(一)伪造央行数字货币的行为认定

从技术实质来看,央行数字货币是包含数额、权属、货币类型等字段的加密币串⑤,如我国的数字人民币、加拿大的 Jasper、新加坡的 Ubin 等。"数额"是指币串所

---

① 参见〔德〕安塞尔姆·里特尔·冯·费尔巴哈:《德国刑法教科书》,徐久生译,中国方正出版社 2010 年版,第 4 页。

② 参见张明楷:《罪刑法定与刑法解释》,北京大学出版社 2009 年版,第 97 页。

③ 参见钱水土主编:《货币银行学》(第 2 版),机械工业出版社 2013 年版,第 7 页。

④ 参见刘军:《网络犯罪治理刑事政策研究》,知识产权出版社 2017 年版,第 130 页。

⑤ 参见吴狄、刘亚、柏语蔓:《中央银行数字货币研究:原型系统与技术解决方案》,载《信息安全与通信保密》2021 年第 5 期。

代表的流通中单位央行数字货币的数量；“权属”字段标识特定数量央行数字货币的权利归属情况；“货币类型”亦称货币代码，用以指代特定的主权货币、私人加密代币、央行数字货币类型，如美元（USD）、人民币（CNY）、比特币（BTC）、以太币（ETH）等。

伪造央行数字货币的行为认定，应当把握其技术实质对构成要件进行重新解释。伪造央行数字货币是针对加密币串的数额、权属、货币类型等货币特征字段进行增添、修改、删除，或以私人加密代币冒充法定数字货币的行为。简言之，伪造货币罪包括伪造真币、以假币冒充真币两种行为方式，其一般危害结果为使具备央行数字货币近似特征的币串数额增加、币串类型变化、交易过程改变等；在境内外央行数字货币发展的背景下，以他国央行数字货币为犯罪对象的也应归于伪造货币罪的范畴。

认定伪造货币行为需注意，伪造不具备币串特征的系统、数据，如电子钱包、消费代券等，不构成伪造货币罪。

其一，伪造数字人民币钱包等支持设施不构成伪造货币罪。目前，我国的数字人民币钱包可分为两种类型，其中“软钱包”是指数字人民币 APP，“硬钱包”则指具有近场通信功能（NFC）的支付磁卡。针对数字人民币钱包的伪造包括仿冒官方 APP、修改官方 APP 功能等行为。有学者提出，伪造央行数字货币包括伪币串存入真钱包[①]、伪币串存入假钱包等类型[②]。也有学者提出，实物货币伪造主要是外观伪造，央行数字货币伪造也存在转向功能伪造的可能性。[③] 上述观点从不同角度对伪造钱包的情况进行了分析，但应强调的是，央行数字货币是具备货币属性的加密币串，而电子钱包只是存储加密币串信息的特定金融应用程序，性质上是支付结算的支撑性工具，不具有货币地位及相应职能。[④] 软钱包中特定数据的伪造可以独立于 APP 存在，已写入硬钱包的币串数据也能够再次读取修改，将二者等同视之的观点存在技术认识上的错误。对央行数字货币的伪造指向加密币串及其流通，单纯伪造电子钱包的行为仅指向货币管理秩序，将后者视为伪造货币罪的对象存在超出刑法条文规定创制规范之嫌。针对电子钱包的外观伪造与亮相金问题[⑤]类似，对流通不构成影响，只有针对加密币串进行伪造才涉嫌构成货币犯罪。一言以蔽之，单纯伪造电子钱包不构成伪造货币罪，应依实际情况认定所涉及的诈骗罪等罪名。

其二，伪造数字人民币红包等消费代券不构成伪造货币罪。我国的“数字人民币

---

① 参见张启飞：《论数字货币犯罪的刑法规制》，载《法治研究》2021 年第 6 期。

② 参见梅传强、曾婕：《私人数字货币犯罪刑法规制研究》，载《西南政法大学学报》2020 年第 6 期。

③ 参见何阳阳：《数字人民币背景下金融犯罪的刑法应对》，载《上海法学研究（集刊）》2021 年第 5 卷。

④ See Frederic S. Mishkin, The Economics of Money, Banking, and Financial Markets, Pearson Addison Wesley, 2004, pp. 44-46.

⑤ 参见张明楷：《外国刑法纲要》（第 3 版），法律出版社 2020 年版，第 627 页。

红包”是试点改革阶段发放的政府消费券,其本质是商业银行的负债。[①] 从 2020 年 10 月开始,罗湖、福田、雄安新区等地的试点工作领导小组都陆续开启了大规模的“数字人民币红包”测试活动,数额达到千万级。[②] “数字人民币钱包中的货币使用严格限定于特定时间段内在指定商家消费,明确规定‘不能转给他人或兑回至本人银行账户’。故已进行的数字人民币‘红包’实验并非一个市场化的法定货币发行过程。”[③]简言之,我国的数字人民币红包是与央行数字货币具有相等价值的电子消费券,此类消费代券在性质上并非央行数字货币,不能成为伪造货币罪的犯罪对象。伪造数字人民币红包等央行数字货币消费代券,危害计算机信息系统安全、扰乱金融市场秩序的,应按照实际所构成的罪名定罪。

(二)伪造央行数字货币的结果认定

伪造货币罪的法益是流通中货币的公共信用,涵盖了流通中加密币串的真实性信用。[④] 从法益角度对伪造货币罪的适用进行考察,有助于解决两方面的问题。

第一,以侵犯货币信用作为构罪标准,有利于准确认定实践中出现仿冒央行数字货币、私人加密代币开展传销诈骗活动的案件的性质。当前,世界范围内的央行数字货币多处在试运行或研发阶段,未经发行的央行数字货币尚不具备国家信用背书,对其仿冒不构成伪造货币罪。例如,我国试点改革阶段并未正式发行央行数字货币,该阶段的数字人民币仅支持简单的储蓄支付功能,亦不真正附着国家信用背书,将相关案件认定为传销、诈骗类犯罪而非伪造货币罪,是依法打击破坏金融管理秩序犯罪的应然路径,典型如 2016 年“赵勇等组织、领导传销活动案”[⑤]。对于境外央行数字货币,多数国家仍处在研发或试运行阶段,伪造未发行的境外央行数字货币,因不存在流通中的货币信用,亦不构成伪造货币罪,应以实际所涉的诈骗等罪名认定。

此外,境外合法的私人加密代币,产生之初即不具备国家信用背书,相关伪造行为不应认定为伪造货币罪。当前,各国对私人加密代币的监管存在差异,英国[⑥]、德国[⑦]、日本[⑧]等

---

① 参见柯达:《数字人民币的理想与现实——基于对深圳数字人民币试点活动的观察》,载《金融法苑》2020 年第 4 期。

② 参见《数字人民币“多地开花”试点提速》,载《中国品牌与防伪》2021 年第 1 期。

③ 胡坤:《零售型央行数字货币的实践难点——基于数字人民币“红包”实验的思考》,载《经济学家》2021 年第 6 期。

④ 参见刘宪权:《货币犯罪若干司法疑难问题探析》,载《犯罪研究》2008 年第 2 期。

⑤ 参见江苏省南通市崇川区人民法院(2016)苏 0602 刑初 666 号刑事判决书。

⑥ See K. F. Kelvin, Ernie Teo Low, Bitcoins and Other Cryptocurrencies as Property? 9 Law, Innovation and Technology 235, 264 (2017).

⑦ Vgl. Deutscher Bundestag, Chancen und Risiken der Anerkennung des Bitcoin als gesetzliches Zahlungsmittel , WD 4-3000-069/21, 2021, S. 4.

⑧ 「金融商品取引法」「犯罪収益移転防止法」による。日本金融庁「暗号資産に関するトラブルにご注意ください」による,https://www.fsa.go.jp/news/r2/virtual_currency/20210407.html。

国家承认其为合法支付方式，俄罗斯①、厄瓜多尔②等国家未承认私人加密代币的合法地位。③ 总体而言，各国普遍指出，比特币不是国家信用背书的合法货币，应当谨慎实施风险投资行为。惩治制售境外假币的最终目的仍在于保护本国货币公共信用。④ 境外合法的私人加密代币，其本身非经央行发行，不具备国家信用背书，伪造私人加密代币行为不构成伪造货币罪，只能以具体行为所构成的传销、诈骗等相关罪名进行处罚。

第二，以侵犯货币信用作为构罪标准，有利于细化仿造货币罪危害结果的具体认定标准。金融学意义上，货币流通是以个人、企业、财政及机关团体、金融机构、对外经济联系为中心紧密联结的货币收支系统⑤，体现生产消费环节中经济事件的连续性序列⑥。由于实物货币交换依赖于人工核验，因而"伪造必要之模拟程度，亦以使一般之人信为真货而用之之程度为足"⑦，能够达到一般人不易察觉的主观标准即可。央行数字货币时代，加密币串的验真机制依赖于密码学方法⑧，对其危害结果的判断需以货币信用为中心，区分不同情况予以探讨。

一方面，对于以私人加密代币冒充央行数字货币的行为，可以主观标准判断。此种伪造行为事实上形成游离于央行数字货币监管体系之外的替代性非法支付结算系统，在不通过官方应用程序进行交易的情形下，可不受检验机制限制，故沿用足以混淆的主观标准进行判断即可。目前，我国已实施的针对私人加密代币的严格管理措施利于维护央行数字货币的法定地位。2013 年，中国人民银行、工业和信息化部、中国银行业监督管理委员会、中国证券监督管理委员会、中国保险监督管理委员会《关于防范比特币风险的通知》指出，比特币不具有强制性、法偿性等货币属性，不具有与货币同等的法律地位，不能且不应作为货币在市场上流通使用。

另一方面，对加密币串的货币特征字段进行增添、修改、删除的行为，应当衡量伪造币串在客观层面上是否具备一定的替代支付性。具体而言，伪造币串的运行效果可分为如下情况：①形式上相似而实际上完全无法支付结算；②能够在真实系统中运行但效果与法定货币存在差异；③能够在真实系统中运行且达到与法定货币难以分辨的程度。客观构成要件方面，伪造币串是否具备替代支付性直接影响伪造货币罪的成立

① See R. M. Yankovsky, Cryptocurrency in Russian Law: Surrogates, "Other Assets" and Digital Currency, 1 Legal Issues in the Digital Age, 19-24 (2020).

② See FATF, International Standards on Combating Money Laundering and the Finance of Terrorism & Proliferation, FATF (13 January 2023), www.fatf-gafi.org/en/publications/Fatfrecommendations/Fatf-recommendations.html.

③ See Andrés Arauz, Rodney Garratt, Diego F. Ramos F. C, Dinero Electrónico: The Rise and Fall of Ecuador's Central Bank Digital Currency, 2 Latin American Journal of Central Banking 1, 3-7 (2021).

④ 参见刘宪权：《金融犯罪刑法学原理》(第 2 版)，上海人民出版社 2020 年版，第 159 页。

⑤ 参见黄达：《货币银行学》，中国人民大学出版社 2017 年版，第 4 页。

⑥ See Georg Simmel, The Philosophy of Money, Routledge, 2004, pp. 91-92.

⑦ 〔日〕牧野英一：《日本刑法通义》，陈承泽译，中国政法大学出版社 2003 年版，第 140 页。

⑧ 参见姚前：《数字货币的前世与今生》，载《中国法律评论》2018 年第 6 期。

与否。在情况①中,行为人所伪造的加密币串事实上完全无法对央行数字货币的流通秩序造成影响,从法益侵害的角度来看,该行为不构成伪造货币罪。① 在情况②中,行为人所伪造的加密币串能够在一定时空范围内对央行数字货币产生替代性影响,影响了真实货币的信用,符合伪造货币罪的危害结果要件。情况③是更加难以辨认的伪造货币的情形,亦对货币信用造成侵害。简言之,若伪造币串具备一定的支付替代性,能够在特定系统中部分替代央行数字货币的支付结算功能,即可认定对流通中的货币信用存在侵害可能性,符合危害结果特征。

四、结语

央行数字货币具备两个核心特征,"货币形式数字化"是指央行数字货币的技术实质是包含数额、权属、货币类型等信息的加密币串,"货币地位法定化"是指央行数字货币是加密代币加诸国家信用背书的全新形态。在货币内涵发展的背景下,将伪造货币罪的行为对象解释为"实物形式与数字形式的货币"符合罪刑法定的要求。在此基础上,笔者结合央行数字货币的技术特征与法律特征,对伪造央行数字货币构罪的两个核心构成要件进行了解释:"危害行为"方面,伪造央行数字货币是指对加密币串的货币类型、数额、权属信息等特征字段进行增添、修改、删除,或以私人加密代币冒充央行数字货币的行为;"危害结果"方面,成立伪造货币罪必须足以对货币信用造成侵害,具体表现为具备一定的替代支付性,能够在一定时空范围内持续流通转移。此种解释方法兼顾了货币形态发展的现状与罪刑法定的要求,可在央行数字货币发展背景下为伪造货币罪的理解适用提供参照思路。

① 参见〔日〕前田雅英:《刑法总论讲义》(第6版),曾文科译,北京大学出版社2017年版,第24页。

数智时代对个人信息的刑事立法保护

——基于 GDPR 的反思

张家铭*

一、"个人信息"的界定

无论是立法还是理论,对"个人信息"内涵的界定并不统一①,不同的价值取向导致立法侧重点不同。澳大利亚的相关立法更突出个人信息的识别性,其《隐私法》(Private Act)规定,"个人信息是指能识别个人或可以识别个人的信息或目标"②。欧盟则更注重保护范围的广度,根据《通用数据保护条例》(General Data Protection Regulation,GDPR)的规定,个人信息是与个人有关的一切信息。③

我国对"个人信息"在刑事法律、民事法律中的规定不完全相同。在学理上,关于个人信息的法益内涵,主要有以下两种学说:一是以王利明教授为代表的人格权说④;二是兼有人格、财产和隐私等属性的个人信息自决权说⑤[最先使用"个人信息自决权"这一表述的是德国学者施泰因米勒(Steinmüller)]。刑法上的信息分类采用三分法,即将信息分为敏感信息、重要信息和一般信息。⑥ 刑事法律中"个人信息"的范围最小,因违反刑法所承担的刑事法律责任最为严苛⑦,这也符合刑法的谦抑性,是"妥当的处罚"⑧。《民法典》《网络安全法》对"个人信息"的认定相似,不同的是,《民法典》更强调识别"特定自然人"的各种信息,《网络安全法》对"个人信息"的认定则重点强调

---

* 长春师范大学政法学院副教授。

① 参见韩强、吴涛:《个人信息权的内涵、逻辑与体系建构》,载《北京航空航天大学学报(社会科学版)》2022 年第 1 期。

② Robert B. Smith, M. Perry, N. Smith, Three Shades of Data: Australia, Philippines, Thailand, 1 Singapore Journal of Legal Studies, 76-99(2021).

③ See General Data Protection Regulation, accessed Aug. 7, 2023, https://gdpr-info.eu.

④ 参见王利明:《论个人信息权的法律保护——以个人信息权与隐私权的界分为中心》,载《现代法学》2013 年第 4 期。

⑤ 参见周光权:《侵犯公民个人信息罪的行为对象》,载《清华法学》2021 年第 3 期。

⑥ 参见张新宝:《论个人信息权益的构造》,载《中外法学》2021 年第 5 期。

⑦ 参见高铭暄、赵秉志、袁彬编著:《新中国刑法学研究 70 年》,中国人民大学出版社 2019 年版,第 716 页。

⑧ 参见张明楷:《网络时代的刑法理念——以刑法的谦抑性为中心》,载《人民检察》2014 年第 9 期。

自然人“个人身份”,属于狭义的“个人信息”,没有明确规定“涉及公民个人隐私的信息”属于个人信息。《个人信息保护法》排除匿名化处理后的信息,匿名化处理后的信息不具有识别性,但这只是排除识别性的一种方式,所以,根据现行法律,《民法典》和《个人信息保护法》中的“个人信息”属于广义的范围。除刑事领域外,对“个人信息”的定义应统一认定,以免在实践中出现“同案不同判”,为最大限度地保护个人信息,宜采用最广泛的定义。

二、中欧个人信息的立法保护现状

在当下,个人信息已经成为法学、图书情报学等学科研究的重点之一,虽然对于“个人信息”的界定还存在争议,但保护个人信息的必要性已经成为共识。我国已经明确将个人信息作为公民的基本民事权利予以保护,以《民法典》《刑法》《个人信息保护法》等法律为主体结合其他法规,从不同角度、层次保护个人信息。以欧盟为代表的立法模式偏重对个人信息权的保护。

(一)以欧盟为代表的个人信息权保护

欧盟自 1977 年德国颁布《联邦数据保护法》以来,从风险预防的角度出发,采用专门立法的模式,将个人信息处理视为一项具有潜在危害的活动,并将保护人格尊严作为个人数据保护立法的价值基础。欧盟强大的监管能力,独特的全球市场地位,对法律移植方法的有效运用,以及欧洲综合法律体系的支撑,共同促成了欧盟数据保护法在全球范围的传播。① GDPR 于 2016 年 4 月发布,延后 2 年才生效是给企业留下调整的期间,为 GDPR 的实施做好准备。GDPR 共计 11 章 99 条,其主要内容如下:

首先,明确相关概念。根据第 4 条的规定,个人数据是与身份或可识别的自然人相关的信息,包括姓名、可识别的号码、定位数据、网络身份或与身体、医疗、基因、精神、经济、文化、社会身份相关的一个或多个因素。根据第 9 条的规定,敏感的个人数据包括与种族、宗教信仰、基因或健康、政治观点相关的数据和性取向。数据接收者(Controller of Recipient Data)是接收个人数据的自然人、公共机关、机构或其他主体。②

其次,增加数据控制者和数据处理者,架起互联网平台与用户间的桥梁,肩负保护用户信息的重任。数据处理者(Controller of Personal Data)是代表数据控制者实际上处理个人数据的自然人、公共机关、机构或其他主体。数据处理者享有 1 个月的数据

① See Paul M. Schwartz, Global Data Privacy: The EU Way, 94 New York University Law Review, 771-818 (1950).

② See A. Roos, The European Union's General Data Protection Regulation (GDPR) and Its Implications for South African Data Privacy Law: An Evaluation of Selected "Content Principles", 53 Comparative and International Law Journal of Southern Africa, 1-37(2020).

主体查阅权,采取适当的安全措施保护所收集的个人信息;定时检查并删除不需要的个人信息;如有破坏在72小时内向信息专员办公室(ICO)报告。数据控制者(Processor of Personal Data)是名义上有权决定处理个人数据的方式和目标的人、公共机关、机构或其他主体,负责明确提醒收集个人数据,包括每条数据的显著提示,确定目的和处理个人数据的时间以及存储数据的规则和删除的政策。

再次,确立如下数据保护原则①:个人数据须是以合法(为特定目的且必要)、相当(与欧盟法的比例原则一致)且透明(被采集人知道自己的数据被采集,知道被采集的内容)的方式被采集;采集个人数据的目的须具体、明确且合法(所有的法律法规);数据最小化原则;精准原则;存储限制原则;完整且保密原则;责任原则。

最后,细化规定,明确法律责任。第一,欧盟成员国不需要改变自己的法律,GDPR直接对各成员国有约束力;具有域外效力,适用"长臂"管辖原则,即企业只要违规,无论是否在欧盟境内,都会被处罚。② GDPR不仅对成员国的公司有约束力,而且可以适用于与成员国有关联的外国公司(只有数据主体不在欧盟或处理的服务、货物以及行为监测都不在欧盟的,才不适用GDPR)。第二,明确规定平台不享有用户数据的所有权,用户数据属于用户个人。用户的同意是平台收集、使用数据及利用数据进行其他商业行为的前提条件。这也警示包括我国在内的其他国家的公司需要对数据谨慎收集、处理、使用。第三,对敏感信息规定特殊保护。如果处理敏感信息,需要在满足第6条的前提下,符合第9条的特殊规定:要保留敏感的个人数据,数据收集者的名称及联系方式,处理数据的目的和法律基础,持有数据的种类和数据对象的种类,数据共享者,保留数据的时长,为保护数据所采取的安全措施。GDPR设置的数据保护专员(Data Protection Officer)负责企业数据保护合规,并且可单独或与其他机构合作开展隐私影响评估。数据保护专员有权要求查看以上记录来确保数据收集者遵守规定。如果想用于其他目的,需要再次经被收集人同意,收集敏感信息需要被收集人的签名。如果违反规定,公司会被处以最高全球收入4%的处罚。第四,提高对国际数据传输的充分性要求,程序上更为严密、复杂。在实施1995年《数据保护指令》期间,是否满足"充分性"由成员国一级监管机构作出决定,在没有特别要求的情况下,可以直接向白名单上的国家发送信息,而在GDPR实施后,这项权力移交至"欧盟委员会体系"成员国代表及欧洲委员会委员。

(二)我国个人信息保护刑事立法现状

欧盟在数据立法方面,为不同主体、不同数据类型、不同交易场景细化规范的思路

---

① See A. Roos, Data Protection Principles Under the GDPR and the POPI Act: Comparison, Tydskrif vir Hedendaagse Romeins-Hollandse Reg, 86 Journal for Contemporary Roman-Dutch Law, 1-26(2023).

② 参见魏育成:《欧盟迎史上最严数据监管》,载中国经济网,http://www.ce.cn/cysc/ztpd/2018/jjdh/qy/201805/18/t20180518_29182237.shtml,2023年5月20日访问。

值得借鉴,我国也已经开始制定、出台类似规范。2023年《网络安全标准实践指南——人脸识别支付场景个人信息保护安全要求(征求意见稿)》发布,《信息安全技术 个人信息跨境传输认证要求(征求意见稿)》发布,拟修订《电信和互联网用户个人信息保护规定》等。①

敏感个人信息是个人信息保护的重点之一,我国采用的是"定义+列举"的模式界定其范围,《个人信息保护法》将容易导致自然人的人格尊严受到侵害或者人身、财产安全受到危害的个人信息,包括生物识别、宗教信仰、特定身份、医疗健康、金融账户、行踪轨迹等信息,以及14周岁以下的未成年人信息纳入敏感个人信息的范围,予以特别保护,这是创新性的特色规定。综合现行各国法律的规定,敏感个人信息是根据具体情形判断具有敏感性,涉及人格权益、人身财产安全,且被侵害后不易恢复的个人信息。② 违反敏感个人信息规定的行为多种多样,主要集中在非法爬取公民个人信息、非法收集生物识别信息、利用技术侵害公民权利等。非法爬取公民个人信息行为主要由《刑法》第253条之一侵犯公民个人信息罪来规制,其重点是判断爬取的数据是否属于公民个人信息。从司法实践来看,在具体案件中仍然存在对"公民个人信息"认定的争议,主要涉及三个问题:一是公民个人信息的主体是否以国籍为标准,限于本国公民;二是公民个人信息的关联程度的标准;三是公民个人信息是否包括公开信息。③ 侵犯公民个人信息罪的主体不是特殊主体而是一般主体,保护的范围较广,《个人信息保护法》作为此罪的前置性规范没有明确规定相关概念的范围和判断标准,所以,需要更加体系化和规范化的解释或规定,在网络数据的范围内区分个人信息和个人数据的同时又能实现二者的关联保护,解决刑法与行政法的衔接问题,构建完整的网络数据信息保护模式。

三、数智时代个人信息面临的风险

党的二十大报告为个人信息保护工作指明了正确方向,强调加强个人信息保护有助于提高公共安全治理水平。④ 科学技术的进步使人们的生活进入数智化时代,数智化有以下特征:一是以海量数据为基础;二是应用于系统决策与运筹;三是场景化解决问题;四是新技术,即大数据融合人工智能技术发展,利用数字化模拟人类智能,实现

---

① 参见申卫星:《论个人信息保护与利用的平衡》,载《中国法律评论》2021年第5期。

② 参见周艳:《敏感个人信息保护的比较法研究》,载《中阿科技论坛(中英文)》2023年第2期。

③ 参见喻海松:《侵犯公民个人信息罪的司法适用态势与争议焦点探析》,载《法律适用》2018年第7期。

④ 参见习近平:《高举中国特色社会主义伟大旗帜 为全面建设社会主义现代化国家而团结奋斗——在中国共产党第二十次全国代表大会上的报告》。

数智融合。[①] 数智时代人们的生活更便捷,但同时个人信息面临诸多风险,个人信息保护的难度升级。

(一)个人信息被泄露的危险性增加

数字化、智能化、网络化和移动化是数智时代的主要特征,技术迭代更新,进一步推动数据移动,处理信息更迅速,攻击者利用日常对数据的依赖性,数据泄露的范围也随之扩大,个人信息被泄露的风险大幅提高。荷兰网络安全公司 ThreatFabric 发布的报告显示,在 2022 年 1—5 月,移动端的软件中伪装成安全、无害的软件骗取用户下载、传播病毒的恶意软件数量增加了 40% 以上。[②] 2020 年 3 月,5.38 亿微博用户及其个人信息,包括真实姓名、网站用户名、性别、位置和电话号码被攻击者在暗网以 250 美元的价格出售;2021 年 6 月,黑客通过数据抓取技术转储职业网络巨头领英(LinkedIn)7 亿用户的信息数据集。[③]

(二)个人信息被侵害的范围更广

智能化、移动化进一步推动社交网络的发展,与此同时,社交网络上的个人信息量更大,涉及个人的身份、电话号码、住址、关系网、家庭成员、工作信息等。海量的数据涉及一般个人信息、重要个人信息、敏感个人信息,一旦泄露,不再是某部分数据,而是与之相关的所有人的全部信息,涉及的范围非常广。

(三)个人信息被侵害的危害结果更严重

数智时代新技术推广,人们对网络的依赖使收集个人信息变得更为容易,数智化所需要的海量数据使个人信息更易受到侵害。敏感个人信息中如脸部、指纹等生物识别信息不可替代且唯一,一旦泄露将难以恢复正常的生活秩序。数智时代,信息犯罪异化,侵害个人信息往往伴随着其他犯罪,既包括绑架、诈骗、猥亵等传统犯罪,也涉及网络犯罪。[④]

四、保护的建议

(一)提高法法衔接

在比较法上,个人信息保护立法趋向统一,但具体制度是基于本国国情进行设

---

① 参见夏苏迪等:《数智时代的算法素养:内涵、范畴及未来展望》,载《图书情报知识》2023 年第 1 期。

② 参见杜亦航、王玲玲:《数智化转型背景下的移动端安全防护研究》,载《数字通信世界》2023 年第 1 期。

③ 参见《21 世纪最严重的 15 起数据泄露事件》,载"e 安在线"微信公众号 2022 年 11 月 15 日。

④ 参见童德华、赵莹莹:《个人信息安全的刑法保护》,载《信息技术与管理应用》2023 年第 2 期。

计与配套。[①] 我国对个人信息的救济机制主要有公益诉讼制度、行政监管措施、刑事制裁与民事侵权制度,构成多层次的立体保护,因此,涉及法律衔接、法律适用的顺序问题,应当遵循"先民后刑"有序适用,修改不适应个人信息保护需求的法律法规,提高法律、行政法规与《个人信息保护法》《刑法》《民法典》的衔接,实现应有的法律效果。

1. 刑行衔接

《个人信息保护法》第66—68条对违法处理个人信息的行为与未履行安全保护义务分别予以评价,前者适用行政监管措施,后者有可能涉及渎职罪这种不作为犯罪。《刑法》中侵犯个人信息的罪名是侵犯公民个人信息罪,犯罪对象是违法处理个人信息的行为。在实践中,无论是适用行政监管措施还是刑罚,关于《个人信息保护法》中的"情节严重情形",应结合《刑法》第253条之一和最高人民法院、最高人民检察院《关于办理侵犯公民个人信息刑事案件适用法律若干问题的解释》(以下简称《个人信息刑案解释》)进行解释,以避免适用的不统一。

2. 刑民衔接

在侵害个人信息案件中,具有刑事违法性意味着一定有民事违法性,《民法典》第1036条规定的三种免责事由在理论上可以成为出罪事由。[②] 违法处理个人信息的行为情节严重,有严重的社会危害性则由刑法规制。有侵害个人信息的行为,造成对他人的损害结果,且二者间有因果关系,则适用民法。但实践中,有的法院发生重复评价,如对同一对象同时适用消除危险、损害赔偿这样的侵权责任与刑事中的没收、退赔,有的法院则择一适用[③],造成"同案不同判"的结果。

3. 公益诉讼与刑法的衔接

保护个人信息的公益诉讼包括民事公益诉讼和行政公益诉讼,2022年检察院办理的个人信息保护公益诉讼案件6000余件[④],与2021年相比增加了约4000件[⑤],个人信息案件的数量大幅增加,检察院办理个人信息保护公益诉讼案件的压力增大。学界关于侵犯公民个人信息罪的法益存在个人法益观与超个人法益观之争,前者认为该罪的保护法益是公民个人信息权,后者认为该罪的保护法益是公共信息安全或者其他集体法益。根据对个人信息权内涵的不同理解,个人法益观存在两派,分别为私法法益观

---

① 参见谭佐财、冉克平:《论个人信息保护机制的衔接路径》,载《新疆社会科学》2023年第2期。

② 参见孙国祥:《民法免责事由与刑法出罪事由的互动关系研究》,载《现代法学》2020年第4期。

③ 参见谭佐财、冉克平:《论个人信息保护机制的衔接路径》,载《新疆社会科学》2023年第2期。

④ 参见《最高检个人信息保护检察公益诉讼典型案例保护个人生物识别信息》,载最高人民检察院官网,https://www.spp.gov.cn/spp/xwfbh/wsfbt/202303/t20230330_609756.shtml#1,2023年8月7日访问。

⑤ 参见《2021年检察机关办理个人信息保护领域公益诉讼2000余件》,载最高人民检察院官网,https://www.spp.gov.cn/spp/ttzgjgzbg/202203/t20220308_548027.shtml,2023年8月7日访问。

与公法法益观,前者强调个人信息权的排他性,认为是个人信息自决权;后者以“公民权利—国家义务”为切入点,认为是个人信息受保护权。① 在司法实践中应遵循以保护超个人法益为原则,以保护个人信息自决权为例外的理念。根据《民事诉讼法》第 58 条,提起民事公益诉讼的关键是侵害社会公共利益,《个人信息保护法》第 70 条规定“侵害众多个人的权益”是提起公益诉讼的后果要件。所以,提起公益诉讼既要损害社会公共利益也要满足侵害众多个人的权益。关于“侵害众多个人的权益”是侵害多人的权益还是侵害的人不多但权益多,并无明文规定,但根据刑法解释的原则,宜理解为侵害的人或权益只要有一项数量众多即可满足《个人信息保护法》第 70 条所规定的“侵害众多个人的权益”。

(二)完善侵犯公民个人信息罪

为避免实践中出现司法裁量与应然规范的偏离,首先,要明确“个人信息”的内涵。个人信息的法益属性具有复合性特征:一是多主体权利。个人信息的法益不仅属于初始信息主体,也属于依法收集、使用个人信息的其他主体。这体现为初始信息主体享有对个人信息的自主支配权和其他主体在法律框架下享有的信息使用权之间的平衡。二是多重内容。个人信息权的重要内容之一是个人信息安全,但个人信息法益的内涵远不止于此。它还包括个人信息主体的人格尊严、社会评价、个人隐私等多方面利益,甚至上升到国家安全层面。如上文所述,刑法意义上的“个人信息”有以下特征:一是可存储性即可记录;二是可识别性即识别特定自然人;三是有效性,这也是构成侵犯公民个人信息罪的要件之一。张新宝教授将匿名化处理后的信息排除在个人信息之外。② 基于此,个人信息划分为一般个人信息与敏感个人信息。敏感个人信息分为不满 14 周岁未成年人的个人信息;泄露或者非法使用容易导致自然人人格尊严受到侵害的个人信息;泄露或者非法使用容易导致自然人人身、财产安全受到危害的个人信息。周光权教授认为刑法应该直接采用《个人信息保护法》的个人信息分类方案③,即个人信息具有可识别性,属于有效的信息,对某些信息凸显与个人行动自由的关联性,弱化可识别性。程啸教授认为《民法典》《个人信息保护法》明确了哪些属于个人信息民事侵权行为,进而为刑法入罪提供了正当性基础与依据。④

其次,细化敏感个人信息类型。2023 年最高人民检察院发布的 8 起个人信息保护

---

① 参见欧阳本祺:《侵犯公民个人信息罪的法益重构:从私法权利回归公法权利》,载《比较法研究》2021 年第 3 期。

② 参见张新宝:《〈个人信息保护法〉的实施及隐私计算治理》,载《华东政法大学学报》2022 年第 3 期。

③ 参见周光权:《侵犯公民个人信息罪的行为对象》,载《清华法学》2021 年第 3 期。

④ 参见《周光权、张新宝、刘艳红、程啸、姜涛:关于侵犯公民个人信息民刑边界的讨论》,载《民主与法制周刊》2021 年第 35 期。

检察公益诉讼典型案例中,涉及个人生物识别信息的案件有3起,约占37.5%①。2022年最高人民法院发布的第35批指导性案例中有23%涉及个人生物识别信息。② 生物识别信息包括面部、指纹、声纹等可识别个人且唯一的信息,不可替换,一旦泄露将难以恢复。最高人民法院指导性案例192号“李开祥侵犯公民个人信息刑事附带民事公益诉讼案”中,法院明确人脸识别技术处理或生成的人脸信息有高度的可识别性,所以,《刑法》规定的“公民个人信息”包括此类信息。③ 人脸信息的泄露会造成公众恐慌,泄露的原因如下:一是公权力组织的号召力强,其收集行为推动刷脸设备的推广;二是非法获取者通过采集他人面部数据制作3D模型或面具来伪造篡改他人的网络身份。④ 根据《个人信息刑案解释》第5条,对公民个人信息进行分级保护,各类公民个人信息有各自的入罪标准,主要是数量上的区别,50条以上的高度敏感个人信息构罪,500条以上的一般敏感个人信息构罪,普通个人信息达到5000条以上的入罪。这种对敏感信息的分类由于缺少兜底条款,虽然符合刑法的确定性但无法随着技术的发展而符合现实情况。以身份证号码为例,无论是《个人信息刑案解释》《民法典》还是《个人信息保护法》都没有将其列为敏感信息,但身份证号码非常容易被获取,如在疫情期间,进入写字楼都需要填写,但保存并不妥当,可以看到填写页面上其他人的身份信息。在生活中,快递服务需要身份证信息,但极易被泄露。身份信息具有唯一性和不可替代性,符合敏感信息的本质特征,因此,也应当纳入敏感信息的范畴。公民个人信息划分为高度敏感个人信息和一般敏感个人信息的标准,应当借鉴欧盟数据立法的总体逻辑,根据不同交易场景予以细化,以对公民个人及社会影响的大小、恢复原状的难易程度,综合具体情节进行弹性划分。

最后,调整定罪标准。侵犯公民个人信息罪是通过保护公民的个人信息来保障信息背后的人身、财产权利,只有对指纹、身份证号码等个人信息的侵犯达到危及他人的人身、财产权利的程度,才属于实质上的法益侵害,符合该罪构成要件中的“情节严重”,否则不构成该罪,该罪属于具体危险犯。⑤ 信息分级保护需要调整相应的量刑,如侵犯人脸信息的,受害人唯有“变脸”才能阻断信息的泄露,进而消除因此产生的负面影响,所以,侵犯高度敏感信息如人脸信息的,应当作为“情节特别严重”加重处罚,以

---

① 参见《保护个人信息安全 最高检发布个人信息保护检察公益诉讼典型案例》,载中国消费网,https://www.ccn.com.cn/Content/2023/04-03/1719428015.html,2023年8月7日访问。

② 参见《最高人民法院关于发布第35批指导性案例的通知》,载最高人民法院官网,http://gongbao.court.gov.cn/Details/f99fbda36fc973edf2ba8f67e69dc6.html,2023年8月7日访问。

③ 参见《指导性案例192号:李开祥侵犯公民个人信息刑事附带民事公益诉讼案》,载最高人民法院官网,https://www.court.gov.cn/shenpan/xiangqing/384411.html,2023年8月7日访问。

④ 参见胡凌:《刷脸:身份制度、个人信息与法律规制》,载《法学家》2021年第2期。

⑤ 参见罗翔:《论人脸识别刑法规制的限度与适用——以侵犯公民个人信息罪指导案例为切入》,载《比较法研究》2023年第2期。

实现罪刑相适应原则。

五、结语

推动个人信息立法保护的总体思路应当是循序渐进式,明确"个人信息"的内涵,借鉴欧盟的立法经验,提高法法衔接,细化对未成年人个人信息保护的规定,科学分级敏感信息,完善侵犯公民个人信息罪①,立法对个人信息是保护,更是保障,不是简单地为保护而减少处理数据,是为了更安全地促进数据的流通,助力信息强国的实现。

---

① 参见马改然:《新信息技术对刑法个人信息保护的挑战与破解路径》,载《中国政法大学学报》2023 年第 3 期。

网络平台数据垄断行为之刑法规制

何 群[*] 林锦涛[**]

在蓬勃发展的互联网影响下,数据的价值不断提高,已然具备作为一项垄断资源的适格性。网络平台作为数据资源的汇集中心,无疑是令人垂涎的富矿,面临内外部的多重冲击。来自平台外的侵犯行为更具攻击性,但可防范性也相对更高。而平台内部对于数据的滥用,由于其隐蔽性,极易产生监管的真空地带,是我国数字经济发展中的不稳定因素。典型行为模式即为部分网络平台为了巩固自身数据优势,排除他人竞争,有意地降低甚至阻断数据的流通,构成数据垄断,对市场秩序与社会公共利益造成巨大损害。然而,既有的反垄断框架在应对数据垄断行为的过程中未发挥出理想的规制作用。对此,本文尝试通过分析数据垄断行为与传统垄断行为的差异,以其双重法益侵害性这一关键特征为立足点,厘定刑法视域下数据垄断的行为模式,将认定入罪边界的定性标准与定量标准通过算式具象化,在刑法教义学与立法论的论证基础上,构筑数据垄断行为的刑法规制进路。

一、刑法视域中数据垄断行为的行为模式厘定

讨论网络平台数据垄断行为的刑法规制,首要问题是厘清什么是数据垄断,在此基础上结合其行为模式特点对症下药。我国《反垄断法》最新修订的条文中,第 9 条与第 22 条分别规定经营者不得利用数据和算法、技术、资本优势以及平台规则等从事垄断行为,具有市场支配地位的经营者不得利用数据和算法、技术以及平台规则等从事滥用市场支配地位的行为,从立法层面肯定了数据作为一项垄断资源的适格性。

结合反垄断法的相关规定,有学者将数据垄断行为的主要形式概括为算法合谋类的垄断协议、以数据为导向的经营者集中以及利用数据资源滥用市场支配地位。① 但反垄断法意义上的数据垄断行为中,数据并不必然作为垄断行为直接针对的对象,也

---

* 福州大学法学院副教授。

** 福州大学法学院硕士研究生。

① 参见程雪军、侯姝琦:《互联网平台数据垄断的规制困境与治理机制》,载《电子政务》2023 年第 3 期。

可能是主体实施垄断行为的目标资源或行为载体。如在算法合谋类型的垄断协议中,数据所扮演的角色是促使横向、纵向垄断协议达成的载体与工具或垄断行为本身期望获得的利益。而以数据为导向的经营者集中,其目的是汇集、掌握更多的数据,从而形成企业的市场竞争优势,但与一般公司业务资源的集中不同,数据具有自发的流动性,这意味着常规状态下,同批数据的集中状态不能长久持续。故单纯的数据汇集不受反垄断框架的规制,通过数据驱动的经营者集中,网络平台获取的数据优势是有限的,在实际对相关经营者集中的审查过程中,数据的集中程度不宜作为主要的判断依据。这与现实的立法是相互印证的,在我国现行的反垄断法规定中,垄断协议的考察范围并不包含常规的数据交易,而在经营者集中的审查过程中,数据汇集程度的确可能对"参与集中的经营者在相关市场的市场份额及其对市场的控制力"等评估因素产生影响,但若经营者能够证明自己无意对相关数据实施过限控制行为,数据的汇集反而能够激发并联价值,创造正面效应,不应为反垄断框架所限制。《德国反限制竞争法》对此亦有体现,即在多边与网络市场的经营者集中申报标准中,仍应以交易额等作为主要依据。

亦有学者将与数据相关的垄断行为概括为数据垄断与基于数据的垄断,前者指一个或几个主体在特定数据产品市场实施的限制或可能限制竞争的行为;后者指将数据作为垄断资源,基于对数据的控制所形成的优势,在其他产品市场所体现的垄断状态。[①] 二者的成因与状态均存在很大的差异,但共同点在于以对数据资源的控制进而建立市场壁垒为核心。在刑法的视域中,对犯罪行为的界定应当足够精准,若仅仅将涉及数据因素作为数据垄断行为的识别特征,将造成其概念的泛化,难以形成与传统垄断行为的显著区分。从新康德主义出发,对某种行为刑法规制必要性的讨论应着重关注其社会危害性。当前,传统垄断行为的社会危害性停留于对市场秩序的扰乱,在现有反垄断框架能够保证市场活力,非刑法规制手段足以维持正常市场竞争秩序的前提下,将传统垄断行为纳入刑法规制范畴的必要性是不充分的。基于数据本身的多变性,穷举各式数据垄断行为模式能动性较低,实现数据垄断行为的刑法规制,关键在于对反垄断法意义上的数据垄断行为进行合理限缩,提炼值得纳入刑法范畴的数据垄断行为的共同特征。

传统的反垄断框架以价格为中心,忽视了相关经济行为相互竞争的本质[②],无法囊括数据垄断的行为模式[③],对数据垄断行为刑法规制的探讨更不应纠缠于价格要素。2020 年德国联邦最高法院对 Facebook 涉嫌滥用支配地位收集用户数据一案作出判

① 参见梅夏英、王剑:《"数据垄断"命题真伪争议的理论回应》,载《法学论坛》2021 年第 5 期。

② See LM Khan, Amazon's Antitrust Paradox, 126 Yale Law Journal, 710-805(2017).

③ See ME Stucke, Should We be Concerned About Data-opolies, 2 Social Science Electronic Publishing, 275-284(2018).

决,认定 Facebook 存在滥用市场支配地位的行为,并通过限制数据数量、限制数据处理类型、限制数据储存周期等措施对其数据收集行为进行限制。该案中,德国联邦最高法院在审理过程中同时运用了反限制竞争法与数据保护法,揭示了部分数据垄断行为对正常的市场竞争秩序与数据本身的双重侵害。数字经济时代的垄断主要是由数据生产要素高度垄断所导致的①,在数据作为一项基本生产要素的基础上,自由流通是其带动社会发展,为国家经济注入活力的必要前提。同时,数据共享是数据的固有属性②,而数据的正常流通同样是数据共享的基础条件。因此,网络平台实施的数据垄断行为,在产生排除他人竞争的传统垄断行为后果之外,若阻断了正常的数据流通过程,则同时也将对数据法益造成损害,具有双重的法益侵害性。双重法益侵害性可能造成的巨大社会危害后果,为数据垄断行为的刑法规制提供了论证的必要和余地,因此,刑法视域中对数据垄断行为模式的厘定应以具体垄断行为是否具备双重法益侵害性为关键识别特征。

二、数据垄断行为刑法规制进路

在传统的反垄断框架中,滥用市场支配地位的行为模式局限于不正当的价格行为、差别对待、强制交易、排他性交易等。③ 然而,数据垄断行为具有与传统商业垄断行为不同的特征,强调网络平台对数据本身实施的控制行为,使其正常流通过程被阻断,达到排除他人竞争的效果。但由于网络平台服务形式上的免费性,导致传统以价格为中心的垄断行为认定方式在应对数据垄断行为时的失灵。解决这一问题必须结合数据本身的特征,适配相应的数据垄断行为识别方式,进而锚定数据垄断行为的入罪边界,构造具体规制路径。

(一)数据垄断行为的识别

以消费者为中心的反垄断框架以及对网络平台进入壁垒的狭隘认知,在涉及网络效应、双边与多边市场以及零价格产品的全新数字生态系统中"毫无用处"④。对于因"控制"过限阻断数据正常流通而成立的数据垄断行为,传统反垄断框架面临失灵的窘境,需要重新寻找识别方法。数据的集中是网络平台业务运转的基石,并非所有的数据控制都能够成立垄断行为而受到相应规制,网络平台往往围绕数据进行创新以提升

① 参见胡继晔:《数据生产要素的反垄断困境及破解对策》,载《人民论坛》2021 年第 19 期。

② 参见任颖:《数据立法转向:从数据权利人法到数据法益保护》,载《政治与法律》2020 年第 6 期。

③ 参见徐士英、唐茂军:《滥用相对支配地位行为的法律规制研究》,载《东方法学》2008 年第 3 期。

④ See Competition Policy for the Digital Era, Publications Office of the European Union, accessed Aug. 7, 2023, https://op.europa.eu/en/publication-detail/-/publication/21dc175c-7b76-11e9-9f05-01aa75ed71a1/language-en.

自身竞争力,但其中的一些行为可能越过正常商业行为与垄断行为的边界①,厘清正常的数据控制集中与数据垄断的边界是合理规制数据垄断行为的关键。当前的网络平台大多是以用户为中心的平台,换言之,网络平台的业务基础是提供了一个用户间交互对接的媒介,因此,平台所能够控制的数据大多来源于平台服务的使用者。针对用户在网络平台中产生数据的归属,学界还存在很大的争议,但从维护市场秩序的角度来看,若给予平台针对这部分数据过高的控制权限,将大大提高用户转换平台的成本,在网络效应的影响下,拥有更多用户的平台即具有巨大的先在优势,不利于良性的市场竞争。故对来源于平台用户,未经平台处理加工的数据,若平台未经用户授权阻碍其正常流通,即可能成立数据垄断。

此外,数据垄断行为中数据的来源并不局限于平台的服务对象,也包括平台自身。网络平台的服务往往具有再创造性,能够在所汇集的基础数据之上进行深度加工处理,再创造出具有更高价值的新数据。对于这部分数据,控制行为是否属于垄断行为应从两个角度进行论证:第一,该数据是否与平台的主要业务相关联,例如网约车平台对乘客行程数据信息进行汇集,结合用户账号注册时实名登记的信息进行分析处理,就可能推演出我国国土道路信息、重要国家场所分布位置等机密数据。这一类数据并非网约车平台优化服务之必需,若不及时向相关机构报备,显然具有垄断相关数据的意图。第二,网络平台对于相关数据的处理深度,如平台在对海量基础数据进行深度运算后得到的具有稀缺性的用户需求画像等数据,构成平台运行的核心竞争力。对于这部分数据,应当允许平台进行合理的非公开化限制;但对于仅在基础数据上进行轻度处理得到的内容,如文献平台对于期刊文章的整理、排版等,平台则不应对相关数据的正常流通过程施加过度的阻碍,否则就可能构成数据垄断行为。

(二)数据垄断行为的入罪边界

在当前网络平台经营混乱、监管需求增加的背景下,将数据垄断行为纳入刑法的规制范围是保障我国市场经济秩序与公共秩序平稳之必要。但刑法应当具有谦抑性,作为行政违法性前置的法定犯,不同数据垄断行为所造成的社会危害后果相去甚远,其应受刑法惩罚性也存在很大差异。故准确锚定数据垄断行为的入罪边界,是真正发挥刑法对其预期规制效果的前提。虽然垄断行为并未实际成为我国刑法所规定的罪名之一,但我国学者对于垄断行为的刑法规制理论研究从未停息。在传统的垄断行为刑事责任理论中,对于何种垄断行为应当承担刑事责任的认定,往往按照垄断行为的类型进行区分。② 然而,数据垄断行为的模式收窄,传统的垄断行为刑事责任理论

---

① See William P. Rogerson, Howard Shelanski, Antitrust Enforcement, Regulation, and Digital Platforms, 168 University of Pennsylvania Law Review, 1911-1940(2020).

② 参见杜仲霞:《我国反垄断法刑事责任之重构》,载《法治研究》2013 年第 5 期。

未考虑数据垄断行为的数据特征,因此无法适用于数据垄断行为罪与非罪的认定。

数据垄断行为扰乱了正常的市场秩序,同时也对数据法益造成损害。在此前提下,结合数据垄断行为危害后果的差异性,若将数据垄断犯罪设置为抽象危险犯,显得矫枉过正,有违刑法的谦抑性。前文论述中提及数据垄断行为具有隐蔽性,现有的反垄断监管体系对数据垄断行为的敏感度不高,往往在危害后果已经积累到一定程度之后才能有所觉察,若将数据垄断犯罪设置为实害犯则可能使刑法的介入过于后置,难以发挥应有的威慑作用,造成难以挽回的损失。因此,在数据垄断行为犯罪化的过程中,将其设定为具体危险犯是在保证刑法谦抑性与发挥刑法对于平台数据垄断行为的威慑力之间的相对平衡点。

通过对我国《刑法》第三章第八节"扰乱市场秩序罪"中规定的罪名进行分析发现,相关违法行为的入罪无一例外规定了"情节严重"的定量标准,而作为与市场经济秩序直接相关的罪名,对"情节严重"的认定大多以犯罪数额以及实施违法行为的次数等因素作为依据。从数据法益的角度来看,不同类型的数据所蕴含的价值也大相径庭,相应的数据垄断行为所造成或可能造成的危害后果也具有很大的差别,不可一概而论。因此,对数据垄断行为入罪边界的锚定,应当首先以数据类型作为定性标准,其次以犯罪金额以及主体实施违法行为的次数作为定量标准,综合这两个方面,通过个案的场景化,对具体数据垄断行为的危险性进行评估,从而认定其是否应当成立犯罪,具体的评估方式可以借由算式表达:

$$Z=X\times Y \qquad (1)$$

其中,Z 指数据垄断行为的入罪边界,若算式结果大于 Z 则成立犯罪,反之则不应构罪;X 指定性标准,即具体数据垄断行为涉及数据的价值量;Y 指定量标准,即具体数据垄断行为的犯罪金额、行为次数等。

针对定性标准 X,结合对于数据垄断行为的识别方法,区分为三个档位:其一为经由网络平台轻度处理所得数据,由于这类数据经过平台处理,不再具有很强的个人归属性,同时大多也涉及知识产权保护等问题,应当容许平台适度的控制行为,赋 1 分;其二为归属于用户的数据,与用户个人隐私关联度高,赋 2 分;其三为涉及公共安全乃至国家安全的敏感数据,对相关数据实施垄断行为产生的风险最大,故赋 3 分。同时,针对实际平台数据垄断行为可能同时涉及不同种数据的问题,可进一步将 X 的计算方法细化为:

$$X=X_1+X_2+X_3 \qquad (2)$$

其中,X_1=经由网络平台轻度处理所得数据占该平台数据总量比例估值×1;X_2=归属于用户的数据占该平台数据总量比例估值×2;X_3=涉及公共安全的敏感数据占该平台数据总量比例估值×3。

针对定量标准 Y,其计算方法进一步细化为:

$$Y = Y_1 \times Y_2 \times Y_3 \qquad (3)$$

其中,Y_1 指具体数据垄断行为对相关数据正常流通过程的阻碍程度,于 1～3 分间取值;Y_2 指犯罪金额,通过划定基础额度分档赋分,例如,以 500 万元人民币为基础额度,在此基础上每增加 500 万元多赋 1 分;Y_3 指违法行为实施次数等能够表征主体主观恶性的因素,这一要素有赖于法官的自由裁量,应当进行适当限制,故根据具体行为于 1～2 分间取值。

(三)数据垄断行为入罪化的具体路径

犯罪行为的入罪化主要有两种途径:一是增设新罪;二是通过对现有罪名的犯罪构成进行解释,将该行为涵摄入现有罪名的规制范畴之中。若通过解释就能够将某种行为纳入既有的犯罪构成要件,直接增设新的罪名显然是不合适的。① 结合社会现实对刑法构成要件进行实质解释,避免刑法的频繁变动对其可预测性的削弱,是实现个案正义的有效途径。②

从前文论述中可知,数据垄断行为与我国《刑法》中现有的扰乱市场秩序罪与扰乱公共秩序罪具有适配性,故从刑法教义学角度对现有罪名犯罪构成的解释也应当从这两类犯罪切入。然而数据垄断行为与数据的强关联性正是其不同于传统垄断行为的关键,也正是本文对于数据垄断行为刑法规制必要性论证的立论基础。因此,根据数据垄断行为的数据特征,对扰乱公共秩序罪相关罪名进行解释,从而实现数据垄断行为的刑法规制,符合数据垄断行为入罪化的初衷。纵览我国《刑法》第六章第一节"扰乱公共秩序罪"条文,第 285 条规定的非法获取计算机信息系统数据罪是唯一涉及数据法益的罪名,其行为模式主要为通过侵入计算机信息系统或其他技术手段,获取计算机信息系统中储存、处理或者传输的数据,与数据垄断的行为模式具有相似性,其保护客体之"公共秩序"的内涵也能够延伸为"网络空间的正常安全秩序"。故通过解释将数据垄断行为涵摄入非法获取计算机信息系统数据罪规制范畴具有可行性,对该罪构成的理解要点分为两个部分:

一是对于"非法获取"的理解。首先,从字面含义上来看,获取这一动作具有瞬时性,并不强调获取后对数据的持有。但从实质立法目的理解,数据的生命周期包含数据的采集、储存、处理与应用③,在这些环节中都可能发生针对数据的非法侵害行为,并且相较于瞬时的获取、采集环节,其后续的储存、处理与应用环节周期更长,若在此过程中出现数据垄断等违法行为,其社会危害性应当更大,更值得刑法的规制。因此,仅

① 参见张明楷:《增设新罪的观念——对积极刑法观的支持》,载《现代法学》2020 年第 5 期。

② 参见刘艳红:《实质刑法观》(第 2 版),中国人民大学出版社 2019 年版,第 258 页。

③ 参见陈庄等:《数据安全与治理》,清华大学出版社 2022 年版,第 52 页。

将非法获取计算机信息系统数据罪的规制范围框定在获取行为显得过于局限,切合实质立法目的,对“非法获取”的认定应当覆盖完整的数据生命周期。实现这一目标,关键在于“非法获取”认定重心的转移,即应当更强调获取状态的非法性而非获取手段的非法性。获取手段具有前置性,即使对相关数据的占有与控制本身合法,非法的获取手段也将使得该状态丧失合法性。而获取手段合法并不意味着获取状态也必然合法,例如平台在获取相关数据时符合法律规定,但在后续的储存、处理等环节丧失合法性依据,则其对相关数据的获取状态也应同时丧失合法性,故应当以获取状态作为“非法”与否的判定依据,将“非法”的认定时间从获取动作的点时间延长至占有状态的线时间。同时,平台对数据获取状态合法性的丧失既可能是被动的(如平台业务资质的丧失),也可能是主动的,例如在数据的处理与应用环节,平台为保证自身数据优势,对相关数据实施非法处理与应用,从而降低或阻断数据的正常流通过程,致使平台丧失对相关数据的合法获取状态,概括来说即平台对数据的非法控制行为。因此,对于“非法获取”的理解应当进一步解释为“对数据缺乏合法依据的占有与控制”。

二是对于“计算机信息系统”的理解。在对非法获取计算机信息系统数据行为认定的过程中,容易出现的误区是将数据本身可能具有的归属性扩展理解为计算机信息系统也应当具有归属性。换言之,认为非法获取的必须是他人计算机信息系统中的数据。这一观点忽略了当前诸多计算机信息系统所具有的开放性与公共性,2011 年最高人民法院、最高人民检察院《关于办理危害计算机信息系统安全刑事案件应用法律若干问题的解释》将计算机信息系统解释为具备自动处理数据功能的系统,包括计算机、网络设备、通信设备、自动化控制设备等。因此,互联网公司提供的云端储存空间等同样符合计算机信息系统的特征,虽然平台本身归属于某个公司,但其服务是面向公众的,容纳了诸多个人数据,对于这部分数据缺乏合法依据的占有与控制也应当构成“非法获取计算机信息系统数据”。因此,“计算机信息系统”只是对数据非法占有与控制的空间要素,不应作为行为认定中的影响因素。

综上,在刑法教义学视角下,非法获取计算机信息系统数据罪所包含的一种行为模式是,主体对于其计算机信息系统(可以理解为网络平台)中的数据进行不合理的占有与控制(阻断其正常的流通过程),这样看来能够与数据垄断行为的行为模式相对应。然而,对于犯罪的预防最终要落实到刑罚层面①,由于数据垄断行为的双重法益侵害性,这一规制路径可能导致刑罚配置的失衡。从目前已经实现垄断行为规制刑事化的相关规定来看,对于垄断行为入罪化所规定的刑罚主要为有期徒刑与罚金两类。有能力实施数据垄断行为的主体应当是具有较大规模的网络平台,结合反垄断法的规定,行政处罚层面对其施加的罚款甚至能够达到上亿元人民币之巨。从罪罚相应的角

① 参见何群、储槐植:《论我国刑罚配置的优化》,载《政法论丛》2018 年第 3 期。

度来看,对具有更大社会危害性的数据垄断犯罪行为应处以相同甚至更高额度的罚金,但我国刑法中,高额罚金的设定主要针对经济与贪腐类犯罪,罚金刑具有填补犯罪行为所造成的经济损失的意涵。对于非法获取计算机信息系统数据罪,虽然也规定了罚金刑,但其保护客体为公共秩序,刑罚的重心仍为有期徒刑,从实际司法案例来看,罚金额度也集中在几万元至几十万元人民币。若为了适应反垄断法的处罚力度提高该罪罚金刑额度上限,则会造成罪名规定的冗杂与模糊;但不对罚金刑额度作出调整又将导致行政处罚与刑事处罚间衔接的断裂。因此,数据垄断行为刑法规制的合理刑罚配置需要通过增设数据垄断罪实现。

数据垄断罪同时具有对市场秩序与数据法益的侵害性,但数据垄断行为对数据法益的侵害是其入罪必要性论证的关键所在,与之相对应的市场秩序应当是该罪首要保护的客体,故将该罪设置于《刑法》第六章第一节"扰乱公共秩序罪"更为适宜。对于该罪的刑罚配置,应进一步从其双重法益侵害性出发,在自由刑方面,参照与其具有相似数据法益侵害属性的非法获取计算机信息系统数据罪的自由刑设置,即对于情节严重的数据垄断行为,设置 3 年以下有期徒刑或者拘役;情节特别严重的,处 3 年以上 7 年以下有期徒刑。在财产刑方面,设置罚金刑,具体幅度与反垄断法等行政法规中的罚款幅度相对应。在具体行为的严重程度认定方面,根据前述 2011 年司法解释第 1 条的规定,获取信息数量、违法所得以及行为造成的经济损失,是非法获取计算机信息系统数据罪"情节严重"的认定因素。与之相比,数据垄断行为具有双重法益侵害性,若单纯以行为侵犯的数据数量或行为涉及的财产数额作为认定具体行为情节是否严重的认定因素过于片面,可以沿用关于数据垄断行为入罪边界的判定公式,通过定性与定量的双重标准将具体数据垄断行为的严重程度数值化,同时设置情节严重与情节特别严重的分数标准,使最终的评估结果直观且综合考虑各方因素。例如,若数据垄断行为主要侵害的是涉及公共安全的敏感数据,则该行为在定性标准方面得分较高,即使造成的经济损失及行为人获取的经济利益数额不大,也可能符合情节严重乃至特别严重的标准;相反,若数据垄断行为主要侵害的是分值相对低的轻度处理所得数据,成立严重或特别严重的情节,就要求更高的涉案金额、对数据流通的严重阻碍等定量方面的因素。

暴力获取个人信息犯罪的法益分析及合理规制

——以“樊某等暴力获取微信账号密码案”①为切入

杜嘉雯*

一、问题的提出

2020年4月，樊某伙同四位在校学生在网吧附近持刀强行索要未成年人的微信账号密码，用以转卖获利，截至被警方抓获，樊某等人以暴力手段共非法获取18人的微信账号密码，其中一人因反抗而被捅致轻伤。在该案的处理过程中，检察机关认为，依据最高人民法院、最高人民检察院《关于办理侵犯公民个人信息刑事案件适用法律若干问题的解释》（以下简称《个人信息刑案解释》）第1条的规定，微信账号密码属于刑法所保护的“公民个人信息”，尽管持凶器威胁索取、暴力伤害等行为的危害性已然与抢劫罪中以暴力、胁迫或其他强制方法的手段行为相当，但微信账号密码无法被定义为公私财物，其价值亦难以作明确认定，不符合抢劫罪的构成要件，只能以寻衅滋事罪提起公诉。目前，该案的判决结果因涉未成年人而未公开，但其中以暴力方法非法获取公民个人信息行为的定性引发思考。

数据交换与共享是数字经济时代最为显著的特征之一，针对数据的扩张性运用是提供互联网服务的基础与前提，数据处理过程不仅是单纯的数据整合存储，还包括从中分析和挖掘出有价值的核心资料。从功能角度看，这一过程在某种程度上可以等同于对个人信息的侵害，而若对整个处理过程进行回溯，则会发现“获取”是个人信息进入流通阶段的首要步骤，亦是个人信息价值实现的先决要件。因此，刑法将非法获取个人信息行为纳入规制的核心要义是，保护个人信息的机密性与可用性免遭不法侵害，换言之，单纯的非法获取行为具有独立的侵害性，无论获取之后是否实际对个人信息加以存储、披露或利用，个人信息安全都已受到损害。当前，侵犯公民个人信息罪作

① 参见“陈伟、樊博、霍宏飞等寻衅滋事罪案”，陕西省长武县人民法院（2020）陕0428刑初37号刑事判决书。

* 西北政法大学刑事法学院讲师。

为专门罪名已单独入刑，非法获取行为的不法表现形式包括窃取或者以其他方法非法获取公民个人信息。伴随数字技术的深化发展，获取个人信息的具体行为类型呈多样化态势，需以法益属性作为评价非法获取个人信息规制半径的着力点，充分发挥刑法对于侵犯个人信息犯罪的法益保障功能与社会治理效能。

二、暴力获取个人信息行为形态分析

目前，尚不存在完全适用于暴力获取个人信息行为的罪名，但这并不一定代表刑法规制的缺失，因此，需对该行为的具体类型作系统梳理及划分，以确保刑法对暴力获取个人信息行为的评价标准更为科学合理。

（一）以暴力获取个人信息载体的方式获取个人信息

从个人信息的形式要素来看，其必须固定于不特定形式的载体之上，例如存有数据的个人手机、电脑或印有信息的包裹快递单、票据等。一般而言，若个人信息的载体本身具有财产价值，行为人为获取个人信息不惜通过先劫取其载体，进而获取承于其载体之上的个人信息，那么这一行为符合抢劫罪的构成要件，实际犯罪金额以载体的价值为准。然而，若从法益保护角度对暴力获取个人信息与抢劫不特定形式的载体进行分析，就会发现抢劫罪是由复合实行行为构成的犯罪，其涵盖了暴力胁迫与劫取财物的双重行为，该罪被规定于侵犯财产罪之中，所保护的法益应当是社会主体的财产权益，若以单纯抢劫罪作为该行为的刑法规制进路，无疑是将侵害个人信息的负面效果附随于抢劫罪的评价之中，这显然与一般意义上的吸收一罪理论相悖。附随犯是指单一实行行为引发数个法益侵害，对于由主法益侵害所引发的次法益侵害部分，不作为处罚对象看待，仅在侵害主法益犯罪的法定刑内一并考虑。在以暴力获取个人信息载体的方式获取个人信息的行为形态下，个人信息安全法益显然应当为主法益，认定为抢劫罪仅处罚了其中对载体进行侵害的行为，对于个人信息所受侵害并未给予直接评价。需要注意的是，附随规制路径虽然难以对暴力获取个人信息行为本身作出周延规制，但对于遏制该行为与惩治相关行为人仍具有积极导向意义，具有理解与适用的双重合理性。

（二）暴力获取个人信息涉及刑法保护的其他对象

个人信息的具体类型极为多样化，与刑法保护的其他对象之间的关系错综复杂。以电子支付账号密码为例来看，互联网支付平台的普及引发了传统财产犯罪手段的进一步异化，由最初的现实空间现金交易，发展至在 ATM 上冒用他人信用卡，再演化为如今的借助第三方支付平台实施侵犯财产的行为。实践中已经出现大量相关案例，行为人往往通过暴力或以暴力相威胁等手段逼迫他人告知支付宝账号密码，随后登录支付平台转移被害人财产。[①] 此类案件中,尽管支付平台密码属于与个人财产利益紧密相连的个人信息,但在司法实践中仍需对具体情形作出区分处理:①若行为人暴力获取被害人支付平台的密码后,当场直接将钱转入自己的账户内,则审判机关一般倾向于将暴力获取支付密码的行为认定为实施侵犯财产犯罪的具体手段,不再对侵害个人信息的行为作独立评价;②若行为人暴力获取被害人支付平台密码后,事后另寻时机登录其支付平台转移财产[②],则这一情况中存在两个实行行为,前一行为是暴力获取个人信息,后一行为是转移被害人财产。对于前一行为,暴力获取的个人信息很可能涉及信用卡信息、商业秘密等刑法保护对象,从实践来看,一般认定前行为是以暴力获取信用卡信息为犯罪手段,整合前后两个行为以抢劫罪定性[③],而针对暴力获取个人信息涉及商业秘密的情况,根据立法中列举的侵犯商业秘密的行为,包括盗窃、贿赂、欺诈、胁迫、电子侵入等不正当手段,这显然将暴力获取涉及商业秘密的个人信息的行为涵盖其中,在满足其他构成要件的情形下,前一行为构成侵犯商业秘密罪,针对后一行为,则区分其取财行为对象是机器还是人,从而认定为盗窃罪或信用卡诈骗罪。[④]

(三)暴力获取个人信息行为同时引发其他犯罪后果

暴力获取行为的形态较为多样化,其中蕴含的暴力使得该行为天然具有对人身安全和社会秩序的威胁与侵害可能性,在一些情况下甚至会引发其他侵害后果,并触犯其他犯罪,例如,"樊某等暴力获取微信账号密码案"中,就出现了被害人因反抗受伤的情况,可以依据对行为人主观方面的考察,作出故意伤害罪或故意杀人罪的认定;与此同时,该案中行为人具有"多次""持凶器""被害人多达数十人"等情节,聚众扰乱公共秩序,破坏社会安定,亦符合寻衅滋事罪的构成要件。一般而言,通过其他犯罪后果进行处罚实际仍未脱离前两种形态所述的附随规制路径,对于暴力获取个人信息的刑法合理规制仍有探讨的必要。

三、侵犯公民个人信息罪保护法益的双重性

长期以来,我国刑法学界在讨论侵犯公民个人信息罪的保护法益时,对于其中秩序法益存在的正当性,多数学者持较为保守的态度,有观点认为,即便将秩序法益理解为超个人法益,但个人信息权整体上由多个信息组成,据此简单地将侵犯公民个人信

---

① "姚某某抢劫案",参见陕西省府谷县人民法院(2021)陕 0822 刑初 174 号刑事判决书。

② "李某、丁某抢劫、盗窃、非法拘禁案",参见江西省抚州市中级人民法院(2019)赣 10 刑终 307 号刑事判决书。

③ "黎正清、林太东信用卡诈骗、抢劫案",参见广东省东莞市第一人民法院(2018)粤 1971 刑初 1862 号刑事判决书。

④ "刘计、高某某盗窃、抢劫案",参见山东省滕州市人民法院(2019)鲁 0481 刑初 950 号刑事判决书。

息罪的保护法益定义为超个人法益存在逻辑缺陷,个人信息并不属于不可替代的利益,其被侵害风险不值得刑法提前介入保护。[①] 这里将秩序法益排除于个人信息的刑法保护范围之外,理由在于秩序法益的特点是不可排除他人利用的公共性[②],从侵犯公民个人信息罪的构成要件来看,公民对于个人信息的可支配性要求使得保护对象并不能扩张为具有公共属性的信息数据库,同时,秩序法益不具备古典刑法法益内涵中的除罪功能,应当警惕其扩张的必要性,从侵犯个人信息的实害结果来看,并不具有刑法提前至法益侵害危险阶段介入的重要性。笔者认为,完全排除侵犯公民个人信息罪中秩序法益的存在未免失之偏颇,并不符合现代信息社会刑法治理方式的发展。

(一)侵犯公民个人信息罪的保护法益不应局限于个人法益

个人法益论中的隐私权说、人格权说及个人生活安宁说关注个人信息的人身属性,与民法学界的主流观点相衔接,作出了较为切实的解读回应。事实上,纵观世界范围内关于个人信息理论定位的探讨,大多集中发源于人权保护法视域,《世界人权宣言》《保护人权与基本自由公约》等国际公约及超国家法规范中关于个人隐私保护的规定[③],一般都被认为是推动个人信息的个人权属确认的重要法律渊源。个人信息保护与宪法层面的公民基本权利密切相连,这一立法定位在我国《民法典》中得到了积极回应,其中人格权编采用专章的方式将隐私权和个人信息一并纳入其保护范围,明确指出个人信息权益隶属于人格权益[④]。但应当注意的是,刑民关系的协同共治并不是促使刑法对民法的简单追随[⑤],《民法典》并未对个人信息本身作出明确的属性判断,仅是借以与隐私权并轨而行的处理方式,间接肯定了个人信息保护的独立性及其个人权属,并对私法领域的保护问题进行了阶段性的立法回应,仍有系统化完善的空间。刑法对于公民个人信息法益属性的确定,不仅要参考现有的法律框架与司法解释的相关规定,还必须凸显刑法保护的必要性与全面性。客观而言,若完全依照前置民事立法,将"个人信息"理解为"自然人所有或私有的信息",则无疑与刑法作为公法的个人信息保护目的不相符合。因此,一方面,侵犯公民个人信息罪的保护法益不应当局限于私法视角,需要注重与前置法之间的呼应性,强化刑法在个人信息法律保护体系之中与其他部门法的衔接;另一方面,也应当对侵犯公民个人信息行为的刑事规范目的予以明确。

---

① 参见姜涛:《新罪之保护法益的证成规则——以侵犯公民个人信息罪的保护法益论证为例》,载《中国刑事法杂志》2021 年第 3 期。

② 参见钟宏彬:《法益理论的宪法基础》,元照出版公司 2012 年版,第 252—253 页。

③ 《世界人权宣言》第 12 条规定:"任何人的私生活、家庭、住宅和通信不得任意干涉,他的荣誉和名誉不得加以攻击。人人有权享受法律保护,以免受这种干涉或攻击。"《保护人权与基本自由公约》第 8 条第 1 款规定:"人人有权享有使自己的私人和家庭生活、家庭和通信得到尊重的权利。"

④ 参见《民法典》第 1034 条。

⑤ 参见张明楷:《刑法的解法典化与再法典化》,载《东方法学》2021 年第 6 期。

从我国个人信息法律保护体系的现行立法来看,《个人信息保护法》当属其中最为直接的核心法规范。然而,在我国信息网络专项立法进程中,由于个人信息保护专门立法的长期缺位,使得原本与《个人信息保护法》分属不同立法规划层面的《网络安全法》承担了部分个人信息保护的立法任务,集中反映在"网络信息安全"一章中,其保护重心为网络系统安全与运行安全,虽然与个人信息安全存在交叉重合的关系,但并未就个人信息的内容属性给予明确界定。面对数字经济发展下对于个人信息的供给需求,《个人信息保护法》的立法目的在开篇即确定为"保护个人信息权益"和"促进个人信息合理利用"①,该目的条款历经几次修改,一审稿中的"保障个人信息依法有序流动"被删除,看似是对信息自由流通的约束,实则是从立法目的呼应了民事立法对个人信息之上的人格权益的保护,将《个人信息保护法》定位为个人信息这一新型领域的专门法及基本法,具备一定的平衡个人信息保护法律关系中各方利益的协调功能。②

围绕个人信息的刑法保护,诸多争议性理论存在共通的前提性问题,即个人信息的归属主体,对此,我国理论与实务界主要存在个人私有说、平台私有说、个人与平台共有说及社会公有说。③ 在前置法,特别是《民法典》第 1034 条对个人信息的私有属性确认后,持个人私有说的私法法益观获得了相当有力的实体法依据。然而,正如有学者所言,将某一权益纳入特定部门法中保护,并不能当然性地推导出该权益的本质属性,二者之间并不存在必然关联性。④ 由此而言,以个人法益说作为个人信息刑法保护的正当性根据显失妥当,主要理由如下。

一是侵犯公民个人信息罪与其他侵犯人身权利、民主权利罪存在较为明显的差异。一般来看,支持公民个人信息权说的学者也承认,个人信息权虽然在理论源头上与人格尊严和自由具有密切相关性,但仍不同于其他的传统权利,应当认定为独立的新型权利。⑤ 从这一学说支持者的表述可以推导出,虽然肯定侵犯公民个人信息罪的法益为个人法益,但是对于个人信息权的理解依然存有分歧,究其原因是我国个人信息立法保护开创性地迈入了"刑先民后"的实践进路,而侵犯公民个人信息罪所保护的法益为网络犯罪大潮之下诞生的新生法益,从侵犯公民个人信息罪的立法构造和司法解释模式来看,刑法对于个人信息的保护并未局限于特定的法律属性,仅是泛化地将

① 《个人信息保护法》第 1 条。

② 参见刘颖:《民法典中立法目的条款的表达与设计——兼评〈民法总则〉(送审稿)第 1 条》,载《东方法学》2017 年第 1 期。

③ 参见丁晓东:《数据到底属于谁? ——从网络爬虫看平台数据权属与数据保护》,载《华东政法大学学报》2019 年第 5 期。

④ 参见高铭暄:《中华人民共和国刑法的孕育诞生和发展完善》,北京大学出版社 2012 年版,第 433—434 页。

⑤ 参见刘艳红:《民法编纂背景下侵犯公民个人信息罪的保护法益:信息自决权——以刑民一体化及〈民法总则〉第 111 条为视角》,载《浙江工商大学学报》2019 年第 6 期。

多元化法律属性概括起来作综合性评价。客观而言,虽然刑法积极介入并从现象层面确立了罪刑条款,但源于前置法供给先天不足,因此对于侵犯公民个人信息罪的法益内涵尚缺乏明确的基础性认识,以立法体系视角推导出的个人法益说值得商榷。

二是从法理角度而言,权利与法益的内涵具有差异性,刑法上的法益概念泛指所有受其保护的利益,但并非所有利益都会固定为权利形式。[①] 将个人信息权利人的利益直接上升至权利形式,既不符合个人信息多元化的属性特征,也不利于社会公共利益的衡平。有学者认为,刑法应当同前置法保持一致,将保护重心落于公民的信息自决权,个人信息的公共价值则应当被置于个体论视角的"并不急迫"衍生定位。[②] 这一观点值得商榷,从刑法功能角度出发,若单纯顺应前置法将个人信息保护局限于人格权益,实质是将一项新型的复合权益简单归于传统私法权利范畴,这种错配不仅忽视了个人信息的公法权益属性,更会导致立法中的定位困难和适用时的逻辑混乱。[③] 个人信息权相较于一般人格权或人身性权益有所不同,在人格权之外并不能否认其所承载的财产性利益,财产价值的来源并非因对个人信息付出的劳动凝聚而产生,而是有其自身的特殊内涵。我国之所以会构建个人信息法律保护体系,究其根本是在现代市场经济体系中,个人信息无疑是取得行业竞争优势的"核心数字武器",这一特性同时亦决定了对于个人信息的刑法保护难以采用类似于知识产权的"强保护"战略,否则将会导致激烈的市场竞争,企业运营成本随之大幅度增加,阻碍技术更新与产业发展。

三是刑事司法实践经验表明,单纯保护个人信息的私有化属性既不符合个人信息的本质特征,也不利于社会公共利益的衡平。目前来看,犯罪人侵害他人个人信息的目的多表现为谋取经济利益,或实施诈骗、敲诈勒索等下游侵犯财产犯罪。由此可见,侵犯个人信息犯罪并不必然伤及信息主体的人格权益,针对个人信息刑法保护的探讨亦不应当被局限于人格权益"是与否"的片面论证,而应当放眼于个人属性和公共属性的平衡。因此,个人信息的多重属性决定了信息主体在个人权利受到刑法保障的同时,亦要为公共利益的维护与公共秩序的构建作出适当的牺牲和让渡,刑法对于个人信息的关注和保护应当有利于其多元化属性的和谐共存。

要而言之,个人法益说中的部分观点没有触及侵犯公民个人信息罪保护法益的本质属性,客观上忽视了个人信息的人身附属权益与财产价值,明显限缩了其评价范围,难以实现刑法在个人信息法律保护体系中确认和强化保护的最后手段性。而公民个人信息权说作为学界目前的主流学说,其理论内部存在较为明显的分歧,尽管持此

---

① 参见张勇:《数据安全法益的参照系与刑法保护模式》,载《河南社会科学》2021年第5期。

② 参见马永强:《侵犯公民个人信息罪的法益属性确证》,载《环球法律评论》2021年第2期。

③ 参见周汉华:《个人信息保护的法律定位》,载《法商研究》2020年第3期。

论点的学者均认为侵犯公民个人信息罪的法益为个人法益,但对于个人信息权的内涵理解却因法益观的不同,分为私法信息权与公法信息权。持私法信息权的学者普遍较为重视信息自决权的确认,提出该权利为个体通过作出个人信息生命周期内具体处理的行为来实现抽象的个体自我决定权①,但持公法信息权说的学者则认为,从权利特征角度看,若承认个人信息权的私法属性,则应当证成权利的"先天性",即其本身先于法律规定而存在,不受具体规范承认与否的影响。事实上,我国刑法关于侵犯公民个人信息罪的构成要件中"违反国家有关规定"的表述,从侧面表明了刑法遵从于前置法所设置的个人信息处理义务,在刑法层面采纳了个人信息的公法法益观。关于公民个人信息权说的两种观点虽有差异,但具体理解上仍未超出个人法益的范畴。基于对侵犯公民个人信息罪的犯罪对象的深入理解,公民个人信息同时具有私隐性与社会性,其被处理过程跨越多个层面,而不同层次领域内个人信息的内涵与使用价值并不完全源于特定的个体本身。初始权利主体在信息处理流通过程中逐渐丧失对个人信息的绝对控制,信息权利主体由单一的信息主体扩展至复杂的信息控制者、信息处理者,个人信息安全中所包含的社会公共秩序和国家安全利益来自社会领域中的信息控制者与信息处理者对其的广泛应用,因此不可完全否定个人信息中所承载的超个人法益属性。

(二)秩序法益的保护价值

长期以来,我国刑法学界在讨论侵犯公民个人信息罪的保护法益时,对于其中秩序法益存在的正当性,多数学者持较为保守的态度。有观点认为,即便将秩序法益理解为超个人法益,但个人信息权整体上由多个信息组合叠加,据此简单地将侵犯公民个人信息罪的保护法益定义为超个人法益存在逻辑缺陷;个人信息并不属于不可替代的利益,其被侵害风险不值得刑法提前介入保护。② 这里将秩序法益排除于个人信息的刑法保护范围之外,理由是秩序法益的特点在于不可排除他人利用的公共性。③ 从侵犯公民个人信息罪的构成要件来看,公民对于个人信息的可支配性要求,使得保护对象并不能扩张为具有公共属性的信息数据库;同时,秩序法益不具备古典刑法法益内涵中的除罪功能,应当警惕其扩张的必要性,因此从侵犯个人信息的实害结果来看,其并不具有刑法提前至法益侵害危险阶段介入的重要性。笔者认为,完全排除侵犯公民个人信息罪中秩序法益的存在未免失之偏颇,并不符合现代信息社会刑法治理方式的发展趋势。

---

① 参见王利明:《数据共享与个人信息保护》,载《现代法学》2019 第 1 期。

② 参见姜涛:《新罪之保护法益的证成规则——以侵犯公民个人信息罪的保护法益论证为例》,载《中国刑事法杂志》2021 年第 3 期。

③ 参见钟宏彬:《法益理论的宪法基础》,元照出版公司 2012 年版。

第一，我国现行法秩序深受域外个人控制理论的影响，因个人信息发源于自然人的社会活动，前置法大多将个人信息保护的首要价值定位于个人权益。然而，伴随国内人工智能技术的迅猛发展及由此引发的社会结构变革，个人信息作为至关重要的社会生产资源，本身所包含的多元属性为刑法保护边界提出了一定的基础性要求。在人工智能技术的应用背景下，数字化生存模式使得侵犯个人信息犯罪具有放大的负效应。刑法以“可识别性”作为判定个人信息的实质要素，基于该要素，一切能够关联到特定自然人或能够分析社会生活中个性特征的数据都属于个人信息。个人信息的价值不仅来源于对自然人的基础性识别，更体现于识别分析对个体、社会乃至国家产生的影响。智能技术使用与发展的背后，实质需要对数据进行收集、集合、识别、分类、传输、使用和决策，技术性质由算法决定，而算法具有无限的可能。刑法作为惩治犯罪的部门法，立足于对秩序利益的考量，关于个人信息保护的罪名设置并非局限于“个人”的概念，因为刑法不仅对信息主体权益提供相应保护，还涉及经济秩序、社会秩序及国家安全等相关领域，并且对个人信息的保护直接或间接关涉人身、财产、安全等多样化的侵害风险，而单纯的信息自决权过分重视个人信息的个体控制，在赋予个人高位的同时忽视了数据技术发展背景下信息自由流通的时代需求。事实上，公民个人决定和控制个人信息的能力受到社会性限制，客观上难以完全保障信息主体的决定自由。①

第二，相较于个人法益，刑法强调对超个人法益的保护，一定程度上冲击了以自由主义为基础构建的传统刑法约束机制，但这并不意味着在任何情况下，秩序法益均被置于个人权利保障之前，超个人法益本身并不会轻易贬损公民自由，正如有学者所言，在现代机能主义刑事政策的导向之下，刑法不再局限于协调和保障主观权利形式的自由，而是成为社会平衡、社会整合、社会调控和社会控制等治理手段的有机组成部分。② 以健康信息为例，当个体享受医疗保健服务时，其健康信息会被大量收集和使用，个人健康信息不仅直接关涉患者自身的健康医疗状况，汇聚而成的信息集合亦被应用于医学研发、公共卫生与大数据健康分析等用途，因此对于健康信息的收集和二次使用，显然存在重要的伦理考虑。③ 个人的医疗信息被认为是公共健康信息中的重要元素，直接影响公共健康系统内信息的完整性与科学性。人作为一种社会存在，是社会整体的重要组成部分，倾向于在社会群体中形成合作以满足生存需求。④ 人的社群性决定了人们在社会生产与再生产过程中必然会存在相互作用的关系，个体的生存发展不以自身意志为转移，也离不开社会整体的支撑，因而，个人信息不应当被看

① 参见任龙龙：《论同意不是个人信息处理的正当性基础》，载《政治与法律》2016 年第 1 期。

② 参见孙国祥：《集体法益的刑法保护及其边界》，载《法学研究》2018 年第 6 期。

③ See Derick Wade, Ethics of Collecting and Using Healthcare Data, 334 British Medical Journal 1330, 1331(2007).

④ See Marx Durkheim Weber and Ken Morrison, Formations of Modern Social Thought, Sage, 2006.

作闭塞的“数据堡垒”①,每个人的个人信息都可能与其他人相关联。个人信息所承载的利益不仅在性质上互为依存,而且在客观上相互关联,因此必须承认个人信息并非完全隶属于个体的个人利益,其广泛应用与社会整体利益相关联,这显然涉及不特定社会主体的利益,个人信息所蕴含的公共秩序价值,是诱使公私机构不当收集、存储、处理及利用的重要因素。应当注意的是,从法理角度看,尽管法益与利益相关联,但两者的内涵范畴不同,并非任意一种利益都可以被确认为刑法的保护法益,法益不具有自然法的恒久效力,其随着社会关系与宪法基础的变迁而发生变化。② 具体来看侵犯公民个人信息罪,行为人非法获取或非法出售、提供公民个人信息的行为,事实上必然会对信息主体的合法权益造成侵害,但并非所有导致单一信息主体权益遭受损害的侵害行为都会构成犯罪。司法实践中大部分侵犯个人信息的行为,其涉案的个人信息的数量早已脱离了“个人”范畴,可以推导出该罪法益具有公共性。

第三,基于个人信息所承载利益的社会关联性。群体性算法识别也引发了一定秩序风险,随着人工智能技术的发展,适用场景日益多样化,算法决策过程并不考虑个体本身,诸如自动驾驶技术中的图像识别、警务预测系统中的集体识别,往往并非以识别特定个人或身份为诉求,而是将其作为群体的一部分,挖掘这些信息中的共同定性因素并预测未来行为。若以“可识别性”作为个人信息界定保护标准,那么经过采集识别的信息处理后的决策并不会引发传统的隐私或数据保护问题,但在实践中,可能会对某一类群体带来歧视性侵害。③ 这一类由算法生成的群体不同于传统群体的起源生成方式,其具有一定的新颖性。尽管针对这一群体的侵害对象是在特定环境中的集体成员,但仍然围绕着个人权利。④ 虽然大数据时代带来的丰富的信息储存量与创新的信息处理形式,使得预测某一群体、民族甚至整个国家的行为模式成为可能,但是极易引发社会秩序风险。

笔者认为,对于秩序法益保护价值的认可并不代表支持超个人法益说,以侵犯公民个人信息罪为例,秩序法益或许可以被置于更为重要的地位,但并不能直接取代个人法益,主张侵犯公民个人信息罪所保护的法益仅限于超个人法益的观点尚存商酌的空间。

---

① See Priscilla M. Regan, Privacy as a Common Good in the Digital World, 5 Information, Communication & Society, 382-405(2002).

② 参见〔德〕克劳斯·罗克信:《刑法的任务不是法益保护吗?》,樊文译,载陈兴良主编:《刑事法评论(第 19 卷)》,北京大学出版社 2006 年版,第 146 页。

③ PredPol 是一款通过预测性分析来支持执法的警务软件,基于交叉识别、核对数据地点的技术,可以有效地预测、预防和应对犯罪,曾被广泛应用于美国各地警察局。但它的预测结果被美国民众认为是潜在的地域歧视,这可能直接影响到个人,在 2020 年 4 月,PredPol 最老的客户之一洛杉矶警察局在无法测量产品的有效性的情况下终止了这个项目。

④ See Alessandro Mantelero, Personal Data for Decisional Purposes in the Age of Analytics: From an Individual to a Collective Dimension of Data Protection, 32 Computer Law & Security Review 238, 255(2016).

超个人法益论认为个人信息不仅与个体的信息隐私和生活安宁直接相关,更可以对公共秩序利益、国家安全利益乃至信息主权造成相当程度的威胁。① 这一观点在法益理论上偏向集体法益一元论,与早期法益一元论相对。早期法益一元论认为,归于社会秩序和国家制度等利益维护的集体法益只能被定位成保障个人法益实现的功能化媒介②,超个人法益只有被证明与个人法益之间存在“推导关系”(Ableitungsverhältnis),其在刑法层面的保护才具有正当性。而以公共信息安全说为代表的超个人法益论主张将侵犯公民个人信息罪的犯罪对象局限于不特定或多数人的个人信息,将该罪视为对侵犯个人信息下游犯罪的刑法预防性干预,建立于风险社会治理职能的发展之上,立法重点由个人权利明显转向预防和安全。这种观点虽然具有较为鲜明的时代背景特征,但必须警惕对集体法益的泛化适用。一味强调秩序维护必然伴随着对个体自由的限制,个人信息与个体的紧密联系性使得理想的规则体系范式应当以《个人信息保护法》为主干法律进行基础构建。同时《个人信息刑案解释》将“造成被害人死亡、重伤、精神失常或者被绑架等严重后果的”情形规定为“情节特别严重”,也体现了对于信息主体人身利益的考量,反映出超个人法益论的局限性。因此,无论是“刑先民后”抑或“刑民并重”的方式,刑事防范体系都不应当完全脱离个体权益,超个人法益论无疑偏离了法秩序统一原理下对个人信息作刑法保护的真正立法目的。

(三)刑法保护个人信息法益的位阶

刑法的目的和任务是保护法益。对于侵犯公民个人信息罪而言,只有确定了具体且含有实际内容的法益,才能够充分发挥法益的机能。③ 法益的机能集中体现于以下两个层面:一是刑罚的必要性,这不仅涉及立法意义上的入罪门槛与出罪路径,更关乎对刑法解释意义中罪名构成要件的理解;二是刑罚的适当性,刑法对于法定刑的设置需与法益合理对应,避免出现罪刑责不适应的失调现象。基于法益的机能的实现目标,在侵犯公民个人信息罪保护法益为复合法益的情形下,必然需要在法益保护中作出层次划分,以突出刑法的保护重心。正如有学者所言,为了将以保护复合法益为目的的刑罚规定体系化,应当将其中处于最优位的法益作为第一标准,补充考虑从属的法益。④。因此,鉴于信息自由流通与安全保障为我国个人信息刑法保护体系的两大价值追求,有必要对侵犯公民个人信息罪保护法益的位阶进行排序,厘清刑法对于个人信息保护的重心,以期合理构建侵犯公民个人信息的刑事制裁体系。

第一,公共安全与社会秩序的优先考量。个人信息所包含的内容多元化决定了其

---

① 参见曲新久:《论侵犯公民个人信息犯罪的超个人法益属性》,载《人民检察》第 2015 年第 11 期。

② Vgl. Winfried Hassemer, Theorie und Soziologie des Verbrechens: Ansätze zu einer praxisorientierten Rechtsgutslehre, 1973, S. 82, 221.

③ 参见张明楷:《刑法学》(第 3 版),法律出版社 2021 年版,第 86 页。

④ 参见〔日〕大塚仁:《刑法概说(各论)》(第 3 版),冯军译,中国人民大学出版社 2003 年版,第 18 页。

具有复合型属性,其中个体属性与社会属性既是相互关联的,也是可以相互转化的,个人信息的复合型利益属性和多方权属主体决定了公共秩序安全衡量下个人信息共享的正当性。但是,信息自由流通与安全保障作为信息社会的两大价值目标,两者之间的冲突本质可划归为公权与私权、公共利益与个人利益的界限问题。信息安全作为总体国家安全观中极其关键的一部分,散见于刑法中各个具体的保护领域之中。现行刑事立法在处置涉及国家安全领域的信息犯罪时,主要通过《刑法》分则第一章危害国家安全罪来进行防控保障,这反映出侵犯个人信息这一非传统犯罪领域对于国家安全保障体系的威胁,以总体国家安全观为视角,尽管个人信息不涉及国家安全,但公共安全与社会秩序无疑应当具有更为优先的法律地位。

随着社会对于个人信息实践的深入考察,将个人信息视为自然人独立支配的个人控制论的局限性日益凸显。① 人类的群居性在大数据时代背景下催化了个人信息公共属性的产生。个人信息作为重要的社会基础性资源,可以被收集、构建进公民个人信息管理系统,以推进社会治理的现代化。例如,新冠疫情常态化防控工作中,对于疑似、确诊患者的行踪轨迹、密切接触史等个人信息进行公开,不仅为主管部门及时准确实施管控治理措施提供了助力,同时保障了公众的知情权,提高了公民自我开展个体救济的能力。换言之,只要个体仍处于社会生活之中,其个人信息势必具备公共性。从司法实践来看,大多数侵犯个人信息犯罪所涉的个人信息数量极为庞大,难以直接定位具体被害人,并且在个体和公共社会已然趋于融合的当下,很难判断侵犯个人信息的直接受损对象,而个人信息公共性的扩展使得公共安全与社会秩序可能先于信息主体受到侵害。从智能时代社会结构的变迁来看,万物互联的数字时代使得个人信息的公共流通将更为普及,其公共性愈加明显,同时不断出现新的信息安全风险无疑会冲击公共安全与社会秩序,因此刑法应当立足于保障法的功能定位,积极参与总体国家安全观的实践路径之中。②

同时,值得注意的是,公共安全与社会秩序具有优先考量的价值,但公共利益的维护能否作为侵犯个人信息利益的正当化事由仍有商榷的空间。事实上,公权力与私权益之间的张力仍旧存在,二者的权益衡平在信息技术的发展下进入了一个全新阶段。一般而言,承担公共职责的信息控制者在个人信息使用中享有优先权,这源于其在合

① 个人信息保护控制论有两个理论源头:一是欧洲基于人的尊严保护的个人数据保护理论;另一个是美国基于个人自由保护的隐私理论。尽管两个法域中个人信息保护的理论基础不同,但结论是相同的,即个人应当有权控制其个人信息的使用,以实现对个人自治(独立人格和自由意志)等基本权利的保护。参见高富平:《个人信息保护:从个人控制到社会控制》,载《法学研究》2018 年第 3 期。

② 参见高铭暄、孙道萃:《总体国家安全观下的中国刑法之路》,载《东南大学学报(哲学社会科学版)》2021 年第 2 期。

理开发利用个人信息过程中提供的公共服务与行政管理。① 信息主体在社会治理工作中的参与程度不高,致使其权利人地位被弱化,而且在大多情形下,基于服从公共管理的需要,被动扮演起个人信息处理过程中的义务人。个人信息所具有的社会价值使得信息主体的使用自主利益受到公共利益的约束,同时在个人信息自由使用过程中必须尊重公共秩序价值,但这并不代表只要基于维护公共利益的目的,就可以对个人信息利益无限制地挤压,公共利益对于个人信息利益的限缩应当控制在合理必要的限度之内,并且要在具体案件中作场景化综合判断,保证个人信息利益让位的价值性与实效性。

第二,兼顾人身属性与财产属性。个人信息本质上与自然人直接相关,在法律形成与适用的过程中,逐渐发现和界定个人信息所关涉的人格权益与财产属性,并设立相应的规范或制度将其予以合法化。伴随个人信息法律保护体系的完善,不同层面的前置法关于个人信息的属性形成了相对一致的理解,虽然在立法层面未对个人信息所包含的多元法律保护价值作出明确的位序排列,但均认可个人信息与公民基本权利的相关性,以此明确揭示个人信息蕴含的人格权益。同时,在《个人信息保护法》第 28 条对于敏感个人信息的界定中,容易导致自然人财产安全受到危害也从侧面印证了个人信息的关联性财产价值。换言之,公民在个人信息处理时所行使的同意权②,就包含了赋予信息控制者或信息处理者在诸多场景下对于个人信息的财产化使用。

尽管在前置法逐渐强化对个人信息人格权益与财产利益保护的背景下,刑法对于个人信息的保护应当秉持谦抑性和保障性原则,并且顺应时代立法要求,将公共安全和社会秩序作为刑法保护个人信息的首要价值考量目标,但个人信息所具有的人身属性与财产属性并不能完全依赖私法领域的保护,其多元化属性亦促使侵犯个人信息犯罪的动机多样化,犯罪产业化、链条化的特征显著,故刑法有必要兼顾个人信息的人身属性与财产属性。一般而言,相较于财产性法益,人身性法益更具有重要性,这在理论界并没有争议。③ 但于刑法保护之中,是否有必要将人身性法益优先于财产性法益进行保护,依然值得进一步商榷。个人信息所具有的复合型属性,使得无论是强调人身属性,还是对财产属性的保护,都存在不周延之处。一方面,个人信息脱胎于数据,若以财产属性为优先,不仅无法明确相关数据的权属人及具体权益,也会将个人信息的专门性保护罪名强行割裂为财产犯罪与人身犯罪的二重罪名,忽略了财产属性与人身属性的关联性;另一方面,智能化时代背景下,个人信息作为社会核心生产资料,与社会运行管理、科技进步创新直接绑定,单纯强调人格权益的保护思路显然难以实现对

---

① 参见李勇坚:《个人数据权利体系的理论建构》,载《中国社会科学院研究生院学报》2019 年第 5 期。

② 参见《个人信息保护法》第 13 条。

③ 参见姜涛:《基于法益保护位阶的刑法实质解释》,载《学术界》2013 年第 9 期。

个人信息全面、有效的保护。因此,应当在刑法保护中兼顾个人信息的人身属性与财产属性。

四、暴力获取个人信息的合理刑法规制

数字经济模式之下,个人信息成为社会核心生产资源,承载着至关重要的数据多元性利益。在先前个人信息法律保护体系尚未完善的背景下,刑法迫于无奈对于这一领域作出了积极介入的立法保护态势。而伴随前置性立法的完善,特别是《个人信息保护法》的面世,不仅意味着我国对数字化时代个人信息保护的基本要求、治理范围及调整方式等已有了系统化的立法决断,亦标志着我国在个人信息综合性治理的法治轨道上迈出了关键的一步,该法无疑为刑法合理化完善侵犯个人信息行为入罪的适用规定提供了极为重要的依据。刑法作为个人信息保护法域中曾经的先锋与主力,其过度化超前保护一直受到学界的批判,大多数学者倡导刑法应当回归保障法的定位。对此,有学者指出,科学的刑事立法应当保有自身立场,对于舆情或民意的反映坚守,应当具备有所为而有所不为的底线。① 时下个人信息逐渐成为诸多部门法的保护重心,刑法应当以侵犯公民个人信息罪为基点,结合前述刑法保护的个人信息法益进行重新厘定,从个人信息法律保护体系的整体性视角科学论证暴力获取个人信息行为入罪的合理边界。

(一)"其他方法"应与窃取等行为方式具有等质性

我国现行刑法条文中频繁出现的"其他"用语②,不仅体现了以简驭繁的灵活性立法技术,也有助于提升刑法在社会形态变迁中的适应性。《个人信息刑案解释》对于"以其他方法非法获取个人信息"作出了规定③,同时 2018 年最高人民检察院发布的《检察机关办理侵犯公民个人信息案件指引》在此基础上进一步明确,"其他方法"应当限于"窃取"之外、与其具有等质危害性的方法。④ 从上述规定来看,刑法对于非法获取个人信息的认定应当从以下两个方面进行理解。

第一,获取行为应具有一般非严重暴力性。"窃取"的字义解释为"偷窃盗取",其具体含义在侵犯公民个人信息罪中尚未有明确的界定,以"窃取"作为构成要件行为的

① 参见刘宪权:《刑事立法应力戒情绪——以〈刑法修正案(九)〉为视角》,载《法学评论》2016 年第 1 期。

② 参见王耀忠:《我国刑法中"其他"用语之探究》,载《法律科学(西北政法大学学报)》2009 年第 3 期。

③ 最高人民法院、最高人民检察院《关于办理侵犯公民个人信息刑事案件适用法律若干问题的解释》第 4 条规定,违反国家有关规定,通过购买、收受、交换等方式获取公民个人信息,或者在履行职责、提供服务过程中收集公民个人信息的,属于《刑法》第 253 条之一第 3 款规定的"以其他方法非法获取公民个人信息"。

④ 最高人民检察院在《检察机关办理侵犯公民个人信息案件指引》指出,"其他方法",是指"窃取"以外,与窃取行为具有同等危害性的方法,其中,购买是最常见的非法获取手段。

盗窃罪来看,该罪名中“窃取”一般是指,违反被害人意志,将他人占有的财物转移给自己或第三者(包括单位)占有。[①] 虽然这一观点未明确手段的非暴力性,仅从客观上阐述了窃取的行为形态,但从我国刑法关于盗窃罪与抢夺罪(对物暴力)、抢劫罪(对人暴力)的区分规制来看,盗窃罪中的窃取行为,其行为危险性程度应当弱于抢夺罪。而反观非法获取个人信息行为,与盗窃罪不同的是,我国刑法对于获取方式作出了列举式规定。一般而言,对于列举未尽的“其他”,应当采取“同类规则”[②]进行内涵与外延的合理解释。而《个人信息刑案解释》所列举的“购买、收受、交换”均为平和的方式,在刑法学范畴中与“强力”相对应。具体而言,“强力”通常表现为暴力、胁迫等激烈方式,应具备足以压制他人意志自由的物理或心理强制力,而平和则与之相反,行为的相对人应当具备完全的意志自由控制力,换言之,一般情况下,非法获取信息行为应当既不具有对人的暴力性,亦不具有对个人信息这一行为对象的暴力性。

第二,获取行为本身不要求具备违法性。非法获取个人信息所侵害的是个人信息。数字时代对于数据流通的需求使得个人信息大多以电子数据为媒介出现,但无论个人信息处于何种表现形式,获取行为所侵害的并非为传统“窃取”行为之中的占有,而是“是否知悉”。[③] 换言之,个人信息不同于一般物品,并不具有固定形态,很难从客观上对个人信息作出占有或所有的判断,非法获取个人信息行为应是改变了对个人信息享有权益的主体所设定的“不为人知悉”或者“保密”的状态,而非法获取个人信息关于“非法”的内涵要求并不以破坏安全措施、越权访问等侵入行为作为必要前提。因此针对非法获取个人信息的违法性判断,应当避免将“移转”这一客观判断与“是否允许流转”这一法律层面的应然判断相混淆。[④]

(二)侵犯财产罪的适用探讨

整体来看,除却拒不支付劳动报酬罪,《刑法》分则第五章侵犯财产罪的对象为“财物”,尽管有域外刑法对于财物与财产性利益作出了明文区分,但我国刑法及主流观点统一采用“财物”这一概念,并认为“财物”同时应当符合以下三个基本特征,即管理可能性、转移可能性与价值性。[⑤]

其一,管理可能性。因盗窃、抢夺、抢劫等犯罪的表现形态为移转他人占有,破坏了他人对财物的管理状态;对于被害人而言,如果其本身根本难以完成对财物的管

---

① 参见张明楷:《刑法学》(第 6 版),法律出版社 2021 年版,第 1235 页。

② 同类规则(ejusdem generis),这一词语来源于拉丁语,被广泛应用于成文法的原则性规定解释之中,一般是指一个类概念或集合概念中列举了一些种类的事项,其未尽事项的扩大解释应当限于与所列举的事项属于同类。参见致远:《系统解释法的理论与应用(下)》,载《法律适用(国家法官学院学报)》2002 年第 3 期。

③ Vgl. Kloepfer Michael, Informationsrecht, 2002, S. 27-28.

④ 参见陈罗兰:《虚拟财产的刑法意义》,载《法学》2021 年第 11 期。

⑤ 参见张明楷:《刑法学》(第 6 版),法律出版社 2021 年版,第 1212 页。

理,那么显然不能认定被害人对财物的占有或者所有,更无法据此判定财物的具体状态。如果将个人信息代入判断,可以看出,在数字经济时代,出于维护技术产业正常有序发展的考量,关于个人信息保护的基本理论被推动着从个人本位向社会本位转变,提倡个人信息公共性的社会控制理论应运而生,个人信息处理难以继续完全取决于信息主体的意思自治,而个人信息控制权能被不同程度地限缩。在此背景下,信息主体甚至难以保障其所设定的个人信息不为他人知悉的保密性状态,更无法实现个人信息的排他性占有。因此可以说,个人信息并不符合财物的管理可能性这一特征。值得注意的是,有学者基于数字时代的产业形态,提出财物的功能效用说。其认为"财物"的本质在于能发挥出功能效用,且技术发展的时代背景下大量传统物品被数据服务所替代,管理可能性的要求已然落后于智能时代要求。① 对此笔者认为,功能效用说这一理论对于"财物"管理可能性的理解局限于"外在物理性的管理",若以"事务性管理"来看,其所主张的数据服务亦可以被解释为刑法保护的财物;另外,实践中,功能效用说可能存在对"财物"这一概念的不当延伸:该学说完全摒弃了财物的"有体性"要求,认为移动终端中 APP 所提供的闹钟、收音机等数字化服务都可以被认定为"财物",这显然超出了社会中一般人对于"财物"内涵的理解,易引发刑法规制范围的风险性扩张。

其二,转移可能性。这一特征主要针对取得型财产犯罪的行为人而言,因为如果财物本身不具有流通性,那么行为人就无法实现转移被害人财物的构成要件行为,更无法使财物的权利归属人受到侵害。需要关注的是,转移可能性要求行为人获取与被害人丧失控制同时成立。结合管理可能性的特征来看,即管理权能由被害人移转至行为人,而从个人信息具有的共享流通性来看,其显然不符合排他性转移的特征要求,诸如姓名、身份证号、联系方式等与个体紧密相连的信息往往同时被多个不同主体掌握。尽管刑法对个人信息专门罪名重点规制转移型侵害,但事实上个人信息的转移行为并不一定会导致被害人丧失控制权能。例如,行为人利用工作便利收集被害人联系方式,并出售给他人以非法牟利,从被害人角度来看,针对个人信息的这一转移行为并不影响其对于信息的控制与继续使用。

其三,价值性。马克思曾言,物的有用性使物具有使用价值。② 相应的,从法益保护原则出发,如果一种事物不具有任何价值,那么亦不值得让刑法作出保护。尽管目前我国刑事立法对于个人信息以行为规制为主,但个人信息作为数字经济时代社会沟通和运营的核心工具,其利用率和安全度直接影响科技创新发展的速度,当然具有财

---

① 参见高艳东、李诗涵:《数字时代财产犯罪中财物的扩张解释:以数据服务为例》,载《吉林大学社会科学学报》2020 年第 5 期。

② 参见《马克思恩格斯全集(第 31 卷)》(第 2 版),人民出版社 1998 年版,第 420 页。

产属性。从“樊某等暴力获取微信账号密码案”来看,微信账号密码被以300元的价格转卖,显然具有一定的使用价值。

综上所述,尽管个人信息具有财物属性,但从以上述讨论来看,其并不符合财物管理可能性与转移可能性的特征。据此可以判断,因个人信息不属于抢劫罪中的“财物”,前述“樊某等暴力获取微信账号密码案”亦不构成抢劫罪,对于这一行为的判断,值得进一步探讨。

(三)侵犯公民个人信息罪的适用探讨

《个人信息保护法》构建完善的标准之一,是构建关于个人信息生命处理周期的保护。从暴力获取个人信息行为比照非法获取个人信息行为来看,其本质仍然是对个人信息的侵犯行为。尽管侵犯公民个人信息罪的规定中对于非法获取提出了“非暴力性”的要求,但是否可以通过对这一行为类型作举轻以明重的当然解释,将该行为纳入个人信息专门罪名的评价范畴,则需要对举轻以明重的适用路径作进一步探究。

所谓举轻以明重,是指在法律尚无明确规定,但悬而待决的行为相较法定当罚行为的违法性、危害性更显严重之时,依据“以轻推重”的逻辑对悬而待决的行为进行类比处罚。[①] 这一概念看似清晰,但在适用中仍然存有争议,一方面,罪刑法定原则同时从形式法治与实质法治出发,禁止刑法作出超出国民预测可能性的类推解释,这要求包含当然解释在内的各类法律解释方法应当以文义解释作为起点,并厘定边界;另一方面,举轻以明重的悬而待决的行为与比对行为之间应当并非简单的种属关系,而是具有一定的层级性。将暴力获取个人信息行为与非法获取个人信息行为进行对比来看,两者构成要件基本相似,前者因其所蕴含的暴力性概念显然较一般获取行为更显递进,故应当符合举轻以明重的适用标准。事实上,《个人信息刑案解释》中列举的购买、收受、交换等方式局限于较为常见的获取行为,而该司法解释颁布之时,亦尚未发生过暴力获取个人信息的案件。可以说,数字经济时代个人信息的价值潜力被无限挖掘,致使犯罪手段不断异化,而立法与司法解释无法回避在制定过程中因预测现象的局限性所导致的法律滞后性。

侵犯个人信息犯罪在被纳入立法之时,尚具有一定的预备性质,但这并不妨碍刑法打击个人信息不法流转的规范目的。作为个人信息刑法保护中的总体专门化规定,侵犯公民个人信息罪的保护范围不应当局限于非暴力性的非法获取,而是要紧跟社会形势变迁。整体来看,个人信息安全的外延在持续扩张。从信息流通的动态过程来看,围绕个人信息的各个处理阶段均存在安全侵害风险,具有小节点、高频次和不可预见的特征。针对个人信息的非法获取、提供和滥用,不仅会对个体权益造成实际侵

① 参见柳砚涛:《论举轻以明重在行政处罚中的应用》,载《政治与法律》2015年第8期。

害，还会以已知或未知的方式对公共利益、国家安全造成严重威胁或实际危害。个人信息安全所呈现的社会公共性映射出其安全利益谱系中具有个人安全、公共秩序安全和国家安全三个不同层次。从刑法角度来看，基于谦抑性的要求，对于尚未上升至法益的利益，不能仅依赖于刑法保护；反言之，对于已经上升至法益的利益，也需要坚守刑法手段的最后性，优先考虑技术方法和其他法律手段。个人信息作为一种社会公共生产资源，虽然具有一定私人属性，但在数据池（data pool）①集合形式下，其极有可能成为公共利益的载体。由此而言，个人信息的权益或权利应优先考虑私法领域的保护，而其蕴含的公共秩序安全、国家安全也必然成为刑法保护考量下的首要价值目标。

由此而言，暴力获取个人信息行为的实质并未超出转移型侵害行为的基本内涵，考量到刑法中侵犯公民个人信息罪法益的保护位阶，将暴力获取个人信息行为理解为非法获取个人信息行为符合合理语义解释范围，并未突破刑法在个人信息保护领域的谦抑性坚守。值得注意的是，虽然不再针对暴力获取个人信息行为单独增设新罪，但从侵犯公民个人信息罪的设置来看，针对"非法获取"所列举的"窃取""收买"等情形的"质"和"量"均呈现相对的一致性，而暴力获取个人信息行为则属于典型的暴力型行为，应当在责任层面作出层级化区分。

五、结语

个人信息作为数据化进程中的核心要素，尽管被纳入刑法保护范围之内，但针对其的具体举措尚有完善的空间，传统化的行为性质在个人信息犯罪中体现出时代化转型，以个人信息为代表的新型犯罪给刑法提出了新的定性要求。明确个人信息的概念界定只是第一步，对侵犯公民个人信息罪的法益性质的识别直接影响到该罪的构成要件与违法性的判断，间接划定了侵犯个人信息犯罪的犯罪圈。因此，在妥当运用民法、行政法等前置法的法律手段的基础上，系统性地审视刑法所保护的个人信息属性、正确厘定侵犯公民个人信息罪的法益，有助于认定侵犯个人信息犯罪的构成要件和形成行为性质的正确结构，从而实现个人信息法律保护体系下的刑法保护精准化。

---

① 数据池是一个集中的数据存储库，贸易伙伴（零售商、分销商或供应商）可以在其中以标准格式获取、维护和交换关于产品的信息。

类推在故意犯罪“明知”的司法认定中的应用研究

江耀炜*

一、刑法规范的类推性质

类推作为一种法律方法在实践中被不自觉地应用着，但是其学术地位却没有得到应有的重视，甚至在公法领域（尤其是刑法），禁止类推似乎已经成为一项原则。其中最为重要的原因也许在于“类推”概念的使用混乱，尤其在刑法理论中，类推适用、类推解释、类比推理往往被混用，而事实上三者存在明显的区别。按照杨仁寿先生的解释，类推适用就是“比附援引”，即在法律没有规定的时候寻找与其性质最相类似的规定援引适用。① 换言之，类推适用以填补法律漏洞的方式而存在。但类推适用为现代罪刑法定原则所禁止。

类推解释的性质也存在较大争议，甚至该概念本身的存在意义也备受质疑。有学者指出，既然类推解释是对类推和刑法解释学的一种误读、一种错误的结合，就应当消解类推解释的概念。② 刘明祥教授则从最广义说、广义说和狭义说的角度梳理了类推解释的概念，进而主张类推解释是指，虽然某一事实与法律所规定的情况具有相似性，但是这一事实已经超出法条文字的本身含义，在这一情况下，以该相似性为该法条适用根据的解释方法。③ 与此同时，我国学者倾向于把类推解释与类比推理相联系，主张类比推理作为一种类推思维方法，刑法是不能也不应当排斥的。④ 类比推理是类推适用和类推解释最为基础的内核，同时也是二者重要的思维基础。⑤ 类推解释的限度要求在文本含义内，而其基本含义就是超越文本本身，因此把解释和类推放在一起是一种错误的结合，是对刑法解释学的误读。同时也有学者指出，类推就是类比推理，是

---

* 南京信息工程大学法学与公共管理学院讲师。

① 参见杨仁寿：《法学方法论》（第2版），中国政法大学出版社2013年版，第194页。

② 参见吴学斌：《类比法律推理的性质与难题》，载《深圳大学学报（人文社会科学版）》2006年第4期。

③ 参见刘明祥：《论刑法学中的类推解释》，载《法学家》2008年第2期。

④ 参见杨绪峰：《反思与重塑：刑法上类推解释禁止之研究》，载《环球法律评论》2015年第3期。

⑤ 参见杜宇：《刑法上之“类推禁止”如何可能？——一个方法论上的悬疑》，载《中外法学》2006年第4期。

方法论的意义上所指的,而不是类推解释。[①] 然而,类推与类比推理并不相同。有学者从逻辑学角度分别定义两者:类推是一种把给定的对象归入与其具有某些相同属性且具有更多属性的对象中的一种推理模式;而类比推理则是另外一种推理模式,即以两个对象相一致的某些属性为根据来推断其中一个对象也具有另一个对象的某种属性。[②] 类推是对两个前提是否能够被当作恰切的前提而进行确认的过程,是对两个对象类型关系的确认;而类比推理是非常典型的从个别到个别的推理。类推解释仅仅是在解释上应用了类推思维。也正是在这个意义上,考夫曼指出,法原本就带有类推的性质,所谓法律认识自始至终是一种类推性认识,而法的现实性本身的根基也是类推。[③]

实际上,不论是司法解释还是立法解释都需要类推。从刑法方法论的意义上说,类推的存在是恒定的,任何一个法律发现或者法律适用就其本质而言都是一个类推的过程,而不是单纯的涵摄,也不是形式逻辑的验证。[④] 不同的事物可能以不同的形式共享同一种存在方式,因而不同事物的存在方式既是差异的,同时也是一致的。立法者的任务是对类型进行描述,其实质就是从具有差异性的不同事物中抽象出一致性的类型,并在此基础上对其进行概括的规范设置。但是,描述本身并不能掌握最为细微的细节,因而对类型进行非常精确的描述是不可能的,毋宁说描述只能尽可能接近类推[⑤],因此,规范本身就带有类推的性质。

二、故意犯罪中的"明知"的类型学分析

从立法的角度看,规范是对类型的概括。考夫曼指出,类型标志着事物中的普遍性,类型既不是"一般",也不是"特别",而是一种相对的具体,是建立在二者之间的中间高度。类型虽然有比较确定的核心,能够被描述,但是类型却没有明确的界限,因而又不能被定义。与真实的、可直观、可接近的对象相比较而言,它是相对的。[⑥] 下面以销售假冒注册商标的商品罪中"明知"的解释为例,通过类推方法对《刑法》第214条进行类型学分析。

---

① 参见沈玮玮、赵晓耕:《类推与解释的缠绕:一个类推的刑法史考察》,载《华东政法大学学报》2012年第5期。

② See G. Polya, Mathematics and Plausible Reasoning, Princeton University Press, 1954, pp. 12-13.

③ 参见〔德〕阿图尔·考夫曼:《法律哲学》,刘幸义等译,法律出版社2011年版,第93—95页。

④ 参见〔德〕亚图·考夫曼:《类推与"事物本质"——兼论类型理论》,吴从周译,学林文化事业有限公司1999年版,第160页。

⑤ 参见〔德〕阿图尔·考夫曼:《法律哲学》,刘幸义等译,法律出版社2011年版,第192—193页。

⑥ 参见〔德〕阿图尔·考夫曼:《法律哲学》,刘幸义等译,法律出版社2011年版,第190—191页。

(一)司法惯例及其纠正:“明知”不含“应知”

《刑法》第214条规定销售假冒注册商标的商品罪的犯罪行为是,销售明知是假冒注册商标的商品、违法所得额数额较大。“明知”在语法意义(semantic meaning)上的理解就是“明明知道”,而“明明”在现代汉语中表示“显然如此”,是作为副词使用的。用“明明”修饰“知道”,没有改变“知道”的含义,强调的是一种语气,在刑法条文中,这种语气没有实质意义,因此“明明知道”在法律上即指“知道”。

从类型上说,对于事实的认知分为“知道”和“不知道”两种类型。我国司法解释对《刑法》分则“明知”的界定一般是指“知道或者应当知道”。最早对“明知”作出界定的是1992年最高人民法院、最高人民检察院《关于办理盗窃案件具体应用法律若干问题的解释》(已失效)第8条第(一)项的规定,该项规定将窝赃、销赃罪的“明知”解释为“知道或者应当知道是犯罪所得的赃物”。从此,“明知”被解释为“知道或者应当知道”似乎成为了司法惯例。即便是在1997年《刑法》颁布以后,出现的第一个对“明知”进行界定的司法解释,即最高人民法院、最高人民检察院、公安部、国家工商行政管理局《关于依法查处盗窃、抢劫机动车案件的规定》,其第17条规定,“本规定所称的‘明知’,是指知道或者应当知道”。类似的解释还出现在2004年最高人民法院、最高人民检察院发布的《关于办理侵犯知识产权刑事案件具体应用法律若干问题的解释》和2007年最高人民法院、最高人民检察院、公安部发布的《办理毒品犯罪案件适用法律若干问题的意见》等司法解释中。

从我国刑法的规定来看,除《刑法》第14条故意犯罪概念中出现“明知”外,《刑法》分则中有44处“明知”的规定都是出现在故意犯罪当中。问题在于,“应当知道”的前提是“不知道”,而“不知道”即行为人对自己的行为会造成的结果或者可能造成的结果没有认识,亦即否定了犯罪故意中认识因素的成立,那么如何成立犯罪故意?仅从字面含义理解,“应当知道”最多只能成立犯罪过失,而不能成立犯罪故意。将“应当知道”而客观上并不知道的情形认定为故意犯罪是存在疑问的,这意味着将过失的行为认定为故意犯罪行为。① 因而,司法惯例中将“明知”解释为“知道或者应当知道”并不科学,有违罪刑法定之嫌。

同时,我国《刑法》中有46处使用“明知”的规定,有41处是单独使用,而有1处是“明知”与“应知”并列使用,即《刑法》第219条第2款。可见,在刑事立法中,“明知”与“应知”是并列在同一层次的概念,而不像司法解释那样将“明知”作为上位概念,而将“知道”和“应当知道”并列作为“明知”的下位概念。进一步而言,从字面意思和刑法体系来看,将“明知”解释为“知道或者应当知道”并不符合立法本意。侵犯商业秘密

---

① 参见张明楷:《刑法学》(第5版),法律出版社2016年版,第685页。

罪按照我国刑法理论的通说,是故意犯罪,对此,刑事立法也似乎出现了前述逻辑不周延的情况,即在刑事立法中将行为人"应知"的情况认定为故意犯罪。按照前述类型的区分,这里的"应知"并不是说行为人实际上不知道,而是在难以通过直接证据证明行为人是否知道时,可以根据常识常理来推定行为人"知道"的情况。这种推定就是对"知道"的间接证明。由此从逻辑上看,《刑法》分则的"明知"是指行为人"知道或者可能知道"的特定行为或者状态。

立法解释中也出现了与前述《刑法》第 219 条第 2 款相类似的情况,如 2014 年 4 月 24 日施行的《全国人民代表大会常务委员会关于〈中华人民共和国刑法〉第三百四十一条、第三百一十二条的解释》。张明楷教授对此的解释是,其中的"应当知道"也是指根据相关事实推定行为人知道,而不意味着过失可以成立《刑法》第 341 条规定的犯罪。①

据此,相关司法解释对"明知"的解释从类型学的角度应当理解为:犯罪故意中的"明知"指的是"知道或者可能知道",而不包含"应当知道",但是在行为人是否知道难以通过直接证据证明的时候,不排除根据常识常理,通过对特定事实的证明来推定行为人"知道"。

(二)"明知"的认识内容:违法性认识

在德国、日本刑法的三阶层犯罪理论中,区分不法与有责。对于故意和过失的地位,行为无价值论者和结果无价值论者的立场并不相同。结果无价值论者主张行为违法性的判断,只能以行为的客观方面为根据,只要行为在客观上违反法律的规定,就具有违法性,而不管行为人的意识内容和主观能力如何。因此,结果无价值论者不承认主观的违法要素,也不认为故意和过失是责任的要素。而行为无价值论者主张行为违法性的判断应同时考虑行为的客观方面和行为人的意识内容与主观能力。因此,行为无价值论者是承认主观的违法要素的②,并进而认为,故意和过失是违法的要素,即前述主观违法要素。陈兴良教授主张相对的结果无价值论,认为在《刑法》分则存在主观要素明确规定(例如明知、目的等)的情况下,承认主观违法要素的存在。③ 陈兴良教授所主张的《刑法》分则的"明知"是主观违法要素,《刑法》总则的"明知"是责任要素也正是在这个意义上提出的。

但需要注意的是,行为无价值论将故意、过失作为主观的违法要素,容易导致按照伦理的标准来判断违法性。行为无价值论者将法理解为命令规范,这种规范的接受者只能是理解规范的具有责任能力的人,只要在同一个层面上把握违法与责任,就不存

① 参见张明楷:《刑法学》(第 5 版),法律出版社 2016 年版,第 266 页。

② 参见张明楷:《刑法的基本立场》,中国法制出版社 2002 年版,第 171 页。

③ 参见陈兴良:《刑法分则规定之明知:以表现犯为解释进路》,载《法学家》2013 年第 3 期。

在没有责任的不法,进而导致违法性与有责性的混淆,这是不可取的。从类型学上说,《刑法》分则所要求的具体个罪中需要“明知”的内容有特定的违法行为(如侵犯商业秘密罪中的“侵犯商业秘密行为”)、特定违法物品(如持有、使用假币罪中的“伪造的货币”)、特定的违法主体(如窝藏、包庇罪中的“犯罪的人”),以及特定的状态(如拒不救援友邻部队罪中的“战场上明知友邻部队处境危急请求救援”),这些是主观的违法要素,进一步抽象描述即为违法性认识。在销售假冒注册商标的商品罪中,行为人“明知”的内容是其所销售的对象为假冒注册商标的商品,具有违法性内容,即违法性认识应当成为销售假冒注册商标的商品罪“明知”的认识内容。

我国《刑法》第 214 条在销售假冒注册商标的商品罪的行为描述中,明确要求“明知”的内容是假冒注册商标的商品。从语言动宾结构分析,“明知”的宾语具有违法性内容,即“假冒”注册商标的商品。至于“假冒注册商标的商品”,从事实和规范二分说的角度看,属于记述性的构成要件要素还是规范性的构成要件要素存在讨论的空间。《刑法》对“假冒注册商标的商品”的要求是“同一种商品”,而对于“同一种商品”的认定,理论上存在不同的认识:一种意见认为“同一种商品”指的是行为人所生产的商品与注册商标注册证上所记载的注册商标核定使用的商品是同一商品即可,而不论注册商标权利人自己是否生产或者是否许可他人使用注册商标生产的该注册商标核定使用的商品;另一种意见认为,“同一种商品”指的是行为人生产的商品与注册商标权利人实际生产的或者许可他人使用注册商标生产的该注册商标核定使用的商品系同一种商品,后者更强调实物和实物之间的对比是否具有同一性。

笔者以为,分析该问题的关键在于《刑法》第 213 条假冒注册商标罪所保护的法益的确定。从侵犯知识产权罪在《刑法》分则的体系安排来看,其保护的法益是社会主义市场经济秩序,商标是区别商品或者服务来源的标识,一方面,商标权利人可以通过注册商标提高自己的商誉,带来更多商业利益;另一方面,消费者可以通过注册商标的区别购买优质商品。商标权是对各个市场主体都有益的权利,体现的是一种稳定的市场秩序。因此,商标权不仅仅是财产权,假冒注册商标罪保护的法益不仅仅是商标注册权人的合法权益,更侧重保护商标识别与交易秩序。

进而言之,假冒注册商标罪及销售假冒注册商标的商品罪中的“同一种商品”应是从规范意义上(不是事实意义上)来讲的。即“同一种商品”指的是行为人生产或者销售的商品与涉案注册商标注册证上记载的核定使用的商品是同一种商品,而不论商标注册权人自己是否生产或者是否授权他人使用注册商标生产该注册商标核定使用的商品。注册商标代表的是一种商誉,商标注册权人暂时不使用注册商标,并不排除后续使用。司法解释也印证了此观点,2011 年 1 月 10 日颁布实施的最高人民法院、最高人民检察院、公安部《关于办理侵犯知识产权刑事案件适用法律若干问题的意见》第 5

条第2款明确指出,认定"同一种商品",应当在注册商标核定使用的商品和行为人实际生产销售的商品之间进行比较。《刑法》要求"假冒注册商标"需要在"同一种商品上"使用"相同"的商标。对于"同一种商品"的认定在一定程度上存在价值判断,而司法机关对"相同"的商标的解释空间比"同一种商品"更大。商标的形状五花八门,有简单到一个数字或字母的,有复杂到各种文字和图形组合的,这些商标多大程度上可以被认为是"相同"的商标,有赖于解释者的生活经验、常识与价值判断。

三、"明知"的司法认定:事实与规范间的类推关系

从逻辑上说,在事实与规范之间进行演绎推理的前提是,作为小前提的案件事实能够被作为大前提的规范所涵摄。波斯纳曾尖锐地指出,法律制度必须关心经验事实、经验真理的问题;逻辑所探讨的是概念和概念之间的相互关系,而不是概念与事实之间的对应关系。① 在这里,波斯纳表达的是法律属于经验世界,在规范与事实之间其实并不存在非常严格的涵摄关系。一系列概念组成了规范,而概念本身并不可经验,概念只能存在于人的理念世界,能够被人所经验的只是承载概念的实体,因此规范只能通过思维去把握;而事实却存在于人的经验世界,事实是能够被经验到的。也就是说,规范与事实分别存在于理念世界与经验世界的不同场域。既然如此,两个不同质的范畴之间怎么可能形成严格的涵摄关系呢?②

规范是类型的概括描述,事实与规范联结的方法是类推。法律推理实际上就是判断具体的案件事实与抽象的规范之间是否在主要方面相同,并以此为根据将事实归入规范之中,也就是说,作为法律推理大前提的规范与作为小前提的事实之间并不是涵摄关系而是类推关系。任何新闻都有五要素即时间、地点、人物、起因、经过。完整的案件事实也同样要求具备以上五个要素,犯罪行为的构成要件该当性阶层并不考虑其他四个因素,只考虑"经过(何事)"。如该行为符合故意伤害(致死)的类型,这是类型性的判断。那么,作为规范层面的销售假冒注册商标的商品罪中的"明知"如何在事实层面得到确认呢?

"明知"是行为人的主观方面,是一种心理活动。从心理学上说,虽然人的心理是一种看不见、摸不着的主观存在,但是可以通过观察和分析客观方面的行为来研究心理活动。从外部行为推测内部的心理过程是心理学研究的一条基本准则。③ 当犯罪人在实施犯罪行为时,其心理活动必然会在犯罪行为中表现出来,犯罪行为在犯罪现场

---

① 参见〔美〕理查德·A. 波斯纳:《法理学问题》,苏力译,中国政法大学出版社2002年版,第69页。

② 参见周赟:《司法决策的过程——现实主义进路的解说》,清华大学出版社2015年版,第122—123页。

③ 参见彭聃龄:《普通心理学》(修订版),北京师范大学出版社2004年版,第4页。

所留下的客观痕迹为我们分析犯罪心理提供了可能。① 对于绝大部分故意犯罪而言,故意的认识因素和意志因素都能够通过在其主观故意支配下的行为得到证实。

但是对于某些特殊情况下的主观要素,则难以从客观行为直接得到确证。以伪证罪为例,行为无价值论者认为,伪证罪中的“虚假证明”,指的是作出不符合自己的记忆的证明(主观说),而不是指作出违反客观事实的证明,亦即行为人的外部行为必须与其内心体验不一致。因此,证人的证言不符合其记忆或体验时,成立伪证罪。②

换言之,对于目击证人而言,行为人在刑事诉讼中所作的陈述与其客观观察到的情况是否一致是难以证明的,尤其当行为人观察到的情况与客观真实的情况存在不一致时。这些较难证明的主观违法要素包括目的犯之目的、倾向犯之内心倾向、表现犯之内心经过。③《刑法》分则关于“明知”的规定是对犯罪成立范围的限缩,一定程度上体现故意的构成要件规制功能。为此,司法实践中对规范层面的销售假冒注册商标的商品罪中的“明知”与事实的联结方式即为类推,将具体而又特定的事实通过类型推定的方式归入“明知”的概念范畴,以 1998 年施行的最高人民法院、最高人民检察院、公安部、国家工商行政管理局《关于依法查处盗窃、抢劫机动车案件的规定》第 17 条,2007 年施行的最高人民法院、最高人民检察院、公安部《办理毒品犯罪案件适用法律若干问题的意见》第 2 条,2009 年施行的最高人民法院《关于审理洗钱等刑事案件具体应用法律若干问题的解释》第 1 条等司法解释为典型代表。

推定是英美刑事司法经常采用的一种证明方式,推定的方法是通过被告人在客观上所实施的违法行为来推断被告人具有实施犯罪的主观意图,在被告人没有作任何辩解的情况下,这种推断通常能够成立。事实的推定往往是能够证明被告人心理状态的唯一手段。④ 需要指出的是,罪刑法定虽然不排斥刑事推定,但是对于“明知”的推定则允许行为人提出相反的证据予以推翻,而不能主观臆断。

对于销售假冒注册商标的商品罪中“明知”的认定,2004 年最高人民法院、最高人民检察院发布的《关于办理侵犯知识产权刑事案件具体应用法律若干问题的解释》第 9 条第 2 款作了比较详细的列举性规定。该解释同样存在一个问题,即将“明知”解释为“知道或者应当知道”,而不是“知道或者可能知道”。如前所述,“应当知道”就是“不知道”,如果在事实上“不知道”,则应该排除犯罪故意的成立。从教义学角度而言(首

① 参见梅传强主编:《犯罪心理学》,法律出版社 2003 年版,第 357 页。

② 参见 Hans-Heinrich Jescheck, Thomas Weigend, Lehrbuch des Strafrechts. Allgemeiner Teil, 5. Aufl., Duncker & Humblot, 1996, S. 320,转引自张明楷:《行为无价值论与结果无价值论》,北京大学出版社 2012 年版,第 140 页。

③ 参见 Claus Roxin, Strafrecht Allgemeiner Teil, Bd. Ⅰ, 4. Aufl., C.H.Beck, 2006, S. 310 ff.,转引自张明楷:《行为无价值论与结果无价值论》,北京大学出版社 2012 年版,第 90 页。

④ 参见〔英〕鲁珀特·克罗斯、〔英〕菲利普·A. 琼斯:《英国刑法导论》,赵秉志、周振想等译,中国人民大学出版社 1991 年版,第 56 页。

先需要预设法律的规定是合理的、理性的，进而对其进行解释），这里的“应当知道”应当理解为“推定知道”。毕竟，教义学的本质是一个没有对自身的能力先行批判的纯粹理性的独立判断过程。具体而言，采用推定的方法对销售假冒注册商标的商品罪中的“明知”（推定知道）进行认定时，应当综合考虑以下因素：行为人销售商品的进货来源及供应商的资质、行为人销售商品的进货价格、被假冒商标的知名度、商品是否有相关证明文件、行为人本人的经验和知识。

四、结语

类推作为一种方法论，在刑法中不能也不应被排斥。其作为一种推理形式在法律推理中具有核心地位。类推是老百姓的惯常思维方式，法官在审理解决复杂案件问题时也会借助这一方法对特定的案件进行推理。① 不论从立法的过程来看，还是从规范的解释来看，抑或从事实与规范之间的联结关系来看，都离不开类推方法的应用。类推作为一种思维方法与罪刑法定原则所禁止的作为弥补法律漏洞、作为法的续造性质的类推适用具有本质区别。

① 参见〔美〕凯斯·R. 孙斯坦：《法律推理与政治冲突》，金朝武等译，法律出版社 2004 年版，第 7 页。

帮助信息网络犯罪活动罪与掩饰、隐瞒犯罪所得、犯罪所得收益罪的区分标准*

杨新绿**

网络赌博、电信诈骗、网上销售违禁物品等典型网络犯罪场景中，售卖电话卡和银行卡、提供技术支持、帮助转账取款等行为呈链条化、节点化、组织化、非接触特征①，帮助信息网络犯罪活动罪（以下简称“帮信罪”）与掩饰、隐瞒犯罪所得、犯罪所得收益罪（以下简称“掩隐罪”）交错产生罪名认定难题。帮信罪与掩隐罪交汇点为何？帮信罪与掩隐罪区分现实意义缘何？理论学说几何？实践效果如何？应然路径为何？

一、帮信罪与掩隐罪区分的现实意义

帮信罪与掩隐罪胶着原因为：其一，危害行为交叉，支付结算是帮信罪的基本行为，亦为掩隐罪转移犯罪所得常见手段；其二，侵害法益交叠，帮信罪的法益呈现公共秩序与司法秩序的二重性②，掩隐罪法益呈现司法秩序与反洗钱的二重性③；其三，历史沿革相继，帮信罪增设之前，司法实践将明知他人实施信息网络犯罪为其提供支付结算帮助以掩隐罪论处④，帮信罪增设之后，亦有将此情形认定为掩隐罪的司

---

* 本文系作者主持的2023年教育部人文社会科学青年项目“数字经济时代数据犯罪刑法治理体系构建”（23YJC820044）；2021年江西省社会科学基金青年项目“网络犯罪帮助行为刑事责任研究”（21FX12）；2020年江西财经大学法学院青年教师研究项目“网络犯罪帮助行为刑事责任研究”。

** 江西财经大学法学院讲师。

① 参见刘宪权、魏彤：《电信诈骗“外围”帮助行为的刑法定性》，载《犯罪研究》2022年第4期。

② 参见赵政乾：《论支付结算视角下帮助信息网络犯罪活动罪的二重性》，载《保定学院学报》2022年第6期。

③ 参见王新：《洗钱罪的基础问题辨析——兼与张明楷教授商榷》，载《法学评论》2023年第3期。

④ 参见“胡某等开设赌场、掩饰、隐瞒犯罪所得、犯罪所得收益案”，浙江省温州市鹿城区人民法院（2015）温鹿刑初字第1662号刑事判决书；“王水参开设赌场、掩饰、隐瞒犯罪所得案”，福建省永安市人民法院（2014）永刑初字第549号刑事判决书；“陈为俊等开设赌场、掩饰、隐瞒犯罪的所得案”，浙江省杭州市西湖区人民法院（2014）杭西刑初字第215号刑事判决书。

法解释。① 帮信罪与掩隐罪分别作为新型信息网络犯罪与洗钱犯罪的有机组成肩负着使命，合理区分适用是全面保护法益、平衡个罪关系、准确定罪量刑的前提条件。

（一）遏制帮信罪“口袋化”倾向

帮信罪因案件数量急剧上升而被诟病为“口袋罪”，化解之道为对情节轻微的帮信行为出罪，同时构成其他犯罪的，以共同犯罪或掩隐罪进行分流。② 既往司法实践否定片面帮助犯，抬高共同犯罪成立标准，以“通谋”“充分意思联络”作为共犯成立的必要条件，导致帮信罪适用泛滥，重罪轻罚现象加剧。③ 针对前述情况，当前应回归共犯认定的基本条件，优先适用更重犯罪的共犯，狭义共犯亦认定为掩隐罪。④

（二）发挥掩隐罪反洗钱效用

中国人民银行《中国反洗钱报告》显示，2019—2021 年洗钱犯罪审结案件数量与生效判决人数逐年大幅上升，尤其是掩隐罪上升幅度最快，占洗钱犯罪 96% 以上⑤。面对金融行动特别工作组的评估压力，掩隐罪是我国打击洗钱犯罪成效的重要指标，是遏制洗钱犯罪案件数量增长的主要力量，更是我国洗钱犯罪能否在即将到来的金融行动特别工作组评估中合规的关键要素。

（三）贯彻罪责刑相适应原则

帮信罪以情节严重作为犯罪成立条件，在提供支付结算帮助情形下须达金额 20 万元⑥，掩隐罪以情节严重作为加重处罚条件，掩饰隐瞒犯罪所得 10 万元以上为情节严重⑦。从刑法规定来看，帮信罪为轻罪、掩隐罪为重罪，然而从司法解释来看，明知系他人实施网络犯罪所得，为其提供支付结算帮助金额达 10 万元的，不构成帮信罪，但构成掩隐罪，且符合法定刑升格条件。帮信罪与掩隐罪轻重有别，从罪责刑相适应原则与有利于被告人角度出发须区分适用。

---

① 参见最高人民法院、最高人民检察院、公安部《关于办理电信网络诈骗等刑事案件适用法律若干问题的意见》第 3 条第（五）项。

② 参见刘艳红：《帮助信息网络犯罪活动罪的司法扩张趋势与实质限缩》，载《中国法律评论》2023 年第 3 期。

③ 参见欧阳本祺、刘梦：《帮助信息网络犯罪活动罪的适用方法：从本罪优先到共犯优先》，载《中国应用法学》2022 年第 1 期。

④ 参见陈洪兵：《帮助信息网络犯罪活动罪的“口袋化”纠偏》，载《湖南大学学报（社会科学版）》2022 年第 2 期。

⑤ 参见《中国人民银行发布〈2021 中国反洗钱报告〉》，载“数字金融网”微信公众号 2023 年 2 月 6 日。

⑥ 参见最高人民法院、最高人民检察院《关于办理非法利用信息网络、帮助信息网络犯罪活动等刑事案件适用法律若干问题的解释》第 12 条第（二）项。

⑦ 参见最高人民法院《关于审理掩饰、隐瞒犯罪所得、犯罪所得收益刑事案件适用法律若干问题的解释》（2021）第 3 条。

二、帮信罪与掩隐罪的区分理论学说

(一)时间节点区别说

时间节点为犯罪发展历程时间轴上的点,不同区分标准形成上下游区别说与既未遂区别说。上下游区别说以行为所处网络黑产业犯罪链条的位置为标准,主张掩隐罪一般处于网络黑产业犯罪链条的下游,其成立以上游犯罪既遂为前提,帮信罪多位于网络黑产业犯罪链条的上游,其成立不以上下游的犯罪形态为判断前提。① 既未遂区别说认为,掩隐罪是事后帮助行为,即在犯罪既遂之后通过转账、取现等窝藏、转移方法掩饰、隐瞒犯罪所得;帮信罪是事前和事中的帮助行为,在他人利用信息网络实施犯罪之前或过程中提供银行卡,帮助转账、取现,转账、取现则被前阶段提供银行卡的行为吸收。②

(二)客观行为区别说

该学说包括三种:其一,供卡转账区别说,将帮信罪中的支付结算限缩解释为单纯提供银行卡的行为,而掩隐罪中的支付结算系提供银行卡之后继续实施转账、取现行为。其二,资金流向区别说,帮信罪中的支付结算特指犯罪所得从行为人流出,而非从被帮助人流入行为人的资金转移,当然也不包括行为人与被害人等主体之间的资金流动③;掩隐罪中的支付结算则不受此限。其三,实质操作区别说,帮信罪行为人是"促成转账实施工具人",掩隐罪行为人是"直接操作转账行为人"。④ 这三种学说的共同点在于转账——是否转账、由谁转账、由谁操作。

(三)主观认识区别说

帮信罪的明知属于概括性明知,即认识到他人利用信息网络实施的一切犯罪,而掩隐罪的明知属于具体性明知,即对于自己窝藏、转移的财物属于犯罪所得存在认识。⑤ 帮

---

① 参见谢一君:《帮助信息网络犯罪活动罪的适用疑难与破解》,载人民法院报官网,http://rmfyb.chinacourt.org/paper/html/2022-08/25/content_220359.htm? div=-1,2023年2月6日访问;谢栋、陈月月:《帮助信息网络犯罪活动罪与掩饰、隐瞒犯罪所得罪的定性争议》,载《人民法院报》2021年10月21日,第6版。

② 参见孙国祥:《"跑分"及"黑吃黑"行为的罪与罚》,载《人民检察》2022年第12期;上海市第一中级人民法院课题组:《网络支付结算型帮助行为的刑法规制——兼论帮助信息网络犯罪活动罪的理解与适用》,载《中国应用法学》2022年第1期。

③ 参见赵政乾:《论支付结算视角下帮助信息网络犯罪活动罪的二重性》,载《保定学院学报》2022年第6期。

④ 参见刘志超:《帮助信息网络犯罪活动罪和掩饰、隐瞒犯罪所得罪的法律适用问题》,载《上海法学研究(集刊)》2023年第6卷。

⑤ 参见谢栋、陈月月:《帮助信息网络犯罪活动罪与掩饰、隐瞒犯罪所得罪的定性争议》,载《人民法院报》2021年10月21日,第6版。

信罪明知的证明标准低于掩隐罪。①

(四)犯罪对象区别说

掩隐罪的犯罪对象是犯罪所得,而帮信罪的犯罪对象是为利用信息网络实施犯罪行为者提供支付结算帮助的涉案资金。涉案资金不仅包括犯罪所得,还包括其他与网络犯罪相关的资金,这些资金虽不合法但不属于犯罪所得,转移这些资金充其量只是电话卡、银行卡涉罪行为,只能认定为帮信罪,不能认定为掩隐罪。②

(五)查证程度区别说

能够查证上游犯罪的认定为掩隐罪,反之认定为帮信罪,一起案件中支付结算涉案资金部分被查证为上游犯罪所得,部分无法查证,择一重罪(掩隐罪)处断并将其他部分作为从重处罚情节。③

三、帮信罪与掩隐罪的区分实践检验

(一)帮信罪与掩隐罪对时间节点依附程度不同

帮信罪可能出现在上游、中游、下游,产生于事前、事中、事后的任意阶段,实施于既遂之前、既遂之后,时间节点不足以成为帮信罪的特征。掩隐罪的成立对于赃物的时间阶段性有要求,必须是在本犯既遂后帮助实施的掩饰、隐瞒行为。本犯尚未完成犯罪,而是在犯罪进行过程中,他人通过掩饰、隐瞒赃物以帮助本犯继续完成犯罪的,与本犯之间构成事前无预谋的共同犯罪。④ 掩隐罪产生于上游犯罪既遂之后,自然属于下游犯罪。支付结算发生在犯罪实施过程中即排除掩隐罪的适用,发生在犯罪既遂之后无法区分掩隐罪与帮信罪,因此,不应以时间节点,而应以行为性质对帮信罪与掩隐罪作出界分。⑤

(二)帮信罪与掩隐罪中客观行为的区分度不高

首先,无转账行为并不影响帮信罪的成立。在“赵瑞帮助信息网络案”中,判决书

---

① 参见李先民:《支付结算型信息网络犯罪帮助行为的法律适用》,载《中国检察官》2022年第8期。

② 参见赵政乾:《论支付结算视角下帮助信息网络犯罪活动罪的二重性》,载《保定学院学报》2022年第6期;上海市第一中级人民法院课题组:《网络支付结算型帮助行为的刑法规制——兼论帮助信息网络犯罪活动罪的理解与适用》,载《中国应用法学》2022年第1期。

③ 参见张艳:《支付结算型帮助信息网络犯罪活动罪认定中的争议问题》,载《中国检察官》2022年第4期。

④ 参见谭某旗、谭某掩饰、隐瞒犯罪所得案——如何区分掩饰、隐瞒犯罪所得罪的罪与非罪、此罪与彼罪》,载最高人民法院刑事审判一至五庭主办:《刑事审判参考》(总第104集),法律出版社2016年版,第124页。

⑤ 参见喻海松、涂龙科、桑涛:《涉非典型“两卡”案如何实现罚当其罪》,载检察日报官网,http://newspaper.jcrb.com/2023/20230218/20230218_003/20230218_003_1.htm,2023年2月6日访问。

未记载赵瑞接收到 50 万元款项之后是否存在转账等行为。① 在“侯博元等人帮罪案”中,被告人开通的银行卡记录显示有电信诈骗款项流入且有取钱行为,然而流入的电信诈骗金额及取款的金额是多少、取钱是针对电信诈骗款项还是其他资金无从得知。② 其次,转账行为侵害新法益成立掩隐罪。行为人为他人利用信息网络实施犯罪提供银行卡之后明知进账资金系犯罪所得而予以转账,不仅侵害社会公共秩序,还妨害司法秩序,满足明知是犯罪所得而予以转移的犯罪构成成立掩隐罪。③ 最后,有转账行为未必均认定为掩隐罪。主要有三种情况,其一,欠缺替上游犯罪行为人掩饰、隐瞒的主观意思,即便客观上起到了转移他人犯罪所得的效果,亦不能认定为掩隐罪,而是根据非法占有的意思和行为认定为盗窃罪。④ 其二,帮信罪适用罪责刑相适应原则。行为人向他人租售银行卡且明知是犯罪所得的情况下代为转账并非要一律径直适用掩隐罪,应基于罪责刑相适应原则进一步考量,对于适用帮信罪可罚当其罪的行为,亦可考虑适用帮信罪。⑤ 其三,区分同案犯地位和作用选择帮信罪。“何龙、龙燚掩饰、隐瞒犯罪所得、犯罪所得收益案”⑥与“白瑞帮助信息网络犯罪案”⑦系同一法院判处的关联案件。被告人均提供多张银行卡用作网络赌博平台一级卡支付结算并对网络赌博网站充值资金汇总转移,但定罪不同,司法人员已注意到同案犯行为一致性而有必要区分帮信罪与掩隐罪。

(三)帮信罪与掩隐罪中明知程度相异但可转化

1. 帮信罪与掩隐罪的明知分别呈概括性、具体性特征

帮信罪的概括性明知实践认定更为宽泛,明知的对象扩大为他人实施违法犯罪,在程度上不拘泥于犯罪,在范围上不限定于信息网络犯罪,只要事后证明行为人客观上帮助了他人利用信息网络实施犯罪,就可以认定被告人明知他人利用信息网络实施犯罪。掩隐罪中的明知为具体性明知,行为人对于犯罪所得的性质、来源、构成存在

① 参见“赵瑞帮助信息网络案”,浙江省义乌市人民法院(2017)浙 0782 刑初 1563 号刑事判决书。

② 参见“侯博元、刘昱祈、蔡宇彦等帮助信息网络犯罪案”,浙江省金华市婺城区人民法院(2018)浙 0702 刑初 915 号刑事判决书。

③ 参见“肖波、丁凯掩饰、隐瞒犯罪所得、犯罪所得收益、帮助信息网络犯罪活动案”,新疆生产建设兵团第(农)一师中级人民法院(2023)兵 01 刑终 11 号刑事判决书。

④ 参见侯某某掩饰、隐瞒犯罪所得案——保安将巡逻时抓获的盗窃犯罪分子盗窃所得物据为己有的行为如何定性?第 1114 号,载最高人民法院刑事审判一至五庭主办:《刑事审判参考》(总第 104 集),法律出版社 2016 年版,第 119 页;“马梦婕帮助信息网络犯罪活动、盗窃案”,河南省驻马店市驿城区人民法院(2021)豫 1702 刑初 374 号刑事判决书。

⑤ 参见喻海松、涂龙科、桑涛:《涉非典型“两卡”案如何实现罚当其罪》,载检察日报官网,http://newspaper.jcrb.com/2023/20230218/20230218_003/20230218_003_1.htm,2023 年 2 月 6 日访问;贵州省贵阳市观山湖区人民法院(2021)黔 0115 刑初 7 号刑事判决书;“杨某某、戴某某帮助信息网络犯罪活动罪、掩饰、隐瞒犯罪所得、犯罪所得收益罪案”,贵州省贵阳市中级人民法院(2021)黔 01 刑终 430 号刑事判决书。

⑥ 参见河南省内乡县人民法院(2020)豫 1325 刑初 608 号刑事判决书。

⑦ 参见河南省内乡县人民法院(2020)豫 1325 刑初 407 号刑事判决书。

清晰明确的认识。

2. 帮信罪与掩隐罪的明知或具有同一性

被告人高石磊、陈伟东为获取非法利益,共商帮助上游犯罪分子洗网络赌博、“杀猪盘”(诈骗)等违法犯罪资金,高石磊联系上游犯罪分子,陈伟东联系宋雪峰、周建飞、陈令辉、陈令拼提供账户,二人收到上游资金后使用宋雪峰等人账户转账9万元。[①] 高石磊、陈伟东操作转账,宋雪峰等四人仅提供银行卡,两拨人分别被认定为掩隐罪与帮信罪,虽定罪不同,但高石磊、陈伟东上下联络,所有被告人对于收入资金系犯罪所得均存在具体性明知,其明知具有同一性。

3. 帮信罪与掩隐罪的明知具有可转化性

知道他人从事犯罪活动,协助转换或者转移财物的,则认定被告人明知系犯罪所得。[②] 行为人明知他人利用信息网络实施犯罪提供银行卡收款之后又将所收款项转账的,该如何认定?数罪并罚说将转账排除在帮信罪支付结算含义外,认为转账即溢出帮信罪构成要件,符合掩隐罪。[③] 想象竞合说坚持支付结算用语同一性,认为供卡和转账未超出帮信罪的范畴,只不过同时触犯掩隐罪。[④] 对支付结算含义认定不统一将影响刑罚裁量,关乎罪责刑相适应原则的贯彻和被告人切身利益。

(四)帮信罪与掩隐罪的犯罪对象呈现包容关系

帮信罪对象包括犯罪所得与非犯罪所得物品,后者包括犯罪手段物、利用犯罪所得合法经营取得的财物,以及来源合法的资金。掩隐罪对象为犯罪所得,须直接或者间接产生自犯罪行为。转账为犯罪所得认定提供旁证[⑤],未转账的情形认定犯罪所得须特别谨慎。无法查明犯罪所得时,只要能认定为他人利用信息网络实施犯罪提供资金流转服务,则不影响帮信罪成立。

(五)帮信罪与掩隐罪的查证程度呈现高低关系

帮信罪与掩隐罪成立的前提分别为“被帮助对象实施的犯罪行为可以确认”“上游

---

① 参见“高石磊、陈伟东等掩饰、隐瞒犯罪所得、犯罪所得收益罪、帮助信息网络犯罪活动罪案”,新疆生产建设兵团第(农)一师中级人民法院(2022)兵01刑终9号刑事判决书。

② 参见最高人民法院《关于审理洗钱等刑事案件具体应用法律若干问题的解释》第1条第2款第(一)项。

③ 参见“孙小龙、黄英粟等帮助信息网络犯罪活动罪、掩饰、隐瞒犯罪所得、犯罪所得收益罪案”,江苏省扬州市中级人民法院(2021)苏10刑终178号刑事判决书;“石孟思、杨帆等帮助信息网络犯活动、掩饰案”,湖北省黄石市西塞山区人民法院(2023)鄂0203刑初37号刑事判决书。

④ 参见参见“杨某某、戴某某帮助信息网络犯罪活动罪、掩饰、隐瞒犯罪所得、犯罪所得收益罪案”,贵州省贵阳市中级人民法院(2021)黔01刑终430号刑事判决书。

⑤ 参见最高人民法院《关于审理洗钱等刑事案件具体应用法律若干问题的解释》第1条第2款第(一)项。

犯罪事实经查证属实”,前者的查证程度要低于后者,两者刑事证明标准不同。[①] 确认犯罪行为以被帮助对象实施《刑法》分则的行为类型为依据。司法实践中将“他人利用信息网络实施犯罪”中的“犯罪”扩张为“违法犯罪”,表明关联犯罪查明程度被进一步放宽。[②] 犯罪事实查证属实需达到排除合理怀疑的证明程度。

综上,帮信罪与掩隐罪对时间节点的依附程度不同,凸显掩隐罪妨害司法秩序的法益侵害性。客观行为与明知内容共同为帮信罪与掩隐罪区分提供构成要件内判断规则。犯罪对象与查证程度分别从实体和程序揭示帮信罪与掩隐罪交叉重合关系,隐含罪刑均衡的数额界限。下文从主要侵害法益、主客观相一致、罪责刑相适应探索帮信罪与掩隐罪区分路径。

四、帮信罪与掩隐罪区分应然路径

(一)主要侵害法益

帮信罪的主要法益为信息网络安全秩序。首先,从罪状表述来看,帮信罪法益应为信息网络法益,“他人利用信息网络实施犯罪”限定信息网络必须在犯罪实行阶段发挥作用。其次,从章节位置来看,帮信罪法益应为公共秩序,确立法益的重要规则是法益保护规范性,即个罪的保护法益只能从刑法条文及立法目的中阐释得出。[③] 该罪法益归属于社会管理秩序项下公共秩序中的网络秩序。最后,从罪群关系来看,帮信罪法益应为信息网络安全秩序,为实现与同期增设的信息网络安全犯罪在规制范围上的区分,该罪法益体现为信息网络安全秩序。

掩隐罪的主要法益为司法秩序。我国《刑法》始终将其置于妨害社会管理秩序罪特别是妨害司法罪中,体现出赃物的首要作用在于证实犯罪、揭露犯罪,其次才是被害人被侵害的财物,因此掩隐罪的主要法益为司法秩序,即妨碍公安、司法机关利用赃物证明犯罪人的犯罪事实,妨害刑事侦查、起诉、审判,次要法益才是国家追缴权和本犯

---

① 参见最高人民法院、最高人民检察院《关于办理非法利用信息网络、帮助信息网络犯罪活动等刑事案件适用法律若干问题的解释》第 13 条;最高人民法院《关于审理掩饰、隐瞒犯罪所得、犯罪所得收益刑事案件适用法律若干问题的解释》第 8 条。

② 参见“吴子正帮助信息网络犯罪活动罪、洗钱罪案”,广西壮族自治区桂林市秀峰区人民法院(2022)桂 0302 刑初 135 号刑事判决书;“黄建东帮助信息网络犯罪活动罪案”“张宝申帮助信息网络犯罪活动罪、盗窃罪案”,贵州省黎平县人民法院(2022)黔 2631 刑初 85、106 号刑事判决书;“王金与、张靖阳、谢宗良掩饰、隐瞒犯罪所得、犯罪所得收益案”,辽宁省海城市人民法院(2021)辽 0381 刑初 999 号刑事判决书。

③ 参见姜涛:《新罪之保护法益的证成规则——以侵犯公民个人信息罪的保护法益论证为例》,载《中国刑事法杂志》2021 年第 3 期。

被害人的追求权。①

行为人提供银行卡并转账的行为侵犯信息网络安全秩序与司法秩序复合法益的,应以行为人主要侵害的法益确定罪名,主要侵犯信息网络安全秩序的,认定为帮信罪;主要侵犯司法秩序的,认定为掩隐罪。

(二)主客观相一致

1. 客观方面支付结算的含义匡正

支付结算的含义存在限缩与扩张两种倾向。限缩解释将帮信罪中支付结算限定为提供银行卡、电话卡等支付工具,若还帮助转账则构成掩隐罪。② 扩张解释将诸如在买卖银行卡双方之间运送银行卡而未开设账户行为③、帮助解冻因涉嫌诈骗被公安机关冻结的银行卡④等资金流转的外围、边缘、帮助行为,亦作为支付结算而适用帮信罪。两种倾向均会造成帮信罪过分扩张。提供银行卡是支付结算行为的必经阶段,将转账行为排除在外意味着以资金流水即可定案,司法证明过度简化,可能出现应以掩隐罪或者重罪共犯认定而以帮信罪从轻草率发落的情形。将远离资金流转内核的帮助行为扩张为支付结算,会将本不具有处罚必要性的情节显著轻微危害不大的行为亦作为帮信罪论处。

2. 主观方面明知内容分阶处理

与支付结算的客观行为相对应的是,行为人须主观上认识到自己提供支付结算帮助。帮信罪主观要件成立标准低,有"涉案卡内资金来路不正、钱不干净"等供述的,且尚无其他客观性证据印证的,宜以帮信罪论处。⑤ 即便行为人提供银行卡,之后还转账,也无法推定其明知犯罪所得提供支付结算帮助,帮信罪向掩隐罪转化的前提是知道他人从事犯罪活动⑥,行为人对他人所从事的活动只有模糊印象无法被认定为明知他人从事犯罪活动。明知他人利用信息网络实施犯罪,如电信诈骗,为其提供支付结算帮助的,满足掩隐罪主观方面的内容。

(三)罪责刑相适应

实体方面,支付结算金额外延大于犯罪所得。司法解释对支付结算金额 20 万元

---

① 参见张明楷:《刑法学》(第 6 版),法律出版社 2021 年版;黎宏:《刑法学各论》(第 2 版),法律出版社 2016 年版。

② 参见张能:《"跑分"行为该当何罪》,载《检察日报》2021 年 11 月 30 日,第 7 版。

③ 参见"张国营帮助信息网络犯罪活动罪案",吉林省和龙林区基层法院(2021)吉 7502 刑初 21 号刑事判决书。

④ 参见"吴才亮帮助信息网络犯罪活动罪案",湖南省浏阳市人民法院(2022)湘 0181 刑初 641 号刑事判决书。

⑤ 参见戴素君、刘义华:《帮信犯罪与诈骗犯罪的实务界分》,载检察日报官网,http://newspaper.jcrb.com/2023/20230718/20230718_007/20230718_007_1.htm,2023 年 2 月 6 日访问。

⑥ 参见最高人民法院《关于审理洗钱等刑事案件具体应用法律若干问题的解释》第 1 条第 2 款第(一)项。

的构成无要求,犯罪所得 10 万元更能凸显妨害司法秩序的法益侵害性。程序方面,犯罪所得查证属实的情况下,金额 0 元的,不满足掩隐罪成立条件,应适用帮信罪;金额 0 元以上 10 万元以下的,符合掩隐罪基本罪状与帮信罪罪状,前者(法定最低刑为管制)略轻于后者(法定最低刑为拘役),适用帮信罪;金额大于 10 万元的,符合掩隐罪加重罪状,适用帮信罪难罚当其罪,应适用掩隐罪。确因客观原因限制无法查证犯罪所得并不影响该判断规则。

五、结语

针对帮信罪过度扩张的问题,匡正支付结算含义,纠偏过泛与过窄不良倾向,杜绝司法实践“浅查辄止”,仅以银行流水数额较大以帮信罪一定了之而错失适用其他更重犯罪的可能,以减少将本可以掩隐罪一罪论处的提供银行卡和转账行为以帮信罪与掩隐罪数罪并罚的情形。针对掩隐罪适用不足的问题,明确掩隐罪主要侵害法益与帮信罪次要侵害法益均为司法秩序,司法实践深挖彻查是否有侵害司法秩序的转移资金行为,以及行为人主观上是否对资金性质存在明确认识,实现在“帮信案”中既查帮信罪又查掩隐罪“一案双查”,明知他人利用信息网络实施犯罪提供银行卡并转账金额 10 万元以上的,以掩隐罪论处。针对帮信罪与掩隐罪轻重有别的现象,探明支付结算金额与犯罪所得价值总额之间的包容关系,并以查证属实犯罪所得 10 万元作为分水岭,实现罚当其罪。

网络著作权刑法保护的反思与展望

张启飞[*]　虞纯纯[**]

在前互联网时代，我国刑法对传统侵犯著作权的相关犯罪能够提供全面的保障。随着互联网技术的快速发展，在网络环境下实施的侵犯著作权的行为严重威胁到著作权人的合法权益，传统刑法难以适应互联网背景下打击侵犯著作权相关犯罪的需要。基于此，全国人民代表大会常务委员会先后于 2020 年 11 月和 12 月对《著作权法》和《刑法》进行修改，通过新增侵犯著作权罪的行为方式、扩大行为对象、增设新的行为类型及提高法定最高刑和最低刑等方式维护著作权人的合法权益。总体而言，2022 年 12 月公布的《刑法修正案（十一）》对侵犯著作权罪的修改进一步扩大了处罚范围，加大了处罚力度，严密了刑事法网，表现出对著作权犯罪“又严又厉”的刑事政策倾向。修改后的《著作权法》和《刑法》对网络侵犯著作权的行为及时进行立法回应，加强了对网络著作权的刑法保护，但并没有完全解决实践中存在的刑民脱节问题，因此有必要对当前网络著作权刑法保护中存在的问题进行反思，以改进网络环境下著作权的刑法保护现状。

一、网络著作权刑法保护的现状

2020 年 11 月修正的《著作权法》改变了原《著作权法》中的许多规定，同时新增了不少规定，比如将视听作品纳入著作权的保护范围、重新界定合理使用的界限，并引入惩罚性的赔偿制度等。此次修正距离上次已近十年，是《著作权法》的第三次大修，进一步加强了网络环境下著作权的行政保护。作为《刑法》的前置法，《著作权法》的修改必然影响到侵犯著作权罪的犯罪成立，基于此，《刑法修正案（十一）》对侵犯著作权罪也作出相应修改。当前，我国刑法对著作权的保护主要表现为以下方面。

（一）将著作权的保护法益从“著作权”扩大到“著作权或者与著作权有关的权利”

1997 年《刑法》仅将侵犯著作权的情形规定为犯罪，《刑法修正案（十一）》将“与著

---

* 浙江警察学院法律系副教授。

** 浙江省杭州市滨江区人民检察院第二检察部副主任。

作权有关的权利”也纳入侵犯著作权罪的构成要件范围,其是对 2020 年 11 月修正的《著作权法》的回应,也与我国《著作权法》的立法模式有关。[①] 当前世界各国关于著作权法的立法模式主要有版权体系与作者权体系两种,前者对作品的“独创性”要求较低,并无“邻接权”的概念,表演、广播等邻接权是通过作品的著作权来加以保护的,该种模式以美国、英国为代表;后者则强调作品的独创性,将没有独创性或者独创性较小的作品排除在著作权外,以“邻接权”对其加以保护,该模式以德国、意大利为代表。[②] 相比较而言,作者权体系中作品“独创性”中的“创造性”要高于版权体系,由此导致在版权体系下受保护的录音、广播、表演等作品在作者权体系下由于不能满足其“创造性”的要求而难以得到保护。为弥补作者权体系对作品权利保护的不周,在著作权基础上建立了邻接权制度,以对作品提供周延和充分的保护,二者的分立体现出作者权体系在应对技术变迁过程中对自身理论上的创新和逻辑上的自足。[③] 新修正的《著作权法》将原来第四章和第五章的章名“出版、表演、录音录像、播放”“法律责任和执法措施”,分别改为“与著作权有关的权利”“著作权和与著作权有关的权利的保护”。从《著作权法》将著作权和邻接权区分规定的做法可以看出,我国《著作权法》采用的是著作权与邻接权两分的作者权体系。新修正的《著作权法》将著作权的保护法益从“著作权”扩大到“著作权或者与著作权有关的权利”,加强了“与著作权有关的权利”的保护,赋予其和“著作权”同等保护的法律地位。

因此,在我国《著作权法》中,狭义的著作权和邻接权是两种不同的权利。但是,在《刑法修正案(十一)》通过之前,我国刑法对此并没有明确区分。《刑法》原第 217 条仅笼统规定“有下列侵犯著作权情形之一”的构成侵犯著作权罪,对著作权和录音、录像等邻接权进行不区分保护,显然与我国《著作权法》采用的区分著作权和邻接权的作者权体系的立法模式不相协调。此前,司法解释也将邻接权纳入《刑法》原第 217 条的处罚范围,但也存在和《著作权法》立法模式相悖的问题。《刑法修正案(十一)》将《刑法》原第 217 条“有下列侵犯著作权情形之一”改为“有下列侵犯著作权或者与著作权有关的权利的情形之一”,及时回应了《著作权法》的修改,对狭义著作权和邻接权进行区分,扩大了著作权的刑法保护范围,同时也与《著作权法》的立法例相协调。

(二)将“通过信息网络向公众传播”的行为方式纳入刑法规制的范围

侵犯著作权罪最早规定在 1994 年《全国人民代表大会常务委员会关于惩治侵犯著作权的犯罪的决定》第 1 条,是以 1990 年颁布的《著作权法》为基础制定的,1990 年

---

① 参见时延安、陈冉、敖博:《刑法修正案(十一)评注与案例》,中国法制出版社 2021 年版,第 237 页。

② 参见王国柱:《邻接权客体判断标准论》,载《法律科学(西北政法大学学报)》2018 年第 5 期。

③ 参见李陶:《媒体融合背景下报刊出版者权利保护——以德国报刊出版者邻接权立法为考察对象》,载《法学》2016 年第 5 期。

《著作权法》第10条规定的复制权、发行权是"未经著作权人许可,复制发行"入罪的依据。受当时科技水平发展的影响,1997年修订《刑法》时,该罪沿袭前述1994年单行刑法的规定,没有发生变动。2001年《著作权法》修改时,第10条增加了信息网络传播权,但是《刑法》并没有进行同步修改,仍没有将"通过信息网络向公众传播"的行为纳入《刑法》之中。显然,制定于20世纪90年代的《刑法》难以适应互联网背景下打击侵犯著作权犯罪的需要,为应对实践发展带来的困境和挑战,最高司法机关相继出台规范性文件对"复制发行"进行扩张解释,以弥补刑事立法的不足。2004年最高人民法院、最高人民检察院发布的《关于办理侵犯知识产权刑事案件具体应用法律若干问题的解释》(以下简称《知产刑案解释》)第11条第3款规定:"通过信息网络向公众传播他人文字作品、音乐、电影、电视、录像作品、计算机软件及其他作品的行为,应当视为刑法第二百一十七条规定的'复制发行'。"2005年最高人民法院、最高人民检察院《关于办理侵犯著作权刑事案件中涉及录音录像制品有关问题的批复》规定:"未经录音录像制作者许可,通过信息网络传播其制作的录音录像制品的行为,应当视为刑法第二百一十七条第(三)项规定的'复制发行'。"2011年最高人民法院、最高人民检察院、公安部《关于办理侵犯知识产权刑事案件适用法律若干问题的意见》(以下简称《知产刑案意见》)第12条也规定:"'发行',包括总发行、批发、零售、通过信息网络传播以及出租、展销等活动。"

前述规范性文件的出台对于处理在互联网环境下通过信息网络实施侵犯著作权行为的案件提供了依据,值得肯定。但是,《著作权法》中的复制权、发行权、信息网络传播权是相互不同的权利,后者不可能"视为"前者,前述规范性文件将通过信息网络传播作品等行为解释为复制发行,不但超出了词义的射程范围,而且缺乏法律依据,导致《刑法》和《著作权法》在关键术语的使用上产生了完全的割裂①,有违罪刑法定之嫌。侵犯著作权罪作为一种法定犯,构成犯罪必须以违反著作权法为前提,刑法作为最后法,应在作为前置法的著作权法修改时作出针对性的回应,在前置法保护的基础上增加第二道屏障,保证在民事责任和刑事责任之间形成轻重有序的责任体系。② 鉴于网络技术对著作权保护范式的冲击,《刑法修正案(十一)》在《刑法》原第217条第(一)项和第(三)项"复制发行"之后新增"通过信息网络向公众传播"的行为方式,与《著作权法》相衔接,以应对利用信息网络实施的侵犯著作权及相关权利的行为。

(三)将避开或破坏权利人为保护其著作权及其相关权利而采取的技术措施的行为入罪

将规避技术措施入罪系《刑法修正案(十一)》对侵犯著作权罪修改后新增的一种

① 参见王迁:《论著作权保护刑民衔接的正当性》,载《法学》2021年第8期。

② 参见赵秉志主编:《〈刑法修正案(十一)〉理解与适用》,中国人民大学出版社2021年版,第215页。

行为类型,即将其纳入刑法规制。从刑法理论上讲,避开或者破坏权利人保护措施的行为是一种帮助行为,属于实质的帮助犯,在刑法修正之前,这种未经权利人许可而避开或破坏权利人采取的保护措施的行为,属于侵犯著作权罪的共同犯罪,只能按照侵犯著作权罪的帮助行为认定。但是,在按照共同犯罪进行处理时,则容易突破刑法上共犯从属性原理。在规避措施被纳入刑法规制之后,将原来的帮助行为提升为实行行为,正式作为侵犯著作权罪的一种新的行为类型,属于帮助行为的正犯化,可以避免前述突破共犯从属性原理的质疑。① 此外,《信息网络传播权保护条例》第 4 条及新修正的《著作权法》第 53 条都规定权利人可以采取技术措施保护信息网络传播权。此次刑法修正,是与著作权法等前置法律法规的有效衔接,将原来作为行政处罚或者帮助犯进行处罚的行为规定为刑法上的犯罪行为,加大了对信息网络传播权的刑法保护力度。

此外,《刑法修正案(十一)》还将"美术"纳入侵犯著作权罪的保护范围,将"电影、电视、录像作品"修改为"视听作品",将侵犯表演者权的行为作为侵犯著作权罪的一种新类型加以规定,与新修正的《著作权法》相协调。需要说明的是,《刑法修正案(十一)》对侵犯著作权罪中"作品"的认定限制在"法律、行政法规规定"的范围内,而没有采取《著作权法》中对作品的开放式认定,有利于知识产权的发展,是刑法谦抑性的体现。在法定刑修改方面,《刑法修正案(十一)》提高了侵犯著作权罪的法定最低刑和最高刑,将该罪基本犯的法定刑由原来的"三年以下有期徒刑或者拘役"改为"三年以下有期徒刑",删除"或者拘役",法定最低刑变为有期徒刑;该罪加重犯的法定刑也由原来的"三年以上七年以下有期徒刑"改为"三年以上十年以下有期徒刑"。将法定最高刑由原来的 7 年提高到 10 年,进一步加大处罚力度,从严惩处侵犯著作权犯罪。

二、网络环境下著作权刑法保护的反思

《刑法修正案(十一)》对侵犯著作权罪的重大修改及《著作权法》的修正,加强了网络环境下对著作权的法律保护,也与我国加入的《世界知识产权组织版权条约》相接轨。当前,我国已经建立了较为完备的民事、行政、刑事网络著作权法律保护体系,能够满足司法实践的需要。但是,网络著作权的刑法保护仍有值得反思之处。

(一)侵犯著作权罪中的相关术语与《著作权法》中的规定不一致

《刑法修正案(十一)》对侵犯著作权罪的修改并没有完全解决 2007 年最高人民法院、最高人民检察院《关于办理侵犯知识产权刑事案件具体应用法律若干问题的解释

① 参见劳东燕:《〈刑法修正案(十一)〉条文要义》,中国法制出版社出版 2021 年版,第 147—148 页。

(二)》(以下简称《知产刑案解释(二)》)第 2 条将“复制发行”解释为“包括复制、发行或者既复制又发行的行为”,导致“发行”一词在《刑法》与《著作权法》中的含义不一致。[①] 根据现行《著作权法》第 10 条的规定,发行是指“以出售或者赠与方式向公众提供作品的原件或者复制件的行为”,但是前述司法解释一方面将“复制发行”解释为“复制或发行”;另一方面将“出租”行为也纳入“发行”的范围,与《著作权法》上关于“发行”的含义严重偏离,导致《著作权法》中的合法行为可能符合《刑法》中侵犯著作权罪的“发行”而构成犯罪。

(二)新增加的“通过信息网络传播”有可能造成新的刑民脱节

在《刑法修正案(十一)》施行以前,对于著作权的保护,《著作权法》和《刑法》存在严重的刑民脱节问题,最典型的是在我国 2001 年《著作权法》明确规定发行权和信息网络传播权的情况下,前述司法解释将“通过信息网络传播”解释为“复制发行”,架空了《著作权法》对信息网络传播权的规定。在《刑法修正案(十一)》将《刑法》第 217 条“复制发行”和“通过信息网络向公众传播”并列规定的情况下,前述司法解释因为与修正后的刑法规定不一致而自然失效,修正后《刑法》与《著作权法》的规定基本保持一致,实现了刑民衔接。但是,如何理解此处的“通过信息网络传播”呢?是否所有通过网络电台、网络电视台传播电影、电视剧等影视作品的行为都属于“通过信息网络传播”?根据《著作权法》第 10 条的规定,信息网络传播权是指以有线或者无线方式向公众提供,使公众可以在其选定的时间和地点获得作品,并非任何通过信息网络传播的行为都属于侵犯著作权罪中的“通过信息网络传播”。简言之,《著作权法》规定的“通过信息网络传播”仅指交互式传播,如果将其扩大到非交互式传播,则与《著作权法》的规定不一致,有可能造成新的刑民脱节。

(三)侵犯著作权罪的司法认定存在扩大化的现象

2004 年《知产刑案解释》第 5 条规定,违法所得数额 3 万元属于“违法数额较大”,非法经营数额 5 万元或者复制品数量在 1000 张以上属于“有其他严重情节”;违法所得数额在 15 万元以上属于“违法所得数额巨大”,非法经营数额 25 万元或者复制品数量在 5000 张以上属于“有其他特别严重情节”;2007 年《知产刑案解释(二)》第 1 条将“有其他严重情节”中复制品的数量由原来的 1000 张修改为 500 张,将“有其他特别严重情节”中复制品的数量由原来的 5000 张调整为 2500 张,违法所得数额和非法经营数额未作调整。《知产刑案解释(二)》将《知产刑案解释》中规定的复制品数量减半,降低了该种行为方式的入罪标准,扩大了侵犯著作权罪的处罚范围。对此,2008 年最高人民检察院、公安部《关于公安机关管辖的刑事案件立案追诉标准的规定(一)》第

① 参见王迁:《论著作权保护刑民衔接的正当性》,载《法学》2021 年第 8 期。

26 条对上述规定予以确认。在网络空间中，著作权是以电子信息的方式进行传播的，不具有物质载体，因此以侵权复制品的数量作为情节严重的标准，并不合适。① 此外，2011 年《知产刑案意见》第 13 条规定，传播他人作品的实际被点击数达到 5 万次以上或者以会员制方式传播他人作品，注册会员达到 1000 人以上的，也属于《刑法》第 217 条规定的“其他严重情节”。“点击”是一种临时性复制的行为，《知产刑案意见》将点击数量作为侵犯著作权罪的入罪标准，其实质就是变相承认临时性复制是复制的一种。《知产刑案意见》引入点击数量标准，解决了网络时代侵犯著作权罪在定罪方面存在的障碍，但在点击量没有明确的认定标准的情况下，容易导致不当扩大侵犯著作权罪的处罚范围。

三、网络著作权刑法保护路径的展望

面对日益多元化的社会风险，刑法一般采取扩大规制范围的方式，将具有潜在危险性的行为也纳入刑法评价体系。② 但刑法作为打击网络著作权犯罪的最后一道防线，应承认民刑衔接的正当性，认定侵犯著作权犯罪时应保持谦抑。在刑事立法扩张的背景下，司法认定上应进行限缩，限制刑法处罚范围，以保障知识的合理传播和使用。

（一）侵犯著作权罪的认定应以违反《著作权法》为前提

我国《著作权法》第 53 条根据侵权行为的严重程度，规定了民事、行政等轻重有序的法律责任体系，并且规定，“构成犯罪的，依法追究刑事责任”。应当指出，此处的“构成犯罪”应以《刑法》为依据，并且以违反《著作权法》为前提。如果某种行为不属于著作权法上的侵权行为，那么根据二次违法性原理，就不能认定为构成侵犯著作权的犯罪。基于刑法的从属性，刑法应以版权法法益为保护对象。③ 侵犯著作权罪作为一种典型的法定犯，需要以违反作为前置法的著作权法为前提，当某种行为符合著作权法的规定并受其保护时，显然不可能构成侵犯著作权罪。有学者认为，我国《刑法》第 217 条没有将“违反著作权法规定”作为构成要件要素，因此，侵犯著作权罪的构成并不以违反著作权法为前提条件，将“违反著作权法规定”作为侵犯著作权罪的构成要件，不符合罪刑法定的要求。④ 笔者认为，基于法定犯的二次违法性原理，在根据刑法认定法定犯是否构成犯罪时，必须以行为首先违反前置法为前提，这样才能体现法定犯二次

---

① 参见于志强：《网络空间中著作权犯罪定罪标准的反思》，载《中国刑事法杂志》2012 年第 5 期。

② 参见刘延炀：《电子书版权刑事保护困境及其回应》，载《中国出版》2021 年第 5 期。

③ 参见张浩泽、朱丹：《版权法与刑法的衔接——以法益的立法保护为路径》，载《中国出版》2020 年第 6 期。

④ 参见贾学胜：《著作权刑法保护视阈下“复制发行”的法教义学解读》，载《知识产权》2019 年第 6 期。

违法原理及“出行入刑”的特征。那种认为某种行为在不违反著作权法也不构成民事侵权的情况下，直接依据刑法就可以构成侵犯著作权罪的观点明显违反法秩序统一性原理。

（二）侵犯著作权罪中相关术语的认定应与《著作权法》保持一致

前文所述，司法解释等规范性文件对“复制”“发行”“通过信息网络传播”等关键术语的解释与《著作权法》的规定不一致，导致受到《著作权法》保护的行为有可能受到刑法打击，有违法秩序统一性原理。有观点认为，刑法中的概念没有必要完全按照其他法律的规定进行解释，对刑法概念的解释应当在刑法用语可能具有的含义内，选择符合刑法目的的解释，进而认为刑法意义上“发行”的本质是通过复制他人作品，并传播给不特定公众的行为，不同于著作权法意义上的“发行”。① 笔者认为，从法秩序统一性原理和民刑衔接的角度出发，认定侵犯著作权罪必须以著作权法中的相关术语基准。上述观点将侵犯著作权罪中的“发行”作出与《著作权法》中完全不同的解释，将“复制”与“发行”相混淆，违背了法律解释的基本原则。法定犯的二次违法性决定了其不同于自然犯，对法定犯的认定应以行政违法性为前提，对法定犯构成要件的解释通常应当保持与法定犯解释的一致性，而对关键术语的解释，应尽量保持与行政法规的含义相同②，以提高两法衔接效率③，保持行政违法行为和刑事违法行为之间的有效衔接。

（三）对新增加的“通过信息网络传播”应进行限制解释

适时修改完善惩治网络犯罪的法律规定，形成惩治网络犯罪的高压态势，是网络时代刑法扩张的应有之义。④ 前文所述，《刑法修正案（十一）》将“通过信息网络传播”入罪，终结了该行为是否属于“复制发行”的争论，弥补了刑事处罚的漏洞。《著作权法》第10条虽然规定了“信息网络传播权”，但没有对信息网络传播权涵盖下的信息网络传播行为的认定标准作出规定。⑤ “网络传播”不同于“网播”和“网络转播”，网播属于典型的通过网络实施的非交互式传播，例如，网络电台或者网络电视台按照预定的时间表通过网络传播作品；而网络转播是接收到广播或电视台的现场直播信号后，实时通过网络进行转播，例如，网站在接收电视台的信号后转播奥运会和世界杯等赛

---

① 参见李小文、杨永勤：《网络环境下复制发行的刑法新解读》，载《中国检察官》2013年第3期。

② 参见张绍谦：《试论行政犯中行政法规与刑事法规的关系——从著作权犯罪的“复制发行”说起》，载《政治与法律》2011年第8期。

③ 参见顾亚慧、陈前进：《版权案件“两法衔接”的挑战、审视与应对》，载《中国出版》2020年第18期。

④ 参见喻海松：《网络犯罪的立法扩张与司法适用》，载《法律适用》2016年第9期。

⑤ 参见周树娟、利子平：《网络环境下著作权犯罪的立法扩张与司法限缩——以〈刑法修正案（十一）〉为切入点》，载《江西社会科学》2022年第3期。

事。[1] 在《著作权法》分别规定信息网络传播权和广播权的情况下,应对"通过信息网络传播"进行限制解释。刑法意义上的信息网络传播仅指交互式远程传播,网播和网络转播等非交互式传播则属于广播权的范畴。据此,若将侵犯著作权罪中的"通过信息网络传播"不加区分地解释为交互式传播和非交互式传播,将网播和网络转播等非交互式传播作为侵犯著作权罪的行为方式,将会导致不当扩大刑法处罚的边界。

四、结语

信息网络技术的快速发展,给著作权的刑法保护带来了挑战。当前,经过对《著作权法》和《刑法》的修正,我国已经建立起了较为完整的"两法"衔接体系,能够较好的为网络著作权提供法律保护。尽管新型的网络传播技术对著作权制度产生了冲击,但现有的法律制度仍能满足实践的需求。[2] 在网络环境下,刑事立法的扩张契合当前打击著作权相关犯罪的需要,但在认定侵犯著作权犯罪时应遵从法秩序统一性原理,严格遵循罪刑法定原则,且在加强对著作权进行刑法保护的同时,对相关构成要件进行限制解释,以满足社会公众对文化传播的需求。

---

① 参见王迁:《论〈著作权法〉对"网播"的规制》,载《现代法学》2022 年第 2 期。

② 参见王迁、闻天吉:《中国网络版权保护 20 年》,载《中国出版》2020 年第 23 期。

中介组织违法犯罪问题及对策研究

杨秋林*

一、中介组织犯罪的现状及其危害

近年来,立足服务实体经济发展和提高上市公司质量,中国证券监督管理委员会(以下简称“证监会”)坚持“一案双查”,依法“从严从快从重”查处证券欺诈、造假背后的中介机构不勤勉尽责等违法行为。① 2019 年以来,证监会查处中介机构违法案件 80 起,涉及 24 家会计师事务所、8 家证券公司、7 家资产评估机构、3 家律师事务所、1 家资信评级机构,涵盖股票发行、年报审计、资产收购、重大资产重组等重点领域。2021 年,证监会依法立案调查中介机构违法案件 39 起,较上年同期增长一倍以上,并将两起案件线索移送或通报公安机关。②

从这些案件看,相关违法行为集中表现为:一是风险识别与评估程序存在严重缺陷,未针对重大错报风险设计实施进一步审计程序。有的会计师事务所在公司货币资金期末余额大、“存贷双高”明显且存在舞弊风险的情况下,仍未识别货币资金重大错报风险。有的会计师事务所未对公司生产成本大幅波动、原材料频繁结转等异常情况保持合理怀疑,未进行有效核查或追加必要的审计程序。二是鉴证、评估等程序执行不充分、不适当,核查验证“走过场”,执业报告“量身定制”。有的会计师事务所未对函证过程保持有效控制,监盘程序执行不到位。有的资产评估机构按照公司预先设定的价值出具评估报告,签字评估师未实际执行评估程序。三是职业判断不合理,形成的专业意见背离执业基本准则。有的证券公司作为财务顾问服务机构,忽视公司项目进展的不确定性,导致收入预测与实际情况存在重大差异。有的律师事务所在审查合同效力时,未履行特别注意义务,且未发现公司无权处分资产等情况。四是严重背离职业操守,配合、协助公司实施造假行为。有的从业人员配合公司拦截询证函,伪造审计证据。有的会计师事务所按公司要求提前约定审计意见类型,签署“抽屉协议”。上述

---

* 江西省社会科学院研究员。

① 参见《打击证券期货领域违法犯罪》,载新华网,http://www.xinhuanet.com/pulitics/2015-0,2023 年 1 月 8 日访问。

② 参见《证监会:2021 年依法立案调查中介机构违法案件 39 起较上年同期增长一倍以上》,载中国证券报官网,http://www.cs.com.cn/xwzx/hg/202201/t/20220114_6235580.html,2023 年 1 月 8 日访问。

违法行为反映出一些中介机构及从业人员独立性、专业性缺失,质量控制体系和管理机制不健全,以及缺乏职业怀疑精神、丧失职业底线等突出问题。①

此外,近年来曝光的其他上市公司的作假丑闻,也大都牵涉中介组织的违规操作。如琼民源②、红光实业③、东方钢炉④、大庆联谊⑤、郑百文⑥、蓝田股份⑦、黎明股份⑧等事件,都与虚假会计信息密切相关。中介组织是市场经济秩序的重要维护者,在市场经济发展过程中承担着非常重要的责任,中介组织的违法犯罪活动必然会对市场经济的正常运行产生极大的破坏作用。其危害集中体现为以下三点。

1. 助长不法市场主体的背信与欺诈行为,直接损害广大投资者的利益

公司制的出现是现代经济发展的一个重要里程碑,有效解决了困扰企业的资金融通难题,极大拓展了生产社会化的空间。但公司制本身存在难以回避的委托代理风险问题,即财产的委托人同财产的代理人之间存在信息不对称、激励不相容、责任不对等的问题,于是中介组织应运而生。中介组织的作用就在于客观地评价公司的经营状况、财务状况和发展前景,并提供一定的预警作用,为投资者正确决策提供依据,从而最大限度地降低交易成本,减少投资风险。因此,如果没有一个公正、独立、透明的中介体系的存在,投资者的利益也将无法得到保护。中介组织的渎职行为会影响经济的安全运行,甚至给广大投资者带来巨大的经济损失。如银广夏事件⑨之后,众多中小股民几乎倾家荡产,深受其害。麦科特事件⑩则作为一个系统性的数字造假工程,从上市之后的最高点到最低点,给投资者造成近 10 亿元损失。

---

① 参见《徐翔、王巍、竺勇操纵证券市场案一审宣判》,载中国经济报,http://finance.ce.cn/rolling/201701/24/t20170124_19839679.shtml,2023 年 1 月 8 日访问。

② 参见《琼民源案 16 年维权始末:10 亿资产归零》,载新浪财经网:https://finance.sina.com.cn/stock/s/20130408/104915072734.shtml,2023 年 1 月 8 日访问

③ 参见《"红光实业"及其负责人被判欺诈发行股票罪》,载新浪财经网:https://finance.sina.com.cn/t/28596.html,2023 年 1 月 8 日访问。

④ 参见《案例十:对"东方锅炉"事件的分析与思考》,载涉外会计网,https://jx.gdgm.edu.cn/skills/portal/res? key=38595766,2023 年 1 月 8 日访问。

⑤ 参见《共同诉讼第一案:大庆联谊案》,载新浪财经网:https://finance.sina.com.cn/stock/t/20110309/19309500873.shtml,2023 年 1 月 8 日访问。

⑥ 参见《关于郑州百文股份有限公司(集团)及有关人员违反证券法规行为的处罚决定》,载中国证券监督管理委员会官网,http://www.csrc.gov.cn/csrc/c101928/c1043657/content.shtml,2023 年 1 月 8 日访问。

⑦ 参见《蓝天燃气实际控制人全部质押其持有公司股份》,载中国能源网:http://www.cnenergynews.cn/youqi/2024/05/20/detail_20240520161113.html,2024 年 5 月 20 日访问。

⑧ 参见《浙江黎明 2023 年净利增长 119.49% 新增项目定点 100 余个》,载东方财富网,https://finance.eastmoney.com/a/202404273062326692.html2024 年 4 月 27 日访问。

⑨ 参见《银广夏事件:一个故事忽悠了 6 万股民》,载凤凰财经网,https://finance.ifeng.com/stock/special/Agutuishilaile/20120510/6441347.shtml,2023 年 1 月 8 日访问。

⑩ 参见《麦科特作假引起哗然 扎紧市场"篱笆墙"更显迫切》,载搜狐网,http://xingye.business.sohu.com/24/09/article13800924.shtml,2023 年 1 月 8 日访问。

2. 破坏社会信用基础,打击了投资者信心

市场经济从某种意义上讲就是信用经济,而中介机构是社会信用体系的构成部分,是维护社会信用链条的重要环节。中介组织的违规犯罪行为,损害的不仅仅是某个上市公司或某些投资者的利益,它将直接打击整个市场的投资信心,扰乱正常的市场运行秩序,甚至造成股市低迷、经济衰退的严重后果。

3. 误导政府决策

中介机构不仅是连接投资者和筹资者的桥梁,同时也是沟通政府和企业的桥梁。在市场经济条件下,政府为了激活市场主体的活力,而转向"小政府、大社会"的管理模式。计划经济时代的某些政府职能移交给社会中介组织行使,能否有效地利用中介组织的力量和资源,已成为政府驾驭市场经济能力的重要标志之一。政府有关部门在制定某些政策时往往需要参考中介组织提供的材料,如果中介组织所提供的材料是虚假、失真的,必然会影响政府的正确决策。

二、中介组织犯罪的类型和特点

中介组织犯罪,是指中介组织及其从业人员在执业过程中实施的渎职性犯罪的总称。从刑法的规定来看,此类犯罪既有单位犯罪,也有自然人犯罪;既有故意犯罪,也有过失犯罪。

(一)现行刑法体系中涉及中介组织犯罪的主要罪名

①《刑法》第162条之一规定的隐匿、故意销毁会计凭证、会计账簿、财务会计报告罪。

②《刑法》第180条规定的内幕交易、泄露内幕信息罪。根据《证券法》第54条的规定,由于法定职责而参与证券交易的社会中介机构属于知悉证券交易内幕信息的知情人员,故可以成为该罪主体。

③《刑法》第229条第1款及第2款规定的提供虚假证明文件罪。

④《刑法》第229条第3款规定的出具证明文件重大失实罪。

(二)中介组织犯罪的特点

从司法实践看,中介组织犯罪作为发生在市场经济领域的一类业务性犯罪,具有不同于一般刑事犯罪的一些特点。

1. 犯罪主体的特定性

中介组织犯罪的主体仅限于中介组织及其从业人员,包括律师、注册会计师、注册资产评估师、注册税务师、房地产估价师、土地估价师、造价工程师、价格鉴证师、专利代理人、商标代理人等。此类犯罪人普遍拥有较高的收入和社会地位,属于典型的白

领犯罪。

2. 犯罪性质的渎职性

中介组织犯罪均发生在执业过程中,同行为人所从事的业务密切相关,因而属于渎职性犯罪。当然,由于中介组织是独立于政府的社会服务组织,其职责的行使不以国家权力为依托。因此,中介组织犯罪同《刑法》分则第9章规定的国家工作人员的渎职罪在性质上有所不同。

3. 犯罪手段的智能性

中介组织犯罪的主体身份、职业背景等因素,决定了这类犯罪不同于传统的街头犯罪,具有很强的专业性、技术性。这类犯罪人文化程度相对较高,既熟知相关业务知识,又洞悉中介服务活动中的弊端和漏洞,所以他们更多地依赖智力和知识,而非体能去实施犯罪。

4. 犯罪行为的隐蔽性

如同其他白领犯罪一样,中介业务的专业性和相对独立性,加之此类犯罪表面上没有暴力行为和危险状态,不具有直观性等特点,使得中介组织犯罪具有很强的隐蔽性。实践中这类案件发现难、侦破难的问题比较突出。由于定罪的概率较低,反过来助长了行为人的侥幸心理,这也是此类犯罪呈增长之势的重要原因之一。

5. 同其他罪案的关联性

作为维护市场诚信的重要防线,中介组织的失职、渎职往往给其他不法企业实施各种违法犯罪活动洞开方便之门。如有的企业通过包装虚假业绩骗取上市资格;有的企业利用虚构的财产作抵押,或利用根本不存在的资本作担保,骗取贷款。实践中,同中介组织犯罪相关联的具体犯罪主要有虚报注册资本罪,欺诈发行债券罪,违规披露、不披露重要信息罪,贷款诈骗罪,合同诈骗罪,等等。如四川正大会计师事务所因违规而间接造成国家巨额税款流失一案①。该所在未指派本所会计师履行核验职责的情况下,允许不法分子方某以本公司名义制作了5份验资报告,分别证明被验资的5家公司注册资金为50万元,并加盖事务所印章及两名注册会计师印章。方某凭验资报告领取了5家公司营业执照,办理税务登记取得一般纳税人资格。之后,方某购买并虚开增值税专用发票27份,抵扣税款250余万元,案发时已无法追回。②

三、中介组织犯罪的治理对策

中介组织犯罪的法律规制可以概括为规范和制裁两个方面。只有将事先严密的

① 参见《四川省财政厅行政处罚决定书(四川天一会计师事务所)》,载四川省财政厅官网,http://czt.sc.gov.cn/scczt/xzcf/2021/11/15/b8a31b7ab18a4d53a38f5639bbda34c3.shtml,2023年1月8日访问。

② 参见朱志峰:《对证券欺诈民事赔偿"难"的思考》,载《广东社会科学》2013年第6期。

规范和事后严格的制裁有机结合起来，方能有效地防范和控制此类犯罪。

1. 加强对中介服务领域的规范

要注重对中介组织从业人员的职业道德教育。良好的职业操守是预防中介组织犯罪的第一道防线。应当使中介组织人员树立诚信为本的观念，在提供中介服务过程中，切实恪守独立、客观、公正的执业原则；严格遵守职业道德准则，勤勉尽职，确保独立性，不为保住客户而放弃原则。

2. 加大对中介组织的监管力度，净化中介组织的执业环境

我国目前各类中介组织良莠不齐，又缺乏公平竞争的环境，行业分割、地方保护、恶性竞争等不正当市场行为干扰了中介市场秩序。因此，必须对中介行业严加管制，加快完善相关立法来规范中介组织的执业行为。应严格执行行业准入制度，对中介服务人员实行统一的管理制度，对不符合条件的或有严重违规行为的中介服务者要清除出局，对执业规范、信誉好的中介组织要扶持引导，从而提高整个行业的执业水平。①

3. 充分发挥行业协会的作用，强化中介组织的行业自律

宏观层面上，政府的监管是十分重要的，但应避免过多的行政约束窒息中介市场的活力。在市场经济条件下，政府部门应把主要精力放在制定政策、加强宏观管理和调控，为中介机构创造良好的执业环境上。微观层面上，应鼓励行业协会实行自律管理，为中介组织的自我约束、良性发展提供必要的空间。

4. 建立健全中介组织的内部管理制度

实践中，一些中介组织内部管理松弛，规章制度形同虚设。不法分子正是利用了这种管理上的漏洞大肆进行违法犯罪的。所以，必须严格管理、规范操作，不给不法之徒以可乘之机。

四、加大中介组织违法犯罪的惩戒力度

当前我国中介市场违规事件频出的一个重要原因，就是违规成本低廉，对违规行为的处罚普遍偏轻，起不到应有的惩戒作用。因此，为有效遏制中介组织违法犯罪行为，必须严密法网，加大惩治力度，提高违规行为的风险成本。在中介组织违规行为的制裁方面，应协调好行政责任、民事责任、刑事责任三种不同法律责任之间的关系，三者并重，不可偏废。②

---

① 参见程啸：《论操纵市场行为及其民事赔偿责任》，载《法律科学（西北政法学院学报）》2001年第4期。

② 参见《依法从严查处！去年立案调查证券中介机构违法39起！多家期货公司近期也收到“罚单”》，载“期货日报”微信公众号2022年1月15日。

①在中介组织违规的行政责任方面，我国的《公司法》《证券法》《注册会计师法》《股票发行与交易管理暂行条例》等法律法规都有相关规定。根据这些法律法规，如果是中介组织人员个人违法，则可以暂停执业资格，严重的可终身禁入行业；如果是中介组织集体实施的违法行为，则可根据违法程度，分别给予罚款、暂停执业直至吊销营业执照的处罚。实践中，应严格执法，对问题严重的中介机构，坚决将其淘汰出局。只有这样，才能尽快打造公正尽责的中介机构，诚信公正的市场秩序才能建立起来，广大投资者的利益才能得到保护。①

②对于政府官员鼓励或默认中介组织造假的行为，我国现行有关立法缺乏专门的制裁性规定。目前实践中，由于改革不到位，机制未理顺，相当多的中介组织是各级政府主管部门设立的，直接隶属或挂靠有关政府部门，成为主管部门的附属物。一些主管部门对这些中介组织放松管理，甚至与其结成利益共同体，纵容其造假行为。因此，应尽快立法，追究渎职官员的法律责任势在必行。

③在民事责任方面，我国目前相关立法尚不够健全，缺乏必要的民事赔偿机制，受虚假信息误导损失惨重的投资者无法得到经济赔偿，造假的巨大利益往往使企业和中介组织置诚信于不顾。因此，应加紧建立中介机构违规行为的民事赔偿机制，使违规成本远远大于违规收益，从而对违规者起到震慑作用，同时使受损投资者的利益得以弥补。

④刑事责任作为最为严厉的一种法律责任，对于惩治中介组织犯罪具有不可替代的特殊作用。鉴于此类犯罪专业性强、侦破难度大的特点，应采取一些具有针对性的应对措施，如使具有审计、会计专业背景的人员充实办案队伍，给举报者以一定奖励，等等。只有严密法网，强化刑罚的必定性和及时性，才能发挥刑法的巨大威力。但与此同时，还必须注意到刑法的运作具有成本高昂的特点，过度的刑法介入还会带来抑制市场主体活力的负面影响。为此，应当慎用刑事制裁手段，应将其作为控制中介组织违法行为的最后屏障，只有在违规行为性质严重，仅靠行政处罚、民事赔偿不足以实现惩戒效果的前提下，方可启动刑事追究程序。

在需要追究刑事责任的情形下，要实现刑事责任同行政责任及民事责任的有机配合和衔接，既不能以罚代刑、以赔代刑，也不能因刑事责任的追究而免除行为人应负的民事责任及行政责任。例如，对于构成犯罪的中介组织及其人员，在判刑的同时，应注重取消执业资格、吊销营业执照等行政制裁措施的适用；受害人提起民事赔偿诉讼的，行为人还应承担相应的民事责任。健全的刑事立法是有效惩处中介组织犯罪的基

---

① 参见《证监会主席肖钢拖出“五指理论”》，载中国新闻网，https://www.chinanews.com.cn/stock/2013/11-20/5522905.shtml，2023 年 2 月 5 日访问。肖钢发表主旨演讲时表示，资本市场有一个“五指理论”，即：“大拇指”是投资者，“食指”是券商、会计师事务所、律师事务所等中介机构，“中指”是媒体，“无名指”是上市公司，“小拇指”是证监会。

础和前提。

五、中介组织相互承担“比例连带责任”，加大违法中介组织的民事责任

“比例连带责任”，抑或“部分连带责任”，是指在证券虚假陈述案件中，法院判决部分主体在一定比例范围内同发行人承担连带责任的责任形态。

2020 年 12 月 31 日，杭州市中级人民法院就“五洋债虚假陈述案”作出一审判决，开创性地适用比例连带责任，判令律师事务所和资信评级机构分别承担 5%、10%的比例连带责任。① 其后，2021 年 5 月的“中安科证券虚假陈述案”，上海市高级人民法院亦采取了比例连带责任的认定方法。② 2021 年 11 月 12 日，广州市中级人民法院在“康美药业特别代表人诉讼案”的一审判决中，还判令部分董事、监事、高级管理人员承担比例不等的比例连带责任。③

从比例连带责任的政策目标来看，其旨在对我国《证券法》规定的证券虚假陈述案件中的中介机构、独立董事等责任主体需要承担完全连带责任的规定进行变通，改变有关主体因较小过错却要承担巨额连带责任的状况，以利于实现过错和责任相适应。

根据我国《证券法》的相关规定，证券虚假陈述案件中的中介机构及董事、监事、高级管理人员等责任主体需要就投资者损失与上市公司承担连带赔偿责任。④《证券法》的相关规定，目的是对证券虚假陈述违法行为形成强有力的威慑，最大限度地保护投资者利益。因此，在前述“五洋债虚假陈述案”等案件之前，证券虚假陈述案件中的中介机构要么不承担责任，要么需要就投资者损失与上市公司承担连带赔偿责任，而不存在“中间态”，如“金亚科技案”⑤、“华泽钴镍案”⑥等。对于董事等高级管理人员，则在部分案件中使用了补充责任。在这一点上，法院采用比例连带责任的判决与《证券法》的规定相左。但在绝大部分案件中，中介机构虽然存在过错，但仅为过失甚至是轻微过失，并未与上市公司合谋造假，因此，要求其与上市公司就巨额赔偿承担连

① 参见“王放与五洋建设集团股份有限公司、陈志樟证券虚假陈述责任纠纷案”，杭州市中级人民法院(2020)浙 01 民初 1691 号民事判决书。

② 参见“李某、周某诉中安科股份有限公司等证券虚假陈述民事责任案”，上海市高级人民法院(2020)沪民终 666 号民事判决书。

③ 参见“顾华俊、黄梅香等诉康美药业股份有限公司等证券虚假陈述责任案”，广州市中级人民法院(2020)粤 01 民初 2171 号民事判决书。

④ 参见《证券法》第 85 条、第 163 条。

⑤ 参见“立信会计师事务所、金亚科技股份有限公司证券虚假陈述责任纠纷案”，四川省高级人民法院(2021)川民终 178 号民事判决书。

⑥ 参见“周琴等与成都华泽钴镍材料股份有限公司证券虚假陈述责任纠纷案”，四川省高级人民法院(2020)川民终 293 号民事判决书。

带责任确实打击过重。而以独立董事为代表的部分高级管理人员，虽然亦在相关信息披露文件中具名，存在一定过错，但要求其就巨额赔偿与上市公司承担连带赔偿责任，与其实际职责和履职报酬极不相称。

在这一背景下，法院内部就平衡投资者保护与中介机构责任达成了比较统一的意见，例如，最高人民法院审判委员会专委刘贵祥大法官即强调应当在财务造假案件中强调中介机构的"过罚相当""责任与过错相一致"，而不能"一刀切，不问过错程序一律让中介机构承担全部连带责任"。[①] 因此，法院在证券虚假陈述案件中采用比例连带责任的责任形态，目的是平衡各责任主体之间的权利义务，在打击"装睡的看门人"的基础上，着重"惩首恶"，对责任主体作出与其收益和权责相匹配的区分。

从近期证券虚假陈述案件的判决来看，"比例连带责任"的适用已经呈现出扩大化的趋势，不但在适用案件数量上有可预期的增加，而且在责任主体上，业已从中介机构扩展到发行人的董事、监事、高级管理人员。对于"比例连带责任"，实务界和理论界大多给予了正面评价，认为其是值得肯定的司法续造，推行中介组织相互承担"比例连带责任"，加大违法中介组织的民事责任，对于保障证券市场的健康发展非常必要。

---

① 参见《最高人民法院工作报告》解读系列全媒体直播访谈第二场》，载最高人民法院官网，https://www.court.gov.cn/zixun-xiangqing-289891.html，2023年8月7日访问。

虚拟财产交易中"银商"行为的刑事风险之考察与认定

史山庚[*] 苏永生[**]

"银商"一词并非规范的法律用语,该词最早伴随着大宗商品交易手段的变迁而出现。进入21世纪后的前十年,随着大宗商品交易需求量的飞速增长,加之互联网技术和安全技术的进步,大宗商品的电子交易市场得以快速发展,交易过程中所采取的支付手段也经历了从传统线下支付到线上支付的转变,其中"银商"通道便是线上支付的典型代表。在"银商"通道中,大宗商品交易市场在银行开设结算账户,交易商在该银行开设交易账户,在进行大宗商品的交易时,交易商给银行下达划转指令,银行按照指令实时划转资金。① 交易商将资金转入交易市场结算账户的过程称为"银转商",交易商将资金从结算账户中转出至个人账户的过程称为"商转银"。② 随着网络娱乐活动的发展,某些游戏、直播和社交等类型的软件开始推出各式各样的虚拟代币、道具及装备等(简称"虚拟财产"),伴随平台功能的丰富和用户量的增加,这些虚拟财产的作用逐渐被放大,市场上也出现了提供交易服务的用户和平台,这些用户和平台被称为新型"银商"。但在实践过程中,新型"银商"行为蕴含着很大的刑事风险,比如标的物和货币来源的非法性往往容易被线上交易的便捷性所掩盖,许多"银转商"和"商转银"的行为逐渐演变成"上分"和"下分"等行为。这些刑事风险不仅在司法实践中引发了许多定性难题,还破坏了正常的交易秩序,损害了平台经济的健康发展。因此,有必要对"银商"的行为类型进行系统梳理,分析其可能涉及的罪名,以期更好地助力平台经济的健康发展。

一、标的物来源非法的"银商"行为定性

所谓标的物来源非法,是指通过"银商"交易的虚拟财产来源不合法,即通过非正

---

* 河北大学法学院博士研究生。

** 河北大学法学院教授,中国刑法学研究会理事。

① 参见赵琴、陈进:《大宗商品电子交易市场的支付手段》,载《中国信用卡》2011年第9期。

② 参见刘畅:《银行在银商转账业务中是否承担责任的认定》,载《人民司法(案例)》2017年第8期。

常渠道获得交易物,之后利用线上交易的信息不对称来掩盖标的物来源的非法性,进而达到交易目的。标的物来源的不合法主要表现为两种类型:一是通过盗取其他用户账户中的虚拟财产,之后通过"银商"进行交易并获利;二是利用系统漏洞,通过第三方手段或者卡 Bug 的形式刷取交易物,再通过"银商"进行交易并获利。这两种类型的交易对于以使用为目的且不知情的购买方而言一般不存在刑事风险,平台发现后往往也是对购买者予以"首违警告"之类的处罚,并告知后续可能遇见的情况及救济的途径,而且根据民事法律规范也存在现实救济的可能。但是对于非法获取交易标的物的用户或者"银商"而言,其中蕴含的刑事风险值得研析。

针对第一种行为类型,分析盗取其他用户账户中的虚拟财产之后,再通过"银商"进行交易的行为,首先应当探讨盗取行为所触犯的罪名。此前,学界已经有过许多针对盗窃虚拟财产所可能触犯的罪名之讨论,讨论的结果大致分为三类:一是认为盗窃虚拟财产的,如果符合盗窃罪的犯罪构成,则应当按照盗窃罪进行处理,该观点即承认虚拟财产属于财产或者财产性利益。① 二是认为从虚拟财产的形成方式和储存方式来看,其并不属于财产或者财产性利益,而应当属于电磁数据,不能按照侵财类犯罪对相关侵犯行为予以规制,因此对于盗窃虚拟财产的行为应当按照侵犯计算机信息系统类犯罪进行处理。② 三是认为应当将虚拟财产进行分类,针对不同类型的虚拟财产采取不同的保护路径,网络虚拟代币可以被认定为公私财产,盗窃虚拟代币的行为可以被认定为盗窃罪,而平台中的物品类虚拟财产如道具、装备等不应当被认定为财产,网络平台中的物品类虚拟财产被侵害后,被害用户应当采用网络平台的救济途径来维护权益。③ 综合上述观点可以看出,目前刑法对于网络虚拟财产的保护存在一定的空白。随着数字中国战略的推进,为了保障平台经济的健康发展,刑法在发展完善的过程中理应对相关问题进行回应。但是,"面对在网络虚拟空间发生异化的犯罪行为,根植于传统现实社会的刑法规范如何有效地进行规制,不能仅依赖于立法论层面,更应该是刑法解释论需要攻克的难题"④。因此,基于频发的虚拟财产盗窃行为所带来的严重社会危害,应当依托刑法解释的原则和方法,在目前的刑法规范中寻找规制路径。

从产生和储存形式来看,将虚拟财产认定为电磁数据,确实有一定合理性。实务

---

① 该观点可参见张明楷:《非法获取虚拟财产的行为性质》,载《法学》2015 年第 3 期;陈兴良:《虚拟财产的刑法属性及其保护路径》,载《中国法学》2017 年第 2 期。

② 该观点可参见梁根林:《虚拟财产的刑法保护——以首例盗卖 QQ 号案的刑法适用为视角》,载《人民检察》2014 年第 3 期;刘明祥:《窃取网络虚拟财产行为定性探究》,载《法学》2016 年第 1 期。

③ 该观点可参见徐久生、管亚盟:《网络空间中盗窃虚拟财产行为的刑法规制》,载《安徽师范大学学报(人文社会科学版)》2020 年第 2 期。

④ 陆一敏:《网络时代刑法客观解释路径》,载《国家检察官学院学报》2022 年第 2 期。

机关也倾向于这一认定方式和结果。[①] 如果将虚拟财产认定为电磁数据，加之一般平台的计算机系统并不属于国家事务、国防建设、尖端科学技术领域的系统，因此对于盗窃虚拟财产的行为只能按照《刑法》第 285 条第 2 款规定的非法获取计算机信息系统数据、非法控制计算机信息系统罪进行处罚。但问题在于，按照该罪处理是否做到了对于盗窃虚拟财产行为的完整评价。一方面，即便将虚拟财产的本质认定为电磁数据，但是也不能否认用户为了获得这些虚拟财产所投入的时间、精力和金钱。非法获取计算机信息系统数据罪所保护的主要是计算机信息系统的安全[②]，但盗窃行为所造成的损害却直接作用于被害用户，用户的直观感觉是账户中具有“价值”的财产被盗，甚至有可能导致被害用户所投入的大量现实财产的丢失。因此，行为人侵入计算机系统只是手段，其目的在于获取具有财产价值和交易价值的虚拟财产。如果只按照该罪进行处理，则无法评价该行为对于被害用户财产的侵害。另一方面，该罪加重犯的法定最高刑为 7 年有期徒刑并处罚金；而盗窃罪的法定最高刑为无期徒刑，并处罚金或者没收财产。当行为人所盗窃的虚拟财产的市场交易价值达到盗窃罪中“数额特别巨大”的标准时，如果只按照非法获取计算机信息系统数据、非法控制计算机信息系统罪判处 7 年以下自由刑并处罚金，能否达到特别预防的效果也是值得思考的问题。因此，就虚拟财产的本质而言，认定其属于电磁数据具有合理性，但是其刑法意义不应仅局限于此，还应当肯定其财产价值，允许侵财类犯罪在虚拟财产的保护中发挥应有的作用。

在肯定了虚拟财产的财产价值和交易价值的基础上，如果是“银商”本身通过侵入计算机系统获取了其他用户的虚拟财产且符合盗窃罪的构成要件，则该行为可以被认定为非法获取计算机信息系统数据、非法控制计算机信息系统罪与盗窃罪的想象竞合。[③] 之后再进行销售处理的行为，则属于销赃的行为，不具有可罚性，因此不构成其他犯罪。如果是其他用户盗窃的虚拟财产通过“银商”进行代销或者被“银商”收购，“银商”如果明知该虚拟财产为犯罪所得，则“银商”的行为构成掩饰、隐瞒犯罪所得、犯罪所得收益罪（简称“掩隐罪”）。

---

① 参见 2010 年出台的最高人民法院研究室《关于利用计算机窃取他人游戏币非法销售获利如何定性问题的研究意见》，转引自陈兴良：《虚拟财产的刑法属性及其保护路径》，载《中国法学》2017 年第 2 期，第 163 页。该意见指出，虚拟财产的法律属性是计算机信息系统数据。虚拟财产不是财物，本质上是电磁记录，是电子数据，这是虚拟财产的物理属性；采用技术手段非法获取包括虚拟财产在内的计算机信息系统数据的行为，应当以非法获取计算机信息系统数据罪论处。

② 参见高铭暄、马克昌主编：《刑法学》（第 10 版），北京大学出版社、高等教育出版社 2022 年版，第 540 页。

③ 从构成要件来看，非法获取计算机信息系统数据、非法控制计算机信息系统罪要求“获取该计算机信息系统中存储、处理或者传输的数据”，单纯的侵入行为不构成该罪。因此，采取侵入一般计算机信息系统的手段盗窃虚拟财产的行为应当构成非法获取计算机信息系统数据、非法控制计算机信息系统罪与盗窃罪的想象竞合，而并非牵连犯。

针对第二种行为类型,分析通过第三方手段或者卡 Bug 的形式刷取虚拟财产之后再通过"银商"进行交易的行为,同样应当先探讨刷取行为可能触犯的罪名。在肯定了虚拟财产的财产价值和交易价值的前提下,应当继续解决刷取行为是否同样构成盗窃罪这一疑问。"盗窃罪的行为对象必须是他人占有的财物……其中的占有是指事实上的支配、现实的支配(也可谓事实上的占有)。"[①]而网络空间中的刷取行为并没有转移其他用户的占有,也没有转移平台的占有,因为虚拟代币、道具及装备等都是在用户充值或者完成一定操作后基于算法所生成的,这些虚拟财产一开始并非由平台占有。刷取行为并没有转移占有,而是进行额外的增量,使得用户获得了本不该获得的虚拟财产。因此,这种刷取行为不应当以盗窃罪进行处理。具体分析刷取行为类型所可能触犯的罪名应该分别讨论利用第三方手段刷取和卡 Bug 刷取的行为。

利用第三方手段刷取虚拟财产的行为,往往都是通过技术手段潜入平台的计算机系统进而获得一定的控制权限,并通过增加或者修改数据的方式来额外获得虚拟财产。但是这种行为对于计算机信息系统的破坏程度较小,不会影响系统的正常运行,因此该行为并不构成破坏计算机信息系统罪,而是可以考虑按照非法控制计算机信息系统罪进行处理。在最高人民法院指导案例 145 号"张竣杰等非法控制计算机信息系统案"中,被告人正是通过植入木马病毒等行为,对所侵入的计算机信息系统的后台数据进行修改,但是却没有实质性地造成系统破坏,因此按照非法控制计算机信息系统罪进行处理。[②] 而利用卡 Bug 刷取虚拟财产的行为,往往是用户自己发现系统存在一定漏洞,通过正常的平台行为获得额外的虚拟财产。实践中,卡 Bug 的行为往往不会侵入系统内部,也不会对系统产生实质性的破坏,在整个过程中平台也存在一定的疏忽,因此这种行为不应当接受刑法的负面评价。

在确定了刷取类行为的性质后,交易刷取类虚拟财产的"银商"可能触犯的罪名也相对清晰。如果"银商"明知其所交易的虚拟财产属于用户利用第三方手段刷取的,则用户本身的刷取行为已经构成犯罪,"银商"的行为仍然可以按照掩隐罪进行处罚;如果"银商"不清楚交易对象的来源或者所交易虚拟财产系用户卡 Bug 所得,则"银商"的行为并不单独构成犯罪。

二、交易对价来源非法的"银商"行为定性

所谓交易对价来源非法,是指平台用户向"银商"购买虚拟财产所支付的对价或者

---

① 张明楷:《刑法学》(第 6 版),法律出版社 2021 年版,第 1230 页。

② 该指导案例的"裁判要点"指出,被告人的行为属于《刑法》第 285 条第 2 款"采用其他技术手段"非法控制计算机信息系统的行为。

“银商”向其他用户收购虚拟财产所支付的对价并不是通过正常渠道获得,对价的来源往往是违法所得。此处的对价既可以是能够在现实中流通的货币,也可以是网络中的虚拟财产。“银商”作为平台之外虚拟财产交易的中介,所进行的交易活动基本上都是通过线上的方式,当对价来源不合法时,“银商”行为本身有可能陷入严重的刑事风险之中。

第一,当用户向“银商”购买或者“银商”自身收购虚拟财产所支付的对价同样是虚拟财产时,前述已经说明虚拟财产的非法来源大致包括盗取其他用户账户中的虚拟财产和利用系统漏洞并通过第三方手段或卡 Bug 形式刷取虚拟财产两类。如果“银商”收购所支付的对价系违法所得,后续的支付行为属于事后的不可罚行为,则不再单独构成犯罪。如果是用户向“银商”所支付的对价(虚拟财产)来源非法,则可根据“银商”主观上是否知晓该对价的真实来源判断是否构成相应犯罪。

除此之外,“银商”的角色还有可能是提成式平台,即通过提供交易平台,允许用户发布交易信息,提供支付结算功能并根据交易额进行提成。此时,作为提成式平台的“银商”就负有审核监督交易信息的义务,平台应当严格审核无正当理由以不合理高价(某种虚拟财产)大量收购某种虚拟财产的信息。该信息背后很有可能隐藏着网络犯罪活动。如果平台对类似消息不予监管,提供支付结算放任交易并抽取提成,那么“银商”平台很有可能构成帮助信息网络犯罪活动罪(简称“帮信罪”)。

帮信罪在实践中已经成为第三大犯罪,其主要特征之一就是犯罪手段和方式不断智能化。① “银商”的行为是否有构成该罪的风险是完善虚拟财产交易制度过程中的一个重要问题。帮信罪同样是故意犯罪,过失提供帮助的行为并不构成该罪。根据 2019 年最高司法机关发布的司法解释,为他人实施犯罪提供技术支持或者帮助,如果交易价格或者方式明显异常的,可以认定行为人明知他人利用信息网络实施犯罪。② 该司法解释确实也规定了允许行为人对于“明知”进行反证,但是“银商”个人或者平台往往都具备一定的专业背景,交易用户和“银商”都时刻关注着虚拟财产交易价值的变化。如果在“银商”交易平台中出现了交易价格和交易方式明显不合理的行为,比如以明显不合理价格(一种虚拟财产)来处理(另一种)虚拟财产、通过索要其他

---

① 参见最高人民法院刑事审判第三庭:《关于帮信罪司法治理的调研报告》,载《人民法院报》2023 年 8 月 25 日,第 4 版。

② 最高人民法院、最高人民检察院《关于办理非法利用信息网络、帮助信息网络犯罪活动等刑事案件适用法律若干问题的解释》第 11 条规定:“为他人实施犯罪提供技术支持或者帮助,具有下列情形之一的,可以认定行为人明知他人利用信息网络实施犯罪,但是有相反证据的除外:(一)经监管部门告知后仍然实施有关行为的;(二)接到举报后不履行法定管理职责的;(三)交易价格或者方式明显异常的;(四)提供专门用于违法犯罪的程序、工具或者其他技术支持、帮助的;(五)频繁采用隐蔽上网、加密通信、销毁数据等措施或者使用虚假身份,逃避监管或者规避调查的;(六)为他人逃避监管或者规避调查提供技术支持、帮助的;(七)其他足以认定行为人明知的情形。”

用户账号并承诺虚拟财产到账等情况,“银商”作为专门的交易渠道,应当对这种信息保持一定的敏感,如果放任该信息的散播并且照常提供交易服务,那么根据该司法解释,可以认定“银商”存在主观故意。当最终的结果符合《刑法》第287条之二中“情节严重”的要求时,可以按照帮信罪进行处理。当然,至于该罪中的“明知”是否应当是推定的明知,可以另作讨论,但就实践中该罪的适用情况和司法解释的规定来看,“银商”的行为还是存在较高的构成该罪的刑事风险。

第二,当用户向“银商”购买或者“银商”自身收购虚拟财产所支付的对价属于现实可以流通的货币时,此时对价的来源将在很大程度上影响“银商”行为性质的判断。由于互联网平台众多,各个平台所产生的虚拟财产的价值不等,其中不乏价值非常高的装备和道具,此处值得讨论的是“银商”的行为是否存在构成洗钱罪的可能。

我国《刑法》第191条规定洗钱罪主要具有五种行为类型,抽成式交易平台类的“银商”行为很有可能符合通过“其他支付结算方式转移资金”的行为类型,即为上游犯罪的犯罪所得及其产生的收益提供支付结算方式并从中提取一定的抽成,将上游犯罪的犯罪所得即收益进入“分根”阶段;之后犯罪者再次将虚拟财产进行变现,以达到洗钱的目的。[①] 从行为类型上看,基于交易形式的便捷性和虚拟财产的多样性,“银商”的行为确实有帮助洗钱犯罪活动的可能性,但是,洗钱罪的主观方面要求行为人必须具备洗钱的故意,即要求明知其行为是在为了掩饰、隐瞒《刑法》第191条所规定的七种犯罪类型的犯罪所得及其产生的收益。“《刑法修正案(十一)》虽然删除了原法条中的‘明知’规定,但删除的目的是将‘自洗钱’纳入处罚范围,而不意味着过失可以构成本罪。”[②]因此,洗钱罪中“明知”的主观要件仍然存在,构成洗钱罪要求行为人主观上既明知洗钱对象的情况,也明知自己的行为会发生掩饰、隐瞒他人犯罪所得及其收益的来源和性质的结果,并且希望或者放任这种结果发生。从这一角度来看,单纯的“银商”的行为触犯洗钱罪的刑事风险较小。

三、交易规则非法的银商行为定性

交易规则非法的“银商”行为在实践中又分为“官方银商”行为和“非官方银商”行为。所谓官方“银商”行为,是指“银商”与平台具有合作关系,“银商”为平台用户提供“银转商”和“商转银”服务,接受平台管理并从中获利,但由于平台本身系违法平台,因

---

① 洗钱行为大致分为三个阶段:第一阶段是“浸泡”阶段,是指将犯罪所得及其产生的收益转移到金融系统之中,为后续的交易进行准备;第二个阶段是“分根”阶段,是指通过一系列的交易行为掩盖资金的非法来源;第三个阶段是“甩干”阶段,是指在掩盖非法来源后为资金披上合法外衣,将资金进行回笼。参见周光权:《刑法各论》(第4版),中国人民大学出版社2021年版,第319页。

② 张明楷:《刑法学》(第6版),法律出版社2021年版,第1022页。

此导致交易规则违法。而非官方“银商”行为,是指“银商”行为与平台并没有直接关系,“银商”利用平台的运行机制,打破平台用户之间虚拟财产的转移限制并进行虚拟财产变现、充值等交易活动的行为。

官方“银商”行为的刑事风险主要来自平台自身的刑事风险,实践中大多表现为网络赌博活动。如果平台本身系赌博网站,“银商”个人或者平台在明知该网站非法性质的基础上,仍然为该网站提供银商服务,为该网站中的虚拟财产诸如点数、钻石、银子等进行充值和变现服务,则此时这种“银转商”的充值行为就成了“上分”行为,而将虚拟财产变现的“商转银”行为就成了“下分”行为。在这种情况下,“银商”的行为就成为了网络平台开设赌场的组成和帮助行为。根据最高司法机关发布的相关司法解释,此时“银商”的行为属于为赌博犯罪活动提供“费用结算”的直接帮助行为。① 因此,对于赌博平台的官方“银商”行为,应当依照开设赌场罪进行处理。

非官方“银商”行为的刑事风险主要来自对平台虚拟财产交易规则的破坏。某些平台的运行机制中只提供了充值功能,不允许用户间进行虚拟财产的交易,也没有提供变现提款功能,但是经充值后的虚拟财产可以在平台进行抽奖、开箱、捕鱼等活动,通过这些活动,用户有可能获得更高价值的虚拟财产。非官方的“银商”往往突破平台的交易限制,私自进行虚拟财产交易,待用户向“银商”支付一定费用后,“银商”可以通过“点对点输赢”“故意掉落”“半路逃跑”等方式将虚拟财产转移给用户。“银商”利用平台规则将虚拟财产和现实财产进行挂钩,而平台中抽奖、开箱、捕鱼等活动具有一定的随机性和偶然性,此时非官方“银商”行为从本质上看属于赌博的组成和帮助行为。“所谓赌博,是指根据偶然的胜负而争夺财物或者财产性利益之得失的行为。”②依据我国刑法规定,并非所有的赌博行为都构成犯罪,只有纠集多人赌博或者以赌博为业才构成赌博罪。非官方“银商”行为本身不是赌博行为,但其将平台中偶然性和随机性的活动与现实财产挂钩的行为不仅为不确定的多数人提供了“上下分”的渠道,而且也在一定程度上刺激了用户的谋利欲望,扩大了用户群体。因此,这种突破平台交易规则,利用平台随机性和偶然性运行机制的非官方“银商”行为可以按照赌博罪进行处理。

四、结语

随着平台经济的快速发展,虚拟产品交易所引发的司法难题逐渐增多,虚拟财产

---

① 最高人民法院、最高人民检察院《关于办理赌博刑事案件具体应用法律若干问题的解释》第 4 条规定:明知他人实施赌博犯罪活动,而为其提供资金、计算机网络、通讯、费用结算等直接帮助的,以赌博罪的共犯论处。

② 〔日〕西田典之著、〔日〕桥爪隆补订:《日本刑法各论》(第 7 版),王昭武、刘明祥译,法律出版社 2020 年版,第 452 页。

的本质、刑法属性、价值认定等问题都广受学界关注。刑法在平台经济发展过程中所扮演的保障法角色不应当因文本的滞后而失位、错位。当刑法没有对相关问题作出明确回应时,应当在罪刑法定原则的基础上,从现有规范的文义范围内合理利用解释的原则和方法为相关危害行为寻求合理的规制路径。现实生活中的新事物和新情况总是不断产生的,刑法对于虚拟财产的保护应当是长远的保护。在刑法的完善与发展过程中,不仅应当充分依靠立法论和解释论为数字经济的高质量发展提供充分保障,还需要在恪守谦抑性的前提下,寻求刑法保护与数字经济发展的契合点,为数字经济的高质量发展提供充分空间。

电商平台运营者刑事责任问题研究

张素敏*

本文问题研究的缘起,是由笔者关注的一起真实刑事案例所引发的反思。案例介绍:李某(25 岁)和其女友王某(21 岁),在某多多电商平台上销售国外假名牌奶粉,在短短不到三个月的时间内,销售金额高达 70 余万元,该案已在公开渠道上宣布刑事立案(李某和王某均涉嫌生产、销售伪劣产品罪)。但令人吃惊的是,直至笔者行文之日,在某多多电商平台上搜索,仍有大量该国外假名牌奶粉在平台上火热销售。根据犯罪嫌疑人李某交代:如果他们不在电商平台上销售,在线下实体店内销售会无人问津,所获利润也寥寥无几。尽管刑事案件已立案,但该电商平台运营者仍未采取任何有效措施监管或阻止这种销售行为的发生,实际上该电商平台运营者在放纵犯罪,甚至是帮助犯罪。客观上,其行为严重扰乱和侵犯了社会市场经济秩序;主观上,行为人(单位)至少是间接故意(放任态度)。最终,法院仅对该案被告人李某和王某判处了有期徒刑的刑罚,但并未对该电商平台运营者判处任何刑罚。① 当前,为何司法机关不判处电商平台运营者承担刑事责任?平台是否应当承担相应的刑事责任,以及如何承担刑事责任成为理论与实践中一个不可回避的话题。

一、适用乱象:理论与实践的错位

(一)刑事立法层面

在刑事立法方面,2015 年我国《刑法修正案(九)》增设了拒不履行信息网络安全管理义务罪、帮助信息网络犯罪活动罪②后,引发了刑法学界对网络服务提供者刑事责

---

* 西南政法大学刑法学博士,重庆市新型犯罪研究中心研究员,河南省扶沟县人民法院知识产权庭三级法官。

① 该案情系河南省商丘市梁园区人民法院所判一起刑事案例改编而成。

② 2015 年通过的《刑法修正案(九)》新增了第 286 条之一拒不履行信息网络安全管理义务罪及第 287 条之二帮助信息网络犯罪活动罪。

任问题的热烈讨论。① 但学界讨论的主题内容始终围绕网络服务提供者这一整体性概念展开,并未对电商平台这一特殊网络服务提供者可能承担的刑事责任进行研究。本为网络服务提供者(包括平台运营者)“量身定做”的拒不履行信息网络安全管理义务罪、帮助信息网络犯罪活动罪(以下简称“帮信罪”)等罪名并未付诸其身,相反,大量自然人主体陷入帮信罪法网,帮信罪因此成为“口袋罪”而备受质疑;与此同时,大量生产、销售伪劣商品、侵犯知识产权、诈骗等犯罪借由电商平台的辐射、扩散和放大效应,短时间内即造成极大的社会危害后果,而电商平台运营者却往往能够置身法外,并未承担刑事责任。为何会产生此种立法设想和实践适用的错位?

(二)司法实践层面

在司法实践方面,借由电商平台实施的生产销售伪劣商品犯罪、食品安全犯罪、侵犯知识产权犯罪等屡屡发生,严重侵害消费者合法权益,危害市场交易安全与秩序。在大多数案件中,电商平台经营者只承担了民事责任或行政责任,刑事责任往往由电商平台内运营者承担,这样的判罚结果让运营者难以接受,因为正是借助于电商平台,电商平台经营者的犯罪行为才得以顺利实施。借助电商平台实施的犯罪大多为数额犯,电商平台强烈的辐射效应放大犯罪结果的同时使犯罪数额成倍增加,无疑加重了平台内经营者的刑事责任负担。与此同时,电商平台运营者也会因此误以为犯罪行为都是平台内经营者所为,自身责任仅局限于行政和民事范围之内,从而放松法定监管义务的履行。这显然不利于电商平台自身的健康持续发展,更不利于有效遏制相关犯罪行为,威胁市场秩序的安全稳定。

二、理论溯源:“中立帮助者”何以免责

在刑事法领域,主张否定电商平台运营者刑事责任的观点仍占主流地位,其主要理据在于中立帮助行为理论。作为传统共犯理论,对中立帮助行为的理论探讨以实体社会为基本语境,适用主体往往与网络无关。时至今日,随着网络技术的发展,虚拟空间和互通互联的数字经济方兴未艾,在此背景下,必须重新审视中立帮助行为理论的基础内容和适用边界。

(一)中立帮助行为理论考察

一般认为,中立帮助行为是指从外观上看,通常可以反复继续实施的日常生活行

---

① 参见刘艳红:《网络犯罪帮助行为正犯化之批判》,载《法商研究》2016 年第 3 期;张明楷:《论帮助信息网络犯罪活动罪》,载《政治与法律》2016 年第 2 期;车浩:《刑事立法的法教义学反思——基于〈刑法修正案(九)〉的分析》,载《法学》2015 年第 10 期。

为和业务行为。[①] 中立帮助行为理论的提出是为了解决虽然实施的是日常行为或相关职业行为,但客观上给他人的犯罪提供了帮助,以及能否作为帮助犯处罚的刑法问题。刑法上关于中立帮助行为理论的观点主要有主观说、客观说和折中说三类。

1. 主观说

主观说强调,不仅要考察帮助者对正犯的物理性影响,而且要求正犯必须认识并接受他与帮助者之间的团结性,换言之,帮助者也必须具有和正犯团结一致实行犯罪行为的故意。主观说无视行为刑法应当立足客观方面进行归责的基本原理,完全按内心的意愿来认定中立帮助行为的边界,按此观点,中立帮助行为的大部分情形都会被视为帮助犯。因此,作为主张用于排除中立帮助者可罚性的学说,主观说并不为大多数学者所接受。

2. 客观说

客观说与主观说的不同之处在于,客观说强调通过中立帮助行为的客观特征来排除其可罚性。其内部又存在诸多不同观点。社会相当性说认为,既然中立帮助行为是一种生活中大量出现的、被社会生活秩序所允许的行为,因而,其是一种具有社会相当性的行为,即使中立帮助行为创设了某种风险,社会也应为其引起的后果负责,即所谓社会答责。[②] 职业相当性说则从职业规范和刑法规范的内在协调性出发,强调应对具有广义上的社会相当性的行为进行限缩,只把那些与职业有关的、因职业特征或行业规范所形成的职业行为视为具有相当性,而将其排除于犯罪构成要件,从而对基于职业规范要求而实施的中立帮助行为排除其可罚性。[③] 溯及禁止说认为,当中立者的行为属于广义的社会相当行为而和实行者行为偶然结合,并且发生构成要件的损害后果时,应考虑各自行为目标和行为意义。若中立者的行为在没有实行者行为时仍具有独立意义,实行者的行为后果不能回溯至中立者。[④] 客观归责说从假定的因果关系理论出发,认为中立帮助行为出罪的理由并不在于参与行为的中立性,也不在于对相关规范的遵守,关键性的标准在于客观归责视野中的假定因果流程。鉴于中立帮助行为的日常性、职业性、反复性特征,虽然其事实上加大了正犯实施犯罪行为的风险,但这种风险属于法律允许的风险,并非“法所不允许的风险”,因此不具有可罚性。[⑤]

3. 折中说

折中说以克劳斯·罗克辛为代表,他主张以客观归责说为基础,辅以信赖原则限

---

① 参见周光权:《网络服务商的刑事责任范围》,载《中国法律评论》2015 年第 2 期。

② 参见车浩:《谁应为互联网时代的中立行为买单?》,载《中国法律评论》2015 年第 1 期。

③ 参见王华伟:《中立帮助行为的解构与重建》,载《法学家》2020 年第 3 期。

④ 参见何庆仁:《溯责禁止理论的源流与发展》,载《环球法律评论》2012 年第 2 期。

⑤ 参见曹波:《中立帮助行为刑事可罚性研究》,载《国家检察官学院学报》2016 年第 11 期。

制中立帮助行为划定帮助犯的范围。① 一方面,中立帮助行为应对正犯行为具有因果性和可归责性,同时根据信赖原则,每个人都可以信赖他人不会故意实施犯罪,如果行为人仅仅是认识到自己的行为贡献有被用于犯罪的可能性,那么行为人客观构成要件的归责就被排除了。②

总体而言,绝大多数理论上的观点都是朝着限制中立行为成立帮助犯的基本方向努力的。这无疑为我国刑法学者解读网络服务提供者这一特定的中立者刑事责任问题提供了丰富的理论资源。

(二)我国学者对网络服务提供者刑事责任的解读

我国刑法学者关于网络服务提供者刑事责任问题的观点在"快播案"③出现以前主要表现为单纯对传统中立帮助行为理论的引进和全盘接受。如陈洪兵教授认为无论是网络接入行为,还是网络平台提供行为及提供 VIP 软件的行为都属中立的业务行为,一般都不应当承担帮助犯的刑事责任。④ 伴随着"快播案"兴起的网络服务提供者刑事责任大讨论,我国学者对传统中立帮助行为理论进行了有针对性的修正,但其主基调仍然是限制中立帮助者成立帮助犯的范围。"刑法理论在中立的帮助行为的问题上,观点林林总总,理由不一而足,但是一个共同的努力方向,都是在为这种中立行为的入罪化,寻找一个可靠的教义学上的限制标准。"⑤不可否认的是,中立帮助行为理论为解读网络服务提供者的刑事责任提供的独特视角,有利于发现当下中国网络服务提供者,尤其是电商平台和传统意义上的中立者有着不同的面向和法律属性。

(三)电商平台运营者作为"中立者"的双重面向

传统中立帮助行为理论主要是针对实体社会的理论,其理论根基来自社会相当性观念的滥觞,而社会相当性⑥本来就是随着世易时移而不断变换判断标准的概念。传统中立帮助行为理论中的中立者往往以"中立""日常""职业"为其基本的面向示人,这正是传统自由市场经济背景下一般经营者单一面向的生动写照。而在数字技术高度发达的当代社会,电商平台运营者本身的角色定位和功能,随着新的信息技术的应用和商业模式的迭代,也正在经历重要的演化。表现为基于新的技术应用和结构调

---

① 参见〔德〕乌尔斯·金德霍伊泽尔:《刑法总论教科书》(第 6 版),蔡桂生译,北京大学出版社 2015 年版,第 453 页。

② 参见陈洪兵:《论中立帮助行为的处罚边界》,载《中国法学》2017 年第 1 期。

③ 参见《快播 4 名高管涉嫌传播淫秽物品牟利近日将受审》,载中国法院网,https://www.chinacourt.org/article/detail/2015/06/id/1645916.shtml,2024 年 5 月 20 日访问。

④ 参见陈洪兵:《网络中立行为的可罚性探究——以 P2P 服务提供商的行为评价为中心》,载《东北大学学报》(社会科学版))2009 年第 3 期。

⑤ 车浩:《谁应为互联网时代的中立行为买单?》,载《中国法律评论》2015 年第 1 期。

⑥ 参见〔德〕乌尔斯·金德霍伊泽尔、陈璇:《社会相当性与可罚的不法》,载《人民检察》2019 年第 17 期。

整,电商平台经营者越来越有能力影响平台信息环境及用户交互,从而大大加强了对平台结构和功能的影响能力,并且逐渐形成实际控制地位。这种角色的重要变化,要求对电商平台主体规范模式作出相应调整,即应将电商平台运营者从纯粹提供技术服务的中立主体,发展为需要承担积极治理义务和责任的控制主体。① 2019 年我国《电子商务法》第 41—44 条以复杂的"通知—转达—反通知—转达"的规则设计,意图使网络平台运营者(网络服务提供者)承担积极治理义务和相应责任。可以说,《电子商务法》一方面肯定网络平台运营者作为普通经营者追求自身经济利益的合理诉求;另一方面施加给平台运营者更多监管义务和具体措施来应对各类网络违法犯罪行为的责任。

对于网络服务提供者,在司法实践中应当适时保持其权力、责任与问责的统一,才能保障电子商务的健康发展及促进社会公众利益的实现。② 将电商平台运营者大而化之地理解为中立者,并借助中立帮助行为理论排除其刑事责任,将造成刑法在社会治理进程中的缺位,不仅不能起到激发市场内在活力的良好愿望,反而在一定程度纵容平台放弃自身法律责任,将导致社会法益遭受犯罪行为侵害,危及市场秩序的安全与稳定。

三、理性回归:电商平台运营者刑事责任的肯定

考虑到电商平台承载的社会分工协调机能,"一刀切"地对其进行刑事归责势必引发寒蝉效应,限制平台经济在激发市场内在活力方面的积极功能,但是一味否认电商平台刑事责任又会导致电商平台运营者弱化甚至消弭自身作为市场监管者的法定义务,客观上纵容犯罪和放大犯罪结果。因此,阐明电商平台运营者承担刑事责任的基本法理并审慎划定其适用范围和现有司法解释相协调是提升刑法治理社会能力、积极参与数字社会治理的现实要求。

(一)电商平台运营者承担刑事责任的义务前提

基于电商平台具有的市场运营者和市场监管者的双重身份,依托其作为大型数字化服务平台的特点,我国立法正在形成一套针对消费者权益保护、平台知识产权保护、信息保护等风险管控和治理强化电商平台注意义务、治理职责的责任规制体系,为追究电商平台经营者刑事责任确立了基本的义务前提。

1. 法律规定上的实然义务

为避免滥用或无视电商平台的管控地位,导致用户受到第三人侵权,我国《民法

---

① 参见李小草:《电商平台经营者角色演化和主体规范模式嬗变》,载《现代法学》2022 年第 5 期。

② 参见薛虹:《论电子商务第三方交易平台——权力、责任和问责三重奏》,载《上海师范大学学报(哲学社会科学版)》2014 年第 5 期。

典》《电子商务法》《个人信息保护法》等一系列法律法规，均为电商平台运营者设定了特殊注意义务，这种特殊注意义务就其本质上而言是一种积极的保护义务，违反这种积极保护义务，具备间接侵害的不法内涵，即行为人在该种情形下违反作为义务，实际已经引发了某种危险，负有相应的危险防范义务。①

2. 法律规定上的应然义务

我国《电子商务法》要求电商平台运营者在出现特定情况时必须采取通知、删除等措施的法律规定，是对平台经营者进行积极规制、强化经营者积极管理义务并对其提出积极治理要求的重要立法举措。电商平台运营者通过上述特定的义务规范获取制度管理的法律授权，对促进平台自律、维护消费者合法权益、预防平台犯罪具有积极作用。同时在电商平台运营者疏于行使该类管理措施、造成或扩大损害后果时，电商平台运营者可能承担相应民事、行政和刑事责任。

3. 承担刑事责任的理据

电商平台运营者的行为之所以能够被纳入刑法规制，是因为其负担的上述特定注意义务和管理职责，能够对犯罪行为或结果起到抑制作用。当其主动违背法律去实施某些犯罪行为或者在特定情况下不履行义务时，应当承担刑事责任。基本理据在于：一是电商平台运营者对于平台内经营者具有更强的实时管控能力；二是电商平台运营者与平台内经营者共同实施了犯罪结果甚至实施了犯罪行为，二者具有互利共生的关系。要有效地遏制犯罪，关键在于增加罪犯的预期刑罚成本，使预期刑罚成本大于预期的犯罪“效益”。当然，立法机关并没有为了单纯追求打击犯罪而对电商平台施加过多的法律义务负担，而是在刑事立法层面限定了其义务来源，以限定刑事责任范围。

（二）电商平台运营者承担刑事责任的模式

1. 单独责任模式

在此模式下，电商平台运营者具有独立的犯罪主体地位，即电商平台运营者或者因未充分履行平台核验登记、信息报送、监管，以及对平台内经营者的违法行为采取必要处置措施等特殊义务，因而使得平台内经营者得以实施犯罪或使得犯罪后果发生或进一步扩大时，经行政程序前置，责令改正而拒不改正的，构成拒不履行信息网络安全管理义务罪，或者构成“帮助犯正犯化”的帮信罪。

①对于拒不履行信息网络安全管理义务罪，电商平台运营者以不作为的方式承担独立刑事责任。不履行监管义务是其承担刑事责任的前提。认定监管义务的范围应当注意两点：第一，该义务来源于法律和行政法规的规定，其他部门规章和地方性法规的规定不能作为义务的来源根据；第二，义务的内容受限于刑法规定的范围，包括管理

① 参见廖焕国：《论德国侵权法上的一般注意义务——以司法判例为主线的考察》，载《武汉大学学报（哲学社会科学版）》2006 年第 3 期。

义务，即网络用户身份的实名认证和服务限制、协助执法、关键信息中的个人信息和重要数据的境内流程，保护个人信息监管发现的违法信息，针对恐怖主义、极端主义内容信息的监管义务①，以及电子商务法要求电商平台运营者在出现特定情况时必须采取通知—删除等措施的义务。

拒不履行监管义务是电商平台运营者承担刑事责任的核心根据。拒不履行信息网络安全管理义务罪是特殊的不作为犯，除应满足不作为犯的基本特征外，还必须被监管部门责令采取改正措施而拒不改正。这里要特别强调的是刑法理论界热议的行政前置程序问题，有学者认为此项规定似乎阻断了范围最广的网络用户主张权益保护的渠道，对维护消费者权利不利。② 殊不知，正是通过限缩对电商平台运营者的刑事追究、让其承担有限刑事责任，才能有效平衡电商平台在促进市场活力和维护市场安全稳定之间的内在紧张关系。这样既能发挥其激发市场活力的积极功能，又能避免电商平台强烈的辐射效应放大犯罪损害后果的消极作用，更好地维护市场安全与秩序。不仅如此，电商平台运营者的监管责任不同于直接实施犯罪的平台内经营者等行为人，消费者可以选择向平台内经营者或向电商平台运营者请求赔偿，也可以选择向有权的行政机关反映并要求处理。这实际上保障了用户的权益，如果允许数量众多、分散的消费者可直接发起对电商平台运营者的刑事责任追究。

②对于电商平台运营者可能构成的帮信罪，只需证明下游违法犯罪行为的存在，即可追究其刑事责任。理论上通常认为帮信罪是将网络服务提供者帮助行为正犯化的典型示例，其诞生伊始，就招致学界广泛批评。批评论者认为网络服务提供者的行为属于中立的帮助行为，帮信罪不当地扩大了中立帮助行为的处罚范围，过于限制网络服务提供者的业务自由，可能严重阻碍互联网行业的发展。笔者认为，如果上述学者对于帮信罪的批评是建立在对网络服务提供者早期发展状态所作出的判断的话，那么伴随着《电子商务法》针对电商平台设定的一系列法定监管义务，这些批评得以成立的基础已不再牢靠，数字技术滥觞之下，电商平台理应承载更多的市场监管义务。

2. 共同责任模式

在共同责任模式下，电商平台运营者以帮助犯的身份和平台内经营者就后者借由电商平台实施的犯罪成立共犯。2001 年 4 月 9 日发布的最高人民法院、最高人民检察院《关于办理生产、销售伪劣商品刑事案件具体应用法律若干问题的解释》第 9 条规定，行为人知道或者应当知道他人实施生产、销售伪劣商品犯罪，而为其提供贷款、资

---

① 参见藏铁伟、李寿伟主编：《〈中华人民共和国刑法修正案（九）〉条文说明、立法理由及相关规定》，北京大学出版社 2016 年版，第 215—216 页。

② 参见熊波：《网络服务提供者刑事责任“行政程序前置化”的消极性及其克服》，载《政治与法律》2019 年第 5 期。

金、账号、发票、证明、许可证件、生产、经营场所、运输、仓储、保管、邮寄、制假生产技术等帮助的,以生产、销售伪劣商品犯罪的共犯论处。其后,最高人民法院、最高人民检察院发布《关于办理非法生产、销售烟草专卖品等刑事案件具体应用法律若干问题的解释》,最高人民法院、最高人民检察院、公安部发布《关于办理侵犯知识产权刑事案件适用法律若干问题的意见》《关于办理电信网络诈骗等刑事案件适用法律若干问题的意见》《关于办理利用赌博机开设赌场案件适用法律若干问题的意见》等一系列司法解释明确规定,只要行为客观上对犯罪行为的实施具有帮助作用,且主观上对此也明知,该行为就构成帮助犯。如果站在为传统实体社会的中立帮助行为出罪的立场,则上述司法解释确有过于严苛之嫌。然而,上文就电商平台在数字时代的一般经营者和特别监管者双重身份的揭示,已然消解了对上述司法解释进行质疑的根基。"帮助行为是结果发生的间接原因,其客观不法性表现为强化促进正犯的危险制造和实现,如果某一行为一开始有中性业务活动的外观,但在实施过程中,其实质上通过正犯制造和实现法律危险,对于正犯行为及结果具有促进作用的关系的,可能成立帮助犯,换言之,逾越中性业务活动界限的行为具有可罚性。"[①]具体而言,"违反由法律、法规及相关规章制度所确定的操作规程的业务行为不能被认为还具有职业相关性,而应肯定其犯罪关联性"[②]。在电商平台运营者与平台内经营者构成共犯的场合,由于电商平台运营者兼具市场监管者身份,担负着由《电子商务法》等一系列法律法规设定的监管义务及实施特定措施的义务。如果电商平台运营者疏于行使该义务,则无疑逾越了中性业务活动的界限,理应承担与平台内经营者实施犯罪的帮助犯的相应刑事责任。在共同责任模式下,认定电商平台运营者的刑事责任,有以下几点应特别注意。

①客观帮助行为的认定。与平台内运营者实施的正犯行为"制造和实现法益侵害风险"不同,电商平台运营者作为帮助犯,其行为在客观上是强化、促进正犯的危险制造和实现,或者说是间接地制造和实现法益危险,具体表现为作为和不作为的混合形态。作为形态表现为电商平台运营者为平台内经营者(犯罪嫌疑人)提供包括信息发布采集、资金支付托管、货物运输等服务,已不是单纯交易渠道和场所提供者,而是深度介入交易"信息流""资金流""货物流"全流程的参与者甚至是控制者。毫不夸张地说,如果不借助电商平台,则嫌疑人实施生产销售伪劣商品类犯罪、侵害知识产权类犯罪根本无法实施。不作为形态主要表现为电商平台运营者已接到消费者投诉或相关机构(主要是指相关国家信息网络监管部门)要求平台运营者整改的通知,仍不对涉嫌从事犯罪的平台内经营者采取核实经营者资质、删除违法信息、下架相关侵权商品直

---

① 周光权:《中性业务活动与帮助犯的限定——以林小青被控诈骗、敲诈勒索案为切入点》,载《比较法研究》2019 年第 5 期。

② 周光权:《中性业务活动与帮助犯的限定——以林小青被控诈骗、敲诈勒索案为切入点》,载《比较法研究》2019 年第 5 期。

至停止服务等措施，因而造成犯罪发生或结果进一步扩大，电商平台运营者应对其不作为的帮助行为承担帮助犯的刑事责任。

②主观因素的认定。在共同责任模式下，电商平台运营者和平台内经营者构成共同犯罪，主观因素既可能表现为直接故意，也可能表现为间接故意。前者即所谓"通谋"，在理论实践中争议不大，争议较多集中在放任心态的证明标准，即"知道"和"应当知道"的认定标准和方法上。对此，具体认定时，要求电商平台运营者存在对平台内经营者利用平台实施犯罪的具体认识，并谨慎适用推定规则：其一，是否违背一般人的常识。以销售电商为例，同样品牌的商品在同一平台不同商家之间价差过大，则难以排除有商家售假的嫌疑。其二，电商平台运营者是否怠于行使监管职责。包括未尽身份核实义务，发现平台内经营者提供虚假身份信息仍为其提供服务，或者在权威部门已发布有关品牌商品质量不合格的通告以后，仍放任该品牌商品在平台内销售，抑或在相关行政主管部门已向其发出协查要求，仍不对相关产品予以暂停服务或下架措施的，均可作为认定其具有放任心态的依据。其三，结合电商平台提供服务的各方面特征进行综合判断，包括考量服务内容、服务对象的资质身份、服务手段、产品质量、价格、交易方式、获利情况等。

人工智能视角下我国自动驾驶刑事问题研究

——以醉驾案件为例

孙剑锋*

一、问题的提出：自动驾驶系统中醉酒驾驶行为的现实问题及其意义

受困于醉驾型危险驾驶罪存在的问题，自动驾驶系统的出现或可为解决当前困境提出一些思路。因此，本文先就醉驾案件及自动驾驶系统进行简要概述。

(一) 醉驾型危险驾驶罪的现实问题

2011年《刑法修正案(八)》将在道路上醉酒驾驶机动车的，作为危险驾驶罪的第二种情形予以入罪。在醉驾型危险驾驶罪出台的十余年来，我国的醉驾行为得到了有效的遏制，在一定程度上有效保护了我国的道路交通安全，然而同时存在以下问题。

首先，醉驾型危险驾驶罪证据收集困难。醉驾型危险驾驶罪在性质上定为抽象危险犯，即只要驾驶者血液中的酒精含量达到80mg/100ml便认定达到醉酒状态①，并且对案件证据的取证，如对取证活动的时间、流程、方式等均提出了很高的要求，一旦其中的一个取证环节出现瑕疵，就可能导致全案证据证明体系的崩塌，从而丧失刑事规制的条件。②

其次，醉驾型危险驾驶罪导致司法机关工作压力增大。自醉驾入刑后，醉驾案件多年位列各地刑事案件数量第一，因此目前各地都在尝试探寻对醉驾行为的标准进行适当解释，尝试通过提高不起诉的上限等灵活的方式缓解司法认定压力。

最后，醉驾型危险驾驶罪带来的附随效果过重。由于醉驾型危险驾驶罪属于故意犯罪，一旦醉驾者构成犯罪，其刑罚的附随效果也会影响醉驾者自身及其家人的从业、资格审查等，给其工作和生活带来诸多不便。

---

* 中国人民大学刑事法律科学研究中心研究人员，中国人民大学法学院刑法学博士研究生。

① 参见最高人民法院、最高人民检察院、公安部《关于办理醉酒驾驶机动车刑事案件适用法律若干问题的意见》第1条。

② 参见王敏远：《"醉驾型"危险驾驶罪综合治理的实证研究——以浙江省司法实践为研究样本》，载《法学》2020年第3期。

(二)自动驾驶系统的标准及其分类

2020年,工业和信息化部发布了《汽车驾驶自动化分级》,为我国关于自动驾驶的相关研究提供了新的基础和方向。根据在执行动态驾驶任务过程中的角色分配及有无运行设计条件的限制,机动车自动驾驶系统被划分为了6个等级。而国外根据自动驾驶的作用以及需要驾驶者对机动车进行干预的程度,也将汽车自动驾驶系统大致分为6个等级。① 本文在借鉴强人工智能汽车与弱人工智能汽车的分类的基础上,对两种标准进行大致的对比及分类。

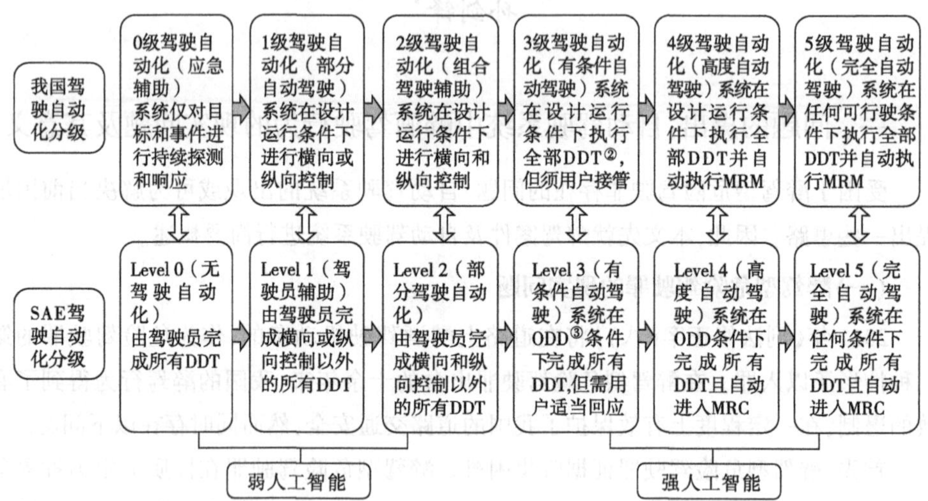

图1 我国自动驾驶分级与SAE自动驾驶分级对比图

由图1可知,二者的主要区别在于最后两级自动驾驶中,我国执行的MRM(最小风险操作)包括六种④;而SAE执行的MRM包括三种⑤。从功能切换上看,我国的标准层级较SAE而言更加具体。因此本文主要基于国内机动车自动驾驶分级的语境进行讨论。0—2级定义为驾驶自动化,而3—5级定位为自动驾驶,由此也揭示了理论中强弱人工智能在自动驾驶领域应用上所存在的区别。强弱人工智能汽车在技术上划

① 目前业界普遍采用的是由美国汽车工程师协会(SAE)和美国高速公路安全管理局(NHTSA)联合颁布的分级标准,该标准中将人工智能汽车分为Level 0—Level 5共6个等级,分别对应:无驾驶自动化、驾驶员辅助、部分驾驶自动化、有条件自动驾驶、高度自动驾驶、完全自动驾驶。

② DDT:动态驾驶任务(Dynamic Driving Task),指自动驾驶系统在道路交通中操作车辆所需的所有实时操作和策略功能。

③ ODD:运行设计域(Operational Design Domain),指自动驾驶系统可以安全运行的具体环境和条件,包括但不限于道路类型、交通状况、天气条件、光照条件。

④ MRM包括接管请求、切换至功能受限状态、舒适停止、安全停止、紧急停止和功能恢复。

⑤ MRC包括人类驾驶员接管、限制操作、终止操作。

分的鸿沟在于由“反射式智能”转换成“自律式智能”[①],弱人工智能强调反射式智能,而强人工智能主要强调自律式智能。本文所讨论的弱人工智能汽车,指的是功能主要是通过驾驶者及其他辅助措施得以实现驾驶的人工智能汽车,主要是各种模拟动物或人的智能解决各种问题的技术。[②] 强人工智能汽车,指的是可以具备对生活中事物的认识能力及对系统行为的控制能力,并通过系统中预设好的程序进行自主活动,无须他人介入的人工智能汽车,且能够在自我意识和意志的支配下,超出设计和编制的程序实施行为。[③] 因此在自动驾驶分级中,“驾驶自动化”所对应的便是弱人工智能的作用,突出机动车对于驾驶者的辅助,而“自动驾驶”所对应的是强人工智能的功能,突出自主性和自动化,且能基于“自己”的意志驾驶机动车。

(三)本文所讨论的自动驾驶系统及其探讨价值

通过对我国现有的自动驾驶系统的调研,目前国内能够达到且允许道路应用的自动驾驶系统最高水平为2级,即保证行车时的车道保持、自适应巡航与跟车,同时可以侦查并及时避让行人或车辆,未来有希望达到3级。需要说明的是,此处所说的3级与分级中的3级存在不同,即指自动驾驶系统可以完成自主驾驶,但是在此过程中,需要驾驶者手持转向盘,并在适当的时候予以回应,而不能做到驾驶者完全脱离转向盘。因此,本文针对2级与3级,同时也是对弱人工智能的最高技术与强人工智能的最低技术,本着入罪举轻以明重、出罪举重以明轻的标准进行探讨。倘若2级也需要入罪,那么0级和1级的自动水平更低,其本质上依然是对道路交通安全造成法所不允许的危险的行为,当然入罪;同理,倘若3级可以实现出罪,那么4级和5级的自动水平更高,此时其对道路交通安全并不会产生现有法规范所不允许的危险,当然可出罪。因此本文所讨论的自动驾驶系统,是指对于驾驶者的能力具有实质性帮助作用,即驾驶者是在与自动驾驶系统进行共同驾驶,或者更依赖于自动驾驶系统驾驶机动车的2级(弱人工智能)与3级(强人工智能)。

在现有的技术中,即便强人工智能的自动驾驶系统也尚未达到人们所预期的能够完全替代驾驶者驾驶机动车的程度。但不可否认的是,在一些路况较为简单、车流量较少的路段,自动驾驶系统可以代替驾驶者实现基本的驾驶行为。因此,在未发生特殊情况且醉驾者对机动车并没有进行过度干预的情形下,机动车可以实现一直处于由自动驾驶系统进行操控的状态下行驶,而由此所产生的相应的法律责任,可以尝试突

---

① 翁岳暄、〔德〕多尼米克·希伦布兰德:《汽车智能化的道路:智能汽车、自动驾驶汽车安全监管研究》,载《科技与法律》2014年第4期。

② 参见莫宏伟:《强人工智能与弱人工智能的伦理问题思考》,载《科学与社会》2018年第1期。

③ 参见刘宪权、房慧颖:《涉人工智能犯罪的前瞻性刑法思考》,载《安徽大学学报(哲学社会科学版)》2019年第1期。

破现有的思维框架,在确有证据证明醉驾者并没有操控机动车的情况下,存在出罪空间。

客观方面,由于通说认为醉驾型危险驾驶罪属于抽象的危险犯,似乎只要醉驾者客观上确实行使了醉驾行为,即可认定具有抽象危险,因此便自动具备危险驾驶罪的客观方面。然而实际上,基于自动驾驶系统的特殊性,对其客观方面依旧存在探讨空间。其一,行为的主体,在不同情形下可能不同,在基于强人工智能的部分情形下,行为主体可能为自动驾驶系统。其二,行为本身的危险性。当主体为自动驾驶系统时,行为人是否因醉酒而影响到行为的危险性存疑。

主观方面,对于醉驾型危险驾驶罪,学理上一般认为是故意,即对不特定多数人的生命健康及财产安全的损害结果持希望或者放任的主观心态。而如上所述,主观上,醉驾者的醉驾行为一定程度上会受到自动驾驶系统的影响,因此不存在其他主观方面的要素,只具备故意或过失。换言之,由于醉驾者对自动驾驶系统的信任,可能存在不具备认识因素或者因过于自信、疏忽大意而导致的过失的情况。由于通说及刑法规范均认为醉驾型危险驾驶罪的主观方面是故意,倘若可以证明醉驾者成立过失,那么也相当于反证醉驾者不成立危险驾驶罪。

二、弱人工智能下醉驾型危险驾驶罪之分析

如上所述,在弱人工智能下,驾驶者依然对机动车保持控制,自动驾驶系统仅能提供辅助作用,基于此特点,笔者将分析此种情形下的醉驾型危险驾驶罪。

(一)弱人工智能下醉驾型危险驾驶罪的客观方面

其一,从驾驶主体的角度看,弱人工智能不具备犯罪主体资格。对于弱人工智能汽车能否成为法律主体,有观点认为,弱人工智能产品已经具有一定的行为权和决定权,且能够通过妥善地合理使用自主权而被法律赋予一定的权利与义务,并被授予“电子人格”的法律地位,而这些“电子人格”的参与方,最终构成了弱人工智能的法律人格。① 笔者认为,相较于民事行为主体资格的认定,对犯罪主体资格的认定应当采取较为严格的标准。对于实施危害行为的主体而言,首先要具备实施危害行为的主观意识,而在弱人工智能下的自动驾驶系统情境下,其本身只是一种“反射式智能”,即对于某些事件的反应是通过预设的行为范式进行对应的操作,是一种无意识的行为,将此类主体认定为醉酒驾驶机动车行为的主体,在理论上难以站稳脚跟。同时,从规范责任论的立场来看,“反射式智能”并不具备了解自己行为的社会意义及相应后果的能

① 参见杨立新:《人工类人格:智能机器人的民法地位——兼论智能机器人致人损害的民事责任》,载《求是学刊》2018 年第 4 期。

力,缺乏予以刑事非难的基础。因此弱人工智能汽车下的行为主体依然应当是驾驶者本人。

其二,从驾驶行为角度看,在驾驶过程中起主要作用的依然是醉驾者。在弱人工智能中,自动驾驶系统虽然可以在一定程度上补足或提高驾驶者的驾驶能力,然而如上文所述,自动驾驶系统起到的仍然是辅助作用。对于驾驶者而言,机动车驾驶的决定权依然由驾驶者操控。

因此,弱人工智能下的醉驾型危险驾驶罪,仍然具有抽象危险性。从立法论出发,醉驾型危险驾驶罪作为抽象危险犯的依据在于,我国目前逐步进入风险社会,在立法上更倾向于预防某些行为潜在的危险性①,尤其是在交通安全领域,各种情况错综复杂,是否造成实害结果的可能性难以判断,因此为避免醉驾行为可能导致的危险,将其规定为抽象危险犯较为合理。倘若将此立法目的置于弱人工智能的情形下进行审视,不难发现,此时的自动驾驶系统更多还是以一种辅助的方式帮助驾驶者实现驾驶机动车的行为,并不能直接对驾驶者的驾驶行为产生根本的影响,因此醉驾者自身的行为对道路交通安全可能造成的危险并没有实质性降低,依然有造成较大道路交通安全事故的隐患。

(二)弱人工智能下醉驾型危险驾驶罪的主观方面

如上所述,基于弱人工智能的特点,醉驾者的主观方面具备故意,而不存在过失。

其一,从故意角度来看,醉驾者依然具备认识因素,同时也具备意志因素,成立故意。在弱人工智能的情形下,尽管汽车的自动驾驶系统已经实现了部分自动化,如可以自行保持巡航或者保持车道,但其功能依旧需要通过驾驶者的操作才可以实现,驾驶者在驾驶过程中依然处于主导地位。根据本文的调研也可以发现,机动车厂商在买家购买机动车时也会尽到提醒义务,对自动驾驶系统所具备的功能进行详细的提示,以确保驾驶者可以正确使用相关功能。因此,对于弱人工智能情形下的醉驾者而言,无论是否出于对自动驾驶系统的自信,其对自动驾驶系统的功能及自身仍然需要操控机动车这一事实,并没有发生错误认识,因而当然地具备认识因素。而在认识到弱人工智能仅可以部分地帮助自己驾驶,并意识到自己的醉驾行为可能会造成危害结果而继续实施的,则表明行为人具备意志因素。因此弱人工智能情形下成立直接故意或间接故意。

其二,从过失角度来看,醉驾者既不成立疏忽大意的过失,也不成立过于自信的过失。在弱人工智能的情形下,驾驶者对自动驾驶系统的功能存在认识,不可能存在不知道自动驾驶系统无法大幅度帮助自己驾驶而选择醉驾的情形,因此具备预见的可能

---

① 参见陈京春:《抽象危险犯的概念诠释与风险防控》,载《法律科学(西北政法大学学报)》2014 年第 3 期。

性。而对过于自信的过失,或许有人会认为,此时驾驶者虽然对自动驾驶系统的辅助功能已经具备认识,但对于依靠自动驾驶系统可以正常醉酒驾驶机动车的行为存在自信,因此可以成立过于自信的过失。笔者认为,在此种情形下,由于弱人工智能并不能很大程度地帮助驾驶者,醉驾行为对公共安全造成的危险依旧较大,因此即使驾驶者认为自动驾驶系统可以帮助自己驾驶机动车,但同时也应当意识到自己的行为造成危险的可能性并没有得到显著降低,若此时依然选择放任自己的行为,则笔者更倾向于认定此种情形下的醉驾者成立间接故意,而非过于自信的过失。

综上,在弱人工智能自动驾驶系统下,驾驶者醉酒驾驶机动车的,本质上来讲与醉驾者自己驾车无异,按照一般的醉驾案件处理即可,因此当然地成立醉驾型危险驾驶罪。

三、强人工智能下醉驾型危险驾驶罪之探析

(一)强人工智能下醉驾型危险驾驶罪的客观方面

在本文所探讨的强人工智能下,自动驾驶系统可以自主驾驶机动车,此时只需要驾驶者手搭放在转向盘上即可,不需驾驶者具体操作转向盘即可由自动驾驶系统自身实现驾驶。结合此特点,对醉驾型危险驾驶罪进行简要分析。

其一,从犯罪主体角度分析,强人工智能无法成为犯罪主体。对此,首先应明确强人工智能下的驾驶主体。应分情况讨论,在自动驾驶系统全面接管机动车时,此时驾驶者的作用只是操控转向盘,但没有实质性地驾驶,因此应当将自动驾驶系统作为主要的驾驶主体;而当驾驶者在特殊情况下干预机动车驾驶时,则应当将驾驶者本人作为驾驶主体。对于强人工智能下的自动驾驶系统能否成为犯罪主体,有观点认为,这种强人工智能具有和自然人一样的辨认能力和控制能力,具备刑事责任,可以视为刑事主体,其犯罪行为的实施秉持着自主意志,可能且应该承担刑事责任。[①] 然而笔者认为,虽然将强人工智能作为与自然人相同的主体看待有一定的可取之处,但在我国目前的刑法理论体系中,相关的犯罪主体是否应增加人工智能尚未确定,故其不具备刑事主体的资格。[②] 在我国目前的刑法中,对于犯罪主体的规定,只存在自然人犯罪主体和单位犯罪主体这两种,并且由于技术的制约,对强人工智能进行过度超前的思考,不具备较为现实的意义。[③] 扩大犯罪主体既不符合刑法谦抑性的理念,同时也不符合罪刑法定原则,故而只能在我国刑法现有的理论体系中对相关的刑事责任主体进行认

① 参见刘宪权:《人工智能时代刑事责任与刑罚体系的重构》,载《政治与法律》2018 年第 3 期。
② 参见时方:《人工智能刑事主体地位之否定》,载《法律科学(西北政法大学学报)》2018 年第 6 期。
③ 参见储陈城:《人工智能时代刑法的立场和功能》,载《中国刑事法杂志》2018 年第 6 期。

定。据此,无论在哪种情形下,犯罪主体只能是驾驶者本人。但这并不意味着区分驾驶主体是无意义的,对此将结合下文内容详细展开。

其二,从驾驶行为角度分析,部分情况下驾驶行为不具备危险性。“醉驾指的是因醉酒而导致的对汽车操控能力的减弱乃至丧失。”①如上文所述,在强人工智能的部分情况下,其“解放”了驾驶者的双手,仅在特殊情况下由驾驶者进行操控。换言之,在部分情况下,驾驶者可以不用驾驶机动车,而是由自动驾驶系统驾驶。同时,即使在由驾驶者驾驶机动车的情况下,自动驾驶系统对于驾驶者的驾驶行为依然可以起到很大的辅助作用,甚至在部分情况下可以使其达到正常人的判断水平。

强人工智能下醉酒驾驶机动车的行为突破了传统固有的醉驾行为的范式。如上文所述,在强人工智能驾驶的条件下,出现危害道路交通安全的可能性相较于醉驾者自己驾驶机动车明显降低。或者通过自动驾驶系统的辅助作用,醉驾者能够达到一般人的驾驶水平,即在部分情形中,当醉驾者面对道路上突发的情况时,机动车的自动驾驶系统可以和一般人一样对事故的风险予以规避。此时我们要探讨的是,在驾驶者构成醉驾型危险驾驶罪的情况下,自动驾驶能否补足醉驾者的驾驶能力,且在一定程度上减轻醉驾者的刑事责任。如上文所述,醉驾型危险驾驶罪的设立目的在于保护道路交通安全。而之所以醉酒驾驶机动车会导致道路交通安全遭受严重损害,究其原因在于,醉驾者自身驾驶机动车时的反应能力及控制能力低于一般人的标准,对于道路上瞬时事件的出现无法像一般人一样作出正常的规避行为,因而造成了本能避免却未能避免的损害后果。② 基于此,自动驾驶系统有时尽管无法在驾驶过程中占据主导地位,但可以一定程度上补足醉驾者在驾驶机动车时相较于一般人的行为能力的欠缺,因而客观上自动驾驶系统可以在一定程度上降低醉驾者的醉驾行为对道路交通安全造成损害后果的可能性。在此情况下,醉驾行为对道路交通安全产生的风险并没有得到提升。

据此,当自动驾驶系统作为主要的驾驶主体时,驾驶者通过强人工智能的辅助,驾驶水平足以达到一般人水平的,在客观上存在不具备抽象危险的可能性。

(二)强人工智能下醉驾型危险驾驶罪的主观方面

对于醉驾型危险驾驶罪的主观方面,学界通说的观点是故意,因此在认定时便需要行为人具备主动“醉酒”的动机③,换言之,驾驶者明知自己处于醉酒状态,驾驶机动车会对公共法益产生危险,却依然选择驾驶机动车,此时当然地具备故意,亦即,具备

---

① 沈海平:《反思“醉驾入刑”:从理念、规范到实践》,载《人民检察》2019 年第 15 期。

② 参见曹良德:《〈刑法修正案(八)〉通过后醉酒驾驶肇事之思考——以陈某的醉驾行为定性分析为路径》,载《学理论》2013 年第 25 期。

③ 参见高树勇、胡建伟:《醉驾型危险驾驶罪出罪标准刍议》,载《中国检察官》2019 年第 24 期。

意志因素的前提是具备认识因素,倘若缺乏认识因素,遑论意志因素。然而在强人工智能下的部分案件中,似乎并不能简单地认定驾驶者具备"醉驾"的故意,而是应当肯定其存在成立过失的情形。对此,同样需要分情况进行讨论。

其一,在由自动驾驶系统操控机动车的情况下,醉驾者不具备故意,可能成立疏忽大意的过失。一是故意。当自动驾驶系统作为主要的驾驶主体时,醉驾者存在不具备认识因素的情况。目前郑州推出的自动驾驶公交车,可以实现在固定路段内真正无驾驶员自动驾驶。① 同理,倘若在强人工智能汽车行驶在固定路段的情形下,对于醉驾者自身而言,其主观上由于对自动驾驶系统的信赖,不能预见到自己的行为可能会造成危害公共交通安全的后果,因此便不可能对公共安全持希望或者放任的主观心态,也就缺乏主观上的动机。此种情况下,即使驾驶者需要对转向盘进行适当操控,但此时其是否醉酒对结果的产生并没有影响,因此对于行为是否造成危险后果的心态即可排除故意。二是过失。醉驾者存在本身能意识到自己属于醉驾行为,但由于自动驾驶系统"代替"自己驾驶机动车,而没有意识到自己正在醉驾行为的可能性,对于此种情况,可以认定醉驾者成立疏忽大意的过失。由于醉驾型危险驾驶罪要求行为人具备故意,因此即便醉驾者具有过失,也不成立该罪。

其二,在由驾驶者驾驶机动车的情况下,醉驾者依旧具备故意。当驾驶者作为主要的驾驶主体时,由于强人工智能即使不处于自行驾驶的状态,依旧可以对驾驶者起到很大程度的辅助作用,因此可能存在醉驾者认为自动驾驶系统可以辅助自己驾驶机动车,便不具备抽象危险的情况。此时便需要讨论,驾驶者对于醉驾行为是基于间接故意,还是基于过于自信的过失。过于自信的过失与间接故意存在本质的区别,前者表现出的是对法益的消极不保护心理,而后者则蕴含着对法益的积极蔑视态度。② 在强人工智能的情形下,驾驶者即使出于对自动驾驶系统的依赖而选择驾驶机动车,但其依旧认识到自己处于醉酒状态且驾驶机动车的客观事实,因此此时依然具有对法益的蔑视态度,应当认定为间接故意。

综上,在强人工智能的控制下,由自动驾驶系统驾驶机动车时,醉驾者的行为在客观上不具备抽象危险,在主观上醉驾者也不具备故意,但在有些情况下成立疏忽大意的过失,因此该情形下醉驾者存在出罪的可能性;而由驾驶者驾驶机动车时,若驾驶者依然具备间接故意,则应认定为醉驾型危险驾驶罪。

---

① 参见《打造"自动驾驶第一城"中原科技城智能出行系统正式启动》,载长垣市人民政府,http://www.changyuan.gov.cn/sitesources/cyxrmzf/page_pc/ywdt/szfxx/article5e27b94e6e6943cb867276aada8e10f3.html,2024年5月22日访问。

② 参见张明楷:《刑法学》(第6版),法律出版社2021年版,第386页。

四、结语

通过上文的分析,我们得出了根据自动驾驶系统下醉酒驾驶机动车行为刑事问题的认定。对于弱人工智能自动驾驶系统控制下的醉驾案件,其与正常的醉驾案件无二,因此可以直接按照醉驾型危险驾驶罪定罪处罚。而对于强人工智能自动驾驶系统控制下的醉驾案件,由于其客观方面行为的危险性在自动驾驶系统的辅助下,有可能并未达到《刑法》所规定的法益侵害程度;同时,在主观方面,由于驾驶者基于对自动驾驶系统的信任,因此也存在不具备故意或只具备过于自信过失的情形,而后者又因为危险驾驶罪只要求具备故意,所以二者均存在不成立危险驾驶罪的可能。当然,本文所探讨的结果并不意味着将强人工智能自动驾驶系统作为醉驾型危险驾驶罪人逃避刑罚的借口,驾驶者在车辆行驶过程中依然应当保持注意以及时处理可能的危险情况。因此,基于法益保护的角度来考虑,应当对自动驾驶系统在醉驾型危险驾驶罪中的适用加以一定的限制。据此,笔者认为,应当要求每辆配备自动驾驶系统的机动车定期检测自动驾驶系统的监管功能。自动驾驶车辆都会配备相关的录像功能,以及对驾驶人是否接管汽车的监控功能,方便对车辆的监督。因此,通过对驾驶人是否操控机动车,以及驾驶人是否存在犯罪的故意进行监控,可以有效防止醉酒者因自动驾驶而逃避法律追究,也可以通过自动驾驶系统的记录功能进行醉驾行为证据的收集工作。如此,大致可以应对当前自动驾驶系统对醉驾型危险驾驶罪的影响。

论正当防卫路径下的受虐妇女杀夫案

——兼对防御性紧急避险理论在我国适用的否定

丁文焯*

一、问题意识

目前的司法实务倾向于给正当防卫的适用松绑。其中，判例通过一体化评价的思路，将不法侵害结束时点进行延后，该旨趣理应同样及于不法侵害开始时点的提前，但相关判例与司法解释对此并未详尽阐明，因此相关案件仍然倾向于否定正当防卫的成立，如“受虐妇女杀夫案”这一类案件中近年引发热烈关注的“蒋某银案”①。

被告人刘某与被害人系夫妻关系，被害人烂酒嗜赌且家暴成性，曾对刘某亲生女儿、自己的继女实施性侵。某日晚，被害人再次试图强奸继女，刘某拼命阻止，遭到被害人殴打，被害人扬言第二天早上要把继女拉到家门口的公路旁强奸，让全村都看到。第二日凌晨4时许，刘某持铁锤朝俯卧在床的被害人头部、胸部等处击打，致其当场死亡。

刘某辩护人辩称，在女儿会被强奸的现实可能性客观存在的前提下，应当认定被害人的不法侵害行为仍在持续。一审中院否认正当防卫的成立，认定刘某犯故意杀人罪，判处有期徒刑3年、缓刑3年。

上述案例中，被害人曾经实施过多年的加害行为，该行为与案发时存在一定时空间隔，法院最终否认了“正在进行的不法侵害”的存在，仅仅将被害人曾经的加害行为作为量刑情节予以考量。对于该类案件中存在的可能再次发生不法侵害的危险状态，理论界存在只能对其紧急避险与将其视为不法侵害尚未结束的争议。

二、紧急避险路径及其存在的疑问

紧急避险路径认为，在两次不法侵害的间歇期，处于持续状态的并不是不法侵

---

* 清华大学法学院博士研究生，研究方向：刑法教义学、违法阻却事由。

① 《女子为保女儿不被性侵锤杀丈夫，一审被判3年，法院：防卫不适时》，载搜狐网，https://news.sohu.com/a/771335003_121628952，2024年5月18日访问。

害,而是随时可能发生下一次不法侵害的现实危险,并参考德国刑法理论中以危险源的不同而对紧急避险作出的分类,认为在这一危险状态下可以对危险源本身实施防御型紧急避险。[①] 由此可见,该理论对于紧急避险在我国的适用,存在两点预设:①从法条文本上的区别来看,"正在发生的危险"在时间上的跨度理应大于"正在进行的不法侵害";②避险对象并不限于无辜第三人,也可以是危险源,即实施不法侵害的人本身。然而这两点预设本身在理论上都存在一定争议,同时由于在正当防卫、紧急避险的立法规定与司法现状方面,我国与德国存在很大的不同,因此直接以其为前提预设,存在值得商榷之处。

首先,有关危险状态究竟是哪一犯罪阻却事由的起因条件,德国与我国的态度并不相同。有关正当防卫的成立,尽管德国从立法上与我国一样都没有规定"不得已"这一补充性要件,即面对不法侵害时,行为人并不负有在先的躲避义务。但由于德国法条中有关防卫权的行使并无结果限度上的要求,会倾向于对防卫权的发动持审慎态度,因此在防卫态势的判断上予以更多限制。具体而言,《德国刑法典》第 32 条规定"为使自己或他人免受正在发生的不法侵害而实施的必要的防卫行为,是正当防卫",其关心的是防卫行为的本身"必要性",即行为是否超过"必要性"所要求的限度,而并不关心防卫行为所造成的结果,这使得在该"必要性"判断及此之前的防卫态势的判断上,不得不加入诸多限制因素。加之在正当防卫的正当化依据上,通说持法秩序维护原则与自我保全原则这种二元说立场[②],使得防卫权本身在德国过于锐利,因此无论在理论界或是司法实务中,都倾向于给防卫权的发动方面层层加码。[③] 由此,有关外观上不同于传统的"正在进行的不法侵害"之危险状态,德国司法实务中自然更倾向于以紧急避险路径予以出罪化,但相比之下我国却并不意味着如此。举例而言,有关盗窃行为结束后能否追回,即存在于不法侵害行为结束后的危险状态认定问题,从德国联邦最高法院"望风者案"中可以看出,倾向于使用紧急避险予以出罪化;而在我国,往往会考虑成立正当防卫或防卫过当。该案中,一对老夫妻家中反复遭同一小偷盗窃,被告人最后一次得手后逃跑,男主人因难以追上而持枪将其击毙。德国最高联邦法院在二审中认定,其行为成立对危险状态的防御性紧急避险。[④] 而 2020 年最高人民法院、最高人民检察院、公安部《关于依法适用正当防卫制度的指导意见》(以下简称

---

① 参见陈璇:《家庭暴力反抗案件中防御性紧急避险的适用——兼对正当防卫扩张论的否定》,载《政治与法律》2015 年第 9 期;陶佳:《责任阻却性紧急避险的厘清与适用——以受虐妇女杀夫案为视角》,载《法学家》2020 年第 1 期。

② 参见〔德〕克劳斯·罗克辛:《德国刑法学总论》(第 1 卷),王世洲译,法律出版社 2005 年版,第 473 页。

③ 参见〔德〕克劳斯·罗克辛:《德国刑法学总论》(第 1 卷),王世洲译,法律出版社 2005 年版,第 456 页。

④ 参见〔德〕克劳斯·罗克辛:《德国最高法院判例·刑法总论》,何庆仁、蔡桂生译,中国人民大学出版社 2012 年版,第 61—64 页。

《正当防卫指导意见》)第6条规定,“在财产犯罪中,不法侵害人虽已取得财物,但通过追赶、阻击等措施能够追回财物的,可以视为不法侵害仍在进行”。也就是说,从我国立法规定与司法解释来看,有关面对危险状态能否反击的问题,更适宜在正当防卫中予以考虑。

其次,以上述内容为前提,正当防卫与紧急避险在适用上的区分标准,将不再是起因条件究竟是“正在进行的不法侵害”还是“正在发生的危险”,二者只能从适用对象究竟是不法侵害人还是无辜第三人上予以区分,且这一点也符合我国法条规定。在德国,由于对防御型紧急避险作出明文规定的是《德国民法典》第228条①,因此其中最为典型的情形是对物防卫,而在危险源是人的场合,造成危险源本身损害的行为能否成立刑法上的紧急避险,即使在德国理论界也一直存在争议②,因此直接在我国适用以人为危险源的防御性紧急避险,难免有些贸然。另外,从二者各自的性质来看,正当防卫是“正对正”,紧急避险是“正对不正”,该性质上的差异理应体现在对象条件上。而对比两国立法可以看出,相比于德国并未对防卫对象作出明确规定,我国《刑法》第20条则明确将防卫对象限定于不法侵害人,也就是说,与之对应的,是第21条并未对避险对象予以规定。那么,在无法从起因条件对二者进行明确区分的前提下,以对象的不同来决定此时实施的究竟是防卫行为还是避险行为,从而再进行“不得已”要件与限度要件上的判断,则更为适宜。应该说,也正是对象要件不同,才导致了二者各自性质的不同,进而导致了在“不得已”要件与“限度要件”上,正当防卫的相关规定较之紧急避险更为宽松。

最后,对于该种危险状态适用紧急避险,并不符合我国当前的司法现状。在北大法宝网的公开不起诉决定书中,以“紧急避险”为关键词进行搜索并筛选,可得出39个相关结果,从中可以发现我国检察机关能够最终认定构成紧急避险的,一般只包括三种类型的罪名:交通肇事罪、危险驾驶罪,以及对象为集体财产的故意毁坏财物罪。溯流求源来看,第一种类型之所以占据认定成立紧急避险之大部分,是在出现人员伤亡的场合,我国对于紧急避险中“不得已”要件的认定较为苛刻,因此往往只有在高速运行、驾驶员往往难以快速作出反应的交通活动中,才可以认定为没有降低损失的其他方式,从而认为为避免相撞而造成他人伤亡的行为构成避险行为。因此,在只存在抽象危险,而仅仅是预感到现实危险即将发生的情况下,很难认定满足紧急避险之“不得已”要件,即会倾向于认定此时仍有其他摆脱危险状态的、程度

① 参见张明楷:《刑法学》(第6版),法律出版社2021年版,第292页。

② 参见〔德〕乌尔斯·金德霍伊泽尔:《刑法总论教科书》(第6版),蔡桂生译,北京大学出版社2015年版,第192页。

更为缓和的方式。[①] 同时,后两种类型中遭受侵害的是国家法益,需要进行的是生命法益与秩序法益,或是国家财产法益之间的衡量,且不存在直接的被害者或遗属,司法机关在认定上并不会受太多约束。而在真正涉及个人生命、身体法益的衡量,且需要考虑被害人及遗属情感的情况下,认定成立紧急避险这一"正对正"属性的违法阻却事由,可以说是举步维艰。

三、正当防卫路径更适宜解决我国问题

紧急避险的相关论者之所以否定防卫路径,除了在条文解释上考虑"正在发生的危险"一词的时间跨度理应宽于"正在进行的不法侵害",其潜在的理论出发点在于,防卫权本身过于强势,理应对其予以限制,从而替补性地适用其他的违法或责任阻却事由。具体而言,正当防卫的极端强势性,决定了其适用范围的谦抑性;与其他紧急权相比,正当防卫权在保护法益的力度上明显展现出较为强势的风格,表现为"不得已"要件的欠缺与限度条件的宽松等。[②] 应当说,虽然防卫权本身的确体现出了一定的"强势性",但该"强势性"只是相对于其他阻却事由而言的。也就是说,在成立条件上相对于紧急避险等更为宽松,并不意味着在案件具体认定上,被侵害人的法益保护程度强势性地大于侵害人的法益保护程度。事实上,从我国司法解释来看,有关正当防卫的正当化依据,法秩序维护原则与自我保全原则的二元说呈现"强势性",即"锐利性"[③],与之相比,我国更倾向于较为缓和的法益衡量说。

否定防卫路径的学者,在正当防卫的合法化依据上往往采用作为德国通说的二元说这一立场,其所内嵌的自我保全原则与法秩序维护原则,的确是德国防卫权呈现"锐利性"、正当防卫适用范围更为狭窄的原因。具体而言,其中的自我保全原则发蒙于社会契约理论[④],强调防卫人的自我保护本能,以及防卫权作为绝对权利的性质与强势地位[⑤],从而用以论证为何正当防卫不需要"不得已"要件。同时,法秩序维护原则认

---

① 从中国裁判文书网中否认成立紧急避险的故意伤害类案件来看,司法实务中法院也的确持此类态度。以"田宏伟故意伤害案"[河北省秦皇岛市中级人民法院(2016)冀 03 刑终 285 号刑事裁定书]为例,该案案情为被告人因矛盾而被被害人一众五人开车带至空地上殴打,其因害怕继续被打,趁几名男子谈话期间,偷偷溜到车上,驱车逃离期间撞伤两名被害人。法院最终并未采纳辩护人的被告人行为成立"紧急避险"的意见,最终认定其构成故意伤害罪。

② 参见陈璇:《家庭暴力反抗案件中防御性紧急避险的适用》,载《政治与法律》2015 年第 9 期。

③ 如在德国,一位行动不便的老人为了保护自己的财产,将爬上树偷苹果的少年击毙的行为,可以成立正当防卫。参见〔德〕约翰内斯·卡斯帕:《德国正当防卫权的"法维护"原则》,陈璇译,载《人民检察》2016 年第 10 期。

④ 参见周安平:《社会自治与国家公权》,载《法学》2002 年第 10 期。

⑤ 参见〔日〕泷川幸辰:《犯罪论序说》,王泰译,法律出版社 2005 年版,第 59 页;赵雪爽:《对无责任能力者进行正当防卫——兼论刑法的紧急权体系》,载《中外法学》2018 年第 6 期。

为,法秩序有效性遭受侵害时,就有了发动防卫权的需要,而无论将法秩序有效性的内涵理解为规范有效性①、实质有效性②或预防必要性③,关于防卫权发动时间的认定均较为靠前,且并不存在结合个案特殊场景进行具体认定的空间。由此,基于"锐利性"的特征,在正当防卫的适用问题上,德国刑法一贯持审慎态度,将"正在发生的不法侵害"限定在对法益构成现实威胁的身体动静上。④ 因而,对于仅仅为了某种利益权衡而被视为意义重大的、正在威胁的危险,一般将其放在紧急避险中予以考量。⑤

相比之下,我国司法解释则更倾向于法益衡量说的立场。如《正当防卫指导意见》第 6 条规定,"对于不法侵害是否已经开始或者结束,应当立足防卫人在防卫时所处情境,按照社会公众的一般认知,依法作出合乎情理的判断"。也就是说,在时间条件的认定上,司法解释并非像法秩序维护原则要求的那样,只要行为侵害了法秩序有效性,就可以对其施加防卫,作出非此即彼的性质判断,而是要求结合个案具体情境作出一定的权衡,可以说,相较于二元说,更倾向于法益衡量说的立场。法益衡量说以法益性阙如原理与优越利益原理为基础。法益性阙如原理是指在必要限度内,不法侵害者的法益由于其制造了法益冲突而受到完全否定。⑥ 实际上在正当防卫的场合,不法侵害人的法益并不是完全意义上的阙如,只是在必要限度内被缩小评价,从而小于防卫行为所保护的利益。同时,优越利益原理是指,当存在法益冲突时,为了保护更高价值的法益,可以牺牲更低价值的法益。⑦ 法益衡量说综合了这两项原理,以对法益应受的保护性代替法益本身的价值进行衡量。虽然《正当防卫指导意见》第 1 条也提到,"坚决捍卫'法不能向不法让步'的法治精神",这的确是自我保全原则的一种体现,但正如自我保全原则自己在要件中所起的作用那样,这仅仅是对于我国《刑法》第 20 条并未规定"不得已"要件的强调,同时其可以消解于为何被防卫人的法益较为优越这一理论

① 规范有效性强调法对义务人的约束力,实际上是对自我保全原则中的社会契约论作了单纯的话语转换,意味着只要侵害人未遵守行为规范、违背权利分配协议,此时防卫权就可以发动,而不需要对法益所面临的危险进行具体判断。参见王旭:《法的规则有效性理论研究》,载《比较法研究》2007 年第 3 期。

② 实质有效性说以是否为大部分规范接受者所认同和遵守为判断依据,强调侵害行为的"公然性",否则,如果规范接受者并不知道规范未被遵守,就无法对法秩序的实际作用产生怀疑。因此,即使侵害行为已经开始,只要该行为不是公然实施的,就不能进行正当防卫;同时,一旦预备行为或犯意表示具有"公然性",就可以进行防卫。参见王钢:《正当防卫的正当性依据及其限度》,载《中外法学》2018 年第 6 期;徐万龙:《正当防卫中法确证原则之批判》,载《环球法律评论》2021 年第 1 期。

③ 预防必要性说跳脱出法秩序本身的概念,仅作刑事政策上的理解,认为法确证的利益是指对将来的不法侵害的预防、抑止的法利益,从而强调防卫行为的特殊预防与一般预防效果,分别与社会契约论与实质有效性说相类似,为了威吓潜在侵害者,或者为了增强一般民众对法的忠诚和信赖,就可以实施正当防卫。参见张明楷:《正当防卫的原理及其运用——对二元论的批判性考察》,载《环球法律评论》2018 年第 2 期;徐万龙:《正当防卫中法确证原则之批判》,载《环球法律评论》2021 年第 1 期。

④ 参见陈璇:《家庭暴力反抗案件中防御性紧急避险的适用》,载《政治与法律》2015 年第 9 期。

⑤ 参见〔德〕克劳斯·罗克辛:《德国刑法学总论》(第 1 卷),王世洲译,法律出版社 2005 年版,第 471 页。

⑥ 参见〔日〕松原芳博:《刑法总论重要问题》,王昭武译,中国政法大学出版社 2014 年版,第 116 页。

⑦ 参见黎宏:《论正当防卫的主观条件》,载《法商研究》2007 年第 2 期。

构架内，而并不直接意味着我国司法解释在正当防卫的成立条件上均适用法秩序维护原则或二元说。虽然从指导案例上看，司法实务中似乎并不排斥法秩序维护原则，但在适用上，也仅仅是将“法确证的利益”作为法益衡量中的一环，用以论证“国家、公共利益”也是正当防卫的保护对象，从而在集体法益与个人法益之间作出衡量。[①] 应当说，这依然是法益衡量说这一正当化基础的体现。因此，以法益衡量说作为正当防卫的正当化依据，并不会存在如德国防卫权发动上的“锐利性”，以此为由来否认正当防卫路径，不免有些雾里看花。

同时，以优越利益说为基础，适用我国理论通说与司法实务中的五要件来认定犯罪成立时，每一个要件的成立与否都是具体情境下的个案判断与综合考量，并不会使正当防卫的适用过宽从而忽视了侵害人法益的保护。应当说，在二元说的基础之上，根据《德国刑法典》第 32 条的规定，一旦认定存在可以作为防卫对象的不法侵害，那么只要是为制止不法侵害所实施的必要的行为，无论行为造成的结果如何，无论对结果的发生持故意还是过失，都可以认定为正当防卫，即只存在行为限度上的要求，而对结果是否超出限度，则并不关心。结合《德国刑法典》第 33 条规定的“行为人由于慌乱、恐惧、惊吓而防卫过当的，不负刑事责任”，可以看出，一旦认为存在正在发生的不法侵害，防卫人大概率最终不会受到刑罚处罚，因此在起因与时间条件的认定上，德国呈现出十分谨慎的态度，并最终在正当防卫的整体认定上，呈现出窄进宽出的态势。与之相对，先前在认定正当防卫方面所呈现的保守态度，正是因为在五个要件的认定，尤其是限度条件中结果限度的认定上均坚持尤为苛刻的法益衡量，即窄进窄出，才会使得法益衡量说的适用上呈现出“唯结果论”，从而饱受诟病。那么，在紧急避险等其他出罪路径难以为司法实务广泛适用的前提下，认为存在抽象危险状态的场合已经满足正当防卫的起因条件，将“未来侵害”视为“正在进行的不法侵害”，从而在正当防卫的入口处予以适当放宽，使得在正当防卫的整体认定上呈现出相对宽进窄出的态势，也并不会导致防卫权的滥用。

四、正当防卫路径的具体判断

如上所述，即使正当防卫制度本身更倾向于被侵害人利益的保护，但作为用以放宽成立正当防卫之时间条件上的危险类型，“未来侵害”的具体认定仍需持审慎态度，否则存在正当防卫制度滥用、过度损害侵害人一方利益之嫌。由此，认定存在的“未来侵害”需要满足以下三个条件。

其一，不法侵害随时可能发生的抽象危险在较长时间内存在。判断是否存在“未

---

① 参见“王某故意伤害案”，江苏省无锡市中级人民法院(2018)苏 02 刑初 39 号刑事判决书。

来侵害"的前提在于满足起因条件,由于空间、时间上间隔较宽,起因条件与时间条件无法被一体化评价,即存在不法侵害随时可能发生的抽象危险,且在最终的防卫行为发生前,该抽象危险在较长时间内一直持续。

其二,侵害人实施了一定的行为,足以预示该抽象危险状态即将转化为对法益造成侵害的现实危险。在存在抽象危险状态的前提下,不能说只要存在向现实危险转化的可能性,就认为存在"未来侵害"。换言之,抽象危险状态本身的存在,就意味着转化可能性的存在,因此,需要侵害人客观上实施了预告行为,推动该危险再次发展,并达到足以在短时间内转化为对法益的现实危险之程度。也就是说,该预告行为并不必须能够被单独评价为一次不法侵害行为,而是只要对危险的发展起到了足够的推动作用即可。以"姚双霞故意杀人案"①为例,被害人与被告人结婚 10 年,经常对被告人实施暴力。某日,被害人酒后昏睡,被告人采用绳勒、手掐颈部等方式,致其机械性窒息死亡。该案中,可以说暴力行为随时可能发生的抽象危险持续长达 10 年,但被告人实施行为时,被害人正处于昏睡之中,并未实施也不可能实施一定的行为来推动危险再次向前发展,因此,此时尚不满足成立正当防卫的时间条件,如果被告人主观上明知被害人正在昏睡,不可能实施侵害行为的话,只能就死亡结果成立故意犯罪,但在量刑上应当考虑被害人过错这一酌定量刑情节。

其三,直至防卫行为发生前,该危险流程一直为侵害人所掌握且并未中断。即使满足上述两个要件,认定存在满足时间条件的"未来侵害",但如果被侵害人或第三人已经通过一定方式阻断了该"未来侵害"向现实危险转化的危险流,则该阻断效果应当及于此次预告行为所造成的"未来侵害",即此时只存在抽象危险状态,存在防卫起因,但不满足防卫的时间条件。以"张海英故意杀人案"②为例,被害人与被告人系夫妻,被告人婚后 4 年经常受到被害人殴打。某日凌晨,被害人再次酒后施暴,并持水果刀逼被告人喝一碗农药,遭拒后说"你不喝掉,就剁死你",并将碗放在被害人床头。于是,被告人将事先准备好的大量安眠药捣碎放入中,拿给被害人饮用。第二日 7 时,被害人在客厅沙发上熟睡,被告人走出卧室,用木棒朝被害人后脑部连击数棒,被害人经医院抢救无效死亡。该案中,存在随时可能发生家暴这一抽象侵害,满足防卫的起因要件,同时被害人也作出了逼迫、威胁等侵害预告,可以说已经满足了"未来侵害"的要求,但被告人让被害人喝下安眠药这一行为,已经阻断了原本处于被害人掌控下的发生暴力的危险流,此时再实施击打行为只能被认定为故意犯罪。

---

① 参见河南省高级人民法院(2014)豫法刑四终字第 00017 号刑事附带民事裁定书。

② 参见云南省高级人民法院(2017)云刑终 625 号刑事裁定书。

五、结语

当然,目前我国所呈现的防卫权扩张态势,从热点案例的审判结果上看,也的确存在一定的矫枉过正,此时再提放宽正当防卫成立的时间要件,显得有些冠上加冠。然而,从司法实务对正当防卫的认定态度上看,防卫权的行使本就是在“保守性”与“锐利性”之间来回摇摆的,目前我国司法实务中有关正当防卫的认定较为严格,公民普遍不敢实施正当防卫,面对不法侵害时进退维谷,而公力救济本身又捉襟见肘,因此适度放宽正当防卫的成立条件具有一定的合理性。之后如果防卫权本身过于锐利,再对其进行紧缩也为时未晚。

性侵害未成年人犯罪的检察治理调查报告

——以近三年来防城港市检察机关办案数据为样本

陶建旺* 刘新宇** 吕晓雯***

党的二十大报告强调，加强检察机关法律监督工作，并站在培养担当民族复兴大任时代新人的高度上就加强和改进未成年人思想道德建设、保障儿童合法权益等作出部署。为进一步深化对未成年人检察工作发展规律的认识，切实担负起检察机关在未成年人保护大格局中的特殊职责和更重任务，本文以防城港市检察机关近三年来（2020—2022 年）办理的性侵害未成年人犯罪案件为观察视角，对该类案件的基本情况、主要特点、案发原因和治理难题等加以剖析，总结经验做法，并从检察履职方面尝试给出可行的解决方案，为党委、政府科学决策提供参考。

一、性侵害未成年人犯罪案件总体情况

如图 1 所示，2020—2022 年，防城港市检察机关共批准逮捕性侵害未成年人犯罪 57 件 65 人，依法起诉 70 件 80 人，案件呈逐年上升趋势。① 其中，2020 年，起诉 11 件 11 人；2021 年，起诉 32 件 38 人，人数同比增长 245.45%；2022 年，起诉 27 件 31 人，起诉人数较 2021 年略有减少。但在 2022 年防城港市疫情防控政策紧缩的形势下，该类犯罪降幅不显，性侵害未成年人犯罪没有因疫情防控严苛、人员流动减少而得到明显遏制。

---

* 防城港市人民检察院党组书记、检察长。

** 防城港市人民检察院综合业务部主任。

*** 防城港市人民检察院检察官助理。

① 根据 2013 年最高人民法院、最高人民检察院、公安部、司法部《关于依法惩治性侵害未成年人犯罪的意见》的规定，性侵害未成年人犯罪包括“刑法第二百三十六条、第二百三十七条、第三百五十八条、第三百五十九条、第三百六十条第二款规定的针对未成年人实施的强奸罪，强制猥亵、侮辱妇女罪，猥亵儿童罪，组织卖淫罪，强迫卖淫罪，引诱、容留、介绍卖淫罪，引诱幼女卖淫罪，嫖宿幼女罪等”。2015 年颁布的《刑法修正案（九）》废除了“嫖宿幼女罪”，与幼女发生性关系的，定强奸罪从重处罚。

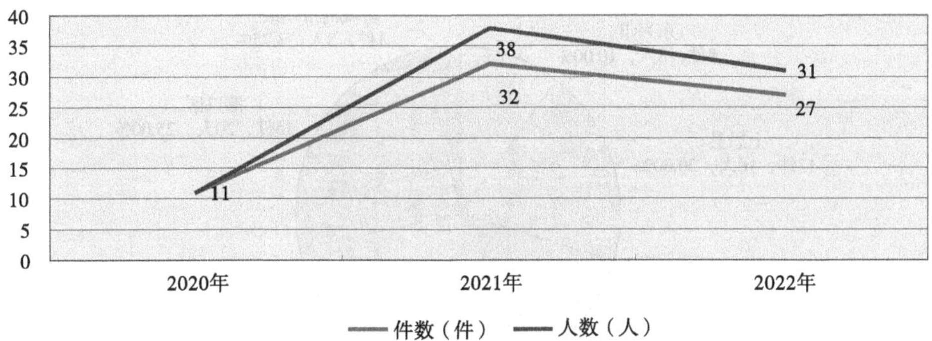

图 1　起诉性侵害未成年人犯罪数量趋势图

如图 2 所示，从起诉各罪名分布上看，性侵害未成年人犯罪以强奸罪为主要。起诉强奸罪 49 件 53 人，人数占比 66.25%；起诉猥亵儿童罪 15 件 15 人，人数占比 18.75%；起诉强迫卖淫罪 3 件 8 人，人数占比 10.00%；起诉强制猥亵、侮辱罪 3 件 4 人，人数占比 5.00%。

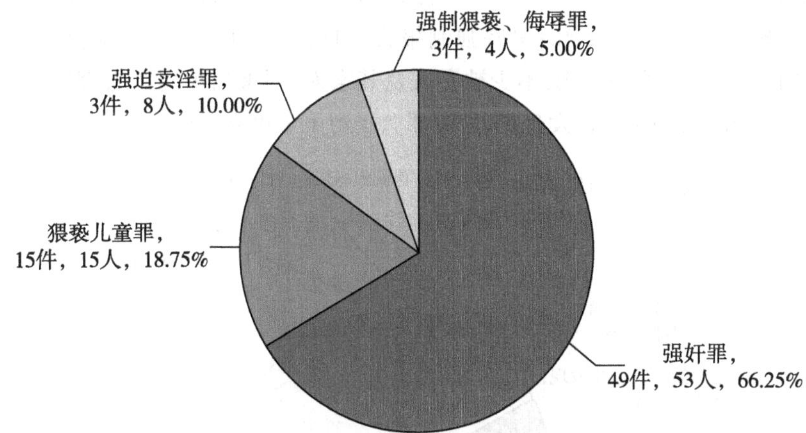

图 2　起诉性侵害未成年人犯罪各罪名分布情况图

如图 3 所示，从各地区起诉人数分布上看，性侵害未成年人犯罪人数防城区最多，东兴市最少。在全市检察机关审查起诉的 70 件 80 人中，防城区检察院共起诉 31 件 33 人，人数占比 41.25%；港口区检察院起诉 15 件 20 人，人数占比 25.00%；上思县检察院起诉 15 件 16 人，人数占比 20.00%；东兴市检察院起诉 8 件 8 人，人数占比 10.00%；防城港市检察院机关本级起诉 1 件 3 人，人数占比 3.75%。

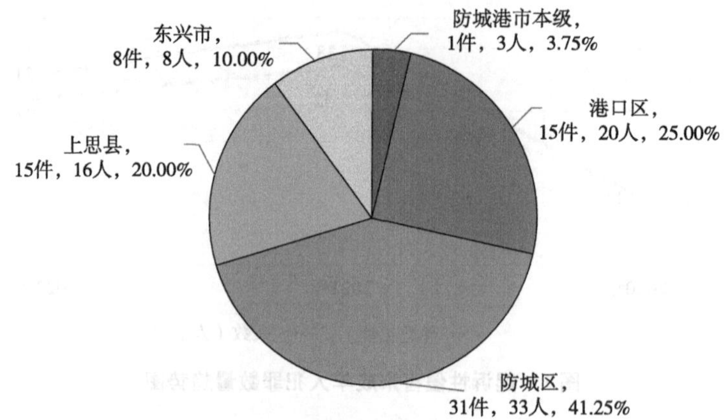

图 3 各地区起诉性侵害未成年人犯罪人数分布图

如图 4 所示，从案发方式分布上看，性侵害未成年人犯罪以被害人亲属报案为主。在起诉的 70 件案件中，被害人亲属报案 41 件，占比 58.57%；被害人自己报案 17 件，占比 24.29%；公安机关工作中发现 5 件，占比 7.14%；被告人自首 4 件，占比 5.71%；学校老师报案 1 件，占比 1.43%；医院强制报告 1 件，占比 1.43%；群众（证人）报案 1 件，占比 1.43%。办案中发现，不少被害人及其家人，因害怕被周围人嘲笑、责难而不愿报案、不愿作证，使得案件发现难，给犯罪分子留下了可乘之机。

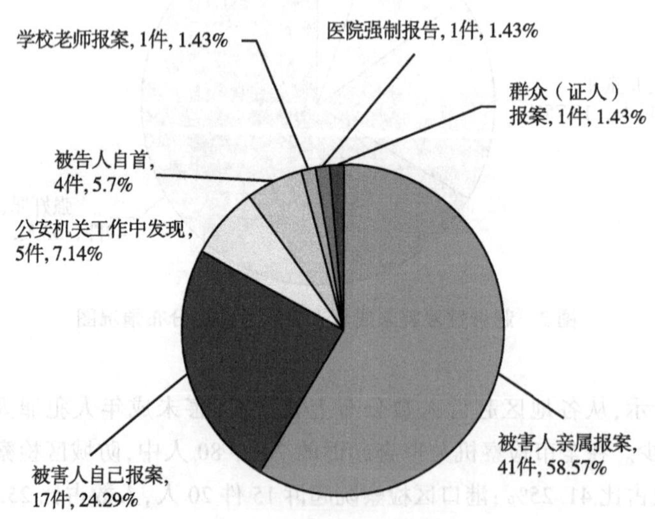

图 4 性侵害未成年人犯罪案发方式分布占比情况图

二、性侵害未成年人犯罪案件主要特征

(一)从被告人主体身份特征方面分析

1. 被告人多集中于当地低学历、无业群体

起诉的 80 人中,户籍为防城港市的有 60 人,本地户籍占比 75%;初中及以下文化程度 59 人,占比 73.75%;无业或无固定收入的有 42 人,占比 52.5%。性侵害未成年人犯罪案件的被告人类型相对集中,本地户籍低学历、无业人群已成为主要犯罪主体。

2. 被告人以 18 周岁至 45 周岁中青年男性为主

如图 5 所示,起诉的 80 人中,作案时未满 18 周岁的未成年男性 9 人,占比 11.25%;18 周岁至 45 周岁的青年男性 47 人,占比 58.75%,其中未婚、离异、夫妻感情不和或者丧偶者居多;46 周岁以上的中老年男性 18 人,占比 22.50%;其中,年龄最大的 71 周岁,最小的年仅 15 周岁。另有未成年女性 6 人作为共同犯罪主体被起诉,占比 7.50%。

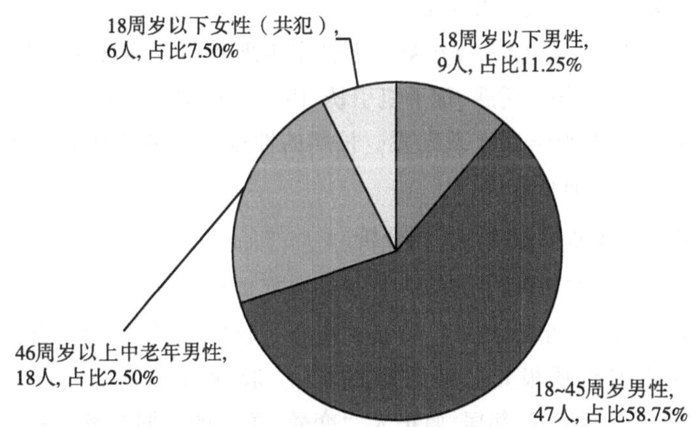

图 5 性侵害未成年人犯罪被告人总体年龄分布情况图

3. 未成年人实施、参与性侵犯罪的趋势逐渐凸显

未成年人参与实施犯罪有以下特征:一是谈恋爱过程中明知对方不满 14 周岁仍与之发生性关系;二是未成年人与社会闲散人员共同犯罪。在起诉的 80 人中,未成年人共有 15 人,人数占比 18.75%。其中,2021 年、2022 年的 4 起案件中,还有 13 名未达刑事责任年龄、不予追究刑事责任的涉错未成年人。

(二)从被侵害未成年人特征方面分析

1. 被害人年龄普遍较小

起诉的性侵害未成年人犯罪案件中,被害人共 86 人,未满 14 周岁的幼女 65 人,占

比75.58%,其中年龄最小的被害人仅5岁,存在低龄化特征。在校生69人,占比80.23%,绝大部分为小学、初中在读。学龄幼女成为性侵害未成年人犯罪案件中的主要被侵害对象。

2. 部分被害人家庭监护条件差

在查明家庭监护条件的被害人中,22人的家庭监护条件不理想。多数被害人为父母离异、单亲监护;少部分被害人生活在重组家庭中;部分被害人因父母外出务工,跟随祖辈共同生活。因家庭教育缺位,监护不力,加上被害人又没有自我保护能力,易成为侵犯对象。

3. 性侵智力障碍未成年人案件偶有发生

此类被害人精神发育迟滞,丧失或者只有部分性防卫能力,如果监护人看护不到位,就会被侵犯且被发现可能性低,成为可多次实施侵害的低风险犯罪目标。如"李某某强奸案"①中,被害人项某某中度精神发育迟滞,无性自我防卫能力,李某某系项某某同村居民,李某某多次在项某某家中等地对项某某实施性侵。

4. 犯罪后果严重,对被害人伤害巨大

性侵者通常利诱威逼,给未成年被害人带来生理和心理的双重打击。如"梁某庆强奸案"②中,梁某庆以物质诱惑、玩手机引诱、语言恐吓诱骗等方式,长期侵害被害人谭某某,直到被害人上小学后才致案发。长期的性侵害对谭某某的身体造成极大伤害,也会其难以走出心理阴影。

(三)从被告人犯罪行为特征方面分析

1. 熟人作案比例突出,监护侵害恶性案件时有发生

行为人与被害人之间相对熟悉,被害人戒备心较低,使得行为人更容易达到自己的不法目的,尤其是性质极其恶劣的监护侵害。起诉的70件案件中,熟人作案60件,占比85.71%,包括亲戚、邻居、监护人、"恋爱"关系的男朋友及网友等。熟人作案中,近亲属③作案11件,占比18.30%,其中,监护侵害有6件;其他熟人④作案34件,占比56.67%;网友作案15件,占比25.00%;上述案件中,有9件是基于侵害人与幼女的恋爱关系而发生。

2. 非暴力性侵案件逐渐增多,证据固定难

行为人利用未成年人身心不成熟的特征,借助生理和身份优势进行性侵害或对被害人进行恐吓、威胁,或进行诱骗,通过给零花钱、送礼物、零食等作为事后"补偿",让

---

① 参见广西壮族自治区防城港区人民法院(2021)桂0603刑初138号刑事判决书。

② 参见广西壮族自治区防城港区人民法院(2022)桂0621刑初85号刑事判决书。

③ 含亲父、继父、(堂表)叔伯、(堂表)兄弟及其他共同生活的对象。

④ 含邻居、同学及其他认识的人。

被害人隐瞒侵害行为。未满14周岁的65人中,因少量金钱、玩手机等哄骗、诱骗而遭受性侵害的有25人,占比38.46%。除此之外,还有16人在遭受侵害时未被施以明显暴力,该类行为迷惑性、欺骗性大,不易发觉,导致取证难、打击难。

3. 多次性侵情况较为严重,案件发现难

这一特征同熟人作案比例高紧密相关。熟人作案尤其是邻居侵害、监护人侵害,行为人往往利用被害人的信任,采取威胁、哄骗等方式让被害人隐瞒自己的罪行,从而造成次数多、长时间侵害而不被发现的后果。未满14周岁65人中,35人长期多次被性侵,比例高达53.85%,侵犯次数多、时间跨度长,最长时间跨度为5年,7人因强奸而导致怀孕,最终引产。

4. 对宾馆酒店监管不足,渐成案件多发区

调研中发现,在全部70件性侵害未成年人犯罪案件中,发生在宾馆酒店、当事人家中、偏僻路段等他人较难以发现的隐蔽、偏僻地点的案件共65件。其中值得引起注意的是,发生在宾馆酒店的有17件,占比26.15%。诸多案例直观反映出辖区文化、市场监管、公安派出所等相关执法部门对特定场所的监管不到位,特别是宾馆、娱乐等违法接待未成年人的场所没有被及时发现和查处。

5. "一对多"或"多对一"性侵害犯罪时有发生

"一对多"是指一名行为人侵犯多名被害人,有两件,但这两件案件涉案受害人较多,其中"黄某猥亵儿童案"①有4人,"陆某某猥亵儿童案"②高达8人,被害人多在10岁以下,且行为人均长期多次作案。"多对一"是指多名被告人共同对一名被害人实施侵害,共6件,涉及罪名包括强奸罪、强迫卖淫罪、强制猥亵罪。此类案件多发于未成年人群体中,且有多名未成年女性参与,这类犯罪的实质为校园欺凌的延伸,往往暴力手段明显。

三、性侵害未成年人犯罪频发原因及存在问题

(一)从犯罪主体维度分析

1. 行为人受教育程度不高,法治意识淡薄,存在侥幸心理

绝大部分行为人为低学历、低收入的社会闲散人员,人生观、价值观扭曲,道德败坏。部分行为人仅完成乃至未完成义务阶段教育即进入社会,法治观淡薄,常伴随不良习性。加之被害人年龄较小,被侵害、恐吓后产生羞耻、恐惧心理,不敢向他人诉说或报警,使得行为人更加肆无忌惮。

---

① 参见广西壮族自治区防城港区人民法院(2021)桂0621刑初205号刑事判决书。

② 参见广西壮族自治区防城港区人民法院(2022)桂0603刑初261号刑事判决书。

2. 部分行为人因家庭不和,长期性压抑而导致心理扭曲等

在已查明生活状况的行为人中,有 14 人长期处于离异或独居、单身状态,其中 10 人年龄在 45 周岁以上。这类人员往往经济条件差、家庭不和,缺乏健康的文化生活,心理扭曲,性压抑时间较长,进而产生不伦想法,面对幼女时易产生性冲动变态心理,丧失了做人的起码底线和保护弱小的社会责任心。

3. 实施性侵害的未成年人往往家庭监护不力,长期接触不良环境

在起诉的 80 人中有 15 人是未成年人,占比高达 18.75%,另有 13 人是未达刑事责任年龄的未成年人。这些未成年人多来自单亲或离异家庭,脱离父母的有效监护,长期和社会闲散人员交往,得不到良好的教育和引导。对于未达刑事责任年龄、具有严重不良行为的未成年人,社会也无强制性手段对其进行管教,将其放归至原环境中,极易产生再犯风险。

(二)从被害未成年人维度分析

1. 被害人年龄较小,自我保护意识薄弱

如前述,86 人中有 65 人是幼女,且均为中小学校在校学生。这些被害人年龄小、社会阅历不足,防范意识尤其是面对熟人邀请时的防范意识较差,即便是身处险境,也不具备足够的自护自救能力,极易成为不法分子的“狩猎对象”。部分被害人在被侵害后甚至还继续和行为人来往,给行为人二次乃至多次犯罪机会。

2. 被害人易受不正确金钱观、恋爱观误导

起诉的案件中,不乏被害人在金钱引诱下与行为人发生性关系或行为人以“谈恋爱”为名与幼女发生性关系的情况。在前一类案件中,行为人仅以小额金钱或玩手机为诱饵,就使被害人“自愿”与之发生性关系或被猥亵,部分被害人甚至主动向侵害者索要钱财、索要手机玩耍。在后一类案件中,行为人与被害人为“恋爱”关系,性关系也在双方“自愿”的前提下发生,双方均觉得这是正常行为,最后多因被害幼女怀孕或被害幼女亲属发现而案发。

3. 被害人易受网络负面和不良文化影响

86 人中,除学龄前儿童外,绝大多数被害人均存在不同程度沉迷手机网络的情况,微信、QQ、快手、抖音等社交软件成为被害人与行为人认识、接触的“高发地”。因和网友交往等被性侵害的未成年人达 17 人,占比 19.77%。部分被害人尤其是被害幼女有饮酒、逃学、夜不归宿、与不良朋伴交往、出入 KTV 等不宜未成年人出入场所等多种不良行为,容易被犯罪分子“盯梢”。

(三)从家庭、学校、社会环境等维度分析

1. 对未成年人常态化、科学化的性教育缺失

目前,受社会、环境等多方因素影响,未成年人性早熟已经成为普遍现象。于父母

而言,长期以来往往羞于对孩子谈“性”,或者想教但不知如何教、教什么。除家庭性教育缺失外,学校也未对应各学龄阶段设置匹配的性教育课程。部分未成年人转向网络、书刊、朋友的猎奇,极易产生思想上、行为上的误区。

2. 部分陈旧、落后的社会观念、风俗未能得到有效扭转

在部分未成年人“恋爱”的案件中,一方乃至双方监护人即便发现这一情况,也不认为有何不妥,仍对这一畸形的关系默许或纵容,甚至替“恋爱”双方“谈婚论嫁”。部分被害人被侵害后,被周围人员以有色眼镜看待,被质疑道德、品行,或被传以流言,从而给之带来巨大心理压力,严重影响正常学习和生活。

3. “六大保护”①存在不同程度的缺位

家庭保护方面,家庭监护不到位和关爱缺失成为未成年人侵害或被侵害的重要原因。近三分之一的侵害主体、被侵害对象来自留守家庭、单亲家庭、重组家庭等“问题家庭”,这些家庭中的父母因多种原因,长期对未成年人缺乏正确的管教和沟通交流。尽管《未成年人保护法》和《预防未成年人犯罪法》等法律规定了监护人失职应承担的法律责任,但如训诫、批评教育、责令改正等相关措施落实刚性不足。学校、社会保护方面,未成年人保护相关制度执行不到位,以强制报告的落实最为突出。早在 2020 年 5 月,最高人民检察院即会同国家监察委员会、教育部、公安部、民政部、司法部、国家卫生健康委员会、中国共产主义青年团中央委员会、中华全国妇女联合会联合印发《关于建立侵害未成年人案件强制报告制度的意见(试行)》,但纵观 2020 年 5 月至 2022 年底的性侵害未成年人犯罪案件,因强制报告案发的寥寥无几:近 60 件涉及在校生的案件中,仅有 1 件因学校老师强制报告而案发;17 件发生在宾馆酒店的案件中,涉案酒店无一履行强制报告义务。同失职监护一样,追责措施也缺乏刚性和统一标准。同时,有关主管部门对制度落实漏洞也存在监管不及时、不到位、不彻底等情况。司法保护方面,存在办案程序瑕疵、潜藏泄露被害人隐私风险,以及对未成年被害人的事后救助单一、流于表面等问题。如个别办案人员在案件办理时没有遵循“一站式”询问的工作方式,对被害人分时、分地多次询问,让被害人多次回想被侵害细节,造成心理负担。目前对性侵害犯罪案件中的未成年被害人,司法机关主要的救助手段包括法律援助、心理测评和心理疏导、为符合条件的被害人开展国家司法救助等三大类,救助方式较为固定,但相对不够深入,效果不明显。

四、预防性侵害未成年人犯罪的对策和建议

预防性侵害未成年人犯罪是一项系统性工程,不仅需要检察机关坚持全面办案、

① 《未成年人保护法》规定的家庭保护、学校保护、社会保护、网络保护、政府保护、司法保护。

综合保护的原则,在司法办案方面也需增强法治保障,还需要学校、家庭、社会、网络、政府等共同关注、正确引导、通力协作,共同构建未成年人防性侵的干预机制。

(一)加强党委统一领导,推进完善未成年人保护工作体系

充分发挥检察机关承上启下、唯一可以参与未成年人司法保护全过程的职能定位,积极主动履行检察责任,推动构建"党委统一领导、人大监督支持、政府组织实施,各职能部门各司其职、齐抓共管,社会组织服务协作、广泛参与"的未成年人保护体系。一是加强组织领导。把未成年人保护工作纳入平安建设、精神文明建设和市域治理的重要内容,与维护稳定、依法治市工作同研究、同部署、同落实。二是完善工作机制。在党委领导下,政法委牵头统筹地方人大、法院、检察院、公安、司法行政部门、教育部门、民政部门、共青团、妇联等相关单位、职能部门、社会组织等,建立未成年人保护联席会议机制,共同研究解决未成年人司法保护中的疑难问题,实现信息资源共享、工作有效衔接。三是强化督导考核。建立完善监督考核机制,层层压实责任,将未成年人保护、预防未成年人犯罪纳入年度目标任务考核,真正推动形成统领统筹、上下贯通、群防群治的未成年人保护大格局。

(二)各级政府履行主导职责,强化保护责任落地落实

1. 提升家庭监护能力,筑牢家庭保护第一道防线

一是抓住关键节点,及时对家长开展教育培训。如在婚姻登记、准生证办理、外出劳务派遣、家长会等关键节点,各相关职能机构要以强制观看视频、资料、宣讲等方式,有针对性地指导家长开展防性侵教育,引导正确履行监护人职责。二是针对无监护的未成年人,积极履行国家监护义务。针对事实无人抚养儿童、留守未成年人监护力量薄弱的客观现实,妇联、民政、团委以及其他社会组织要积极补充履行国家监管职责,提升监护实效。三是积极运用支持起诉、检察建议等申请撤销不合格监护人的监护权。对于监护人存在严重失职不适合继续监护的,检察机关可运用支持起诉或检察建议的形式,撤销监护权,支持其他具有监护资格的人员或者民政部门为未成年人及时全面履行监护职责。

2. 强化学校教育管理职责,发挥好学校保护"主阵地"作用

一是教育部门要持续以监督落实《中华人民共和国最高人民检察院检察建议书》(以下简称"一号检察建议")为牵引,把防范性侵害教育和未成年人保护工作压紧、压实到各个学校,深入推动强制报告、入职查询和从业禁止制度落实落地,守护校园安全。二是学校要履行教育主责,结合检察机关法治进校园活动,不断丰富未成年人法治教育内容,针对不同年龄段的孩子,传授必要的性知识和防性侵安全教育,提升未成年人自我保护能力与紧急情况处理能力。三是严格执行校园安全管理规定,以预防性侵为重点,教育部门、学校一方面要加强与政府、公安沟通配合,持续深化校园及周边

安全专项整治；另一方面要加大校园内可能发生性侵的隐患和风险人员的排查，建设风险管控台账，落实有效防控措施，健全完善相应安全管理制度。

3. *加强社会治安综合治理，落实政府、社会保护责任*

一是加强德育教育和法治教育。把未成年人保护和防性侵工作纳入政府重要议事议程，要以推进普法工作为契机，在全社会开展伦理道德教育、性知识教育、法治教育和家长监护履职教育，避免形式化。二是开展社会治安重点领域整治。强化对城乡接合部、农村偏远地区和学校周边治安环境的专项综合整治。三是严格管理监督特定场所。文化、市场监管、公安等部门要加大对网吧、娱乐、宾馆等场所违法接待未成年人的查处力度，建立长效治理机制；对未成年人负有教育、看护、医疗、救助、监护等特殊职责的学校、医院、居(村)委会等，要自觉落实强制报告制度，筑牢未成年人“保护墙”。四是加强特殊儿童关爱保护。地方人大、妇联、团委、关工委、检察院等职能部门主动深入社区、乡村、学校，加强对未成年被害人及其家庭的心理疏导、救助，及时开展生活照料、安全保护、防性侵教育等关爱措施。五是加强重点群体的教育管理。加强农村留守老人、离异或丧偶单身男性、有性侵前科人员等重点群体的教育管理工作，开展必要的思想引导、法治教育，防止该群体实施性侵害未成年人犯罪。六是适时筹备建设专门学校。未成年人实施、参与犯罪的趋势逐渐凸显，对于这类人员，普通学校难以矫正管理，家庭教育无法约束，给社会治安和平安建设带来威胁，专门学校建设需要提上日程。

(三)以司法保护为后盾，有效维护未成年人合法权益

一是以完善案件办理机制为抓手，严厉打击性侵害未成年人犯罪。健全性侵未成年人重大敏感案件提前介入机制，积极推行“一站式”询问工作机制，探索心理学专家参与性侵害未成年人办案机制等，强化司法协作配合，凝聚打击犯罪合力。二是加强多元司法救助。严格贯彻落实未成年被害人法律援助制度，做到“每案必援”。既要及时开展经济救助、法律援助，又要开展心理安抚疏导，还要积极协助开展生活安置、帮助重返学校及推动资助政策、协调开展技能培训等全面救助。三是抓实“一号检察建议”落实。将落实“一号检察建议”与检察官兼任法治副校长活动结合起来，常态化开展防性侵、防校园欺凌、禁毒、文明上网教育，教育引导市民、村民、学生学法知法守法，敢于揭露、举报违法犯罪。四是严格落实性侵害违法犯罪人员从业禁止制度。建立性侵害违法犯罪人员黑名单，针对未成年人负有监护、教育、救助、看护、医疗等特殊职责的岗位，严格落实从业查询和禁止制度，坚决杜绝和清理不合格人员。五是常态化分析研判发案趋势。定期进行性侵害未成年人犯罪案件发案规律分析、典型案例公开发布，开展重点人群教育预警，预测研判违法犯罪发展趋势，为加强未成年人保护、遏制该类犯罪提供参考和借鉴。

对我国性犯罪立法的系统反思与优化建议

董文辉*

为了打击严重侵犯人身权利的性犯罪,近年来我国立法机关在刑法修正中对相关个罪进行密集完善,如《刑法修正案(九)》对强制猥亵、侮辱妇女罪,嫖宿幼女罪等进行了修正,《刑法修正案(十一)》又对强奸罪、猥亵儿童罪进行了完善,并增设了负有照护职责人员性侵罪。经过修正,我国性犯罪刑事法网不断严密,为打击此类犯罪提供了更为明确的依据,立法上的价值是不言而喻的,但是,对立法持续不断进行反思,也是促进刑法立法进一步科学化的必要探索。

一、对近年来性犯罪相关立法修正内容的评析

(一)总体评析

从立法上看,近年来对性犯罪的相关修正符合我国不断严厉打击性犯罪尤其是性侵未成年人犯罪的立法趋势。《刑法修正案(九)》废除了嫖宿幼女罪,对于该罪规定的行为,一律按奸淫幼女情形处理,使性犯罪立法体系更加科学统一,同时完善猥亵犯罪,将已满 14 周岁男性突破性地纳入猥亵犯罪对象,并且将“有其他恶劣情节的”纳入猥亵犯罪加重处罚情形,全面规制情节恶劣的猥亵犯罪并加大惩治力度。《刑法修正案(十一)》在刑事政策上继续承袭这一理念,进一步强化了我国性犯罪刑事法网,加大了性侵未成年人犯罪的惩治力度。从司法上看,相关修正内容符合打击近年来不断增加的性侵未成年人犯罪的需要。近年来性侵幼女恶性案件仍时有发生,犯罪形势依然十分严峻,“韦明辉强奸案”①“杨某甲强奸案”②等典型案件引起社会高度关注。统计数据显示,2017—2022 年,检察机关共起诉强奸、猥亵儿童等性侵未成年人犯罪 13.1

---

* 浙江工商大学法学院副教授。

① 参见《性侵害儿童犯罪典型案例》,载甘肃法院网,http://www.chinagscourt.gov.cn/Show/39807,2023 年 8 月 7 日访问。

② 参见广西壮族自治区高级人民法院(2020)桂刑再 6 号再审刑事判决书。

万人,此类犯罪已成侵害未成年人最突出的犯罪。[①] 2017—2019 年,全国检察机关起诉性侵未成年人犯罪人人数分别为 1.06 万人、1.34 万人、1.93 万人[②],而 2023 年 1 月—6 月,仅半年时间,全国检察机关起诉性侵未成年人犯罪人数已达 1.7 万人,占起诉侵害未成年人犯罪人总数的 63.5%[③],该类犯罪呈不断上升趋势。《刑法修正案(十一)》对强奸罪、猥亵儿童罪的加重处罚情节的修正及增设负有照护职责人员性侵罪回应了社会关切,为司法机关严厉打击性侵未成年人犯罪提供了刑事法律依据。

但是,从立法的角度看,目前的修正仍是局部修补,并没有站在性犯罪整体立法的广度和高度上全面梳理该类犯罪在立法中存在的问题并对其作出系统完善,因此仍有深入探讨的必要。

(二)对修正强奸罪的评析

在《刑法修正案(十一)》颁布之前,我国历次《刑法》修正均未涉及强奸罪。这与该罪的自然犯属性不无关系。《刑法修正案(十一)》对强奸罪的修正,具体而言是对强奸罪应当判处 10 年以上有期徒刑、无期徒刑或者死刑的情节进行了增加,包括增加"奸淫不满十周岁的幼女或者造成幼女伤害的"情节和"在公共场所当众强奸妇女"情形中增加"奸淫幼女"情形,这些修正符合严厉打击奸淫幼女犯罪的需要,弥补了立法缺失,也与修改猥亵儿童罪的精神一致,后者将"在公共场所当众猥亵儿童"纳入加重处罚情节,因此,此举也符合立法协调性的要求。

对于新增的"奸淫不满十周岁的幼女"加重处罚情形,笔者认为,尽管该规定已明确对低龄幼女特别保护,但是为了加大对幼女的保护力度,其中的年龄线仍然可以适度提高,具体而言以 12 周岁为宜。理由在于,奸淫幼女造成的伤害巨大。长期以来,各方普遍认为,对于不满 12 周岁的幼女应予以特殊保护。[④] 国外对此也采取严格立法。此前有关司法文件关于奸淫幼女年龄的界分,对强奸罪加重处罚情节中奸淫幼女年龄的设定具有一定借鉴意义。如,2023 年最高人民法院、最高人民检察院、公安部、司法部《关于办理性侵害未成年人刑事案件的意见》(以下简称《性侵害未成年人意见》)第 17 条第 2 款规定:"对不满十二周岁的被害人实施奸淫等性侵害行为的,应当认定行为人'明知'对方是幼女。"笔者认为,奸淫特征如此明显的低龄幼女,理应严厉惩处,故将

---

① 参见《五年来检察机关起诉侵害未成年人犯罪 29 万人》,载最高人民检察院官网,https://www.spp.gov.cn/spp/zdgz/202303/t20230301_604971.shtml,2023 年 8 月 7 日访问。

② 参见《2017 至 2019 年检察机关起诉性侵未成年人犯罪 4.34 万人》,载最高人民检察院官网,https://www.spp.gov.cn/spp/zdgz/202009/t20200918_480406.shtml,2023 年 7 月 26 日访问。

③ 参见《零容忍!最高检:1 至 6 月共起诉性侵未成年人案件 1.7 万人》,载上观新闻网,https://export.shobserver.com/baijiahao/html/636294.html,2023 年 7 月 26 日访问。

④ 参见周峰等:《〈关于依法惩治性侵害未成年人犯罪的意见〉的理解与适用》,载《人民司法(应用)》2014 年第 1 期。

加重处罚奸淫低龄幼女的情节年龄设定为 12 周岁具有正当性,这也与相关规定的精神相一致。

(三)对增设的负有照护职责人员性侵罪的评析

增设负有照护职责人员性侵罪具有弥补性犯罪立法"真空地带"、从严保护未成年人性权利的重要价值。从条文上看,《刑法》第 236 条之一采取了严格保护特定年龄女性的立场,在传统的 14 周岁性同意年龄线之外增加了一条 16 周岁的特殊的性同意年龄线,将对已满 14 周岁不满 16 周岁未成年女性负有照护职责的人员与该未成年女性发生性关系的行为规定为犯罪。

纵观世界各国或地区刑法关于性同意年龄线的划定模式,大致可以分为单一制年龄模式和区分制年龄模式。前者只确定一个年龄作为性同意年龄,该年龄具有普遍适用性,后者除确定一个年龄作为普遍适用的性同意年龄之外,另外再针对特殊职责人员性侵行为划定一个或者多个性同意年龄。区分制年龄模式又有不同具体类型,《意大利刑法典》第 609 条规定的普遍性同意年龄线是 14 周岁;对于不满 16 周岁的人负有特殊职责的人员实施的性侵,其年龄线设置为 16 周岁;对于已满 16 周岁的人负有特殊职责的人员滥用权力实施的性侵,也构成该国刑法规定的强迫实施性行为罪。《德国刑法典》第 176 条将普遍性同意年龄线设置为 14 周岁,《德国刑法典》第 174 条再根据特殊职责人员身份的不同将性同意年龄分成两类,受自己教育、培训或者监护的,性同意年龄线为 16 周岁;由配偶、伴侣或者与婚姻或生活共同体监护的亲生子女或养子女的,以及在教育、培训、照料机构具有特殊职责人员的,性同意年龄为 18 周岁。可以看出,特殊性同意年龄线的划定主要是考虑特定职责之于性行为的影响,且对与之相关的性侵行为从严惩处。对于这一问题,部分国家或地区还有一种立法模式,就是进行单独立法,如《日本刑法典》第 179 条规定,对于未满十八周岁者,利用身为监护人的影响力乘机进行猥亵行为的,按照第一百七十六条的规定处罚。对于未满十八周岁者,利用身为监护人的影响力乘机进行性交等行为的,按第一百七十七条规定处罚。我国台湾地区"刑法"第 228 条规定,对于因亲属、监护、教养、教育、训练、救济、医疗、公务、业务或其他相类关系受自己监督、扶助、照护之人,利用权势或机会为性交者,处六个月以上五年以下有期徒刑。因前项情形而为猥亵之行为者,处三年以下有期徒刑。

《刑法修正案(十一)》增设的负有照护职责人员性侵罪,实际上是改单一制模式为区分制模式。该罪与上述有关国家或地区的立法区别在于,该罪立法没有对特殊职责人员的身份性质进行区分,如区分监护职责和其他职责;也没有对客观行为作出限制,如是否利用或滥用特殊职责等,总体上显得比较笼统。其弊端从该罪立法之后引发的犯罪客体争议即可见一斑。刑法理论界关于该罪客体有性自主权说、身心健康说、折中说等多种观点。其中，性自主权是学者比较认可的观点。[①] 但是对于上述观点，笔者认为都难以自圆其说，理由在于其与该罪立法本身并不吻合。按照《刑法》第236条之一的规定，即使已满14周岁不满16周岁的未成年女性完全自愿地与对其负有照护职责的人员发生性关系，后者仍构成犯罪。然而，在这种完全自愿的情形之下，很难说未成年女性的性自主权或者身心健康权利受到了侵犯。因此，性自主权说、身心健康说、折中说与该罪立法都难以全面吻合。

此外，该罪立法具有区分制立法的共同弊病，没有充分考虑其与最低性同意年龄即普遍适用性同意年龄线的合理衔接，且未妥善解决二者之间存在的冲突。以我国为例，按照我国刑法理论及立法规定，“不满14周岁的为幼女，这是法定的统一标准”[②]，只要与不满14周岁的幼女发生性关系，不论采取什么手段，也不论幼女是否自愿，就成立强奸罪；而已满14周岁、精神正常的女性在自愿的状态下具备性承诺的能力。性承诺能力是一种建立在认识能力、理解能力和承受能力基础之上的同意能力，取决于主体的年龄和心智发育能力。[③] 我国刑法综合各方面的实际情况，确定了14周岁为最低性同意年龄界限。长期以来，这一年龄界限已被社会较为普遍地认可和接受。因此，对这一年龄线的突破应当慎重，理由应当充分，且足以影响性承诺能力。笔者认为，人员之间的特殊关系是否必然导致已满14周岁不满16周岁的女性性承诺能力的丧失，换言之，已满14周岁不满16周岁的未成年女性同意发生性关系的承诺是否一律无效，不能一概而论，应当细致考察特殊职责的性质和客观行为的表现等因素的具体影响。综上所述，笔者建议在该罪立法时，应在本国性犯罪立法基础上，合理借鉴其他国家或地区立法中的有益做法，对有关影响要素进行全面考量并进行精细化考量，既严格立法、严惩犯罪，又保证立法的科学性和统一性，同时注重与既有立法的衔接及与普遍认知的协调。

（四）对修正猥亵儿童罪的评析

1997年《刑法》关于猥亵儿童罪的条文规定过于简单，且存在若干立法缺陷[④]，严重影响打击猥亵儿童犯罪的力度。《刑法修正案（十一）》对猥亵儿童罪的加重处罚情形作了单独细化的规定，使司法适用更加明确、具体，有利于打击该类犯罪。但是该修正也存在不严谨之处。按照《刑法》第237条第3款第（二）项的规定，在公共场所当众

---

① 参见付立庆：《负有照护职责人员性侵罪的保护法益与犯罪类型》，载《清华法学》2021年第4期；李立众：《负有照护职责人员性侵罪的教义学研究》，载《政法论坛》2021年第4期。

② 张明楷：《刑法学》（第4版），法律出版社2011年版，第780页。

③ 参见郭卫华：《性自主权研究——兼论对性侵害之受害人的法律保护》，中国政法大学出版社2006年版，第50页。

④ 参加董文辉：《应对猥亵犯罪增设“对多人实施的”情节加重犯》，载人民法院报网，http://rmfyb.chinacourt.org/paper/html/2013-01/23/content_57035.htm? div=-1，2023年8月7日访问。

猥亵儿童的,需要达到“情节恶劣的”程度,才能对其加重处罚,处5年以上有期徒刑。而按照第237条第2款的规定,针对已满14周岁的人,聚众或者在公众场所当众犯强制猥亵、侮辱罪的,即可处5年以上有期徒刑。显然,猥亵儿童的性质和危害较之猥亵已满14周岁的对象更为恶劣。但是根据此次修正后的立法,在公共场所当众猥亵不满14周岁儿童的加重处罚门槛,比猥亵已满14周岁的人还要高,这明显有失公平,也与我国一贯重视重点保护儿童的刑事政策相悖。笔者赞同该项规定继续沿袭强制猥亵罪的立法模式,“聚众”实施猥亵和“在公共场所当众”实施猥亵,二者的恶劣程度具有相当性,本身就属于情节恶劣,建议删去第237条第3款第(二)项中“情节恶劣的”限制条件,将该项条文规定为:“聚众猥亵儿童的,或者在公共场所当众猥亵儿童的。”

二、对我国性犯罪立法的系统反思

近年来,结合司法实践的状况及学术界的立法建议,立法机关对几个具体的性犯罪作了修改,同时增加了若干新罪。经过数次修正,我国性犯罪立法取得了很大的进步,结构及体系日臻完善。但是也应看到,该类犯罪仍然存在立法缺憾,应当及时反思并推动作出修改,同时还应当尽量避免修法的频繁性,在厘清问题后作出全面性的、前瞻性的修正,以促立法更加完备,为司法适用提供有力支撑。

(一)性别平等理念没有得到全面贯彻

性别是一种天然的差异,但是不同的性别在人格尊严、社会发展和法律对待上不容歧视。性别平等,是我国的基本国策和重要的宪法原则,具体到法律层面上,是法律面前人人平等原则的重要内容之一。这就要求在任何涉及人的权利义务的法律中都应贯彻这一理念。《刑法》作为我国重要的基本法律之一,理应在立法中有效贯彻这一理念。但是对应到当前的性犯罪立法中,其在性别对待上失之偏颇。强奸罪、负有照护职责人员性侵罪同时对犯罪主体的性别和犯罪对象的性别进行了限定,具体表现为,强奸罪的单独直接正犯只能为已满14周岁的男性,犯罪对象只能为女性;负有照护职责人员性侵罪的单独直接正犯只能是对已满14周岁不满16周岁的未成年女性负有监护、收养、看护、教育、医疗等特殊职责的人员,犯罪对象只能是已满14周岁不满16周岁的未成年女性。

毋庸置疑的是,性权利作为人身权利的一种,是生而平等的权利,与人的性别没有关系。对于性权利的保护及性权利侵犯行为的打击应当平等,不能因性别不同而区别对待。但在现行强奸罪和负有照护职责人员性侵罪中,一方面男性不能成为犯罪对象,反映出对男性性权利的保护不力;另一方面,女性不能成为单独直接正犯,也从侧面体现出对女性性主体地位的轻视。总体上呈现出一种区别对待的变异状态。笔者承认一国立法与经济、社会、文化、传统等因素有关,对刑事政策的重大调整应当慎重,但是从当前性犯罪状况来看,随着经济社会的发展,司法实践中男性被强迫发生性关系的案件屡见报端,给被害人人格尊严、身心健康、正常生活造成严重损害,但若非因情况特殊而符合其他犯罪的法定要件,否则很难得到有力保护。目前,性别平等理念在社会层面已经逐渐稳固,因此需要立法及时跟进修正,在法律层面贯彻这一理念,以满足打击性侵男性行为的现实需要。此外,世界许多国家或地区对平等保护性权利持肯定态度,美国、英国、法国、德国、意大利、俄罗斯等许多国家及我国港澳台地区"刑法",在性犯罪立法中均不区分性别,因此在这一问题上也可谓大势所趋,应当及早完善。

(二)性犯罪立法缺乏统筹考虑

近年来我国刑法在一定程度上修补了性犯罪立法缺陷,如已满 14 周岁的男性被纳入强制猥亵罪的犯罪对象中,又如负有特殊职责人员实施的奸淫行为单独入刑,这些内容填补了法律空白,体现了立法的进步。但是从性犯罪的宏观架构上看,这种进步是有限的。其一,特殊职责人员对特定年龄未成年人实施的猥亵行为并未单独立法。对已满 14 周岁不满 16 周岁未成年人负有照护职责的人员,如果没有采取强制手段猥亵该未成年人,则按现行刑法不构成犯罪。所以,《刑法》第 236 条之一的罪名"负有照护职责人员性侵罪"中"性侵"的含义本身就是不全面的,只包括发生性关系的行为,但是如同将负有照护职责人员与未成年人发生性关系的入刑理由,对其实施猥亵的情形进行单独立法同样具有必要性。其二,已满 14 周岁男性虽被纳入猥亵犯罪的保护范围,但是对其强奸的也以猥亵论处,此举是现行立法背景之下的权宜之计,没有解决根本问题。具体而言,由于强奸罪、负有照护职责人员性侵罪的犯罪主体和犯罪对象的性别限定,因此违背男性意志,采取强制手段与男性(包括已满 14 周岁的男性和未满 14 周岁的男童)发生性关系的行为不能构成强奸罪;对已满 14 周岁不满 16 周岁未成年男性负有照护职责的人员与该未成年男性发生性关系的行为,也不能构成负有照护职责人员性侵罪,都只能以猥亵犯罪认定。这种立法模式有失协调性和统一性,一方面,强奸行为及负有照护职责人员与未成年人之间发生性关系的行为,和猥亵是两个不同层次的性犯罪,行为性质、社会危害及刑罚处遇都存在很大差别,上述两种与男性发生性关系的行为不能和如同与女性发生性关系同等对待,只能以猥亵犯罪定性,有失公平。另一方面,针对男性实施性侵时,"猥亵"既包括猥亵行为,也包括强奸行为和特殊职责人员实施的性侵行为;而针对女性实施性侵时,"猥亵"仅指猥亵行为,不包括强奸行为和特殊职责人员实施的性侵行为。《刑法》中的"猥亵"一词因为性别不同而作如此不同理解,不仅缺乏合理性根据,反而导致我国性犯罪立法体系的混乱。

由此可以看出,已满14周岁的男性被纳入猥亵犯罪中,只是使猥亵犯罪得到了完善,部分解决了男性性权利保护不力的难题,但由于强奸罪、负有照护职责人员性侵罪等犯罪没有考虑男性犯罪对象的问题,目前在针对男性犯罪对象的立法中,是用猥亵犯罪来惩治强奸犯罪和特殊职责人员实施的性侵犯罪。因此从总体上看,猥亵犯罪的修改只是使一个问题(猥亵犯罪自身的完善)得到了解决,而另一个更大的问题(猥亵犯罪被用来惩治针对男性的强奸犯罪和特殊职责人员对未成年男性实施的性侵犯罪)依然存在,亟待解决。既然性别平等理念已在猥亵犯罪立法中得以贯彻,那么该理念在法益重要程度更高的强奸罪等罪中予以贯彻的必要性和可行性则更强。

(三)性犯罪立法与其他类型犯罪不协调

如我国《刑法》第六章妨害社会管理秩序罪中规定的强迫卖淫罪,对犯罪主体和犯罪对象的性别均不加以限制。被害人被强迫与他人发生性关系的行为是该罪客观表现之一,其中女性强迫男性与他人发生性关系、男性强迫男性与他人发生性关系,根据情况不同可成立强迫卖淫罪或者组织卖淫罪,法定最低刑为5年有期徒刑,最高刑为无期徒刑。而反观强奸罪、负有照护职责人员性侵罪等性犯罪立法,即便是直接强迫男性(包括已满14周岁的男性和未满14周岁的男童)发生性关系,抑或对已满14周岁不满16周岁未成年男性负有照护职责的人员与该未成年男性发生性关系,均只能以猥亵犯罪认定,在无加重处罚情节时,法定刑最高刑为5年有期徒刑。笔者认为,对比上述两种情形,本质上都侵犯了男性被害人的性权利,但是对比强迫卖淫罪和上述两种性犯罪的行为性质、法益重要性及刑罚处遇后,其中的不协调是显而易见的。

三、对我国性犯罪立法的优化建议

(一)优化我国性犯罪立法的总体原则

对我国性犯罪立法的优化,应当坚持平等性、协调性和前瞻性三个原则。关于平等性原则,主要是对相关犯罪的构成要件要素,尤其是对性犯罪的犯罪主体、犯罪对象进行检视,将平等性原则全面贯彻到具体性犯罪的认定标准中。关于协调性原则,主要是兼顾不同性犯罪之间的协调性及性犯罪与其他相关类型犯罪之间的协调性,重点考虑行为性质、法益性质及刑罚轻重之间的协调。关于前瞻性原则,应充分考虑有别于传统性犯罪的新形势、新问题,以及非正常性别人群的权益保护,改变只有男女两种性别的传统观念。最终形成我国科学合理的性犯罪立法体系,全面、平等地保护所有公民的合法权利。

(二)对强奸罪的优化建议

突破性别的差异,对强奸罪的犯罪主体和犯罪对象进行完善,将该罪的犯罪主体从特殊主体修改为一般主体,即女性可以成立该罪的单独直接正犯;将所有性别的人均纳入该罪犯罪对象,即将该罪犯罪对象由“妇女”改为“他人”,将“幼女”改为“儿童”,即将不满14周岁的男童纳入相应的从严认定或者从重处罚情节对象。

需要说明的是,在对强奸罪作上述修改之后,强制猥亵罪和猥亵儿童罪中不再包括强迫男性(包括已满14周岁的男性和未满14周岁的男童)发生性关系的行为,从而实现强奸行为和猥亵行为的严格区分,达到两类犯罪之间的妥善协调和科学治理。

(三)对负有照护职责人员性侵罪的优化建议

第一,对负有照护职责人员性侵罪中犯罪对象的性别区分对待问题予以完善。具体而言,可将《刑法》第236条之一条文中的“对已满十四周岁不满十六周岁的未成年女性……”改为“对已满十四周岁不满十六周岁的未成年人……”将“与该未成年女性发生性关系的”改为“与该未成年人发生性关系的”,即将已满14周岁不满16周岁的未成年男性纳入该罪的犯罪对象。

第二,将对已满14周岁不满16周岁未成年人负有照护职责人员实施的猥亵行为,也在该罪立法中予以明确,从而填补特殊职责人员对该年龄段未成年人实施猥亵犯罪的立法空白,但鉴于行为性质的差异,法定刑应相应降低。

第三,针对该罪笼统立法的现状,笔者建议根据照护职责性质的不同,将监护、收养职责和看护、教育、医疗等其他职责区分开来。对于前者,主观心态和客观行为不作限制,即对已满14周岁不满16周岁的未成年人负有监护、收养职责的人员,只要与该未成年人发生了性关系或者对其进行了猥亵,即构成该罪;对于后者,则可借鉴其他国家或地区的做法,对于负有看护、教育、医疗等职责的人员,当其利用其职责形成的影响力,与已满14周岁不满16周岁的未成年人发生性关系或者对其进行猥亵的,成立该罪。

提出上述完善建议的理由在于:第一,已满14周岁不满16周岁的未成年人,无论男性还是女性,基于年龄原因,其独立自理能力、反抗意识和能力都较弱,容易受到特殊关系的影响,对其性权利有必要予以特别保护;第二,监护、收养职责形成的关系事关未成年人的基本生存需要,相较于其他职责形成的关系更加紧密、重要,约束力、影响力更强,因此有必要严格对待;第三,监护、收养关系是基于法律规定而形成的民事法律关系,而其他职责更多的是基于合同约定,因此对前者的规制程度应强于后者;第四,监护、收养职责相较于其他职责,其伦理道德性更加强烈。基于上述四点理由,笔者认为,《刑法》第236条第1款应进行区别立法,对已满14周岁不满16周岁未成年人负有监护、收养职责的人员,即使双方完全自愿发生性关系或者在未成年人同意情况下实施猥亵行为,都应绝对禁止,而对于负有看护、教育、医疗等其他职责的人员,则应考察其与未成年人发生性关系或对未成年人实施猥亵行为是否利用了其职责形成的影响力。对于该影响力,可以借鉴"利用影响力受贿罪"中"影响力"的解读思路,将其明确为:其职责形成的权势、机会或者便利条件。当负有照护职责人员利用该影响力导致未成年人在非自愿情形下与其发生性关系或对该未成年人进行猥亵时,其行为构成该罪。

对《刑法》第 236 条之一作上述修改后,有三个问题需要说明:一是关于该罪的罪名。笔者认为,对该罪作上述修改之后,该罪罪名不需要进行变更。将猥亵行为纳入该罪后,该条规定反而更加符合"性侵"一词的含义,负有照护职责人员性侵罪的罪名更加符合罪名确定的科学性、全面性、准确性原则。二是关于该罪的客体,笔者赞同该罪客体为性自主权说。但是在对条文作上述修改之后,除未成年人的性自主权以外,还应当包括性伦理。三是关于该罪的条文表述,建议《刑法》第 236 条之一的表述如下:

"对已满十四周岁不满十六周岁的未成年人负有监护、收养职责的人员,或者对该未成年人负有看护、教育、医疗等特殊职责的人员利用其职责形成的影响力,与该未成年人发生性关系的,处三年以下有期徒刑;情节恶劣的,处三年以上十年以下有期徒刑。

"对已满十四周岁不满十六周岁的未成年人负有监护、收养职责的人员,或者对该未成年人负有看护、教育、医疗等特殊职责的人员利用其职责形成的影响力,对该未成年人实施猥亵行为的,处一年以下有期徒刑;情节恶劣的,处一年以上三年以下有期徒刑。

"有前两款行为,同时又构成本法第二百三十六条、第二百三十七条规定之罪的,依照处罚较重的规定定罪处罚。"

涉安全生产犯罪实证研究

——兼论惩治涉安全生产犯罪的困境与破解

钟瑞友* 蒋琤琤** 罗 欣*** 郭 雁****

引言

安全生产是民生大事,事关人民群众生命财产安全,事关经济社会发展大局,事关党和政府形象、声誉。党的十八大以来,习近平总书记高度重视安全生产工作,作出一系列关于安全生产的重要论述①,一再强调坚持统筹发展和安全。本文立足于Z省J市检察机关近5年办理的安全生产犯罪案件,通过实证研究,穿透式梳理一系列案件背后之间存在的共性、个性问题,提炼总结安全生产领域生产企业、行政机关、司法机关、行业体系、法律法规等方面存在的问题,在此基础上深入研究背后原因,并从提升法律监督质效、构建行刑衔接合力、凝聚治理共同体等方面入手,突出"预防性司法理念",促进安全生产刑事司法从"因案治罪"走向"溯源治理",助推安全生产治理体系现代化。

---

* 金华市人民检察院检察长、党组书记。

** 金华市人民检察院研究室主任。

*** 金华市人民检察院四级检察官助理。

**** 金华市人民检察院四级检察官助理。

① 例如,2023年1月,习近平总书记在春节前夕视频连线看望慰问基层干部群众时指出,要坚持底线思维,加强对极端恶劣天气的监测和预警,深入开展安全隐患排查治理,坚决遏制重特大安全事故发生。2022年10月,习近平总书记在中国共产党第二十次全国代表大会上的报告中再次指出,坚持安全第一、预防为主、建立大安全大应急框架,完善公共安全体系,推动公共安全治理模式向事前预防转型。推进安全生产风险专项整治,加强重点行业、重点领域安全监管。2022年3月24日,习近平总书记对安全生产作出重要指示,强调安全生产要坚持党政同责、一岗双责、齐抓共管、失职追责,管行业必须管安全,管业务必须管安全,管生产必须管安全。2020年4月,习近平总书记对安全生产作出重要指示强调,生命重于泰山,各级党委和政府务必把安全生产摆到重要位置,树牢安全发展理念,决不能只重发展不顾安全,更不能将其视作无关痛痒的事,搞形式主义、官僚主义。

一、J 市安全生产领域犯罪基本情况

2018 年 1 月至 2023 年 5 月,J 市检察机关审查起诉阶段共受理安全生产犯罪案件① 151 件 241 人,审结 131 件 212 人,提起公诉 107 件 169 人,不起诉 24 件 43 人,其中,情节轻微不起诉 23 件 41 人,证据不足不起诉 1 件 2 人。② 从近 5 年安全生产领域犯罪的涉案罪名、涉案地域、涉案领域、强制措施适用来看,该类案件呈现出一定的特点和规律。

(一)涉案罪名集中,社会影响较大

5 年来,J 市安全生产领域犯罪主要涉及的罪名为重大责任事故罪,达 90 件,占比 60%。其他罪名包括危险作业罪 31 件、失火罪(危害企业生产)12 件、重大劳动安全事故罪 8 件、危险物品肇事罪 8 件、工程重大安全事故罪 2 件。值得注意的是,31 件危险作业罪为 2021 年《刑法修正案(十一)》施行后新增的案件,这也说明了《刑法修正案(十一)》施行后,一定程度上将安全生产事故的治理从后端延伸至前端。此外,多数安全生产领域犯罪会造成大量人员死亡和巨额经济损失,具有严重的社会危害性。

1. 人员死亡惨重

上述案件共造成 121 人死亡,其中重大责任事故罪死亡 103 人,占比 85%,说明该类案件社会危害性明显大于其他安全生产类犯罪;危险物品肇事罪死亡 10 人,占比 8%;重大劳动安全事故罪死亡 8 人,占比 7%。值得注意的是,经核实案件情况,丁市危险物品肇事罪、重大劳动安全事故罪两类犯罪死亡率为 100%(见表 1)。

2. 经济损失严重

5 年来,J 市因安全生产犯罪累计造成直接经济损失 6514.45 万元,共有 18 件案件,其中失火罪(危害企业生产)12 件、重大责任事故罪 4 件、工程重大安全事故罪 2 件,失火案件造成的直接经济损失后果较为突出,达到该类案件的 100%(见表 1)。可见,当前刑事打击仍应聚焦传统事故型犯罪,特别注重加强对已经造成人员死亡或重大经济损失等危害后果犯罪行为的追究。

3. 社会影响较大

安全生产犯罪涉案人员较多,一旦发生事故,受害人轻则受伤,重则家破人亡,企业的管理者、经营者等责任人员都将被追究刑事责任,相关公职人员也会因此受到处

---

① 本文中安全生产犯罪涉及的罪名包括:重大责任事故罪,强令、组织他人违章冒险作业罪,危险作业罪,重大劳动安全事故罪,大型群众性活动重大安全事故罪,危险物品肇事罪,工程重大安全事故罪,教育设施重大安全事故罪,消防责任事故罪,不报、谎报安全事故罪,危险作业罪,放火罪中危害企业生产的案件。

② 本文数据均来源于 J 市。

分,会给多个家庭造成不可逆的伤害。如J市湖畔里“11·23”较大坍塌事故造成6人死亡、6人受伤,直接经济损失1097.55万元的严重后果,建设单位法定代表人、项目负责人、项目设计负责人、施工图设计人等18人被追究刑事责任,10名公职人员被追责问责。

表1 2018年1月至2023年5月J市安全生产领域犯罪涉案罪名情况表

	重大责任事故罪	危险作业罪	失火罪(危害企业生产)	重大劳动安全事故罪	危险物品肇事罪	工程重大安全事故罪
件数	90	31	12	8	8	2
死亡人数	103	0	0	8	10	0
造成直接经济损失件数	4	0	12	0	0	2
造成直接经济损失(万元)	1968.95	0	2883.6	0	0	1661.9

(二)犯罪地域集中,经济水平正相关明显

统计发现,2018年1月至2023年5月期间,全市安全生产领域犯罪案件多集中在Y2市、Y1市和D市,三地检察机关合计共办理案件94件,占该类犯罪总件数的62%。然而,P1县、P2县该类案件较少,两地合计仅有6件,仅占该类犯罪总件数的4%。通过研究发现,案发数量与当地经济发展水平呈现正相关,经济越发达,该地安全生产事故案发量越多,潜在的安全事故风险也越大。如Y2市、Y1市和D市2022年GDP分别为725.35亿元、1835.54亿元、761.37亿元①,且均入选2022年“全国百强县”,经济实力不容小觑;反观P1县和P2县,2022年GDP分别为274.76亿元、133.56亿元②,与Y2市、Y1市、D市差距较大。同时分析发现,案发类型也能体现出当地的产业特色。如12件危害企业生产的失火犯罪案件均系涉案人员在电焊作业过程中发生的,其中10件发生在小商品经济发达的Y2市、五金产业发达的Y1市及与Y1市毗邻的W2县(见表2)。

① 数据来源:http://m.maigoo.com/news/657166.html ,2023年8月14日访问。
② 数据来源:http://m.maigoo.com/news/657166.html ,2023年8月14日访问。

表 2 2018 年 1 月至 2023 年 5 月 J 市基层人民法院办理安全生产领域犯罪案件情况表(件)

	W 区	J 区	L 市	D 市	Y1 市	Y2 市	P1 县	W2 县	P2 县
重大责任事故罪	7	6	10	12	7	31	0	14	3
重大劳动安全事故罪	0	1	2	2	3	0	0	0	0
危险物品肇事罪	0	0	1	2	4	1	0	0	0
工程重大安全事故罪	0	0	0	0	2	0	0	0	0
失火罪(危害企业生产)	0	1	0	0	3	4	1	3	0
危险作业罪	2	3	1	2	12	9	1	0	1
合计	9	11	14	18	31	45	2	17	4

(三)涉案领域集中,行业风险性集聚

为全面准确分析安全生产事故发生的行业领域,课题组对 151 件案件进行查阅、统计,经梳理发现,安全生产事故主要集中于工程建设、企业生产、危化品、特种作业和道路交通运输领域。具体来看,各类工程建设施工领域发生的安全事故数量最多,共有 49 件,占案件总量的 32.5%,其中,房屋建筑工程 31 件,其他工程 18 件;交通运输领域共计 8 件,占案件总量的 5.3%,上述两个领域罪名多涉及重大责任事故罪;企业生产领域发生的事故数量次之,共有 34 件,占案件总量的 22.5%,罪名多涉及重大责任事故罪、危险作业罪;危化品领域共计 29 件,占案件总量的 19.2%,罪名多涉及危险作业罪;特种行业领域共计 22 件,占案件总量的 14.6%,罪名多涉及重大责任事故罪、失火罪;其他领域共计 9 件。

由此可见,房屋建筑工程、企业生产、危化品领域是安全生产犯罪的高发领域,有必要对上述重点领域加强监督,如制定行业安全管理标准、为企业量身定制刑事合规计划等。

(四)审前羁押率低,执行监督风险大

自 2018 年以来,J 市安全生产领域犯罪案件中,审前未被采取逮捕措施的有 208 人,占比高达 86%。课题组分析案件后,得出以下三点原因:

1. 罪名自身特征

由于安全生产犯罪本质上系过失犯罪,且实践中大部分安全生产事故为一般性事故,涉案人员的人身危险性较小,对于情节轻微的案件,检察机关为了减少办案对企业生产的影响,对企业负责人可以不批捕的,均作出不批捕决定,此为该类案件审前羁押率低的原因之一。

2. 认罪认罚从宽制度的适用

除安全生产类犯罪罪名的自身特质外,也与案发后涉案人员能及时赔偿并取得被害人家属谅解、认罪认罚从宽制度全面实施有一定关联。自2018年以来,该类犯罪案件在侦查阶段适用认罪认罚从宽制度的共计76人,审查起诉阶段自愿认罪认罚的共计147人,占比接近61%。

3. 轻刑犯罪占多数

人民法院、检察机关在办理此类案件时始终坚持依法从严惩处的总体原则和宽严相济刑事政策。在一审生效判决的146人中,判处3年以上有期徒刑的有9人,占比6.2%;判处3年以下有期徒刑的有32人,占比21.9%;判处缓刑的有103人,占比70.5%;单处罚金的有2人,占比1.4%。大部分被告人的认罪悔罪态度较好,主动投案自首的有86人,占比59%,坦白的有41人,占比28%。

总体来说,安全生产领域犯罪的罪名自身特征、认罪认罚从宽制度全面适用、司法判决等因素,导致实践中J市该类案件审前羁押率较低。相应需注意的是,非羁押强制措施的大量适用带来的脱管漏管、超越法定期限、以保代侦、以保代结等违规违法问题风险也随之增加,因此检察机关亟须强化非羁押强制措施的执行监督。

二、安全生产领域犯罪案件问题分析

与其他案件相比,查办安全生产事故类刑事案件问题多、难度大,事故原因和责任认定涉及专业领域和专业技术知识,涉案人员往往众多,且事故往往是由多种原因叠加引发的,因果关系复杂,责任区分和认定难度大。

(一)安全生产领域日常管理监督机制尚未健全

1. 监管机制的持续性、有效性缺失

自Z省全面推行"最多跑一次"等一系列简政放权政策以来,市场内生活力明显上升,各类市场主体数量高速增长。面对不断激增的中小生产企业,交通运输管理、市场监督管理、自然环境资源、交警大队、邮政物流等行政监管部门之间仍存有监管职责的交叉与空白,偶有职责不清、责任不明的情况,对企业的监管难以做到"全覆盖""全天候",缺乏"实质性"审查,监管工作的精细化程度不高。

2. 生产领域主体资质审核管控力度不严

据统计,39%的案件是由无资质施工、无证作业引发的,主要情形有:①自项目施工至施工监理阶段全流程无资质承揽工程;②为获取管理费违规出借单位资质证书、投标书等重要文件;③伪造公司印章用于办理规划许可证、工程施工许可证,进而骗取施工资格,导致无资质施工等。可见,涉案主体规避法定审批或许可程序,无资质生产、作业是多起事故发生的直接原因,反映出相关行政监管部门没有从生产源头上对主体资质严格审核把关。

3. 风险隐患排查力度不够

现行安全生产领域立法中,规制危害生产安全犯罪的刑事立法偏重事后惩处,轻视其预防功能①,刑法规定的危害安全生产犯罪均为结果犯或实害犯,需要造成一定后果才能予以刑事规制。因此,造成一些监管部门对于在日常排查工作中发现的风险隐患,不能给予足够的重视,未及时督促、跟踪整改落实情况,从而导致隐患变成祸患,导致重大安全责任事故的发生。如在蒋某某等 17 人重大责任事故案中,建设单位、监理单位相关人员已发现大部分管理人员无相应资质或相关证书不符合要求,发函督促整改后未进一步跟进督促落实,也未将问题上报主管部门,是导致案发的原因之一。

(二)生产主体的安全、责任及管理意识均有欠缺

1. 企业生产主体及其管理层缺乏责任意识

大多数中小企业、工程实际施工方存在安全设施投入短缺、对安全教育和培训重视不足的问题,因此极易出现冒险蛮干、违章作业现象。如一起在生产作业过程中发生的失火案,邓某从事的电焊切割属于特种作业,而其老板徐某雇用邓某作业时,仅是口头提示切割要小心、泡沫系易燃品,并未按规定配备安全设备和采取防范措施,邓某也心存侥幸冒险作业,最终导致事故发生。

2. 大多数作业人员缺乏自身安全意识

此类犯罪在以员工自主作业为主的小微企业和个体工商户中高发,原因是一线生产作业人员文化程度普遍不高,或存在没有相应资质证书的情况,且往往未经过专业技能培训、岗前培训,安全生产意识淡薄,对违章作业危险性认识不足,缺乏自我保护能力。从调查的数据看,大多数安全生产事故中的死者均为从事生产作业的人员,占安全生产事故死亡人数的一半以上,如在维修液压机过程中忘记关闭电源致伤亡、在淬火加工过程中随意触摸冷水管被高压电击致死等,在生产作业过程中违规或冒险作业导致死亡,在事故调查报告中会被判定为直接责任。

3. 企业生产主体缺乏对作业人员的管理意识

一些涉案单位重生产、轻安全,受工作绩效、经济利益等因素驱动,安全生产规章制度形同虚设,甚至对于作业人员的违规、违法操作行为采取默认态度,为企业生产埋下重大安全隐患。如 P 院 2017 年办理的胡某重大责任事故案,被告人胡某因在混凝土浇筑过程中违规操作,导致一人死亡,被判处有期徒刑 10 个月,缓刑 1 年。案发后,该建筑公司未及时建章立制、整顿完善,几年后升任胡某为车队长。2021 年胡某再次因

① 参见代海军:《风险刑法背景下我国惩治危害生产安全犯罪功能转向——基于〈刑法修正案(十一)〉危险作业罪的分析》,载《中国法律评论》2021 年第 5 期。

混凝土装载车侧翻导致一人死亡的安全生产事故而被提起公诉。

（三）执法司法合力有待加强

1. 安全生产类犯罪的法律适用等问题认识不一

因涉及安全生产犯罪的有关罪名在构成要件上可能存在一定重合，在实践中对于其形式处置范围、法律适用、定罪量刑等往往也产生不同认识。如危害生产安全刑事犯罪案件一般涉案人员众多、因果关系复杂，涉案主体既有一线作业人员，又有企业负责人、管理人、实际控制人，其中又包含多层级、多岗位等，因此实践中应当对哪些人员追究刑事责任存在争议。

2. 安全生产领域犯罪案件的证据取证不到位

行为本身是否具有法益侵害性，是对行为实行性的判断①，因此相关证据的收集至关重要。但实践中在证据收集方面存在一些问题：一方面，行政调查报告实质性不足。安全生产犯罪案件最初阶段是行政部门从行政审查的角度对现场进行调查并出具事故调查报告，该报告是认定案件相关情况的重要证据，但其和刑事案件犯罪构成要件分析角度有所不同。案件进入刑事审查起诉阶段后，往往距事故发生时间已有时日，检察人员很难再有效开展实地走访，因此在证据收集上有时缺乏及时性和实质性。另一方面，引导调查取证效果不佳。由于安全生产类犯罪案件数量相对较少，且专业性较强，公安机关对关键证据的取证难度较大，导致个别案件作撤案处理。如一起机械伤害事故案件中，公安机关调取的事故责任调查报告未明确主要责任者，仅分析了直接原因和间接原因，导致难以对主要责任人员追究刑事责任。

3. 对新增罪名的理解与适用能力有待提升

此前，我国刑法“对极易导致重大生产安全事故的违法行为，或者没有实际引发事故的安全生产重大违法行为，只能施以行政处罚，法律应有的威慑力不足，依法治理缺乏必要的手段，难以获得切实的预防效果”②。《刑法修正案（十一）》颁布后，新的罪名和行为类型使安全生产犯罪“集群”更加庞大，如果不强化体系性思考，在司法适用上必然增大判断难度。③ 实践中行政机关与司法机关对新罪名的构罪标准、打击范围等认识不同。一是对“现实危险”的评判有难度。一些行政机关认为只要行为人实施了无证违规经营危化品的行为，就会危及公共安全，可以构成危险作业罪；而司法机关则普遍坚持更严的入罪标准，认为对“现实危险”的评判要结合安全生产相关法律规定和行业技术认定标准综合全案进行分析判断。二是对“生产、作业”的理解有所不同。危

---

① 参见陈伟：《监督过失理论及其对过失主体的限定》，载《中国刑事法杂志》2007 年第 5 期。

② 黄京平：《危险作业罪的规范目的及其实现——〈刑法修正案（十一）〉的标志性立法实践》，载《北京联合大学学报（人文社会科学版）》2021 年第 2 期。

③ 参见杨绪峰：《安全生产犯罪立法的体系性反思——以〈刑法修正案（十一）〉的相关修改为契机》，载《法学》2021 年第 3 期。

险作业罪要求行为发生在“生产、作业”过程中,但实践中,行政机关与司法机关对“生产、作业”的范围划定存有争议。如某劳务公司超员运输案中,发现该公司业务是替工厂招募、运送工人,为节约成本超载上路。交警大队认为该公司的运输行为是其主要业务,属于广义上的“生产、作业”,应当构成危险作业罪;检察机关认为“生产、作业”的范围不宜过当扩张,劳务公司的运输行为只是经营活动,以危险驾驶罪定性更妥当。三是对行政处罚和刑事处罚的尺度把握有所偏差。“较重的违法与轻微的犯罪存在一个错综交叉的区域”①,导致实践中某些一般违章危险生产、作业行为被作为犯罪线索移送,而某些已构成危险作业罪的行为却“以罚代刑”。这说明,现实中行政机关和司法机关对新罪名的摸索适用与实践协同仍有待加强,行刑配合、衔接机制有待完善。

三、惩治和预防安全生产犯罪案件的对策建议

全面贯彻习近平法治思想,深入贯彻落实习近平总书记关于安全生产工作重要指示批示精神,加强惩治和预防安全生产犯罪,须牢固树立以人民为中心的发展理念,从“抓前端、治未病”出发,注重源头预防和事前控制,提高安全生产治理水平,切实维护生产安全和人民群众生命财产安全。

(一)聚焦办案质效,强化监督履职

1. 依法打击安全生产类犯罪

一是坚持“零容忍”打击涉安全生产犯罪活动。对发现的每一个企业非事故违规违法生产经营行为依法追究行政责任或刑事责任,增加企业违法成本。二是加大对执法监管人员失职渎职等违法违纪行为的调查追责力度。健全完善事前事后相结合的追责体系,事故发生后对相关责任人员从严从重追责,同时要重视对事前执法监管人员失职渎职行为的从严从实追责。三是注重依法打击与宽严相济并重。准确认定事故的直接责任人员,防止安全生产事故责任追究的泛罪化、扩大化处理。要将行政法作为安全生产作业治理的第一道防线,最大限度地保持刑法谦抑性,慎用刑法手段,防止刑事打击面过大。

2. 强化提前介入侦查

检察机关要发挥主体作用,打通部门壁垒,通过强化提前介入或自行补充侦查,形成有效的涉安全生产犯罪联动机制。安全生产类犯罪的调查前期一般由安全生产监督部门牵头组成事故调查组,开展事故现场调查、原因认定、责任划分等,涉及刑事犯

---

① 钱小平:《积极预防型社会治理模式下危险作业罪的认定与检视》,载《法律科学(西北政法大学学报)》2021 年第 6 期。

罪时,公安机关也会介入。根据《浙江省安全生产行政执法与刑事司法衔接工作实施办法》的规定,检察机关应当充分发挥提前介入引导机制的作用,通过召开案件联席会议等方式,在法律定性、证据收集与固定、追责范围、强制措施适用等方面全程跟踪指导,助推构建完善、全面的事故证据链,准确、高质效办理相关案件,以打击促预防。

3. 整合内部监督力量

对于部分重大复杂、牵涉行业多、地域广、后果严重的安全生产类案件,检察机关在办理过程中,必须树立上下一体联动工作模式协同发力。一是要凝聚部门合力。强化刑事检察部门与技术、公益诉讼检察部门等的协作配合,发挥好相关部门专业鉴定、公益保护、线索发现等优势,构建内部线索移送审查和信息共享平台,形成惩治和预防该类犯罪的"一盘棋"工作格局。二是要强化一体优势。建立"领衔办理""督导办理""协同办理"机制,重大案件跨区域抽调精干力量成立专门办案团队切实整合办案资源,形成上下级检察院之间的线索统一管理、力量统一调配、跟进监督的纵向监督机制,凝聚检察内部办案合力。三是要提升队伍素能。安排同堂培训"充电",如J市检察机关依托"检察官教检察官""早间说法""金检大讲堂"等政法同堂培训平台,邀请优秀专家、实务检察人才为大家传授理论和实务成果;通过创新线下帮扶"蓄电",依托"资深检察官工作室""成长导师"等机制,实现青年干警和资深检察官一对一结对指导帮扶;通过鼓励自主学习"放电",依托"青干成长交流汇报会""支部主题党日"等平台,鼓励干警以"分享"促"吸收",不断激发队伍活力、夯实业务技能。

(二)凝聚协作共识,深化行刑衔接

1. 深化行刑融合,健全完善"两法"衔接工作

强化内外协作,构建安全监管行政机关与司法机关沟通协作机制。一是完善案件信息共享平台,加强对危险作业罪等新罪名和新类型犯罪的沟通交流与理论研究,统一安全生产犯罪案件移送标准。二是组织同堂培训交流,鼓励司法、行政机关工作人员对实践中行政执法认定标准和司法办案标准、行政执法实践困境等开展交流、研讨,共同破解安全生产执法困境。三是特聘检察官助理,"外脑"发力,邀请行政机关等相关专业人员作为特邀检察官助理共同办理安全生产类犯罪案件,协助检察机关破除知识壁垒和扫清专业盲区,以检察官"法律视角"和行政机关"行业视角"的双重审核标准研判案件,提升双向衔接协同治理水平。

2. 强化法律监督,严密安全生产法治体系

充分发挥检察机关法律监督职能,特别是充分发挥立案监督、侦查活动监督职能,严密安全生产法治体系,加大对安全监管行政机关的执法监督。同时,积极会同公安、安全监管行政机关建立重大敏感案件信息通报、案件移送、情况反馈配套制度,促进行刑衔接案件移送合法、程序合规、反馈到位,防止出现"有案不移、有案不立、以罚

代刑”情况。对于未落实行刑衔接制度规定的,应强化责任追究机制,可探索由检察机关、纪检监察部门等共同参与的融合监督体系,形成监督合力,督促安全监管行政机关依法履职。

3. 优化常态联动,汇聚双向衔接工作合力

一是注重常态化联动。与安全监管行政部门构建常态化联动机制,有效促进安全生产领域的溯源治理和良性运转,努力将相关行业风险、涉罪可能消灭在萌芽状态或初始阶段,注重“抓前端、治未病”。二是注重持续性跟踪。“刑罚的威慑力并不在于多严厉,而在于不可避免。”①要注重对行政处罚成效的后续跟踪,及时协同安全监管行政部门对曾被处罚的单位进行定点复查,对拒不整改的依法依规从严处置,避免刑法因难以实现预防与惩戒功能而削减其威慑力。三是注重联合性整治。联合安全监管行政部门开展生产安全集中整治行动,对从事施工的单位和个人进行全面拉网式摸底排查,重点检查重大危险源企业及其从业人员的资质、证照情况,以组合效应充分释放联防联治效能。

(三)延伸检察触角,强化溯源治理

1. 坚持党委领导,贡献平安建设智慧

以最高人民检察院制发“八号检察建议”为契机,强化与党委政府汇报、沟通机制,结合安全生产类案件办理情况,深入开展调研和分析,针对办案过程中发现的系统性、制度性问题积极向政府及其职能部门建言献策,助推有关部门和机构找准补齐短板,通过建章立制,有力提高社会治理现代化水平。同时,扎实做好矛盾化解与舆情防范,在案件调查过程中,对涉案企业充分释法说理,全力维护企业和生产作业人员的合法利益。

2. 坚持问题导向,优化检察服务产品

一是有针对性地制发检察建议。深挖行业共性问题,运用检察建议推动整改,同时积极争取党委政府支持,将检察建议回复率、整改率纳入法治政府考核项目,增强检察建议刚性,打造同频共振治理体系,以检察建议引领安全生产领域从“单一型”治理向“共治型”治理的转变,以最小司法成本实现最大社会治理效能。

二是加快探索安全生产公益诉讼。检察机关作为我国法律监督体制中的“最后一道防线”,发挥着协同和补充监督的作用,应坚持不重复监督及不代行行政权的原则,在发现安全监管行政机关怠于履职或履职不合规时,当建议其自行纠正或建议相关监管部门处理无果且涉及社会公众利益时,可采取公益诉讼。② 这实际上是检察机

① 〔意〕切萨雷·贝卡里亚:《论犯罪与刑罚》,黄风译,北京大学出版社 2008 年版,第 62 页。

② 参见代海军:《检察机关提起安全生产行政公益诉讼的现实困境与制度建构》,载《河南财经政法大学学报》2020 年第 2 期。

关将法律监督具体化为诉讼程序的起诉权的过程。① 检察机关要突出预防性司法理念,重点针对实践中存在的监管部门职责不清、执法依据和标准不明确、行业重大安全隐患等问题开展监督。同时,畅通举报电话、网上信箱等违规生产投诉渠道,调动全社会力量参与安全生产监督。

三是积极构建企业安全生产合规体系。检察机关要按照积极预防型社会治理模式下生产安全风险防范的新要求,帮助生产企业"树立防患于未然的企业全员安全合规意识,构建安全风险分级管控和隐患排查治理双重预防机制,建立面对行政机关行政处罚的应对机制"。同时,要适应刑事立法从"事后惩处—事前惩处"的积极预防立法导向,坚持治罪和治理并重,将案件前延后伸,构建安全生产合规考察机制,协助企业防范安全生产风险,有力保障经济社会发展。

3. 坚持预防理念,夯实法治宣传责任

企业作为安全生产责任主体,对于防范安全生产事故的发生责无旁贷。要以溯源治理为目标,下好安全生产普法"先手棋",督促企业切实履行主体责任,增强企业安全生产内生动力,引导企业结合自身特点构建安全生产管理体系,切实提升企业安全水平。通过入企宣讲、集体观影、庭审观摩、进企帮扶等方式开展以案释法、以案示警、研讨交流,持续向各类企业、社会公众介绍、剖析生产、作业等过程中常见的事故隐患,筑牢企业自警自醒防线,提升公众自我保护意识,营造安全生产社会氛围,构建安全生产治理共同体。

---

① 参见徐全兵:《检察机关提起行政公益诉讼的职能定位与制度构建》,载《行政法学研究》2017 年第 5 期。

生物安全的刑法保护

——以非法引进、释放、丢弃外来入侵物种罪为视角

陈恩志[*] 廖国柳[**]

习近平总书记指出，生物安全关乎人民生命健康，关乎国家长治久安，关乎中华民族永续发展，是国家总体安全的重要组成部分，也是影响乃至重塑世界格局的重要力量。中华人民共和国成立以来，我国对生物安全的刑法保护立法从全局上看，呈现出从无到有、从有到全、从精到新的演进过程。① 如 2020 年 10 月 17 日通过的《生物安全法》，是我国在生物安全领域出台的一部具有基础性、系统性、统领性的法律，标志着我国生物安全迈进了有法可依、依法治理的全新征程。② 2020 年 12 月 26 日通过的《刑法修正案（十一）》，对生物安全犯罪立法进行了调整，旨在有效应对生物安全风险，对生物安全采取预防性保护。这表明，我国对外来入侵物种所引发的持续性、整体性危害越发重视，不再局限于民事赔偿或行政处罚等手段，而是上升到刑法保护的维度，将刑法作为最后一道屏障，用最严厉的刑法来规范危害我国生物安全的行为，保护国家总体安全。

一、当前我国外来入侵物种的种类及法定含义

在我国，以国家部委名义联合或单独发布的外来入侵物种名单（名录）主要有三类：一是由原环保部（现生态环境部）和中国科学院联合制定并发布的名单。2003 年至 2016 年，原环保部和中国科学院先后联合发布了四批外来入侵物种名单，前三批名称为《中国外来入侵物种名单》，第四批更名为《中国自然生态系统外来入侵物种名单》。③ 二是由原农业部（现农业农村部）发布的公告。2013 年，原农业部发布了《国家

* 毕节市人民检察院党组副书记、常务副检察长，三级高级检察官。

** 大方县人民检察院第一检察部二级检察官。

① 参见张永强：《我国生物安全刑法保护的模式选择和规范优化》，载《南京社会科学》2022 年第 9 期。

② 参见周明华等：《我国外来物种入侵防控工作现状综述》，载《植物检疫》2023 年第 2 期。

③ 参见刘阳中、崔晨：《外来物种入侵口岸防控法律问题研究》，载《上海法学研究（集刊）》2021 年第 24 卷。

重点管理外来入侵物种名录(第一批)》。三是由农业农村部等六部门发布的公告。2022 年,农业农村部、自然资源部、生态环境部、住房和城乡建设部、海关总署、国家林草局发布《重点管理外来入侵物种名录》,自 2023 年 1 月 1 日起施行。① 从以上三类名单(名录)可知,当前被官方确认为外来入侵物种的动植物共有 105 种,其中植物 54 种、动物 51 种。

自 2003 年起,我国就开始关注外来入侵物种,但却一直未对外来入侵物种进行法定的定义,由此可见,当时国家层面对外来入侵物种及其危害还未全面掌握。2015 年,原环境保护部对内印发的工作文件(《关于做好自然生态系统外来入侵物种防控监督管理有关工作的通知》)曾对外来入侵物种作出定义,但真正通过法律法规对外来入侵物种含义进行明确的是 2022 年 5 月 31 日农业农村部、自然资源部、生态环境部、海关总署联合发布的《外来入侵物种管理办法》,其首次以部门规章的形式对外来入侵物种进行了定义,即外来入侵物种,是指传入定殖并对生态系统、生境、物种带来威胁或者危害,影响我国生态环境,损害农林牧渔业可持续发展和生物多样性的外来物种。

二、司法实务中运用“非法引进、释放、丢弃外来入侵物种罪”保护生物安全存在的现实障碍

对外来入侵物种的防治和管控,单靠行政处罚等手段还远远不够,还需借助刑事打击的力量,进一步规制有关外来入侵物种的非法行为。《刑法修正案(十一)》新增的“非法引进、释放、丢弃外来入侵物种罪”,弥补了行政处罚力度不足的缺陷,构建了我国对外来入侵物种双重监管的坚固屏障,但刑法并非万能,刑法适用的谦抑性和严苛性导致该罪至今未被司法机关适用,其在司法实务中存在以下三点适用障碍:

(一)收集与固定证据难

通过解构该罪的犯罪构成要件,该罪属于故意犯罪,对犯罪嫌疑人的主观故意,需通过其外在客观行为来印证。该罪的客观行为是“非法引进、释放或者丢弃外来入侵物种”,故在调查取证时,需对“引进”“释放”“丢弃”行为进行证据收集和固定。司法实务中,“引进”的常规途径是入境带入,新兴途径则是寄递包裹,以上行为可通过海关、邮政等行政部门执法时当场查获,及时固定证据,但“释放”“丢弃”均属私人行为,难以全面规制,该客观行为的证据收集难度较大,除非行为人的“释放”“丢弃”行为被监控拍到或在众目睽睽之下。如甲经海关等行政执法部门审批许可,引进巴西龟当宠物饲养,若干时间后,甲不再喜欢该宠物,遂私下在某地放生或丢弃。经过时间的推

---

① 海关也制发过类似名录,但并非专门针对外来入侵物种,故暂不统计该类,如《中华人民共和国进境植物检疫性有害生物名录》等禁限名录。

移,该地生态环境受到较严重破坏。假设甲的行为符合非法引进、释放、丢弃外来入侵物种罪的所有构成要件,但碍于无法取得行为人"释放"或"丢弃"的证据,且时间跨度大,该外来入侵物种无法溯源,司法机关就难以将该行为入罪并适用刑法打击甲的犯罪行为。

(二)该罪的司法适用仍处在探索阶段

《刑法修正案(十一)》体现了刑法与社会生活的发展和人民群众的要求要"与时俱进"这一积极一般预防的理念[①],故在修正时新增条文14条,新增罪名17个,修改条文32条,外加一个生效条文。"非法引进、释放、丢弃外来入侵物种罪"作为其中新增的罪名之一,极大地受到积极刑法观的影响。随着"犯罪圈"不断扩大,越来越多的行为受到刑法规制,这在一定程度上影响和改变了民众的日常生活习惯,因此司法实务界也需要一段时间的学习、沉淀和适应。加之当前该罪缺乏统一的司法适用标准,司法机关在入罪与出罪的界定和程序性证据问题、行政执法与刑事司法衔接等方面,仍处于初步探索的阶段,故对该罪的适用较为谨慎。

(三)该罪犯罪构成要件具体规定不明确

该罪属于典型的空白罪状,要理解、掌握和适用该罪,应对以下三点内容进行具体、明确的规定,这也是今后司法解释性文件应补充完善之处。一是明确"违反国家规定"中的"规定"。构成该罪的前提条件是"违反国家规定",此处的"规定"没有具体指代。或者从法律的延续性角度看,是不是在《刑法修正案(十一)》实施前的所有法律法规或规范性文件中涉及的"非法引进、释放、丢弃外来入侵物种"行为的规定均可适用,尚不明确。二是"外来入侵物种"的界定。首先,作何解释。对"外来入侵物种"应作何种解释,是扩大还是缩小或是其他?如某学者指出,对"外来入侵物种"要作扩大解释,不仅包括处于存活状态的"物",还包括具有繁殖能力、扩散风险的"种",因此,相关物种的活体就不用说了,相关植物物种的种子、苗木,以及动物物种的卵、蛋及胚胎等其他繁殖材料也包括在内。[②] 其次,具体认定。目前,我国已发布六批外来入侵物种名单,即四批《中国外来入侵物种名单》(第四批更名为《中国自然生态系统外来入侵物种名单》)、一批《国家重点管理外来入侵物种名录(第一批)》和《重点管理外来入侵物种名录》,以上名单是否在认定外来入侵物种时具有法律效力,在具体个案中对外来入侵物种的认定能否直接引用?三是"情节严重"的具体表现形式。"情节严重"是该罪定罪量刑的必要条件,但法条中并未对"情节严重"予以明晰,且该罪是结果犯还是危

① 参见黎宏:《〈刑法修正案(十一)〉若干要点解析——从预防刑法观的立场出发》,载《上海政法学院学报(法治论丛)》2022年第2期。

② 参见黎宏:《〈刑法修正案(十一)〉若干要点解析——从预防刑法观的立场出发》,载《上海政法学院学报(法治论丛)》2022年第2期。

险犯,仍值得推敲。若"情节严重"是指因引进、释放、丢弃行为而产生对生态环境造成的实害结果,那么"情节严重"就需要一个界定,是以数量来衡量结果的严重性还是以质量来衡量;若"情节严重"是指因引进、释放、丢弃行为而产生对生态环境造成的现实危险,那么"情节严重"是指发生危险的紧迫性程度还是发生危险的可预见性。

三、充分激活"非法引进、释放、丢弃外来入侵物种罪",探索刑法预防性保护功能的优化路径

(一)区分该罪三种行为方式,依托技术等手段对行为开展调查取证

若要对该罪的某一行为进行取证定罪,就要拆分符合该犯罪的行为方式,对"引进""释放、丢弃"区别对待、分类处理。

一是"引进"行为。该罪中的"引进"行为应作缩小解释,将"引进"限定在未经批准的前提下。"引进"行为能入罪,就意味着行为人明知,属有意为之,且存在两种情形:一种是行为人以通关的形式"引进"。此时,在通关口岸被海关等行政执法部门当场查获的外来入侵物种,若数量较少或危害不大,则不入罪,行政处罚即可;若数量较大,达到了入罪标准或者"引进"的外来入侵物种已被证实给我国带来了较大危害(或对人身健康造成的危害或对生态环境和生物安全造成的危害),此时可直接依据数量或现实危害,作入罪处理。另一种是行为人以寄递的形式"引进"。此种情形,需要邮政等行政机关重点关注国外寄递的包裹,并采取技术手段,对寄递物品进行扫描检查,若发现数量较大或有现实危害的,可当场固定证据,作入罪处理。

二是"释放、丢弃"行为。该罪中的"释放、丢弃"行为也应作缩小解释,限定在经批准的前提下。如有学者提出,"释放、丢弃"是非法处置外来入侵物种的行为,包括经过批准"引进"的物种,在进行实验研究等之后予以非法野外放养或者随意丢弃的情况。该行为表现为人为主观地对外来入侵物种放任不管,区别在于"释放"是主动放生,"丢弃"则是随意抛弃。当经批准"引进"的外来入侵物种,在"引进"时未达到数量或危害要求时,海关或邮政等行政部门则可对"引进"的物种内嵌微型追踪器等跟踪设备。若干时间后,行为人因管理不善等缘由,未经许可,在户外"释放、丢弃"该外来入侵物种时,就可通过跟踪设备进行追踪,提升对外来物种的追踪发现能力,以此来锁定行为人的具体犯罪行为。

三是发挥群众的"吹哨人"作用。《生物安全法》第 8 条第 2 款规定:任何单位和个人有权举报危害生物安全的行为;接到举报的部门应当及时依法处理。因此,发挥群众的"吹哨人"作用是收集与固定证据的另一个措施,且群众举报属于证人证言类证据。

(二)建议尽快出台关于该罪的司法解释,统一指导司法实务中的法律适用

通过刑法进一步加强对生物安全的法律保护,需在司法实践中用活该罪,提升刑法的预防性和震慑性功能。对法条中较模糊的部分要明确内容、明晰范围、明确责任,探索在司法实践中适用该罪的具体处罚规则,明确以刑事违法性为核心的入罪标准。纵观我国刑事司法的实务发展,当前我国的刑事司法活动仍停留在"刑事司法解释之治"阶段①,司法机关对刑法罪名的适用和对入罪与出罪标准的把握,很大程度上仍依赖于相应的司法解释。

一是行为的违法性,即对"违反国家规定"中的"规定"应作体系解释。该罪作为法定犯,兼具了行政违法性和刑事违法性两种属性。周光权教授曾指出,基于法秩序统一性原理,行政法上合法的行为,不可能成立犯罪,换言之,不存在行政违法性,刑事违法性也当然不存在。② 故本罪的入罪前提是具有行政违法性。同时,《刑法》第 96 条规定:本法所称违反国家规定,是指违反全国人民代表大会及其常务委员会制定的法律和决定,国务院制定的行政法规、规定的行政措施、发布的决定和命令。截至目前,我国对外来入侵物种的规制暂无统一、集中的法律规范,而是分散规定于各个行政领域的法律法规中,如《野生动物保护法》《生物安全法》《进出境动植物检疫法》及其实施条例、《植物检疫条例》等法律法规。"避免矛盾与保持协调,是体系解释的最主要的要求。"③从法律的衔接角度看,《生物安全法》与《刑法修正案(十一)》的通过时间与施行时间比较接近,二者的关联性较强,因法律具有体系性和延续性,故以上两部法律应是互相衔接和递进的。《生物安全法》第 82 条规定,"违反本法规定,构成犯罪的,依法追究刑事责任",该条表明,该罪的行政违法性是前提,即行为人先违反了行政法中关于管理外来入侵物种的规定,当行为符合情节严重时,行为就具有了刑事违法性,值得科处刑罚。同时,因法律具有滞后性,法不溯及既往,故在《刑法修正案(十一)》之后施行的法律是否可纳入该罪规定的"违反国家规定"中"规定"的范畴,要具体分析。因此,《刑法修正案(十一)》施行前的关于涉及外来入侵物种的法律法规,均可认为是该罪中"违反国家规定"之"规定"。

二是行为对象中应明确"外来入侵物种"的范围。2002 年 11 月 4 日,国家环保总局自然生态保护司与中国科学院生物局共同举办了外来入侵物种专家座谈会,并形成《外来入侵物种专家座谈会纪要》,该纪要指出,"制定和发布外来入侵物种名单是必要的,此为重要的管理措施之一……名单中每个物种都应以完整周密的科学研究为基础,列入要准确。对存在不同意见的,暂不列入……此次列入名单的是第一批,今后发

① 参见徐建军、隋莉莉:《刑法第 341 条第 1 款"情节严重"标准探析》,载《中国检察官》2021 年第 11 期。

② 参见周光权:《论刑法所固有的违法性》,载《政法论坛》2021 年第 5 期。

③ 张明楷:《刑法分则的解释原理》(第 2 版),中国人民大学出版社 2011 年版,第 284 页。

现新的外来入侵物种,应及时列入名单并发布”。《中国第一批外来入侵物种名单》正是此次外来入侵物种专家座谈会的成果之一。由此可确定“外来入侵物种”名单必须经过充分的调查研究和科学论证,是应慎之又慎的一件大事。在司法实务中,为谨慎运用该罪打击违法犯罪、保护生物安全,司法机关要对“外来入侵物种”名单进行谨慎界定。为充分利用现有资源和避免对“外来入侵物种”的重复认定,并保持法律的延续性,建议“外来入侵物种”的范围可界定在现行有效的、已经公开发布的六批名单(名录)中。换言之,国务院相关部委已公开发布的六批外来入侵物种名单(名录)在刑法中应有法律效力,具有普遍适用性,可在司法实践中作为界定“外来入侵物种”的依据使用,同时要明确该罪中的“外来入侵物种”应以可能造成生态多样性损失的物种为界限。同时,对已公开发布的六批外来入侵物种名单(名录)中的物种,不能只局限于“活体”,还应包括植物物种的种子、幼苗和动物物种的卵、蛋以及胚胎等其他具有繁殖潜力、扩散风险的待孵化物。①

三是入罪标准中应对“情节严重”具体化、直观化。刑法并非保护民众合法权益的唯一方式,但它是最后一道防线,刑法的补充性或谦抑性决定了刑法不能规制一切违法行为,因该罪涉及的行为具有行政违法与刑事违法双重属性,故“情节严重”是划分两种不同属性的“分水岭”,只有达到“情节严重”的标准,才能入罪,故此处的“情节严重”应属于违法构成要件要素②,要进一步厘清“情节严重”的表现形式,做到入罪合法、出罪合理,有效限制“犯罪圈”。首先,要归纳提炼出常见情形,建议在该罪的司法解释中采取“列举+兜底”的方式描述“情节严重”的类型,即先通过已办理的行政案例反映出的现实情况,归纳列举出实践中常见多发的情节严重情形,再以类似“其他情节严重情形”的表述进行兜底,从而形成半具体半开放的规范结构。③ 如当行为人释放、丢弃外来入侵物种于自然保护区、国家或城市公园、湿地保护区等具有重大生态意义的自然保护区域时,那么该行为就可明确为属于“情节严重”的入罪行为;或者生物实验室等专业机构的工作人员在对外来入侵物种进行某种实验后,未按工作规程要求,随意释放、丢弃外来入侵物种,亦应将此行为列入“情节严重”的范畴。此举可将行政违法与刑事违法相分离,并划清两者之间的界限,将具有明显的刑罚当罚性的行为入罪,保证刑事打击的精准性。其次,要有明确的数量、次数或者种类标准。建议对“情节严重”进行量化,以数量为评价标准,具体而言就是指非法引进、释放、丢弃外来入侵物种数量较多,或造成的经济损失数额较大,或次数较多,或种类特定。此举是将抽象的犯罪行为转变为直观的数据,便于大多数民众理解和遵守,使解释更加符合罪

---

① 参见任学婧、敦宁:《非法引进、释放、丢弃外来入侵物种罪探究》,载《政法学刊》2022 年第 1 期。

② 参见石聚航:《侵犯公民个人信息罪“情节严重”的法理重述》,载《法学研究》2018 年第 2 期。

③ 参见刘艳红:《化解积极刑法观正当性危机的有效立法——〈刑法修正案(十一)〉生物安全犯罪立法总置评》,载《政治与法律》2021 年第 7 期。

刑法定原则的明确性规则。可参照 2014 年发布的最高人民法院、最高人民检察院《关于办理走私刑事案件适用法律若干问题的解释》以数量作为走私珍贵动物罪情节特别严重的认定标准。① 因数字具有唯一性和不可变性,可量化规定的内容是最具指导性和实践性的,故应以明确数量的方式确定"情节严重"的入罪标准,不放过也不错过任何一个可能对生物安全造成威胁的严重风险行为。最后,要丰富刑罚种类,扩大单处罚金刑的适用范围。该罪在刑法功能中宣示性的意义大于打击性,即以刑法入罪的方式,告诫民众"非法引进、释放、丢弃外来入侵物种"是违法犯罪行为。刑法的预防作用在此罪上被充分体现,但打击作用却有所弱化,为提高该罪适用率,可适当丰富刑罚种类并将其作为附加刑独立适用。如针对特定人员即生物实验室等专业机构的工作人员,可引进资格刑,让其丧失从业资格,减少再犯的可能。与此同时,对逐利性生物安全犯罪可适用罚金刑,如非法引进外来入侵物种作为异宠的经营者和销售者。虽然罚金是附加刑之一,但同样具有震慑力,这也避免了滥用主刑之嫌,维持了刑法的谦抑性。

(三)立足法律监督职能,发挥以刑法保护功能为基础的检察履职质效

随着检察机关职能重塑、机构重组,逐渐实现了"四大检察""十大业务"全面协调充分发展,以预防和打击违法犯罪为基础,检察机关在不断拓宽保护生物安全的履职渠道。一是强化公益诉讼检察职能。贯彻恢复性司法理念,对非法引进、释放、丢弃外来入侵物种罪等案件,可提起刑事附带民事公益诉讼,在运用刑法打击违法犯罪的同时,开展全方位的生态修复行动,如探索增殖放流、补植复绿等方式,修复被破坏的森林、河湖等生态领域,构建源头严防、过程严管、责任严查和充分修复的现代生物安全司法保障体系。二是加强行政执法与刑事司法的有效衔接。行刑衔接相互配合是保护生物安全的又一重要方式,需不断完善行刑衔接和适用的递进梯度。当海关、邮政、农业农村局等行政机关在执法中发现涉及外来入侵物种的犯罪线索时,应及时将该线索移送至公安机关和检察机关,从而由检察机关提前介入引导侦查,指导收集相关证据,为适用非法引进、释放、丢弃外来入侵物种罪等刑法保护生物安全手段奠定证据基础。司法实践中,应修订完善行刑衔接实施细则,打通数据壁垒,建立信息共享平台,着重加强外来入侵物种的犯罪线索的移送和证据收集等方面的衔接。三是发挥以案释法功效。运用检察听证等公开审查案件的方式,通过邀请人大代表、政协委员、行政机关执法人员作为听证员,在中国检察听证网直播,对涉及非法引进、释放、丢弃外来入侵物种的行为进行公开论证,将入罪与出罪标准,诉或不诉、捕或不捕等问题论清楚、辩明白,最终明晰办案标准,释放运用非法引进、释放、丢弃外来入侵物种罪打击违

① 参见徐建军、隋莉莉:《刑法第 341 条第 1 款"情节严重"标准探析》,载《中国检察官》2021 年第 11 期。

法犯罪的信号,实现“办理一件、影响一片、治理一域”的司法办案效果。

四、结语

生物安全严重关乎国家安全,当前非法引进、释放、丢弃外来入侵物种罪的适用存在空白,司法实务界需引起重视,应尽快出台该罪的配套司法解释,唤醒“沉睡的法条”,发挥出刑法保护遵法者、打击违法者的法律效果。当然,仅依靠刑法并不是保护国家生物安全的最优方式,对生物安全尤其是外来入侵物种的防治和监管应以“预防性原则为主、惩罚性打击为辅”,双管齐下、同向发力、同频共振,才能遏制外来入侵物种“频频发难”的势头,减轻外来入侵物种带来的危害,织牢用法律保护国家生物安全的法网。

执行判决、裁定渎职犯罪的后果认定

杭州市人民检察院第四检察部课题组*

法治是最好的营商环境,民事领域尤其是执行领域的司法公正关系到最广泛的群众利益,是大众最能直观感受到公平正义所在的司法领域之一。实践中,部分执行工作人员为提高结案率,甚至为了以权谋私,漠视公众利益,在执行判决、裁定过程中渎职,在损害了当事人及其他人利益的同时,更严重损害了司法权威。当前对于该领域的刑法规制,虽然设置了执行判决、裁定滥用职权罪和执行判决、裁定失职罪,然而对于执行判决、裁定渎职犯罪①的犯罪构成的后果认定,既存在立法规定上的缺陷,也存在实践操作中的不足,值得探究。

一、执行判决、裁定渎职犯罪后果认定的司法实践

当前司法实践中对于执行判决、裁定渎职犯罪的处置数量不多,笔者通过中国裁判文书网查询 2013 年至 2023 年全国范围内的案件,不超过 50 件,其中执行判决、裁定滥用职权罪案件共计 34 件,执行判决、裁定失职罪案件共计 16 件。究其原因主要包括:一是渎职犯罪的主观过错往往是放任的故意或过于自信的过失,本身判定较难。二是民事执行领域的渎职犯罪普遍隐藏较深,加之司法人员的反侦查能力普遍较强,不易被发现。三是渎职犯罪的经济损失普遍系多因一果,从面上损失的"果"直接锁定系司法工作人员渎职的"因",往往存在障碍。

目前,刑法规定执行判决、裁定渎职犯罪后果的构成要件是致使"当事人或者其他人的利益遭受重大损失"。对于如何理解"致使当事人或者其他人的利益遭受重大损失",2006 年 7 月 26 日最高人民检察院发布的《关于渎职侵权犯罪案件立案标准的规定》分别从致使当事人或者其近亲属人身伤亡、精神失常,造成个人经济损

---

* 杭州市人民检察院第四检察部课题组成员:陈娟,杭州市人民检察院党组成员、副检察长,二级高级检察官;张晓峰,杭州市人民检察院第一、第四检察部主任,三级高级检察官;夏育宏,杭州市人民检察院第四检察部副主任,四级高级检察官;夏立强,杭州市人民检察院第四检察部四级高级检察官。

① 为表述方便,当出现同时论述执行判决、裁定滥用职权罪和执行判决、裁定失职罪时,本文统称为执行判决、裁定渎职犯罪。

失,造成法人或者其他组织财产损失,造成公司、企业等单位停业、停产等方面作出了规定。但对于该罪对司法权威的损害未能作出规定,导致对司法权受损的评价不足,无法与掩饰、隐瞒犯罪所得、犯罪所得收益罪和拒不执行判决、裁定罪等妨害司法罪的立法目的相统一。同时,仅就造成经济损失的认定而言,既往判例同样存在标准各异的情形。

(一)以造成经济损失为认定标准

通过研判近10年的类案发现,除湖北省襄阳市中级人民法院审理的杜金龙、黄树国执行判决、裁定滥用职权案①中,一审判决曾以"造成恶劣社会影响"为由认定二人构成执行判决、裁定滥用职权罪以外(二审未认可),均系因给当事人或者其他人造成了经济损失,认定构成犯罪,但对于经济损失的计算却标准各异。

一是以当事人或第三人自行统计的损失为标准。例如,湖南省常德市中级人民法院在丁时作执行判决、裁定滥用职权案②中认定:丁时作裁定终结长城公司申请执行芮某成支付令,长城公司收到该裁定书后,于2006年11月24日作出《关于芮某成债权的最终处置报告》,对该债权最终处置损失42.81万元,2006年12月20日对该资产处置项目终结。因此,判决便根据当事人长城公司自报损失予以认定经济损失。

二是以与渎职行为具有必然因果关系的损失为标准。例如,山东省潍坊高新技术产业开发区人民法院审理的丁文学执行判决、裁定滥用职权、受贿案③中,法院认为虽然被告人丁文学存在执行判决滥用职权行为,但作为被执行人的青岛大象冷食公司是否已进行清算,目前公司经营状况和财产情况如何,是否还有财产可供执行,公诉机关未提供相应证据予以证实,公诉机关没有举证证明指控的损失数额是必然导致的确定损失数额,故公诉机关指控的造成青岛正戴俐公司直接经济损失160余万元的证据不足,被告人丁文学犯执行判决、裁定滥用职权罪不能成立。

三是以同期银行贷款基准利率为标准。例如,江苏省常州市武进区人民法院审理的方川执行判决、裁定滥用职权、受贿案④中,认定被告人方川作为执行局审判员,在承办案件过程中,收受他人贿赂,对执行的标的物未进行必要的调查,也未告知相关人员权利和标的物瑕疵即对标的物进行拍卖,致竞买人以人民币930万元竞拍成功后,在接收中与该标的物原居住、占用的人员多次发生冲突,竞买人在另支付104.5万元补偿

---

① 参见杜金龙、黄树国执行判决、裁定滥用职权案,湖北省襄阳市中级人民法院(2019)鄂06刑终340号刑事判决书。

② 参见丁时作执行判决、裁定滥用职权案,湖南省常德市中级人民法院(2018)湘07刑终51号刑事判决书。

③ 参见丁文学执行判决、裁定滥用职权、受贿案,山东省潍坊高新技术产业开发区人民法院(2014)开刑初字第141号刑事判决书。

④ 参见方川执行判决、裁定滥用职权、受贿案,江苏省常州市武进区人民法院(2015)武刑初字第1102号刑事判决书。

后才实际拥有该房产的使用权。由此导致的竞买人的经济损失按中国人民银行贷款基准利率测算即达127万元。

四是以标的物覆盖的最大债权数额为标准。例如,内蒙古自治区阿荣旗人民法院审理的孟某某执行判决、裁定滥用职权、受贿、行贿案①中,吉林市船营区人民法院查封的吉林市某房屋建筑工程公司的锅炉房、烟囱、锅炉等设备及经营权以1702240元的价格确权给申请执行人以物抵债,后孟某某在另一起民事执行案件中,委托评估公司评估将上述资产作价428027元后组织拍卖,后被国某某以66万元的价格竞得。判决认定申请执行人以物抵债的1702240元的民事权利无法实现,案发后追回66万元,最终认定损失104万元。该案中,法院以标的物所能覆盖的最大债权数额认定了造成的经济损失,孟某某辩解该104万元不应认定为系其造成的损失,但未被法院采信。事实上,由于市场等因素的介入,的确有可能存在标的物的最终拍卖价远低于评估价的情形,孟某某的辩解并非毫无道理。

(二)以"造成恶劣社会影响"为认定标准

单纯只将"恶劣社会影响"作为执行判决、裁定渎职犯罪构罪要件的情形,司法实践中比较少见,2013年至2023年期间,仅有两个案件以此为由提起公诉,但均未被判决认可。

例如,湖北省襄阳市中级人民法院审理的杜金龙、黄树国执行判决、裁定滥用职权案②中,一审时,湖北省保康县人民法院判决认定,检察机关指控的导致襄阳晴川公司财产损失602.45万元、第三人高某财产损失188.5461万元均证据不足,但认定杜金龙、黄树国身为司法工作人员,在执行人民法院生效裁定活动中,滥用职权,收受贿赂,致使群众上访,引发群体性事件,造成恶劣社会影响,其行为均已构成执行裁定滥用职权罪。换言之,湖北省保康县人民法院一审认定杜金龙、黄树国构成执行判决、裁定滥用职权罪的法律后果并非基于使当事人或者第三人的利益遭受重大损失,而是基于造成恶劣社会影响。湖北省襄阳市中级人民法院的终审判决对上访和滥用职权之间是否存在因果关系,以及因滥用职权导致上访,是否能够评价为致使"当事人或者其他人的利益遭受重大损失"未作回应。或许二审判决没有提及此内容本身,即表明构成执行判决、裁定滥用职权罪无须考虑是否"造成恶劣社会影响"问题。但不可否认的是,二审判决对于杜金龙、黄树国在执行判决、裁定滥用职权过程中,司法权是否受到损害本身,没有进行评价。

---

① 参见孟某某执行判决、裁定滥用职权、受贿、行贿案,内蒙古自治区阿荣旗人民法院(2014)阿刑初字第29号刑事判决书。

② 参见杜金龙、黄树国执行判决、裁定滥用职权案,湖北省襄阳市中级人民法院(2019)鄂06刑终340号刑事判决书。

(三)将造成经济损失和恶劣社会影响共同作为认定标准

实践中,部分判决还存在将造成经济损失作为认定危害后果的“保底后果”,同时将“恶劣社会影响”作为量刑情节在判决中予以表述的情况。例如,江苏省常州市武进区人民法院审理的方川执行判决、裁定滥用职权、受贿案①中,认定被告人方川的执行判决、裁定滥用职权行为在造成经济损失 127 万元的同时,由于双方冲突造成公安机关多次出警调处,其中一方还多次向江苏省、扬州市二级法院集体上访、投诉,造成恶劣社会影响。再如,吉林省通化市二道江区人民法院在赵长福执行判决、裁定滥用职权案②中认定,被告人赵长福在执行标的物有房屋产权证且没有适格当事人书面申请的情况下,未经合议庭合议,也无相关领导批准,擅自委托测绘,并采用测绘制作裁定,少给赵玉花、杨朝波抵顶贷款本息合计 6 万元(此外,案发后东昌区人民检察院委托评估共花费 2 万元),且没有将评估、拍卖、重新测绘等文书送达被执行人赵玉花、杨朝波,导致被执行人对案件不知情,认为法院执法不公,多年上访,并在网上公布案情,严重损害司法部门的执法公信力,造成恶劣社会影响,其行为构成执行判决、裁定滥用职权罪。

二、执行判决、裁定渎职犯罪后果认定的现实困境

如前所述,司法实践中对于执行判决、裁定渎职犯罪的后果认定多有分歧,单就经济损失的认定便标准各异。当前,此罪的后果认定主要包括三个方面的实践困境:

(1)将造成经济损失作为认定损害后果的依据,客观上存在经济损失的认定标准不统一问题,事实上,无论是执行判决、裁定滥用职权罪,抑或执行判决、裁定失职罪,其所产生的经济损失不一定都是即时的,大多数情况下具有滞后性,有的甚至滞后数年,有的则掺杂了其他因素。例如,司法网拍领域的执行判决、裁定渎职犯罪案件,执行人员对虚假租赁不予涤除,带租拍卖,降低了竞买人的竞买意愿,最终导致标的物流拍,使得标的物的价值贬损,但细究起来就会发现,标的物价值贬损的危害后果,往往掺杂了被执行人提供虚假材料因素、市场价格波动因素,以及潜在竞买人的认定是否合理因素。对于在多因一果的情况下,采取何种标准认定经济损失,司法实践中做法并不统一。

以杭州某区法院滥用职权进行司法网拍为例,其在造成经济损失的认定方面便颇

---

① 参见方川执行判决、裁定滥用职权、受贿案,江苏省常州市武进区人民法院(2015)武刑初字第 1102 号刑事判决书。

② 参见赵长福执行判决、裁定滥用职权案,吉林省通化市二道江区人民法院(2015)二刑初字第 30 号刑事判决书。

具代表性。该案的执行工作人员对被执行人的抵押物上存在租期20年,且租金已一次性付清的虚假租赁予以非法保护,不予涤除,挂网拍卖时,客观上造成无人参与竞买,导致标的物流拍(评估价是1000万元),第二次拍卖时,被执行人委托其关系人以远低于评估价的价格竞买成功(竞买价600万元),之后该关系人以该竞买而来的财产向银行抵押借款(抵押借款700万元),客观上造成抵押物的价值减损,风险最终转移至银行,抵押物的所有权仍在被执行人手中,在强制执行过程中,被执行人反而获利,严重损害了司法权威(至少获得银行抵押借款700万元和实际竞买600万元的差额100万元;此外,因标的物是厂房,被执行人通过出租的方式,每年仍可收取200万元的租金)。对于如何认定经济损失,存在不同观点:一是以评估价和拍卖价的差额作为经济损失的认定标准;二是以重新对标的物进行的估价作为经济损失的认定标准;三是以对租赁权单独进行估价后,结合标的物价值进行的估价作为认定标准。

(2)目前司法解释规定的损害后果的具体标准,对于司法权损害评价不足。根据《刑法》第399条的规定,构成执行判决、裁定渎职罪,需要达到致使当事人或者其他人的利益遭受重大损失的标准。对于如何理解"致使当事人或者其他人的利益遭受重大损失",2006年7月26日最高人民检察院发布的《关于渎职侵权犯罪案件立案标准的规定》予以具体明确。然而,立案标准对司法权威的损害未能作出规定。一方面,从立法目的上看,执行判决、裁定渎职犯罪与掩饰、隐瞒犯罪所得、犯罪所得收益罪和拒不执行判决、裁定罪具有相同旨趣,均需要强调对司法权的保护;另一方面,从追诉标准上看,执行判决、裁定渎职犯罪与掩饰、隐瞒犯罪所得、犯罪所得收益罪和拒不执行判决、裁定罪没有确定相同的追诉类型,客观上造成对司法权的保护不统一。

(3)目前《刑法》第399条第4款规定的执行判决、裁定渎职犯罪和受贿罪从一重处罚的内容,存在低估此罪危害后果之嫌。当前刑法所规定的罪名中,渎职犯罪和受贿犯罪同时存在时,几乎均是数罪并罚,甚至从对腐败问题零容忍的决心出发,数罪并罚或直接升档的处罚规定,不仅适用于国家机关工作人员,更是扩张至国有公司、企业、事业单位等以国家工作人员论的情形。然而,对执行判决、裁定渎职犯罪而言,却是规定从一重处罚,这将导致刑罚配置上的不均衡。例如,张三是普通的公职人员,受贿后滥用职权,按照数罪并罚处理;李四是司法工作人员,受贿后执行判决、裁定滥用职权,却按照从一重处罚。这将导致司法权没有得到充分保护,事实上是对司法工作人员渎职行为的评价不足,不符合人民群众对司法的现实期待。

三、执行判决、裁定渎职犯罪后果认定的标准构想

执行判决、裁定渎职犯罪所存在的现实问题,既需要对现有追诉标准进行统一认

定,也需要在此基础上与时俱进,增加对司法权的保护,同时要通过调整处刑规则的方式,增加对该类犯罪的惩处。

(一)从有利于犯罪嫌疑人的角度考虑,将标的物覆盖的最大债权数额作为造成经济损失的认定标准

一是以银行等第三方自报损失作为认定标准不妥当。司法实践中,经常出现对于损失的认定,尤其当被害方是银行的情况下,囿于计算损失的专业性,由银行自行核算损失后司法机关予以认可。这种以被害人自报损失为准的方式并不妥当,尽管在民事领域,认可利息等机会收益也属于银行等被害人的可得收益内容,但刑法并不保护利息收益。例如,最高人民检察院、公安部《关于公安机关管辖的刑事案件立案追诉标准的规定(二)》第 49 条第 3 款规定,恶意透支的数额,是指公安机关刑事立案时尚未归还的实际透支的本金数额,不包括利息、复利、滞纳金、手续费等发卡银行收取的费用。归还或者支付的数额,应当认定为归还实际透支的本金。这一规定背后的法理便是刑法只关注社会关系是否修复,而不能保证某一方从中必然获益。因此,迷信银行等第三方自报损失的做法不妥当。

二是渎职行为和损失之间具有职务关联性即可。诚然,如果行为和损失之间存在必然因果关系,自然可以直接认定构成犯罪。但事实上,某种经济损失的造成往往涉及多种因素,尤其是当行为和损失之间存在长时间间隔的情况下,更加难以证明存在必然因果关系。尤其对于司法工作人员渎职犯罪而言,渎职行为的后果往往首先作用于被执行人的拒不执行行为上,进而再造成经济损失,因此本身就存在中间环节,如果要求必然因果关系,是对取证工作提出了过高要求。事实上,刑法规定的大部分结果犯,细究起来大多是多因一果的关系,刑法通说中,对于刑法中的因果关系普遍认为存在相当因果关系即可。因此,从办案实践来说,采取相当因果关系理论,只要渎职行为和经济损失之间存在因果关系,且这种因果关系是高概率会发生的,或者高概率是无法避免的,就应当认定存在因果关系。此外,有观点甚至认为,因果关系和经济损失本就不应杂糅在一起判断,主要是因为直接因果关系和间接因果关系有时难以区分,将因果关系与经济损失判断关联在一起,实践中有时会影响损失计算的确定性。①

三是以标的物覆盖的最大债权数额为标准认定经济损失。对于经济损失的认定存在不同标准,“因实务经验的积累和理论认识的深化,两高司法解释对渎职犯罪经济损失的规定,由先前的‘确实无法挽回’‘灭失性损失’逐渐演变为当下的渎职犯罪‘已经实际造成的财产损失’。但此种循环逻辑的解释难以起到释明其实质内涵的作

---

① 参见陈国庆等:《〈关于办理渎职刑事案件适用法律若干问题的解释(一)〉理解与适用》,载《人民检察》2013 年第 5 期。

用”①。尤其对于司法网拍领域的执行判决、裁定渎职犯罪，犯罪嫌疑人往往通过一系列手段排除竞买人，客观上将导致标的物价值的贬损。在认定损失时，首先确定标的物的评估价和拍卖价的差额（实践中几乎均是拍卖价远低于评估价），其次固定被执行人尚未归还的债务（实践中几乎是外债缠身，自有资产无法覆盖所欠债务，实践中可以选取部分债权人固定证据），最后比较前两步所得出的数额的多少，从有利于犯罪嫌疑人的角度出发，按照较少的数额认定犯罪嫌疑人造成的经济损失。如果评估价和拍卖价的差额小于被执行人尚欠外债的数额，那么认定损失以差额为准；如果评估价和拍卖价的差额大于被执行人尚欠外债的数额，那么认定损失以被执行人尚欠外债的数额为准。如此可以最大限度地评价损失对于被执行人而言的实际意义，以及对被害方造成的实际不良影响。实践中，对于机会利益损失，如利息收益、房租收益、管理费用等，由于不应纳入刑法调整的范围，而且客观上存在不确定性，往往不具有评价的条件，所以不宜将其认定为损失。

（二）从保护司法权的角度考虑，应将“造成恶劣社会影响”作为犯罪后果的认定标准

一是要强化指导性案例的指导作用。截至 2023 年 3 月 1 日，最高人民检察院发布指导性案例共计 43 批 174 例，但国家工作人员滥用职权“造成恶劣社会影响”的指导性案例只有 1 例，即检例第 6 号“罗建华、罗镜添、朱炳灿、罗锦游滥用职权案”，该指导性案例认定 4 名被告人的行为严重危害和影响了该地区的社会秩序、经济秩序、城市管理和治安管理，造成了恶劣的社会影响，同时指出对滥用职权“造成恶劣社会影响的”，应当依法认定为“致使公共财产、国家和人民利益遭受重大损失”。司法工作人员渎职犯罪所造成的“恶劣社会影响”，相较于普通国家工作人员而言，更加体现了对司法权的损害。从司法实践角度来看，亟须加强此方面的指导，将对司法权的损害理解为《刑法》第 399 条第 3 款所规定的致使“其他人的利益遭受重大损失”的情形。

二是细化“恶劣社会影响”的认定标准。结合当前司法实践，对“恶劣社会影响”的认定，在内容上应当至少体现如下三个方面：首先，存在对司法权威的严重贬损。例如，司法工作人员与被执行人串通，伪造、毁灭有关被执行人履行能力的重要证据；不履行或不正确履行法定职责，恶意增加当事人的司法义务。其次，会使不特定公众的内心产生不安。例如，不同行业的社会公众普遍感受到司法不公，司法工作人员的渎职犯罪长期存在。最后，会对经济发展环境和信心产生不良影响。例如，对当地营商环境等造成恶劣影响，影响到外来投资等。这一情节设立的目的是在不改变现有刑法罪状的前提下，改变该罪的打击范围，明确对司法权保护的具体落地抓手。

① 刘冕、康均心：《渎职犯罪经济损失的内涵检讨与实务认定》，载《理论月刊》2021 年第 2 期。

三是探索第三方评估"恶劣社会影响"的工作机制。实践中,不仅是对何为"造成恶劣社会影响"的各种观点莫衷一是,对于认定"恶劣社会影响"是否客观往往也会成为控辩双方争论的焦点。对于某渎职行为是否已经造成"恶劣社会影响",往往是司法人员的内心判断,有的是因导致信访,有的是因被媒体报道,有的是因到党政机关破坏工作秩序,有的是因周围群众要求严惩的呼声,有的是因案件久拖不决……对这些因素的判断,往往充斥着个人主观意愿。例如,被媒体报道是需要哪个级别的媒体报道,影响的受众范围多大,网络媒体报道的情况下存在虚假流量如何处理,如果是被害方为造声势自行扩大不良影响如何甄别,这些问题往往专业性较强,司法机关的办案人员并不一定都能自行解决。因此,可以考虑参照《刑事诉讼法》中规定的社会危险性评估的内容,委托第三方机构中立评估。在随机抽选第三方机构后,第三方机构可以探索通过以下方式评估"恶劣社会影响"的危害程度:首先,对不同群体的抽样调查,以解决评估受众的广泛性;其次,专业网评机构的虚假流量筛选,以解决危害程度的真实性;最后,专业问题的设置,以解决评估标准的客观性。例如,随机选取不同职业的人员后,需要了解其是否听说过某件渎职案件,目的是确定是否与案件有关联;对于司法工作人员的某类渎职行为,认为是个例,还是普遍现象,目的是确定对当前司法环境的评价;对于司法工作人员的某类渎职行为,如果要予以刑事打击,认为渎职行为造成行政违法后果即可,还是必须造成刑事犯罪后果,目的是测试社会公众对司法工作人员履职容错率的容忍度。

(三)从严密法网角度考虑,取消《刑法》第399条第4款从一重处罚的规定

"立法者设立《刑法》第三百九十九条是基于法律经济性的考虑,在特殊的司法领域,将渎职犯罪与受贿犯罪从一重论处。"①事实上,《刑法》第399条所规定的渎职犯罪与受贿犯罪,二者之间没有包容评价的关系,保护的法益也不相同,第4款规定从一重处罚,实际是法律拟制,即将原本不符合某种规定的行为也按照该规定处理。

在刑法理论中,主流观点认为牵连犯的处理应当按照从一重处罚。但这仅仅是处断的一罪,并非所有牵连犯当然地都从一重处罚。国家立法机关从社会治理的角度考虑,针对特定领域或特定行为有意规定了数罪并罚,例如,在恐怖活动犯罪中,预备犯罪、手段犯罪、结果犯罪均单独构罪,并未因手段和目的存在牵连便从一重处罚。同样是渎职犯罪,2012年12月7日发布的最高人民法院、最高人民检察院《关于办理渎职刑事案件适用法律若干问题的解释(一)》第3条规定,国家机关工作人员实施渎职犯罪并收受贿赂,同时构成受贿罪的,除刑法另有规定外,以渎职犯罪和受贿罪数罪并罚。对于司法工作人员职务犯罪更加应当体现从严惩处的基本立法倾向。对于刑法

---

① 刘德法、李沙沙:《渎职犯罪司法认定疑难问题研究》,载《山东警察学院学报》2021年第5期。

和司法解释所规定的渎职犯罪和受贿犯罪同时存在时，数罪并罚的处断原则，应当予以一以贯之地坚守，从而体现对职务犯罪惩处力度的加大。同时，考虑到数罪并罚后刑期将会加重，可以通过调整执行判决、裁定渎职犯罪法定刑的方法，实现和其他渎职犯罪的刑罚统一。

新型网络贷款诈骗罪的刑法规制

——以浙江省 Y 市案件情况为样本

黄攀峰[*]　宣惠珲[**]

数字经济是农业经济、工业经济之后的新经济业态,并逐渐占据主导地位。自 2020 年以来我国数字经济规模位居世界第二,仅次于美国。[①] 浙江省作为全国的经济强省,数字经济特别发达,电商平台众多。根据《浙江省数字经济发展"十四五"规划》《浙江省数字经济促进条例》等文件的精神,"十三五"期间,浙江省深入实施数字经济"一号工程",仅 2020 年一年数字经济增加值即高达 30218 亿元,占 GDP 比重 46.8%,各项主要指标位居全国前列。从省域范围看,跨区域、跨平台电商经济和流量经济占据较大比重,利用电商平台实施诈骗的行为屡见不鲜,且此类犯罪往往波及范围广、速度快,手段隐蔽监测困难,易对数字经济造成重大打击。

一、新型网络贷款诈骗犯罪基本情况和特征

(一)问题的提出

2019 年至 2020 年,被告人廖某在广东省广州市伙同刘某、彭某,让被告人龙某、高某通过"麦淘网"挑选具有贷款额度的淘宝店铺,由廖某与彭某出资收购,后被告人廖某寻找被告人郭某、谢某等人,让郭某、谢某等人作为店铺及关联公司的新法定代表人并办理工商变更登记手续,之后以店铺经营需要资金为由,立即以被收购的网络店铺被收购前的经营综合状况向浙江网商银行股份有限公司(以下简称"网商银行")申请贷款的方式骗取网商银行的贷款,贷款所得的钱被廖某、郭某等人瓜分。现查明被告人廖某以上述方式共计骗取网商银行 9149483 元人民币,8790427.11 元人民币尚未归还。其中被告人龙某帮助被告人廖某等人骗取网商银行 8131400 元人民币,7773794.85 元人民币尚未归还。

---

* 义乌市人民检察院副检察长。

** 义乌市人民检察院办公室干警。

① 参见郭晗、廉玉妍:《数字经济与中国未来经济新动能培育》,载《西北大学学报(哲学社会科学版)》2020 年第 1 期。

Y 市检察院办理案件时发现,网商银行为释放数字经济活力,会放宽发放小额贷款的条件。当前有大量不法分子利用网络贷款审核手续简单、放贷迅速、数额巨大等优势,在熟练掌握诈骗模式后,组建分工明确的诈骗团伙实施贷款诈骗。团伙成员实施贷款诈骗分四个环节:第一,挑选信誉高的淘宝店铺;第二,出资收购淘宝店铺;第三,作为中介寻找店铺新法人出面购买店铺;第四,隐名在法人背后,由法人出面办理各种手续,已经形成完整、严密的犯罪链条,社会影响极为恶劣,并带来一系列问题,如出面法人持放任而非明知的主观心态时,如何证明其构成贷款诈骗罪的共同犯罪。

(二)该类犯罪的主要特征

Y 市检察院在办案中发现,该类犯罪的显著特点为"多",据网商银行工作人员陈述和检察院对案件的审查,发现 9 个月不到,就有 90 余家店铺被利用作为犯罪工具,共计骗取贷款 4000 余万元。后续 Y 市检察院又发现一起犯罪事实,仅 5 名犯罪嫌疑人在数月间就骗取贷款 2800 余万元,社会危害性极大。该类犯罪具有以下几个特征:

1. 犯罪集团化

该类犯罪具有较成熟的犯罪链条,在店铺交易平台、中介机构、工商登记变更、实施诈骗的分子等各环节已形成产业链。不法分子只需通过平台或中介机构即可十分便利地得到贷款店铺、用于变更登记的新法人人选,从而实施诈骗行为。但由于各个环节均可独立运作,对共谋、共同故意的认定造成极大障碍。

2. 手段新型化

利用淘宝店铺实施贷款诈骗,依托的是电商平台和网商银行等互联网端,手段十分新颖。另外,该犯罪门槛低,只需要找到可供利用的店铺和中介,无须经过系统培训即可实施犯罪行为。与国家重点打击的电信网络诈骗相比,平台诈骗犯罪具有隐性成本更低、无须专业话术培训、无须大海捞针式寻找被害人等特点,对民营经济特别是数字经济的危害更是不可估量。

3. 行为跨域化

经过初步研究,因各店铺的实际经营场所、法人等遍布全国各大主要城市,工商变更登记也需跨越不同地市,即使可以通过网上政务平台进行法人变更或新法人登录,但各省市信息壁垒未打破,致使信息更新存在时间误差。

4. 取证困难化

因网络犯罪的特殊性,主要可采集的证据为电子证据。电子证据本身存在易灭失、难保存等特征,且犯罪侦查均具有一定的滞后性,致该类犯罪的证据采集困难重重,对证据的证明力也有影响。①

---

① 参见季境、张志超主编:《新型网络犯罪问题研究》,中国检察出版社 2012 年版,第 24 页。

二、新型网络贷款诈骗犯罪打击存在的难题

(一)犯罪全链条打击困难

实践中经常出现法人提供刷脸服务但并不知道刷脸的用途的情况,分环节实施犯罪行为,导致每一个环节都是单独行为,案件办理中的共谋、共同故意难以认定,对犯罪全链条的打击造成障碍。正因上述成熟、分裂的犯罪环节,通过淘宝店铺实施贷款诈骗罪的犯罪门槛非常低。同目前我国正严厉打击的电信网络诈骗相比,该类犯罪一不需要用成熟的话术诱骗当事人,二不需要专业的犯罪层级团伙,三不需要"零监管"的犯罪环境,四不需要大海捞针式寻找被害人,其犯罪隐性成本更低、难度更低,对民营经济特别是数字经济的危害不可估量。

(二)名义法人和隐名实际控制人刑事责任认定困难

此种新型贷款诈骗罪不同于已经普遍存在的"套路贷",其模式更像一种"背锅贷"。实际出面进行淘宝变更登记的法人多为失信被执行人员,不具备合法贷款的资质。诈骗团伙利用网商银行放贷审核漏洞,将失信被执行人员包装成信誉度高的店铺或公司法人,从而达到非法占有目的。在中国裁判文书网检索相关案例过程中,发现大量类案被当作民事纠纷处理,未精准发现其刑事违法性,长此以往,将会导致金融管理秩序的紊乱、犯罪行为的爆发式增长等严重后果。①

第一,实际控制人是否应当以贷款诈骗罪处罚,以及如何发现隐匿在店铺法人背后的实际控制人。Y市检察院经办的案件,均是因犯罪嫌疑人短期内密集实施贷款诈骗行为且数额极大才被网商银行发现,若嫌疑人分多个银行、拉长期限、以小额为主,则犯罪行为不易被发现。再者,贷款诈骗罪构成要件中的客观行为为列举式,主要是伪造虚假项目、经济合同、证明文件、虚假产权、重复担保等手段。② 在该类案件中,实际控制人利用的是原店铺法人和新店铺法人的变更登记时间差,以原法人身份信息作担保,该种行为是否符合伪造"虚假产权、证明文件"的诈骗手段的认定标准也值得商榷。

第二,名义法人的刑事责任认定困难。如上所述,名义法人多为失信被执行人,其刷脸认证只是整个犯罪链条中"孤立"的一环,实践中法人往往辩称自己仅是帮忙担任公司法人,对其余成员的犯罪行为毫不知情,无法从刑事上进行打击;同时其又非贷款合同的相对方,且无可供执行的财产,银行损失无从挽回,对金融管理秩序维护、贷款

---

① 参见王钰晗:《金融新业态下贷款诈骗罪疑难问题研究》,山东财经大学2022年硕士学位论文。

② 参见谢望原:《冒用他人身份套取网络金融平台贷款等行为的刑法定性分析》,载《法律适用》2021年第9期。

诈骗犯罪的打击造成极大不利影响。①

(三)追赃挽损难,严重危害民营经济特别是电商经济发展

办案发现,在贷款网络诈骗犯罪中,淘宝店铺登记的新法人多为失信人员,个人征信较差,按正常银行审核流程无法成功贷到款。正因其征信差、本身无还款能力、个人也无还款意愿、心里无负担,成为不法分子挑选的"完美法人"对象。不法分子将上述失信人员变更为店铺法人,再以其名义申请贷款,即可逃避还款责任,将债务推给失信人员。失信人员拿到好处费后更无所谓是否新增债务。唯一受到侵害的就是提供贷款的银行,发放的贷款无法收回,可追责对象又无可供执行的财产。即使突破合同找到实施贷款诈骗的不法分子,因不法分子本身不具有归还意思,贷款到手后立即分赃并用于个人挥霍,追赃挽损困难极大。

三、新型网络贷款诈骗犯罪频发的主要成因

(一)数字经济背景下,行政主管部门监管存在两大掣肘

针对网络贷款诈骗背后的犯罪网络,主要存在两大监管困境,若管控不当,易对国内国际双循环造成重大影响。

一是店铺买卖、贷款发放等市场经济行为监管难。数字经济发达的必备基础就是自由流通的市场环境和店铺流量的快速变现,因此店铺交易和网商贷款都是发展数字经济特别是电商经济的重要物质保障。"一刀切"式的电商监管模式,易遏制电商经济活力的释放;自由流转的电商监管模式,则侵蚀了电商经济稳定坚实的根基。

二是异地法人监管难。虽然电商平台集中在浙江省,但各店铺的实际经营场所、法人所在地往往遍布四川省、安徽省、广东省、江西省、江苏省、天津市等省市,如何打通异地法人监管"中阻梗"是一大问题。以Y市检察院办理的郭某、谢某等5人贷款诈骗案为例,犯罪嫌疑人大量买入经营状况良好的淘宝店铺,通过变更法人的方式获得店铺所有权,再以原法人的店铺征信骗得网商银行高额贷款用于个人挥霍。仅数月,涉及店铺就有70余家,关联企业近20家,骗取贷款数额高达900万元。据网商银行相关负责人表示,该银行通过自查发现,仅9个月内,便检测到90余家淘宝店铺存在贷款异常,涉及贷款数额高达4000余万元。网商银行因此留有大量烂账、呆账,对天猫、淘宝等平台的正常经营和运营造成阻碍,严重破坏电商市场秩序。

---

① 参见刘司墨:《贷款诈骗罪疑难问题研究》,载《北方金融》2018年第2期。

（二）网上银行贷款审核存在漏洞，呈现大、多、慢的特点

以网商银行为例，在授信贷款的审核程序中，对部分审核内容不作实质性、细致化的认证。虽单笔贷款额度可能只有 50 万元左右，但网商银行对贷款的店铺总量没有把控，对符合条件的贷款申请都会同意，则形成海量的发放贷款资金池。以 Y 市检察院办理的彭某、刘某贷款诈骗案为例，网商银行作为案件被害方在陈述时明确表示，银行审核贷款额度时依据店铺的月均交易额、信用处罚情况进行评估授信；申请贷款时会有现成的认证信息，申请贷款人只需要核对；对法人变更后的店铺也不会特意监管，和正常贷款店铺一致不会特意审核；每次重新评估的时间在两三个月左右；发现异常关闭贷款也需要很长的时间等。此外，因工商变更登记与天猫店铺信息更新的时间差和延续性，经常出现无辜法人背负债务的情形。如 Y 市检察院办理的罗某、汤某贷款诈骗案中，犯罪嫌疑人故意利用时间差，在买入店铺后当天或次日立即办理工商登记，趁天猫店铺经营信息未更新，用原店铺法人的登记信息进行贷款申请，再将贷款发放至新法人办理的银行卡或支付宝账号，严重侵害了原法人的合法权益。

（三）犯罪产业链成熟严密，实施不难，打击不易

办案发现，不法分子在利用淘宝店铺实施贷款诈骗的整个犯罪过程中，各个环节均已形成完整的产业链。

一是店铺交易环节。不法分子利用“麦淘网”“陶汁网”等淘宝店铺交易平台上完整的店铺详情，包括贷款授信依据的店铺信誉等级、违规处罚信息等，轻松筛选适合下手的店铺，并且迅速完成线上交易。

二是法人介绍环节。在淘宝店铺交易贷款中，非常重要的一个环节就是法人变更。中介机构的作用就是帮助不法分子寻找合适的法人，针对店铺进行变更登记，用新法人的身份信息申请贷款，使不法分子即使单独实施违法活动，也可以轻易找到多名适格法人，单点辐射范围非常大。

三是申请贷款环节。短期内通过在不同银行、不同通信公司办理多张银行卡、手机卡的方式，同一法人可利用不同店铺分次申请贷款，避开银行对资金流向的表层监管。由专人负责进行工商登记转移，中介机构介绍的法人只需要在手机上刷脸，无须做其他任何事。

四、新型网络贷款诈骗犯罪打击和治理路径

（一）强化法律适用，追补打击漏洞

1. 正确理解“其他方法”的涵义

《刑法》第 193 条规定了四种具体、积极的作为犯罪手段，同时规定了“其他方法”

兜底手段。理论界对“其他方法”的理解存在争议,一方认为其他方法的本质特征应当与前述四种方法具有一致性①,并且发生在贷款合同订立过程中②;另一方认为应当从兜底条款的作用出发,同时认为不作为方式与作为方式在诈骗取得贷款的结果上具有等价性,自然也应当将不作为犯罪纳入“其他方法”,将不作为的贷款诈骗行为以贷款诈骗罪予以规制③。

无论采取何种手段,贷款诈骗罪的本质和实质都是以非法占有为目的,采取虚构手段,使银行等金融机构陷入错误认识处分财产。随着经济社会的高速发展,小额贷款市场的高度活跃是必然的,金融机构简化放款的审核等流程也与之呼应。因此,贷款诈骗的手段也会越来越新颖、越来越隐蔽,无法通过明文列举的方式穷尽诈骗手段。故笔者认为,贷款诈骗罪的“其他方法”应作扩大解释。

前文探讨之实际控制人的犯罪构成要件也就齐备。从主观上看,其就是想骗取网商银行的贷款用于个人借款还款和日常生活消费;从客观上看,其利用的原法人信息虽然真实有效、仍登记在册,而事实上店铺一经转手,登记信息虽然真实,但其用来办理贷款的合同等材料是虚构的,故其客观上也符合贷款诈骗罪的构成要件。实践中,只需网商银行加强对贷款发放到账的银行卡及贷款资金流向的监控,就能及时刺破“名义法人”的面纱,找到真正实施贷款诈骗行为的犯罪嫌疑人。

2. 主观明知的司法推定

虽然在实践中名义法人均会辩称自己对其他人的行为和目的不明知,不构成共同犯罪。但从客观理性第三人角度来看,作为失信被执行人员,第三人付费找其担任公司或店铺法人,本身就不符合常情常理。第三人(即实际控制人)申请网商贷款,还需名义法人刷脸配合,整个流程存在多处异常,以正常理性眼光来看,心存疑虑才是正常的。若名义法人毫无疑问、十分配合、全然信任,则可推定名义法人至少存在放任及明知的可能性。再以微信聊天等客观证据和嫌疑人供述之间的冲突,来突破嫌疑人口供,完善证据链,精准全面打击犯罪。

(二)完善个人征信,弥补系统漏洞

应当将个人征信系统与大综合行政执法系统接轨。一方面,加强对店铺法人的监管。不论是公司等组织成立时的法人登记,还是法人工商变更登记,均应及时抓取相关信息。对征信较差的个人或还款可能性较低的个人分等级预警,特别是列入失信被执行人名单的,更应当视情形直接拒绝变更登记。另一方面,健全和完善个人征信系统,若个人征信等级低的自然人在短期内名下出现数家公司或平台店铺,应及时预警

---

① 参见莫开勤:《贷款诈骗罪疑难问题研究》,载《中国人民公安大学学报》2003 年第 1 期。

② 参见刘雪松:《贷款诈骗罪若干问题研究》,黑龙江大学 2019 年硕士学位论文。

③ 参见张明楷:《诈骗罪与金融诈骗罪研究》,清华大学出版社 2006 年版,第 75 页。

并审核。

（三）严格审核监管，填补制度漏洞

从银行角度，必须进一步细化、严格化网络贷款的审核制度。首先，增强对申请贷款店铺法人个人征信的审核；其次，缩短店铺信用等级更新的时间，要求店铺买卖完成后立即更新店铺信息，若存在法人变更后即申请贷款的情况，应当将其列入红色预警名单，严格审核；最后，应当将店铺征信、价值评估的条目成文化，申请贷款时应按照相关条目申报并填入法人、店铺详细信息。

（四）打通数据壁垒，校补信息漏洞

一方面，各银行、各通信公司应当打通信息壁垒，将公民个人办理的银行卡或电话卡等相关信息实时共享。若发现同一个自然人或单位的名下，出现短期内集中办理数张银行卡或电话卡的情形，应及时上报有关管理部门并纳入监管范围。

另一方面，目前仍存在大量异地工商登记变更情形，两地之间存在隔断，应推动建立全国工商登记一体化平台，建立异地公安机关信息通报、协作核实等制度，强化检察机关对同类案件的办理及监督，深耕集中领域社会治理。

（五）加强法治宣传，增补意识漏洞

通过网络、多媒体、三微一端等平台加强对相关平台店铺交易、绕过平台私自交易带来的法律风险的管控，对征信较差的个人加强法治意识和诚信意识教育，从法理和情理两个层面引导提升网络贷款的合规性和合法性，主动拒绝提供身份信息等帮助实施贷款诈骗等行为，做好诉源治理，从源头防范风险。

五、结语

后疫情时代，数字经济更是蓬勃发展，随之而来的是新兴金融业态的快速发展。金融体系的稳定和安全，是一个国家经济发展的重要基石。以淘宝店铺为工具实施贷款诈骗犯罪只是众多隐蔽、创新手段之一，对金融秩序和体系造成严重损害。实践中，新型贷款诈骗犯罪在构成要件、犯罪形态、共同犯罪上都有一定争议。从案例入手，深入研究利用网络手段实施的贷款诈骗犯罪，对检察机关高质效办好每个案件、保障三个“一号工程”等履职重点都有促进作用。

海事违法涉罪案件适用危险作业罪相关问题研究

徐玲玲[*] 王柳巧[**]

一、问题的提出

案例1:2021年8月12日,方某驾驶渔业辅助船"ZS渔运88781"船驶往外海装载渔获物,途经B海域时,与"兴茂X"轮交叉相遇,发生碰撞,造成"ZS渔运88781"船侧翻、沉没,"ZS渔运88781"船船员胡某等9人失踪,后确认死亡。事故调查报告认定,"ZS渔运88781"船违反渔船伏季休渔规定,未持有捕捞辅助船专项特许证,擅自拆卸北斗导航,违规使用信息虚假的AIS设备,VHF设备故障,缺配一名持证轮机员,未进行进出港报告,违规出海从事鱼货交易等活动,航行期间未严格遵守《1972年国际海上避碰规则》,负事故主要责任,方某作为船长系主要责任人。海警机构对方某以涉嫌危险作业罪立案侦查,后以交通肇事罪移送审查起诉,2022年4月13日,N法院以交通肇事罪判处方某有期徒刑3年零6个月。

案例2:2021年1月,吴某从他人处购买渔船"ZD渔15381"船并办理渔业船舶所有权登记。同年8月2日,D县海洋行政执法局会同镇政府对该船进行开捕登船检查,发现该船职务船员达到最低配备标准,但6名船员未经专业培训,无船员证书,不符合出航条件,遂指令吴某进行整改。之后,吴某未落实整改,并在船副和轮机长未实际登船作业的情况下,于8月7日违规驾驶"ZD渔15381"船(搭载19名其他船员)擅自从N码头单船开航,往长江口方向航行出海作业。当日23时30分许,因违规驾驶、操作不当及航道复杂、航线生疏等原因,该船在长江口深水航道北导堤附近发生触损,致该船侧翻沉没,吴某等21名船员落海,后均被救起,该船及船内附属品的价值约300万元。海警机构对吴某以涉嫌重大责任事故罪移送审查起诉,检察机关以吴某涉嫌危险作业罪提起公诉。2022年11月10日,D法院以危险作业罪判处吴某有期徒刑8个月。

案例3:姜某系"XS1588"船承租人兼船长,曾因该船超过航区航行、部分船员无证

---

* 浙江省舟山市人民检察院第一检察部主任,一级检察官。

** 浙江省舟山市人民检察院法律政策研究室三级检察官。

书、未保持 AIS 设备处于正常工作状态等情节被行政处罚,并被责令改正。2021 年 7 月 22 日,姜某在未取得有效船长适任证书的情况下,驾驶内河船“XS1588”从 J 市前往 F 海域装载无合法齐全手续的海砂。期间,该船通过关闭船载 AIS 设备、不向海事部门正常报港等手段规避涉海部门检查,严重影响他船的识别、判断和协调避让。同年 8 月 1 日晚,“XS1588”船在 F 海域与“ZX 渔运 03087”船发生碰撞,造成“ZX 渔运 03087”船一定程度受损、“XS1588”船船体破损进水沉没。海警机构对姜某以危险作业罪立案侦查并移送审查起诉,检察机关以同罪名提起公诉。2023 年 5 月 26 日,P 法院以危险作业罪判处姜某有期徒刑 8 个月。

上述案例罪名均涉及危险作业罪,第一个案例以危险作业罪立案,后变更为交通肇事罪;第二个案例在审查起诉阶段变更罪名为危险作业罪;第三个案例以危险作业罪立案、起诉、判决。可见,司法实务界已尝试适用危险作业罪规制涉海违法犯罪行为,但实践中也存在诸多问题,特别是执法司法机关对于哪些行为可归入危险作业罪罗列的三种行为模式、怎样的程度可视为有现实危险等问题认识不一,难以在法律适用上达成一致意见。因此,有必要结合具体案例对该罪名进行剖析,以期对海事违法涉罪行为进行刑法规制提供有益参考。

二、海事违法涉罪案件适用危险作业罪的现实可能

(一)基于现实需求的考量

海上运输、作业因载货量大、成本低而被广泛运用。然而繁忙的海上活动增加了船舶发生事故的风险,因海上环境特殊,航行风险系数高,一旦出现安全事故,后果较严重,对海洋安全、生态环境及人身、财产安全等均形成巨大挑战。2021 年全国共发生一般等级及以上中国籍运输船舶交通事故 126 件、死亡失踪 150 人、沉船 46 艘、直接经济损失 2.26 亿元;2022 年浙江沿海水域共发生一般等级及以上水上交通事故 10 件、死亡失踪 8 人、沉船 8 艘、直接经济损失 3384.5 万元。① 上述数据仅体现造成人员伤亡或直接经济损失的事故情况,据了解,近两年舟山地区海事部门行政处罚违法船舶上千艘次,但因《海上交通安全法》《船舶安全监督规则》等对责任人员违法行为多规定处以罚款、暂扣证书等,教育惩戒力度有限,难以对愈演愈烈的海上船舶事故起到有效遏制作用,有必要寻找更具威慑力的规制手段。以刑法规制海事违法涉罪行为,既符合“严而不厉”的刑事政策,又是保护海上生命财产与海洋资源环境的必要措施。然而现实中多数船舶事故因未达到重大伤亡、重大财产损失的实害结果而难以以交通肇事

① 数据来源于《2021 年全国海事工作报告》《浙江海事局 2021 年度及第四季度辖区水上安全形势分析报告》《浙江海事局 2022 年度及第四季度辖区水上安全形势分析报告》。

罪、重大责任事故罪等实害犯入刑。危险作业罪系具体危险犯,使得对于危害后果欠缺证据予以证明,或对虽未造成危害后果但已有潜在紧迫危害的海上违法运输、作业行为进行刑法规制有了可能。

(二)基于立法背景的考量

长期以来,我国对安全生产领域的刑事立法以结果犯为基本模式,形成重大责任事故罪、重大劳动安全事故罪等事故类犯罪罪名体系。此模式旨在贯彻刑法谦抑性精神,防止社会治理过度刑法化,但不可否认,该模式在一定程度上也导致刑法预防功能难以有效发挥。为回应社会需求,近年我国修正刑法频率明显加快,修改幅度明显加大,包括采用预防性立法手段。① 近年重特大安全事故不时发生,给人民生命财产带来极大损失,而这些事故多数并非不可避免,而是相关责任人长期违法违规生产作业累积造成。2016 年中共中央、国务院明确指出要将生产经营中极易导致重大生产安全事故的违法行为列入刑法调整范围。② 危险作业罪的增设意味着刑法由“事后惩罚”转为“事前惩罚”,通过刑事处罚前移进行积极预防。③ 检索裁判文书网发现,该罪名自增设以来主要适用于危化品买卖、储存类行为,海上运输、作业类行为鲜少涉及此罪。但从实践看,海事违法涉罪案件常涉及船舶私自关闭或拆卸 AIS 设备、北斗船舶动态监控系统等安全系统,或曾因存在船舶不适航、职务船员配备不足等重大事故隐患被责令采取排除危险的整改措施而拒不执行,以及未经依法批准或许可不具有营运或作业资质而擅自从事海上高危作业等违法违规行为,与危险作业罪三大行为模式有较高契合度。④ 2021 年国务院生产安全委员会发布的意见也明确要对关闭、破坏 AIS 等安全生产关键设备冒险出海作业行为移送司法机关追究刑事责任。⑤ 可见海上违法运输、

---

① 参见高铭暄、孙道萃:《预防性刑法观及其教义学思考》,载《中国法学》2018 年第 1 期。

② 2016 年 12 月 9 日发布的《中共中央、国务院关于推进安全生产领域改革发展的意见》中规定:研究修改刑法有关条款,将生产经营过程中极易导致重大生产安全事故的违法行为列入刑法调整范围。

③ 参见曲新久:《〈刑法修正案(十一)〉若干要点的解析及评论》,载《上海政法学院学报》2021 年第 5 期。

④ 《刑法》第 134 条之一规定:“在生产、作业中违反有关安全管理的规定,有下列情形之一,具有发生重大伤亡事故或者其他严重后果的现实危险的,处一年以下有期徒刑、拘役或者管制:(一)关闭、破坏直接关系生产安全的监控、报警、防护、救生设备、设施,或者篡改、隐瞒、销毁其相关数据、信息的;(二)因存在重大事故隐患被依法责令停产停业、停止施工、停止使用有关设备、设施、场所或者立即采取排除危险的整改措施,而拒不执行的;(三)涉及安全生产的事项未经依法批准或者许可,擅自从事矿山开采、金属冶炼、建筑施工,以及危险物品生产、经营、储存等高度危险的生产作业活动的。”

⑤ 2021 年国务院安全生产委员会《关于加强水上运输和渔业船舶安全风险防控工作的意见》(安委〔2021〕5 号)规定:海事管理机构严格执行《刑法修正案(十一)》,完善行刑衔接工作机制,对肇事逃逸和关闭、破坏直接关系安全生产的监控、报警、防护、救生设备、设施的违法行为,及时移送公安及司法部门依法处理。2021 年国务院安委会办公室《关于近期水上交通和渔业船舶事故情况的通报》(安委办明电〔2021〕36 号)指出:打击船舶通导设备和消防救生设施缺失、船员值班脱岗、开航前检查不到位、超员超载超风级超航区航行作业等违法违规行为情况,对企业主要负责人和船东实施行政处罚情况,执行《刑法修正案(十一)》,对关闭、破坏 AIS 等安全生产关键设备冒险出海作业行为移送司法机关追究刑事责任。

作业行为有适用危险作业罪的空间,需进一步探讨此类行为在何种情况下构成危险作业罪。

三、海事违法涉罪行为纳入危险作业罪调整范围解析

(一)生产、作业的范畴

危险作业罪的适用范围限定在生产、作业中,有必要界定海上船舶运输、作业是否属于生产、作业。这里的生产、作业含义与《刑法》第134条第1款重大责任事故罪中的含义相同,应包含两个方面:一是行为的业务属性,即行为人参与生产、作业是基于职业、营业需求;二是行为的持续性,即该行为有反复实施的性质。① 根据《安全生产法》的规定,生产、作业应包括从事生产经营的各类活动,其中包括水上交通安全。② 笔者认为,船舶出海,无论是正在生产、作业过程中还是在来回运输途中,都应视为一次完整的海上运输作业行为,涉及的船舶管理人员及船员对上述活动的指挥管理及直接操作行为,均属海上生产、作业的业务行为。案例2中"ZD渔15381"船从出海到沉没仅隔8小时,尚未开始渔业捕捞工作,但渔船出海系从事渔业生产作业必经阶段,从行为整体性角度看,当然属于海上生产、作业的业务行为。当然,船舶长期靠泊等待开航阶段则不属于生产、作业阶段。

(二)危险行为的认定

1. 侵害生产安全设施或数据

根据《刑法》第134条之一第(一)项的规定,此处的侵害行为须直接关系生产安全。船舶违法运输、作业多涉及关闭或破坏AIS设备、北斗导航等设备的行为,如案例1涉及渔业辅助船擅自拆卸北斗导航,案例3涉及内河船关闭AIS设备。需分析此类设备是否属于直接关系生产安全的设备。部分观点认为此类设备属于导助航设备;也有部分观点认为其即使与生产安全有关,也仅属于航行类生产设备的一种,若将此类设备纳入直接关系生产安全的设备会扩大打击范围。③ 笔者认为,AIS设备、北斗导航等设备用于海上船舶之间交换位置、速度等重要信息④,虽属航行设备,但同时有一定

---

① 参见陈志军:《危险作业罪认定中的三个疑难问题研究》,载《江西社会科学》2022年第6期。

② 《安全生产法》第2条规定:"在中华人民共和国领域内从事生产经营活动的单位(以下统称生产经营单位)的安全生产,适用本法;有关法律、行政法规对消防安全和道路交通安全、铁路交通安全、水上交通安全、民用航空安全以及核与辐射安全、特种设备安全另有规定的,适用其规定。"

③ 参见于登君:《"危险作业罪"在海上执法的理解与适用——以擅自关闭AIS行为为视角》,载《中国海事》2022年第5期。

④ 参见徐希鹏、马鸿飞、沈革新:《关于将水上运输船舶有关违法行为纳入危险作业罪入罪范围的思考》,载《中国海事》2022年第10期。

报警、防护功能,可有效减少船舶碰撞事故发生,应属直接关系船舶航行安全的监控设备。至于部分观点认为会扩大打击范围的问题,笔者认为此处仅讨论上述设备是否属于直接关系生产安全的设备,而要构成此罪不仅要符合行为模式,还须考虑在生产、作业过程中,相关行为是否构成紧迫现实危险等情况,故无须有此担忧。除 AIS、北斗导航等设备,相关责任人员故意关闭或破坏船舶火灾、进水报警设备、防护、救生设备等也符合此项行为模式,在其他构罪要件符合的情况下也可能构成危险作业罪。

2. 拒不消除重大事故隐患

根据《刑法》第 134 条之一第(二)项的规定,须明确这里的隐患是“重大事故隐患”。《安全生产事故隐患排查治理暂行规定》明确了事故隐患概念,并分为一般事故隐患和重大事故隐患。① 《水上客运重大事故隐患判定指南(暂行)》进一步明确了水上客运重大事故隐患相关标准。② 虽然相关部门未就不同种类船舶出台标准,但水上客运重大事故隐患标准有较大借鉴意义。在海上违法运输、作业中,常见船舶安全技术状况存在缺陷、船舶配员不足或船员履职能力不足、未持有效法定证书等情况。案例 2 中吴某接受职能部门检查时明知船员证书不合格而未整改,且对“ZD 渔 15381”船开航所需最低要求的职务船员情况蒙混过关,后擅自冒险出海作业,符合此项行为模式。案例 3 中姜某曾因“XS1588”船超航区航行、部分船员无证书、未保持 AIS 设备处于正常工作状态等情节被行政处罚和责令改正,其未整改而违规出海,也符合此项行为模式。

3. 擅自从事高危作业

根据《刑法》第 134 条之一第(三)项的规定,对“未经依法批准或者许可”应从实质上进行理解,安全生产经营许可证件过期或被暂扣、吊销、注销后仍擅自从事高危生产作业活动可认定为未经批准或许可,对高危生产作业活动应从实质上进行判断,其他领域高危生产作业活动的危险性应与法条列举的矿山开采、建筑施工等有相当性。具体到海上运输、作业领域,根据《中共中央、国务院关于推进安全生产领域改革发展的意见》③,交通运

---

① 《安全生产事故隐患排查治理暂行规定》第 3 条规定:本规定所称安全生产事故隐患,是指生产经营单位违反安全生产法律、法规、规章、标准、规程和安全生产管理制度的规定,或者因其他因素在生产经营活动中存在可能导致事故发生的物的危险状态、人的不安全行为和管理上的缺陷。事故隐患分为一般事故隐患和重大事故隐患。一般事故隐患,是指危害和整改难度较小,发现后能够立即整改排除的隐患。重大事故隐患,是指危害和整改难度较大,应当全部或者局部停产停业,并经过一定时间整改治理方能排除的隐患,或者因外部因素影响致使生产经营单位自身难以排除的隐患。

② 《水上客运重大事故隐患判定指南(暂行)》第 4 条规定:“水上客运重大事故隐患主要包括以下六个方面:(一)客船安全技术状况、重要设备存在严重缺陷;(二)客船配员或船员履职能力严重不足;(三)客运码头重要设备及应急设备存在严重缺陷或故障;(四)水上客运生产经营单位违法经营、作业;(五)水上客运生产经营单位安全管理存在严重问题;(六)其他重大事故隐患。”

③ 《中共中央、国务院关于推进安全生产领域改革发展的意见》规定:在矿山、危险化学品、烟花爆竹、交通运输、建筑施工、民用爆炸物品、金属冶炼、渔业生产等高危行业领域强制实施,切实发挥保险机构参与风险评估管控和事故预防功能。

输、渔业生产等与上述行业并属八大类高危行业,其生产作业有高度危险性,因此有适用此项行为类型的空间。此项行为类型与海上运输作业相关的主要是船舶未经依法批准或许可,擅自从事海上施工作业。《海上交通安全法》明确在我国管辖海域内施工作业须经海事管理机构许可①,《水上水下作业和活动通航安全管理规定》进一步明确许可的具体内容②,主要是未经海事管理机构许可,擅自在管辖海域内进行构筑、维修、拆除水上水下构筑物或设施及航道建设等施工、作业。

(三)现实危险的认定

从法条看,现实危险在刑法条文中系首次出现,从来源看,2014 年修正的《安全生产法》中就有相关表述,且沿用至 2021 年修正的《安全生产法》中。③ 从条文规定可知,现实危险应至少具备重大性和现实紧迫性。重大性指达到"发生重大伤亡事故或者其他严重后果"的程度,由于危险作业罪系事故类犯罪前置化的结果④,故应以司法解释对事故类犯罪的入罪标准为参照⑤。现实紧迫性指已出现重大的危险情形,或出现一些小事故,尽管最后并未出现重大或严重后果,但对于这种根本没有出现的实际问题,有的系因进行有效救助,有的则完全基于偶发原因。⑥ 具体应结合行业属性、行为对象、违规行为的严重程度、纠正整改措施的及时性和有效性等因素综合判断是否有现实危险。(海事违法涉罪案件适用危险作业罪把握现实危险需区别于陆上犯罪行为,是否有现实危险需结合当时海上或船舶具体情况进行分析,如在船舶往来频繁的重要航道,船舶本身不适航、职务船员配备不齐、海上天气状况较危险等情况,结合关闭安全系统、拒不消除海上重大事故隐患等状况极易引发海上交通事故,则可认定有现实危险。)如案例 2 中吴某接到停止出海作业进行整改的通知后不服从指令,反而隐

---

① 《海上交通安全法》第 48 条第 1 款规定:"在中华人民共和国管辖海域内进行施工作业,应当经海事管理机构许可,并核定相应安全作业区。取得海上施工作业许可,应当符合下列条件:(一)施工作业的单位、人员、船舶、设施符合安全航行、停泊、作业的要求;(二)有施工作业方案;(三)有符合海上交通安全和防治船舶污染海洋环境要求的保障措施、应急预案和责任制度。"

② 《水上水下作业和活动通航安全管理规定》第 5 条规定:"在管辖海域内进行下列施工作业,应当经海事管理机构许可,并核定相应安全作业区:(一)勘探,港外采掘、爆破;(二)构筑、维修、拆除水上水下构筑物或者设施;(三)航道建设、疏浚(航道养护疏浚除外)作业;(四)打捞沉船沉物。"

③ 《安全生产法》第 70 条第 1 款规定,负有安全生产监督管理职责的部门依法对存在重大事故隐患的生产经营单位作出停产停业、停止施工、停止使用相关设施或者设备的决定,生产经营单位应当依法执行,及时消除事故隐患。生产经营单位拒不执行,有发生生产安全事故的现实危险的,在保证安全的前提下,经本部门主要负责人批准,负有安全生产监督管理职责的部门可以采取通知有关单位停止供电、停止供应民用爆炸物品等措施,强制生产经营单位履行决定。

④ 参见桂亚胜:《危险作业罪的理解与适用》,载《上海法学研究(集刊)》2021 年第 21 卷。

⑤ 最高人民法院、最高人民检察院《关于办理危害生产安全刑事案件适用法律若干问题的解释》第 6 条第 1 款规定,具有下列情形之一的,应当认定为"造成严重后果"或者"发生重大伤亡事故或者造成其他严重后果",对相关责任人员,处 3 年以下有期徒刑或者拘役:"(一)造成死亡一人以上,或者重伤三人以上的;(二)造成直接经济损失一百万元以上的;(三)其他造成严重后果或者重大安全事故的情形。"

⑥ 参见何帆编著:《刑法注释书》(第 2 版),中国民主法制出版社 2021 年版,第 273 页。

瞒职务船员不能到位的事实，在职务船员严重不足，不具有适航条件，存在重大事故隐患的情况下冒险擅自出海作业，造成船舶沉没，直接经济损失约300万元，以及21名船员落水的严重后果，21名船员深夜在大海漂流显然有随时遭遇生命危险的现实危险，虽侥幸获救，但人员伤亡后果未发生的原因是偶然的，假设未能及时联系船只救援，后果不堪设想，因此可认定吴某的行为有导致发生重大事故的现实危险。

四、执法司法实践中适用危险作业罪面临的障碍

（一）客观违法行为的入罪标准难以统一

首先，《刑法》第134条之一第（一）项中的"关闭、破坏"是否必须是一种作为有争议。如海运船存在水密舱壁被破坏、海底阀门不能正常开关等安全隐患，上述行为显属明知有安全隐患却不整改的消极不作为，但同样严重侵害船舶安全航行法益，且危害相当，能否评价为关闭、破坏生产安全设备，执法司法机关意见不统一。其次，《刑法》第134条之一第（二）项中行政部门前置处罚以何种形式呈现有争议。如案例2中辩护人认为海洋行政执法部门虽登船检查，但未出具书面《责令整改通知书》或《履行整改义务告知书》等，也未明确告知吴某履行整改义务的具体方式、期限、陈述和申诉途径等，违反《行政强制法》的相关规定，故该前置行政强制决定不规范，应视为缺乏"行政部门前置处罚"。虽然法院以职能部门发现事故隐患后书面通知或口头告知停止作业并整改的行为属于行政命令，不属于《行政强制法》规定的行政强制措施为由不采纳该辩护意见，但这启示司法部门思考口头形式或形式不到位的处罚决定能否作为行政处罚前置条件。

（二）现实危险的认定标准难以把握

如前所述，从理论上讲，现实危险应具备重大性和现实紧迫性，海上事故情况复杂，对现实危险的认定应结合行业属性、天气、航道等现场环境、违法行为严重程度等因素进行分析，不宜单纯依据违法行为简单入罪。但这些因素的分析判断往往是主观的，见仁见智的，难以划分具体标准，导致不同执法司法机关认识不统一。案例3中，事故发生后，P法院多次召开案件协调会讨论分析本案法律适用问题，"XS1588"船存在内河船违规出海跨航区航行、职务船员缺失、船员配员不足、关闭AIS设备等行为，但以往行政案件中存在较多私自关闭AIS设备的情况，却无以此适用危险作业罪的先例，关于涉案船只在关闭AIS设备的情况下同时兼具上述其他违规行为涉及安全隐患问题，能否综合评价为有现实危险，不同部门意见不一。此外，实务中办理的危险作业案件多因发生事故被执法机关发现后查处，在无事故发生时，仅在海上航行被查处能否构成危险作业罪？如果能，如何认定已达具有现实危险性的程度？这些问题在

实务中未形成统一认识。

(三)客观行为与现实危险的因果关系难以论证

刑法因果关系在刑事案件定罪量刑中处于重要位置,需在司法过程中予以证明,海事刑事案件亦然。然而由于海洋环境与陆地环境差别大,海事刑事案件调查取证比陆地案件困难,海上事故现场难以保留,船舶沉没则更难推断事故原因及责任,导致海事刑事案件客观行为和危害结果的因果关系难以论证。此外,嫌疑人在船舶航行过程中往往有关闭 AIS 设备等行为,且船舶具有现实危险乃至发生了重大伤亡事故,但在案证据不能有效证明现实危险直接由关闭 AIS 设备等行为所导致,又如嫌疑人由于客观原因无法取得船舶证书,但实际上有多年驾船经验,这样的无证驾驶行为与现实危险间是否有实质因果关系还需论证。案例 3 中,虽然“XS1588”船在驾驶过程中有诸多违法行为,但本案存在与“ZX 渔运 03087”船发生碰撞的情况,需排除“ZX 渔运 03087”船的撞击对“XS1588”船有现实危险的独立介入因素影响,这也是一个难题。

(四)行刑衔接机制运行不够畅通

海事违法犯罪领域相关行刑衔接法律规范体系不够健全,目前最直接的关于涉海违法案件移送的规定系交通运输部海事局 2017 年颁布的《海事管理机构移送违法案件程序规定》①,该规定内容尚显泛化,欠缺实践意义上的可操作性,虽然明确移送规则系同级、就近,但海事局属交通运输部管辖,海警局属武警部队管辖,两者衔接关系较为复杂,移送层级尚不明确,且海警和海事在海事涉罪案件调查取证方面的职能仍有所交叉,相关机制尚未完全理顺,加之立法层面对海事犯罪相较陆上犯罪的特殊性缺乏通盘考虑,导致海事涉罪案件从发现到移送困难重重。具体到危险作业案件移送中,由于对证据标准的把握不同,特别是对现实危险的判断不一,易导致“以罚代刑”或“有案不立”。如案例 3 中,事故发生于 2021 年 8 月,但对于该事故如何处理则一直处于僵局,直至同年 11 月才在多方协调下由海事部门移送海警机构,后以危险作业罪立案查处。

五、海事违法涉罪案件适用危险作业罪的困境解决

(一)严格区分不法行为

认定危险作业罪要明确行政不法不等于刑事不法,不能草率地将刑法条文中的三类违法行为直接认定为危险作业罪。不法行为引起重大事故隐患,重大事故隐患引

---

① 《海事管理机构移送违法案件程序规定》第 14 条规定:海事管理机构查处的违法行为涉嫌构成犯罪,按照法律规定需要追究刑事责任的,应当依法向公安机关移送。移送一般按照就近和同级移送的原则进行。

起现实危险,是层层递进关系,需结合因果关系、现实危险性进行综合分析论证。对危险作业违法和危险作业犯罪应进行区分,在认定时要把握立法本意。设立危险作业罪是为了最大限度地发挥刑法保护法益的机能,是预防重罪功能与限制入罪功能协调的产物,应着眼于化解风险、提前预防,而不仅仅是制裁犯罪。因此坚持罪刑法定原则,紧扣立法本意,厘清罪与非罪的界限是正确认定危险作业罪的基石。实践中之所以常陷入认为有不法行为即构罪的误区,恰恰是未能深入理解立法本意的缘故。

(二)客观认定现实危险

认定危险作业罪的现实危险应综合考虑生产、作业时的客观情况,包括介入因素。[①] 对于是否具有现实危险难以确定的,可根据地市级以上负有安全生产监督管理职责的部门或其指定机构出具的意见,结合其他证据综合审查认定。认定关闭、破坏船舶自动识别系统、北斗船舶动态监控系统等直接关系生产、安全的设备与事故发生有因果关系存在争议的情况下,或在认定因违规作业或安全技术状况、重大设备存在重大隐患而被责令整改时,由行政部门就事故发生原因或船舶稳定性、安全性问题提供相应报告,必要时可由行政执法部门有专门知识的人出庭作证。案例 3 中,多方意见僵持不下,由海事部门出具分析报告认定"XS1588"船系内河船舶非法从事海上经营运输、船员无证驾驶,为逃避监管,船舶故意关闭 AIS 设备,是导致本起碰撞事故发生的原因之一。事故发生后,"XS1588"船在冲滩过程中沉没,船上 4 人落水后获救,得益于快速救助和高效处置,虽未造成人员伤亡,沉船亦未引发次生事故,但潜在安全隐患巨大,故应认定具有导致发生重大事故的现实危险。

(三)强化行政违法类证据收集

具有"行政部门前置处罚"条件的入罪情形,海事等行政执法部门在行政处罚过程中应当严格规范执法程序,确保处罚依据充分。在前期取证过程中,应当注意收集客观性证据,全面、如实地反映违法行为,并对涉案现场勘验检查,对物证及时采取扣押、拍照等措施,必要时可以通过执法记录仪进行同步录音录像。在制作行政讯问笔录时除客观行为外,还要注重判定行政违法行为人的主观认知状态,同时明确该违法行为存在重大事故隐患,并提出具体措施限期整改,可以通过法律风险提示或者告知书等方式,强化行政违法行为人的主观明知程度,降低后续认定刑事构罪"主观明知"的难度。

(四)健全海事执法司法协作机制

一是优化信息共享机制,建议建设海洋行政管理数据、信息系统和海警执法信息

---

① 参见辛佳东、曾文科:《法益保护前置化下危险作业罪的规范解读与适用》,载《广西政法管理干部学院学报》2022 年第 4 期。

系统的共享机制[①],为海洋管理和海上执法工作提供支持。二是优化办案协作机制,注重行政执法与刑事司法在证据标准上的区别,在必要时由检察机关提前介入引导海事部门、海警机构全面收集证据,切实完善证据体系,促进对涉及危险作业刑事犯罪的及时移送、立案、批捕、起诉。三是健全执法司法联席会议机制,分别明确相应机构的主要牵头部门和重要联络人员,加强业务工作交流,定期举行联席会议,共同协调处理重大事项,并通过会议纪要的形式明确议定具体事宜。

① 参见邵海凤:《海事刑事案件诉讼管辖权问题研究》,载《中国检察官》2020 年第 24 期。

铁路盗窃犯罪的教义学分析及司法认定

陈羽枫*

在大陆法系国家,盗窃罪的成立要件以及入罪标准存在较大差异。① 盗窃罪构成要件的梳理以及与同样作为财产犯罪的侵占罪的界分关键在于准确阐释适用"非法占有目的"。在同属大陆法系国家的日本以及我国,盗窃与侵占界分的关键在于如何理解刑法中的"遗失物"以及"占有"。② 在我国,学界不同观点"斗争"了数十年尚未有统一定论,实务界对于此类问题也莫衷一是。实践中,与一般场所发生的案件相比,发生在列车和铁路职场中的案件,以盗窃罪定罪案件数远大于以侵占罪定罪案件数,二者比例严重失衡。列车、火车站在不同情况下兼具"封闭性"和"公共性",对发生在列车上、铁路职场中的遗忘物及占有的界定情况较为复杂,试图简单粗暴地以单一标准界定发生于列车上、铁路职场中的盗窃与侵占行为,无疑是盗窃犯罪理论基础不足以及司法机械主义的体现。多年来铁路司法机关对发生在列车上、铁路职场中的貌似"盗窃"行为习惯于以盗窃罪"一定了之",使侵占罪成为"僵尸"条款。本文从内蒙古自治区海拉尔铁路运输检察院(以下简称"海拉尔铁检院")23 年间办理的盗窃案件数据入手,对盗窃与侵占犯罪在铁路案件中如何界分进行研究,以期为盗窃与侵占界分难题提供解决思路。

---

* 内蒙古自治区海拉尔铁路运输检察院第三检察部副主任,三级检察官,内蒙古自治区检察理论调研骨干人才。

① 参见徐凌波:《论盗窃罪的教义学构造》,载江溯主编:《刑事法评论:刑法方法论的展开》(第 42 卷),北京大学出版社 2019 年版,第 569 页。

② 〔日〕山口厚:《从新判例看刑法》(第 3 版),付立庆、刘隽、陈少青译,中国人民大学出版社 2019 年版,第 158 页;王俊:《非法占有目的的不同意义——基于对盗窃、侵占、诈骗的比较研究》,载《中外法学》2017 年第 5 期。

表 1　海拉尔铁检院 2000—2022 年盗窃、侵占案件情况(单位:件)

年份	2000	2001	2002	2003	2004	2005	2006	2007	2008	2009	2010	2011	2012	2013	2014	2015	2016	2017	2018	2019	2020	2021	2022	合计
总体犯罪数量	86	145	160	169	154	182	128	169	120	85	81	97	71	60	65	54	63	73	43	65	44	31	34	2179
财产犯罪数量	72	101	115	136	130	146	98	147	99	72	71	80	69	41	33	35	34	43	17	30	23	21	14	1627
盗窃罪数量	58	76	99	117	104	126	88	126	70	65	53	74	47	18	29	31	33	41	14	23	14	5	3	1314
侵占罪数量	2	1																						3

一、铁路盗窃犯罪情况分析

2000 年至 2022 年,海拉尔铁检院共办理各类刑事案件 2179 件,其中,盗窃案件 1314 件,占整体刑事案件的 60. 3%,盗窃犯罪是铁路犯罪的主要类型。根据表 1 可知,23 年来海拉尔铁检院办理的案件中,盗窃罪有 1314 件,侵占罪仅有 3 件。对侵占罪进行刑事责任追究必须经历从“遗忘物”到“拒不归还”,再到“自诉”三环的阻却才能最终实现。① 侵占罪案件量少,具有程序繁琐的“先天因素”,但二者犯罪数量相差如此悬殊在一般场所发生的案件中亦属罕见。原因在于铁路案件涉及盗窃与侵占界分争议问题较多,铁路司法机关整体倾向于对火车站、列车盗窃从重打击,绝大多数犯罪以盗窃定罪,对盗窃过度依赖,而侵占罪在铁路案件中成为“僵尸”条款,很少被使用。在铁路治安处罚案件中,以盗窃案由处罚的案件数量远超侵占,这种定罪和处罚方式过于简单粗暴,影响了司法的公平、公正。

盗窃与侵占界分的关键在于对刑法上占有的界定,铁路司法机关认为“只要取走他人遗忘在火车站或列车上的物品就构成盗窃”,对列车上、火车站遗忘物品占有的规制范围过大,有过度打击之嫌。理论界和实务界对“遗忘物”基本概念问题争议较大,盗窃罪与侵占罪界分标准不统一。铁路司法机关不应以“严厉打击”态度处理争议案件,应当加强对盗窃与侵占界分问题的研究,区分几种主要犯罪情形进行精细化分析界定,推广一批指导性案例指导司法实践。遇到铁路盗窃与侵占界分争议时,要从“少捕慎诉慎押”刑事司法政策出发,对定性把握不准的尽量寻求出罪路径,避免出现错案,充分利用治安处罚功能,避免刑罚过度打击。

① 参见潘庸鲁:《拾取“遗忘物”法律性质研判》,载《河南警察学院学报》2019 年第 6 期。

二、"占有"问题的教义学阐释

盗窃与侵占犯罪界分的关键是如何看待刑法上的"占有"问题。在我国刑法规范和理论中,"占有"问题包含对"遗忘物"的解释和对占有的理解。

(一)"遗忘物"的概念界定

在我国刑法中,遗忘物是侵占罪的构成要件之一,盗窃罪与侵占罪常见争议焦点是遗忘物界定问题,理论界对此争议较大。张明楷教授认为,严格区分遗忘物与遗失物可能性不大且没有意义,遗忘物应当理解为非基于他人本意而失去控制,偶然由行为人占有或者占有人不明的财物。① 陈兴良教授认为,在国外或其他地区,刑法与民法并无遗忘物与遗失物的区分,应作扩张解释,将遗忘物与遗失物认为是同一物。② 传统刑法学说认为,应以权利人是否能够回忆起物品具体位置作为遗忘物判断标准,结合物品脱离占有程度及脱离时间长短综合判断。③ 目前传统学说弊端逐渐凸显,以权利人能否回忆起及脱离时间长短等判断遗忘物使侵占罪定罪难度加大,导致财产犯罪中一部分犯罪行为因此规避了刑罚打击,而另一部分尚不构成犯罪的侵占行为却被司法机关以盗窃罪定罪。陈兴良教授认为,对被告人是否定罪,取决于被害人的记忆能力,被害人能够记得遗置的时间、地点,就是遗忘物,被告人就有罪,反之被告人无罪,这就违反了犯罪是危害行为的刑法学基本原理。④ 德日刑法中仅有"遗失物"而无"遗忘物"。事实上,各国是使用"遗忘物"还是"遗失物"来阐述,只是各国用语习惯问题,本质上没有区别。⑤ 笔者认为,我国刑法中的遗忘物与德日刑法中的遗失物概念涵摄范围相似,从保障权利人财产性权利角度出发,对二者概念进行区分的实践价值不大。实务中,对于财物控制状态的不明确导致定盗窃罪还是侵占罪存在较大争议。行为人误以为是遗忘物而取得他人占有的财物时,属抽象的事实认识错误,构成盗窃罪,因此行为人的主观方面也是区分盗窃与侵占的关键因素。⑥

(二)场所管理者占有问题界定

"窃取了他人的财物"时,可能成立盗窃罪。在盗窃罪的成立上,某种行为能够该当于"窃取",首先有必要对于属于他人占有的"他人的财物"取得占有。换言之,要想成立盗窃罪,取得的对象即财物必须处于他人的占有之下。否则,即使取得

① 参见张明楷:《刑法学》(第2版),法律出版社2003年版,第784页。
② 参见陈兴良:《刑法哲学》(修订版),中国政法大学出版社1997年版,第245页。
③ 参见高铭暄主编:《刑法专论》(下编),高等教育出版社2002年版,第751页。
④ 参见陈兴良:《侵占罪研究》,载陈兴良主编:《刑事法判解》(第2卷),法律出版社2000年版,第19页。
⑤ 参见李勇:《结果无价值论的实践性展开》(第2版),法律出版社2020年版,第233页。
⑥ 参见朱梅、张冉:《如何认定"脱离他人占有的遗忘物"》,载《检察日报》2020年5月8日,第3版。

财物,也仅仅能够成立侵占罪(遗失物侵占罪、委托物侵占罪、业务上侵占罪)。[①] 刑法上的占有分为客观上的占有和主观上的占有,财物处于权利人实际管控范围内即可构成客观上的占有,不需要明确表示占有意思;主观上的占有要求权利人认识到对财物具有管领控制的权利,并具有排除他人管控的意思。占有也分为事实上的占有和观念上的占有,前者强调权利人对财物的控制状态,强调占有事实,只要财物处于权利人管控范围即可构成占有;后者指按照一般社会观念可以判断权利人对财物处于管领控制状态。按照台湾地区学者的观点,占有分为三种构成要素:一是主观的持有支配要素。事实上的持有支配关系,必须是持有人在主观上以持有支配的意思而持有。二是客观的持有支配要素,具有客观上可见的事实持有状态。三是法律与社会见解的综合判断。除根据主观与客观持有支配要素加以判断之外,尚应兼就社会习惯的见解,而为判断。

涉及"遗忘物"争议案件常发生于特定场所,在特定场所遗忘物脱离原占有人控制后,可能出现第二重支配控制人。根据"二重控制说"理论,遗忘物存在财物所有人和特定场所管理者双重控制关系。在财物所有人对财物失去控制的前提下,特定场所管理者具有控制权,成为遗忘物的合法占有人和管理人,但以财物遗落于特定场所就推定该场所的管理者持有的观点未免有失偏颇。[②] 上述理论在实践中争议较大,笔者倾向于"修正的二重控制说"理论。根据该理论,特定场所分为公共空间和非公共空间,进入特定场所不需要征得管理者同意的,该特定场所为公共空间,反之为非公共空间。[③] 遗忘物因场所的公开性而存在不同情况,公共空间场所管理者控制力较弱,需要明确支配和控制财物才可转移占有,非公共空间场所管理者控制力较强,只需要具有概括的、抽象的支配意识即可转移占有。[④] 在对进出人员有一定身份限制的相对封闭的特定空间,场所管理者对遗忘的财物控制力较强,进出人员有一定限制,财产丢失后有明确嫌疑对象,该场所属于排他性较强的非公共空间。当此类空间内的物品脱离所有权人、占有人的占有后,转移为场所管理者占有。反之,在人流量较大的开放式公共空间,场所管理者对遗忘物控制力较弱,只有在具有占有意识并实际控制财物时方可转移占有。如在行驶的列车上,失主将小件物品遗忘在座位上时,关于行为人捡拾物品的行为界定问题。行驶的列车不同于出租车、银行柜台、火车站售票窗口等相对封闭的空间,列车在不同情况下具有极强的开放性、公共性,人员流动性大,权利人下车

---

① 参见〔日〕山口厚:《从新判例看刑法》(第2版),付立庆、刘隽译,中国人民大学出版社2009年版,第126页。

② 参见周敏、王毅:《浅谈侵占罪中遗忘物的法律认定》,载《泰州职业技术学院学报》2018年第6期。

③ 参见丰建平、丁彩彩:《占有特定场所遗忘物如何定性》,载《检察日报》2018年12月9日,第3版。

④ 参见叶希善:《侵占遗忘物和盗窃遗忘物的区别新议——修正的二重控制论》,载《法学》2005年第8期。

后,自然脱离了对物品的占有,列车工作人员在公共空间内对物品控制力较弱,对于小件物品并没有明确占有意识,无法形成事实上的占有或观念上的占有,因此行为人的捡拾行为不属于盗窃。

(三)非法占有目的的判定

在德国,“非法占有不仅由取得意思、排除意思两部分内容构成,而且两者必须同时具备才能认定非法占有的目的”。在我国,以非法占有为目的是故意之外的主观构成要件要素。[①] 张明楷教授认为,“以非法占有为目的,由排除意思和利用、处分意思构成,二者具有不同的机能”[②],这一观点成为我国通说[③]。盗窃罪的客观构成要件为窃取,指从财物的所有者或者保管者手中取走财物,使所有者或占有者丧失对财物的控制,而置于行为人的控制之下,侧重客观行为的表现方式。[④] 盗窃罪的主观构成要件是非法占有目的,非法占有目的具有排除意思和利用、处分意思。盗窃犯罪应当遵循主客观相结合原则进行判断,不能忽略主观构成要件在犯罪构成中的重要作用。在梁丽案中,机场清洁工梁丽对权利人遗置机场候机大厅的纸箱产生主观认识错误,认为纸箱系旅客丢弃物而将其清理到清洁车中,并没有意识到纸箱内装有大量贵重首饰,取得占有时缺乏“非法占有目的”这一主观构成要件,不构成盗窃罪。在铁路盗窃案件中,相当一部分盗窃与侵占争议案件被定性为盗窃,就是以客观不法取代主观不法的表现,排除了盗窃罪主观因素中的利用、处分意思。

三、铁路盗窃犯罪的司法认定

盗窃犯罪主要争议集中于盗窃罪与侵占罪的界分问题。铁路司法机关未形成统一的判断标准,导致盗窃罪定罪数量远远高于侵占罪定罪数量,违反了罪责刑相适应原则。

(一)列车上“盗窃”问题定性

一是列车上的公共空间“盗窃”。根据“修正的二重控制说”理论,公共空间的管理者或控制者,只有对具体遗忘物有明确、具体的控制或支配意识,才能形成对遗忘物的二重占有。[⑤] 在封闭的特定空间,只要所有权人、占有人在场或只是短暂离开,原则上应认定为所有权人、占有人占有,而不是由场所管理者占有。[⑥] 行驶的列车作为一个整

---

① 参见薛铁成、丁晓晗:《盗窃罪以非法占有为目的的教义学重释》,载《河北法学》2022 年第 6 期。

② 张明楷:《刑法学》(第 6 版),法律出版社 2021 年版,第 1232 页。

③ 参见肖怡:《论盗窃罪之“非法占有目的”》,载《首都师范大学学报(社会科学版)》2013 年第 1 期。

④ 参见刘明祥:《财产罪专论》,中国人民大学出版社 2019 年版,第 81—82 页。

⑤ 参见倪时颖、张会杰:《非法占有特定场所遗忘物行为的定性》,载《中国检察官》2012 年第 22 期。

⑥ 参见张妍、崔芳芳:《职务侵占罪与盗窃罪的区别》,载《人民司法》2020 年第 29 期。

体由工作人员管理,但工作人员并不负责卫生间、洗漱台、车厢连接处的单独监管。进言之,并非由列车员对每一位进出卫生间、洗漱台、车厢连接处的旅客单独管理,因此此处属于公共空间。此处放置的个人物品,占有人仅临时可控,需结合占有的自然意思和事实的控制力综合判断是否构成刑法上的占有。按照一般社会观念,旅客长时间遗置在列车公共空间的小件物品,在事实和观念上均可视作脱离占有的“遗忘物”。如海拉尔铁检院办理的靳某某盗窃案中,被害人将手机遗落于列车卫生间,一小时后行为人进入卫生间取走手机。被害人经回忆方想起手机遗失位置,遗失手机至取走手机,时间间隔一小时有余,被害人已失去对手机占有的自然意思且对手机不具有事实的控制力,该手机属于“遗忘物”。对于旅客在车厢连接处等公共空间有意放置的大件物品,旅客具有占有的事实要素和观念要素,构成刑法上的占有。车站、列车具有半封闭性特点,铁路对旅客随身携带的财物无保管责任,脱离旅客占有的财物属于“遗忘物”,此时行为人的行为可按侵占处理。① 行为人将物品遗忘于公共空间,若场所管理者没有明确表示管理意思时,不能转移为场所管理者占有,属于“遗忘物”。当行为人已明确认识到旅客已下车并将随身携带物品遗落于列车上,由于旅客随身携带物品不属于列车托运物品,列车与旅客间只有对人的承运协议,没有对随身携带物品的承运协议,列车在运行期间对旅客随身携带物品无具体控制、支配意识,亦无管理义务,故旅客遗落在列车上的随身携带物品不能转移为列车占有,列车上的个人空间已随旅客下车、车票的失效而成为公共空间,遗置物品脱离旅客占有成为“遗忘物”,非法占有行为属侵占。

二是列车上的非公共空间“盗窃”。根据“修正的二重控制说”理论,权利人遗忘在车站、饭店、邮局等特定场所的财物具有双重控制关系,财物所有人的控制和特定场所有关人员的控制。在权利人对财物失去控制的情况下,特定场所的人员如门卫、保安、服务员等便是该财物新的控制人。② 与卫生间、洗漱台、车厢连接处等公共空间不同,行李车由工作人员单独管领控制,具有特殊功能,无关人员不可以随意进出,属于列车上的封闭空间,旅客在此类空间遗置的物品自动转移为场所管理者占有。由于进入餐车就座需要额外支付一定费用,归属餐车工作人员管理,因此餐车属于列车上的非公共空间,旅客遗置物品转移为餐车占有,非法取得行为属盗窃。由于车票具有相对固定的对应性,列车上的座位、铺位、行李架,在车票所在位置较近距离范围内,随身携带物品仍属于车票号码规制的私人空间。物品处于权利人和列车双重控制之下,由于权利人对物品占有控制力较强,列车占有相应变弱,行为人取走被害人包裹的行为

---

① 参见周恩深、刘凯云、徐璐:《区分场合认定铁路运输中的盗窃既未遂》,载《检察日报》2012 年 1 月 3 日,第 3 版。

② 参见谢晖:《论非法占有他人遗忘在特定场所之财物的定性》,载《长江大学学报(社会科学版)》2007 年第 3 期。

侵害了权利人的占有，当权利人脱离对物品的占有时，列车对空间的管控力逐渐增强，物品转化为列车占有，行为人的非法取得行为构成盗窃。高铁列车车厢连接处设置大件物品存放处，通常安装栅栏与公共空间区隔，此处存放的物品丢失的，列车承担过错责任。大件物品存放处属于列车上的封闭空间，旅客对其在此处有意存放的大件物品具有占有的意识和意志，只要未下车即构成占有，无须考量距离和时间等因素。旅客下车后，此处存放的物品转移为列车占有。

三是列车停止状态下的"盗窃"。中途停车的列车，由于上下车人员较多，失去了行驶中列车的一部分封闭性，停车期间属于公共空间，占有情况应分情况讨论。列车停车过程中，物品所有人、占有人去其他车厢，在距离较远、时间较长的情况下，可以比照公共空间距离、时间等因素综合考量占有情况。在列车到达终点站尚未入库关闭时，绝大多数旅客已下车，车票所具有的个人空间控制效力已经消失，列车上所有空间均属公共空间，按照一般社会理念，此时无论是放置于列车上的个人空间还是公共空间的物品均属于"遗忘物"，旅客已脱离占有。在铁路刑事案件中，经常将旅客已经出站、脱离对包裹占有的情况下，行为人取走包裹的行为错误认定为盗窃罪。列车到达终点站旅客已下车，列车已封闭并驶入车库，列车上的空间整体转化为列车管理的封闭空间，旅客占有脱离，转移为列车占有，非法取得包裹的行为构成盗窃。在海拉尔铁检院办理的余某盗窃案中，列车已驶入车库内休整，清洁工余某取走行李架上旅客的包裹。此时旅客已彻底失去对包裹的控制，列车已失去承运旅客、行李的功能，由公共空间转化为非公共空间，列车有保存旅客遗忘物的责任与义务及主观意识，旅客包裹转移为列车占有，清洁工将列车对包裹的占有转移为自己占有属盗窃。

（二）列车外"盗窃"问题定性

一是火车站安检机附近"盗窃"。安检人员没有帮助旅客看管包裹的工作职责，但其对每一位进站旅客都具有管理和核对职责，安检设备附近是安检人员管领控制的范围，安检工作人员对旅客遗忘在安检机附近的包裹具有客观上的占有权利。日本学者西田典之认为，即便处于某人的支配领域之外，如果能推定存在该人的事实性支配，也可认定占有。安放在无人看守的庙堂上的佛像，丢在自行车停车场内的自行车等就属于此类情形。[①] 安检设备相关工作区域在法理上由于归属安检人员管理而具有一定的"封闭性"，在旅客脱离对包裹占有的情况下，场所管理者具有抽象的控制意识即属于刑法上客观的占有。旅客遗落在安检设备上的包裹，能够推定存在安检人员事实性的支配，安检人员对旅客遗落的包裹具有事实上的占有，取走旅客遗置物品侵害了安检人员所代表的火车站的占有，属盗窃行为。安检人员内部工作职责是否包含对包裹的

---

① 参见〔日〕西田典之著、〔日〕桥爪隆补订：《日本刑法各论》（第7版），王昭武、刘明祥译，法律出版社2020年版，第162页。

看管属于企业内部职能分工,并非刑法上的管理义务,旅客暂时脱离对包裹的看护,由安检人员执行安检程序,因安检程序旅客将包裹遗落在安检设备处,安检人员所代表的火车站取得对包裹的占有,具有暂时保管义务,属于刑法观念上的占有,此时非法取走包裹构成盗窃。对于尚未进入安检设备检测的包裹,不具备进入火车站的资格,场所管理者并非火车站,属于站外公共空间范围,对旅客遗置的包裹可根据时间、距离等因素综合判断占有情况。

二是火车站售票口"盗窃"。铁路客盗案件中,火车站售票窗口盗窃案件较为普遍。此类案件同样存在较大争议,如海拉尔铁检院办理的纪某某盗窃案中,被害人购买车票后将手包遗落在售票窗口处,行为人发现售票窗口的手包便据为已有,本案争议焦点为被害人是否脱离对手包的占有。在客流量较大的车站,售票窗口人流集中,属公共空间,可综合距离、时间、主观因素等判断是否占有。对于客流量极少、每天仅有少数班次列车经停的车站,纵然权利人表面上失去了对物品的直接控制,但由于此类车站的封闭性,权利人对物品控制力较强,仍可认定占有,行为人的行为构成盗窃。

结　语

加强铁路盗窃犯罪治理,是提升一个国家治安管理水平的良好切入点。铁路盗窃犯罪治理是一个综合性问题,对于检察机关而言,首要任务即从刑法教义学和刑法规范角度出发,对盗窃犯罪准确认定,避免"一律认定盗窃"的"严打"思维模式,防止刑法入罪的恣意性。铁路检察机关在盗窃与侵占界分上积累了丰富办案经验,应当扎实提升刑法理论水平,以理论指导司法实践,将刑法教义学与少捕慎诉慎押刑事司法政策相融合,为规范盗窃罪司法认定,解决"盗窃与侵占界分"这一世纪性难题贡献检察力量。

海洋治理现代化视域下非法海砂运输的刑事规制

侯　璐[*]　唐　荻[**]

一、非法海砂运输的内涵

涉海砂违法犯罪活动分为海砂盗采、海砂运输、海砂销售三个基础环节。

海砂盗采,指未取得海砂开采海域使用权证或采矿许可证,在本国领海采挖海砂的行为,盗采的海砂只有通过运输才能顺利进入交易环节获利。

海砂运输有广义和狭义之分。广义的海砂运输是指行为人通过陆地、海上交通工具对海砂进行流转,便于其后期交易。狭义的海砂运输是指行为人为使得其能够及时上岸交易变现而使用海上交通运输工具对海砂进行流转的过程。鉴于海上海砂流转系海砂运输必不可少的环节,故笔者探讨的非法海砂运输仅指狭义的海砂运输,即利用海上交通工具对海砂进行流转的过程。

海砂销售,指上游海砂持有人与下游购砂人进行交易,收取砂款的过程。海砂销售模式受海砂运输环节的影响,运输环节少的,海砂销售可以一次完成,比如,终端收砂人员直接向海砂采运方交付砂款,砂款价格也较为便宜;运输环节较多的,海砂销售一般在关联的上下游人员间进行,如采砂船直接向运砂船销售海砂、浮吊船向上游运砂船收购海砂后又以过驳形式销售给下游运砂船、下游运砂船将海砂运至码头销售等,整个过程涉及人员复杂繁多,越到后期砂款价格越高。举例来说,笔者对比两份刑事判决书,一份是(2020)浙 0305 刑初 101 号刑事判决书(刘某某非法采矿案),该案中,刘某某于 2020 年利用运砂船直接将采出的海砂销赃给温州一码头,当时砂款金额为 30 元/吨。另一份是(2021)浙 1081 刑初 1308 号刑事判决书(张某某掩饰、隐瞒犯罪所得案),该案中,2020 年,采砂船将海砂交由张某某的运砂船,之后由张某某将砂运至码头销售,此时砂款金额高达 63 元/吨。仅增加运砂船这一环节,销赃金额就翻了一倍,由此可见海砂运输作为涉海砂违法犯罪活动中的关键环节,理应受到重视。

* 舟山市定海区人民检察院检察官。

** 舟山市定海区人民检察院检察官助理。

二、非法海砂运输刑事规制的必要性

（一）浙江沿海涉砂犯罪现状

笔者梳理了2020年至2023年裁判文书网公布的涉及海砂犯罪的刑事判决书，发现自2020年以来，浙江省各级法院办理涉海砂犯罪一审案件共计43件90人（具体详见表1），其中，2020年共计12件23人、2021年共计12件24人、2022年共计14件36人、2023年共计5件7人，除2023年统计不完全外，案件件数和人数呈整体上升之势。

表1　2020年至2023年浙江省涉海砂犯罪一审案件统计

年份	件数	人数	适用罪名（件）		盗采地点（件）			缓刑（人）
			非法采矿罪	掩饰、隐瞒犯罪所得罪	福建	台湾地区	广东	
2020	12	23	12	0	12	3	0	4
2021	12	24	4	8	11	1	1	17
2022	14	36	0	14	8	5	1	32
2023	5	7	0	5	3	1	1	6

通过对判决书的整合和分析，发现浙江省涉海砂犯罪具有以下特征：

一是盗采地点集中于闽台，运销系浙江省涉海砂犯罪主要管辖理由。上述判例中，除3件案件海砂来源为广东汕头外，剩余案件海砂来源均为福建海域（如福建漳州、西犬岛、马祖岛等地）、台湾海峡，部分案件行为人多次非法盗采海砂，福建、台湾地区均有涉及。近4年无在浙江海域盗采海砂的判例，被查获案件均为在运输或销售海砂过程中被发现。可见，凭借南北海岸线和长江黄金水道交叉地带天然航运优势，加之经济崛起催生的巨大基建用砂需求的浙江省，虽然不是盗采海砂犯罪地点，但却是运、销海砂必经之地。

二是犯罪手段逐步升级，判决罪名从非法采矿罪向掩饰、隐瞒犯罪所得罪转变。2020年，浙江省涉海砂犯罪案件判决罪名均为非法采矿罪，2021年开始逐渐出现以掩饰、隐瞒犯罪所得罪定罪的判例，自2022年开始，涉海砂犯罪案件判决罪名均为掩饰、隐瞒犯罪所得罪。究其原因，主要有二：第一，2020年行为人犯罪模式均为派遣采运一体，自吸自运式船舶至福建、台湾海峡吸砂、运砂，故认定非法采矿罪事实清楚，证据充分。但随着近几年全国持续加大对非法采运海砂行为的打击，所谓“道高一尺，魔高一丈”，自2021年起行为人升级作案手段，不再参与具体盗采行为，仅通过派遣运砂船、浮吊船等特定船舶参与运输环节，故无法认定为非法采矿罪。第二，在作案过程中,行为人往往伴随着关闭 AIS 设备、使用太空卡、不填报航海日志等行为,导致无法查清上游盗采人员身份信息和上下游人员意思联络程度,致使认定行为人构成非法采矿罪共犯困难,检法机关只能退而求其次以掩饰、隐瞒犯罪所得罪对其予以定罪处罚。

三是犯罪方式隐蔽,衍生多样行政违法行为影响水上交通安全。通过对判决书的梳理,笔者发现海砂运输过程中船舶不适航、船员不适任现象普遍,严重影响水上交通安全。非法海砂运输行为人为躲避相关部门的稽查、降低运输成本,多使用无船名船号、无船舶证书或船检不合格的船只,雇佣无船舶适任证书的船员贩运海砂。更有甚者,直接将长江内河船舶作为海上过驳船只,严重违反海运管理秩序。船舶不适航,导致船舶安全技术状况较差,安全隐患较多,不具备抗击海上风险的能力,极易发生船沉人亡的事故。船员不适任,导致船员航行技能较差,如在海砂运输时不重视封仓、平仓,不会研判海上发生的险情态势,应急能力差,使得安全事故频发。

(二)非法海砂运输行为刑事规制的紧迫性

对作为中间环节的海砂运输进行规制有利于肃清两端。上游海砂采运船存储能力有限,只有运砂船、浮吊船不断过驳、运载、分流海砂,才能保障海砂盗采顺利完成。[①] 下游海砂销售依赖海砂运输才能实现,海砂运输是否成功,直接影响海砂的交易变现,正如上文所述,海砂运输环节的多寡、运输时间的长短等因素均影响海砂销售价格的高低。故对非法海砂运输行为进行有效的刑事规制,可使海砂盗采与非法交易无以为继。

刑事司法的及时介入,有利于弥补行政执法在规制非法海砂运输行为过程中的手段疲软问题。行政执法机关因对海洋环境犯罪案件社会危害性认识不到位、行刑衔接意识不强,导致大量非法海砂运输行为仅被行政处罚,未进入刑事诉讼程序,同时,因行政处罚手段单一、强度不足,致使非法采运海砂违法成本较低,难以触及相关违法犯罪行为人的根本利益。刑法规定的法律后果主要是刑罚,刑罚是国家最严厉的强制方法。[②] 惩罚犯罪的刑罚作为保障海砂矿产资源的最后一道防线,与行政执法配合使用,有利于及时打击海砂运输行为,提高海洋治理的效果。

对非法海砂运输行为进行充分、有效的刑事规制,不仅能够在一定程度上阻断海砂采、运、销犯罪链条,也能对同类违法犯罪行为起到预防作用。刑法不仅具有法益保护机能,而且具有行为规制机能,即刑法将一定行为规定为犯罪并给予刑罚处罚,表明该行为是被法律禁止的,命令人们作出不实施这种犯罪行为的决定,据此预防犯罪的发生。

---

① 参见福建省福州市人民检察院课题组、余深画:《盗采海砂犯罪刑民交叉问题研究》,载《中国检察官》2021 年第 12 期。

② 参见张明楷:《刑法学》(第 3 版),法律出版社 2007 年版,第 24 页。

三、非法海砂运输行为刑事规制困境

非法海砂运输行为刑事规制困境主要集中于行政执法、刑事司法、协同治理三个层面。

(一) 行政执法层面

海上执法远比陆地复杂,非法海砂运输手段具有高度的隐蔽性,导致执法部门以海上巡逻、登临检查为代表的传统稽查手段不足以匹配当前涉海砂违法行为稽查需求。目前承担规制涉砂违法犯罪行为的海上执法机构主要是海事局和海警,前者主管海上交通安全,后者负责海上执法办案,相对于日益增长的非法海砂运输违法犯罪数量来说,执法力量远显不足。① 以海警为例,机构改革后,中国海警局根据全国人大常委会的授权开始履行海上维权执法职责,舟山海警局自 2019 年起正式履职,但改革后的海警机构执法力量相对薄弱,专业办案人员相对匮乏,疲于履行大幅增加的执法办案职能。

(二) 刑事司法层面

刑事司法当前对非法海砂运输规制的困境主要在于各地司法实践不同,相关标准尚未统一,不仅给司法机关刑罚裁量衡平带来困难,也在一定程度上影响行政执法机关的前期执法、侦查。海砂从采吸到上岸交易,经过了很长一段时间的运输,衍生出各类不同的行为模式,既有运砂大船长距离运输,亦有浮吊船过驳、运输二程船分装。那么参与上述环节的人员,如股东、船东、相关劳务人员、居间介绍者等,是与上游共同构成非法采矿罪,还是单独构成掩饰、隐瞒犯罪所得罪;犯罪数额是以上游海砂购买价还是以下游海砂销售价,抑或以价格认定部门出具的价格认定结论为依据;参与海砂运输人员的具体分工、获利情况如何影响刑事责任的承担,各地操作亦有不同。

如福建检察机关认为,非法海砂运输,无论事先通谋、事中故意还是临时故意,只要从采砂船上过驳海砂,均可认定为非法采矿罪;上海检察机关则认为,只有事先共谋、事中故意才可认定为非法采矿罪;浙江、广东检察机关认为仅事前通谋才可认定为非法采矿罪,事中故意和临时故意应以掩饰、隐瞒犯罪所得罪定罪处罚。在犯罪数额认定方面,上海检察机关以市场批量价格,又称泊水价认定行为人的犯罪数额,浙江检察机关以海上交易价、到岸价等不同阶段的海砂价格区分确定行为人的犯罪数额。在价值鉴定方法采用方面,笔者通过查阅不同省市的物价认定结论书发现,市场法为物

---

① 参见"内河船非法海上营运风险研究"课题组、吴胜顺:《内河船入海营运安全风险、法律责任与应对——以浙江沿海内河船入海营运为背景》,载《世界海运》2021 年第 1 期。

价鉴定部门常用的价值鉴定方法,但也存在物价鉴定部门使用专家咨询法进行价值鉴定的情况。上述情况不统一,可能造成同一关联案件中各参与行为人因归案地不同而导致刑罚裁量结果的不同。

(三)协同治理层面

2023 年 5 月 20 日,最高人民检察院、公安部、中国海警局联合印发通知,部署沿海各级人民检察院、公安机关和海警机构开展为期 6 个月的打击整治盗采海砂违法犯罪专项行动,沿海各地亦出台相应政策。这不仅反映出非法海砂采运综合治理的难度和持久性,亦体现出协同治理在其中的重要性。

行刑衔接是最为直观的协同治理,指检察机关会同行政执法机关、公安机关等实行的旨在防止以罚代刑、有罪不究、降格处理的现象的发生,及时将行政执法中查办的涉嫌犯罪案件移送司法机关处理的工作机制。具体到涉非法海砂运输层面来说,不仅包括海警、公安机关将侦查立案的刑事犯罪案件移送给检察机关,亦包括海事、港航等传统行政执法机关在执法过程中将可能涉刑的线索移送海警、公安机关。

因此,行政执法部门受理念、职能影响,缺乏对可能涉刑案件研判及固定证据的能力,一定程度影响刑事诉讼进程的推进,亦有可能导致降格处理、以罚代刑、不当撤案、不罚不刑的问题。近年来,舟山市相继出台了《关于依法严厉打击海上非法过驳海砂等物品违法行为的通告》《舟山市海上安全行政执法与刑事司法衔接工作规范》《关于建立海上安全执法司法联席会议制度的意见》等文件,明确了舟山市港航和口岸管理局、舟山海事局、舟山市海洋与渔业局、舟山海警局、舟山市公安局、舟山市人民检察院、舟山市中级人民法院的职责与工作协调机制,要求海上安全行刑共治工作与海上综合执法一体化数字平台贯通,实现案件推送、证据共享、信息获取、业务协同等工作全程线上流转,完成海上安全行政执法与刑事司法高效衔接。① 这在一定程度上为各单位参与协同治理指明了方向,但相关体制机制在具体落实过程中仍存在一些短板。如海事局仅对超航区航行、配员不足、船员无证或不适任等违章行为进行处罚,若在执法中发现船只涉嫌非法海砂运输,在海警未介入的情况下,哪些案件需要采取适当手段先行固定证据,以防范行为人毁灭证据的风险;海事机构先行固定证据后,以何种形式移交线索,相应证据通过何种渠道流转;海警接收线索后,依何种标准判断案件涉刑需要侦查,是否需要向检察机关通报案件进展情况等,上述问题均需进一步探讨、落地,以最大限度保障海砂运输涉刑案件能够及时进入刑事诉讼程序。再者,与行刑衔接政策配套的体系建设有待优化,如笔者走访海警发现,目前市级层面的一体化数字平台,基层海警工作站并没有登录权限,海事等部门在平台上移交案件给海警工作站

---

① 参见《海上安全执法司法衔接再深化再落实——〈舟山市海上安全行政执法与刑事司法衔接工作规范〉正式实施》,载"舟山检察"微信公众号 2022 年 7 月 21 日。

后，海警工作站无法对案件进行线上流转。

四、非法海砂运输刑事规制进路

优化非法海砂运输行为刑事规制路径、提高打击涉海砂违法犯罪活动的效能，从而强化国家管控海洋资源的能力，需要在行政执法、刑事司法、协同治理三个维度上持续发力。

（一）提升行政执法能力

刑法作为保障海砂矿产资源的最后一道防线，需要和作为保障海砂资源首道防线的行政手段予以配合协调。① 行政手段的效果取决于行政执法能力的高低，行政执法能力的提高需要行政执法机关在多方面下功夫。

1. 在提高意识上下功夫

行政执法机关应当树立合理的刑事司法理念，对海洋资源和环境保护予以充分重视，在执法过程中应当秉持刑事处罚优先原则。一般现场查获的非法海砂运输案件，都会使用载运量较大的船只，极易达到非法采矿罪或掩饰、隐瞒犯罪所得罪的构罪标准，所以行政执法机关应当主动进行行刑衔接，以刑事案件证据标准对相关证据先行固定，便于后期对案件顺利开展侦查。已经对非法海砂运输行为人的行为给予行政处罚的，可以及时向司法机关通报，记录在案，为其下一次犯罪作风险提示。

2. 在优化资源配置上下功夫

科学确定执法人员编制配备比例，将人员编制向执法一线倾斜，在一定程度上解决一线执法力量配备不足的问题；加强执法队伍人才梯队建设，强化业务培训，筛选一批骨干人才，实现涉海行政执法力量自我新陈代谢；加强政府对涉海行政执法工作的重视和支持，保障执法人员薪酬福利。

3. 在更新执法手段上下功夫

加强执法调研，对目前非法海砂运输领域新的违法犯罪手段作大数据分析，汇总非法过驳重点水域，并完成 CCTV 安装工作。加强执法部门通力协作机制，多渠道整合数据资源，实现海域监管雷达“一张网”。如舟山市公安局依托舟山市一体化智能化公共数据平台，协调交通、渔政、海事等部门，将 AIS、渔船北斗、高清视频等前端感知设备等统一整合，实现沿海治安态势未动先知、异动即知，顺利破获多起非法海砂运输刑事犯罪案件。

（二）统一刑事裁判标准

非法海砂运输犯罪行为复杂多样，各地司法实践亦有不同，刑事裁判标准亟待统一。

---

① 参见刘营：《非法开采海砂行为的刑法定性分析》，大连海事大学 2014 年硕士学位论文。

1. 厘清非法海砂运输具体行为

司法机关在案件办理过程中对非法海砂运输犯罪行为的界定是推动刑事裁判标准统一的基础。以海砂转驳一次为例，既有运砂船从采砂船处装运海砂后长距离运输，又有浮吊船从运砂船处过驳、分流海砂给运砂二程船，也有运砂二程船将海砂运输至码头；从参与人员来说，既有各类船舶所属船东、股东、船上各类工作人员，也有在上下游间传递海砂购销信息的居间介绍人；从犯罪行为来说，既有基础的砂价磋商、船舶运输，也有海砂过驳、货款交割等。明确各环节、各人员、各行为人的基本内涵和发挥作用的大小，是刑事司法裁判顺利进行的基石。

2. 重视案例的指引作用

实践是认识发展的动力，认识对实践具有反作用。2023 年 5 月 30 日，最高人民检察院、中国海警局印发《办理海上非法采砂相关犯罪典型案例》，选编 5 起海上非法采砂相关犯罪典型案例；2023 年 6 月 6 日，最高人民法院、最高人民检察院、中国海警局印发《依法打击涉海砂违法犯罪座谈会纪要》，针对司法实践中争议较多的非法海砂运输定性、犯罪数额问题作出解答，起到了一定的示范作用。对于整个诉讼活动而言，案例是其终极成果，记录案件诉讼过程、公开裁判理由、宣告处理结果，既对定罪量刑有指导意义，也确立了引领社会公众的规则，既是经验，也是规则。对非法海砂运输刑事案例进行梳理，有利于提取不同地区对海砂运输行为处理的规则，观其异同，可总结出规制海砂运输行为的经验、把握非法海砂运输犯罪发展的规律，制定相应证据、刑罚裁量标准等，从而有效指导刑事司法理论。

3. 促进相关标准统一

从相关调研、指导案例来看，现阶段各单位主要集中于各地定罪量刑标准的统一，却忽略了相关证据收集、审查标准的统一和优化。如为办理电信网络诈骗案件，最高人民检察院于 2018 年出台了《检察机关办理电信网络诈骗案件指引》，为办理电信网络诈骗案件证据收集、审查工作指明方向，进而统一全国办理电信网络诈骗案件证据审查标准。同样，司法机关也应当出台办理非法采运海砂案件相关指引，如舟山市于 2020 年出台《涉海砂掩饰、隐瞒犯罪所得案件证据收集审查判断工作指引》，围绕构罪要件，对于证明行为人主观明知、犯罪次数、犯罪对象等关键性证据收集标准予以一一列明，便于司法机关办理案件时参照并形成统一标准。

(三)优化协同治理体制机制

行政执法机关和刑事司法机关应当及时总结各方经验，优化协同治理体制机制，使其契合执法司法办案实际需求。

1. 建立行政执法与刑事司法衔接配套机制

建立重大案件会商协作机制，针对疑难复杂案件，各单位均有权以书面形式提请会商,并以面谈形式研究相关案件的证据收集、事实认定、法律适用等问题;建立专项行动机制,通过分析研判,对于多发非法海砂运输案件的海域,适时开展联合专项行动,形成打击海上违法犯罪合力;建立信息反馈通报机制,行政执法机关和刑事司法机关应当就履职中发现的相关情况及时向衔接单位通报,畅通信息共享和反馈渠道;打造"政府主导、部门联动、企业全面负责"的监管责任链,发挥地方政府在海上安全监督管理中的主导作用,突出对企业管理不当和参与"砂石船、内河船"违法行为的责任追究。

2. 发挥检察机关的法律监督作用

检察机关作为法律监督部门,在行刑衔接过程中及时发挥监督职能,有利于防止以罚代刑、有罪不究、降格处理情况的发生,监督可以以行政执法机关及时向检察机关通报涉海砂运输行政案件处理情况、邀请检察机关提前介入等形式体现。但也需要注意坚持比例原则,对于轻微的海砂运输行政违法或行政瑕疵不轻易干预,兼顾行政效率原则,以合作共赢的理念参与监督。因行政违法涉及诸多专业技术问题,忽视比例原则容易影响行政执法机关的专业性调查取证,对查清案件事实反而起反向效果。

3. 深化综合执法一体化数字平台建设

综合执法一体化数字平台建设可以借鉴浙江省数据交换共享平台的建设思路,积极拓宽信息收集的工作渠道。逐步开放各部门在一体化数字平台上的权限,注重衔接沟通,积极反馈问题,推动平台运行逐步完善。加强对平台信息输入标准的把握,使平台信息尽可能全面反映执法工作开展的基本情况。可以参考浙江省率先出台的《浙江省公共数据和电子政务管理办法》,在公共数据录入、信息输入安全与保障方面,以"有效融合先建系统、适度整合部门系统、防止重复建设系统"的思路对基础信息录入进行规范。[①] 同时,通过建立重大信息责任制、纳入考评等手段,督促行政机关对于基础信息定期、适时进行填报,并对信息的准确性负责。

4. 大数据赋能线索监督

在国家大数据战略变更要求和犯罪产业化趋势背景下,可借鉴检察机关大数据技术与刑事监督立案耦合的思路,对综合执法一体化数字平台中填报的非法海砂运输数据进行挖掘、比对、画像,精准监督涉海砂违法犯罪线索,从而减少行政执法成本、提高行刑衔接质效。以舟山市检察机关为例,检察人员在办理非法海砂运输案件过程中,为进一步挖出隐藏的监督线索,决定对涉海砂运输违法犯罪开展"刑事+行政检察"一体化监督,通过多次走访海警、海事等部门,调取案件相关信息,建立大数据监督模型,通过对人员身份、涉案金额、行政处罚情况等关键信息进行碰撞、筛查,精准获取涉海砂运输违法犯罪的监督线索30余条。因此,在深化综合执法一体化数字平台建设

① 参见车俊主编:《透过浙江看中国的社会治理》,外文出版社2018年版,第135页。

的基础上,可以直接对平台中记载的不同机关提供的信息进行筛选、比对、碰撞,发现与非法海砂运输关联的相关线索。例如,同一船只需要在海事局进出港系统中填报船只装载海砂信息和在港航部门江海联运一站式系统中填报码头卸货信息,若填报一致,则将货物信息线上协同发送至海警机构,由海警机构向具有开采权的地区查询该批海砂是否具有合法来源;若不一致,系统即预警,相关执法部门直接介入调查。由此,可省去海事局、港航部门大量海上、码头稽查的时间和精力,提高执法效能。

电信网络诈骗犯罪“黑吃黑”法律问题思考

张浩朋[*]　王艳玲[**]

电信网络诈骗犯罪起源于20世纪90年代，表现形式为不法分子使用“王八卡”电话与受害人取得联系后谎称其中奖，但需要预先支付“税金”来提现，以此骗取受害人财产。现代社会，互联网行业方兴未艾，电子商务与网上支付蔚然成风，银行卡产业、通信行业高速发展，电信网络诈骗犯罪呈现出作案工具科技化、智能化，作案过程更加隐蔽，组织化、专业化程度高的特点，并浮现出为电信网络诈骗犯罪者提供专业的灰色服务并从中牟利的下游犯罪组织，例如，银行卡所有人以牟利为目的出售个人银行卡供诈骗者接收犯罪所得。

电信网络诈骗“黑吃黑”现象，是指行为人利用电信网络诈骗者不敢公开声张的心理，将暂存于自己账户上的赃款据为己有的行为，这增加了打击电信网络诈骗犯罪的难度。如何正确认定该行为的法律性质，如何对该行为作出科学合理的处断，以实现对此类行为的精准打击，促进从源头上遏制电信网络诈骗犯罪的发生，就成为司法实践中亟待解决的问题，这也是本文着重想要解决的问题。

本文旨在厘清电信网络诈骗犯罪中“黑吃黑”行为的司法认定问题。基于此，本文以三个案例为论述的切入点，深入探索电信网络诈骗犯罪中“黑吃黑”行为的表现样态及核心特征，分析电信网络诈骗犯罪中“黑吃黑”行为的法律性质，并对电信网络诈骗犯罪中“黑吃黑”行为在刑罚上如何处断进行探究。

一、定调：“黑吃黑”现象的法律评价

帮助信息网络犯罪活动罪与电信网络诈骗犯罪如影随形，同时，“黑吃黑”现象又将帮助信息网络犯罪活动罪与盗窃罪勾连起来。自2020年10月以来，帮助信息网络犯罪活动罪已经成为各类刑事犯罪中公诉人数排名第三的罪名，仅2022年上半年，检

* 河南省济源中级人民法院研究室，五级法官助理。

** 河南省济源中级人民法院刑一庭副庭长。

察机关共起诉此类犯罪嫌疑人 6.4 万人。[①] 与线下犯罪团伙不同,电信网络诈骗犯罪的团伙内部,不同层级、不同成员之间往往不曾谋面,平时主要通过网络以代号、暗语等方式联系,看似联系“松散”实则“心照不宣”,打击难度更大,不同层级、不同成员往往同时为多个上游犯罪集团提供帮助,危害更大。

在理论和司法实践中,行为人利用电信网络诈骗者不敢公开声张的心理,将暂存于自己账户上的赃款据为己有的“黑吃黑”行为,是以诈骗罪、侵占罪还是以盗窃罪定罪处罚,存在着争议和分歧。以下通过举例说明不同观点及其背后的理论支撑和实证考量:

例①:行为人白 F 在明知可能被人利用实施电信网络诈骗犯罪的情况下,仍然以个人名义办理了银行卡并将银行卡出售给素不相识的电信网络诈骗者。后来,白 F 挂失了银行卡,并将电信网络诈骗者暂存于自己账户中的 10 万元取出后销户。

(一)观点一:白 F 的行为构成诈骗罪

持此观点者认为,白 F 明知银行卡里的钱款来路不明、非己所有,还虚构个人银行卡丢失的事实,导致银行陷入错误认识为其补发新卡[②],实现了非法占有目的,构成“三角诈骗”,被骗者是银行,被害人是将钱存入该银行的人。

(二)观点二:白 F 的行为构成侵占罪

持此观点者认为,依一般人观念,白 F 符合实际占有其名下的账户存款的客观特征。从法律视角观之,银行卡里的款项处于白 F 的实际支配之下,其随时可以挂失银行卡从而取得卡内钱款的所有权,因而白 F 符合个人银行卡卡内款项的保管者身份。白 F 实际占有银行卡卡内存款。即使白 F 对自己卡内突然转入的款项缺乏占有根据,其也具有对自己名下不明款项的保管义务。因此擅自挂失转移存款的行为符合侵占罪“将代为保管的他人财物非法占为己有”的要件。

(三)观点三:白 F 的行为构成盗窃罪

持此观点者认为,白 F 在电信网络诈骗者和银行不知情的情况下,通过挂失银行卡转移卡内钱款这一平和的手段实现了非法占有目的,符合盗窃罪的构成要件。

笔者认为,“黑吃黑”行为宜认定为盗窃罪,这能够更加完整地评价该行为,同时也能更好地实现打击犯罪的体系性目的。

---

① 参见《最高检:“帮信罪”已成我国第三大罪名,呈现低龄化、大量学生涉案特征》,载搜狐网,https://www.sohu.com/a/574819786_121123733,2023 年 9 月 5 日访问。

② 参见邵立:《出卖个人银行卡后侵吞卡内钱款的定性——魏某、屈某、高某某盗窃案》,载《法制与社会》2020 年第 8 期。

二、定性:“黑吃黑”现象的行为性质

电信网络诈骗犯罪者实施一系列的犯罪行为,目的是骗取受害人财产,既遂的标准为受害人财物的控制权发生转移的事实节点。电信网络诈骗犯罪者诱骗受害人将财产汇入指定账户,此时,例①中的行为人白F既是指定账户的支配者,又是潜在的帮助取款者。

笔者认为,“黑吃黑”过程中的行为有两个不同的阶段,对这两个阶段所作出的行为需要分别进行分析,这对明确整个“黑吃黑”的性质具有重要意义。

(一)“帮助取款”阶段的定性分析

在司法实践中,常见的情形是电信网络诈骗犯罪者以替受害人对其财产进行安全防护等借口为由,一步步引导受害人将个人财产转入其指定的账户,然后电信网络诈骗犯罪者通过大额取现、电子转账等方式将所诈取的财产转入行为人提供的“安全账户”。[①] 帮助取款的行为人就是电信网络诈骗犯罪者依赖的“安全账户”的支配者。基于本文的基础立场,以例①来展开论述。在“黑吃黑”的帮助取款行为这一阶段,行为人(帮助取款人)白F与电信网络诈骗犯罪者并不产生直接的接触,而是通过第三人或第三方平台进行联络并完成帮助取款这一行为,如此一来,帮助取款人白F可以从中收取一定比例的提成。

相对于电信网络诈骗犯罪者而言,白F的后续转账行为都是帮助行为。帮助行为通常被认为是使实行犯的实行行为更为容易,这种行为对实行犯的行为有一定的作用力,包括能够强化实行犯的犯意或减少其实施犯罪时遇到的阻碍。因此,根据行为人白F的明知内容及参与程度,其行为可能构成帮助信息网络犯罪活动罪。帮助信息网络犯罪活动罪是指明知他人利用信息网络实施犯罪,仍为其犯罪提供技术支持或者支付结算等帮助的情节严重的行为。[②]

(二)“据为己有”阶段的定性分析

1.“黑吃黑”行为不构成侵占罪

侵占罪的认定与占有这一概念紧密相连。可以说,占有的是非判断直接影响侵占罪与其他犯罪的界限。[③] 占有本身是一种事实,而非侵占罪所要保护的法益。侵占罪

---

① 参见卢希:《电信网络诈骗犯罪中帮助犯的司法认定研究》,河北大学2021年硕士学位论文。

② 参见陈兴良:《网络犯罪的类型及其司法认定》,载《法治研究》2021年第3期。

③ 参见徐长江、张勇:《将交由他人使用的银行卡挂失非法获取存款如何定性——以韩某某盗窃案为例》,载《法律适用》2019年第8期;张力毅:《通过契约实现的物之支配关系——债权物权化的另一种解释论框架》,载《东方法学》2015年第6期。

所要保护的,依据《刑法》第 270 条所述,是代为保管的他人财物。例①中,白 F 与电信网络诈骗犯罪者互不相识,因而不存在电信网络诈骗犯罪者委托白 F 保管钱款的情形。也就是说,如果将白 F 帮助取款并将款项据为己有的行为认定为侵占罪,是错误地将关注点单纯放在了财物占有人身上,而忽视了财物本身的性质。

2. “黑吃黑”行为不构成诈骗罪

将白 F 的行为认定为诈骗罪存在两个方面的误区:

(1)行为人白 F 与电信网络诈骗犯罪者不认识也未直接接触,行为人白 F 主要是通过第三人或第三方平台帮助取款,因而二者之间不存在上游犯罪即电信网络诈骗犯罪的共谋,不构成共同犯罪,不能认定为电信网络诈骗犯罪的共犯。

(2)行为人白 F 的“黑吃黑”行为不构成“三角诈骗”。一般来讲,“三角诈骗”是指行为人诈取他人单独占有的财产。例①中,白 F 是处分个人名下的银行卡内的款项,银行在核对行为人的身份信息与安全密码后,即尽到了安全审查义务,不存在“受骗”的情况。换言之,按照一般的社会经验,白 F 通过银行工作人员取走自己卡内的款项,银行工作人员依照规定为白 F 办理挂失和取款提现业务,在行为类型的归属上属于日常生活。

3. “黑吃黑”行为构成盗窃罪

第一,与其他侵财罪一样,盗窃罪所要保护的法益也是财产,具体包括财产的所有权及需要通过法定程序恢复应有状态的占有。所以,即使是盗窃、诈骗、抢劫他人的违法所得,也侵害了财产犯罪保护的法益。据此推之,在例①中,白 F 通过挂失取得的 10 万元虽然是上游电信网络诈骗犯罪者的违法所得,但相对于白 F 而言,电信网络诈骗犯罪者对 10 万元有占有的正当依据,白 F 将 10 万元钱款据为己有的行为,侵害了侵财罪所保护的一般性法益。①

第二,自己占有的他人财物也可以成为盗窃罪的对象。刑法意义上的占有在于确认财产被现实控制支配的事实,刑法的规制对象为不法侵害占有的行为。在例①中,白 F 将个人银行卡出售给电信网络诈骗犯罪者,虽然白 F 本人对该银行卡账户仍然可以操作,但实际上让渡了对个人银行卡的一部分支配权,使得电信网络诈骗犯罪者能够利用该银行卡的账号和密码进行取款、转账,此时,白 F 和电信网络诈骗犯罪者都具有不完全的支配权,可以看作双方共同支配该银行卡内的 10 万元,白 F 在未经电信网络诈骗犯罪者知晓与同意的情况下,利用个人身份信息这一优势进行销户,取走银行卡内 10 万元的操作,剥夺了电信网络诈骗犯罪者对该银行卡以及卡内 10 万元的支配权,可以认定白 F 利用平和手段剥夺了对方的占有与所有权,与盗窃罪的构成要件和行为特征相契合。

---

① 参见张明楷:《刑法学》(第 6 版),法律出版社 2021 年版,第 1219 页。

三、定刑:"黑吃黑"现象的处断原则

依上所述,"黑吃黑"中,"帮助取款"的行为应当评价为帮助信息网络犯罪活动罪,"据为己有"的行为应当评价为盗窃罪。问题是,综合判断时,是处以盗窃的一罪,还是评价为帮助信息网络犯罪活动罪和盗窃罪的数罪并罚。一种观点认为,应当定两罪,理由是行为人客观上实施了帮助信息网络犯罪活动行为和盗窃行为,侵犯了两个法益,主观上对这两个法益的侵害也都有直接或间接的明知。另一种观点认为,应定盗窃罪一罪,理由是行为人主观上只有一个犯罪目的,那就是"吃掉"他人的钱财,至于将自己的银行卡提供给他人实施违法犯罪活动的行为仅仅是实现盗窃的手段。

在作出数罪并罚或者一罪的处断之前,需要对行为人的犯意类型进行具体分析。笔者认为,无论是临时起意型还是事先预谋型的"黑吃黑",都宜按照一罪处罚,为了更加清晰地说明,本文在前述例①的基础上,适当丰富案件细节,形成例②和例③。

例②:行为人白 F 在明知可能被人利用实施电信网络诈骗犯罪的情况下,仍然以个人名义办理了银行卡并将银行卡出售给素不相识的电信网络诈骗犯罪者。后来,电信网络诈骗犯罪者要求白 F 帮助取款,白 F 在帮助取款过程中产生占有 10 万元款项的想法,于是使用身份证挂失了银行卡,并将电信网络诈骗犯罪者暂存于自己账户中的 10 万元取出后销户。

例③:行为人白 F 在明知可能被人利用实施电信网络诈骗犯罪的情况下,仍然以个人名义办理了银行卡并将银行卡出售给素不相识的电信网络诈骗犯罪者,主要目的是从电信网络诈骗犯罪者手中套取钱款。后来,在查询到银行卡内发生了 10 万元的交易以后,白 F 使用身份证挂失了银行卡,并将电信网络诈骗犯罪者暂存于自己账户中的 10 万元取出后销户。

(一)临时起意型"黑吃黑"

所谓临时起意型"黑吃黑",即行为人非法占有款项的故意产生于帮助取款的过程,对应例②。在例②中,白 F"黑吃黑"的盗窃犯罪故意发生于帮助上游犯罪者从其银行卡内取款之时,因"见财起意"产生了非法占有的目的,而后实施了盗窃行为,此时行为人白 F 虽然基于两个不同的犯罪故意,先后实施了帮助电信网络诈骗犯罪者处理赃款的行为和盗取他人钱款的行为,但白 F 实施的两个行为均面向同一个犯罪对象,因而符合吸收犯的特征。

所谓吸收犯,指的是数个不同的犯罪行为,在刑罚的处断上,按照一犯罪行为吸收其他犯罪行为,最终作一罪处理。与牵连犯不同,吸收犯认定以后,只按吸收后留下的

某个犯罪论处,被吸收的犯罪行为就失去了其独立存在的意义。[①] 也就是说,白 F 帮助电信网络诈骗犯罪者处理赃款的行为可以评价为次要行为,将银行卡内的 10 万元据为己有的行为可以评价为主要行为,按照吸收犯的处断原则,主要行为吸收次要行为,应当认定为盗窃一罪。

(二)事先预谋型"黑吃黑"

所谓事先预谋型"黑吃黑",即行为人在出售或有偿提供银行卡给电信网络诈骗犯罪者使用时,就产生了非法占有卡内钱款的意图,对应例③。在例③中,白 F 出售银行卡帮助取款的目的就是非法占有银行卡内电信网络诈骗犯罪者的钱款,也就是说,出售银行卡帮助取款与将款项据为己有这两个行为是手段行为和目的行为的关系,应当按照牵连犯的处断原则作出认定。

所谓牵连犯,通常可以理解成,行为人在实施某个犯罪的过程中,犯罪的手段行为或者结果行为又同时触犯了其他罪名。也就是说,牵连犯意味着客观上具有多个犯罪行为而不是单一行为,尽管多个犯罪行为之间具有手段与目的、原因与结果的牵连关系,但是从构成要件的角度来分析,多个犯罪行为均能被独立评价为犯罪。

我国《刑法》第 287 条之二[②]规定了帮助信息网络犯罪活动罪与其他罪名牵连时的处断规则是从一重罪处罚,那么在审判活动中就要严格按照法律规定作出裁判,否则就会违反罪刑法定原则。换言之,对于例③中的行为人白 F,在进行评价时应当以盗窃罪一罪定罪处罚。

综合全文,笔者认为,由于电信网络诈骗犯罪涉案数额较大,在高额利益的诱使下,明知他人实施电信网络诈骗依旧帮助其取款,对该行为必须予以打击,但是对行为人追究刑事责任必须由专门的国家机关行使,同时,在对取款后将款项据为己有的行为亦不能纵容。但是,对行为人追究刑事责任,首先要遵守的就是罪刑法定原则。对于帮助取款行为人将赃款据为己有的犯罪行为,无论是"黑吃黑"的犯意在先,还是在帮助取款过程中临时起意,都不适用数罪并罚,均应当择一重罪处罚。

四、结语

随着国家对电信网络诈骗犯罪打击力度的增强,此类犯罪分子的犯罪成本随之增大,借助他人或专门的平台取出诈骗犯罪所得的需求更迫切,帮助上游电信网络诈骗

---

① 参见黄维智:《控制下交付法律问题研究》,载《社会科学研究》2007 年第 2 期。

② 《刑法》第 287 条之二规定:"明知他人利用信息网络实施犯罪,为其犯罪提供互联网接入、服务器托管、网络储存、通讯传输等技术支持,或者提供广告推广、支付结算等帮助,情节严重的,处三年以下有期徒刑或者拘役,并处或者单处罚金……同时构成其他犯罪的,依照处罚较重的规定定罪处罚。"

犯罪分子取款所获得的提成越来越高,在利益的诱惑下,从事帮助取款行为的人就会更多。取出款项作为电信网络诈骗犯罪的关键环节,在电信网络诈骗犯罪的实施、完成过程中起到举足轻重的作用,从源头打击帮助取款的行为,对电信网络诈骗犯罪具有不可低估的遏制作用。对于电信网络诈骗犯罪中出现的“黑吃黑”现象,因为侵害了财产犯罪保护的法益,应当受到处罚。本文通过有关案例,梳理分析了电信网络诈骗犯罪中“黑吃黑”行为的司法认定问题。首先,针对司法实践中对电信网络诈骗犯罪中“黑吃黑”行为定性不一的现状进行分析。其次,对电信网络诈骗犯罪中“黑吃黑”行为的性质进行研究。最后,对电信网络诈骗犯罪中“黑吃黑”行为的处断原则进行探讨。通过一般理论的分析得出在电信网络诈骗犯罪中“黑吃黑”行为符合盗窃罪的构成要件,在处断时应当依照法律规定与帮助取款的行为相比较,择一重罪处罚。

麻醉药品和精神药品犯罪典型案例的经验总结与检视完善

隋译锋*

《2022 年中国毒情形势报告》中指出，当前，国内常见毒品价格居高不下，毒品买不到、吸不起成为普遍现象。部分吸毒人员为缓解毒瘾，转而寻求其他麻醉药品、精神药品（以下简称“麻精药品”）以满足毒瘾。最高人民检察院在 2023 年召开的主题为“依法严惩毒品犯罪 强化禁毒综合治理”的新闻发布会上表示，“传统毒品以外的麻醉药品、精神药品涉毒犯罪量呈上升态势”①，最高人民法院 2023 年公布的 10 起毒品犯罪典型案例中，有 4 起涉及麻精药品犯罪，占比达到历年最高。不仅如此，关于麻精药品犯罪的报道也日渐增多，武汉“绝命毒师”案②、河南“贩毒妈妈”案③等都引发了公众的广泛关注。这些信息揭示了毒品犯罪发展的新趋势：在毒品供应大幅缩减的背景下，麻精药品逐渐被滥用，甚至成为毒品替代品。这使得麻精药品具有了“药品”和“毒品”的双重属性。面对此类案件，如何正确判断麻精药品的属性，准确定罪量刑，兼顾情理与法理，司法实践已经作出了有益的尝试。

为全面、系统地总结此类犯罪的司法经验，笔者以 2019—2023 年最高人民法院发布的毒品犯罪典型案例、最高人民检察院发布的指导案例和危害药品安全法犯罪典型案例、《刑事审判参考》收录的相关案例，以及社会关注度较高的武汉“绝命毒师”案、河南“贩毒妈妈”案等为分析样本，重点分析涉案物质及其列管情况、案件的裁判结果，期望通过实证研究，总结出司法实践的成功经验，并进行法理检视，针对风险点提出完善建议。

---

* 国家毒品问题治理研究中心助理研究员。

① 本报评论员：《毒品犯罪一日未绝 检察禁毒一刻不止》，载《检察日报》2023 年 6 月 26 日，第 1 版。

② 参见《武汉“绝命毒师案”终审宣判：撤销涉毒罪名，改判非法经营罪》，载北京日报网，https://news.bjd.com.cn/2023/05/25/10442649.shtml，2023 年 9 月 20 日访问。

③ 参见赵红旗：《代购管制药品转卖为何定罪免刑？——河南“癫痫病患儿家属代购氯巴占被诉贩毒案”审判长回应社会关切》，载《法治日报》2023 年 4 月 3 日，第 8 版。

一、典型案例中司法认定的经验总结

(一)毒品认定的司法经验

1. 非药用类麻精药品被列管时属于毒品

非药用类麻精药品是指“未作为药品生产和使用,具有成瘾性或者成瘾潜力且易被滥用的物质”①。此类药品一旦被列入《非药用类麻醉药品和精神药品管制品种增补目录》(以下简称《增补目录》),则属于刑法意义上的毒品。这一司法经验在最高人民法院发布的毒品犯罪典型案例中得到体现。例如,最高人民法院发布的2019年十大毒品(涉毒)犯罪典型案例3中,涉案物质5F-AMB在2015年被列入《增补目录》,而被告人“明知5F-AMB被国家列入毒品管制仍予以贩卖、运输,其行为已构成贩卖、运输毒品罪”。再如,最高人民法院发布的2020年十大毒品(涉毒)犯罪典型案例3和最高人民法院发布的2022年十大毒品(涉毒)犯罪典型案例5,分别涉及已经被整类列管的芬太尼类物质和合成大麻素类物质,人民法院分别认为,“共谋制造芬太尼等毒品并贩卖,其行为均已构成贩卖、制造毒品罪”,“贩卖含有合成大麻素成分的电子烟油,其行为均已构成贩卖毒品罪”。最高人民法院发布的2022年十大毒品(涉毒)犯罪典型案例9中更是直接指出,“该公告②的施行为打击氟胺酮等新型毒品犯罪提供了依据”。

2. 药用类麻精药品被滥用时才属于毒品

为了区分药用类麻精药品③的“毒品”和“药品”属性,司法机关采用了“形式判断+实质判断”的标准。先根据《刑法》第357条的规定判断麻精药品是否符合毒品的形式特征④,再判断其是否具有“被滥用”的实质特征,同时满足了两方面的特征,才能认定其属于毒品。通过分析样本,可以发现被告人向吸毒人员、贩毒人员、药物成瘾人员或者其他犯罪人员贩卖麻精药品,导致医疗用麻精药品流入非法涉毒

---

① 《非药用类麻醉药品和精神药品列管办法》第2条。

② 参见《关于将合成大麻素类物质和氟胺酮等18种物质列入〈非药用类麻醉药品和精神药品管制品种增补目录〉的公告》。——笔者注

③ 《非药用类麻醉药品和精神药品列管办法》第3条规定:“麻醉药品和精神药品按照药用类和非药用类分类列管。除麻醉药品和精神药品管理品种目录已有列管品种外,新增非药用类麻醉药品和精神药品管制品种由本办法附表列示……”可以推知,药用类麻醉药品是指被列入《麻醉药品品种目录》和《精神药品品种目录》的物质。

④ 根据《刑法》第357条的规定,可以将毒品的形式特征概括为:国家规定管制、能够形成瘾癖、麻醉药品或精神药品。

渠道，被作为替代品，满足毒品瘾癖①、满足药物瘾癖需要②或者被用于抢劫、强奸等犯罪③，均构成毒品犯罪。《刑事审判参考》（总第102集）收录的第1057号案例的裁判理由中指出："作为毒品，盐酸曲马多药片可能被吸毒者吸食，或者在缺少海洛因、甲基苯丙胺时被犯罪分子作为替代品使用，但当以医疗等目的被生产、加工、使用时，它的本质仍然是药品。"这些典型案例虽然没有明确提及"滥用"，但使用了"流入非法涉毒渠道""被吸毒者吸食""作为替代品使用""满足药物瘾癖需要"等与滥用相似或更具体的表述。结合最终的裁判结果，可以总结出：被列入《麻醉药品品种目录》和《精神药品品种目录》的麻精药品，只有被滥用时才属于刑法意义上的毒品。

（二）制造行为认定的司法经验

最高人民检察院发布的第150号④和第153号⑤指导性案例表明，对于"制造"的认定需要把握形式和实质两方面。形式上，制造应当表现为从无到有或从有到优的变化，既可以是利用化学前体，通过化学方法生成，又可以是对物质含量或纯度的精进。实质上，制造必须改变了物质原有的效用。如果仅是将原生植物研磨成粉末，简单地改变了植物的外在物理形态，没有增加或改变任何效用，就不能属于制造。

（三）主观故意认定的司法经验

运用多种证据，推定行为人持有"放任"的态度，从而认定行为人主观上具有故意。在网络时代，行为人的犯意表示愈发隐蔽，在证明行为人主观时，多采用刑事推定。只要能够证明行为人行为时出于非医疗目的，就推定其具有放任毒品犯罪发生的间接故意。司法机关通过考察行为人是否对购买者、购买用途、购买数量、一般用药量等进行形式审查，以及行为人的受教育情况、从业背景、学历等因素，认定行为人在出售麻精药品时认识到可能"不是用于合法用途"⑥，进而推定其具有毒品犯罪的主观故意，并不需要对具体的犯罪目的、犯罪性质、犯罪手段加以证明。

---

① 参见最高人民法院发布的2021年十大毒品（涉毒）犯罪典型案例3、2022年十大毒品（涉毒）犯罪典型案例8、2023年发布的依法严惩毒品犯罪和涉毒次生犯罪典型案例7、案例8。

② 参见最高人民检察院发布的检察机关依法惩治危害药品安全犯罪典型案例5。

③ 参见最高人民法院发布的2023年依法严惩毒品犯罪和涉毒次生犯罪典型案例6。

④ 被告人明知γ-丁内酯在人工干预等特定条件下生成含量较为稳定的γ-羟丁酸，γ-丁内酯尚未被国家管制，而γ-羟丁酸属于国家管制的第一类精神药品，仍然以γ-丁内酯为原料，生产含有γ-羟丁酸成分的饮品"咔哇氿"，构成制造毒品罪。

⑤ 行为人明知某原生植物中含有国家管制的麻精药品成分，仍以此为原料，研磨成粉末后，通过特定方法，制成含有麻精药品成分的水溶液"死藤水"，构成制造毒品罪。

⑥ 参见最高人民检察院发布的第151号案例。

二、司法认定经验的理论检视

(一)毒品认定标准:合法性与法律明确性的忧虑

1.《增补目录》作为认定依据的合法性隐忧

某物质只要被列入《增补目录》,就被认定为毒品,这种直接认定方式的合法性需要被追问。主要有以下两点:

第一,《增补目录》是否满足《刑法》第96条"国家规定"的条件?司法机关认为"管制性"是认定某一物质是否属于毒品的重要特征[①],也是追究法律责任的前提[②]。"国家规定管制"包含了"国家规定"这一刑法概念。根据《刑法》第96条的规定,国家规定的制定主体必须是全国人民代表大会及其常务委员会、国务院。除此之外的任何主体制定的规定、文件等,都不属于国家规定。而"《增补目录》将管制主体直接下移至公安部、国家卫生计生委、国家食品药品监督管理总局和国家禁毒委员会。该规范性文件以公通字〔2015〕27号文号发布,已明显超出了国家管制要求,在授权明确性上存在重大瑕疵"[③]。

第二,将《增补目录》的列管内容直接认定为毒品,是否违反上位法?一方面,《增补目录》是《非药用类麻醉药品和精神药品管理办法》的附录,适用应依据《非药用类麻醉药品和精神药品管理办法》的规定。《非药用类麻醉药品和精神药品管理办法》依据《禁毒法》和《麻醉药品和精神药品管理条例》等法律、法规的规定制定,其适用不能有违该两个上位法。《禁毒法》第63条和《麻醉药品和精神药品管理条例》第82条都规定,麻精药品流入非法渠道的,才可能构成犯罪,那么《非药用类麻醉药品和精神药品管理办法》及《增补目录》的适用也应遵守此规定。在没有证明某一物质是否流入非法渠道的前提下,就径直以某物质存在于《增补目录》为由将其认定为毒品,是否有违反上位法之嫌?另一方面,根据《非药用类麻醉药品和精神药品管理办法》第3条的规定,《增补目录》列管的是没有被作为药用的麻精药品。《禁毒法》第2条第2款[④]允许基于合法需要在医疗、科研、教学等领域使用麻精药品。将《增补目录》中的物质直接认定为毒品,意味着没有被作为药用的麻精药品就是毒品,即使是在科研、教学中合法使用的麻精药品也可能属于毒品,显然背离了《禁毒法》的规定。

---

① 参见方文军:《关于毒品认定的几个重要问题》,载《人民法院报》2023年6月8日,第6版。

② 参见周健、肖先华:《非法贩运麻醉药品、精神药品行为的司法认定》,载《中国检察官》2022年第20期。

③ 石经海、赵戈:《新精神活性物质法律管制的困境与出路》,载《郑州轻工业大学学报(社会科学版)》2022年第1期。

④ 根据医疗、教学、科研的需要,依法可以生产、经营、使用、储存、运输麻醉药品和精神药品。

2. 滥用标准的模糊性引发法律的明确性危机

法律的明确性原则，不仅是罪刑法定原则的重要部分，更是一项独立的宪法原则，要求规定内容应当具有预见可能性，即“法律规定的构成要件及法律效果必须具体明确，普通民众能够从中预见到自己行为的法律后果”①，而且，对公民权利的干预越强烈，法律明确性的程度也应越高。对于滥用的判断涉及行为人的人身自由甚至生命权是否被剥夺的问题，因而该判断标准必须十分明确。

然而，“滥用”是一个集合概念，缺乏统一的认定标准。一是在医药领域，滥用是超过规定剂量的过度使用②；二是在禁毒领域，滥用表现为违反现行规定的非法使用③；三是在刑法领域，滥用是指麻精药品流向了吸毒贩毒人员④。如此模糊的标准，不仅可能违反法律的明确性原则，使入罪边界极为模糊，而且会导致打击效果的淡化与打击目标的偏离，使裁判结果难以被社会公众接受，更会使群众无法知晓行为的法律性质与法律后果，陷入“手足无措”的不安之中。

（二）行为认定标准：司法谦抑性原则的背离风险

司法的谦抑性要求“凡是适用较轻的制裁方法足以抑止某种犯罪行为、足以保护合法权益时，就不要规定较重的制裁方法”⑤，亦即在个案中，根据具体情况、情节等要素，在不使用或者尽可能少使用刑法的情况下，实现预防犯罪的效果⑥。这就要求，在认定非法制造麻精药品行为是否构成制造毒品罪时，既要考虑行为的违法程度，又要考虑行为符合何种犯罪的犯罪构成要件，防止定性有误、罪刑倒挂情况的出现。

《刑法》第347条规定了绝对入罪条款，只要实施了制造毒品的行为，就应当被追究刑事责任，由此可能导致所有非法制造麻精药品的行为都构成制造毒品罪，有违司法谦抑性原则。海洛因、冰毒等毒品本身的社会危害性极大，一旦出现并被扩散、吸食，将会造成十分严重的社会危害后果，因而相关制造行为已经具有严重的社会危害性。相较而言，麻精药品在成瘾成分的含量、使人成瘾等方面不及海洛因、冰毒等毒品，同样的制造行为的社会危害性和违法程度相对较低。

此外，实践中，制造行为并不是孤立存在的，可能与侵犯他人人身权利、财产权利

---

① 欧爱民：《法律明确性原则宪法适用的技术方案》，载《法制与社会发展》2008年第1期。

② 《精神药品临床应用指导原则》规定，药物滥用是指与医疗目的无关，由用药者采用自我给药的方式，反复大量使用有依赖性的药物。

③ 《禁毒法》第2条第2款肯定了基于医疗、教学、科研等合法目的使用麻精药品；第21条、第22条明确禁止非法生产、买卖、运输、储存、提供、持有、使用和走私麻精药品。

④ 《刑法》第355条设置了“非法提供麻醉药品、精神药品罪”，在第1款第2句作出规定，向吸毒者出售麻醉药品的，以贩卖毒品罪定罪处罚。

⑤ 张明楷：《论刑法的谦抑性》，载《法商研究》1995年第4期。

⑥ 参见田宏杰：《立法扩张与司法限缩：刑法谦抑性的展开》，载《中国法学》2020年第1期。

等行为相关联。结合关联行为进行综合评价时,在犯罪类型上,可能构成毒品犯罪以外的其他类型犯罪,也可能出现多个罪名的竞合情况。如果根据《刑法》第 347 条的绝对入罪条款,形成“司法惯性”,将造成唯毒品犯罪论,甚至轻罪重罚的结果,同样违反了司法谦抑性原则。

(三)主观认定标准:违背平等对抗原则的隐患

司法机关一般通过刑事推定证明行为人的主观意图。刑事推定是“以肯定基础事实和推定事实之间的常态联系为基础,通过对基础事实的证明来实现对推定事实的认定”①,但是,这种推定可能造成证明责任过度移转的风险,使控辩双方在法庭上进行不平等对抗。一方面,司法实践中,倾向以不具有“医疗目的”为依据,推定行为人具有毒品犯罪的主观故意。而行为人必须明确地证明不具有毒品犯罪故意,仅证明不具有非法目的无法推翻推定事实,这无疑增加了行为人的举证责任和承担举证不力结果的风险。从证明的难度来看,毒品犯罪的故意最难证明,非法目的次之,医疗目的相对容易。司法机关本就在发现证据、举证能力、法律素养等方面优于行为人,在证明责任上,承担了难度较小、较容易的部分,而行为人在已经被采取强制措施的情况下,搜集证据能力受到极大限制,却承担了最高的证明责任。这使得本就不尽平等的控辩对抗更加不平等。另一方面,刑事推定的前提是基础事实与推定事实之间存在着常态联系。在此类案件中,并无法明确非“医疗目的”与毒品犯罪的故意之间是否存在联系,这种联系是否达到了常态的程度。但若仍然以此作为毒品犯罪故意的认定依据,会使行为人处于十分不利的地位。

三、麻精药品犯罪司法应对的完善

(一)具体化毒品认定的标准

1.《增补目录》的定位重申与具体适用

《增补目录》是认定某物质是否满足“国家规定管制”的重要依据。

第一,毒品的形式特征之一是国家管制,我国采用的“管制方式是国家相关部门发布文件,列明被管制的麻醉药品和精神药品的种类和名称”②。因此,存在于《增补目录》中的物质,都满足该特征。

第二,从刑法分则规定的内容及其与总则的关系来看,刑法分则涉及“国家规定”

① 皮勇、黄琰:《论刑法中的“应当知道”——兼论刑法边界的扩张》,载《法学评论》2012 年第 1 期。

② 马岩、王优美主编:《新精神活性物质办案实用手册》,法律出版社 2019 年版,第 3 页。

的表述有 5 种,分别是"不符合国家规定"①、"违反国家规定"②、"依照国家规定"③、"国家规定实行保护性开采"④、"国家规定管制"⑤,前三种采用的是动宾短语结构,"国家规定"作为专有名词出现,是行为指向的对象,强调国家规定的强制性与不可侵犯性;后两种表述中,国家规定是修饰词,而非专有名词,以国家规定管制为例,意在明确管制的方式或状态,可以解释为国家(机关)以规定的方式进行管制。而《刑法》第 96 条是对"违反国家规定"中"国家规定"的解释,即该条指向的是刑法分则中作为专有名词的"国家规定",所以后两种表述不能为《刑法》第 96 条所涵摄。此外,从立法技术上考虑,如果后两种表述也是将国家规定视为专有名词,那么没有必要更换表述方式,"违反国家规定"就能够表达相同的意思。

第三,《刑法》第 355 条、第 357 条都出现了"国家规定管制",都位于《刑法》第六章第七节"走私、贩卖、运输、制造毒品罪"中,从体系解释的角度来看,二者应作同一理解。第 355 条中"国家规定管制的能够使人形成瘾癖的麻醉药品、精神药品"指的是列入《麻醉药品品种目录(2013 年版)》和《精神药品品种目录(2013 年版)》的物质,此目录由食品药品监管总局、公安部等部门联合出台。所以此处的国家规定管制的制定主体不限于《刑法》第 96 条的规定。如果作出如此限定,那么将导致《刑法》第 355 条缺少适用对象,成为"僵尸"条款。因此,对《刑法》第 357 条中的"国家规定管制",也不应限于《刑法》第 96 条,《增补目录》制定主体不能阻碍其成为国家规定管制的判断依据。

需要注意的是,《增补目录》仅在形式判断某物质是否满足"国家规定管制"时发挥作用。是否属于毒品,还需要实质判断是否被滥用,不能将《增补目录》中的物质直接等同于刑法意义上的毒品,这也是下位法不得超越上位法的应有做法。

2. 滥用需达到与毒品犯罪相当的社会危害性

为了解决关于滥用的规范分歧,司法实践认为毒品认定需要满足以下条件:一是行为人明知走私、贩卖的是国家管制的精神药品;二是基于将其作为毒品的替代品而不是治疗用药品的目的;三是去向为毒品市场或吸食毒品群体,且获取远超正常经营药品所能获得的利润。⑥ 有学者从实质判断的角度认为,当麻精药品发挥预防、诊断、

---

① 参见《刑法》第 135 条、第 330 条、第 334 条。

② 参见《刑法》第 137 条、第 163 条、第 184 条、第 185 条之一、第 186 条、第 190 条、第 222 条、第 225 条、第 234 条之一、第 285 条、第 286 条、第 288 条、第 338 条、第 339 条、第 344 条、第 344 条之一、第 350 条、第 355 条、第 385 条、第 389 条、第 393 条、第 396 条、第 405 条。

③ 参见《刑法》第 280 条之一、第 394 条、第 395 条。

④ 参见《刑法》第 343 条。

⑤ 参见《刑法》第 355 条、第 357 条。

⑥ 参见赵红旗:《代购管制药品转卖为何定罪免刑?——河南"癫痫病患儿家属代购氯巴占被诉贩毒案"审判长回应社会关切》,载《法治日报》2023 年 4 月 3 日,第 8 版。

治疗疾病的功能和价值时应属药品。① 也有学者从刑法评价的视角认为,当代购、销售麻精药品的行为不具备与毒品犯罪相当的社会危害性时,不能成为刑法评价的犯罪行为。②

这些标准实际上是围绕四个因素展开的评价:一是对行为因素的评价,如超过规定剂量服用、违规非法使用;二是对结果因素的评价,如流向毒品市场等非法渠道、获取了不同寻常的高额利益等;三是对行为严重程度的评价,如具有与毒品犯罪相当的社会危害性;四是对主观因素的评价,如认识到药品的管制性、目的是作为毒品替代品。不可否认,这些因素对于判断是否滥用具有十分重要的参考价值,但总体上是各自独立、较为零散和片面的,仅依靠某一个标准,容易造成司法判断的不准确。例如,病患基于长期服用麻精药品的需要,在家中囤积了大量的药品,在药品临近有效期时,在几乎不可能准确识别购买者的真实身份和实际用途的情况下,将麻精药品转卖给吸毒或贩毒人员。虽然行为满足其中的某一评价要素,但仅以此认定滥用,要求病患承担毒品犯罪的刑事责任,显然有违常理。因此,需要在已有规定、实践和理论研究的基础上,建构适合司法实际的滥用标准。

在我国行政违法与刑事不法的二元处罚模式下,刑法的入罪标准决定了罪与非罪的边界。在近代罪刑法定原则之下,“行为人的行为以及所引起的结果是对行为人定罪和量刑的实在根据”③,刑法评价的是具有严重社会危害性的行为,当滥用行为对社会造成一定的抽象危险时,就与刑法产生了关联。因此,在刑法治理的视角下,判断滥用的核心标准是对其社会危害性大小的评价。笔者认为,滥用达到了与毒品犯罪相当的社会危害性时,被滥用的麻精药品可以被认定为毒品,即毒品的认定公式可以表达为“麻精药品+与毒品犯罪相当社会危害性的滥用=毒品”。在相当性的判断上,需结合结果要素,一方面,考虑是否出现了麻精药品的扩散和流入非法渠道的情况,以及流入的数量及其被使用情况如何;另一方面,考虑麻精药品最终发挥了何种功能、起到了何种作用,如果发挥了治疗疾病,推动教学实验、工业生产、科学研究等正常活动的顺利进行等正向功能,可以直接认为不具有相当性,涉案药品不属于毒品;相反,如果起到了缓解瘾癖等负面作用,则需要结合药品的扩散数量、被滥用的情况等判断相当性。

在对毒品作出认定的基础上判断行为是否构成毒品犯罪及如何进行量刑。在定罪上,着眼于行为人的主观意图:行为人认识因素上,是否认识到麻精药品的管制性;意志因素上,是否对麻精药品可能被用作毒品替代品持有放任的态度。在量刑上,除

① 参见于雪等:《罕见病用药困局再解》,载《瞭望》2023 年第 24 期。

② 参见朱晓莉、张阿妹:《“代购、销售管制麻醉药品和精神药物的法律定性”专题研讨会观点综述》,载《福建警察学院学报》2022 年第 3 期。

③ 黎宏:《我国犯罪构成体系不必重构》,载《法学研究》2006 年第 1 期。

考虑药品的成瘾性大小、毒品成分的含量①等要素外,还要考虑行为人因此而获得的高额利益。

(二)关注行为的犯罪类型与违法程度

在犯罪类型的判断上,需要坚持整体思维,结合刑法总则和分则的规定,对关联行为进行整体评价、准确定性,妥当处理罪数形态的判断、犯罪竞合问题。

一是可能与侵犯人身权利、财产权利犯罪发生竞合或者成立数罪。如果行为人生产麻精药品的目的是利用其麻醉作用,使被害人陷入昏迷后实施强奸、抢劫等犯罪,那么在着手之前,成立毒品犯罪与强奸、抢劫犯罪预备的竞合;在着手之后,则按照数行为认定数罪,进行数罪并罚。

二是可能与药品、食品类犯罪发生竞合。如果生产麻精药品符合《药品管理法》第98条假药或劣药的规定,那么生产行为同时构成生产假药罪或生产劣药罪。将麻精药品伪装成食品、饮品进行销售的,可能同时构成生产、销售有毒、有害食品罪。如果制造《增补目录》中的物质,可能同时构成妨害药品管理罪,需要注意的是,该罪是具体危险犯,必须以足以严重危害人身健康为前提,尚未达到该程度的,不构成本罪。

三是可能与涉兴奋剂犯罪发生竞合。《兴奋剂目录》与《麻醉药品品种目录》《精神药品品种目录》对部分物质存在重叠列管的情况,例如,丁丙诺啡同时存在于《2023年兴奋剂目录》和《精神药品品种目录》中,兼具"兴奋剂"属性和"精神药品"属性。在国内、国际重大体育竞赛中,通过教唆、欺骗手段,将生产的丁丙诺啡给运动员服用,可能同时构成妨害兴奋剂管理罪和教唆、欺骗他人吸毒罪。②

在违法程度的判断上,需要考虑行为的社会危害性和应受刑罚惩罚性。对出于治疗疾病的目的在合理、自用范围内获取麻精药品的,要体现从宽,预留足够的出罪空间,以保障群众对"救命药"的需求。具体而言,发挥《刑法》第13条"但书"的出罪功能,对属于"情节显著轻微危害不大的"的行为予以出罪。在主观上,需要结合行为人的年龄、职业背景、文化程度、被查获时的情形、犯罪方式等方面,考察行为人追求的是治病等合法目的,还是非法目的;在客观上,结合药品的流向、发挥的作用等,判断行为是否具有自救、互助性质;在数量上,以行为人的用药量为限,这需结合个人用药情况、医嘱规定剂量等进行推断。

(三)在合理范围内适用刑事推定

第一,刑事推定的作用是降低检察机关对待证事实的证明难度,而不是让行为人

① 最高人民法院《关于审理毒品犯罪案件适用法律若干问题的解释》第1条第2款规定:"国家定点生产企业按照标准规格生产的麻醉药品或者精神药品被用于毒品犯罪的,根据药品中毒品成分的含量认定涉案毒品数量。"

② 引诱、教唆、欺骗、强迫运动员使用精神药品,系医疗、教学、科研以外的非法目的,属于滥用精神药品。此时,精神药品应被认定为毒品,相关行为应被认定为引诱、教唆、欺骗他人吸毒罪和强迫他人吸毒罪。

负担更重的证明自己无罪的责任。根据无罪推定原则，即使适用刑事推定，检察机关仍需从正面证明基础事实的真实性，证明行为人的犯罪事实。① 注重运用行为人的工作经历、学历等个人信息，行为人的供述、是否曾有同类药物服用史、是否采用虚假身份或隐秘手段交易、获利情况等关于犯罪活动方面的证据，证明行为人对麻精药品被作为毒品替代品具有认识，且在行为时至少具有非法目的，进而推定行为人具有毒品犯罪的故意。例如，最高人民检察院发布的151号案例证明了行为人未核实购买人购买用途的基础事实，根据行为人系药学专业毕业生和药剂师这一信息，可以认定行为人知道麻精药品具有缓解瘾癖的负面作用；通过虚构身份收取包裹、通过隐秘手段付款等非常规手段从境外购得麻精药品，并在网上销售的证据，可以认定行为人对麻精药品的非法用途具有认知。综合上述证据，能够推定行为人认识到麻精药品被作为毒品替代品使用，以实现非法目的。

第二，行为人有权进行反证，推翻推定事实。人民法院不得仅根据检察机关的举证认定推定事实的正确性。一方面，在此情况下的刑事推定尚未被确定为法律规范，所以推定结论不具有普遍的法律约束力，只能作为个案的裁判依据。另一方面，基础事实与推定事实存在着一定的联系，但并不是必然的因果联系，而且，在推定的过程中还存在着逻辑推理上的跳跃，由此推导出的推定事实未必成立。此外，反证的证明程度应达到盖然性程度，即有50%的可能性认为推定事实错误即可，并不需要事实清楚，证据确实、充分，排除合理怀疑。一般而言，行为人"身陷囹圄"，很难收集到对自己有利的证据，设置过高的证明标准可能导致控辩双方的不平等对抗。需要注意的是，推定事实被推翻，也只是基于基础事实的整个推导过程被否定，证明责任再次回到了检察机关，由其提出其他证据继续证明，"裁判者并不能径直就相关事实做出有利于原推定不利方的认定"②。

① 参见陈瑞华：《论刑事法中的推定》，载《法学》2015年第5期。

② 劳东燕：《认真对待刑事推定》，载《法学研究》2007年第2期。

催收非法债务罪中“非法债务”的规范阐释

朱　梦*　邱浩天**　杨国举***

引　言

在打击黑恶势力专项斗争取得一定成果、希望进一步改善金融秩序的背景下,《刑法修正案(十一)》增设催收非法债务罪。从条文本身来看,该罪的成立需要满足催收行为违法和催收对象为高利贷等非法债务。鉴于法条以列举方式明确类型化的催收手段,该罪认定集中在非法债务这一关键要素上。虽然本罪以“高利贷”作为参考示例,但如何认定高利贷的利率标准?其他非法债务的认定标准为何?“非法债务”与“法律不予保护的债务有何区别”?《刑法修正案(十一)》第34条并未对上述问题予以回答,我国目前也未出台有关司法解释。学界对上述问题众说纷纭,对催收非法债务罪中的“非法债务”进行准确解释,对于催收非法债务罪的适用具有重要意义。

一、催收非法债务罪中“非法债务”的司法认定检视

(一)样本来源及说明

以“催收非法债务罪”为关键词,经过筛选,在聚法案例检索2021年3月至2023年7月之间以“催收非法债务罪”定罪的刑事判决书共30例,其中包括4例因《刑法修正案(十一)》的施行而二审改判的案例,其余为一审判决。

(二)样本案件“非法债务”认定概括

探析判决中认定催收非法债务罪的非法债务类型及范围,以窥见处理该类案件的实务倾向。下文对已经搜集到的刑事判决书进行整理。

其中4例二审判决书,是二审法院基于《刑法修正案(十一)》于2021年3月1日

---

* 宁夏大学法学院刑法学研究生。

** 宁夏大学法学院刑法学研究生。

*** 宁夏大学法学院教授,中国刑法学研究会理事。

施行,根据刑法从旧兼从轻的处理原则,对原先被判处寻衅滋事罪部分、非法拘禁罪部分、非法侵入住宅罪部分依照案件情况依法改判为催收非法债务罪,非法债务的类型均为高利放贷。有2例判决书对于非法债务的认定只笼统说高利放贷,并未对非法债务予以详细解释,如“强行索取高利放贷等产生的非法债务”①。其中有1例则对原判决认定的寻衅滋事罪部分依法修正为催收非法债务罪,对原判认定构成敲诈勒索罪的部分维持原判,因为其不符合催收非法债务罪的构成要件。说明该案法官认为,催收非法债务罪不包含“非法占有”目的。② 剩下的1例则对“非法债务”予以较为详细的认定,其依据是2015年施行的最高人民法院《关于审理民间借贷案件适用法律若干问题的规定》(以下简称《民间借贷规定》)第26条之规定,认为在王某某已支付超出以年利率24%计算的利息与本金之和的情况下再进行催收的债务属于非法债务。③ 说明该案法官认为不是所有被催收的债务都是非法债务,而是在扣除民法允许的利息和本金后,催收超过民法允许的利率形成的债务属于非法债务。

笔者接着对另外26例一审判决进行分析,发现判决中的非法债务的类型高度集中于高利放贷,2例为催收赌债,2例仅笼统以非法债务定罪,并未写明非法债务内容。④ 对于因催收高利贷而被定罪的还可细分为三类:一是直接提出被告实施高利放贷行为,但并未说明高利贷标准,仅定为催收非法债务罪。判决理由大多表述为借款利率远超过国家规定标准,实施高利贷放贷业务,认定为非法债务。⑤ 二是首先将发放高利贷的行为认定为其他罪名,如诈骗、非法吸收公共存款等,再根据非法催收行为认定为催收非法债务罪,实行并罚。⑥ 三是将非法放贷主体认定为诈骗罪,对其雇佣的催收员以催收非法债务罪予以处罚。⑦

(三)“非法债务”司法认定问题检视

尽管搜集到的已公开案例不多,但仍然显示出几个问题:其一,许多判决文书中未说明认定高利贷的标准,对此比较含糊。样本分析中4例二审判决有3例只提及高利放贷,未对高利贷适用的标准以及如何确定为非法债务展开分析。其二,非法债务认定的范围不一,许多案件笼统地认为催收高利放贷案中的债务都是非法债务,未区分本金、合法利息与违法利息,而有的案件则以实际发放金额和实际收取金额的差额作

---

① 泉州市中级人民法院(2021)闽05刑终266号刑事判决书。

② 参见泉州市中级人民法院(2021)闽05刑终399号刑事判决书。

③ 参见上海市第二中级人民法院(2021)沪02刑终315号刑事判决书。

④ 参见盘州市人民法院(2021)黔0281刑初742号刑事判决书、象州县人民法院(2023)桂1322刑初36号刑事判决书。

⑤ 参见象山县人民法院(2021)浙0225刑初387号刑事判决书。

⑥ 参见西华县人民法院(2022)豫1622刑初314号刑事判决书。

⑦ 参见永城市人民法院(2021)豫1481刑初635号刑事判决书、西华县人民法院(2022)豫1622刑初314号刑事判决书。

为违法所得,如朱广斌案中,法院计算违法所得金额时,判决显示李某“共还给刘某恺人民币12500元,去除李某尚未偿还的人民币1000元本金,李某被非法催收人民币11500元”①。可见,该案法官支持非法债务不包含本金在内。其三,一审案例还反映出以下问题:赌债是否当然归入非法债务?非法债务是一个不言自明的概念吗?非法债务的“非法”指的是违反哪些前置法律?其四,对于相同案件,呈现同案不同判情况。如均是提供高额放贷并收取“砍头息”的案件,有的仅定为催收非法债务罪,如曾亚平、陈建军、李小凤寻衅滋事、非法拘禁案中②,公安机关指控被告人陈建军等人在2015年至2019年期间,在东莞市××镇共同出资从事高利放贷业务,在放贷时先扣除“砍头息”,每月再按借款金额的5%～8%收取高额利息。对于该罪,法院对几人均以催收非法债务罪定罪处罚。而有的则被认定为诈骗罪和催收非法债务罪并罚,如刘宏达诈骗、催收非法债务案③,该案中法官以刘宏达等人在发放汽车抵押贷款过程中,使用利息拆分、阴阳合同等套路,骗取他人财物,数额特别巨大,认定其构成诈骗罪。法院对两种案件采取不同的认定,催收非法债务罪和财产犯罪之间的关系为何呢?

在市场经济环境下,借款融资已经是常见手段。刑法作为兜底法律,并不处罚所有借贷行为,而上述判例展现出实务中对于催收非法债务罪中“非法债务”缺乏统一的认定标准,这既不利于保护被告的合法权益,也有损司法的公信力。因此,有必要对高利贷产生的非法债务标准予以界明,对“非法债务”的实质内涵予以阐释。

二、高利放贷产生的非法债务之认定

(一)高利放贷的规范梳理

对于高利放贷或非法放贷的法律认定,刑民之间采用不同的标准。刑法中涉及高利贷的规定为2019年出台的《关于办理非法放贷刑事案件若干问题的意见》(以下简称《非法放贷意见》),该司法解释将部分高利放贷行为纳入非法经营罪的犯罪圈内。相较于刑法对高利贷的稀疏规定,民法关于高利贷的规定较多,2015年最高人民法院出台了《民间借贷规定》,该规定将民间借贷利率划分为“两线三区”,年利率低于24%的部分利息是获得法院支持的,24%～36%部分的利息属于债务人自愿给付范畴,年利率超过36%部分的利息约定无效,可见该规定赋予民间借贷主体极大的意思自治空间。2021年1月施行的《民法典》则明文禁止放高利贷。2020年修正的《关于审理民间借贷案件适用法律若干问题的规定》(以下简称新《民间借贷规定》)则将原来的“两

① 七台河市茄子河区人民法院(2021)黑0904刑初73号刑事判决书。

② 参见东莞市第二人民法院(2021)粤1972刑初26号刑事判决书。

③ 参见尉氏县人民法院(2022)豫0223刑初368号刑事判决书。

线三区”修正为要求双方约定的利率在合同成立时一年期贷款市场报价利率的4倍以内。原先的固定利率变为浮动的“一年期贷款市场报价利率”的4倍，大幅度缩减借贷双方可约定的利率范围。如中国人民银行授权全国银行间同业拆借中心于2021年7月20日公布的一年期LPR为3.85%，合法的民间借贷利率约定上限为15.4%，大幅低于先前的24%和36%。

但是，《非法放贷意见》中将构成非法经营罪的高利贷年利率基准线规定为36%，新《民间借贷规定》则采用“一年期贷款市场报价利率”的4倍这一最新标准，后者比前者更为严格。那么，催收非法债务罪中对于高利贷的认定应当以哪个为基准呢？

（二）催收非法债务罪中的高利贷以“4倍LPR”为基准

“刑法上的相关概念是否应与民法保持一致，应根据规范保护目的的相同与否进行判断。”[①]也就是说，当刑法和民法的规范目的相同时，二者保持一致，反之则应该各自独立适用。

要回答催收非法债务罪中的高利贷应该适用何种标准，首先应该探寻《非法放贷意见》和新《民间借贷规定》的评价对象以及规范保护目的。高利放贷在行为类型上可分为经营性高利放贷和非经营性高利放贷。前者放贷对象不特定，且放贷行为具有持续性；后者则是特定对象间一时实施的放贷行为。与非经营性高利放贷一般是帮助解决借入人一时的生产或生活需要、性质上属于个人借贷不同，经营性高利放贷则具有非法发放贷款的性质，系以营利为目的而牟取高额非法收入。[②]《非法放贷意见》的调整对象是多次经营性高利放贷行为，在界定时强调放贷次数和放贷利率，放贷次数要求为“2年内向不特定多数人（包括单位和个人）以借款或其他名义出借资金10次以上”，放贷利率超过36%，目的在于调整扰乱金融管理秩序的非法放贷行为。与之相对，新《民间借贷规定》的调整对象为民间借贷活动，要求债权人、债务人之间的借贷利率在“4倍LPR”内，目的在于规范借贷双方的权利义务关系。经营性高利放贷相较于非经营性高利放贷，因为放贷行为的持续性长，对象范围广泛，给金融秩序造成的危害性更大。

鉴于催收非法债务罪的对象是单个的债权债务关系，那么对于高利贷的认定应当适用“4倍LPR”标准。另外，既然民法上不承认行为人对超出4倍LPR的利息享有债权请求权，刑法作为治理社会的最后手段，当然不可能对此进行肯定。并且非法放贷的年利率超过“36%”这一标准不是用来判断债务是否合法的，而是用来量化非法放贷

---

① 于改之：《法域冲突的排除：立场、规则与适用》，载《中国法学》2018年第4期。

② 中国人民银行办公厅《关于以高利贷形式向社会不特定对象出借资金行为法律性质问题的批复》对非经营性民间个人借贷和经营性非法发放贷款作了明确界分。

行为刑事违法程度的。该标准与高利贷是否非法无关，催收非法债务罪中“高利贷产生的非法债务”判定也不应该受此影响。

三、刑民视角下“非法债务”的限缩解释

（一）催收非法债务罪“非法”属性的界定

1. 非法债务的“非法”限于违反法律、行政法规的效力强制性规定

《刑法修正案（十一）》增设催收非法债务罪，首次对合法债务与非法债务予以区分。对于存在合法债务，债务人采取轻微逾越权利的手段要求债务人归还的情形，基于刑法谦抑性原则，不应该作为犯罪处罚。为了避免刑法处罚范围的过度泛化，催收非法债务罪中的非法债务应该为违反法律、行政法规的效力强制性规定产生的债务，理由如下：

第一，要对民法上的民事行为无效、民事违法这两个不同的概念予以区分。民事领域偏向调节民事主体之间的法律关系，既希望化解矛盾，又力图促进民事法律活动的进行。因此，并不是所有违反民法规定的行为都无效，这取决于违反何种性质的规范。此处要区分管理性规定和效力性规定。管理性规定是指法律、行政法规未明确规定违反此类规定将导致合同无效的规定。此类规定旨在管理和处罚违反规定的行为，但并不否认该行为在民商法上的效力。效力性规定是指法律、行政法规明确规定违反该类规定将导致合同无效的规定。因此，民事违法并不必然导致民事行为无效，民事行为是否有效的关键判断点在于行为是否违反效力禁止性规定。

第二，对前置法的界定，可以采取刑法体系解释的方法。催收非法债务罪中非法债务的示例为高利贷，而《民法典》第680条明文禁止放高利贷，此处违反了民法的效力禁止性规定。体系解释的内在要求是注重同类解释规则，即对刑法分则条文在列举具体要素之后使用的“等”“其他”用语，要按照所列举的内容、性质进行解释。① 据此，非法债务至少应该是违反民法的效力禁止性规定产生的债务。

第三，根据社会危害性的不同，非法债务的非法性可分为三个层面：违反民法效力禁止性规定，如高利贷等；违反行政法规定产生的债务，如赌博、卖淫嫖娼等；违反刑法产生的债务，如贩卖毒品产生的债务，三个阶段的非法性逐级递升。其中，违反刑法规定的情形，很可能触犯其他犯罪，需要考虑是否并罚。

因此，催收非法债务罪中非法债务违反的前置法应该为法律、行政法规的效力强制性规定。

---

① 参见徐杰：《高利放贷与非法债务的刑法区分》，载《人民司法》2022年第16期。

2. 非法债务的“非法性”来源于法律的“禁止恶”

催收非法债务罪所针对的是“高利放贷等产生的非法债务”。对此应作何理解？是否只要实施高利放贷行为，无论是催讨高利贷的本金抑或催讨高利贷的利息，都构成该罪呢？

张明楷教授基于即使是催讨合法本息的行为，也不能采取刑法所禁止的手段和法秩序统一的观点，认为非法催收高利放贷等产生的非法债务，是指催收基于高利放贷等非法行为产生的本金及合法利息。① 也就是说，其不仅认为非法债务是基于非法行为产生的，还将非法债务框定在本金以及合法利息范围内，但是其观点不太站得住脚。的确，催收合法本息的行为也可能被评价为非法拘禁罪，是因为手段已经具有了相当的社会危害性。而催收非法债务罪中的单一催收行为的社会危害性较为轻微，其不法性还需借助非法债务来加强。“非法债务”作为限缩催收非法债务罪的一个重要因素，其出现并不依附于催收非法债务行为。非法债务的非法性仅限定在对债务的修饰上，不是泛指一切违法行动，而是特指债务的非法性。②

综上所述，非法债务的非法性，主要来源于法律的“禁止恶”而非行为本身存在的“自体恶”。③

（二）“债务”的限缩解释

1. “非法债务”以真实合意为前提

“债务”一词显现出极强的私法属性，限缩其涵义需要追溯到民法中债务的相关法理。在民法领域，债务是特定人为一定行为或不为一定行为的义务，是平等主体之间基于真实意思表示设立的。因此，即使是非法债务，当事人之间也应该形成关于债务关系的真实合意，且建立在正确认知的基础上——债务人对合意事项的重要内容予以认可，债权人没有采取欺骗手段让债务人陷入错误认识。债权人采取虚构事实、隐瞒真相手段形成的债务，不能归入催收非法债务罪中的非法债务范畴。例如，汤某甲等人诈骗案中，汤某甲等人依托公司形式运作，利用信息网络，通过“任你花”“100 分”等 7 个 App 平台，采取现金贷或者虚假购物再回购形式，签订虚假合同，以扣除服务费、保证金、中介费名义恶意减少实际放贷数额、恶意垒高违约金等手段，向在校大学生及大学毕业 3 年以内的群体实施网络“套路贷”犯罪活动。此类套路贷案件属于假借民间借贷之名非法占有他人财物。由于此类债务缺乏被害人的真实意思表示，应结合具体手段、情节和后果，判断其是否可评价为财产犯罪。

① 参见张明楷：《催收非法债务罪的另类解释》，载《政法论坛》2022 年第 2 期。

② 参见邱月明：《场域性立法视阈下催收非法债务罪非法性的规范化》，载《长江师范学院学报》2023 年第 3 期。

③ 参见张平寿：《催收非法债务罪的限缩适用与路径选择》，载《中国刑事法杂志》2022 年第 1 期。

2. “非法债务”与“法律不予保护的债务”的关系厘清

《刑法修正案(十一)》第一草案、第二草案中对催收非法债务罪的表述为“高利放贷产生的债务或者其他法律不予保护的债务”，但最终出台的《刑法修正案(十一)》表述为“高利放贷等产生的非法债务”。“法律不予保护的债务”改为“非法债务”，二者关系需要予以辨明。

“法律不予保护的债务”与“合法债务”相对。合法债务为依法产生并受到诉权保护的债务。“法律不予保护的债务”则为合法债务范围以外的债务，包括产生原因违法的债务和不受诉权保护的债务，民法理论上与之对应的名词为非法债务和自然债务。非法债务因为违反法律的强制性规定，当然属于法律不予保护的债务范围。自然债务是经由诉讼不能实现的债，债务人的履行或者承诺履行将激活债对债务人的强制效力，债务人一旦自动履行即不得请求返还。① 民法虽未对自然债务进行明确定义，但学理上对其基本特征已达成共识：虽法律对其予以认可，但由于其发源于社会道德义务，公权力对此不加干涉。② 像经过诉讼时效期间的债务、因恋爱或同居关系产生的“补偿金”等，即为典型的自然债务。在不受诉权保护这一点上，非法债务和自然债务具有相似性。但二者实际上存在巨大差异，非法债务不应该包括“自然债务”。如前所述，催收非法债务罪的非法债务应该违反法律的效力强制性规定，自然债务虽然可能违反法律的管理性规定或道德，但并不违反法律的效力性规定。此外，自然债务并不排除通过正常途径实现债权的可能性。譬如，对于超过诉讼时效的债务，在债务人自愿承诺还款时，法院对此是积极予以认可的。

综上所述，非法债务与法律不予保护的债务之间为所属关系，非法债务的认定需要排除自然债务、虚假债务。

四、催收非法债务罪的法益确证：非法债务的限缩

(一)催收非法债务罪的法益确证

对催收非法债务罪构成要件的解释，需在明确该罪的保护法益这一前提下进行。学界对该罪的保护法益主要存在“单一法益说”和“复合法益说”以及内部具体观点之分歧。

单一法益说具有一定的片面性。单一法益说大体可分为人身权利说和社会法益说。根据催收非法债务罪的法条表述，张明楷教授认为催收非法债务罪的保护法益只

---

① 参见李永军：《自然之债源流考评》，载《中国法学》2011 年第 6 期。

② 参见张雪忠：《自然之债的要义与范围》，载《东方法学》2013 年第 6 期。

能是个人的人身权利,并根据该罪列举的行为类型推导出具体的法益内容。[①] 该观点无法回应催收债务行为的入罪正当性问题,如将非法拘禁罪和催收非法债务罪进行对比,发现前者对他人人身自由的限制程度远高于后者。那么要想让催收非法债务罪达到刑法处罚门槛,只侵害他人人身权利这一法益是不够的。

社会法益说的核心观点是依据催收非法债务罪的章节体系位置来确定具体的保护法益。社会法益说在论证催收非法债务罪的保护法益时结合该罪的体系位置具有形式上的正当性,但仍存在值得商榷之处:脱离个人法益仅认定社会法益会使该罪保护法益的限定范围过窄。以寻衅滋事罪为例,传统理论界将该罪法益认定为公共秩序,但抽象的保护法益导致该罪落入“口袋罪”的窘境。另外,不能因《刑法》第四章、第五章规定了危害人身、财产犯罪,就完全排除其他章节的犯罪行为侵犯他人人身、财产法益的可能性。例如,我国《刑法》分则第四章“侵犯公民人身权利、民主权利罪”的保护法益均属于“人身权利、民主权利”的范围,但没有人因为法益的同一性就否认了各罪存在的必要性。同理,不能以非法催收行为危害人身、财产法益并达到犯罪程度可以适用其他章节法条为由,就认定催收非法债务罪保护的法益不包括个人法益。

因此,催收非法债务罪的保护法益为复合法益的观点更为笔者提倡。由于催收非法债务罪规定于我国《刑法》第六章第一节,其一般法益为社会公共秩序,但该法益过于抽象,还需结合个人法益来认定。根据法条规定的行为类型,侵犯公民人身权利法益的观点得到许多人的认同,存在争议的是催收非法债务罪的个人法益是否包括财产法益。笔者认为结合本罪的立法目的,应该将财产法益囊括进来。因为全国人大常委会在解读《刑法修正案(十一)》草案时,指出催收非法债务罪是为了防范化解金融风险、保障金融改革。[②] 可见,增设催收非法债务罪这一轻罪,规制那些侵害公民财产权利但不法程度又较为轻微的行为是立法意图之一。另外,犯罪对象可表征该罪法益,法条通过规定特定的犯罪对象以区别于同类相似犯罪,使得该罪法益更加具象。催收非法债务罪以“非法债务”为犯罪对象,非法债务这一词语中的财产属性为财产法益的存在提供了证明。综上所述,催收非法债务罪的保护法益为社会公共秩序,以及公民的人身权利、财产权利。

(二)复合法益对认定非法债务的限缩

法益概念提供的是“一种为了对法律材料进行详细说明的评价准则,一种法律适用者在制定和解释各个具体条文时都必须引用的评价准则”[③]。在解释“非法债务”时,应该发挥法益的指导和评价功能。首先,本罪的保护法益之一为社会公共秩序,应

① 参见张明楷:《催收非法债务罪的另类解释》,载《政法论坛》2022 年第 2 期。
② 参见刘艳红:《催收非法债务罪“催收”行为的法教义学展开》,载《比较法研究》2023 年第 2 期。
③ 辛有仪:《催收非法债务罪中“非法债务”的规范解读》,载《唐山学院学报》2023 年第 2 期。

该将纯粹涉及私人纠纷的债务排除在外。最高人民法院、最高人民检察院、公安部、司法部联合印发的《关于办理实施"软暴力"的刑事案件若干问题的意见》第11条明确,因婚恋、家庭纠纷等民间矛盾而产生的债务不适合归入催收非法债务罪中的非法债务。因为该类催债行为不是经常发生,尚未侵害社会管理秩序。其次,因为催收非法债务罪的保护法益还为公民的财产权利,因此非法债务应该排除合法债务,即高利放贷类型中非法债务的范围应该限定在超出合法利率的范围。民法既然规定了借款利率上限,说明民法对出借人的本金乃至民间借贷司法保护上限以下的利率部分仍然是认可的,该部分属于合法债务。因此,对于催收高利贷行为,应该视情况区别对待:如果放贷人的催债范围仅限于本金和合法利息,即使实施了稍微逾越刑法规定的手段,也不构成催收非法债务罪,但此情形下放贷人需要提供证据证明其只是讨要合法本金和利息,其若对违法利息也进行催讨,则其催讨行为就涉嫌非法催收债务。如果债务人已经归还的实际数额超过当初实际取得的借款和合法利息,债权人再行催要的债务应当属于催收非法债务罪中的非法债务。有学者提出,催收非法债务罪中的非法债务应该限定为本金和合法利息,其理由为本罪中的"非法"修饰的是高利放贷等非法行为而非债务本身,否则催债人便可声称仅是催收合法本金以逃避刑事处罚。[①] 该观点的论证逻辑存在问题,限定非法债务的范围属于法律认定问题,催债人是否只是催讨本金和合法利息则是证明问题,二者不可混为一谈。最后,若催债人以合法手段催收"非法债务",鉴于未侵犯公民个人人身权利,也不应该以催收非法债务罪处罚。

① 参见张明楷:《催收非法债务罪的另类解释》,载《政法论坛》2022年第2期。

电信网络诈骗非法提供两卡行为司法出罪研究

柳 杨*

近年来,帮助信息网络犯罪活动罪案件数量上升迅速,已成为刑事案件起诉人数排名第三的犯罪①,其中以非法买卖、出租电话卡、银行账户(卡)等(以下简称"非法提供两卡")类型案件为甚。在当前的网络犯罪特别是电信网络诈骗犯罪中,电话卡和银行账户(卡)已经成为不可或缺的作案工具,为隐匿犯罪活动、逃脱法律制裁,犯罪分子开始从他人处非法获取(而非使用自己的)两卡开展诈骗活动。可以说,如果没有非法提供的两卡,电信网络诈骗犯罪活动就难以顺利进行,因此法律将这种非法提供两卡达到情节严重程度的行为纳入犯罪打击圈,认定为帮助信息网络犯罪活动罪。然而,非法提供两卡的"卡农"往往处于电信网络诈骗犯罪链条的最底端,其不仅客观上没有参与电信网络诈骗实行行为,主观上对提供的两卡被用于诈骗活动并不明知,而且获利也相当有限。对这类数量如此庞大的群体动辄使用最严厉的刑事处罚,不仅不利于实现刑法惩罚犯罪与保障人权的双重价值,也与网络时代社会治理法治化的目标背道而驰,甚至还可能造成社会矛盾的激化。在法律规范已经确立,无法也不应轻易变更的现状下,本文拟从司法出罪的角度,对非法提供两卡虽然符合犯罪构成要件,但在满足一定条件时免予被告人刑事处罚的必要性和可行性进行分析,并尝试探究本行为司法出罪的具体路径。

一、问题的提出

帮助信息网络犯罪活动罪在2015年《刑法修正案(九)》增设之初,立法原意是解决在网络空间传授犯罪方法、帮助他人犯罪等行为多发的情况。② 从司法适用情况看,根

---

* 北京外国语大学博士研究生。

① 参见《2021年全国检察机关主要办案数据》,载最高人民检察院官网,https://www.spp.gov.cn/spp/xwfbh/wsfbt/202203/t20220308_547904.shtml#1,2023年8月11日访问。

② 参见《关于〈中华人民共和国刑法修正案(九)(草案)〉的说明》,载中国人大网,http://www.npc.gov.cn/zgrdw/npc/lfzt/rlys/2014-11/03/content_1885123.htm,2023年8月11日访问。

据中国司法大数据研究院发布的《涉信息网络犯罪特点和趋势(2017.1—2021.12)司法大数据专题报告》,2017年至2019年,在全国法院一审审结的涉信息网络犯罪案件中,帮助信息网络犯罪活动罪占比相当有限,在2020年有所上升,至2021年达到54.27%。帮助信息网络犯罪活动罪案件数量及占比之所以在2020年后大幅上升,是因为2020年10月开展的"断卡"行动要求严厉打击非法开办贩卖两卡犯罪①,而根据2021年最高人民法院、最高人民检察院、公安部《关于办理电信网络诈骗等刑事案件适用法律若干问题的意见(二)》(以下简称《意见(二)》)第7条的规定,实践中发案率极高的非法提供两卡行为被认定为《刑法》第287条之二规定的帮助信息网络犯罪活动罪。网络犯罪相较于传统线下犯罪,其不法程度已呈几何级数增长②,在共同犯罪方面,对网络犯罪帮助行为同样有必要依法惩治。按照当前帮助信息网络犯罪活动罪的入罪标准,大量非法提供两卡行为被作为犯罪处理。但是,一方面,严厉打击"卡农"似乎并未对遏制电信网络诈骗犯罪起到显著作用,电信网络诈骗犯罪仍呈高发态势,犯罪分子仍然逍遥于法外和境外。另一方面,帮助信息网络犯罪活动罪案件数量受刑事司法政策影响而在特定时期激增,不仅可能使得我国刑事案件总量出现异常波动,还会导致数以十万计的人③在这段时间被贴上"犯罪人"标签。在我国,被贴上"犯罪人"标签的影响不是一时的,而会伴随行为人终生甚至"波及"其直系亲属,后果不可谓不严重。理论界和实务界已经注意到将大量"卡农"纳入刑事打击圈这一现状,并主要从入罪角度着手,建议通过修改法律规定提高入罪门槛,从而降低本类行为的刑事案件数量。

审慎分析将某一类行为纳入刑事法打击范畴的必要性,是在立法及制定司法文件之初就应当加以研判的必要环节,但是如果相关法律文件已经生效、入罪标准已经划定,再轻易提出修法的建议,这是否会影响法规范的稳定性,可操作程度如何?与其一味地从入罪门槛角度考虑提高犯罪的构成标准,能否在遵循现行法律规范的基础上,通过出罪的思路对在形式上符合犯罪构成要件的案件,考察其实质上是否具有刑罚需罚性?在这种逻辑推演下,本文拟通过对电信网络诈骗非法提供两卡案件在满足特定条件情况下司法出罪的必要性、可行性进行分析,尝试探寻这类案件出罪的具体路径,为司法机关妥善办理本类案件提供思路。

---

① 参见《国务院打击治理电信网络新型违法犯罪工作部际联席会议决定在全国范围内开展"断卡"行动》,载中国政府网,https://www.gov.cn/xinwen/2020-10/11/content_5550326.htm,2023年8月11日访问。

② 参见梁根林:《传统犯罪网络化:归责障碍、刑法应对与教义限缩》,载《法学》2017年第2期。

③ 根据中国司法大数据研究院发布的《涉信息网络犯罪特点和趋势(2017.1—2021.12)司法大数据专题报告》,2017年至2021年,全国帮助信息网络犯罪活动罪案件涉及被告人14.37万人。

二、对非法提供两卡无需罚性案件司法出罪必要性分析

首先应当认识到,符合法律规定的构成要件而成立犯罪与最终在司法上被判处刑罚是两回事,前者并非一定导致后者。在形式上符合立法规定的构成要件并不意味着在司法程序中一定要动用刑罚,如有学者通过强调刑事责任是犯罪与刑罚之间的桥梁,指出构成犯罪的案件必然承担刑事责任,但刑事责任的实现方式不仅仅只有刑罚①,此外还包括各种非刑罚处罚措施。刑罚制裁程度的最严厉性要求启动刑罚务必秉持最高程度的谦抑性,这种谦抑性不仅体现在立法上成立犯罪的门槛标准比一般违法更高,还要在具体案件中要求司法工作人员更加慎重地考量刑罚需罚性。② 帮助信息网络犯罪活动罪案件数量在短时间内出现如此迅猛增长,不得不并且已经引起政策制定机关和理论界的重视和深思。在法律规范已经生效并正在运行的当下,相较于修改立法提高入罪门槛的思路,本文更提倡对非法提供两卡行为在形式上构成犯罪但实质上不需要动用刑罚手段制裁的案件,在司法上作出罪处理。本文所称司法出罪主要是指检察机关在审查起诉阶段作出相对不起诉决定,以及法院在审判阶段对被告人定罪免刑。这种出罪思路在帮助信息网络犯罪活动罪大有成为网络犯罪"口袋罪"③趋势的当下,不仅具有必要性,还具有一定程度的紧迫性。

(一)行为人有回归非犯罪人身份的迫切需求

在非法提供两卡案件中,从违法所得情况看,非法提供两卡行为人处于电信网络诈骗犯罪链条底端,违法所得较少,绝大多数被告人违法所得在1000元以下,违法所得在1万元以上的,也就是达到2019年最高人民法院、最高人民检察院《关于办理非法利用信息网络、帮助信息网络犯罪活动等刑事案件适用法律若干问题的解释》(以下简称《帮信罪司法解释》)第12条第1款第(四)项规定的情节严重标准的案件极其有限。一些年纪小、学历不高、违法所得少的被告人大多系初犯、偶犯,本身没有参与实施犯罪行为,对诈骗犯罪事实也并不明知,但因为不熟悉法律,为了谋求蝇头小利甚至仅因熟人的请托,轻易将自己的银行账户(卡)、电话卡提供给犯罪分子。这类被告人的人身危险性小,经教育和惩戒后再犯罪可能性低,无论是从罪责刑相适应抑或特殊预防的角度,对这类人群不仅没有动用刑罚打击的必要性,还应当意识到其一旦被贴上"犯罪人"的标签,对行为人本人和家庭造成的影响都过于深远。在现行法律规定下,对于

① 参见孙本雄:《事后行为出罪的法理依据及判断标准》,载《现代法学》2023年第1期。

② 需罚性是指在立法上具备刑罚应罚性的行为,由司法人员在具体案件中考虑是否必须采取刑罚手段进行制裁。参见姜涛:《需罚性在犯罪论体系中的功能与定位》,载《政治与法律》2021年第5期。

③ 参见喻海松:《帮助信息网络犯罪活动罪的司法限定与具体展开》,载《国家检察官学院学报》2022年第6期。

在形式上符合帮助信息网络犯罪活动罪构成要件，但在实质上参与程度低、违法所得少、主观恶性低，以及人身危险性及再犯罪可能性都小的行为人，特别是其中的未成年人、在校学生及刚刚踏入社会的大学毕业生，只有尽快为其撕下“犯罪人”的标签，他们才能尽早回归正常的成长轨道，作为“正常人”开始新的工作、学习和家庭生活。

（二）防止社会潜在不稳定因素被不当增加

当前电信网络诈骗已经发展为多链条、多环节犯罪，处于犯罪链条底端的非法提供两卡行为人只是为诈骗实行行为人提供通信服务或支付结算服务，不仅在行为方式上与诈骗实行行为有显著区别，而且纵观整条犯罪链，从行为人非法提供两卡到被害人财产最终遭受损失，其间还需经历多个环节，非法提供两卡行为与诈骗犯罪结果的发生之间还存在相当长的“距离”。然而，对如此大量对最终法益侵害的作用力和影响力都较小的行为类型进行刑事法规制，将数量庞大的这类被告人处以刑罚制裁，不仅可能引发社会公众对裁判结果的不理解、不满意，从刑罚目的及社会治理的角度看，还可能导致当事人难以服判息诉，逐渐走向社会的对立面，不仅不利于维护社会秩序，反而成为社会治理的不稳定因素。

（三）避免刑事司法资源被不当浪费

在国家强制力手段中，刑事处罚的执行成本是最高的，主要体现有三：一是在刑罚的启动方面，作为刑罚启动前置程序的刑事诉讼司法程序历经侦查、起诉和审判三个阶段，与行政处罚、行政强制措施等程序相比，不仅耗时更长，证明标准更高，所消耗的成本也更大。二是在刑罚的执行方面，帮助信息网络犯罪活动罪的法定刑种类包括自由刑和罚金。仅以自由刑为例，特别是被判处有期徒刑的犯罪分子，刑罚执行地往往是有别于看守所的监狱，监狱作为集惩罚与教养于一体的场所①，对其建造及对监狱内服刑人员的管理成本自然也更高。非法提供两卡案件中的相当部分被告人参与程度浅、违法所得少、人身危险性和再犯罪可能性低，虽然在形式上符合帮助信息网络犯罪活动罪的构成要件，但实质上无须判处刑罚，如果对他们动用刑事手段，无疑会造成诉讼资源和刑罚执行成本的不当浪费。

三、对非法提供两卡无需罚性案件司法出罪的可行性分析

对非法提供两卡形式上达到帮助信息网络犯罪活动罪入罪标准，但不具有刑罚制裁必要性的案件进行实质上的司法出罪不仅具有必要性，在理论和现行法律规范中也是可行的。

---

① 参见张明楷：《刑法学》（第6版），法律出版社2021年版，第692页。

(一)对无需罚性案件司法出罪的理论依据

第一,有观点从犯罪造成的影响是否可恢复的角度,认为追究犯罪是为了修复不利影响,对于能够通过事后行为弥补、修复损害的犯罪可以在司法上作出罪处理,如其中的代表学说法益修复说①就指出,一般而言,侵犯公民人身权利的暴力犯罪属于法益不可恢复的犯罪,而其他犯罪在法益被修复后对行为人可作出罪处理。此外还有学者在法益恢复说的基础上提出了违法性减轻或阻却说、刑事责任熔断等理论②,这些学说都从事后行为能否消除先前行为造成的危险或能否修复损害的角度,认为对可以恢复到之前状态的犯罪行为不再需要用刑罚来打击。电信网络诈骗主要是财产犯罪,非法提供两卡成立的帮助信息网络犯罪活动罪作为电信网络诈骗的关联犯罪,主要侵犯的也是可被修复的财产法益,因此对非法提供两卡犯罪案件,被害人除财产损失外没有遭受其他法益侵害和损失,行为人能够在事后积极退赔退赃,弥补被害人损害,使得犯罪造成的影响能够被修复的,就可以考虑对其在司法上出罪,免予刑罚处罚。

第二,从行为人主观恶性、社会危害性与刑罚是否相当的角度,除非法提供两卡行为类型外,司法实践中常见的帮助信息网络犯罪活动罪的行为模式还包括提供通讯传输、服务器托管等技术支持和提供广告推广等。帮助信息网络犯罪活动罪是轻刑犯罪,最高刑为有期徒刑 3 年,有限的法定刑幅度区间可能导致实践中不同危害程度的行为类型在量刑上的差距难以拉开。如在被告人胡某某等帮助信息网络犯罪活动案③中,胡某某等人收购数百余张电话卡并多次搭建网络电话平台,供他人实施诈骗活动,胡某某违法所得人民币 2 万元并最终被以帮助信息网络犯罪活动罪判处有期徒刑 2 年。而在被告人潘某某帮助信息网络犯罪活动案④中,被告人非法出售自己银行卡 1 张获利 300 元,法院仍判处其有期徒刑 2 年。以上两个案件,后一个案件被告人系因非法提供两卡而构成犯罪,与前者被告人作为职业"卡商"从事非法收购大量电话卡、提供通讯传输服务相比,其主观恶性明显更小,行为本身危害性明显更低,对诈骗实行行为所起帮助作用也更小,但两个案件被告人却被判处相同刑期刑罚,这是否有违公平公正的实质要求值得深思。如果能够在同一个罪名中,对社会危害性较小的行为处更轻的刑罚,而对于在形式上符合入罪标准但实质上不具有需罚性的行为进行司法出罪,不仅使案件的裁判能够罚当其罪,也能够平衡同一罪名不同危害程度案件之间的量刑关系,维护司法权威。

---

① 参见庄绪龙:《"法益恢复"刑法评价的模式比较》,载《环球法律评论》2021 年第 5 期。

② 参见孙本雄:《事后行为出罪的法理依据及判断标准》,载《现代法学》2023 年第 1 期。

③ 参见辽宁省鞍山市中级人民法院(2023)辽 03 刑终 141 号刑事判决书。

④ 参见广西壮族自治区南宁市中级人民法院(2021)桂 01 刑终 497 号刑事判决书。

（二）对无需罚性案件司法出罪的基本法依据

在法律规范层面，对非法提供两卡无需罚性案件司法出罪的一般性基本法规范依据主要是《刑法》第37条[①]前半句和《刑事诉讼法》第177条第2款[②]，此外，还有省级司法机关在辖区范围内专门针对帮助信息网络犯罪活动罪案件的出罪作的特别规定。本部分主要对基本法依据进行分析，有关省级司法机关制定的司法文件将专门在下一个部分详述。

1. 对无需罚性案件司法出罪的实体基本法依据

在实体法方面，《刑法》第37条规定对于“犯罪情节轻微”的案件，可以免予刑事处罚。此外，《刑法》在16处规定了“免除处罚”的情形，其中有9个条文规定在总则部分，其余则是分则具体罪名关于免除处罚的规定，这16处“免除处罚”的表述应视为与第37条“免予刑事处罚”的含义等同。《刑法》第287条之二帮助信息网络犯罪活动罪没有规定“免除处罚”，这里主要涉及两个问题：一是《刑法》第37条与总则中规定“免除处罚”的其他条文之间是何种关系，若在不具备总则中规定的其他“免除处罚”的情形下，能否直接依据《刑法》第37条的规定对行为人免除刑罚？二是帮助信息网络犯罪活动罪是情节犯，构成犯罪要求达到情节严重的程度，那么成立本罪要求的“情节严重”与《刑法》第37条中的“情节轻微”要求是否冲突？对于要达到情节严重的程度在立法上才符合入罪标准的罪名，还能否在司法中适用《刑法》第37条情节轻微而出罪？

理论上关于《刑法》第37条的定罪免刑制度能否独立于总则中规定的其他“免除处罚”条文而直接适用是存在争议的，否定观点认为，《刑法》第37条的免刑规定具有原则性，在具体案件中不能直接适用；肯定观点则认为，本条可以独立于具有其他免刑功能的量刑情节而适用。[③] 但这种分歧似乎仅停留于理论探讨，司法实践中，无论是司法解释规定[④]抑或既有生效裁判文书均认可《刑法》第37条规定的定罪免刑制度可以独立适用。毋庸赘言，理论研究应当立足于并慎重考虑法律规定和司法实践情况，在实务中已经普遍认可《刑法》第37条具有独立性的情况下再进行相关理论探讨，似乎价值有限。退一步讲，即使仅从学理层面分析，笔者认为，否定观点所称《刑法》第37条是关于定罪免刑制度的概括性规定没有问题，也认同本条与刑法中具体规定“免除处罚”的条文之间是一般与特殊的关系，对于符合具体“免除处罚”条文规定的，应当优

---

① 《刑法》第37条规定：“对于犯罪情节轻微不需要判处刑罚的，可以免予刑事处罚，但是可以根据案件的不同情况，予以训诫或者责令具结悔过、赔礼道歉、赔偿损失，或者由主管部门予以行政处罚或者行政处分。”

② 《刑事诉讼法》第177条第2款规定：“对于犯罪情节轻微，依照刑法规定不需要判处刑罚或者免除刑罚的，人民检察院可以作出不起诉决定。”

③ 参见郭烁：《酌定不起诉制度的再考查》，载《中国法学》2018年第3期。

④ 最高人民法院、最高人民检察院《关于办理诈骗刑事案件具体应用法律若干问题的解释》第3条规定，行为人认罪、悔罪的，可以根据《刑法》第37条的规定不起诉或者免予刑事处罚。

先适用具体条文。但是,概括性规定不代表不能被单独适用,实际上几乎所有刑法总则条文相对于分则而言都具有原则性,与分则规定之间都是一般与特殊的关系,但若因此便认为总则条文不能作为法律依据而直接适用的观点显然是荒谬的。因此,直接适用《刑法》第37条的免刑规定不违背法理,也符合司法解释规定和裁判现状。

接下来更为棘手的问题是,非法提供两卡成立帮助信息网络犯罪活动罪要求的"情节严重"入罪标准与《刑法》第37条规定的"情节轻微"是否冲突?对于在入罪上要求达到"情节严重"才构成犯罪的罪名,在出罪时还能否适用犯罪"情节轻微"条款?这里涉及对两处"情节"的理解,笔者认为二者的功能和内涵并不相同。首先,从两个"情节"在定罪量刑所处阶段及功能看,人民法院在全面查清案件事实的基础上,对案件的裁判主要又分为定罪和量刑两个阶段,作为帮助信息网络犯罪活动罪构成要件之一的情节严重之"情节",是在定罪阶段判断犯罪是否成立的罪量考量因素,其功能在于认定被告人是否构成犯罪;而《刑法》第37条规定的犯罪情节轻微之"情节",则是在根据分则具体罪名规定,确认行为人已经符合犯罪构成要件的前提下,在量刑阶段,根据案件实际情况对满足一定条件的被告人作出免予刑事处罚的判决。其次,从二者具体的内涵看,《帮信罪司法解释》第12条第1款、《意见(二)》第9条和2020年《关于深入推进"断卡"行动有关问题的会议纪要》(以下简称2020年《会议纪要》)第5条等条文通过列举的方式对帮助信息网络犯罪活动罪"情节严重"情形作出明确规定,总的来说主要可以分为四类①,其中情形(4)发生在本次犯罪前,主要体现行为人再犯罪的主观恶性和人身危险性;情形(1)、(6)、(7)、(8)形成于犯罪过程中,体现行为本身的危害程度;情形(2)和(5)反映的是犯罪造成后果的严重程度;情形(3)则是行为人的违法获利情况。《刑法》第37条情节轻微之"情节",除《刑法》中16处法定的"免除处罚"规定外,有学者提出应当以法益侵害性为基点,从犯罪的时空场所、方法手段和对象、犯罪动机、危害结果和犯罪后态度等方面综合判断。②

由是之故,《刑法》第37条"犯罪情节轻微"之情节与帮助信息网络犯罪活动罪"情节严重"之情节并不相同,后者主要是指作为基础情节的行为事实和后果,以及行为人的人身危险性等;而前者在此基础上还包括行为人犯罪后认罪悔罪态度等方面,其外延更大。按照前述学者和司法文件的观点,非法提供两卡帮助行为即使符合犯罪构成

---

① 非法提供两卡达到帮助信息网络犯罪活动罪情节严重的情形主要包括:(1)为3个以上对象提供两卡帮助;(2)所提供银行账户(卡)支付结算金额在20万元以上;(3)非法提供两卡违法所得在1万元以上;(4)二年内曾因特定侵犯网络、危害计算机信息系统安全的行为受过行政处罚,又提供两卡;(5)电信网络诈骗犯罪造成了严重后果;(6)非法银行账户(卡)5个(张)以上;(7)非法提供手机卡20张以上;(8)非法提供的信用卡流水金额超过30万元,其中有3000元系涉诈资金(以下简称"30万加3000")。

② 参见刘艳红:《刑事一体化视野下少捕慎诉慎押实质出罪机制研究》,载《中国刑事法杂志》2023年第1期。

要件,但行为人若有在犯罪后认罪认罚、积极退赔退赃或其他轻微情节,不需要判处刑罚的,就可以在裁判时免予刑事处罚。

2. 对无需罚性案件司法出罪的程序基本法依据

在程序法方面,《刑事诉讼法》第177条第2款关于检察机关酌定不起诉的规定是对不具有需罚性案件司法出罪的程序基本法依据。立法机关及理论上的主流观点均强调本款与刑事实体法的关系,如有观点指出,"依照刑法规定不需要判处刑罚"是指符合《刑法》第37条"犯罪情节轻微不需要判处刑罚"的,可以作出酌定不起诉决定,而"免除处罚"的依据则是刑法中16个"免除处罚"条文。[①] 但也有学者提出,本款具有独立性,与《刑法》第37条只是文字表述相似,实质意义根本不同[②],《刑事诉讼法》第177条第2款表述"依照刑法规定",但没有指示具体参照的法条,应根据"不需要判处刑罚或者免除刑罚"的精神实质找法而不能作机械理解[③]。

从刑事诉讼程序法与实体法的关系看,毫无疑问程序法对实体法既有工具价值也有其独立意义,从程序法的工具价值出发,《刑事诉讼法》第177条第2款明确表述检察机关作出酌定不起诉决定应当"依照刑法规定",这种表述本身是没有问题的。至于此处所称"刑法"究竟是指某一具体条文如《刑法》第37条还是总则关于刑法精神的概括性表达[④],甚至有学者将其解读为刑事司法政策[⑤],其实无关紧要,在立法没有明确表述的情况下,无论哪种观点都有各自的说理空间,但同时也存在缺陷。与其过分执着于否定程序法对实体法的工具价值,不如转换思路着重强调程序法自身的独立价值。笔者认为,《刑事诉讼法》第177条第2款规定的酌定不起诉制度是检察机关在审查起诉阶段放弃求刑权,使被告人实际上不再有被法院定罪的风险,而该制度并未直接规定在刑法任一条文中,这便是本款独立价值之所在。

此外还应注意的是,《刑事诉讼法》第177条第2款规定的是酌定不起诉制度,意味着只能由检察机关在审查起诉阶段适用,那么能否因为《刑法》第37条被置于"刑罚"一章"刑罚的种类"一节,从而认为本条适用主体只能是法院,且适用阶段仅为在对被告人定罪之后的刑罚裁量环节?笔者认为并非如此。《刑法》第37条作为对无需罚性案件出罪的实体法依据,适用于刑事诉讼程序的各个阶段,除法院可以据此在审判阶段定罪免刑外,公安机关在侦查阶段、检察院在审查起诉阶段认为犯罪情节轻微,法

---

① 参见王爱立主编:《中华人民共和国刑事诉讼法释义》,法律出版社2018年版,第371页;《刑事诉讼法学》编写组编:《刑事诉讼法学》(第4版),高等教育出版社2022年版,第280页。

② 参见黄京平:《以慎诉刑事司法政策为根据的程序性规模化出罪》,载《公安学研究》2023年第1期。

③ 参见赵兴洪:《酌定不起诉的时代命运》,载《中国刑事法杂志》2022年第2期。

④ 参见袁林:《对涉罪企业作出不起诉决定的法理分析》,载《人民检察》2021年第14期。

⑤ 参见黄京平:《论酌定不起诉的程序性出罪机能——以程序规范和实体规范的关系为重点》,载《苏州大学学报(哲学社会科学版)》2023年第2期。

院将来可能对被告人免予刑事处罚的，亦能适用本条撤销案件或作不起诉处理。

（三）省级文件有关帮助信息网络犯罪活动罪相对不起诉的规定

除上述实体、程序基本法律有关司法出罪的规定外，也有省级司法机关在辖区范围内制定了相关司法性文件。如河南省人民检察院2022年发布的《河南省人民检察院轻微刑事案件适用相对不起诉指导意见》（以下简称《河南省检指导意见》），在第四章“常见案件适用标准”第18条第1款①专门规定了帮助信息网络犯罪活动罪犯罪嫌疑人在满足“犯罪情节轻微”“认罪、悔罪”“退出全部违法所得”，且具有规定的六种情形之一时，检察机关可以作出相对不起诉决定。

《河南省检指导意见》尝试以《刑法》《刑事诉讼法》以及最高人民法院、最高人民检察院制定的司法文件为基础，结合本辖区司法实际情况，针对办理轻微刑事案件适用相对不起诉制度制定实体和程序性规定，为检察机关办理本类案件提供具体的操作指引，具有相当程度的积极意义。但是，具体到《河南省检指导意见》第18条第1款，办案人员能否依据本款各项规定，对为电信网络诈骗非法提供两卡行为不具有需罚性的案件作出相对不起诉决定，以达到在司法上实质出罪的目的？笔者认为部分内容还有待进一步商榷。第18条第1款第（二）项关于嫌疑人作案后积极认罪、悔罪的规定，是《刑法》和《刑事诉讼法》中有关自首、立功、坦白和认罪认罚等法定从宽处罚制度在本意见中的强调，属于注意规定的内容，第（一）项是体现嫌疑人低人身危险性的规定，将这两项情形认定为“情节轻微”没有问题。但是，对于第18条第1款第（三）项至第（六）项，首先从河南省案件实际情况看，绝大部分案件系因“30万加3000”的规定构成情节严重，以上各项规定在实践中的适用极其有限。另外，能够理解起草者制定该四项规定的用意，是认为规定的数额达到最低入罪标准但超过不多，因此属于“情节轻微”。这种思路的错误之处在于，帮助信息网络犯罪活动罪是情节犯，到达最低数额标准就说明已经构成“情节严重”。以违法所得为例，根据《帮信罪司法解释》第12条第1款第（四）项的规定，违法所得1万元以上的构成帮助信息网络犯罪活动罪情节严重，但是《河南省检指导意见》第18条第1款第（六）项却规定，违法所得在2万元以下的，仍可以认定为“情节轻微”。在最高人民法院、最高人民检察院解释已经设置了情

---

① 《河南省检指导意见》第18条第1款规定：“帮助信息网络犯罪活动犯罪，犯罪情节轻微，犯罪嫌疑人认罪、悔罪，退出全部违法所得且具有下列情形之一的，可以作相对不起诉处理：（一）初犯、偶犯、未成年人、在校学生、大中专院校毕业未满两年的、65周岁以上的、残疾人、患有严重疾病的人；（二）具有自首、立功、坦白等法定从宽处罚情节之一，或者认罪认罚的；（三）收购、出售、出租个人信用卡、银行账户等为他人犯罪提供帮助，虽达到‘情节严重’情形，但数量累计在3张（个）以下且银行流水金额在100万元以下或者在200万元以下但具有其他法定从轻、减轻处罚情节的；（四）仅以收购、出售、出租的个人信用卡、银行账户等的数量认定‘情节严重’的，数量在10张（个）以下的；（五）仅以收购、出售、出租他人手机卡、流量卡、物联网卡的数量认定‘情节严重’的，数量在30张以下的；（六）仅以违法所得数额认定‘情节严重’的，违法所得数额在2万元以下的；（七）其他情节轻微、危害不大的。”

节“严重”数额作为入罪门槛的情况下,省级检察院的意见却将比入罪标准更高的数额认定为情节“轻微”从而在司法上出罪,这显然违背了上位法规定,在文义上也存在矛盾。

《河南省检指导意见》第18条第1款第(三)项至第(六)项将“情节轻微”理解为轻微超过最低入罪标准,却忽略了达到最低数额标准就意味着已经构成情节严重,这种规定将导致同一个数额情节既在入罪时构成情节严重,又可能作为情节轻微条件而出罪,在解释上存在障碍。因此值得警惕的是,作为入罪标准的情节严重之情节,与作为出罪事由的情节轻微之情节不能是同一种情节。仍以违法所得为例,若案件因行为人违法所得在1万元以上达到情节严重标准而构成犯罪,就不应当再因为其违法所得情节而出罪,达到构成要件标准的入罪情节与作为出罪事由的情节不能是同一种情节。但无论如何,《河南省检指导意见》仍具有十分积极的意义,其有关嫌疑人符合人身危险性低、再犯可能性低的情形时可以司法出罪的规定,为在全国范围内对非法提供两卡行为如何司法出罪提供了先例。

四、从行刑衔接角度探寻非法提供两卡行为司法出罪的具体路径

对非法提供两卡在形式上达到入罪标准但不具有需罚性的案件,除《刑法》总则9处具体“免除处罚”情形外,《刑法》第37条和《刑事诉讼法》第177条第2款都规定“犯罪情节轻微”的可以在司法上出罪。在此基础上需进一步考虑两个问题:一是帮助信息网络犯罪活动罪的“犯罪情节轻微”应当如何理解?非法提供两卡案件具有哪些情形时可以认定为“犯罪情节轻微”?二是案件在司法出罪后应当如何进一步处理?根据《刑法》第37条的规定,对不判处刑罚但构成行政违法的,应当由主管部门予以行政处罚。规制非法提供两卡行为的行政法规范主要是《反电信网络诈骗法》(以下简称《反电诈法》)第31条第1款和第44条。对于第一个问题,前文已述有地方性司法文件如河南省人民检察院制定并发布的《河南省检指导意见》结合该省实际情况对“情节轻微”进行了细化,如嫌疑人人身危险性低、再犯罪可能性低等,值得在全国范围内对非法提供两卡行为不具有需罚性案件批量出罪时予以参考,此外是否还有其他可以作为“情节轻微”的出罪因素?笔者认为,还可以从行政法与刑事法规范的关系,也就是行刑衔接的角度对帮助信息网络犯罪活动罪的司法出罪事由进行进一步探究。

(一)行刑规范规制非法提供两卡行为概述

帮助信息网络犯罪活动罪是情节犯,构成犯罪要求达到“情节严重”的程度,这是立法者设立的罪量要素要求。前文已经详细列举《帮信罪司法解释》第12条第1款、

《意见二》第9条和2020年《会议纪要》第5条对本罪“情节严重”情形从行为人再犯罪主观恶性和人身危险性、行为本身危害程度、犯罪后果严重程度和违法获利情况等多个方面进行了细化。在行政法规范方面，《反电诈法》第31条第1款和第44条认定非法提供两卡行为构成行政违法，则主要从非法提供两卡的张数和行为人违法所得数额两个方面作出规定。在提供卡的张数方面，《反电诈法》未作最低数量限定，这就意味着只要实施了非法提供两卡行为，涉案张数即使仅为1张也可能构成行政违法；而在违法所得数额方面，《反电诈法》第44条以2万元为界设置了两档标准，非法提供两卡违法所得在2万元以下或者没有违法所得的，对行为人处20万元以下罚款，违法所得在2万元以上的，处违法所得1倍以上10倍以下的罚款。此外第44条还规定行政违法达到情节严重程度的，处15日以下拘留。

行政法律和刑事法律规范对为电信网络诈骗非法提供两卡帮助行为，都从提供两卡的张数和行为人违法所得数额这两个方面进行规制。两类法律规范关于提供两卡张数的衔接是没有问题的，行为人非法提供信用卡等银行账户数量在1个至4个、提供手机卡数量在1张至19张的范围内构成行政违法；提供信用卡张数达到5张及以上或提供手机卡张数达到20张及以上，就达到帮助信息网络犯罪活动罪情节严重的标准。但在违法所得数额方面，《帮信罪司法解释》规定行为人违法所得1万元以上的就符合本罪“情节严重”情形从而可能构成犯罪；而《反电诈法》对违法所得在2万元及以上的仍规定了行政处罚。

这种行政违法与刑事犯罪在构成要件数量要素上的重叠，一方面，可能出现的问题是，在法的效力方面，《反电诈法》由全国人大常委会制定并通过，其位阶高于《帮信罪司法解释》，前者规定的违法所得2万元以上仍处行政处罚的内容生效后，是否会对后者违法所得1万元以上就可能构成犯罪产生影响？后者的规定是否因为前者施行而失去效力？另一方面，无论是全国人大常委会在起草《反电诈法》时没有充分顾及《帮信罪司法解释》的既有规定，抑或系其有意为之，这种数量竞合在本文语境下，似乎反而可以为非法提供两卡行为达到情节严重标准，从而在形式上构成犯罪的案件进行司法出罪寻找到全新出口。非法提供两卡案件绝大多数系因“30万加3000”的规定达到帮助信息网络犯罪活动罪的入罪标准，那么在行政法规范通过设置违法所得（而不是其他）标准对行为人处行政处罚的情形下，能否通过该行政法规范，将更多非法提供两卡不具有需罚性的案件司法出罪？后文将对此展开分析。

（二）将违法所得1万元以下作为司法出罪条件可行性分析

《帮信罪司法解释》与《反电诈法》规制非法提供两卡在违法所得数额上的重叠带来两方面疑问：一是从理论角度看，《帮信罪司法解释》第12条第1款第（四）项规定违法所得达到情节严重构成犯罪的数额标准为1万元，但是全国人大常委会制定的《反电诈法》对违法所得 2 万元以上的仍规定了行政处罚,那么在位阶更高的《反电诈法》施行以后,其对《帮信罪司法解释》相关规定的效力是否会产生影响?能否继续将违法所得 1 万元作为入罪门槛?二是在司法实践中,以违法所得数额 1 万元以上认定构成帮助信息网络犯罪活动罪的案件数量占比相当有限,那么能否反向思考,将违法所得 1 万元以下作为情节轻微的情形之一?

1.《帮信罪司法解释》违法所得规定在《反电诈法》出台后仍有优先效力

与其他网络犯罪一样,帮助信息网络犯罪活动罪也具有"刑法先行"的特征,早在规制电信网络诈骗及其关联违法行为的行政法律规范出台之前,刑法就已经将具有严重社会危害性的电信网络诈骗及其关联行为规定为犯罪了。在《反电诈法》出台以后,成立帮助信息网络犯罪活动罪也不以违反行政法规为前置要件,只要在客观上为网络犯罪提供帮助,在主观上具有明知的故意,且达到情节严重的程度就符合本罪构成要件。因此,不能认为《帮信罪司法解释》违反了《反电诈法》的规定,前者有关违法所得 1 万元以上达到情节严重标准的规定仍然有效。但是以上结论似乎并不能完全解决司法实践问题,在办案过程中,对于非法提供两卡违法所得在 1 万元以上且符合其他要件的案件,行为人在同时触犯行政法和刑法规范时,应当先承担何种责任?

根据《行政处罚法》第 8 条第 2 款、2020 年 8 月修订的《行政执法机关移送涉嫌犯罪案件的规定》第 13 条等的规定,违法行为构成犯罪,应当依法追究刑事责任的,行政处罚不能代替刑事处罚。这是因为刑事责任是最严厉的责任承担方式,且一般来说刑事责任的承担方式比行政责任更重,行为人已经构成刑事犯罪的,仅仅承担行政违法责任不足以与其行为的违法性和社会危害性相匹配。正是基于此,当前法律规范和理论观点普遍赞同的都是"刑事优先"原则①,对于同时构成刑事犯罪和行政违法的,优先追究行为人的刑事责任。因此,非法提供两卡违法所得 1 万元以上的案件在符合其他构成要件时,同时构成行政违法和刑事犯罪的,应当优先承担刑事责任。

2. 将"违法所得 1 万元以下"作为"情节轻微"司法出罪事由

《帮信罪司法解释》与《反电诈法》有关非法提供两卡行为人违法所得规范数额竞合的分析更多仅停留在理论层面,在当前我国司法实践中以违法所得 1 万元以上达到情节严重构成帮助信息网络犯罪活动罪的案件有限。由此,本文提出将违法所得在 1 万元以下的案件作为帮助信息网络犯罪活动罪情节轻微情形进行司法出罪。值得注意的问题有二:一是是否所有情况下都可以适用违法所得 1 万元以下的条件出罪?前文已经指出,对同一种事实情形,如果案件系因该情形达到"情节严重"标准而成立犯罪,那么之后就不能再将其作为"情节轻微"情形用于司法出罪,否则在逻辑上是矛盾的。因此本文所称将违法所得作为非法提供两卡刑事案件司法出罪条件,仅指非因违

① 参见练育强:《行刑衔接中的行政执法边界研究》,载《中国法学》2016 年第 2 期。

法所得数额达到情节严重标准的案件，才能将其作为“情节轻微”情形司法出罪。二是是否只要满足违法所得 1 万元以下，在司法上就只能作出罪处理？答案无疑是否定的。根据《刑法》第 37 条的规定，对于犯罪情节轻微没有刑罚需罚性的案件，“可以”免予刑事处罚，《刑事诉讼法》第 177 条第 2 款亦通过“可以”的表述，赋予检察机关相对不起诉的自由裁量权。故此，违法所得 1 万元以下只是作为帮助信息网络犯罪活动罪情节轻微的情形之一，可以在司法机关办理案件时作为考量因素，至于检察机关是否因为该情节作出酌定不起诉决定，法院是否作出定罪免刑的裁判，则需由办案机关在综合全案事实的基础上综合判断。

五、结语

自 2020 年“断卡”行动以来，大量为电信网络诈骗非法提供两卡的案件被认定为帮助信息网络犯罪活动罪，但其中相当部分案件行为人对实行的犯罪知之甚少，不仅对诈骗犯罪没有明知的故意，没有参与到诈骗犯罪行为中，违法所得也相当有限。对这些案件行为人动用最为严厉的刑事手段进行制裁，无益于惩罚犯罪与保障人权，以及社会治理等目的的良好实现。对非法提供两卡行为在刑事上符合帮助信息网络犯罪活动罪构成要件但实质上不具有刑罚打击必要性的案件进行司法出罪，具有坚实的理论支撑和充足的法律依据，为将来在全国范围内对本类案件开展大规模批量司法出罪奠定了基础。非法提供两卡行为属于法益可被弥补、损害可被修复的犯罪，案件在满足《刑法》第 37 条和《刑事诉讼法》第 177 条第 2 款规定的“犯罪情节轻微”，不需要判处刑罚时，可以进行司法出罪。在具体操作层面，即能够将哪些情形纳入非法提供两卡案件情节轻微范畴，总的来说可以从行为人的人身危险性和再犯罪可能性、行为本身危害性、行为人事后认罪悔罪态度以及退赔情况等多方面综合考量，其中，对行为人的人身危险性和再犯罪可能性的判断可以借鉴河南省人民检察院《河南省检指导意见》的思路，将初犯、偶犯、未成年人、在校学生、大中专院校毕业未满两年的、65 周岁以上的、残疾人、患有严重疾病的人，或具有自首、立功、坦白等法定从宽处罚情节之一的人，认定为人身危险性和再犯罪可能性低，从而可以适用“犯罪情节轻微”而出罪。至于行为本身危害程度，在非法提供两卡案件中，根据案件性质并结合行政法规范有关违法所得处行政处罚的规定，本文提出将违法所得多少作为行为危害程度高低的判断标准，即可以将违法所得 1 万元以下认定为“情节轻微”情形对案件作出罪处理。